Prof. Dr. Waldemar Hopfenbeck

**Allgemeine Betriebswirtschafts-
und Managementlehre**

Prof. Dr. Waldemar Hopfenbeck

Allgemeine Betriebswirtschafts- und Managementlehre

– Das Unternehmen im Spannungsfeld
zwischen ökonomischen, sozialen
und ökologischen Interessen

14. Auflage

REDLINE WIRTSCHAFT
bei verlag moderne industrie

Die Deutsche Bibliothek - CIP-Einheitsaufnahme

Hopfenbeck, Waldemar:
Allgemeine Betriebswirtschafts- und Managementlehre : das
Unternehmen im Spannungsfeld zwischen ökonomischen,
sozialen und ökologischen Interessen / Waldemar Hopfenbeck.
– 14. Aufl. – München: Redline Wirtschaft bei Verl. Moderne Industrie, 2002

ISBN 3-478-39875-4

14. Auflage 2002
13., vollst. überarb. u. erw. Auflage 2000
12., durchgesehene Auflage 1998
11. Auflage 1997
10., vollst. überarb. Auflage 1996
9. Auflage 1995
8. Auflage 1994
7. Auflage 1993
6., überarbeitete Auflage 1992
5. Auflage 1992
4., erweiterte Auflage 1991
3. Auflage 1991
2., durchgesehene Auflage 1990

Umschlaggestaltung: Redline Wirtschaft, J. Echter
Manuskriptbearbeitung, Graphikerstellung und Satzgestaltung:
Stock & Partner Advanced Education GmbH, Sauerlach
Druck: Druckerei Himmer, Augsburg
Bindearbeiten: Thomas, Augsburg
Printed in Germany 39875
ISBN 3-478-39875-4

Erster Teil: Grundlagen

A. Der Gegenstandsbereich der Betriebswirtschaftslehre **33**

  I. Geschichtliche Entwicklung 33

  II. Basiskonzepte der Betriebswirtschaftslehre 37

  III. Konkrete Ausformungen 43

    1. Der faktortheoretische Ansatz 44
      a) Das System produktiver Faktoren 44
      b) Die Bestimmungsfaktoren 46
    2. Der entscheidungsorientierte Ansatz 46
      a) Wesen 46
      b) Grundstruktur und Einzelelemente 49
    3. Der systemorientierte Ansatz 52
      a) Kennzeichen 52
      b) Systemorientierte Unternehmensführungslehre 53
      c) Die Unternehmung als System 54
        (1) Systemeigenschaften/Elemente 54
        (2) Elemente des (soziotechnischen) Arbeitssystems 55
        (3) Technische Aspekte 57
        (4) Das Arbeitssystem als Regelkreis 58
        (5) Die Unternehmung als System vernetzter Regelkreise 59
        (6) Weiterentwicklung: Der systemevolutionäre Ansatz 61
    4. Der situative Ansatz (Kontingenzansatz) 62
    5. Die arbeitsorientierte Einzelwirtschaftslehre 63
    6. Der Marketingansatz 63
    7. Der informationsorientierte Ansatz 65
    8. Der Ansatz einer betrieblichen Umweltökonomie 68

B. Der betriebliche Umsatzprozeß **71**

  I. Die Unternehmung im Güter- und Geldkreislauf 71

  II. Die kinetischen Werte 73

  III. Die Bestimmungsgrößen des finanzwirtschaftlichen Umsatzprozesses 76

  IV. Prinzipien der Leistungserstellung 78

C. Der strukturelle Wandel in den Industriegesellschaften **79**

  I. Globalisierung und ihre Auswirkungen 79

    1. Wurzeln der Globalisierung 82
      a) Internationalisierung 83
      b) Direktinvestitionen 84
      c) Finanzmärkte 84
      d) Produktionsvernetzung (Neugestaltung der Wertschöpfungskette) . . . 84
      e) Wandel des Handlungsspielraums der Nationalstaaten 85
    2. Implikationen 86
    3. Global Players als Treiber der Globalisierung 86

  II. Von der Industriegesellschaft zur Dienstleistungs- und Informations-/
Wissensgesellschaft 88

    1. Sektorale Betrachtung 88

2. Die Rolle der Dienstleistungen 90
   a) Dienstleistungen als Wachstumsmotor. 91
   b) Die Bedeutung industrienaher Dienstleistungen 93
   c) Das Paradigma des „Idea-driven-Growth" - Spielregeln der
      Internet Economy 94
3. Management im 21. Jahrhundert - das postindustrielle Zeitalter 95
   a) Entwicklung der Informations- und Wissensgesellschaft 95
   b) Die Bedeutung der Dematerialisierung 97
   c) Treiber und verstärkende Faktoren. 97
   d) Information als Produktionsfaktor 98
   e) Informations- und Kommunikationstechnologien als Basis 99
   f) Neue Formen der Wertschöpfung. 103
      (1) Unabhängigkeit der Wertschöpfung von Raum und Zeit. . . . 103
      (2) Kommunikation über Inter-/Intra-/Extranet 104
   g) Kondratieff-Zyklen und die Informationstechnologie 105
4. Wissen als entscheidender Wettbewerbsfaktor 106
   a) Wissen in der ressourcenorientierten Organisationstheorie 107
   b) Der Produktionsfaktor Wissen und sein Beitrag zur Wertschöpfung . 108
      (1) Das Unternehmen als Wissensorganisation 108
      (2) Wissen als Erfolgsfaktor einer lernenden Unternehmung 109
      (3) Der Mensch als kritischer Faktor. 109
      (4) Immaterielle Vermögenswerte 110
   c) Begriffsklärungen: Daten – Informationen – Wissen 112
5. Das Management des „Wissens" („Knowledge Management") 113
   a) Grundlagen des Wissensmanagements 113
      (1) Begriffsfassung – Definitionen 113
      (2) Kann man Wissen „managen"? 114
      (3) Grundrichtungen – Ganzheitliches Modell 116
      (4) Wissensmanagement ist nicht Informationsmanagement 116
      (5) Aufgaben/Ziele 117
      (6) Wissensmaßnahmen auf den Managementebenen. 117
      (7) Auswirkungen des Wissensmanagements 118
   b) Ziele/Vorteile des Wissensmanagements. 119
   c) Gestaltungsdimensionen des Wissensmanagements 120
   d) Ebenen des Wissens und der Wissensintegration 121
   e) Wissensfördernde Organisationsformen und Unternehmenskulturen . 123
   f) Ganzheitliche Konzepte des Wissensmanagements 124
      (1) Einteilung/Überblick der Konzepte nach North 125
      (2) Die Wissensspirale nach Nonaka/Takencho 125
      (3) Bausteine des Wissensmanagements nach Probst 125
   g) Werkzeuge für das Knowledge Management 132
   h) Teildisziplinen des Wissensmanagements 133
      (1) Business-/Competitive Intelligence 133
      (2) Wissensmanagement und Unterstützung der jeweiligen
          Wettbewerbsstrategie 134
      (3) Wissensmanagement und Organisationsformen 134
      (4) Messung und Bewertung organisationalen Wissens 134

D. Das Bezugsgruppenmanagement – Anspruchsgruppenkonzept . . 136

E. Das Konzept des integrierten Managements als Bezugsrahmen . . 139

Zweiter Teil: Konstitutive Entscheidungen

A. Gründungsmanagement – Unternehmertum („Entrepreneurship") 143

I. Gründungsoffensive in Deutschland 143

   1. Entrepreneurship und Innovationsmanagement 144
      a) Steigerung der Innovationsfähigkeit als gesellschaftliche Aufgabe . . 144
         (1) Entrepreneurship und Strukturwandel 144
         (2) Entrepreneurship und Arbeitslosigkeit 145
         (3) Entrepreneurship und Gründerinnen. 146
      b) Steigerung der Innovationsfähigkeit als unternehmerische Aufgabe. . 146
         (1) Förderung einer innovativen Unternehmenskultur 146
         (2) Intrapreneurship zur Einbindung innovativer Mitarbeiter . . . 147
         (3) Corporate Venture Management 148
      c) Selbständigkeit als Teil des individuellen Tätigkeitsportfolios 150
   2. Wirtschaftliche Vorüberlegungen („Rechnet" sich Selbständigkeit?) . . . 150

II. Die Rolle der Hochschulen 151

   1. Individueller und gesellschaftlicher Wertewandel 152
      a) Der Unternehmer in der ökonomische Theorie. 153
         (1) Zur Entwicklungsgeschichte. 153
         (2) Funktionen des Unternehmers 153
         (3) Die besondere Stellung Schumpeters 154
      b) Der Unternehmer/Entrepreneur in der Managementlehre 155
      c) Begriffsdefinitionen Entrepreneurship – Unternehmertum 156
   2. Ausbildung („Entrepreneurship Education") 157

III. Prinzipielle Möglichkeiten der Unternehmensgründung 158

   1. Existenz-Neugründung („Start-up"). 158
   2. Übernahme eines bestehenden Unternehmens 159
   3. Franchisingsysteme 160
   4. Unternehmensausgründungen („Spin-offs") 160
   5. Unternehmensübernahmen (MBO/LBO/MBI) 161
   6. Kooperationsformen. 161

IV. Entrepreneurship als sequentieller Prozeß 162

   1. Determinanten des Erfolgs 162
      a) Betriebswirtschaftliche Erfolgsfaktoren 162
      b) Personale/verhaltenswissenschaftliche Erfolgsfaktoren 162
         (1) Motive von Unternehmensgründern 162
         (2) Personenbezogene Voraussetzungen. 163
         (3) Ergebnisse der statischen Verhaltensforschung 163
         (4) Ergebnisse der situativen Verhaltensforschung 164
         (5) Möglichkeiten zum Ausgleich fachlicher Defizite 164
   2. Phasen einer Unternehmensgründung. 165
      a) Die Ideenfindung. 165
      b) Vorlaufende Phase (Informations- und Entscheidungsprozesse) . . . 168
      c) Die eigentliche Unternehmensgründung. 169
      d) Der Lebenszyklus von Unternehmen 170
   3. Der Business-Plan und seine zentrale Stellung 171
      a) Begriff/Aufgabe/Zielgruppen 171
      b) Business-Plan-Wettbewerbe. 172

       c) Elemente. 173
          (1)   Zusammenfassung des Plans („Executive Summary"). 174
          (2)   Gegenstand des Unternehmens – Gründerperson/en 174
          (3)   Konstitutive Entscheidungen (Standort, Rechtsform,
              Organisation) – Überblick 175
          (4)   Personalplanung 177
          (5)   Drei-Jahres-Planung 177
    4.   Das Marketing bei Gründungen. 178
       a)   Marktuntersuchung/Analysen 178
       b)   Der Marketing-Mix 179
    5.   Die Finanzplanung bei Gründungen 181
       a)   Zweck/Grundaufbau 181
       b)   Die Wahrung der Liquidität 181
       c)   Ermittlung des Kapitalbedarfs 182
       d)   Finanzierungsalternativen und -quellen 184
          (1)   Differenzierungsmöglichkeiten 184
          (2)   Das Problem der Bewertung innovativer Gründungen 184
          (3)   Eigenkapital 185
          (4)   Fördermittel 186
          (5)   Venture Capital. 186
          (6)   Business Angels 188
          (7)   Fremdkapital 189
          (8)   Sonderformen der Finanzierung (Leasing/Factoring) 190

V. Vorsorge- und Krisenmanagement 191

    1.   Existenzvernichtung/Risikobranchen 191
    2.   Krisenmanagement 191
    3.   Gründe für das Scheitern 192
    4.   Die neue Insolvenzordnung 193

B.   Die Wahl des Standorts **193**

C.   Die Wahl der Rechtsform **195**

  I. Bestimmungsmöglichkeiten einer „optimalen" Rechtsform 199

 II. Steuerliche Aspekte der Rechtsformwahl 201

III. Rechtsformen und Publizitätsvorschriften 203

IV. Zahlenangaben zu den Rechtsformen. 204

    1.   Arbeitsstättenzählung 204
    2.   Die Bedeutung des Mittelstandes 204

  V. Die Rechtsformen des Privatrechts 206

    1.   Die Einzelunternehmung. 207
    2.   Stiftung privaten Rechts 208
    3.   Personengesellschaften 209
       a)   Besonderheiten 209
       b)   Außengesellschaften 210
          (1)   Gesellschaft bürgerlichen Rechts (GbR) 210
          (2)   Offene Handelsgesellschaft (OHG) 212
          (3)   Kommanditgesellschaft (KG) 214
          (4)   Partnerschaftsgesellschaft (PG) 216
       c)   Innengesellschaften 217

        (1)   Stille Gesellschaft (StG) 218
        (2)   Partiarisches Darlehen 220
        (3)   Unterbeteiligung 220
   4. Körperschaften 221
     a) Kapitalgesellschaften 221
        (1)   Besonderheiten 221
        (2)   Gesellschaft mit beschränkter Haftung (GmbH) 221
        (3)   Aktiengesellschaft (AG) - „Kleine AG" 224
        (4)   Kommanditgesellschaft auf Aktien (KGaA) 230
     b) Eingetragene Genossenschaft (eG) 231
   5. Mischformen 232
     a) GmbH & Co.KG 233
     b) Betriebsaufspaltung 236
        (1)   Formen 236
        (2)   Beurteilung 240
   6. Der Firmenbeirat 240

  VI. Die Europäische Wirtschaftliche Interessenvereinigung (EWIV) 242

  VII. Die Umwandlung als Instrument zur Rechtsformänderung 244

D. Unternehmensverbindungen 245

   I. Der Wettbewerb als Ordnungsprinzip in der Marktwirtschaft 246
     1. Begriff des Wettbewerbs 246
     2. Funktionen des Wettbewerbs 247
     3. Wettbewerb als dynamischer Prozeß 249
     4. Das wettbewerbspolitische Instrumentarium in Deutschland 249

   II. Der Zusammenschluß von Unternehmen als Entscheidungsproblem 252
     1. Unterscheidungskriterien 252
       a) Ausprägungen 252
       b) Zielsetzungen 252
       c) Bindungsintensität 253
       d) Arten (Richtung) 254
     2. Die kartellrechtsfreie Kooperation 255
       a) Begriff und Kooperationsrahmen 255
       b) Kooperation als Begünstigung eines funktionsfähigen Wettbewerbs . 257
     3. Die Unternehmenskonzentration 258
       a) Möglichkeiten 258
       b) Verbundene Unternehmen im Sinne des 3. Buches HGB 260
       c) Verbundene Unternehmen nach dem Aktiengesetz 261
       d) Bedeutung der Kapitalbeteiligung 265

  III. Unternehmensverbindungen und Wettbewerbsbeschränkungen 265
     1. Wettbewerbsrechtliche Behandlung der Unternehmensverbindungen . . . 266
       a) Entwicklung des Wettbewerbsrechts 266
       b) Das Kartellverbot 267
         (1)   Begriffsbestimmung/Typologie 267
         (2)   Der § 1 GWB 268
       c) Ausnahmen vom Kartellverbot 269
         (1)   Die Widerspruchskartelle 269
         (2)   Spezielle Kooperationserleichterungen für kleine und . . . .
              mittlere Unternehmen 271

        (3)   Die Freistellungskartelle 275
    d)   Bußgeldverfahren 277
    e)   Die Mißbrauchsaufsicht über marktbeherrschende Unternehmen . . . 277
        (1)   Marktbeherrschung/wettbewerbsbeschränkendes Verhalten . . . 277
        (2)   Der Behinderungsmißbrauch 279
        (3)   Der Ausbeutungsmißbrauch 281
        (4)   Sanktionen 282
        (5)   Schwierigkeiten der Mißbrauchsprüfung. 282
        (6)   Mißbrauch marktbeherrschender Nachfragemacht. 283
    f)   Vertikalvereinbarungen 284
    g)   Zusammenschlußkontrolle 285
        (1)   Widersprüche in der Wirtschaftspolitik 285
        (2)   Einführung in die Fusionskontrolle 285
        (3)   Grundsätze für die Beurteilung von Zusammenschlüssen 286
        (4)   Verfahren/Rechtsmittel/Ministererlaubnis 287
        (5)   Fusionskontrolle - ein Erfolg ? 288
        (6)   Europäische Ebene 291
        (7)   Globale Ebene 294
  2.   Die Sonderregelungen für bestimmte Wirtschaftsbereiche 296

IV. Neuere Formen der Unternehmenskooperation und -akquisition 297

  1.   Strategische Allianzen im globalen Wettbewerb. 299
  2.   Wertschöpfungspartnerschaften 305
  3.   Strategische Netzwerke/Networking. 306
  4.   Joint Ventures 309
  5.   Mergers & Acquisitions (M & A) als Element des strategischen
      Managements 310
    a)   Begriff/Formen 310
    b)   Die Merger-Mania 311
    c)   Zusammenschlußgründe 312
    d)   Akquisitionsziele - Akquisitionsvorteile 313
    e)   Integrationsmanagement 314
    f)   Synergiemanagement 314
    g)   Problemfelder („Merger-Syndrome") 315
  6.   Management-Buy-out/-Buy-in. 317
  7.   Spin-off/Venture-Management. 318

E.   Die Gestaltung der Organisation (Grundlagen). 319

  I. Der Organisationsbegriff. 319

  II. Ziele des Organisierens 320

  III. Synopse der organisationstheoretischen Ansätze 322

  IV. Darstellungstechniken 322

    1.   Stellenbeschreibung 323
    2.   Organigramm 323

  V. Formale und informale Beziehungen 323

  VI. Die Organisationsgestaltung 324

    1.   Aufbauorganisation 325
    2.   Aufgabensynthese 326
      a)   Stellenbildung 326

        b)   Arten von Organisationseinheiten 326
             (1) Leitungsstellen/Leitungshilfsstellen/Ableitungen 326
             (2) Grundmodelle der Kompetenzabgrenzung 327
             (3) Dysfunktionalitäten der klassischen Organisationsprinzipien. . . 329
    3. Traditionelle und neuere Organisationsmodelle 330
        a)   Funktionsorientierte Organisation 331
        b)   Divisionalisierte Organisation 332
        c)   Matrixorganisation 335
        d)   Internationale Organisationsstrukturen 337
        e)   Kollegienorganisation 337
        f)   Projektorganisation. 338
        g)   Teamorganisation. 338
    4. Ablauforganisation. 339
        a)   Inhalt 339
        b)   Ziel 340

VII. Organisation und Wandel (Überblick) 341

    1. Neu- und Reorganisation 342
    2. Organisationsentwicklung. 343

VIII. Der Trend zu Unternehmensnetzwerken 345

    1. Von der hierarchischen zur flexiblen Organisation 345
    2. Dynamische Organisationsstrukturen über selbständige Einheiten 346

 IX. Die virtuelle Organisation 347

    1. Virtuell – das neue Zauberwort 347
    2. Die Auflösung der konventionellen Unternehmensorganisation 349
    3. Begriff der Virtuellen Organisation/Unternehmung. 351
    4. Merkmale virtueller Unternehmen 352
        a)   Unterscheidungsmerkmale zu anderen Kooperationsformen. 352
        b)   Konstituierende Merkmale 353
        c)   Neue Anforderungen an Management und Mitarbeiter 357
        d)   Die Anwendungspotentiale von IuK-Technologien zur
             Überwindung von Grenzen 358
    5. Formen virtueller Unternehmen. 359
        a)   Ausprägungen 359
        b)   Fallbeispiele. 360
        c)   Die Funktion eines Kernunternehmens 361
        d)   Die Rolle eines Netzwerk-Koordinators/Information-Brokers 362
    6. Die zentrale Bedeutung von Unternehmenskultur 362
    7. Grenzen und Schwachstellen 363

Dritter Teil: Gestaltung und Einsatz der Human-Resources

A. **Grundlagen** **369**

  I. Grundsätzliches zur menschlichen Arbeitsleistung. 369

 II. Die besondere Stellung des Menschen in der Unternehmung 370

III. Das menschliche Leistungsangebot und seine Bestimmungsgrößen 370

B. **Das Bild vom Mitarbeiter in Managementmodellen** **372**

  I. Die technologisch-klassischen Theoretiker. 373

  II. Der Human-Relations-Ansatz 373
  III. Das Human-Resources-Modell 374

C. Motivation als Führungsaufgabe 376

  I. Begriff Motiv/Motivation 377

  II. Motive beruflicher Arbeit 377

  III. Der „klassische" Motivationsprozeß 378

  IV. Motivationstheorien und ihre Grundlagen 378

  V. Führungsstile 381

D. Der Wertewandel und seine Auswirkungen 382

  I. Wertorientierung und gesellschaftliche Entwicklung 382

  II. Der wertedynamische Prozeß als Grundlage unternehmerischer Entscheide . . 383

E. Das operative immaterielle Anreizsystem 385

  I. Elemente des Anreizsystems der Unternehmung 385

  II. Forderungen der Motivationsforschung an die Gestaltung der Arbeits-
    organisation 386

    1. Entwicklung 386
    2. Zielrichtung 387
    3. Humanisierung der Arbeit 387

  III. Arbeitsstrukturierung/Arbeits-Reorganisation 389
    1. Der Begriff des Handlungsspielraums 389
    2. Traditionelle Verfahren 390
    3. Renaissance der Gruppen- und Teamkonzepte 392
    4. Empowerment 396
    5. Betriebliches Vorschlagswesen/Kaizen 398

  IV. Qualitätszirkel (Quality Circles) 399
    1. Definition/Wesen 400
    2. Ziele 400
    3. Aufbau und Elemente 401
    4. Arbeitstechniken 402

  V. Neue Formen der Arbeitszeitgestaltung 403
    1. Die flexible Arbeitszeit aus der Sicht der Betroffenen 403
    2. Begriffsbestimmung 406
    3. Modelle zur Veränderung des Arbeitszeitvolumens 407
      a) Schichtarbeit 407
      b) Teilzeitarbeit/Job Sharing 407
      c) Flexible Arbeitszeit 408
    4. Realisierung im Betrieb 411
    5. Aspekte der Personalführung 412

  VI. Neue Formen betrieblicher Sozialpolitik (Cafeteria-Systeme) 414

F. Das operative materielle Anreizsystem 415

  I. Anforderungsabhängige Entgeltdifferenzierung (Arbeitsbewertung) 417
    1. Begriff 417

2. Haupt- und Nebenziele. 417
3. Rechtliche Grundlagen. 418
4. Durchführungsphasen 418
   a) Arbeitsanalyse 419
   b) Quantifizierung der Anforderungen 421
5. Verfahren zur Quantifizierung der Anforderungen 422
   a) Die summarischen Verfahren 423
      (1) Das Rangfolgeverfahren 423
      (2) Das Lohn-/Gehaltsgruppenverfahren. 424
   b) Die analytischen Verfahren 424
      (1) Das Rangreihenverfahren mit getrennter Gewichtung 425
      (2) Das Rangreihenverfahren mit gebundener Gewichtung 425
      (3) Das Stufen-(Wertzahl-)Verfahren mit
          getrennter Gewichtung 425
      (4) Das Stufenverfahren mit gebundener Gewichtung 426
6. Einheitliches analytisches Bewertungssystem 426
7. Auswirkungen des technologischen Wandels 426
8. Die Arbeitsbewertung am Scheideweg ?. 427
9. Neue Formen der Grundlohnbestimmung 428
   a) Einstufung gemäß der Tätigkeit in Arbeitssystemen 428
   b) Eingruppierung nach persönlicher Qualifikation 429

II. Leistungsabhängige Entgeltdifferenzierung durch Leistungsbewertung 431

1. Grundlagen. 431
   a) Begriff. 431
   b) Ziele. 431
   c) Rechtliche Grundlagen 432
   d) Anlässe/Häufigkeit 433
2. Beurteilungsverfahren 433
   a) Summarische Methoden 433
   b) Analytische Methoden 434
      (1) Rangreihenverfahren 434
      (2) Einstufungsverfahren 434
      (3) Kennzeichnungsverfahren 434
3. Beurteilungskriterien (Leistungsmerkmale) 434
   a) Wesen. 434
   b) Auswahl und Schematisierung 435
   c) Bewertung der Merkmale 435
4. Problemkreise der Leistungsbewertung 437

III. Leistungsabhängige Entgeltdifferenzierung durch Leistungskennzahlen
(Lohnformbestimmte Leistungsbewertung) 437

1. Die betriebliche Lohngestaltung als Motivationsinstrument. 437
2. Die Frage des „gerechten" Entgelts 440
3. Die Wahl des Entlohnungsgrundsatzes 442
4. Charakterisierung der klassischen Entlohnungssysteme. 443
   a) Der Zeitlohn 444
   b) Der Zeitlohn mit Leistungsbewertung 444
   c) Der Akkordlohn. 445
   d) Der Prämienlohn 449
   e) Lohnsysteme nach erwarteter Leistung(Pensumlohn) 450
   f) Entgeltsysteme für Gruppenarbeit 451

    g)   Zusammenfassung 453
  5. Auswirkung durch Veränderung der Produktionstechnik 453
  6. Die Zukunft der industriellen Entlohnungssysteme 454

IV. Die Anreiz- und Sozialpolitik im außertariflichen Bereich. 456

  1. Stellenbewertungsverfahren bei Führungskräften 456
  2. Leistungsbewertungsverfahren bei Führungskräften 458
    a)   Erfolgsorientierte Leistungsbeurteilung (MbO) 458
    b)   Vorgesetztenbeurteilung (Aufwärtsbeurteilung/
        360-Grad-Beurteilung) 459
  3. Gehaltsfindung 460
  4. Gehaltsstruktur/-bestandteile. 460
    a)   Bausteine klassischer Vergütungskonzepte. 460
    b)   Wertorientierte Entlohnung (Aktienoptionen) 462

G. Die Mitarbeiterbeteiligung **464**

 I. Die immaterielle Mitarbeiterbeteiligung 465

  1. Die gesetzliche Regelung („Mitbestimmung") 465
    a)   Das Betriebsverfassungsgesetz 466
        (1) Rechte des einzelnen Arbeitnehmers. 467
        (2) Rechte des Betriebsrates 467
        (3) Einigungsstelle 469
        (4) Betriebsversammlung 469
        (5) Aufsichtsrat. 469
    b)   Das Montan-Mitbestimmungsgesetz 470
    c)   Das Mitbestimmungsgesetz. 470
    d)   Erfahrungen mit der Mitbestimmung. 471
  2. Freiwillige Vereinbarungen („Partnerschaft") 471

II. Die materielle Mitarbeiterbeteiligung 472

  1. Begriffsbestimmungen 472
  2. Historie. 474
  3. Systeme der Erfolgs- und Ergebnisbeteiligung 474
  4. Modelle 475
    a)   Fremdkapitalbeteiligungen 476
    b)   Eigenkapitalbeteiligungen 477
    c)   Eigenkapitalähnliche Beteiligungen 478
  5. Motive zur Einführung einer betrieblichen Vermögensbeteiligung 478
  6. Auswirkungen auf die Unternehmung/Mitarbeiter 479
  7. Entwicklung der Vermögensverteilung 480

H. Die Zukunft der Arbeit **481**

 I. Der Strukturwandel 481

II. Auswirkungen der Virtualisierung auf die Arbeitswelt. 484

  1. Virtuelle Arbeitsformen der Informationsgesellschaft. 484
  2. Telekooperation 484
  3. Telearbeit. 485
    a)   Formen der Telearbeit. 486
    b)   Vor- und Nachteile der Telearbeit. 488
        (1) Für den Arbeitnehmer 488
        (2) Für den Arbeitgeber 489

    (3)   Für die Volkswirtschaft 489

Vierter Teil: Elemente eines operativen Führungssystems

A. Der Objektbereich des Managements **493**

   I. Management als Institution 494

      1. Begriffsklärung Manager/Führungskraft/Leitende Angestellte 494
      2. Aktionsfelder und Qualifikationen des Managers 497
      3. Veränderte Karriereplanung 498
      4. Leadership 498
      5. Frauen im Management 499

  II. Management als Funktion 501

      1. Die personenbezogene Komponente 501
      2. Die sachbezogene Komponente 502

 III. Management als Harmonisierungsaufgabe (Komplexitätsmanagement) 505

B. Das integrierte Planungs-, Steuerungs- und Kontrollsystem **506**

   I. Grundlagen der Planung 506

      1. Veränderte Rahmenbedingungen 506
      2. Begriff und Merkmale der Planung 506
      3. Funktionen der Planung 507
      4. Gegenstände der Planung 508

  II. Die Planungselemente 508

      1. Der institutionelle Aspekt (Planungsinstanzen) 509
      2. Der funktionale Aspekt (Planungsprozesse) 509
      3. Der instrumentale Aspekt (Planungsinstrumente) 510

 III. Das Planungs- und Kontrollsystem als Subsystem der Führung 510

      1. Begriff und Elemente von PK-Systemen 510
      2. Aufbauprinzipien von PK-Systemen 511
         a) Mehrstufigkeit 511
         b) Zeitliche Überlagerung 511
         c) Inhaltliche Differenzierung 512
         d) Kombinierte Anwendung der Organisations-, Zeit- und
            Sachdifferenzierung 512
         e) Ableitungsrichtung 512
         f) Inhaltliche Abstimmung 514
           (1) Koordinationsinstrumente 514
           (2) Zeitliche Koordination 516
         g) Plananpassung 517
           (1) Flexibilität 517
           (2) Anpassungsrhythmik 519
         h) Formalisierung 519

 IV. Entwicklung der Planungssysteme zu Managementsystemen 519

C. Unternehmerische Zielbildung als Grundlage des Führungssystems 521

   I. Beziehungen zwischen Zielsetzung und Planung 521

II. Funktionen von Zielen 522

III. Prozeßstufen der Zielbildung 522

    1. Zielsuche 522
        a) Zielausprägungen (Systematik) 523
            (1) Übergeordnete (originäre) Ziele 523
            (2) Untergeordnete (abgeleitete) Ziele 523
            (3) Erweiterung des Zielsystems um gesellschaftsbezogene Komponenten . 525
        b) Der Zielbildungsprozeß als interaktiver Prozeß 526
    2. Operationalisierung der Ziele 527
    3. Zielanalyse und -ordnung 528
    4. Prüfung auf Realisierbarkeit 529
    5. Zielentscheidung 529
    6. Durchsetzung (Akzeptanz) 529
    7. Zielüberprüfung und -revision 529

D. Mitarbeiterbezogene Ansätze zur praktischen Umsetzung eines Führungssystems 529

    I. Managementkonzeptionen 530

   II. Das Harzburger Modell 530

  III. Führung durch Zielvereinbarung (MbO) 530

    1. Begriff und Wesen 531
    2. Prämissen über menschliches Verhalten 533
    3. Phasen des MbO-Prozesses 534
        a) Die Techniken der Zielsetzung 535
            (1) Einbeziehung der Mitarbeiter 535
            (2) Ableitung der Ziele 535
            (3) Organisatorische Durchführung 536
            (4) Arten der Ziele 538
        b) Ergebnisauswertung und -beurteilung (Das Mitarbeitergespräch) . . . 538

E. Zusammenfassung der operativen PK-Rechnung im Jahresbudget . 539

    I. Begriffe 539

        1. Budget 539
        2. Budgetsystem/Budgetierungssystem 541

   II. Budgetsystemarten 541

        1. Budgetierungssysteme mit nicht gegliederten Budgets 543
        2. Budgetierungssysteme mit gegliederten Budgets 543

  III. Der Budgetierungsprozeß 544

  IV. Budgetkontrolle und Analyse(Abweichungsanalyse) 546

Fünfter Teil: Elemente eines strategischen Managements

A. Strategisches Management als Bezugsrahmen 553

    I. Die Identifikation der strategischen Herausforderung 553

   II. Neuformulierung des strategischen Problems 556

B. Früherkennungssysteme zur Analyse und Prognose **557**

I. Früherkennungssysteme als Bestandteil eines umfassenden Risikomanagements . . 557

II. Das Früherkennungssystem der strategischen Planung 557

III. Aufbaustufen eines Früherkennungssystems 560

    1. Drei Generationen von Früherkennungssystemen 560
    2. Früherkennungssysteme als Instrument des Risikomanagements
       und zur Erfüllung der Pflichten nach KonTraG 562

IV. Der Einsatz von Szenarien 564

    1. Grundlagen/Begriffsbestimmung 564
    2. Szenarien im Prozeß der strategischen Planung 566
    3. Der Phasenablauf eines Szenarios 566

C. Strategische Planung als Mittelpunkt des strategischen
Managements **567**

I. Inhalt der strategischen Planung 567

II. Entwicklung und Integrationsstufenbildung des Planungswissens 569

III. Elemente des strategischen Planungsmodells 570

D. Wissenschaftliche Hilfestellungen zur Bestimmung der Strategie-
elemente (Erkenntnisse der empirischen Strategieforschung) **573**

I. Das Lebenszykluskonzept 574

    1. Idealtypischer Verlauf 574
    2. Bestimmung der Bezugsgrößen 575
    3. Einsatzbereich 575
    4. Gültigkeit und Aussagefähigkeit 576

II. Das Phänomen der Erfahrungskurve 576

    1. Kurzcharakteristik 576
    2. Bedeutung für die Kosten- und Preispolitik 577
    3. Bedeutung für die Wachstums- und Marktanteilspolitik 578
    4. Kritische Beurteilung 578

III. Das PIMS-Projekt 579

    1. Entstehungsgeschichte - Konzeption 579
    2. Ziele 580
    3. Datensammlung und -erfassung 580
    4. Forschungsergebnisse 582
       a) Grundlegende Erkenntnisse 582
       b) Determinanten des ROI 583
       c) Determinanten des Cash Flow 583
    5. Die PIMS-„Reports" - Strategische Entscheidungshilfen für das Management. 584
    6. Die Ergebnisse der PIMS-Studien im Spiegel der Kritik 585

E. Das Strategiemanagement **585**

I. Definition der Strategie/Strategischen Entscheidung 585

II. Ebenen der Strategieformulierung 586

III. Einsatz quantitativer und heuristischer Methoden 588

IV. Gundsätzliche Methodik zur Ableitung von Strategien 588
   1. Die „Strategic-Issue-Analysis"-Methode 588
   2. Der Wirkungskette-Ansatz 589

V. Entwicklung einer Strategie 589
   1. Die Analyse der strategischen Ausgangslage 589
      a) Unternehmungsanalyse 590
      b) Umweltanalyse 590
      c) Konkurrenzanalyse 590
   2. Entwicklung und Bewertung alternativer Strategien 592
      a) Bestimmung des Kriterienkatalogs 592
      b) Instrumente der Bewertung und Gewichtung 592
   3. Auswahl der geeigneten Strategie 593
   4. Ausarbeitung der funktionalen Politiken und Aktionsprogramme 594
   5. Implementierung und Durchführung 595

VI. Fazit 595

F. Elemente des strategischen Managements 596

   I. Entwicklungsstufen des Denkens 596
   1. Marktorientierter Ansatz („Market-based Approach") 596
   2. Ressourcenorientierter Ansatz („Resource-based Approach") 596
   3. Weiterentwicklungen 599

   II. Die Ableitung strategischer Grundverhaltensweisen 600
   1. Produkt-Markt-Matrix (Ansoff) 600
   2. Neue BCG-Matrix (Boston Consulting Group) 601
   3. Strategisches Spielbrett (McKinsey) 602
   4. Strategische Grundkonzeption (Porter) 603
   5. Allgemeine Grundregeln (Pümpin) 604
   6. Strategische Grundhaltungen (Kirsch) 606
   7. Strategienfächer (St.Gallen) 607
   8. Strategienspinne (St.Gallen) 607
   9. Strategien-Raster (Becker) 609
  10. Strategische Gruppen (Meffert) 609

   III. Instrumente der strategischen Führung 610
   1. Die strategische Lückenplanung (GAP-Analyse) 610
   2. Die Potentialanalyse 611
   3. Die strategische Bilanz 611
   4. Die Portfolio-Analyse 612
      a) Grundidee 612
      b) Generell gültige Prinzipien 613
      c) Die Boston-Matrix (4-Felder-Matrix) 615
         (1) Grundlegende Merkmale 615
         (2) Strategierelativierung durch konkurrenzbezogene
             Portfolio-Analyse 618
      d) Das Multifaktoren-Konzept (9-Felder-Matrix) 618
      e) Weitere Konzepte 621
      f) Abschließende Beurteilung der Portfolio-Analyse 622
         (1) Schwächen dieser Technik 622
         (2) Vorteile dieser Technik 623

    (3)   Fazit. 623
  5. Grenzen des Einsatzes analytischer Instrumente 624

G. Unterstützung des Managements durch computergestützte Systeme 625

   I. Entwicklungsgeschichte/Verfahren/Systeme 625

  II. Führungsinformationssysteme (EIS) - Data Warehouse 626

H. Strategische Steuerung und Kontrolle 629

K. Strategisches Human-Resources-Management 632

   I. Erzielung von Wettbewerbsvorteilen 632

  II. Strategiegerechte Gestaltung der Führungskräfte-/Human-Resources-Planung . 633
    1. Personalwirtschaftliche Instrumente zur Generierung und
       Implementierung strategischer Pläne 633
    2. Simultane Strategie- und Personalentwicklung 638
    3. Coaching als Bestandteil innovativer Personalentwicklung 638
    4. Strategisch orientierte Anreiz- und Entgeltsysteme 639

L. Strategisches Management und Organisationsentwicklung 640

   I. Strategiegerechte Gestaltung der Organisation 640
    1. Schaffung einer Rahmenstruktur (Strategische Geschäftsfelder/Einheiten). 641
    2. Strategische Planungsorgane. 642

  II. Die geplante Organisationsentwicklung als Führungsaufgabe 643
    1. Wesen 643
    2. Methoden/Techniken der OE 648

M. Das Management des Wandels („Change Management") 648

   I. Ursachen strategischer Änderungen 652
    1. Quellen des Widerstandes 652
    2. Überwindung von Organisationsstrukturbarrieren. 653

  II. Die geplante Evolution (Fortschrittsfähige Organisation) 654

 III. Die lernende Organisation 655
    1. Das Konzept des Organisationslernens 656
    2. Die Gestaltung von Lernprozessen 658
       a)   Individuelles Lernen in Organisationen 658
       b)   Lernen der Organisation 659
    3. Die Rolle der PE und OE 662

  IV. Ganzheitliches Denken und Handeln 663
    1. Holistisches Konzept. 663
    2. Der Umgang mit komplexen Problemen. 664
       a)   Die Methodik des vernetzten Denkens 664
       b)   Bausteine des ganzheitlichen Problemlösens. 665
       c)   Das Sensitivitätsmodell von Vester 672
    3. Der Kontext des Management of Change 673

   V. Das Management kritischer Erfolgsfaktoren 677
    1. Strategiefaktor Flexibilität 678

2. Strategiefaktor Zeit. 680
3. Strategiefaktor Qualität 682
   a) Qualität als Erfüllung von Kundenbedürfnissen 682
   b) ISO 9000 - die Norm für Qualitätsmanagementsysteme 683
   c) Total Quality Management 686
4. Strategiefaktor Technologie 689
   a) Strategisches Technologiemanagement. 689
   b) Ableitung von Timing-Strategien. 696
   c) Fertigungstechnologien und Werkstoffe als Wettbewerbsfaktor 699
   d) Das S-Kurven-Konzept (Substitutionszeitkurve). 700
   e) Technologie-Portfolio-Konzepte 703
   f) Problembereiche der technologischen Entscheidungsfindung 707
VI. Neue Restrukturierungsansätze im Wertschöpfungsprozeß einer Unternehmung 708
1. Die Konzeption der Wertkettenanalyse 711
   a) Identifikation und Schaffung von Wettbewerbsvorteilen. 711
   b) Das Denken in Prozessen (Prozeßmanagement) 715
   c) Outsourcing – Supply Chain Management 719
   d) Business Migration (Wertschichtenwettbewerb) 723
2. Schaffung von Shareholder Value (Wertsteigerungsmanagement) 725
3. Lean Management 733
4. (Kern-)Kompetenzmanagement 736
5. Reengineering 740
6. Benchmarking 742
7. Performance Management 744
8. Balanced Scorecard als Management- und Controlling-Instrument . . . 747
   a) Perspektiven und Kennzahlen der BSC. 747
   b) Stärken und Schwächen der Balanced Scorecard. 751
   c) Vorgehensweise zur Einrichtung eines Balanced Scorecard Systems . 753
9. Gründe für das Scheitern von Managementkonzepten 754

Sechster Teil: Elemente eines normativen Unternehmungskonzepts

A. Die Unternehmensphilosophie **758**
  I. Unternehmens-/Managementphilosophie. 758
  II. Vision 760

B. Die unternehmungspolitische Rahmenplanung **762**
  I. Unternehmungspolitik 762
  II. Unternehmensleitbild/-grundsätze 763
    1. Begriff /Wesen 763
    2. Funktionen/Aufgaben 763
    3. Erweiterung der Funktionen 764
    4. Inhalte/Aufbau 765
  III. Die Unternehmungsverfassung 765
  IV. Corporate Identity. 766
    1. Begriff und Wesen 766
    2. Die Instrumente des Identitäts-Mix 766
    3. Corporate Identity als Führungs- und Planungsinstrument 768

    V. Unternehmensethik 769

  VI. Kulturbewußte Unternehmensführung 773

      1. Zur Entwicklungsgeschichte. 774
      2. Die Erweiterung organisationstheoretischer Konzepte 775
      3. Begriffsbestimmung und Grundbausteine 775
      4. Entwicklungsphasen einer Unternehmenskultur. 777
      5. Typologisierungsversuche 777
      6. Ansätze zu einem kulturbewußten Management 777
         a) Unternehmenskultur und Unternehmensführung. 777
            (1) Funktionen der Unternehmenskultur. 778
            (2) Die Unternehmenskultur als Instrument und Resultante der Führung . 778
         b) Ziel eines kulturbewußten Managements. 778
            (1) Realisation einer starken Unternehmenskultur. 780
            (2) Identifikation der relevanten Werte und Normen. 781
            (3) Akzeptanz und Internalisation 781
         c) Methoden eines kulturbewußten Managements 782
            (1) Gelebte Wertesysteme 782
            (2) Symbolisches Management 783
            (3) Konsensorientiertes Management 783
            (4) Werteorientiertes Human-Resources-Management 783
         d) Unternehmenskultur und strategische Entscheidungen. 784
         e) Die Unternehmenskultur als Imitationsschutz 786

Siebter Teil: Unterstützung der Unternehmensführung durch operative und strategische Controllingkonzepte

A.   Begriffsklärungen **790**

    I. Controlling - Controller. 790

   II. Operatives und strategisches Controlling. 791

B.   Elemente des Controlling **793**

    I. Der funktionale Aspekt 793

      1. Feste und variable Aufgabenbestandteile 795
      2. Controlling und Komplexitätsbewältigung 796
      3. Abgrenzung zum Treasurer 797
      4. Controller-Probleme 798

   II. Der institutionelle Aspekt. 799

      1. Entstehungsgeschichte 799
      2. Aufbauorganisatorische Einordnung. 799

  III. Der instrumentale Aspekt. 800

      1. Das Informationssystem 801
      2. Das Berichtswesen 803
      3. Das Planungs- und Kontrollsystem 803

  IV. Entwicklungstendenzen des Controlling 804

C.   Unternehmenssteuerung mit integrierten Kennzahlensystemen. . . 806

    I. Kennzahlen 806

II. Kennzahlensysteme 809
    1. Begriff 809
    2. Funktionen 809
    3. Beispiele maßgeblicher Kennzahlensysteme 810
       a) Das RL-Controlling-Kennzahlensystem von Reichmann 810
       b) Das Du-Pont-Kennzahlensystem 811
    4. Berücksichtigung nicht-finanzwirtschaftlicher Leistungsmaßstäbe 811
       a) Performance Measurement Systems 811
       b) Qualitätsbezogene Kennzahlen 812

III. Betriebliche Kennziffern als tragende Säulen 813
    1. Produktivität 813
    2. Wirtschaftlichkeit 817

D. Planung und Kontrolle der Ertragskraft der Unternehmung 820

  I. Das Spannungsfeld des Liquiditäts- und Rentabilitätsdenkens 820

  II. Die Kennzahl Rentabilität 821
       a) Einzelkennzahlen 821
       b) Der Leverage-Effekt 825

III. Der Return on Investment als Kennzahl der Rentabilitätsanalyse 828
    1. Die Bestimmungskennzahlen UGR und KU 829
    2. Das ISO-ROI-Diagramm 830
    3. Mögliche ROI-Veränderungen aus UGR und KU 831
    4. Steuerungsbereiche des Managements 831

  IV. Rechnerische und grafische Gewinnschwellenanalyse 832
    1. In einem Einproduktbetrieb 833
    2. In einem Mehrproduktbetrieb 835

E. Planung und Kontrolle der Finanzkraft der Unternehmung
(Cash-Flow-Management) 837

  I. Entwicklung 838

  II. Begriff 838

III. Die indirekte Berechnungsmethode der Praxis 839

  IV. Die direkte Berechnungsmethode 841
    1. Möglichkeiten der Fondsbildung 842
    2. Der Cash Flow als Veränderung des Nettoumlaufvermögens 843
    3. Besondere Bewertungsproblematik 844

  V. Die betriebswirtschaftliche Bedeutung der Cash-Flow-Kennzahl 845
    1. Verwendungsmöglichkeiten 845
    2. Der Cash Flow als Instrument der Unternehmensführung 845

  VI. Der Cash Flow als Indikator im Rahmen des strategischen Controlling . . . 848
    1. Der Cash Flow als Leitgröße der langfristigen Finanzplanung 848
    2. Der Cash Flow als Maßgröße zur Beurteilung des strategischen
       Gleichgewichts 849
       a) In der 4-Felder-Matrix 850
       b) In der 9-Felder-Matrix 851

     c)   Als Hilfe zur Ermittlung des Mittelflusses für eine strategische
          Geschäftseinheit 852
   3. Der Discounted Cash Flow als Mittel der langfristigen Investitionsbeurteilung 852
     a)   Begriff. 853
     b)   Der DCF und seine Kennzahlen 853
   4. Der DCF zur strategischen Unternehmensbewertung 856

F. Planung und Kontrolle der Liquidität 856

  I. Liquiditätssicherung im laufenden Geschäftsbetrieb. 858
   1. Die Zahlungsfähigkeit als Optimierungsproblem 858
   2. Der Finanzplan. 858
     a)   Die direkte Berechnungsmethode 861
     b)   Die indirekte Berechnungsmethode 862
   3. Der tägliche Finanzstatus 863
   4. Die Finanzdisposition (Cash Management) 864
   5. Die Liquiditätsreservenplanung 866

 II. Planung und Kontrolle der strukturellen Liquidität. 867
   1. Ziel der strukturellen Liquidität 867
   2. Kontrolle der mittelfristigen Veränderungen mittels Bewegungsbilanz
      und Kapitalflußrechnung. 868
   3. Finanzkennzahlen (Finanzwirtschaftliche Bilanzanalyse). 869
     a)   Kennzahlen der Vermögensstruktur (Investitionsanalyse) 871
     b)   Kennzahlen der Kapitalstruktur (Finanzierungsanalyse) 873
     c)   Kennzahlen der Relationen zwischen Vermögens- und Kapitalseite
        (Liquiditätsanalyse). 875
        (1) Mittel- und langfristige Liquiditätskennzahlen. 875
        (2) Kurzfristige Liquiditätskennzahlen. 876
     d)   Aussagefähigkeit 879

 III. Controlling und Finanzkontrolle 880

G. Elemente eines strategischen Controlling 880

  I. Der Übergang vom operativen zum strategischen Controlling 880
   1. Die Engpaßorientierung 880
   2. Die Zukunftsausrichtung. 881
   3. Das Feedforward-Denken 881

 II. Unterschiedliche Bedeutungsinhalte des strategischen Controlling 883

Achter Teil: Ökologieorientierte Unternehmensführung

A. Die ökólogische Herausforderung an die Unternehmensführung . . 887

  I. Die aktuelle Umweltsituation. 887
   1. Das Ökologieverständnis im Wandel 887
   2. Die Umweltschadensbilanz 889
   3. Der Umweltschutzsektor 890

 II. Der Bewußtseinswandel 891

B. Die Umweltpolitik in einer Phase der Neuorientierung. 892

I. Aufgaben und Ziele der Umweltpolitik. 892

II. Das ordnungspolitische Instrumentarium. 893

III. Marktwirtschaftliche (Anreiz-)Instrumente 894

   1. Grundgedanken 894
   2. Erscheinungsformen 896
   3. Kooperationslösungen/Selbstverpflichtungen 899
   4. Das Umweltrecht der Europäischen Union 900
   5. Indirekte Instrumente der EG 901

IV. Der Weg zu einer öko-sozialen Marktwirtschaft 902

V. Das Dogma ständigen Wachstums 904

VI. Nachhaltige Entwicklung als neues Leitbild („Paradigma") 907

   1. Qualitatives Wachstum als Vorläufer 907
   2. Öko-Effizienz als Handlungsmaxime 907
     a) Die Effizienzrevolution 909
     b) Die Suffizienzrevolution 910
   3. Die Agenda 21 als globaler Handlungsplan 912
   4. Die Ebenen der Umsetzung der Agenda 21 913
   5. Das 3-Säulen-Konzept 916
   6. Kriterien für die ökologische Dimension der Nachhaltigkeit 917
   7. Kriterien für ein „nachhaltiges Unternehmen" 919
     a) Leitlinien und Ziele 919
     b) Handlungsprinzipien 920
     c) Die gewandelte sozial-gesellschaftspolitische Verantwortung 921

C. Die Umwelt als Produktionsfaktor **921**

   I. Knappheiten. 922

   II. Ökonomische Systeme als offene Systeme 922

   III. „Künstliche Umwelt" und Umweltbelastungen 923

     1. Das Unternehmen als Mitverursacher und Betroffener der Umweltproblematik 923
     2. Gesetze der Thermodynamik (Entropiegesetz) 925

   IV. Die Internalisierung sozialer Kosten 926

   V. Die Prinzipien des Verminderns von Umweltbelastungen 928

D. Ein integriertes Umwelt-Gesamtkonzept **930**

   I. Ökologische Grundhaltungen. 930

   II. Umweltmanagement als Erfolgsfaktor 931

   III. Vom Inseldenken zum Querschnittsdenken. 933

   IV. Elemente des Konzeptes 934

E. Der normative Rahmen des Umweltmanagements **935**

   I. Gestaltung der Unternehmenskultur 935

   II. Einbezug einer Umweltpolitik in die Unternehmenspolitik 936

   III. Formulierung von Umweltleitlinien 937

IV. Verhaltenskodizes 938

G. Der strategische Rahmen des Umweltmanagements 939

I. Bestimmung der strategischen Ausgangslage (Situationsanalyse) 939

    1. Unternehmensanalyse (Stärken/Schwächen) 941
    2. Umweltanalyse (Chancen/Risiken) 941

II. Einflüsse im Zielsystem des Unternehmens 942

    1. Umweltschutz als gesellschaftliches und unternehmerisches Ziel 942
    2. Der Widerspruch von Ökonomie und Ökologie 943
    3. Konvergenzfelder 944

III. Formulierung von Ökostrategien 945

H. Der operative Rahmen des Umweltmanagements 948

I. Bausteine einer umweltorientierten Materialwirtschaft 948

    1. Materialwirtschaftliches Zieldreieck 948
    2. Materialwirtschaft als Kreislaufökonomie 948
    3. Beschaffungsseitige Implikationen 949
    4. Ökologische Lieferantenbewertung 950
    5. Aufbau eines Recycling-Managements 950
        a) Produktionsabfallrecycling 954
        b) Produktrecycling (Rebuilding/Remanufacturing) 955
        c) Altstoffrecycling 956
        d) Instrumentelle Grenzen des Recycling 957

II. Die betriebliche Produktionswirtschaft als Rückstandswirtschaft 960

    1. Von „End-of-pipe"-Konzepten zu integrierten Technologien 960
    2. Aufgaben und Ziele eines Stoffstrommanagements 963
    3. Der Weg zu einer Kreislaufökonomie 964

III. Betriebliches Abfallmanagement 966

    1. Aufbau einer betrieblichen Entsorgungslogistik 967
    2. Optimierungsstrategien der Abfallvermeidung und -entsorgung 970

IV. Umweltorientiertes Marketing 971

    1. Ein Marketing in sozialer Verantwortung 972
    2. Das ökologische Bewußtsein des Verbrauchers 974
    3. Ökologische Produktpolitik 978
        a) Das Instrument der Produktgestaltung 980
        b) Die Rolle des Design („Eco-Design") 981
        c) Ganzheitliche Produktethik 982
        d) Anforderungen an ein ökologisches Design 983
        e) Durchsetzungshemmnisse für Ökoprodukte 984
        f) Verfahren zur Bestimmung der Umweltwirkungen eines Produktes . . 985
        g) Die sechs Prinzipien der Produktgestaltung 985
            (1) Das Prinzip Dematerialisierung 985
            (2) Das Prinzip Materialverantwortung 986
            (3) Das Prinzip Langlebigkeit 987
            (4) Das Prinzip Recycling 987
            (5) Das Prinzip Nachhaltigkeit 988
            (6) Das Prinzip Product Stewardship 989

4. Distributionspolitik 990
5. Kontrahierungspolitik (Preispolitik) 991
6. Kommunikationspolitik 991
   a) Ökologische Werbekonzeption 992
   b) Umweltgütezeichen – Ökologos 993
   c) Klassische Öffentlichkeitsarbeit: „Tue Gutes und rede darüber". . . . 994
   d) Public Relations als strategische Aufgabe 995
   e) Erhöhter externer Kommunikationsbedarf – Neue Formen des Dialogs 997
   f) Risikokommunikation 999
   g) Zusammenarbeit mit verschiedenen Umweltschutzorganisationen . . 1000
   h) Organisierte Verbraucherpolitik 1001
   i) Öko-Sponsoring: Demonstration gesellschaftlicher Verantwortung . 1001
7. Die Grenzen des „Grünen Marketing" 1004
   a) Problem des quantitatives Wachstums 1004
   b) Wege zu einem verantwortungsbewußten Konsum 1005
      (1) Ausweg: Gemeinsam (be)nutzen statt einzeln verbrauchen . . 1005
      (2) Ausweg: Ganzheitliche Produkt- und Dienstleistungsangebote 1006
      (3) Ausweg: Verantwortungsebenen - beim Hersteller und 1008
          Konsumenten . . . .
      (4) Ausweg: Neue Konsumleitbilder (Nachhaltiger Lebensstil) . . 1009

V. Organisatorische Gestaltungsaspekte des Umweltgedankens 1015

1. Organisation der Struktur 1015
   a) Kombination von Macht- und Fachpromotor 1015
   b) Einbindung ökologischer Aspekte in Aufgabenbereiche/
      Stellenbeschreibungen 1015
   c) Der Betriebsbeauftragte für Umweltschutz 1016
   d) Der Umweltschutzbeauftragte 1018
   e) Der Umweltausschuß und sekundärorganisatiorische
      Gestaltungsformen 1020
2. Ökologische Organisationsentwicklung 1020

VI. Personalpolitische Instrumente 1021

1. Einbezug der Mitarbeiter als Transmissionsriemen von Ökostrategien . . 1021
2. Widerstände gegen Öko-Strategien 1023
3. Interne Kommunikation - Orientierungshilfe im Wertewandel und
   Basis für Umweltbildung 1025
4. Betriebliches Umwelt-Vorschlagswesen 1026
5. Motivation der Mitarbeiter 1026
6. Qualifikationen für umweltbezogenes Handeln 1027

VII. Finanzierung und Förderung von Umweltschutzinvestitionen 1028

1. Öffentliche Finanzierungshilfen 1029
2. Kreditvermittler- und Beratungsfunktion 1030
3. Ökologische Bonitätsprüfungen – Rankings/Ratings 1031
4. Kreditvergabe und Kreditwürdigkeitsprüfung 1031
5. Angebot ökologischer Finanzdienstleistungen 1032

K. Komponenten des Umweltrechts 1033

I. Haftungsrecht (Zivilrecht) 1034

II. Strafrecht 1036

III. Vom anthropozentrischen zum ökozentrischen Rechtsdenken 1037

L.   Umweltbezogenes Risk-Management. 1038

   I. Risiko-Management als Teilbereich des strategischen Managements 1038

  II. Risikoanalyse und Risikovorsorge 1038

  III. (Versicherungsrechtliche) Reform der Umweltdeckung 1040

M. Umweltorientierte Möglichkeiten des Handels 1041

   I. Der Handel als Gatekeeper der Marktwege 1041

  II. Ökostrategien der Handelsunternehmen. 1042

  III. Innerbetrieblicher Umweltschutz 1044

N.   Ökologische Ethik 1044

   I. Semantische Verklärungen 1044

  II. Die Einstellung zur Natur 1045

Neunter Teil: Ansätze einer gesellschaftsbezogenen Rechnungslegung
(Ökologieorientiertes Controlling)

A. Erweiterungen des makro- und mikrowirtschaftlichen
Rechnungswesens 1051

   I. Neugestaltung der volkswirtschaftlichen Gesamtrechnung 1051

     1.   Der lange Weg zum Ökosozialprodukt (Umweltökonomische
       Gesamtrechung) 1051

     2.   Indikatorensysteme 1053

  II. Betriebliche Instrumente eines umweltorientierten Rechnungswesens 1053

     1.   Berücksichtigung von Umweltaspekten im Jahresabschluß 1056

     2.   Erweiterte Kosten- und Leistungsrechnung 1057

     3.   Beurteilung der Investitionsrechenverfahren 1061

     4.   Der Öko-Bilanz-Ansatz des IÖW 1063

       a) Das qualitative Bewertungsverfahren der Umweltrelevanz 1063

       b) Die Bilanztypen 1065

         (1) Betriebsbilanz (Input-Output-Analyse als Grundlage) 1067

         (2) Prozeßbilanz. 1068

         (3) Produktbilanz 1069

         (4) Standortbilanz. 1070

     5.   Der schweizerische Ansatz 1071

       a) Ökologische Buchhaltung (Müller-Wenk) 1071

       b) Quantitative Verfahren (Kritische Volumina/Ökopunkte) 1072

     6.   Umweltberichterstattung 1073

       a) Die Forderung nach einer gesellschaftsorientierten Berichterstattung 1073

       b) Sozialbilanz/Erweiterte Sozialberichterstattung als Vorläufer 1075

       c) Umweltberichte 1075

     7.   Umweltverträglichkeitsprüfung 1078

     8.   Die Produktlinienanalyse 1080

     9.   Interne Umwelt-Audits 1081

    10.   Das Umweltmanagement und Öko-Audit-System der EG 1082

    (a)   Rahmenbedingungen und Wesen der EMAS-VO 1082

    (b)   Anforderungen. 1087

    (c)   Vorteile/Nachteile - Nutzen/Kosten 1088

    (d)   Phasen der Validierung / Ablaufschema. 1091

    (e)   Verhältnis EMAS - Normierung (ISO 9000 /ISO 14000) 1086

  11.   Aufbau eines ökologisch orientierten Kennzahlensystems. 1097

B.   Aufbau eines betrieblichen Umwelt-Controlling-Systems (UCS) . . 1101

  I. Funktionen eines Öko-Controllingsystems 1101

 II. Der Controllingkreislauf. 1103

III. Elemente eines Umweltinformationssystems (UIS). 1103

IV. Funktionen eines Umweltinformationssystems 1105

 V. EDV-gestützte Informations- und Kommunikationstechnik 1106

Literaturverzeichnis 1109

Abkürzungsverzeichnis 1155

Stichwortverzeichnis. 1161

Vorwort zur 13. Auflage

Die in „Web-Geschwindigkeit" ablaufenden Veränderungen der Rahmenbedingungen betrieblichen Wirtschaftens machten eine komplette Überarbeitung und Erweiterung dieses erfolgreichen Lehrbuchs notwendig.

Neu aufgenommen wurden:
- Im ersten Teil ein Kapitel zum strukturellen Wandel der Industrie-/Dienstleistungsgesellschaft hin zu einer Informations-/Wissensgesellschaft (Globalisierung, IuK-Technologien, New Economy, Knowledge Management)
- Im zweiten Teil ein Kapitel Gründungsmanagement/Entrepreneurship, ein Kapitel Organisation (einschließlich virtueller/netzwerkartiger Organisationsformen), Ergänzungen bei Rechtsformen und novelliertes GWB/Kartellrecht, M&A
- Im dritten Teil ein Kapitel zur Zukunft der Arbeit (virtuelle Arbeitsformen/Telearbeit, neue Arbeitsverhältnisse), Gruppenarbeit, Empowerment, KVP, neue Formen der Vergütung von Führungskräften (Stock Options etc.)
- Im vierten Teil: Leadership, MBO-Systeme
- Im fünften Teil Veränderung bei Früherkennungssystemen (z.B. KonTraG), ein Kapitel zur Balanced Score Card als integriertes Management- und Controllingsystem, Corporate Governance, Performance Management, Erweiterung des Wertsteigerungsmanagements /Shareholder Management und des ressourcenorientierten Ansatzes, Konzentration auf Kernkompetenzen, Wertschichtenwettbewerb, Technologiemanagement, Supply Chain Management
- Im achten Teil Erweiterungen beim Sustainable Development, zum Wachstumsdogma und zu den Grenzen des Öko-Marketings
- Im neunten Teil Ergänzungen zu Umweltmanagementsystemen (z.B. ISO 14001), Umweltkostenrechnung.

Als Ergänzung zu dieser Betriebswirtschaftslehre ist zusätzlich ein Aufgabenbuch mit Lösungen zur gezielten Klausurübung bereits in 2. Auflage erschienen.

München, im August 2000   Waldemar Hopfenbeck

Aus dem Vorwort zur ersten Auflage

Das vorliegende Lehrbuch soll als „Einführung" einen Überblick über das betriebswirtschaftliche Grundlagenwissen geben; es wendet sich sowohl an Studierende der Wirtschafts- und Sozialwissenschaften als auch an Manager, die sich über neuere Entwicklungen informieren wollen.

Eine Durchsicht der zur Zeit „gängigen" Standard-Lehrbücher führt zu der Erkenntnis, daß eine Zusammenfassung des umfangreichen betriebswirtschaftlichen Wissens in eine Gesamtschau zwangsläufig mit einer enormen Reduktion in der Darstellung der einzelnen Stoffgebiete verbunden ist. Weiter zeigte eine Durchsicht der „Einführungen", „Grundzüge" etc., daß die am Ende der jeweiligen Kapitel angefügten Kontrollfragen oder Übungsaufgaben zum einen irgendwie „angehängt" wirken, zum anderen, da sie i.d.R. keine Lösungen enthalten, auch didaktisch/methodisch unbefriedigend bleiben.

Bei der **Konzeption** dieses Nachschlagewerkes haben mich vor allem zwei Kriterien geleitet:

- Zahlreiche Probleme der Betriebswirtschaftslehre sind als Probleme der Führung zu klassifizieren. Betrachtet man jedoch diesen Aspekt in den Standard-Lehrbüchern, so werden diese Themen auf 70 bis 80 Seiten (d.h. 5 bis 10% der Textseiten) nur kurz angesprochen. Dies erscheint mir bei der geradezu explosionsartigen Vermehrung des Mangementwissens völlig unzureichend, unabhängig davon,
  - ob man, wie dies bei zahlreichen Vertretern geschieht, die Betriebswirtschaftslehre mit Unternehmensführung/Management gleichsetzt oder
  - ob man die Unternehmensführung nur als Teilgebiet einer übergeordneten Betriebswirtschaftslehre betrachtet.
- Die Darstellung des Führungsproblems berücksichtigt zu wenig den Systemcharakter der Unternehmung. Ein ganzheitlicher Ansatz sollte meines Erachtens folgende drei Dimensionen gleichwertig erfassen:
  - die Unternehmung ist ein zweck- und zielorientiertes System; dies bedingt unabdingbar eine Darstellung der „ökonomischen" Führungsaufgabe
  - die Unternehmung ist ein soziales System, in dem der Mensch in seiner Doppelfunktion (Subjekt/Objekt) eine Schlüsselrolle einnimmt; dies erfordert ein verstärktes Mangement der Human-Ressourcen
  - die Unternehmung ist ein offenes System, das durch seine Tätigkeit zwangsläufig mit Wirkungen auf seine natürliche Umwelt verbunden ist; dies erzwingt eine Erweiterung der Leitungs- und Controllingaufgaben um ökologische Komponenten.

Innerhalb dieses „Spannungsdreiecks" werden die betriebswirtschaftlichen Fragestellungen erörtert.

Während die erste Dimension einer rentabilitäts- und liquiditätsorientierten Unternehmensführung traditionell den Schwerpunkt der betriebswirtschaftlichen Literatur umfaßt, zur zweiten Dimension (bei relativ geringer Gewichtung innerhalb der Einführungslehrbücher) umfangreiche personalwirtschaftliche Literatur und zur dritten Dimension erst in jüngster Zeit Spezialliteratur erschien, ist es mein Anliegen, erste Ansätze einer integrierten Sicht der Gesamtführung zu skizzieren.

Zusätzlich sollen dem Leser Anregungen gegeben werden, betriebswirtschaftliche Problemstellungen zur Lösung unserer Zukunftsaufgaben kritisch zu überdenken.

Es ist mein Bestreben, durch aufgelockerte Textgestaltung und eine moderne typographische Textaufbereitung dem Studierenden eine „lesbare" Hilfe für sein BWL-Studium zu geben; die bibliographischen Hinweise sollen einen Einstieg zur Vertiefung des Wissens geben.

Ich habe bereits auf die Doppelfunktion eines Lehrbuches einer „angewandten Wissenschaft" hingewiesen; demnach ist es ein besonderes Anliegen, auch den Führungskräften aller Ebenen ein theoretisch fundiertes, aktuelles Managementwissen für ihre Funktionserfüllung zur Verfügung zu stellen.

Ein Werk dieses Umfangs als Produkt der Arbeit eines einzelnen Wissenschaftlers ist bei „Geburt" bereits potentiell verbesserungsfähig - ich nehme deshalb gerne kritische Anregungen und Ideen entgegen.

München, im April 1989   Waldemar Hopfenbeck

Erster Teil: Grundlagen

„Reißt man aber eine Fabrik ein oder revoltiert gegen eine Regierung oder unterläßt es, ein Motorrad zu reparieren, nur weil es sich dabei um ein System handelt, heißt das, Wirkungen anstelle von Ursachen anzugreifen; und solange nur die Wirkungen angegriffen werden, ist keine Veränderung möglich. Das wahre System, das eigentliche System ist der derzeitige Aufbau unseres systematischen Denkens selbst, die Rationalität selbst, und wenn man eine Fabrik niederreißt, jedoch die Rationalität, die sie hervorgebracht hat, stehen läßt, dann wird die Rationalität einfach eine neue Fabrik hervorbringen. Wenn eine Revolution eine systematische Regierung vernichtet, die systematischen Denkmuster, die diese Regierung hervor brachten, jedoch unangetastet läßt, dann werden sich diese Denkmuster in der nachfolgenden Regierung wiederholen. Es wird so viel über das System geredet. Und so wenig begriffen."

Robert M. Pirsig,
Zen und die Kunst, ein Motorrad zu warten (1976, S. 106f.)

A. Der Gegenstandsbereich der Betriebswirtschaftslehre

I. Geschichtliche Entwicklung

Wenn wir Unternehmensführung/Management als das Gestalten und Lenken des soziotechnischen Systems Unternehmung kennzeichnen, so dürften Leitungsaufgaben dieser Art wohl zum ersten Mal im Zuge der **Industrialisierung** und der damit verbundenen produktionstechnischen **Arbeitsteilung** in England entstanden sein. Staehle (vgl. 1994, S. 4ff.) zeigt auf, daß mit dem Wandel der Produktionsformen vom Handwerk über den Verlag und die Manufaktur hin zur Fabrik (das als System durch hohe Mechanisierung, Arbeitsteilung, Massenfertigung in zentralisierten Werkstätten und einen hohen Kapitaleinsatz gekennzeichnet ist) **Management-funktionen**, wie Planung, Organisation und Kontrolle, notwendig wurden, wobei nach dem Produktionsbereich nach und nach auch die anderen Funktionsbereiche der Unternehmung einen „Managementbedarf" entwickelten. „Das technologische Wissen um den Produktionsprozeß aber wurde transferiert zu einer Gruppe von neuen Managern, die nicht aus den Werkstätten, sondern aus den Schulen kamen" (Mikl-Horke, 1995, S. 59).

In dieser Entwicklungsstufe – mit der aufkommenden Trennung von Eigentum und Unternehmensführung – ist das Aufkommen der **„Manager"** als neue Berufsgruppe bestimmbar; Burnham sprach vor fast 50 Jahren vom „Regime der Manager" bzw. von der „Management-Revolution". Die Interessen der Eigentümer werden stellvertretend durch die Manager als „Mittler" zur Geltung gebracht (vgl. dazu auch unsere Ausführungen im Vierten Teil, A, I). Mit der Frage der **Kompetenzübertragung** auf diese Personengruppe beschäftigen sich zahlreiche betriebswirtschaftliche Theorien (vgl. dazu Bamberg/Spremann 1987). Das Management ist aber nicht nur Mittler zwischen den „Klassengegnern" Arbeit und Kapital, sondern auch zwischen Arbeitern und Konsumenten (vgl. Albach 1990, S. 535).

„Unter der höchsten Ebene des Management kam es zur Entstehung einer Managerschicht, die nur auf Grund der Kontrolle über die Produktion sowie der anderen Funktionen, die das moderne Unternehmen wahrnehmen muß, insbesondere dem Marketing, entstanden ist. Diese Manager haben nichts mit der kapitalistischen Leitung der Unternehmen zu tun, sie sind ein Ergebnis der Arbeitsteilung, der Integration der Personalverwaltung in den Funktionsbereich der Unternehmensführung sowie der Integration der Absatzfunktion in das Unternehmen. Früher vertrieben die Unternehmen ihre Produkte über Kommissionäre und Großhändler. Nunmehr entstanden eigene Verkaufs-, Verteilungs- und Werbeabteilungen, die bald internationalen Aktionsradius aufwiesen. Darüber kam es zu einer vertikalen und horizontalen Integration von vor- und nachgelagerten Produktionsbereichen sowie zur Diversifikation der Produktion." (Mikl-Horke, 1995, S. 60)

Die weitere Entwicklung, die Evolution des Managements, wird in der Literatur im Allgemeinen in drei Schwerpunkte eingeteilt; wichtig erscheint der Hinweis, daß es sich nicht um fortlaufende, klar abgrenzbare Entwicklungsstufen handelt, sondern um sich z.T. überlappende „Phasen" mit bestimmten Forschungsschwerpunkten (vgl. dazu auch Dritter Teil, B).

Seit sich die Strukturen moderner Industriebetriebe herausbildeten, wurde eine kontinuierliche Diskussion über „erfolgreiche" Führungskonzepte geführt. Die verschiedenen Managementkonzepte entwerfen dabei jedes ein bestimmtes „Bild", das die jeweilige gesellschaftlichen Rahmenbedingungen (Sicht des Menschen usw.) reflektiert.

1. Der **traditionelle** Ansatz, 1900 bis 1930
   (klassischer, mechanistischer, technologischer Ansatz), verbunden mit Namen wie

   - Babbage (der lange vor Taylor die Vorteile der Arbeitsteilung erkannt hatte); sein „On the Economy of Machinery and Manufacturers" erschien bereits 1832!)

   - Taylor („The Principles of Scientific Management", 1911)

   - Gilbreth Frank und Lilian („The Psychology of Management", 1914)

- Ford

- Fayol („General and Industrial Management", 1949; französisches Original 1916)

- Weber („Das bürokratische Modell", 1905)

- Gründung von RKW und REFA (1924).

Die BWL wurde zu Beginn dieses Jahrhunderts (bis in die heutige Zeit) sehr stark von den Ideen der „Wissenschaftlichen Betriebsführung" (**„Scientific Management"**), die von Taylor begründet wurde (deshalb auch „Taylorismus"), geprägt. Einige schlagwortartige **Merkmale** dieser mechanistischen Managementtheorie:

- **Ziel** = den finanziellen Wohlstand der Arbeitnehmer und den des Arbeitgebers mit der industriellen Leistungserstellung zu fördern.
- Betonung arbeits-„technischer" Probleme: ingenieurwissenschaftlich geprägte, möglichst optimale Nutzung der menschlichen Potentiale (z.B. systematische Arbeitsanalysen/Bewegungsstudien/ Zeitstudien der einzelnen Tätigkeiten/Arbeitsabläufe) innerhalb einer auf wissenschaftlichen Grundsätzen basierenden technisch-organisatorischen Perfektion des Betriebsgeschehens und Gestaltung der Arbeitsumgebung (Ziel = Produktivitätssteigerung durch Optimierung fertigungstechnischer Abläufe = Mensch als maschinenähnlicher Produktionsfaktor).
- Fragen der Standardisierung und der Effizienzsteigerung bei weitgehender Vernachlässigung des Humanpotentials.
- Notwendige Koordination und Kontrolle/Disziplinierung der Arbeiter durch Vorgesetzte, d.h. Trennung von Ausführungs- und Dispositionsaufgaben – Einrichtung sog. Funktionsmeister.
- Der Arbeitnehmer, der isoliert betrachtet wird, strebt einen möglichst hohen Lohn an (= Einkommensmaximierer); Einführung eines Leistungsentlohnungssystems: Stücklohnsystem/ Akkordsätze.
- Menschenbild: der sog. Homo oeconomicus der Nationalökonomie des 18. Jahrhunderts.
- Leistungsbereitschaft hängt fast ausschließlich von finanziellen Anreizen (höchstmöglicher Lohn) ab.
- Wesentliche Prinzipien: personelle Trennung von leitender/planender und ausführender Arbeit (Arbeitsteilung Management – Arbeiter), Anwendung wissenschaftlicher Methoden: Arbeitszerlegung und räumliche Ausgliederung aller planenden, steuernden und kontrollierenden Arbeitsinhalte der Fertigung.
- Taylors Prinzipien der Wissenschaftlichen Betriebsführung und der zunehmenden Arbeitsteilung wurden von Henry Ford auf die neue industrielle, weitgehend mechanisierte Massenproduktion (= Fließbandprinzip = Fordismus) übertragen.
- Grundvoraussetzung für die fortschreitende Automation (Monotonisierung, Entpersönlichung, Entfremdung vom Produkt, Versachlichung der Arbeit, Dequalifizierung).

Als letzter großer Gedankenvater der klassischen Organisationslehre gilt **Max Weber** (1864 – 1920), der sich hinsichtlich der Funktionsweise eines Systems auf ein **Bürokratiemodell** stützt, das eine klare **hierarchische** Gliederung und die Besetzung der Stellen mit entsprechend qualifizierten Personen vorsieht". (Probst, 1992, S. 423)

Das mechanistische Menschenbild des Taylorismus bzw. Fordismus fand (nach Picot/Reichwald/Wigand, 1998, S. 437f.) auch Eingang in die durch **Gutenberg** geprägte betriebswirtschaftliche Produktions- und Kostentheorie: Sie bezieht die menschliche Arbeitsleistung (wobei zwischen dispositiv und objektbezogen unterschieden wird) neben den Betriebsmitteln und den Werkstoffen als dritten Produktionsfaktor in das System der betrieblichen Produktionsfaktoren ein (dazu Punkt III,1). Die Zusammenhänge der industriellen Leistungserstellung werden in mathematisch formalisierten Produktions- und Kostenfunktionen ausgedrückt. „Die Produktions- und Kostentheorie konzentriert sich auf die Entdeckung der Prinzipien optimaler Organisationsformen der industriellen Leistungserstellung, der optimalen Betriebsgröße sowie der kostenminimalen Produktionsformen. Das dominierende Optimierungskriterium bildet also die Produktivität.

Gutenberg weist jedoch auch darauf hin, daß sich der wirtschaftende Mensch mit seinen nicht quantitativ faßbaren, irrationalen Eigenschaften und Handlungsweisen nicht allein nach dem Rationalprinzip verhält und so die Entwicklung eines Unternehmens auch von einer Reihe sozialer und persönlicher Faktoren abhängt."

Für Drucker basiert jede Methode, die während der letzten 100 Jahre (bis hin zum Total Quality Management) entwickelt wurde und die auch nur die geringsten Produktivitätssteigerungen und somit einen Anstieg der Reallöhne der Industriearbeiter nach sich zog, auf den Grundlagen der Erkenntnisse von Taylor:

„Trotz aller Fehler und Unzulänglichkeiten hatte kein anderer Amerikaner, nicht einmal Henry Ford (1863 – 1947), einen solchen Einfluß wie Frederick Taylor. Das ‚Wissenschaftliche Management‘, gefolgt von der ‚Betriebswissenschaft‘, ist die amerikanische Philosophie, die mehr als die Verfassung und die Federalist Papers die Welt verändert hat. Im letzten Jahrhundert hat es nur eine weltumspannende Philosophie gegeben, die mit Taylors Ansatz konkurrieren konnte. Es war der Marxismus. Doch letztendlich hat Taylor auch Marx hinter sich gelassen." (Drucker, 1999, S. 197)

2. Der **soziologische** Ansatz, 1930 bis 1960
    (neoklassischer, verhaltenswissenschaftlicher, sozialpsychologischer, humanistischer Ansatz), verbunden mit Namen wie

    - Mayo, Roethlisberger und Dickson, 1930-1940 (Hawthorne Experimente, Human Relations)

    - Maslow 1940

    - Herzberg, McGregor, Argyris 1960 (Motivationsforschung)

    - Gründung des Tavistock Institute of Human Relations in London (sozio-technischer Systemansatz, 1960).

Die als Reaktion auf den einseitig ingenieurwissenschaftlichen Taylorismus in der amerikanischen Betriebspsychologie und -soziologie (als eine Art Gegenbewegung) entstehende **Human-Relations-Bewegung** als eine humanistische Managementtheorie ist durch folgende **Merkmale** gekennzeichnet:

- Betonung der humanen und sozialen Faktoren und menschlicher Aspekte (z.B. Bedürfnis nach Anerkennung), der Mensch ist nicht nur Produktionsfaktor, sondern ein soziales Wesen.
- Ursprung in den von Mayo bei der Western Electric Company in Chicago durchgeführten „**Hawthorne-Experimenten**". Ergebnisse der Arbeit: Rationalisierungsmaßnahmen (hier: Variation der Beleuchtung in den Werkstätten) reichen zur Erklärung von Produktivität nicht aus; d.h. Arbeitsleistung hängt demnach nicht nur von den objektiven Arbeitsbedingungen ab, sondern mehr von sozialen Faktoren.

- **Annahme**: Gruppenphänomene, soziale Interaktionen, steigern die Arbeitszufriedenheit der Mitarbeiter und diese über die Motivation auch die Leistung der Organisation. Deshalb bewußte Gestaltung innerbetrieblicher zwischenmenschlicher Beziehungen (Teamarbeit, zwischenmenschliche Kommunikation).
- Nicht der Lohn ist alleiniger Erklärungsfaktor der Produktivität/Arbeitsleistung, sondern auch andere Faktoren wie z.B. die **Arbeitszufriedenheit** oder die sozialen Beziehungen spielen eine Rolle. Bedürfnisbefriedigung als Auslöser von Motivation und Produktivität.

- Kooperativer Führungsstil.
- Da die zwischenmenschlichen Beziehungen aber nicht automatisch zu einer höheren Leistung führten, wurde gefolgert, daß **Motivation** maßgeblich für die Leistungsbereitschaft ist und nicht alleinige Zufriedenheit mit einem erreichten Zustand. Es zeigte sich also deutlich die Notwendigkeit der Erforschung aller menschlichen Bedürfnisse und der Zusammenhänge zwischen Motivation, Frustration, Zufriedenheit und Leistung. Diese Erkenntnis ist auch für die Beurteilung aktueller Entwicklungen von Bedeutung (vgl. Picot/Reichwald/Wigand, 1998, S. 439).

- Die Theorie prägten viele Arbeiten der Motivationsforscher wie Maslow, Herzberg oder McGregor (siehe dazu 3.Teil).
- Die unterstellten erklärenden Faktoren hatten sich damit zwar gewandelt (jetzt Mensch, Bedürfnisse, Gruppe, Interaktionen), zur Erklärung des menschlichen Arbeitsverhaltens innerhalb von Organisationen reichten sie jedoch noch **nicht** aus.

„Der verhaltenstheoretische Denkansatz unterstreicht die Emergenz der menschlichen Dimension im Unternehmen. Der Mensch ist nicht mehr länger ein isoliertes, nur funktionelles Wesen, sondern Mitglied einer Gruppe, zu der er eine mehr oder weniger starke Zugehörigkeit entwickelt." (Probst, 1992, S. 429)

Zu Beginn der 70er Jahre vollzog sich ein Wertewandel in der Arbeitswelt. Dieser stellte einen wesentlichen Einflußfaktor für die zeitgleich einsetzende gesellschaftspolitische Humanisierungsdebatte dar. „Ausdruck dieses Wertewandels war neben der immer stärker werdenden Kritik an tayloristischen Arbeitsstrukturen vor allem die auf einer zunehmenden Sättigung materieller Bedürfnisse beruhende Suche nach höherer Lebens- und Arbeitsqualität. Zugrunde lag die generelle Forderung nach Selbstverwirklichung des Menschen in der Arbeitswelt." Eine wesentliche Basis der **Humanisierungsdebatte** bilden die praktische Gestaltung menschengerechter Arbeitsstrukturen, die Betonung des Arbeitsinhalts sowie der Arbeitsstrukturen als wichtigste Motivationsquellen. Durch die Anwendung neuer Prinzipien wie Job-Rotation, -Enlargement, -Enrichment oder durch die Bildung teilautonomer Arbeitsgruppen (vgl. dazu 3.Teil) soll eine Ausweitung des Handlungsspielraums erreicht und somit die tayloristische Spezialisierung eingeschränkt sowie die Persönlichkeitsentwicklung und Qualifizierung der Mitarbeiter gefördert werden (Picot/Reichwald/Wigand, 1998, S. 443f.).

Durch Entwicklungen wie die Globalisierung der Märkte, die steigende Innovationsdynamik, die Entstehung von Käufermärkten und den gesellschaftlichen Wertewandel hat sich die Wettbewerbssituation der Unternehmen in den letzten Jahrzehnten wesentlich verschärft. Die Differenzierung von Mitbewerbern wird immer schwieriger, da sich Produkte zunehmend gleichen. Immer schneller sind Innovationen notwendig, um wettbewerbsfähig zu bleiben. Kunden verlangen individuelle, speziell auf ihre Bedürfnisse abgestimmte Produkte und Problemlösungen. Die strategischen Potentiale zur Erzielung von Wettbewerbsvorteilen verschieben sich von den traditionellen Faktoren, wie beispielsweise Produkt- und Prozeßtechnologie, Economies of Scale, finanzielle Ressourcen oder geschützte bzw. regulierte Märkte, zunehmend in Richtung auf einen adäquaten Einsatz und das **Management der Ressource Mensch**. (Vgl. Ebd.)

Diese Faktoren zwingen die Unternehmen dazu, zunehmend den Mitarbeiter als schwer zu imitierendes, strategisch wichtiges Wettbewerbspotential zu erkennen und neue Wege zum effektiveren Einsatz ihres Humankapitals zu beschreiten. Damit geraten auch die tayloristisch und stark hierarchisch gegliederten Organisations- und Produktionskonzepte immer mehr unter Druck, denn erforderlich sind heute flexible, teamartige Organisationsstrukturen.

Zunehmend wird erkannt, daß der Mensch auch für die neuen Organisationsformen einer der kritischen Erfolgsfaktoren ist. Daher ist es notwendig, den Mitarbeiter immer mehr als eine pfleglich zu behandelnde „(Human-)Investition" denn als einen reinen „Kostenfaktor" zu sehen, den es zu reduzieren gilt. Der Mitarbeiter sollte als „Unternehmer im Unternehmen" („Intrapreneur") betrachtet und damit in das Zentrum des betrieblichen Geschehens gestellt werden. Dies hat zum einen neue Anforderungen an die Mitarbeiter zur Folge, bietet aber andererseits die Möglichkeit zur Erweiterung der persönlichen Leistungsgrenzen des Menschen im Unternehmen (vgl. ebd., S. 447). Im Rahmen der Neugestaltung der Wertschöpfungskette sind zahlreiche **neue Modelle der Arbeitsstrukturierung** und neue Anforderungen an die Mitarbeiter und den Manager in den Netzwerkstrukturen entstanden.

Auch Probst (vgl. 1992, S. 449) beschreibt die Notwendigkeit des veränderten Fokus: von der **Produktivität zur Entwicklung**. Er betont andererseits, daß wir nicht die Ergebnisse sämtlicher früherer Managementkonzepte verwerfen müssen:

- Bestimmte Aspekte des Taylorismus, wie die Zerlegung der Arbeitsprozesse, hat viel zu ihrer Informatisierung beigetragen.
- Mit der Human-Relations-Tradition fand der gesamte Komplex der humanen Dimension Eingang in die Unternehmensorganisation.
- Kontingenztheorien zeigen, daß es keine unveränderbaren Regeln gibt, die unter allen Bedingungen gelten würden.
- Die wichtigsten Ergebnisse der Kybernetik finden sich in der Systemtheorie wieder.
- Entscheidungsprozesse bekommen wir besser in den Griff, indem wir die Bedeutung der Problemdarstellung sowie Konvergenz bzw. Divergenz in Bezug auf die Ziele besonders beachten.
- Der Verdienst der Systemtheorie ist ihr ganzheitlicher Ansatz und die Tatsache, daß sie die Entscheidung des Menschen, und sein Werk in ein neues Licht setzt.

Ein Unternehmen kann seine vielfältigen Aufgaben nur wahrnehmen, wenn es sie in Einklang bringt und ihre Komplexität bewältigt. Um dies zu erreichen, muß es lernen, muß es andere Sichtweisen akzeptieren und sich innerhalb seines Bezugsrahmens evolutiv verändern, um die Ziele und die unterschiedliche Bedingungen, mit denen es konfrontiert wird, einordnen zu können, d.h. es muß sich entwickeln. (Ebd.)

Die heutigen Managementkonzepte sind also das „Ergebnis" eines langen Evolutionsprozesses; dieser Prozeß der Veränderung, Hinterfragung, Verwerfung, des Neuentdeckens, der zu einer **Erweiterung** (und nicht zum Ersatz der vorherigen Stufe) des Wissenschaftsgebäudes führte, ist noch nicht beendet. Neue Entwicklungen etwa (z.B. der Systemansatz) fordern sogar die Einordnung der Managementtheorie **unter** übergeordnete Theorien.

Die nach dem 2. Weltkrieg einsetzende Periode der **Differenzierung** führte zu einer Aufsplittung in verschiedene Ansätze, die heute mehr oder weniger nebeneinander bestehen. Wir werden einige anschließend näher skizzieren.

II. Basiskonzepte der Betriebswirtschaftslehre

Die Betriebswirtschaftslehre ist eine relativ junge Wissenschaft, die (nach Gründung zahlreicher Handelshochschulen um 1900) erst mit Beginn des 20. Jahrhunderts zu einer methodischen und fachlichen Fundierung kam – nicht zuletzt durch Eugen Schmalenbach, dem die Disziplin ihren „Namen" verdankt (dazu Bea/Dichtl/Schweitzer, 1992, S. 3f.). Die **Wirtschaftswissenschaften** als Realwissenschaften werden innerhalb der Kulturwissenschaften i.d.R. den Sozialwissenschaften zugerechnet; sie beschäftigen sich mit dem effizienten Umgang mit knappen Gütern. Eine Gliederung in **Teildisziplinen** läßt sich nach verschiedenen **Kriterien** durchführen. Innerhalb der Wirtschaftswissenschaften

- setzt sich die (wesentlich ältere) **Volks**wirtschaftlehre in Theorie und Politik mit wirtschaftlichen Problemen unterschiedlich aggregierter Bereiche auseinander (z.B. Bildung und Verteilung des Volkseinkommens, Fragen der Beschäftigung, des Wachstums, der Konjunktur),
- wendet sich die **Betriebs**wirtschaftslehre den einzelnen Betrieben zu (und beschäftigt sich mit wirtschaftlichen Fragen der Beschaffung, der Produktion, des Vertriebs, der Finanzierung, der Planung, der Kooperation, der Globalisierung usw.
- Aus systemlogischen Gründen erscheint die **Trennung** in BWL und VWL nicht haltbar.

Die Betriebswirtschaftslehre selbst wird herkömmlich untergliedert in eine

- **Allgemeine** Betriebswirtschaftslehre (diese beschäftigt sich mit wirtschaftlichen Fragestellungen, die in allen Betriebsarten auftreten, unabhängig von Branchenzugehörigkeit, Größe oder Rechtsform),

- und die **Speziellen** Betriebswirtschaftslehren, die wirtschaftliche Fragen sektoren-/bereichsspezifisch behandeln. Dies kann **institutionell** bezogen in Wirtschaftszweiglehren erfolgen (z.B. Industrie-, Handels-, Bank-, Versicherungsbetriebslehre) oder nach betrieblichen Haupttätigkeiten **funktional** bezogen (Absatzwirtschaft, Finanzierung, Personalwesen, Materialwirtschaft etc.). Auch eine kombinatorische Betrachtung ist möglich (z.B. Personalwesen des Industriebetriebs, des Handels etc.);
- die sog. **Betriebstechniken** (Statistik, Operations Research, Finanzmathematik etc.)

> Diese Veröffentlichung bezieht sich nur auf den Bereich der Allgemeinen Betriebswirtschaftslehre. Da betriebliche Fragestellungen hier im Wesentlichen unter dem Aspekt der „Führung" betrachtet werden, die im Spannungsfeld von ökonomischen, sozialen und ökologischen Interessen erfolgt, ergibt sich der Titel (sowie Untertitel) dieser „Allgemeinen".

Die Frage, unter Zugrundelegung welcher Abgrenzungskriterien sich die Betriebswirtschaftlehre aus dem Bereich betrachteter Erfahrung heraus (Realität als **Erfahrungsobjekt)** ihr **Erkenntnisobjekt** herausfiltern sollte, hat die Betriebswirtschaftslehre seit ihrer Entstehung beschäftigt. Damit ist das **Dilemma** der disziplinären Abgrenzung beschrieben:

- einerseits die Notwendigkeit einer **Arbeitsteilung** der Disziplinen untereinander, bedingt durch
  - die extreme Komplexität der Erfahrungsobjekte,
  - die menschliche (beschränkte) Kapazität,
  - die Gefahr des Dilettantismus,

- andererseits die Erkenntnis, daß viele betriebswirtschaftliche Probleme nur durch **Integration** einzeldisziplinärer Perspektiven lösbar sind.

Wegen der zentralen Bedeutung dieser Frage – durch die Festlegung des Objektbereiches als ein **Basiswerturteil** wird der weitere Verlauf der Forschung bereits weitgehend determiniert – soll die Entwicklung genauer dargestellt werden. Die Problematik ist von Vogler (1976, S. 4f.) in präziser Form beschrieben worden: „Es gibt keine **autorisierte Instanz**, durch die einer wissenschaftlichen Disziplin ein Standort im System der Wissenschaften zugewiesen wird. Die sich als Vertreter einer Disziplin ausweisenden und bekennenden Forscher bestimmen vielmehr durch die Auswahl des konkreten Problembestandes das Untersuchungsobjekt und damit den **wissenschaftlichen Standort** ihrer Disziplin. (…) Deshalb ist die Abgrenzung zwischen wissenschaftlichen Disziplinen und die Kennzeichnung ihrer Beziehungen zueinander als Hilfs- oder Nachbarwissenschaften weniger mit der Eindeutigkeit eines der Problemauswahl zugrunde liegenden Prinzips zu begründen als eher mit der Einsicht in die Notwendigkeit einer sinnvollen wissenschaftlichen **Arbeitsteilung**. (…). Daraus ergibt sich, daß die Frage nach dem wissenschaftlichen Standort der Betriebswirtschaftlehre jeweils nur mit Hinweis auf bestimmte Zeitströmungen beantwortet werden kann."

Die Frage der **Ein**- oder **Mehrdimensionalität** des Gegenstandsbereiches der Betriebswirtschaftslehre soll zuerst anhand sog. Basiskonzepte dargestellt werden; anschließend werden deren konkrete Ausformungen erläutert. Von einem Grundkonsens über Ziele, Inhalte und Methoden im Fach Betriebswirtschaftslehre kann kaum noch gesprochen werden. „Gibt es DIE Betriebswirtschaftslehre nicht mehr?„, fragte zu Recht Bleicher (1988, S. 110f.). Sehr ausführlich wurde diese für die Zukunft der Betriebswirtschaftslehre als wissenschaftliche Disziplin entscheidende Frage auf zwei Vorlesungsreihen an der Hochschule St. Gallen (1984 und 1986/87) erörtert; die Ergebnisse über die Grundpositionen der Betriebswirtschaftslehre lassen sich bestimmten **Denkrichtungen** zuordnen (vgl. dazu im Einzelnen die Sammelbeiträge in Wunderer, 1985, 1988).

Als **Basiskonzepte** wollen wir klassifizieren:

(1) das **ökonomische** Konzept
(nur die ökonomische Seite des Betriebes ist Untersuchungsgegenstand)

(2) das **sozialwissenschaftliche** Konzept
(interdisziplinäre Öffnung, insbesondere gegenüber verhaltenswissenschaftlichen Nachbardisziplinen)

(3) das Konzept einer Betriebswirtschaftslehre **als Führungslehre**
(multidisziplinäre Wissenschaft von der Führung sozialer Systeme, Unternehmensführung als Teildisziplin einer umfassenden Managementlehre)

Zu (1): (das ökonomische Konzept)

Die **Beschränkung** der Betriebswirtschaftslehre auf **ökonomische** Erkenntnisse und kritisch-rationale Methoden ist verbunden mit Namen wie Albach, Witte, Wöhe, Gutenberg, Kosiol, Mellerowic, Schneider oder Rieger. Nach Albach ist die Betriebswirtschaftslehre als Wissenschaft bewußt eine ökonomische Disziplin, die ihren wissenschaftlichen Rang gerade aus ihrer strengen methodischen „Eindimensionalität" (Ulrich) gewinnt: „Steuerung der Unternehmung ohne die eindimensionale Orientierung an Erträgen und Kosten, ohne das Abwägen von Grenzkosten und Grenzerträgen gibt es ... nicht" (Albach, 1988, S. 182). Er sieht die BWL aber auch als eine offene Disziplin, offen für den Input anderer Disziplinen „an den Stellen und mit dem Rang, den die Betriebswirtschaftslehre ihnen zuweist. Gerade deshalb ist die Betriebswirtschaftslehre auch das Fundament einer Wissenschaft vom Management".

Das Erkenntnisobjekt der klassischen Betriebswirtschaftslehre ist nicht der Betrieb schlechthin, sondern nur die **„wirtschaftliche Seite"**. „Die technische, rechtliche, soziologische, psychologische, ethische u.a. Seiten des Betriebes bleiben ausgeklammert und gehören in das Untersuchungsgebiet anderer wissenschaftlicher Disziplinen. Der Betrieb wird aufgefaßt als Produktionsbetrieb im weitesten Sinne. Er stellt eine Kombination von Produktionsfaktoren dar, die sich planmäßig unter Beachtung des Wirtschaftlichkeitsprinzips vollzieht und die durch die Komponenten bestimmt wird, die einem gegebenen Wirtschaftssystem immanent sind." (Wöhe).

Im Zuge einer Arbeitsteilung der Wissenschaften untereinander beschäftigen sich viele Disziplinen ausschließlich mit ihrem jeweils „isolierten" Problembereich. Diese Disziplinen haben zwar das **gleiche** Erkenntnisobjekt (= die Unternehmung), aber jeweils **andere** Gegenstandsbereiche (= Erfahrungsobjekt). Auf die wissenschaftliche Durchdringung der anderen „Seiten" des Betriebes wird also verzichtet.

Schneider (1987, S. 17ff.) ist der Meinung, daß die Betriebswirtschaftslehre auf einen besonderen Aspekt eines jeden menschlichen Handelns abstellt und dies ist der **Einkommensaspekt**.

Der institutionelle Gegenstandsbereich der traditionellen Betriebswirtschaftslehre bezieht sich auf die **Institutionen** („Betriebe", „Betriebswirtschaften"), wobei keine Übereinstimmung besteht, wie **weit** dieser Begriff zu fassen ist:

- Die herrschende Lehre beschränkt sich auf **Produktionswirtschaften**, während
- die „Betriebswirtschaftslehre von den Einzelwirtschaften" zum Erfahrungsobjekt auch die **privaten Haushalte** dazuzählt (soziotechnische Systeme der Produktion und Konsumption). Insbesondere die absatzwirtschaftlich orientierte Literatur steht – unter dem Aspekt einer umfassenden Wirkungsanalyse betrieblicher Entscheidungen – der Einbeziehung positiv gegenüber.

Diese wohl am weitesten verbreitete Auffassung über das Erkenntnisobjekt der Betriebswirtschaftslehre faßt Rieper wie folgt zusammen:

„Aufgabe der Betriebswirtschaftslehre ist die Beschreibung, Erklärung, Prognose und Gestaltung des wirtschaftlichen Verhaltens von Menschen. Dabei konkretisiert sich dieses wirtschaftliche Verhalten in einer vernünftigen (rationalen) Handhabung (Disposition) nur beschränkt verfügbarer Produktionsmittel, mit deren Hilfe Güter – Sachgüter und Dienstleistungen – hergestellt werden können, die direkt oder indirekt die Bedürfnisse von Menschen befriedigen. Als rational wird eine Handlung immer dann bezeichnet, wenn sie sich an dem sog. Ökonomischen Prinzip oder Wirtschaftlichkeitsprinzip ausrichtet.(…) Diese Leistungserstellung geschieht in den sog. Betrieben, die nach Unternehmungen und Haushaltungen differenziert werden können."

Für Rieper (1992, S. 76) ist der Versuch, aus der Menge menschlicher Handlungen eine Teilmenge herauszulösen, der das Prädikat, wirtschaftlich' zugeordnet werden kann, als gescheitert anzusehen. Zudem wird die Gleichsetzung von wirtschaftlichem Verhalten und Handeln nach dem Rationalprinzip als verfehlt angesehen.

Zu (2): (das sozialwissenschaftliche Konzept)
Beim **sozialwissenschaftlichen Konzept** (z.B. Heinen, Kirsch, Schanz, Raffée) treten als Erweiterung des ökonomischen Ansatzes die wirtschaftlichen Individuen und Handlungen, d.h. die Idee der **Bedürfnisbefriedigung**, ins Zentrum der Analyse. Indem der **Mensch** und sein **Verhalten** zunehmend in das Erfahrungsobjekt einbezogen wurde, öffnete sich die Betriebswirtschaftslehre als Sozialwissenschaft immer mehr dem Bereich **verhaltenswissenschaftlicher** Disziplinen. Diese interdisziplinäre Öffnung erfolgte, da die Fragestellungen und Erkenntnisse einer einzelnen Disziplin nicht ausreichen, um dem Menschen und seinen Problemen in Unternehmungen gerecht zu werden. Als einer der Wissenschaftler, den insbesondere ein disziplinübergreifendes Arbeiten auszeichnete und der die Grenzen zu den Verhaltenswissenschaften überschritt, erhielt Simon als erster Nicht-Volkswirtschaftler 1978 den Nobelpreis für Wirtschaftswissenschaften.

In seinem „Plädoyer" für das sozialwissenschaftliche Grundkonzept führt Raffée (vgl. 1993, S. 27ff.) folgende Gründe ins Feld:

- Wirtschaften ist in der Realität ein spezieller **Ausschnitt sozialen Handelns**; Wirtschaftswissenschaft wäre allein schon deshalb als spezielle Sozialwissenschaft zu konzipieren.
- Für die Erklärungs- und Gestaltungsaufgabe bedarf es einer **ausreichenden Erklärungstiefe.** Sie läßt sich bei den meisten wirtschaftlichen Handlungen nur dadurch realisieren, daß insbesondere auf psychologische und soziologische Erklärungsansätze zurückgegriffen wird. Dies ist in modernen Industriegesellschaften besonders vordringlich, denn in ihnen führt der Absatz der produzierten Güter nicht nur zur Deckung **vorhandener** Bedürfnisse und Bedarfe, sondern ist mit der – auch durch psychologische Instrumente bewirkten – **Weckung** und **Formung** von Bedürfnissen und Bedarfen eng verknüpft. Zudem würden **Wirkungsverbunde** außer Acht gelassen, so etwa Wirkung von Produktionsprozessen auf die Arbeitszufriedenheit, Wirkungen von Güterkäufen und Güterverwendung auf menschliche Wertvorstellungen und Normen.
- Das Risiko, daß die verhaltenswissenschaftliche Öffnung zu einer Vernachlässigung zentraler betriebswirtschaftlicher Probleme führt, ist zwar gegeben, wird indessen von den Gegnern überschätzt. Die Öffnung hebt die interdisziplinäre **Arbeitsteilung** nicht auf.
- Die **Erfolge** der Öffnung der BWL für davon besonders „betroffene" Disziplinen (Marketing, Organisationslehre, Personalwirtschaftslehre etc.) können sich durchaus sehen lassen.

Mit dieser Öffnung bekommt die Frage der Abgrenzung des „Inhalts", der „Identität" der Betriebswirtschaftslehre neues Gewicht und ständige Aktualität. Die Einbindung der Wirtschaftswissenschaften in die Sozial- und Humanwissenschaften ist jedoch von zahlreichen Wissenschaftlern z.T. heftig kritisiert worden. Grenzüberschreitendes wissenschaftliches Arbeiten sieht sich in zahlreichen Veröffentlichungen dem Vorwurf des **Dilettantismus** ausgesetzt: „Die Integration wissenschaftlicher Teildisziplinen erzeugt nur Halbwissen, Dilettantismus, solange nicht Gedankenmuster für die Lösungen einzelner Problemstellungen quer durch die Fachinhalte errichtet werden, die unter einem neuen Blickwinkel das Wissen vertiefen, nicht: die Breite des Stoffes vermehren" (Schneider, 1981, S. 116).

Vertreter einer sozialwissenschaftlich fundierten **„personalen" Führungslehre** als Teilgebiet der Betriebswirtschaftslehre (z.B. Dachler, Wunderer) sind der Meinung, daß die Probleme der Betriebswirtschaftslehre wie Produktion, Marketing, Finanzierung, Rechnungswesen, Lagerhaltung, Planung usw. ... „grundsätzlich Probleme nur aufgrund ihres vernetzten Zusammenhangs mit Eigenschaften von Humansystemen und ihrer sozialen-gesellschaftlichen Umwelt" sind. ... „In diesem Sinn ist Wirtschaften prinzipiell ein Problem von Humansystemen und der sie konstituierenden Menschen" (Dachler, 1988, S. 66; dazu insbesondere Klimecki/Gmür, 1998, S. 47ff.).

Die begrüßenswerte Öffnung der Betriebswirtschaftslehre darf nach Ulrich (vgl. 1988, S. 180) aber nun nicht dazu führen, daß zu sehr auf „den Menschen" geblickt wird: Die Unternehmung würde damit nun in psychologischer Sicht zu eindimensional definiert und anstelle einer Unternehmensführungslehre eine Lehre von der Führung der Mitarbeiter in der Unternehmung entwickelt werden.

Zu (3): (das Konzept einer Betriebswirtschaftslehre als Führungslehre)
Mit dem Vordringen des system- und entscheidungsorientierten Ansatzes und der damit einhergehenden, bereits kurz angesprochenen **Öffnung** der Betriebswirtschaftslehre zu den Sozial- und Verhaltenswissenschaften nähert sich die Betriebswirtschaftslehre aber nun immer mehr der angelsächsischen Managementlehre an (d.h. sie rückt von dem einseitig „ökonomischen" Auswahlprinzip für ihr Erkenntnisobjekt Unternehmung ab).

Für weitgehend sozialwissenschaftlich orientierte **Managementansätze** stehen Namen wie Ulrich, Kirsch, Malik, Meffert, Staehle, Thommen; auch wir folgen diesem Ansatz, wobei allerdings die ökologische Dimension der Unternehmensführung im Gegensatz zu den genannten Autoren verstärkt betont wird. Seit dem Beginn der 70er Jahre ist eine **Umorientierung** der bis dahin auf die „ökonomische" Seite der Unternehmungen ausgerichteten Betriebswirtschaftslehre hin zu einer angelsächsischen Managementlehre zu verzeichnen (vgl. insbesondere auch Staehle, 1994, S. 36ff. und S. 116ff.).

Ulrich versteht die Betriebswirtschaftslehre als **systemorientierte Unternehmensführungslehre**, wobei die Unternehmung als ein zweckgerichtetes soziales System definiert wird, das sehr viele Aspekte und Dimensionen aufweist; Führung bedeutet „das Gestalten, Lenken und Entwickeln eines ganzen, komplexen sozialen Systems" (ebd., S. 19). Die Unternehmensführungslehre ist damit eine **Teildisziplin** einer umfassenden Managementlehre.

Diese Betriebswirtschaftslehre, die sich als Managementlehre versteht, geht davon aus, daß „in der Wirtschaftspraxis betriebswirtschaftliche Probleme und ihre Lösungen nicht isoliert vorkommen, sondern immer im Verbund mit Problemen der Unternehmensführung" (Malik, 1992, S. 22); beschränkt sich die Betriebswirtschaftslehre bei den Problemen jedoch auf ihre rein wirtschaftliche Dimension, kann sie keinen ausreichenden Beitrag zur Lösung bieten, denn die ganzheitliche Gestaltung und Lenkung des Systems „Unternehmung" ist ein **vieldimensionales** Problem. Als aktuelle Perspektiven seien nur die ökologische und sozialgesellschaftliche Verantwortung der Unternehmensführung angeschnitten.

Dieser – vor allem von den Wissenschaftlern der **Hochschule St. Gallen** zuerst gegangene – Schritt von einer wirtschaftswissenschaftlich orientierten Betriebswirtschaftslehre zu einer systemorientierten Managementlehre hat es erforderlich gemacht, „immer mehr Gebiete einzubeziehen, die bis dahin nicht einmal im Entferntesten etwas mit Betriebswirtschaftslehre zu tun hatten" (ebd., S. 25), etwa die Bio- und Neurokybernetik oder die Evolutionstheorie; es wird erkannt, daß durch die Beschäftigung mit völlig anderen Wissenschaftsdisziplinen Schwierigkeiten und Mißverständnisse entstehen.

Neben Ulrich setzt sich im deutschsprachigen Raum insbesondere der Kreis um Kirsch dafür ein, die Betriebswirtschaftslehre **explizit** als **Führungslehre** zu konzipieren und so der angelsächsischen Managementlehre anzunähern. Kirsch sieht Führung als Erkenntnisperspektive der angewandten Betriebswirtschaftslehre, die Betriebswirtschaftslehre als eine „an Problemen einer Führungspraxis orientierte und auf die Rationalisierung dieser Führungspraxis gerichtete Lehre für die Führung auf der Grundlage einer Lehre von der Führung". Die Interpretation der Betriebswirtschaftslehre als eine **„Lehre von der Führung"** sei eine zu enge Auffassung, dann würde sich die Betriebswirtschaftslehre ausschließlich mit Führungsfragen befassen. Mit der Formulierung **„Lehre für die Führung"** werde zum Ausdruck gebracht, daß der „Output" der Betriebswirtschaftslehre (ihre Aussagen und Aussagesysteme) zu einer „Verbesserung" der Führung von Betriebswirtschaften beiträgt, sofern dieser „Output" angewandt bzw. „beherzigt" wird (Kirsch/Esser/Gabele, 1979, S. 109f.).

Die Analyse der relevanten Praxis „Führung" betriebswirtschaftlicher Organisationen bestimmt die theoretischen und technologischen Erkenntnisinteressen einer angewandten Betriebswirtschaftslehre. Das breite Spektrum von Erkenntnisinteressen kann dabei nur bewältigt werden, wenn die Führungslehre sich nicht als **interdisziplinäre** Superwissenschaft versteht, sondern einen **multidisziplinären** Erkenntnispluralismus zum Programm erhält (Kirsch/Esser/Gabele, 1979, S. 110).

Die betriebswirtschaftliche Managementlehre zeichnet sich in den letzten Jahrzehnten durch einen ständigen „Interdisziplinären Suchprozeß" aus; wichtige Fundstellen zeigen Themen wie (vgl. Klimecki/Laßleben, 1995, S. 2)

- Unternehmenskultur (Anthropologie)
- Unternehmensverfassung (Politologie)
- Selbstorganisation (Biologie)
- Fraktale Organisation (Mathematik)
- Virtuelle Organisation (Informatik)
- Organisationales Lernen (Psychologie)
- Bildung/Wissen (Pädagogik)
- Qualifikationsanpassung (Berufspädagogik)

Tschirky (vgl.,1999, S. 113ff.) ist der Meinung, daß alle z.Z. verbreiteten Ansätze (BWL, Management Science, Theorie der Unternehmung usw.) jeweils nur Teilgebiete des umfassenden interdisziplinären Spektrums erklären, d.h. wesentliche Aspekte der heutigen Unternehmensrealität finden demnach in der Theorie keine Beachtung. Die Lücke zwischen Managementtheorie und Technologierealität setzt die Unternehmenslehre unter Zugzwang: An der ETH Zürich wird an einem Konzept der „Unternehmenswissenschaft" gearbeitet, damit insbesondere die kritische **Lücke** zwischen der primär ökonomischen Grundausrichtung und der existentiellen Betroffenheit von Unternehmen durch den technologischen Wandel geschlossen wird. Die Grundlagen des Verständnisses von Unternehmen und deren Führung sind um heute bedeutsam gewordene Wissensgebiete zu erweitern: um Erkenntnisse der Makro- und Mikroökonomie, der Sozial-, Rechts-, Umwelt-, Natur- und Ingenieur- sowie Arbeitswissenschaften.

Wird die relevante Praxis zum Erfahrungsobjekt einer Führungslehre, setzt sie sich, so Kirsch, allerdings leicht dem Vorwurf aus, letztlich stets den „Eliten" zu „dienen", die gegenwärtig die Herrschaft in der Organisation ausüben. Die Führungslehre muß daher ihrer **kritischen** Aufgabe gerecht werden. Der Prozeß der externen Bestimmung des Erkenntnisinteresses wird durch das Hinzuziehen der kritischen Funktionen der Betriebswirtschaftslehre durchbrochen. Als eigene organisationstheoretische Konzeption führt er den Begriff der **„fortschrittlichen Organisation"** bzw. der „fortschrittsfähigen Betriebswirtschaft" oder „innovativen Organisation" ein.

„Die Managementlehre – so wie sie sich heute darstellt – ist ihrem Charakter nach eine Lehre der systematischen Erörterung von betrieblichen Steuerungsproblemen. Ihr Paradigma ist nicht ein abstraktes Identitätsprinzip – wie etwa das Knappheitsprinzip —, sondern es ist das **praktische Problem**. Genauer gesagt sind es die Probleme, die sich beim Aufbau und der Steuerung einer Unternehmung oder Leistungsorganisation ganz konkret stellen. Die in der Praxis der betrieblichen Steuerung entstehenden Probleme entziehen sich grundsätzlich einer schematischen Klassifikation nach Disziplinen, wie man sie traditionsgemäß abzugrenzen gewohnt ist (...) Das **Prinzip der Problemorientierung** fordert dazu auf, über alle Disziplingrenzen hinweg auftretende Probleme bei der Steuerung von Betrieben zu verstehen, zu formulieren (zu ‚konstruieren‘) und solches Wissen zu generieren oder aus Grundlagendisziplinen einzuarbeiten, das der Problemlösung dienlich ist. " (Steinmann/Schreyögg, 1999, S. 37)

> „Wo es um menschliches Handeln und Entscheiden geht und wo andere Menschen oder Lebewesen von diesem Handeln betroffen sind, entstehen moralisch relevante Fragestellungen. ,Wertneutral' kann Wissenschaft nur dann sein, wenn sie die Wirklichkeit menschlichen Handelns und den Menschen als Subjekt und Objekt von Werthaltungen aus ihrem Gegenstandsbereich ausklammert. Zum Beispiel dadurch, daß sie eine Kunstfigur wie den homo oeconomicus an seine Stelle setzt. In dieser ,abstrakten' Erscheinungsform ist der Mensch nicht Subjekt, sondern ausführender Agent einer von aller ethischen Reflexion gereinigten ökonomischen Rationalität, die er unhinterfragt umzusetzen hat." (Kleinfeld, 1998, S. 1)

Auch für Steinmann/Schreyögg (1999, S. 38), die der BW/Managementlehre das Paradigma des „Prinzips der Problemorientierung" zuordnen, ist ein Problembezug „wertfrei" nicht möglich. Ähnlich sehen Thommen/Achleitner (1999, S. 52) die **Werturteilsfrage** in einer **angewandten** Betriebswirtschaftslehre:

„Bei einer rein wissenschaftlichen Ableitung von Handlungsanweisungen an die Praxis muß der Wissenschaftler selbst keine Wertungen vornehmen. Er überläßt es dem Praktiker zu bestimmen, welche Ziele er erreichen will und welche Ereignisse herbeigeführt werden sollen. Gibt er trotzdem Empfehlungen an den Praktiker ab, welche Ziele dieser verfolgen soll, so macht er dies nicht als Wissenschaftler, sondern in seiner Eigenschaft als Privatperson oder als privater Unternehmensberater. Damit bleibt die Wertfreiheit der Wissenschaft unangetastet. Diese Sichtweise ist aber für die anwendungsorientierte Wissenschaft nicht haltbar. Die Gestaltung der Wirklichkeit anhand von Nutzenkriterien der Praxis hat zur Folge, daß dauernd – implizit oder explizit – Werturteile gefällt werden müssen, welche der Forscher als Vertreter einer solchen Wissenschaft ständig anwendet und anwenden muß. Eine wertfreie anwendungsorientierte Wissenschaft wäre für die Praxis wertlos und würde somit ihr Wissenschaftsziel gar nie erreichen. Allerdings muß und darf der Forscher diese Nutzenkriterien nicht einfach übernehmen, sondern muß sie kritisch hinterfragen."

III. Konkrete Ausformungen

Stichwort zur Beschreibung	Bezeichnung	(Haupt-)Vertreter
Optimale Kombination der Produktionsfaktoren	**(1) Der faktortheoretische Ansatz**	Gutenberg
Sozialwissenschaftliche Öffnung	**(2) Der Entscheidungsansatz**	Heinen
Denken in kybernetischen und Systemzusammenhängen	**(3) Der Sytemansatz**	Ulrich/Bleicher
	(4) Weiterentwicklungen	
Selbstorganisation	**(4a) Der Evolutionsansatz**	Malik/Kirsch
Konzentration der Kräfte	**(4b) Der energo-kybernetische Ansatz**	Mewes
Vernetztes Denken	**(4c) Der ganzheitliche Ansatz**	Gomez/Probst
Kontextfaktoren	**(5) Der situative Ansatz**	Koontz/O' Donnell
Orientiert an Arbeitnehmerinteressen	**(6) Die arbeitsorientierte Einzelwirtschaftslehre**	WSI-Projektgruppe
Steuerung vom Markt her	**(7) Der Marketingansatz**	Meffert/Nieschlag
Informationsmanagement	**(8) Der EDV-Ansatz**	Scheer
Ökologisches Wirtschaften und Arbeiten	**(9) Der Ökologieansatz**	Pfriem/Strebel Seidel/Hopfenbeck

Abb. 1: Konkrete Ausformungen betriebswirtschaftlicher Konzepte

Es ist aber bis heute **keine einheitliche „Managementlehre"** entstanden. Das notwendige Managementwissen wird als eine Vielzahl von Einzelelementen (Methoden, Instrumenten usw.) in zahlreichen Institutionen angeboten (Hochschulen, Managementschulen, Beratungsgesellschaften etc.). Bestimmte Perspektiven der Unternehmensführung werden als „Moden" bzw. temporäre Schlagwörter „vermarktet".

Aufbauend auf der Kurzcharakterisierung **idealtypischer** Basiskonzepte, werden nun **konkrete Ausformungen** der gegenwärtigen Wissenschaftsprogramme näher dargestellt (vgl. Abb. 1). In der Literatur werden zahlreiche Aufstellungen über neuere Ansätze des deutschsprachigen und angelsächsischen Raumes publiziert; es ist eine fast unüberschaubare Theorievielfalt gegeben.

1. Der faktortheoretische Ansatz

a) Das System produktiver Faktoren

Die moderne Betriebswirtschaftslehre wurde in den 50er und 60er Jahren entscheidend von **Gutenberg** geprägt, der das **erste** umfassende und geschlossene Grundkonzept (Produktion, Absatz und Finanzierung) vorlegte (vgl. Gutenberg, 1983). Er war der Überzeugung, daß die Betriebswirtschaftslehre an der Bearbeitung dreier Probleme zu sich als Wissenschaft gefunden habe: Die Eliminierung von Geldwertschwankungen aus Bilanz und Kostenrechnung, die Bestimmung von Kosteneinflußgrößen und die Planung absatzpolitischer Entscheidungen bei Unsicherheit über das Verhalten von Kunden und Konkurrenten. „Bei der Lösung dieser Probleme wurden die begrifflichen und methodischen Instrumente entwickelt, mit denen es in der Folgezeit gelang, ein geschlossenes System von Wenn-Dann-Aussagen für den Betrieb zu entwickeln und damit die Theorie der Unternehmung als Wissenschaft auch im Bewußtsein der anderen Wissenschaften fest zu verankern" (Albach, 1988, S. 100).

Gutenberg interpretiert den Betrieb als ein **„System produktiver Faktoren":**

- Dem **dispositiven** Faktor (= Betriebs-/Geschäftsleitung als originärer Faktor) obliegt unter Einsatz des davon abgeleiteten, derivativen Faktors (= Hilfsmittel Planung und Organisation) die Kombination der **Elementar**faktoren (= Werkstoffe, Betriebsmittel und objektbezogene Arbeitsleistung),
- der Ertrag des Faktoreinsatzes als Ergebnis der Kombinationsprozesse kennzeichnet die **Produktivität** als Grundphänomen der betriebswirtschaftlichen Analyse des Produktionsprozesses,
- die Unternehmung „besitzt" eine **Organisation** (Hilfsmittel für den dispositiven Faktor) (vgl. Abb. 2).

Der dispositive Faktor übt drei Funktionen aus:

- **Leitung**: Kombination der drei Produktionsfaktoren:Zusammenwirken Mensch - Maschine ist durch Rationalität geprägt.
- **Planung**: Sie umfaßt als das rationale Element alle betrieblichen Teilbereiche.
- **Betriebs-organisation**: Aufgabe der instrumentellen Durchsetzung/Verwirklichung der aus der Planung resultierenden Führungsentscheidungen durch fallweise oder generelle Regelungen der betrieblichen Abläufe.

Das Ziel betrieblichen Handelns ist die Leistungserstellung zwecks nachfolgender Leistungsverwertung (Produktion und Verkauf). Der Leistungserstellungsprozeß wird durch die Kombination verschiedener Produktionsfaktoren bewirkt, die Betriebswirtschaftslehre deckt dabei die **funktionale** Beziehung zwischen **Input** (Faktoreinsatz) und **Output** (Faktorertrag) auf (Produktionsfunktion). Die **optimale** Faktorkombination ist die, durch die sich das gesetzte Ziel am besten erreichen läßt.

Das Gutenbergsche System der Produktionsfaktoren hat inzwischen eine Fülle von Modifikationen und Erweiterungen (z.B. um die Produktionsfaktoren Information und Wissen) erfahren;

zu alternativen **Faktorsystematiken** siehe insbesondere Corsten/Reiß (1994, S. 72ff.). Kreis (1994, S. 48) spricht vom „Gutenbergschen Funktionstorso", der „bei allen wissenschaftlichen Meriten im Einzelfall als untaugliche Konzeption anzusehen (ist), den technologischen Innovationsprozeß und parallel dazu den elementaren Wertschöpfungsprozeß in seiner betriebswirtschaftlichen Gesamtheit nachzumodellieren."

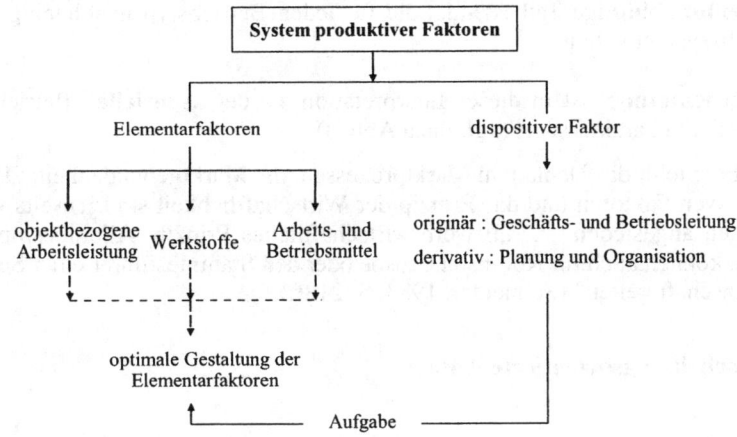

Abb. 2: Das System produktiver Faktoren

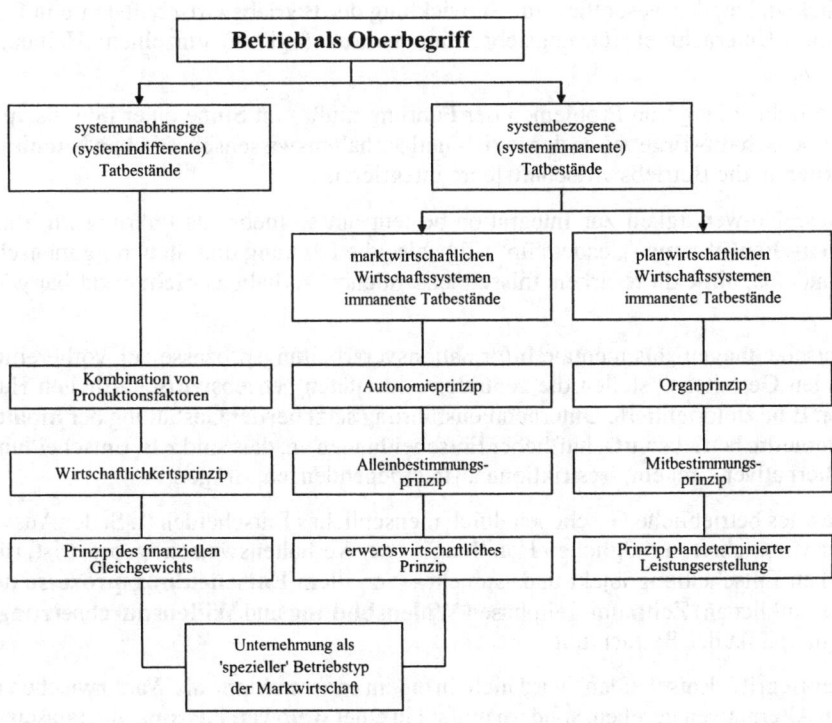

Abb. 3: Die Betriebstypen nach Gutenberg

45

b) Die Bestimmungsfaktoren

Nach Gutenberg ist **jeder konkrete** Betriebstyp eine Kombination folgender Tatbestände:

- **systembezogene** Tatbestände, die aus der jeweiligen geltenden Wirtschaftsordnung resultieren, und
- **systemunabhänige** Tatbestände, die für jeden Betriebstyp unabhängig vom Wirtschaftssystem gelten.

Die „**Unternehmung**" ist in dieser Interpretation als der „**spezielle**" Betriebstyp einer Marktwirtschaft charakterisiert (vgl. dazu Abb. 3).

Bei Gutenberg fehlt das Denken in Marktprozessen, die Marktgebundenheit: „Das System der produktiven Faktoren und das Prinzip der Wirtschaftlichkeit sind jenseits von Marktüberlegungen angesiedelt" ... „Erwerbswirtschaftliches Prinzip, Alleinbestimmung und Autonomie können auch für Robinson Crusoe oder den Stammesführer einer Selbstversorger-Gemeinschaft gelten" (Schneider, 1983, S. 218f.).

2. Der entscheidungsorientierte Ansatz

a) Wesen

Im Gegensatz zur traditionellen Betriebswirtschaftslehre betrachtet die entscheidungsorientierte Betriebswirtschaftslehre – als Konkretisierung des **sozialwissenschaftlichen** Basiskonzepts der Betriebswirtschaftslehre – den Themenbereich „Führung" aus einem veränderten Blickwinkel, der wesentlich zur Entwicklung der Betriebswirtschaftslehre in Richtung auf eine „Unternehmensführungslehre" hin beitrug (vgl. im einzelnen: Heinen, 1984, S. 15ff.):

1. Die Behandlung von Problemen der Führung muß – im Sinne einer interdisziplinären Wissenschaft – Ergebnisse der sozial- und verhaltenswissenschaftlichen **Nachbardisziplinen** in die Betriebswirtschaftslehre integrieren.

2. Diese Notwendigkeit zur Integration besteht um so mehr, als Führung im Sinne von **Menschenführung** („leadership"), d.h. also die Lenkung und Steuerung menschlichen Handelns, **ohne** diese Erkenntnisse menschlichen Verhaltens **nicht** erklärbar wäre.

3. Entscheidungen „als mentale Informationsverarbeitungsprozesse zur Vorbereitung des realen Gestaltens" stellen die zentralen Aktivitäten betriebswirtschaftlichen Handelns dar. Eine zielorientierte Unternehmensführung setzt bei der Gestaltung der **inhaltlichen Elemente** betriebswirtschaftlicher Entscheidungen an, dies sind z.B. Entscheidungsziel, -alternativen, -regeln, -restriktionen, -interdependenzen, -träger.

4. Da alles betriebliche Geschehen durch menschliches Entscheiden (i. S. der Auswahl einer von mehreren möglichen Handlungs- oder Verhaltensweisen) geprägt ist, rücken – neben Entscheidungobjekt und -subjekt – vor allem **Entscheidungsprozesse** und ihre (gedanklichen) Zeitraum-Teilphasen **Willensbildung** und **Willensdurchsetzung** in den Mittelpunkt der Betrachtung.

   Der Begriff „Entscheiden" wird nicht in einem engeren Sinne als Wahl zwischen mehreren Alternativen gesehen, sondern umfaßt in einer **weiteren Fassung** alle Phasen von der Problemerkennung, über die Suche und Beurteilung von Alternativen bis zur Ausführung und Kontrolle (vgl. Abb. 4, aus Heinen, 1985, S. 52).

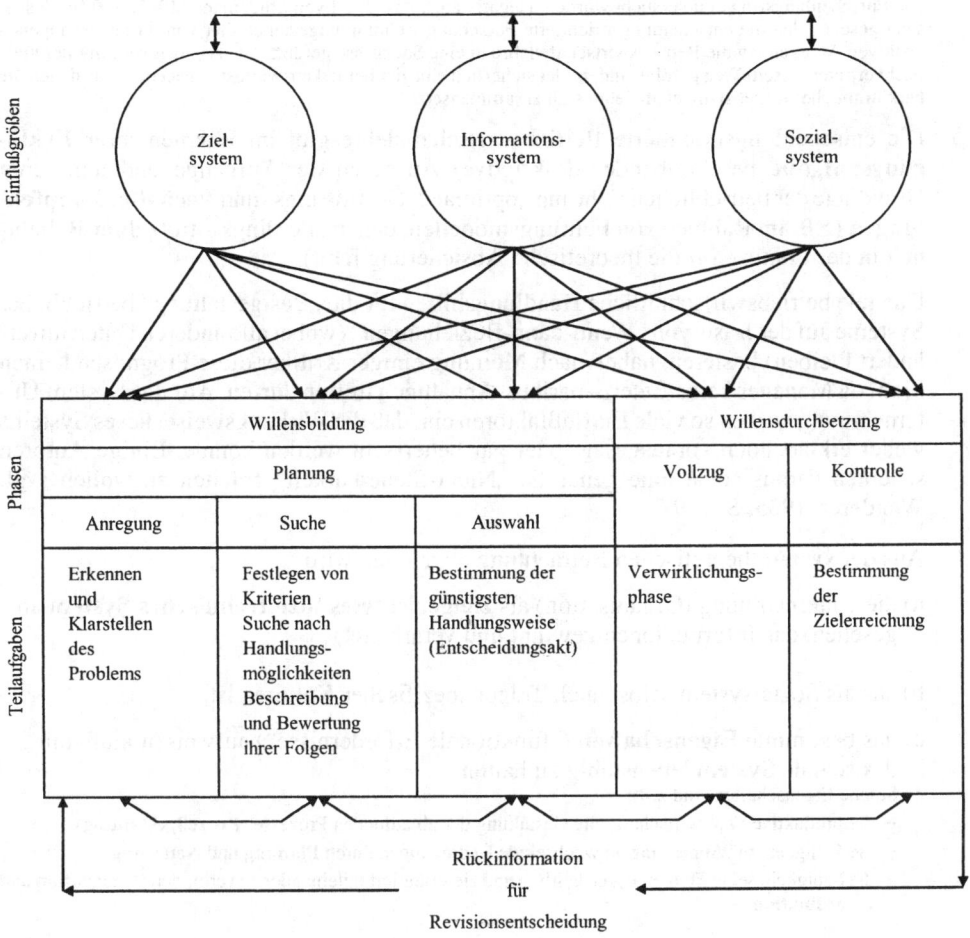

Abb. 4: Phasen des Entscheidungsprozesses

In der Literatur findet sich eine Vielzahl sich weitgehend entsprechender Phaseneinteilungen des **Entscheidungsprozesses**, die sich auch als Phasen eines Führungsprozesses (mit entsprechender Zuordnung der Führungstätigkeit: Planung, Steuerung, Kontrolle) erklären lassen.

Wie Witte (bei einer Untersuchung über die erstmalige Anschaffung eines Computers) zeigen konnte, ist die Entscheidung ein aufwendiger, aus einer Vielzahl von Teiloperationen bestehender Arbeitsprozeß. Die im Ablaufschema des Entscheidungsprozesses genannten Teilstufen (= Tätigkeiten) verteilen sich vielmehr zeitlich gleichmäßig auf den gesamten Entscheidungsprozeß. Weiterhin hat Witte festgestellt, daß innovative Entscheidungsprozesse nicht einem von vornherein klaren Entscheidungsziel folgen, sondern der Problemlösungsprozeß von einem Zielsuchprozeß begleitet wird, der – wenn er zu spät abgeschlossen wird – schließlich nur noch der Rechtfertigung des getroffenen Entschlusses dient.

Zahlreiche Autoren (siehe insbesondere Wild, 1982) wehrten sich bereits früh gegen eine **Überbewertung** dieser Denkrichtung, die sie als keineswegs neu einstuften, da seit Beginn der Betriebswirtschaftslehre betriebliche Entscheidungsfragen untersucht wurden. Negativ auch das Urteil von Stüdemann (1993, S. 97): „Insgesamt gesehen, hat die entscheidungsorientierte Forschungsrichtung ungeachtet aller von ihr ausgegangenen positiven Anregungen die Betriebswirtschaftslehre in eine Sackgasse geführt. Die Arglosigkeit, mit der viele Fachvertreter diesem Weg gefolgt sind, bildet sicherlich eine der bemerkenswertesten Facetten, aus denen die herkömmliche Betriebswirtschaftslehre sich zusammensetzt."

5. Die entscheidungsorientierte Betriebswirtschaftslehre gibt im Rahmen ihrer **Erklärungsaufgabe** beschreibende (deskriptive) Aussagen der Vorgänge und auf deren Grundlage der betrieblichen Führung „optimale" **Gestaltungs-** und **Verhaltensempfehlungen** (z.B. im Rahmen von Führungsmodellen, denen allerdings – trotz ihrer Beliebtheit in der Praxis – oft die theoretische Absicherung fehlt).

Da viele betriebswirtschaftliche Handlungshilfen für die „Bestgestaltung" betrieblicher Systeme auf der Basis von „Wenn-dann-Beziehungen" (wobei alle anderen Daten unverändert bleiben) basieren, haben nach Meinung einiger Kritiker diese Prognosen keinen Sinn, da Manager keine Ceteris-paribus-Annahmen treffen dürfen. Auf das System Unternehmung wirken so viele Einflußfaktoren ein, daß die Wirkungsweise dieses Systems weder erklärt noch vorausgesagt oder gar beherrscht werden könnte. Einige Autoren scheinen daraus sogar eine generelle „Nicht-Steuerbarkeit" ableiten zu wollen (vgl. Wunderer, 1985, S. 179).

6. Aus der **system**theoretischen Betrachtung abgeleitet, wird

   a) die Unternehmung (Organisation) als **zielgerichtetes soziotechnisches System** angesehen, das Informationen gewinnt und verarbeitet,

   b) das als Sozialsystem selbst auch Träger spezifischer Kulturen ist,

   c) das bestimmte **Eigenschaften** („funktionale Erfordernisse") aufweisen muß, um das soziale System lebensfähig zu halten.
   Solche Eigenschaften sind z.B.:
   – die produktive bzw. wirtschaftliche Gestaltung der ablaufenden Prozesse (**Prozeßgestaltung**),
   – die Fähigkeit zur Anpassung an wechselnde Bedingungen durch **Planung** und **Neuerung**,
   – die Fähigkeit, seine Elemente ganzheitlich und zielorientiert miteinander zu verbinden (**Integration** und **Koordination**).

7. Die Organisation wird als **Koalition** betrachtet:

   • Annahmen über die Voraussetzungen, unter denen die Menschen bereit sind, für ein System Leistungen zu erbringen, liefert die **Anreiz-Beitrags-Theorie** (basierend auf March und Simon).
   • Da im Gegensatz zur traditionellen „Theorie der Unternehmung" Organisationen nicht Gewinnmaximierung, sondern interne Zielbündel verschiedener Ziele verfolgen, rückt der interne **Zielbildungsprozeß** ins Interesse.
   • Organisationen sind als sehr konfliktträchtige soziale Systeme anzusehen (Interesse an Verhandlungsprozessen).
   • Es wird auf Theorien über menschliche Verhaltens- und Bedürfnisstrukturen zurückgegriffen, ohne allerdings verläßliche Vorhersagen oder nachprüfbare Erklärungen des persönlichen Handelns geben zu können (nur formale Beschreibung des Ablaufs von Koalitionsprozessen).

8. Ein Wesensmerkmal des Systems Unternehmung ist seine **Zielgerichtetheit** (Ziele als Ergebnis eines Zielbildungsprozesses):

   • Ziele **für** die Organisation (= persönliche Vorstellungen, welche Ziele die Organisation verfolgen sollte),

- Ziele **der** Organisation (= das durch die Kernorgane für verbindlich erklärte offizielle Zielsystem).

9. Die Verwirklichung der Zielgerichtetheit der Unternehmen stellt durch die **Eigeninteressen** der Organisationsmitglieder ein ständiges Problem dar. Daraus resultiert die Notwendigkeit der **Führung**, d.h. der zielgerichteten Verhaltensbeeinflussung. Führung wird dabei als ein Prozeß **wechselseitiger** Verhaltensbeeinflussung zwischen den Systemmitgliedern gesehen. Während Gutenberg Führung nur auf solche nicht delegierbaren Entscheidungen beschränkte, die den Bestand und Erfolg eines Unternehmens als Ganzes betreffen, ist die „Tragweite" einer Entscheidung bei diesem Ansatz kein Begriffskriterium mehr: Führungsprozesse laufen demnach auf **allen** Unternehmenshierarchien und **unabhängig** vom Bedeutungscharakter des Entscheidungsinhalts ab.

b) Grundstruktur und Einzelelemente

Die entscheidungsorientierte Betriebswirtschaftslehre als angewandte Wissenschaft will

- über die **Beschreibungs-** und **Erklärungsaufgabe** des menschlichen Handelns in der Unternehmung hinaus
- dem Entscheidungsträger **praktische Hilfestellung** bei der Lösung ökonomischer Probleme geben.

Zur Erfüllung dieser (Gestaltungs-)Aufgabe will sie

- „aufbauend auf einer systematischen Erforschung betriebswirtschaftlicher Ziele (1) und
- zweckmäßigen Abgrenzung und Systematisierung betriebswirtschaftlicher Entscheidungstatbestände (2)

  (a) die Formulierung von Handlungsalternativen erleichtern,

  (b) Erklärungsmodelle erstellen (3), welche die Konsequenzen einer Handlungsalternative anzugeben vermögen (Entwicklung von Gesetzeshypothesen), und schließlich

  (c) diese durch Einbeziehung von Entscheidungskriterien zu Entscheidungsmodellen erweitern (4), welche dem betrieblichen Entscheidungsträger als Handlungsempfehlung dienen können.

Die theoretische Grundlage für die Erfüllung dieser Erklärungs- und Gestaltungsaufgabe bilden sog. Grundmodelle (5), die auf die Erkenntnisse anderer wissenschaftlicher Disziplinen zurückgreifen (6), (7)" (Marr, 1993, S. 56). Die **Elemente**, die den Zuständigkeitsbereich der Betriebswirtschaftslehre vergegenwärtigen, sollen kurz charakterisiert werden (vgl. dazu Heinen, 1991, S. 13ff.).

zu (1): Lehre von den Zielen

Jede bewußte rationale Entscheidung setzt eine Vorstellung von dem Ziel voraus (man wird mit einem Entscheidungskriterium die verschiedenen Möglichkeiten beurteilen und bewerten). Die Frage des Inhalts und der Formulierung des Ziels stellt einen wesentlichen Teil der Entscheidungslehre dar ($\rightarrow$ Klärung der „Zielfunktion").

Die **Zielforschung** als Fundament dieses Ansatzes soll

- über die in der Praxis vorzufindenden Ziele informieren,
- denkbare alternative Ziele entwickeln,

- die Prozesse der Zielentstehung beschreiben,
- die Beziehungen zwischen unterschiedlichen Zielen aufzeigen.

zu (2): Systematisierungsaufgabe

- Gegenstand ist – basierend auf den Ergebnissen der Zielforschung – die gedankliche Erfassung des komplexen Objektbereiches und dessen analytische Zergliederung in einzelne Elemente. Die Modelle sind „Konstruktionen einzelner oder mehrer, durch Ordnungsmuster – Klassifikations- oder Typisierungsschemata – miteinander verknüpfter betriebswirtschaftlicher Tatbestände" (Rieper, 1992, S. 88). Diese Tatbestände können auch zukunftsorientiert ausgerichtet sein (z.B. bei Plan-Bilanzen).
- Systematisierung dient als Ansatzpunkt für weitergehende Untersuchungen (= „Hilfsfunktion").

Die im Rahmen dieser Aufgabe formulierten Aussagesysteme werden **Beschreibungsmodelle** (oder Erfassungs-/Ermittlungsmodelle) genannt. Zu den **Modellarten** (Erfassungs-, Beschreibungs- oder Ermittlungsmodelle, Erklärungs- oder Prognosemodelle und Entscheidungsmodell) siehe Mag (1995, S. 327f.)

zu (3): Erklärungsaufgabe

- Gegenstand dieser Aufgabe ist zum einen die Gewinnung von gesetzesartigen Aussagen über den Betrieb und zum anderen die Überprüfung derartiger Aussagen auf ihren Wahrheitsgehalt. Auf Grund der außerordentlich vielfältigen Einflüsse auf solche Verhaltensweisen können in den Sozialwissenschaften „bis heute allenfalls Sätze gewonnen werden, die nur mit bestimmten Einschränkungen gelten" (Heinen).
- Die zu entwickelnden Gesetzeshypothesen haben den Charakter von Ursache-Wirkungs-Beziehungen; diese Beziehungen stellen die Bausteine von Modellen, d.h. in sich widerspruchsfreie Systeme von Aussagen, die Ausschnitte der Wirklichkeit zu erfassen suchen, dar. Die im Rahmen dieser Aufgabe formulierten Aussagesysteme werden **Erklärungsmodelle** genannt. Beispiele (Kostenfunktion für einen bestimmten Arbeitsplatz; Funktion der Bestell- und Lagerhaltungskosten in Abhängigkeit von der Höhe der Bestellmenge) finden sich in Rieper (1992, S. 90ff.) und Adam (1993, S. 71ff.)

zu (4): Gestaltungsaufgabe

- Gegenstand dieser Aufgabe ist es, die für den Entscheidungsträger „günstigste" Handlungsweise aufzuzeigen.
- Gegenstand der Entscheidung bzw. des Entscheidungsprozesses ist die „Bewältigung eines Entscheidungsproblems durch die Formulierung und die Lösung eines explizit strukturierten Modells, das als Entscheidungsmodell bezeichnet werden soll" (Rieper, 1992, S. 17). Es kann als Begründungsfundament für den (statt qualitativ-intuitiv dann modellgestützten) Entscheidungsprozeß herangezogen werden.
- Mit Hilfe von **Entscheidungsmodellen** ist eine Auswahl aus mehreren Alternativen zu treffen, die in Erklärungsmodellen analysiert wurden. „Die Erweiterung eines Erklärungsmodells um die mathematische Formulierung betriebswirtschaftlicher Ziele führt zu einem mathematischen Entscheidungsmodell" (Heinen, 1985, S. 215).
- Aufbauend auf den Annahmen über die Zielvorstellungen der „Benutzer" werden in Erklärungsmodellen die Folgen alternativer Ausprägungen von Entscheidungsvariablen im Hinblick auf die Zielkriterien beschrieben.

- Anschließend wird mit Hilfe von Lösungsalgorithmen die optimale Lösung („die richtige Entscheidung") ermittelt („Entscheidungshilfen"); für komplexere Entscheidungsprobleme sind z.T. nur heuristische Lösungshilfen möglich. Einige typische Entscheidungsmodelle finden sich bei Sieben, 1985 T.II, S. 147ff. und Rieper, 1992, S. 105ff.

  Beispiel: Suche aus der Menge der möglichen und zulässigen Produktionsmenge diejenige heraus, für welche die Stückkosten $K(M)/M = k(M) = kf/M + kv$ minimal sind. „Bei dieser Umschreibung eines Entscheidungsmodells kennzeichnet die Nebenbedingung die Menge der möglichen und zulässigen Handlungsalternativen (Produktionsmengen), während die Zielfunktion eine Bewertung dieser Handlungsalternativen (zu Produktionsstückkosten) sowie die Auswahl der günstigsten (stückkostenminimalen) Handlungsalternative ermöglicht. Jedes Entscheidungsmodell besteht daher aus einem Entscheidungsfeld und einer Zielfunktion." (Rieper, 1992, S. 93)

- Die **Entscheidungsmodelle** können basieren (nach Sieben, 1985 T.I, S. 129f.)

  a) auf der **normativen** Entscheidungstheorie (Wie **sollte** unter Beachtung des Rationalprinzips entschieden werden?),

  b) auf der **empirisch-realistischen** Entscheidungstheorie (Wie **werden** Entscheidungen in der Realität gefällt?)

  Im Gegensatz zur bekennend-normativen Entscheidungstheorie, die selbst die zu verfolgenden Ziele vorgibt, sind bei der praktisch-normativen Entscheidungstheorie die zugrunde zu legenden Ziele **offen**.

- Das Grundmodell: Kennt ein Entscheidungsträger seine Aktionen (= **Alternativen**, wie z.B. Investitionsprojekte) und die potentiellen Situationen (= **Umweltzustände**, wie z.B. alternative Konjunkturentwicklungen), so kann er für alle Kombinationen von Aktionen und Situationen die Auswirkungen auf die Ziele (= **Zielbeiträge**/Ergebnisse/Zielerträge, wie z.B. Umsatz) ermitteln (Bea/Dichtl/Schweitzer, 1992, S. 320ff.; Mag, 1990, S. 15ff.; Manz/Dahmen/Hoffmann, 1993, S. 11f.). Die Ergebnisse dieser **Ergebnismatrix** bei einem Ziel (auch Konsequenzen- oder Zielertragsmatrix genannt) zeigt Abb. 5, aus Brauchlin (1981, S. 307).

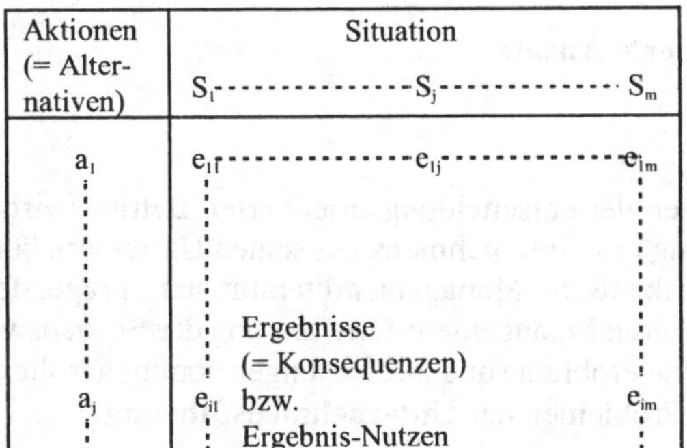

Abb. 5: Ergebnismatrix

zu (5): Grundmodelle

Ablösung der Fiktion des „homo oeconomicus" durch **Grundmodelle**, welche die Verhaltensweisen von Entscheidungsträgern beschreiben und erklären. Es sind dies

a) Modelle des **Individuums**: Bestimmungsgrößen seines Verhaltens sind Bedürfnisse, Wertvorstellungen, Interessen, Vorstellungen über die Umwelt, seine Rolle etc. Der Mensch handelt im Rahmen seiner eigenen „Psycho-Logik".

b) Modelle der **Gruppe**: Spielregeln, die das Verhalten der einzelnen Mitglieder im sozialen System steuern, sind Normen, Regeln, Verhaltenserwartungen etc.

c) Modelle der **Organisation:**

- Die Betriebswirtschaft wird **als** Organisation aufgefaßt (und nicht die Organisation als Teilaspekt der Betriebswirtschaftslehre).
- Das Koalitionsmodell als Denkmodell: Die Individuen schließen sich zur Interessenvertretung zu Koalitionen zusammen; diese sind Elemente eines politischen Systems, dem die Zielfindung obliegt.
- Innerhalb der Ansätze zum Koalitionsmodell werden die Entscheidungsphänomene auf ein rein **individuelles** Verhalten reduziert.
- Erst in jüngster Zeit wurde von der Organisationstheorie erkannt, daß auch die Unternehmung selbst verhaltensbestimmende Wertvorstellungen hervorbringt.

d) Modelle der **Gesellschaft**

- Einbeziehung gesellschaftlicher Bestimmungsgrößen
- bisher als Modell noch nicht bzw. nur in **Teil**ansätzen entwickelt (Sozialisationsprozeß, gesetzliche und politische Einflüsse)
- „Die modellhafte Verdeutlichung der gesellschaftlichen Bedingtheit wie auch der Umweltwirkungen betrieblichen Handelns bleibt eine konzeptionelle Herausforderung an die Betriebswirtschaftslehre, der sie, bedingt durch den derzeitigen Erkenntnisstand, gegenwärtig aber kaum in einem den anderen Grundmodellen vergleichbaren Differenzierungsgrad entsprechen kann. Erst wenn dies gelingt, könnte wohl die Betriebswirtschaftslehre den Prozeß der Entwicklung von einer relativ technokratischen Verfahrenslehre zur sozialwissenschaftlichen Disziplin als abgeschlossen betrachten. Das wäre nicht nur für das Selbstverständnis dieses Faches von Bedeutung, sondern diente auch der fundierteren Behandlung betriebswirtschaftlicher Probleme mit gesellschaftlichem Bezug" (Marr, 1993, S. 59). Beispiele für die wachsende Bedeutung derartiger Problemstellungen: Bedarfsweckung durch die Werbung, künstliche Veralterung von Produkten, der Verbrauch knapper Ressourcen, Fragen des Umweltschutzes, der Mitbestimmung und Vermögensbeteiligung etc.

3. Der systemorientierte Ansatz

a) Kennzeichen

Neben dem Vordringen der entscheidungsorientierten Betriebswirtschaftslehre hat vor allem der die Vernetzung des Unternehmens mit seinen Umfeldern betonende Systemansatz, der auf dem die amerikanische Managementliteratur stark prägenden „System Approach" aufbaut, zu einer stärkeren Management-Orientierung der Betriebswirtschaftslehre geführt. Betriebswirtschaftliche Probleme und ihre Lösungen kommen isoliert nicht vor, sondern immer im Verbund mit Problemen der **Unternehmensführung**.

Die Konzeption einer Allgemeinen Unternehmenslehre der Hochschule St. Gallen löst sich von der Betrachtungsweise der traditionellen Betriebswirtschaftslehre, die Problembereiche auf ihre rein ökonomische Dimension zu beschränken, indem nun die Unternehmung als **vieldimensionale** Ganzheit verstanden wird. Dieser Ansatz benutzt den **formalen Rahmen** der „Allgemeinen Systemtheorie", d.h.

- das **terminologische** Instrumentarium und
- die **methodische** Anleitung.

Die Allgemeine Systemtheorie geht davon aus, „daß es Prinzipien gebe, die sich allgemein auf Ganzheiten (Systeme) anwenden lassen, unabhängig davon, welcher Art die Elemente, Beziehungen und Kräfte zwischen ihnen sind".

Kennzeichen der **Orientierung** sind (vgl. dazu nachfolgend Malik, 1992, S. 22ff.):

- Analyse betriebswirtschaftlicher Phänomene und Probleme mit Hilfe allgemeiner Erkenntnisse der Systemtheorie und Kybernetik (sowohl natürliche wie auch von Menschen gestaltete Erscheinungen der Wirklichkeit weisen gewisse Gemeinsamkeiten/Prinzipien auf, die allgemeingültig beschreibbar sind);
- Unternehmung als ein produktives, soziales System, das von der Umwelt gesetzte Ziele zu erfüllen hat (= eine offene, gesellschaftsbezogene Institution, die in ihren Zielsetzungen und Handlungen nur begrenzte Autonomie genießt);
- Betrieb als kybernetisches System (d.h. offene Verhaltenssysteme, die sich mit dem Prinzip der Rückkopplung im Gleichgewichtszustand halten);
- starke Betonung der „**Außen**orientierung" der Unternehmen;
- die Umwelt als Anspruchsträger mit zahlreichen Forderungen an die Unternehmen („...„es entsteht die Frage, ob die moderne Unternehmung tatsächlich noch als reines Wirtschaftsgebilde aufgefaßt werden kann");
- Unternehmung nicht nur Wirtschaftsgebilde mit ökonomischen Zielen, sondern „Multi-Zweck-Gebilde", d.h. die Unternehmen müssen sich als gesellschaftliche Institutionen verstehen;
- die Unternehmung ist nur als **Teil** eines viel größeren Netzwerks von Institutionen zu begreifen; die Reduktion dieser Tatsache auf nur gerade die Unternehmung stellt einen **fundamentalen Fehler** in der Systemabgrenzung dar;
- die Problemsituation der in einer und für eine Unternehmung handelnden Menschen stellt sich z.T. wesentlich anders dar, als dies von der klassischen Betriebswirtschaftslehre angenommen wird.

Die **Gestaltungsaufgabe** ist gekennzeichnet durch:

- Betriebswirtschaftslehre als Gestaltungslehre, die deduktiv-nomologische Erklärungen braucht;
- „Erklärungen des Prinzips" oder „Muster-Voraussagen" (Betriebe sind äußerst komplexe Systeme, die sich einer vollständigen Erklärung entziehen, deshalb Suche nach abstrakten, typischen Mustern bzw. allgemeinen Strukturen).

Ulrich sieht folgende **Unterschiede** zur entscheidungsorientierten Betriebswirtschaftslehre:

- In der **Methodenorientierung**
  Er kritisiert die – nicht zuletzt durch den Aufschwung der entscheidungsorientierten Betriebswirtschaftslehre stark zugenommene – „Methodenorientierung". Der Systemansatz leitet die der Praxis angebotenen Verfahren aus einer „Systemischen Perspektive" ab, wobei die „Systemabgrenzung" von größter Bedeutung ist; als problematisch empfundene Situationen werden also als Systeme modelliert. Da zudem die hohe Komplexität der Situation als gegeben anerkannt und nicht von vornherein stark reduziert wird, handelt es sich bei der „Systemmethodik" letztlich i.d.R. um Heuristiken und nicht um exakte Lösungsverfahren.

- In der **Modelldarstellung**
  Während die entscheidungsorientierte Betriebswirtschaftslehre bei einer einzelnen Funktion (dem Entscheiden) und einer einzelnen Entscheidungssituation ansetzt, will die systemorientierte Managementlehre in einer Gesamtschau der Unternehmung eine „Lehre von der **Gesamt**-Führung der Unternehmung" entwerfen (z.B. das „St. Galler Management-Modell"; dazu Schwaninger, 1994; Gomez/Zimmermann, 1993).

Für Hahn (1996, S. 3f.) dient der entscheidungstheoretische Ansatz primär der Gestaltung des Führungsprozesses, während der systemtheoretische Ansatz die Unternehmung als zielorientiertes Aktionszentrum und soziotechnisches System in Vernetzung mit Umfeldern und Bezugsgruppen zeigt.

b) Systemorientierte Unternehmensführungslehre

Während es sich bei Heinen letztlich vermuten läßt, „daß nicht die Absicht besteht, durch die Einbeziehung sozialwissenschaftlicher Aspekte eine Managementlehre zu entwickeln, sondern eine realitätsnähere Theorie wirtschaftlicher Entscheide" (Hill, 1985, S. 138f.), ist für Ulrich die Betriebswirtschaftslehre eine **Managementlehre**, für die der Systemansatz eine zweckmäßige Erkenntnisbasis darstellt. Managen heißt für Ulrich das **Gestalten, Lenken** (i. S. zielgerichteter Aktionen) und **Entwickeln gesellschaftlicher Institutionen**, wobei die Vorstellung eines sich selbst lenkenden offenen Systems (operativer und dispositiver Art) grundlegend für das Verständnis der Lenkungsvorgänge ist.

„Interpretiert man Unternehmensführung als das Bestreben, der Unternehmung die Fähigkeit zum Überleben zu verschaffen, so ist es naheliegend, sich zu fragen, nach welchen Regeln Überleben in der Natur erfolgt, was von diesem Gesichtspunkt aus erfolgreiche und erfolglose Strategien nichtmenschlicher Systeme sind, und diese erwünschten Funktionsweisen in Modellen nachzubilden" (Ulrich, 1981, S. 15).

Die **systemorientierte Unternehmensführungslehre** kann wie folgt **charakterisiert** werden (nach Ulrich, 1988, S. 182):

- Sie greift zur Charakterisierung ihres **Objektbereiches**, der Unternehmung, auf die Vorstellungen und Denkweisen der Allgemeinen Systemtheorie zurück und versteht sie als Systeme mit bestimmten Eigenschaften.
- Zur Charakterisierung ihres **Problembereiches**, der Führung von Unternehmungen, greift sie auf die Kybernetik zurück und versteht darunter die Gestaltung, Lenkung und Entwicklung solcher Systeme.
- Sie versteht sich als **anwendungsorientierte Wissenschaft** im früher erwähnten Sinn, die Handlungsanleitungen für praktisch handelnde Menschen entwickeln will, und da Unternehmungen nicht von Natur aus bestehende Systeme sind, sondern solche, die von Menschen für menschliche Zwecke geschaffen werden und auf die Dauer am Leben erhalten bleiben, geht es nicht nur um die unmittelbare Lenkung, sondern auch um die Schaffung und kontinuierliche Weiterentwicklung der Unternehmung.

c) Die Unternehmung als System

(1) Systemeigenschaften / Elemente

Wir haben bereits an früherer Stelle auf die Möglichkeit hingewiesen, die Unternehmung (Organisation) mit Hilfe der von Ulrich geprägten Definition als ein „produktives soziales System" zu umschreiben. Die Unternehmung als Ganzes läßt sich als ein solches System bezeichnen, das sich aus verschiedenen Subsystemen zusammensetzt; das kleinste – nicht mehr aufzuteilende – Teil eines Systems heißt Systemelement.

Organisationen der Wirtschaft sind – wie andere Organisationen auch – offene Systeme. Vielerlei Input – Materialien, Geld, Ideen, aber auch Menschen – kommen in die Unternehmen hinein und werden in veränderter Form – als Output – wieder aus diesen entlassen. Veränderungen in der Gesellschaft führen daher nahezu notwendigerweise zu Veränderungen der Unternehmen; deren Handlungen wiederum verändern in vielen Fällen nachhaltig die Gesellschaft. Es gibt hier offensichtlich ein komplexes System vielfältiger Wechselwirkungen, so daß die Frage nach der Kausalität in manchen Fällen ähnlich verfehlt erscheint, wie die, ob die Henne oder das Ei als Ursache anzusehen ist." (Rosenstiel/Comelli, 1998, S. 134)

Da ein System in seiner allgemeinen Form eine „geordnete Gesamtheit von Elementen, zwischen denen irgendwelche Beziehungen bestehen oder hergestellt werden können", (Ulrich) darstellt, muß das System „Unternehmung" durch bestimmte **Systemeigenschaften** präzisiert werden:

- Die Unternehmung ist ein **soziotechnisches** System:
  Elemente der Unternehmung sind Menschen und Sachmittel (wie Maschinen und Rohstoffe), das Zusammenwirken der einzelnen Elemente ist **zweck-** (d.h. ziel-) orientiert (i. S. der betrieblichen Leistungserstellung).
- Zwischen den Elementen bestehen **Beziehungen** (Kommunikations- und Leitungsstruktur), d.h. die Unternehmung ist das Ergebnis eines bewußten Gestaltungsprozesses. Das Gefüge ist nicht nur das Ergebnis bewußter Gestaltungsmaßnahmen (= **formale** Organisationsstruktur), sondern hat sich auch ungewollt gebildet (= **informale** Informationsstruktur). Die Beziehung ist relativ dauerhaft.
- Die Unternehmung nimmt Input aus der Umwelt auf, transformiert ihn und gibt Output an den Markt („**Umwandlungssystem** von Ressourcen"/Hinterhuber).

- Die Unternehmung ist primär ein Subsystem der Gesamtgesellschaft, das verschiedene sozioökonomische Funktionen erfüllt. (Ulrich/Fluri)
- Die Unternehmung ist als ein
  - **offenes** System (d.h. sie lebt in Wechselbeziehungen mit einer sich laufend verändernden Umwelt, an die sich die Unternehmung anpassen muß),
  - **dynamisches** System (d.h. innerhalb der Unternehmung selbst und mit der Umwelt laufen ständig Prozesse ab); die Unternehmung ist damit zu permanenten Entwicklungen herausgefordert bzw. gezwungen,
  - äußerst **komplexes** System (aufgrund der Vielzahl von Teilaktivitäten und -systemen)
  - **probabilistisches** System (d.h. über die Beziehungen ihrer Teilelemente lassen sich keine Aussagen treffen),
  - marktgerichtetes und marktabhängiges System,
  - wirtschaftlich **selbst tragendes** System (d.h. zur Erhaltung seiner Existenz und damit zur Erfüllung seiner Funktionen muß es Ertrag bringend, zumindest aber Kosten deckend wirtschaften),
  - **multifunktionales** System (d.h. es erfüllt als „pluralistische Wertschöpfungseinheit" sozioökonomische Funktionen für verschiedene Anspruchsgruppen),
  - **lebendiges** soziales System (d.h. alle Veränderungsprozesse auf externe und interne Einflüsse sind auch **Lern**prozesse) anzusehen.

Das Unternehmen muß auch als Sozialsystem betrachtet werden, rational-technokratische Managementmethoden stoßen an Grenzen. „Die Schwierigkeiten, die damit verbunden sind, das ‚Sozial-Konglomerat Unternehmen' effizient und mit geringen menschlichen Reibungsverlusten zu führen, stellen die zentralen Herausforderungen für das Management dar. Schon die Problematik, soziale Kleinstsysteme, wie es z.B. die Ehe ist, effizient und langfristig zu koordinieren, ist evident. Alle Ergebnisse von Unternehmen, also Produktqualität, Produktivität, Servicequalität, Innovationen – was immer – sind Resultate des Sozialsystems Unternehmen." (Bickmann/Schad, 1995, S. 26f.)

„Je umfangreicher der Funktionskatalog wird, um so mehr ist die Unternehmung nicht mehr Privatangelegenheit der Eigentümer, sondern berührt – vor allem als Groß- und Größtunternehmen – elementare Interessen der Gesamtgesellschaft. Es findet eine ‚Entprivatisierung der Institution Unternehmung' statt. Faktisch sind die großen Unternehmungen längst zu quasi-öffentlichen Unternehmungen" (Ulrich) geworden. Ihr Eigentum ist zwar privat, aber ihre Wirkungszusammenhänge sind – wie die sog. ‚externen Effekte' (gesellschaftliche Kosten und Nutzen privaten Handelns) belegen – öffentlich relevant. Je größer eine Unternehmung wird, umso mehr wird ihre (privat-) rechtlich verankerte ‚Privatautonomie' zu einer juristischen Fiktion" (Ulrich/Fluri, 1995, S. 60f.).

(2) Elemente des (soziotechnischen) Arbeitssystems

Ein System „Betrieb" läßt sich nach verschiedenartigen Kriterien in Subsysteme weiter untergliedern. Die kleinste noch sinnvoll abgrenzbare Stelle, der die Erfüllung einer Arbeitsaufgabe übertragen werden kann (i.d.R. also ein einzelner Arbeitsplatz), ist das sog. **Arbeitssystem**. Nach REFA kann jedes Mikro-Arbeitssystem mit folgenden **Systemelementen** beschrieben werden (vgl. Abb. 6):

1. Arbeitsaufgabe (= Sollwert, Zweck des Arbeitssystems)
2. Eingabe (= entsprechend der Arbeitsaufgabe zu veränderndes Material, Informationen und Energie)
3. Mensch (= der bei der Arbeitsaufgabe tätige Mensch)
4. Betriebsmittel (= eingesetzte Maschinen etc./Organisationsmittel)
5. Arbeitsablauf (= räumliche und zeitliche Folgefestlegungen der möglichen Variationen)
   Umwelteinflüsse (= physikalische, organisatorische und soziale Umgebung, Umwelteinflüsse)
   Ausgabe (= im Sinne der Arbeitsaufgabe verändertes Material bzw. Energien/Informationen)

Bei diesen elementaren Organisationseinheiten kann es sich als Extremfälle

- um reine Handarbeitsplätze oder
- um automatisierte Maschinenarbeitsplätze

handeln. Kennzeichnend für den Industriebetrieb ist jedoch auf jeder Ebene ein **kombinato-
risches Zusammenwirken** von Mensch, Maschine und Werkzeug zur Erzielung einer bestimmten Arbeitsleistung. Häufig ist dieses Zusammenwirken der drei Produktionsfaktoren
so integriert, daß ihre spezifischen Unterschiede immer weniger erkennbar werden.

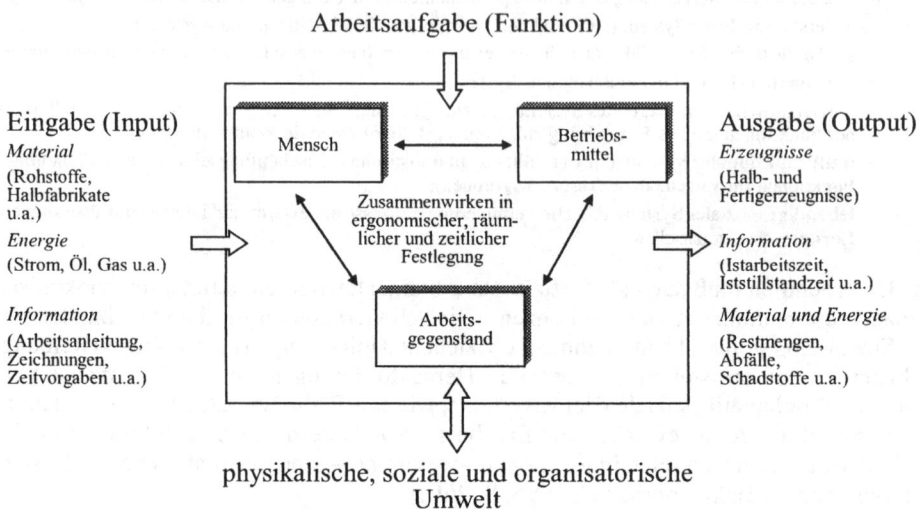

Abb. 6: Elemente und Beziehungen des soziotechnischen Arbeitssystems

Ulich (1998, S. 84ff.) zeichnet ein integratives Produktionskonzept, das über den Einsatz
von Technik, die Gestaltung der Organisation und die Entwicklung der Mitarbeiterqualifikation Produktionssysteme zu optimieren sucht. Basis für ein derartiges System ist ein soziotechnischer Ansatz, der davon ausgeht, daß Mensch, Technik und Organisation (**MTO**) in
ihrer gegenseitigen Abhängigkeit und ihrem optimalen Zusammenwirken verstanden werden müssen.

„Das MTO-Konzept geht vom Primat der Aufgabe aus. Die Arbeitsaufgabe verknüpft einerseits das soziale mit dem
technischen Teilsystem, sie verbindet andererseits den Menschen mit den organisationalen Strukturen. Die Buch-
stabenfolge MTO ist keineswegs zufällig. Vielmehr spielt die Aufgabenverteilung zwischen Mensch und Technik,
die Mensch-Maschine-Funktionsteilung also, die entscheidende Rolle für die Entwicklung und Konstruktion von
Produktionssystemen. Ihre Auslegung bestimmt den Grad der Automatisierung und signalisiert damit zugleich, von
welcher Art der internen Ressourcennutzung Markterfolge erwartet werden. (...) Ein sozio-technisches System,
z.B. eine Fertigungsinsel, definiert sich also im Wesentlichen über die von ihm zu bewältigende Aufgabe. Dabei
spielt die Aufgabenverteilung zwischen Mensch und Maschine eine zentrale Rolle, weil sie darüber entscheidet, ob
der Mensch – pointiert formuliert – als verlängerter Arm der Maschine mit einer Restfunktion in einer Automatisie-
rungslücke eingesetzt wird oder die Maschine als verlängerter Arm des Menschen mit Werkzeugfunktion zur Unterstützung der menschlichen Fähigkeiten und Kompetenzen (Czaja, 1987). Diese entgegengesetzten Positionen
bezeichnen wir als **technikorientiert** bzw. **arbeitsorientiert**." (Ulich, 1998, S. 87).

Die Mikro-Arbeitssysteme sind netzartig zu **Makro**-Arbeitssystemen höherer Ordnung zusammengestellt (je nach
betrieblichen Ablaufprozessen). Die Optimierung solcher zielgerichteten soziotechnischen (Arbeits-)Systeme unter Berücksichtigung aller Einflußfaktoren ist Aufgabe der **Arbeitswissenschaft**, die damit mit der Betriebswirtschaftslehre weitgehend den gleichen Erkenntnisgegenstand hat. Die Arbeitswissenschaft verfolgt zwei übergeordnete Zielsysteme, die **Humanisierung** der Arbeit und ihre **Wirtschaftlichkeit**. Daraus resultieren eine Reihe von
operationalisierbaren Zielen: Die Arbeit soll ausführbar, erträglich, zumutbar sein und Zufriedenheit bewirken. Zur
Neu- oder Umgestaltung moderner Arbeitssysteme, die beide Ziele erfüllen, empfiehlt REFA in ihrer neuen Methodenlehre der Betriebsorganisation (MLBO) ein schrittweises Vorgehen mit einer sechsstufigen Planungssystematik
zur Arbeitsgestaltung (vgl. im Einzelnen dazu Peters, 1991, S. 22ff; Rehm, 1991, S. 16ff.).

(3) Technische Aspekte

Bei der Hauptaufgabe der Arbeitsgestaltung – die Anpassung der Arbeit an den Menschen und die ablauforganisatorische Einfügung – wird das **enge Zusammenwirken** von Betriebswirt und Ingenieur deutlich. Ist das Denkschema des Betriebswirtes von Kosten-, Mengen- oder Zeitgrößen bestimmt, obliegt dem Ingenieur die technologische Gestaltung der Arbeitsaufgaben. Bei der Darstellung der Arbeitsgestaltung im Unternehmen wird in zahlreichen Veröffentlichungen der **technisch-wirtschaftliche** Aspekt als Optimierungsaufgabe überbetont. Übersehen wird dabei, daß untrennbar eine zweite Komponente hinzuzufügen ist, nämlich die **ergonomisch-soziale**.

Durch die am konkreten Arbeitsplatz gegebene „Informatisierung der Arbeit" ist es Aufgabe eines **Technologiemanagements** (dazu 5.Teil, M.V.), zukunftsorientierte, menschengerechte technikorientierte Arbeitsplätze und -systeme zu entwickeln (vgl. Bullinger, 1988, S. 4ff.). „Die Schnittstelle Mensch und Maschine wird zunehmend durch den Rechner realisiert. Die Entwicklung und Gestaltung von Arbeitsplätzen ist deshalb zur Mensch-Rechner-Schnittstellengestaltung geworden" (ebd.).

Zur Koordination ist ein effizientes **Schnittstellenmanagement** (Lösung der Probleme, die an den durch Arbeitsteilung entstandenen Transferpunkten auftreten: Kommunikations-/Informationsstörungen, Abstimmungs-/Zuständigkeitsdisharmonien, Komplexität, Subkulturspezifika, Ressourcenkonflikte usw.) notwendig.

Die Entwicklung der **Informationstechnik** zeigt zwei Entwicklungen:

  • Die Integration von Mensch, Maschine und Computer
  • Die Wettbewerbsfaktoren Qualität und Zeit erzeugen Handlungsbedarf in den Arbeitsstrukturen/Organisationsformen (insbesondere Zunahme der Kommunikation) (vgl. Hoffmann, 1991, S. 386ff.).

Der heutige z.T. rasante Wandel der Technik legt es nahe, ihre **Rolle** in den betriebswirtschaftlichen Konzeptionen für die Unternehmensführung zu überdenken (siehe dazu auch unsere Ausführungen im Teil 5). Gaugler skizziert die Rolle der Technik in der BWL mit vier Aspekten:

  • Die Technik ist eine wesentliche Komponente der Faktorkombination.
  • Zu ihrer Finanzierung ist die Deckung eines nach Umfang und Art abgestimmten Kapitalbedarfs erforderlich.
  • Die Technik determiniert kurzfristig das betriebswirtschaftliche Leistungsprogramm eines Unternehmens.
  • Die mit dem Einsatz der Technik verbundenen Aufwendungen besitzen einen ausgeprägten Fixkosten-Charakter.

„Diese Teilaspekte, die die Behandlung der Technik in der Betriebswirtschaftslehre skizzieren, deuten darauf hin, daß die Technik im betriebswirtschaftlichen Denken eher eine Determinante als eine ökonomische Variable bildet. In betriebswirtschaftlicher Sicht bestimmt die **Technik** – zusammen mit anderen Faktoren (Recht, Wirtschaftsordnung) – den Datenkranz des betriebswirtschaftlichen Entscheidens und Handelns. Treffen diese Tendenzen zu, dann wird es fraglich, inwieweit die Betriebswirtschaftslehre ihr Erkenntnisobjekt tatsächlich als sozio-technisch-ökonomisches System, als Mensch-Maschine-System begreift und behandelt. Diese kritische Frage verstärkt sich, wenn manche Führungsmodelle den Einsatz der Technik im Unternehmen völlig ignorieren, andere ihn nur nebenbei erwähnen, ohne darin eine wirkliche Systemkomponente zu sehen" (Gaugler, 1988, S. 240).

Gaugler sieht folgende für die Konzeption der Unternehmensführung relevante Phänomene, die durch die dynamische Entwicklung moderner Technik angestoßen werden (vgl. ebd.):

- Die Faktorsubstitution im einzelbetrieblichen Bereich führt zu einem relativen Rückgang der eingesetzten Quantität an menschlicher Arbeit, allerdings stellen die Substitutionsprozesse sehr hohe Ansprüche an die Qualifikation des Managements.
- Die fortschreitende Technisierung (Automatisierung, Roboterisierung) wandelt die Anforderungen an die Qualifikation der Mitarbeiter (siehe dazu unsere Ausführungen im dritten Teil).
- Daraus ergibt sich ein Koordinationsbedarf zwischen der Entwicklung der Technik und der Änderung der Mitarbeiterqualifikation (Änderung der Personalentwicklungsaufgabe).
- Partiell kann der sog. technologische Determinismus überwunden werden, da moderne Techniken (z.B. beim Einsatz neuer Informationstechniken) Freiheitsgrade bei der organisatorischen und menschengerechten Gestaltung der Arbeitsprozesse andeuten.

Waren die sehr großen Veränderungen in der Arbeitswelt unter dem verstärkten Einsatz neuer Technologien (vgl. Heeg, 1991, S. 1)

- zuerst neben der Automatisierung von technischen Abläufen durch den Einsatz von **Ausführungs**systemen (z.B. Transport-, Lagersysteme, CNC-Fertigungssystem)
- und eine Automatisierung von Entwurfs-, Planungs-, Kontroll- und Überwachungstätigkeiten durch den Einsatz von **Engineering**systemen (z.B. Planungs- und Steuerungs-, Qualitätssicherungssystem) erfolgt,
- erlauben moderne **Informations- und Kommunikationstechnologien** eine Erweiterung von Prozessen, die bisher dem Menschen vorbehalten waren: geistige Prozesse des Erfassens, Verarbeitens, Verknüpfens und Speicherns von Informationen.(Dazu auch 5.Teil, G)

> „Das Unternehmen ist ein lebender Organismus – keine Maschine. Veränderungen vollziehen sich daher nach den Gesetzen der Evolution, der Biologie, der Psychologie – nicht der Mechanik" (Holzwrath, Siemens AG).

(4) Das Arbeitssystem als Regelkreis

Die von uns aufgeführten allgemeinen Merkmale des Systems Unternehmung sagen noch nichts über die **Bedingungen** aus, unter denen das System in einer sich ständig wandelnden Umwelt „überlebensfähig" bleibt; Hilfestellung für die Erklärung der **Lenkung** des Systems bietet uns die Kybernetik als formale Teilwissenschaft der Systemtheorie (dazu insbesondere Weisser, 1998).

Im „System Unternehmung" können alle Teilsysteme als kybernetische **Regelkreise** strukturiert sein, d.h. das Gesamtsystem als ein mehrstufiger, vernetzter Regelkreis unterschiedlicher Komplexitätsgrade begriffen werden (Hahn spricht von vertikal und horizontal „vermaschten" Regelkreisen; 1996, S. 50ff). Die **Kybernetik** als interdisziplinäre Wissenschaft untersucht ein überall in der Natur und in der Gesellschaft vorkommendes Phänomen, nämlich die Lenkung, d.h. das „Unter-Kontrolle-Halten" von Zuständen; damit erlaubt sie die **Analogiebildung** zwischen den Wissenschaftsdisziplinen, also die Übertragung von einem Objektbereich auf einen anderen, und die Herausarbeitung von Gemeinsamkeiten, wie z.B. das Nervensystem des Menschen und die Leitungsstruktur der Unternehmen (vgl. Ulrich, 1988, S. 181; Schwaninger, 1994, S. 21ff.).

Die Kybernetik, als ein von Wiener 1948 so bezeichnetes, die klassischen Prinzipien übergreifendes Wissenschaftsgebiet, erkannte die Grenzen des in Ursache-Wirkung (d.h. lineare Kausalketten) orientierten Denkschemas für die Erfassung und Erklärung vieler Phänomene. Die Kybernetik entwickelte ein neues Denkschema der zirkularen Systeme mit Rückkopplungseffekten (vgl. Malik, 1992, S. 383ff.).

Mit Hilfe des Prinzips der **Rückkopplungen** kehren kybernetische Systeme bei Feststellung einer Soll-Ist-Abweichung durch das Einleiten einer Korrekturmaßnahme – ohne Kenntnis der Ursache der Differenz – wieder in ihren Gleichgewichtszustand zurück. Die Korrektur erfolgt, indem die Differenz zwischen dem Ziel und dem tatsächlichen Zustand verringert wird. Dieses Systemverhalten zeigt die **Einschwingkurve** (vgl. dazu Malik, 1992, S. 384). Dies bedeutet aber auch, daß es eine „absolute" Stabilität des Systems nicht geben kann, da ein Tätigwerden erst nach Feststellen einer Abweichung einsetzt.

Typisches Erklärungsbeispiel für dieses in vielen technischen Systemen berücksichtigte Prinzip und seine Komponenten ist die mit Hilfe eines Thermostaten gesteuerte Heizung, die trotz Störgrößen (z.B. Öffnen einer Tür) die Zimmertemperatur konstant hält (vgl. Abb. 7).

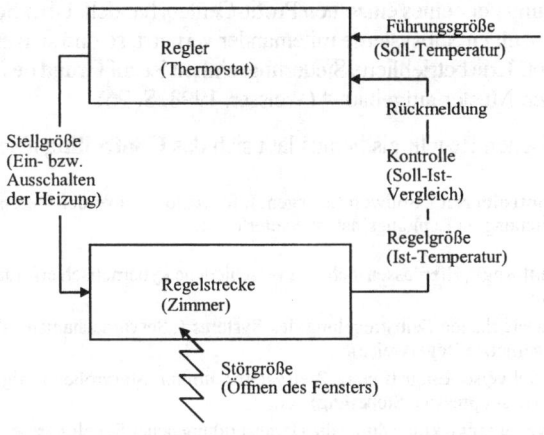

Abb. 7: Raumheizung als einfaches Regelkreismodell

1. Dem Regler wird die gewünschte **Sollvorgabe** als Führungsgröße vorgegeben (z.B. 21°C Zimmertemperatur). Der Regler verarbeitet diese Zielvorgaben zu **Anordnungen** (Maßnahme: Ein- oder Ausschalten der Heizung).

2. Auf die **Regelstrecke** als zu regelnden Prozeß wirken **Störgrößen** ein (z.B. Öffnen eines Fensters).

3. Die Regelgröße gibt das tatsächliche **IST**-Ergebnis (z.B. 18°C Temperatur).

4. Der Regler vergleicht Regelgröße mit Führungsgröße (d.h. **Ist-Soll-Vergleich**).

5. Bei einer **Regelabweichung** trifft er eine Entscheidung über Änderung der entsprechenden Stellgröße (hier: Einschalten der Heizung)

6. bzw. Feedback zur Änderung der ursprünglichen Zielvorgabe.

Verursachen Störgrößen einen Änderungsbedarf des Systems, um wieder einen Gleichgewichtszustand zu erreichen, setzt dies aber ein entsprechendes **Änderungspotential** des Systems voraus (siehe auch unsere Ausführungen zur Flexibilität bei Plananpassungen im vierten Teil). Jede Komponente eines Regelkreises ist wiederum ein Sub- oder Teilsystem.

(5) Die Unternehmung als System vernetzter Regelkreise

Dieses **allgemeine** geistige Prinzip des Regelkreises kann trotz seines hohen Abstraktionsgrades auch zur Erklärung betrieblicher Prozesse herangezogen werden. Das vom Menschen zweckgerichtet geschaffene künstliche System „Wirtschaftskreislauf" und das natürliche System „Naturkreislauf" weisen zahlreiche Ähnlichkeiten auf (z.B. das Aufrechterhalten eines Gleichgewichts oder das Problem der Zielerreichung).

Für Weisser (1998) lassen sich die Aufgaben jeder Führung soziotechnischer Gebilde im Kern auf **vier Tätigkeiten** zurückführen:

- Entscheiden, d.h. Ziele festlegen sowie Verfahren und Methoden auswählen
- Aktivieren, d.h. den Leistungsprozeß einleiten

- Kontrollieren, d.h. permanenter operativer Soll-Ist-Vergleich
- Revidieren, d.h. langfristige strategische Zielüberpüfung

Als kybernetisch ist ein **Führungsprozeß** dann zu bezeichnen, wenn diese vier Teilfunktionen über einen Regelkreis im Wege von **Rückkopplungsschleifen** verbunden sind. „Hervorzuheben ist, daß dies für jede betriebliche Ebene zutreffen muß, gleichgültig ob es sich um die Führung des Gesamt-betriebes, einer Abteilung oder eines einzelnen Profit-Centers handelt. Über Sollwerte bzw. Output-variable werden die einzelnen Subsysteme miteinander vernetzt, so daß sich ein System verschach-telter Regelkreise ergibt. Jede betriebliche Steuerungseinheit ist auf Grund des Prinzips der Rekursi-vität nach dem gleichen Muster aufgebaut." (Weisser, 1998, S. 96)

Aus diesem kybernetischen Regelkreis heraus läßt sich das **Controlling** ableiten (ebd., S. 96ff.):

- Als Funktion „**Kontrollieren**": Sollwert festlegen, Informationen über den Output festlegen, Abweichung berechnen, Abweichung an Lenkungsinstanz weiterleiten.

- Als Funktion „**Lenkung**": Hier lassen sich drei verschiedene kybernetisch erforderliche Lenkungsleistun-gen unterscheiden:
  - Regelung als weitgehende Selbstregelung des Systems („Servomechanismus", Selfcontrolling; verti-kal/horizontal vernetzte Regelkreise)
  - Steuerung als fallweiser Eingriff eines Zielsystems, um mit Störgrößen fertig zu werden (antagonisti-sche, antizipative, suppressive Steuerung)
  - Adaption als Weiterentwicklung durch die Herausbildung neuer Regelungsmechanismen (reaktive, akti-ve, evolutionäre Adaption)

In zielgerichteten Systemen wie z.B. Unternehmen wird versucht, „das Verhalten der Syste-me so zu beeinflussen, daß die Zielgrößen möglichst mit vorgegebenen Sollwerten überein-stimmen oder nur innerhalb definierter Grenzen variieren. (…) Der Regelung, die Entschei-dungsprozesse zur Zielerreichung modelliert, liegen negative Rückkopplungen zugrunde, d.h. die Abweichung zwischen Soll- und Istwerten ist zu minimieren" (Guntram, 1985, S. 318). Das Unternehmen wird als ein sich selbst steuerndes System dargestellt, als ein Sy-stem von Regelkreisen, das aufgrund von Informationen gesteuert und geregelt wird (Beh-me/Schimmelpfeng, 1993). Aufgabe der Betriebswirtschaftslehre ist es demnach, dem **Reg-ler** (Management) **Empfehlungen** zur Einstellung der Stellgrößen zu geben.

Die vorher beschriebene Strukturierung des Arbeitssystems läßt erkennen, daß es sich um ein von außen geregeltes und gleichzeitig mit einer Selbststeuerung versehenes (**homöosta-tisches**) System handelt. Dieser einfache Regelkreis ist in zweifacher Hinsicht zu erweitern (vgl. dazu Hub, 1990, S. 78ff.):

(1) Berücksichtigung der Vorkopplung (Feedforward)
(2) Die Verknüpfung von Regelkreisen.

Zu (1): Das Feedforward

Als Feedforward bezeichnet man alle Prognoseinformationen über zukünftig auf den Regel-kreis – aus allen Ebenen – einwirkende Faktoren. Mit der rechtzeitigen Planung dieser Fak-toren verlieren diese ihren (positiven oder negativen) „**Störgrößencharakter**", da ihre Wir-kungen ja bereits in der Stellgröße berücksichtigt wurden.

Zu (2): Der Regelkreis als Teil eines Systems von Regelkreisen

Vor allem in der systemtheoretischen Betriebswirtschaftslehre wird Führung als ein rückge-koppelter kybernetischer Lenkungsprozeß verstanden, der sich, institutionell gesehen, in-nerhalb eines Teilsystems oder zwischen den betrieblichen (durch die Soll- und Ist-Daten übertragenen Informationsströme miteinander verbundenen) Teilsystemen als sich gegen-seitig überlagernde Regelkreise abspielt, so daß der Führungsprozeß auch als ein System zwischen den Leitungsebenen **mehrdimensional vernetzter** („vermaschter") Regelkreise aufgefaßt werden kann. Dabei können die einzelnen Teilsysteme sein:

- entweder nur Regler (= das oberste Leitungsorgan),
- entweder nur Regelstrecke (= die unterste, nur noch Ausführungsfunktionen beinhaltende Ebene),
- gleichzeitig Regler und Regelstrecke (= alle dazwischen liegenden organisatorischen Teilsysteme).

Die Stellgröße ist hier:

- zum einen eine auf der **jeweiligen** Ebene auf Ausführung gerichtete Stellgröße (= Regelstreckenaktivität),
- zum anderen eine auf der **nächstniedrigeren** Ebene eine Führungsaktivität auslösende Aktivität (= Füh-rungsgröße der nächstniedrigeren Ebene).

Es sind mit Hilfe entsprechender Führungsempfehlungen die Voraussetzungen zu schaffen, daß ein Regelkreisprinzip zustande kommt, d.h. dafür zu sorgen, daß die einzelnen Elemente bestimmte Eigenschaften besitzen; es können dann aus dem „abstrakten Modell Regelkreis" unmittelbar verwertbare Empfehlungen für die Führungspraxis abgeleitet werden. Ausge-hend vom Leitungsorgan über die anderen Elemente sollen insbesondere folgende Fragen behandelt werden (vgl. Hub, 1990, S. 83ff.):

(1)   Welche Voraussetzung beinhaltet die Wahrnehmung der Reglerfunktion?
          (z.B. Klarheit verschaffen über die Ziele, Kennen der Ziele)
(2)   Wie kommt eine Führungsgröße zustande?
          (selbstgesetzt, vorgegeben, miteinbezogen)
(3)   Was kann der Grund für eine Soll-Ist-Abweichung sein?
          (unrealistische Führungsgröße, ungeeignete Maßnahmen)
(4)   Welcher Art kann die Stellgröße sein? (vgl. mit 2.).

Diese **Vereinfachungen** des gewählten Beispiels entsprechen natürlich nicht der **Komple-xität** der meisten wirklichen Systeme, in denen eine außerordentlich große Zahl sich gegen-seitig beeinflussender Faktoren berücksichtigt werden muß. (Als ein Beispiel für die An-wendung kybernetischer Prinzipien sei stellvertretend auf die Strategie der „kybernetischen Produktionsorganisation und -steuerung" (**Kypos**) als ein neuer Weg für die Planung flexi-bler Produktionsstrukturen sowie die Steuerung und Regelung vernetzter Materialflußab-schnitte hingewiesen; dazu Pawellek u.a., 1993; Pawellek, 1993).

Mit Hilfe des Prinzips der **Homöostase** (Selbstregelungsmechanismus z.B. zur Regulierung des Blutzuckergehaltes oder des Adrenalinspiegels) werden auch solche höheren Formen vernetzter Regelungssysteme stabilisiert (vgl. Malik, 1992, S. 387f.). Diese komplexen Sy-steme können allerdings kaum auf der Objektebene beeinflußt werden, erfolgreiche Beein-flussungsstrategien bedürfen der **metasystemischen** Regulation (m. a. W.: die Lenkung ist nicht auf die unmittelbare Produktion der erwarteten Ergebnisse gerichtet, sondern auf die **Bedingungen**, unter denen die Ergebnisse produziert werden).

(6) Weiterentwicklung: Der systemevolutionäre Ansatz

Die Hauptvertreter dieses Ansatzes (Malik, Ulrich, Beer, Hayek, von Foerster) entwickeln den Systemansatz weiter zu einem „**evolutionären Managementmodell**" oder einem „**Modell des lebensfähigen Systems**" (Beer). Die Unternehmung wird dabei nicht mehr als ein produk-tives soziales System, sondern als ein evolvierendes, selbst organisierendes System gesehen.

Die **Ausgangspunkte** in Stichworten (vgl. Raffée, 1993; Malik, 1992):

- Ganzheitliches, kybernetisches Denken ist auch in der Wirtschaft notwendig; Fragen der Anpassungsfähigkeit, Flexibilität, Lernfähigkeit, Evolution, Selbstregulierung, Selbstorganisation stehen im Zentrum des Interesses.
- Institutionen/Zusammenhänge/Entwicklungen sind nur z.T. durch den Menschen zweckorientiert und zielbestimmt zu steuern (- Prozesse der Selbstorganisation).
- Erkennen der Mechanismen der Evolution von Gesamtsystemen (- daraus Schlüsse für Unternehmung) statt Strukturdenken – Prozeßdenken.
- Einbezug der Erkenntnisse zahlreicher, vor allem der Nachbardisziplinen, das „Modell des lebensfähigen Systems" umfaßt u.a. Resultate bio- und neurokybernetischer Forschungen, die auf die Managementlehre übertragen werden. Dies geschieht unter Verwendung des Invarianztheorems, das im Wesentlichen besagt, daß alle komplexen Systeme isomorphe Lenkungsstrukturen aufweisen (vgl. im Einzelnen dazu Malik, 1992, S. 80ff.).
- Verneinung der Annahme, daß soziale Systeme das Ergebnis bewußter, zweckorientierter Planung und Gestaltung sind: Soziale Institutionen sind das Resultat von Wachstums- und Entwicklungsprozessen, in denen der menschliche Konstruktionswille nur eine geringe Rolle spielt (vgl. ebd., 1992, S. 254).

Mit bestimmten Entwicklungen des strategischen Managements, z.B. mit der simultanen Gleichgewichtsplanung und Steuerung der Größen Liquidität, Gewinn und Erfolgspotentiale, sind erste Ansätze erkennbar. Um das Problem der **Lebensfähigkeit** einer Unternehmung in den Griff zu bekommen, wird weniger auf konkrete Zustände der Objektebene (Optimierung der Steuerungsfähigkeit und Flexibilität) als auf die **Metaebene** abgestellt (vgl. ebd., S. 69).

Dyllick (vgl. 1982, S. 199) bemängelt, daß die Betriebswirtschaftslehre einem **„Mikro-Bereich"** verhaftet geblieben sei (es genügt nicht, der Unternehmung einfach eine neue Kontextvariable „Umwelt" anzuhängen) und es versäumt (ähnlich wie etwa die Soziologie oder die Ökonomie), eine Lehre für den **„Makro-Bereich"** zu entwickeln. Die Einbettung der Unternehmung in vernetzte und interdependente Systeme übergeordneter Hierarchiebereiche verlangt das Vorwagen in fachfremde Bereiche, um durch das Heranziehen dieses Wissens und deren Erkenntnisse überhaupt gewisse Vermutungen aufstellen zu können.

4. Der situative Ansatz (Kontingenzansatz)

Den in den verschiedenen amerikanischen Management-Schulen bedeutendsten Ansatz verkörpert der **„Contingency or Situational Approach"**. Das „situative Denken" ergibt sich zwingend aus dem bereits dargestellten Systemansatz, in dem das „System Unternehmung" als ein offenes, in ständiger Wechselwirkung mit seiner Umwelt stehendes System gesehen werden muß. Sowohl unternehmungsinterne als auch unternehmungsexterne Einflußfaktoren bestimmen nicht nur die wahrscheinlichen Ausprägungen bestimmter Merkmale, sondern auch den Erfolg bestimmter Management-Maßnahmen (dazu Ulrich/Fluri, 1995, S. 30ff.).

Wie wir bereits an früherer Stelle kurz anführten, ist die Komplexität menschlichen Verhaltens zu groß, um darüber **allgemeingültige** Aussagen mit dem Anspruch **absoluter** Gültigkeit anstellen zu können. „Forschungsziel situativer Ansätze ist die Relativierung der traditionellen one-best-way- und generellen systemtheoretischen Aussagen sowie die situationsadäquate Berücksichtigung formal- und verhaltenswissenschaftlicher Gestaltungsempfehlungen. Der zentrale Unterschied zu systemtheoretischen Ansätzen besteht darin, daß situative Ansätze dezidiert ein **empirisches Forschungsprogramm** erfordern" (Staehle, 1994, S. 47).

Staehle unterscheidet folgende **Ansätze**:

- die klassisch situativen (mechanistischen)
- die verhaltenswissenschaftlich situativen (unter Einbeziehung von Spielräumen)
- bestimmte organisationsintern bezogene Konsistenz-Ansätze als Ergänzung (vgl. im Einzelnen ebd. S. 47ff.).

5. Die arbeitsorientierte Einzelwirtschaftslehre

Während die traditionelle Betriebswirtschaftslehre sich auf die optimale Nutzung des Produktionsfaktors Kapital bezog, entwickelte sich bereits in den 20er Jahren eine betriebswirtschaftliche Richtung (insbesondere in den Werken von Schär, Fischer und Nicklisch), die den Faktor Arbeit als zentrales Element interpretierte (vgl. Wunderer, 1988 b, S. 35).

Die anfangs der 70er Jahre entwickelte arbeitsorientierte Einzelwirtschaftslehre (AOEWL) will, basierend auf dem Entscheidungs- und Systemansatz sowie einer sozialwissenschaftlichen Konzeption, ein **Gegengewicht** zur herrschenden kapitalorientierten Betriebswirtschaftslehre darstellen, die vorrangig auf das Kapitalverwertungsinteresse ausgerichtet ist und „die den Arbeitnehmerinteressen nur unzureichend Rechnung trägt". „Mithin stellt die AOEWL gewissermaßen den, Pfahl im Fleisch' einer einseitig kapitalorientierten Betriebswirtschaftslehre dar. Dies sollte(n) die Betriebswirtschaftslehre (bzw. deren Vertreter) selbstkritisch erkennen; und obwohl die wissenschaftliche Rezeption und Diskussion der AOEWL vergleichsweise bescheiden ist, kommt man wohl nicht umhin, ihr aufgrund ihrer inhaltlichen Elemente die Stellung einer Grundkonzeption zuzuerkennen" (Raffée, 1993, S. 41). Oechsler (1997, S. 15 f.) bezeichnet diesen Ansatz als **„konfliktorientierten"** Ansatz.

Die arbeitsorientierte Handlungsorientierung zielt auf die „Durchsetzung von Interessen der abhängig Beschäftigten in den verschiedenen Bereichen der Gesellschaft" ab und entwickelte dazu die Vorstellung einer **emanzipatorischen** bzw. arbeitsorientierten **Rationalität** (vgl. Bea/Dichtl/Schweitzer, 1992, S. 125f.). Diese umfaßt mehrere Dimensionen: neben monetären Größen und quantifizierbaren Faktoren sozialwissenschaftliche Daten (Verhaltensweisen etc.) insbesondere qualitativer Art („Qualität des Lebens").

Die AOEWL wurde von einer Projektgruppe im Wirtschafts- und Sozialwissenschaftlichen Institut des Deutschen Gewerkschaftsbundes entwickelt (vgl. dazu Projektgruppe im WSI, 1974), konnte aber keine Verbreitung finden. Diese Variante einer **sozialkritischen** Betriebswirtschaftslehre setzt auf zwei Ebenen an:

- Ziel einer System- (Wirtschafts-) **Überwindung**
  - gesamtwirtschaftliche Steuerung der Produktion (z.B. „goods", „bads", „antibads")
  - Erhöhung der Nominallöhne zu Lasten von Gewinnanteilen
- Ziel der System- (Wirtschafts-) **Verbesserung**
  - Konzept der Lebensqualität, Ziel der Selbstverwirklichung der abhängig Beschäftigten
  - stärkere Berücksichtigung der Arbeitnehmerinteressen, vor allem in ihrer Rolle als Konsumenten (gerechte und sichere Entlohnung, Mitbestimmung, Sicherung von Arbeitsplätzen, optimale Gestaltung der Arbeit durch „Humanisierung"; zur Zukunft der Arbeit vgl. auch Strasser/Traube, 1981, S. 364ff.)
  - Hinführung der Arbeitnehmer zu mehr Aufgeklärtheit und Mündigkeit
  - neue Anregungen aus der Alternativszene (neue Lebens- und Konsumstile, kleine Produktionseinheiten, gemeinsames Eigentum etc.)

Als **Kritik** an diesem Ansatz wird genannt:

- Bewertung der Leistungen des marktwirtschaftlichen Systems ist einseitig negativ
- kein überzeugendes Alternativsystem (zu viele planwirtschaftliche Elemente)

6. Der Marketingansatz

Bis Ende der 60er Jahre standen Produktions- und Kostenfragen der Erstellung von Sachgüterleistungen im Mittelpunkt der Betriebswirtschaftslehre, mit dem Wandel zum Käufermarkt wurde dann der Markt zum eigentlichen Problem. Wurde das Marketing in den 60er Jahren auf den zunehmend gesättigten (Käufer-)Märkten zur dominanten Engpaßfunktion, etablierte es sich in den 70erJahren als eine Führungsfunktion. Als ein **sozialwissenschaftli-**

ches Grundkonzept ist der Marketingansatz als eine praktisch-normative, spezifisch inhaltliche Ausprägung des Entscheidungs- und Systemansatzes zu sehen mit der Leitidee einer konsequenten, in der ganzen Unternehmung auf den **Markt** ausgerichteten Unternehmensführung (vgl. dazu Raffeé, 1984; Fritz, 1993 mit einer empirischen Studie zum Marketing als Führungskonzeption und als maßgeblicher Erfolgsfaktor; Nieschlag u.a. 1994; Meffert, 1994, S. 3ff.).

Dies konkretisiert sich in:

- einer Kundenorientierung, aktiven Haltung gegenüber dem Absatzmarkt
- einem bewußten Gestaltungsbemühen (Einsatz des absatzpolitischen Instrumentariums).

In diesem Sinne wird Marketing definiert als eine Konzeption der Unternehmensführung, bei der alle betrieblichen Aktivitäten konsequent auf die Erfordernisse der Märkte ausgerichtet werden. Dieses Verständnis einer Marketingwissenschaft (nicht nur als ein betrieblicher Teilbereich, sondern als eine Führungskonzeption der **gesamten** Unternehmung) wird von Schneider scharf kritisiert. „Eine das gesamte Wissen zur Unternehmensführung lehren wollende Marketingwissenschaft ist keine spezielle Betriebswirtschaftslehre, sondern sie setzt sich in Gegensatz zur Betriebswirtschaftslehre" (Schneider, 1983, S. 199).

Schneider (1983, S. 201f.) kritisiert das **Vertuschen von Interessengegensätzen**: „Unternehmen sind zwischen Beschaffungs- und Absatzmärkten eingeschlossen und haben sich auf den Absatzmärkten mit Nachfragern, Konkurrenten, dem Recht setzenden Staat und mitunter einer Moral predigenden Öffentlichkeit auseinanderzusetzen; auf den Beschaffungsmärkten entsprechend mit Anbietern, Konkurrenten, Staat und Öffentlichkeit. Eine erfolgreiche Unternehmenspolitik allgemein, eine Absatzstrategie im Besonderen, muß von den Unternehmenszielen, den Unternehmensmitteln und sämtlichen Umweltbedingungen (insbesondere Nachfragern bzw. Anbietern, Konkurrenten, Staat und Öffentlichkeit) zugleich konzipiert sein! Angesichts dessen ist das Marketing als vom Nachfrager her konzipierte Absatzstrategie eine einseitige und folglich gefährliche Konzeption zur Unternehmensführung."

Ein **Primat** des Absatzes gegenüber anderen betrieblichen Funktionen wird zusätzlich deshalb verneint, „weil neben Absatz- und Beschaffungsmärkten auch jede innerbetriebliche Funktion zum Engpaß werden kann". Schneider fordert eine **marktprozeßtheoretische Ausrichtung** der Betriebswirtschaftslehre und kein Bevorzugen verhaltens- bzw. sozialwissenschaftlicher Denkstile, sieht die eigentliche Aufgabe der „wissenschaftlichen Theorienbildung" vernachlässigt.

Raffeé sieht als Schwäche des Marketingansatzes seinen begrenzten **Steuerungsmechanismus**: Der Markt (die Umwelt) wird unter Nützlichkeitsaspekten hinsichtlich des Rentabilitätszieles analysiert, andere Konsequenzen der Bedürfnisbefriedigung (z.B. Umweltbelastung, Gesundheit) bleiben unberücksichtigt. Er sieht folgende Entwicklungstendenzen (1993, S. 43):

- Forderung nach einem mehr technologieorientierten Marketing und Einbeziehung von Makro-Aspekten,
- Weiterentwicklung zum gesellschaftsorientierten Marketing („Sozio-Marketing"), einem „Marketing in Verantwortung" im Rahmen einer gesellschaftsorientierten Unternehmensführung. (Dazu 8. Teil)

In den 90er Jahren hat sich für Meffert das Anspruchsspektrum des Marketing bei einer zunehmenden **Umweltorientierung** abermals gewandelt. „An die Stelle des Marketing als Führungsfunktion rückt eine ganzheitliche Interpretation des Marketing als **marktorientiertes Führungskonzept**. Dabei wird Marketing als ein duales Führungskonzept aufgefaßt, das erstens als **Leitkonzept des Management** im Sinne eines gelebten Unternehmenswertes („shared values") und zweitens als **gleichberechtigte Unternehmensfunktion** interpretiert wird" (1994, S. 4). Zu den Entwicklungsphasen und zur Systematik der Marketing-theorie siehe insbesondere Meffert (1998, S. 18ff.).

7. Der informationsorientierte Ansatz

Verstärkt findet insbesondere der Faktor **Information** Eingang in makro- und mikroökono-mische Kreislaufmodelle. Makroökonomisch stellt der Faktor Information

- zum einen als Output des primären Sektors (= Information als Endprodukt),
- zum anderen als Output des sekundären Sektors (= Information als Rohstoff für die weiterverarbeitende Industrie)

bereits einen Anteil von ca. 50% des BSP (vgl. Vallone 1990 und die dort genannten Studien). Nicht mehr der Grad an industrieller Entwicklung bestimmt zunehmend den Wohlstand einer Gesellschaft, sondern vielmehr die Fähigkeit,

- Informationsressourcen zu gewinnen (Bildung/Wissenschaft),
- eine schnelle und breitenwirksame Diffusion (Kommunikationsmedien/-infrastrukturen)
- und sie zweckorientiert in Wissen, Technik, Methoden und Verfahren umzusetzen (vgl. ebd.).

Die klassischen Wirtschaftssektoren Agrar-, Industrie und Dienstleistungssektor werden ergänzt durch einen **Informationssektor** (dazu unsere Ausführungen unter Punkt D).

Faßt man Dienstleistungen der Beschaffung, Verarbeitung, Speicherung, Übertragung und Bereitstellung von Informationen als eigenen Wirtschaftssektor auf, dann umfaßt dieser Informationssektor in einer Wirtschaft folgende Bereiche (aus Schwarze, 1998, S. 17):

- **Informationsproduzenten**: erzeugen neue Informationen oder bringen bereits vorhandene Informationen in eine für bestimmte Verwender geeignete Form.
- **Informationsverarbeiter**: reagieren auf empfangene Informationen durch Entscheidungen und/oder Bearbeitungen.
- **Informationsverteiler**: sind mit der Übermittlung von Informationen betraut.
- In der **Informationsinfrastruktur** Beschäftigte: installieren, bedienen und warten die zur Beschaffung, Verarbeitung, Speicherung, Übertragung und Bereitstellung von Informationen benutzten Geräte und Technologien.

Um der Bedeutung der IuK-Technologien gerecht zu werden, ist für Schwarze (1998, S. 22) die klassische betriebliche Funktionsgliederung (Beschaffung/Materialwirt-schaft, Produktion usw.) um einen Funktionsbereich „**Information und Kommunikation**" oder „**Informationswirtschaft**" bzw. „**Informationsmanagement**" zu erweitern, der an der Schnittstelle zwischen Betriebswirtschaftslehre und Wirtschaftsinformatik anzusiedeln wäre.

Im mikroökonomischen Modell wird die Ressource Information als **vierter Produktions-faktor** ein fundamentaler Bestandteil des Produktionsprozesses in allen Sektoren:

- Von der Qualität der Informationsfaktoren (Gewinnung, Informationsniveau, Umsetzung etc.) hängt maßgeblich die Qualität der **Entscheidung** ab
- und werden die anderen Produktionsfaktoren beeinflußt (vgl. Vallone, 1990, S. 81f.; für Grunwald wird der lebenswichtige Produktionsfaktor Information in Europa viel zuwenig als Wettbewerbsfaktor gesehen; 1995b, S. 96f.)

Eine „**informationsorientierte**" Betriebswirtschaftslehre versucht, betriebliche Tatbestände und Geschehnisse von der „Information" (als Grundelement des organisatorischen Ablaufs) her zu begreifen, um dadurch eine Ausrichtung der Betriebswirtschaftslehre an den betrieblichen Informationsstrukturen und -verarbeitungsabläufen zu erreichen (dazu Müller-Merbach, 1989, S. 122f.). Müller-Merbach ist der Meinung, daß durch die zunehmende Leistungsfähigkeit der Informations- und Kommunikationstechnologien (IKT) ein neuer Durchbruch der Allgemeinen Betriebswirtschaftslehre zu erwarten ist, da die Gestaltung und Nutzung solcher Informationssysteme im Rahmen einer informationsorientierten Betriebswirtschaftslehre ein umfassendes Gesamtverständnis der Unternehmung erfordert. Müller-Merbach sieht die vielfältigen technischen Neuerungen von zwei konzeptionellen Entwicklungen begleitet:

- **interne und externe Datenbanken**
- **wissensbasierte Systeme** (Expertensysteme, künstliche Intelligenz). Vgl. dazu auch unsere Ausführungen im 1. Teil (D, II) und 5. Teil (G. Unterstützung des Managements durch computergestütze Systeme).

Der Ansatz einer „**EDV-orientierten**" Betriebswirtschaftslehre geht insbesondere auf Arbeiten von Scheer zurück (1990). Unter dem Sammelbegrifff EDV subsumiert er die Informations- und Kommunikationstechniken zur technischen Verarbeitung von Daten (d.h. Erfassung, Speicherung, Transformation und Ausgabe). Der enge Zusammenhang zwischen BWL und EDV zeigt sich in (ebd. S. 5):

- Unterstützung rechen- oder datenintensiver betriebswirtschaftlicher Verfahren durch die EDV
- Notwendigkeit EDV-geeigneter betriebswirtschaftlicher Konzepte zur Erhöhung der Wirtschaftlichkeit der EDV
- hohe Gestaltungs- und Multiplikatorwirkung von EDV-Systemen für betriebswirtschaftliche Aufgaben

Das **Erkenntnisobjekt** einer EDV-orientierten Betriebswirtschaftslehre sind für Scheer die gegenseitigen Wirkungen zwischen Informationstechnologie und Betriebswirtschaft, sie erweitern damit die Erklärungs- und Gestaltungsfunktion der Betriebswirtschaftlehre. Die betriebswirtschaftlich relevanten **Komponenten** eines computergestützten Informationssystems sind (nach Scheer, 1990, S. 7):

- **Datenbasis** (mit den Strukturbeziehungen der zentral oder dezentral gespeicherten Daten werden die Auswertungsmöglichkeiten durch Anwendungsprogramme und freie Anfragesprachen bestimmt)
- **Funktionen** (enthalten das betriebswirtschaftliche Wissen und dessen direkte Umsetzung in EDV-Systeme durch Einprogrammierung in Anwendungssoftware; daneben Modell- und Methodenbanken, Anfragesprachen und Auswertungssysteme, wissensorientierte Dialogsysteme)
- **Ablaufsteuerung** (verknüpft Datenbasis und Anwendungssoftware, indem sie Teilaufgaben und Transaktionen zeitlich, örtlich und logisch steuert).

Kargl (vgl. 1994, S. 963ff.) sieht die **Unterstützung** durch **Datenverarbeitung** in der Unternehmung durch folgende Formen:

- Anwendungssysteme (Operations-, Informations- und Planungssysteme)
- Wissensbasierte Systeme (Expertensysteme), Neuronale Netze und Fuzzy Logic
- Systeme der individuellen Datenverarbeitung (z.B. Datenbankabfrage, Textverarbeitungssysteme, Planungssprachen, Tabellenkalkulationsprogramme, Präsentationsgrafik), Entscheidungsunterstützende Systeme (z.B. Decision Support Systems, Executive Information Systems)
- Bürosysteme (z.B. vorgangsunterstützende Systeme wie Text-, Archiv-, Kommunikations- und Terminverwaltungssysteme; Groupware; Desktop Publishing)

- Fachinformationssysteme (externe Datenbanken)
- Zwischenbetrieblicher Datenverbund

Rüttler (1991, S. 103) kritisiert, daß Scheer seine „EDV-orientierte Betriebswirtschaftslehre" zwar einer informationsorientierten gleichsetzt, aber nur unter der Bedingung, daß darunter eine enge Koppelung an die (technischen) Möglichkeiten der Informationstechnologie verstanden wird. „Somit stellt sein Ansatz weniger eine EDV-orientierte Betriebswirtschaftslehre als vielmehr eine betriebswirtschaftliche EDV dar. Das Erkenntnisobjekt dieses Ansatzes wurde leider auf die gegenseitige Wirkung von Informationstechnologie und Betriebswirtschaftslehre reduziert, und verhaltenswissenschaftliche Aspekte wie Motivation, Innovation und Organisationskultur, die über reine Hardware- und Software-Fragen hinausgehen, werden vernachlässigt."

Informationsmanagement
„... umfaßt alle Managementaufgaben (Planen, Führen, Koordinieren und Kontrollieren) der Beschaffung, Verarbeitung, Übertragung, Speicherung und Bereitstellung von Informationen zur Unterstützung der Erreichung der Ziele einer Unternehmung." (Schwarze, 1998, S. 45)

Rüttler selbst sieht folgende **Dimensionen** eines **Informationsmanagements** (vgl. ebd., S. 114ff.):

- Informations**strategie** = alle strategisch-konzeptionellen und wettbewerbsorientierten Informations- (-technische) Aspekte
- Informations**bereitschaft** = Fähigkeit und Motivation der Mitarbeiter/Führungskräfte sowie die organisatorischen Bedingungen des Unternehmens zur aktiven Informationsaufnahme, -verarbeitung und -weitergabe, die Informationskultur

- Informations**potential** = Menge/Qualität aller aktuellen/potentiell verfügbaren, internen/externen Informationen/-quellen (Reservoir des entscheidungsrelevanten Wissens für das Unternehmen)
- Informations**fähigkeit** = Netz-, Hard- und Softwarestruktur des Unternehmens, Methoden/Instrumente/ Systeme der betrieblichen Informationsverarbeitung (technische Aspekte)

Picot/Franck (1993) sehen drei **Aufgabenfelder** eines Informationsmanagements: die Gestaltung aufgabenadäquater Organisationsstrukturen, geeigneter Informations- und Kommunikationssysteme sowie dazu benötigter technischer Infrastrukturen. Die Entwicklung des Informationsmanagements zu einer betrieblichen Führungsaufgabe zeigt detailliert Brenner (1993).

Generelle Aufgabe eines Informationsmanagements sollte sein, die Bedingungen dafür zu schaffen, daß alle Entscheidungsträger die für ihre Arbeit jeweils relevanten Informationen rechtzeitg erhalten bzw. erhalten können. Die Ressource Information als Basis allen Handelns und Entscheidens muß adäquat, d.h. zielbewußt und -gerichtet „gemanagt" werden. Ein Informationsmanagement ist also nicht nur eine Reaktionstendenz auf technische Entwicklungen, sondern ein aktives, ganzheitliches Instrument der Unternehmensführung.

Die Herausforderungen, denen sich Unternehmen ausgesetzt sehen (zum Management des Wandels siehe fünfter Teil), erfordern neben einem strikten Denken vom Markt her auch besondere Informations- und Kommunikationsstrukturen. Für Bullinger u.a (1993, S. 225ff.)

- sind innovative Unternehmensstrukturen ohne technische Infrastrukturen nicht flächendeckend umzusetzen,
- zeichnen sich innovative Unternehmensstrukturen durch eine prozeßorientierte Integration von Informations- und Kommunikationssystemen aus,
- werden zukünftig Telekommunikationssysteme ein entscheidender Faktor für die prozeßorientierte Integration von Informationssystemen sein.

8. Der Ansatz einer betrieblichen Umweltökonomie

Ökologie und Ökonomie werden i.d.R. als Gegensätze, als Zielkonflikt zwischen erhöhter Kostenbelastung und sinkender Wettbewerbsfähigkeit, dargestellt. Das Schwarz-Weiß-Denken ist jedoch inzwischen einer differenzierten Betrachtung gewichen, die Notwendigkeit langfristiger umweltpolitischer Handlungsorientierungen weitgehend anerkannt.

Wirtschaftliches Handeln – als eine Aktivität des Menschen mit dem Menschen – orientiert sich an den Vorstellungen der theoretischen Ökonomie. Zweifellos hat die Art und Weise, wie die Wirtschaftswissenschaften bislang die Naturressourcen in ihrer Modellbildung berücksichtigten, einen erheblichen Einfluß auf das Ausmaß der Bedrohung der natürlichen Lebensgrundlagen.

Gesellschaft und Biosphäre lassen sich aber weder auf die wirtschaftliche noch auf die soziale Dimension beschränken. Die von der Ökonomie untersuchten menschlichen Aktivitäten, wie Produktion, Handel, Konsum usw., bilden lediglich eine erste Ebene menschlichen Wirkens mit ihren eigenen Funktionsweisen und Kodierungen, die ihrerseits wiederum in eine umfassendere soziale Ebene, wie Staat, Gesellschaft, Ideologie usw., eingebettet sind. Gleichzeitig besitzt diese erste Ebene mannigfaltige Verbindungen zu einer größeren, allumfassenden Sphäre – dem Universum der belebten und unbelebten Materie. Innerhalb dieses **Dreiklanges,** der produktiven, sozialen und evolutorischen Dimension, spielen sich alle menschlichen Aktivitäten ab (Hopfenbeck/Jasch/Jasch, 1996).

In den letzten Jahren ist entsprechend den eingangs gezeigten Unterteilungen der Wirtschaftstheorie sowohl eine volkswirtschaftliche als auch eine betriebswirtschafliche Umweltökonomie entstanden. Beiden Richtungen gemeinsam ist, daß sie in der industriellen Produktionsweise eine der Hauptursachen der Umweltzerstörung sehen. Das Umweltprogramm 1971 der Bundesregierung definiert Umweltökonomie umfassend als „die Wissenschaft, die in ihren Theorien, Analysen und Kostenrechnungen ökologische Parameter miteinbezieht". Für Wicke (1993, S. 14) muß die Umweltökonomie als ein Teilgebiet der Wirtschaftswissenschaft „mit ihren theoretischen und praktischen Analysen und Vorschlägen einen Beitrag dazu leisten, innerhalb einer Volkswirtschaft bei gegebenen wirtschaftlichen, technischen und sonstigen Voraussetzungen den Wohlstand unter Berücksichtigung der Umweltqualität auf ein möglichst hohes Maß, d.h. auf das Wohlstandsoptimum zu heben". (Zur Umweltökonomie siehe Cansier, 1993; Endres, 1994; Weimann, 1995)

Als Weiterentwicklung, z.T. als Alternative zur neoklassischen Umwelt- und Ressourcenökonomie bzw. Ökonomie der externen Effekte, hat sich in den letzten Jahren eine ökologische Ökonomie („**Ecological Economics**") entwickelt (vgl. dazu das Schwerpunktheft des IÖW Informationsdienstes, H.5-6/1995; Pearce/Turner, 1990; Beckenbach/Diefenbacher, 1994), die das Umweltproblem nicht ausschließlich als ein **Allokationsproblem** (d.h. dem ineffizienten Einsatz von Umweltgütern), sondern auch als Distributions-, Verteilungs- und Ausmaßproblem auffaßt. An Modellierungsansätzen lassen sich unterscheiden:

- Ansätze der Thermodynamik (z.B. die Arbeiten von Georgescu-Roegen)
- Die Populationsdynamik biologischer Systeme (Bio-Economics)
- Überlegungen der evolutorischen Ökonomik (evolutions-, chaostheoretische und synergetische Ansätze)

Innerhalb der **Betriebswirtschaftslehre** wird der Wechselwirkung zwischen Unternehmung und ökologischer Umwelt seit einigen Jahren verstärkt Aufmerksamkeit geschenkt. Eine Neuorientierung der Allgemeinen Betriebswirtschaftslehre bedeutet: Ein im Sinne einer „problemorientierten Auswahl" (Wild) umschriebenes Erkenntnisobjekt der Betriebswirtschaftslehre ist um ökologische Fragestellungen zu erweitern (bereits Raffée, vgl. 1974,

S. 48, sprach von einer „amputierten Zielanalyse" und einer „Scheuklappen-Betriebswirt-schaftslehre", Bea et. al sprechen von der „ökologischen Ignoranz der Wirtschaftswissen-schaften", 1992, S. 111ff.). Besonders aus der gesellschaftlichen Umwelt werden zuneh-mend neue Forderungen (d.h. sich in Verhaltensnormen ausdrückende Ansprüche) an die Unternehmungen herangetragen, z.B. die Übernahme sozialer, kultureller, politischer oder ökologischer Verantwortung, durch die die Realisierung unternehmerischer Ziele erheblich beeinträchtigt werden kann (vgl. dazu unsere Ausführungen zum Bezugsgruppenmanage-ment, D).

Während jedoch der ältere, der volkswirtschaftliche Zweig, Möglichkeiten der gesellschaft-lichen Wohlfahrtssteigerung unter expliziter Berücksichtigung des öffentlichen Gutes „Um-welt" auf Basis wohlfahrtstheoretischer und finanzwissenschaftlicher Methoden zur Theo-rie der öffentlichen Güter und externen Effekte untersucht und damit auf einem für die Praxis zu hohem Abstraktionsniveau operiert, ist die betriebliche Umweltökonomie mehr an All-tagslösungen orientiert. Die **betriebliche** Umweltökonomie wurde von Wicke (1993, S. 9) als die Teildisziplin der Betriebswirtschaftslehre definiert, „die die Beziehungen des Betrie-bes zu seiner natürlichen Umwelt und die Einwirkungen der Umwelt und ihrer Qualität so-wie der Umweltpolitik auf den Betrieb darstellt und analysiert und die die Möglichkeiten des Betriebes aufzeigt, wie er entsprechend seinen Zielsetzungen, z.B. der langfristigen Ge-winnmaximierung und der Sicherung seiner Existenz, den umweltbezogenen Erfordernis-sen des Staates und des Marktes am besten gerecht wird".

Die gesamte jüngere Geschichte der Betriebswirtschaftslehre läßt sich (Behrens, 1996, S. 376) „als eine Geschichte der Öffnung begreifen. Mit den gestiegenen Anforderungen, die in der Praxis an Betriebswirte gerichtet werden, hat sich der **Gegenstandsbereich** der Be-triebswirtschaftslehre ständig erweitert." Die beschriebene sozialwissenschaftliche Öff-nung kann dabei als Vorbild dienen für die jetzt notwendige ökologische Öffnung der BWL. Der Fokus wird beträchtlich ausgeweitet und bezieht die Konsequenzen des betrieblichen Wirtschaftens für die natürliche Umwelt als Bestandteil einer ökonomischen Betrachtung ein; dabei wird das multiple Zielsystem im Unternehmen neben den monetären und sozialen Zielen nun um **stoffbezogene** erweitert.

Heute können im Bereich der betrieblichen Umweltökonomie **drei Hauptrichtungen** aus-gemacht werden, der mehr marketingorientierte Ansatz (Meffert), der mehr management-orientierte (Hopfenbeck) oder mehr sozialökologische (Pfriem).

Besonders Pfriem (1995, S. 51), der sich bewußt auf die Seite von Natur und Gesellschaft stellt und aus diesem Blickwinkel die konkrete Unternehmenstätigkeit analysiert warnt vor einer zu „umwelttechnischen" Sichtweise. Für ihn ist die Rede von „Ökologie" eine andere als die von „Umweltorientierung", die für ihn dazu neigt, den Umweltschutz additiv zu sehen. „Der be-triebswirtschaftstheoretische Versuch, die ökologische Öffnung sachlich (Betriebswirtschafts-lehre als Produktionstheorie) und methodisch (dominante Rechenhaftigkeit betriebswirtschaft-licher Modellbildung) als Ergänzung ohne Bruch zu vollziehen, ist zum Scheitern verurteilt" (ebd., S. 81). (Vgl. dazu auch unsere Ausführungen im achten Teil, B, II, 3.)

Für Pfriem ist die Betriebswirtschaftslehre Gutenbergschen Typs **„inputborniert"**, da es ihr nur um die Produktivität bei der quantitativen Beziehung von Faktoreinsatz und Faktorertrag geht, jedoch nicht um die **Qualität** der Faktorerträge, d.h. der produzierten Gebrauchswerte (S. 213, S. 244ff.). Das Knappheitstheorem als theoretisches Schlüsselproblem ökonomi-schen Denkens kann für ihn in seiner bisherigen Form nicht länger aufrechterhalten werden, weil es die Frage nach der Input-Output-**Effizienz** zu Lasten der Frage nach der Out-put-**Qualität** vereinseitigt hat (S. 234). Auch der biokybernetische Ansatz greift für Pfriem zu kurz, da er kulturwissenschaftliche und soziologische Fragen ausblendet. Der handelnde Mensch ist das entscheidende Aktionspotential sozialer Systeme. „Der ökologisch sinnvollere Naturumgang ist also nur mit Blick auf deren Vielfalt zu haben, nicht als Effizienzopti-mierung beim Bündeln von Funktionselementen" (ebd., S. 147). Für Pfriem geht es um das gute Leben u.a. in und mit der Natur.

„Das erfordert einen paradigmatischen Wechsel der Betriebswirtschaftslehre hinsichtlich ihres Hauptkriteriums: von der Effizienz (Konzentration auf Input-Out-Relationen) über die Effektivität (erst nur formale Erfassung von Erfolgspotentialen) zu inhaltlicher **Zielorientierung**. Wohlgemerkt: Das läuft *nicht* auf normative Amokläufe hinaus; vielmehr geht es um die analytisch gestimmte, reflektiert-selbstbeobachtende Thematisierung verschiedener Zielorientierungen. Die Selbstbeobachtungs- und Selbstbeschreibungsfunktion läßt sich als **theoretische Möglichkeit** verstehen, um die gängige schematische Gegenüberstellung von Erklärungs- und Gestaltungsfunktion der Betriebswirtschaftslehre zu überwinden." (ebd., S. 254)

Pfriem charakterisiert die Unternehmung als pluralistische Wertschöpfungseinheit mit einer ökonomischen, technischen, sozialen, informationsverarbeitenden/kommunizierenden, ökologischen und geistig-kulturelle Dimension. In ökologischer Hinsicht geht es bei den nichtökologischen Dimensionen um (ebd., S. 247f.)

- die aktive Bearbeitung von Widersprüchen zwischen ökologischen und einzelwirt-schaftlichen Zielen,
- den Einsatz ökologisch fortgeschrittener Technologien,
- die Vermittlung sozialer Befriedigungsziele mit ökologischen Schonungszielen,
- die bisher nicht vorhandenen angemessenen Informationsinstrumente,
- die Einsicht, daß die ökologische Sensibilisierung der Entscheidungsträger wie der übrigen Organisationsmitglieder die grundlegende Voraussetzung für aktive betriebli-che Umweltpolitik darstellt.

Das der betrieblichen Ebene vorgelagerte wissenschaftliche Ausbildungsangebot für eine betriebliche Umweltökonomie ist derzeit noch relativ beschränkt, allerdings sind in jüngster Zeit zahlreiche neue Modelle und Lehrstühle entstanden:

- Pionierarbeit leisteten hier insbesondere die **Fachhochschulen** in Fulda und Nürn-berg bereits seit Mitte der 80er Jahre.
- An den **Universitäten** Münster, Bayreuth, Essen, Siegen oder Augsburg, Graz, Linz oder der European Business School wurden seit Anfang der 90er Jahre umweltökono-mische Wahlfächer/-pflichtfächer, Schwerpunktstudien etc. eingeführt. In den letzten Jahren sind zudem neue umweltbezogene Lehrstühle gegründet worden (Hohenheim, Cottbus, Zwickau, Halle u.a.).

Die Mitte der 70er Jahre entwickelten, eher technokratischen Ansätze wurden in den 80er Jahren durch integrative und funktionsübergreifende (insbesondere strategische) Ansätze des Umweltschutzes erweitert (zentrale betriebswirtschaftliche **Forschungsrichtungen** zeigt Meffert/Kirchgeorg, 1992, S. 30). Es werden in der Literatur verschiedene **Möglich-keiten** der **Integration** der ökologischen Herausforderung in die Betriebswirtschaftslehre erörtert (vgl. Freimann, 1990; Kießler, 1990; Wagner, 1990; Stitzel/Wank, 1990; Bendixen, 1991, S. 178ff.).

Behrens stellt bezüglich der ökologischen Öffnung die Frage: **Überforderung** oder **Be-fruchtung** der Betriebswirtschaftslehre? Bei aller Betonung der Parallelen zu früheren Ge-genstandserweiterungen soll für ihn nicht ausgeblendet werden, welche besonderen theore-tischen Schwierigkeiten aus der ökologischen Öffnung erwachsen, denn die Notwendigkeit eines multidisziplinären Forschungsansatzes stellt sich insofern in besonderem Maße, als

70

mit der Einbeziehung der Ökologie der Rahmen der Sozialwissenschaften gesprengt wird, d.h. alle Schwierigkeiten, welche mit einer Überschreitung der Disziplinargrenzen verbunden sind, treten verstärkt auf.

„Hinzu tritt, daß ein wissenschaftlicher Ansprechpartner erst gefunden werden muß, da keine eindeutig abgrenzbare Disziplin Ökologie existiert. Der heute anerkannte Zuschnitt hat sich aus einer biologischen Subdisziplin entwickelt und schließt zahlreiche Wissenschaften, wie Chemie, Physik, Geographie und Meterologie, ein. Im politischen Handlungskontext und insbesondere für Entscheidungen im Betrieb reicht dies alles nicht aus und ist zusätzlich mit den Sozialwissenschaften zu verknüpfen (vgl. Rat von Sachverständigen für Umweltfragen, 1994). Daraus folgt, daß mit der Ökologisierung sehr unterschiedliche Vorstellungen verbunden sein können, oder, anders gewendet, daß aus der ökologischen Öffnung Anregungen für viele Handlungsfelder erwachsen können." (Behrens, 1996, S. 378)

B. Der betriebliche Umsatzprozeß

I. Die Unternehmung im Güter- und Geldkreislauf

Jede Unternehmung ist in einem ständigen Austauschprozeß mit anderen Unternehmungen, mit Haushalten, dem Staat, dem Bankensystem oder dem Ausland. Zwischen diesen einzelnen Sektoren (Gruppen einer Volkswirtschaft) vollzieht sich ein ständiger Güter- und Geldkreislauf.

Der betriebliche Umsatzprozeß ist durch Güter- und Geldströme charakterisiert. Das Modell des **Kreislaufs** dieser betrieblichen Prozesse und ihrer gegenseitigen Abhängigkeiten wird in der Literatur in ähnlichen Darstellungen aufgezeigt (vgl. Abb. 8). Im Laufe des betrieblichen Leistungserstellungsprozesses wird ständig Kapital gebunden, „investiert" (z.B. zum Kauf von Anlagen, Rohstoffen, Lizenzen) und wieder freigesetzt (z.B. über den Verkauf der Produkte). Der Geld-/Zahlungsstrom „durchquert" die Unternehmung also in Gegenrichtung. Auf Form/Möglichkeiten der Kapitalbeschaffung hat insbesondere die Wahl der Rechtsform Einfluß (siehe Zweiter Teil).

Die ökologische Erweiterung dieser „traditionellen" Beschreibung des betrieblichen Umsatzprozesses wird im achten und neunten Teil geschehen.

Der **güterwirtschaftliche** Kreislauf wird traditionell in die leistungswirtschaftlichen Funktionsbereiche

- Beschaffung,
- Leistungserstellung, d.h. Material-, Fertigungs- und Marketingbereich (einschl. Produktions- und Kostentheorie) und
- Absatz

eingeteilt. Dazu treten als Fortentwicklung typische sog. Querschnittsfunktionen (wie die Logistik).

Der **finanzwirtschaftliche** Umsatzprozeß wird (nach Hahn) charakterisiert durch

- die Probleme der Kapitalbedarfsermittlung,
- die Möglichkeiten zur Deckung des Kapitalbedarfs (Finanzierung),
- die Fragen des Kapitaleinsatzes (Investitionstheorie) und
- die Kapitaltilgung (Zahlungsverkehr).

Dieser Nominalgüterstrom ist Voraussetzung für den Realgüterprozeß, da zuerst über den Geld- und Kapitalmarkt die finanziellen Mittel bereitgestellt werden müssen, um die zur Produktion notwendigen Inputs beschaffen zu können.

71

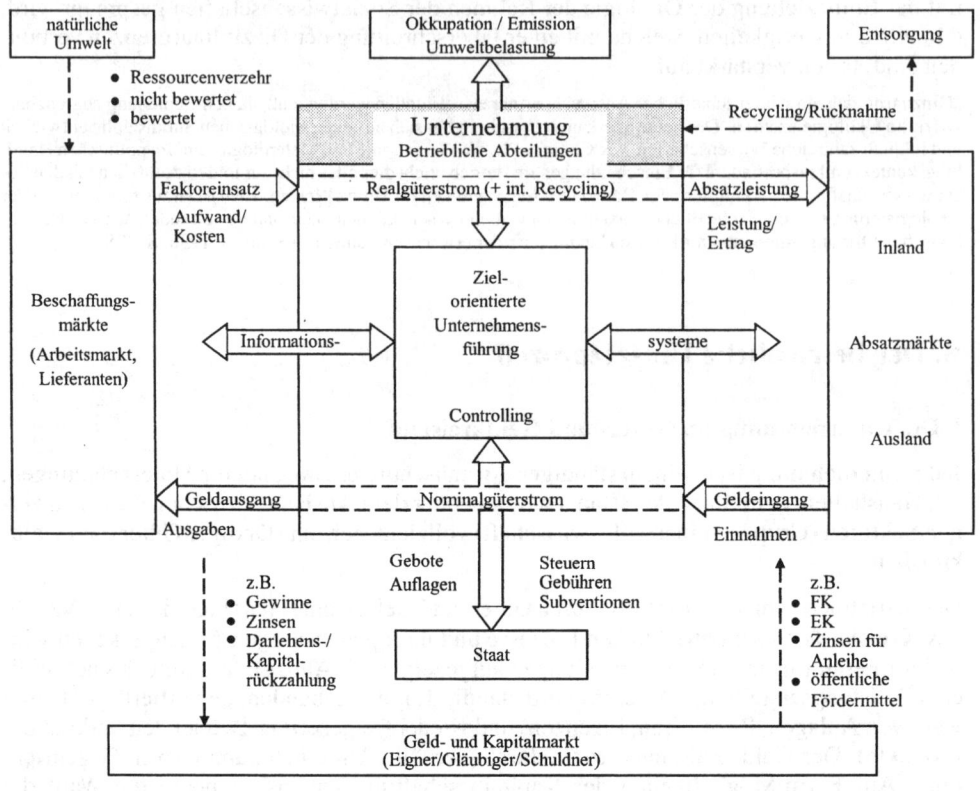

Abb. 8: Ökologisch erweiterter betrieblicher Umsatzprozeß

Die Blackbox „Unternehmen" ist ein System, bei dem bei der Wertschöpfung eine Stoff-/Material-, Energie- und Informationsumsetzung stattfindet. Während der Epoche der Industrialisierung dominierte der Produktionsfaktor **Energie** – heute rückt der Produktionsfaktor **Information** in den Mittelpunkt (dazu im Einzelnen Punkt C, II).

Evans/Wurster (1998, S. 52f.) betonen, daß jedes Geschäft **auch** ein **Informationsgeschäft** ist: „Die Informationen sind der Leim, der die Struktur aller Geschäfte zusammenhält. (...) Wenn wir uns bildlich eine Wertkette vorstellen, neigen wir dazu, an einen linearen Fluß physischer Aktivitäten zu denken. Aber zu einer Wertkette gehören auch alle Informationen, die innerhalb eines Unternehmens sowie zwischen ihm und seinen Lieferanten, seinen Handelspartnern, seinen derzeitigen und potentiellen Kunden fließen. Lieferantenbeziehungen, Markenidentität. Prozeßabstimmung, Kunden- und Mitarbeiterloyalität sowie Umweltkontakte hängen allesamt von unterschiedlichen Informationen ab."

Die Regelung und Steuerung dieser Güter- und Geldprozesse geschieht durch **Informationsprozesse** mit Unterstützung betrieblicher Informations- und Kommunikationstechniken. Aufgabe der **Unternehmensführung** ist es, diese externen Austauschbeziehungen und die internen Prozesse entsprechend der jeweiligen Zielsetzung durch Maßnahmen zu gestalten und zu lenken. Die jeweilige Führungskraft, als für die Planung und Einhaltung der gesetzten Ziele Verantwortlicher, ist „Steuerer" und „Regler".

Operative Führungsinstrumente (z.B. Budgetierung und Führung durch Zielvereinbarung) werden wir im 4.Teil, das strategische Instrumentarium im 5. und 6.Teil, die Unterstützung der Unternehmensführung durch operative und strategische Controllingkonzepte im 7. Teil behandeln.

Zur Unterstützung der betrieblichen Führungskräfte bei ihrer Entscheidungsfindung (d.h. zweckgerechte, mehrdimensionale Selektion und Aufbereitung entscheidungsrelevanter Daten und Informationen) wird verstärkt auf **computergestützte Führungsinformationssysteme** (FIS oder EIS/MIS) oder auf das Konzept des Data Warehouse zurückgegriffen (dazu 5. Teil, G).

Für diese Aufgabe werden Informationen über vergangene, gegenwärtige und zukünftige Vorgänge benötigt. Zur Beschaffung dieser Informationen verwendet jede Unternehmung ein **institutionalisiertes** Informationssystem, nämlich das betriebliche Rechnungswesen und betriebswirtschaftliche Kennzahlen als Sensoren und Fühler. Die Regelung betrieblicher Prozesse stellt sich damit als ein Informationsproblem dar.

Die Differenz zwischen der Absatzleistung und dem Faktoreinsatz kennzeichnet den Wert der betrieblichen **Wertschöpfung**. Dieser Betrag steht zur (Einkommens-)**Verteilung** für die verschiedenen am Betriebsgeschehen Beteiligten zur Verfügung: der größte Teil als Löhne/Gehälter an die Mitarbeiter, als Gewinn an die Eigenkapitalgeber, der Rest in Form von Zinsen an die Fremdkapitalgeber und als Steuern an den Staat. Der Anteil der jeweiligen Gruppe an der Wertschöpfung ist z.T fest fixiert (z.B. die vereinbarten Zinsen für das Fremdkapital), z.T. ein Ergebnis von Verhandlungen. Die Frage der Verteilungsgerechtigkeit sprechen wir im 3. Kapitel (Die betriebliche Lohngestaltung als Motivationsinstrument) an. Ein effizienter betrieblicher Transformationsprozeß, eine optimale Erfüllung der unterschiedlichen Aufgabenbereiche ist demnach für viele Bezugsgruppen von entscheidender Bedeutung.

Der Einsatz der Produktionsfaktoren wird aber nicht allein mit den Kennzahlen Wirtschaftlichkeit und Produktivität gemessen (zu Kennzahlen im Einzelnen siehe 7. Teil). Wir werden an späterer Stelle auf andere **Ziele** stoßen, wie z.B. das Bestreben nach Flexibilität, das Kriterium Qualität oder der Faktor Zeit, die bei der Betrachtung betrieblicher Transformationsprozesse mit einbezogen werden (dazu 5. Teil).

II. Die kinetischen Werte

Der betriebliche Güter- und Geldfluß ist durch Wertbewegungen im Außen- und Innenbereich der Unternehmung charakterisiert: Bei Beschaffung der Produktionsfaktoren vollzieht sich ein Werteeinsatz (**Input**), dem ein Werteausstoß (**Output**) gegenübersteht. Diese kinetischen Werte sind in Abb. 9 dargestellt.

In Praxis und Literatur werden die kinetischen Werte uneinheitlich verwendet. Eine Möglichkeit zeigt Abb. 10. Die (jeweils) drei Begriffe sind nicht vollständig deckungsgleich, sondern haben nach beiden Seiten „Überhänge".

73

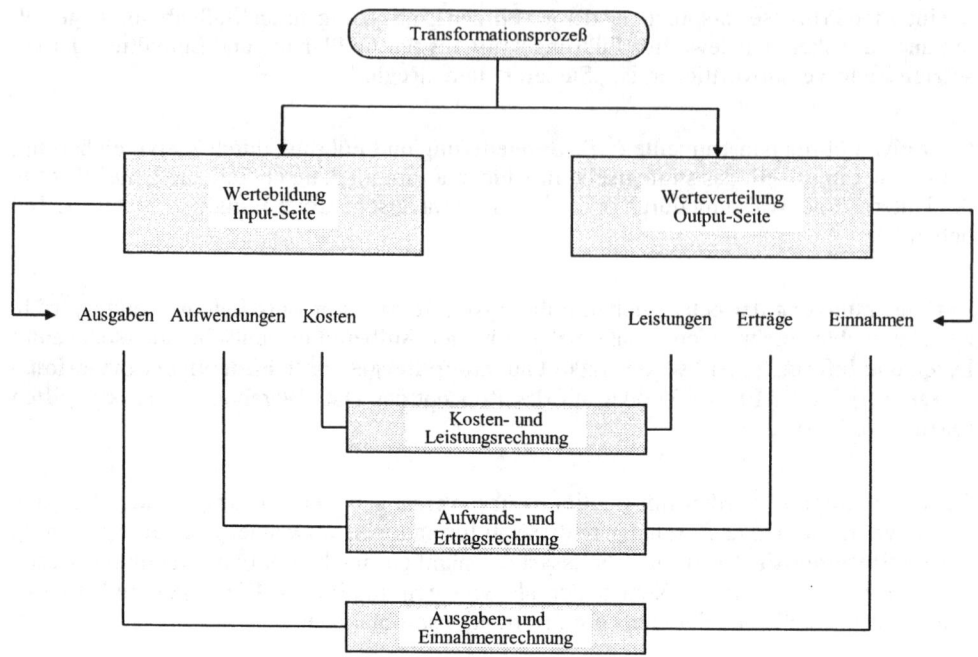

Abb. 9: Der kinetische Wertefluß

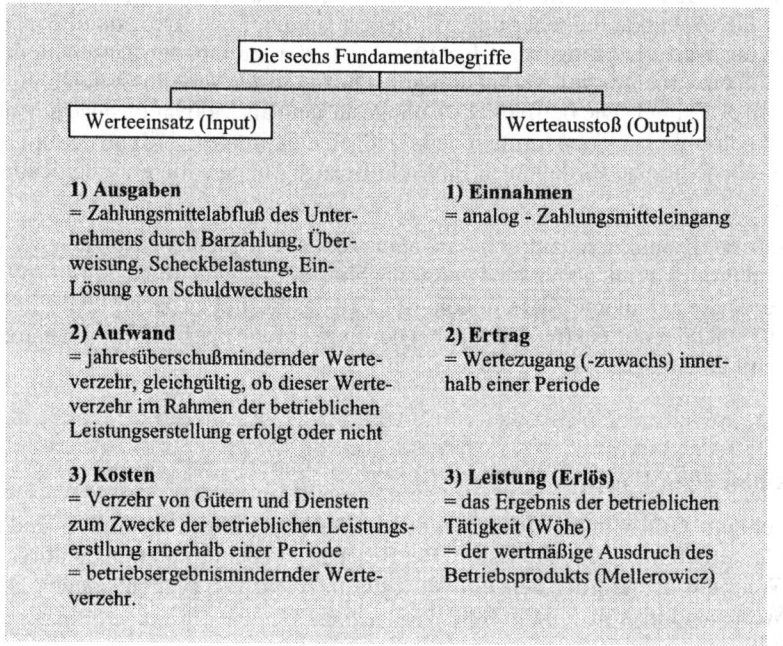

Abb. 10: Die kinetischen Werte

Abb. 11 zeigt (in Anlehnung an Wöhe, 1993, S. 1017) dies exemplarisch für die Inputseite (Systematik und Erklärung gelten für die Outputseite **analog** und werden deshalb nicht explizit aufgeführt:

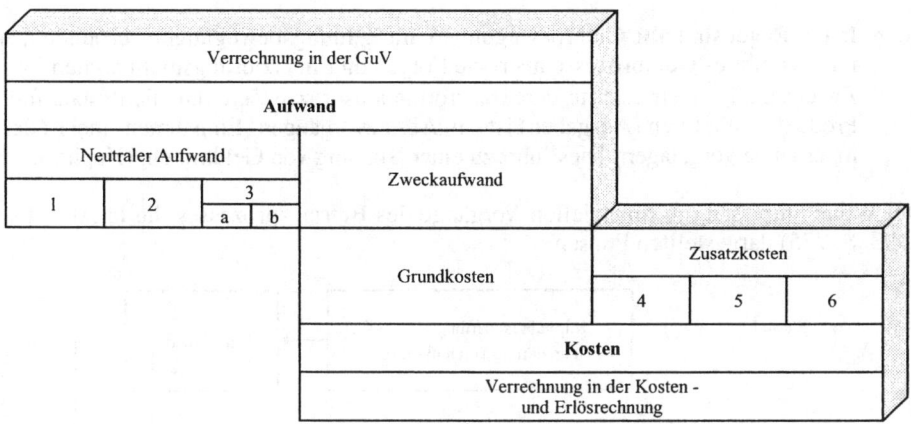

Abb. 11: Aufgliederung Aufwand und Kosten

1. Betriebsfremder Aufwand: Aufwendungen, die nicht für die jeweilige Betriebstätigkeit angefallen sind

   Beispiel: Spenden

2. Außerordentlicher Aufwand: Zwar durch die betriebliche Tätigkeit verursacht, aber im Rahmen des üblichen Betriebsablaufes nicht zu erwartender Aufwand - Beispiel: Verluste aus Bürgschaften

3a. Periodenfremder Aufwand: Aufwendungen, die betriebsbezogen sind, aber nicht der betrachteten Periode zugerechnet werden können - Beispiel: Steuer-/Versicherungsbeträge für frühere/spätere Periode

3b. Bewertungsbedingter neutraler Aufwand: vgl. Punkt 6

   Beispiel: in der Bilanz höherer Abschreibungsbetrag als in der Kostenrechnung

4. Kostenarten, denen überhaupt keine Aufwendungen entsprechen

   Beispiel: Unternehmerlohn, kalkulatorische Zinsen auf Eigenkapital, kalkulatorische Zinsen auf Miete

5. Kostenarten, deren Aufgabe die Periodisierung aperiodisch eintretenden betriebsbedingten Werteverzehrs ist

   Beispiel: Kalkulatorisches Wagnis

6. Kosten, die sich durch eine andere Bemessung/Bewertung von den entsprechenden Aufwendungen unterscheiden („Anderskosten")

   Beispiel: Kalkulatorische Abschreibungen

Zweckaufwand	=	betriebs- und periodenbezogener Aufwand, kostengleicher Aufwand
Grundkosten	=	Zweckaufwendungen, Beispiel: Löhne, Gewerbesteuer
Aufwand	=	der in einer Periode entstehende Werteverzehr (Verbrauch an Gütern und Dienstleistungen)
Neutraler Aufwand	=	nicht dem Betriebszweck dienender Werteverzehr
Kosten	=	der in einer Periode entstehende Werteverzehr zur Erstellung der **betrieblichen** Leistung
Zusatzkosten	=	haben entweder keine Entsprechung in der Erfolgsrechnung oder aber in anderer Höhe (dazu Wolf, 1996, S. 535ff.)

Generell gilt: In praxi bereitet es häufig Schwierigkeiten, die „neutralen" oder „Zusatz-" Bestandteile einwandfrei zu unterscheiden.

III. Die Bestimmungsgrößen des finanzwirtschaftlichen Umsatzprozesses

Aus finanzwirtschaftlicher Sicht ist zu den aufgezeigten Güter- und Geldströmen (Real- und Nominalgüterströmen) Folgendes anzumerken:

- In der Regel sind **alle** Güterbewegungen mit Zahlungsbewegungen verbunden, andererseits gibt es Geldprozesse als reine Folge von Finanzierungsmaßnahmen.
- Zwangsläufig verstreicht für den Transformationsprozeß **Zeit**, d.h. die Beschaffung der Produktionsfaktoren (Ausgaben) ist den Absatzvorgängen (Einnahmen) mehr oder weniger lange vorgelagert. Dies führt zu einer Bindung von Geldmitteln (Kapital).

Bei Wöhe umfassen die finanziellen Vorgänge des Betriebsprozesses die in Abb. 12 (aus 1993, S. 775) dargestellten Phasen.

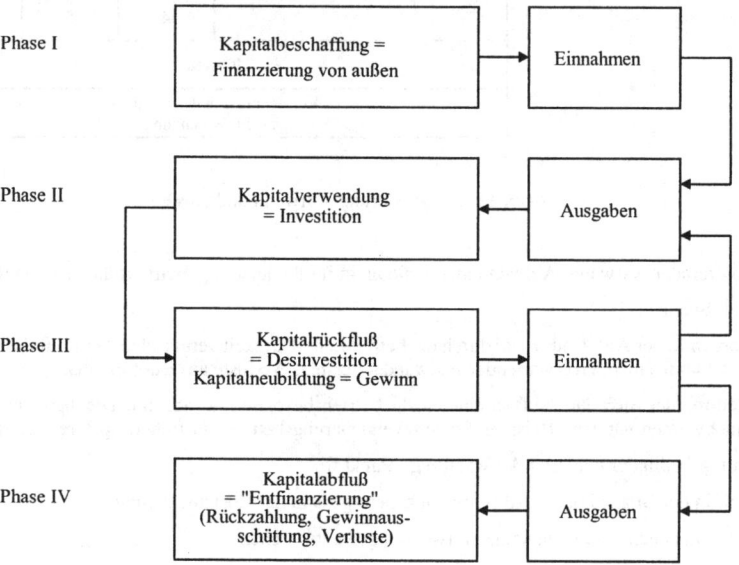

Abb. 12: Die finanziellen Vorgänge des Betriebsprozesses (nach Wöhe)

Etwas anders differenziert Heinen (vgl. 1978):

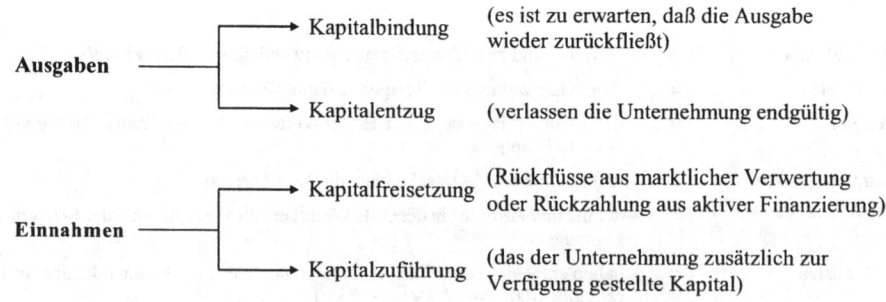

Abb. 13: Die finanziellen Vorgänge des Betriebsprozesses

Kapitalbindende Ausgaben zur Beschaffung von Produktionsfaktoren fallen zeitlich **vor** kapital freisetzenden Einnahmen aus der Leistungsverwertung am Markt an (Umsatzerlöse). Es entsteht zu einem bestimmten Zeitpunkt ti ein Kapitalbedarf als **Differenz** zwischen den (kumulierten) Kapital bindenden Ausgaben und den Kapital freisetzenden Einnahmen zwischen den Zeitpunkten 0 und ti; dieser Kapitalbedarf ist durch kapitaldeckungsrelevante Zahlungsströme auszugleichen. Die Systematisierung von Zahlungströmen zeigt Abb. 14 (nach Heinen, 1985, S. 69).

Ausgabenrelevante Zahlungsströme		Einnahmenrelevante Zahlungsströme	
kapitalbindende Ströme	kapitalentziehende Ströme	kapitalfreisetzende Ströme	kapitalzuführende Ströme
Ausgaben für die Beschaffung von Produktionsfaktoren einschließlich Fremdkapitalzinsen	Ausgaben infolge Eigenkapitalentnahme	Einnahmen aus der marktlichen Verwertung von Leistungen einschließlich der Zinsen für Kapitalüberlassung	Einnahmen aus Eigenkapitaleinlagen
Ausgaben infolge Kapitalüberlassung an andere Wirtschaftseinheiten (aktive Finanzierung)	Ausgaben für Fremdkapitaltilgung	Einnahmen aus Rückzahlung im Rahmen aktiver Finanzierung	Einnahmen aus Fremdkapitalaufnahme
Ausgaben für gewinnunabhängige Steuern (z.B. Vermögensteuer, Kapitalertragsteuer)	Ausgaben für Gewinnausschüttung	Einnahmen aus der marktlichen Verwertung nicht verzehrter Produktionsfaktoren	
	Ausgaben für gewinnabhängige Steuern		

Abb. 14: Systematisierung betriebswirtschaftlicher Zahlungsströme (nach Heinen)

Abb. 15 (nach Heinen) zeigt für den Zeitpunkt „ti"

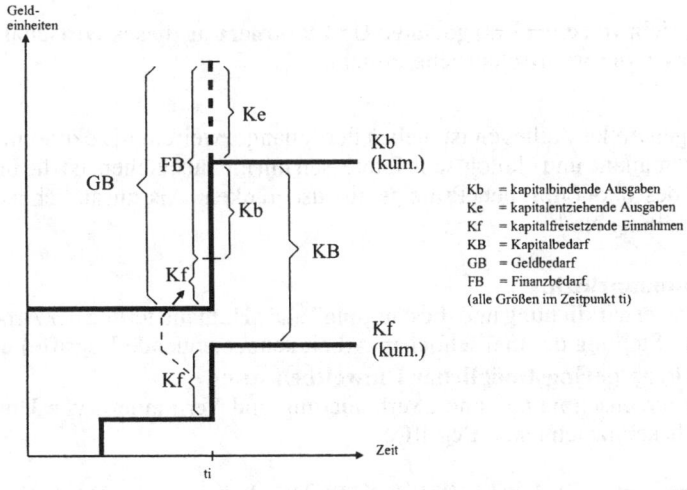

Kb = kapitalbindende Ausgaben
Ke = kapitalentziehende Ausgaben
Kf = kapitalfreisetzende Einnahmen
KB = Kapitalbedarf
GB = Geldbedarf
FB = Finanzbedarf
(alle Größen im Zeitpunkt ti)

Abb. 15: Kapitalbedarf, Geldbedarf und Finanzbedarf im Zeitpunkt ti

- den **Geldbedarf** (Summe von Kapital bindenden und Kapital entziehenden Ausgaben)
- den **Finanzbedarf** (der nicht durch Kapital freisetzende Einnahmen gedeckte Teil des Geldbedarfs ist durch Kapitalzuführung auszugleichen)

Die Höhe des Kapitalbedarfs hängt insbesondere von der Kapitalbindungsdauer ab (vgl. auch unsere nachfolgenden Ausführungen zum Kapitalumschlag und die Einflußmöglichkeiten des Managements im Rahmen des Return on Investment). Das Streben der Unternehmung nach einem **„finanziellen Gleichgewicht"** impliziert eine Abstimmung der ausgabenrelevanten mit den einnahmenrelevanten Zahlungsströmen.

IV. Prinzipien der Leistungserstellung

Als grundlegendes Prinzip zur **effizienten** Gestaltung des Leistungserstellungsprozesses wird auf das **wirtschaftliche** oder **ökonomische** Prinzip zurückgegriffen; als ein allgemeines Prinzip menschlichen Handelns besagt es,

- entweder mit gegebenen Mitteln den größtmöglichen Erfolg (**Maximumprinzip**) oder
- eine erwünschte Wirkung mit dem geringstmöglichen Mitteleinsatz zu erreichen (**Minimumprinzip**).

Diese inhaltsleeren Aussagen (was ist z.B. Mitteleinsatz?) für „vernünftiges" Handeln sind durch genau definierte Größen zu **konkretisieren** (z.B. eingesetzte Mittel = gesamte Aufwendungen).

Das ökonomische Prinzip wird in der Literatur teilweise auch als **Rationalprinzip** bezeichnet. Dies erscheint unpassend, da

- es nicht nur **ein** Prinzip rationalen Handelns gibt und
- auch Entscheidungen **nicht**rationaler Art getroffen werden.

Gutenberg spricht von einer **kategorialen Umklammerung** dieses Wirtschaftlichkeitsprinzips durch das erwerbswirtschaftliche Prinzip.

Da es unser generelles Anliegen ist, neben der (unangezweifelten!) ökonomischen Dimension verstärkt humane und ökologische Interessen mit einzubeziehen, ist die bisher dominierende Rolle des ökonomischen Prinzips einzuschränken. Als zusätzliche Prinzipien der Leistungserstellung sind

- das **Humanprinzip**
  („Selbstverwirklichung und -bestätigung" und „Humanisierung der Arbeit" als die besondere Stellung der menschlichen Arbeit kennzeichnende Begriffe) und
- das **Prinzip geringstmöglicher Umweltbelastung**
  („Ressourcenschonung" und „Verhinderung und Vermindern von Umweltbelastungen" als kennzeichnende Begriffe)

heranzuziehen (vgl. auch Jacob, 1981, S. 61f.). Das dadurch entstehende **Spannungsdreieck** zeigt Abb. 16 (nach ebd.).

Jacob betont, daß es falsch wäre, einem Prinzip den absoluten Vorrang einzuräumen – es muß ein „vernünftiger Ausgleich" zwischen den unterschiedlichen Interessenlagen herbeigeführt werden; im 8. Teil werden wir dieses Optimierungsproblem am Beispiel des Umweltschutzes näher charakterisieren.

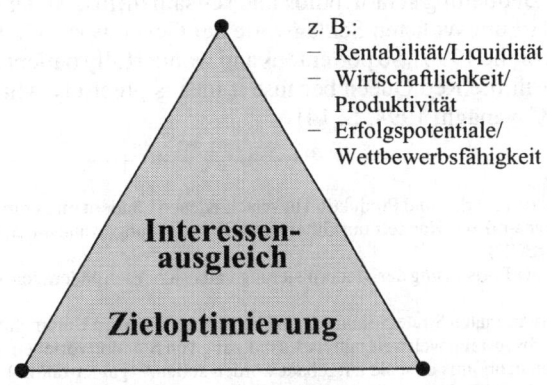

Ökonomische Dimension :

z. B.:
- Rentabilität/Liquidität
- Wirtschaftlichkeit/
  Produktivität
- Erfolgspotentiale/
  Wettbewerbsfähigkeit

**Interessen-
ausgleich**

Zieloptimierung

Soziale Dimension :

z. B.:
- Arbeitsmotivation/-zufriedenheit
- Humane Arbeitsbedingungen
- Mitbestimmung
- Arbeitsplatzerhaltung/-schaffung

Ökologische Dimension :

z. B.:
- Rohstoffschonung
- Okkupation/Emission
- Wahrung der natürlichen
  Lebensgrundlagen
- Sicherung der Lebensqualität

Abb. 16: Das Spannungsdreieck der Leistungserstellung

C. Der strukturelle Wandel in den Industriegesellschaften

In den letzten zwei Jahrzehnten haben sich unseres Erachtens drei **Megatrends** entwickelt, die als fundamentale Zukunftsperspektiven für unsere Gesellschaft im dritten Jahrtausend anzusehen sind:

(1) Die **Globalisierung** und ihre Auswirkungen auf Unternehmen (Beschränkung auf Ökonomie; Auswirkungen und „Spill-over"-Effekte auf andere Bereiche wie Kultur und Politik werden ausgeklammert)

(2) Der von der IT-Technik getragene Wandel von der **Industrie**gesellschaft zur **Informations**- und **Wissens**gesellschaft (Knowledge Management, lernende Organisation)

(3) Der Übergang von zentralisiert-hierarchischen Organisationsstrukturen zu dezentralen, **vernetzten Organisationen** (virtuelle Formen, Erosion der Erwerbsarbeit etc.). Das vernetzte Unternehmen besteht aus einzelnen temporären Teams – das System greift über die eigene Organisation hinaus und kann auch Kunden, Lieferanten, Dritte, evtl. sogar Konkurrenten in eine Zusammenarbeit mit einbeziehen. Die in (2) erwähnten IuK-Technologien sind Basis und Motor der Entwicklung. Verbunden sind damit eine Erhöhung der Innovationsgeschwindigkeit, eine Neugestaltung der „Supply Chain" usw.

I. Globalisierung und ihre Auswirkungen

Kaum ein Begriff wurde in den 90er Jahren (weltweit!) so häufig gebraucht, so emotional interpretiert, fast dämonisiert, zum „Reizwort par excellence" wie der Begriff **„Globalisierung"**: 1996 wurde er von der Gesellschaft für Deutsche Sprache in die Top ten der „Worte des Jahres" aufgenommen. „Ein Schlagwort, das Ängste erweckt und als ‚Globalisierungsfalle' für all die gesellschafts- und wirtschaftspolitischen Übel haftbar gemacht wird, die sich bei uns nun seit Jahren schon hartnäckig verfestigt und verstärkt haben" (Jochimsen,

1997, S. I). Ex-Kanzler Schmidt (1998, S. 7) spricht vom „Peitschenwort dieser Jahre". Obwohl in seiner Bedeutung sehr nebulös und seltsam diffus, ist der Begriff immer noch eines der politisch wirkungsvollsten Schlagworte der Gegenwart. „Globalization is the most fashionable word of the 1990s, so portentous and wonderfully patient as to puzzle Alice in Wonderland and thrill the Red Queen because it means precisely whatever the user says it means." (Barnet/Cavanagh, 1994, S. 14)

Globalisierung:

„.... Prozeß, durch den Märkte und Produktion in verschiedenen Ländern immer mehr voneinander abhängig werden – dank der Dynamik des Handels mit Gütern und Dienstleistungen und durch die Bewegung von Kapital und Technologie." (OECD)

„.... ist ein Prozeß der Fortsetzung der Modernisierung unter sich rasch ändernden Rahmenbedingungen." (Preissler, BMW)

„.... Form der internationalen Strategie einer grenzüberscheitend tätigen Unternehmung (globale Unternehmung), bei der Wettbewerbsvorteile weltweit mittels Ausnutzung von Standortvorteilen (internationale Standortpolitik) und Erzielung von economis of scale aufgebaut werden sollen." (gabler-online)

„...bedeutet Abbau von Marktsegmentierungen im Weltmaßstab. Sie impliziert eine zunehmende Vernetzung von Märkten und repräsentiert damit eine Entwicklung vom Zustand der geschlossenen über den der offenen Volkswirtschaft bis hin zur vollständig integrierten Weltwirtschaft. Als vollständig integriert läßt sich die Weltwirtschaft beschrieben, wenn die nationale und internationale Mobilität von Gütern und Produktionsfaktoren völlig ungehindert ist." (Schäfer, 1999, S. 9)

Globalisierung als allumfassender grenzüberschreitender Prozeß wird i.d.R. verengend als ein **ökonomischer** Prozeß interpretiert, die gesellschaftlichen/politischen/kulturellen Elemente werden dabei vernachlässigt. In diesem Sinn wird Globalisierung, d.h. mit anderen Worten die Zunahme der weltweiten Arbeitsteilung, je nach Interessenlage/eigenem Standpunkt und Erfahrungshintergrund in Extrempositionen (Hoffnung versus Ängste) definiert, und die **Folgen** diese Prozesses werden unterschiedlich gesehen:

- Von den einen wird Globalisierung in zahlreichen Veröffentlichungen als Ursache vieler **negativer** wirtschaftlicher oder sozialer Entwicklungen im eigenen Land („als **Sündenbock**") ausgemacht, als Ausrede für eigenes Versagen benutzt („Da kann man nichts machen"-Haltung), als „Horrorvision" für den Abbau des Sozialstaates und die Zerstörung nationalstaatlicher Macht durch global handelnde Weltkonzerne verantwortlich gemacht und mit Ängsten wie Verlust von Arbeitsplätzen assoziiert. „Thus, globalisation is often blamed for unemployment, income inequality, de-industrialisation, environment degradation and the marginalisation of a number of developing countries." (OECD, 1997, S. 5) (...) „In some OECD countries, there are already signs of a backlash against globalisation." (S. 8)
- Andere feiern Globalisierung als **heilsamen Zwang**, um Verkrustungen aufzubrechen, und als neue Chance für ökonomisches Handeln durch eine Verbesserung der weltweiten Arbeitsteilung und effizientere Strukturen. (vgl. Theurl, 1999)

Anders ausgedrückt: Ein Gruppe glaubt, daß nur eine Anpassung an die Globalisierung (mit den Konsequenzen wie Öffnung der Märkte, Deregulierung, Wettbewerbs-, Kosten- und Rationalisierungsdruck etc.) den vorhandenen **Wohlstand** in den reifen Märkten gegenüber den „Emerging Markets" rettet, andere wollen den Wohlstand durch ein Entgegenstemmen gegen die Globalisierung und die damit verbundenen Anpassungsprozesse retten.

„Die Machtelite der Welt, 500 führende Politiker, Konzernchefs und Wissenschaftler, diskutierten hinter verschlossenen Türen im September 1995 in San Francisco das 21ste Jahrhundert. Die Einschätzung der Weltenlenker ist verheerend: Nur mehr ein Fünftel aller Arbeitskräfte werden in Zukunft benötig. Der überwältigende Rest – 80 Prozent – müsse mit tittytainment bei Laune gehalten werden, einer Mischung aus Entertainment und Ernährung am Busen der wenigen Produktiven." (Martin/Schumann, 1996)

Die dynamischen Wandlungs- und Anpassungsprozesse und ihre Konsequenzen haben die verschiedensten Bereiche der Gesellschaft und des Arbeitslebens erfaßt und sind explizit als (Leidens-)**Druck** - Einsparungen der öffentlichen Haushalte, Verlust des Arbeitsplatzes,

80

neue Qualifikationsanforderungen, Einschnitte im sozialen System usw. - spürbar und wecken Ängste. In den anglo-amerikanischen Ländern hat die **Diskussion** über den Prozeß der Globalisierung und seine Folgen bereits ca. zehn Jahre früher begonnen. Alt-Bundespräsident Herzog beklagte in seiner – mittlerweile berühmten - Berliner Rede (26.4.1997: „Aufbruch ins 21. Jahrhundert") eine Stimmung der Mutlosigkeit und der Lähmung im Lande; man pflege Krisenszenarien, obwohl Deutschland vor großen wirtschaftlichen und gesellschaftlichen Herausforderungen stehe.

Der Versuch, sich durch Abschottung und andere **protektionistische** Maßnahmen diesem Trend der Internationalisierung zu entziehen, ist nicht erfolgreich. Langfristig werden solche Maßnahmen den Verlust der internationalen Wettbewerbsfähigkeit zur Folge haben. Fakt ist, daß es nur wenige Länder gibt, die so abhängig sind vom Weltmarkt wie Deutschland: Der Handelsüberschuß betrug in den letzten Jahren immer über 100 Mrd. DM und machte Deutschland zum Vizeweltmeister unter den Exportnationen. Beim Exportvolumen ist inzwischen die 1.000-Mrd.-Grenze erreicht. Trotz dieser positiven Zahlen darf aber nicht übersehen werden, daß der Welthandel schneller zunimmt als der deutsche Außenhandel, d.h. daß Weltmarktanteile verlorengehen.

Typische **Vorwürfe** gegenüber der Globalisierung lauten:

- Die Globalisierung entziehe dem **Nationalstaat** die **Macht** (z.B. bei der Steuerpolitik: Wettlauf um den günstigsten Standort).
- Die Globalisierung sei Ausdruck des **Imperialismus** der **Ökonomie** (Shareholder-Konzepte, Dominanz multinationaler Unternehmen, Konzentration wirtschaftlicher Macht, „Casino-Kapitalismus", Ex-Bundeskanzler Schmidt (1998) spricht vom „Raubtierkapitalismus" etc.).
- Die Globalisierung führe zu einem **ökologischen Dumping** und zur **sozialen Demontage** (Abbau von Sozialstandards/des sozialen Netzes, „Wettbewerb der Löhne", „Sozialdumping", Standortverlagerung auf Kosten einheimischer Arbeitsplätze usw.). Der verdächtig laute Ruf nach Einhaltung sozialer und ökologischer Mindeststandards klingt mehr nach dem Versuch, den Schwellenländern die komparativen Kostenvorteile zu nehmen, um die im eigenen Land zu erbringenden Anpassungsleistungen zu verringern oder zu verzögern (vgl. dazu Franke, 1999, S. 157ff.).

In vielen Beiträgen wird eine „Rückkehr" des Staates gefordert, welcher der Wirtschaft neue Regeln/**Rahmenbedingungen** setzt, um das Primat über die Ökonomie zurückzugewinnen. Da die Gesellschaft mit Institutionen operiert, die der neuen Realität von Informationsrevolution und Globalisierung nicht mehr gewachsen sind (dazu Heuser, 1998, S. 3), muß man neue Ansätze finden. Dazu gehören Regeln und Institutionen auf **globaler Ebene**: Vorschläge beziehen sich u.a. auf eine Sicherungsagentur zur besseren Überwachung der globalen Finanzflüsse, eine Weltkartellbehörde für eine globale Wettbewerbspolitik, globaler Umweltnormen oder die Festlegung globaler Sozial- Mindeststandards („Fair Labour Standards").

Das Phänomen der Globalisierung bedarf einer differenzierten Darstellung. Es ist kein naturwüchsiger Prozeß quasi mit Sachzwangcharakter, sondern das Ergebnis **politischer** Entscheidungen und damit sowohl gewollt (Deregulierungen usw.), also auch durch Entscheidungen gestaltbar.

Der Prozeß der Globalisierung wird durch die zentrale Rolle des Wettbewerbs, durch eine Erhöhung der **Konkurrenzintensität** geprägt. Dieser Wandel birgt sowohl Chancen als auch Risiken. Er erzwingt u.a. neue Wettbewerbsstrategien der Unternehmen, neue Kooperationsformen, technologische Innovationen, neue internationale Spielregeln.

„Der kritische Punkt der Globalisierung ist der **Strukturwandel**, der unvermeidbar mit ihr verbunden ist. Strukturwandel bedeutet, daß bestimmte Tätigkeitsbereiche bzw. Industrien in einem Land verschwinden, während andere an Bedeutung gewinnen und expandieren."(Prinz/Beck, 1999, S. 13)

Die Thematik „Globalisierung" ist, beginnend mit der Industrialisierung im 19. Jahrhundert, nichts Neues. Wie wir im 2. Teil noch genauer beschreiben, zeigte bereits Schumpeter 1912 in seiner **„Theorie der wirtschaftlichen Entwicklung"** die Abläufe eines Strukturwandels auf, bei dem durch Aktivitäten schöpferischer Unternehmen sektorale/regionale Verwerfungen auftreten. In einem marktwirtschaftlichen System sind Umstrukturierung und Globalisierung notwendige Begleiterscheinungen des wirtschaftlichen Wachstums, das seinerseits erst die unglaublichen Wohlstandssteigerungen ermöglichte – und dieser Prozeß selbst wird durch Innovationen in Gang gehalten. Wie alle wirtschaftlichen Umwandlungs- und Krisenanpassungsprozesse erzeugt die Globalisierung Gewinner ebenso wie Verlierer.

Die **Welle** an Übernahmen, Kooperationen und Allianzen, die seit Jahren von einem Höhepunkt zum nächsten anschwillt, ist ungebrochen (vgl. dazu auch 2. Teil, C. III und IV). Der Drang zur globalen Größe von Unternehmen spiegelt das Zusammenwachsen der Weltwirtschaft wider.

Noch dominieren zwar die **alten** Industrien, jedoch zeichnet sich mit den Telekommunikationsriesen und den Unternehmen der Informationstechnik der Aufbruch in neue Welten bereits deutlich ab. (**„New Economy"**)

Auch wenn primär über Fusionen und Allianzen die Position eines Weltmarktführers angestrebt wird, sind auch **Gegenbewegungen** bei den Strukturveränderungen zu beobachten: Systematische Desinvestitionsmaßnahmen von Randaktivitäten vor allem bei den „Gemischtwarenläden", d.h. Verkleinerung/Verengung/Entflechtung/Abspaltung der Produktpalette (**„Divestments"**, ähnlich: de-merger/division/downsizing): z.B. AT&T und Lucent, NCR; ABB und Adtranz; Siemens und Infineon (Halbleiter)/Epcos (passive Bauelemente); Bayer und Agfa; Veba und Stinnes) und klare Fokussierung/Konzentration auf **Kernkompetenzen** (vgl. dazu 5. Teil, M, VI). Bei dieser neuen Form der konzernmäßigen Arbeitsteilung werden kleinere Einheiten in neue Unternehmen gegossen, danach verkauft, in Gemeinschaftsunternehmen geführt oder an die Börse gebracht (vgl. Dunsch, 1997, S. 11; Hagel/Singer, 1999).

1. Wurzeln der Globalisierung

Ökonomisch werden verschiedene (nicht immer trennscharfe) Begründungen bzw. **Indizien** für die Entwicklung der Globalisierungsprozesse angeführt (dazu Hoffmann, 1999, S. 3ff.):

- die Entwicklung des Welthandels („Internationalisierung des Warenverkehrs")
- die Entwicklung der Direktinvestitionen
- die Entwicklung auf den internationalen Finanzmärkten („Internationalisierung des Geldkapitals") und die gewachsene Rolle des internationalen Aktienkapitals (Stichwort: „shareholder value capitalism")
- die neuen Formen internationaler Vernetzung der Produktion („global sourcing") auf der Basis der IuK-Technologien als „Treiber" (und auch unterstützt durch entsprechende Transportkapazitäten)
- die unter Druck globalisierter Konkurrenz erzwungene Mutation der Nationalstaaten zu „wettbewerbsstaaten"

a) Internationalisierung

Am Ende dieses Jahrtausends sind globale Märkte entstanden. Die Vorstellung **nationaler** Unternehmen/Produkte oder Technologien wird immer mehr zur **Fiktion**: Wie „deutsch" sind unsere Global Player noch, wenn z.B. deutsche Auto überall in der Welt produziert werden, wenn ein Konzern wie Siemens im Ausland mehr Mitarbeiter beschäftigt als in Deutschland oder wenn bei steigendem „global sourcing" der Eigenfertigungsanteil drastisch schrumpft (logischerweise wurde deshalb „Made in Germany" z.B. durch „Made by Mercedes" ersetzt).

82

Die internationalen Verflechtungen werden mehr und mehr zu einer bestimmenden Herausforderung für die politischen und ökonomischen Akteure – Internationalisierung ist für viele Unternehmen (nicht nur für die Groß-, sondern auch für mittelständische Unternehmen) eine zentrale Komponente ihres strategischen Verhaltens. Ursachen für diese Entwicklung waren neben der Liberalisierung der Kapitalmärkte u.a. auch die **Deregulierungspolitiken** verschiedener Staaten (die Öffnung der Telekommunikationsmärkte, des Flugverkehrs, der Energieversorgung usw.), die **Öffnung** der Warenmärkte (Gründung der WTO, Abbau der Zölle/der nicht tarifären Hemmnisse etc.) sowie eine parallel verlaufende **technologische** Revolution im Bereich der Informations- und Kommunikationstechniken.

Weitreichende Liberalisierungsmaßnahmen haben im Hinblick auf ausländische Direktinvestitionen dafür gesorgt, daß transnationale Unternehmen zu den „treibenden Kräften" der weltwirtschaftlichen Integration werden konnten. Sie sind für den Transfer von Finanzkapital, Technologie und Managementstrategien verantwortlich und strukturieren über neue Produktionsstrategien die internationale Arbeitsteilung neu (vgl. dazu Altvater/Mahnkopf, 1997, S. 249f.)

Als wichtigstes Kennzeichen der Globalisierung wird die Entwicklung des **Welthandels** gesehen, die in den letzten Jahren größere Wachstumsraten aufwies als die nationalen Wachstumsraten der Sozialprodukte. So hat sich das Welthandelsvolumen seit 1950 versechzehnfacht, während das Weltsozialprodukt sich verfünfeinhalbfacht hat. Das Welthandelsvolumen ist von rd. 2.000 Mrd. Dollar in 1980 auf 4.800 Mrd. US-Dollar gestiegen.

Das Weltexportvolumen ist von 7 auf 15 % gestiegen (nach Prinz/Beck, 1999, S. 12). Allein in den 90er Jahren sind die **Weltexporte** pro Kopf um rund 50 % gestiegen. Die Weltexporte an Produkten betragen z.Z. über 7.000 Mrd. Dollar, mit den Dienstleistungen sind es sogar fast 10.000 Mrd. Dollar (Quelle: iwd, 3.6.1999). In der Dekade von 1985 bis 1995 wuchs der weltweite **Dienstleistungshandel** nominal im Durchschnitt um fast 12 % pro Jahr.

> Wie eng die deutsche Industrie mit dem Weltmarkt verflochten ist und wie sie in den 90er Jahren einen kräftigen Schub bekam, zeigen folgende Zahlen: Im Jahr 1998 erzielten die deutschen **Industrieunternehmen** über **47 %** ihres Umsatzes jenseits der heimischen Grenzen – 1991 betrug die **Exportquote** erst 37 %. Spitzenreiter mit über 60 % sind die Feinmechanik/Optik, das Textil-, Bekleidungs- und Ledergewerbe und die Chemische Industrie, Schlußlicht ist das Druck- und Verlagsgewerbe mit 9,8 %, Umgekehrt betrug die **Importquote** 1998 42,8 %. Zudem: Multinationale Unternehmen deutschen Ursprungs produzieren vielfach an ausländischen Standorten für den Weltmarkt. Diese Warenverkäufe tauchen in der deutschen Exportstatistik deshalb gar nicht auf – die tatsächliche Globalisierung der deutschen Wirtschaft wird folglich sogar noch **unter**schätzt. (Quelle: iwd, 16.9.1999, S. 2)

Dem wird entgegengehalten (vgl. Hoffmann, 1999, S. 4ff.), daß

- **historisch** betrachtet, der Welthandel sich in Zyklen entwickelt und sich die Zahlen erst aktuell wieder den Export- und Importzahlen der entwickelten Länder vor 1914 annähern; d.h. die Globalisierung ist kein neuartiger Prozeß;
- die EU als Binnenmarkt nur 8% des Bruttoinlandsprodukts exportiert;
- **geographisch** sich der Globalisierungsprozeß nicht erdumspannend verteilt, sondern sich auf die Länder der OECD-Triade (EU, Nordamerika und Japan/südostasiatische Schwellenländer) konzentriert – 70% des Welthandels werden von den Industrieländern abgewickelt, d.h. von einer echten Bedrohung durch Billiglohnländer kann nicht die Rede sein; deshalb wird z.T. statt von Globalisierung von „**Triadisierung**" oder von einer „**Denationalisierung**" gesprochen (es verändern sich zwar viele ökonomische, soziale und kulturelle Rahmenbedingungen des Regierens, aber nicht auf globaler Ebene, sondern im OECD-Raum!); für Deutschland gilt zudem: Zwei Drittel des Außenhandels und der Direktinvestitionen werden innerhalb der EU abgewickelt;
- **sektoral** gesehen wichtige Wachstumsbereiche (wie personenbezogene Dienstleistungen und der öffentliche Dienst) i.d.R. über einen niedrigen „Offenheitsgrad" nach außen verfügen.

Kern der Internationalisierung ist zweifelsohne der (indirekte/direkte) Export. „**Globalisierung**" ist aber weit **mehr** als nur Export eines ortsgebundenen Unternehmens. Globales Unternehmertum bedarf globaler Führungsstrukturen und einer globalen Präsenz, d. h. im Zielland selbst sind auch Dienst-/**Serviceleistungen** vor und nach dem Verkauf zu erbringen; dazu treten je nach Geschäftsbereich auch andere Formen der Auslandsaktivitäten (mit/ohne Kapitalbeteiligung, Direktinvestition/Kooperation) wie Outsourcing, Lizenzvergabe, Joint Ventures, strategische Allianzen etc.

b) Direktinvestitionen

Fragestellungen zu Direktinvestitionen und multinationalen Unternehmen sind miteinander eng verknüpft, da i.d.R. Direktinvestitionen eine **Voraussetzung** für das Entstehen einer multinationalen Unternehmung sind, d.h. heute vollzieht sich ein sehr großer Teil der grenzüberschreitenden wirtschaftlichen Transaktionen innerhalb weltweit operierender Unternehmen, der internationale Handel mit Gütern und Diensten, Kapital, Technologien und Finanzen wird weltweit koordiniert und zusammengefaßt (nach Broll, 1996, S. 438ff.).

Seit Mitte der 80er Jahre sind die Auslandsdirektinvestitionen („Foreign Direct Investments", **FDI**) stark gestiegen. Die ausländischen Direktinvestitionen (ADI) sind nach Angaben des Weltinvestitionsberichtes der UNCTAD seit 1990 kontinuierlich gestiegen und haben 1997 einen absoluten Rekordstand von 400 Mrd. US-Dollar erreicht. Prinz/Beck (1999, S. 12) weisen darauf hin, daß diese aber in Relation zum jeweiligen inländischen Bruttoinlandsprodukt in vielen Industrieländern noch nicht einmal das Niveau des Jahres 1914 wieder erreicht haben. In den Direktinvestitionen sehen Kritiker einen „Export" von (deutschen) Arbeitsplätzen.

Allerdings spielt die **Lohnhöhe** eine geringe Rolle unter den Motiven für Auslandsinvestitionen, denn:

- Immer noch sind 95 der Herkunftsländer und 75 aller Zielländer der Auslandsinvestitionen „entwickelte" OECD-Staaten (**Bestand** der deutschen Direktinvestitionen im Ausland Anfang 1998 insgesamt 543,9 Mrd. DM, darunter in Mrd. DM: USA 143,8, Großbritannien 58.1, Frankreich 34,8, Belgien 32,6, Niederlande 28,5, Italien 22,8, Luxemburg 21,9, Schweiz 20,4, Japan 9,3, Mexiko 6,5, China 5,1, Ungarn 7,4, Polen 5,6).
- Über ein Drittel entfällt auf **intra**regionale Direktinvestitionen (d.h. Konzentration auf die Länder der Triade).
- Als primäre **Motive** stehen nicht die Lohnhöhe (wobei Deutschland sowieso relativ niedrige Lohnstückkosten hat), sondern Marktzugang, -erweiterung und –sicherung in Auslandsmärkten im Vordergrund.

Ende der 90er Jahre sind die OECD-Verhandlungen über einen internationalen Schutz der Investitionen (Multilateral Agreement on Investment, **MAI**) gescheitert.

c) Finanzmärkte

Eine phänomenale Umsatzausweitung ist auf den Finanzmärkten (mit vielen neuartigen „Finanzprodukten") festzustellen. Bei einer „Entkoppelung von realer und monetärer Akkumulation" (Hübner) werden täglich weit über 1.000 Mrd. US-Dollar transferiert.

Daneben ist ein fundamentaler Wandel in den Unternehmenskulturen festzustellen. Da auch in den Ländern des „rheinischen Kapitalismus" sich immer mehr Unternehmen Kapital über den Gang zur Börse beschaffen, ist die Unternehmenspolitik gezwungen, den Erwartungen internationaler Anleger (wie der Pensionsfonds) zu genügen und verstärkt die Interessen der Aktionäre zu berücksichtigen (zum Shareholder-Value-Konzept siehe unsere Ausführungen im 5. Teil, M, VI).

d) Produktionsvernetzung (Neugestaltung der Wertschöpfungskette)

Eine der markantesten Folgerscheinungen der Globalisierung ist die global denkbare Zergliederung der **Wertschöpfungskette** (Entwicklung, Produktion usw.) nach Effizienzkriterien, d.h. Wahl des jeweils günstigsten Standorts. Diese Reorganisation der Wertschöpfungskette wird zunehmend durch temporäre horizontale und/oder vertikale, netzwerkartige

Kooperationen (= virtuelle Unternehmen) durchgeführt (dazu im Einzelnen unsere Ausführungen im 5. Teil, VI).

„Entscheidender als das – seit Mitte der 70er Jahre deutlich verlangsamte – quantitative Wachstum grenzüberschreitender ökonomischer Aktivitäten sind die strukturellen Veränderungen im Welthandel. Durch die während der letzten zwei Jahrzehnte stark gesunkenen Transport- und Kommunikationskosten und durch die Entwicklung standardisierter Produktions- und Servicekomponenten, welche nahezu unendlich kombinierbar sind, wurde Unternehmen und ganzen Wirtschaftszweigen die Möglichkeit eröffnet, die Wertschöpfungskette ihrer Produktion nach rein wirtschaftlichen Kriterien räumlich neu aufzugliedern. (...) daß sich als Folge von rationalisierungsbedingten Restrukturierungsmaßnahmen auf globaler Ebene Wechselbeziehungen zwischen wirtschaftlichen Akteuren herausgebildet haben, die gegenüber früheren Phasen weltwirtschaftlicher Integration eine neuen Qualität aufweisen."(Altvater/Mahnkopf, 1997, S. 246)

Im Zuge der Wertkettenanalyse und den damit verbundenen Konzepten wie Lean Management streben Unternehmen (dabei nicht nur die multinationalen Unternehmen) durch Auslagerung von Teilen der Produktion eine Optimierung der Wertschöpfung an. Der größte Anteil der auf IuK-Technologien beruhenden Vernetzung bezieht sich allerdings primär auf den europäischen/nordamerikanischen Raum.

„Der größte Teil des Welthandels ist heute brancheninterner Handel; dabei werden Güter der gleichen Produktgruppe sowohl exportiert als auch importiert. Dieser Handel folgt also nicht den Prinzipien der Spezialisierung von Wirtschaftszweigen, es geht um die Spezialisierung innerhalb bestehender Industriezweige. Letzteres ist aber nur möglich, wenn eine nationale Ökonomie bereits ein bestimmtes Niveau der Industrialisierung von Produktionsprozessen und Produkten erreicht hat. Nur dann wirken die Mechanismen der ‚Wachstumsstimulierung' durch Wissenstransfer, Marktexpansion, Allokations- und Wettbewerbseffekte (...) Wegen der zunehmenden Bedeutung des Intra-Industrie-Handels ist das Gewicht der Industrieländer am gesamten Welthandel gestiegen. Mehr als zwei Drittel des Welthandels werden im Block der OECD-Länder abgewickelt." (Altvater/Mahnkopf, 1997, S. 246)

Allerdings verhindert die hohe Produktivität der regionalen Standorte, daß dieses **„global sourcing"** zu einem Massenphänomen wird und zu Entlassungsschüben führt.

„Denn in den entwickelten kapitalistischen Ökonomien gehört heute zu einem produktiven Produktionsort mehr als der Lohnkostenfaktor einer Berufssparte; dazu gehören insbesondere vielmehr die genannten regionalen Netzwerke von Klein-, Mittel- und Großbetrieben, die universitären wissenschaftlichen Zentren, ihre im Ausbildungssystem produzierte hohe Produktionsintelligenz, eine ausgebaute Infrastruktur, der hohe Standard der Regulierung der Arbeit und der sozialen Sicherung und vor allem (noch) die hohe soziale und politische Stabilität. Diese regionalen Standortfaktoren, auf denen die hohe Produktivität in kontinental-westeuropäischen Ländern immer noch beruht, können zwar durch global sourcing der angesprochenen Art ergänzt oder auch - wie beschrieben - bedroht, aber vorerst noch nicht ersetzt werden. Die immer noch vorhandene produktive „Einbettung" der Unternehmen in solche ökonomischen und sozialen Netzwerke der Region verbietet es auch, dem Kapital jene unbegrenzte Mobilität zu unterstellen, wie dies in der ‚starken Globalisierungsthese' fast durchgängig geschieht." (Hoffmann, 1999, S. 8)

Eine Studie des Templeton College (Oxford/UK) bestätigt, daß sich globale Strategien auszahlen. Alle vier untersuchten Branchen (Kfz-Komponenten, Chemie, Lebensmittelherstellung, Pharmazie) verzeichneten zwischen 1987 und 1996 eine Zunahme des durchschnittlichen **Globalisierungsgrades**, der anhand des prozentualen Anteils am Auslandsvermögen, den Einkünften aus Auslandsoperationen und des Auslandsabsatzes gemessen wurde: Die am weitesten globalisierten Unternehmen schnitten viel besser ab. Europäische Unternehmen gewinnen am meisten durch Globalisierung (vgl. Edmondson/Moingeon, 1999, S. K4).

e) Wandel des Handlungsspielraums der Nationalstaaten

In vielen Veröffentlichungen wird ein „Ende des **National**staates" prophezeit, die Autonomie einzelner Staaten als bedroht angesehen (Souveränitätsverlust) und eine Verlagerung der Macht hin zu **supranationalen** Institutionen (wie der Weltbank, der UNO oder EU, der WTO, dem IWF) angekündigt. Durch die Internationalisierung der „flüchtigen" Geldströme und die Globalisierungsstrategien insbesondere der sog. multi- oder transnationalen Unternehmen sehen sich die nationalen Staaten, um im **„Wettbewerb der Nationen"** untereinander zu bestehen, verstärkt zu einem Wettbewerbsverhalten und zu einer Transformation der Wirtschaftsordnung gezwungen (z.B. Abbau Sozialleistungen, Steuersenkungen, Investitionsanreize) vgl. dazu Walter 1998, Willke 1998 b, Schäfer 1999). Es wird ein globaler Liberalisierungswettlauf, die Gefahr eines „Wettlaufs in den Abgrund" (**„race to the bottom"**) zwischen den Staaten/Systemen/Standorten befürchtet, d.h. ein gegenseitiges „Herunterkonkurrieren" in Standards, Löhnen, Steuersätzen usw.

Die Globalisierung unterminiert die Handlungsfähigkeit der **Staaten** in vielen Problemfeldern (z.B. Steuerpolitik, Wettbewerbspolitik, Informationspolitik). Um der Globalisierungsfalle zu entrinnen, braucht es für Beck (1997, S. 13) eine Revitalisierung institutioneller Phantasie und Politik.

Es wird eine aktive Beteiligung gesellschaftlicher Akteure an den Verhandlungsprozessen notwendig sein (vgl. Hillebrand,1999, S. 20), um Akzeptanz für einen ordnungspolitischen Rahmen, einer zu schaffenden institutionellen Struktur der **„global governance"** oder „Erdpolitik" herzustellen (zu globalen Regulationsinstanzen als „Institutionen der demokratischen Legitimation" oder als „Institutionen des Marktes" wie IWF/Weltbank/WTO siehe insbesondere Altvater/Mahnkopf, 1997, S. 142f.). In vielen Fällen tritt allerdings eine Substitution demokratischer Kontrolle durch die Partizipation von Nichtregierungsorganisationen (den sog. NGOs) an der **internationalen** Politikformulierung (multilaterale Abkommen etc.) ein.

Dies führt etwa zu internationalen Richtlinien zur Selbststeuerung der Wirtschaft wie die „Leitsätze für Multinationale Unternehmen" der OECD (diese Guidelines als Verhaltensregeln sind rechtlich nicht erzwingbar), zu freiwilligen Corporate Codes, z.B. **„Code of Conducts"**-Verpflichtungen multinationaler Unternehmen, und zu neuen Formen der kooperativem, netzwerkartigen Zusammenarbeit zwischen Unternehmen, Nationalstaaten, NGOs und Internationalen Organisationen. Die Herausbildung einer tragfähigen **„Global Governance"**-Architektur", der Aufbau von „Mechanismen" auf supranationaler Ebene, wird zu einer zentralen Herausforderung des 21. Jahrhunderts.

2. Implikationen

Globalisierung hat zumindest drei voneinander unterscheidbare Dimensionen (nach Theurl, 1999, S. 29):

(1) Die räumliche Dimension ist mit der Vergrößerung von wirtschaftlichen Integrationsräumen verbunden.

(2) Die zweite Dimension besteht in der Vertiefung der Integration der Güter- und Faktormärkte (Globalisierung der Märkte)

(3) Die dritte Dimension bezieht sich auf die Globalisierung der Unternehmen, die zum Ausdruck kommt in:

- einem Nebeneinander unterschiedlicher Internationalisierungsformen: dem traditionellem Außenhandel, global sourcing von Vorprodukten, Auslandsproduktion durch Direktinvestitionen und vielfältige Formen der Kooperation (z.B. strategische Allianzen),
- der internationalen Ausrichtung aller Unternehmensfunktionen (Marketing, Beschaffung etc.),
- einer breiten geographischen Streuung der Unternehmensaktivitäten

Einige Auswirkungen dieser „offenen Welt" auf die Politik wurden bereits beschrieben. Auf dem globalen **Markt** („Global Marketplace") sind dramatische Veränderungen vorgezeichnet, wie sie es in der Industriegeschichte so noch nie gegeben hat:

- Auftauchen **neuer** Wettbewerber, welche die Spielregeln neu bestimmen (z.B. amazon.de für den Buchhandel oder Mannesmann im Mobilfunkbereich).
- **Stärkerer** Wettbewerb (flexiblere Konkurrenten, in Netzwerken/Allianzen; etwa in der Luftfahrt- oder Kommunikationsindustrie); hatte man früher einen überwiegend lokalen/regionalen Wettbewerb, sind es heute oft lokal operierende Konkurrenten.
- Öffnung der Märkte/Abbau der Schranken/Liberalisierung.
- Aufstieg einiger Entwicklungsländer; heute gibt es Niedriglohnländer, die über Hochtechnologien verfügen.
- Die **Standortkonkurrenz** ist global geworden.
- **Technologische** Veränderungen, welche die traditionellen Anbieter bedrohen (z.B. die Reisevermittler).
- Der Wettbewerb findet nicht mehr zwischen einzelnen Unternehmen, sondern zwischen **„Wertschöpfungsketten"** statt; die traditionellen Grenzen zwischen den Industrien verwischen sich mehr und mehr.
- Die klassischen Organisationsformen werden zunehmend ersetzt durch nationale/internationale **Netzwerkorganisationen**.
- Wachsende **Kundenerwartungen** („individuelle Massenfertigung").
- Möglichkeiten neuer weltweiter **Vertriebskanäle** (z.B. das Internet).
- Es lassen sich die kostengünstigsten Produktions- und Einkaufsstandorte weltweit für Komponenten und Teile realisieren.
- Zulieferer müssen ihren global operierenden Kunden „folgen", da sie sonst die Lieferumfänge nicht halten können.
- Erst durch lokale Fertigung wird in protektionierten Märkten der Markteintritt oft möglich (Erfüllung lokaler Wertschöpfungspflichten; „Local Content").
- Die frühzeitige Präsenz in Märkten mit hohen Wachstumsraten gewährleistet die Ausschöpfung von Volumenspotentialen.

3. Global Players als Treiber der Globalisierung

„Den transnationalen Unternehmen wächst neue Macht zu: Sie können Arbeit dahin exportieren, wo die Kosten und Auflagen für den Einsatz der Arbeitskräfte möglichst gering sind. Darüber hinaus sind sie in der Lage, Produkte und Dienstleistungen zu zerlegen und arbeitsteilig an verschiedenen Orten der Welt zu erzeugen. Sie sind außerdem in der Position, Nationalstaaten oder eigene Produktionsstandorte gegeneinander auszuspielen und auf diese Weise einen ‚globalen Kuhhandel' um die billigsten Steuer- und günstigsten Infrastrukturleistungen zu betreiben." (Prinz/Beck, 1999, S. 11)

Der Globalisierungsschub ist vor allem durch „Multis" verursacht worden. Wir haben bereits den Anstieg der ausländischen Direkt- und Portfolioinvestitionen in den 90er Jahren beschrieben. Die Investitions- und Produktionsentscheidungen multi- /transnationaler Unternehmen, deren Zahl auf etwa 45.000 (1979: 7.000) mit 70 Mio. Mitarbeitern und ca. 280.000 ausländische Töchter geschätzt wird, haben in diesen Ländern weitreichende ökonomische, soziale und ökologische Folgen, diese können die Entwicklung der jeweiligen Volkswirtschaft tiefgreifend verändern. Etwa ein Drittel der Welthandelsströme verläuft innerhalb dieser Konzerne, ein weiteres Drittel geht zumindest von ihnen aus, sowie nahezu alle Auslandsinvestitionen. Bei den Unternehmen mit den höchsten **Auslandsvermögen** steht Dutch/Shell mit 79,7 Mrd. Dollar an der Spitze, VW steht mit 49,8 Mrd. Dollar auf Platz sechs (Günther/Pfriem, 1999, S. 37)

„Im Besitz der TUN befindet sich etwa ein Drittel des weltweiten produktiven Anlagekapitals. Allein die 100 größten transnationalen Unternehmen, unter deren Kontrolle sich Anlagekapital in Höhe von 3.400 Mrd. US$ konzentriert, brachten es 1992 auf einen Jahresumsatz von 5.500 Mrd. US$, was in etwa dem Bruttosozialprodukt der USA entspricht (...) Auch internationale Handelskredite sind in bedeutendem Maße Kredite innerhalb internationaler Konzerne. Die Deutsche Bundesbank schätzt, daß es sich dabei 1995 im deutschen Fall um 62 Mrd. DM Forderungen und 50 Mrd. DM Verpflichtungen handelt. Das sind mehr als ein Drittel aller Forderungen aus Handelsgeschäften und 45% der Verpflichtungen." (Altvater/Mahnkopf, 1997, S. 249)

Der Umsatz dieser Konzerne ist größer als das Bruttosozialprodukt mittlerer Staaten. Mit 250 Mrd. DM entspricht der Umsatz etwa von Daimler-Chrysler dem Bruttosozialprodukt Norwegens und ist größer als das von Polen oder Finnland.

Zahlreiche **Begriffe** mit ähnlichen Inhalten umschreiben diese Form der horizontalen, vertikalen oder konglomeraten Unternehmen:

- multinationale Unternehmen (MNU), nationale „Multis", internationale „Multis"
- transnationale Unternehmen/transnational Corporations (TUN/TNC)
- Global Players

Globalisierung ist nicht gleichbedeutend mit Exportfähigkeit. **„Global Player"** kann sich ein Unternehmen vielmehr erst dann nennen, wenn es über ein international optimiertes Netzwerk von Produktentwicklern und Zulieferern verfügt. Es muß Zugang zu Systemen weltweiter Entwicklung, Produktdesign, Zulieferung, Technologiebeschaffung, Finanzierung, Vertrieb und Marketing haben, global denken, lokal handeln und in allen wichtigen Märkten Produktionsstätten/Zweigniederlassungen („Transplants") besitzen (vgl. Beger, 1997). Trotzdem haben multinationale Unternehmen eine **„Heimbasis"**, wo die weltweiten Strategien formuliert werden und sich auch Aktivitäten mit hoher Wertschöpfung befinden (vgl. Asper, 1997, S. 25).

In Anlehnung an Hauschildt (1993) lassen sich folgende **Präsenzmuster** für global operierende Unternehmen definieren, die sich überlagern können und möglicherweise einen charakteristischen Entwicklungspfad der Globalisierung erkennen lassen:

- Produktpräsenz (auf mehreren wichtigen Märkten mit Produkten vertreten; logistisches/absatzpolitisches Problem)
- Personalpräsenz (Mitarbeiter aus dem Stammhaus übernehmen im Ausland Funktionen)
- Produktionspräsenz (Direktinvestitionen/eigene Produktionsstätten)
- Prozedurpräsenz (einheitliche Führung des gesamten Unternehmens)
- Portefeuillepräsenz (Zugriff auf lokale Finanzierungsmöglichkeiten und -märkte)

Diese transnationalen Unternehmen können aus zwei **Gründen** als „Hauptprotagonisten" der wirtschaftlichen Globalisierung bezeichnet werden (nach Altvater/Mahnkopf, 1997, S. 262):

- Sie forcieren den sektoralen Strukturwandel der Weltwirtschaft, den Wandel der Beschäftigungsstruktur und des Verhältnisses der Geschlechter.
- Ihre Rationalisierungspraktiken führen – wie gezeigt – zur Herausbildung eines „international integrierten Produktionssystems" mit neuen Managementpraktiken.

II. Von der Industriegesellschaft zur Dienstleistungs- und Informations-/Wissensgesellschaft

1. Sektorale Betrachtung

„Im Wirtschaftsgeschehen kommt der Erzeugung von Dienstleistungen neben der Produktion von Sachgütern eine immer bedeutendere Rolle zu. Man spricht von dem vorgezeichneten Weg zu Dienstleistungswirtschaften bzw. Dienstleistungsgesellschaften. In hoch entwickelten Ländern wähnt man sich schon dort. Im Dienstleistungsbereich, oft als **tertiärer** Wirtschaftssektor bezeichnet, sind heute in vielen Ländern weit mehr als die Hälfte aller Erwerbstätigen beschäftigt und sein Beitrag zum Sozialprodukt nimmt ständig zu." (Bodendorf, 1995, S. 17)

Der **Begriff „Dienstleistungsgesellschaft"** charakterisiert (so Bauer 1996, S. 88) die seit Jahren erkennbare Verschiebung von Wertschöpfung und Beschäftigung vom produzierenden Sektor zu den Dienstleistungen; dies läßt sich empirisch auf drei Ebenen nachvollziehen, wobei auf allen Ebenen im Vergleich zum primären und sekundären Sektor ein überdurchschnittliches Wachstum zu verzeichnen ist:

- Dienstleistungsunternehmen
- Dienstleistungsberufe
- Dienstleistungstätigkeiten

Im ersten Halbjahr 1996 übertraf die **reale** Wertschöpfung der Dienstleistungen **erstmalig** diejenige der Industrieunternehmen.

Seit Jahren signalisieren die Veröffentlichungen der OECD, daß die **Arbeitsplätze** in ihren Mitgliedstaaten im klassischen produzierenden Gewerbe (und in der Landwirtschaft) z.T. drastisch abnehmen, neue Arbeitsplätze entstanden jedoch im Dienstleistungssektor (vgl. Giese, 1997, S. 53).

Der **Strukturwandel** in Handwerk und Industrie ist bereits weit fortgeschritten. 1996 entfielen nur noch 28% der ausgeübten Tätigkeit auf die eigentliche Herstellung oder die Bewegung von materiellen Dingen; im Jahr 2010 werden es nach Peter Drucker nur noch ein Zehntel sein - die anderen Arbeitskräfte beschäftigen sich mit Daten, Fakten, Informationen, Konzepten und Ideen. Betrug der Anteil des gesamten tertiären Sektors zur **Bruttowertschöpfung** 1970 45 %, ist der Anteil 1997 auf 65 % gestiegen (USA bereits 75 %).

> „Vor allem reife Volkswirtschaften können durch die Tertiarisierung der wirtschaftlichen Strukturen neue Arbeitsplätze schaffen. Die Wertschöpfung löst sich mehr und mehr vom Materialverbrauch ab. Sie ist zunehmend Ergebnis organisatorischer, planender, kontrollierender, verwaltender, beratender, helfender, dienender, lehrender und gestaltender Aktivitäten.
> In den OECD-Staaten liegt die Dienstleistungsquote daher schon bei fast 70 Prozent. Offensichtlich tragen die modernen Industrieländer ihren Namen eigentlich zu Unrecht. Denn sie haben sich längst zu veritablen Dienstleistungsgesellschaften entwickelt. Genau genommen leben wir bereits im frühen Informationszeitalter." (Fels, 1997)

Dieser sich dramatisch schnell vollziehende Wandel wird m.E. in seiner **Tragweite** von Teilen der Gesellschaft noch nicht erkannt. Von vielen werden Dienstleistungen in völliger Verkennung des Sektors pauschal als „McJobs" negativ bewertet. Zudem ist das Erziehungs- und Bildungswesen noch größtenteils einem antiquierten/traditionellen Wirtschafts- und Technikbild verhaftet.

Schmitz/Zucker entwerfen ein **treffendes Bild**:

> „Die Bilder jedoch, die unser Denken und Handeln prägen, sind die Bilder der Industriegesellschaft von gestern und nicht der Informations- bzw. Wissensgesellschaft von heute und morgen.
> Unternehmensführung erfordert ein Managementdenken, das der Natur der Ressource Wissen gerecht wird. Die Kreation von relevantem Wissen, von marktgerechter, kommerzialisierbarer Intelligenz und deren Produktivität stehen im Vordergrund. Das richtige Wissen zur richtigen Zeit am richtigen Ort, das ist heute der Engpaß, der gemanagt sein will." (1996, S. 18)

Der Anschein einer „schrumpfenden Industrie" (i. S. einer De-Industrialisierung Deutschlands) muß aber **relativiert** werden: Zum einen werden bei der Statistik nach Wirtschafts**zweigen** viele Tätigkeiten der Industrie, die eindeutigen Dienstleistungscharakter haben, dem produzierenden Gewerbe zugeordnet, und zum anderen müssen z.B. die vielschichtigen **Vorleistungsverflechtungen** des sekundären Sektors berücksichtigt werden:

- Die Ausgliederung vor- und nachgelagerter Dienste aus dem Industriebereich (verstärktes **Outsourcing** von Dienstleistungen zur Ausschöpfung von Rationalisierungspotentialen): Zahlreiche früher **selbst erstellte** Tätigkeiten werden vornehmlich an spezialisierte Dienstleister für Reinigung, Beratung, Bewachung/Sicherheit, Übersetzungen, Kantine/ Catering usw. ausgelagert.
- Produkte beinhalten mehr **Dienste**: z.B. Kauf eines PC + Schulung/Wartung/ Beratung.

- **Produktkomplexität**, d.h. der Service um das Produkt ist für den Markterfolg kundenorientierter Unternehmen fast so wichtig wie die stofflichen/technischen Eigenschaften des Produkts. Erfolg des Standorts Deutschland durch Verknüpfung hochtechnisierter Industrieprodukte und komplementäre Dienstleistungen zu **kompletten Problemlösungen**.

Auch Altvater/Mahnkopf (1997, S. 284) sind der Meinung, daß allein aus der Transformation von Industriearbeit zu lohnabhängiger oder Selbständiger Dienstleistung nicht auf eine Verwandlung der Industrie- in Dienstleistungsgesellschaften geschlossen werden:

Fazit:

- Auch in der Industrie wird immer mehr geplant, geforscht, entwickelt, ausgebildet usw.
- Sekundärer und tertiärer Sektor sind enger verflochten als vermutet; sie ergänzen sich wechselseitig.
- Der beruflicher **Strukturwandel** zeigt sich darin, daß nur noch 17 % aller sozialversicherungspflichtigen Arbeitsplätze eine reine Produktionstätigkeit beinhalten: Mehr als jeder zweite Erwerbstätige in der Industrie ist bereits ein **Dienstleister**!

Noch einige weitere Aspekte zu den Auswirkungen der Dienstleistungen:

- Dienstleistungen und **Welthandel**: Der Anteil der Dienstleistungen am Weltsozialprodukt ist von 1970 bis 1994 um fast ein Fünftel auf knapp 65 % gestiegen (zeigt die steigende Globalisierung der Weltwirtschaft). Noch 1980 waren der Dienstleistungssektor und der industrielle Sektor im **Welt**maßstab annähernd gleich groß; heute werden zwei Drittel des Weltsozialprodukts im Dienstleistungssektor erwirtschaftet. Seit 1990 hat der **globale** Handel mit Dienstleistungen um mehr als 50 % zugelegt. Der tertiäre Sektor drückt dem weltweiten Zusammenwachsen der Märkte immer mehr seinen Stempel auf: Fast 20 % aller **internationalen Transaktionen** sind inzwischen Dienstleistungen. 1998 summierten sich die weltweiten Dienstleistungsausfuhren auf 1,3 Billionen Dollar; etwa ein Viertel davon entfiel auf Transportdienstleistungen, ein Drittel auf den Tourismus – den größten Anteil aber machten mit 43 % die **unternehmensnahen** Dienste aus. Bei einem Ländervergleich liegen bei dem Dienste-**Export** in der Rangliste die USA vor Japan, Deutschland und Frankreich. Die Bundesrepublik hat 61 Mrd. DM „Minus" im Dienste-Handel.

- Dienstleistungen und **Beschäftigung**: In den letzten 10 Jahren entstanden in Westdeutschland 3,2 Mio. neue Arbeitsplätze im Dienstleistungssektor. Das iwd (25.9.1997, S. 4) schätzt, daß sich in Deutschland bei einer im OECD-Vergleich großen „Dienste-Lücke" unter veränderten Bedingungen 4,6 bis 8,2 Mio. Personen aus dem Arbeitslosenbereich für einen Niedriglohnbereich rekrutieren ließen.

- Dienstleistungen und **Entrepreneurship**: Von 1976 bis 1992 wurden rd. 700 000 Unternehmen neu gegründet. Davon waren 90 % Dienstleistungsunternehmen. Sie bieten u.a. gute Startbedingungen, da oft nur ein geringes Startkapital nötig ist.

2. Die Rolle der Dienstleistungen

Bei Dienstleistungen
„... handelt es sich in der Regel um an Personen gebundene, Nutzen stiftende Leistungen, die sich im Unterschied zu Sachgütern durch mangelnde Dauerhaftigkeit und Lagerfähigkeit, durch Standortgebundenheit oder Gleichzeitigkeit von Produktion und Konsum sowie eine vergleichsweise arbeitsintensive Erstellung und Immaterialität auszeichnen." (Bauer, 1996, S. 87)

Bruhn/Meffert (1998, S. 5) skizzieren drei **konstitutive Merkmale** von Dienstleistungen:

Dienstleistungen
- Sind Selbständige, marktfähige Leistungen, die mit der Bereitstellung und/oder dem Einsatz von Leistungsfähigkeiten verbunden sind (= Potentialorientierung).
- Interne und externe Faktoren werden im Rahmen des Leistungserstellungsprozesses kombiniert (= Prozeßorientierung).
- Die Faktorkombination des Dienstleistungsanbieters wird mit dem Ziel eingesetzt, an den externen Faktoren – Menschen oder deren Objekten – Nutzen stiftende Wirkungen zu erzielen (= Ergebnisorientierung).

Zur Definition des **Begriffs** „Dienstleistungen" wird in der Literatur häufig versucht, über eine **Auflistung** von heterogenen Beispielen eine Charakterisierung abzuleiten (z.B. bei Bodendorf, 1995, S. 20):

- Informations- und Kommunikationsbetriebe (Verlage, elektronische Medien, Werbebranche, Softwareproduktion usw.; die Informationswirtschaft avancierte neben der Tourismuswirtschaft inzwischen zum weltgrößten Wirtschaftszweig)
- Beratungsbetriebe (Unternehmens-, Steuer-, Rechtsberatung usw.)
- Vermittlungsbetriebe (Handel)
- Verkehrsbetriebe (Transport, Logistik usw.; als Folge der internationalen Arbeitsteilung entfallen darauf fast 25 % des internationalen Dienstleistungsumsatzes)
- Finanzdienstleistungsbetriebe (Banken, Versicherungen usw.)
- Reisedienstleistungsbetriebe (Reisemittler, Gastronomie, Hotellerie, Personenverkehr usw.)
- Medizinische Dienstleistungsbetriebe (Krankenhäuser, Arztpraxen usw.)
- Öffentliche Verwaltung (Behörden usw.)
- Bildungs- und Unterhaltungsbranche usw.

Die gesamte Bandbreite und die heterogene Struktur des Dienstleistungssektors ist nicht vollständig zu erfassen. Braun (1996, S. 87) beschreibt folgende (gemeinsame) **Merkmale** von Dienstleistungen:

- Sie werden von besonderen Akteuren erbracht (nach UN-ISIC Standard: Handel, Verkehr, Nachrichtenwesen, Banken, Versicherungen, Sozial-/Pflege-/ Gesundheitswesen, Staat).
- Sie zeichnen sich aufgrund der besonderen Form ihrer Leistungserstellungsprozesse in hohem Maße durch Individualität und/oder Kundenorientierung aus.
- Sie erfüllen eine Basisfunktion für Wirtschaftsprozesse und werden als integrale Bestandteile von Produkten zunehmend an wirtschaftlicher Bedeutung gewinnen (Komplementarität von Waren und Dienstleistungen).
- Sie haben gleichzeitig nicht nur eine vom produzierenden Sektor angeleitete Funktion, sondern es entstehen abgekoppelt von der materiellen Produktion vollkommen neue Dienstleistungen (Generierungseffekte).

Neben die menschliche Arbeitsleistung und die Betriebsmittel tritt bei Dienstleistungen die **„Information"** als entscheidender Produktionsfaktor. Zur Steuerung der Informationsflüsse (intern, zwischenbetrieblich und zum Kunden) sind computergestützte Kommunikationsstrukturen notwendig.

Tätigkeiten der Dienstleistungen:
planen, konstruieren, erfinden, forschen, managen, werben, beraten, verkaufen, transportieren, informieren, heilen, pflegen, montieren, warten, lehren, schulen, verwalten, unterhalten, sichern, kochen usw.

Bereiche/Formen der Dienstleistungen:
(1) Personenbezogen („dienen"):
Medizin, Therapie, Pflege, Soziales, Erziehung/Unterricht, Musisches, Haushalt, Alten-/Kinder-/Tierbetreuung, Beratung, Verwaltung/Büro, Ordnung/Sicherheit
(2) Wissensfundiert („wissen"):
Unternehmens-/Finanz-/Vermögensberatung, Marktforschung, DV-Bereich, Personalvermittlung, Aus-/Weiterbildung, Fremdenverkehr, Kultur, Unterhaltung, Gesundheit, Umwelt (Entsorgung), F & E
(3) Gemeinnützig („helfen"):
Bürgerarbeit/freiwilliges soziales Engagement in: Bildung, Umwelt, Gesundheit, Sterbehilfe, Betreuung von Obdachlosen/Aidskranken, in Kunst/Kultur/Sportvereinen etc.

---

a) Dienstleistungen als Wachstumsmotor

Seit Jahren verschiebt sich die Wirtschaftsstruktur zugunsten des Dienstleistungssektors. Innerhalb des beschriebenen wirtschaftlichen und gesellschaftlichen Strukturwandels und Transformationsprozesses mit einer wachsenden Bedeutung von Dienstleistungen für Wertschöpfung und Beschäftigung hat der Dienstleistungssektor die Rolle eines **Innovationska-talysators** übernommen. Wachstum in Wertschöpfung und Beschäftigung trifft fast aus-nahmslos auf Dienstleistungsbereiche zu.

Als **Erklärungsmodelle** für diesen Trend werden verschiedene Einzelfaktoren angeführt (vgl. Bodendorf, 1995, S. 18): das verstärkte **Outsourcing** von Dienstleistungen in Indus-triebetrieben und allgemeine Nachfrageverschiebungen.

Die Bedeutungszuwächse des Dienstleistungssektors beruhen für Meffert/Bruhn (1997, S. 7) einerseits auf Outsourcing-Prozessen von verarbeitenden Unternehmen, andererseits auf einer Zunahme der Nachfrage nach Dienstleistungen. Die Zunahme hat vielfältige **Ursa-chen** (ebd., S. 7f.):

- Änderungen im **Konsumentenverhalten**: Trend zu Convenience, steigende Ansprüche an Dienstleistungs-angebote
- Durch **Konsum**- und **Investitionsgüter induzierte Veränderungen**: wachsende Bedeutung von Value-ad-ded-services, Differenzierungsvorteile durch Zusatzleistungen
- **Demographische** Veränderungen: steigende Lebenserwartung, erhöhte Nachfrage nach Pflege- und Frei-zeitdienstleistungen
- **Gesellschaftliche** Veränderungen: gestiegener Anteil erwerbstätiger Frauen, Verkürzung der Arbeitszeit, Entlokalisierung von geschäftlichen und privaten Kontakten

Bullinger/Wiedmann/Brettreich-Teichmann (1998) zeigen die weltweit wirkenden **Triebfe-dern** für dieses Wachstum in den Dienstleistungsbereichen noch differenzierter:

- die **Systemführerschaft** der Dienstleistungen, d.h. der Paradigmenwechsel in den Wertverhältnissen von Produkt und Dienstleistung (= vom Warenwert zum Nutzwert; z.B. „Produkt Fahrzeug" – „Dienstleistung Mobilität");
- die Impulse der Wissens- und **Informationsgesellschaft** für die Innovationsdynamik von Dienstleistungen
- die **Globalisierung** der Dienstleistungen unter dem Druck der Mobilität von **Wissen** (es entsteht ein eigen-ständiger, grenzüberschreitender Dienstleistungshandel; „Manufacturing follows Service"); die Globali-sierung des Wissens ist dabei die zentrale Triebkraft (Badaracco, 1991):
  − weltweite Ansammlung von − kommerziell verwertbarem - Wissen, das sich mit wachsender Geschwin-digkeit vermehrt (Mengenwachstum);
  − immer mehr Staaten, Institutionen, Organisationen und Unternehmen sind an der Vermehrung des Wis-sens beteiligt (Globalisierung der Akteure);
  − Speicher- und Transportfähigkeit des Wissens, verpackt in Formeln, Entwürfen, Anleitungen, Büchern, Software, Internet-Servern oder als Teil von „Smart Products" (materielle Träger) nimmt zu;
- die Liberalisierung nationaler Dienstleistungsmärkte und Öffnung des grenzüberschreitenden Dienstleis-tungshandels sowie die Flexibilisierung der Arbeitsmärkte in den Dienstleistungen.

Typische **Push- und Pull-Faktoren** und folgende **Wachstumsfelder** in den Dienstleistun-gen (nach Bullinger/Wiedmann/Brettreich-Teichmann, 1998):

- Optimierung der Leistungstiefe: Business Services (Facility Management, F&E, Consulting, Sicherheit)
- Produktionsfaktor Wissen: Brokerage/Vermittlung (Arbeits-, Informations- und Warenvermittlung)
- Technischer Fortschritt: Medien und Telekommunikation (Multimedia Business Services, Fernbetreuung)
- Just in Time, Cocooning: Mobilität und Logistik (intermodulare Mobilitätsdienste, Home Delivery)
- Ökonomisierung der Ökologie: Recycling, Vermeidung und Kontrolle, Handwerk
- Individualisierung der Lebensvorsorge: Finanzdienstleistungen/Non Banking (Allfinanz, Planung des Le-benseinkommens)
- Demographie, Wellness: Soziale und Gesundheitsdienste (ambulante Pflege, Fitness, Katastrophenschutz)
- Convenience, Fun: Freizeit und Erholung (wohnortnahe Freizeit- und Vergnügungszentren, Do-it-yourself, NGOs, Bildung)

Obwohl Dienstleistungen am Weltbruttosozialprodukt nach Angaben der WTO über 60 % ausmachen, beträgt ihr Anteil am Welthandel aber nur ca. 20 %. Es wird aber zunehmend er-kannt, daß auch eine Dienstleistung ein handelbares und exportierbares Wirtschaftsgut ist:

92

In einem erweiterten Verständnis von Dienstleistungsprodukten besteht der **Export** von Dienstleistungen nicht in der „eigentlichen" Dienstleistungserbringung, sondern z.B. im Verkauf einer Management**konzeption** (z.B. das Marketingkonzept einer Franchisekette).

Die **Innovationsdynamik** für Dienstleistungen nimmt im Internet-Zeitalter rasant zu.

- Beispiel: Maßgeschneiderte Massenproduktion („**Mass Customization**") - Individuelle Bestellung (z.B. bei Compaq, Dell, Levi Strauss, Paris Miki – Individualkonfektion – Produktion nach Kundenwunsch. Kunde steuert die Fertigung: Ermöglicht sowohl eine kostenorientierte Massenproduktion als auch eine (früher: teure) kundenorientierte Einzelfertigung. Widerspruch kann heute gelöst werden (dazu Spiller, 1997; Gilmore/Pine, 1997)
- Entwicklung von Multimedia-Angeboten
- Technische Dienstleistungen (Online-Fehlerdiagnose etc.)

b) Die Bedeutung industrienaher Dienstleistungen

Produkte werden immer ähnlicher bzw. eine Alleinstellung ist meist nur von kurzer Dauer. Für viele Unternehmen stellen **produktbegleitende** Dienstleistungen, die ergänzend zu einem Sachgut einem Kunden zur Problemlösung oder zur Erhöhung des Nutzens angeboten werden, eine Möglichkeit dar, sich im Wettbewerb von der Konkurrenz abzuheben. Dabei sollten (strategische) Dienstleistungen nicht nur einen „add- on"-Service darstellen, sondern durch Betreuung und Beratung ein für den Kunden erkennbares „selbständiges" Angebot werden, für das dann auch eine direkte Verrechnung der Dienstleistung möglich ist.

„Die global einsetzbaren Informationstechniken, die Vernetzung menschlicher Intelligenz durch Daten- Highways schaffen ein neues Wirtschaftsumfeld, in dem einzelne Menschen und Unternehmen Wohlstand durch Wissen unter Einsatz von Kapital schaffen. Schon heute, erst recht morgen steht nicht mehr das Herstellen von Produkten im Vordergrund der menschlichen Arbeit, sondern das Verkaufen von Problemlösungen. Ob es sich dabei um die Weiterentwicklung betriebswirtschaftlicher Software oder um die Geschäftsidee eines ‚Indoor-Event-Producers', vulgo: Partyservice-Unternehmers, handelt, ist zweitrangig." (Deckstein, 1998, S. 4)

Nach einer Produktionsinnovationserhebung des Fraunhofer ISI haben im Investitionsgüter produzierenden Gewerbe serviceorientierte Betriebe einen doppelt so hohen Umsatzanteil mit produktbegleitenden Dienstleistungen wie andere Betriebe (13,1%); auch die Umsatzrendite der Unternehmen ist mit 6,3 % um über 1,3 % höher. (Quelle: Produktion, 1.7.1999, S. 3).

Für Meffert (1998, S. 976) erschwert der steigende Serviceanteil im Angebot klassischer Konsum- und Investitionsgüterhersteller zunehmend die Grenzziehung zwischen Sachgüter- und Dienstleistungssektor: „In der Zukunft wird jedes Unternehmen ein Dienstleistungsunternehmen sein. Die richtige Vernetzung der angebotenen Leistungen stellt einen Schlüsselfaktor für den Unternehmenserfolg dar."

Der Dienstleistungssektor übernimmt zunehmend eine **Systemführerrolle** in einer Welt, in der nicht mehr der Warenwert, sondern der systemische Nutzwert (= intelligente Produkte als Kombination von Produkt und Dienstleistung) den ausschlaggebenden Anreiz für ein Geschäft ausmacht: Es zeigt sich der Trend der Verschiebung der Wertschöpfung zugunsten vor- und nachgelagerter Dienstleistungen. Der Kunde erwartet im Rahmen eines Life-Cycle-Engineering ein **komplettes** Systemangebot: inklusive Planung, Finanzierung, Transport, Erstellung, Wartung/Diagnose/Support, Schulung, Betrieb, Entsorgung etc. Diese **„hybriden"** Produkte, dieser Verkauf eines kundenindividuellen „Gesamtnutzens", erlauben eine Wettbewerbsdifferenzierung und Positionssicherung.

Es besteht auch zunehmend ein Bedarf an innovativen Dienstleistungen, die den Umgang mit Wissen unterstützen (dazu Punkt 4). „Dies sind beispielsweise Dienstleistungen aus dem Software- und Medienbereich, aber auch Enabler-Dienstleistungen wie die von Agenten, Koordinateuren, Informationsbrokern." (Ganz/Hermann, 1998, S. 2)

Pine/Gilmore (1999, S. 56ff.) sind der Meinung, daß wir bereits eine neue Stufe der Entwicklung erreicht haben – nach der Agrar-, Industrie- und Dienstleistungsgesellschaft nun die **Erlebnisökonomie**, in der Produkte und Serviceleistungen, die zunehmend standardisiert werden, nun im Rahmen von Erlebnissituationen/-welten (z.B. „Theme Restaurants", „Adventureland", „Orientexpress" usw.) verkauft werden.

Die ökonomische Leistung wird demnach stufenweise **gesteigert**:

* **Rohstoffe** gewinnen (Wettbewerbsposition: differenziert; Preise: normal)
* **Sachgüter** herstellen
* **Dienstleistungen** liefern
* **Erlebnisse** inszenieren (Wettbewerbsposition: undifferenziert; Preise: hoch)

c) Das Paradigma des „Idea-driven-Growth" - Spielregeln der Internet Economy

Für Bullinger et al. (1998) zeichnen sich die Konturen dieser zukünftigen **Internet Economy** erst langsam ab, erste zentrale Spielregeln, nach welchen die Geschäfte von morgen gemacht werden, können bereits skizziert werden:

1. Der **Geschäftserfolg** verläuft in der Internet Economy **exponentiell**

* Success is nonlinear (Einem geringen Wachstum am Anfang folgt ein explosives Wachstum am Point of runaway growth).
* More gives more (Der Nutzwert steigt mit der zunehmenden Verbreitung.)
* Innovation (First to Market, Single Star, Cutting Edge, De-facto-Standards)
* Diffusion (Plug and play clients/Self adopting products, Clients for free, Trade-off zur Server-Seite, Gobal concepts – lead market products/services)
* Awareness (Medienpräsenz/Wettbewerbe)

2. **Preisstrategien** folgen in der Internet Economy anderen **Gesetzen** als in der klassischen Produktwelt („Wenn innerhalb von 15 Minuten eine Software oder ein Service in Rußland bestellt, per Kreditkarte in den USA bezahlt und dann von einem Server in Bielefeld heruntergeladen wird, während in der Zwischenzeit das Kreditkarteninstitut bei der deutschen Kreissparkasse den Betrag abbucht, werden sich in der Tat neue Spielregeln für den internationalen Handel, die internationale Arbeitsteilung herauskristallisieren.")

Der globale Wettbewerb in Verbindung mit zunehmenden „netzwerkartigen" Kooperationsformen und einem Electronic Marketplace wird u. E.:

* die Markteintrittsbarrieren für neue Wettbewerber dramatisch senken;
* Wettbewerber z.T. aus fremden Branchen anlocken;

- die Kundenbindung sinken lassen, da über das Internet eine höhere Transparenz (Preis, Angebot etc.) gegeben ist (typische Beispiele: Autokauf).
- serviceorientierten Unternehmen einen Wettbewerbsvorteil verschaffen.

3. Management im 21. Jahrhundert - das postindustrielle Zeitalter

„Ich erwarte eine Informations- und Wissensgesellschaft. Das ist die Vision einer Gesellschaft, die jedem die Chancen einräumt, an der Wissensrevolution unserer Zeit teilzuhaben. Das heißt: bereit zum lebenslangen Lernen zu sein, den Willen zu haben, im weltweiten Wettbewerb um Wissen in der ersten Liga mitzuspielen. Dazu gehört auch ein aufgeklärter Umgang mit Technik." (Alt-Bundespräsident Roman Herzog, Berlin, 1997)

a) Entwicklung der Informations- und Wissensgesellschaft

Mit der fortschreitenden Globalisierung, der Liberalisierung der Waren-, Finanz- und Faktormärkte (GATT, WTO, Uruguay-/Singapore-Konferenzen etc.), dem technologischen Fortschritt in der „**dritten** industriellen Revolution" und einem explosionsartigen Vordringen neuerer Informations- und Kommunikationstechnologien stehen die Weltwirtschaft und die Nationalstaaten vor tiefgreifenden **strukturellen** Anpassungsprozessen und die Unternehmen vor schnell und drastisch sich ändernden, völlig neuen Wettbewerbsregeln und neuen Möglichkeiten der Strukturgestaltung (temporäre Netzwerke, virtuelle Organisationen etc.). Es läuft ein rasanter und unaufhaltsamer Wandel von der **Produktions-** zur **Dienstleistungsgesellschaft** und zur **Informations-** und **Wissensgesellschaft** ab: „from natural-resource-based to knowledge based industries".

Lutterbeck (1996) betont, daß man Abschied nehmen muß von der Vorstellung, daß die Informationsgesellschaft eine Option unter mehreren sei, für oder gegen die man sich entscheiden könne: „Wir befinden uns aber längst <u>in</u> der Informationsgesellschaft." Zum Weg in die Wissensgesellschaft siehe Abb. 17 (aus Ganz/Hermann, 1998 S. 2)

Wissen und Kreativität werden zu zentralen Produktionsfaktoren

- der Informationsgehalt von Produkten nimmt zu
- Wissen wird selbst zu einem Produkt
- Nachfrage nach „intelligenten" (wissensfördernden) Produkten steigt

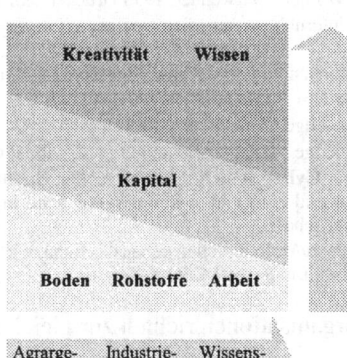

Der Beitrag der Dienstleistung zur Wertschöpfung steigt

- wachsender Anteil an Dienstleistungstätigkeiten bei der Güterherstellung
- Trend Leistungsbündelung, Systemführerschaft der Dienstleistung
- innovative Dienstleistungen gewinnen an Bedeutung

Abb. 17: Der Weg in die Wissensgesellschaft

Der **Terminus** „Informationsgesellschaft" (ähnlich: „Medien-" oder **„Kommunikationsgesellschaft"**) ist zu einem Begriff geworden, der längst nicht mehr nur für den technologischen Wandel durch die neuen Informations- und Kommunikationstechniken steht, sondern einen **tiefgreifenden** sozialen und kulturellen Wandel sowohl in Gesellschaft (bis hin zum einzelnen), Politik und Wirtschaft signalisiert. Die Trennschärfe zwischen den Faktoren „Information" und „Dienstleistung" ist ungenau.

Informationsgesellschaft

„... eine Gesellschaftsstruktur, bei der die Quellen ökonomischer Produktivität, der kulturellen Hegemonie und der politisch-militärischen Macht fundamental von der Gewinnung, Speicherung, Verarbeitung und Erzeugung von Information und Wissen abhängen." (Castells, 1996)

„... gesellschaftspolitisches Schlagwort für hoch technologisierte Industriegesellschaften, in denen Informations- und Kommunikationstechniken (...) bestimmend für das wirtschaftliche, kulturelle und soziale Leben der Gesellschaft sein oder werden sollen. Als ihr wichtigstes Merkmal gilt, daß die Mehrzahl der arbeitenden Bevölkerung einer solchen Volkswirtschaft direkt oder indirekt mit dem Sammeln, Weiterleiten und Verarbeiten von Wissen beschäftigt ist." (Microsoft/Encarta 99 Enzyklopädie)

Entscheidend ist wohl, daß durch die **Potentiale** der neuen IuK-Techniken eine neue **Qualität** der Informationsverbreitung möglich wird: die Ressource „Informationen" in beliebiger Form, in beliebiger Menge, jederzeit, zwischen beliebigen Partnern, an beliebigen Orten auszutauschen.

In den wissenschaftlichen **Publikationen** kann die Diskussion um diesen Wandel bereits auf eine lange Tradition zurückblicken:

- 1968 Fuchs: Er spricht noch von der „Service Economy".
- 1973 Bell: sah „The Coming of Post-Industrial Society".
- 1977 Porat: verwendet bereits den Begriff „Information Society"; ähnlich Masuda (1980). 1980 Toffler: betrachtet in seiner Studie „The Third Wave" die Informationsgesellschaft als dritte Innovationswelle nach Agrar- und Industriegesellschaft.
- 1980 Machlup: führt in „Knowledge: It's Creation, Distribution and Economic Significance" als Erster neben den drei Wirtschaftssektoren Landwirtschaft, Industrie und Dienstleistung den vierten Sektor „Wissensindustrie" ein (dem „Knowledge-Bereich" weist er bereits einen Anteil von ca. 29 % am Bruttosozialprodukt zu).
- 1982 Naisbitt: spricht von der Knowledge Society.
- 1988 Drucker: hat in seinem Szenario des „Zeitalters der Diskontinuitäten" neben anderen Faktoren (wie die Entwicklung der DV-Technologie und der Internationalisierung) auch auf das Entstehen einer „Knowledge Society" als einen der Faktoren für das Aufkommen der Diskontinuitäten hingewiesen und den Terminus Wissensarbeiter („Knowledge Worker") verwendet. 1993 Drucker: skizziert eine „Post-Capitalist Society".
- 1994 Stewart: fordert die Unternehmen auf, sich weniger auf ihr Eigentum, sondern auf ihr Wissen zu konzentrieren.
- 1995 Nonaka/Takeuchi sprechen von der „Knowledge-creating Company".
- 1996 Krogh/Roos sprechen von „Managing Knowledge".
- 1996 Ruggles nennt „Knowledge Management Tools".
- 1996 Myers betont "Knowledge Management and Organizational Design".
- 1996 Bühl: spricht von einer **Cyber Society**, einer virtuellen Gesellschaft, in der Produktion, Distribution und Kommunikation ergänzend zum realen Raum weitgehend in virtuellen Räumen stattfinden (1997: Theorie der virtuellen Gesellschaft).
- 1997/98 Sveiby und Edvinnson/Malone stellen neben das finanzwirtschaftliche Kapital nun die immateriellen Unternehmenswerte (das „Intellectual Capital").

Zur Führung von Wissensorganisationen richten zur gleichen Zeit erste **Unternehmen**

- eigene Stellen in der Organisation ein, die sich um die Ressource Wissen kümmern sollten (z.B. „Chief Knowledge Officer");
- definierte man sich nach außen als wissensbasierte Organisation (z.B: So bezeichnet sich 3M als „Wissensunternehmen" oder Xerox als „Document Company – Sharing Knowledge").

Wie wir im 2. Teil ausführlich zeigen, wird das **moderne** Unternehmen mit Attributen umschrieben, die das klassische Organisationsverständnis stark verändern:

- Netzwerk-, virtuelle, Gilde/Zunft-, grenzenlose, schlanke, Fischnetz-, Spezialistentum-, verteilte, irrationale, dreidimensionale, intelligente, lernende, selbst organisierende, systemische, adhokratische, wissensbildende/-basierte Organisation

Ist die Betonung des Faktors Wissen für Thurow primär auf die **Globalisierung** zurückzuführen (da die manuellen/halb automatisierten Arbeitsplätze abwandern, müssen sich die Unternehmen auf Wissensarbeit konzentrieren), nannte Drucker (1998, S. 9ff.) vor allem die **demographische** Entwicklung der Industriestaaten (Abnahme der Bevölkerung, klassisches Wachstum damit nicht mehr möglich, für Wachstum könne deshalb nur die Steigerung der Produktivität der Ressource Wissen sorgen: „Der einzige komparative Wettbewerbsvorteil, den entwickelte Länder heute besitzen, besteht in ihrem großen Aufgebot an Wissensarbeitern.").

b) Die Bedeutung der Dematerialisierung

Bereits vor fast 30 Jahren rief der Soziologe Bell (1973) die **„nachindustrielle Gesellschaft"** aus und erklärte „Wissen" zum zentralen Steuerungs- und Wertschöpfungsfaktor einer zunehmend **„entmaterialisierten"** Produktion und die Entstehung einer dreigeteilten Wissensklasse. Bell (vgl. 1979, S. 29ff.) betont fünf **Komponenten** der nachindustriellen Gesellschaft:

- Es vollzieht sich in der Wirtschaft ein Übergang von der Güter produzierenden zur Informations- und Dienstleistungsgesellschaft (wobei Bell den Dienstleistungsbereich in drei Sektoren einteilt); entsprechend verschiebt sich das Verhältnis der Beschäftigtenzahlen in den Wirtschaftssektoren und es bildet sich eine neue Intelligenzia.
- Technisch qualifizierte und professionalisierte Berufe nehmen eine Vorrangstellung in der Berufsstruktur ein.
- Theoretisches Wissen ist die entscheidende Quelle von Innovationen und Ausgangspunkt der gesellschaftlich-politischen Programmatik.
- Durch die Planung von technischem Fortschritt soll die Zukunft bewußt gestaltbar sein.
- Es soll eine neue „intellektuelle Technologie" geschaffen werden zur Handhabung von Systemen großer Komplexität.

Diese Bereitschaft, eine Epoche der **Dematerialisierung** oder „Entstofflichung" zu prognostizieren, sieht auch Krämer (1996):

„Wenn von ‚Informationsgesellschaft‘ die Rede ist, wird damit das Bild des globalen Wandels beschworen, eines Wandels, der auch unsere Terminologien erfaßt. Auf dem Terrain des Gebrauchs von Worten und der Erzeugung von Theorien fällt auf, daß das Thema der Informationsgesellschaft verschwistert ist mit zumindest zwei Begriffsumorientierungen: Da ist einmal der Reputationsverlust der Kategorie der Arbeit zugunsten der Kategorie der Kommunikation, die geradezu zu einem Leitbegriff philosophisch interessierter Gegenwartsanalyse avanciert. Und da ist zum andern der Übergang vom Begriff der Materie zum Begriff der Information, der vor allem im Diskurs über das Wissen zur terminologischen Universalmünze wird. So verschiedenartig die auf Kommunikation und auf Information jeweils zentrierten Diskurse auch ausfallen, so konvergieren sie doch zumindest in einer Hinsicht: Die Entstehung einer Kommunikationsgesellschaft und die Informatisierung unserer Lebenswelt werden als im Vorgang der Immaterialisierung interpretiert, welcher überdies garniert wird mit der Rhetorik des Verschwindens: Es verschwinden die Körper und die Sinne, die Referenten der Zeichen gehen verloren und die Realität verflüchtigt sich zur Virtualität oder zur Hyperrealität. Solche Begeisterung für die ‚Immaterialität‘ scheint geradezu ein Zeitgeistsyndrom zu sein (...)."

c) Treiber und verstärkende Faktoren

Wie eine Umfrage des Instituts für Demoskopie Allensbach andererseits zeigt, sind viele Grundbegriffe (CD-ROM, Virtual Reality, Cyberspace usw.), Gegenstände und Requisiten einer multimedialen Informationsgesellschaft der Mehrheit der Bevölkerung immer noch **nicht** bekannt bzw. werden nicht benutzt (vgl. Baron/Becker/Schreiner, 1997, S. 21ff.); dagegen stoßen Produkte der Informationstechnologie, die wenig Technikverständnis voraussetzen, auf großes Interesse (z.B. Handy, Fax, Videotext, Anrufbeantworter).

„We are now at the treshold of a new era, driven this time not by the technologies of production and transportation, but by the technologies of information, communication, and coordination. These technologies, guided by the organizational needs and human values that are important to us, hold the potential to completely transform the nature of work throughout the world." (Malone, MIT)

Für die Unternehmen des 21. Jahrhunderts sind verschiedene „Treiber" („**Driving Forces**") und die sie verstärkenden Faktoren („**Enablers**") einer dramatischen gesellschaftlichen Veränderung erkennbar: Zur Bestimmung von zukünftigen Chancen wird es überlebenswichtig sein, für diese langfristigen Trends und Diskontinuitäten

- die bestimmenden Kräfte („Driving Forces") zu identifizieren und ihre Wahrscheinlichkeit der Entwicklung zu bestimmen („Predictability"),
- die Faktoren zu erkennen, welche die Driving Forces stärken („Enablers") bzw. schwächen („Inhibitors"),
- die Wege/Instrumente zu finden, mit denen die Driving Forces vom Unternehmen beeinflußt werden können, und
- Termine („Key Milestones") in der Entwicklung dieser Kräfte festzulegen.

Im letzten Jahrzehnt ist also das Umfeld des Wirtschaftens durch politische Revolutionen wie den Fall des Kommunismus, die Deregulierung von Märkten, das explosive Wachstum der Dienstleistungen, den gesteigerten internationalen Wettbewerb, die viel schnellere Produktentwicklung usw. dramatisch verändert worden: Die Unternehmen sind damit einem **fundamentalen Anpassungs-** und **Veränderungsdruck** ausgesetzt gewesen, umschrieben/definiert durch Begriffe wie Re-engineering, Outsourcing, Downsizing, Neubestimmung des Geschäftsfeldes, Core Business, Megafusionen usw.

„**Technologie**" wird einer der wesentlichen „Enabler" sein, der die Globalisierung und organisatorischen Innovationen vorantreibt.

d) Information als Produktionsfaktor

Der Faktor Information ist der **vierte** Produktionsfaktor neben Arbeit, Kapital und Boden. Information wird zum Beginn des 21. Jahrhunderts zum wichtigsten Produktionsfaktor, zum **Rohstoff** des Informationszeitalters. Die Nutzung und Weiterentwicklung der Möglichkeiten der Informations- und Kommunikationstechnik (IuK-Technik), der Einsatz von Wissen und Kreativität entscheiden über die **Innovationskraft** und **Wettbewerbsfähigkeit** von Nationen, Unternehmen, ihrer Mitglieder und von Standorten. Die rasche Durchdringung aller Lebensbereiche mit diesen Medien macht es erforderlich, für den rechten Umgang mit diesen Medien eine Informations**kultur** aufzubauen.

Nach Evans/Wurster (1998, S. 52ff.) ist jedes Geschäft auch ein Informationsgeschäft, sind die Informationen der Leim, der die Struktur aller Geschäfte zusammenhält. Neben der Wertkette als linearer Fluß physischer Aktivitäten fließen zwischen dem Unternehmen, seinen Lieferanten, seinen Kunden usw. stets auch Informationen. „Lieferantenbeziehungen, Markenidentität, Prozeßabstimmung, Kunden- und Mitarbeiterloyalität sowie Umweltkontakte hängen allesamt von unterschiedlichen Informationen ab." (ebd., S. 53)

„Information **just in time**", d.h. verdichtet und zu jedem gewünschten Zeitpunkt verfügbar, wird zu einem wesentlichen Produktionsfaktor der Informationsgesellschaft. In naher Zukunft wird die Information „wie Wasser, Gas, Strom oder Telefon zur Grundversorgung der Bevölkerung gehören. Fernsehen, Telefon, Computer, Informationssysteme und Servicedienste wachsen zur **Mediensteckdose** zusammen. Der Umgang damit setzt einen mündigen, durch Ausbildung auf das Angebot vorbereiteten Nutzer voraus." (Gesprächskreis Informatik, 1995)

Es ist eine Entwicklung festzustellen: vom Handel mit **Waren** über den Handel mit **Geld** zum Handel mit **Informationen**.

Die fundamentalen Vermögenswerte/Aktiva, die „**Key Assets**", mit denen die Wirtschaft arbeitet, sind nicht mehr physischer, handwerklicher, maschinell-technischer oder finanzieller Art, sondern immaterieller/intellektueller Art: Es sind die Faktoren Information und Wissen.

Die hohe Bedeutung von Information beruht auf ihren drei **zentralen Dimensionen** (BMBF, 1996):

- Information ist als **Produktionsfaktor** von Bedeutung (d.h. es hat sich neben Arbeit/Boden/Kapital zum vierten Produktionsfaktor und Wettbewerbsfaktor entwickelt, Informationsflüsse stellen besonders bei global tätigen Unternehmen das Rückgrat dar).
- Information ist als **Ware** von Bedeutung (d.h. als konsumierte Inhalte in Form von Nachrichten, Filmen, Musik, Spielen usw. Träger der kulturellen und wirtschaftlichen Entwicklung der Gesellschaft; Lernen und Wissenserwerb sind essentiell für die Weiterentwicklung der Industriegesellschaft zur Informationsgesellschaft).
- Information ist als **Produkt** von Bedeutung (d.h. als Ergebnis der Wertschöpfung im Unternehmen, wo sie direkt zur Arbeitsplatzsicherung beiträgt; Inhalte verdrängen zunehmend physikalische Produkte).

e) Informations- und Kommunikationstechnologien als Basis

Dem Informationssektor kommt für die gesamte Wirtschaft eine herausragende Bedeutung zu. Die **Struktur** der Informationswirtschaft differenziert Nefiodow (1997, S. 25) in:

(1) Informationstechnik (Herstellung)

- Mikroelektronik (als Schlüsseltechnologie)
- Informationsverarbeitungstechnik (DV-Industrie)
- Softwareindustrie (einschl. DV-Dienstleistungen)
- Kommunikationstechnik
- Unterhaltungselektronik
- Industrieelektronik (Fertigungsautomatisierungstechnik, Meß-, Steuer- und Regelungstechnik, Medizintechnik)

(2) Informationsdienstleistungen und informationstechnische Anwendungen

- Telekommunikationsdienste
- Informationsbanken, Bibliotheken
- Medien (Druckerzeugnisse, Hörfunk, Fernsehen)
- Aus- und Weiterbildung, Messen, Tagungen
- Werbung
- Nichttechnische Kommunikation (Beratung, Forschung und Entwicklung, informeller Informationsaustausch, Kooperation)
- IT-Anwendungen (in Wirtschaft, Staat, privaten Haushalten usw.)

„Die moderne Informations- und Kommunikationstechnik prägt die wirtschaftliche und gesellschaftliche Entwicklung weltweit. Keine andere Zukunftstechnologie wird in absehbarer Zeit ähnlich große und wachstumsstarke Märkte oder auch nur annähernd vergleichbare Arbeitsplatzwirkungen hervorbringen und dabei das Gesicht unserer Gesellschaft so drastisch verändern." (BMBF, 1997, S. 1)

Wirtschaftsstruktur und Wertschöpfung verschieben sich in den Industrieländern immer stärker zugunsten des Dienstleistungsbereichs, der ein wichtiger Anwender der neuen IuK-Techniken ist; hier, vor allem bei den Anbietern wissensintensiver Dienstleistungen, deren Erfolg zunehmend vom Einsatz neuer Technologien abhängig ist, werden hohe Wachstumsraten erreicht.

Wie das 29. St. Gallener **Management Symposium** 1999 („New Markets, New Technologies, New Skills") deutlich zeigte, lassen sich mit den neuen Informations- und Kommunikationstechniken **völlig neue** Märkte erschließen. In diesen Wachstumsmärkten werden die Wettbewerbsverhältnisse zwischen den Etablierten und den Newcomern, die flexibel und schnell agieren, ständig neu „gemischt". Der fundamentale technologische Wandel (zur Rolle der Mikroelektronik und den Trends in den verschiedenen Anwendungsfeldern siehe Giese, 1997) verändert ganze Branchen und zwingt Unternehmen zu anderen Wettbewerbsstrategien, zu völlig neuartigen Geschäftsbeziehungen, da in vielen Bereichen der Wirtschaft etablierte Wertschöpfungsketten zerrissen werden (vgl. Evans/Wurster, 1998, S. 51).

Lübbe (1997, S. 17) betont, daß in den jetzt entstehenden elektronisierten Kommunikationsnetzen, die sich von den Verkehrsnetzen abgelöst haben, die Kommunikation vom Faktor

Zeit in der Raumüberbrückung nahezu **unabhängig** geworden ist. „Man darf die Vermutung äußern, daß die technische Ablösung der Kommunikationsnetze von den Verkehrsnetzen kultur-revolutionäre Auswirkungen haben wird, die in ihren Dimensionen den Wirkungen des Übergangs zur drucktechnischen Herstellung von Büchern nicht nachstehen."

> „Man kann auch sagen, daß die Wissensgesellschaft dadurch definiert ist, daß sich, was Gesellschaft ausmacht, Arbeit und Leben, Individualität und Organisation, Konflikt und Herrschaft, nun auf der Ebene von Information und Wissen reproduziert: Herrschaft wird auf der Basis der Aneignung von Wissen von kulturellem Kapital ausgeübt. Es entstehen Konflikte um die Verfügbarkeit von Informationen. Ein großer Teil der gesellschaftlichen Arbeit verlagert sich aus dem Bereich der Produktion von Dingen in den Bereich der Produktion und Reproduktion von Wissen. Und schließlich spielt sich ein wachsender Anteil des Lebens selbst in Räumen objektivierten Wissens ab." (Böhme, 1999, S. 51)

Die Gestaltung der **Informationsgesellschaft** ist in ihren Umrissen bisher nur schemenhaft zu erkennen, insbesondere auf europäischer Ebene laufen zur Vorbereitung darauf zahlreiche (Pilot-)Projekte (wie das Multimediaprojekt MIDAS), Initiativen (wie die Gründung der ALTA oder „Schulen ans Netz"), Förderungsprogramme (wie das European Telework Development), Forschungen (z.B. Forschungsgruppe Telekommunikation an der Universität Bremen) und Studien (wie der Bangemann-Report zur Liberalisierung des Telekommunikationsmarktes).

Die Informationstechnologie wird als die Schlüsseltechnologie im 21. Jahrhundert angesehen. Erklärte Zielsetzung und Leitbild auf **politischer** Ebene ist der Innovationspfad in Richtung „Informationsgesellschaft" mit einer Flexibilisierung bzw. schrittweisen Auflösung der Wertschöpfungsprozesse („Outsourcing"), der Organisationen (zunehmende Modularisierung bis hin zum „virtuellen" Unternehmen) und der Arbeitsplätze („Teleworking") in räumlicher und zeitlicher Gebundenheit (z.B. die Gore-Initiative zur Schaffung der Datenautobahn („Information-Highway") in den USA oder das Aktionsprogramm der EU oder der Bundesregierung mit ihrer Initiative Informationsgesellschaft Deutschland (IID). Es ist auch eine Trennung/Spaltung der Gesellschaft in Gruppen/Klassen mit und ohne **Zugang** zur Information zu befürchten („information rich" und „information poor") und dies sowohl national als auch global.

> „Wenn Wissen kulturelles Kapital ist, so werden die Chancen des Einzelnen, aber auch die Wettbewerbspositionen von Firmen und Volkswirtschaften vom Zugang zu diesem Kapital abhängen." (Böhme, 1999, S. 51)

Die Entwicklung der Informationstechnologie ist aus zwei Gründen besonders bemerkenswert:

- Das Marktwachstum, das im Vergleich zu anderen Industrien überdurchschnittlich ist.
- Die Geschwindigkeit des technologischen Fortschritts, die im Vergleich zu anderen Technologien extrem hoch ist.

US-amerikanische Firmen konnten in den letzten beiden Jahrzehnten in entscheidenden Märkten wie Mikroprozessoren, Betriebssysteme, Netzwerk-Equipment und Software die klare weltweite Marktführerschaft erringen.

Die Digitalisierung hat dafür gesorgt, daß alle drei Märkte zunehmend gemeinsam dieselben Konsumentenbedürfnisse ansprechen und damit ein evolutionärer Konvergenzprozeß in Gang gesetzt wurde, der die Märkte dieser drei Sektoren zusammenführt. Bei diesem **Konvergenzprozeß** unterscheidet der ECC-Report (1999, S. 132f.) zwei Stufen:

> - **1. Stufe**: Sie stellt die Fusion der Wertschöpfung zwischen dem Telekommunikations- und dem IT-Sektor dar.

- **2. Stufe**: Sie ist geprägt von einer zunehmenden Annäherung der Wertschöpfungsketten aus den Sektoren Medien, Telekommunikation und Informationstechnologie. Netzbetreiber auf unterschiedlichen Märkten werden jetzt Konkurrenten (Kabel-/Satelliten-/terrestrische Netze – Telefon- und Computernetze), neue Konkurrenzverhältnisse auch bei den Endgeräten aus den drei Bereichen (TV, Telefon, Computer, z.B. Fernsehen am PC, Internet am TV).

„Somit zeigt sich, daß mit dem Zusammenwachsen der drei Sektoren grundlegende Veränderungen für die Medien-, Telekommunikations- und IT-Industrie einhergehen. Zudem geht die Bedeutung der Veränderungen über diese Märkte hinaus und hat ökonomische Konsequenzen für viele Bereiche der Wirtschaft und Gesellschaft. Diese Veränderungen bergen Potentiale, die bereits partiell von anderen Wirtschaftsbereichen wie Finanzdienstleistungen, Handel und Touristik genutzt werden. Die ökonomischen Veränderungen machen also nicht an den Grenzen des neuen Medien- und Kommunikationsmarktes halt. Kommunikationsinfrastrukturen, -dienstleistungen und überall erhältliche Informationsverfügbarkeit erzeugen für alle anderen Wirtschaftsbranchen und deren Akteure einen Anpassungsbedarf für weitgehende strukturelle Koppelungen. Mit dem **virtuellen Marktplatz** entsteht eine zweite, ergänzende Marktebene. Die Konvergenz der Medien-, Telekommunikations- und IT-Industrie ist somit die Voraussetzung für die Bildung eines Marktplatzes, der neue ökonomische Strukturen herbeiführt: der **Internet-Ökonomie**." (ebd., S. 135; Org. nicht fett)

Beginn einer neuen Zeitrechnung: **Internetjahre** sind siebenmal so schnell wie ein normales Jahr, d.h. der maximale Zeitvorsprung, den ein Unternehmen durch eine neue Technologie erlangen kann, ist mittlerweile auf 60 Tage gesunken. Diese unglaubliche Dynamik ruft bei allen Marktteilnehmern große Unsicherheit hervor.

Bemerkenswert ist für den European Communication Council, daß die verschiedenen Faktoren, die das Entstehen der Internet-Ökonomie beeinflußt haben, **keinen** systematischen Ursache-Wirkungs-Zusammenhang aufweisen. Vielmehr ist der Entstehungsverlauf der Internet-Ökonomie in hohem Maße von Zufälligkeiten und ungeplanten Ereignissen geprägt. Ausgangspunkt ist die Rolle von Informationen (und Wissen) in Wirtschaftsabläufen, nämlich die rapide Bedeutungszunahme von Informationen, zudem leben Märkte als prozeßhaftes Geschehen vom Informationsaustausch der Akteure.

Jedoch erst die Verbindung der **technologischen** Leistungssteigerungen der IuK-Techniken mit dem explosionsartigen Wachstum des Phänomens **Internet**, das bis Anfang der 90er Jahre relativ isoliert von den sonstigen Entwicklungen voranschritt, führte dann zu der Initialzündung der Internet-Ökonomie.

Bewirken die **Folgen** der technologischen Evolution eine **ökonomische** Revolution? „Die Entstehung einer neuen Infrastruktur führt nicht nur zur Veränderung der bisherigen Vertriebs- und Handelsstrukturen, sondern erzeugt zugleich ein neues ökonomisches Marktmodell mit neuen Spielregeln, die insbesondere für Unternehmen aus dem Medien- und Kommunikationssektor gelten. Darüber hinaus sind auch die Kostenstrukturen, Erlöstypen und Wertschöpfungsstrukturen einem radikalen Wandel unterworfen. Die Kenntnis dieser von Netzeffekten bestimmten Marktgegebenheiten ist für Unternehmen unabdingbare Voraussetzung, um erfolgreich Strategien formulieren und implementieren zu können." (ECC-Report, 1999, S. 154)

Um in diesem Konkurrenzkampf zu bestehen, bedarf es eines radikalen Wandels in weiten Bereichen des **betriebswirtschaftlichen Denkens** (Standort, Organisation/Restrukturierung, strategische Planung, Wettbewerbsstrategien, Mitarbeiterführung etc.). Auch beim Humankapital und den Arbeitsformen wird ein fundamentaler Wandel eintreten; beim Mitarbeiter sind **völlig andere**, weitergehendere Fertigkeiten, Fähigkeiten und Kompetenzen gefordert. Nur durch schnell lernende, aufgeschlossene Mitarbeiter lassen sich Innovationen als Produkt-Service-Kombination vermarkten. Auf das Humankapital als Zukunftsressource und den Faktor Wissen gehen wir im nächsten Kapitel, auf die Veränderungen in der Organisation (z.B. virtuelle Unternehmen) im 2. Teil, auf die Veränderungen in den nachindustriellen Arbeitsformen (z.B. Telearbeit) im 3. Teil näher ein.

Von den neuen digitalen Kommunikationstechnologien („**Multimedia**", „Wort des Jahres" 1995) gehen wichtige Impulse für die verschiedensten Wirtschaftssektoren aus.

Beispiel **Banken**, wo die grundlegenden Paradigmen des Bankgeschäfts durch „**Electronic Banking**" verändert werden:

- Das „Produkt" selbst wird in den nächsten Jahren zunehmend „dematerialisiert" („Cyber cash").
- Die „Filialen" werden weniger oder (bei virtuellen Banken) ganz überflüssig (Kunde kann sein Geschäft z.B. an einem Bancomat, am Telefon oder online abwickeln).
- Datenaustauschträger (z.B. für Überweisungen) werden durch direkte Netzverbindungen ersetzt.
- Dienstleistungen sind nicht mehr an die Filiale gebunden, sondern an jedem Ort und rund um die Uhr verfügbar.
- Kundendaten sind elektronisch gespeichert (und überall sofort zugänglich).
- Niedrigere Markteintrittsbarrieren bringen neue Konkurrenten durch Non oder Near Banks (z.B. Kreditkartengesellschaften).
- Reduzierte Margen und Provisionen.
- Kundenberatung durch Expertensysteme usw.

Auf **nationaler Ebene** ist eine entsprechende Kommunikationsinfrastruktur als „Nervenstränge" einer Informations- und Wissensgesellschaft bereitzustellen (Datennetze, Datenautobahn etc.). Die Nutzung des **Internet** zur Kommunikations- und Organisationsoptimierung und als Infrastruktur der Wissensgesellschaft boomt.

1999 sollen nach Angaben des Zentralverbandes Elektrotechnik- und Elektroindustrie (ZVEI) die Umsätze mit Informationstechnik und Telekommunikation allein in Deutschland erstmals die Marke von 200 Mrd. DM übersteigen.

Angaben des European Information Technology Observatory (EITO):

- Das weltweite Marktvolumen von Informations- und Kommunikationstechniken wird für das Jahr 1998 auf 2.850 Mrd. DM veranschlagt.
- Über 70 % der europäischen Unternehmen mit mehr als 500 Mitarbeitern sind im Internet vertreten (1999).
- Das Internet bietet vor allem eine Fülle neuartiger Möglichkeiten **individueller** Kundenbeziehungen („face to face business"). Diese interaktive, kontinuierliche und dialogorientierte Kommunikation ermöglicht eine völlig neue Qualität des **Beziehungsmanagements** zum Kunden.
- Explosionsartig hat die **private** Anbindung an die elektronische Netze (Internet) und die Mobilkommunikation (1998: 17 Mobiltelefone je 100 Einwohner; EITO-Prognose für 2005: 48) zugenommen. Mit 30 PC je 100 Einwohner (USA: 57) nimmt Deutschland im internationalen Vergleich eine mittlere Position ein.
- Den schnellen **Durchbruch** zeigen folgende Zahlen: Von dem Jahr der Erfindung zum Massenprodukt vergingen so viele Jahre bis zur Nutzung durch 25% der US-Bevölkerung: Strom: 1873, 46 Jahre; Telefon: 1876, 35 Jahre; Fernsehen: 1926, 26 Jahre; Radio: 1906, 22 Jahre; PC: 1975, 16 Jahre; Mobiltelefon: 1983, 13 Jahre; WWW: 1991, 7 Jahre. (Quelle: Handelsblatt Nr. 124, 1.7.1999, S. B 2)

In den USA verfügen bereits 20 % aller Haushalte über einen Internet-Anschluß, in Deutschland 9 % aller Erwachsenen, die Zahl wird allerdings mit geschätzten Raten von 30 % weiter kräftig wachsen. Von den weltweit rund 200 Mio. **Internet-Nutzern** lebt jeder zweite in den USA. Alle 100 Tage verdoppelt sich derzeit der Internet-Datenverkehr!

Es wird ein Schub vor allem beim Online-Business bzw. **E-Commerce** (EC) als eine Form der Abwicklung von Geschäftsprozessen über das **Internet** erwartet, die Schätzungen über Umsatzvolumen variieren allerdings stark.

- In den nächsten Jahren wird weiterhin mit dramatischen **Fortschritten** der Informations- und Kommunikationstechnik gerechnet.
- Für die nächsten 20 Jahre scheint der bisherige Grundsatz, alle 18 Monate eine Verdoppelung der Speicherkapazität bei halbiertem Preis, technologisch weiterhin möglich.
- Kostenverfall bei Speichermedien.
- Trend zur Miniaturisierung.
- Zusammenwachsen von Informationstechnik und Telekommunikation („**Konvergenz**") zu multimedia- und multitaskfähigen Endgeräten.

- In spätestens acht Jahren werden eine Milliarde Computer „vernetzt" sein (Prognose des Intel-Chefs Barrett, 1999, S. 9). Es werden nur die Unternehmen überleben, die für „Constant Computing" gerüstet sind: die Bereitstellung von Information und Auftragsabwicklung rund um die Uhr.
- Verbindung der Endgeräte über leistungsfähige globale Hochgeschwindigkeitsnetze („Information- Highway").

Electronic Commerce als neue elektronische Variante des Handels (vgl. Hochschild, 1998) zeichnet sich durch folgende **Merkmale** aus:

- keine geographischen Grenzen (Internet = globales Netz)
- keine Zeitverzögerung bei Geschäftsaktivitäten (Online keine Verzögerungen)
- direktes Ansprechen von Zielgruppen (Kunde bestimmt, wann er Informationen abruft)
- Möglichkeiten des internen Zugriffs (z.B. Kunde kann beim Lieferanten Lagerbestand checken)
- Unabhängigkeit von Arbeitszeiten (rund um die Uhr Aktivitäten)

Begriff E-Commerce („Electronic Commerce", EC)
... die Nutzung aller Technologien, die Kunden, Lieferanten oder Geschäftspartner direkt in ein IT-System einbeziehen
„... jede Art wirtschaftlicher Tätigkeit auf der Basis elektronischer Verbindungen" (Picot/Reichwald/Wiegand, 1996)
„... umfaßt alle Formen der Unterstützung bzw. Automatisierung der wirtschaftlichen Leistungskoordination. Er wird heute vor allem im Zusammenhang mit der digitalen Abwicklung von Geschäftsprozessen und Kunden im **Internet** verwendet." (Zbornik, 1996)
... ermöglicht die umfassende, digitale Abwicklung der Geschäftsprozesse zwischen Unternehmen und deren Kunden über globale öffentliche und private Netze (Internet). (Thome)

Man unterscheidet dabei einen
- Business-to-**Business**-Bereich („B2B"): Handel der Unternehmen untereinander; hier wird der größte Zuwachs erwartet; nach Analysen von Goldman Sachs wird in den USA mit einem Zuwachs von 114 Mrd. Dollar 1999 auf 1,5 Bill. Dollar im Jahr 2004 gerechnet. Deutschland wird 2000 erstmals europäischer Spitzenreiter sein.
- Business-to-**Consumer**-Bereich („B2C"): Handel zwischen Unternehmen und Endkunden; der Internet-Handel mit Privatkunden wird nach der obigen Studie allerdings „kein Selbstläufer". Wie die aktuelle Studie der GfK Marktforschung vom Juli 1999 zeigt, wird hier noch kein Gewinn erwirtschaftet. Bevorzugte Produkte: Hard- und Software, Bücher, CDs, Kleidung, Reisen.

Electronic **Malls**: Es gibt z.Z. etwa 150 solcher Malls, ohne daß sich die großen Geschäftserwartungen bisher erfüllt haben. In Deutschland sind Vorreiter Karstadt („My World"), Quelle und Otto als Marktführer bei elektronischem Shopping (ca. 7% des Gesamtumsatzes).

Auch wenn bislang nur sehr wenige Beispiele zu finden sind, bei denen über das Internet signifikante **Umsätze** gemacht werden (Bücher und Musik; klassisches Beispiel ist wohl amazon.com), bzw. es noch weniger Beispiele gibt sind, bei denen dabei auch noch **Gewinne** gemacht werden, wird allgemein dem E-Commerce (und dem M-Commerce, d.h. dem mobilen Geschäft über Handy) ein großes **Potential** vorausgesagt (Vorteile: Zugriff auf ein weltweites Kundenpotential, keine Ladenschlußgesetze/Convenience usw.).

f) Neue Formen der Wertschöpfung

(1) Unabhängigkeit der Wertschöpfung von Raum und Zeit

Für Haasis/Zerfaß (1999) entsteht eine **digitale Wertschöpfung**, wenn wirtschaftliche Tätigkeiten entweder für oder mittels elektronischer Medien durchgeführt werden. Dabei betreffen die Nutzungsmöglichkeiten und Innovationspotentiale dieser Medien (Internet, Multimedia) alle Unternehmensfunktionen und alle Phasen der Leistungserstellung. Einzelne Wertaktivitäten der eigenen Wertschöpfungskette können verbessert werden, der Prozeß der internen Wertschöpfung kann völlig neu gestaltet oder mit Wertketten anderer Unternehmen „gemeinsam" organisiert werden.

Der Wandel von der Industrie- zur Wissensgesellschaft beschleunigt den Prozeß der Globalisierung durch die zunehmende **Unabhängigkeit** der Wertschöpfung von Raum und Zeit:

Der Wertschöpfungsprozeß

- ist prinzipiell **orts**-unabhängig, d.h. er kann überall (global) dort erbracht werden, wo eine entsprechende informationstechnische Infrastruktur zur Verfügung steht,
- ist **zeit**-unabhängig, d.h. er ist „rund um die Uhr" verfügbar (viele Unternehmen nützen die unterschiedlichen Zeitzonen zu einem „Dreischichtbrieb" rund um den Gobus – wenn in der Entwicklungsabteilung bei BMW in München die Lichter ausgehen, fangen die Mitarbeiter in der Tochtergesellschaft Designworks in Kalifornien gerade das Arbeiten an).

Durch die zunehmende Integration von Informations- und Kommunikationstechnik und den Aufbau globaler Infrastrukturen zur Online-Kommunikation ergeben sich **Innovationsmöglichkeiten** auf verschiedenen Gebieten:

- Erhöhung der Produktivität im Bereich der **Produktentwicklung** (Simultaneous Engineering, Virtual Prototyping, Virtual Reality), die es erlaubt, Menschen unmittelbar in computergenerierte Entwicklungsumgebungen zu integrieren (dazu insbesondere Bühl, 1997, S. 53ff.), 3D- und Multimedia-Verfahren, Electronic Design Automation etc. Berücksichtigt man, daß bei der Produktneuentwicklung ca. 50% der Arbeitszeit für Informationsbeschaffung und Wissenserwerb aufgewandt wird, wird das Potential zur Steigerung der Produktentwicklungsqualität und zur Reduzierung der Produktentwicklungszeiten deutlich.
- Erhöhung der Produktivität im Bereich der **Produktion** (Prozeßautomation, Meßgeräte, Sensoren, optische Vermessung, Bildverarbeitung etc.).
- Erhöhung der Produktivität im Bereich der **Servicefunktionen** (global möglicher Teleservice: Ferndiagnose und -wartung, Online-Überwachung, Multimedia-Service etc.).
- Neue Definition der **Wertschöpfungskette** und Kommunikation ihrer Mitglieder (Outsourcing etc.).
- Schaffung neuer **Organisationsformen** (virtuelle Unternehmen, Netzwerke etc.).
- Schaffung neuer **Arbeitsformen** (Telearbeit etc.).

(2) Kommunikation über Inter-/Intra-/Extranet

Das „Web" verändert die **Kommunikation**. Dies gilt sowohl für die interne (Intranet) als auch externe Kommunikation (Internet/Extranet) (vgl. dazu im Einzelnen Klappert, 1998, S. 60ff.):

Internet: Erlaubt einerseits vielfältige neue Geschäftsabwicklungen (elektronischer Handel/E-Commerce, Online-Banking, Fonds-Verwaltung, Reisebuchungen usw.), andererseits Nutzung zur externen Darstellung unternehmensbezogener Informationen (= Marketinginstrument).
Intranet: Erlaubt als ein firmen- und konzerninternes Netzwerk, das auf offenen Standards basiert, die Integration vorhandener Anwendungen unter einheitlicher Oberfläche (jeder einzelne Mitarbeiter hat von jedem beliebigen Standort Zugriff auf existierende Systeme, Datenbanken, Search Engines). Erlaubt GroupWeb-Anwendungen wie flexible Workflow Management Sytems (WMS) als Steuerungskonzepte von Geschäftsprozessen, E-Mail, Online-Dokumenten-Management-Systeme (z.B. Reisekostenabrechnung, Bestellungen). Erlaubt die Bildung virtueller Teams, Bereitstellung von Informationen auf Nachfrage. Die Informationsbeschaffung wandelt sich von der Bringschuld durch die Vorgesetzten zur Holschuld durch die Mitarbeiter selbst. Intranet als ein Pull-Medium: Der Mitarbeiter entscheidet weitgehend selbst, welche Informationen er braucht (Praxisbeispiele bei Bach et. al., 1998).
Extranet: Erlaubt die Öffnung des Intranet an Kooperationspartner (Lieferanten, Kunden, Geschäftspartner) etwa in Wertschöpfungsketten.
Telekooperation: „.... beschreibt die Informations- und kommunikationstechnologisch gestützte Zusammenarbeit zwischen Personen, Teams oder Unternehmen etwa im Rahmen von „Tele-Meetings" bzw. „Tele-Konferenzen". Durch digitale Medienintegration und neue Funktionen wie „Application Sharing" kann dabei die Zusammenarbeit der Beteiligten so integriert werden, als ob sie physisch am selben Ort zur selben Zeit anwesend wären entsprechend einer „Telepräsenz". Die Folge ist ein effizientes „working-together-part" durch medial gestützte und inszenierte Arbeits- und Geschäftsprozesse." (Fraunhofer IAO-News, H. 05/99)

Diese „**Netzkommunikation**" über das Internet und über die daraus entstandenen Folge-konzepte Intranet und Extranet ist nicht nur medientechnisch (Beschleunigung, Globalisie-rung), sondern auch gesellschaftlich etwas völlig Neues und wird zu neuartigen Möglichkei-ten und Problemen des sozialen Austausches führen. Die „Künstlichkeit" der Kommunika-tionsbeziehung bringt der Cartoon aus dem New Yorker gut zum Ausdruck: „On the Internet nobody knows you are a dog." (Spektrum der Wissenschaft, Dossier, H.1/98)

Für Bullinger/Renner/Dormeier (1997a, S. 9ff.) wird sich mit dem Intranet-Einsatz sich die **Art des Arbeitens** ändern und neue Paradigmen werden Wirklichkeit:

- Informationen werden auf Abruf bereitgestellt (Pull-Strategien ersetzen Push-Strategien).
- Informationen werden auf der Grundlage von Ereignissen und nicht nach Plandaten aktualisiert.
- Es stehen passende „Verteilstrukturen" für die verschiedenen Arten der Informationsverteilung zur Verfügung.
- Informationen werden dort aufbereitet und veröffentlicht, wo sie entstehen oder bereits vorhanden sind.

In **allen** Unternehmensbereichen werden heute **Intranet-Anwendungen** realisiert (nach ebd., S. 10):

- **Verwaltung**: Data Warehouse, Archive, Projektkalkulation/-überwachung, Adreß-/Telefonbücher
- **Beschaffung**: Bestellformulare/-überwachung, Lieferanten- und Produktkataloge, elektronische Aus-schreibungen
- **F&E**: Normteile, Entwicklungsbibliotheken, Simultaneous Engineering („Concurrent Engineering"), CAD-Daten
- **Produktion**: Arbeitsplanung, Lagerverwaltung, Qualitätsmanagement, Fertigungssteuerung, BDE, Auf-trags- und Terminsteuerung
- **Kundendienst**: Software-Updates, Problemmeldung, Fehlerbeseitigung, Wartung und Diagnose
- **Personalwesen**: Online-Stelleninformation und -Bewerbung, elektronische Personalakte, Weiterbildung, Vorschlagswesen, Mitarbeiterinformation, Arbeitszeitkonten
- **Marketing & Vertrieb**: Produktinformationen, Online-Store, Schulung, Presseinformation

Das Intranet ist eine ideale Plattform, um das **Wissen** (Dokumente, Verträge, persönliche Er-fahrungen/Qualifikationen/Skills, Berichte/**„Best Practices"**, Beispiele/Expertisen, Erfah-rungswissen aus Projekten/Verfahren, Daten usw.) im Unternehmen zu sammeln und jedem Mitarbeiter zugänglich zu machen (**„Knowledge Warehouse"**, „Corporate Memory"). So lassen sich etwa bei Entwicklungsarbeiten Mitarbeiter mit dem erforderlichen Wissen schnell finden oder auch das am besten geeignete Projektteam für einen kundenindividuellen Beratungsauftrag zusammenzustellen (vgl. ebd., S. 12).

Der **Transfer** von **Wissen** muß heute als Wertschöpfungsprozeß erkannt und betrieben wer-den. Der Aufbau und die Entwicklung lernender Managementstrukturen bedarf innovativer technisch-organisatorischer Informationsstrukturen und -instrumente.

Daß die Nutzung des Rohstoffs Information (Daten speichern, Informationsflüsse kanalisieren, Wissensbestände bedarfsgerecht bearbeiten) und ein effizient organisierter Wissens- transfer in großen Unternehmen längst zu einem zentralen strategischen Faktor avancierte, zeigt eine welt-weite Studie im Auftrag von IBM: Demnach planen 70 % aller Unternehmen ein oder mehrere Knowledge-Management-Projekte (Quelle: Office Management, 2/99, S. 8).

g) Kondratieff-Zyklen und die Informationstechnologie

Zur Zukunftsprognose von Konjunktur- und Innovations-Zyklen wird in der Literatur häufig auf die sog. **Theorie der langen Wellen** (oder Kondratieff-Zyklen) zurückgegriffen, die in einem Abstand von etwa 40 bis 60 Jahren tiefgreifende Reorganisationsprozesse verdeutli-chen (diese These wird allerdings z.T. grundsätzlich bestritten, vgl. Leder, 1990, S. 17; BMWi, 1995, S. 2; Bühl, 1996, S. 35). Wie Abb. 18 zeigt (aus Nefiodow, 1997, S. 3), sind

Basisinnovationen die jeweiligen Auslöser und Träger. Einen historischen Wendepunkt stellt der Übergang vom vierten zum fünften Zyklus dar: von der Industrie- zur Informationsgesellschaft, d. h. von einem energie- zu einem informationsgetriebenen Strukturwandel.

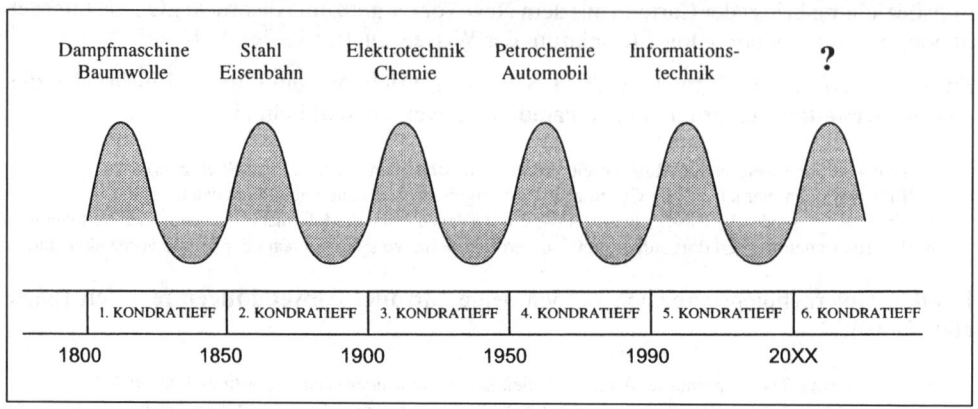

Abb. 18: Die Kondratieffzyklen und ihre Basisinnovationen

Die im vorangegangenen Kapitel dargestellte Informationstechnologie wird allgemein als die Antriebsenergie für den jetzigen - fünften - **Kondratieff-Zyklus** angesehen.

Der durch Information ausgelöste Innovationsschub des **fünften** Kondratieff lief in drei **Phasen** ab (vgl. Nefiodow, 1997, S. 97ff.):

- In der **ersten** Phase konzentrierte sich der Einsatz der Informationstechnik auf relativ gut strukturierte Arbeitsabläufe, das Wachstum der Branche basierte primär auf dem Absatz von Hardware. Diese Phase lief Anfang der 80er Jahre aus.
- Die **zweite** Phase wurde vor allem durch den Personalcomputer getragen, sie zeigt eine drastische Steigerung der Nutzer. Der Schwerpunkt verlagerte sich von der Hard- zur Software. Anfang der 90er Jahre war das Potential weitgehend erschöpft.
- Die **dritte** Phase (und voraussichtlich letzte) zeigt die Verschmelzung von Informationsverarbeitung, Telekommunikation, Software, Unterhaltungselektronik, Informationsdiensten und Medien. Das Bild als Träger von Informationen wird sich durchsetzen. Der Auslauf dieser Phase (den Übergang in die Sättigungsphase einleitend) wird um das Jahr 2003 erreicht sein. Wachstumsfelder sind: Geld-, Finanz- und Kapitalmarkt; der Bildungsbereich (Aus- und Weiterbildung).

Der Höhepunkt des fünften Kondratieff ist in Europa und Japan bereits überschritten und wird in den USA in wenigen Jahren erreicht sein. Träger des **sechsten** Kondratieff für Innovationen in folgenden fünf **neuen** Knappheitsfeldern der Gesellschaft werden sein:

- Der Informationsmarkt: Er wird auch im sechsten Zyklus die entscheidenden Impulse liefern, aber: veränderte Informationsdienste, neue Inhalte.
- Der Umweltmarkt
- Die Biotechnologie
- Optische Technologien
- Der Gesundheitsmarkt

4. Wissen als entscheidender Wettbewerbsfaktor

„Woher das plötzliche Interesse an Wissen? Zahlreiche Konferenzen und Hunderte von Artikeln in Fachzeitschriften und Wirtschaftsjournalen suchen diese schwer faßbare Thematik in den Griff zu bekommen.

Der Trend zur Wissensberatung wie auch rührige Betriebsamkeit in den Unternehmen signalisieren die wachsende Überzeugung, daß Wissen über Wissen für den Unternehmenserfolg, wenn nicht gar für organisatorisches Überleben, von entscheidender Bedeutung ist (...) Der einzige dauerhafte Wettbewerbsvorteil basiert auf dem Kollektivwissen, über das ein Unternehmen verfügt, auf der Effizienz, mit der es dieses Wissen nutzt, sowie auf der Bereitschaft, mit der es neues Wissen erwirbt und anwendet." (Davenport/Prusak, 1998, S. 13 + 21)

a) Wissen in der ressourcenorientierten Organisationstheorie

Wir haben bereits bei der Darlegung des Produktionsfaktors „Information" die **Verschiebung** in der relativen Bedeutung der klassischen Produktionsfaktoren gezeigt.

„Demnach findet eine Verlagerung des Schwergewichts weg von materialintensiven Gütern – von der ‚hardware' – zu wissens- und informationsintensiven Wirtschaftssektoren und Beschäftigungsverhältnissen statt. Das Schwergewicht der industriellen Wertschöpfung verlagert sich von den Werkhallen hin zu Entwicklung und Entwurf – in Laboratorien und in die Arbeitsprozeßplanung; in Forschungs-, Informations- und Serviceabteilungen. Die ‚software' – Forschung und Entwicklung, Marketingstrategien, Finanzierungsmodalitäten, Vertriebswege und -praktiken – wird zur eigentlichen Quelle von Produktivitätssteigerung, Wettbewerbsfähigkeit und Gewinn." (Altvater/Mahnkopf, 1997, S. 277f.)

Davenport/Prusak (1998, S. 13) sehen wieder eine verstärkte Hinwendung von Strategen zu den Perspektiven und Konzepten einer kompetenz- und ressourcenorientierten Organisationstheorie. „Für die traditionelle Wirtschaftswissenschaft war das Unternehmen in erster Linie eine Black Box: Untersucht wurde, welche Ressourcen hineingingen, welche Produkte herauskamen und auf welchen Märkten das Unternehmen tätig war. Demgegenüber sind Theoretiker verschiedener Disziplinen heute an einem ganz bestimmten Phänomen der innerhalb der **Black Box** ablaufenden Dynamik interessiert: Sie wollen das in Routinen und Praktiken eingebettete Wissen ergründen, das ein Unternehmen in nützliche Produkte und Dienstleistungen umsetzt."

„Die Betrachtung des Wissens als Produktionsfaktor kann zwar erklären, daß bei fehlendem Wissen eine Leistungserstellung nicht möglich ist, die Erklärung von ausgeprägten Wettbewerbsvorteilen durch Wissen ist jedoch nur begrenzt möglich. Wissen wird daher zunehmend als strategischer Wettbewerbsfaktor betrachtet." (North, 1998, S. 64)

Die zwei **komplementären Sichtweisen**, die sich herausgebildet haben, skizziert North (1998, S. 64f.) wie folgt:

- Der **umweltbezogene** Ansatz: Er geht davon aus, daß sich Wettbewerbsvorteile aus der Ungleichverteilung von Information und Wissen zwischen Unternehmen ergeben können. Einzelne Unternehmen haben Informations- und Wissensvorsprünge, mit deren Hilfe sie Marktchancen früher als die Konkurrenten erkennen und in Geschäfte umsetzen. Da dies in einem Wettbewerbsmarkt schnell imitiert wird, spielt die **„Zeit"** eine zentrale Rolle („schneller sein als die Konkurrenz").

- Der **ressourcenbezogene** Ansatz: Er geht davon aus, daß man Wettbewerbsvorteile dadurch erzielt, anders als die Konkurrenz zu sein bzw. zu agieren. Hier sind „anhaltende" Differenzierung zwischen Unternehmen möglich, die sich aus den Ressourcen ergeben, die nicht beliebig mobil oder imitierbar sind. **Nachhaltige**/dauerhafte Wettbewerbsvorteile sind zu erzielen durch:
  - Gegebene **Imitations**hindernisse: Wissen ist kodifiziert, aber rechtlich geschützt (z.B. Marken/Patente), oder Wissen ist in impliziter Form an Personen-/Personengruppen gebunden (= Imitationshindernisse sind direkt und indirekt mit Wissen oder der Entwicklung von Wissen verbunden).
  - Gegebene **Substitutions**hindernisse: Immaterielle Vermögenswerte sind die wirkliche Quelle der Wettbewerbsfähigkeit aus drei Gründen: Sie sind schwierig zu akkumulieren, können gleichzeitig mehrfach genutzt werden und sind sowohl Inputs als auch Outputs von Geschäftsaktivitäten (Wissen ist mehr als andere Ressourcen als schwer imitierbar, substituierbar und als seltene Ressource zu betrachten).

b) Der Produktionsfaktor Wissen und sein Beitrag zur Wertschöpfung

(1) Das Unternehmen als Wissensorganisation

Zunehmend wird „Wissen" in der Managementliteratur als

- der zentrale **Rohstoff**
- die ultimative oder **kritische** Ressource
- **Schlüssel**qualifikation
- der entscheidende **strategische** Wettbewerbsfaktor
- einzige Quelle **komparativer** Vorteile
- einzige **„unerschöpfliche"** Quelle mit unbegrenztem Wachstumspotential
- einziger **„nachhaltiger"**, dauerhafter Wettbewerbsvorteil (der nicht so schnell kopierbar ist)

einer „Knowledge-leveraged Enterprise"/**„Knowledge Based Company"** definiert. Das Management des Faktors Wissens, die Bewirtschaftung/Ausnutzung des bereits vorhandenen und die Entwicklung neuen Wissens ist damit eine **zentrale Managementaufgabe**.

Wir haben gezeigt, wie neben die klassischen Produktionsfaktoren Gutenbergs (ausführende Arbeit, Betriebsmittel, Werkstoffe) der neue Faktor Information hinzugetreten ist. Für den **dispositiven** Bereich, der die optimale Kombination der Produktionsfaktoren zur Aufgabe hat, ist der Einsatz des Faktors **„Wissen"** notwendig, d.h. die im Betrieb vorhandenen Informationen müssen zweckorientiert, an der Erfahrung reflektiert und vernetzt sowie schnell eingesetzt werden.

Probst/Raub/Romhardt (1998, S. 20) sehen ein **Dilemma** des modernen Managements:

> „Während die Techniken und Instrumente zur Steuerung der klassischen Produktionsfaktoren (Arbeit, Kapital und Boden) kontinuierlich verbessert werden, hat eine Professionalisierung der Managementinstrumente im Bereich der Wissensressourcen bis heute so gut wie nicht stattgefunden. Vielmehr liegt organisationales Wissen in vielen Bereichen brach. Patente werden oft unzureichend genutzt, spezifische Fähigkeiten von Mitarbeitern nicht in Anspruch genommen beziehungsweise nicht ausreichend weiterentwickelt oder spezifische organisationale Kompetenzen, wie zum Beispiel die Beherrschung hochentwickelter Technologien, nicht in entsprechende Wettbewerbsvorteile umgesetzt."

Eigner (1998) sieht das „zu erahnende" Ziel von Wissensmanagement darin, **„Wissensbetriebe"** zu schaffen, d.h. Firmen, die Wissensmanagement „nicht nur dazu einsetzen, um das bestehende Business zu verbessern, sondern um einen neuen Betriebstyp zu schaffen, dessen eigentliches Unternehmensfeld die optimale Bewirtschaftung eines bestimmten Know- hows ist und der dementsprechend auf alles Weitere verzichtet: Die möglicherweise anstehende Produktion wird kurzerhand nach unten an Subfirmen ausgelagert; man beschränkt sich auf den Kern der ganzen Sache. Diese Restrukturierung ist wohl eine der wichtigsten und zentralsten Folgeerscheinungen, die Wissensmanagement zeitigt; ja, sie ist geradezu revolutionär."

> **Wissensmärkte** ersetzen zunehmend das traditionelle **Produktgeschäft**, wobei sich gleichzeitig der Produktlebenszyklus ständig verkürzt.

Der Vorstandsvorsitzende der Siemens AG beschrieb dies kürzlich treffend:

> „... diese Stärke ist unser Wissen um Prozesse, um Kundenanforderungen und um die Verknüpfung einzelner Produkte zu hochkomplexen Systemen im Interesse unserer Kunden. Selbstverständlich werden wir auch bei Produkten im weltweiten Wettbewerb mithalten. Der Schlüssel zum Erfolg wird jedoch in Zukunft die Systemintegration und das interdisziplinäre Know-how sein (...) Wettbewerbsentscheidend werden unter solchen Bedingungen also Dienstleistungen, die den Kunden zusätzlichen Mehrwert bieten. Das ist beispielsweise die Netzplanung, die Integration der schon vorhandenen Infrastruktur oder ein Finanzierungsmodell, bei dem der Kaufpreis durch eine Beteiligung aus den Erlösen am Netzbetrieb bezahlt wird. Lauter Dinge also, die weniger mit klassischen Produkten, aber sehr viel mit Wissen zu tun haben." (Pierer, 1999)

Nicht nur bei Beratungs- und Dienstleistungsunternehmen kommt dem Produktionsfaktor **Wissen** bereits heute eine wesentliche Bedeutung für die **Wertschöpfung** bei. (Dies bestätigt auch die ILOI Studie, 1997, S. 11 f.)

(2) Wissen als Erfolgsfaktor einer lernenden Unternehmung

Mittlerweile fehlt die Aussage des Shell-Vorstands Arie de Geus, wonach die Fähigkeit, schneller und besser zu **lernen** als die Konkurrenz, künftig den einzigen dauerhaften Wettbewerbsvorteil biete, in keiner Veröffentlichung zur lernenden Organisation (Dazu auch 5. Teil). Die **Erfolgsfaktoren** eines lernenden Unternehmen sind also seine Fähigkeit, individuelles Wissen dem eigenen Unternehmen verfügbar zu machen, das vorhandene Wissen optimal zu nutzen und zu entwickeln und neues Wissen zu gewinnen und zu erweitern. Das strategische Potential eines Unternehmens wird heute zunehmend von seiner Handlungs**geschwindigkeit**, d.h. der Fähigkeit, Wissen schnell in Entscheidungen umzusetzen, bemessen.

> „Wissen unterscheidet sich von allen anderen produktiven Ressourcen darin, daß es veraltet. So stellen die neuesten Erkenntnisse von heute die Unwissenheit von morgen dar. Die Fähigkeiten und Kenntnisse, auf die es ankommt, unterliegen schnellen, oft sogar abrupten Veränderungen." (Drucker, 1998, S. 10)

„Das Wissensmanagement ist eine Querschnittfunktion, die untrennbar mit anderen Führungsaufgaben verbunden ist. Es soll infrastrukturelle und organisatorische Voraussetzungen für eine lernende Organisation schaffen, damit die vorhandene Wissensbasis genutzt, verändert und weiterentwickelt werden kann."(Achtenhagen/Wagner, 1998, S. 79)

Wissen bleibt, wie es bereits Drucker betonte, nunmehr als einzige Quelle komparativer Vorteile übrig. War es in der Vergangenheit möglich, natürliche Rohstoffe und mehr Kapital zu haben als ein Konkurrent, kann man heute nur mehr Ideen haben als der Konkurrent (vgl. Thurow, 1996).

(3) Der Mensch als kritischer Faktor

Andererseits kann Wissensmanagement (KM) mit seinen Bausteinen (siehe die später dargelegten Konzepte) sicherlich nicht allein „die" Zauberformel für die Schaffung einer Innovationskultur sein, denn nur die im Menschen liegende **Kreativität** schafft wirklich „Neues".

Die neuen Anforderungen lassen den **Menschen** als kritischen Faktor der Informationsrevolution erscheinen (vgl. Piller, 1996):

- Wir haben bereits an früherer Stelle das Problem der Informationsüberflutung beim Mitarbeiter angeführt, die zu einem unproduktiven Umgang mit Information führt.
- Die wachsende Geschwindigkeit der Information ist zu schnell für die Zeitzyklen menschlicher Entwicklung.
- Fortschreitende Entwicklung bedeutet auch eine Entwertung des vorhandenen Wissens.

Engpaß wird die Aufnahmekapazität des einzelnen Mitarbeiters: Wie amerikanische Untersuchungen zeigen, werden nur etwa **20 %** der Wissensressourcen eines Unternehmens **genutzt**. Für Piller verlangen diese Entwicklungen

- neue Inhalte der außer- und innerbetrieblichen **Ausbildung** (z.B. Vermittlung von Medienkompetenz),
- die Transition vom Mitarbeiter zum **Wissensarbeiter** („Knowledge Worker").

In diesem Kapitel sollen die **Grundlagen** des Wissensmanagements dargelegt werden, Elemente der „strategischen Umsetzung" (wie z.B. die lernende Organisation, Kernkompetenzen; Personal-/Organisationsentwicklung) siehe ausführlich im 5.Teil.

Peter Drucker, seit Jahrzehnten amerikanischer Management-Guru, hat es 1994 so formuliert:

"The performance of an individual, an organization, an industry or a country in acquiring and applying knowledge will increasingly become the key competitive factor for career and earnings opportunities of individuals, for the performance, if not the survival of the individual organisation, or of an industry; and for a country."

Trotzdem wird in vielen Organisationen dieses „Kapital" als Potential weder systematisch erfaßt, geschützt, geteilt, gepflegt noch genutzt:

- Erfahrungen von in den Restrukturierungswellen **freigesetzten** (älteren) Mitarbeitern gehen verloren, da firmeninternes Wissen an Personen gebunden ist.
- Für Entscheidungen benötigte Informationen müssen zeitaufwendig aus unterschiedlichen Quellen gesucht und aufbereitet werden (d.h. es kann nicht auf ein „Unternehmensgedächtnis", das individuelles Wissen speichert, als informationstechnische Grundlage zurückgegriffen werden).
- Das Wissen ist in vielen **„Wissensinseln"** konzentriert und nicht vernetzt. Der Wissens**austausch** zwischen Akteuren und über organisatorische Grenzen hinweg, z.B. zwischen Stab und Linie oder zwischen Abteilungen, funktioniert nicht oder schlecht.
- Im heutigen Finanz- und **Rechnungswesen** wird die Relevanz des Wissens-„kapitals" noch nicht genügend erkannt, i.d.R. wird es generell nicht bewertet (Ausnahmen: Skandia in Schweden, die mit differenzierten Kennziffern arbeiten).
- Die Informations**ablage** erfolgt nach Unternehmensstrukturen und Zuständigkeiten.
- Es kann bei den rapiden Veränderungsprozessen nicht auf **gelernte** Erfahrungen zurückgegriffen werden (d.h. das Rad muß neu erfunden werden).
- Es erfolgt keine einheitliche Informationsverwaltung und –aktualisierung.
- Man kann für die Globalisierungsprozesse nicht auf „weltweite Praktiken" („global-wide/best practices") zurückgreifen, die auch die weltweite Zusammenarbeit unterstützen, bzw. man kann lokales Wissen nicht global verfügbar machen.
- Bei einem Mitarbeiterzuwachs wird der Wissenszuwachs nicht effektiv genutzt.
- Für die Notwendigkeiten heutiger „mobiler" Mitarbeiter gibt es keinen konstanten Zugang bzw. interaktive Online-Unterstützung.
- Informationsfluß und Wissenstransfer sind nicht effizient oder finden nicht statt.
- Die innerbetrieblichen **Anreizsysteme** (wie zielorientierte Vergütung/MBO-System) fördern individualisierendes Verhalten.
- Es herrscht ein **„Besitzstandsdenken"** von Wissen vor (Abschottung statt Offenheit).

Die besten und qualifiziertesten **Mitarbeiter** zu halten, wie es Pierer fordert, ist im wissensintensiven Wettbewerb in einigen Branchen heute bereits eine Überlebensnotwendigkeit. Fluchtwege zu verbauen geschieht vor allem über die Gestaltung von Rahmenbedingungen (z.B. organisatorische Freiräume) oder – oft das einzig wirksame Mittel – durch Gewinn-/Kapitalbeteiligung.

Damit verbunden ist eine Revolution der **Machtstruktur** innerhalb des Unternehmens:

„Es nehmen nicht länger die Kapitaleigner, wie es spätestens bei den Anfängen des Industriezeitalters der Fall war, eine Schlüsselposition ein, vielmehr sind es die Eigner des ‚Wissenskapitals' (...) Je höher die Wissensintensität und je mehr wissensintensive Produkte und Dienstleistungen von einer Unternehmung erarbeitet werden, desto höher ist i.d.R. der Anteil hochqualifizierter Mitarbeiter an der Wertschöpfung. Doch gerade diese hochbegabten Fachleute sind vollkommen unabhängig, sie definieren sich selbst über ihr Fähigkeitenportfolio, das sie im Laufe ihres Arbeitslebens ausbauen und problemlos von einem Arbeitgeber zu einem anderen transferieren können." (Probst/Knaese, 1998, S. 38)

(4) Immaterielle Vermögenswerte

Selbst beim Einsatz leistungsfähiger Informationsverarbeitungssysteme ist das „Wissenspotential" einer Organisation i.d.R. nur bedingt verfügbar. In keinem Buch zu dieser Problematik fehlt der Spruch:

Wobei der Name Siemens natürlich durch jeden anderen Firmennamen ersetzt werden könnte. Es zeigt sich, daß für die Erhaltung der zukünftigen Wettbewerbsfähigkeit bei sich schnell wandelnden Bedingungen weniger die Gewinnung, Verfügbarkeit, Speicherung und Verteilung von Informationen als viel mehr der „Umgang" mit diesen Daten und Informationen, nämlich die Ableitung, Nutzung, Verarbeitung und Entwicklung von Wissen, entscheidend sein werden.

Wissen ist dabei

- zum einen ein immer größerer Bestandteil von **Produkten** (Produkt + Service oder sog. „intelligente Produkte"),

- zum anderen integraler Bestandteil von **Organisationen** (bei „Knowledge-Intensive Organisations" (KIOs), besonders im Dienstleistungssektor wie Werbung, Unternehmens-/Finanz-/Rechtsberatung, Softwareentwicklung, Pflegediensten usw.).

Der Wert eines Unternehmens wird in einer solchen **Wissensökonomie**, auch die OECD (1996) spricht von einer **„Knowledge-Based Economy"**, zunehmend nicht mehr von seinem physischen Vermögen (tangible assets). sondern von seinem Wissenskapital (dem „commercial value of knowledge", **intangible** assets", „invisible values") bestimmt. GM etwa besitzt sehr viele traditionelle Vermögenswerte, trotzdem hat Microsoft, das außer dem Hauptsitzgebäude nicht viel Sachwerte besitzt, eine größere Börsenkapitalisierung (dazu Roos, 1997, S. 14).

Besonders **Internetfirmen** bieten anschauliche Beispiele für Unternehmen, bei denen extreme Börsenwerte auf solchen „immateriellen" Vermögenswerten beruhen: So hat selbst eines der erfolgreichsten Unternehmen, amazon.com, nur rund 600 Mio. US $ umgesetzt und schreibt 125 Mio. US $ Verlust, wird aber an der Börse mit 18 Mrd. US $ (!) bewertet. Selbst wenn Gewinne vorhanden sind, sind die KGVs absurd. Die Gründer dieser Unternehmen haben in unvorstellbar kurzer Zeit aus dem Nichts ein Milliardenvermögen in zweistelliger Höhe geschaffen.

Aufgrund dieses Trends zu einer „New Economy" definiert Sveiby **Knowledge Management** folgerichtig als „The Art of creating value from an organization's Intangible Assets" (1998, a).

Wissen wird durch Gebrauch nicht etwa **verbraucht**, sondern es kann sich durch Teilen sogar **vermehren**:

„If I give you a dollar and you give me a dollar, then we have one dollar each. But if I give you an idea and you give me an idea, we have two ideas each. That's the growth of intellectual capita." (Zit. bei Pierer, 1999)

Der **statische** Teil des Wissens, etwa in Form von Erfindungen, Patenten, Copyrights oder Computerprogrammen, wird häufig als **„Intellectual Capital"** („Intellectual Property") des Unternehmens bezeichnet (Pionierveröffentlichung dazu von Edvinsson/Malone, 1997, Stewart, 1997 und Sveiby, 1998). Verschiedene **Definitionen** finden sich bei Sveiby (1998, a):

Intellectual Capital (IC)
„.... is the sum of everything the people of the company know which gives a competitive advantage in the market." (Fortune, 1991)
„.... is intellectual material that has been formalized, captured and leveraged to produce a higher-valued asset." (Prusak, 1994)
„.... Knowledge that can be converted into value." (Edvinsson/Sullivan, 1966)

Sveiby (vgl. 1998, S. 20ff.) hat als einer der Ersten Mitte der 80er Jahre versucht, den Einfluß des **immateriellen Vermögens** auf den Unternehmenswert aufzuspüren, über die „Wertschöpfung" zu messen (dazu mehr am Ende dieses Kapitels) und zu steigern. Für ihn ist die Differenz zwischen dem Marktwert eines börsennotierten Unternehmens und seinem offiziellen Eigenkapitalwert der Wert seines immateriellen Vermögens; in den meisten Unternehmen ist der Wert des immateriellen Vermögens höher als der des materiellen Vermögens.

Er unterscheidet drei **Arten** immaterieller Vermögenswerte (dazu Sveiby, 1998, 1999):

- Kompetenz der Mitarbeiter: Ausbildung, Erfahrung, Fähigkeiten, Haltung etc.
- Interne Struktur: Patente, Marken, Management, Systeme, Handbücher, Prozesse, Unternehmenskultur, F&E
- Externe Struktur: Image, Kundenbeziehungen, Lieferantenbeziehungen

„Das Management hat die Aufgabe, das Vermögen des Unternehmens zu vermehren. Schwierigkeiten entstehen allerdings dann, wenn die wichtigsten Vermögenswerte eines Unternehmens keine materiellen Gegenstände wie Maschinen, Grundstücke und Fabriken sind, die dem Unternehmen gehören und in der Bilanz ausgewiesen werden, sondern immateriell und daher unsichtbar." (1998, S. 27)

c) Begriffsklärungen: Daten – Informationen – Wissen

Obwohl weitgehend Einigung über die Tatsache besteht, daß Wissen und Information die primären Ressourcen heutiger Ökonomien sind, werden im Bereich des Wissensmanagements die Begriffe sehr unscharf verwendet. Eine in der Literatur häufig gewählte Unterscheidung der Elemente zeigt Abb. 19 (aus Romhardt, 1998, S. 39). Es finden sich noch zusätzliche Differenzierungen: Weisheit, Einsicht, Lebenswahrheiten, Erfahrungen, Kompetenz usw.

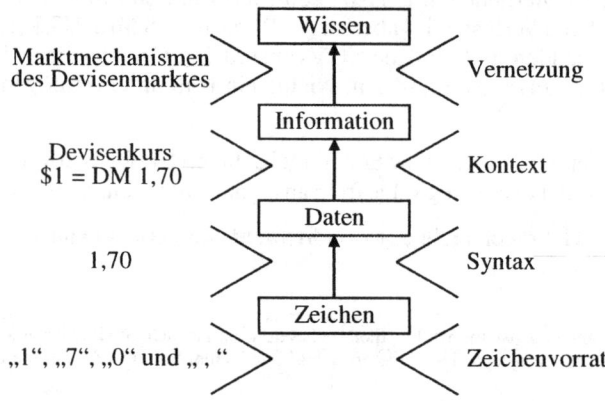

Abb. 19: Die Beziehungen zwischen den Ebenen der Begriffshierarchie

Daten sind das **Rohmaterial**/der **Rohstoff** für Informationen und Informationen sind das Rohmaterial für Wissen: Die Kunst, aus Daten und Informationen unternehmerisches Wissen zu machen, ist die zentrale Herausforderung!

Daten: entstehen bei allen Aktivitäten eines Unternehmens/realweltlichen Sachverhalten. Sie lassen sich in technologischen Systemen speichern, bearbeiten und übermitteln. Als Basiseinheiten bestehen sie aus Zahlen (Fakten/Statistiken), Texten, Bildern usw. Sie kennzeichnen einzelne Fakten zu Ereignissen/Vorgängen, strukturierte Aufzeichnungen von Transaktionen.

> **Informationen:** (digitalisierte, in quantitative Codes verschlüsselte) Daten/Fakten, die beobachtet, gemessen, geordnet und strukturiert werden. Gewöhnlich dokumentierte Nachricht (oder akustische/visuelle Kommunikation). Bedeutet ursprünglich „Form geben". Übermittlung durch weiche/harte Netzwerke. Besitzen im Gegensatz zu Daten Bedeutung und Zweck. Aus Daten werden Informationen durch Einbindung in einen ersten Kontext von Relevanzen, die für ein bestimmtes System gelten (Willke, 1998, S. 8). Was aus dem Web kommt, ist i.d.R. nur Information.
>
> **Wissen:** beinhaltet auch Annahmen, Theorien, Verstehen, Begründen, Urteilen, Weiterentwickeln sowie Schlußfolgern aus Studium, Erfahrung und Experimenten. Wissen kann somit als „verstandene Information" bezeichnet werden, die es seinem Träger ermöglicht, Handlungsvermögen auszubauen und Ziele zu erreichen. Wissen ist demnach das Ergebnis der Verarbeitung von Informationen durch Intelligenz und Lernen (nach ILOI, 1997, S. 2). Die Art und Weise der Aggregation, der systemischen Verknüpfung macht Informationen zu Wissen und vermittelt ihnen einen Gebrauchswert (wie etwa Steuerung, Planung usw.). Wissen ist mehrdimensional strukturiert und hierarchisch aufgebaut. Es entsteht erst, wenn Informationen konzeptualisiert, in einem Ursache-Wirkungs-Zusammenhang „bewußt" interpretiert werden. Wissen ist von weit höherer Komplexität als Information.

Umgekehrt kann Wissen auch eine Abwertung erfahren und zum Status von Informationen und Daten zurückkehren: So hat einer der Wissensmanager bei Andersen Consulting uns gegenüber geäußert: „Wir haben derart viel Wissen in unserem Knowledge Xchange Repository gespeichert (von Daten und Informationen ganz zu schweigen), daß unsere Berater kaum noch etwas damit anfangen können. Für viele von ihnen ist dieses Wissen nur noch Datenmaterial."(Davenport/Prusak, 1998, S. 35)

Besonders Autoren wie Sveiby (1997) betonen, daß wegen der Verwechslung von Information und Wissen Unternehmen Milliarden von Dollar in Informationstechnologien investiert haben – mit nur minimalen Ergebnissen. Wissen, im Gegensatz zur Information, ist verankert in Menschen, und Wissensgewinnung geschieht in einem Prozeß **sozialer Interaktion.**

Da Daten und Informationen wegen ihrer expliziten Natur maschinell in elektronischen Medien gespeichert werden können, Wissen aber wegen seiner impliziten Natur an seinen Träger gebunden ist (sich „in den Köpfen" befindet), stellt das Management von Wissen an Führungskräfte fundamental **andere Herausforderungen** als das Management von Daten und Informationen (vgl. ILOI, 1997, S. 2).

5. Das Management des „Wissens" („Knowledge Management")

a) Grundlagen des Wissensmanagements

(1) Begriffsfassung – Definitionen

Es existiert noch keine einheitliche Terminologie über den Begriff/das Konzept des Knowledge Managements, ähnliche Bezeichnungen sprechen von knowledge capital, knowledge assets, intangible assets oder intellectual capital.

> **Wissensmanagement**
> „... sind demnach alle jene Maßnahmen zu verstehen, die ein Unternehmen betreibt, um Wissen für den Unternehmenserfolg nutzbar zu machen." (ILOI, 1997, S. 2)
> „... hat zum Ziel, vorhandenes Wissen optimal zu nutzen, weiterzuentwickeln und in neue Produkte, Prozesse und Geschäftsfelder umzusetzen. In Analogie zum Finanzkapital soll das Wissenskapital vermehrt und dadurch der Unternehmenswert nachhaltig gesteigert werden. Wissensmanagement macht nicht an den Unternehmensgrenzen halt, sondern bezieht Kunden, Lieferanten, Allianzpartner (‚Wissensallianzen') und weitere externe Know-how-Träger mit ein. Wissensmanagement bedeutet daher zugleich eine Öffnung nach außen und nach innen."(North, 1998, S. 3)

(2) Kann man Wissen „managen"?

Um auf den durch die Globalisierung angestoßenen, rasant ablaufenden Anpassungszwang für Unternehmen (permanentes Change Management, neue kritische Erfolgsfaktoren wie „Zeit", beschleunigte technologische Innovationen, verstärkter Kunden- und Wettbewerbsdruck) adaptiv reagieren, die Wettbewerbsfähigkeit sichern und um den Unternehmenserfolg **nachhaltig** sichern zu können, wird bei Unternehmen heute zunehmend die effizientere Nutzung des Produktionsfaktors „Wissen" als „Lösung" gesehen. Die **Notwendigkeit** zu einem „bewußten" Wissensmanagement in der betrieblichen Praxis basiert auf zwei Prämissen:

- auf dem Glauben, daß man in der Unternehmensführung irgendwie „alles" steuern und kontrollieren kann (so auch die Ressource „Wissen"),
- auf der Einsicht, daß es aber nur **mit** dem **Menschen** und nicht gegen ihn geht.

Organisatorische Wissensbasis
„... setzt sich aus individuellen und kollektiven Wissensbeständen zusammen, auf die eine Organisation zur Lösung ihrer Aufgabe zurückgreifen kann. Sie umfaßt darüber hinaus die Daten und Informationsbestände, auf welche individuelles und organisationales Wissen aufbaut."(Romhardt, 1998, S. 44f.)

Diese organisationale Wissensbasis, auf die eine Organisation zur Lösung ihrer Aufgabe zurückgreifen kann, unterliegt regelmäßigen Veränderungen, wodurch Umfang und Struktur verändert werden – diese Veränderungsprozesse werden unter dem Begriff des organisatorischen **Lernens** zusammengefaßt. Die Fähigkeiten der individuellen Wissensarbeiter und die kollektiven Organisationsfähigkeiten bestimmen das **Problemlösungspotential** eines Unternehmens (vgl. Probst/Raub/Romhardt, 1998, S. 38ff.; Scheurer/Zahn, 1998, S. 174ff.).

Organisationales Lernen
„... betrifft die Veränderung der organisationalen Wissensbasis, die Schaffung kollektiver Bezugsrahmen sowie die Erhöhung der organisationalen Problemlösungs- und Handlungskompetenz." (Probst/Raub/Romhardt, 1998, S. 44)

„Als Manager interessieren uns vor allem die Lernprozesse, welche wir lenken können. Wir grenzen Wissensmanagement vom organisationalen Lernen daher in erster Linie anhand seiner Anwendungsorientierung ab. Während organisationales Lernen Veränderungsprozesse der organisationalen Wissensbasis beschreibt, verfolgt Wissensmanagement also eine Interventionsabsicht. Wissensmanagement bildet ein integriertes Interventionskonzept, das sich mit den Möglichkeiten zur Gestaltung der organisationalen Wissensbasis befaßt." (Probst/Raub/Romhardt, 1998, S. 44)

Romhardt entwickelte dazu für jeden Baustein (angelehnt an die Systematisierung von Probst) drei bis sechs **Interventionsquadranten** (insgesamt sind es 39), die auf möglichst einfache Dichotomien zurückgeführt wurden (dazu auch Raub/Romhardt, 1998, S. 153ff.). Mit ihnen werden die Möglichkeiten und Grenzen von Interventionen in die organisatorische Wissensbasis modelliert und analysiert. Zur Implementierung stehen für jeden Baustein ein Reihe von Instrumenten (hier werden insgesamt 22 gezeigt) zur Verfügung (siehe Abb. 20, aus ebd., S. 70).

Am Kompetenzzentrum „Business Knowledge Management" an der Universität St. Gallen wird zur Zeit an „Best Practices" für Prozeßunterstützung und Systemintegration und an einem dreistufigen **Modell** gearbeitet, das vom Geschäftsprozeß ausgehend Wissensstrukturen und -dienste entwirft (siehe Abb. 21, aus Office Management, 3/99; ein Beispiel des Modells für eine Bank findet sich in Bach et al., 1998, S. 58).

Baustein	Instrumente	Baustein	Instrumente
Wissens-ziele	• Normwissens-strategien • Wissensleitbild • Management by knowledge objectives	Wissens-(ver)teilung	• sempai-kohai • kollektive Problemlösungstechni-ken • Spacemanagement
Wissens-identifikation	• Wissenskarten • Wissensbroker/ Transparenzschaffer • Explizierung heimli-cher Spielregeln	Wissens-nutzung	• nutzungsgerechte Gestaltung von Dokumenten • Action Training • Data Mining
Wissens-erwerb	• Akquisition von knowledge companies • Beratungseinkauf • Kopierstrategien	Wissens-bewahrung	• lessons learned • elektronisches Gedächtnis
Wissens-entwicklung	• Einrichtung von Kom-petenzzentren • Szenarien • Knowledge links	Wissens-bewertung	• balanced scorecard • mehrdimensionale Wissensmes-sung

Abb. 20: Instrumente innerhalb der Bausteinlogik

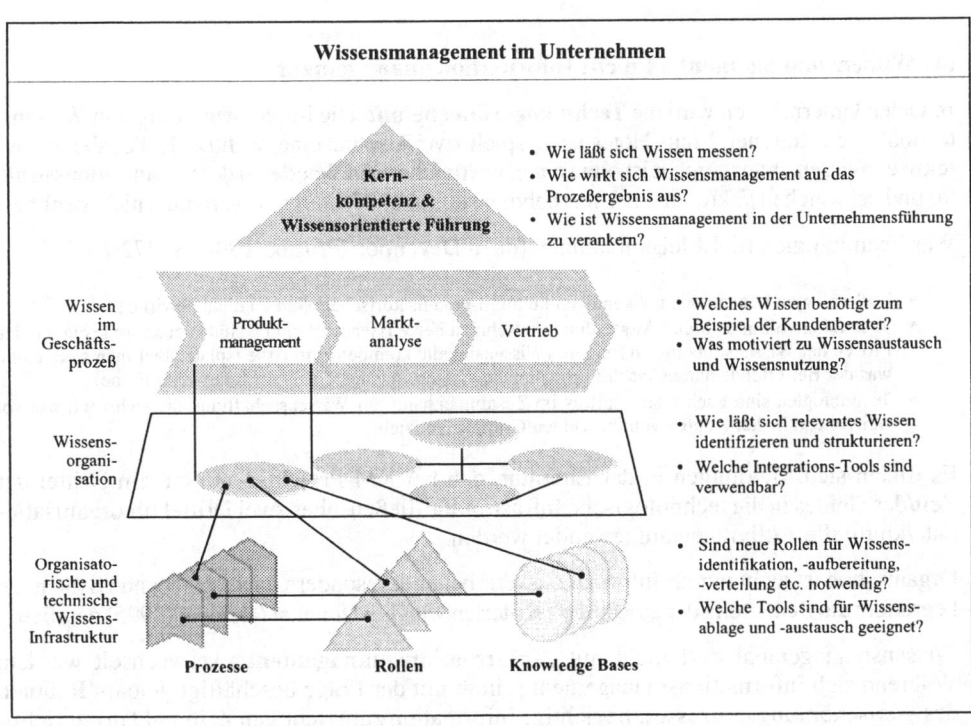

Abb. 21: Dreistufiges Wissensmanagement-Modell

115

(3) Grundrichtungen – Ganzheitliches Modell

Es lassen sich zwei verschiedene **Grundrichtungen** des Wissensmanagements („Knowledge Management, KM) erkennen (nach Geißler, 1998, S. 3ff.):

- Ein **humanorientiertes** KM: Sieht das Individuum als zentralen Wissensträger, dessen Potentiale nicht ausgeschöpft werden. Kognitive Aspekte des individuellen Wissens sollen mit Hilfe des KM effizienter genutzt werden. Dieser Ansatz (psychologische, soziale, personalwirtschaftliche Charakteristika) befaßt sich mit der Problematik, a) wie ein verhaltensorientierter, kultureller und organisatorischer Wandel des Unternehmens zur Etablierung/Förderung einer interorganisationalen KM-Kultur ausgelöst wird und b) wie das Individuum dazu bewegt werden kann, seinen Lernprozeß zu erweitern und sein Wissen mit anderen Organisationsmitgliedern zu teilen. Der Mensch steht im Mittelpunkt, die Unterstützung dynamischer Lernprozesses auf individueller und organisatorischer Ebene ist zentral. (Zum persönlichen, individuellen Wissensmanagement siehe insbesondere Probst/Eppler, 1998.)
- Ein **technologieorientiertes** KM: Orientiert sich an der operativen Ebene, d.h. wie Wissen in Organisationen mit Hilfe eines umfassenden Informationsmanagementkonzepts erfaßt, erweitert, genutzt, gespeichert und verteilt werden kann. Starke Konzentration auf die Aspekte der Logik und des Informations-/Daten-/Datenbank-/Hardware-/Software-Managements. Hauptziel besteht darin, Organisationsmitglieder dabei zu unterstützen, formuliertes Wissen aus ihrem Fachgebiet zu sammeln, inhaltlich aufzuarbeiten, zu klassifizieren, umzugruppieren, zu verdichten, zu verteilen und zu selektieren, damit letztendlich sachgerechtere Entscheidungen getroffen werden können. Fokussierung auf technische Aspekte führt jedoch zu einer Vernachlässigung humanorientierter/normativer/strategischer Ansätze (das alleinige Vorhandensein von IK-Technologie wird kein Organisationsmitglied dazu veranlassen, sein persönliches Wissen aktiv zu erweitern und mit andern zu teilen). Wissen wird eher als Objekt betrachtet, das es zu identifizieren und in Informationssystemen verfügbar zu machen gilt.
- Die Zusammenführung zu einem **ganzheitlichen** KM-Modell: Kombination der kreativen, wissensschaffenden Kapazität des Wissensträgers Mensch mit informations- und wissensverarbeitender Technologie. Dennoch erfolgt weiterhin ein starke Akzentuierung der human-orientierten Aspekte des KM.

(4) Wissensmanagement ist nicht Informationsmanagement

In vielen Unternehmen wird die **Technologie überbetont**. Die Implementierung von Wissenstechnologien (Intranet, Lotus Notes usw.) spielt zweifelsohne eine wichtige Rolle, aber ein effektives Wissensmanagement ist ohne einen weitreichenden Wandel in der Organisationsstruktur und bei weichen Faktoren wie Unternehmenskultur und Mitarbeiterverhalten nicht denkbar.

Was Technologien **nicht** leisten können (dazu Davenport/Prusak, 1998, S. 272ff.):

- Technologien können den notwendigen kulturell-organisatorischen Wandel nicht bewirken.
- Technologien finden breite Anwendung im Rahmen der Wissensverteilung, sind aber kaum geeignet, den Prozeß der Wissensnutzung zu steigern (Wissensinhalte kommen zum Arbeitsplatz, aber man weiß nicht, was der Betreffende daraus macht; „persönliche Wissensmanager" sind noch in weiter Ferne).
- Technologien sind auch relativ hilflos im Zusammenhang mit Wissensschaffung, die sich nach wie vor weitgehend in den Köpfen von Individuen/Gruppen vollzieht.

Es finden sich Meldungen in der Literatur, daß bei KM-Projekten nur ca. ein Drittel der Zeit/des Geldes in die technologische Infrastruktur fließen, aber zwei Drittel für organisationale/kulturelle Aktivitäten aufgewendet werden.

Organisation ist nicht nur als informationsverarbeitendes, sondern auch als lebende System zu begreifen; die Bedeutung der **„weichen"** Kriterien wird bei Nonaka/Takeuchi (1995) deutlich.

Wissensmanagement darf nicht mit **„Informationsmanagement"** verwechselt werden. Während sich Informationsmanagement primär mit der Frage beschäftigt, wie im Rahmen des Wertschöpfungsprozesse „die richtige Information zum richtigen Zeitpunkt in der richtigen Menge in der erforderlichen Qualität am richtigen Ort" zur Verfügung gestellt werden kann, geht Knowledge Management über diese Konzeption weit hinaus und begreift Informationsmanagement lediglich als einen eigenen Teilbereich:

116

„Wissen ist im Gegensatz zu Information, die in elektronischer Form vom Individuum unabhängig verarbeitet und gespeichert werden kann, ein komplexes Gefüge, das mit subjektiven Erfahrungen, Zusammenhängen und unausgesprochenem Wissen des Individuums verknüpft wird und daher oftmals nur schwer als klar strukturiertes Faktenwissen schriftlich wiederzugeben ist.

Neben den informationsverarbeitenden Komponenten, die unter anderem den Wissensfluß, also die Verteilung und Speicherung darstellbaren Wissens sicherstellen, muß Knowledge Management für die Erschließung, Weiterentwicklung und Aktualisierung der im Individuum verborgenen Wissensbestände sorgen." (Geißler, 1998, S. 5f.)

Im Rahmen eines Wissensmanagements ist u. E. eine Zusammenführung folgender **Bereiche** notwendig:

- Technologiemanagement (technische Infrastruktur)
- Organisationsmanagement (muß die Rahmenbedingungen setzen; Freiräume, Teams etc.)
- Kulturmanagement (Nährboden für Innovation, Gesprächskultur, Wissensweitergabe etc.)
- Human Resources Management (Anreiz-/Belohnungssystem, Stellenbeschreibung, Motivation, Vertrauen, Kommunikation, Qualifizierung etc.)

(5) Aufgaben/Ziele

In der Sichtweise von North (1998, S. 4) umfaßt Wissensmanagement folgende Aufgaben und Ziele:

- Wissens**beschaffung**: Sicherstellen, daß für Geschäftsentwicklung und -prozesse benötigtes Wissen zur Verfügung steht.
- Wissens**entwicklung**: Sicherstellen, daß Wissen an der bestgeeigneten Stelle innerhalb oder außerhalb des Unternehmens entwickelt wird.
- Wissens**transfer**: Sicherstellen, daß Wissen optimal nutzbar gemacht wird.
- Wissens**aneignung**: Sicherstellen, daß die Organisation und ihre Mitarbeiter lernfähig sind.
- Wissens**entwicklung**: Sicherstellen, daß Wissen anwendungsbezogen aktualisiert, fortentwickelt und obsoletes Wissen „verlernt" wird.

In der Praxis werden die **Aufgaben** des KM häufig auf zwei verschiedene Ebenen angesiedelt:

- die Aufgabe, bereits im Unternehmen **vorhandenes** Wissen bereitzustellen und auszutauschen (Managing **of** knowledge),
- die Aufgabe, **neues** Wissen zu entwickeln und aus den Erfahrungen **anderer** zu lernen (Managing for knowledge: „Knowledge **Networking**").

Probst/Raub (1998, S. 132f.) sehen die Ursprünge des Wissensmanagements auf Feldern wie „lernende Organisation", „ressourcenorientierter Managementansatz" oder als Element des Innovationsmanagements. Sie schlagen vor, Wissensmanagement als „Konzept organisationaler Kompetenz" im Bereich des strategischen Managements zu verankern, d.h. das Potential des Wissensmanagements als **unterstützendes Instrument** für den Aufbau von (dauerhaften) **Wettbewerbsvorteilen** zu betrachten (ähnlich Bach/Homp, 1998, S. 139f.).

(6) Wissensmaßnahmen auf den Managementebenen

Um erfolgreich zu sein, müssen Knowledge-Maßnahmen auf allen **Managementebenen** ansetzen (nach Berres, 1998, S. 59):

Vision/Strategie:

- Formulieren einer Wissensvision
- Ziele, Werte und Prinzipien auf Wissensinteraktion als Treibergröße für den EVA ausrichten

Werte/Verhalten:

- Anerkennung und Förderung von Wissensinteraktionen
- Erhebung von Kennzahlen zur Wissensinteraktion
- Anpassen der Systeme, Regularien, Rituale, damit sie das neue Verhalten fördern

Struktur/Prozesse:

- Aufbau einer Knowledge-Management-Koordinationsstelle
- Interne und externe Best-Practice-Vergleiche
- Verbesserung der Wissensflüsse in den Prozessen
- Veranstaltungen zum Wissenstransfer, Practice Groups

Tools

- Internet- und Intranet-Applikationen
- Aufbau von Wissensdatenbanken
- E-Mail und Voice-Mail

(7) Auswirkungen des Wissensmanagements

„Wissensmanagement tangiert volkswirtschaftliche, soziale, kulturelle und politische Aspekte. Es berührt in hohem Maße wichtige organisatorische Fragen wie Arbeit, Führung, Strukturen und Informationsflüsse." (Wittenzellner, 1999, S. 26)

Beispiele für die vielfältigen **Auswirkungen** (vgl. Heuser, 1999, S. 352ff.):

- Wissen hat nicht mehr viel mit **Hierarchie** zu tun. (Ein junger Derivat-Händler der Deutschen Bank der Londoner Tochter verdiente 1994 mehr als der gesamte Frankfurter Vorstand.)
- Das wichtigste Kapital sitzt im **Kopf**.
- Brüchige **Dichotomie** zwischen Arbeit und Kapital (innovative Mitarbeiter werden Intrapreneure; Unternehmer im eigenen Haus, finanziert vom Arbeitgeber).
- Das Verschwinden relativer **Gleichheit** (stabile Arbeitsumgebung wird durch kurzzeitige Zweckbündnisse einer wissensdominierten Arbeitsumgebung abgelöst; Arbeit verliert ihren Charakter als Platz in der Gemeinschaft).
- Heute kann man nur **mehr Ideen** haben als der Konkurrent (Wissen als Wettbewerbsfaktor; Wissen kann man nicht aufbrauchen).
- **Markt beherrschende** Stellungen sind wahrscheinlicher – und vergänglicher (Wissenswettbewerb überwindet Raum leichter und billiger als traditioneller Wettbewerb; regionale Märkte/Nischen werden relativ schnell zerstört).
- Wissensarbeit ist hoch **mobil** (auch über nationale Grenzen hinweg).
- **Riskanteres** Wirtschaften (Transaktionskosten auf Wissensmärkte sind hoch; Mittler/Broker und Makler bieten **neue** Dienstleistungen an).
- Die **Reputation** wird immer wichtiger.
- Intern wird die **Organisation** zum Marktplatz (dezentrale Information, Stellenbeschreibungen werden obsolet; ständig neue Teambildung).
- Investition in die **Weiterbildung** (Bildung ist das Kapital der Wissensarbeiter).
- **Beteiligung** am Unternehmen (Kapitalbeteiligung, um Wissensträger zu halten).
- **Grenze** zwischen Angestellten und freien Mitarbeitern wird porös (Freelancer, Intrapreneure).

„Kürzlich hat ein amerikanisches Unternehmen auf dem Gebiet der Breitbanddatenübertragung und der Internettechnologie, ein anderes Unternehmen für 20 Milliarden Dollar gekauft. Das gekaufte Unternehmen hatte einen Umsatz von knapp zwei Milliarden Dollar und es arbeitet mit Verlust. Es hatte 2.500 Beschäftigte. Jedoch verfügte es, wie man annimmt, über ein besonderes Wissen auf diesem Zukunftsgebiet und über wichtige Patente. Immerhin wurden pro Kopf 8 Millionen Dollar bezahlt. Da sieht man, was Wissen wert sein kann. Es ist also eine wichtige Aufgabe, solches Personal zu halten."(Pierer, 1999)

Die erwähnte organisatorische Einbindung eines „Chief Knowledge Officer" darf nicht als Insellösung mißverstanden werden: **Jeder** Mitarbeiter wird zu einem „Knowledge Worker".

In der heutigen Wissensgesellschaft entscheidet für den persönlichen Erfolg, ob jemand die Kunst beherrscht „sich **selbst** zu managen", d.h. ob jemand seine Stärken, Wertvorstellungen und bevorzugten Arbeitsweisen kennt (dazu Drucker, 1999, S. 9ff.).

Die heranwachsende Generation, die mit dem Internet groß geworden ist, „Net Kids" oder **„Netz-Generation"** (Tapscott, 1998), wird eine Generation sein, mit deren Eintritt in die Arbeitswelt sich der Wandel vom Industriezeitalter endgültig vollzieht und die sich von Arbeitsplätzen konventionellen Zuschnitts verabschieden wird.

Den neuen **Arbeitnehmertypus** in einer **Informationsgesellschaft** beschrieb Berchtold (1999) treffend:

- Die Wissensarbeiter von morgen sind klug, selbstbewußt, mobil und vernetzt.
- Aufgewachsen mit neuen Technologien, ist es für sie völlig normal, überall und jederzeit erreichbar zu sein.
- Wo sie arbeiten, ist gleichgültig, entscheidend ist die vernetzte Arbeitsumgebung.
- Sie identifizieren sich stärker mit ihrem Wissensgebiet als mit dem Unternehmen.
- Sie sind damit prädestiniert für die Arbeit in Projekten. Entscheidend für den Erfolg eines Projekts ist die Kundenzufriedenheit. Wann und wo die Arbeit geleistet wird, bleibt jedem Einzelnen überlassen.
- Das bietet enorme Freiheiten und individuelle Gestaltungsspielräume, fordert allerdings auch sehr viel Selbstdisziplin und Initiative.
- Die Wissensarbeiter bleiben Selbständig und bieten ihr Know-how dem Unternehmen als unabhängige Partner an, schließen sich mit anderen in virtuellen Unternehmen zusammen und brechen somit die gewohnten Unternehmensstrukturen auf.
- Herrschaftswissen an der Unternehmensspitze macht dem breiten Wissen der Mitarbeiter im Unternehmen Platz. Dieser Paradigmenwechsel ist profitabel für das gesamte Unternehmen.
- Die Informationsgesellschaft bringt einerseits den Selbständigen, hochqualifizierten Freiberufler, andererseits ergeben sich neue Formen der Zusammenarbeit.
- Das veränderte Arbeitsplatzprofil hebt auch die klassische Trennung von Privat- und Berufssphäre auf. Die IuK-Technologien, allen voran die Intranets der Unternehmen, schaffen die Voraussetzung für Tele-Arbeit. Vertriebsmitarbeiter und Kundenbetreuer sind heute bereits Tele-Worker.
- Reformen der Aus- und Weiterbildung sind unverzichtbar, um Kreativität, Phantasie, Eigeninitiative und Engagement, richtige Qualifikationen wie den sicheren Umgang mit den IuK-Technologien zu fördern.

Ein ähnliches Bild der Zukunft der Arbeit zeichnet Wermelskirchen (vgl. 1999, S. 128ff.). Lebenslange Treue für lebenslange Beschäftigung gibt es nicht mehr. Traditionelle Arbeitsstrukturen lösen sich auf, es entstehen hierarchieärmere Prozeßorganisationen und strategische Netzwerke. Die Mitarbeiterzahl richtet sich nach der jeweiligen Arbeitslage, das Risiko tragen die Beschäftigen. Auch wenn Unternehmen Weiterbildungsmöglichkeiten anbieten, wird der Mitarbeiter zu seinem **eigenen Personalentwickler,** d.h. Weiterbildung, Qualifizierung, Sicherstellung der Employability in Eigenverantwortung.

Brown/Duguid (1999, S. 76) glauben allerdings nicht, daß hochqualifizierte Individuen, die sich in kleinen, beweglichen Einheiten im Cyberspace zusammentun, die „altvertraute Firma" verdrängen werden, denn sie besitzt Stärken, die bisher nur noch nicht richtig erkannt wurden: „Wie keine andere Institution ist sie in der Lage, Wissen zu organisieren. Denn das Know-how der Praxis, das über reines Fachwissen weit hinausgeht, entsteht nur im indirekten, oft informellen Austausch der Menschen am Arbeitsplatz. Und es ist genau dieses Wissen, das dem Unternehmen einen Wettbewerbsvorteil verschafft."

b) Ziele/Vorteile des Wissensmanagements

Als die wichtigsten vier **Ziele** für ihre Aktivitäten im Bereich des Wissensmanagements gaben bei einer Untersuchung der Zeitschrift Personalwirtschaft die befragten Unternehmen an:

- bessere Nutzung vorhandener Wissensreserven (95,8%)
- Förderung des internen Wissenstransfers (91,7%)
- Steigerung der Innovationsfähigkeit (75,0%)
- mehr Transparenz der Prozesse (75, 0 %)

Die **Vorteile**:

- Verbesserung des Kundennutzens
- Beschleunigung von Innovationen
- Verbesserung der Unternehmensvitalität
- Beitrag zum lernenden Unternehmen

Nach einer empirischen **Studie** des Fraunhofer IAO (1997)

- bewerten nur 20 % der befragten Unternehmen die Nutzung des vorhandenen Wissens als sehr gut oder gut;
- sprechen nur 23 % von einem sehr guten oder guten Wissenstransfer, doch
- 96 Prozent halten das „Managen" von Wissen für wichtig bzw. sehr wichtig.

c) Gestaltungsdimensionen des Wissensmanagements

In der Literatur findet sich eine große Zahl von möglichen Differenzierungen des Faktors Wissen. Die umfangreichste Wissenssystematisierung geht auf Romhardt (1998, S, 27ff.) zurück, der insgesamt 40 verschiedene **Dichotomien** sortiert, d.h. Gegensatzpaare bildet wie formal/informal oder individuell/kollektiv (siehe auch Willke, 1998, S. 63).

Als praxistaugliche **Instrumente** des Wissensmanagements unterscheidet ILOI (zum Nachfolgenden siehe 1997, S. 3ff.) zwischen folgenden vier **Begriffspaaren**:

(1) internes und externes Wissen

(2) aktuelles und zukünftiges Wissen

(3) explizites und implizites Wissen

(4) Erfahrungswissen und Rationalitätswissen

Zu (1) internes und externes Wissen

Die Differenzierung erfolgt nach dem **Wissensträger**:

- **Internes** Wissen: ist bei einzelnen Organisationsmitgliedern, bei spezialisierten Funktionsbereichen oder in der Gesamtorganisation (in Form der Unternehmenskultur) vorhanden. Dieses Wissen muß zum richtigen Zeitpunkt in der nötigen Quantität und Qualität sowie am richtigen Ort verfügbar sein. Es müssen Austrittsbarrieren für Wissensträger aufgebaut werden, bzw. das Wissen muß unabhängig vom Träger gespeichert werden. In der ILOI-Studie wurden am häufigsten als **Instrumente** genannt:

Erhöhung des Handlungsspielraums (z.B. in multifunktionalen Teams), das betriebliche Vorschlagswesen (BVW), Ideenwettbewerbe, Handbücher, Wissenslandkarten („Knowledge Maps"), Wissensbranchenbücher („Yellow Pages"), Kommunikationsforen (z.B. in Form von Großgruppenveranstaltungen; „Future Search", „Open Space", „Breakfast Meetings" usw.), Qualitätszirkel, wissensbasierte Computersysteme, im Organigramm ausgewiesene Wissensexperten („Knowledge-Broker"), Anreizsysteme für Träger von Schlüssel-Know-how (Austrittsbarrieren) oder Entlohnung nach Wissensumschlag.

- **Externes Wissen:** speist sich aus verschiedensten Quellen wie Kunden, Lieferanten, Hochschulen, Verbände, Lizenzgeber, Berater usw. Als Maßnahmen zum Management von unternehmensexternem Wissen setzen Unternehmen ein:

Inanspruchnahme von Fremddienstleistungen (z.B. über Beratungsfirmen, Forschungsaufträge, Outsourcing), Wissensbeschaffung durch Zusammenschlüsse (Allianzen, Fusionen etc.), Benchmarking („Best Practices"), Erwerb von immateriell-rechtlichem Wissen (z.B. Lizenzen, Franchiseverträge) oder ein gezieltes Stakeholder-Management

Zu (2) aktuelles und zukünftiges Wissen

Aktuelles Wissen ist **gegenwärtig** vorhanden, zukünftig erforderliches Wissen benötigt das Unternehmen, um **langfristig** wettbewerbsfähig zu bleiben.

- Zur Nutzung **aktuellen** Wissens werden eingesetzt: Fokussierung auf die Kernkompetenzen (z.B. Bildung selbständiger Einheiten, Wertschöpfungscenter), wissensbasierte Computersysteme, standardisierte Handlungsroutinen, Erstellen von Ist-**Wissensprofilen** (dazu Probst/Eppler, 1998, S. 149f.).
- Zur Nutzung von **zukünftigem** Wissen finden Verwendung: Personalentwicklung, Teambildung, Vorschlagswesen, kontinuierliche Verbesserungsprozesse (KVP; „Kaizen"), Freiräume für Experimente, Akquisition über externe Wissensträger, Simulation möglicher Zukunftswelten (z.B. Szenarien).

Zu (3) explizites und implizites Wissen

Die beiden Wissensbegriffe unterscheiden sich hinsichtlich der Transparenz und Verfügbarkeit von Wissen: Angewendet werden beim **expliziten** Wissen: die Materialisierung des Wissens in Wissensdokumenten (Handbücher, Wissenslandschaften, Wissensbranchenbücher usw.) oder standardisierten Handlungsroutinen. Beim **impliziten** Wissen finden folgende Instrumente Verwendung: gemeinsame Erfahrungsbildung in Gruppen, Beobachtungs- bzw. Modell-Lernen, Metaphern, Analogien und Modelle oder Bildermalen (vgl. JL01, 1997).

Diese verbreitetste Unterscheidung von **Wissen** geht auf Nonaka/Takeuchi (1995/1997) zurück:

- **Tacit** knowledge (is personal knowledge, consists of mental models, beliefs and perspectives that can not be easily articulated or shared); dieses **implizite**/stille Wissen (subjektives Können/subjektive Kompetenz, mentale Modelle) beruht auf der subjektiven Erfahrung eines Menschen – es kann nicht ohne weiteres dokumentiert/weitergegeben werden, denn es ist an den „Besitzer" (Person/Gruppe/Firma) sozial/zeitlich gebunden; es ist nur begrenzt verfügbar.
- **Explicit** knowledge (is formal, systematic, easy to communicate and shared; it is transmittable in a formal language and can be stored in databases, libraries etc.); dieses **explizite**/ bewußte Wissen ist mit dem Verstand erfaßbar, läßt sich formal in Worten/Zahlen ausdrücken und in Strukturen/Dokumenten/Datenbanken usw. standardisiert/methodisch/systematisch anlegen; es ist sicherzustellen, daß dieses Wissen der Organisation auch beim Ausscheiden des originären Wissensträger erhalten bleibt; es ist prinzipiell allgemein verfügbar.

Eine weit verbreitete (die Bedeutung des Human- und Wissenskapitals vernachlässigende) Einstellung im westlichen Managementdenken drückt sich in den bekannten Statements „Was nicht quantifizierbar ist, existiert nicht" oder „Was nicht gemessen werden kann, wird nicht getan" aus.

Zu (4) Erfahrungswissen und Rationalitätswissen

Hier steht die Reichhaltigkeit und Validität von Wissen im Mittelpunkt:

Erfahrungswissen entsteht aufgrund von Lern- und Erfahrungsprozessen; als Instrumente finden sich: die inner- und außerbetriebliche Weiterbildung, Gruppenarbeitskonzepte und Projektarbeit, Job-Rotation, Feedback-Schleifen über ein computergestütztes Informationssystem, Job-Redesign, dezentrale Organisationseinheiten.

Rationalitätswissen ist die Fähigkeit, die durch Erfahrung gewonnenen neuen Wissenselemente kritisch zu reflektieren. Als Instrumente werden eingesetzt: Coaching, therapeutische Intervention, Konfrontationstreffen oder Betrachtung des eigenen Unternehmens im gesellschaftlichen Umfeld (z.B. Interviews, Fragebögen bei Stakeholdern) (zu den Instrumenten siehe ebd., S. 8).

d) Ebenen des Wissens und der Wissensintegration

Wissen existiert auf verschiedenen **Ebenen**:

- **Individual**ebene: in Form von Fähigkeiten, Erwartungen, Intuition usw.
- **Gruppen**ebene: in Form von Routine, Rollen, gemeinsamer Sprache/Methoden usw.
- **Organisations**ebene: in Form von Mythen/Riten, Kernkompetenzen, Data Warehouse als wichtigstes Instrument, Intranet, Internet
- **Zwischen** Organisationen (Electronic Data Interchange (EDI), Extranet etc.)

Auf dem Weg zum kreativen Unternehmen lernen Unternehmen, in neuen Beziehungsmustern zu denken und zu handeln, Wissen zu verknüpfen, Kompetenzen zu bündeln, Prozeßlinien zu verbinden: Sie wenden diese Fähigkeiten gleichermaßen auf ihre Produkte, internen Ressourcen sowie die Netzwerke an, in denen sie agieren (nach Bullinger/Hermann/Ganz, 1997):

(1) Netzwerke

- Mit neuen Partner kooperieren.
- Ungewohnte Formen der Zusammenarbeit erproben (aus Kunden werden Lieferanten und aus Lieferanten Kunden; Konkurrenten werden zu Partnern in strategischen Allianzen etc.).
- Neue Funktionen in Wertschöpfungspartnerschaften übernehmen.
- Kunden-Lieferanten-Beziehungen überdenken.

(2) Produkte

- Dienstleistungen und materielle Güter kombinieren.
- Dienstleistungskomponenten kreativ zusammenstellen.

(3) Interne Ressourcen

- Kompetenzen bündeln.
- Wissen neu verknüpfen.
- Prozeßlinien verbinden.

Uns interessiert in diesem Zusammenhang vor allem die intelligente **Verknüpfung** der **internen Ressourcen** eines Unternehmens als eine wichtige Quelle zur Erzeugung eines kontinuierlichen Stroms kreativer Impulse. „Eine der wichtigsten Ressourcen eines Unternehmens stellt das verfügbare implizite und explizite Wissen der eigenen Mitarbeiter dar. Der erste Schritt auf diesem Weg zu einem kreativen Unternehmen muß deshalb sein, die Sachkunde der Mitarbeiter konsequent zu fördern. Der zweite, dieses Wissen geschickt zusammenzuführen." (ebd.)

Die kreative Kombination von Wissen erfordert nach Ganz/Hermann (1998) eine zumindest partielle **Wissensintegration**, also die Bildung von Meta-Wissen, das eine Brücke zwischen den unterschiedlichen Wissens- und Erfahrungshintergründen schlagen kann. Dieser Prozeß der Wissensintegration kann/muß nach Quinn et al. (1997) auf unterschiedlichen **Ebenen** erfolgen, wobei sich auf jeder dieser Ebenen andersgeartete Anforderungen und Möglichkeiten der technologischen, organisatorischen und qualifikatorischen Unterstützung ergeben (vgl. Abb. 22, aus Ganz/Hermann, 1998; zu den Instrumenten auf den Ebenen siehe auch Bach/Homp, 1998, S. 142ff.) auf der Ebene:

- des reinen Faktenwissens („**Know-what**")
- der Erfahrungen („**Know-how**")
- des Systemverständnisses („**Know-why**")
- des selbstinitiierten kreativen Handelns („**Care-why**")

Die langfristig **wichtigste Komponente** stellt jedoch das „care-why", die intrinsische Motivation zu kreativem Handeln, dar, denn sie ist die Fähigkeit, die dafür sorgt, daß das Expertenwissen ständig aktualisiert und erneuert wird. Sie ist das wichtigste Kapital (nach Bullinger/Hermann/Ganz, 1997). Es wird aber erstaunlicherweise in vielen Unternehmen mehr Wert auf die Verfeinerung/Vertiefung des Wissens gelegt als auf die Erweiterung/Erneuerung.

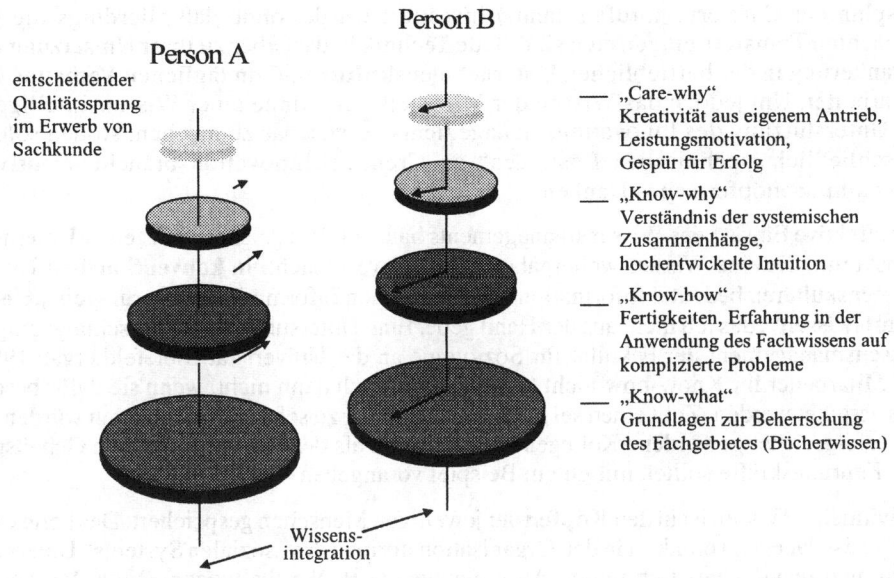

Person A

Person B

entscheidender
Qualitätssprung
im Erwerb von
Sachkunde

— „Care-why"
Kreativität aus eigenem Antrieb,
Leistungsmotivation,
Gespür für Erfolg

— „Know-why"
Verständnis der systemischen
Zusammenhänge,
hochentwickelte Intuition

— „Know-how"
Fertigkeiten, Erfahrung in der
Anwendung des Fachwissens auf
komplizierte Probleme

— „Know-what"
Grundlagen zur Beherrschung
des Fachgebietes (Bücherwissen)

Wissens-
integration

Abb. 22: Ebenen der Wissensintegration (in Anlehnung an Quinn et al. 1997)

Die Verknüpfung von Wissen und die Bündelung von Kompetenzen ist für die Ausschöpfung kreativer Potentiale sehr wichtig, d.h. sie wird zu einer entscheidenden unternehmerischen Aufgabe. Bullinger/Hermann/Ganz (1997) zeigen jedoch, wie schwierig die Kombination heterogenen Wissens ist, denn auf jeder der oben angeführten vier **Wissensebenen** ergeben sich andersgeartete **Anforderungen**:

- Auf der ersten Ebenen des reinen Faktenwissens („Know-what") bereitet in erster Linie die unüberschaubare Menge an Informationen Probleme. Computergestützte Werkzeuge können hier eine wertvolle Unterstützung darstellen. Dennoch bleibt die Frage, bis zu welcher Grenze es notwendig und ökonomisch sinnvoll ist, sich Wissen aus anderen Fachbereichen anzueignen, und wie dieses Wissen aufbereitet werden muß, damit es unternehmensweit genutzt werden kann.
- Auf der zweiten Ebenen („Know-how") lassen sich Fertigkeiten – anders als das Faktenwissen – nicht in Datenbanken speichern und über Computernetze übertragen. „Sie sind das Ergebnis individueller Erfahrungen und werden in der praktischen Anwendung von Wissen erworben. Um einen Austausch auf dieser Ebene der Fertigkeiten zu ermöglichen, müssen gemeinsame Erfahrungsräume geschaffen werden, die ein Mit- oder Nachlernen möglich machen."
- Auf der dritten Ebene des Systemverständnisses („Know-why") ist mit dem Widerstand der Experten zu rechnen, die den Wissensaustausch verhindern. „Systemverständnis ist das eigentliche Kapital der Mitarbeiter. Es wird nur dann mit anderen geteilt, wenn es im gemeinsamen Interesse beider Partner liegt. Sind Experten unterschiedlicher Disziplinen beteiligt, scheitert der Wissensaustausch häufig eher an Verständigungsschwierigkeiten als an mangelndem gegenseitigen Vertrauen. Unterschiedliche Paradigmen, Zielsetzungen und Auffassungen treffen aufeinander. Es wird nicht die gleiche ‚Sprache' gesprochen. Soll hier ein Wissensaustausch gelingen, muß zunächst eine gemeinsame Verständigungsbasis geschaffen werden."
- Auf der vierten Ebene der Kreativität schließlich („Care-why") erfordert die Verknüpfung eine Zurückstellung der persönlichen Ziele und Interessen. „Es muß schlicht allen Beteiligten Freude machen, an ähnlichen Problemen zu arbeiten und gemeinsam kreativ zu sein. Auf dieser Ebene ist die Unternehmenskultur ein entscheidender Faktor, um Kreativität zum Fließen zu bringen."

e) Wissensfördernde Organisationsformen und Unternehmenskulturen

Ein falsches Verständnis von Wissensmanagement hat dazu geführt, daß in den letzten Jahren zwar in die neueste IT-**Technologie** (z.B. Intranet, mit dem man dann den Mittagsplan der Cafeteria abrufen kann!) investiert wurde, ohne daß allerdings die gewünschten Transfers eingetreten sind. Jede Technik bedarf aber zu ihrer Umsetzung der Verankerung in der betrieblichen Unternehmens**kultur** und im täglichen Verhalten der Mitarbeiter. Um jedoch das Wissen der Mitarbeiter im Sinne einer Wissensintelligenz zur Unterstützung des Innovationsmanagements verwertbar zu machen, stoßen solche ausschließlich „technischen Lösungen" an Grenzen. Innovation braucht **kreativen Freiraum**, schöpferisches Denken.

Der effektive Einsatz des Wissensmanagements baut auf dem „Nährboden" einer Unternehmenskultur, die eine Wissensweitergabe erstrebenswert macht. In **konventionellen** Unternehmenskulturen bedeutet Information/Wissen ja einen Informationsvorsprung/ein „**Herrschaftswissen**", das ich nicht aus der Hand gebe. Eine Untersuchung der Forschungsgruppe Wissensmanagement der Fakultät für Soziologie an der Universität Bielefeld ergab 1998, daß Mitarbeiter ihr Know-how nicht teilen wollen, auch dann nicht, wenn sie dafür besonders vergütet werden. Zum einen sei ihnen die Zeit dafür zu schade, zum anderen würden ihnen erfolgreicher gewordene Kollegen mehr schaden als der Verzicht auf einen Gehaltsbonus. Führungskräfte sollten mit gutem Beispiel vorangehen.

Individuelles Wissen ist in den **Köpfen** der jeweiligen Menschen gespeichert. Das kollektive Wissen ist dagegen verankert in den Organisationsformen des „sozialen Systems" Unternehmung und manifestiert sich in den Ausprägungen (z.B. Werthaltungen, Riten, Verfahren, Normen) der jeweiligen Unternehmens**kultur** (vgl. dazu im Einzelnen unsere Ausführungen im 6.Teil, VI).

Ähnlich Schütt (1999): „Nach langjähriger Diskussion hat sich langsam die Meinung durchgesetzt, daß ,Wissensmanagement' in erster Linie ein Thema der Unternehmenskultur ist und daß IT-Lösungen unterstützende Maßnahmen darstellen. Doch was das eigentlich bedeutet in Bezug auf praktische Umsetzbarkeit, bleibt in der Regel nebulös. So wird in der Praxis nicht selten ausschließlich auf IT-Lösungen zurückgegriffen, wie etwa der Zugriff auf das Internet, der Aufbau eines Intranet-Portals, der Einsatz eines Dokumenten-Management-Systems oder die intelligente Datenanalyse mittels Business Intelligence."

In zahlreichen Unternehmen sind konkrete **Organisationsstellen** errichtet worden, die für die internen Wissensentwicklungsprozesse verantwortlich zeichnen (in den USA häufig als **Chief Knowledge Officer** (CKO), Chief Information/ Innovation/ Learning Officer oder Knowledge/Intellectual Asset Manager, Direktor für Wissenstransfer, Direktor für intellektuelles Kapital etc. bezeichnet.

f) Ganzheitliche Konzepte des Wissensmanagements

Nach Romhardt (1998, S. 44) setzt sich die organisatorische **Wissensbasis** einer Organisation „aus individuellen und kollektiven Wissensbeständen zusammen, auf die eine Organisation zur Lösung ihrer Aufgaben zurückgreifen kann. Sie umfaßt darüber hinaus die Daten und Informationsbestände, auf welchen individuelles und organisationales Wissen aufbaut." Im Sinne der **systemorientierten** Managementlehre definiert er:

„**Wissensmanagement** bildet ein integriertes Interventionskonzept, das sich mit den Möglichkeiten zur Gestaltung, Lenkung und Entwicklung der organisatorischen Wissensbasis befaßt." (ebd., S. 45)

Für das Deutsche Forschungszentrum für Künstliche Intelligenz ist es die **Aufgabe** des Knowledge Managements (KM), „eine kontinuierliche, räumlich verteilte, nicht ausschließlich auf eine Aufgabe fixierte Verwaltung (d.h. Erfassung, Pflege, Verfügbarmachung) von unternehmenskritischen Wissensbeständen, Informationen und Daten, das in unterschiedlicher Struktur (d.h. unstrukturiert, semi-formal, formal) vorliegt, zu ermöglichen, mit dem **Ziel**, individuelles Wissen dem Unternehmen dauerhaft verfügbar zu machen und im Unternehmen vorhandenes Wissen optimal zu nutzen, um die Wertschöpfung des Unternehmens zu erhöhen."

Das KM dient primär der Erreichung normativer, strategischer und operativer Wissensziele (siehe dazu den Ansatz von Probst). Die alleinige Betrachtung von Informationssystemen (etwa zur Speicherung, Verarbeitung oder Verteilung von explizitem Wissen) würde dem ganzheitlichen Charakter des Wissensmanagements unter Berücksichtigung des organisatorisches **Lernens** (vgl. dazu unsere Ausführungen im 5.Teil, M) nicht gerecht: Mensch, Organisation und Technik sind die Hauptgestaltungsdimensionen des Wissensmanagements.

Ein Wissensmanagement „unterstützt" auch. Für diese Gestaltungsaufgabe stehen verschiedene Methoden, Konzepte und Instrumente zur Verfügung.

(1) Einteilung/Überblick der Konzepte nach North

Eine umfassende Theorie im Sinne einer „knowledged based theory of the firm" existiert noch nicht. In der Managementlehre finden sich verschiedene analytische (weitgehend auf Einzelfallbeispielen beruhende) Modelle, die Wissensmanagement „beschreiben".

North (1998) unterscheidet acht verschiedene **Konzepte** für den Umgang mit Wissen, die mehr oder weniger einen **ganzheitlichen** Anspruch erheben, und teilt sie in drei Klassen ein:

- **Technokratische** Modelle: behandeln Wissen als ein Objekt (Information), das deterministisch geplant, gesteuert und gemessen werden kann; rationale Entscheidungsprozesse; Komplexität wird durch „Wissenslogistik" beherrscht.
- **Phasenmodelle**: behandeln Wissen intuitiv als Objekt bzw. Prozeß; berücksichtigen sowohl spezifische Kontexte als auch klassisch deterministische Steuerungselemente in unterschiedlichen Phasen (Wissensidentifikation, -erwerb usw.); rationale Entscheidungsprozesse überwiegen; Komplexität wird durch Phasen/Module/Prozeßschritte reduziert.
- **Wissensökologie**-Modelle („knowledge ecology"): Wissen als Prozeß, Rahmenbedingungen ermöglichen selbst steuernde Lernprozesse; emotional-rationale Entscheidungs-/Lernprozesse; Komplexität wird durch Selbststeuerung reduziert.

(2) Die Wissensspirale nach Nonaka/Takencho

Nonaka/Takeuchi (1995, S. 73; 1997, S. 84ff.; dazu auch North, 1998, S. 52;) beschreiben in ihrem Modell den Lernprozeß als eine **Wissensspirale**. Die Bewegung zwischen den beiden Formen von Wissen, implizites und explizites Wissen, formt den Prozeß neuer Wissensschaffung und bezieht sich auf vier **Interaktionen**. Zur Transformation des Wissens werden in einem Kreislauf vier **Phasen** durchlaufen:

- From tacit to tacit („Socialisation"/Sozialisation) = Aneignung von individuellem, nicht formuliertem Wissen, z.B. Lernen durch Beobachtung. In der Phase der Sozialisation wird erlebtes Wissen, z.B. mentale Modelle oder technische Fähigkeiten, erzeugt.
- From explicit to explicit („Combination"/Kombination) = Typisierung und Normierung des kommunizierten Wissens durch Dritte, z.B. neues Wissen durch Kombination bereits bekannten Wissens, das sich in neuen Methoden oder neuen Geschäftsideen manifestiert.
- From tacit to explicit („Articulation"/Externalisierung) = Umwandlung von implizitem in explizites Wissen, z.B. Dokumentation des Wissens für alle durch Externalisierung; schafft neues/verwertbares/konzeptuelles Wissen; Schlüsselposition im Wissensmanagement.
- From explicit to tacit („Internalization"/Internalisierung) = Vertiefung der implizierten Wissensbasis durch Erfahrung mit neuem Wissen; Generierung von operativem Wissen.

(3) Bausteine des Wissensmanagements nach Probst

Eine wissensorientierte Unternehmensführung muß verschiedene Bausteine des Wissens definieren, damit der Managementprozeß strukturiert werden kann, Lücken entdeckt und Interventionsfelder für Maßnahmen gefunden werden können. Auch bei Probst (1997) findet sich ein ganzheitlicher Ansatz; er unterteilt KM in verschiedene **Kernprozesse** (logische

Phasen; siehe Abb. 23, aus Probst/Raub/Romhardt, 1998, S. 56):

- **äußerer** Kreislauf (**strategische** Komponenten) als Basis, der die traditionellen Elemente eines Managementprozesses (Zielsetzung, Bewertung) umfaßt;
- **innerer** Kreislauf (**operative** Komponenten), der die Bausteine Wissensidentifikation, -erwerb, -entwicklung, -verteilung, -nutzung und -bewahrung beinhaltet.

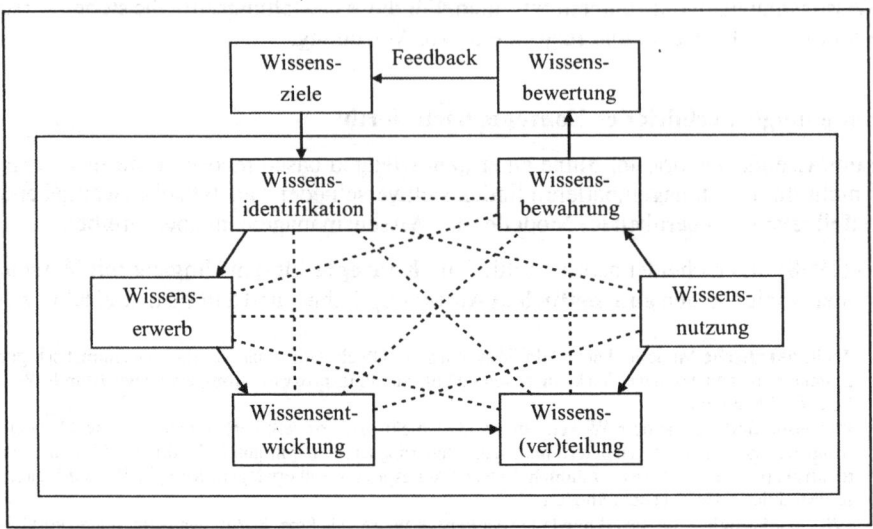

Abb. 23: Bausteine des Wissensmanagements

„Diese konzeptionelle Integriertheit auf Basis des Wissensbegriffes wird durch eine integrierte Sichtweise auf weiteren Ebenen ergänzt. Wissensmanagement umfaßt Interventionen, die stärker auf der individuellen und Gruppenebene ansetzen (zum Beispiel Maßnahmen des Personalmanagements) und auf der anderen Seite solche, die direkt auf die organisationale Ebene abzielen (zum Beispiel Unternehmensentwicklung, strategische Planung oder EDV-Organisation). Es übt damit eine Brückenfunktion zwischen den Elementen Individuum, Gruppe und Organisation aus. Wissensmanagement vereint außerdem die verschiedensten Funktionsbereiche unter einer gemeinsamen Interventionsstrategie.
Wissensmanagement berührt die Ebene des strategischen Managements dort, wo es um die langfristige Sicherung von Wettbewerbsvorteilen durch Entwicklung organisationaler Fähigkeiten geht (...) Die Gesamtstruktur des Konzeptes, die sich an den Gedanken eines klassischen Managementkreislaufs von Zielsetzung, Umsetzung und Kontrolle anlehnt, sichert die Anschlußfähigkeit an alternative Managementansätze und stellt die Suche nach zielorientierten Steuerungsmöglichkeiten in den Vordergrund." (ebd., S. 57f.)

Nach Probst/Raub/Romhardt (1998, S. 64ff.) lassen sich in diesem **integrierten** Konzept sieben **Elemente** skizzieren, die einem logischen **Kreislauf** folgen:

(1) Definition von Wissenszielen („Knowledge Objectives")

Da bisher Aussagen über organisationales Wissen in den meisten Unternehmen weder in den normativen, strategischen noch operativen Zielsetzungen Einzug gehalten haben, ist die **Definition** von Wissenszielen der Ausgangspunkt von KM; damit werden die wesentlichen Prozesse und Lernanstrengungen ausgerichtet und es wird definiert, auf welchen Ebenen welches Wissen/welche Fähigkeiten aufgebaut werden sollen. Als **Kernelement** der strategischen Planung liefern sie die Grundlage für die Umsetzung und Kontrolle. Nach Probst/Raum/Romhardt (1998, S. 70ff.) gilt:

Normative Wissensziele

- schaffen die Voraussetzungen für wissensorientierte Ziele im strategischen und operativen Bereich,
- richten sich auf eine wissensbewußte Unternehmenskultur,
- erfordern Einsatz und Überzeugung des Top-Managements.

Strategische Wissensziele

- definieren ein für die Zukunft angestrebtes Fähigkeitenportfolio,
- liefern damit häufig eine inhaltliche Bestimmung des organisationalen Kernwissens,
- erlauben eine strategische Orientierung von Organisationsstrukturen und Managementsystemen.

Operative Wissensziele:

- sichern die Umsetzung des Wissensmanagements auf operativer Ebene,
- übersetzen die normativen und strategischen Wissensziele in konkrete, operationalisierbare Teilziele,
- optimieren die Infrastruktur des Wissensmanagements,
- sichern die Angemessenheit der Interventionen in Bezug auf die jeweilige Interventionsebene.

Als **Methoden** zur Definition von Wissenszielen nennen Bullinger et al.(1998, S. 12):

- Informelle Gespräche mit den Vorgesetzten
- Stellenspezifische Anforderungskataloge
- Strategische Bildungsbedarfsanalysen
- Inhaltliche Know-how-Bilanzen
- Befragung durch die Personalentwicklung oder Vorgesetzte
- Schulungs- und Bedarfsmatrizen
- Jährliche Weiterbildungspläne

Probst/Raub/Romhardt (1998, S. 88f.) empfehlen auf der individuellen Ebene Zielinstrumente der Personalentwicklung durch Wissensaspekte anzureichern: So könnte ein MBO-System (siehe dazu 4. Teil, D) auch auf den Erwerb oder die Erweiterung persönlicher Fähigkeiten ausgerichtet und damit zu einem „Management by Knowledge Objectives" erweitert werden.

(2) Wissensidentifikation („Knowledge Identification")

In dieser Phase geht es um die Identifikation der wichtigsten Wissens**träger** im Unternehmen und der wichtigsten geschäftsrelevanten Wissens**inhalte**. Trotz (oder wegen) der Überflutung mit Informationen/Medien ist vor allem in multinationalen Unternehmen eine mangelnde **Transparenz** über Wissensbestände festzustellen, d.h. dieses Phänomen führt

- zu einem Verlust des **Überblicks** über interne Fähigkeiten und Wissensbestände,
- zu **Parallelentwicklungen** an verschiedenen Stellen (z.B. Marktstudien zum gleichen Thema an mehreren Stellen der Organisation),
- dazu, daß Leistungen **extern** eingekauft werden, die intern eigentlich vorhanden wären,
- dazu, daß **vorhandene** Patente und Technologien ungenutzt und vorhandene Experten unerkannt bleiben.

Die Frage nach Wissen oder Fähigkeiten spiegelt sich als „Problem" in simplen Alltagsfragen wie z.B.:
- Wie finde ich jemanden, der ... kann?
- Wer hat schon Erfahrungen mit ... gemacht?/Wer hat schon Ähnliches gemacht?
- Wer stand vor der gleichen Aufgabe/Fragestellung?
- Wo finde ich Informationen über ...?
- Wer hat freie Kapazität, um an dieser Aufgabe zu arbeiten?

In Großunternehmen ist über die Jahre ein **interner** Erfahrungsschatz („asset") aus **früheren** Aufträgen gewachsen, den es bei neuen Projekten zu nutzen gilt. Wir folgen der **Unterteilung** in (nach Geißler und Probst et. al.):

Organisations**interne** Wissensträger:

- Wissensträger „Speicherbare **Information**": nicht mehr übersehbare Menge an Informationen; gespeicherten Informationen eine einheitliche Sprachdefinition und -verwendung („controlled vocabulary") zugrunde legen; Suchalgorithmen
- Wissensträger **„Organisationsmitglied"**: Expertenwissen der Organisationsmitglieder oft nicht greifbar; informelle Netzwerke; Einrichtung von elektronischen Expertenverzeichnissen zur leichteren Identifikation von Wissensträgern, **„Yellow Pages"** (Angabe über Wissensgebiete/„was", Name/„wer", Expertentum/„wie gut"), die auf der Basis von Selbstverantwortung gepflegt werden; Durchführung von regelmäßigen „Knowledge **Reviews**" zur Verbesserung des Wissensaustauschs von Teams
- Wissensidentifikation durch **Wissenskarten**: Wissenslandkarten (**„Knowledge maps**, „competence maps", „knowledge matrix") als graphische Verzeichnisse von Wissensträgern/-beständen/ -quellen/-strukturen/-anwendungen: Organigramm gibt visuelle Übersicht/Navigationssystem für Wissensbestände/-träger; Probst et al. (S. 107f.) unterscheiden zwischen
  - Wissens**träger**karten (zeigen die Ausprägungen verschiedener Wissensbereiche bei den jeweiligen Wissensträgern; Aufschluß über Wissenträger in einem thematischen Kontext)
  - Wissens**bestands**karten (Aggregatationszustand von Wissen)
  - Wissens**fluß**karten (formalisierte Übersicht der Wissensflüsse zwischen Mitarbeitern/Gruppen/externem Umfeld)
  - Wissens**struktur**karten (Darstellung der Zusammenhänge verschiedener Wissensgebiete/visueller Überblick über Schwerpunkte eines Wissensgebietes)
  - Darstellung von Wissensbeständen in einer Wissens**matrix**
- Wissensidentifikation durch **Wissensbroker** oder Wissensingenieure (Mittler zwischen Wissensnachfragern und Experten)
- **Kollektive** Fähigkeiten sichtbar machen: Kernprozesse in **Kompetenzkarten** abbilden, Zugriff auf historische Projekterfahrungen; Ordnung von Charts; rechtlich geschütztes/immaterielles Wissen, Teams sichtbar machen

Organisationsexterne Wissensträger/-quellen:

Kontakte zu „think tanks", Beratungsunternehmen, Hochschul-/Forschungsinstitutionen, Stakeholder (Lieferanten, Kunden etc.), technische Speichermedien (z.B. CD-Rom), Internet, Einrichtung von „Horchposten" usw.

Die in dieser Phase beschriebene Auseinandersetzung mit dem Wissensumfeld der Organisation führt im Ergebnis zur **Identifikation** von Fähigkeitsdefiziten/Wissenslücken und leitet zur nächsten Stufe über: Maßnahmen des Wissenserwerbs und der Wissensentwicklung.

(3) Wissenserwerb („Knowledge Acquisition")

Der direkteste (und häufig auch effektivste) Weg zur Aneignung von Wissen, das intern nicht verfügbar ist, stellt die **gezielte Akquisition externen** Wissens dar, indem man Mitarbeiter mit dem benötigten Wissen einstellt, eine geeignete Organisation kauft (Fusionen) bzw. mit ihr kooperiert (Allianzen, Joint Ventures etc.) oder das Wissen „mietet"/„pachtet" (z.B. Forschungsprojekte mit Universitäten).

Der Erwerb von Wissensfeldern über externe Beschaffungsquellen stößt auf mehrere **Probleme**: mangelnde Transparenz der Wissensmärkte; interne Barrieren (Abwehrreaktionen/Akzeptanzprobleme, die den Erwerb erschweren; Kommunikationsprobleme). Probst et al. (1998, S. 148ff.) nennen folgende **Aktivitäten** auf den externen Wissensmärkten:

- Erwerb von Wissen von externen Wissensträgern: Experten, Berater, Wissenschaftler etc.
- Erwerb von Wissen anderer Organisationen: z.B. durch Unternehmensakquisition, strategische Allianzen
- Erwerb von Stakeholder-Wissen: aktive Einbindung der Bezugsgruppen wie Kunden, Lieferanten, Finanzwelt usw.
- Erwerb von Wissensprodukten: Wissenskonserven, technische Speichermedien (CD-Rom, elektronische Archive, Literatur-/Patent-/Referenz-Datenbanken usw.), immateriell-rechtliche Wissensträger (z.B.: Patente, Lizenzen, Software, Blaupausenerwerb), „legales" Kopieren/direkte Imitation fremder Konzepte, Reverse Engineering

128

(4) Wissensentwicklung („Knowledge Development")

„Der Baustein Wissensentwicklung ist für das Konzept des Wissensmanagements von besonderer Bedeutung. Im Mittelpunkt steht die Entwicklung neuer Fähigkeiten, neuer Produkte, besserer Ideen und leistungsfähigerer Prozesse. Es geht uns hierbei um all die Managementanstrengungen, mit denen die Organisation sich bewußt um die Produktion bisher intern noch nicht bestehender oder gar um die Kreierung intern und extern noch nicht existierender Fähigkeiten bemüht. Wird Wissen trotz externer Erwerbsmöglichkeiten intern entwickelt, so müssen hierfür sehr gute ökonomische oder strategische Gründe gefunden werden. Ökonomisch macht die Eigenentwicklung Sinn, wenn man die Fähigkeit intern günstiger erstellen kann, als sie über den Markt zu beziehen ist, oder man sich aus strategischen Gründen um jeden Preis die Kontrolle über gewisse zentrale Fähigkeiten erhalten muß." (Probst/Raub/Romhardt, 1998, S. 177f.)

Wissensentwicklung
„... umfaßt alle Managementanstrengungen, mit denen die Organisation sich bewußt um die Produktion bisher intern noch nicht bestehender oder gar um die Kreation intern und extern noch nicht existierender Fähigkeiten bemüht." (Bullinger et. al., 1998, S. 15)

Ein ganzheitlicher KM-Ansatz sieht die Wissensentwicklung nicht nur (wie dies in der traditionellen Perspektive geschieht) als Aufgabe der internen Forschung und Entwicklungsabteilung, sondern auch von kompetenten externen Partnern. Hierbei sind zahlreiche Barrieren der Wissensentwicklung zu berücksichtigen.

Um die geeigneten **Rahmenbedingungen** für eine effektive Wissensgewinnung in der Organisation zu schaffen, müssen sowohl individuelle als auch kollektive Entwicklungsprozesse gezielt über ausgewählte Instrumente gefördert werden (vgl. Probst/Raub/Romardt, 1998, S. 183ff.):

- **Individuelle** Wissensentwicklung: Kreativität, Schaffung von Freiräumen, Einrichtung eines betrieblichen Vorschlagswesens, umfassendes Innovationsmanagement, Entlohnung nach dem Wissensumschlag; die Schaffung von Motivationsfaktoren/Methoden der Externalisierung des implizierten Wissens für die Preisgabe des eigenen Expertenwissens ist ein zentraler Punkt.
- **Kollektive** Wissensentwicklung: Im Mittelpunkt stehen Teams/Arbeitsgruppen, Kompetenzzentren („Think tanks"), Lernarenen, Verarbeitung von Projekterfahrung („Lessons learned") oder das Lernen aus der Vergangenheit bzw. an (computer-)simulierten Szenarien.

(5) Wissensteilung/-transfer/-distribution („Knowledge Sharing")

Zwingende Voraussetzung, um isoliert vorhandene Informationen oder Erfahrungen für die gesamte Organisation nutzbar zu machen, ist die **(Ver-)Teilung** von Erfahrungen in der Organisation. (**Grundsatz**: Nicht jeder muß alles wissen; **Leitfragen**: Wer sollte was wissen? Wie viel Wissen muß ge(ver)teilt werden? Welche Wissensbestände müssen geheim bleiben? Wie kann ich die Prozesse der Wissens(ver)teilung erleichtern?)

Erste Voraussetzung für die Wissens(ver)teilung ist das Vorhandensein von Wissen. Die vorherigen Bausteine zeigten diesen Prozeß der Wissensentwicklung (aus eigenen Quellen), des Wissenserwerbs (aus externen Quellen) und der Wissensidentifikation.

Wissenselemente stehen isoliert voneinander zur Verfügung. Maßnahmen zur Schaffung von **Rahmenbedingungen** zur Steuerung der Wissensverteilung sind hierbei (vgl. ebd., S. 223ff.; Geißler, 1998, S. 38ff.):

- Aufbau einer **technischen** Infrastruktur; zahlreiche Technologien stehen zur Verfügung: unternehmensweite Datennetze/Intranet, E-Mail, Groupware-Systeme, Workflow-Systeme/Lotus Notes, MIS/EIS-Systeme, Einsatz **„hybrider"** Systeme (Verbindung menschlicher Fähigkeiten und technischer Möglichkeiten in komplementärer Form)
- Aufbau einer **organisatorischen** Infrastruktur/Auswahl einer adäquaten **Wissensverteilungsstrategie**: Wissensmultiplikation durch Wissensnetzwerke; Nutzung von Personalentwicklungsmaßnahmen; Steuerung: Push-Methoden (Verteilung von zu multiplizierendem Wissen über klar definierte Kanäle) oder Pull-Methoden (Nachfrager-Prinzip bei einem festgestellten Defizit); organisatorische Unterstützung durch Erfahrungsgruppen/Lernarenen, Personalentwicklungsmaßnahmen

- Teilungsbereitschaft fördern: Beseitigung ökonomischer, rechtlicher, organisationaler (hierarchischer/funktionaler), individueller (Teilungsfähigkeit/Teilungsbereitschaft), kultureller oder politischer **Barrieren** (Wissen = Macht; Herrschaftswissen als Machtbasis, Wissensmonopole usw. blockieren Bereitschaft zur Wissensteilung)
- Definition von **Sicherheitsmaßnahmen** der Wissensdistribution (Zugriffsberechtigung)

Ein lernendes Unternehmen lebt davon, daß Mitarbeiter ihre Erfahrungen mit den Kollegen teilen; dies wird in der Praxis durch verschiedene Barrieren verhindert (siehe Abb. 24, aus Böhl, 1998, S. 41; weitere Beispiele bei Berres, 1998, S. 61, oder die Liste der häufigsten Friktionen bei Davenport/Prusak, 1998, S. 195f.), vor allem weil die Überführung von Individual- in Kollektivwissen mit Aufwand verbunden ist. Änderung verspricht das Bestreben nach Wissenserhalt ausdrücklich in den Unternehmenszielen zu artikulieren und die Schaffung einer wissensorientierten Unternehmenskultur, die veränderte Verhaltensmuster fördert.

Natürliche Teilungsbarrieren
- Wissen ist nicht kontextfrei, was u.a. zu hohem Dokumentationsaufwand führt
- Unzureichende Bewertungsmöglichkeiten
- Überfluß an erhaltenswerten Informationen
- Aufwendige Instandhaltung von schnell veränderlichem Wissen

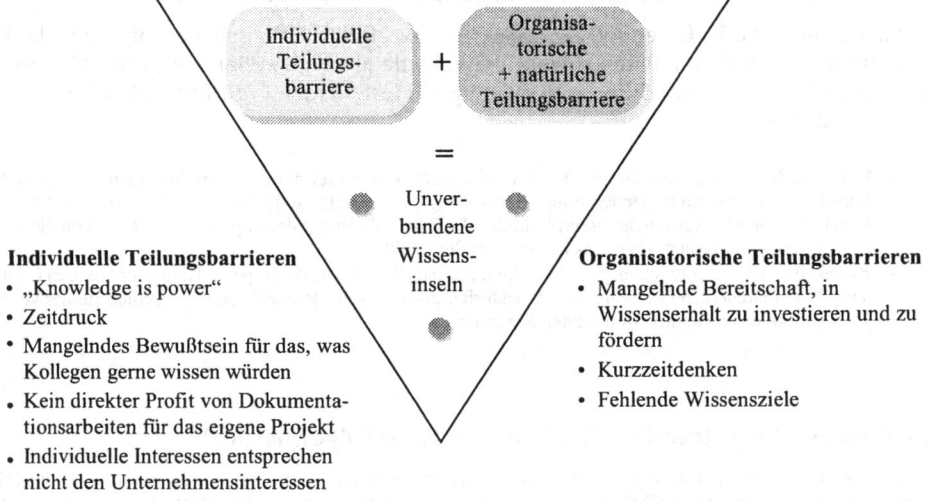

Individuelle Teilungsbarrieren
- „Knowledge is power"
- Zeitdruck
- Mangelndes Bewußtsein für das, was Kollegen gerne wissen würden
- Kein direkter Profit von Dokumentationsarbeiten für das eigene Projekt
- Individuelle Interessen entsprechen nicht den Unternehmensinteressen

Organisatorische Teilungsbarrieren
- Mangelnde Bereitschaft, in Wissenserhalt zu investieren und zu fördern
- Kurzzeitdenken
- Fehlende Wissensziele

Abb. 24: Teilungsbarrieren im Unternehmen

(6) Wissensnutzung („Knowledge Use")

Die bisher genannten Bausteine (Wissensidentifikation/-erwerb/-entwicklung und -verteilung) erzeugen allein noch keinen Nutzen für eine Organisation, so lange das neu erarbeitete Wissen nicht **umgesetzt** wird in eine Handlung/Entscheidung etwa zur Lösung eines Kundenproblems und zur Erhöhung der Wettbewerbsfähigkeit des Unternehmens.

„If you know so much, how come you are not rich?" (US-Lebensweisheit)

Das Zurverfügungstellen der „Infrastruktur" (wie in den letzten Abschnitten gezeigt) ist noch keine Garantie für erfolgreiches Wissensmanagement. Erst durch **Anwendung** von Wissen im betrieblichen Prozeß wird es in **Organisationsnutzen** zielorientiert umgewandelt und somit quantifizierbar.

Zum Abbau von **Nutzungsbarrieren** sind Kontexte zu schaffen, die eine Nutzung fördern, z.B. durch kulturbewußte Führungsmaßnahmen, indem bei Entwurf und Einführung einer technischen Infrastruktur auf die zugriffs- und nutzungsfreundliche Gestaltung des Systems Wert gelegt wird, oder durch nutzungsorientierte Gestaltung von Arbeitsituationen/Arbeitskontexte.

Die Fähigkeit von Unternehmen, nachhaltig neues Wissen zu generieren und in neue Produkte und Dienstleistungen umzusetzen, die unterschiedlichen Wissenträger und -arten zur Sicherung des Wissensflusses zu verknüpfen, die Lern- und Innovationsfähigkeit von Unternehmen zu steigern, Barrieren zu überwinden, wird heute in der Praxis durch ein systematisches **Knowledge Networking**/Knowledge Networks auf allen Ebenen im Unternehmen angestrebt (dazu Berres, 1998, S, 58ff.; insbesondere Seufert/Seufert, 1998, S. 76ff.).

Knowledge Networks
= Netzwerke zwischen Wissensträgern, um die Entstehung von Wissen auf Individual-, Gruppen-, Organisations- und Interorganisationsebene zu ermöglichen.

Aus Sicht der Wissensentwicklung ist dabei insbesondere erforderlich (nach Seufert/Seufert, 1988, S. 77f.):

- Vernetzung unterschiedlicher Wissensarten (z.B. explizit/implizit), Wissensebenen (z.B. Individuum/Gruppe) und Wissensbereiche (z.B. Kundenwissen/F&E-Wissen)
- Vernetzung von Wissensentwicklungsprozessen und Plattformen (formelle/informelle Netzwerke, Einsatz moderner IuK-Technologie)
- Vernetzung von Wissensentwicklungsprozessen und Umgebungsvariablen/Umfeld

(7) Wissensbewahrung

Nach der Erweiterung und Nutzung der Wissensbestände ist das individuelle/kollektive Wissen **abzusichern** („organisationales Gedächtnis"), d.h. zu selektieren, zu dokumentieren/archivieren und später zu aktualisieren. Damit wirkt man einem „organisationalen Vergessen" entgegen oder verhindert den Wissensverlust etwa bei Ausscheiden eines Mitarbeiters.

- **Wissensselektion**: Feststellen des Bewahrungswürdigen, Trennung zwischen zukünftig wertvollen/wertlosen Wissenselementen nach Selektionsregeln
- **Wissensspeicherung**: (Knowledge Storage): **individuelle** Bewahrung (z.B. durch Anreizsystem/Austrittsbarrieren/flexible Einbindungsmechanismen), **kollektive** Bewahrung (z. B. Dokumentieren/Protokollieren, kollektive Sprachentwicklung; Schaffen geteilter Erfahrung), **elektronische** Bewahrung (Digitalisierung, z.B. Datenbanken/Expertensysteme; „Knowledge Maps" oder „Yellow Pages")
- **Wissensaktualisierung**: hohe Halbwertszeit des Wissens erfordert ständige Aktualisierung der Wissensbasis; Sicherstellung der Datenqualität; Vermeidung eines „information overload"; Gefahr des organisationalen Vergessens

(8) Wissensbewertung („Knowledge Measuring")

Zur Bewertung des Wissens existieren nur **wenige** Indikatoren. Zur Sicherung des in Abb. 23 beschriebenen Kreislaufes muß jedoch eine Erfolgsbewertung zur Effizienz des KM durchgeführt werden. Der Prozeß der Wissensbewertung muß nach Probst/Raub/Romhardt (1998, S. 318ff.) in zwei Phasen unterteilt werden:

- Die Wissensmessung bemüht sich um die Sichtbarmachung von Veränderungen der organisatorischen Wissensbasis.
- Die Interpretation dieser Veränderungen mit Hilfe von Wissenszielen.

Folgende **Methoden** zur Bewertung der Wissensziele wurden entwickelt (ebd., S. 336):

Normative Wissensziele

- Kulturanalysen
- Beobachten des Verhaltens des Top-Managements (Agenda-Analysen)
- Glaubwürdigkeitsanalysen (Ideal-Ist-Gap)

Strategische Wissensziele

- Mehrdimensionale Wissensmessung (Wissensbilanz/Indikatorenklassen)
- Analyse des Kompetenzportfolios
- Controlling der bedeutendsten „Wissensprojekte"
- Balanced Scorecard

Operative Wissensziele

- Ausbildungscontrolling mit klaren Lerntransferzielen
- Messung der Systemnutzung (z.B. Intranet)
- Erstellung individueller Fähigkeitsprofile

Eine Messung des **Ist-Zustandes** bedarf einer vorherigen klaren Zieldefinierung (Soll-Festlegung). Auf das Controlling von KM, einige Wissensindikatoren und Unternehmensbeispiele gehen wir anschließend noch näher ein.

g) Werkzeuge für das Knowledge Management

Die operativen Aufgaben eines Wissensmanagements müssen durch vielfältige Träger und Medien unterstützt werden (vgl. North, 1998, S. 29):

- Coaching: hochrangig angesiedelt, überwacht die Knowledge Ecology
- Kompetenznetzwerke („**Communities** of Practice"): Bündelung des Wissens in Projekten
- „**Best Practices**" Datenbanken (wie sie vor allem bei einer Reihe von Beratungsgesellschaften bestehen: verbale Beschreibungen, Schlüsselkonzepte, detaillierte Prozeßkarten für eine Reihe von generischen Prozessen wie in der Logistik, der Fertigung etc.)
- Lernprozesse fördern
- Kontakte fördern (Wissensmesse, Kontaktbörsen etc.)
- Veränderte Rollen (lernen zu lernen, Teamfähigkeiten, Selbstmanagement etc.)
- Einsatz IuK-Technologie

North (1998, S. 260) schlägt eine dreistufige **informationstechnische Infrastruktur** vor

- Die **1. Stufe** gibt Antwort auf Fragen wie „**Wer** weiß was im und außerhalb des Unternehmens?" (Z.B. Gelbe Seiten)
- Die **2. Stufe** gibt Antwort auf die Frage „Wie können **Best Practices** kommuniziert werden? (Z.B. Intranet Diskussionsforen, Groupware, E-Mail)
- Die **3. Stufe** gibt Antwort auf die Frage „Wie kann konsolidiertes Wissen **gespeichert** und **gepflegt** werden? (Z.B. Datenbanken/Data Warehouse)

Bei der Darstellung der einzelnen KM-Konzepte haben wir bereits auf Basistechnologien des Informationsmanagements wie **Groupware** zur Unterstützung von Teamarbeit und seine zahlreichen Produktkomponenten (z.B. E-Mail, Workflow-Management bei Geschäftsprozessen, verteilte Hypertext-Systeme, Videokonferenzen, Notes usw., Intranet, Datenbanken) hingewiesen. **Organizational-Memory-Systeme** (OMS) stellen eine Weiterentwicklung dieser herkömmlichen Systeme dar.

Ein Knowledge Management System (KMS) ist ein Mischung aus verschiedenen Komponenten wie Workgroup/Groupware, Dokumentenmanagement, Workflow, Data Warehouse, Intranet oder Information Retrieval. Notes, als unbestrittener Marktführer, dient als **Universalplattform** für verschiedenste Anwendungen der Bereiche Informationsmanagement, Knowledge Management und Workflow Management.

132

h) Teildisziplinen des Wissensmanagements

(1) Business-/Competitive Intelligence

Business Intelligence/ Competitive Intelligence/ Strategic Intelligence
... ein systematisches, kontinuierliches Programm für das Sammeln, Verarbeiten und vor allem Analysieren von strategisch wichtigen Informationen. Hierbei geht es sowohl um die Auswahl geeigneter Quellen, die Definition von Abläufen, aber auch die Festlegung von Methoden für die Analyse eintreffender Informationen und ihre Koppelung an Entscheidungsprozesse und um die Kommunikation zwischen allen Beteiligten. (vgl. Götte/Pfeil, 1997, S. 42)

Competitive Intelligence, CI (synonym: Business/Strategic Intelligence) bezieht sich auf spezielle Abteilungen in Großunternehmen und auf einen systematischen, zielorientierten **Prozeß** zur Beobachtung der Märkte/Konkurrenten und zum Aufbau einer fundierten Wissensbasis (vgl. Pfeil/Götte, 1998, S. 62):

- Entwicklungen im Wettbewerbsumfeld antizipieren und beeinflussen (Allianzen, Fusionen, bevorstehende Produkteinführungen etc.),
- durch kontinuierliches Versorgen der Unternehmensleitung mit relevanten (auch „weichen") Informationen/relevantem Wissen vor Überraschungen schützen,
- Zeitvorsprung und Handlungsspielraum, um dem Konkurrenten zuvorzukommen,
- Abwehr neuer Anbieter, die versuchen, die Regeln des Marktes zu verändern,

- Absichern von Investmententscheidungen durch Research und Analyse, Vermeidung von Fehlinvestitionen,
- bessere Innovationsfähigkeit,
- bessere Ressourcennutzung durch Identifikation von neuen strategischen Partnern,
- frühe Identifikation neuer Geschäftsmöglichkeiten.

Beispiele für typische, konkret gestellte Fragen:
„Welchen Einfluß hat ein verstärktes Asien-Engagement der US-Firma X auf die Preise, auf unseren Absatz und auf unsere Produktionsstätte im Pazifischen Raum?"
„Welche technischen Schwächen haben die Produktangebote unserer Konkurrenten?" (ebd., S. 63)

CI umfaßt die Auswahl geeigneter Quellen (Print, online, Interview usw.), die Definition der Abläufe, die Festlegung von Methoden für die Analyse sowie die Kommunikation. Die interessierenden Informationen können offene Informationen (veröffentlicht/nicht veröffentlicht) sein oder auch Firmengeheimnisse sein. **Fachgebiete** und Methoden, aus denen sich Competitive Intelligence zusammensetzt (aus Götte/Pfeil, 1997, S. 41):

- **Marktforschung**: Research Design, Erhebungstechniken, Interviewkonzepte
- **Psychologie**: Organisationsentwicklungsmaßnahmen zur Verbesserung der betriebsinternen Kommunikation und des Information Sharing, spezielle Interviewmethoden
- **Information & Dokumentation**: Online-Retrievalsystem, professionelle Online-Datenbanken, Search Engines, Ablagesysteme
- **Informatik**: Groupware, Intranet und Messaging-Systeme zur Prozeßunterstützung
- **Betriebswirtschaft**: SWOT-Analysen, Firmenanalysen, strategische Planung, Wissensmanagement-Konzepte
- **Politikwissenschaften**: Bedrohungsanalysen, Analysen strategischer Muster, Personality Profiling

Umfassender wird der Begriff **„Business Intelligence"** bei Schütt (1999) interpretiert. Er sieht zwar einen kritischen Erfolgsfaktor darin, das versteckte Wissen in den eigenen Daten effizienter zu gestalten, daraus beispielsweise Wissen über Kundenverhalten abzuleiten und folgerichtig zu agieren, aber nicht den entscheidenden Faktor, denn vielmehr sind es die Menschen/Mitarbeiter, die mit ihrem Wissen aus der Information neues Wissen erzeugen und so über Innovationen Wettbewerbsvorteile aufbauen.

(2) Wissensmanagement und Unterstützung der jeweiligen Wettbewerbsstrategie

Jedes Unternehmen, das von Intelligenz und Ideenfluß abhängt, sollte Wissensmanagement strategisch angehen. Die eingesetzte **KM-Strategie** muß dabei aber die definierte **Wettbewerbsstrategie** unterstützen, d.h. mit der Geschäftsstrategie, der Personalpolitik und der Informationstechnik abgestimmt sein. Hansen/Nohria/Tierney (1999) kamen bei einer Untersuchung zum Ergebnis, daß grundsätzlich nur zwei sehr **gegensätzliche** Wissensmanagement-Strategien zur Verfügung stehen:

- **Kodifizierungsstrategie**: Hier werden persönliche Sach- und Fachkenntnisse elektronisch erfaßt, in Datenbanken gespeichert und von den Zugriffsberechtigten immer wieder genutzt.
- **Personalisierungsstrategie**: Hier bleibt das Wissen an die Person gebunden, also im Besitz der Einzelnen, die untereinander aber in regem Austausch stehen. Wissen wird vor allem im persönlichen **Gespräch** weitergegeben.

Jede der beiden Strategien erfordert unterschiedliche **Anreize**: Beim Kodifizierungsmodell müssen Mitarbeiter dazu gebracht werden, ihre Kenntnisse aufzuschreiben und elektronisch zu archivieren. Dazu bedarf es spürbarer Incentives und einer Berücksichtigung der Kriterien der Leistungsbeurteilung. Beim Personifizierungsmodell muß die Belohnung für das direkte Sharing der Kenntnisse mit anderen zur Weitergabe persönlichen Wissens ermutigen. Ein Leistungsbewertungskriterium ist deshalb: „Wie hilfreich konnte der Mitarbeiter mit seinem Wissen für Kollegen sein?"

(3) Wissensmanagement und Organisationsformen

Für North (1998. S, 71ff.) müssen Unternehmen, die im Wissenswettbewerb erfolgreich sein wollen, zwei Balanceakte beherrschen:

- **Stabilität versus Erneuerung**: Ein Zuviel an Stabilität kann Erneuerung hemmen, ein Zuviel an Erneuerung kann bedeuten, daß kein geregelter Geschäftsablauf mehr möglich ist.
- **Konkurrenz versus Kooperation**: Ein Zuviel an externer Konkurrenz (z.B. bei Auswahl an Zulieferern) kann zwar kurzfristig rentabel sein, mittelfristig aber Probleme bereiten (Preiskämpfe, Qualität, Abschneiden von Wissensquellen etc.), überzogene innere Konkurrenz verhindert Best Practices. Ein Zuviel an Kooperation gibt wettbewerbswirksames Wissen preis.

(4) Messung und Bewertung organisationalen Wissens

> „What gets measured gets managed."

In den letzten Jahren sind zahlreiche Phasen des Wissensmanagements mit Bausteinen und Werkzeugen/Tools angereichert worden – die größte Herausforderung liegt z.Z. aber eindeutig auf dem Gebiet der Messung und Bewertung organisationalen Wissens. Denn: Wo etwas „gemanagt" wird (hier Wissen), wird dementsprechend die Frage nach der **Meßbarkeit** des Erfolgs relevant, eine Art „Wissens-**Bilanz**" als **Ergänzung** zum klassischen finanzorientierten Berichtswesen eingefordert, in der nicht nur die klassischen (Kapital-)Posten enthalten sind, sondern auch das Wissenskapital in irgendeiner Form Berücksichtigung findet. Die Frage, wie man Wissen mißt, ist noch weitgehend unbeantwortet. Brauchbare Meßsysteme für eine Wissensbilanzierung sind erst rudimentär vorhanden. Trotzdem liegt zur Zeit (wie zahlreiche Veröffentlichungen und Konferenzen zeigen) der **Trend** im Bereich Wissensmanagement eindeutig beim „Messen" von intellektuellem Kapital.

Schneider (1999) sieht einen Grund für „Messen" im durchaus nicht ungefährlichen Wunsch der Entscheidungsträger nach **Komplexitätsreduktion**: „Die ganze Fülle qualitativer Informationen wird in wenigen für maßgeblich gehaltenen Zahlen verdichtet. Diese helfen dabei, echte Entscheidungen in Kalküle umzuwandeln. Während bei einer echten Entscheidung die Wertung ganz am Schluß vollzogen und damit ein mutiger Schritt in die Ungewißheit gesetzt werden muß, finden bei Kalkülen Wertungen sehr früh, portioniert und unerkannt statt – das ist weniger belastend, aber letztlich riskanter."

Bei diesem Wunsch nach **verbindlichen** Standards in der Berichterstattung ist man inzwischen einen Schritt weitergekommen. Das IASC, das International Accounting Standards Committee, hat inzwischen (September 1998) einen weltweit einsetzbaren **Standard IAS 38** zum Thema „Immaterielle Vermögenswerte" („intangible assets") in „annual financial statements" entwickelt und verabschiedet.Dort heißt es: „Intangible assets (...) applies, among other things, to expenditures on advertising, training, start-up, and research and development (R&D) avtivities." Erst eine breite Akzeptanz eines solchen Rechnungslegungsstandards würde eine weltweite Transparenz und Vergleichbarkeit von Rechnungslegungsinformationen liefern (dazu Ramin, 1999).

Es besteht zwar unter vielen Autoren Übereinstimmung darin, daß traditionelle Instrumente der Bewertung des organisationalen Wissens nicht eingesetzt werden können, ein Wissenscontrolling ist aber erst in rudimentären Ansätzen erkennbar: So zeigen sich erste Ansätze eines qualitativen Wissenscontrolling, die wir anschließend kurz zeigen, quantitative Erfassungen erscheinen nicht möglich).

Die **Kritik** an traditionellen **finanzwirtschaftlichen** Bewertungsmethoden beschreibt North (1998, S. 184ff.; North/Probst/Romhardt, 1998, S. 158f.) mit drei Kernsätzen:

- Wir messen **Wichtiges** nicht, Beispiele: Immaterielles Vermögen wird nicht bzw. ungenügend gemessen; wir kennen unser wettbewerbskritisches Wissen nicht; Beiträge zur Wissensentwicklung und zum -transfer werden nicht gemessen.
- Wir messen das **Falsche**: Aggregierte Daten zeigen oft Ursache-Wirkungs-Zusammenhänge nicht deutlich; Daten fehlen (Entwicklung der Wissensressourcen, Entwicklung der Mitarbeiter etc.); kollektives Erziehungswissen wird vernachlässigt; häufig werden Inputs gemessen, aber keine Outputs (z.B. Ausbildungsaufwand, aber keine Indikatoren über Erfolg).
- Wir messen mit dem **falschen Maßstab**, Beispiele: Materielles/immaterielles Vermögen wird unterschiedlich bewertet; quantitative Meßgrößen werden bevorzugt, qualitative Größen vernachlässigt, Einzel-Mitarbeiterbeurteilungen statt Teambeurteilungen, wenig Vergleich an externen Benchmarks; zeitliche Meßlatte ist zu kurz.

Viele Autoren halten dies auch für überflüssig, weil sich der Erfolg jeglicher betrieblicher Maßnahme letztlich am „Markterfolg" eines Produkts, an seinem Beitrag zur Erhöhung des Gewinns/Unternehmenswertes, messen lassen muß. Ist ein Markt**erfolg** gegeben, zeige dieser Indikator (indirekt) ja die gelungene Nutzung des vorhandenen Wissens. Dies überzeugt jedoch nicht: Zum einen muß auch die Wissensnutzung „überprüft" werden, „bevor" es sich im Gewinn niederschlägt (wie das Controlling ja auch über Soll-Ist-Vergleiche „laufende" Abweichungsanalysen durchführt, um noch **rechtzeitig** gegensteuern zu können/Frühwarnsysteme). Zudem läßt sich über ein pauschales Endergebnis kein Rückschluß auf die **Effizienz** beim Einsatz der Ressource „Wissen" ziehen.

Da das traditionelle Berichtswesen ja vergangenheitsorientiert ist, erscheint aber u. E. ein Einbezug von zukunftsorientierten Wissenspotentialen in den Rechenschaftsbericht eines Unternehmens (auch für Investoren) nicht uninteressant.

Beispiele, wie „**intangible** revenues" „**indirekt**" über **Kennzahlen** gemessen, bewertet und auch in der Berichterstattung veröffentlicht werden können, bieten bisher nur einige wenige Pionierunternehmen mit bereits praktizierten Ansätzen:

- **Balanced Score Card** (dazu 5. Teil), **Knowledge Score Card** (Indikatoren in Zielvereinbarungen)
- **Intangible Asset Monitor** / Skandia **Navigator** (siehe Sveiby)

- **Wissens-Berichte** („Knowledge-Reports")
- **Wissens-Audits** (z.B. das schwedische Unternehmen Celemi; dazu Sveiby, 1998, S. 257)
- **Anticipator** (dazu Roos, 1999)

In Skandinavien setzen bereits viele Firmen, wie insbesondere das schwedische Versicherungsunternehmen Skandia, das als Pionierarbeit erstmals seit 1994 in seinen Geschäftsberichten das **„Intellectual Capital"** ausweist, dieses Indikatoren-Modell ein. Dieser „unsichtbare" Teil bezieht sich auf drei Bereiche:

- **internal** structure indicators (patents, concepts, models, computer and administrative systems etc.)
- **external** structure indicators (relationships with customers and suppliers, brand name, trademarks, reputation/image etc.)
- **individuals' competence** indicators (knowledge that resides in peoples' heads, skills, education, experience, values, social skills etc.)

Der Marktwert eines Unternehmens setzt sich aus dem Finanzkapital und dem intellektuellen Kapital (IK) zusammen. Letzteres besteht aus zwei **Komponenten**, für die ein ganzes Set verschiedenster Kennzahlen gebildet werden:

```
Intellektuelles Kapital  = Humankapital + Strukturkapital
Strukturkapital = Kundenkapital + Organisationskapital
Organisationskapital = Prozeßkapital + Innovationskapital
Innovationskapital = Geistiges Eigentum/„intellectual property" + nicht greifbare Werte/„intangible assets"
```

Kritiker werfen diesem System vor, über ein „Sammelsurium" verschiedenster Indikatoren qualitativer und quantitativer Art wenig Aussagefähigkeit zu gewinnen. In einigen Ländern wird allerdings an der Entwicklung von **Standards** gearbeitet. Zudem erscheint bei diesem Ansatz die Veränderung des „Denkens" im Unternehmen vielleicht der wichtigere Aspekt zu sein.

Als Ersatzgröße wird in der Literatur der Einsatz des **„Market Value Added"** vorgeschlagen: Er ergibt sich als Differenz zwischen Marktwert eines Unternehmens (= aktuelle Börsenkapitalisierung) und Buchwert. Auch diese Größe ist problematisch. Zum einen ist sie nur für börsennotierte Unternehmen einsetzbar, zum anderen ist der Börsenkurs eine Größe, die von vielen Faktoren abhängt (auf manchen Börsensegmenten nicht zuletzt auch Spekulationsgrößen).

Das an der Universität Stuttgart sich in Entwicklung befindliche **Modell zur Generierung von indirekten Steuerungsgrößen** ist bereits ersten qualitativen Praxis-Checks unterzogen worden. (dazu Bürgel/Säubert, 1998)

D. Das Bezugsgruppenmanagement – Anspruchsgruppenkonzept

Bei der Darstellung des Systemansatzes wurde die Unternehmung mit ihren Systemeigenschaften bereits kurz skizziert. Dieses „produktive soziale System" Unternehmung als Subsystem der Gesamtgesellschaft steht in ständigen komplexen und dynamischen Austauschbeziehungen mit anderen Subsystemen. Die Umwelt wird vom St. Galler Managementmodell funktional in eine

- soziale (gesellschaftliche Aspekte)
- ökonomische (volkswirtschaftliche Zusammenhänge)
- technologische (Wirkungsbereiche der Technik/Naturwissenschaften)und
- ökologische (Natur i.w.S.)

Sphäre unterteilt (vgl. Ulrich, 1987, S. 64ff.; Günther, 1994, S. 24ff.).

Institutionell setzt sich das Umfeld dabei aus verschiedenen Gruppen/Institutionen/Personen zusammen, mit deren **Erwartungen** bzw. Forderungen sich die Unternehmung auseinandersetzen muß, da ihre eigenen Entscheidungen bzw. ihre Zielerreichung davon betroffen sind. (Drastisch bestätigte dies die Auseinandersetzung Shell – Greenpeace 1995 um die Versenkung der Ölplattform in der Nordsee.) Die potentiellen spezifischen Ansprüche dieser Anspruchsgruppen sind festzustellen (dazu insbesondere Janisch, 1993, S. 147ff.), der Grad der Zufriedenstellung der Stakeholder ist zu analysieren und ein „Beziehungsmanagement" für eventuelle konfliktäre Ansprüche der Bezugsgruppen zu entwickeln (dazu Hinterhuber/Aichner/Lobenwein, 1994, S. 73ff.; Bleicher, 1994, S. 167ff.). Ein Dialog mit Bezugsgruppen bietet zudem gute Früherkennungsmöglichkeiten.

Diese sog. **Stakeholder** finden sich im gesellschaftlichen Umfeld als externe und auch als interne **Anspruchsgruppen** bei den Mitarbeitern/Führungskräften:

- Eine „Inweltanalyse" des normativen Managements dient zur Erfassung der Interessen **interner** Anspruchsgruppe wie Mitglieder von Aufsichts- und Verwaltungsräten, leitende Angestellte, übrige Mitarbeiter und Betriebsräte als deren Vertreter (Bleicher, 1994, S. 177ff.). Ein laufendes Monitoring versucht die Interessen interner Anspruchsgruppen zu analysieren.

- Wurden die **externen** Anspruchsgruppen im „institutionalisierten" Umfeld der Unternehmung traditionell angesiedelt bei den marktbezogenen Anspruchsgruppen wie Lieferanten, Konkurrenten, Abnehmern, Banken, Eigentümer, Versicherungen, haben in jüngerer Zeit im Rahmen der ökologischen Herausforderung gesellschaftliche Anspruchsgruppen wie Anwohner/Nachbarn, Behörden, Staat, Medien, Verbänden, Gewerkschaften, Hochschulen, Bürgerinitiativen, Umweltschutzverbände usw. an Bedeutung gewonnen.

Das im Rahmen abgebildete Stakeholder-Portofolio macht die Heterogenität der Anspruchsgruppen deutlich und die Schwierigkeit, bei dem gegebenen Konfliktfeld unterschiedlicher individueller Interessen dennoch zu einem konsistenten Bündel von Unternehmenszielen zu kommen. Es verdeutlicht auch, wie durch die Einbindung des Unternehmens in die Gesellschaft und zur Absicherung der gesellschaftliche Akzeptanz das Unternehmen in der Umsetzung selbst gesetzter Ziele nur beschränkt autonom handeln kann.

Beispiel für ein individuelles **Stakeholder-Portfolio** – Deutsche Zigarettenindustrie
Anteilseigner, Fremdkapitalgeber, Lieferanten (Tabakfarmer, Papierhersteller usw.), Kunden (Groß-, Einzelhandel, Endverbraucher), Automatenaufsteller, Werbewirtschaft, Mitarbeiter, Gewerkschaften Nahrungs-/Genuß-Gaststätten, Konkurrenten, Bundesregierung (Fiskus, Gesundheitsministerium, Wirtschaftsministerium), Organe der Europäischen Gemeinschaft, Parteien, einzelne Politiker, Standortgemeinde, wissenschaftliche Institute, Krankenversicherungen, Medien, Umweltschutzverbände, Nichtrauchergruppierungen, Ärzteorganisationen, Justiz.(Quelle: Göbel, 1995)

Es gibt zwei Probleme: Zum einen das der sachlichen Heterogenität der Ansprüche der verschiedenen Anspruchsgrupen, zum anderen gibt es im Anspruchsgruppengefüge keine authentische Vertretung der Natur. Bei der Natur ergibt sich „das *spezielle* Problem der Unmöglichkeit eigener Artikulation" (Pfriem, 1995, S. 164ff.)

Das Konzept besagt demnach, daß Unternehmen zum **Erreichen ihrer Geschäftsziele** (bzw. durch Durchsetzung ihrer Strategien) auf die Beiträge oder Ressourcen solcher Stakeholder-Gruppen angewiesen sind. Diese internen oder externen Gruppen beanspruchen für ihre Leistungen eine adäquate **Gegenleistung**, d.h. einen persönlichen Nutzen. Die Beziehung sollte für beide Seiten eine Win-Win-Situation sein; die Erwartungen des Unternehmens und seiner Stakeholder sind (vgl. Conti, 1999, S. 21f. und 85ff.):

- Unternehmen/**Shareholder**: finanzielle Unterstützung des Top-Managements, Förderung des Images/ kurz- und langfristige Rentabilität, Wertsteigerung
- Unternehmen/**Mitarbeiter**: Verpflichtung, Beiträge von Einzelnen und Gruppen, Disziplin/ finanzielle Belohnung und Karrierebelohnung, Wachstum, Vollmacht

- Unternehmen/**Partner**: Beitrag zur Wertschöpfung, Loyalität, Treue/ Loyalität, offenes Vorgehen, gerechte Verteilung des Nutzens
- Unternehmen/**Gesellschaft**: effektives, effizientes Bildungssystem, günstiges soziales Umfeld/Sorge für physisches, menschliches, soziales Umfeld, positive Beiträge, Integrität

Die **Strategien** der Stakeholder lassen sich in fünf Kategorien zusammenfassen (Gröner/Zapf, 1998, S. 55):

- Direkte Einflußnahme auf ein Unternehmen (z.B. Nichtberücksichtigung der Produkte bei Kaufentscheidung/Arbeitsplatzsuche)
- Mobilisierung öffentlichen Drucks (z.B. durch Sensibilisierung anderer Stakeholder in Bezug auf das Fehlverhalten eines Unternehmens)
- Mobilisierung politischen Drucks (z.B. Ausübung von Druck auf den Staat, sich eines bestimmten Themas anzunehmen)
- Mobilisierung der Marktkräfte (z.B. Boykottaufruf)
- Gesellschafteraktivismus (z.B. Nichtkauf der Aktien des Unternehmens)

Für Rusche kann die Lebensfähigkeit der Unternehmung nur erhalten werden, wenn die Unternehmensführung alle Dimensionen des menschlichen Sozialsystems und alle Ansprüche der Interessenträger (Stakeholder) der Unternehmung berücksichtigt. (1996, S. 308). Er zeichnet ein argumentatives **Diskursmodell** der **kommunikativen Unternehmensethik** gleichberechtigter Dialogpartner, das die Interessenkonflikte aufgrund divergierender Ansprüche der unterschiedlichen Stakeholder auflöst: „Alle vorgetragenen Ansprüche und Interessen sind mittels unternehmensethischer Normen zu prüfen und nur dann zu rechtfertigen, wenn die in der einem Fixstern vergleichbaren und damit allerdings nicht erreichbaren Wert der idealen Kommunikationsgemeinschaft (IKG) zustimmungsfähig wären."

„Wenn intern und extern vielfältige Ansprüche an die Unternehmung gestellt werden, so läßt sich dies nicht länger mit einer Konzeption in Übereinstimmung bringen, wonach ein Unternehmen ein im strikten Rahmen enger ökonomischer Kalküle operierendes Akteurssystem darstellt. Unternehmen agieren eminent politisch, insofern im gegenseitigen Handlungsgefüge zwischen der Unternehmung und den internen sowie externen Anspruchsgruppen Fragen von Einflußnahme, Machtausübung und Konfliktaustragung eine bedeutsame Rolle spielen. Vor diesem Hintergrund sind auch die Zielsetzungen des Unternehmens nicht länger mehr angemessen über die bloße kalkulatorisch-ökonomische Rationalität zu definieren; auch sie bekommen unverkennbar politische Züge." (Pfriem, 1995, S. 160)

Als **„quasiöffentliche Institutionen"** (Ulrich, P.) wandeln sich Unternehmen zu gesellschaftlichen Institutionen. Auf den Grad der „öffentlichen Exponiertheit" (Dyllick) einer Unternehmung hat die Unternehmensgröße überraschenderweise keinen besonderen Einfluß (der Druck der Anspruchsgruppen ist z.B. bei Großunternehmen nicht größer als bei kleineren Unternehmen; dazu die empirische Erhebung von Nitze, 1991; S. 228ff.).

„Unternehmen sind zumindest zum Teil einer externen Lenkung unterworfen. Eine Unternehmung bzw. eine Unternehmensleitung kann zwar ihre eigenen Ziele setzen und zielgerichtet handeln, sie ist aber durch ihr Eingebundensein in die Gesellschaft in ihren Handlungen nur beschränkt autonom; ihr Verhalten muß in die Gesellschaft hineinpassen und von dieser akzeptiert werden." (Schaltegger/Sturm, 1992, S. 11) Der Zweck eines Unternehmens wandelt sich damit von der reinen erwerbswirtschaftlichen Erstellung eines Produktes oder einer Dienstleistung zu einer Befriedigung der Ansprüche verschiedenster Bezugsgruppen.

Innerhalb der Gruppe der Stakeholder wird heute in modernen Managementkonzepten der Gruppe der Unternehmens**eigentümer** im Sinne einer tendenziell monistischen Zielkonzeption (Maximierung des Aktionärsnutzens) besondere Aufmerksamkeit geschenkt. Während das Stakeholder-Konzept oft als Synonym der sozialen Verantwortung der Unternehmung bzw. als Form der Legitimationssicherung gebraucht wird, steht das **Shareholder-Konzept** als Verpflichtung des Managements zu einer nachhaltig **wertsteigerungsorientierten** strategischen Führung zur Sicherung der Wettbewerbsfähigkeit oft als Synonym für Auswüchse einer kapitalistischen Wirtschaftsordnung und als Ursache vieler Auswirkungen des heutigen tiefgreifenden gesamtwirtschaftlichen Strukturwandels (dazu im Einzelnen unsere Ausführungen im 5.Teil, M, VI).

Eine OECD-Studie (1998) stellt sich das vorbildliche, global aktive Unternehmen als kapitalistisch im **Ergebnis** und sozial verträglich in der **Führung** vor. Die nach Land, Kultur, Eigentumsstruktur und Wirtschaftsumfeld unterschiedlichen Regeln der „**Corporate Governance**" werden mit „**Mindestanforderungen**" beschrieben. (Empfehlungen beziehen sich u.a. auf eine verteilte Leitungsmacht in den Unternehmen, universelle Regeln für die Rechnungslegung, bestimmte Bürgerpflichten wie keine Kinderarbeit/Bestechung usw.) Man argumentiert, daß sich der Shareholder Value als Hauptzweck mit weniger Widerstand seitens der Öffentlichkeit und der Mitarbeitern steigern lasse, wenn die Geschäftsleitung auch auf die Erwartungen aller anderen Stakeholder eingehe.

E. Das Konzept des integrierten Managements als Bezugsrahmen

Aus dem Nutzen, den das Management durch den Einsatz knapper Ressourcen für relevante Bezugsgruppen generiert, gewinnt die Unternehmung **Legitimität** (Bleicher, 1991, S. 59). Diese Funktion darf aber nicht nur eindimensional ökonomisch gesehen werden, sondern muß mehrdimensional betrachtet werden. Insbesondere der Einbezug ökologischer Aspekte in betriebswirtschaftliche, ganzheitliche Aussagensysteme erscheint notwendig.

Als konzeptionelle Gesamtansicht einer Unternehmensführung verwenden wir weitgehend den Ansatz der St. Galler Schule (vgl. dazu insbesondere Ulrich, 1984/1987/1988 und Bleicher, 1991/1994). Die **Bausteine** dieser theoretischen Konzeption für ein ökonomisch-, sozial- und ökologieorientiertes Management, die wir nachfolgend im Einzelnen darlegen, umfassen drei Dimensionen, zwischen denen vielfältige Vor- und Rückkoppelungsprozesse ablaufen:

- Die Ebene des **normativen** Managements
  Inhalt: Generelle Ziele der Unternehmung; Prinzipien, Normen und Spielregeln zur Sicherstellung der Lebens- und Entwicklungsfähigkeit der Unternehmung; Unternehmenspolitik wird durch die Unternehmensverfassung und durch die Unternehmenskultur getragen; Legitimität des Unternehmens wird zum Maßstab; es richtet sich auf die Entwicklung von **Nutzenpotentialen** für Anspruchsgruppen aus; wirkt in seiner konstitutiven Rolle begründend für alle Handlungen des Managements.

- Die Ebene des **strategischen** Managements
  Inhalt: Aufbau, Pflege und Ausbeutung von bestehenden und neuen **Erfolgspotentialen.**

- Die Ebene des **operativen** Managements
  Inhalt: Umsetzung der leistungs-, finanz- und informationswirtschaftlichen Prozesse in Operationen; Effektivität des Mitarbeiters im sozialen Zusammenhang (vgl. Bleicher, 1994, S. 44ff.).

Normatives und strategisches Management **gestaltet**, operatives Management **lenkt** die Unternehmensentwicklung. Bleicher betont insbesondere den Integrationsgedanken (vgl. Abb. 25, aus ebd., S. 45; leicht verändert). Neben der horizontalen Integration sind die drei Dimensionen auch in vertikaler Sicht zu betrachten; Integration durch

- Aktivitäten (Konkretisierung von Normen über Missionen zu Programmen („Policies") und schließlich in Aufträgen)

- Strukturen (Konkretisierung in Form der Verfassung, Gestaltung von Organisations- und Managementsystemen, Dispositionssysteme) und

- Verhalten (verhaltensbegründend, verhaltensleitend, verhaltensrealisierend).

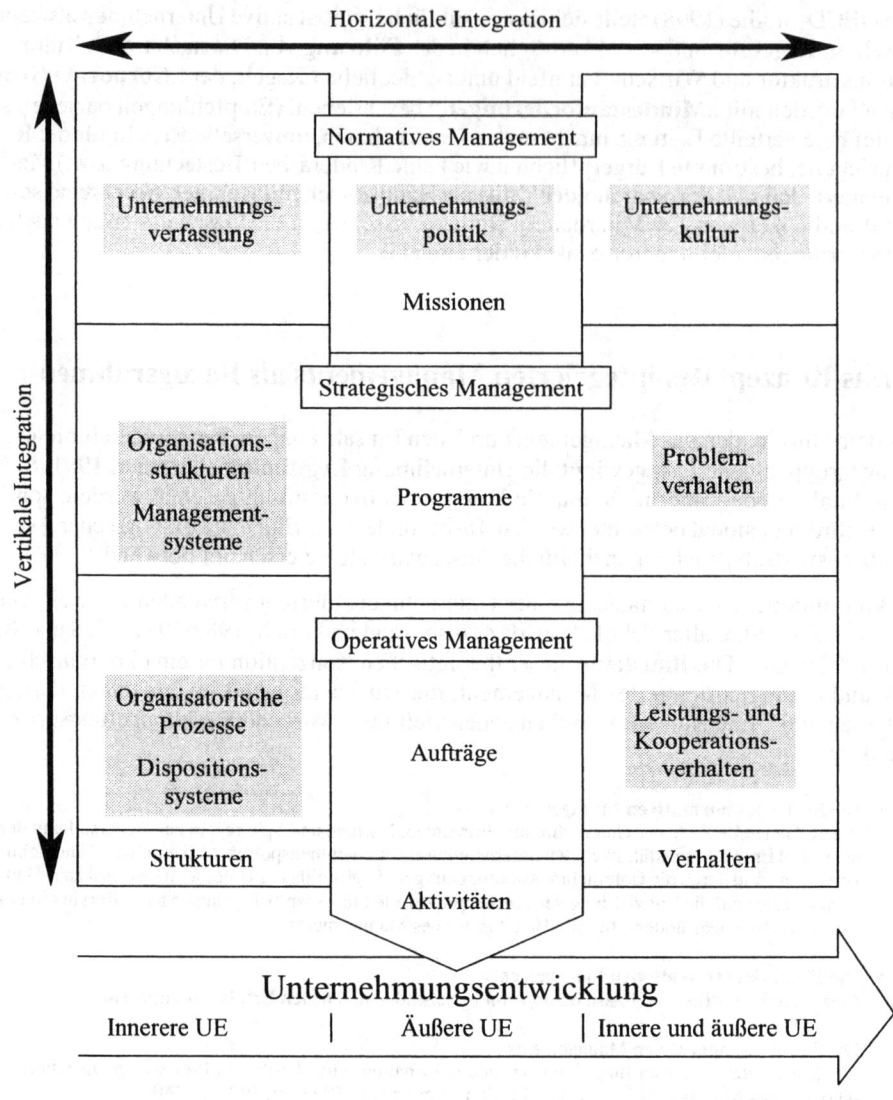

Horizontale Integration

Vertikale Integration

Normatives Management

| Unternehmungs-verfassung | Unternehmungs-politik | Unternehmungs-kultur |

Missionen

Strategisches Management

| Organisations-strukturen Management-systeme | Programme | Problem-verhalten |

Operatives Management

| Organisatorische Prozesse Dispositions-systeme | Aufträge | Leistungs- und Kooperations-verhalten |

Strukturen | | Verhalten

Aktivitäten

Unternehmungsentwicklung

Innerere UE | Äußere UE | Innere und äußere UE

Abb. 25: Zusammenhang von normativem, strategischem und operativem Management in horizontaler und vertikaler Sicht

Zweiter Teil:

Konstitutive Entscheidungen

„Kartelliaden"

Entflechtung	=	Rückverwandlung eines Eierkuchens in Eier
Fusion	=	versäumte Kooperation
Kooperation	=	Vernunftehe mit Gütertrennung
Selbstmörder	=	Lieferant, der seine Abnehmer wegen Mißbrauchs der Nachfragemacht bei der Kartellbehörde anzeigt
Absprache	=	wenn alle Beteiligten zufällig von den gleichen Preisen geträumt haben

(Sölter, 1977)

A. Gründungsmanagement – Unternehmertum („Entrepreneurship")

I. Gründungsoffensive in Deutschland

Dem Entrepreneurship-Gedanken und Unternehmensgründungen wird in jüngster Zeit in Wissenschaft und Praxis große Bedeutung beigemessen. Existenzgründer sind die Lieblingskinder deutscher Politiker: Ein **„Entrepreneurial Spirit"** soll helfen, die erstarrte Politiklandschaft, den Korporativismus, verkrustete Unternehmensorganisationen, Kartelle des Stillstands und zudem den Arbeitsmarkt zu beleben („Jobmaschine"). Die Gründung neuer Unternehmen mit hohem Innovationspotential in den Schlüsseltechnologien des 21. Jahrhunderts eröffnet mögliche dynamische Wachstumspfade.

Deutschland im Aufbruch? Der Beginn einer neuen, technologisch induzierten **„Gründerzeit"**? Die wichtigsten Voraussetzungen für eine solche „wirtschaftliche" Neuausrichtung sind aber nicht nur veränderte politische Rahmenbedingungen und Strukturreformen, sondern zuerst eine **„geistig-kulturelle"** Neuausrichtung, veränderte Visionen, Leitbilder, Verhaltensweisen und die Sensibilisierung zur Schaffung einer „Gründerkultur" und eines „Unternehmergeistes".

In seiner Berliner Ansprache, in der der Alt-Bundespräsident Roman Herzog seine Vision von einem Deutschland im Jahre 2020 skizzierte, stellte er bei seinen sechs Reformpunkten an den Anfang:

> „Wäre es nicht an der Zeit, eine **Gesellschaft der Selbständigkeit** anzustreben, in der der Einzelne mehr Verantwortung für sich und andere trägt und in der er das nicht als Last, sondern als Chance begreift? Eine Gesellschaft, in der nicht alles vorgegeben ist, in der auch dem, der Fehler macht, eine zweite Chance eingeräumt wird."

Diese Atmosphäre des Aufbruchs zeigte sich in den letzten Jahren in einem beständig **positiven** Existenzgründungssaldo („Gründerboom"). In den letzten Jahren hat sich die Zahl der **Neugründungen** bei etwa 500.000 pro Jahr eingependelt. Das Bonner Institut für Mittelstandsforschung meldet für 1998 538.000 Existenzgründungen in Deutschland, gleichzeitig gaben 458.000 Firmen auf. Der Gründer-Elan hat sich 1998 also leicht abgeschwächt: Zugänge und Abgänge saldiert, kamen bei Unternehmensgründungen nach Berechnungen des Bonner Instituts für Mittelstandsforschung 1998 zwar rund 80.000 Unternehmen neu dazu, das sind aber 4.000 weniger als im Jahr davor; das ist der niedrigste Saldo seit der deutschen Einheit. Das Institut für Mittelstandsforschung konstatiert einen bemerkenswerten Trend: Wurden bislang vornehmlich im haushaltorientierten Dienstleistungssektor Arbeitsplätze geschaffen, ist es jetzt vor allem im unternehmensorientierten Dienstleistungssektor.

Über die Zahlen an Neugründungen finden sich in den Medien stark variierende Aussagen. Dies ist darauf zurückzuführen, daß in Deutschland keine aussagekräftige **Gründungs-** und **Liquidationsstatistik** existiert und die amtliche Statistik (z.B. Gewerbemeldestatistik, Umsatzsteuerstatistik) als Informationsquelle nur sehr bedingt verwendet werden kann (z.B. sind viele Anmeldungen nur Nebenerwerbs- bzw. Erweiterungsgründungen; freie Berufe und Übernahmen sind nicht enthalten, Problem der Schein-Unternehmertätigkeit/Umstrukturierungen; dazu Struck, 1999). Nach Meinung der DtA werden erheblich zu hohe Gründungszahlen ausgewiesen. Auch die **Aufgabequote** von Gründungen muß differenziert werden; danach beträgt sie bei „allen" Gründungen nach ca. fünf Jahren ca. 50%, für „Existenz"-Gründungen reduziert sie sich auf knapp 20% und bei „geförderten" Existenzgründungen nochmals auf 7 bis 10%. Zum Problembereich Vorsorge-/Krisenmanagement und Insolvenz siehe den Punkt V.

Offizielle (Gewerbe-)Anmelde- und Abmeldezahlen „verfälschen geradezu maßlos das tatsächliche Bild". Preisendörfer (1999, S. 59) gibt folgende Auflistung von **Verzerrungsfaktoren** im „düsteren" Bild der Erfolgschancen neu gegründeter Betriebe:

- Zahlreiche Meldefälle sind fiktive Einheiten
- Zahlreiche Meldefälle sind von Anfang an befristet angelegt

- Zahlreiche Hobby- und Nebenerwerbsgründungen
- Abmeldungen bedeutet nicht faktisches Betriebsende
- Abmeldung bedeutet nicht Scheitern
- Abmeldung bedeutet nicht Ausscheiden aus dem Status „selbständig"
- Zahlreiche Meldungen haben von Anfang an keine Wachstumsambitionen

„Das Thema Existenzgründungen nimmt in der öffentlichen Diskussion im Rahmen der Standort Deutschland-Debatte zur Zeit einen breiten Raum ein. Alle Parteien, Wirtschaftsverbände und zahlreiche Wirtschaftsmagazine versuchen, sich im Ruf nach mehr Selbständigen im Land zu übertreffen." (Verband UnternehmensGrün)
„Eine marktwirtschaftliche Gesellschaft kann (ökonomisch, sozial und ökologisch) nur erfolgreich funktionieren als Unternehmergesellschaft, und die Belebung engagierten Unternehmertums ist der beste Weg, die in einer Gesellschaft verfolgten sozialen und ökologischen Ziele zu realisieren. Unternehmen heißt handeln statt aussitzen, heißt Probleme lösen statt verwalten, heißt Eigeninitiative entwickeln statt abwarten, heißt sich ganz persönlich in die Verantwortung stellen statt Schuldzuweisungen in die Welt zu setzen, heißt neue Wege bestreiten statt in ausgetretenen Pfaden zu gehen" (Günther/Pfriem, 1999, S. 8).

Faktoren, die den **Regenerationsprozeß** des Unternehmerbestandes eines Landes (eine „enterprise economy"/„entrepreneurial society") beeinflussen, sind u.a.:

- das Ansehen des Unternehmers in der Öffentlichkeit
- das Gründungsklima in der Gesellschaft (Bürokratiehemmnisse, Förderungen etc.)
- das wirtschaftspolitische Umfeld (Politik, Wachstum etc.)
- der soziale Mobilitätsgrad der Bevölkerung
- der individuelle Wunsch nach Selbstverwirklichung, Leistung, Handlungsfreiheit, Unabhängigkeit etc.

Global Entrepreneurship: Monitor-Studie (GEM)
Das verhaltene Wirtschaftswachstum in Deutschland ist nicht zuletzt darauf zurückzuführen, daß Unternehmergeist eine nur wenig verbreitete Tugend ist. Die 1999 veröffentlichte Studie zeigt: Während in den USA statistisch betrachtet eine von zwölf Personen ein Unternehmen gründet, ist nur jeder 48. Deutsche ein Entrepreneur. Warum Deutschland beinahe Schlußlicht sei, liege vor allem an kulturellen Differenzen: In Nordamerika seien Unternehmertum und Selbständigkeit ein normaler und weithin akzeptierter Lebensbestandteil, ebenso der damit verbundene Erfolg oder Mißerfolg. In den anderen Ländern gelte die Tätigkeit des Unternehmers dagegen als „struktureller und kultureller Sonderweg". Venture Capital gäbe es genug, es fehle jedoch an „effizienten Mechanismen", dieses Anlagekapital mit der unternehmerischen Nachfrage zusammenzubringen. Kritisiert wird in der Studie, daß die deutschen Schulen und Universitäten kaum unternehmerisches Denken vermittelten. Weite Teile der Bevölkerung schätzten bei der Berufswahl Sicherheit höher ein als unternehmerische Selbstentfaltung. (Quelle: Handelsblatt, 29.6.1999)

1. Entrepreneurship und Innovationsmanagement

a) Steigerung der Innovationsfähigkeit als gesellschaftliche Aufgabe

(1) Entrepreneurship und Strukturwandel

Entrepreneurship als Motor der Wirtschaft ist als ein entscheidender Faktor für den **Wirtschaftsstandort Deutschland** anzusehen, denn innovative Ideen liefern einen wichtigen Beitrag zur **Modernisierung** der Wirtschaft und zum zukunftsorientierten Strukturwandel. Innovative Neugründungen werden (verengend) vor allem auf die Wachstums- oder Zukunftsbranchen wie Biotechnologie oder Multimedia bezogen – in Bezug auf Gründungen kann aber auch jegliche Art von **neuen Problemlösungen** (in Organisation/Marketing etc.) mit möglichst hohem Kundennutzen als Innovation angesehen werden.

Existenzgründungen sind also „Hoffnungsträger" für das wirtschaftliche Potential **Deutschlands** und das Angebot an Arbeitsplätzen. Entrepreneurship bezieht sich nicht nur auf die „technische" Gründung von Unternehmen, sondern auch auf die verhaltensorientierte Interpretation des Unternehmerischen (Persönlichkeitsstruktur, Charaktereigenschaften, Motive, Leistungbereitschaft usw.) und auf die (pädagogisch orientierte) Förderung des unternehmerischen Handelns (etwa durch „handlungsorientierte Qualifizierung" an Schulen und Hochschulen).

Die Gesellschaft muß **Chancen** öffnen für echtes Unternehmertum, denn (vgl. Günther/Pfriem, 1999, S. 17f.):

- Es gibt kein Zurück zur Arbeitsgesellschaft des ausgehenden Jahrhunderts. Arbeitslosigkeit kann allein abgebaut werden über erfolgreiches unternehmerisches und wirtschaftliches Handeln in zukunftsfähiger Perspektive.

- Information und Wissen sind längst global. Globalisierung kann nicht verweigert, sondern muß angenommen werden.

- Wir brauchen eine ökologische Erneuerung unserer Volkswirtschaft; die durchaus erheblichen Fortschritte reichen für eine Gesamtentwicklung noch bei weitem nicht aus.
- Eine wachsende Bedeutung von Leitbildern und Wertorientierungen für die Wirtschaft (Produktkulturen/Erlebnismärkte gewinnen an Bedeutung).

(2) Entrepreneurship und Arbeitslosigkeit

Eines der größten gesellschaftlichen Probleme zu Beginn des 21.Jahrhunderts ist die strukturelle Arbeitslosigkeit. Trotz wirtschaftlichem Wachstum stehen wir vor dem Phänomen des **„jobless growth"**. Die **Arbeitslosenzahlen** stagnieren mit 4 Mio. auf einem erschreckend hohen Niveau.

Situative Einflußgrößen, wie eine unbefriedigende berufliche Situation oder Arbeitslosigkeit sind fördernde Ausgangssituationen (vgl. Lang-von Wins 1999, S. 32ff.). Neugründungen werden als „ein" Mittel zur Linderung des Arbeitslosenproblems gesehen. Deshalb wurden verschiedene Initiativen zur Förderung gestartet: Der Gründer bekommt ein halbes Jahr **Überbrückungsgeld**, das andere Zuschüsse vom Staat nicht ausschließt. Die Arbeitsämter förderten 1998 fast 100.000 Existenzgründer mit insgesamt mehr als 1 Mrd. DM, fast 20 % der 538.000 Neugründer waren vorher **arbeitslos**.

Während Großunternehmen überwiegend Arbeitsplätze abbauen, sind mit jeder Neugründung im Durchschnitt fünf bis sechs **neue** Arbeitsplätze verbunden – eine Zahl, die sich binnen fünf Jahren nach Gründung verdoppelt (DtA, 1999, S. 4).

Jungunternehmer haben in den letzten 12 Jahren 5,6 Mio. Arbeitsplätze **geschaffen**, die übrige Wirtschaft etwa 4 Mio. (nach Verband Unternehmensgrün). Gerade **Dienstleistungen** (dazu unsere Ausführungen im 1. Teil) bieten als der zur Zeit dynamischste Teil der Volkswirtschaft ideale Möglichkeiten für den Aufbau einer selbständigen Existenz. 45 % der neuen Unternehmer siedelten sich in diesem Sektor an. Hier ist allerdings auch der größte Anteil der sog. **Selbstbeschäftigten** zu finden, d.h. Einzelunternehmer ohne zusätzliche Mitarbeiter.

„Ein wachsender und bedeutender Anteil der Arbeitsplätze wird heutzutage in **Kleinbetrieben** angeboten. Die Betriebe unterhalb einer Betriebsgröße von 50 Beschäftigten stellten im letzten Drittel der 70er Jahre noch rund 38% und nun Anfang bis Mitte der 90er Jahre rund 43% aller sozialversicherungspflichtig Beschäftigten." (Leicht/Strohmeyer, 1998, S. 46) Die spätestens seit den 80er Jahren konstatierte Trendwende in der Entwicklung der **Betriebsgrößenstruktur** hat sich nach Leicht/Strohmeyer (1998, S. 56f.) bis zur Mitte der 90er Jahre verstetigt und bestätigt ein auffälliges Wachstum an Zahl und Beschäftigten bei kleineren Betrieben.

(3) Entrepreneurship und Gründerinnen

Rund 900.000 selbständig tätige **Frauen** gibt es derzeit in Deutschland, das entspricht einem Viertel aller Selbständigen (USA: 40%). Zwar ist Selbständigkeit immer noch eine Domäne der Männer, aber besonders auffällig ist der steigende Anteil an Frauen bei Existenzgründungen: Inzwischen wird jedes **vierte** Unternehmen trotz der erschwerten Startbedingungen (Familie etc.) von einer Frau gegründet. Mitte der 70er Jahre war dies nur jede zehnte! Mehr als die Hälfte der von der DtA geförderten Gründerinnen macht sich in einer Dienstleistung selbständig, ein weiteres Drittel im Handel.

Zur Unterstützung von **Gründerinnen** existieren mittlerweile einige Kontaktstellen/Netzwerke (z.B. Deutsches Gründerinnen Forum/Berlin), bei denen erfolgreiche Managerinnen und Unternehmerinnen oft kostenlos beraten; zusätzlich werden zahlreiche **Hilfen** angeboten (Förderprogramm Startgeld der DtA, einige spezielle Förderprogramme für Frauen der Bundesländer). Zum Problemkreis „Frauen und Entrepreneurship" siehe besonders Ibrahim/Ellis (1998, S. 41ff.)

Auf dem Weg zur Selbständigkeit haben Frauen mit **speziellen Problemen** zu kämpfen (vgl. BMWi, 1999, S. 16):

- Verhandlungen mit Banken: Akzeptanzprobleme (Frauen können sich oft nicht „so gut verkaufen" wie männliche Gründer).
- Diese Akzeptanzprobleme (Vorbehalte) kann es gerade in der Anfangsphase auch bei Auftraggebern, Kunden und den eigenen Mitarbeitern geben.
- Partnerschaft – Familienplanung (alle Selbständigen sind auf Unterstützung aus ihrem persönlichen Umfeld angewiesen: „Ein Mann hat bei seiner Karriere seine Frau im Rücken, eine Frau hat die Familie im Nacken.").
- Mangelnde berufliche Qualifikation (da Frauen oftmals traditionelle Frauenberufe erlernen, die ihnen eine spätere selbständige Existenz erschweren).
- Mangelndes Eigenkapital und fehlende Sicherheiten (deutlich weniger als bei Männern).

„Trotz aller besonderen Schwierigkeiten gilt aber: Wenn Frauen sich selbständig machen, so sind sie im Schnitt dabei erfolgreicher als Männer. Der Anteil der Frauen, die scheitern und deshalb die öffentlichen Fördergelder dann nicht mehr zurückzahlen können, ist kleiner als der entsprechende Anteil bei den Männern." (ebd., S. 18) Nach Einschätzung der DtA liegt das daran, daß Gründerinnen ihr Vorhaben realistischer angehen und zu große Risiken vermeiden.

b) Steigerung der Innovationsfähigkeit als unternehmerische Aufgabe

(1) Förderung einer innovativen Unternehmenskultur

„Die Innovationsfähigkeit vieler Unternehmen hat im Laufe ihrer Entwicklung nachgelassen. Sie stehen heute vor dem Problem, wie sie die Innovationskraft zurückgewinnen können, die sie als junge Pionierunternehmen einmal besaßen." (Little, 1991, S. 9)

Die Organisation und Motivation gezielt für ein Innovationsmanagement und Entrepreneurship einzusetzen, ist für Unternehmen sowohl eine **betriebswirtschaftlich**-unternehmerische als auch **verhaltenswissenschaftlich**-geistige Aufgabe, denn es gilt nicht nur die (eventuell bürokratisch erstarrten) Strukturen gezielt flexibler zu gestalten, sondern auch den Mitarbeitern wieder die schöpferische Atmosphäre/Kreativität und Freiräume für innovatives Arbeiten/Denken und Ideenentwicklung zu geben.

(2) Intrapreneurship zur Einbindung innovativer Mitarbeiter

Zahlreiche Veröffentlichungen, etwa von Pichot (1988), Servatius (1988) oder Peters/Waterman (1982), haben einen Aspekt hervorgehoben, den bereits Schumpeter erwähnte: daß nämlich der (**angestellte**) Manager auch als Unternehmer handeln kann. Mit der Förderung des unternehmerischen Verhaltens von Mitarbeitern **innerhalb** des Unternehmens will man auch verhindern, daß innovative Mitarbeiter die Unternehmung verlassen, d.h. etwa von Venture-Capital-Gebern „weggeködert" werden, und als Entrepreneure ein **eigenes** Pionierunternehmen gründen und damit zum Wettbewerber werden! Aber selbst wenn sie in einem „outgesourcten" Spin-off in Netzwerken weiterhin mit „ihrem" Unternehmen zusammenarbeiten, wird dies nun zu „Marktpreisen" geschehen.

Andererseits sind die **Ressourcen** eines Großunternehmens für einen Innovator interessant, deshalb kann **Intrapreneuring** besser sein als Entrepreneuring: **Vorteile** sind die Fertigungseinrichtungen, die Netze von hilfsbereiten Zulieferern, der Fundus an betriebseigener Technologie, die finanziellen Ressourcen, alle Arten von Personalressourcen sowie ein starkes Marketing (vgl. Pinchot, 1998, S. 14).

Diese Gruppe von Akteuren steht also zwischen dem klassischen Organisationsmann und dem Entrepreneur, der sich lieber selbständig macht (Servatius nennt dies die „Venture-Wippe", siehe Abb. 26 aus Servatius 1988, S. 254).

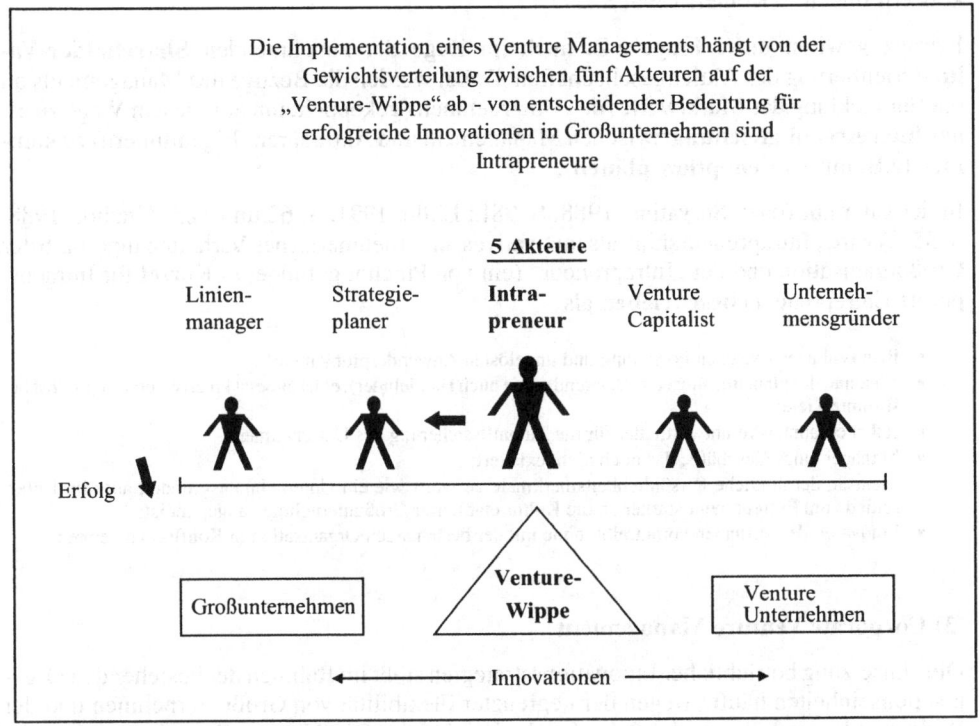

Abb. 26: Venture-Wippe

Der Begriff **Intra**preneurship bezeichnet den Versuch, die Mitarbeiter im Unternehmer stärker zu einem „unternehmerischen Handeln" zu bringen, d.h. daß sie wie „**Entrepreneure**" handeln. Intrapreneure als „Change agents" zur Selbstregulierung und ständigen Reorganisation der betrieblich-hierarchischen Organisation. Die systematische

Entdeckung und gezielte Förderung solcher Intrapreneure im Unternehmen ist Aufgabe eines zukunftsorientierten **Management Development** (MD).

Dieser Versuch ist auf die **Principal-Agent**-Problematik zurückzuführen: „Die Interessendivergenzen zwischen angestelltem Management und Eigentümern können in Kapitalgesellschaften zu einer ineffizienten Unternehmensführung führen. Wenn es dem Eigentümer aber gelingt, mit Hilfe von vertraglichen Anreizen eine Interessenkongruenz herzustellen, so kann damit ein unternehmerisches Handeln des angestellten Managers indiziert werden." (Ripsas, 1997, S. 81)

Die Einführung von Intrapreneurship in Unternehmen bedingt **neue** Organisations- und Lenkungsstrukturen, d.h. zusätzliche Entscheidungsspielräume für die Mitarbeiter und den Abbau von Hierarchieebenen.

Insbesondere das Cost- oder **Profit-Center-Prinzip** erlaubt die Schaffung weitgehend **selbst verantwortlich** handelnder Werke, Abteilungen und Standorte; dies vereinfacht u.a. nicht nur interne Benchmarking-Vergleiche, sondern auch eine eventuelle Ausgründung durch die rechtliche Verselbständigung der Center. „Erklärtes Ziel dieser organisationalen Umstrukturierungen ist die Implementierung unternehmerischen Bewußtseins im mittleren Management, die Einführung der ‚Brutalität des Marktes im Unternehmen', wie es ein führender deutscher Automobilmanager ausdrückte. Das Leitbild des mittelständischen flexiblen Kleinunternehmers (‚Intrapreneur') soll durch die Centerstruktur Eingang in den Großkonzern finden." (Köhler, 1999, S. 37)

Brisanz gewinnt diese Frage z.Z. auch im Zuge der zunehmenden **Shareholder-Value**-Orientierung der Aktiengesellschaften. Dabei werden die Bezüge des Managements an die Entwicklung des Marktwertes des Unternehmens gekoppelt, um auf diesem Wege zu einer **Interessenangleichung** zwischen Management und Aktionären (Eigentümern) zu kommen (z.B. mit **Aktienoptionsplänen**).

In der Literatur (dazu Servatius, 1988, S. 98f.; Little, 1991, S. 62 und 125; Pinchot, 1988, S. 55ff.) wird „Intrapreneurship" als innovatives, unternehmerisches Verhalten innerhalb der Großorganisation und der „Intrapreneur" (ein von Pinchot gefundenes Kürzel für Intracorporate Entrepreneur) **beschrieben** als

- Brückenbauer zwischen Forschung und ungelösten Anwenderproblemen;
- Visionär, der plant und umsetzt (Denkender wie auch Handelnder); er ist äußerst kreativ; setzt sich selbst bestimmte Ziele;
- selbst ernannter Verantwortlicher für die Zukunftssicherung des Unternehmens;
- Manager eines Geschäfts, das noch nicht existiert;
- Mensch, der ähnliche Persönlichkeitsmerkmale aufweist wie ein Unternehmensgründer, aber im Unterschied zum Entrepreneur stärker an die Kultur etablierter Großunternehmen angepaßt ist;
- Innovator, der Vorhaben vorantreibt, ohne mit der bestehenden Organisation in Konflikt zu geraten.

(3) Corporate Venture Management

Die Umsetzung betrieblicher Innovationsstrategien stößt im Rahmen der bestehenden Organisationseinheiten häufig wegen der begrenzter Flexibilität von Großunternehmen und der Widerstände der Führungskräfte auf Schwierigkeiten. Die Venture-Organisation ist eine Möglichkeit zur Überwindung dieser **Innovationsrestriktionen** (Servatius, 1988, S. 13):

> **„Venture Management" oder „Corporate Venturing"**
> ...die Gründungsaktivitäten etablierter und typischerweise großer Unternehmen über den Aufbau neuer innovativer Geschäftseinheiten, wobei deren Aktivitäten in relativer Autonomie zur etablierten Muttergesellschaft ablaufen (vgl. ebd.; Little 1991, S. 119; Klandt, 1996, S. 133).

Die wichtigsten **Ziele** des Venture Managements sind:

- Ausschöpfung des Innovationspotentials und Umgehung von Innovationswiderständen im Unternehmen,
- Erschließung neuer Technologiepotentiale als Grundlage zukünftigen Wachstums sowie
- Nutzung von Synergieeffekten zwischen dem Unternehmen und kleinen innovativen Organisationen.

Grundgedanke des Venture Managements ist, die Größenvorteile von etablierten Unternehmen mit der Innovationskraft von Venture-Einheiten zu verbinden bzw. die Innovationsrestriktionen (Venture-Unternehmen: Mangel an Ressourcen; Großunternehmen: innovationshemmende bürokratische Organisation) zu überwinden (vgl. Servatius, 1988, S. 179f.).

> **Potentiale der Großunternehmen**: Kapital, liquide Mittel, internationaler Vertrieb, vorhandene Produktionssysteme, breite Forschung und Entwicklung, Management-Know-how, gutes Image, Vielzahl von Kontakten
> **Potentiale junger Pionierunternehmen**: Entrepreneurial Spirit der Gründer, hohe Motivation der Mitarbeiter, innovatives Klima, spezielles technisches Know-how, vorhandene Produktinnovation, hohe Flexibilität

Viele der multinationalen Unternehmen haben **eigene** Venture-Capital-Gesellschaften gegründet (GE, 3M, Siemens, Xerox u.a.). Diese Verlagerung von VC-Gesellschaften auf Großunternehmen hat nach Servatius (1988, S. 51) folgende **Begründungen/Vorteile:**

- Viele Großunternehmen verfügen über ausreichende Finanzmittel, um auch die risikoreicheren Seed Investments zu finanzieren.
- Sie kennen die Technologien und Märkte besser als die meisten Venture Fonds.
- In den meisten High-Tech-Feldern (z.B. Mikroelektronik/Biotechnologie) reichen innovative Ideen allein nicht aus, um erfolgreich zu sein – das Fehlen von Produktionsmitteln und Vertriebswegen wird für viele Venture-Unternehmen zum entscheidenden Engpaßfaktor).
- Großunternehmen stehen vor der Aufgabe, diese vorhandenen Potentiale mit der Innovationskraft von Venture-Einheiten zu verknüpfen.

Venture Management, das vor allem die Größenvorteile von etablierten Unternehmen mit der Innovationskraft von Venture-Einheiten verbinden will, kann dabei in zwei **Formen** (mit steigendem Autonomiegrad) durchgeführt werden (nach Servatius, 1988, S. 13; Little, 1991, S. 121ff.):

- als **internes** Venture: d.h. die Aufnahme neuer, innovativer Aktivitäten innerhalb der bestehenden Unternehmung, die in relativer Autonomie zu den vorhandenen Geschäftsbereichen erfolgen (typische Formen: Champions, Venture-Team/Venture-Division);
- als **externes** Venture: d.h. die Gründung neuer Unternehmen oder die Beteiligung an selbständigen, jungen Unternehmen und die Kooperation mit innovativen Forschungsorganisationen (Formen: Joint Venture, Vergabe von VC); Formen des Spin-off werden später behandelt.

Little (1991, S. 125) zeigt, daß solche unternehmerischen Einheiten, die für Intrapreneure gebildet werden, in einem selbst organisierten Prozeß „außerhalb" der formalen Organisation entstehen; z.B. in Form der lange etablierten Task Forces, von Venture- Teams (die auch zu einer Venture-Division zusammengefaßt werden können) oder in Form einer systematischen „Zellteilung" als Unternehmensgründungen, deren Koordination allerdings besondere Managementfähigkeiten erfordert. Die Kunst besteht darin, einerseits genügend organisatorische **Freiheitsräume** für innovatives Verhalten zu schaffen, andererseits diese innovativen Impulse zu **„kanalisieren"**.

Zudem kommt es zwischen den Mitarbeitern dieser Einheiten mit ihren innovativen Ideen häufig zu **Verständigungsschwierigkeiten** mit den Führungskräften des etablierten Unternehmens und deren produktivitätsorientiertem Denken (ebd., S. 130f.):

Servatius (dazu 1988, S. 7f.) bezieht den Begriff „New Venture Management" auf eine Führungsform, bei der die gereifte Großunternehmung gezielt relativ autonome Venture-Einheiten bildet oder mit Venture-Unternehmen zusammenarbeitet, um neue Geschäfte zu erschließen und die eigene Innovationsfähigkeit zu verbessern.

c) Selbständigkeit als Teil des individuellen Tätigkeitsportfolios

Wie wir an mehreren Stellen zeigen, haben die **Restrukturierungen** in den Unternehmen (und auch beim öffentlichen Dienst) nicht nur einen gravierenden **Abbau** von Arbeitsplätzen zur Folge sondern auch starke Veränderungen bei den **Arbeits-/Erwerbsformen:** Der lebenslange Vollzeitarbeitsplatz wird immer mehr ersetzt durch temporär zusammengestellte Teams in (virtuellen) Netzwerkstrukturen.

In Laufe eines (Arbeits-)Lebens werden zukünftig verschiedene **Phasen** der Selbständigkeit, Abhängigkeit oder von Zwischenformen („Scheinselbständigkeit", ehrenamtlicher Dienst, Teilzeit usw.) durchlaufen werden. Beck (1993) sieht in der „Zweiten Moderne" einen Trend zur (erzwungen) **Individualisierung:** Der Einzelne hat zwar die Wahl, „wie" er seine eigene Biographie gestaltet, jedoch nicht „ob". Individuelle „Tätigkeits-Portfolios" (Gross) beinhalten wechselnde Kombinationen aus **verschiedenen** Tätigkeitsformen (siehe dazu auch unsere Ausführungen im 3. Teil, H).

2. Wirtschaftliche Vorüberlegungen („Rechnet" sich Selbständigkeit?)

Die **Konsequenzen** einer Entscheidung für die „Selbständigkeit" sind weitreichend: Eine Existenzgründung bietet hier für den **Einzelnen** große Chancen und Möglichkeiten, andererseits aber auch große Verantwortung und (mitunter existenzbedrohende finanzielle) Risiken.

Die **Motive,** Selbständigkeit/Existenzgründung anzustreben, sind vielschichtig. Sie liegen zum Teil in der Unzufriedenheit mit der jetzigen/vorherigen Arbeitssituation (keine Aufstiegsmöglichkeiten, geringes Einkommen, unangenehmer Vorgesetzter/Führungsstil usw.), in einer günstigen Gelegenheit oder im eigenen Tatendrang. Demgegenüber bietet die berufliche Selbständigkeit/das eigene Unternehmen die Möglichkeit, eigene Ideen durchzusetzen, sein eigener Chef zu sein, ein höheres Einkommen zu erzielen, Anerkennung zu genießen usw.

Den Chancen stehen zahlreiche **Risiken** gegenüber: Scheitern der Existenzgründung, Verlust des eingesetzten Kapitals, keine soziale Sicherheit, viel Streß/hoher Arbeitseinsatz, keine geregelten Arbeitszeiten usw.. Zumindest muß diese neue Existenz aber ein finanzielles Überleben, d.h. den **Lebensunterhalt** des/der Gründer/in sicherstellen.

Bei der Rechnung hilft der Betriebsvergleich des Instituts für Handelsforschung. Er ermittelt jährlich Kosten und Erträge der verschiedenen Einzelhandelsbranchen. So liegt der Gewinn in kleineren Lebensmitteleinzelhandelsunternehmen im Durchschnitt zwischen 1 und 4% vom Umsatz. Wenn also Ihr Geschäft ein Lebensmitteleinzelhandel wäre, müßten Sie zwischen 1 und 1,7 Mio. DM im Jahr umsetzen, falls Ihnen nicht günstige Umstände, wie z.B. niedrige Mieten, helfen, die Kosten zu senken. Prüfen Sie genau, ob Sie den berechneten Umsatz auch wirklich – und sei es erst in absehbarer Zeit – erreichen können.

Es darf auch nicht übersehen wird, daß im Gewinn eines Unternehmens verschiedene Kosten enthalten sind, die **nicht** in die GuV-Rechnung eingegangen sind, nämlich die sog. **kalkulatorischen Kosten**. Diese sind:

- insbesondere der kalkulatorische **Unternehmerlohn** (der Lohn, den der Unternehmer bekommen hätte, wenn er seine Arbeitskraft als „Angestellter" anbieten würde („**Opportunitätskosten**");
- die kalkulatorische **Miete** (falls das Geschäft in der eigenen Eigentumswohnung ist, für die man sonst Mieteinnahmen hätte);
- die kalkulatorischen **Eigenkapitalzinsen** (die man bekommen hätte, wenn man das Geld nicht im Betrieb investiert hätte, sondern bei der Bank „angelegt" hätte) usw.

Ein Unternehmen bietet aber nur dann eine auf Dauer gesicherte Existenzgrundlage, wenn der betriebliche Reingewinn nicht nur den Lebensunterhalt sowie die Eigenkapitalverzinsung deckt, sondern darüber hinaus auch die Substanzerhaltung des Unternehmens sicherstellt, die Finanzierung eines angemessenen Unternehmenswachstums zuläßt und die Bildung ausreichender Rücklagen ermöglicht, mit denen Risiken im Verlauf der unternehmerischen Tätigkeit gemeistert werden können (ebd., S. 63).

Collrepp (199, S. 5) zeichnet folgende **Gefahren** für ein junges Unternehmen:

- mangelnde fachliche und unternehmerische Qualifikation
- mangelndes Konzept
- Informationsdefizite
- Planungsmängel
- schlechte Zahlungsmoral der Kunden
- Fehleinschätzung des Marktes
- Rezession, sinkende Nachfrage
- zu viel Reklamationen
- Finanzierungsmängel (zu geringe Eigenkapitaldecke)
- zu hohe Privatentnahmen
- Qualifikationsmängel der Mitarbeiter
- Fehlkalkulation
- unerwartet hohe Ausgaben
- unangemessen hohe Ausgaben (Luxusanschaffungen)
- mangelnde Kapazitätsauslastung

Einige der typischen Probleme einer Gründung, wie Informationsdefizite, Planungsmängel oder Finanzierungsmängel, lassen sich aber durch ein **systematisches** Vorgehen reduzieren. Zudem sind die bei einer Gründung speziell zu Beginn auftretenden Probleme (persönliche, speziell betriebswirtschaftliche oder rechtliche Fragen), unabhängig von der Branche, alle mehr oder weniger gleicher Natur und erlauben deshalb eine **Analyse**.

Die „Kunst" des Entrepreneurship kommt im Untertitel von Schwarz zum Ausdruck: Entrepreneurship: „The Art of Embracing the Unknown" (Schwarz 1999): „In April 1981, I decided to embrace the unknown, to reach into that dark, undefined space called entrepreneurship – I decided to start my own business" (S. 13).

II. Die Rolle der Hochschulen

Die Gründung innovativer Unternehmen durch Hochschulabsolventen oder junge Wissenschaftler (Spin-offs etc.) ist ein idealer Weg, um das Know-how der Hochschulen in die Wirtschaft zu transferieren und die Selbstständigkeit als Alternative zur abhängigen Beschäftigung zu präsentieren. 1998 legten die Bundesvereinigung des Deutschen Arbeitgeberverbands und die Hochschulrektorenkonferenz eine gemeinsame „Bonner Erklärung" zu **„Hochschulen als Unternehmerschmiede"** vor.

Die Hochschulen können als **Inkubatoren** im Gründungsprozeß eine spezielle Rolle übernehmen. Künftig soll die Hinwendung zu einer selbständigen beruflichen Existenz zu einer Kernaufgabe der Ausbildung und einem Bestandteil der Lehrpläne werden. Mit dem Pilotprojekt UNIUN fördert die Europäische Kommission die Existenzgründung von Studierenden und Absolventen der Hochschulen. Im Rahmen des Projekts werden neue Modelle zur Förderung von Unternehmensgründungen in Berlin, Frankfurt/Main und Wien erprobt und weiterentwickelt.

Bretz weist darauf hin, daß die historische Diskussion des Unternehmertums eine lange – von deutschsprachigen Autoren maßgeblich geprägte – Tradition hat:

„Aktueller Tummelplatz für das ‚typisch Unternehmerische' ist jedoch die unternehmerische Avantgarde im Management, die insbesondere im angelsächsichen Sprachraum Managementtheorie, -beratung und -praxis revolutioniert. Sie gibt theoretische und praktische Hinweise auf die Kultivierung eines unternehmerischen Selbstverständnisses im Unternehmen. Konsequenterweise muß Kulturveränderung aber bei der Ausbildung unseres Unternehmernachwuchses anfangen; gesucht sind Möglichkeiten zur **Revitalisierung** einer **unternehmerisch verarmten Betriebswirtschaftslehre** (...) Der Mainstream der deutschsprachigen Betriebswirtschaftslehre verschließt sich seit Erich Gutenberg vehement vor dem persönlichen Element der Führung." (Bretz, 1991, S. 276 und 291; im Original keine Hervorh.)

> „To study the ‚entrepreneur' is to study the central figure in economic history, and, to my way of thinking, the central factor in economics." (Cole, 1967, S. 37)

Günther/Pfriem (1999, S. 73ff.) zeichnen die deutsche **Bildungsmisere** u.a. mit folgenden Belegen:

- Neue Lernmethoden dringender denn je.
- Zu viel staatlicher Einfluß auf die Hochschulen.
- Weit mehr Internationalisierung des Studiums ist notwendig.
- Die betriebswirtschaftliche Ausbildung in Deutschland fördert Beamtenmentalität.
- Universitäre Lern- und Ausbildungsformen untergraben Selbständigkeit und Entwicklung sozialer Kompetenzen.
- Existenzgründungs- und innovationsfeindliche Züge der betriebswirtschaftlichen Ausbildung.
- Falsche Behandlung von Wirtschaft in Schule und Hochschule.

> „Noch schärfer als an der Schule zeigt sich die Kluft zwischen dem, was (und wie es) gemacht wird, und dem, was möglich wäre, an den deutschen Universitäten. (...) Betriebswirtschaftslehre ist Unternehmensführungslehre. Man könnte (und sollte auch) meinen, das sei identisch mit der Vermittlung und Entwicklung unternehmerischer Fähigkeiten. Dem ist nicht so." (ebd., S. 78)

1. Individueller und gesellschaftlicher Wertewandel

Wie eine Erhebung unter Studenten zeigt (ariadne, 1997), hat der größte Teil der Befragten die Vorstellung einer klassischen Karriere in einem Großbetrieb, nur ein Fünftel der befragten Studenten hatte die Absicht, sich später selbständig zu machen. Nur 7 % der **Hochschüler** wagt zur Zeit den Sprung in die Selbständigkeit, im Vergleich dazu liegt die Zahl in den USA bei 24 % (Institut für Mittelstandsforschung, SZ, 22.6.1999). Es ist in jüngster Zeit allerdings bei Studenten ein **Wertewandel** festzustellen: neue Ziele wie Unabhängigkeit, Eigenverantwortung, Kreativität, Engagement, Risikobereitschaft.

Neben den Initiativen an den Hochschule wird es aber auch wichtig sein, ein **gesellschaftliches** Umdenken und ein günstiges Klima für Innovationen, Reformen und Unternehmertum zu schaffen. D.h.:

- eine **Aufbruchstimmung** zur Förderung des selbständigen Unternehmertums anzustoßen (wie der damalige Bundespräsident in seiner berühmten Berliner Rede einen „Ruck durch Deutschland" einforderte) und einen **mentalen** Wandel (Risikobereitschaft statt Sicherheitsdenken) zu initiieren, einen geistigen Nährboden zu schaffen, aus dem sich ein Unternehmergeist entwickeln kann;
- das bisher weitgehend negativ geprägte „**Bild**" des Unternehmers in der Öffentlichkeit zu verändern: vom 68er-Bild des ausbeuterischen Kapitalisten zur Darstellung von Existenzgründern, die mit ihrer Risikobereitschaft und ihrer Initiative entscheidende wirtschaftspolitische Verantwortung in unserer Gesellschaft übernehmen (Schaffen von Arbeitsplätzen etc.); Hervorhebung der durch Selbständigkeit gewonnenen persönlichen Lebensqualität;
- die **politischen/rechtlichen** Rahmenbedingungen (Entbürokratisierung, Innovationsförderung, Gründer- und Technologiezentren, öffentliche Finanzierungshilfen etc.), d.h. die Startchancen zu verbessern und Anreize zu schaffen.

a) Der Unternehmer in der ökonomische Theorie

(1) Zur Entwicklungsgeschichte

Es ist für Ripsas (1997, S. 3) erstaunlich, daß trotz der rund 200jährigen Tradition der Wirtschaftswissenschaft die „**Funktion des Unternehmers**" in der Ökonomie als **vernachlässigt** bezeichnet werden muß und es der ökonomischen Theorie auch nicht gelungen ist, eine einheitliche Auffassung über dessen Funktion zu entwickeln. Seit etwa zwei Jahrzehnten ist jedoch ein Trend zu einer verstärkten Erforschung dieses Teilgebietes der Wirtschaftswissenschaften in den USA und Großbritannien und in jüngster Zeit auch in Deutschland festzustellen. Auch für Nerdinger (1999, S. 4ff.) ist der Unternehmer ein Stiefkind der Wirtschaftswissenschaften; Fachdisziplinen, die sich **wissenschaftlich** dem Phänomen „Unternehmertum" annähern sind neben der Nationalökonomie (z.B. seine Funktion) vor allem die Psychologie (z.B. Leistungsmotiv) und die Soziologie (z.B. seine Person).

Ripsas sieht ein langsames Verschwinden des Unternehmers in den Phasen der **Neoklassik**, in der sich das Interesse weg von der Person hin zu abstrakten ökonomischen Modellen verlagerte. „Mit dem Begriff der Theorie der Firma verschwand der Mensch aus den Betrachtungen der Mikroökonomie." (1997, S. 9)

(2) Funktionen des Unternehmers

Die **Geschichte** des Unternehmerbegriffs ist insbesondere vom Research Center in Entrepreneurial History (Harvard) untersucht worden. Eine umfangreiche Darstellung der historischen **Begriffsdefinitionen** findet sich bei Bretz (1991, S. 277f.), einige Beispiele (mit erster Hauptveröffentlichung zum Thema in Klammern) sollen die „Bandbreite" verdeutlichen:

- Richard Cantillon (1755): Entrepreneur als Risikoträger; Pächter als Prototyp; feste Abgabe an den Grundeigentümer, aber unsicherer Lohn; Unternehmer in eigener Arbeit, auf eigene Gefahr und Rechnung; auch Bettler und Räuber sind Unternehmer.
- Adam Smith (1776): Undertaker als Kapitalist und Kapitalanwender; laissez faire: freie Verwirklichung von Eigeninteresse als Bedingungen für allgemeinen Wohlstand; unsichtbare Hand des Marktes als natürliche Ordnung.
- Jean-Baptiste Say (1815): Entrepreneur als Nachfrager/Vereiniger von Produktivdiensten und Anwender/Produzent für den Markt; „gutes Urteil" als Hauptqualität; Mittler für die Erfüllung von Bedürfnissen.

- Johann Heinrich v. Thünen (1826): Unternehmer als Träger von Risiko und innovativer Genialität; Probleme und „schlaflose Nächte" als Förderer unternehmerischen Talents.
- Karl Marx (1867): Unternehmer als despotischer Nutznießer des „Mehrwertes" (= ausbeuterischer Profit aus unbezahlter Mehrarbeit).
- Alfred Marshall (1891): Undertaker als „Multifaceted Capitalist"; Versorger der Bedürfnisse anderer; geborener Menschenführer, Arbeitgeber, Manager, Kombinator usw.
- Gustav v. Schmoller (1900): Unternehmer als zentraler Faktor jeglichen ökonomischen Handelns; kreativ-innovativer Organisator.

Ripsas (vgl. 1997, S. 12ff.) gibt folgende Zusammenfassung der vier **zentralen Funktionen** des Unternehmers:

- Übernahme von **Unsicherheit** (Chicagoer Schule/Knight)
- **Innovationen** am Markt durchsetzen (Österreichische Schule/Schumpeter, Deutsche Schule/Thünen)
- Entdecken von **Preisarbitragen** (Findigkeit/Aufmerksamkeit/Kreativität – Kirzner, Shackle)
- **Koordination** von Ressourcen (Casson)

(3) Die besondere Stellung Schumpeters

Der Begriff des „Unternehmers als **Innovator**" wird in der betriebswirtschaftlichen Literatur fast ausschließlich mit dem Namen Schumpeter verbunden. Seine Modelldarstellungen haben einen starken Einfluß auf das ökonomische Denken ausgelöst.

Für Schumpeter (1950, S. 236) „ist der dynamische Unternehmer der Motor, der den Fortschritt vorantreibt. Er entwickelt neue Verfahren oder Produkte, um einen Vorsprung vor seinen Konkurrenten zu erringen oder neue Märkte zu erschließen." Der Wirtschaftsprozeß wird nicht als statischer Kreislauf gesehen: Im Schumpeterschen Sinn besteht der **dynamische** Wettbewerbsprozeß aus ständigen Vorstößen einzelner Pionierunternehmer („Bahnbrecher", „dynamischer Unternehmer") und aus nachahmenden oder ebenfalls vorstoßenden Aktionen anderer Unternehmer („Nachahmer", „Verfolger").

Das Auftreten neuer Unternehmer schafft immer wieder verschiedene **Gleichgewichte**. Die „industrielle Mutation", diesen Prozeß, der die Wirtschaftsstruktur im Kapitalismus „von innen heraus revolutioniert", bezeichnet Schumpeter als **„Prozeß der schöpferischen Zerstörung"**. (1993, S. 134ff.)

Dieser Prozeß von Kreierung und Verbreitung umfaßt bei Neuß vier **Stadien**; die Experimentier-, Expansions-, Ausreifungs- und Stagnationsphase, wobei der Wettbewerb mit vorstoßenden und nachziehenden Wettbewerbern erst in der Expansionsphase eintritt (vgl. dazu Heuß, 1980, S. 684f.; Aberle, 1992).

Die Funktion des Unternehmers sieht Schumpeter (vgl. 1993, S. 100f.) in der Durchsetzung **neuer Kombinationen** im Markt; er unterscheidet dabei fünf verschiedene Möglichkeiten:

- Herstellung eines neuen Gutes oder einer neuen Qualität eines Gutes
- Einführung einer neuen, d.h. dem betreffenden Industriezweig noch nicht bekannten Produktionsmethode
- Erschließung neuer Absatzmärkte
- Eroberung einer neuen Bezugsquelle
- Durchführung einer Neuorganisation, wie Schaffung einer Monopolstellung oder Durchbrechung eines Monopols

Weitere besondere **Aspekte** bei Schumpeter:

- Er bezieht den Begriff Unternehmer explizit **auch** auf Angestellte/Manager (die den Willen haben, die neu gefundenen Lösungen am Markt umzusetzen).
- Er ist der Meinung, daß man nicht zum Unternehmer ausgebildet werden kann, da nur manche Menschen über die notwendige Fähigkeit der „Führerschaft" verfügen.

- Er betont die irrationale Seite des unternehmerischen Neuerungsverhaltens.
- Für ihn ist Innovationsfähigkeit das entscheidende Merkmal einer freien Konkurrenzwirtschaft.

b) Der Unternehmer/Entrepreneur in der Managementlehre

Die Managementlehre versucht, **konkrete Handlungsanleitungen** für die Praxis zu geben. Ripsas (1997) sieht einen Perspektiven- und Paradigmenwechsel:

- Die ältere Entrepreneurship-Forschung stellte die **persönlichen Eigenschaften**/Merkmale des Unternehmers in den Mittelpunkt („traits"-approach).
- Die modernen Ergebnisse stellen nicht auf die Charakteristika des Unternehmers ab, sondern auf die Merkmale des unternehmerischen **Prozesses** – Entrepreneurship als Handlungsprozeß.

Zudem sieht er einen Übergang von der Orientierung an der „Innovation" zu einem **erweiterten** Entrepreneurship-Verständnis, bei dem die Schaffung von **Wert** („value") als ökonomisches Definitionskriterium in den Vordergrund rückt: Entrepreneurship also als der handlungsorientierte Prozeß, durch den Wert geschaffen wird; Voraussetzung dafür ist es, ein Wertschöpfungs**potential** zu entdecken.

Lehner (1999, S. 162) untersucht die **Rolle** unternehmerischer Personen und Prozesse in **großen** Organisationen und sieht die „**Ablösung des Unternehmers durch den MBA**". Abb. 27 (aus ebd.) zeigt die Gegenüberstellung von Modell A (= Modell der professionellen Führung durch entsprechend ausgebildete und mit Erfolgen ausgewiesene Manager als Strategen) und Modell B (= Modell der Verankerung des unternehmerischen Prozesses in der Organisation, in der die professionellen Manager ihre primäre Aufgabe als Implementeure haben).

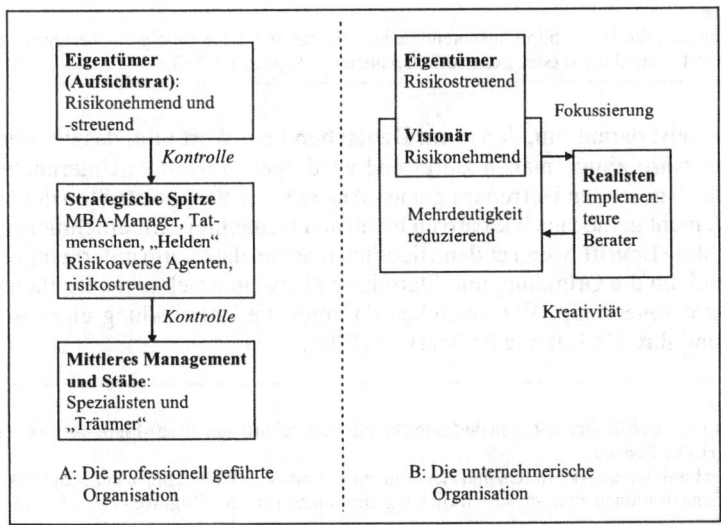

Abb. 27: Gegenüberstellung zweier Systeme der Arbeitsteilung der strategischen Führung

„In jedem Fall entspricht die unternehmerische Person in großen Unternehmen nicht mehr dem archetypischen Bild vom Unternehmer, der gleichzeitig alle notwendigen Eigenschaften zur schöpferischen Zerstörung hat, insbesondere Innovativität und Durchsetzungskraft. Das Potential großer Organisationen wird viel mehr viel eher durch die Aufteilung dieser Funktionen auf verschiedene Personen und Rollen genutzt.

- Die Rolle des durchsetzenden, die Ressourcen richtenden und damit mehrdeutigkeitsreduzierenden Unternehmers ist den visionären Strategen vorbehalten, die sich eher durch intuitive Zugänge auszeichnen und

155

die auch wichtige symbolische und charismatische Führungsfunktionen wahrnehmen können; dessen Qualität wurzelt in einer ‚irrationalen Schicht' (Gutenberg) oder in implizitem Wissen, das kaum in Studiengängen expliziert werden kann, sondern bestenfalls am Modell gelernt werden kann.

- Innovativität im Finden neuer Wege für die Implementierung der formulierten Strategien ist dagegen eine Aufgabe, die von aufgabenorientierten, erfahrenen Managern mit analytischen, an rationalen Konzepten orientierten Zugängen am besten erfüllt wird. Eine professionelle Ausbildung, repräsentiert durch den MBA oder andere Studiengänge, wird dafür immer wichtiger." (ebd., S. 166).

Entrepreneurship, die Erklärung des unternehmerischen Handelns, seiner Erfolgsdeterminanten und -faktoren, ist **interdisziplinär**: Neben betriebswirtschaftliche Aspekte treten verhaltenswissenschaftliche, psychologische, pädagogische Aspekte. Insgesamt steckt das Thema Entrepreneurship an deutschen Hochschulen noch in den Kinderschuhen. Für Grant (1998, S. 235) wird jedoch Entrepreneurship **„die grundlegende wissenschaftliche Disziplin für das Fach Wirtschaft des 21. Jahrhunderts"**.

c) Begriffsdefinitionen Entrepreneurship – Unternehmertum

Die Wurzeln des Begriffs Entrepreneur gehen auf die französischen Wissenschaftler Cantillon und Say zurück, die diesen Begriff ca. 1775 als Erste prägten.

Drucker (1992, S. 25) meint, daß im Deutschen begrifflich eine **andere** Bedeutung besteht: „Whereas English speakers identify entrepreneurship with new, small business, the Germans identify it with power and property, which is even more mistaking. The Unternehmer – the literal translation into German of entrepreur – is the person who owns and runs a business (the English term would be owner – manager)." Für ihn sucht der Entrepreneur immer „for change, responds to it, and exploits it as an opportunity". (Drucker, 1985, S. 25)

> **Entrepreneur**
> „... eine Person (...), die Wertschöpfungspotentiale erkannt hat und diese auf eigene Rechnung, d.h. durch die Gründung eines Unternehmens oder freiberuflich realisiert."(Ripsas, 1997, S. 63)

Auch Faltin weist darauf hin, daß es im **Deutschen** kein Wort gibt, das die Bedeutung von **Entrepreneurship** einigermaßen zutreffend wiedergeben würde: „Unternehmertum? Das klingt sehr nach gesetzten Herren im grauen Anzug beim Verbandstreffen der Mittelstandsvereinigung, nicht gerade nach kreativen Ideen und Neuanfang. Unternehmensgeist? Ja, das wäre der richtige Begriff, wenn er denn deutlich machte, daß es um unternehmerische Initiativen geht und um die Gründung und Startphase eines Unternehmens. Bleiben wir also vorerst bei Entrepreneurship. Wir verstehen darunter die Entwicklung einer unternehmerischen Idee und ihre Umsetzung im Markt." (1998, S. 3)

> **Unternehmer**
> „... ist jemand, der eine Möglichkeit sieht und eine Organisation schafft, um diese Möglichkeit zu verwirklichen.
> **Unternehmerische Prozeß**
> „... umfaßt alle Funktionen, Aktivitäten und Handlungen, die mit dem Wahrnehmen der Möglichkeiten und dem Aufbau von Organisationen zu ihrer Verwirklichung zusammenhängen." Bygrave (1998, S. 114)

Ripsas (1997, S. 71) schlägt vor, die Begriffe Entrepreneurship und Unternehmertum **synonym** zu verwenden:

> **Entrepreneurship/Unternehmertum**
> „... ist das Erkennen, Schaffen und Nutzen von Marktchancen durch die Gründung von Unternehmen. Innovatives Entrepreneurship/Unternehmertum bedeutet, den Markt genau zu beobachten, querzudenken, Bestehendes zu hinterfragen und neue Produkte zur Befriedigung von Kundenbedürfnissen zu entwickeln und dadurch neuen Wert zu schaffen."

156

Im Interesse des Entrepreneurship-Ansatzes stehen also nicht gereifte Unternehmen, sondern die Gründung und Frühentwicklung von Unternehmen.

2. Ausbildung („Entrepreneurship Education")

> „Wir waren mal ein Land der Entdecker und haben diesen Impuls verloren. Unsere Forschungen sind durchbürokratisierte Institutionen. Die Ausrichtung des Studiums auf einen Beruf fehlt, mit Unternehmern kommen die Studenten nicht in Kontakt." (Henzler, McKinsey Deutschland)

Methodische und inhaltliche Fragen des Entrepreneurship als ein mehrstufiger ökonomischer und verhaltenswissenschaftlicher Prozeß waren in den Lehrinhalten der Betriebswirtschaftslehre bisher wenig zu finden. Die an den Hochschulen weitgehend praktizierte handlungsorientierte Managementlehre bezieht sich vor allem auf industrielle Großunternehmen (weniger auf KMU) und auf das spätere Aktionsfeld des **„angestellten Managers"** in einer Spezialistenfunktion (und auf einen Einsatz im öffentlichen Dienst).

Es wird für die Rolle der Hochschulen zukünftig nicht mehr ausreichen, primär Qualifikationen für bereits existierende Arbeitsplätze zu vermitteln – der Fokus des **Bildungssystems** muß verstärkt auf die Vermittlung von Fähigkeiten zum „unternehmerischen" Denken und Handeln gerichtet werden.

Der „Unternehmer", insbesondere als Person und in seiner Funktion des unternehmerischen „Handelns", wird i.d.R. stark **vernachlässigt** oder die Funktion des Unternehmers auf das Schumpetersche Idealbild des „schöpferischen Zerstörers" reduziert. (Ripsas, 1997)

Qualifizierungs- und Unterrichtsprogramme zum Entrepreneurship nach amerikanischem Muster fehlten bisher in Deutschland weitgehend. Bereits 1984 gab es in den USA 16 dedizierte Lehrstühle für Entrepreneurship und 250 Colleges mit speziellen Kursen (nach Müller-Böling/Klandt, 1990, S. 143). Zu **Beginn** der 90er Jahre wurde bereits an 300 bis 400 Universities/Business Schools dieses Fach gelehrt (Klandt, 1998, S. 198). Pionier ist vor allem das **Babson** College (Mass./USA) mit z.Z. 1.600 Entrepreneurship-Studenten; der „Paul T. Babson Professor in Entrepreneurial Studies" war 1980 der erste Stiftungslehrstuhl für dieses Gebiet in den USA; es gibt mehr als 20 englischsprachige wissenschaftliche Zeitschriften.

Nach Ansätzen an den Universitäten Köln (1974: Projektbereich Gründungsforschung) und Dortmund (Betriebswirtschaftliches Institut für empirische Gründungs- und Organisationsforschung) bzw. Mannheim (Institut für Mittelstandsforschung) und einer vereinzelten Integration von Lehrangeboten zur Unternehmensgründung auf informeller Basis entstand erst mit dem WS 1997/98 der **erste Lehrstuhl** für Entrepreneurship in Deutschland (als Stiftungslehrstuhl an der European Business School, ebs). Mittlerweile sind 21 **Entrepreneurship-Lehrstühle** eingerichtet oder befinden sich in der Planungsphase.

Den **Kernbereich** der Gründungsforschung aus betriebswirtschaftlicher Sicht zeigt Abb. 28 (Quelle: Gründungsforschungs-Forum online, Köln 1999)

Man versucht in Deutschland, mit den oben genannten Initiativen ein Gründungs-„Klima" auf dem Campus zu schaffen. Zur Ausschöpfung des Gründerpotentials an den Hochschulen sind bestimmte **Voraussetzungen** zu schaffen:

- Die **Curricula** sind anzupassen, d.h. entsprechende Lehrinhalte bei Vorlesungen/Seminaren/Wettbewerben müssen den Studierenden Selbständigkeit als eine erstrebenswerte Alternative zum Angestelltenverhältnis oder dem Beamtenjob vermitteln, für das Gründungsthema **sensibilisieren** und praxisnah **qualifizieren**, d.h. die Vorbereitung zur Selbständigkeit ermöglichen.
- Die Hochschuleinrichtungen sollen auf die Existenzgründung vorbereiten (praxisbezogene Übungen und Studien, Weiterbildungsangebote) und sie unterstützen (von der Wissensvermittlung zur Ideenentwicklung und praktischen Umsetzung).

- **Netzwerke** und Kompetenzzentren (also Infrastrukturen) müssen entstehen, um studentische Potentiale zu identifizieren, um zu motivieren und gezielt fördern sowie **Dienstleistungen** für Gründer anbieten zu können (Informations-/Kommunikationspools etc.).
- Es existieren spezielle **Förderprogramme** für die gezielte Vorbereitung von Existenzgründungen im Anschluß an die Hochschule (z.B. von ifex); dazu wurden auch auf dem Campus sog. **Gründerverbunde** eingerichtet, um die bestehende Infrastruktur der Hochschulen zugänglich zu machen.
- Spezielle (i.d.R. jährliche) Wettbewerbe vergeben Förderpreise (z.B. der **Existenzgründerwettbewerb** „Exist" des Bundesforschungsministers, an dem 1998 200 Hochschulen und Forschungseinrichtungen teilnahmen), zusätzlich existieren die bereits erwähnten zahlreichen Business Plan Wettbewerbe, der Gründerwettbewerb Multimedia des BMBF oder der Gründungswettbewerb StartUp (Initiative der Sparkassen, des Stern und McKinsey) mit 1.700 (!) Teilnehmern und Geldpreisen von insgesamt mehr als 2 Mio. DM.

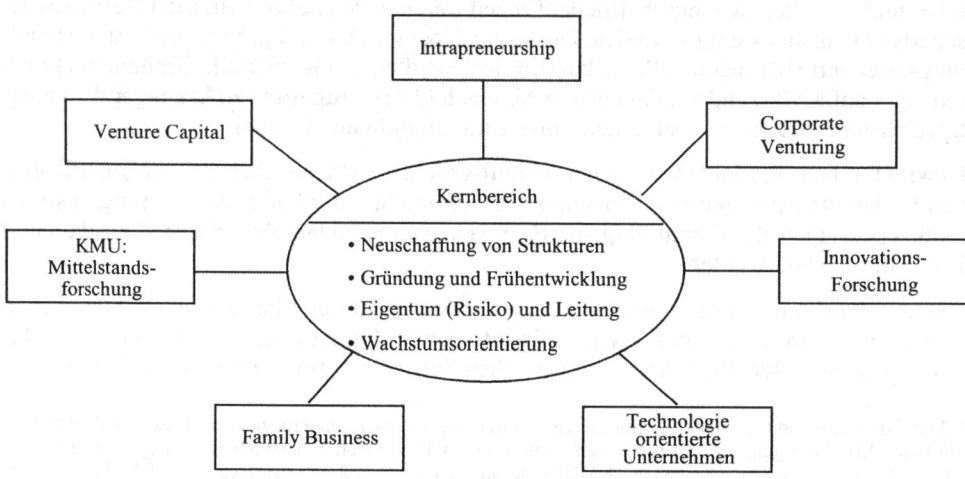

Abb. 28: Der Kernbereich der Gründungsforschung aus betriebswirtschaftlicher Sicht

III. Prinzipielle Möglichkeiten der Unternehmensgründung

Der Wunsch nach einer selbständigen Existenz kann in verschiedenen, z.T. innovativen **Formen** verwirklicht werden:

- Existenz-Neugründung
- Übernahme eines bestehenden Unternehmens
- Eintritt in Franchisingsysteme
- Unternehmensausgründungen (Spin-offs)
- Unternehmensübernahmen (MBO/LBO/MBI)
- Kooperationsformen

1. Existenz-Neugründung („Start-up")

In der BRD ist die Bereitschaft zur Übernahme unternehmerischer Verantwortung in den letzten Jahren kontinuierlich gestiegen. Wie bereits gezeigt ist ein **positiver Gründungssaldo** gegeben.

Die Umsetzung einer Gründungsidee durch eine **Neugründung** ist die **anspruchsvollste** Form der Gründung, da bei „Null", quasi auf „der grünen Wiese", angefangen wird. Zwar ist der Spielraum für die Gestaltung nach eigenen Vorstellungen hier gegeben und mit dem Vorteil der alleinigen Entscheidungsfreiheit gekoppelt, aber der Planungsaufwand ist hoch, und die kritische Anlaufphase ist zu überstehen (Informationsbeschaffung, Aufbau der Marktbeziehungen, Verluste der ersten Monate usw.).

2. Übernahme eines bestehenden Unternehmens

Die Übernahme eines bereits bestehenden Unternehmens (so stehen einige hunderttausend mittelständische Unternehmen in den nächsten Jahren vor ungelösten **Nachfolgerproblemen**; zu verschiedenen Modellen der Übernahme siehe BMWi, 1998, b), z.B. eines Gewerbebetriebs, eines Dienstleistungsunternehmens oder einer Freiberuflerpraxis, erscheint bei erster Betrachtung attraktiver und weniger risikoreich als eine Existenzneugründung, da zumindest teilweise auf etablierte Strukturen zurückgegriffen werden kann ("ins gemachte Nest setzen"). Der Betrieb ist bereits am Markt bekannt und weist einen Kundenstamm auf.

Diese Vorteile treffen jedoch nicht in jedem Fall zu. **Nachteile** können darin bestehen, daß

- viele Unternehmen (gerade im KMU-Bereich) von ihrem Besitzer geprägt sind,
- nicht alle Kontakte bestehen bleiben oder Mitarbeiter verunsichert sind oder verloren gehen,
- die bisherigen Strategien (Produkte, Märkte etc.) evtl. nachhaltig verändert werden müssen,
- in Kenntnis der Nachfolge notwendige Investitionen in den letzten Jahren unterblieben sind,
- der Bekanntheitsgrad des Unternehmens und seine Marktpräsenz seinen Niederschlag in der Höhe des Kaufpreises findet.

Formen der Übernahme:

- Kauf des **gesamten** Unternehmens
- **Beteiligung** an einem Unternehmen: Kauf von Anteilen an einer Kapitalgesellschaft/Miteigentümer bei einer Personengesellschaft, Existenzgründer kommt als Partner hinzu (Vorteile: weniger Finanzierungsbedarf, Möglichkeit der komplementären Ergänzung von Kenntnissen, stufenweise Integration in das Unternehmen; Nachteile: „Chemie" stimmt nicht, hoher Abstimmungsbedarf, Haftungsfragen, unklare Vertragsgestaltung)
- **Pacht** von Unternehmen/Ausstattung: Das Unternehmen bleibt dann aber Eigentum des Verpächters. Der Pachtzins besteht aus der ortsüblichen Miete für Geschäftsräume, dem Entgelt für die Nutzung des Inventars und für die Nutzung des Firmenwertes. Pacht schont zwar im Vergleich zum Kauf das Eigenkapital, zieht aber hohe jährliche Belastungen nach sich. „Ein Pachtvertrag ist deshalb dann sinnvoll, wenn Sie nur über eine geringe Kapitalbasis verfügen und wenn der Wert des zur Verfügung gestellten Inventars hoch ist. Wenn der Eigentümer des Unternehmens und der Eigentümer der Geschäftsräume nicht identisch sind – wie dies im Dienstleistungsgewerbe oft der Fall ist – stellt die Pacht eines Betriebs keine geeignete Alternative zum Kauf dar." (IHKT Bayern, 1999, S. 15)

Für die Suche nach einem geeigneten Unternehmen stehen zahlreiche **Informationsquellen** (die Fachpresse, die verschiedenen IHKs und Berufsvereinigungen oder insbesondere das Internet) mit **Angeboten** zur Verfügung: Die DtA hat eine branchen- und institutionsübergreifende Unternehmensbörse („Change") mit derzeit über 6.000 Angeboten geschaffen. Weiterhin: die IHK-Existenzgründerbörse, die focus online Franchise-Börse (diese Datenbank listet von den rund 1.100 Systemen aus Handel, Handwerk und Dienstleistung alle 410 im Franchise-Verband organisierten Anbieter auf), die Internationale Kooperationsbörse des RKW, die Datenbank der Kontakt-Börse der AIF für Forschung und Entwicklung, die Kontakt-Börse des Verbandes Neues Unternehmertum, die Partnerbörse des Existenzgründer-Netzwerks oder Go! Die Nachfolge- und Partnerbörse in Nordrhein-Westfalen.

Eine Firmenübernahme erfordert **vorher**

- ausgiebige Recherchen über das Unternehmen (hier helfen sog. **Due-Diligence**-Analysen, die Informationen zu sammeln und zu strukturieren),
- die Feststellung des Unternehmens**wertes** (Kaufpreis: Substanzwert/Ertragswert),

- die Erstellung eines **Konzepts** (ähnlich wie bei Neugründung zu Finanzbedarf usw., **aber**: Gegenüberstellung gegenwärtig/zukünftig, Gestaltung der Übergangsphase usw.),
- umfangreiche Beratung (in Steuerfragen zur Übernahme, Kaufvertragsgestaltung, öffentliche Fördermittel etc.).

3. Franchisingsysteme

Mit dem Eintritt in ein Franchisingsystem partizipiert ein Existenzgründer an einem bereits bestehenden Konzept. Der deutsche **Franchisingmarkt** wächst in vielen Branchen ungebrochen (eindeutiger Schwerpunkt in den Bereichen Handel, Dienstleistungen und Gastronomie) und bietet Existenzgründern gute Einstiegschancen.

> Täglich werden in Deutschland zwölf neue Franchisebetriebe gegründet. Der Franchisemarkt brachte 1997 25.000 Existenzgründer hervor und beschäftigte 230.000 Arbeitskräfte (davon ein Drittel Teilzeitbeschäftigte). Ein Drittel der amerikanischen Industrie wird von Franchisesystemen repräsentiert (FAZ, 13.4.1999). Mehr als 400 Unternehmensgruppen arbeiten in Deutschland nach diesem Prinzip, die Bandbreite reicht vom Fast-Food-Bereich (mit namhaften Großunternehmen wie McDonald's (Oktober 1999 wurde der 1.000. Laden eröffnet) bis zu Sonnenstudios (z.B. EHV-Ayk Beauty Sun mit 300 Studios und 200 Mio. $ Umsatz oder Sunpoint mit 390 Studios und 207 Mio. $ Umsatz.)

> **Franchising**
> ... ist eine vertikal-kooperativ organisierte Vertriebsform, bei der ein Franchise-/Systemgeber selbständige Unternehmer sucht, die mit eigenem Kapitaleinsatz Waren oder Dienstleistung anbieten. Das System tritt am Markt einheitlich auf.

Die **Risiken** erscheinen geringer, da die Unternehmen ja bereits ihre Praxistauglichkeit z.T. bewiesen haben bzw. über einen großen Bekanntheitsgrad verfügen. In den meisten Fällen verläuft der Start erfolgreich. Nur 8 bis 9 % der Newcomer scheitern im ersten Jahr nach dem Start.

Prinzipien eines Franchisingsystems:

- Der Franchise**geber** überläßt einem Franchisenehmer gegen Gebühr (einmalige Einstiegsgebühr und laufende umsatzabhängige Franchisegebühren) Name, Know-how usw. Die Franchising-Zentrale gibt Beratung/Schulung, bestimmt weitgehend die Marketingpolitik selbst, d.h. Gestaltung der Einrichtung, Sortimentsgestaltung, Werbung, zentraler Einkauf etc. Der jeweilig verbleibende Entscheidungsspielraum wird durch den Franchisevertrag definiert.
- Der Franchise**nehmer** investiert sein Geld, ist ein Selbständiger und bekommt einen bestimmten Gebietsschutz. Er kann sich bestimmte Weisungs- und Kontrollrechte vorbehalten.

Die Existenzgründern offenstehenden günstigen **Förderungsmaßnahmen** (etwa durch die DtA) stehen auch für Franchisenehmer zur Verfügung, wenn der Gründer aufgrund seiner gesellschaftsrechtlichen Stellung unternehmerisch selbständig ist.

4. Unternehmensausgründungen („Spin-offs")

Im Gegensatz zu den Neugründungen verfügt der Gründer bei Spin-offs/Splits in weit höherem Maße über branchenspezifische Erfahrungen, fachliches Know-how und spezifische Marktkenntnisse und -kontakte. „Besonders bei einem friendly spin-off können bestehende Vertriebs- und Kommunikationskanäle sowie andere Synergiepotentiale der ehemaligen Muttergesellschaft in die Gründungsstrategie eingebunden werden, wodurch Zeit gespart und präventiv hohe Eintrittsbarrieren überwunden werden können." (Laub, 1991, S. 251)

Spin-offs werden heute als ein Mittel zur Auflösung der bürokratischen Verkrustungen von Großunternehmen und zur Anpassung an die Erfordernisse der kritischen Erfolgsfaktoren „Zeit" und „Flexibilität" (dazu 5. Teil, M, V) über flexiblere Strukturen betrachtet. Viele Konzerne mit Holdingstruktur entwickeln sog. **Netzwerk**-Organisationsformen.

Sie erscheinen als ein **Mittel**,

- um Teilbereichen, die bisher vernachlässigt wurden oder unter der gewünschten Performance lagen, in der Unabhängigkeit zu einem besseren Shareholder Value zu verhelfen, oder
- um Teilbereiche, die z.B. in den Zeiten der Diversifikationseuphorie gekauft wurden und nun nicht mehr in die neue, „bereinigte" strategische Geschäftsfeld-Vison („core business") der Mutter passen, abzustoßen.

Diese **Form** der Neugründungen findet sich im Bereich

- der **Hochschulen** bzw. **Forschungseinrichtungen** (so unterhält etwa das Max-Planck-Institut mit der Garching Innovation GmbH eine Technologietransferstelle – bisher sind 21 Spin-offs, vor allem im biomedizinischen Bereich, aus Max-Planck-Instituten hervorgegangen). Bei dieser Form der Unternehmensausgründung gibt es für einen befristeten Zeitraum noch eine **Hilfestellung**, z.B. Zurverfügungstellen von Infrastrukturleistungen, Überlassung von Geräten zum Zeitwert, Vermietung von Räumlichkeiten, gemeinsame Forschungsprojekte;
- und vor allem bei **Großunternehmen/Konzernen**, wo bei maßgeblicher Beteiligung bisheriger Mitarbeiter ein Transfer einzelner Unternehmenssegmente von dieser Muttergesellschaft/Inkubatororganisation in die neu gegründete Gesellschaft erfolgt. (Vgl. dazu auch unsere Ausführungen zum **Outsourcing** im 5. Teil, M, VI: Strategische Ausgliederung im Rahmen von Rationalisierungs- und Reorganisationsstrategien ohne Know-how-Verlust.).

Das in jüngster Zeit heftig diskutierte Problem der **Scheinselbständigkeit** ist bei einigen dieser Subunternehmerformen anzutreffen (**Kriterien** des Gesetzes zur Bekämpfung der sog. Scheinselbständigen: Er beschäftigt keine versicherungspflichtigen Arbeitnehmer, er ist im Wesentlichen nur für einen Auftraggeber tätig, er arbeitet nach Zeit und Weisung wie sonst typische Beschäftigte auch, er tritt nicht unternehmerisch am Markt auf; er war zuvor bei dem jetzigen Auftraggeber angestellt und hat die gleiche Arbeit als abhängig Beschäftigter verrichtet – wenn **drei** dieser fünf Kriterien erfüllt sind, wird nach der Änderung des Gesetzes im Nov. 1999 Scheinselbständigkeit vermutet).

5. Unternehmensübernahmen (MBO/LBO/MBI)

Im organisatorischen Sinn stellen MBOs keine Gründungen im eigentlichen Sinn dar, sondern mehr im rechtlichen Sinn. Buy-outs (vgl. dazu im Einzelnen D, IV, 6) sind eine **Variante** der „Übernahme eines bestehenden Unternehmens". Das Unternehmen wird durch das **eigene** (interne) Management (MBO) oder durch fremde (externe) Manager (MBI) übernommen, wobei die Finanzierung i.d.R. zu einem großen Teil über Fremdkapital geschieht (Leveraged Buy-out, LBO), auch unter Einbezug von Beteiligungsgesellschaften. Buy-outs sind auch eine Möglichkeit zur Lösung des Nachfolgeproblems.

6. Kooperationsformen

Besonders bei innovativen, technologieorientierten Gründungen ist ein außerordentlicher Bedarf an Know-how, Kapital, Risikostreuung usw. gegeben, so daß die Verteilung auf mehrere Schultern, sprich eine (freiwillige) lose oder enge Kooperation mit anderen Partnern oder anderen Unternehmen, zahlreiche **Vorteile** bringt (dazu im Einzelnen unsere Ausführungen in diesem Teil unter C, II, 2). Aber auch Tätigkeiten innerhalb des Unternehmens müssen sich der Frage „make or buy"/„selbst machen oder Outsourcing" stellen.

Existenzgründer **befürchten** durch eine Kooperation einen großen Koordinierungsaufwand, Informations-/Kommunikationsprobleme und vor allem einen **Verlust** ihrer unternehmerischen Freiheit. Dies ist in vielen Fällen unbegründet, da die Zusammenarbeit auf bestimmte Gebiete (temporär) beschränkt bleibt und die sonstige wirtschaftliche Entscheidungsfreiheit des Unternehmens nicht betroffen ist (die rechtliche Selbständigkeit bleibt unberührt).

Nach einer **Studie** der DtA kooperiert jeder vierte Unternehmer schon in der Gründungsphase mit mindestens einem anderen Unternehmen; fünf Jahre später arbeitet bereits jedes zweite der befragten jungen Klein- und Mittelunternehmen (KMU) mit anderen Betrieben zusammen: Mit viel Erfolg, denn vier von fünf KMU berichteten über **positive** Erfahrungen: leichtere Markterschließung mit Hilfe des Partners, Umsatzsteigerungen, Kompetenzgewinn, erhöhte Innovationskraft, gesteigerte Produktqualität, Kostensenkung durch Größenvorteile. Wichtig sind gegenseitiges Vertrauen, die „Chemie" muß stimmen, Schaffen von Win-Win-Situationen und die Motivierung der Mitarbeiter (dazu Schiller, 1998).

IV. Entrepreneurship als sequentieller Prozeß

Wie bereits angeführt, stellt heute der marktorientierte unternehmerische **Handlungsprozeß** unter Berücksichtigung der Gründerperson in den USA den Schwerpunkt der Entrepreneurship-Forschung dar (vgl. Ripsas, 1997, S. 84). Auch wenn jeder unternehmerische Prozeß einzigartig ist, weil die einzelnen Phasen nicht immer trennscharf zu unterschieden sind, läßt sich ein **Phasenmodell** mit hoher Allgemeingültigkeit entwerfen:

- Entstehung und Verfeinerung der Ideen
- Erstellung des Business-Plans
- Gründungs- und Wachstumsmanagament
- Ausstiegs- und Erntestrategie

1. Determinanten des Erfolgs

In der Entrepreneurforschung werden die Erfolgsfaktoren auf zwei **Ebenen** beschrieben:

- **betriebswirtschaftliche** Faktoren (Ideenentwicklung, Gestaltung des Business-Plans, Marktstrategie, Kapitalausstattung etc.)
- **personale** Faktoren (Gründerpersönlichkeit, Personenumfeld etc.)

a) Betriebswirtschaftliche Erfolgsfaktoren

Der Münchener Business Plan Wettbewerb sieht die **Erfolgsfaktoren** für innovationsorientierte Unternehmensgründungen in der Verbindung von fünf **Elementen** (MBPW, 1999, S. 9ff.):

- **Geschäftsideen** (Innovationsgrad, Tragweite, Nachhaltigkeit im Wettbewerb)
- **Gründerpersonen** (Erfinder, Unternehmer, Team-Player)
- **Kapital** (Beteiligungskapital, Fremdkapital, Exit-Kanäle für Investoren)
- **Traditionelle Dienstleister** (Rechtsanwälte, Patentanwälte, Steuerberater/Wirtschaftsprüfer, Marktforscher)
- **Vernetzung und Transfer** (Coaching, Networking, Matchmaking, innovative Dienstleister wie Venture Capitalists, Headhunter, Business Angels, High-Tech-Gründungsberater)

b) Personale/verhaltenswissenschaftliche Erfolgsfaktoren

„Die Überlebensfähigkeit marktwirtschaftlicher Systeme setzt ein ausreichendes Potential gründungswilliger, vor allem aber gründungsfähiger Personen voraus, die bereit sind, in Eigenverantwortung und mit neuen Gestaltungsideen unternehmerische Funktionen zu übernehmen." (Kirschbaum, 1990, S. 79)

(1) Motive von Unternehmensgründern

Von Unternehmensgründern/innen werden vielfältige **Motive** für den Schritt in die Selbständigkeit genannt (Investitionsbank Berlin, o. J., S. 6):

- Durchsetzen eigener Ideen
- Nicht für andere, sondern für sich selbst arbeiten

- Große Handlungsfreiheit
- Die eigene Handlungsfähigkeit unter Beweis stellen
- Höheres und leistungsgerechteres Einkommen erzielen
- Höheres Ansehen in der Öffentlichkeit, Prestigegewinn
- Ärger im derzeitigen Beschäftigungsverhältnis, Kündigungsrisiko, Weg aus der Arbeitslosigkeit

(2) Personenbezogene Voraussetzungen

Eine Entrepreneurship-Forschung („Entrepreneurship-Research") sollte Antworten geben auf Fragen wie:

- Welche **Voraussetzungen** sind für eine Gründung mitzubringen? Welche spezifischen Anforderungen stellt eine Selbständigkeit?
- Welche **Eigenschaften** zeichnen erfolgreiche Existenzgründer aus? (Analyse der „Success Stories")

Das Anforderungsprofil einer Gründung muß durch das **persönliche** Profil abgedeckt werden. Neben **fachlichen** Voraussetzungen (Berufserfahrung, Branchenkenntnis, Kenntnisse der Unternehmensführung usw.) sind von Existenzgründern auch verschiedene **persönliche** Voraussetzungen (Wesensmerkmale, Konstitution usw.) mitzubringen. Vor allem bei Kleinst-/Kleingründungen ist die Persönlichkeit des Gründers ein zentraler Erfolgsfaktor.

Von zahlreichen Verbänden oder Instituten werden **Checklisten** zur Verfügung gestellt (z.B. der Eignungstest der DtA, „The Entrepreneur Test" der Liraz Publishing Co. oder der Fragebogen zur Diagnose unternehmerischer Potentiale – FUP von Müller/Universität Landau), mit denen der einzelne seine persönlichen Voraussetzungen (selbstkritisch) in Form einer **Selbstprüfung** abfragen bzw. beurteilen kann, ob er ein „Unternehmertyp" ist. Das Profil zur Bestimmung selbständigkeitsrelevanter Persönlichkeitsmerkmale umfaßt **Fragen** wie:

- Verfügen Sie über das notwendige unternehmerische, fachliche und kaufmännische Know-how?
- Bringen Sie ein hohes Maß an Einsatzbereitschaft/Ausdauer etc. mit?
- Besitzen Sie genug Willen, Risikobereitschaft, Entscheidungsfreude, Steh- und Durchsetzungsvermögen, Verantwortungsbewußtsein?
- Wie sind ihre kommunikativen Fähigkeiten ausgeprägt (Kommunikations-/Kontakt-/Überzeugungsfähigkeit usw.)?
- Wie ist die Abstimmung mit dem privaten Umfeld (Familie/Lebenspartner/in)?

(3) Ergebnisse der statischen Verhaltensforschung

Bygrave vertritt die Meinung, daß die heutige bessere Forschungslage zeigt, daß es **keine** klar abzugrenzenden Verhaltensweisen gibt, die es ermöglichen, zwischen Unternehmern und Nichtunternehmern zu unterscheiden (vgl. 1998, S. 117); die wichtigsten **Eigenschaften** eines erfolgreichen Unternehmens skizziert er mit den **„10 Ds"**: Dream/Traum, Decisiveness/Entschlossenheit, Doers/Macher, Determination/Entschlossenheit, Dedication/Berufung, Devotion/Hingabe, Details/Detail, Destiny/Schicksal, Dollars, Distribute/Teilhabe.

Beim Entrepreneurship besteht eine wesentlich **engere** Verbindung zwischen Person und Unternehmenserfolg, als dies in etablierten Unternehmen der Fall ist. In der Unternehmerpersönlichkeit wird der Schlüssel für erfolgreiches, innovatives unternehmerisches Handeln gesehen (vgl. Ripsas, 1997, S. 177).

Die Charaktermerkmalsforschung („**Traits-Approach**") hofft, über die Identifizierung von Persönlichkeitsmerkmalen erfolgreicher Entrepreneure verläßliche **Indikatoren** für die **Erfolgsaussichten** von innovativen Unternehmensgründungen zu erlangen; dies ist insbesondere ein Wunsch der Wagniskapitalgeber. Diese Richtung der Verhaltensforschung sieht die Ursachen für ein bestimmtes Verhalten in den Eigenschaften der Person (ebd., S. 183).

Die am häufigsten empirisch untersuchten **Persönlichkeitsmerkmale** von Unternehmensgründern sind:

- Leistungsmotiv
- Unabhängigkeitsstreben
- Risikobereitschaft
- Gesellschaftsstreben, Wunsch nach Anerkennung
- Allgemeine Einstellung zur Selbständigkeit
- Allgemeine und berufsbezogene Werthaltungen
- Machtstreben

Als Ergebnis einer umfangreichen Untersuchung in den USA (USAID), werden eine Reihe von Persönlichkeitsmerkmalen als **erfolgsbestimmend** bezeichnet, die sich drei **Hauptclustern** zuordnen lassen (Kolshorn/Tomecko, 1998, 176):

- **Leistungsmerkmale** wie Chancenwahrnehmung, Ausdauer, Arbeitsengagement, Qualitäts- und Effizienzstreben sowie Risikofreude
- **Planungsmerkmale** wie Zielbildung, systematische Planung und Kontrolle sowie Informationsbeschaffung
- **Machtmerkmale** wie Überzeugungskraft, Netzwerkarbeit und Selbstvertrauen

Für Bygrave (vgl. 1998, S. 115) sind es personelle, soziale und umweltbedingte Faktoren, die einem neuen Unternehmen zum Start verhelfen. Ob jemand sich für oder gegen die Umsetzung seiner Idee entscheidet, hängt von folgenden Faktoren ab: alternative Karrieremöglichkeiten, Familie, Freunde, Vorbilder, seine wirtschaftlichen Lage und Verfügbarkeit von Ressourcen.

(4) Ergebnisse der situativen Verhaltensforschung

Die moderne Verhaltenswissenschaft zieht zur Erklärung menschlichen Verhaltens **Umwelteinflüsse** in die Betrachtung mit ein, d.h. Persönlichkeitseigenschaften sind nur einige von mehreren **Verhaltensdeterminanten** des Menschen. Es sei verwiesen auf (vgl. Ripsas 1997, S. 194ff.)

- das Interaktionsmodell von Verhalten von Staehle,
- das Modell zum „**Entstehen der Verhaltensintention**" von Shapero („entrepreneurial intentions") mit folgenden Beeinflussungsfaktoren bezogen auf Gründungsentscheidungen: Grad der Attraktivität der Handlung, Machbarkeitsüberzeugung, allgemeine Handlungsbereitschaft,
- das Modell zur Erklärung des „**auslösenden Moments**" (Untersuchungen von Krueger/Brazeal, Stevenson/Gumpert, Goebel, Campbell u.a.).

Andere Forschungsrichtungen beziehen sich auf die allgemeine Beschreibung von **Verhaltensmustern** („patterns") oder kombinieren diese mit Charaktermerkmalen und psychologischen Grundfähigkeiten; drei Fähigkeits- bzw. **Kenntnisbereiche** werden formuliert, über die erfolgreiche Entrepreneure verfügen müssen: ökonomisch-technische Kreativität, betriebswirtschaftliche Kompetenz und psychische Grundfähigkeiten.

(5) Möglichkeiten zum Ausgleich fachlicher Defizite

Einer der Hauptgründe für spätere Probleme/Insolvenzen (vgl. dazu Punkt V) liegt in der mangelhaften Unternehmerqualifikation, die um so stärker durchschlagen, als bei jungen Unternehmen die **Person** des Gründers ein dominierender Faktor darstellt. Schwächen in der Unternehmensführung sind meistens auf mangelndes Wissen (z.B. im kaufmännischen/betriebswirtschaftlichen Bereich, fehlende Branchenkenntnisse) oder ungenügende

Kenntnisse im Umgang mit Führung und Motivation des Personals zurückzuführen. Es gibt zahlreiche Angebote, diese **Defizite** auszugleichen:

- Besuch von Existenzgründerseminaren (bei den Kammern, von Beratungsfirmen etc.)
- Besuch von Kursen an der Volkshochschule/andere Formen der Weiterbildung (Abendkurse, Aufbaustudien; so bietet die Universität Karlsruhe ein Existenzgründer-Training über zwei Semester an, das vorwiegend in den Abendstunden und am Wochenende stattfindet)
- Praktika bei Firmen
- Studium der Fachliteratur (umfangreiche Broschüren/Ratgeber/Handbücher/Leitfäden etc. von Ministerien, Banken, Verlagen)

Eine andere Möglichkeit besteht darin, sich **beraten** und betreuen zu lassen – nicht nur „klassisch" von Unternehmens- oder Steuerberatern, sondern mit neuartigen Formen wie

- „**Coaching**-Programme" von „Managern auf Zeit" (z.B. das Programm des RKW oder der Kreditinstitute)
- Rat von **Senioren**, d.h. Führungskräfte im Ruhestand helfen Jungunternehmern (z.B. Senior-Expert-Service, Bonn; Alt hilft Jung, Bonn; **Paten**-Vermittlung der Kammern oder durch den Bundesverband Junger Unternehmer)

2. Phasen einer Unternehmensgründung

Allgemein wird die Gründung innovativer Unternehmen als ein phasenorientierter Entstehungs-/**Entwicklungsprozeß** skizziert. Auch wenn jeder unternehmerische Prozeß etwas anders strukturiert ist und die einzelnen Phasen zeitlich eine sehr differenzierte Dauer haben, so kann man doch ein **Phasenmodell** entwickeln, das von hoher Allgemeingültigkeit ist:

- die **Ideenfindungs**-/Orientierungsphase
- die **Konzeptionsphase** (Projektierung/Entscheidung - Erstellung des Business-Plans)
- die **Realisierungsphase** (Umsetzung)
- die **Wachstums-/Festigungsphase**
- die **Entwicklungs-/Diversifikationsphase**

a) Die Ideenfindung

Der **Wunsch** nach Selbständigkeit ist entweder zurückzuführen

- auf eine gewisse Unzufriedenheit im bisherigen Arbeitsfeld, verbunden mit dem Wunsch nach einem Wechsel (dann ist i.d.R. keine **konkrete** „Idee" vorhanden),
- oder weil man bereits eine Idee hat, von der man glaubt, daß sie Marktchancen hätte.

Die Gründung einer erfolgreichen Unternehmung wird oftmals mit der Suche nach einer **genialen**, einzigartigen revolutionären Geschäftsidee (einer „Erfindung") und deren Verwirklichung in Verbindung gebracht. Die Feststellung, keine Idee zu haben, hält dann viele potentielle Unternehmer davon ab, den Sprung in die Selbständigkeit zu wagen. Der DtA Ratgeber Existenzgründung (1999, S. 16) zeigt jedoch, daß nur 5% aller Geschäftsideen wirklich **neu** sind; von diesen 5 % stammt wiederum die Hälfte aus den USA.

Studien zeigen, daß der **Markt** genügend Hinweise gibt, neue Problemlösungen zu finden, es gilt, dort „Vorhandenes" zu entdecken. Bygrave bestätigt dies: Danach gewinnen angehende Unternehmer am häufigsten Ideen aus ihrer **derzeitigen Arbeit** und ihrer aktuellen Erfahrung. „Es gibt Schätzungen, nach denen 90% aller neuen Unternehmen in den Branchen gegründet werden, in denen die angehenden Unternehmer ihre Erfahrungen gesammelt haben, oder in Branchen, die diesen sehr nahe stehen. Das ist auch nicht weiter erstaunlich, denn aus der gegenwärtigen Tätigkeit entwickeln sich die meisten tragfähigen Ideen." (1998, S. 116)

Eine umfassende Sammlung von **Informationsquellen** für die Entwicklung neuer Produkte in einem **bereits existierenden** Unternehmen geben Strothmann et al. (1987; zit. bei Ripsas, 1997, S. 90):

- Anregung von Kunden, Messen, Anzeigen in Fachzeitschriften, redaktionelle Beiträge
- Systematische Marktbeobachtung/Konkurrenzbeobachtung
- Vertreterberichterstattung, Dokumentation anderer Hersteller
- Vertreter/Berater von Komponenten-Lieferanten

- Besichtigung anderer Firmen, betriebliches Vorschlagswesen
- Kongresse, Hochschul- und Forschungsinstitute
- Anzeigen in überregionaler Tages- und Wirtschaftspresse
- Unabhängiger Berater, Technologie-Transfereinrichtungen, Datenbanken

Wie lassen sich auf der individuellen Ebene Geschäftsideen identifizieren, entwickeln und ausarbeiten? („Idea Development"/**„Idea Refinement"**). Da wir Entrepreneurship als das Erkennen bzw. Schaffen neuer Marktchancen und deren Nutzung durch das Gründen von Unternehmen definiert haben, ist es also eine **Kombination** aus kreativem Problemlösen und betriebswirtschaftlichem Management (Ripsas, 1997, S. 89).

In vielen Veröffentlichungen wird immer wieder festgestellt, daß für Entrepreneure die absolute Hauptquelle bei der Entwicklung unternehmerischer Ideen die **persönlichen** Erfahrungen aus einem Beschäftigungsverhältnis in der gleichen Industrie sind.

Für die Phase der Ideenfindung stehen bereits seit den 70er Jahren zahlreiche **Methoden** zur Verfügung (dazu im Einzelnen Servatius, 1988, S. 42ff.; Schlicksupp, 1992, S. 59ff.; Hauschildt, 1993, S. 252ff.):

- Etwa die Methoden der **Kreativitätstechnik** wie Brainstorming, Brainwriting-Methoden wie Ideendelphi, Methoden der schöpferischen Orientierung/Konfrontation, Synektik (zu Moderationstechniken siehe Neuland, 1999, S. 101ff.). Es bieten sich auch **Gespräche** mit Freunden, Kunden, Bekannten, Unternehmensberatern, Kreativen oder sonstigen Experten wie Trendforschern (z.B. Popcorn Report) usw. an.
- Statt intuitiv-kreativ können auch **systematische** Ideenfindungsverfahren und Methoden betrieben werden, z.B. durch Marktanalysen, Bedarfsanalysen (z.B. über die Nutzung der Verkaufs-/ Serviceorganisation; 60 bis 80% aller Innovationsanstöße kommen von den Kunden!), Befragungen, Dokumentenanalyse, Beobachtungen, morphologische Methoden, Relevanzbaumverfahren, Funktionsanalysen, Datenbanken usw.

„Klassisch" ist der Rückgriff auf **Bestehendes**: Die Möglichkeit zur **Nachahmung** (oder auch zum „Neu-Kombinieren") eines bereits bestehenden (und erfolgreichen) Konzepts oder sein Potential an Spezialisierungs-, Verbesserungs- oder Entwicklungsfähig ist zu analysieren. Dieser Weg birgt das geringste Risiko in sich, da der Beweis der Umsetzbarkeit bereits erbracht wurde (z.B. durch die Mitglieder einer Franchisekette).

Neue **Trends** erkennen durch Beobachten (Bestehen andere Lösungen im Ausland?), Besuch von Messen oder durch Patentauswertungen:

- Kann ein Strukturwandel oder ein neuer Markt (z.B. Inline-Skates, Snowboards) frühzeitig erkannt werden?
- Wie verlaufen vermutlich bestimmte technische Entwicklungen (z.B. der Wandel von der Industrie- zur Informations-/Wissensgesellschaft)?
- Wie entwickeln sich gesellschaftliche Problemlagen (wie z.B. Recycling-/Entsorgungsnotwendigkeiten)?
- Welche Bedürfnisse/Möglichkeiten ergeben sich aus der veränderten Alterspyramide?
- Welche Bedürfnisse/Möglichkeiten ergeben sich als Folge der „Erbengeneration"/veränderter Familienstrukturen usw.?
- Lassen sich Forschungsergebnisse verwerten?
- Kann man „Gegen den Strich bürsten"?

Ein besonderes Wachstum und damit Chancen für Unternehmensgründungen wird zukünftig in folgenden **Bereichen** gesehen: Gesundheit/Wellness, Geld/Vermögen, Freizeit, Beratung, Information/Medien/, DV, Bildung.

Der Existenzgründerleitfaden der Investitionsbank Berlin (S. 9) stellt zwei **Kriterien** in den Mittelpunkt:

(1) Die Geschäftsidee sollte **nie identisch** mit dem Angebot der Konkurrenz sein. Sie sollte:

- sich von den Konkurrenten unterscheiden; Alleinstellungsmerkmale aufweisen,
- überlegen sein (besser, billiger, serviceorientierter),
- auf Regionen ausgerichtet sein, in denen die Idee noch nicht vertreten ist.

(2) Die **Unterscheidung** der Idee von den Konzepten der Wettbewerber kann vielfältig sein, beispielsweise durch:

- neuartige Produkte oder Dienstleistungen
- andere Distributionskanäle
- effizientere Leistungserstellung
- eine Ausrichtung auf andere Zielgruppen
- eine neuartige Akquisitionsstrategie
- die Erschließung neuer Beschaffungskanäle

Das BMWi empfiehlt eine Reihe von **Wegen**, wie man eine erfolgversprechende neue Geschäftsidee anstoßen kann (1999, S. 18):

- Marktlücken entdecken
- Erfolgreiche Konzepte kopieren
- Neue Ideen in allen Branchen verwirklichen
- Technische Entwicklungen nutzen
- Mit Spezialisierung abheben
- Neue Trends erkennen

Für Ideen/Innovationen und Lizenzen gibt es zahlreiche **Internet**-Adressen (z.B. Innovationsbörse der Wirtschaftswoche, Marktlücken bei DM-Online, Ideensammlung von Deutschland Innovativ; Technologiebörse des DIHT, Datenbank des Patentamtes usw.).

Um Ideen oder Erfindungen mit ihrem Potential auch tatsächlich gewinnbringend zu verwerten, müssen sie **aufbereitet** (verfeinert) und **vermarktet** werden. Dieser langwierige Prozeß beinhaltet eine betriebswirtschaftliche Analyse der Handlungsalternativen und schwieriger **Fragestellungen** wie u.a.: Idee selbst verwerten? Partner aufnehmen? Wie sind Geldgeber zu überzeugen? Wo gibt es Kontakte, wo Beratung? Welche Markteintrittsstrategie soll man wählen? Differenzierung/Kostenführerschaft/Nischen? Welche Eintrittsbarrieren sind zu überwinden?

Die Ergebnisse der Ideensuche sind also anschließend einer Prüfung und **Bewertung** zuzuführen. Damit Ideen oder Erfindungen/Innovationen nicht in der Schublade verstauben, gibt es (vor allem im Internet) als **Schnittstelle** von Idee und Verwertung eine Vielzahl von „Börsen" oder „Marktplätze".

Entrepreneurship besteht, wie beschrieben, in der Erschließung ungenutzter Profitpotentiale im Markt. Im **„window of opportunity"** eine Idee zu finden kann auf Intuition, Erfahrungen, systematischer Suche oder auch auf Glück oder Zufall basieren. Die Literatur ist zudem voll mit Beispielen, wo Inhaber oder CEO **gegen** den Rat ihrer Mitarbeiter eine Idee (erfolgreich!) „stur" weiterverfolgten.

Auch Ripsas weist darauf hin, daß das Interpretieren von Marktsignalen und somit das Erkennen von Opportunities im hohen Maß **subjektiv** und von der individuellen und somit selektiven **Wahrnehmung** geprägt ist. Es ist bei Betrachtung erfolgreicher Unternehmer oft ein scheinbarer Widerspruch zu beobachten: „... nämlich die Tatsache, daß Entrepreneure scheinbar nicht rational entscheiden und häufig die empfohlenen Marktanalysemöglichkeiten ignorieren oder doch sehr eigenwillig interpretieren und innerhalb ihrer subjektiven Realität entscheiden." (1997, S. 112)

Bestandteile einer **potentialträchtigen** Geschäftsidee sind nach MBPW (1999, S. 14ff.) folgende vier Eigenschaften:

- Klarer Kundennutzen
- Ausreichend großer Markt
- Ausreichender Innovationsgrad
- Machbarkeit und Profitabilität

b) Vorlaufende Phase (Informations- und Entscheidungsprozesse)

Eine entscheidende Bedeutung für das Gelingen einer Unternehmensgründung hat das **systematische Vorgehen**. Der eigentlichen Realisierungsphase vorgelagert sind:

(1) eine Orientierungsphase (Information, Beratung, Schulung etc.)
(2) eine Konzeptionsphase (Planung und Entscheidung)

Zu (1) Orientierungsphase (Information, Beratung, Schulung etc.)

Ziel dieser Phase ist, den erforderlichen Informationsbedarf des Gründers möglichst umfassend abzudecken, um als Grundlage für die Planung des Konzepts und als Entscheidungshilfe für die Realisierung zu dienen. Informations**defizite** sind einer der häufigsten Gründe für ein frühzeitiges Scheitern.

Informationen etwa zum Markt, zu den Konkurrenten usw.

- kann man entweder **selbst** recherchieren (auf Fachmessen, durch eigene Beobachtungen, Erkundigungen, Einsicht in Statistiken, durch Veröffentlichungen usw.) oder
- man sollte auf **Hilfe** zurückgreifen (z.T. sind viele Publikationen oder Brancheninformationen/Marktuntersuchungen/Konjunkturberichte sowie die Beratungen sogar kostenlos; andere, wie die Genios Datenbanken zu Konkurrenz- und Marktbeobachtungen oder die für 125 Branchen verfügbaren „Branchen-Briefe" der Volks- und Raiffeisenbanken, sind kostenpflichtig).

Potentiellen Gründern steht in dieser Phase ein umfangreiches Informations-, Kommunikations-, Beratungs-, Qualifizierungs-, Unterstützungs- und Schulungsangebot zur Verfügung, in vielen Fällen auch **online** im Internet (z.B. Innovations-Netz Bayern, Informationszentrum für Existenzgründung (ifex online), „Virtuelles Gründerzentrum" der DtA etc.). Die Literatur bietet zahlreiche **„Handbücher"/„Ratgeber"/„Leitfäden"** an, in denen betriebswirtschaftliches Grundlagenwissen (Planung, Marketing, Kostenrechnung usw.) sowie die Schritte einer Existenzgründung systematisch und praxisorientiert besprochen werden (z.B. Rasner/Füser/Faix, 1997; Kohlert, 1997; Herz, 1999; Arnold, 1999; Neuhäuser 1999 oder Collrepp, 1999).

Das Netz an **Ratgebern** ist inzwischen fast unüberschaubar geworden:

- **Kammern** (IHK oder HWK) mit einem umfangreichen Serviceangebot (Broschüren, Gründungsseminare, Einzelberatungen etc.; im Aufbau ist das Datenbanksystem MauSi Markt- und Standort Informationssystem)
- **Verbände, staatliche** Stellen (Ministerien etc.)
- **Städte**, Landesgewerbeämter, Landratsämter
- **Banken/Sparkassen** (alle Hausbanken; vor allem aber DtA, KfW, LfA) und **Versicherungen**
- verschiedene **Institute** (z.B. das Existenzgründer-Institut Berlin, die Bayern Innovativ GmbH oder das baden-württembergische Informationszentrum für Existenzgründung IFEX)
- **Bildungseinrichtungen** (z.B. die „Stratego"-Tagung zur Gründerförderung durch das Bildungswerk der Wirtschaft in Berlin und Brandenburg)

- die staatlichen oder privaten **Hochschulen**, Technologietransferstellen, Forschungseinrichtungen
- **Gründerzentren** (Bayern hat z.B. regional ausgewogen 20 Standorte für kommunale Gründerzentren, wo jungen Unternehmern **kostengünstig** Betriebsräume, zentrale Service- und Beratungsleistungen sowie Gemeinschaftsdienste angeboten werden; Beispiele sind das umwelttechnologische Zentrum in Augsburg, das biotechnologische Zentrum in Martinsried oder das Logistik-Kompetenzzentrum in Prien. Das erste Technologie- und Gründerzentrum (TGZ) entstand 1983 in Berlin; mittlerweile gibt es ca. 270 TGZ **bundesweit**. Mieter sind mehr als 4.300 junge Unternehmen mit insgesamt 30.000 Beschäftigten. Ziel ist, Firmengründern den Start in die Selbständigkeit zu erleichtern. Spätestens nach 5 bzw. 8 Jahren muß man anderen jungen Firmen Platz machen.
- **Unternehmensberater** (qualifizierte Existenzgründungsberatungen, über die ein Beratungs-Schlußbericht erstellt wird, werden z.T. von Bund und Ländern mit nicht rückzahlbaren Zuschüssen gefördert), **Steuerberater**
- **Gründertage/-messen** (wie die START-Existenzgründermesse für Deutschland in Nürnberg, die Deutschen Existenzgründertage in Berlin als nationale Dachveranstaltung, diverse Gründertage in Freiburg, Laupheim, Ulm, Osnabrück, Freiburg etc.) zur Vermittlung von Kontakten, Präsentation von Vorbildern usw.
- ein eigenes Wirtschafts- und **Gründermagazin** („entrée", auch online) als Netzwerkplattform

Auch das **Schulungs-** und **Qualifizierungsangebot** (etwa in Form von Seminaren, spezifischen Kampagnen usw.) ist unüberschaubar; von vielen der oben genannten Informationsstellen werden auch weitergehende Dienste angeboten.

Zu (2) Konzeptionsphase (Planung und Entscheidung)

Überlegungen zur Gründung eines Unternehmens können zwar auch intuitiv getroffen werden, die Bedeutung des Vorgangs, seine langfristigen Wirkungen, seine Komplexität und die hohen Quoten an Insolvenzen nach wenigen Jahren legen jedoch ein rationales und **systematisches** Vorgehen nahe.

Der Übergang von der bloßen „Idee" zum potentiellen Gründer und letztlich zum Unternehmer vollzieht sich als ein **Prozeß** (Lern-, Gestaltungsprozeß). Um das Risiko zu begrenzen und um herauszufinden, welche Alternative die in der jeweiligen Situation beste/wahrscheinlichste bzw. erfolgversprechendste ist, sind im Rahmen eines komplexen **Entscheidungsprozesses** (vgl. dazu auch 1 Teil, III, 2) mit fortschreitendem Informationsstand und Detaillierung der Problemstellung folgende **Phasen** bewußt zu durchlaufen, die aber nicht sequentiell, sondern iterativ und in Rückkoppelungsschleifen vollzogen werden:

(1) Beschreibung und Analyse von **Ziel** und **Ausgangslage**: Was wollen wir (= Soll-Bestimmung)? Wovon gehen wir heute aus (= Ist-Bestimmung)?
(2) **Alternativen** entwickeln und beurteilen: systematische Informationssammlung (welche Alternativen? Jeweilige Risiken/Chancen? Fragen der Gewichtung). Kreative/kritische Auseinandersetzung mit allen potentiellen Alternativen (evtl. neue Prioritäten, neuer Suchlauf, geänderte Prioritäten etc.)
(3) **Entscheidung** für die Alternative mit dem besten Zielerreichungsgrad: Hilfsmittel wie Wertanalysen (vgl. dazu 5. Teil, E, V, 2; Entscheidungsregeln/-modelle)
(4) **Aktions-** und **Maßnahmenplanung**: Festlegung konkreter Maßnahmen (= wie?) und Mittel (= welche?) zur Umsetzung der Entscheidung
(5) **Kontrolle** der Durchführung (Soll-Ist-Analyse): Ergebniskontrolle mit Ausgangslage (Ziel erreicht? Warum nicht? Abweichungsanalyse)

Mit jeder Unternehmensgründung ist ein erhebliches **Risiko** verbunden. Zur Reduzierung dieses (finanziellen, persönlichen etc.) Risikos ist eine **systematische Planung** unerläßlich. Dies beinhaltet in aller Regel auch das Erstellen eines Geschäftsplans (Business-Plan).

c) Die eigentliche Unternehmensgründung

Zur Änderung des Gründungsklimas wird immer von vielen Seiten eine grundlegende Strukturveränderungen des Standorts Deutschland gefordert: Insbesondere die Überreglementierung, die Bürokratie und der Paragraphendschungel erschweren Neugründungen (finanzielle Belastungen durch Verwaltungsauflagen, Verzögerung der Gründung durch Genehmigungsverfahren etc.).

Die Gründung eines Unternehmens erfordert die Beachtung einer Reihe von gesetzlichen Vorschriften und eine Vielzahl von Anmeldeformalitäten. Es besteht in Deutschland zwar für viele Bereiche **Gewerbefreiheit**, doch bedeutet dies zunächst nur den freien Zugang zum Gewerbe – die Ausübung selbst kann dagegen im öffentlichen Interesse Einschränkungen und Regelungen erfahren (überwachungsbedürftige, erlaubnispflichtige Gewerbe). Zuerst ist also zu klären, ob man die ausgewählte Tätigkeit ungenehmigt beginnen kann, ob bestimmte **Zulassungsvoraussetzungen** bestehen (wie bei einigen Freiberuflern: Steuerberater etc.) und welche Tätigkeiten einer **Genehmigungspflicht** oder zumindest einer Anmeldepflicht unterliegen (so erfordern viele Handwerksgewerbe einen Meisterbrief).

> **Gründung** = die rechtliche Entstehung eines Unternehmens (z.B. bei Kapitalgesellschaften durch die Eintragung in das zuständige Handelsregister)
> **Errichtung** = der technisch organisatorische Aufbau eines Unternehmens (d.h. z.B. Abruf der Finanzierungsmittel und deren Investierung)

Je nach Rechtsform des Unternehmens variieren einzelne Punkte (z.B. Eintragung in das Handelsregister oder nicht). Es sind i.d.R. folgende **Formalitäten** und **Anmeldungen** zu erledigen:

- Gewerbeanmeldung beim zuständigen Gewerbeamt am Sitz des Betriebes
- Handelsregistereintrag (nur für Vollkaufleute im Sinne des HGB) beim Amtsgericht, Beglaubigung durch Notar; evtl. Eintrag in das Partnerschaftsregister
- Anmeldung beim Finanzamt (Steuernummer; verschiedene Steuern wie Umsatz-/Einkommen-/Körperschaft-/Gewerbesteuer, Voranmeldungen, Erklärungen usw.)
- Arbeitsämter (Betriebsnummer beantragen)
- Krankenkasse (Betriebsnummer), Berufsgenossenschaft (jedes Unternehmen per Gesetz Mitglied; Arbeitnehmer anmelden und Beiträge abführen); Arbeitnehmer zur Sozialversicherung anmelden und Sozialabgaben abführen; Lohnsteuer abführen
- bei ausländischen Arbeitnehmern aus Nicht-EU-Staaten Aufenthaltsgenehmigung und Arbeitserlaubnis vorlegen lassen
- besondere Genehmigungen für bestimmte Gewerbezweige (z.B. Handwerk)
- Versorgungsunternehmen (Strom etc., auch Entsorgung wie Müll)
- Abschluß verschiedener **betriebsnotwendiger** Versicherungen für den Schutz des Unternehmens (die Risikobereiche sind vielfältig, Beispiele: Sturm, Feuer, Einbruch/Diebstahl, Betriebsunterbrechung, Betriebshaftpflicht, Produkthaftpflicht, Umweltschutz, Rechtsstreitigkeiten usw.)
- Abschluß **persönlicher** Versicherungen (Beispiele: Krankheit, Unfall, Pflege, Berufsunfähigkeit, Rente)

Weiterhin ist zu beachten, daß sich aus steuerrechtlichen und handelsrechtlichen Vorschriften bestimmte **Aufzeichnungs**- und **Buchführungspflichten** (z.B. Verpflichtung zur doppelten Buchführung bei Vollkaufleuten) ergeben. So hat jeder Kaufmann nach dem Steuerrecht mindestens folgende Aufzeichnungen vorzunehmen (IHKT Bayern, 1999, S. 20):

- Tägliche Aufzeichnungen der Kasseneinnahmen und Kassenausgaben (Kassenbuch)
- Aufzeichnungen des Wareneingangs und Warenausgangs
- Eine Pflicht zur „doppelten Buchführung" besteht bei einem Umsatz von mehr als 500.000 DM im Kalenderjahr oder einem Gewinn von mehr als 48.000 DM im Wirtschaftsjahr.

Zu beachten sind **Schutzrechte** wie Patente, Marken (früher: Warenzeichen), Namensrechte, Geschmacks- und Gebrauchsmuster.

d) Der Lebenszyklus von Unternehmen

Bei **jungen** Unternehmen wird idealtypischerweise von einem **Drei-Phasen-Schema** ausgegangen:

- Vorbereitungsphase (Planungs- und Analyseschritte, Erstellen einer Gründungskonzeption)
- Gründungsphase (Realisierung des sozial wie rechtlich selbständigen Gebildes)

- Frühentwicklungsphase (Unter-Beweis-Stellen der wirtschaftlichen Tragfähigkeit der Gründungsidee sowie der Richtigkeit der strategischen Entscheidungen hinsichtlich des Markteintritts)

Der Gründungsprozeß gilt dann als **abgeschlossen**, wenn das junge Unternehmen den Markteintritt erfolgreich vollzogen und wirtschaftlich stabile Verhältnisse erlangt hat (vgl. Heimerl/Reiß, 1998, S. 238f.).

In der Literatur werden i.d.R. (idealtypisch) folgende vier **Phasen** genannt, denen bestimmte Charakteristika (etwa bezüglich Auswirkungen auf Rechts- oder **Organisationsform**) zugeordnet werden können:

- Gründer- oder **Pionierphase**: Schlüsselstellung des Gründers, Improvisation, einfache Linien-/ Teamstrukturen
- Wachstums- oder **Differenzierungsphase**: Spezialisierung, Formalisierung (z.B. PuK-System), Zentralisierung, straffere/funktionale Organisation
- Reife- oder **Integrationsphase**: starkes Wachstum, Diversifizierung, Konzern-/Holdingstruktur, neue Geschäftsfelder, Divisionalstruktur
- **Wendephase**: Abwendung von der Erstarrung/Krise durch Restrukturierung

3. Der Business-Plan und seine zentrale Stellung

a) Begriff/Aufgabe/Zielgruppen

Ein detailliert ausgearbeiteter schriftlicher Business-Plan (synonym: Geschäftsplan, Unternehmenskonzept, Unternehmensexposé) beschreibt ein **unternehmerisches Gesamtkonzept**. Er erfaßt das wirtschaftliche Umfeld, die Zielsetzung und die aufzuwendenden Mittel für die geplante Unternehmensgründung. Er ist nicht nur bei Verhandlungen mit Kreditinstituten, sondern auch bei sonstigen Informations- und Beratungsgesprächen (z. B. bei Unternehmensberatern oder den Kammern) unumgänglich.

Eine klare Planung als Regieanweisung, wie die Idee umgesetzt werden soll, d.h. ein schlüssiges Konzept, erhöhen nicht nur die Erfolgsaussichten einer Gründung, sondern erleichtern die Verhandlungen, da es

- Externen ein fundiertes Bild des Projekts und seiner Erfolgsfaktoren (Kundennutzen, Grad der Innovation, Marktpotential, Absatzkonzept, Finanzierbarkeit) bietet,
- die unternehmerische Vision des Gründungsvorhabens durch klare betriebswirtschaftliche Daten erhärtet (Annahmen über Märkte, Finanzierung usw.),
- den aktuellen Stand der Planungsvorhaben und Aktivitäten zeigt (den „Fahrplan"),
- den (Plan-) „Kurs" und Meilensteine aufzeigt und damit auch eine Steuerung und Kontrolle ermöglicht,
- die „Professionalität" des Vorgehens bestätigt.

Es ist deshalb erstaunlich, wenn Brüderl/Preisendörfer/Zieger (1996, S. 163) berichten, daß die **wenigsten** Unternehmensgründer einen Business-Plan erstellen und lediglich 18 % der Unternehmensgründer vor der Gewerbeanmeldung einen schriftlichen Finanzplan, eine Umsatzprognose oder einen Liquiditätsplan erstellen.

Die **Zielrichtung** des Business-Plans, als eine gedankliche Vorwegnahme der einzelnen Schritte im Gründungsprozeß, ist sowohl eine interne wie auch eine externe (Ripsas, 1997, S. 3):

- Er macht die unternehmerische Chance für **Externe** transparent. Er erlaubt die Abschätzung des Gewinnpotentials bzw. des Verlustrisikos und zeigt, ob der Entrepreneur über das notwendige Know-how verfügt, das Unternehmen zu führen. Er soll Geldgeber oder Partner von den Erfolgsaussichten überzeugen und Vertrauen aufbauen.

- Er dient dem **Gründer** dazu, „vorauszudenken", sich alle potentiellen Chancen und Risiken zu vergegenwärtigen, eine Handlungsstrategie zu entwerfen und sich einer regelmäßigen Erfolgskontrolle zu unterziehen, rechtzeitig auf Engpässe aufmerksam zu werden – generell das gesamte Gründungsrisiko zu reduzieren.

Pichot betont, daß auch beim **Intrapreuring** Geschäftspläne aufzustellen sind, allerdings sind sie hier i.d.R. um einiges kürzer, „da sie viele Aspekte des Geschäfts bei ihrem Management als bekannt voraussetzen können". (1988, S. 165)

Merkmale erfolgreicher Business-Pläne sind (nach MBPW, 1999, S. 21ff.): Ein guter Business-Plan

- beeindruckt durch Klarheit,
- überzeugt durch Sachlichkeit,
- ist auch für technische Laien verständlich,
- ist wie aus einem Guß,
- ist das Aushängeschild.

b) Business-Plan-Wettbewerbe

Nachdem die Idee zu Business-Plan-Wettbewerben in den 80er Jahren am MIT (USA) geboren wurde, finden inzwischen auch in Deutschland über ein Dutzend solcher **Wettbewerbe** statt. Grundidee ist die **regionale Zusammenführung** von Know-how der Hochschulen, der Kapitalgeber und des unternehmerischen Umfelds, um die Gründung innovativer Unternehmen anzuregen.

München als Beispiel für einen Innovationsstandort

Als typische Beispiele für solch kooperationsorientierte Entwicklungszentren/Netzwerke werden in der Literatur immer wieder das **Silicon Valley** oder die Route 128 bei Boston/Massachusetts genannt. Doch Ähnliches findet sich auch hier:

Im Großraum München sind ca.70.000 Beschäftigte in der Informations- und Kommunikationsbranche, über 55 Biotech-Unternehmen, über 23.000 Arbeitsplätze in der Luft- und Raumfahrtindustrie, ca. 68.000 Beschäftigte in der Elektroindustrie sowie namhafte Unternehmen der Autoindustrie und aus dem Maschinenbau zu verzeichnen.

Venture-Capital-Gesellschaften mit Investmentfonds von über 1 Mrd. DM noch zu investierendem Kapital haben ihren Sitz in München ebenso wie deutsche und amerikanische Investment-Gesellschaften. Die Forschungslandschaft im Großraum München blüht: Von mehr als 10.000 Wissenschaftlern wurden im Jahr 1996 fast 2.000 Patente angemeldet. Jährlich werden in den verschiedenen Hochschulen (Ludwig-Maximilians-Universität, Technische Universität, Fachhochschule München) 6.000 wissenschaftliche Abschlüsse vergeben und 1.500 Promotionen verliehen. Die Forschungs- und Wissenschaftsstandorte Martinsried-Großhadern und Weihenstephan sowie Garching bündeln das wissenschaftliche Potential in Centers of Excellence in den Bereichen der roten und grünen Biotechnologie sowie den Neuen Materialien. Gemeinsam mit den zahlreichen außeruniversitären Forschungseinrichtungen – den Max-Planck-Instituten, dem GFS-Forschungszentrum für Umwelt und Gesundheit, Instituten der Fraunhofer-Gesellschaft sowie dem Deutschen Zentrum für Luft- und Raumfahrt (DLR) – bergen die Hochschulen der Region München ein immenses Innovations- und Gründungspotential in sich. (Quelle: MBPW, 1999, S. 3f.) .

In diesen Business-Plan-Wettbewerben werden „Geschäftsideen" in **konkrete** Geschäftspläne transferiert, d.h. in Planspielen wird quasi als Trockenübung praxisnah „trainiert"; Beispiel sind der Münchener Business Plan Wettbewerb (aus dem bereits über 20 Neugründungen hervorgegangen sind), der bundesweite „Start Up" oder der Wettbewerb des Verbandes Neues Unternehmertum (NUK/Köln); davon einige mit spezieller Fokussierung auf Hochschulabsolventen (Berlin-Brandenburg, Niedersachsen, Nordrhein-Westfalen, Hessen, München). Die Veranstalter unterstützen i.d.R. die Teilnehmer bei der Erstellung des Plans durch Seminare, Jour fixes, Entrepreneurship-Foren oder Crash-Kurse. Dieser Know-how-Transfer zusammen mit den **Kontakten**/Netzwerken zu Investoren/Kapitalgebern ist vielleicht sogar wichtiger als die Preisgelder.

In den Wettbewerben geht es darum, in **drei** aufeinanderfolgenden **Stufen** (wo jeweils bereits Prämien vergeben werden) mit steigenden Anforderungen:

Stufe 1: Ideenfindung/Geschäftsidee formulieren,
Stufe 2: Grobkonzept,
Stufe 3: detaillierter Business-Plan

einen vollständigen Geschäftsplan zu entwerfen. Die Ideenträger werden also **schrittweise** ein Vorhaben entwickeln, strukturiert konzipieren und bis zur Umsetzungsreife durchdenken, d.h. sie werden bis zum Endprodukt „Business- Plan/Unternehmenskonzept" geführt.

Eine qualifizierte Jury bewertet vertraulich die Business-Pläne und vergibt Preise. Solche Wettbewerbe dienen der gezielten Förderung der Leistungsträger von Morgen. Durch eine kontinuierliche Unterstützung und Beratung wird Hilfestellung bei den ersten Schritten ins Unternehmertum geleistet.

---

3. Münchener Business Plan Wettbewerb 1998/1999
Insgesamt 773 Personen in 305 Teams haben an dem dreistufigen Wettbewerb teilgenommen. 103 Business-Pläne sind in Stufe 3 des größten regionalen Gründerwettbewerbs mit insgesamt 155.000 DM Preisgeldern eingegangen. Die meisten Teilnehmer kamen aus High-Tech-Branchen. Anschließend wird auf einem Entrepreneurship-Forum der Kontakt zu Kapitalgebern hergestellt. Vorher werden die Gründer auf einem Founders Forum dafür fit gemacht. Über ein Drittel aller eingereichten Business-Pläne und 70% der Preisträger kommen von Studierenden der Münchner Hochschulen: TU, Uni und FH.

---

c) Elemente

Die einzelnen **Punkte** des Geschäftsplans, die aufgrund der fehlenden betriebswirtschaftlichen Erfahrungen der meisten Gründer mit Hilfe **Externer** (wie Unternehmensberater etc.) konkretisiert werden müssen, werden in zahlreichen Veröffentlichungen dargelegt. Es gibt keinen einheitlichen Standard für die Abfassung des Konzepts, verschiedene Autoren entwerfen Musterpläne/**Checklisten** mit gründungsrelevanten Faktoren (z.B. Gründerzeiten, hrsg. vom BMWI, Nr. 7/8; der Fahrplan von Focus Online Akademie mit acht Faktoren; Collrepp, 1999, S. 38f.). In weiten Teilen ähneln sich die Elemente, ihr Konkretisierungsgrad wird stark vom „Typ" der Unternehmensgründung abhängen. Unverzichtbare **Kernelemente** sind die Zusammenfassung, die Produktdarstellung, das Marketingkonzept und insbesondere der Finanz-/Liquiditätsplan.

Der Plan sollte nicht mehr als **20 bis 35 Seiten** umfassen. Deshalb muß er übersichtlich im Aufbau, verständlich formuliert sein und sich auf das Wesentliche konzentrieren. Er ist auf die Zielgruppen zuzuschneidern (d.h. die potentiellen Investoren; dazu insbesondere Sahlman, 1998).

Der Verband Neues Unternehmertum Köln (NUK, 1997) legt ein von McKinsey erarbeitetes Handbuch vor, in dem für den Business-Plan **zehn** inhaltliche **Hauptelemente** bestimmt werden:

- Executive Summary
- Unternehmen (Unternehmensprofil; Unternehmensziele)
- Produkt oder Dienstleistung (Kundenvorteile und Kundennutzen, Entwicklung von Produkt oder Dienstleistung; Fertigung)
- Industrie und Markt (Industrieanalyse – Branche und Gesamtmarkt; Marktsegmente – Zielgruppen; Wettbewerb)
- Marketing /Absatz und Vertrieb (Eintrittsstrategie; Absatzkonzept; Absatzförderung)
- Management und Schlüsselpersonen
- Lernpfade
- Planung für die kommenden fünf Geschäftsjahre (Personal-, Investitions-, Liquiditäts-, Umsatz-, Rohertrags- und Ergebnisplanung; Planbilanzen)

- Chancen und Risiken – Auswirkungen der Szenarien auf die Planung
- Finanzbedarf

Einige Elemente werden wir nun kurz skizzieren. Zwei zentrale Elemente des Konzepts, die Finanz- und Marketingplanung, werden wir im Anschluß an den nächsten Punkt separat behandeln.

(1) Zusammenfassung des Plans („Executive Summary")

Die Zusammenfassung soll dem jeweiligen Leser (z.B. wichtigen Entscheidungsträgern in Banken) einen ersten schnellen Überblick verschaffen. Diese **kurze, klare** und vor allem **schlüssige** Darstellung der Geschäftsidee und der wichtigsten entscheidungsrelevanten Daten (z.B. Innovationscharakter der Gründung, erforderliche Investitionen, geplante Ziele, konkrete Schritte, welche zu diesen Zielen führen, Kapitalbedarf, Kundennutzen, Kostenplanung usw.) soll Interesse wecken, d.h. einen positiven Eindruck und Neugierde (auf den „Rest") vermitteln.

> „Die Executive Summary ist ein eigener Baustein; verwechseln Sie ihn nicht mit einer Einführung oder der kurzen Beschreibung Ihrer Geschäftsidee auf dem Deckblatt (...) Die Summary sollte in fünf bis zehn Minuten gelesen und verstanden werden können." (MBPW, 1999, S. 30)

In der Beraterszene für Seed-/Venturefinanzierung wird vor allem dem ersten Satz, dem „30-Sekunden-Outline" als Verdichtung der gesamten Idee große Bedeutung beigemessen; für ihn gibt es schöne Bezeichnungen: your „startup haiku", your „elevator pitch" usw.

(2) Gegenstand des Unternehmens – Gründerperson/en

In wenigen kurzen Sätzen ist der Gegenstand des Unternehmens zu charakterisieren (Name, Rechtsform, Firmensitz, Produkt oder Dienstleistung, auf dem das Geschäftsvorhaben basiert, Kundennutzen, Zielgruppe).

Eine klare Charakterisierung der **Gründerperson**/en ist essenzieller Bestandteil eines Konzepts: Potentielle Investoren haben ein großes Interesse daran, denn **Kenntnisse** und **Erfahrungen** des/der Geschäftsführer bestimmen weitgehend die Erfolgsaussichten der Unternehmensgründung. Es ist daher neben dem persönlichen Werdegang insbesondere auf fachliches und unternehmerisches Know-how sowie auf die Branchenerfahrung einzugehen.

> „Die Gründerperson oder das Gründerteam hingegen bilden die Antriebskraft einer innovativen Unternehmensgründung. Sie fungieren als Initiatoren und zentrale Koordinatoren von der Ideenentwicklung über die Ideenumsetzung bis hin zur Ideenvermarktung. Ihre geistigen, charakterlichen, fachlichen und physischen Fähigkeiten bestimmen den gesamten Gründungserfolg." (Laub, 1991, S. 30)

Ähnlich beurteilt dies Pinchot: „Wenn Venture-Kapitalgeber die Chancen eines Venture beurteilen, ist der wichtigste Faktor das Venture-Team. Die Entscheidungen der Investoren basieren zu 80 Prozent auf dem Team. Nur zu 20 Prozent basieren sie auf anderen Faktoren wie der Qualität des Konzeptes und dem übrigen Geschäftsplan. Der Grund dafür ist, daß ein gutes Management einen mittelmäßigen Plan zum Erfolg führen kann. Andererseits können die Idee und der Plan noch so gut sein – wenn ein schlechtes Venture-Team dahintersteht, sind auch die Erfolgsaussichten gering. Dennoch beinhalten die Geschäftspläne von Unternehmern selten den wichtigsten Teilabschnitt, nämlich die Beschreibung des Venture-Teams." (1988, S. 394; ähnlich insbesondere Sahlman, 1998, S. 86ff.)

(3) Konstitutive Entscheidungen (Standort, Rechtsform, Organisation) – Überblick

Bei der Gründung eines Unternehmens sind drei **konstitutive Entscheidungen** zu treffen; diese Entscheidungen prägen Unternehmen langfristig und sind ohne erhebliche Aufwendungen **kurzfristig** nicht veränderbar. Diese drei Entscheidungen (Wahl von Standort, Rechtsform, Organisation) werden in diesem Teil **anschließend ausführlich** dargelegt. Hier deshalb nur einige einführende Sätze.

Da sich bestimmte Prämissen im Laufe des Lebens eines Unternehmens ändern (Ausscheiden von Gesellschaftern, Finanzierung eines starken Wachstums usw.), sind die Ergebnisse aller drei konstitutiven Entscheidungen einer **ständigen** Überprüfung zu unterziehen und gegebenenfalls zu **korrigieren**, d.h. die Rechtsform ist umzuwandeln, der Standort ist zu verlagern oder die Organisation ist zu restrukturieren.

Die grundsätzlichen Formalentscheidungen zur Standort-/Rechtsform- und Organisationswahl finden sich als Ausdruck einer systematische Planung und Formulierung in einem **Geschäftsplan** (Business-Plan).

Zu (1): Standort

Da ein Unternehmen (besonders im Dienstleistungs- und Handelsbereich) an den Standort in noch stärkerer Weise gebunden ist als an die Rechtsform, sind bereits in der Phase der Erstellung des Geschäftsplans mögliche Standorte mit einem **Kriterienkatalog** auf ihre Eignung zu prüfen (siehe dazu unsere Ausführungen unter B). Selten ist es nur „ein" Standortfaktor, der den Erfolg beeinflußt (so spielt bei Unternehmen, die sich direkt an den Kunden wenden, der **Absatz** eine überragende Bedeutung – etwa im Einzelhandel mit seinen verwandten konsumorientierten Handwerksbetrieben, aber auch bei Dienstleistern), normalerweise ist es aber ein „Bündel" von erfolgswirksamen **Standortfaktoren**. Der **optimale** Standort kann nicht allgemein gültig beschrieben werden – nur firmenindividuell ist zu bestimmen, welche Faktoren für die Erfüllung der betrieblichen Zielsetzung wichtig sind, (Sind wir z.B. mehr beschaffungs-, absatzoder produktionsorientiert?) und wie sie verfügbar/zu beschaffen sind (Liegt z.B. ein möglicher Standort außerhalb eines bestimmten regionalen Förderungsprogramms?).

Beispiele (aus Investitionsbank Berlin, o. J., S. 14):

Standortfaktoren auf der Beschaffungsseite:
- Personal (Qualifikationsniveau, Mitarbeiterpotential, Entgeltniveau, soziales und kulturelles Umfeld zur erfolgreichen Mitarbeiterakquisition).
- Produktionsmaterial (Verfügbarkeit von Rohstoffen, Lieferantennähe, kommunale Infrastruktur, wie z.B. Energie-, Wasserver- und -entsorgung, Verkehrsanbindung, Transportkosten)
- Kapital (insbesondere Zugang zu öffentlichen Fördermitteln)
- Informationen (wissenschaftliche Einrichtungen, Unternehmernetzwerke, öffentliche und private Beratungseinrichtungen, Kommunikationskosten)

Standortfaktoren auf der Absatzseite:
- Absatzpotential (Kundenstruktur, Einzugsbereich, Kundendichte, Bedarf, Kaufkraft, Konkurrenten)
- Absatztransport/Infrastruktur (öffentliche Verkehrsmittel, Parkplätze, Fahrtdauer)
- Absatzkontakte (räumliche Nähe zu Komplementärangeboten)

Standortfaktoren auf der Produktionsseite:
- Geschäftsräume (Qualität, Ausstattung, Kosten, vertragliche Regelungen, Erweiterungsmöglichkeiten)
- staatliche Abgaben (Steuern, Gebühren)
- behördliche Auflagen (Flächennutzungspläne, Sicherheitsausstattungen, Umweltauflagen, Nutzungsverordnungen)
- Standortmarketing (kommunal, Einliegernetzwerke)

Mehr als 90% der Unternehmensgründungen erfolgt am oder in der Nähe des **bisherigen** Lebensmittelpunktes (dazu ebd., S. 16). Diese Vorwegentscheidung zeichnet sich durch viele Vorzüge aus:

- bisherige private und berufliche Netzwerke
- detaillierte Kenntnis des regionalen Marktes

- vorhandene Beziehungen zu Finanziers
- Kenntnis der Infrastruktur
- bereits vorsondierte Beschaffungs- und Absatzkontakte

Die Standortanalyse und -optimierung ist sehr komplex. Stehen dem Gründer mehrere Standorte zur Verfügung, kann er im Rahmen einfacher (heuristischer) Verfahren, z.B. eines sog. **Scoring-Modells** anhand einer Checkliste, eine ansatzweise Bewertung nach verschiedenen, die Qualität des Standortes bestimmenden Kriterien durchführen: Verschiedene Faktoren werden auf einer Skala von 1-10 auf ihre Wichtigkeit hin eingestuft. Anschließend folgt eine Einstufung des jeweiligen Faktors an jedem Ort (z.B. 1-6). Das Multiplizieren der beide Werte ergibt einen Gesamtpunktwert, der erlaubt, eine Rangfolge zu bilden. (Eine Standortbewertung als Scoring-Modell/Nutzwertanalyse folgt damit dem gleichen Schema wie unsere Beispiele unter C, I)

Zu (2): Rechtsformwahl

Unternehmen müssen sich eine verbindliche Form, ein „rechtliches" Kleid geben, an die sich **Außenstehende** halten können, die aber auch die Beziehungen im **Innern** des Unternehmens regelt. Bei der Gründung ist sorgfältig zu überlegen, welche Rechtsform die zweckmäßigste ist, d.h. dem Unternehmen den optimalen Rahmen für seine wirtschaftlichen Aktivitäten bietet. Die **Frage der Rechtsform** kann sich im Verlauf der Unternehmensentwicklung erneut stellen, wenn sich wesentliche persönliche, wirtschaftliche oder rechtliche Umstände **ändern**.

Schon den Möglichkeiten der Namensgebung werden durch die Wahl bestimmter Rechtsformen ganz erhebliche Schranken gesetzt. Beeinflußt werden durch die Rechtsform vor allem die **Besteuerung** des Unternehmens und eventueller Gesellschafter sowie die **Haftungsverhältnisse**.

Bis auf wenige Ausnahmen sind Gründer in der Wahl der Rechtsform völlig **frei**. Es stehen in Form der Einzelunternehmung, der Personen- und der Kapitalgesellschaften insgesamt ca. zehn verschiedene Rechtsformen zur Auswahl: Neu ist in jüngerer Zeit die Partnerschaftsgesellschaft hinzugekommen. Es gibt keine „richtige" oder „optimale" Rechtsform, sondern nur eine Rechtsform, die bestimmte, nur individuell bestimmbare Anforderungskriterien besser erfüllt als andere Rechtsformen (siehe das Scoringmodell in C. I), d.h. für welche dieser Rechtsformen ein Gründer sich entscheidet, hängt von der **Beantwortung** verschiedener Entscheidungskriterien ab:

- Will ich unbedingt „Herr im eigenen Haus" sein (dann z.B. Einzelunternehmen oder Ein-Mann- GmbH), oder will ich meine Mittel/Fähigkeiten durch Partner/Mitgesellschafter ergänzen (dann Mehrpersonengesellschaft)? Sollen diese Partner gegebenenfalls neben Kapital auch Know-how einbringen (offene Beteiligung) oder Beschränkung auf Kapitalzuführung (z.B. als Kommanditist einer KG)?
- Sind für die ausgewählte Branche bestimmte Rechtsformen nicht möglich bzw. vorgeschrieben? (Z. B. gelten für **Freiberufler** einige Besonderheiten: hier ist die gängigste Form die BGB-Gesellschaft (etwa als Sozietät oder Bürogemeinschaft), seit 1.7.1995 neu dazugekommen ist die Partnerschaftsgesellschaft, die einer OHG ähnelt.)
- Will ich gegenüber Kreditgebern meine Haftung beschränken (dann Kapitalgesellschaften oder GmbH & Co. KG) oder kann ich die Gefahren einer Haftung auch mit dem persönlichen Vermögen eingehen? (Dann kommen auch Personengesellschaften in Frage.)
- Bei welcher Rechtsform zahle ich am wenigsten Steuern?
- Reichen meine Eigenmittel für die bei einigen Rechtsformen vorgeschriebenen Mindestbeträge (z.B. GmbH 50.000/AG 100.000 DM)?
- Will ich möglichst wenig Gründungsformalitäten?

Die **entscheidenden** betriebswirtschaftlichen **Determinanten** sind wohl:

176

- Allein oder mit Partner?
- Haftung beschränkt oder unbeschränkt?
- Optimierung steuerlicher Aspekte?

Die Antwort auf diese (und viele andere Fragen) wird **individuell** verschieden ausfallen. Ein wichtiges Entscheidungskriterium für den einen kann für einen anderen völlig irrelevant sein. Wegen der gegebenen Risikobegrenzung erweist sich die GmbH (und GmbH &Co. KG) als sehr beliebt.

Im Business-Plan findet sich die Begründung für die **gewählte** Rechtsform und eine Darstellung, wer und in welcher Form Gesellschafter sein wird (Anteile).

Zu (3): Organisation

Auch die betriebliche **Organisationsstruktur**, mit der Arbeitsabläufe systematisiert und Aufgaben verteilen werden, muß bereits zu Beginn der Kreditverhandlungen feststehen. Soll die Führung geteilt werden, beispielsweise in einen **technischen** und einen **kaufmännischen** Bereich, so muß aus dem Business-Plan die Qualifikation und der berufliche Werdegang aller Inhaber von Schlüsselpositionen ersichtlich sein.

Zu Fragen der **Aufbau**organisation (z.B. Stellenbildung/Organigramm, Stellenbeschreibung mit Aufgaben-, Kompetenz- und Anforderungsfestlegung) und **Ablauf**organisation (räumliche und zeitliche Strukturierung der Arbeitsabläufe) siehe unsere Ausführungen unter D.

(4) Personalplanung

Für den ersten Personalplan sind eine Vielzahl von **Fragen** zu beantworten, u.a.:

- Was mache ich selbst und was will/kann/muß ich delegieren?
- Wie viel Mitarbeiter brauche ich im letzteren Fall? Dazu Fragen der Personalbedarfsplanung, Personalbeschaffung, Personalauswahl, Personalführung, tarifvertragliche und arbeitsrechtliche Fragestellungen. (Nicht zu vergessen: Die Lohn**neben**kosten beliefen sich 1997 in Westdeutschland auf 80,10 DM je 100 DM bezahltem Lohn!)
- Können neben Vollbeschäftigung auch andere Formen zum Einsatz kommen? (Teilzeitkräfte, Aushilfen, geringfügig Beschäftigte, freie Mitarbeiter)
- Welche Qualifikationen müssen sie mitbringen? (Stellenbeschreibungen, Anforderungsprofile?)
- Wie finde ich die neuen Mitarbeiter? (Arbeitsamt, Anzeigen?)

Ein nicht unerheblicher Teil aller Existenzgründungen scheitert an **Zerwürfnissen** innerhalb des **Führungsteams**, etwa bei gegensätzlichen Ansichten über zu treffende strategische Entscheidungen.

(5) Drei-Jahres-Planung

Ein wichtiger Punkt des Geschäftsplans ist der Blick in die Zukunft, wobei ein realistischer „Realisierungsfahrplan" durch klare „**Meilensteine**" vorgezeichnet wird. Die **Drei-Jahres-Planung** (z.T. auch fünf Jahre) vereint die Erkenntnisse der vorangegangenen Kapitel. Sie zeigt dem potentiellen Geldgeber, daß die verfolgte Geschäftsidee finanzierbar und rentabel ist. Für alle notwendigen Planungen stehen umfangreiche **Checklisten/Software** zur Verfügung.

Grundlagen für diese Zukunftsplanung:

- die **Liquiditätsplanung** (= vollständiger Überblick über zukünftige Einzahlungen und Auszahlungen)
- die **Rentabilitätsvorschau** (=voraussichtlicher Erfolg der Geschäftstätigkeit)

- die **Personalübersicht/Personalplanung** (= Wann sollen welche Mitarbeiter mit welchen Qualifikationen und mit welchem Gehalt eingestellt werden und welche Kosten entstehen damit?)
- die **Investitionsplanung** (= Welche Güter sind anzuschaffen, z.B. Gebäude, Maschinen, Fahrzeuge, Computer, Software?)

4. Das Marketing bei Gründungen

Marketing wird heute als eine Unternehmensphilosophie, eine „Denkweise" interpretiert, die alle Ziele und Maßnahmen des Unternehmens nach den Erfordernissen und Möglichkeiten des Marktes und des Kundennutzens ausrichtet. Zur Ausrichtung an den **Kundenbedürfnissen** und um den zukünftigen Absatz der Produkte/Dienstleistungen sicherzustellen,

- sind **Marktinformationen** einzuholen (Markt-/Konkurrenzanalyse etc.) und
- die Instrumente des **Marketing-Mix** zur Erreichung der Ziele firmenspezifisch zu gestalten.

Im Rahmen dieser Überlegungen muß der Business-Plan konkrete Aussagen zum angestrebten **Leistungsangebot** (Merkmale, Preis, Qualität usw. des Produkts oder der Dienstleistung) und zu der **Zielgruppe** enthalten, an die sich das Angebot richtet. Es muß klar werden, welche Funktion das Produkt/die Dienstleistung erfüllt und welcher Zusatznutzen für den Kunden entsteht. Ein Gründungsvorhaben macht nur Sinn, wenn die „neue" Leistung den bisher am Markt angebotenen Leistungen **überlegen** ist!

---

a) Marktuntersuchung/Analysen

Eine hohe Wertsteigerung eines jungen Unternehmens ist nur bei einem großen Marktpotential zu erwarten. Zur Ermittlung dieses Potentials ist die Situation innerhalb des Gesamtmarktes und der gewählten **Branche** mit Hilfe einer **Industrieanalyse** zu bewerten: die Markt**volumina**, die Markt**potentiale** und die Entwicklung der Markt**segmente**.

Marktvolumen und Marktpotential können abgeschätzt werden:

- auf **sekundär**statistischem Weg (**Desk Research** = Rückgriff auf Material, das von diversen Institutionen zur Verfügung gestellt wird, z.B. Statistische Ämter, Kammern, Verbänden, Beratungsstellen; dazu Kohlert, 1997, S. 96ff.) oder
- auf **primär**statistischem Weg (**Field Research** = Befragung, Beobachtung und automatische Registrierung von Geschehnissen).

Die **Branchenanalyse** zeigt in einem bestimmten Wirtschaftssektor die Macht-/Konkurrenzverhältnisse und „Spielregeln" (d.h. Wachstumschancen, Strukturen/Situation, Margen; Eintrittsbarrieren usw.), jede Branche hat ihre eigene Struktur. Den Markt, in dem man tätig werden will, sollte man in seinen Merkmalen quantitativ **und** qualitativ möglichst genau durch eine **Marktanalyse** erfassen:

- Messung des Marktvolumens: **groß** genug?, **wächst** der Markt?; **wie stark** (jährlich/in den letzten drei Jahren)?
- Stabile **Nachfrage** nach einem bestimmten Produkt? **Junger**/etablierter/ gesättigter Markt?
- Welche **Kunden** sind für uns von Interesse (Alter, Einkommen Qualitätsbewußtsein usw.)? Wer sind unsere typischen Käufer? Was will der Käufer, welche **Bedürfnisse** will er mit dem Gut, das wir anbieten, befriedigen? Warum kaufen unsere Kunden, welches sind ihre **Motive**? Aufgrund welcher Information, Angebote usw. kaufen sie? Wie beeinflussen **Bedarfstrends** das Kundenverhalten?

Im Allgemeinen bildet der Markt keine homogene Einheit, sondern weist unter den einzelnen Abnehmern **Unterschiede** auf bezüglich der Bedürfnisse und Präferenzen, der Höhe der zur Verfügung stehenden finanziellen Mittel usw. Für das potentielle Produkt/die Leistung ist das passende **Ziel-Kundensegment** zu identifizieren.

Die **Segmentierung**, d.h. eine Aufteilung hinsichtlich verschiedener nachfragerelevanter Merkmale, geschieht nach geographischen, demographischen, sozialpsychologischen (z.B. Lifestyle) und verhaltensbezogenen Merkmalen (z.B. Einkaufsverhalten) (dazu im Einzelnen MBPW, 1999, S. 37ff.). Prinzipiell ist denkbar, nur ein Segment oder einige wenige (**Single**-Segment-Strategie) zu bearbeiten oder mehrere/alle Segmente eines Marktes (**Multi**-Segment-Strategie).

Die Ziele einer Existenzgründung (Marktanteile etc.) werden immer im marktwirtschaftlichen **Wettbewerb** mit Konkurrenzunternehmen angestrebt werden müssen. Kenntnisse über die bestehenden und potentiellen Mitbewerber, ihre Stärken und Schwächen, ihre voraussichtlichen Reaktionen usw. sind essentiell. Der **Konkurrentenkreis** ist nach folgenden Kriterien zu untersuchen:

- Welche Mitbewerber bieten bereits vergleichbare Produkte/Dienstleistungen an?
- Welche Kundengruppen sprechen diese an?
- Welche Marktanteile halten die Mitbewerber?
- Wie profitabel können sie arbeiten?
- Welche Strategien verfolgen sie?
- Welche Vertriebskanäle werden genutzt?
- Welche Marketingstrategien werden verfolgt?

> Eine der Grundfragen geschäftlichen Erfolgs ist: Wie können wir uns von unserer Konkurrenz abheben, mehr **Nutzen** für den Kunden schaffen als sie?

Aus dem **Stärken-/Schwächen-Profil**, d.h. der Analyse der verfügbaren Mittel (= Kapital, Sachwerte) und der eigenen Fähigkeiten (= Kernkompetenzen) sowie den **Chancen/Risiken** des Umfelds wird eine **Strategie** entwickelt, die u.a. festlegt, welche Produkte in welchen Märkten angeboten werden oder welche Marktposition angestrebt wird.

Mit der Strategie ist ein **Finanzplan** für die ersten drei bis fünf Jahre auszuarbeiten.

b) Der Marketing-Mix

Für die Verbreitung des Produkts/der Dienstleistung ist im Rahmen des Geschäftskonzepts ein ausgefeiltes **Marketingkonzept** vorzulegen:

- Darstellung der Strategie für den **Markteintritt** (z.B. Generalist/Spezialist – herkömmlich/innovativ, Schritte/Meilensteine etc.)
- Das **Absatzkonzept** (Vertriebskanäle, Preisgestaltung etc.)
- Geplante Maßnahmen zur **Absatzförderung** (Werbemittel etc.)

Einen allgemeinen „Orientierungsrahmen" bieten entweder die **„4 Ps"** des Marketing (dies sind: Product, Price, Place and Promotion) oder ein Bezug auf die vier klassischen **absatzpolitischen Instrumente**:

(1) Preis-/Kontrahierungspolitik:
(2) Produktpolitik
(3) Kommunikationspolitik
(4) Vertriebs-/Distributionspolitik

Zu (1): Preis-/Kontrahierungspolitik:

Der Preis eines Produkts ist bei Neueinführung oft ein entscheidendes Kriterium. Den „richtigen" Preis zu finden ist schwierig, denn die Höhe bestimmt sich nicht nur durch die eigenen

Kosten (die ich **kalkulieren** muß) oder eigenen Vorstellungen, sondern wird in den meisten Fällen durch den bereits etablierten **Marktpreis** (also von den Wettbewerbern) vorgegeben. Die Rechnung erfolgt also quasi „rückwärts". Der Kostenverlauf ist in verschiedenen Preis-Mengen-Kombinationen planerisch durchzuspielen. Entscheidend wird der durch das Produkt gestiftete **Nutzen** für den Kunden sein.

Unter Marketinggesichtspunkten ist der Preis von verschiedenen **Komponenten** abhängig. Neben der direkten Preisfestlegung (bei der neben Markt und Kalkulation auch Preissysteme wie „der gebrochene Preis" zu beachten sind) sind innerhalb der Preispolitik die Möglichkeiten der Preisdifferenzierung, Fragen der Rabattgewährung (insbesondere Einführungsrabatte) oder die Gestaltung der Zahlungsbedingungen etc. zu klären. Insgesamt stehen drei Arten von **Preisstrategien** zur Verfügung (Kohlert, 1997, S. 140ff.): Relationsship / Efficiency und Satisfaction Pricing; wesentliche Punkte in der **Preispolitik** umfassen: Schätzung des Produktwertes/Dienstleistung aus der Sicht des Kunden, Eingehen auf spezifische Kundengruppen, Abschätzung der Preiselastizität, Schaffung einer optimalen Preisstruktur, Betrachten des Verhaltens der Wettbewerber, Überwachung des realisierten Verkaufspreises, Abschätzung der emotionalen Reaktion des Kunden, Analyse der finanziellen Rückflüsse des Service-Managements.

Zu (2): Produktpolitik

Einzugehen ist hierbei sowohl auf das eigene Angebot als auch auf die bereits bestehenden Angebote der Konkurrenz. Die Leistung (Produkt/Dienstleistung), auf der das zukünftige Geschäft aufbauen soll, ist **essenzieller Bestandteil** des Geschäftsplans. Hier zeigt der potentielle Unternehmer, daß er sein Produkt und dessen Stärken kennt, aber auch die Stärken/Schwächen und Verbesserungsmöglichkeiten der Konkurrenzprodukte.

Durch die Produktpolitik wird u.a. die Produktqualität (z.B. Produktdesign und -eigenschaften) festgelegt. Jedes Produkt stiftet einen gewissen **Grundnutzen**, der durch einen **Zusatznutzen** („value added") angereichert werden kann (z.B. spezielle Pre- und After-Sales-**Serviceangebote**, z.B. die Übernahme der späteren Entsorgung für den Kunden); Aufbau eines Relationship Marketing und Schaffung eines Customer Value.

Zu (3): Kommunikationspolitik

Innerhalb der Kommunikationspolitik (Information und Aktivierung der Kunden) bieten sich eine Anzahl verschiedener **Maßnahmen** mit unterschiedlicher Wirkungsweise an, z.B.:

- die **klassische Werbung** (z.B. in Zeitungen, (Fach-) Zeitschriften, Funk, Fernsehen, Medien der Außenwerbung; oft teuer und Gefahr großer Streuverluste);
- **Public Relations** (z.B. Pressemitteilungen, Tag der offenen Tür);
- **Corporate Identity** (Firmenimage und dessen Gestaltung über Firmenzeichen usw.);
- **Verkaufsförderung** (vor allem am Point of Sale, Demos, Gratisproben etc.);
- **Direktmarketing** (auf Grundlage einer Kundendatenbank);
- **Sponsoring** (Sport, Kultur-, Öko-, Sozialsponsoring);
- **Internet** (Möglichkeiten der interaktiven Kommunikation mit dem Kunden).

Zu (4): Vertriebs-/Distributionspolitik

Vor Unternehmensgründung sollte eine klare Vorstellung über die Absatzwege bestehen, denn Entscheidungen über mögliche Vertriebswege sind strategische Entscheidungen, da sich ein gut funktionierendes Vertriebsnetz nicht innerhalb kurzer Zeit aufbauen läßt. Neugegründete Unternehmen sind oft gezwungen, sich zuerst auf einen **regional** begrenzten Markt zu beschränken, oder sie müssen aufgrund ihrer oft begrenzten Kapitalgrundlage mit bereits vorhandenen Absatzmittlern (Handelsvertreter, Groß-/Einzelhändler, Transportunternehmen und Lagerbetriebe) zusammenarbeiten. Im Rahmen der Entwicklung der Informations- und Kommunikationstechnologien (z.B. E-Commerce) bieten sich heute völlig neue Formen der **globalen** Kundengewinnung, Kundenansprache und Warenverteilung an.

Grundsätzlich wird unterschieden zwischen **direktem** (= direkter Verkauf an den Endkunden; oft im Spezial- und Großkundengeschäft, Investitionsgüter) und **indirektem** Vertrieb (= Einschaltung von Zwischenhändlern, d.h. Groß- und Einzelhändlern; oft im Konsumgüterbereich).

Das **Spektrum** an **Vertriebskanälen** hat sich in den letzten Jahren stark erweitert. Eine Auswahl (nach MBPW, 1999, S. 41f.):

- Fremde Einzelhandelsgeschäfte, externe Vertreter, Franchising, Großhandel, eigene Vertriebsstellen, eigene Vertriebsmitarbeiter, Direct Mail, Call Center, Internet

5. Die Finanzplanung bei Gründungen

a) Zweck/Grundaufbau

Der **Zweck** der Finanzplanung besteht in einer vorausschauenden Gestaltung der betrieblichen Zahlungsströme. Ein Finanzplan besteht aus zwei Teilen:

- Planung der **Mittelherkunft**, d.h.: Aus welchen Quellen sollen die benötigten Mittel zufließen?
- Planung der **Mittelverwendung**, d.h.: Für welche Zwecke und in welcher Höhe werden Mittel benötigt?

Je nach dem zugrundeliegenden **Prognosezeitraum** lassen sich verschiedene Finanzpläne (täglicher Finanzstatus, Finanzdisposition, Jahresfinanzplan etc.) unterscheiden: Die Ausgestaltung der Finanzpläne ist zwar von Betrieb zu Betrieb wegen der unterschiedlichen Positionen verschieden, der **Grundaufbau** (die in einer bestimmten Weise spezifizierten und gegenübergestellten Ein- und Auszahlungen) ist aber relativ ähnlich (dazu ausführlich unsere Ausführungen im 7. Teil, F).

In der Regel umfaßt das unternehmensspezifisch zu erstellende **Finanzplanungsformular** den Zeitraum eines Kalenderjahres mit dem Quartal/Monat als detaillierte Planungseinheit. Kurzfristige Finanzpläne werden häufig im Rahmen einer „rollierenden" Planung in langfristige Pläne eingebettet.

Die Gründungsfinanzierung wird sich beziehen auf:

- eine **Umsatzplanung** zur Prognostizierung zukünftiger Umsätze (dies ist eine der schwierigsten Aufgaben für Existenzgründer; Hilfe für die Schätzung bieten z.T. Betriebsvergleiche);
- die Ermittlung des **Kapitalbedarfs;**
- Möglichkeiten der **Finanzierung** des Kapitalbedarfs (Eigen-/Fremdkapital, Förderungsmittel);
- die **Liquiditätsrechnung**;
- das Erstellen einer **GuV-Rechnung** und **Eröffnungsbilanz.**

b) Die Wahrung der Liquidität

Die Finanzierung stellt die Ausstattung des Unternehmens mit finanziellen Mitteln sicher und wacht über die **Zahlungsfähigkeit** des Unternehmens, das ist eine unabdingbare Voraussetzung für einen reibungslosen Betriebsablauf. Ein Kernproblem der finanzwirtschaftlichen Planung ist die Wahrung der Liquidität, d.h. die Steuerung der zukünftigen **Zahlungsströme** an Ein- und Auszahlungen so, daß alle Zahlungsverpflichtungen termingerecht erfüllt werden können (dazu unsere Ausführungen im 7. Teil, F). Das ist ein strenger, vom Gesetzgeber auferlegter Anspruch, bei Nichterfüllung drohen Insolvenz oder Vergleich.

Besonders in Rezessionszeiten kann sich die Zahlungsmoral der Kunden gefährlich verschlechtern; damit sind Verzögerungen bei den Eingängen vorprogrammiert (der Posten „Forderungen" stellt in manchen Bilanzen den größten Posten dar). Nach Schätzungen der EU sind ca. ein Viertel aller Insolvenzen auf verspätete Zahlungen zurückzuführen.

Es sind vor allem **junge Unternehmen**, die insolvenzgefährdet sind, denn teils fehlte es den Gründern an unternehmerischer Erfahrung, teils war die Ausstattung mit Finanzmitteln bzw. die Finanzstruktur unzureichend oder die unternehmerische Finanzplanung war schlecht entwickelt. Eine Liquiditätsplanung als betriebliches Kontroll- und Steuerungsinstrument zur Sicherstellung der Zahlungsbereitschaft kann einer Liquiditätskrise vorbeugen durch

- das laufende Aufstellen eines **Liquiditätsplans** (tägliche/wöchentliche oder monatliche Aufstellung der Soll- und Istwerte),
- die Schaffung von Liquiditäts**reserven**,
- die (rechtzeitige) Aufstockung des **Kreditrahmens**.

Die **kritische** Phase im Leben eines Unternehmens ist i.d.R. nicht das erste, sondern das zweite bzw. dritte Jahr nach der Gründung.

Das IHKT Bayern (1999, S. 74) gibt folgendes **Beispiel**:
Das erste Geschäftsjahr wird mit einem geringen Verlust abgeschlossen. Im zweiten Jahr wird die Bilanz für das erste Geschäftsjahr fertiggestellt; aufgrund des Verlustes werden im zweiten Jahr keine oder zu geringe Steuervorauszahlungen geleistet. Im dritten Jahr wird die Bilanz für das zweite Geschäftsjahr, die erstmals mit Gewinn abschließt, fertig. Daher fallen Nachzahlungen für Gewerbe- und Einkommensteuer an, gleichzeitig erfolgt eine Anpassung der Vorauszahlungen. Zusätzlich beginnen die Tilgungsleistungen für öffentliche Darlehen. Die Gefahr einer Liquiditätskrise im dritten Jahr entsteht somit durch die

- Tilgungslasten
- Einkommensteuer- und Gewerbesteuernachzahlungen
- Einkommensteuer- und Gewerbesteuervorauszahlungen.

---

c) Ermittlung des Kapitalbedarfs

Grundlage der Finanzplanung ist die Ermittlung des **Kapitalbedarfs**, der dadurch entsteht, daß Ein- und Auszahlungsströme im Zeitablauf nicht deckungsgleich sind. Der Kapitalbedarf KB zum Zeitpunkt t ist die **Differenz** zwischen den kumulierten (angehäuften) Auszahlungen und den kumulierten Einzahlungen, die zwischen den Zeitpunkten 0 und t anfallen.

Bei der **Gründung** einer Unternehmung fallen in der Gründungs- und Anlaufphase zunächst Auszahlungen an für den Aufbau der Produktionskapazität, Investitionen, erstes Warenlager, Betriebsmittel, Gründungskosten usw. Häufig wird die Höhe des Investitionsvolumens (insbesondere des Warenbestandes) unterschätzt – mit der Folge, daß bei einer starken Expansion oft Kapital zur Aufstockung des Warenlagers oder zur Vorfinanzierung der Aufträge fehlt und dann eine Nachfinanzierung durch öffentliche Finanzierungshilfen für diese Zwecke nicht mehr möglich ist (vgl. IHKT, 1999, S. 90).

Die Anlaufverluste sind realistisch zu planen. Erst nach einiger Zeit kann man mit Einzahlungen aus den Verkäufen der Produkte rechnen (Umsatzphase). Mit einem detaillierten **kumulativen Kapitalbedarfsplan** wird die Gesamtsumme der Ein- und Auszahlungen bis zu einem beliebigen Zeitpunkt t ermittelt – mit dem Ziel, einen Überblick über die Entwicklung des Kapitalbedarfs nach Höhe und zeitlicher Verteilung zu gewinnen, so daß rechtzeitig Maßnahmen zur Deckung des Kapitalbedarfs eingeleitet werden können.

Der Kapitalbedarf ist insbesondere bei wachstumsstarken Ideen in innovativen High-Tech-Gründungen **enorm** (und wächst besonders bei erfolgreichen Markteinführungen überproportional). Bis der Rückfluß einsetzt, ist die Gründungsphase (Entwicklungskosten, Test/Prototyp, Serienproduktion, Markteinführung etc.) und die anschließende Expansionsphase **vorzufinanzieren**. Dies ist oft nur über innovative Finanzierungsformen möglich (Wagniskapital, Business Angels etc.). Für die Finanzdeckung in der Start-up-Phase (mit den Anlaufverlusten) muß vorwiegend Eigenkapital aufgebracht werden.

> Während der Bedarf an Startkapital für traditionelle Existenzgründungen zwischen 30.000 bis 500.000 DM liegt, erfordert die Finanzierung innovativer Gründungsvorhaben wesentlich höhere Beträge: Die Beteiligungsvolumina bewegen sich zwischen 250.000 und 5 Mio. DM mit Schwerpunkten zwischen 500.000 und 2 Mio. DM (nach Laub, 1991, S. 257).

Auf die Frage, **wie** der **Finanzierungsbedarf** gedeckt werden soll, hat der Geschäftsplan detailliert einzugehen. Es müssen vor allem die Höhe des Kapitalbedarfs und alle Quellen, aus denen dieser gedeckt werden soll, genau beschrieben werden. Entgegen einer häufig geäußerten Meinung ist die Finanzierung bei Gründungen nicht das Hauptproblem, denn zum einen wird selbst mangelndes Eigenkapital durch ausreichend vorhandene Töpfe gedeckt, zum anderen kommen viele Gründungen mit relativ wenig Kapital aus. Die eigentlichen **Probleme** liegen eher im mangelnden unternehmerischen Verständnis und in fehlenden **betriebswirtschaftlichen** Kenntnissen bei dem Gründer/den Gründern (unzureichende Planung, Finanzierungsfehler, mangelnde Marktkenntnisse, unzureichende Qualifikation usw.).

Bei Neugründungen gilt es zur Berechnung des gesamten Kapitalbedarfs (dafür stehen zahlreiche **Checklisten** zur Verfügung) vor allem vier **Kostenblöcke** zu berücksichtigen:

- **Langfristige** Investitionen (oft einmalige Ausgaben; Grundstück, Umbau-/Renovierungskosten, Einrichtung/PC, Maschinen, Fuhrpark etc.)
- **Gründungskosten** (Notar, Patente etc.)
- **Laufende** Kosten (Betriebsmittel, Waren-/Materiallager, Miete, Gehälter etc.)
- **Privatentnahmen** zur Finanzierung des eigenen Lebensunterhaltes

Ripsas (1997, S. 138) zeigt folgende Strategien zur **Reduzierung** des Kapitalbedarfs bei Gründungen:

- Produktentwicklung und erste Verkäufe auf Testmärkten verlaufen **parallel**.
- Schrittweise Expansion auf Basis erwirtschafteter **Cash-flows** (zu dieser zentralen finanziellen Kennzahl siehe 7. Teil, E).
- **Outsourcing** der Produktion bis zur endgültigen Marktakzeptanz des Produkts.
- **Miete** statt Kauf von unbedingt benötigten Investitionsgütern.
- Outsourcing von Verwaltungsleistungen (z.B. Lohnbuchhaltung).
- Mitarbeiter werden zunächst als **freie** Mitarbeiter bzw. als Dienstleister vertraglich gebunden.

Finanzierungsmängel sind mit 68,6 % der Hauptgrund aller vorzeitigen Geschäftsaufgaben. Nicht nur die Unklarheit über die Höhe des Kapitalbedarfs gerade in der Anfangsphase, sondern auch der Mangel an Information über mögliche Finanzierungsquellen sind die Gründe hierfür.

Als **Quellen** stehen zur Verfügung:

- Eigen- und/oder Fremdkapital
- Öffentliche Fördermittel
- Beteiligungskapital (Venture Capital, Business Angels)

d) Finanzierungsalternativen und -quellen

(1) Differenzierungsmöglichkeiten

Nach der **Rechtsstellung** des **Geldgebers** wird unterteilt in:

- **Eigenfinanzierung**: Dabei wird einem Betrieb zusätzliches Eigenkapital zugeführt, indem die alten Anteilseigner ihre Anteile erhöhen oder neue Anteilseigner auftreten.
- **Fremdfinanzierung**: Hier erfolgt die Zuführung von Fremdkapital, wobei die Geldgeber nicht Anteilseigner werden.

Eine weitere **Differenzierungsmöglichkeit** bietet die **Mittelzuführung**:

- **Außenfinanzierung** liegt vor, wenn einer Unternehmung von **außen** zusätzliche Finanzmittel zugeführt werden, gleichgültig ob diese von den bisherigen Eigentümern, weiteren (neuen) Anteilseignern (Beteiligungsfinanzierung) oder von Fremdkapitalgebern (Fremdfinanzierung) kommen.
- **Innenfinanzierung** liegt vor, wenn die Geldmittel intern aufgebracht, d.h. durch die Unternehmung selbst erwirtschaftet werden. Hauptquelle ist der Verkauf von Gütern und Diensten, d.h. die Erzielung von Umsätzen.
- Zusätzliches Kapital entsteht im Rahmen der **Selbstfinanzierung** aus einbehaltenem Gewinn. Disponibles Kapital entsteht etwa aus Abschreibungs- und Rückstellungsgegenwerten.

Die „**optimale**" Finanzierung einer Unternehmensgründung wird sich im Einzelfall aus Bausteinen verschiedener Finanzierungsquellen zusammensetzen, d.h. einen Finanzierungs-**Mix** darstellen. Besonders wichtig sind die günstigen **öffentlichen Finanzierungshilfen** in Form von Beteiligungskapital, zinsgünstigen Darlehen, Zuschüssen, Bürgschaften oder Haftungsfreistellungen, die in Zusammenarbeit mit der jeweiligen Hausbank (etwa von der DtA oder LfA) und der Wirtschaftsverwaltung wie Ministerien und Regierungen vergeben werden.

> Nach Angaben des DtA-Ratgebers Existenzgründung (1999, S. 44) kann im Durchschnitt ein angehender Selbständiger rund 15.000 EUR aus seinen Ersparnissen in das neue Unternehmen stecken. Etwa 125.000 EUR kostet jedoch nach einer Erhebung der DtA im Durchschnitt die Eröffnung einer eigenen Firma. Fazit: Mindestens 100.000 EUR müssen von den meisten Gründungswilligen durch Fremdkapital finanziert werden.

Nach einer Befragung werden bei Start-ups primär folgende **Finanzquellen** herangezogen (Mehrfachnennungen möglich, nach Focus Online Akademie):

- 75,8 % Bankkredite
- 75,0 % Existenzgründerdarlehen
- 74,8 % Staatliche Eigenkapitalhilfe
- 38,4 % Überbrückungsgeld vom Arbeitsamt
- 33,3 % Kredite und Bürgschaften von Verwandten/Freunden
- 2,5 % Venture Capital

(2) Das Problem der Bewertung innovativer Gründungen

Die Bewertung innovativer Unternehmensgründungen findet „zumeist in frühen Phasen der Unternehmensentstehung statt, da von Seiten der Unternehmensgründer der höchste Unterstützungsbedarf vorliegt und aus Sicht der unterstützenden Institutionen im Erfolgsfall der höchste Return on Investment zu erzielen ist. Je unausgereifter ein Gründungsprojekt, desto **problematischer** ist die Bewertung. Die gesamte Gründungsphase ist durch hohe Datenunsicherheit gekennzeichnet (…) Erst nach der Markteinführung und einer möglichen Beurteilung der Marktakzeptanz lassen sich erste zukunftsweisende Erfolgsaussagen treffen." (Laub, 1991, S. 29)

Laub (1991, S. 31f.) hat bei einer empirischen Untersuchung drei **Erfolgsbestimmungsfaktoren** mit Schlüsselcharakter herausgefiltert:

Ausgewählte Kriterien zur Bewertung der **Gründungsidee**:

- Potentielle erfolgsrelevante Markteintrittskriterien (wie Eintrittsbarrieren, Nutzenpotential, Abnehmerstruktur, Imitationspotential)
- Potentielle erfolgsrelevante Entstehungskriterien (wie Innovationsgrad, alternative Problemlösungen, Ideenschutzmaßnahmen)
- Potentielle erfolgsrelevante Wachstumskriterien (wie Weiterentwicklungskonzepte, Wachstumsschwellen)

Ausgewählte Kriterien zur Bewertung der **Gründerperson**:

- Potentielle erfolgsrelevante Kriterien zur Ressourcenkoordination (wie Branchenkenntnis)
- Potentielle erfolgsrelevante Kriterien zur Informationskoordination (wie Fachwissen, Kreativität, Problemorientierung)
- Potentielle erfolgsrelevante Kriterien zur Marktkoordination (wie Anwender-/Marktorientierung)
- Allgemeine potentielle Erfolgskriterien (wie Teamfähigkeit, Integrität, Führungsfähigkeit, Vergangenheit)

Ausgewählte Kriterien zur Bewertung der **Gründungsorganisation**:

- Standortanalyse
- beschaffungsorientierte Ressourceneinbindung (wie Vertragsanalyse/Lieferanten, Produktanalyse)
- absatzmarktorientierte Ressourceneinbindung (wie Vertragsanalyse/Abnehmer, Vertriebsanalyse)

(3) Eigenkapital

Das **Eigenkapital** spielt bei der Gründungsfinanzierung eine entscheidende Rolle: Es steht dem Unternehmen **langfristig** zur Verfügung steht, hat keine Zins- und Tilgungsverpflichtungen, dient als Sicherheits-/Risikopolster und ist auch Basis für die Fremdkapitalbeschaffung. 78% aller Gründer finanzieren den Start ohne Fremdkapital, das durchschnittliche Eigenkapital beträgt 59 % (Brüderl/Preisendörfer/Ziegler, 1996, S. 168).

Als **Möglichkeiten** bieten sich an:

- eigene flüssige Mittel, wie Bargeld, Bankguthaben, Wertpapiere (daneben eigene Sacheinlagen wie Immobilien, Maschinen etc.)
- Aufnahme von festen Partnern
- Aufnahme von temporären Partnern (Verwandte/Freunde/Bekannte oder Business Angels); auch als stille Beteiligung
- eigenkapitalähnliche Mittel aus Förderprogrammen (z.B. Eigenkapitalhilfeprogramm des Bundes)
- Einbezug von Kapitalbeteiligungsgesellschaften, regionalen Risikokapitalfonds

⇒ Als Faustregel wird i.d.R. ein Eigenkapital-Mindestanteil von 15 % bis 20 % auf das insgesamt benötigte Kapital genannt. Anzustreben sind eher 40 %.

Es lassen sich zwei grundsätzliche **Formen** unterscheiden:

(1) Beteiligungsfinanzierung
(2) Innenfinanzierung

Beteiligungsfinanzierung ist die Zuführung von Eigenkapital durch den oder die Eigentümer, wobei die Geldmittel der Unternehmung von **außerhalb** bei Gründung einer Unternehmung oder später im Rahmen von Kapitalerhöhungen zufließen. Es existieren zwei Möglichkeiten: Bisherige Gesellschafter erhöhen ihren Anteil und/oder neue Gesellschafter leisten Einlagen.

Der Kapitalgeber

- erhält bei der Beteiligungsfinanzierung grundsätzlich ein Miteigentum am Gewinn, am Vermögen und am Liquidationserlös,
- trägt das Unternehmensrisiko mit, das je nach Rechtsform auch auf die Höhe der Einlage beschränkt sein kann,
- gewinnt Informations-, Mitsprache- und Mitentscheidungsrechte.

Da die **Rechtsform** der Unternehmung großen Einfluß auf Art und Methoden der Eigenkapitalbeschaffung hat, wird die Beteiligungsfinanzierung im Allgemeinen unter Berücksichtigung verschiedener Rechtsformen dargestellt.

Innenfinanzierung liegt dann vor, wenn die Geldmittel von der Unternehmung **selbst** erwirtschaftet worden sind (auch als interne Finanzierung bezeichnet oder als **Selbstfinanzierung** i.w.S. im Gegensatz zur Selbstfinanzierung i.e.s. als die Finanzierung aus nicht ausgeschütteten Gewinnen). Als Innenfinanzierung bezeichnet man die Verwendung eines Teiles des Geldmittelzuflusses aus dem **betrieblichen Umsatzprozeß**.

(4) Fördermittel

Es wird in der Literatur immer wieder von Hunderten von Förderprogrammen, von einem unübersichtlichen **Förderdschungel** berichtet. In der Realität sind jedoch nur die Programme einiger weniger Partner (wie die DtA oder LfA oder das jeweilige Bundesland) von Interesse, die als „**Kombination**" der verschiedenen Förderprodukte zu einem optimalen Finanzierungs-Mix zusammengefügt werden. Die Förderprogramme einzelner Bundesländer (ausführlich in Käppeler/Sanft,1998, S. 106ff.) stellen eine Ergänzung zu den Bundesmitteln dar. In den Fördertöpfen sind aber auch **Beratungshilfen** (für die Inanspruchnahme eines Unternehmensberaters) oder **Bürgschaften** enthalten.

Die Förderung durch die DtA ist nicht mit einer Einmischung in die unternehmerische Entscheidungsfreiheit verbunden. Die Finanzierungsprodukte der Deutschen **Ausgleichsbank** umfassen vor allem:

- Das ERP-Eigenkapitalhilfedarlehen als Fundament der Gründungsfinanzierung: Es werden keine banküblichen Sicherheiten verlangt, Zinsfreiheit in den ersten 10 Jahren.
- Das ERP-Existenzgründungsdarlehen als Investitionsdarlehen zu attraktiven Konditionen.
- Das DtA-Existenzgründungsprogramm als zinsgünstiges Darlehen für Investitionen und Betriebsmittel.

Mit den beiden **ERP**-Programmen lassen sich in den alten Bundesländern maximal zwei Drittel der geplanten Investitionen abdecken. Bei weiterem Finanzierungsbedarf wird durch das DtA-Existenzgründungsdarlehen die staatliche Hilfe bis auf 75 % der förderfähigen Ausgaben aufgestockt. Im „**Grundmodell**" der DtA bleiben noch zehn Prozent offen, die i.d.R. über einen Kredit von der Hausbank abgedeckt werden (dazu DtA, 1999, S. 28f.). Schafft der Gründer dabei neue Arbeitsplätze, sind sogar bis zu 100 % der Investitionssumme finanzierbar.

> Von 1990 bis 1998 förderte der DtA weit über 370.000 selbständige Existenzen in Deutschland, durchschnittlich 44.000 selbständige Existenzen pro Jahr; in den neuen Bundesländern stattete sie in der Gründungswelle nach Vollendung der Einheit 211.000 Existenzgründer mit Startkapital aus. Nur 38 von 1000 Firmen, die Anfang der 90er Jahre DtA-Mittel erhielten, waren fünf Jahren später insolvent.

(5) Venture Capital

Im letzten Jahrzehnt hat sich der Begriff „**Private Equity**" im Sprachgebrauch von (Finanz-)Investoren für ein breites Spektrum von Gründungsfinanzierungen etabliert, vom Venture Capital bis zur Buy-out-Finanzierung.

Eine besondere Variante der Eigenmittelaufnahme stellt die Finanzierung durch **Beteiligungskapital /„Venture Capital"** (VC), (deutsch etwa: Risiko- oder Wagniskapital) dar. Die Finanzierung geschieht durch spezielle VC-Gesellschaften, Kreditinstitute oder spezielle öffentliche Förderinstitutionen. Das Wagniskapital erweist sich als Motor des deutschen Wirtschaftswachstums; waren es 1990 kaum 70 Gesellschaften für Risikobeteiligungen, sind es 1999 rund 200 Unternehmen. 1998 haben **europäische** Kapitalbeteiligungsgesellschaften rund 14,5 Mrd. Euro investiert: Mit 51% floß gut die Hälfte der investierten Mittel in MBOs oder MBIs (Quelle: Handelsblatt vom 10.6.1999, S. 13); die Anschubfinanzierung für neu gegründete Unternehmen macht nur einen kleineren Teil aus, dieser Bereich wächst aber am schnellsten (= VC im engeren Sinn). Die im Bundesverband **Deutscher** Kapitalbeteiligungsgesellschaften zusammengeschlossenen Unternehmen erhöhten ihre Bruttoinvestitionen auf 3,3 Mrd. DM, das kumulierte Gesamtportfolio stieg auf rund 9,5 Mrd. DM, wobei rund 3800 kleine und mittlere Projekte finanziert wurden.

Diese Versorgung mit Kapital von einem Geldgeber („auf vereinbarte Zeit") ist bei allen Rechtsformen möglich, i.d.R. werden Beteiligungen ab 500.000 DM übernommen; die öffentlich geförderten mittelständischen Beteiligungsgesellschaften des BVK bleiben aber auch „darunter". Die Partnerschaft wird in der Form einer stillen oder offenen Beteiligung gestaltet. Der größte Investor beteiligt sich dabei allein oder zusammen mit einem zweiten oder mehren Investoren (**„Lead-Investor"**). Vor Eingang einer Beteiligung wird ein VC-Geber die Chancen und Risiken genau prüfen (**„Due Diligence"**). VC-Geber sehen ihre Aufgabe nicht nur in der Auswahl/Bewertung innovativer Gründungen, sondern auch in begleitender **Managementunterstützung** in wesentlichen Phasen der Unternehmensentwicklung (Coaching, Motivation, Ratgeber, Netzwerk etc.).

Der breiten Masse von Existenzgründern steht dieses Finanzierungsinstrument allerdings **nicht** offen, denn VC findet ihre Anwendung im Bereich der Unternehmensgründungen während der Start-up-Phase vor allem im Bereich **innovativer Technologie** bei wachstumsorientierten Unternehmen. Als Alternative stehen bei **kleineren** Neugründungen die **öffentlichen** Beteiligungsgesellschaften zur Verfügung, die nicht erwerbswirtschaftlich orientiert sind und sich über das ERP-Programm refinanzieren.

Die Vorlage eines ausgefeilten Business-Plans, der das Gründungsvorhaben umfassend beschreibt (Ziele, Wege, Mittel), ist zwingend.

Die Finanzierung durch **privates** Venture Capital basiert auf der Überlassung von Beteiligungskapital für Geschäftsideen mit anfänglich hohem Risiko, aber späteren überdurchschnittlichen Gewinnerwartungen (mindestens 25 %). Das Interesse des Kapitalgebers richtet sich nicht auf laufende Gewinnanteile, sondern vielmehr auf die erhoffte **Wertsteigerung** seiner Beteiligung. Die Beteiligung wird etwa 5 bis 10 Jahre gehalten. Idealtypischerweise geschieht der „Exit", die Veräußerung des Anteils (der i.d.R. immer unter 50 % beträgt), nach einem „Going-Public" der Gesellschaft, d.h. nach der **Börseneinführung** auf dem Neuen Markt (1998 wählten die europäischen Fonds 924 mal diesen Weg; Quelle: Handelsblatt vom 10.6.1999, S. 13). Möglich ist auch ein Verkauf an die ursprünglichen Unternehmensgründer, an Branchenkonkurrenten oder an andere (Groß-)Unternehmen.

Da die Investoren neben dem Kapital auch Know-how einbringen und aktiv am Management beteiligt sind (mit Sitz in den jeweiligen Gremien wie Aufsichtsrat oder Geschäftsleitung), spricht man auch von „intelligentem Kapital"/„smart money". Der Kapitalgeber bringt bei dieser „Partnerschaft auf Zeit" gleichzeitig also auch sein Know-how ein und gewährt eine direkte **Managementunterstützung** (Coaching, etwa in strategischen oder technologischen Fragen).

Beim **Exit** zeigen sich große **Unterschiede** zwischen Beteiligungsgesellschaften und öffentlichen Beteiligungsgesellschaften:

- **Öffentliche** Beteiligungsgesellschaften beenden ihre **stille** Beteiligung (d.h. die Führung des Unternehmens bleibt voll bei den Gründern) zum **Nominalwert** (= Wert des Einstiegs) und verlangen jährlich eine ergebnisunabhängige Grundvergütung und eine gewinnabhängige Zusatzvergütung.

- **Private** Beteiligungsgesellschaften beenden ihre **offene** Beteiligung zum **Marktwert** (der bei erfolgreichen Beteiligungen natürlich weit über dem ursprünglichen Kapitaleinsatz liegt).

Laub (1991, S. 245) sieht unterschiedliche **Nutzenerwartungen** der Institutionen:

- VC-Gesellschaften: maximal mögliche Ertragssteigerung bei Anteilsveräußerung
- Kreditinstitute: Anschlußfinanzierungsmöglichkeiten, Erweiterung des Kundenstamms
- Öffentliche Förderinstitutionen: Wettbewerbssteigerung, Technologiefortschritt, Förderung innovativer unternehmerischer Aktivitäten
- Beratungsgesellschaften: erfolgreiche Unternehmensentwicklung

---

Der **Markt** für Beteiligungskapital, an dem vor allem **institutionelle** Anleger aktiv sind, ist in Deutschland (seit Beginn in den 80er Jahren) in den letzten Jahren auf jetzt ca. 100 Kapitalbeteiligungsgesellschaften angewachsen: 1998 hat das Neugeschäft mit 3,29 Mrd. DM ein Rekordniveau erreicht. Insgesamt erhöhte sich das Beteiligungsvolumen der Mitglieder des Bundesverbands deutscher Kapitalbeteiligungsgesellschaften auf etwa 9,5 Mrd. DM. Zahlreiche Initiativen und Förderprogramme für Risikokapital gibt es auf Bundesebene.

Für viele Neugründungen ist diese Quelle wegen den Renditeerwartungen der Investoren allerdings nur **beschränkt** verfügbar:

- Von den 16500 Unternehmen, die z.B. 1997 anfragten, bekam nur jeder 17. Kapital.
- Investiert wird vorwiegend in Start-ups im High-Tech-Bereich, in der Biotechnologie und Informations- und Kommunikationstechnologie bei folgenden Investmentkriterien: hohes Wachstumspotential, globales Konzept, proprietäre Technologie/Erfahrung, Potential zum Börsengang etc.

Je nach der **Stufe** des Gründungsvorhabens werden verschiedene Finanzierungsbegriffe verwendet:

- Mit **Seed**-Finanzierung („Mezzanin-Darlehen") wird die Frühphasenfinanzierung umschrieben, mit der im Vorfeld der eigentlichen Unternehmensgründung in ein Projekt investiert wird (z.B. Marktanalyse, Erarbeitung eines Unternehmenskonzepts).
- Mit **Start-up**-Finanzierung wird die Aufbauphase umschrieben (d.h. Entwicklung eines Prototyps, das Produkt wird für die Markterschließung vorbereitet).
- Mit **First-/Second-/Third-Stage**-Finanzierung wird die Markteinführung, Wachstumsfinanzierung, Erweiterungsfinanzierung umschrieben.
- Mit der **Bridge**-Finanzierung wird die Überbrückung des Finanzbedarfs bis zur Vorbereitung der Börseneinführung umschrieben (Börsengang = **Initial Public Offering**, zur IPO als „größte Herausforderung im Leben eines Unternehmens" siehe Schürmann, 1997)

Hat das Unternehmen den Übergang zum etablierten Unternehmen geschafft, wird mit dem „**Exit**" das investierte Venture Capital zurückgewonnen und steht für Reinvestition in Neugründungen bereit.

Empirische Daten zeigen sowohl für die USA als auch für Deutschland eine nur sehr **begrenzte Bereitschaft** auch von Venture-Capital-Gebern (wie Beteiligungsgesellschaften, Fonds, Banken, Industrieunternehmen), die Risiken der Vor-Gründungsphase bei Start-ups/Spin-offs einzugehen (seedstage Phase). Obwohl viel anlagebereites Kapital zur Verfügung steht, konzentrieren sich die jeweiligen Banken/Gesellschaften primär auf Beteiligungen an Wachstumsunternehmen oder auf die Finanzierung von Merger. Die Finanzierung innovativer Unternehmensgründungen kommt zu kurz bzw. wird abgelehnt. Die Gründe liegen in den zuvor angesprochenen unzureichenden Bewertungsverfahren/-risiken oder Unstimmigkeiten in der gesamten Gründungskonzeption (vgl. dazu Laub, 1991, S. 239f.).

(6) Business Angels

Aus den USA kommend (wo etwa 250.000 Business Angels aktiv sind), ist die Idee einer **privaten** Gründerunterstützung inzwischen auch in Deutschland etabliert. Schätzungen sprechen von etwa 27.000 Angels (Institut für Systemanalyse und Innovationsforschung der FHG), die jährlich mehr als 1 Mrd. DM in alle Phasen der Unternehmensentwicklung investieren. Vermögende Personen, oft ehemalige Führungskräfte oder Unternehmer, stellen den Existenzgründern nicht nur Beteiligungskapital zur Verfügung, sondern bringen als Mentoren auch ihre eigenen Erfahrungen mit ein. Vor allem für die anfängliche Begleitung kleinerer Start-ups sind sie wichtig.

Zur **Kontaktaufnahme** dienen Verbände (z.B. Business Angels Netzwerk Deutschland) oder das Business Angels Forum, eine Internetvermittlung.

(7) Fremdkapital

Der durch Eigenkapital oder eigenkapitalähnliches Kapital nicht abgedeckte Teil des Gesamtkapitalbedarfs kann bei Gründungen nur durch Zuführung von **Fremdkapital** zum Unternehmen gegen Zinszahlung und Tilgung erfolgen. Fremdkapital**geber** können Banken oder auch Lieferanten sein. Dies kann erfolgen:

(1) **kurzfristig** (z.B. Lieferantenkredit, Kontokorrentkredit, Wechsel)
(2) **langfristig** (z.B. Investitions-, Hypotheken-, Grundschulddarlehen)

Zu (1) Kurzfristige Fremdfinanzierung

Als **Formen** der kurzfristigen Finanzierung mit Laufzeit bis 12 Monate bieten sich an:

- **Kredite im Waren- und Leistungsverkehr**
  a) Kundenanzahlungen (Vorauszahlungskredit, Abnehmerkredit, Anzahlung), bei denen der Abnehmer als Kreditgeber gegenüber dem Lieferanten auftritt.
  b) Lieferantenkredit: Die aus der Lieferung von Waren oder Dienstleistungen resultierenden Zahlungsverpflichtungen müssen nicht sofort beglichen werden, sondern erst später (i.d.R. beträgt das Zahlungsziel 30 Tage). Es entsteht eine Kreditbeziehung zwischen dem Lieferanten und dem Abnehmer. Er kann durch entsprechende Vereinbarungen, die Gegenstand des Kaufvertrags sind, gewährt werden, beispielsweise durch eine entsprechende Formulierung auf der Rechnung. Der Lieferantenkredit hat für die Wirtschaft eine große Bedeutung. Vorteile: Schnelligkeit (er steht in dem Moment zur Verfügung, in dem die Schuld entsteht), Bequemlichkeit (es entfallen jegliche Formalitäten, insbesondere die Kreditwürdigkeitsprüfung), keine Abhängigkeit von Kreditinstituten. Gravierender Nachteil: sehr hoher Effektivzinssatz dieser Finanzierungsform, falls auf das Skonto verzichtet wird.
- **Kontokorrentkredit** (KKK): „klassisches" kurzfristiges Fremdfinanzierungsinstrument. Kredit, der vom Kreditnehmer je nach tatsächlichem Bedarf bis zum vereinbarten Maximalbetrag (Limit) in Anspruch genommen werden kann („In laufender Rechnung"). Er wird häufig, insbesondere für Dispositionskredite an Private, ohne besonders vereinbarte Sicherheit gegeben; dies gilt aber auch für erstklassige Unternehmen. De facto steht KKK auch mittel- und langfristig zur Verfügung, da die Kreditlinien i.d.R. prolongiert oder unbefristet angesetzt werden.
- **Wechsel:** Statt gelieferte Ware sofort zu bezahlen, zieht der Lieferant einen Wechsel (schuldrechtliches Wertpapier) auf den Schuldner. Er selbst kann diesen unterzeichneten Wechsel zur Begleichung eigener Schulden an einen Gläubiger weitergeben. Die Übereignung erfolgt durch einen entsprechenden Vermerk auf der Rückseite, das Indossament und Übergabe. Am Stichtag zahlt der Schuldner an den letzten Besitzer des Wechsels. Trotz des günstigen Zinssatzes hat der Wechselkredit in den letzten Jahren an Bedeutung verloren.

Zu (2) Langfristige Fremdfinanzierung

Die mittel- und langfristige Finanzierung beginnt bei Laufzeiten ab 12 Monaten. Bestimmte Formen wie **Obligationen** (Schuldverschreibung), als ein langfristiges Darlehen, kommen nur für Großunternehmen in Betracht. Unternehmensgründer, die i.d.R. den kleinen und mittleren Unternehmen (KMU) zuzurechnen sind, sind im Wesentlichen auf langfristige **Darlehen** (etwa als **Investitionskredit**) ihrer Hausbank angewiesen:

- **Kreditgeber:** Kreditinstitute privater oder öffentlich-rechtlicher Art, Sparkassen, Versicherungen, Private, Bausparkassen, Kreditinstitute mit Sonderaufgaben, z.B. Kreditanstalt für Wiederaufbau.

- **Laufzeiten**: bis zu 30 Jahre, heute aber Trend zu wesentlich kürzeren Laufzeiten.
- **Zinskonditionen**: werden meist nur für einen Teil der Laufzeit (2, 5 oder 10 Jahre) festgeschrieben.
- **Besicherung**: meist als Real-/Sachsicherheit durch Grundpfandrechte oder Sicherungsübereignung und nach einer eingehenden Kreditwürdigkeitsprüfung. (Ist der künftige Schuldner kreditfähig, persönlich kreditwürdig und wirtschaftlich kreditwürdig?) Bei Personalsicherheiten haftet neben dem Schuldner mindestens eine weitere Person (Bürgschaften). Die fehlenden bzw. nicht ausreichenden Sicherheiten sind bei Gründungen ein herausragendes Problem. Bei Existenzgründungen übernehmen deshalb oft auch öffentliche Banken Bürgschaften (z.B. Bürgschaftsprogramm der DtA). Diese Bürgschaftsbanken der Bundesländer übernehmen **Ausfallbürgschaften** gegen eine geringe Gebühr für kurz-, mittel- und langfristige Kredit aller Art.

(8) Sonderformen der Finanzierung (Leasing/Factoring)

Eine moderne Finanzierungsalternative, die oft auch Unternehmensgründern empfohlen wird, ist das Leasing. Die Entwicklung des Leasing, d.h. die miet- oder pachtweise Überlassung von langlebigen Wirtschafts-/Investitionsgütern direkt durch die Hersteller dieser Güter oder durch besondere Gesellschaften, vollzog sich in Deutschland in den letzten beiden Jahrzehnten **rasant**. Heute reicht das Angebot von der Büroausstattung über den Fuhrpark oder Immobilien bis zur kompletten Produktionsanlage. Der Umsatz der Branche beträgt ca. 700 Mrd. DM (der Zugang beim bilanzierten Neugeschäft betrug 1998 74 Mrd. DM). Es können auch zusätzliche **Dienstleistungen** erbracht werden, wie z.B. das Fuhrparkmanagement oder Versicherungsangebote.

Leasingkunden werden von den Gesellschaften einer Bonitätsprüfung ähnlich wie bei Bank-Kreditanträgen unterzogen. Das Finanzierungs-Leasing ist die eigentliche Alternative zum Kreditkauf, wobei ein direkter Kostenvergleich nicht einfach ist. Vergleicht man nur die Effektivzinsbelastung, ist die Leasingfinanzierung meist **teurer**, zudem trägt der Leasingnehmer das volle Investitionsrisiko (muß Raten in jedem Fall bezahlen), beim Leasinggeber bleibt das Verwertungsrecht.

Interessante **Vorteile** sind aber darin zu sehen:

- „Pay as you earn"-Prinzip, da die monatlichen Leasingraten aus den Erträgen bezahlt werden können; statt ein Objekt voll beim Kauf zu bezahlen, kann jetzt das eingesparte Geld für anderweitige Anschaffungen eingesetzt werden; Liquiditätsschonung;
- rascher Vertragsabschluß
- unterstützt Expansionsmöglichkeit;
- feste monatliche Mietzahlungen ermöglichen exakte Kalkulationsbasis/-sicherheit;
- Angebot von Zusatzleistungen wie Wartungs- und Versicherungsverträgen;
- eröffnet auch die Möglichkeit des „Sale-and-lease-back": bei diesem Verfahren verkauft man z.B. eine eigene Immobilie und mietet sie anschließend zurück;
- Schutz vor technischer Veralterung.

Neben Kreditkauf und Leasing bietet **Factoring** eine zusätzliche Möglichkeit, einen Teil des Betriebsvermögens durch Dritte finanzieren zu lassen. Es bedeutet eine zeitlich vorgezogene Verflüssigung der in den Außenständen gebundenen Geldmittel (**Liquiditätsverbesserung**). Beim Factoring findet ein Gläubigerwechsel statt, wobei der Factor (meist eine Bank) als neuer Gläubiger an die Stelle des Lieferanten tritt.

> **Factoring**
> ... ist ein Finanzierungsgeschäft, bei dem der Factor (z.B. eine Bank) von seinem Klienten **Forderungen** aus Warenlieferungen und Dienstleistungen ankauft und sie bis zur Fälligkeit bevorschußt.

Der Factor übernimmt inzwischen Funktionen, die weit über die reine Finanzierungsfunktion hinausgehen. So kann das Factoringgeschäft (z.Z. ca. 40 Mrd. DM; 1998 wurde mit der Ratifizierung des Unidroit-Übereinkommen ein einheitliches Regelwerk für das internationale Factoring geschaffen) durch die Übernahme folgender **Funktionen** gekennzeichnet sein:

190

- **Finanzierungsfunktion**: liegt in dem Aktivtausch „Forderungen gegen Kasse". Der Klient ist vertraglich verpflichtet, dem Factor alle zukünftigen Forderungen aus Waren- oder Dienstleistungsgeschäften zum Kauf anzubieten.
- **Dienstleistungsfunktion**: besteht in der Übernahme bestimmter Bereiche wie Debitorenbuchhaltung, Mahnwesen, Inkassodienst, Beratung.
- **Delkrederefunktion**:besteht in der Übernahme des Risikos der Uneinbringlichkeit der Forderung. Der Factor erbringt dabei gleichsam eine Versicherungsleistung, für die er eine Delkrederegebühr (= Versicherungsgebühr = Risikoprämie) erhebt.

V. Vorsorge- und Krisenmanagement

1. Existenzvernichtung/Risikobranchen

Existenzgründungen stehen Existenzvernichtungen (in der Presse mit „Pleitewelle" umschrieben) gegenüber – **Hinweise** gibt eine regionale Untersuchung (Quelle: UnternehmensGrün,1999):

- 50% der neu gegründeten Einzelhandelsbetriebe sind nach 2 Jahren pleite.
- 50% der GmbHs und 44% aller Neugründungen sind im 4. Jahr nach der Gründung pleite.
- 80% der Konkurse finden in den ersten 5 Jahren statt.
- Von 100 Gewerbeanmeldungen bestehen nach 5 Jahren noch 63 %.
- 14 von 15 Unternehmen, die die ersten 7 Jahre überleben, sind nach dieser Aufbauphase erfolgreich.

Risikobranchen waren demnach: Gaststätte (64%), Videothek (62%), Boutique (58%), Unternehmensberatung (58%), Softwarebetrieb (54), Immobilienvermittlung (38%), Reisebüro (33%).

Wurden in den 70er Jahren jährlich nur 5.000 bis 6.000 Unternehmen insolvent, waren es in den 80er Jahren bereits doppelt so viel, und in den 90er Jahren hat sich die Zahl nochmals verdoppelt. Waren es 1997 27.500, wird 1998 mit ca. **28.500** Unternehmenszusammenbrüchen gerechnet. Immense **Schäden** für die **Volkswirtschaft** sind die Folge: 35 Mrd. DM an Forderungsverlusten und 247.000 vernichtete Arbeitsplätze im ersten Halbjahr 1998. Rund 70 % der Zusammenbrüche betreffen Unternehmen, die nicht älter als sechs Jahre sind. (Quelle: Handelsblatt, 18/19.12.1998, S. K6)

2. Krisenmanagement

Auch ein ausgefeilter Business-Plan und ein PuK-System bieten keine hundertprozentige Sicherheit gegenüber möglichen Risiken. Vor allem für junge Unternehmen wird es darauf ankommen, ein rollierendes Planungssystem zu installieren, um über ein effizientes **Controllingsystem** auf Abweichungen rechtzeitig reagieren zu können (dazu unsere Ausführungen im 7. Teil).

Die Effektivität eines Krisenmanagements hängt vor allem davon ab, in welcher konkreten **Situation** sich der Betrieb befindet: in der **Frühphase** einer Krise oder unmittelbar vor der **Insolvenz**.

Vor allem junge Unternehmen geraten schnell in Krisensituationen, wenn etwa wichtige Kunden nicht bezahlen und plötzlich die Liquidität stockt oder wenn plötzlich ein Großkunde abspringt.

Hilfe in Krisensituationen bieten verschieden Stellen an:

- Die „Task Forces" in einigen Bundesländern, d.h. Expertengruppen
- „Runde Tische" bei der DtA für eine „Pannenhilfe" (aber keine Sanierungshilfe)
- Selbsthilfeorganisationen von Selbständigen und Freiberuflern für Vereinsmitglieder (z.B. Ausweg e. V., Berlin)

Für die **Frühphase** werden folgende Strategien vorgeschlagen (in Gründerzeiten, BMWi, Nr. 14):

- **Aufgabestrategie**: alle Geschäftsfelder überprüfen; veraltete Produkte und schrumpfende Märkte erkennen und abstoßen
- **Konsolidierungsstrategie**: Verbleib auf übrigen bisherigen Märkten sichern, Kosten überprüfen und senken
- **Verdrängungsstrategie**: Unternehmenskapazitäten sichern und erweitern durch aggressives Marketingkonzept (radikaler Preiskampf und/oder konsequenter Qualitätswettbewerb)
- **Tätigkeitsfelder-Erweiterungsstrategie**: Produktpalette erweitern, neue Märkte erschließen

Je nach verbleibendem Handlungsspielraum und zeitlichem Rahmen können verschiedene **Ziele** angestrebt werden:

- **kurzfristige** zum Überleben: z.B. bedrohliche Liquiditätsengpässe schnell verbessern durch verschiedene Maßnahmen zur Steuerung der Zahlungsströme (siehe die Beispiele 7. Teil, F, I)
- **mittelfristige** zur Stabilisierung: z.B. Verminderung der Kosten, Umstellung auf leistungsbezogene Entgeltsysteme, effizienteres Mahnwesen
- **langfristige** zur Sanierung: neue Gesellschafterstruktur, andere Rechtsform, anderer Produktionsstandort, Outsourcing, neue Produkte/Märkte usw.

3. Gründe für das Scheitern

Drei Problemfelder werden bei Insolvenzen immer wieder als Hauptverursacher genannt (Arnold 1999, S. 34ff.):

- Unsachgemäße Gründungsvorbereitungen
- Diskrepanzen zwischen Gründungsidee und tatsächlicher Marktsituation
- Betriebsspezifische oder sonstige persönliche Ursachen im weiten Umfeld des Unternehmens

DtA und Creditreform e. V. haben **Gründe** ermittelt, die für das Scheitern junger Unternehmen ausschlaggebend sind (in Gründerzeiten, BMWi, Nr.14):

- Mangelhafte Unternehmerqualifikation/Kompetenz
- Mängel im Rechnungswesen (unzureichende Finanzerschließung, fehlende Liquiditätsübersicht etc.)
- Risiko „Geschäftspartner" (z.B. verspätete Zahlungen)
- Unzureichende Betriebsstruktur/Kapazitäten
- Falsche Absatzpolitik (kein zielgruppenorientiertes Marketing)
- Fehlerhafte Verwaltung und falsche Personalpolitik
- Problematische Unternehmensgröße (Organisationswandel bei Wachstum)
- Äußere Einflüsse (Kaufkraftveränderung am Ort etc.)
- Private Umstände (eheliche Probleme etc.)

Eine Analyse bei Mittelständlern, die von der Münchner Wirtschaftsberatungsfirma Trebag 1999 durchgeführt wurde, bestätigt, daß akute Krisensituationen weniger auf **externe** Faktoren, sondern in 80 % auf „**Managementfehler**" zurückzuführen waren (z.B. Schönung der Bilanz durch Auflösung stiller Reserven, nicht rechtzeitiger Personalabbau etc.) und auch ein rechtzeitiges Krisenmanagement fehlte. Dies wird durch eine **empirische** Untersuchung der ISG Sozialforschung und Gesellschaftspolitik bestätigt: In 72% aller Insolvenzen waren Managementfehler ursächlich für die Insolvenz (im Einzelnen Friedrich et al., 1997).

Hilfestellung könnte Insolvenz vermeidende Informations-, Beratungs-, Qualifizierungs- und Finanzdienstleistungsangebote leisten.

Oft werden die **Fehler** bereits bei der **Gründung** gemacht (vgl. Kirschbaum/Naujok, 1985, S. 11f.):

- fehlende Objektivität des Gründers
- fehlende Erfahrung
- mangelnde Kalkulation/Buchführung
- Finanzierungsfehler (z.B. keine Fristenkongruenz)

192

- falsche Personalauswahl
- veraltete Ausstattung
- zu schnelles Wachstum

4. Die neue Insolvenzordnung

1998 gab es in Deutschland etwas über 34.000 **Insolvenzen** (Quelle: Dun & Bradsteet), etwa 1 % aller deutschen Betriebe, davon betroffen vorwiegend kleine Betriebe. Bezogen auf Rechtsformen waren davon 1997 in der Insolvenzstatistik allein 16.746 GmbHs (Quelle: Statistisches Bundesamt) betroffen. Nach bisherigem Recht wurden in diesen Fällen die meisten Betroffenen ihre Schulden ein Leben lang nicht mehr los. Dies hat sich mit dem neuen **Insolvenzrecht** vom 1.1.1999 geändert, die die alte Konkurs- und Vergleichsverordnung ablöste. Die Voraussetzungen für die Eröffnung des Verfahrens wurden so gestaltet, daß die Abweisung mangels Masse wieder zur Ausnahme wird. Es soll gescheiterten Unternehmern einen Neuanfang erleichtern. Es unterscheidet::

- **Unternehmensinsolvenz**: Es gilt für juristische Personen. Bei Zahlungsunfähigkeit ist ein außergerichtliches Vergleichsverfahren vorrangiges Ziel. Scheitert dies, kann der Schuldner (bereits bei „drohender" Insolvenz) oder ein Gläubiger ein Unternehmensinsolvenzverfahren eröffnen. Es soll zuerst versucht werden Unternehmen zu erhalten, alle Betroffene sollen eine Sanierung versuchen statt „abzuwickeln". Der Insolvenzverwalter entwirft einen Plan für eine Sanierung. Oder das Unternehmen wird liquidiert. Für natürliche Personen (Einzelunternehmer bzw. persönlich haftende Gesellschafter einer OHG oder KG) sind nach **7 Jahren alle Schulden erloschen**, wenn sie am Verfahren der Restschuldbefreiung teilnehmen.
- **Verbraucherinsolvenz**: Bezieht sich auf Privathaushalte und kleinere Betriebe (Handwerker, Freiberufler etc.: Welches der beiden Verfahren für Unternehmen angewandt wird, entscheidet das Amtsgericht). Zuerst wird ein außergerichtliches Schuldenbereinigungsverfahren versucht. Wird keine Einigung erzielt, besteht die Möglichkeit, einen Antrag auf Eröffnung des gerichtlichen Verfahrens einzuleiten, wobei zuerst nochmals ein Mediator eingesetzt wird.
- **Restschuldbefreiung**: Kann beim Amtsgericht beantragt werden. Die beiden genannten Verfahren müssen vorher durchlaufen worden sein. Bei bewilligtem Antrag muß das gesamte pfändbare Einkommen an Gläubiger abgetreten werden. Dazu wird eine Wohlverhaltensperiode von sieben Jahren bestimmt (z.B. keine Schwarzarbeit etc.). Im achten Jahr sind alle Verbindlichkeiten erlassen.

B. Die Wahl des Standorts

Die Betriebswirtschaftslehre bezeichnet als konstitutive Entscheidungen solche, durch die langfristig gültige Rahmenbedingungen für die laufenden Entscheidungen während des betrieblichen Transformationsprozesses gesetzt werden (vgl. Kappler/Rehkugler, 1991, S. 75f.). Solche Entscheidungen beziehen sich auf die Standortwahl, die Gestaltung und Entwicklung der Organisation und die Wahl der Rechtsform. Die Unternehmensdynamik erfordert eine ständige Überprüfung dieser Entscheidungen und ggf. Anpassungsentscheidungen.

Die Standortwahl als eine der wichtigsten unternehmerischen Entscheidungen bezieht sich auf die Phasen der Betriebsgründung, der Betriebserweiterung oder der Betriebsverlagerung (dazu Kreis, 1994, S. 161ff.).

Die betriebswirtschaftliche Standort(bestimmungs)lehre versucht, die Einflußfaktoren für die Entscheidungssituation, nämlich

- die geographisch-**räumliche** Bestimmung der Unternehmenstätigkeit (international, national, regional, lokal, innerbetrieblich) und
- die **Optimierung**

zu ermitteln.

„Standortfaktoren" (von Weber bereits 1909 geprägter Begriff), die für die Unternehmung von Bedeutung sein können, werden aus verschiedenen Umfeldern beeinflußt: Dies können rechtliche Entwicklungen (Mitbestimmungsregeln, neue Umweltgesetze, Gengesetze), gesellschaftliche Veränderungen (Leistungsbereitschaft, Technologieablehnung), technologische oder ökonomische Veränderungen (Lohnentwicklung) sein. Da insbesondere größere und wachsende Unternehmungen ihre Aktivitäten an einer Vielzahl geographisch verteilter Standorte durchführen, ist diese Entscheidung bezüglich des Standorts (Neugründung, Verteilung, Verlagerung, Aufspaltung, Zentralisation, Dezentralisation etc.) zwar relativ schwer änderbar, da i.d.R. hohe Kapitalbeträge gebunden sind, aber doch relativ häufig. Bloech (1994, S. 141f.) schlägt ein eigenständiges Standort-**Controlling** vor, mit dem die Standortwahl, die Standortverteilung, die Kapazitäten in den einzelnen Standorten, die Verteilung und Nachfrage der Kunden und ihre Standorte, die Wettbewerber mit ihren Standorten und Kapazitäten, die Transporte, Lagerungen sowie die Raumorganisation der Betriebe zu erfassen sind.

„Ursache des Standortproblems ist die fehlende natürliche und ökonomische Homogenität der Fläche, d.h. nicht jeder Standort hat den gleichen Einfluß auf die unternehmerischen Ziele: Die unterschiedliche Verteilung der Ressourcen, die Unterschiede in den Rechtsnormen (z. B. Steuerrecht), die unvollkommene Faktormobilität und die Transportkosten bewirken, daß unterschiedliche Orte verschiedene Eignungsgrade besitzen" (Bea/Dichtl/Schweitzer, 1992, S. 346).

Nach Heinen ist es deshalb Aufgabe der Standortentscheidung, solche Standorte zu bestimmen, bei denen die Anforderungen an den Standort und die Bedingungen des Standortes aufeinander abgestimmt sind (vgl. 1991, S. 219). Nachdem jeder zu betrachtende Standort standortspezifische Aufwendungen (z.B. Transportkosten, Energiekosten, Arbeitskosten) und Erträge (z.B. Absatzpreise) erbringt, ist der Standort auszuwählen, der eine **Gewinnmaximierung** (als Differenz zwischen diesen standortabhängigen Aufwendungen und Erträgen) und Entwicklungsmöglichkeiten verspricht.

Die Bestimmung und Beurteilung der zu berücksichtigenden einzelwirtschaftlichen (rechenbaren/nicht rechenbaren) Standortanforderungen wird sehr **branchen**- und/oder **betriebsgrößen**spezifisch ausfallen. Zudem werden die Standortfaktoren von unterschiedlicher Entscheidungs**relevanz** (Muß-/Soll-Kriterien) sein, die eine Gewichtung der Faktoren erfordern; es kann auch ein einzelner Standortfaktor eine überragende Bedeutung haben: So werden für energieintensive Branchen die Energiekostenfrage, für arbeitsintensive Betriebe die Lohnkosten, für innovative Neugründungen im EDV-Bereich eventuell die örtliche Zusammenarbeitsmöglichkeit mit Hochschulen und die Qualität der Mitarbeiter dominierend sein.

Auch werden die Faktoren in unterschiedlicher **Zielwirksamkeitsbeziehung** (komplementär, konfliktär, neutral) zueinander stehen.

Eine Aufzählung soll die Bandbreite der Standortfaktoren verdeutlichen:

- Kostenminimierung (z.B. bei Transport, Entgelten, kommunalen Abgaben, Energie)
- Absatzmöglichkeit/-potential (Kaufkraft, Konkurrenz etc.) und Absatzkontakte (Messen, Makler etc.)
- Nähe zu Hochschuleinrichtungen und Ausprägung des Bildungssystems
- Industrial Relations (Mitbestimmung, Tarifautonomie)
- Kooperationsmöglichkeiten
- Infrastrukturgegebenheiten (Anbindung an Wasser, Schiene, Straße, Luftverkehr)
- Preis- und Lohnniveau (z.B. Löhne, Energie)
- Situation der jeweiligen Beschaffungsmärkte (z.B. Rohstoffvorkommen, Arbeitskräftepotential, Finanzierung, Grundstücke)
- staatliche Rahmenbedingungen (Ansiedlungsreize/Regionalförderung, Kommunalplanung, Subventionen, Steuern, Rechtssicherheit, politische Stabilität)

- soziale Infrastruktur, Freizeitwert, Wohnwert
- Umweltschutz (Auflagen, Entsorgung usw.); vgl. auch unsere Ausführungen „Umweltorientierte Standortentscheidung" im 8. Teil

Für die Ermittlung des **„optimalen"** Standorts, der dem/den Unternehmensziel/en bestmöglich entspricht, können verschiedene Modelle als Beiträge der Unternehmensforschung (z.B. kosten- bzw. gewinnorientierte Standortmodelle; Bloech, 1994, S. 74ff.), Verfahren der Investitionsrechnung, einfache Prüflistenverfahren oder allgemeine Rangfolge-/Scoring -Modelle (vgl. Hellmig, I, 1991), insbesondere die **Nutzwertanalyse**, als generelle Entscheidungstechniken für konstitutive Entscheidungen herangezogen werden (vgl. Steiner, 1993, S. 117ff.; Jacob, 1990, S. 36ff.; Bitz et al, 1993, S. 117f.; ein Beispiel findet sich bei Luger, 1991, S. 111), darüber hinaus detaillierte Checklisten und **computergestützte** Entscheidungsverfahren (mathematische Standortsimulation) (im Einzelnen Bestmann, 1994, S. 44ff.; Jacob, 1990, S. 34ff.; Kappler/Rehkugler, 1991, S. 225ff.).

Die „klassischen" Standortfaktoren werden immer weniger Bedeutung für den Erfolg eines Unternehmens haben, da durch das Entstehen **virtueller** Organisationsformen (siehe unsere Ausführungen unter E, IX) es für diese temporären netzwerkartigen Unternehmenstypen mit „fließenden" Unternehmensgrenzen keine Rolle mehr spielt, wo sich ihr „Standort" befindet.

Standortfragen beziehen sich neben den uns hier interessierenden einzelwirtschaftlichen Aspekten auch auf **gesamt**wirtschaftliche Aspekte, wobei eine geschlossene, verbindende Theorie noch fehlt (vgl. Weizsäcker, 1994, S. 75). Mit großer Regelmäßigkeit (insbesondere in Rezessionsphasen) wird in den Medien bzw. von den Politikern die „Attraktivität" des Standorts Deutschland erörtert und i.d.R. negativ bewertet (Verlagerung ins Ausland etc.; dazu Weizsäcker, 1994). Ohne die jetzigen großen strukturellen Probleme negieren zu wollen, gilt jedoch: Die Betrachtung bezieht sich meistens auf einzelne Faktoren (Betriebskosten: Reform der Unternehmenssteuern, Sozialsystem, Umweltschutz, neue Öko-Steuern etc.) – der Gesamtzusammenhang aller Strukturfaktoren, die allgemeine Standortqualität, wird dabei vernachlässigt. So fanden z.B. Standortverlagerungen aus Umweltschutzgründen **allein** in der Industrie praktisch **nicht** statt (ebd., S. 82).

Bestimmte strategische Entwicklungen (Globalisierung etc.) führen zu einer Internationalisierung der Unternehmenstätigkeit. Der Trend zur **Auslagerung** wird insbesondere bei weltweit aktiven Unternehmen weitergehen. Die Gründe sind vielschichtiger Natur:

- Präsenz in den verschiedenen großen Märkten (nicht nur mit einer Verkaufs- und Servicestation)
- Ausgleich der Währungsrisiken (Absicherung gegen Devisenkursschwankungen)
- Kostenreduzierung (Komplex von Lohnkosten, Lohnnebenkosten, Arbeitszeit, Subventionen, Transport etc.; geringere Steuerbelastung); Nationale Investitionsförderprogramme
- Umgehung von Importrestriktionen
- Globale Basis: nicht nur bei Produktion und Verkauf, sondern zunehmend auch bei Forschung und Entwicklung

C. Die Wahl der Rechtsform

Auch wenn die innere und äußere Ordnung eines Unternehmens zu einem Teil frei vereinbart werden kann (also dispositives Recht ist), ist der durch gesetzliche Regelungen (z.B. des Gesellschaftsrechts oder des Mitbestimmungsgesetzes) vorgegebene Rahmen zu beachten. Die getroffenen grundlegenden Entscheidungen bedürfen einer **fortlaufenden** Überprüfung und – bei Veränderung der der damaligen Entscheidung zugrundeliegenden Prämissen – einer Korrektur (Standortwechsel, Organisationsentwicklung, Umwandlung) (vgl. Abb. 29).

Im Bereich der inneren Ordnung können Unternehmung freiwillig Restriktionen festlegen, indem in **Unternehmensverfassungen**, -leitbildern u.ä. die Unternehmenspolitik bestimmt wird (Zweck der Unternehmung, ihre Grundwerte usw.). Diese Fragen des Führungssystems behandeln wir im 6. Teil.

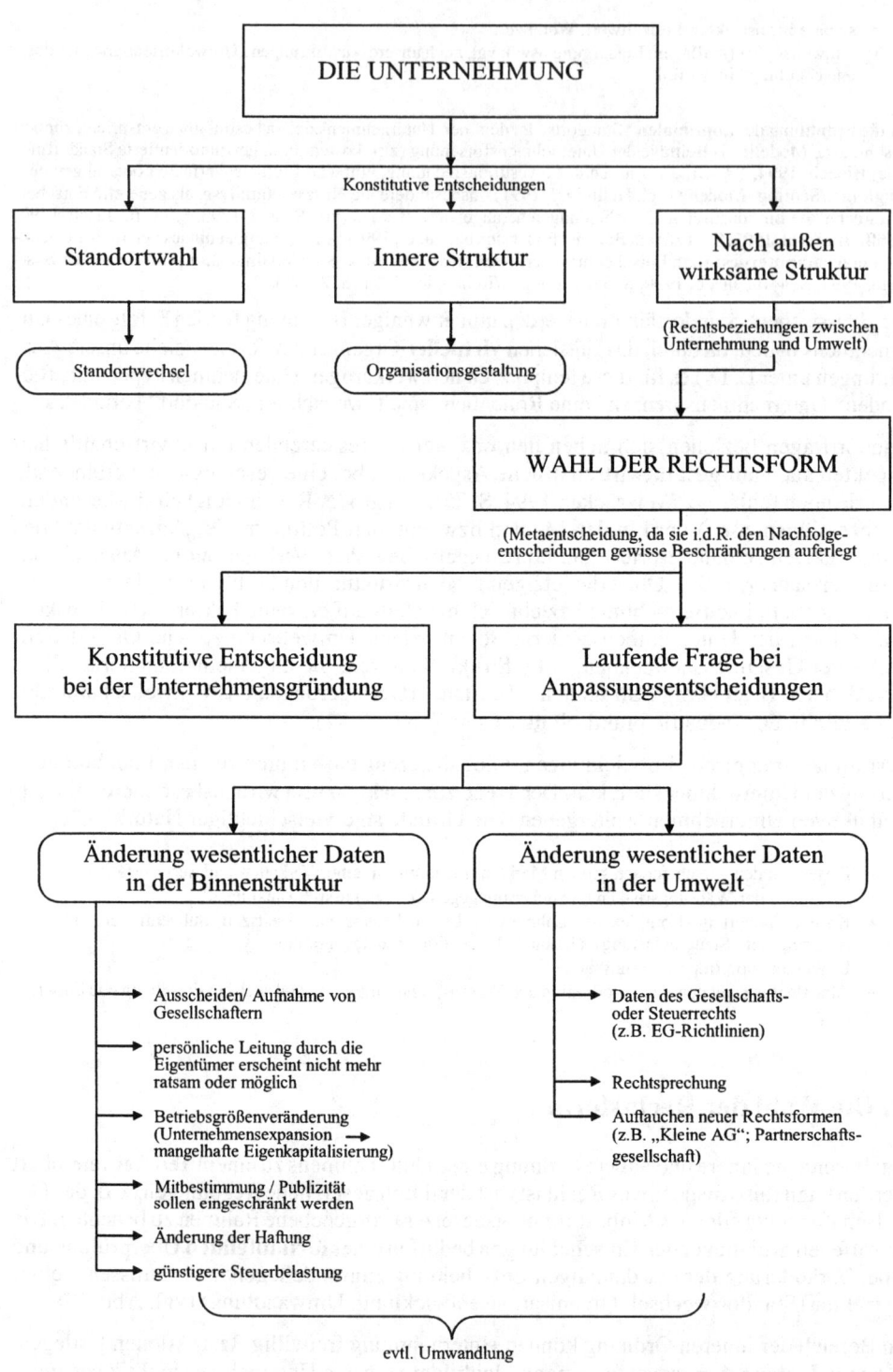

Abb. 29: Die Wahl der Rechtsform als Metaentscheidung

Die Menge der von staatlichen Institutionen produzierten Regelungen (Gesetze, Verordnungen, Richtlinien etc.) ist nahezu unübersehbar. Neben das **Wirtschaftsrecht** i.e.S. (Bürgerliches Recht, Handels- und Gesellschaftsrecht, Arbeits- und Sozialrecht, Wettbewerbsrecht, Wirtschaftsstrafrecht u.a.) treten i.w.S. das **Steuerrecht** oder zunehmend auch das **Umweltrecht** (vgl. unsere Ausführungen im Teil 8). Aus Unkenntnis oder auch Fehlinterpretation von rechtlichen Regelungen resultieren Fehlinterpretationen und Vollzugsdefizite mit Auswirkung auf ökonomische Vorgänge. Um dies zu vermeiden, sind auch für den Betriebswirt Kenntnisse der rechtlichen Bestimmungen notwendig.

Schäfer bezeichnet die verschiedenen Unternehmensformen als „Auffang- oder Grundgerüst für Mein und Dein" in der Gesamtwirtschaft. Es ist eine äußerliche, eine „Mantel"-Angelegenheit, die „mit dem Zweck und der konkreten Gestaltung der Leistungsverhältnisse so gut wie nichts" zu tun hat. Deshalb soll (und kann) der Wirtschaftswissenschaftler sich nicht mit den Rechtsformen in ihren Rechtsverhältnissen im Einzelnen beschäftigen, da diese Aufgabe dem Wirtschaftsrecht zufällt.

Das Gesellschaftsrecht, als die juristische Grundlage der Rechtsformen, stellt verschiedene Gestaltungsmöglichkeiten zur Verfügung. Das Gesellschaftsrecht ist nicht in einem einheitlichen Gesetzbuch geregelt, sondern ist – historisch bedingt – in **verschiedenen Rechtsquellen** (wie BGB, HGB, GmbH-Gesetz, Aktiengesetz u.a.) geregelt.

Sowohl bei der Gestaltung der Außenbeziehung als auch im Besonderen der Innenbeziehung gibt der **dispositive Charakter** des Gesellschaftsrechts dem Unternehmen weitgehende Flexibilität. Das deutsche Gesellschaftsrecht kennt bis auf wenige Ausnahmen wie die Gründung von Hypothekenbanken (AG, KGaA), Kapitalanlagegesellschaften (AG, GmbH, private Versicherungen (AG, VAG), Bausparkassen (AG) oder Arztgemeinschaften (GbR) keine zwingende Norm für die verschiedenen Unternehmensrechtsformen. Das heißt:

- Der betriebliche Leistungsprozeß kann in **mehreren** Rechtsformtypen vollzogen werden.
- Diese Dispositivität hat zum Entstehen zahlreicher Mischformen geführt.

Der Betrieb kann also zwischen einer Anzahl von Alternativen **wählen**, die aber z.T. unterschiedliche Konsequenzen haben, d.h. mit einer bestimmten Wahl sind wichtige Vorentscheidungen gefallen (zur Haftung, Veröffentlichungspflicht etc.). Mit den Rechtsformen der Unternehmen muß jeder Wirtschaftswissenschaftler vertraut sein. Zwar sind viele Fakten rein rechtlicher Natur (und damit Gegenstand juristischer Untersuchungen), viele gesellschaftsrechtliche Tatbestände sind jedoch Bestandteil des wirtschaftswissenschaftlichen Studiums (vgl. Timm, 1995).

Für die **Klassifizierung** der zur Verfügung stehenden Rechtsformen finden sich in der Literatur zahlreiche Beispiele (vgl. Abb. 30, aus Steiner, 1993, S. 135) aus der Menge möglicher Darstellungen. Diese Aufstellung ist seit der Möglichkeit zu europäischen Unternehmensformen entsprechend zu erweitern. Wegen der Bedeutung für die Praxis legen wir den Schwerpunkt unserer Betrachtung auf die erwerbswirtschaftlichen und die mittelständischen Unternehmen.

Halten wir noch einmal fest:

- **Allgemeingültige** Grundsätze zur Wahl der „optimalen" Rechtsform gibt es **nicht**, auch abhängig vom Unternehmenszweck.
- Mehr als der gewählten Rechtsform (als äußerer Mantel) kann der **faktischen** Gestaltung (das innere Verhältnis) größere **wirtschaftliche** Bedeutung zukommen (dies wird sein: inwieweit wollen sich die Gründer persönlich engagieren, wie viel Kapital wird aufgebracht, wie viele Personen sind es usw.). Die Rechtsformwahl gibt zunächst nur den rechtlichen Rahmen vor, der dann konkret durch den Gesellschaftsvertrag auszugestalten ist.

197

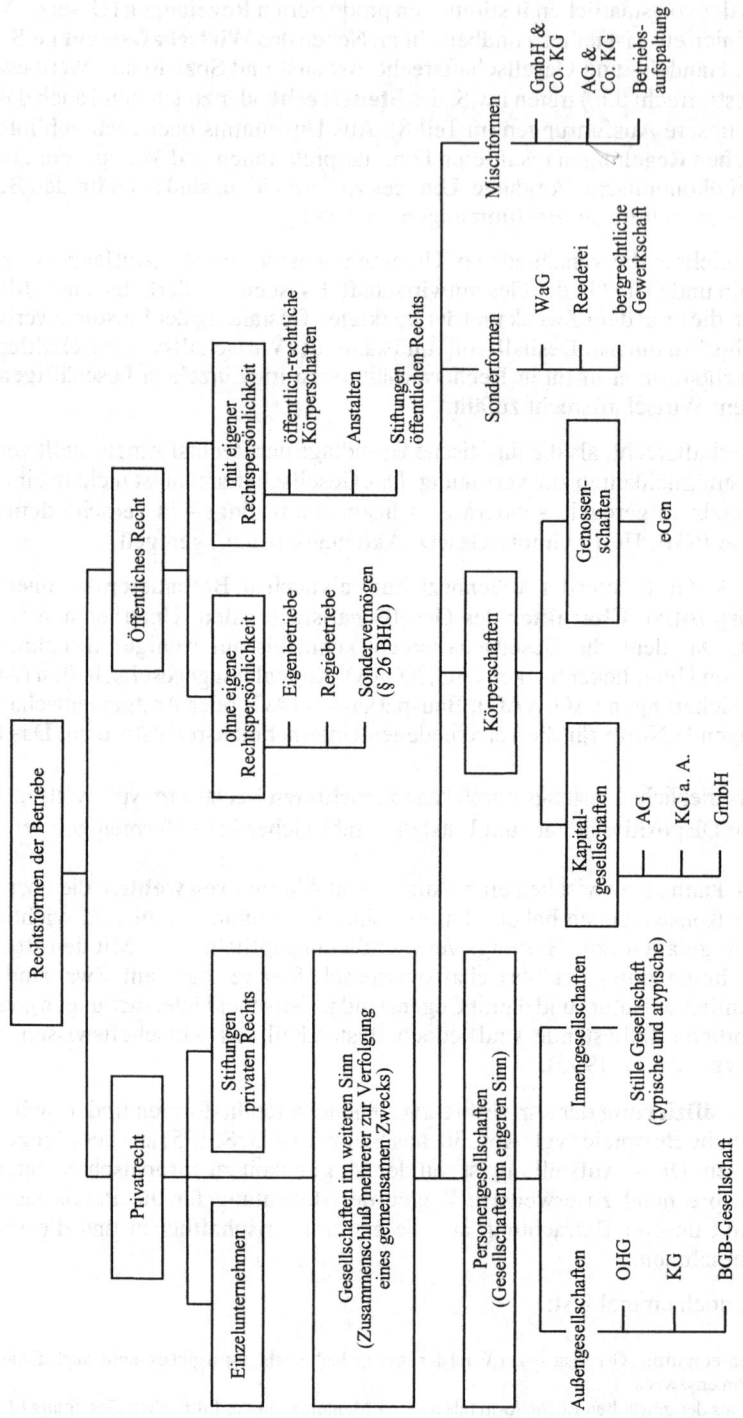

Abb. 30: Überblick über die Rechtsformen der Betriebe

I. Bestimmungsmöglichkeiten einer „optimalen" Rechtsform

Bei der Ermittlung der geeigneten Rechtsform ist zuerst die Ausgangslage (Ist-Situation) einer Unternehmung zu ermitteln. Zu diesem Ist-Zustand zählen (nach Führich, 1992, S. 334)

- der Gesellschafterkreis (Familien, Bindung, tätige Gesellschafter, Nachfolger),
- die Unternehmensgröße (unternehmerische Mitbestimmung der Arbeitnehmer, Bilanzsumme, Umsatzerlöse),
- das wirtschaftliche Umfeld (Marktstellung, Marktgöße, Marktbeurteilung) und
- die strategische Situation (Industriebetrieb, Dienstleistungsunternehmen, Substanz, Stellung des Managements in der Geschäftsführung, Expansionspläne).

Zur Bestimmung der zweckmäßigsten Rechtsform bedarf es zweier Schritte:

- Berücksichtigung **aller** entscheidungserheblichen (Vergleichs-)Tatbestände, d.h. zahlreicher quantifizierbarer und nicht quantifizierbarer Ziele
- Herausarbeitung der rechtformentscheidenden **Kriterien** und das Aufzeigen ihrer **Zusammenhänge** (zu den Rechtsformkriterien im Einzelnen siehe insbesondere Sigloch, 1989, S. 285ff.). Dabei ist auch zu berücksichtigen, daß die einzelnen Kriterien einem ständigen **Wandel** unterliegen.

Die Bestimmung der optimalen Gestaltung erfolgt in einer Art von **synthetischer Betrachtung**; da aber zahlreiche Einflußfaktoren einer quantitativen Erfassung schwer zugänglich sind, dürfte die Realisierung eines derartigen Optimums auf erhebliche Schwierigkeiten stoßen. Heinen bezeichnet die Rechtsformentscheidung deshalb als schlecht strukturiertes Problem, das nicht mit Hilfe analytischer Verfahren gelöst werden kann.

1. Schritt: Ermittlung der Zielkriterien

Die verschiedenen Rechtsformen **unterscheiden** sich in folgenden Fragen:

- Rechtsfähigkeit (nicht rechtsfähig (Personengesellschaften)/rechtsfähig (Kapitalgesellschaften)
- Namen der Gesellschaft (Personen-, Sach-, gemischte Firma / Geschäftsbezeichnung)
- Haftungsumfang (beschränkt/unbeschränkt)
- Steuerbelastung (einmalig bei Gründung bzw. Umwandlung/laufend; Gesellschaft und/oder Gesellschafter)
- Geschäftsführungs- und Vertretungsbefugnis im Innen- und Außenverhältnis (Gesellschafter/Dritte, Selbst-/Fremdorganschaft)
- Vermögensordnung (Gesamthands- (Personengesellschaften)/Bruchteilsgemeinschaft (z.B. Grundstücksgemeinschaft)/juristische Person (Kapitalgesellschaft))
- Kontrollmöglichkeiten (Gesellschafter/Aufsichtsrat)
- Kapitalbeschaffungsmöglichkeiten (Eigen-/Fremdfinanzierung)
- Gewinn- und Verlustbeteiligung
- Flexibilität der Vertragsgestaltung
- Rechnungslegung, Prüfung und Publizität
- Kosten (Gründung/laufend)
- Veräußerung von Anteilen
- Weiterbestand beim Ausscheiden eines Gesellschafters
- Nachfolgeregelungen in Familienunternehmen
- Möglichkeiten der Mitarbeiterbeteiligung
- Umwandlungsmöglichkeit bzw. Liquidation (Umwandlungsgesetz, neue Fassung vom 1.1.1995)
- etc.

Aus dem Katalog möglicher Einflußgrößen sind für den individuellen Fall spezifische Kriterien auszuwählen. Die für die Rechtsformwahl maßgeblichen Faktoren können miteinander **konkurrieren**.

2. Schritt: Bewertung der relevanten Kriterien

Unter Berücksichtigung einschränkender **Rahmenbedingungen**, wie z.B.

199

- Rechtsformzwang
- Zweck
- Branche
- Unternehmensgröße,

sind im nächsten Schritt die ausgewählten Kriterien innerhalb des autonomen Handlungsspielraums gemäß der konkreten Interessenlage abzuwägen und zu gewichten (**Nutzwertanalyse**). Die Unterschiede sind zu quantifizieren oder nach den subjektiven und individuellen Präferenzüberlegungen der Beteiligten zu gewichten. Die einzelnen Alternativen bringen nicht nur Vor- oder Nachteile, es bleibt dem subjektiven Empfinden des Einzelnen überlassen, wie eine bestimmte Regelung gewertet wird. So kann die Tatsache, daß bei einer OHG der Familienname und der Zusatz des Gesellschaftsverhältnisses erscheint,

- für den einen als vorteilhaft („Stolz"),
- für einen anderen als nachteilig („Öffentlichkeit")

empfunden werden (vgl. dazu Abb. 31, aus Schult, 1984).

wirtschafts-rechtliche Wirkung auf	Ziel-vorstellung	Ziel-rang-folge 9-1	Be-wertung schlecht = 1 x Zielrang gut = 2 x Zielrang sehr gut = 3 x Zielrang					Wirkungs-ziel-erreichungs-grad (Max = 135)
			EU	oHG	KG	GmbH	AG	
Haftung	Minimierung	9	09	09	18	27	27	90
Weisungsbefugnis	Maximierung	7	21	14	21	14	07	77
Eigenkapital	Minimierung	5	10	10	10	10	05	45
Fremdfinanzierung	Maximierung	4	04	08	04	08	12	36
Gewinnbeteiligung	Maximierung	8	24	16	24	16	16	96
Rechnungslegung	Minimierung	3	09	06	06	06	03	30
Publizität	Minimierung	2	06	06	06	04	02	24
Rechtsformaufwand	Minimierung	1	03	02	02	02	01	10
Steuerbelastung	Minimierung	6	12	18	18	12	12	72
Rechtsform-zielerreichungs-grad (Max = 135)			98	89	109	99	85	480

Abb. 31: Entscheidungsmatrix zur Rechtsformwahl

3. Schritt: Entscheidung

Mit Hilfe des Ergebnisses des Scoring-Verfahrens kann eine Entscheidung über die Wahl eines der im Rahmen der Rechtsordnung vorgegebenen Grundtyps getroffen werden.

4. Schritt: Ausgestaltung

Entscheidende Bedeutung kommt der anschließenden Ausgestaltung des disponiblen Rahmens durch eine individuelle Abfassung des **Gesellschaftsvertrages** innerhalb der Satzungsautonomie zu. Abweichend vom gesetzlichen Schema sind spezifische Zielsetzungen, wie der Schutz vor Überfremdung und Zersplitterung eines Familienunternehmens, für den konkreten Fall auszuformen. Durch diese abweichenden Regelungen im Gesellschaftsvertrag können gesetzestypische Unterschiede zwischen den einzelnen Rechtsformen weitgehend oder vollständig ausgeglichen werden; so können z.B. die Kommanditisten wie GmbH-Gesellschafter gestellt werden.

Zwischen den „Idealtypen"

- der Personengesellschaft (als Form der Mitunternehmerschaft) und
- der Kapitalgesellschaft (als Form der Kapitalanleger)

mit ihren jeweils spezifischen Vor- bzw. Nachteilen bei den Einflußgrößen (Haftung, Leitung, Kapitalbeschaffung usw.) sind **Mischformen** und **Verformungen** als „Verfälschungen" der gesetzgeberischen Absicht entstanden, so etwa:

- die Publikums-KG (= Personengesellschaft als eine Gesellschaft von Kapitalanlegern)
- die Einmanngesellschaft
- die Familienkapitalgesellschaft
- die GmbH & Co. KG (= Personengesellschaft, bei der keine natürliche Person mit privatem Vermögen haftet).

5. Schritt: Laufende Beobachtung der Auswahlprämissen

Während der Entwicklungsphasen der Unternehmen ist eine ständige Überprüfung der Zielkriterien notwendig und gegebenenfalls die Frage eines Rechtsformwechsels (Umwandlung) – als primär steuerliches Problem – zu erörtern (vgl. unsere späteren Ausführungen).

Fazit:

- Die Wahl der Rechtsform ist ein typisch betriebswirtschaftliches Problem (konstitutive/strategische Entscheidung).
- Die „richtige" Rechtsform gibt es nicht.
- Die Wahl der Rechtsform hängt von vielen einzelnen entscheidungserheblichen Tatbeständen ab.
- Der gemeinsame Gesellschaftszweck kann im Kleid unterschiedlicher Rechtsformen gleichermaßen (und gleichermaßen erfolgreich) befriedigt werden (es gibt also selten eine „spezifische" Rechtsform). Für die Entscheidung über die geeignete Unternehmensform lassen sich kaum allgemein gültige Grundsätze aufstellen.
- Auch die hier vorgestellte „Annäherungsmethode" ersetzt nicht die „wertende" Entscheidung des Unternehmers.
- Eine später notwendig werdende Umwandlung in eine andere Rechtsform (etwa zur Nachfolgeregelung bei Familienunternehmen) ist zum einen kompliziert, zum anderen z.T. mit erheblichen steuerlichen Belastungen verbunden. Das zum 1.1.1995 in Kraft getretene Umwandlungs- und Umwandlungssteuergesetz erleichtert einen solchen Schritt allerdings jetzt wesentlich (insbesondere die ertragssteuerneutrale Umwandlung von Kapital- in Personengesellschaften sowie die Betriebsaufspaltung; dazu Ossola-Haring, 1995, S. 88ff.).

Nach Schäfer kommt es weit mehr auf die **faktische** Gestaltung der Verhältnisse durch die gegebenen Personen- und Machtverhältnisse an, als auf die äußere Rechtsform; diese sagt nichts über die tatsächlichen Entscheidungen der Unternehmensleitung, Gewinnverteilung etc. aus, z.B. kann die Unternehmung von einem Gläubiger voll abhängig sein, was nicht erkennbar ist.

II. Steuerliche Aspekte der Rechtsformwahl

In vielen Fällen wird der Einfluß der **Besteuerung** für die Gründung, als laufende Belastung oder als Belastung bei einer Umwandlung, Liquidation, Vererbung, als das wichtigste (und oft das alleinige) Entscheidungszielkriterium herangezogen, obwohl in der Literatur immer wieder auf die Gefahr einer Vernachlässigung wirtschaftlicher Aspekte hingewiesen wird.

Steuerliche Detailfragen sind **nicht** Gegenstand einer „Allgemeinen Betriebswirtschaftslehre", hierzu wird auf die Spezialliteratur verwiesen; es sollen an dieser Stelle die steuerlichen **Wesensmerkmale** der einzelnen Rechtsformen in einem Überblick zusammengefaßt werden. Als **Strukturelemente** sind festzuhalten:

- bei Personengesellschaften (mit der Einheit von Gesellschaft und Mitunternehmer) die Besteuerung der beteiligten **natürlichen Personen**,
- bei Kapitalgesellschaften (mit dem Trennungsprinzip zwischen Gesellschaft und Gesellschaftern) die **juristische** Person als ein **selbständiges** Steuersubjekt.

Die Körperschaftsteuerreform hat hinsichtlich der Steuerbelastung von Personen- und Kapitalgesellschaften eine gewisse Angleichung bewirkt, sofern bei der Kapitalgesellschaft die erzielten Gewinne ausgeschüttet werden und es gelingt, die ausgeschütteten Gewinne der Gesellschaft wieder als Einlagen oder Darlehen zur Verfügung zu stellen. Trotz dieser Angleichung von KSt und ESt kann jedoch auch weiterhin von einer Rechtsformneutralität der Besteuerung **nicht** gesprochen werden. Das **Standortsicherungsgesetz** (1993) hat die überkommenen Besteuerungsunterschiede zwischen den einzelnen Rechtsformen verringert, z.T. aber auch neue Unterschiede geschaffen. Für Detailinformationen sei auf die ausführliche Spezialliteratur verwiesen (vgl. Stehle/Stehle, 1995; Blanke, 1995); hier nur ein Überblick über steuerliche **Wesensmerkmale** der Gesellschaften (der seit 1.1.1995 erhobene Solidaritätszuschlag in Höhe von 7,5% der festgesetzten Einkommen- oder Körperschaftsteuer wird auf Grund seines temporären Charakters nicht berücksichtigt):

OHG/KG: Gesellschaft selbst nicht Steuersubjekt, Gesellschafter beziehen Einkünfte aus **Gewerbebetrieb**; darauf ESt zu zahlen,
bei Gewerbe-, Umsatz- und Grunderwerbsteuer ist die Gesellschaft ein selbständiges Steuersubjekt (Gesellschafter haften jedoch für das Begleichen der Steuern); unter vermögensrechtlichen Gesichtspunkten ist die Beteiligung an einer Personengesellschaft in jeder Hinsicht als das Optimum anzusehen (Hennerkes/Binge, 1995, S. 50): vermögensrechtlich ist allein der Gesellschafter Steuersubjekt (Bemessungsgrundlage: anteilige Zurechnung am Einheitswert des Betriebsvermögens + Freibeträge; dies führt zu insgesamt ausgesprochen niedrigen Ansätzen); Gesellschafter gelten steuerlich i.d.R. als Mitunternehmer; immer noch Nachteil bei Kirchensteuer: da die Kirchensteuer steuerlich abzugsfähig ist, ergibt sich je nach Kirchensteuersatz ein zusätzlicher Nachteil (vgl. ebd., S. 45).

GbR: Gesellschaft selbst nicht Steuersubjekt, Gesellschafter zahlt ESt, keine Erhebung von Kapitalertragsteuer, einheitliche Feststellung des Betriebsvermögens, Personengesellschaft nicht vermögensteuerpflichtig.

StG: Gesellschaft nicht Steuersubjekt, Gewinnanteile der Gesellschafter: natürliche Person ESt, juristische Person KSt; Gesellschafter bezieht bei der typischen stillen Gesellschaft Einkünfte aus Kapitalvermögen.

AG/GmbH: Gesellschaft unterliegt als selbständiges Steuersubjekt der Körperschaftsteuer (= ESt der juristischen Person). Je nach Bilanzgewinnverwendung unterschiedlich hohe Belastung
Gesellschafter müssen Gewinnanteile als Einkünfte aus **Kapitalvermögen** der ESt unterwerfen.
Verluste verbleiben prinzipiell im Gesellschaftsbereich, d.h. sie können nicht mit anderen positiven Einkünften des Gesellschafters verrechnet werden.
Die die Kapitalerträge auszahlende Stelle hat die Kapitalertragsteuer für den Steuerschuldner einzubehalten (gilt als Vorauszahlung für die ESt).
Gesellschaften als juristische Personen sind selbständige Steuersubjekte bei der Vermögensteuer (hinsichtlich ihres Vermögens); hier strukturell also ein „Doppelbelastungseffekt", da die einzelnen Beteiligungen bei den einzelnen Anteilseignern ebenfalls zur VSt veranlagt werden (unter diesem Aspekt bietet eine Betriebsaufspaltung u.U. Vorteile).

GmbH& Co. KG:	Wie OHG und KG. Keine ESt-Pflicht der Gesellschaft selbst. Einkünfte der (natürlichen) Kommanditisten: ESt, keine Kapitalertragsteuer. Einkünfte der GmbH-Komplementärin: KSt, Kapitalertragsteuer. Grenzen der zulässigen Gewinnverteilung: verdeckte Gewinnausschüttung, wenn unangemessene Gewinnquote als Abgeltung für Geschäftsführung und Haftung. Zur Vermögensteuer siehe Bemerkungen zur Personengesellschaft.
Generell:	Jeder inländische Gewerbebetrieb unterliegt der Gewerbesteuer.

III. Rechtsformen und Publizitätsvorschriften

Durch das **Bilanzrichtliniengesetz** (BiRiLiG) ist in das Handelsgesetzbuch (HGB) ein Drittes Buch („Handelsbücher") eingefügt worden. Ein Kernpunkt der 4. und 7. EG-Richtlinie ist die Publizitätspflicht für sämtliche Unternehmen, die durch ihre Rechtsform eine Haftungsbeschränkung in Anspruch nehmen (AG, GmbH, KGaA). Neben Kapitalgesellschaften werden auch Einzelkaufleute und Personenhandelsgesellschaften, soweit sie schon dem **Publizitätsgesetz** unterliegen, erfaßt; der deutsche Gesetzgeber war der Meinung, daß die Unternehmen der Rechtsform einer GmbH & Co. KG von der 4. und 7. EG-Richtlinie nicht betroffen sind; siehe dazu unsere Ausführungen zur GmbH & Co. KG.

- Insbesondere sind erstmals zahlreiche mittelständische Unternehmen (GmbHs) zum Einreichen ihrer Rechnungslegung beim Handelsregister und zur Veröffentlichung eines entsprechenden Hinweises im Bundesanzeiger aufgefordert (aber nicht prüfungspflichtig), wenn sie mindestens zwei der unten aufgeführten Kriterien erfüllen.
- Prüfungspflichtig werden aber die großen GmbHs, die praktisch der AG gleichgestellt werden, wenn sie zwei der unten aufgeführten Kriterien erfüllen.
- Gewisse Besserstellung für kleine Kapitalgesellschaften gemäß der Mittelstands-Richtlinie von 1994 (siehe unsere Ausführungen unter 4 (3)). So sind sie etwa von der Erstellung eines Lageberichts befreit.
- Der Umfang der Veröffentlichungspflicht hängt von der Unternehmensgröße ab (§ 267 HGB). Es werden kleine, mittlere und große Kapitalgesellschaften unterschieden. Mittelgroße Kapitalgesellschaften brauchen Bilanz und Anhang nur in verkürzter Form einzureichen (§ 327 HGB). Die kleinen Kapitalgesellschaften brauchen nur Bilanz und Anhang innerhalb einer Frist von zwölf Monaten einzureichen, eine Gewinn- und Verlustrechnung braucht nicht vorgelegt zu werden (§ 326 HGB), und sind von der Abschlußprüfung befreit. Gleichzeitig wurden mit der Einbeziehungsrichtlinie (1990) für GmbH & Co. KG (siehe unsere Ausführungen unter Punkt 5a) einige Erleichterungen für mittelständische Kapitalgesellschaften aufgenommen. So wurden etwa die Kriterien der jeweiligen Größenklassen drastisch erhöht. Die Unterscheidungskriterien beziehen sich auf Bilanzsumme, Umsatz und Anzahl der Arbeitnehmer. Zugeordnet wird man einer bestimmten Klasse, wenn die jeweilige Kapitalgesellschaft an zwei aufeinanderfolgenden Abschlußstichtagen mindestens zwei der drei genannten Grenzwerte überschreitet (bzw. nicht überschreitet):

- Kleine Kapitalgesellschaften:
  - max. 6,72 (bisher 5,3) Mio. DM Bilanzsumme
  - max. 13,44 (bisher 10,62) Mio. DM Umsatzerlöse
  - max. 50 Arbeitnehmer im Jahresdurchschnitt
- Mittlere Kapitalgesellschaften:
  - max. 26,89 (bisher 21,24) Mio. DM Bilanzsumme
  - max. 53,78 (bisher 42,48) Mio. DM Umsatzerlöse
  - max. 250 Arbeitnehmer im Jahresdurchschnitt
- Große Kapitalgesellschaften:
  - über 26,89 Mio. DM Bilanzsumme
  - über 53,78 Mio. DM Umsatzerlöse
  - über 250 Arbeitnehmer im Jahresdurchschnitt

Ein Urteil des Europäischen Gerichtshofs hatte 1999 festgestellt, daß die deutsche Rechtslage nicht den Vorgaben der EU entspricht. Bisher veröffentlichen nur etwa 10 % der Unternehmen ihre Zahlen, obwohl seit 1986 die Publizitätspflicht besteht. Wie viel veröffentlicht werden muß, hängt von der Einordnung in klein, mittel oder groß ab. Zwangsgelder bis zu 50.000 DM und eine Registersperre werden ab 2000 dafür sorgen, daß die GmbHs, GmbH & Co. KGs und AG & Co. KGs ihre Jahresabschlüsse veröffentlichen. Mit der Veröffentlichung im Bundesgesetzblatt ist Mitte März 2000 das „Kapitalgesellschaften- und Co.-Richtlinie-Gesetz" in Kraft getreten; damit unterliegen auch die GmbH & Co. KGs (an denen keine natürliche Person als voll haftender Gesellschafter beteiligt ist) hinsichtlich ihres Jahresabschlusses den strengen Bestimmungen für Kapitalgesellschaften.

Für **Großunternehmen** gelten wegen ihrer volkswirtschaftlichen Bedeutung unabhängig von der Rechtsform bezüglich ihrer Rechnungslegung die Vorschriften des Publizitätsgesetzes (vgl. Coenenberg, 1994, S. 229). § 1 PublG gilt für alle Unternehmen, die an drei aufeinanderfolgenden Abschlußstichtagen jeweils mindestens zwei der drei Kriterien erfüllen:

- Die Bilanzsumme einer auf den Abschlußstichtag aufgestellten Jahresbilanz übersteigt 125 Mio. DM.
- Die Umsatzerlöse des Unternehmens in den zwölf Monaten vor dem Abschlußstichtag übersteigen 250 Mio. DM.
- Das Unternehmen hat in den zwölf Monaten vor dem Abschlußstichtag durchschnittlich mehr als 5.000 Arbeitnehmer beschäftigt.
- Für diese Unternehmen finden, unabhängig von ihrer Rechtsform, die §§ 265-278 HGB Anwendung, d.h. der Jahresabschluß ist (bezüglich Gliederung und erweiterten Ausweisvorschriften) wie für eine große Kapitalgesellschaft zu erstellen (§ 5 PublG).

IV. Zahlenangaben zu den Rechtsformen

1. Arbeitsstättenzählung

Die Arbeitsstättenzählung vom 25.5.1987 erbrachte in ihrer Auswertung folgendes Bild:

- Die Zahl der Unternehmen ist im Vergleich zu 1970 auf 2,1 Mio. gestiegen.
- Die Hälfte der Beschäftigten arbeitet in Unternehmen des produzierenden Gewerbes (1970 noch 62%), 42% im Dienstleistungsbereich (1970 20%) und 32% (26%) in Handel und Verkehr.
- Bei den Beschäftigtengrößenklassen zeigt sich eine auffällige Zunahme der kleinen und mittleren Unternehmen.
- Bei der Wahl der Rechtsform ist ein steiler Anstieg der GmbH festzustellen:

5,7 Mio. Beschäftigte	220.000 GmbH
3,2 Mio. Beschäftigte	2.780 AG/KGaA
4,5 Mio. Beschäftigte	102.000 OHG/KG/GmbH & Co. KG
6,9 Mio. Beschäftigte	1,76 Mio. Einzelunternehmen, BGB-Gesellschaft, Sozietät u.ä.
1,6 Mio. Beschäftigte	14.000 übrige Rechtsformen

Drei **Erkenntnisse** gilt es herauszustellen:

- Die deutsche Wirtschaft wird von kleinen und mittleren Unternehmen geprägt.
- Es ist eine Tendenz zur zunehmenden Betriebsgröße (**Konzentration**) feststellbar.
- Es sind zwar Jahr für Jahr neue Insolvenzrekorde zu registrieren, jedoch übertreffen die Firmenneugründungen die Konkurse bei weitem.

2. Die Bedeutung des Mittelstandes

Zwei Drittel aller Beschäftigten arbeiten in **Europa** in kleinen und mittleren Betrieben und erwirtschaften über 70 Prozent der Umsätze in der Europäischen Union.

Der Begriff „kleine und mittlere Unternehmen" (**KMU**) hat sich in der BWL zur Bezeichnung bestimmter Firmen mit bestimmten Beschäftigten und/oder Umsatzzahlen durchgesetzt: Ein KMU ist gemäß dem Bundesamt für Statistik ein Betrieb mit weniger als **500 Beschäftigten** (vgl. Sieber, 1998, S. 58). Es finden sich in der Literatur zahlreiche Versuche einer zusätzlichen Klassifizierung – ein OECD-Report (1996) enthält die unterschiedlichen Definitionen in den G7-Staaten.

Die **EU-Kommission** schuf 1996 in einer Empfehlung eine einheitliche Definition von KMU:
- **Kleine** Unternehmen: höchstens 50 Beschäftigte, weniger als 7 Mio. ECU Jahresumsatz, unter 5 Mio. ECU Bilanzsumme
- **Mittlere** Unternehmen: 50 bis 500 Beschäftigte, weniger als 40 Mio. ECU Jahresumsatz, unter 27 Mio. ECU Bilanzsumme

Deutschland hat eine „gesunde Mischung" von eigentümer- und managergeführten Unternehmen, von kleinen und großen Unternehmen und den unterschiedlichen Rechtsformen. Als **„Rückgrat"** der deutschen Wirtschaft wird oft der Mittelstand bezeichnet. In Deutschland gab es 1996 rund 3,2 Mio. Unternehmen mit weniger als 500 Beschäftigten und einen Jahresumsatz bis 100 Mio. DM. Der **Mittelstand** (Necker, 1999):

- stellt 99,8% aller umsatzsteuerpflichtigen Unternehmen
- stellt 46,9 % aller steuerpflichten Umsätze
- erbringt rd. 40 % der Sachanlageinvestitionen
- erarbeitet rd. 50% des BSP
- stellt 68% aller Arbeitnehmer
- bildet rund 80 Prozent aller Auszubildenden aus.

Als Besonderheit in Deutschland gilt, daß es nicht nur wie in anderen Ländern zahlreiche kleine und mittlere Firmen im Handwerk oder im Handel gibt, sondern auch in der **Industrie**:

- In der Industrie gehören 97,9 % der Unternehmen zum Mittelstand.
- Sie stellen 41,6 % aller industriellen Arbeitsplätze.
- Der industrielle Mittelstand erbringt 36,1 % des gesamten Industrieumsatzes.
- Sein Beschäftigungsanteil beträgt 42 %.
- Der Anteil der eigentümergeführten und konzernunabhängigen Industrieunternehmen an der gesamten Industrie beläuft sich auf rund 73 %.

Die **Internationalisierung** der Unternehmensaktivitäten ist nicht allein ein Domäne der großen Konzerne: Nach Schätzungen sind insgesamt nahezu eine halbe Million deutscher Unternehmen aller Größenordnungen auf **Auslandsmärkten** aktiv, davon gelten ungefähr 80% (also ca. 400.000) als mittelständisch (Bamberger/Evers, 1995, S. 1).

Die gängige Rechtsform im Mittelstand ist das **Einzelunternehmen**, nur 1 % der mittelständischen Unternehmen wird als AG geführt (hier Aufwärtstrend durch das Börsensegment Neuer Markt). Der im Punkt A angesprochene Gründerboom zeigt Wirkung: Mehr als ein Drittel aller mittelständischen Unternehmen ist erst zehn Jahre am Markt, die Hälfte davon sogar erst seit fünf Jahren. Sehr junge und über sehr lange Zeit gewachsene (mehr als ein Drittel der Unternehmen ist seit mindestens zwei Generationen im Familienbesitz) Unternehmen prägen derzeit den Mittelstand gleich stark. Im Dienstleistungssektor dominieren tendenziell jüngere Unternehmen. Im Mittelstand fallen i.d.R. Eigentum und alleinige Entscheidungsbefugnis zusammen.

Mittelständische Unternehmen im Sinne von kleinen und mittleren Unternehmen lassen sich anhand einiger **charakteristischer Merkmale** beschreiben (Bamberger/Evers, 1995, S. 5):

- Es ist typischerweise ein Familienbetrieb.
- Der Unternehmer/die Unternehmerin hat eine zentrale Machtposition inne.
- Sie weisen Besonderheiten in Bezug auf ihre Ziele auf, sie sind z. B. nicht notwendigerweise wachstumsorientiert, während die Aufrechterhaltung der Unabhängigkeit eine große Bedeutung hat.
- Die Ressourcen sind – quasi per Definition – begrenzt.
- Selbstfinanzierungskapazitäten spielen eine wichtige Rolle.
- Der Verwaltungsapparat ist limitiert.

- Die Stärken sind die Flexibilität, die einfache, informelle Beziehungen fördernde Struktur, die intensiven und oft persönlichen Kontakte zu den Kunden, aber auch die „humane Größe", welche einen inneren Zusammenhalt und ein persönliches Engagement begünstigt.
- Das strategische Verhalten ist speziell durch eine (nach mehreren Dimensionen mögliche) Spezialisierung gekennzeichnet.
- Ebenso besitzt Zulieferung eine vergleichsweise große Bedeutung.
- Produkt/Markt-Strategien können mit Kostenvorteils- und/oder Differenzierungsstrategien gekoppelt sein.
- International tätige Mittelständler sind typischerweise spezialisierte Unternehmen mit einem spezifischen Wettbewerbsvorteil.

In den kommenden zehn Jahren steht nach übereinstimmenden Angaben in 700.000 meist mittelständischen Firmen (davon 200.000 Handwerksbetriebe) die Lösung des **Nachfolge-problems** an. Verschiedene **Modelle** zum Eigentümergestaltung/-wechsel in diesen Familiengesellschaften bieten sich an:

- Übergabe an die nächste Generation
- Verkauf
- Hereinnahme privater Investoren
- Mitarbeiterbeteiligung
- Management-Buy-out
- Börsengang („Going Public")
- Andere (Stillegung usw.)

Familienunternehmen sind zwar die **älteste** strukturierte Betriebsform (sie erzeugen in der westlichen Welt 45 bis 70 % des Bruttosozialprodukts), aber nicht zwingend ein Erfolgsmodell: Die meisten scheitern in der zweiten oder dritten Generation, im Durchschnitt schaffen es weniger als 20 % der Familienbetriebe bis zur zweiten Generation und nur weniger als 7 % bis zur dritten Generation (dazu Schwass, 1999, S. K3), die wichtigsten **Gründe** für diesen erschreckend kurzen Lebenszyklus sind:

- Die Unternehmenskultur ist zu isoliert und zu ichbezogen.
- Es fehlt das Verständnis des systemischen Konfliktpotentials, das aus der Vielzahl von Rollen resultiert.
- Die Anforderungen, die sich auf Familien- und Unternehmensebene durch den Generationswechsel stellen, werden nicht strategisch geplant.

V. Die Rechtsformen des Privatrechts

Unsere Darstellung der Rechtsformen des Privatrechts folgt nachstehender Systematik:

1. Einzelunternehmung

2. Stiftung privaten Rechts

3. Gesellschaften

- Personengesellschaften
  - Außengesellschaften (BGB-Gesellschaft; OHG, KG, PG)
  - Innengesellschaften (Stille Gesellschaft, Partiarische Darlehen, Unterbeteiligung)
- Körperschaften
  - Kapitalgesellschaften (GmbH, AG, KGaA)
  - Genossenschaften (eGen)
- Mischformen (GmbH & Co. KG, Betriebsaufspaltung)

4. Europäische Formen

Zu den einzelnen Rechtsformen soll schlagwortartig nur das Wesentliche aufgezeichnet werden (für nähere Informationen sei auf die juristische Spezialliteratur zum Gesellschaftsrecht verwiesen). Alle Vereinigungsarten lassen sich auf zwei Grundtypen zurückführen, die beide im BGB geregelt sind (nach Eisenhardt, 1994, S. 8f.):

- die **Gesellschaft bürgerlichen Rechts** (§§ 705ff. BGB) für die Personengesellschaften und

- der **eingetragene Verein** (§§ 21ff. und 55ff. BGB) für die AG und GmbH

1. Die Einzelunternehmung

- **Rechtsgrundlage:**
  – allgemeine Bestimmungen des HGB (§§ 1 - 104), BGB

- **Wesen:**
  – Der Inhaber einer Einzelunternehmung ist Eigentümer (= Unternehmer).
  – § 1 HGB: Kaufmann ist, wer ein Handelsgewerbe (= Selbständige, auf Gewinn ausgerichtete Tätigkeit) betreibt; ausgenommen sind Freiberufler wie Ärzte, Steuerberater, Rechtsanwälte; aus Minder- wird Vollkaufmann, wenn der Gewerbebetrieb planmäßig und auf Dauer kaufmännische Einrichtungen erfordert (dazu Spangemacher, 1994, S. 19ff.).
  – Damit die geeignete Rechtsform, um Ideen in alleiniger Entscheidungsfreiheit und Verantwortung realisieren zu wollen.

- **Firmenname:**
  – i.d.R. Vor- und Zuname des Inhabers

- **Rechtsfähigkeit:**
  – nicht rechtsfähig, Formfreiheit

- **Mindestkapital:**
  – nicht vorgeschrieben
  – Kapitaleinlage des Inhabers in beliebiger Höhe; Veränderung durch Entnahme/Einzahlungen/Gewinne/Verluste

- **Registereintrag:**
  – kein Eintrag

- **Geschäftsführung/Vertretung:**
  – beides allein durch Eigentümer der Unternehmung
  – kann teilweise delegiert werden (Prokura/Handlungsvollmacht)

- **Haftung:**
  – Inhaber ist persönlich (direkt) für alle Schulden der Unternehmung unbegrenzt haftbar
  – ist Vollhafter mit gesamtem Geschäfts- und Privatvermögen

- **Gewinn/Verlust, Entnahmen:**
  – Verlust trägt er allein
  – Gewinn steht Inhaber allein zu

- **Prüfungspflicht/Publizität:**
  - keine

- **Auflösungsgründe:**
  - Tod/Konkurs des Inhabers
  - Umwandlung in eine Personengesellschaft nur durch Einzelrechtsnachfolge, in eine Kapitalgesellschaft: zusätzlich die Gesamtrechtsnachfolge möglich.

- **Bedeutung/Vorkommen:**
  - zwar in allen Wirtschaftsbereichen vorkommend, jedoch vorherrschend in der Landwirtschaft, im Einzelhandel und im Handwerk
  - zurzeit sind ca. 90% aller Unternehmen Einzelunternehmen
  - Anteil der hier beschäftigten Arbeitnehmer: ca. 40%
  - Rechtsform für kleinere bis mittlere Unternehmensgrößen

- **Vorteile:**
  - keine besonderen Formalitäten, kein Mindestkapital bei Gründung
  - schnelle Entscheidungsmöglichkeit, keine langwierigen Abstimmungsprozesse notwendig
  - keine Innenbeziehung mehrerer Gesellschafter zueinander zu regeln
  - damit Eindeutigkeit und Klarheit in der Unternehmensführung/-leitung
  - flexible Identifikationsmöglichkeit, hohes Engagement, erwirtschafteter Gewinn als Leistungsanreiz (fließt dem Einzelunternehmer allein zu)

- **Nachteile:**
  - alleinige Unternehmensführung abhängig von der jeweiligen Qualifikation des Inhabers
  - Spezialistenwissen wird oft zu wenig herangezogen
  - sehr großes Risiko (da Privatvermögen mithaftet)
  - begrenzte Kapitalkraft (Gewinne oft nicht ausreichend zur Expansion)
  - beschränkte Kreditbasis
  - Problem der Nachfolgerschaft/Weiterführung
  - Leistungsvergütungen (wie Unternehmerlohn) sind nicht als Betriebsausgaben abzugsfähig, sie stellen Vorabgewinn dar. Kapitalerweiterung weitgehend auf Selbstfinanzierung (Gewinnthesaurierung) beschränkt; allerdings Aufnahme eines stillen Gesellschafters möglich.

2. Stiftung privaten Rechts

- **Rechtsgrundlage:**
  - BGB

- **Wesen:**
  - vom Stifter mit Vermögen ausgestattet
  - auf Dauer einem vom Stifter festgesetzten Zweck gewidmet, häufig mit gemeinnützigem Zweck
  - volle Entscheidungsfreiheit des Stifters bei der Abfassung der Stiftungsverfassung oder -satzung; keine späteren Änderungen möglich
  - weder natürliche noch juristische Personen besitzen Eigentums- oder Gesellschaftsrechte

- **Rechtsform:**
  - juristische Person (Träger der Rechtspersönlichkeit ist die Organisation selbst), keine Gesellschaft, da Merkmal des Personenzusammenschlusses fehlt; Rechtsfähigkeit durch staatliche Genehmigung

- **Organe:**
  - nur Vorstand vorgeschrieben
  - zusätzlich eine Geschäftsleitung und ein Kuratorium (als unabhängige Schiedsstelle) möglich

- **Publizität:**
  - keinerlei Verpflichtung (abgesehen von Unternehmen nach PublG)

- **Vorteile:**
  - sichert Unternehmenskontinuität und Kapitalerhaltung (Vermeidung der Erbzersplitterung oder Ausschaltung ungeeigneter Familienmitglieder)
  - Vermögen wird weder unmittelbar noch mittelbar über Beteiligungsrechte vererbt (d.h. keine Erbschaftsteuer)

- **Nachteile:**
  - bei „reinen Familienstiftungen" seit 1974 Erbersatzsteuer alle 30 Jahre (nach den Prozentsätzen der Steuerklasse I für die Hälfte des steuerpflichtigen Vermögens)
  - begrenzte Kapitalbeschaffungsmöglichkeit (z.B. keine Beteiligungsfinanzierung möglich)
  - organisatorische Probleme (Flexibilität)

- **Verbreitung:**
  - zunehmende Verbreitung von Stiftungen in der Praxis (Beispiele: Volkswagen-, Robert-Bosch-, Bayerische Landes-, Alfried Krupp von Bohlen und Halbach-, Oberfranken-, Wilhelm-Sander-, Hertie-, Bertelsmann-, Max-Grundig-, Voko-, Peter-Klöckner-, Karl-Zeiss-, Hans-Soldau-Stiftung). Seit 1990 gibt es in Deutschland geradezu eine Stiftungswelle. Jährlich werden rund 250 Stiftungen gegründet, fast doppelt so viele wie Anfang der 80er Jahre. Fast ein Drittel aller deutschen Stiftungen ist jünger als zehn Jahre (dazu Krause, 1999, S. 14)
  - BRD:
    a) ca. 9.000 Stiftungen des privaten Rechts (darunter noch knapp 500 eher privatnützige Familienstiftungen)
    b) 436 Stiftungen des öffentlichen Rechts

3. Personengesellschaften

a) Besonderheiten

- **Kodifizierung:**
  - jeweils besonders kodifiziertes Recht für verschiedene Personengesellschaften
  - dazu treten die Bestimmungen der §§ 705 - 740 BGB als Basis

- **Idealtypische Form:**
  - Unternehmensleitung und Kapitaleigentum in Personalunion vereint
  - uneingeschränkte Leitungsbefugnis

- Personengesellschaften **unterscheiden** sich von Kapitalgesellschaften vor allem durch:
  - die unbegrenzte Haftung der Gesellschafter
  - die Organisation der Führungs- und Aufsichtsgremien (während bei Kapitalgesellschaften häufig Dritte Geschäftsführer werden, kann bei Personengesellschaften die Vertretungsmacht nicht unter Ausschluß der persönlich haftenden Gesellschafter auf Dritte übertragen werden; Gesellschafter haben viel größeren Einfluß auf die Gesellschaftsführung)
  - die stärkere Intensität des persönlichen Kontakts der Gesellschafter untereinander
  - die geringere Anzahl der Gesellschafter
  - die vermögensrechtliche Stellung (bei Personengesellschaften gehört das Vermögen weiterhin den Gesellschaftern, wenn auch nur „zur gesamten Hand", d.h. kein Gesellschafter kann über einzelne Vermögensstücke allein verfügen; Kapitalgesellschaften sind juristische Personen; damit gehört das Gesellschaftsvermögen ausschließlich der Kapitalgesellschaft)

- Viele Kriterien können dispositiv (gesellschafts-)**vertraglich** gestaltet werden z.B.:
  - nur bestimmte Gesellschafter übernehmen Geschäftsführung (also nicht alle Gesellschafter sind zur Führung der Geschäfte berechtigt und verpflichtet)
  - es gelten Mehrheitsentscheidungen (statt Prinzip der Einstimmigkeit)
  - Ausschluß der Auflösung bei Tod oder Kündigung eines Gesellschafters

- **Echte Nachteile:**
  - Frage des geeigneten **Führungsnachfolgers** (qualifizierte Fremdmanager mit Prokura oder Generalvollmacht sind für Personengesellschaften i.d.R. nur schwer zu finden, denn sie werden einer Geschäftsführerstellung in einer Kapitalgesellschaft den Vorzug geben); zur Planung und frühzeitigen Regelung der Nachfolge in **Familienunternehmen** siehe insbesondere Ossola-Haring (1995); von den etwa zwei Millionen mittelständischen Unternehmen in Deutschland werden in den nächsten Jahren ca. 700.000 übergeben
  - bietet wenig Auswahl für **Zukunftspläne**: der (notwendige) persönliche Arbeitseinsatz und die persönliche Bindung sind oft nur in der Gründergeneration anzutreffen

b) Außengesellschaften

(1) Gesellschaft bürgerlichen Rechts (GbR)

- **Rechtsgrundlage:**
  - BGB §§ 705 - 740
- **Wesen:**
  - Grundform des Gesellschaftsrechts
  - die Gesellschaft des bürgerlichen Rechts ist die allgemeinste Form gemeinsamer (dauernder oder vorübergehender) beliebiger Zweckverfolgung in vertraglich bestimmter Weise
  - keine Gründung durch Vollkaufleute möglich
  - starke persönliche Bindungen

- **Rechtsform:**
  - nicht rechtsfähig (d.h. alle Gesellschafter müssen gemeinschaftlich für die GbR handeln), Formfreiheit, mindestens zwei Gründer (natürliche und/oder juristische Personen)

- **Mindestkapital:**
  - nicht vorgeschrieben
  - Beiträge der Gesellschafter können sein: Gewährung von Kapital, Bereitstellung eines Grundstücks oder Leistung von Diensten; das Gesellschaftsvermögen ist gemeinschaftliches Vermögen der Gesellschafter zur gesamten Hand

- **Registereintrag:**
  - kein Eintrag

- **Geschäftsführung/Vertretung:**
  - i.d.R. gemeinschaftliche Geschäftsführung und Vertretung aller Geschäftsführer, Abweichung durch Gesellschaftsvertrag möglich (mehrheitliche Zustimmung statt Einstimmigkeitserfordernis; Ausschluß bestimmter Gesellschafter); Vertretung auch durch andere Personen möglich (Vollmacht)

- **Haftung:**
  - unbeschränkte gesamtschuldnerische Haftung der Gesellschafter mit Gesellschafts- und Privatvermögen; Beschränkung der Haftung auf das Gesellschaftsvermögen (Sondervermögen) möglich: GbRmbH

- **Gewinn/Verlust, Entnahmen:**
  - gleiche Anteile ohne Rücksicht auf Art und Größe der Gesellschafterbeiträge (andere Regelungen im Gesellschaftsvertrag möglich)
  - i.d.R. nicht vor Auflösung der Gesellschaft, ansonsten am Ende des Geschäftsjahres

- **Stimmrecht:**
  - nach Köpfen, im Zweifel Einstimmigkeit

- **Prüfung/Publizität:**
  - keine Verpflichtung

- **Auflösung:**
  - u.U. Kündigung eines Gesellschafters
  - Auflösungsbeschluß durch Gesellschafter
  - Zweckerreichung (oft nur für bestimmte Zeitdauer gegründet), „Gelegenheitsgesellschaft"
  - Tod eines Gesellschafters (i.d.R. gesellschaftsvertragliche Nachfolgeregelung)
  - Konkurseröffnung über Vermögen eines Gesellschafters

- **Bedeutung:**
  - weit größer als gemeinhin angenommen wird; zunehmende Bedeutung bei Gelegenheitsgesellschaften
  - Grundform aller Personengesellschaften
  - Arbeitsgemeinschaften (Bau etc.), Bauherrengemeinschaften, Konsortien (Banken, Großanlagenbau), Grundstücksverwaltungsgesellschaften
  - Mitfahr-/Spielgemeinschaften
  - vorübergehender Zusammenschluß von Versicherungen für größere Risikoabdeckung, Bankenkonsortien zur Wertpapieremission
  - gemeinsamer Einkauf
  - gemeinsame Berufsausübung (Freiberufler-Sozietäten: von Ärzten, Steuerberatern/Wirtschaftsprüfern, Architekten, Rechtsanwälten)

- Kartelle

- **Vorteile:**
  - größere Geschäfte können durchgeführt werden (Kapazität, Kapital, Personal etc.)
  - Risikohaftung wird verteilt
  - einfache Organisationsform/Gründungsformalitäten
  - sogar mündliche Vereinbarung möglich

- **Nachteile:**
  - Haftung der einzelnen BGB-Gesellschafter mit ihrem gesamten Vermögen

(2) Offene Handelsgesellschaft (OHG)

- **Rechtsgrundlage:**
  - HGB §§ 105 - 160, BGB §§ 705 - 740

- **Wesen:**
  - Zweck ist auf den Betrieb eines Handelsgewerbes unter gemeinsamer Firma gerichtet
  - im Vordergrund steht die persönliche Mitarbeit der Gesellschafter, die i.d.R. alle in der Gesellschaft tätig sind
  - Gesellschafter bilden Vermögensgemeinschaft, Tätigkeitsgesellschaft, Risikogemeinschaft und Haftungsgemeinschaft
  - Spezialform der Gesellschaft bürgerlichen Rechts (GbR) für den Vollkaufmann

- **Rechtsfähigkeit:**
  - keine Rechtsfähigkeit, Formfreiheit
  - mindestens zwei Gründer (Gesellschafterstellung an Person gebunden, unübertragbar)
  - zwar keine juristische Person, in wesentlichen Punkten dieser aber durch den Gesetzgeber angenähert

- **Firmenname:**
  - Familiennamen aller oder mehrerer Gesellschafter, mindestens der Familienname eines Gesellschafters mit einem Zusatz, der das Gesellschaftsverhältnis andeutet (Personenfirma)
  - Beispiel: Moller & Kunze, Moller OHG, Kunze & Co

- **Registereintrag:**
  - Eintrag in das Handelsregister, alle Gesellschafter namentlich verzeichnet

- **Mindestkapital:**
  - Gründungskapital gesetzlich nicht vorgeschrieben, Einlagen werden zwischen den Gesellschaftern vereinbart, beliebige Höhe, Veränderung durch Entnahmen/Einzahlungen/Gewinne/Verluste

- **Geschäftsführung/Vertretung:**
  - Im Innenverhältnis:
    - für gewöhnliche Geschäfte: jeder Gesellschafter hat Einzelgeschäftsführungsbefugnis (im Gegensatz zur GbR mit Gesamtgeschäftsführung); Widerspruchsrecht für geschäftsführungsbefugte Gesellschafter

- für außergewöhnliche Geschäfte: Gesamtbeschluß aller Gesellschafter
- Erweiterung bzw. Beschränkung durch Gesellschaftervertrag möglich; Kontrollrechte nach § 118 HGB für von der Geschäftsführung ausgeschlossene Gesellschafter

– Im Außenverhältnis:
  - grundsätzlich für alle Gesellschafter Einzelvertretungsbefugnis (§ 125 HGB)
  - Gesamtvertretungsbefugnis möglich, muß im Handelsregister eingetragen werden
  - klare Regelungen und Abgrenzungen im Gesellschaftsvertrag (§ 109 HGB) notwendig

- **Haftung:**
  – Haftpflicht unbeschränkt (= gesamtes Privatvermögen), gesamtschuldnerisch (solidarisch), unmittelbar; Haftungsbeschränkung ähnlich einer GbR mbH nicht möglich
  – nach Ausscheiden als Gesellschafter noch fünf Jahre Haftung für Verbindlichkeiten, die zu diesem Zeitpunkt bestehen (§ 159 Abs. 1 HGB)

- **Gewinn/Verlust, Entnahmen:**
  – Gesetzliche Regelung: 4% Verzinsung des Kapitalanteils, verbleibender Gewinnrest nach Zahl der Gesellschafter („nach Köpfen"), sofern im Gesellschaftsvertrag nichts anderes vereinbart
  – (gesetzliche) Entnahmen bis zu 4% seiner bestehenden Kapitaleinlage zur Bestreitung seines Lebensunterhaltes

- **Prüfung/Publizität:**
  – keine
  – Ausnahme bei Großunternehmen nach dem Publizitätsgesetz, wenn zwei der folgenden Kriterien mindestens vorliegen:
    - Bilanzsumme mehr als 125 Mio. DM
    - Jahresumsatz mehr als 250 Mio. DM
    - durchschnittliche Arbeitnehmerzahl mehr als 5.000

- **Auflösung:**
  – Übereinstimmender Beschluß der Gesellschafter
  – Konkurseröffnung über das Vermögen der Gesellschaft oder eines Gesellschafters
  – Zeitablauf, vorbehaltlich anderer Vertragsregelungen
  – Tod eines Gesellschafters bzw. Kündigung
  – Nichtauflösung bei Gestaltungsmöglichkeit im Gesellschaftsvertrag:
    - einfache Fortsetzungsklausel
    - Eintrittsklausel
    - Nachfolgeklausel bzw. qualifizierte Nachfolgeklausel

- **Bedeutung:**
  – häufig im Handel, tendenziell nimmt Bedeutung ab

- **Vorteile:**
  – relativ freie Vertragsgestaltung
  – Möglichkeit der gegenseitigen fachlichen Ergänzung

– großer Leistungsanreiz, da Eigentümer und Geschäftsführungsberechtigte dieselben Personen sind
– relativ kreditwürdig (wegen der persönlichen Haftung der Gesellschafter)

- **Nachteile:**
  – setzt wegen Einzelvertretung und Geschäftsführungsbefugnis größeres Vertrauen bzw. Verbundenheit der Gesellschafter untereinander voraus, Abhängigkeiten voneinander
  – persönliche Streitigkeiten können Bestand der OHG gefährden
  – kein wesentlich größerer Finanzspielraum als bei der Einzelunternehmung (Thesaurierung erzielter Gewinne, zusätzlich: Erhöhung der Kapitaleinlage der Gesellschafter, Aufnahme neuer Gesellschafter)
  – alle Gesellschafter haften voll (ggf. auch mit Privatvermögen)
  – Wettbewerbsverbot für Gesellschafter
  – Tätigkeits- bzw. Sondervergütungen (Geschäftsführergehälter, Sachzuwendungen, Nutzungsentgelte etc.) können nicht vom Gewinn abgesetzt werden

(3) Kommanditgesellschaft (KG)

- **Rechtsgrundlage:**
  – HGB §§ 105 - 160 und 161 - 177, BGB §§ 705 - 740

- **Wesen:**
  – wesensverwandt mit der OHG; Bestimmungen entsprechend anzuwenden
  – Gesellschaft, deren Zweck auf den Betrieb eines Handelsgewerbes unter gemeinschaftlicher Firma gerichtet ist (bei teils beschränkter, teils unbeschränkter Haftung; § 161 HGB)
  – Gesellschafter können natürliche wie auch juristische Personen sein
  – wirtschaftlich sehr große Bedeutung mit Vielzahl von Formen (Grundtypenmischungen wie OHG & Co. KG, GmbH & Co. KG)

- **Firmenname:**
  – Familiennamen aller oder mehrerer Vollhafter, mindestens der Familienname eines Vollhafters mit einem Zusatz, der das Gesellschaftsverhältnis andeutet
  – Beispiel: Moller & Kunze, Moller & Co, Kunze KG

- **Rechtsfähigkeit:**
  – wie OHG

- **Mindestkapital:**
  – nicht vorgeschrieben, Einlagen in beliebiger Höhe, Veränderung durch Entnahmen/Einzahlungen/Gewinne/Verluste, bei Kommanditisten vertraglich vereinbarte Höhe der Einlage

- **Registereintrag:**
  – Eintrag ins Handelsregister
  – Bezeichnung aller Kommanditisten und Höhe ihrer Einlage
  – öffentlich (Bekanntmachung von Kommanditisten: nur ihre Anzahl)

- **Geschäftsführung/Vertretung:**
  – für Vollhafter (**Komplementäre**):

- Bestimmungen wie bei OHG
- Einzelgeschäftsführung bzw. vertraglich begründete Gesamtgeschäftsführung
- Einzelvertretungsbefugnis

- für Teilhafter (**Kommanditisten**):
  - Ausschluß von der Geschäftsführung (begrenztes Widerspruchsrecht) und Vertretung
  - können zu Prokuristen oder Handlungsbevollmächtigten bestellt werden (nicht aber zu organschaftlichen Vertretern)

- **Haftung:**
  - für Komplementär: unbeschränkt, unmittelbar, gesamtschuldnerisch mit Gesellschafts- und Privatvermögen
  - für Kommanditisten: bis zur Höhe ihrer Einlage

- **Gewinn/Verlust, Entnahme:**
  - wie OHG
  - gesetzliche Regelung: 4% des Kapitalanteils, verbleibender Gewinnanteil im „angemessenen" Verhältnis (§ 168 Abs. 2 HGB)
  - kein Recht auf Privatentnahme für Kommanditisten

- **Prüfung/Publizität:**
  - wie OHG
  - ebenfalls Ausnahmeregelung
  - beschränkte interne Kontrollrechte des Kommanditisten (Abschriften des Jahresabschlusses, Einsicht in Geschäftsbücher), Widerspruchsrecht bei wichtigen Geschäften; vertraglich jedoch erweiterte Rechte möglich

- **Auflösung:**
  - wie OHG (zur Vermeidung: Formulierung einer entsprechenden Nachfolgeklausel im Gesellschaftsvertrag gemäß Erbrecht; Einräumung eines Zurückweisungsrechts für Mitgesellschafter)
  - Tod eines Kommanditisten kein Grund (Erben rücken einzeln in Rechtsstellung ein)

- **Vorteile:**
  - nur formloser Vertrag nötig; wenig Einschränkungen bei Inhalt des Gesellschaftsvertrages; Vertragsfreiheit
  - Möglichkeit zusätzlicher Kapitalgeber, deren Haftung beschränkt ist und die nicht zur Geschäftsführung und Vertretung befugt sind (breitere Kapitalbasis)
  - es entstehen für die Unternehmung keine festen Zinsverpflichtungen (wie etwa bei Kreditaufnahme bei einer Bank)
  - Möglichkeit für Familienunternehmen, Kinder als Teilhafter aufzunehmen, Komplementär behält alleinige Entscheidungsbefugnis
  - bei Tod eines OHG-Gesellschafters Umwandlung in KG
  - ererbter Kapitalanteil kann weiterhin in Unternehmung bleiben, ohne persönlich mitarbeiten zu müssen
  - ist zwar Personengesellschaft, trägt aber bereits Züge einer Kapitalgesellschaft
  - geringe Gründungskosten (Handelsregisteranmeldung, ggf. bei Kauf von Gesellschaftsanteilen oder Grundstücken Notarkosten und evtl. Grunderwerbsteuer)
  - geringe laufende Kosten (Buchführung, Erstellung des Jahresabschlusses, evtl. Offenlegung)

- **Nachteile:**
  - wie OHG
  - Einfluß des Kommanditisten kann sehr wohl gegeben sein: zwar ist er normalerweise zur Geschäftsführung weder berechtigt noch verpflichtet
  - im Einzelfall kann er jedoch sehr wohl als Prokurist der Geschäftsleitung angehören und stark mitbestimmen (Relation seines Anteils?); sind Kommanditisten als Mitunternehmer anzusehen, haben sie (wie auch der Komplementär) Einkünfte aus Gewerbebetrieb (§ 15 Abs. 1 Nr. 2 EStG)
  - weitere Kapitalzufuhr wie bei OHG; bei Aufnahme von Fremdkapital wird vielfach das Privatvermögen der Gesellschafter zur Haftung mit herangezogen

(4) Partnerschaftsgesellschaft (PG)

- **Rechtsgrundlage:**
  - Partnerschaftsgesellschaftsgesetz (PartGG)
  - (seit 1.7.1995 in Kraft)

- **Wesen:**
  - eine Form der Personengesellschaft für Freiberufler (Berufsausübungsgesellschaft)
  - ergänzend finden die Vorschriften über die BGB-Gesellschaft Anwendung
  - ähnelt der OHG
  - spezielle Rechtsform für die gemeinsame Berufsausübung von Angehörigen der in §1 Abs.1 Abs. 2 PartGG genannten Freiberufler (wie Ärzte, Sachverständige, Architekten usw.), aber keine Gewerbetreibende
  - ermöglicht (gerade im europäischen Binnenmarkt) die verstärkte Notwendigkeit nach gemeinsamer Berufsausübung auch im Rahmen größerer, professioneller oder überregionaler Zusammenschlüsse
  - rechts- und registerfähig

- **Gründung:**
  - mit einfachem (Partnerschafts-)Vertrag, schriftlich (muß nicht notariell beurkundet werden)
  - nur natürliche Personen (§ Abs.1 Abs.1 Satz 3)
  - Angaben Partnerschaft: Name, Sitz, Tätigkeitsbereich
  - Angaben Partner: Name, Wohnsitz, Beruf

- **Firmenname:**
  - im Gegensatz zur BGB-Gesellschaft voll namensrechtsfähig, kann sich mit eigenem Namen präsentieren
  - Name muß den Nachnamen mindestens eines Partners, alle vertretenen Berufe und den Zusatz „Partnerschaft" oder „und Partner" enthalten
  - bei Erwerb einer bestehenden Partnerschaft unter Lebenden oder von Todes wegen darf die Partnerschaft (mit oder ohne Zusatz) fortgeführt werden, wenn der bisherige Inhaber oder dessen Erben in die Fortführung des Namens einwilligen

- **Geschäftsführung/Vertretung:**
  - jeder Partner ist zur Alleinvertretung berechtigt
  - Partnerschaftsvertrag kann Gesamtvertretung bestimmen
  - es gelten die Vorschriften der OHG

- **Haftung:**
  - die Partner haften neben dem Vermögen der Partnerschaft als Gesamtschuldner, d.h. jeder Partner haftet mit seinem Privatvermögen
  - die Beschränkung per Verwendung vorformulierter Vertragsbedingungen/Allgemeiner Geschäftsbedingungen auf einen bezeichneten Partner ist möglich, der die Verantwortung trug/Entscheidung traf, die zum Verlust führte (neue Fassung des PartGG zum Juli 1998 ermöglicht Haftungsbeschränkung/-konzentration: § 8 Abs. 2, Satz 2: Waren nur einzelne Partner mit der Bearbeitung eines Auftrages befaßt, so haften nur sie gemäß Absatz 1 für berufliche Fehler bei der Partnerschaft; ausgenommen sind Bearbeitungsvorgänge von untergeordneter Bedeutung

- **Mindestkapital:**
  - nicht vorgeschrieben

- **Registereintrag:**
  - beim Amtsgericht in ein Partnerschaftsregister
  - stellt dann eigene Rechtsperson dar, der juristischen Person angenähert (kann Eigentum erwerben, vor Gericht klagen/verklagt werden, grundbuchfähig/parteifähig)

- **Ausscheiden:**
  - Tod oder Eröffnung des Konkursverfahrens über das Vermögen eines Partners oder die Kündigung der Partnerschaft durch einen Partner führt nur zum Ausscheiden dieses Partners, die Partnerschaft unter den übrigen bleibt bestehen
  - Beendigung durch Ablauf der Zeit, für welche sie eingegangen wird, durch Beschluß der Partner, durch Eröffnung des Insolvenzverfahrens

- **Vorteile:**
  - weniger Gründungsaufwand
  - geringer Buchhaltungsaufwand, keine Buchführungs- und Bilanzierungspflicht
  - keine Körperschafts-/Gewerbesteuer, Partnerschaft als solche weder einkommen- noch körperschaftsteuerpflichtig

- **Nachteile:**
  - Risiko kann nicht generell beschränkt werden

c) Innengesellschaften

Innengesellschaften sind dadurch charakterisiert, daß sie nach außen nicht in Erscheinung treten, die Gesellschafterstellung wird also nicht bekannt (vgl. zum Nachfolgenden Neufang, 1987, S. 8ff.). Diese Gesellschaften sind ein Mittel

- zur einfachen Kapitalbeschaffung
- zur (vertragswidrigen) Umgehung des Wettbewerbs- oder Konkurrenzverbots
- zur Steuerminimierung
- zur Regelung der Erbfolge
- zur Übertragung betrieblicher Gegenstände (auch Beteiligungen) an nicht haftende Familienmitglieder (schenkungsweise).

217

(1) Stille Gesellschaft (StG)

- **Rechtsgrundlage:**
  - HBG §§ 230 - 237

- **Wesen:**
  - Beteiligung am Handelsgeschäft eines anderen (Kapital- oder Scheineinlage); ist selbst aber keine Handelsgesellschaft; Begründung eines Schuldverhältnisses; jeder kann stiller Gesellschafter sein: also natürliche oder juristische Personen, Handelsgesellschaften, Vereine, Erbengemeinschaften etc.; allerdings nicht zusätzlich in einem persönlich haftenden Unternehmen (z.B. ein Komplementär an der KG; möglich jedoch für einen Gesellschafter an seiner GmbH)
  - Einlage wird nicht Teil eines gesonderten Gesellschaftsvermögens, sondern geht in das Vermögen des Inhabers des Handelsgewerbes über (§ 230 Abs. 1 HGB), es entsteht kein gemeinsames Geschäftsvermögen; es können mehrere stille Beteiligungen an einem Unternehmen bestehen
  - Kapitalgeber tritt nach außen nicht in Erscheinung (weder Name noch Einlage); Firma des Aufnehmenden ist nicht zu ändern, auch kein Firmenzusatz erforderlich; reine Innengesellschaft
  - Stellung ähnlich derjenigen eines Kommanditisten, er ist aber in einem Konkursverfahren Konkursgläubiger (während Kommanditist Einlage in vollem Umfang verliert), kein Eintrag ins Handelsregister
  - zwischen den Gesellschaften entstehen nur interne Ansprüche und Verpflichtungen; oft große Abgrenzungsschwierigkeiten (z.B. bei atypischer stiller Gesellschaft)

- **Firmenname:**
  - keine gemeinschaftliche Firma, reine Innengesellschaft (§ 230 Abs. 2 HGB), die nach außen nicht wirkt

- **Rechtsform:**
  - nicht rechtsfähig, Formfreiheit, mindestens zwei Gründer
  - stille Gesellschaft wird durch Vertrag errichtet, ohne Kennzeichnung, es entsteht ein schuldrechtlicher Anspruch, Abgrenzung zur Darlehenshingabe z.T. schwierig

- **Mindestkapital:**
  - nicht vorgeschrieben; es ist eine Vermögenseinlage zu leisten (neben Geld auch anderer, mit Geld meßbarer Vorteil)

- **Registereintrag:**
  - keine Eintragung, da reine Innengesellschaft, die nach außen nicht in Erscheinung tritt

- **Geschäftsführung/ Vertretung:**
  - nur durch persönlich haftenden Inhaber des Handelsgewerbes, schließt alle Geschäfte in seinem Namen ab („zum gemeinsamen Nutzen"); stiller Gesellschafter entwickelt keine Unternehmerinitiative
  - stiller Gesellschafter hat keine Einwirkungsrechte auf die Unternehmensleitung
  - nur eingeschränkte Kontrollrechte nach § 233 HGB (abschriftliche Mitteilung des Jahresabschlusses und Prüfung der Richtigkeit unter Einsicht der Bücher/Papiere), ähnlich dem des Kommanditisten einer KG; Kontrollrechte können dispositiv erweitert oder eingeschränkt werden

- **Haftung:**
  - durch Geschäfte wird allein der Inhaber verpflichtet
  - nur mit Einlage (Ausschluß zulässig)

- **Gewinn/Verlust, Entnahmen:**
  - „den Umständen nach angemessener" Anteil (§ 231 HGB) oder gemäß Vertrag (etwa nach dem Verhältnis der Einlagen nach Abzug von Gewinnanteilen für die Tätigkeit des Geschäftsinhabers), Ausschluß der Gewinnbeteiligung nicht möglich (sonst Kennzeichen eines Darlehen)
  - teilweiser oder ganzer Ausschluß der Verlustbeteiligung möglich, sonst bis zur Höhe der Einlage
  - während des laufenden Geschäftsjahres keine Entnahmerechte, kann nur Auszahlung seines Gewinnanteils fordern

- **Prüfung/Publizität:**
  - keine

- **Auflösung:**
  - Konkurs des Inhabers des Handelsgeschäftes
  - Zeitablauf des Vertrages
  - Tod des stillen Gesellschafters kein Grund (§ 234 Abs. 2 HGB), Tod des Kaufmanns ja (§ 727 BGB)
  - Kündigung (§ 234 Abs. 1 HGB) wie OHG (§ 132 HGB; ordentlich zum Schluß eines Geschäftsjahres mit sechsmonatiger Frist/außerordentlich mit Verweisung auf § 723 BGB)

- **Bedeutung/Vorkommen:**
  - keine Zahlenangaben möglich

- **Vorteile:**
  - keine Formvorschriften
  - bietet Höchstmaß an individueller Gestaltungsfreiheit und Flexibilität
  - eignet sich für Kapitalgeber, die nach außen nicht in Erscheinung treten wollen; stiller Gesellschafter kann jede natürliche oder juristische Person und jede Personengesellschaft sein
  - praktikable Art der Kapitalbeteiligung von Mitarbeitern
  - Unternehmer behält volle Handlungsfreiheit
  - Instrument zur Finanzierung für Kapitalgesellschaften durch ihre Gesellschafter
  - Beteiligung von Familienmitgliedern als vorübergehende oder vorbereitende Maßnahme
  - Beteiligung der Nachfolger als vollberechtigte Gesellschafter, andere Kinder (die nicht im Unternehmen mitarbeiten wollen) als stille Gesellschafter (Regelung der Erbfolge)
  - Möglichkeit zur vertragsmäßigen Umgehung des Konkurrenz- oder Wettbewerbsverbots
  - Möglichkeit zur Stärkung der Eigenkapitalbasis

- **Nachteile:**
  - größere und/oder langfristige stille Beteiligungen können zu starken Abhängigkeiten führen

- **Besonderheiten:**
  - **Typische** stille Gesellschaft (HGB geregelt): Gewinn/Verlust-Regelung wie oben, nimmt jedoch nicht am Wertzuwachs des gesamten Vermögens teil (bei Auflösung kein Anteil an stillen Reserven)
  - **Atypische** stille Gesellschaft (Entwicklung der Praxis und Rechtsprechung): Stellung eines „Mitunternehmers" (Indiz: gewisse Mitunternehmerinitiativen und bestimmtes Unternehmerrisiko, erweiterte Kontrollrechte); stiller (atypischer) Gesellschafter bekommt damit (neben Beteilung am laufenden Erfolg) seinen Anteil an stillen Reserven und tatsächlichem Firmenwert, wird der Stellung eines Kommanditisten angeglichen. Stille Gesellschafter können ggf. auch bei Geschäftsführung mitwirken; „Stille Mitunternehmerschaft" hätte allerdings erhebliche steuerliche Auswirkungen. (§ 15 Abs. 1 Nr. 2 EStG; Einkünfte aus Beteiligung = gewerbliche Einkünfte)

(2) Partiarisches Darlehen

Geldgeber tritt nach außen hin nicht in Erscheinung. Ähnlich der stillen Gesellschaft. Gewinnabhängige Verzinsung des angelegten Kapitals. Damit werden unternehmerische Züge deutlich (Spangemacher, 1994, S. 146) Die Unterscheidung zu einer stillen Gesellschaft ist relativ schwierig, die Ausführungen zur typischen stillen Gesellschaft gelten sinngemäß. Steuerrechtlich gesehen darf der Gewinnanteil bei einem partiarischen Darlehen jedoch nicht dem Gewerbeertrag hinzugerechnet werden, deshalb ist – nach Neufang (1987) – immer ein partiarisches Darlehen (anstatt der Begründung einer stillen Gesellschaft) anzustreben.

Indizien für ein partiarisches Darlehen sind folgende Abgrenzungsmerkmale zur stillen Gesellschaft (ebd., S. 11; Spangemacher, 1994, S. 146):

- „Der Unternehmer betreibt keinen Handelsbetrieb, denn eine stille Gesellschaft ist nur bei einem kaufmännischen Betrieb möglich. Interessen sind nicht auf die Erreichung eines gemeinsamen Ziels gerichtet: Beteiligte verfolgen ohne jeden gemeinsamen Zweck lediglich ihre eigenen Interessen.
- Keine Beteiligung am Verlust (§ 607 BGB).
- Der Darlehensgeber hat keine oder nur sehr geringe Überwachungs-/Kontroll- oder andere Mitwirkungsrechte.
- Der Darlehensgeber kann seine Forderung ohne Zustimmung des Darlehensnehmers auf einen Dritten übertragen, denn die Übertragung einer stillen Gesellschaft bedarf stets der Zustimmung des Unternehmers."

(3) Unterbeteiligung

Die Unterbeteiligung ist eine typische oder atypische (stille) Beteiligung (Innengesellschaft i.S. des § 705 BGB) an einer (Personen- oder Kapital-) Gesellschaftsbeteiligung, wobei zwischen dem Unterbeteiligten und der Hauptgesellschaft keine Rechtsbeziehungen bestehen. Während eine stille Gesellschaft nur bei einem Handelsgewerbe möglich ist, kommt eine Unterbeteiligung an sämtlichen Personen- und Kapitalgesellschaften in Betracht. Die Unterbeteiligung ist eine vertraglich eingeräumte Beteiligung an der Gesellschafterstellung eines anderen. Die Grundsätze der stillen Gesellschaft gelten analog. „Unterbeteiligungen sind insbesondere bei Familienpersonengesellschaften zu bevorzugen, indem für den befähigsten Erben eine qualifizierte Nachfolgeklausel oder eine Eintrittsklausel im Gesellschaftsvertrag vereinbart wird, die übrigen Erben nur eine Unterbeteiligung an diesem Gesellschaftsanteil erwerben können" (ebd., S. 13). Für Ossola-Haring (1995, S. 80) besteht der Hauptunterschied zur stillen Gesellschaft darin, daß der „Unterbeteiligte nicht mit der GmbH, sondern

‚nur' mit einem der Gesellschafter in einem Vertragsverhältnis steht. Der stille Gesellschafter dagegen begründet ein Vertragsverhältnis zur GmbH".

4. Körperschaften

a) Kapitalgesellschaften

(1) Besonderheiten

- Entscheidender Vorteil liegt in der **begrenzten Haftung** in Höhe des Stammkapitals/Grundkapitals; Privatvermögen der Gesellschafter kann damit für die Verbindlichkeiten der Gesellschaft nicht herangezogen werden. Diese Haftungsbeschränkung darf jedoch nicht **absolut** gesehen werden; diese besteht in den **seltensten** Fällen: ist nämlich die „Haftungsmasse" des Gesellschaftsvermögens nicht ausreichend, werden
  - sich die Banken etwa Kreditgewährungen durch dingliche Sicherheiten (z.B. über Grundpfandrechte) nicht nur an betrieblichen Grundstücken absichern lassen, sondern auch an privaten
  - oder die Lieferanten sich etwa durch einen „Eigentumsvorbehalt" **„absichern"**. Einer unausgeglichenen Fremdkapitalausweitung sind damit i.d.R. enge Grenzen gesetzt.
- Kann zu **jedem** gesetzlich zulässigen Zweck errichtet werden (nicht wie OHG und KG auf den Betrieb eines Handelsgewerbes beschränkt).
- Möglichkeit der Trennung von Geschäftsführungsbefugnis und Gesellschafterstellung.
- Gerade bei Familienunternehmen kann ein Nicht-Gesellschafter zum Geschäftsführer gemacht werden und so das Unternehmen auch ohne geeignete Führungspersönlichkeit der Familie erhalten bleiben. Die in der jährlichen Gesellschafterversammlung bestellten Geschäftsführer übernehmen die selbständige Unternehmensleitung – ein Widerruf kann z.B. auf das Vorliegen wichtiger Gründe (etwa grobe Pflichtverletzung) beschränkt sein; Geschäftsführer ist damit in der Lage, das Unternehmen ohne dauernde Einmischung der Gesellschafter zu leiten.
- Häufig höhere Steuerbelastung.
- Geschäftsanteile sind sowohl veräußerlich als auch vererblich – gute Zukunftssicherung.
- Von den 100 größten Unternehmen in der BRD waren 90 Unternehmen in den Rechtsformen der Kapitalgesellschaften (GmbH, AG, KGaA) geführt; die AG stellt die dominierende Gesellschaftsform der Großunternehmen dar.

(2) Gesellschaft mit beschränkter Haftung (GmbH)

- **Rechtsgrundlage:**
  - GmbH-Gesetz (1892) mit verschiedenen Änderungen

- **Wesen:**
  - kann jeden gesetzlich zulässigen Zweck verfolgen
  - im Gegensatz zur AG (mit bis zu 400.000 – anonymen – Aktionären) kleinerer Kreis von Gesellschaftern (selten mehr als 10 Gesellschafter)
  - Rechtsform bewußt für kleinere und mittlere Unternehmen geschaffen
  - meist starkes persönliches Interesse der Gesellschafter
  - von Gesellschafterwechsel unabhängig (Fungibilität der Anteile)

- **Firmenname:**
  - Sachfirma: z.B. Bayerische Baugesellschaft GmbH
  - Personenfirma: Namen mindestens eines Gesellschafters und Zusatz, der das Gesellschaftsverhältnis andeutet (§ 4 GmbHG), Beispiel: Kurt Moller GmbH
  - gemischt: Kurt Moller Baugesellschaft GmbH

- **Rechtsfähigkeit:**
  - juristische Person mit der Eintragung in das Handelsregister
  - notarielle Beurkundung der Satzung, Gesellschaftsverträge weitgehend dispositiv gestaltbar (Mindestinhalt nach § 3 GmbHG), Satzungsänderungen erfordern Mehrheit von dreiviertel der Gesellschafter und notarielle Beurkundung (§ 53 GmbHG)
  - Gründung einer Ein-Mann-GmbH grundsätzlich möglich (seit 1981); damit „Strohmann"-Gründungen seltener

- **Mindestkapital:**
  - Stammkapital mindestens 50.000 DM, wird durch Stammmeinlagen erbracht (§ 5 GmbHG), Stammeinlage mindestens 500 DM
  - auf das Stammkapital sind mindestens 25% einzuzahlen (§ 7 GmbHG), mindestens aber 25.000 DM (Geld- oder Sacheinlagen) für alle Stammeinlagen
  - Anteile sind nicht teilbar, werden nicht an der Börse gehandelt, sind übertragbar

- **Registereintragung:**
  - Anmeldung (§ 7 GmbHG), Prüfungsrecht des Gerichts (formell, materiell), Eintragung ins Handelsregister, damit ist die Firma als juristische Person entstanden (§ 10 GmbHG)

- **Geschäftsführung/Vertretung:**
  - beides allein durch mindestens einen Geschäftsführer (§ 6 Abs. 1 GmbHG), nicht durch Gesellschafter (muß natürliche Person sein – im Gegensatz zur GmbH & Co. KG), Amtszeit zeitlich nicht beschränkt, Bestellung jederzeit widerruflich (§ 38 Abs. 1 GmbHG), vertritt die Gesellschaft gerichtlich und außergerichtlich
  - i.d.R. die Gesellschafter, auch Unternehmensfremde (Fremdorganschaft) möglich (§ 6 Abs. 3 GmbHG), im Handelsregister einzutragen
  - i.d.R. Gesamtgeschäftsführung und -vertretung
  - Geschäftsführer unterliegen einem Wettbewerbsverbot
  - es gilt das Verbot des Selbstkontrahierens (nach § 181 BGB)
  - im Gegensatz zu den Vorständen einer AG, die „unter eigener Verantwortung" tätig sind, ist der GmbH-Geschäftsführer **weisungs**gebunden (der Gesellschaftsvertrag und die Beschlüsse der Gesellschafterversammlung setzen einen Rahmen für die selbständigen Tagesentscheidungen), umfassendes Recht zur Prüfung und Überwachung der Geschäftsführer (§ 46 GmbHG) durch jeden einzelnen Gesellschafter (§ 51 a GmbHG) oder ein dazu bestimmtes Organ (z.B. Gesellschafterausschuß, Beirat)

- **Organe:**
  - einer oder mehrere Gesellschafter als Geschäftsführung
  - Gesamtheit der Gesellschafter (= Gesellschafterversammlung nach § 48 GmbHG) als oberstes Willensbildungsorgan trifft die Grundlagenentscheidungen, bestimmt die Geschäftspolitik
  - Aufsichtsrat zwingend nur vorgeschrieben bei über 500 Mitarbeitern (§ 77 BetrVerfG) oder gemäß Vereinbarung im Gesellschaftsvertrag (§ 52 GmbHG)

- **Haftung**
  - Verbindlichkeiten – Verpflichtung der Gesellschaft als juristische Person: nur Gesellschaftsvermögen haftet gegenüber den Gläubigern (§ 13 Abs. 1 und 2 GmbHG)
  - Kapitalverlustrisiko der Gesellschafter auf Einlage begrenzt (nach Eintragung)
  - Vereinbarung von Nachschußpflichten möglich (beschränkt/unbeschränkt)
  - verletzt Gesellschafter schuldhaft seine Pflichten, haftet er auch mit seinem Privatvermögen, auch nach Ausscheiden noch Fünfjahresbindung

- **Gewinn/Verlust, Entnahmen:**
  - i.d.R. nach Geschäftsanteilen
  - laut Gesellschaftsvertrag

- **Prüfung/Publizität:**
  - für Großunternehmen Publizitätsgesetz wie OHG
  - 7. EG-Richtlinie brachte eine Erweiterung: jede Kapitalgesellschaft, unabhängig von ihrer Größe, ist zur Offenlegung ihres Jahresabschlusses durch Einreichung beim Handelsregister des Sitzes der Gesellschaft verpflichtet; bis jetzt wird diese Regelung aber in Deutschland vor allem bei kleineren Gesellschaften weitgehend nicht beachtet! (Weniger als die Hälfte der GmbHs reicht bisher ein: Dies hat inzwischen zu einem förmlichen Vertragsverletzungsverfahren der Kommission gegenüber der Bundesrepublik geführt.)

- **Auflösung** (§ 60 GmbHG):
  - Zeitablauf
  - Gesellschaftsbeschluß mit 3/4-Mehrheit
  - Eröffnung Konkursverfahren über das Gesellschaftsvermögen (bei Zahlungsunfähigkeit oder Überschuldung)
  - u.a.

- **Bedeutung/Vorkommen:**
  - häufig bei Betrieben mittlerer Größe (u.a. bei Familienunternehmen)
  - die GmbHs (einschließlich der GmbH & Co. KGs) umfassen den größten Teil des Mittelstandes
  - fast 50% des Gesamtumsatzes
  - knapp 10 Mio. Beschäftigte (= fast die Hälfte der nichtstaatlichen Arbeitsplätze)
  - Anfang 1994 gab es ca. 550.000 GmbHs mit einem Stammkapital von insgesamt fast 200 Mrd.

- **Vorteile:**
  - Beschränkung der Haftung der Gesellschafter auf Stammeinlage
  - Anteile sind (im Gegensatz zu Personengesellschaften) veräußerlich und vererblich (§ 15 GmbHG) (bei Veräußerung i.d.R. Genehmigung erforderlich oder Vorkaufsrecht der anderen Gesellschafter); bei Austritt aus wichtigem Grund steht dem Gesellschafter ein Abfindungsbetrag zu
  - Kapitalbasiserweiterung durch Aufnahme neuer Gesellschafter
  - relativ niedriges Anfangskapital notwendig zur Gründung einer Kapitalgesellschaft
  - Ausgliederung und Übertragung verschiedener Funktionen auf GmbH möglich
  - persönliche Entscheidungs- und Handlungsfreiheit (= elastische Unternehmensführung
  - durch vertragliche Regelungen sind eindeutige Entscheidungsbefugnisse festlegbar, ohne persönlich unbeschränkt haften zu müssen (kommt Personengesellschaft recht nahe)
  - individuelle Gestaltung des Gesellschaftsvertrages über Rechte und Pflichten der Gesellschafter besser als bei AG

- durch Zulässigkeit einer Ein-Mann-GmbH Umwandlung einer Einzelunternehmung mit Einzelunternehmer als einzigem Gesellschafter
- u.a.

- **Nachteile:**
  - etwas kompliziertere Gründung, höhere Kosten
  - doppelte Belastung bei der Vermögens und Gesellschaftssteuer
  - Kapitalmarkt bleibt weitgehend verschlossen, Kreditaufnahme muß z.T. durch private Sicherheiten ergänzt werden
  - eingeschränkte Fungibilität, da eine Anteilsübertragung einer notariellen Beurkundung bedarf
  - beschränkte oder unbeschränkte Nachschußpflicht kann im Gesellschaftsvertrag vereinbart werden (§ 26ff. GmbHG)
  - Wahl der Rechtsform einer GmbH ist nur mit erheblichen steuerlichen Belastungen rückgängig zu machen (Bestimmung des § 3 UmwStG: Anlagenvermögensübertragung nur zum Teilwert zulässig, damit Auflösung stiller Reserven als Betriebsvermögen; die Kosten einer Umwandlung zeigt an einem Beispiel Wiesler, 1982).
  - hohe Insolvenzanfälligkeit
  - erforderliches Mindeststammkapital bietet keine ausreichende Basis (i.d.R. bereits durch Sachinvestitionsfinanzierung verbraucht); bisher kein Zwang zur Bildung gesetzlicher Rücklagen

(3) Aktiengesellschaft (AG) – „Kleine AG"

- **Rechtsgrundlage:**
  - AktG (1965) mit verschiedenen Änderungen

- **Wesen:**
  - typische Rechtsform für Großunternehmen
  - Anonymität der Gesellschafter, ständiger Wandel, Gesellschafter i.d.R. unbekannt
  - relativ leichte Kapitalbeschaffung und Fungibilität

- **Firma:**
  - i.d.R. ist der Gegenstand des Unternehmens in die Firma aufzunehmen („Bayerische Motorenwerke AG")
  - ausnahmsweise Personenfirma („Daimler-Benz AG")
  - Zusatz „Aktiengesellschaft"

- **Rechtsfähigkeit:**
  - juristische Person (§ 41 AktG), Einmanngründung zulässig (§ 2 AktG), die eine Satzung erstellen (§ 23 AktG), notarielle Beurkundung

- **Mindestkapital und Aktien:**
  - Mindestgrundkapital 100.000 DM (§ 7 AktG) ist in Aktien zerlegt
  - Mindestnennbetrag jeder Aktie 5 DM: Inzwischen ist die Herabsetzung des Nennwertes einer Aktie von 50 auf 5 DM, damit Preis optisch niedriger wird, von vielen Unternehmen durchgeführt worden, Aktien können zum Börsenhandel zugelassen werden
  - Einlagen der Gesellschafter („Aktionäre") können aus Bar- oder Sacheinlagen bestehen (§ 54 AktG)

- normalerweise ist die Aktie ein Inhaberpapier, möglich auch Namensaktien (Führung eines Aktienbuches bei der AG, § 67 AktG), die durch Indossament übertragen werden (Übertragung kann auch an Zustimmung der Gesellschaft gebunden werden). In den letzten Jahren haben zahlreiche deutsche AGs die Umstellung ihrer Inhaberaktien auf **Namensaktien** beschlossen. Die Renaissance der Namensaktie („registered shares") wird als ein Kind der Globalisierung interpretiert. Man rechnet damit, daß bis 2004 bereits 80 % der Dax-Gesellschaften nur noch Namensaktien haben werden; **Vorteile**: besserer Überblick/Transparenz über Eigentümerstruktur („gläserner Aktionär"), gezielte Kommunikationspolitik/ Direktansprache, gezieltes **Investor-Relations**-/Finanzierungsmarketing, wichtige Zulassungsvoraussetzung für Einführung der Aktien im Ausland (wie etwa an der New Yorker Börse), Einführung von Girosammelverwahrung, einfacher elektronischer Datenaustausch, Einsatz als Akquisitionswährung möglich (Aktientausch); **Nachteil**: Führung eines Aktienbuches (aber zunehmend ersetzt durch elektronisches Register/Aktienpool bei der Deutschen Börse Clearing)
- Ausgabe von „Vorzugsaktien" möglich (z.B. stimmrechtslose)
- „Börsenkurs" der Aktie bestimmt sich u.a. aus Angebot und Nachfrage, Gesellschaft darf normalerweise keine eigenen Aktien erwerben (§ 71 AktG)
- Erhöhung/Verminderung des gezeichneten Kapitals nur durch Satzungsänderung möglich
- Bildung von Rücklagen möglich (Pflicht: in Höhe von 5% des Jahresüberschusses abzüglich eines Verlustvortrages bis 10% des gezeichneten Kapitals; Freie: Bis zu 50% des Jahresüberschusses abzüglich eines Verlustvortrages und der Beträge der gesetzlichen Rücklage)

- **Registereintrag:**
  - Eintragung ins Handelsregister (§ 39 AktG) und Bekanntmachung (§ 40 AktG)

- **Organe:**

  1. Der **Vorstand** als **Leitungsorgan**

  - darf aus einer Person bestehen (Grundkapital bis 3 Millionen DM oder Satzungsbeschluß)
  - führt die laufenden Geschäfte eigenverantwortlich (§§ 76, 77 AktG)
  - hat für die Geschäftsführung die Sorgfalt eines ordentlichen und gewissenhaften Geschäftsleiters anzuwenden (§ 93 Abs. 1 AktG); bei Pflichtverletzung als Gesamtschuldner schadensersatzpflichtig (§ 93 Abs. 2 AktG); vor dem Hintergrund spektakulärer Unternehmenskrisen in der Praxis und der gesetzlichen Kompetenzordnung einer AG fordert Werder (1995) die Aufstellung von Grundsätzen ordnungsgemäßer Unternehmensführung (GoU): Derartige GoU sollen als Konkretisierung der eingeforderten „Sorgfalt eines ordentlichen und gewissenhaften Geschäftsleiters" dem Vorstand als prinzipielle Handlungsleitlinien dienen und dem Aufsichtsrat als Überwachungsorgan einen praktikablen Soll-Maßstab für die Beurteilung der Vorstandstätigkeit an die Hand geben
  - das Kollegialprinzip (Gesamtgeschäftsführung) als generelles Arbeitsprinzip
  - vertritt die Gesellschaft nach außen (gerichtlich und außergerichtlich, § 78 AktG)
  - bei Unternehmen, die dem Mitbestimmungsgesetz (bzw. Montan-MitbestG) unterliegen, ist als gleichberechtigtes Mitglied des Vorstands ein **„Arbeitsdirektor"** zu bestellen
  - Weitere Aufgaben sind:

- regelmäßige Berichterstattung an Aufsichtsrat und Hauptversammlung, besondere Vorgänge sind jederzeit zu unterbreiten (§ 90 Abs. 1 und 2 AktG)
- Führung der erforderlichen Handelsbücher (§ 91 AktG)
- Aufstellung und Vorlegung von (geprüftem) Jahresabschluß und Geschäftsbericht
- Einberufung der Hauptversammlung.

2. Der **Aufsichtsrat** zur **Überwachung** der Geschäftsführung (§ 111 Abs. 1 AktG)

- mindestens drei, maximal 21 Mitglieder (§ 95 AktG) stellen die Aktionäre
- Abweichungen: ein Drittel des Aufsichtsrats besteht aus Vertretern der Arbeitnehmer (§ 76 BetrVerG; Ausnahme: Familiengesellschaft mit weniger als 500 Arbeitnehmern); paritätische Besetzung des Aufsichtsrates bei Unternehmen mit mehr als 2.000 Arbeitnehmern (§ 1 MitbestG)
- umfassendes Informationsrecht (§ 111 Abs. 2 AktG) zur Durchführung seiner Überwachungspflicht
- die tatsächlich ausgeübte Überwachung ist im Einzelfall sehr unterschiedlich und zurzeit Gegenstand heftiger Pressediskussionen; so nennt Theisen als Kurzurteil seiner Untersuchung die Ergebnisse „Untätigkeitsberichte" und sieht die Wirkungslosigkeit primär als **Information**sproblem, zudem wird von der Möglichkeit der **Zustimmungspflichtigkeit** kaum Gebrauch gemacht. Neumann sieht die Kontrolle i.d.R. durch die Obergesellschaft ausgeübt, denn nur mehr etwa 20 AGs sind Publikumsgesellschaften;
- weitere Aufgaben sind:
  - Bestellung (für maximal fünf Jahre) und Abberufung des Vorstandes (§ 84 AktG)
  - Vertretung der AG gegenüber dem Vorstand
  - Fällen wesentlicher Einzelentscheidungen gemäß Vorbehalt der Satzung oder des AR
  - Prüfung des Jahresabschlusses und des Gewinnverwendungsbeschlusses (§ 171 AktG), Feststellen des Jahresabschlusses (§ 172 AktG), Bericht an die HV
  - gewisse Repräsentationspflichten und Beratungsfunktionen

3. Die **Hauptversammlung** (als Organ der **Aktionäre**) (§ 118 AktG)

- Hauptaufgaben des obersten Organs der AG sind:
  - Beschlüsse über Satzungsänderungen
  - Beschlüsse über wesentliche Grundfragen (z.B. Kapitalbeschaffung, Fusionen)
  - Entlastung von Vorstand und Aufsichtsrat
  - Wahl der Aktionärsvertreter für den AR (und deren Abberufung) für maximal vier Jahre (§ 102 AktG)
  - Beschluß über die Verwendung des festgestellten Gewinns
  - Maßnahmen der Kapitalbeschaffung (§§ 182ff. AktG) und -herabsetzung (§§ 222ff. AktG)
  - Auflösung der Gesellschaft (§ 119 AktG)
  - Wahl der Abschlußprüfer/Prüfer für Sonderprüfungen

- ordentliche HV (§ 175 AktG) mindestens einmal jährlich; sonstige Einberufungsfälle nach § 121 AktG
- Beschlüsse i.d.R. mit einfacher Stimmenmehrheit (bei Beschlüssen mit besonderer Tragweite qualifizierte Mehrheit notwendig)

- Aktionär soll durch Ausübung seines Stimmrechts (gemäß Nennbetrag der Aktie) mitwirken
- Stimmrecht kann durch Bevollmächtigte ausgeübt werden (z.B. das sog. **„Depotstimmrecht"** von Kreditinstituten)
- Aktionär hat Fragerecht in der HV, Auskunftsrecht des Aktionärs kann in bestimmten Fällen verweigert werden (§ 131 AktG)
- sinkendes Interesse der Aktionäre an Hauptversammlungen, bei börsennotierten AGs wird regelmäßig mit 35% bis 45% des Grundkapitals die einfache Hauptversammlungsmehrheit begründet! (Blanke, 1995, S. 67)

- **Haftung**
  - Verpflichtung der AG als juristische Person, d.h. Gesellschaftsvermögen haftet in voller Höhe (§ 1 Abs. 1 AktG); nicht mit Grundkapital identisch
  - nach Eintragung der Gesellschaft keine persönliche Haftung der Gesellschafter – nur mit Einlage (Aktie) der Gesellschaft gegenüber

- **Gewinn/Verlust, Entnahmen:**
  - gemäß Verhältnis der Aktiennennbeträge
  - in Satzung abweichende Bestimmungen möglich
  - Grundlage der Gewinnverteilung – festgestellter Jahresabschluß – über Gewinnverwendung beschließt Hauptversammlung auf Vorschlag des Vorstandes
  - Abschlagszahlung an Aktionäre möglich

- **Prüfung/Publizität:**
  - Prüfung des Jahresabschlusses durch Wirtschaftsprüfer
  - weitgehende Publizität (seit Mitte 1994 müssen börsennotierte AGs nach dem Wertpapierhandelsgesetz alle kursrelevanten Geschäftsvorgänge bekannt geben; sog. **Ad-hoc-Publizität**)

- **Auflösung:**
  - Zeitablauf
  - Hauptversammlungsbeschluß
  - Eröffnung des Konkursverfahrens über das Vermögen der Gesellschaft
  - U.a.

- **Bedeutung:**
  - wichtigste Rechtsform der Gesellschaftsunternehmen (ca. 20% der Umsätze, ca. 20% aller Erwerbstätigen); Erscheinungsform der industriellen Evolution
  - Die Zahl der Aktiengesellschaften in der BRD hat sich seti 1990 verdreifacht: Im Frühjahr 2000 gab es mehr als 8100 Akteingesellschaften (1990: 2685 Akteingesellschaften!!); z.Z. zahlreiche Gründungen am Neuen Markt
  - Beteiligung vieler kleiner Sparer möglich (so sind von den insgesamt 538 000 Aktionären der Siemens AG ca. 506 000 Privatanleger), trotz einer relativen „Renaissance der Aktie" in der BRD nur ca. 5 Mill. Aktionäre (vom Geldvermögen der privaten Haushalte in Höhe von 5682 Mrd. DM entfielen 492 Mrd. auf Aktien; d.h. ca. 8,7%)
  - keine Erfindung unserer modernen Industriegesellschaft: 1872 gab es in Preußen 470, 1874 nach Konkurswelle nur mehr 84 Gesellschaften

- **Vorteile:**
  - Finanzierungsmöglichkeit (Aufbringung auch großer Kapitalien über den Kapitalmarkt)

- unproblematischer Erwerb und Übertragbarkeit der Anteile
- Trennung Kapitalgeber und Geschäftsführung
- Möglichkeit der Haftungsbeschränkung
- Attraktiv für Führungskräfte
- Möglichkeit der sozialen Fürsorge, weitgehende Mitbestimmungsrechte der Arbeitnehmer

- **Nachteile:**
  - komplizierte Gründung
  - relativ hohe Gründungs- und laufende Kosten
  - umfangreiche Prüfungs- und Publizitätspflichten
  - Abhaltung von Hauptversammlungen (oft Marathonversammlung und politische/ökologische „Foren")
  - zahlreiche organisatorische Probleme
  - Interessenkonflikte über Gewinnausschüttung möglich
  - begünstigt zunehmende Konzentration (Gefahr der Marktbeherrschung)
  - war früher auf große Unternehmen zugeschnitten (Einführung einer „Kleinen AG"; siehe dazu nachfolgende Ausführungen).
  - zunehmende „Aushöhlung" der „Aktionärsdemokratie" durch
    - Ausgabe von „Vorzügen" ohne Stimmrecht statt Ausgabe von Stammaktien
    - Einführung von Stimmrechtsbeschränkungen
    - das Auftrags- oder Vollmachtsstimmrecht der Banken

- **Going Public**
  - Nach der Körperschaftsteuerreform (1977) haben zunehmend Unternehmen den Entschluß eines „Going Public" als Finanzierungsalternative gefaßt (zum Gang des Verfahrens siehe im einzelnen Blanke, 1995, S. 62ff.).

  Ziele waren vor allem:

    - der langfristige Erhalt eines Familienunternehmens bei entsprechenden Mehrheitsverhältnissen (Nachfolge-/Erbschaftsregelungen)
    - die Finanzierung von Investitions- und Wachstumsphasen

  Probleme ergeben sich insbesondere:

    - beim Aufbau von **„Investor Relations"**, d.h. einer professionellen Kommunikation mit dem Kapitalmarkt (Aktionäre, Anlegerkreise, Multiplikatoren etc.)
    - bei der Bestimmung des „Ausgabekurses"
    - bei den nun notwendigen Publizitäts- und Informationserfordernissen
    - bei der Einbindung der eigenen Mitarbeiter

  - **Allgemeine Grundvoraussetzungen** der Börsenfähigkeit (vgl. Thommen/Achleitner, 1999, S. 455f.):
    - Qualität und Kontinuität des Managements (Zeitraum der erfolgreichen Unternehmensführung?)
    - Unternehmensführung und Unternehmenspolitik (klar formulierte Ziele/Strategien, Finanzplanung/-kontrolle)
    - Gewinnaussichten
    - Finanzlage (Statistiken, Bilanzbild etc.)
    - Unternehmensgröße (Unternehmen sollte vor Handel bereits mindestens drei Jahre bestehen; Mindestumsatz 30 bis 50 Mio. DM; mindestens 20 bis 30.000 Aktien für Börseneinführung, Volumen nicht unter 4 Mio. DM)
    - Bekanntheitsgrad (bei Journalisten, Analytikern usw.; Öffentlichkeitsarbeit)
    - Bereitschaft zu einer Publikumsgesellschaft (offene Informationspolitik etc.)

– **Probleme** und **Gefahren** eines Going Public (vgl. ebd., S. 457f.):
- Zeitpunkt des Going Public ungünstig gewählt (schlechte Rahmenbedingungen, Börsen-„Sommerflaute" etc.)
- Markt für die neuen Titel ist zu eng (dann starke Kursfluktuationen)
- Mitarbeiter-Beteiligung (Wollen/können Mitarbeiter zeichnen?)
- „richtige" Fixierung des Emissionspreises (Ausgabekurs zu hoch/zu tief?); Einsatz des sog. **Bookbuilding-**Verfahrens

- **Die kleine Aktiengesellschaft**
  Da die Aktiengesellschaft auf große börsennotierte Publikumsgesellschaften ausgerichtet war, wurde seit längerem für den mehr personenbezogenen Unternehmensbereich des Mittelstandes zur Erleichterung der (Eigen-)Kapitalaufnahme über die Börse eine **neue Rechtsform** zwischen AG und GmbH diskutiert. Im Gespräch waren: Entweder eine „Kleine AG" mit größerer Freiheit und Vereinfachung der Vertragsgestaltung und vereinfachtem Anteilshandel (etwa wie in Frankreich oder der Schweiz) oder eine „Große GmbH" bei Wegfall des notariellen Vertrages und mit leichter handelbaren/übertragbaren GmbH-Anteilen (z.B. über Banken).
  Im Gegensatz zur langen wissenschaftlichen Diskussion ist dann im Gefolge des „Aktionsprogramms für mehr Wachstum und Beschäftigung" das Gesetzgebungsverfahren für die Deregulierung des Aktienrechts und das Gesetz **für kleine Aktiengesellschaften** sehr schnell gegangen. Einige wichtige Erläuterungen zu dem am 10.8.1994 in Kraft getretenen Gesetz (vgl. Blanke, 1995, S. 59ff; Seibert/Köster, 1995; S. 22ff., Schawilge, 1996, S. 322ff.):

– Es wurde kein neuer Typus der AG geschaffen und das Kriterium „klein" ist auch nicht an irgendwelche Bezugsgrößen (wie Umsatz, Beschäftigte etc.) gekoppelt. Der Begriff „kleine AG" wird im Gesetz nicht verwendet. Alle Aktiengesellschaften sind dieselben, für die „kleine AG" sind lediglich einige **Erleichterungen** eingefügt worden.
– Erstmals wird zwischen der börsennotierten/kapitalmarktfernen und der geschlossenen/anonymen Gesellschaft unterschieden. Die strengen Formalia, die den Kapitalanleger schützen sollen, sind bei der nicht börsennotierten AG überflüssig und wurden deshalb gelockert.
– Der Zugang des Mittelstandes zum Eigenkapitalmarkt soll verbessert werden.
– Durch die Zunahme börsengehandelter Unternehmen soll mittelfristig auch der deutsche Finanzplatz gestärkt werden.
– Durch die Rechtsform der AG ist die Nachfolgeplanung/der Generationenwechsel leichter (nur zwei Drittel der von Einzelpersonen gegründeten Unternehmen überdauern die zweite und gar nur 13% die dritte Generation!); damit Sicherung der Unternehmensunabhängigkeit; so stehen bis zum Jahre 2000 ca. 700 000 mittelständische Unternehmen (die zumeist in der Rechtsform der GmbH & Co. KG geführt werden) vor dieser Aufgabe (Blanke, 1995, S. 6).
– Experten schätzen die Schwelle, von der eine Umwandlung interessant werden könnte, auf einen Jahresumsatz von 10 Mio. DM. In Deutschland erfüllen derzeit (lt. Umsatzsteuerstatistik) ca. 61.000 Unternehmen diese Kriterien.
– Die Rechtsformenstatistik des Statistischen Bundesamtes wurde eingestellt. Dennoch gibt es Hinweise darauf, daß inzwischen ein **(Um-) Gründungsprozeß** in Richtung kleine AG in Gang gekommen ist (Quelle: iwd, 18.4.1996, S. 7)

Folgende wesentlichen Regelungen wurden für **kleine, nicht börsennotierte** AGs getroffen (Überblick, Blanke, S. 30):

- Zulassung der Einpersonengründung (§ 2 AktG)
- keine Einreichung des Gründungsberichts bei der IHK (§§ 34, 37, 40, 183 AktG)
- keine verkürzte Amtszeit der Arbeitnehmervertreter im Aufsichtsrat bei der Sachgründung
- größere Satzungskompetenz der Aktionäre bezüglich der Gewinnverwendung (§ 58 AktG)
- Einberufung der Hauptversammlung sowie Bekanntmachung von Tagesordnung und Minderheitsverlangen mittels eingeschriebenen Briefs (§ 121 Abs. 4 AktG) und nicht mehr durch öffentliche Bekanntmachung
- Verzicht auf sämtliche Einberufungsmodalitäten bei Vollversammlungen (§ 121 Abs. 6 AktG)
- Verzicht auf notarielle Beurkundung bei Routine-Hauptversammlungen (es genügt eine privatschriftliche Niederschrift, die der Aufsichtsratsvorsitzende unterschreibt)
- Freistellung von der Unternehmens**mitbestimmung** bei AGs unter 500 Arbeitnehmern, sofern sie nach dem 9.8.94 ins Handelsregister eingetragen wurden (§ 76 Abs. 6 BetrVG)

(4) Kommanditgesellschaft auf Aktien (KGaA)

- **Rechtsgrundlage:**
  - §§ 278 - 290 AktG, §§ 161 - 177 HGB

- **Wesen:**
  - Gründung ähnlich der AG
  - zwei Gesellschaftertypen (mindestens ein persönlich haftender Komplementär und mit Einlage haftende Kommanditaktionäre)
  - Vorteil der Kapitalbeschaffung wie AG und enges persönliches Interesse der Komplementäre

- **Rechtsform:**
  - juristische Person, strenger Formzwang, mindestens fünf Gründer (mind. ein Komplementär)

- **Mindestkapital:**
  - Grundkapital 100.000 DM, in Aktien zerlegt

- **Registereintrag:**
  - Eintragung ins Handelsregister

- **Gewinn:**
  - für Kommanditaktionäre nach dem Verhältnis der Aktiennennbeträge

- **Geschäftsführung/Vertretung:**
  - allein beim Komplementär („geborener Vorstand")
  - ein zusätzlicher Vorstand existiert nicht

- **Organe:**
  - Aufsichtsrat (Überwachung der Komplementäre)
  - Hauptversammlung (Willensorgan nur der Kommanditaktionäre) wählt Aufsichtsrat

- **Haftung:**
  - Komplementäre: unbeschränkt wie bei KG
  - Kommanditaktionäre als Eigentümer: wie bei AG

- **Vorteile:**
  - Kapitalbeschaffung auf dem Kapitalmarkt wie AG
  - stärkere persönliche Bindung der vollhaftenden Geschäftsführung als bei manager-geleiteten AGs

- **Nachteile:**
  - komplizierte Konstruktion
  - hohe Gründungs- und laufende Kosten

b) Eingetragene Genossenschaft (eG)

- **Rechtsgrundlage:**
  - GenG (1889) mit verschiedenen Änderungen

- **Wesen:**
  - freiwilliger Zusammenschluß zur Förderung des Erwerbs oder der Wirtschaft ihrer Mitglieder („Genossen") mittels gemeinschaftlichen Geschäftsbetriebs mit nicht geschlossener Mitgliederzahl (§ 43 GenG)
  - Beitrittserklärung durch Erwerb eines Geschäftsanteils (Leistung der Pflichteinlage); zusätzliche Geschäftsanteile können erworben werden (§ 15 GenG), der Geschäftsanteil wird nicht verzinst (§ 21 GenG), Austritt durch Aufkündigung (§ 65 GenG)
  - Grundgedanken: Selbsthilfe, -verwaltung, -verantwortliches Handeln mit demokratischem Aufbau
  - „Förderungsauftrag" enthält vielfach nicht nur ökonomische, sondern auch sozial-ökonomische Funktionen mit sozial-ethischem Charakter
  - Kopplung des Stimmrechts nicht an Höhe der Beteiligung („Gleichberechtigung") gebunden
  - gewerblicher oder landwirtschaftlicher Art (z.B. Volksbanken, Produktions-, Konsum-, Wohnungs-, Versicherungsgenossenschaften) (siehe § 1 Abs. 1 GenG)
  - Identität von Kunde und Unternehmer, Auflösung von Kapital und Arbeit etwa bei Produktionsgenossenschaften
  - Schwebezustand zwischen zentraler Organisation und dezentraler Marktorientierung
  - auf Selbsthilfe und nicht auf Gewinnerzielung ausgerichtet (idealtypische Vorstellung – z.B. Reservennotwendigkeit)

- **Rechtsform/Gründung:**
  - juristische Person, Statut in Schriftform (§ 5 GenG), mindestens Sieben Mitglieder (§ 4 GenG)
  - keine geschlossene Mitgliederzahl
  - keine Handelsgesellschaft, sondern ein wirtschaftlicher Verein
  - Sachfirma (ohne Personennamen) mit Zusatz „eG"

- **Mindestkapital:**
  - nicht vorgeschrieben, durch die nicht geschlossene Mitgliederzahl variables Eigenkapital (deshalb Bildung eines „Reservefonds")

- **Eintrag:**
  - ins Genossenschaftsregister beim zuständigen Amtsgericht

- **Geschäftsführung/Vertretung:**
  - zwei Organe zwingend vorgeschrieben (§ 9 Abs. 1 GenG), Mitglieder müssen Genossen sein
  - Vorstand, mindestens zwei Personen, leitet die Genossenschaft unter eigener Verantwortung (§ 27 GenG) und vertritt sie gemeinschaftlich nach außen („Vier-Augen-Prinzip"), Berufung durch Aufsichtsrat. Hauptamtliche Vorstandsmitglieder bedürfen der Zulassung durch das Bundesaufsichtsamt für das Kreditwesen; erstellt den Jahresabschluß und den Lagebericht
  - Bestellung eines Aufsichtsrats (zur Überwachung des Vorstands), mindestens drei (ehrenamtliche) Mitglieder, erstattet Generalversammlung Bericht über Jahresabschluß/Prüfungsbericht, Wahlperiode i.d.R. 3 Jahre
  - Aufsichtsrat wird von der Generalversammlung als dem obersten Willensorgan gewählt (§ 36 GenG); diese beschließt über alle wichtigen Angelegenheiten (z.B. Jahresabschluß, Verwendung des Überschusses, Entlastung des Vorstandes und Aufsichtsrates); Stimmrecht des einzelnen Genossen eingeschränkt, indem er in bestimmten Fällen nur bestimmte Vertreter wählen kann (§ 43 a GenG)
  - Vertreterversammlung: bis zu 1.500 Mitglieder Kann-, über 3.000 Mitglieder Mußbestimmung

- **Haftung:**
  - für die Verbindlichkeiten der Genossenschaft haftet gegenüber Gläubigern nur das Genossenschaftsvermögen (§ 2 GenG)
  - evtl. beschränkte/unbeschränkte Nachschußpflicht gemäß Statut; Haftung des Genossen gemäß § 23 GenG (i.d.R. Beschränkung der Haftsumme auf Geschäftsanteil)

- **Gewinn:**
  - gemäß Verhältnis der Geschäftsguthaben
  - Zuschreibung des Gewinns, bis Geschäftsanteil voll eingezahlt ist

- **Bedeutung:**
  - knapp unter 1% aller Betriebe, etwas über 1% der Beschäftigten und über 10 Mill. Mitglieder
  - große Bedeutung für die Sicherung des Mittelstandes
  - besondere Bedeutung der Kreditgenossenschaft
  - über 100-jährige Geschichte
  - evtl. Renaissance in der Alternativökonomie

5. Mischformen

- **Wesen:**
  - die im Gesetz vorgesehenen Grundtypen der Personen- und Kapitalgesellschaften sind im Rahmen privat-autonomer Vertrags- oder Satzungsgestaltung verformt und vermischt worden, wobei die ursprüngliche Absicht des Gesetzgebers z.T. „verwässert" bzw. aufgehoben wurde.
  - Sie haben trotz Gesetzreformen immer noch entscheidende Bedeutung.
  - Ein besonderes Recht der GmbH & Co. KG ist bisher nicht normiert.

- **Bestreben:**
  - rechtsformspezifische Vorteile der Personengesellschaft (hohe Dispositivität der gesellschaftsrechtlichen Regelungen, freie Entscheidungsbefugnisse, kaum Prüfungs- und Publizitätspflichten, evtl. steuerliche Vorteile) mit den strukturellen Vorteilen der Kapitalgesellschaft (Haftungsbeschränkung, Drittorganschaft, Kapitalbeschaffung) zu verbinden

- **Formen:**

  (1) **Typenverformung:** Publikums-KG

  - Veränderung einer Personengesellschaft in Richtung auf Kapitalgesellschaft
  - große Anzahl von Kommanditisten, die durch den grauen Kapitalmarkt gewonnen werden (Beispiele: Abschreibungsgesellschaften)
  - Personengesellschaft als eine Gesellschaft von Kapitalanlegern; diese sind entweder unmittelbar beteiligt („Massengesellschaft") oder mit Zwischenschaltung eines Treuhänders wie bei Abschreibungsgesellschaften („Anlagegesellschaft"), der den Anlegern die Kommanditistenanteile vermittelt; geringerer Anlegerschutz als bei einer Kapitalgesellschaft

  (2) **Typenmischung:**

  - GmbH & Co. KG; OHG & Co. KG; AG & Co. KG; GmbH & Co. KGaA (sog. „kapitalistische KGaA"; dazu Kußmaul, 1990; Zulässigkeit derzeitig strittig); Stiftung & Co. KG

  - Beteiligung einer oder mehrerer Kapitalgesellschaften an einer Personengesellschaft

  (3) **Typentrennung:** Betriebsaufspaltung

  - zwei selbständige Rechtsformen: eine Personengesellschaft und eine Kapitalgesellschaft

a) GmbH & Co. KG

- **Rechtsgrundlage:**
  - Anwendung der Vorschriften über KG; §§ 19 Abs. 5, 130 a HGB

- **Wesen:**
  - Personengesellschaft (hier eine KG):
    - Komplementär ist eine GmbH als juristische Person (damit Vollhafter mit ihrem Stammkapital)
    - Kommanditisten (mit Einlagen haftend)

  - Absicht ist, die Vorteile der KG als Personengesellschaft zu erhalten, aber die volle Vermögenshaftung des Komplementärs zu „umgehen"; d.h. die Haftung aller als Gesellschafter beteiligten natürlichen Personen ist – obwohl Personengesellschaft – auf die Höhe ihrer Einlage beschränkt

- **Formen:**

  1. **echte** (typische) Form (vgl. Abb. 32)

  - die GmbH ist der geschäftsführende (und i.d.R. der einzige) Komplementär der KG

233

– GmbH-Gesellschafter und Kommanditisten sind die gleichen Personen (Identität und häufig auch gleiche Beteiligungsquoten); selten ist sog. ‚doppelstöckige' oder,mehr-stufige' GmbH & Co. KG, bei der die GmbH & Co. KG I Komplementärin einer weite-ren GmbH & Co. KG II wird; möglich auch eine Einmann-GmbH & Co. KG, bei der es sich praktisch um ein Einzelunternehmen mit beschränkter Haftung handelt

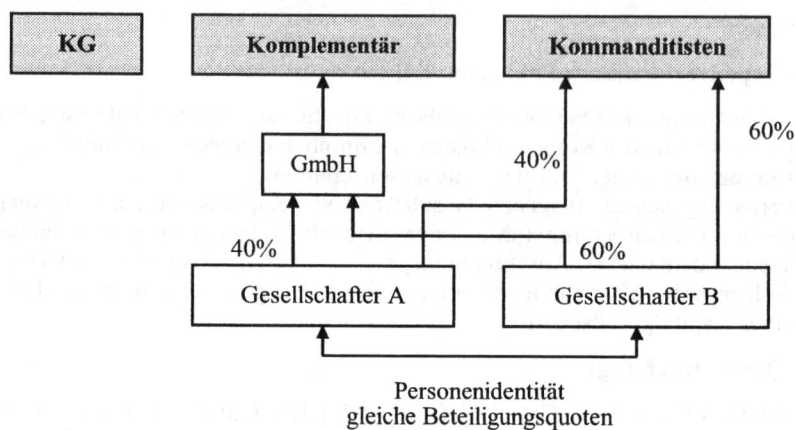

Abb. 32: Die „typische" GmbH & Co.KG

2. unechte (untypische)

– andere Personen

- **Gründe:**
  - die erwähnte Haftungsbeschränkung (Vollhafter ist eine Kapitalgesellschaft; damit richtet sich die Höhe der unbeschränkten Haftung tatsächlich nur nach dem vorhan-denen Gesellschaftsvermögen – mindestens 50 000 DM); da die Haftungsbeschrän-kung auch durch die Gründung einer GmbH erreichbar wäre, treten noch andere Motive hinzu:
  - Kontinuität der Unternehmen (z.B. bei Erbfolge); Tod von Gesellschaftern führt nicht zur Auflösung der Gesellschaft
  - Geschäftsführung durch kompetente Gesellschaftsfremde (Vorteil der Drittorgan-schaft; solche Vertretungsbefugnis ist bei der KG und der OHG nicht möglich)
  - für Sanierungen (z.B. Aufnahme neuer Kommanditisten)
  - Kapitalbeschaffung (z.B. über neue Kommanditisten, wenn man nicht neue Gesell-schafter aufnehmen will oder die Mittel zur Erhöhung der Stammeinlage fehlen)
  - Steuervorteile (nicht mehr gegeben, da Doppelbelastung bei Gewinnbesteuerung seit 1977 beseitigt)

- **Firmenname:**
  - wie KG (Name eines persönlich haftenden Gesellschafters), hier: Name der Kom-plementär-GmbH mit Zusatz (§§ 19, 30 HGB)
  - Beispiel: ACB Verwaltungs GmbH & Co. Vermietungs-KG

- **Rechtsform:**
  - wie OHG/KG

234

- **Mindestkapital:**
  - nicht für KG, aber für Komplementär-GmbH 50 000 DM

- **Registereintrag:**
  - wie KG; die GmbH muß zuerst gegründet sein; u.a. ist der Unternehmensgegenstand anzugeben

- **Geschäftsführung/Vertretung:**
  - wie KG
  - Geschäftsführung liegt bei der Komplementär-GmbH, handelnd durch deren Geschäftsführer (normalerweise sind Kommanditisten nach § 164 HGB ausgeschlossen; Umgehung: Geschäftsführer der Komplementär-GmbH wird ein Kommanditist der KG); Geschäftsführer kann auch ein gesellschaftsfremder Dritter sein
  - Vertretung ebenso

- **Haftung:**
  - wie KG
  - Haftung der Kommanditisten auf Einlage beschränkt
  - unbeschränkte Haftung durch die Komplementär-GmbH – durch beschränkte Realisierbarkeit des Haftungszugriffs abgeschwächt
  - da Vollhafter eine GmbH, muß keine natürliche Person mit ihrem Privatvermögen ganz einstehen, es besteht also keine unbeschränkte Haftung wie bei KG

- **Gewinn/Verlust:**
  - wie KG
  - Untergrenzen für Gewinnanteil der Komplementär-GmbH – u.U. versteckte Gewinnausschüttung
  - Gewinne Kommanditisten – ESt
  - GmbH anfallende Gewinnanteile – Kst

- **Prüfung/Publizität:**
  - wie KG
  - bei der Umsetzung der EG-Richtlinie zuerst ausgeklammert; wird jetzt aber publizitätspflichtig (betrifft ca. 60.000 Unternehmen). Mit Beschluß des EG-Binnenmarktrats (Einbeziehungsrichtlinie vom 8.11.1990) zur sog. GmbH & Co. KG-Richtlinie werden Unternehmen dieser Rechtsform in die Rechenschaftslegungspflichten für Kapitalgesellschaften **einbezogen**, d.h. sie unterliegen den Bestimmungen der 4. und 7. EG-Richtlinie (siehe vorangegangene Ausführungen unter A. III). Die Rechtsformen der GmbH & Co. KG und der AG/GmbH wären dann bezüglich Publizitätspflichten und Rechnungslegungsvorschriften gleichgestellt. Nach Umsetzung in nationales Recht müßten dann die neuen Vorschriften vom 1.1.96 an angewandt werden. Es ist derzeit noch offen, ob, wie und wann die Bundesrepublik dieser Verpflichtung nachkommen wird (im Einzelnen dazu Klatte, 1992; Stehle/Stehle, 1995; Biener, 1993). Umgehungsmöglichkeiten zeigt Brandmüller (1994, S. 76).

- **Auflösung:**
  - wie KG
  - bei Auflösung der KG bleibt GmbH i.d.R. bestehen
  - bei Auflösung der GmbH (als einziger persönlich haftender Gesellschafter) wird auch KG aufgelöst
  - bei Tod des Geschäftsführers bleibt GmbH bestehen

- **Bedeutung/Vorkommen:**
  - hat sich trotz anfänglich heftigen Widerstands der Registergerichte durchgesetzt (ursprünglich aus rein steuerlichen Gründen geschaffen)
  - ab 1922 als zulässig erkannt
  - hat aber immer noch keinen eindeutigen gesetzlichen Niederschlag gefunden
  - sehr häufig anzutreffen, primär bei kleinen und mittleren Unternehmensgrößen, ca. 60.000 - 80.000
  - macht mindestens einen 60%-Anteil am KG-Feld aus
  - GmbH-Mix von GmbH zu GmbH & Co. KG von etwa 3:4 (Quelle: Strobel)
  - der frühere enorme steuerliche Vorteil ist seit der KSt-Reform von 1977 nicht mehr gegeben – obwohl zu erwarten, hat sich das Bild aber nicht zugunsten der GmbH verschoben

- **Vorteile:**
  - obwohl eine Personengesellschaft, Beschränkung der Haftung auf Einlagen der Kommanditisten und das Gesellschaftsvermögen der GmbH
  - steuerliche Gründe:
    - Einkünfte der GmbH unterliegen der KSt, Gewinn der KG ist ESt-pflichtig, Gewinnverlagerung auf KG. Damit, wenn Gesellschafter nicht dem Spitzensteuersatz unterliegen, günstiger.
    - Bei GmbH weiterhin Doppelbelastung bei VSt.
    - Bei Personengesellschaften ist in Verlustjahren eine Verrechnung von Verlusten mit sonstigen Einkünften der Gesellschafter möglich (nicht bei GmbH).
    - Dagegen überwiegen die steuerlichen Vorteile der GmbH (Abzugsfähigkeit von Miet- und Pachtzahlungen, Zinsen auf Gesellschafterdarlehen und für Pensionsrückstellungen, Gehälter der Geschäftsführer), i.d.R. GewSt-Ersparnis.
  - Kapitalbeteiligung vieler Anleger möglich
  - obwohl Personengesellschaft, kann sie auch einen Nicht-Gesellschafter als Geschäftsführer haben (da GmbH Komplementär); auch Möglichkeit der Nachfolgerregelung (wenn kein geeigneter Nachfolger unter den Kindern)
  - es können Vorteile der GmbH und der KG im Interesse der Gesellschafterbasis so kombiniert werden, daß Unternehmensexistenz weniger abhängig von Zufälligkeiten der Gesellschafterexistenz wird
  - (unproblematische Übergangs- und Fortbestandsregelung)

- **Nachteile:**
  - Überbetonung des Steueraspekts
  - „Konstruktion" (evtl. Vernachlässigung wichtiger betriebswirtschaftlicher Gründe)
  - höhere laufende Kosten (Existenz zweier Gesellschaften)
  - relativ komplizierte Gründung
  - z.T. in Mißkredit geraten, da häufig bei sog. Abschreibungsgesellschaften anzutreffen

b) Betriebsaufspaltung

(1) Formen

Bei der Betriebsaufspaltung handelt es sich um **keine** eigenständige Rechtsform, der Begriff ist gesetzlich nicht definiert. Sie hat vor allem im mittelständischen Bereich eine zunehmende Verbreitung gefunden. Statistische Angaben liegen nicht vor: Ihre Zahl wird auf über 60.000 geschätzt, bei den meisten GmbH-Gründungen handelt es sich vermutlich um Betriebsaufspaltungen (so Kessler, 1989, S. 4). Ihre Beliebtheit ist darauf zurückzuführen, daß mit ihr konfligierende Zielsetzungen bei der Rechtsformwahl in (vermeintlich) optimaler Weise verwirklicht werden können; zwei Aspekte werden betont:

- Die angestrebte weitergehende Haftungsbegrenzung als bei fast allen übrigen Rechtsformen,

- die in der Relation zu allen anderen Rechtsformen niedrige Steuerbelastung.

Das Wesen einer Betriebsaufspaltung (Betriebsteilung, Betriebsspaltung) besteht darin, daß eine ursprünglich im rechtlichen Sinne **einheitliche** Unternehmung zukünftig ihre (einheitlichen) wirtschaftlichen Zielsetzungen durch **zwei** (oder mehr) rechtlich selbständige Gesellschaften zu realisieren versucht. Deshalb sollte der alte Begriff Doppelgesellschaft **nicht** mehr verwendet werde, da er den Kern der Aufspaltung mißverständlich interpretiert.

Eine Differenzierung der unterschiedlichen **Typen** kann erfolgen (vgl. ebd., S. 17ff.):

- hinsichtlich der **Rechtsform:** Theoretisch können die Besitz- und Betriebsunternehmen wegen des Grundsatzes der Privatautonomie jede gesetzlich zulässige Rechtsform annehmen, also auch Einzelunternehmen sein. Am häufigsten ist allerdings die Kombination eines **Besitz**personenunternehmens (Einzelunternehmen, Personengesellschaft, GbR) mit einer **Betriebs**kapitalgesellschaft (meist GmbH, vereinzelt AG). Häufig anzutreffen sind auch Bruchteilsgemeinschaften als Besitzunternehmen, verbunden mit einer GmbH als Betriebsgesellschaft (vgl. ebd., S. 19);
- hinsichtlich der Entstehungsform: echte und unechte Betriebsaufspaltung (siehe nachfolgende Ausführungen);
- hinsichtlich des Umfangs des Verpachtungsvolumens: einzelne Wirtschaftsgüter oder das gesamte Anlage- und Umlaufvermögen der Besitzgesellschaft;
- hinsichtlich der Beteiligungsverhältnisse: personelle Ebene (Sowohl-als-auch-Gesellschafter und Nur-Gesellschafter/Nur-Betriebsgesellschafter) und sachliche Ebene (nach Höhe der Beteiligung).

Es entsteht ein Spannungsverhältnis zwischen wirtschaftlicher Einheit und rechtlicher Vielheit (Besitz- und Betriebsgesellschaft). Betriebswirtschaftlich handelt es sich also weiterhin um ein einheitliches Unternehmen mit einander ergänzenden Funktionsteilen, weitgehender Gesellschafteridentität und häufig anzutreffender Personalunion in den Leitungsgremien. Eine Betriebsaufspaltung wird dann angenommen, wenn die verpachteten Wirtschaftsgüter zu den „wesentlichen Grundlagen" des Betriebsunternehmens gehören: Neben einer solchen sachlichen Verflechtung kann auch eine personelle Verflechtung bestehen.

Es verbleiben beim „**Besitz**unternehmen" die wesentlichen Betriebsgrundlagen: Dies sind Maschinen, Grundstücke, Fabrik- und Bürogebäude oder gewerbliche Schutzrechte (z.B. Patente, Warenzeichen). Diese Güter werden an ein neu zu gründendes Unternehmen verpachtet (wo sie als „wesentliche Betriebsgrundlagen" anzusehen sind = sachliche Verflechtung), das damit Produktion („**Betriebs**unternehmen") oder Vertrieb („**Vertriebs**unternehmen") fortführt (i.d.R. werden es Kapitalgesellschaften sein).

Neben der sachlichen Verflechtung ist für die Annahme einer Betriebsaufspaltung auch eine personelle Verflechtung erforderlich (z.B. gleiche Personen/-gruppen bei beiden Unternehmen bzw. Möglichkeit, einheitlichen geschäftlichen Willen durchzusetzen). Die praktische Bedeutung der Betriebsaufspaltung ist sowohl **zivil**rechtlicher Art (Risikoverlagerung auf ein Unternehmen in Form einer Kapitalgesellschaft) als **steuer**rechtlicher Natur (Abziehbarkeit von Geschäftsführergehälter, Pensionsrückstellungen etc.; vgl. Stehle/Stehle, 1995, S. 68). British Gas, Gasmonopolist und Großbritanniens sechstgrößtes Industrieunternehmen, hat sich z.B. 1996 vor potentiellen Verlusten aus langfristigen Zulieferverträgen in zwei Unternehmen aufgespalten. Die Versorgung der Haushalte wird British Gas Energy übernehmen. Bei ihr und den 19 Millionen privaten Haushalten sollen die potentiellen Verluste liegen.

Als **Voraussetzungen** sind demnach anzusehen:

- Zwischen Besitz- und Betriebsgesellschaft muß eine enge Verflechtung, d.h. ein einheitlicher geschäftlicher Betätigungswille bestehen (mehr als 50% der Anteile durch gleiche Person oder Personengruppe).
- Die Betriebsgesellschaft muß Wirtschaftsgüter des Besitzunternehmens nutzen, die für den Betrieb der Betriebsgesellschaft wesentliche Betriebsgrundlagen darstellen (Maschinen, Patente etc.).
- Zwischen Besitz- und Betriebsgesellschaft darf keine Mitunternehmerschaft bestehen. Mitunternehmerschaft und Betriebsaufspaltung schließen sich gegenseitig aus.

Es werden vier Formen der Betriebsaufspaltung unterschieden:

(a) Die echte (eigentliche) Betriebsaufspaltung
(b) Die umgekehrte Betriebsaufspaltung
(c) Die unechte (uneigentliche) Betriebsaufspaltung
(d) Die sog. Mischformen

Zu (a):

Bei der **echten** Betriebsaufspaltung werden

- aus einer bestehenden Personengesellschaft betriebliche Funktionen ausgegliedert und
- einer neu zu gründenden Kapitalgesellschaft (fast immer eine GmbH, die oft nur mit der dünnstmöglichen Eigenkapitaldecke ausgestattet ist) übertragen, deren Anteile die bisherigen Gesellschafter halten.

Einzelheiten der möglichen drei Typen zeigt Abb. 33.

Zu (b):

Bei der **umgekehrten** Betriebsaufspaltung wird

- aus einer bestehenden Kapitalgesellschaft
- eine Personengesellschaft ausgegliedert, der das Anlage- und Umlaufvermögen verpachtet wird.

In diesem Fall ist die Besitzgesellschaft eine GmbH, denn eine Übertragung des Anlagevermögens in eine Personengesellschaft ist nach § 3 UmwStG 1977 nur zum Teilwert zulässig, d.h. in diesem Fall müssen die stillen Reserven aufgelöst werden – die Übertragung von Vermögen einer Personengesellschaft in eine Kapitalgesellschaft kann dagegen zu Buchwerten vorgenommen werden und ist steuerlich wesentlich günstiger.

Zu (c):

Bei der **unechten** Betriebsaufspaltung liegt ein unterschiedlicher Gründungsvorgang vor. Die Besitz-Personengesellschaft und die Betriebs-Kapitalgesellschaft werden von Anfang an als zwei rechtlich selbständige Unternehmen (gleichzeitig oder nacheinander) gegründet und durch die Überlassung des Anlage- (oder Umlauf-) vermögens miteinander verbunden (Pachtverträge); es ist also keine Aufgliederung einer bestehenden Unternehmung vorgenommen worden.

Zu (d):

Bei den Mischformen existieren (siehe Brandmüller, 1994, S. 36ff.):

- Die mitunternehmerische Betriebsaufspaltung (z.B. Aufspaltung einer Personengesellschaft in
  - eine Besitz-Personengesellschaft (z.B. BGB-Gesellschaft) und
  - eine Betriebs-Personengesellschaft (z.B. KG)

- Kapitalistische Betriebsaufspaltung (Aufteilung in zwei Kapitalgesellschaften)
- Dreistufige Betriebsaufspaltung (wenn das Besitzunternehmen nicht Eigentümer von wesentlichen Betriebsgrundlagen, die es an die Betriebsgesellschaft verpachtet hat, ist) oder Einheitsbetriebsaufspaltung (wenn das Besitzunternehmen alleiniger Gesellschafter der Betriebsgesellschaft ist).

Echte Betriebsaufspaltung

Typ A: Bildung einer Besitz-Personengesellschaft und einer Betriebs-Kapitalgesellschaft	Typ B: Bildung einer Betriebs-Personengesellschaft und einer Vertriebs-Kapitalgesellschaft
Hauptgedanke Übertragung des gesamten Risikos der betrieblichen Tätigkeit auf die Kapitalgesellschaft	Übertragung des Risikos auf die Vertriebskapitalgesellschaft
Besitzgesellschaft verpachtet Anlagegegenstände an Betriebsgesellschaft (=Kapitalgesellschaft, welche die Funktionen Beschaffung, Produktion, Absatz durchführt).	Personengesellschaft führt Produktionstätigkeit selbst durch, überträgt Vertrieb auf eigene Kapitalgesellschaft.
Die von der Betriebsgesellschaft zu zahlenden Pachtzinsen sind Betriebsausgaben und damit (steuerlich) gewinnmindernd.	Verkauft Produkte an Vertriebsgesellschaft zu festen Verrechnungspreisen (niedrigere Preise als im Direktvertrieb).
Gehälter bei Betriebsgesellschaft ebenfalls.	Die beschränkt haftende Vertriebs-Kapitalgesellschaft trägt das Verwertungsrisiko.
Personengesellschaft hat Pachtzinsen als Betriebseinnahmen (Einkünfte aus Gewerbebetrieb i.S. des 15 EStG).	Gewinnverlagerung auf jeweils günstigere Gesellschaft.

	Typ C: Mehrgesellschaft
Betriebsgesellschaft kann Rückstellungen für Anlagen vornehmen (Vertragszusatz: „Gegenstände werden im selben Zustand zurückgenommen").	
i.d.R. Gesellschafter-, Personenidentität	z.B. 2 Kapitalgesellschaften, 1 Personengesellschaft
Gewinn bei Kapitalgesellschaft z.T. durch genannte Betriebsausgaben gemindert, geringere Belastung bei KSt + GewSt durch Gewinnverlagerung auf die Personengesellschaft.	Besonders risikohafte Betriebsteile werden abermals aufgespalten und in eigene Kapitalgesellschaften übergeführt.

Abb. 33: Formen der echten Betriebsaufspaltung

(2) Beurteilung

- **Probleme/Nachteile:**
  - Anerkennung von Pacht, Pachtzinsen (für die Überlassung der Betriebsgrundlagen und Firmenwert), Geschäftsführergehalt, Mieten oder Preise in voller Höhe durch Steuerbehörde.
  - Besonders die Berechnung eines angemessenen Pachtzinses ist schwierig; wird eine zu hohe Pacht in Ansatz gebracht, so besteht die Gefahr, daß das Finanzamt verdeckte Gewinnausschüttungen feststellt.
  - Deshalb muß auch die GmbH Gewinn erzielen (nach Eder sollte der verbleibende Restgewinn eine 20%-ige Verzinsung des eingesetzten Kapitals der Betriebs-Kapitalgesellschaft (i.d.R. GmbH) ausmachen).
  - Beratungs- und Verwaltungsaufwand wird höher, Aufwendungen für Buchführung und Jahresabschluß für zwei Gesellschaften.
  - Sorgfältige, richtige Abstimmung der einzelnen Verträge beider Gesellschaften notwendig, damit das Zusammenspiel zwischen Eigentum und betrieblicher Nutzung optimal funktioniert.

- **Vorteile:**
  - Steuerliche Belastung gegenüber einer Unternehmung immer günstiger (ausgenommen Unternehmen mit geringen Erträgen und geringem Vermögen). Entlastung:
    - im Bereich der GewSt und VSt
    - Begrenzung der vermögensteuerlichen Doppelbelastung bei der Betriebsgesellschaft (die aber nur den geringeren Teil der Wirtschaftsgüter hält)
    - Verlustausgleich möglich
    - Möglichkeit, Pensionsrückstellungen zu bilden.
  - Beschränkung des betrieblich bedingten Risikos bzw. der Haftung (z.B. auf die Betriebsgesellschaft, der das wertvolle Anlagevermögen entzogen ist).
  - Jederzeit die Möglichkeit, die Gesellschaft wieder als reine Personengesellschaft weiterzuführen.
  - Sicherung der Substanzerhaltung (Rückstellungen bei Betriebsgesellschaft).
  - Umgehungsmöglichkeit für die Einführung neuer Bilanzrichtlinien mit Prüfungspflicht nach 4. EG-Richtlinie (Jahresabschluß der Betriebs-GmbH wird erheblich „abgemagert"), da das gesamte bewegliche und ungewöhnliche Anlagevermögen nicht ausgewiesen und der Ertragsausweis durch die Aufwendungen an Geschäftsführer erheblich minimiert wird.
  - Ertragmindernde Einbringung des Unternehmerlohns (= Geschäftsführergehalt) ist ein Vorteil gegenüber der GmbH & Co. KG, in der die Gehaltszahlung an einen Geschäftsführer, der zugleich Kommanditist der KG ist, als Vorausgewinnanteil in Ansatz gebracht wird.
  - Strenge Trennung zwischen Geschäftsführung und Besitzgesellschaft, da für beide Funktionen selbständige Unternehmen bestehen.
  - Ist in einer Familienunternehmung kein Nachfolger vorhanden, beschränkt sie sich rein auf die Vermögensverwaltung und überträgt unternehmerische Tätigkeit auf einen Manager.
  - Sind die Kommanditisten der Besitzgesellschaft Familienangehörige, so beziehen sie aus den eingehenden Pachtzinsen regelmäßige und berechenbare Einkünfte oder Altersrente (z.B. für den Senior).
  - Beschränkung der Mitbestimmungsrechte der Arbeitnehmer (gem. Betr.VG und MitbestG):
    - durch Unterschreiten der „kritischen" Arbeitnehmerzahlen (500/2000)
    - bei Überschreiten auch nur Beschränkung auf die Betriebsgesellschaft, die aber nicht mehr das wertvolle Anlagevermögen hält
    - da das Besitzunternehmen i.d.R. sehr wenige Arbeitnehmer beschäftigt, braucht sie weder einen Betriebsrat noch einen Wirtschaftsausschuß zu bilden.
  - Kapitalbeschaffung der Betriebsgesellschaft (durch Aufnahme neuer Gesellschafter, bei GmbH jedoch eingeschränkt; andererseits reduzierte Kreditwürdigkeit durch beschränkte Haftungssubstanz).
  - Standortfrage (durch Aufspaltung beider Firmen am jeweils günstigsten Standort, oft jedoch ein großes Kosten- bzw. verwaltungstechnisches Problem).

6. Der Firmenbeirat

Steigender Beliebtheit erfreut sich in den letzten Jahren insbesondere bei mittelständischen Unternehmen (oder größeren Familiengesellschaften, die keine AGs sind) die Gründung eines **Beirats** (auch Verwaltungsrat genannt) als **freiwilliges Aufsichtsorgan**. Da es hierzu keine gesetzlichen Regelungen gibt, sind in der Praxis zahlreiche Ausprägungen zu finden.

Folgende **Gründe** sprechen für die Einrichtung eines Firmenbeirats (vgl. Flick, 1987):

- Sicherung des Unternehmens (Führungshilfe)
- Vorsorge für die Familie (Nachfolgeregelung)
- Versachlichung der Zusammenarbeit zwischen Unternehmern und ihren Managern (Konflikt ausgleichende Wirkung)
- Gebündelte Beratung (Juristen, Banker, Steuerberater etc.) durch unabhängige Fachleute (Nutzung externen Wissens)
- Partner auf Zeit
- Entlastung und Zeitgewinn
- Risikobegrenzung

Voraussetzungen für die Gründung sind:

- die Bereitschaft zur Zusammenarbeit (geistige Grundeinstellung)
- eine stabile Vertrauensbasis, wobei das Konstituieren des Beirats, d.h. die Berufung der Mitglieder, das **persönliche Recht** des Inhabers ist
- die Gründung muß nicht im Handelsregister angemeldet werden
- der Belegschaft müssen die Mitglieder nicht vorgestellt werden

Wichtigste Quelle für Beiratskandidaten ist das persönliche Beziehungsnetzwerk des Unternehmers. Die Kandidaten sollten eine ausgewiesene Fachkompetenz haben. In vielen Beiräten gibt es heute **mehr** zu tun als früher (FAZ, 19.7.1999, S. 25):

- Familienunternehmen reorganisieren mit hoher Intensität
- Zukäufe
- Umgründung in eine AG
- Prozeß der Übergabe vom Altinhaber auf einen Unternehmensnachfolger
- Ausgleich verschiedener Familienstämme

Das Jahreshonorar liegt zwischen 15.000 und 30.000 DM für das einfache Mitglied. Ein aktiver Vorsitzende erhält das eineinhalb- bis zweifache.

Die **Arbeit** des Beirats, der i.d.R. drei bis sechs Mitglieder umfaßt, die im klassischen Modell durch Information, Beratung, Anregung und Entscheidung gekennzeichnet ist, wird primär **strategisch** orientiert sein. Damit wird sie

- einen Bezug zur **Gesamt**-Unternehmung i.S. eines Frühwarnsystems haben (also etwa: Struktur- und Gestaltungsfragen, Leitlinien/Zielsetzung, Schwachstellenanalyse, Strategien, langfristige Nachfolgeregelungen)
  oder sich
- auf **konkrete** (projektbezogene) Beratungspunkte beziehen (etwa Erfolgsrechnungen, Wettbewerbssituation, Aktivitäten, Führungsfragen).

Der Beirat wird – bei nicht festgelegter Frequenz – ca. vier bis acht Treffen durchführen, sein Aufgabenbereich und seine Kompetenz sind als Bestandteil einer **Geschäftsordnung** und im **Gesellschaftsvertrag** festzulegen. Neben der neutralen **Beratung** zwischen Geschäftsführung und Gesellschaftern (u.a. bei Familien- bzw. Inhaber-Unternehmen) als Regelaufgabe können folgende **Funktionen** dazutreten:

- die **Überwachung** der Geschäftsführung (Katalog genehmigungspflichtiger Geschäfte, z.B. Investitionen und Finanzentscheidungen ab einer bestimmten Größenordnung, Erwerb oder Veräußerung von Beteiligungen; wird Zustimmung versagt, Überstimmung durch Gesellschafter z.B. mit Dreiviertelmehrheit);
- das Tätigsein als gesellschaftsrechtliches **Kontrollorgan** für die später nicht an der Geschäftsführung beteiligten Familienmitglieder (d.h. deren laufende Information sichern; vgl. Flick, 1987, S. 7);
- die (vorübergehende) **Übernahme** von Geschäftsführungsaufgaben in Ausnahmefällen (z.B. Feststellung der Bilanz, Rücklagenzuweisung, Bestellung und Abberufung von Geschäftsführern, Änderung des Gesellschaftsvertrages);

- die Funktion einer **Schlichtungsinstanz** zwischen Junior und Senior innerhalb einer langfristig orientierten Nachfolgeregelung (z.B. Senior wird Vorsitzender des Beirats).

VI. Die Europäische Wirtschaftliche Interessenvereinigung (EWIV)

Das insbesondere im Zuge des Binnenmarktes verstärkte europaweite Engagement in Produktion und Vertrieb erfolgte bisher weitgehend über eigene Niederlassungen, rechtlich selbständige Tochtergesellschaften oder über Gemeinschaftsunternehmen mit ausländischen Partnern. Die Europäische Union strebt seit längerem an, für dieses grenzüberschreitende Operieren auf den Märkten geeignete Rechtsformen zu schaffen (vgl. Noack, 1995, S. 421ff.). Die Europäische Wirtschaftliche Interessenvereinigung wurde dabei die erste (und bislang einzige) supranationale Gesellschaftsform europäischen Rechts. Verordnungsvorschläge für einen Europäischen Verein, eine Europäische Gegenseitigkeitsgesellschaft und eine Europäische Genossenschaft werden weiterhin überarbeitet: Auch bei der **Europa AG** ist ein Ende der jahrzehntelangen Diskussion (erster Vorschlag 1970!) nicht in Sicht. Im Mai 1999 scheiterte eine sicher geglaubte Einigung am Veto Spaniens.

- **Rechtsgrundlage**
  - EG-Verordnung Nr. 2137/85 gilt unmittelbar in jedem Mitgliedstaat der EU
  - nationale Ausführungsvorschriften als Ergänzung (in der BRD weitgehend Anlehnung an **OHG**; dies bezieht sich auf den „Mitgliederbereich")
  - die Geschäftsführung der EWIV ist dem Geschäftsführer als eigenes Organ vorbehalten; die Mitglieder haben nur beschränkte Einsichts- und Informationsrechte; deshalb sind im „Geschäftsführerbereich" aufgrund der Nähe der EWIV zum Recht der Körperschaften die Regelungen des GmbHG und des AktG heranzuziehen (nach Lentner, 1994)

- **Wesen**
  - im eigentlichen Sinne keine Gesellschaft, hat reinen Hilfscharakter (dazu Spangemacher, 1994, S. 226ff.)
  - bietet sich für vielfältige Handlungsformen **grenzüberschreitender** Zusammenarbeit an (langfristige Kooperationen oder für einzelne Projekte)
  - kann jede Aufgabe übernehmen, die die wirtschaftliche Tätigkeit der Mitglieder fördert
  - erste in allen Mitgliedstaaten verbindliche europäische Rechtsform der sekundaren europäischen Gemeinschaft; erste **„supranationale"** Rechtsform, die in ihren Grundsätzen in jedem Mitgliedstaat einheitlich und zwingend gilt (vgl. Lentner, 1994, S. 31ff.); nur Mitglieder aus der EU möglich (Art. 4 Abs. 1 EWIV-VO)
  - typische Rechtsform für mittelständische Kooperationen in Einkauf/Verkauf/Fertigung/F&E etc.
  - Zweck besteht nicht darin, für sich selbst Gewinn zu erzielen, sondern wirtschaftliche Tätigkeit der Mitglieder zu erleichtern (Hilfstätigkeit)
  - die Wirtschaftspraxis hat das neue Kooperationsinstrument in kurzer Zeit nur zögernd aufgenommen: nach Angaben der EG-Kommission sind bis Ende Februar 1993 insgesamt erst 431 Vereinigungen gegründet worden (davon 60 bundesdeutsche); damit wird die Rechtsform nur minimal genutzt
  - ähnelt einem Joint Venture

- **Rechtsform(-fähigkeit)**
  - mindestens zwei Partner in mindestens zwei verschiedenen Ländern

- Teilrechtsfähigkeit (Art. 1 Abs. 2 EWIV-VO): kann im eigenen Namen Träger von Rechten und Pflichten sein
- bisherige (nationale) Rechtsform bleibt davon unberührt/bestehen

- **Gründung**
  - durch Vertrag
  - Eintragung der EWIV in das Handelsregister Abteilung A (Art. 1 Abs. 1 EWIV-VO)

- **Organe**
  - die gemeinschaftlich handelnden Mitglaeder als oberstes Organ und der/die Geschäftsführer (Art. 16 EWIV-VO)
  - andere Organe können durch Mitglieder bestimmt werden
  - jedes Mitglied hat eine Stimme (Art. 17 Abs. 1 EWIV-VO) oder andere Vereinbarung des Stimmrechts

- **Geschäftsführung**
  - eine oder mehrere natürliche Personen
  - haben Sorgfalt eines ordentlichen und gewissenhaften Geschäftsleiters anzuwenden
  - Vertretung der Vereinigung nach außen durch jeden Geschäftsführer allein (Art. 20 EWIV-VO) oder gemeinschaftlich gemäß Gründungsvertrag

- **Gesellschafterwechsel/Auflösung**
  - Beteiligung kann ganz oder teilweise an ein anderes Mitglied oder an einen Dritten abgetreten werden (Art. 22 EWIV-VO)
  - Tod einer natürlichen Person als Mitglied; Sitz/Hauptversammlung nicht mehr innerhalb der EU
  - Konkurseröffnung über das Vermögen eines Mitgliedes, Auflösungsbeschluß der Mitglieder, Zeitablauf

- **Steuern**
  - selbst nicht Steuersubjekt, nur Gesellschafter je nach ihrer Rechtsform
  - es gelten die jeweiligen nationalen Steuergesetze; ertragsteuerlich als OHG zu behandeln
  - Vorschriften von Doppelbesteuerungsabkommen sind anzuwenden

- **Vorteile**
  - mit Inkrafttreten am 1. Juli 1989 erstmals eine EG-Rechtsform mit gemeinsamen Vorschriften, d.h. es gelten europaweit dieselben Regeln für ihre Gründung, Struktur und ihr Funktionieren
  - es ist möglich, den Sitz der EWIV über die Grenzen des nationalen Staates hinweg in einen anderen Staat zu verlegen, ohne den Gründungsvertrag oder die Vereinigung ändern zu müssen (vgl. Lentner, 1994, S. 32)
  - alle EWIV-Mitglieder bleiben unabhängig und übertragen nur jene Tätigkeitsfelder auf die EWIV, die sie im Vertrag festlegen
  - im Vergleich zu Kooperationsverträgen (wie Joint Ventures) kann die EWIV als selbständige Unternehmungsform gegenüber Dritten unter eigenem Namen Verträge abschließen
  - durch die festgelegte Organisations- und Finanzverfassung wird die Vertrauenswürdigkeit der Vereinigung im Rechtsverkehr als Geschäftspartner sichergestellt (vgl. ebd.)

- auch Freiberufler und BGB-Gesellschaften können sich beteiligen
- im Gegensatz zu den Grundsätzen des deutschen Personengesellschaftsrechts läßt die EWIV Fremdorganschaft zu, d.h. Geschäftsführung und Vertretung durch außenstehende Dritte (die nicht Mitglieder der Vereinigung sein müssen)
- intern flexible Vertragsgestaltung möglich (einfache Konstruktion), Mindesterfordernisse in Art. 5 EWIV-VO

- **Nachteile**
  - darf höchstens 500 Mitarbeiter beschäftigen, Konzernleitungs- und Holdingverbot
  - darf Gewinne nicht für sich selbst, sondern nur für beteiligte Mitglieder anstreben (Gewinnerzielungsverbot darf aber nicht zu eng ausgelegt werden; dazu Lentner, 1994)
  - primär für kleinere und mittlere Unternehmen gedacht

VII. Die Umwandlung als Instrument zur Rechtsformänderung

Im Falle der Änderung wichtiger Parameter (wirtschaftliche, persönliche, steuerliche, technische, rechtliche u.a.) ist bereits die Notwendigkeit der laufenden **Überprüfung** der Rechtsformwahl betont worden. Eine Anpassung an die neuen Verhältnisse wird entweder durch

- eine Umgestaltung des Gesellschaftsvertrages oder
- durch einen Wechsel der Gesellschaftsform als solche

vorgenommen. Wird ein Wechsel der Rechtsform als notwendig erachtet, spricht man von einer Umwandlung. Für diese Überführung in eine andere Rechtsform stehen zahlreiche Varianten zur Verfügung. Es soll an dieser Stelle nur ein Systematisierungsüberblick gegeben werden; steuerliche Folgen werden nicht behandelt. Für eine Vertiefung sei auf die Spezialliteratur verwiesen (Balser u.a., 1990; Eisenhardt, 1994, S. 417ff.; zahlreiche Beispiele finden sich bei Neu, 1991, S. 250ff.).

Mit dem Gesetz zur Bereinigung des Umwandlungsgesetzes und dem Gesetz zur Änderung des Umwandlungssteuerrechts wurde 1994/95 das Recht der Umwandlung von Unternehmen handels- und steuerrechtlich **grundlegend reformiert**, z.B. wurden neue Umwandlungsmöglichkeiten geschaffen oder einem Rechtsformwechsel entgegenstehende steuerliche Hemmnisse abgebaut (im Einzelnen Eisele/Renner, 1996).

Umwandlungen können je nach Art der Vermögensübertragung unterteilt werden in

- Form wechselnde Umwandlung: Es erfolgt keine Vermögensübertragung, sondern nur ein Wechsel des Rechtsformkleides; die Identität der Gesellschaft bleibt unberührt; z.B. Umwandlung einer OHG in eine KG;
- **übertragende** Umwandlung: Es findet ein Rechtsträgerwechsel statt, d.h. das Vermögen der vorhandenen Gesellschaft wird auf eine andere Gesellschaft als Rechtsträgerin übertragen.

Das Umwandlungsgesetz unterscheidet in §1 Abs.1 vier grundlegende **Arten** der Umwandlung (nach Eisele/Renner, 1996, S. 172f.):

- **Verschmelzung**: vollständige Übertragung des Vermögens (Gesamtrechtsnachfolge) eines oder mehrerer Rechtsträger auf einen bereits bestehenden (= Verschmelzung durch Aufnahme) oder neu gegründeten Rechtsträger (= Verschmelzung durch Neugründung).
- **Spaltung** (Aufspaltung): Das Vermögen wird unter Auflösung ohne Abwicklung vollständig auf mindestens zwei bestehende (Aufspaltung zur Aufnahme) oder neu gegründete Rechtsträger (Aufspaltung zur

Neugründung) im Wege der Sonderrechtsnachfolge übertragen; Abspaltung: Hier bleibt der übertragende Rechtsträger weiterhin bestehen, lediglich ein Teil des Vermögens wird übertragen; Ausgliederung: Vermögen geht nur teilweise auf einen bereits bestehenden (Ausgliederung zur Neugründung) oder neuen Rechtsträger (Ausgliederung zur Neugründung = Ausgründung) über – anders als bei der Abspaltung erhalten aber nicht die Anteilseigner des übertragenden Rumpf-Rechtsträgers, sondern dieser selbst Anteile an dem übernehmenden oder neuen Rechtsträger.

- **Vermögensübertragung**: Voll- oder Teilübertragung.
- **Formwechsel**: Hier ändert sich die Rechtsform und damit die Struktur des Rechtsträgers; die wirtschaftliche und rechtliche Identität des Rechtsträgers bleibt jedoch (im Gegensatz zu den drei anderen Umwandlungsarten) gewahrt; das neue Gesetz erlaubt jetzt auch einen „kreuzenden" Formwechsel von Kapitalgesellschaften in Personengesellschaften und umgekehrt.

Weiterhin sind Umstrukturierungsmöglichkeiten zulässig, die nicht im Umwandlungsgesetz kodifiziert sind (vgl. ebd., S. 171):

- **Umgründung** als Fall der Vermögensübertragung auf ein neu gegründetes Unternehmen durch Einzelrechtsnachfolge bei gleichzeitiger Formalliquidation des alten Unternehmens
- **Anwachsung** als Sonderfall im Rahmen der Umwandlung durch Gesamtrechtsnachfolge

D. Unternehmensverbindungen

Durch zahlreiche Phänomene der jüngsten Zeit (unfreundliche Übernahmen, strategische Allianzen, EG-Binnenmarkt, Triaden-Theorie u.ä.) sind Unternehmenszusammenschlüsse wieder stark ins Bewußtsein gerückt. Insbesondere für die USA (und z.T. auch für Großbritannien) brachten die 80er Jahre ein Jahrzehnt der Mammutübernahmen und eine Veränderung der Firmenlandschaft durch Mergers & Acquisitions. Neben Übernahmewellen sind auch deutliche Zunahmen bei den Kooperationsformen festzustellen (Gemeinschaftsunternehmen, Joint Ventures, Minderheitsbeteiligungen u.ä.). Während bei den Zusammenschlüssen die „Partner" vorwiegend im eigenen Land gesucht werden, haben bei den Kooperationen die grenzüberschreitenden Operationen stark zugenommen.

Einer Unternehmung stehen zur Umsetzung seiner (Wachstums-, Wettbewerbsvorteils-, Wertsteigerungs-)Strategien grundsätzlich drei Wege zur Verfügung:

- aus eigener Kraft (mit eigenen Ressourcen)
- Akquisitionen oder Zusammenschlüsse (Beteiligungen, M&A)
- zusammen mit einem Partner (und Ressourcenbündelung) in Form von Kooperationen (strategische Allianzen, Joint Ventures)

Die Entwicklung und Expansion der Unternehmen verbindet sich für Kreis (1994) zunehmend mit dem Phänomen der Internationalisierung der Unternehmen und Märkte („Globalisierung").

> „‚Aus eigener Kraft zu wachsen', sagt wieder Wendelin Wiedeking, ‚ist mühsamer, aber dafür auch dauerhafter'. Auch das stimmt natürlich. Doch wie die Dinge liegen, ist keines der gegenwärtigen Topunternehmen ganz allein aus eigener Kraft gewachsen. Sie haben sich zu unterschiedlichen Zeiten durchaus ihre Größe von draußen geholt." (Meyer-Larsen, 1999, S. 297)

Bei der **strategischen** Frage, ob man aus eigener Kraft oder durch Akquisitionen wachsen soll, wird zwar von den meisten Firmen heute fast automatisch der **externe** Weg gewählt (dazu auch Punkt 3, a), von der Empirie jedoch nicht klar beantwortet. Selbst in der Pharmabranche, wo die meisten Firmen die Zukunftssicherung über Fusionen anstreben (Begründung i.d.R.: Aufwendungen für F&E zu decken), sind die derzeit erfolgreichsten Unternehmen, Merck und Pfizer diejenigen, die aus **eigener** Kraft gewachsen sind.

I. Der Wettbewerb als Ordnungsprinzip in der Marktwirtschaft

1. Begriff des Wettbewerbs

Die wirtschaftspolitische Grundkonzeption der Bundesrepublik Deutschland ist die Soziale Marktwirtschaft, die durch ein freies Spiel von Angebot und Nachfrage und einen „Dualismus von Marktwirtschaft und öffentlicher Wirtschaft" (Cox) gekennzeichnet ist. Als Regulativ der dabei ablaufenden mikroökonomischen Prozesse setzt sie den Wettbewerb unter einer Anzahl auf den einzelnen Märkten unabhängig voneinander handelnder Unternehmen voraus. Wettbewerb wird in der Literatur unterschiedlich definiert (im GWB selbst fehlt eine Legaldefinition dieses Begriffes). An der Vielzahl der Definitionen des Begriffs „Wettbewerb" kann man erkennen, daß Wettbewerb ein sehr vielschichtiges Phänomen ist, das sich nur schwer in einer allgemeingültigen Form erfassen läßt. Am besten kann man den Wettbewerb durch Festlegung seiner charakteristischen Merkmale beschreiben:

- Existenz von Märkten
- Mindestens zwei Anbieter oder Nachfrager von Leistungen, die
- sich antagonistisch verhalten, d.h. durch Einsatz eines oder mehrerer Aktionsparameter ihren Zielerreichungsgrad zu Lasten anderer Wirtschaftssubjekte verbessern wollen.

Dieses individuelle Vorteilsstreben der Wettbewerber zwingt alle Teilnehmer zu aktivem Handeln, um nicht selbst Marktnachteile hinnehmen zu müssen (vgl. Aberle, 1992, S. 13). Demgemäß lassen sich verschiedene **Formen** des Wettbewerbs in einem relevanten Markt ableiten (vgl. Hammann/Lohrberg, 1981, S. 378). Der Wettbewerb zwischen Anbietern wird also entweder über Art, Umfang und Qualität der Leistungsbündel (Bestandteile sind z.B. Maßnahmen der Kommunikations-, Vertriebs- und Produkt- bzw. Sortimentspolitik) und/oder über die Preise geführt.

Wenn Kooperationen wie Kartelle u.ä. zu Lasten Dritter gehen, sind sie unerwünscht. Umgekehrt sind die Formen des Wettbewerbs, die Dritten zugute kommen, **erwünscht** – diese Formen sind gemeint, wenn vom institutionalisierten, unter Spielregeln stattfindenden Wettbewerb, auf dem unsere Markwirtschaft basiert, gesprochen wird.

Ein Marktgeschehen wird dann als **wettbewerblich** definiert (nach Herdzina, 1993, S, 119):

- wenn es bestimmte Wirkungen bzw. Marktergebnisse zeitigt (z.B. rasche Anpassung des Angebots an Nachfrageänderungen),
- wenn bestimmte Prozeßabläufe und Verhaltensweisen vorkommen (etwa Vorstöße und Verfolgungen) bzw. wenn bestimmte Verhaltensweisen gerade nicht praktiziert werden (etwa Absprachen oder Behinderungen),
- wenn bestimmte Konstellationen, die als Voraussetzungen für das Eintreten der gewünschten Verhaltensweisen, Prozesse und Wirkungen vermutet werden, gegeben sind (z.B. bestimmte Marktstrukturen oder die Existenz von Marktzutrittsfreiheit für alle Wirtschaftssubjekte).

Unter einem **funktionsfähigen Wettbewerb** („workable competition") wird diejenige Form der Marktverfassung verstanden, „in der das Marktverhalten aller Teilnehmer – unabhängig von ihrer Interessenlage – nicht durch u.a. Diskriminierung, Behinderung, Absprachen, Praktiken im Sinne des Gesetzes gegen unlauteren Wettbewerb oder Subventionierung eingeschränkt wird" (ebd., S. 378), denn diese hemmen zunächst das „Entdeckungsverfahren", da sie i.d.R. die Wirtschaftlichkeit der begünstigten Unternehmen ohne Bezug zur Leistungsfähigkeit zu steigern beabsichtigen. Eine bestimmte Zahl von Wettbewerbern (i.S. einer Mindestanzahl) ist für die Aufrechterhaltung eines funktionsfähigen Wettbewerbs nicht erforderlich.

Wettbewerbskonzeptionen sind die Grundlage für die staatliche Wettbewerbspolitik (siehe dazu Punkt 4). „Konzeptionen" enthalten theoretische Aussagen über Marktstrukturen, Wettbewerbsprozesse und -ergebnisse. Entweder werden hypothetische (= Wenn-dann-Aussagen) oder normative Referenzsituationen (= Leitbilder) formuliert. In der Literatur werden die unterschiedlichsten wettbewerbstheoretischen Konzeptionen dargelegt (siehe insbesondere Aberle, 1992, S. 27ff.; Berg, 1999, S. 305ff.).

„Danach hat die Wettbewerbspolitik die Aufgabe, bis zum jeweiligen Optimum hin erwünschte Unvollkommenheit der Märkte im Sinne des Modells vollkommener Konkurrenz zu ermöglichen, jenseits des Optimums aber mit der gleichen Konsequenz zu bekämpfen. Der auf optimale Leistung gerichtete ‚funktionsfähige Wettbewerb' soll der Erreichung volkswirtschaftlich erwünschter Ziele, insbesondere dem Wohlstand und Fortschritt dienen. Die unternehmerische Entscheidungsfreiheit ist nur so lange maßgebend, als ihr Gebrauch nicht zur Vermachtung der Märkte und damit zur Beseitigung des Wettbewerbs und der Freiheit anderer führt. Aufgabe der Wettbewerbspolitik ist es, den Wettbewerb in möglichst allen Wirtschaftsbereichen durchzusetzen und vor Vermachtung durch enge Oligopole und marktbeherrschende Stellungen zu schützen." (Baumbach/Hefermehl, 1998, S. 61f.)

2. Funktionen des Wettbewerbs

Ziel der Wettbewerbs**politik** in Deutschland ist die Erhaltung und Förderung von Wettbewerb. Auch wenn keine Einigung darüber besteht, welche konkreten Gegebenheiten als Wettbewerb zu bezeichnen sind, wird bei dem Versuch, Wettbewerb zu definieren, i.d.R. bei seinen positiven Wirkungen angesetzt: „Dabei zeigte es sich, daß es trotz divergierender Detailaussagen über die erwarteten Wettbewerbswirkungen eine Art Grundkonsens gibt, denn die diesbezüglichen Erörterungen gehen in der Regel von den gesellschaftlichen Grundwerten Freiheit, Wohlstand und Gerechtigkeit aus." (Herdzina, 1993, S. 12) Die aus diesen Grundwerten abgeleiteten wirtschaftspolitischen Ziele und Wettbewerbsfunktionen zeigt Abb. 34 (aus ebd., S. 34).

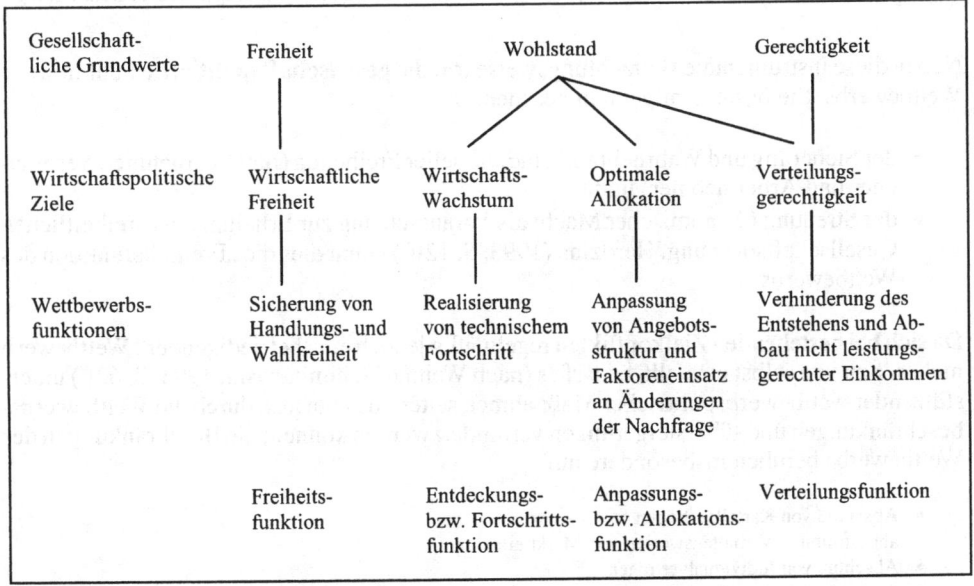

Abb. 34: Gesellschaftliche Grundwerte, wirtschaftspolitische Ziele und Wettbewerbsfunktionen

„In einer Marktwirtschaft werden die Aktivitäten von Produzenten und Konsumenten nicht von einer zentralen Instanz, sondern individuell von den Wirtschaftsteilnehmern geplant. Die Koordinierung dieser Pläne leistet der Wettbewerb. Er ermöglicht, daß sich durch das freie Zusammentreffen von Anbietern und Nachfragern auf Märkten Preise bilden, die eine wichtige Steuerungsfunktion für den Austausch von Waren und Dienstleistungen besitzen. Die Preise zeigen den Anbietern, in welchen Bereichen sie ihre Produktionsfaktoren am effizientesten einsetzen können; den Nachfragern geben sie Anhaltspunkte, wo sie ihren Bedarf am günstigsten decken können. Durch das Konkurrieren um die Nachfrager hat ein Wettbewerbssystem darüber hinaus eine Tendenz zu Preissenkungen bzw. Qualitätsverbesserungen. Denn der Wettbewerb gibt den Unternehmen Anreize zu besseren Leistungen, da z.B. durch Innovationen oder technischen Fortschritt höhere Gewinnchancen winken. Andererseits sanktioniert er schlechte Leistungen durch Verluste. Der Wettbewerb kann also mit Recht als der Motor der Marktwirtschaft bezeichnet werden. Funktionierender Wettbewerb mit einer Vielzahl von Konkurrenten beugt gleichzeitig zu starken gesellschaftlichen und politischen Machtstellungen vor." (Bundeskartellamt, 1999)

Der Wettbewerb übt bei der Steuerung der Marktprozesse verschiedene ökonomische und gesellschaftspolitische Funktionen aus. Die wichtigsten dieser Funktionen sind **wirtschaftspolitischer** Natur und setzen sich aus vielen Einzelkomponenten zusammen. Neben der Anpassungsfunktion (Ordnungsfunktion für Allokations- und Verteilungsprozesse) und der Verteilungsfunktion wird der Fortschrittsfunktion (Antriebs- oder Anreizfunktion) zentrale Bedeutung zugemessen. Die Darstellungen in der Literatur sind sehr ähnlich (Tolksdorf, 1994, S. 17ff.); stellvertretend unterscheidet Emmerich (1993, S. 2ff.):

- Steuerungsfunktion: Wettbewerb steuert die Zusammensetzung des Güterangebots entsprechend der Nachfrage in qualitativer, quantitativer und zeitlicher Hinsicht.
- Ordnungs- und Koordinierungsfunktion: Wettbewerb koordiniert die Einzelentscheidungen der Wirtschaftssubjekte und lenkt Produktionsfaktoren in die jeweils effizienteste Verwendung.
- Antriebs- und Leistungsfunktion: Wettbewerb veranlaßt die Unternehmen, möglichst gute und preiswerte Güter anzubieten sowie kostengünstige Produktionsmethoden zu entwickeln und einzuführen.
- Schutzfunktion: Wettbewerb gibt jedem Anbieter und Nachfrager grundsätzlich die Möglichkeit, zwischen verschiedenen Angeboten bzw. Nachfragen zu wählen (Schutz vor einseitigen Maßnahmen der Marktgegenseite).
- Einkommensverteilungsfunktion: Wettbewerb steuert die Einkommensverteilung nach der Marktleistung.

Neben diese instrumentale Betrachtungsweise tritt die **gesellschaftspolitische** Funktion des Wettbewerbs. Sie besteht, allgemein gesehen, in:

- der Sicherung und Wahrnehmung individueller Freiheiten (für Unternehmer, Verbraucher und Arbeitnehmer) und
- der Streuung ökonomischer Macht als Voraussetzung zur Erhaltung der freiheitlichen Gesellschaftsordnung. Herdzina (1993, S. 12ff.) nennt dies die „Freiheitsfunktion des Wettbewerbs".

Da sich bei bestehenden Zielkonflikten regelmäßig jedoch ein „befriedigender" Wettbewerb nicht schon von selbst einstellt, bedarf es (nach Weimar/Schimikowski, 1993, S. 62f.) unterstützender wettbewerbspolitischer Maßnahmen seitens des Staates, durch die Wettbewerbsbeschränkungen und -übersteigerungen verhindert werden können; die Beschränkungen des Wettbewerbs beruhen insbesondere auf

- Abschluß von Kartellverträgen
- abgestimmten Verhaltensweisen von Marktteilnehmern
- Abschluß von Individualverträgen
- diskriminierendem Wettbewerbsverhalten

- Marktbeherrschung und Unternehmenszusammenschlüssen
- Übertölpelung und Übervorteilung von Marktteilnehmern durch Täuschungen aller Art
- ruinösem Wettbewerb zwischen Konkurrenten in der Absicht, sich gegenseitig vom Markt zu verdrängen.

3. Wettbewerb als dynamischer Prozeß

Obwohl es bei der Beurteilung von Bedingungen und Funktionen des Wettbewerbs Auffassungsunterschiede gibt, besteht weitgehend Einigkeit darin, daß Wettbewerb als Bewegungsvorgang (d.h. als ein evolutionärer Prozeß) aufzufassen ist (vgl. Kerber, 1991, S. 843), dessen Ergebnis nicht vorab determiniert werden kann.

Voraussetzungen für diesen Prozeßablauf (Austausch- und Parallelprozeß) sind allerdings:

- der Wille zum Wettbewerb (individuelles Vorteilsstreben)
- genügende Freiheitsspielräume (Freiheit zum Wettbewerb) für die unternehmerischen Aktionen
- ein Mindestmaß an Ungewißheit
- eine begrenzte Reaktionsgeschwindigkeit (d.h. der Bahnbrecher muß zumindest einen temporären Vorteil, also die Möglichkeit, seine Marktstellung auszunutzen, erwarten können).

> „Die Klage über die Schärfe des Wettbewerbs ist in Wirklichkeit meist nur eine Klage über den Mangel an Einfällen." (Walther Rathenau)

Solange sich also Unternehmer in ihren Produkten oder Dienstleistungen für ihre Kunden zu übertreffen versuchen, ist wirtschaftlicher Wettbewerb mit der aufgezeigten prozessualen Machtentstehung gegeben; erst durch das Entstehen **permanenter** Machtstellungen verändert sich der Wettbewerb und wird durch Machtelemente verfälscht. „Macht" kann entweder als **Anbietermacht** oder als **Nachfrager**macht gegeben sein. Das marktwirtschaftliche System ist wegen dieser ständig gegebenen Bedrohung als **inhärent instabil** anzusehen (vgl. ebd., S. 8).

Obwohl nach herrschender Lehre als Konzentration die Verminderung der Zahl selbständiger Wirtschaftseinheiten gesehen wird (und damit ex definitione sowohl von horizontalen als auch vertikalen und heterogenen Unternehmensvereinigungen ausgegangen wird), ist trotzdem externes Wachstum über Unternehmensverbindungen nicht mit Konzentration gleichzusetzen, da der Konzentrationsgrad zusätzlich auch von anderen Faktoren bestimmt wird, so dem Ausscheiden alter und insbesondere dem Auftreten neuer Unternehmen.

4. Das wettbewerbspolitische Instrumentarium in Deutschland

Es wächst die Besorgnis, daß durch nicht steuerbare marktstrukturelle Entwicklungen das mit einer Marktwirtschaft unabdingbar verbundene Wettbewerbsprinzip immer mehr eingeengt wird (vgl. Aberle, 1992, S. 5). **Ziel** der staatlichen Wettbewerbspolitik ist deshalb die Sicherung der Handlungsfreiheit der Marktteilnehmer und der Schutz und die Förderung des Lebenselixiers Wettbewerb. Damit ist die Wettbewerbspolitik für Herdzina (1993, S. 2) als der „zentrale Pfeiler der Ordnungspolitik in der Marktwirtschaft zu apostrophieren. Mit ihrer Hilfe wird versucht, den marktwirtschaftlichen Steuerungsmechanismus zu gewährleisten und zu sichern". Dazu gilt es alle Hindernisse abzubauen, die einer Entfaltung des dynamischen Wettbewerbs entgegenwirken. Dies soll durch das Festlegen von „Spielregeln" für wirtschaftliches Handeln (wettbewerbsrechtliche **Rahmenbedingungen**) und durch staatliche **Intervention** erreicht werden. Diese Bedingungen unterliegen dem Gebot des Postulats der Rahmenkonstanz, d.h. auch bei Änderungen pflegt die jetzige Bundesregierung in Zweifelsfällen das Prinzip staatlicher Zurückhaltung.

Zur Zeit ist eine Renaissance der **Wettbewerbspolitik** vor allem in den **USA** feststellbar: früher „big is beautiful" – heute: Wiedergeburt der Anti-Trust-Politik. Spektakulärstes Beispiel: das Kartellverfahren gegen **Microsoft** im Mai 1998. Geschichtliche Beispiele: Zerschlagung von Standard Oil, AT&T (1984) oder der IG Farben in der BRD nach dem 2. Weltkrieg.

Probleme für die Wettbewerbspolitik:

- Eine „Markt beherrschende Stellung" wird in einigen Fällen nicht durch die klassischen Absprachen, sondern durch das erfolgreiche Setzen bestimmter „**Standards**" für den jeweiligen Industriezweig erreicht (z.B. Microsoft mit dem weltweiten Betriebssystem Windows).
- Wirtschaftliche Macht wird zunehmend global, die Wettbewerbspolitik ist jedoch national (d.h. die Global Players entziehen sich dem Zugriff **nationaler** Kartellgesetze).
- Die Entwicklung zeigt die Notwendigkeit für eine **europäische** Wettbewerbsbehörde (bisher nur national, wie das Bundeskartellamt) und langfristig vielleicht sogar für eine **globale** Wettbewerbsbehörde für eine internationale Wettbewerbsordnung.
- Sind staatliche Eingriffe zum Schutz des Wettbewerbs eine unerwünschte **Intervention**? Größe allein ist noch kein Hinweis auf Markt beherrschende Stellung. Trotz geringerer Anzahl von Anbietern kann der Wettbewerb sogar zunehmen!

Ausgangsituation in der Wirtschaft:

- **Deregulierung** der Märkte (z.B. Flug/Kommunikation), die **Globalisierung** und der beschleunigte **technische Wandel** führen zu immer stärkeren Konsolidierungsprozessen und umfassenden Reorganisationen/Restrukturierungen (Neuordnung von Geschäftsfeldern: Kernkompetenzen – strategische Verbindungen/Allianzen).
- **Ziel:** Erhöhung der Marktmacht und Anstreben der Marktführerschaft.

Folgen:

- **Schrumpfung** der Anzahl konkurrierender Unternehmen in vielen Branchen, z.B. verringerte sich in der Automobilindustrie die Zahl der eigenständigen Hersteller von weltweit 42 (1960) auf 18 (1998).
- **Globaler** Fusionswettlauf oder Kooperationen/Allianzen statt (mühseliges) Wachstum aus eigener Kraft auf weitgehend gesättigten Märkten.
- **Schneeballeffekt** in der jeweiligen Branche („Nachziehen" – „Deals are driving deals").
- **Nachfolgende** Konzentrationstendenzen entlang der Beschaffungs- und **Wertschöpfungskette** (z.B. deutliche Anzeichen in der früher mittelständisch strukturierten Auto-Zulieferindustrie).
- Der „Zwang zur Größe" als normale Konsequenz des Strukturwandels der Wirtschaft (**Globalisierung**): „Grow or Go" als Notwendigkeit, da sich der Wettbewerb im weltweiten Maßstab verändert (und Weltmarktstrategien im Alleingang kaum mehr machbar sind).
- (Horror-?)**Vision** einer vernetzten Ökonomie, in der bald nur noch wenige Unternehmen die Geschicke lenken (die VDI-Nachrichten sprachen von „Glopology" und Maier-Mannhardt überschrieb einen Artikel in der SZ vom 7.5.98 treffend mit „Auf dem Weg zur **Welt AG**").

Damit sich die Unternehmen an die veränderten Rahmenbedingungen anpassen können und der technische Forschritt stimuliert und durchgesetzt wird, hat das Bundeskartellamt eine **doppelte Aufgabe**: Einerseits muß das Wettbewerbsrecht den notwendigen Strukturwandel fördern, andererseits muß es jedoch möglichen wettbewerblichen Fehlentwicklungen als Begleiterscheinung von Anpassungsprozessen begegnen.

Als **Instrumente** zur Durchsetzung seiner Maßnahmen dienen dem Staat dabei (vgl. Abb. 35):

- Verbotsmaßnahmen
  (z.B. bei Kartellen)
- Maßnahmen der Mißbrauchsaufsicht
  (z.B. bei Markt beherrschenden Unternehmungen)
- Direkte und indirekte Maßnahmen

Der Wettbewerb braucht staatlichen Schutz. Art. 74 Nr. 16 des Grundgesetzes bestimmt, daß sich die konkurrierende Gesetzgebung auf die „Verhütung des Mißbrauchs wirtschaftlicher Machtstellung" erstreckt. Für die oben genannte Aufgabe gibt es in Deutschland zwei Rechtskreise:

(1) Das Recht gegen unlauteren Wettbewerb (UWG) vom 7.6.1909

Ziel: Schutz der Mitbewerber und Kunden vor unlauterem Verhalten

§ 1: Generalklausel: Wer im geschäftlichen Verkehr zum Zwecke des Wettbewerbs Handlungen vornimmt, die gegen die guten Sitten verstoßen, kann auf Unterlassung und Schadensersatz in Anspruch genommen werden.

Inhalt: neben der Generalklausel einige wichtige Einzeltatbestände, ansonsten weit-
             gehend Richterrecht (offenes Recht); im Laufe der Zeit wurden bestimmte
             Verhaltensnormen und Leitsätze (wie „Wahrheitsgebot") herausgearbeitet.

Auf das UWG soll nicht eingegangen werden.

(2) Das Recht gegen Wettbewerbsbeschränkungen (GWB) vom 1.1.1958

Ziel: Wettbewerb funktionsfähig zu halten

Die deutsche Wettbewerbspolitik ist zweifach konzipiert:

- gegen wettbewerbsbeschränkendes Marktverhalten
- bei wettbewerbsgefährdenden Marktstrukturen.

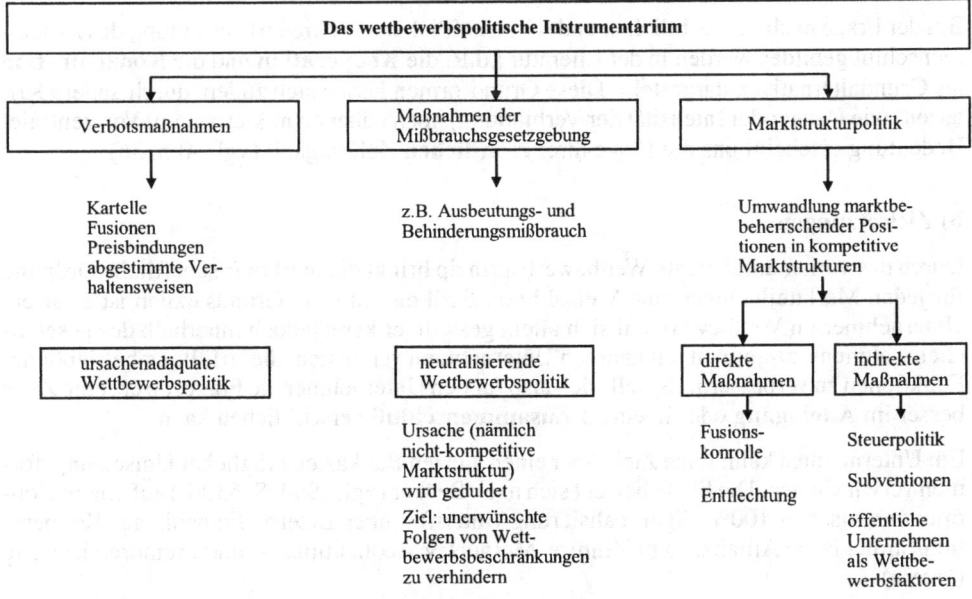

Abb. 35: Das wettbewerbspolitische Instrumentarium

Daneben tritt als wettbewerbspolitische Norm der EWG-Vertrag (Art. 85/86; Fusionskontrollverordnung); siehe dazu unsere späteren Ausführungen.

Strategische Entscheidungen müssen auch unter kartellrechtlichen Gesichtspunkten getroffen werden, da sie die Handlungsfreiheit von Unternehmen einschränken. Die Bedeutung des Kartellrechts ist insbesondere auf drei Ebenen zu sehen:

- Es kann der Planung Grenzen ziehen,
  z.B. wenn beabsichtigte Unternehmenskäufe, Kooperationen oder Vertriebsbindungen unzulässig sind.
- Es kann dem Unternehmen zivilrechtliche Ansprüche an die Hand geben,
  z.B. Belieferungs- und Schadensersatzansprüche als Folge eines aus kartellrechtlichen Gründen nichtigen Vertrages.
- Es zieht auch den Wettbewerbern und Lieferanten Grenzen, die Unternehmen in ihre strategische Überlegungen einbeziehen sollten (vgl. Burkert, 1995, S. 390).

II. Der Zusammenschluß von Unternehmen als Entscheidungsproblem

Die Bezeichnung Unternehmensverbindungen wird in der Literatur und im Sprachgebrauch der Praxis uneinheitlich verwendet.

Unternehmungsverbindungen:
„... die völlige oder beschränkte Verbindung mehrerer, rechtlich meist selbständig bleibender Unternehmungen" (Firnkorn/Fuchs)
„... Vereinigungen rechtlich selbständiger Unternehmen zu wirtschaftlichen Zwecken, die betriebswirtschaftliche Einzelgeschäfte, bestimmte Teilfunktionen der Unternehmungen oder die Gesamtheit aller betriebswirtschaftlichen Funktionen der zusammengeschlossenen Unternehmungen umfassen" (Heinen)

---

1. Unterscheidungskriterien

a) Ausprägungen

Bei der Frage nach der rechtlichen und wirtschaftlichen (konkreten) Gestaltung des Zusammenschlußgebildes werden in der Literatur i.d.R. die **Kooperation** und die **Konzentration** als Grundalternativen dargestellt. Diese Grundformen lassen sich zudem durch andere Kriterien (wie Dauer oder Intensität der Verbindung) noch näher charakterisieren. Von zentraler Bedeutung erscheint uns die Frage ihrer **rechtlichen** Zulässigkeit (vgl. Abb. 36).

b) Zielsetzungen

Durch das vorher aufgezeigte Wettbewerbsprinzip bringt die marktwirtschaftliche Ordnung für jeden Marktteilnehmer eine Vielzahl von **Risiken** mit sich. Grundsätzlich ist zwar ein Unternehmer im Wettbewerb auf sich allein gestellt, er kann jedoch innerhalb des gesetzlichen Rahmens zusammen mit anderen Unternehmen versuchen, die Erfüllung betrieblicher Funktionen zu verbessern. Es stellt sich also für den Unternehmer die Frage, ob er seine Ziele besser im **Alleingang** oder in einem **Zusammenschluß** verwirklichen kann.

Ein Unternehmen kann seine Ziele über einen ganzen Baukasten möglicher Umsetzungsformen verwirklichen. Die Skala bewegt sich nach Becker (vgl. 1994, S. 630ff.) auf einem Kontinuum zwischen 100% Eigenrealisierung (intern) - über Lizenz, Franchising, Kooperation/Strategische Allianz, Joint Venture, Mergers & Acquisitions – und Fremdrealisierung (extern).

Der Zusammenschluß widerspricht zwar in gewisser Weise dem Selbstverständnis eines im Wettbewerb aktiv sich durchsetzenden Unternehmers (vgl. unsere Ausführungen zum Schumpeterschen Ideal des Pionierunternehmers), doch zwingt die Sicherung der Unternehmungsexistenz gerade mittelständische Unternehmen zu einer Zusammenarbeit. Wie die Entwicklung der letzten Jahre gezeigt hat, sind es aber auch gerade Großunternehmen, die

Kooperationen und Konzentrationen als Instrumente zur Verbesserung ihrer Rentabilität, ihres Wachstums oder ihrer Marktstellung eingesetzt haben.

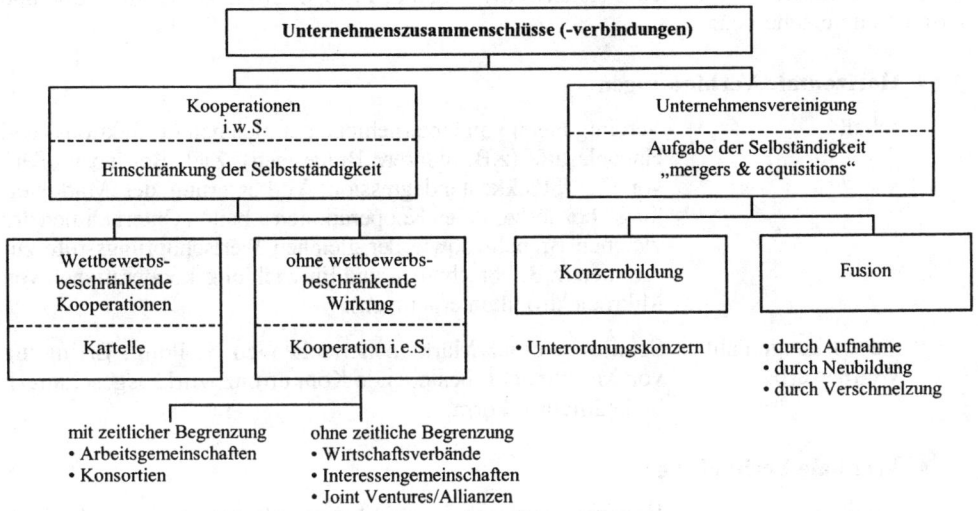

Abb. 36: Unternehmenszusammenschlüsse

Die (möglichen) **Ziele** sind äußerst vielgestaltig, da im Grunde alle betrieblichen Funktionsbereiche Ansatzpunkte einer angestrebten „Verbesserung der Leistungserfüllung" sein können. In der Realisierung von güter- und finanzwirtschaftlichen Synergievorteilen (Synergie = Zusammenwirken), die einem allein operierenden Unternehmen nicht offen stehen, wird das Hauptziel von Unternehmenszusammenschlüssen gesehen (vgl. Ossadnik, 1995, S. 70ff.; vgl. auch den Abschnitt zu Mergers & Acquisitions). Im Einzelfall wird der Anstoß zu einer Unternehmungsverbindung häufig nicht von einem einzigen Motiv bewirkt werden, sondern durch ein Bündel von Teilzielen.

Einen guten Überblick über die spezifischen (Teil-)Zielsetzungen (wie bessere Konditionen im Beschaffungsbereich, gleichmäßigere Kapazitätsauslastung/Spezialisierungsvorteile im Produktionsbereich, gemeinsame Werbung/Verkaufsförderung im Absatzbereich, Risikominderung/Stärkung der Kreditwürdigkeit im Finanzierungsbereich usw.) gibt Bestmann (1994, S. 53).

Die Vielzahl unterschiedlicher Verbindungsformen ist nicht zuletzt darauf zurückzuführen, daß mit dem Zusammenschluß ganz unterschiedliche Zielsetzungen angestrebt werden. Die Frage, welche Zusammenschlußform nun die richtige und damit zu wählen sei, kann nicht generell beantwortet werden und ist im Einzelfall im Vergleich zum beabsichtigten Ziel der Zusammenarbeit zu sehen.

c) Bindungsintensität

Bei Unternehmungszusammenschlüssen reicht die Palette der Verbindungen von losen Absprachen bis zum vollständigen Erwerb eines Unternehmens. Dies bedingt eine mehr oder minder starke Beschränkung der wirtschaftlichen Selbständigkeit, d.h. eine stufenweise Einschränkung in der Entscheidungsfreiheit der Unternehmensführung bis hin zur Aufgabe auch der rechtlichen Selbständigkeit.

d) Arten (Richtung)

Als Unterscheidungskriterium können wir auch die Richtung von Unternehmungsverbindungen heranziehen. (vgl. Picot / Reichwald / Wigand, 1998, S. 281): Dabei sind folgende Arten zu unterscheiden:

- **Horizontale Verbindungen**

  Inhalt: Vereinigungen von Unternehmen der gleichen Produktions- und Handelsstufe (z.B. mehrere Brauereien), Ziel: Betriebsgrößenvorteile (Stückkostendegression, Verbesserung der Marktstellung); bei horizontalen Kooperationen arbeiten Unternehmen der gleichen Branche sowie der gleichen Wertschöpfungsstufe zusammen (z.B. Forschungs- und Entwicklungskooperationen von Mikroelektronikunternehmen).

  Auswirkungen auf Wettbewerb: Schaffung einer Markt beherrschenden Stellung, Erringung von Marktmacht (bestehende Konkurrenz wird ausgeschaltet); bedenklichste Form.

- **Vertikale Verbindungen**

  Inhalt: Vereinigungen von Unternehmen aufeinander folgender Produktions- und Handelsstufen

  (a) nach rückwärts (backward integration);
  Zweck: Sicherung der regelmäßigen Versorgung mit Rohstoffen oder Fertigteilen (Risikominderung – Unabhängigkeit);

  (b) nach vorwärts (forward integration);
  Zweck: Sicherung des Absatzes, einheitliche Leitung, Möglichkeit des internen Gewinn- und Verlustausgleichs);
  vertikale Kooperationen beziehen sich auf Unternehmen aufeinander folgender Stufen der Wertschöpfungskette, wie z.B. Kunde und Lieferant, und werden häufig als Wertschöpfungspartnerschaften bezeichnet (z.B. enge Kooperation zwischen Hersteller und Handel bei der Verkaufsförderung für ein innovatives Produkt).

  Auswirkungen auf Wettbewerb: schwächer; Verstärkung wirtschaftlicher Macht, unerwünschte Ballung von Verfügungsmacht in den Händen weniger.

- **Diagonale (anorganische) Verbindungen**

  Inhalt: Unternehmen unterschiedlicher Produktions- und Handelsstufen (branchenfremde Wirtschaftszweige); z.B. Oetker-Konzern.

  Zweck: z.T. schwer durchschaubar, Beispiele:
  finanzpolitische Gründe (Kapitalanlage)
  Vorteil der Risikoverteilung und -streuung
  Teilnahme an Wachstumsbranchen (Gewinnchancen)

  Auswirkungen auf Wettbewerb: schwächer

Werden innerhalb dieser heterogenen Zusammenschlüsse Teile zusammengefaßt,

- die keinerlei leistungswirtschaftliche Verwandtschaft haben, so spricht man von **Konglomerat**
- mit denen sich die Produkt-/Marktstrategie wesentlich ändert bzw. eine Erweiterung oder Variation des Produktprogramms verbunden ist, so spricht man von **Diversifikation** (vgl. Bühner, 1993, S. 21 ff.).

2. Die kartellrechtsfreie Kooperation

a) Begriff und Kooperationsrahmen

> **Kooperation**
> „... auf Vertrauen beruhende, freiwillige (und im Allgemeinen befristete) Zusammenarbeit rechtlich und wirtschaftlich selbständiger Betriebe, die sich auf die gemeinsame Erfüllung (Abstimmung oder Ausgliederung) betrieblicher Funktionen oder Teilaufgaben erstreckt, mit dem allgemeinen Ziel der Verbesserung der Leistungs- und Wettbewerbsfähigkeit."

Eine Kooperation wird demnach **charakterisiert** durch:

- die **rechtliche** Selbständigkeit der Kooperationspartner
- die **wirtschaftliche** Selbständigkeit der Kooperationspartner (allerdings teilweise Einschränkung der Autonomie)
- prinzipiell keine **Beschränkung** auf eine bestimmte Zahl von Geschäftsfällen/-bereichen
- eine **explizite** (i.d.R. schriftliche) Vereinbarung zwischen den Partnern
- die **Freiwilligkeit** der Zusammenarbeit
- die **zeitliche** Befristung der Zusammenarbeit (i.d.R. oft langfristig)
- ein gemeinsames **Ziel** (zweckorientiert)
- eine gemeinsame **Ex-ante-Koordination** zur Aufgabenerfüllung zwischen der Partnern

Kooperationen bieten sich dann an, wenn durch sie **Vorteile/Nutzenerwartungen** realisierbar sind, die andere Abwicklungsformen nicht verwirklichen können, wie etwa Zeitvorteile (eigener Aufbau etwa von Kompetenzen würde zu lange dauern), Kosten-, Know-how- (= Wissenszuwachs) und Skalenvorteile, Kompetenzgewinn, Verringerung der Risiken sowie Marktzutritt (vgl. Picot/Reichwald /Wigand, 1998, S. 279).

Gegen Kooperationen sprechen als „potentielle" Problembereiche:

- Abhängigkeit vom Partner, Angst vor Druck
- Angst vor Know-how-Abfluß, Recht/Schutz des geistigen Eigentums als wesentlichster Hinderungsgrund
- Bedenken gegen eine gegenseitige „Öffnung"/Zeigen von internen Schwächen
- Richtige Partnersuche/-findung
- Übereinstimmende Unternehmenskultur
- Frage nach der Erfolgsverteilung/finanzielle Vorleistungen, Frage der Risikoteilung
- Hoher Verwaltungsaufwand (bei Initiierung und laufender Pflege)
- Fehlendes klares Konzept

Die Zusammenarbeit ist also ziel-(zweck-)orientiert, zeitlich begrenzt, sie tangiert die rechtliche Selbständigkeit der Beteiligten nicht, sie schränkt aber die wirtschaftliche Autonomie (freiwillig) ein. Sie kann horizontal (auf der gleichen Wirtschaftsstufe), vertikal (auf der vor- oder nachgelagerten Wirtschaftsstufe) oder diagonal (auf verschiedenen Stufen) erfolgen.

Die **Suche** (und nachfolgende Einschätzung der Leistungsfähigkeit) geeigneter und vertrauenswürdiger Kooperationspartner ist schwierig – am einfachsten lassen sich potentielle Partner im Kreis bereits bestehender Geschäftsbeziehungen finden. Als weitere Quellen stehen zur Verfügung: Branchenverzeichnisse, das Beratungs-/ Dienstleistungsangebot von Beratern der Fachverbände und insbesondere von **Kooperationsbörsen** bzw. Kooperationsdatenbanken, z.B. die bundesweite Kooperationsbörse des RKW, verschiedener Industrie- und Handelskammern bzw. des DIHT, von Wirtschaftsverlagen und -verbänden, das computergestützte Netzwerk (BC-NET) der EU-Kommission oder das Büro für Unternehmenskooperation (BRE).

Erhebungen des Instituts für angewandte Innovationsforschung zeigen, daß rund zwei Drittel aller Betriebe kooperieren möchten bzw. schon über Kooperationserfahrungen verfügen. Dennoch gibt es nur eine begrenzte Zahl wirklich erfolgreicher Kooperationen. Es fehlt an systematischen Instrumenten, die Vor- und Nachteile von Kooperationen gegeneinander abwägen. Ein systematisches **„Kooperationsmanagement"** erfordert Hilfsmittel, die Antworten geben auf Fragen wie (Staudt, 1999, S. 35):

- Wann soll man kooperieren?
- Wie findet man den richtigen Kooperationspartner?
- Wie wählt man die richtigen Kooperationsform aus?
- Wie managt man eine Kooperation?
- Wie behandelt man eine Kooperation und sichert die eigene Selbständigkeit?

Um abschätzen zu können, ob eine Kooperation in Betracht kommt, ist das Chancen- und Risikopotential zu analysieren.

Im **internationalen** Bereich ist in den 90er Jahren eine enorm wachsende Bedeutung von Unternehmenskooperationen festzustellen. Als gängige **Formen** gibt es z.B.

- Lizenzverträge/Know-how-Verträge
- Langfristige Lieferverträge
- Strategische Allianzen/Partnerschaften/Joint Ventures (dazu unsere Ausführungen unter IV)

Generell gilt:

- Kooperationen sind grundsätzlich auf jedem Funktionsbereich möglich, solange damit eine **„Rationalisierung"** beabsichtigt ist und sich die Unternehmen aus der Zusammenarbeit Synergieeffekte versprechen (vgl. dazu auch das Kapitel „Mergers & Acquisitions). Einen umfassenden Katalog gibt nachfolgende Übersicht.
  Die im Einzelfall getroffene **Auswahl** der kooperativ übernommenen Aufgaben wird primär beeinflußt von
  – der geographischen Lage der Mitglieder und
  – der Art der zusammengefaßten Wirtschaftsstufen.
- **Nebenabsprachen** sind zugelassen (z.B. Preis- und Konditionenabsprachen, Gebietsaufteilungen, Kapazitätsausgleich).

Beispiele für Kooperationsbereiche (vgl. Minet, 1986, S. 22):

Marktforschung	• systematische Einkaufsmarktbeobachtung und Vorbereitung der Einkäufer
	• systematische Absatzmarktforschung
Einkauf	• gemeinsame Beschaffung von Roh-, Hilfs- und Betriebsstoffen, Maschinen, Lizenzen
	• zentrale Lagerhaltung
F&E	• beträgt durchschnittlich 7,5% des Umsatzes kleiner Unternehmen
	• Teilung des notwendigen Mindestaufwandes
Produktion	• abgestimmte Spezialisierung innerhalb eines vollständigen Sortiments
	• Aufteilung häufig nur bei Randsortimenten, Kernsortiment wird parallel produziert
Bedarfsgruppen	• häufig bei Zusammenfassung eines komplementären Bedarfs („Alles für das Bad")
Vertrieb	• gemeinsame Belieferung von Großhändlern

	• gemeinsamer Verkauf (durch Kartellrecht stark eingeschränkt)
	• Erschließung von Auslandsmärkten (z.B. über das Vertriebsnetz eines Partners)
Führung	• indirekte Unterstützung durch Beschaffung und Auswertung von Informationen (Erfahrungsaustauschgruppen, Betriebsvergleiche, Betriebsanalyse und -beratung, Qualitätsberatung)
Verwaltung	• einheitlicher Kontenrahmen, Kalkulations- und Budgetierungsrichtlinien, innerbetriebliches Informationssystem, Personalbogen und -beurteilung, zentrale Abrechnungsstelle, Bürogerätepool)
Kommunikations-	• gemeinsamer Markenname
politik	• Gemeinschaftswerbung, Sammelwerbung, Sales Promotion, Öffentlichkeitsarbeit.

Je nach Branche können noch spezifische Funktionsbereiche angesprochen sein, z.B. bei **Hotelkooperationen** Reservierung, Wäscheversorgung, Zimmer- und Gebäudereinigung, Reparaturdienst, Zentralküche, gemeinsame Nutzung bestimmter Einrichtungen.

Um die **Funktionsfähigkeit** einer Kooperation zu gewährleisten und zu erhalten, müssen (nach Staudt/Linne, 1991, VI, S. 20) neben der situations- und innerbetrieblichen Gestaltung bestimmte Voraussetzungen erfüllt sein:

- **Persönliche** Voraussetzungen: Vertrauen in den Partner, Zuverlässigkeit, Dynamik/Engagement, Delegations-, Teamfähigkeit, Zielorientierung
- **Betriebliche** Voraussetzungen: Vorteile für alle Partner, Zielkompatibilität, Leistungsfähigkeit, Qualifikation, Technologieeinsatz, Bonität, Unternehmungsentwicklungsfähigkeit, Unternehmenskultur
- **Marktliche** Voraussetzungen: Marktentwicklung, Wettbewerbsintensität, Unternehmensposition, Produktposition/Lebenszyklus, Substitutionsgrad, Kundenorientierung, Kundenstruktur, kartellrechtliche Zulässigkeit

„Es kann nur derjenige Betrieb erfolgreich kooperieren, der in der Lage ist, gewisse unternehmensspezifische Leistungsreserven (nicht ausgelastete Maschinen- bzw. Werkzeugkapazitäten) oder besondere Leistungsfähigkeit seinem Partner zur Verfügung zu stellen, so z.B. hohe Finanzmittel oder spezielles technisches Know-how. Der kooperative Ausgleich von Ressourcen-Defiziten ist ein Geben und Nehmen von Unternehmensstärken, nicht der Schwächen. Vielfach wird diese wichtige Voraussetzung nicht erkannt" (ebd.).

b) Kooperation als Begünstigung eines funktionsfähigen Wettbewerbs

Kooperation hatten wir als **Zusammenarbeit** von Unternehmen bezeichnet, um die Leistungs- und Wettbewerbsfähigkeit der Mitglieder zu stärken. Damit ist noch keine Aussage darüber getroffen, ob eine derartige Zusammenarbeit kartellrechtlich positiv oder negativ zu beurteilen ist. Während in der Nachkriegszeit zuerst kollektive Formen jeglicher Art als mit dem freien Wettbewerb nicht vereinbar angesehen wurden, sah man besonders die Kooperationsformen mit Beginn der 60er Jahre als Elemente einer aktiven staatlichen Wettbewerbspolitik (in der der Gedanke eines „freien" Wettbewerbs vom Leitbild eines **„funktionsfähigen"** Wettbewerbs abgelöst wurde; dazu Herdzina, 1993, S. 35ff.) durchaus positiv.

In der Literatur werden drei Elemente genannt, in denen Kooperation einen funktionsfähigen Wettbewerb begünstigt: als **Voraussetzung** für die Teilnahme am Wettbewerb, als **Ausgleichsmittel** gegen Wettbewerbsverzerrungen („Gegengewichtsprinzip") und als **Konzentrationsbremse** (vgl. Ahrens, 1994).

Zwischenbetriebliche Kooperationen sind danach in aller Regel **wettbewerbspolitisch positiv** einzuschätzen (ebd., S. 30), wenn

- an ihnen kleine und mittlere Unternehmen beteiligt sind,
- sie zur Hebung der Leistungsfähigkeit insbesondere durch Rationalisierung wirtschaftlicher Vorgänge dienen,

257

- eine etwaige Beteiligung größerer Unternehmen nicht Selbstzweck, sondern im Interesse der zugleich beteiligten kleinen und mittleren Unternehmen erforderlich ist und
- der Wettbewerb auf dem sachlich und räumlich betroffenen Markt nicht nachhaltig beeinträchtigt wird.

Der weitgehenden Erleichterung der Kooperation von kleinen und mittleren Unternehmen (mit der das Kartellverbot des § 1 GWB für diese Betriebsgrößen praktisch außer Kraft gesetzt wird) stehen jedoch **wettbewerbspolitische Bedenken** gegenüber (vgl. Herdzina, 1993, S. 159f.; Aberle, 1992, S. 45). Zum einen kann sich eine Kooperation, die mit Nebenfunktionen begann, schnell auf betriebliche Hauptfunktionen ausdehnen. Zum anderen löst die Idee der „Gegengewichtsbildung" die bestehenden wettbewerbsbeschränkenden Strukturen nicht etwa auf, sondern verstärkt sie im Prinzip noch. Die als **Selbsthilfeinstrument** gegenüber dem zunehmenden Vordringen der Großunternehmen geplante Verstärkung des Kooperationsgedankens steht heute besonders vor zwei (nicht unbedingt vorhergesehenen) Problemen: Zum einen sind es gerade Großunternehmen, die die Vorteile der Kooperation wahrnehmen. Und die vor allem im Handel entstandenen Kooperationsgebilde mittelständischer Unternehmen fördern ihrerseits den Konzentrationsprozeß (Macht-Spirale-Effekt; bilaterales Monopol?). Mit der sog. „Nachfragemacht des Handels" beschäftigen wir uns eingehend an späterer Stelle.

Unsere **weitere Vorgehensweise:**

- Zuerst werden die „verbundenen Unternehmen" nach dem AktG erläutert,
- dann die Bedeutung der „Kapitalbeteiligung" spezifiziert und
- schließlich die Konzentration wettbewerbsrechtlich untersucht.

3. Die Unternehmenskonzentration

a) Möglichkeiten

Zur adäquaten Begriffsbestimmung wollen wir zuerst den Tatbestand der Konzentration näher untersuchen. Die **gesamtwirtschaftliche** Konzentration wird von vier **Komponenten** geprägt:

- vom **internen** Unternehmenswachstum, wenn Unternehmen schneller expandieren als die Konkurrenz (Primäreffekt relativer Konzentration),
- vom **externen** Unternehmenswachstum, wenn zuvor selbständige Unternehmen sich zu einer rechtlichen bzw. wirtschaftlichen Einheit zusammenschliessen, da Zahl (und u.U. auch Gewicht) der selbständigen Wettbewerbsteilnehmer zurückgeht (Zusammenschlüsse/Fusionen),
- vom **Auftreten** neuer Unternehmen,
- vom **Ausscheiden** alter Unternehmen (Sekundäreffekt).

Ursachen der Unternehmenskonzentration (nach Berg, 1999, S. 331):

- Finanzierungsnachteile kleiner und mittlerer Unternehmen
- Größenvorteile (economies of scale)
- Diversifizierungsvorteile (economies of scope)
- Staatliche Rahmenbedingungen (Steuersystem, Patentsystem, Umweltpolitik usw.)
- Markteintrittsbarrieren durch Wettbewerbsnachteile neuer Anbieter oder Importbeschränkungen

Wie gezeigt, stehen einer Unternehmung zur Umsetzung seiner Strategien grundsätzlich **drei Wege** zur Verfügung: aus eigener Kraft, mit Akquisitionen oder Zusammenschlüssen oder zusammen mit einem Partner in Form von Kooperationen. Während die Wettbewerbspolitik keine Maßnahmen zur Beeinflussung des internen Wachstums als Resultante einer Marktstrukturveränderung kennt, setzt sie

- bei wettbewerbsbeschränkendem Marktverhalten („Mißbrauchsverhalten"),

- bei wettbewerbsbeschränkenden Marktstrukturen („kritische horizontale, vertikale und diagonale Konzentrationsgrade")

als Resultanten von externem Wachstum an (vgl. Herdzina, 1993, S. 124ff. und 190ff.). Die gesamtwirtschaftliche Konzentration wird vom externen Wachstum entscheidend beeinflußt; inwieweit die Versuche des Bundeskartellamtes, diesen Prozeß zu beeinflussen, erfolgreich waren, untersuchen wir an späterer Stelle. Als generelle Gründe für diese Wachstumsform werden genannt:

- Erreichen leistungsfähiger („optimaler") Betriebsgrößen
- Unternehmungssicherung durch strategische Diversifikationspolitik
- Synergetisch wirkende leistungssteigernde Effekte

Die Dominanz des **Wachstumsziels** in der Zielstruktur der Großunternehmen (Pro- und Kontra-Argumente zum Unternehmenswachstum sind bei Steiner, 1993, S. 160 zusammengestellt), zusammen mit einem erheblichen internen und externen Leistungsdruck, erklärt die herausragende Häufigkeit, mit der diese Großunternehmen sich kleine und mittlere Firmen eingliedern. Zahlreiche globale Beispiele für die Strategien sog. „Wachstums-Champions" finden sich in Baghai/Coley/White (1999)

Auch die Monopolkommission beurteilt in ihrem sechsten Hauptgutachten das externe Größenwachstum als **bedenklich**, da

- es eine besonders schnelle und effiziente Strategie zum Aufbau großer Unternehmenseinheiten darstellt,
- der Wettbewerbsdruck reduziert wird (im Gegensatz dazu wirkt internes Wachstum wettbewerbsverschärfend).

Eine Strategie externen Wachstums bietet aus betriebswirtschaftlicher Sicht gegenüber internem Wachstum einige grundlegende Vorteile. Auf der Käuferseite finden sich u.a. folgende Motive:

- Sofortiger Markteintritt (d.h. zeitlicher Vorteil, da eigener Geschäftsaufbau i.d.R. sehr zeitintensiv, „Economies of Speed")
- Umgehen von Markteintrittsbarrieren
- Evtl. kostengünstiger als Eigenentwicklungen
- Verwertung vorhandenen Know-hows
- Vermeidung von Wettbewerbsverschärfung (Ausschaltung von Konkurrenz)
- Beibehaltung der Marktstruktur, kein Aufbau zusätzlicher Kapazitäten
- Schaffung eines neuen Wertsteigerungspotentials (Nutzung von Synergien)
- Eintritt in Wachstumsmärkte (Umstrukturierung in „reifen" Branchen)
- Internationalisierungsbemühungen

Mögliche **negative Wirkungen** der Unternehmenskonzentration (aus Berg, 1999, S, 335):

- Bei überragender Marktstellung oder Markt beherrschender Position durch fehlenden Wettbewerbsdruck reduzierte Allokationseffizienz, Anpassungsflexibilität und Innovationsaktivität.
- Verringerung des Grades der Dezentralisierung wirtschaftlicher Entscheidungen; dadurch Abnahme der Möglichkeit zur individuellen unternehmerischen Disposition und zur Wahrnehmung von Wahlmöglichkeiten.
- Verstoß gegen Postulat einer leistungsbezogenen Einkommensverteilung durch Entstehen von Monopolrenten. Durch verminderten Wettbewerbsdruck Bildung nicht ausreichend begrenzter und kontrollierter wirtschaftlicher Macht.
- Zunehmende Wahrscheinlichkeit von friedlichem Oligopolverhalten durch Verhaltensabstimmung und Verzicht auf Preiswettbewerb. Erhöhung der Markteintrittsbarrieren; dadurch verminderte Drohung des Wirksamwerdens potentieller Konkurrenz.

Mögliche **positive Wirkungen** der Unternehmenskonzentration:

- Verbesserte Allokationseffizienz durch das Nutzen von Größenvorteilen. Beseitigung von Wettbewerbsnachteilen durch Erreichen der optimalen Unternehmensgröße.
- Erhöhte Chancen zum Eintritt in neue Märkte auch bei Bestehen von Markteintrittsbarrieren. Gesteigerte Möglichkeit zur Finanzierung aufwendiger Projekte von Forschung und Entwicklung.
- Verbesserte Fähigkeit zur Kompensation partieller Mißerfolge und zur Bewältigung von Unternehmenskrisen durch diversifiziertes Angebot und Präsenz auf einer Vielzahl von Märkten.
- Gesteigerte internationale Wettbewerbsfähigkeit durch überlegene Befähigung von Großunternehmen zur Erschließung von Auslandsmärkten.

Nach Schierenbeck (1995, S. 50f.) treten die Konzentrationsfälle grundsätzlich in zwei Arten auf:

- **Fusion (Verschmelzung)**

  Der Zusammenschluß zweier oder mehrerer Unternehmen erfolgt in der Weise, daß sie nach Vollzug der Fusion eine **rechtliche Einheit** bilden (damit keine Unternehmensverbindung in unserem Sinne). Die Fusion kann dabei in Form einer **aufnehmenden Verschmelzung** oder einer Fusion durch Neugründung erfolgen. Dabei unterscheidet man zwei Gestaltungsformen:

  – Fusion durch Übertragung des Vermögens mit vorheriger Liquidation der aufgenommenen Unternehmung
  – Fusion durch Übertragung des Vermögens im Wege der Gesamtrechtsnachfolge (nur bei Kapitalgesellschaften möglich).

- **Bildung eines wirtschaftlichen Verbunds rechtlich selbständig bleibender Unternehmen**

  Die einzelnen Unternehmen sind durch kapitalmäßige Verflechtung (bzw. durch Verträge) miteinander verbunden: In der Höhe der jeweiligen Beteiligung drückt sich die Intensität der Verbindung aus; im Aktiengesetz sind in § 15ff. verschiedene Arten von „verbundenen Unternehmen" aufgeführt. „Unternehmen" müssen dabei nicht zwingend Kapitalgesellschaften sein, die Rechtsform ist unerheblich; auch eine Holding-Gesellschaft ist in diesem Sinn ein Unternehmen. Die wirtschaftliche Unabhängigkeit der erworbenen Unternehmung geht teilweise (oder ganz) verloren, die rechtliche Unabhängigkeit bleibt jedoch erhalten (d.h. selbst als 100%ige Tochter eines Konzerns bleibt der „alte" Firmenname erhalten).

Auch bei Hoffmann/Friedinger (1998, S. 20) wird bei einer auf gesellschaftsrechtlicher Basis durchgeführten Akquisition zwischen Fusion und Konzernierung unterschieden: Empirisch kommt der Konzernierung die **weitaus größere** Bedeutung zu.

Als **Unternehmenszusammenschluß** gilt in der Literatur aus kartellrechtlicher Perspektive:

– die Verschmelzung mit anderen Unternehmen (Fusion)
– der Erwerb des Vermögens anderer Unternehmen
– der Erwerb des Eigentums an den Betriebsstätten anderer Unternehmen (z.B. Betriebsstättenüberlassungsverträge, Betriebsführungsverträge)
– der Erwerb von Anteilsrechten an anderen Unternehmen (wenn diese Anteile allein oder zusammen mit anderen dem Unternehmen selbst oder einem Konzernunternehmen bereits zuzurechnende Anteilsrechte 25% des stimmberechtigten Kapitals des anderen Unternehmens erreichen)

Wir werden an späterer Stelle (genau wie bei den Kooperationen) zu untersuchen haben, inwieweit die horizontalen/vertikalen/diagonalen Zusammenschlüsse vom Gesetz gegen Wettbewerbsbeschränkungen (GWB) erlaubt werden bzw. unter ein Verbot fallen.

b) Verbundene Unternehmen im Sinne des 3. Buches HGB

§ 271 **Abs. 1** HGB definiert **Beteiligungen** als „**Anteile** an anderen Unternehmen, die bestimmt sind, dem eigenen Geschäftsbetrieb durch Herstellung einer dauerhaften Verbindung zu jenen Unternehmen zu dienen". Die Form der Beteiligung ist dabei unerheblich (Abs. 1 S. 2). Eine Beteiligungs**absicht** liegt „dabei in denjenigen Fällen vor, in denen die Gesellschaft mit der Beteiligung mehr verfolgt als die Absicht einer (dauernden) Kapitalanlage gegen **angemessene Verzinsung**. Indizien hierfür können z.B. personelle Verflechtungen, interdependente Produktionsprogramme, gemeinsame Forschungs- und Entwicklungsaktivitäten, gegenseitige Lieferungs- und Abnehmerverträge ebenso wie Branchenverwandtschaft sein. Das Kriterium der Absicht unternehmerischer Einflußnahme muß dabei nicht erfüllt sein (…). Entscheidend ist die Beteiligungsabsicht, nicht die Beteiligungshöhe. Allerdings gilt gem. § 271 Abs. 1, S. 3 HGB bei Anteilen an einer Kapitalgesellschaft, deren Nennbeträge **20%** des Nennkapitals dieser Gesellschaft übersteigen, die – widerlegbare – **Vermutung** einer Beteiligung" (Coenenberg, 1994, S. 87, im Original nicht fett). Eine ausführliche Abgrenzung verbundener Unternehmen anhand unterschiedlicher Merkmale der Betriebswirtschaftslehre, des Handels- und Steuerrechts findet sich bei Benkenstein (1993, S. 445ff.).

Einen Unterfall der Beteiligungen bilden die gesondert auszuweisenden „Anteile an verbundenen Unternehmen" nach § 271 Abs. 2 HGB, die gemäß § 290 HGB

- (Abs. 1) aufgrund einheitlicher Leitung einer Beteiligung oder
- (Abs. 2) konzerntypischer Merkmale

als Mutter- oder Tochterunternehmen in einen Konzernabschluß einzubeziehen sind. „Der Gesetzgeber greift somit nicht auf den Begriff der verbundenen Unternehmen i.S. d. §§ 15ff. AktG zurück, sondern schafft für Kapitalgesellschaften innerhalb des Geltungsbereiches des dritten Buches HGB einen eigenständigen Begriff der verbundenen Unternehmen" (Coenenberg, 1994, S. 88).

c) Verbundene Unternehmen nach dem Aktiengesetz

Der nachstehend aufgezeigte § 15 AktG enthält **keine materielle** Begriffsbestimmung, sondern zählt lediglich auf, welche Unternehmenszusammenfassungen als Unternehmensverbindungen i.S. dieses Gesetzes zu zählen sind. Es handelt sich also nur um einen Oberbegriff, um eine gemeinsame Erfassung durchführen zu können. Für **Einzeldarstellungen** sei auf die Literatur verwiesen (Eisenhardt, 1994). Im Sinne des § 15 AktG sind folgende Zusammenfassungen rechtlich selbständiger Unternehmen **Unternehmensverbindungen i.S. des Aktiengesetzes**:

(1) in Mehrheitsbesitz stehende und mit Mehrheit beteiligte Unternehmen (§ 16 AktG)

(2) abhängige und herrschende Unternehmen (§ 17 AktG)

(3) Konzern und Konzernunternehmen (§ 18 AktG)

(4) wechselseitig beteiligte Unternehmen (§ 129 AktG)

(5) Vertragsteile eines Unternehmensvertrages (§§ 291, 292 AktG)

(6) eingegliederte Gesellschaft und Hauptgesellschaft (§§ 319, 320 AktG)

zu (1): **In Mehrheitsbesitz stehende und mit Mehrheit beteiligte Unternehmen**

Bei dieser Form verbundener Unternehmen steht nach Abs. 1 ein Unternehmen in Mehrheitsbesitz eines anderen Unternehmens, wenn Letzterem die Mehrheit der (Kapital-)Anteile oder die Mehrheit der Stimmrechte (in der Hauptversammlung) gehört, wobei hier die einfache Mehrheit gemeint ist. i.d.R. fallen Kapital- und Stimmenmehrheit zusammen, Ausnahme bei Mehrstimmrechten (§ 12 Abs. 2 AktG), Höchststimmrechten (§ 134 Abs. 1 AktG) oder Vorzugsaktien ohne Stimmrecht (§ 139 Abs. 1 AktG).

Rechtsfolgen: Publizität von Beteiligungsverhältnissen gemäß den Vorschriften über die
                  Mitteilungspflichten (§§ 20-22 AktG), z.B. im Geschäftsbericht oder den
                  Gesellschaftsblättern.
                  Ausweisungspflicht in der Bilanz (§ 266 HBG)

zu (2): Abhängige und herrschende Unternehmen

Im Sinne des § 17 AktG bei der Möglichkeit gegeben, daß die herrschende Unternehmung auf
die abhängige Unternehmung unmittelbar oder mittelbar einen beherrschenden Einfluß ausüben kann. Dies ist möglich durch die bereits genannte (Mehrheits-)Kapitalbeteiligung, Personengleichheit in den beiden Leitungsorganen, Satzungsbestimmungen, größere Kreditgewährung, langfristige Lieferverträge und Lizenzverträge oder sonstige vertragliche Absprachen.

Rechtsfolgen: Beschränkung der Leitungsmacht des herrschenden Unternehmens (§ 311
                  AktG), Ausgleich eventueller Nachteile an die Minderheitenaktionäre der
                  abhängigen Gesellschaft

                  Aufstellung und Prüfung eines Abhängigkeitsberichtes (gem. §§ 311, 312
                  AktG)

zu (3): Konzern und Konzernunternehmen

Obwohl verbundene Unternehmen in der Unternehmenspraxis schon lange die „normale"
Organisationsform darstellen (rund 90% der AGs und weit über 50 % der Personengesellschaften), ist der Konzern erstaunlicherweise – mit Ausnahme der Konzernrechnung – in der
Betriebswirtschaftslehre lange Zeit als Erkenntnisobjekt kaum hervorgetreten (vgl. Theisen,
1991, S. 1; Thommen/Achleitner, 1999, S. 88).

Ein Konzern (im Einzelnen dazu Hoffmann, 1992; Golland, 1993) kann – im Sinne des § 18
AktG – definiert werden

- als die Zusammenfassung **rechtlich selbständiger** Unternehmen unter **einheitlicher
  Leitung** (die auch tatsächlich ausgeübt wird),
- die normalerweise **finanziell** miteinander verbunden sind.

Mindestens zwei rechtlich selbständig bleibende Unternehmen geben ihre wirtschaftliche
Selbständigkeit völlig auf. Ein Konzern ist selbst nicht rechtsfähig und damit nicht Träger
von Rechten und Pflichten. Rechtsfolgen können sich damit immer nur an einzelne Konzernunternehmen richten (Thommen, 1991, S. 76; Jung, 1994, S. 138ff.). Eine Konzernbildung
erlaubt ein flexibles Reagieren bei Marktschwankungen und Risiken: die einzelnen Konzernunternehmen treten gegenüber der Öffentlichkeit als rechtlich selbständige Unternehmen auf. Die im Hintergrund stehende Konzernleitung kann bei Schwierigkeiten nun durch
Mittelzuführung u.ä. dem Unternehmen helfen oder auch nicht. Ein „Durchgriff" auf die
Konzernleitung ist durch die rechtliche Konstruktion (einheitliche Leitung nur im Innenverhältnis) nicht möglich (vgl. Spangemacher, 1994, S. 245).

In der Praxis finden sich zahlreiche Variationen in der Ausgestaltung des für den Konzerntatbestand rechtlich entscheidenden Merkmals der „einheitlichen Leitung", also der Abstimmung und Beeinflussung der Geschäftsführung der einzelnen Konzernunternehmen.

Unterscheidungskriterien für Konzerne sind (vgl. Hoffmann, 1992, S. 42):

- Wirtschaftliche Organisationsform: zentral oder dezentral
- Entstehung: Personal- oder Realkonzern

- Eigentumsverhältnisse bei dem beherrschenden Unternehmen: Publikums-, Familien- oder Staatskonzern
- Zugehörigkeit zu verschiedenen Wirtschaftszweigen: Diversifikationsgrad
- Form des produktionstechnischen, kommerziellen und geographischen Verbunds: multinationale Betätigung
- Richtung: horizontale, vertikale, gemischte Konzerne

Zur Form der **Abhängigkeit** lassen sich zwei prinzipielle Möglichkeiten differenzieren:

- **Der (übliche) Unterordnungskonzern**
  Das Beherrschungsverhältnis beruht entweder auf vertraglichen Grundlagen (= **Vertragskonzern**) oder auf Mehrheitsbeteiligungen (= **faktischer** Konzern). Der Konzernobergesellschaft obliegt die Wahrnehmung der einheitlichen Leitung aufgrund dieses Beherrschungsverhältnisses. Obergesellschaft kann ein einzelnes Unternehmen des Konzerns oder eine konzernleitende Holding sein.
- **Der (seltene) Gleichordnungskonzern**
  Die einheitliche Leitung erfolgt in diesem Fall durch ein vertragliches Gemeinschaftsorgan oder anderweitige faktische personelle Verflechtung.

Rechtsfolgen: Konzern**rechnungslegung**, d.h. die Verpflichtung zur Aufstellung, Prüfung und Veröffentlichung von Konzern-Jahresabschlüssen und Geschäftsberichten.

Die Bedeutung der Konzerne geht aus der Vermutung hervor, wonach das Ausmaß der Konzernverschachtelung fast 70% des gesamten Aktienkapitals ausmacht (so Korndörfer). Die Konzernstrukturdatenbank des Hoppenstedt-Verlags zeigt über 700 Konzerne mit rd. 85.000 zugeordneten Unternehmen bzw. Kapitaleignern. Ziel des Aktiengesetzes ist nicht die Bekämpfung von Konzernen, sondern nur eine „Transparenz"-Wirkung über die Verflechtungsbeziehungen nach außen hin (Öffentlichkeit, Aktionäre, Gläubiger). Um das Interesse der Anspruchsgruppen an einer „Transparenz" der Konzernverbindungen zu erfüllen, ist also gesetzlich festgelegt, wann ein Konzern vorliegt und welches Konzernunternehmen welchen Pflichten entsprechen muß.

Weitere Begriffe aus der Praxis:

- **Vertragskonzerne:** einheitliche Leitung durch Beherrschungsvertrag
- **Beteiligungskonzern:** Betonung der Kapitalanlage-Gesichtspunkte
- **Faktische Konzerne:** einheitliche Leitung ohne Beherrschungsvertrag, z.B. durch Personenidentität (faktische Leitungsmacht)
- **Obergesellschaft** (Muttergesellschaft): herrschendes Unternehmen
- **Untergesellschaft** (Tochtergesellschaft): abhängiges Unternehmen
- **Multinationaler** Konzern: Konzern, der bewußt Arbeitsteilung praktiziert, Produktionsstandorte/Vertriebsorganisationen in verschiedenen Ländern/Gewinntransfermöglichkeit
- **Trust:** im Sprachgebrauch häufig für sehr große Konzerne stehend; völlige Verschmelzung von Unternehmen, indem über eine Fusion ein neues entsteht
- **Konzern-Holding** (dazu Punkt E)

zu (4):   Wechselseitig beteiligte Unternehmen

Sind nach § 19 Abs. 1 AktG Unternehmen, denen mindestens eine Beteiligung von 25% der Anteile des anderen Unternehmens gehört (nur Kapitalbeteiligung maßgebend, kann nicht durch Stimmrechte begründet werden).

Rechtsfolgen: Pflicht zur Angabe dieses Tatbestandes im Geschäftsbericht (§ 160 Abs. 3 Nr. 3 AktG)

Beschränkung hinsichtlich der Ausübung der Rechte aus den entsprechenden Anteilen (§ 328 AktG)

zu (5): Vertragsteile eines Unternehmensvertrages

Partner der in den §§ 291, 292 AktG erschöpfend aufgezählten Unternehmensverträge sind i.S. des Sammelbegriffes des § 15 AktG „verbundene Unternehmen":

Beherrschungsvertrag: Vereinbarung, nach der ein Unternehmen die Leitung seiner Gesellschaft einem anderen Unternehmen unterstellt (Einräumung eines Weisungsrechts).

Rechtsfolgen: Spezielle Verpflichtung der weisungsabhängigen Gesellschaft zur Rücklagenbildung.

Verpflichtung des weisungsberechtigten Unternehmens zur Übernahme eines Verlustes der abhängigen Gesellschaft.

Gewinnabführungsvertrag: Vertragliche Verpflichtung einer Unternehmung, ihren gesamten Gewinn endgültig an ein anderes Unternehmen abzuführen.

Rechtsfolgen: Transferierung des Gewinns.

Übernahme eines Verlustes der Gewinn abführenden Gesellschaft durch Gewinn entgegennehmendes Unternehmen.

Pflicht zur Rücklagenbildung der zur Gewinnabführung verpflichteten Unternehmung.

Gewinngemeinschaft: Verpflichtung mehrerer Gesellschaften, ihren Gewinn zur Aufteilung nach einem vertraglich vereinbarten Schlüssel des dabei entstandenen Gesamtgewinns der Gemeinschaft zusammenzulegen.

Teilabführungsvertrag: Verpflichtung einer Unternehmung, einen Teil des Gewinnes abzuführen.

Betriebspacht- bzw. Betriebsüberlassungsvertrag: Eine Gesellschaft verpachtet den Betrieb ihres Unternehmens einem anderen (der nicht ein Unternehmen zu sein braucht) oder überläßt ihn in sonstiger Weise.

Rechtsfolgen: Verpflichtung zur Verlustübernahme gegenüber der verpachtenden bzw. überlassenden Gesellschaft

zu (6): Eingegliederte Gesellschaft und Hauptgesellschaft

In der Aufzählung des § 15 AktG ist die Eingliederung nicht als besondere Form enthalten.

Formen:

- Eingliederung bei 100%iger Kapitalbeteiligung: ermöglicht vollständige Beherrschung der Gesellschaft; vom Gesetzgeber nicht als Regelfall angesehen
- Eingliederung durch Mehrheitsbeschluß: setzt eine Kapitalbeteiligung von mindestens 95% voraus.

Vermutungsregeln:

- **Abhängigkeitsvermutung bei Mehrheitsbeteiligung:** Von einem in Mehrheitsbesitz stehenden Unternehmen wird nach § 17 Abs. 2 AktG vermutet, daß es von dem mit Mehrheit beteiligten Unternehmen abhängig ist, wobei die Abhängigkeit auf einer

Kapital- oder Stimmenmehrheit beruhen kann. Die Abhängigkeitsvermutung kann durch Nachweis widerlegt werden. Bedeutung der Vermutung: Vorlage eines Abhängigkeitsberichtes kann verlangt werden.

- **Konzernvermutung bei Abhängigkeitsvermutung:** Nach § 18 Abs. 1 AktG wird von einem abhängigen Unternehmen vermutet, daß es mit dem herrschenden Unternehmen einen Konzern bildet. In Verbindung mit (1) gilt also folgende Kette:

Mehrheitsbeteiligung → Abhängigkeit → Konzern. Bedeutung der Vermutung: Kann sie nicht widerlegt werden, gelten die für den Konzerntatbestand bereits aufgezeigten Vorschriften.

d) Bedeutung der Kapitalbeteiligung

In der Wirtschaft überwiegen heute Konzentrationsvorgänge durch Bildung verbundener Unternehmen (Konzerne). Deshalb wollen wir im Folgenden die wichtigsten Beteiligungsstufen bei einer Kapitalgesellschaft betrachten (Bestmann, 1994, S. 56f.):

- Anteil unter 25%   : noch keine „Beteiligung" (§ 152 AktG)
- Anteil = 25%   : Einfache Minderheitenbeteiligung
- Anteil 25,1-50%   : Qualifizierte Minderheitsbeteiligung; d.h. Sperrminorität bei wichtigen Beschlüssen gegeben
- Anteil 50,1-74,9%   : einfache Mehrheitsbeteiligung; ermöglicht die Beherrschung einer AG, da die Beschlüsse in der Hauptversammlung in der Regel eine Mehrheit der angegebenen Stimmen bzw. Kapitalanteile erfordern gem. § 153 AktG
- Anteil 75-100%:   Qualifizierte Mehrheitsbeteiligung; diese ermöglicht auch Beschlüsse, bei denen eine 3/4-Mehrheit vorgeschrieben ist, z.B. bei Satzungsänderungen gem. § 179 AktG
- Anteil über 95%:   ermöglicht Beschluß über Eingliederung der Unternehmung in die AG, welche die Mehrheit besitzt
- Anteil = 100%:   Totalbeteiligung, ermöglicht vollständige Beherrschung der Gesellschaft, da keine Minderheitenaktionäre mehr vorhanden sind.

Inwieweit die wirtschaftliche Selbständigkeit einer Konzernunternehmung eingeschränkt bzw. aufgehoben wird, hängt neben der Höhe der Beteiligung ab von:

- dem tatsächlichen Geltendmachen der Anteilsrechte auf der Hauptversammlung
- dem Streuungsgrad der restlichen Anteile (ist der Rest des Grundkapitals breit gestreut, so genügt evtl. eine 40%ige Beteiligung bereits zur Beherrschung).

III. Unternehmensverbindungen und Wettbewerbsbeschränkungen

„Wettbewerb leistet einen gesamtwirtschaftlich positiven Beitrag für die Allgemeinheit, indem er tendenziell Preissenkungen oder auch Qualitätssteigerungen bewirkt. Für den einzelnen Unternehmer wäre es aber lukrativer, ein bestimmtes Angebot zu einem höheren Preis zu verkaufen. Insofern besteht für Unternehmen der Anreiz, den Wettbewerb zu behindern oder auszuschalten, z.B. durch Absprachen, Fusionen oder mißbräuchliche Verhaltensweisen. Um einer solchen Verfälschung des Wettbewerbs entgegenzuwirken, bedarf es eines gesetzlichen Rahmens, welcher die grundsätzliche freie unternehmerische Entscheidung unter den Vorbehalt stellt, daß die individuelle Handlungsfreiheit und wettbewerbliche Strukturen erhalten bleiben." (Bundeskartellamt, 1999, b)

1. Wettbewerbsrechtliche Behandlung der Unternehmensverbindungen

a) Entwicklung des Wettbewerbsrechts

Entwicklung der Gesetzgebung:

1923: Kartellverordnung (KVO), Einführung einer Mißbrauchsaufsicht

1925: In Deutschland existierten ca. 2500 – 4000 Kartelle

1933: Gesetz über die Errichtung von Zwangskartellen

1947: Alliiertes Dekartellisierungsgesetz nach dem Vorbild des amerikanischen Antitrustrechts Beginn der Vorarbeiten an einem deutschen Kartellgesetz

1958: Gesetz gegen Wettbewerbsbeschränkungen tritt in Kraft. Das Gesetz ist mehrmals ergänzt worden; 1999: letzte Novellierung

6. Novelle vom **1.1.1999**

- Damit ist die Mißbrauchsaufsicht über Markt beherrschende Unternehmen – entsprechend dem EG-Recht – in eine **unmittelbar** wirkende Verbotsnorm umgewandelt worden (§ 19 Abs. 1 GWB). Bisher sah das GWB, abgesehen von den Bestimmungen des § 26 Abs. 2 und 3, eine Bußgeldaktion und Schadenersatzansprüche beim Missbrauch einer Markt beherrschenden Stellung lediglich dann vor, wenn sich ein Unternehmen über eine behördliche Mißbrauchsverfügung hinwegsetzte.
- Mit dem Inkrafttreten des **Vergaberechtsänderungsgesetzes** (VgRÄG) am 1.1.1999 wurde ein wesentlicher Teil des deutschen Vergaberechts nunmehr in das GWB integriert. Damit schützt das GWB die Bieter bei Vergabe öffentlicher Aufträge. Befürchtet ein Bieter die Verletzung von Vergabevorschriften, kann er besondere Nachprüfungsbehörden anrufen. Sinn und Zeck des Vergaberechts ist, Wettbewerb und Preistransparenz herzustellen.
- Mit der **Abschaffung** wettbewerbspolitisch überholter Vorschriften für Export- und Importkartelle soll ein modernes Wettbewerbsrecht geschaffen werden.

Das GWB, als das „**Grundgesetz der Marktwirtschaft**", soll den Wettbewerb schützen, indem wettbewerbsbeschränkende Praktiken von Unternehmen unterbunden werden, so daß gleichzeitig andere Unternehmen vor der Beeinträchtigung ihrer Marktchancen bewahrt bleiben. Dadurch werden auch die Interessen der Konsumenten geschützt.

Schutzobjekt des GWB ist nach §130 Abs. 2 der Wettbewerb in der Bundesrepublik Deutschland: Er ist vor jeder Form der Beschränkung zu schützen, unabhängig davon, ob die Beschränkung im Inland oder im Ausland veranlaßt wurde. Das Gesetz findet zwar prinzipiell auf die gesamte deutsche Wirtschaft Anwendung, es gibt jedoch einige Ausnahmen, d.h. Sonderregelungen für bestimmte Bereiche (z.B. Landwirtschaft, Bank-/Versicherungswirtschaft, Verkehrs- und Forstwirtschaft). Seit 1999 schützt das Gesetz außerdem die Anbieter bei der Vergabe öffentlicher Auträge.

Welche Bedeutung das Ziel „Wettbewerb" gegenüber anderen **politischen Zielen** hat, beschreibt das Bundeskartellamt:

„Ein Wettbewerbssystem arbeitet durch seine eingebauten Anreize effizienter als andere Wirtschaftssysteme. Wettbewerb ist also zunächst ein Mittel, wirtschaftliche und politische Ziele, wie z.B. Wohlstand oder Umweltschutz, in effizienter Weise zu erreichen. Wettbewerb in seiner freiheitssichernden Funktion ist allerdings auch ein Ziel an sich. Produzenten und Konsumenten sind frei zu entscheiden, was sie anbieten oder nachfragen wollen. Das heißt jedoch nicht, daß alle Ergebnisse, die ein Wettbewerbssystem hervorbringt, in unserer Gesellschaft akzeptiert werden. Meist aus Gründen des sozialen Ausgleichs werden Korrekturen der wirtschaftlichen Ergebnissen vorgenommen." (Bundeskartellamt, 1999 b)

Wettbewerbsbeschränkungen zu verfolgen ist Aufgabe

- der **Landeskartellämter**, wenn die wettbewerbsbeschränkende Wirkung auf ein Bundesland beschränkt bleibt;
- des **Bundeskartellamtes**, wenn die Wirkung über ein Bundesland hinausreicht (Für die Durchführung der Fusionskontrolle hat es jedoch die ausschließliche Zuständigkeit. Darüber hinaus nimmt es alle Aufgaben wahr, die den Mitgliedstaaten durch die Wettbewerbsregeln des EG-Vertrages übertragen sind.);
- des **Bundesministeriums für Wirtschaft** (Ministererlaubnis für Kartelle und Zusammenschlüsse);
- der sog. **Regulierungsbehörden**, denen der Gesetzgeber wettbewerbsrechtliche Aufgaben bei der Liberalisierung früherer Ausnahmebereiche übertragen hat;
- der **EG-Kommission** in Brüssel für die Durchsetzung des europäischen Kartellrechts.

Das deutsche Gesetz gegen Wettbewerbsbeschränkungen (GWB – Kartellgesetz) umfaßt folgende **Teile** (Neufassung vom 26.8.1998, Inkrafttreten: 1.1.1999):

Erster Teil: Wettbewerbsbeschränkungen (§§ 1 – 47 b)
• 1. Abschnitt: Kartellvereinbarungen, Kartellbeschlüsse und abgestimmtes Verhalten (§1- 13)   • 2. Abschnitt: Vertikalvereinbarungen (§ 14 – 18)   • 3. Abschnitt: Marktbeherrschung, wettbewerbsbeschränkendes Verhalten (§ 19 – 23)   • 4. Abschnitt: Wettbewerbsregeln (§ 24 – 27)   • 5. Abschnitt: Sonderregeln für bestimmte Wirtschaftsbereiche (§ 28 – 31)   • 6: Abschnitt: Sanktionen (§ 32c – 34)   • 7. Abschnitt: Zusammenschlußkontrolle (§ 35 – 43)   • 8. Abschnitt: Monopolkommission (§ 44 – 47)
Zweiter Teil: Kartellbehörden (§§ 48 – 53)
Dritter Teil: Verfahren (§§ 54 – 96)
Vierter Teil: Vergabe öffentlicher Aufträge (§§ 97 – 129)
Fünfter Teil: Anwendungsbereich des Gesetzes (§ 130)
Sechster Teil: Übergangs- und Schlußbestimmungen (§ 131)

b) Das Kartellverbot

(1) Begriffsbestimmung/Typologie

Im umfangreichen Schrifttum findet sich eine große Zahl von **Kartelldefinitionen**. Ihnen sind verschiedene **Merkmale** gemeinsam:

- vertragliche oder/und nichtvertragliche Verhaltensabstimmungen
- Kartellmitglieder bleiben rechtlich selbständige Wirtschaftseinheiten
- unterschiedliche Ziele und Wirkungen der Kartelle
- Ziel und/oder Wirkung der Wettbewerbsbeschränkung

Kartell

„... wenn mehrere konkurrierende Unternehmen ihr Verhalten auf dem Markt koordinieren, um dadurch den Wettbewerb auszuschalten."

„Die Unternehmen erzielen durch Kartellierungen höhere Gewinne, da der sonst vorhandene Wettbewerbsdruck gedämpft oder ausgeschaltet wird. Die hohe Sozialschädlichkeit von Kartellen liegt darin, daß sie sich für den Verbraucher grundsätzlich preistreibend auswirken. In der Praxis werden Kartelle übrigens häufig mit wohlklingenden Namen wie ‚Kooperation', ‚Interessengemeinschaft' oder ‚strategische Allianz' umschrieben, was jedoch an ihrem wettbewerbsbeschränkenden Charakter nichts ändert (...) Die erwähnte besonders hohe Sozialschädlichkeit von Kartellen rechtfertigt ein generelles Verbot." (Bundeskartellamt, 1999, b)

Kartelle können nach den verschiedensten **Kriterien** geordnet werden (vgl. Cox, 1981):

- nach der **Marktseite**: Anbieter-/Nachfrager-/Binnen-/Außenmarktkartelle
- nach **Wirtschaftszweig** (Branche)
- nach der Art der **Verhaltenskoordination**:
  - Vorliegen vertraglicher und/oder nicht vertraglicher Bindungen
  - mit und/oder ohne Informationsaustausch
- nach dem Kartell**umfang**:
  - in räumlicher Hinsicht (regional, lokal, national, international)
  - in sachlicher Hinsicht (Erzeugnis-, Branchenkartelle)
  - in personeller Hinsicht (vollkommene, unvollkommene Kartelle, je nach Geschlossenheit des Mitgliederkreises)
  - in zeitlicher Hinsicht (einmalige/fallweise, auf Dauer angelegte Kartelle)
- nach den kartellierten **Aktionsparametern** (Tätigkeitsbereichen):
  - Partielle/totale Kartelle
  - Aktionsparameter, die kartellmäßig gebunden sind (z.B. Preis-, Mengen-, Preis-Mengen-, Konditionen-, Gebietskartelle)

- nach niedriger und höherer **Ordnung**:
  - nO: nach außen nicht unmittelbar in Erscheinung tretend
  - hO: besitzen ein eigenes Kartellorgan
- nach dem Kartell**ziel**:
  - Bewältigung wirtschaftlicher Krisen   → Strukturkrisenkartell
  - Rationalisierungsstreben   → Rationalisierungskartell
  - Förderung der Wirtschaftlichkeit   → Konjunkturkrisenkartell
                                            → Spezialisierungskartell
- nach dem Gesetz gegen **Wettbewerbsbeschränkungen**:
  - verbotene oder zulässige (anmelde-/genehmigungspflichtige) Kartelle

Eine Eingruppierung aller vorkommenden Kartelle nach einem durchgängigen Merkmal ist nicht möglich, da die verschiedenen Kartelle je nach dem verfolgten Zweck jeweils Merkmale verschiedener Kartellarten aufweisen.

Die **Möglichkeit** der **Kartellbildung** wird um so günstiger sein (Berg, 1999, S. 325),

- je geringer die Zahl der Anbieter ist,
- je ähnlicher ihr Produktionsprogramm ist,
- je homogener ihr Produktionsprogramm ist,
- je höher die Markteintrittsbarrieren sind und
- je elastischer das Angebot – etwa durch die Möglichkeit des Rückgriffs auf ungenutzte Kapazitäten – ist.

(2) Der §1 GWB

Bei allen Formen der Unternehmensverbindungen ist eine **Prüfung** erforderlich, ob sie mit Wettbewerbsbeschränkungen verbunden sind. Eine **generelle Grenze** zieht dabei das Kartellgesetz, das in §1 ein grundsätzliches Kartellverbot ausspricht:

§ 1 GWB
Vereinbarungen zwischen miteinander im Wettbewerb stehenden Unternehmen, Beschlüsse von Unternehmensvereinigungen und aufeinander abgestimmte Verhaltensweisen, die eine Verhinderung, Einschränkung oder Verfälschung des Wettbewerbs bezwecken oder bewirken, sind verboten.

268

„Aufeinander abgestimmtes Verhalten (concerted action) bezeichnet eine Form der Wettbewerbsbeschränkung, die es ermöglicht, ein Kartellverbot wirksam zu umgehen. Man begnügt sich nicht mit einem bewußten Parallelverhalten (conscious parallelism), das ebenfalls bereits einen Zustand der friedlichen Koexistenz begründen kann, wettbewerbsrechtlich jedoch nicht erfaßbar ist. Es erfolgt vielmehr eine formlose Verständigung, das eigene Verhalten mit dem seiner Konkurrenten so abzustimmen, daß jenes Moment der Unsicherheit, der Gefährdung und des Risikos, welches bei wirksamem Wettbewerb für jeden bestehen würde, für alle ausgeschaltet wird." (Berg, 1999, S. 326) Es wird in der Literatur oft die Vermutung geäußert, daß dieses bewußt aufeinander abgestimmte Verhalten (= bewußtes Parallelverhalten) in Form sog. „Frühstückskartelle" vielfach an die Stelle des früheren Kartellvertrages getreten ist.

Nach der 6. Novelle vom 1.1.1999 ist bereits der **Abschluß** eines gegen § 1 GWB verstoßenden Vertrages **verboten** – und nicht, wie bisher, erst die Praktizierung nach einer Verfügung. Der Abschluß eines gegen § 1 verstoßenden Vertrages ist als Ordnungswidrigkeit mit Geldbuße bedroht (§ 81 GWB). Zur Durchsetzung des Kartellverbotes haben die Kartellämter weitreichende **Ermittlungsbefugnisse** (z.B.: Auskünfte verlangen, Geschäftsunterlagen einsehen, Durchsuchungen nach richterlicher Anordnung, Beschlagnahmung von Beweismitteln).

c) Ausnahmen vom Kartellverbot

Das GWB läßt - nach dem generellen Kartellverbot als Regel - in den folgenden §§2-8 eine Reihe von **Ausnahmetatbeständen** für wettbewerbsbeschränkende Vereinbarungen unter bestimmten Voraussetzungen zu.

Ziel: eine gewisse wirtschaftspolitische Flexibilität zu erreichen. Neben diesen einzelnen Ausnahmen treten noch die Sonderregelungen für bestimmte Wirtschaftsbereiche nach §§ 27-31 GWB; damit ist das Kartellverbot „durchlöchert".

Mit der 6. Novelle vom 1.1.1999 sind einige **Änderungen** eingetreten:

- Die Freistellungstatbestände für Rabatt-, Import- und Exportkartelle sind **weggefallen**. Alle übrigen Legalisierungsmöglichkeiten blieben mit teilweise kleinen inhaltlichen Änderungen bestehen.
- Die Normen und Typenkartelle werden neu in das **Widerspruchs**verfahren einbezogen.
- Für die **Einkaufsgemeinschaften** (§ 4 Abs. 2 GWB) wird erstmals ein vereinfachtes Anmeldeverfahren eingeführt; es bleibt aber bei der Freistellung ex lege.
- Darüber hinaus ist mit § 7 GWB („**Sonstige Kartelle**") ein neuer **subsidiärer** Freistellungstatbestand eingeführt worden, der an Art. 85 Abs. 3 EG-Vertrag angelehnt ist. Die Kartellbehörden haben damit die Möglichkeit, aus anderen als in §§ 2 bis 6 GWB aufgeführten wettbewerblichen Gründen eine **zeitlich befristete** Freistellung zu erteilen und diese mit Bedingungen und Auflagen zu versehen.

Legalisierte Kartelle unterliegen einer **Mißbrauchsaufsicht** (§ 12 GWB). Die Kartellbehörden können die Freistellung widerrufen oder den Unternehmen aufgeben, einen eventuellen Mißbrauch abzustellen. Bei den in §§ 3,5 und 7 genannten Kartellen darf es aber grundsätzlich nicht zur Entstehung oder Verstärkung einer Markt beherrschenden Stellung kommen.

Seit Inkrafttreten des GWB 1958 hat es beim Bundeskartellamt rund 780 Anmeldungen für zu legalisierende Kartelle gegeben. Von den legalisierten Kartellen bestehen derzeit noch rund 340, davon ca. 110, die in die Zuständigkeit der Landeskartellbehörden fallen. Bei etwa 180 Kartellen handelt es sich um Mittelstandskartelle gemäß § 4 GWB.

(1) Die Widerspruchskartelle

Sie bedürfen zuerst der Anmeldung und werden wirksam, wenn die Kartellbehörde nicht innerhalb von **drei Monaten** (ab dem Tag des Eingangs) **widerspricht**; das bedeutet, etwa im

Vergleich zu den Rationalisierungsvereinbarungen, eine erheblich erleichterte und beschleunigte Zulassung. Der Gesetzgeber hat bei diesen Typen berücksichtigt, daß sie zwar den Wettbewerb berühren, aber auf der anderen Seite zu einer Erhöhung der wirtschaftlichen Effektivität führen.

- **Normen- und Typenkartelle (§ 2 Abs.1 GWB)**

Definition:	Normen = Vereinheitlichung von Einzelheiten bezüglich Größe, Farbe, Abmessungen und Qualität.
	Typen = Vereinheitlichung von Fertigerzeugnissen bezüglich Größe, Art und Ausführungsform.
Inhalt:	Unternehmen vereinbaren, nur noch genormte oder typisierte Produkte herzustellen (z.B. genormte Bierflaschen).
	Stellungnahme eines Rationalisierungsverbands muß der Anmeldung beigefügt werden.
Vorteile:	Generelle Rationalisierungseffekte.
	Vereinfachung und Verbilligung der Konstruktion und Entwicklungen.
Nachteile:	Beschränkung des Wettbewerbs durch:
	Einschränkung der Angebotsvielfalt,
	geringere Berücksichtigung spezieller Kundenwünsche.
Bedeutung:	Nicht sehr groß;
	die von den Rationalisierungsverbänden (wie RKW, DIN) aufgestellten Normen- und Typenempfehlungen sind in der Praxis maßgeblich; keine Kartellabsprache nötig.

- **Konditionenkartelle (§ 2 Abs. 2 GWB)**

Inhalt:	Verpflichtung der Unternehmen, einheitliche allgemeine Geschäfts-, Lieferungs- und Zahlungsbedingungen anzuwenden.
	Ausschluß aller Klauseln, die sich auf Preise und Preisbestandteile beziehen (gilt nicht für Skonti).
	Bei Anmeldung muß Stellungnahme der betroffenen Lieferanten und Abnehmer beigefügt werden.
Vorteile:	Steigern Marktübersicht,
	konzentrieren Wettbewerb auf Qualität und Preise.
Widerspruchsgründe:	Kartellkonditionen verletzen zwingendes Recht.
	Zulässige Abweichungen vom Gesetz lassen die berechtigten Belange der Abnehmer außer Acht, wenn dadurch nicht auch noch das letzte Wettbewerbsmittel bei Nebenleistungen ausgeschlossen wird.
Bedeutung:	Sehr groß

- **Spezialisierungskartelle (§ 3 GWB)**

Inhalt:	Rationalisierung wirtschaftlicher Vorgänge durch Spezialisierung (bei Produkten, Mengen, Vertriebswegen etc.), aber: Gefahr einer zu großen Spezialisierung bei Nachfrageschwankungen.

Gegenstand: Vereinbarungen hinsichtlich

der Produktion (z.B. Aufteilung des Programms),
der Erbringung gewerblicher Leistungen (z.B. Programmaufteilung von Reiseveranstaltern),
der Ausübung bestimmter Funktionen (z.B. Einkauf, F&E).

Zulässigkeits- Rationalisierung wirtschaftlicher Vorgänge;
voraus-
setzungen: wesentlicher Wettbewerb muß auf dem Markt bestehen bleiben;

Zusatzabreden (z.B. Preisabsprachen, Kollegenlieferungen, gemeinsame Vertriebsgesellschaften) sind nur zulässig, sofern sie zur Durchführung der Spezialisierung erforderlich sind (bzw. im Verhältnis der Spezialisierung nur untergeordnete Bedeutung haben).

Bedeutung: Neben den Mittelstandskartellen (nach § 5 GWB) die stärkste praktische Bedeutung.

(2) Spezielle Kooperationserleichterungen für kleine und mittlere Unternehmen

Das deutsche Kartellrecht ist ausgesprochen **mittelstandsfreundlich** ausgestattet. Die wichtigsten Kooperationsmöglichkeiten für kleine und mittlere Unternehmen sind (nachfolgend nach Bundeskartellamt, 1999, c):

(1) Mittelstandskartelle nach § 4 Abs. 1 GWB

(2) Einkaufskooperationen nach § 4 Abs. 2 GWB

(3) Mittelstandsempfehlungen nach § 22 Abs. 2 GWB

Alle Kartelle unterliegen der Pflicht zur **Anmeldung** bei der Kartellbehörde. **Ausnahme**: sog. „**Bagatell-Kartelle**", d.h. bei sehr kleinen Kartellen, deren Marktwirkungen bestimmte sehr niedrige Schwellenwerte nicht überschreiten (die diesbezügliche Bekanntmachung Nr. 57/80 befindet sich zurzeit in Überarbeitung).

Für das Bundeskartellamt ist eine breite Schicht kleiner und mittlerer Unternehmen für die Marktwirtschaft unerläßlich, denn die Erfahrungen haben gezeigt, daß sich diese aufgrund der ihnen eigenen Flexibilität auch gegen Großunternehmen im Wettbewerb behaupten können – allerdings sind sie dabei gegenüber Großunternehmen dort im **Nachteil**, wo Größe in Beschaffung, Produktion, Marketing und Vertrieb mit Vorteilen verbunden ist. Diesen **größenbedingten Nachteilen** soll Rechnung getragen werden, ohne den Wettbewerb in unvertretbarer Weise zu beschränken.

Zu (1) Mittelstandskartell nach § 4 Abs. 1 GWB

Voraus-
Setzungen: Dient der **Rationalisierung** wirtschaftlicher Vorgänge (Abs.1)
a) wenn dadurch der Wettbewerb auf dem Markt nicht wesentlich **beeinträchtigt** wird (Nr. 1),
b) wenn die Vereinbarung oder der Beschluß dazu dient, die **Wettbewerbsfähigkeit** kleiner oder mittlerer Unternehmen zu **verbessern** (Nr. 2).

zu (a)

Bei den Kooperationserleichterungen ist der Gesetzgeber davon ausgegangen, daß die zwischenbetriebliche Zusammenarbeit kleiner und mittlerer Unternehmen dazu beiträgt, die strukturellen Voraussetzungen für einen wirksamen Wettbewerb zu sichern. Dies ist aber nur so lange der Fall, wie durch solche Kooperationen nicht Marktstellungen entstehen, die einem wirksamen Wettbewerb nicht mehr ausgesetzt sind. Die wettbewerbspolitische Leitvorstellung bei der Anwendung der „Wettbewerbsklausel" ist, daß durch eine Kooperation nach § 4 Abs. 1 GWB keine Unternehmensgruppen entstehen dürfen, deren Marktstärke wesentlich über derjenigen ihrer Wettbewerber liegt. Die Kooperationsvereinbarung muß also eine **ausgewogene Wettbewerbsstruktur** auf den betreffenden Märkten fördern oder bestehen lassen. Dabei kann der räumlich relevante Markt auch regional oder sogar lokal, z. B. auf das Einzugsgebiet einer Stadt, begrenzt sein.

Wann der Wettbewerb wesentlich beeinträchtigt ist, kann in jedem Einzelfall nur eine Gesamtwürdigung der Auswirkungen einer Kooperationsvereinbarung auf die Wettbewerbsbedingungen des jeweils maßgeblichen Marktes ergeben.

Bei der Beurteilung der **Wettbewerbswirkungen** sind in erster Linie

- die Marktstellung, vor allem die Marktanteile der an der Kooperation beteiligten Unternehmen,
- die Art der zwischenbetrieblichen Zusammenarbeit, insbesondere der Grad der mit ihr verbundenen Wettbewerbsbeschränkung, sowie
- etwaige auf dem Markt schon bestehende Kooperationen zu berücksichtigen.

Das Bundeskartellamt geht davon aus, daß die kritische Grenze für eine wesentliche **Beeinträchtigung des Wettbewerbs** auch bei § 4 Abs. 1 GWB in der Regel bei einem kartellierten Marktanteil von **10–15** Prozent liegt. Für den Fall, daß die Kartellbehörde das angemeldete Kartell positiv beurteilt und daher nicht innerhalb eines Zeitraums von drei Monaten nach Anmeldung widerspricht, wird die Kartellbehörde die Anmelder in der Regel formlos über den „Nichtwiderspruch" unterrichten. Eine förmliche Entscheidung ist hierfür nicht erforderlich. Werden die Kartelle mißbräuchlich gehandhabt, kann die Kartellbehörde ihre Mißbrauchsaufsicht ausüben (§ 12 GWB).

zu (b)

Diese Zielsetzung hat der Gesetzgeber dadurch zum Ausdruck gebracht, daß die Kooperationsvereinbarung dazu dienen muß, **„die Wettbewerbsfähigkeit kleiner oder mittlerer Unternehmen zu verbessern"**. Einerseits ist damit klargestellt, daß eine Kooperation allein zwischen Großunternehmen in keinem Fall nach § 4 Abs. 1 GWB legalisierbar ist. Andererseits schließt diese **„Mittelstandsklausel"** nicht aus, daß im Einzelfall auch große Unternehmen an einer Kooperationsvereinbarung mit kleinen und mittleren Unternehmen beteiligt sind. Entscheidend ist in diesen Fällen, ob die Wettbewerbsfähigkeit kleiner und mittlerer Unternehmen erst durch die Beteiligung auch großer Unternehmen an der Kooperation gefördert wird. Dies kann insbesondere in Betracht kommen, wenn der Zweck einer Kooperation von Klein- und Mittelbetrieben ohne die Teilnahme großer Unternehmen nicht oder nicht mit derselben Wirksamkeit erreicht werden kann, wenn etwa ein oder mehrere Klein- oder Mittelbetriebe durch die Vereinbarung mit einem Großunternehmen verbesserte Bezugs- oder Vertriebsmöglichkeiten erhalten. Generell gilt jedoch, daß Unternehmen der Spitzengruppe auf dem jeweiligen Markt kein Mitglied einer Mittelstandskooperation sein dürfen. Zur Steigerung der Wettbewerbsfähigkeit der beteiligten Unternehmen ist die zwischenbetriebliche Zusammenarbeit z.B. dann geeignet, wenn eine Ausweitung der Produktion oder Erhöhung ihrer Qualität, Verbreiterung des Sortiments, Verkürzung der Lieferwege oder -fristen, rationellere Gestaltung der Einkaufs- oder Vertriebsorganisation, Frachtkosten sparende Auftragslenkung oder eine gemeinsame Verwendung kostspieliger Werbemittel angestrebt werden.

Ziel:

Kleinen und mittleren Unternehmen zusätzliche Möglichkeiten für eine zwischenbetriebliche Zusammenarbeit zu eröffnen, die ihre **Wettbewerbsfähigkeit** gegenüber großen Wettbewerbern verbessert. Diese Bestimmung ergänzt die kartellrechtlichen Regelungen über die leistungssteigernde Kooperation in den §§ 2, 3 und 5 GWB. Ebenso wie die übrigen Kooperationserleichterungen des GWB für den Mittelstand (gemeinsamer Einkauf nach § 4 Abs. 2 GWB, Mittelstandsempfehlungen nach § 22 Abs. 2 GWB), zielt auch diese Freistellungsmöglichkeit darauf ab, **strukturelle Nachteile** kleiner und mittlerer Unternehmen gegenüber größeren Wettbewerbern auszugleichen und damit langfristig die Voraussetzungen für den Wettbewerb zu verbessern.

§ 4 Abs. 1 GWB bezieht sich auf alle Bereiche der zwischenbetrieblichen Zusammenarbeit. Einer Legalisierung aufgrund dieser Bestimmung durch Anmeldung bei der Kartellbehörde bedürfen nur solche Kooperationsformen, die mit Wettbewerbsbeschränkungen verbunden sind und daher unter das Kartellverbot des § 1 GWB fallen. Bei jedem Kooperationsvorhaben sollten die beteiligten Unternehmen daher prüfen, inwieweit die beabsichtigte Vereinbarung der Legalisierung durch Anmeldung bei der Kartellbehörde bedarf. Gegebenenfalls kann dies auch mit der Kartellbehörde erörtert werden.

Gegenstand: Solche Formen der zwischenbetrieblichen Zusammenarbeit, bei denen die Beteiligten vertragliche Bindungen bezüglich ihrer wettbewerblichen Handlungsfreiheit eingehen und sich dadurch nicht mehr im „kartellfreien" Raum bewegen und die durch Rationalisierung wirtschaftlicher Vorgänge der Verbesserung der **Wettbewerbsfähigkeit** der beteiligten kleinen und mittleren Unternehmen dienen.

Rationalisierung wirtschaftlicher Vorgänge

„.... solche Maßnahmen, durch die bei jedem beteiligten kleinen oder mittleren Unternehmen das Verhältnis des betrieblichen Aufwands für wirtschaftliche Vorgänge zum Ertrag – umgerechnet auf die Produktionseinheit – verbessert wird."

Hierzu gehören kooperative Maßnahmen insbesondere in den **Bereichen**

- Forschung und Entwicklung,
- Finanzierung,
- Verwaltung,
- Werbung,
- Einkauf und Vertrieb.

Die zwischenbetriebliche Zusammenarbeit kann sowohl in der Form der **Koordinierung** als auch der Ausgliederung und **Vergemeinschaftung** einzelner oder mehrerer Unternehmensfunktionen erfolgen. Das Merkmal „Rationalisierung wirtschaftlicher Vorgänge" schließt von vornherein solche Kooperationen aus dem Anwendungsbereich von § 4 Abs. 1 GWB aus, die primär nicht auf einen Rationalisierungserfolg, sondern auf Ausschluß des Wettbewerbs gerichtet sind. **Bloße Preisabreden sind in jedem Fall unzulässig.** Nur im unmittelbaren inneren Zusammenhang mit einer insgesamt auf Steigerung der Wettbewerbsfähigkeit ausgerichteten Zusammenarbeit sind auch Absprachen über Preise oder Preisbestandteile zulässig, wenn dies der Rationalisierung dient. Dies kann insbesondere bei einer Werbe- oder Vertriebsgemeinschaft mittelständischer Unternehmen der Fall sein. Auch die Verpflichtung zum ausschließlichen Vertrieb über eine gemeinsame Verkaufsstelle (sog. Andienungszwang) kann Gegenstand einer Vereinbarung nach § 4 Abs. 1 GWB sein, soweit damit eine Rationalisierung verbunden ist.

Beispiele:

Vereinbarungen über einen gemeinschaftlichen Kunden- und Reparaturdienst, bei denen sich die beteiligten Unternehmen vertraglich verpflichten, keinen eigenen, selbständigen Kunden- oder Reparaturdienst einzurichten oder zu unterhalten.

Zu (2) Einkaufskooperation nach § 4 Abs. 2 GWB

Nach den gleichen Kriterien wie bei Mittelstandskartellen werden Einkaufskooperationen kleiner und mittlerer Unternehmen vom Kartellverbot freigestellt. Der nunmehr an die Stelle des § 5c GWB a. F. getretene § 4 **Abs. 2** GWB erweitert die gesetzliche Definition des Freistellungsbereichs durch die Einbeziehung von Bezugsbindungen im Einzelfall und unterwirft die Einkaufskooperationen einer **Anmeldepflicht** (Nachfolgendes nach Bundeskartellamt, 1999).

Gegenstand
Allgemeines: Einkaufsgemeinschaften fallen in der Regel unter § 1 GWB, weil sie zum einen eine gewisse **faktische** Bezugsbindung enthalten und zum anderen mit dem gemeinsamen Einkauf eine Festlegung des Höchstpreises verbunden ist, der durch Vereinbarungen des Lieferanten mit dem einzelnen Mitgliedsunternehmen nicht mehr überschritten werden kann. Eine Aussage über die kartellrechtliche Zulässigkeit einer bestimmten Kooperation ist nur nach Prüfung der Bedingungen im Einzelfall möglich, weil die Ausgestaltung der Einkaufsgemeinschaften sowie das Zusammenspiel von Mitgliederzusammensetzung und Marktverhältnissen sehr unterschiedlich sind und eine Vielzahl von Vertragsgestaltungen denkbar ist.

Einkaufsseite: Freigestellt sind Vereinbarungen und Beschlüsse, die den gemeinsamen Einkauf zum Gegenstand haben. Die entsprechenden Vereinbarungen oder Beschlüsse beinhalten in der Regel die Festlegung von **Konditionen**, die **Zentralregulierung** und das **Delkredergeschäft**.

Absatzseite: In der Praxis sind viele Einkaufskooperationen nicht bei der Koordinierung gemeinsamer Beschaffungsaktivitäten stehen geblieben, sondern haben **umfassende absatzwirtschaftliche Konzepte**, das heißt Betriebssysteme mit Einkauf, Sortimentsgestaltung und Marketing, entwickelt, um den Mitgliedern eine geeignete Plattform für deren Verkaufsaktivitäten in den lokalen oder regionalen Märkten anbieten zu können. Aus der Tatsache, daß § 4 Abs. 2 GWB nur die Kooperationen hinsichtlich der Bezugsseite freistellt, folgt nicht, daß absatzwirtschaftliche Systeme generell kartellrechtlich bedenklich sind. Das Bundeskartellamt hat in der Vergangenheit § 1 GWB nicht auf zentral gesteuerte Vermarktungsstrategien angewendet, soweit diese – ähnlich einem **Franchisesystem** – zur Realisierung neuer Produktlinien oder innovativer Vertriebslinien führen und den Wettbewerb beleben. Ferner ist zulässig die gemeinsame überregionale Werbung, soweit einzelne Mitglieder dazu allein nicht in der Lage sind. Gemeinsame Werbeaktivitäten können im Übrigen unter den Voraussetzungen der Mittelstandsempfehlung nach § 22 Abs. 2 GWB durchgeführt werden.

Die Abreden über den gemeinsamen Einkauf müssen dem Zweck dienen, die Wettbewerbsfähigkeit kleiner und mittlerer Unternehmen zu verbessern. Unverzichtbar ist die Erhaltung des Prinzips des Nachteilsausgleichs zugunsten des Mittelstandes, das heißt, es sind grundsätzlich nur diejenigen Vereinbarungen zulässig, die die Wettbewerbsfähigkeit und den Fortbestand der kleinen und mittleren selbständigen Einzelhandelsunternehmen – und nicht der Zentrale – sichern sollen. Insofern sind konzernähnliche Strukturen – etwa innerhalb einer Verbundgruppe – nicht hinzunehmen. Die wesentliche Beeinträchtigung des Wettbewerbs auf dem Markt wird vom Bundeskartellamt im Rahmen einer Gesamtabwägung von quantitativen und qualitativen Gesichtspunkten geprüft. Als Orientierungshilfe kann eine **Marktanteilsschwelle von 10 – 15** Prozent dienen.

Zu (3) Mittelstandsempfehlungen nach § 22 Abs.2 GWB

Grundgedanke: Die kleinen und mittleren Unternehmen in die Lage zu versetzen, sich unter Erhaltung ihrer Selbständigkeit gleiche unternehmerische Möglichkeiten zu eröffnen, wie sie für Großunternehmen selbstverständlich sind. § 22 Abs. 2 GWB beruht insofern auf derselben wirtschaftlichen Erwägung wie die übrigen Kooperationserleichterungen des Kartellgesetzes.

Inhalt: Während im GWB Empfehlungen grundsätzlich **nicht** erlaubt sind (§ 22 Abs. 1 GWB), sind Mittelstandsempfehlungen unter bestimmten Voraussetzungen von diesem Verbot ausgenommen, das heißt freigestellt (§ 22 Abs. 2 GWB). Eine **zulässige Mittelstandsempfehlung** liegt vor, wenn die Empfehlung

-von einer Vereinigung kleiner oder mittlerer Unternehmen unter Beschränkung auf den Kreis der Beteiligten ausgesprochen wird,
-dazu dient, die Wettbewerbsfähigkeit der Beteiligten gegenüber Großbetrieben oder großbetrieblichen Unternehmensformen zu verbessern,
-gegenüber dem Empfehlungsempfänger ausdrücklich als unverbindlich bezeichnet ist und zu ihrer Durchsetzung kein wirtschaftlicher, gesellschaftlicher oder sonstiger Druck angewendet wird.

Mittelstandsempfehlungen können sich auf jede Form des Verhaltens im Wettbewerb beziehen. Dies entspricht der Zielsetzung, kleinen und mittleren Unternehmen auf möglichst allen Bereichen der unternehmerischen Tätigkeit die gleichen Wettbewerbschancen wie Großunternehmen zu eröffnen.

Diese Vorschrift ermöglicht KMU die Verbesserung ihrer Wettbewerbschancen durch alle Formen **gemeinsamer Geschäftspolitik**, insbesondere gemeinsame Katalog-, Plakat- und Zeitungswerbung, gemeinsame Sortimentsgestaltung sowie Sonderangebote.

Adressat: Die Mittelstandsempfehlung soll die Wettbewerbschancen der in der Mittelstandsvereinigung zusammengeschlossenen kleinen und mittleren Unternehmen verbessern. Die Empfehlungen dürfen sich daher **nicht** über den Kreis der Mitglieder der Vereinigung hinaus auch an **außen**stehende Unternehmen richten. Dies muß durch entsprechende organisatorische Vorkehrungen sichergestellt werden.

(3) Die Freistellungskartelle

Vereinbarungen und Beschlüsse der in den §§ 5 bis 8 bezeichneten Art bedürfen der **ausdrücklichen** Erlaubnis der Kartellbehörde oder des Bundesministers für Wirtschaft; die Freistellung soll i.d.R. fünf Jahre nicht überschreiten (kann aber verlängert werden), kann mit Beschränkungen, Bedingungen und Auflagen verbunden oder auch widerrufen werden. Bei diesen klassischen Kartelltypen ist von unmittelbaren Auswirkungen auf den Wettbewerb auszugehen.

In diesen Fällen kann es notwendig sein, Unternehmen mit den Instrumenten des Kartellrechts zu helfen, wenn etwa ein struktureller Anpassungsprozeß (der sonst über den Wettbewerb geregelt wird) durch Wettbewerbsverzerrungen verfälscht wird oder wenn ein geordneter Rückzug in schrumpfenden Branchen ohne entsprechende Unterstützung nicht möglich wäre.

- **Strukturkrisenkartell (§ 6 GWB)**

  Voraussetzung: Ein auf nachhaltiger, gravierender Änderung der Nachfrage beruhender Absatzrückgang (z.B. durch Wandlung der Verbrauchergewohnheiten).

  Ziel: Planmäßige Anpassung der vorhandenen Produktionskapazität an den langfristigen Bedarf (d.h. Vorlage von Anpassungsplänen sowie flankierenden Preis-, Quoten- und Gebietsabsprachen, Stillegungsvereinbarungen und Investitionsverboten).

  Verhindern, daß an sich leistungsfähige kleine und mittlere Unternehmen vom Markt ausscheiden.

  Berücksichtigung der Gesamtwirtschaft und des Gemeinwohls.

  Bedeutung: Keinerlei Bedeutung (1983 hat das Bundeskartellamt erstmals ein Strukturkrisenkartell für die Hersteller von Betonstahlmatten erlaubt).

- **Rationalisierungskartelle niederer Stufe (§ 5 Abs.1)**

  Voraussetzungen /Inhalt: Absprache muß (bei jedem Partner) der **Rationalisierung wirtschaftlicher Vorgänge** dienen. (Begriff im Gesetz selbst nicht definiert: Es sind Vorgänge, die mit einer Veränderung der Betriebsabläufe verbunden sind und zu einer Verbesserung des Verhältnisses von Aufwand und Ertrag führen, d.h. die Wettbewerbsbeschränkung als solche ist noch keine Rationalisierungsregelung.)

Kartellabrede muß die **Leistungsfähigkeit** und **Wirtschaftlichkeit** der beteiligten Unternehmen in technischer, betriebswirtschaftlicher oder organisatorischer Beziehung **wesentlich** steigern.

Kartellabrede muß die **Bedarfsbefriedigung** verbessern (z.B. verbesserte Qualität, kürzere Lieferfristen, bessere Serviceleistungen).

Der Rationalisierungserfolg soll in einem **angemessenen Verhältnis** zur damit verbundenen Wettbewerbsbeschränkung stehen (d.h. nicht nur den Unternehmen von Nutzen sein, sondern auch der Gesamtwirtschaft).

Bedeutung: Fast keine Bedeutung (BKartA ist der Meinung: ein wirksamer Wettbewerb gewährleistet den besten Rationalisierungserfolg).

- **Rationalisierungskartelle höherer Stufe (§ 5 Abs.2)**

Inhalt: Rationalisierung **mit** Preisabsprachen (oder Bildung gemeinsamer Beschaffungs- und Vertriebseinrichtungen).

Voraussetzungen: Erfüllung der Zulässigkeitsvoraussetzungen des §5 Abs.2 Nachweis, daß

a) der Rationalisierungszweck auf **andere Weise nicht** erreichbar ist (d.h. die Unerläßlichkeit der Wettbewerbsbeschränkung) und
b) die Rationalisierung im **Interesse der Allgemeinheit** „erwünscht" ist (dies ist nach Beck immer der Fall, wenn kleine und mittlere Unternehmen gefördert, Arbeitsplätze erhalten werden, der Bedarf der öffentlichen Hand besser befriedigt wird oder Vorteile dem Verbraucher zugute kommen).

Bedeutung: Bildung von gemeinsamen Beschaffungs- und Vertriebseinrichtungen (Syndikate) hauptsächlich im Bereich Steine und Erden.

- **Ministererlaubnis (§ 8 GWB)**

Inhalt: Nach **Ermessen** des Bundesministers für Wirtschaft kann über die §§2-7 hinaus ein Kartell erlaubt werden:

a) Voraussetzungen gem. Abs. 1:

- §§2-7 dürfen nicht vorliegen
- wenn ausnahmsweise Beschränkung des Wettbewerbs aus überwiegenden Gründen der Gesamtwirtschaft und des Gemeinwohls notwendig ist (d.h. ein konkretes öffentliches Interesse übersteigt Allgemeininteresse an Aufrechterhaltung des Wettbewerbs).

b) Voraussetzungen gem. Abs. 2:

- unmittelbare Gefahr für den Bestand des überwiegenden Teils der Unternehmen eines Wirtschaftszweiges,
- andere gesetzliche oder wirtschaftspolitische Maßnahmen nicht oder nicht rechtzeitig getroffen werden können und
- bei der die Beschränkung des Wettbewerbs geeignet ist, die Gefahr abzuwenden.

Bedeutung: Erlaubnis nur in besonders schwerwiegenden Fällen möglich; bisher keine Bedeutung.

Auch wenn die Kartellämter (selbständige) **Behörden** im Geschäftsbereich des jeweiligen Landes-/Bundeswirtschaftsministeriums sind, unterliegen sie **keinen** Weisungen des Ministeriums. Diese (transparente) Arbeitsteilung erscheint wichtig:

- Es erlaubt ihnen, ihre Entscheidungen in Verwaltungs- und Bußgeldverfahren ausschließlich nach **wettbe-werblichen** Kriterien zu treffen. Wenn Politiker (etwa aus Sorge um Arbeitsplätze) Druck ausüben würden, bestünde die Gefahr der Aushöhlung des Wettbewerbs.
- Da die Politik auch **andere** wichtige wirtschaftspolitische Ziele zu verfolgen hat, kann der Wirtschafts-minister, wenn im Einzelfall eine Wettbewerbsbeschränkung wegen gesamtwirtschaftlicher Vorteile hinge-nommen werden soll, diese ausnahmsweise genehmigen.

Das Bundeskartellamt hat 1996 ein **Mittelstandskartell** in der Entsorgungswirtschaft genehmigt. 29 ausnahms-los kleine und mittlere Unternehmen können dadurch bei der Durchführung flächendeckender Entsorgungslö-sungen u.a. im Bereich Elektronikschrottentsorgung für zentrale Auftraggeber zusammenarbeiten. Erst durch diese Kooperation können die Unternehmen in den Wettbewerb mit Großunternehmen einsteigen.

(d) Bußgeldverfahren

Auch im Berichtsraum 1997/98 war die Verfolgung von Submissions- und Preiskartellen ein Tätigkeitsschwerpunkt des Bundeskartellamtes. Wie schon in der Vorjahren wurden **Kartell-absprachen** aufgedeckt und **Bußgeldverfahren** in z.T. beträchtlicher Höhe durchgeführt:

- In enger Abstimmung mit der Staatsanwaltschaft wurden gegen Hersteller von **Starkstromkabeln** Buß-gelder wegen eines bundesweiten Gebiets-, Ausschreibungs- und Quotenkartells Bußgelder in Höhe von 280 Mio. DM verhängt (diese sind inzwischen rechtskräftig geworden). Die Betroffenen haben mit einem branchenweiten Kartell seit Jahrzehnten den Markt für Starkstromkabel nach Quoten unter sich aufge-teilt. Hierzu wurden die Anfragen aller Kunden - Energieversorgungsunternehmen, Stadtwerke, Indus-triekunden und Großhandel - in der Weise auf die Kartellmitglieder aufgeteilt, daß am Ende einer festge-legten Referenzperiode der Marktanteil jedes Herstellers der ihm zugedachten Quote entsprach. Die Durchsetzung der vereinbarten Quoten erfolgte durch Preis- bzw. Rabattabsprachen.
- Das Bundeskartellamt hat im Mai 1998 nach einer bundesweiten Durchsuchung bei Herstellern von Ver-kehrszeichen und **Verkehrsleitzeichen** wegen kartellrechtlicher Absprachen zwischen 1993 und 1996 Bußgelder in einer Gesamthöhe von 3,7 Mio. DM gegen zehn Unternehmen sowie gegen 14 verantwortli-che Personen erlassen (auch diese Bescheide sind inzwischen rechtskräftig).

e) Die Mißbrauchsaufsicht über Markt beherrschende Unternehmen

(1) Marktbeherrschung/wettbewerbsbeschränkendes Verhalten

Es gibt Unternehmen, die sich durch ihre besonders starke Marktstellung der Kontrolle durch den Wettbewerb entziehen können, die einen nicht hinreichend kontrollierten Verhal-tensspielraum besitzen und daher Bedingungen für die anderen Marktteilnehmer setzen kön-nen (= **Marktbeherrschung**).

Das GWB unterwirft das Verhalten Markt beherrschender Unternehmen strengeren Anfor-derungen als das anderer Marktteilnehmer. Die Mißbrauchsaufsicht über Markt beherr-schende Unternehmen ist das **staatliche Regulativ** für fehlenden wesentlichen Wettbewerb (Bundeskartellamt, 1999b, S. 18f.). Die **Mißbrauchsaufsicht** funktioniert dergestalt, daß die Kartellbehörde Unternehmen und Vereinigungen von Unternehmen alle Verhaltenswei-sen untersagen kann, die nach dem GWB verboten sind (§ 32 GWB).

Das **Bestehen** einer Markt beherrschenden Stellung wird nicht per se verboten (oder etwa durch Entflechtung beseitigt), sondern wird als vorgegeben hingenommen. **Ziel** ist

- ein rechtzeitiges Eingreifen beim Anstreben und bei der Erlangung einer Markt be-herrschenden Stellung (durch eine entsprechend ausgestaltete Fusionskontrolle)
- das Verhindern der mißbräuchlichen Ausnutzung der Stellung.

Mit der 6. Novelle vom 1.1.1999 ist die Mißbrauchsaufsicht über Markt beherrschende Unternehmen nun (entsprechend dem EG-Recht) in eine **unmittelbar** wirkende **Verbotsform** umgewandelt worden:

> **§ 19 Abs. 1 GWB**: Die mißbräuchliche Ausnutzung einer Markt beherrschenden Stellung durch ein oder mehrere Unternehmen ist verboten.

Bisher sah das GWB (abgesehen von den Bestimmungen des § 26 Abs. 2 und 3) eine Bußgeldsanktion und Schadenersatzansprüche beim Mißbrauch einer Markt beherrschenden Stellung lediglich dann vor, wenn sich ein Unternehmen über eine behördliche Mißbrauchsverfügung hinwegsetzte. Das Bundeskartellamt erhofft sich von dieser Neuregelung eine bessere Vorfeldwirkung, zumal gleichzeitig der Zivilrechtsweg eröffnet wird.

Als spezifisches Problem taucht hierbei die **Abgrenzung des relevanten Marktes** für bestimmte Waren oder Dienstleistungen auf: sachliche (ökonomische Substituierbarkeit) und räumliche Abgrenzung (Feststellung eines „begrenzten Raumes").

In der Frage der **räumlichen** Marktabgrenzung ist zwischen regionalen, nationalen, europäischen und globalen Märkten zu unterscheiden. Es wurde dem Kartellamt oft vorgeworfen, nicht zu erkennen, daß durch die Globalisierung immer **größere** Märkte entstehen (denn je größer und weiter man den Markt definiert, um so kleiner wird der Marktanteil eines Unternehmens!). Dem wird entgegengehalten, daß es zwar euroweite/globale Märkte für einige Produkte (etwa bei einfachen Industrieprodukten) gibt, daneben aber auch Märkte, die weiterhin **regional** geprägt sind (z.B. bei komplexen Spezialmaschinen; Dienstleistungen werden oft nur regional erbracht).

Im Sinne des § 19 Abs. 2 GWB ist eine **Markt beherrschende Stellung** dann gegeben, wenn:

- das Unternehmen **ohne** Wettbewerber ist oder **keinem wesentlichen** Wettbewerb ausgesetzt ist oder
- das Unternehmen eine im Verhältnis zu seinen Wettbewerbern **überragende Marktstellung** hat, wobei außer dem Marktanteil des Unternehmens insbesondere seine Finanzkraft, sein Zugang zu den Beschaffungsund Absatzmärkten, Verflechtungen mit anderen Unternehmen sowie rechtliche und tatsächliche Schranken für den Markteintritt anderer Unternehmen zu berücksichtigen sind
- das Unternehmen bestimmte **Marktanteile** erreicht,

1	für **ein** Unternehmen, wenn es einen Marktanteil von mindestens einem **Drittel** hat
2a	für **drei** oder weniger Unternehmen, wenn sie einen Marktanteil von zusammen 50% haben (oder mehr)
2b	für **fünf** oder weniger Unternehmen, wenn sie einen Marktanteil von zusammen mindestens zwei Dritteln haben.

Voraussetzung für § 19 GWB ist die **Feststellung** eines „Mißbrauchs". Im GWB findet sich allerdings keine nähere Definition, was „mißbräuchliches Ausnutzen bzw. Verhalten" ist. Im § 19 Abs. 4 wird ausgeführt, daß ein Mißbrauch **insbesondere** vorliegt, wenn ein Markt beherrschendes Unternehmen als Anbieter oder Nachfrager einer bestimmten Art von Waren oder gewerblichen Leistungen

1. die Wettbewerbsmöglichkeiten anderer Unternehmen in einer für den Wettbewerb auf dem Markt erheblichen Weise ohne sachlich gerechtfertigten Grund beeinträchtigt (= Tatbestand „**Behinderungsmißbrauch**")

2. Entgelte oder sonstige Geschäftsbedingungen fordert, die von denjenigen abweichen, die sich bei wirksamem Wettbewerb mit hoher Wahrscheinlichkeit ergeben würden; hierbei sind insbesondere die Verhaltensweisen von Unternehmen auf vergleichbaren Märkten mit wirksamem Wettbewerb zu berücksichtigen (= Tatbestand „**Ausbeutungsmißbrauch**")

3. ungünstigere Entgelte oder sonstige Geschäftsbedingungen fordert, als sie das Markt beherrschende Unternehmen selbst auf vergleichbaren Märkten von gleichartigen Abnehmern fordert, es sei denn, daß der Unterschied sachlich gerechtfertigt ist (= Tatbestand „**Preis- und Konditionendiskriminierung**")

Die Neufassung erstreckt die Eingriffsmöglichkeiten der Kartellbehörde auf Markt beherrschende Unternehmen auf der Anbieter- und auf der **Nachfragerseite**.

Das Mißbrauchsverbot zielt heute vor allem auf den **Erhalt offener Märkte** ohne Zugangsschranken, denn bestehende Markt beherrschende Positionen werden meistens schneller und effektiver durch neue Wettbewerber als durch langwierige Verfahren vor den Kartellbehörden und Gerichten abgebaut. Der Mißbrauch wirtschaftlicher Macht beinhaltet alle **Verhaltensweisen**, mit denen die Wettbewerbsmöglichkeiten anderer Unternehmen (Konkurrenten, Abnehmer oder Lieferanten) oder der Verbraucher durch mißbräuchliches Verhalten über Gebühr beeinträchtigt werden.

(2) Der Behinderungsmißbrauch

In aller Regel sind nur marktstarke bzw. Markt beherrschende Unternehmen in der Lage, den Wettbewerb durch Diskriminierung und Behinderung anderer Unternehmen zu beeinträchtigen. Während das **Behinderungsverbot** vornehmlich die Wettbewerber des diskriminierenden Unternehmens schützt, stellt das **Diskriminierungsverbot** den Schutz von Abnehmern und Lieferanten vor einer ungerechtfertigten Benachteiligung im Verhältnis zu ihren Konkurrenten sicher (vgl. dazu Bundeskartellamt, 1999b, S. 21f.).

Verhaltensweisen, mit denen Marktbeherrschende Unternehmen ihre Stellung gegenüber Konkurrenten zu behaupten bzw. auszubauen oder ihren Einfluß auf vor- oder nachgelagerte

Wirtschaftsstufen oder auf Drittmärkte zu erstrecken suchen, sind dann ein Mißbrauch wirtschaftlicher Machtstellung, wenn sie nicht auf der **Leistung** des Markt beherrschenden Unternehmens beruhen und konkret geeignet sind, die **Struktur** des betroffenen Marktes spürbar zu verschlechtern.

Der Behinderungsmißbrauch kann in verschiedenen **Formen** auftreten:

(a) als mittelbare Konkurrentenbehinderung
(b) als unmittelbare Konkurrentenbehinderung
(c) als Nachfragemißbrauch
(d) als Zugangsmißbrauch

Zu (a): Die mittelbare Konkurrentenbehinderung

Ausschließlichkeitsbindungen und Kopplungsverträge: Mittel zur Verdrängung letzter Konkurrenz, indem Absatzwege verschlossen werden oder Machtübertragung von bereits beherrschten auf noch nicht beherrschte Märkte erfolgt.

Beispiel: (a) Beim Kauf von Handpreisauszeichnern bestand auch Abnahmezwang für vom Gerätehersteller ebenfalls angebotene Etiketten. (b) Die beiden führenden Eiskremhersteller (Langnese-Iglo, Schöller) stellen den Vertriebsstellen (Tankstellen, Kioske etc.) Kühltruhen zur Verfügung: Im Gegenzug muß sich der jeweilige Händler verpflichten, Speiseeis nur von jeweiligen Hersteller zu beziehen. Ein neuer Eisproduzent (Mars) wurde durch diese Ausschließlichkeitsbindungen behindert. (c) U.a. wegen Kopplungsgeschäften wurde Tetra Pak von der Europäischen Kommission zur Zahlung von ca. 159 Mio DM Bußgeld verpflichtet.

Rabatt- und Bonussysteme: Mißbräuchlich, wenn künstliche Konzentration der Nachfrage auf einen Markt beherrschenden Anbieter erfolgt, die nicht auf überlegener wirtschaftlicher Leistungsfähigkeit beruht. Sie verteuern für den Abnehmer einen Wechsel oder eine Diversifizierung seiner Bezugsquellen sehr stark und wirken wirtschaftlich daher wie Bezugsbindungen.

Beispiel: Treuerabatte, Jahresbonussystem, Partnerschaftsbonus, Gesamtumsatzrabatte, Umsatzsteigerungsrabatte, Sortimentsrabatte.

Zu (b): Die unmittelbare Konkurrentenbehinderung

Kampfpreisunterbietungen: Gezielte Preisunterbietung Markt beherrschender Unternehmen mit dem Ziel der Verdrängung von Konkurrenten (wobei die Finanzierung oft aus Gewinnen auf bereits beherrschten Märkten erfolgt).

Beispiel: Preiskalkulation bestimmter Reiseziele weit unter Kosten und damit Verdrängung von Spezialanbietern

Im Rahmen der 6. Novelle ist ein Satz eingefügt worden, der unbillige **Untereinstandspreisverkäufe** verbietet. Den Grundsätzen der freien Preisbildung sollen durch die neue Regelung dort Grenzen gezogen werden, wo systematische Untereinstandspreise zu einer Gefährdung des funktionierenden Wettbewerbs auf den betroffenen Märkten führen. Der § 20 (**Unbillige Behinderung**) Abs. 4 bezieht dies nun explizit ein: „Unternehmen mit gegenüber kleinen und mittleren Wettbewerbern überlegener Marktmacht dürfen ihre Marktmacht nicht dazu ausnutzen, solche Wettbewerber unmittelbar oder mittelbar zu behindern. Eine unbillige Behinderung im Sinne des Satzes 1 liegt insbesondere vor, wenn ein Unternehmen Waren oder gewerbliche Leistungen nicht nur gelegentlich unter Einstandspreise anbietet, es sei denn, dies ist sachlich gerechtfertigt."

Konkurrentensperre: Wettbewerber wird von einer Einrichtung ausgeschlossen, auf deren Benutzung er angewiesen ist.

Beispiel: Hersteller und Großhändler, die nicht nur über traditionellen Fachhandel vertrieben, wurden nicht zur Sportartikelmesse zugelassen.

Zu (c): Der Nachfragemißbrauch als Behinderung

Mächtige Abnehmer erzwingen für sich besonders günstige Bedingungen, verbieten dem Lieferanten jedoch, diese Bedingungen auch anderen Abnehmern zu gewähren. Die **Problematik** bei der Anwendung des Behinderungsmißbrauchs liegt in

- der Definition als Nichtleistungswettbewerb, der den Restwettbewerb einschränkt:
  - Was ist Nichtleistungswettbewerb?
  - Obwohl bereits Behinderung vorliegt, herrscht meist noch gewisser Restwettbewerb;
- im Konflikt Wettbewerbschutz - Verbraucherschutz (besonders bei Niedrigpreisen).

Bisher noch keine sinnvolle Einfügung in das Gesamtsystem des GWB: Frage, ob Behinderungsmißbrauch nicht bereits durch andere Vorschriften mit **abgedeckt** ist:

§26 Abs.2: Diskriminierung und unbillige Behinderung anderer Unternehmen
§24 Abs.1: Entstehen oder Verstärken einer Markt beherrschenden Stellung
§18: Aufhebung von Ausschließlichkeitsbindungen
§37aAbs.3: Untersagung einer unbilligen Behinderung

Zu (d): Der „Essential facilities"-Tatbestand

Für die **deregulierten Bereiche** (Telekommunikation, Post, Energie und Verkehr) hat die wettbewerbsbegründende Durchleitung zentrale Bedeutung für die Liberalisierung bislang regulierter, netzgebundener Märkte.

- In den Mißbrauchskatalog wurde als neues Regelbeispiel (§19 Abs. 4 GWB) der Tatbestand der **Verweigerung des Zugangs** zu wesentlichen Einrichtungen („essential facilities") und anderen für die Aufnahme des Wettbewerbs wesentlichen Infrastruktureinrichtungen gegen angemessenes Entgelt aufgenommen. Es zielt insbesondere darauf ab, neuen Anbietern den Zugang zu bislang monopolisierten Märkten zu ermöglichen.
- Für einzelne Bereiche hat der Gesetzgeber spezialgesetzliche Regelungen erlassen, die auch den Netzzugang regeln sollten.
- In diesen Bereichen wurde eine **Mißbrauchsaufsicht** errichtet, z.B. Regulierungsbehörde für Telekommunikation und Post gemäß Telekommunikationsgesetz vom 1.8.1996 (TKG); das TKG sieht die Mitwirkung des Bundeskartellamtes an den Entscheidungen der Regulierungsbehörde vor; das Postgesetz vom 22.12.1997 sieht für lizenzpflichtige Postdienste eine sektorspezifische Verhaltenskontrolle vor; das Energiewirtschaftsgesetz vom 29.4.1998 sieht die Durchsetzung einer diskriminierungsfreien Durchleitung vor.

(3) Der Ausbeutungsmißbrauch

Mißbrauch liegt generell dann vor, wenn die Geschäftsbedingungen zum Nachteil der Marktgegenseite wesentlich von dem abhängen, was sich bei Wettbewerb herausstellen würde. In erster Linie ist hier der Ausbeutungsmißbrauch durch überhöhte **Preise** anzuführen. Das Bundeskartellamt hat mit einigen spektakulären Verfahren (z.B. Hoffmann-La Roche) **vergeblich** versucht, Preissenkungen vorzuschreiben, da man der Meinung war, daß die betroffenen Unternehmen aufgrund ihrer Markt beherrschenden Stellung überhöhte Preise verlangt hatten. Offensichtlich stieß die Kartellbehörde hier an rechtliche und ordnungspolitische Grenzen: Nach dem BGH darf sie zwar ihre Mißbrauchsaufsicht auf vermutlich überhöhte Preise richten, andererseits ist keine allgemeine preisliche Verhaltenskontrolle zulässig.

Das wirksamste Mittel zur Verhinderung mißbräuchlicher Preise ist für das Kartellamt nach wie vor der Schutz bzw. die Schaffung wettbewerblicher **Marktstrukturen**. Aufgrund der methodischen und praktischen Probleme, die der Nachweis eines **Preismißbrauchs** aufwirft, ist kartellrechtliche Preiskontrolle nur als wettbewerbsrechtliche ultima ratio einzusetzen. Mit dieser Einschränkung ist die Preismißbrauchsaufsicht allerdings ein unverzichtbares Instrument zur Begrenzung der wirtschaftlichen Macht Markt beherrschender Unternehmen.

Auch die Bundesregierung und die Monopolkommission sind der Meinung, daß in einer sozialen Marktwirtschaft primär der Markt die Frage eines eventuell zu hoch angesetzten Preises „regulieren" wird und eine behördliche Preisreglementierung („**richtiger**" Preis) nicht wettbewerbs- und systemverträglich ist. Nur bei Märkten, in denen das wettbewerbliche Ordnungssystem nicht mehr funktioniert, könne der Staat eingreifen. Es besteht also generell die Schwierigkeit, die Grenze, ab der ein Preis zu hoch ist, zu ermitteln. Als **Hilfsmittel** wird der sog. „hypothetische Wettbewerbspreis" oder „Als-ob-Preis" herangezogen. Maßstab für die Kartellbehörde ist also das **Vergleichsmarktkonzept**, d.h. die vermeintlich überhöhten Preise werden mit Preisen verglichen, die sich auf wettbewerblichen Märkten gebildet haben. Nach den bisherigen Erfahrungen ist ein Einschreiten der Kartellbehörden gegen mißbräuchliche Preisstrukturen (z.B. mißbräuchliche Rabattsysteme) aber erfolgversprechender als die Bekämpfung von mißbräuchlich überhöhten Preisen (Bundeskartellamt, 1999b, S. 20).

Als weitere Mißbrauchsarten sind anzutreffen:

- **Konditionenspaltung/Preisspaltung**: Gewährung unterschiedlicher Preise und Konditionen an verschiedene Abnehmer oder Lieferanten ohne sachliche Rechtfertigung.
- Nach § 21 dürfen Unternehmen oder Vereinigungen von Unternehmen nicht ein anderes Unternehmen oder Vereinigungen von Unternehmen in der Absicht, bestimmte Unternehmen unbillig zu beeinträchtigen, zu Liefersperren oder Bezugssperren auffordern („**Boykottaufruf**"). Es darf auch einem anderen kein wirtschaftlicher Nachteil zugefügt werden, weil er ein Einschreiten der Kartellbehörde beantragt oder angeregt hat (§ 21 Abs. 4).

(4) Sanktionen

Nach § 32 GWB kann die Kartellbehörde Unternehmen und Vereinigungen von Unternehmen ein Verhalten **untersagen**, das nach diesem Gesetz verboten ist. Wer gegen eine Vorschrift des GWB oder eine Verfügung der Kartellbehörde verstößt, ist, sofern die Vorschrift oder die Verfügung den Schutz eines anderen bezweckt, diesem zur Unterlassung nach § 33 GWB verpflichtet („**Unterlassungsanspruch**"). Fällt ihm Vorsatz oder Fahrlässigkeit zur Last, ist er auch zum Ersatz des aus dem Verstoß entstandenen Schadens verpflichtet („**Schadenersatzpflicht**"). Der Anspruch auf Unterlassung kann auch von rechtsfähigen Verbänden zur Förderung gewerblicher Interessen geltend gemacht werden. Hat ein Unternehmen vorsätzlich oder fahrlässig durch ein Verhalten, das die Kartellbehörde mit einer Verfügung nach § 32 untersagt hat, nach Zustellung der Verfügung einen Mehrerlös erlangt, so kann die Behörde gemäß § 34 nach Eintritt der Unanfechtbarkeit der Verfügung oder der Feststellung nach §71 Abs. 3 anordnen, daß das Unternehmen einem den Mehrerlös entsprechenden Geldbetrag an die Kartellbehörde abführt („**Mehrerlösabschöpfung**").

(5) Schwierigkeiten der Mißbrauchsprüfung

Die Schwierigkeiten einer effizienten Mißbrauchsprüfung liegen auf mehreren Ebenen:

- **Marktwirtschaftliches System:**

  Ordnungspolitische Problematik einer Preisprüfung: Preis wird in einem freiheitlichen Wirtschaftssystem durch Angebot und Nachfrage bestimmt, d.h. die Kontrolle der Preishöhe obliegt dem Markt. Der Staat darf nur in Sonderfällen Einfluß nehmen, ein volkswirtschaftliches Interesse muß vorhanden sein.

- **Gesetzgebung - Rechtsprechung:**

  Viele Probleme bei der Anwendung der Vorschriften des GWB in rechtlicher Hinsicht zwischen Kartellbehörde und den Gerichten; dies führt oft zu kontroversen Ergebnissen.

- **Wissenschaftlicher und politischer Meinungsstreit:**

Umstritten ist vor allem die Frage, ob die Mißbrauchsaufsicht auch den Ausbeutungsmißbrauch erfassen soll. Zahlreiche Wissenschaftler lehnen die Anwendung der Mißbrauchsaufsicht grundsätzlich ab. Aber auch Bundesregierung und Monopolkommission sind in der Handhabung dieser Frage sehr zurückhaltend.

(6) Mißbrauch Markt beherrschender Nachfragemacht:

Auch von seiten der Politik wird inzwischen die Sicherung des Leistungswettbewerbs im Handel als eine absolut vordringliche Arbeit des Kartellamts angesehen. Die Entwicklung der Nachfragemacht ist auf verschiedene Faktoren zurückzuführen. Hersteller und Handel forcieren den Konzentrationsprozeß, um so preispolitische Wettbewerbsvorteile zu erzielen. Die Entwicklung eines gemeinsamen europäischen Marktes hat diese Tendenz zu grundlegenden strukturellen Veränderungen der Wettbewerbsverhältnisse verstärkt.

Das Kartellamt sieht dabei das Entstehen wettbewerbspolitisch bedenklicher Nachfragemacht nicht nur durch die Unternehmens**konzentration**, sondern auch durch die **Einkaufsbündelung** rechtlich selbständiger Unternehmen (Einkaufskontore), wenn auch das Zusammenarbeiten kleinerer und mittlerer Unternehmen in solchen Einkaufsvereinigungen, die für das Überleben im Wettbewerb existenznotwendig ist, weiterhin positiv beurteilt wird. Das entstandene Machtpotential wird einerseits zur Durchsetzung von leistungswidrigen Vorzugskonditionen, andererseits zur Behinderung von Wettbewerbern durch systematische Verkäufe unter dem Einkaufspreis eingesetzt.

Für die Mißbrauchsaufsicht im Handel wurde im Rahmen der 6. Novelle 1999 der § 20 Abs. 4 GWB um einen Satz ergänzt, der unbillige **Untereinstandspreise** verbietet. Zudem sieht der § 54 GWB vor, daß die Kartellbehörde ein Verfahren auch einleiten kann, **ohne** daß der Name des Beschwerdeführers schon zu Beginn in den Verfahrensakten erscheint (falls dieser befürchten muß, vom betroffenen Lieferanten „ausgelistet" zu werden – sog. „Roß- und-Reiter-Problematik").

Kerber (1991) sieht dagegen den **Käufermarkt** als Hauptursache für die Nachfragemacht des Handels und hält den Ausgangspunkt der Diskussion für **verfehlt**, da „Praktiken" wie zusätzliche Rabatte wichtige Funktionen in einer sich ständig verändernden Wirtschaft erfüllen. Die These von einer wettbewerbspolitisch problematischen Nachfragemacht des Handels läßt sich seiner Meinung nicht aufrechterhalten (ebd., S. 848). Kerber führt eine evtl. gegebene „Macht" auf zwei Faktoren zurück:

- positiv zu bewertende Aktivitäten im Rahmen des Innovationswettbewerbs um neue Handelsbetriebsformen und Vertriebswege
- erhebliche Überkapazitäten der Industrie

Eine empirische Studie (vgl. Gaitanides, 1991) zeigt,

- daß die vertikale Wettbewerbssituation (Nachfragemacht des Handels) ein wichtiger Erfolgsfaktor (hier Umsatzrendite) ist (d.h. bei geringerer Nachfragemacht höhere Umsatzrendite und umgekehrt) und
- daß zumindest teilweise eine vertikale Schwäche des Herstellers (hohe Nachfragemacht des Handels) durch horizontale Stärken als Instrument der Gegenmachtbildung ausgeglichen werden kann (vgl. Schwintowski, 1992, S. 9f.) Die Landeskartellbehörden erhalten eine Fülle von Beschwerden mittelständischer Betriebe über mißbräuchliches Verhalten von Handelsunternehmen. Diese Beschwerden sind meist anonym an die Kartellämter gerichtet, da es sich kein Hersteller erlauben kann, offen über diese unerlaubten Praktiken auszusagen.

Durch den ständig zunehmenden Konzentrationsprozeß im Handel hat sich in den letzten zehn Jahren die Zahl der Lebensmitteleinzelhandelsunternehmen um rund ein **Drittel** verringert. Neue Angebotsformen, wie Verbrauchermärkte, Selbstbedienungsläden, Cash-and-Carry-Märkte, Discountmärkte usw., sind entstanden. Der Konzentrationsprozeß zeigt, daß der Trend ebenso wie im Herstellerbereich zu einigen wenigen Großanbietern geht.

(f) Vertikalvereinbarungen

Verträge zwischen Unternehmen verschiedener Wirtschaftsstufen (z.B. Alleinvertriebsverträge) sind grundsätzlich zulässig. Da es sich dabei nicht um Verträge zwischen Wettbewerbern handelt, werden solche vertikale Verträge nicht per se als wettbewerbsschädlich betrachtet; diese Verträge unterliegen der **Mißbrauchsaufsicht** durch die Kartellbehörde, die sie verbieten kann, wenn durch die Vereinbarungen (z.B. Verwendungsbeschränkungen, Vertriebsbindungen) der Wettbewerb auf dem betroffenen Markt wesentlich beeinträchtigt wird.

§14
Vereinbarungen zwischen Unternehmen über Waren oder gewerbliche Leistungen, die sich auf Märkten innerhalb des Geltungsbereichs dieses Gesetzes beziehen, sind verboten, soweit sie einen Beteiligten in der Freiheit der Gestaltung von Preisen und Geschäftsbedingungen bei solchen Vereinbarungen beschränken, die er mit Dritten über die gelieferten Waren, über andere Waren oder über gewerbliche Leistungen schließt.

Preisbindungen sind vertikale Vereinbarungen, die das GWB verbietet (§ 14 GWB).

„Preisbindungen können zwischen Unternehmen verschiedener Wirtschaftsstufen vereinbart werden, wobei der eine Partner den anderen verpflichtet, bestimmte Preise oder Konditionen beim Weiterverkauf an Dritte einzuhalten. Dadurch kann der Preiswettbewerb zwischen Händlern ausgeschaltet werden. In einer wettbewerblichen Ordnung soll aber jedes Unternehmen seine Preise und Geschäftsbedingungen gegenüber nachgelagerten Wirtschaftsstufen und gegenüber dem Verbraucher frei gestalten. Deshalb ist insoweit eine rechtliche oder wirtschaftliche Bindung eines Vertragspartners nicht zulässig." (Bundeskartellamt, 1999 b, S. 11)

Zulässig ist (aus kulturpolitischen Gründen) aber weiterhin die Preisbindung bei **Verlagserzeugnissen**, die sog. „Buchpreisbindung" (nach § 15).

Während die „Preisbindung der zweiten Hand" grundsätzlich verboten ist, können Hersteller von Markenwaren **unverbindliche Preisempfehlungen** aussprechen (§23 Abs.1 GWB):

- wenn die Empfehlungen ausdrücklich als unverbindlich bezeichnet sind,
- ausschließlich eine bestimmte Preisangabe enthalten und
- zu ihrer Durchsetzung kein wirtschaftlicher, gesellschaftlicher oder sonstiger Druck ausgeübt wird
- und in der Erwartung ausgesprochen werden, daß der empfohlene Preis dem von der Mehrheit der Empfehlungsempfänger voraussichtlich geforderten Preis entspricht.

Markenwaren (nach Abs. 2)
... sind Erzeugnisse, deren Lieferung in gleich bleibender oder verbesserter Güte von dem Preis empfehlenden Unternehmen gewährleistet wird und die selbst oder deren für die Aufgabe an den Verbraucher bestimmte Umhüllung oder Ausstattung oder deren Behältnisse, aus denen sie verkauft werden, mit einem ihre Herkunft kennzeichnenden Merkmal versehen sind.

Mißbräuchlich sind insbesondere die sog. **„Mondpreisempfehlungen"**, in denen bewußt überhöhte Preise angegeben werden, damit der Handel mit Unterschreitungen des empfohlenen Preises werben kann. Insbesondere wenn Hersteller durch Druckausübung versuchen, die von ihnen ausgesprochene unverbindlichen Preisempfehlungen durchzusetzen, wirken die **Empfehlungen** wie **Preisbindungen**.

g) Zusammenschlußkontrolle

(1) Widersprüche in der Wirtschaftspolitik

Wir haben bereits an früherer Stelle aufgezeigt, daß der Wettbewerb einen Eckpfeiler unserer marktwirtschaftlichen Ordnung darstellt. Diesen Wettbewerb zu schützen und zu fördern stellten wir als Aufgabe der staatlichen Wettbewerbspolitik (als Teil der Wirtschaftspolitik) heraus. Der Wettbewerb kann demnach als ein Mittel zur Erreichung gesamtwirtschaftlicher Ziele (wie z.B. Wirtschaftswachstum, Vollbeschäftigung, rationaler Einsatz von Produktionsfaktoren, Verbesserung der Einkommens- und Vermögensverteilung) aufgefaßt werden. Aufbauend auf dem **„Leitbild des funktionsfähigen, wirksamen Wettbewerbs"**, ergeben sich unterschiedliche Wettbewerbspolitiken und Instrumente. Daneben erhält die Wettbewerbspolitik weitere restriktive Momente durch den Konflikt mit **anderen** Bereichen staatlicher Wirtschaftspolitik, wie etwa der Konjunktursteuerung oder der Strukturpolitik. Häufig wirken die jeweiligen staatlichen Maßnahmen **gegeneinander,** wobei die Wettbewerbspolitik oft gegenüber den allgemeinen Erfordernissen der Wirtschafts- und Gesellschaftspolitik zurücktreten muß.

(2) Einführung in die Fusionskontrolle

Der **Begriff** „Fusion" wird in der Literatur und im allgemeinen Sprachgebrauch nicht eindeutig eingesetzt. Nach Sigloch (1974, S. 21) ist Fusion „die Vereinigung zweier oder mehrerer Unternehmen zu einer rechtlichen Einheit ungeachtet der Größe und Rechtsform der beteiligten Unternehmen sowie der Art der Zusammenschlüsse". Ähnlich definiert Bestmann (1994, S. 55) den betriebswirtschaftlichen Konzentrationsbegriff „als Zunahme der Verfügungsgewalt über Produktionsmittel in den Händen einheitlich gelenkter Wirtschaftseinheiten". Man kann also jede Art der Zusammenfassung von Unternehmen unter eine **einheitliche Leitung** darunter subsumieren. Da Fusionen automatisch externes Unternehmenswachstum (und somit auch die Verstärkung der Marktmacht) bewirken, können sie mit **Unternehmenskonzentration** gleichgesetzt werden. Da Unternehmensvergrößerung bei gleichzeitiger Verringerung der bisher für ein bestimmtes Gut, in einer bestimmten Branche, in der gesamten Volkswirtschaft vorhandenen Unternehmen eine Ballung **ökonomischer Macht** bedeutet, lautet deshalb die wirtschafts- und gesellschaftspolitische Zielsetzung des Kartellrechts:

- Schutz der wettbewerblichen Marktstruktur vor der Großmacht der Großunternehmen und Konzerne und
- Dezentralisation der Macht zum Schutz einer freiheitlichen Ordnung.

Als Reaktion des Gesetzgebers wurde aufgrund des wachsenden Drucks der Öffentlichkeit 1973 (im Rahmen der 2. Novelle) die **Fusionskontrolle** eingeführt mit einem grundsätzlichen Verbot solcher Unternehmenszusammenschlüsse, die zu einer Entstehung oder Verstärkung einer Markt beherrschenden Stellung führen (§ 19 Abs.1 GWB). Man geht also davon aus, daß Zusammenschlüsse **nicht grundsätzlich** wettbewerbspolitisch bedenklich sein müssen (besonders bei kleinen Zusammenschlüssen): Eine Verengung der „Spielräume" - sowohl auf der Nachfrager- als auch auf der Wettbewerberseite - sieht man vor allem bei Zusammenschlüssen größerer Unternehmen. Bei der Einführung war die Fusionskontrolle allerdings sehr umstritten: Die Gegner führten an, daß Konzentration notwendig sei, um mit der technischen und wirtschaftlichen Entwicklung mitzuhalten, größere Unternehmen seien leistungsfähiger und sie würden den technischen Fortschritt vorantreiben, zudem sei das Zugrundelegen eines **nationalen** Marktes bei zunehmender Größe der entstehenden Wirtschaftsräume unrealistisch.

Den **Geltungsbereich** der Zusammenschlußkontrolle legt § 35 GWB fest:

§ 35 GWB
(1) Die Vorschriften über die Zusammenschlußkontrolle finden Anwendung, wenn im letzten Geschäftsjahr vor dem Zusammenschluß
1. die beteiligten Unternehmen insgesamt weltweit Umsatzerlöse von mehr als einer Milliarde Deutsche Mark und
2. mindestens ein beteiligtes Unternehmen im Inland Umsatzerlöse von mehr als fünfzig Millionen Deutsche Mark erzielt haben.
(2) Absatz 1 gilt nicht,
1. soweit sich ein Unternehmen, das nicht im Sinne des § 36 Abs. 2 abhängig ist und im letzten Geschäftsjahr weltweit Umsatzerlöse von weniger als zwanzig Millionen Deutsche Mark erzielt hat, mit einem anderen Unternehmen zusammenschließt oder
2. soweit ein Markt betroffen ist, auf dem seit mindestens fünf Jahren Waren oder gewerbliche Leistungen angeboten werden und auf dem im letzten Kalenderjahr weniger als dreißig Millionen Deutsche Mark umgesetzt wurden. Soweit durch den Zusammenschluß der Wettbewerb beim Verlag, bei der Herstellung oder beim Vertrieb von Zeitungen oder Zeitschriften oder deren Bestandteilen beschränkt wird, gilt nur Satz 1 Nr. 2.
(3) Die Vorschriften dieses Gesetzes finden keine Anwendung, soweit die Kommission der Europäischen Gemeinschaften nach der Verordnung (EWG) Nr. 4064/89 des Rates vom 21. Dezember 1989 über die Kontrolle von Unternehmenszusammenschlüssen in ihrer jeweils geltenden Fassung ausschließlich zuständig ist.

(3) Grundsätze für die Beurteilung von Zusammenschlüssen

Fusionskontrolle bedeutet, daß das Bundeskartellamt bei Vorliegen bestimmter **Voraussetzungen** Zusammenschlüsse verbieten kann:

§ 36 GWB
Abs. 1: Ein Zusammenschluß, von dem zu erwarten ist, daß er eine Markt beherrschende Stellung begründet oder verstärkt, ist vom Bundeskartellamt zu untersagen, es sei denn, die beteiligten Unternehmen weisen nach, daß durch den Zusammenschluß auch Verbesserungen der Wettbewerbsbedingungen eintreten und daß diese Verbesserungen die Nachteile der Marktbeherrschung überwiegen.
Abs. 2: Ist ein beteiligtes Unternehmen ein abhängiges oder herrschendes Unternehmen im Sinne des § 17 des Aktiengesetzes oder ein Konzernunternehmen im Sinne des § 18 des Aktiengesetzes, sind die so verbundenen Unternehmen als einheitliches Unternehmen anzusehen. Wirken mehrere Unternehmen derart zusammen, daß sie gemeinsam einen beherrschenden Einfluß auf ein anderes Unternehmen ausüben können, gilt jedes von ihnen als herrschendes.
Abs. 3: Steht einer Person oder Personenvereinigung, die nicht Unternehmen ist, die Mehrheitsbeteiligung an einem Unternehmen zu, gilt sie als Unternehmen.

Es müssen für ein Verbot also **zwei Voraussetzungen** erfüllt sein:

- es muß ein **Zusammenschluß** gegeben sein („Aufgreifkriterien").

Ein Zusammenschluß nach § 37 liegt in folgenden **Fällen** vor:

- Erwerb des Vermögens eines anderen Unternehmens ganz oder zu einem wesentlichen Teil (Nr. 1)
- Erwerb der unmittelbaren oder mittelbaren Kontrolle durch ein oder mehrere Unternehmen über die Gesamtheit oder Teile eines oder mehrerer anderer Unternehmen. Die Kontrolle wird durch Rechte, Verträge oder andere Mittel begründet (...). (Nr. 2)
- Erwerb von Anteilen an einem anderen Unternehmen, wenn die Anteile allein oder zusammen mit sonstigen, dem Unternehmen bereits gehörenden Anteilen 50 von Hundert oder 25 von Hundert des Kapitals oder der Stimmrechte des anderen Unternehmens erreichen. (Nr. 3)
- Jede sonstige Verbindung von Unternehmen, aufgrund deren ein oder mehrere Unternehmen unmittelbar oder mittelbar einen wettbewerblich erheblichen Einfluß auf ein anderes Unternehmen ausüben können. (Nr. 4)

- es muß eine **Markt beherrschende Stellung** entstehen oder verstärkt werden („Eingreifkriterien").

Der Begriff der Marktbeherrschung ist der gleiche wie in § 19 GWB. Ein Unternehmen ist demnach als Anbieter oder Nachfrager Markt beherrschend, wenn es ohne Mitwettbewerber ist oder keinem wesentlichen Wettbewerb ausgesetzt ist oder eine im Verhältnis zu seinen Wettbewerbern überragende Stellung hat.

Voraussetzung für die Feststellung von Marktbeherrschung ist die Abgrenzung des für die Beurteilung des Zusammenschlusses relevanten **Marktes** in sachlicher und räumlicher, mitunter auch zeitlicher Hinsicht. Für die materielle Bestimmung einer überragenden Marktstellung hat das GWB dem Bundeskartellamt einige **strukturelle Kriterien** an die Hand gegeben (§ 19 Abs. 2 Nr. 2): Zu berücksichtigen sind insbesondere der Marktanteil, die Finanzkraft, der Zugang zu den Absatz- oder Beschaffungsmärkten, Verflechtungen mit anderen Unternehmen, rechtliche oder tatsächliche Marktzugangsschranken, der tatsächliche oder potentielle Wettbewerb durch innerhalb oder außerhalb des Geltungsbereichs des GWB ansässige Unternehmen, angebots- oder nachfrageseitige Umstellungsflexibilität sowie die Möglichkeit der Marktgegenseite, auf andere Unternehmen auszuweichen (Bundeskartellamt, 1999b, S. 15).

Nicht nur ein einzelnes Unternehmen kann Markt beherrschend sein, sondern auch eine Gruppe von Unternehmen (sog. oligopolistische Marktbeherrschung).

(4) Verfahren/Rechtsmittel/Ministererlaubnis

Anmelde- und Anzeigepflicht:

§ 39
Abs. 1: Zusammenschlüsse sind vor dem Vollzug beim Bundeskartellamt gemäß den Absätzen 2 und 3 anzumelden.

Abs. 2: Zur Anmeldung sind verpflichtet
1. die am Zusammenschluß beteiligten Unternehmen
2. in den Fällen des § 37 Abs. 1 Nr. 1 und 3 auch der Veräußerer
Abs. 3: In der Anmeldung ist die Form des Zusammenschlusses anzugeben (...).

Untersagung:

§ 40
Abs. 1: Das Bundeskartellamt darf einen Zusammenschluß, der ihm angemeldet worden ist, nur untersagen, wenn es den anmeldenden Unternehmen innerhalb einer Frist von einem Monat seit Eingang der vollständigen Anmeldung mitteilt, daß es in die Prüfung des Zusammenschlusses (Hauptprüfverfahren) eingetreten ist. Das Hauptprüfverfahren soll eingeleitet werden, wenn eine weitere Prüfung des Zusammenschlusses erforderlich ist.

Abs. 2: Im Hauptprüfverfahren entscheidet das Bundeskartellamt durch Verfügung, ob der Zusammenschluß untersagt oder freigegeben wird. Ergeht die Verfügung nicht innerhalb von einer Frist von vier Monaten nach Eingang der vollständigen Anmeldung, gilt der Zusammenschluß als freigegeben (...).

Abs. 3: Die Freigabe kann mit Bedingungen und Auflagen verbunden sein (...).

Nach § 41:

- Vor Ablauf der Fristen dürfen Unternehmen einen Zusammenschluß **nicht** vollziehen.
- Ein vollzogener Zusammenschluß, den das Bundeskartellamt untersagt oder dessen Freigabe es widerrufen hat, ist **aufzulösen**, wenn nicht der Bundesminister für Wirtschaft nach § 42 die Erlaubnis zu einem Zusammenschluß erteilt (...).
- Zur Durchsetzung seiner Anordnung kann das Bundeskartellamt insbesondere einmalig oder mehrfach ein **Zwangsgeld** von 10.000 bis zu einer Million Mark festsetzen.

Das Bundeskartellamt kann allerdings Unternehmen, die durch internes Wachstum eine Markt beherrschende Stellung erlangt haben, nicht **entflechten**.

Anfang 1997 hat das Bundeskartellamt den Erwerb einer Mehrheitsbeteiligung an der zu BASF gehörenden Kali und Salz Beteiligungs AG durch die kanadische Potash Corporation of Saskatchewan (PCS) **untersagt**. PCS ist der weltweit größte Hersteller von Kalidüngern. Kali und Salz hält auf dem deutschen Markt für Kalidünger einen Marktanteil von über 80 %. Die Verbindung des einzigen deutschen Anbieters mit der auf dem Weltmarkt führenden PCS hätte die Markt beherrschende Stellung von Kali und Salz langfristig abgesichert. Weltweit besteht ein relativ enges Oligopol weniger Kalianbieter. Dabei trägt PCS über die Drosselung der eigenen Kapazitätsauslastung maßgeblich zur Aufrechterhaltung des Weltmarktpreises bei. Auf diesen wichtigsten potentiellen Konkurrenten hätte Kali und Salz nach dem Zusammenschluß keine Rücksicht mehr nehmen müssen. Auf die Untersagung des Bundeskartellamtes hin haben die Unternehmen eine **Ministererlaubnis** beantragt. Der Bundeswirtschaftsminister hat eine Erlaubnis jedoch **abgelehnt**.

Rechtsmittel

Gegen die Untersagungsverfügung des Bundeskartellamtes kann

- beim Berliner Kammergericht **Beschwerde** eingelegt werden nach § 63 GWB (danach Rechtsbeschwerde beim Bundesgerichtshof möglich) oder
- Antrag auf eine sog. **Ministererlaubnis** nach § 42 GWB gestellt werden.

Der **Bundeswirtschaftsminister** kann die Erlaubnis zum Zusammenschluß erteilen,

– wenn die Wettbewerbsbeschränkung von den gesamtwirtschaftlichen Vorteilen des Zusammenschlusses aufgewogen wird oder
– wenn ein überragendes Interesse der Allgemeinheit vorliegt (bei der Prüfung wird die Wettbewerbsfähigkeit auf Auslandsmärkten berücksichtigt).

Zur Praxis dieser „Ministererlaubnis": Von den wenigen Verfahren sind weniger als die Hälfte positiv entschieden worden. Dieses Instrument wurde also **nicht** zur wirtschaftlichen Struktursteuerung benutzt.

Dieser **zweistufige** Aufbau des GWB, die Arbeitsteilung, hat entscheidende Vorteile: Das Bundeskartellamt muß sich bei seinen Beurteilungen ausschließlich auf den „Schutz des Wettbewerbs" (als eigenständigen Wert) beziehen, während der Minister auch industrie- oder arbeitsmarktpolitische Vorstellungen berücksichtigen kann. Dies hält politischen Druck vom Bundeskartellamt fern und gewährleistet eine strikte **Trennung** zwischen wettbewerblichen und anderen Aspekten bei der Beurteilung von Zusammenschluß vorhaben. Bei Zielkonflikten entscheidet der Wirtschaftsminister. Auf EU-Ebene hat der Wettbewerb bei den Entscheidungen der Kommission keinen Vorrang gegenüber anderen Zielen (wie z.B. Regionalpolitik).

(5) Fusionskontrolle - ein Erfolg?

Von jeher kontrovers ist die Rolle der Konzentration beurteilt worden, die teils Folge des **internen** Wachstums erfolgreicher Unternehmen ist, teils aus **externem** Wachstum (Unternehmenszusammenschlüssen) resultiert. Bei Fusionen wird häufig eine wettbewerbsbeschränkende Wirkung vermutet, Konzentrationen werden deshalb kritisch beurteilt. Demgegenüber wird vielfach die These vertreten,

- daß angesichts **globaler Märkte** (europäischer Binnenmarkt, Liberalisierung des Welthandels) die Entstehung von Großunternehmen in Deutschland wie in der Europäischen Gemeinschaft begünstigt werde, d.h. der nationale Konzentrationsgrad deshalb irrelevant sei, ob funktionsfähiger Wettbewerb vorliege; (vgl. Neumann, 1995, S. 378)
- daß durch die Konzentration **Kostenersparnisse** erzielbar sind (Erzielung von Skaleneffekten).

Nach dem Bericht des Bundeskartellamtes über seine Tätigkeit in den Jahren 1997/1998 entspricht der immer stärkeren **Globalisierung** des Wettbewerbs auch ein zunehmend internationaler Charakter der Zusammenschlüsse, und zunehmend entscheiden sich die Unternehmen i.d.R. für den Weg des **externen** Wachstums, weil er gegenüber dem internen Wachstum als wesentlich kostengünstigere und schnellere Variante erscheint, um sich für den weltweiten Wettbewerb neu zu positionieren.

Auch das 12. Hauptgutachten der Monopolkommission (1998, S. 24) betont bei der Untersuchung der Beteiligung der „100 Größten" an den dem Bundeskartellamt nach § 23 GWB angezeigten Unternehmenszusammenschlüssen die wettbewerbspolitische Bedeutung des **externen** Wachstums: An den 1996/98 insgesamt angezeigten 3185 Zusammenschlüssen waren Unternehmen aus dem Betrachtungskreis in 889 Fällen (1994/95: 1370 Fällen) beteiligt. „Insgesamt belegen diese Zahlen, deren beschränkte Aussagekraft zu betonen ist, **keinen** wettbewerbspolitisch bedenklichen Kurs."

Zur **Messung** der Konzentration können herangezogen werden:

- **Marktanteile** (als häufigster Fall; der kumulierte Marktanteil der 3, 6, 10, 25, 50 und 100 größten Unternehmen eines Wirtschaftszweiges): In den ersten drei Hauptgutachten war der Umsatz Grundlage für die Ermittlung der „100 Größten", seit dem vierten Hauptgutachten das Kriterium der Wertschöpfung nach der sog. „direkten Wertschöpfungsstaffel"; der aggregierten Konzentration im Bereich von Großunternehmen wird besondere wettbewerbspolitische Bedeutung beigemessen, da große Unternehmen durch ihre Finanzkraft Markt übergreifende wirtschaftliche Macht ausüben können.
- Der **Herfindahl Index** als summarisches absolutes Konzentrationsmaß (der die Summe der quadrierten Marktanteile der Anbieter eines Marktes definiert) und als relatives Maß der diesem Index axiomatisch zugeordnete **Variationskoeffizient.**
- Das **Referenz-Modell** von Neumann (Korrelationskoeffizienten zwischen den tatsächlichen Marktanteilen und den Marktanteilen des Gilmann-Mosteller-Modells; Neumann, 1995, S. 379ff.).

Die Monopolkommission beklagt wiederum in ihrem letzten (12.) Hauptgutachten (1998, S. 63ff.), daß der staatlichen Struktur-, Wettbewerbs- und Mittelstandspolitik wichtige **empirische Entscheidungsgrundlagen fehlen**, da es die amtliche Unternehmensstatistik infolge eines nicht mehr zeitgemäßen Erhebungs- und Aufbereitungssystems bei der Erfassung der jeweils kleinsten rechtlich selbständigen Einheiten beläßt und die Konzern- und Gruppenbildung der Unternehmen ignoriert.

So wird z.B. die Aldi-Gruppe als einer der größten Anbieter nicht als solche, sondern jede der nahezu 60 rechtlich selbständigen Niederlassungen getrennt erfaßt. Während die zehn größten Anbieter von Lebensmitteln nach der amtlichen Statistik rd. 25 Prozent des Marktvolumens auf sich vereinigen, sind es unter Berücksichtigung der Konzern- und Gruppenbildung rd. 80 Prozent. Die entsprechenden Werte für die 25 größten Anbieter betragen rd. 35 Prozent bzw. 93 Prozent.

Die **extreme Divergenz** der Ergebnisse belegt am Beispiel des Lebensmittelhandels die bereits angesprochene Tatsache, daß die amtliche Unternehmensstatistik aufgrund konzeptioneller Mängel kein realistisches Bild der relevanten Marktstrukturen vermittelt, wettbewerbspolitisch ohne Aussagekraft ist und dringend Reformbedarf besteht.

Nach dem Bericht des Bundeskartellamtes über seine Tätigkeit in den Jahren 1997/1998 dominieren bei der aktuellen Fusionswelle nicht wie Ende der 60er Jahre die **konglomeraten**

Zusammenschlüsse, sondern solche, bei denen die beteiligten Unternehmen zwar nicht notwendigerweise auf denselben, aber doch auf **benachbarten** Märkten tätig sind.

„Während das betriebswirtschaftliche Hauptrisiko bei den konglomerativen Zusammenschlüssen darin liegt, daß dem erwerbenden Unternehmen die Kompetenz auf den Aktivitätsfeldern des erworbenen fehlt, woraus häufig unternehmerische Fehlentscheidungen resultieren, sind es bei transnationalen oder gar transkontinentalen Fusionen die unterschiedlichen Unternehmenskulturen und Führungsstile, die die größten Integrationsprobleme aufwerfen. Wird der Sensibilität des Humankapitals als wichtigstem Produktionsfaktor nicht hinreichend Rechnung getragen, ist es für das Unternehmen nach dem Zusammenschluß schwierig, zu einer neuen ‚corporate identity‘ zu finden: Die erhofften Synergieeffekte bleiben aus oder verkehren sich in ihr Gegenteil. Dies kann letztlich sogar zu einem Scheitern der Fusion führen. In jedem Fall ist die Verschmelzung von zwei bislang selbständigen Organisationen, zumal wenn diese in unterschiedlichen Kulturen wurzeln, eine äußerst schwierige und risikoreiche Aufgabe, die eines bewußten Integrationsmanagements bedarf und nicht kurzfristig Erfolge zeitigen kann.“

Ein Indiz dafür, daß die Einführung der Fusionskontrolle die Konzentration nicht aufhalten konnte, ist nachfolgende Tabelle über Anzeigen vollzogener Zusammenschlüsse (§ 23) und Anmeldungen von Zusammenschlußvorhaben. Abb. 37 zeigt die beim Bundeskartellamt nach § 23 GWB **angezeigten** Unternehmenszusammenschlüsse. (Die Zahlen bestätigen: Die Fusionswelle ist nicht zu stoppen!)

Jahr	Zusammenschlüsse
1985	709
1990	1548
1995	1530
1996	1434
1997	1751
1998	1888

Abb. 37: Vollzogene Zusammenschlüsse für die Jahre 1985 bis 1998 (Ausschnitte)

Die Auswertung der Unternehmenszusammenschlüsse nach **Art** des Zusammenschluß**tatbestandes** zeigt weiterhin die Dominanz der Tatbestände Vermögenserwerb, Anteilserwerb und Gründung von Gemeinschaftsunternehmen (Monopolkommission 1998). Im Zeitraum 1997 bis 1997 entfielen von den insgesamt 23.939 angezeigten Unternehmenszusammenschlüssen auf Vermögenserwerb 5.297, Anteilserwerb 11.479, Gemeinschaftsunternehmen 6.464, vertragliche Bindung 372, Personengleichheit 19, sonstige Verbindung 22, wettbewerblich erheblicher Einfluß 22.

Die Zahl der angemeldeten Zusammenschlüsse bewegt sich seit dem Ende der 80er Jahre auf einem konstanten Niveau von ca. 1.500 pro Jahr. Die deutliche Zunahme 1997/98 dürfte sich durch das Inkrafttreten der 6. Novelle am 1.1.1999 relativieren. Der größte Teil (= 69 Prozent) der angezeigten Zusammenschlüsse unterlagen der **präventiven** Fusionskontrolle. Viele Großfusionen sind nicht in den Zahlen enthalten, da sie der EG-Fusionskontrolle unterliegen.

Im Berichtsraum wurden insgesamt 12 Zusammenschlüsse **untersagt**. Seit Einführung der Fusionskontrolle sind in den letzten 20 Jahren von fast 24.000 angezeigten Zusammenschlüssen insgesamt 121 untersagt worden (Monopolkommission, 1998, S. 23). 67 Untersagungen sind rechtskräftig; in 14 Fällen sind Beschwerde- oder Rechtsbeschwerdeverfahren anhängig. In 40 Fällen ist die Untersagung endgültig aufgehoben oder für erledigt erklärt worden.

Allerdings hat die Zahl der Fälle, in denen die Untersagungsvoraussetzungen durch eine **Zusagenregelung** beseitigt wurden, stark zugenommen und ist auf insgesamt 18 angewachsen; die Gesamtzahl der Zusagenfälle stieg damit auf 70. Die Zahl der Zusammenschlüsse, die aufgrund einer Vorprüfung durch das Bundeskartellamt aufgegeben, modifiziert oder ohne förmliche Untersagung aufgelöst wurden, stieg auf insgesamt 300. Das Bundeskartellamt wertet diese Zahlen als Zeichen der Wirksamkeit der Fusionskontrolle, da alle diese Fälle erhebliche wettbewerbliche Bedenken im Sinne der Untersagungsvoraussetzungen aufgeworfen haben.

Zusammenschlußprojekte, die offensichtlich zu Markt beherrschenden Stellungen führen würden, werden vor diesem Hintergrund meist gar nicht mehr an das Bundeskartellamt gerichtet. In Zweifelsfällen suchen die Unternehmen das Gespräch mit dem Bundeskartellamt schon im Vorfeld des Zusammenschlusses (sog. „Vorfeldfälle"); wird hier eine Untersagung signalisiert, wird das Vorhaben bereits in dieser Phase aufgegeben.

Die kleine Zahl von Verboten darf allerdings nicht darüber hinwegtäuschen, daß durch die Abschreckungswirkung des Gesetzes zahlreiche Zusammenschlußvorhaben bereits **freiwillig** aufgegeben wurden. Das Schwergewicht der Fusionskontrolle liegt seit der 4. Novelle von 1980 eindeutig auf der **präventiven** Kontrolle, der rund zwei Drittel aller Fälle unterliegen. Die Konzentrationsentwicklung im Handel verdient besondere Beachtung, denn knapp ein Viertel aller beim Bundeskartellamt angezeigten Zusammenschlüsse vollzog sich im **Handel**.

Nach Ansicht des Bundeskartellamts (FAZ, 29.12.1997, S. 11) hat die Konzentration im Einzelhandel dem Wettbewerb **nicht** geschadet, die Effizienz hat sogar enorm zugenommen, die Margen sind schmal. Die Nachfragemacht sei eher ein Problem des Verhältnisses zwischen den Vertragspartnern, das ein Machtgefälle aufweise, als ein Problem des Marktes. Manche Lieferanten (im Handel und in der Automobilindustrie) hätten sich aus Leichtfertigkeit oder Bequemlichkeit von einem Abnehmer abhängig gemacht.

In der aktuellen Diskussion werden zunehmend Fälle bekannt, bei denen durch eine geschickte Gestaltung von Beteiligungen der Zusammenschlußtatbestand (nach § 23 Abs. 2 Nr. 2a GWB) **umgangen** wird, indem

- Minderheitsbeteiligungen **unterhalb** der "Beteiligungsschwelle" von 25% erworben werden, bei
- einem (zeitlich parallelen) Rest-Anteilserwerb an demselben Unternehmen durch eine (Haus-)**Bank** bzw. Versicherung, wodurch dem erwerbenden Unternehmen indirekte unternehmenspolitische Einflußmöglichkeiten gesichert werden können.

Einerseits werfen Firmen Ballast ab, der in den großen **Diversifikationswellen** der 60er und 70er Jahre angesammelt wurde, andererseits verschmelzen Konzerne aus verschiedenen Branchen zu neuen Konglomeraten. Auch in der Bundesrepublik wächst der Anteil dieser Zusammenschlüsse (Beispiele in Wirtschaftswoche, 25.10.1991, S. 52ff.; zu Mischkonzernen insbesondere Bühner, 1993, S. 303ff.). Diversifizierung kann auch eine Antwort auf einen schrumpfenden Markt im Stammgeschäft sein: So wurde Philip Morris durch Firmenkäufe inzwischen zum zweitgrößten Nahrungsmittelhersteller der Welt (1969: Großbrauerei Miller, 1985: General Foods, 1989: Kraft, 1990: Jacobs Suchard).

In der Betriebswirtschaftslehre werden

- eventuellen **Vorteilen** aus der „**economies of scale**" oder der Degression des Fixkostenblocks aus Verwaltung, Vertrieb und Entwicklung („transaction-cost-efficiences")
- jedoch beträchtliche **Nachteile** wie mangelnde Flexibilität, hohe interne Bürokratie-Kosten und Schwierigkeiten einer effizienten Unternehmensführung gegenübergestellt. Synergieeffekte können sich ins Gegenteil verkehren, wie zahlreiche gescheiterte Fusionen belegen. (vgl. dazu das Kapitel Mergers & Acquisitions, IV).

(6) Europäische Ebene

Das Europäische Gemeinschaftsrecht setzt sich mehr und mehr zu einem gesamteuropäischen Wettbewerbsrecht durch, das die nationalen Rechte der Mitgliedstaaten harmonisiert und den freien Warenverkehr verwirklicht. Das Gemeinschaftsrecht hat aufgrund des Art. 189 EGV den **Vorrang** vor dem staatlichen Recht der Mitgliedstaaten, durch den Maastricht-Vertrag (1992) ist die Integration Europas mit dem Ziel der Erhaltung eines wirksamen Wettbewerbs in einer offenen Marktwirtschaft weiter entwickelt worden (Baumbach/Hefermehl, 1998, S. 99). Das gleiche Ziel wie das Recht gegen Wettbewerbsbeschränkung (GWB), nämlich die Bekämpfung von Wettbewerbsbeschränkungen in einer durch den Wettbewerb gesteuerten Marktwirtschaft, verfolgen für den Gemeinsamen Markt **die Art. 85ff.** des EWG-Vertrages von 1957. Die **Wettbewerbsregeln** der EU sind in den Artikeln 37 bis 94 EG-Vertrag niedergelegt.

Der gemeinsame Binnenmarkt ist also von einem Nebeneinander von nationalem und europäischem Recht gekennzeichnet. Hierbei regelt im Sinne einer sinnvollen Arbeitsteilung das sog. **Subsidiaritätsprinzip** (= Aufgaben sollen von der kleinsten dazu fähigen Einheit wahrgenommen werden) bei parallel bestehenden Handlungsbefugnissen, wann die Gemeinschaft tätig werden darf, d.h. nämlich dann, wenn Aufgaben im nationalen Rahmen sich nicht lösen lassen.

Für den europäischen Binnenmarkt als größtem integrierten Wirtschaftsraum der Welt spielt die Wettbewerbspolitik als Garant der Wettbewerbsfreiheit im zwischenstaatlichen Wirtschaftsverkehr ein große Rolle, denn man muß verhindern, daß private Handelsschranken an die Stelle der abgebauten staatlichen treten. Die Kommission ist für alle Wettbewerbsbeschränkungen zuständig, die den Handel **zwischen** den Mitgliedstaaten der EU beeinträchtigen, und exklusiv für die Anwendung der europäischen Fusionskontrolle bei Zusammenschlüsse von sog. gemeinschaftsweiter Bedeutung, die bestimmte **Umsatzschwellen überschreiten.** Die nationalen Kartellbehörden können ebenfalls die Wettbewerbsregeln des EG-Vertrages anwenden, solange die Kommission kein eigenes Verfahren eingeleitet hat. Das Bundeskartellamt hat bereits in mehreren Verfahren Wettbewerbsbeschränkungen, die gegen die EG-Wettbewerbsregeln verstoßen, untersagt.

Während einerseits die beiden Rechtssysteme eng verwandt sind (Kartellverbot, Mißbrauchsverbot Markt beherrschender Unternehmen, Fusionskontrolle), **unterscheiden** sie sich in ihrer **institutionellen** Ausgestaltung: Während in Deutschland das Kartellrecht zwar durch Behörden angewendet wird, die jedoch unabhängig ausschließlich nach wettbewerbsmäßigen Gesichtspunkten entscheiden, entscheidet die EU-Kommission in Brüssel als ein politisches Organ, das gleichzeitig auch für andere wirtschaftliche und politische Entscheidungen zuständig ist.

Da die Artikel 85 und 86 lediglich das Verbot horizontaler und vertikaler Absprachen sowie das Verbot des Machtmißbrauchs enthielten, erließ der Rat im Dezember 1989 die **Fusionskontrollverordnung** (FKVO), auf deren Grundlage die Kommission Unternehmenszusammenschlüsse überprüfen kann. Das Zustandekommen der VO muß als Erfolg gewertet werden, da die ordnungspolitischen Vorstellungen von zwölf Mitgliedstaaten unter einen Hut zu bringen waren.

Instrumente der europäischen Wettbewerbspolitik:

„Klassisches Kartellrecht":
Art. 85 Abs. 1 EG-Vertrag
„Mit dem Gemeinsamen Markt unvereinbar und verboten sind alle Vereinbarungen zwischen Unternehmen ... und aufeinander abgestimmte Verhaltensweisen, welche den Handel zwischen Mitgliedstaaten zu beeinträchtigen geeignet sind und eine Verhinderung, Einschränkung oder Verfälschung des Wettbewerbs innerhalb des Gemeinsames Marktes bezwecken oder bewirken."
Art 86
„Mit dem Gemeinsamen Markt unvereinbar und verboten ist die mißbräuchliche Ausnutzung einer beherrschenden Stellung auf dem Gemeinsamen Markt oder auf einem wesentlichen Teil desselben durch ein oder mehrere Unternehmen, soweit dies dazu führen kann, den Handel zwischen Mitgliedstaaten zu beeinträchtigen."

VO Nr.17 „Kartellverfahrensordnung" (seit 1992)
Regel über staatliche Beihilfen: Art. 54 EGKSV; Art. 92-94 EGV

Kartelle: Nach Art. 85 verboten, aber bestimmte Kooperationsformen (wie Vereinbarungen über den Kfz-Vertrieb
oder Kundendienst), die als positiv angesehen werden, sind im Rahmen von Gruppenfreistellungsverordnungen erlaubt.

Markt beherrschende Stellung: Größe allein ist nicht verboten, sondern Fusionen sind mit dem Gemeinsamen
Markt unvereinbar, wenn eine beherrschenden Stellung begründet oder verstärkt wird. Ein „mißbräuchliches Ausnutzen einer beherrschenden Stellung" ist nach Art. 86 rechtswidrig.

Fusionen: Nach der FKVO kann die Kommission Fusionen ganz untersagen oder den Unternehmen aufgeben, die
Fusionsvereinbarung zu ändern oder Unternehmensteile zu veräußern, um eine beherrschende Stellung auszuschließen. Die VO gilt für die genannten Schwellen.

Staatliche Beihilfen: Staatliche Subventionen, die den Wettbewerb im Handel zwischen den Mitgliedstaaten gefährden, sind im Prinzip nicht mit den Artikeln 92 bis 94 EG-Vertrag vereinbar. Beihilfen können genehmigt werden
wenn sie bestimmte Kriterien erfüllen (z.B. wenn damit die Interessen der EU insgesamt gefördert werden, das Projekt ohne öffentliche Mittel nicht durchgeführt werden könnte, wenn Art und Umfang der Beihilfe im Einklang mit
dem angestrebten Ziel stehen); genehmigungsfähig sind im Allgemeinen Beihilfen zur Förderung eines bestimmten Wirtschaftszweiges oder einer Region.

Finanzierung staatlicher Unternehmen: Nach Art. 90 EG-Vertrag sind die Mitgliedstaaten auch bei öffentlichen
Unternehmen, denen sie besondere oder ausschließliche Rechte gewährt haben, zur Einhaltung der Wettbewerbs-
vorschriften verpflichtet.

Auch bei grenzüberschreitenden Übernahmen in Europa ist ein steigender Trend zu erkennen. Zunehmend ist auch feststellbar, daß

- die gegenseitige Beteiligungen der Konzerne und das Poolen von Aktienpaketen die deutsche Wirtschaft
  unkontrollierbar machen und die Kontrolle über die Aufsichtsräte vermindert werden, da personell immer
  engere Verflechtungen eintreten;

- dem wachsenden Wettbewerbsdruck bei erkennbaren Wachstumsgrenzen über **strategische Allianzen**
  (vgl. dazu unsere späteren Ausführungen) ausgewichen wird. Sind diese strategische Allianzen (wobei der
  Begriff selbst keinen Rechtsbegriff darstellt) eine Wettbewerbsvoraussetzung oder ein Wettbewerbshemm-
  nis? Auf einigen Märkten (Luftverkehr, Telekommunikation, Tourismus etc.) spielt sich der Wettbewerb
  nur noch auf Ebene solcher Allianzen ab. Hierbei lassen sich globale Allianzen von Heimatmarktallianzen
  unterscheiden;

- nationale Konzentrationsbewegungen gegenüber **grenzüberschreitenden** Fusionen und Beteiligungen im
  Sog des **europäischen Binnenmarktes** an Bedeutung verlieren. Bis zum 31.12.1997 stieg die Zahl der **angemeldeten** Zusammenschlußvorhaben in Brüssel auf 701. Auf das Jahr 1996 entfielen 131 Anmeldungen,
  in 1997 wurden 172 Zusammenschlußvorhaben notifiziert; dies stellt im Vergleich zum vorangegangenen
  Berichtszeitraum eine Steigerung um 50% dar (Monopolkommission, 1998, S. 261). Die Kommission hat
  bis zum Ende des Berichtszeitraums 636 Verfahren mit Entscheidung abgeschlossen (davon 549 Freiga-
  beentscheidungen; die Gesamtzahl der **Untersagungen** stieg von vier auf acht).

- Gemäß der im September 1990 in Kraft getretenen **Fusionskontrollverordnung** (FKVO) sind Zusammen-
  schlüsse von „gemeinschaftlicher Bedeutung" anzumelden. Es gelten folgende **Aufgreifschwellen/**Um-
  satzkriterien für eine EG-Kontrolle:
  - Der weltweite Gesamtumsatz aller beteiligten Unternehmen muß fünf Mrd. ECU übersteigen.
  - Mindestens zwei der beteiligten Unternehmen müssen jeweils mehr als 250 Mio ECU gemeinschaftsweit
    umsetzen.
  - Alle beteiligten Unternehmen dürfen nicht mehr als zwei Drittel ihres jeweiligen gemeinschaftsweiten
    Umsatzes in demselben Mitgliedstaat erzielen.
  - Bei der Berechnung werden die Umsätze verbundener Unternehmen berücksichtigt.

Am 1. März 1998 trat das **Reformgesetz** zur Fusionskontrollverordnung in Kraft. Eines der
Hauptziele der Kommission – eine **generelle** Absenkung der Schwellenwerte des Artikels 1
Abs. 2 FVKO – **scheiterte** an dem Widerstand der Mitgliedstaaten, es wurde jedoch eine
neue zusätzliche Kategorie eingeführt.

Das europäische Kartellrecht differenziert nicht in Anmelde- und Anzeigepflicht. Zusammenschlüsse von **„gemeinschaftsweiter Bedeutung"** müssen vor Vollzug angemeldet werden und dürfen in den nächsten drei Wochen nicht vollzogen werden. In einem „Weißbuch" schlägt die Kommission 1999 vor, zur Vereinfachung des Verfahrens der Kartellverordnung das Freistellungsverfahren praktisch durch eine Mißbrauchsaufsicht zu ersetzen. Dieser Systemwechsel würde auf eine Abschaffung des allgemeinen Kartellverbots hinauslaufen und die bisherige wettbewerbspolitische Praxis auf den Kopf stellen.

In den Fällen, in denen die Artikel 85 und 86 Anwendung finden, können die Unternehmen einen **„Negativattest"** beantragen, d.h. die Kommission bescheinigt nach Prüfung des Antrags, daß die betreffende Vereinbarung wettbewerbsrechtlich unbedenklich ist, oder eine **„Freistellung"**, d.h. eine den Wettbewerb beschränkende Vereinbarung wird genehmigt, wenn sie für die Allgemeinheit erhebliche Vorteile mit sich bringt.

Innerhalb eines Monats (Phase I) fällt Entscheidung, ob die Einleitung eines genaueren Prüfverfahrens notwendig ist, für das dann weitere vier Monate zur Verfügung stehen (Phase II; falls bis dahin kein Entscheid erfolgt, gilt die Genehmigung als erteilt). Gegen die Entscheidung der Kommission kann Klage vor dem Europäischen Gerichtshof erhoben werden.

Wird ein Verstoß gegen die Wettbewerbsregeln festgestellt, so können **Geldbußen** (gemäß Artikeln 15 (2) VO Nr. 17 und 65 (5) EGKSV) je nach Maßgabe der Schwere und Dauer verhängt werden. Die mit Entscheidung vom 28.1.1998 über die Volkswagen AG verhängte Geldbuße war mit 102 Mio. ECE die bisher **höchste** für ein einzelnes Unternehmen.

Größe allein ist nicht verboten, sondern Fusionen sind mit dem Gemeinsamen Markt unvereinbar, wenn eine **beherrschende Stellung** begründet oder verstärkt wird(z.B. zu Beginn des Jahres 2000 die Fusionen Volvo/Scania und Alcan/Algroup/Pechines).

Genauso wie im nationalen Bereich wird auf europäischer Ebene die Fusionskontrolle nicht über wirtschaftliche Macht überhaupt (z.B. über Kriterien wie Finanzkraft, absolute Unternehmensgröße), sondern stets in Bezug zum Wettbewerb auf einem **„konkreten Markt"** gesehen; d.h. den fusionswilligen Unternehmen muß innerhalb der Fusionskontrolle das Erreichen einer Markt beherrschenden Stellung nach rechtssicheren und überprüfbaren Kriterien nachgewiesen werden. Das Bundeskartellamt sieht auf europäischer Ebene eine zu starke Vermischung von Wettbewerbspolitik mit der Industriepolitik. Die Einrichtung eines selbständigen europäischen **Kartellamts** ist noch nicht in Sicht.

(7) Globale Ebene

Gegen die rasante Konzentrationsbewegung sind die vorhandenen institutionellen Waffen stumpf: Sowohl das nationale als auch das europäische Wettbewerbsrecht stoßen an Grenzen. In vielen Artikeln wird deshalb vor einer Gefahr im Verzug gewarnt, denn die Fusionswelle ist längst nicht so harmlos, wie sie oft dargestellt wird (Schmid, 1999, S. 32):

„Die Konzentration in der Wirtschaft nimmt ein Ausmaß an, das einen das Fürchten lehrt. Keine Woche vergeht, ohne daß eine neue Großfusion Schlagzeilen macht, Banken, Versicherungen, Chemie, Autobau, Einzelhandel, Versicherungen – alle möglichen Branchen sind vom Fieber gepackt. Und während vor nicht allzu langer Zeit von gefährlichen Elefantenhochzeiten die Rede war, wird heute ein Mega-Merger nach dem andern verkündet, als sei das die normalste Sache. Dabei geht es um völlig neue Dimensionen. Neu ist die Größenordnung, in der sich die Zusammenschlüsse bewegen. Dafür wurden 1998 weltweit 2,4 Billionen Dollar bezahlt - eine schier unvorstellbare Summe (...). Neu ist auch, daß Grenzen nicht mehr trennen. Für transnationale Fusionen wurden 1994 rund 130 Milliarden Dollar ausgegeben, im vergangenen Jahr war bereits die 600-Milliarden-Grenze überschritten."

Zwar ist Größe allein kein Grund für ein Verbot, entscheidend ist nur die Auswirkung auf den Wettbewerb (dieser Grundsatz gilt im deutschen sowie europäischen Wettbewerbsrecht). Schmid (vgl. 1999, S. 32) sieht aber verschiedene Risiken, denn:

- Wo immer Großfusionen stattfinden, ziehen sie andere Fusionen nach sich (= Oligopolisierung der Märkte).
- Unternehmen wachsen nurmehr durch externes Wachstum (weniger durch internes Wachstum).

- Neue Wettbewerber finden keinen Zugang mehr zum Markt. (vor allem wegen fehlender Finanzkraft).
- Größe bedeutet Macht (und Wirtschaftsmacht läßt sich auch in politischen Einfluß ummünzen).

Nach dem Bericht des **Bundeskartellamtes** über seine Tätigkeit in den Jahren 1997/1998 sind die Auswirkungen der Großfusionen und der sie begleitenden Restrukturierungen von Unternehmen auf den Wettbewerb **ambivalent**.

Einerseits ergibt sich aufgrund der Globalisierung der Wettbewerbsbeziehungen zunächst eine **räumliche Markterweiterung**. Dieser Erweiterungseffekt ist in seiner positiven Wirkung auf die Wettbewerbsintensität bislang jedenfalls stärker als die Zunahme des Konzentrationsgrades als Folge der erhöhten Fusionsaktivität der Unternehmen (dazu auch Wolf, 1999 b, S. 63). Es ist davon auszugehen, daß sich der Wettbewerbsdruck für Unternehmen ab 1999 in der Euro-Währungszone durch die dann dort herrschende Preistransparenz weiter erhöht. Zumindest in der gegenwärtigen Phase der Internationalisierung der Wirtschaftsbeziehungen überwiegen daher eindeutig die prokompetitiven Wirkungen dieser Prozesse.

Diese **wettbewerblich positive** Beurteilung der aktuellen Situation muß jedoch nicht unbedingt auch für die Zukunft gelten. Dafür sprechen unter anderem zwei Gründe: Zum einen der sich selbst verstärkende **Nachahmungseffekt**, d.h. große Zusammenschlüsse ziehen in einer Branche häufig Fusionen von Konkurrenten nach sich. Zum anderen ergibt sich für die in Folge von Konkurrenzumbaumaßnahmen abgespaltenen Unternehmensteile vielfach die Notwendigkeit des Wachstums zur Wiedererlangung einer optimalen Unternehmensgröße. Dieses Ziel läßt sich über Zusammenschlüsse mit Unternehmen eines verwandten Produktionsprofils am schnellsten realisieren.

In seinem Bericht über seine Tätigkeit in den Jahren 1997/1998 äußert das Bundeskartellamt die Befürchtung, daß unter den veränderten wettbewerblichen Bedingungen das nationale und auch das europäische Wettbewerbsrecht nicht mehr ausreichen, um den Schutz des Wettbewerbs und die Funktionsfähigkeit der Märkte zu sichern: Man vertritt die Auffassung, daß angesichts der zunehmenden Globalisierung der Weltwirtschaft die Zeit drängt, den Schutz wettbewerblicher Strukturen auch auf **internationaler Ebene** sicherzustellen. Nationale Wettbewerbspolitiken sind dieser neuen Situation grenzüberschreitender Fusionen/Allianzen usw. nur begrenzt gewachsen. Auch der 1999 aus dem Amt geschiedene EU-Wettbewerbskommissar warnte in zahlreichen Interviews vor der Gefahr, daß die Megafusionen die Wettbewerbspolitik aushebeln und aus einer Markt- eine Machtwirtschaft wird (in einigen Wirtschaftszweigen sei die wettbewerbspolitisch tolerable Grenze schon erreicht, z.T. sogar überschritten).

Neue Regeln/Mindeststandards müssen aufgestellt werden. Die Entwicklung einer internationalen Wettbewerbspolitik/-ordnung, eine engere Kooperation der Staaten in Wettbewerbsfragen, kann gleichzeitig auf zwei unterschiedlichen **Wegen** vorangetrieben werden:

- Die **bilaterale Kooperation** der Kartellbehörden bei der Bekämpfung aller Arten von Wettbewerbsbeschränkungen sollte intensiviert werden. Diese bisherigen bilateralen Kooperationsverträge, wie sie Deutschland z.B. mit den USA (1991) oder Frankreich geschlossen hat, konzentrieren sich weitgehend auf die Kartellbekämpfung und nicht auf die Fusionskontrolle. Die Kartellbehörde stößt jedoch gerade im Bereich der Fusionskontrolle an ihre Grenzen, wo es darum geht, die globalen Wettbewerbseffekte von Großfusionen zu prüfen. (Zu einer intensiven Zusammenarbeit zwischen der Kommission und der U.S. Federal Trade Commission kam es im Fall des Fusionsvorhabens Boeing/McDonnel Douglas; dazu Europäische Kommission, 1998, S. 60 und 103.)
- Die Erarbeitung eines **multilateralen** („supranationalen") **Rahmens** von Wettbewerbsregeln sollte in Angriff genommen werden. Das bedeutet die Abstimmung der Wettbewerbspolitik vieler Länder und die Aufnahme wettbewerbspolitischer Bestimmungen in die **Welthandelsordnung**, was in der amerikanischen Wirtschaft auf Ablehnung stößt; frühere Bestrebungen, eine „International Trade Organization" aufzubauen, scheiterten an der Nicht-Ratifizierung der Havanna Charta. Diese Mindestnormen eines weltweit geltenden Wettbewerbsrechts müßten nicht nur ein Verbot gemeinwohlschädlicher „hard-core" Kartelle (wie Preis- und Gebietsabsprachen) enthalten, sondern auch die Prüfung der Marktauswirkungen großer internationaler Unternehmenszusammenschlüsse ermöglichen. Während Kartelle instabil sind, ist eine Strukturverschlechterung durch Konzentration i.d.R. irreversibel. Wolf (1999) schlägt ein multinationales Fusionskontrollregime durch **„private litigation"** vor: Die Unterzeichnerstaaten einer Übereinkunft über Fusionskontrolle könnten sich darauf verständigen, Fusionen, die diese Übereinkunft verletzen, die zivilrechtliche Wirksamkeit und damit den Rechtsschutz zu verweigern. Andere Möglichkeiten wären die Form eines internationalen Schiedsgerichts oder Wettbewerbsgerichtshofs oder einer internationalen **Wettbewerbsbehörde** (vgl. Sauernheimer, 1996). 1993 wurde ein von internationalen Wettbewerbsjuristen und -praktikern erarbeiteter Entwurf als Ergänzung des Gesetzeswerkes der Welthandelsordnung um multinationale Wettbewerbsregeln unter dem Namen **„Draft International Antitrust Code" (DIAC)** veröffentlicht (dazu

Graf, 1998, S. 16f.; Fitz-Aßmus, 1997, S. 212); eine geplante Eingliederung in das Regelwerk des WTO ist nicht gelungen. Die Forderung einer verstärkten internationalen Zusammenarbeit wurde auch von dem für Wettbewerbspolitik zuständigen EU-Kommissar erhoben.

> „Die Ursachen für die jüngste Fusionswelle sind eng mit dem angesprochenen Trend der Globalisierung be- stimmter Märkte verwoben. Mir schient die unternehmerische Strategie der geographischen Markterweiterung von zentraler Bedeutung zum Verständnis der gegenwärtigen Fusionswelle. Sehr verkürzt auf den Punkt ge- bracht: Wachstum läßt sich durch Zukäufe auf neuen Märkten wesentlich schneller realisieren als intern durch ei- gene Kraftanstrengung. Wenn wir aber davon ausgehen, daß Unternehmen weniger nach absoluter Dominanz ei- nes Marktes, sondern mehr nach umfassender Präsenz auf vielen Märkten streben, könnte dies dafür sprechen, daß wir in Zukunft zunehmend mit Oligopolen konfrontiert werden. Wenige ‚global players‘ stehen sich dann auf verschiedenen geographischen Märkten immer wieder gegenüber. Eine Strukturanpassung und Konzentration der Kräfte auf wenige größere Anbieter scheint in dieser Branche auf Dauer unausweichlich. Sie wird zu den en- geren Marktstrukturen führen (...). Daher stellt sich die Frage, wie wir gewährleisten können, daß dem Recht auch in Zukunft gegenüber ‚global players‘ Geltung verschafft wird. Ich habe meine Zweifel, ob die Kartellrechtsord- nungen auf nationaler und supranationaler Eben mit ihren begrenzten räumlichen Geltungs- und Durchsetzungs- bereichen gegenüber echten ‚mega-mergers‘ ausreichen. Es zeichnen sich Fusionen ab, die für nationale Kartell- behörden, aber auch für die europäische Fusionskontrolle wahrscheinlich eine Nummer zu groß sind.“ (Wolf, 1999; Präsident des Bundeskartellamtes)

2. Die Sonderregelungen für bestimmte Wirtschaftsbereiche

Da man das Wettbewerbsprinzip aufgrund technischer, struktureller und andere Besonder- heiten nicht für uneingeschränkt auf alle Wirtschaftssektoren übertragbar hielt, wurden wettbewerbspolitisch sog. **Ausnahmebereiche** im Gesamtgefüge unserer Wirtschaft ge- schaffen. Einige dieser Ausnahmen wurden mit Rationalisierungsvorteilen, andere im Hin- blick auf die Versorgungssicherheit mit Gütern des Grundbedarfs gerechtfertigt. Diese Be- reiche sind durch die in den § 28 bis § 31 GWB verankerten „Sonderregelungen für bestimm- te Wirtschaftsbereiche“ ganz oder teilweise von den Rahmen setzenden Bestimmungen des GWB (als dem „Grundgesetz“ unserer Wirtschaftsordnung) freigestellt und einer sog. **Fach- aufsicht** unterstellt:

- § 28 Landwirtschaft
- § 29 Kredit- und Versicherungswirtschaft
- § 30 Urheberrechtsverwertungsgesellschaften
- § 31 Sport
- Weitere Ausnahmen für die Bereiche Verkehr-, Land- und Forstwirtschaft finden sich in den entsprechen- den Fachgesetzen.

Diese Regelung wird wettbewerbstheoretisch als „Dauerbrenner“ lebhaft diskutiert (z.Zt. insbesondere die „Macht“ der Banken), wobei die Berechtigung und Begründung von be- stimmten Ausnahmebereichen in Frage gestellt wird. Allerdings sind in einigen Teilsektoren gravierende Veränderungen durch die EG-Binnenmarktintegration eingetreten und die frü- heren kartellrechtlichen Ausnahmebereiche wurden **aufgehoben**. Von zunehmender Bedeu- tung ist die Mißbrauchsaufsicht in diesen ehemaligen staatlichen Monopolbereichen, wo je nach Regulierungsregime auf spezialgesetzlicher Grundlage durch **eigens** geschaffene Insti- tutionen (eigenständige **Aufsichtsbehörden**, z.B. die Regulierungsbehörden für Telekom- munikation und Post oder die von den Bundesländern in ihrem jeweiligen Zuständigkeitsbe- reich eingeführte besondere medienspezifische Konzentrationskontrolle der privaten Fern- sehanstalten) oder nach den Regeln des **allgemeinen** Wettbewerbs eine Kontrolle durch das Bundeskartellamt stattfindet:

- Liberalisierung der Energiemärkte in Deutschland und Europa (seit 1999)
- Öffnung der deutschen Telekommunikationsmärkte (seit Beginn des Jahres 1998)
- Das neue Postgesetz seit 1.1.1998 für einen funktionsfähigen Wettbewerb bei der Versorgung mit Post- dienstleistungen (in bisher kleinen Marktsegmenten)

- Neuer Ausnahmebereich „Sport": die **Freistellung** der zentralen Vermarktung von Fernsehrechten für **Sportereignisse** nach § 31 GWB (Dies schwächt nach Auffassung des Bundeskartellamts und der Monopolkommission das Wettbewerbsprinzip. Das Bundeskartellamt wie zahlreiche Verbände, Organisationen und Wissenschaftler hatten sich **gegen** einen Ausnahmebereich für den Sport ausgesprochen).

Neben den Bereichsausnahmen gibt es noch zahlreiche weitere Beispiele für Einschränkungen des Wettbewerbsprinzips, wie etwa bei Ärzten, Notaren, Handwerkern oder in der Landwirtschaft.

IV. Neuere Formen der Unternehmenskooperation und –akquisition

„Global winds of change are forcing companies that are national icons to merge, sell key assets, or move abroad."
(Business Week, 22.2.1999)
„Shareholders across Europe ... have banded together to prod corporate laggards into restructurings and mergers."
(Business Week, 30.11.1999)

Kooperationen/strategische Allianzen treten immer häufiger an die Stelle der klassischen Kapitalbeteiligung. Neue Formen der firmen- und grenzübergreifenden Zusammenarbeit sind als Antwort auf die Herausforderungen des Wettbewerbs entstanden (Globalisierung, Marktöffnung, Flexibilität, Kostenreduzierung, kürzere Innovations- und Produktlebenszeiten, Systemgeschäft, Technologieentwicklung etc.). Die Literatur spricht von „Quantensprüngen in der Unternehmensstrategie", vom „strategischen Renner", von „optimalen Lösungen für zusätzliches Wachstum", vom „neuen Patentrezept für den internationalen Wettbewerb".

„Treiber" für die verstärkten internationalen Unternehmenskooperationen und -zusammenschlüsse sind gravierende Veränderungen innerhalb der **Kapital**- und **Produktmärkte** der Unternehmen:

- Der Übergang vom Stakeholder-Ansatz zum **Shareholder-Value-Ansatz** als Antwort auf Veränderungen im Kapitalmarktbereich mit dem Ziel der Unternehmenswertsteigerung (u.a. als Antwort auf zunehmenden Druck der großen Fondsgesellschaften oder dem Kapitalbedarf der Unternehmen).
- Zur Erfüllung der Zielgröße „Unternehmenswertsteigerung für die Kapitaleigner" kann aber auch eine entgegengesetzte Strategie, nämlich die **Desinvestition** von wesentlichen Teilen des Unternehmen (im Extremfall bis zur Zerschlagung des Unternehmens) angestrebt werden.
- Die Sicherung **weltweiter Wettbewerbsfähigkeit** (Outsourcing, Internationalisierung etc.) als Antwort auf Veränderungen im Marktbereich (Globalisierungserfordernisse, F&E-Kosten, Marktdynamik, Intensivierung des Wettbewerbs, Erreichung von Marktdominanz, Economies of Scale/Scope etc.). Bei der Konzentration auf Kernkompetenzen und Outsourcing ist zu beachten, daß der Gewinn an Effizienz eventuell durch Reibungsverluste an den entstehenden Schnittstellen z.T. wieder aufgefressen werden kann – auch hier bietet sich die Kooperation – mit sich ergänzender Kernkompetenzen der potentiellen Mitglieder – an.

Die BWL hatte sich mit der Zusammenarbeit vor allem mittelständischer Unternehmen unter dem Begriff „Unternehmenskooperationen" befaßt. Die beiden aufgeführten Entwicklungen führten aber dazu, die Gestaltung und das Management dieser Netzwerke unter mehr **strategischen** Gesichtspunkten und Voraussetzungen zu sehen: Selektion geeigneter Partner, Betrachtung der Stärken (komplementäre Ressourcen?), Regulation der Aktivitäten/Allokation der Ressourcen im Netzwerk, strategischer rund kultureller Fit (komplementäre Interessen/Vertrauen?).

Die Kooperationspartner werden neben Kunden, Lieferanten und Wettbewerbern zur vierten wichtigen Bezugsgruppe des Managements. Im Bereich der strategischen Unternehmensplanung und -entwicklung kam es in jüngster Zeit zu einer unglaublichen Zunahme von (regionalen/nationalen aber auch internationalen/globalen) Akquisitionen und zur Forcierung von neuen Kooperationsformen (wie strategische Allianzen/Joint Ventures/Netzwerke; allein für das

Jahr 1996 nennt die Presse über mehr als 11.000 Alllianzbildungen) sowie zur Fokussierung auf Kerngeschäfte (Outsourcing) und zum Entstehen von „globalen Unternehmen" (diese Punkte werden an verschiedenen Stellen im 2. und 5. Teil im Einzelnen beschrieben).

Vor allem aufgrund **strategischer** Überlegungen (zu den Konzepten eines Managements des Wandels wie Reengineering und den neuen kritischen Erfolgsfaktoren wie Zeit/Flexibilität siehe unsere Ausführungen im fünften Teil) entstehen zur Zeit horizontale und vertikale Formen zwischen-/interorganisationaler Zusammenarbeit (z.B. strategische Allianzen, Wertschöpfungspartnerschaften) mit z.T. globalem Charakter (so z.B. Microsoft – Intel, IBM – Dell).

Theorie und Praxis verwenden für diese neuen Organisationskonzepte eine Vielzahl von Begriffen:

- strategische Alllianzen (weitgehend synonym: strategische Netze, - Bündnisse, - Partnerschaften, - Koalitionen)
- Joint Ventures
- Wertschöpfungsketten / -partnerschaften
- Netzwerke/Vituelle Organisationen
- Spin Offs /-Outs, Split Offs/Start Ups

Als **Ziele/Motive/typische Treiber** der neuen Akquisitions- und Kooperationsstrategien können im Einzelnen festgestellt werden:

- Verbesserung der Marktpositionen der Kooperationspartner/Erreichung von Marktdominanz (Nr. 1/Nr. 2-Positionen)
- Konzentration auf wenige Kernstärken/-kompetenzen
- Ausdehnung der Produktpalette/Diversifizierung in neue Märkte mit hohem Wachstumspotential
- Senkung und Verteilung der Kosten und Risiken bestimmter Teilbereiche (Produktion, Vertrieb, insbesondere F&E; dazu Meyer, 1994)
- Zeitvorteile im Vergleich zum internen Wachstum: Zeitbedarfssenkung/besseres Timing (Ansoff spricht von „Startup-Synergie")
- Zugangsvorteile, Überwindung von Markteintrittsbarrieren/in allen drei Märkten der „Triade" vertreten zu sein
- ein schnellerer Know-how-Austausch (vgl. Badaracco, 1991) und komplementäres Know-how-Pooling
- lassen einen größeren Maßstab erreichen/Nutzung von Größeneffekten (Economies of Scale and Scope)
- den enormen Finanzbedarf für die Entwicklung zukunftsträchtiger Techniken zu decken
- Synergieeffekte/Kombination verschiedener Potentiale
- Verbesserung des Images/der strategischen Position/der Kompetenz
- Risikoverteilung/-begrenzung
- Zugang zu Schlüsseltechnologien/Humankapital
- Verringerung des Wettbewerbs der Partner untereinander auf Drittmärkten/Etablierung weltweiter Oligopole (z.B. mit dem Ziel gemeinsame Standards zu setzen, Preis-/Marktabsprachen)

„Der Erfolg der verschiedenen Kooperationsformen hängt davon ab, inwieweit es den Beteiligten gelingt, eine Win-Win-Situation im Gegensatz zu einem Nullsummenspiel zu schaffen. Für alle Partner muß ein Anreiz-/Beitrags-Gleichgewicht gegeben sein" (Backhaus/Meyer, 1993, S. 333; ähnlich Bronder, 1993).

Die Entscheidung zwischen Kauf und Allianz hängt von den Umständen und Alternativen ab, d.h. keine Lösung eignet sich für alle Gegebenheiten. Freidheim (vgl. 1999, S. 13f.) sieht folgende signifikante **Nachteile der Fusionen/Übernahmen**:

- Eine Konzentration auf globaler Ebene ist teuer.
- Man muß bei der Wahl der Partner, die man kaufen will, wegen der hohen Übernahmekosten oder wegen staatlicher Beschränkungen schmerzhafte Kompromisse eingehen.

Aber auch erhebliche **Vorteile von Fusionen** (vgl. ebd., S. 26f.):

- Oft beste Methode, um einen Konzern aufzubauen.
- Effizienteste Methode, wenn sich Wertschöpfung im Zuge einer Kostenreduktion durch die Konzentration redundanter Projekte, Abteilungen oder Aktivitäten erzielen läßt.
- Wenn das Wertvolle an einer Zusammenarbeit in integrativen Maßnahmen und einer Umstrukturierung der Kernaktivitäten besteht.
- Branchenkonzentration innerhalb eines Landes läßt sich am besten bewerkstelligen.
- Verhandlungen sind einfacher.
- Ein Kauf ist einfacher abzuwickeln.
- Aus einem gekauften Unternehmen kann man leichter aussteigen.

Vorteile von Allianzen:
- schneller
- geringerer Investitionsaufwand (Investition fließt direkt in den Ausbau der Marktposition/neuer Produkte etc. statt in Aktien des Übernahmeobjekts)
- umgehen Beschränkungen (staatliche Regulierungsmaßnahmen/hohe Übernahmekosten/Kartellamt) und wendet sich direkt an den Besten in jedem Land

Nachteile von Allianzen:
- ausführliche Verhandlungen um eine ganze Reihe komplexer Fragen (Bewertung des Geschäfts, wechselseitige Verpflichtungen, Gewinnverteilung usw.)
- keine Suche nach dem bestmöglichen/kompetentesten Partner, zufrieden mit bereits existierendem Partner
- oft Überbetonung wirtschaftlicher Erwägungen und Vernachlässigung sozialer Faktoren/Interaktionen
- keine anschließende Bewertung, ob Erfolge tatsächlich eingetreten sind, keine Beurteilung der zukünftigen Wertschöpfung

1. Strategische Allianzen im globalen Wettbewerb

Noch vor zehn Jahren wollten Unternehmen am liebsten alles selbst machen. In den letzten Jahren ist aber eine kontinuierlich steigende Anzahl sog. **Strategische Allianzen** entstanden. Europas Konzerne (aber auch der Mittelstand) versuchen zunehmend, mit Kooperationen ihre Konkurrenzsituation zu verbessern, den technischen Fortschritt zu gestalten, Wettbewerbsvorteile zu erzielen und den globalen Herausforderungen besser begegnen zu können. Ganze Branchen sehen in strategischen Kooperationen den Heilsweg (Horváth/Herter/Michel, 1994, S. 228; Michel, 1994, S. 20). Wir sind in ein Zeitalter strategischer Allianzen eingetreten. So hat z.B. Siemens allein in den letzten fünf Jahren mehr als zehn Milliarden DM in rund 160 Beteiligungen, Akquisitionen und Joint Ventures investiert.

Zusammenarbeit zwischen Unternehmen hat es schon immer gegeben – aber diese strategischen Allianzen gehen in ihrer Zielsetzung als wettbewerbsstrategisches Instrument (und ihrer „Qualität") über die bisherigen Kooperationsformen hinaus und werden zu einer strategischen Option.

Sie sind ein zentraler Aspekt der zukünftigen **Ausrichtung** eines Unternehmens, eine entscheidende strategische Option der Unternehmensentwicklung und dienen der Erhaltung oder dem Ausbau der **Wettbewerbsposition** bzw. des -**vorteils**. „Allianzen gibt es in der Geschäftswelt schon lange in unterschiedlicher Form, z.B. als Technologie-Tauschvereinbarung, Gegen-Lizenzierungen, Vertriebsvereinbarungen und Zulieferer-Produzenten-Vereinbarungen. Was die strategische Alllianz hiervon unterscheidet, ist ihre Absicht, einen zukunftsträchtigen Wettbewerbsvorteil nachhaltig zu verteidigen oder zu generieren" (Gomez/Zimmermann, 1993, S. 186f.). Auf dem Weltwirtschaftsforum in Davos 1995 wurde die Bedeutung der Allianzen für **„Global Players"** deutlich. Als Kernpunkte wurden u.a. genannt: gegenseitiges Vertrauen, ein verselbständigtes, entscheidungsbefugtes Management, eine stimmige Unternehmenskultur.

Auch wenn z.Z. durch einige spektakuläre Mega-Merger der Eindruck vorherrscht, daß Fusionen das Bild vieler Branchen bestimmen, ist dies nicht ganz richtig, denn (strategische) Allianzen prägen das Bild vielleicht noch stärker. Im Gegensatz zu Fusionen haben sie spezifische **Vorteile:** Obwohl sie das Gleiche erreichen, sind sie billiger, leichter wieder zu lösen, flexibel neu zusammenzustellen und vielseitiger in der Form.

Nach Schätzungen für 1999 (aus Handelsblatt, 16/17.7.1999, S. K3) sind zwischen 1996 und 1998 weltweit über **20.000 Allianzen** geschlossen worden. Allianzen machen auch einen wachsenden Anteil am Umsatz aus: Die 1000 größten Unternehmen der USA erwirtschafteten 1997 21 % ihres **Umsatzes** mit Allianzen und damit doppelt so viel wie zu Beginn der 9 er Jahre. Für Europa soll diese Zahl an fast 30 % heranreichen.

> Neben Allianzen in der **Telekommunikation** und dem **Einzelhandel** sind typische Beispiele vor allem die großen Allianzen im **Flugverkehr**, wo etwa 200 Fluggesellschaften in Bündnissen/Kooperationen eingebunden sind; sie formieren sich ständig neu.

Es wird zu den **Kernkompetenzen** eines Unternehmens gehören, die „capacity to collaborate" (Doz/Hamel) zu haben.

Zusammen mit der Ungewißheit und der Unsicherheit des Wettbewerbs bewirkt dies fundamentale Herausforderungen für das Management. Die strategische Bedeutung/Signifikanz dieser Gründe machen strategische Allianzen viel wichtiger für unternehmerische **Strategien.**

Zwischen Strategischen Allianzen und Joint Ventures bestehen verschiedene signifikante **Unterschiede** (vgl. Doz/Hamel, 1998, S. 6f.):

- Strategische Allianzen sind meistens von zentralerer Bedeutung für die Unternehmensstrategie als klassische JV.
- Klassische JV kombinierten bekannte Ressourcen und teilten bekannte Risiken. Es war klar, was jeder Partner einbrachte und gewann. In den neuen Allianzen besteht eine viel größere Unsicherheit bezüglich der Ressourcen und möglicher Turbulenzen.
- Die neuen Allianzen involvieren eine größere Anzahl an Partnern, die JV waren i.d.R. bilateral.
- Die Allianzen sind selten auf die Co-Produktion eines Produktes fokussiert, sondern auf die Entwicklung von komplexen Systemen und Lösungen, die der Ressourcen vieler Partner bedürfen.
- Da Allianzen wenig sicher und stabil sind, sind sie schwieriger zu managen.

Begrifflich sind strategische Allianzen **schwer abzugrenzen** und reichen von informellen Kooperation ohne bindende Absprachen, lockeren Kooperationsabsprachen oder Netzwerken bis hin zu Gemeinschaftsunternehmen. Nach Ausmaß an Bindung und Kontrolle unterscheidet sich jede Allianzform. Die Praxis strategischer Allianzen ist **nicht** kodifiziert: So gibt es allein für eine Art dieser Allianzen, das Joint Venture, sieben verschiedene Start- und Verwaltungsbedingungen, dazu drei grundsätzliche Arrangements für Eigentum und Leitung (vgl. Lewis, 1991, S. 11).

> „Im geschichtlichen Rückblick wird man die 90er Jahre sicherlich als den Beginn des Kooperationszeitalters betrachten. Mitte des Jahrzehnts hatte die Zahl der jährlichen Neugründungen von Allianzen weltweit bereits die Grenze von 10000 überschritten. Man nimmt an, daß sich diese Zahl bis zur Jahrtausendwende noch mehr als verdoppeln wird. Das bedeutet eine Verzehnfachung seit 1990 und eine Verhundertfachung seit 1980." (Friedheim, 1999, S. 54)

Eine Allianz ist nur dann erfolgreich, wenn sämtliche beteiligten Unternehmen in etwa den **gleichen Nutzen** aus ihr ziehen. **Gründe** für eine Entscheidung zur Allianzbildung (vgl. Freidheim, 1999, S. 60ff.):

- Geteiltes Risiko
- Probleme beim Kauf

- Zugang zu Marktsegmenten
- Technologische Kluft
- Geographischer Zugang
- Finanzierungsbeschränkungen
- Managementkompetenzen

Allgemein formuliert arbeiten Unternehmen aus wechselseitigem Bedürfnis zur Erzielung betriebswirtschaftlicher Synergieeffekte im internationalen Bereich zusammen und teilen Risiken, um gemeinsame Ziele wie Stärkung der Markt-/Wettbewerbsposition zu erreichen (= strategische Intention). Die vertragsbasierte Zusammenarbeit ist i.d.R. auf einige Funktionsbereiche beschränkt. Primäres Ziel ist die Nutzung externer Synergieefffekte durch die Verknüpfung der Potentiale mehrerer selbständiger Unternehmen.

Strategische Allianzen:
„... Alle Formen der Zusammenarbeit von zwei oder mehreren selbständigen Unternehmen zur gemeinsamen Nutzung individueller Stärken zum Ausbau ihrer verteidigungsfähigen Wettbewerbsposition" (Bühner, 1993, S. 379).
„... Eine formalisierte, längerfristige Beziehung zu anderen Unternehmungen, die mit dem Ziel aufgenommen wird, eigene Schwächen durch Stärkepotentiale an deren Organisationen zu kompensieren, um auf diese Art und Weise die Wettbewerbsposition einer Unternehmung oder einer Gruppe von Unternehmungen zu sichern und langfristig zu verbessern" (Sydow, 1992, S. 63).

Folgende **Wesensmerkmale** kennzeichnen strategische Allianzen als eine spezifische Kooperationsform (vgl. Freiling, 1998, S. 23f.):

- Sie beziehen sich auf die Zusammenarbeit von mindestens zwei Anbietern einer Marktstufe (also eine horizontale Kooperation zwischen potentiellen Konkurrenten); vertikale Partnerschaften wie etwa Zulieferbeziehungen zählen i.d.R. nicht dazu.
- Normalerweise entstehen keine Kapitalverflechtungen zwischen den Beteiligten.
- Die Zusammenarbeit bezieht sich auf ausgewählte Strategische Geschäftsfelder der Partner.
- Gemeinsame Ausarbeitung eines Zielsystems und Festlegung einer strategischen Vorgehensweise.

Als theoretischer Bezugsrahmen bieten sich vor allem die Ressourcenorientierung und die Kernkompetenzen an, denn der Hauptgrund für das „Partnering" ist meistens die Bündelung von Ressourcen verschiedener Partner (zu Kernkompetenzen siehe ausführlich 5. Teil, M.V.). Ohne diese Bündelung wäre für einen Partner der Zugang zum Markt nicht möglich. Innerhalb des Kernkompetenzenansatzes wird darauf hingewiesen, daß erst allmählich gemeinsame Wissensbestände entstehen (z.B. dauert es nach Einführung einer Arbeitsgruppe oder eines Forschungsteams eine Weile, bis über zunehmende Erfahrung die Kooperation effektiver wird), die oftmals dann über „Anschlußsprünge" eine progressive Zunahme der Leistungsfähigkeit („Asset Mass Efficiency") bewirken, denn erst wenn eine kritische Masse an Wissen und Erfahrungen überschritten wird, kommt es innerhalb des Netzwerkes zu **Selbstverstärkungseffekten**. (Freiling nennt dies „Critical Mass Alliances"; dazu 1998, S. 27; im Gegensatz dazu nennt er die traditionellen Strategischen Allianzen, die über die Bündelung komplementärer Kernkompetenzen dem Ausgleich unterschiedlicher Stärken-/Schwächen-Positionen dienen, „Closing Gap Alliances".)

Allerdings ist die Aneignung von Kernkompetenzen über Strategische Allianzen/Partnerschaften angesichts der Kooperationsprobleme besonders schwierig und **nicht ungefährlich**:

„So wird häufig auf Strategische Allianzen zwischen westlichen und fernöstlichen Unternehmen verwiesen, bei denen ein Kompetenztransfer zwar stattgefunden hat, aber in einer Weise, die aus der Sicht des westlichen Partners höchst unerwünscht war. Der fernöstliche Partner hat sukzessiv Wissen und Fähigkeiten von seinem westlichen Partner übernommen, dieser hat im Gegenzug aber oftmals nur von der vorübergehenden Nutzung bestimmter Ressourcen des Kooperationspartners (Finanzen, Entwicklungs- und Fertigungskapazität, Vertriebsnetz) profitiert.

301

> „So wird häufig auf Strategische Allianzen zwischen westlichen und fernöstlichen Unternehmen verwiesen, bei denen ein Kompetenztransfer zwar stattgefunden hat, aber in einer Weise, die aus der Sicht des westlichen Partners höchst unerwünscht war. Der fernöstliche Partner hat sukzessiv Wissen und Fähigkeiten von seinem westlichen Partner übernommen, dieser hat im Gegenzug aber oftmals nur von der vorübergehenden Nutzung bestimmter Ressourcen des Kooperationspartners (Finanzen, Entwicklungs- und Fertigungskapazität, Vertriebsnetz) profitiert. Dadurch gingen dem westlichen Partner die Quellen seiner Wettbewerbsfähigkeit verloren, während der fernöstliche Partner alte und neue hinzugewonnenen Kompetenzen miteinander verknüpfen und somit die Wettbewerbsfähigkeit bedeutend steigern konnte. Beispiele solcher Allianzen mit ungleich verteilten Vorteilen für die beiden Partner sind die Kooperationen von Rover/Honda, Honeywell/NEC, Siemens/Fujitsu, aber auch von Kodak/Canon bzw. Apple/Canon." (Freiling, 1998, S. 26)

Viele (vor allem mittelständische) Unternehmen verwerfen solche Netzwerke aus Furcht vor dem Verlust ihrer Autonomie.

Generell soll mit einer Allianz ein Wettbewerbsvorteil erzielt werden. „Das Verhalten der beteiligten Unternehmen, die einerseits große Anstrengungen unternehmen, um **Wertschöpfungsaktivitäten** über Allianzen zu verknüpfen, gleichzeitig aber bestrebt sind, solche auszugliedern und sich in Form vertikaler strategischer Netzwerke zu organisieren, spiegelt ein typisches Aktionsmuster im internationalen Technologiewettbewerb wider. Damit verbunden sind tief greifende **Reorganisationsprozesse** bei den Wertschöpfungsaktivitäten in industriellen Netzwerken. Die Betroffenen versuchen offensichtlich, sich durch **Reduzierung** der **Wertschöpfungstiefe** auf die eigenen Kernpompetenzen zu konzentrieren und die Stärken anderer, spezialisierter Unternehmen über den Aufbau strategischer Netzwerke zu nutzen" (Backhaus/Meyer, 1993, S. 330)

Den Vorteilen strategischer Allianzen stehen also eine Reihe von **Risiken** gegenüber. Kritische Faktoren können in den unterschiedlichen Fähigkeiten/Wertvorstellungen/Kulturen, in opportunistischen Verhaltensweisen des Partners oder im Verlust der Unabhängigkeit liegen. Allianzstudien belegen eine hohe **Versagerquote**. Damit strategische Allianzen erfolgreich verlaufen, sind bei der Partnerwahl einige Erfolgsfaktoren zu beachten: Strategic Fit, Fundamental Fit und Cultural Fit (dazu Bühner, 1993, S. 386ff.; Ihrig, 1991, S. 29f.). Eine Analyse von Bleeke/Ernst (1992) von 49 grenzüberschreitenden Allianzen zeigt, nach welchen Regeln sie funktionieren, d.h. typische positive/negative Entwicklungsmuster.

Die Herausforderung einer Allianz wird folgende **Schlüsselfragen** generieren (vgl. Doz/Hamel, 1998, S. 8f.):

- Wird die Allianz Wert schaffen und für wen?
- Wird die Allianz zeitlich lang genug bestehen, um Wert zu generieren?

- Werden die Partner konfliktäre Prioritäten und Bedenken in Einklang bringen?
- Wie wird jeder Partner sein wachsendes Netz an Allianzen managen?

Heck (1999. S. 30f.) nennt folgende typischen **Probleme** und Stolpersteine bei komplexen Problemen wie strategischen Allianzen:

- Das Top-Management hat kein überzeugendes **strategisches Konzept** ausgearbeitet oder ein solches Konzept liegt zwar vor, aber es fehlt ein stimmiges Konzept, das die operative Umsetzung regelt.
- Businesspläne und Planungshorizonte werden nicht ausreichend integriert; damit fehlt der Allianz der **„strategische Fit"**.
- Kein professionelles Kommunikationskonzept, das sowohl internen als auch externen Anforderungen Rechnung trägt; die Ausarbeitung praktikabler Lösungsansatzes zur Überbrückung unterschiedlicher Unternehmenskulturen unterbleibt. Die Allianz erreicht nicht den notwendigen **„kulturellen Fit"**.
- Die Partner stimmen der Umsetzung in Wahrheit nur „auf dem Papier" zu; eine Win-Win-Situation für alle Partner kann so nicht herbeigeführt werden. Der Allianz fehlt damit der **„fundamentale Fit"**.
- Falsche oder unrealistische Erwartungshaltungen an die Allianz.

- Die **organisatorische** Machbarkeit der Allianz mit Hilfe einer Project Due Diligence wird nicht genau überprüft oder diese Prüfung unterbleibt. Die wichtige Frage der organisatorisch-operativen „Kompatibilität" der Allianzpartner unterbleibt damit.
- Unüberbrückbare **Differenzen** zwischen den Mitgliedern des Top-Managements.
- Dem verantwortlichen Projektmanagement werden zwar viele Pflichten übertragen, aber zu wenige **Entscheidungskompetenzen** eingeräumt. Wenig Erfahrung mit dem „Management of Change".
- Das Top-Management unternimmt gegen auftretende Barrieren/Hindernisse keine wirksamen Maßnahmen (oder zu spät).
- Keine Einigung über Bereiche in welchen Kosteneinsparungen zuerst durchgeführt werden sollen.
- Das Veränderungsprogramm hat nicht das hundertprozentige „**Commitment**" des Top-Managements (oder die Komplexität des Projekts wird schlichtweg unterschätzt).
- Die Bildung und Führung einer Allianz wird nur **nebenbei** betrieben.
- Es treten Ermüdungserscheinungen auf und auch mangelnde **Wille**, sich mit schwierigen Situationen zu beschäftigen.

Nach einer empirischen Studie beeinflussen folgende **(kritische) Faktoren** den Erfolg strategischer Allianzen (dazu Wurl/Schickel, 1999, S. 203ff.):

- Der „Fundamentale Fit" als conditio sine qua non (= ausgewogenes Kosten-Nutzen-Gleichgewicht für alle beteiligten Unternehmen; Verhältnis der Partner in Geschäftsfeldern außerhalb der Kooperation etc.).
- Das Vertrauen der Partner als wichtigste Erfolgsdeterminante.
- Aufbau und Pflege von Vertrauen setzt enge persönliche Kontakte der handelnden Personen voraus.
- Verbale Informationsversorgung hat für den organisatorischen Fit größere Bedeutung als die schriftliche.
- Die Kompatibilität der Strategien als zweitwichtigster Erfolgsfaktor.
- Kompatible Unternehmenskulturen determinieren zu einem gewichtigen Teil die Erfolgsaussichten.
- Bei den vermeintlich weniger wichtigen Gestaltungsfaktoren überrascht die starke Präferierung für mehrheitliche Beteiligungen an Gemeinschaftsunternehmen.

Wir haben bereits gezeigt, daß einer Unternehmung für ihre Entwicklung grundsätzlich mehrere Möglichkeiten offenstehen: aus eigener Kraft, durch Akquisitionen oder durch Kooperationen. Strategischen Allianzen bieten hier einen **Mittelweg** zwischen den beiden erstgenannten Möglichkeiten (Horváth/Herter/Michel, 1994, S. 234; Michel, 1994, S. 22):

- Der **Alleingang** ist, zumindest für Expansions- bzw. Diversifikationsbestrebungen, i.d.R. sehr zeitintensiv.
- **Akquisitionen** beschleunigen zwar solche Bestrebungen, binden jedoch enorme finanzielle Mittel, d.h. der Zeitvorteil kann durch einen Kostennachteil wieder wettgemacht werden. Außerdem mißlingt oft die Integration des übernommenen Unternehmens in die aufnehmende Organisation. Für Voigt (1993, S. 246) ist eine Übernahme aus folgenden Gründen oft weniger attraktiv als Allianzen, weil:
  - „die Übernahmepreise die gesamten diskontierten erwarteten Erträge vieler Jahre enthalten,
  - die Selbständigkeit mindestens eines bisher selbständigen Unternehmens aufgegeben wird, was zu verminderten Leistungsanreizen führen kann,
  - auch Bereiche übernommen werden müßten, die kein Synergiepotential böten,
  - sie häufig mit unerwünschter öffentlicher Aufmerksamkeit einhergeht,
  - sie oft restriktiven rechtlichen Kontrollen unterliegt,
  - sie im Falle eines Mißerfolgs wesentlich schwieriger rückgängig zu machen ist als eine strategische Allianz".

Horváth/Herter/Michel (1994, S. 232) beschreiben das **Spezifische** strategischer Allianzen durch einige wenige Merkmale:

- Strategischer Bezug: Strategische Allianzen stellen im Rahmen der strategischen Unternehmensführung einen Weg zur Unternehmensentwicklung und zur Verwirklichung bestimmter Unternehmensstrategien dar. Die Partner gewähren sich als aktuelle oder potentielle Wettbewerber gegenseitig Zugang zu wettbewerbsrelevanten Erfolgspotentialen. Diese Kooperationsformen können Wettbewerbs- und Branchenstrukturen erheblich verändern.
- Inhaltliche Begrenzung der Zusammenarbeit: Die Kooperation konzentriert sich i.d.R. auf ausgewählte Kooperationsfelder mit genau definierten Zielsetzungen.
- Selbständigkeit/Unabhängigkeit: Die Unternehmen sind rechtlich und wirtschaftlich selbständig, wobei die wirtschaftliche Selbständigkeit in den Kooperationsfeldern partiell aufgegeben wird. Die Entscheidungsau-

tonomie der beteiligten Unternehmen wird zugunsten eines kollektiven Gremiums reduziert, wodurch gegenseitige Abhängigkeiten entstehen.
- Dauer und Stabilität der Zusammenarbeit: Die Zusammenarbeit ist in der Regel zeitlich begrenzt. Sie stellen im Gegensatz zu gewachsenen Dauerstrukturen von Unternehmen labile Beziehungen dar, die sich ständig weiterentwickeln. Umfeldbedingungen, Stärken und Schwächen sowie Ziele der Partner können sich im Laufe der Kooperation verändern. Das stellt an das Management besondere Anforderungen der Koordination und Adaption.
- Regionale Ausrichtung: Sie sind international oder global ausgerichtet.
- Branchenbezug: Am häufigsten in HighTech-Branchen wie Fahrzeugbau, Maschinenbau, Telekommunikation, Chemie, Elektrotechnik/Elektronik und Luftfahrt bzw. Luft- und Raumfahrttechnik.

Als **Typen** strategischer Allianzen lassen sich klassifizieren (vgl. Bühner, 1993, S. 380ff.; Sydow, 1992, S. 63):

- nach der Richtung: vertikale (mit Zulieferern und/oder Abnehmern; Porter spricht dann von „vertikalen Verknüpfungen"), horizontale (mit Wettbewerbern) oder diagonale Formen
- nach dem Umfang: Grundsätzlich ist in allen Funktionsbereichen eine Kooperation denkbar
- nach der Art der beteiligten Unternehmen: typische Mittelstandspartnerschaften und Allianzen großer Unternehmen
- nach der Größe der beteiligten Unternehmen: besonders Allianzen von kapitalstarken Großunternehmungen mit z.T. weltweitem Marktzugang und von innovativen, technologieorientierten Kleinunternehmen
- nach der Form: auf Basis von Handels-, Lizenz-, Franchising-, Service- oder Managementverträgen, über Konsortien einschließlich Arbeitsgemeinschaften bis hin zu Joint Ventures
- nach der Kapitalbeteiligung: Anteil/Minderheitsanteil oder keine Beteiligung
- nach der Räumlichkeit: besonders globalstrategische Allianzen von multinationalen Unternehmen

Gegenseitige Beteiligungen oder die Gründung von Gemeinschaftsunternehmen tragen bereits fusionsähnliche Züüge. Zunehmend tauchen allerdings Forderungen nach einer **wettbewerbspolitischen** Regelung strategischer Allianzen auf (dazu Hammes, 1993; Voigt, 1993).

Der intensive globale Wettbewerb verwischt die Grenzen zwischen Freund und Feind, so daß zunehmend auch mit Konkurrenten zusammengearbeitet wird. „Die Produkte, Technologien, Marketing- und Verfahrensressourcen eines Konkurrenten sind den eigenen weit ähnlicher als die jeder anderen Firma. Allianzen mit Konkurrenten kann man nicht ignorieren, ohne erhebliche Chancen zu opfern" (Lewis, 1991, S. 93). Um die Interessen der eigenen Unternehmung zu schützen, empfiehlt Lewis (1991, S. 69ff.):

- Kernstärken wahren
- Entscheidende Produktwerte schützen
- Wichtige Zugangsstärken wahren
- Wichtige Verfahrenstärken halten
- Schlüsseltechnologien sichern
- Wachstumsoptionen offenhalten
- Eine starke Organisation behalten
- Finanzielle Stärken bewahren

Die Portersche Kritik (1990) an strategischen Allianzen (für ihn zementieren sie eher die Mittelmäßigkeit eines Unternehmens, nicht aber seine internationale Führungsposition) erscheint Kreis als höchst undifferenzierte Behauptung; er sieht bei Produkten mit relativ komplexer Technologie offensichtliche Vorteile aus strategischen Allianzen (1994, S. 239).

Bei einer Untersuchung von 37 Kooperationen in elf Ländern kam Kanter zu dem Schluß, daß allzusehr auf die rechtlichen und finanziellen Aspekte einer geplanten Zusammenarbeit geachtet wird – entscheidend seien aber in Unternehmensallianzen die **Beziehungen** zwischen den beteiligten **Menschen**. Man stieß auf drei fundamentale Aspekte (vgl. 1995, S. 34):

- Kooperationen müssen den Partnern Vorteile bringen. Unternehmensbündnisse sind „lebende Systeme", die ihre Möglichkeiten Schritt für Schritt erweitern.

- Erfolgreiche Kooperationen beruhen stärker auf Zusammenarbeit (gemeinsames Schaffen von Mehrwert) als auf reinem Austausch (etwas zurückerhalten für das, was man hergibt).
- Kooperationen lassen sich nicht mit formalen Methoden „kontrollieren". Sie sind ein dichtes Netz von persönlichen Beziehungen und internen Infrastrukturen, die wechselseitiges Lernen fördern.

2. Wertschöpfungspartnerschaften

Eine neue Kooperationsform stellen die sog. Wertschöpfungspartnerschaften, WSP („Value-Adding Partnerships") oder Veredelungspartnerschaften dar, eine vertikale Integrationsform, bei der die gesamte Wertschöpfungskette als „geschlossene Wettbewerbseinheit" verstanden wird. Diese autonomen Partnerschaften kooperieren i.d.R. innerhalb der einzelnen Glieder der Kette auf unmittelbar benachbarten Stufen (vgl. dazu Johnston/Lawrence, 1989). Eine Wertschöpfungspartnerschaft ist „eine strategisch-vertikale Allianz von Unternehmungen, die ihre Aktivitäten auf bestimmte Stufen der Wertkette konzentrieren und entlang der Wertkette kooperieren" (Sydow, 1992, S. 64). Zur partnerschaftlichen Organisation innerhalb der Beschaffungs-/Versorgungskette zwischen Handel und Industrie (z.B. durch effizientere Distribution, einen optimalen Weg der Ware, ein integriertes Bestandsmanagement, einen verbesserten Informationsfluß bis hin zu einer gemeinsamen Produktentwicklung) siehe Friedrich/Hinterhuber/Rodens (1995).

Wertschöpfungspartnerschaften als **inter**organisationale Beziehungen beinhalten das Verschmelzen von Teilen der Wertschöpfungskette zwischen Zulieferer und Kunde zu einem **Know-how-Netzwerk**, zu einer Kooperation sich ergänzender Kernkompetenzen, d.h. bestimmte Organisationsgrenzen zwischen Kunde und Zulieferer verwischen; damit verbunden ist u.U. auch der Transfer von Mitarbeitern vom Zulieferer zum Kunden. Als mögliche Kooperationsfelder kommen per se alle Primär- oder Sekundäraktivitäten entlang der Wertschöpfungskette in Frage. So haben z.B. zahlreiche mittelständische Unternehmen im Rahmen ihrer Technologiekompetenz und strategischen Unternehmensausrichtung eine spezifische Kompetenz in der Produkt**entwicklung** aufgebaut. Zukünftig wichtig sind die Kooperationen am Lebenszyklusende: bei Entsorgung/Recycling.

Verbunden mit einer solchen **vertikalen** Kooperation über die Zuliefererkette ist eine gemeinsame informationstechnisch-organisatorische **Infrastruktur** der Kooperationspartner aufzubauen. Diese Formen der Kooperation mit einem bereits bekannten Zulieferer haben verschiedene **Vorteile**; insbesondere ist durch frühere Geschäftsbeziehungen bereits das für erfolgreiche Kooperation so wichtige „Vertrauen" bereits gegeben und man kann die Kernkompetenz/Leistungsfähigkeit des Partners bereits einschätzen.

Beide Partner sollten in einer Wertschöpfungspartnerschaft Verbesserungspotentiale erschließen („Win-Win"-Situation). Zusammenfassend resultiert der **Nutzen** daraus, daß es gelingt (Friedrich/Rodens, 1996, S. 265),

- durch Integration des Waren- und Datenflusses die Distribution insgesamt zu verbilligen,
- die logistische Leistungsfähigkeit zu steigern, d.h. die Verfügbarkeit zu erhöhen, die Abläufe zu beschleunigen,
- durch Vereinfachung und insbesondere Automatisierung den administrativen Aufwand zu senken,
- mit der industriellen Produktion näher an die Konsumption zu gelangen,
- eine bessere Vermarktung der Produkte durch gemeinsames, abgestimmtes Vorgehen im Markt zu gewährleisten,
- Produkte zu schaffen, die den Bedürfnissen und Hoffnungen der Kunden besser entsprechen.

Die „sog. ‚organisatorische Intelligenz' wird für die entstehenden Wertschöpfungsnetzwerke zum strategischen Faktor. Sie beweist sich durch eine rasche und vollständige Umsetzung des vorhandenen und neu erschlossenen Wissens in zusätzlichen Kundennutzen. Voraussetzung dafür sind aber nicht nur eine optimale Nutzung der Informations- und Kommunikationstechnik, sondern funktionierende zwischenmenschliche Beziehungen zwischen den Beteiligten, die Fähigkeit zum Aufbau von Vertrauen und die permanente Pflege dieses Vertrauens." (Rosenstiel/Comelli, 1998, S. 2.128)

Prinzipiell ist **jeder** Wertschöpfungsschritt in der Produktion externalisierbar. Die Partnerschaft mit Zulieferern, die von Komponentenzulieferern zu **Wertschöpfungslieferanten** werden, soll Kostenvorteile erschließen, Qualitätsstandards verbessern und Prozeßzeiten verkürzen. „Die klassische Begründung für buy-Entscheidungen, nämlich Erzielung von Stückkostenvorteilen durch höhere Spezialisierung bei einem externen Lieferanten, wird zunehmend überlagert von qualitativen Aspekten (zukünftige Potentialentwicklung für F&E usw.) und Opportunitätskosten-Überlegungen (bspw. Konzentration der eigenen Ressourcen auf werthaltige bzw. strategisch entscheidende Wertschöpfungsaktivitäten)" (Arnold, 1993, S. 22).

> Der Vorsitzende des Vorstandes der DaimlerChrysler AG, Mangold, zeichnete bei einem Vortrag am 14.10.99 in Berlin die Notwendigkeit **Wertschöpfungsketten räumlich aufzubrechen.** in folgendem Szenario:
> - Forschen in Deutschland und den USA,
> - Entwickeln in Indien,
> - Einkaufen in Thailand,
> - Produzieren in Ost- und Mitteleuropa,
> - Finanzieren an einem Offshore-Markt in der Karibik und
> - Vertrieb in der virtuellen Welt des Internets
> sei heute in einem **globalen** Unternehmen keine Sciencefiction mehr, sondern Alltag.

Für Hinterhuber/Aichner/Lobenwein (1994, S. 140) erkennen alle beteiligten Unternehmen einer solchen Partnerschaft zum einen, daß sie als Mitglieder einer **Wertschöpfungskette** voneinander abhängig sind, und zum anderen, daß diese Kette mit anderen Ketten um die Endverbraucher konkurriert. „Ziel einer externen Vernetzung ist die Schaffung von Nutzenpotentialen für alle Beteiligten auf der Basis vertrauensvoller und langfristig angelegter Partnerbeziehungen, die einen dauernden Interessenausgleich vorsehen und eine gemeinsam optimierte Wertschöpfung ermöglichen. Die Partnerschaft soll von gegenseitigem Nutzen sein (z.B. Austausch von Know-how). Es soll kein Nullsummenspiel sein. (...) Zentral ist das Bestreben, den anderen – nach dem Prinzip des internen Kunden – erfolgreich zu machen. Ein für beide Partner attraktiver und auf Vertrauen basierender wechselseitiger Leistungstransfer setzt beiderseitige Lernfähigkeit voraus, um sich ständig zu verbessern bzw. zu innovieren. Die Partnerschaft sollte den Charakter eines gegenseitig vernetzten Lernsystems haben" (ebd., S. 142f.).

Im Zuge der Implementierung moderner Management-Konzepte (siehe unsere Ausführungen im fünften Teil) werden zunehmend betriebliche Teilbereiche ausgelagert („**Outsourcing**"). Sie sind den nachfolgend beschriebenen Netzwerken sehr ähnlich.

3. Strategische Netzwerke

Die bisher vorgestellten Formen konzentrierten sich auf bilaterale Kooperationen bzw. Beherrschungsformen. Eine Zusammenarbeit muß sich jedoch keineswegs auf zweiteilige Beziehungen beschränken – es besteht auch die Möglichkeit, eine unternehmensübergreifende Aufgabenerstellung durch vertragliche Beziehungen zwischen einer Mehrzahl rechtlich selbständiger Unternehmen abzuwickeln. Dies führt zu einem Netzwerk unternehmensübergreifender Zusammenarbeit, an dem eine Vielzahl von Unternehmen beteiligt ist:

„Allgemein können solche Netzwerke entweder mehr hierarchischen oder mehr marktlichen Charakter besitzen. Dementsprechend sind sie entweder mehr den kooperativen oder mehr den beherrschenden Formen unternehmensübergreifender Zusammenarbeit zuzurechnen. (...) Wenn Kooperationsverhältnisse die Basis der Zusammenarbeit bilden, kann man von kooperativen Netzwerken sprechen. Forschungs- und Entwicklungsallianzen, Warenwirtschaftssysteme, an denen eine Mehrzahl von Unternehmen beteiligt sind, oder Rationalisierungsgemeinschaften zwischen Lieferanten, Abnehmern und Transporteuren für eine effiziente Transportabwicklung sind Beispiele dafür. Andere Netzwerke zeichnen sich hingegen dadurch aus, daß ein oder mehrere Unternehmen eine Führungsrolle besitzen. Solche sog. fokalen Unternehmen koordinieren den Prozeß der unternehmensübergreifenden Aufgabenerstellung. Zwischen diesen und den anderen beteiligten Unternehmen bestehen langfristige Vertragsbeziehungen mit hierarchieähnlichen Bedingungen." (Picot/Reichwald/Wigand, 1998, S. 293)

Immer häufiger werden „strategische Netzwerke" statt einzelne Unternehmungen miteinander konkurrieren (Beispiele für zahlreiche solcher Unternehmungsnetzwerke in verschiedenen Branchen finden sich in Sydow, 1992, S. 19ff.).

Die Wertkettenanalyse mit der Reduzierung der Wertschöpfungstiefe und Lean Management mit der Konzentration auf Schlüsselfähigkeiten/Kernkompetenzen machen die Anbindung externer Partner in neuen Formen firmenübergreifender und strategisch flexibler Kooperation notwendig. Der „nächste" Schritt – über die gezeigten individuellen strategischen Allianzen hinaus – ist der Aufbau sog. strategischer **Netzwerke** miteinander verbundener Unternehmen. Zu den wichtigsten Netzwerken gehören vertikale bzw. Wertschöpfungsnetze und Technologie-, Entwicklungs- bzw. Beteiligungsnetze (vgl. Lewis, 1991, 104ff.). Neben der Funktional- und Geschäftsbereichsorganisation stellen sie eine dritte **Primärorganisation** dar, die in der Praxis durch vielfältige Formen der Sekundärorganisation ergänzt wird (so Sydow, 1995, S. 629).

Strategisches Netzwerk

„... Ein strategisches Netzwerk stellt eine auf die Realisierung von Wettbewerbsvorteilen zielende, polyzentrische, gleichwohl von einer oder mehreren Unternehmungen strategisch geführte Organisationsform ökonomischer Aktivitäten zwischen Markt und Hierarchie dar, die sich durch komplex-reziproke, eher kooperative denn kompetitive und relativ stabile Beziehungen zwischen rechtlich selbständigen, wirtschaftlich jedoch zumeist abhängigen Unternehmungen auszeichnet. Typischerweise tritt in dieser Organisationsform dezentraler Unternehmungsführung die Frage des Eigentums hinter die Frage der strategischen Steuerbarkeit der Netzwerkunternehmungen zurück." Sydow (1992, S. 82)

Die Koalitionen der externen Netzwerke können in Beteiligungen, Joint Ventures, Kooperationen, gemeinsamen Projekten oder **Vertragsarten** (z.B. Zulieferungs-, Franchising-, Lizenz-, langfristige Liefer-, Konsortial-, System-, Pacht- und Überlassungs- einschließlich Leasing-, Handels-, Coproduktions-, Joint-Venture- und Managementverträge) bestehen (vgl. ebd., S. 62). „Eine solche Vernetzung mit Externen ermöglicht die Nutzung von Spezialisierungsvorteilen, den Zugang zu (internationalem) technisch-wissenschaftlichem Know-how, zum internationalen Kapitalmarkt, den Eintritt in neue Märkte, Globalisierung, Risikominimierung, die Nutzung bestimmter Ressourcen und dgl. Ziel ist die Erreichung von Kosten-, Qualitäts- und Zeitvorteilen" (Hinterhuber/Aichner/Lobenwein, 1994, S. 137).

„Konnte früher das Unternehmen anhand seiner Produktionsstandorte und seiner Absatzorganisation klar identifiziert werden, so fällt die Orientierung heute schwer. Im Zeitalter der Allianzen und der ‚virtuellen' Unternehmen verwischen sich die Grenzen modular zusammengesetzt, arbeiten sie mit dem einen oder anderen Partner zusammen". (ebd.)

Beim sog. „Networking" tritt „an die Stelle der integrierten, in sich geschlossenen Unternehmung ein ‚**dynamisches Netzwerk**' spezialisierter Klein- und Mittelbetriebe, zwischen denen sowohl Wettbewerbs- als auch Kooperationsbeziehungen bestehen" (Kirsch/Müller-Stewens, 1995, S. 3.12). Die Etablierung solcher Netzwerke definiert die „Grenzen" einer Organisation neu. Die Komplexität und Flexibilität der Beziehungen und Verflechtungen eines multilokal operierenden Unternehmens zeigt Abb. 38 (aus ebd.); es enthält:

- die rechtlich selbständigen Tochterunternehmen
- die bestehenden Joint Ventures mit anderen Unternehmen im Zuliefer- und Vertriebsbereich
- die horizontalen Kooperationen (Zusammenarbeit mit direkten Wettbewerbern)
- die vertikalen Kooperationen (Zusammenarbeit mit vor- und nachgelagerten Wertschöpfungsstufen)

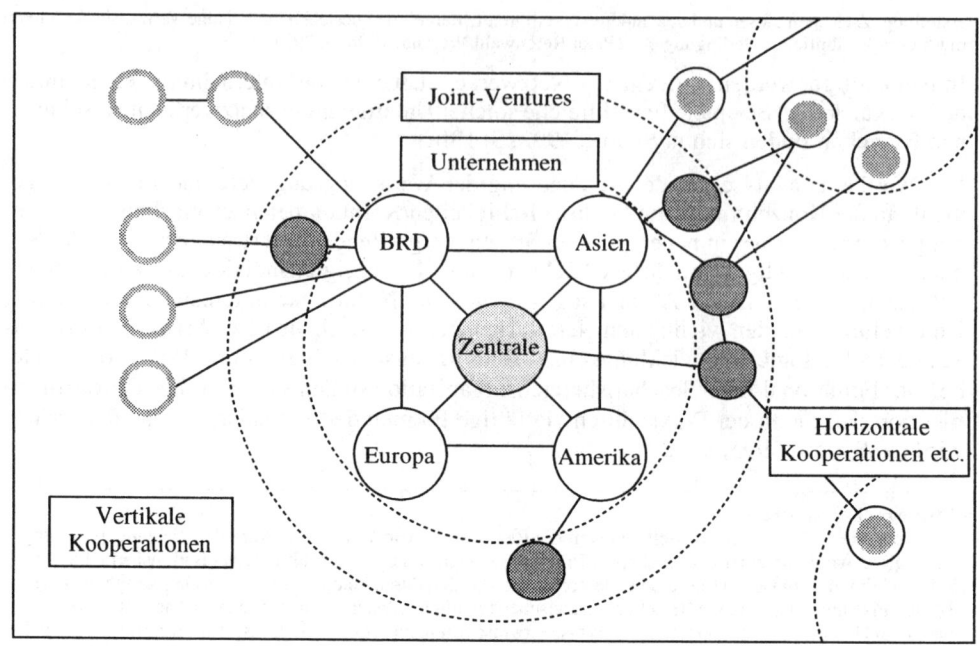

Abb. 38: Die Aufweichung der Grenzen eines Unternehmens

Hinterhuber/Aichner/Lobenwein sprechen von „Unternehmen ohne Grenzen", von leicht veränderlichen „flexiblen lernenden Netzen", die Formen der Kooperation in Bezug auf bestimmte Elemente der Wertkette eingehen. „Dazu ist eine umfassendere, ganzheitlich-evolutionäre Perspektive der Funktionsbereiche und ihrer zukünftigen Entwicklung einzunehmen. Das setzt einen Wandel vom traditionellen Stammhaus-Denken zu einer stärker internationalen Sicht der gesamten Wertschöpfungskette voraus bzw. erfordert eine globale, ganzheitliche Sichtweise" (1994, S. 135)

Die Organisation der Arbeit rund um **Prozesse** anstatt Funktionen und Auswahl von wesentlichen Leistungszielen und schlankere Hierarchien durch Minimierung von **nicht wertschöpfenden** Aktivitäten sind die Hauptelemente der Organisationen. Handy (1994, S. 77ff.) spricht bei diesen sich ständig verändernden vernetzten partnerschaftlichen Organisationen, wo sich Abgrenzungen zwischen Kunden, Lieferanten, Dienstleistern, Konkurrenten, freiberuflichen Mitarbeitern, Zeit- und Teilzeitarbeitern und Schwestergesellschaften oder Joint Ventures nicht mehr genau ausmachen lassen, d.h. nicht ganz klar ist, wo die Organisation beginnt und wo sie endet, von „**Doughnut**-Organisationen". Sie bestehen aus dem eigentlichen „Kern" und diversen Partnerschaften im Umfeld. Das Management von Doughnuts ist die neue unternehmerische Herausforderung. „Eine Doughnut-Organisation ist auch physisch gesehen wie ein Doughnut. Es gibt keine turmhohen Zentralen mehr. Sie sind kleiner, eher klubähnlich, mit weit verstreuten ausgelagerten Einheiten oder Satellitenbüros" (ebd., S. 80).

Ähnlich der Gedankengang im St. Galler Managementkonzept, das statt der traditionellen Palastorganisation nun „**Zelte**" in Form von Gruppen/Task Forces u.ä. zur prozeßorientierten (internen und externen) Netzorganisation sieht (dazu Gomez/Zimmermann, 1993, S. 58).

Virtuelle Netzwerke bestimmen die Wirtschaft der Zukunft (dazu auch unsere Ausführungen im 2. Teil, E). Doch mit den Netzwerken ändern sich auch die Spielregeln auf den Märkten: Flexibilität, Mobilität, Schnelligkeit und Interaktion sind die entscheidenden Wettbewerbsfaktoren im 3. Jahrtausend (Fraunhofer IAO-News, H. 02/99).

4. Joint Ventures

Eine spezifische Form der **Strategischen Allianz** ist die vertragliche Vereinbarung zur Gründung und Führung eines Gemeinschaftsunternehmens in Form eines Joint Venture. Joint Ventures tragen in vielen Fällen die Globalisierungsstrategie.

Ähnlich den Wertschöpfungspartnerschaften funktionieren die sog. Joint Ventures als eine Vereinbarung zur (i.d.R.) **grenz**überschreitenden und auf **Kapitalbeteiligung** (häufig Paritätsbeteiligung) basierenden Zusammenarbeit (Kooperation) zwischen zwei oder mehr Parteien und, sie führen häufig zur Gründung einer **Gemeinschaftsunternehmung**. Seltener sind sog. Contractual Joint Ventures, die auf einem Zusammenarbeitsvertrag beruhen (z.B. zur Durchführung befristeter Projektvorhaben). Neben diese Differenzierung zwischen **Equity/Contractual** lassen sich **Domestic/International** Joint Ventures unterscheiden.

Joint Ventures als eine Form der Direktinvestition ergeben sich häufig aus Zwangsmaßnahmen, etwa dem Druck bestimmter Länder, als Schutzmaßnahme vor Überfremdung der einheimischen Wirtschaft eine Mitwirkung/Mindestbeteiligung **lokaler** Partner vorzuschreiben. Besonders die Öffnung des Ostens brachte dramatische Zuwachsraten bei den Joint Ventures.

Neben Sach- bzw. Finanzmitteln können Know-how, Lizenzen, Managementtechiken sowie Marktkenntnisse oder -beziehungen eingebracht werden (vgl. Uebele, 1991, S. 94). Das Joint Venture stellt entweder nur eine vertraglich vereinbarte „Ehe auf Zeit" zur Durchführung einmaliger oder befristeter Projekte dar, oder die Zusammenarbeit ist auf Dauer angelegt zum Erschließen und Austausch von Know-how sowie neuer Marktchancen.

Ein Joint Venture (vgl. Sydow, 1992, S. 64):

- ist eine von zwei oder mehr kooperierenden Unternehmungen gegründete und strategisch geführte Unternehmung, an der die Kooperationspartner zu etwa gleichen Teilen beteiligt sind,
- hat besondere Bedeutung im Rahmen von Internationalisierungsstrategien,
- wird gemeinhin als anspruchsvollste Organisationsform strategischer Unternehmensform angesehen,
- kann bei Verzicht auf Gründung einer rechtlich selbständigen Einheit als Joint Programme oder strategische Allianz geführt werden.

Die **Vorteile** von Joint Ventures sind ähnlich wie bei den strategischen Allianzen: etwa die Überwindung von Handelsrestriktionen/Importrestriktionen (insbesondere nicht tariffäre Handelshemnisse) oder Überwindung von Eintrittsbarrieren (wenn z.B. ein lokaler Partner beteiligt sein muß oder eigene Niederlassungen nicht gegründet werden dürfen), Nutzung nationaler Förderprogramme die erst über lokale Partner möglich sind, der Zugewinn des lokalen Know-hows des Partners, die Verbindung komplementärer Ressourcen bzw. Fähigkeiten (insbesondere bei mittelständischen Unternehmen) und eine Risikoreduzierung. **Probleme** sind in den schlechten Kontrollmöglichkeiten, in der Abstimmung der Geschäftspolitik (Strategie, Gewinnverwendung etc.) und in Kultur-/Kommunikationsunterschieden zu sehen (zu Maßnahmen für ein kulturbewußtes Joint-Venture-Management siehe Probst/Prange, 1995, S. 84f.). Der Vertrag kann sich als „Blockierinstrument" entpuppen und die Flexibilität einschränken (vgl. Hoßfeld, 1994, S. 302ff.). Grundsätzlich entstehen Problem bereits dadurch, daß ein Joint Venture zwischen zwei Gründerfirmen ja **drei** individuelle Organisationen tangiert. Sowohl das Gemeinschaftsunternehmen als auch die Partner verfolgen grundsätzlich eigenständige Interessen.

Eine repräsentative Befragung brachte folgende Ergebnisse (Raffée/Eisele, 1994):

- Es scheitern mehr als 50 Prozent der Joint Ventures.

- Joint Ventures mit einer paritätischen Beteiligungsstruktur haben signifikant eher Erfolg als diejenigen, bei denen der deutsche Partner Mehrheitseigner ist.
- Grundlegende Voraussetzungen für erfolgreiche Joint Ventures sind Flexibilität und Teamorientierung; Höchstmaß an operativer Autonomie für lokales Management.
- Ausschlaggebend ist die Ähnlichkeit von Unternehmensphilosophie und -kultur, besonders dann erfolgreich, wenn sich die Partner strukturell wenig unterscheiden.

5. Mergers & Acquisitions (M&A) als Element des strategischen Managements

„Marry rich – eat well" (englisches Sprichwort)

a) Begriff/Formen

Merger & Acquisition" (M&A)
„...wird heute allgemein als **Oberbegriff** für alle Aktivitäten, die im Zusammenhang mit Erwerb bzw. Veräußerung von Unternehmen/-steilen. M&A können in einer **weiter** gefaßten Bedeutung nicht nur die eigentlichen Akquisitionen/Fusionen und Übernahmen umfassen, sondern auch Formen der **Desinvestion/Spin-Offs** oder der Sanierung."

In den 80er- und 90er Jahren haben insbesondere Fusionen/Akquisitionen die Wirtschaftswelt verändert. Eine der wichtigsten **Wachstumsstrategien** wird über die Übernahme von ganzen Unternehmen (oder Unternehmensteilen) über Anteils- bzw. Vermögenserwerb vollzogen. Akquisitionen kennzeichnen den mehrheitlichen (> 50 %) oder vollständigen (100 %) Erwerb der Verfügungsrechte (bzw. Anteilsrechte) über andere Unternehmen. Aus rechtlicher Perspektive lassen sich drei **Formen** unterscheiden:

- Erwerb von Vermögensgesamtheiten (durch Kauf rechtlich unselbständiger Betriebe/Betriebsteile)
- Erwerb der Kapital- und/oder Stimmrechtsmehrheit an rechtlich selbständigen Unternehmen (Mehrheitserwerb)
- Vereinigung zweier rechtlich selbständiger Unternehmen zu einer rechtlichen Einheit (Fusion durch Aufnahme)

Je nach **Strategie** bieten sich unterschiedliche **Typen von Fusionen** mit unterschiedlichen Erfolgsaussichten an (aus Habeck/Kröger/Träm, 1999, S. 16):

- **Scale**: Skaleneffekte sind hier die treibenden Kräfte für den Käufer – in erster Linie in reifen Märkten. Solche Fusionen mit ehemaligen Wettbewerbern bringen die Stückkosten wieder auf ein wettbewerbsfähiges Niveau oder lasten vorhandene Kapazitäten besser aus. Derzeit sind etwa 70 Prozent aller Fusionen (z.B. in den Bereichen Stahl, Schwermaschinen, Finanzdienstleistungen oder Energieversorger) solche „Scale Merger".
- **Stream**: Die strategische Absicht hier ist die vertikale Integration, sei es „upstream" oder „downstream" mit dem Ziel, einen größeren Anteil an der Wertschöpfungskette zu kontrollieren. Diese Art der Fusion ist seit der Erkenntnis über die Bedeutung von Kernkompetenzen stark zurückgegangen. Ein Beispiel für erfolgversprechende vertikale Fusionen ist die Ölindustrie, die zum Beispiel Explorationsunternehmen und auch Handelsunterhäuser integriert hat.
- **Concentric**: Diese Fusionen dienen der Wertsteigerung des Produktangebots dem Kunden gegenüber. Durch die verbesserte „value proposition" läßt sich die Kundenbindung erhöhen. Beispiele für diese Art von Fusionen haben Banken/Versicherungen oder Management Berater/EDV-Unternehmen gegeben.
- **Lateral**: Fusionen dieser Art waren in den 80er Jahren populär, aber selten erfolgreich. Hauptziel war immer, heterogene Geschäftsbereiche um einen zentralen Kompetenzkern herum anzusiedeln (Beispiel: Automobilhersteller, der versucht, ein Technologieunternehmen zu gründen, in dem die Automobilproduktion nur ein Bereich unter vielen ist).

Unternehmen können Übernahmen in drei Formen **finanzieren**:

- Durch **Barausgleich** (Nachteil: Schuldenwachstum/-tilgung)
- Durch **Aktientausch** (heute häufig; Beispiel Daimler/Chrysler; Nachteil: Aktienwert wird durch eine unverhältnismäßig hohe Kapitalerhöhung, die notwendig ist, um die Neuaktionäre der zu übernehmenden Gesellschaft mit Anteilen der eigenen Gesellschaft zu versorgen, verwässert; Kurspotential der Aktie sinkt/geringe Kurssteigerungen oder keine Dividenden; Vorteil: Auch der Kleine kann den Größeren schlucken, wie Worldcom mit MCI – heute MCI Worldcom).
- Durch eine **Mischform** (Bsp.: Mannesmann – Orange; 60 % Aktientausch, 40 % bar)

In den letzten Jahren hat sich der Markt der Firmenzusammenschlüsse deutlich verändert. Auf der Seite der **Nachfrager** stehen vermehrt professionelle Investoren, die günstig Firmen kaufen und später an die Börse bringen: Im vergangenen Jahr haben **Kapitalanlagegesellschaften** etwa 300 der insgesamt 2500 verkauften Firmen erworben (Junghanns, 1999, S. 209); derzeit gibt es am Markt etwa 100.000 potentiell verkaufsfähige Unternehmen mit je mehr als 10 Mio. DM Umsatz.

1999 wurde an der privaten Hochschule Witten/Herdecke als erste deutsche Hochschule ein Institute for Mergers and Acquisitions als Teil der Wirtschaftsfakultät gegründet.

b) Die Merger-Mania

In den letzten zwei Jahrzehnten blieb fast keine Branche vom Fusionsfieber verschont. Besonders Schlagzeilen machten die Banken-, Versicherungs-, Chemie- und Telekommunikationsunternehmen.

Während der letzten zwei Dekaden veränderte sich die „Unternehmenslandschaft" nachhaltig. War zu Beginn der 90er Jahre eine relative Beruhigung eingetreten (auch in Verbindung mit dem Zusammenbruch des Junk-Bond-Marktes) und ein Anstieg von strategischen Allianzen feststellbar, rollt die Fusionswelle zur Zeit weltweit auf neuem Rekordniveau: Diese Zahl erhöhte sich auf 1.600 Mrd. Dollar in 1998!

Im europäischen Binnenmarkt und in den globalisierten Märkten entstehen neue **Dimensionen**: Allein für transnationale Fusionen wurden 1994 noch 130 Mrd. Dollar ausgegeben, 1997 waren es immerhin 320 Mrd. Dollar, 1998 kam der große Schub: die 600-Mrd.-Dollar-Grenze wurde überschritten (Quelle: Die Zeit, 8.7.1999, S. 31).

Volkswirtschaftlich spielten Akquisitionen in den 90er Jahren eine große Rolle. Das Fusionskarusell dreht sich immer schneller. Bezogen sich bisher die Mehrzahl der Merger auf nationale Deals, sind globale Akquisitionen vor allem durch die Daimler/Chrysler- und Deutsche Bank/Bankers Trust-Übernahmen ins Blickfeld gerückt. Ein kleiner Überblick über bedeutende M&As in den späten 90er Jahren:

Deutschland: Daimler Benz – Chrysler; BMW/VW – Rolls-Royce- Rover– Allianz – AGF (Frankreich). Krupp– Thyssen; Vereinsbank – Bayerische Hypo; Condor – NUR; Hapag-Loyd – Preussag; Hoechst – Rhone-Poulenc; Bertelsmann – Random House; Mannesmann – Otelo; Deutsche Bank – Bankers Trust; VIAG – Veba; Mannesmann – Orange; Mannesmann –Vodafone Airtouch
Weltweit: UBS – Schweizer Bankverein; Sandoz – Ciba Geigy zu Novartis; Generali – Aachener-Münchener; World-Com– MCI; AT&T – McCawCellular Communication – Media One; SCB Communication/Ameritech; Time Warner – Viacom; Bell Atlantic – Nynex; MyDonnell Douglas – Boeing; Walt Disney – Capital Cities/ABC; Travelers Group – Citicorp/ Digital Equipment – Compac; Olivetti – Telkom Italia – Exxon – Mobil, BP – Amoco – Vodafone – Airtouch – Volvo – Ford; Carrefour und Promodès, AOL – Time Warner

Aber es gibt auch Meldungen von Fusionen mit hinterher festgestellten **Altlasten** (wie die Immobiliengeschäfte der Hypobank) oder von **gescheiterten** Fusionsbemühungen:

So kamen u.a. folgende Hochzeiten z.T. in letzter Sekunde nicht zustande: HUK Coburg und HDI, VIAG und die schweizerische Alusuisse-Lonza Group, KPMG und Ernst & Young, Deutsche Telekom und Telecom Italia, Glaxo Wellcome und SmithKline Beecham (dann zu Beginn 2000 wahrscheinlich doch erfolgreich), Deutsche Bank und Dresdner Bank, BMW und Rover, Dresdner Bank und Commerz Bank

c) Zusammenschlußgründe

Die letzten zwei großen Fusionswellen sind jedoch von grundlegend **verschiedener** Struktur Geändert hat sich die hinter diesen Zusammenschlüssen stehende **Absicht:**

- Die in den **80er Jahren** vor allem in **Nordamerika** stattgefundenen Mergers waren feindliche Übernahmen, die Deals waren **fremdfinanziert** (LBOs) und die Ausrichtung eher **kurzfristig**. Hauptgrund waren oft spekulative (Wiederveräußerungs-)Interessen i.S. eines Gewinn bringenden „**Ausschlachtens**" unterbewerteter Firmen. Trotz des Mißkredits in ihrer Hochzeit, lassen sich, sofern die Transaktionen nicht ausschließlich nach finanziellen Gesichtspunkten erfolgten, durch Leveraged Buyouts akquirierte Unternehmen allerdings auch **revitalisieren** (dazu Kester/Luehrman, 1995).
- Die in den **90er Jahren weltweit** einsetzende Zusammenschlüsse basieren auf dem Gedanken strategischer **Allianzen**, werden i.d.R. über **Aktientausch** abgewickelt und sind mehr **strategisch** ausgerichtet. Die zunehmende Globalisierung der Weltwirtschaft zwingt zur „Größe".

Waren die „Mergers and Acquisitions" (Zusammenschlüsse und Aufkäufe) in der ersten Welle noch weitgehend ein Phänomen vor allem der angloamerikanischen Welt, hat sich der Konzentrationsprozeß nun zu einem **globalen** Phänomen entwickelt. Während aber in der Fusionswelle in den 80er Jahren eine Diversifizierung der Hauptbeweggrund war, bleibt man nun in der Branche. Standen früher Cash-Gewinne der „Raiders" im Vordergrund, sind es jetzt **strategische Gewinne** durch gezielte Akquisitionen und schnelle Wachstumsmöglichkeiten. Die Absicherung der Marktposition und **Wettbewerbskraft**, die Erhöhung der Rentabilität und die Verbesserung der Innovationspotentiale gegenüber der internationalen Konkurrenz über eine Branchenkonsolidierung ist der wichtigste Grund (Motto: „Nur die Großen werden als Mega-Unternehmen im globalen Wettbewerb überleben.").

Die **Gründe/Begründungen** für die unterschiedlichen Transaktionen sind vielgestaltig:

(1) Einsparungen durch gemeinsamen **Einkauf**/Bündelung der Einkaufsmacht/ Einsparungen durch gemeinsame F & E/sonstige Synergien (Abbau von Personal- und Verwaltungskosten usw.)

(2) Abdeckung aller Produktsegmente/**komplette Modellpalette**: z.B. im Automobilbereich vom Kleinwagen bis zum Geländewagen, vom Luxusmodell bis zum LKW: siehe Strategien von Daimler und VW

(3) Fusionen erhalten die Identität der einzelnen Marken und können neue Kundengruppen ansprechen **ohne** Schwächung des eigenen Images bzw. ohne die eigene Klientel zu verprellen: siehe VW/Seat, Skoda; BMW/Rover; Daimler/Chrysler

(4) **Weltweite** Präsenz („Global Player"), Marktzugänge, Globalisierung der Märkte

(5) Große Stückzahlen in der Produktion: (Größenvorteile: Economies of Scale/ **Kostendegressionseffekte**)

(6) Gegenseitige Nutzung von Kapazitäten/Infrastruktur/**Vertriebsnetzen**

(7) Nutzung von Gleichteilen, **Vereinheitlichung** bestimmter Teile, gemeinsame Entwicklung und Produktion von **Komponenten** (z.B. sog. Plattform-Strategie: Viele Teile der Autos unterschiedlicher Marken sind gleich; dadurch große Kosteneinsparungen)

(8) Sinnvolle **regionale** Ergänzungen/Schwerpunkte: (z.B. im Fall DaimlerChrysler AG: Chrysler in Europa kaum vertreten)

(9) Ausgründung von Teilbereichen und Konzentration auf **Kerngeschäfte**

(10) **Shareholder-Value**-Konzepte erzwingen renditeorientiertes Management

Die verschiedenen Formen des „Corporate Restructuring" (Portfoliorestrukturierung zur Optimierung der Zusammensetzung der Geschäftsfelder/Strategischen Geschäftseinten), Finanzrestrukturierung oder Organisationsrestrukturierung) haben als gemeinsames Ziel die Steigerung des Unternehmenswertes (Becker, 1994).

„Größe allein sagt nichts über Sinn und Unsinn, Erfolg oder Mißerfolg einer Fusion; Größe und Stärke sind nicht identisch. ‚Wenn Größe das entscheidende Kriterium wäre, würden die Dinosaurier noch leben‘, hat kürzlich der Porsche-Vorstandsvorsitzende Wiedeking gesagt. ‚Es gibt keine allgemein gültige Mindestgröße. Jedes Unternehmen muß seinen Weg finden.‘ Fusionsfieber und Fusionsträume sind jedenfalls schlechte Wegweiser und Wegbegleiter." (Bernhardt, 1998, S. 46)

d) Akquisitionsziele - Akquisitionsvorteile

Akquisitionsentscheidungen basieren auf zahlreichen **Motiven**:

- Motive auf der **Käufer**seite haben wir bei den Gründen für externes Wachstum bereits ausführlich genannt (Marktanteilsausweitung, Eintritt in Wachstumsmärkte etc.).

- Motive auf der **Verkäufer**seite liegen sehr häufig in der Regelung der Nachfolgerproblematik bei Familienunternehmen, im Kapitalmangel oder aber in steuerlichen Gründen. Quellen für MBOs waren auch die Privatisierung von Staatsunternehmen oder "going public"-Aktionen (vgl. Ballweiner/Schmid, 1990, S. 303).

Eine Untersuchung der empirischen Relevanz von Akquisitionszielen von Reißner (1992, S. 93ff.) führte zu folgender **Reihenfolge**:

- Marktanteilsausweitung/Erlangen von Marktmacht als bedeutendstes Motiv
- Erwerb zukunftsträchtiger Technologien
- Technologie-Transfer
- Erlangen einer günstigeren Kostenstruktur
- Eintritt in Wachstumsmärkte
- Zeit kaufen
- Ausweitung der Kundenbasis
- Komplettieren der Produktlinien
- Nutzung von Standortvorteilen
- Mitkaufen von Marktkenntnis
- Befriedigung des unternehmerischen Drangs
- Sicherung von Mitarbeiterfähigkeiten
- Ausweitung der F & E - Kapazität
- Umgehung protektionistischer Tendenzen
- Risikostreuung (Ausgleich von Umsatzschwankungen)
- Entschärfung des Wettbewerbs
- Sicherung der Beschaffungsflanke
- Erwerb von Managementpotential
- Verbesserte Möglichkeit von Fremdkapitalbeschaffung
- Verbesserung der Einkaufskonditionen (als Schlußlicht)

Untersuchungen ermittelten vier verschiedene Kategorien von **Akquisitionsvorteilen**:

- automatische Fusionsvorteile (z.B. Steigerung der Markt- und Nachfragemacht, gemeinsame Nutzung finanzieller Ressourcen, größere Stabilität durch Diversifikation)
- Verbund betrieblicher Ressourcen (Kombination/Rationalisierung von Betriebsmitteln beider Firmen; Economies of Scale oder Economies of Scope)

- Transfer funktioneller Fertigkeiten (z.B. Detailwissen über einen Vertriebskanal)
- Übertragung allgemeiner Management-Fähigkeiten (z. B. für Strategieplanung oder Controlling); vgl. ebd., S. 43ff. und S. 132ff.

313

e) Integrationsmanagement

Für Brunöhler (1999, S. 27) ist eine erfolgreiche Übernahme ein Wettkampf mit der **Zeit**, denn die ersten hundert Tage einer Fusion sind entscheidend, der Startschuß zu einem Veränderungsprogramm muß sofort erfolgen. Beim **Integrationsmanagement** sollten aber ihrer Meinung nach nicht die weichen Faktoren (wie die Kultur) in den Vordergrund gestellt werden: „Zuerst müssen die harten Faktoren bearbeitet werden. Es müssen klare strategische und taktische Linien vorgegeben werden." Neben dem **Faktor Zeit** sind für die Umsetzung wichtig:

- Vorbereitung eines **Generalstabsplans** (Synergien überprüfen, Finanzierungsplan erarbeiten, Programm- und Projektmanagement entwerfen, Kommunikationsplan entwerfen)
- Ein **Drei-Phasen-Modell** der Abwicklung: Pre-Merger, Merger, Post-Merger (dazu Otte, 1999, S. 30); insbesondere die **Integrationsphase** nach der Fusion, das „Post Merger Integration Management" (PMI) erfordert viel Kleinarbeit, Hunderte von Workshops, Gespräche und Lerngruppen, Anreize, Bereitstellung von Ressourcen, Kommunikation usw. Das Top-Management konzentriert seine Anstrengungen häufig auf die Pre-Merger-Phase – der mühselige Integrationsprozeß, Faktoren wie Mitarbeiterführung oder Kommunikation werden vernachlässigt. Jansen spricht von der „Härte der weichen Faktoren" (1999, S. K3), Jochmann von der Vernachlässigung des Faktors Mensch: „Bei der Fusion werden ,oben' Männerfreundschaften geschlossen – ,unten' gibt es große Vorbehalte." (1999, S. K2)
- Integration der **Kulturen** (nach Jansen, ebd., zeigen allerdings erste empirische Untersuchungen, daß die Differenzen in Kulturprofilen nicht signifikant mit einem Mißerfolg zusammenhängen, sondern im Gegenteil auch Wert steigernd wirken können; der Versuch, Kulturen zu harmonisieren, produziert häufig erst übertriebene Abgrenzungen, alarmiert und aktiviert die Immunsysteme der beiden Organisationen).

Soll die Geschäftsintegration von Erfolg gekrönt sein, sind folgende **Schritte** zu berücksichtigen (vgl. Otte, 1999, S. 30):

- Es sollte eine sorgfältige Prüfung der Unternehmenskulturen erfolgen.
- Der Integrationsprozeß muß genauso sorgfältig geplant werden wie zum Beispiel die Finanzierungs- und Kostenstrukturen.
- Es muß eine für den Integrationsprozeß maßgeschneiderte Organisation geschaffen werden.
- Das Management beider Unternehmen muß gemeinsam die Zielsetzungen und Meßlatten für den Integrationsprozeß entwickeln.
- Die Ziele müssen gemeinsam umgesetzt werden.
- Während des ganzen Prozesses sollte eine umfassende Kommunikation auf allen wichtigen Ebenen erfolgen und Flexibilität gewährleistet sein:

Niederdrenk (2000, S. 27) sieht Erwartungen bei Fusionen oft nicht erfüllt: zum einen, weil die Sorgfältigkeitsprüfungen nicht hinreichend genau durchgeführt wurden, oder zum anderen, weil gravierende Fehler in der Kommunikation und der Mitarbeiterführung gemacht wurden; und er empfiehlt ein **„ganzheitliches Fusionsmanagement"** bei dem die traditionellen Analysen der Due Diligence durch ein ganzheitliches, auf sämtliche Phasen der Akquisition bezogenes **strategisches Marketingkonzept** sinnvoll ergänzt werden muß.

Bei einer Akquisition sind folgende Sorgfältigkeitsprüfungen (**„Due-Diligence-Prüfungen"**) durchzuführen (vgl. Otte, 1999, S. 30; Niederdrenk, 2000, S. 27):

- Traditional Due Diligence (Jahresabschlüsse; professionelle Kaufprüfung; Financial-/Tax-/Legal Due Diligence)
- Market Due Diligence (strategisches Potential des Unternehmens; Suche nach kritischen Erfolgsfaktoren; Machbarkeits-/Feasibility-Prüfungen; Wettbewerbsvorteilsmatrix)
- Cultural Due Diligence (Kompatibilität der Kulturen; daran ist z.B. die Fusion Monsanto und American Home Products gescheitert)

f) Synergiemanagement

Der **Erfolg** von Zusammenschlüssen hängt von verschiedenen Einflußfaktoren ab. Synergieeffekte, d.h. positive Verbundwirkungen, nehmen (neben marktbezogenen, technologiebezogenen, Know-how-Effekten) dabei eine Schlüsselstellung ein. Für Goold/Campbell (1999, S. 67) nehmen die meisten geschäftlichen Synergien eine von sechs **Formen** an:

- Gemeinsam genutztes Know-how/Wissen (z.B. über einen bestimmten Prozeß/geographisches Gebiet)
- Koordinierte Strategien (z.B. Aufteilung von Märkten)
- Gemeinsam genutzte Ressourcen (z.B. Sachanlagen)
- Gebündelte Verhandlungsmacht (z.B. gemeinsamer Einkauf)
- Vertikale Integration (z.B. Koordinieren der Bewegungsflüsse von Produkten/Services)
- Vereintes Schaffen neuer Geschäftsfelder (z.B. über Joint Ventures)

Während Ansoff Synergien in Verkaufs-, Produktions-, Investitions- und Managementsynergie einteilt, also eine funktionsbereichsorientierte Systematik schuf, differenzierte Porter (1987, S. 41) mit Hilfe seines Wertschöpfungskettenansatzes (vgl. dazu unsere Ausführungen im Fünften Teil) in die Form des Know-how-Transfer (= Fähigkeit, Wissen und Erfahrung zwischen ähnlichen Wertschöpfungsketten zu übertragen) und Aufgabenzentralisierung (= Möglichkeit, Wertschöpfungsaktivitäten gemeinsam auszuführen).

Brunöhler (1999, S. 27) unterscheidet drei **Synergietypen**, die sich erst **nach** dem Merger identifizieren lassen, um den Wert des Unternehmens zu steigern:

- Die **universellen** Synergien: Sie sind letztlich jeder Unternehmensführung zugänglich und können leicht in der Pre-Deal-Phase identifiziert werden; das sind z.B. doppelte Geschäftsprozesse, Einkaufsvorteile, Überkapazitäten und Kostenüberlappungen.
- Die **spezifischen** Synergien: Sie sind meist den Task-force Einheiten zugänglich, die aus derselben Branche kommen; das sind z.B. unausgeschöpfte Markenvorteile, neue Technologien und ungenutzte Vertriebsvorteile.
- Die **einzigartigen** Synergien, die meist nur von hochqualifizierten Experten entdeckt werden. Das kann z.B. die Kombination komplizierter Technologien sein, das Verpacken eines Produkts, das ein besonderes Verbrauchersegment anspricht, oder das Erkennen des Marktwerts eines Spezialprodukts.

g) Problemfelder („Merger-Syndrome")

Alle beschriebenen Synergien stellen aber nur ein zu realisierendes **„Potential"** dar. Bedenkt man die für einige Mega-Merger in den letzten Jahren bezahlten Preise, so hängt ihr Erfolg ganz entscheidend von der **Realisierung** solcher Synergien ab, d.h. der Spielraum für Fehler sinkt, und das Risiko steigt (so scheiterte 1999 die Fusion Texaco-Chevron nicht nur am Kartellrecht sondern auch an den Risiken und den Preisvorstellungen).

Für Bisani (1990, S. 14) führen zwei von drei mit hohen synergetischen Erwartungen getragene Diversifikationsversuche und Zusammenschlüsse **nicht** zu dem erhofften Erfolg. Trotz ihrer Beliebtheit bestätigen mehrere empirische Studien eine **hohe Fehlschlagquote**: Wie eine Untersuchung der London Business School zeigt, ist bei Akquisitionen der **„menschliche** Faktor"** (wie Ängste, Unsicherheiten, Abwehrhaltungen des Managements) maßgeblich für den Erfolg entscheidend.

Nach einer Mercer-Management-Studie haben etwa 40 % der M&As Shareholder Value zerstört. Auch andere Studien (wie von AT Kearney und Bain&Co.) kommen zu ähnlichen Ergebnissen, daß nämlich die wenigsten Firmenzusammenschlüsse zu den erhofften Ergebnissen führen:

Häufigste **Ursachen** des Scheiterns:

- Die Kulturen passen nicht zusammen („Kulturschock"), verschiedene Wertesysteme (z.B. Qualität vs. Kosten, Technik vs. Kundenorientierung, Zentralismus vs. dezentrale selbständige Einheiten), verstärkt bei transnationalen Fusionen).
- Die Mitarbeiter bleiben einander fremd; Folge: Verunsicherung, Ablehnung, bis zum Widerstand.
- Die Beschäftigten identifizieren sich nicht mit dem neuen Unternehmen.

- Demotivation/Unruhe durch Entlassungen (vor allem im mittleren Management; Vorruhestand, Versetzungen in andere Funktionen etc.) bzw. Unklarheit über erwartete Rolle im neuen Unternehmen.
- Die Personalentwicklung wird zu spät begonnen (AC für leitende Mitarbeiter usw.).
- Oft verlassen gerade die guten Leute das Schiff, so geschehen bei Bankers Trust und Chrysler (und die schlechten bleiben); damit geht auch Wissen/Know-how verloren.
- Ungenügende/fehlende Kommunikation in allen Phasen (Intranet, Workshops, Firmenzeitungen, Firmen-TV usw.)
- Synergieeffekte werden über wiegend im Personalkostenbereich gesehen (= Entlassungen).

Roost (1998, S. 24f.) sieht die Ursachen für die überwiegenden Mißerfolge von Unternehmenszusammenschlüssen nur **selten** in einer Fehleinschätzung der Marktmöglichkeiten oder der Synergien, sondern darin, daß **Zeitaufwand** für das notwendige Change Management markant unterschätzt wird, und in der völligen Unterschätzung oder erheblichen Vernachlässigung der **psychologischen** Gegebenheiten bei der Realisierung einer Fusion, d.h. der Harmonisierung der wirtschaftlichen mit den gruppendynamischen Möglichkeiten. Verhaltensänderungen lassen sich aber nicht ähnlich projektbezogen verwirklichen und präzise terminieren wie die Gestaltung der Unternehmensabläufe.

In der Literatur wird generell das Aufeinandertreffen zweier unterschiedlich ausgeprägter **Unternehmenskulturen** als das **zentrale** Problem interorganisationaler Kooperationen/Zusammenschlüsse und häufigster Grund für das Scheitern gesehen (so zeigte z.B. auch eine Unternehmenskulturanalyse bei der Fusion Hypo und Bayerische Vereinsbank große Kulturunterschiede (innovations- vs. regelorientiert; dazu Friedrichs, 1999). Die Unterschiede äußern sich in unterschiedlichen Führungssystemen, Menschenbildern, kognitiven Dispositionen usw. Kulturbedingte Syndrome nach einem Zusammenschluß äußern sich in „inneren Kündigungen", dem tatsächlichen Verlust wichtiger Mitarbeiter („brain drain"), Vertrauensverlust, Angst oder sonstigen Widerständen usw.

Eine der herrschenden Meinung widersprechende Einstellung zur **Integration** der **Kulturen** vertritt Brunöhler (1999, S. 27):

„Es geht nicht um das Kombinieren, es geht um das Integrieren, ja das Assimilieren der Kulturen. Multikulturelles Zusammenleben mag im Privatleben funktionieren und bereichert sicherlich unser privates Leben. In einem Unternehmen aber ist langfristiger nichts schädlicher als das Nebeneinander zweier verschiedener Kulturen. Eine Mannschaft, in der die Hälfte der Abwehr Manndeckung, die übrige Raumdeckung spielt, wird ihr Spiel kaum gewinnen. Es kann nur eine Kultur geben, die in einem Unternehmen gelebt wird. Und es kann nur einen geben, der diese Kultur formt. Meist ist es der ,stärkere' Partner, der die Führungsrolle übernimmt und die meisten Standards setzt. Da es nur eine gemeinsame Zukunft gibt, ist der Konsens, oder zumindest die Akzeptanz notwendiger Veränderungen, dem Konflikt vorzuziehen."

Wie schwer es ist, „nach" der Fusion die völlig verschiedenen Unternehmenskulturen miteinander zu vereinen und **„Merger-Syndrome"** zu vermeiden, zeigte 1999 das Beispiel der deutsch-französischen Fusion von Höchst und Rhone-Poulenc, wo (neben inhaltlichen Fragen) vor allem Mentalitäts-, Kultur- und Sprachprobleme die Geburt des transnationalen Chemiekonzerns Aventis erschweren. Hier (wie auch besonders bei Deutsche Bank – Bankers Trust) ist ein weiteres Problem, daß Top-Manager den Konzern verlassen. Hier hilft eine schnell und breit angelegte **Kommunikation**.

Bei einer Fusion liegt das größte Risiko mit 53 % in der **Post-Merger-Integration** (Verhandlung/Abschluß 17 %, Vor-Phase 30 %; nach Habeck/Kröger/Träm, 1999, S. 16). Der für einen Wandel zu einer gemeinsam geteilten Unternehmenskultur notwendige Post-Merger-**Prozeß** wird häufig vernachlässigt: Diese Integrationsarbeit erfordert intensive Informationsprozesse (zur vernachlässigten Informationspolitik insbesondere Gerpott, 1999; zu den Zielen/Strategien und den Aufgaben in den einzelnen Phasen eines **Integrationsmanagements** siehe Hoffmann/Friedinger, 1998, S. 22 ff.) und Kommunikationsprozesse, organisationales Lernen und PE/OE/Kulturentwicklungsmaßnahmen, ein strategisches **Human-Resource-Management** (dazu Wirtgen, 1999, S. 6 ff.), um auf individuelles und Gruppenverhalten einzuwirken. Auch die unterschiedlichen Gehaltsstrukturen sind anzupassen (dazu Wiltz, 1999).

Auch die A.T. Kearney's Global PMI Survey zeigt, daß in etwa 58 Prozent der untersuchten Unternehmen im Zuge von Fusionen Wert **vernichtet** wurde. Der Survey ist eine Hilfe, die Fusionen der 90er Jahre besser zu verstehen. Die erfolgreichen Unternehmen haben vieles von dem richtig gemacht, was nach Erkenntnissen von Habeck/Kröger/Träm (1999, S. 20) getan werden muß, um eine Fusion in den Griff zu bekommen:

- **Auf Erfahrung setzen**: 74 Prozent der erfolgreichen Fusionen wurden von Managern abgewickelt, die mit Integrationsprojekten Erfahrung hatten.
- **Nicht in völlig neue Bereiche vorstoßen**: Die Top-Fusionierer haben zu 80 % Unternehmen in der gleichen Branche gekauft: 36 % waren direkte Wettbewerber, in 44 % der Fälle war das Geschäft immer noch sehr nahe verwandt.
- **Sich auf das Kerngeschäft konzentrieren**: 48% der erfolgreich fusionierten Unternehmen bleiben mit der Fusion im Kerngeschäft ihrer Geschäftstätigkeit. Nur 19 % der weniger erfolgreichen haben sich auf diese Weise konzentriert.
- **Über finanzielle Rückendeckung verfügen**: Die erfolgreichen Fusionen waren alle durch gesunde finanzielle Verhältnisse abgedeckt, was bei den weniger erfolgreichen seltener der Fall war.
- **Fusionen unter Gleichen vermeiden**: Die sog. „mergers of equals" sind kein Erfolgsrezept; unter den am besten funktionierenden Fusionen waren nur sieben Prozent solcher Art einzuordnen.

6. Management-Buy-Out/-Buy-In

Im Zuge der M&A-Welle hat zuerst in den USA und später auch bei uns (insbesondere im Gefolge der Wiedervereinigung) das Instrument des Buy-Outs (Unternehmenskauf) stark an Bedeutung gewonnen. Der Finanzierung kommt bei den Transaktionen eine große Rolle zu; neben Mitarbeitern/Führungskräften beteiligen sich i.d.R. spezielle Investorengruppen am Eigenkapital des Erwerbsunternehmens. Dabei kann unterschieden werden:

- Das **Buy-Out** als Sammmelbegriff für Übernahmetransaktionen (einzelne Unternehmensbereiche oder ganze Unternehmen). Das Management bzw. die Mitarbeiter vollziehen den Schritt vom Angestellten zum Unternehmer.
- Das **Management-Buy-Out** (MBO), wenn Führungskräfte die Geschäftsanteile ihres Unternehmens (oder wesentliche Teile davon) übernehmen und damit Unternehmer oder Miteigentümer werden. Reine MBOs sind selten, da Eigenmittel bzw. Verschuldungskapazitäten nicht ausreichen. Der überwiegende Teil der Buy-Out-Finanzierung wird in Form von Fremdkapital aufgebracht weden müssen (auch unter Einsatz von Finanzierungsinnovationen; zu **finanzpolitischen** Aspekten siehe im einzelnen Volkart, 1992). Als untere Leitlinie werden 10 bis 20% EK-Anteil genannt.
- Das **Leveraged-Buy-Out** (LBO): In den meisten Fällen wird ein MBO nur unter Aufnahme größerer Mengen an Fremdkapital möglich sein (die Relation FK zu EK erreicht Werte von bis zu 10:1); man spricht dann von einem Leveraged-Buy-Out. Als Sicherheit für das Fremdkapital dienen die Vermögensgegenstände des erworbenen Unternehmens. Bedienung und Tilgung des Fremdkapitals erfolgt auf der Basis der vorhandenen und erwarteten **Cash Flows** (im einzelnen Hitschler, 1990).
- Das **Management-Buy-In**, wenn es sich bei den Käufern um unternehmensfremde Führungskräfte handelt.
- Das **Belegschafts-Buy-Out**, wenn als Käufer die (generelle) Belegschaft des arbeitgebenden Unternehmens auftritt (sog. Employee Ownership Plan, EOP).
- Das **Institutionelle** Leveraged-Buy-Out über spezielle Investment Fonds, Venture Capital Firmen bzw. Banken und Versicherungen.

Viele der **Motive** der MBOs wie insbesondere Restrukturierungsmaßnahmen haben wir im vorigen Kapitel zu Mergers & Acquisitions bereits angesprochen. Dazu treten Gründe wie die vor allem bei Familienunternehmen auftretenden Probleme des Generationswechsels/**Nachfolgeregelung** zur erfolgreichen Weiterführung der Geschäfte, die Ausschöpfung von Wertsteigerungsmöglichkeiten (insbesondere bei unterbewerteten Unternehmen) innerhalb des **Shareholder-Value**-Managements. Der Erfolg dieser Transaktionen ist – vom Shareholder-Value-Standpunkt aus – grundsätzlich positiv, kann aber von Fall zu Fall stark variieren. Andere Ziele sind die Förderung von **Unternehmertum** durch operative MBO-Einheiten innerhalb von Großunternehmen (bei einer Investorrolle der Zentrale; Modelle solcher interner MBOs/Spin-Offs in Lewis/Grisebach/Nelle, 1995, S. 105ff.) oder die Möglichkeit der **Privatisierung** (wie etwa in den neuen Bundesländern nach der Wiedervereinigung; etwa ein Viertel der 13 000 Privatisierungen waren MBOs).

Die erwähnten Nachfolgeprobleme und die Welle der Ausgliederungen von Randbereichen aus Konzernen werden in den nächsten Jahren weiterhin für einen Boom an Buy-outs sorgen. Davon ausgehend, daß die Finanzierung grundsätzlich durch den Rückgriff auf den Unternehmenswert der Zielunternehmung erfolgt, werden in der Praxis insbesondere drei **Finanzierungsmodelle** unterschieden (aus Picot/Aleth, 1999, S. K3):

- **Darlehensmodell**: Das zu erwerbende Zielunternehmen der Übernahme- oder Holdinggesellschaft, die vom Management und gegebenenfalls den Investoren für den Erwerb des Zielunternehmens gegründet wird, gewährt zur Kaufpreisfinanzierung ein Darlehen, das das Zielunternehmen i.d.R. bei einem Kreditinstitut refinanzieren muß.
- **Sicherheitsmodell**: Die Übernahme- oder Holdinggesellschaft nimmt zur Kaufpreisfinanzierung selbst bei einem Kreditinstitut ein Darlehen auf, das durch das Anlagevermögen des Zielunternehmens besichert wird.
- **Pfändungsmodell**: Die Übernahme- oder Holdinggesellschaft nimmt zur Kaufpreisfinanzierung wie beim Sicherheitsmodell selbst bei einem Kreditinstitut ein Darlehen auf und besichert dies mit der Verpfändung der Geschäftsanteile am Zielunternehmen.

Die **Vorteile** eines Management-Buy-Out liegen aus der Sicht des Verkäufers darin (Böhny, 1991, S. 85; Hachenburg/Koch, 1997, S. 48ff.):

- Kontinuität ist sichergestellt
- Neues Management kennt den Betrieb (Informationvorsprung gegenüber Dritten)
- Interne Aufstiegschancen werden größer
- Kundenvertrauen bleibt erhalten
- „Raidertum" wird verhindert
- Emotionale Bindung zur Firma bleibt erhalten.
- Besseres Abschätzen der Markt- und Zukunftschancen der betroffenen Einheit
- Schnellerer Abschluß als bei Suche nach externem Käufer
- Unternehmensinterne Informationen dürfen nicht an Wettbewerber und andere potentielle Käufer weitergegeben werden.

Beim Vergleich eines MBO mit dem Kauf eines anderen Unternehmens erweisen sich folgende Kriterien als **vorteilhaft** (Franck, 1991, S. 905f.):

- Direkte Ertragssteigerung durch Informationsvorteile durch Insiderwissen (z.B. Senkung der Transaktionskosten, Vermeidung von Effizienzverlusten und Bewertungsarbitrage aufgrund von Insiderwissen)
- Leichtere Finanzierbarkeit (da geringeres Risiko des Scheiterns des MBO-Projektes)
- Höheres Verkäuferinteresse (z.B. Form der Nachfolgeregelung, diskrete Durchführung der Transaktion)

Dem stehen folgende **Nachteile** gegenüber: Maximal möglicher Verkaufspreis ist kaum erzielbar, Vorbereitung und Realisation sind zeitaufwendig, Lösung nur im Team möglich, anschließende Erfolgsbegleitung ist erforderlich.

7. Spin-Off/Venture-Management

Ausgründungen, Abspaltungen, Zellteilungen der Konzerne und u.ä. Begriffe sind z.Z. als Strategiekonzepte en vogue. Zur Förderung einer innovationsorientierten Unternehmenskultur mit neuzeitlichen Formen autonomer Subsysteme werden in der Organsiationslehre neue Formen unter dem Begriff des **(New-) Venture-Managements** diskutiert (vgl. Müller-Stewens/Bretz, 1991, S. 552ff.; Pümpin/Imboden, 1991, S. 49f.). Dies sind

- Formen des **internen** Venturing wie Intrapreneure, Task Forces, autonome Venture Groups oder Business Start-ups unter dem Dach des Konzerns (z.B. „Greenhouse" für eine unternehmenseigene Holdinggesellschaft für interne innovative Geschäftsvorhaben; „Yeastbud" als auftragsweises Projektteam) oder
- Formen des **externen** Venturing wie u.a. Spin-Off-Unternehmen, Skunk Work (organisatorische und räumliche Ausgliederung von F&E-Aktivitäten von der Muttergesellschaft), neue Formen der Joint Ventures, Allianzen oder gezielte Akquisitionen mit dem Ziel des „spin-in",

wobei sich ein Trend zu Mischformen andeutet, da einzelne Unternehmen immer weniger in der Lage sind, die Technologie- und Innovationssprünge sicherzustellen.

Als **Spin-Offs** werden allgemein Verkäufe von Teilbereichen aus einem Konzernverbund (also nicht zwingend in Form eines MBOs) verstanden. Spin-Off-Unternehmen haben für Sattelberger (1995, S. 52) das Ziel, Innovationen, die in-house keinen unternehmerischen Raum finden, durch organisatorische Zellteilung in Form einer Neugründung mit wirtschaftlicher und rechtlicher Unabhängigkeit zu unterstützen. Die Muttergesellschaft übernimmt also aus unternehmenspolitischen Gründen die Rolle des Förderers bzw. Initiators (z.B. Hilfe durch Abnahmegarantien, Erfahrungsaustausch, gemeinsame Nutzung des Rechenzentrums). Auch für Sydow (1992, S. 65) sind Spin-Offs eine zumeist technologieorientierte Ausgründung durch die Inkubatororganisation, deren ehemalige wissenschaftlich-technische Mitarbeiter als Transfermedium für technologisches Wissen fungieren. **Beweggründe** zur Ausgründung von Spin-Offs können sein (aus ebd.):

- Schaffung eines innovationsfördernden Umfeldes
- Steigerung der Leistungsmotivation innovativer Mitarbeiter
- Entwicklung und Vermarktung von Produkten, die nicht in das Leistungsprogramm der ausgründenden Unternehmung passen
- Sicherung des Zugangs zu neuen Technologien („window of technology")
- Verhinderung der Abwanderung hochqualifizierter Mitarbeiter
- Verbesserung des Unternehmensimages
- Reduktion der Gemeinkosten

Sydow sieht folgende **Differenzierungen**:

- Sponsored Spin-Off; entsteht auf Initiative und mit Unterstützung des ausgründenden Unternehmens
- Split-Off: von Inkubator-Organisation nicht gewünschte Ausgründung
- Spin-Out: Ausgründung von Funktionen, um diese auch anderen Unternehmen anzubieten

E. Die Gestaltung der Organisation (Grundlagen)

I. Der Organisationsbegriff

„Wir sind in ein Zeitalter der Reorganisationen und der Organisation schlechthin eingetreten. Dabei geht es um die Frage, wie Ordnungsmuster entstehen und sich verändern. Welche gestaltenden und lenkenden Aktivitäten führen zu Strukturen, die wie Leitplanken Sicherheit geben, aber gleichzeitig auch Flexibilität, Anpassung und Innovation erlauben? Wie lernen soziale Systeme und wie entwickeln sie sich?" (Probst, 1992, S. 15)

„Gegenwärtig werden die in den Unternehmen bestehenden Organisationsstrukturen in so weitreichender Weise in Frage gestellt und organisatorische Veränderungen mit so tiefgreifenden Konsequenzen entworfen wie nie zuvor." (Wittlage, 1998, S. 1)

Wirtschaftswissenschaftliche Auseinandersetzungen mit den Problemen von Organisationen lassen sich grundsätzlichen nach drei **Entwicklungen** unterscheiden (nach Bühner, 1994, S. 1ff.):

(1) Das Unternehmen als organisations**loses** Gebilde: Die Organisation bleibt als Quelle eigenständiger Probleme aus der Betrachtung ausgeklammert.

(2) Das Unternehmen **hat** eine Organisation: Die Organisation als Teil des Unternehmens dient als Mittel zur Erreichung der Unternehmensziele. Mittelcharakter: zum einen in der Funktion der Organisation als Prozeß des Organisierens (= funktionaler Organisationsbegriff) und zum anderen als Ergebnis organisatorischen Tätigseins (= instrumentaler Organisationsbegriff).

(3) Das Unternehmen **ist** eine Organisation: Organisation als Sammelbezeichnung für alle zielgerichteten sozialen Systeme (auch Krankenhäuser, Schulen etc.).

Nach Bea/Göbel (1999, S. 3ff.) lassen sich die verschiedenen **Organisationsbegriffe** grob in drei Kategorien untergliedern:

- **Tätigkeitsorientierter** Organisationsbegriff: Organisation ist eine Tätigkeit bzw. ein Prozeß, durch welche(n) Ordnung entsteht.
- **Instrumenteller** Organisationsbegriff: Organisation ist das dauerhafte Regelsystem, das ein Unternehmen hat und welches zielorientiert als Führungsinstrument eingesetzt wird (d.h. das Unternehmen **hat** eine Organisation).
- **Institutioneller** Organisationsbegriff: Eine Organisation ist eine bestimmte Art von Institution (d.h. sie weist bestimmte Merkmale auf: Personen, Spielregeln, Grenzen, gemeinsamen Zweck, vorsätzlich geschaffen).

Organisation
„... verstehen wir eine Institution, in der eine abgrenzbare Gruppe von Personen (die Organisationsmitglieder) ein auf Dauer angelegtes Regelsystem planvoll geschaffen hat, um gemeinsame Ziele zu verfolgen, und in der Ordnung auch von selbst entstehen kann." (Bea/Göbel, 1999, S. 6)
„... umfaßt die formale Strukturierung des Unternehmens in definierte Einheiten und die Festlegung ihrer Ablaufbeziehungen zueinander hinsichtlich der Erfüllung unternehmerischer Aufgaben." (Braun 1996, S. 7)
„... läßt sich definieren als
- organisatorische Gestaltungsmaßnahme, die darin besteht, eine Struktur, Prozesse und eine systembezogene Ordnung zu schaffen;
- Gestaltungsrahmen, der für die Mitglieder den Zustand eines Systems als Gestaltungsergebnis darstellt und vor allem als Struktur und Kultur in Erscheinung tritt;
- soziale Institution in Form eines strukturierten Gebildes." (Probst, 1992, S. 43)

II. Ziele des Organisierens

Das **Ziel** des Organisierens besteht darin, die Beziehungen zwischen Aufgaben, Menschen, Sachmitteln und Informationen so effizient zu regeln, daß die Unternehmensziele **bestmöglich** erfüllt werden. Organisation hat damit **instrumentellen Charakter** (ist also kein Selbstzweck) und wirkt in allen Unternehmensbereichen.

Während also in der Sicherung des dauerhaften Erfolgs die „allgemeine" Aufgabe der Organisation zu sehen ist, fassen Bea/Göbel (1999, S. 12) folgende **spezielle** Aufgaben zusammen:

- Bildung, Verteilung Koordination von Aufgaben
- Verteilung, Legitimation und Sicherung von von Macht
- Steuerung, Disziplinierung und Motivation der Organisationsmitglieder
- Bestimmung der Grenzen der Unternehmung
- Kanalisierung der Selbstorganisation
- Sicherung der Entwicklungsfähigkeit der Unternehmung

„We are rapidly moving away from the belief that there has to be one theory of the organization and one ideal structure (...) For different purposes, different kinds of work, different people, and different cultures. The organization is not just a tool. It bespeaks values. It bespeaks the personality of a business, nonprofit enterprise, a government agency (...) We are rapidly moving towards a plurality and pluralism of organizations." (Drucker, 1997, S. 5)

Bünting (1995, S. 78ff.) unterscheidet drei **Ansätze** der **Zielbestimmung**:

320

- **Ziel**orientierter Ansatz: Das Oberziel wird vom Eigentümer oder einer dominierenden Koalition festgelegt (z.B. Gewinnmaximierung, Rentabilitäts-/Wertsteigerungsziele).
- **System**orientierter Ansatz: Oberziel ist die langfristige Existenzsicherung/Überlebensfähigkeit.
- **Stakeholder**orientierter Ansatz: Oberziel ist die Befriedigung der Interessen der Anspruchsgruppen.

Das konzentrierende Ordnungsprinzip und Gestaltungsmittel der Organisation ist die **Koordination**:

„Die mit der Erfüllung von Teilaufgaben betrauten Mitarbeiter sind im Hinblick auf die Erfüllung der unternehmensspezifisch definierten marktbezogenen Gesamtaufgabe (**Sachziel**: Leistungserstellung für Dritte) und unternehmerischen Zielsetzung (**Formalziel**: Einkommens-/Gewinnerzielung) abzustimmen. Die Organisation hat wesentlich zu dieser Abstimmung mit beizutragen (**Koordination durch Organisation**). Daneben bilden sich in Unternehmen durch das Verhalten der Mitarbeiter soziale Regelungen und Strukturen heraus, die unbewußt, auf informale Weise einen Koordinationsbeitrag zur unternehmerischen Zielerfüllung leisten können." (Bühner, 1994, S. 5)

Picot/Dietl/Franck (1999, S. 5f.) definieren das **Organisationsproblem** als die Mängelbeseitigung durch **Koordination** und **Motivation**. Die Lösung dieser zwei Teilprobleme bezeichnet man als Organisation.

Eine zusätzliche Problemdimension entsteht nach Picot/Dietl/Franck (1999, S. 8f.), wenn man die Annahme aufgibt, Wirtschaftssubjekte würden die formal vorgegebenen Strukturen der Arbeitsteilung usw. selbständig auch bereitwillig umsetzen. „Tatsächlich müssen sich die Akteure auch darüber Gedanken machen, wie sie sich und andere dazu bewegen, bestimmte Erwartungen auch faktisch einzuhalten. Diese Notwendigkeit, die einzelnen Akteure zur Einhaltung einer bestimmten Art der Arbeitsteilung/Spezialisierung bzw. des Tausches und der Abstimmung zu bewegen, kann man (...) als das Motivationsproblem bezeichnen."

Während also das Koordinationsproblem die Überwindung des **Nichtwissens** der Akteure beschreibt, geht es beim Motivationsproblem um die Überwindung des **Nichtwollens**.

Das Organisieren kann sich erstrecken auf:

- das **gesamte** Unternehmen
- auf **einzelne** Teilbereiche
- **einzelne** Tätigkeiten bzw. Arbeitsabläufe innerhalb des Unternehmens

Scholz (1997, S. 21f.) sieht die Herausforderung im organisatorischen Umfeld durch die dynamische Entwicklung der Informations- und Kommunikationstechnologie beeinflußt, die zu vollkommen neuen Interaktionsformen führt. Organisationen (= dauerhafte, zielgerichtete, strukturierte Zusammenschlüsse einzelner Individuen) müssen sich aktiv mit den daraus resultierenden Umweltbedingungen (= Zunahme des nationalen und internationalen Wettbewerbs, steigendes Kundenanspruchsniveau) auseinandersetzen. Die **Optimierung** der **eigenen Wertschöpfung** wird zum **zentralen Ziel** jedes strategisch ausgerichteten Unternehmens:

„Heute sind Organisationen als Institutionen wesentlich abhängiger voneinander und überschneiden sich in vielerlei Hinsicht. Aus diesem Grund muß es zwangsläufig zu flexiblen Strukturen und zu fließenden Übergängen kommen. In der Vergangenheit wurden Organisationen primär definiert durch ihre Grenzen: Die heutige Realität ist primär durch das Auflösen von Grenzen zwischen Organisationen gekennzeichnet, Gab es demnach in der Vergangenheit eher ein Management innerhalb von Grenzen (‚Constraints Management'), so sind heute Konzepte für grenzenlose Organisationen gefragt, verbunden mit der Suche nach den sich daraus ergebenen Chancen (‚Change Management')."

Die Organisation als ein lebendiges und vitales System, kann aus verschiedenen **Perspektiven** betrachtet werden (nach Scholz, 1998, S. 43):

- **Strategische** Organisation: beinhaltet ein Ausrichten auf Ziele (siehe 4. und 5. Teil).
- **Mechanische** Organisation: liefert das Grundgerüst aus Struktur und kybernetischem Ablauf (siehe 2. Teil)
- **Organische** Organisation: führt zur Systemtheorie und zur internen Wachstumsdynamik (siehe 1. Teil).

- **Kulturelle** Organisation: beinhaltet das Sinn- und Wertesystem (siehe 6. Teil).
- **Intelligente** Organisation: bedeutet Lernen durch Schaffen und Anwendung einer sinnvollen Wissensbasis (siehe 5. Teil).
- **Virtuelle** Organisation: löst herkömmliche Organisationsgrenzen auf und schafft neuartige Gestaltungsformen (siehe 2. Teil).

III. Synopse der organisationstheoretischen Ansätze

Es gibt keine **allgemein** gültige/akzeptierte Organisationstheorie, d.h. auch keinen bestimmten „richtigen" Ansatz. Organisationsmodelle sind nicht übertragbar, unter den jeweils gegebenen Rahmenbedingungen und für jedes Ziel ist die **maßgeschneiderte** Lösung zu finden. „Man könnte annehmen, die neueren und moderneren Ansätze seien besser als die älteren Ansätze. Dies trifft jedoch keineswegs zu. Das Erkenntnisobjekt ‚Organisation' ist so komplex, daß es nicht den **‚one best way'**, eine ausschließlich richtige Betrachtungsweise gibt. Die einzelnen Ansätze ergänzen sich eher, als daß sie sich gegenseitig falsifizieren." (Bea/Göbel, 1999, S. 203)

Die geschichtliche **Entwicklung** von Organisationsformen bewegte sich (nach Engelhardt, 1995, S. 13ff.)

- von einem **rationalen** Organisationsmodell bei dem die rationale Planung im Mittelpunkt steht und das vorwiegend unter stabilen Umweltbedingungen funktioniert (als strikt hierarchische, mechanistische, kontroll-orientierte Organisationsform die die rationalen Elemente des menschlichen Zusammenlebens besonders hervorhob);
- über ein **natürliches** Organisationsmodell bei dem der Organismus im Mittelpunkt steht und das eher auf dynamische Situationen bezogen ist (eher netzwerkartige Struktur, die die informellen, natürlichen, organisch gewachsenen Anteil in den Mittelpunkt stellt);
- zu einem **offenen** Organisationsmodell, das in systemischer Betrachtungsweise die Organisation als Teil eines komplexen Gefüges sozialer Einheiten sieht, wobei die Austauschbeziehungen/ständigen Veränderungsprozesse zwischen der Organisation und diesem komplexen Gefüge in den Mittelpunkt des Interesses rücken (geistige Wurzeln in der Ökologie, der Kybernetik und der Systemtheorie).

Bea/Göbel (1999, S. 203f.) zeigen, aus welchen verschiedenen **Blickwinkeln** der Erfahrungsgegenstand „Unternehmung" betrachtet werden kann. Die Unternehmung ist eine **Organisation,**

- in welcher Herrschaft ausgeübt wird (Bürokratieansatz),
- in welcher Aufgaben zu erfüllen sind (tayloristischer und strukturtechnischer Ansatz),
- in welcher Menschen zusammenleben (Human-Relations-Ansatz),
- die als offenes System unter bestimmten Kontextbedingungen agiert (situativer Ansatz),
- in welcher von Individuen mit unterschiedlichen Interessen (mehr oder weniger rational) Entscheidungen getroffen werden (entscheidungsorientierter Ansatz),
- in welcher Verfügungsrechte geregelt sind (Property-Rights-Ansatz),
- die ein alternatives institutionelles Arrangement zum Markt darstellt (Transaktionskosten-Ansatz),
- in welcher divergierende Interessen aufeinanderstoßen (Principal-Agent-Ansatz),
- welche einem Organismus mit bestimmten genetischen Informationen gleicht (evolutionstheoretischer Ansatz),
- welche einem Volksstamm mit einer bestimmten Kultur gleicht (interpretativer Ansatz),
- in der auf unterschiedliche Art und Weise Ordnung entsteht (Selbstorganisationsansatz).

IV. Darstellungstechniken

Organisationen lassen sich in verschiedener Weise, je nach dem gewünschten Organisationsgrad (Genauigkeit), graphisch (durch vertikale oder horizontale Anordnung von Symbolen) oder verbal darstellen. Die häufigsten **Darstellungstechniken** sind:

- Organisationsschaubild/-plan (Organigramm)/Funktionendiagramm

- Stellenbeschreibung/Stellenablaufpläne
- Arbeitsablaufdiagramme/-karten/Blockdiagramme
- Flußdiagramm/Soziogramm
- Entscheidungstabelle
- Netzplantechnik/Histogramm

Organigramm und Stellenbeschreibung sind die verbreitetsten Darstellungstechniken.

1. Stellenbeschreibung

Stellenbeschreibung
... als eine Ergänzung von Organisationsplänen, ist die schriftliche Erfassung aller relevanten Aufgaben, Kompetenzen und Verantwortlichkeiten einer Stelle sowie deren Eingliederung in die formale Organisation einer Unternehmung.
„... werden die weisungsbezogene und kommunikative Einordnung von Stellen, Aufgaben und Kompetenzen des Stelleninhabers sowie die Anforderungen an den Stelleninhaber festgehalten." (Ulrich/Staerkle, 1969, S. 45)

Die **Inhalte** von Stellenschreibungen beziehen sich i.d.R. auf:

- Stellenbezeichnung (Name, Position, evtl. Nummernsystem)
- Dienstrang in der Hierarchie (z.B. Abteilungsleiter)
- Unterstellung (Vorgesetzte/r)
- Überstellung (Linie/Stab)
- Stellvertretung
- Stellenziele (Standards)
- Aufgabenbereich/-schwerpunkte
- Anforderungen/Qualifikation
- Befugnisse (Vollmachten wie Prokura)

2. Organigramm

Organigramm
... ist eine statische, graphische und vereinfachende Modell-Darstellung (in Rechtecken) der Gesamt-Aufbauorganisation/Struktur eines Unternehmens bzw. eines Unternehmensbereiches als Beziehungsgefüge.

Ein Organigramm zeigt die (grobe) Aufgabenverteilung, die hierarchische Ordnung/ Rangordnungen, den Grad der Arbeitsteilung, die Dienst- und Kommunikationswege und die Eingliederung besonderer Stellen (Stabsstellen). Es erlaubt einen schnellen Überblick über ein Unternehmen bzw. einen Unternehmensbereich und zeigt evtl. Überschneidungen, die zu Kompetenzstreitigkeiten führen könnten.

Organigramme, die klassischerweise „pyramidenförmig" von der Geschäftsführung zu der Ausführungsebene angelegt sind, existieren in den meisten Unternehmen; es stellt sich oft jedoch die Frage nach ihrer **Aktualität**.

V. Formale und informale Beziehungen

In einem Unternehmen bestehen eine Vielzahl von Beziehungen zwischen den einzelnen Mitarbeitern und gegenüber Außenstehenden.

Ein Teil dieser Beziehungen sind vom Unternehmen **gewollte**, d.h. bewußt geschaffene strukturelle Rahmenbedingung, sie dienen der betrieblichen Zielerreichung. Diese **formalen** Beziehungen sind im Rahmen von organisatorischen Maßnahmen (etwa von Führungskräften) geplant und beschlossen worden (z.B. Funktionsdiagramme). Ein Unternehmen muß sich ständig neue Organisationsstrukturen erarbeiten und erhalten.

Ein Teil dieser Beziehungen ist jedoch vom Unternehmen **nicht bewußt** gewollt: Diese **informalen** Beziehungen entstehen als soziale Strukturen durch persönliche Ziele, Wünsche, aus zwischenmenschlichen Kontakten und Gemeinsamkeiten beruflicher und/oder privater Art. Informale Beziehungen lassen sich in Unternehmen nicht unterdrücken, sie füllen z.T. organisatorische **Leerräume** auf bzw. sind Anwort auf starken formalen Druck.

Im Gegensatz zur klassischen BWL geht man heute in modernen Konzepten davon aus, daß die Mitarbeiter ihre persönlichen Werte, Vorstellungen, Einstellungen, Gefühle, Denkhaltungen usw. in den unternehmerischen Leistungsprozeß einbringen und damit eine spezifische **Unternehmenskultur** (dazu im Einzelnen 6. Teil) prägen, die einen Orientierungsrahmen vorgibt.

⇒ **Formale Beziehungen** sind legitimiert und organisatorisch gestaltbar.

⇒ **Informale Beziehungen** sind nicht legitimiert. Sie sind nur dann ein Problem, wenn sie sich negativ auf die Leistungsfähigkeit der Unternehmung auswirken.

VI. Die Organisationsgestaltung

Die gestaltende organisatorische Tätigkeit besteht in der Festlegung der Ausprägungen der **Strukturdimensionen** der Organisation (= Aufgabenanalyse + Aufgabensynthese). Diese Strukturdimensionen sind keine unveränderlichen Größen sondern **Gestaltungsparameter** (dazu Wittlage, 1998, S. 21ff.).

Organisatorische Maßnahmen können sich entweder

- auf die **Struktur** (= Aufbauorganisation = statischer Aspekt) oder
- auf die **Abläufe/Prozesse** (= Ablauforganisation = dynamischer Aspekt)

in einer Unternehmung beziehen.

Diese Trennung der Gestaltungsbereiche ist allerdings mehr **theoretischer** Natur und dient zur Reduzierung der Komplexität organisatorischen Handelns. In der Praxis berühren strukturbezogene Aktivitäten auch Fragen des Ablaufs und umgekehrt (= **Interdependenz**). Diese **Einheit** zeigt sich besonders bei modernen Ansätzen (wie z.B. bei der Prozeßorientierung – ein zentraler Begriff heutiger Managementkonzepte, dazu 5. Teil) und ist ein Grundprinzip moderner Organisationsgestaltung.

„Bei der Aufbau- und Ablauforganisation handelt es sich um zwei Betrachtungen des gleichen Gesamtproblems der Organisation. **Aufbau und Ablauf bezeichnen nur verschiedene Gesichtspunkte des Problems der Organisation.** Aufbau- und Ablauforganisation stehen dabei in einem Wechselverhältnis zueinander, so daß in der konkreten Organisationsarbeit keine der beiden Betrachtungsseiten vernachlässigt werden kann. Die Unterscheidung dient als gedankliche Vereinfachung und gibt Hilfestellung zur Durchdringung der ganzheitlichen organisatorischen Problemstellung." (Bühler, 1994, S. 11)

Dieses System wird in der Literatur vielfach mit dem Bild des **Eisbergs** verglichen:

- **Oberhalb** des Wassers sind die formalen, rationalen Aspekte der Organisation zu erkennen (Unternehmenspolitik, Leitlinien, Planungs- und Kontrollsysteme, Stellenbeschreibung usw.).
- **Unterhalb** der Wasserlinie sind die verdeckten, affektiven Aspekte der Organisation anzusiedeln (wie Machtverteilung, Beziehungen, Werte, Erwartungen, Motivation usw.).

1. Aufbauorganisation

Die **Aufbauorganisation** ist die statische Komponente der Unternehmensorganisation, d.h. die dauerhaft wirksame Gestaltung des Beziehungszusammenhangs in einer Unternehmung:

> **Aufbauorganisation**
> „... regelt die Aufteilung der Aufgaben eines Betriebs oder eines anderen soziotechnischen Systems auf verschiedene organisatorische Einheiten und deren Zusammenwirken." (Nach REFA)
> „... befaßt sich mit der Zerlegung und Verteilung von Aufgabe und Kompetenzen sowie der Koordination von Aufgabe und Aufgabenträgern. Das Ergebnis ist die formale Organisationsstruktur der Unternehmung." (Bea/Göbel, 1999, S. 256)

Im Rahmen von **aufbauorganisatorischen Regelungen** sind folgende Fragen zu beantworten:

- Welche Mitarbeiter sollen welche Aufgaben erfüllen?
- Welche Sachmittel sollen die Mitarbeiter in den einzelnen Stellen unterstützen?
- Welche Informationen müssen bereitgestellt werden, damit der Stelleninhaber seine Aufgabe erfüllen kann?
- Welche Leitungsbeziehungen bestehen?
- Welche Kommunikationsbeziehungen müssen eingerichtet werden?

> **Spezialisierung, Koordination** und **Delegation** stellen die zentralen Bestimmungsfaktoren der Organisationsstruktur dar und können insofern als Gestaltungsparameter eingesetzt werden. (Bea/Göbel, 1999, S. 257ff.):
> - Spezialisierung ist die Zerlegung einer Aufgabe in einzelne voneinander verschiedene Teilaufgaben.
> - Koordination ist die Abstimmung der arbeitsteiligen Aufgabenerfüllung.
> - Unter Delegation versteht man die Übertragung von Kompetenzen auf andere.
>
> Wie eine empirische Studie zeigt, finden in der Literatur sechs Strukturdimensionen weitgehend Berücksichtigung: Spezialisierung, Formalisierung, Delegation, Koordination, Konfiguration und Professionalisierung (vgl. Breilmann, 1995, S. 259ff.). Für Wittlage (1998, S. 25ff.) sind aus- und hinreichend: sachliche + formale Spezialisierung, Koordination, Konfiguration.

Zusammenfassend nach Schmidt (1989; zitiert bei Probst, 1992, S. 46):

Die **Strukturen** eines Systems:

- legen seine Gesamtaufgabe fest
- verteilen Funktionen und Verantwortlichkeiten
- ermöglichen Koordinationsinstrumente
- beschreiben individuelle und kollektive Aktivitäten sowie die zwischen ihnen bestehenden Kommunikationsbeziehungen

Sie werden **beschrieben** und **beziehen** sich auf:

- Aktivitäten und Leistungen
- das hierarchische Gefüge und die Beziehungsverhältnisse zwischen den Einheiten
- die Kompetenzabgrenzungen innerhalb des Systems

Sie **gestalten**

- Zeit, Ort und Menge

Sie beziehen sich und nehmen **Einfluß** auf:

- Aufgabenerfüllungsprozesse und Leistungserstellungen
- Einzelpersonen und Kommunikationsbeziehungen
- Sachmittel und Ressourcen
- Technologien, Machtverhältnisse, Strategien sowie die Unternehmenskultur

Scholz (1997, S. 135) leitet aus theoretischer Perspektive folgende strukturellen (idealtypische) **Grundformen** ab, wobei eindeutige Abgrenzungen/Zuordnungen nicht möglich sind:

Strukturierung des Realsystems (= Einteilung einer Organisation nach Funktionen/Objekten, die eine Arbeitsteilung widerspiegelt):
- Eindimensional: funktionale und divisionale Struktur
- Mehrdimensional: Matrix-Struktur
- Übergeordnet: Holding-Struktur

Strukturierung des Weisungssystems (= Organisation der entsprechenden Befugnisse):
- Einlinien-Struktur
- Stab-Linien-Strukur
- Mehrlinien-Struktur
- Netzwerk-Strukur

---

2. Aufgabensynthese

a) Stellenbildung

Stelle
... ist die kleinste organisatorisch zu definierende und die kleinste selbständig handelnde Organisationseinheit und wird i.d.R. personenunabhängig definiert. Sie ist verbunden mit Kompetenzen, Verantwortungen und Verantwortlichkeiten
Stellenbildung
... werden (Teil-)Aufgaben nach unterschiedlichen Kriterien zusammengefaßt und einem einzelnen Aufgabenträger (Einzel- oder Gruppenarbeitsplatz) zugeordnet. Die wichtigsten Kriterien sind Verrichtungen (Tätigkeiten), Objekte (Produkte, Kundengruppen, Regionen) und Entscheidungen (Ausführungs-/Leitungsstelle).

Der Aufgabensynthese vorausgehend findet eine **Analyse** statt, die dem Zweck dient, die betriebliche Gesamtaufgabe nach unterschiedlichen Kriterien in Teilaufgaben zu zerlegen und zu beschreiben. („Was muß getan werden?")

Die Stellenbildung kann erfolgen:

- **Aufgaben**-bezogen (es wird vom konkreten Aufgabenträger abstrahiert)
- Aufgaben**träger**-bezogen (Anpassung an den Menschen)
- **Interdependenz**-bezogen (möglichst geringe Abhängigkeit)

Einige Stellenbildungen sind **gesetzlich** vorgeschrieben und müssen mit voll- oder teilzeitlichen Bewerbern („**Beauftragte**"), die die nötigen **Qualifikationen** besitzen, besetzt werden

- die Umweltschutzbeauftragten (dazu ausführlich 8. Teil)
- Vorstand AG/Geschäftsführer GmbH
- Betriebsrat/Jugendvertreter
- Datenschutzbeauftragter
- Beauftragter für Arbeitssicherheit, Betriebsärzte, Schwerbehinderte
- Frauenbeauftragte

b) Arten von Organisationseinheiten

(1) Leitungsstellen/Leitungshilfsstellen/Abteilungen

Leitungsstellen zeichnen sich durch Entscheidungs-, Anordnungs- und Weisungsbefugnisse aus. Man bezeichnet sie in der Organisation auch als **Instanzen**.

326

Je nach der Anzahl der Mitglieder werden Singular- (z.B. Abteilungsleiter) oder Pluralinstanzen (z.B. Vorstand) unterschieden.

Eine wesentliche Aufgabe der Instanzen besteht in der Führung von Mitarbeitern. Führungsverhalten drückt sich in einem individuellen Führungsstil aus. In der Praxis ist eine Tendenz zum kooperativen Führungsstil festzustellen.

> Leitungshilfsstellen sind **nicht** weisungsbefugte, unterstützende Stellen für die Instanz. Die bekanntesten sind **Stäbe** und **Assistenten**.

Ihre **Aufgaben**:

- Sammeln/Beschaffen von Informationen
- Aufbereiten/Weitergeben von Informationen
- Analyse von Entscheidungsproblemen
- Erarbeiten von Lösungsvorschlägen/-alternativen
- Koordinieren untergeordneter Stellen
- Überwachen von Realisationsaufgaben

Die Organisationsabteilung ist eine **typische Stabsstelle**. Weitere typische Beispiele sind die Planung, die Revision oder die EDV.

Zu einer Unternehmenshierarchie kommen wir, wenn wir zwischen Stellen Über- und Unterordnungsverhältnisse schaffen. Dies ist Aufgabe der sog. **Abteilungsbildung**.

> **Abteilung**
> ... die Zusammenfassung von Stellen unter eine gemeinsame einheitliche Leitungsstelle/Instanz.
> **Leitungsspanne** (Kontrollspanne „span of control")
> ... gibt die Zahl der Mitarbeiter an, die einer Leitungsstelle direkt zugeordnet sind.

Im Rahmen der **Abteilungsbildung** werden Stellen/Abteilungen unter einer einheitlichen Leitung zusammengefaßt. Wesentlich für die Größe einer Abteilung ist die Leitungsspanne.

Eine allgemein gültige optimale **Leitungsspanne** existiert nicht. Sie ist so zu wählen, daß der Vorgesetzte die ihm direkt zugeordneten Mitarbeiter führen, kontrollieren und mit ihnen kommunizieren kann. Dies ist abhängig

- von den Aufgaben (der Vorgesetzte muß in der Lage sein, die Mitarbeiter inhaltlich anzuleiten),
- vom Grad der Entscheidungsdelegation und von der Existenz von Leitungshilfsstellen (die den Vorgesetzten fachlich beraten und unterstützen).

Als weitere Formen von Stellenmehrheiten (= Organisationseinheiten, die sich aus mehreren Stellen zusammensetzen) finden sich **Ausschüsse** (synonym: Kollegien, Kommissionen, Gremien, Task Forces) und **Gruppen** (vgl. Bea/Göbel, 1999, S. 242ff.).

(2) Grundmodelle der Kompetenzabgrenzung

Bei den grundsätzlichen **Systemen** der Kompetenzabgrenzung handelt es sich um Grundtypen der Aufbauorganisation. Durch Über- bzw. Unterordnung von Stellen und Abteilungen werden Unternehmenshierarchien geschaffen, die sich als **Organigramme** darstellen lassen. Diese Grundmodelle der Kompetenzabgrenzung stellen Leitungssysteme dar.

In der Literatur werden i.d.R. drei **Grundmodelle** der Kompetenzabgrenzung unterschieden:

1. Einlinien-System (= zentral ausgerichtet)
2. Stab-Linien-System (in der Unternehmenspraxis am häufigsten)
3. Mehrlinien-System (= dezentral ausgerichtet)

Zu (1) Das Einlinien-System

Das Einlinien-System bzw. das Prinzip der „**Einheitlichkeit der Auftragserteilung**" geht auf Fayol (1916) zurück. Es fordert in seiner Reinform, daß jede nachgeordnete Stelle nur von einer vorgesetzten Organisationseinheit Weisungen erhält.

Zu (2) Das Stab-Linien-System

Bei der Stab-Linien-Organisation treten neben die hierarchische Linienkonzeption noch (einstufige oder mehrstufige) **Stäbe** mit beratender (Unterstützungs-)Funktion und ohne Weisungsrecht. Stab und Linie bilden eine Einheit zur Wahrnehmung der Leitungsfunktion.

Bei der Variante des Einliniensystems gilt nach wie vor das Prinzip der „**Einheitlichkeit der Auftragserteilung**", d.h. die Weisungserteilung geschieht weiterhin über die Linieninstanzen. Durch die Einbeziehung von (spezialisierten) Stäben erfolgt eine **fachliche Unterstützung** der funktional ausgerichteten Instanzen. Damit ein Stab seine Aufgaben erfüllen kann, muß er Informationen bei anderen Stellen des Unternehmens einholen können. Er ist allerdings nicht befugt, Weisungen zu erteilen; die Stabsarbeit wird ausschließlich über die Linie koordiniert (zur **Kritik** an dieser Prämisse und an dem Entscheidungsverbund von Stab und Linie siehe im einzelnen Bühner, S. 122, 1994, und Irle, 1971, S. 212).

Als **formale Voraussetzungen** für eine wirkungsvolle Zusammenarbeit zwischen Stab und Linie nennt Bühner (1994, S. 120):

- Dem Stab ist ein Informationsrecht gegenüber der Linie einzuräumen.
- Die Linie hat ein Recht darauf, vom Stab beraten zu werden, und der Stab hat die Pflicht, die Linie zu beraten.
- Der Stab hat bei abweichenden Entscheidungen der Linie von den Empfehlungen des Stabes eine Berichtspflicht gegenüber der nächsthöheren Instanz.
- Diese Berichtspflicht setzt voraus, daß der Stab seinen direkten Vorgesetzten darüber informiert, um gegenüber diesem seine Vertrauenspflicht zu erfüllen.

Probst faßt zusammen (1994, S. 56):

Vorteile:
- Entlastung der Linie von der Entscheidungsvorbereitung
- Erleichterung der Entscheidungsfindung durch Anwendung moderner Managementmethoden
- Bereichernder Gedankenaustausch zwischen der Linie und den Spezialisten spezifischer Bereiche
- Gute Schulungsmöglichkeiten im Stab
- Nutzung individueller Potentiale und Erwartungshaltungen (Stab/Linie)

Nachteile:

- Stäbe neigen dazu, sich ein eigenes Machtpotential zu schaffen, eine parallele Hierarchie zu bilden und zahlenmäßig ständig anzuwachsen (Bürokratismus)
- Allzu starke Tendenz zur Kommissionsbildung (endlose Debatten)
- Mögliche Konflikte zwischen Linie und Stab
- Wenig Entscheidungstransparenz
- Der Stab „entscheidet" mitunter, ohne verantwortlich zu sein
- Spaltung in zwei Klassen: Technokraten und operative Kräfte

Zu (3) Das Mehrlinien-System

Ansatzpunkt für die auf Taylor (mit seinen „Funktionsmeistern", 1913) zurückgehende Entwicklung des Mehrlinien-Systems bzw. des Prinzips des kürzesten Weges ist die nicht existierende bzw. eingeschränkte Spezialisierung der Instanzen in den beiden vorangegangenen Leitungssystemen. Eine Organisationseinheit ist mindestens zwei übergeordneten Einheiten zu unterstellen. Beim **Mehrlinien**-System kann sich der Vorgesetzte **fachlich spezialisieren**. Er hat dann im Rahmen der Spezialisierung nachgeordneten Mitarbeitern gegenüber (auch wenn sie disziplinarisch einem anderen Vorgesetzten zugeordnet sind) **fachliche** Weisungsbefugnis. Gleichzeitig werden bei diesem System **kürzere Kommunikationswege** realisiert (vgl. Scholz, 1997, S. 142f.; Trill, o. J., S. 52f.).

Nachteile des Mehrlinien-Systems: Das Problem der **Kompetenzüberschneidungen**, das **Konfliktpotential** durch die Mehrfachunterstellung, die sehr hohe Anforderungen an die Kooperationsfähigkeit der beteiligten Mitarbeiter stellt.

Ein **Vergleich** des Einlinien- und Mehrliniensystems (als jeweilige Extrempositionen, die im Einzelfall kombinatorisch zu gestalten sind) zeigt, daß die Vorteile des einen Systems die Nachteile des anderen Systems sind und umgekehrt (nach Bühner, 1994, S. 109):

Vorteile
Einliniensystem: klare und eindeutige Regelung von Unterstellungsverhältnissen, Kompetenzen und Verantwortlichkeiten; Überschaubarkeit und Einfachheit der Beziehungsstruktur; Schutz der Hierarchie vor Übergriffen und Eingriffen von Dritten
Mehrliniensystem: Spezialisierung durch Funktionsteilung; direkte Weisungs- und Informationswege; Betonung der Fachautorität; sachliche Konfliktträchtigkeit zur Erzeugung produktiver Konflikte für neuartige Lösungen

Nachteile
Einliniensystem: starke Beanspruchung der übergeordneten Einheiten mit Koordinationsaufgaben; lange und umständliche Weisungs- und Informationswege; personale Abhängigkeit zwischen Vorgesetzten und Mitarbeitern
Mehrliniensystem: Problem der Abgrenzung von Zuständigkeiten, Weisungen und Verantwortlichkeiten für ein gesamthaft koordiniertes Handeln; Schwierigkeit der Fehlerzurechnung; sachliche Konfliktträchtigkeit mit der Gefahr der Ausuferung in den persönlichen Konfliktbereich

(3) Dysfunktionalitäten der klassischen Organisationsprinzipien

Klassische Organisationsprinzipien wie die Hierarchie, die Bürokratie oder der Taylorismus mit ihren spezifischen Nachteilen werden heute als Begründung für **Re**-Organisationsmaßnahmen herangezogen, da sie den heutigen Managementanforderungen in Bezug auf Flexibilität, Schnelligkeit der Entscheidungen usw. nicht mehr genügen.

Unter Hierarchie versteht man grundsätzlich die **Struktur** der Unter-/Überordnungen von Stellen in einer Organisation. Wie wir bereits gezeigt haben, sind Stellen dabei die kleinsten organisatorischen Einheiten. Die aufbauorganisatorischen Beziehungen zwischen ihnen symbolisiert die Stellenhierarchie. Kennzeichen einer hierarchischen Beziehung zwischen Stellen ist die einseitige Zuweisung von Leistungs- und Entscheidungsbefugnissen zugunsten der Instanz als der hierarchisch höheren Stelle gegenüber der untergebenen (= ausführende) Stelle. Instanzen können von Personenmehrheiten besetzt sein (Gremien, Kollegien), i.d.R. nehmen einzelne Führungskräfte die Aufgaben einer Instanz wahr. In diesem letzteren Fall entspricht in der Praxis die Stellenhierarchie einer konkreten Personenhierarchie (verbunden mit der entsprechenden Macht- und Statushierarchie).

Als typische **Dysfunktionalitäten** hierarchischer Organisationsformen werden heute genannt (Picot/Reichwald/Wigand, 1998, S. 208):

- lange Entscheidungswege auf dem „Instanzenweg" und damit Inflexibilität gegenüber Marktveränderungen sowie hohe Koordinationskosten bei turbulenten Marktbedingungen
- Markt- und Prozeßferne der Entscheidungsträger
- Probleme der Informationsfilterung und -verzerrung
- Konzentration auf Bereichsziele, da nur auf den obersten Hierarchieebenen die Möglichkeit einer ganzheitlichen Prozeßsicht besteht
- mangelnde Akzeptanz der hierarchischen Koordination durch Weisung, insbesondere im Zusammenhang mit einem autoritären Führungsstil

Als dominierende **Gestaltungsprinzipien** des tayloristischen Produktionskonzeptes gelten:

- die personelle Trennung von dispositiver und ausführender Arbeit
- die Konzentration der Arbeitsmethodik auf eine weitestgehende Arbeitszerlegung nach dem Verrichtungsprinzip
- die räumliche Ausgliederung aller planenden, steuernden und kontrollierenden Aufgaben aus dem Bereich der Fertigung

Das industrielle Organisationsmodell der Fließfertigung, das lange Zeit z.B. in der Automobilproduktion vorherrschte, steht für dieses Prinzip. In der Managementlehre sind diese Organisationsmodelle verbunden mit den Namen Taylor und Fayol. Ihre Organisationsphilosophien haben die industriellen Großorganisationen bis in die heutige Zeit durch die Methoden und Prinzipien des **„Scientific Management"** nachhaltig geprägt.

Die Rahmenbedingungen in vielen Branchen haben sich drastisch gewandelt. Mit dem zunehmendem Einfluß der neuen Markt- und Wettbewerbssituation steigen in den meisten Branchen die unternehmensinternen **Kosten** der Anpassung und **Koordination** einer tayloristischen Arbeitsteilung an. Die veränderten Bedingungen der Märkte und der Arbeitswelt verlangen nach Picot/Reichwald/Wigand (1998, S. 213f.) somit **neue Organisationsstrukturen** auf allen Ebenen: von der (strategischen) Unternehmensebene bis zur (operativen) Werkstattebene, d.h. der Ebene der Arbeitsorganisation. Viele Unternehmen sind unter dem Motto „**Ent**-Taylorisierung" dazu übergegangen, neue Organisations- und Arbeitsstrukturen für den Produktionsbereich zu entwickeln: Zentraler Punkt dieser Überlegungen ist eine marktorientierte Umgestaltung der Unternehmen, die unter Berücksichtigung der **Prozeß** betrachtung in der Wertschöpfung dem **Ganzheitlichkeitsgedanken** Rechnung trägt und den Menschen als wichtigste Unternehmensressource in den Mittelpunkt stellt (Stichwort „aufgabenintegration").

3. Traditionelle und neuere Organisationsmodelle

Es gibt in der Praxis zahlreiche Möglichkeiten, organisatorische **Strukturen** zu gestalten; wir wollen dabei unterscheiden, ob sich diese für die Organisation der gesamten Unternehmung oder eher für Teilbereiche eignen.

Probst (1992, S. 78ff.) führt zahlreiche **Entscheidungsparameter** bei der **Wahl** der Organisationsstruktur auf:

- Das System muß in einer sich ständig ändernden Umwelt ein bestimmtes Maß an **Flexibilität** und Anpassungsfähigkeit aufweisen.

- Die Organisationsstruktur wird durch **Faktoren** kultureller, strategischer oder auch technologischer Natur beeinflußt (Frage der Machtverhältnisse; Philosophien der Führungskräfte; Werte, die das System transportiert; notwendiger Innovationswille etc.).
- Ebenso spielen **Größe** und **Alter** der Organisation eine erhebliche Rolle in Bezug auf ihre Gestaltung.
- Eine der wichtigsten Überlegungen betrifft die **Kosten** einer Organisation.
- Eine weitere Einflußgröße ist das Dilemma der **Leitungsspanne**.
- Weitere Kriterien: Soll man Aufgaben, Kompetenzen und Verantwortlichkeiten **zentralisieren** oder dezentralisieren? Welche **Kompetenzen** sollen oder können delegiert werden? Soll man Betriebseinheiten spezialisieren? Wie lassen sich Teileinheiten in die Gesamtstruktur integrieren, wie soll ihre **Koordination** bewältigt werden?

Die folgende Abb. 39 zeigt die unterschiedlichen **Strukturierungsmöglichkeiten**, eingeordnet in das Gesamtbild der Organisationsstrukturen (aus Trill, o. J., S. 55):

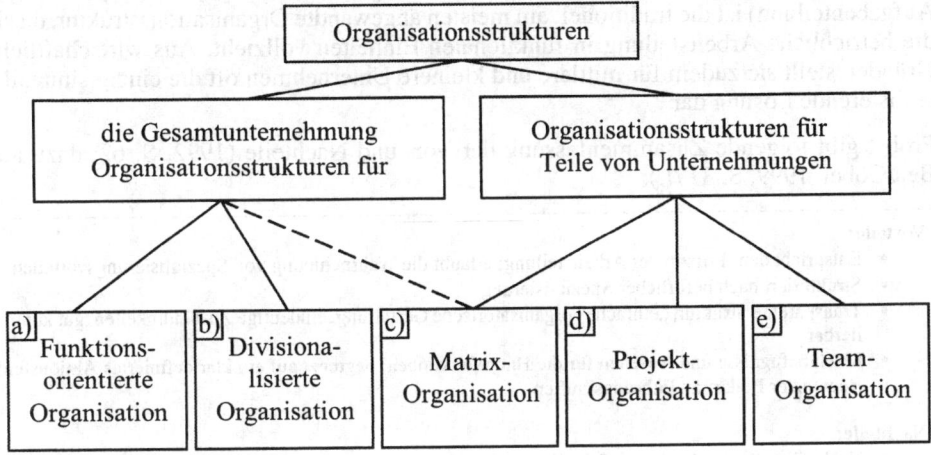

Abb. 39: Gesamtbild der Organisationsstrukturen

In der Literatur werden die drei Ausprägungen – die funktionale, divisionale und die Matrixorganisation – als die **klassischen Konfigurationen** bezeichnet. In der Praxis werden häufig **Mischformen** aus Elementen dieser drei formalen Grundprinzipien angewendet.

a) Funktionsorientierte Organisation

Für die funktionsorientierte Organisation ergibt sich, der **eindimensionalen** Struktur folgend, auf der zweiten Hierarchieebene eine **verrichtungsorientierte** Gliederung gemäß dem betrieblichen Leistungsprozeß (Beschaffung, Produktion, Absatz usw.), die dann wiederum tiefer gegliedert wird. Die Entscheidungsstrukturen zielen primär auf die Optimierung der betreffenden Funktionsbereiche ab. Dieser Grundsatzentscheidung wird in der Praxis hohe Bedeutung beigemessen.

Für Scholz (1997, S. 136) gerät die Frage „funktional oder divisional" häufig „zu einer kontrovers diskutierten Streitfrage, da Vertreter der mechanistischen Organisations perspektive diesem Bezugsrahmen extreme Steuerungs- und Motivationseffekte zusprechen. Das **Organigramm** als graphische Visualisierung der Organisationsstruktur signalisiert durch seine primäre Gliederungsdimension, für wie bedeutsam die Rollen der unterschiedlichsten Aktivitäten angesehen werden. Zudem leiten sich aus dieser Aufbauorganisation eine Vielzahl von Nachfolgeentscheidungen von Kompetenzregelungen bis hin zur Planungssystematik ab."

Die jeweiligen Funktionen wie Beschaffung, Entwicklung, Produktion oder Absatz sind der Unternehmensleitung direkt verantwortlich unterstellt. Die funktionsorientierte Organisation erlaubt die Nutzung von Größen- („**economies of scale**") und Spezialisierungsvorteilen, allerdings wird mit dem Wachstum einer Organisation (Auslandsmärkte, Produktvielfalt etc.) eine stetig schwierigere Kontroll- und Koordinationsaufgabe verbunden sein.

Die **funktionsorientierte Organisation** (als naheliegendste und logische Entsprechung der Aufgabenteilung) ist die traditionell am meisten angewandte Organisationsstruktur, da sich die betriebliche Arbeitsteilung in funktionalen Einheiten vollzieht. Aus wirtschaftlichen Gründen stellt sie zudem für mittlere und kleinere Unternehmen oft die einzig sinnvoll zu realisierende Lösung dar.

Probst gibt folgende Zusammenfassung der Vor- und Nachteile (1992, S. 62; dazu auch Bea/Göbel, 1999, S. 317f.):

Vorteile:

- Entspricht dem Prinzip der Arbeitsteilung; erlaubt die Wahrnehmung von Spezialisierungsvorteilen
- Strukturiert nach beruflicher Spezialisierung
- Transparente Struktur, „einfache" organisatorische Gestaltung, eindeutige Zuständigkeiten, gut kontrollierbar
- Machtbefugnisse und Ansehen für die Hauptfunktionen; begrenzt auf ein klar definiertes Aktionsfeld
- Begrenzter Bedarf an Führungskräften

Nachteile:

- Nachteilige Auswirkungen auf die Koordination
- Übergewicht des Spezialistentums; mangelnder Gesamtüberblick über die Firma und ihre Situation; erschwerte Gesamtkontrolle
- Konzentration der Leitungsaufgaben auf die Unternehmensspitze; Sensibilisierung für Belange des Marktes schwierig
- Verlust der Markt- und Kundenübersicht
- Überlastung der Geschäftsleitung durch Koordinationsprobleme
- Geringe Laufbahndiversität

b) Divisionalisierte Organisation

Die **divisionalisierte Organisation** (oder Geschäftsbereichs- oder Spartenorganisation) als Organisationsstruktur ist eine Form der dezentralen Unternehmensführung, sie geht auf die zentralistische Anwendung des **Objektprinzips** in Kombination mit einem (i.d.R.) Stab-Linien-System zurück. Objekte auf der zweiten Hierarchieebene können sein:

- **Produkte**/Produktgruppen/-linien/-sparten (dies ist in der Praxis am häufigsten)
- eine abgrenzbare **Käufer-/Kundengruppe** (z.B. Marktsegmente wie Großkunden, Behörden)
- eine **Region** (vor allem bei multinationalen Unternehmen)

Bei der Anwendung des Objektprinzips werden auf der zweiten hierarchischen Unternehmensebene weitgehend **autonome Bereiche** gebildet. Die einzelnen selbständigen Bereiche sind auf der dritten Ebene wieder funktionsorientiert (nach Beschaffung, Produktion, Absatz usw.) organisiert. Sie stellen für sich „kleine" Unternehmen dar, welche die grundlegenden unternehmerischen Funktionen wahrnehmen; sie werden von der Unternehmensleitung am Ergebnis beurteilt (z.B. über Kennzahlen wie den ROI oder über eine wertorientierte Beurteilung, siehe dazu 5. + 7. Teil).

Es können aber einige Funktionen, die für die Durchführung einer einheitlichen Strategie wesentlich erscheinen, in sog. funktionale **Zentralbereiche** zusammengefaßt werden (z.B. Planung/Controlling, Rechnungswesen, Finanzen, EDV).

Eine Divisionalisierung erlaubt insbesondere Großunternehmen die Ausrichtung des Unternehmens auf relativ selbständige Produkt-/Markt-Bereiche und die Entlastung der Unternehmensleitung von operativen Aufgaben. Nach **rechtlichen Strukturmerkmalen** sind folgende Gestaltungen der Geschäftsbereiche (GB) möglich (nach Bühner, 1994, S. 126):

- Die GB werden als rechtlich unselbständige Unternehmensteile mit einer eigenständigen wirtschaftlichen Selbständigkeit in einem Einheitsunternehmen (Personen- oder Kapitalgesellschaft) gebildet. Die Einheitlichkeit wird durch ein geeignetes Planungs- und Kontrollsystem sichergestellt.
- Die GB werden als rechtlich selbständige Unternehmensteile im Rahmen der Rechtsstruktur eines **Konzerns** gebildet; gerade im Zeitalter der Merger kann damit gleichzeitig den beteiligten Unternehmenseinheiten volle Freiheit in Hinblick auf Organisation und Gestaltung gegeben werden (zum Konzern siehe 2. Teil, Punkt D; II, 3).

Picot/Reichwald/Wigand (1998, S. 215ff.) nennen folgende **Modularisierungskonzepte:**

Auf der Ebene des **Unternehmens**:

- Profit-Center-Strukturen mit zentralen und dezentralen Modulen
- Modularisierung nach Geschäftsbereichen und Produkten
- Modularisierung nach Kernkompetenzen („core competencies") bzw. Kernfähigkeiten („capabilities")
- Modularisierung nach Regionen und lokalen Einzelmärkten

Auf der Ebene der **Prozeßketten**:

- Segmentierungs- und Inselkonzepte

Auf der Ebenen der **Arbeitsorganisation**:

- Vollintegrierte Arbeitsplätze
- Teilautonome Gruppen

Ein gemeinsames Kennzeichen der Unternehmen mit modularisierter Unternehmensstruktur ist ihre Gliederung in zahlreiche rechtlich selbständige **Profit Center**. Diese werden dann auf einer höheren Ebene nach bestimmten Geschäftsbereichen und Produkten, Kernkompetenzen bzw. Regionen und Märkten zusammengefaßt, mit i.d.R. einer verhältnismäßig kleinen koordinierenden Zentralinstanz an der Spitze des Unternehmensverbundes.

Holding
„... ist ein Unternehmen, das Beteiligungen an mehreren rechtlich selbständigen Unternehmen hält („to hold") und dabei selbst nicht am Markt auftritt, also keine operativen Tätigkeiten wahrnimmt." (Bea/Göbel, 1999, S. 327)

Eine in der Praxis verbreitete Lösung einer aggregierten Form einer mehrdimensionalen Struktur ist die Organisationsform der Management-**Holding** (dezentrale Form der Geschäftsbereichsorganisation). Die eigentliche Geschäftstätigkeit wird von mehreren rechtlich selbständigen Unternehmen (Sparten, Gesellschaften, Diversifikationsbereiche, Beteiligungen) verantwortet.

Die Varianten einer Holdingstruktur spannen sich (Hofmann, 1992, S. 554) von der **operativen** Holding (bei der die konzernleitende Einheit alle Funktionen einer Unternehmung wahrnimmt) bis hin zu einer **strategischen** Holding (bei der die konzernleitende Einheit kein operatives Geschäft betreibt). Besonders Organisationskonzepte in Form einer strategischen Holdinggesellschaft, d.h. einer **Ober-Dachgesellschaft** eines Konzerns mit reiner Lenkungs- und Verwaltungstätigkeit, ohne selbst Produktions- oder Handelsaufgaben zu übernehmen, sind z.Z. in Deutschland sehr beliebt. Häufig verbunden mit einer rechtlichen Ausgliederung von Unternehmensbereichen erlaubt eine solche Dezentralisierung mehr Flexibilität oder Kooperationsfähigkeit (etwa bei strategischen Allianzen). Die Gesamtleitung obliegt einer Holding als Dachgesellschaft, sie wirkt als Clearingstelle für alle Geschäftsbereiche und ermöglicht eine optimale Anlage- und Aufnahmepolitik.

Bühner (1993 c, S. 13f., ähnlich Grunhold, 1993; S. 509f.) definiert folgende Holding**aufgaben**:

- Strategisches Controlling (strategische Planung und Kontrolle)
- Finanz- und Investitionsmanagement (Finanzhoheit, Investitionen)
- Personalmanagement (Personalstrategie, Führungskräfteentwicklung)
- Rechnungswesen (Konsolidierung, Bilanzpolitik, Konzernbesteuerung, interne Revision)
- Sonstige Pflichtaufgaben (Rechtsberatung, Investor Relations, Public Relations)
- Zusatzaufgaben (Grundlagenforschung, EDV-Koordination, Marktforschung, Einkauf, Vertrieb)

Je nach Grad an wirtschaftlicher Selbständigkeit der einzelnen Subkonzerne bzw. von der Zielsetzung her unterscheidet man zwischen

- einer **Management-Holding** und
- einer **Finanz-Holding**.

„Die **Finanz**-Holding koordiniert den Gesamtkonzern, d.h. die verschiedenen Subkonzerne, nur noch über die Finanzhoheit. Alle anderen unternehmerischen Funktionen wurden dezentralisiert. Im Gegensatz dazu werden bei der **Management**-Holding noch einige wichtige Funktionen, wie z.B. Forschung und Entwicklung oder Einkauf, zentralisiert durchgeführt oder aber Verflechtungen des Managements zwischen der Holding und den verschiedenen Teilbereichen (Subkonzernen) realisiert (Thommen, 1991, S. 77; vgl. auch Gomez/Zimmermann, 1993, S. 185f.; Bernhardt/Witt, 1995, S. 1343ff.; Hoffmann 1992, S. 553ff.; Picot/Dietl/Franck, 1999, S. 310ff.).

Eine Management-Holding-Struktur bietet mehrere **Vorteile** (Bühner, 1995, S. 56f.):

- strikte Trennung von Strategie und Operation; klare Vorgabe der Kompetenzen
- Transparenz des Konzernaufbaus ermöglicht (in Verbindung mit dem Profit-Center-Gedanken) eine direkte Erfolgs- und Mißerfolgskontrolle
- Möglichkeit des Kaufs und Verkaufs von Tochtergesellschaften ermöglicht eine strategische Flexibilität, die eine schnelle Reaktion auf sich verändernde Umweltbedingungen zuläßt
- rechtliche Selbständigkeit der Geschäftsbereiche erlaubt Kooperationen und strategische Allianzen bereits auf der Ebene der Geschäftsbereiche oder einzelner Tochtergesellschaften

Eine Untersuchung der Reaktionen des Aktienmarktes auf die Einführung von Management-Holdings mit Hilfe der marktbereinigten Rendite zeigte, daß Aktionäre kurzfristig negativ auf Reorganisationsbestrebungen reagieren; langfristig kommt es vor allem bei breit in ihren Kernbereichen diversifizierten Unternehmen zu einer positiven Aktienmarktreaktion auf die Reorganisation (dazu Bühner, 1996).

Es sind also bei divisionalen Organisationen drei **Komponenten** gegeben:

- die Unternehmens(gesamt)leitung (mit der Aufgabe der Abstimmung der Zentral- und Geschäftsbereiche, Wahrung des einheitlichen Unternehmenswillens; strategische Entscheidungen; zum Prinzip der **Leiteridentität** und zur personellen Zusammensetzung siehe Bühner, (1994, S. 29f.)
- die funktionalen Zentralbereiche (mit Fachkompetenz)
- die Geschäftsbereiche (Divisionen, Sparten etc.) (mit Linienkompetenz)

Um die Koordination der einzelnen Unternehmensbereiche im Blick auf das Gesamtziel der Unternehmung zu ermöglichen, sind **operationale Zielvorgaben** notwendig. Diese können im Rahmen drei verschiedener Konzepte erbracht werden (nach Trill, o. J., S. 56f. und Probst, 1992, S. 64):

- **Cost-Center-Konzept**: Hier werden in den Unternehmensbereichen die Kosten budgetiert. Die Konkurrenz um die Ressourcen des Gesamtunternehmens erfolgt also über die Einhaltung bzw. Unterschreitung der vorgegebenen Kosten. Das Budget-Center ist verantwortlich für Ausgaben in einer bestimmten Zeitperiode.
- **Profit-Center-Konzept**: Der jeweilige Bereich wird wie ein eigenes kleines Unternehmen geführt. Die Divisionsabteilung ist nicht nur für die Kosten, sondern auch für die Gewinne verantwortlich. Die zentrale Größe, die hier für die Verteilung der Unternehmensressourcen herangezogen wird, ist der Beitrag der Division zum Unternehmensgewinn. Es ist hier allerdings darauf zu achten, daß sich die Ressourcenverteilung nicht nur kurzfristig an den Beiträgen der Divisionen messen darf, sondern den im Rahmen der strategischen Planung vorgegebenen Leitlinien zu folgen hat. Der PC-Leiter führt die Einheit autonom und wird am Zielerfüllungsgrad gemessen.
- **Investment-Center-Konzept**: Die Divisionsabteilung hat nicht nur die Verantwortung für Kosten und Gewinne, sondern auch für die Investitionen. Den einzelnen Divisionen wird ein Investitionsrahmen vorgegeben, über einzelne Projekte kann von der Division autonom entschieden werden. Die Investitionsbudgets werden im Rahmen der strategischen Planung festgelegt.

Bea/Göbel (1999, S. 324f.) geben folgende Zusammenfassung der Vor- und Nachteile:

Vorteile:
- Marktnähe und Ergebnisverantwortung fördern die Anpassungsfähigkeit der Tochtergesellschaften an Veränderungen im Wettbewerbsumfeld.
- Die rechtliche Verselbständigung von Teilbereichen stärkt das unternehmerische Handeln in den Gesellschaften. Motivation und Innovationskraft der Mitarbeiter in den dezentralen Bereiche werden gefördert.
- Die rechtliche Selbständigkeit der Divisionen fördert das Zustandekommen von Kooperationen.
- Die Management-Holding-Struktur erlaubt die eindeutige Zuordnung des Erfolgs zu den einzelnen Holding-Gesellschaften und schafft damit Transparenz.
- Eine Holding bietet dem Führungskräftenachwuchs zahlreiche attraktive Stellen mit viel Entscheidungsspielraum und hoher Verantwortung.

Nachteile:
- Die problematische Kompetenzabgrenzung zwischen der Management-Holding und den einzelnen Gesellschaften (Auseinandersetzung über richtige Strategie etc.).
- Beherrschungsverträge sowie Gewinn- und Verlustabführungsverträge fordern einen eventuellen Verlustausgleich zwischen den Gesellschaften.
- Die rechtliche Verselbständigkeit der Sparten erhöht die Distanz zur „strategischen Spitze".
- Gefahr, daß sich die Obergesellschaft zu einer großen bürokratischen Konzernzentrale entwickelt.
- Zunehmende Autonomie der Geschäftsbereiche macht z.T. einen Verzicht auf Größenvorteile notwendig.

---

c) Matrixorganisation

Die Matrixorganisation ist eine relativ komplizierte Organisationsstruktur, die aus einer Kombination von funktionaler und divisionaler Organisation entsteht (siehe Abb. 40). Ihr liegt das uns bereits bekannte **Mehrlinien-System** zugrunde, d.h. bei der Bildung von Organisationseinheiten werden zwei Gliederungsprinzipien gleichzeitig angewendet. Sie findet sich vor allem bei Großunternehmen mit Präsenz auf mehreren Märkten und/oder mehreren Projekten. Die objekt- und funktionsorientierten Leitungslinien überlagern sich, d.h. die Matrix-(Schnitt)Stelle hat zwei unterschiedliche Aufgabendimensionen: Funktions- **und** Produkt- (bzw. Projekt)Aufgaben.

Scholz (vgl. 1997, S. 137) zeigt folgende Matrixstrukuren:

- eine funktionale Vertikalgliederung: die Matrix-Projekt-Struktur und die Matrix-Produkt-Struktur
- eine horizontale Gliederung nach Regionen

- eine Kombination aus Produkt und Region
- eine Kombination von drei Objekten (= Tensor-Struktur)

„In umfangreichen Organisationen mit komplexen Strukturen und großem Personalbestand wird das System der dualen Führung vielfach als notwendig empfunden. Es schafft eine neue Form der Kommunikation. Bei zunehmender Unternehmensgröße besteht somit die Tendenz, mehr und mehr zu zwei-, aber auch mehrdimensionalen Strukturen überzugehen." (Probst, 1992, S. 58)

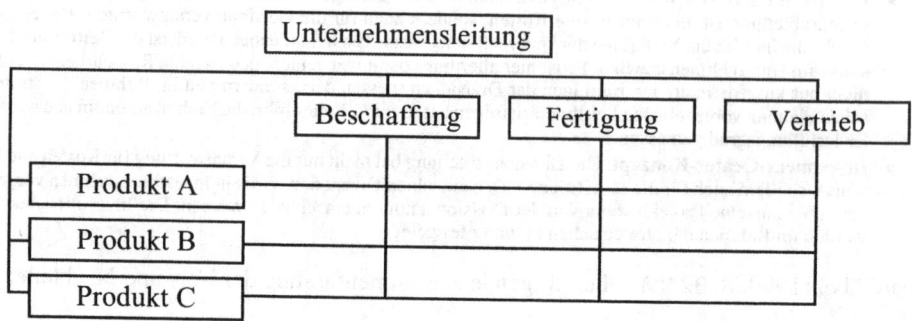

Abb. 40: Matrixstruktur (Beispiel)

Die Unternehmensleitung hat als übergeordnete Instanz auch für den **Ausgleich** zwischen den zu koordinierenden Matrixstellen zu sorgen, denn bei Mehrliniensystemen sind **Konflikte** an den Schnittstellen vorgezeichnet (in der Mathematik ist eine Matrix durch Zeilen- und Spaltenelemente definiert, die sich in den diagonalen Schnittelementen überschneiden). Diese Konflikte werden bewußt in Kauf genommen, da man sich aus der Auseinandersetzung zweier gleich berechtigter Manager eine bessere Gesamtlösung verspricht. Das setzt eine klare Kompetenzzuordnung zwischen den Matrixstellen voraus, damit Konflikte **sachlich** und kooperativ, etwa nach bestimmten „Kompetenzregeln", gelöst werden können.

„Allerdings wird deutlich, daß die eigentliche Problematik dieser Strukturform in der klaren Abgrenzung der Entscheidungsbefugnisse liegt. Soll ein Produkt im Ausland abgesetzt werden, wird der Markt-/ Regionalleiter über das ‚Was‘ und ‚Wann‘ und der Marketingleiter über das ‚Wer‘ und ‚Wie‘ entscheiden. Hier muß ein Konsens herbeigeführt werden." (Probst, 1992, S. 59)

Da es bei einer nicht sachorientierten Konfliktlösung im Extremfall zu einer Blockade des Leistungsprozesses kommen kann, finden wir in der Unternehmenspraxis häufig eine abgeschwächte Variante der Matrixorganisation. In der Matrix werden den Instanzen **Stäbe** (Leitungshilfsstellen) gegenübergestellt.

Bühner (vgl. 1994, S. 147) sieht die Gefahr, daß in der allgemeinen Sprachweise Matrix zu einem Begriff für sämtliche **mehrdimensionalen** Organisationsstrukturen wird.

„Matrixorganisationen sind zwar kostspielig in ihrer Implementierung und Aufrechterhaltung, da zahlreiche Führungskräfte und Ausschüsse benötigt werden. Sie ermöglichen aber (...) die Überlappung und Koordination von Arbeitsbereichen, die mehrere Typen von Verantwortlichkeiten implizieren. Wenn nun mehrere Führungskräfte derselben Ebene mit verschiedenen Situationen konfrontiert werden, dann gibt weniger die Entscheidung eines durch seine hierarchische Position ‚legitimierten‘ Vorgesetzten den Ausschlag als viel mehr der Konsens, zu dem man durch Meinungsaustausch gelangt ist. Das wäre der Idealfall, der jedoch selten eintritt, und häufig kommt es zu Kompetenzstreitigkeiten. Oft beschränkt man sich darauf, unbedingt notwendige Passerellen zu schaffen, und bedient sich einer Vielzahl von organisatorischen Zwischenformen und Kombinationen." (Probst, 1992, S. 59)

In der Organisationsliteratur werden die **Einsatzbedingungen** dieser Organisationsform, etwa die zum Funktionieren notwendige Unternehmenskultur (= eine spezielle Denkhaltung der Organisationsmitglieder), und die **Probleme** („Pathologien"), die Vor- und Nachteile der Matrixstruktur, ausführlich diskutiert.

Bea/Göbel (1999, S. 335f.) geben folgende Zusammenfassung der Vor- und Nachteile:

Vorteile:
- Die Mehrfachunterstellung der organisatorischen Einheiten läßt die Kompetenzabgrenzung z.T. offen (Konflikte, Machtkämpfe).
- Die bewußte Schaffung von Konflikten ist allerdings die Grundidee: Durch diese mehrdimensionale Strukturierung sollen kreative Problemlösungen gefördert werden.
- Entscheidungen werden fast immer als Gruppenentscheidungen getroffen mit starker Partizipation der Mitarbeiter.

Nachteile:
- Erfolg/Mißerfolg lassen sich nur schwer eindeutig zuordnen („Herumreichen des Schwarzen Peters").
- Matrixorganisation ist kompliziert und kostspielig.
- Matrixstruktur kann Erwartungen nur dann erfüllen, wenn eine sog. Matrixkultur verbunden mit einer offenen Informationskultur entsteht.

---

d) Internationale Organisationsstrukturen

Das **Hauptproblem** bei der Gestaltung internationaler Organisationsstrukturen liegt für Bühner (1994, S. 154) darin, zu gewährleisten, daß

- die Entscheidungs- und Handlungsspielräume der in den einzelnen Auslandsgeschäftsbereichen tätigen Leiter ausreichend groß sind, um auf die spezifischen Gegebenheiten vor Ort eingehen und diese nutzen zu können, und
- gleichzeitig das einheitliche Auftreten des Unternehmens am Weltmarkt gesichert ist.

Bühner (ebd., S. 155ff.) unterscheidet drei Formen:

(1) **Globale Organisation**: Sie ist durch eine weltweite Zuständigkeit der Unternehmensleitung und -bereiche gekennzeichnet. Die wichtigsten Entscheidungen werden zentral getroffen. Die jeweiligen Leiter der Auslandsbereiche haben zentral vorgegebene Ziele umzusetzen, d.h. selbst nur einen relativ geringen Entscheidungs- und Handlungsspielraum.
(2) **Multinationale Organisation**: Sie entsteht durch die Bildung von länderbezogenen Geschäftsbereichen, welche die Aufgabe haben, durch spezifische Strategien die Besonderheiten des jeweiligen Landes zu berücksichtigen. Die Geschäftsbereichsleiter vor Ort haben deshalb einen relativ hohen Autonomiegrad innerhalb von der zentralen Unternehmensebene vorgegebener Rahmenrichtlinien. Für die Zentrale ist die Koordination der jeweiligen Auslandsaktivitäten und die Sicherstellung einer unternehmenseinheitlichen Strategie z.T. schwierig.
(3) **Transnationale Strategie**: Sie versucht die Nachteile der globalen und multinationalen Organisation zu vermeiden. Man versucht sich an die verschiedenen nationalen Anforderungen anzupassen (also den Geschäftsbereichen Eigenverantwortlichkeit zu geben) und gleichzeitig die Wettbewerbsfähigkeit durch effiziente Steuerungs- und Koordinationsmechanismen sicherzustellen (z.B. durch Schaffung einer integrierten Netzwerkstruktur).

Neben diese Formen der Auslandsorganisation wird die Sicherstellung einer globalen Wettbewerbsfähigkeit in den letzten Jahren verstärkt über neue, netzwerkartige **Kooperationsformen** wie die „strategischen Allianzen/Wertschöpfungspartnerschaften" angestrebt (vgl. dazu unsere Ausführungen unter Punkt IV).

e) Kollegienorganisation

„Die Aufgaben der **Sekundärorganisation** bestehen in der schnittstellenübergreifenden Koordination und in der Bearbeitung von innovativen oder selten auftretenden Spezialaufgaben." (Bea/Göbel, 1999, S. 337)

Kollegien (= **Sekundärorganisation**: ähnlich: Komitees, Ausschüsse, Konferenzen), die durch Mitglieder der bestehenden Primärorganisation gebildet werden, sind typische **Koordinations**instrumente über Bereichsgrenzen einer Organisation hinweg; zudem dienen sie als Informations-, Beratungs-, Entscheidungs- oder Realisationsinstrument. Je nachdem, ob die temporären Mitglieder hierarchisch aus der gleichen oder unterschiedlichen Rangstufen bestehen, ergeben sich horizontale oder vertikale Kollegien. Die Parallelität von Primär- und Sekundärorganisation kann Abstimmungskonflikte hervorrufen.

„Kollegien sind als Führungsinstrumente in der Wirtschaftspraxis weit verbreitet. Sie dienen einer bereichsübergreifenden Koordination und Führung des Unternehmens. Sie erlauben über die Primärorganisation hinweg einen Interessen- und Informationsaustausch zwischen Mitarbeitern im Unternehmen im Hinblick auf eine marktorientierte Leistungserstellung und -verwertung. Nach Aktienrecht ist der Vorstand kollegial organisiert. Führen mit Kollegien ist damit eine konsequente Fortsetzung der im Aktienrecht angelegten Kollegialstruktur im Vorstand. Die gesamtverantwortliche Führung bleibt auch bestehen, wenn der Vorstand die Arbeit auf Fachressorts aufteilt. Die kollegiale Führung geschieht durch **Vorstandsausschüsse**. Diese stimmen die Arbeit der Fachressorts aufeinander ab und bereiten in gesamtunternehmerischen Angelegenheiten die Entscheidung des Vorstandes vor." (Bühner. 1994, S. 188)

f) Projektorganisation

Bei der Erweiterung der formalen Organisationsstrukturen finden sich in der Praxis zahlreiche Möglichkeiten zur Erhöhung der **Flexibilität**, die sich in Formen der Sekundärorganisation (wie Produktmanagement, Projektmanagement, strategische Geschäftseinheiten etc.) niederschlagen:

Das Projektmanagement (Task-Force) geht von einer bestehenden hierarchischen Struktur aus und bezieht sich auf eine **zeitlich begrenzte** Aufgabe, die nach einer übergreifenden Lösung verlangt, da sie innerhalb der bestehenden Primärorganisation nicht ohne weiteres abgewickelt werden kann. Projekte sind einmalige/temporäre Vorhaben, d.h. sie haben einen bestimmbaren Anfangs- und Endtermin. Es handelt sich häufig um innovative/komplexe Aufgaben, die keinen Routinecharakter aufweisen und die Zusammenarbeit mehrerer Spezialisten aus unterschiedlichen Unternehmensbereichen erfordern, z.T. arbeiten auch externe Berater mit. Die Mitarbeiter arbeiten für die Dauer des Projekts permanent in der Projektgruppe. Die Projektleitung bzw. der **Projektleiter** ist für die termin- und sachgerechte Erledigung des Auftrags zuständig.

„Die Unternehmen werden die Projektorganisation als Standard der Unternehmensführung ansehen und nicht mehr die klassische funktionelle oder divisionale Aufbauorganisation. Schnell auf- und abbaubare Kompetenz-Zentren werden Zelte sein anstelle der Burgen der starren Hierarchie." (Baron/Becker/Schreiner, 1997, S. 165)

Als eine weitere Möglichkeit, formale Strukturen unter Flexibilitätsgesichtspunkten zu erweitern, ist die **Parallelorganisation** anzuführen, die zur Lösung innovativer Nicht-Routineaufgaben neben der hierarchisch-bürokratischen Grundstruktur als „zweite" Struktur parallel existiert (vgl. Scholz, 1997, S. 148f.).

g) Teamorganisation

Bei der **Teamorganisation** werden Aufgaben und Entscheidungen nicht einzelnen Personen, sondern Gruppen übertragen. Im Gegensatz zur Projektorganisation ist sie zeitlich nicht limitiert und die Aufgaben sind neuartig und schlecht strukturiert, so daß die in der Projektorganisation vorausgesetzte Aufgabenstrukturierung durch den Projektleiter nicht mehr gegeben ist; die hierarchisch gegliederte Projektorganisation wird durch eine **hierarchiefreie Teamorganisation** ersetzt, wobei die Teams i.S. von „Teamwork" als partnerschaftliche, gleichberechtigte Arbeitsgruppen arbeiten (so Bühner, 1994, S. 215).

> **Team:**
> „... ist eine auf Dauer oder vorübergehend zusammengehörige, zahlenmäßig überschaubare Gruppe von Personen, die sich durch eine gemeinsame Zielsetzung, relativ hohe, grundsätzlich aber begrenzte Autonomie und eine spezifische Arbeitsform (Teamwork) auszeichnet." (Bea/Göbel, 1999, S. 350)
> **Teammodell:**
> „... ist die gemeinsame Übertragung von Aufgaben, Kompetenzen und Verantwortung auf Gruppen an Stelle von Einzelpersonen." (ebd., S. 358)

Die teamorientierte Organisationsstruktur eignet sich insbesondere für Aufgaben, die sich auszeichnen durch

- zunehmende **Komplexität,**
- steigenden **Innovationsbedarf** und
- das Bedürfnis nach dem **Abbau** autoritärer Strukturen.

Die Teamorganisation kann

- **einerseits** in den dafür geeigneten Unternehmensbereichen die bekannten Einpersonenstellen ablösen (z.B. im Bereich der Forschung und Entwicklung),
- **andererseits** neben die klassischen Organisationsstrukturen treten und dort spezielle Aufgaben übernehmen (z. B. Beurteilung der wirtschaftspolitischen Entwicklung).

Die Teamorganisation eignet sich für Aufgaben, die von Ein-Personen-Stellen im Rahmen der Unternehmung nicht mehr effizient wahrgenommen werden können und bei denen ein Abbau autoritärer Strukturen notwendig oder erwünscht ist. Sie ist zeitlich nicht befristet (vgl. dazu auch 3. Teil).

4. Ablauforganisation

a) Inhalt

> **„Ablauforganisation:**
> „... ist die raum-zeitliche Strukturierung von Prozessen." (Bea/Göbel, 1999, S. 286)
> „... die Aneinanderreihung unternehmensinterner, systembildender Elemente, die räumlich und zeitlich so angeordnet sind, daß das Unternehmen funktionsfähig ist und die Leistungen erstellen kann, die intern und extern von ihm erwartet werden." (Probst, 1992, S. 105)

Im Gegensatz zur Aufbauorganisation ist die Ablauforganisation die **dynamische** Komponente der Unternehmensorganisation. Sie legt unter anderem fest, welche Mengen, in welcher Reihenfolge, in welcher Zeit und an welchem Ort bearbeitet werden, d.h. die Ablauforganisation regelt die Erfüllung von Aufgaben/Abläufen/Prozessen in Raum und Zeit. Wurde die Ablauforganisation traditionell als „**Arbeits**organisation" verstanden, liegt der Fokus heute mehr auf der „**Prozeß**organisation".

Arbeitsabläufe in einem System (nach Probst, 1992, S. 108):

- organisieren den Ablauf von Arbeitsvorgängen
- formalisieren die Verantwortlichkeiten innerhalb der Vorgangssequenzen
- geben die Möglichkeit, die Arbeit zu rationalisieren, zu optimieren, zu vereinfachen, zu standardisieren oder die Abfolge sich wiederholender Arbeitsvorgänge festzulegen
- beschreiben Arbeitsvorgänge unter dem räumlichen Aspekt und in der Dimension von Objekten und Personen
- operationalisieren die Struktur des Systems, stellen seine Funktionsweisen im Detail dar.

Während sich die aufbauorganisatorischen Regelungen auf die Struktur der Unternehmung ausrichten, werden im Rahmen der Ablauforganisation die eigentlichen Arbeitsprozesse mengenmäßig, räumlich und zeitlich geordnet. Aufbauorganisatorische und ablauforganisatorische Regelungen bedingen einander und ergänzen sich.

b) Ziel

Die Organisation des Arbeitsablaufs verfolgt mehrere **Ziele** (nach Bühner, 1994, S. 225):

- hohe Auslastung der Kapazitäten
- Minderung von Lagerbeständen
- kurze Durchlaufzeiten
- hohe Termintreue
- kundengerechte Problemlösungen

„Die Priorität der genannten Ziele hat sich im vergangenen Jahrzehnt verändert. Vor zehn Jahren war noch ein zunehmender Trend zur Standardisierung in der Fertigung zu beobachten mit dem Ziel, Größenvorteile bei hoher Auslastung der Kapazitäten zu realisieren. Im Gegensatz dazu stehen jüngst Ziele wie Bestandsminderung, Durchlaufzeitminimierung und Termintreue im Vordergrund." (ebd.)

Bea/Göbel (1999, S. 287ff.) unterscheiden als Ziele der Ablauforganisation drei Gruppen von **Effektivitätskriterien**:

- Effizienz der Ressourcennutzung (d.h. Minimierung von: Herstellkosten, Durchlaufzeit, Terminüberschreitung, Kapazitätsauslastung, Lagerzeiten, Transportweg)
- Leistungsförderndes Personalmanagement (z.B. Maßnahmen wie Reduktion der Spezialisierung, Gruppenkonzepte zur Erhöhung der Mitarbeitermotivation)
- Umweltorientierte Anpassungsfähigkeit (d.h. Flexibilität)

Der **Grad der Regelbarkeit** der Arbeitsabläufe ist von großer Bedeutung, denn je regelbarer Abläufe sind, um so eher kann das Ziel der Ablauforganisation erreicht werden. Mit steigender Gleichartigkeit und Häufigkeit der Aufgabe nimmt der Grad der Regelbarkeit zu.

Eine gut gestaltete Aufbauorganisation ist Voraussetzung für eine zweckmäßige Ablauforganisation, denn die Regelung der Aufgabenerfüllung (das „Wie") setzt dort ein, wo die Aufbauorganisation (das „Was") endet. Um ablauforganisatorische Prozesse sinnvoll zu gestalten,

- wird die Aufgabenerfüllung zuerst in ihre einzelnen Arbeitsteile zerlegt (= **Arbeitsanalyse**),
- anschließend werden die so gewonnenen Arbeitsteile zu Arbeitsgängen zusammengefaßt (= **Arbeitssynthese**).

Ziel der Ablauforganisation ist die Maximierung der Kapazitätsauslastung (von Stellen) und die Minimierung der Durchlaufzeiten (für Objekte).

Zusammenfassung: Welche Organisationsstruktur soll für ein Unternehmen im konkreten Fall gewählt werden? Darauf läßt sich keine eindeutige Antwort geben, da der Erfolg einer Organisationsstruktur von vielfältigen Faktoren abhängig ist. Von ganz wesentlicher Bedeutung sind die Unternehmensziele und die Unternehmensumgebung. Erst nach Analyse aller Faktoren und dem Abwägen aller Vor- und Nachteile ist es möglich, die **effizienteste Organisationsstruktur** auszuwählen.

Für Probst (1992, S. 109; daraus auch Abb. 41) gibt es einige gedankliche Ansätze, nach denen sich folgende allgemeine, für organisatorische Abläufe geltende **Gestaltungsziele** unterschieden lassen:

- **Aufgaben** oder **Gegenstände** (meist abgegrenzt), die mit Hilfe elementarer Operationen zu erfüllen bzw. zu bearbeiten sind
- **Instanzen**, die für die Ausführung verantwortlich zeichnen
- durch Rangfolge oder Termine bedingte Sequenzen der **zeitlichen Anordnung** von Arbeitsabläufen
- **räumliche Anordnung** in Form der Arbeitsraum- und Arbeitsplatzverteilung
- Methoden einer systematischen **Sachmittel**verwendung

Hauptziele der Ablauforganisation

Stellenbezogen
Maximierung der Kapazitätsauslastung

Auf der Ebene der Instanzen durch	Auf der Ebene der Sachmittel durch
• Verringerung der Wartezeit	• Verringerung der Leerzeit
• Verringerung der Zahl der Ausführenden	• Verringerung der Anzahl der Sachmittel
• Erhöhung der Anzahl der bearbeiteten Gegenstände	• Erhöhung der Anzahl der zu bearbeitenden Gegenstände

Auf der räumlichen Ebene

- Ergonomische Gestaltung des Arbeitsplatzes
- Verringerung der Anzahl von Wegen zwischen den Arbeitsräumen

---

Projektbezogen
Minimierung der Durchlaufzeiten
durch

• Verringerung der Bearbeitungszeit	• Erhöhung der Zahl der Ausführenden
• Verringerung der Transportzeit	
• Verringerung der Wartezeit	• Erhöhung der Sachmittel

Ziel abwägen: Streben nach optimaler Gesamtlösung

Abb. 41: Hauptziele der Ablauforganisation

VII. Organisation und Wandel (Überblick)

Die Entwicklung der modernen Organisationskonzeptionen liegt u.a. in dem Ziel der Beseitigung der organisatorischen Defizite der traditionellen Konzeptionen; als **Defizite** werden insbesondere genannt (aus Wittlage, 1998, S, 62f.):

- unzureichende Marktorientierung; inflexible Strukturen im Hinblick auf situative Veränderungen (Markt, Technologie)
- reagierendes statt agierendes unternehmerisches Handeln infolge unangemessenen Entscheidungszentralisation
- vorrangig hierarchisches und vertikales Denken; die Folge sind viele Hierarchieebenen und ein hoher Leitungsaufwand

- vorrangige Ergebnisorientierung, nicht Prozeßorientierung
- hoher Grad der Arbeitsteilung und der funktionellen Spezialisierung führen zu hohen Durchlaufzeiten (Verlustzeiten, Doppelarbeiten, Liege- und Transportzeiten) und bedingen Informationsverluste und Übertragungsfehler
- funktionale Gliederung in Fachbereiche führt zu Ressortegoismen
- vorrangige Sach-, geringe Personenorientierung (Organisation ad rem, nicht ad personam)
- Vernachlässigung positiver gruppendynamischer Effekte im Hinblick auf die Nutzung der Kreativität und Innovationspotentiale der Mitarbeiter
- Verbürokratisierung (hoher Verwaltungsaufwand)
- Überbetonung der Standardisierung

Die entscheidende Frage ist für Wittlage (1998, S. 63): Sind diese Defizite auf eine unzureichende theoretische Durchdringung organisatorischer Sachverhalte zurückzuführen oder handelt es sich um eine fehlende/fehlerhafte Umsetzung organisationstheoretischer Gestaltungshinweise im Hinblick auf die veränderten **situativen Gegebenheiten** (wirtschaftlicher, technologischer) in der Praxis? Diese veränderten situativen Gegebenheiten sind vorrangig in folgenden Faktoren zu sehen und sie verlangen von den Unternehmen eine strategische und strukturelle Anpassung (ebd.):

- Globalisierung der Märkte
- sich verschärfender Wettbewerb infolge der Internationalisierung der Märkte
- steigende Qualitätsanforderungen an Produkte/Dienstleistungen
- differenzierte Kundenanforderungen (Problemlösungen)
- dynamische Entwicklung neuer Informations- und Kommunikationstechniken
- steigende Komplexität der Aufgabenerfüllungsprozesse

1. Neu- und Reorganisation

Neuorganisation: Es wird ein Gebilde für Bereiche und Aufgaben in der Unternehmung geschaffen, die bisher noch nicht auftraten.

Reorganisation: Das Strukturieren von Bereichen, bei denen die bisherigen organisatorischen Regelungen durch neue und effizientere ersetzt werden. Sie ist nötig, wenn (Probst, 1992, S. 189)

- die betrieblichen Strukturen der allgemeinen technologischen Entwicklung angepaßt werden müssen,
- die Strukturen den Einsatz der betriebsinternen technischen Innovationen ermöglichen sollen,
- Informationen aus der Unternehmensumwelt auf tiefgreifende Veränderungen hindeuten.

Sach- und personenbezogene **Ziele** von **Re**-Organisationsmaßnahmen

- Veränderung des individuellen Handlungsspielraums (Erhöhung des Autonomiegrades, Selbst- und Fremdkontrolle), um die Arbeitsinhalte sinnvoller, interessanter, herausfordernder, verantwortungsvoller etc. zu gestalten
- flexiblere Fertigung
- höhere Arbeitsproduktivität (z.B. sinkende Ausschußquote, Abwesenheitsquote, Fluktuation)
- bessere Nutzung der Betriebsmittel
- Qualitätsverbesserung
- mehr Möglichkeiten zur Selbstentfaltung/-verwirklichung bzw. für Lern- und Aufstiegsmöglichkeiten
- Erhöhung der beruflichen Flexibilität und Mobilität
- Erhöhung der Qualifikation und z.T. auch des Einkommens
- Erhöhung der Arbeitszufriedenheit
- Schaffung besserer Arbeitsbedingungen

- stärkere Berücksichtigung sozialer Bedürfnisse (z.B. Kontakte)
- bessere Kapazitätsauslastung, flexible Gestaltung des Arbeitsablaufs
- mehr Partizipation

Zwei **Forderungen** der Re-Organisationsmaßnahmen auf der individuellen Arbeitsplatz-ebene:

(1) Möglichst **wirtschaftlicher** Arbeits-Input:

Ziel: Erhöhung der ökonomischen Effizienz (Re-Organisation = Rationalisierungsinstrument?)

(2) Möglichst **menschengerechter** Arbeitsplatz:

- Schutz der Gesundheit (Schutz vor Überforderung durch Gesetze, Verordnungen, Tarifverträge; Unfallver-hütungsvorschriften, Regeln der Technik, gesicherte arbeitswissenschaftliche Erkenntnisse)
- Erhaltung der Fähigkeiten (Abforderung der Qualifikationen durch die Arbeit, Kommunikation, Hand-lungsspielräume, Kooperation)
- Entwicklung des Menschen (Aus-/Weiterbildung, Einbeziehung in Planungsprozesse, Arbeitszufrieden-heit)

Zwei **Formen** der Re-Organisationsmaßnahmen (dazu ausführlich 3. Teil):

- **Individuelle** Konzepte (z.B. betriebliche Flexi-Modelle)
- **Gruppenorientierte** Konzepte (z.B. Qualitätszirkel, Gruppen/Teams)

Zum Problemfeld des **Strategischen Managements** und der **Organisationsentwicklung** (z.B. strategiegerechte Gestaltung der Organisation mit SGEs, die geplante Organisations-entwicklung, das organisationale Lernen, neue Restrukturierungsprozesse etc.) siehe im ein-zelnen unsere Ausführungen im 5. Teil (Punkte L + M).

Besonders Probst weist darauf hin, daß bei der Lenkung eines organisatorischen Wandels eine umfassende **ganzheitliche** Sicht notwendig ist: Das Zusammenspiel von Kultur, Strate-gie, Machtstrukturen, Technologie und Konfiguration ist in systemischer, vernetzter Weise darzulegen.

2. Organisationsentwicklung

Organisationsentwicklung ist ein langfristig angelegter, größere Bereiche einer Unterneh-mung umfassender Entwicklungs- und Veränderungsprozeß, der sich auf die Organisation **und** auf die in ihr tätigen Menschen richtet. Der Prozeß beruht auf dem Lernen aller Betrof-fenen durch direkte Mitwirkung und praktische Erfahrung.

> Das Ziel der Organisationsentwicklung besteht in der **gleichzeitigen** Verbesserung der Leistungsfähigkeit der Organisation (**Effektivität**) und der Qualität des Arbeitslebens (**Humanität**).

Bei der Organisationsentwicklung werden also die Ziele des Unternehmens und jene der Mitarbeiter als **gleichgewichtig** berücksichtigt. Dabei können **Zielkonflikte** entstehen, die in umfangreichen **Informations**- und **Abstimmungsprozessen** ausgeräumt werden sollen (zur OE siehe 5. Teil).

Das 5. Mannheimer Unternehmerforum 1999 (Quelle: Handelsblatt, 15.6.1999, S. 31) zeigte, daß an die Stelle technokratischer Konzepte **umfassendere Ansätze** der Unternehmensent-wicklung treten und die Frage nach der optimalen Nutzung von Wissen immer wichtiger wird:

- Mitte der 90er Jahre standen noch Ansätze wie Business Reengineering oder Lean Management im Mittel-punkt.

- **Jetzt** werden wachstumsorientierte Führungskonzepte (Allianzen, Supply Chain Management, Netzwerk-Organisationen etc.) und Wissensmanagement diskutiert.
- Nahezu durchgängig, also sowohl von Unternehmern als auch Wissenschaftlern, wurde dem Wissensmanagement, der Konzentration auf Kernkompetenzen, strategischen Allianzen und der Unternehmenskultur eine hohe Bedeutung für die **Unternehmensentwicklung** zugeschrieben.

Unternehmensstrukturen stellen also keine statischen Größen dar, sondern sind immer wieder den sich dynamisch ändernden Anforderungen von Funktion und Strategie anzupassen. In den letzten Jahren häufen sich die Kommentare aus Wissenschaft und Praxis, daß die bestehenden Organisationsstrukturen den neuen, deutlich veränderten nationalen und internationalen **Markt**- und **Wettbewerbsbedingungen** (in Bezug auf Flexibilität, Schnelligkeit, individuelle Kundenorientierung etc.) nicht mehr genügen. Als **Auslöser/Treiber** für den Reorganisationsbedarf werden insbesondere die Globalisierung/Intensivierung des Wettbewerbs, die steigende Innovationsdynamik (bei verkürzten Lebenszyklen) und die Potentiale der neuen IuK-Techniken genannt.

Gefordert wird deshalb eine **Reorganisation** der Unternehmen: weg von den hierarchisch orientierten, unflexiblen Aufbauorganisationen von Großunternehmen hin zu flacheren, flexibleren, systemischen, vernetzten und modular aufgebauten (Kooperations-)Formen:

- Dies führte zuerst zu einer Umstrukturierung hin zum **prozeßorientierten Denken**, um die Nachteile der Funktionsorientierung zu beseitigen. (Auf diese Restrukturierungansätze werden wir ausführlich im 5. Teil, M, eingehen.)
- In jüngster Zeit werden virtuelle, **netzwerkartige Organisationsmodelle** vorgestellt, die den auch bei der Prozeßorganisation immer noch großen Aufwand bei Umstrukturierungen deutlich reduzieren sollen. Dies geschieht entweder in Form einer bewußten Zusammenarbeit/neuer Kooperationsformen mit Marktpartnern oder durch die Umstrukturierung großer Organisationshierarchien mit der Ausgliederung kleiner flexibler und selbständiger Einheiten.
- Innerhalb der Einheiten Einführung neuer **Arbeitsstrukturen** (Gruppenarbeit, selbständige Teams etc.).
- Zusätzlich spielt eine verstärkte **Mitarbeiterorientierung** eine zentrale Rolle (wertorientierte Personalpolitik, Flexi-Modelle, Zielvereinbarungen, Förderung von Verbesserungsprozessen, Lernbereitschaft, Kreativität usw.).

„In unserem technikorientierten Umfeld haben wir in der Vergangenheit häufig geglaubt, durch Strukturveränderungen Verhaltensänderungen erreichen zu können. Strukturelle Maßnahmen stellen aber nur die Basis für Veränderungen dar. Diese sind zwar als Voraussetzung notwendig, entwickeln aber aus sich selbst heraus keine dauerhaft motivierende Kräfte.
Zur anhaltend erfolgreichen Durchführung von Veränderungsprozessen ist ein gleichzeitige Berücksichtigung von Bewußtseins- und Verhaltensänderungen sowie Strukturmaßnahmen in Verbindung mit der Veränderung betroffener Rahmenbedingungen (wie z.B. Entgelt- und Beurteilungssysteme) erforderlich. (Bihl/Thanner/Wächter, 1997, S. 171)

Auch beim Treffen der Strategic Management Society 1999 in Deutschland zeigte sich, daß neben die Fusionswelle zunehmend ein Modell der „**Deconstruction/Demerger** tritt, bei dem die Unternehmen segmentiert, d.h. in Wertschöpfungsketten zerlegt werden, und die einzelnen Teile unter Profitabilitätsgesichtspunkten völlig neu zusammengestellt („rekombiniert") werden. Solche Umstrukturierungen sind sehr komplexe Vorgänge, die verschiedenste Bereich tangieren (Wettbewerbsrecht, Unternehmenskulturen usw.).

Die veränderten Rahmenbedingungen des Wettbewerbs stellen also neue **Anforderungen** an die Unternehmensorganisation. Die Reorganisation soll das Unternehmen dazu befähigen (Picot/Reichwald/Wigand, 1998, S. 206f.):

- global aufzutreten und dennoch lokal angepaßt zu handeln
- schnell auf Änderungen des Marktes zu reagieren
- die Kreativität der Mitarbeiter anzuspornen und damit hohe Innovationsraten zu sichern
- kurze Durchlaufzeiten sowohl in der Produktentwicklung als auch in der Auftragsabwicklung zu erreichen

- durchgängige Ausrichtung auf den Kunden und seine Qualitätsanforderungen zu demonstrieren
- den Erwartungen der Mitarbeiter zu entsprechen

Reorganisiert wird ständig, doch rund 70 % aller Reengineering-Projekte bringen nicht den erwarteten Erfolg, da die Unterstützung der eignen Mitarbeiter zu wenig beachtet wird: „Jedes Reorganisationsprojekt ist ein einzigartiges Vorhaben, das auf die spezifische Situation des Unternehmens und die spezifischen Merkmale seiner Mitarbeiter maßgeschneidert werden muß." (Picot/Freudenberg/Gassner, 1999, S. 58)

VIII. Der Trend zu Unternehmensnetzwerken

Zentrale Konzepte der Organisationsentwicklung beziehen sich zur Zeit:

- auf die Einbindung von Partnern durch **netzwerkartige Kooperationsformen** (dies haben wir für die dauerhaften Formen unter D, IV bereits dargelegt; temporäre „virtuelle" Formen werden anschließend beschrieben).

„Organisationspraxis und -wissenschaft stehen gegenwärtig ganz im Zeichen der Netzwerkorganisation. Immer häufiger stößt man auf Plädoyers für eine ‚Network Society'. Viele bekannte Phänomene werden mit dem Netzwerk-Label versehen. Dies geschieht mit den Holding-Konzernstrukturen, Buying Centers, (unternehmensübergreifenden) Teams, Oligopolmärkten, dem Spektrum der Stakeholder oder mit Multiplikatoren, Beratern und Moderatoren als Infrastruktur für ein Change Management. Netzwerkorganisation wird zum Inbegriff der guten, weil effektiven Organisation." (Reiß, 1998, S. 224)

Was von **Siemens** bleibt (SZ, 8.10.1999, S. 25)
In den vergangenen Monaten verging kaum eine Woche, in der die Siemens AG nicht den Verkauf eines Geschäftsfeldes, ein Joint-Venture oder eine neue Kooperation angekündigt hätte. Enge Zusammenarbeit wird auf mehreren Geschäftsfeldern durchgeführt: in der Medizintechnik mit Toshiba, bei Computer-Hardware mit Fujitsu, bei Wasserkraftwerken mit Voith. Beschlossen sind bereits Desinvestitionen von Geschäftsfeldern im Umfang von 17 Milliarden DM. Klar ist allerdings auch, daß mit dem Zehn-Punkte-Programm die Weichen in Richtung einer Konzentration der Kompetenzen gestellt werden. Bis März nächsten Jahres wird Siemens die Liste der in diesem Programm vorgesehenen Verkäufe von Unternehmensteilen abgehakt haben. Dadurch fließen mehrere Milliarden DM in die Kassen des Konzerns. Zumindest ein Teil davon wird sicherlich für neue Akquisitionen verwendet werden. Die Kernbereiche werden dadurch noch stärker werden. Und für die Randbereiche wird zweifellos eine neue Verkaufsliste folgen. Der Umbau des Unternehmens ist in vollem Gange. Und er geht weiter.

- Stärkere Konzentration der Unternehmen auf ihre jeweiligen Kernfähigkeiten/**Kernkompetenzen** (dazu im Einzelnen 5. Teil, M. VI, 4).

„Als Kernkompetenz eines Unternehmens wird zukünftig verstärkt die Fähigkeit zur Lösung individueller Kundenprobleme beschrieben oder auch: Erfüllung individueller Kundenwünsche. Unternehmen der Zukunft müssen zunehmend in der Lage sein, sich als Problemlöser direkt auf die speziellen Bedürfnisse der einzelnen Kunden einzustellen. Business Reengineering und Outsourcing sind letztendlich nur Konsequenzen aus dieser Entwicklung zum ‚Customizing', der industriellen Maßarbeit. (...) Das strategische Ziel des Unternehmens muß es daher sein, durch ‚Downsizing' und ‚Outsourcing' die Fähigkeit zu erlangen, effizient ‚virtuelle Unternehmen' bilden zu können. ‚Virtuelle Unternehmen' werden deshalb eine zentrale Stelle einnehmen, weil sie als Organisationsform die angemessene Antwort auf die alles beherrschende Informationstechnologie darstellen." (Fischer, 1997, S. 118f.)

1. Von der hierarchischen zur flexiblen Organisation

Die an vielen Stellen dieses Buches angesprochenen tiefgreifenden Veränderungen der **Umfeldbedingungen** des Managements (Globalisierung/Internationalisierung, Deregulierungen/Marktöffnungen, verkürzte Innovationszyklen, gewandeltes Kundeninteresse/-orientierung/-individualisierung, politische/gesellschaftliche Veränderungen usw.), erfordern zur Sicherung der Wettbewerbsfähigkeit eine wesentlich erhöhte Flexibilität, Dynamik von Unternehmen und Anpassungsfähigkeit der betrieblichen **Strukturen**. Diese Entwicklungen stellen Unternehmen **aller** Größenordnungen vor hohe Anforderungen.

Das Grünbuch „Eine neue Arbeitsorganisation im Geiste der Partnerschaft" (1998) der Europäischen Kommission zeichnet den **Weg** zu einer neuen Arbeitsorganisation wie folgt:

- Die Massenproduktion unserer Industriegesellschaft beruhte seit fast 100 Jahren weitgehend auf dem Prinzip einer **hierarchischen**, von oben nach unten ausgerichteten Organisation mit einem hohen Grad an Spezialisierung und einfachen, häufig repetitiven Arbeitsaufgaben.
- In den letzten 20 bis 30 Jahren wurden die Grenzen dieser Arbeitsorganisation deutlich: Es besteht kein ausreichender Raum für ständige Verbesserungen und Neuerungen, für Lernprozesse und neue Ideen. Um den Mitarbeiter selbst einzubeziehen, wurde eine **Parallelorganisationen** aufgebaut: Beispiele wie neue Formen des Teamwork/der Gruppenarbeit, Qualitätszirkel, Lean Production, Kaizen, Kontinuierliche Verbesserung (KVP), TQM, Benchmarking usw.
- Nun wird in einem grundlegenden Wandel ein Übergang von rigiden Produktionssystemen zu einem flexiblen unbegrenzten Prozeß organisatorischen Entwicklung, einem kontinuierlichen Wandlungsprozeß, der neue Möglichkeiten für Lernfähigkeit, Innovation und Verbesserungen bietet („Konzept des **flexiblen** Unternehmens" = dezentrale, vernetzungsorientierte Unternehmen). Die Umwandlung läßt sich vor allem durch drei Faktoren des Wandels erklären: Humanressourcen (in einer wissensorientierten Wirtschaft stellt der Mensch die Hauptressource dar), den Märkten (Bedarf für enge Verbindungen zwischen Markt und Produktion wegen den hohen Ansprüchen der Verbraucher) und die Technologie (technologische Umwälzung und Produktivitätszuwächse durch IuK). Verbunden damit häufig ein Rückzug auf Kernkompetenzen, einer neuen (radikaleren) Bewertung der Wertschöpfungskette (die „alte" betriebswirtschaftliche Frage des „make or buy") und die Notwendigkeit zu neuen Formen der Kooperation/Verbünde/Netzwerke.

In einem sehr bildhaften Vergleich unterscheiden Gomez/Zimmermann (1993) die Organisationsprofile von Palastorganisationen (vorwiegend bürokratische Strukturen) und Zeltorganisationen (mit flexiblen Strukturen).

2. Dynamische Organisationsstrukturen über selbständige Einheiten

Die in der Literatur vorgeschlagenen Modelle zur Reorganisation der Wertschöpfungskette (dazu 5. Teil) beziehen sich im Wesentlichen auf folgendes **Grundmodell**:

- Das Modell der **fraktalen** Organisation (vgl. z.B. Warnecke 1992/1995; Betzl, 1996; Zahn 1996; Wildemann 1994; Zenger/Hesterly 1997): Mit diesem integrierten Modell, das die Dimensionen Technik, Organisation und Mensch berücksichtigt, propagiert vor allem Warnecke die Forderung, ein Unternehmen in möglichst viele, selbstorganisierende und optimierende „Fraktale" (=„Kleinunternehmen im Unternehmen": Bereiche, Teams, Mitarbeiter) zu gliedern – als möglichst **eigenständig** agierende und eigenverantwortliche, bewegliche und lernfähige Unternehmenseinheiten. Die Ausrichtung aller Einheiten geschieht über das (übergeordnete) **Zielsystem**. Die fraktale Fabrik ist die „deutsche" Ausprägung der Anfang der 90er Jahre entstandenen Konzepte „agile manufacturing" (USA) bzw. „bionic manufacturing" (Japan), die generell das Ziel verfolgten, Unternehmen/Fertigungssysteme anpassungsfähiger, beweglicher, flexibler, schneller, kundennaher und innovativer zu machen.
- Das Modell der **modularen** Organisation: Restrukturierung der Unternehmensorganisation auf der Basis integrierter, kundenorientierter Prozesse in relativ kleine, überschaubare Einheiten (Module). Diese zeichnen sich durch dezentrale Entscheidungskompetenz und Ergebnisverantwortung aus, wobei die Koordination zwischen den Modulen verstärkt durch nichthierarchische Koordinationsformen erfolgt (vgl. (Picot/Reichwald/Wigand, 1998, S. 201). Die Modularisierung ist eine **intra**organisationale Reorganisationsform (vgl. Schwarzer/Krcmar 1994).
- Damit unterscheidet sie sich von den neuen Organisationsformen wie virtuelles Unternehmen, die fallbezogene Kooperationsbeziehungen zwischen verschiedenen Unternehmen bzw. Unternehmenseinheiten betrachten (interorganisationale Perspektive) (vgl. Picot/Reichwald/Wigand, 1998, S. 202).

346

Nach Picot/Reichwald/Wigand (1998, S. 258f.) kann die Modularisierung als Organisationsansatz auf **allen Ebenen** der Unternehmensorganisation zur Anwendung kommen:

- Auf der Ebene **Gesamtunternehmung** können Module mit Zuständigkeit für ganze Geschäftsbereiche oder regionale Märkte, für Kernkompetenzen oder sogar für die strategische Planung und Koordination des Gesamtunternehmens eingerichtet werden.
- Auf der Ebene der **Geschäftsprozesse** können sich sinnvolle Prozeßabgrenzungen und damit Module vom einfachen Fertigungssegment bis hin zu kompletten Unternehmenssegmenten (z.B. mit Gesamtverantwortung für ein Produkt) erstrecken.
- Auf der Ebene der **Arbeitsorganisation** führen die gleichen Prinzipien der Modularisierung zur Bildung von teilautonomen Gruppen und voll integrierten Einzelarbeitsplätzen.

Eine zentrale Rolle bei der Modularisierung spielen neue **IuK-Techniken**, die als die eigentlichen (konstitutionellen) „Enabler" der prozeßorientierten Reorganisation bezeichnet werden (vgl. z.B. Davenport 1993) und deren Einsatz die Kombination der Vorteile von kleinen Organisationseinheiten bzw. Teams (flache Hierarchie, Selbstorganisation, stärkere Motivation, soziale Kontrolle etc.) und der Vorteile einer Integration zusammenhängender Prozesse möglich machen. (vgl. Picot/Reichwald/Wigand, 1998, S. 258f.)

Alle Welt blickt zur Zeit gespannt auf die in vielen Branchen ablaufenden **Fusionen**: Aber sind solche Mega-Organisationen noch zeitgemäß? Für Malone/Laubacher (1999, S. 28ff.) ist die **Firma des 21. Jahrhunderts** vernetzt, klein und flexibel:

> „Zur dominanten Organisationsform des Wirtschaftens könnte im nächsten Jahrhundert die Firma auf Zeit werden, zu der sich Freelancer ad hoc elektronisch vernetzen. (...) Die in Zukunft vorherrschende Organisationsform könnte nicht die dauerhaft bestehende Kapitalgesellschaft sein, sondern das elastische Netz von Akteuren, das gelegentlich nur für ein oder zwei Tage existiert."

Die Firma scheint im Informationszeitalter also in ihrer bisherigen Form einer ungewissen Zukunft entgegenzusehen und allenfalls in virtueller Form weiterbestehen. Demgegenüber glauben Brown/Duguid (1999, S. 76), daß auch im Zeitalter des Cyberspace vertraute Organisationsformen erhalten bleiben, denn Know-how entsteht erst im direkten Kontakt unter Menschen:

> „Nicht Transaktionskosten halten also das Unternehmen zusammen, sondern das hier versammelte Wissen. (...) Unternehmen wird es auch in Zukunft geben, denn sie sind ein wichtiges Instrument zum Wissenserwerb, vor allem von Wissensformen, die in einer Gesellschaft von einzelnen, lediglich durch Marktbeziehungen verbundenen Menschen nicht entstehen können. Außerdem spielen Unternehmen eine wichtige Rolle bei der Entwicklung und Verbreitung komplexen Wissens innerhalb der Gesellschaft und zu häufig wird angenommen, diese Verbreitung verlaufe reibungslos." (ebd., S. 79)

IX. Die virtuelle Organisation

> „Kann es sich ein Unternehmen im Informationszeitalter noch leisten, eine ganz normale Firma zu sein?" (Wüthrich/Philipp, 1998, S. 201)

1. Virtuell – das neue Zauberwort

Kaum ein Begriff unter den zahlreichen Management-Buzzwords wird heute so inflationär (und unscharf) gebraucht wie „virtuell". Eine kleine **Auswahl**:

- Das virtuelle **Büro** für Telearbeiter als eine virtuelle Organisationsform auf der Mikroebene.
- Das virtuelle **Dokument**.

- Das virtuelle **Klassenzimmer** oder der virtuelle **Campus**. Beispiele zur virtuellen Universität für Online-Studenten: die 1994 gegründete „Virtual Online **University**" (VOU), die als eine (nicht profitorientierte) „Liberal-Arts Institution" ausschließlich über das Internet arbeitet. Seit 1995 werden auch berufliche Weiterbildungsprogramme angeboten.die British Open University mit 150 000 Studenten. Die „Open Universiteit" in Heerlen/Niederlande mit Online-Unterstützung. Das Institut Technologico y de Estudios Superiores de Monterrey in Mexiko mit 80 000 Studenten. Die Korean National Open University mit 350 000 Studenten (!). Das Michigan Virtual Automotive College mit 115 Kursen aus 27 Universitäten. Auch in **Deutschland** laufen einige Pilotprojekte (Modellversuch „Virtuelle Universität", „Virtuelle Hochschule Bayern" : Vom 15. Mai 2000 können 200.000 Studierende in Bayern online und kostenlos die besten Lehrangebote von 19 bayerischen Hochschulen nutzen.); zur virtuellen Aus- und Weiterbildung zahlreiche Beispiele in Winand/Nathusius, 1998, S. 255ff.
- Die **Telematik** als Unterrichtstechnologie zur Online-Aus- und Weiterbildung durch den Einsatz von Kommunikations- und Medientechnologie.
- **Virtual Reality** (das „Cyberspace" (Gibson, 1984) steht für Computersimulatoren dreidimensionaler Räume, die mittels Datenhelm und Handschuh „betreten" werden können.
- Virtual **Prototyping.**
- Virtuelle Gemeinschaften/**Communities/Städte** (wie die Netzstadt Amsterdam; „Telepolis"); Gemeinschaften konstituieren sich in der virtuellen Gesellschaft größtenteils nicht mehr aufgrund geographischer Nachbarschaften, sondern vielmehr über ausdifferenzierte Interessen; sie stellen soziale Netzwerke dar, deren materielle Grundlage primär auf der Existenz eines weltweiten technischen Netzwerkverbundes beruht (dazu Bühl,1997, S. 84ff.).
- Virtuelles **Fahrzeug** (z.B. VRF – Daimler-Benz).

Der Begriff „virtuell", der auf das lateinische **„virtus"** zurückgeht, wird heute allgemein (über das Englische) als „scheinbar", „als ob" bzw. „der Möglichkeit vorhanden" benützt; zunehmend findet der Begriff auch Anwendung im Bereich des Managements und der **Organisation**, man spricht von der „Virtualisierung der Ökonomie", virtuelle Unternehmen werden als „die" Unternehmens- und Arbeitsform des Informationszeitalters gepriesen. Zuerst scheint man – bei Verwendung der traditionellen betriebswirtschaftlichen Terminologie – einem offensichtlichen Widerspruch zweier Begriffe, die das Gegenteil bedeuten (= **„oxymoron"**), gegenüberzustehen: „Virtuell" als etwas, das existiert, aber nicht wirklich/nicht real. Virtuelles Unternehmen: ein Unternehmen, das gar nicht existiert? Oder: Welcher komplementäre „Mix" aus real und virtuell?

„Virtuelle Unternehmung" (VU), als ein neues Phänomen im Organisationsdesign für Unternehmen des 21. Jahrhunderts, wird i.d.R. als eine **spezifische Form** der flexiblen, mehr auf Dauer ausgelegten **Netzwerk-Kooperation** gesehen, bei der aber im Gegensatz zu den herkömmlichen Kooperationsformen (wie Allianzen etc.) die **IuK-Technik** als der **„Enabler"** der Virtualisierung anzusehen ist. Die IuK-Technologie stellt, wie wir bereits gezeigt haben, die „Infrastruktur" für eine „informationelle Ökonomie" (Altvater/Mahnkopf); die elektronischen Informationssysteme sind der „Kitt" und die Kommunikationsstränge zwischen den einzelnen unabhängigen Mitgliedern. Von vielen wird die VU als ein **„Allheilmittel"** für die Probleme traditioneller Organisationsformen angesehen; dabei wird übersehen, daß bis heute relativ wenig praktische Erfahrungen und empirische Forschungsergebnisse vorliegen.

Für Scholz (1997, S. 321) ist „Virtualisierung" zuerst als generelles Konzept zu verstehen; sie benötigt immer einen spezifizierten Bezug zu einem konkreten Objekt, da es keine Virtualität per se gibt, sondern lediglich virtuelle Produkte/Urlaubsreise usw. Auf die Organisation bezogen unterscheidet er (so auch Krystek/Redel/Reppegather, 1997, S. 39ff.)

- **inter**organisatorische Virtualisierung (= Verbindungen von organisatorischen Einheiten über Organisationsgrenzen hinweg, d.h. die Auflösung der äußeren Grenzen von Unternehmen z.B. durch strategische Netzwerke) und
- **intra**organistorische Virtualität (= Verbindung innerhalb der Organisation, d.h. die Auflösung der Grenzen innerhalb von Unternehmen z.B. durch teambasierte Strukturen, Telearbeit).

2. Die Auflösung der konventionellen Unternehmensorganisation

Durch innovative IuK-Technologie ermöglicht, sind in den letzten Jahren – vor allem strategiegetrieben – neue organisatorische Gebilde und neue Arbeitsformen (wie Telearbeit) entstanden. Alte begriffliche **Unterscheidungen** wie Arbeitsplatz, Mitarbeiter, Selbständige, Kunden, Lieferanten, Unternehmen usw. zeichnen kein zutreffendes Bild der neuen Welt mehr. Es zeigt sich gerade durch die Virtualisierung sowohl eine Erosion beim herkömmlichen **Betriebsbegriff** (Virtuelle Unternehmung: bestimmte Gesetze wie das BetrVG setzen z.B. das Vorhandensein eines Betriebs mit einer bestimmten Betriebsgröße voraus) als auch eine Erosion des traditionellen **Arbeitnehmerbegriffs** („Selbst-Angestellte", Scheinselbständigkeit etc., Telearbeit; vgl. dazu Linnenkohl, 1998, S. 146ff.).

Die von uns in diesem Kapitel dargelegten **klassischen** Organisationskonzepte bezogen sich auf Unternehmen, bei denen die Abgrenzung von ihrer Umwelt (Beziehungen, Strukturen etc.) problemlos möglich ist. Bei einigen neuartige Formen ist eine exakte und eindeutige Bestimmung der **faktischen Unternehmensgrenzen** praktisch unmöglich.

> „Organisationen verflüssigen, flexibilisieren und virtualisieren sich. Ihr Überleben ist vor allem eine Frage der organisatorischen Intelligenz." (Lutz, 1999, S. 4)

Besonders deutlich haben diese Entwicklung zur „grenzenlosen Organisation", die als Konsequenz die Auflösung von Hierarchien, Symbiosen und Kooperationen, elektronische Märkte und virtuelle Unternehmen zur Folge hatte, Picot/Reichwald/Wigand (1998, S. 2ff.) beschrieben; danach steht die Situation für Unternehmen und Märkte in Zusammenhang mit drei **Entwicklungen**:

- **Veränderungen der Wettbewerbsstruktur**: Internationalisierung der Märkte, Innovationsdynamik bei Produkten und Prozessen, Käufermärkte, Globalisierung der Ressourcenbeschaffung, demographische Entwicklung, Ressourcenverknappung
- **Innovationspotentiale der Informations- und Kommunikationstechnik**: neue Produkte, Prozeßinnovationen, neue Formen der Arbeitsorganisation, neue Unternehmensformen
- **Wertewandel in Arbeit und Gesellschaft**: Einstellung zur Umwelt, Altersstruktur der Arbeitnehmer, Käuferverhalten, Qualitätsanspruch an den Arbeitsplatz

> „Wir sind gewohnt, uns Unternehmen als abgeschlossene, integrierte Gebilde vorzustellen. Sie sind physisch in Bürogebäuden und Fabrikanlagen untergebracht, in denen sich die Mitglieder der Unternehmung normalerweise aufhalten und in denen sich die erforderlichen Materialien, Betriebsmittel und Informationen befinden. Die physischen Standortstrukturen und die arbeits- bzw. gesellschaftsrechtlichen Vertragsbeziehungen zwischen den Unternehmensmitgliedern definieren im Bewußtsein der meisten Beobachter aus Theorie und Praxis die Grenzen einer Unternehmung. Natürlich überschreitet eine Unternehmung diese Grenzen ständig, indem sie auf Märkten agiert, also z.B. Inputgüter beschafft, Fertigprodukte verkauft, Kapital aufnimmt oder anlegt. Aber diese Grenzüberschreitungen korrespondieren mit einer klaren Vorstellung von innen und außen, von zugehörig und nicht zugehörig, von Schnittstellen zwischen Unternehmung und Märkten.
> Weite Teile der Wirtschaft entsprechen diesem Lehrbuchmodell der Unternehmensgrenzen nicht mehr. Modulare Organisationen, Netzwerke und Kooperationsgeflechte, elektronische Märkte, Telekooperationen und virtuelle Organisationsstrukturen sind nicht mehr nur Schlagworte, sondern heute schon Realität. Die klassischen Grenzen der Unternehmung beginnen zu verschwimmen, sich nach innen wie nach außen zu verändern, teilweise auch aufzulösen." (ebd., S. 2)

Reiss (1996, S. 196) bezeichnet die „Netzwerkorganisation als organisatorischen Megatrend" und als Hoffnungsträger für markt- und kompetenzgerechte Organisationsstruktur. In der Literatur findet man, bei mehr oder weniger **ähnlichen Merkmalen**, folgende Bezeichnungen:

- Netzwerk-Organisation (wie strategische Allianzen, Wertschöpfungspartnerschaften)
- Modulare Organisation
- Fraktale Organisation

- Hybride Organisation
- Virtuelles Unternehmen/Organisation/Fabrik
- Ad-hoc-Teams
- Centerless Corporation
- Grenzenloses Unternehmen
- Spinnweb/-netz Organisation
- Satelliten-Organisation
- Tele-Organisation/Telekooperation
- Best-of-everything-Organization
- Knowledge Networks
- Quasi-Firma

Nach Reiss (1996, S. 196f.) findet die Auflösung der konventionellen Unternehmensorganisation in drei **Sektoren** statt, wobei in vielen Fällen die drei Auflösungsformen kombiniert auftreten:

(1) **Programmauflösung**: Segmentierung der Unternehmen in wirtschaftlich und rechtlich selbständige Center (Geschäftseinheiten etc.) zur flexibleren Erfüllung des Leistungsprogramms. Föderative Strukturen lösen zentralistische Strukturen ab. Die ausgegliederten Segmente gliedern sich dann häufig an die verselbständigten Segmente von Zulieferer-, Konkurrenz- oder Partnerfirmen an (Strategische Allianzen).

(2) **Prozeßauflösung**: Prozeßseitig löst sich die Wertschöpfungskette durch ein Auslagern von Leistungsumfängen auf (Leistungstiefenverkürzung).

(3) **Potentialauflösung**: Diese „Ressourcenentkoppelung" schlägt sich nieder in Leasingverträgen (Entkoppelung von Besitz und Nutzung) und in der Auflösung herkömmlicher Beschäftigungsverhältnisse (Teilzeitarbeit, befristete Arbeitsverträge etc.). Außerdem verringert sich die räumliche Einbindung der Mitarbeiter durch die Einführung von Tele-Heimarbeit und Telekooperation (virtuelle Unternehmen).

Durch die informationelle Verknüpfung auch räumlich weit verstreuter Organisationseinheiten als Infrastruktur entsteht im Extrem eine sog. **virtuelle Unternehmung** (VU). Altvater/Mahnkopf (vgl. 1997, S. 354f.) beschreiben sie wie folgt:

- Es ist (zumindest dem Prinzip nach) eine von individuellen Kundenwünschen gesteuerte Produktion und simultane Distribution zum Zeitpunkt der Nachfrage möglich.
- Organisatorisch sind es Zusammenschlüsse, die aus der Sicht des Kunden als ein Unternehmen erscheinen, intern jedoch auf temporären, projektabhängigen, horizontal und /oder vertikal organisierten und standortübergreifenden Beziehungen zwischen gänzlich/weitgehend selbständigen Einheiten basieren.

- Die Kooperationsbeziehungen können durch formale Verträge oder durch informelle Organisationsprinzipien geregelt sein.
- Das Ausmaß der Autonomie variiert mit dem Grad der wirtschaftlichen Abhängigkeit der Kooperationspartner, und die Kooperationstiefe ist abhängig vom Komplexitätsgrad der Aufgaben.

Sydow stellt die Frage, ob virtuelle Unternehmungen überhaupt **Organisationen** sind. Es spricht vom dynamischen Netzwerk statt Organisation: „Die virtuelle Unternehmung ist nur dem Schein und der erzielten Wirkung nach eine Unternehmung beziehungsweise Organisation. In Wirklichkeit handelt es sich um ein Organisationskollektiv, genauer um ein Netzwerk von rechtlich selbständigen, wirtschaftlich mehr oder weniger abhängigen Unternehmungen, die sich zum Zweck der Erbringung einer bestimmten wirtschaftlichen Leistung und unter Nutzung informationstechnischer Möglichkeiten zusammengeschlossen haben. Dabei bringen die einzelnen (Netzwerk-)Unternehmungen jeweils bestimmte, überwiegend aus ihrer Kernkompetenz abgeleitete Ressourcen in die virtuelle Unternehmung ein." (1996, S. 10) Miles/Snow haben diesen Typ als **„dynamic network"** bezeichnet.

Sommerlad stellt die gleiche Frage, allerdings bezogen auf juristische Rechtsfragen wie die Innenstruktur der virtuellen Unternehmen, das Wettbewerbs- und Arbeitsrecht oder Probleme beim Vertragsabschluß oder bei -störungen. Dieser Organisationstyp ist in seiner gesellschaftsrechtlichen Struktur sowie seinem Innen- und Außenrecht schwer zu fassen; dennoch wird man „überlegen müssen, ob das virtuelle Unternehmen nicht eine Gesellschaft des bürgerlichen Rechts mit den entsprechenden rechtlichen Folgen" darstellt, deren Gesellschafter die sich beteiligenden Unternehmen sind (1996, S. 22).

Für Reichwald et al. (1998) **„ist"** die virtuelle Organisation eine innovative und **eigenständige** Organisationsform.

> „Irgendwo zwischen dem „One-Night-Stand des Marktes" und der „Ehe der Hierarchie" sind sie angesiedelt. Ohne Heiratsurkunde, ohne gemeinsamen Haushalt aber in Partnerschaft und mit viel Vertrauen: Interorganisationale Netzwerke (ION). Sie entstehen, weil einzelne Organisationen in einer turbulenten Umwelt an die Grenzen ihrer Leistungsfähigkeit stoßen, Mit den Kennzeichen „Flexibilität und Anpassungsfähigkeit" scheinen ION wie geschaffen für die Aufgabenbewältigung in einer ungewissen Zukunft. Dies erklärt warum das Interesse an ION in Forschung und Praxis wächst" (Morath, 1996, S. 1).

Für Picot/Reichwald/Wigand (1998, S. 357ff.) **sprengt** diese Form der Organisation **klassische Unternehmensgrenzen** sowohl in räumlicher und zeitlicher als auch in rechtlicher Hinsicht:

- Ist die Entscheidung über den „optimalen" Standort einmal gefällt, so wird die räumliche Anordnung der Unternehmung von der betriebswirtschaftlichen Theorie im Wesentlichen als Faktum/Rahmenbedingung hingenommen: Organisationstheorien geben keine Antwort auf die spezifischen Probleme der Koordination standortverteilter oder mobiler Aufgabenbewältigung. Ebenso vernachlässigen sie i.d.R. Fragen nach der Führung „unsichtbarer" Mitarbeiter, die nicht am gleichen Ort und zur gleichen Zeit tätig werden wie ihre Vorgesetzten.
- Es kann nicht länger um eine Suche nach dem „one best place" betrieblicher Leistungserstellung gehen. Entscheidend ist viel mehr, die aktuellen und zukünftigen Möglichkeiten standortverteilten/-unabhängigen Arbeitens zu kennen.
- Aufgabenbewältigung findet nicht in statischen, vordefinierten Strukturen statt, sondern es erfolgt eine problembezogene, dynamische Verknüpfung realer Ressourcen zur Bewältigung spezifischer Aufgabenstellungen (= Organisationsform, die in Teilen, aber auch als Ganzes flüchtig sein kann oder aber durch dynamische Rekonfiguration in der Lage ist, sich hochgradig variablen Aufgabenstellungen flexibel anzupassen).
- Die virtuelle Organisation ist damit eher „Spinnwebe" als Netzwerk. Sie bildet den Gegenpol zu Unternehmensformen mit eigentumsmäßig und vertragsmäßig relativ klar definierten Grenzen, einer stabilen Standortbildung, einer relativ dauerhaften Ressourcenzuordnung und geregelten Ablaufstrukturen. Sie kann aber auch als eine Organisationsform interpretiert werden, die Virtualisierung im Sinne der Informatik als Konzept der Leistungssteigerung einsetzt und eine systematische und dynamische Zuordnung abstrakter Leistungsanforderungen zu konkreten Orten der Leistungserbringung realisiert.

Die **Vorteile** virtueller Unternehmen werden insbesondere in den folgenden Punkten offensichtlich (Odendahl/Bieger/Scheer, 1998, S. 5f.):

- Die Verbindung von Komplementärkompetenzen ermöglicht es, materielle und immaterielle Leistungen zu erstellen, die keiner der Partner im Alleingang realisieren könnte.
- Das unternehmerische Risiko und die Kosten für Ressourcen, insbesondere für Personal und Technologien, verteilen sich auf mehrere Partner.
- Durch die Parallelisierung der Geschäftsprozeßdurchführung in den Partnerunternehmen kann die Zeitspanne zwischen Produktentwicklung und -vermarktung reduziert werden.
- Aufgrund der Möglichkeiten, an virtuellen Unternehmen zu partizipieren, verringern sich für Unternehmen Markteintrittsbarrieren.

3. Begriff der Virtuellen Organisation/Unternehmung

Der Begriff „Virtuelle Unternehmung" ist in den 90er Jahren populär gemacht worden durch Davidow/Malone (1992/deutsche Übersetzung 1993), tauchte aber im angloamerikanischen Bereich **erstmals** bei Mowshowitz (1986, S. 398) auf. Durch eine **„Cybercorp**-Revolution" lösen sich Unternehmensgrenzen auf (Sutter, 1997, S. 19).

Picot/Reichwald/Wigand (1998, S. 396ff.) sehen die virtuelle Unternehmung als Resultante telekooperativer Arbeitsformen:

Diese Form der „Als-ob-Organisation"
„... ist das Ergebnis einer gezielten Ausnutzung neuer Möglichkeiten der Telekooperation und der geschickten Verknüpfung unterschiedlicher organisatorischer Gestaltungsstrategien und ermöglicht es somit, Effizienz- und Flexibilitätsziele gleichzeitig zu verwirklichen." (S. 397) „Virtuelle Unternehmen können als ‚Weiterentwicklung' hybrider Koordinationsformen im Spektrum zwischen Markt und Hierarchie auf der Basis veränderter rechtlicher und
technologischer Rahmenbedingungen verstanden werden. Sie stellen arbeitsteilige Verflechtungen zwischen Unternehmen dar. Der Grundgedanke der Symbiose ist für ihre Existenz von vitaler Bedeutung." (S. 398)

Der **Begriff** „Virtuelle Unternehmung" (VU) bzw. „Virtual Enterprise/Corporation/Organi-
zation" wird in der Literatur unterschiedlich **weit** gefaßt. Stellvertretend seien genannt:

Virtuelle Unternehmung:
„... konturloses Gebilde mit durchlässigen und ständig wechselnden Trennlinien zwischen Unternehmungen,
Lieferanten und Kunden." (Davidow/Malone, 1993, 1, S. 15)
„... ist eine Kooperationsform rechtlich unabhängiger Unternehmen, Institutionen und/oder Einzelpersonen, die
eine Leistung auf der Basis eines gemeinsamen Geschäftsverständnisses erbringen. Die kooperierenden Einheiten beteiligen sich an der Zusammenarbeit vorrangig mit ihren Kernkompetenzen und wirken bei der Leistungserstellung gegenüber Dritten wie ein einheitliches Unternehmen. Dabei wird auf die Institutionalisierung zentraler Managementfunktionen zur Gestaltung, Lenkung und Entwicklung des VU durch die Nutzung geeigneter In-
formations- und Kommunikationstechnologien weitgehend verzichtet." (Arnold u.a., 1995, S. 10)

Man sollte bei der Verwendung des Terminus „VU" nicht übersehen:
Die Unternehmen, um die es sich handelt, sind **real** insofern, als sie Produkte/Dienstleistungen
einem Kunden verkaufen, so wie andere Unternehmen auch. Das Besondere ist bei ihnen jedoch, daß sie einige Strukturmerkmale realer Unternehmen, die klassischen betriebswirtschaftliche Bestimmungsfaktoren einer Organisation, nicht haben, wie Büroräume mit gemeinsamen
Arbeitsplätzen, einen festen Mitarbeiterstamm, einen festen Unternehmenssitz usw.

4. Merkmale virtueller Unternehmen

a) Unterscheidungsmerkmale zu anderen Kooperationsformen

Viele Merkmale von virtuellen Unternehmen scheinen nicht neu zu sein: Im Einzelfall ist
dieses neue Konzept deshalb schwierig zu vergleichbaren, weil sie von bereits seit langem
bestehenden kooperativen Strukturen, wie etwa den (temporären) Arbeitsgemeinschaften,
Konsortien, Bürogemeinschaften, Generalunternehmen (etwa im Baugewerbe oder bei
Konzepten in der Filmindustrie) oder bei anderen (längerfristigen, vertraglichen) **Kooperationsformen** wie Allianzen schwer **abzugrenzen** sind. Diese Formen haben wir unter D, IV
bereits dargestellt. VU und andere Kooperationsformen haben zum Teil ähnliche, aber auch
abweichende Eigenschaften. Eine klare Abgrenzung zwischen der Vielzahl neuer Kooperationsformen scheint unmöglich – die Übergänge sind z.T. „fließend".

Es können unterschiedliche **Grade** der Virtualität differenziert werden, je nach der systemischen Betrachtungsebene: bei einzelnen Arbeitsplätzen, bei Gruppen/Teams, bei Organisationseinheiten, bei Unternehmen.

Unterscheidungsmerkmale:

- besondere Flexibilität und Schnelligkeit des Zusammenschlusses (sowohl bei Bildung als auch Auflösung)
- in der Bürokratie-und Hierarchiearmut
- unterschiedliche Unternehmenskulturen brauchen nicht miteinander abgestimmt zu werden
- nicht unbedingt notwendige eigene Rechtsform
- wettbewerbsrechtliche Unbedenklichkeit
- nicht nur horizontale, sondern auch vertikale Beziehungen
- Einsatz von IuK-Infrastrukturen

Ein virtuelles Unternehmen kann nach Bühl (1997, S. 218f.) sehr unterschiedlich beschaffen sein:

- Es kann fest ausschließlich virtueller Natur sein.
- Es kann ein reines Unternehmen auf Zeit über Unternehmensgrenzen hinweg darstellen.
- Es kann virtuelle Strukturen von Projekt zu Projekt ausbilden.
- Es kann auf Dauer räumlich gebundene Firmentätigkeiten mit Telearbeit verbinden.
- Es kann Dienstleistungen virtuell über weltweite Netze anbieten.

Von Veränderungen oder **Auflösung** der traditionellen ökonomischen **Unternehmensgrenzen** kann für Picot/Reichwald/Wigand (1998, S. 263f.) in den folgenden Fällen gesprochen werden:

- **Erstens**, wenn sich die Unternehmung im Rahmen der Leistungstiefenoptimierung zunehmend vertikal desintegriert und Standardleistungen künftig vom Markt bezieht.
- **Zweitens**, wenn durch den Einsatz von Informations- und Kommunikationstechnik Standortgrenzen überwunden und Büroarbeitsplätze zu den Arbeitnehmern nach Hause verlagert werden.
- **Drittens**, wenn durch unternehmensinterne (z.B. fehlendes Know-how oder Kapital) oder unternehmensexterne Faktoren (z.B. EDI) die Einbeziehung externer Dritter in originäre, d.h. spezifische und/oder unsichere Unternehmensaufgaben erzwungen wird oder Einbeziehung freiwillig erfolgt.

Als **gemeinsamer** Punkt der in der Literatur zu findenden Beobachtungen virtueller Unternehmen kann nach de Vries (1998, S. 65) die Veränderung von Unternehmensgrenzen identifiziert werden: „Virtuelle Unternehmen verfügen über andere Modi der Grenzziehung als ‚klassische Unternehmen'. Letztere verfügen über Möglichkeiten zur langsamen und allmählichen Verschiebung von Grenzen etwa durch Wachstum oder Schrumpfung oder aber durch horizontale und vertikale Integration. (...) Wechsel dieser Richtung stellen Wendepunkte in der Unternehmens- oder Wirtschaftsentwicklung dar. Genau hier liegt der Unterschied zu virtuellen Unternehmen: Diese wechseln ständig die Richtung der Grenzänderung; sie changieren permanent zwischen Zusammenschluß und Wiederauseinanderfallen."

b) Konstituierende Merkmale

Die virtuelle Organisation als eine **„Als-ob-Organisation"** kann unter gezieltem Einsatz der Informations- und Kommunikationstechnik (Klein, 1994, S. 309)

- als **Organisationsprinzip** verstanden werden (d.h. als Prinzip der intra-organisatorischen Gestaltung, z.B. in Form der räumlichen und zeitlichen Entkoppelung und Verteilung arbeitsteiliger Prozesse) oder
- als ein **Netzwerk** von Unternehmen (d.h. ein kooperatives Netzwerk unabhängiger Unternehmen, die gemeinsam Ressourcen nutzen).

Virtuelle Systemgrenzen haben aber tiefgreifende Implikationen für das **Selbstverständnis** der Unternehmung:

„Die Identität der Unternehmung wird traditionell wesentlich durch die Definition ihrer Grenzen bestimmt, etwa durch Eigentum und Verfügungsrechte, einheitliche Führung, Geschäftsfelder oder regionale Zuordnung. Aus strategischer Sicht und in Reaktion auf neue Organisationsformen zwischenbetrieblicher Kooperation übernehmen jedoch Produkte, Dienstleistungen oder Projekte, die nicht auf eine einzelne Unternehmung beschränkt sind, identitätsbildende Funktionen. Die Kontrolle der internen Aktivitäten wird dabei zunehmend durch die notwendige Beherrschung der Außenbeziehungen, die Definition von Partnerschaft, Kooperationsbeziehungen und Marktmechanismen ergänzt. Der durch Eigentum, Verfügungsrechte und Arbeitsverträge definierte Verfügungsbereich von Unternehmungen wird damit relativ kleiner, während der durch vertragliche Beziehungen konstituierte wirtschaftliche Einflußbereich sich ausweitet. Das heißt aber auch, daß traditionelle Grenzen der Unternehmung, die durch Ort und Zeit, Funktionen, Mitarbeiter und Know-how definiert sind, an Bedeutung verlieren." (Szyperski/Klein, 1993, S. 34f.)

Virtuelle Unternehmen (VU) lassen sich anhand folgender **Merkmale** beschreiben:

- Die beteiligten Unternehmen bleiben rechtlich **selbständig**. Sie können auch selbst Kooperationen/virtuelle Unternehmen bilden oder bei anderen VU Mitglied sein (Phänomen aller Netzwerkformen: Sie heben den traditionellen Schwarz-Weiß Gegensatz von Kooperation versus Konkurrenz auf, d.h. ein Unternehmen ist gleichzeitig erbitterter Wettbewerber im Geschäft A und Kooperationspartner im Geschäft B = „Koopkurrenz"/**„coopetition"**; zu dieser hybriden Form insbesondere Beck, 1998).
- Sie werden bewußt **wertschöpfungs**(ketten)orientiert „gestaltet". **Ausgangspunkt** für das Entstehen ist ein individueller Kundenauftrag, für den eine Problemlösung gesucht wird (im Gegensatz zu bisherigen Formen, wo die Kapazitäten bereits aufgebaut sind und diese nachträglich ausgelastet werden müssen).
- Sie können **horizontale** und/oder **vertikale** Formen umfassen.
- In der Regel handelt es sich bei dieser flexiblen Organisationsform um einen dezentralen, **temporären** Zusammenschluß, „Organisation auf Zeit". (d.h. das Netz löst sich nach dem Projekt auf; die Beziehungen brauchen nicht permanent „aktiviert" sein, sondern werden „ad hoc" für den zu koordinierenden arbeitsteiligen Wertschöpfungsprozeß zusammengestellt; die Zusammensetzung wechselt je nach Projektanforderung; damit Möglichkeit der permanenten Selbstveränderung; die Optimierung kann „global" in „Echtzeit" erfolgen.)
- Sie haben den Vorteil großer Anpassungsgeschwindigkeit (**Zeitvorteile**).
- Sie entstehen durch „Vernetzung" (global) **standortverteilter** Organisationseinheiten.
- Sie treten dem Kunden gegenüber als **„eine"** Unternehmung zur Erfüllung eines Auftrags auf. Da die Unternehmung ihm „größer" erscheint, besteht eine Inkongruenz zwischen der realen und der wahrgenommenen Unternehmensgrenzen.
- „Die Organisation konfiguriert sich demgemäß auftragsbezogen und löst **sich** nach Beendigung der Auftragsausführung wieder **auf**. Jeder Akteur kann Mitglied unterschiedlicher, völlig unabhängiger, auch nebenläufig operierender ‚Organisationen' sein. Aufgabenbewältigung findet also nicht in statischen, vordefinierten Strukturen statt, sondern als problembezogene, dynamische Verknüpfung realer Ressourcen zur Bewältigung konkreter Aufgabenstellungen." (Picot/Reichwald/Wigand, 1998, S. 399f.)
- Leitidee der Lenkung und Koordination ist die **Selbststeuerung**.
- Die beteiligten Unternehmen bringen (nach Durchführung einer internen und externen Kompetenzanalyse) zweckorientiert für den Auftrag ihre individuelle komparative **Kernkompetenz** ein (eine „Best of everything"-Organisation; Friga/Mosca/Brütsch/Tettamanti sprechen vom „Dream Team"). Angebot komplexer Lösungen möglich. Damit auch flexibler Zugriff auf Ressourcen und Bildung von Synergien. Know-how kann projektbezogen „global" über elektronische Märkte eingekauft werden. Dies ist nun auch mittelständischen Unternehmen möglich.
- Die Dispositionsbefugnisse sitzen nicht mehr an der Spitze, sondern bilden eine flexible Struktur (= Hierarchieabbau).
- Es fehlt eine **Aufbauorganisation** (keine Zentralisierung von Managementaufgaben; Verzicht auf Bürokratisierung und Formalisierung, Hierarchiearmut/‚Zeltorganisation"); es ist jedoch ein „Integrator" notwendig, der intern die Koordination übernimmt und nach außen die VU vertritt.
- Die beteiligten Unternehmen sind durch **IuK-Techniken** vernetzt und bewerkstelligen damit eine Loslösung von Raum und Zeit (zu den Voraussetzungen/Anforderungen an die informationstechnische Vernet-

zung insbesondere Sydow/Winand, 1998, S. 23ff.; Mertens/Griese/Ehrenberg, 1998, S. 67ff.). Diese Basis ermöglicht auch eine offene **Kommunikationskultur** nach innen und außen.

- Man bedient sich unterschiedlicher **Organisationsprinzipien**: formal (Verträge), informell (Vertrauen, Erfahrung, Kompetenz, Partnerschaft, Fairness).
- Zwischen den Unternehmen muß eine **Vertrauensbasis** gegeben sein: eine „persönliche" soziale Basis erscheint notwendig, die temporären und wechselnden Mitgliedschaften erschweren dies aber; zudem ist der „Face-to-face"-Kontakt gering; für Sydow (1996), der drei Stufen eines „Vertrauensmanagements" entworfen hat, ist Vertrauen in solchen Netzwerken insbesondere eine notwendig zu schaffende Beziehungsqualität, gleichzeitig ist diese Qualität gerade hier sehr schwierig herzustellen, er spricht deshalb von einem Vertrauensdilemma; zur Entwicklung eines „Gruppengefühls" sollten vorübergehend nicht im Netz verbundene Partner „informationsverbunden" sein, etwa über ein Intranet.
- Eine konsequente **Kundenorientierung.**

„,Das virtuelle Unternehmen braucht keinen Chef', schrieb das Handelsblatt. Das stimmt, wenigstens keinen Chef der klassischen Sorte. Aber auch das virtuelle Unternehmen braucht Management. Management ist sogar die wesentliche Funktion des Kernunternehmens überhaupt; oder anders: die Fähigkeit zum effizienten Management dezentralisierter Unternehmensorganisationen ist die Kernaufgabe postindustrieller Unternehmen schlechthin." (Fischer, 1997, S. 100)

Ein umfangreicher, auf einer Auswertung der Literatur basierender Katalog an Merkmalen findet sich bei Appel/Behr (1998, S. 21f.) oder bei Bultje/Wijk (1998, S. 8ff.), die insgesamt 27 Charakteristika festhielten.

- Schlüsselmerkmale für **Virtual Organizations**: Based on core competencies, Network of independent organisations; One identity, Based on Information technology; No hierarchy; Distinction between a strategical and operational level.
- Die häufigsten vier Sichtweisen von „**virtual**": Virtual means: „unreal, looking real", „immaterial, supported by ICT", „potentially present", „existing, but changing".

Picot/Reichwald/Wigand (1998, S. 401) stellen folgende charakteristische **Merkmale** heraus:

„Die virtuelle Unternehmung stellt sich als dynamisches Netzwerk dar. Netzknoten können gleichermaßen durch einzelne Aufgabenträger, Organisationseinheiten oder Organisationen gebildet werden. Die Verknüpfungen zwischen den Netzknoten konfigurieren sich dynamisch und problembezogen. Die individuelle Aufgabe determiniert damit zu jedem Zeitpunkt die Struktur einer virtuellen Unternehmung. Trotz ihrer Flüchtigkeit ist diese Organisationsform jedoch nicht konturlos, denn Leistungssteigerungen durch Virtualisierung ist in einem System nur erzielbar, wenn die konstituierenden Komponenten bestimmten Grundanforderungen gerecht werden."

Daraus leiten sich folgende **Charakteristika** für die virtuelle Unternehmung ab, die für eine **Zielerreichung** unabdingbar sind:

- Modularität
- Heterogenität
- Räumliche und zeitliche Verteiltheit
- Offen-geschlossen-Prinzip
- Komplementaritätsprinzip
- Transparenzprinzip

Unternehmensnetzwerke dieser Art machen aus verschiedenen Gründen **Sinn**:

- Viele Autoren weisen auf den strategischen Wettbewerbsfaktor **„Zeit"** hin (vgl. dazu die Ausführungen im 5. Teil, M, V,), „Geschwindigkeit" wird zum wichtigsten Erfolgsfaktor in der Beziehung zwischen Unternehmen und Kunden.
- **Reaktionsfähigkeit** und **Flexibilität** (als die Fähigkeit einer Organisation, sich Veränderungen der Umweltbedingungen dynamisch anpassen zu können) bezüglich neuer Marktanforderungen sind kritische Erfolgsfaktoren.
- Dem Kunden kommt es auf eine gewünschte **Leistung** an (d.h. es ihm egal ist, wer in der Organisation bestimmte Leistungen erbringt).
- Die Risiken werden auf mehrere Unternehmen verteilt.

Wie wir bereits gezeigt haben, ist in einigen Bereichen an die Stelle der industriellen Massenproduktion mit großen Stückzahlen „vorgefertigter" Produkte die Online-Erfüllung **individueller Kundenwünsche** in kürzester Zeit getreten. Entwickelt sich die Beziehung Unternehmen – Kunden immer weiter in Richtung des **„mass customizing"**, der Einzelfertigung, dann ergibt sich für die Unternehmung zukünftig eine völlig andere Situation:

„Das Unternehmen wird zum Problemlöser, zum Erfüller individueller Kundenwünsche, Schnelligkeit und Flexibilität werden wichtigste Faktoren zukünftigen unternehmerischen Erfolges. Die alte Trennung zwischen Hersteller, Kunden und Lieferanten, das alte Denken von ‚innen' und ‚außen', löst sich auf. Die unternehmerischen Einheiten der Zukunft werden **Problemlösungsgemeinschaften** sein. Die Eigenschaften eines Produkts, das als Ergebnis dieser Problemlösung folgt, werden zusammen mit dem Kunden und den Lieferanten erarbeitet, und für seine Herstellung werden dann die geeigneten Produktionsfaktoren zusammengestellt. Die Bedeutung eines Unternehmens wird nicht mehr durch seine Produkte definiert, sondern durch seine Problemlöserkompetenz bestimmt. Ist das Produkt definiert, baut sich das Unternehmen, mal groß, mal klein, für diese Problemlösung auf. Es entsteht ein problembezogener und daher zeitlich begrenzter Zusammenschluß von Mitwirkenden, die eine neue Art von Unternehmen bilden, das ‚virtuelle Unternehmen'." (Fischer, 1996, S. 29)

Die Kooperation in der **Wertschöpfungskette** kann erfolgen:

- als **vertikale** Integration, wenn die einzelnen Kooperationspartner jeweils verschiedene Stufen der Kette für das VU realisieren (Ziele: Risiko- und Kostenverteilung, partielle Sicherung von Zulieferung und Absatz),
- als **horizontale** Integration, wenn Unternehmen der gleichen Stufe an der Kette beteiligt sind (Ziele: Kapazitätsvergrößerung, Abdeckung bestimmter Leistungen; vgl. Arnold u.a., 1995, S. 11f.)

In vielen Veröffentlichungen werden Virtuelle Unternehmen als die effizienteste Organisationsform zur Minimierung der **Transaktionskosten** herausgestellt. Transaktionen sind charakterisiert durch (Morath, 1996, S. 22)

- ex ante Kosten (Informations-, Verhandlungs- und Vertragsabschlußkosten)
- ex post Kosten (Kosten, die bei der Absicherung, Durchsetzung und eventuellen Anpassung der vertraglichen Vereinbarung entstehen)
- sowie Produktionskosten.

Interorganisationale, virtuelle Netzwerke haben sowohl gegenüber Marktmechanismen als auch gegenüber hierarchischer Koordination **Transaktionskostenvorteile** (nach Sydow, 1992, S. 143; Morath, S. 22ff.):

Gegenüber dem Markt, wegen

- geringerer Kosten bei der Suche nach Abnehmern und Lieferanten
- Einsparung von Kosten bei der Vertragsanbahnung, -aushandlung und -kontrolle
- besserer Informationsfluß infolge engerer Kopplung
- Transfer auch nichtkodifizierten Wissens
- Übertragung auch wettbewerbsrelevanter Informationen bei besserer Kontrolle über Wissensvermittlung
- möglicher Verzicht auf (doppelte) Qualitätskontrolle.

Gegenüber der Hierarchie, wegen

- der Kombination hierarchischer Koordinationsmuster mit dem Markttest
- gezielter funktionsspezifischer Zusammenarbeit
- größerer Reversibilität der Kooperationsentscheidung
- größerer Umweltsensibilität des dezentral organisierten Gesamtsystems
- leichtere Überwindbarkeit organisatorischen Konservatismus bei Anpassung an verändertes Umweltverhalten.

Solche Netzwerke scheinen dann sinnvoll zu sein, „wenn unter komplexen, dynamischen Umweltbedingungen flexible und innovative Entscheidungen getroffen werden müssen" (Morath, 1996, S. 24; dort finden sich auch ausgewählte **Theorieansätze** zu Netzwerken wie der Ressourcen-, interaktionsorientierter und entwicklungsorientierter Ansatz).

c) Neue Anforderungen an Management und Mitarbeiter

Ähnlich wie die Implementierung des Wissensmanagements basiert auch die Existenz von virtuellen Unternehmen auf einem außergewöhnlichen Einsatz von IuK-Technologien. Dies birgt in beiden Fällen in unseren Augen die Gefahr, daß der **Schlüssel** zur erfolgreichen Gestaltung beim Faktor „Technik" und nicht beim Faktor „Mensch" gesehen wird.

Für Fischer (1999) ist die Konstruktion und Durchführung virtueller Unternehmen unter drei wesentlichen **Gesichtspunkten** zu sehen, die alle miteinander verwoben sind:

- **Technische Probleme**: Netzwerke, Protokolle, Datenbanken, Software (z.B. Groupware, Application-sharing u.a.); lassen sich heute weitgehend mit vorhandenen Elementen lösen
- **Management, Organisation**: noch viele ungelöste rechtliche Probleme (Wo ist der Firmensitz der VO? Der Gerichtsstand? Welches Finanzamt ist zuständig? Haftung? Rechtsform? Weisung/Kontrolle? etc.)
- **„Human Relations"**: (Personalentwicklung) Konflikterkennung, Konfliktlösung, Betreuung, Ausbildung, Schulung, Kultur, Werte

Die Aufgabe der Unternehmensführung umfaßt:

- Das Management der **intra**organisationalen Beziehungen = klassischer Managamentkreislauf, Infrastruktur schaffen, Informationsversorgung, Schnittstellenmanagement, Festlegung der Wertvorstellungen usw.
- Das Management der **inter**organisationalen Beziehungen = Suche/Selektion geeigneter Partner, Aktivitätenfestlegung, Ressourcenallokation etc. (dazu Müller, 1997, S. 36f.)

Für das **Kooperationsmanagement** zwischen den Partnern ist notwendig:

- fortwährende, konsequente **Beziehungspflege** zu bestehenden und potentiellen Partnern
- ein effizientes **Konfigurationsmanagement** bei der Gestaltung/Bildung des Verbundes
- ein effizientes **Schnittstellenmanagement** zur Koordination
- fortlaufendes **Vertrauensmanagement**
- der Aufbau indirekter **Controllinginstrumente**

In einer solchen Organisation bekommt das **Management** eine veränderte Rolle. Die veränderten **Rollenanforderungen** resultieren aus

- der „Enthierarchisierung" der beteiligten Netzwerkunternehmen,
- der Auflösung von „innen" und „außen",
- der Umorientierung der Anreiz- und Karrieresysteme,

- dem Einsatz eines anderen Typs von Mitarbeiter (Kernmannschaft mit Minimalgröße; je nach Auftrag freie Mitarbeiter), Eigenverantwortung/Flexibilität bekommt größere Bedeutung,
- einem anderen Arbeitsauftrag; statt vorbestimmte Aufgaben zu erfüllen, nun „Problem lösen",
- einem mehr oder weniger kollektiv zu planenden strategischen Planungsprozeß,

- dem Einsatz interorganisationaler Informationssysteme,
- der Umgestaltung von Controllingsystemen und
- den rechtlichen/ethischen Problemen der Zurechnung von Handlungen auf Netzwerke statt auf einzelne Unternehmen (vgl. auch Sydow, 1995, S. 631).

In der Literatur finden sich z.Z. noch wenig Forschungsergebnisse zum **„Lebenszyklus"** von virtuellen Unternehmen, insbesondere zur **Entstehung**, die ja damit beginnt, „daß ein Visionär bzw. Promotor eine Marktchance identifiziert. Nachdem die Entscheidung für ein VU und damit gegen eine Unternehmensakquisition oder den internen Aufbau der benötigten Ressourcen gefallen ist, geht es in der **Anbahnungsphase** darum, Partner für das neu VU zu finden." (Faisst/Spiegel, 1996, S. 3)

Als **Quellen** der Partnerinformation bieten sich an:

- Klassische Quellen (Lieferantenquellen wie Geschäftsberichte usw., allgemein zugängliche Quellen wie Adreßbücher/Statistiken usw., persönlicher Informationsaustausch, elektronische Produktkataloge usw.
- Übersichtskataloge verschiedener Online-Dienste (BDI-Datenbank, „Wer-liefert-Was"-Verzeichnis, IHK-Kooperationsbörse, Hoppenstedt, Venture-Net, Deutsches InterNet Organsiationssystem, Technologietransferzentren; die gängigen Online-Dienste zeigen allerdings wenig Informationen zur Partnersuche.
- Neue Retrievalmöglichkeiten (wie intelligente Agenten)
- Elektronische Kooperationsbörsen (z.B. „DEVICE"; dazu Odendahl/Reimer/Marzen, 1998, S. 2ff.)

Für das Management von Netzwerken müssen die Personen, die diese Aufgaben ausführen, die notwendige Qualifikationen besitzen (vgl. Ritter/Gemünden, 1998, S. 262). Zwei Elemente werden unter dem Begriff „**Netzwerk-Kompetenz**" (wobei Netzwerk-Kompetenz als unternehmensspezifische Eigenschaft, als Eigenschaft des Knotens definiert ist) zusammengefaßt:

- Erfüllung der **Aufgaben**: beziehungsspezifische und beziehungsübergreifende Aufgaben
- Vorhandensein von **Qualifikationen**: fachliche und soziale Qualifikationen

---

Netzwerkkompetenz
„... das Ausmaß der Erfüllung der Aufgaben des Netzwerkmanagements und das Ausmaß der Qualifikationen der beteiligten Mitarbeiter für das Netzwerkmanagement." (ebd.)

Als „**Kernkompetenz**" bei der Konstruktion eines virtuellen Unternehmens ist für Fischer (1999) die Fähigkeit zum „**Team-Design**" zu sehen, d.h. im Projektablauf jederzeit rechtzeitig die notwendigen Mitwirkenden zu finden, die Kommunikationsstrukturen und arbeitsfähige Teams zu gestalten, ohne die Grundidee der Heterogenität und Flexibilität zu gefährden. Die Phasen des Team-Designs umfassen folgende, vor dem Einsatz des VO zu lösende Probleme (ebd.):

- Wer soll mitwirken?
- Welche Rollen werden verteilt (Rechte, Pflichten, Aufgaben)?
- Wie soll die Kommunikation zwischen den Mitwirkenden organisiert werden?
- Welche Methoden und Verfahren werden eingesetzt (Hardware, Software, Abläufe, Anforderungen, Qualitätsprobleme)?

d) Die Anwendungspotentiale von IuK-Technologien zur Überwindung von Grenzen

Zur Vernetzung der virtuellen Unternehmen steht eine ausgefeilte **IV-Architektur** zur Verfügung (vgl. dazu Faisst, 1995; 1996):

- zur Minderung des Koordinationsaufwands (z.B. kooperative Informationssysteme)
- für innovative Anwendungssysteme (z.B. elektronisches Organisationshandbuch, Know-how-Retrieval-Systeme)
- bei der Wahl geeigneter Strukturen (z.B. computergestützte Organisationstools)
- bei der Steuerung und Überwachung der zwischenbetrieblichen Geschäftsprozesse (z.B. Workflow-Management-Systeme)
- für die Leitung eines virtuellen Unternehmens (z.B. Groupware-Applikationen)

Zudem erfordert der temporäre Charakter dieser Form von den potentiellen Teilnehmern die Fähigkeit eines problemlosen informationstechnischen „**An-und-Abkoppelns**" an das Netzwerk (Fragen der Inkompatibilität etc.).

Die bereits im 1. Teil angesprochenen IuK-Techniken sollen helfen, bestimmte Grenzen unternehmerischer Handlungsmöglichkeiten (z.B. räumliche Entfernungen, Raum- und Zeitknappheit, Wissensmängel, Kapazitätsengpässe, mangelnde Flexibilität) zu überwinden (aus Picot/Reichwald/Wigand, 1998, S. 6f.):

- Aufgrund von Kommunikations- und Transporterleichterungen spielen regionale oder nationale Grenzen bei der Definition und Koordination wirtschaftlicher Aktivitäten eine immer geringere Rolle.
- Die erleichterte kommunikative Einbindung dritter Partner bei der Verwirklichung unternehmerischer Konzepte läßt Unternehmensgrenzen im Sinne einer Differenzierung zwischen innen und außen zusehends verschwinden.
- Kapazitätsgrenzen werden dank der flexiblen Einbeziehung der jeweils erforderlichen Ressourcen problembezogen erweitert.
- Wissensgrenzen lassen sich durch den erheblich vereinfachten, weltweiten Zugriff auf Wissensträger und Wissensbestände hinausschieben und rascher überwinden.
- Grenzen von Spezialisierung und Qualifizierung von Menschen in Organisationen verflüchtigen sich aufgrund neuartiger – nicht zuletzt auch durch IuK-Technik ermöglichter – Bündelungs- und Vernetzungsmöglichkeiten von Prozessen und Personen.

„Der Wandel betrifft im Wesentlichen das in den letzten 50 Jahren vorherrschende Organisationsmodell der funktionalen Hierarchie. Für eine Umgestaltung müssen Kernprozesse gefunden werden, die nicht nur das gesamte Unternehmen überlagern, sondern auch Lieferanten und Kunden mit einbeziehen. Der Prozeß steht im Vordergrund, d.h. nicht was eine Unternehmung produziert, steht allein im Mittelpunkt, sondern wie es produziert wird. Doch selbst wenn Firmen die richtigen Prozesse identifiziert haben, erweist es sich als eine schwierige, nicht zu unterschätzende Aufgabe, diese zu gestalten und weiterzuentwickeln. IuK-Technik spielt hier eine entscheidende Rolle. Ihr Potential kann jedoch nur ausgeschöpft werden, wenn ihr Einsatz adäquat erfolgt. Die richtige Abstimmung von Prozessen mit der sie überlagernden IuK-Technik ist Grundvoraussetzung für die erfolgreiche Transformation zu einer anpassungsfähigen und flexiblen Organisation." (ebd., S. 195)

5. Formen virtueller Unternehmen

a) Ausprägungen

Es gibt **kein Referenzmodell** für die virtuelle Organisation; Wüthrich/Philipp (1998, S. 203, daraus Abb. 42) erkannten zwölf unterschiedliche **Ausprägungsformen** der Virtualität. Das Kontinuum umfaßt die Kategorien Virtual Marketplace, Virtual Reality und intra- sowie interorganisationale Netzwerkverbunde.

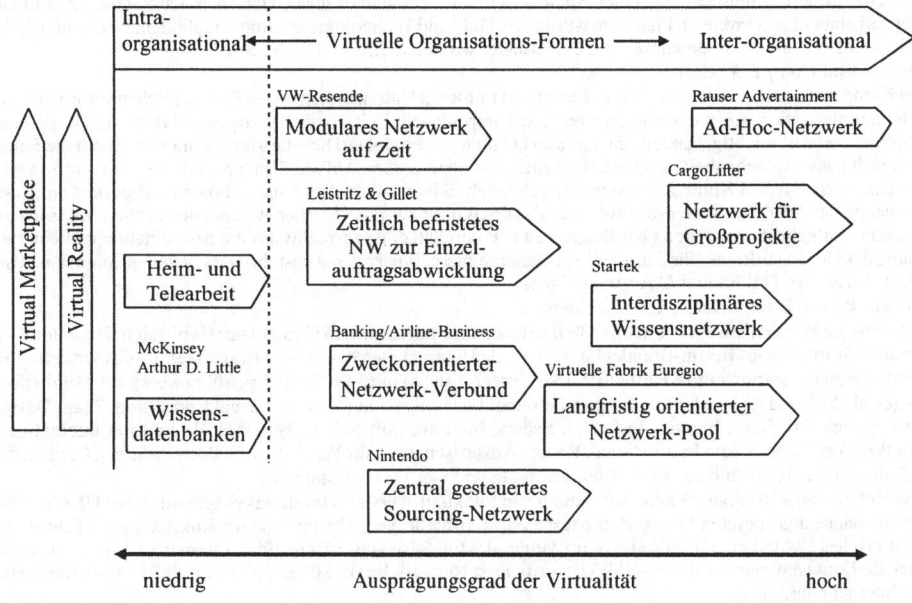

Abb. 42: Das Kontinuum der Virtualität

Im Extremfall lösen sich Unternehmen in Netzwerken auf und werden zu einer **„hollow organization"** („Schaltbrettunternehmung"/Ochsenbauer), d.h. zu einer Unternehmung, „die Ideen aufkauft, die Produktion von Subkontrakt-Unternehmungen ausführen läßt und die Distribution mittels selbständiger, gleichwohl in das Netzwerk (z.B. mittels **Franchising**) eingebundener Absatzmittler organisiert". (Sydow, 1992, S. 3; ders., 1994, S. 99ff.)

Allerdings geht mit der Externalisierung aller Funktionen die Gefahr einher, die Unternehmensidentität zu verlieren (Verlust der Kernkompetenzen), und es besteht das Risiko steigender Abhängigkeiten. Auch Müller (1997, S. 43) betont die Gefahr einer **Erosion der Kernkompetenzen**:

> „Die Zusammenarbeit in der virtuellen Organisation bringt es mit sich, daß die jeweiligen Partner bereits nach kurzer Zeit lokalisieren können, wo die Kernkompetenzen einzelner Mitglieder liegen bzw. welche Abteilungen oder Personen über entsprechendes Know-how verfügen. Damit steigt das Risiko des Know-how-Abflusses, z.B. durch die gezielte Abwerbung von Mitarbeitern während oder nach Ablauf der Zusammenarbeit. Der ‚One-night-stand' der Zusammenarbeit in einer virtuellen Organisation kann aus der Perspektive der Kernkompetenzen also nachhaltige, z.T. existenzbedrohende Folgen für das ‚Immunsystem' einzelner Unternehmen haben."

b) Fallbeispiele

In der Literatur finden sich zahlreiche Beispiele für **Prototypen** virtueller Unternehmen:

> **Puma:**
> Eines der bekanntesten Beispiel eines Netzwerkunternehmens stellt die Puma AG in Herzogenaurach dar, die sich konsequent auf ihre Kernkompetenzen Entwicklung, Design und Marketing konzentriert und permanent ihre gesamte Wertschöpfung auf Schwächen abklopft (und Outsourcing betreibt). Produktion, Logistik und Vertrieb sind in rund 80 global verteilten Partnerfirmen ausgegliedert. Kommuniziert und kontrolliert wird über moderne IuK-Techniken mit einem kleinen Headquarter. (vgl. Ott, 1996, S. 15; Appel/Behr, 1998, S. 25; vgl. auch die vier Fallstudien bei Faisst/Mertens, 1997). Auf einer Pressekonferenz betonte der Vorstandvorsitzende, daß Puma das erste virtuelle Unternehmen seiner Branche sein will, bei dem es die???Unternehmenszentrale nicht mehr gibt; auf einer übergeordneten Plattform würden Abläufe und Technologie zusammengefaßt, in Deutschland, den USA und Hong sind Kompetenzzentren eingerichtet worden (SZ; 11.03.2000, S. 17).
> **The Virtual Company** (CH):
> Ein Kompetenzverbund von z.Z. zwölf kleinen und mittleren Unternehmen in den Fachbereichen Informatik und Telekommunikation mit unterschiedlichen Kernkompetenzen. Leitsatz des Verbundes: Nicht die Größe eines Unternehmens ist wichtig, sondern die Art und Qualität der Produkte/Dienstleistungen und vor allem die Fähigkeit, sich neuen Gegebenheiten schnellstmöglich und ohne großen Aufwand anzupassen. Je nach Auftrag wird das partnerspezifische Know-how temporär gebündelt; d.h. ein virtuelles Unternehmen konfiguriert. Vertragspartner gegenüber dem Kunden ist immer der akquirierende bzw. jener Partner, welcher die Verbindung zum Auftraggeber aufgebaut oder schon über länger Zeit etabliert hat; er ist zuständig für die Koordination und Überwachung des Gesamtauftrags (für den aber kein Generalunternehmervertrag besteht). Das bedeutet, einmal ist Partner A, in andern Fall Partner C Auftragnehmer.
> Weitere **Beispiele** für virtuelle Unternehmen:
> Die virtuelle Fabrik „**Euregio**" mit über 30 Betrieben im Bodenseeraum (Projekt der Universität St. Gallen); das virtuelle Softwarehaus Berlin-Brandenburg; virtuelle Unternehmen der Region Basel; kiesel – das virtuelle Umweltkompetenzzentrum mit 14 Partnern; **CIM-Center Aargau** mit 18 selbständigen Netzwerkpool-Mitgliedern; **Logex** als Verbund regionaler Entsorgungsbetriebe; Interactiva, interconsult, Virtual Consulting, Team Design, Missing.link, Pro-Kom, Enertec, luebeck3, Sedata, Initiative Soft-SH, NEWPLAN, White Lion International, TelePad Corp., Rosenbluth International, Rauser Advertisement, EuroPart EWIV, Walden Paddlers, Cargo Lifter AG, die Firma **DUAL** mit ca. 70 DM Jahresumsatz und vier Festangestellten.
> Zwei interessante Beispiele für die Anbindung von Endkunden über **virtuelle Marktplätze** in den USA und virtuellen oder outgesourcten Geschäftsprozessen: das virtuelle Versicherungsunternehmen General Life in den USA (16 feste Mitarbeiter, 800 Anträge im Monat, 1 Mrd. $ Neugeschäft in 1998, Internet als Basis, Steuerung über ein Datawarehouse), oder seit 1995 Security First Network Bank (SFNB) , the world's first fully transactional Internet bank', usw.
> Zahlreiche weitere Beispiele in Mertens/Griese/Ehrenberg (1998, S. 17ff.) und Winand/Nathusius (1998, S. 93ff.).

Ein Beispiel **radikaler Funktionsexternalisierung**:

Lewis Galoob Toys
Dieser US-amerikanischer „Hersteller" von Spielwaren kauft Produktideen von unabhängigen Erfindern und läßt die Entwicklungsarbeit von selbständigen Ingenieurbüros durchführen. Die eigentliche Herstellung erfolgt durch Subkontrakt-Unternehmungen in Hongkong, die ihrerseits arbeitsintensive Funktionen bei chinesischen Zulieferern ausführen lassen. Die Fertigprodukte werden durch Spediteure in die USA transportiert und dort über selbständige Vertragsrepräsentanten vertrieben. Selbst Funktionen wie Factoring und Finanzbuchhaltung werden von selbständigen Dienstleistungsunternehmungen extern ausgeführt. GALOOB beschränkt sich im Kern auf die strategische Führung dieses Netzwerkes selbständiger Unternehmungen." (Quelle: digits, 1/66, S. 15, und Frigo-Mosca/Brütsch/Tettamanti, 1996, S. 48; dort finden sich weitere Beispiele zum Netzwerk des italienischen Motorradherstellers Aprilia und ABB)

---

c) Die Funktion eines Kernunternehmens

Leitidee der Lenkung und Koordination der virtuellen Organisation ist die **Selbststeuerung**. Aber auch ein virtuelles Unternehmen wird ohne einen bestimmten Bürokratieaufwand, einem zentralen „Overhead", einem mittelfristig geltenden „Kooperationsrahmens" i.d.R. nicht auskommen, da ansonsten die Transaktionskosten schnell die Vorteile der Virtuellen Organisation übersteigen. Organisatorische Rahmenbedingungen sind sowohl zum Innenverhältnis der Partner zueinander als auch zum Außenverhältnis (Schnittstelle VU – Umwelt) festzulegen. Prinzipiell bieten sich vier Formen der (,,übergeordneten") Koordination der unabhängigen Mitglieder an, die hierarchische, Gruppen- oder Selbstabstimmungsansätze darstellen:

- Das Netz gruppiert sich um ein **Kernunternehmen** (dies dürfte bei stabilen/längerfristigen Netzwerke anzutreffen sein).
- Das Netz nimmt die Hilfe eines **Brokers** in Anspruch (dies dürfte bei dynamischen/temporären Netzwerken anzutreffen sein).

- Das Netz bestellt auf mittlerer Ebene ein Koordinationszentrum in Form von **Koordinationsteams/-gremien/Lenkungsausschüssen** etc. aus verschiedenen Partnern/verschiedenen Mitgliedern (vgl. Drumm, 1998, S. 197).
- Das Netz kommt ganz **ohne** zentrale Koordinationsstelle aus (z.B. gemeinsames Auftreten über eine gemeinsame Benutzungsoberfläche).

Besonders Fischer (1997, b) betont, daß die Fähigkeit zum **effizienten Management** dezentralisierter Unternehmensorganisationen die „Kernaufgabe" postindustrieller Unternehmen sei: „Eine Studie der Suppliers Workgroup der American Air Force ergab, daß die Beteiligten als wichtigsten Faktor für den Erfolg komplexer Projekte nicht niedrige Löhne, billiges Kapital oder staatlich subventionierte Forschung ansahen, sondern die Fähigkeit, die Mitwirkenden an dem Projekt effizient zu koordinieren. Dieses ist nichts anderes als das Management temporärer, projektbezogener Unternehmen, die auch als ‚Virtuelle Unternehmen' bezeichnet werden. Management wird damit zum wichtigsten Produktionsfaktor, zur Kernaufgabe in virtuellen Unternehmen."

Zur Systemsteuerung des aus einer Anzahl von Untersystemen bestehenden Gesamtsystems „Virtuelle Unternehmung" kann ein **„Kernunternehmen"** als der **„Manager"**, der Kristallisationspunkt der virtuellen Firmen, auftreten. Andere sprechen von einer Plattformgesellschaft, mit der die VU nach außen auftritt und die als Ansprech-, Verhandlungs- und Vertragspartner dient.

Das Management bildet die Oberfläche zur Außenwelt und stellt folgende **Leistungen** zur „Steuerung" des Systems bereit (nach Fischer, 1997, b):

- **Unternehmenskultur**: Bereitstellung von Prinzipien für den Umgang der Mitwirkenden untereinander und mit der Außenwelt; Überwachung der Einhaltung dieser Prinzipien, Moderation und Konfliktlösung

- **Verfahrensregeln**: TQM (Qualitätsrichtlinien und Zertifizierung), Bestimmung oder auch Bereitstellung einheitlicher oder gemeinsam genutzter Instrumente, wie z.B. Computerprogramme oder festgelegte Kommunikationskanäle
- **Rechtsperson**: Vertreter der Rechte und Pflichten gegenüber der Außenwelt, Vertragspartner brauchen Rechtsverbindungen über die begrenzte Existenz des virtuellen Unternehmen hinaus (z.B. Haftung, Rechtsverwertung)
- **Weitere Aufgaben**: Akquisition von Aufträgen, Finanzierung, Problemanalyse (Beschreibung der Aufgaben, bevor das Unternehmen geschaffen wird), Ermittlung des Ressourcenbedarfs, Aufgabenverteilung unter den Mitgliedern

> „Das Kernunternehmen ist der ‚Aktivator' des virtuellen Unternehmens. Es existiert dauerhaft, an dieses wendet sich der Problemeigner als potentieller Kunde, mit ihm zusammen wird die erste Phase der Problemanalyse durchgeführt und das virtuelle Unternehmen ins Leben gerufen. Das Kernunternehmen erbringt damit die unternehmerischen Kernleistungen, stellt das Management sowie die überaus wichtige Unternehmenskultur bereit." (Ebd.)

Eine ausgefeilte Rollenverteilung findet sich bei der „virtuelle-fabrik.org", einem Bodensee-Produktionsverbund, der sich auftragsbezogen aus einem stabilen Netzwerk konfiguriert und gegenüber dem Kunden wie eine reale Fabrik auftritt. Nach Beendigung des Auftrags löst sich der Verbund wieder auf. Die sechs neuen **Dienstleistungsprofile** (aus virtuelle-fabrik.org Web-Information):

> Innerhalb des gesamten Netzwerkes sind der Broker und der Netzwerk-Coach tätig. Der Broker betreibt das Marketing für die Kompetenzen des Firmennetzes. Er ist unternehmerische Triebfeder für die Gründung virtueller Fabriken, indem er laufend neue Aufträge akquiriert. Der Netzwerk-Coach ist für den Auf- und Ausbau des Netzwerks verantwortlich. Eines seiner wichtigsten Aufgaben ist das Beziehungsmanagement zwischen den Netzwerkpartnern.
> Nachdem der Broker ein Produkt oder eine zu erbringende Dienstleistung akquiriert hat, wird der Leistungsmanager tätig. Er splittet den Gesamtauftrag in Teilleistungen auf und führt die geeigneten Partnerunternehmen in einer virtuellen Fabrik zusammen. Alle Unternehmen müssen einen Leiter In-/ Outsourcing bestimmen. Dieser ist Ansprechpartner für den Broker und Leistungsmanager, bietet Kompetenzen seines Unternehmens für virtuelle Fabriken an und koordiniert intern die Auftragsabwicklung.
> Der Auftragsmanager fungiert als Leiter einer virtuellen Fabrik. Dem Kunden gegenüber ist er für Produkt- und Lieferqualität verantwortlich. Der Auditor prüft die Auftragsabwicklung in einer virtuellen Fabrik als neutrale Instanz und stellt die Einhaltung der Spielregeln sicher.

d) Die Rolle eines Netzwerk-Koordinators/Information-Brokers

Die virtuelle Unternehmung umfaßt ein Netz selbständiger Mitglieder. Verläuft die Selbststeuerung der Partner nicht zielkonform, kann zur Bewältigung der Schnittstellenproblematik und des Koordinationsaufwands eine externe Person eingesetzt werden. Die Identifikation von Marktchancen und Kundenaufträgen **und/oder** die Partnersuche, Kontaktaufnahme, Auswahl/Bewertung, Konfiguration/Erstellung, Koordinierung und Steuerung „passender" Mitglieder nach den jeweiligen Kundenanforderungen kann in Händen eines sog. **Brokers** (synonyme Rollenbezeichnungen: Information Broker, Network Coordinator, Intelligent Agent, Integrator, Projektleiter, Federführer, Unternehmensagent etc.) liegen, dem damit eine Schlüsselrolle bei der Aufstellung einer spezifischen Wertschöpfungskette zukommt. Je nach der Lebensphase der VO hat er unterschiedliche Aufgaben zu erfüllen. Er tritt gegenüber dem Kunden als Kontaktperson/Repräsentant auf.

6. Die zentrale Bedeutung von Unternehmenskultur

In der Literatur wird durchgängig die bedeutende Rolle der Unternehmenskultur für virtuelle Unternehmen hervorgehoben (dazu insbesondere die Beiträge in Sieber/Griese, 1998; Krystek/Redel/Reppegather,1997, S. 412ff.), die vor einem **Dilemma** stehen:

- Einerseits können sie wegen ihres temporären Projektcharakters innerhalb der jeweiligen kurzen Phase ihres Bestehens und der wechselnden Mitglieder keine **eigene** Kultur bzw. Identität entwickeln. Dies würde auch dem Sinn dieser flexiblen Organisationsform zuwiderlaufen. Ein Vertrauens**vorschuß** ist notwendig.
- Andererseits bedarf es für den Austausch sensibler Informationen/Wissen/Know-how zwischen den Systemmitgliedern über Internet/Intranet/Extranet einer gewissen **Vertrauensbasis** bzw. der Pflege bestimmter vertrauensverstärkender Maßnahmen.

Lösungswege zu einem Vertrauensaufbau könnten darin bestehen:

- Die virtuelle Organisation in die bereits bestehende Kultur des Kernunternehmens einzubinden
- Festlegung bestimmter Rahmenbedingungen (Prinzipien, „Spielregeln für die Kooperation", Verträge etc.; zur Regulierung der Binnenbeziehung von solch hybriden Organisationen zwischen Markt und Hierarchie siehe Gerum/Achenbach/Opelt, 1998)
- Regelmäßige Face-to-face-Kontakte der wichtigsten Mitglieder
- In der Startphase Rückgriff auf bereits über frühere Kontakte bekannte Unternehmen
- Regelmäßiger Rückgriff auf einen festen Stamm
- Einbindung der bei bestimmten Aufträgen nicht beteiligten „Netzmitglieder" in den Informationsaustausch, um ein Zugehörigkeitsgefühl aufrechtzuerhalten
- Ständige Rückkoppelungsprozesse
- Transparenz der laufenden Arbeiten der Partner

Scholz (1997, S. 338), für den die Prozeßorientierung (und nicht mehr das Denken in Strukturen oder Produkten) zum Bestandteil der Denkhaltung der Mitarbeiter werden muß, da nicht die Organisationsstruktur, sondern die -kultur gefordert ist, skizziert folgende **organisationskulturellen** Grundlagen:

- **Vertrauenskultur**: geringe vertragliche Sicherheit, häufiger Partnerwechsel
- **Kundenorientierung**: absolute Ausrichtung auf Markt und Wettbewerb, permanente Suche nach Signalen aus der Umwelt
- **Technikorientierung**: EDV-Infrastruktur nötig zur Erstellung, zum Operieren und zum Anpassen der virtuellen Organisation; Geschwindigkeits- und Kostendruck
- **Polychroner** Föderalismus: rascher Wechsel der Zusammenstellung der Virtualisierungspartner; gleichberechtigtes Zusammenspiel auf mehreren Ebenen und in mehreren Prozeßketten

7. Grenzen und Schwachstellen

„Angesichts von Franchising-, Lizenz- und Kooperationsabkommen sowie Netzwerken stellt sich die Frage, wie solche Netze unvollständiger Verträge und solche Bündel verdünnter, von mehreren Unternehmen gehaltener Verfügungsrechte zusammengehalten werden können: Hier erlangen Überlegungen zur Unternehmensidentität, Unternehmenskultur und Unternehmensverfassung (vgl. Wagner 1994) zukünftig noch stärkere theoretische und praktische Bedeutung. Es stellt sich die Frage, ob Unternehmen angesichts der oben beschriebenen Entwicklungstendenzen noch durch das Bestehen von Property Rights und Kontrollrechten erklärt werden können." (Picot/Reichwald/Wigand, 1998, S. 276f.)

Den von uns genannten Vorteilen (wie: Spezialisierung möglich, größtmögliche Flexibilität, Best of Best, optimale Ressourcennutzung) stehen einige virtuelle **Risiken** gegenüber:

- Zahlreiche ungelöste **rechtliche** Probleme (wie bereits angesprochen)
- Kosten der technischen Infrastruktur
- Erosion bzw. Verlust an Kernkompetenzen/Know-how
- Eingeschränkte Sanktionsmechanismen
- Abhängigkeit von Netzwerkknoten

Ein branchen- und funktionsübergreifender Feldversuch (Reiss, 1996, S. 195ff.) signalisierte bestimmte **Grenzen** einer grenzenlosen Unternehmung, die zwei Ursachen haben:

- Die Netzwerkorganisation bricht zum einen mit mehreren vertrauten Führungsprinzipien.
- Die als **Substitute** entwickelten netzwerkspezifischen Führungsprinzipien (etwa bei Prinzipien der Netzwerkkultur, der Reziprozität und vor allem der Vertrauensbildung) sind bisher noch nicht ausreichend präzisiert und überprüft worden und eignen sich deshalb nicht als tragfähiges Fundament für diese viel versprechende Organisationsform. (Aber: „Aus wissenschaftlicher Sicht erscheint der Netzwerkansatz durchaus als geeignete Heuristik für ein strategiegerechtes Organisieren.")

Reiß (1996, S. 199f.; 1997, S. 25f.) zeichnet folgende netzwerkspezifische **Schwachstellen** von Netzwerkorganisationen:

- Sie vermitteln ihren Mitgliedern kaum materielle und soziale **Sicherheit** (Auflösung konventioneller Arbeitsverhältnisse).
- Sie beinhalten ein Votum für Spezialisierung/Konzentration auf Kernkompetenzen (aktuelle Strömungen plädieren für eine generalistische Mehrfachqualifikation).
- Sie sind hochgradig **personenabhängig** (anfällig gegen Fluktuationsrisiken).
- Sie provozieren zahlreiche Gefahren der **Überkomplexität**, die aus der Heterogenität der Netzwerkmitglieder, der Offenheit des Netzes, der Dynamik der Selbstorganisation und aus Planungsunsicherheiten für die Mitglieder resultieren.

Altvater/Mahnkopf (1997, S. 355ff.) sehen auf verschiedenen Ebenen **Probleme** für virtuelle Organisationen:

- Konkrete Arbeitsprozesse werden zukünftig in „**Scheinwelten**" stattfinden, Zeitschranken können aufgehoben werden, das moderne Unternehmen wird „**standortlos**".
- Bei dieser „virtuellen Integration" tritt an die Stelle der fordistisch-tayloristischen Überwachung die Kontrolle durch Märkte und Informationsflüsse, damit kann von Kooperationsbeziehungen autonomer, nur ihrer Kompetenz vertrauenden Experten kaum die Rede sein. Soziale Kohäsion im Unternehmen kann erst gar nicht entstehen, aus der traditionellen Organisationsforschung ist aber bekannt, daß ohne die **Face-to-face-Kommunikation** wichtige Kontextinformationen wegfallen, die für jede fachliche Kooperation unentbehrlich sind.
- Die Erosion von **Kontinuität** und **Vertrauen**: Das Management der inter- und intraorganistorischen Beziehungen ist problematisch, denn z.B. Vertrauen setzt eine gewisse Stabilität und Langfristigkeit der Kooperationsbeziehungen voraus, die nicht gegeben ist. Zentrifugale Kräfte in solchen Netzwerken lassen sich schwer unter Kontrolle halten.
- Die **verschwimmenden Grenzen** zwischen Unternehmen und „Umwelt".
- Das spannungsreiche Verhältnis von **Konkurrenz** und **Kooperation**.

Picot/Reichwald/Wigand (vgl. dazu 1998, S. 409ff.) sehen für diese Organisationsform folgende **Grenzen**:

- Die Grenzen der technischen Infrastruktur als Nervensystem der Unternehmung
- Die Grenzen der Funktionsfähigkeit durch menschliches Verhalten
- Die Bereitschaft, Informationen allgemein zur Verfügung zu stellen, und die Bereitschaft, diese auch zu nutzen
- Die Gestaltung von langfristig stabilen, informellen Vertrauensbeziehungen („Vertrauen" als entscheidender Koordinationsmechanismus); dazu auch Sieber (1998, S. 43f. und S. 227ff.)

Müller (1997, S. 33f.) identifiziert mindestens drei **Problemkreise** virtueller Organisationen:

- Zeitliche Begrenzung der Kooperation und wechselnde Mitgliedschaft im Netzwerk erschweren im Gegensatz zu andern Netzwerktypen erheblich den Aufbau einer Vertrauensbasis zwischen den in der VO kooperierenden Akteuren.
- Fehlende vertragliche Absicherung (aus Gründen der Flexibilität und der Zeitersparnis).
- Fehlende Face-to-face-Kommunikation (Kommunikation erfolgt vorwiegend über elektronische Medien).

Dritter Teil:

Gestaltung und Einsatz der

Human Resources

„Die Arbeit erschließt die Natur, Arbeit begründet das soziale Leben ebenso wie die Steigerung der Humanität in der Kultur, Arbeit läßt den Menschen seiner selbst ansichtig werden als des Schöpfers nicht nur seiner Welt, sondern darin seiner selbst. Die ursprüngliche Einsicht des abendländischen Christentums, nach der der Mensch niemals schon ist, was er sein soll, ist im neuzeitlichen Begriff der Arbeit als Aufgabe und als Programm dem Menschen selbst zugemutet: Durch Arbeit soll er zu sich selbst und zu seiner wahren Bestimmung gelangen.
Arbeit in diesem Sinne ist freilich ein utopischer Begriff und von Anfang an ist er gerade in diesem utopischen Charakter erkannt und interpretiert worden. Die wirkliche Arbeit entspricht ihm nicht: In der Wirklichkeit der Arbeit ist der Mensch gerade nicht bei sich selbst und gerade nicht als der, der er sein soll und sein will, tätig, ihm ist ‚entfremdete Arbeit' zugemutet, eine Arbeit also, die ihn reduziert und verbraucht und daher in keinem Sinn schon leistet, was sie leisten soll. Die Arbeit, die den Menschen zu sich selbst befreien soll, ist einstweilen in einem Zustand, in dem sie ihn unterdrückt und bedroht. Deshalb aber muß alles darauf ankommen, diesen Zustand zu ändern, damit die Arbeit sein kann, was sie sein soll: Erfüllung des menschlichen Daseins."

Rössler, 1986

Dritter Teil:
Gestaltung und Einsatz der
Human Resources

Aufgrund der nachfolgend aufzuzeigenden Einzigartigkeit und Bedeutung des Menschen innerhalb des Systems „Unternehmung" wird den laufenden „Investitionen" in das Humanvermögen für eine erfolgreiche Unternehmensführung eine zentrale Bedeutung beigemessen. Besonders unter strategischen Gesichtspunkten werden Aspekte des Humanpotentials (z.B. richtige Auswahl, Entwicklung und Motivation der Mitarbeiter) als Erfolgs-**Schlüsselfaktoren** erkannt, wird die berufliche (Weiter-) Bildung als vierter Produktionsfaktor betrachtet. Moderne Managementkonzepte wie das Total Quality Management oder ein Umweltmanagement sind ohne die volle Unterstützung der Mitarbeiter überhaupt nicht umsetzbar.

Belange der Mitarbeiter erlangen damit einen neuen Stellenwert, der einstige mechanistische „Produktionsfaktor Arbeit" wird als **wertvollste Ressource** der Unternehmung angesehen und damit zu einer zentralen Managementaufgabe. Zugleich ist im zunehmend globalen Wettbewerb mit seinen dramatischen Strukturwandlungen und Anpassungszwängen der Mitarbeiter auch zum sensibelsten und teuersten Faktor geworden (vgl. Wunderer/Kuhn, 1995, S. V); leider allzu oft aber auch – wie der unter Reorganisationsmodellen, z.B. Lean Management, einhergehende dramatische Personalabbau in den letzten Jahren zeigt – zum flexibelsten Faktor.

> „Der Mensch ist Mittel. Punkt". (Neuberger, 1990)

Der verstärkte internationale und globale Wettbewerb fordert von den Unternehmen eine schnelle Anpassungsfähigkeit an sich verändernde Markt- und Produktionsbedingungen. Der Unternehmenserfolg hängt dabei zu einem wesentlichen Teil von den verfügbaren Humanressourcen ab. Es gilt, das vorhandene Erfolgspotential in Form von schwer imitierbarem Know-how, Entfaltung des kundenorientierten Humanpotentials und Sicherstellung des benötigten Spezialisten- und Managementpotentials zielorientiert zu nutzen. Diese veränderte Sichtweise des Personals als Wettbewerbsfaktor und die zunehmende Bedeutung schneller, flexibler Lösungen auch im Personalbereich führen zu einem Wandel der Personalaufgaben. Damit verbunden ist eine Überprüfung der bestehenden Personalorganisation auf ihre weitere Eignung und ihre Anpassung an die neuen Gegebenheiten (Bühner, 1991, S. 443).

Zentrale Voraussetzung für die Bewältigung des tief greifenden Wandels der wirtschaftlichen und gesellschaftlichen Rahmenbedingungen ist für Wunderer/Kuhn (1995, S. 3) ein ausgeprägtes **unternehmerisches Verhalten**: „Diese Grundorientierung sollte dabei nicht länger das exklusive Attribut weniger Entre- und Intrapreneure sein. Vielmehr müssen Unternehmen die innovations- und umsetzungsbezogenen Fähigkeiten und Kenntnisse aller Mitarbeiter nutzen. Die Förderung solchen Mitunternehmertums fällt vorrangig in den Aufgabenbereich des **Personalmanagements**, das deshalb nicht länger (nur) ‚Administrieren' und ‚Ausführen' darf, sondern sich auf den Weg zu einer unternehmerischen Funktion' machen muß"

Ähnlich bei Zimmer (1992, S. 79ff.). Die **Zukunftsaufgaben** eines integrierten Personalmanagements liegen in folgenden Aufgabenbereichen:

- Fokussierung auf das strategische Personalmanagement (von der reaktiven zur proaktiven Personalarbeit)
- Intensivierung der Personalentwicklung (Aufbau einer Kultur der lebenslangen Qualifizierung)
- Aktive Bearbeitung des externen Arbeitsmarktes (aktives Personalmarketing)
- Verstärkte Erschließung zusätzlichen Personalpotentials (flexible Zeit- und Entlohnungskonzepte)
- Orientierung an Individualität (Individualisierung der Personalinstrumente)
- Internalisierung der Personalarbeit (Kulturharmonisierung bzw. -akzeptanz)

Die herkömmliche „Personaladministration" wurde weitgehend als eine (derivative und isolierte) operative Hilfsfunktion gesehen; diese Aspekte werden hier **nicht** behandelt. Die Handhabung des Humanpotentials im ganzheitlichen, „aktiven" Ansatz i.S. eines **unternehmerischen** Personalmanagements stellt demgegenüber eine in **allen** Funktionsbereichen integrierte Führungsaufgabe dar (vgl. Wohlgemuth, 1987, S. 115). Wir werden dabei die Führungsaufgabe des Managers unter einem doppelten Aspekt betrachten:

- Eine **humane**, menschengerechte Führung (orientiert an den Bedürfnissen und Wertvorstellungen der Mitarbeiter),
- eine **leistungsfähige** Führung (orientiert am ökonomischen Unternehmerinteresse; Wirtschaftlichkeit/Produktivität).

Als weitgehend synonym zum Begriff **„Management des Humanpotentials"** können die Begriffe „Human Resources Management"/„Personalmanagement"/„Personalpolitik" angesehen werden.

Für Ulrich (1998, S. 60) ist das Personalwesen heute wichtiger denn je. Unabhängig von Branche, Größe oder Standort sehen sich die Unternehmen vor fünf großen unternehmerischen Herausforderungen – Globalisierung, profitables Wachstum, Technik, geistiges Kapital/Wissen und ständiger Wandel – und jede dieser Herausforderungen verlangt von den Unternehmen die **Entwicklung neuer Fähigkeiten**, für das sich das Personalwesen zuständig zeigt und als Partner bei der Strategieumsetzung auftreten kann.

„Aus den soeben beschriebenen fünf Herausforderungen ist eine alles überragende Erkenntnis für die Unternehmungspolitik abzuleiten: Die einzig verbliebene Wettbewerbswaffe ist die Organisation. Früher oder später lassen sich alle herkömmlichen Wettbewerbsmuster kopieren – Kosten, Technik, Vertrieb, Herstellung und Produkteigenschaften. Unter den neuen wirtschaftlichen Rahmenbedingungen wird derjenige zum Gewinner, der bezüglich solcher betrieblichen Fähigkeiten wie Tempo, Reaktionsfähigkeit, Beweglichkeit, Lernvermögen und Vergütung an der Spitze liegt. Erfolgreich werden jene Unternehmens ein, die eine Geschäftsstrategie schnell umsetzen können; die Prozesse wendig und effizient zu meistern wissen; die die Mitwirkung und das Engagement der Beschäftigten steigern sowie die Voraussetzung für einen nahtlosen Wandel schaffen können. Die Notwendigkeit, diese Fähigkeiten zu entwickeln, läßt uns wieder an den neuen Auftrag des Personalwesens denken ..."

Rosenstiel/Comelli (1998, S. 2.125) beschreiben folgende Veränderungstendenzen im Bereich Management und Führung:

- „Der Abbau von Führungsebenen und -positionen führt nicht nur zu einer flacheren Organisation, sondern zwangsläufig auch zu einer Übertragung von mehr Kompetenzen und Verantwortung nach unten. Bei den betroffenen Mitarbeitern erhöht sich dadurch der Handlungsspielraum. Auf allen betrieblichen Ebenen wird den Mitarbeitern damit mehr unternehmerisches Denken und Handeln abverlangt.
- Bei der nachrückenden Führungsgeneration (um die 35 Jahre und jünger) verstärkt sich weiterhin die Bewußtseinsveränderung in Richtung Offenheit und Emanzipation von Autorität. Erwartet wird eine gezielte Förderung von Fähigkeiten sowie eine in beide (!) Richtungen offene Feedback-Kultur.
- „Multi-Skilling" und der Erwerb fachunspezifischer Schlüsselqualifikationen sind die Anforderungen, um sich die Arbeitsmarktfähigkeit (employability) auch in Zukunft zu sichern.
- Die Verweildauer in Unternehmen verringert sich, und die Garantien einer lebenslangen Beschäftigung gehört endgültig der Vergangenheit an.
- Grundsätzlich stellt sich der Arbeitsmarkt in Zukunft weiblicher, qualifizierter, älter (!) und flexibler dar.
- Die Loyalität zwischen Arbeitgeber und Arbeitnehmer schwindet weiter; die Bindungen werden provisorischer.
- Der Arbeitsmarkt wird zunehmend unternehmensübergreifend. Die Wahrnehmung mehrerer Teilzeitstellen bildet keine Ausnahme mehr.
- Die klassische (männliche) Erwerbsbiographie – in der Regel durch eine mehr oder weniger kontinuierliche Karriereentwicklung nach einer qualifizierten Ausbildung gekennzeichnet – wird nicht mehr die Regel sein. Zukünftige Laufbahnmuster werden gekennzeichnet sein durch verkürzte Laufbahnzyklen mit Diskontinuitäten, Brüchen, unterschiedlichen Höhen und Tiefen."

Ein Blick durch die zahlreichen Managementtheorien (Reengineering, Lean Management usw.) der letzten zwei Jahrzehnte zeigt ein eigenartiges Bild:

- Einerseits wird immer wieder der Mensch als „wichtigste Ressource" beschrieben, will man ihn zum „unternehmerisch" denkenden Mitarbeiter (Intrapreneur) machen, werden „Spitzenleistungen", Null-Fehler-Qualität, Flexibilität usw. eingefordert.
- Andererseits orientiert man sich an Zahlen (egal ob die Richtgröße jetzt Shareholder Value oder ROI heißt), der Mitarbeiter wird als reiner Kostenfaktor gesehen, Handlungsspielräume werden nicht erweitert, (Kapital-)Beteiligungen verwehrt.

Die eigentliche Grundlage dauerhafter und exzellenter Leistungen sind aber immer die Menschen.

A. Grundlagen

I. Grundsätzliches zur menschlichen Arbeitsleistung

Für jede betriebliche Leistungserstellung und -verwertung werden verschiedene Produktionsfaktoren eingesetzt: Betriebsmittel, Werkstoffe und menschliche Arbeitsleistung. Der zentrale Stellenwert der Arbeit wird deutlich, wenn man berücksichtigt, daß der Mensch trotz Arbeitszeitverkürzung ca. 6700 Stunden, ein Zehntel seines Lebens, durchschnittlich mit Arbeit verbringt. Menschliche Arbeit ist der Einsatz der geistigen, körperlichen und seelischen Kräfte des Menschen für die Erfüllung der Betriebszwecke. Gutenberg als Repräsentant der „traditionellen" Betriebswirtschaftslehre unterteilt den Faktor menschliche Arbeitsleistung in zwei grundsätzlich verschiedene Arten:

- die objektbezogene Arbeitsleistung, die sich aus ausführenden (= vollziehenden) Tätigkeiten zusammensetzt,
- und die dispositive (derivative) Arbeitsleistung, der die Leitung und Lenkung der betrieblichen Vorgänge im Sinne einer optimalen Kombination der Elementarfaktoren obliegt (dazu vierter Teil, A).

Für die Ergiebigkeit eines Faktoreinsatzes ist immer eine zweifache Betrachtung notwendig: Die Beschaffenheit des einzelnen Faktors selbst und seine Kombination mit den anderen Faktoren. Der Einsatz eines jeden Elementarfaktors (und damit auch der menschlichen Arbeitsleistung) ist dem ökonomischen Prinzip unterworfen, d.h. dem Streben nach dem günstigsten Verhältnis von Faktoreinsatz und Faktorertrag (vgl. Gutenberg, 1983, S. 8ff.).

„Wie jede betriebliche Funktion hat auch die Personalwirtschaft einen Leistungsbeitrag zu liefern: Das Produkt des Personalwesens ist Personal, nicht Persönlichkeit.(...) Es ist jedoch an die Banalität zu erinnern, daß es im Unternehmen nicht um die allseitige Entfaltung des Menschen geht, sondern um die Nutzung seiner Potenzen zur Erzielung von Leistung und Einkommen" (Neuberger, 1991, S. 9).

Im Rahmen dieses Beitrags wird das Kombinationsproblem ausgeklammert und nur untersucht, welche Umstände den produktiven Beitrag des Faktors menschliche Arbeitsleistung bestimmen. Dazu werden wir zuerst darlegen, welche Faktoren – auf deren Grundlage der Betrieb dann Leistungsanreizsysteme entwickeln kann – das Leistungsverhalten des Menschen beeinflussen.

Da menschliche Arbeit im Betrieb zielorientiert ist, werden wir im zweiten Teil den Grad der Zielerreichung, d.h. das qualitative und quantitative Arbeitsergebnis als Grundlage einer Personalbeurteilung untersuchen. Der dritte Schwerpunkt zeigt die Einbindung dieser beiden Bereiche in ein betriebliches Lohn- und Gehaltssystem.

Das Schwergewicht unserer Darlegungen wird sich mit den Möglichkeiten der Produktivitätssteigerung bei ausführenden Tätigkeiten beschäftigen, doch zeichnet sich immer mehr ein Trend ab, auch dispositive Arbeitsleistungen (z.B. Leistungsbewertung bei Führungskräften) mit einzubeziehen.

II. Die besondere Stellung des Menschen in der Unternehmung

Ein Mitarbeiter ist aber nicht nur Arbeitsträger, sondern (vgl.Olfert/Steinbuch, 1993, S. 23):

- ein motiviertes Individuum mit bestimmten Motiven und Zielen
- ein Koalitionspartner, der verschiedenartigen Gruppierungen angehört
- ein Entscheidungsträger
- ein Kostenverursacher durch seinen Entgeltanspruch.

Der Mitarbeiter kann zwar als ein Mittel von mehreren zur Erreichung der von der Unternehmung selbst gesetzten Ziele gesehen werden, jedoch, wie insbesondere Lattmann es pointiert zeichnet, in Verbindung mit einer das Unternehmungswirtschaftliche weit überschreitenden **ethischen** Fragestellung. Im Gegensatz zu den Sachmitteln kommt dem „Mittel Mensch" nämlich ein **Selbstwert** zu. Bei der in vielen Lehrbüchern vorhandenen (unausgesprochenen) Dominanz betriebswirtschaftlicher Rationalisierungs- und Rentabilitätsblickrichtungen seien diese Aussagen nochmals in ihrem Kern hervorgehoben:

(1) Der arbeitende Mensch hat **subjektive** Ansprüche gegenüber der Unternehmung.

(2) Der arbeitende Mensch ist **Träger** der Vollzüge der Unternehmung und damit ihr konstitutives Mittel.

(3) Der Vollzug zur Erreichung der Unternehmensziele ist ein **gesellschaftliches** Geschehen.

(4) Der Mensch in seiner Doppelnatur ist sowohl Objekt als auch Subjekt, Steuernder und Gesteuerter.

III. Das menschliche Leistungsangebot und seine Bestimmungsgrößen

Bevor die Frage nach der Gestaltung einer Leistungsförderung eines Mitarbeiters gestellt werden kann, müssen die **leistungsbeeinflussenden** Faktoren selbst bekannt sein. Gutenberg versuchte als Erster eine Systematik und führte die Ergiebigkeit der menschlichen Arbeitsleistung im Betrieb auf subjektive, objektive und entgeltliche Bedingungen zurück. Als Schlüsselgrößen für alle arbeitsorganisatorischen Maßnahmen prägen fünf Faktoren die individuelle Eignung eines Menschen für bestimmte Arbeiten: Umstände, die in der Person liegen, das Verhältnis Arbeitssubjekt-Arbeitsobjekt, das Leistungsbewußtsein, das Verhältnis zu den Kollegen und außerbetriebliche Umstände. Damit wurde bereits zu Beginn der „modernen BW" ein Rahmen geschaffen, der als Grundlage herangezogen werden kann (vgl. dazu im Einzelnen: Gutenberg, 1983, S. 11ff.).

Die Rationalisierung der Arbeitsvorgänge durch Schaffung optimaler **äußerer** Arbeitsbedingungen erstreckt sich vor allem auf Arbeitsverfahren, Arbeitsplatz, Werkraum und Faktoren der Arbeitsermüdung. Die REFA-Methodenlehre unterscheidet folgende Möglichkeiten der **Arbeitsplatzgestaltung**:

- Anthropometrische Gestaltung (z.B. Arbeitsplatzhöhe, Griffbereich, Gesichtsfeld, Anpassung der Arbeitsmittel)
- Physiologische Gestaltung (Anpassung der Arbeitsmethoden und der Arbeitsbedingungen/Umgebungseinflüsse an den menschlichen Körper)
- Psychologische Gestaltung (z.B. Farbgestaltung, Musik, Pflanzen)
- Organisatorische Gestaltung (Aufgabenstellung/Arbeitsstrukturierungen und Arbeitszeit)

- Informationstechnische Gestaltung (Sehen, Hören, Tasten)
- Sicherheitstechnische Gestaltung (Unfallschutz etc.)

Für die Systematisierung der Einflußgrößen auf die menschliche Leistung finden sich in der neueren Literatur zahlreiche Vorschläge. Überwiegend werden die Determinanten der menschlichen Arbeitsleistung in individuellen und situationsbedingten bzw. in internen und externen Einflußgrößen gesehen. Danach ist die menschliche Leistung zum einen von der **Leistungsfähigkeit** (dem Können und Wissen) und der **Leistungsbereitschaft** (dem Wollen) abhängig, zum anderen kann sie durch **innerbetriebliche**, situationsbedingte Maßnahmen beeinflußt werden. Die außerbetrieblichen Einflüsse entziehen sich weitgehend dem betrieblichen Wirkungskreis. Das Arbeitsergebnis des Menschen kann zwar nach der erreichten Sachleistung oder nach bestimmten Verhaltenskriterien bewertet werden; dieses Ergebnis ist aber immer von sichtbaren und unsichtbaren Komponenten geprägt; eine Menge, die Güte oder Termingenauigkeit der Arbeitsausführung u.ä. kann gemessen werden bzw. mit Hilfe bestimmter Kriterien beurteilt werden, unbekannt bleiben jedoch die Antriebe des Menschen, die dazu führten.

Leistungsfähigkeit ist das Maximum an Leistung, das ein Mensch herzugeben in der Lage ist. Innerhalb der Arbeit wird ein Mensch jedoch nur einen Teil seiner Gesamt-Leistungsfähigkeit einsetzen. Die Fähigkeiten des Menschen werden vor allem durch seine Anlagen, seine Ausbildung und Erfahrung bestimmt. Neben der Disposition und den Fähigkeiten werden die materiellen und immateriellen Motive (Bedürfnisse) das Leistungsangebot bestimmen, d.h. der Wille des Menschen, seine Fähigkeiten zu entfalten.

Das menschliche Leistungsangebot kann jedoch nur dann **realisiert** werden, wenn

- eine entsprechende Arbeitsaufgabe (mit bestimmten Anforderungen) gegeben ist und

- die Arbeitsaufgabe dem Mitarbeiter die notwendigen Freiräume zur Realisation des Leistungsangebotes eröffnet (damit sind Fragen der Arbeits-(neu)organisation bzw. der Arbeitsplatzgestaltung und der limitierende Einfluß neuer Produktionstechniken auf diese Arbeitsbedingungen angesprochen).

Erst ein Vergleich wird die Eignung eines Menschen bzw. die Ausschöpfung des Eignungspotentials zeigen. Auch Rosenstiel betont, daß zur Motivation stets zweierlei gehört: eine motivierte Person und eine motivierende Situation. Da aber Motivation nicht die einzige Einflußgröße menschlichen Verhaltens ist, sind zusätzliche, sich wechselseitig prägende Faktoren heranzuziehen (Rosenstiel, 1984, S. 30; Schnell, 1999 S. 76; Klimecki/Gmürr, 1998, S. 184ff.):

- das persönliche Können (Fähigkeiten und Fertigkeiten),
- das individuelle Wollen (Motivation/Leistungsbereitschaft),
- das soziale Dürfen (Normen, Vorschriften, Regelungen, Entfaltungsmöglichkeiten),
- die situative Ermöglichung (hindernde und fördernde äußere Umstände).

Will der Betrieb diese Bestimmungsfaktoren der menschlichen Arbeit (etwa durch Aus-/Weiterbildung, leistungsbezogene Lohnsysteme, soziale Maßnahmen oder Anreicherung des Arbeitsinhalts) beeinflussen, müssen die Einflußgrößen bekannt sein; nur dann kann er versuchen, mit den Instrumenten eines **Anreizsystems** diese Größen in seinem Sinne positiv zu beeinflussen. „Motivation" existiert nicht als separate Einflußgröße; sie wird abgedeckt durch verschiedene andere Faktoren interner und externer Art. Für den Betrieb ist allerdings nur eine Beeinflussung der internen Einflußgrößen möglich.

Daraus abgeleitet, liegt die Zielsetzung einer betrieblichen **Personalpolitik** in der Steigerung

- der **Leistungsfähigkeit** der Mitarbeiter, z.B. durch Weiterbildung und Personalentwicklung,
- der **Leistungsbereitschaft** der Mitarbeiter, z.B. durch leistungsorientierte Entgeltsysteme,
- der **Leistungsmöglichkeit** der Mitarbeiter, z.B. durch Arbeitsplatzgestaltungsmaßnahmen.

Auf einige Einflußgrößen, insbesondere auf die Motivationswirksamkeit von (leistungsbezogenen) Entgeltsystemen und die Gestaltung des Arbeitsplatzes, wird an späterer Stelle ausführlich eingegangen. Es sei hier bereits betont, daß das (vergangenheitsbezogene) Sammeln von Informationen über den Mitarbeiter im Rahmen der operativen Beurteilungssysteme zur Entgeltermittlung unter strategischen Personalentwicklungsaspekten zu einer **Potentialentwicklung** erweitert werden muß.

B. Das Bild vom Mitarbeiter in Managementmodellen

Fragen betrieblicher Menschenführung werden seit Jahrzehnten in Wissenschaft und Praxis erörtert. Es entwickelten sich zahlreiche Organisationstheorien und Managementtechniken, denen implizit bestimmte Annahmen über die **Natur** des arbeitenden Menschen, d.h. die menschlichen Bedürfnisse, die Erwartungen, die Ziele und die Motivation des Menschen, zugrunde lagen. Im Zuge der jeweiligen geistigen Strömung gab es unterschiedliche Vorstellungen darüber, **welche** Anreize den Mitarbeiter besonders motivieren. Entsprechend wurden unterschiedliche „Anreizsysteme", d.h. Maßnahmenkataloge zur Erreichung eines zieladäquaten Verhaltens, empfohlen. Generell sieht Kohn (vgl. 1994) Anreizsysteme in der Praxis sehr kritisch, da sie auf falschen Prämissen über die Motivationskräfte menschlichen Verhaltens beruhen. Belohnungen erzielen nur eine zeitweilige Bereitschaft zu mehr Leistung. Materielle, extrinsische Anreize ändern nichts an der Grundeinstellung, die unser Verhalten bestimmt.

Aus der Reihe alternativer Modellvorstellungen wollen wir nur wesentliche Aspekte herausgreifen. Ein Eingehen auf diese Veränderungen ist unumgänglich, da für unsere Untersuchung der Arbeitsproduktivität die Annahmen über die Anreize für das Leistungsverhalten von zentraler Bedeutung sind.

Die Entwicklungsstufen:

- der technologische Ansatz
- der Human-Relations-Ansatz
- der Human-Resources-Ansatz

sollen nun in Bezug auf die ihnen zugrunde liegenden Annahmen über die Natur des arbeitenden Menschen näher betrachtet werden (vgl. zum Nachfolgenden Weinert, 1981, S. 72ff.; Kupsch/Marr, 1991, S. 731ff.). Der neben diesen klassischen sozialpsychologisch-motivationstheoretisch ausgerichteten Organisationsansätzen zuerst im angloamerikanischen Raum sich entwickelnde **verhaltenswissenschaftliche** Ansatz („Organizational Behavior") wird hier nicht behandelt (dazu Gomez/Zimmermann, 1993, S. 54ff.; Staehle, 1994, S. 137ff.)

I. Die technologisch-klassischen Theoretiker

Dieser Denkansatz, der mit den Namen Taylor und Smith verbunden ist, legt folgendes Menschenbild zugrunde:

- Der Mensch als Maschine, d.h. er wird instrumentalisiert; er ist durch geeignete Maßnahmen in seinem Verhalten lenkbar (= mechanistischer Produktionsfaktor).
- Soziale Prozesse werden nicht erkannt bzw. technischen Arbeitsabläufen gleichgesetzt.
- Die finanzielle Entlohnung stellt die einzige Motivation dar und wird deshalb direkt an die Arbeitsleistung gekoppelt (Differentiallohnsystem).

Mit Taylor (und den Prinzipien seines „Scientific Management") begann die **Rationalisierung**, die Loslösung des Arbeitsprozesses von den Fertigkeiten des jeweiligen Arbeiters, die strikte Trennung von Arbeitsplanung/-vorbereitung und Arbeitsdurchführung und der Prozeß der modernen **Arbeitsteilung**, d.h. das Zerlegen eines Arbeitsvorgangs in kleinste Teilelemente; dadurch wurde eine zentrale Führungs- und Kontrollinstanz („span of control", **Funktionsmeister**system für bestimmte Produktionsabläufe) notwendig. (Siehe dazu unsere Ausführung im 1. Teil, A. I)

Vertreter dieser Theorie richteten ihr Hauptaugenmerk auf die Planung und Kontrolle aller Handlungsabläufe innerhalb der Unternehmung, um das Organisationsziel möglichst rationell und effizient zu erreichen, m. a. W., mit möglichst ökonomischem Mitteleinsatz zur Zieloptimierung zu gelangen. Grundlegender Gedanke der wissenschaftlichen Betriebsführung war die Funktionalität der Organisation und die Erhöhung der Produktivität aufgrund fundierter wissenschaftlicher Methoden und Erkenntnisse: durch Erforschung der äußeren Bedingungen (Temperatur, Lärm, Beleuchtung usw.), der direkten Arbeitsbedingungen (**Zeit- und Bewegungsstudien**, Pausen- und Arbeitszeitgestaltung) und der konstitutionellen Bedingungen.

Fazit:

- Effizientere Produktion durch Arbeitsteilung/Spezialisierung und produktiver Einsatz des Menschen, um maximale Produktivität zu erreichen (es wird dabei allerdings oft fälschlicherweise der Taylorismus mit noch härterer Arbeit oder Ausbeutung gleichgesetzt; es sollte vielmehr mit besserer Arbeitsorganisation, mit Hilfe kräftesparender Arbeitsmethoden, dem Wechsel von Arbeits- und Ruhepausen etc. die größtmögliche Tagesleistung erreicht werden, aber ohne die Arbeiter zu überanstrengen und in der Erhaltung dieses Zustandes).
- Dem individuellen Mitarbeiter mit seinen persönlichen Wünschen und Bedürfnissen und dem betrieblichen Gruppen- und Sozialgefüge wird keine Beachtung geschenkt; der Mitarbeiter hat der Unternehmung seine Arbeitskraft zur Verfügung gestellt und wird dafür materiell entlohnt; die Ziele der Organisation sind ausschlaggebend, nicht die Bedürfnisse des Individuums.

Taylor legte damit die Grundlagen für die wissenschaftliche Durchdringung der menschlichen Arbeit im industriellen Produktionsprozeß. Auf diesen Arbeiten – zusammengefaßt in den Prinzipien des „Scientific Management" – basieren heute praktisch alle modernen Leistungsmeßverfahren.

II. Der Human-Relations-Ansatz

Mit zunehmender Industrialisierung und Konkurrenz, steigendem Organisationsgrad der Arbeitnehmer, komplexeren Arbeitsprozessen und Marktverhältnissen und qualifizierterer Schul- und Berufsausbildung setzte ein Umdenkungsprozeß ein, der soziale Faktoren, wie z.B. das Verhalten der Menschen am Arbeitsplatz, ihre Zugehörigkeit zu bestimmten Gruppen, also die stärkere Berücksichtigung menschlicher Erwartungen und Fähigkeiten in den Mittelpunkt des Interesses rückte. Aber auch hier richtete sich das Konzept primär auf die Leistungssteigerung als oberstes Ziel. Man unterstellte dabei die Abfolge: eine Steigerung der Arbeitszufriedenheit (über die Befriedigung sozialer Faktoren) führt zu einer Leistungssteigerung (siehe auch unsere Ausführung im 1. Teil, A. I.).

Anstoß und wissenschaftliche Fundierung erhielt dieser Ansatz durch die sozialwissenschaftlichen Experimente in den **Hawthorne-Werken** der General Electric Company in Chicago (ab 1927) unter Leitung von Mayo, Roethlisberger, Dickson und später durch Lewin in Michigan. Trotz hoher und fortschrittlicher Sozialleistungen (Krankengeld, Altersrente, Urlaubsbeihilfe) waren dort viele Arbeiter unzufrieden, die genannten Experten sollten Abhilfe schaffen, wobei die Experimente selbst sich z.T. auf die Annahmen des technologischen Modells stützten. Dabei wurden folgende Erkenntnisse gewonnen (vgl. Weinert, 1981, S. 78f.):

- Das Arbeitsergebnis und das Verhalten gegenüber der Unternehmensleitung wird durch soziale Normen bestimmt (d.h. Arbeit ist Gruppentätigkeit, Einfluß und Bedeutung von Gruppen, Erkennen der informalen Gruppen), die Unternehmung hat also nicht nur eine technisch-rationale Ausprägung, sondern auch eine soziale, mit Streben nach Anerkennung, Sicherheit und Zugehörigkeit, der Mensch als Gruppenwesen.
- Relativierung der finanziellen Anreize, zentrale Stellung von nichtmateriellen Be- und Entlohnungen
- Bedeutung der Kommunikation zwischen den Rangstufen, der zwischenmenschlichen Beziehungen, der Anerkennung oder einer demokratischen Führung.
- Bedeutung der Arbeitszufriedenheit für die Arbeitsleistung.
- Bedeutung der inneren Einstellung zur Arbeit.

III. Das Human-Resources-Modell

Die in der Literatur sehr häufig anzutreffende Unterscheidung in drei Managementmodelle – Traditional, Human Relations und Human Resources – geht auf eine Einteilung von Miles zurück. Das Human-Resources-Führungsmodell mit seinem humanistischen Bild vom Mitarbeiter rechnet Staehle den isolierten HRM-Ansätzen zu. Integrative HRM-Konzepte, wie das Michigan- oder das Harvard-Konzept, verknüpfen Unternehmensstrategie, Organisationsstruktur und Human-Resource-Management (vgl. ebd., S. 745ff.).

Staehle (vgl. 1994, S. 736ff.) szizziert im Personalbereich eine Entwicklung von der „Personalverwaltung" hin zu einem „Human Resource Management" als eine genuine Managementaufgabe. Ähnlich kennzeichnet Wohlgemuth (vgl. 1990, S. 8f.) das Human-Resources-Management:

- Es ist eine „Führungsaufgabe", die als typische Querschnittsfunktion ganzheitlich auf verschiedenen Führungsebenen und allen Funktionsbereichen integriert werden muß.
- Es geht über die traditionelle Personalarbeit hinaus und umfaßt Funktionen wie Personalentwicklung und Management Development.

Human Resource Management
„... umfaßt alle funktionellen, institutionellen und instrumentellen Aspekte der Unternehmensführung, die mit Fragen des Humanpotentials verbunden sind. Dabei wird mit Humankapital die Gesamtheit menschlicher Arbeitskraft bezeichnet (Mitarbeiter und Führungskräfte mit ihrem Wissen, Können und Verhalten), aus der das Unternehmen besteht. Implizit wird davon ausgegangen, daß die volle Entfaltung dieses Potentials nicht automatisch erfolgt, sondern von vielen Faktoren abhängig ist, die zudem unterschiedlich stark beeinflußbar sind."
(Wohlgemuth, 1986, S. 87)

> „... Gesamtheit aller Ziele, Strategien und Instrumente, die das Verhalten der Führungskräfte und der Mitarbeiter prägen." (Hilb, 1994, S. 12)
> „... befaßt sich mit dem Erkennen, dem Gewinnen und dem Entfalten der Mitarbeiterpotentiale in der Unternehmung. Leitideen, Werte/Normen sowie Strukturen/Systeme bilden den Rahmen, in den die Human Resources eingebettet sind." (Kobi, 1990, S. 5)

Die **Harvard-Konzeption** (nach Staehle, 1994, S. 747f.; Dubs, 1997, S. 23ff.) identifiziert vier zentrale HRM-**Politikfelder**:

- Mitarbeiterbeteiligung (Partizipationsphilosophie)
- Human-Resources-Bewegungen (Personalbeschaffung, -einsatz, -entlassung)
- Belohnungssystem (Anreiz-, Entgelt- und Beteiligungssysteme)
- Arbeitsorganisation (Arbeitsstrukturierung)

Die **Felder** der HRM-Politik werden durch die Interessen der Organisationsteilnehmer (d.h. beteiligte Interessengruppen i.w.S.) und bestimmte situative Kontext-Faktoren beeinflußt und sind sowohl untereinander als auch mit der Unternehmensstrategie abzustimmen. Zu den unternehmenspolitischen und strategischen Implikationen des HRM siehe unsere Ausführungen im fünften Teil (G).

Versucht man die heute gängigen Leitideen des Human Resource Management in **Leitideen** zusammenzufassen, so sind dies (nach Dubs, 1997, S. 28):

- Das Personal ist nicht mehr ein Kostenfaktor, sondern ein Aktivum des Unternehmens. Deshalb ist das HRM eine Investition, die effektiv ist, weil alle Mitarbeiterinnen und Mitarbeiter leistungswillig, leistungsfähig und entwicklungsfähig sind.
- Die Mitarbeiterinnen und Mitarbeiter entwickeln sich dann am besten weiter, wenn es ihnen der Arbeitsplatz mit seinem Arbeitsinhalt erlaubt und geeignete Partizipationsmöglichkeiten geschaffen werden.
- Je besser die Unternehmenskultur auf Kommunikation, Partizipation und Autonomie ausgerichtet ist, desto größer wird der persönliche Einsatz aller Mitarbeiterinnen und Mitarbeiter.
- Je besser die persönlichen Ziele der Belegschaft mit den Zielen des Unternehmens harmonieren, desto günstiger entwickelt sich das Unternehmen.

Einerseits ist der Human-Resource-Management-Ansatz für Oechsler (1997, S. 2ff.) wegen seiner Ausrichtung auf die strategische Komponente und die systematische Abstimmung der Instrument problemadäquat, andererseits darf er aber nicht einseitig als **„arbeitgeberorientierter"** Ansatz (wie etwa in den USA) konzipiert werden. Er muß vielmehr auf Handlungsparameter und strategische Optionen der industriellen Beziehungen ausgerichtet werden (Arbeitnehmer – Arbeitgeber – Gewerkschaften – Regierung), die im europäischen (und besonders deutschen) Kontext eine unterschiedliche Geschichte haben und eine Vielfalt von Formen annehmen (wie z.B. den „handlungstheoretischen" Ansatz).

Die Ansätze des strategischen Human Resource Management sind für Oechsler (1997, S. 21f.) „zumindest zeitgemäß, indem sie in den hoch entwickelten Industrie- oder besser ‚Informationsgesellschaften' problemadäquate Analyse- und Handlungskonzepte bereitstellen. Dies läßt sich zusammenfassend durch die folgenden **Vorzüge** begründen:

- Human-Resource-Management-Ansätze sehen die Mitarbeiter als wichtigsten Erfolgsfaktor, die es im und für den Wettbewerb zu gewinnen und entwickeln gilt. Im Vordergrund steht dabei die Überwindung qualifikatorischer Engpässe.
- Erfolgsfaktoren stehen im Mittelpunkt bei der Formulierung von Unternehmensstrategien. Strategisches Human Resource Management bedeutet, daß diese Perspektive simultan bei der Strategieformulierung berücksichtigt wird. In diesem Zusammenhang müssen auch die industriellen Beziehungen als strategische Variable angesehen werden. (...)
- Bei der Strategieformulierung und -implementierung wird Human Resource Management zu einer allgemeinen Anforderung an alle Führungskräfte. Diese „General Mangement"-Perspektive wirft Konfliktberei-

che zwischen z.B. zentraler Strategieformulierung und dezentraler Strategieumsetzung oder professionalisiertem Human-Resource-Management-Wissen und generellen Managementfähigkeiten auf.

Fazit zu den drei Ansätzen:

Für Oechsler (1997, S. 21) setzt jeder der genannten drei theoretischen Ansätze zu Personal/Arbeit aufgrund der unterschiedlichen Bezugsrahmen andere Schwerpunkte:

- Im **Produktionsfaktor**-Ansatz wird der arbeitende Mensch als Objekt behandelt, und die Interessen liegen auf einem reibungslos funktionierenden Produktionsablauf.
- Im **verhaltensorientierten** Ansatz stehen soziale und psychische Phänomene im Vordergrund, zu deren Erklärung auf Erkenntnisse von Nachbardisziplinen zurückgegriffen wird.
- Im **Human-Resource**-Ansatz steht eine ganzheitliche und integrative Betrachtungsweise im Mittelpunkt.

Während in den letzten zwei Jahrzehnten personalpolitische Strategien in Richtung Dezentralisierung/Rationalisierung gingen (z.B. Flexi-Modelle), läßt sich als letzte Stufe des HRM (etwa seit Beginn der Neunzigerjahre) eine Richtung erkennen, die den Mitarbeiter als „Unternehmer im Unternehmen" aktivieren und entwickeln will. Die strategische Vorgabe einer maximalen innerbetrieblichen Wertschöpfung innerhalb eigenverantwortlicher Profit Center (oder dergleichen) erfordert neue Formen des „unternehmerischen" Mitdenkens, Mithandelns der Mitarbeiter; auf Formen des **Intrapreneuring** und der zentralen Rolle des Faktors „**Wissen**" haben wir bereits hingewiesen (vgl. 1. Teil).

C. Motivation als Führungsaufgabe

Unternehmensführung heißt, Menschen und Gruppen im Betrieb in ihrem Verhalten mit Hilfe entsprechender Führungstechniken und -instrumente so zu beeinflussen, daß sie einen gewünschten **Beitrag** zur Erreichung der Unternehmensziele leisten. Neben traditionellen Führungsfunktionen, wie Planen, Organisieren, Entscheiden, Delegieren, Kontrollieren u.ä. tritt damit das Motivieren. Innerhalb der sozio-emotionalen Dimension der Unternehmensführung stellt die Motivation ein wesentliches Element der personenbezogenen Führungsfunktionen dar. Die **Motivationstheorien** stellen die Basis der heutigen Führungslehre, denn erst durch die Kenntnis der jeweiligen Motivationsstrukturen können Führungselemente effizienter eingesetzt werden.

Motivierung

„... die attraktive Gestaltung, Präsentation und Interpretation von Bedürfnis befriedigenden Optionen der Arbeitswelt zur Beeinflussung von Anreizoptionen bzw. Bedürfnissen (Motiven). Diese Motivierung bildet die Grundlage einer anreizorientierten Selbst- und auch Fremdsteuerung, um aktuelle und wichtige Bedürfnisse über Erfolgs versprechendes Arbeits- und Sozialverhalten bei der Erfüllung von Organisationszielen zu befriedigen" (Wunderer, 1994).

In scharfer Form geißelt Sprenger (1992, S. 5ff.) den **Mythos** Motivation. „Der andere soll zur Bedürfnisbefriedigung des einen, benutzt' werden. Das wird aber nicht ausgesprochen. Legitimiert wird das häufig als, notwendiges Übel', um – gleichsam nebenbei – den Mitarbeiter auch zu seinem eigenen Nutzen zu beeinflussen. Was aber dieser Nutzen ist – das entscheidet der Manipulator." Für ihn ist alles Motivieren Demotivieren. „Heutige Motivationsstrategien basieren auf den fünf großen „B": Bedrohen, Bestrafen, Bestechen, Belohnen, Belobigen. Das ist die Grammatik der Motivierung" (ebd., S. 7). Er zeichnet den leerlaufenden Motivierungsaktionismus wie folgt:

- Die Motivation konzentriert sich fast ausschließlich auf die Leistungsbereitschaft (Leistungsfähigkeit und -möglichkeiten bleiben unberührt).
- Der Mensch gewöhnt sich an ein immer höheres Reizniveau (darauf hatte schon Herzberg hingewiesen).

- Die Unternehmenskultur ist eine Mißtrauenskultur (ein auch immer wieder von Bleicher in seinen Veröffentlichungen erhobener Vorwurf), Unzufriedenheit als Verwöhnungsfolge, Belohnungssucht.
- Fehlmotivierung (Energie der Mitarbeiter fließt nach innen, zum Gehalt, und nicht nach außen, zum Markt).

I. Begriff Motiv/Motivation

Motive sind Konstrukte, die den Antrieb und das Verhalten, die Frage nach dem „Warum des Handelns" erklären wollen: Sie versorgen das Handeln mit Energie (aktivierende Komponente) und richten es auf ein Ziel aus (kognitive Komponente) (vgl. Kroeber-Riel, 1991, S. 146). Motive bestimmen in unterschiedlicher Intensität das menschliche Handeln und Verhalten. Der grundlegende Prozeß für die Erklärung des zielgerichteten menschlichen Verhaltens ist für Kroeber-Riel die Motivation, die innere Spannung, verbunden mit einer Zielorientierung. Sie steuert die Verhaltensweise eines Individuums bevorzugt in Richtung Bedürfnisbefriedigung. Den Begriff der Motivation könnte man demgemäß allgemein als die Frage nach den Gründen eines Verhaltens beschreiben.

Motivation
„... die Aktivierung oder Erhöhung der Verhaltensbereitschaft eines Menschen, bestimmte Ziele, welche auf eine Bedürfnisbefriedigung ausgerichtet sind, zu erreichen." (Thommen/Achleitner, 1999, S. 624)
„... das ist einerseits ein Antrieb, eine Kraft in der Person, die diese zum Handeln drängt, ein Beweggrund des Verhaltens.
„... das ist andererseits ein von außen kommender Anreiz, die aus der Situation kommende Anregung, die menschliche Motive aktiviert und das Verhalten beeinflußt" (Rosenstiel, 1984, S. 30).

Obwohl im Bereich der industriellen Arbeitswelt sowohl der Anreiz als auch das daraus resultierende Verhalten (bzw. Leistungsergebnis), rein meßtechnisch gesehen, relativ leicht zu erfassen sind, ist zu beachten, daß immer mehrere Anreize (Motivationen) das Verhalten beeinflussen und zum anderen innerhalb des Motivationsprozesses der Anreiz nicht die einzige Determinante des Verhaltens bzw. der Leistung ist; daneben müssen zahlreiche andere Variablen, wie Werte, frühere Erfahrungen, gesellschaftliche Einstellungen usw., zur Erklärung mit herangezogen werden.

II. Motive beruflicher Arbeit

Mit der Frage, warum Menschen arbeiten (in unserem Kulturkreis gilt Arbeit als Verhaltens- bzw. Sozialnorm) und welche Bedürfnisse des Menschen durch Arbeit befriedigt werden, hat sich die Motivations- und Organisationspsychologie ausführlichst beschäftigt. Die zentrale Bedeutung dieser Frage wird deutlich, wenn wir uns vor Augen halten, daß aus dem **Stellenwert**, den die Arbeit im Leben eines Menschen einnimmt, wir viele seiner Zielsetzungen, Erwartungen, Motivationen und Handlungsweisen innerhalb des Betriebes erklären und verstehen können.

Die Literatur bietet zahlreiche Kategorisierungsmöglichkeiten für eine Systematisierung der Motive an. Es finden sich heute weitgehend zwei Grundrichtungen:

- eine Zuordnung der menschlichen Bedürfnisse (gemäß ihrer Wichtigkeit) in bestimmte Kategorien; häufig in Anlehnung an die Maslowsche Bedürfnishierarchie
- eine Unterscheidung in extrinsische und intrinsische Arbeitsmotive.

Als extrinsisch werden jene Motive angesehen, die aus den Folgen oder den Umwelteinflüssen der Arbeit befriedigt werden; dies können sein:

- Motive finanzieller Art (Wunsch nach Geld)
- Motive nicht-finanzieller Art (Bedürfnis nach Sicherheit, erworbener Einfluß/Anerkennung, Geltungsbedürfnis, gute Zusammenarbeit, gutes Betriebsklima, gutes Verhältnis zu den Vorgesetzten usw.).

Eine größere Bedeutung in ihrem Einfluß auf die Arbeitsleistung bzw. das -verhalten dürften die intrinsischen Arbeitsmotive haben, die durch die Tätigkeit selbst, d.h. durch die Arbeitsausführung und Aufgabenorientierung, befriedigt werden:

- eine anspruchsvolle, abwechslungsreiche Tätigkeit, die ein Gefühl von Leistung, Sinn und Ganzheitlichkeit vermitteln kann bzw.
- die Möglichkeit bietet, Probleme und Entscheidungen im Rahmen eines vertikal erweiterten Handlungsspielraums selbst zu lösen, sowie Lern- und Entwicklungsmöglichkeiten.

Ein im Sinne des „Prinzips der Selbst-Verstärkung" intrinsisch motivierter Mitarbeiter ist wirkungsvoller und langfristig stabiler aktiviert. Diese Unterscheidung ist für die heutige Motivationsforschung und die arbeitsorganisatorische Umsetzung ihrer Erkenntnisse (etwa in Job-Enrichment- oder Reengineering-Maßnahmen) von enormer Wichtigkeit; wir werden des Öfteren darauf zurückkommen.

III. Der „klassische" Motivationsprozeß

Als Bezugsrahmen für die Erklärung menschlichen Verhaltens kommt dem sog. „S-O-R"-Konzept der Psychologie grundsätzliche Bedeutung zu: Der Mensch reagiert auf Impulse (Stimuli, Anreize) seiner Umwelt (S) in einer Weise (R), die von den momentanen Charakteristika seines Organismus/ seiner Persönlichkeit (O) abhängig ist; die zwischen Stimuli und Reaktion ablaufenden intervenierenden Vorgänge im Menschen sind Informationsverarbeitungsprozesse. Von zentraler Bedeutung für Überlegungen über den Motivationsprozeß sind **Bedürfnisse** (als „Auslösemechanismen") und die von **Zielen** ausgehende Anziehungskraft.

IV. Motivationstheorien und ihre Grundlagen

Zahlreiche Motivationstheorien versuchen, motiviertes Verhalten bzw. die Beziehung „Verhalten – Leistung" zu erklären. Während ältere Theorien mehr den **energetischen** Aspekt betonten (also die ein Verhalten veranlassenden Bedürfnisse und Triebe), konzentrieren sich neue Konzepte stärker auf den **kognitiven** Aspekt dieses Prozesses (also die Frage, welche Anreize und Zielsetzungen und damit verknüpfte Erwartungen bestehen. Weinert kategorisiert:

- **Content** oder **Inhalt/Ursache**-Theorien (Was und welche Faktoren motivieren?)
  Dazu zählen u.a.:
  (1)   das Maslowsche Modell der Bedürfnishierarchie
  (2)   Herzbergs Zwei-Faktoren-Theorie
  (3)   Aldorfers ERG-Theorie
  (4)   McClellands Theorie der gelernten Bedürfnisse

- **Prozeß**-Theorien (Instrumentalitäts- oder Erwartungstheorien und die Balance-Theorien): Wie wird Arbeitsverhalten energiert, gerichtet und beendet?
  Dazu zählen u.a.:
  (5)   McGregors Theorien X und Y
  (6)   Anreiztheorie (March/Simon)

(7)   Adams Equity-Theorie

(8)   Atkinsons Theorie der Leistungsmotivation

(9)   Vrooms Instrumentalitätstheorie

(10)   Lawlers Instrumentalitätstheorie

Zu den Theorien der Arbeitsmotivation sei insbesondere auf die ausführlichen Darstellungen bei Staehle, 1994, S. 204ff.; Stopp, 1995a, S. 133ff.; ders., b, S. 131ff.; Richter, 2000, S. 166ff.) verwiesen. Wir wollen hier nur einige Grundlagen zeigen, die in der Praxis breite Verwendung finden und das Verständnis für die späteren Ausführungen zu Reorganisationsmaßnahmen erleichtern.

zu (1): Die Stufentheorie von Maslow

Der amerikanische Psychologe Maslow geht davon aus, daß alle Individuen danach streben, eine Reihe von Bedürfnissen zu befriedigen. Es war sein Verdienst, mit der Auf- (bzw. Unter-) stellung einer Dringlichkeitsordnung einen ersten systematischen Erklärungsansatz zu liefern. Er teilt die Bedürfnisse in fünf Kategorien ein (vgl. Abb. 43) und geht dabei davon aus, daß die Befriedigung einer Stufe Voraussetzung ist für die Entwicklung der Bedürfnisse der nächsthöheren Stufe (Theorie der Rangfolge: ist eine Stufe befriedigt, werden die Bedürfnisse latent, und die Bedürfnisse der nächsthöheren Ebene werden manifest).

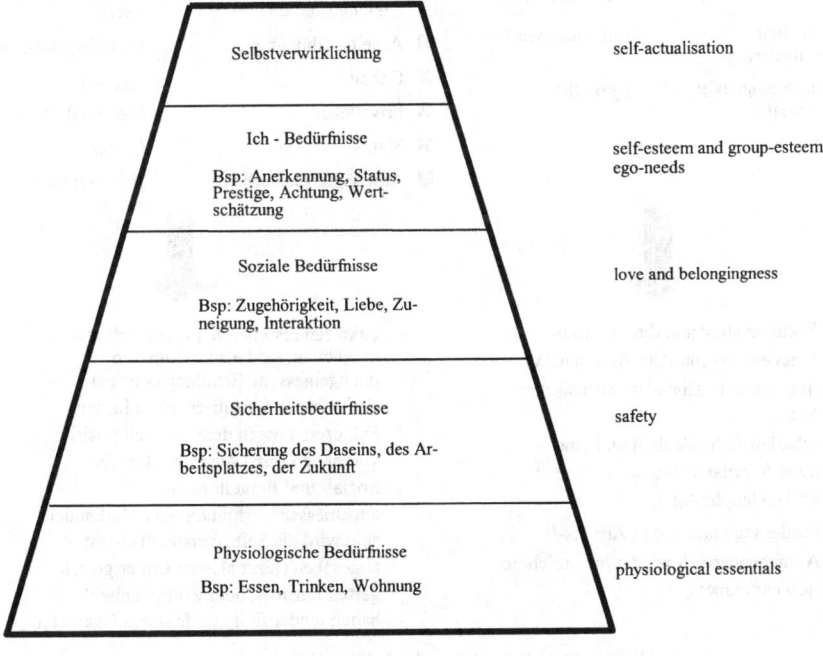

Abb. 43: Die Bedürfnispyramide nach Maslow

Die Bedürfnisse haben im Zustand des Unbefriedigtseins ihre stärkste Antriebskraft. Es entsteht somit eine Bedürfnishierarchie (-pyramide) von unten nach oben, wobei er postuliert, daß der Mensch nach der höchsten Stufe strebt. Die ersten vier Kategorien bezeichnet er als Defizit-Motive, das Bedürfnis nach Selbstverwirklichung, dem sein Hauptinteresse galt, als Wachstumsbedürfnis.

zu (2): Die Zwei-Faktoren-Theorie von Herzberg

Die von Herzberg entwickelte Motivationstheorie dürfte wohl die populärste Theorie der Arbeitsmotivation darstellen. Sie basiert auf empirischen Untersuchungen, die zuerst in den 50er Jahren durchgeführt wurden. Im Rahmen der Pittsburgh-Studie wurden die Arbeitnehmer nach Situationen gefragt, in denen sie eine hohe Zufriedenheit bzw. hohe Unzufriedenheit verspürten.

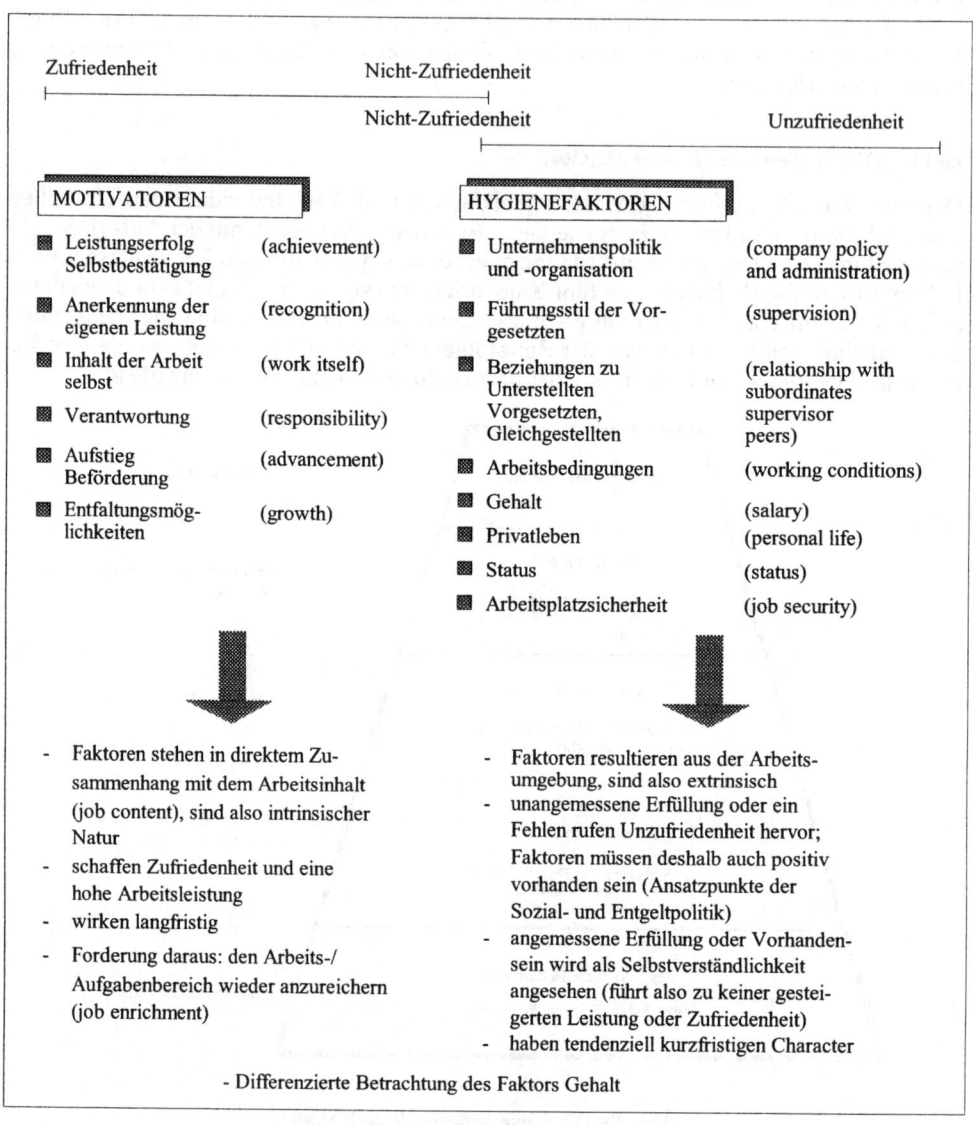

Zufriedenheit	Nicht-Zufriedenheit		
	Nicht-Zufriedenheit		Unzufriedenheit

MOTIVATOREN

- Leistungserfolg Selbstbestätigung — (achievement)
- Anerkennung der eigenen Leistung — (recognition)
- Inhalt der Arbeit selbst — (work itself)
- Verantwortung — (responsibility)
- Aufstieg Beförderung — (advancement)
- Entfaltungsmöglichkeiten — (growth)

HYGIENEFAKTOREN

- Unternehmenspolitik und -organisation — (company policy and administration)
- Führungsstil der Vorgesetzten — (supervision)
- Beziehungen zu Unterstellten Vorgesetzten, Gleichgestellten — (relationship with subordinates supervisor peers)
- Arbeitsbedingungen — (working conditions)
- Gehalt — (salary)
- Privatleben — (personal life)
- Status — (status)
- Arbeitsplatzsicherheit — (job security)

- Faktoren stehen in direktem Zusammenhang mit dem Arbeitsinhalt (job content), sind also intrinsischer Natur
- schaffen Zufriedenheit und eine hohe Arbeitsleistung
- wirken langfristig
- Forderung daraus: den Arbeits-/Aufgabenbereich wieder anzureichern (job enrichment)

- Faktoren resultieren aus der Arbeitsumgebung, sind also extrinsisch
- unangemessene Erfüllung oder ein Fehlen rufen Unzufriedenheit hervor; Faktoren müssen deshalb auch positiv vorhanden sein (Ansatzpunkte der Sozial- und Entgeltpolitik)
- angemessene Erfüllung oder Vorhandensein wird als Selbstverständlichkeit angesehen (führt also zu keiner gesteigerten Leistung oder Zufriedenheit)
- haben tendenziell kurzfristigen Character

- Differenzierte Betrachtung des Faktors Gehalt

Abb. 44: Motivation-Hygiene-Theorie (Herzberg)

Als Faktoren, die zur **Zufriedenheit** beitrugen, wurden vor allem solche genannt, die in direktem Zusammenhang mit der betrieblichen Tätigkeit des Mitarbeiters standen; diese Faktoren bezeichnete er als **Motivatoren** (satisfiers, intrinsic factors, content factors). Als Faktoren, die hauptsächlich zur **Unzufriedenheit** beitrugen, wurden solche genannt, die in keinem direkten Zusammenhang mit der Tätigkeit standen; diese Faktoren bezeichnete er als **Hygienefaktoren** (Kontextfaktoren, dissatisfiers, extrinsic factors oder maintenance factors).

Aufgrund der verschiedenen Ursachen von Zufriedenheit und Unzufriedenheit lehnt Herzberg das „klassische Zufriedenheitskonzept" (mit einem unterstellten Kontinuum von „zufrieden" bis „unzufrieden") ab: Fehlende Motivatoren in beruflichen Tätigkeiten führen nicht zur Unzufriedenheit, sondern resultieren in der Abwesenheit von Zufriedenheit. Daraus folgt, daß das Gegenteil von Zufriedenheit nicht Unzufriedenheit, sondern vielmehr keine Zufriedenheit bzw. von Unzufriedenheit nicht Zufriedenheit, sondern keine Unzufriedenheit ist. Die genannten Zusammenhänge verdeutlicht Abb. 44).

Über die Zwei-Faktoren-Theorie ist viel geschrieben worden, und es ist unbestritten, daß sie aufgrund ihrer relativen Einfachheit leicht verständlich und plausibel ist. Innerhalb der modernen Führungstechniken hat sie zweifellos entscheidende Impulse ausgelöst. Dennoch stößt sie zum Teil auf heftige **Kritik**, die sich sowohl auf die Theorie selbst bezieht als auch auf ihre Erhebungsmethode (vgl. dazu Neuberger, Weinert, Wunderer/Grunwald, Rühl/Zink). Obwohl die Theorien von Maslow und Herzberg als wissenschaftlich überholt bzw. angreifbar und empirisch nicht oder nur z.T. bestätigt werden, insgesamt also sehr kritisch beurteilt werden, ist festzustellen, daß ihr **Verbreitungsgrad** in der betrieblichen **Praxis** und im wissenschaftlichen Lehrbetrieb ständig zunahm und zunimmt (Mc Gregor/Job Enrichment).

V. Führungsstile

Führung wird in der Literatur überwiegend als eine ziel-/ergebnisorientierte, d.h. bewußte Verhaltensbeeinflussung mit Hilfe von Kommunikation definiert. Einen optimalen Führungsstil gibt es nicht, die spezifischen Bedingungen sind zu berücksichtigen. Rosenstiel/Comelli (1998, S. 1.68) skizzieren folgendes **Rahmenmodell** personaler Führung:

- Von der Führungspersönlichkeit wird das Führungsverhalten mitbestimmt.
- Das Führungsverhalten ist aber auch von der Situation abhängig.
- Das Führungsverhalten bedingt wesentlich den Führungserfolg.
- Der Führungserfolg wird aber nicht nur vom Führungsverhalten, sondern auch von der Situation mitbestimmt.

Für künftige Führungspersönlichkeiten leiten sich daraus folgende allgemein gültige **Basisanforderungen** ab: „Wer künftig erfolgreich führen will, sollte gekennzeichnet sein durch

1. eine überdurchschnittliche Intelligenz, d.h. durch die Fähigkeit, rasch und zutreffend neue Probleme zu analysieren und zu lösen;
2. eine gute interpersonale Kompetenz, d.h. die Fähigkeit und Bereitschaft, sich auf verschiedenartige Menschen einzulassen und mit ihnen Kontakt aufnehmen zu können;
3. Lernfähigkeit und Lernbereitschaft, um sich auf jeweils neue und sich wandelnde Herausforderungen einzustellen und die dafür erforderlichen Wissensbestandteile und Handlungskompetenzen zu erwerben;
4. Flexibilität, um sich rasch wandelnden Situationen stellen zu können;
5. hohe Motivation im Sinne eines Bedürfnisses, die sich stellenden Herausforderungen jeweils zu bewältigen und dabei Einfluß auf andere auszuüben." (ebd., S. 1.72)

Führungsstil
„... Kennzeichnung für das innerhalb einer Organisation oder in Teilbereichen einer Organisation typische Führungsverhalten. Zugleich auch Bezeichnung für das spezifische Verhalten des Mitglieds einer Gruppe in seiner Rolle als Führer oder Vorgesetzter. Der Führungsstil ist die Kombination von bestimmten Verhaltenskomponenten, welche eine Person bei der Ausübung von Führung kennzeichnen." (ebd., S. 3.22)

Im Rahmen der Individualführung soll hier nur ein kurzer Anriß der **Führungsstilmodelle** gegeben werden. Kollektive Führungsansätze mit generalisierenden Verhaltensmustern besprechen wir im vierten Teil (D). Für Scholz (1989, S. 440) wollen Führungsmodelle, die deskriptive oder präskriptive Aussagen zur Individualführung machen, „den Vorgesetzten in die Lage versetzen, seine aktuelle Führungssituation und/oder sein eigenes Führungsverhalten zu analysieren, zu verstehen und/oder zu verändern". Zum Führungsstil als einer grundsätzlichen Handlungsmaxime des Vorgesetzten bietet die Literatur zur Personalführung ein äußerst reiches Instrumentarium an (vgl. Scholz, 1989, S. 359ff.; Staehle, 1994, S. 31ff.; Olfert/Steinbuch, 1993, S. 197ff.; Oechsler, 1997, S. 275ff.; Jung/Kleine, 1993, S. 208ff.). Die angebotenen Theorien sollen quasi als einfache „Handlungsanleitungen" umgesetzt werden können. Zu den einzelnen Ansätzen und ihren eingesetzten Methoden finden sich in der Literatur viele kritische Stimmen (vgl. stellvertretend Neuberger, 1990). Hier sollen nur einige grundlegende **Charakteristika** kurz dargestellt werden:

- **Ein**dimensionale Ansätze stellen auf die Verhaltensweise des Führens ab (z.B. zwischen den Polen autoritär/autokratisch und demokratisch/kooperativ). Dem Führungsprozeß wird ein bestimmtes Anreiz-Reaktions-Modell unterstellt. In den Führungsgrundsätzen deutscher Unternehmen wird häufig explizit auf einen **partizipativen** Führungsstil Bezug genommen, bei dem Mitarbeiter in einem sinnvollen Rahmen an Entscheidungen, die ihre Arbeit betreffen, beteiligt werden (zu den Vorteilen kooperativer Führung siehe Domsch, 1993, S. 539ff.). Eine „Überlegenheit" des partizipativen Führungsstils bezüglich einer Leistungssteigerung im Unternehmen wird von einigen Autoren nicht zwangsläufig gesehen.
- **Zwei**dimensionale Ansätze beschreiben das Führungsverhalten mit Hilfe zweier Dimensionen und der daraus resultierenden Kombinationsmöglichkeiten. Das Verhaltensgitter von Blake/Mouton (mit den Dimensionen personen- und aufgabenorientierte Führung in jeweils neun Intensitätsgraden) ergibt insgesamt 81 Kombinationsmöglichkeiten.
- **Eigenschaftstheoretische** Ansätze stellen auf die führungsrelevanten Eigenschaften bzw. Qualitäten für den Führungserfolg ab. Die Wirkungszusammenhänge innerhalb von Gruppen und den verschiedenen Führer-Geführten-Beziehungen werden insbesondere in den gruppenorientierten Ansätzen berücksichtigt.
- **Situative** Ansätze (Kontingenzansätze) stellen auf die jeweilige Arbeitssituation und ihre Aufgabe ab. Situation und Führungsstil sind jeweils situativ zuzuordnen; es wird von der Annahme „eines" optimalen Führungsstils abgerückt. Das jeweils optimale Führungshandeln hängt von den konkreten (situativen) Bedingungen ab (vgl. Vroom/Yetton, 1973).
- **Interaktionstheoretische** Ansätze erweitern die Führungsprozesse zusätzlich und sehen den Führungserfolg in Abhängigkeit von personalen Eigenschaften, interpersonalen Beeinflussungsprozessen und situativen Bedingungskonstellationen (vgl. Oechsler, 1997). „Je differenzierter die zu erklärenden Wirkungszusammenhänge werden, desto problematischer wird es auch, führungstheoretische Erkenntnisse in der Praxis zu verwerten".
- Für weitere **normative** Führungsmodelle, wie z.B. die Theorie Z von Ouchi, die 3-D-Theorie von Reddin, der System-4-Ansatz von Likert, das Entscheidungsmodell von Vroom/Yetton, sei auf die umfassende Primär- und Sekundärliteratur verwiesen (Zusammenfassungen bei Scholz, 1989; Neuberger, 1990; Oechsler, 1997).
- In jüngerer Zeit wird von einigen Autoren eine sog. **„symbolische Führung"** skizziert (vgl. Neuberger, 1990, S. 244ff.; Rosenstiel/Comelli, 1998, S. 1.91ff.), die sich auf die Kategorie Sinn beruft und stützt, wobei dieser Sinn gegenständlich und erfahrbar wird in Symbolen. Für Vertreter dieser Richtung ist Führung (Handlungssteuerung) in Fakten „verborgen" (z.B. Sprachregungen, Interaktionen mit Ritualen, Artefakten wie Gebäuden, Logos), die Handeln kanalisieren. Symbolische Führung wird also bedeutungshaltige Fakten verändern, um gewolltes Anschlußhandeln zu erzwingen oder anzuregen.

D. Der Wertewandel und seine Auswirkungen

I. Wertorientierung und gesellschaftliche Entwicklung

Es wird heute weitgehend anerkannt, daß sich in den 70er Jahren ein „Wertewandel" in der bundesdeutschen Gesellschaft (und in ähnlicher Struktur auch in den anderen westlichen Industrieländern) vollzog. In der Entstehungsphase der Bundesrepublik überwog in fast allen sozialen Gruppen eine materielle Konsummentalität, eine Ausrichtung am Wachstum und eine Hochschätzung von Arbeitsdisziplin. Bei der zu Beginn der 60er Jahre einsetzenden Neuorientierung ist ein deutlicher Wertwandlungsschub von Pflicht- und Akzeptanzwerten (z.B. Pflicht, Ordnung, Gehorsam) zu Selbstentfaltungswerten (z.B. Autonomie, Entscheidungsfreiheit, Toleranz) festzustellen (vgl. Silberer, 1992, S. 136ff.; Wunderer/Kuhn, 1993,

S. 23ff.). Gegen Ende der Achtzigerjahre kam es für Gerken (1991) zu einem zweiten Werteschub: von der Selbstentfaltung zur Bewußtseinsentfaltung (z.B. New-Age-Bewegung).

Zentrale **Tendenzen** des Wandels von Wertorientierungen sehen Rosenstiel/Comelli (1998, S. 1.21) in:

- Abwendung von der Arbeit als einer Pflicht
- Unterstreichung des Wertes der Freizeit
- Ablehnung von Bindung, Unterordnung und Verpflichtung
- Betonung des eigenen (hedonistischen) Lebensgenusses
- Erhöhung der Ansprüche in bezug auf eigene Selbstverwirklichungschancen
- Bejahung der Gleichheit und Gleichberechtigung zwischen den Geschlechtern
- Betonung der eigenen Gesundheit
- Hochschätzung einer ungefährdeten und bewahrten Natur
- Skepsis gegenüber den Werten der Industrialisierung, wie zum Beispiel Gewinn, Wirtschaftswachstum, technischer Fortschritt

Dieser Strukturwandel vollzieht sich bei zunehmenden Umweltturbulenzen. Jedes **Gesellschaftssystem** hat seine vorherrschenden Werte, Bedürfnisse, Einstellungen und Motive, die nationale Eigenheiten ausweisen und das politische, wirtschaftliche, soziale und kulturelle Geschehen prägen, jedoch ebenso das Verhalten jedes einzelnen Menschen in diesem Gesellschaftssystem beeinflussen.

II. Der wertedynamische Prozeß als Grundlage unternehmerischer Entscheide

Die durch die gesellschaftliche **allgemeine** Wertedynamik umfaßten Veränderungen von Wertestrukturen sind umfassend in der Literatur dokumentiert (vgl. Kroeber-Riel, 1991). Als Konsequenz der allgemeinen Wertedynamik lassen sich für das Konsumentenverhalten veränderte Bewußtseins- und Verhaltenstrends präzisieren.

Raffée/Wiedmann (1994, S. 431) geben einen Überblick:

- Anhaltend hoher Stellenwert gesellschaftsbezogener Werte im Allgemeinen, der Werte Umwelterhaltung und Umweltschutz, Gesundheitssicherung, Schaffung und Sicherung von Arbeitsplätzen, Verwirklichung sozialer und humanitärer Ziele, Integration von Ausländern, Recht und Ordnung im besonderen
- Wieder ansteigende Bedeutung materialistischer Werte (materieller Wohlstand, Verteilungsgerechtigkeit, Sicherung von Besitz und Eigentum etc.) sowie Ausdifferenzierung regionalistischer, nationalistischer und kosmopolitischer Werthaltungen auf der Ebene des gesellschaftlichen Wertsystems
- Trend zu Selbstentfaltung und Erleben in Verbindung mit einer Relativierung des Stellenwerts der Pflicht- und Akzeptanzwerte: Aufwertung von Werten wie Kreativität, Spontanität, Selbstverwirklichung, Eigenständigkeit, Genuß, Freizeit, Abenteuer, Spannung, Ausleben emotionaler Bedürfnisse, Emanzipation von Autoritäten, Individualität, „Arbeit muß Spaß und Sinn machen" auf der einen Seite, Abwertung von Disziplin, Gehorsam, Selbstbeherrschung, Unterordnung etc. auf der anderen Seite
- Bedeutungsgewinn von „High-Touch-Werten": Wunsch nach verbesserter Information, „Politik sowie Wirtschaft und Technik zum Anfassen", Überschaubarkeit, Sicherheit, enge zwischenmenschliche Bindungen, sozialer Kontakt, Aufwertung von Traditionswerten (Geborgenheit, Zärtlichkeit, Familie)
- Trend zur aktiven und kritischen Gesellschaft (Interesse an Informationen über gesellschaftliche Entwicklungen, Interesse an Hintergrundinformationen sowie an neutralen Informationen über unternehmerische Produkte und Prozesse, Kritikfähigkeit und Kritikbereitschaft, passive oder aktive Unterstützung von Institutionen der Kritik und des Widerspruchs, politisches Engagement)
- Zunehmende Pluralisierung individueller und gesellschaftlicher Wertsysteme (Facettenreichtum des gesellschaftlichen Wertsystems), Polarisierungstendenzen, Wertkonflikte im Individuum selbst, hybrides Verhalten, pluralistische Lebensstile (z.B. zwischen „neuer Bescheidenheit" und „luxusorientiertem Hedonismus"), Werteschwankungen, Wertezerfall bzw. Werteverlust

Abb. 45: Überblick über zentrale Tendenzen des Wertewandels

Auf einige Besonderheiten, wie z.B. ein steigendes **Umweltbewußtsein** (siehe Teil 8), ein damit eng verknüpftes **Energiebewußtsein** und eine zunehmende **naturwertorientierte** Konsum- und Lebenshaltung, werden wir im Rahmen der Ausführungen zu einer ökologie-bewußten Unternehmensführung zurückkommen.

Konflikte zwischen Individuum und der Organisation sind unausweichlich und seit langem zentrales Thema der Organisationspsychologie. Rosenstiel sieht vor allem für den Füh-rungsnachwuchs Probleme der Identifikation. Diese **Identifikationskrise** belegt auch eine neuere Untersuchung Rosenstiels (vgl. dazu Rosenstiel/Nerdinger/Spieß, 1991).

„Arbeit macht einen wesentlichen Bestandteil des Lebens der Individuen aus und ist gleichzeitig einer der bedeu-tendsten Vergesellschaftungsfaktoren. Sowohl ihre Bedeutung im Urteil der Zeit- und Kulturgenossen wie auch ihre Verteilung auf verschiedene Gruppen und die Art und Weise ihrer Duchführung differerieren nach Epoche und Gesellschaft" (Mikl-Horke, 1995, S. 3).

In den 80er Jahren war das veränderte Arbeitsverhalten Gegenstand zahlreicher demoskopi-scher Untersuchungen und wissenschaftlicher Dispute. Als **demoskopische** Ergebnisse las-sen sich relativ eindeutig festhalten:

- Distanzierung von der Berufsarbeit, Verlagerung auf Freizeitinteressen
- diese Distanzierung trifft vor allem bei Jüngeren zu
- diese Distanzierungen verteilen sich in höchst ungleichem Maße auf verschiedene Be-darfsgruppen (z.B. starker Leistungsbezug bei Selbständigen und Freiberuflern)

Fazit: Die Zentralität der Arbeit als Lebensrolle und Orientierungspunkt hat an Be-deutung verloren; daraus einen generellen Verfall der Arbeitsethik abzuleiten erscheint u. E. jedoch als ungerechtfertigt und ist in dieser Pauschalität nicht haltbar. Die Lust an Arbeit, das Bedürfnis, etwas zu leisten oder Erfolg zu ha-ben, zeigt sich u.a. darin, daß eine ausgeprägte Freizeit-**Leistungskultur** ent-standen ist, und bestätigt sich auch im Engagement etwa im Bereich „alterna-tiver Betriebe".

Der Werte- und Orientierungswandel ist in direktem Zusammenhang mit der **(Arbeits-)Mo-tivation** als einer der zentralen Aufgaben von Führungskräften zu sehen. Die Auswirkungen des aufgezeigten Wertewandels erfordern deshalb eine **Anpassung** bzw. **Umgestaltung** der betrieblichen **Anreizsysteme**, die einen Mitarbeiter ja zielgerichtet „motivieren" sollen. Ne-ben die traditionellen anreizpolitischen Maßnahmen (wie Lohnsysteme) haben neue zu tre-ten; so etwa

- Veränderung der Arbeitsbedingungen:
  neue Formen der Arbeitsgestaltung mit Erweiterung des Handlungsspielraums oder mehr Partizipation der betroffenen Mitarbeiter (wie bei Quality Circles)
- neue Formen der Arbeitszeitgestaltung
- Veränderung der Produkte oder Dienstleistungen:
  bei Herstellung und Gebrauch Berücksichtigung von Umwelt- und Sozialverträglich-keit, damit größere Identifikationsmöglichkeit.

Dies verdeutlicht, wie schwierig die Aufgaben der **Personalführung** und **Arbeitsmotiva-tion** zukünftig sein werden. Als Ergebnis einer Expertenprognose kommen Wunderer/Kuhn

384

(1993, S. 31) zu dem Ergebnis, daß der „freizeitorientierten Schonhaltung" insgesamt eine relativ untergeordnete Bedeutung beigemessen wird und die Mitarbeiter in aller Regel zu beruflichem Engagement bereit sind, sofern „Karriere" bzw. „sozialer Sinn" aus der Arbeit resultieren. „Gut ausgebildete Mitarbeiter (Führungskräfte, Spezialisten) erwarten von Arbeit und Arbeitgebern Handlungsfreiräume und Selbständigkeit, Sinn und die stärkere Berücksichtigung ethischer Fragen."

E. Das operative immaterielle Anreizsystem

I. Elemente des Anreizsystems der Unternehmung

Das betriebliche Anreizsystem hat eine doppelte Funktion zu erfüllen:

- Es soll eine Werbewirkung nach **außen** entfalten, um potentielle Arbeitnehmer zum Eintritt in die Unternehmung zu bewegen.
- Es soll das **Leistungsverhalten** der Mitarbeiter beeinflussen, d.h. dafür sorgen, daß die von der Organisation (= Unternehmung) angebotenen Anreize als ausreichend für ein rollenkonformes Verhalten angesehen werden. Die dabei verwendeten Verfahren beinhalten sowohl den Aspekt der Mitarbeiterbewertung als auch den der Mitarbeiterentwicklung.

Innerhalb des Human-Ressourcen-Managements gewinnt die differenzierte Ausgestaltung eines operativen **und** strategischen Anreizsystems, das die Motivationsstrukturen der Mitarbeiter reflektiert, zunehmend an Bedeutung. Auf das strategische Anreizsystem wird im fünften Teil (G. Strategisches Management und das Management des Humanpotentials) eingegangen. Betriebliche Anreizsysteme, mit denen bestimmtes Handeln und Verhalten der Mitarbeiter intendiert werden, bedürfen der modul-/bausteinartigen individuellen betrieblichen Ausprägung gemäß verschiedenen Kriterien (Unternehmensziele, Aufgabenstellung, Mitarbeiter/Gruppe) und ergeben ein spezifisches **Anreiz-Mix**. Die der Unternehmung zur Verfügung stehenden unterschiedlichen Anreiz**arten** können nach folgenden Ansatzpunkten differenziert werden (vgl. Heinen, 1987, S. 201):

- ob sie auf der operativen oder strategischen Ebene ansetzen
- ob sie einer Gruppe gemeinsam oder einem Individuum allein zuerkannt werden.

Nach Art der „Koalitionszahlung" (Kupsch/Marr) enthält das **bewußt** gestaltete betriebliche Anreizsystem

- **materielle** (= Lohn, Erfolgsbeteiligung, Betriebliche Sozialleistungen, Betriebliches Vorschlagswesen) und
- **immaterielle** Anreize(= Ausbildungsmöglichkeiten, Aufstiegsmöglichkeiten, Gruppenmitgliedschaft, Betriebsklima, Führungsstil, Arbeitszeit- und Pausenregelung, Arbeitsinhalt, Arbeitsplatzgestaltung; dazu Thommen/Achleitner, 1999, S. 621ff.).

Einige ausgewählte Anreizarten sollen nachfolgend aufgezeigt werden. Ein effizientes **Personalmarketing** erfordert die Entwicklung spezieller, **individueller Angebote** innerhalb

- der Arbeitsorganisation (Teamarbeit, Kleingruppen, QZ etc.),
- der Arbeitszeit (Teilzeitarbeit, Job Sharing etc.),

- der Sozialpolitik (Cafeteria-Systeme, Familienpause etc.),

die auf die Bedürfnisse der einzelnen Zielgruppen abgestimmt sind.

Die Erhaltung von Engagement und Kompetenzen des Personals für die Realisierung der Unternehmensziele ist die Funktion der **Personalbindung**, wobei zwei Ansätze unterschieden werden (nach Klimecki/Gmür, 1998, S. 298ff.):

- **Motivationale** Personalbindung mit dem Ziel, Qualifikationen und Motivationen auf absehbare Zeit nutzen zu können: Grundlage für den Verbleib einer Person im Unternehmen (Deutschland erreicht im internationalen Vergleich zur Betriebszugehörigkeit mit 12 Jahren einen relativ hohen Wert) ist ihr „**Commitment**", d.h. die bewußte Bindung an ein Unternehmen (affektive/kalkulative/normative/erzwungene Bindung). Ausrichtung der Personalentwicklungsmaßnahmen und der Anreizsysteme auf das Bindungsziel. Langfristiger Aspekt der Personalbindung: Verhinderung unerwünschter Fluktuation; kurzfristiger Aspekt: Minimierung von Fehlzeiten.
- (Personenunabhängige) Qualifikationsbindung in **Expertensystemen**, indem Fähigkeiten und Fertigkeiten von Personal in formalisierte Informationssysteme übertragen werden.

II. Forderungen der Motivationsforschung an die Gestaltung der Arbeitsorganisation

1. Entwicklung

Die vor allem auf Taylor zurückzuführende perfektionierte innerbetriebliche Arbeitsteilung, die jeden Handgriff in Arbeitsunterlagen festhält, ließ – neben ihren unbestreitbaren Vorzügen, vor allem in der Massenfertigung – deutliche **Grenzen** erkennen:

- durch einseitige Belastungen Gefahr physischer und psychischer Schäden
- durch geschrumpfte („rationalisierte") Arbeitsinhalte bei kürzeren Zeitrhythmen Entstehen von Monotonie
- starre Koppelung Mensch - Maschine
- keine Möglichkeit zur Befriedigung sozialer (Kontakt-)Bedürfnisse
- keine Möglichkeit zur Selbstentfaltung bzw. -verwirklichung
- sinkende Arbeitsproduktivität aufgrund geringer Arbeitzufriedenheit
- Rückgang der Initiative und des Engagements, fehlendes Verantwortungsbewußtsein.

Es war Herzbergs Verdienst, sozusagen die „wissenschaftliche Rechtfertigung" für erweiterte Tätigkeitsstrukturen mit der Folge einer **Änderung** der Arbeitsorganisation zu liefern, die zu

- einer teilweisen Rückführung der extremen Arbeitszerlegung,
- einer Höherqualifikation,
- einer Erweiterung der Handlungsräume,
- einer größeren Personaleinsatzflexibilität und
- einem Einbezug der Betroffenen als „Mitgestalter"

führte. In den 60er Jahren (und auf breiterer Basis dann in den 70er Jahren und nun in den 90er Jahren) wurden die Ergebnisse der Motivations- und Verhaltensforschung in zahlreichen Betrieben auf ihre praktische Anwendbarkeit hin untersucht und neue Formen der Arbeitsorganisation gesucht. Diese Maßnahmen zur Flexibilitätserhöhung („**Ent-Taylorisierung**") bestehender Arbeitssysteme wurden zudem auch durch Markt- (verkürzte Produktlebenzyklen), Technik- und Sortimentsveränderungen notwendig. Für die gesuchte neue Gestaltung der Arbeitswelt setzte sich in der deutschsprachigen Wissenschaft der Begriff **Arbeitsstrukturierung** durch (der englische Terminus „Work Redesign" bzw. „Work Restructuring" ist sicherlich bildhafter). An dieser Stelle näher dargestellt werden soll nur die **organisatorische** Arbeitsgestaltung, weitere Möglichkeiten der technischen Arbeitsstrukturierung, wie etwa die ergonomische und die technische Arbeitsgestaltung, bleiben hier unberücksichtigt. Bei der Darstellung der Möglichkeiten zur Arbeitsgestaltung wird in der Literatur zumeist der einengende rechtliche Rahmen übersehen (z.B. Betriebsverfassungsgesetz, Tarifverträge, Betriebsvereinbarungen, gesicherte arbeitswissenschaftliche Erkenntnisse, Unfallverhütungsvorschriften, Arbeitssicherheitsgesetz, Gewerbeordnung / BGB / HGB - Richtlinien / Normen / VDI - Schutzvorschriften etc.).

2. Zielrichtung

Von betrieblicher Seite können mit solchen Reorganisationsmaßnahmen verschiedene **sach-** und **personenbezogene** Ziele verfolgt werden, wie z.B.

- Veränderung des individuellen Handlungsspielraumes (Erhöhung des Autonomiegrades, Selbst- und Fremdkontrolle u.ä.), um die Arbeit bzw. Arbeitsinhalte sinnvoller, interessanter, herausfordernder, verantwortungsvoller etc. zu gestalten.
- flexiblere Fertigung
- höhere Arbeitsproduktivität (z.B. sinkende Ausschußquote, Abwesenheitsquote, Fluktuation)
- bessere Nutzung der Betriebsmittel
- Qualitätsverbesserung
- den Mitarbeitern mehr Möglichkeiten zur Selbstentfaltung/ -verwirklichung bzw. Lern- und Aufstiegsmöglichkeiten zu geben
- Erhöhung der beruflichen Flexibilität und Mobilität
- Erhöhung der Qualifikation und vielfach auch des Einkommens
- Erhöhung der Arbeitszufriedenheit
- Schaffung besserer Arbeitsbedingungen
- stärkere Berücksichtigung sozialer Bedürfnisse (z.B. Kontakte)
- bessere Kapazitätsauslastung, flexible Gestaltung des Arbeitsablaufs
- mehr Partizipation.

3. Humanisierung der Arbeit

Seit 1996 **Arbeitsschutzgesetz**: damit wurde europäisches Recht in nationales umgesetzt. Ziel ist, Gesundheit und Wohlbefinden der Beschäftigten zu erhalten und arbeitsbedingten Erkrankungen vorzubeugen.

Die gesicherten **arbeitswissenschaftlichen Erkenntnisse** zu psychischen Belastungen und Streß sind in Normen festgehalten:

- Sie enthalten Definitionen, um ein einheitliches Verständnis für die betriebliche Praxis herzustellen (DIN EN ISO 10075-1 und 2).
- Sie beschreiben die Anforderungen an menschengerecht gestaltete Arbeitsbedingungen, um übermäßige Belastungen im Arbeitsalltag zu vermeiden (DIN EN ISO 9241-2).

„Organisationsentwicklung, Business Reengineering oder Geschäftsprozeßoptimierung sind die aktuellen Schlagworte für die Veränderung von Arbeitsabläufen und Arbeitsaufgaben. In der Regel wird damit die Verbesserung von Qualität und Effektivität angestrebt, Kosten sollen gesenkt werden. Dabei muß bedacht werden, daß dies Anforderungen an die Gestaltung der Qualität von Arbeit stellt. Ist eine Arbeitsaufgabe so gestaltet, daß aus ihr selbst heraus Zufriedenheit und die Motivation zum weiterhandeln entsteht, dann sind optimale Voraussetzungen für die Erbringung von Arbeitsleistung vorhanden.

Das ist immer dann der Fall, wenn Arbeit eine Herausforderung mit realistischen Anforderungen darstellt. Eine Reihe von Merkmalen zu Arbeitsaufgaben bewirken Selbstmotivation bzw. Aufgabenorientierung bei den Beschäftigten. Das sind die Gestaltungskriterien menschengerechter Arbeit." (sozialnetz.hessen, online)

Das **Grundmodell** menschengerechter Arbeit bestimmt:

- Arbeit soll ausführbar sein und darf nicht schädigen.
- Arbeit soll erträglich sein und soll nicht beeinträchtigen.
- Arbeit soll zumutbar sein.
- Arbeit soll persönlichkeitsfördernd sein.

Die DIN EN ISO 9241-2 spiegelt den Stand der gesicherten arbeitswissenschaftlichen Erkenntnisse zur humanen Arbeitsgestaltung wider.

Es sollen also mit diesen (Um-)Gestaltungsmaßnahmen von Arbeitsinhalten und -systemen ohne Einbuße an ökonomischer Effektivität die Forderungen nach einer Humanisierung der Arbeit erfüllt werden. Nach der REFA-Methodenlehre (vgl. im Einzelnen Peters, 1991; Rehm, 1991) bezieht sich die Beurteilung einer menschengerechten Arbeit auf drei Aspekte:

- **Schutz der Gesundheit**
  (Schutz vor Überforderung durch Gesetze, Verordnungen, Tarifverträge; Unfallverhütungsvorschriften, Regeln der Technik, gesicherte arbeitswissenschaftliche Erkenntnisse)
- **Erhaltung der Fähigkeiten**
  (Abforderung der Qualifikationen durch die Arbeit, Kommunikation, Handlungsspielräume, Kooperation)
- **Entwicklung des Menschen**
  (Aus-/Weiterbildung, Einbeziehung in Planungsprozesse, Arbeitszufriedenheit)

Bei Um- bzw. Neugestaltung einer Arbeitsorganisation können angestrebte Ziele den Forderungen nach wirtschaftlicher und menschengerechter Arbeit zuwiderlaufen (mögliche Zielkonflikte zeigt Peters (vgl. 1991, S. 23).

> Von 1974 bis 1988 lief in der Bundesrepublik das Regierungs-Forschungsprogramm „Humanisierung der Arbeitswelt" mit dem Ziel, Möglichkeiten zu untersuchen, mit denen die Tätigkeitsfelder und Arbeitsbedingungen stärker als bisher den Bedürfnissen, Fähigkeiten und Erwartungen der arbeitenden Menschen angepaßt werden können. Mitte 1989 wurde das neue Forschungsprogramm „Arbeit und Technik" (AuT) verabschiedet; es löste das HdA-Programm ab. Es zeichnet sich durch ein erweitertes Innovationsverständnis aus, zudem sollen auch Fragen des Umweltschutzes berücksichtigt werden.

Bereits Staudt zeigte auf, wie durch neue Technologien heute die Grundlage für eine **Entkoppelung** in Mensch-Maschine-Systemen gegeben ist. Damit können die im Verlauf der industriellen Entwicklung in erheblichem Umfang verlorengegangenen Freiheitsgrade in der zeitlichen, räumlichen und inhaltlichen Gestaltung der Arbeit wieder gewonnen werden. Es wird deutlich, „daß z.B. zahlreiche Bemühungen zur Humanisierung der Arbeit nur auf Triviallösungen der Entkoppelung durch Pufferbildung basieren. Erst die Potentialanalyse neuer Technologien, des organisatorischen Potentials von Mikroelektronik, Informations- und Kommunikationstechniken zeigt Optionen der technischen Entwicklung auf, die eine neue Qualität in der Flexibilisierung von Arbeitsverhältnissen erlauben" (Staudt, 1982, S. 181). Trotz der umfangreichen Literatur ist jedoch nüchtern festzustellen, daß der Prozeß der „Requalifikation" der Arbeit, verbunden mit einer größeren „Autonomie" und „Partizipation", erst in seinen **Anfängen** steckt.

Die gegenwärtigen Managementinitiativen versuchen, die Mitarbeiter durch eine verstärkte und kooperative Beteiligung an den Betriebsprozessen zu motivieren. Diese Humanisierungs-, Konsens- oder Partizipationsstrategien lassen sich (mit Breisig) in **individuell-** (z.B. Flexi-Modelle) und **gruppen**orientierte Konzepte (z.B. Qualitätszirkel, Teams) gliedern.

Die Konzepte werden z.T. von den Gewerkschaften als **„Rationalisierungsinstrumente"**, die keine „echte" Mitbestimmung bringen, abgewertet. Besonders in der Individualisierung der Beziehung Arbeitgeber-Arbeitnehmer wird eine Gefahr für die kollektive Interessenvertretung gesehen. Es wird dabei u. E. aber übersehen, daß insbesondere durch die noch näher darzustellende technologische Entwicklung (z.B. durch das Lean Management) eine Veränderung

- der Organisationsstrukturen,
- der Personalentwicklungs- und Führungsmethoden und
- eine stärkere Mitarbeiterbezogenheit

zwangsläufig erscheint.

Die in den 70er Jahren laufenden Bestrebung zu einer „Humanisierung des Arbeitslebens" als eine breite gesellschaftliche Gegenbewegung zum Taylorismus/Fordismus wurde „in der Mehrzahl der Fälle vom Management als Kostenbelastung angesehen. Als komplementärer Produktivitätsfaktor wurde das Konzept nie begriffen – obwohl eine Reihe von Humanisierungsprojekten der Siebzigerjahre die Wirtschaftlichkeit einer ausgewogenen Kombination von Mensch, Organisation und Technik belegt hatten" (Roth, 1998). In den 80er Jahren setzte man weitgehend auf offensive Automatisierung, Vorschläge/Forderungen nach Gruppenarbeit stießen auf taube Ohren. Erst die breite Diskussion zu den Ergebnissen der MIT-Studie (dazu 5. Teil, M, VI) und das folgende Change Management (Business Reengineering/Lean Management/Prozeßorientierung etc.) brachten fundamentale Organisationsänderungen hin zu Gruppen-/Teamarbeit, fraktalen Unternehmen, Selbstorganisation, lernende Organisation etc.

III. Arbeitsstrukturierung /Arbeits-Reorganisation

Zur Lösung der sich durch die erläuterte Arbeitsteilung ergebenden Koordinierungs- und Führungsprobleme wird mit der Realisierung von Formen der Organisationsentwicklung versucht,

- zum einen **arbeitsinhaltliche** Ziele (z.B. Verringerung von Bearbeitungszeiten),
- zum anderen **personalwirtschaftliche** Ziele (z.B. Identifikation, Zufriedenheit, Rollentausch)

zu verwirklichen. Dazu mußte das traditionell hierarchisch strukturierte Organisationsmodell der Unternehmung für bestimmte Aufgaben durch **gruppenorientierte** Organisationsprinzipien (überlagernd) ergänzt werden, insbesondere für den Teil der Mitarbeiter, der solche individuell differenzierten Lösungen anstrebte (vgl. Heeg/Lichtenberg, 1990, S. 111f.; Heeg, 1992, S. 76ff.). Neben den traditionellen Arbeitsgruppen (wie Kollegien, Ausschüsse, Projektgruppen, Teams, teilautonome Arbeitsgruppen etc.) sind zusätzlich sehr erfolgreich Lern- und Problemlösungsgruppen (wie Qualitätszirkel und deren Mutanten) eingeführt worden.

1. Der Begriff des Handlungsspielraums

Zur Evaluierung von Konzeptionen zur Arbeitsstrukturierung findet in der einschlägigen Literatur der Begriff des Handlungsspielraums Verwendung. Der gesamte Handlungsspielraum der Arbeit läßt sich in zwei Dimensionen beschreiben:

- die horizontale Dimension des **Tätigkeits**spielraums und
- die vertikale Dimension des **Entscheidungs-** und **Kontroll**spielraums.

Das Hinzufügen einer dritten „**sozialen**" Dimension (Freiheits-, Kommunikations- und Interaktionsspielraum) findet sich bei zahlreichen Autoren. Häufig wird darauf hingewiesen, daß das Handlungsraumkonzept

- aus **objektiv** vorhandenen Handlungsspielräumen (durch Technik/Normen determinierte Arbeitsorganisation) und
- aus **subjektiv** wahrgenommenen Handlungsspielräumen besteht.

Dies verdeutlicht die Notwendigkeit, nicht nur eine Ausgestaltung/Veränderung der Arbeitsorganisation und der Technikgestaltung durchzuführen, sondern parallel und darauf abgestimmt ein betriebliches **Qualifizierungskonzept** mit entsprechenden Schulungsmaßnahmen zu integrieren (vgl. Heeg/Lichtenberg, 1990, S. 11ff.; Heeg, 1990, S. 19ff.).

2. Traditionelle Verfahren

Die wichtigsten neuen Verfahren zur motivationsgerechten Gestaltung der Arbeitsorganisation sind:

(1)	die Arbeits- oder Aufgabenbereicherung	(Job Enrichment)
(2)	die Arbeits- oder Aufgabenerweiterung	(Job Enlargement)
(3)	der Arbeits- oder Aufgabenwechsel	(Job Rotation)
(4)	die (teil-)autonomen Gruppen	(Semi-autonomous Work Groups)

zu (1): Die Aufgabenbereicherung (Job Enrichment)

In seiner Theorie geht Herzberg davon aus, daß nur ein zufriedener Mitarbeiter steigende Leistung zeigen kann. Als Faktoren, die langfristige Zufriedenheit schaffen, stellte er solche fest, die mit dem **Arbeitsinhalt** selbst zu tun hatten. Er fordert deshalb entschieden eine Anreicherung der Arbeit, d.h. nach Wegen zu suchen, die Arbeit in der Art zu gestalten, daß sie motivierende Wirkung hat. Er versteht darunter allerdings nicht eine bloße horizontale Ausweitung des Tätigkeitsbereichs der Arbeit (i.S. des Job Enlargement), sondern vielmehr eine vertikale, qualitative Ausweitung der Arbeit. Herzberg spricht von der Notwendigkeit, dem Mitarbeiter die Möglichkeit zu psychologischem Wachstum, d.h. zur Nutzung seiner Potentiale, zu geben.

Es werden also bisher strukturell verschiedenartige vor- oder nachgelagerte Arbeitselemente bzw. -funktionen wieder zu einer umfassenden **sinnvollen** Arbeitseinheit zusammengefaßt, wobei dies einen entsprechend erweiterten Planungs-, Entscheidungs- und Kontrollspielraum einschließt. Diese Ausdehnung des Dispositionsspielraums „bereichert" also den Gehalt der Arbeitsaufgabe, bietet die Chance zum Erleben der eigenen Leistungtüchtigkeit, zur Entfaltung bzw. zur „Sinnerfüllung durch Arbeit an sich" und der Rückkehr zur „ganzheitlichen" Arbeit. Insbesondere die Entwicklung der Informationstechnik mit der Möglichkeit einer dezentralen Datenverarbeitung am Arbeitsplatz ermöglicht etwa Sachbearbeitern die ganzheitliche Verarbeitung von Geschäftsvorfällen (vgl. Meyer, 1986, S. 371ff.).

zu (2): Die Aufgabenerweiterung (Job Enlargement)

Durch eine horizontale, **quantitative** Erweiterung des Tätigkeitsumfangs eines Stelleninhabers werden mehrere einfache und gleichartige, bisher von mehreren Personen ausgeführte Teilaufgaben zu einem größeren Paket zusammengefaßt („Aneinanderreihung"), wobei das Anforderungsniveau der Aufgabe sich nicht wesentlich verändert („Aufgabenvergrößerung", „Tätigkeitserweiterung").

Nach Herzberg kann daraus **kein** positives Arbeitserlebnis entstehen, da Null plus Null wiederum Null ergibt. Die Ergebnisse der empirischen Analyse von Lankenau bestätigen diese Position teilweise. „Das Vorhandensein von Neben- und Umfeldarbeiten – und damit strukturell differenzierter Arbeitsaufgaben – wirkt sich im Falle kurzzyklischer Arbeitsvollzüge nämlich weder positiv noch negativ auf das Arbeitserlebnis aus; hier wird vielmehr die Verkettung zu einer relevanten Größe. Andererseits wird der positive Effekt der zeitlichen Dauer des Arbeitsvollzuges nur dann für das Arbeitserlebnis wirksam, wenn die Arbeitsaufgabe Neben- und Umfeldarbeiten beinhaltet" (Lankenau, 1984, S. 114).

Die Analyse des Einflusses der einzelnen Dimensionen des Handlungsspielraumes im Zusammenhang mit subjektiven Wahrnehmungs- und Bewertungsmustern läßt „es plausibel erscheinen, bei Arbeitsstrukturierungsmaßnahmen die Aufgabenvergrößerung (Job Enlargement) mit der Aufgabenerweiterung (Job Enrichment) zu kombinieren. Dagegen ist die Erweiterung einzelner Aspekte des Handlungsspielraumes nur von begrenzter Wirksamkeit. Insbesondere ist hervorzuheben, daß nur die Erweiterung sowohl horizontaler als auch vertikaler Dimensionen des Handlungsspielraumes zu überzeugenden Befunden hinsichtlich der kognitiv-mentalen Repräsentation der Arbeitssituation bei den Betroffenen führt" (ebd.).

zu (3): Der Aufgabenwechsel (Job Rotation)

Der Tätigkeitsbereich wird horizontal erweitert, also eine rein quantitative Arbeitsfeldvergrößerung bei Konstanz der qualitativen Komponente. Dies wird bewirkt durch einen systematischen und regelmäßigen **Tätigkeitswechsel** der einzelnen Mitarbeiter untereinander, bei festgelegter oder frei variierbarer Zeit- und Reihenfolge. Bei kurzen Endmontagevorgängen, wo Job Enlargement und Job Enrichment nicht anwendbar oder unzweckmäßig sind, bietet Job Rotation häufig die einzige Möglichkeit der Arbeitsstrukturierung.

zu (4): Die (teil-)autonomen Gruppen (Semi-Autonomous Work Groups)

Es handelt sich hierbei um (Produktions-)Arbeitsgruppen, -Kleingruppen-, denen ein bestimmter Arbeitsauftrag zur gemeinsamen Ausführung übertragen wird, dessen Erledigung (Planung, Durchführung, Kontrolle) von ihnen **selbständig** vorgenommen wird:

- einerseits ganzheitliche Arbeitsinhalte, Handlungsspielraumausweitung, Qualifizierungsmöglichkeiten etc.
- andererseits Leistungsverdichtung und Autonomieeinengung, zeit-/produktionsökonomische Durchgestaltung des Systems, da Integration in das überbetriebliche Gesamtsystem.

Der **Autonomiegrad** kann etwa umfassen: Materialdisposition, Produktfertigung, Qualitätskontrolle, Materialfluß und Personalsteuerung. Die komplizierten Fertigungseinrichtungen automatisierter Prozesse erfordern i.d.R. hohe fachspezifische Kenntnisse der Mechanik, Hydraulik, Pneumatik und Elektronik; da diese Kenntnisse selten bei einer Person vereinigt sind, ist die Zusammenarbeit in einer Gruppe erforderlich.

Neben einer intrinsischen Motivation über eine Übertragung eines von der Gruppe autonom zu regelnden Aufgabenzusammenhangs mit adäquatem Spielraum besteht vor allem die Chance der Befriedigung sozialer Kontakt- und Interaktionsbedürfnisse, da die aufgabenbezogene Kommunikation und Gruppenbeziehungen wesentlicher Bestandteil der Aufgabenerfüllung sind (vgl. Wicher, 1987, S. 31). Zudem impliziert die teilautonome Arbeitsgruppe „einen hohen Grad der Kompetenzausweitung, da spezielle Freiheitsgrade, zum Beispiel in Form der Selbstkontrolle, mit aufgenommen werden, und fordert eine entwickelte kognitive und soziale Handlungskompetenz des Rollenträgers" (ebd.).

Die motivationsfördernde Wirkung dieser Methode beruht also auf einer vertikalen Ausweitung des Handlungsspielraums; der Autonomieumfang kann allerdings stark divergieren, in der Praxis wird sicherlich die „teil"-autonome Arbeitsgruppe am häufigsten anzutreffen sein. Als **klassische** Beispiele gelten hier die Versuche der skandinavischen Automobilindustrie (bei den Arbeitsgruppen im Volvo-Werk Uddevalla montiert eine Gruppe von vier bzw. acht Mitarbeitern in vier bzw. zwei Stunden ein komplettes Auto; vgl. Antoni, 1993, S. 52), das Fließbandprinzip durch Montageinseln oder ähnliche Organisationsformen zum Teil aufzulösen. Die Beispiele bestätigen die allgemeine Tendenz, die weg von der extremen Arbeitszerlegung des Taylorismus hin zu integrierten Strukturen geht.

3. Renaissance der Gruppen- und Teamkonzepte

In der Literatur wird häufig zwischen Gruppen- und Teamarbeit differenziert:

- Bei der Arbeit in **Gruppen** wird ein Aufgabe gemeinsam erledigt, ohne daß es dabei zu einer nennenswerten Erweiterung des Handlungs- und Dispositionsspielraums kommt.
- Bei der **Teamarbeit** wird im Unterschied zu Arbeitsgruppen, die sich hauptsächlich auf die individuellen Leistungen der Mitglieder verlassen, auf gemeinsame Zielverantwortung, bessere Gesamtleistung und die Ausnutzung von Synergieeffekte abgezielt. Die einzelnen Arbeitsbeiträge sind voneinander abhängig. Voraussetzung dafür ist, daß sich alle Mitglieder trotz ihrer jeweils individuell verschiedenen Motivationsstrukturen/Reaktionsmuster/Beitragbereitschaft/bevorzugten Arbeitsweisen etc. für die Arbeit des Teams verantwortlich fühlen und gemeinsam nach Lösungen suchen. Planende, (selbst)steuernde und kontrollierende Tätigkeiten sind in die Aufgabe integriert. Teilautonome Gruppe sind i.d.R. eher dieser Form zuzuordnen. (Zu den unterschiedlichen **Graden** der Teamorganisation je nach Gestaltungs-/Dispositionsspielräumen siehe Picot/Dietl/Franck, 1999, S. 356f.)

> „Der Begriff Team ist in den vergangenen Jahren nicht nur ausgesprochen modisch, sondern auch zunehmend vielschillernd geworden. Im Englischen bedeutet ‚Team' zunächst nichts anderes als ‚Gruppe' bzw. ‚Arbeitsgruppe'. Vor allem im amerikanischen Sprachgebrauch wurde allerdings zunächst nur im sportlichen Bereich von Team gesprochen. Mit der Übertragung des Begriffs in die Arbeitswelt als Synonym für ‚Gruppe' wird bewußt eine gewisse herausfordernde Komponente der Wortbedeutung angesprochen, die Assoziationen zu Wettbewerbsgeist, Leistungsorientierung und Spaß an der Leistung schaffen soll." (Rosenstiel/Comelli, 1998, S. 2.148)

Team/Teamarbeit:
- Teamarbeit ist eine Form der Arbeitsbewältigung.
- Teams werden gebildet, weil die Aufgaben immer komplexer werden.
- Die Arbeitsleistung von Teams ist höher als die Summe der Einzelleistungen.
- Teamarbeit ermöglicht die Erweiterung der Handlungs- und Entscheidungsspielräume.
- Teams weisen einen gruppenspezifischen Führungsstil auf.
- Teamtrainings dienen dem bewußten Aufbau von Teams.

„... als gemeinsame, zielorientierte Aktivitäten einer institutionalisierten Arbeitsgruppe, die in organisierter und koordinierter Form sowie in kooperativer Vorgehensweise möglichst effizient ein von allen akzeptiertes Leistungsziel zu erreichen sucht. Teamarbeit ist also mit einem Leistungsanspruch verbunden." (Rosenstiel/Comelli, 1998, S. 2.148)

Ziel der Teambildung: Das vorrangige Ziel bei der Bildung von Teams ist die Leistung. Das Team bleibt immer das Mittel, nicht der Zweck. Mit der Einrichtung von Teams wird eine Arbeitsform angestrebt, die die individuellen Stärken des Einzelnen für das Team nutzbar macht, mit den Vorzügen der anderen kombiniert und Schwächen kompensiert. (Zum Nachfolgenden siehe Gewerkschaft HBW Hessen, 1998)

Wann sind Teams sinnvoll? Teamarbeit ist dort sinnvoll, wo Aufgaben fachlich übergreifend in direkter Zusammenarbeit besser gelöst werden können. Sie ist erfolgreich, wenn es bei der Gesamtleistung darauf ankommt, verschiedene Erfahrungen, Kompetenzen und Disziplinen zusammenzubringen. Dabei handelt es sich meist um neuartige und komplexe Aufgabenstellungen. Teams bündeln die Fähigkeiten der einzelnen. Die Entscheidungsspielräume sind hoch, und die Interessen der verschiedenen Mitglieder werden berücksichtigt.

Charakteristika: Teams arbeiten mit klar definierten Zielen. Alle Mitglieder übernehmen Verantwortung für die Zielerreichung. Die selbst gesetzten Leistungsstandards sind hoch. Persönliche Ziele und Leistungsziele stehen nicht im Widerspruch zueinander. Teammitglieder erkennen sich gegenseitig an und bringen Verständnis füreinander auf. Der Kommunikationsstil erlaubt eine große Offenheit der Mitglieder.

Für Rosenstiel/Comelli (1998, S. 2.149f.) ist der Begriff Teamarbeit keine Modeerscheinung oder eine beschäftigungstherapeutische Maßnahme mit sozial-romantischem Hintergrund – es gibt es zumindest **drei Gründe**, die mitarbeiterorientierte Führung und Zusammenarbeit im Team dringend nahelegen:

- Die wachsende Aufgabenkomplexität und die zunehmende Komplexität der Vernetzungen nach innen und außen
- Steigerung der Innovationsrate
- Wachsender Integrationsbedarf

In weiten Teilen der industriellen Produktion vollzieht sich gegenwärtig eine **radikale** Hinwendung zur Gruppenarbeit, insbesondere in Form selbst regulierender Arbeitsgruppen (Fertigungs-, Problemlösungs- und Lerngruppen) als das **arbeitsorganisatorische Basissystem**, als Bestandteil oder als Ergänzung der regulären Arbeitsorganisation (vgl. dazu Schanz, 1996, S. 189ff.).

„Führungskräfte der mittleren Ebene sind in vielen Unternehmen der Investitionsgüterindustrie eine bedrohte Spezies. Zwei von drei Betrieben haben nach einer Organisationsreform überflüssige Abteilungsleiterposten gestrichen, bei weiteren 7 Prozent stehen diese Stellen zur Disposition. Gleichzeitig wurden in immer mehr Unternehmen Teams gebildet – 57 Prozent haben in der Produktion bereits Gruppenarbeit eingeführt, bei 12 Prozent steht dies auf der Agenda." (Nach einer Frauenhofer-Erhebung; iwd, 1.7.1999, S. 3)

Frühe industrielle Beispiele (vgl. Schanz, 1996, S. 190ff.) vor allem in der **Automobilindustrie** gehen bis auf den Beginn der Zwanzigerjahre zurück (die sog. Fabrikationsgruppen bei Daimler-Benz), in den frühen 70er Jahren folgte vor allem das schwedischen Modell („Volvoismus"), zwischen 1975 und 1977 das erste größere Gruppenarbeitsprojekt der bundesdeutschen Automobilindustrie (bei VW in Salzgitter). Der jüngste Siegeszug ging von Japan aus (Toyota), seit 1987 bei Opel in Bochum; heute gelten die Werke von Ford in Saarlouis, von Audi in Ingolstadt (nach der flächendeckenden Einführung in der Produktion jetzt auch Pilotprojekte für den Angestelltenbereich; dazu Franzen/Schmahl, 1999), von Opel in Eisenach und von DaimlerChrysler in Rastatt als die fortschrittlichsten in Bezug auf Gruppenarbeit.

Die Einführung von Gruppenarbeit wird z.T. durch einen internen **„Prozeßbegleiter"** unterstützt (dazu auch Thomas/Noll, 1999), nach einigen Jahren empfiehlt sich die Durchführung eines Team-/Gruppen-**Audits** (dazu Heiliger/Mühlbrandt/Leyhausen, 1997; Braeckeler/Heberer, 1999; Luczak/Mühlbradt/Wimmer, 1998), um den Stand der Gruppenarbeit zu beurteilen.

Bei **„Inseln"**, einer ebenso neuen Form der Gruppenarbeit, bei der die für die komplette Bearbeitung ganzer Produkte, von Teilprodukten oder Teilefamilien bzw. von Baugruppen erforderlichen Betriebsmittel und Arbeitsmittel zusammengeführt werden, zeichnet Schanz (1996, S. 192f.) den Weg von einer **technischen** Teilautonomie über eine zusätzliche **arbeitsorganisatorischen** Teilautonomie (= Überantwortung ganzheitlicher Aufgabenbereiche) bis hin zu einer organisatorischen Optimierung des **Gesamtsystems** Unternehmung (= modulare oder fraktale Fabrik).

Harte Zwänge der Technik sowie einige Veränderungen im Managementdenken (z.B. Prozeß- oder Zeitmanagement; dazu unsere Ausführungen im fünften Teil) führten demnach in den 90er Jahren zu einer ungeahnten „Renaissance" der bereits in den 70er Jahren als weitgehend „ausgereizt" angesehenen Arbeitsgruppen (so ist der Pionier, Volvo, Mitte der 80er Jahre wieder zur Fließbandfertigung zurückgegangen). Wurde damals bei den „inselartigen" Pilotprojekten aber Flexibilisierung vorrangig mit Hilfe der Technologien versucht, wird in den heutigen Restrukturierungskonzepten wie Lean Management versucht, eine „die Technik, die Organisation, das Personal und die Marktbeziehungen des Unternehmens umfassende Gestaltungsstrategie zu organisieren. Im Rahmen einer gesamtbetrieblichen Perspektive erhält die Organisationsform der Gruppenarbeit nun ein völlig neues Gewicht" (Seitz, 1993, S. 24). Allein zwischen 1993 und 1994 stieg der Anteil der Gruppenarbeit in der deutschen Autoindustrie von 9,5 auf 22,2 Prozent.

Die im Rahmen der **Reorganisation** sich nun entwickelnden Gruppen- oder Teamkonzepte (Qualitätszirkel, Kleingruppen, Fertigungsinseln, Task forces, Projekt-, Arbeits-, Netzwerkteams)

- drehen die tayloristische Arbeitsteilung wieder zurück,
- lassen wieder ganzheitliche Aufgaben entstehen,
- erhöhen wesentlich die Autonomie- und Verantwortungsgrade und Handlungsspielräume,
- führen aber auch zu Leistungsverdichtung und Zeitdruck,
- spielen für ganzheitliche Problemlösungen ein zentrale Rolle,
- sind die Basis der Lernenden Organisation,
- sind nicht mehr kontroll-, sondern vertrauensorientiert,
- erhöhen die ökonomische Flexibilität,
- erfordern höhere Qualifikationen,
- ermöglichen Entwicklungs-, Ausbildungs-, höhere Verdienstchancen.

Die neuen **Produktionskonzepte** sind nicht mehr auf Mengengrößen, sondern auf optimale Auftragsabwicklung ausgerichtet, die ein hohes Qualitätsniveau garantiert, Stillstandszeiten minimiert, Reparatur- und Wartungszeiten minimiert und Terminerfüllung optimiert. Daneben ermöglichen sie dem Mitarbeiter eine **neue „Qualität"** der Arbeit durch:

- flexiblere Arbeitsgestaltung
- komplexere Arbeitsinhalte
- flexiblere Arbeitszeitgestaltung
- gesteigerte Arbeitsmotivation,
- Erhöhung der Lernchancen durch Erhöhung der Handlungsspielräume
- Initiierung, Steuerung und Organisation von Lernprozessen
- Nutzung des vor Ort anfallenden Expertenwissens
- Erhöhung des „self-control"

Gruppenarbeitskonzept:
- die Gruppe ist zuständig für ein bestimmtes Segment der Produktion/einen bestimmten Prozeßabschnitt – typischerweise für die Komplettfertigung eines bestimmten Produkts
- die Gruppe trägt die Verantwortung für Qualität/Menge/Zeit ·
- die Gruppe steuert sich selbst (Arbeitsverteilung, Anwesenheit, Qualifizierung usw.)

Bohlmann/Ackermann (dazu 1997, S. 60ff.) nennen folgende zentrale **Erfolgsfaktoren** für eine erfolgreiche Gruppenarbeit:

(1) Konsequente Bewegung im Inneren
(2) Soziale Prozesse kompetent managen
(3) Prozeß begleitende Lernsituationen schaffen
(4) Das Umfeld und die Führungskräfte der Teams

Die **Vorteile** der Gruppenarbeit:

- Produktivitätssteigerungen durch Synergieeffekte
- Kostensenkungspotentiale (Integration der Qualitätskontrolle bei KVP, Krankenstände/Fluktuation geht zurück usw.)
- Flexibilitätspotentiale
- Qualitätsverbesserungen
- Motivationswirkungen (humanerer Arbeitsplatz, kooperativer Führungsstil, höhere Qualifikation usw.)

Die positiven Wirkungen der Gruppenarbeit bestätigt auch eine Untersuchung, bei der im Rahmen einer Vor-nachher-Studie nach zwei (und nach einem Moderatorentraining) und nochmals nach drei Jahre nach Einführung der Gruppenarbeit im Unternehmen ein Vergleich durchgeführt wurde zwischen den Mitarbeitern, die in unveränderter Einzelarbeit, in Einzelarbeit mit kontinuierlichen Verbesserungsprozeß-Aktivitäten oder in Gruppenarbeit aktiv waren. **Die Ergebnisse** (vgl. Klein, 1999):

- Gruppenarbeit führte generell zur Anhebung des Leistungsniveaus.
- Die Tätigkeiten in Gruppenarbeit schnitten bezüglich des Lernpotentials (erhoben mit dem Tätigkeitsbewertungssystem nach Hacker) in allen vier Anforderungsdimensionen besser ab.
- Die Mitarbeiter schätzen das Betriebsklima (erhoben mit Fragebogen nach Rosenstiel) deutlich besser ein, Fehlzeiten sind deutlich geringer.
- In Fragen der sachlichen Problemlösung (erhoben mit eigenem Fragebogen) lagen die Werte signifikant über den Werten der Einzelarbeiter, während sich die Fähigkeit zur Konfliktlösung eher verschlechtert hatte.

Schwierigkeiten bei der Einführung von Gruppenarbeit (Bohlmann/Ackermann, 1997, S. 63):

- Überforderung einzelner Mitarbeiter, da Aufgaben anspruchsvoller werden.
- Unterschwellige „Veränderungsresistenz" einzelner Gruppenmitglieder und Führungskräfte.
- Abteilungsegoismen der indirekten Bereiche, mangelndes Kunden-Lieferanten-Bewußtsein.
- Zu viele Umstrukturierungsprojekte gleichzeitig.
- Entlöhnungsproblematik.

Gruppenarbeit wird – im Gesamtergebnis – als eine ideale **Verknüpfung** von

- Arbeitsstrukturierung,
- Produktivitäts-,
- Flexibilitäts- und
- Qualitätssteigerung

gesehen. Besonders der japanische Produktivitätsvorsprung wird u.a. im hohen Anteil von Arbeitsgruppen vermutet: In Westeuropa arbeiten nur 0,6% der Mitarbeiter von Automobilherstellern in Arbeitsgruppen, in den USA 17,3%, dagegen in Japan 69,3% (SZ, 21.1.1992).

Für Gendo/Konschak (1999, S. 152f.) ist die Gruppenarbeit (als Teil der Humanisierungsbewegung) ein **„Mythos"**, das z.B. der japanischen Wirklichkeit nicht entspricht. Westliche Gruppenarbeit und japanische Teamarbeit sind ihrer Meinung nach Gegensätze. „Humanisierung der Arbeit im westlichen Sinne ist in Japan bis heute ein völlig unbekannter Begriff. Er spielt weder in der Theorie noch in der Unternehmenspraxis eine Rolle (...) Kein Unternehmen in Japan praktiziert ein Konzept, das mit dem westlichen Gruppenarbeitskonzept auch nur annähernd verwandt ist. (...) Die Belegschaften sind zwar in Gruppen eingeteilt, sie praktizieren aber keine ‚Gruppenarbeit'."

> „Bei Gruppenarbeit soll die Arbeitsgruppe die Arbeiten in einen gemeinsamen Aufgabenbereich planen, steuern, ausführen und optimieren. Im Unterschied zur konventionellen Arbeitsorganisation mit hoher Funktionsdifferenzierung bestimmen dispositive Tätigkeiten einen wesentlichen Teil der Leistung des einzelnen Gruppenmitglieds und der Gruppe.

Die Gruppenmitglieder müssen nicht nur in fachlicher Hinsicht für die verschiedenen Einzelaufgaben qualifiziert sein, sondern in erheblich größerem Umfang als bisher wissen und verstehen, worauf es bei ihrer Arbeit für den Erfolg des Unternehmens und damit für die Zukunftsperspektiven ihrer Arbeitsplätze ankommt. Auf allen Ebenen müssen die Mitarbeiter wissen, wodurch und wie die Kosten entstehen und wie das Unternehmen das Verhältnis von strategischer Marktorientierung und effizienten Wertschöpfungsprozessen mit einer langfristig innovativen Markt- und Produktstrategie und einer dynamischen Prozeßorganisation ausbalanciert." (Schuster, 1998)

Grap/Mühlbradt (vgl. 1995, S. 79) verstehen eine funktionierende Gruppenarbeit als einen von mehreren möglichen Schritten auf dem Weg zur „lernenden Organisation" (dazu fünfter Teil) und geben ein Beispiel für ein mittelständisches Unternehmen, das seinen kontinuierlichen Verbesserungsprozeß nach dem Prinzip der überlappenden Gruppen organisiert hat; die Gruppen gibt es dabei nicht nur auf Werker-, sondern auf allen Vorgesetztenebenen, sie sind über einzelne Teilnehmer miteinander vernetzt.

In jüngster Zeit sind **kritische** Stimmen zur „Gruppeneuphorie" zu hören, da in vielen Fällen Gruppenarbeit zu technisch gesehen wird. Es wird unterschätzt, daß soziale Lernprozesse viel länger dauern als technische Veränderungen, man „Gruppen" nicht einfach verordnen kann. Sie erfordern gezielte Vorbereitung und (Höher-)Qualifizierung und ein Vor-Ort-Training (auch zur „sozialen Kompetenz"); zum Vorgehen in der Einführungsphase und den Einsatz von Pilotprojekten siehe Müller/Zeyer (1994). Ein Zwischenbericht des Soziologischen Forschungsinstituts, Göttingen, unterschiedet zwischen

- strukturkonservativen Gruppen (mit Festhalten an standardisierter Arbeit mit wenig Entscheidungsspielräumen, Hierarchien, Spezialistenmacht)
- strukturinnovativen Gruppen (mit Aufgabenerweiterung und Selbstorganisation).

Echte Übertragung von Selbstverantwortung an eigenständige Produktionsteams wird verzögert, meist sieht man alte Hierarchien bedroht. Z.T. werden bereits wieder arbeitsteilige Strategien verfolgt, ist ein Trend zu strukturkonservativen Lösungen da (dazu Willeke, 1995, S. 46).

Auf dem Forum Automobilindustrie 1999 zeigt sich z.T. wieder ein **Wandel**, nämlich von teilautonomer Gruppenarbeit in Werkstatt-/Inselfertigung zu sog. standardisierter Gruppenarbeit in reiner Linienfertigung (**„partizipative Rationalisierung"** als Mischung von Taylor und Toyota nennt dies DaimlerChrysler), um höhere Produktivitätsfortschritte zu erzielen (FAZ, 5.7.1999, S. 26).

4. Empowerment

Das neue Schlagwort im Rahmen moderner Organisationskonzepte wie Kaizen, TQM oder insbesondere Reengineering (dazu 5:Teil, M) heißt **„Empowerment"** – eine Form der Mitarbeiterorientierung (die deutsche Übersetzung „Ermächtigung" der Mitarbeiter hat sich nicht durchgesetzt), wo über einen kontinuierlichen Verbesserungsprozeß (**KVP**) hinaus ein fundamentaler Wandel im Denken stattfindet: Im Gegensatz zu einigen Ansätzen in den 60er/70er Jahren, die human-partizipative bzw. motivationale Ziele verfolgten, ist das Empowerment der Neunzigerjahre aus wirtschaftlichen Notwendigkeiten (schnellere Reaktion auf Marktbedürfnisse/Flexibilität, TQM etc.) entstanden. Dabei werden nicht nur die bisherigen Geschäfts**prozesse** selbst (Strukturen, Systeme und Kulturen) in Frage gestellt, sondern auch die **Arbeitswelt** verändert:

- Interdisziplinäre, selbst steuernde Prozeßteams ersetzen die alte funktionsorientierte Organisationsstruktur (= höherer Grad an Autonomie/Entscheidungsspielräume; aber auch mehr Verantwortung!).
- Einfache Aufgaben werden durch multidimensionale Berufsbilder ersetzt.
- Statt Kontrolle der Mitarbeiter Ermächtigung/Förderung der Eigeninitiative (d.h. **Delegation** von **Entscheidungsbefugnis**; Angestellte auf allen Ebenen sind für ihr eigenes Handeln verantwortlich) und Wei-

terbildung des Mitarbeiters (dazu Clutterbuck/Kernaghan, 1995; Gomez/Probst, 1995, S. 188f.; Morris/Brandon, 1994,S. 96; Friedrich, 1996, S. 6f.; Argyris, 1998, S. 10ff.; Peiperl, 1998, S. 335ff.).

- Verstärkte Bedeutung der Aus- und Weiterbildung.
- Vergütungen nach Ergebnissen.
- Fähigkeiten statt Leistung als Beförderungskriterium.
- Produktivität als Wertvorstellung.
- Flachere Organisationsstrukturen.
- Vertrauenskultur als Voraussetzung (statt Mißtrauensorganisation).
- Führungskräfte erhalten neue (Führungs-)Rollen als Coaches, Unterstützer und Moderatoren (also weniger klassische Kontrollmacht).

„Wenn die Leute wachsen, wachsen auch die Gewinne." (Koestenbaum; zit. bei Gomez/Probst, 1995, S. 189)

Im Spiegel der Literatur finden sich folgende **Begriffsfassungen**:

Empowerment (Deutsch etwa: Ermächtigung, Ausstattung mit Vollmacht, Bevollmächtigung)
„... Aufforderung an Mitarbeiter zur Gewinnung neuer Kompetenzen, Ausfüllen veränderter Handlungsspielräume, Fähigkeit, Bewältigungsprozesse zu erlernen" („Ermächtigung und Befähigung")
„... Übertragung an kleinere Einheiten im Unternehmen, also an Profit Centers, Arbeitsgruppen, einzelne Mitarbeiter." (Hartmann, 1993, S. 115)
„... heißt, mehr Kompetenzen, Befugnisse und Wissen, d.h. auch mehr Macht, auf die Mitarbeiter zu übertragen." (Bea/Göbel, 1999, S. 351)

Letztlich verfolgt auch das Empowerment **Effizienzziele** (Bea/Göbel, 1999, S. 352):

- verbesserte Motivation der Mitarbeiter,
- bessere Ausnutzung der Humanressourcen,
- mehr Schnelligkeit in den Abläufen,
- größere Flexibilität,
- mehr Kundenorientierung.

Gerum/Schober (1996, S. 498f.) bilden zwei **Fallgruppen** von Empowerment-Anwendungen in der Praxis:

- **Isolierte** Anwendung von Empowerment (d.h. die interne Organisationsstruktur bleibt unberührt) etwa bei besonderen Serviceleistungen gegenüber Kunden

- **Ganzheitliche** Anwendung von Empowerment (d.h. als Element **prozeßorientierter** Organisationsgestaltung, z.B. Restrukturierung bestimmter Prozesse)

Wesentliches Merkmal der meisten Definitionen ist die **Übertragung** von Aufgaben (-Vielfalt, Tätigkeiten), Handlungs-/Entscheidungs-/Kontrollspielräumen und Kompetenzen an Mitarbeiter, um deren Fähigkeiten und Kenntnisse besser einzusetzen und ein „unternehmerisches" Denken anzustoßen. Dies erfordert eine höhere Befähigung der Mitarbeiter (= **Mitarbeiterqualifikation**).

Da im Zuge des Empowerment dem Mitarbeiter nicht nur mehr Macht, sondern auch mehr **Verantwortung** zugemutet wird, muß man auch großes Vertrauen in das Wissen und Können sowie die Loyalität der Mitarbeiter setzen. „Das dem Empowerment zugrunde liegende Menschenbild ist sehr optimistisch: Menschen wollen mehr Verantwortung tragen lernen, gute Arbeit verrichten, etwas leisten. Kontrolle soll dabei vor allem in Form der Selbstkontrolle und der Gruppenkontrolle erfolgen." (Bea/Göbel, 1999, S. 352)

Ähnlich skizzieren Blanchard/Carlos/Randolph (1998, S. 35ff.) Empowerment als eine Methode, die eine grundlegende Werte- und Verhaltensänderung im Management erfordert und drei weitere Schlüsselfunktionen beinhaltet:

- Zugang zu jeglicher Information für alle Mitarbeiter
- Gleichzeitige Abgrenzung der Handlungsspielräume, um dann innerhalb dieser Grenzen autonom handeln zu können
- Weitgehende Aufgabe von Hierarchien, um zu selbst gesteuerten Teams zu gelangen

Gerum/Schober (1996, S. 500ff.) führen einen **systematischen Vergleich** des Empowerment mit den von uns bereits dargestellten Theorien der Arbeitsgestaltung, dem Taylorismus einerseits und den vier Formen der Restrukturierungskonzepte andererseits. Ihr Ergebnis:

> „Faßt man die Ergebnisse der vergleichenden Analyse zusammen, so zeigt sich, daß Empowerment und die bedürfnisorientierte Arbeitsgestaltung sich konzeptionell nicht unterscheiden: also – wieder einmal – viel Lärm um nichts. Der Wirbel um Empowerment beruht wohl weitgehend auf geschäftlichen Interessen, theoretischer ‚Blindheit‘ oder beidem zugleich. Die Auseinandersetzung mit den ca. 25 Jahre alten vielfältigen praktischen Experimenten zum Job Enrichment wäre in vielfältiger Hinsicht hilfreich gewesen.(...).
> Unabhängig davon gilt es jedoch, einen Unterschied festzuhalten: Anlaß und Ziel für die Entwicklung arbeitsorganisatorischer Konzepte wie Job Enrichment etc. waren, die Qualität des Arbeitslebens zu verbessern, um so auch das kostenträchtigen dysfunktionalen Nebenwirkungen der überkommenen Arbeitsorganisation abzubauen. Ging es dabei also vorrangig um Arbeitsmotivation, so fokussiert Empowerment Prozeßeffizienz und Kundenzufriedenheit. Die Befriedigung der Mitarbeiterbedürfnisse durch Kompetenzerweiterung stellt hier lediglich ein ‚by-product‘ dar. Sollt sich die ‚empowerte‘ Arbeitsorganisation in der Praxis auf breiter Front durchsetzen, so würde das alte Humanisierungskonzept unintendiert ein unverhofftes ‚da capo al fine‘ erleben.“

5. Betriebliches Vorschlagswesen/Kaizen

Im Zuge des Total Quality Management (siehe 5. Teil, M) wurde als ein Vorläufer auch das **Betriebliche Vorschlagswesen** (BVW, dazu Mölder u.a., 1998) wieder entdeckt, das bis in das Jahr 1888 zum Unternehmer Alfred Krupp zurückgeht (1910 folgte Siemens). Die Zielsetzung dieses Instruments hat sich im Laufe der Jahre stark gewandelt: Statt auf operativer Ebene primär als **Rationalisierungsinstrument** (= Steigerung der Produktivität, Kostensenkung über Prämienzahlung für gemachte Vorschläge) interpretiert zu werden, dominiert heute die unternehmenspolitische und **strategische** Perspektive (= Innovations-/ Motivationsinstrument, Führungs-/Personalentwicklungsinstrument).

Laut einer Studie des Deutschen Instituts für Betriebswirtschaft wurden 1997 durch Verbesserungsvorschläge rund 1,6 Mrd. Mark an nachweisbarem Nutzen erwirtschaftet; die Untersuchung zeigt auch einen großen Nachholbedarf beim Mittelstand, der die Chancen nur ansatzweise nutzt und damit enormes Wachstumspotential verschenkt (Kürten, 1999).

Das BVW unterliegt derzeit einem Wandel. Zusammen mit einem **kontinuierlichen Verbesserungsprozeß** (KVP) und Gruppenkonzepten wie Qualitäts-/Werkstattzirkel wird das BVW in ein umfassendes **Ideenmanagement** (als Bestandteil des Innovationsmanagements) eingebettet mit dem Ziel, die Kreativität und Initiative der Mitarbeiter zu fördern und ihre Ideen im Unternehmen nutzbringend umzusetzen (dazu Läge, 1999, S. 261ff.).

Dem Gedanken des Kontinuierlichen Verbesserungsprozesses („Continuous Improvement Process", CIP) sehr ähnlich ist das japanische **Kaizen** als eine Denkweise, mit jeder Mitarbeiter im Unternehmen mitwissen, mitdenken, mitverantworten soll, um sich dadurch mit den Zielen des Unternehmens zu identifizieren, das zu einem permanenten Streben nach Verbesserung führt (drei Segmente: Personen (BVW etc.), Gruppe (z.B. Qualitätszirkel), Management); vgl. Imai, 1992, S. 111f.; Sauer, 1998, S. 30ff.). Gendo/Konschak (1999, S. 188) halten allerdings das japanische Kaizen für einen **„Mythos"**: Für sie steht Kaizen nicht für kontinuierliche Verbesserung, sondern für „kontinuierliche **Kostensenkung**", und aufgrund der bereits optimierten Prozesse sind die Masse der Vorschläge nur Miniaturvorschläge mit geringen Auswirkungen.

Kaizen verfolgt das Ziel, unter Einbindung möglichst aller Mitarbeiter Abläufe im Unternehmen bzw. eigenen Arbeitsbereich **systematisch** zu analysieren und zu optimieren, möglichst die flächendenkende Verbesserung über viele **kleine, kontinuierliche Schritte** zu erzielen. Diese KVP-Prozesse, die nicht einmalig, sondern als dauerhafter Prozeß zu verstehen sind, sind heute bei den meisten Großunternehmen institutionalisiert und helfen das individuelle Arbeitsverhalten gezielter auf konkrete marktbezogene Verbesserungen auszurichten (als etwa durch die beschriebenen Leistungsbewertungsverfahren). Bei VW wurde inzwischen daraus der „KVP hoch 2": „Der kontinuierliche Verbesserungsprozeß zum Quadrat ist eine Methode zur Beseitigung von Verschwendung durch die Optimierung von Arbeitsabläufen und Prozessen in allen Unternehmensbereichen." In einem fünftägigen KVP-Workskop wird gezeigt, wie in einer genau strukturierten Vorgehensweise wertschöpfende Arbeit von Verschwendung zu unterscheiden und durch unkomplizierte Lösungen zu ersetzen ist.

Zur Beseitigung von **Verschwendung** jeglicher Art wird ein umfangreicher Instrumenten-/Methodenkasten eingesetzt: Er reicht von der Prozeßorientierung, visuellen Zeitplantafeln/Visual Control System, Qualitätszirkeln, Zielvereinbarungen, Teams über Kanban bis zum BVW. Strippel (1998, S. 108f.) fordert, die Philosophie des Kaizen bereits konsequent auf die **Entstehungsphase** von Produkten auszudehnen, um Verschwendungen und Fehler im Vorfeld zu vermeiden.

Für Seebauer (1998, S. 106f.) ist Kaizen eine umfassende **Managementphilosophie** und der Ursprung aller japanischen Managementtechniken:

- Es entspringt der Mentalität, daß alles einer kontinuierlichen Verbesserung bedarf.
- Es beginnt mit dem Erkennen eines Problems.
- Es bedeutet nicht nur die Verbesserung eines Produktes, sondern auch aller Vorgänge, die zur Fertigstellung und Vermarktung der Produkte führen.
- Es bedeutet vor allem aber auch die stete Verbesserung der in diesen Prozessen arbeitenden Menschen.

IV. Qualitätszirkel (Quality Circles)

Als man in den 70er Jahren im Rahmen der **vergleichenden Managementforschung** nach Gründen für den Erfolg japanischer Unternehmen suchte, wurde insbesondere das Konzept der Quality Circles „entdeckt". Obwohl in Japan sicherlich zuerst verbreitet (bereits Anfang der 50er Jahre mit zur Zeit über 1 Mill. Quality Circles mit ca. 10 Mill. Mitgliedern), stammen die Wurzeln dieses Konzeptes, historisch gesehen, aus dem Westen:

- Theorie der Arbeitszufriedenheit von Herzberg und daraus abgeleitete Managementmethoden
- Statistische Kontrollen von Demming
- Totale Qualitätskontrolle von Juran
- Motivationstheorie von Maslow
- Arbeitsstudien von Taylor und Gilberth.

Die explosionsartige Ausdehnung in Japan wurde durch die kulturelle und gesellschaftliche Entwicklung in Japan begünstigt. Ein ausgeprägtes Familienbewußtsein, ein starkes **Gruppenbewußtsein** und kooperative Entscheidungsfindungsprozesse sind bereits vor der Einführung von QC vorhanden gewesen. Nachdem dieses Konzept dann – ab den 60er Jahren – auch einen phänomenalen Siegeszug in den USA antrat (und ein weltweiter QZ-Boom einsetzte, finden die Quality Circles in Deutschland weitgehend erst in den 80er Jahren rasante Verbreitung, haben sich inzwischen in nahezu allen großen Unternehmen **fest etabliert** und werden inzwischen über den ursprünglichen Produktionsbereich hinaus auch in Dienstleistungs- und Handelsbetrieben eingesetzt.

Steinle/Langemann (1995, S. 38) weisen darauf hin, daß die ursprünglichen Bezeichnungen Qualitätszirkel, Werkstattzirkel und Lernstatt nur noch selten verwendet werden. Statt dessen erfolgt eine Kombination der Wortbestandteile „Qualitäts-" bzw. „-gruppe" mit anderen

Begriffen. Unter dem Oberbegriff Quality Cirle finden sich eine Reihe von Terminologien für unterschiedlichste Formen von Arbeits**gruppen**, die z.T. von der ursprünglichen QC-Philosophie abweichen (vgl. Deppe, 1992, S. 18ff.) und für **firmenspezifische** Konzepte verwendet werden:

Lernstatt / Lernwerkstatt / Werkstattkreise / Werkstattzirkel / Aktionskreis / Aktionssystem / Aktionsgruppe / Kommunikationskreis / Innovationsgruppen / Innovationszirkel / Qualitätsausschüsse / Problemlösungsgruppen / Null-Fehler-Programme / Quality-Circle-Briefe / Qualitätsgesprächskreise / Qualitätsgruppen / Quality Control Circle / Kleingruppenaktivitäten / Steuerungs- und Lerngruppen / Vorschlagsgruppen / Werkstattforum / Beteiligung / Teambesprechungen / Arbeitsgruppenbesprechungen / Belegschaftsgruppen / Werkstattgespräche / Treffpunkt-i / Produktzirkel / Kontakt-Team / Qualitätsteam / Initiativgruppe / TQM-Gruppe

1. Definition/Wesen

In der Literatur ist keine einheitliche (Legal-)Definition vorhanden. Das Wesen der Quality Circles wird jedoch klar, wenn man die dabei genannten wesentlichen inhaltlichen **Merkmale** herausgreift:

- auf Dauer angelegte Kleingruppe
- moderatorengeleitete, ständige Gesprächsrunden in kleinen Gruppen (i.d.R. fünf Mitglieder), (Gruppen-energetische Effekte).
- Treffen finden regelmäßig statt und sind völlig freiwillig.
- Treffen finden während der oder nach der Arbeitszeit (bezahlt) statt.
- Themen sind freigestellt, jedoch i.d.R. Bezug zum Arbeitsbereich.
- Teilnehmer gehören i.d.R. der gleichen, d.h. der unteren Hierarchieebene an, um die gleiche Erfahrungsgrundlage zu gewährleisten.
- Problemlösungen werden mit Hilfe geeigneter Methoden systematisch erarbeitet, einem Entscheidungsgremium vorgeschlagen und, wenn möglich, auch selbst realisiert, um sich damit auch in Verantwortung für die eigenen Ideen zu fühlen; QZ haben selbst jedoch keine Entscheidungsbefugnis.
- Die Ausführenden der Arbeit wissen selbst am besten, wie ihre Arbeit bzw. Arbeitsumgebung effizienter und sozialer gestaltet werden kann (direkte Motivation aus der konkreten Tätigkeit heraus).
- Die Gruppe nimmt eine Ergebniskontrolle vor.

Das QZ-Konzept hat sich von der ursprünglichen Qualitätssicherung erweitert auf praktisch **alle** Probleme eines **Arbeitsbereichs** (Ausbildung, Gesundheit, Arbeitsplatzgestaltung, Entwicklung, Fertigung, Logistik, Planung, interne Zusammenarbeit etc.). Die angestrebte Verbesserung der Leistungsfähigkeit einer Unternehmung bezieht sich damit auf die technische, Verfahrens- und soziale Qualität.

2. Ziele

Bei den Quality-Circle-Konzepten handelt es sich nicht, wie aus dem Terminus interpretiert werden könnte, um ein reines Qualitätsförderungs- bzw -sicherungskonzept. Zwar stand die statistische Qualitätsüberwachung im Produktionsbereich, d.h. die Hebung des bis dahin oft unzulänglichen Qualitätsstandards, am Anfangspunkt; die Anwendungsbereiche der QC und deren Zielrichtung haben sie jedoch erweitert.

I.d.R. sind QZ **temporäre** Gruppen. Kraemer/Eyer (vgl. 1991, S. 49) fordern die Institutionalisierung einer abteilungsübergreifenden Kleingruppe (z.B. Vertreter der Abteilungen Konstruktion, Arbeitsvorbereitung, Fertigung, Qualitätssicherung, Marketing) bei Produktneuentwicklungen. Die zu Beginn der 90er Jahre in den USA im Vergleich zu Japan/BRD z.T. anders verlaufende Entwicklung zeigt deutlich die **Entwicklungsperspektiven** der Qualitätszirkel auf:

- entweder werden sie, zwar mit kurzfristiger Zielsetzung, aber als dauerhaft angelegtes Instrument der Qualitätssicherung gesehen (allerdings weitgehend punktuell eingesetzt und nicht im Rahmen eines unternehmensumfassenden Total-Quality-Managements),
- oder sie werden als geeignete, vorbereitende Instrumente zur Entwicklung partizipativer Strukturen genutzt.

Folgende **Hauptziele** werden in der einschlägigen Literatur hervorgehoben:

(1) Verbesserung der betrieblichen Effizienz: Durch eine Erhöhung der Produktivität wird die Leistungsfähigkeit der Unternehmung verbessert. Arbeitsplatzgestaltungs- und arbeitsorganisatorische Strukturveränderungen werden vorgeschlagen.

(2) Sicherung einer umfassenden Qualitätspolitik (im Rahmen eines Total Quality Managements, TQM), wobei über die Produktion hinaus alle Bereiche und alle Mitarbeiter in die Strategie einbezogen werden; damit wichtiger Baustein eines integrativen, mehrdimensionalen Ansatzes (siehe auch fünfter Teil).

(3) Verbesserung der Arbeitsmotivation und -zufriedenheit, des Betriebsklimas, der Kommunikation und der Teamfähigkeit. (Bei Befragungen überwiegen als positive Auswirkungen die **sozio-emotionalen** Auswirkungen gegenüber ökonomischen Kriterien; vgl. Neuberger, 1991, S. 223f.; dies bestätigt auch die Untersuchung von Steinle/Langemann, 1995, S. 38f.). Durch die Erweiterung des Handlungsspielraums und einen direkten Einbezug der Betroffenen in Probleme ihrer Arbeitswelt ist das QC-Konzept als eine Maßnahme der **Humanisierung** der Arbeit anzusehen.

(4) Verbesserung der persönlichen Entwicklung, Steigerung der fachlichen Kompetenz; partizipative Veränderungsstrategien im Sinne einer **geplanten Personal- und Organisationsentwicklung.**

QC und OE werden als „partizipative Veränderungsstrategien" gesehen sowie als Instrument zur Institutionalisierung permanenter Feedback-Schleifen, um dem Ziel einer „**lernenden Organisation**" näherzukommen (vgl. auch Zink, 1990, S. 152). Vgl. hierzu auch unsere Ausführungen im fünften Teil (L, II und M)

An Bedeutung gewinnen in letzter Zeit die QZ für ein arbeitsplatzbezogenes On-the-job-Training, insbesondere bei der Einführung neuer Technologien. Quality Circles geben der Unternehmens- und Personalführung die Möglichkeit, ihre Mitarbeiter stärker in das Unternehmen zu integrieren als z.B. beim traditionellen Vorschlagswesen als Verbesserungsinstrument. Die Darstellung von QC und der Vergleich mit den bekannten Formen der Arbeitsstrukturierung weisen darauf hin, daß hinter der QC-Philosophie mehr steht, als nur das Aufgabengebiet der Mitarbeiter zu erweitern oder zu bereichern. Die QC-Philosophie hebt den Mitarbeiter in den Mittelpunkt unternehmerischen Handelns. Die Mitarbeitermotivation stellt hohe Ansprüche an die Unternehmens- und Personalführung.

Quality Circles können damit als ein Ansatz zum **„Human-Resources-Management"** betrachtet werden. Die Motivation der Mitarbeiter bzw. „Aktivierung des Mitarbeiterpotentials" gewinnt zunehmend an strategischer Bedeutung (vgl. Raich, 1991). Das Motivations- und Führungsinstrument QC darf aber nicht als „manipulative Sozialtechnik" (quasi als neues Instrument der Rationalisierung) mißverstanden werden. QCs stellen ein langfristig orientiertes Personal- und Organisationsentwicklungskonzept dar. Wer QC vorrangig unter wirtschaftlichen Gesichtspunkten betrachtet, hat den Sinn dieses Konzepts nicht verstanden. Wertvolle Synergien, die durch besseres Harmonisieren von Mitarbeiterbedürfnissen und Unternehmenszielen entstehen, kämen durch diese Betrachtungsweise nicht zur Geltung.

3. Aufbau und Elemente

Der Aufbau von QCs ist nicht in jedem Unternehmen identisch. Abhängig von der Unternehmensgröße und dem jeweiligen Land haben sich verschiedene Ansätze entwickelt, die jedoch auf einer gemeinsamen Grundstruktur aufbauen. Ziel jedes Unternehmens sollte es sein, bereits bei der Implementierung von Pilotgruppen darauf zu achten, daß diese Gruppen nicht wie Fremdkörper innerhalb der Organisation wirken. Eine harmonische Integration der Personen und Einheiten in die bestehende Organisation ist wünschenswert. Zur Organisation der Gruppenarbeit siehe Rehm (1992) und Thom (1992).

Die Struktur wird durch drei Elemente bestimmt: die QC-Gruppe mit Zirkelleiter, der Koordinator und das Steuerungskomitee. Die einzelnen Elemente werden in der Literatur ausführlich dargestellt (vgl. dazu im Einzelnen Deubel, 1991, S. 33f; Deppe, 1992, S. 47ff.). Die Hauptaufgabe des **Zirkelleiters** (synonym: Betreuer, QZ-Beauftragte, Moderator, facilitators) besteht in der Bildung der Gruppe, der Anleitung der Gruppenarbeit und der Vermittlung der benötigten Arbeitstechniken und Moderation der Gruppenarbeit. Die **Steuerungsgruppe** (bestehend aus 3-6 Führungskräften der Unternehmung) hat die Aufgabe, den unternehmerischen Willen zur Errichtung, Durchführung und Kontrolle von QCs zu repräsentieren, sowie die ständige Aufgabe der Kommunikation und Information. Eine gewisse „Schlüsselrolle" für den reibungslosen Ablauf kommt dem **Koordinator** zu. Ihm obliegt als Hauptaufgabe die Überwachung und die Unterstützung der Zirkelleiter sowie die operative Verwaltung des Programms (z.B. Ausbildungs- und Trainingsplanung), Schaffung von Kontakten, Kommunikation/Information und Koordination der Gruppenaktivitäten. Den weitaus größten Arbeitsumfang nimmt dabei das Moderatorentraining ein. So hat VW, nachdem 1985 per Vorstandsbeschluß das System der QCs zur Führungaufgabe erklärt wurde, zur Einführung der Zirkel bereits über 2000 Moderatoren geschult.

4. Arbeitstechniken

Zur Lösung der ausgewählten Probleme stehen verschiedene Techniken zur Verfügung. Die Ermittlung von Problemen erfolgt mit Hilfe von Datensammlungsmethoden. Anhand von Auswahlmethoden werden die Probleme selektiert und nach aufgestellten Kriterien ausgewählt. Die Ermittlung von Lösungen erfolgt anschließend durch Ideenfindungsmethoden (dazu Dorr/Flocken, 1989, S. 9ff.).

Klassisches Merkmal von QCs ist das **Ursachen/Wirkungs-Diagramm**. Diese Arbeitstechnik beziehungsweise Analysetechnik wird oft als „Fischgrät-Diagramm" oder „Ishikawa-Diagramm" bezeichnet (vgl. dazu Zink, 1984, S. 81). Die Grundform umfaßt die vier Haupteinflußfaktoren, mit denen fast jedes betriebliche Problem beschrieben werden kann. Diese sind: Mensch, Maschine, Material, Methode. Die maschinen-, material- und methodenbedingten Fehlerursachen werden der „Situation" zugeordnet (vgl. Abb. 46, aus Dorr/Flocken, 1989).

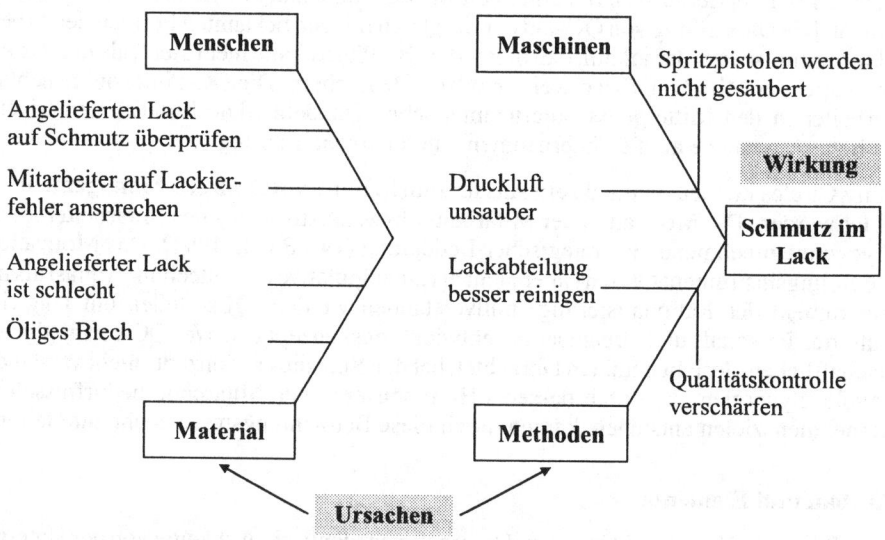

Abb. 46: Ursachen/Wirkungs-Diagramm (Ishikawa-Diagramm)

Neben dem Ursachen/Wirkungs-Diagramm zählt die **Pareto-Analyse** zu den Standardtechniken und ist ein weiteres Charakteristikum von QC. Pareto stellte fest, daß ca. 20 Prozent an Fehlerquellen bis zu 80 Prozent aller späteren Mängel erklären. Die sog. Pareto-Fortschrittskurve zeigt an, wie viel Prozent der vorliegenden Probleme mit der kumulativen Lösung der einzelnen Fehlerkategorien gelöst sind (z.B. mit Lösung des Problems 2, Lackfehler, sind bereits 35% der Probleme gelöst).

V. Neue Formen der Arbeitszeitgestaltung

1. Die flexible Arbeitszeit aus der Sicht der Betroffenen

Breiten Raum in der öffentlichen Diskussion nahmen in jüngerer Zeit Fragen nach Arbeitszeitverkürzung und Arbeitszeitflexibilität ein. Begriffe wie variable Arbeitszeiten, Gleitzeit, Kernzeiten, Schichtmodelle, Zeitkonto/-guthaben usw. sind innerhalb weniger Jahre zu mittlerweile gebräuchlichen Worten in den meisten Unternehmen geworden. Die in Deutschland gängigen Systeme der flexiblen Arbeitszeitgestaltung haben durchweg das Ziel, die betriebliche Produktivität durch einen effizienteren, sprich flexibleren Personaleinsatz zu erhöhen. Arbeitszeitflexibilisierung (AZF) scheint ein Ausweg aus dem Dilemma zweier gegenläufiger Entwicklungstendenzen zu sein:

- einerseits die Notwendigkeit zur Betriebszeitausweitung (aus technologischen, wirtschaftlichen oder versorgungspolitischen Gründen) und
- andererseits die fortschreitende tarifliche Verkürzung der individuellen Arbeitszeiten.

„Neben der Anpassung der personellen Kapazität an die konjunkturellen und saisonalen Absatzschwankungen müssen die jeweiligen Organisationseinheiten ihre Betriebszeit am Bedarf ihrer Kunden ausrichten können. Außerdem sollen die flexiblen Arbeitszeiten dem Mitarbeiter Freiräume für dessen Kreativität schaffen. Diesen Freiraum schaffen u.a. Arbeitszeitmodelle, welche die Möglichkeit eröffnen, dann die Arbeitszeit zu beenden, wenn diese sinnvoll übergeben bzw. abgeschlossen werden kann.
Trotz Schwankungen des Absatzes und damit ungleichmäßiger Produktivität ist Kontinuität in der Personalwirtschaft notwendig. Die Beeinflussung der Personalkosten durch Personalauf- und -abbau ist nicht mehr zeitgemäß. Mit der Flexibilisierung der Arbeitszeiten hat man ein Instrument, das in der Lage ist, den Arbeitskräftebedarf- und bestand zu synchronisieren, die Kundenorientierung zu fördern und die Mitarbeiter zu motivieren."
(Grimm, 1997)

Die Festlegung der Arbeitszeiten liegt an der Schnittstelle zwischen arbeitsplatzbezogener und organisatorischer Arbeitsgestaltung: So gilt zwar die Vollzeitarbeit (mit einer gleichmäßigen) Verteilung als „Normalarbeitszeitstandard" – dies ist allerdings in der betrieblichen Praxis heute nicht mehr der Regelfall, sondern flexible Formen der Voll- und Teilzeitarbeit stehen heute im Mittelpunkt des betrieblichen Arbeitszeitmanagements (dazu Oechsler, 1997, S. 199f.).

Marr sieht die betriebliche Arbeitszeitpolitik durch folgende **Determinantenkategorien** bestimmt, wobei deren jeweilige Bedeutsamkeit und konkrete Struktur durch das unternehmensspezifische Filter der ökonomischen und sozialen Effizienz bestimmt wird (vgl. 1993, S. 163):

- Wettbewerbsdruck (Verbessern des Leistungs-Kosten-Verhältnisses)
- Wertewandel (stärke Individualisierung/Flexibilität)
- Technischer Wandel
- Arbeitslosigkeit
- Strukturelle Potentialdefizite

Auf die Gewährung von **Zeitsouveränität** soll hier primär unter dem Aspekt der motivationalen Verhaltensbeeinflussung (personalpolitisches Instrument) eingegangen werden. Betriebswirtschaftliche Ziele (Betriebszeitverlängerung und Fixkostenreduzierung, Verringerung von Personal-, Lagerkosten und Durchlaufzeiten) werden nur kurz angesprochen (vgl. dazu Dollinger, 1990, S. 400). Im Zuge des Motivations- und Wertewandels zu einer mehr Freizeit- bzw. an Selbstbestimmung und -zufriedenheit orientierten Gesellschaft ist als ein Element steigender „Lebensqualität" die (teilweise) Wiedergewinnung der Zeitsouveränität hervorzuheben.

Re-Arbeitsgestaltungen sollen nicht nur eine inhaltliche Dimension (z.B. Erweiterung des Handlungsspielraums bei Arbeitsstrukturierungsmaßnahmen) der dargelegten Art, sondern auch eine zeitliche Dimension aufweisen. In jüngerer Zeit werden zunehmend neue Formen der **Motivation** diskutiert, die über eine stärkere Berücksichtigung der individuellen Bedürfnisse der Mitarbeiter eine Leistungssteigerung herbeiführen wollen (vgl. Beyer/Henningsen, 1990, S. 135; Marr, 1993). Hierzu zählen etwa

- flexible Arbeitszeitmodelle (wie Teilzeitarbeit, individuelle Jahresarbeitszeiten, Arbeit auf Abruf, Arbeitszeitkonten, etc.)
- Cafeteria-Systeme bei den Sozialleistungen
- Job Sharing u.ä.
- flexible Pensionierung
- Telearbeit
- unbezahlter Urlaub, Sabbaticals
- längere „Familienpause" nach Mutterschaftsurlaub

Da hier kollektive durch individuelle Regelungen ersetzt werden, standen die Gewerkschaften diesen **„Entsolidarisierungsbestrebungen"** i.d.R. abwartend gegenüber. Erst in den 90er Jahren steht man dem Thema Arbeitszeitflexibilisierung (als Teil der „Standortdebatte") offener gegenüber (vgl. Graf, 1993, S. 101ff.). Die wichtigsten Arbeitszeitregelungen unterliegen öffentlich-rechtlichen Schutzbestimmungen (wie z.B. der Arbeitszeitordnung), d.h. ein Arbeitszeitmanagement vollzieht sich innerhalb des insbesondere durch arbeitsrechtliche Normen vorgegebenen Regelungsrahmens (vgl. hierzu insbesondere Oechsler, 1997, S. 199ff.; Gutzeit, 1996, S. 106ff.). Innerhalb der kollektivrechtlichen Bestimmungen ist die Arbeitszeit üblicherweise bereits tarifvertraglich geregelt, so daß Betriebsvereinbarungen nur bei einer entsprechenden Öffnungsklausel des Tarifvertrages möglich sind.

> **Arbeitszeitmanagement**
> „... ist die Gestaltung des betrieblichen Arbeitszeitsystems zur Harmonisierung von Arbeitszeitbedarf und Arbeitszeitangebot nach Maßgabe der Kriterien der ökonomischen und sozialen Effizienz und im Rahmen der durch Gesetz und Tarifvertrag festgelegten Spielräume" (Marr, 1993, S. 10).

Für Maßnahmen im Bereich der Arbeits- und Urlaubszeiten sind vier Ebenen zu unterscheiden (vgl. Böckly, 1995, S. 73ff.):

- die **gesetzliche** Ebene, die einen gewissen Mindestschutz für die Arbeitnehmer enthält (z.B. Arbeitszeitrechts-, Ladenschluß-, Jugendarbeitsschutz-, Mutterschutz- und Schwerbehindertengesetz)
- die **tarifliche** Ebene für die Festlegung der Dauer der Wochenarbeitszeit
- die **betriebliche** Ebene für die Festlegung der Lage der betriebsüblichen Arbeitszeit
- die **einzelvertragliche** Ebene, auf der Umfang und Lage der Arbeitszeit konkretisiert wird

Es sollen hier jedoch nur die Auswirkungen einer Flexibilisierung der Arbeitszeit aus der Sicht der Betroffenen kurz dargestellt werden:

Arbeitnehmer:

- Teilweise Rückgewinnung der „Zeitsouveränität" (Zeit besitzt für den Menschen auch eine „qualitative" Dimension); erfordert anderseits einen „Selbstorganisationszwang".

- Möglichkeit der indirekten Selbstbestimmung außerhalb der weitgehend indirekten Mitbestimmung.
- Die Lage der Arbeitszeit kann gemäß den individuellen Bedürfnissen (Freizeit, Familie etc.) und dem persönlichen Biorhythmus individuell gestaltet werden.
- Optimale Zusammenlegung/Verteilung der Arbeitszeit.
- Dem Wertewandel bei einem Teil der Mitarbeiter kann entsprochen werden.
- Breitere Qualifikationsprofile werden gefordert (Weiterbildungsmöglichkeiten).
- Der individuellen Biokurve kann entsprochen werden.
- Gefahr einer Arbeitsintensivierung (und evtl. weniger Überstundenzuschläge) oder weniger soziale Kontakte im Betrieb.

Arbeitgeber:

- bedarfsgerechte Personaleinsatzplanung
- höhere Leistungsbereitschaft, verlängerte Betriebszeiten, bessere Auslastung der Betriebsmittel (empirische Untersuchungen zeigen, daß die Ausdehnung bzw. Erhaltung der Betriebsnutzungszeiten das **Hauptargument** für die Flexibilisierung darstellen; vgl.dazu Kilz/Reh, 1993, S. 1209)
- Durchführung neuer Produktionskonzepte (Gruppenarbeit, Fertigungsinseln, JIT etc.) benötigt entsprechende Flexibilisierungsoptionen beim Faktor Arbeit
- bessere Anpassung an Auslastungsschwankungen
- Verkürzung der Amortisationszeiten der Anlagen durch intensivere Nutzung
- Abbau von Leerlaufzeiten
- Verringerung der Fehlzeitquote/Verspätungen
- Mögliche Kommunikations- bzw. Informationsverluste
- Probleme der Zeiterfassung, Mißbrauchsrisiko
- Erhöhung der Personalnebenkosten, sonstige Zusatzkosten
- zusätzliche Flexibilität
- Sicherung der Servicefunktion
- höhere Arbeitsproduktivität, bessere Arbeitsqualität
- Attraktivität auf dem Arbeitsmarkt
- Angleich von Arbeitszeitverkürzungen

Gewerkschaften:

- es geht den Unternehmern nicht um Flexibilisierung der Arbeitszeit, sondern um den flexiblen Einsatz der Mitarbeiter
- führt zur Intensivierung der Arbeit
- nur Betrachtung unter Rentabilitätsgesichtspunkten
- hat Rationalisierungsmaßnahmen zur Folge
- Mehrarbeit fällt weg
- Gefahr, daß der Arbeitnehmer eine individuelle und nicht kollektive Lösung mit dem Betrieb sucht

Daneben sind auch **gesellschaftliche** Vorteile zu sehen, wie z.B. mehr Beschäftigungsmöglichkeiten (etwa für Frauen mit Kinder), Entlastungen der Spitzen im Pendlerverkehr, Auffächerung der Arbeitgeber-Arbeitnehmer-Beziehungen auf verschiedene Beschäftigtenkategorien (vgl. Staffelbach, 1993, S. 257).

Der große Vorteil der flexiblen Arbeitszeit besteht in der Möglichkeit, Arbeitszeit und Betriebszeit zu **entkoppeln**. Für eine Entkoppelung nennt Bosch (1987, S. 714) verschiedene Gründe:

- technische: Produktionszyklen überschreiten die Dauer von Arbeitsschichten oder können nur mit erheblichem Kostenaufwand unterbrochen werden;
- soziale: durchlaufende Versorgung (etwa in Krankenhäusern, Medien etc.);
- ökonomische: Bei längeren Betriebszeiten sinken die Kapitalstückkosten.

Als (auch kombinierbare) Formen der Entkoppelung können angewendet werden: durchlaufende Pausen, versetzte Arbeitszeiten, Mehrfachbesetzungssysteme, Kombination von Vollzeit- und Teilzeitschichten.

Teriet ist der Meinung, daß starre Arbeitszeitstrukturen das Verhalten und das Denken des Personals nachhaltig in ebenso starre Bahnen lenkt. Das Aufbrechen dieser Strukturen durch flexible Arbeitszeiten könnte diese Rigidität durchbrechen und so auch die Anpassungsfähigkeit des Betriebes im Personaleinsatz positiv gestalten (vgl. Teriet, 1983, S. 26); andererseits wird beim Aufbrechen des Status quo der starren Arbeitszeiten bei Teilen der Mitarbeiter mit Widerständen zu rechnen sein (vgl. Ergenzinger, 1993, S. 39f.). Bosch (1987, S. 713) sieht eine Prioritätsverschiebung in der öffentlichen Diskussion: von der Humanisierung zur **Ökonomisierung** der Arbeit. Dollinger zeigt die Grenzen des Gestaltungsspielraums für Arbeitszeitmodelle auf (vgl. dazu 1990, S. 400ff.). Die Akzeptanz wird als zentraler Erfolgsfaktor gesehen. „Es gibt keine größere Gefahr für die Effektivität eines Arbeitszeitmodells als die Vernachlässigung der Humanität" (ebd., S. 403). Die in vielen neuen Managementkonzepten (siehe fünfter Teil) eingebundenen „Teams" werden die Entwicklung einer **gruppen**orientierten Arbeitszeitgestaltung fördern.

2. Begriffsbestimmung

Arbeitszeitflexibilität
... ist die variable und anpassungsfähige Arbeitszeitregelung hinsichtlich Länge und Struktur.

Arbeitszeitflexibilisierung bedeutet eine – im Rahmen der gesetzlichen und tarifvertraglichen Bestimmungen – **abwandelbare** Arbeitszeit, d.h. das System starrer Zeitstrukturen wird beweglicher. In der Literatur wird i.d.R. die Möglichkeit, Arbeitszeit abzuändern, in drei Kategorien aufgeteilt:

Chronometrisch
D.h.: Variation der individuellen Arbeitszeit des Arbeitnehmers (Arbeitszeitdauer). So z.B. 20 Stunden oder 15 Stunden in der Woche statt der tariflich festgelegten Wochenarbeitszeit.

Dieser chronometrische Aspekt stand in der öffentlichen Diskussion (z.B. gewerkschaftlicher Kampf um die 35-Stunden-Woche) im Vordergrund.
Begrenzung nach oben durch gesetzliche/tarifliche Reglungen bzw. betriebliche Zweckmäßigkeiten sowie soziale Gesichtspunkte (z.B. Belastbarkeit der Mitarbeiter), nach unten durch Interessen (Bedürfnisse der Mitarbeiter (z.B. bestimmte Einkommenshöhe), sozialversicherungsrechtliche Aspekte und ökonomische Gesichtspunkte (z.B. Einarbeitungs-/Verwaltungsaufwand). Bezüglich der Arbeitszeitverteilung ist jede Regelung innerhalb der allgemeinen bzw. betriebsüblichen Arbeitszeiten denkbar (Arbeit nur an bestimmten Tagen, Saison usw.; vgl. dazu Schuh u.a., 1993, S. 135f.).

Chronologisch
D.h.: Variation der Arbeitszeitlage, die von der individuellen Gestaltung von Anfang und Ende eines Arbeitstages bis zur Gestaltung eines Arbeitsjahres gehen kann. Die neue arbeitspolitische Auseinandersetzung brachte in letzter Zeit eine Verlagerung von der Arbeitszeitverkürzung zur Arbeitszeitflexibilisierung.

Chronometrisch und chronologisch
D.h.: Variation der Arbeitszeitdauer wie auch der Arbeitszeitlage. Dies wird in Zukunft sicherlich die bedeutendste Form der Arbeitszeitvariation sein.

Diese Definition wird von zwei Variablen bestimmt: Dauer und Lage der Arbeitszeit. Das sagt jedoch nichts darüber aus, in welchem Umfang und wie oft diese verändert wird. Das gesamte Spektrum der Variationsmöglichkeiten des Arbeitszeitmanagements entsteht durch die Anwendung dieser drei Grundtypen auf die unterschiedlichen zeitlichen Bezugsebenen (Tag, Woche, Monat, Jahr oder das Leben).

Die Literatur (vgl. Schuh u.a., 1993) spricht von starren und flexiblen Variationen bzw. von flexiblen und flexibilisierten Arbeitszeitsystemen:

- **Flexibilisiert:**
  Ein geschlossenes System, d.h. die Arbeitszeit ist in Dauer und/oder Lage verändert worden; diese Veränderung bleibt dann in dieser Form bestehen (statisch).
- **Flexibel:**
  Ein offenes System, das sich durch andauernde, latent bestehende Flexibilisierungsoptionen, d.h. Wahlmöglichkeiten für eine Abwandlung der Arbeitszeit, auszeichnet.
  In einem solchen dynamischen System wären ständige Veränderungen in der Lage sowie der Dauer möglich. Ein Beispiel hierfür wäre die Gleitzeit. Von Tag zu Tag, von Woche zu Woche, von Monat zu Monat könnten die Arbeitszeitvariablen neu bestimmt bzw. umverteilt werden.

3. Modelle zur Veränderung des Arbeitszeitvolumens

Seit Mitte der 80er Jahre haben **Tarifverträge** über Arbeitszeitflexibilisierung in Deutschland stark zugenommen, inzwischen existieren entsprechende Verträge in fast allen Tarifbezirken, in denen der Regelungsrahmen wesentlich gelockert wurde.

Als übliche Bezeichnungen für ein Beschäftigungsverhältnis finden sich **Voll**zeitbeschäftigte und **Teil**zeitbeschäftigte (alle Arbeitnehmer, deren regelmäßige Wochenarbeitszeit kürzer ist als die regelmäßige Wochenarbeitszeit vergleichbarer vollzeitbeschäftigter Arbeitnehmer des Betriebes) (§ 2 Abs. 2 BeschFG). Diese Abgrenzung bezieht sich lediglich auf die **Dauer** der Arbeitszeit. In der einschlägigen Literatur erfolgt die Einteilung bzw. Unterscheidung der möglichen Arbeitszeitformen auf die unterschiedlichste Art und Weise.

a) Schichtarbeit

Schichtarbeit will zum einen Arbeitsprozesse unterstützen, die aus technischen Gründen einen kontinuierlichen Fortgang (auch am Wochenende) benötigen, zum anderen eine Verlängerung der Betriebszeit teurer Anlagen ermöglichen (damit verbunden Produktivitäts- und Kostenvorteile). Arbeitgeber können (unter Beachtung billigen Ermessens i.S. des § 315 BGB bzw. per vertraglicher Vereinbarung) voll- oder teilkontinuierliche Schichtarbeit einführen. (Schichtplanbeispiele bei Böckly, 1995, S. 91)

b) Teilzeitarbeit/Job Sharing

Die Teilzeit, d.h. eine Veränderung des Arbeitszeitvolumens durch Umwandlung von Vollzeit- in Teilzeitstellen, ist heute – neben der Gleitzeit – die bekannteste Form flexibler Arbeitszeit. Sie liegt nach § 2 Abs. 2 Beschäftigungsförderungsgesetz vor, wenn die zu erbringende Wochenarbeitszeit gegenüber vergleichbaren vollzeitbeschäftigten Arbeitnehmern verkürzt ist. Es gelten die gleichen arbeitsrechtlichen Vorschriften wie für Vollzeitarbeitskräfte. Die allgemein bekannte Form ist die Halbtagsarbeit. Varianten der Ausgestaltung: Teilzeitarbeit mit starren Arbeitszeiten oder Teilzeitarbeit mit flexiblen Arbeitszeiten (flexible Jahresarbeitszeit, kapazitätsorientierte Arbeitszeit).

Nach einer Untersuchung von Infratest bieten 81% aller Betriebe in der Altbundesrepublik Teilzeitarbeit an. Nahezu alle der ab 1984 abgeschlossenen Tarifverträge sehen Flexibilisierungsmöglichkeiten vor:

- Verteilung der Regelarbeitszeiten auf 6 Monate bis 1 Jahr
- Einbezug des Wochenendes unter bestimmten Voraussetzungen (tarifliche Öffnungsklauseln)

Der Anteil der Frauen an den Teilzeitbeschäftigten liegt bei ca. 90% (bei Männern beträgt die Teilzeitquote 2,5%, bei Frauen 35%). Teilzeitarbeit konzentriert sich stark auf den Dienstleistungsbereich (dreimal so hoch wie in der Industrie). Teilzeitarbeit erweist sich jedoch bezüglich Dauer und Lage als relativ unflexibel. Eine Ausweitung der Teilzeitarbeit ist fast ausschließlich bei **Frauen** zu beobachten. Lean-Management-Konzepte erlauben jetzt auch ein Ausweitung der Teilzeitarbeit im Führungskräftebereich (dazu Domsch/Strasse, 1995).

Eine Machbarkeitsstudie zeigt, daß sich Teilzeitarbeit und Job-Sharing auch im **Führungsbereich** verwirklichen lassen, da die organisatorischen und ökonomischen Probleme beherrschbar sind. Trotzdem hat in der Praxis Teilzeitarbeit im Führungsbereich Seltenheitswert. Nicht organisatorische oder ökonomische Schwierigkeiten sind aber dafür maßgebend, sondern **Werthaltungen** auf individueller Ebene (Arbeit wird vor allem bei Männern im Allgemeinen nur mit Erwerbsarbeit und Vollzeitarbeit/„Übervollzeit" in Verbindung gebracht) und die vorherrschende Unternehmenskultur (Unternehmen erwartet ausschließliches Engagement und lange Präsenzzeiten) (vgl. Gutscher, 1997, S. 465ff.; ähnliche Ergebnisse erbrachte eine Fragebogenaktion von Vedder, 1999).

Während Teilzeitarbeit z.T. mit einem etwas größeren Aufwand (für Einsatzplanung, Koordination, Weiterbildung, Informationsweitergabe, Betreuung, Kontrolle etc.) verbunden ist, stehen dem zahlreiche Vorteile, wie eine erhöhte Leistung/Produktivität sowie Flexibilität gegenüber (vgl. Semmer/Baillod/Bogenstätter, 1995, S. 65).

Eine Sonderform der Teilzeitarbeit ist die Form einer **Arbeitsteilung (Job Sharing)**. Beim Job Sharing **teilen** sich zwei oder mehrere Personen auf freiwilliger Basis einen Vollarbeitsplatz (§ 5 Abs. 1 Satz 1 BeschFG), wobei

- die zeitliche Verteilung (Länge/Lage) und
- die (funktionale) Aufteilung des Arbeitsinhalts

den Mitarbeitern selbst überlassen bleibt bzw. vorab festgelegt wird, solange garantiert bleibt, daß der Arbeitsplatz zu den vereinbarten Zeiten besetzt ist. Zur Möglichkeit, einen Arbeitsplatz zu teilen, wurden verschiedene Untersuchungen durchgeführt. Der allgemeine Trend der Untersuchungen: Das Potential an teilbaren Stellen ist noch nicht ausgeschöpft.

In der Regel werden positive Auswirkungen auf die Arbeitszufriedenheit bzw. Motivation und, daraus resultierend, auch auf die Arbeitsproduktivität angenommen. Job Sharing findet seinen Platz im **nicht-materiellen** Bereich des betrieblichen Anreizsystems.

Die Arbeitsform des Job Sharing ist in den USA bereits über 20 Jahre in Anwendung, wobei Lehrer, Verwaltungsangestellte, Berater und Wissenschaftler das Gros der Job Sharer stellen; zahlreiche deutsche Unternehmen haben ähnliche Modelle eingeführt (Mustervertrag in Stopp, 1993). Die Gewerkschaften stehen diesen Modellen immer noch skeptisch gegenüber. Im deutschen Arbeitsrecht ist durch das **Beschäftigungsförderungsgesetz** (BeschFG) 1985 das Job Sharing geregelt worden. Damit sind vor allem die bisher umstrittenen Punkte (einer möglichen Vertretungspflicht und der Kündigung eines Job Sharers) im § 5 geklärt.

Obwohl Teilzeitarbeit weltweit quantitativ ansteigt, bleibt der Anteil der Teilzeitarbeitsplätze oder gar des Job-Sharing für **Führungskräfte** auf einem niedrigen Level, es wird meist als gänzlich unvereinbar mit der Karriere angesehen, da damit der Ruf eines karrierehindernden Ersatzangebots verbunden ist – es sind also nicht sachlich-rationale Gründe, sondern sozio-emotionale Gründe (Vorurteile), die eine stärkere Verbreitung verhindern (Domsch u.a., 1998).

c) Flexible Arbeitszeit

Flexible Arbeitszeitregelungen sind sowohl für Vollzeit- als auch Teilzeitbeschäftigte anwendbar. Sie erlauben eine individuelle Arbeitszeitgestaltung des Arbeitnehmers und eine

Anpassung der Arbeitszeiten gemäß der betrieblichen Kapazität. Pionier war das Modell des Münchner Textilkaufhauses Luwig Beck. Eine Form der Teilflexibilisierung des Arbeitszeitvolumens stellt die **gleitende Arbeitszeit** dar. Das „Ottobrunner Modell" der Messerschmidt und Bölkow Blohm GmbH (1967) war eine der ersten Formen der flexiblen Arbeitszeit. Gleitzeit beinhaltet die Möglichkeit des Arbeitnehmers, innerhalb bestimmter Bandbreiten den Arbeitsanfang sowie das Arbeitsende frei zu bestimmen. Er muß aber im Durchschnitt auf ein festgelegtes Arbeitszeitvolumen in einem bestimmten Zeitraum kommen (dabei gewisse Übertragbarkeit von Plus- bzw. Minusstunden möglich). Die Betriebszeit wird in Kernarbeitszeit (Anwesenheitspflicht) und Gleitzeit unterteilt. So kann der Arbeitnehmer bei einer Kernzeit von 9-15 Uhr z.B. den Arbeitsbeginn zwischen 7-9 Uhr, das Arbeitsende zwischen 15.00 und 18.00 Uhr (Gleitzeit) legen.

Es gibt verschiedene **Möglichkeiten** der Realisierung:

- Mitarbeiter bestimmt Beginn seiner Arbeitszeit selbst, leistet dann Soll-Arbeitszeit ab
- Mitarbeiter bestimmt seine Arbeitszeit in Bezug auf Lage (Beginn) und Dauer (Arbeitsstunden) selbst (Zeitschulden/Zeitguthaben werden innerhalb bestimmter Fristen durch Überstunden/Freizeit ausgeglichen)
- Mitarbeiter hat die Wahl zwischen Gleitzeittagen und Kernarbeitstagen

Zur Zeit gibt es in Deutschland über 40 Modelle, mit Betriebsvereinbarungen über flexible Arbeitszeiten neue Wege zu gehen. Die Drägerwerk AG hat über 130 Arbeitszeitmodelle geschaffen, bei Opel wurde ein Arbeitszeitkorridor eingeführt (vgl. Roemheld, 1995), bei Hewlett Packard gibt es das sog. Überlaufmodell, bei BMW gibt es derzeit über 200 verschiedene Arbeitszeitregelungen. Das wohl bekannteste ist das **„Regensburger Modell"**, das ab Juni 1990 als Regelung für den Zweischichtbetrieb in Regensburg läuft. Dabei arbeitet der Mitarbeiter auch (regelmäßig) an jedem 3. Samstag (ohne Spätschicht), sonntags wird nicht gearbeitet (zu den Schichtplänen im Einzelnen Bihl/Berghahn/Theunert, 1993, S. 238ff.).

Für flexible Arbeitszeitformen sind vor allem die Bestimmungen des Beschäftigungsförderungsgesetzes (BeschFG) zu beachten. Musterverträge finden sich bei Schüren (1993, S. 54ff.).

Als Herzstück der zunehmenden betrieblichen Arbeitszeit-Flexibilierungsbestrebungen ist das „Arbeitszeitkonto" anzusehen, für das 1998 mit dem Gesetz zur sozialrechtlichen Absicherung flexibler Arbeitszeitregelungen (**„Flexi-Gesetz"**) ein rechtlicher Rahmen geschaffen wurde. In der Regel handelt es sich durch die Zwänge der Tarifverträge mit ihren kurzen Ausgleichszeiträumen (bis zu 12 Monaten) um **Kurzzeitkonten** (Plan- und Ist-Arbeitszeitkonten) mit einem „fortlaufend" angestrebten Ausgleich, im Einsatz sind aber bereits auch **Langzeitarbeitskonten** (z.B. bei debis).

Arbeitszeitkonto
„.... ist ein Mitarbeiterkonto, auf dem Abweichungen der tatsächlichen Arbeitszeit von der Vertragsarbeitszeit festgehalten werden." (Hoff, 1998)

Die Einrichtung von Arbeitszeitkonten setzt **drei Dinge voraus** (nach Hoff, 1998):

- Eine von der tatsächlichen Arbeitszeit unabhängige Vergütung – zum Beispiel ein verstetigtes Monatsentgelt oder Bezahlung entsprechend der „Normalverteilung" der Vertragszeit. Würde nämlich die tatsächliche Arbeitszeit vergütet werden, müßten Differenzen zwischen Vertrags- und tatsächlicher Arbeitszeit nicht festgehalten werden.
- Eine „Normalverteilung" der Vertragsarbeitszeit auf die einzelnen Arbeitstage – damit man überhaupt feststellen kann, daß eine Abweichung hiervon eingetreten ist (z.B. in Gleitzeitsystemen, denen in aller Regel „Tages-Sollarbeitszeiten" zugrunde liegen).
- Ein Festhalten der tatsächlichen Arbeitszeit (z.B. mit Hilfe eines elektronischen Zeiterfassungssystems-/Stempeluhren/Formularen).

Hoff (1998) unterscheidet **zwei Typen** von Arbeitszeitkonten: Das „**Plan**-Arbeitszeitkonto": Auf ihm werden Abweichungen der Vertragsarbeitszeit von einer hiervon verschiedenen Planarbeitszeit verbucht. Das „**Ist**-Arbeitszeitkonto": Auf ihm werden Abweichungen der tatsächlichen Arbeitszeit von der Vertragsarbeitszeit oder von einer hiervon verschiedenen Planarbeitszeit verbucht.

Bei den gewerkschaftlichen Forderungen nach tariflicher Arbeitzeitverkürzung sucht die Industrie zunehmend nach neuen Arbeitszeit-Szenarios. Als zusätzliche **Varianten** wollen wir kurz vorstellen:

(1) Jahresarbeitszeitverträge
(2) kapazitätsorientierte variable Arbeitszeit (Arbeit auf Abruf)
(3) Beurlaubungsmodelle

Zu (1) Jahresarbeitsverträge

In einigen Tarifverträgen ist der Gedanke einer flexiblen Jahresarbeitszeit, bei der die festgelegte Arbeitszeit auch im Durchschnitt eines Jahres-Verteilzeitraumes erreicht werden kann, bereits aufgegriffen (z.B. für die Chemische Industrie). Der Arbeitnehmer legt jedes Jahr seine individuelle Arbeitsdauer und -lage – unter Berücksichtigung betrieblicher Aspekte – neu fest. Er kann jede beliebige Arbeitsdauer wählen, höchstens jedoch die tariflich festgelegte Arbeitszeit. In diesem letzten Fall müßte der Jahresarbeitsvertrag formal den flexiblen Formen der Vollzeit zugerechnet werden. Die Flexibilität ist hier aber sehr reduziert und hat für den Betrieb wenig Relevanz. Das Konzept des Jahresarbeitsvertrags geht von einer Soll-Jahresarbeitszeit mit vielfältigen Abstufungen aus, d.h. Variationsmöglichkeiten der täglichen, wöchentlichen und/oder monatlichen Arbeitszeiten hinsichtlich Umfang als auch Verteilung. Schneider (1990) sieht beim Jahresarbeitszeitvertrag eine völlige Aufgabe der Identität von Arbeits- und Betriebszeit und eine umfassende Flexibilität hinsichtlich des chronometrischen und chronologischen Aspekts. Der Saldo aus Zeitguthaben und Zeitschulden ist am Ende des Vertragsjahres auszugleichen. Bei diesem kooperativen Instrument der Kapazitätssteuerung läßt sich jedes Arbeitszeitmodell oder jede Kombination verschiedener Arbeitszeitmodelle organisieren (vgl. Beyer/Henningsen, 1990, S. 138).

Die Entlohnung sollte – wie bei allen Formen flexibler Arbeitszeit – aus sozialversicherungsrechtlichen Gründen monatlich zu gleichen Raten erfolgen (der Durchschnitt des Jahresverdienstes wird zugrunde gelegt).

Von einer **Jahresarbeitszeit** (vgl. Kutscher, 1998)

- erhoffen sich die einen, die optimale Anpassung der betrieblichen Arbeitszeiten an eine schwankende Nachfrage zu erreichen,
- befürchten andere, daß mit der Einführung eines Jahresarbeitszeitmodells das „Normalarbeitsverhältnis" mit seinen „geregelten" Arbeitszeiten „unterlaufen" wird.

Diesen Auffassungen liegt nach Kutscher (1998) zunächst eines der größten „Flexi-Mißverständnisse" der jüngeren Zeit zugrunde, nämlich die **Gleichsetzung**

- der im Voraus an die unterschiedlichen jahreszeitliche Nachfrage angepaßten täglichen Arbeitszeitdauer und gegebenenfalls auch -lagen mit
- schnellen Anpassungen an kurzfristig veränderte Nachfrageschwankungen.

„Bei ‚Jahresarbeitszeit' im eigentlichen Sinne handelt es sich um diese erste Variante. So verstanden, ist Jahresarbeitszeit also nicht mehr – aber auch nicht weniger (!) – als ein Planungsinstrument, um vorhersehbare saisonale Veränderungen des Besetzungsbedarfs durch entsprechend angepaßte Arbeitszeiten besser bewältigen zu können.

Hoff/Weidinger (1999, S. 380ff.) fordern eine Abkehr von der reinen Zeitbetrachtung und eine konsequente Orientierung an Zielen und Leistungsmerkmalen. Eine „**Vertrauensarbeitszeit**" bedeutet den vollständigen Verzicht des Arbeitgebers auf die Kontrolle von Arbeits- und Anwesenheitszeit.

Zu (2) Kapazitätsorientierte variable Arbeitszeit

Die **Arbeit auf Abruf** ist die praktisch wichtigste Form der flexiblen Arbeitszeitgestaltung; es gelten für Beschäftigte die gleichen Rechte und Pflichten wie für andere Arbeitnehmer (Erholungsurlaub, Entgeltfortzahlung, Sozialleistungen etc.; im Einzelnen siehe Schüren, 1993, S. 31ff.). Bei der kapazitätsorientierten variablen Arbeitszeit (**„Kapovaz"**) wird ähnlich wie beim Modell des „Jahresarbeitsvertrages" ein Vertrag über die zu leistende Soll-Arbeitszeit geschlossen (ein variabler Umfang der Arbeitszeitdauer ist nicht erlaubt), die Flexibilität der Arbeitszeit steht jedoch zur Disposition des Arbeitgebers, der damit Kosten für Leerzeiten spart (Mustervertrag bei Böckly, 1995, S. 105f.). Entsprechend dem Arbeitsanfall bestimmt dieser die Dauer und Lage der Arbeitszeit. Das Beschäftigungsförderungsgesetz hat bestimmte Regeln festgelegt.

Laut Beschäftigungsförderungsgesetz § 4 Abs. 2 ist der Arbeitnehmer „zur Arbeitsleistung nur verpflichtet, wenn der Arbeitgeber die Lage seiner Arbeitszeit jeweils mindestens vier Tage im Voraus mitteilt. „Verträge, die auf sofortigen Abruf geschlossen werden, sind nichtig" (Bundesarbeitsgericht). Der Arbeitnehmer hat also außer bei der Festlegung seiner Gesamt-Soll-Arbeitszeit kein Mitspracherecht in der Arbeitszeitplanung. Für den Unternehmer stellt dieses Modell dagegen ein optimales Instrument zur Planung von Arbeitsanfall und Personaleinsatz dar. Kapovaz ist ein schon häufig (insbesondere im **Einzelhandel**) realisiertes Modell.

Zu (3) Beurlaubungsmodelle

Es handelt sich hier um Modelle, die in Deutschland weniger bekannt sind. Ausgangspunkt ist die gesamte Lebensarbeitszeit eines Arbeitnehmers. Auf ein Jahr bezogen, könnte es sich um Vollzeit, auf das ganze Leben bezogen, würde es sich um eine Form der Teilzeit handeln. Im weitesten Sinne gehören dazu auch Mutterschaftsurlaub, Erholungsurlaub und Freistellung zu Bildungszwecken. Verschiedene Firmen bieten inzwischen Programme an, um **Familie** und Beruf leichter miteinander zu vereinbaren.

Beim sog. **Sabbatical** handelt es sich um eine Periode der Nichterwerbstätigkeit bei Aufrechterhaltung eines gegebenen Arbeitsverhältnisses oder -vertrages. Es sind Langzeiturlaube, die in dieser Form in England und den USA, aber auch in Deutschland praktiziert werden. Nach Untersuchungen von „Arbeitsmarkt und Berufsforschung" in Nürnberg wären vor allem Arbeitnehmer unter 35 Jahren an einem solchen Langzeiturlaub interessiert. Sabbaticals können zwar im weitesten Sinne einen Motivationsaspekt bedeuten, die Gefahr einer „De-Motivation" ist jedoch nicht auszuschließen. Ein zusätzliches Problem stellt neben der Wiedereingliederung vor allem der Kostenfaktor dar.

4. Realisierung im Betrieb

Eine Analyse des Arbeitsplatzes hat die Aufgabe, Möglichkeiten zur eventuellen Einführung einer Form der flexiblen Arbeitszeit aufzuzeigen. Drei Kriterien sind insbesondere zu beachten:

- Inwieweit ist eine Arbeit unterbrechbar?
- Inwieweit ist die Arbeit zeitlich abhängig? Abhängigkeit von vor- oder nachgelagerten Stellen bzw. Abteilungen?
- Inwieweit ist die Arbeit von externen Bedingungen abhängig? (z.B. durch vom Betrieb nicht beeinflußbaren Faktoren, wie z.B. Tarifverträge, Gesetze (Öffnungszeiten etc.), Lieferanten oder Lieferzeiten).

Nach einer McKinsey-Untersuchung sind von den insgesamt 25,8 Millionen Arbeitsplätzen – in drei Ausprägungen – bis zu 6,2 Millionen für Teilzeitarbeit **geeignet**.

Nach § 87 Nr.2 BetrVG hat der **Betriebsrat** ein Mitbestimmungsrecht bei Fragen der Arbeitszeitgestaltung. Bei der Einführung flexibler Arbeitszeitformen ist jedoch auch mit **Schwierigkeiten** zu rechnen; so können etwa die Kommunikation, die Abstimmung von Arbeitsablauf und Teilzeit gestört werden, die Planung von Personaleinsatz und Produktionsablauf komplizierter werden und die Mitarbeiter Eingewöhnungsprobleme haben bzw. die **Zeiterfassung** ablehnen. Während auf der einen Seite rigide, minutengetreue Zeitdatenerfassungssysteme eingesetzt werden, mehren sich Anzeichen für „weiche" Zeiterfassungskonzepte, die sich z.B. nur auf die sog. Negativerfassung (d.h. nur Aufzeichnung wesentlicher Abweichungen von der Soll-Vorgabe) beschränken.

Zur Zeit zeichnet sich auch die Entwicklung zu extrem (sowohl hinsichtlich Raum und Zeit) individualisierten Arbeitssystemen ab, etwa in Form von Arbeitsplätzen in „virtuellen" Unternehmen, zu Hause oder in Satellitenbüros (**Telearbeit/-Commuting**), wie sie bereits von Firmen im EDV-Bereich angeboten werden. Arbeitsformen von morgen für „Moderne Nomaden"? (Roblick, 1993, S. 58) (siehe auch unsere Ausführungen im zweiten Teil zu Strategischen Netzwerken).

5. Aspekte der Personalführung

Die flexible Arbeitszeit als **Führungsinstrument** setzt folgende Erkenntnisse voraus:

- Diese Formen lassen sich nur mit einem kooperativen Führungsstil, der auf Vertrauen statt Kontrolle basiert, realisieren.
- Die Anforderungen an die Führungskräfte werden dadurch steigen, i.d.R. wird sich die Leitungsspanne erweitern.

Die Arbeitszeitverkürzung wurde zuerst weitgehend unter „ökonomischen" Gesichtspunkten betrachtet, sie erlaubt dem Mitarbeiter ein hohes Maß an eigenständiger und selbstverantwortlicher Disposition seiner Arbeitszeit. Er erhält damit in einer veränderten Organisationsstruktur einen größeren Mitbestimmungs- und Entfaltungsspielraum. Über eine Erhöhung der Arbeitszufriedenheit und eine zusätzliche Motivierung wird eine daraus resultierende Leistungssteigerung unterstellt. Zum Zusammenhang von Arbeitszeitverkürzung und Leistungsverdichtung siehe Oppolzer (1990).

Marr (1993, S. 10) betont, daß bei einer Flexibilisierung der Arbeitszeit die neuen Konzepte nicht einfach den alten organisatorischen bzw. arbeitsteiligen Strukturen „aufgesetzt" werden sollen, sondern auch die den **Arbeitsinhalt** betreffenden Konsequenzen mitbedacht werden müssen. „Gerade in einer flexibler Arbeitszeit konformen Gestaltung des Arbeitsinhalts liegt das wahre Innovationspotential des Prozesses der Arbeitszeitflexibilisierung, insbesondere, wenn dieser Gedanke verbunden wird mit den Anforderungen, die sich aus der Implementierung neuer Technologien in Produktion und Verwaltung ergeben."

Bei flexiblen Arbeitszeitsystemen geht es

- sowohl um betriebswirtschaftliche **(Rationalisierungs-) Ziele** (z.B. Entkoppelung von Arbeits- und Betriebszeit, Verminderung des Fixkostenanteils, erweiterte/längere Maschinenlaufzeiten)

- als auch um einen Beitrag zur **Humanisierung** der Arbeit (z.B. Anpassung der Arbeitszeit an individuelle Bedürfnisse, längere Freischichten; dem stehen allerdings gesundheitliche und psychologische Probleme gegenüber).

Bei einigen der in Betriebsvereinbarungen abgeschlossenen Arbeitszeitmodelle wird das Wochenende (inklusive **Sonntag**) in die Regelarbeitszeit einbezogen (Bischof & Klein, Siemens, IBM). Nach §105a dürfen Arbeitnehmer nicht zu Arbeiten an Sonn- und Feiertagen verpflichtet werden (der Samstag ist gesetzlich nicht geschützt). Freiwillige Vereinbarungen bedürfen der Ausnahmeregelungen in den §§105c bis 105i der Gewerbeordnung oder einer Ausnahmebewilligung durch das Gewerbeaufsichtsamt. Eine Art „Öffnungsklausel" könnte dabei evtl. der §105c (Verhinderung des Mißlingens von Arbeitserzeugnissen) sein. Seit dem 1.7.1994 können die Aufsichtsbehörden jetzt auch die Beschäftigung am Sonntag und an Feiertagen genehmigen, wenn im Ausland längere Betriebszeiten üblich sind und durch die Sonntagsruhe die Konkurrenzfähigkeit unzumutbar beeinträchtigt wird. Die Gewerkschaften befürchten das Ende der Fünftagewoche und eine Entsolidarisierung, andere (wie etwa die Kirchen) sehen den Sonntag als Zentrum der Religiosität, als Ruhetag und als Tag der Familienfreizeit bedroht.

Wochenendarbeit ist auf dem Vormarsch (Quelle: IW, März 1999):
1998 waren 45 Prozent der Arbeitnehmer auch außerhalb der üblichen Fünftagewoche im Einsatz. Über 37 Prozent arbeiteten am Samstag. Zum Vergleich: 1991 waren es nur 32,7 Prozent. 19,5 Prozent waren auch zumindest gelegentlich an Sonn- und Feiertagen im Betrieb (1991: 17,1 Prozent). Das IW macht den Strukturwandel hin zur Dienstleistungsgesellschaft für die zunehmende Flexibilisierung der Arbeitszeiten verantwortlich.

Die gesetzlich festgelegte Sonntagsruhe wird zunehmend **ausgehöhlt**.

Argumente **pro**:

- Aus wirtschaftlichen Gründen sind längere Maschinenlaufzeiten notwendig (z.B. in der Stahl-, Chip- oder Textilproduktion).
- Damit können Arbeitsplätze in Deutschland gehalten werden.
- Zunehmend Kleinfamilien/Singlehaushalte.
- Verschiedene Bedürfnisstrukturen.
- Entzerrung (z.B. Infrastruktur: Verkehr/Lifte etc.).

Argumente **kontra**:

- Heiligkeit eines Tages in allen Religionen (Islam Freitag, Jüdischer Sabbath, Christlicher Sonntag).
- Soziale Gründe: gemeinsamer Tag der Familie. Greift aber dieses Familienidyll noch? (Singlehaushalte/ Sonntag als Problemtag – Konfliktaustragung/Leere)
- Menschlicher Körper folgt einem Biorhythmus.
- „Menschliche Gesellschaft" = gegen die Zwänge der ökonomischen Notwendigkeit

Das Institut für Demoskopie Allensbach ermittelte eine positive Einstellung gegenüber flexibleren Arbeitszeitregelungen bei 62% der Berufstätigen. Die Gesellschaft für Konsumforschung stellte fest, daß bereits ein Drittel aller Berufstätigen mehr oder weniger regelmäßig am Wochenende arbeiten. Verschiedene Untersuchungen (z.B. des DIW) zeigen, daß die Normalarbeitszeit zunehmend zur **Ausnahme** wird.

VI. Neue Formen betrieblicher Sozialpolitik (Cafeteria-Systeme)

Eine bisher in Deutschland noch kaum verbreitete neue Möglichkeit, die dem Trend der Flexibilisierung und Individualisierung zu entsprechen scheint, sind die sog. **Cafeteria**-Verfahren, die eine Koppelung der mitarbeiterbezogenen Leistung mit mehreren individuell wählbaren monetären und nicht monetären Vergütungsbestandteilen darstellt (vgl. Schildknecht, 1995 b). „Das Cafeteria-System gilt derzeit als eines der motivationsstärksten personalwirtschaftlichen Instrumente" (Popp, 1994, S. 1141). Erste qualitative Befragungsergebnisse bei Pionierunternehmen in Wagner (1990). Eine Befragung des Instituts der deutschen Wirtschaft erbrachte 1995 allerdings ein nüchternes Bild: Danach ist das Wahlverfahren für die meisten Betriebe „noch ein Fremdwort" (iwd, 9.3.1995, S. 8).

Das Grundgehalt wird monetär ausgezahlt, darüber steht der variable Teil des Gehaltes, der aus verschiedensten Komponenten bestehen kann (z.B. Zeit-, Versicherungs-, Sach- oder Geldangebote). Die aus den USA stammenden Pläne gehen von dem Gedanken aus, daß der Mitarbeiter für eine bestimmte Zeitspanne (1 bis 5 Jahre) aus dem Gesamttopf der vom Betrieb angebotenen Sozialleistungen – seinen von der jeweiligen Lebensphase beeinflußten Bedürfnissen gemäß und innerhalb des zugeteilten Budgets – sein **individuelles Menü** als periodisch wiederkehrender Wahlakt zusammensetzt (ein detailliertes Praxisbeispiel bei Guggenmos, 1994). Waren bis jetzt diese Systeme auf den Kreis der Führungskräfte beschränkt, gibt es nun auch Vorschläge für den Einsatz im **Tarifbereich** auf der Grundlage von qualifizierten Gleitzeitsystemen (vgl. Schuster, 1994).

„Um die zusätzliche Kostenbelastung für das Unternehmen zu vermeiden, wird bei Cafeteria-Vergütungssystemen nicht das Gehalt erhöht (Bruttoeffekt), sondern der Nutzen für die Führungskräfte bei gleichem Gehalt (Nettoeffekt)" (Stolzenburg/Diemer, 1992, S. 372).

Teileelemente können als obligatorische oder als fakultative Leistungen festgelegt werden. Besonders bei Führungskräften mit außertariflichem Gehalt werden auch in Deutschland variable Gehaltskonzepte mit individuellen und offen kommunizierten Vergütungssystemen zur Leistungsmotivation eingesetzt. Das gehaltspolitische Instrumentarium besteht aus zahlreichen Kombinationselementen. Unter Ausschöpfung eines zuvor für den jeweiligen Mitarbeiter festgelegten Budgets **wählt** er so z.B. zwischen:

- Kapitalbeteiligungen (Bezug von Aktien zum Vorzugspreis bis zu einem bestimmten Anteil des Gehalts)
- Direktversicherungen
- höherem Entgelt
- Dienstwagen
- zusätzlichem Urlaub
- flexiblerer Arbeitszeit
- z.B. „Ansparen" von Urlaubsansprüchen über mehrere Perioden zu einem Sabbatical
- früherer Pensionierung
- zusätzlicher Ausbildung
- flexible Altersversorgung (z.B. als „deferred compensation"; d.h. Teile seiner Vergütung werden, unter Ausnutzung steuerlicher Spielräume, in eine spätere Vergütung umgewandelt; vgl. Stolzenburg/Menzenbach, 1993, S. 790)
- Sachleistungen (z.B. Bezugsmöglichkeit von Waren)
- Beratungs- und Vorsorgeleistungen (z.B. individuelle Finanz- und Vermögensplanung)
- Dienstwohnungen
- zusätzlichen Versicherungen

Mit dieser Vergütungsform will man also statt „starrer" Entlohnungssysteme dem Mitarbeiter ein Menü variabler Zusatzleistungen zur individuellen „flexiblen" Auswahl im Rahmen eines festgelegten Gesamtrahmens anbieten – die Offerte soll den Arbeitsplatz attraktiver machen.

Die **Vorteile** von Cafeteria-Systemen für das **Unternehmen** (nach Mercer Unternehmensberatung, zit. bei Dilk, 1999):

- Transparenz der Vergütungssysteme
- Quantitative Bewertung läßt den Wert erkennen; mehr Nettogewinn durch Steuerersparnis des Mitarbeiters
- Steuerbarkeit und Kalkulierbarkeit der jährlichen Aufwendungen
- Geringere Kosten für attraktive Nebenleistungen
- Personalpolitisch positiver Effekt bei der Gewinnung und Bindung von Personal
- Motivation des Personals

Die **Vorteile** von Cafeteria-Systemen für den **Mitarbeiter** (ebd.):

- Bedarfsgerechte, individuell gestaltete Vergütungssysteme
- Jährlich kann er neu über Art und Höhe der gestaltbaren Vergütungselemente entscheiden
- Weitergabe der günstigeren Gruppenkonditionen durch das Unternehmen
- Verminderung des zeitlichen und administrativen Aufwands für die persönliche Vermögens- und Finanzplanung
- Steuerlich attraktive Erhöhung und Optimierung der Vergütung

Schuster (vgl. 1991, S. 363) differenziert in vier **Modelltypen** eines solchen Cafeteria-Systems:

- Auswahlpläne (freie Wahl innerhalb des Budgets)
- Zusatzpläne (Hinzufügen zu derzeitigen Sozialleistungen)
- Kern- und Wahlpläne (Kombination von „Muß-Leistungen" und frei wählbaren Komponenten)
- Paketpläne (geschlossene Sozialleistungspakete für unterschiedliche Zielgruppen)

Bei der Ausgestaltung der Wahlmöglichkeiten (Budget-Output) sollten nach Stolzenburg/Diemer, (1992, S. 372f.) Unternehmen darauf achten, nur wenige, aber wichtige Alternativen zur Auswahl anzubieten. Dadurch wird das Vergütungspaket attraktiv, bleibt aber gleichzeitig administrierbar. Zur **Budgetfestlegung** für den einzelnen Mitarbeiter sind verschiedene Varianten denkbar:

- Die Höhe eines Budgets wird festgelegt
  - als anteiliger Prozentsatz des Bruttoentgelts,
  - an individuellen Faktoren orientiert (z.B. Alter, Familienstand, Betriebszugehörigkeit),
  - als Durchschnittswert (unter Zugrundelegung der Kosten der betrieblichen Sozialleistungen pro Mitarbeiter),
  - gebunden an die Hierachieebene des Mitarbeiters.
- Die Ausgestaltung erfolgt
  - als Geldbetrag
  - in Form von Äquivalenzziffern (Prozente oder Punkte) oder
  - in Form von Scheckheften.

Ausführlich hat sich Föhr (vgl. 1994, S. 69ff.) mit den Vor- und Nachteilen dieses alternativen Vergabemodus beschäftigt. Neben **Vorteilen** (wie Berücksichtigung individueller Präferenzstrukturen, Transparenz der Leistungen, Wohlfahrtssteigerungen, Fairneßaspekte, Anreizdifferenzierung) sind auch zusätzliche **Kosten** (administrativer Implementierungsaufwand, mangelnde Akzeptanz, Komplexitätserhöhung) zu berücksichtigen.

F. Das operative materielle Anreizsystem

Der Lohn als gezahltes Entgelt für menschliche Arbeit und wichtiges Element des materiellen Anreizsystems des Betriebes wird in seiner tariflichen Höhe bestimmt durch:

- die **Anforderungen** der Arbeitsaufgabe (unabhängig vom jeweiligen Mitarbeiter, der die Arbeitsaufgabe ausführt) sowie
- die **Leistung** und das Verhalten des Mitarbeiters bzw. der Gruppe.

Die meisten Tarifverträge in Deutschland sehen für die Entlohnung der gewerblichen Arbeitnehmer und Angestellten die anforderungs- und leistungsbezogene Komponente vor, wobei alternativ die drei Entgeltgrundsätze mit den leistungsbezogenen Entgeltkomponenten

- Akkordmehrverdienst für den Entgeltgrundsatz Akkordlohn
- Prämie für den Entgeltgrundsatz Prämienlohn
- Leistungszulage für den Entgeltgrundsatz Zeitlohn

möglich sind (vgl. Becker/Engländer, 1993, S. 22). Während bei den beiden erstgenannten Verfahren die Mitarbeiterleistung anhand des Erfüllungsgrades von vorgegebenen Leistungskennzahlen gemessen wird, wird sie beim Zeitlohn mit Leistungszulage anhand von ergebnis- und/oder verhaltensorientierten Merkmalen beurteilt. Es dürften z.Z. ca. 50% der gewerblichen Arbeitnehmer in der Metall- und Elektro-Industrie im Zeitlohn mit Leistungszulage arbeiten, Angestellte erhalten grundsätzlich Gehalt mit Leistungszulage. „Der Anteil der Arbeitnehmer, deren Leistungskomponente nur über eine Leistungsbeurteilung ermittelt werden kann, wird bei Einführung neuer mikroelektronisch gesteuerter Technik, zwangsgetakteter Prozesse und Apparateprozesse sowie von Gruppenarbeit weiter wachsen. Durch die geringe Beeinflußbarkeit direkt meßbarer Ergebnisse und Kennzahlen auf der einen und dem oft nicht meßbaren individuellen Leistungsbeitrag des einzelnen zum Ergebnis der Gruppe auf der anderen Seite bleibt häufig nur die Möglichkeit, die Leistung bzw. den Leistungsbeitrag des einzelnen zu beurteilen" (ebd.).

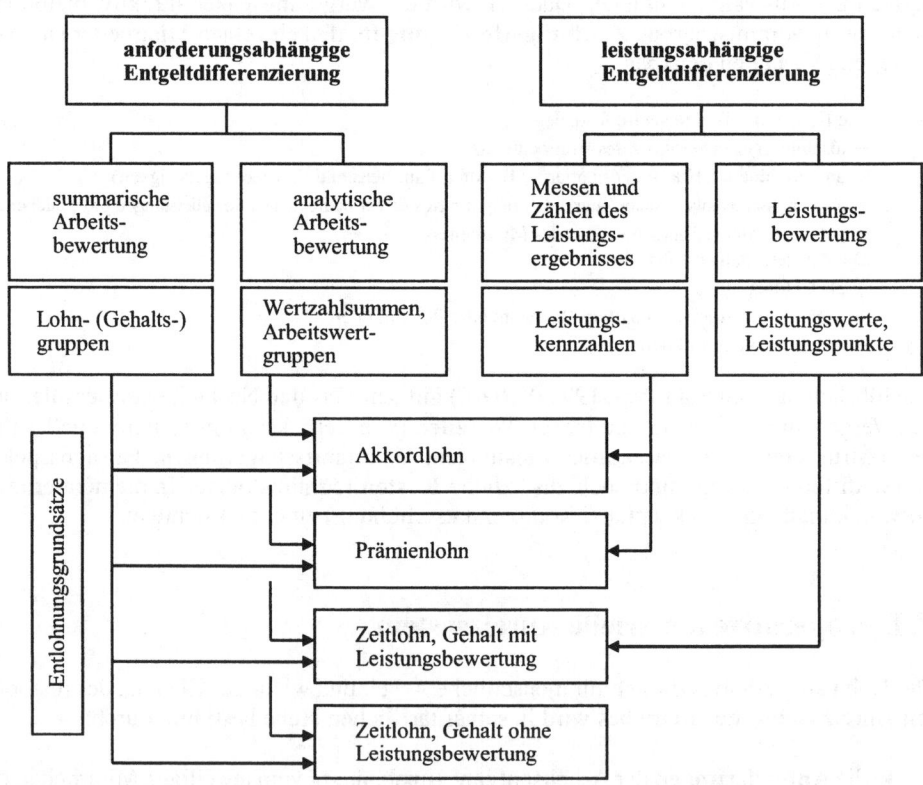

Abb. 47: Überblick über die Grundsätze der anforderungs- und leistungsabhängigen Entgeltdifferenzierung

Die betriebliche Entgeltdifferenzierung wollen wir demnach aus drei **Perspektiven** betrachten (vgl. Abb. 47, aus REFA, 1987a, S. 14):

- die anforderungsabhängige Entgeltdifferenzierung (**Arbeitsbewertung**)
- die leistungsabhängige Entgeltdifferenzierung durch **Leistungsbewertung**
- die leistungsabhängige Entgeltdifferenzierung durch **Leistungskennzahlen** (lohnformbestimmte Leistungsbewertung)

I. Anforderungsabhängige Entgeltdifferenzierung (Arbeitsbewertung)

Bei den Verfahren der Arbeitsbewertung geht man von der Erkenntnis aus, daß die unterschiedlichen Tätigkeiten in einem Betrieb in ihrer Ausführung mit verschieden hohen Anforderungen (z.B. an schulischer oder beruflicher Vorbildung, körperlicher Anstrengung, Geschicklichkeit, Lärmeinflüsse etc.) verknüpft sind. Der jeweilige **Schwierigkeitsgrad** einer Tätigkeit soll in einem sog. Arbeitswert Ausdruck finden. Diese Arbeitswertzahl dient als Hilfe bei der **Zuordnung** dieser Arbeitsplätze zu einer bestimmten Lohn- und Gehaltsgruppe. Das subjektive Empfinden der Schwierigkeitsgrade verschiedener Arbeitsplätze soll durch die Arbeitsbewertungsverfahren auf eine objektive Basis gestellt werden, indem die Arbeiten gegeneinander in ihrer Anforderungshöhe verglichen („abgewogen") werden (an späterer Stelle wird zu zeigen sein, daß dieser Anspruch nur sehr bedingt erfüllt wird).

Mit der Ermittlung eines Arbeitswerts wird also keine absolute, individuelle Lohnhöhe, sondern nur die **relative** Schwierigkeitsrelation aller im Betrieb bei Normalleistung auszuführender Tätigkeiten zahlenmäßig zueinander ausgedrückt. Er symbolisiert gewissermaßen den „relativen Wert" jeder Stelle innerhalb der Unternehmensstruktur. Zur geschichtlichen Entwicklung der Arbeitsbewertungsverfahren siehe Freimuth (1992 a).

1. Begriff

Die Arbeitsbewertung bestimmt nach einem einheitlich festgelegten Merkmalskatalog (Maßstab) systematisch die Anforderungen einer Arbeit oder eines Arbeitsplatzes an einen Arbeitnehmer. Die Person des Arbeitnehmers, seine persönliche Leistungsfähigkeit bzw. Leistungsbereitschaft und sein subjektives Schwierigkeitsempfinden bleiben unberücksichtigt. Die REFA-Methodenlehre verwendet statt des traditionellen Ausdrucks Arbeitsbewertung die – treffendere – Bezeichnung **„Anforderungsermittlung"**.

2. Haupt- und Nebenziele

Die Arbeitsbewertungsverfahren erfüllen mehrere betriebliche Zwecke; insbesondere bei den analytischen Verfahren haben die Nebenziele inzwischen eine zentrale Funktion inne.

Das **Hauptziel** der Arbeitsbewertung liegt in zwei Funktionen:

- Transparenz der Grundlohnstruktur eines Betriebes, d.h. anforderungsgerechte Ordnung der Grundentgelte entsprechend den Schwierigkeiten der Tätigkeiten (**„Differenzierungsfunktion"**)
- Möglichkeit objektiver Verteilung der vorhandenen Lohnsumme, d.h. Erfüllung des Anspruches einer relativen (nicht absoluten) Lohngerechtigkeit (**„Gerechtigkeitsfunktion"**)

Die Arbeitsbewertung (insbesondere bei Angestelltentätigkeiten) mit Hilfe analytischer Verfahren nur zur Gehaltsdifferenzierung durchzuführen lohnt sich nicht. Der Aufwand ist wirtschaftlich nur dann vertretbar, wenn neben der Lohn- und Gehaltsordnung auch **andere** Nutzeffekte personalpolitischer, organisatorischer, arbeitsgestaltungsmäßiger Art verwirklicht werden sollen. Die Informationen für diese zusätzlichen Nebenziele der Arbeitsbewertung werden primär nicht in der eigentlichen Arbeitsbewertung, sondern in der ihr **vorausgehenden** Phase der Arbeitsanalyse (quasi als „Nebenprodukt") gewonnen. Sie stellen ein ausgezeichnetes Instrument dar, für Planungs-, Steuerungs- und Kontrollzwecke produktionsökonomische Daten mit Personaldaten zu verbinden.

3. Rechtliche Grundlagen

In vielen Fällen ist die Arbeitsbewertung bzw. das Bewertungssystem heute bereits tarifvertraglich (entweder abschließend oder mit Öffnungsklausel) geregelt. Der Einfluß des Betriebsverfassungsgesetzes (1972) auf die Rechtsordnung der betrieblichen Lohngestaltung ist umfassend.

Dieser kollektivrechtlichen Ordnungsmacht unterliegen jedoch **nicht** die „leitenden Angestellten". (Vgl. dazu auch vierter Teil, A, I). **Außertarifliche** Angestellte, die nicht zugleich die rechtliche Qualität eines leitenden Angestellten im betriebsverfassungsrechtlichen Sinne gemäß § 5 Abs. 3 BetrVG besitzen, unterliegen jedoch in vollem Umfang der Einflußnahme des Betriebsrates.

4. Durchführungsphasen

Abb. 48 zeigt die Elemente der Arbeitsbewertung. In der Literatur werden die drei Phasen teilweise oder ganz begrifflich unter „analytischer Arbeitsbewertung" zusammengefaßt (enge oder weite Begriffsfassung). Die Elemente dieses im Schema dargestellten Erfassungs- und Bewertungsvorganges der Arbeitsbewertung werden nun einzeln dargestellt.

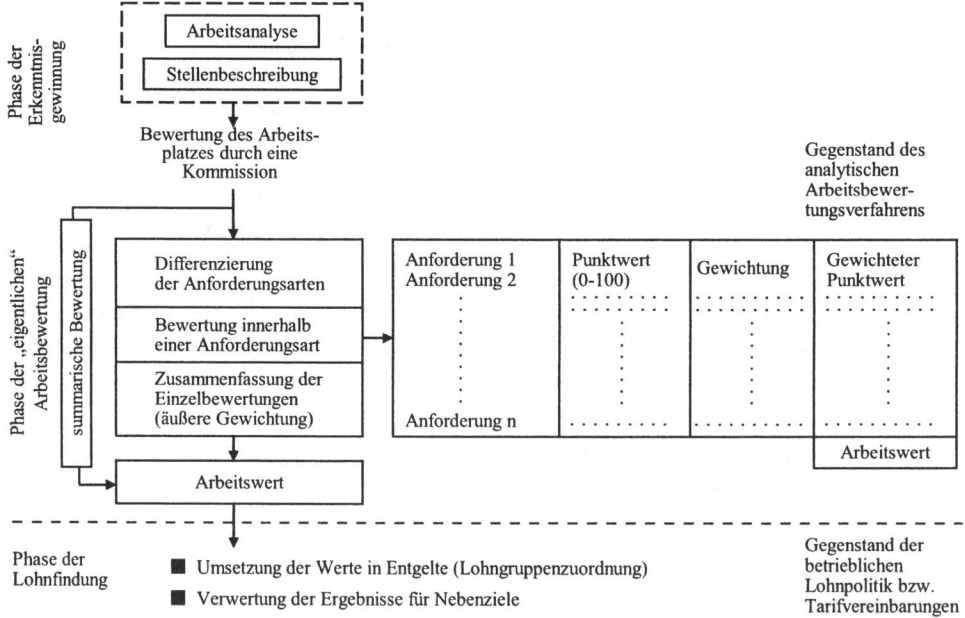

Abb. 48: Durchführungsphasen der Arbeitsbewertung

418

a) Arbeitsanalyse

Zu den **Vorarbeiten** der analytischen Arbeitsbewertung oder im Zuge betrieblicher Umstrukturierungsmaßnahmen der Arbeitsorganisation gehört die systematische Feststellung und Beschreibung des Ist-Zustandes des betreffenden Arbeitssystems, d.h. die genaue Erfassung aller vorgefundenen Teilaufgaben der Arbeitsplätze bzw. Arbeitssituationen unter Berücksichtigung ihrer arbeitsorganisatorischen Zusammenhänge (= Aufgabenanalyse).

Diese qualifizierte Analyse umfaßt die Bestandteile eines Arbeitsplatzes (etwa Aufgaben/Tätigkeiten, zur Ausführung notwendige Qualifikationen/Erfahrungen etc.) und die damit verbundenen spezifischen geistigen und körperlichen Anforderungen. Bei der Erfassung dieser Belastung darf jedoch noch keine Bewertung vorgenommen werden. Bei der Arbeitsanalyse handelt es sich um die Untersuchung der Arbeit, die eine Person an einem einzelnen Arbeitsplatz verrichtet. Das wichtigste Ergebnis dieser auf betriebsindividuell gestalteten Formularen erstellten Analyse ist eine **Arbeitsbeschreibung** (Nebenprodukte: Arbeitsspezifizierung, Arbeitsevaluation und Personalbewertung).

Die **Ergebnisse der Arbeitsanalyse** schlagen sich nieder in:

- der Arbeitsbeschreibung
- der Anforderungsanalyse.

Grundlage einer **Stellenbeschreibung** sind die durch die Arbeitsanalyse gewonnenen Informationen. Sie ist die schriftliche Festlegung der Arbeitsaufgaben und Kompetenzen und dient als ein Instrument der Personalführung (z.B. Einsatz, Bewertung und Beurteilung) (vgl. Simm, 1992). Eine umfassende Stellenbeschreibung besteht aus dem Instanzenbild, dem Aufgabenbild und dem Leistungsbild. Sehr häufig werden jedoch – je nach Aufgabe, die die Stellenbeschreibung zu erfüllen hat – ein oder sogar zwei Teilelement/-e fehlen: so kann für den Zweck der Arbeitsbewertung auf das Leistungsbild verzichtet werden. Man spricht dann häufig von der sog. **Arbeitsbeschreibung** oder Arbeitsplatzbeschreibung, während dieser Bereich für die Leistungsbewertung erforderlich ist. Im Gegensatz zu den Fragebogen zur Arbeitsanalyse hat das Instrument der Stellenbeschreibung in der Praxis eine sehr hohe Akzeptanz gefunden.

Mit Hilfe der Arbeitsanalyse werden also die Daten für die einzelnen **Anforderungsarten** einer Stelle (Art und Umfang) gewonnen und anschließend bewertet, d.h. quantifiziert. Ein Vergleich der jeweiligen Anforderungsart mit der Arbeitsbewertung zeigt an, in welcher Ausprägung sie gegebenenfalls vorliegt, wobei das „Messen" in der Praxis oft mit erheblichen Schwierigkeiten verbunden ist. Die Analyse und Bewertung der Anforderungen, die eine Tätigkeit stellt, ist der **eigentliche Inhalt** der Arbeitsbewertung. Während dies bei der summarischen Vorgehensweise für alle Anforderungsarten als Ganzes durchgeführt wird, ist bei der analytischen Vorgehensweise jede einzelne Anforderungsart zu ermitteln und zu bewerten. Diese Aufgabe obliegt einer Bewertungskommission, deren Zusammensetzung in der Praxis sehr unterschiedlich gehandhabt wird (z.B. paritätisch besetzte Kommission).

Ausgangspunkt und Grundlage der meisten analytischen Verfahren der Arbeitsbewertung sind die **Anforderungsarten**, wie sie auf einer internationalen Konferenz in Genf bereits 1950 vorgeschlagen wurden. Diese Zusammenstellung ist heute allgemein als **Genfer Schema** bekannt, auch die REFA verwendet diese Arten als Basis (vgl. Abb. 49, aus REFA, 1987a, S. 44). Diese 6 Hauptanforderungsarten werden – je nachdem, ob eine Grob- oder Feinanalyse der Arbeitsaufgaben vorgenommen werden soll – in die Tiefe gegliedert. Ein großes Problem ist dabei die Festlegung der richtigen **Anzahl** der auszuwählenden Anforderungsarten. Es besteht einerseits die Forderung (vor allem seitens der Arbeitswissenschaft), möglichst alle Arbeitsschwierigkeiten zu erfassen, andererseits darf (aus Gründen der praktischen Handhabung) diese Aufgliederung nicht zu umfangreich sein. Über die **Wahl** der Anforderungsarten entscheiden letztlich betriebliche bzw. branchenspezifische Gegebenheiten bzw. der Personenkreis, auf den die Arbeitsbewertung zutreffen soll.

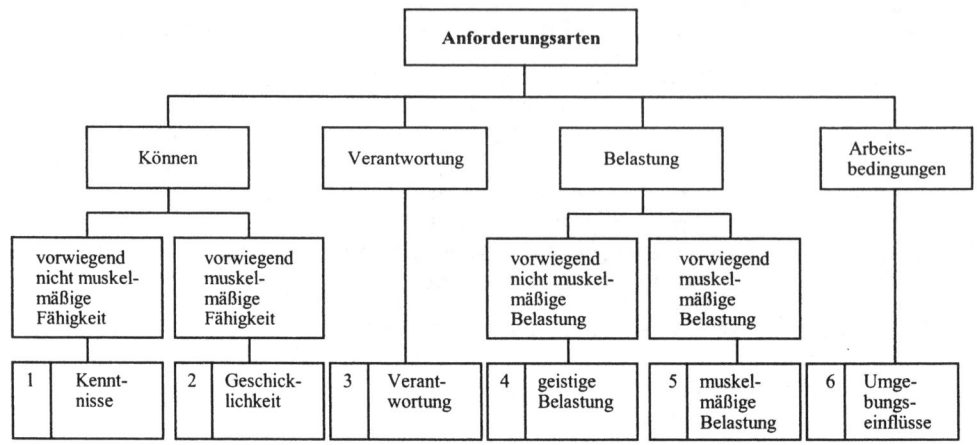

Abb. 49: Gliederung der Anforderungsarten nach dem Genfer Schema

Ein wissenschaftlich begründetes **Optimum** muß individuell gestaltet werden, da in einem Dienstleistungsbetrieb (wie etwa einem Hotel) auf Grund der unterschiedlichen Tätigkeiten (und der daraus resultierenden Anforderungen und Belastungen) eine andere Untergliederung der Hauptanforderungen erforderlich ist als etwa im Produktionsbereich eines Industriebetriebes.

Das im Anforderungskatalog nur mit einem „Wort" ausgedrückte Merkmal ist nun in einem zweiten Schritt **inhaltlich** zu beschreiben und genau abzugrenzen. REFA (vgl. 1987a, S. 47ff.; dazu auch Mikl-Horke, 1995, S. 94f.) beschreibt die Anforderungsarten wie folgt:

(1) Die **Kenntnisse** werden durch das geistige Können bestimmt, das auf Ausbildung und Erfahrung beruht, soweit diese zur Erfüllung der Arbeitsaufgabe benötigt werden.

(2) Die **Geschicklichkeit** wird durch Handfertigkeit und Körpergewandtheit bestimmt, soweit diese zur Erfüllung der Arbeitsaufgabe benötigt werden. Die Geschicklichkeit beruht auf Anlagen, Übung, Erfahrung und Anpassung. Sie äußert sich in der Sicherheit und Genauigkeit der Bewegungen des Körpers oder einzelner Gliedmaßen.

(3) Die **Verantwortung** wird bestimmt durch die erforderliche Gewissenhaftigkeit und Zuverlässigkeit, die notwendig ist, um die verschiedenen Arbeitsaufgaben ordnungsgemäß erfüllen zu können, die notwendige Sorgfalt, um Personen- und Sachschaden vermeiden zu können, und die aufzuwendende Umsicht, um Behinderungen und Störungen des Arbeitsablaufes und der Ablauforganisation nicht eintreten zu lassen.

Die Verantwortung erstreckt sich dabei auf die Betriebsmittel und Erzeugnisse, den Arbeitsablauf und die Sicherheit anderer (als dem möglichen Ort der Schadensentstehung). Sie ist um so größer, je mehr Schaden durch Fahrlässigkeit entstehen kann (Schadenshöhe); die Eintrittswahrscheinlichkeit kann je nach technischen Voraussetzungen hoch oder niedrig sein (Schadenswahrscheinlichkeit).

(4) Die **geistige Belastung** bezieht sich auf Denkfähigkeit und Aufmerksamkeit.

(5) Die **muskelmäßige Belastung** umfaßt dynamische, statische oder einseitige Muskelarbeit.

(6) Die **Umweltbedingungen** beziehen sich auf Faktoren wie Klima, Lärm, Beleuchtung, Schwingung, Staub, Nässe, Öl/Fett, Schmutz, Gase, Dämpfe, Schutzkleidung etc.

Die für die ausgewählten Anforderungsarten benötigten Daten können bei quantitativen Daten gemessen, gezählt oder geschätzt bzw. bei qualitativen Daten beurteilt (d.h. beschrieben) werden, wobei die Ermittlung der Daten noch nichts über deren Einfluß auf die Anforderung selbst aussagt. Dieser Schritt, die Quantifizierung der Anforderungen, besteht

- in der zahlenmäßigen Bewertung der Anforderungshöhe
- im Errechnen der Anforderungswerte je Anforderungsart
- in der Addition der Anforderungswerte zu einer Wertzahlsumme.

Für die Aufgabe der Quantifizierung sind zahlreiche Verfahren der analytischen Arbeitsbewertung entwickelt worden.

b) Quantifizierung der Anforderungen

Da sich die Anforderungsarten hinsichtlich ihres Inhaltes und ihrer Bedeutung unterscheiden (z.B. schwere körperliche Arbeit oder geistige Tätigkeit), haben sie unterschiedlichen Einfluß („**Gewicht**") auf den Arbeitswert einer Tätigkeit. Das Ausmaß dieser Bedeutung, also das Verhältnis der einzelnen Anforderungsarten **zueinander**, wird durch die festgelegten Gewichtungsfaktoren bestimmt.

Es gilt, die äußere und die innere Gewichtung des Systems festzulegen:

- Gewichtung der Anforderungsarten zueinander: („**äußere Gewichtung**"):

$$\text{Verhältnis: } \frac{\text{maximale Punktzahl der jeweiligen Anforderungsart}}{\text{Gesamtpunktzahl aller Anforderungsarten}}$$

    – während bei der **getrennten** Gewichtung der jeweilige Rangplatz der Anforderungsart mit einem Gewichtungsfaktor multipliziert wird,
    – entfällt bei der **gebundenen** Gewichtung der Multiplikationsvorgang, da die Wertigkeit bereits in den unterschiedlich festgesetzten Maximalwerten der einzelnen Anforderungsart berücksichtigt wurde.

- Gewichtung innerhalb einer Anforderungsart („**innere Gewichtung**"):

$$\text{Verhältnis: } \frac{\text{Höhe der Punktwerte jeder Stufe einer Anforderungsart}}{\text{Höchstpunktzahl dieser Anforderungsart (= Stufenwertzahlverlauf)}}$$

Hier handelt es sich also um eine Gewichtung der einzelnen Anforderungsart in ihrem Stufenverlauf von „geringem" zu „hohem" Schwierigkeitsgrad. Innerhalb eines Merkmals können die Punktdifferenzen zwischen den einzelnen Stufen einen unterschiedlichen Verlauf nehmen: linear, degressiv, progressiv oder in einer Mischform (z.B. unterer Verlauf degressiv, oberer Verlauf progressiv).

Der Problembereich der Arbeitsbewertung ist zwangsläufig nicht frei von **subjektiven** Gesichtspunkten; dies gilt insbesondere für die Bestimmung der Gewichtungsfaktoren, da es keine wissenschaftliche Methode gibt, die diese Relation der Anforderungsarten zueinander festlegen, also ein Urteil über den **relativen** Wert der einzelnen Arten abgeben kann. Vielmehr haben folgende Größen Einfluß auf die Gewichtung:

- betriebliche oder branchenbedingte Gegebenheiten
- Verfahrensunterschiede (z.B. die Anzahl der insgesamt verwendeten Anforderungsarten)
- gesellschaftliche Ansichten/Werturteile allgemeiner Art (wie wird etwa körperliche Anstrengung im Vergleich zur geistigen Beanspruchung eingeschätzt)
- soziale und kulturelle Bedingungen oder die
- wirtschaftliche Situation (z.B. Lage auf dem Arbeitsmarkt) sowie
- technische Entwicklungen

Die Gewichtung resultiert letztendlich aus einer **Übereinkunft der Beteiligten** (betriebsintern: Arbeitgeber/Betriebsrat; betriebsextern: Arbeitgeberverband/ Gewerkschaften): Ist der einzelne Arbeitnehmer mit der Bewertung seines Arbeitsplatzes „zufrieden", kann die Lösung als brauchbar angesehen werden. In der Bestimmung/Auswahl der im Verfahren zu bewertenden Anforderungsarten und der diesen Anforderungsmerkmalen zugeordneten Gewichtungsfaktoren liegt das **zentrale Problem, das „Politikum"** dieser Verfahren. In der einschlägigen Literatur wird zwar immer wieder betont, daß man mit den analytischen Verfahren „das Bewertungsverfahren in einen objektiven Urteilsbereich verlegt", der verteilungspolitische Prozeß basiert jedoch u. E. auf keiner wissenschaftlichen Festlegung.

5. Verfahren zur Quantifizierung der Anforderungen

Der Begriff „Arbeitsbewertung" findet in der Literatur synonyme Verwendung als Arbeitsplatzbewertung, Funktionsbeschreibung oder Stellenbewertung. Unter Methoden der Arbeitsbewertung sind **systematische Verfahren** zu verstehen, die Informationen ausschließlich über die Anforderungen einer Tätigkeit, unabhängig von der Person des Ausführenden, nach einem einheitlichen Maßstab zur Bestimmung des Arbeitswertes ermitteln. Die in der Praxis eingesetzten Methoden des Vorgehens (im einzelnen Oechsler, 1997, S. 334ff) lassen sich in zwei unterschiedliche Gruppen einteilen:

- **Summarische** Vorgehensweise
  Sie bewertet die Schwierigkeit einer Tätigkeit als Ganzes:
  Die Arbeitsschwierigkeit ergibt sich also nicht durch eine systematische Analyse und Addition einzelner Anforderungsarten, sondern richtet sich nach dem Gesamteindruck, den eine Tätigkeit dem Bewerter vermittelt (Globalbeurteilung).
  Die relativ einfache Anwendungstechnik erklärt die Beliebtheit dieser Verfahren.

- **Analytische** Vorgehensweise
  Die Tätigkeit wird in die für ihre Durchführung notwendigen Anforderungsarten einzeln aufgespaltet und es wird versucht, die jeweilige Höhe bzw. Intensität zu bestimmen. Der Gesamtarbeitswert wird sukzessive durch Addition der einzelnen Teilwerte für jede Anforderungsart ermittelt.

Die **Quantifizierung** der Anforderungen kann durch Reihung oder Stufung erreicht werden:

Reihung: fortlaufende Reihe mit den Polen „leichteste" Arbeit (= mit den niedrigsten Anforderungen) und „schwierigste" Arbeit (= mit den höchsten Anforderungen).

Stufung: Reihe wird durch Stufen von jeweils genau charakterisiertem Schwierigkeitsgrad ersetzt.

Daraus ergeben sich die vier **grundlegenden Methoden** der Arbeitsbewertung (siehe Abb. 50). Obwohl die arbeitswissenschaftliche Seite eindeutig die Analytik präferiert, findet die analytische Arbeitsbewertung in der Praxis jedoch nicht die gewünschte Verbreitung.

In der Praxis findet sich auch Mischverfahren von summarischen und analytischen Arbeitsbewertungsverfahren, die als **summalytische** Verfahren bezeichnet werden (vgl. Oechsler,
1997, S. 339).

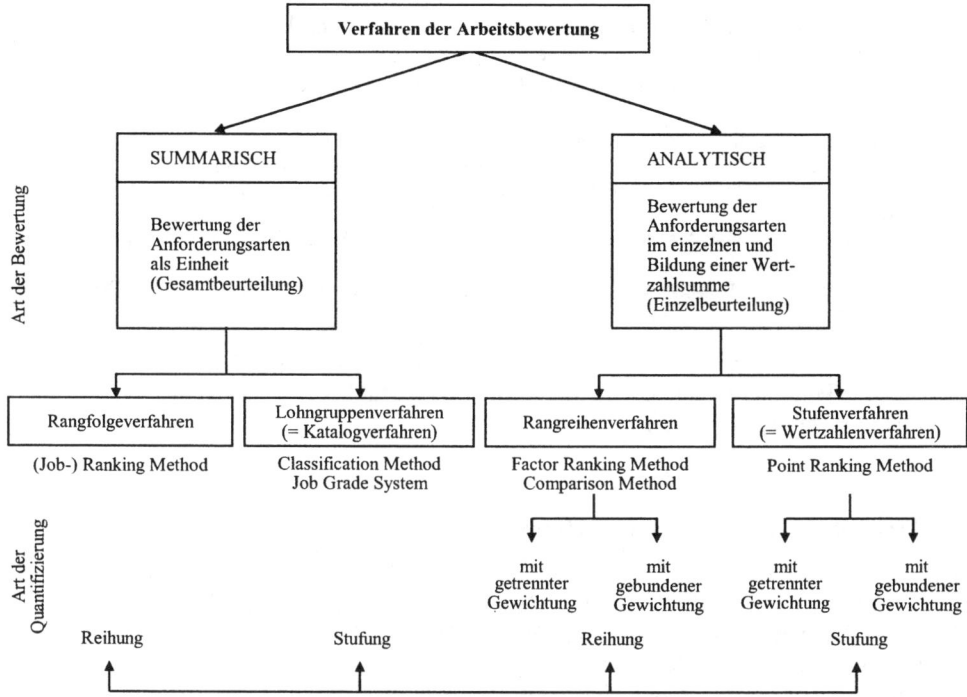

Abb. 50: Die Verfahren der Arbeitsbewertung

a) Die summarischen Verfahren

Bei der summarischen Arbeitsbewertung, die auch heute noch (z.B. in der chemischen
Industrie, in Dienstleistungsunternehmen) weit verbreitet ist und insgesamt überwiegen
dürfte, wird die Schwierigkeit einer Arbeit durch **Gesamteinschätzung**, d.h. die einzelne
Arbeit selbst, bewertet. Anforderungen und Schwierigkeiten einer Tätigkeit werden als
Summe betrachtet und nicht einzeln untergliedert.

Im Vergleich zu den analytischen Verfahren weist die summarische Vorgehensweise eine
deutlich geringere Transparenz, Akzeptanz, Differenzierung und Versachlichung auf, da auf
eine systematische Arbeitswertfindung über Einzelanforderungen verzichtet wird. Andererseits sind diese Verfahren einfach zu handhaben und billig. Die Verfahren unterscheiden sich
im Prinzip durch das angewendete Ordnungsprinzip in Stufungs- bzw. Reihungsverfahren.

(1) Das Rangfolgeverfahren

Das Rangfolgeverfahren basiert auf dem Prinzip der **Reihung**: Alle im Betrieb vorkommenden Tätigkeiten werden verglichen und – ihrer vermuteten Gesamtschwierigkeit nach – entsprechend in eine fortlaufende Rangfolge eingeordnet. Es erweist sich als zweckmäßig, zunächst abteilungsweise oder funktionsbereichsweise vorzugehen und mehrere derartige

Rangordnungen dann zu einer Gesamtrangordnung, die dann die Grundlage für die Lohndifferenzierung bildet, zusammenzufügen. Die Rangfolge aller im Betrieb vorkommenden Arbeitsplätze bezüglich ihres Schwierigkeitsgrades wird durch einen **Paarvergleich** gebildet und ist Grundlage der Lohn- und Gehaltsgruppeneinteilung.

Dieses Verfahren besticht vor allem durch seine einfache und kostengünstige Anwendung und basiert im Grunde genommen, wie Wibbe es formuliert, lediglich auf dem gesunden Menschenverstand. Doch auch die **Nachteile** sind klar zu erkennen:

- Es ist schwierig, einen geeigneten und zuverlässigen Bewerter zu finden;
- das Verfahren wird mit zunehmender Betriebsgröße immer schwieriger in der Anwendung, da zu viele Vergleiche durchzuführen wären (z.B. bei 10 Leuten 225, bei 100 Arbeitsplätzen bereits 4950 Gegenüberstellungen);
- es sagt nichts aus über den unterschiedlichen Schwierigkeitsgrad der Arbeitsplätze und das Verhältnis der Arbeitsentgelte;
- es gewährt wenig Transparenz, damit Begründungsproblematik in Konfliktfällen bzw. bei Beschwerden;
- geringe Akzeptanz, evtl. Vorwurf der Machtausübung.

Ein möglicher Einsatz dieser Verfahren kann vor allem gesehen werden bei kleineren, überschaubaren Unternehmen und bei einer limitierten Anzahl der zu vergleichenden Personengruppe (z.B. Führungskräfte).

(2) Das Lohn-/Gehaltsgruppenverfahren

Das Lohn-/Gehaltsgruppenverfahren, das in vielen Tarifverträgen angewendet wird, baut auf dem Prinzip der **Stufung** auf: Es werden die Tätigkeiten in zuvor in ihrem jeweiligen Schwierigkeitsgrad inhaltlich genau definierte Gruppen (i.d.R. 6-12 Gruppen, deren Grundlöhne über „ Schlüsselzahlen" variiert sind) eingestuft, die Tätigkeiten einer Gruppe haben also einen in etwa gleichen Schwierigkeitsgrad. Um die Zuordnung zu den einzelnen Gruppen, die unterschiedliche „Wertigkeiten" der Arbeiten charakterisieren, zu erleichtern, wird jeder einzelnen Lohn-/Gehaltsgruppe ein Katalog von klar beschriebenen **„Richtbeispielen"** (Brückenbeispielen) genau definierter Tätigkeiten zugewiesen.

Besonders in Großunternehmen wird heute an Stelle dieser Ganzheitsbewertung als Grundlage einer „gerechteren" Lohnfindung das analytische Arbeitsbewertungsverfahren vorgezogen.

b) Die analytischen Verfahren

Im Gegensatz zu den summarischen Verfahren dient die arbeitswissenschaftliche Analytik hier dazu, die **einzelnen** Anforderungen nach ihrer Art, Höhe und Dauer **gesondert** festzustellen. Es gilt dazu,

- aus den vorhandenen Katalogen die Art und Anzahl der Merkmale auszuwählen und ggf. betriebsspezifisch zu modifizieren,
- die Anforderungsstufen festzulegen und zu definieren,
- Richtbeispiele zu bestimmen,
- Bewertungen durchzuführen,
- die innere und äußere Gewichtung zu ermitteln und
- den Gesamtwert festzustellen.

Die analytischen Arbeitsbewertungsverfahren sind mit einem wesentlich größeren **Aufwand** verbunden, der durch das Ziel einer Grundlohndifferenzierung allein nicht gerechtfertigt erscheint. Die **Vorteile** der analytischen Verfahren gegenüber den summarischen liegen vor allem in einer gerechteren und differenzierteren Lohnabstufung, einer sachlichen Beweisführung in bezug auf Einstufung der Tätigkeiten nach ihrer „Wertigkeit". Erst die Verwendung dieser Verfahren über die Lohnfindung hinaus und der Einsatz der durch die Arbeitsanalyse ermittelten Informationen als ein Mittel der **Betriebsführung** zeigt den Wert dieser Methoden.

Es gibt hierbei zwei **grundsätzlich** verschiedene Verfahren (Reihung/Stufung) mit jeweils zwei Gewichtungsmöglichkeiten (getrennt/gebunden):

(1) Das Rangreihenverfahren mit getrennter Gewichtung

Dieses Verfahren ist dadurch gekennzeichnet, daß für jede einzelne Anforderungsart Rangreihen - vom höchsten zum niedrigsten Arbeitsplatz - aufgestellt werden; auch hier ist der Einsatz von Richtbeispielen („Schlüsselarbeiten") möglich, damit der Rangplatz im Vergleich leichter gefunden wird (es genügen ca. 10 – 20% des Gesamtbestandes).

1. Arbeitsschritt: Einordnen der zu bewertenden Tätigkeit in eine Skala:

Für diesen zentralen Punkt des Quantifizierens stehen für jede Anforderungsart Bewertungstafeln zur Verfügung, auf denen die Beispiele gemäß ihrer Anforderungshöhe entlang einer Skala geordnet sind. Die vergleichende Bewertung ist um so leichter, je mehr Beispiele je Anforderungsart vorliegen. Die REFA (vgl. 1987a, S. 69) verwendet 34 aus verschiedenen Wirtschaftszweigen ausgewählte Brückenbeispiele, die in die Bewertungstafeln den jeweiligen Fünfersprüngen zugeordnet werden. Die Belastungsskala weist i.d.R. je Anforderungsart 100 Stufen auf; diese werden in Abstände zu je fünf Stufen unterteilt, so daß sich insgesamt 21 ergeben.

2. Arbeitsschritt: **Gewichtung** (damit erhält jede Anforderungsart den Wert, der ihrer „Bedeutung" entspricht):

Für jedes Bewertungsmerkmal ist (tarifvertraglich) der Wichtefaktor festgelegt.
Bewertung im **jeweiligen** Bewertungsmerkmal.
Analoges Vorgehen bei **allen** Anforderungsarten zur Bestimmung gewichteter Teil-Wertzahlen.

$$\text{Wichteformel:} \quad \frac{\text{Rangreihenplatz} \times \text{Wichtefaktor}}{10} = \frac{\text{Teilarbeitswert}}{\text{Wertzahl einer Anforderungsart}}$$

3. Arbeitsschritt: **Addition** (Aufsummierung aller Teilarbeitswerte zum (Gesamt-)Arbeitswert der betreffenden Tätigkeit.)

(2) Das Rangreihenverfahren mit gebundener Gewichtung

Gleiche Vorgehensweise wie bei (1): in den Bewertungstabellen ist jedoch – durch bei den einzelnen Anforderungsarten **unterschiedlich** erreichbare Höchstwerte – die Gewichtung bereits enthalten; mit der jeweiligen Einordnung an einen bestimmten Rangplatz kann der Teilarbeitswert unmittelbar abgelesen werden, die Summe aller Teilarbeitswerte ergibt wiederum den Gesamtarbeitswert; diese Verfahren haben in der Praxis keine Bedeutung.

(3) Das Stufen-(Wertzahl-)Verfahren mit getrennter Gewichtung

Bei ähnlichem Vorgehen wie beim Rangreihenverfahren mit getrennter Gewichtung wird hier, wie der Name zum Ausdruck bringt, der Schwierigkeitsgrad innerhalb einer Anforderungsart durch feststehende **Stufen** (i.d.R. 3-6 Beanspruchungsgrade) unterteilt und durch Definitionen beschrieben; auch hier sind pro Stufendefinition Richtbeispiele einsetzbar.

Ein großer Vorteil dieser Stufenverfahren liegt u. E. in der wesentlich größeren **Transparenz**: Der Mitarbeiter kann die Einordnung selbst überprüfen, während er bei den anderen Verfahren eine Kenntnis vergleichbarer Arbeitsplätze haben müßte. Zu beachten ist, daß die einzelnen Stufen noch keine Arbeitswerte darstellen; in einem zweiten Schritt ist die Multiplikation mit Wichtefaktoren erforderlich.

(4) Das Stufenverfahren mit gebundener Gewichtung

Bei diesen Verfahren entsprechen den Stufenzahlen **unmittelbar** die Anforderungswerte. Die pro Anforderungsart erreichbaren höchsten Stufenzahlen sind unterschiedlich.

Das Punktbewertungsverfahren: Der zur Bewertung anstehenden Tätigkeit wird unter Verwendung von Richtbeispielen ein „Punktwert" (statt Stufenzahlen!), zum Beispiel zwischen „0" und „5", zugeteilt (statt einer Stufe). Analog verfährt man mit jeder ausgewählten Anforderungsart, die Summe ergibt letztlich den Gesamtarbeitswert. Zu den Punktbewertungsverfahren gehören 245 tarifliche Richtbeispiele (vgl. im Einzelnen REFA, 1987a).

Das Stufenwertzahlverfahren: Dieses Verfahren ist im Prinzip so aufgebaut wie das Punktbewertungsverfahren: Den Stufen werden Wertzahlen (Punkte) zugewiesen, die Summe aller Wertzahlen ergibt wiederum den Gesamtarbeitswert. Es werden aber neben den Stufen noch weitere die Belastung je Anforderungsart beeinflussende Faktoren, wie z.B. die Belastungsdauer, berücksichtigt (Beispiele bei REFA, 1987a, S. 84f.). Die Stufenwertzahlverfahren sind in der Praxis, vor allem im Angestelltenbereich, in verschiedenen Modifikationen weit verbreitet.

6. Einheitliches analytisches Bewertungssystem

Die ersten Arbeitsbewertungsverfahren waren für gewerbliche Mitarbeiter konzipiert, später kamen die Systeme für Angestellte hinzu. Besonders in der Literatur findet sich die Forderung nach einer Integration, d.h. nach einheitlichen Bewertungsverfahren für **beide** Mitarbeitergruppen; bei einigen Unternehmen wurde dieser Weg auch bereits eingeschlagen (z.B. HEW, IBM, Porst, Braunkohle).

7. Auswirkungen des technologischen Wandels

Durch Veränderungen der Arbeitsorganisation haben sich auch die Arbeitsaufgaben gewandelt. Diese bestimmen jedoch neben der Arbeitsumgebung und der Arbeitsausführung die Anforderungen, die eine Tätigkeit an den Menschen stellt. Somit haben auch diese eine Änderung erfahren. Verschiedene Untersuchungen (z.B. des Instituts für Arbeitsmarkt und Berufsforschung in der Metall verarbeitenden Industrie) zeigten, wie die veränderten wirtschaftlichen und technischen Bedingungen und die Wirkung technischer Änderungen unter anderem auf die Arbeitsaufgaben, Arbeitsanforderungen und Arbeitsbedingungen Einfluß nehmen. Eine Änderung der Arbeitsinhalte (vor allem im Hinblick auf steigende Qualitätsverantwortung) ergibt Zunahmen im Bereich dispositiver, kontrollierender und vorsorgender Tätigkeit und einen Rückgang manueller Tätigkeit (vgl. Schnauber, 1990, S. 15). Auch die Erweiterung des Aufgabenfeldes im Rahmen von Kleingruppen führt zu einer entsprechenden **Ausweitung** der Arbeitsinhalte der einzelnen Mitglieder (vgl. unsere Ausführungen unter „Renaissance der Gruppen- und Teamkonzepte").

Die Maschinenbedienung, Einrichtung, Wartungs- und Instandhaltungsfunktionen werden in **kombinierte** Tätigkeitskomplexe integriert; damit entstehen hochwertige Arbeitsplätze, die zur Erfüllung der Anforderung „Steuerungstechnik" sowohl maschinenschlosserische als auch Elektronikkenntnisse vereinigen. Dies führt auch zu einer Integration mehrerer Berufsbilder in neue Ausbildungsgänge (z.B. der „Maschloniker" bzw. offiziell „hybrid"-Facharbeiter in der Automobilindustrie) (vgl. Eckardstein, 1986, S. 253); z.B. Neuordnung Elektroberufe: zur 1992 erlassenen neuen Ausbildungsverordnung für den Beruf „Prozeßleitelektroniker" der den Meß- und Regelmechaniker ablöst, siehe Teichgräber, 1993).

Verschiedene Untersuchungen kommen zu dem Ergebnis, daß vor allem die psychomotorischen Anforderungen abnehmen, während die kognitiven zunehmen dürften. Die im vorigen Abschnitt aufgezeigte zunehmende **Komplexität moderner Technologien** und die Verknüpfung zu Systemen werden neue Denk- und Arbeitsweisen erforderlich machen (z.B. komplexe Zusammenhänge erkennen und in Systemen denken können, Informationsfilterung, Fähigkeit zu Teamarbeit, Kooperations- und Kommunikationsbereitschaft).

Will die Arbeitsbewertung ihre Zielsetzung erfüllen, bedarf sie der ständigen **Revision** und **Fortschreibung**, denn jede organisatorische oder technologische Veränderung wird Veränderungen von Arbeitsaufgaben nach sich ziehen, die sich im bestehenden Arbeitsbewertungssystem niederschlagen müssen, d.h. das System ist in bestimmten Zyklen grundsätzlich zu überprüfen.

Änderungen können - bei Übereinstimmung der Tarifpartner - grundsätzlich erfolgen:

- durch eine **andere** Gewichtung
  - kommt einer Anforderungsart nicht mehr das ursprüngliche Gewicht zu, kann der Gewichtungsfaktor entsprechend niedriger angesetzt werden, bis er vielleicht eines Tages ganz verschwindet (z.B. „Umgebungseinflüsse")
  - kommt einer Anforderungsart stärkere Bedeutung zu (z.B. Wahrnehmung, Monotonie), so müßte ihr Gewicht erhöht werden
- durch den **Wegfall** oder die **Integration** in ein anderes Merkmal
- durch die **Neuaufnahme** von Merkmalen.

Mit zunehmender Automatisierung und Technisierung ist bei den Merkmalen des Genfer Schemas folgende Entwicklung festzustellen:

- Erweiterung der „Kenntnisse" (mehr Selbständigkeit, Flexibilität)
- Weniger „Geschicklichkeit" (für Arbeitsablauf/Betriebsmittel)
- Mehr „geistige Belastung" (z.B. Kompliziertheit/Verschiedenartigkeit des Aufgabengebietes)
- mehr „Verantwortung" (z.B. für Auswirkungen des Handelns)
- Weniger „muskelmäßige Belastung"
- Erheblich weniger „Umgebungseinflüsse"

8. Die Arbeitsbewertung am Scheideweg?

Der Nutzen der Arbeitsbewertungsverfahren liegt darin, daß sie im „betrieblichen Alltag" ein taugliches Hilfsmittel zur Entgeltfindung und -differenzierung sind, auf das sich die Interessengruppen verständigen konnten. Seit Ende der 70er Jahre scheint die Arbeitsbewertung sich an einem **Scheideweg** zu befinden, verstärken sich bei den Gewerkschaften nach jahrelanger Unterstützung ablehnende Stimmen, neue Verfahren sind jedoch noch nicht in Sicht. Trotz des „Siegeszuges" der analytischen Arbeitsbewertungsverfahren werfen alle gebräuchlichen Methoden innerhalb der einzelnen Phasen der Planung und Durchführung zahlreiche Probleme auf, z.B. bei

- der Bestimmung und Auswahl der Anforderungsarten (Was wird, was wird nicht bewertet?),
- der Definition (inhaltlichen Präzisierung) der jeweiligen Anforderungsart (Was ist etwa „Beurteilungsvermögen?"),
- der Bestimmung der Stufenzahl,
- dem „Messen" der Ausprägung,
- der inneren und äußeren Gewichtung der Anforderungsarten.

Durch die **Werthaltigkeit** der dabei zu treffenden Entscheidungen wird die von den Befürwortern dieser Verfahren geäußerte „Wissenschaftlichkeit und Objektivität" dieser Methode **zumindest relativiert**. Bei der Bestimmung der Gewichtungsfaktoren sind wir auf diese Problematik bereits kurz eingegangen.

Die größere Distanz zur Arbeitsbewertung ist vor allem im Grundproblem der Anpassung der Anforderungsarten an die technologische Entwicklung zu sehen. Damit verbunden ist eine Abkehr der Gewerkschaften von der quantitativen (Lohnerhöhungspolitik) zu einer mehr **qualitativen** Tarifpolitik, deren Elemente eine Neubewertung der Aufgaben **außerhalb** der Arbeitsbewertung bzw. Entlohnung bedeuten (Eckardstein, 1986, S. 258) bzw. die Arbeitsbewertung als Instrument der Lohnsatzdifferenzierung unterlaufen (z.B. Sockellohnanhebungen, Abbau von Leichtlohngruppen).

Wie wir besonders bei der Beurteilung der Auswirkungen des technologischen Wandels auf die Anforderungen bereits angedeutet haben, wird durch den statischen Charakter der Arbeitsbewertung (durch die bisher die Qualifikation erfaßt werden konnte) den Gerechtigkeitsvorstellungen nicht mehr wie bisher entsprochen. Als weitere Determinanten der Entwicklungstendenzen, durch die die Sinnhaftigkeit der bisherigen Entlohnung diskutiert und mit neuen Konzepten der betrieblichen Lohnpolitik reagiert werden sollte, nennt Eckardstein den Wertewandel (Abnahme des zentralen Wertes der Erwerbsarbeit, alternative Zeitverwendungsmöglichkeiten) und die erhebliche staatliche Beschneidung des Bruttoeinkommens. Die in der aktuellen Diskussion auftauchenden Schlagworte wie Lohnsicherung, Abgruppierungsschutz, Qualifikationserhalt u.ä. sind auch Inhalt zweier Neuentwicklungen, die kurz dargestellt werden sollen.

9. Neue Formen der Grundlohnbestimmung

Freimuth (1992 b, S. 206ff.) sieht einen Trend

- zur **vertikalen Flexibilisierung** (Merkmal Verantwortung; von Mitarbeitern wird selbständige Übernahme von Verantwortung erwartet; Enthierarchisierung; dies verlangt von allen Mitarbeitern ausgeprägte kommunikative und kooperative Fähigkeiten, um Prozesse zu bewältigen; Anteil von Sozial- und Methodenkompetenz nimmt deutlich zu; Teams);
- zur **horizontalen Flexibilisierung** (Trend zur Integration verschiedener Tätigkeitsfelder, gruppenbezogene Aufgabenbewältigung; Gruppenarbeitsplatz- bzw. Arbeitssystembeschreibung).

Daraus ist zu folgern, daß sich Arbeitsplatzbeschreibungen dynamisieren und individualisieren.

a) Einstufung gemäß der Tätigkeit in Arbeitssystemen

Im Jahre 1980 trat (als erstes Tarifgebiet) zwischen der Volkswagen AG und der IG Metall Bezirksleitung Hannover ein „Tarifvertrag über die Lohndifferenzierung" (LODI) in Kraft. Auch der Lohn- und Gehaltsrahmentarifvertrag I für Nordwürttemberg/Nordbaden enthält die Möglichkeit zur Bewertung eines ganzen **Arbeitsbereiches**. „Arbeitsbereiche in diesem Sinne sind Komplexe von Einzelarbeitsplätzen, die dem jeweiligen Beschäftigten als ganzheitliche Arbeit übertragen werden" (Eckardstein,1995, S. 26). Von den Metall-Arbeitgebern werden diese Vereinbarungen abgelehnt.

Die Abkehr von der Anforderungsorientierung der Grundentgeltfindung ist das besondere Kennzeichen des Tarifvertrages. Bei dem **gemeinsamen** Entgelttarifvertrag für die Arbeiter und Angestellten der Firma Vögele AG, Mannheim (bereits im Jahr 1982) erfolgt die Eingruppierung gemäß der **persönlichen Qualifikation** in sieben – für Arbeiter und Angestellte gemeinsame – Entgeltgruppen (Gruppendefinition nach: Ausbildungsniveau, Berufserfahrung, Weiterbildung) und Beratung einer paritätisch besetzten Kommission. Man wollte damit einen flexiblen, anpassungsfähigen Einsatz der Mitarbeiter erreichen (zur Untersuchung der bisherigen Ergebnisse siehe Knuth, 1991; die zugrunde liegenden Beurteilungsmerkmale und -stufen finden sich bei Oechsler, 1997.).

Die Abschaffung der analytischen Arbeitsbewertung und der Ersatz durch ein „Verhandlungsverfahren" wurde bei **Volkswagen** damit begründet, daß bei rund 330000 Arbeitsoperationen die Praktikabilität dieses Verfahrens nicht mehr sichergestellt war (vgl. zum Nachfolgenden Rausch, 1984, 1986). Auch bei **BMW** wurde von der Bewertung der überwiegenden Tätigkeit Abschied genommen, man ging zur Bewertung der gesamten Arbeitsaufgabe über („sog. Bereichsbewertung"). Die den Mitarbeitern übertragenen Arbeitsaufgaben setzen sich aus verschiedenen Tätigkeiten zusammen: BMW faßt sog. Funktionen (Tätigkeiten) zu Funktionsbildern (Arbeitsaufgaben) zusammen (d.h. die Aufgaben werden ganzheitlich betrachtet) und gruppiert Mitarbeiter nach den ihnen übertragenen Funktionsbildern ein, d.h. nach dem geforderten Können unabhängig von der Häufigkeit bzw. der Anwendung des Könnens. (In Verbindung mit einem „Competency-based-pay" wird eine zielgruppenspezifische Antwort auf das Bedürfnis der Unternehmen nach einem fairen Entgelt für die Flexibilität der Mitarbeiter gegeben.) Dazu Eyer, 1999.

Mit der Entwicklung alternativer, auf die gewandelten Produktions- und Arbeitsstrukturen abgestimmter Eingruppierungsverfahren werden seitens der Gewerkschaften folgende Ziele verfolgt:

- Abkehr von der Zerstückelung und Zerstörung der Arbeitsinhalte mit der differenzierten Beschreibung der Arbeitsanforderungen
- Ausschaltung der mit analytischen Verfahren verbundenen Abgruppierungsgefahr (Sicherung von Einkommen und Status)
- Abkoppelung der Eingruppierungen von technischen und organisatorischen Veränderungen.

Beim bisher geltenden Bewertungsverfahren waren zahlreiche Nachteile wie zu viele Lohngruppen bzw. -stufen, die Notwendigkeit der Umgruppierung bei vorübergehender Umsetzung, ein erheblicher Lohnabrechnungsaufwand und die beschränkte Möglichkeit eines flexiblen Personaleinsatzes aufgetreten. Die neue Bewertungsgrundlage zur Lohngruppeneinstufung sollte die Fähigkeit des einzelnen Arbeiters

- nicht mehr orientiert an **einzelnen** Tätigkeiten,
- sondern im Sinne einer „Ganzheitsbetrachtung der **Arbeitsfunktion**" betrachten.

b) Eingruppierung nach persönlicher Qualifikation

Als wesentliches Element der Lohngruppen-Eingruppierung soll nach diesen Vorstellungen nicht mehr an den **Anforderungen** des Arbeitsplatzes, sondern an der **angebotenen** persönlichen Qualifikation des Mitarbeiters angesetzt werden. Damit fördern die neuen Produktionstechnologien die Abkehr vom „Anforderungslohn" und den Übergang zum **„Qualifikationslohn"** (Mikl-Horke, 1995, S. 160; im Einzelnen Alewell, 1993, S. 596ff.). Während es bei dem im vorigen Kapitel dargelegten Eingruppierungskonzept auf der Basis von Arbeitssystemen nach wie vor im Prinzip beim Anforderungsbezug bleibt, soll nun die Eingruppierung

- weniger aufgrund der jeweils im Unternehmen **abgeforderten**,
- sondern auf der Basis von **mitgebrachten** (i.S. von verwertbaren) Qualifikationen (z.B. abgeschlossene Facharbeiterausbildung, Erfahrung in vorhandenen Arbeitssystemen) erfolgen.

Damit

- sollen die Unternehmen motiviert werden, das bei ihren Mitarbeitern gegebene Qualifikations- und Fähigkeitspotential soweit möglich auszuschöpfen, da es sowieso bezahlt werden muß,
- sollen die Mitarbeiter einen Anreiz zur ständigen Weiterbildung erhalten.

Dem wird entgegengehalten, daß mit der gleichen Bezahlung bei gleichen Anforderungen dem Prinzip „gleicher Lohn für gleiche Leistung" entsprochen wird (auch wenn ein Arbeitnehmer höhere Qualifikationen mitbringt, die für die geforderte Arbeitsleistung überflüssig sind), wobei nur die tatsächlich genutzte Leistung bezahlt wird.

„Damit ist die verbreitete Norm „Gleicher Lohn für gleiche Arbeit" zumindest theoretisch durch die Alternative **„Gleicher Lohn für gleiche Befähigung"** ersetzt" (Eckardstein, 1986, S. 261).

Weitere Kennzeichen dieses Vertrages:

- alle Beschäftigten erhalten ein „Monatsgrundentgelt" (wie auch bei VW). Die Prinzipien zur Eingruppierung in eine der sieben Stufen sind für Arbeiter und Angestellte gleich.
- Lohnform ist ein Zeitlohn mit (nur träge reagierender) Leistungszulage.
- Abkehr von permanenter Leistungsbewertung zugunsten längerer Zeiträume.
- Weitgehender Abgruppierungsschutz.
- Der Unternehmung muß daran gelegen sein, entsprechend anspruchsvolle Arbeitsplätze zu schaffen (sonst Lohn-Leerkosten).

„In den Tarifverträgen steht, daß Mitarbeiter entsprechend der ihnen übertragenen Tätigkeiten bzw. Arbeitsaufgaben entlohnt werden. Das heißt, daß die abgeforderten Qualifikationen bei der Eingruppierung relevant sind. Das berühmte Beispiel in der tarifpolitischen Auseinandersetzung ist: ‚Der Professor, der den Hof kehrt, wird als Hofkehrer bezahlt!' Die Gewerkschaften halten diesem Ansatz entgegen, daß Mitarbeiter ihr ganzes Potential in das Unternehmen einbringen und es nicht sein kann daß sie nur für den ‚offiziellen' Teil der Anforderungen bezahlt werden. Sie führen als plastisches Beispiel an: 'Wer als Unternehmer eine Universalfräsmaschine kauft und deren Potential nur zu 50 Prozent nutzt, zahlt trotzdem den vollen Kaufpreis. Es ist nicht das Risiko des Herstellers und Verkäufers, daß die Maschine nur partiell genutzt wird" (Eyer, 1999).

II. Leistungsabhängige Entgeltdifferenzierung durch Leistungsbewertung

Ziel einer leistungsabhängigen Entgeltdifferenzierung ist es, den Mitarbeiter zu einer **Steigerung** seiner Leistungshergabe zu veranlassen. Dazu muß

- zum einen die Leistung über Kennzahlen erfaßt werden können,
- zum anderen eine Beeinflussungsmöglichkeit für den Menschen gegeben sein.

Zur Ermittlung geeigneter (leistungsabhängiger) Kennzahlen können verwendet werden:

- Leistungswerte, die mit Hilfe der Leistungsbewertung bestimmt werden, die wir zuerst vorstellen wollen
- Leistungskennzahlen (Verhältniszahlen aus Mengen sowie Zeiten/Wirkungsgrade von Arbeitssystemen oder Nutzungsgrad von Betriebsmitteln); vgl. dazu Punkt IV.

Im ersten Fall kann die Leistung durch Vergleichen, Beurteilen und Bewerten, im zweiten Fall durch Messen und Zählen von Mengen und Zeiten erfaßt werden (vgl. REFA). Da für die

Beurteilung bei ausführenden Tätigkeiten bzw. bei Führungstätigkeiten andere Merkmale bewertet werden, werden beide Systeme separat behandelt. Für beide Systeme sei nochmals betont, daß wir die Mitarbeiterbeurteilung

- primär als **Führungsinstrument** mit dem Ziel der Mitarbeiterförderung und -entwicklung sehen,
- das auch als Lohnkomponente eingesetzt werden kann.

1. Grundlagen

a) Begriff

Aufbau und das methodische Vorgehen dieser Verfahren gleichen in vielen Aspekten der bereits beschriebenen Arbeitsbewertung. Während die Arbeitsbewertung den objektiven Wert einer Arbeit, d.h. die damit verbundenen Anforderungen ohne Berücksichtigung des jeweiligen Stelleninhabers, untersucht, ermittelt die Leistungsbewertung die **individuelle Leistung**, die eine Person an dieser Stelle erbringt. In der Literatur finden sich zahlreiche synonym verwendete Begriffe: Zeitlohn mit Leistungsbewertung bzw. mit Leistungsbeurteilung oder persönliche Bewertung.

Leistungs-/Mitarbeiterbeurteilung
... ein formalisiertes Verfahren, durch das Mitarbeiter in bestimmten Zeitabständen von ihren direkten Vorgesetzten anhand bestimmter Merkmale schriftlich beurteilt werden. In der Regel findet auch ein Beurteilungs-/Mitarbeitergespräch statt.

Neben den mehr oder weniger formalisierten jährlichen, **merkmalsorientierten** Leistungsbeurteilungsverfahren setzen sich immer mehr Konzepte einer **zielorientierten** Leistungsbeurteilung (zum Management by Objectives siehe 4. Teil, D) durch. Dazu tritt zur Verbesserung der Kommunikation ein **Mitarbeitergespräch** mit einem dialogischen Meinungsaustausch.

Die **Problematik** einer Messung der menschlichen Leistung liegt darin, daß die Leistung ein qualitativer Wert ist und schwankt. Deshalb kann auch nicht die menschliche Leistung als solche, sondern nur deren **Ergebnis** Gegenstand einer Beurteilung sein. Die meisten der in der Praxis eingesetzten Beurteilungsbogen bestehen im Wesentlichen aus zwei Teilen:

- der **vergangenheitsbezogene** Teil (Leistungen im Beurteilungszeitraum)
- der **zukunftsorientierte** Teil (Entwicklungspotential).

b) Ziele

Die mit einer Leistungsbeurteilung verfolgten Zwecke bestimmen die konkrete Ausgestaltung des Verfahrens. Unser originäres Interesse gilt den Beurteilungsverfahren, die als ein Instrument zur **Gehaltsfindung** eingesetzt werden:

Ziel: Differenzierung der Leistungslöhne:

- Der ermittelte Punktwert ist u.a. die Basis für die Berechnung von individuellen Leistungszuschlägen zum (durch die Arbeitsbewertung anforderungsgerecht ermittelten) Grundlohn.
- Erläuterung des Leistungsstandes der Mitarbeiter
- Motivierung durch Anerkennung und konstruktive Kritik
- Bessere Erfüllung des Grundsatzes der Äquivalenz von Lohn und Leistung

Ziel: Mitarbeiterförderung und -entwicklung:

- Kenntnis des Leistungsstandes und des Leistungspotentials bzw. Hinweise auf Veränderungen
- **Fundierung personeller Auswahlentscheidungen**: Entlassungen, Versetzungen, Beförderungen, Personaleinsatzplanung
- Deckung Anforderungsprofil und Leistungsprofil (Vergleich Solldaten/Arbeitsbewertung und Istdaten/Leistungsbewertung über Datensystem)
- Evaluation der **Effizienz personalpolitischer Instrumente**: Ermittlung der Validität von Verfahren für die Auswahl von Bewerbern und für die Zuweisung von Positionen; Analyse des Erfolgs aller Arten von Aus- und Weiterbildungsmaßnahmen
- Einsetzbarkeit/Entwicklungsfähigkeit
- Planmäßige Aus- und Weiterbildung gemäß den Profilen/Ermittlung Seminarbedarf/Ermittlung relevanter Informationen für die Bestimmung des Fort- und Weiterbildungsbedarfs sowie für die inhaltliche Gestaltung (Ziele) der Fort- und Weiterbildungsveranstaltungen
- Personalbetreuung, Laufbahnberatung
- Steigerung der **Motivation und Förderung der individuellen Entwicklung** von Organisationsmitgliedern. Zum einen wird erwartet, daß die Vorstellung, beurteilt zu werden, leistungsstimulierend wirkt und daß die Mitteilung kritischer Leistungsaspekte zu einer Änderung des Leistungsverhaltens führt. Zum anderen sollen mit Leistungsbeurteilungen Stärken und Schwächen in Wissen, Einstellungen und Fähigkeiten der Mitarbeiter aufgezeigt werden, um individuelle Entwicklungsprozesse anzustoßen.
- Verbesserung Betriebsklima/Führungsstil/Konfliktlösung
- **Information der Mitarbeiter**: Nach § 82 II BetrVG kann der Arbeitnehmer verlangen, daß mit ihm die Beurteilung seiner Leistungen sowie die Möglichkeit seiner beruflichen Entwicklung im Betrieb erörtert wird.

Ziel: Organisationsentwicklung:

- Als Voraussetzung für Planungs-, Kontroll- und Rückmeldeprozesse (Controllinginstrument) in der Organisation

Die Ermittlung leistungsbezogener Zulagen steht zwar im Vordergrund, jedoch erhalten die **anderen Zielsetzungen** zunehmend Bedeutung. Die durch neue Arbeitsformen bedingten ganzheitlichen Kommunikationsstrukturen, die Möglichkeiten zur Selbstentfaltung und die Umsetzung des eigenen Persönlichkeitspotentials erfordern zur Aktivierung des Humankapitals einen Beurteilungsprozeß, der als **Führungsmittel** verstanden wird (vgl. Fischer, 1990, S. 39).

Es ist wichtig zu sehen, daß diese Ziele der Personalbeurteilung in einem konfliktären Verhältnis zueinander stehen. Ein Teil der Ziele läuft auf eine möglichst scharfe Diskriminierung des Leistungsverhaltens hinaus, während andere die Förderung des Mitarbeiters und sein Motivierung anstreben. So setzen z.B. personelle Auswahlentscheidungen eine Einschätzung der Qualität der Mitarbeiter und damit auch möglichst präzise Informationen über ihre Schwächen voraus.

Eine negative Einschätzung der Arbeitsleistung und des Entwicklungspotentials ist aber wenig geeignet, die Arbeitsmotivation zu steigern. Eine solche Information führt häufig zu Entmutigung, Frustration und zur Ablehnung der Beurteilung, Letzteres zumal dann, wenn Fremdurteil und Eigenurteil über die erbrachte Leistung auseinanderfallen.

Dieser Konflikt verschärft sich, wenn die Beurteilungsmethode auf einer Art Nullsummenspiel derart aufbaut, daß die Verbesserung eines Mitarbeiters immer nur eine Verschlechterung eines anderen darstellt. (ebd.) Mit Personalbeurteilungssystemen wird also eine Reihe unterschiedlicher Ziele verfolgt (Steinmann/Schreyögg, 1999, S. 671f.).

c) Rechtliche Grundlagen

Die anfänglich auf freiwilliger Basis in einigen Betrieben eingeführte Leistungszulagengestaltung ist zunehmend durch **Tarifverträge** abgesichert worden. Da sich bei der Beurteilung der Leistung eines Mitarbeiters immer subjektive Elemente ergeben, ist es das Ziel, damit ein Beurteilungssystem zu schaffen, in dem die Leistung auf Grund kollektiver Leistungsmerkmale möglichst objektiv erfaßt werden kann.

d) Anlässe / Häufigkeit

In der betrieblichen Praxis ist heute eine sinnvolle Personalführung ohne regelmäßige Beurteilung der Mitarbeiter nicht mehr denkbar. Wurden zu Beginn der 70er Jahre standardisierte, systematische Leistungsbeurteilungsverfahren nur von ca. 15% der Institutionen verwendet, werden (bei steigender Tendenz) mittlerweile in mittleren und großen Unternehmen zu ca. 80% solche Verfahren eingesetzt (Mungenast, 1991, S. 152). Anlaß, zu einem bestimmten Zeitpunkt einen Überblick über die Leistung des Mitarbeiters zu bekommen, kann sein: Ablauf der Probezeit, vor Beginn des Kündigungsschutzes, die regelmäßige Analyse des Leistungs- bzw. Arbeitsverhaltens oder bei konkreten Anlässen. In Bezug auf die Häufigkeit werden in der Praxis sehr unterschiedliche Verfahren praktiziert, häufig anzutreffen sind die jährliche, z.T. auch zweijährliche Beurteilung.

2. Beurteilungsverfahren

Um Mitarbeiter richtig beurteilen zu können, ist es notwendig, **systematische** Verfahren zur Gewinnung und Verarbeitung von Informationen zu entwickeln, d.h. es müssen Beurteilungsmethoden mit festgelegten Regeln angewandt werden, die zuverlässige und vergleichbare Urteile über den Grad der jeweiligen Zielerreichung liefern. Der Praxis stehen zur Durchführung der Leistungsbeurteilung zahlreiche Verfahren zur Verfügung. In der Literatur finden sich entsprechend viele Differenzierungsversuche (Liebel, 1992, S. 134ff.; Curth/Lang, 1991, S. 241ff.; Lattmann, 1994, S. 16ff.).

Eine Auswertung des empirischen Materials zeigt:

- eine sehr geringe Bedeutung der freien Bewertungsverfahren
- eine dominierende Stellung der Einstufungsverfahren.

Bei einer Umfrage unter den „Fortune 1300"- US-Firmen über den Einsatz der Bewertungsverfahren (vgl. dazu Fombrum/Laud) dominierte (insbesondere beim mittleren und oberen Management) das MbO (**Management by Objectives**) klar als (Planungs- und) Beurteilungsverfahren. Im Gegensatz zu den in Deutschland dominierenden merkmalsorientierten Einstufungs-(Rating-)Verfahren handelt es sich hier um zielorientierte Beurteilungsverfahren. Auf die „Gehaltpolitik im außertariflichen Bereich" und auf das MbO wird in einem eigenen Gliederungspunkt näher eingegangen.

Ähnlich wie bei der Arbeitsbewertung wollen wir bei der Leistungsbewertung summarische und analytische Methoden unterscheiden.

a) Summarische Methoden

Wird ein Urteil in Bezug auf das gesamte Bewertungsfeld **pauschal** abgegeben, also der Mitarbeiter „im Ganzen" beurteilt, ohne daß auf einzelne Merkmale eingegangen wird, so handelt es sich um summarische Methoden. Darunter sind die Methoden der freien Beschreibung und die Rangfolgemethoden einzuordnen. Die **Rangfolgemethoden** sind die einfachsten Verfahren, mit deren Hilfe man die relative Stellung eines Mitarbeiters zu anderen feststellen kann. Dabei wird eine Person global bewertet, mit anderen verglichen und dementsprechend in eine Rangfolge gebracht. Die gesamthafte Beurteilung bringt nur bei kleineren Organisationen, die nur von einem Bewerter behandelt werden, ein einigermaßen sicheres Ergebnis; sobald die Mitarbeiter in größeren Einheiten durch i. d. R. verschiedene Bewerter bewertet werden, ergeben sich Niveauunterschiede allein aus den Wertvorstellungen der Bewerter. Diese Nachteile werden durch die analytischen Verfahren weitgehend kompensiert.

b) Analytische Methoden

Bei den analytischen Verfahren wird der Mitarbeiter nicht ganzheitlich beurteilt, sondern anhand festgelegter **Beurteilungsmerkmale**. Hierunter fallen alle Rangreihen-, Einstufungs- und Kennzeichnungsverfahren, sofern sie sich auf **Einzel**merkmale beziehen.

(1) Rangreihenverfahren

Analog dem Arbeitsbewertungsverfahren werden bei der analytischen Methode die Ausprägungen einzelner Merkmale mit denen anderer verglichen und in eine Rangreihe gebracht.

(2) Einstufungsverfahren

Einstufungsmethoden dienen der quantitativen Erfassung qualitativer Merkmale mit Hilfe von verbal oder numerisch definierten Kategorien, die auf einer Skala verschiedene Ausprägungsgrade repräsentieren. Zuerst erfolgt die Auswahl und Definition der für die Beurteilung relevanten **Merkmale**. Danach muß die Frage nach der Anzahl und Definition der einzelnen Kategorien (Stufen) beantwortet werden.

In Bezug auf die Anzahl der heranzuziehenden Beurteilungsskalen bieten Literatur und Praxis keine klare Richtlinie. Der Katalog reicht von:

- dreistufigen Skalen („über Durchschnitt", „Durchschnitt", „unter Durchschnitt") über
- fünfstufige Skalen (in vielen Tarifverträgen) bis zu neunstufigen Skalen.

Während wenige Skalen wenig Differenzierungsmöglichkeiten bieten und der Gefahr einer Linkstendenz unterliegen (d.h. daß die Vorgesetzten ihre Mitarbeiter im Laufe der Zeit immer positiver bewerten), wird es bei zu vielen Stufen unübersichtlicher und schwierig, die jeweilige Stufe inhaltlich klar abzugrenzen (Gefahr der sog. „grauen Mitte").

(3) Kennzeichnungsverfahren

Bei diesen Methoden wird auf die Verwendung eines Merkmalsrahmens verzichtet und eine Beurteilung von Verhaltensformen vor allem durch Kennzeichnung vorgegebener Aussagen-Paare/Listen durchgeführt.

3. Beurteilungskriterien (Leistungsmerkmale)

a) Wesen

In der Arbeitswissenschaft wird der Begriff „Leistung" mit dem quantitativen und qualitativen Arbeitsergebnis beschrieben. Dieses Arbeitsergebnis ist vom menschlichen Leistungsangebot mit seinen Bestimmungsgrößen abhängig. Beurteilungskriterien beantworten die Frage nach dem **Maßstab**, an dem der Mitarbeiter gemessen werden soll. Für die Zerlegung der Arbeitsleistung in die relevanten Leistungskomponenten gibt es, im Gegensatz zur Arbeitsbewertung (mit dem Genfer/REFA-Schema), hier **kein allgemeingültiges** Merkmalschema.

Die Beantwortung der Frage, mit welchen bzw. mit wie vielen Beurteilungsmerkmalen die „Leistung" des Mitarbeiters gemessen werden soll, ist eine der schwierigsten Bereiche der Personalführung und in der Praxis i.d.R. mit erheblichen Diskussionen (und auch **regelmäßigen** Änderungen des Systems) verbunden. Weitgehend Einigkeit herrscht heute in der Praxis darin, von Persönlichkeitsmerkmalen abzusehen und nur noch **leistungsbezogene** Merkmale zu beurteilen.

b) Auswahl und Schematisierung

Als zentrale **methodische** Probleme der Beurteilungsverfahren sind

- die Auswahl der Merkmale und
- deren Abstufung (Skalierung)

anzusehen. Generell gilt: Je größer die Anzahl von Merkmalen ist, desto schwieriger (und dennoch nicht genauer) wird die Beurteilung und desto schwieriger ist das Akzeptanzproblem (Verständnis/Anerkennung) beim Mitarbeiter.

Es würde zu weit führen, einen Überblick über die in der Praxis und Literatur empfohlenen Systematiken zu geben. Individuelle Abweichungen dieser Systematiken sind oft relativ willkürlich bzw. „akademisch", die Zahl der verwendeten Leistungskriterien ist z.T. sehr unterschiedlich. In der Praxis ist ein Trend zu einer **geringen** Zahl (i.d.R. 3 bis 6) von Leistungsmerkmalen zu erkennen.

Kobi (1990, S. 51ff.) zeigt ein Leistungsbeurteilungsblatt mit zukunftsbezogenen Anforderungen. Die drei Schwerpunkte (wichtigste Jahresziele, Leistungsnormen/Aufgaben, Leistungsmerkmale) können dabei für einzelne Mitarbeitergruppen durchaus unterschiedlich gelegt werden (so etwa höhere Bedeutung der „Ziele" bei Führungskräften, höhere Bedeutung der „Merkmale" bei Mitarbeitern).

Die meisten Autoren unterscheiden folgende Schwerpunkte:

- Merkmale für eine **arbeits-/aufgabenbezogene** Beurteilung (objektivierbare Meßgrößen, z.B. Menge als quantitatives Ergebnis, Güte als qualitatives Ergebnis)
- Merkmale für eine **verhaltensbezogene** Beurteilung (subjektive Meßgrößen, z.B. Arbeits- und Einsatzbereitschaft, Umgangsgeschick)
- die vielseitige Verwendbarkeit des Mitarbeiters.

In der **Metallindustrie** finden sich etwa folgende tariflich vereinbarte **Beurteilungsmerkmale** (Becker/Engländer, 1993, S. 26f.):

- bei Zeitlohnarbeitern: Arbeitsmenge/-ergebnis, Arbeitsgüte/-ausführung, Arbeitssorgfalt, Arbeitseinsatz, Zusammenarbeit, Arbeitssicherheit
- bei Angestellten: Arbeitsmenge/-ergebnis, Arbeitsgüte/-ausführung, Arbeitssorgfalt, Arbeitseinsatz, Zusammenarbeit, Anwendung der Kenntnisse, Arbeitsverhalten bei unterschiedlichen Arbeitssituationen.

Im Tarifgebiet Bayern wird für Zeitlohnarbeiter und Angestellte ein einheitliches Verfahren (gleiche Merkmale und Gewichtung) angewendet (siehe dazu Abb. 51).

c) Bewertung der Merkmale

Die Leistungsbewertung hat viele Tätigkeiten zum Gegenstand, deren Bezugsgrößen nicht eindeutig **quantifizierbar** sind. Deshalb dient eine „Bewertung" (i.S. einer Beurteilung) als Ersatz für eine Messung. Eine Beurteilung kann nur dann durchgeführt werden, wenn eine **Bezugsgrundlage** vorhanden ist, die einen Vergleich Soll/Ist (erwartete/erreichte Leistung) ermöglicht. Sie ist um so leichter und zutreffender durchzuführen, wenn über die Tätigkeit schriftliche, möglichst genaue Festlegungen existieren. So stellen zahlreiche Firmen den Mitarbeitern und Vorgesetzten Broschüren zur Verfügung, die ausführlich erläutern, wie die Merkmale beurteilt werden. Als Grundlage können die im Rahmen der **Arbeitsanalyse** gewonnenen Informationen dienen.

Bei der (auch hier wie bei der Arbeitsbewertung) notwendigen **Gewichtung**, mit der der unterschiedliche Anteil der einzelnen Leistungsmerkmale für das Endergebnis der Leistungsbewertung zum Ausdruck gebracht wird, sind die dabei auftretenden Probleme und Möglichkeiten analog zur Arbeitsbewertung zu sehen. Auch bei der Leistungsbewertung gibt es **keine** wissenschaftlich ableitbaren Regeln. Bei der **Technik** der Gewichtung kann wiederum in getrennte und gebundene Gewichtung differenziert werden.

Leistungsmerkmale	zu bewerten z.B. an Hand von:	A — Die Leistung ist für die Leistungszulage nicht ausreichend	B — Die Leistung entspricht im allgemeinen den Anforderungen	C — Die Leistung entspricht im vollen Umfang den Anforderungen (mittleres Leistungsniveau)	D — Die Leistung übertrifft die Anforderungen erheblich	E — Die Leistung übertrifft die Anforderungen in hohem Maße
I Arbeitsqualität	Umfang des Arbeitsergebnisses Arbeitsintensität Zeitnutzung	0	7	14 (X)	21	28
II Arbeitsqualität	Fehlerquote Güte	0	7 (X)	14	21	28
III Arbeitseinsatz	Initiative Belastbarkeit Vielseitigkeit	0	4	8	12 (X)	16
IV Arbeitssorgfalt	Verbrauch und Behandlung von Arbeitsmitteln aller Art Zuverlässigem, rationalem, kostenbewußtem Verhalten	0	4	8 (X)	12	16
V Betriebliches Zusammenwirken	Gemeinsamer Erledigung von Arbeitsaufgaben Informationsaustausch	0	3	6	9 (X)	12
Leistungswert insgesamt : 50		-	7	22	21	-

Abb. 51: Errechnung des Leistungswertes bei getrennter Gewichtung

4. Problemkreise der Leistungsbewertung

Alle Leistungsbeurteilungsverfahren weisen hinsichtlich der methodischen Anforderungen, Praktikabilität und personalwirtschaftlichen Zielsetzungen mehr oder weniger große **Mängel** auf (vgl. Oechsler, 1997, S. 346ff.). Schlagwortartig seien einige kritische Ansatzpunkte aufgeführt (vgl. dazu Steinkamp, 1991, S. 430f.):

- Methodische Probleme (Auswahl der Merkmale, deren Skalierung und Gewichtung, Korrelation, Doppelbewertung)
- Akzeptanznotwendigkeit, d.h., die Bewertungsverfahren müssen für „objektiv" gehalten werden; fühlt sich ein Mitarbeiter ungerecht beurteilt, ist die Beziehungsebene zum Vorgesetzten nachhaltig gestört
- Integration von Teil-Resultaten zu einem Gesamturteil
- Durch die Formalisierung der Beurteilungsverfahren wird zwar
  - einerseits der Versachlichung und Einheitlichkeit Rechnung getragen, aber
  - andererseits damit die Gefahr des „Rituals" oder der starren Zeremonie (Schematisierung) heraufbeschworen (insbesondere bei direkter Koppelung von Punktwert zu Geldbeträgen)
- Probleme, die aus der Persönlichkeit des beurteilenden Vorgesetzten resultieren
- Probleme, die aus der Zugrundelegung eines personalistischen Verhaltensmodells resultieren, das systematisch verhaltensdeterminierend situative Aspekte vernachlässigt.

Vor allem seit Beginn der 80er Jahre wird die Frage gestellt, ob sich denn der Aufwand für die komplizierten Beurteilungssysteme überhaupt lohnt. Haben die implementierten Personalbeurteilungssysteme, insbesondere als Führungsinstrument, vermutlich oftmals eine **Alibifunktion?** Zander (vgl.1990, S. 97) hält die z.T. sehr scharfe Kritik an den Leistungsbeurteilungsverfahren aus wissenschaftlicher Sicht nicht für unbegründet und schlägt zur Vermeidung schwerwiegender Mängel u.a. vor: zweistufiger Aufbau (Erst- und Zweitbeurteiler), Begrenzung der Beurteilungsmerkmale (6-8), Gesamtpunktzahl für Beurteiler für seinen Zuständigkeitsbereich und Schulung.

Fazit:

- Beurteilungssysteme dienen als Führungsinstrument, zur Personalentwicklung- und -förderung, zur Potentialbestimmung, zum Personaleinsatz, über Feedback auch als Motivator und als Grundlage einer gerechteren (d.h. leistungsbezogen) Vergütung.
- Hochgesteckte Erwartungen lassen sich zwar nicht erfüllen,
- Die Verfahren müssen zudem regelmäßig modifiziert werden, da sich jedes Beurteilungssystem im Laufe der Zeit abnützt (ca. 7-10 Jahre); dies ist mit einem großen Aufwand verbunden.
- Trotz der Bedenken bejaht die Praxis (vor allem die Großunternehmen) überwiegend den Einsatz von systematischen Beurteilungsverfahren.

III. Leistungsabhängige Entgeltdifferenzierung durch Leistungskennzahlen (Lohnformbestimmte Leistungsbewertung)

1. Die betriebliche Lohngestaltung als Motivationsinstrument

Gegenstand zahlreicher wissenschaftlicher Diskussionen ist die Frage, inwieweit über die betriebliche Entgeltdifferenzierung auf das Leistungsangebot des Mitarbeiters eingewirkt werden kann. Damit wird nach den Möglichkeiten und Grenzen der Motivations- bzw. Anreizwirkung des **Geldes** (also des monetären Teils des betrieblichen Anreizsystems) gesucht.

Die entgeltpolitische Entscheidungssituation stellt sich wie folgt dar: **Oberziel** der Entgeltpolitik ist die Erhöhung, zumindest die Erhaltung der Arbeitsproduktivität. Zur Erreichung dieses Zieles stehen ihr verschiedene Instrumente zur Verfügung. Damit diese aber im gewünschten Sinne wirken, ist die Kenntnis der Einflußfaktoren des menschlichen Verhaltens notwendig (vgl. Ausführungen zur Motivation). **Unterziele** der Entgeltpolitik sind die anforderungs- und leistungsgerechte Entlohnung; der Aspekt der Sozialgerechtigkeit wird nur gestreift. Ein **ganzheitliches** Entgeltmanagement dient aber nicht nur als gerechter Ausgleich für geleistete Arbeit und als neuer Motivationsfaktor, sondern auch

- zur Mitarbeiterförderung und -entwicklung und
- zur Strategieumsetzung (vgl. auch Fischer, 1991).

Eine strukturell andere Aufgliederung der betrieblichen Lohngestaltung gibt die Abb. 52. Sie geht von Bestimmungsfaktoren aus, die vom Management **un**beeinflußbar sind, wie z.B. Bestimmungen des Arbeitsrechts (vor allem die tariflichen Lohnbestandteile) und die Berücksichtigung sozialer Bedürfnisse. Vom Management beeinflußbare Bestimmungsfaktoren umfassen die reinen Managementinstrumente, über deren Einsatz die Unternehmensleitung in ihrem Sinn autonom entscheiden kann, und den Bereich, der aus Handlungsparametern beider Tarifpartner gebildet wird (Arbeits- und Leistungsbewertung). Diese Übersicht zeigt deutlich, wie **klein** im Grunde der wirklich autonome, lohnpolitische Handlungsbereich der Unternehmensleitung anzusetzen ist.

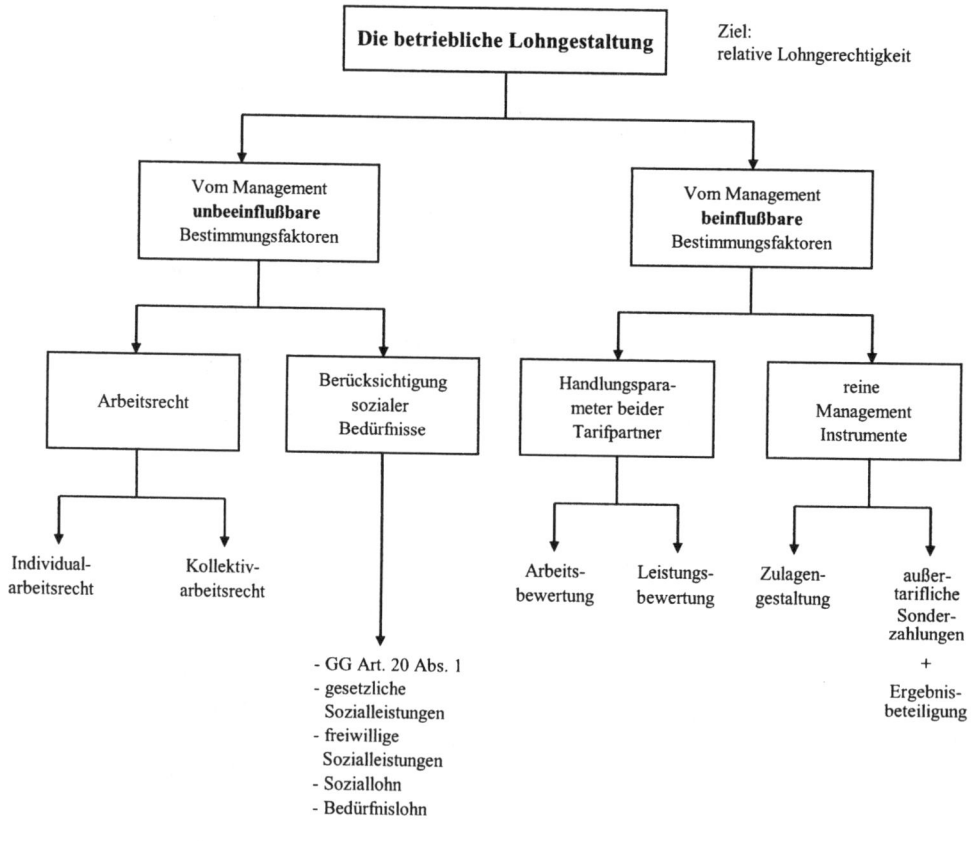

Abb. 52: Die betriebliche Lohngestaltung

Lohn und Gehalt als das Entgelt für **nichtselbständige** Arbeit werden in den Wirtschaftswissenschaften unter verschiedenen Blickwinkeln betrachtet:

in der **VWL:**   der Lohn (als Begriff für alle Kontrakteinkommen, ob Lohn, Gehalt, Gage, Heuer, Honorar u.ä.) als Kaufkraft bzw. als Bestandteil des Volkseinkommens;

in der **BWL:**   der Lohn als Gegenwert für die erbrachte Arbeitsleistung (Entgelt des Arbeitnehmers).

Dabei stellt das Entgelt

- für das jeweilige Unternehmen (relativ starre) **Kosten** dar:
  Beim internationalen **Arbeitskostenvergleich** belegt die deutsche Industrie traditionell den Spitzenplatz. Eine Arbeitsstunde kostete in der westdeutschen Industrie knapp 48 DM: 26,38 DM Stundenlohn und 21,58 DM Personalzusatzkosten (Quelle: iwd, 15.7.1999, S. 8). Die in den letzten Jahren in Veröffentlichungen oft herausgestellte Stellung der Bundesrepublik als ein „Hochlohn-Land" ist vor allem auf die von den Unternehmen zusätzlich zu tragenden „Sozialkosten" zurückzuführen. Wie die vom Statistischen Bundesamt veröffentlichte Arbeitskostenerhebung für das Produzierende Gewerbe zeigt, ist das **„zweite Gehalt"** inzwischen bereits auf **vier Fünftel** des Entgelts für geleistete Arbeit (Direktlohn) angewachsen. Damit hat sich die Last der Personalzusatzkosten in zwei Jahrzehnten fast verdoppelt. Das Verhältnis Direktentgelt – Personalnebenkosten streut stark in Abhängigkeit von Branche und Unternehmensgröße; so dürfte inzwischen im Bankgewerbe der zweite Lohn bereits den Direktlohn übersteigen.Diese Zahlen können aber nicht in der absoluten Größe allein betrachtet werden: Abgesehen davon, daß die Arbeitskosten als Anteil der Gesamtkosten eines Betriebes (je nach Branche oder Unternehmen) stark variieren, also das Betriebsergebnis nicht immer entscheidend bestimmen, weist besonders Pfeffer (1998) immer wieder auf die **Verwechslung** von Löhnen und Arbeitskosten hin. Ein Lohnsatz ist die gesamte Lohnsumme, dividiert durch die Arbeitszeit. Bei den Arbeitskosten kommt aber die **Produktivität** ins Spiel, die etwa in Deutschland im Vergleich zu anderen Ländern sehr hoch ist. So kann ein Unternehmen, das (im Vergleich zu einem Konkurrenten) die höheren Stundenlöhne zahlt, trotzdem die niedrigeren Arbeitskosten haben, da seine Mitarbeiter wesentlich produktiver arbeiten, z.B. weniger Arbeitsstunden brauchen, geringeren Ausschuß verursachen usw.)
- für den einzelnen Arbeitnehmer den wesentlichen (oft einzigen) Bestandteil seines Einkommens, das zur Bestreitung seines Lebensunterhalts dient, dar.

Die sich aus diesen unterschiedlichen Interessen zwangsläufig ergebenden (Verteilungs-) Konflikte werden in unserem Wirtschaftssystem in Form von Tarifverhandlungen zwischen den betroffenen Parteien und den dabei beschlossenen **Tarifverträgen** (bzw. Betriebsvereinbarungen) autonom geregelt. Der Arbeitnehmer verhandelt also nicht selbst, sondern über seine Repräsentanten auf überbetrieblicher Ebene durch Gewerkschaften bzw. auf betrieblicher Ebene durch den Betriebsrat (kommt in den meisten Fällen nicht zum Tragen, da tarifvertragliche Regelungen abschließend bestehen) über

- die Festlegung der Tariflöhne und Tarifgehälter (Mindestentgelt)
- Festlegung von Zulagen (z.B. für Mehrarbeit, Schichtarbeit, Sonn- und Feiertagsarbeit)
- Definition der Lohn- und Gehaltsgruppen
- Bestimmung der Rahmenbedingungen für die einzelbetriebliche Lohn- und Gehaltsfindung (z.B. Vorschriften über die anzuwendenden Entlohnungsmethoden).

Die jährlichen **„Lohnkampfrituale"** um die Anteile des Volkseinkommens zeigen die latente Spannungssituation, die dieser Frage innewohnt. Der Gestaltung der betrieblichen Lohnformen kommt demnach zentrale Bedeutung bei der Ausrichtung der vom Ansatz her **prinzipiell** unterschiedlichen Interessen der Vertragsparteien auf das gemeinsame Ziel des Betriebszweckes zu. Trotz der Bedeutung dieses für einige Unternehmen größten „Kostenblocks" ist verwunderlich, daß nicht überall ein systematisches Entgeltsystem existiert.

Die unterschiedlichen Interessen äußern sich natürlich in wirtschaftlich schwierigen Zeiten im Bestreben der Unternehmen, z.B. übertarifliche Bezahlungen abzubauen, der Arbeitnehmervertreter, das bisherige Gehaltsvolumen abzusichern („Besitzstandswahrung"). Die Verfahren der Arbeits- und Leistungsbewertung dienen letztlich dazu, als **eine** Möglichkeit, diesen Konflikt zwischen divergierenden ökonomischen Interessen lösen zu helfen.

2. Die Frage des „gerechten" Entgelts

Wir verwenden Entgelt oder Vergütung als Oberbegriffe – Lohn wird traditionell als Entgelt für Arbeiter und Gehalt als Entgelt für Angestellte bezeichnet. Die Bestimmung eines **„gerechten"** Entgelts als eines im Prinzip ethischen Wertes umfaßt vor allem zwei Problemkreise:

- Festlegung der **absoluten** Lohnhöhe als **materielles** Lohnproblem
  Bei dem Versuch der Zurechnung der Wertschöpfung auf Mitarbeiter und Kapitaleigner zeigt sich die Unmöglichkeit, eine Formel für die verursachungsgerechte Zurechnung auf die beteiligten Produktionsfaktoren zu finden.
- Festlegung der **relativen** Lohnhöhe als **formelles** Lohnproblem
  Der auf die Arbeit entfallende Anteil – als das Ergebnis von Koalitionsverhandlungen und damit primär eine Frage der Machtverteilung – wird auf die Arbeitnehmer aufgeteilt (zum Zusammenhang Lohndifferenzierung und Lohngerechtigkeit siehe insbesondere Alewell, 1993).

Als oberstes Postulat sollte für die Gestaltung des Arbeitslohnes die Forderung nach Lohngerechtigkeit gelten. Diese Forderung ist in der Bundesrepublik Deutschland z. T. durch die – im Gegensatz zu anderen Ländern weitgehende „Tabuisierung" der Einkommen – schwer zu erfüllen. Da die Bestimmung des gerechten Lohnes vom **subjektiven** Werturteil des einzelnen Betrachters abhängt (bzw. von dessen Standpunkt), muß nach einem gewissen Ersatz-Maßstab gesucht werden. Dieses Ersatzziel soll in der Forderung der **relativen Lohngerechtigkeit** gesehen werden.

Daneben beziehen einige Autoren noch den Begriff der **Leistungs**gerechtigkeit mit ein, der sich auf die Möglichkeit bezieht, richtige und exakte Leistungsmessungen resp. -beurteilungen durchzuführen. „Ersatzgerechtigkeit" in diesem Sinne ist dann erzielt, wenn der Mitarbeiter sein Entgelt subjektiv, also persönlich, als gerecht empfindet. Das bedeutet die Verpflichtung:

- Angemessenes Verhältnis zwischen Leistung und Lohn (die Marktwirtschaft wird oft synonym als „Leistungswirtschaft" bezeichnet).
- angemessene Relation der innerhalb einer Unternehmung gezahlten Entgelte zueinander; neben dieser innerbetrieblichen Lohnrelation muß auch die zwischenbetriebliche Relation beachtet werden.

Diese Forderung hatte Erich Kosiol bereits 1962 in seiner „Theorie der Lohnstruktur" aufgestellt und formuliert: Grundsatz der **Äquivalenz** von Lohn und Leistung. Dieses Prinzip beinhaltet die

- Äquivalenz von Lohn und Anforderungsgrad
- Äquivalenz von Lohn und Leistungsgrad

Die betriebliche Lohngestaltung muß auf vier Grundsätzen aufgebaut sein:

(1)   Der Lohn muß **anforderungsgerecht** sein

- D.h., verschieden schwierige Tätigkeiten müssen auch unterschiedlich entlohnt werden (Bedeutung einer Stelle im Vergleich zu den anderen Stellen).
- Jede Stelle muß einen spezifischen Beitrag zum Erhalt und Erfolg des Unternehmens leisten. Zur Erfüllung dieser Aufgabe stellt jede Stelle unterschiedlich hohe Anforderungen (Stellenwertgerechtigkeit).

– D.h., der im Arbeitsbewertungsverfahren ermittelte (Gesamt-) Arbeitswert einer Tätigkeit bestimmt die Einordnung in eine Lohngruppe (Gruppenlohndifferenzierung, Einordnung in das Lohngefüge).

(2) Der Lohn muß **leistungsgerecht** sein

– D.h., er muß der Leistung des einzelnen (oder der Gruppe) entsprechen (Feststellung von Leistungsunterschieden)

– D.h., der im Leistungsbewertungsverfahren ermittelte Punktwert dient zur Bestimmung der individuellen Leistungszulage.

(3) Der Lohn muß **sozialgerecht** sein

– es müssen soziale Bedürfnisse entsprechend der gegebenen gesellschaftlichen Vorstellung berücksichtigt werden:

    a) Lohnbemessung nach sozialen Kriterien (Alter, Familienstand, Zahl der Kinder etc.)

    b) Freiwillige Sozialleistungen (Urlaubsgeld, Weihnachtsgeld etc.)

    c) Gesetzliche Sozialleistungen (Leistungsverpflichtung der Arbeitgeber aufgrund bestehender Tarifverträge bzw. Sozialgesetze).

(4) Der Lohn muß **marktgerecht** sein

– d.h., es muß dem „Wert" der Position eines Mitarbeiters am Markt entsprochen werden

– d.h., die Verdienstmöglichkeiten bei alternativen Arbeitgebern werden zum Vergleich herangezogen; die Unternehmung muß mit ihrer Lohn- und Gehaltspolitik wettbewerbsfähig bleiben.

In jüngerer Zeit kommt von seiten der Gewerkschaften (siehe dazu auch unsere Ausführungen unter F, I, 9. Neue Formen der Grundlohnbestimmung) als neue Forderung dazu:

(5) Der Lohn muß **qualifikationsgerecht** sein.

– d.h. er muß der angebotenen persönlichen Qualifikation des Mitarbeiters entsprechen

Durch die markt- und sozialgerechte Determinante der Lohnfindung wird die anforderungs- und leistungsorientierte Lohnfindung insoweit **korrigiert**. Damit wird deutlich:

- Die Berücksichtigung dieser Forderungen führt zu einer relativ **komplexen** Struktur moderner **Lohnsysteme**. Da wir an dieser Stelle nur den als Äquivalent für eine geleistete Arbeit gezahlten Lohn behandeln wollen, zeigen wir nur die anforderungs- und leistungsgerechte Lohnanteilsfindung.
- Der Bewegungsspielraum der Unternehmung zur Festlegung des Entgelts samt Nebenleistungen ist häufig stark eingeengt.
- Ein wirksames Gehaltsmanagement muß neben operativen auch strategischen Anforderungen genügen (vgl. dazu auch fünfter Teil).

Die betriebliche Lohngestaltung muß versuchen, innerhalb dieses vorgegebenen Rahmens flexible Konzepte zu entwerfen. Wegen seiner Besonderheiten wird das Anreiz- und Beitragssystem im **außertariflichen** Bereich anschließend separat behandelt (siehe Ausführungen im Punkt VI.). In der Praxis bestätigt sich, daß neben der absoluten Höhe des Entgelts insbesondere die **Handhabung** des Entgeltsystems als Unzufriedenheitsfaktor anzusehen ist.

Die gezeigten Arbeits- und Leistungsbewertungsverfahren sind **nicht** in der Lage, die Höhe eines „gerechten" Lohnes zu bestimmen. Sie können nur bei Beachtung der soeben aufgeführten Anforderungen die individuelle Lohnhöhe im Vergleich zu anderen bestimmen. Ihre Ergebnisse können dabei (wie später noch ausführlich zu zeigen sein wird), da sie wertbehaftet sind, nicht objektiv im eigentlichen Sinne sein, aber sie können helfen, den Konsensfindungsprozeß der Lohnfindung zu objektivieren („From an employee relations perspective, internal pay equity is more important than external equity" Meng, 1990, S. 104).

Es leuchtet unmittelbar ein, daß, je größer und diversifizierter eine Unternehmung wird, es desto schwieriger wird, diese Anforderungen durch komplizierte, undurchschaubare Lohnsysteme zu erfüllen. Darin liegt auch der eigentliche Vorteil der quasi-objektiven Vereinheitlichung (Normung) der betrieblichen Lohnfindung und Beurteilung durch die formalisierten, weitgehend in allen Branchen Anwendung findenden Arbeits- und Leistungsbewertungsverfahren. Ein überragender Einfluß auf die Leistungslohngestaltung in Deutschland kommt dem Verband **REFA** zu. Die REFA-Verfahren – in Verbindung mit der Erweiterung arbeitswissenschaftlicher Erkenntnisse – versuchen, eine wissenschaftliche Grundlage der Lohnfindung zu sein.

Mit der Entwicklung des industriellen Leistungslohns ist eine Veränderung der zugrundeliegenden Lohntheorie im Sinne einer zunehmenden Einengung des Leistungsbegriffs festzustellen. Das Verhältnis von Lohn und Leistung wird zunehmend vom Kriterium der **Zweckmäßigkeit**, m.a.W. von den leistungspolitischen Zielsetzungen des Unternehmens, bestimmt. Zudem verringern sich bei weitgehender Zwangsläufigkeit moderner Produktionsprozesse die vom Mitarbeiter „beeinflußbaren Zeiten". Ein im Sinne der Einzelanstrengung gerechter Lohn wird also nicht nur allein von der Leistung des Arbeitnehmers bestimmt, sondern weitgehend von den **Planzielen**, nach denen der Produktionsprozeß gesteuert wird.

3. Die Wahl des Entlohnungsgrundsatzes

Wir haben bisher die leistungsabhängige Entgeltdifferenzierung als Leistungsbewertung, d.h. unter dem Aspekt der Personalbeurteilung, betrachtet. Daneben unterscheidet Platt noch die Leistungsbewertung „als Ausdruck der Messung von Mengen und Geschwindigkeitsleistungen anhand eindeutig quantifizierbarer Bezugsgrößen". Bei Akkord- oder Prämienarbeiten, bei denen sich das Arbeitsergebnis mit quantifizierbaren Größen genau bestimmen läßt, spricht er von einer **„lohnformbestimmten"** Art der Leistungsbewertung. Die REFA spricht statt dessen von **„Leistungskennzahlen"**.

Es geht darum, die Beziehung zwischen den Änderungen einer individuellen Arbeitsleistung und der entsprechenden Vergütung festzulegen. **Welche** Lohnform für die Unternehmung am zweckmäßigsten ist, richtet sich nach

- der betrieblichen **Zielsetzung** (z.B. hohe Mengenleistung, Erzielung bestimmter Kosteneinsparungen, Sorgfaltsleistungen etc.) bzw. Nach
- der gegebenen **Arbeitssituation** (z.B. Fertigungsstruktur, Anteil unbeeinflußbarer Maschinenzeiten, Anteil der Überwachungstätigkeit etc.).

Statt der Begriffe Lohnformen oder Entlohnungssysteme wird von REFA und den meisten Tarifverträgen der Begriff **„Entlohnungsgrundsätze"** zugrunde gelegt. Mit Hilfe dieser leistungsabhängigen Entgeltdifferenzierung soll dem Mitarbeiter die Möglichkeit gegeben werden, die Höhe seines Einkommens – in gewissen Grenzen – zu beeinflussen, m.a.W., die individuelle Leistung bestimmt die Entlohnung.

Als sog. **„klassische"** Entlohnungsgrundsätze gelten

- der Zeitlohn
- der Akkordlohn und
- der Prämienlohn.

Sie werden durch die anforderungs- und leistungsabhängige Entgeltdifferenzierung verwirklicht. Bezüglich ihrer Systematisierung finden sich in der Literatur zahlreiche Varianten. Im Prinzip besteht der Unterschied jeweils nur in der unterschiedlichen Stellung, die dem Zeitlohn als der wohl ältesten Lohnform zugemessen wird. Bei vielen Autoren wird der Zeitlohn in einen „reinen" und einen „leistungsgebundenen" Zeitlohn unterteilt: Dieser „Zeitlohn mit Leistungszulage" bildet dann zusammen mit dem Akkord- und Prämienlohn die **Leistungslohnformen**. Andere Autoren gehen von einer Gleichgewichtigkeit der Lohnformen aus.

Die Frage der verschiedenen Lohndifferenzierungsarten verliert zudem an Bedeutung, da als durchgängige Tendenz das Entstehen solcher Lohnformen festzustellen ist, die, indem sie Leistungserwartungsdaten mit einem festen Lohn verknüpfen (also versuchen, Elemente zu verknüpfen, die lange Zeit traditionell als unvereinbar galten), irgendwo „zwischen" diesen klassischen Lohnformen anzusiedeln sind (vgl. Schudlich, 1990, S. 206). Dieser Trend führt zu grundlegenden Veränderungen der Methodik der betrieblichen Leistungspolitik.

Seine jeweils konkrete **betriebsspezifische** Ausgestaltung erfährt der Leistungslohn als systematischer Bezug zwischen der Leistung und dem Lohn durch

- die Arbeitsbewertungverfahren zur Grundlohnbestimmung
- die Leistungsbewertungsverfahren zur Leistungsbemessung
- die Lohnform zur Lohnstrukturbestimmung.

Diesem Schema liegt unser Aufbau zugrunde.

In der Praxis kommt man mit den drei klassischen Formen Zeit-, Akkord- und Prämienlohn nicht aus. In den letzten Jahren ist diese Reihe noch ergänzt worden durch Entlohnungsgrundsätze, die sich nicht, wie bisher, auf die erfüllte Arbeitsleistung, sondern auf die **erwartete Leistung** beziehen, wie

- Vertragslohn
- Festlohn mit geplanter Tagesleistung
- Programmlohn.

Bei diesen neuen Lohnformen ist eine **Differenzierung** zwischen Leistungslohn und Nicht-Leistungslohn inhaltlich immer schwieriger, ist der „traditionelle" Leistungslohnbegriff nicht anwendbar.

4. Charakterisierung der klassischen Entlohnungsysteme

Um die nachfolgenden Wesensmerkmale der einzelnen Systeme besser differenzieren zu können, seien die jeweiligen Definitionen vorangestellt (wenn nicht anders vermerkt, nach REFA):

a) Der Zeitlohn

Definition:

Der Zeitlohn ist eine feste Vergütung für eine bestimmte Zeiteinheit. Ist diese Zeiteinheit als Grundlage der Lohnermittlung eine Stunde, so wird vom Stundenlohn und entsprechend von Taglohn, Schichtlohn, Wochenlohn, Monatslohn oder Gehalt gesprochen. Die Zeit wird quasi als „Maßstab" für die erbrachte Leistung verwendet. Die Lohndifferenzierungen erfolgen aufgrund der „Bewertung" der Arbeit, d.h. der Beurteilung der Schwierigkeit, der Anforderungen, die die Arbeit an den Menschen stellt, d.h., auch beim Zeitlohn steht der Umfang der Arbeitsleistung nicht im freien Ermessen des Arbeitenden, da die Höhe des Lohnes die Erfüllung der Arbeitspflicht verlangt.

Die Lohnhöhe bleibt allerdings auch dann konstant, wenn die gerade aufgeführten Bedingungen nicht erfüllt sind, d.h., wenn die billigerweise zu erwartende Leistung nicht erreicht wird; evtl. Konsequenzen daraus liegen auf anderen Gebieten als denen des Lohnes.

Merkmale:
- bleibt auch bei Leistungsschwankungen gleich
- dort anwendbar, wo
  - Leistungsanreize nicht gewünscht sind (z.B. aus Gründen der Sorgfalt, Unfallgefahr, Präzision)
  - Zeitstudien nicht durchführbar oder unwirtschaftlich sind
  - Leistungsergebnisse nicht direkt zu verantworten sind (z.B. bei Telefonistin, Pförtner) bzw. der Arbeitsfluß vorbestimmt ist oder die Arbeiten sich schnell ändern (z.B. durch die technische Entwicklung).

Vorteile:
- Schonung von Mensch und Maschine
- evtl. qualitativ höhere Arbeitsleistung
- Begünstigung einer „dauerhaften" Leistung
- „planbare", feste Vergütung
- für den Unternehmer im Falle einer Leistungssteigerung „billigste" Lohnform, da bei steigender Leistung die Stück-Lohnkosten fallen
- einfache Lohnabrechnung

Nachteile:
- kein Anreiz zu kurzfristiger Leistungssteigerung (der langfristig allerdings über die Grundlohndifferenzierung gegeben sein kann)
- verstößt evtl. gegen das Prinzip der Leistungsgerechtigkeit
- leistungsbewußte Mitarbeiter fühlen sich „zurückgehalten"
- Betrieb trägt Risiko der „Minderleistung" allein.

b) Der Zeitlohn mit Leistungsbewertung

Definition:

Der Zeitlohn mit Leistungsbewertung ist ein Entlohnungsgrundsatz, bei dem der Lohn anforderungs- und leistungsabhängig differenziert wird.

Gesamtlohn = Zeitlohn + variable Leistungszulage (durch Leistungsbewertung ermittelt)

Merkmale:
- anwendbar bei allen Zeitlohnarbeiten
- die Merkmale müssen nach betriebsintern einheitlichen Regeln festgelegt werden (i.d.R. tarifvertragliche Regelungen)
- die Beurteilungen sollen in halbjährlichem oder jährlichem Abstand erfolgen

444

Vorteile:
- mittel- bzw. längerfristig stabiler Lohn
- Motivationsmittel, da persönliche Leistungszulage erreichbar
- ebenfalls einfache Lohnabrechnung

Nachteile:
- direkter Leistungsanreiz abgeschwächt, da Leistungsbewertung für Zulage periodenmäßig;
- Bewertung der Leistungsmerkmale zwar systematisch und methodisch durchführbar, jedoch keine „Objektivität" im strengen Sinne möglich;
- zusätzlicher Anspruch an den Vorgesetzten;
- durch das Fehlen von Kennzahlen ist (nach Paasche) keine Vorplanung der Arbeitsabläufe, des Arbeitskräfte- und Betriebsmittelbedarfs, der Termine, Lohn- und Gemeinkosten, kein Aufdecken betrieblicher Schwachstellen möglich.

Die Leistungsbewertung in Verbindung mit dem Zeitlohn hat eine **Renaissance** erlebt. Beim Zeitlohn mit Leistungsbezug werden

- sowohl quantitative Daten (Umsatz, DB, Nutzungs-/Stillstandszeiten, Qualitätskriterien etc.)
- als auch Verhaltenskriterien (Einsatz, Flexibilität, Kooperation, Bereitschaft zur Höher-qualifikation etc.)

zur Leistungsgradermittlung herangezogen.

c) Der Akkordlohn

Definition:

Akkordarbeit ist ein Entlohnungsgrundsatz, bei dem der Lohn in der Regel anforderungs- und leistungsabhängig differenziert wird. Als Leistungskennzahl wird die vom Menschen beeinflußbare Mengenleistung beziehungsweise der daraus abgeleitete Zeitgrad benutzt. Der Zeitgrad ist auf eine bestimmte Bezugsleistung bezogen (nach REFA).

Formen:
- Zeitakkord
- Stückakkord
- Gruppenakkord (gemeinsame Entlohnung meherer Mitarbeiter)
- Akkord mit Mindestlohn
- Akkord mit Zusatzlohn

Merkmale:
- immer noch die am weitesten verbreitete Leistungslohnform (jedoch kontinuierlicher Rückgang)
- direkte Beziehung Entgelt – Arbeitsleistung
- es sind zwei Formen anzutreffen, die sich nur in der Art und Weise der Lohnabrechnung unterscheiden:

  - **Geldakkord** (Grundlage: Stückzahl)
    Akkordlohn = Menge x Akkordsatz (Geldbetrag pro Leistungseinheit)
  - **Zeitakkord** (Grundlage: benötigte Zeit)
    Akkordlohn = Menge x Vorgabezeit x Minutenfaktor

- in der Regel wird heute der Zeitakkord verwendet; der Mitarbeiter erhält eine auf der Normalleistung basierende **Vorgabezeit** je Auftrag (Auftragszeit) oder je Mengeneinheit (Zeit je Einheit) („Minutenfaktor" = Vergütung pro Minute).

Diese Berechnungsweise gilt heute nur noch teilweise, da in den meisten Tarifverträgen (wie etwa in der Metallindustrie) die Tarifgrundlöhne dem Akkordrichtsatz **gleichgestellt** sind (= tarifliche Absicherung eines „Mindestlohnes").

AKKORDRICHTSATZ (= Stundenverdienst bei Normalleistung)	=	vergleichbarer Zeitlohn bei Normalleistung (tariflicher Mindestlohn) + Akkordzuschlag (15 - 25%)

$$\frac{\text{Akkordrichtsatz}}{60} = \text{MINUTENFAKTOR}$$

Vorteile des **Zeitakkords**:

- klare Zeitorientierung
- Vorgabezeiten brauchen bei Tarifveränderungen nicht neu berechnet und angepaßt zu werden
- einfacher und übersichtlicher Zusammenhang Leistung – Lohn
- Verwendung der Vorgabezeiten im Rahmen der Planung und Steuerung
- Verwendung der Vorgabezeiten zur Vor- und Nachkalkulation der Selbstkosten (vgl. REFA, 1987b, S. 37)

Voraussetzung der Einsatzfähigkeit ist, daß die Arbeit

- akkordfähig (d.h. Arbeitsablauf bekannt, wiederkehrend und meßbar)
- akkordreif (d.h. Arbeitsablauf reibungslos und das Ergebnis vom Mitarbeiter hinreichend beeinflußbar) ist.

Diese Voraussetzungen treffen für eine zunehmende Anzahl von Tätigkeiten nicht mehr uneingeschränkt zu.

- Lohnkosten pro Stück sind konstant, Lohn steigt proportional zur Mengenleistung
- Beispiel einer Verdienstberechnung

+	tariflicher Mindestlohn Akkordzuschlag	DM DM	10,-- (anforderungsabhängige Komponente) 4,-- (leistungsabhängige Komponente)
= =>	Akkordrichtsatz Minutenfaktor (RS: 60)	DM DM	14,-- 0,40

Vorgabezeit: 10 Minuten
Ist-Leistung: 6 Stück

Der Minutenfaktor (0,40 DM), multipliziert mit der Vorgabezeit (10 Minuten), ergibt den Lohn, der für die Bearbeitung eines Stückes gezahlt werden muß (= 4 DM).

Der Verdienst für die erbrachte Ist-Leistung wird jetzt wie folgt berechnet:

- Verdienstberechnung bei **Geldakkord**

  es gilt: $V = M \times ge$ $V = 6 \times 4 = 24$ DM

  Stücklohn $ge = te \times fg = ARS:NL$

- Verdienstberechnung bei **Zeitakkord**

  es gilt: $V = M \times te \times fg$ $V = 6 \times 10 \times 0,40 = 24$ DM

Erhöht sich die Ist-Leistung auf 8 Stück, so ergibt sich aufgrund der direkten Proportionalität ein Stundenverdienst von 32 DM.

M = Auftragsmenge (Stück)
te = Vorgabezeit je Einheit (Min/Stück)

fg= Geldfaktor (Pfg/Min)(Minutenfaktor)
ARS = Akkordrichtsatz (DM/Std.)
ge = Geldsatz je Mengeneinheit (Stücklohn) (DM/Stunde)
NL= Normalleistung je Std.

Vorteile des Akkordlohns:

- motivierend, d.h. leistungssteigernd
- direkter und kurzfristiger Beeinflussungsanreiz der quantitativen bzw. zeitlichen Arbeitsleistung
- leistungsgerecht
- erlaubt gezielte betriebliche Vorplanungen (Arbeitsabläufe, Betriebsmittel, Personalbedarf, Lohnkosten etc.)

Nachteile des Akkordlohns:

- Gefahr des „Raubbaus" an der Gesundheit; Gefährdung der Permanenz einer Leistungshergabe und der Qualität der Arbeitsausführung
- Manipulationsmöglichkeiten (Schaffung von „Vorderwasser" zum Ausgleich von Mengenleistungsschwankungen)
- Sozialproblematik (Mitarbeiter schätzen sich als „75 Min-" oder „80-Min-Männer" ein)
- Aufwand für Datenermittlung, Kontrolle und Anpassung (z.B. der Vorgabezeiten)
- Planungsunsicherheiten (bei Zurückhaltung von Lohnbelegen ungenügende Fertigungssteuerung bzw. Kapazitätsplanung)

Das Problem der Zeitgradermittlung

Für jede Akkordverrechnung ist die Erfassung des „richtigen" Zeitgrades entscheidend und bedarf deshalb einer fortlaufenden Überprüfung gemäß dem ständigen Veränderungsprozeß des Ist-Zustandes. Die **Vorgabezeiten** „stimmen", wenn für jede einzelne zu verakkordierende Arbeitsverrichtung der Zeitbedarf eines normal leistungsfähigen Mitarbeiters festgelegt ist (vgl. Lücke, 1992, S. 37ff.). Fehlt die ständige Überprüfung der Zeitgrade, bedeutet dies für ein Unternehmen bei Veränderungen, entweder einen zu hohen Lohn zu zahlen und/oder auf Mehrleistungen zu verzichten.

Die Festlegung der Vorgabezeit, also der Bezugsleistung („Normalzeit") für eine Leistungseinheit bei einer von der überwiegenden Mehrzahl erreichbaren „normalen" oder „durchschnittlichen" Leistung des Akkordarbeiters, ist relativ problematisch. Denn zum einen sind damit sachlich schwierige Erhebungs- und Bewertungsarbeiten (Zeitmessungen in Form von Zeit- und Bewegungsstudien) verbunden, zum anderen stellen diese Arbeiten einen immensen Kostenfaktor dar. Hier liegt der **neuralgische**, im Interessenkonfliktbereich angesiedelte Punkt der Leistungsfestsetzung und Kontrolle. Bezugsgröße ist die Bestimmung einer **„Normalleistung"**.

Um zu einer Vorgabezeit zu gelangen, müssen möglichst viele Zeitmessungen (derselben Tätigkeit durch verschiedene Mitarbeiter) erfolgen; neben den in der Bundesrepublik am verbreitetsten Zeitstudien kann die Vorgabezeit durch **Systeme vorbestimmter Zeiten** (z.B. WF, MTM) ermittelt werden. Die Normalzeit stellt allerdings noch nicht die Vorgabezeit dar, die über die normale Pausengestaltung hinaus Erholungs- bzw. Unterbrechungszeiten zu berücksichtigen (d.h. „aufzuschlagen") sind.

Die **Tarifverträge** enthalten klare Vorschriften über die Vorgabezeitermittlung bzw. Akkordrevision. So dürfen einmal festgesetzte Akkorde nur dann geändert werden, „wenn dies durch Änderung der Arbeitsmethode oder durch technische bzw. organisatorische Änderungen oder durch offensichtliche Berechnungsfehler … begründet ist" (bayr. Metallindustrie, § 22.6).

Die Frage der den Zeitvorgaben zuzuordnenden Geldlöhnen ist nicht mehr Bestandteil der REFA-Verfahren. Diese **lohnpolitische** Frage der Akkordsätze ist Verhandlungsgegenstand der Tarifparteien. Mit den einheitlichen standardisierten REFA-Verfahren, d.h. mit der Bestimmung der („objektiven", „wissenschaftlichen") Leistungspensen als Gegenstand der Arbeitswissenschaft, und der Trennung der Leistungspolitik von der Lohnpolitik ist den Mitarbeitern die Möglichkeit genommen, über ihr Leistungspensum in Verhandlungen selbst mitbestimmen zu können.

Die **Problematik** der **Leistungsgradbeurteilung** bei Zeitaufnahmen, als wesentlicher Grundsatz der REFA-Methodenlehre, zeigt sich z.B. darin, daß die Volkswagen AG dieses Verfahren aufgegeben hat und zu einer „einvernehmlichen Setzung" der Leistungsgrade gemeinsam mit den Betriebsräten überging. Mit dem Tarifvertrag über die Grundsätze der Entlohnung von 1979 ist nun die Ermittlung aller Vorgabezeiten für die vom Menschen beeinflußbaren Tätigkeiten mit MTM-Verfahren verankert. In seiner Methodenlehre relativiert der REFA-Verband zwar die Bedeutung der Normalleistung als Bezugsleistung, indem er als weitere mögliche Bezugsleistungen die „Durchschnittsleistung" und die „Standardleistung" der Systeme vorbestimmter Zeiten ebenfalls aufführt.

Zum Akkordlohn als **Lohnanreizsystem** zieht Schuster folgende kritische Bilanz:

„In vielen Betrieben werden Durchschnittsakkordverdienste von über 150 Prozent erreicht, nach einer Erhebung des Verbandes der Metall- und Elektroindustrie im Unterwesergebiet aus dem Jahr 1996 liegen die Leistungsentgelte bei den Lohnempfängern durchschnittlich bei 157 Prozent. In vielen Betrieben entsprechen die Durchschnittsakkordverdienste längst nicht mehr der betrieblichen Realität, weil die Datengrundlagen und/oder die Bedingungen nicht mehr stimmen. Da der Aufwand für die aktuelle Datengrundlage hoch ist, haben viele Unternehmen den Durchschnittsakkordverdienst der letzten drei Monate ‚eingefroren' und ihn zur Grundlage für die weitere Entlohnung fortgeschrieben. (...)
Da in vielen Betrieben die Datengrundlagen für die Vorgabezeiten nur noch von „historischem Wert" ist, haben sich die Unternehmensleitung und der Betriebsrat meist auf Zeiten geeinigt, ‚mit denen die Mitarbeiter leben können'. In der Regel scheuen beide Seiten neue Zeitaufnahmen. Die einen wegen der Kosten, die anderen wegen möglicherweise schlechteren Preisen. Die scheinbar so ‚wissenschaftliche' Ableitung von Akkordverdiensten ist längst zu dem zurückgekehrt, was der Akkord früher einmal war: Der per Handschlag abgeschlossene Vertrag über eine Leistung unter bestimmten Bedingungen zu vereinbarten Preisen." (Schuster, 1998)

Erweiterung der Zeitstudienverfahren

Beginnend in den 60er Jahren fanden – unter Vorreiterrolle der Metallindustrie – zunehmend auch **„Systeme vorbestimmter Zeiten"** (SvZ) einen enormen Bedeutungszuwachs. Auch der REFA-Verband nahm einige Methoden in sein Lehr- und Schulungsprogramm auf. Beispiele für diese Systeme (auch „Kleinzeit-Verfahren" genannt) sind:

- Methods-Time-Measurement (**MTM**),
- Work-Factor-System (**WFS**),
- Motion-Time-Analyses (**MTA**) und
- Basic Motion Timestudy (**BMT**).

Mit diesen Systemen (dazu Lücke, 1992, S. 38ff. Gençoglu, 1995, S. 288ff.) wird die mit den REFA-Verfahren ermöglichte Normierung noch erweitert. Es werden Arbeiten und alle vom Menschen beeinflußbaren Tätigkeiten in kleinste Elementarbewegungen (Bewegungs- und Zeitelemente mit allgemeiner Gültigkeit) zerlegt, klassifiziert und tabelliert.

Diesen elementaren Elementen der Bewegungsabläufe (Arm- und Handbewegungen, Blickfunktionen, Körper-, Bein- und Fußbewegungen) werden unmittelbar „feste" Zeitwerte (**„Standardzeiten"**) zugeordnet, ohne Bekanntgabe des unterstellten Intensitätsgrades. Somit ist eine Verbindung Arbeits- und Zeitstudien unmittelbar hergestellt. Die Zeitermittlung mittels „Stoppuhr" bzw. das Leistungsgradschätzen **entfällt**. Mit Hilfe entsprechender Tabellen läßt sich die Vorgabezeit für einen Auftrag – quasi am Schreibtisch – nun **analytisch** aus den einzelnen standardisierten Bewegungselementen und den dafür fixierten Zeitwerten (unter Berücksichtigung von Erholungszuschlägen) additiv zusammensetzen und betriebsspezifisch um bestimmte Zeitzuschläge ergänzen. Damit entfällt andererseits auch der bei der Leistungsgradbeurteilung gegebene große Einfluß der Betriebsräte auf die Höhe der Vorgabezeit als Zeitfaktor.

Die ex-ante ermittelten, universell gültigen Standardzeiten können als **Variable** bereits in betriebliche Entscheidungsprozesse von geplanten technischen und arbeitsorganisatorischen Veränderungen, etwa als Grundlage der Planung und Konstruktion von Anlagen, eingebracht werden. Dies ist insbesondere unter dem Aspekt des optimalen Nutzungsgrades automatisierter Fertigungsprozesse von entscheidender Bedeutung; dabei kann nicht nur die unmittelbare Produktion, sondern können in vermehrtem Maße auch vor- und nachgelagerte Betriebsteile einer optimalen Zeitökonomie des Arbeitsablaufes unterworfen werden.

d) Der Prämienlohn

Definition:

Prämienlohn ist ein Entlohnungsgrundsatz, bei dem der Lohn anforderungs- und leistungsabhängig differenziert wird. Als Leistungskennzahl werden außer der vom Menschen beeinflußbaren Mengenleistung auch andere Leistungskennzahlen oder deren Kombinationen davon benutzt (nach REFA).

Formen/Bezugsgrößen:
- Prämienzeitlohn
- Prämienstücklohn
- Einzelprämie
- Gruppenprämie
- Qualitätsprämie
- Mengenprämie
- Pünktlichkeitsprämie (Termineinhaltungsprämie)
- Sparsamkeitsprämie
- Ausbeuteprämie/Nutzungsgradprämie
- Sicherheitsprämie
- Nutzungsprämie
- Produktivitätsprämie
- Kosteneinsparungsprämie

Merkmale:
- leistungsabhängige und damit auch leistungsgerechte Lohnform
- setzt sich aus einem festen (leistungsunabhängigen) Grundlohn (= Zeitlohn) und einem beeinflußbaren Teil zusammen
- Grundprämienhöhe basiert auf den Bezugsgrößen Zeit oder Menge
- für die Bestimmung der Zusatzprämie können praktisch **alle** Kriterien als Leistungsziele (quantitativer und/oder qualitativer Art) herangezogen werden, (z.B. Energieersparnis, Qualität, Termine, Maschinennutzung, Verbrauch); damit flexible Anpassung an betriebliche Vorgänge möglich
- aus Gründen der Übersichtlichkeit/Verständlichkeit sollte die Anzahl der Komponenten beschränkt bleiben (maximal drei); in der Literatur finden sich zahlreiche Praxisbeispiele: ein Beispiel für eine kombinierte Prämie (Menge, gemessen durch die Stückzahl/Qualität, gemessen durch die Bruchstücke) bei Fremmer (1993); Muster (1998); ein **Gruppen**-Prämienmodell mit einer Hauptkomponente (Maschinennutzung) und zwei Nebenkomponenten bei Spörri (1990) und Zeitler (1992)
- die **Prämienlohnlinie** – als Charakteristikum aller Prämienlöhne – bestimmt die Beziehung Lohn: Arbeitsleistung (Abb. 53 zeigt die den Prämienaufbau bestimmenden Grundgrößen)
- Festlegung der Prämienlohnlinie pro Bezugsgröße erfordert zwei Teilentscheidungen: Bestimmung der Prämienspanne und damit des „Prämiengrundcharakters" pro Bezugsgröße und Bestimmung der Steigerungsrate, mit denen der Prämienlohn vom Anfangs- zum Endpunkt wachsen soll (= Verlaufsform der PLL); richtet sich nach Prämienart, Einflußfaktoren und den besonderen betriebsspezifischen Erfordernissen
- in der Praxis ist ein **unter**proportionaler Verlauf vorherrschend; wie Abb. 54 zeigt, wird den Leistungskennzahlen (hier: eff. Nutzungsgrad) eine Punkteskala und dieser eine Geldwertskala zugeordnet; dies hat den Vorteil, daß bei Lohnerhöhungen eine Änderung des Prämiensystems nicht notwendig ist
- eine Ermittlung der Prämie in Prozenten hat den Vorteil, daß jeder Mitarbeiter (entsprechend den verschiedenen Funktions- und Leistungsunterschieden) eine in Geldeinheiten unterschiedliche Prämie erhält

Vorteile:
- Verwendung auch bei nicht akkordfähigen Arbeiten (z.B. geistigen Tätigkeiten)
- Motivationswirkung
- Berücksichtigung gezielter Größen (z.B. Qualität) bzw. Berücksichtigung auch mehrerer Bezugsgrößen

Nachteile:

- größerer Aufwand (Lohnabrechnung, Kriterienbestimmung etc.)
- evtl. Verdienstschwankungen
- i.d.R. ist die maximale Prämie nach oben begrenzt (z.B. 10% des Gehalts); dies hat zur Folge, daß Prämien nach einer gewissen Zeit ständig auf dem Maximum laufen und damit ihren Anreizcharakter verlieren. Spörri (1990, S. 91f.) gibt ein Beispiel zur Institutionalisierung der à-jour-Haltung des Leistungsniveaus für eine Prämienkomponente, die mit Auftragsvorgabezeiten arbeitet.

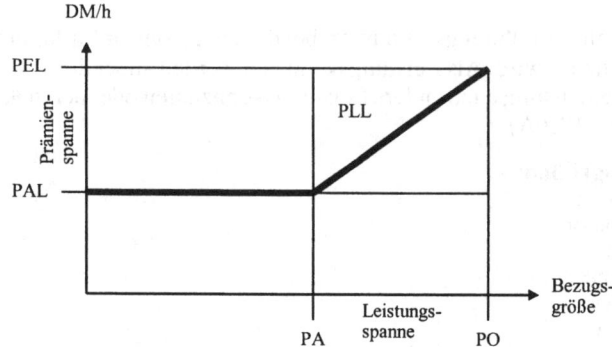

Abb. 53: Prämienlohnlinie

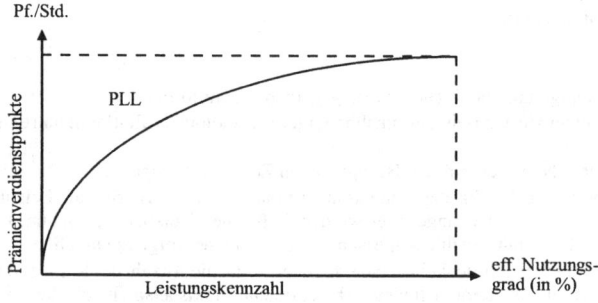

Abb. 54: Verlauf der Prämienlohnlinie

Aufgrund **technologischer Veränderungen** geht der Prämienlohn zwar in einigen der Bereiche, wo er bisher dominierte, zurück (z.B. in der Chemie, wo allerdings Leistungslohnsysteme mit ca. 25-30% nur eine untergeordnete Rolle spielen), nimmt dafür aber in anderen Bereichen (z.B. in der Metallindustrie, wo Leistungslohnsysteme in hohem Maße üblich sind) oder in flexiblen Fertigungssystemen oder Fertigungsinseln als (Team-)Prämie zu.

e) Lohnsysteme nach erwarteter Leistung (Pensumlohn)

Die bisher dargestellten Entlohnungsysteme stellen auf die „erfüllte" Leistung ab. Demgegenüber beziehen sich die „Lohnsysteme nach **erwarteter** Leistung"

- nicht wie beim Akkord- und Prämienlohn auf eine **vergangene** Periode,
- sondern auf eine **künftige** Periode.

450

Eine einheitliche Bezeichnung für diese Entgeltdifferenzierung (mit bisher geringer, aber stark zunehmender Bedeutung) hat sich bisher nicht herausgebildet. Bei diesen neuen Lohnformen, die i.d.R. unter dem Begriff des **Pensumlohnes** („Vereinbarte Leistungsklassen", „Zeitkonstanter Leistungslohn") zusammengefaßt werden, handelt es sich um Leistungslohnsysteme, bei denen der Lohn (= Grundlohn + Prämie) in der **Erwartung** gezahlt wird, daß die vorher nach betrieblichen Zweckmäßigkeitskriterien festgelegte quantitative oder qualitative Leistung innerhalb der festgelegten Zeitperiode auch erreicht wird (Trennung von Lohnpolitik und Leistungsermittlung). Demzufolge hat die Nichterreichung des vereinbarten Arbeitsergebnisses auch nach oben und unten eine Lohnsatzkorrektur zur Folge, aber diese Auswirkung tritt, zeitlich verzögert, erst für die nachfolgende Abrechnungsperiode ein. Damit wird aber auch eine (Lohnsteigerungs-)„Drift" nach oben verhindert. In dieser zeitlich **verzögerten** Reaktion liegt der Hauptunterschied zu den klassischen Leistungslohnformen, bei denen sich Leistungsschwankungen bereits auf die laufende bzw. vergangene Periode auswirken. Die direkte Bindung der Leistungshöhe an kurzfristige (Leistungs-) Schwankungen wird bei diesen Lohnsystemen also aufgehoben. Die „vereinbarten" Zeitabschnitte betragen i. d. R. 2 oder 3 Monate.

Die **Vorteile** dieser Entlohnungsgrundsätze:
- Entlohnung gemäß der Arbeitsleistung
- Leistungsschwankungen wirken sich nicht sofort aus, d.h., der Lohn bleibt eine bestimmte Zeit konstant

Die **Nachteile** liegen:
- im laufenden Aufwand für die Ermittlung der Meßdaten
- in der Abrechnung

Der Pensumlohn wird unterteilt in:

(1) Vertragslohn

(2) Measured-Day-Work (MDW)

(3) Programmlohn

f) Entgeltsysteme für Gruppenarbeit

Die beschriebenen Verfahren der Leistungsbeurteilung können auch zur Differenzierung von Gruppenakkord und Gruppenprämie herangezogen werden. Gruppenakkord und Gruppenprämie als Ergebnis der Leistung einer Arbeitsgruppe können grundsätzlich nach drei Verfahren auf die einzelnen Mitarbeiter **aufgeteilt** werden (Becker/Engländer, 1993, S. 40):

- absolut gleich (gleicher Betrag für alle Gruppenmitglieder)
- relativ gleich (prozentual zum Grundentgelt)
- nach der Leistung (z.B. anhand einer Leistungsbeurteilung)

„Neue Entwicklungen der Fertigungstechnik im Verbund mit neuen Organisationsprinzipien wie just in time, der oft flächendeckende Einsatz von Gruppenarbeit, die Verringerung der Fertigungstiefe bei gleichzeitiger Intensivierung der Zusammenarbeit mit ausgewählten Zulieferern sowie die Anwendung übergreifender Rationalisierungskonzepte wie Lean Production und Total Quality Management haben in vielen Unternehmen zu einer wesentlich veränderten Rolle des arbeitenden Menschen in industriellen Arbeitssystemen beigetragen. Es verwundert nicht, daß derartige Veränderungen auch auf die bisher praktizierten Entlohnungssysteme durchschlagen müssen" (Eckardstein, 1995, S. 15).

Im Produktionsbereich wird durch die computergesteuerten Fertigungssysteme/-inseln eine (Arbeits-) „Leistung" zu einem sehr komplexen Gefüge. Es entstehen viele neue Formen von Team-/Gruppenarbeit (z.B. teilautonome Fertigungsgruppen), zudem liegen immer öfters nur **qualitativ** feststellbare und bewertbare Leistungs- und Verhaltensergebnisse vor:

- Arbeits**verhalten** (z.B. Einsatzflexibilität – so gewährt die Opel AG ab Juli 1991 eine Flexibilitätsprämie für Gruppenarbeit –, Verringerung von Umrüstzeiten)
- (eher qualitativer) Arbeits**output** (z.B. Termintreue, Produktqualität, Verringerung des Ausschusses); so gewährt BMW eine persönliche Zulage, wenn eine bestimmte Zielvereinbarung, z.B. bessere Qualität, erreicht wird. Bei vielen solcher Systeme orientiert sich die Gruppenentlohnung am Gedanken eines **kontinuierlichen Verbesserungsprozesses** (KVP) der Produktionsabläufe (zu einem Beurteilungsschema zur Festlegung des Bonus für den KVP siehe Eberhardt, 1994, S. 25f.). Die Umsetzung qualitätsorientierter Produktionsphilosophie (siehe unsere Ausführungen zur ISO 9000) und ihre Umsetzung durch qualitätsorientierte Entgeltsysteme bei Arbeitsgruppen zeigen Laucht/Lücke (1994).

Deutlich erkennbar ist ein Wandel des Leistungslohnes zu Formen verminderter Schwankungsempfindlichkeit. Ausgehend von der chemischen und der Textilindustrie, breiten sich neuartige **Leistungs-„Festlöhne"** (Zeitlöhne mit Leistungszulage, Festentgelt, „Monatslohn") aus, die „irgendwo zwischen" dem reinen Zeitlohn und dem Leistungslohn i.e.S. angesiedelt werden müssen.

Die betriebliche Leistungspolitik überläßt dabei die Arbeitsleistung nicht mehr der individuellen Initiative, sondern gibt sie zur Steigerung des Nutzungsgrades der Betriebsmittel vor. Mit anderen Worten: Von diesen Lohnformen geht nicht mehr wie beim traditionellen Stücklohn ein direkter Anreiz zur Leistung aus, die „Leistung" besteht nun in einer gewissen „Leistungsstabilisierung" auf dem von der Unternehmensleitung gewünschten und mit dem Mitarbeiter abgestimmten, durch spezifische Kriterien beschriebenen Niveau für eine Zeitperiode (vgl. dazu das nachfolgende Kapitel).

Damit wird das traditionelle Postulat der **Proportionalität** von Lohn und Leistung aufgegeben, da sich der Leistungsbegriff nun nicht mehr auf die Arbeitsintensität als globale Größe, sondern auf einzelne Bestandteile bezieht. Als Leistungslohnsysteme, die auf mehrere Leistungsdimensionen abstellen, eignen sich insbesondere Prämienlöhne.

In der Automobilindustrie (und seinen Zulieferfirmen wie z.B. Ymos, Boge, Löhr & Bromkamp; vgl. Eglau, 1995) ist dieser Trend klar erkennbar. Nach Audi (mit Einschränkung auch Mercedes und VW) hat auch BMW zum 1.1.1996 mit Zustimmung der IG Metall ein **Festentgelt** eingeführt, mit dem man der Revolution in der Produktion, nämlich der Einführung von Gruppenarbeit mit völlig neuen Verantwortungsbereichen, Rechnung trägt. Die Regelungen laufen auf ein Ende des Akkordlohnsystems und die Berücksichtigung fachlicher und sozialer Kompetenzen hinaus.

Verschiedene Beispiele zu leistungs- und erfolgsorientierten Vergütungssystemen bei Gruppen- und Teamarbeit findet sich auch als Schwerpunktthema in der Zeitschrift Personalführung (April 1998). Eckardstein (1995, S. 23) zeigt vier Beispiele **moderner Entlohnungssysteme,** die sich durchweg auf Gruppenarbeit beziehen. Einige Besonderheiten:

- Zwei der Entlohnungssysteme sind durch erhöhte Reichweite gekennzeichnet, d.h., das System von Opel erfaßt alle direkt oder indirekt in der Produktion Beschäftigten, das System von Kapsch erfaßt einheitlich alle Lohn- und Gehaltsempfänger;
- bezüglich der Bestimmung der Grundlöhne hält BMW an der tätigkeitsbezogenen Einstufung fest (allerdings statt Bewertung von Einzelarbeitsplätzen jetzt Zuordnung zu Arbeitsbereichen), Palfinger und Opel haben sich demgegenüber für einen qualifikationsorientierten Grundlohn und Kapsch für eine Kombination mehrerer Kriterien entschieden.

Wie eine Befragung der Deutschen Gesellschaft für Personalführung 1999 zeigte, verstreicht in Unternehmen, die prozeßorientiert Gruppen-/Teamarbeit eingeführt haben, ein gewisser „Timelag", bevor danach die Vergütungssysteme angepaßt werden; dabei werden Akkordlöhne praktisch abgeschafft und durch Gruppenprämien (+ Prämie für individuelles Leistungsverhalten) ersetzt.

Zur Verstetigung des Verbesserungsprozesses wird das sog. „**Gain-Sharing**" als eine neue Form der Leistungsentlohnung bei Gruppenarbeit eingesetzt, bei der die Beschäftigten Prämien dafür erhalten, daß sie Wege finden zur Einsparung von Arbeit, Kapital, Material und Energie – das Unternehmen teilt alle erzielten Einsparungseffekte („Gains" = Zugewinn) mit den Beschäftigten, üblicherweise im Verhältnis 50 zu 50, damit ein Anreiz für die Beschäftigten besteht, ihr **Wissen** offenzulegen/weiterzugeben, und für die Führungskräfte, dieses Wissen auch aufzunehmen/anzuwenden (also gegenseitige Unterstützung); analog dazu stellt das „Pay for Knowledge"-System der Arbeitsbewertung ein sinnvolles Pendant zu Gain-sharing dar (dazu Siegel, 1999; drei Modelle bei Lang 1998).

> „Am meisten erschreckt mich die Erfahrung, daß sich in den entlohnungsbezogenen Überlegungen vieler deutscher Manager ein zutiefst an Manipulation orientiertes Denken vorherrscht. Schlimm ist dies vor allem deshalb, weil sich diese Leute in Führungspositionen überhaupt nicht bewußt machen, was sie langfristig anrichten, wenn sie Beteiligungs- und Motivationssprüche auf den Lippen führen und in ihrem konkreten Handeln zum Ausdruck bringen, daß es ihnen nur darum geht, die Beschäftigten auf besonders ‚schlaue Weise‘ zur Arbeitsintensivierung zu bewegen. Wer sich so verhält, zeigt, daß er nicht verstanden hat, worin der erforderliche grundsätzliche Perspektivenwechsel in Bezug auf Entlohnung besteht: Entlohnung wird weiterhin mißverstanden als ein taktisches Instrument der Verhaltensmanipulation und nicht als ein Hilfsmittel, um mündigen Beschäftigten eine erweiterte Einsicht in größere betriebliche Zusammenhänge zu ermöglichen, die diese befähigt, ihr persönliches Leistungsverhalten (neben der Verfolgung legitimer subjektiver, finanzieller Interesse) bewußt an diesen strategischen Erfordernissen auszurichten."

Die vor allem im Bereich der Führungskräfte angewandten Management-by-Objectives Methoden (dazu unsere Ausführungen im vierten Teil) finden zunehmend auch bei Gruppenarbeit Anwendung. Bei neuen Entlohnungsformen auf der Grundlage von **Zielvereinbarungen** kann z.B. der Anteil der tatsächlichen Programmlaufzeit der Maschinen im Verhältnis zur gesamten Schichtzeit herangezogen werden, d.h., Grundlage für die Zielvereinbarung ist somit die Nichtprozeßzeit, deren permanente Minimierung angestrebt wird (Beispiele bei Eberhardt, 1994, S. 22ff.; Göltenboth, 1994, 73ff.).

g) Zusammenfassung

- Viele Unternehmen gehen dazu über, zum Zeitlohn eine persönliche **Zulage** zu zahlen.
- Die Mengenleistung als einziges Bezugsmerkmal ist in der Praxis nur noch selten anzutreffen, häufig sind Kombinationen.
- Große Bedeutung kommt dem Nutzungsgrad als Bezugsmerkmal zu.
- Der Akkordlohn hat immer noch eine große Bedeutung.
- Tarifliches Neuland bedeutet die Eingruppierung der Mitarbeiter nicht mehr nach den Anforderungen, sondern nach der Qualifikation.

5. Auswirkung durch Veränderung der Produktionstechnik

Eine leistungsbezogene Bezahlung setzt entsprechende Handlungsspielräume (Intensität usw.) für den Mitarbeiter voraus. Diese Bedingung scheint – auf den ersten Blick – mit zunehmender **Automatisierung** als nicht mehr gegeben, so daß damit die Frage verknüpft wird, ob die Leistungsentlohnung an sich überhaupt noch Zukunft habe. Werden z.B. die beeinflußbaren Zeiten zunehmend durch Planvorgaben ersetzt, muß das Verhältnis zwischen Lohn und Leistung neu gestaltet werden.

Obwohl die Arbeitsstrukturen und -bedingungen, wie nachfolgend gezeigt wird, einem ständigen Wandlungsprozeß unterliegen, sind die tariflichen Leistungsentlohnungskonzepte – vom Prinzip her – **weitgehend unverändert** geblieben. In Praxis und Wissenschaft wird deshalb regelmäßig die Frage

- der Zweckmäßigkeit,

- der Wirksamkeit,
- der Anpassungsfähigkeit

der betrieblichen Leistungsentlohnung aufgeworfen.

Bei technisch hochentwickelten Anlagen wird der Arbeitsrhythmus heute i.d.R. von der Maschine vorgegeben. Dadurch wird die bisherige **Beeinflußbarkeit des Arbeitsergebnisses** durch den Mitarbeiter bei automatischen Fertigungsprozessen immer mehr eingeschränkt bzw. geht bei NC-Maschinen gegen Null. Es besteht kein unmittelbarer Zusammenhang zwischen der menschlichen Arbeitsleistung und dem Arbeitsergebnis mehr. Damit fehlen aber auch die technisch-sachlichen Voraussetzungen zur sinnvollen Anwendung des traditionellen, mengenorientierten Akkordlohnes (d.h., die Akkordfähigkeit nimmt, wie zahlreiche Untersuchungen auch bestätigen, ab).

Mit dem Strukturwandel verbunden ist ein Wandel in der **Arbeitsstruktur**, z.B. die Möglichkeit, Menschen räumlich und zeitlich vom direkten Produktionsprozeß zu entkoppeln. Die mit der Veränderung einhergehende Veränderung der Arbeitsinhalte zeigt sich deutlich am Beispiel numerisch gesteuerter Maschinen mit in der Praxis sehr unterschiedlicher Aufteilung der typischen Arbeitsfunktionen (im Extremfall nur eine Funktion bzw. alle); die neuen Arbeitsinhalte führen dabei zu tendenziell steigenden Qualifikationsanforderungen.

Es entstehen damit **neue** Arbeitsanforderungen wie Initiative, Aufmerksamkeit, Verantwortungsbereitschaft, Selbständigkeit, Kommunikationsfähigkeit, Flexibilität, Kreativität, Problemlösungsfähigkeit oder Teamfähigkeit (vgl. Knebel, 1989, S. 357). Der Mitarbeiter ist zu motivieren, einen möglichst störungsfreien Ablauf der Produktionsprozesse zu gewährleisten, in Prozeßzusammenhängen zu denken, nicht individuelle, sondern Systemfehler möglichst schnell zu analysieren, zu entscheiden und Störungen zu beseitigen. Es geht also darum, die Produktionszeiten zu erhöhen und die Stillstandszeiten niedrig zu halten.

Die Mengenleistung wird heute in einer technisch hochentwickelten Fertigung von der Maschine erbracht, so daß die Voraussetzungen zur Anwendung des Akkordlohns fehlen. Die dadurch entstandene „Krise des Akkords" darf jedoch **nicht** als eine „Krise des Leistungslohns" insgesamt betrachtet werden. Es zeichnet sich eine Änderung in der betrieblichen Lohnpolitik, eine **Verlagerung** zu Prämiensystemen und zu Formen des Pensumlohns ab, zu „Leistungslohnsystemen", die in Anpassung an die neuen technischen Notwendigkeiten betrieblicher Leistungsprozesse

- keinen direkten Bezug zwischen individueller Leistung und Lohn (wie etwa die Zeit oder Menge beim Akkordlohn),
- keinen kurzfristigen Anreizcharakter mehr aufweisen.

6. Die Zukunft der industriellen Entlohnungssysteme

An mehreren Stellen haben wir bereits auf den Wandel der Produktionsverfahren verwiesen (Fertigungsinseln, Gruppenarbeit etc.). Das Entstehen von Arbeitssystemen,

- bei denen der Anteil steuernder und überwachender Tätigkeiten zunimmt, d.h. der Output/Erfolg immer weniger vom einzelnen Mitarbeiter abhängt, der nur mehr indirekt auf die Produktionsprozeß einwirkt,
- und die betriebliche Zielsetzung auf Verkürzung von Durchlaufzeiten, Erhöhung der Maschinennutzungsdauer, Vermeidung von Störungen, Termineinhaltung, Flexibilität, kontinuierliche Verbesserung, Qualität, Kooperation und Abstimmung mit Mitarbeitern etc. gerichtet ist,

erfordern eine **veränderte** Leistungsbetrachtung. Wird bzw. wurde „Leistung" in den klassischen Lohnsystemen als (mengenmäßige) **Output**leistung beschrieben, erfordern moderne Produktionssysteme zunehmend auch eine Orientierung an der Qualität des **Inputs**, der allerdings nicht so genau erfaßbar ist (dazu Eckardstein, 1995, S. 32f.). Da moderne Managementkonzepte (siehe fünfter Teil) auf die Erfüllung bestimmter Kundenerwartungen fokussiert sind, kann die Leistung der Mitarbeiter nicht mehr in der Erreichung einer möglichst großen Menge zu sehen sein, sondern in der Erfüllung der Erwartungen interner und externer **Kunden**, wie sie in Qualitätsvereinbarungen und Produktionsprogrammen festgelegt sind. Dies erfordert eine Abkehr vom „Stückzahl- Denken" und langwierige Verhaltensänderungen in Richtung gemeinsamer Verantwortung der Zielorientierung, Zusammenarbeit/ Gruppengefühl, Beschäftigung mit Ablauf- Verbesserungspotentialen/ Prozeßorientierung (vgl. Svoboda, 1995, S. 65f.).

Bei modernen Konzepten (wie Lean Management) geht es um die Einsicht, daß „es nicht um die Produktivität des einzelnen Arbeitnehmers geht, sondern um die der Gesamtorganisation, die Flexibilität der betrieblichen Abläufe erhöht werden muß und Motivation, Beteiligung und Kooperation ein verändertes Menschenbild und damit neue Verhaltensweisen erfordern" (Polzer, 1995, S. 153).

Nach einer Prognose der Frankfurter Vergütungsspezialisten Towers Perrin zeichnen sich für die Zeit nach der Jahrtausendwende folgende **Trends in der Vergütung** ab (Quelle: Das flexible Unternehmen, Online-Nachrichten, 1.4.1999):

- Höhere Flexibilität im Vergütungssystem – variable Vergütung
- Mehr Individualität in der Ausgestaltung der Vergütung – modulare Zusatzverträge für bestimmte zeitlich befristete Rollen (z.B. Projektgeschäft)

- Höherer Grad der Eigenverantwortung des Mitarbeiters in der Zusammenstellung von Vergütungsbausteinen – Cafeteria-Systeme
- Zunehmend mehr Transparenz und weniger „Geheimniskrämerei" – 360-Grad-Beurteilung

- Entwicklung und Verbreitung „Lernender Systeme" – wertorientierte Vergütung
- Vermehrt Systeme, die Verhaltensänderungen des Mitarbeiters im Sinne der Strategieumsetzung fördern (Verwendung von Competences bei der Vergütungsfindung, Leistungsbeurteilung, Erfolgsabhängigkeit)

Alternativen zu den analytischen Bewertungsverfahren werden (wie gezeigt) u.a. in der Einstufung nach **Arbeitssystemen** bzw. **Qualifikation** gesehen. Das in den Kapiteln III, IV und V aufgezeigte Bestreben, mit Hilfe ausdifferenzierter Analysen der **Arbeits- und Leistungsbewertungsverfahren** (Notwendigkeit: enormer Planungsaufwand, permanente Verfolgung und Dokumentation des tatsächlichen Arbeitsablaufs, genaue Kontrolle) die betriebliche Entlohnung zu „entpolitisieren" und zu „objektivieren", steht zu Beginn der 90er Jahre an einem **Scheideweg** (und damit natürlich auch die gewerkschaftliche Interessenvertretung und die REFA-Systematik). Sowohl bei der Arbeitsbewertung (III, 8., 9.) als auch bei der Leistungsbewertung (IV., 5.) haben wir bereits einige Kritikpunkte dargelegt.

Neue Formen der computergestützten Fertigungssteuerung erzwingen ein lückenloses Ineinandergreifen der verschiedenen Teilphasen eines Produktionsprozesses. Die der Zeitwirtschaft zufallende Schlüsselrolle zur Planung/Steuerung/Kontrolle dieser exakt geplanten **Abläufe** in komplexen Produktions- und Logistiksystemen (wie Fertigungsinseln, Just-in-Time) haben wir bereits erwähnt (Arbeitsplatzgestaltung, Wirtschaftlichkeitsrechnung, Programmsteuerung, Maschinenbelegung, Schwachstellenanalyse etc.). Zeit- und Freiräume nehmen ab (z.B. ist die Einhaltung von Soll-Zeiten bzw. Terminen gewünscht und nicht deren Unterschreitung), damit entzieht die technisch-organisatorische Entwicklung den traditionellen Lohnanreiz-Entlohnungssystemen die Grundlage.

Eine Umfrage von Lay/Rainfurth (1999) bei 1329 Firmen der Investitionsgüterindustrie zu deren Entlohnungssystem bestätigt den Abschied vom Akkordlohn und brachte folgende Ergebnisse:

- Der **Zeitlohn** hat den Akkordlohn abgelöst. Zwei Drittel aller Beschäftigten in der Produktion verdienen heutzutage ihr Geld ohne direkten Leistungsbezug.
- Nach **Akkord** wird nur noch jeder sechste Beschäftigte bezahlt (Grund: Immer seltener kann die quantitative Ausbringung vom einzelnen Mitarbeiter gesteuert werden).
- Der **Prämienlohn** hat, entgegen dem von vielen prognostizierten Ausmaß, den Akkordlohn nicht abgelöst – ein Fünftel wird danach bezahlt (Tendenz allerdings steigend); er ist stark an quantitativen Größen orientiert: Gruppenprämien, Koppelung an Ziele sind noch selten.
- Betriebe mit Prämienlöhnen haben eine höhere Wertschöpfung/Produktivität; Einführung ist allerdings mit einigem Aufwand verbunden.
- Knapp 70 Prozent der befragten Unternehmen setzten für **alle** Mitarbeiter in der Produktion das **gleiche** Entlohnungsmodell an.

IV. Die Anreiz- und Sozialpolitik im außertariflichen Bereich

Veränderungen in der Arbeitszeitgestaltung/-organisation und die deutliche Tendenz zur Individualisierung und Flexibilität der Mitarbeiterbedürfnisse erfordern neue Formen betrieblicher Tarif- und Sozialpolitik. Da Bestimmungen von Tarifverträgen, Mitbestimmungsregelungen etc. restringierend wirken, sind neue kreative Formen – insbesondere für den Bereich der Führungskräfte – zu finden:

- Stellenbewertung und Leistungsbewertung (Individuum/Gruppe/Unternehmen)
- Vergütungssysteme (kurz-/langfristig, pauschal/variabel)
- Personalförderung und -entwicklung
- Sozialpolitik (vorgegeben/wählbare Cafeteria-Systeme)

Auf **strategisch** orientierte Anreiz- und Beitragssysteme gehen wir im fünften Teil (G) ein.

1. Stellenbewertungsverfahren bei Führungskräften

Von vielen Firmen wurde (bzw. wird) die Anwendung der Arbeits- und Leistungsbewertungsverfahren auf Führungskräfte **ausgeklammert**. Da im Rahmen einer offenen und gerechten Gehaltspolitik das System der Gehaltsfindung aber für alle Mitarbeiter in gleicher Weise gelten und nachvollziehbar sein soll, ist der Einbezug analytischer Verfahren auch für den außertariflichen Bereich zu fordern. Im Gegensatz zu den USA ist eine Verwendung einheitlicher analytischer Arbeitsbewertungsverfahren auch auf den Bereich der Führungskräfte noch selten (Ausnahmen bilden bereits seit den 60er Jahren einige amerikanische bzw. englische Firmen, wie z.B. Massey-Ferguson, DuPont, IBM, BP, NCR). Zur Argumentation, ob alle Tätigkeiten oder nur Teile einer Bewertung zugänglich sind, kennzeichnet die Wissenschaft unterschiedliche Standpunkte.

Als eine Methode, die speziell auf den außertariflichen Bereich zugeschnitten ist, wird von zahlreichen Firmen (z.B. Agfa, DuPont, NCR, Bayer, MBB, Rank Xerox, Unilever) die sog. **HAY-Methode** (Stellenwert-Profil-Methode) zur Stellenbewertung eingesetzt.

Mit Hilfe von Bewertungskomitees wird analog zu den bereits erörterten Bewertungsverfahren die **Stelle** (und nicht die Person) bewertet und damit eine „relative Wertigkeit" aller außertariflichen Stellen einer Unternehmung ermittelt. i.d.R. werden die bewerteten Stellen durch die Bildung von **Rangstufen** (Stellenwertgruppen) strukturiert.

Bei Führungskräften werden

- die traditionellen Stellenbewertungskriterien (wie Mitarbeiterverantwortung, Ausbildung, Erfahrung, Reichweite/Auswirkung von Entscheidungen, Ergebnis-/Umsatzverantwortung)

- durch **neue** Kriterien ergänzt (wie z.B. geforderte Problemlösungskompetenz, Kommunikationsfähigkeit, Initiative, Durchsetzungsvermögen, Belastbarkeit).

Oechsler (1997, S. 341) nennt folgende vier Anforderungsarten für diese **Stellenwert-Profil-Methode** der Hay-Gruppe, die auch als eine Art Mischverfahren analytischen und summarischen Methode zugrunde liegt:

- Know-how
- Problem Solving
- Accountability
- Working Conditions

„Diese Anforderungsarten werden operationalisiert, indem sie jeweils in Teildimensionen untergliedert werden. Für jede Anforderungsart wird mit Hilfe der jeweiligen Dimensionen eine Matrix, d.h. ein mehrdimensionales Zahlenfeld, aufgezeichnet, das die Zuordnung von Bewertungspunkten zu den einzelnen Stellenanforderungen ermöglicht. Diese Matrix wird als **Guide Chart** bezeichnet. Diese Guide Charts werden auf die jeweilige Unternehmenssituation zugeschnitten."

Grundlage für die Bewertung sind die Stellenbeschreibungen für die Stellen des Sample; es erfolgt (nach Oechsler, 1997, S. 342)

- zunächst eine **horizontale** Einordnung für jede Stelle über alle Anforderungsarten (auf den unteren Hierarchieebenen dominiert „Wissen", auf höheren Ebenen mehr „Verantwortung) und

- unabhängig davon eine **vertikale** Einordnung der Stellen für jede Anforderungsart.

„Dabei wird für jede Anforderungsart eine Rangriege der Stellen gemäß der jeweiligen Beanspruchungshöhe ermittelt, wobei jeweils die Unterscheidungsschwelle angezeigt wird, die gerade noch einen merkbaren Unterschied von Stellen hinsichtlich eines Merkmals darstellt. Jeder Stelle kann nun hinsichtlich jeder Anforderungsart bezogen auf die Anforderungshöhe ein Punktwert zugeordnet werden. In diesem Abschnitt ist jedoch nicht die Höhe des Punktwerts relevant, sondern die Rangreihe der Stellen hinsichtlich der Punktwerte bezogen auf die Teilanforderung. Aufaddiert ergeben die Punktwerte der einzelnen Teilanforderungen an die Stelle den Gesamtpunktwert, der mit dem Ergebnis der horizontalen abgeglichen wird."

Ein Stellenbewertungs- und Vergütungssystem bedarf insbesondere der Verknüpfung mit anderen personalwirtschaftlichen Instrumenten (z.B. Karriereplanung, Personalbeschaffung, -einsatz, -entwicklung, -förderung, Leistungsbeurteilungssysteme etc.). Bei Führungskräften dienen die Beurteilungswerte primär der Personalentwicklung, d.h. der Feststellung, ob

- die Stellen mit den richtigen Mitarbeitern besetzt sind,
- die Mitarbeiter mit den Veränderungen ihrer Aufgaben Schritt halten können,
- der Nachwuchs rechtzeitig gesichert bzw. vorbereitet werden kann.

2. Leistungsbewertungsverfahren bei Führungskräften

a) Erfolgsorientierte Leistungsbeurteilung (MbO)

Aus der Forderung heraus, weniger subjektive, individuell ausgerichtete und damit sehr schwer meßbare Eigenschaften, sondern objektive, leistungsorientierte und meßbare Werte in einer Beurteilung zu erfassen, wird zunehmend die Leistung von Führungskräften in Form einer erfolgsorientierten Leistungsbeurteilung **„gemessen"** (vgl. Meng, 1990). Durch diese **„Appraisal"**-Programme

- wird die Leistung des Mitarbeiters festgestellt,
- werden seine zukünftigen Entwicklungs- und Aufstiegspotentiale beurteilt,

- die Auswirkungen auf das Gehalt bestimmt
- und auch evtl. Entlassungen gerechtfertigt.

Als Ersatz für ein Merkmalssystem werden in modernen Großunternehmen deshalb im Rahmen des **„Management by Objectives"** zur Unternehmenssteuerung und Personalbeurteilung zunehmend Zielvorgaben (Zielvereinbarungen) eingesetzt. (vgl. dazu im einzelnen unsere Ausführungen im vierten Teil.) Damit werden zwei **Ziele** verfolgt: eine Steigerung der individuellen Arbeitsleistung (Arbeitserfolg) und einen Entwicklungsplan für künftiges Wachstum aufzustellen (Leistungspotential, Eignung, Karrierestreben).

Ausgangsbasis für den Nachweis des Arbeitserfolges ist die Stellenbeschreibung (mit Aufgaben- und Tätigkeitsbild). Daraus entwickelt man

- fachliche (z.B. Ausbildung, Erfahrung, Sprachen etc.),
- charaktereologische (Fach-/Führungsautorität, Organisationstalent, analytische Denkfähigkeit, Initiative, Belastbarkeit) und
- soziologische Anforderungsmerkmale (z.B. Integrations-/Teamfähigkeit, Einfühlungsvermögen, Motivationsbegabung).

Die Summe der Merkmale charakterisiert ein bestimmtes **Anforderungsprofil**. In der **Zielvereinbarung** erfolgt die Ermittlung des Erfüllungsgrades der Einzelpositionen verbal beschreibend, numerisch in addierbaren Zahlenwerten oder anhand alphabetischer Werteskalen. Als Voraussetzung für eine Leistungsbewertung werden zu Beginn des Beurteilungszeitraumes die Ziele unter Beteiligung des Mitarbeiters (i.d.R.) **kooperativ** festgelegt. Diese Leistungsziele stellen den operationalisierten, erwarteten Beitrag seiner Stelle zur Erreichung der Gesamtziele der Organisation dar. Damit ist der Maßstab für eine Soll-Ist-Abweichungsanalyse gegeben. Abweichungen werden in einem Mitarbeitergespräch analysiert.

Das **Mitarbeitergespräch**, für das der jeweilige Vorgesetzte im Rahmen der Führungsschulung zu „qualifizieren" ist, über zurückliegende Leistungen und zukunftsorientierte Maßnahmen sollte **integrierter** Bestandteil einer Mitarbeiterbeurteilung sein.

Die Zielvorgaben sind nicht unbedingt identisch mit dem Begriff der **Leistungsstandards**. Als Bestandteil einer Stellenbeschreibung geben Leistungsstandards i.d.R. für einen längeren Zeitraum allgemein verbindlich die Soll-Leistung (die für eine korrekte Aufgabenerfüllung der jeweiligen Stelle erwartet wird) an. **Zielvorgaben** sind immer zeitlich genau umrissene, individuell formulierte **Leistungsziele**. Auf das MbO-Modell wird an späterer Stelle noch ausführlich eingegangen.

(b) Vorgesetztenbeurteilung (Aufwärtsbeurteilung/360-Grad-Beurteilung)

Die traditionellen institutionalisierten Leistungsbeurteilungsverfahren (wie die Standard-merkmalskataloge/Schätzverfahren) in hierarchischen Unternehmen sind i.d.R. einseitige Beurteilungen von **oben nach unten** („Top down"). Damit bewerten zwar Führungskräfte Leistung/Verhalten ihrer Mitarbeiter, werden umgekehrt aber selbst nicht beurteilt. Mit einer „Vorgesetzteneinschätzung" soll nun festgestellt wird, wie die in Leitbildern festgelegten Führungsgrundsätze/-richtlinien „konkret" im Alltag angewandt werden – auch Führungs-kräfte sollen sich mit ihrer eigenen Persönlichkeit intensiv auseinandersetzen(„Aufwärtsbe-urteilung").

Neu dazugekommen sind **wechselseitige** Verfahren, d.h. von unten nach oben („Bottom up") oder gleiche Ebene oder von Kunden. Zuerst waren es nur wenige Firmen, die auch eine **Rückkoppelung** (Feedback) von unten nach oben versuchten (so werden bei Bertelsmann im „Januargespräch" Vorgesetzte einmal jährlich, insbesondere ihr Führungsverhalten, von ihren Mitarbeitern beurteilt), jüngst stieg die Zahl der Unternehmen boomartig an. Inzwi-schen wird fast in jedem Großunternehmen – zumindest als Pilotprojekt – ein Verfahren ein-gesetzt (für Bayer siehe Thönnessen, 1999; für die Deutsche Shell siehe Gründler, 1998, und Balser, 1998; für Beiersdorf siehe Schmidt/Bockmühl, 1997), in dem Vorgesetzte

- durch Mitarbeiter,
- aber auch von Kollegen auf gleicher Ebene
- sowie von Kunden beurteilt werden.
- Zusätzlich erfolgt eine Selbstbeurteilung (der Vergleich Selbst-/Fremdbild soll einen fruchtbaren Dialog auslösen und als defizitär diagnostizierte Führungsleistungen über einen zu formulierenden Maßnahmenkatalog verbessern helfen).

In der Regel findet die formalisierte/strukturierte Beurteilung zum Führungs- und Kommu-nikationsverhalten von Vorgesetzten durch ihre Mitarbeiter mit Hilfe von **Fragebögen ver-traulich** (d.h. anonym) statt, die von einer externen Stelle ausgewertet werden (Soll-Ist zur Bestimmung des Übereinstimmungswertes) und dann als Feedback an den Vorgesetzten geht (Fragen-/Formularbeispiele bei Thönnessen, 1999; bei Peil/Voigt, 1997; ein Bench-mark-Fragebogen bei Heyde, 1997; bei Bayer erhielten z.B. bis Januar 1999 665 Vorgesetzte ein Feedback von insgesamt 5.800 Mitarbeitern). Nachdem das Ergebnis vorliegt, findet an-schließend eine Diskussions-/Gesprächsrunde i.d.R. unter Einbeziehung eines (externen) neutralen Moderators statt. Die Anonymität scheint im Gegensatz zum oft proklamierten Leitbild offener Kommunikationskulturen zu stehen, andererseits erhofft man sich ehrliche-re Antworten. Das Verfahren ist vom Vergütungssystem abgetrennt, zielt auf Teamentwick-lung und Coaching.

Vorteile:
- Wesentlich umfassendere Einschätzung einer Person
- Personalförderungsinstrument (Feststellung von Verhaltensdefiziten und Behebung durch Personalent-wicklungsmaßnahmen)
- Einschätzung von Mitarbeitern, Kollegen und Kunden erfolgt als jeweils ermittelter Durchschnittswert
- Feedback-Instrument (Vergleich Selbstbild mit Vielzahl von Fremdeinschätzungen), offene Rückmeldung über eigenes Verhalten
- Möglichkeit für moderiertes Roundtable-Gespräch zur Diskussion der Einschätzungen
- Verbesserte Arbeits- und Kommunikationsprozesse, besseres Betriebsklima

Nachteile:
- Bei Mitarbeitern: Angst vor Sanktionen
- Bei Vorgesetzten: Angst vor Gesichtsverlust
- Erfordert intensive Vorbereitung und Schulung aller Beteiligten

- Verlangt von der zu beurteilenden Führungskraft ein hohes Maß an Kritikfähigkeit und Reflexionsvermögen (um aus Ergebnissen positiven Nutzen zu ziehen)
- Kommunikation zwischen unterschiedlichen Hierarchiestufen schwierig (d.h. geringe Bereitschaft, im direkten (Rückmelde-)Gespräch Kritikpunkte zu diskutieren)

3. Gehaltsfindung

Für Hilb (1991, S. 24) muß ein Honorierungskonzept folgenden Anforderungen entsprechen:

- strategische Ausrichtung
- Integration mit anderen Personalinstrumenten (wie Beurteilung, Entwicklung, Selektion)
- periodische und objektive Überprüfung

Neben den bereits an früherer Stelle aufgezeigten Elementen einer Verteilungsgerechtigkeit (anforderungs-, leistungs-, sozial-, marktgerecht) hat im Bereich der Führungskräfte die Komponente Erfolgsgerechtigkeit besondere Bedeutung. Dabei ist (z.B. bei den vorher beschriebenen MbO-Systemen) sowohl der Beitrag

- zur kurzfristigen (**operativen**) als auch
- zur langfristigen (**strategischen**)

Zielerreichung festzustellen und zu honorieren.

Während für die Mitarbeiter mit der Arbeits- und Leistungsbewertung (relativ) leistungsfähige und systematische Verfahren der Gehaltsbeurteilung zur Verfügung stehen, existieren bei Führungskräften (AT, leitende Angestellte) kaum objektive Leistungsbewertungskriterien, die man quasi als „genormte Meßlatten" heranziehen kann. Die Vergütung von Führungskräften für ihre Unternehmungs- und Personalverantwortung unterliegt anderen Spielregeln als im tariflichen Bereich. Zur Beurteilung einer gerechten bzw. angemessenen Vergütung müssen zahlreiche Kriterien berücksichtigt werden; z.B. Hierarchieebene, Dauer der Berufstätigkeit/Betriebszugehörigkeit, Funktionsbereich, Qualifikation, Alter, Unternehmungsgröße und Branche oder Erfolgslage der Unternehmung.

Da für den Bereich der Führungskräfte die Gehälter ja **selbst** ausgehandelt werden müssen, oftmals auch ein „Tabu" berühren, können zur Gehaltsfindung überbetriebliche **Gehaltsstrukturuntersuchungen** (wie sie etwa vom Verband angestellter Führungskräfte, Verband der Führungskräfte der Bauwirtschaft, Bundesverband der Geschäftsstellenleiter der Assekuranz, Kienbaum-Vergütungsberatung durchgeführt werden) beitragen.

4. Gehaltsstruktur/-bestandteile

a) Bausteine klassischer Vergütungskonzepte

Nachdem jahrelang ein Trend zu fixen Gehältern feststellbar war, steigt nun wieder deutlich die Bereitschaft, **variable** Gehaltsbestandteile nach tatsächlich erbrachter Leistung zu bestimmen. Spitzenreiter bei variablen Gehaltsanteilen ist nach Häufigkeit und auch Höhe der Bereich Vertrieb/Marketing. Variable Vergütungssysteme werden dabei i. d.R. in Verbindung gesetzt mit modernen Motivations- und Führungssystemen, wie etwa der „zielorientierten Mitarbeiterführung" (**MbO**-Systeme), bei denen der variable Anteil sich in Relation zur Überschreitung der vorher gemeinsam vereinbarten Zielsätze ergibt.

Heutige leistungsorientierte Vergütungskonzepte umfassen bei Großunternehmen ein Vielzahl verschiedenster **Bausteine**. Allgemein ist festzustellen, daß der Trend in den letzten Jahren weg von übertariflichen Zulagen hin zu einer stärkeren Koppelung der Vergütung an den Erfolg (größere Variabilität!) gegangen ist. Die Modelle umfassen komplexe Leistungszulagen, Zielerreichungsboni, teamorientierte Prämien, persönliche Leistungszulagen, Ergebnisbeteiligungen etc. (dazu Zander, 1999, S. 170ff.). Eine Studie zeigt, daß in der Praxis zwei bis drei **Bezugsbasen** für die Bemessung des variablen Teils verwendet werden (Handelsblatt Karriere, 11.4.1997):

- Zielerreichungsgrad (= das unternehmensindividuelle vereinbarte Zielbündel, Marktanteilsentwicklung usw.); dazu insbesondere die Modelle bei Lursen (1997) und das Modell der debis bei Deller/Münch, (1999)
- Betriebsergebnis/Unternehmensgewinn
- „Nasenprämien"/Ermessenstantiemen

Das **klassische Vergütungspaket** für AT-Mitarbeiter und Führungskräfte setzt sich aus vier Bausteinen zusammen (dazu Haussmann, 1999):

- Das Grundgehalt (in 12 oder mehr Monatsraten ausbezahlt)
- Die variablen Vergütungsbestandteile (i.d.R. für kurzfristigen Erfolg)
- Die betriebliche Altersversorgung als wichtigste Sozialleistung
- Die Nebenleistungen (z.B. Dienstwagen)

Haussmann (vgl. ebd.) sieht die **Defizite** dieser traditionellen Struktur, die immer weniger geeignet ist, dem veränderten Wettbewerbsumfeld und den Erwartungen der Leistungsträger zu entsprechen, in:

- Es **fehlen** wichtige Leistungen: in erster Linie die sog. Long-Term-Incentives.
- Die **Ausgestaltungsform**, d.h. die **Art** und **Weise**, in der bestimmte Leistungen gewährt werden, ist unzureichend: Defizite der variablen Vergütungsbestandteile (zu geringes Volumen, großer Teil de facto garantiert, keine Systematik in Berechnung), hohe Kostenbelastung durch betriebliche Altersversorgung und Nebenleistungspaket (ohne beim Mitarbeiter allzu große Wertschätzung zu erlangen).

Vorschläge zu einer **modernen Struktur** der AT- und Führungskräftevergütung:

- (Grundgehalts-)Einordnung aller Stellen durch Bewertungssysteme in Stellenwert- und Funktionsgruppen.

- Anhebung der variablen Vergütung (unterer AT-Bereich ca.15 %, oberer Bereich etwa 30 %).
- Betriebliches Alterssystem in Form eines Bausteinsystems. Eigenbeteiligung der Führungskraft („**Matching Contribution**")
- Vielfältige Zieldimensionen zur Ermittlung der variablen Vergütung.
- Komplette Neustrukturierung der Nebenleistungen (i.S. von Cafeteria-System)

Neben dieser Renovierung der einzelnen Bestandteile tritt die konsequente Nutzung der Interdependenzen zwischen den einzelnen Bausteinen des Vergütungspakets („**Total Compensation**"):

„Die variable Vergütung wird zu Lasten der fixen Gehaltsbestandteile erhöht; gleichzeitig wird dem Mitarbeiter die Möglichkeit gegeben, seine Gesamtvergütung zu erhöhen, indem er variable Vergütungsbestandteile in Nebenleistungen investieren kann, die einen deutlich höheren Wirkungsgrad haben als die Barvergütung. Außerdem wird die ‚obligatorische' betriebliche Altersversorgung reduziert, dem Mitarbeiter aber die Möglichkeit eröffnet, seine Versorgungszusage über ein Cafeteria-Modell wieder auf das alte Niveau (oder sogar ein höheres Niveau) zu heben. Damit gelingt so etwas wie die Quadratur des Kreises: das neue Gesamtvergütungspaket verursacht keine höheren Kosten als das alte; die langfristige Kalkulationssicherheit der betrieblichen Altersversorgung wird vergrößert; die Steuerungsmöglichkeiten des Personalaufwands werden durch stärkere Variabilisierung verbessert; der administrative Aufwand wird durch die Streichung kleiner Nebenleistungen und durch eine effiziente Software-Unterstützung reduziert; die Gesamtvergütung der Mitarbeiter steigt und dadurch sowie durch die gestiegenen Auswahlmöglichkeiten steigt auch die Mitarbeiterzufriedenheit und damit die Wettbewerbsfähigkeit des Unternehmens auf dem Arbeitsmarkt." (Haussmann, 1999)

Die außertarifliche Vergütung von Managern besteht heute allgemein aus zahlreichen **Komponenten**:

1. **monetäre Bestandteile**

   - Grundgehalt

   - ergänzt von variablen Teilen (bar gezahlte Erfolgsboni, Leistungsprämien, Gratifikationen, Jahresabschlußzahlungen u.a.);

2. **Nebenleistungen (geldwerte Vorteile)**

   - Zusage eines Übergangsgeldes bei Kündigung

   - betriebliche Altersversorgung (Geschäftsführer zu 90%, Bereichs-/Abteilungsleiter zu 80%), Vorteil: Im Gegensatz zu höherer Barvergütung zum jetzigen Zeitpunkt nicht einkommensteuerpflichtig (erst bei Eintritt in den Ruhestand, aber dann i.d.R. geringere Progression) „**deferred compensation**" (= „aufgeschobene Vergütung"; siehe das Beispiel bei Fey, 1997; Engelstädter/Kraft, 1998, und das Modell bei Bertelsmann in Großmann, 1998); grundsätzlich ist ein geldwerter Vorteil aus einem Cafeteria-Plan vom Mitarbeiter zu versteuern;

   - privat nutzbare Firmen-PKW (Topmanager zu 95%, Bereichs-/Abteilungsleiter zu 50%)

Deferred Compensation
„... ist eine arbeitnehmerfinanzierte From der betrieblichen Altersversorgung, bei der Teile der Vergütung (des Bruttoeinkommens) einmalig, wiederkehrend oder laufend in eine Anwartschaft auf Versorgungsleistungen umgewandelt wird" (Andresen, 1999).

Die Deferred Compensation, als aus Sicht des Arbeitnehmers langfristige Geldanlage zum Aufbau einer betrieblichen Altersversorgung, ist für ihn besonders vorteilhaft: zum einen Steuervorteile (bei der Pensionierung ist i.d.R. ein geringerer Steuersatz zu zahlen), zudem lassen sich auch variable Bezüge umwandeln (Zahlenbeispiel in Andresen, 1999). Aus Arbeitgebersicht lassen sich Rückstellungen bilden.

Die Ausgestaltung eines Vergütungssystems durch Abstimmung des Verhältnisses der fixen zu den **variablen** Anreizelementen (Koppelung der variablen Teile an die Erfüllung vereinbarter operativer **und** strategischer Ziele): In Theorie und Praxis sind erst Ansätze zu dieser Einbindung erkennbar; das Gehaltssystem wird als wesentliches und flexibles Instrument der Unternehmensführung unter Einbeziehung des Unternehmens-, Prozeß- und des individuellen Erfolgs angesehen (vgl. das Modell von Rau/Widmann, 1993). Zu möglichen Komponenten der Jahresvergütung für Führungskräfte siehe Hahn (1996). Drei moderne **Gehaltsmodelle** für Führungskräfte mit unterschiedlichen Bandbreiten/Nebenwirkungen finden sich in Fischer/Wilhelm (1995, S. 236).

b) Wertorientierte Entlohnung (Aktienoptionen)

Die **Vergütungspolitik** deutscher Unternehmen für Führungskräfte befindet sich seit Anfang der 90er Jahre in einem **tiefgreifenden Wandel**, es wird sogar von einem Paradigmenwechsel der Vergütungspolitik gesprochen:

„Die traditionelle Vergütungspolitik war überwiegend von Kostenerwägungen bestimmt. Man betrachtete Mitarbeiter primär als Kostenverursacher, ihre Vergütung als drückende Kostenlast, die es zu vermindern oder doch in engen Grenzen zu halten galt. Diese einseitig kostenorientierte Mitarbeitersicht beherrscht heute noch das Bilanzrecht. Obwohl längst als entscheidender Erfolgsfaktor erkannt, sucht man die Mitarbeiter mit ihren Qualifikationen und Potentialen unter den Aktiva der Bilanz vergeblich. Sie finden sich stattdessen lediglich als kontinuierlicher Aufwand in der GuV-Rechnung.

Neben

- dem zunehmenden Anteil der **variablen** Entlohnung, der anhand verschiedener quantitativer/qualitativer Bezugsgrößen ermittelt wird und z.Z. im Durchschnitt zwischen 20 und 50 % liegt,
- ist in den letzten Jahren vor allem der Trend zu einer **wertorientierten** Entlohnung (statt der traditionellen Kennzahlen) festzustellen, mit dem man sich eine Stärkung der Wettbewerbs- und Leistungsfähigkeit der deutschen Unternehmen erhofft. Zentrale Unternehmenszielsetzung ist nun die langfristige Maximierung der Eigentümerrendite (dazu unsere Ausführungen im 5. Teil, M, VI).

Es finden zunehmend **Aktienoptionen** („Stock Options") als Bestandteil von sog. „Long-Term-Incentive"-Plänen Verwendung. Diese Incentives werden erst nach mehreren Jahren ausbezahlt. Ziel: stärkere Motivation und Bindung an das Unternehmen, Ausgleich des bereits erwähnten Principal-Agent-Problems. Diese Kaufoptionen geben der Führungskraft das verbriefte Recht, innerhalb eines bestimmten Zeitraums eine festgelegte Anzahl von Aktien zu einem vorher fixierten Preis zu kaufen (selbst bei Miß-Management ist das Risiko gering, da man die Option ja nicht wahrnehmen „muß").

In einer wegweisenden Arbeit haben Meckling/Jensen 1975 gezeigt, daß man von Managern annehmen muß, daß sie ihre eigenen Interessen vor die der Aktionäre stellen und daß Aktionären und Kreditgebern entsprechend Kosten entstehen, um das Verhalten des Managements zu kontrollieren. Denn ohne jegliche Form der Überwachung würde nichts das Management davon abhalten, unter Umständen sogar erhebliche Summen für Projekte einzusetzen, die primär seinen eigenen Interessen nützen (vgl. Ehrbar, 1999, S. 11).

Bei den meisten Angestellten ist das fixe Gehalt zu hoch und die variable Bezahlung zu niedrig und nach oben begrenzt. „Traditionelle Vergütungssysteme verleiteten dazu, nach Größe zu streben. Der Grund dafür ist, daß Größe (Anzahl der Mitarbeiter, Umsatz, Produktionsmittel etc.) und Gehalt eng miteinander verbunden sind und bei zunehmender Größe die Chancen für eine höhere fixe Vergütung wachsen. Da der variable Teil meist als Anteil am fixen Gehalt definiert ist, steigt folglich auch dieser. Das bedeutet, daß die Manager immer nach Größe streben werden, auch wenn dadurch Aktionsvermögen zerstört wird." (Ehrbar, 1999, S. 12). Bei wertorientierten Systemen (wie beim EVA) ist das anders, denn sie bringen alle Teilnehmer dazu, sich intensiv um die Bildung und Vermehrung des Aktionärsvermögens zu bemühen. Die Interessen der Aktionäre werden durch einen Anteil variabler Zahlungen, die an die nachhaltige Wertsteigerung gekoppelt sind, gewahrt.

Die Sinnhaftigkeit dieser Optionspläne in einer auf Kooperation angelegten deutschen Unternehmenskulturlandschaft (= der Erfolg wurde von Management und Mitarbeitern gemeinsam erreicht) wurde angezweifelt bzw. die neuen (variablen) Vergütungsbestandteile wurden z.T. heftig kritisiert („Absahnen", „Selbstbedienungsmentalität"), da ein Wertzuwachs/eine Börsenkurssteigerung auch von anderen externen Faktoren als der Managementleistung abhängt (sog. „windfall profits"). Inzwischen gibt es verschiedene Gestaltungsvarianten (wie bei dem BASF-Aktienoptionsprogramm), die diesen Protesten Rechnung tragen (z.B. durch Eigeninvestment der Teilnehmer, Gewinnbegrenzung, Formen der Indexbindung).

Strittig ist die Frage, welche Personengruppen in solche Systeme einbezogen werden sollen, d.h. an der Wertsteigerung partizipieren sollen (Vorschlag eines Mitarbeiter-Vergütungsfonds bei Matthes/Wehlmann, 1999, S. 110; Praxis-Bonussystem mit Aktien für Tarifmitarbeiter bei Holzamer/Westermann/Malleskat, 1999); zur Mitarbeiterbeteiligung siehe unsere Ausführungen unter G). Eine Studie der Humboldt-Universität Berlin bestätigt, daß Optionspläne längst keine Domäne der Großunternehmen mehr sind, sondern auch bei kleinen Neugründungen anzutreffen sind; zusätzlich zeigt sich eine erhebliche Bandbreite im Anteil der Berechtigten an der Gesamtbelegschaft; die Spanne reicht von unter einem bis 100 Prozent; bei insgesamt 26 Prozent der Unternehmen gehörten neben Führungskräften noch weitere Mitarbeiter oder sogar alle Mitarbeiter zu den Berechtigten (Winter, 1999).

G. Die Mitarbeiterbeteiligung

Bedingt durch den Wertewandel, das zunehmende Bildungsniveau und neue technologische Anforderungen der Produktion hat die Frage einer erweiterten Mitwirkung des Arbeitnehmers an Planungs- und Entscheidungsprozessen zur Arbeitsplatzgestaltung, bei Änderungen der technischen oder organisatorischen Abläufe, bei der Arbeitszeitplanung usw. großes aktuelles Gewicht erlangt. Zahlreiche Unternehmen berücksichtigen diese Forderung in ihren Grundsätzen; so heißt es etwa bei der Volkswagen AG:

„Alle Mitarbeiter sind unabhängig von ihrer Stellung im Unternehmen entsprechend ihrer Zuständigkeit an der Zielsetzung, der Vorbereitung von Entscheidungen, der Planung von Maßnahmen sowie durch Übertragen von Aufgaben und Befugnissen verantwortlich zu beteiligen. Dadurch soll erreicht werden, daß Zielsetzungen, Entscheidungen und Maßnahmen im Unternehmen auch von den Mitarbeitern getragen und deren Initiative und Engagement gefördert werden."

Für die Darstellung der Möglichkeiten einer Mitarbeiterbeteiligung wollen wir folgende Einteilung der Formen treffen:

- **immaterielle** (ideelle) Mitarbeiterbeteiligung, die
  - auf gesetzlicher Basis („Mitbestimmung")
  - oder auf freiwilligen Vereinbarungen („Partnerschaft") beruhen kann,
- **materielle** Mitarbeiterbeteiligung, die eine Beteiligung des Mitarbeiters am
  - Erfolg und
  - Kapital

  als weitere zusätzliche Leistung zum regelmäßigen Arbeitsentgelt beinhaltet (vgl. Abb. 55).

Wir haben bereits an früherer Stelle die besondere Stellung des Menschen im sozio-technischen System Unternehmung hervorgehoben. Der Mensch ist auch als Subjekt betrieblicher Entscheidungsprozesse und nicht lediglich als dessen Objekt anzusehen. Die Mitarbeiterbeteiligung könnte eine Möglichkeit sein, die ökonomischen und gesellschaftlich-politischen Herausforderungen der Zukunft lösen zu helfen. Die traditionelle Trennung zwischen Management im funktionalen Sinne und Mitbestimmung nach den gesetzlichen Vorschriften wird in der Praxis zunehmend in Frage gestellt.

Mitbestimmungsprozesse und -probleme, die in der Unternehmung und zwischen Unternehmung und Mitarbeitern ablaufen, müssen vielmehr nach diesem Verständnis als integraler Bestandteil in allen Phasen der einzelnen Managementfunktionen Berücksichtigung finden.

Einzelwirtschaftliche Mitbestimmung im oben definierten Sinne hat durch die vertraglich vereinbarte sowie faktische Teilhabe der Mitarbeiter beziehungsweise deren Vertreter die Zielsetzungs-, Planungs-, Entscheidungs-, Realisations- und Kontrollprozesse auf allen Ebenen der Unternehmung vom Aufsichtsrat bis zum Arbeitsplatz maßgeblich verändert. Diese Veränderung läßt es gerechtfertigt erscheinen, in diesem Zusammenhang von einem **„Mitbestimmungsmanagement"** zu sprechen."

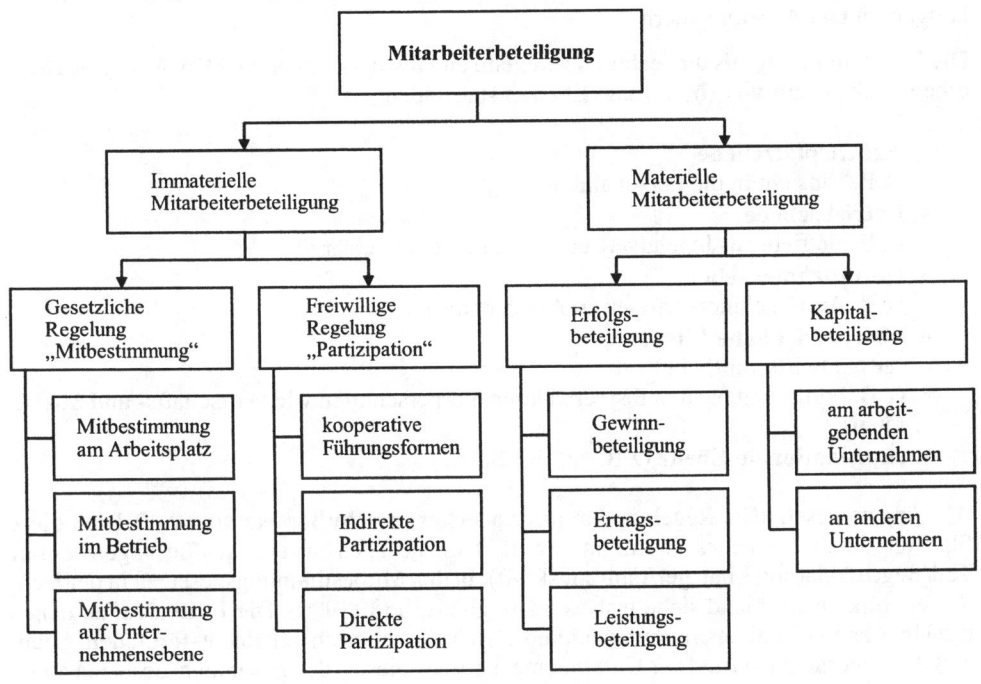

Abb. 55: Möglichkeiten einer Mitarbeiterbeteiligung

I. Die immaterielle Mitarbeiterbeteiligung

1. Die gesetzliche Regelung („Mitbestimmung")

Forderungen nach einer Teilhabe der Arbeitnehmer an wirtschaftlichen Entscheidungen sind bereits während der ersten Hälfte des 19. Jahrhunderts nachweisbar (zur historischen Entwicklung siehe Oesterle, 1996, S. 451f.). Damit stellt die unternehmerische Mitbestimmung, wie sie z.Z. in Deutschland praktiziert wird, die „**jüngste** Entwicklungsstufe" der historisch gewachsenen Forderung nach einer Interessenvertretung von Arbeitnehmern dar. „Als Möglichkeit zur Partizipation an betriebsübergreifenden Entscheidungen schränkt die Mitbestimmung auf Unternehmensebene je nach rechtlicher Regelung den Gestaltungsspielraum der Unternehmensleitung in unterschiedlichem Maße ein. Unter betriebswirtschaftlichen Gesichtspunkten sind damit die Mitbestimmungsgesetze als **wichtige Rahmenbedingungen** der Unternehmensführung zu interpretieren." (ebd.)

Die Mitbestimmung der Arbeitnehmer aufgrund von Arbeitsverhältnissen wird in der einschlägigen Literatur in einer weiten und einer engen Fassung definiert. Während in der **engeren** Fassung der Arbeitgeber erst nach erteilter Zustimmung der Arbeitnehmervertreter eine Maßnahme durchführen kann, bezieht sich die Mitbestimmung im **weiten** Sinne auf Informations- und Unterrichtungsrechte, Anhörungsrechte, Beratungsrechte sowie auf jede Form der Mitwirkung auf das Zustandekommen und die Durchführung von Entscheidungen (vgl. dazu Oechsler, 1997; Böckly, 1995, S. 54ff.; Schuster, 1993). Für Mikl-Horke (1995, S. 259) „suggeriert" der Begriff „Mitbestimmung" eine Beteiligung der Arbeitnehmer an Entscheidungen bei gleichzeitiger Beibehaltung des Über- und Unterordnungsverhältnisses von Arbeitgebern und Arbeitnehmern.

Die Mitbestimmung, als die rechtlich geregelte und institutionalisierte Mitwirkung des Mitarbeiters, kann auf vier (bzw. fünf) **Ebenen** stattfinden:

- **Arbeitsplatzebene**
  (z.B. Einsicht in die Personalakte)
- **Betriebsebene**
  (z.B. Betriebsrat, Jugendvertretung, Sprecherausschüsse)
- **Unternehmensebene**
  (z.B. Arbeitnehmervertreter im Aufsichtsrat)
- **überbetriebliche Ebene**
  (gesamtwirtschaftliche)
  (z.B. Forderung nach Selbstverwaltungskörperschaften wie Wirtschafts- und Sozialräten)
- **supranationale Ebene** (z.B. auf EG-Ebene).

Als jüngste gesetzliche Regelung hat das **Sprecherausschußgesetz** vom 1.12.1988 diese Struktur durch ein neues Gremium erweitert (siehe auch unsere Ausführungen vierter Teil/Begriffsklärung Manager/Führungskraft). In den Mitbestimmungsgesetzen in der Bundesrepublik Deutschland siehe insbesondere Niedenhoff (1990). Die **Kriterien**, an denen die Unternehmensmitbestimmung anknüpft, richten sich nach der Rechtsform, dem Sachziel des Unternehmens und der Unternehmensgröße. Die aus den genannten Gesetzen abgeleiteten Normen können durch Tarifverträge, Betriebsvereinbarungen und einzelvertragliche Regelungen ergänzt werden.

Auch das kollektive Arbeitsrecht Deutschlands, das die mittelbare Beziehung zwischen Arbeitgeber und -nehmer über die kollektiven Interessenvertretungen regelt, wird im Zuge der EU-Integration zunehmend durch europäische Normen geprägt (z.B. die Institutionalisierung europäischer Betriebsräte, dazu Punkt (2); vgl. Klimecki/Gmür, 1998, S. 131).

a) Das Betriebsverfassungsgesetz

Arbeitgeber-Arbeitnehmer-Beziehungen („**Industrial Relations**") laufen auf verschiedenen Ebenen ab (vgl. dazu Weber, 1993, S. 35ff.; Mikl-Horke, 1995, S. 233ff.). Das Betriebsverfassungsgesetz (BetrVG) von 1972 regelt die Mitbestimmungsrechte der Arbeitnehmer auf der Betriebsebene als kollektive Interessenvertretung durch bestimmte **Organe**; daneben hat dieses Gesetz auch Auswirkungen auf die unternehmensbezogene Mitbestimmung. Das BetrVG beruht auf einer Fortentwicklung des entsprechenden Gesetzes von 1952. Grundgedanke ist die Verwirklichung einer stabilisierend wirkenden **(Sozial-)Partnerschaft**, einer Mitverantwortung im Sinne einer „vertrauensvollen Zusammenarbeit" zum Wohl der Arbeitnehmer und des Betriebes. Diese stark auf Kooperation abstellende Form der Mitbestimmung unterstellt eine (weitgehende) Interessengleichheit der Beteiligten. Über die „Aufwertung" des Faktors Arbeit werden also auch positive Auswirkungen auf die Funktionsfähigkeit der Unternehmung erwartet.

Diese ökonomische Argumentation ist dem partnerschaftlichen Gedanken, wie er z.Z. im Rahmen einer zunehmenden Einführung von Beteiligungsmodellen vermehrt Anklang findet, sehr ähnlich. Über eine partnerschaftliche Zusammenarbeit wird ebenso eine positive Wirkung auf Motivation, Arbeitszufriedenheit, Identifikationsmöglichkeit, Initiative, Kreativität, Engagement u.ä. erwartet.

Letztendlich ist die Mitbestimmung auch als **politisches** Argument interpretierbar. Als politische Forderung soll die Mitbestimmung eine Art **Gegenmacht** zur monistischen Unternehmensverfassung ermöglichen. Mit diesem Postulat des BetrVG wird für das Handeln der davon Betroffenen also nicht (wie dies z.B. in Großbritannien oder Italien der Fall ist) der an sich gegebene Interessengegensatz zwischen Arbeitgeber und Arbeitnehmer betont, sondern die **Zusammenarbeit** bzw. Konfliktvermeidung (wobei allerdings eine gewerkschaftliche Betätigung im Betrieb selbst weitgehend verboten ist) in den Vordergrund gestellt.

Nach Oesterle (1996, S. 455) deuten die Ergebnisse verschiedener empirischer Untersuchen darauf hin, daß in mitbestimmten Unternehmensorganen stabile **kooperative** Verfahren zur Konfliktlösung anstelle von Machtmitteln eingesetzt werden, die Investitionsbereitschaft mitbestimmter Unternehmen nicht abnimmt und in Bezug auf die Belegschaft motivationsfördernde Sozialinvestitionen eher realisiert werden.

Die bundesdeutsche Öffentlichkeit nahm bei der Fusion von **Daimler** und **Chrysler** erstaunt die lobenswerten Worte des deutschen Vorstandes zur Kenntnisse, wonach (entgegen dem in der Presse üblicherweise gezeichneten negativen Bilds) die Mitbestimmung sogar positive Mergereffekte hatte.

(1) Rechte des einzelnen Arbeitnehmers

Für den einzelnen Arbeitnehmer gewährt das Gesetz eine Reihe fest umrissener **Individual-Rechte** (§§ 81-86), die ihn und seinen Arbeitsplatz unmittelbar betreffen, wie z.B.

- ein Recht auf Unterrichtung durch den Arbeitgeber über Aufgabe und Verantwortung, über die Art der Tätigkeit und ihrer Einordnung in den Arbeitsablauf des Betriebs sowie über Veränderungen im Arbeitsbereich,
- ein Recht auf Anhörung in Angelegenheiten, die seine Person betreffen,
- ein Recht auf Erläuterung der Zusammensetzung seines Arbeitsentgelts sowie auf Erörterung der Beurteilung seiner Leistungen und der Möglichkeiten seiner beruflichen Entwicklung im Betrieb,
- ein Recht auf Einsicht in die Personalakten und
- ein Beschwerderecht bei ungerechter Behandlung oder Benachteiligung.

(2) Rechte des Betriebsrates

In allen Betrieben – unabhängig von ihrer jeweiligen Rechtsform – mit mindestens 5 Arbeitnehmern werden **Betriebsräte** (mit einer regelmäßigen Amtszeit von 3 Jahren) gewählt. Leitende Angestellte gelten nach § 5 Abs. 3 BetrVG nicht als Arbeitnehmer im Sinne des Gesetzes. Seit dem 22.9.1994 hat sich die EU auch auf die Einrichtung **Europäischer** Betriebsräte (EBR) geeinigt. Danach haben rd. 4,5 Millionen Arbeitnehmer in euroweit tätigen Großunternehmen (mehr als 1 000 Mitarbeiter und dabei in zwei EU-Staaten jeweils mindestens 150 Arbeitnehmer) künftig Anspruch auf Vertretung durch einen EBR (außer Großbritannien). In Deutschland sind davon ca. 290 Firmen betroffen. Nach der Überführung der EU-Richtlinie in deutsches Recht (frühestens in zwei Jahren), haben die Unternehmen weitere drei Jahre Zeit, den EBR (den es bisher auf freiwilliger Basis in rd. 30 Unternehmen in der EU gibt) einzurichten.

Der Betriebsrat nimmt die betriebsverfassungsrechtlichen Beteiligungsrechte (das sind die Informations-, Beratungs-, Mitwirkungs- und Mitbestimmungsrechte gemäß § 99 BetrVG) der Arbeitnehmer wahr. Einem Betriebsratsmitglied kann während seiner Amtszeit und innerhalb eines Jahres nach Beendigung der Amtszeit nicht ordentlich gekündigt werden.

Eine Betriebsratswahl hat zu erfolgen, wenn mindestens ein Arbeitnehmer sich auf dieses Recht beruft. In der Praxis zeigt sich jedoch, daß in vielen Klein- und Mittelbetrieben auf die Ernennung eines Betriebsrates verzichtet wird. Gewählt wird der Betriebsrat durch die Betriebsversammlung; diese hat aber keine Weisungsbefugnisse.

Die **Haupttätigkeiten** des Betriebsrates umfassen:

- soziale Angelegenheiten (§§ 87-89 BetrVG),
- Gestaltung von Arbeitsplatz, Arbeitsablauf und Arbeitsumgebung (§§ 90-91 BetrVG),
- personelle Angelegenheiten (§§ 92-105 BetrVG),
- Betriebsänderungen, Interessenausgleich und Sozialplan (§§ 111-113 BetrVG),
- wirtschaftliche Angelegenheiten unter Verantwortung des Wirtschaftsausschusses (§§ 106-113 BetrVG).

Die **Mitwirkungsintensität** ist dabei abgestuft und reicht von

- einem bloßen Recht auf Information
- über ein Recht auf Anhörung und Beratung
- bis zu einem Widerspruchsrecht und Vetorecht.

Drei Formen der **Stellungnahme** durch den Betriebsrat sind möglich (Böckly, 1995, S. 55f.):

- Zustimmung als ausdrückliche Willenserklärung
- Zustimmungsverweigerung (§ 99 Abs. 2 Nr. 1-6 BetrVG)
  - Verstoß gegen Gesetze, Verordnungen, Tarifverträge oder andere Normen
  - Verstoß gegen eine Auswahlrichtlinie
  - Besorgnis der Kündigung oder Benachteiligung anderer Arbeitnehmer des Betriebes
  - Benachteiligung des betroffenen Arbeitnehmers
  - Unterlassene betriebliche Stellenausssschreibung
  - Störung des Betriebsfriedens
  Verweigert der Betriebsrat ordnungsgemäß seine Zustimmung, kann der Arbeitgeber das Arbeitsgericht anrufen.
- Schweigen gilt als konkludente Zustimmung (§ 99 Abs. 3 Satz 2 BetrVG)

Der Betriebsrat hat, soweit nicht eine gesetzliche oder tarifliche Regelung besteht, folgende **echte Mitbestimmungsrechte:**

- in allen Arbeitszeitfragen (z.B. Anordnung von Mehrarbeit, Verteilung der Arbeitszeit/Pausen),
- bei der Einführung und Anwendung von technischen Einrichtungen, die dazu bestimmt sind, das Verhalten oder die Leistung der Arbeitnehmer zu überwachen (z.B. EDV, PC),
- bei der Form, Ausgestaltung und Verwaltung von Sozialeinrichtungen sowie der Zuweisung und Kündigung von Werkswohnungen, Gesundheitsschutz, Arbeitssicherheit,
- bei allen Fragen der betrieblichen Lohngestaltung, der Aufstellung von Entlohnungsgrundsätzen, der Festsetzung von Akkord- und Prämiensätzen sowie vergleichbarer Leistungsentgelte, Personalfragebogen,
- bei Fragen der Ordnung des Betriebes (z.B. Rauch-, Alkoholverbote, Kleiderordnung).

Diese Rechte machen den Betriebsrat zum zentralen Vertretungsorgan. Die Zustimmung des Betriebsrates ist zwingend erforderlich bei personellen Einzelmaßnahmen, z.B. bei Einstellung, Eingruppierung, Umgruppierung und Versetzung, Kündigungen von Betriebsratsmitgliedern und Aufstellung förmlicher Sozialpläne.

Ferner hat der Betriebsrat

- **Beratungsrechte**
  (beinhalten nur eine Mitsprachemöglichkeit – das endgültige Entscheidungsrecht bleibt alleinig beim Arbeitgeber)
  Beispiele dafür:
  - Planung von Neu- und Erweiterungsbauten, technischen Anlagen, Arbeitsverfahren, -abläufen und -plätzen
  - Betriebsänderungen (Schließung, Verlegung, Zusammenschluß von Betrieben oder Betriebsteilen)
  - Personalplanung (z.B. Personalentwicklungspläne)
  - Einrichtungen und Maßnahmen der Berufsbildung (z.B. Seminarangebot und -gestaltung)
  - Förderung der Berufsbildung (Weiterbildungsmaßnahmen)
  - Arbeitsschutz (z.B. Gestaltung der Bildschirmarbeit)

  Zu den zentralen **wirtschaftlichen** Entscheidungen in einem Unternehmen haben die Betriebsräte damit **keinen** entscheidenden Zugang. Zudem schwächen der Aufbau supranationaler Wirtschaftsordnungen, der Aufbau multinationaler Konzerne und die Internationalisierung der Unternehmensaktivitäten die Verhandlungsmacht der Betriebsräte immer mehr.

- **Informationsrechte** (d.h. Recht auf Unterrichtung bzw. Kenntnisnahme)
  Beispiele dafür:
  - Einblick in Bruttolohn- und Gehaltslisten
  - Information über personelle Veränderungen (z.B. Einstellung, Versetzung) von leitenden Angestellten (gem. § 31 Abs. 1 AprAuG)
  - Allgemeine Unterrichtung über betriebliche Angelegenheiten, soweit zur Erfüllung der gesetzlichen Aufgaben des Betriebsrates nötig

(3) Einigungsstelle

Die Einigungsstelle, die paritätisch aus Arbeitgeber und Betriebsrat zusammengesetzt ist, kann bei Meinungsverschiedenheiten zu Fragen, die vom Gesetzgeber zur gemeinsamen Regelung zugewiesen wurden, Beschlüsse fassen, die für beide Seiten verbindlich sind. Bei Rechtsstreitigkeiten bleibt als letzte Instanz nur der Gang zum **Arbeitsgericht**.

(4) Betriebsversammlung

Die Betriebsversammlung, die aus den Arbeitnehmern eines Betriebes besteht, hat kein positives Mitbestimmungsrecht, sondern nur das Recht auf Information und Beratung. Der Betriebsrat erstattet der Betriebsversammlung (einmal im Kalendervierteljahr) einen Tätigkeitsbericht. Weitere durch das Betriebsverfassungsgesetz vorgesehene **Organe** sind: Gesamtbetriebsrat, Konzernbeirat, Wirtschaftsausschuß, Jugendvertretung (für alle Mitarbeiter unter 18 Jahren), Gesamtjugendvertretung, Jugendversammlung, Betriebsräteversammlung, Betriebsausschuß, Personalauschuß, Organisationsausschuß und weitere Ausschüsse (z.B. für das betriebliche Vorschlagswesen, für Fragen des Mitarbeiter-Datenschutzes u.ä.).

(5) Aufsichtsrat

Eine Einflußnahme auf wirtschaftliche Angelegenheiten wird den Arbeitnehmern bei Unternehmen über 500 Mitarbeitern (bei GmbH, bei AG und KGaA bis zu 2.000 ständig Beschäftigten) dadurch ermöglicht, daß sie zu einem Drittel den Aufsichtsrat besetzen können. Die Rechte des einzelnen Mitarbeiters hinsichtlich Mitwirkung und Beschwerde sind jedoch gering zu bewerten (vgl. §§ 81- 84 BetrVG). Zur praktischen Anwendung des BetrVG in seiner Gesamtheit siehe Niedenhoff (1990).

b) Das Montan-Mitbestimmungsgesetz

Der Geltungsbereich dieses Gesetzes beschränkt sich auf die Unternehmen der Montanwirtschaft, d.h. auf Unternehmen des Bergbaus und der Eisen und Stahl erzeugenden Industrie. Es ist ferner erforderlich, daß das Unternehmen in der Rechtsform der AG, KGaA, GmbH oder einer bergrechtlichen Gesellschaft betrieben wird und mehr als 1.000 Arbeitnehmer beschäftigt werden. Das Montan-Mitbestimmungsgesetz von 1951 schreibt in § 3 die **paritätische** Besetzung des Aufsichtsrates durch Vertreter der Anteilseigner und Vertreter der Arbeitnehmer sowie weitere Personen vor, die nicht in direkter Beziehung zum Unternehmen stehen.

Die Gruppe der Arbeitnehmervertreter läßt sich unterteilen in betriebsangehörige und außerbetriebliche Arbeitnehmer, sprich, Angehörige der im Unternehmen vertretenen Gewerkschaften. Durch ihren Sitz im Aufsichtsrat haben die Arbeitnehmer ein Mitbestimmungsrecht bei Entscheidungen, die durch den Aufsichtsrat zu fällen sind. Eine Vertretung im Vorstand wird den Arbeitnehmern durch die gesetzlich zwingend vorgeschriebene Etablierung eines Ressorts für Personal und Sozialwesen mit einem **Arbeitsdirektor** in der Stellung eines gleichberechtigten Vorstandsmitglieds zugesichert. Der Arbeitsdirektor kann nicht gegen die Stimmen der Mehrheit der Arbeitnehmervertreter bestellt oder abberufen werden.

c) Das Mitbestimmungsgesetz

Das Gesetz über die Mitbestimmung der Arbeitnehmer von 1976 ist auf alle privatrechtlichen Unternehmen anzuwenden, die in der Rechtsform der Kapitalgesellschaft (AG, KGaA, GmbH usw.) fungieren, sofern sie **über 2.000** Arbeitnehmer beschäftigen und nicht unter das Montan-Mitbestimmungsgesetz fallen. Gültigkeit besitzt dieses Gesetz außerdem für Unternehmen, die in Form einer Kommanditgesellschaft geführt werden, deren Komplementär eine juristische Person ist, an der die Kommanditisten die Anteilsmehrheit halten (z.B. GmbH & Co. KG). Von seiner wirtschaftlichen Bedeutung her ist dieses Gesetz die wichtigste Mitbestimmungsregelung. Die Mitbestimmung soll sich im Sinne des Gesetzes auf unternehmerische Belange beziehen. Als Organ dient ein (numerisch) **paritätisch** besetzter Aufsichtsrat, in dem auch Vertreter der Gewerkschaft ihren Sitz haben. Das Gesetz sieht drei Aufsichtsratsgrößen (mit 12, 16 oder 20 Mitgliedern) vor.

Die **Arbeitnehmervertreter** im Aufsichtsrat werden entweder unmittelbar oder durch Wahlmänner gewählt (bei bis zu bzw. mit mehr als 8.000 Arbeitnehmern). Der Vorsitzende und der Stellvertreter des Aufsichtsrates werden mit Zwei-Drittel-Mehrheit gewählt. Kann dieses Wahlergebnis für keinen erreicht werden, so wird in einem zweiten Wahlgang der Vorsitzende von den Vertretern der Anteilseigner, sein Stellvertreter von den Vertretern der Arbeitnehmer im Aufsichtsrat mit Stimmenmehrheit bestimmt.

Da eine numerische Parität gegeben ist, kann bei Abstimmungen ein Patt eintreten. Für diesen Fall steht nach Wiederholung der Stimmengleichheit dem Vorsitzenden eine zweite Stimme zu, die an seine Person gebunden ist (d.h. nicht übertragbar ist). Damit ist nur eine „Schein-Parität" gegeben. Die Zweitstimme des Aufsichtsratsvorsitzenden sichert bei Stimmengleichheit den Anteilseignern die Mehrheit. Die Macht der Anteilseigner wird zusätzlich dadurch gestärkt, daß unter den Arbeitnehmervertretern mindestens ein leitender Angestellter zu finden ist. Es wird angenommen, daß er eher die Interessen des Managements statt die der Arbeitnehmer vertritt. Auch im MitbestG ist die Position eines **Arbeitsdirektors** im Vorstand verankert (zu seinem gewandelten Aufgabenbereich in einem Human-Resource-Management siehe Wagner, 1993).

d) Erfahrungen mit der Mitbestimmung

Das Gesetz über die Mitbestimmung der Arbeitnehmer von 1976 ist nach äußerst kontrovers geführten Diskussionen als politische Kompromißlösung verabschiedet worden. Eine im nachfolgenden Jahr von den Arbeitgebern in Karlsruhe eingelegte Verfassungsbeschwerde wurde 1979 zurückgewiesen. Die Kontroverse ist jedoch immer noch nicht ganz verstummt; auch heute noch sind unterschiedliche Positionen zu erkennen:

- Einerseits hat die Wirtschaft damit zu „leben" gelernt (auch wenn manche die Meinung vertreten, daß die Mitbestimmung ein Irrtum war),
- andererseits fordern die Gewerkschaften weiterhin eine Kontrolle wirtschaftlicher Macht durch eine Weiterentwicklung des Gesetzes nach den Prinzipien des Montan-Mitbestimmungsgesetzes und durch Formen gesamtwirtschaftlicher Mitbestimmung; zudem sind Tendenzen zu einem Konfliktmodell der betrieblichen Mitbestimmung festzustellen.

Empirische Analysen zeigen:

- Bei der institutionellen Ausformung des Mitbestimmungsgesetzes sind deutliche Unterschiede zwischen Töchtern ausländischer multinationaler Unternehmen und inländisch beherrschten Gesellschaften festzustellen; bei Ersteren steht dem mitbestimmten Aufsichtsrat ein merklich geringeres formales Einflußpotential auf die Unternehmenspolitik zur Verfügung.
- Eigentümerunternehmen weisen unabhängig vom Herkunftsland weit niedrigere Partizipationsmöglichkeiten als managerkontrollierte Unternehmen auf.
- Nach einer Erhebung des Instituts der deutschen Wirtschaft entstehen den Unternehmen aus der Umsetzung des Betriebsverfassungsgesetzes ca. 7 Mrd. DM **Kosten**. Die Folgekosten des BetrVG beliefen sich danach 1998 auf 517, 54 DM je Mitarbeiter und Jahr (vgl. Niedenhoff, 1999).
- Über das Interesse der Arbeitnehmer an der Mitbestimmung geben die bisherigen Umfragen keine gesicherten Ergebnisse zu den individuellen Prioritäten. Es scheint jedoch eine gewisse Schwächung der institutionellen, indirekten und mittelbaren Mitbestimmung zugunsten der direkten Mitbestimmung (Qualitätszirkel, Arbeitszeitsouveränität, Zielvereinbarung u.ä.) gegeben zu sein.

2. Freiwillige Vereinbarungen („Partnerschaft")

Während mit der „Mitbestimmung" mehr die Vorstellung institutionalisierter/verrechtlicher Partizipation verbunden ist, schließt der Begriff Partizipation alle möglichen Formen „faktischer" Beteiligung ein (vgl. Mikl-Horke, 1995, S. 260; vgl. auch unsere Ausführungen in diesem Teil unter E, II, 3. Humanisierung der Arbeit). Partnerschaft – als freiwillig vereinbarte Regelung – kann

- **direkt** am Arbeitsplatz (z.B. Arbeitsgruppen, Qualitätszirkel, Arbeitsstrukturierungsmaßnahmen, MbO-Systeme)

- **indirekt** auf Unternehmensebene (Mitbestimmungsgremien, z.B. im Wirtschaftsausschuß u.ä.)

durchgeführt werden.

Während bei den materiellen Beteiligungen (Erfolgs- und Kapitalbeteiligung), wie noch zu zeigen sein wird, ein langsamer, aber steter Trend zu einer Ausweitung erkennbar ist, muß man die Entwicklung der partnerschaftlichen Idee differenzierter beurteilen. Ein durchgreifender Wandel bei der indirekten Partizipation auf Unternehmensebene erscheint zur Zeit gesellschaftspolitisch **nicht** realisierbar, es verstärken sich aber zusehends **direkte** Partizipationsbestrebungen, insbesondere auch in Verbindung mit materiellen Beteiligungsformen (vgl. dazu unsere Einzelbetrachtungen).

Die von der „Arbeitsgemeinschaft zur Förderung der Partnerschaft in der Wirtschaft e.V. (AGP)" hervorgehobenen Elemente des **Partnerschaftsgedankens** umfassen

- die vertraglich einen Rechtsanspruch begründende Regelung
- die Zielsetzung der Selbstentfaltung
- die Mitwirkung an Entscheidungen
- die Mitverantwortung
- die Reduzierung von Fremdverantwortung
- die Beteiligung am Erfolg und/oder Kapital

Das letzte Element zeigt „Überschneidungen" mit den Formen der materiellen Mitarbeiterbeteiligung. Die bisherigen Erfahrungen zeigen ein starkes Übergewicht dieses letzten Elementes – eine Änderung etwa bei der Entscheidungsstruktur ist selten. Dem Konzept der betrieblichen Partnerschaft als einer wirtschaftsethischen Haltung liegen ganz allgemein Beteiligungsmöglichkeiten zugrunde, die über die gesetzlich vorgeschriebenen Informations-, Anhörungs-, Mitwirkungs- und Mitbestimmungsrechte der Arbeitnehmer und ihrer Repräsentanten hinausgehen. (Praxisbeispiele für die unterschiedliche Ausprägung von Partnerschaftsverträgen bei Bea/Dichtl/Schweitzer, 1992, S. 289f.)

In einer weiten Fassung differenziert die AGP folgende **Beteiligungsmodelle**:

- **Partnerschaftliche Formen**, d.h. Unternehmen, die ihre Mitarbeiter am Erfolg/Vermögen/(Kapital beteiligen (z.B. über Mitarbeiterdarlehen, stille Beteiligung, Belegschaftsaktien)
- **Belegschaftsbetrieb/Mitarbeitergesellschaft**, d.h. Unternehmen, die mehrheitlich den Mitarbeitern gehören (z.B. als Selbstverwaltungs-/Alternativbetrieb oder bei Konkursauffanggesellschaften)
- **Management-Buy-out**, d.h., das Management übernimmt mehrheitlich das Unternehmen (z.B. als Nachfolgeregelung, Ausgründung oder MBO bei privatisierten Unternehmen).

II. Die materielle Mitarbeiterbeteiligung

1. Begriffsbestimmungen

Es sind grundsätzlich zwei Arten einer freiwillig vereinbarten materiellen Beteiligung zu unterscheiden (vgl. Schneider/Zander, 1990, S. 57ff; Pullig, 1993, S. 96ff.; Lezius, 1988, S. 924; daraus Abb. 56), nämlich

- die Beteiligung an den Erlösen (**Erfolgsbeteiligung**) und
- die Beteiligung am Unternehmenskapital (**Kapitalbeteiligung**).

Der Unterschied liegt im wesentlichen darin, daß die Arbeitnehmer bei der Erfolgsbeteiligung einen Anteil über den Faktor Arbeit beziehen, während sie bei der Kapitalbeteiligung aufgrund ihrer Kapitaleinlage am Gewinn des Risikokapitals beteiligt sind. „Jeder dieser Hauptbestandteile kann für sich bestehen, also ein eigenständiges Beteiligungsmodell bilden. Sehr oft – dies kommt vor allem im Trend der letzten Jahre zum Ausdruck – werden jedoch beide Hauptbestandteile miteinander verknüpft, die Erfolgsbeteiligung wird damit Mittel zum Zweck' der Kapitalbeteiligung. Das heißt, durch die Erfolgsbeteiligung wird im Rahmen des Modells der Mitarbeiter-Beteiligung die Mittelaufbringung (Finanzierung der Kapitalbeteiligung) gewährleistet. Die sog. Mittelverwendung stellt dann die eigentliche Kapitalbeteiligung dar" (Schneider/Zander, 1990, S. 13f.).

Weitere Unterscheidungsmöglichkeiten:

- **betrieblich** (d.h., der Mitarbeiter ist am Erfolg und/oder Kapital seines arbeitgebenden Unternehmens beteiligt) und

- **überbetrieblich** (d.h., das Unternehmen führt erfolgsbezogene Zuwendungen an einen Fonds ab, der wiederum Beteiligungspapiere an Arbeitnehmer ausgibt).

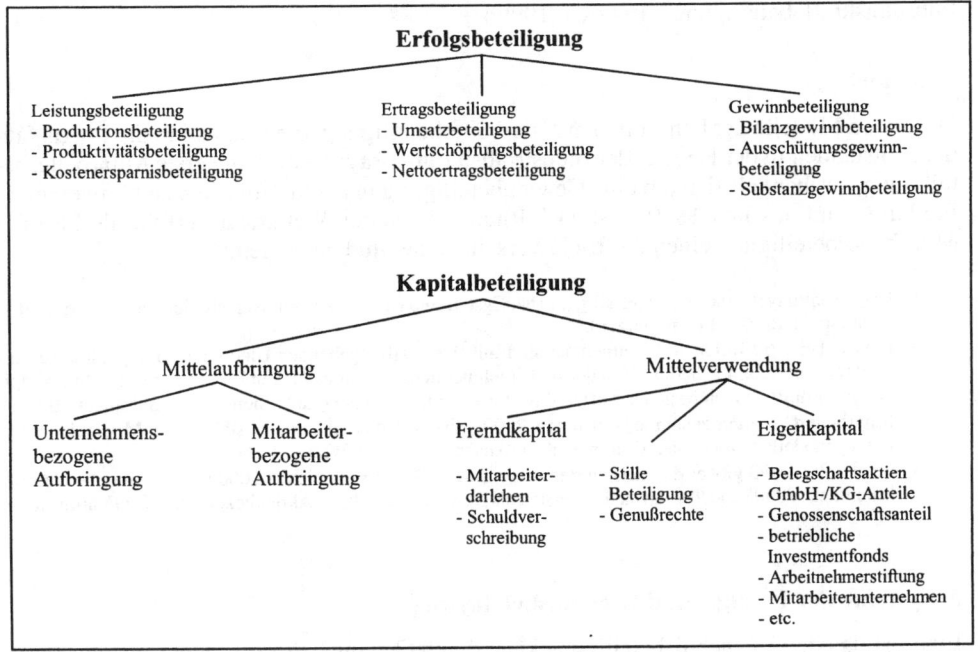

Abb. 56: Elemente der materiellen Beteiligung

Die betriebliche **Vermögensbeteiligung** ist als eine „Sonderform der betrieblichen Mitarbeiterbeteiligung, bei der die Mitarbeiter Anteile am Unternehmenskapital halten" (Guski/Schneider), zu verstehen. Die Vermögensbeteiligung führt zur Vermögensbildung. Unter betrieblicher Vermögensbildung für Arbeitnehmer versteht man alle Grundtypen der Mitarbeiterbeteiligung, bei denen Kapital im arbeitgebenden Betrieb angelegt wird. Ziel ist die Korrektur der bestehenden Lage: Drei Viertel des deutschen Produktivvermögens liegt in den Händen von knapp zwei Prozent der Bevölkerung. Seit Jahrzehnten wird die Idee, Teile einer Lohnerhöhung vermögenswirksam in Produktivkapital zu reinvestieren (**„Investivlohn"**), immer wieder theoretisch gelobt (Entlastung der Betriebe auf der Lohnkostenseite, Verbesserung der einseitigen Vermögensverteilung), politisch gefordert (wie beim „Aufschwung Ost" oder beim 1995/96 angedachten Beschäftigungspakt), ohne je erfolgreich umgesetzt worden zu sein (zum Investivlohn aus Arbeitnehmersicht und aus Sicht des Unternehmens siehe besonders Michaelis/Spermann, 1993). Nur zwei Millionen der fast 30 Millionen Mitarbeiter sind Mitunternehmer.

„So wünschenswert die Beteiligung von Arbeitnehmern am Produktivvermögen ist, so problematisch ist die Implementierung eines Investivlohnkonzepts. Aus juristischen Gründen können Investivlohnvereinbarungen nicht auf kollektiver, sondern nur auf betrieblicher Ebene abgeschlossen werden. Damit aber fehlt den Gewerkschaften das Eigeninteresse, sich mit Vehemenz für dieses Konzept einzusetzen. Ihr Ziel ist allenfalls ein als übertarifliches Entgelt konzipierter Investivlohn (...) Erschwerend kommt hinzu, daß der Staat lediglich übertarifliche Investivlöhne prämiert. (...) Die Instrumente der staatlichen Vermögenspolitik sollten folglich neu überdacht werden. Denn sie unterstützen nicht, sondern sie konterkarieren die staatliche Beschäftigungspolitik" (ebd., S. 228).

„Das Spektrum der Mitarbeiterbeteiligungssysteme erstreckt sich indes von der direkten und indirekten Kapitalbeteiligung über die investive Lohnpolitik bis hin zur Mitarbeiterbeteiligung als Grundlage für eine betriebliche Altersvorsorge. Darüber hinaus existieren außerdem noch spezielle Modelle für leitende und verantwortliche Angestellte im Rahmen der Führungskräftebeteiligung." (Kürten, 1999b)

2. Historie

Die ersten Modelle der betrieblichen Mitarbeiterbeteiligung, die Eingang in die Praxis fanden, entstanden in der Epoche der Industrialisierung. Bayer datiert die erste Mitarbeiterbeteiligung – es handelt sich um eine Gewinnbeteiligung in den fiskalischen Hüttenwerken in Freiburg – auf das Jahr 1840. Erst nach Ende des zweiten Weltkrieges erfuhr die Idee der Mitarbeiterbeteiligung einen Auftrieb. Verschiedene Studien zeigen:

- Die Gestaltungsformen sind vielfältig (am häufigsten sind Darlehen/Schuldverschreibungen, Belegschaftsaktien und indirekte Beteiligungen).
- Etwas über 1,6 Millionen Arbeitnehmer sind mit ihrem arbeitgebenden Unternehmen kapitalmäßig verflochten, damit bilden bereits 10% der Arbeitnehmer in beteiligungsfähigen Unternehmen Produktivkapital; vier Fünftel davon besitzen **Aktien** ihrer Firma (z.B. Commerzbank, Siemens, Mannesmann, Bayer).
- Mitarbeiterbeteiligungen finden sich bei ca. 2500 deutsche Unternehmen; Darstellung der Mitarbeiterbeteiligungsmodelle von Homag, Continental, Wilkhahn bei Fiedler-Winter, 1999.
- Innerhalb der EG gibt es die meisten Beteiligungsmodelle in Frankreich (12 000 Unternehmen) und Großbritannien (7000 Modelle, davon die meisten als freiwillig gewährtes Aktienbezugsrecht für Führungskräfte.

3. Systeme der Erfolgs- und Ergebnisbeteiligung

Eine Erfolgs- bzw. Ergebnisbeteiligung kann durch Gewinn-, Ertrags- oder Leistungsbeteiligung geschehen. Sie setzen nicht immer eine Kapitalbeteiligung voraus. Zu beachten ist in diesem Zusammenhang, daß der Leistungs- und Prämienlohn an sich bereits eine Form der Ergebnisbeteiligung ist. Eine reine Erfolgsbeteiligung ist dadurch gekennzeichnet, daß dem einzelnen Mitarbeiter neben seinem Lohn- bzw. Gehaltsanspruch gemäß vertraglicher Vereinbarung ein Teil des Unternehmenserfolges zusteht (ergebnisorientierte zusätzliche (aber flexible) Entgeltkomponente als Anreizfunktion). Die Erfolge, an denen eine Beteiligung gewährt wird, entstehen i.d.R. in größeren Betriebseinheiten (nicht am einzelnen Arbeitsplatz). Dabei bleibt es Einzelregelungen überlassen, wie hoch der auf den Faktor „Arbeit" entfallende Anteil ist und woran sich der Erfolg bemißt. Ausschließliche Grundlage der Beteiligung ist die Mitarbeit.

Der Lohn besteht demnach aus **zwei Bestandteilen**:

- einem festen („sicheren") Lohnsatz
- einem gewinnabhängigen Teil.

Die betriebliche Erfolgsbeteiligung unterscheidet sich vom individuellen Leistungsentgelt dadurch, daß zu den Leistungswerten des einzelnen nur eine **indirekte** Beziehung besteht, weil die in größeren Betriebseinheiten erzielten Erfolge des Unternehmens in irgendeiner Form zugrunde gelegt werden. Da die wirtschaftlichen Ergebnisgrößen von Jahr zu Jahr schwanken, ist diese Erfolgskomponente ebenso variabel. Ferner haben die Erfolgsanteile keinen Kostencharakter. Mit Erfolgsbeteiligungen werden verschiedene **Zielsetzungen** verfolgt, die im Prinzip den Zielsetzungen bei Kapitalbeteiligungen entsprechen.

Grundsätzlich gibt es ein breites Spektrum an Möglichkeiten, die Mitarbeiter am Erfolg des Unternehmens zu beteiligen. Es ist jedoch zu betonen, daß sie, egal welcher Ausprägung, nicht dazu geeignet sind, Unzulänglichkeiten von Lohn- und Gehaltssystemen zu korrigieren. Diese schwankenden Beträge werden zusätzlich zu den fixen oder variablen Entgelten der Leistungsentlohnung bezahlt. Bei der **Systematisierung** der verschiedenen Alternativen empfiehlt es sich, die Basis der Beteiligung als Grundlage heranzuziehen. Als Basisgrößen stehen im Vordergrund: Leistungen, Erträge und Gewinne. Als prinzipielle Gestaltungsmöglichkeiten stehen daher

(1) die Leistungsbeteiligung

(2) die Ertragsbeteiligung

(3) die Gewinnbeteiligung

zur Diskussion, ergänzt durch Zu- und Abschläge (vgl. Harlander u.a., 1994, S. 334ff.; Schneider/Zander, 1990, S. 57ff.; Pullig, 1993, S. 97ff.).

zu (1): Leistungsbeteiligungen:

- Knüpfen direkt am Arbeitsergebnis an.
- Je nach Leistung, d.h. Erreichen bzw. Überschreiten einer Sollgröße, erhalten die Arbeitnehmer gestaffelte Erfolgsanteile zugesprochen.
- Der Einfluß auf das individuelle Leistungsverhalten ist somit relativ hoch.
- Die Gewinnlage sowie die Bedingungen auf dem Absatzmarkt bleiben meist unberücksichtigt, d.h., die Leistungsbeteiligung ist von Markteinflüssen völlig unabhängig.
- Beteiligungsbasen sind üblicherweise das Produktionsvolumen, die Produktivität und die Kostenersparnis.

zu (2): Erfolgsbeteiligungen:

- Umsatz, Rohertrag, Nettoertrag und Wertschöpfung werden hier als maßgebliche Größen eingesetzt.
- Mit ihnen wird verdeutlicht, daß eine kostensparende Produktion allein nicht ausreicht, um einen Betrieb zu erhalten, vor allem Erfolge auf den Absatzmärkten werden damit honoriert.
- Grundsätzliche Gestaltungsmöglichkeiten:
  - das einmalige, unverbindliche Angebot,
  - der Einzelvertrag,
  - die Betriebsvereinbarung.

zu (3): Gewinnbeteiligung:

- Hat die weitaus größte praktische Bedeutung.
- Gewinn gilt als einfache, aber – vom betriebswirtschaftlichen Standpunkt aus – nicht unproblematische Größe. Die Ermittlung des „richtigen Gewinns" ist nur über Korrekturen annähernd möglich.
- Als Unterformen der Gewinnbeteiligung werden unterschieden:
  - Ausschüttungsgewinnbeteiligungen
  - Substanzgewinnbeteiligung
  - Unternehmungs-/Bilanzgewinnbeteiligungen

wobei sich die beiden ersten Formen in der Praxis kaum finden.

Die **Beteiligungsfondsbildung** und **-verteilung** umfaßt zwei Stufen: die Bestimmung der **Gesamtquote** und die Bestimmung der **Individualquote**. Der jeweilige Anteil kann entweder bar **ausgeschüttet** werden (die Regel) oder er wird **einbehalten** (z.B. zur Eigenkapital-/Fremdkapitalbildung – laboristische Kapitalbeteiligung oder Pensionsfondsbildung).

4. Modelle

In der Literatur werden die Modelle der **Mitarbeiterbeteiligung** i.d.R. differenziert in Formen

(1) **schuldrechtlicher** Verhältnisse, die zu einer Beteiligung der Mitarbeiter am **Fremdkapital** führen, wie z.B.

- das Mitarbeiterdarlehen
- die Mitarbeiterobligation bzw. -schuldverschreibung

(2) **gesellschaftsrechtliche** Verhältnisse, die zu einer Beteiligung der Mitarbeiter am **Eigenkapital** führen, wie z.B.:

- die stille Gesellschaft
- die Kommandit- und die OHG-Beteiligung
- die GmbH-Beteiligung
- die Belegschaftsaktie
- die Beteiligung in Mischformen

(3) Beteiligungen, die zu einer **eigenkapitalähnlichen** Beteiligung führen, wie z.B.:

- der Genußschein
- die stille Gesellschaft.

Als **Sonderformen** der betrieblichen Vermögensbildung gelten:

- der Belegschaftsfond
- die indirekte Kapitalbeteiligung.

Mitarbeiter-Kapitalbeteiligungen kommen aufgrund von **freiwilligen** Vereinbarungen zustande. Diese Freiwilligkeit gilt dabei für das eine Beteiligung anbietende Unternehmen ebenso wie für die Annahme dieses Angebots durch die dort beschäftigten Arbeitnehmer (zahlreiche Modelle in Schneider/Zander, 1990, S. 127ff.). Vgl. auch unsere Ausführungen im Zweiten Teil zu Management Buy Outs und ähnliche Modelle.

a) Fremdkapitalbeteiligungen

Eine Beteiligung am Fremdkapital ist dadurch charakterisiert, daß die Mitarbeiter (als Gläubiger) dem arbeitgebenden Unternehmen (als Schuldner) für einen in der Regel festgelegten Zeitraum einen bestimmten Geldbetrag gegen einen i.d.R. festen Zins zur Verfügung stellen, der nach Fristablauf zurückzuzahlen ist.

Vorteile für die Unternehmung:

- klar kalkulierbare Belastung
- Mitarbeiter verfügen lediglich über Vermögensrechte (Mitsprache- oder Mitentscheidungsrechte nur bei ausdrücklicher vertraglicher Vereinbarung)

Bei der Fremdkapitalbeteiligung sind zwei **Grundformen** zu unterscheiden:

(1) das Mitarbeiterdarlehen
(2) die Mitarbeiterschuldverschreibung.

Zu (1): Das **Mitarbeiterdarlehen** unterliegt den gesetzlichen Vorschriften gemäß §§ 607 - 610 BGB; es unterliegt keinerlei formalen Anforderungen, ist inhaltlich frei gestaltbar und ist nicht an bestimmte Rechtsformen gebunden. So sind Bindungsfrist, (i.d.R. 5-15 Jahre), Verzinsung, Kündigungsbestimmungen, Fälligkeit und Rückzahlungsmodalitäten frei vereinbar. Der Darlehensnehmer gelangt in die Position eines Gläubigers. Für den Darlehensgeber ist eine Bankbürgschaft oder eine versicherungsrechtliche Absicherung zwingend vorgeschrieben. Die Verzinsung des Mitarbeiterdarlehens kann erfolgen: nach den Sätzen des längerfristigen Kontensparens oder nach dem schwankenden Diskontsatz der Bundesbank bzw. in Form einer Gewinnbeteiligung (partiarisches Darlehen) bzw. als Kombination, bestehend aus fester Mindestverzinsung plus erfolgsabhängiger Bonus.

Zu (2): Die **Mitarbeiter-Obligation und -Schuldverschreibung**:

Die Ausgabe von Schuldverschreibungen, die i.d.R. auf einen festen Zinssatz lauten, eignet sich im wesentlichen nur für große Aktiengesellschaften, da sie mit hohen Emissionskosten verbunden ist und außerdem ein Mindestumfang für die Einführung vorhanden sein muß. Wirtschaftlich gesehen, stehen Schuldverschreibungen der Einräumung von Darlehen nahe. Vom juristischen Standpunkt stellen Obligationen Wertpapiere dar, die eine Geldforderung verbriefen, also keine Mitglieds- oder Anteilsrechte. Im Konkurs reihen sich die Inhaber der Schuldverschreibung unter die Gläubiger ein.

Grundsätzlich kommen folgende **Formen** der Mitarbeiterschuldverschreibungen in Frage:

- Namensschuldverschreibung
- Inhaber- und Orderschuldverschreibung
- Gewinnschuldverschreibung
- Wandelschuldverschreibung (spätere Umwandlung in Aktien)

Die Formen der Fremdfinanzierung (Mitarbeiterdarlehen, -schuldverschreibung) stellen im engeren Sinn **keine** Kapitalbeteiligung dar, da zwischen beteiligten Mitarbeitern und ihrem Unternehmen schuldrechtliche Beziehungen vorherrschen, also das Gesellschaftsrecht nicht berührt wird. Wegen ihrer unkomplizierten Gestaltungsmöglichkeiten hinsichtlich Verzinsung, Mittelaufbringung und -rückzahlung sind diese Beteiligungsformen bei allen Unternehmungen einführbar.

b) Eigenkapitalbeteiligungen

Eigenkapitalbeteiligungen führen zu einer wesentlich stärkeren „Bindung" des Mitarbeiters an „sein" Unternehmen. Welche Beteiligungskonstruktion für das jeweilige Unternehmen passend ist, hängt wesentlich von der gewählten Rechtsform des Unternehmens ab. Untersuchungen zeigen die Stillen Beteiligungen und Mitarbeiterdarlehen als die beliebtesten Beteiligungsformen. Die Gründe dürften in der Möglichkeit der freien Gestaltung der Vereinbarung und an der leichten Anpassung an die Rechtsform der Unternehmung liegen. Es wird ein **Trend** sichtbar, das Mitarbeiterkapital zunehmend als Eigenkapital zu installieren.

Die Eigenkapitalbeteiligung durch Ausgabe von **Belegschaftsaktien** (die in der Literatur vielfach als „echte" Mitarbeiterbeteiligungen bezeichnet werden) zeichnet sich – im Vergleich zu anderen Beteiligungsformen – durch wesentliche **Vorteile** aus:

- Der Mitarbeiter wird mit dem wirtschaftlichen Erfolg seines Unternehmens verbunden (und Teilhabe an der Wertentwicklung über den Börsenkurs).
- Über den Anteil sind Mitsprache- und Mitentscheidungsrechte verbunden (Stimmrecht in der Hauptversammlung; bei größeren Unternehmen mit breiter Aktienstreuung ist der Einfluß jedoch nur marginal).
- Stimmrechtlose Belegschaftsaktien sind möglich, erhalten i.d.R. höhere Dividende.
- Die Mitarbeiter partizipieren am Unternehmensrisiko nur in Höhe ihrer Aktienwerte.
- Die Handhabung der Beteiligung ist relativ unkompliziert.
- Es sind auch bereits Beteiligungen bei kleinen Kapitalbeträgen möglich.
- Für den Mitarbeiter ist die Veräußerung (abgesehen von eventuell einzuhaltenden Sperrfristen) jederzeit möglich.
- Die Unternehmung erhält eine Kapitalzufuhr; eine Veräußerung hätte keine direkte Auswirkung auf die Liquiditätslage der Unternehmung.
- Ein Unternehmen kann bis zu 500 DM steuer- und sozialabgabenfrei aufwenden.

Diese Vorteile machten die Belegschaftsaktie zur **verbreitetsten** Form der Mitarbeiterkapitalbeteiligung; etwa 1,5 Millionen Mitarbeiter habe verbilligte Anteilspapiere ihres Arbeitgebers erworben (so ist von den bei Aktiengesellschaften Beschäftigten fast jeder dritte Belegschaftsaktionär; von den 420 großen Publikumsgesellschaften haben ca. 140 Beleg-schaftsaktien ausgegeben. Eine ähnliche „elegant" zu verwirklichende Beteiligung am Ei-genkapital konnte bei Unternehmen, die in anderer Rechtsform geführt werden, bisher nicht gefunden werden. So erscheint bei einer Personengesellschaft insbesondere die **KG** geeig-net, jedoch verhindert der Zwang, Gesellschaftsanteile eines Kommanditisten ins Handels-register ein- und auszutragen, deren Praktikabilität. Auch bei Kapitalgesellschaften (wie z.B. die GmbH) verursachen, von der AG abgesehen, Eigenkapitalbeteiligungen eine Reihe von Problemen formaler und steuerrechtlicher Art.

c) Eigenkapitalähnliche Beteiligungen

Für eine Mitarbeiter-Kapitalbeteiligung bei der KGaA bietet sich die Stellung als **Komman-ditaktionär** an, indem eine für die Belegschaft zu bildende, beschränkt haftende Komman-diteinlage in Aktien zerlegt wird, bei der GmbH & Co. KG können die Mitarbeiter als GmbH-Gesellschafter oder als Kommanditisten beteiligt werden. Jedoch stehen der Beteili-gung als GmbH-Gesellschafter die bereits erwähnten handelsrechtlichen Formvorschriften im Wege, der Kommanditbeteiligung die steuerliche Behandlung als Mitunternehmerschaft im Sinne des 15 Abs. 1 Nr. 2 EStG.

Die Mitarbeiterbeteiligung in Form der **stillen Beteiligung** entwickelte sich – nicht zuletzt aufgrund der dispositiven Gestaltungsmöglichkeit (unabhängig von der jeweiligen Rechts-form) – zu einer der **beliebtesten** Formen (vgl. dazu unsere Ausführungen bei den Rechts-formen). Zwar sind unternehmerische Mitgestaltungsrechte der Arbeitnehmer ausgeschlos-sen, es bleibt jedoch ein Druckpotential bei Meinungsverschiedenheiten, da der stille Gesell-schafter über ein Kündigungsrecht verfügt, das als außerordentliches überhaupt nicht und als ordentliches auch nur in Grenzen eingeschränkt werden kann (vgl. Reuter, 1990, S. 714).

Genußscheine können in der Bilanz ausgewiesen werden oder müssen anderenfalls im Ge-schäftsbericht Erwähnung finden. Der Genußschein verbrieft ein Genußrecht am Gewinn bzw. Verlust, wobei Gesellschaftsrechte (z.B. Stimmrecht) ausgeschlossen sind. Genuß-rechte geben z.B. namhafte Beteiligungsunternehmen wie Bertelsmann und Draeger heraus. Bei mittelständischen Unternehmen ähnelt der Genußschein der Beteiligung in Form der stillen Gesellschaft. Die Ausgabe von Genußscheinen findet hauptsächlich bei großen Ge-sellschaften Anwendung, sie lassen sich in diesem Fall am ehesten mit stimmrechtlosen Vor-zugsaktien vergleichen. So wählten zwei neue Beteiligungsmodelle, bei Dornier und beim Otto Versand, dieses Beteiligungsinstrument.

Genußrechte sind **nicht** gesetzlich definiert, doch finden sie Erwähnung in §§ 221 Abs. 3 AktG. Bezüglich der Ausgabe gelten somit dieselben Bestimmungen wie für Wandel- und Gewinnschuldverschreibungen. Eine Beteiligung am Liquidationserlös wird ausgeschlos-sen, eine verdeckte Gewinnausschüttung im Sinne des § 8 Abs. 3 KStG liegt somit nicht vor. Die Zinsen für die Bedienung der Genußscheine unterliegen nicht der Besteuerung, sondern können als Betriebsausgaben in Abzug gebracht werden. Genußscheininhaber reihen sich im Konkursfall hinter die Gläubiger, aber vor den Aktionären mit ihrer Forderung in Höhe des Nominalwertes ihres Scheines ein.

5. Motive zur Einführung einer betrieblichen Vermögensbeteiligung

Die Motive, die zur Einführung einer Mitarbeiterbeteiligung ausschlaggebend waren, wur-den von Guski und Schneider mehrmals durch Unternehmensbefragungen genauer unter-sucht. Als wichtigste Ziele wurden genannt: Motivation (Arbeitsleistung, Identifikation, Mitdenken etc.), Finanzierungs- und Steuereffekte (Erhöhung des Eigenkapitals, zusätzli-che Liquidität etc.; Rechenbeispiele in Schneider/Zander, 1990, S. 44ff.), Personalpolitik

478

(Abrundung des Sozialleistungspakets etc.) oder Partnerschaft. Bei einem Vergleich der Ziele zwischen Groß- und Mittelunternehmen wurde wiederum festgestellt, daß bei Großunternehmen die Ziele Vermögensbildung und Gesellschaftspolitik dominierten, bei kleinen und mittelständischen Unternehmen jedoch die Motivation der Mitarbeiter am wichtigsten ist. Als nächste Ziele folgen personalpolitische Beweggründe – wie auch der Finanzierungseffekt, der vor allem bei Klein- oder Mittelbetrieben aufgrund ihrer beschränkten Finanzierungsmöglichkeiten einen besonderen Stellenwert besitzt.

6. Auswirkungen auf Unternehmung/Mitarbeiter

Ein maßgeblicher Faktor der betrieblichen Vermögensbildung wird in der Stärkung der **Finanzkraft**, ferner in den positiven Auswirkungen auf die Liquidität gesehen. Heute existieren Modelle, bei denen sich Arbeitnehmer z.B. Überstunden nicht mehr auszahlen lassen, sondern diese in Form von Einlagen im Unternehmen investieren zugunsten der betrieblichen Liquidität (vgl. Kürten, 1999b). Wie sich auf der Analytik 99 zeigte, lassen inzwischen einige Betriebe den Mut erkennen, die historische Einrichtung Mitarbeiterbeteiligung nicht mehr unter sozialen Gesichtspunkten, sondern als **Wettbewerbsfaktor** zu betrachten. Dabei spielt die Frage der Risikoübernahme (z.B. bis zur Höhe der Kapitaleinlage) eine besondere Rolle (zu pionierhaften Modellen siehe Fiedler-Winter, 1999, S. 166f.).

Die Mittelaufbringung zur Schaffung einer Beteiligung kann durch

- den Arbeitnehmer (originäre Kapitalbeteiligung)
- das Unternehmen (derivative Kapitalbeteiligung)
- oder durch beide zusammen (obligatorische und fakultative Verknüpfungen)

geschehen. Ferner kann der Staat zur finanziellen Unterstützung dienen, indem er Vergünstigungen gewährt. In vielen Beteiligungsmodellen werden auch Eigenleistungen der Mitarbeiter vorgesehen. Zur Erweiterung des betrieblichen **Finanzierungsspielraums** finden sich in der Literatur zahlreiche „Modell-Rechenbeispiele" (etwa Drukarczyk/Schwetzler, 1990). Zu weiteren Effekten (z.B. dem Steuerstundungseffekt aus Anwendung des §11 Abs. 1 EStG oder Vorteile aus §14 Abs. 1 VermBG) sei auf die genannte Spezialliteratur verwiesen.

In der Literatur finden sich zahlreiche Hinweise, daß die **Motivationswirkungen** einer Kapitalbeteiligung gerne als zu hoch angesehen werden (vgl. Schneider/Zander, 1990, S. 50ff.). Die Begründung liegt darin, daß zwischen der Beteiligung und der Motivationswirkung keine unmittelbare Beziehung besteht. Die betriebliche Vermögensbeteiligung zeigt weitere **personalpolitische** Wirkungen, so etwa Einflüsse auf

- die Mitarbeitergewinnung (Beteiligung als Teil des „Anreizsystems")
- die Fluktuation
- die Fehlzeiten (betrieblich bedingte Ursachen können durch Vermögensbeteiligung reduziert werden); nur schwache Einflüsse
- Personalkosten
- Weiterhin scheint die betriebliche Vermögensbeteiligung geeignet, Spannungen, die aus der Einführung neuer Technologien und aus der Rationalisierung resultieren, zu verringern.

Bei Aktienoptionen für die breite Mitarbeiterschicht steht der Gedanke im Mittelpunkt, den Mitarbeiter „als Intrapreneur im Unternehmen" zu fördern und an das Unternehmen zu binden; Belegschaftsaktien sind ein Instrument, um dem Mitarbeiter in einem kurzen Zeitraum eine hohe Beteiligung zu gewähren (dazu Hölscher/Alewald, 1998, S. 72ff.). Hohensee/Mai (1999) zeigen, wie Aktienoptionen Mitarbeiter zu **Millionären** machen: Dies sei bei Microsoft bei einem Drittel der 30.000 Mitarbeiter eingetreten, ähnliches wird von Cisco, Dell, Intershop, EM.TV oder SAP berichtet; auch beim Börsengang der Deutschen Telekom orderten zwei Drittel der Abgestellten Aktien – der Kurs ist heute das Mehrfache wert wie bei der Erstnotierung.

Die bei Beteiligung vermutete höhere Motivation und Produktivität der Mitarbeiter scheint sich zu bestätigen: Der **Employee Ownership Index**, in dem nur Unternehmen mit Mitarbeiterbeteiligung aufgenommen sind, zeigt einen überdurchschnittlichen Erfolg.

Für Eschbach (1999, S. 43) ist die Mitarbeiterbeteiligung ein Selbstläufer, die **Vorteile** sind zahlreich:

- Kapitalbasis: Verbreiterung der EK-Basis, Vorteil der Flexibilisierung der Personalkosten bei Erfolgsbeteiligung
- Produktivität: höhere Motivation
- Fluktuation: höhere Bindung (vor allem in den Brachen mit leergefegtem Arbeitsmarkt oder bei Neugründungen)
- Verständnis: als Mitunternehmer mehr Verständnis für unternehmerische Entscheidungen
- Gesellschaftspolitische Vorteile: Alterssicherung (zusätzliches Standbein zur gesetzlichen Rentenversicherung, evtl. als „deferred compensation"), Ausgleich der Lücke zwischen Shareholdern und Stakeholdern

7. Entwicklung der Vermögensverteilung

Eine von Miegel veröffentlichte Untersuchung zur Vermögensverteilung in der Bundesrepublik Deutschland zeigt, daß ein erheblicher Teil derer, die ihre Einkünfte aus nichtselbständiger Arbeit erzielen (Arbeiter, Angestellte und Beamte) zum wohlhabenden Teil der Bevölkerung gezählt werden können; die einzelnen Vermögensarten sind sehr ungleichmäßig auf die beiden sozialen Gruppen verteilt. Die ärmere Hälfte verfügt über Haus- und Grund-, Sachvermögen und Versorgungsansprüche, hingegen hat sie kaum Anteil am Betriebsvermögen.

Eine breitere Vermögensstreuung würde in **wirtschafts-** und **gesellschaftspolitischer** Hinsicht den Sparwillen stärken, die Gefahr des Mißbrauchs wirtschaftlicher Macht und den Gegensatz von Kapital und Arbeit vermindern. In mehr **unternehmungspolitischer** Zielrichtung kann die Finanzsituation/Kapitalausstattung, die Bindung des zufriedeneren und motivierteren Mitarbeiters an das Unternehmen verbessert oder schlicht die staatliche Vergünstigung „ausgenutzt" werden.

Als Maßnahmen der Versöhnung von Kapital und Arbeit und zur Veränderung der gegebenen Vermögensverteilung zugunsten der Arbeitnehmerschaft bediente sich der Gesetzgeber im wesentlichen folgender **Instrumente:**

- Prämien auf Bausparleistungen (ab 1952)
- Privatisierung von Bundesvermögen (Ausgabe von „Volksaktien" ab 1959)
- Spar-Prämiengesesetz (ab 1959)
- Vermögensbildungsgesetz (VermBG); es fördert die Anlage finanzieller Mittel von Arbeitnehmern in bestimmte Anlageformen durch Prämienzahlung

Ein entscheidender neuer Impuls zur Förderung der Vermögensbildung in Arbeitnehmerhand wurde durch das **Vermögensbeteiligungsgesetz** vom 22.12.1983 eingeleitet; es brachte eine Ausdehnung des förderungswürdigen Anlagenkatalogs neben den herkömmlichen Anlageformen (zusätzliche Kapitalbeteiligungsformen sind Genossenschaftsanteile, Genußscheine, Wandel- und Gewinnschuldverschreibungen oder stille Beteiligungen) und eine Erhöhung des anlagefähigen Höchstbetrages von DM 624 auf DM 936 pro Jahr.

Mit der neuen Zielsetzung der Vermögenspolitik seit 1990 werden nochmals die zwei Ziele der Vermögenspolitik bekräftigt:

- eine verstärkte Beteiligung der Arbeitnehmer am Produktivvermögen (Abbau der Vermögenskonzentration); mittlerweile sind über 150 Milliarden DM ausgeschüttet worden, ohne viel an der bestehenden Vermögenskonzentration zu ändern

- über Beteiligung am arbeitgebenden Unternehmen einen Beitrag zur Verbesserung der Eigenkapitalausstattung der deutschen Unternehmen zu leisten

Mit dem **dritten** Vermögensbildungsgesetz von 1999 tritt neben die Zulage für das Bausparen ein zweiter, erhöhter Förderbetrag für Beteiligungen (dazu Schneider, 1998, S. 460ff.).

H. Die Zukunft der Arbeit

I. Der Strukturwandel

„Wäre es nicht ein Ziel, eine Gesellschaft anzustreben, die nicht mehr wie heute strikt in Arbeitsplatz-Besitzer und Menschen ohne Arbeit geteilt ist? Arbeit wird in Zukunft anders sein als heute: Neue, wissensgestützte Berufe werden unqualifizierte Jobs verdrängen und es wird mehr Dienstleistungsleistungen als industrielle Arbeit geben. Statt Lebens-Arbeitsplätzen wird es mehr Mobilität und Flexibilität geben, auch zur besseren Vereinbarkeit von Beruf und Familie. Arbeit dient nicht nur dem Lebensunterhalt, Arbeit kann und soll auch Freude machen und Stolz vermitteln. Niemandem, der sich mit voller Kraft engagiert, darf deswegen ein schlechtes Gewissen eingeredet werden." (Alt-Bundespräsident Roman Herzog, Berlin, 1997)

Der zur Zeit ablaufende **Strukturwandel** verändert die Arbeitswelt von Grund auf:

- Die alten Beschäftigungsverhältnisse (lebenslange Anstellung, Vollzeit) in einem lebenslang ausgeübten (abhängigen) Beruf verschwinden immer mehr (patchworkartiges Arbeitsleben in vernetzten Strukturen).
- Das „Recht auf Arbeit" existiert für viele Menschen nicht mehr, und die Politik stößt bei der Schaffung von Arbeitsplätzen an Grenzen.
- Neben die Produktion von Produkten tritt immer mehr die Bereitstellung von wissensbasierten Dienstleistungen.

Für die **Zukunft** der **Industriearbeit** skizzieren Buck/Reif (1997, S. 159) folgendes grobes Bild:

- Tendenziell werden immer weniger Menschen in der Industrie Arbeit finden.
- Das Absinken des industriellen Beschäftigungsvolumens wird aufgrund der zunehmenden Funktionsintegration verstärkt die traditionellen Arbeitsplätze von technischen und kaufmännischen Angestellten treffen.
- Der Anteil von Arbeitsplätzen mit niedrigen Qualifikationsanforderungen sinkt.
- Im Zuge betrieblicher Umstrukturierungen steigen die Anforderungen an Kompetenz, Verantwortung und Engagement der Mitarbeiter.
- Die mit der Produktionsarbeit verbundenen psychischen Belastungen steigen in der Tendenz.
- Kleine, eigenverantwortliche und flexibel agierende Organisationseinheiten erfordern neue Qualifikationsprofile.

Die Zukunft der Arbeit ist zudem gekennzeichnet durch:

- Beschleunigung (z.B. häufige Tätigkeitswechsel, Wissensveralterung)
- Veränderung/Instabilität (z.B. andere Lebens- und Arbeitsmuster; permanente Entwicklungsnotwendigkeit; Lern-/Veränderungsprozesse; Phasen von selbständiger/nichtselbständiger Arbeit)
- Kooperationsformen (z.B. Arbeiten in Teams/Gruppen/Projekten)

In den letzten Jahren gab es in Deutschland neue **Rekordzahlen** von ca. vier Millionen **Arbeitslosen** (stellvertretend dazu Mikl-Horke, 1995, S. 299ff.). Dem verhängnisvollen Trend auf dem Arbeitsmarkt (und den anderen Problemen des „Wirtschaftsstandorts Deutschland") versucht man mit verschiedensten Modellen zu begegnen, mit einem „Bündnis für Arbeit" zwischen den Tarifparteien, durch Flexibilisierung von Arbeitszeiten usw. Arbeit ist für Rifkin (1995, S. 17) aber die Grundlage aller menschlichen Zivilisation (S. 17). Die gegenwärtige Entlassungswelle gewinnt eine noch größere Bedeutung, wenn man sich ansieht, wie die Ökonomen ständig die Grenze, bis zu der die Zahl der Arbeitslosen gerade noch „akzeptabel" ist, nach oben korrigiert. Und nicht zuletzt hängen auch unsere Zukunftserwartungen von dem ab, was wir um uns herum wahrnehmen. Was die Arbeit anbelangt, sind wir dabei, uns an stetig wachsende Arbeitslosenzahlen zu gewöhnen; die Konsequenzen dieser epochalen Entwicklung werden einfach unter den Teppich gekehrt." (Ebd, S. 22f.).

Gleichzeitig ändern sich die **Arbeits- und Organisationsformen** dramatisch. Wie wir im 2. Teil bereits gezeigt haben, erfolgt die betriebliche Leistungserstellung zunehmend in dynamischen Netzwerken und Zellstrukturen, bestehende Strukturen lösen sich auf, Flexibilität auf allen Ebenen ist das Credo der Arbeitsorganisation (vgl. Bauer/Kern, 1997, S. 19). Wir befinden uns im Übergang von der starren Bürokratie zur virtuellen Welt mit neuen Arbeits- und Führungsformen. Es entstehen (Heim-)Telearbeitsplätze oder Kleeblatt-Unternehmen, die nur mehr mit Kernmannschaften festangestellter Mitarbeiter arbeiten – freie Mitarbeiter, Teilzeitbeschäftigte treten **an Stelle** einer lebenslangen Bindung an einen Arbeitsplatz: Welche Auswirkungen hat dies auf die klassische Industrie-/Leistungsgesellschaft?

Beck spricht von der **„Brasilianisierung"** der deutschen Arbeitswelt. In einem Zeit-Dossier zur 1-Mann Firma, bei dem sich die Abhängigkeit eines Angestellten mit dem Risiko eines Unternehmers verbindet, fragen Spiewak/Uchatius (1999, S. 15): „Sind Unternehmer ohne jedes Personal Vorbilder? Oder bloß Tagelöhner und Scheinselbständige?" Für sie ist der Ruf nach mehr Selbständigen der Ruf nach einer neuen Gesellschaft.

Das neue **Gesetz zur Bekämpfung von Scheinselbständigkeit** will verhindern, daß Mikrounternehmen aus Kostengründen (Sozialversicherung etc.) nur zum Schein deklariert werden, in Wahrheit aber nichts anderes sind als Festangestellte. „Der Sprung ins kalte Wasser des Unternehmertums geschieht nicht immer freiwillig. Einige werden gestoßen." Nach einer Untersuchung der Universität Mannheim ist die Zahl solcher Einmann-Unternehmen in Deutschland in den vergangenen fünf Jahren um rund 400.000 auf knapp zwei Millionen gestiegen (ebd.).

Wie wir bereits gezeigt haben, wird der Status der Erwerbstätigkeit immer seltener der eines Angestellten sein. An seine Stelle treten immer häufiger Formen eines Auftragnehmers, Mitunternehmers oder Klein-/Kleinstunternehmers („Ein-Mann-Gesellschaft"). Man wird einen Beruf nicht mehr erlernen und anschließend ein Leben lang ausüben: Stattdessen „gibt es eine fast unbegrenzte individuelle Gestaltungsfreiheit und lebenslange **Flexibilität** im Arbeitsleben. Die Arbeitsbedingungen – Pflichten, Zeiten, Orte, organisatorischer Rahmen etc. – werden in aller Regel Gegenstand eigenständiger Entscheidungen oder individueller Aushandlung mit Auftraggebern sowie Berufs- und Lebenspartnern. Nach Präsenzzeit honoriert werden nur Tätigkeiten, für die diese wirklich entscheidend ist; in der Regel aber zählen Leistungs- und Erfolgskriterien oder einfach die Verfügbarkeit gewisser Fähigkeiten und Beziehungspotentiale." (Lutz, 1997)

Für Lutz gilt die Parole: „Der Arbeitnehmer ist tot, es lebe die Lebensunternehmerin!" Lutz spricht bewußt von der „Lebens-Unternehmerin", weil seiner Meinung nach die Frauen aufgrund ihrer biographischen Gegebenheiten viel besser geeignet sind, mit diesen zukünftig nicht mehr geradlinig verlaufenden Lebenswegen klarzukommen.

Eine kontinuierlich größer werdende Gruppe stellen für Drucker (vgl. 1999, S. 34) diejenigen dar, die zwar für die Organisation arbeiten aber keineswegs Angestellte der Organisation sind, sondern z.B. Teilzeitbeschäftigte. Der Arbeit liegen individuelle (und oft befristete) Verträge zugrunde – vor allem qualifizierte Mitarbeiter (die „Wissensarbeiter"), die besonders wertvoll für die Organisation sind, arbeiten auf dieser Basis.

Der über Jahrzehnte zwischen Unternehmen und Arbeitnehmer bestehende **„Vertrag"** (nämlich „Loyalität gegen lebenslange Anstellung") existiert nicht mehr. Weder können Firmen, die in einer globalen Wettbewerbswirtschaft sich einem kontinuierlichen Wandel unterziehen müssen, noch Mitarbeiter, vor allem im Management internationaler Konzerne, die **„Firmentreue"** noch als einen klassischen Wert sehen. Zur Arbeitsstelle wird ein eher „instrumentelles" Verhältnis entwickelt. So sind inzwischen häufige Jobwechsel auf dem englischen Arbeitsmarkt längst Alltag (eine Studie von Michael Page International aus dem Jahr 1999 zeigt, daß 46 Prozent ihrer Kandidaten alle zwei bis drei Jahre ihre Stellung wechseln; die LBS schätzt, daß britische Führungskräfte heute doppelt so häufig ihren Job wechseln wie vor zwanzig Jahren), in Deutschland ist Job-Hopping noch unbeliebt, da zu schnelles Wechseln (zwei oder drei Jobwechsel im Dreijahresrhythmus) mit mangelnder Loyalität gleichgesetzt wird und die „internen" Arbeitsmärkte dominieren. Mit der Globalisierungswelle in den 90er Jahren änderte sich zunehmend die Arbeitswelt der Führungskräfte, mehr Mobilität ist gefordert.

Da eine lebenslange Anstellung nicht mehr zugesichert werden kann, müssen Unternehmen andere Angebote machen. Geboten werden müssen für hochqualifizierte Leute insbesondere **Entwicklungs-/Qualifikations-** und Gestaltungschancen, über die sich dann Loyalität entwickelt (wir erwähnten z.B. bereits die Corporate Universities, die von vielen Unternehmen gegründet wurden, als eine neue Form innerbetrieblicher Qualifikation).

Ein grundlegender Wandel der Arbeitslandschaft ergibt sich aus zwei **Trends**:

* Flexible Organisationsstrukturen: statt starre Strukturen ⇒ flexible Projekt- und Netzwerkstrukturen (temporärer Art, freie Mitarbeiter/Teams)
* Flexible Arbeitsbeziehungen: statt Stammbelegschaft ⇒ Randbelegschaften (befristete Arbeitsverhältnisse, Teilzeitarbeit, Telearbeit, Scheinselbständigkeit, Selbständigkeit

Für Sattelberger (1998) wird es drei **Formen von Mitarbeitern** geben:

* Eine Kernbelegschaft (diese, vor allem die „High Potentials", wird entwickelt, gepflegt usw.; z.B. in eigenen Corporate Universities, wie sie bereits von zahlreichen Unternehmen gegründet wurden: LH, DaimlerChrysler, Burda, Bertelsmann, Deutsche Bank, Merck, SAP, Metallgesellschaft; sind es in Deutschland nur ein Dutzend Gründungen, gibt es in den USA mehr als 1.500 Firmenuniversitäten, GE hatte dort schon 1955 eine eigene Firmenuni gegründet; neben der klassischen Fort-/Weiterbildungsaufgabe für das Humankapital scheint die Stärkung der Corporate Identity durch gemeinsames, firmen-maßgeschneidertes Lernen im Zeitalter der Globalisierung das Hauptziel zu sein.)
* Eine wettbewerbsfähige Belegschaft (die aber ihre Kompetenzen ständig unter Beweis stellen muß, ständig von Outsourcing bedroht ist) – wird sich in Eigenverantwortung qualifizieren müssen.
* Fluide Belegschaft, die „just in time" eingekauft wird (wird auf staatliche Förderung angewiesen sein).

Als Folge aus diesen Trends ergeben sich folgende **Konsequenzen**

(1) Für den einzelnen **Arbeitnehmer**:

* Die berufliche Erwerbsbiographie des Menschen ist nicht mehr eine **lineare** Folge von beruflichen Positionen.
* **Kennzeichen** sind vielmehr: Brüche, Wechsel, Umwege, Suchprozesse; **Phasen** von abhängiger Beschäftigung, Selbständigkeit und Arbeitslosigkeit („Patchwork-Biographie"); Flexibilisierung, Arbeitszeitverkürzung, Teilzeitarbeit.
* Erwerb/Ausbildung unverzichtbarer, verkaufbarer **„tragbarer" Schlüsselqualifikationen** (statt lebenslange detailgenaue Überspezialisierung an einem Arbeitsplatz).
* **Qualifizierung** für sich ständig wandelnde Aufgaben und Arbeitsmärkte als Aufgabe jedes einzelnen AN (nicht mehr von Unternehmen).
* Stärkung der individuellen Arbeits-/Zeitsouveränität.
* Individuelle **Zumutungen** und **Risiken** werden wachsen. (Was geschieht mit Schwachen/nicht so „produktiven"?).
* Macht der kollektiven Verbände (wie **Gewerkschaften**) wird geschwächt (da Einzelarbeitsverträge).

(2) Konsequenzen für die **Unternehmen**:

* Sicherung der **Loyalität** von Leistungs- und Know-how-Trägern
* **Vorbereitung** von Mitarbeitern auf externe Arbeitsmärkte oder selbständige Tätigkeit oder Entlassung (z.B. erste Ansätze beim **Outplacement** von Führungskräften)
* **Leistungsentlohnung** statt Senioritätsprinzip
* Individualisierte + privatisierte Anpassungsstrategien statt **Betriebsrente**

II. Auswirkungen der Virtualisierung auf die Arbeitswelt

1. Virtuelle Arbeitsformen der Informationsgesellschaft

Mit dem Wandel zu einer Informationsgesellschaft wird sich auch die Arbeitswelt durch den Einsatz moderner IuK-Techniken **zwangsläufig** verändern, und es werden neue elektronische Arbeitsformen in neuen Unternehmensstrukturen entstehen. Stichworte wie Outsourcing, Telecommuting, Scheinselbständigkeit/Leiharbeiter oder die Verfügbarkeit der menschlichen Arbeitskraft („Anytime/Anyplace") sollen die Komplexität (und das Spannungsfeld!) des Themas verdeutlichen.

„Der Blick in die Arbeitswelt der Zukunft gibt uns mehrere Rätsel auf: Einerseits zeichnet sich angesichts der neuen Technologien die Herausbildung global vernetzter Strukturen für Leistungserstellung und Leistungsaustausch ab. Andererseits stellen wir Beharrungstendenzen fest und das bewußtere Erleben von Sozialbeziehungen im Arbeitsumfeld, persönliche Nähe und Vertrautheit. Die neuen Informations- und Kommunikationstechnologien erweitern das Gestaltungsfeld für zwei menschliche Grundbedürfnisse: Kommunikation und Mobilität. Der alte Menschheitstraum, von Raum und Zeit unabhängig zu sein, rückt ein Stück näher an die Wirklichkeit. Mit den neuen Telemedien werden wir überall erreichbar, können an beliebigen Orten und zu beliebigen Zeiten arbeiten, gewinnen Unabhängigkeit und neue Freiheiten." (Reichwald et. al., 1998, Vorwort)

Telearbeit wird sehr **kontrovers** diskutiert: Einerseits werden positive Aspekte eines innovativen Arbeitskonzepts der Zukunft betont (z.B. Schaffung neuer Arbeitsplätze, neue Freiräume), andererseits wird mit dem ersten Schritt zu virtuellen Strukturen das Ende der „festen" Arbeitsplätze prophezeit. („Der Arbeiter an der elektronischen Nabelschnur ist die ideale Konstruktion, um sich elegant aus den kostengünstigen Zwängen traditioneller Beschäftigungsverhältnisse zu befreien." (Der Spiegel, 5/97); Just-in-time Produktion findet in der Telearbeit so ihre informationsökonomische Ergänzung in der Just-in-time-Beschäftigung.")

Der Mensch arbeitet nicht in Unternehmen, sondern in Nachbarschaften wie Büros, Stockwerken etc. (mit symbolischen Raumgrenzen), der Ort ist Identität und Geschichte. Deshalb hat für Sprenger (in Baron/Becker/Schreiner (1997, S. 171) der Wegfall der Raumgrenzen im virtuellen Unternehmen für das Leben in Unternehmen immense Konsequenzen, denn nur die soziale Qualität des Ortes vermag Zugehörigkeit zu stiften. „Das Unternehmen als ungegliedertes, unbe-,greif‘-liches Etwas – mit so etwas kann sich niemand identifizieren. Wenn das Unternehmen seine Überschaubarkeit, seine räumlich definierte Identität verliert, wenn die elektronischen Medien die Einzigartigkeit und Begreifbarkeit der familialen Prozesse auflösen, dann ist es nur noch eine Frage der Zeit, wann sich das Unternehmen selbst auflöst. Sich den Orten entfremden heißt sich dem Unternehmen entfremden."

2. Telekooperation

Räumlich flexible Arbeitsmodelle und Arbeitsformen kursieren unter verschiedenen Schlagworten: virtuelle oder mobile Büros, virtuelle Organisationen, Telearbeit, Telekooperation, Telezellen usw.

Telekooperation …die arbeitsteilige Leistungserstellung von individuellen Aufgabenträgern oder Organisationen (Unternehmen, Behörden etc.), die über mehrere Standorte verteilt sind, unter Nutzung von IuK-Technologie

Reichwald/Möslein (1996) unterscheiden drei **Dimensionen** als systematischen Bezugsrahmen telekooperativer Arbeits- und Organisationsformen:

(1) Tele**arbeit** (vernetzte Arbeit): standortverteilte Arbeit

(2) Tele**management** (vernetzte Führung): Koordination und Führung standortverteilter Arbeit

(3) Tele**services** (vernetzte Leistung): Dienstleistungen als Produkte standortverteilter Arbeit

> „Telekooperation betrifft den Kern des Organisationsproblems. Sie betrifft die Frage, wie Aufgaben geeignet aufzuteilen sind, wie sie auf Aufgabenträger geeignet zu verteilen sind und wie die verteilte Bearbeitung der Arbeiten geeignet zu koordinieren ist. Sie betrifft aber auch die Frage, welche Leistungen überhaupt telekooperativ erbracht werden können und welche neuen Leistungen durch Telekooperation überhaupt erst möglich werden."
> Reichwald (1997)

Die z.Z. mit großem Aufwand (Satelliten, Glasfaserkabel usw.) ausgebaute IuK-Infrastruktur wird in der Weiterentwicklung zu völlig neuen Arbeitsformen (vgl. Arbeitskreis Informatik, 19995) führen, die im Bereich von Produktion, Service, Vertrieb den Arbeitsmarkt umkrempeln werden:

- Telekooperation
- Telediagnose/-inspektion (in der Medizin, im Maschinenbau etc.)
- Teleedition (gleichzeitiges Arbeiten an einem Multimedia-Dokument)
- Teleworking (verschiedene Formen der Telearbeit)
- Teleteaching (Aus- und Weiterbildung)
- Telehandel (Electronic Commerce)

3. Telearbeit

Die Ursprünge der Telearbeit reichen in Großbritannien in die frühen Sechzigerjahre zurück, in den USA wurden in den 70er Jahren die ersten Studien zu „telecommuting" durchgeführt.

Eine eindeutige **Begriffsdefinition** für Telearbeit hat sich nicht durchgesetzt.

Telearbeit
„ ... die mediengestützte Arbeit zu Hause, in dezentralen Büros oder unterwegs ist ein Sonderfall der **Telekooperation**, die alle Arbeiten der räumlich verteilten, arbeitsteiligen Leistungserstellung erfaßt." (BMBF, 1998)
„ ... ist die Arbeit zu verstehen, die Mitarbeiter außerhalb der Firmenräume, in der Wohnung, in Nachbarschafts- oder Satellitenbüros, unter Nutzung von öffentlichen Kommunikationsmitteln und entsprechenden technischen Geräten zur Erledigung eines Arbeitsauftrages verrichten." (BMBF, 1995)
„ ... Einsatz von I&K-Technologie, um Arbeit entfernt von dem Ort zu verrichten, wo die Arbeitsergebnisse benötigt werden. Dabei greift der Einsatz von I&K-Technologien ändernd in konventionelle Arbeitsabläufe (Workflows) ein." (Rensmann/Gröpler, 1998)

Telearbeiter
„ ... wer an mehr als zwei Tagen in der Woche von zu Hause aus oder an einem anderen, nichtkonventionellen Arbeitsplatz arbeitet." (Fischer, 1997)
„ ... ist ein/e Dienstnehmer/in einer Firma, der seine/ihre normale Arbeit durchschnittlich zumindest 8 Stunden pro Woche in seiner/ihrer Wohnung ausübt, wobei sowohl Computer als auch Telekommunikationsmittel eingesetzt werden." (Sonntag, 1997)

Telekooperation
„ ... die mediengestützte arbeitsteilige Leistungserstellung von individuellen Aufgabenträgern, Organisationseinheiten und Organisationen, die über mehrere Standorte verteilt sind." (Reichwald/Möslein, 1996)

Diese **Möglichkeiten** mediengestützter arbeitsteiliger Leistungserstellung erlauben (Reichwald, 1998)

- die Umgestaltung betrieblicher Wertschöpfungsketten,
- die Auflösung organisatorischer Standortbindung,
- die Dezentralisierung und Autonomisierung von Arbeitsstätten bis in den häuslichen Bereich.

a) Formen der Telearbeit

Telearbeit ist in ihren Erscheinungsformen unabhängig von der technischen Kommunikation. In der Regel werden drei (idealtypische) **Formen/Varianten** der freiwilligen Telearbeit („Teleworking" oder „telecommuting") unterschieden:

(1) **Heim**-Telearbeit (= permanente Arbeit ausschließlich von zu Hause aus; Arbeitnehmer/Arbeitsvertrag); „Home Based Telework" ist weit verbreitet.

(2) **Alternierende** Telearbeit (= Hybridform: Teile der Arbeit „extern" und Teile der Arbeit im Unternehmen; die Orte werden mehr oder weniger regelmäßig gewechselt, ebenfalls Arbeitnehmerstatus); Beispiele: Dresdner Bank, Telekom, Siemens, Deutsche Bank oder LVM, Landwirtschaftlicher Versicherungsverein, mit 470 außerbetrieblichen Arbeitsplätzen.

(3) **Mobile** Telearbeit (= Sammelbegriff für alle Off-site-Arbeiten, die unter Einsatz der IuK-Techniken ausgeführt werden; andere Begriffe für „Mobile Telework": Ubiquitous Computing, Virtual Office).

Besonders bei den mobilen Telearbeiten gibt es ein breites Spektrum an **Möglichkeiten**:

- **Satellitenbüro**: nur für große Betriebe geeignet; ausgelagerte Teile eines Unternehmens (auch ins Ausland wie etwa die Belegabrechnung einiger Fluglinien in Indien), Vorteil des sozialen Kontakts
- **Nachbarschaftsbüro**. ähnlich wie Satellitenbüros, aber für Mitarbeiter mehrerer Unternehmen
- **Telezentrum/Telecenter/Telehäuser**: Ein kommerzieller Betreiber vermietet einzelne, mit moderner Telekommunikationstechnologie ausgestattete Büros (= Infrastruktur); zusätzlich Angebot verschiedener Betreiberdienstleistungen (Support-Dienste); oft auch von Kommunen in strukturschwachen Regionen ins Leben gerufen (z.B. in Teleservice Fränkische Schweiz, Kronach, Marburg, Telehaus Retzstadt, Deggendorf, Regen, Waischenfeld)
- Arbeiten an **verschiedenen** Orten innerhalb kurzer Zeiträume am Standort des Wertschöpfungspartners (z.B. als „On-site-Telework" beim Lieferanten, Kunden), im Flugzeug, im Auto oder Hotel usw.

Der **Status** des Telearbeiters kann, je nach der Weisungsgebundenheit des Arbeitnehmers und der Eingliederung in den Betriebsablauf des Auftraggebers, verschieden sein:

- Arbeitnehmer (d.h. unselbständige Arbeit; kein Unterschied zu den im Betrieb Beschäftigten)
- arbeitnehmerähnlich (d.h. persönlich unabhängig, aber wirtschaftlich an den Auftraggeber gebunden)
- selbständig (d.h. freie Gestaltung der Tätigkeit, unterschiedliche Auftraggeber, eigenes Unternehmerrisiko, kein arbeitsrechtlicher Schutz)

Die **vertragliche** Abhängigkeit des Arbeitnehmers vom jeweiligen Hauptauftraggeber ist ein Kernpunkt: Der Telecommuter ist i.d.R. Angestellter des Unternehmens, der „Selbstangestellte" aber bereits selbständig und für das Unternehmen auf Vertragsbasis arbeitend (Fischer, 1997).

Welche Arbeiten/Tätigkeitsfelder dezentral durchgeführt werden können, ist schwer zu bestimmen und wird vor allem von der Bereitschaft zur Reorganisation der Arbeitsabläufe (Rolle des mittleren Managements?) bzw. dem Willen der Beteiligten abhängen. Durch die Entwicklung der technischen Voraussetzungen sind nicht nur strukturierte Routinetätigkeiten oder Sachbearbeitungsaufgaben, sondern auch qualifizierte Arbeiten telefähig.

Da die „physische Anwesenheit" des Mitarbeiters bei traditionellen Managementkonzepten vorausgesetzt wird, müssen bei Telearbeiten die Führungskonzepte/-stile angepaßt werden: In der Literatur wird allgemein das **MbO**-System, also die kooperative, kompetenzverlagernde Führung durch **Zielvereinbarung** (dazu 4. Teil, D) als der für Telearbeitumgebungen adäquater und notwendiger Ansatz genannt; d.h., Telearbeit führt statt einer Verhaltenskontrolle zu einer stärkeren Output- und Ergebnisorientierung der Anreiz-, Steuerungs- und Kontrollsysteme. (vgl. im einzelnen Rensmann/Gröpler, 1998, S. 108ff.; Burr/Kreis-Engelhardt, 1998, S. 30f.)

„Die neue Arbeitsform der alternierenden Telearbeit sendet für das Unternehmen entscheidende Impulse im Sinne eines ‚Bausteins zum Wandel‘ aus, da sich die Führungskräfte intensiv mit Zielvereinbarungen, Feedback-Runden und regelmäßigen Mitarbeitergesprächen auseinandersetzen und auf diese Weise angeregt werden, eigene Verhaltensweisen zu überdenken und gegebenenfalls anzupassen. In Anbetracht dessen kann Telearbeit als maßgeblicher Organisationsentwicklungsbaustein mit dazu beitragen, die vom Unternehmen angestrebten personalpolitischen Veränderungen in den Köpfen der Akteure zu verankern und bei der organisationalen Zusammenarbeit auch konkret umzusetzen." (Niggl, 1999, S. 225)

Der „Bangemann-Report" versuchte erstmals, auf europäischer Ebene das **Potential telefähiger** Arbeiten zu bestimmen. Mehrere Studien kommen zu sehr unterschiedlichen Ergebnissen (das Bundeswirtschaftsministerium hält in einer Studie zur Telearbeit 10% der insgesamt 35 Millionen Arbeitsplätze in Deutschland für Telarbeit geeignet); bis jetzt ist allerdings der „Durchbruch" der Telarbeit ausgeblieben. Auch wenn Befragungen eine große **Bereitschaft** bei Jüngeren zu Telearbeit zeigen, ist die Aussage Fischers (1997), daß Telearbeit zweifellos die „typische" Arbeitsweise der Zukunft sein wird, vielleicht zu optimistisch. In Deutschland ist zwar das Interesse an Telearbeit groß, liegt die Thematik im Trend, aber die tatsächliche Realisierung ist wesentlich bescheidener (bei näherer Betrachtung handelt es sich häufig um eingeschränkte Formen flexibler Arbeitsgestaltung; die meisten Projekte sind zudem nur Pilotprojekte, z.Z. in der öffentlichen Verwaltung). Telearbeit aus verschiedenen Perspektiven zeigt das Schwerpunktthema: „Teleworking – Mehr als Heimarbeit?" in der Zeitschrift Personal (September 1998).

In der **betrieblichen Praxis** sind Formen der Telearbeit in Deutschland noch immer ziemlich selten anzutreffen. Auch jüngste Presseberichte zeigen noch keine durchgängige Verbreitung, „Kein Boom in Sicht". (Vgl. Burr/Kreis-Engelhardt, 1998, S. 30)

Damit eine durchschlagende „Schubkraft" erreicht wird, bedarf es für Reichwald (1997) eines Übergangs von allzu eng arbeitsplatzorientierten Konzepten hin zu ganzheitlichen, am Wertschöpfungsprozeß orientierten Flexibilisierungsansätzen räumlicher Dezentralisierung, welche die grundlegenden Konzepte der Telearbeit strategiebezogen nutzen. „Erst in diesem erweiterten Sinne nämlich bilden die neuen Möglichkeiten der räumlichen Dezentralisierung von Arbeitsstätten einen Grundbaustein für die Vernetzung von Wertschöpfungsstufen und Prozeßketten. So eröffnen die Flexibilisierungspotentiale der Telearbeit Wege zu neuen unternehmerischen Strukturen einer vernetzten Leistungserstellung in räumlich verteilten, vertrauensbasierten (nicht standortbasierten) Unternehmensformen."

Für Goecke/Hesch (1997, S. 46) ist Teleworking der **erste** Schritt zum virtuellen Unternehmen; die Virtualisierung als organisatorische Neugestaltung ist demnach durch eine Auflösung der Unternehmensgrenzen in drei unterschiedlichen Dimensionen gekennzeichnet:

- die Auflösung der **Ortsgebundenheit** (Telearbeit ermöglicht die Arbeit außerhalb des Unternehmensstandortes)
- die Auflösung der **organisatorischen** Einbindung (Telearbeit ermöglicht Selbständigkeit und Unabhängigkeit)
- die Auflösung der **zeitlichen Bindung** (statt feste Arbeitszeiten und lebenslange Beschäftigungsverhältnisse zeitlich begrenzte und flexible Ad-hoc-Team-Netzwerke)

Eine Besonderheit der Informationsgesellschaft besteht also darin, daß die **Arbeit** in der Informationsgesellschaft

- **zum** Menschen kommt (und nicht der Mensch zur Arbeit wie bisher in der Industriegesellschaft),
- und zwar unabhängig von seiner **geographischen** Lokation (statt Gastarbeiter im Land z.B. Online-Verbindung nach Bombay).

b) Vor- und Nachteile der Telearbeit

Für das BMBF bringt Telearbeit „derzeit Vorteile bei qualitativen Faktoren wie Mitarbeiter- und Kundenzufriedenheit. Die Kostenbilanz der alternierenden Telearbeit ist in der Regel für Betrieb und Telearbeiter ausgeglichen. Hohe Einsparpotentiale lassen sich realisieren, wenn die Organisationsstruktur entsprechend angepaßt wird (virtuelles Unternehmen), die Geschäftsprozesse digitalisiert sind und die Telekommunikationskosten durch Deregulierung und Wettbewerb weiter sinken. In einigen Anwendungsbereichen (z.B. Außendienst) sind bereits heute deutliche Einsparungen möglich." (1997)

Als größte **Probleme** bei der Einführung von Telearbeit werden in der Literatur genannt:

- Widerstand des mittleren Managements (Wie führt und kontrolliert man „ausgelagerte" Mitarbeiter?)
- Angst der Mitarbeiter um fehlende soziale Kontakte und um Rück-Integration
- Kontrolle des Arbeitsschutzes

Der technikinduzierte Managementwandel wird in seinen Aspekten durchaus **ambivalent** gesehen: Feiern die einen den Anbruch des „Multimedia-Zeitalters", sprechen andere von den „Nomaden im Netz" oder äußern gar „Besorgnis über die Entsorgung virtueller Mitarbeiter" (vgl. die Beiträge im Office Management Heft 9/96 und 3/97). Ausführlich werden in der Literatur die Vorteile und Nachteile der Einführung von Telearbeit-Konzepten diskutiert (dazu Sonntag, 1997, S. 44ff.).

(1) Für den Arbeitnehmer

Vorteile: Zeitsouveränitätsgewinn (Lage und Dauer der Arbeitszeiten selbst bestimmt), Flexibilitätsgewinn (mehr Freizeit, höhere Lebensqualität, Aufhebung der Teilung von Arbeit und Familienleben; z.B. arbeiten, wenn man leistungsfähig ist oder nach persönlichem Rhythmus), Zeitersparnis durch weniger oder kein Pendeln, weniger Transportausgaben, Möglichkeit des beruflichen Wiedereinstiegs (etwa nach einer Kinderpause), größere Wahlfreiheit bei der Wohnortwahl.

Nachteile: Soziale Isolierung durch fehlende Kontakte (besonders bei Heim-Telearbeit), Arbeitsverdichtung/Arbeitsdruck, Gefahr der Selbstausbeutung, hohe Anforderungen an Selbstmotivation, weniger Aufstiegschancen, Raumprobleme, Mehrfachbelastung (Familie und Beruf), Abbau der Sozialleistungen, unklare Beschäftigungsverhältnisse: (Schein)„Selbständigkeit/Selbstangestellte"(ähnlich dem englischen „self-employed"), neue „Mischformen" der Arbeit (wie Teilzeitbeschäftigte, Leiharbeiter, geringfügig Beschäftigte etc.), Karriereeinbußen, Überlagerung Beruf/Privatleben.

Der **Begriff des Arbeitnehmers** ist deshalb so eminent wichtig, weil nur ein Arbeitnehmer bestimmte Sozialrechte genießt (Kündigungsschutz, Urlaubsanspruch, Entgeltfortzahlung im Krankheitsfall etc.), während für den Selbständigen diese Schutzvorschriften nicht gelten. Das Bundesarbeitsgericht stellt bei der Prüfung des Einzelfalls auf die persönliche Abhängigkeit des Beschäftigten ab: Wer sich Zeit, Ort und Art der Tätigkeit vorschreiben lassen muß, also den **Weisungen** eines anderen unterliegt, ist Arbeitnehmer. Angesichts neuer Beschäftigungsformen, bei denen dem Mitarbeiter nur unternehmerische Risiken zugewiesen werden, aber keine entsprechenden Chancen, soll nach anderer Rechtsauffassung nun derjenige Arbeitnehmer sein, der im wesentlichen ohne Mitarbeiter, ohne Kapital und eigene Organisation auf Dauer für nur einen Auftraggeber tätig wird.

Die räumliche Nähe standortgebundener Unternehmen erlaubt zeitgleiche direkte Kommunikation, diese Face-to-face-Kontakte sind nicht mehr vorhanden oder werden substituiert (z.B. Bildtelefon, Videokonferenz). „Telearbeit ist i.d.R. Individualarbeit. Die Führung ‚virtueller‘ Mitarbeiter, mit denen z.T. nur wenige Tage persönlich gesprochen werden kann, hemmt trotz möglicher Zielvereinbarungen die Personalentwicklung und damit die Unternehmensentwicklung." (Chrobok, 1999, S. 235)

(2) Für den Arbeitgeber

Vorteile: Produktivitäts- und Flexibilitätseffekte, bessere Arbeitsqualität, höhere Verfügbarkeit, bedarfsgerechter Einsatz freier Mitarbeiter, besseres („modernes") Image als Arbeitgeber, höhere Mitarbeiterzufriedenheit, gesunkene Krankenquote, zusätzliches Arbeitskräftepotential, evtl. Kosteneinsparungen (geringerer Bedarf an Büros, keine Überstundenzahlungen etc.), projekt-/auftragsbezogene Einstellung und Zusammenstellung, Nutzung spezifischer Standortvorteile (z.B. ländlicher Raum), Führung durch Zielvereinbarung

Nachteile: einmalige und laufende Kosten für Telearbeitsplatz, Umstellung im Führungssystem (z.B. auf MbO-Systeme), Widerstand von Mitarbeitern oder Gewerkschaften, Akzeptanzprobleme durch Management, höherer Organisations- und Koordinationsaufwand, mehr Vertrauen notwendig, Umstellungsprobleme, innerbetriebliche Spannungen, geringerer Informationsaustausch, geringere Identifikation mit der Firma; je virtueller die Organisation, desto schwieriger, extern Identität aufzubauen; Datenschutz-/Sicherheitsprobleme

(3) Für die Volkswirtschaft

Vorteile: variantenreicheres Arbeitsangebot (z.B. für spezielle Zielgruppen wie Behinderte, Frauen mit Kleinkindern), Schaffen neuer Arbeitsplätze (besonders in strukturschwachen Gebieten), Arbeitsdezentralisation, bessere Nutzung der Telekommunikationsinfrastruktur, Verringerung des Pendelverkehrs, Energieeinsparung, bessere internationale Wettbewerbsfähigkeit (Standort Deutschland)

Nachteile: Arbeitsplatzabbau (Abwanderung ins billigere Ausland), erschwerte Gewerkschaftstätigkeit, soziale Spannungen, neue Infrastrukturanforderungen

Vierter Teil:

Elemente eines operativen

Führungssystems

„Je planvoller die Menschen vorgehen, um so wirkungsvoller trifft sie der Zufall."
(Dürrenmatt, zit. bei Bullinger)

„Die Planung ersetzt den Zufall durch Irrtum."

„Future is largely subject to creation."
(Achoff)

A. Der Objektbereich des Managements

Management bzw. Unternehmensführung wird in der Literatur üblicherweise in zwei Begriffsgruppen definiert:

1. Management im **institutionalen** Sinn
   (d.h. Beschreibung der Träger der Managementtätigkeiten, also von Personen/-gruppen bzw. von Stellen)

2. Management im **funktionalen** Sinn
   (d.h. Management als Tätigkeit bzw. als Prozeß der Willensbildung und -durchsetzung)

Besonders im deutschsprachigen Raum wird Management als Funktion unterteilt in

a) **sach**bezogene Aufgaben
   d.h. die Erfüllung bestimmter Aufgaben im Rahmen des Managementprozesses
   (z.B. Planung, Organisation, Kontrolle)

b) **personen**bezogene Aufgaben
   d.h. die Beeinflussung des Mitarbeiterverhaltens zur Erreichung gemeinsam akzeptierter Ziele und der damit zusammenhängenden Probleme (z.B. Menschenführung).

Staehle (1994, S. 70f.) gliedert das Managementwissen in drei große Bereiche:

- (Personal-)Führung: auf Personen und Kleingruppen bezogen
  (**verhaltens**wissenschaftlicher Teil)
- Unternehmensführung: auf wirtschaftliche Institutionen bezogen
  (**betriebs**wirtschaftlicher Teil)
- Unternehmensforschung/Operations Research (OR): auf Verfahren bezogen
  (**formal**wissenschaftlicher Teil)

In Deutschland stand vorherrschend die sachbezogene Komponente im Zentrum von Forschung und Lehre. Erst mit der (erst viel später als in den USA erfolgten) Öffnung der traditionellen Betriebswirtschaftslehre zu den Sozial- und Verhaltenswissenschaften fanden die personalbezogenen Aspekte eine stärkere Berücksichtigung. Wenngleich wir die Meinung vieler Kollegen teilen, daß nämlich Fragen der Mitarbeiterführung und -motivation für die Zukunft zur wohl dominanten Managementaufgabe werden, darf gleichwohl nicht übersehen werden, daß in der Praxis stets eine enge Verknüpfung von sach- **und** personenbezogenen Komponenten gegeben sein wird.

Für unsere weiteren Ausführungen legen wir folgende weiter gefaßte Definition zugrunde:

Management
„... ist die zielorientierte Gestaltung, Steuerung und Entwicklung des soziotechnischen Systems Unternehmung in sach- und personenbezogener Dimension."

Wir konzentrieren uns dabei im wesentlichen auf Aspekte des Managements von privatwirtschaftlich geführten Betrieben einer sozialen Marktwirtschaft. Management wird **synonym** mit Begriffen wie Leitung, Lenkung, Steuerung verwendet. (Einige, vorwiegend personalwissenschaftliche Autoren beziehen den Begriff der Leitung auf die sachbezogene Komponente und Führung auf die personelle Komponente des Managements.) Wenn wir von Unternehmensführung sprechen, meinen wir immer „Unternehmensführung **i.w.S.**" und verwenden den Begriff damit synonym zum Begriff Management.

Wir beschäftigen uns nicht mit den Problemen des speziellen Managements („functional management") einzelner betrieblicher **Funktionsbereiche** (Logistik-, Finanzmanagement usw.), sondern mit Fragen der **Gesamtleitung** der Unternehmung (bzw. selbständiger Geschäftsbereiche u. ä.) im Sinne des **Allgemeinen Managements** („general management" oder „general policy"). Nur kurz behandelt werden andere Steuerungsaspekte der Gestaltung (Organisationsplanung und Organisationsentwicklung).

I. Management als Institution

1. Begriffsklärung Manager/Führungskraft/Leitende Angestellte

Führungskräfte bilden eine Institution, wenn sie auf Grund rechtlicher und organisatorischer Regelungen die Befugnis besitzen, einzeln oder als Gruppe anderen Personen Weisungen zu erteilen, denen diese Personen zu folgen verpflichtet sind (Hahn, 1996, S. 33).

Während diese Begriffsfassung auf die Personen- bzw. -gruppe als **Träger** der Weisungsbefugnis abstellt, wird in anderen Definitionen auf die **Stelle**, die Weisungsbefugnis besitzt, abgestellt, also von den Personen abstrahiert. Ein Beispiel hierzu:

Die Entscheidungs- und Weisungsbefugnisse des Managements sind nicht an die leitende Person selbst, sondern an ihre formale Position in der Organisation gebunden. Manager sind demnach Führungskräfte, die auf der Grundlage ihrer formalen Leitungsposition unternehmerische Funktionen ausüben (Ulrich/Fluri, 1995, S. 13f.).

Manager

„... die Führungskräfte eines Unternehmens, die in arbeitsteiliger Weise an der Zielerreichung mitwirken und die mit jeweils unterschiedlichen Kompetenzen (Machtbefugnissen) ausgestattet sind. Führung bezieht sich auf die Gesamtheit der Entscheidungen, die zur Erreichung der Ziele einer soziotechnischen Organisation notwendig sind." (Koreimann,1995, S. 14)

„...sind mit Dispositions- und Verfügungsgewalt ausgestattete Führungskräfte der Wirtschaft im Angestelltenverhältnis. Ohne ein finanzielles Unternehmerrisiko einzugehen, leiten sie die von ihnen geführte Gesellschaft und tragen die unternehmerische Verantwortung." (Hofmann, 1992, S. 117).

Die **Weisungsbefugnis** gegenüber anderen Personen zur Durchsetzung bestimmter Teilziele des Unternehmens basiert auf der Erfüllung folgender Kriterien des Managements (aus Koreimann, 1995, S. 16):

- Verfügungsgewalt: Zugriffs- und Verwendungsberechtigung gegenüber Sachmitteln, Finanzen und Informationen.
- Entscheidungsbefugnisse: Entschluß zur Realisierung von Zielen (Zielentscheidungen, strategische Entscheidungen, Mittelentscheidungen).

- Machtausübung: Möglichkeiten der Beeinflussung der Arbeitsleistung und des Verhaltens untergeordneter Personen.
- Akzeptanz: Anerkennung des Verhaltens und der Entscheidung durch die untergeordneten Personen.

Entgegen dem ersten Anschein ist es relativ schwierig, den Begriff der Führungskraft, des Managers, begrifflich klar zu fassen. Das **Gesellschaftsrecht** gibt eine sehr enge Definition des dispositiven Faktors (z.B. geschäftsführender Gesellschafter, Gesellschafter/Vorstand bei Kapitalgesellschaften). Zur Ausübung der immer komplexer werdenden Leitungsfunktion wird jedoch ein Personenkreis, der wesentlich über diese vom Gesellschaftsrecht geregelten Leitungsorgane hinausgeht, zusätzlich mit dispositiven Aufgaben betraut. Im betrieblichen Alltag werden darunter auch insbesondere die **leitenden Angestellten** subsumiert. Diese Führungskräfte sind Mittler (manche sagen auch „Prellböcke") zwischen der Unternehmensspitze und den Mitarbeitern. Bei den in Deutschland vorliegenden theoretischen Konzepten zur Regelung des Verhältnisses zwischen Kapital und Arbeit ist das Betriebsverfassungsgesetz eher vom Modell einer „Betriebsgemeinschaft" geprägt, während das Mitbestimmungsgesetz eher den „Konfliktansatz" berücksichtigt.

Den möglichen **Interessengegensatz** zwischen objektgebundener Arbeit und dispositivem Faktor skizziert Albach (1990, S. 545) nicht aus dem Schema Kapital - Arbeit heraus, sondern entlarvt ihn als einen Konflikt zwischen gegenwärtigen Arbeitern und ungeborenen Arbeitern (also zwischen kurzfristigen Interessen der jetzigen und den Interessen zukünftiger Generationen), der zugunsten der ungeborenen Arbeiter zu entscheiden wäre:

„Die gegenwärtigen Arbeiter werden von der Arbeitnehmervertretung vertreten. Die ungeborenen Arbeiter werden vom dispositiven Faktor vertreten, der die Investitionsentscheidungen trifft und damit für Arbeitsplätze für die künftigen Generationen von Arbeitern sorgt." Daraus abgeleitet lassen sich Mitglieder des dispositiven Faktors definieren als Personen, die an Investitionsentscheidungen und deren Umsetzung im Betrieb beteiligt sind.

„Die Führungskräfte sind als Gruppe sehr heterogenen Bedingungen unterworfen. Nicht nur differiert ihre Lebenssituation nach Größe, Ansehen und Wachstumspotential ihres Betriebes, sie haben häufig auch innerhalb eines Betriebes unterschiedliche ökonomische und soziale Bedingungen und Chancen etwa nach der Bedeutung der Abteilung, die sie leiten, nach der Zahl der Untergebenen etc. Auch ist die Distanz zwischen Top-Management und mittlerem wie unterem Management meist sehr groß" (Mikl-Horke, 1995, S. 188f.).

Eine Serie in der Welt am Sonntag (Beginn 14.11.1999) zeigt, daß es tatsächlich nur sehr wenig „echte" leitende Angestellte gibt und daß es für viele Mitarbeiter ein begehrtes Karriereziel ist, „leitender" Angestellter zu werden, obwohl der Status arbeitsrechtlich viele Nachteile bringt: Der Betriebsrat besitzt keinerlei Zuständigkeiten, Arbeitnehmerschutzvorschriften (z.B. Kündigungsschutz) gelten für echte leitende Angestellte nur eingeschränkt.

Welche Personen sich tatsächlich dazu zählen dürfen, ist nicht einseitig vom Arbeitgeber festzulegen. Dieser Status, der nicht selten in den Unternehmen für Verwirrung und große Rechtsunsicherheit sorgt, läßt sich nur im Zusammenhang mit den im Unternehmen tatsächlich eingeräumten Kompetenzen definieren. Dies bedeutet: Der Mitarbeiter muß auch bei der Wahrnehmung seiner Aufgaben die gesetzlichen Voraussetzungen für einen leitenden Abgestellten erfüllen, d.h. er muß auch die notwendigen Kompetenzen und, die für einen Unternehmer typischen Entscheidungsspielräume haben.

Die für die „Leitenden" gebotenen **Definitionen** verwirren mehr, anstatt zu erhellen. Im allgemeinen Sprachgebrauch ist ein leitender Angestellter, wer Arbeitgeberfunktionen ausübt. Nach § 5 Abs. 3 BetrVG sind diejenigen leitende Angestellte (vgl. Niedenhoff, 1990, S. 46ff.), die nach Dienststellung und Dienstvertrag

1. zur selbständigen Einstellung und Entlassung von im Betrieb oder in der Betriebsabteilung beschäftigten Arbeitnehmern berechtigt sind oder

2. Generalvollmacht oder Prokura haben, die auch im Verhältnis zum Arbeitgeber nicht unbedeutend ist, oder

3. regelmäßig sonstige Aufgaben wahrnehmen, die für den Bestand und die Entwicklung des Unternehmens oder eines Betriebes von Bedeutung sind und deren Erfüllung besondere Erfahrungen und Kenntnisse voraussetzt, wenn sie dabei entweder die Entscheidungen im wesentlichen frei von Weisungen treffen oder sie maßgeblich beeinflussen.

Liegt eine der drei genannten Voraussetzungen des § 5 Abs. 3 BetrVG vor, ist der Status des „leitenden Angestellten" gegeben. Im Hinblick auf die Berechtigung zur Einstellung/Entlassung liegt eine selbständige Entscheidungskompetenz nur dann vor, wenn keine übergeordnete Stelle die personelle Maßnahme noch genehmigen muß und auch keine gemeinsame Entscheidung mit einem Dritten getroffen wird.

Die Höhe des Gehalts läßt keine unmittelbare Rückschlüsse auf den tatsächlichen Status eines Arbeitnehmers zu. In der Praxis sind Angestellte mit einem Jahresgehalt von 300.000 Mark und mehr, die nicht den Status eines „leitenden Angestellten" im Sinne des § 5 Abs. 3 BetrVG erfüllen, keine Seltenheit.

Für diese „leitenden Angestellten" als Teilgruppe der Arbeitnehmer ist zum Wirkungsbereich der Mitbestimmung demnach zu sagen:

- Keine Gültigkeit des BetrVG (gemäß § 5 Abs. 3)
- Gültigkeit des SprAuG

Böckly (1995, S. 27) nennt folgende Besonderheiten dieser verhältnismäßig kleinen Personengruppe:

- Die Pflicht zur Wahrung der Interessen des Arbeitgebers geht erheblich weiter als bei den anderen Arbeitnehmern.
- Es wird ein besonderes Maß an Arbeitsleistung verlangt, so daß die Bezahlung von Überstunden im allgemeinen entfällt.
- Aufgrund ihres Vertrauensverhältnisses sind an die Kündigungsgründe im allgemeinen niedrigere Anforderungen zu stellen.

Der Begriff deckt sich nicht mit dem des „außertariflichen Angestellten" (**AT**-Angestellten). Diese Angestellte haben einen Aufgaben- und Verantwortungsbereich mit höheren Anforderungen inne, als in der höchsten Vergütungsgruppe des einschlägigen Tarifvertrages verlangt wird.

Für die Gruppe der leitenden Angestellten, die nicht vom Betriebsrat vertreten wird, da sie als „Nichtarbeitnehmer" quasi zwischen den Stühlen sitzen, wurde eine eigene Interessenvertretung, die sog. **Sprecherausschüsse**, mit festgelegten Informations- und Anhörungsrechten gesetzlich verankert (SprAuG). Mit der 1989 in Kraft getretenen Novelle des BVerfG (dazu Chmielewicz, 1990) können nun in Betrieben mit i.d.R. mindestens zehn leitenden Angestellten auf deren Wunsch hin nach den Grundsätzen der Verhältniswahl (Listenwahl) auf gesetzlicher Basis parallel zu den Betriebsräten freiwillig Sprecherausschüsse für leitende Angestellte gewählt werden. Daß die Leitenden ihre Sprecherausschüsse sehr **hoch** einschätzen, zeigen die Ergebnisse der Wahlen 1994, die als auffallendstes Ergebnis eine extrem hohe Wahlbeteiligung von 86, 8% brachten (siehe Niedenhoff, 1995, S. 160ff.). Die in Deutschland beschäftigten 400 000 leitenden Angestellten haben im März/Mai 1994 etwa 540 Sprecherausschüsse gewählt (iwd, 15.9.1994, S. 6).

Die Sprecherausschüsse sollen die besonderen Belange dieser Gruppe

- im sozialen (z.B. Struktur des Gehalts- und Beurteilungssystems),
- im personellen (z.B. Anhörung vor jeder Kündigung) und
- im wirtschaftlichen Bereich (z.B. rechtzeitige und umfassende Unterrichtung über wirtschaftliche Angelegenheiten)

neben der Wahrnehmung eigener Belange vertreten. Damit tritt neben den Betriebsrat (siehe auch unsere Ausführungen im dritten Teil, G I) ein weiteres Gremium. Es können dabei von ein bis sieben Mitglieder für den Ausschuß gewählt werden. Auf privatrechtlicher Basis hatten sich diese Ausschüsse bereits in der **chemischen Industrie** (mit einem sehr hohen Anteil an leitenden Angestellten) fest etabliert.

496

Zur Abgrenzung des „Managements" finden sich in der Literatur zahlreiche, weitgehend identische Beispiele für die innerbetrieblichen Machthierarchien („Management**ebenen**"):

- Top-Management (z.B. Vorstand, Geschäftsbereichsleiter/Generalbevollmächtigte, GmbH-Geschäftsführer)
- Mittleres Management (z.B. Direktoren, Betriebs-/Abteilungsleiter)
- Unteres Management (z.B. Prokuristen, Handlungsbevollmächtigte, Gruppen-/Werkstattleiter)

Im Einzelfall ist eine klare **Abgrenzung** von Management- und Ausführungsaufgaben oft nicht möglich, da viele Stellen beide Funktionen umfassen bzw. sich diese Aufgaben nicht mit der institutionellen Abgrenzung decken, d.h. jeder Mitarbeiter in der Unternehmung ist sowohl dispositiv als auch objektbezogen tätig (deshalb stellt Gutenberg in seiner Theorie auch nicht auf die Person, sondern auf die **Funktion** im Produktionsprozeß ab). Die verschiedenen hierarchischen Positionen unterscheiden sich graduell durch das jeweilige **Verhältnis** der Anteile leitender und ausführender Funktionen. „Überholt ist schließlich auch die Rolle der Mitarbeiter als ausführende Stellen. In der heutigen Zeit der flachen Hierarchien wird die Unterscheidung zwischen Führenden und Ausführenden immer mehr obsolet. Sachbearbeiter führen sich selbst und werden so zu den ‚Professionals' mit denen die Leistung des Unternehmens steht oder fällt" (Gomez/Probst, 1995, S. 13).

2. Aktionsfelder und Qualifikationen des Managers

Im Rahmen einer Untersuchung versuchte Mintzberg herauszufinden, **was** eigentlich Manager tun, nicht, wie sie sich gemäß der Managementliteratur verhalten sollten, um aufgrund der empirisch gefundenen Tätigkeiten eine Funktionsbeschreibung des Managements geben zu können; er kommt dabei zu zwei Ergebnissen:

- Die Arbeit des Managers kann anhand von zehn beobachtbaren **Verhaltensmustern** beschrieben werden (im einzelnen unterscheidet Mintzberg, 1990, S. 91ff. drei interpersonelle, drei informationsbezogene und vier entscheidungsorientierte Rollen).
- Die Tätigkeiten des Managers sind kurz, abwechslungsreich und stark fragmentiert.

Zu empirischen Analysen von Managementhandeln siehe Staehle (1994, S. 78ff.). In Fortführung der empirischen Managementfunktionsforschung bestätigte eine Beobachtungsstudie in deutschen mittelständischen Unternehmen insbesondere den **bruchstückhaften** Arbeitsrythmus (78% der Tätigkeiten unter 9 Minuten), das Gespräch als Hauptinformationsquelle und die Bedeutung von Netzwerken (im einzelnen Schreyögg/Hübl, 1992, S. 84ff.). In allen Untersuchungen wird die überragende Bedeutung von **Kommunikation** und Interaktion hervorgehoben. Um in jedem der genannten Aktionsfelder erfolgreich zu sein, muß der Manager über bestimmte **Qualifikationen** verfügen und sie situationsgerecht einsetzen.

Da mit einer auf Information basierenden Organisation eine Verstärkung der Kooperation und partizipativen Dimension der Führung verbunden ist, bekommen die Führungsaufgaben eine neue Gewichtung; die Aufgaben liegen vor allem darin, die Arbeit der Mitarbeiter (Spezialisten) zu koordinieren, die Mitarbeiter emotional zu stabilisieren, Formen der Kooperation zu initiieren sowie Werte und Grundsätze des Unternehmens zu repräsentieren und symbolisch zu manifestieren. Diese **soziale (Human-) Kompetenz** als Fähigkeit, mit sich selbst und anderen konstruktiv umzugehen, ergänzt die technische Kompetenz (Managementtechniken etc.) und funktionale/konzeptionelle Kompetenz (vernetztes Denken, interkulturelle Sensibilität). Technologische Entwicklungen (z.B. rechnerintegrierte Produktion) bedingen arbeitsorganisatorische Veränderungen (z.B. Gruppenarbeit). Veränderungen im Arbeitssystem führen zwangsläufig zu gewandelten personalwirtschaftlichen Anforderungen. Die in

Gruppenarbeit durchgeführten komplexen Arbeitsaufgaben führen zu neuen Anforderungen an den Mitarbeiter (Flexibilität, Problemlösungskompetenz etc).

Diese Entwicklung erfordert jedoch auch eine Neudefinition der Anforderungen an Führungskräfte: Neben traditionellen Qualifikationen (wie Ausbildung/Erfahrung) sind **neue** Qualifikationen gefragt: soziale Kompetenz (als Berater, Moderator, Koordinator), kommunikative Kompetenz (Dialoggestaltung) oder kulturelle Kompetenz. Ähnlich betont Berthel die Generalistenqualifikation (vgl. 1987, S. 115). Eine **Symbiose** aus fachlicher, sozialer, methodischer und Handlungskompetenz zeigen Metzger/Gründler (1994, S. 206).

3. Veränderte Karriereplanung

In den letzten Jahrzehnten war ein **Hochschulabschluß** i.d.R. der Schlüssel zum dauerhaften Wohlstand in geregelten Laufbahnen. Heute ist aus verschiedenen Gründen die Situation völlig anders:

- Sicher geglaubte Managerjobs sind in den Jahren des Lean Managements, der Verschlankung von Hierarchieebenen, abgebaut worden.
- Der lebenslange Job bei der gleichen Unternehmung als „klassisches" Karrieremuster ist vorbei. Sicherheit ist vorbei. Patchwork-Muster bestimmen den individuelle Lebenslauf.
- Die Daueranstellung in einer Stammbelegschaft wird ersetzt durch eine Kernbelegschaft und temporäre Satelliten-Mitglieder.
- Wurde der Manager früher primär intern rekrutiert, werden heute zunehmend Stellen mit Externen besetzt.

> „Die neue Normalität heißt Ups and Downs. In dieser Achterbahn der Gefühle gilt es Abschied zu nehmen von vertrauten Werdegängen. Selbstverständlich ist neu gar nichts mehr. Der Verlust von Statussymbolen, Jobwechsel mit erheblichen Saläreinbussen, nicht nur vorübergehende, sondern auch dauerhafte Arbeitslosigkeit: So sieht die Wirklichkeit vorab für Vertreter der Nachkriegsgeneration bereits heute da und dort aus und dies ist erst der Anfang eines grundlegenden Wandels."

Diese veränderten Rahmenbedingungen erfordern eine andere, ebenso gezielte wie bewußte Karriereplanung. Wer heute mit 25 bis 28 Jahren die Hochschulen verläßt, hat am Ende seines Studiums in den meisten Fällen keine Ahnung, wohin die berufliche Reise gehen soll. Patentrezepte gibt es nicht. Johansson (1997, S. 323) zeigt ein **Modell der Karriereplanung** in fünf Stufen, wie es heute angegangen werden sollte.

4. Leadership

Wie das IAO Management Symposium '99 („Leadership – Führung in eine neue Zeit") zeigte, wird an der Schwelle zum 21. Jahrhundert der Ruf nach Leadership unüberhörbar: Nicht mehr Gesundschrumpfung, bloße Kostenreduktion oder einfache Effizienzsteigerung sind gefordert, sondern Innovation und Wachstum, Schnelligkeit und mehr Flexibilität, Meisterung der zunehmenden Komplexität und Gestaltung des äußeren und inneren Wandels. Führungskräfte müssen sich weiterentwickeln und über die Rolle des Managers hinauswachsen, sie sollten nicht nur verwalten und bewahren, sondern visionäre Ziele setzte, schöpferisch agieren und kommunizieren, Mitarbeitern ein Vorbild sein und sie inspirieren, eigenverantwortlich neue Wege zu gehen.

Hinterhuber/Handlbauer/Matzler (1997, S. 186ff.) sehen Leadership auch als das **Verbindungselement** von markt- und ressourcenorientierter Sicht (dazu unsere Ausführungen im 5. Teil, F, I), um Werte für alle „Stakeholder" zu schaffen. Ihrer Meinung nach werden nur die Unternehmen überleben und ihren Wert steigern können, „die das Beharrungsvermögen ihrer Führungskräfte und Mitarbeiter schneller und besser abbauen als die Konkurrenten und mit ihren Kernkompetenzen Entwicklungspfade erschließen, die in Zukunft viele wertsteigernde Möglichkeiten erschließen."

Krauthammer/Hinterhuber (1999, S. 33) halten vier **Prioritäten** für unabdingbare **Erfolgsfaktoren**:

- Den Kunden in den Mittelpunkt des unternehmerischen Denkens stellen.
- Ein einheitlich nach innen und außen auftretendes Führungsteam.
- Einfache und verständliche Ziel- und Rahmenbedingungen.
- Hinreichende Freiheitsgrade für die Mitarbeiter einräumen.

Die oberste Führungskraft als einzelne Person hat entscheidende Bedeutung für Erfolg/Mißerfolg einer Unternehmung. Wie definiert sich eine erfolgreiche oberste Führungskraft? Erfolgreiches **Leadership** beruht auf drei Säulen (nach Krauthammer/Hinterhuber, 1999, S. 33):

(1) Vision – visionäres Denken:

- Entwickeln eines Kernauftrags für das Unternehmen
- Bestimmen und Weiterentwickeln der Kernkompetenz
- Konzentration auf die Kernprodukte und Kerndienstleistungen Ausbau der Kerndifferenzierung zur Konkurrenz

(2) Vorbild sein/vorleben, Engagement, Energien und Talente sowie Innovation fördern:

- das Well-being (= körperliches, geistige und seelische Wohlbefinden) der obersten Führungskräfte
- die Kultur (bestimmt das Verhalten jedes einzelnen Mitarbeiters und das Bild, das das Unternehmen nach innen und außen vermittelt)
- das Leitbild (setzt alle Mitarbeiter in Bewegung)

(3) Den Unternehmenswert steigern, d.h. Wohlstand für alle Partner zu schaffen:

- die strategische Architektur des Unternehmens (Organisationssystem)
- die Strategie/strategischen Ziele
- das Firmenbild (CI)

5. Frauen im Management

Für Richter (1999, S. 501) ist die „Rolle der Frau im Berufsleben nicht allein unter dem der Wirtschaft inhärenten Nützlichkeitsaspekt, sondern auch unter dem gesamtgesellschaftlichen Aspekt biologischer und familienpolitischer Rollenzuweisungen zu sehen. Während ca. 95% aller Unternehmen mit mehr als 20.000 Beschäftigten Programme zur Förderung der Vereinbarkeit von Familie und Beruf anbieten, besteht vor allem in der mittelständischen Wirtschaft Handlungsbedarf. Ist die **rechtliche** Gleichstellung von Mann und Frau im Beruf (Art. 3 Abs.1 GG) festgeschrieben und realisiert, ist das Gebot zu **sozialer** Gleichstellung der Frau demgegenüber noch weitgehend ,Programm'."

Verschiedene Studien belegen die **„Männerdomäne"** Management und eine „männliche Ethik" als prägendes Merkmal der Unternehmensphilosophie und -praxis (dazu Brumlop, 1993, S. 180f.).

„…dann ist das Rollenstereotyp des ,erfolgreichen' Managers weitgehend identisch mit den Vorstellungen von sogenannten ,männlichen' Eigenschaften wie Aggressivität, Behauptungs- und Durchsetzungswillen und Machtorientierung und somit annähernd polar dem entgegengesetzt, was vor dem Hintergrund westlicher Geschlechtsrollenstereotypie gemeinhin als ,weibliche' Eigenschaften gilt.(…) Westliche Unternehmen sind…eine ,male cloning production', ein ,no-womans land', eine ,fremde Kultur', auf die Frauen bei ihrem Eintritt mit einem traumatischen Kulturschock reagieren.(…) Wollen Frauen in einer solchen, von militärischen Traditionen und männlichen Spielen geprägten ,corporate culture' erfolgreich sein, müssen sie deren Spielregeln studieren und sich deren Kommunikationsformen und Beziehungsmuster zu eigen machen" (ebd., S. 180).

Die wichtigsten Ausprägungen des weiblichen **Führungsstils** sind u. a. (aus Wüthrich, 1991, S. 212):

- beruht auf synthetischem, intuitivem und meditativem Denken;
- orientiert sich an komplexen und offenen Aspekten der Realität;
- bevorzugt das „weniger Festgelegte";
- strebt eine kontinuierliche Anpassungsfähigkeit an;
- ist geeignet für Netzwerke und für wechselseitige kooperative Prozesse;
- ist stark auf die „subtilen Aspekte menschlicher Interaktion" abgestimmt und
- akzeptiert fließende Veränderungen als normale Realität.

Obwohl die Prognosen seit Jahren von einer starken Zunahme weiblicher Führungskräfte ausgehen, stellen Frauen in Führungspositionen der Wirtschaft weiterhin die **Ausnahme** im „Männerklub" dar. Ihr Exotenstatus zeigt sich darin, daß der Anteil der Frauen zwischen 2% und 5% liegt. In der Schweiz sind 0 - 3% Frauen im Topkader im mittleren und unteren Führungsebenen ca. 15% (Germann, 1995, S. 66). Andere Untersuchungen sehen den Anteil der Frauen bei 3,6% auf der 1. Führungsebene und bei 5,1% auf der 2. Führungsebene. Nach einer jüngsten Erhebung des Hoppenstedt Verlages (SZ, 15.11.96) ist im Top-Management der 70.000 größten deutschen Unternehmen nur jede 16. Position (**6,3%**) mit einer Frau besetzt. Dabei gibt es deutliche Branchenunterschiede: Spitzenreiter mit 13,8% bzw. 13,5% sind Land-/Forstwirtschaft bzw. der Einzelhandel, Schlußlicht bilden Versicherungen mit 2,6% und der Bergbau mit 2%.

Einige Autoren sind der Ansicht, daß der Anteil weiblicher Führungskräfte über die „femininen" Branchen (wie Dienstleistung, Kaufhäuser – so sind z.B. bei Hertie bei einem Frauenanteil von mehr als 70% an der Gesamtbelegschaft über 75% der Führungskräfte Frauen –, Lebensmittelhandel, Mode) hinaus zunimmt; nicht nur als Reaktion auf moralische Forderungen, sondern als Konsequenz von „rationalen" Kosten-Nutzen-Überlegungen. So am Beispiel Motivation: Managerinnen wollen breite Erfahrungen sammeln, ihren Horizont erweitern und sind weniger auf den hierarchischen Aufstieg (und auf Selbstbestätigung) fixiert, der bei den Männern oft mit negativen Folgen für Gesundheit und Arbeitseinstellung einhergeht.

Die neuere frauenbezogene Managementliteratur propagiert statt wie früher die Notwendigkeit einer „Anpassung" von Frauen an männliche Verhaltens- und Karrieremuster nun eine Geschlechterdifferenz, denn Frauen sind insbesondere bei den zukünftig notwendigen Führungsqualitäten, den sog. **„weichen Tugenden"**, den Männern überlegen: Sie haben mehr Teamgeist, sprechen mit ihren Mitarbeitern intensiver und häufiger, haben soziale Kompetenz, Intuition und eine Fähigkeit zum ganzheitlichen Denken und Handeln. Frauen als zukunftsweisendes Innovations-, Produktivitäts- und Kreativitätspotential? (vgl. Brumlop, 1993, S. 176f.; Helgesen, 1991; Wright/Wharton, 1994)

Eine Schweizer Studie („Frauen im Kader"; dazu Germann, 1995, S. 66f.) kommt zu drei **Hauptaussagen**:

- Frauen und Männer unterscheiden sich im Denken und Fühlen
- Kaderfrauen werden von ihrem beruflichen Umfeld weniger akzeptiert als Kadermänner
- Die Männer nähern sich „weiblichen" Wertvorstellungen an.

„Im Denken, in den Vorstellungen und Wünschen vor allem der Männer hat sich ein Wertwandel vollzogen. Qualitative Ansprüche an Arbeit und Leben und soziale Verständigung – Werte, die bisher eher weiblich konnotiert waren – nehmen an Bedeutung zu, das Bewußtsein über die Situation der Frauen wächst und es besteht der Wunsch, deren Benachteiligung zu beseitigen. Das ist ein wichtiger Fortschritt und bildet eine wesentliche Voraussetzung für tatsächliche gesellschaftliche Veränderung. Gleichzeitig geben jedoch Frauen wie Männer an, daß sie in der Realität Ungleichbehandlung, Diskriminierung feststellen. Obschon die Möglichkeit besteht, daß es sich bei den befragten Männern um eine positive Selektion handelt, kann nicht davon ausgegangen werden, daß sich ihre Einstellungen von denjenigen anderer Männer grundsätzlich unterscheiden" (ebd., S. 67).

Eine **empirische Studie** der Universität St. Gallen zu Frauen im Management ergab (vgl. Wunderer/Dick, 1997):

- Es gibt keinen besonderen Unterschied zwischen männlichen und weiblichen Führungskräften (sie führen nicht anders als Männer, können sich ebenso gut darstellen; so auch die Befragungsergebnisse bei Bischoff, 1999; nach wie vor gibt es aber noch deutliche Einkommensunterschiede).
- Schwierigkeiten: Vereinbarkeit Familie– Beruf (Lösungsansätze: Job-Sharing, Flexi-Modelle, Kinderbe-treuungseinrichtungen, Erziehungsurlaub, Telearbeit); dazu auch Klug (1997) mit einer Fallstudie Schwä-bisch Hall.
- Frauen haben aber deutlich schlechtere Karrierechancen.
- Weibliche Führungskräfte fühlen sich nicht diskriminiert.
- Frauen sind tendenziell aufstiegsorientierter.
- Frauen stehen ihren Geschlechtsgenossinnen kritisch gegenüber.
- Frauen befürworten die Verankerung von Chancengleichheit in Unternehmensgrundsätzen.

Auffallend sind folgende **Entwicklungen**:

- Jeder dritte Betrieb wird von einer Frau gegründet. Eine Untersuchung in Baden-Württemberg bestätigt ei-nen seit Mitte der 80er Jahre anhaltenden dramatischen Anstieg von selbständigen **Unternehmensgrün-dungen** durch Frauen (sie erfolgen meist im Handel oder in sonstigen Dienstleistungen und bleiben in der Mehrzahl Ein-Personen-Unternehmen mit geringen Umsätzen).
- In der EG werden drei Viertel aller Dolmetscher- und Übersetzungsbüros, über die Hälfte aller Hotels und Pensionen, 42% des Einzelhandels, 39% der Reisebüros, 30% aller Werbeagenturen und 21% der Steuerberatungskanzleien von einer Chefin geleitet.
- In der Bundesrepublik sind ca. 23 000 Unternehmerinnen tätig, die einen Jahresumsatz von über 30 Mrd. DM erzielen (nach Angaben der Vereinigung von Unternehmerinnen).
- Auch bei Selbständigen (600 000 bis 700 000) ist der Frauenanteil wesentlich höher als im Führungsbe-reich.
- Während 1970 erst 38% der Frauen (Männer 65%) eine berufliche Ausbildung abgeschlossen hatten, sind es jetzt knapp drei Viertel der erwerbstätigen Frauen (Männer 80%).
- Die Frauen stellen unter den Schulabgängern mit Hoch- und Fachhochschulreife etwas mehr als die Hälfte.
- Lediglich rund 2000 der insgesamt 52 000 Führungspositionen sind mit Frauen besetzt (Institut der deut-schen Wirtschaft).

Wie eine Untersuchung von Preuss zeigt, kommt für den Erfolg von Frauen in Organisationen den sog. „**MentorIn-nen**" große Bedeutung zu; insbesondere Segerman-Peck, 1994, S. 17). Solche Mentoring-Programme (die betreu-en, unterstützen, fördern sollen) sind allerdings in deutschen Personalentwicklungsabteilungen noch selten anzu-treffen.

II. Management als Funktion

In der deutschsprachigen Literatur wird Führung überwiegend gesehen

- als **Personalfunktion**   (= zielorientierte Beeinflussung der Mitarbeiter) und
- als **Sachfunktion**   (= zielorientierte Gestaltung und Steuerung von Teilsyste-men und Prozessen)

Auch wenn im Sprachgebrauch die Begriffe Management und Führung sehr häufig synonym verwendet werden und auch die Bezeichnungen Managementtechniken und Führungstech-niken gleichgesetzt werden, wird im angloamerikanischen Sprachgebrauch deutlich unter-schieden (vgl. Rosenstiel/Comelli, 1998, S. 2.120) zwischen

- **Management** (i.S.v. Unternehmensführung) und
- **Leadership** (i.S.v. Führung, Leitung von Mitarbeitern; dazu bereits I, 3)

1. Die personenbezogene Komponente

Bei einigen funktionell verstandenen Definitionen steht die zielgerichtete interpersonelle Beeinflussung des menschlichen **Verhaltens** im Mittelpunkt:

Herausforderung besteht in der zielorientierten Nutzung der verschiedenen Aspekte von Gruppen bei gleichzeitiger Berücksichtigung der Faktoren individueller Leistungsbereitschaft.

Steinmann/Schreyögg (1999, S. 564f.), die „Führung als intendierter sozialer Einflußversuch" formulieren, sprechen nur dann von **Führungsverhalten**, wenn

- der Beeinflussende über ein gewisses Sanktionspotential und einen Informationsvorsprung verfügt (= asymetrische Verteilung der Einflußchancen);
- der Einflußversuch zur Wahrnehmung von Funktionen unternommen wird, die für die Existenz des sozialen Systems wichtig sind;
- der Einflußversuch in einer direkten sozialen Beziehung unternommen wird.

2. Die sachbezogene Komponente

Im deutschsprachigen Raum werden unter den sachbezogenen Aspekten weitgehend die in amerikanischen Definitionen beschriebenen „Funktionen" (also Beschreibung bestimmter Aufgaben) des Managements verstanden. Staehle (vgl. 1994, S. 78ff.) sieht in der analytisch-funktionsorientierten Vorgehensweise den älteren (von Fayol begründeten) Ansatz der Managementforschung, wobei

- eine Gruppe unter Management lediglich eine Ansammlung einzelner **Funktionen** bzw. Tätigkeiten versteht,
- eine zweite Gruppe in Erweiterung auch Ziel und Zweck des Tätigwerdens angibt und die Managementfunktionen als Phasen eines zielgerichteten **Prozesses** versteht.

„Gegenstand des Managements, in Theorie und Praxis, ist immer eine juristische Person. Es ist die jeweilige Organisation, wobei es keinen Unterschied macht, ob es sich hierbei um ein Unternehmen, eine Klinik oder eine Universität handelt. Der Rahmen, innerhalb dessen sich Management abspielt, ist somit gesetzlich definiert. Das war und ist immer noch eine allgemein gültige Formel (...)Der neue Ansatz, auf dem Management sowohl als wissenschaftliche Disziplin als auch in der Praxis basiert, wird zunehmend auf der Basis definiert werden müssen, daß der Gegenstand des Managements nicht rechtlicher Natur ist. Gegenstand des Managements ist der *operationale Ablauf*, wobei der gesamte Prozeß berücksichtigt werden muß. Der Fokus richtet sich auf die Ergebnisse und Leistungen des gesamten wirtschaftlichen Prozesses." (Drucker, 1999, S. 50ff.)

Zahlreiche amerikanische Management-Lehrbücher folgen in ihrem Aufbau der Aufzählung und Erklärung bestimmter Managementaufgaben (z.B. planning, organizing, staffing, motivating...).

Da die Erfüllung der gezeigten Managementfunktionen (-aufgaben) – in jeder Phase und auf jeder Stufe – immanent das Treffen von Entscheidungen bedingt, wird Management mit der Abwicklung von Entscheidungsprozessen oft nahezu gleichgesetzt. Aufgrund der starken Entscheidungsorientierung der deutschsprachigen Managementlehre findet sich in zahlreichen Veröffentlichungen eine prozessuale Aufteilung der Managementaufgabe auf die Phasen des **Entscheidungs-** und **Problemlösungsprozesses** (Führung als Willensbildung und Willensdurchsetzung; dazu Rühli 1993 und insbesondere Hahn, 1996, S. 38) (vgl. Abb. 57).

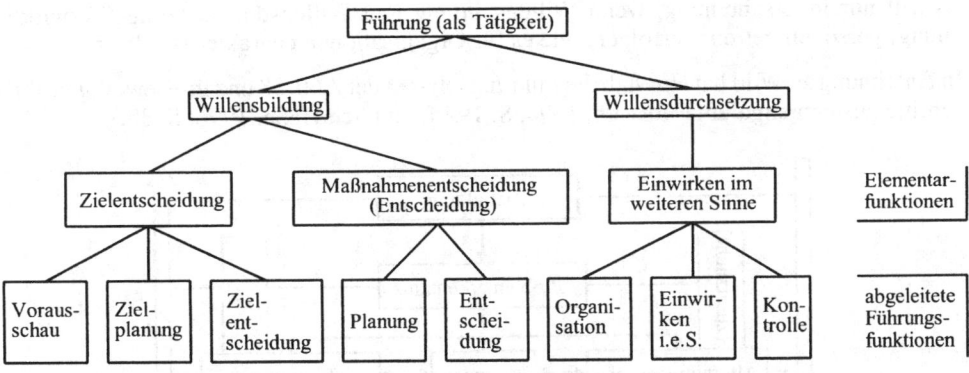

Abb. 57: Führungsfunktionen

Für Wild zeigt sich die logisch-genetische Zusammensetzung der Teilfunktionen darin, daß sie die Phasen eines komplexen, sich ständig wiederholenden **Managementzyklus** bilden, der durch Vor- und Rückkoppelungsprozesse i.S. des kybernetischen Regelkreises gekennzeichnet ist (zum Management-Zyklus siehe auch Rosenstiel/Comelli, 1998, S. 2.120ff.) Die Deutung der Führung als ein Regelungsphänomen oder -prozeß wurde bereits an früherer Stelle durchgeführt.

Als wichtige **Voraussetzungen** einer funktionsfähigen Führung muß eine vorgesetzte Instanz über

- operationale Ziele
- geeignete Steuerungsinformationen
- Kontrollstandards zur Messung des Zielerreichungsgrades
- eine rasche und präzise Rückkoppelung (Feedback)
- Vorkoppelungsinformationen (Feedforward) und
- Kontroll- bzw. Abweichungsinformationen

verfügen, um ihre Führungsfunktionen wahrnehmen zu können.

„Die Prozesse, durch die sie gewonnen oder in denen sie verarbeitet werden, also die Prozesse der Planung, Zielbildung, Entscheidung, Durchsetzung, Messung und Kontrolle, Abweichungsanalyse und Ziel-, Plan- und Systemanpassung (Management Development), wiederholen sich ständig im Sinne eines Lernprozesses.(…) Ein solcher Führungsregelkreis (Managementzyklus) tritt im Prinzip sowohl bei jedem Mitarbeiter wie auch zwischen jeder Führungsebene auf, so daß die Organisationshierarchie als eine mehrstufige Hierarchie miteinander vermischter Regelkreise dieser Art zu deuten ist. Außerdem vollzieht sich Führung im gesamten Unternehmen nach diesem Regelkreismodell" (Wild, 1982, S. 35ff.).

Der Phasenzusammenhang der **Teilprozesse** der Führung (vgl. Abb. 58, aus ebd., S. 37) bildet den vollständigen Managementzyklus. Matthes (1986, S. 97ff.) weist auf die **Grenzen** des Phasenschemas hin:

„Dieses elementare Interpretations- und Analysemuster unterstellt prinzipiell geplante Managementprozesse, die sich einem weitgehend identifizierbaren Problem widmen und deren Ablauf transparent gesteuert wird. Tatsächlich gibt es jedoch im Management häufig eine Vielzahl ungeplanter Führungsprozesse, etwa nach dem Muster des **„Durchwurstelns"** (**„muddling through"**), die sich dieser elementaren Gliederung entziehen, insbesondere weil sie Teile mehrerer Phasen spontan und nachträglich nicht mehr isolierbar verknüpfen." Heinen vermerkt zu Recht, daß das Problem der Führung (Führung verstanden als zielorientierte Verhaltensbeeinflussung) nur in einer **Teilmenge** der Entscheidungsprozesse auftritt:

Es tritt nur in Erscheinung, wenn Willensbildung und Willensdurchsetzung (Verwirklichung) personell getrennt erfolgen, wie es für Organisationen charakteristisch ist.

In Anlehnung an Wild hat Horváth die Führungsphasen der Abb. 58 und ihre jeweiligen Teilschritte zusammengefaßt (Horváth, 1994, S. 199ff.; ähnlich Hahn, 1996, S. 38.)

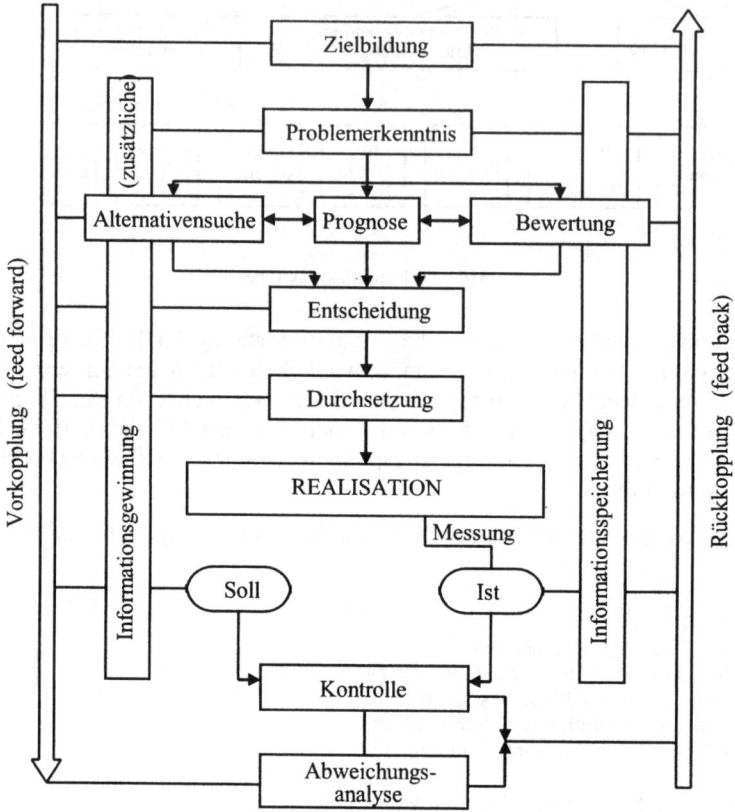

Abb. 58: Die Teilprozesse der Führung (Managementzyklus)

An diesem klassischen Managementprozeß, bei dem die einzelnen Managementfunktionen als systematische, idealtypische Abfolge begriffen werden und bei dem die Planung die anderen Funktionen dominiert („**Primat der Planung**"), führen Pfohl/Stölzle (vgl. 1996, S. 235) folgende **Kritikpunkte** an, die sich vor allem an dem Kontrollverständnis (als letzter Phase im Prozeß) ansetzt:

- Die Kontrollinformationen werden im Hinblick auf notwendige Planrevisionen zu **spät** bereitgestellt.
- Gefahr, daß die Ergebnisse der Abweichungsanalyse **keine** Planrevision veranlassen, obwohl eine solche aufgrund unerwarteter Veränderungen der Problemstruktur durchaus angezeigt wäre.
- Infragestellung des Planungsverständnisses mit dem zentralen Element der **Prognose** (deren Zuverlässigkeit angezweifelt wird).

Pfohl/Stölzle (vgl. 1996, S. 235f.) richten bei einer Abkehr von diesem Primat der Planung die Planung und Kontrolle in einem neugefaßten Managementprozeß stattdessen an zwei neuen Funktionen aus, einer **Selektionsleistung** der Planung und einer **Kompensationsleistung** der Kontrolle.

III. Management als Harmonisierungsaufgabe (Komplexitätsmanagement)

Eine interessante Variante zur Betrachtung der Unternehmensführung basiert auf Gedanken der Kybernetik. Wir haben die Unternehmung als ein offenes System gekennzeichnet, das in ständiger Austauschbeziehung mit seiner Umwelt steht; um sich als System zu erhalten, muß die Unternehmung trotz der damit verbundenen Beeinflussungen und Veränderungen in der Lage sein, ein **Fließgleichgewicht** aufrechtzuerhalten. Isolierte Betrachtungen über **partielle** Gleichgewichtspostulate sind bereits für einzelne Input-/Output-Ströme angestellt worden (vgl. Link, 1985, S. 6), z.B.:

- Das Postulat des finanzwirtschaftlichen Gleichgewichts (Einzahlungsströme - Auszahlungsverpflichtungen)
- Der Begriff des güterwirtschaftlichen Gleichgewichts (Zu- und Abfluß von Sachleistungen)
- Das personalwirtschaftliche Gleichgewicht (Anreize - Beiträge)
- Das informationswirtschaftliche Gleichgewicht

Bleicher unterscheidet zwischen einer Ex-ante-Harmonisation (Integration) und einer Ex-post-Harmonisation (Koordination). „Das optimale Verhältnis von Integration und Koordination ist ein Grundproblem der Organisationsplanung" (Thom, 1992, S. 50)

Autoren wie Bleicher/Meyer oder Link sehen es als zentrale Aufgabe jeder Managementtätigkeit an, die vom zentralen kybernetischen Paradigma des „Fließgleichgewichts" zwingend geforderte **Harmonisation** zwischen Unternehmung und Umwelt herzustellen. Neben dieser externen Harmonisation umfaßt die **interne** Harmonisation die Aufgabe für das Management, durch Integration und/oder Koordination einem Auseinanderdriften der Aktivitäten/Systeme (das seine Ursache in der arbeitsteiligen Verfolgung der Unternehmensziele hat) entgegenzusteuern (vgl. Link, 1985, S. 7ff.)

Das **St.Galler Managementkonzept** sieht Unternehmensführung als das Management sozialer Systeme, d.h. Entwurf und Festlegung von Ordnungsmustern. „Mit der Entwicklung, Gestaltung und Lenkung sozialer Systeme in institutioneller, funktioneller und personeller Hinsicht im Ausgleich von externen und internen Interessen leistet das Management einen wesentlichen Beitrag zur Bewältigung von Komplexität in Systemen" (Bleicher, 1994, S. 34; ebd., S. 474ff.). Für Bleicher ist in einer Situation sich verändernder, labiler Umweltentwicklung eine andere Qualität der Gestaltungsstrategien zur Komplexitätsbewältigung notwendig:

> „Hier gilt es eher, im Feld der **Differenzierung** die Komplexität zu erhöhen, indem Aufgaben erweitert („Generalisierung'), Programme und Routinen abgebaut und zusätzliche Beziehungsnetze (vor allem nach außen hin) aufgebaut werden. Bei der **Harmonisation** werden bewußt Integrations- und Koordinationsbedürfnisse der Leitung zurückgenommen. Durch Dezentralisation, Schaffung (teil-)autonomer Einheiten und Lockerung des Einsatzes von Managementsystemen wird hier eine Reduktion von Komplexität angestrebt, um bei den Leistungsträgern Freiräume für eine innovative Anpassung an den Wandel zu erreichen" (1994, S. 41).

Reiß (1993 b, S. 133) sieht die Entwicklung einer eigenständigen Managementsparte „Komplexitätsmanagement", deren Ansätze auf den theoretischen Gesetzmäßigkeiten einer Komplexitätsmechanik aufbauen. Komplexitätshandhabung als generische Kompetenz für alle Manager. „Zentrale Zielsetzung eines Komplexitätsmanagements ist die Optimierung des Komplexitätspotentials. Weder die einseitige **Komplexitätsreduktion** (Simplifizierung) noch die reine **Komplexitätsproduktion** (etwa:,Alles aus einer Hand') eignen sich als Orientierungsgrößen" (zum Komplexitätsmanagement siehe Reiß, 1993b, I+II, und Mühlbradt, 1992; vgl. auch neuere Ausführungen zum Strategiefaktor Flexibilität im fünften Teil, M, V, 1, und zum Faktor Komplexitäts-Controlling im siebten Teil, B, I, 2.).

„In jüngster Zeit läßt sich besonders auf dem Sektor der Effizienzsteigerung bzw. Rationalisierung eine Art Boom in der betriebswirtschaftlichen Beschäftigung mit Komplexitätsfragen feststellen. Die aktuellen Überlegungen kreisen einerseits um **Komplexitäts-,Treiber'** quantitativer und qualitativer Natur, wie beispielsweise Bestände (,waste', ,muda'), lange Entscheidungswege, Variantenvielfalt, Dinosaurier-Verhaltensweisen, Zentralisation, verstärkte internationale Konkurrenz und Integration (EG-Binnenmarkt), Kurzlebigkeit von Märkten und Produkten, Überflutung mit Informationen und Instabilitäten in Gesetzgebung und Politik. Andererseits wird die **Komplexit**ätshandhabung durch Beständeminimierung, Prozeßbeschleunigung, Segmentierung (Wertschöpfungsketten-, Markt-, Geschäftsfeld-, Fertigungs- und Prozeßsegmentierung), Selbstorganisation, Strategische Allianzen, Konzentration auf Kernkompetenzen, Schlankheits- bzw. Fitneßkur und Holding-Konzernstrukturen intensiv untersucht."

Es haben sich einzelne Managementansätze herauskristallisiert, deren gemeinsamer Nenner die Beschäftigung mit Komplexität bildet. Hier sind vor allem **Lean Management**, **Prozeßmanagement, Speed-Management** und **Chaos-Management** zu nennen" (Reiß, 1993b, I, S. 54f.). Vgl. dazu auch unsere Ausführungen im fünften Teil (M. Management des Wandels).

B. Das integrierte Planungs-, Steuerungs- und Kontrollsystem

I. Grundlagen der Planung

Mit der Kennzeichnung des Managementprozesses (-zyklus) in einzelne (Teil-) **Phasen** darf nicht die Vorstellung verknüpft werden, es handele sich dabei um isolierbare Managementaufgaben; i.d.R. wird jeder Manager – jedoch mit unterschiedlicher Gewichtung und bei fließenden Übergängen – planen, koordinieren, organisieren, führen, entscheiden, kontrollieren usw. Aus didaktischen Gründen wollen wir diese Funktionen jedoch als – gedanklich isolierbare – Teilkomplexe betrachten und darstellen.

1. Veränderte Rahmenbedingungen

In zahlreichen Veröffentlichungen der letzten Jahre zur Planung wird immer wieder auf die wachsende Zahl von Problemfeldern und damit steigenden Anforderungen hingewiesen, denen sich die Unternehmensführung gegenübersieht. Schlagwörter wie **„Zeitalter der Diskontinuitäten"**, steigende **„Dynamik"** und „Turbulenz" der Umwelt fehlen in keinem Planungs-Handbuch.

Für Bleicher (1991, S. 12ff.) stellen diese krisenhaften Entwicklungen unsere Denkmuster in Frage. Die Handhabung von Komplexität wird zum Kern der Managementaufgabe, die Komplexitätsbewältigung im Wechselspiel von Stabilisierung und Veränderung zu gestalten. Die Dynamik des Wandels verlangt Offenheit und Flexibilität (Bleicher spricht von einer sich öffnenden **„Zeitschere"**: Nachfrage nach einer sich vermindernden Reaktionsgeschwindigkeit bei zunehmenden Problembewältigungszeiten).

2. Begriff und Merkmale der Planung

Der Begriff „Planung" wird in der Literatur inhaltlich sehr verschiedenartig gefaßt. Ob jeweils eine „engere" oder „weitere" Begriffsfassung gewählt wird, hängt davon ab, wie weit die **Teilprozesse** der Planung gezogen werden. Wir wollen die Planung mit Hilfe folgender Merkmale kennzeichnen (vgl. dazu Wild, 1982, S. 32ff.):

Merkmale der Planung

- Planung ist **vorausschauend**, d.h. geistige Vorwegnahme, gedankliche Antizipation zukünftigen Geschehens, (also zeitlich vorgezogene Problemanalyse und -lösung) (**Zukunftsaspekt**).
- Planung ist eine **geistige** Durchdringung von Gestaltungszusammenhängen.
- Planung erfolgt **systematisch** unter Anwendung spezieller Methoden.
- Planung wird durch legitimierte Planungs**instanzen** durchgeführt (**Gestaltungsaspekt**).

- Planung bezeichnet ein **rationales** Handeln (im Gegensatz zur Improvisation); sie entwirft eine „Ordnung" (**Rationalitätsaspekt**).

- Planung ist die systematische Suche und Festlegung von **Zielen** (d.h. von anzustrebenden Sollzuständen) und schafft damit die Grundlage für zielgerichtete Veränderungsentscheidungen (**Gestaltungsaspekt**).

- Planung will den gegenwärtigen Zustand **verbessern** (**Ergebnisaspekt**).

- Planung ist die Festlegung der zur Erreichung der Ziele notwendigen **Maßnahmen** sowie des erforderlichen **Mitteleinsatzes**.

- Planung ist damit **Steuerungs**voraussetzung und -instrument zur Lenkung sozialer Systeme (**Steuerungsaspekt**).

- Planung impliziert einen parallel ablaufenden **Informationsprozeß**.

- Planung hat eine soziale, machtorientierte Seite (**Sozialaspekt**).

- Planung ist verbunden mit der Führungstätigkeit „**Kontrolle**".

Herrmann versteht Planung als **Handlungsvorbereitung**. „Im Sinne dieses Begriffsverständnisses zeigt Planung lediglich Handlungs*möglichkeiten* sowie deren Implikationen und Konsequenzen auf. Sie stellt damit eine Informationsbasis für die Entscheidung und die reale Handlung bereit; ihre Intention besteht jedoch *nicht* darin, dem Handelnden den Entschluß abzunehmen oder ihn auf eine Entscheidung zu verpflichten" (1993, S. 667). Der **Begriff** der Planung ist von verschiedenen verwandten Begriffen abzugrenzen:

- **Prognose**

    „Prognosen sind auf praktischer Erfahrung oder theoretischen Erkenntnissen basierende Aussagen über zukünftige Sachverhalte wie etwa die Entwicklung relevanter Umweltfaktoren oder die Zielwirkung gewisser Maßnahmen. Als Teil der Informationsbasis bilden Prognosen eine maßgebliche Grundlage der Planung. Das der Planung innewohnende intentionale Element (Zielsetzung) fehlt hingegen bei der Prognose völlig" (Ulrich/Fluri, 1995, S. 107).

    Diese Aussagen basieren auf dem im Zeitpunkt der Prognosestellung vorhandenen Informationsstand, hinzu kommen Fingerspitzengefühl und Erfahrung der Prognosesteller (vgl. Hentze/Brose, 1985, S. 30 und insbesondere Brockhoff (1993, S. 560ff.).

- **Extrapolation**

    Zukünftige Aussagen werden hier mit Hilfe einer statistischen Schätzmethode vorhergesagt: Unter der Annahme, daß während des Betrachtungszeitraums keine grundlegenden Veränderungen eintreten, wird die vergangene Entwicklung als Basis „**trendmäßig**" in die Zukunft projiziert („extrapoliert").

- **Improvisation**

    Erfolgt die Entscheidungsfindung im Rahmen des Führungsphasenablaufs ohne eine systematische Entscheidungs**vorbereitung**, liegt Improvisation vor. Die meisten Autoren stellen auf die Beziehung zwischen dem Zeitpunkt der Entscheidung und dem Zeitpunkt des Beginns einer Gesamthandlung, also auf den Dispositionszeitpunkt, ab. Danach werden unter Improvisation jene Entscheidungen verstanden, die erst nach Eintritt jener Datenkonstellation/Periode getroffen werden, auf welche sie abzielen (z.B. eine bloße Reaktion bzw. Anpassungshandlung an unvorhersehbare, jetzt bereits eingetretene Ereignisse).

    Aus Gründen des Ungewißheitsproblems und des Wirtschaftlichkeitsgesichtspunktes werden nicht alle betrieblichen Maßnahmen vorweg planbar sein: Die Unternehmung wird mit anderen Worten regelmäßig ein „Bild von Planung und Improvisation" bieten, die Übergänge zwischen beiden werden zudem fließend sein. „Das quantitative Verhältnis zwischen beiden wird sowohl durch objektive Gegebenheiten, wie z.B. Grad der Ungewißheit, Qualität und Quantität des Datenanfalls, Schnelligkeit der Datenänderung, Komplexität der Situation als auch durch die Persönlichkeitsstruktur der Führungskräfte, wie z.B. Machstreben, Leistungsmotivation, Flexibilität und Risikoeinstellung, bestimmt (Kuhn, 1992, S. 8).

3. Funktionen der Planung

Aufgabe des Managements ist die zielorientierte Gestaltung, Steuerung und Entwicklung des Systems Unternehmung. Die angesprochenen Veränderungen der Rahmenbedingungen betrieblichen Handelns erfordern ein „systematisches" und „planvolles" Gestalten der Zukunft – ohne dabei natürlich Mißerfolge ausschließen zu können. Als ein Teilsystem dieses umfassenden Managementsystems dient die Planung zur langfristigen Existenzsicherung und zur Entwicklung einer Unternehmenspolitik, aus der sich Zielvorstellungen und Strategien ableiten lassen.

„Erste Aufgabe der Planung ist die umfassende und fundierte Erarbeitung und Absicherung der Qualität der Vorhaben. Es ist deshalb nicht die primäre Aufgabe der Planung, festzulegen, wie die Dinge richtig zu tun sind ..., sondern ... welches die richtigen Dinge sind" (Gälweiler, 1974, S. 13).

Pfohl/Stölzle (1996, S. 233) definieren folgende Planungs**funktionen:**

- Auf der obersten Betrachtungsebene die fünf Grundfunktionen der Planung: Erfolgssicherung bzw. Effizienzsteigerung, die Risikoerkenntnis und -reduktion, die Flexibilitätserhöhung sowie die Schaffung von Synergieeffekten.
- Die speziellen Planungsfunktionen: Führungs-, Ordnungs- oder Koordinations-, Motivations-, Optimierungs-, Sicherungs- und Flexibilitätsfunktion.

4. Gegenstände der Planung

Gegenstand der Planung kann ein einzelnes (meist größeres Projekt) sein (= Projektpläne) oder jeder der betrieblichen Funktionsbereiche (von der Logistik über die Fertigung bis zum Personalwesen) (= Bereichspläne). Wild bezeichnet als Planungsgegenstand die Grundbestandteile eines Plans; ein „Plan" ist dabei definiert als das informationelle **Ergebnis** der Planung, d.h. als ein Komplex integrierter Informationen, die Aussagen über die Ziele, Maßnahmen, Mittel und andere Bestimmungsmerkmale künftigen Handelns machen (vgl. ebd, S. 14 u. 49ff.).

Bei den **Planungsgegenständen** handelt es sich im einzelnen um (Wild, 1982, S. 49; weitgehend bei Kuhn, 1992 S. 69ff.):

- Ziele (angestrebte Ergebnisse)
- Prämissen
- Problemstellungen
- Maßnahmen
- Ressourcen
- Termine
- Träger der Planerfüllung
- Ergebnisse (voraussichtliche Wirkungen).

Es wird öfters noch zu zeigen sein, daß eine „isolierte" Planung der einzelnen Planbestandteile nicht möglich ist. Ist lediglich einer dieser Planbestandteile Gegenstand einer Planüberlegung, so liegt eine entsprechende **Teil**planung (Zielplanung, Ressourcenplanung etc.) vor. Die mehrschichtige Betrachtung der Planung darf aber nicht zu der Auffassung führen, daß der Planungsprozeß gewissermaßen „programmiert" werden kann.

II. Die Planungselemente

Entsprechend unserem zugrunde gelegten Grundmodell werden nun die

- institutionalen   (= Zuordnung der Planungsaufgabe an Planungsorgane)
- funktionalen   (= die Planungsaufgabe als Prozeß) und
- instrumentalen   (= Hilfsmittel zur Erfüllung der Planungsaufgabe)

Aspekte der Planung aufgezeigt.

1. Der institutionelle Aspekt (Planungsinstanzen)

An früherer Stelle haben wir bereits auf die gegenseitige Durchdringung der einzelnen Teilphasen des Führungsprozesses hingewiesen: So ist Führen, Organisieren und Kontrollieren etwa zu planen. So muß andererseits die Planung – als eine dieser Führungstätigkeiten – **auch** geplant, organisiert oder gesteuert werden; dies führt in Mehrpersonenunternehmen zwangsläufig zu einer mengen- und artmäßigen Arbeitsteilung, d.h. zu einer Verteilung der Aufgaben auf verschiedene Planungsträger bzw. -organe. Die Planung liegt im Verantwortungsbereich der Unternehmensleitung, ist aber – wie alle anderen Führungsaufgaben auch – grundsätzlich **delegierbar**.

Bei dem Versuch, Planung anhand bestimmter Merkmale zu kennzeichnen, hatten wir die **enge** Verbindung/Ergänzung mit der Führungsaufgabe „Kontrolle" hervorgehoben. Wie in der Praxis bei der Entwicklung des „Controlling" bereits sehr deutlich zu erkennen ist, rechtfertigen die im Rahmen des Führungsprozesses notwendigen Interaktionen (Vor- und Rückkoppelungen) zwischen den beiden Phasen eine **integrierte** Institutionalisierung in einem Subsystem der Unternehmung.

2. Der funktionale Aspekt (Planungsprozesse)

Wir haben die Planung als einen zentralen Bestandteil des gesamten Managementprozesses gekennzeichnet. Einigkeit besteht zwar darin, daß man die Planung als einen mehrstufigen Ablauf verschiedener Tätigkeiten/Phasen verstehen kann, jedoch gehen die Meinungen weit auseinander, **welche** Teilprozesse dabei zur Planung zu zählen sind. Es geht hier darum, bestimmte Teilschritte des Gesamtmanagementprozesses „eigenständig" als Planungsphasen gegenüber den anderen unabhängigen Phasen des Managementprozesses abzugrenzen. Breiten Raum nimmt in der Literatur vor allem die Auseinandersetzung über das Verhältnis von Planung und Entscheidung sowie Planung und Zielbildung ein. Es sind zwei Gruppen feststellbar:

- Planung im **engeren** Sinn:
  (im Sinne von Entscheidungsvorbereitung)
  Hier wird die Zielbildung und/oder die Entscheidung nicht dazugerechnet (eine gesonderte Zielbildung als Teilprozeß der Planung entfällt vor allem in den Fällen, wo dem Planungsorgan Ziele fest vorgegeben werden).
- Planung im **weiteren** Sinn:
  Der weiteste Begriff umfaßt alle Phasen von der Zielbildung bis zur Entscheidung als Finalentschluß.

Die Festlegung, welche Phasen man letztendlich der „Planung" zurechnet, ist eine reine **Zweckmäßigkeitsfrage**. Unseres Erachtens ist die **Zielbildung** unbedingt miteinzubeziehen, denn:

- Häufig ist eine Zielvorgabe nicht vorhanden, sondern die Ziele sollen im Planungsprozeß (im Rahmen der Zielplanung) in Abstimmung mit den gegebenen Mitteln erst gefunden werden.
- Sind bereits Ausgangsziele („Absichten") vor Beginn der Planung gesetzt worden, werden diese dann im Wege der Planungsprozesse (Zielbildung) zu Planzielen, d.h. zu tatsächlich verfolgten Zielen, konkretisiert; bei der Setzung der Ausgangsziele ist keineswegs immer klar, ob und wann sie realisierbar sind, da die Ziele in Abhängigkeit von den verfügbaren Ressourcen und realisierbaren Maßnahmen stehen; dies macht – nach Wild – das **Problem des logischen Zirkels** sichtbar.

Die dargestellte Reihung von Operationen darf nicht dahingehend gedeutet werden, daß alle Phasen „nacheinander" gewissermaßen zwingend durchlaufen werden müssen; in der Realität wird von einer Wiederholung des Phasenschemas innerhalb der einzelnen Phasen (Unterzyklen innerhalb der Mikrostruktur) auszugehen sein (prozessuale **Vor-** und **Rückkopplungen**). Führt der Planungsprozeß (sprich: die Planungsarbeit) nicht zum gewünschten Ergebnis, kann auf jeder dieser Teilstufen wiederum (im Sinne eines Rückkopplungsprozesses) ein neuer „Planungsprozeß" gestartet werden. Der Planungsprozeß befaßt sich mit der schrittweisen inhaltlichen Bestimmung der Bestandteile eines Plans; am Ende des Planungsablaufs kann ein vollständiger Plan zur Entscheidung vorgelegt werden.

Wenn die entscheidungsorientierte Betriebswirtschaftslehre (siehe unsere Ausführungen im ersten Teil) „Planung als systematische Analyse der gegebenen Alternativen zur Lösung eines Problems sowie der rationalen Auswahl einer im Hinblick auf ein vorgegebenes Ziel optimalen Entscheidungsalternative" definiert, ist dabei impliziert, daß es ein praktikables Optimierungsverfahren gibt. Im Gegensatz zu solchen (unterstellten) gut- oder wohlstrukturierten Planungsproblemen weisen jedoch praktische Entscheidungsprobleme **strukturelle Defekte** auf (Adam, 1993, S. 9).

3. Der instrumentale Aspekt (Planungsinstrumente)

Zur fachgerechten Lösung der Probleme stehen den Planungsorganen eine Reihe von geeigneten Instrumenten (Techniken, Verfahren, Methoden, Modellen u. ä.) zur Verfügung; diese lassen sich allerdings nicht eindeutig bestimmten Planungsaufgaben zuordnen (vgl. dazu Wild, 1982, S. 148ff.; weitere Zusammenstellungen Hentze/Brose, 1985, S. 52f.; Horváth, 1994, S. 206ff.). Wir definieren Instrumente der Planung als „systematische Verfahren der Informationsgewinnung und -verarbeitung, die der Aufstellung, Umformung und Prüfung informativer Aussagen dienen. Sie sind Instrumente der systematischen Erkenntnisgewinnung" (Horváth, 1994, S. 203).

III. Das Planungs- und Kontrollsystem als Subsystem der Führung

1. Begriff und Elemente von PK-Systemen

Die funktionalen, institutionalen und instrumentalen Planungselemente müssen nun strukturell zusammengefaßt, d.h. zu einem Planungs- und Kontroll**system** verknüpft werden (dazu insbesondere Hahn, 1996). Die Unternehmensplanung wird zunehmend interpretiert als die Planung des Unternehmens in seiner **Gesamtheit** im Gegensatz zur isolierten Planung einzelner Unternehmensbereiche, wobei Planung in diesem Sinne aber nicht die Summe der Einzelpläne in einem Unternehmen, sondern vielmehr die Integration dieser Einzelpläne in einen Gesamtplan ist. Ein derartiges Planungssystem (vgl. auch Hürlimann, 1993), in dem alle Planungsaktivitäten nach einheitlichen Prinzipien zusammengefaßt und gegenseitig inhaltlich und zeitlich abgestimmt werden, wird als **integrierte Unternehmensplanung** bezeichnet.

Wie eine auf Fallstudien gestützte Untersuchung ergab, hat das Planungsgeschehen in deutschen Unternehmen keineswegs einen hohen Entwicklungsstand erreicht – vielmehr erweist sich integrierte, abgestimmt umgesetzte Planung eher als **Mythos** denn als Realität (vgl. Weber/Hamprecht/Goeldel, 1997). Die WHU-Studie zeigte besonders in der strategischen Planung große Defizite, nicht minder schwer wiegt die mangelnde Verbindung zwischen strategischer und operativer Planung; die in vielen Unternehmen geübte Praxis der strategischen Planung behindert eine strategische Ausrichtung eher, als daß sie sie fördert.

„In vielen Unternehmen ist die Planung – immer noch – am Traumbild eines überschaubaren und stabilen Unternehmens ausgerichtet. Nur so läßt sich erklären, warum bei der strategischen Planung auf eine Einbindung möglichst vieler, vor allem dezentral tätiger Mitarbeiter verzichtet wird und warum die operative Planung – ohne wirksame Verknüpfung zur strategischen Planung – weitgehend in einem Fortschreiben der Vergangenheitswerte besteht. Aber gerade diese postulierte Stabilität ist unter den heutigen Wettbewerbsbedingungen nicht einmal mehr annähernd gegeben. Historisch gewachsene Planungssysteme, deren Defizite nicht zu übersehen sind, können daher zum Erfolg der Wettbewerbsfähigkeit von Unternehmen schwerlich beitragen." (ebd., S. 13).

510

Ein **Planungssystem** konstituiert Wild aus folgenden Elementen (vgl. ebd., S. 153ff.):

- Planungsträger (Planer)
- Planungs- und Kontrollfunktion (Zuständigkeiten)
- Prozesse (Planungsablauf)
- Pläne
- Informationsbasis
- Struktur (Ordnungsgerüst)
- Regelungen (Formulierung und Standardisierung)
- Verfahren und Instrumente

2. Aufbauprinzipien von PK-Systemen

Typische Gestaltungsformen von PK-Systemen lassen sich anhand einiger charakteristischer Aufbauprinzipien konkretisieren. Je nachdem, welche Gestaltungsprinzipien verwendet werden, lassen sich partielle, z.T. kombinierbare Varianten unterscheiden. Aus der Vielzahl denkbarer Systemvarianten wollen wir für die nachfolgende detaillierte Erläuterung der Gesichtspunkte die von Töpfer zusammengefaßten **Prinzipien** zur Gestaltung von Planungs- und Kontrollsystemen zugrunde legen (vgl. Horváth, 1994, S. 175ff.):

• **Mehrstufigkeit**:	Aktivitäten auf mehreren Ebenen führen zu Hierarchie
• **Zeitliche Überlagerung**:	Staffelung der Pläne in zeitlicher Hinsicht
• **Inhaltliche Differenzierung**:	z.B. Detailliertheit, Operationalität
• **Ableitungs- richtung**:	Organisatorische Regelung der Planaufstellung, Festlegung der Abstimmungsrichtung retrograd/progressiv/Gegenstrom
• **Inhaltliche Abstimmung**:	horizontale und vertikale Abstimmung der Planinhalte
• **Plananpassung**:	laufende Fortschreibung und Aktualisierung der Pläne
• **Formalisierung**:	Vereinheitlichung der PK-Größen, Zuordnung der Aktivitäten sowie Festlegung des Planungsablaufs.

a) Mehrstufigkeit

In aller Regel finden sich in größeren Unternehmen Planungs- und Kontrollsysteme mit einem mehrstufigen Aufbau, d.h. die Planungsaktivitäten werden im Zuge einer **vertikalen** Differenzierung auf über- oder untergeordnete organisatorische Subsysteme (Stufen/ Ebenen) verteilt.

b) Zeitliche Überlagerung

Unter dem Gesichtspunkt der „überlagerten Zeitdauer" der Subsysteme eines PK-Systems werden Teilplanungen mit unterschiedlicher zeitlicher **Reichweite** gekennzeichnet: Die Planungsaktivitäten können einen kurz-, mittel- oder langfristigen Zeithorizont umfassen. Die einzelnen Teilabschnitte können dabei aneinander **anschließend** (Reihung) oder **überlappend** sein. Da es von verschiedenen Faktoren abhängt, wie lang der Gesamtzeitraum und die daraus gebildeten Teilabschnitte sein sollten, ist es eine Zweckmäßigkeitsfrage (und daher im Einzelfall verschieden), was als kurz-, mittel- oder langfristig anzusehen ist; nach Wild (1982, S. 168; vgl. auch Aghte und Schneider) sind wesentliche Bestimmungsgründe für die Länge der Planungs**zeiträume** vor allem:

- die zeitliche Reichweite der gesetzten Ziele
- die Wirkungsreichweite der geplanten Maßnahmen
- die Voraussagbarkeit künftiger Ereignisse
- die erforderliche Zeitdauer zur Realisierung gewünschter Soll-Zustände (Ziele) oder zur Anpassung an geänderte Bedingungen.

In der betrieblichen Planungspraxis finden sich die unterschiedlichsten Planungszeiträume – von Monatsplänen bis zu Plänen mit einer Reichweite von über zehn Jahren.

c) Inhaltliche Differenzierung

Für mehrstufige Planungs- und Kontrollsysteme ist neben der zeitlichen Differenzierung eine inhaltliche Differenzierung der Pläne charakteristisch. Die **Teilpläne** unterscheiden sich in ihrer/ihrem

- Vollständigkeit (Umfang)
- Aggregationsgrad/Abstraktionsniveau (Detailliertheit: Global-/Detailpläne)
- Operationalität (Grobpläne / Feinpläne)
- Flexibilität (größerer/kleinerer Aktionsspielraum)
- Verbindlichkeit (geringer/größer) u. ä.

Die inhaltliche Mehrstufigkeit der Pläne macht ihre Zusammenfassung zu einem **Gesamtplan** notwendig.

d) Kombinierte Anwendung der Organisations-, Zeit- und Sachdifferenzierung

Zwischen den bisher aufgezeigten drei Aufbauprinzipien bestehen Interdependenzen: so etwa zwischen dem institutionellen Hierarchiegesichtspunkt und der zeitlichen sowie inhaltlichen Differenzierung. Zur Charakterisierung von hierarchischen PK-Systemen müssen diese drei Gesichtspunkte **kombinatorisch** herangezogen werden. In der Literatur werden die unterschiedlichsten Systeme von Teilplänen mit jeweils spezifischen inhaltlichen Konkretisierungen, zeitlicher Reichweite und mit variierenden Benennungen vorgestellt. Vorherrschend sind zwei- bzw. dreistufige Systeme. Als häufigste Differenzierung sind anzutreffen:

- strategische, taktische und operative Planung oder
- strategische und operative Planung
- generelle Zielplanung, strategische und operative Planung, gesamtunternehmungsbezogene Ergebnis- und Finanzplanung (vgl. Hahn, 1996, S. 96ff.)
- normative, strategische und operative Planung

e) Ableitungsrichtung

Da Planungsaktivitäten nicht nur durch die Unternehmensleitung, sondern arbeitsteilig von verschiedenen Personen/-gruppen durchgeführt werden, führt dies zu einer **Mehrstufigkeit** der Pläne der beschriebenen Art. Die dadurch notwendig werdende Berücksichtigung der vertikalen Interdependenzen der Pläne erfolgt je nach der „Richtung" der Abstimmung mit Hilfe der

(1)   retrograden (Top-down-) Methode

(2)   progressiven (Bottom-up-) Methode

(3)   Gegenstrom-Methode

512

(Zu den Methoden vgl. im einzelnen Wild, 1982, S. 191ff.; Horváth, 1994, S. 218f.) Die zyklischen Strukturen, die während des Planungsprozesses auftreten, lassen sich nur durch **EDV**-maschinelle Unterstützung im Rahmen des vorgegebenen Planungskalendars realisieren.

Zu (1) Die retrograde Methode

Hier erfolgt die Planung von **„oben nach unten"** (top down). Von der Unternehmensleitung in einem globalen Rahmenplan vorgegebene oberste Planziele werden in den nachfolgenden Hierarchiestufen für den jeweiligen Verantwortungsbereich schrittweise in Teilplänen konkretisiert (vgl. Scholz, 1984, S. 97).

Vorteil:

- hohe Zielkonvergenz der Pläne aller Ebenen
- geringe horizontale Koordinierungsschwierigkeiten

Nachteil:

- hoher Informationsaufwand
- trotzdem noch unzureichender Informationsstand der zielsetzenden Ebene (kann zum Auseinanderklaffen von Zielanspruch und Realität führen)
- stark zentralistische Tendenz, um vertikale Interdependenz der Pläne zu berücksichtigen
- größere Planungsabteilung notwendig (entsprechende Kosten)
- umfangreiche Planarbeit notwendig, um festzustellen, ob Ziele erreichbar sind
- geringer Beteiligungsgrad der nachgeordneten Ebenen, da der Rahmenplan Vorgabecharakter hat und nicht motivierend wirkend

Zu (2) Die progressive Methode

Verläuft in umgekehrter Richtung. Die in den unteren Planungshierarchien beginnende Planung bewegt sich stufenweise **aufwärts** (bottom up). Die einzelnen Ebenen planen jeweils Ziele, Maßnahmen und Ressourcenverbrauch und reichen ihren Teilplan an die übergeordnete Stufe weiter. Dort werden sie koordiniert, kontrolliert, integriert und ebenfalls weitergeleitet. Der Unternehmungs-Gesamtplan bzw. die obersten Ziele stehen also erst am Ende dieses Planungsablaufes.

Vorteil:

- wirkt motivierend und ermöglicht Identifikation mit den Planinhalten (bei deren Aufstellung ja selbst mitgewirkt wurde)
- es kann weitgehende Übereinstimmung von Informationsstand, Erfahrungsgebiet und Verantwortungsbereich der Planungs- und Durchführungsträger vorausgesetzt werden
- automatische vertikale Integration des jeweiligen Linienbereichs

Nachteil:

- Zieldivergenzen können entstehen (Einzelziele führen nicht zum gewünschten Gesamtziel)
- führt bestenfalls zur Suboptimierung (Orientierung am Engpaß, Negativkoordination)
- horizontale Koordinationsschwierigkeiten
- evtl. mehrere Durchläufe nötig, d.h. zeitraubende Abstimmungs- und Integrationsprozesse
- Wild meint, daß die progressive ebenso wie die retrograde Planung nicht funktionieren kann, denn zumindest stoßen beide auf das erwähnte „logische Zirkelproblem", daß man nämlich über untergeordnete Ziele (Pläne, Aktivitäten) nicht ohne Kenntnis der übergeordneten Ziele (Pläne, Aktivitäten) entscheiden kann und umgekehrt.

Zu (3) Das Gegenstromverfahren

Stellt eine Kombination der beiden erstgenannten Verfahren dar und versucht, die Vorteile beider zu vereinigen. Der Plananstoß kann von oben oder unten erfolgen; i.d.R. wird aber von der Unternehmensleitung ein **Planrahmen** gesetzt, dessen Zielsetzung allerdings nur vorläufigen Charakter hat. Im Rahmen dieses retrograden Vorlaufs werden auf den nachfolgenden Ebenen Teilziele bzw. -pläne abgeleitet („heruntergebrochen") und die Realisierbarkeit geprüft.

Bei der untersten Planungsebene beginnt der **Rücklauf** i.S. der progressiven Methode, der zur Bestätigung bzw. Korrektur und zur Integration der nachgeordneten Teilplanungen führen soll. Stellt ein Vorgesetzter fest, daß seine Zielvorstellungen wegen materieller Probleme nicht realisierbar sind, muß er diese Abweichung vom ursprünglichen Rahmenplan im Rücklauf „nach oben" weitergeben; dieser Vorgesetzte wird einen begrenzten Vor- und Rücklauf auslösen (Unterzyklus) und nach einem Ausgleich suchen (vgl. Wild, 1982, S. 198). Die Verbindlichkeitserklärung, d.h. der endgültige Rahmenplan, wird dabei möglicherweise erst nach mehreren (teilweisen oder vollständigen) Durchläufen feststehen. Empirische Untersuchungen zeigen eine Dominanz des Gegenstromverfahrens (vgl. Scholz, 1984, S. 97).

Vorteil:

- vor allem partizipative Zielbildung der Planung (Motivationswirkung)
- vermeidet die Risiken der Suboptimierung und trägt der sachlich-vertikalen Interdependenz der Ziele/Pläne Rechnung
- jeweilige Führungskraft plant für ihren Bereich und steuert und integriert zugleich die Planung nachgeordneter Instanzen
- Einseitigkeit im Denkansatz wird überwunden (retrograd: Was müssen wir wie tun, um vorgegebene Ziele zu erreichen ? Progressiv: Was können wir – bei gegebenen Ressourcen – tun? (vgl. Wild, 1982, S. 200)

Nachteil:

- hoher Kommunikations- und Informationsaufwand
- hohe Durchlaufzeiten bei Planänderungen.

Dieses vereinfachte Modell der Verknüpfung der Managementebenen bei der Planung kann durch den Einbezug von Pufferebenen oder Planungs**komitees** erweitert werden (vgl. Scholz, 1984, S. 97).

f) Inhaltliche Abstimmung

(1) Koordinationsinstrumente

Die Abstimmung (Verknüpfung) der Planinhalte kann zwischen den Planhierarchien (Systemelementen) in vertikaler oder horizontaler Hinsicht erfolgen. Bei der **horizontalen** Abstimmung sind gleiche hierarchische Ebenen betroffen. Es wird versucht, die Interdependenzen, die zwischen den isoliert vorgenommenen Teilplanungen (etwa des Produktions- und Absatzbereiches) bestehen, nachträglich in einer sukzessiven Koordination zu berücksichtigen.

Eine **simultane** Totalplanung (die in einem Entscheidungsprozeß gleichzeitig über alle Planungsinhalte entscheidet, d.h. alle Entscheidungsparameter aufeinander abstimmt) würde dieses Problem gar nicht erst entstehen lassen; die Anwendung solcher optimierender Koordinationskalküle (z.B. Modelle der linearen Planungsrechnung) ist jedoch bei der Anzahl einzubeziehender Entscheidungsvariablen, dem finanziellen Aufwand und der ständigen Anpassungsnotwendigkeit mit sehr großen Schwierigkeiten verbunden, so daß für die praktische Planungsarbeit der Schwerpunkt weiterhin bei approximativen, d.h. **sukzessiven** Verfahren der Plankoordination liegt (vgl. Horváth, 1994, S. 194).

Hahn (vgl. 1996, S. 83; daraus Abb. 59) führt zwei Formen der **Integration** aufgrund von Plan**prioritäten** an. Ausgehend von einem Primärplan, werden auf dieser Grundlage Sekundärpläne abgeleitet. Dieser Primärplan kann:

- ein Grobplan sein, aus dem alle Sekundärpläne als Detailpläne abzuleiten sind (Pläne unterscheiden sich also nur in ihrem Abstraktions- bzw. Detaillierungsgrad)
- ein dominanter Plan sein, der kurzfristig die Sekundarpläne als dominierte Pläne auf sich einreguliert (Primärplan = Engpaßplan).

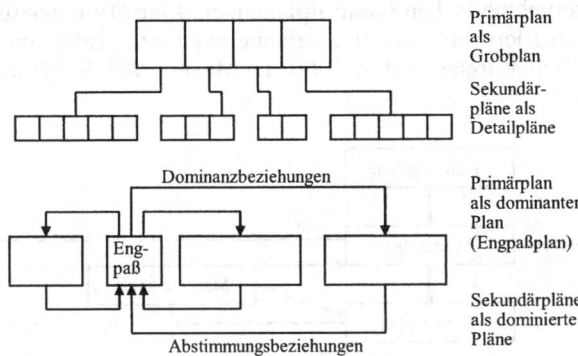

Abb. 59: Planungsformen nach der Rangfolge

Der **Engpaß**, der außer- bzw. innerbetrieblich begründet sein kann, stellt immer den Ausgangspunkt einer kurzfristigen Planung dar. Langfristig sollte sich die Planung nicht nach dem Engpaß ausrichten, sondern „nach den Erfordernissen des Vorrangbereichs" (Egger). Diese Entscheidungsregel zur Koordination hatte Gutenberg mit der Formulierung des **„Ausgleichsgesetzes der Planung"** geliefert (vgl. Gutenberg, 1983, S. 163ff.). Es beinhaltet einen kurz- und einen langfristigen Aspekt:

- **Dominanz** des Minimumsektors für die Gesamtplanung als kurzfristige Wirkung

  Aussage: Kurzfristig ist die gesamte Planung auf den jeweils schwächsten Teilbereich abzustellen, d.h. die Koordination hat vom jeweiligen Engpaßbereich (Minimumsektor) auszugehen.

  Der Engpaßbereich stellt also eine Restriktion für die anderen Teilplanungen dar: Liegen etwa Hemmnisse im Beschaffungsbereich (Rohstoffknappheit), wird – statt der oft unterstellten Abfolge „Absatzplanung - Produktionsplanung - Beschaffungsplanung" – vorübergehend eine umgekehrte Koordinationssequenz vorliegen.

- **Harmonisierung** der betrieblichen Teilbereiche als langfristige Wirkung

  Aussage: Die Unternehmung wird bestrebt sein, durch entsprechende Maßnahmen die Engpaßsituation zu beseitigen, indem der Minimumbereich auf das Niveau der anderen betrieblichen Teilbereiche gebracht wird (zu verstehen als tendenzielle Aussage über einen Idealzustand, denn kurzfristig werden immer wieder wechselnde Minimumbereiche auftreten; allerdings ist umgekehrt auch eine Reduzierung überdimensionierter Sektoren auf den Engpaßsektor möglich).

Die Sukzessivplanung als horizontale Koordination auf einer Planungsebene gleicher Fristigkeit setzt als Voraussetzung die **Kenntnis** des Minimumsektors des Leistungsbereichs voraus – dies ist in der Praxis jedoch oft nicht der Fall. Darin liegt die Hauptschwierigkeit der kurzfristigen Planung bzw. der Anwendung des Ausgleichsgesetzes der Planung. Bei der vorher beschriebenen sukzessiven Planung zeigt sich erst **nach** Ablauf des Planungsprozesses, wo der Minimumsektor liegt. Der auf diese Engpaßbereiche abgestimmte Unternehmensgesamtplan wird erst nach mehreren Rückkoppelungen entstehen.

Um Anhaltspunkte über das **inhaltliche Zusammenwirken** bzw. die Interdependenzen der betrieblichen Teilpläne zu geben, finden sich in der Literatur zahlreiche schematische Darstellungen von unternehmerischen **Gesamt**planungen. Eine DV-unterstützte, in die Unternehmensplanung integrierte entscheidungsorientierte Absatz-, Erlös- und Ergebnisplanung zeigt Wolf (1993). Stellvertretend soll Abb. 60 (aus Mayer, 1986, S. 74) als Beispiel dienen.

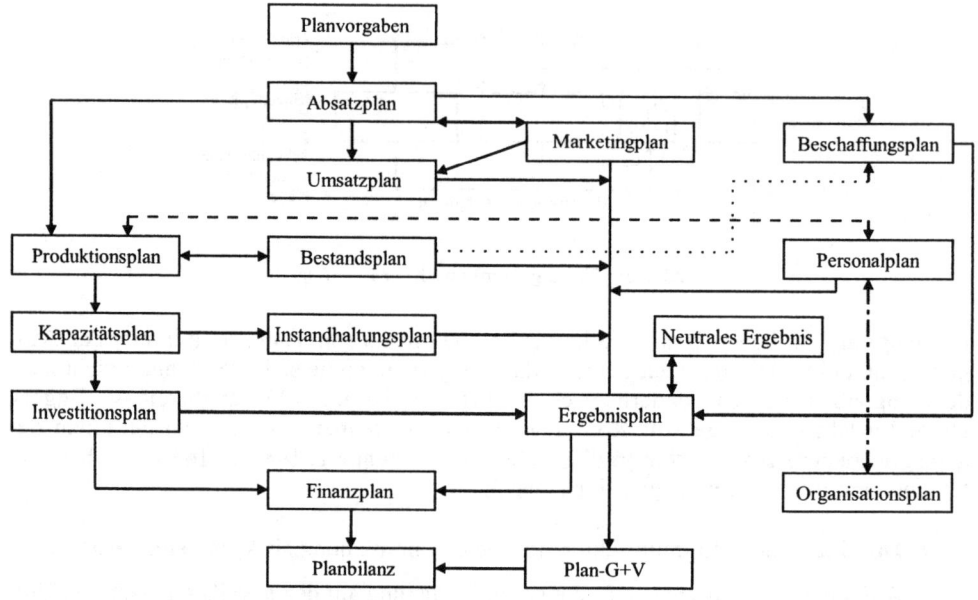

Abb. 60: Verzahnung der Teilpläne der Jahresplanung

Es hat sich in der Literatur bisher keine einheitliche **Systematisierung** der **Koordinationsinstrumente** (z.B. MbO-Systeme, Controlling, Überlappende Gruppenstrukturen, Stellenbildung, Budgetierung, PPBS u. ä.) durchgesetzt. Adam (vgl. 1993, S. 309ff.) schlägt drei Koordinationsinstrumente vor: die Alternativplanung, eine Koordination über Lenkpreise und die Budgetsteuerung. Kuhn (1992, S. 88ff.) nennt für die horizontale Koordination der Pläne: die Koordinierung über die Finanzplanung, die Budgetkoordinierung, die Kennziffern-Koordinierung, die Planbilanz-Koordinierung, die dezentrale Koordinierung durch Lenkpreise und die Koordination über Informationssteuerung.

(2) Zeitliche Koordination

Neben der horizontalen und vertikalen inhaltlichen Abstimmung der Pläne ist auch eine **zeitliche** Integration der Stufen herbeizuführen. Diese zeitliche Abstimmung kann erfolgen als (vgl. Abb. 61, aus Wild, 1982, S. 172)

- anschließende Planung (**Reihung**)
- überlappende Planung (Staffelung, **rollende** Planung)
- integrierte Planung (**Schachtelung**).

516

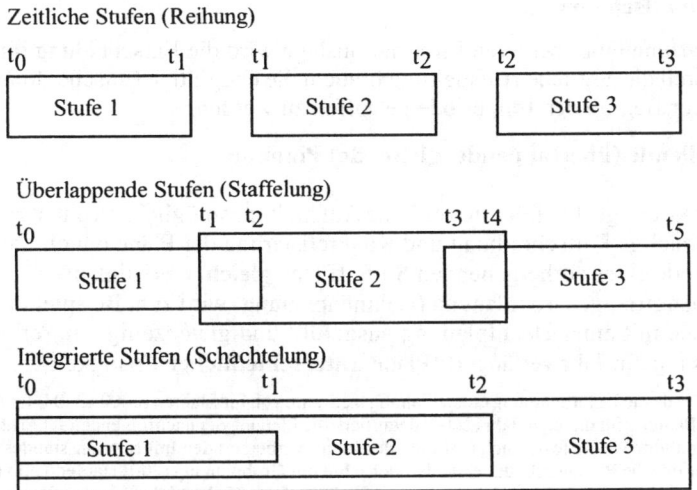

Abb. 61: Zeitliche Verkettung von Planungsstufen

Ein dreistufiges PK-System zugrunde gelegt, ergibt sich eine zeitlich vollständige Integration der Stufen, da der jeweils längerfristige Plan stets den kurzfristigeren Plan „übergreift". Auf die „rollende" Planung wird noch an mehreren Stellen (Flexibilität, kurzfristige Finanzplanung) näher eingegangen. Ein Beispiel für die Verschachtelung von Planungsstufen ist die Integration der operativen Pläne in die taktischen Pläne; diese wiederum sind Bestandteil der strategischen Planung.

g) Plananpassung

Neben der Integrität (d.h. der Vollständigkeit und Widerspruchsfreiheit) der Planung ist die Adaptivität ein weiteres zentrales Problem für die Leistungsfähigkeit eines Planungs- und Kontrollsystems. Um die Planung an die Entwicklung der Umweltbedingungen anzupassen, ist zu prüfen, **wann**, **wie oft** und **wie** die Pläne überarbeitet, aktualisiert und fortgeschrieben werden sollen.

Ein leistungsfähiges Planungs- und Kontrollsystem muß immer auch die „Mehrwertigkeit zukünftiger Datenvorstellungen" (Kuhn) verarbeiten. Zwei grundsätzliche Möglichkeiten stehen der Unternehmung offen: die **nachträgliche** Änderung der Pläne (Anpassungsrhythmik) oder die **vorherige** Berücksichtigung möglicher Anpassungsnotwendigkeiten (Flexibilität). Besonders Oelsnitz (vgl. 1993 b) betont die Notwendigkeit eines konsistent aufeinander abgestimmten Gesamtkonzeptes organisationaler Führung, damit nicht durch Planung zukünftig u. U. dringend erforderliche Entscheidungsoptionen vernichtet werden.

(1) Flexibilität

Die Flexibilität eines PK-Systems beantwortet die Frage, ob und wie künftige Entwicklungsmöglichkeiten bereits **jetzt** in der Planung Berücksichtigung finden können; sie zeigt uns die Anpassungsfähigkeit des Systems an alternative Situationen. Es werden also Anpassungsmöglichkeiten für später eventuell notwendig werdende Änderungen bereits eingebaut. Wild (1982, S. 76ff.; ähnlich Horváth, 1994, S. 195ff.; Adam, 1993, S. 255ff.) zeigt vier verschiedene Wege:

- **Die Zeitaufschiebung**

  In Erwartung einer besseren Informationslage wird die Entscheidung hinausgeschoben; durch die zeitliche Aufspaltung braucht die endgültige Entscheidung erst unmittelbar vor Beginn der Teilperiode getroffen zu werden.

- **Die rollende (überlappende, gleitende) Planung**

  - berücksichtigt ebenfalls die zeitliche Aufspaltungsmöglichkeit einer Entscheidung
  - regelmäßige Fortschreibung und Konkretisierung der Pläne um eine weitere Stufe am Ende einer vorhergehenden Stufe (Pläne **gleicher** Fristigkeit)
  - eine langfristige Grobplanung (Rahmenplanung) wird zum Beispiel im Laufe einer Periode mit einer Detailplanung ausgefüllt und gleichzeitig am Periodenende jeweils um ein Jahr verlängert (Pläne **unterschiedlicher** Fristigkeit).

  Beispiel: Hat eine Unternehmung einen Planungszeitraum von fünf Jahren (2000 - 2004) für ihr PK-System, so ist die Planung für das erste Jahr (2000) detailliert, die Planung der nachfolgenden Jahre (2001 - 2004) nur grob formuliert. Mit Hilfe des sich im Laufe des Jahres verbessernden Informationsstandes wird innerhalb dieser Periode die Planung für das erste der vier Jahre mit Grobplanung (2001) laufend präzisiert. Liegt gegen Jahresende die detaillierte Jahresplanung für 2001 fest, wird gleichzeitig der Planungshorizont der Grobplanung um ein Jahr verlängert (2005), d.h. das ganze Planungsgebilde wird um ein Jahr in die Zukunft vorverlegt (2001 - 2005).

  Die Detailplanung kann auch andere Periodenabgrenzungen umfassen, z.B. Zweijahrespläne oder Monatspläne. Die „rollierende" Planung (vgl. auch Hahn/Hungenberg, II, 1994) erzeugt durch diese Überlappung von Plänen verschiedener Zeithorizonte eine zeitliche **Verkettung** der Pläne eines Planungs- und Kontrollsystems (zu den Ausgestaltungsmöglichkeiten und einer ausführlichen Fallstudie vgl. auch Troßmann, 1992).

  Als zweite Möglichkeit eines Anpassungsrhythmus von Plänen wird in der Literatur die **revolvierende** oder **rekursive** Planung genannt. Sie basiert auf dem gleichen Prinzip der Verlängerung des Planungshorizontes um den Zeitraum des Planungszyklus. „Im Gegensatz zur rollenden Planung erfolgt hier aber die Überprüfung, Konkretisierung, Änderung und Fortschreibung unter Aufwendung des Rekursionsprinzips, was die Überarbeitung auch der vorgelagerten Planungsstufen umfaßt (z.B. als sog. flexible Planung). Sie hat die zeitliche Integration aller Planungsstufen zum Ziel, setzt also letztlich die Schachtelung der Stufen voraus. Das bedeutet, daß jede Änderung eines Planes mit beliebigem Planungszeitraum notwendige Veränderungen aller von ihm abhängigen Pläne nach sich zieht" (Mag, 1990, S. 698f.).

- **Der Einbau von Planreserven**

  Größerer Spielraum durch Berücksichtigung von Planungsreserven (Kapazitäts-, Finanz-, Arbeitskräfte-, Materialreserven).

- **Die flexible Planung**

  Mit dem Konzept der flexiblen Planung werden alle alternativen Entscheidungsmöglichkeiten (= denkbare Datenkonstellationen) bereits explizit im Planungsansatz berücksichtigt. Endgültige Entscheidungen betreffen nur die jeweils nächste Periode, die späteren – entsprechend den exogenen Umwelteinflußfaktoren – Handlungsalternativen werden aber bereits in Form von Eventual-Entscheidungen („bedingte" Entscheidungen) berücksichtigt: Tritt dann eine bestimmte Konstellation ein, wird die bereits vorgegebene (= vorgeplante) Handlungsweise ergriffen. Als Hilfsmittel zur Darstellung des Ineinanderwirkens alternativ möglicher Umweltentwicklungen und verschiedener Anpassungsreaktionen wird beim Konzept **sequentieller** Eventual-Entscheidungen häufig auf das Instrument des sog. **Entscheidungs-** oder **Zustandsbaumes** zurückgegriffen. Eine weitere Grundform flexibler Planungskonzepte ist das Konzept der **robusten** Maßnahmen, bei dem Handlungsalternativen ausgewählt werden, die gemeinsame Elemente möglichst vieler Handlungsprogramme darstellen. Man will damit bei der Planung von Maßnahmen dem zu einem späteren Zeitpunkt verbesserten Informationsstand Rechnung tragen (vgl. Ossadnik, 1990, S. 380f.).

Kritik (vgl. Kuhn, 1992, S. 73f.):

- Flexible Planung setzt ein Potential von anpassungs- und umstellungs**fähigen** Planobjekten (Produktionsanlagen, Mitarbeiter usw.) als vorhanden voraus (oder als kurzfristig beschaffbar), „Elastizität" als Umstellungs- und/oder Anpassungsfähigkeit. Auch Knof betont, daß die „Unternehmensflexibilität" davon abhängt, daß innerhalb der Subsysteme aktivierbare Ressourcen und damit ein Flexibilitätspotential besteht; (vgl. dazu und zum Begriff des „organizational slack", einer Überdimensionierung der (Organisations-Strukturierungsleistung, Knof, 1992, S. 144ff.).
- Unverhältnismäßig hohe Planungskosten.
- Teilweise wird die rechnerische Lösung flexibler Ansätze generell bezweifelt.

(2) Anpassungsrhythmik

Eine laufende **nachträgliche** Anpassung bzw. Änderung bereits verabschiedeter Pläne setzt ständige Kontrollen zur Feststellung eventueller Planabweichungen und das Vorhandensein entsprechender Informationsflüsse voraus. Diese mit Hilfe von Vor- und Rückkoppelungen innerhalb des PK-Systems durchgeführten Kontrollen können sich sowohl auf

- die den Plänen zugrunde gelegten Prämissen,
- den laufenden Planfortschritt und
- das Ergebnis beziehen.

„Wesentlich ist, daß die Planabweichungskontrollen nicht nur in Form eines Plan-Ist-Vergleiches stattfinden, sondern auch ein ‚Plan-Wird-Vergleich‘ vorgenommen wird. Es geht also darum, auch sich abzeichnende Entwicklungen (z.B. durch Prognoseänderungen festgestellt) in die Abweichungsanalyse einzubeziehen" (Horváth, 1994, S. 229f.).

h) Formalisierung

Der Grad der Formalisierung des Planungssystems und -prozesses ist festzulegen (vgl. Wild, 1982, S. 156):

- **Inhaltlich:** Vereinheitlichung der PK-Größen und eine Normierung der Inhalte (z.B. Formularvorgabe), ihrer Informationsbasis (z.B. Einsatz einheitlicher Modelle, Verfahren) sowie der Abstimmungsprozesse zwischen Plänen/Planungsträgern.
- **Organisatorisch:** Zuordnung der PK-Aktivitäten und Festlegung des Planungsablaufs durch Regelungen der Aufbau- und Ablauforganisation, Festlegung der Informationswege, Normen für das Verhalten der Planungsorgane (z.B. Regeln für den Vollzug von Planungstätigkeiten oder den Einsatz/die Verwendung von Planungsinstrumenten).

Der Umfang, die Einheitlichkeit und Strenge dieser Regelungen bestimmen den **Organisationsgrad** der Planung und legen insofern die Formalisierung und Standardisierung des PK-Systems fest.

IV. Entwicklung der Planungssysteme zu Managementsystemen

Übereinstimmend wird in der Literatur für die letzten Jahre eine rasante Entwicklung im Bereich der Unternehmensplanung festgestellt; es wird versucht, Kennzeichen dieser Entwicklung durch die Bildung verschiedener Phasen herauszufiltern. Dabei ist es aber nicht zu einer Ablösung der vorherigen Planungssysteme durch die neuen, sondern zu einer ständigen **Er-**

weiterung des betrieblichen Planungssystems gekommen. Wiedemann/Kreuzer zeichnen drei **Entwicklungsstufen** der Planung (in Raffée/Wiedmann, 1985, S. 64ff.):

1. Entwicklungsstufe:

   - relativ stabile und überschaubare Umwelt
   - Planung hauptsächlich „innenorientiert"
   - Funktion der Effizienzsteigerung wird im Sinne einer Optimierung der Input-Output-Relationen interpretiert
   - Produktionsorientierung, Rationalisierung, Standardisierung
   - wichtige Rolle der Produktionsplanung und Finanzplanung

2. Entwicklungsstufe

   - „quasiautomatische"Interessenharmonie zwischen Unternehmung und Gesellschaft zunehmend weniger gegeben
   - auftretende Marktsättigungstendenzen
   - stärkere „Außenorientierung" der Planung
   - Unternehmung als „offenes" System, das Anforderungen verschiedener Interessengruppen erfüllen muß
   - (Ober-)Ziel und Strategieplanung rücken in den Mittelpunkt der Interessen
   - Entstehung des Marketing als eine umfassende Führungskonzeption, marketingorientierte Organisationsstruktur
   - Befriedigung der Kundenbedürfnisse als Schlüssel zum langfristigen Unternehmererfolg.

3. Entwicklungsstufe

   - Notwendigkeit einer strategischen Planung (Diskontinuitäten, Wandel im externen Umfeld), Aufbau von Erfolgspotentialen
   - Wesentliche Planungsmerkmale:
     - langfristige Perspektive
     - ganzheitliche Betrachtungsweise
     - anstelle der dominanten Außenorientierung tritt eine „Interaktionsperspektive"
   - Aufbau von Früherkennungssystemen, (strategische Reaktionen auf schwache Signale)
   - Neue Managementkonzeptionen (Strategisches Management, Strategisches Controlling, Evolutions-Management).

Dem **strategischen Management** liegt der Grundgedanke der **„geplanten Evolution"** zugrunde, d.h. einer Veränderung in kleinen Schritten (vgl. dazu auch fünfter Teil, M).

> „Genauso wie Marketing nicht einen Funktionsbereich in der Unternehmung darstellt, wie z.B. Finanzierung und Produktion, sondern ein die gesamte Organisation durchdringendes unternehmungspolitisches Konzept, ist strategisches Management eben nicht eine neue Variante der Unternehmensplanung, sondern ein Konzept, das externe strategische Planung und interne Organisationsstrukturierung (Organisationsentwicklung) als gleichberechtigte und interdependente Bereiche integriert" (Staehle, 1994, S. 584).

Da eine solche Systemgestaltung alle wichtigen Belange des Managements einbezieht (d.h. also nicht nur die Planungsaspekte des Prozesses, sondern Planung, Implementation und Kontrolle), soll – nach Ansoff – der Begriff „Planungssystem" durch den Begriff **„Managementsystem"** ersetzt werden.

Die **Funktionen** von Managementsystemen beschreibt Bamberger (1998/99, Übungsunterlagen) wie folgt:

- Managementsysteme sollen die Unternehmensführung unterstützen und zur Rationalisierung des Führungshandelns beitragen.
- Unterstützung etwa in Bezug auf die Grundfunktionen der Führung: Koordination, Komplexitäts- und Unsicherheitshandhabung, Umweltanpassung.
- Aber auch erweiternd im Sinne der Unterstützung bezüglich der Lernfähigkeit, der Handlungsfähigkeit und der Responsiveness (Fähigkeit der „fortschrittsfähigen Organisation").
- Managementsysteme bilden Mechanismen der Selbstbeobachtung, -beschreibung und -reflexion.

$\Rightarrow$ Managementsysteme dienen zunächst der Implementierung von Strategien.
$\Rightarrow$ Sie bilden aber auch die „Infrastruktur", in deren Rahmen (strategische) Prozesse ablaufen und Strategien entwickelt werden. (ebd.)

Zwischen Managementsystemen existiert eine hohe Interdependenz, die beachtet werden muß und unmittelbaren Einfluß auf das PuK-System aufweist. Grundsätzlich können in diesem Zusammenhang **zwei Einflußrichtungen** betrachtet werden (Quelle: Bamberger, 1998/99, Übungsunterlagen):

(1) **Puk-Systeme definieren Anpassungserfordernisse für die restlichen Managementsysteme**

- Hier: Managementsysteme sollen an den Inhalt der (strategischen) Pläne angepaßt werden.
- Z.B. Anpassung der Organisationsstruktur, der Anreizsysteme oder der Unternehmenskultur an die neuen (strategischen) Pläne.
- Also: Perspektive der Umsetzung von strategischen Plänen.

(2) **Managementsysteme bilden die Infrastruktur, innerhalb deren sich Planungsprozesse vollziehen**

- Hier: PuK-Systeme werden durch die Existenz und den Inhalt der anderen Managementsysteme (direkt und indirekt, geplant und ungeplant) beeinflußt.
- Z.B. bildet die Unternehmenskultur einen Kontext, innerhalb dessen Grenzen sich Planungs- und Kontrollprozesse abspielen.
- Ferner: Organisationsstrukturen formulieren Rollen, legen Verhaltensweisen fest und haben damit einen Einfluß auf die Machtverteilung im Unternehmen (z.B. über den Delegationsgrad oder die Leitungsspanne).

C. Unternehmerische Zielbildung als Grundlage des Führungssystems

„In der anwendungsbezogenen betriebswirtschaftlichen Theorie interpretieren wir heute die Unternehmung als ein zielorientiertes Aktions-, Interessen- und Vertragszentrum. Aufgrund ihrer individuellen Motive und Beweggründe formulieren hierin Menschen Produkt- und Dienstleistungsziele, Ergebnis- und Liquiditätssicherungsziele sowie Verhaltens- bzw. Sozialziele (…) Die hierzu autorisierten Willensbildungszentren tragen hierbei die Verantwortung für die Zielformulierung und Zielerreichung gegenüber sich selbst, gegenüber allen an der Unternehmung interessierten Gruppen und damit auch gegenüber der allgemeinen Öffentlichkeit. Dabei steht die Unternehmung gegenüber ihren Anspruchsgruppen und sonstigen Bezugsgruppen in vielfältigen rechtlichen, meist vertraglichen Verbindungen.(…) Die Ziele der Anspruchs- bzw. Interessengruppen und auch die hieraus abgeleiteten Ziele für die Unternehmungsführung unterliegen dabei angesichts der komplexen und dynamischen Weltentwicklung einem steten Wandel. Er konkretisiert sich im Wandel unserer gesellschaftlichen, wirtschaftlichen, technologischen und ökologischen Umfelder" (Hahn, 1995, S. 328f.).

I. Beziehungen zwischen Zielsetzung und Planung

Während wir davon ausgehen können, daß Planung **zwangsläufig Ziele** voraussetzt – je klarer und eindeutiger Ziele bestimmt sind, um so rationaler kann zielgerichtetes Handeln erfolgen –, hat McCastley Situationen entdeckt, in denen sich eine „Planung **ohne** Ziele" auf die Angabe einer generellen Richtung des Handelns („directional planning") beschränkt; sie sei in bestimmten Fällen gegenüber der Planung mit Zielen die angemessenere, zuweilen sogar die einzig mögliche (vgl. Hentze/Brose, 1985, S. 97ff.). Das Planungs- und Entscheidungsverhalten gleicht einem **„Durchwursteln"** (muddling through). Der wesentliche Unterschied zwischen dem ganzheitlich orientierten Ansatz und dem schrittweisen (inkrementalen) Ansatz besteht also in der differenzierten Sicht des Zielbildungsprozesses. Während Ziele im ersteren Fall die Basis der daraus abzuleitenden Strategien darstellen, wird in letzterem Fall von der Machbarkeit der gegebenen Situation ausgegangen (vgl. auch Rabl, 1990, S. 29ff; hier werden noch weitere Ablaufmodelle des unternehmerischen Planungsprozesses vorgestellt).

II. Funktionen von Zielen

Die Unternehmung wurde von uns u. a. als ein zweckorientiertes und zielgerichtetes System gekennzeichnet. Die beiden Begriffe sind nicht synonym zu verwenden:

Zweck: Erfüllung einer bestimmten gesellschaftlichen **Leistung** durch die Organisation

Ziel:

- Von der Unternehmung **selbst** (d.h. von den am Zielbildungsprozeß beteiligten Gruppen) gedanklich formulierte Vorstellungen über autorisierte, d.h. aus mehreren „möglichen" zukünftig angestrebten Zuständen, Ziele, die als Ergebnis von Verhaltensweisen eintreten sollen (Zielentscheid, ähnliche Begriffsfassung bei Andrä oder Heinen).
- Neben die traditionellen **Bezugsgruppen** (Kapitalgeber, Eigentümer, Arbeitnehmer) werden zunehmend auch unterschiedliche (z.T. konkurrierende) Forderungen anderer Bezugsgruppen (Verbraucher, Bürgerinitiativen etc.) an die Unternehmung gestellt. Gemeinsames Oberziel ist es, die Unternehmung „zu erhalten und erfolgreich weiterzuentwickeln, sofern hierdurch die Chance gegeben ist, daß die einzelnen Interessengruppen ihre Individualziele realisieren können" (Hahn, 1994, S. 62).
- Der Zielentscheid ist das Ergebnis eines **Willensbildungsprozesses** („labiler Kompromiß").

Die in der Literatur an Ziele bzw. Zielsysteme gestellten **Anforderungen**, wie z.B. Operationalität, Quantifizierung, Konsistenz, Kompatibilität, schriftliche Formulierung, Autorisierung und organisatorische Bekanntmachung, sieht Staehle (1994, S. 415ff.) in aller Regel in der Realität als nicht erfüllbar an. Das Zielsystem ist i.d.R. unvollständig und durch Ambiguität und Inkonsistenz der Ziele gekennzeichnet.

Für die einzelnen Feinstufen der Entwicklung von Zielen folgen wir im wesentlichen der **Stufung** von Wild (1982, S. 37), differenzieren jedoch den Punkt „Zielsuche" genauer (ähnliche Gliederungen bei Kuhn, Krüger oder Hentze/Brose):

1. Zielsuche
2. Operationalisierung
3. Zielanalyse und -ordnung
4. Prüfung auf Realisierbarkeit
5. Zielentscheidung (Selektion)
6. Durchsetzung der Ziele
7. Zielüberprüfung und Revision

III. Prozeßstufen der Zielbildung

1. Zielsuche

Die Zielsuche umfaßt die Auswahl der **„richtigen"** (i.S.v. zweckentsprechenden und anforderungsgerechten) Ziele aus der Fülle der **„denkbaren"** Ziele, die in einem Selektionsprozeß in den weiteren Prozeßstufen der Zielbildung zu den „tatsächlich verfolgten" Zielen der Unternehmung werden. Von zahlreichen Wissenschaftlern wird die Bestimmung von Zielen als das **Schlüsselproblem** des Planungsprozesses erkannt. Bevor nämlich die betrieblichen Aktionen (Zielerreichungsprozesse) zu planen, zu gestalten, zu steuern und zu kontrollieren sind, gilt es, als Ausgangspunkt des gesamten Führungsprozesses die Ziele zu bestimmen. Ehe wir diesen Zielfindungsprozeß näher untersuchen, wollen wir die möglichen Ausprägungen von Unternehmenszielen darstellen.

a) Zielausprägungen (Systematik)

(1) Übergeordnete (originäre) Ziele

Dieser erste Schritt beinhaltet die Gewinnung von Informationen über denkbare Zielvariablen zur Gestaltung betrieblicher Oberziele als Grundlage von Zielhierarchien. Dabei können allgemeine Grobaussagen über den Komplex unternehmerischer Zielbildung aus der sog. Theorie der Unternehmung oder aus empirischen Befragungen gewonnen werden.

Die **Theorie der Unternehmung** ist durch folgende Merkmale gekennzeichnet (vgl. zum Nachfolgenden Schreyögg, 1981, S. 109ff.):

- In der klassischen ökonomischen Theorie wurde als konstitutives Element der (kapitalistischen) Wirtschaftsordnung als dominante Zielsetzung **Gewinnmaximierung** unterstellt.
- Mit dem Streben nach Gewinnmaximierung wird zugleich das Optimum an gesamtwirtschaftlicher **Wohlfahrt** erreicht.
- Mit den Augen seiner Kritiker sind die wesentlichen Eigenschaften des „**Homo oeconomicus**":
  - Ohne die Kosten und Risiken von Suchprozessen in Kauf nehmen zu müssen, kennt er bei allen sich ihm stellenden Entscheidungssituationen die Menge sämtlicher Handlungsalternativen,
  - kann er die Konsequenzen sämtlicher Handlungsalternativen mit absoluter Gewißheit voraussagen,
  - verfügt er über ein klar definiertes, widerspruchsfreies und im Zeitablauf konsistentes Zielsystem, das – frei von altruistischen Elementen – konsequent auf maximalen Eigennutz ausgerichtet ist.

- Das Marktmodell fand seine Verankerung in den kapitalistischen Ländern im Privatrechtssystem über das Rechtsinstitut des Privateigentums und eine interessenmonistische Unternehmensverfassung (Kapitalgeber als bestimmende Gruppe).

An diesem Marktmodell wird in der Literatur viel Kritik geübt. Mehrere **Voraussetzungen**, an die die Gewinnmaximierung gebunden ist, werden in der Realität als nicht gegeben angesehen. Zudem bilden Gewinnmaximierung und Risikominimierung eine klassische Zielantinomie. Dieses zweckrationale Denkmodell des „Homo oeconomicus" reicht nicht aus, um für die komplexe Wirklichkeit optimale Handlungsmaximen abzuleiten. Durch die Erweiterung von einer mono- zu einer mehrzielorientierten Unternehmungszieltheorie traten die Zielvorstellungen auch anderer Bezugsgruppen ins Blickfeld der Zielforschung (Corsten, 1988, S. 338).

Als zweite Quelle über Aussagen zur unternehmerischen Zielbildung können **empirische Befragungen** herangezogen werden. Im Rahmen einer „empirischen **Zielforschung**" sind bisher aber erst Teilaspekte einer empirisch fundierten „Theorie der Unternehmungsziele" untersucht worden.

(2) Untergeordnete (abgeleitete) Ziele

Aufgrund der zahllosen denkbaren Kombinationen ist eine allgemeine Darstellung eines generell gültigen, logisch geschlossenen Zielsystems ein wohl unlösbares Unterfangen. Es werden statt dessen **Zielkataloge** als Zusammenfassung der wesentlichen Ziele gegeben; diese enthalten vorerst noch keine Gewichtung:

- die **horizontale** Zielordnung, (d.h. das Verhältnis zwischen gleichrangigen Zielen) und
- die **vertikale** Zielordnung, (d.h. die Unterscheidung in Ober- und Unterziele) wie sie von der Unternehmensleitung festgelegt werden,

bestimmen dann die Beziehungen der einzelnen Ziele zueinander (vgl. Kahl, 1989, S. 202f.; Ulrich/Fluri, 1995, S. 97f.; daraus auch der Katalog):

- **Marktleistungsziele**
  - Produktqualität
  - Produktinnovation
  - Kundenservice
  - Sortiment

- **Rentabilitätsziele**
  - Gewinn
  - Umsatzrentabilität
  - Rentabilität des Gesamtkapitals
  - Rentabilität des Eigenkapitals

- **Soziale Ziele in bezug auf die Mitarbeiter**
  - Einkommen und soziale Sicherheit
  - Arbeitszufriedenheit
  - Soziale Integration
  - Persönliche Entwicklung

- **Gesellschaftsbezogene Ziele**
  - Umweltschutz und Vermeidung sozialer Kosten der unternehmerischen Tätigkeit
  - Nichtkommerzielle Leistungen für externe Anspruchsgruppen der Unternehmung
  - Beiträge an die volkswirtschaftliche Infrastruktur
  - Sponsoring (finanzielle Förderung von Kultur, Wissenschaft und gesellschaftlicher Wohlfahrt)

- **Marktstellungsziele**
  - Umsatz
  - Marktanteil
  - Marktgeltung
  - neue Märkte

- **Finanzwirtschaftliche Ziele**
  - Kreditwürdigkeit
  - Liquidität
  - Selbstfinanzierung
  - Kapitalstruktur

- **Macht- und Prestigeziele**
  - Unabhängigkeit
  - Image und Prestige
  - Politischer Einfluß
  - Gesellschaftlicher Einfluß

Sehr häufig finden sich Kataloge mit einer Unterscheidung in

- **monetäre** Ziele (mit Hilfe von Geldgrößen erfaßbar) wie etwa Umsatz, Gewinn, Deckungsbeitrag, Rentabilität usw.
- **nicht monetäre** Ziele (nicht oder nur indirekt in Geld- oder Werteinheiten erfaßbar) wie etwa Unabhängigkeit, Ansehen, Image, soziale Verantwortung.

Aus der Zerlegung der Ober- und Unterziele läßt sich eine „**Zielhierarchie**" bilden, die das Zielsystem einer Unternehmung beschreibt (dazu Hahn, 1996, S. 20f.). Es zeigt also den zukünftig angestrebten Zustand des Unternehmens unter Zuhilfenahme verschiedener Teilziele. Von einem **Zielsystem** kann nach Meinung von Ulrich/Fluri (vgl. 1995, S. 99) erst dann gesprochen werden, wenn die Zielkonzeption der Unternehmung eine klare Stellungnahme zu den Fragen gibt,

- welches die obersten Ziele der Unternehmung sind,
- welche weiteren Ziele berücksichtigt werden,
- wie normalerweise Zielkonflikte zu lösen sind (Prioritätsordnung),
- welches die Anspruchsniveaus der Ziele sind.

Hahn lenkt den Blick auf den **Wandel der Umfelder** und ihren Einfluß auf die Unternehmungsziele. „Neben der verstärkten Gesellschaftsorientierung, globalen Wirtschaftsorientierung sowie Technologie- und Ökologieorientierung sind für jede Unternehmung heute überlebenskritische Ziele vor allem Kunden- und Lieferantenorientierung sowie Kapitalgeber- und Mitarbeiterorientierung:

- Kunden- und Lieferantenorientierung erfordern neue Qualitäts- und Zeitziele bezogen auf Produkte und Prozesse,
- Kapitalgeberorientierung erfordert Formulierung und Beachtung neuer gesamtunternehmungsbezogener Wertziele, d.h. Kapitalwertziele, neben traditionellen Ergebnis-, Kosten- und Produktivitätszielen,
- Mitarbeiterorientierung, aber auch Kunden-, Lieferanten- und Kapitalgeberorientierung erfordern vor allem neue Verhaltensziele.

Es ist die Aufgabe der Unternehmensführung, diese sich wandelnden Ziele und ihre Erfüllung durch entsprechende Führungsprozesse zu koordinieren und zu integrieren" (Hahn 1995, S. 329f.; vgl. Abb. 62, aus ebd.).

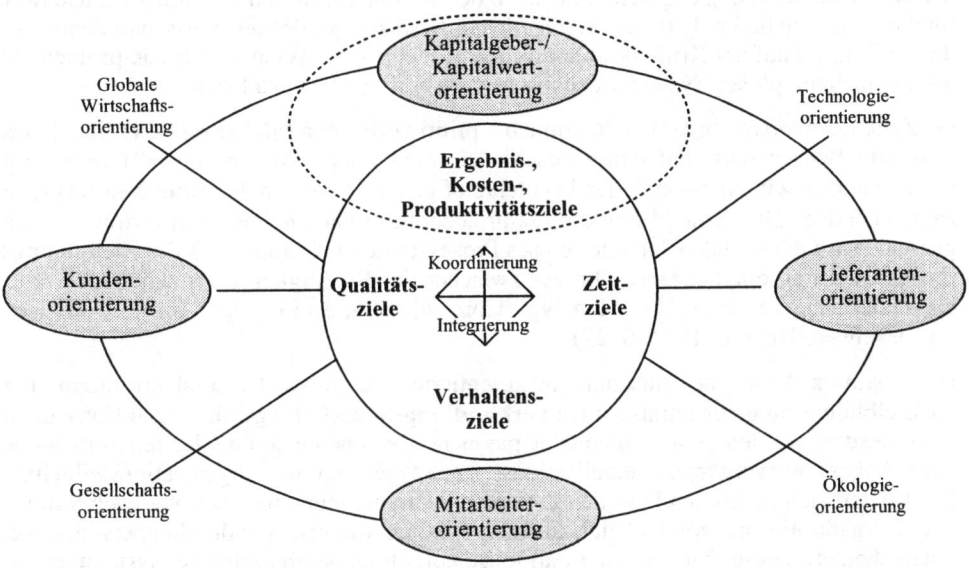

Abb. 62: Wandel der Umfelder und der Unternehmensziele

(3) Erweiterung des Zielsystems um gesellschaftsbezogene Komponenten

Es ist zu fragen, inwieweit die durch die Mitbestimmungsgesetze bewirkte Verschiebung der Machtstrukturen in den betrieblichen Willensbildungs- und Zielbildungsprozessen zu einer verstärkten Berücksichtigung von **Mitarbeiterzielen** im multivariablen Zielsystem geführt hat. Im Rahmen einer sozialorientierten Unternehmenspolitik werden zunehmend weitere Mitarbeiterziele berücksichtigt. Auf der Grundlage einer umfangreichen Ermittlung der einzelnen Beziehungen zwischen den Zielen der internen Interessengruppen wird dann ein aggregiertes **Zielbeziehungssystem** aller Organisationsteilnehmer abgeleitet.

Neben diesen innerbetrieblichen Herausforderungen (Mitbestimmung, humane Arbeitsplätze, Arbeitsanreicherung usw.) hat die Unternehmung als ein offenes, dynamisches System, als „quasiöffentliche" Institution, auch den Entwicklungen ihres **gesellschaftlichen** Umfelds Rechnung zu tragen. In welchem Umfang sich diese Tendenzen in der multivariablen Zielfunktion der Unternehmen niederschlagen werden oder im Controlling Berücksichtigung finden werden (als **„gesellschaftsbezogene Rechnungslegung"**), ist zur Zeit noch nicht zu übersehen bzw. endgültig zu beantworten. Wir werden darauf an späterer Stelle ausführlich zurückkommen (neunter Teil).

b) Der Zielbildungsprozeß als interaktiver Prozeß

Da Ziele einen erwünschten zukünftigen Zustand der Unternehmung beschreiben, sind Ziele immer Aussagen mit **normativem** Charakter. Wir haben bereits dargelegt, wie der **gesamte** Planungsprozeß in mehrfacher Weise von Wertungen „durchwoben" ist. Wie wir bei der Theorie der Unternehmung zeigten, war die Zielproblematik lange Zeit in der Betriebswirtschaftslehre kein wirkliches Problem. Die Zielsetzung „Gewinnmaximierung" wurde aus der Wirtschaftsordnung abgeleitet, die auch den Rationalitäts- und Legitimationsnachweis für dieses Ziel zu liefern hatte. In verschiedenen Ansätzen der Betriebswirtschaftslehre wurde – aufbauend auf der Kritik des klassischen Modells – nun versucht, die Zielproblematik als ein hochkomplexes System „realistischer" zu erklären bzw. zu lösen.

Da Ziele (Zielvorstellungen) nicht einfach a priori vorhanden (und akzeptiert) sind, haben sich in der Betriebswirtschaftslehre verschiedene modellhafte „Vorstellungen" über die Entstehung und Gewinnung von Zielen bei mehrstufigen, multipersonalen **Entscheidungsprozessen** gebildet. Durch die Mitwirkung zahlreicher Informanten, Interessenvertreter, Manager usw. wird der soziale Charakter dieses Prozesses deutlich. Innerhalb des Zielbildungsprozesses, der als ein interaktiver Prozeß zwischen den Beteiligten zu verstehen ist, werden die Ziele damit selbst zu Variablen (vgl. Corsten, 1988, S. 337; vgl. Abb. 63, aus Heymann/Seiwert/Theisen, 1983, S. 29).

Die Koalitionstheorie der entscheidungsorientierten Betriebswirtschaftslehre interpretiert die Zielbildung als einen umfassenden **Verhandlungsprozeß** (bargaining): Zur Konsensfindung werden Ausgleichszahlungen (side payments) angeboten; auf der letzten Stufe laufen dann Anpassungsvorgänge (Sozialisationsprozesse) ab, d.h. der Organisationsteilnehmer identifiziert sich zunehmend mit den Zielen der Unternehmung (er erwirbt – nach Simon – eine „Organisationspersönlichkeit", die sich deutlich von seiner Individualpersönlichkeit unterscheidet). Dieses Modell der Koalitionstheorie trägt bereits Züge der systemtheoretischen Konzeption, in der durch die Abgrenzung verschiedener Subsysteme die Mehrstufigkeit organisatorischer Entscheidungsprozesse einbezogen werden soll.

Kirsch unterscheidet in:

- Individualziele der Organisationsteilnehmer
- Ziele der Organisationsteilnehmer für die Organisation
- Ziele der Organisation

Die an die Kerngruppe der Unternehmung gerichteten Individualziele werden zu Zielen **für** die Organisation. Werden Ziele von der Kerngruppe als verbindlich erklärt, werden sie zu Zielen **der** Organisation. „Handelt es sich bei der untersuchten Organisation um eine Unternehmung in einem kapitalistischen Wirtschaftssystem, so ist die Annahme einer Unternehmenszielbildung aus den Individualzielen von Organisationsteilnehmern völlig realitätsfremd. Das Formalziel ‚Gewinnerzielung' steht überhaupt nicht zur Disposition. Die Unternehmung ist gezwungen, nachhaltig Gewinne zu erzielen. Nur innerhalb des institutionellen Rahmens (Marktwirtschaft, Privateigentum an den Produktionsmitteln, Mitbestimmung) eröffnet sich ein Spielraum für die Wahl von Sachzielen" (Staehle, 1994, S. 414).

Corsten charakterisiert den bei der Zielbildung ablaufenden Prozeß der **Konfliktaustragung** als einen „gemischten Fach-Macht-Prozeß", an dessen Ende das autorisierte Zielsystem der Unternehmung steht (zum Grundmodell dieses Prozesses siehe Corsten, 1988, S. 340).

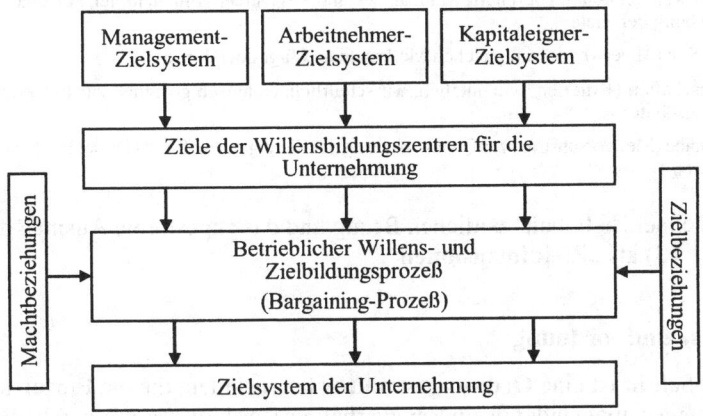

Abb. 63: Zielsysteme und Zielbildung in der Unternehmung

2. Operationalisierung der Ziele

Ein Ziel ist hinreichend operational, wenn es so präzisiert wurde, daß der jeweilige Zielerreichungsgrad gemessen, d.h. mit dem geplanten Zielausmaß verglichen werden kann. Eine Erfolgskontrolle mittels eines solchen Soll-Ist-Vergleiches ist die Basis für eine anschließende **Abweichungsanalyse** (vgl. dazu auch unsere Ausführungen zum Regelkreis im ersten Teil). Die Koordinationsfunktion der Zielhierarchie setzt also die Bedingung einer präzisen Zielformulierung voraus. Aus relativ verbal formulierten Oberzielen der Unternehmung werden schrittweise konkretere Subziele – bis hin zu Maßnahmen – abgeleitet (**„sukzessive Zieldekomposition"**). Es geht um eine möglichst konkrete Beantwortung der Fragen nach dem Wer, Was, Wieviel, Wann, Wie, Womit usw.

Die Operationalisierung erstreckt sich dabei auf folgende **Bestimmungsmerkmale** (nach Wild, 1982, S. 58):

(1) Zielinhalt (-richtung)
Die sachliche Zieldimension als das den angestrebten Zustand beschreibende Kriterium kann durch eine monovariable (wo eine) oder eine multivariable Zielsetzung (wo mehrere Merkmale in die Beschreibung eingehen) repräsentiert werden.

(2) Zielausmaß (-betrag)
Das Zielausmaß (Zielvorschrift) gibt die Ausprägungen für die Zielvariablen an, also das angestrebte Ausmaß der Zielerfüllung. So kann versucht werden, optimale Lösungen oder befriedigende Zustände (ein bestimmtes Anspruchsniveau) zu erreichen. Meßvorschriften können nicht nur für quantifizierbare Ziele, sondern auch für nicht quantifizierbare Ziele entwickelt werden. Die notwendige Meßvorschrift kann grundsätzlich auf Kardinal-, Ordinal- oder Nominalskalen beruhen. Dabei lassen sich folgende Formen der **Operationalität** unterscheiden (vgl. auch Heinen, 1976, S. 117):

- **Kardinale** Meßvorschrift
  Stellt quantifizierbare Zielsetzungen dar (höchster Operationalisierungsgrad).
- **Ordinale** Meßvorschrift
  Gibt Rangordnung mit der „Vorziehungswürdigkeit" verschiedener Handlungsalternativen.
- **Nominale** Meßvorschrift
  Es wird lediglich Erreichung/Nichterreichung eines vorgegebenen Zieles festgestellt (schwächste Form der Operationalität).

(3) Zieltermin (-zeitraum)

(4) Nebenbedingungen der Zielerreichung (Restriktionen)

(5) Zuständigkeitsträger (verantwortliche Stellen/Personen für Zielverwirklichung)

(6) Mehr oder weniger konkret definierte Maßnahmen und Ressourcen (Finanzmittel, Personal, Sachmittel) für die Erreichung der Ziele

Staehle (1994, S. 414) verwendet die gleichen Merkmale und fügt noch hinzu:

(7) Zieleigenschaften (Kriterien, wie nützlich, wirtschaftlich, technisch geeignet, zur Bewertung alternativer Realitätszustände)

(8) Zielmaßstäbe (Meßvorschriften zur Quantifizierung der Zieleigenschaften). (Dieser Punkt läßt sich unter (2) subsumieren.)

Heinen bezeichnet Zielinhalt, zeitlichen Bezug und das angestrebte Ausmaß der Zielerreichung (also 1 - 3) als **„Zieldimensionen"**.

3. Zielanalyse und -ordnung

Als nächster Schritt ist eine **Ordnungsstruktur** herzustellen, die die Einzelziele aufgrund ihrer Beziehungen zueinander in ein Rangverhältnis (-ordnung) einfügt, d.h. die Ziele **hierarchisch** in Ober- und Unterziele einteilt. Grundlage solcher Instrumentalbeziehungen bilden entweder empirisch begründete Zweck-Mittel-Beziehungen oder definitionslogisch begründete Beziehungen.

Durch Zweck-Mittel-Beziehungen werden Über- und Unterordnungen **(Hierarchien)** begründet: Die Erreichung eines Unterziels ist Mittel für die Verwirklichung eines höheren Zieles (Beispiel: die Erreichung des Ziels Produktivität verbessert das Ziel Kostenwirtschaftlichkeit; dieses wiederum ist Mittel zur Erreichung zur Erhöhung des Zieles Gewinn; dieses wiederum erhöht die Eigenkapitalrentabalität).

Danach stehen alle untergeordneten Ziele in einer Zweck-Mittel-Beziehung zum nächsthöheren Ziel. Werden Ziele in Gestalt einer solchen vertikalen, hierarchischen Zielstruktur sukzessive geordnet, ist das Ergebnis eine sogenannte **Zielpyramide** (-hierarchie). Ein abstraktes Formalziel wird damit stufenweise über eine Vielzahl von Teilzielen (Unter-, Zwischen- oder Vorziele) durch entsprechende Sachziele zunehmend konkretisiert.

Stehen in einer deduktiv orientierten Zielhierarchie die Ziele in einer begriffslogischen Unter- und Überordnung, führt diese formalzielorientierte Hierarchie der Ziele zur Konzeption von Kennzahlensystemen. Ausgehend von einem Oberziel werden Partialziele ermittelt, die nur einen Teil der Zustandsbeschreibung des Oberzieles umfassen. Diese Partialziele können ihrerseits in Unterziele niedrigerer Ordnung zerlegt werden. Durch diese Aufspaltung des Oberziels in Teilkomponenten entstehen definitionslogisch begründete Zielbeziehungen (-hierarchien).

Prioritäten drücken die Rangfolge der **Wichtigkeit** (Dringlichkeit) aus. Die Prioritäten können kurzfristig natürlich durchaus **wechseln**, so kann z.B. kurzfristig die Erhaltung der Liquidität vorrangiges Ziel sein. I.d.R. ist die prinzipielle Prioritätsordnung der Unternehmensziele (etwa Marktanteilsausbau wichtiger als Gewinnziele) jedoch als langfristiger Bedingungsrahmen zu verstehen. Eine Setzung von Prioritäten ist vor allem dann notwendig, wenn Ziele miteinander in Konflikt stehen.

Zwischen den Zielen eines Zielsystems können folgende Zielwirksamkeitsbeziehungen (Zielerreichungsgrad-Korrelationen) auftreten (vgl. Becker, 1993, S. 16f.):

- **komplementär:**
  Maßnahmen zur Erreichung des einen Zieles führen gleichzeitig zu einer höheren Zielerreichung bei anderen Zielen (= positive Wirkung)

- **konkurrierend:**
  Maßnahmen zur Erreichung des einen Zieles führen zu einer Abnahme des Zielerreichungsgrades bei einem anderen Ziel (= negative Wirkung)
- **neutral:**
  die genannten Wirkungen treten nicht auf.

Korndörfer ist der Meinung, daß es kaum einen betrieblichen Funktionsbereich gibt, der nicht ständig durch **bereichsbezogene** Zielkonflikte auf der horizontalen Ebene der Zielhierarchie tangiert wird. Zudem finden sich bei der Entwicklung betrieblicher Zielsysteme meist „personenbezogene" Zielkonflikte in der vertikalen Zielhierarchierichtung dergestalt, daß oft gegebene Interpretationsspielräume, besonders vom Middle-Management, meist einseitig aus der Sicht des jeweiligen Funktionsbereiches (und damit zu Lasten des Unternehmungszieles) genutzt werden.

4. Prüfung auf Realisierbarkeit

Bei der Festlegung des Zielinhalts und des Zielerreichungsgrades ist von einem gewissen **„Herausforderungs-" bzw. „Motivationscharakter"** des Zieles auszugehen, andererseits unterlaufen unerreichbare Forderungen den Leistungswillen (vgl. dazu auch unsere Ausführungen beim MbO-System).

5. Zielentscheidung

Aus dem bisher entwickelten Entwurf ist unter Berücksichtigung anderer Planbestandteile (Maßnahmen-, Ressourceneinsatz) eine endgültige **Entscheidung** (Selektion) über die anzustrebenden Ziele zu treffen.

6. Durchsetzung (Akzeptanz)

Das beschlossene Zielsystem ist bekanntzugeben, zuzuordnen und durchzusetzen. Um Zielakzeptanz (im Sinne eines rollenkonformen Verhaltens) zu erreichen, ist dabei eine Zielformulierung anzustreben, die es dem Mitarbeiter ermöglicht, sich mit der Verfolgung der Ziele zu **identifizieren**. Die Festlegung eines „zweckmäßigen" **Zielerreichungsgrades** hat demnach das Leistungsverhalten der Mitarbeiter mit zu berücksichtigen.

7. Zielüberprüfung und -revision

Die Elemente einer jeweiligen Entscheidungssituation (Planabweichungen, Prämissen- und Umweltbedingungen) ändern sich ständig. Dies bedingt eine **periodische** Zielüberprüfung/ -überarbeitung und gegebenenfalls Zielkorrektur. Eine laufende Zielanpassung ist nach dem (bereits ausführlich behandelten) Prinzip des **Regelkreises** darstellbar.

D. Mitarbeiterbezogene Ansätze zur praktischen Umsetzung eines Führungssystems

Moderne Führungskonzepte sind heute weitgehend **„ziel**orientierte" Konzeptionen, so auch bei dem hier zugrunde gelegten kooperativen (partizipativen) Führungskonzept i.S. eines „Managements durch Zielvereinbarung".

I. Managementkonzeptionen

Als wir „Management" anhand der funktionellen Prozesse definierten, zeigten wir bereits jeweils **partielle** Komponenten der Führung auf. Aus der Erfahrung der Praxis heraus (sowie von der Wissenschaft und Beratungsgesellschaften) wurden in den letzten Jahrzehnten zahlreiche Managementkonzeptionen als Konstrukte aus Empfehlungen, Regelungen, Verfahren und Instrumenten zur Gestaltung der Organisation und des Verhaltens angeboten, die alle den Anspruch erheben, zu einer **erfolgreicheren** und effizienteren Managementleistung zu führen.

Aufgrund ihrer Intention als Orientierungshilfe und ihres Charakters als **quasi praxeologische** Aussage entziehen sich die Managementprinzipien einer Beurteilung mit streng wissenschaftlichen Maßstäben. Die angebotenen Führungskonzeptionen (-prinzipien, -techniken, -rezepte, -modelle) umfassen i.d.R. jeweils nur ganz bestimmte **Teilausschnitte** der Gesamtführungsaufgaben (z.B. Führungsverhalten) und zeichnen sich damit insgesamt durch Einseitigkeit aus.

Für einen Überblick der wesentlichen **Inhalte** der angebotenen Konzeptionen (wie Management by delegation, exception, control, communication, motivation, etc.) siehe Koreimann (1995, S. 58f.), Jung (1994, S. 215ff.), Hentze/Brose (1985, S. 217).

Im Gegensatz zu den Management-by-Konzeptionen richten sich die Management-„**Modelle**" i.u.S. auf die Unternehmensführung als **Ganzes**. Ein Gesamt-Führungsmodell, das also eine (SOLL-)Vorstellung vermittelt, wie Führung sich vollziehen sollte, enthält Aussagen über den Aufbau, die Funktionsweise, die Abstimmung und Verknüpfung folgender **Teilsysteme**, die jeweils der Erfüllung einzelner Teilaufgaben des Managements dienen (vgl. Wild, 1982; Kuhn, 1992, S. 239ff.):

- schriftliche allgemeine Führungsgrundsätze
  (Personalgrundsätze, allgemeine Grundsätze, Leitbild)
- Ziel(bildungs-)system
- Planungssystem
- Organisationssystem
- Kontrollsystem
- Informations-/Kommunikationssystem
- Anreiz-/Motivationssystem
- Personalentwicklungssystem (MD)

II. Das Harzburger Modell

Eine gewisse Bedeutung erlangte in Deutschland das von Höhn und der Harzburger Akademie für Führungskräfte der Wirtschaft entwickelte Modell („**Führung im Mitarbeiterverhältnis**") mit dreizehn Bausteinen. Wichtigster Aspekt der Führung ist die **Delegation** von **Verantwortung**. In einer Weiterentwicklung des Harzburger Modells spielt nun neben der Stellenbeschreibung und der Allgemeinen Führungsanweisung das Instrument der Mitarbeiterbeurteilung eine herausragende Rolle (vgl. OlfertSteinbuch, 1993, S. 219ff.; Koreimann, 1995, S. 69ff.).

III. Führung durch Zielvereinbarung (MbO)

Neben dem im deutschsprachigen Raum entwickelten Harzburger Modell und dem St. Galler Management-Modell kann nur das Management-by-Objectives-Modell den Anspruch erheben, ein umfassendes **Gesamtmodell** des Führungsverhaltens darzustellen (zu Partial-/Totalmodellen siehe Schweitzer, 1993, S. 9ff.), wobei es insbesondere Elemente des Management by Delegation (Führung durch Aufgabendelegation) und des Management by Exception (Führung durch Ausnahmeregelungen) mit einbezieht. Da die Unternehmung als zweckorientiertes System gegründet wurde, ist das notwendige Führungsverhalten zwangsläufig leistungsorientiert oder, wie Deyhle sagt: Ziele müssen adressierbar sein. Ein Mitwirken der Mitarbeiter auf die Festlegung der dabei anzustrebenden Ziele beinhaltet die **Führung durch Zielvereinbarung**.

Dieser Führungsgrundsatz, der eine individuelle Mitwirkung des Mitarbeiters auf der Basis eigenverantwortlicher **Selbst**steuerung bedeutet, setzt jedoch eine funktionsgerechte Delegation (von Aufgaben und Kompetenzen) voraus. Dieser **partizipative** (kooperative) Führungsstil postuliert eine Motivations- und Leistungsorientierung und eine Erhöhung der Arbeitszufriedenheit.

1. Begriff und Wesen

Führen (Integration der sachlichen und menschlichen Faktoren)
„... heißt Orientierung geben und Rahmenbedingungen schaffen, in denen Menschen gerne überdurchschnittliche Leistungen erbringen und vereinbarte Ziele, Ergebnisse zum Termin erreichen."
Ziel
„... ein definierter und angestrebter Zustand, der durch die Erfüllung von Arbeitsaufgaben erreicht werden soll (Arbeitsergebnis zum Termin)." (Fendrich, 1995, S. 100f.)

Das Modell **„Führen mit Zielen"** (FmZ) ist ein abgestimmtes Führungssystem mit den vier **Komponenten** (nach ebd.):

- **Delegation**: Aufgaben, Kompetenzen und Verantwortungen übertragen
- **Führungsmethode**: Ziele vereinbaren und Ergebnisse kontrollieren
- **Führungsverhalten**: Vorbild, Ehrlichkeit, Partner-Achtung und Offenheit leben
- **Personalentwicklung**: Leistung fordern und Mitarbeiterentwicklung fördern; fachliche, methodische und persönlich-soziale Fähigkeiten entwickeln.

Für Fendrich ist Führung mit Zielen (synonym: Führung durch Zielvereinbarung, Management by Objectives) ein **unternehmensdurchgängiges Führungsprinzip** für alle Organisationseinheiten und alle Anwendungsfelder von Führung:

- **Unternehmensführung**: Ziele und Strategien durchgängig kommunizieren, als Voraussetzung für Zielerreichung bzw. Strategieumsetzung
- **Bereichs- und Abteilungsführung** mit disziplinarischer Unterstellung: vereinbarte Ziele und Ergebnisse im Tagesgeschäft gemeinsam erreichen
- **Projekt- und Teamführung** ohne disziplinarische Unterstellung: Ziele von Projekten, Problemlösungsgruppen und Teams erreichen
- **Selbstführung**, Selbstentwicklung und persönliches Zeitmanagement: persönliche und Arbeitsplatz-Ziele nach dem Prinzip FmZ erreichen

Das MbO stellt zur Zeit – vor allem bei größeren Unternehmen – das am **weitesten** verbreitete Gesamtmodell dar. Innerhalb der Jahrzehnte anhaltenden Erörterung des „richtigen" (modernen, passenden etc.) Führungsstils kristallisierte sich die Führung durch Zielvereinbarung als zielorientiertes, kooperatives Führungskonzept als das zeitgemäße Konzept heraus, mit dem

- die Sachziele der Organisation mit
- den Bedürfnissen selbständiger Mitarbeiter

in Einklang gebracht werden können. Es ist damit ein **integratives** Führungsmodell und auch ein **dynamisches** Modell, da es auf Personalentwicklung, Potentiale, Selbstentfaltung und Wachstum ausgerichtet ist. Es ist deshalb sowohl von (Budget-)Vorgaben im Sinne quantitativer Daten als auch von qualitativen Aussagen geprägt. Der Begriff Management by Objectives wurde erstmals 1954 von Peter Drucker im Anschluß an seine Arbeit bei General Motors in seinem Buch „Die Praxis des Managements" geprägt und populär gemacht.

Die Bedeutung der **Selbstkontrolle** (als effektivste Form der Kontrolle) wird von Drucker selbst besonders hervorgehoben, da hier der „technische" Aspekt des Managements mit Humanaspekten verbunden werden kann. Andere Autoren betonen den kooperativen Führungsgedanken bzw. die Elemente eines Leistungsbewertungssystems.

Eine Steuerung der Subsysteme einer Unternehmung mit Hilfe der Vereinbarung von Zielwerten setzt allerdings ein nach Verantwortungsbereichen gegliedertes **Budgetierungssystem** voraus (vgl. Abb. 64 aus Rusch/Schwaninger, 1982). Es werden die wesentlichen Verantwortungsbereiche der einzelnen Führungskraft in Form eines bestimmten **„erwarteten Ergebnisses"** definiert und diese Festsetzungen werden als Führungshilfen zur Steuerung dieser Stelle und zur Herbeiführung eines Beitrages jedes seiner Mitglieder benützt. MbO bedeutet:

- eine Abkehr vom Denken in Tätigkeiten, Stellenbeschreibungen, Aufwand, Aufgaben u. a.
- hin zu Begriffen wie Ergebnis, Nutzen, Effektivität, Zielbeitrag.
- Das MbO beantwortet die Frage: Welchen Beitrag leiste ich durch meine Tätigkeit für den Erfolg meines Unternehmens?

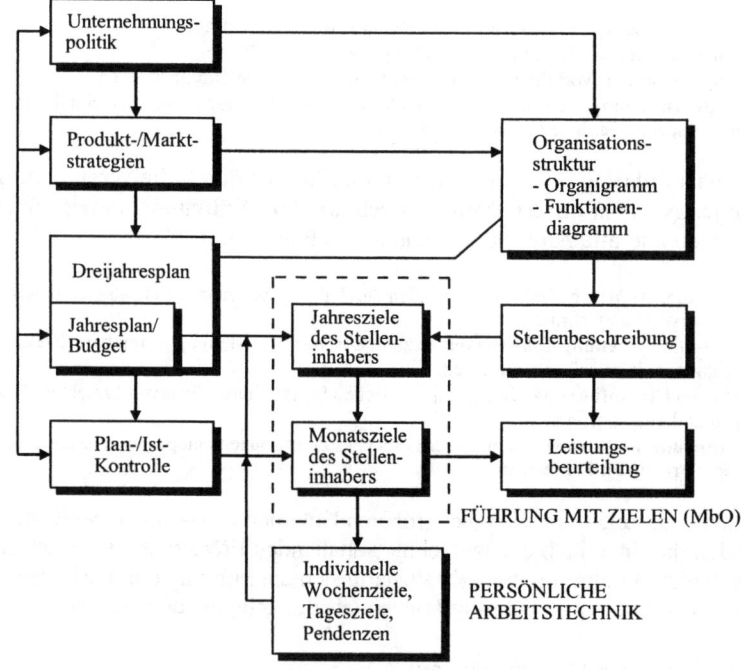

Abb. 64: Der MbO-Prozeß innerhalb des Managementsystems

Für Gomez/Probst (1995, S. 232f.) ist das „zielorientierte" Führen das wirksamste und konkreteste Instrument der Verbindung zwischen Planung und Realisierung:

> „Da Ziele präzise und klar formuliert werden müssen, weiß jeder Beteiligte, welche Leistung von ihm erwartet wird. Gleichzeitig erhält er die Gewißheit, daß er nicht nach willkürlichen, sondern eben nach jenen präzisen Kriterien beurteilt wird, und er kann zudem seine Kreativität in der Ableitung der Ziele einsetzen. Führung durch Zielsetzung kann in einem richtig angewendeten Sinne also durchaus die Selbstorganisation in einem System nutzen und fördern. Die Lenkung der Zielbestimmungsprozesse zur Umsetzung von Problemlösungen ist die Hauptaufgabe der Führungskräfte."

Der wesentliche Grundgedanke des MbO ist das Erreichen von Sachzielen der Organisation, indem die Leistung und das Verhalten der einzelnen Mitarbeiter in motivierender Weise auf die Erfüllung „gesteckter" Ziele gerichtet wird, d.h. das Streben nach Zielen der Organisation wird **verbunden** mit dem individuellen Leistungswillen bzw. Streben der Führungskräfte nach Selbstentfaltung und -bestätigung. Hieraus lassen sich die zwei möglichen Interpretationen und Einsatzweisen des MbO erkennen:

(1) MbO wird als eine spezielle Form der **Unternehmensführung** verstanden: Ausrichtung des Unternehmensgeschehens auf Ziele (i.d.R. Mitwirkung der leitenden Mitarbeiter am Zielbildungsprozeß)
(= zentrale Stellung der Planung und deren Durchsetzung über die Zielerreichung)

(2) MbO wird als ein Verfahren zur ziel-/ergebnisorientierten **Beurteilung von Führungskräften** verstanden:

- Führungskräfte tragen die Verantwortung für das Erreichen „ihrer" Teilziele.

- Der Grad der Zielerreichung dient als Grundlage für die Leistungsbewertung und Gehaltsfindung. Schildknecht (1995) empfiehlt, das MbO mit anderen Beurteilungsverfahren wie Leistungsmaßstäbe (Standards of Performance) und Verfahren der Aufgabenerfüllung (VdA) kombinatorisch einzusetzen.

Im fünften Teil werden wir die Notwendigkeit zeigen, mit neuen Managementtechniken den vom Wettbewerb erzwungenen **Wandel** zu gestalten. Bei der Umsetzung dieser Instrumente ist das MbO ein wertvolles Hilfsmittel. Den gewünschten Veränderungsprozeß bei einem IBM-Unternehmen zeigen Metzger/Gründler (1994, S. 178; vgl. Steinbeck, 1994):

Das „tragende Gerüst" für den großen Schritt nach vorne ist die sog. **„strukturierte Zielvereinbarung"** mit jedem einzelnen Mitarbeiter. Zum kontinuierlichen Schließen der Lücken werden „benchmarks" eingesetzt und gemessen. Der Regelkreis läuft in der bereits oben dargelegten Weise ab: Ziele planen, ausführen, messen, korrigieren (Rückkoppelung zum Ausführen), neue Ziele. Für das Messen wurde ein „5-Up-System" entwickelt: Jede Abteilung mißt fünf relevante Parameter oder Prozeßabschnitte usw. „Diese beschreiben die Kernpunkte ihres Tätigkeitsfeldes und haben damit auch die ‚Treiberfunktion' in der Abarbeitung der strukturierten Zielvereinbarung. Sie beschreiben die Veränderungen qualitativ wie auch quantitativ. Unser Netzwerk hat so ungefähr 300 Meßpunkte, ausgerichtet auf unsere Ziele, immer kritisch fragend, wieweit Lücken geschlossen wurden, und bilden somit das selbstverständliche Rückgrat in unserer monatlichen Plan-Ist-Fortschreibung (Measurement System)" (ebd., S. 181). Dieses Kreislaufsystem ist bei IBM im vierten Jahr aktiv, die Durchdringung ist, wie in allen großen Organisationen, unterschiedlich: Man schätzt, daß ungefähr 70% aller Mitarbeiter das System verstehen, fördern und aktiv mitarbeiten.

2. Prämissen über menschliches Verhalten

Durch eine „Führung mit Zielvereinbarung" als eine Form der partizipativen Führung werden folgende Ergebnisse (z.T. ohne empirische Bestätigungen) **unterstellt**:

- höhere Leistungsmotivation
- höhere Arbeitszufriedenheit, Identifikation
- höhere Eigeninitiative, Risikobereitschaft
- höhere Effizienz / Entlastung der Unternehmensleitung

Das MbO als ein **individualistisches** Führungskonzept erfüllt (vgl. Staehle, 1994, S. 805f.) Sicherheitsbedürfnisse (durch realistische Zielvereinbarungen und Ergebniskontrollen), Wertschätzungsbedürfnisse (durch individuell zurechenbare Leistungsergebnisse), Gerechtigkeitsbedürfnisse (durch die Überprüfbarkeit der Leistungsbeurteilung) und Selbstverwirklichungsbedürfnisse (durch die Einbeziehung persönlicher Entwicklungsziele).

Für Böckmann reicht die „Zweckerfüllung" im Unternehmen nicht aus. Nicht eine ziel-, sondern eine sinnorientierte Führung, bei der die Arbeitsbedingungen als Angebot sinnvoller Herausforderung gestaltet sind, schafft für ihn individuelle Motivationsbedingungen.

3. Phasen des MbO-Prozesses

Das Grundmodell des MbO-Modells durchläuft charakteristische **Phasen**:

- Zuerst müssen aus den übergeordneten Unternehmenszielen für die einzelnen Ebenen Teilziele abgeleitet werden: Zielhierarchie.
- Die Leistung wird erstellt: Realisationsphase, dabei erleichtert ein schriftlich fixierter Aktionsplan, der konkrete und an zeitliche Termine gekoppelte Schritte enthält, die Durchführung.
- Der Zyklus schließt mit der Kontrollphase in Form der Selbst- und Fremdkontrolle: Soll-Ist-Vergleich (Abweichungsanalyse), kooperative Erfolgsbeurteilung, Zielplanung für die Folgeperiode (vgl. dazu Abb. 65).

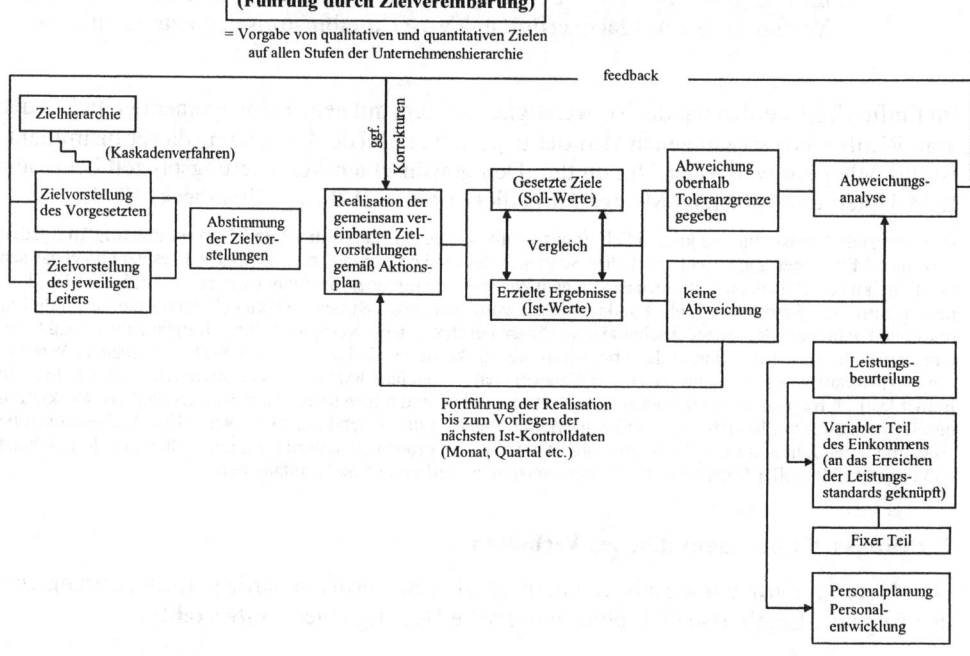

Abb. 65: Das Grundmodell des MbO

534

a) Die Techniken der Zielsetzung

(1) Einbeziehung der Mitarbeiter

Bereits bei der Übersetzung des Terminus „Management by Objectives" zeigen sich die **Ausprägungen:**

Führung durch Ziel**vorgabe**	=	autoritäre Variante
Führung durch **Zielvereinbarungen**	=	kooperative (partizipative) Variante
Führung **mit Zielen**	=	neutrale Variante (zielorientierte Führung)

In Wissenschaft und Praxis wird betont, daß Vorgabe und Vereinbarung Pole eines Kontinuums darstellen, d.h. es gibt eine Reihe von auf die konkrete Situation zugeschnittenen Kombinationsmöglichkeiten. Zwar wird das MbO-Modell in seiner theoretischen Konzeption als wertneutral hinsichtlich partizipativer oder autoritärer Führungsform betrachtet, doch heben die meisten Autoren (vgl. Hahn, 1996, S. 360) die **Partizipation** bei der Zielfestlegung als wesentliches, zentrales Gestaltungsmerkmal hervor, da eine verbesserte Kommunikation zwischen Vorgesetzten und Mitarbeitern und (aufgrund der gestiegenen Akzeptanz, wie es vor allem Likert ermittelte) eine höhere Motivation der Mitarbeiter erreicht wird.

(2) Ableitung der Ziele

Für Kunz (vgl. 1999, 82) ist der klassische MbO-Ansatz nicht – wie gelegentlich suggeriert wird – eine direkte Ableitung von Unternehmenszielen auf individuelle Zielsetzungen, sondern das Ergebnis eines subtilen, psychologisch geprägten Bewertungs- und Verhandlungs**prozesses**, bei dem die jeweiligen Partner bemüht sind, einen maximalen persönlichen Nutzen zu erzielen, den sie jeweils soweit wie möglich mit den Organisations- und Kundenanforderungen in Einklang zu bringen suchen. **Zielvereinbarungssysteme** spielen dort eine **große Rolle**, wo es weitgehend eigenverantwortliche Teams, vernetzte Gruppen und offene Arbeitsbündnisse gibt; mit ihrer Hilfe lassen sich besonders Wertschöpfungsprozesse kundenorientiert gestalten und steuern.

Ausgangspunkt für jeden Zyklus des Prozesses bildet die Entwicklung der zu erreichenden Ziele. Die Zielbestimmung ist die wichtigste Phase des Umsetzungsprozesses (vgl. Fallgatter, 1998). Die betrieblichen Oberziele sind dabei i.d.R. schon vorgegeben und somit nicht mehr Bestandteil dieses Zielbildungsprozesses. Dieses dem hierarchischen Aufbau der Unternehmung entsprechende Ableiten der Teilziele, d.h. die Formulierung operationaler Handlungsziele, führt zur Gestalt der abgestimmten, vertikalen Ziel**hierarchie** (Subzielkette), die wir bereits ausführlich erläuterten. Dabei wurde auch auf die Problematik der Präzisierung betrieblicher Zielsysteme hingewiesen. Eine fortlaufende **Zweck-Mittel-Beziehung** vor- und nachgelagerter Ziele (Unterziele sind die Mittel zur Erreichung von Oberzielen) ist in der Realität von Organisationen selten anzutreffen.

Zur späteren Bestimmung des Zielerreichungsgrades müssen bei der Operationalisierung eindeutige Zielkriterien als Meßgrößen präzisiert werden. Die Ziele sollen klar, konkret, kurz formuliert sein, mobilisierend wirken, kommuniziert und auch verstanden/akzeptiert werden. Im einfachsten Fall lassen sich diese Zielmaßstäbe **quantifizieren** (mit Zahlen/Prozenten für das erwartete Ergebnis, Zeitangaben für die Realisierung etc.); bei **qualitativen** Zielen muß versucht werden, diese mittels Indikatoren mittelbar zu operationalisieren. Sind eigene quantitative Maßstäbe nicht zu finden, sollten eine Reihe von „Aussagen" formuliert werden, die jene Bedingungen enthalten, nach denen eine Leistung beurteilt werden kann (Beispiele für wirkungsvolle Zielformulierungen in Scanlan, 1990, S. 89ff.).

Auch Gomez/Probst (1995, S. 233) betonen, daß die Festlegung der zur Umsetzung notwendigen Teilziele nicht immer einfach ist. „Aber auch dann wehrt sich der Mensch häufig gegen eine zu genaue Formulierung, um sich nicht zu stark einschränken zu lassen, Flexibilität zu bewahren, um Verantwortung eventuell abschieben oder wegerklären zu können, oder einfach um sich im Falle eines Mißerfolgs eine Tür offen zu halten. Er ist verunsichert, erkennt Risiken, will wenig Verantwortung oder weiß nicht genau, welches seine Fähigkeiten und seine Wünsche sind. Es ist deshalb meist sinnvoll, diesen Prozeß methodisch gut zu begleiten und die Betroffenen zu schulen." Eine Checkliste zur Zielbestimmung zeigt Abb. 66 (aus ebd., S. 234).

Nach Förster (1995, S. 40f.) sollte die Zielpyramide an der Spitze die Unternehmensmaximen (= allgemeine Unternehmensentwicklung; z.B. Steigerung des ROI von 6% auf 10%; Sicherung der Arbeitsplätze durch Umsatzsteigerung von 10% pro Jahr) und die Oberziele enthalten. Bei den Oberzielen unterscheidet er folgende Klassen:

- Ökonomische Ziele (Kapital-, Liquiditäts-, Kosten-, Produktivitäts-, Preis-, Target-Costing-Aspekte)
- Zeitziele (Anfrage-, Liefer- bzw. Durchlauf-, Produktentwicklungszeiten)
- Flexibilitäts- und Dynamikziele (Typen und Ausbringungsvielfalt, Veränderungsbereitschaft, Anpassungs- und Entwicklungsfähigkeit)
- Ökologische Ziele (für Produkte, z.B. niedriger Ressourceneinsatz, und Prozesse, z.B. Abfallvermeidung)
- Innovationsziele (Produkt-, Prozeß-, Sozial- und Organisationsinnovationen)
- Qualitätsziele (Prozeß-, Produkt-, Servicequalität)

Die Oberziele werden mit Unterzielen auf operativer Ebene konkretisiert. Zahlreiche Zielformulierungsbeispiele in der Praxis bei Förster (1995, S. 42).

(3) Organisatorische Durchführung

Der Zielbildungs-Zyklus ist in der Praxis sehr zeitaufwendig und schwierig, zudem sind gruppendynamische Prozesse zu berücksichtigen. Im Rahmen eines kaskadenartigen Durchlaufs im Sinne des Gegenstromprinzips führt der von oben nach unten laufende Vorlauf zu einem vorläufigen vertikalen Zielsystem, das im Rücklauf zusammengefaßt wird, um Abweichungen von den obersten Zielvorstellungen erkennen und korrigieren zu können. Häufig wird dazu ein neuer „Unter-Zyklus" gestartet werden müssen (ein Praxisbeispiel zum Gegenstromverfahren findet sich in Gomez/Probst, 1995, S. 235; sowie bei Ruhmann, 1997, S. 72ff.).

Die Leistungsziele des jeweiligen Mitarbeiters werden von jenen des Vorgesetzten abgeleitet. Damit diese übergeordneten Ziele von allen ihm unmittelbar unterstellten Mitarbeitern als übereinstimmende Ziele ihrer Abteilung wahrgenommen werden, bedient man sich des Mittels der Gruppengespräche zur Erzeugung eines „Gruppengefühls". Nach dem Gruppengespräch erarbeitet jede Führungskraft seine Ziele, wobei der Bezugsrahmen im Unternehmungsplan und in den von seiner Abteilung zu erreichenden Zielen besteht.

Der letzte Schritt beinhaltet das Zielsetzungsgespräch, in dem die Ziele zwischen dem Mitarbeiter und seinem unmittelbaren Vorgesetzten erörtert werden und die Entwicklungsmöglichkeiten des Mitarbeiters ausgelotet werden. Sind die Ziele endgültig festgelegt und damit von beiden Seiten anerkannt, handelt die Organisationseinheit in der Maßnahmen- und Mittelwahl selbständig, d.h. Situationsgerecht.

Während sich bisher der Schwerpunkt der zielorientierten Mitarbeiterführung auf den Prozeß der Zielfindung, auf die verschiedenen Arten von Zielsystemen oder auf die Problematik bestehender Zielkonflikte beschränkte, steht für Schnell (1999, S. 76) nunmehr der Prozeß der Zielentfaltung (d.h. der Aufspaltung übergeordneter Ziele und ihr Herunterbrechen zum einzelnen Mitarbeiter) im Unternehmen („Policy Deployment") im Vordergrund.

Checkliste zur Zielbestimmung:

• Handelt es sich bei dem Ziel wirklich um einen endgültig angestrebten Zustand, eine zu erreichende Schwelle, ein Endprodukt, ein bestimmtes Know-how?

• Welcher Art ist das Ziel, und wie wichtig ist dessen Realisierung?

   - „unabdingbar": Das Ziel muß unbedingt erreicht werden, weil es gesetzlich vorgeschrieben oder der Fortbestand der Unternehmung davon abhängig ist.
   - „bedingt erforderlich": Das Ziel muß unter der Bedingung erreicht werden, daß bestimmte Grenzen und Vorgaben eingehalten werden
   - „wünschenswert": Das Ziel ist eine Wunschvorstellung, die man gerne verwirklichen würde, bringt auf jeden Fall konkreten Nutzen, ist jedoch für den Fortbestand des Unternehmens nicht unbedingt erforderlich.

• Wurden bei der Zielformulierung alle Aspekte berücksichtigt?
• Ist das Ziel mit der Unternehmenspolitik und der Corporate Identity vereinbar?
• Steht es im Widerspruch zu anderen Zielsetzungen?
• Gibt es ein Instrument zur Erfassung der Zielerreichung und des Zielerreichungsgrads?
• Ist das Ziel realisierbar?
• Wurde für die Zielerreichung eine bestimmte Frist festgesetzt?
• Fällt das Ziel in den Aufgabenbereich der betroffenen Stelle oder Abteilung?
• Wer ist davon betroffen?
• Wurden die zur Zielerreichung nötigen Mittel bewilligt?
• Wurden alle Betroffenen ausreichend informiert?
• Welches sind die Teilziele?

Beispiel: Aufnahme der Produktion im Werk Ende des Monats

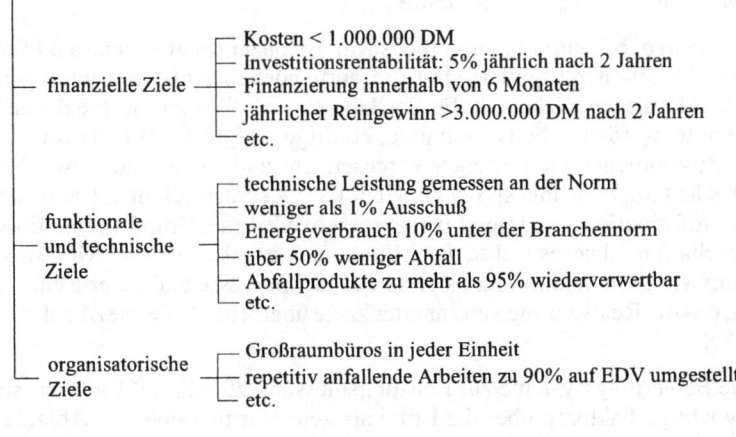

Vorteile:

• klare Ziele
• erleichtert die Aufgabenkoor-
  dinierung und -verteilung

Nachteile:

• reduktionistisch und meist
  rein quantitativ
• erschwert Initiativen

Abb. 66: Vorgehensweise der Zielbestimmung

Die richtige Zielformulierung eines Zielgebäudes im Gegenstromverfahren schafft Zielidentifikation, sie breitet aber in der Praxis dort Schwierigkeiten, wo die Verbesserung von Prozessen im Mittelpunkt steht oder wo Ziele für fertigungsferne Bereiche abgeleitet werden sollen (vgl. ebd., S. 78). Besonders wenn die Zielerreichung am Arbeitsplatz direkt meßbar ist, sollte die Zielverfolgung/-kontrolle dem Mitarbeiter als Eigen- statt Fremdkontrolle überlassen bleiben. In der Praxis – vor allem in Fertigungsbetrieben – wurden in den letzten Jahren zahlreiche **Visualisierungskonzepte** (wie z.B. sichtbar installierte **Tafeln**) erprobt.

(4) Arten der Ziele

Es lassen sich verschiedene Arten von Zielsetzungen berücksichtigen: Neben Routinezielsetzungen (sie sind häufig in Stellenbeschreibungen zu finden, die die Routineaufgaben der jeweiligen Stelle enthalten; evtl. i. V. mit sog. Leistungsstandards, die Kriterien für eine „hinreichende" Aufgabenerfüllung spezifizieren) können auch schöpferische oder persönliche **Entwicklungsziele** bestimmt werden.

b) Ergebnisauswertung und -beurteilung (Das Mitarbeitergespräch)

In einem regelmäßigen Turnus müssen Besprechungen (Gespräche) stattfinden, um die Zielrealisierung (Soll-Ist-Gegenüberstellung) zu **überprüfen**; dies dient als Grundlage für die Leistungsbeurteilung (siehe dazu unsere Ausführungen Dritter Teil, VI, 2a) und die Zielplanung der Folgeperiode (zur Koppelung der Zielplanung und Zielerreichungskontrolle mit der Führungskräfte**vergütung** siehe Hahn, 1996, S. 172f.). Ein tragendes Element der MbO-Konzeption ist die Eigen- bzw. Selbstkontrolle als Überprüfung der Aufgabenerfüllung während der laufenden Periode (= **Verlaufskontrolle**). Sie wird von einer Fremdkontrolle als Perioden-Endkontrolle innerhalb des gemeinsamen Zielerreichungs- (bewertungs-) gesprächs ergänzt (= **Ergebniskontrolle**).

Dem **Mitarbeitergespräch** kommt innerhalb des MbO-Konzeptes eine zentrale Funktion zu. Grundlage des Mitarbeitergesprächs sind die vorhandenen Aufgabenstellungen und Zielvereinbarungen. In diesem Gespräch, für das kein standardisierter Gesprächsleitfaden vorgegeben sein sollte, werden Arbeitsergebnisse, künftige Aufgaben, Verantwortung, längerfristige Ziele, Zusammenarbeit zwischen Vorgesetztem und Mitarbeiter sowie Einsatz und Förderung des Mitarbeiters angesprochen. Über das Gespräch (Gomez/Probst nennen es **PIB**, Planungs-, Informations- und Beratungsgespräch) wird eine Grundlage für Entwicklungsprozesse geschaffen. „Dieses stellte das Mittel zur Vereinbarung und Modifizierung von Zielen aus dem MbO dar, institutionalisierte Feedbackprozesse und lieferte ein Umsetzungscontrolling, das die Realisierung vereinbarter Ziele überprüfte" (Gomez/Probst, 1995, S. 240).

Da herkömmliche Bewertungssysteme zur Leistungsmessung zu sehr auf **Finanzresultate** fixiert sind und wichtige Faktoren über die Effizienz zentraler betrieblicher Abläufe (wie kontinuierliche Verbesserung und Innovation) vernachlässigen, schlagen Kaplan/Norton (1992) als ein neues Instrument zur Leistungsmessung einen sog. **„ausgewogenen Berichtsbogen"** vor, der den Blick der Manager auf verschiedene Perspektiven lenken soll. Zuerst sollten danach Unternehmen Leistungsziele hinsichtlich Zeit, Qualität sowie Produktleistung und Service formulieren und sie dann in spezifische Maßstäbe übertragen: z.B. Standardprodukte schneller zur Marktreife bringen, die Zeit abkürzen, Vorzugslieferant werden im Wege von Partnerschaften mit dem Kunden usw. Diese allgemeinen Vorstellungen werden anschließend in vier genau definierte Ziele übersetzt, d.h. damit ist jeweils ein Leistungsmaßstab festgelegt. Ein Praxisbeispiel mit den Zielen und Leistungsmaßstäben verdeutlicht dies (in ebd., S. 40).

E. Zusammenfassung der operativen PK-Rechnung im Jahresbudget

Die Aufgabe der operativen Planung besteht in der Ausschöpfung des kurzfristigen Erfolgspotentials, **ohne** dabei langfristige Erfolgspotentiale zu beeinträchtigen. Ihr Zweck ist es, die strategischen sowie die taktischen Konzeptionen konkret zu verwirklichen (vgl. Dunst, 1983, S. 17); sie besitzt den höchsten Detaillierungsgrad.

In Abgrenzung zur operativen Planung stellt das **Budget** eine Vorgabe von Plangrößen wie Kosten, Leistungen und Ergebnisse für einen bestimmten Verantwortlichen innerhalb eines festgelegten Zeitraums dar. Dunst ordnet die Budgetierung der Plandurchsetzung zu. Er schließt sich der Auffassung von Wild an, daß die operative Planung der Budgetierung vorausgeht. In der Praxis jedoch wird der Begriff der operativen Planung mit dem der Budgetierung häufig **synonym** verwandt. Das Budget bewegt sich innerhalb des von der strategischen Planung gesetzten Rahmens und ist eine **Detaillierung** des 1. Jahres der Langfristplanung.

I. Begriffe

1. Budget

Budget
„... ist der zahlenmäßige Ausdruck der Planung – also das Budget von Umsatz, Kosten und Finanzen – das Budget ist sachbezogen; es wird zum Ziel, sobald ein Budget-Verantwortlicher bestimmt ist." (Deyhle)
„... eine systematische Zusammenstellung der während einer Periode erwarteten Mengen- und Wertgrößen." (Thommen/Achleitner, 1999, S. 434)
„... die schriftliche Zusammenfassung, durch welche den Aufgabenträgern (insbes. den Führungskräften) für einen abgegrenzten Zeitraum fixierte Soll-Größen im Sinne von Soll-Ergebnissen geplanter Aktivitäten in wertmäßiger und evtl. auch mengenmäßiger Form vorgegeben werden." (Steinmann/Schreyögg, 1999, S. 346f.)

„Das Management wird durch die Budgetierung gezwungen, die angestrebten Ziele und Maßnahmen soweit zu konkretisieren und zu präzisieren, daß sie in wertmäßige Größen (Kosten, Erlöse, Gewinn) überführt werden können. Budgets geben deshalb einen wichtigen Anstoß für die Umsetzung von Plänen in spezifische Maßnahmen. Die Budgetierung umfaßt alle Aufgaben, die die Erstellung, Verabschiedung und Kontrolle von Budgets betreffen. Ergebnis der Budgetierung ist die wertmäßige Zusammenfassung der geplanten Entwicklung der Unternehmung in einer zukünftigen Geschäftsperiode." (Steinmann/Schreyögg, 1999, S. 347)

Es wird deutlich:

- Budget und Zielsetzung lassen sich nicht trennen. Einer Budgetierung muß immer eine Bestimmung der unternehmerischen Ziele (als meßbare Werte des zukünftig Anzustrebenden) vorausgehen.
- Das Budget wird einem organisatorischen Verantwortungsbereich für eine bestimmte Periode vorgegeben.
- Ein Budget enthält Angaben (d.h. Vorausschätzungen) z.B. über Betriebserträge und Aufwendungen, Herkunft und Verwendung der finanziellen Mittel.

Im Budget schlägt sich also die **zukünftige** Unternehmenstätigkeit in Zahlen/Plangrößen nieder. Damit legt die operative Planung auch die Maßgröße für den späteren Soll-Ist-Vergleich fest. „Aufgabe der Budgetierung ist es, anhand monetärer Zielvorgaben die Entscheidungsträger der Unternehmensteilbereiche zu einem Verhalten zu führem, bei dem die Einzelentscheidungen auf die Gesamtzielsetzung des Unternehmens ausgerichtet sind" (Mensch, 1993, S. 821). Zusammenfassend können wir das Budget als ein **Instrument der Planung** bezeichnen, „mit dem am zeitlichen Ende des Planungsprozesses die erstellten Pläne in quantitative, vor allem wertmäßige Größen transformiert werden" (Horváth, 1994, S. 255).

Führt die Unternehmung eine Langfristplanung durch, stellt das Budget die „Brücke" zur Kurzfristplanung dar. Die Langfristplanung setzt dabei entweder den Rahmen, oder das Budgetsystem basiert darauf und wird als **„Jahrestranche"** aus der langfristigen Planung erarbeitet (vgl. Modoux, 1981, S. 6). Globale Steuergrößen werden also in bereichsbezogene und in einem überschaubaren Zeitraum anzustrebende Steuergrößen umgesetzt. „Budgetieren bedeutet deshalb das Herunterbrechen der jahresbezogenen Leistungsziele und das wertmäßige Durchrechnen auf die Monate und Quartale des Budgetjahres und gleichzeitig auf Unternehmensbereiche bis hin zu Kostenstellen. Durch diesen Prozeß, der umfangreiche Koordinationsaktivitäten auslöst, wird die primär sachzielorientierte Planung in stellen- oder personenorientierte Mengen- und Wertvorgaben transformiert"(Schmidt, 1993, S. 65)

Besonders in kleinen und mittleren Unternehmen, bei denen ein ausgebautes Planungssystem dieser Art nicht existiert, kann eine solche Verbindung nicht hergestellt werden. Hier wird das Budget (und seine Kontrolle) pragmatisch als Steuerungsinstrument zur Evaluierung von Anpassungsmaßnahmen eingesetzt.

Für Radke (1991, S. 127) ist die betriebswirtschaftliche Budgetierung „der Prüfungs-, Korrektur- und Entscheidungsprozeß, mit dem strategische und operative Planungen auf elementaren, funktionalen und projektbezogenen Gebieten des Unternehmens quantifiziert, strukturiert und begrenzt genehmigt zu Handlungsaufträgen (mit Zielvorgaben) als,...Budgets' (Ergebnis der Budgetierung) zum Führungsinstrument der Unternehmenssteuerung bestimmt werden".

Eine „richtige" Budgetierung mit der Allokation der knappen Ressourcen leistet bereits die **Koordination** der organisatorischen Einheiten untereinander. Budgets werden sowohl für die Gesamtunternehmung als auch für einzelne Teilbereiche erstellt. Mit ihrer Hilfe hat die Unternehmensführung ein Mittel zur Hand, die Unternehmung auf die gewünschten Ziele auszurichten.

Horváth (1994, S. 255ff.) zeigt folgende Möglichkeiten zur **Differenzierung** von Budgets:

- Merkmal **Entscheidungseinheit**:
  - Horizontale Differenzierung nach Funktionen, Produkten, Regionen oder Projekten,
  - vertikale Differenzierung nach Ebenen der Unternehmenshierarchie.
- Merkmal **Geltungsdauer**, z.B. Monats-, Quartals-, Jahres-, Mehrjahresbudget.
- Merkmal **Wertdimension**, z.B. Ausgaben-, Kosten-, Deckungsbeitrags-, Umsatzbudget.
- Merkmal **Verbindlichkeitsgrad**, z.B.
  - Budget mit Vorgabe einer absolut starren Ober- bzw. Untergrenze („Etat"),
  - Budget mit Vorgabe einer Orientierungsgröße.

Den Budgets kommen folgende **Funktionen** zu (nach Steinmann/Schreyögg, 1999, S. 347f.)

- **Orientierungsfunktion**: Entscheidungsträger auf bestimmte Ziele hin zu verpflichten (= zielorientiertes Handeln, Beitrag zur Komplexitätsreduktion).
- **Koordinations-** und **Integrationsfunktion**: für alle Bereiche eines Unternehmens; Abstimmung zwischen gleichgeordneten und über-/untergeordneten Budgets.
- **Kontrollfunktion**: Plangrößen geben Maßstäbe zur Leistungsmessung.
- **Motivationsfunktion**: bei Identifikation mit den Zielvorgaben.

Den Budgets kommen folgende mögliche **Dysfunktionalitäten** zu (nach Steinmann/ Schreyögg, 1999, S. 348f.), die jedoch nicht zwangsläufig auftreten, sondern deren Ausmaß stark von der praktischen Ausgestaltung und Handhabung des Budgetsystems abhängt:

- Die Gefahr des **Etatdenkens**: Zugeteilte, aber nicht verbrauchte Beträge werden noch am Ende des Budgetjahres ausgegeben, obwohl für die Aufgabenerfüllung nicht notwendig („budget wasting").
- Die Gefahr der zu **kurzfristigen** Orientierung: Um das jetzige Budget einzuhalten, werden längerfristige Maßnahmen (z.B. zum Aufbau von Erfolgspotentialen) zurückgehalten.

- Die Gefahr des verstärkten **partikularischen** Denkens der Bereichsleitungen: Maßnahmen für eigene Abteilung ohne Berücksichtigung der anderen Abteilungen.
- Die Gefahr der **Verabsolutierung** von Budgetvorgaben: mechanische Orientierung an Vorgaben, statt Revision der Soll-Werte.
- Die Gefahr durch sog. **„budgetary slacks"**: (Potentieller) Aufbau stiller Reserven.

2. Budgetsystem/Budgetierungssystem

Budgetsystem

„... nichts anderes als die vorweggenommene (ex ante) Darstellung aller charakteristischen Phasen des Produktlebenszyklus in einem Unternehmen." (Modoux)

„... besteht aus einer Anzahl interdependenter Teilpläne, die sowohl objektbezogen (z.B. Produktlinien, Filialen) als auch funktionsbezogen (Beschaffung, Produktion, Absatz, Investitionen, Personal usw.) formuliert werden können." (Thommen/Achleitner, 1999, S. 434)

Alle Ausführungen, die wir allgemein zum PK-System gemacht haben, gelten **formal** auch hier für die Budgetierung! Ein umfassendes, mehrstufiges Budgetsystem zeigt Abb. 67 (aus Radke, 1991, S. 135; vgl. auch Jung, 1994, S. 1136ff.)

II. Budgetsystemarten

In zahlreichen Unternehmen sind zwar auch Mehrjahresbudgets vorhanden, zahlreiche Praktiker beziehen aber den Terminus weitgehend auf das alle Funktionsbereiche umfassende **Jahresbudget**. Dieses Jahresbudget als Budgetierungsperiode stellt meistens die zahlenmäßige, erfolgs- und finanzorientierte Detaillierung des ersten Planjahres (**„Eckjahr"**) des langfristigen Unternehmensplanes dar (Fallstudien zu Budgetierungssystemen finden sich bei Horváth, 1994, S. 261ff.).

Die Detaillierung kann etwa in zwei **Richtungen** erfolgen (vgl. Hahn, 1996, S. 408ff.):

- Umsetzung im Budget aller bisher nur nach größeren Bereichen aufgesetzten Pläne in Detailbudgets und Zielsetzungen je Kostenstelle als letzter Verantwortungsbereich eines Vorgesetzten. Dieser stimmt anschließend mit diesen Soll-Vorgaben die Einzelaufgaben für jeden Mitarbeiter ab.
- Zeitliche Aufteilung der Jahreszahlen je Kostenstelle in Monatsvorgaben (oder z.T. noch kürzere Perioden).

Die einzelnen Teilbudgets müssen in einem System **aufeinander abgestimmter** Budgets zusammengefaßt werden. Abb. 68 (aus Horváth, 1994, S. 261) zeigt die Verdichtung der einzelnen Budgets zu einer budgetierten Erfolgsrechnung, dem Budget der Finanzmittel und der budgetierten Bilanz. Ausführliche Fallbeispiele zur Budgetierung finden sich bei Egger/Winterheller (1994); zu Budget-Formblättern siehe insbesondere Radke (1991, S. 297ff.).

Dabei gilt:

- Ganz egal, welche Budgetformen aufgestellt werden, ihre wechselseitigen **Interdependenzen** sind zu berücksichtigen.
- Die Erstellung hat, vom **Absatzbudget** als Vorausschätzung ausgehend, einem sachlogischen Prinzip zu unterliegen.

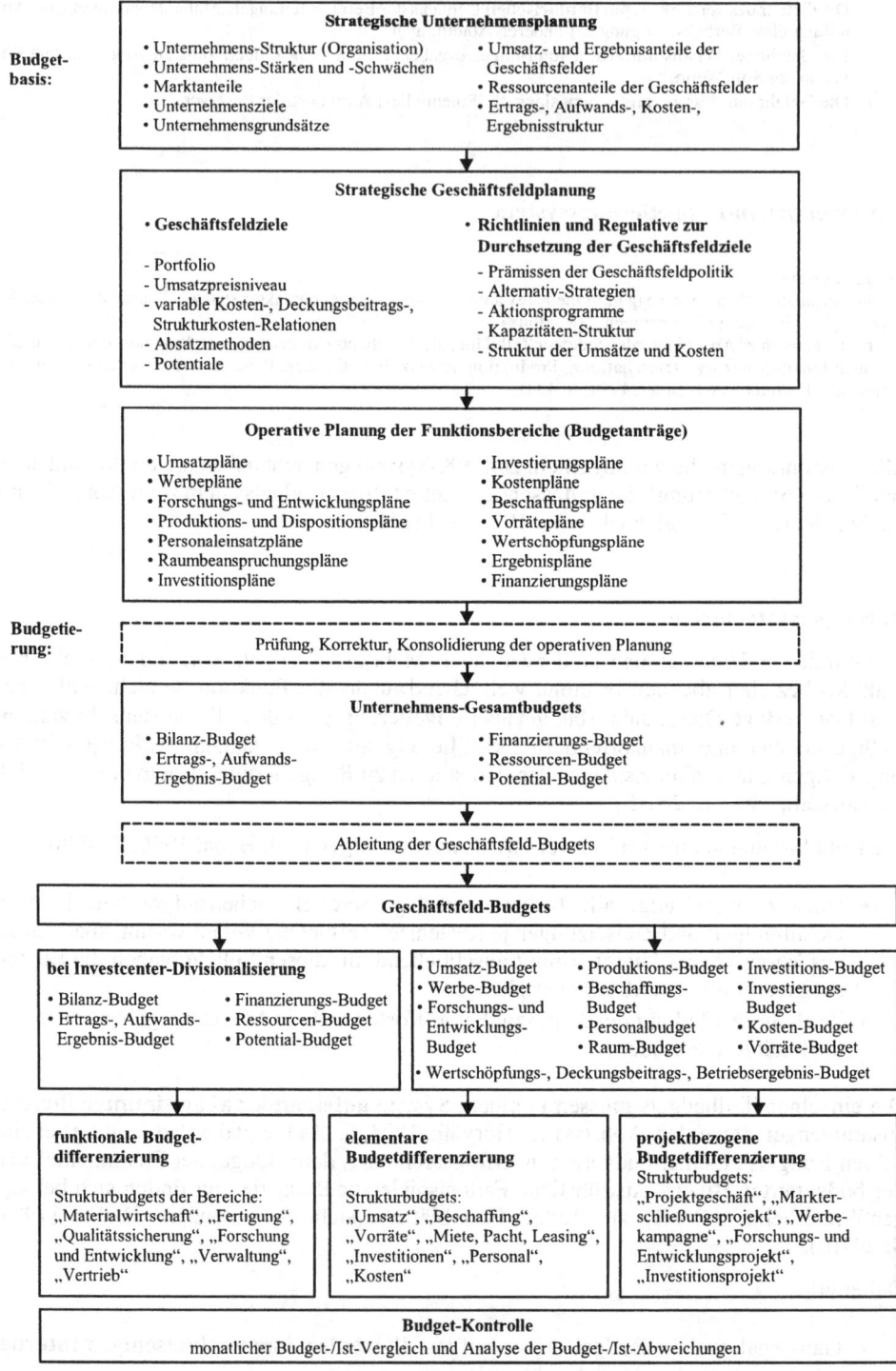

Budget-basis:

Strategische Unternehmensplanung

- Unternehmens-Struktur (Organisation)
- Unternehmens-Stärken und -Schwächen
- Marktanteile
- Unternehmensziele
- Unternehmensgrundsätze

- Umsatz- und Ergebnisanteile der Geschäftsfelder
- Ressourcenanteile der Geschäftsfelder
- Ertrags-, Aufwands-, Kosten-, Ergebnisstruktur

Strategische Geschäftsfeldplanung

- **Geschäftsfeldziele**

  - Portfolio
  - Umsatzpreisniveau
  - variable Kosten-, Deckungsbeitrags-, Strukturkosten-Relationen
  - Absatzmethoden
  - Potentiale

- **Richtlinien und Regulative zur Durchsetzung der Geschäftsfeldziele**

  - Prämissen der Geschäftsfeldpolitik
  - Alternativ-Strategien
  - Aktionsprogramme
  - Kapazitäten-Struktur
  - Struktur der Umsätze und Kosten

Operative Planung der Funktionsbereiche (Budgetanträge)

- Umsatzpläne
- Werbepläne
- Forschungs- und Entwicklungspläne
- Produktions- und Dispositionspläne
- Personaleinsatzpläne
- Raumbeanspruchungspläne
- Investitionspläne

- Investierungspläne
- Kostenpläne
- Beschaffungspläne
- Vorrätepläne
- Wertschöpfungspläne
- Ergebnispläne
- Finanzierungspläne

Budgetie-rung:

Prüfung, Korrektur, Konsolidierung der operativen Planung

Unternehmens-Gesamtbudgets

- Bilanz-Budget
- Ertrags-, Aufwands-Ergebnis-Budget

- Finanzierungs-Budget
- Ressourcen-Budget
- Potential-Budget

Ableitung der Geschäftsfeld-Budgets

Geschäftsfeld-Budgets

bei Investcenter-Divisionalisierung

- Bilanz-Budget
- Ertrags-, Aufwands-Ergebnis-Budget

- Finanzierungs-Budget
- Ressourcen-Budget
- Potential-Budget

- Umsatz-Budget
- Werbe-Budget
- Forschungs- und Entwicklungs-Budget

- Produktions-Budget
- Beschaffungs-Budget
- Personalbudget
- Raum-Budget

- Investitions-Budget
- Investierungs-Budget
- Kosten-Budget
- Vorräte-Budget

- Wertschöpfungs-, Deckungsbeitrags-, Betriebsergebnis-Budget

funktionale Budget-differenzierung

Strukturbudgets der Bereiche: „Materialwirtschaft", „Fertigung", „Qualitätssicherung", „Forschung und Entwicklung", „Verwaltung", „Vertrieb"

elementare Budgetdifferenzierung

Strukturbudgets: „Umsatz", „Beschaffung", „Vorräte", „Miete, Pacht, Leasing", „Investitionen", „Personal", „Kosten"

projektbezogene Budgetdifferenzierung

Strukturbudgets: „Projektgeschäft", „Markter-schließungsprojekt", „Werbe-kampagne", „Forschungs- und Entwicklungsprojekt", „Investitionsprojekt"

Budget-Kontrolle
monatlicher Budget-/Ist-Vergleich und Analyse der Budget-/Ist-Abweichungen

Abb. 67: Budgetsystem

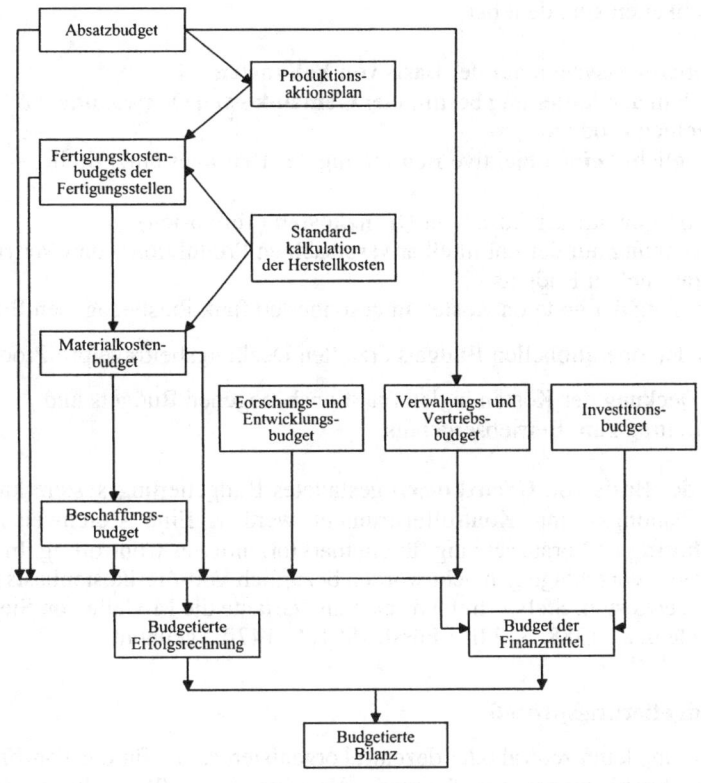

Abb. 68: Struktur des (Jahres-)Budgetsystems einer kleineren Unternehmung

1. Budgetierungssystem mit nicht gegliederten Budgets

Dieses System geht in seiner einfachsten Form als Erweiterung aus der Finanzbuchhaltung hervor. Dabei werden Betriebsbudgets für jede einzelne **Kostenart** (Personal, Waren usw.) erstellt.

Trotz aller Mängel stellt ein solches System für kleine und mittlere Unternehmen bereits „ein annehmbares Kontrollinstrument dar, allerdings nur unter der Bedingung, daß die Voraus-schätzungen von guter Qualität sind und nicht einfach eine Projektion historischer Tenden-zen in die Zukunft darstellen" (Modoux, 1981, S. 9).

2. Budgetierungssysteme mit gegliederten Budgets

In diesen Fällen werden für die einzelnen Tätigkeitsbereiche/Produktgruppen etc. einer Un-ternehmung **detaillierte** Budgets erstellt. Diese Systeme

- arbeiten mit einer **Aufteilung** der geplanten Umsatz- und Kostenwerte.

  Ziel: Aufbau einer abteilungsweisen Kosten- und Leistungskontrolle mit Übertragung der Verantwortung für die jeweiligen Planwerte auf die Mitarbeiter der Hierarchieebene.

- setzen ein entwickeltes **Kostenrechnungssystem** voraus.

Zwei Möglichkeiten sind denkbar:

- Budgetierungssystem auf der Basis von **Vollkosten**
  - Problem der Aufteilung bestimmter **Gemeinkosten** (Verwaltung, F&E etc.) auf die einzelnen Produkte
  - ermöglicht **keine** objektive Beurteilung des Beitrages einer Stelle.

- Budgetierung auf der Basis von **Grenzkosten** (Teilkosten)
  - Zurechnung nur der unmittelbar verursachten Produktions- und Vertriebskosten in operationellen Budgets
  - Erfassung der anderen Kosten in gesonderten funktionsbezogenen Budgets

  Die in den operationellen Budgets erzielten Deckungsbeiträge pro Produkt dienen

  - zur Deckung der Kosten in den funktionsbezogenen Budgets und
  - als Beitrag zum Betriebsergebnis.

Nur ein auf der Basis von **Grenzkosten** gestaltetes Budgetierungssystem kann zu einem wirklichen Planungs- und Kontrollinstrument werden. Eine stufenweise **Deckungs-beitragsrechnung** ist Voraussetzung für ein marktorientiertes Controlling. In der Literatur sind kontroverse Vorschläge gemacht worden bezüglich Voll-/Teilkostenbasis bzw. Gliederung der Erlöse/Kosten. Stellvertretend seien als Variante die Modelle von Siegwart (1991, S. 43f.; Deyhle u. a., 1988, S. 24ff.; Pössl, 1991, S. 147ff.) genannt.

III. Der Budgetierungsprozeß

Die Budgetierung kann zentral oder dezentral organisiert sein – für die Vor- bzw. Nachteile gelten unsere Ausführungen zur Planung analog (vgl. Egger/Winterheller, 1994, S. 60f.; Dietrich, 1993, S. 320). Für den Budgetierungsprozeß lassen sich folgende **Grundsätze** bestimmen:

- Als Ableitungsrichtung der Budgeterstellung wird i.d.R. das Gegenstromverfahren (beginnend mit einer Top-down-Budgetierung) angewandt,
- die Planung des operativen Jahresbudgets erfolgt dabei sukzessiv und
- unter Partizipation der Verantwortlichen.

1. Phase: Allgemeine Rahmenplanung

Zu Beginn der Budgetierung sollte ein Grobplan erstellt werden, der noch keine Details enthält und lediglich die wichtigsten Größen vorplant. Damit soll zum einen ein Überblick über den zu erwartenden Geschäftsverlauf, zum anderen Kenntnis der Faktoren erlangt werden, die die Zielerreichung gefährden könnten. In die Grobplanung einzubeziehen sind:

- die hochgerechneten Jahreswerte (evtl. auch Vorjahreswerte)
- Auswirkungen bereits in Planung befindlicher Projekte

- interne und externe Trends
- die übergeordneten Unternehmensziele.

Die Unternehmensleitung legt also den **„allgemeinen Rahmen"**, d.h. den Gesamtunternehmensablauf, groblinig fest, dazu auch die zu erreichenden Gesamtziele (z.B. eine bestimmte Rendite des investierten Kapitals).

544

2. Phase: Entwurfsvorbereitung der Einzelbudgets

Im Anschluß an diese Phase sind die Budgets der einzelnen Teilbereiche von den Stellenleitern selbst innerhalb des gesetzten Rahmens zu erstellen (Erarbeitung der **Budgetentwürfe**). Diese Beteiligung der Stellen sichert:

- zum einen eine realitätsnahe Planung, da Vor-Ort-Kenntnisse berücksichtigt werden;
- zum anderen fördert es das Engagement und die Motivation der Mitarbeiter: Die gemeinsamen Ziele werden zu „ihren" Zielen.

Auch hier wird die eigentliche Budgetierung vor allem auf Erfahrungswerte der Vergangenheit (Extrapolation) aufbauen, daneben tritt in der Vorausschätzung die Berücksichtigung aktueller Daten. Problematisch wäre eine zu enge Orientierung an den Daten der Vergangenheit, denn dann besteht die Gefahr, daß später eigentlich kein Soll-Ist-Vergleich stattfindet, sondern eher ein Vergleich Ist-Kosten der Vergangenheit (Normalkosten) mit den Ist-Kosten der Gegenwart! Um eine Abstimmbarkeit und Vergleichbarkeit der Teilbudgets zu gewährleisten, fällt dem Controller in dieser Phase die Aufgabe zu, verbindliche **Richtlinien** für die Erstellung der Budgets zu erarbeiten.

3. Phase: Abstimmungskonsolidierung

Die Budgetaufstellung ist ein wichtiges Abstimmungsinstrument des Managements mit Zwang zur Koordination und wechselseitigen Information. Eine richtige Reihenfolge der Budgetentwicklung ist bereits hilfreich. Normalerweise hat jede betriebliche Planung ihren Ausgangspunkt im Minimum- oder **Engpaßsektor**. Grundlage des regelmäßigen Planungszyklus für das Jahresbudget (im einzelnen Unger, 1993) bildet i.d.R. der **Absatzplan** (unterteilter Umsatzplan) unter Berücksichtigung von Sortimentsänderungen und/oder Preisänderungen, Erfahrungswerten der Vergangenheit, Werbestrategien des Marketing, Konkurrenzverhalten, politischen Entwicklungen oder wirtschaftlichen Erwartungen. Anschließend folgen dann Produktions-, Material-, Personal-, Gemeinkosten-, Investitions-, Finanzmittelbudget sowie die budgetierte Erfolgsrechnung/Bilanz.

Um die erstrebte integrierte Planung zu erreichen, ist es erforderlich, die Zahlen der einzelnen Budgets aufeinander abzustimmen („Budgetmontage"); hier liegt eine zentrale Koordinationsaufgabe des Controllers vor. In dieser sog. **„Knetphase"** des Budgetierungsablaufs, die mit der Zusammenführung aller Teilpläne zum provisorischen Ergebnisplan beginnt, werden in Gesprächen zwischen Controller und Stellenleitern die Einzelbudgets nochmals untersucht.

Dies ist die entscheidende Phase der Budgeterstellung, denn der Controller muß hier versuchen, die sich in den dezentral aufgestellten Budgets dokumentierenden (meist auseinanderklaffenden) Wünsche der Teilbereiche mit dem vorgegebenen Zielergebnis der Unternehmensleitung **auszugleichen** sowie zudem eine Balance auf der Ebene der liquiden Mittel zu finden. Oft zeigt sich beim Vergleich, daß das zentral vorgegebene Zielergebnis der Gesamtunternehmung nicht automatisch durch die Zusammenfassung (Summe) der dezentralen Teilbudgets erreicht wird. Daraufhin müssen:

- einzelne oder alle Budgetentwürfe korrigiert bzw. neu erarbeitet werden
- und/oder das vorgegebene Zielergebnis neu überdacht werden (z.B. Senkung des ROI-Wertes).

Dieser Vorgang wird so lange wiederholt, bis zwischen den Planwerten und der Zielsetzung Übereinstimmung besteht.

4. Phase: Annahme/Inkraftsetzung

Am Ende des Prozesses steht die Vorlage des endgültigen Budgets und die Annahme des einheitlichen Gesamtbudgets durch die Unternehmensleitung, das damit als verbindliche **Zielsetzung** des nächsten Jahres gilt. Umstritten ist die Frage, wie die Unternehmung reagieren soll, wenn während des Planjahres die Nicht-Erreichung der Vorgaben erkannt wird, m.a.W., inwieweit das beschlossene Budget auf Veränderungen **„flexibel"** reagieren soll. Es sind dabei **starre** (fixe) oder **flexible** Budgets zu unterscheiden.

Normalerweise sollte ein Budget nur bei absolut zwingender Notwendigkeit (etwa aufgrund gravierender und unvorhersehbarer Änderungen der Planprämissen) revidiert werden, d.h. dem Teilbereich mitgeteilt werden, welche Budgetabweichungen akzeptiert werden. Eine ständige Anpassung würde den „Vorgabecharakter" der Soll-Zahlen völlig entwerten. Damit würde verkannt, daß einerseits laufende Abweichungen nicht zu vermeiden sind (d.h. „natürlich" sind), andererseits das Wesen des Controlling ja gerade in rechtzeitigem Erkennen, Analysieren und Gegensteuern (= „Trigger-Funktion" der Abweichung!) zu sehen ist, die Abweichung hier also eine völlig neue Funktion erhält. Bei einem Großteil der Unternehmen wird jedoch insofern mit flexiblen Budgets gearbeitet, als die Kostenarten als Funktion ausgewählter **Beschäftigungsgrade** dargestellt werden. Die zu planenden Stufen werden bereits bei der normalen Aufstellung des Budgets berücksichtigt (Streubreite z.B. von 70 - 100%).

Der beschriebene Budgetierungsprozeß verfolgt primär ökonomische Zielsetzungen. Zunehmend wird in der Literatur aber die Bedeutung der **verhaltensorientierten** Perspektive („Behavioral Accounting") hervorgehoben (vgl. die umfangreiche Literaturliste bei Buggert, 1991). Im Widerspruch zu den Effizienzerwartungen eines Budgetierungssystems steht die Existenz dysfunktionaler Verhaltenswirkungen i.S. unerwünschter Nebeneffekte (zum nachfolgenden Buggert, 1991, S. 29). Als mögliche Formen **dysfunktionaler** Verhaltenswirkungen skizziert Buggert:

- Manipulation von Informationen („budgetary slack" zwischen „ehrlichem" und „unehrlichem" Budget)
- rigides bürokratisches Verhalten der Aufgabenträger („Dienst nach Vorschrift", Überbetonung quantitativer Zielvorgaben, kurzfristige Sichtweise u. ä.)
- Widerstand gegen das Budgetierungssystem (z.B. Bedrohung, Controller als neuer Experte)

Diese Formen dysfunktionaler Verhaltenswirkungen haben ihre **Ursachen** in der Höhe der Zielvorgaben, im Ausmaß der Beteiligung der Budgetverantwortlichen an Planungs- und Kontrollvorgängen und im Führungsverhalten (insbesondere der Controller) bei Durchführung dieser Maßnahmen (Formen der Informationsorientierung, Budget- bzw. Gewinn-/Erfolgsorientierung).

IV. Budgetkontrolle und Analyse (Abweichungsanalyse)

Nach Ablauf der Planungsperiode muß die Einhaltung der Budgetwerte überprüft werden. Um eine kurzfristige Reaktion zu ermöglichen, sind **monatliche** Kontrollen durchzuführen. Der (z.T. automatisierbare) Kontrollvorgang ist in folgende Teilphasen zu zerlegen:

1. Erfassen der Ist-Daten
2. Soll-Ist-Vergleich (Abweichungsermittlung)
3. Abweichungsanalyse
4. Vorschlag bzw. Anweisung von gegensteuernden Maßnahmen, von Korrekturmaßnahmen
5. Berichterstattung / Vorschaurechnung

Zu 1: Datenerfassung

Die regelmäßig zu erfassenden **Ist**-Daten müssen in Gliederung, Inhalt und zeitlichem Ausmaß mit den Budget-(Soll-)daten vergleichbar sein (vgl. Egger-Winterheller, 1994).

Zu 2: Soll-Ist-Vergleich / Abweichungsermittlung

Während der Realisierungsphase eines Budgets werden diesen vorgegebenen Soll-Kennzahlen (monatlich oder auf ein Jahr) die Ist-Kennzahlen gegenübergestellt und erlauben damit:

- bei Abweichung ein frühzeitiges „Gegensteuern"
- durch Hochrechnen (etwa ab Mitte des Jahres) eine Feststellung zur Erreichung / Nichterreichung der im Budget festgelegten Ziele.

Leiderer weist vor allem darauf hin, daß – so paradox es klingt – im Mittelpunkt der Planung nicht die Planung, sondern die **Kontrolle** steht; danach ist ein Budgetsystem seinem Wesen nach nichts anderes als ein formalisiertes Kontrollverfahren, wobei sich das Festlegen der Planzahlen sozusagen als „Abfallprodukt der Kontrolle" ergibt (vgl. Leiderer, 1984).

Beim zeitlichen Ablauf der Budgetierung fällt dem Kennzahlensystem damit eine dreifache **Aufgabe** zu:

- Die Soll-Kennzahlen sind **Bestandteil** des Budgets:
  Sie bilden das „tragende Gerüst" und bieten der Unternehmensleitung als Vorgabeinformation die notwendigen Orientierungshilfen.
- Die Kennzahlen sind ein Instrument der **Budgetkontrolle**:
  Die Kennzahlen erlauben einen ständigen Soll-Ist-Vergleich (monatlich und kumuliert) und eine laufende Hochrechnung zur Beantwortung der Frage: „Werden wir die für die Planungsperiode gesteckten Ziele erreichen?"
- Die Kennzahlen sind ein Instrument der **Budgetentwicklung**:
  Der Soll-Ist-Vergleich und die anschließende Abweichungsanalyse liefern präzise Informationen für den Entwurf des neuen Budgets und die laufende Kontrolle dieses Entwurfs bis zu seiner endgültigen Verabschiedung (vgl. Abb. 69, aus Leiderer, 1995, S. 147).

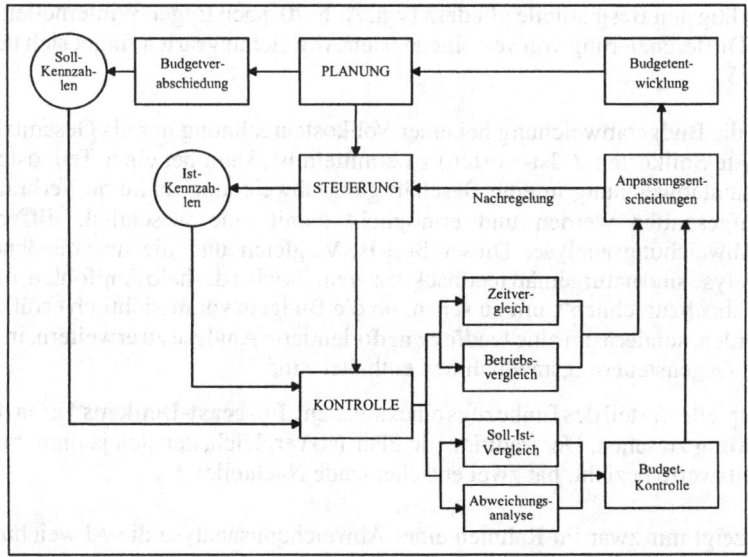

Abb. 69: Der Einsatz von Kennzahlen im „Großen Kontrollkreislauf"

Um eine Informationsüberflutung zu vermeiden, wird i.d.R. eine Prüfung von Abweichungen erst dann einsetzen, wenn bestimmte **Toleranzgrenzen** überschritten werden. Kraemer (1993, S. 159) differenziert im einzelnen: Toleranzgrenzen auf der Basis einer zusätzlichen Defferenzierung von Vergleichsgrößen, verkettete Toleranzgrenzen, Referenzanalyseobjekte, zeitliche Toleranzgrenzen, analyseobjekttypische Toleranzgrenzen). Innerhalb der Grenzwerte kontrollieren und regulieren die Stellenleiter **selbstverantwortlich**. Es ist zum einen das Über- oder Unterschreiten bestimmter Grenzwerte (z.B. +/- 5%) und deren Trendentwicklung, zum anderen deren Ergebniswertigkeit zu bestimmen. Neben dem Erkennen der Abweichungsursachen interessiert in der Analyse „nicht nur die punktuelle Soll-Ist-Abweichung eines Teilbudgets, sondern auch die Beeinträchtigung des Gesamterfolges durch diese Abweichung (...) Wesentlich ist das Gewicht einer Abweichung, d.h. ihre ,**Ergebniswertigkeit**' (...) Auch die Trendentwicklung von Abweichungen ist von Bedeutung" (Horváth, 1994, S. 272).

Als **Darstellungsform der Abweichungen** sind zwei Methoden möglich:

- Absolute Abweichung: Ist-Wert – Planwert

- Prozentuale Abweichung: $\dfrac{\text{Ist-Wert} - \text{Planwert} \times 100}{\text{Planwert}}$

Aus Gründen der unterschiedlichen Aussagekraft beider Formen ist die Darstellung sowohl der absoluten als auch der prozentualen Abweichung üblich. Eine **periodenbezogene** Abweichung läßt sich in eine

- (absatzbedingte) **Mengen**abweichung,
- **Preis**abweichung und
- **Verbrauchs**abweichung

als die wichtigsten Bestandteile gliedern (vgl. Abb. 70, nach Egger-Winterheller, 1994; eine sehr gute Diffferenzierung von verschiedensten Abweichungsarten findet sich bei Schmidt, 1993, S. 65).

Während die Budgetabweichung bei einer Vollkostenrechnung nur als Gesamtabweichung (verrechnete Sollkosten ./. Ist-Kosten) zu ermitteln ist, kann bei einer Teilkostenrechnung diese Gesamtabweichung in eine Beschäftigungsabweichung und eine Verbrauchsabweichung aufgespalten werden und ermöglicht damit eine wesentlich **differenziertere** Soll-Ist-Abweichungsanalyse. Dieser Soll-Ist-Vergleich und die anschließende Abweichungsanalyse sind naturgemäß feedbackbezogen. Es wird deshalb empfohlen, diese Zahlen nicht nur „hochzurechnen", um zu sehen, ob die Budgets voraussichtlich erfüllt oder nicht erfüllt werden, sondern um eine feed**forward**orientierte Analyse zu erweitern, in der die eingeleiteten Gegensteuerungsmaßnahmen enthalten sind.

Der prinzipielle Vorteil des Einbezugs eines solchen „**Forecast-Denkens**" ist in der **Motivationswirkung** zu sehen. Der traditionelle Plan-Ist-Vergleich, der sich ja immer nur auf Vergangenheitswerte bezieht, hat zwei entscheidende Nachteile:

- Er zeigt mir zwar im Rahmen einer Abweichungsanalyse die Abweichungsursache an, nicht jedoch die zukünftige Entwicklung.
- Er bringt bei Abweichungen die Gefahr langwieriger „Rechtfertigungsgespräche" oder die Suche nach Schuldigen („Sündenbock") mit sich.

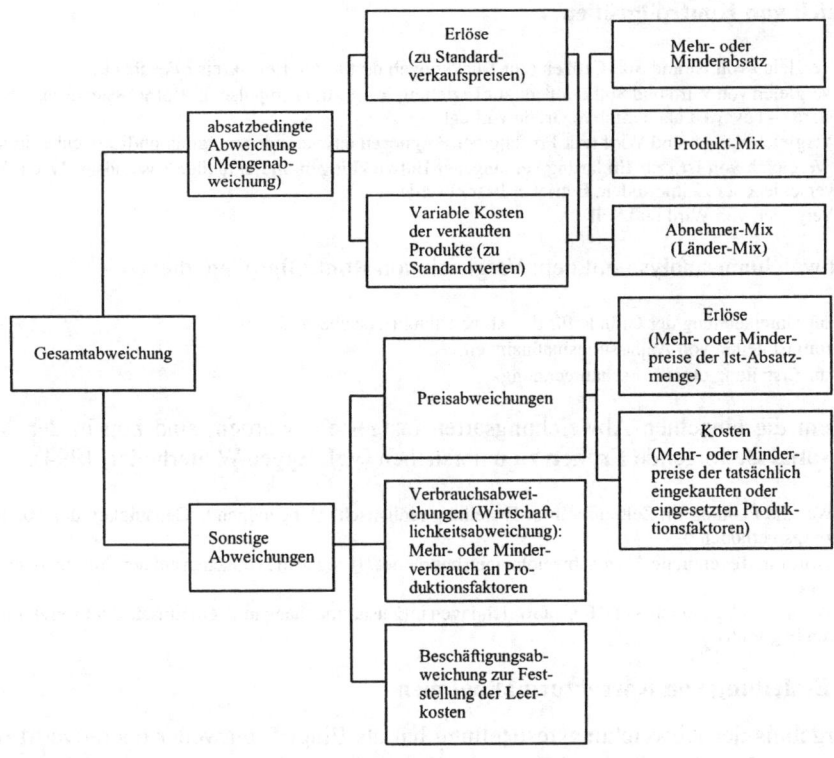

Abb. 70: Gesamtabweichung

Deshalb besteht die wichtige Aufgabe des Controllers in der **Zukunftsausrichtung**: Er stellt den Verantwortlichen die Frage,was jetzt getan werden muß bzw. wie jetzt einzuleitende Maßnahmen (=jetzt zu treffende Entscheidungen der Manager) die Hochrechnungen beeinflussen werden. Der feedbackorientierte Plan-Ist-Vergleich ist durch einen feedforwardorientierten, zukunftsorientierten Plan-Ist-Vergleich mit permanenter Hochrechnung zu ergänzen. (vgl. Schröder, 1993, S. 109 und Preißler, 1995, S. 82)

Die Abweichungen lassen sich auch nach der Möglichkeit ihrer Beeinflussung in Kategorien einteilen: in **nicht** beeinflußbare und **beeinflußbare** Abweichungen (dabei können die langfristigen Abweichungen durch das strategische und die kurzfristigen Abweichungen durch das operative Controlling beseitigt bzw. kann darauf reagiert werden). Abweichungen werden sich auch bei genauester Planung **nicht vermeiden** lassen. Diese „Ungenauigkeiten" sind aber durchaus positiv zu sehen, da sie verhindern helfen, daß Auswirkungen unternehmerischer Planung und Entscheidungen nicht mehr korrigierbar sind.

Zu 3: Abweichungs- (Ursachen-)analyse

Kontrolle bedeutet das Feststellen und Erklären ob, warum und wie Abweichungen auftreten von

- Ist-Werten (= realisierte Größen)
- Soll-Werten (vorgegebene/gesetzte Größen) und
- Wird-Werten (prognostizierte Größen).

Vergleich von Kontrollgrößen:

- Vergleich von Ist und Soll Größen (zur Rückkoppelung für den Regelkreis / Feedback)
- Vergleich von Wird und Soll Größen (zur Erzielung frühzeitiger Impulse für Betriebssteuerung / Feed-for-ward) – bevor Ist als definitive Größe vorliegt
- Vergleich von Ist und Wird (zur Prüfung der Prognosen auf veränderte Prämissen/Rahmenbedingungen
- Vergleich von Ist (zur Erklärung vergangener Entwicklungen und aktueller Zustandsanalyse (Vergleich verschiedener Zeitperioden, Betriebe, Betriebsteile usw.)
- Vergleich von Wird und Soll

Die Abweichungsanalyse mit dem Vergleich von Kontrollgrößen dient

- zur Untersuchung der Gründe für die Abweichung (Ursachen)
- zum Einleiten von Anpassungsmaßnahmen,
- zur Erstellung einer Vorschaurechnung.

Nachdem die einzelnen Abweichungsarten festgestellt wurden, sind nun in der **Abweichungsanalyse** folgende **Fragen** zu untersuchen (vgl. Egger-Winterheller, 1994):

- War die Planung im Zeitpunkt ihrer Erstellung realistisch? (Ungenügende Genauigkeit der Vorausschätzungsmethoden?)
- Worin sind eventuelle Absatzabweichungen begründet? (Liegen die Ursachen auf der Einsatz- oder Absatzseite?)
- Worin sind Verbrauchs- und Preisabweichungen im Zusammenhang mit dem Einsatz der Produktionsfaktoren begründet?

Zu 4: Einleitung von Korrekturmaßnahmen

Das Ergebnis der Abweichungsfeststellung hat als Eingriff entweder operative **Maßnahmen**, um den Ist-Wert i.S. einer „Einzuregulierung" zu verbessern, oder eine Überarbeitung der **Zielsetzung** zur Folge.

Zu 5: Bericht/Vorschaurechnung

Im **schriftlichen Bericht** einer Abweichungsanalyse werden

- die Abweichung,
- die Begründung dafür (warum eingetreten?),
- der Verantwortungsträger und
- die eingeleiteten Maßnahmen protokolliert.

Die initiierte Einleitung von Korrekturmaßnahmen findet ihren Niederschlag in der sog. **Vorschaurechnung**, die aufgrund der tatsächlichen Ergebnisse und der seit der Budgeterstellung neu gewonnenen Informationen für den **restlichen** Planungszeitraum zu erstellen ist.

Fünfter Teil:

Elemente eines strategischen

Managements

„Der Quantifizierungsfetischismus der „Meta-Ökonomen" — die wertbezogenen Problemlösungen akademisch ausweichen — verleiht der Wirtschaftswissenschaft den Anschein einer exakten Wissenschaft über mathematische Lösungsvorschläge für theoretische Probleme, die zu wenig oder gar keine Hilfe für Gegenwarts- oder Zukunftsprobleme der Wirtschaftlichkeit und Gesellschaft bieten."
(Mayer, 1984)

„Die Aufgabe des Managers der neunziger Jahre heißt: Vom Übermorgen auf das Morgen schließen und bereits heute die Veränderungen einleiten."
(Simma/Spoerndli, 1989)

A. Strategisches Management als Bezugsrahmen

I. Die Identifikation der strategischen Herausforderung

Eine Unternehmung operiert in einer sich ständig verändernden Umwelt. Diese „Binsenwahrheit" erhält ihre strategische Bedeutung, wenn man erkennt, daß

- das **Ausmaß** der Veränderungen gravierender wird,
- die **Geschwindigkeit** des Wandels sich erhöht und
- die **Komplexität** (Verflochtenheit) der zu berücksichtigenden Einflußbereiche immer mehr steigt.

Diese veränderten Rahmenbedingungen haben wir bereits z.T. im vierten Teil (B, 1) angesprochen. Treffend wurde diese Entwicklung von Peter Drucker als das **Zeitalter der Diskontinuität** bezeichnet: Strategische Überraschungen bedingen signifikante Strukturveränderungen in den Umsystemen der Unternehmung. Der Hinweis auf zunehmende Turbulenzen und Diskontinuitäten, auf noch nie dagewesene Unsicherheiten fehlt in keiner Veröffentlichung zum strategischen Management. Diese Entwicklungen stellen die Unternehmensführung immer wieder vor vollkommen neuartige und überraschende Aufgaben und vor die Notwendigkeit zu immer rascherer und flexiblerer Anpassung an die turbulente Umwelt (so Pümpin/Imboden, 1991, S. 5ff.). Zunehmend wichtig für eine erfolgreiche Führungskonzeption wird die Einbeziehung einer – im Gegensatz zu früher – wesentlich **erweiterten** „Umwelt" und ihrer relevanten Einfluß-Tatbestände. Hierbei ist eine deutliche Erweiterung der traditionellen wirtschaftlichen und technischen Faktoren um ökologische und gesellschaftspolitische Einflußkomponenten erkennbar. (vgl. dazu Teil 8)

Gomez/Probst (1995, S. 15) skizzieren folgende **Spannungsfelder** heutiger Unternehmen:

- Zunehmende Internationalisierung und Vernetzung der Unternehmung bei gleichzeitiger Fragmentierung der Märkte und Individualisierung der Bedürfnisse.
- Steigende Dynamik des Unternehmensgeschehens bei gleichzeitig abnehmender verfügbarer Reaktionszeit der Führungskräfte.
- Wachsender Ruf der Mitarbeiter nach Leadership bei gleichzeitiger Forderung vermehrter eigener Handlungsspielräume.
- Weiteres Streben nach Wohlstand bei gleichzeitiger Wahrung ökologischer Ziele und sozialer Verantwortung.
- Verstärkte Innovationskraft bei gleichzeitiger Beherrschung zunehmender Risiken.

Von den externen Faktoren gehen auch **interne Einflüsse** aus. Insbesondere die **Wertedynamik** (vgl. dazu Ausführungen Teil 3) – mit einem „Verschieben" der Werte von den materiellen zu den mehr nichtmateriellen Werten – und die damit sich ändernden Verhaltensweisen (Wertsystem/Einstellungsmuster) der Menschen haben Auswirkungen in ihrem Verhalten

- als **Mitarbeiter** eines Unternehmens, z.B. Einstellung zur Arbeit/Leistung/Effizienz, Gestaltung der Arbeitszeit/Arbeitszeitsouveränität, Lohn- oder Anreizsysteme bzw. deren Wirksamkeit, Entwicklungs- und Karrieresysteme oder Forderung nach mehr Mitbestimmung/Mitwirkung
- und als **Verbraucher** (z.B. Gesundheits-, Öko-Bewußtsein).

Aus den in Abb. 71 aufgezeigten **Megatrends** gesellschaftlicher Entwicklungen leiten sich zahlreiche betriebliche Auswirkungen ab. Die einmalige Turbulenz-Epoche der nächsten Jahrzehnte erfordern (nach Wüthrich, 1991, S. 161) von der Unternehmensführung Fähigkeiten der aktiven und reaktiven Handlung in einem bisher nicht gekannten Ausmaß (siehe dazu in diesem Teil Punkt F, II und Punkt M).

Veränderungen im Umfeld der Unternehmung	
Ökonomischer Bereich	• Zunahme der internationalen Konkurrenz (neben USA und Japan besonders auch Schwellenländer), Verschiebung der internationalen Arbeitsteilung • Tendenzen zunehmender protektionistischer Maßnahmen (bei steigender Exportabhängigkeit der Bundesrepublik) • Währungsturbulenzen (z.B. enorme Ausschläge des Dollars als zentraler Währung), Instabilität (Börsencrash) • Zuspitzung der Schuldenkrise in den Entwicklungsländern • Ungebrochene Konzentrationsprozesse • Verstärkte internationale Verflechtung (Kooperationen, strategische Allianzen, Beteiligungen, Aufkäufe) • Globalisierung, Europäischer Binnenmarkt • Neue Betriebsformen • Marktsättigungstendenzen auf traditionellen Märkten. Entstehen neuer Wachstumsmärkte. Suche nach Marktnischen. Wandel im Käuferverhalten. Zunehmende Artikelvielfalt. • Erschöpfung/Verknappung einiger Rohstoffe, unsichere Preisentwicklung bei Rohstoffen • Grenzen des quantitativen Wachstums bei gleichzeitig steigender Umweltbelastung, vom Reparatur- zum Präventivdenken • Zunahme des langfristig (in Forschung und Investition) gebundenen Kapitals • Strukturelle Flexibilisierungsgedanken (selbständige Teileinheiten; flache („lean"), dezentrale, netzwerkartige, virtuelle, temporäre Strukturen; flexible Arbeitszeit- und Sozialleistungsmodelle)
Technologischer Bereich	• Innovationsschübe durch revolutionäre Basistechnologien • Durchgängiger Einsatz der Mikroelektronik • Zusammenwachsen von Daten- und Nachrichtentechnik/Internet • Informations- und Technologiemanagement als Schlüsselfaktoren
Politisch-rechtlicher Bereich	• Erweiterung der ordnungspolitischen Rahmengesetzgebung • zunehmende Bedeutung der EU • Erweiterung im Bereich der Rechtsvorschriften und des Arbeitnehmerschutzes • Zunehmende „Ver-Rechtlichung" des gesellschaftlichen Lebens, Bürokratisierung
Gesellschaftlicher Bereich	• Rasch wachsendes Umweltbewußtsein breiter Bevölkerungskreise. Erkennen der industriellen Umweltbelastung (Ökonomie versus Ökologie) • Aktives Gegensteuern (oder Blockieren) gegen Unternehmensaktivitäten durch Verbände, Bürgerinitiativen usw. mit Hilfe von Verwaltungsgerichtsverfahren und z.T. auch mit Gewalt • Forderung nach stärkerer Erfüllung der gesellschaftlichen Verantwortung der Unternehmung • Arbeitszeitverkürzung, Arbeitszeitflexibilität • Folgen der demographischen Entwicklung (stagnierende Geburtenrate. Zunahme der älteren Jahrgänge) • Gesellschaftlicher Wertewandel/Wertedynamik

Abb. 71: Megatrends gesellschaftlicher Entwicklungen

Rosenstiel/Comelli (1998, S. 1.15) skizzieren folgende wichtige **Trends** des **Wandels**:

- Die Verwissenschaftlichung der Welt
- Information und Kommunikation
- Internationalisierung und Globalisierung
- Werte im Wandel
- Sieg des Marktes als Ordnungsprinzip
- Von der Landwirtschaft über die Produktion zur Dienstleistung
- Bevölkerungsentwicklung
- Verknappung der Ressourcen
- Bedrohung des Ökosystems

Diese permanente Veränderung im Unternehmensfeld **erzwingt** eine ständige **Neuausrichtung** der „Erfolgspotentiale" einer Unternehmung zur langfristigen Sicherung der Existenz und Gewinnerzielung. Als Antwort auf diese sprunghafte Zunahme der Unsicherheiten und des unternehmerischen Risikos wird heute allgemein die Entstehung einer systematischen **strategischen Denkweise** gesehen. Manche Wissenschaftler vergleichen dies in ihrer **Tragweite** mit jenen Umwälzungen, die seinerzeit mit der Integration verhaltenswissenschaftlicher und quantitativer Ansätze einhergingen. Damit soll zum einen das Problem der **Komplexitäts**bewältigung und -kontrolle gelöst werden (zum Komplexitätsmanagement siehe auch unsere Ausführungen vierter Teil, A, III.), zum anderen die Unternehmensleitung in die Lage versetzt werden, dem Unerwarteten der Zukunft mit **Flexibilität** zu begegnen (d.h., sie muß die Parameterentwicklung rechtzeitig erkennen, interpretieren und darauf reagieren). Will die Unternehmung von der gezeichneten Entwicklung nicht unvorbereitet überrascht werden, muß sie

- diese langfristigen Tendenzen **möglichst früh** identifizieren, um das jeder unternehmerischen Tätigkeit immanente Risiko zu reduzieren (Aufbau eines Früherkennungssystems),
- die Gefahren (oder neuen Chancen) durch **aktive Beeinflussung** der Märkte zu gestalten versuchen,
- der Unternehmung damit die zum Handeln notwendige Zeitspanne zum/zur Aufbau/Reorganisation von Potentialen verschaffen (Erhöhung der **Reaktionsgeschwindigkeit** und **Anpassungsfähigkeit**),
- die kurzfristige Sicht durch ein **strategisches Konzept** der Unternehmensführung zum Aufbau von Erfolgspotentialen als Basis für langfristige Überlebensfähigkeit und Profitabilität ersetzen,
- nicht nur Vergangenheitswerte in die Zukunft extrapolieren, sondern, orientiert an einem zu erfüllenden Kundenbedarf/-problem, eine langfristige Vorteilsposition aufbauen.

Jacob (vgl. 1983, S. 56) spricht von einem **Dilemma der strategischen Planung**, das darin besteht,

- daß **heute** Entscheidungen getroffen werden müssen, die weit in die Zukunft **hineinwirken**,
- daß zugleich aber die **künftigen** Datenkonstellationen, die für den Erfolg dieser Entscheidungen von wesentlicher Bedeutung sind, **nicht** oder nur mit großer Unsicherheit vorhergesehen werden können.

Als grundsätzliches Dilemma wird in der Literatur die Wirksamkeit des **Grahamschen Planungsgesetzes** genannt:

„Operativ dringende, aber für die Zukunftssicherung unwichtige Fragen verdrängen strategisch wichtige, aber nicht dringende Entscheidungen.

Die unternehmerischen Problemstellungen zu Beginn des 21. Jahrhunderts sind von einer solchen Komplexität und Dynamik, daß sie ein völlig neues Denken und Handeln erfordern. Wir werden am Ende dieses Teils diese Notwendigkeit eines kontinuierlichen „**Managements des Wandels**" im einzelnen aufzeigen.

II. Neuformulierung des strategischen Problems

Die Neuformulierung des strategischen Problems setzt zunächst an der **Dimensionsausweitung** an, d.h. Überwindung der einseitigen Ausrichtung der strategischen Planung. Ähnlich wird das Problem von Ansoff gesehen. Er sieht strategische Probleme der Unternehmensführung in weiten Bereichen der betriebswirtschaftlichen Literatur unter dem Aspekt der **Optimierung** spezieller **Teilbereiche** isoliert voneinander behandelt (strategisches Marketing, strategische Beschaffung, Finanzierung, Technologieprobleme usw.). Auch für Malik besteht „das strategische Problem nicht in der strategischen Planung solcher Teil-Aktivitäten, sondern in der **Gesamtpositionierung** eines Systems in seiner Umwelt mit Bezug auf sämtliche Verknüpfungen und unter Einschluß der Gestaltung und Entwicklung der internen Fähigkeiten der Unternehmung, diese Positionierung permanent veränderten Gegebenheiten anzupassen" (Malik, 1986, S. 171). Dafür wird der Begriff des **strategischen Managements** geschaffen.

Strategisches Management als **neuer Bezugsrahmen** ist also gekennzeichnet durch:

1. eine **Gesamtansicht**, d.h. umfassende Orientierung an allen Unternehmensbereichen

2. Aufbau und Sicherung langfristiger unternehmungsinterner und -externer **Erfolgspotentiale**

3. explizite Berücksichtigung interner Veränderungsprozesse (z.B. OE, PE)

In der Literatur wird strategisches Management überwiegend als zukunftsorientierte Identifikation, integrative Gestaltung, Nutzung und Erhaltung der **Erfolgspotentiale** (Sachgüter, Dienstleistungen, Marktanteile, Wettbewerbsvorteile etc.) eines Unternehmens zur Erreichung von Erfolgspositionen definiert. (Reißner,1992, S. 14; Jung/Kleine, 1993, S. 269; dazu auch C.I.).

Für Tschirky sind Unternehmen dadurch gekennzeichnet, daß in ihnen bestimmte Fähigkeiten in Form von Wissen, Können und Fertigkeiten und spezifische Einrichtungen vorhanden sind, deren gebündelter Einsatz dem Unternehmen Wettbewerbsvorteile verschafft und eine langfristige Lebensfähigkeit ermöglicht. Dem Bild der Unternehmen legt er ein potential- und prozeßorientiertes Konzept zugrunde:

„Unternehmen sind soziotechnische, produktive Systeme, die im Prozeßverbund über ein Human-, Management-, Wissens-, Technologie-, Innovations-, Beschaffungs-, Marketing-, Finanz- und Kooperationspotential verfügen und in eine soziale, ökologische, technologische und ökonomische Umwelt eingebettet sind. Die Nutzung der Unternehmenspotentiale nimmt stets Bezug auf bestimmte Chancenkonstellationen in der Umwelt, die ebenfalls als Potentiale zu verstehen sind. Die strategische Kunst der Unternehmensführung liegt darin, jene Konstellationen zu identifizieren oder allenfalls herbeizuführen, bei welchen eine Überlappung von aussichtsreichen Umwelt- mit ausgeprägten Unternehmenspotentialen besteht oder – mit anderen Worten – Stärken des Unternehmens mit Chancen in der Umwelt verbinden." (Tschirky, 1998, S. 216)

Bei Kirsch u.a. (vgl. 1979, S. 340) ist „Strategisches Management

1) die Steuerung und Koordination der langfristigen Evolution des Unternehmens und seiner Aufgabenumwelten

2) durch eine konzeptionelle Gesamtansicht der Unternehmenspolitik

3) mit der Leitidee der fortschrittsfähigen Organisation, einen Fortschritt in der Befriedigung der Bedürfnisse und Interessen der von den Unternehmensaktivitäten direkt oder indirekt Betroffenen zu erreichen"

B. Früherkennungssysteme zur Analyse und Prognose

I. Früherkennungssysteme als Bestandteil eines umfassenden Risikomanagements

Betriebliche Prozesse sind prinzipiell mit Risiken verbunden, die die Zielerreichung beeinflussen. Während die traditionelle BWL diese Tatsache vorwiegend unter dem **versicherungsmäßigen** Aspekt der „Risikoüberwälzung" betrachtet hat, ist diese Blickrichtung mehr auf eine **ganzheitliche** Risikoberücksichtigung zu lenken (vgl. Hahn, 1987, S. 138).

Das **generelle Risikomanagement** geht von dem Management- bzw. Führungsprozeß aus und berücksichtigt alle mit dem Führungsprozeß und dem nachfolgenden Durchführungsprozeß verbundenen Risiken und Chancen. Es dient der Sicherung, Erhaltung und erfolgreichen Weiterentwicklung der Unternehmung durch Bewußtmachung des Risiko-Chancen-Phänomens bei allen Führungs- und anschließenden Durchführungsprozessen (vgl. auch unsere Ausführungen im achten Teil, D). Es handelt sich nicht nur um eine den Führungsprozeß begleitende, sondern um eine mit dem Führungsprozeß **untrennbar** verbundene Funktion (ebd.).

Ein **aktives** Risikomanagement vollzieht sich auf **allen** Stufen des Führungsprozesses. Wir wollen uns nachfolgend auf die Darstellung wichtiger Instrumente (Früherkennungssysteme, Szenario, Portfolio etc.) innerhalb der strategischen Planungsaufgabe beschränken.

In jüngerer Zeit wird die Frage nach den generellen **Grenzen** der Planung in der betriebswirtschaftlichen Literatur wieder verstärkt aufgegriffen. „Unter diesen Aspekten ergibt sich die zwingende Notwendigkeit zur Steigerung der Flexibilität der Planung durch verstärkte Einbeziehung der möglichen Entwicklungen exogener Einflußgrößen. Dem variablen Charakter der Planungsprämissen muß verstärkt durch die Berücksichtigung spezifischer Erfolgsrisiken (Verlustpotential) und Erfolgschancen (Erfolgspotential) im Rahmen des generellen Risiko-Managements einer Unternehmung Rechnung getragen werden" (Arbeitskreis, 1991, S. 820f.)

II. Das Früherkennungssystem der strategischen Planung

Die Ausweitung der strategischen Planung seit Mitte der 70er Jahre war von uns als notwendige Antwort der Wissenschaft und Praxis auf neue Herausforderungen an die Unternehmensführung begründet worden. Schnelle und tiefgreifende Wandlungen der Rahmenbedingungen des **internen** und **externen** Bezugsfeldes der Unternehmung erzwangen eine Verlagerung vom kurzfristigen (oft überstürzten) **Ad-hoc**-Reagieren dann, wenn die Veränderungen sich (viel zu spät) in Zahlen des Rechnungswesens niederschlugen, hin zum **frühzeitigen** Agieren, da die frühzeitige Problemidentifikation diskontinuierlicher Entwicklungen ausreichende Zeitoptionen für entsprechende Entscheidungen geben soll.

Baisch/Klopp/Reising (1998, S. 236) sprechen von einer Implementierungslücke der Früherkennung:

- Wichtige technologische Trends werden von Unternehmen viel zu spät erkannt.
- Das Controlling muß sich häufig immer noch mit Kenngrößen aus der Vergangenheit behelfen (die zusätzlich noch einen starken internen Fokus haben); ein solches „Rückspiegel-Controlling" kann auf Fehlentwicklungen meist erst dann hinweisen, wenn sie schon eingetreten sind.
- Chancen werden häufig erst sehr spät wahrgenommen.

Mit Hilfe einer systematischen Umweltbeobachtung (environmental scanning) sollen Signale identifiziert werden. Ein möglichst rechtzeitiges Erkennen („Signalisieren") der sich abzeichnenden Veränderungen (latente Gefährdungen/Chancen, Stärken/Schwächen) setzt aber eine mit Hilfe besonderer betrieblicher (Informationssystem-)Verfahren gewonnene spezifische Informationsart voraus, die gewissermaßen mit **zeitlichem Vorlauf** auf real bereits vorhandene, aber noch nicht allgemein auch als solche erkannte künftige Entwicklungen für die Erreichung betrieblicher Ziele aufmerksam macht, um mit Hilfe dieses Vorlaufs rechtzeitig geeignete Maßnahmen – quasi im Rahmen eines evolutionären Anpassungsprozesses – ergreifen zu können.

Die Systemelemente, d.h. diejenigen betrieblichen organisatorischen Einheiten, die Informationen aufnehmen, verarbeiten und abgeben und ihre Beziehungen zueinander, bilden sog. **„Frühwarnsysteme".** Mit „Warnung" wird u.E. eine verengende Blickrichtung nur auf Gefährdungen/Risiken impliziert, obwohl bei dem langfristig zeitlichen Verlauf der Informationen über die an sich **wertfreien** Ereignisse ja gerade der Handlungsspielraum der strategischen Führung erweitert werden soll; so können bei entsprechendem unternehmerischen Handeln diese Ereignisse durchaus auch als sich langfristig bietende Chancen/Gelegenheiten, also positiv interpretiert werden. Insbesondere unter Berücksichtigung der jüngsten Ausrichtung auf strategische Aspekte der Unternehmensführung erscheint uns der Begriff **„Früherkennungssysteme"** treffender (in der Literatur finden sich ähnliche Begriffe wie Frühaufklärungs-, Problementdeckungs-, Problemerkennungs- oder Frühanregungssysteme).

Wie wir an verschiedenen Stellen zeigen, bekommt der Faktor„ Zeit" eine strategische Dimension („time to market" etc.) und bedarf der entsprechenden Berücksichtigung bei der Entwicklung von Unternehmensstrategien. Früherkennungssysteme haben die Aufgabe, unternehmensrelevante Umfeldentwicklungen als Informationen bereits in einem sehr frühen Stadium aufzunehmen/zu identifizieren, die gewonnenen Informationen zu interpretieren/mögliche Konsequenzen abzuschätzen und auf die sich ergebenden Handlungsbedarfe aufmerksam zu machen/daraufhin Entscheidungen zu treffen. Systematische Technologie-Früherkennung und Patentbeobachtung gewinnen strategische Bedeutung (dazu Boutellier/Bratzler/Böttcher, 1998). Der Wettbewerb von morgen wird ein Wettbewerb der Technologien sein.

- Patente als aktuellste/detaillierteste Quelle technischen Know-hows.
- Ausbreitungs-und Diffusionscharakteristik.
- Systematische Patentanalyse als technisch orientierte Früherkennungssysteme.
- Jährlich werden mehr als eine Million Patentdokument dem Informationspool der Patentämter hinzugefügt.
- Internationale Patentdokumentations-Centrum in Wien INPADOC.
- Datenbank WPI/WPIL, PATOS von Bertelsmann, PATDPA des Deutschen Patenamtes.

Entscheidende Anregungen zur Entwicklung dieser Gedanken gehen auf Ansoff zurück. Kerngedanke seines Konzeptes ist, daß sich überraschende Ereignisse durch sog. **„weak signals"** ankündigen. Es gilt nun, neuartige Situationen, d.h. sich schwach abzeichnende Entwicklungstendenzen von strategischem Interesse, anhand dieser schwachen Signale (schlecht definierter Informationen) möglichst frühzeitig zu identifizieren, um damit eine fortlaufende Problemanalyse und aus einer **aktiven** Position heraus Strategienüberprüfungen, ggf. Strategieanpassungen bzw. neue Strategieplanungen einleiten und entwickeln zu können (= abgestufte Gegensteuerung).

Es wird heute als eine **zentrale Aufgabe** der strategischen Unternehmensführung (Controlling) angesehen, im Rahmen der betrieblichen Planungs- und Kontrollsysteme ein Früherkennungssystem zu entwickeln, das – in einem permanenten Prozeß – solche relevanten Informationen zur rechtzeitigen Identifikation von Diskontinuitäten liefert und damit zur Erhaltung und Schaffung von Erfolgspotentialen als Aufgabe der strategischen Planung beiträgt. Auch für de Geus (1998) zählt es zu den schwierigsten Managementaufgaben, ob und in welcher Form sich Manager mit der **Zukunft** ihres Unternehmens auseinandersetzen, d.h., wie die verantwortlichen Entscheidungsträger sich ein ausreichend differenziertes Bild von jenen **Entwicklungstrends** machen, die für ihr Unternehmen von existentieller Bedeutung sein können und wie sie eine (vorausschauende) Sensibilität für schwache Signale entwickeln.

Im Unterschied zum traditionellen Berichtswesen einer Unternehmung werden hier aber nicht Informationen über bereits eingetretene Ereignisse festgehalten, sondern **potentielle** Faktoren frühzeitig generiert, die mit großer Wahrscheinlichkeit Wirkungen auf die Ziele und Maßnahmen der Unternehmung haben können (vgl. Hahn, 1996, S. 244). Über strategische Gefahren oder Chancen „liegen nur ungewisse Informationen" vor. Eine auf den betrieblichen Prozeß einwirkende Störung (z.B. Umsatzeinbruch) kann als **Resultat** einer **Kausalkette** begriffen werden. Das Früherkennungssystem versucht, „Informationen über Faktoren derartiger Kausalketten zu generieren, die möglichst einige Phasen **vor** dem Eintritt der Störung in der Unternehmung liegen".

Früherkennungssysteme erfüllen damit eine Informations- und Explorationsfunktion sowie eine Analyse-, Diagnose- und Prognosefunktion. Sie helfen, Risiken rechtzeitig zu erkennen und einzuschränken, mögliche zukünftige Chancen zu antizipieren und zu nutzen; sie sind damit ein unverzichtbares Instrument eines effizienten Controlling.

Das am Fraunhofer IFF entwickelte **Schalenmodell** will insbesondere KMUs helfen: Das Modell umfaßt vier Stufen (dazu Schnauffer/Klopp/Lüken, 1999, S. 36ff.; Baisch/Klopp/Reising, 1999; Klopp/Greth/Baisch, 1997, S. 4ff.):

(1) **Finden:** ungerichtetes Finden von Informationen, Trend-Workshop-Reihe mit externen/internen Experten zur Informationssammlung; am Ende steht ein konkretes Bild der zukünftigen Entwicklungen/Trends in der Umwelt des Unternehmens.

(2) **Filtern:** Interpretation der Trends, ob sie eine Relevanz für das Unternehmen/einzelne Bereiche haben; eingesetzte Methoden: Stärken-/Schwächen-Profil, Kernkompetenz-Analyse; Workshops: Trend-Impact und der Trendinterpretations-Workshop.

Formulierung strategischer Handlungsoptionen: die einzelnen Eigenschaften des Unternehmens werden mit den Trends mit Hilfe des Schalenmodells in Beziehung gesetzt. Durch Verdrehen der konzentrisch gelagerten Schalen gegeneinander und „Herausschneiden eines Kuchenstücks" entstehen immer wieder neue Kombinationen aus Unternehmenseigenschaften und Trends, die zu neuen Handlungsmöglichkeiten inspirieren. Die Handlungsoptionen werden im nächsten Schritt auf das Unternehmen zugeschnitten (= formatiert), d.h. die gefundenen Trends in strategische Maßnahmen „überführt":

(3) **Formatieren:** Entscheidungsunterstützung: Sammlung der Einflußfaktoren für jede Handlungsoption, von denen die Entscheidung zur Umsetzung abhängen. Aufbau eines Netzwerkes, in dem die wechselseitigen Abhängigkeiten und die Kausalkette der Trendwirkungen auf das Unternehmen abgebildet werden (Methode des vernetzten Denkens).

(4) **Fokussieren:** Klärung der Frage, wann der richtige Zeitpunkt für die Realisierung einer strategischen Handlung gekommen ist (= „Zeitfenster"); besonderes Augenmerk auf sog. „aktive Elemente", die mit einem Indikator versehen werden. Werden kritische Werte erreicht, kann schnell gehandelt werden.

Ein Praxisbeispiel zur Anwendung des Schalenmodells bei einem Büromöbelhersteller findet sich in Baisch/Klopp/Reising (1998, S. 238ff.).

III. Aufbaustufen eines Früherkennungssystems

1. Drei Generationen von Früherkennungssystemen

In der historischen Entwicklung lassen sich bisher drei Entwicklungsstufen von Früherkennungssystemen ausmachen (vgl. Krystek, 1992, S. 309ff.; zu den Methoden Haag, 1993), die hier nur skizzenhaft umrissen werden sollen.

Die erste Generation:

- erste Begriffsnennung 1973
- Weiterentwicklung der **operativen** Unternehmensplanung durch
  - Ergänzung des Soll-Ist-Vergleichs um die **Vorkoppelungsinformation (Feedforward)** als permanenter Vergleich Soll-Periodenende zu **hochgerechneten voraussichtlichen Ist-Werten** am Periodenende; „Frühwarnung", Aktualisierung der Pläne als Zielsetzung;
  - **kurzfristige** Ausrichtung mit innerjährlichen Hochrechnungen.

Die zweite Generation:

- umfaßt die Phase 1977-79
- bezieht auch **langfristige** Aspekte mit ein
- Systeme auf der Basis sog. **Indikatoren**, die einen wesentlich höheren Konkretisierungsgrad aufweisen als z.B. die „schwachen Signale" der 3. Generation.

Es werden dabei alle relevant erscheinenden internen und externen Problembereiche mit einem Katalog von Frühwarnindikatoren (die **latent** bereits vorhandene Risiken/Gelegenheiten erfassen sollen) abgedeckt und ihre Veränderungen zu einer Norm(-al)größe im Zeitverlauf (z.T. computerunterstützt) gemessen und sichtbar gemacht. Das am Institut für Unternehmensplanung in Gießen entwickelte gesamtunternehmungsbezogene Frühwarnsystem beinhaltet fünf **Aufbaustufen** (vgl. Hahn, 1996, S. 245).

Inzwischen wird auch versucht, die **Indikatorenverkettungen** über mehrere Beobachtungsbereiche (allgemeines Umfeld – weiteres Umfeld – engeres Umfeld – Unternehmung) herauszuarbeiten (zu externen und internen Beobachtungsbereichen und ausgewählten Indikatoren siehe insbesondere Krystek/Müller, 1999, S. 179ff.; dazu Abb. 72, aus ebd). Der Informationswert derartiger Früherkennungssysteme nimmt zu, wenn neben innerbetrieblichen auch zwischenbetriebliche oder gar branchenübergreifende Vergleichsmöglichkeiten bestehen. Ein solchermaßen an der Problemerkennung, d.h. über die Erfassung von Minus-Abweichungen an der frühzeitigen Sichtbarmachung von Fehlentwicklungen, orientiertes Informationssystem, kann – bei Erfassung der Abweichungen nach beiden Richtungen – zu einem **Stärken-Schwächen-Profil** für das jeweilige Unternehmen ausgebaut werden (vgl. das Beispiel bei Bühler, 1985, S. 343).

Die dritte Generation:

- Ausbau der Systeme zu einem **„strategischen Radar"**
- Zentrale Bedeutung hat das Ansoffsche Konzept der **„strategic issue analysis"** und der **„weak signals"** (vgl. Liessmann, 1993, S. 160ff.):
  - Damit soll auch strategischen Diskontinuitäten, d.h. strategischen Überraschungen durch Umweltturbulenzen, begegnet werden können; diese abrupten Veränderungen ereignen sich aber nicht völlig überraschend und zufällig, sondern kündigen sich durch „weak signals" an.
  - Permanenter Suchprozeß notwendig.
  - Bereits beim Empfang schwacher Signale als Anzeichen eines Wandels, dessen Einfluß bedeutsam sein könnte, muß über Handlungsalternativen nachgedacht werden.
  - Signale sind in diesem Stadium noch unstrukturiert, von geringer Aussagekraft, leicht zu übersehen und erlauben noch keine „starke" Antwort.
  - Der **Prozeß** beim Konzept der „Schwachen Signale" ist nicht so deutlich strukturierbar wie z.B. derjenige der indikatorbasierten Frühaufklärung der zweiten Generation (vgl. Krystek/Müller 1999, S. 181).

- Im deutschsprachigen Raum das **Konzept von Kirsch**
  - „Aufwirbel-Ansaug-Filter-System" mit systematischem Recycling zunächst ausgefilterter Signale und automatischer Filterüberprüfung (vgl. Kirsch/Esser/Gabele, 1979)
  - Strategische Aufklärung sollte immer auch **„fundamental-kritische Aufklärung"** sein (d.h. eine kritische Relativierung der vom Management geteilten „Selbstverständlichkeiten"), Bewußtsein für alternative Weltbilder stärken.
  - Neben „gebundenen" Informationsexplorationen (dessen, was aufgrund der Analyseinstrumente relevant erscheint) auch laufend **„freie" Explorationen** notwendig.

560

Wirtschaftlicher Bereich

Konjunkturelle Entwicklung - Auftragseingänge - Geschäftsklima	**Strukturelle Entwicklung** - Investitionstendenzen - Bruttosozialprodukt pro Kopf

Absatzmarkt - Auftragseingänge (Produkte/Regionen) - Nachfragevolumen wichtiger Kunden - Preis- und Programmpolitik der Konkurrenz	**Beschaffungsmarkt** - Volumen bekannter Rohstoffvorkommen - Durchschnittlicher Jahresverbrauch je Rohstoff - Preise/Konditionen der Lieferanten	**Arbeitsmarkt** - Gewerkschaftsfor- derungen - Zahl der offenen Stellen	**Kapitalmarkt** - Inflationsraten - Zinsen - Wechselkurse

- Informationen über mögliche Änderungen der Verfahrens- und Produkttechnologie bei Wettbewerbern/Forschungsinstituten - Unterbrechung technologischer Trendlinien	**UNTER-NEHMEN**	- Bevölkerungszahlen/-Struktur - Information aus Ausschüssen, Ministerien - außen-/innenpolitische Ereignisse/ Tendenzen

Technologischer Bereich | Sozio-politischer Bereich

Unternehmensinterne Beobachtungsbereiche

Unternehmen

Produktprogramm:	→ Programmbreite im Vergleich zur Konkurrenz → Anteil der Nachwuchs-, Star-, Cash- und Problemprodukte
Mitarbeiter:	→ Fluktuationsraten → Krankenstände, Lohn-/Gehaltszuwächse im Konkurrenzvergleich
Maschinelle Ausrüstung:	→ Altersstruktur/Technologiestand im Vergleich zur Konkurrenz → Instandhaltungskosten
Ergebnis- und Finanzlage:	→ Kalkulatorisches Ergebnis (Hochrechn.) - Bilanzielles Erg. (Hochrechn.) - Cash-flow (Hochrechn.) - Liquiditätsreserve (Hochrechn.)

Forschung und Entwicklung: - FuE-Kosten im Vergleich zur Konkurrenz - Patentanmeldungen - Patentverletzungen	**Absatz:** - Umsatzhochrechn. - Nettopreise im Vergleich zur Konkurrenz - Konsumentenstimmungen	**Produktion und Beschaffung:** - Ausstoß-Hochrechnungen - Beschaffungspreise im Vergleich zur Konkurrenz	**Verwaltung:** - Verwaltungskosten im Vergleich zur Konkurrenz - DV-Kosten

Großprojekte: Verhältnis von Anfragen zu Aufträgen

Abb. 72: Externe und interne Beobachtungsbereiche und ausgewählte Indikatoren

- Verwendung der **Portfolio**-Analyse auf Frühaufklärungszwecke mittels unscharfer Positionierung von SGEs in der Portfolio-Matrix (Bereichspositionierung statt Punktpositionierung)
- Aktivitäten des **Battelle-Institutes**.
- Anreicherung der Früherkennungssysteme mit Aspekten der **Diffusionstheorie** als Teilgebiet der Kommunikationsforschung: die Kenntnis typischer Diffusionsmuster, d.h. der Ausbreitungswege neuer Ideen/Verhaltensformen über die „Infektion" von zum Paradigmawechsel bereiter Personen/Institutionen als Hilfe beim Aufspüren („Orten") schwacher Signale und zum Aufzeigen sog. struktureller Trendlinien.
- Verwendung von Prognosetechniken, z.B. **Technologieprognosen** (Methoden: morphologischer Kasten, Delphi-Methode, Technology Assessment u.a.).

Müller (1996, S. 213ff.), der im Verständnis der Früherkennung einen Wandel von einer Art spezieller Managementinformationssysteme hin zur **grundlegenden Leitidee** strategischer Unternehmensführung ausmacht, fügt noch eine **vierte** Generation hinzu: **ganzheitlich-vernetzende Sichtweise**. Zentraler Ansatzpunkt ist die Herausarbeitung der Vernetzung zwischen den Einflußfaktoren, die mit Hilfe eines Feedback-Diagrammes vorgenommen werden kann (im einzelnen Müller, 1996, S. 224ff.)

2. Früherkennungssysteme als Instrument des Risikomanagements und zur Erfüllung der Pflichten nach KonTraG

Am 1.5. 1998 trat das Gesetz zur Kontrolle und Transparenz im Unternehmensbereich (**KonTraG**) in Kraft (primär für börsennotierte Unternehmen), den Hintergrund für das Gesetz bildeten u.a. Krisen großer Unternehmen und die Notwendigkeit der Öffnung/Neuausrichtung auf die Kapitalmärkte. Die Ziele des Gesetzes sind vielschichtig:

- Man wollte bestimmte Schwächen der in Deutschland praktizierten Corporate Governance verändern und legte zur Wahrung der Interessen der Anteilseigner an einer kontinuierlichen Wertentwicklung des Unternehmens bestimmte Anforderungen an die Sorgfaltsverpflichtung der Unternehmensführung fest.
- Die Transparenz erhöhen (z.B. durch zusätzliche Berichtspflichten des Vorstands).
- Die Kontrolle durch die Hauptversammlung stärken.
- Moderne Finanzierungs- und Vergütungssysteme zulassen (vgl. Seidel, 1998, S. 363).

Das KonTraG bedingt die Novellierung des AktG (und des HGB) und verlangt die Einrichtung eines **Risikomanagement**- und **Überwachungssystem**. Das vom Vorstand zu betreibende (und vom Abschlußprüfer zu beurteilende) Risikomanagement wird dabei nicht im Detail festgelegt, es orientiert sich an den jeweiligen betriebswirtschaftlichen Rahmenbedingungen (jeweilige Marktaktivitäten, daran ausgerichtete Finanz-/Organisationsstrukturen usw.). Zu den **Gestaltungsparametern** des Risikomanagements – risikopolitische Grundsätze, Risikomanagement-Prozeß (Risikoidentifikation, -beurteilung, -steuerung, -überwachung, Prozeßüberwachung), Instrumente (Handbücher/ Checklisten/Versicherungen usw.) und Organisation (Aufgaben/Zuständigkeiten/Struktur/Besetzung usw.) des Risikomanagements – siehe insbesondere Hornung/Reichmann/Diederichs, (1999, S. 319ff.).

Risiko
„... die Gefahr, daß Ereignisse und Handlungen ein Unternehmen daran hindern, seine Ziele zu erreichen bzw. seine Strategien erfolgreich umzusetzen." (ebd., S. 319)

„Zur Sicherung von Erfolg und Fortbestand der Unternehmung im jeweiligen betriebswirtschaftlichen Kontext besteht die Zielsetzung des Risikomanagements darin, die Risiken und Chancen der betrieblichen Geschäftstätigkeit zu identifizieren, die Konsequenzen der Übernahme von Risiko sowie den dazugehörigen Ertrag zu kennen und die potentiell erfolgsgefährdenden Risiken zu limitieren (...) Die sich daraus ergebende Aufgabenstellung umfaßt die Erarbeitung von Strategien zur Begrenzung des Risikos unter gleichzeitiger Optimierung des Ertrags." (ebd., S. 318)

Die notwendige **Konkretisierung** der **Vorstandspflichten** bezieht sich auf (aus Seidel, 1998, S. 365):

(1) Risikomanagement

- **Frühwarnsystem**: Festlegung von Beobachtungsbereichen, Bestimmung der Frühwarnindikatoren, Ermittlung von Sollwerten und Toleranzgrenzen je Frühwarnindikator, Festlegung der Informationsverarbeitung
- **Risikopolitische Maßnahmen**: ursachenbezogene Risikopolitik (Informationsgewinnung und Maßnahmen zur Risikoverhütung sowie Risikovermeidung), wirkungsbezogene Risikopolitik (Risikozerlegung, Risikoübertragung, Risikoverteilung, Verlustvorsorge durch Reservenbildung und Verlustausgleich)

(2) Darstellung der Risiken im Sinne des § 289 HGB

- **Bestandsgefährdende Risiken**: Problematik der Fortführungsprämisse (Going Concern), Objektivierung der Bestandsfestigkeit von Unternehmen mit Hilfe moderner Verfahren der Jahresabschlußanalyse (z.B. Bilanzbonitätsrating BP-14)
- **Sonstige Risiken**: Problematik der wesentlichen Wahrscheinlichkeit von Risiken, Problematik des überschaubaren Zeitraums

Die Aktualität und Notwendigkeit einer **frühzeitigen** Risikoerkennung wurde nicht zuletzt Ende 1999 durch die Vorgänge im Rahmen der drohenden Holzmann-Insolvenz deutlich. Damit steht das gesetzgeberische Motiv in engem Zusammenhang mit den gezeigten betriebswirtschaftlichen Früherkennungssystemen.

---

§ 91 Abs. 2 AktG:
Vorstand hat „... geeignete Maßnahmen zu treffen, insbesondere ein internes Überwachungssystem einzurichten, damit den Fortbestand der Gesellschaft gefährdende Entwicklungen früh erkannt werden".

Krystek/Müller (1999, S. 182f.) kritisieren, daß der vom Institut der Wirtschaftsprüfer (IDW) verabschiedete Entwurf über Prüfungsstandards des Risikofrüherkennungssystems nach § 317 Abs. 4 HGB einige **Schwächen** aufweist:

„Während bei der Bestimmung von Risikofeldern noch eine deutliche Parallelität zur Festlegung von Beobachtungsfeldern (1. Stufe indikatororientierter Frühaufklärung) zu erkennen ist, entfernt sich die weiteren Schritte bzw. Maßnahmen zum Aufbau und zur Prüfung eines Risikofrüherkennungssystems gemäß IDW von dem hier vorgeschlagenen Konzept operativer und (erst recht) strategischer Frühaufklärung. Aus Sicht der (externen) Überprüfbarkeit dieser Systeme, die explizit sogar Soft-Facts („Weak Signals") einbeziehen, darf es nicht verwundern, daß in den oben genannten Prüfungsstandards Aspekte der Zuordnung von Verantwortlichkeiten und Aufgaben sowie der Dokumentation im Vordergrund zu stehen scheinen."

Spezielle **Informationssysteme** zur Erfüllung der Pflichten aus dem KonTraG müssen nach Krystek/Müller aber wesentlich mehr erfassen als die Frühaufklärung: Von organisatorischen Sicherungsmaßnahmen bis zur Risikoabwälzung im Rahmen von Versicherungen spannt sich der Bogen risikoreduzierender Maßnahmen und deren Überwachung. „Es besteht hierbei die Gefahr, daß der Risikovermeidung ein größerer Stellenwert eingeräumt wird als der Frühaufklärung. Dabei wird aber möglicherweise übersehen, daß unternehmerisches Handeln, das Wahrnehmen von Chancen also, immer auch untrennbar mit dem Eingehen von Risiken verbunden ist. Ohne es zu wollen, gehen entsprechend risikoavers agierende Unternehmen häufig ein ganz anderes Risiko ein, nämlich das, Erfolgspotentiale nicht rechtzeitig oder nicht im erforderlichen Umfang systematisch zu erneuern. Solchermaßen strategisch verursachte Krisen sind denn auch nach Erkenntnissen der Krisenursachenforschung für rund 60 % aller Insolvenzen verantwortlich" (Krystek/Müller, 1999, S. 182f.).

Ähnlich sehen Baetge/Jerschensky (1999, S. 171) die Übernahme von Risiken als ein wesensbestimmendes Merkmal unternehmerischer Tätigkeit. In der Vergangenheit hat es sich gezeigt, daß vor allem die Unternehmen langfristig erfolgreich waren, die **Risiken bewußt** eingehen und aktiv gestalten, Voraussetzung dafür ist der Einsatz effizienter Instrumente des Risikomanagements und Risikocontrolling (vgl. ebd.):

- Ein **Risikomanagement**, das bereits bestehende und die künftig entstehenden Risiken eines Unternehmens so steuert und regelt, daß der Wert des Unternehmens durch die Verringerung von Risiken bei weiter bestehenden Ertragschancen gesteigert wird (und gleichzeitig sichergestellt ist, daß die Risikoposition eines Unternehmens als Gesamtheit aller eingegangenen Risiken dessen Risikofähigkeit nicht übersteigt).
- Ein **Risikocontrolling**, das Informationen für Entscheidungen des Risikomanagements bereitstellt. Es identifiziert/quantifiziert die für das Unternehmen relevanten Risiken und ermittelt die Konsequenzen der verschiedenen Optionen der Risikosteuerung und -regelung. Einige der dafür geeigneten Instrumente (Planbilanzen, Kennzahlenanalysen, Szenariotechniken, Früherkennungssysteme, Künstliche Neuronale Netze) zeigen wir im 5. und 7.Teil.

IV. Der Einsatz von Szenarien

1. Grundlagen/Begriffsbestimmung

Im Rahmen der Früherkennungssysteme werden (unsichere) Informationen über alle wesentlichen internen und externen Einflüsse gesammelt und verarbeitet, d.h., ihre Wirkungen auf Strategien und Maßnahmen zu erkennen versucht. Das traditionelle, vor allem quantifizierbare Einflußgrößen berücksichtigende Planungsinstrumentarium (mit Prognoseverfahren oder Trendprojektionen) ist vor allem um die Szenariotechnik erweitert worden, die auch qualitative Entwicklungen einbezieht. Die in den ersten Nachkriegsjahrzehnten bei relativ stabilem Wachstumsverlauf **extrapolierten Trendberechnungen** als einfache Hochrechnungen von Vergangenheitswerten konnten die mit Beginn der 70er Jahre bei völlig veränderten Rahmenbedingungen erforderlichen Prognosehilfen nicht mehr bieten.

Mit Szenarien werden mögliche **Zukunftsbilder** gezeichnet, d.h. Aussagen zu den denkbaren langfristigen Entwicklungen Strategie bestimmmender Ereignisse getroffen. Szenarien dienen zwei Zwecken:

- **absichernd**: zur Prognose und Interpretation von Risiken
- **unternehmerisch:** zur Entdeckung von bisher unbekannten strategischen Optionen (vgl. Wack, 1986, S. 76)

Es können dabei verschiedene Zukunftsbilder unter Zugrundelegung **alternativ** möglicher Veränderungen der komplexen vernetzten Haupteinflußgrößen (z.B. ökonomischer, technischer, sozialer, politischer Systemannahmen) unter Angabe geschätzter Eintrittswahrscheinlichkeiten systematisch (Cross-Impact-Analyse) entwickelt werden (vgl. Abb. 73 aus Geschka/Hammer, 1986, S. 242).

Der **Trichter** soll andeuten, daß sich die Möglichkeitsspannweite aufgrund der Variationsbreite der Einflußfaktoren erweitert, je weiter man sich von der gegenwärtigen Ausgangssituation entfernt. Das Szenario A wird auf der Basis einer trendmäßigen Entwicklung, das veränderte Szenario A1 bei Berücksichtung eines Störereignisses abgeleitet; begrenzt wird der Trichter durch zwei Extremszenarien.

Nach Wack strukturieren Szenarien die Ungewißheit nicht durch Korrelation möglichst vieler Variablen, sondern durch den Entwurf einiger weniger in sich **konsistenter** Alternativen. „Es handelt sich hierbei nicht um eine Gruppe von Quasiprognosen, von denen eine eintreten mag. Entscheidungsszenarien beschreiben verschiedene Welten, nicht einfach verschiedene Ereignisse in derselben Welt."

Die Skepsis gegenüber **Prognosen** (zu Prognosen im einzelnen Brockhoff, 1993) beruht auf einem verbreiteten Mißverständnis über das eigentliche Ziel langfristiger Prognosen. Es gilt nämlich nicht, quasi als langfristige Vorausschau, die am wahrscheinlichsten zu erwartende Tendenz der Einflußgrößen aufzuzeigen, sondern das **Denken in Alternativen** zu fördern, d.h. die gedankliche Auseinandersetzung mit möglichen Situationen und Entwicklungen, um möglichst rechtzeitig zukünftige Problemfelder zu erkennen. In diesem Sinne entfalten Szenarien nur dann ihre Wirkung, wenn sie dem Manager helfen, ein tieferes **Verständnis für den Wandel** im Umfeld des Unternehmens zu entwickeln.

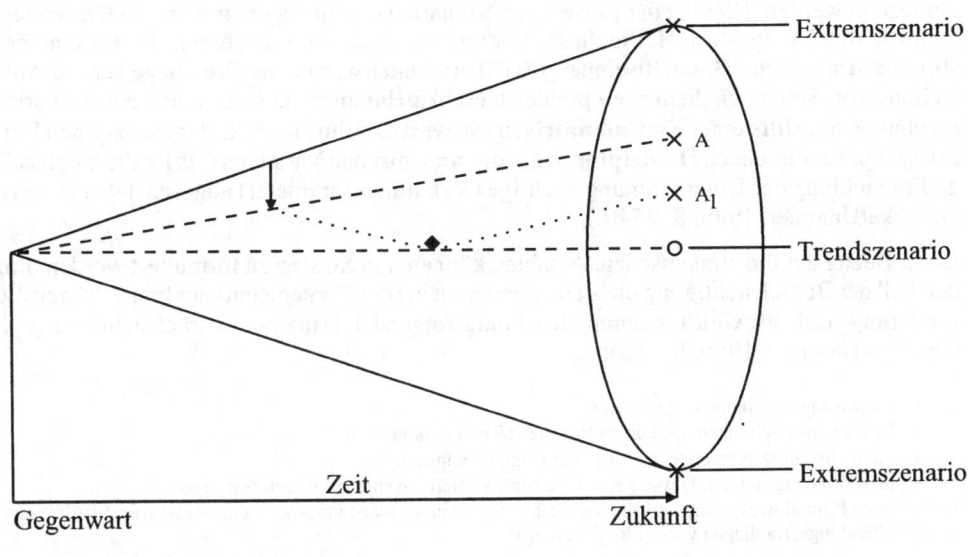

× Szenario = Bild einer denkbaren zukünftigen Situation

− − Entwicklung eines Szenarios
· · · die durch ein Störereignis veränderte Entwicklungslinie

↓ Störereignis

◆ Entscheidungspunkt, z.B. Einsetzen von Maßnahmen

Abb. 73: Denkmodell zur Darstellung von Szenarien

Szenarien bieten folgende **Vorteile**:

- „Vernetzte", multidimensionale Betrachungsweise der wichtigsten Umweltkomponenten:
  - **interdisziplinäre** Erstellung strategierelevanter Variablen (sozioökonomischer, technologischer, politischer Faktoren etc.)
  - Einbeziehung auch **qualitativer** Einflußgrößen (z.B. gesellschaftspolitische Wertvorstellungen/Verhaltensnormen, Käuferverhalten)
- besondere Berücksichtigung „**schwacher Signale**"
- **Flexibilität** und Anpassungsfähigkeit; Möglichkeit der Erstellung von Alternativszenarien, Integrationsfähigkeit von Teilszenarien zu einem geschlossenen Gesamtsystem
- Verknüpfung der externen Rahmenbedingungen und der Unternehmens-Mikrostruktur im Rahmen eines **Früherkennungssystems**; damit werden die entscheidenden Basisinformationen für die Konzipierung ausgewogener unternehmensstrategischer Lösungen geliefert
- Erhöhung der **Transparenz** komplexer Entscheidungen und des Denkens in Alternativen; Verringerung der Unsicherheit der Entscheidungen
- **Zwang** zur Auseinandersetzung der Entscheidungsträger mit den durch die Szenarien aufgezeigten strategischen Risiken bzw. Chancen, d.h. den unternehmenspolitischen **Konsequenzen**
- Auswertung des Zielsystems und Auswahl der für die einzelnen Strategien realisierbaren Zielkombination.

2. Szenarien im Prozeß der strategischen Planung

Als ein Analyse- und Prognoseinstrumentarium bietet die Szenariotechnik einen breiten, umfassenden Anwendungsbereich in allen Phasen des Führungsprozesses. Wir hatten an früherer Stelle bereits auf die Durchgängigkeit von Früherkennungssystemen hingewiesen. Beispielhaft sollen hier kurz Einsatzmöglichkeiten für den strategischen Planungsprozeß aufgezeigt werden. Hier hat der Einsatz von Szenarien enorm zugenommen; bei Großunternehmen wenden etwa die Hälfte dieses Instrument an. Soll ein Szenario, das für eine bestimmte strategische Geschäftseinheit (SGE) erarbeitet wurde, als Grundlage für die Aufstellung von Strategien dienen, empfehlen Geschka/Hammer die Umsetzung der Szenarioergebnisse mit Hilfe einer **Einflußmatrix**; darin wird die Einflußstärke der die externen Einflüsse repräsentierenden **Deskriptoren** auf die strategischen Variablen (als für die langfristige Entwicklung der Unternehmung wichtige Gestaltungsparameter) abgeschätzt (vgl. dazu Geschka/Hammer, 1986, S. 254ff.).

Unter Bezug auf die strategischen Variablen können nun Strategien formuliert werden. Für den Fall der Berücksichtigung mehrerer Szenarien bei der Strategieentwicklung läßt sich die Forderung nach **Flexibilität** durch Beachtung folgender Prinzipien berücksichtigen (vgl. Geschka/Hammer, 1986, S. 256):

- Anpassungsmöglichkeiten vorsehen
- Umsteigevorstellungen mit kurzen Reaktionszeiten ermöglichen
- mögliche Umsteigepunkte bereits in die Planung einbauen
- in Verbindung mit den Umsteigepunkten bereits Alternativstrategien grob skizzieren
- hohe Kapitalinvestitionen zeitlich möglichst weit hinausschieben (sowie nochmals Überprüfung der Entscheidungsgrundlagen vor der Realisierung)

Auch bei der **Überprüfung** bereits verfolgter Strategien oder bei der **Auswahl** einer zu realisierenden Strategie können Szenarien eingesetzt werden.

3. Der Phasenablauf eines Szenarios

Für die Szenarioerarbeitung werden in der Literatur zahlreiche unterschiedliche Gliederungen des Prognoseablaufes vorgeschlagen. Diesen Konzepten sind folgende **Merkmale** gemeinsam (vgl. Geschka/Hammer, 1986, S. 243):

- Gründliche Analyse der gegenwärtigen Situation, die zu einem Verständnis der Wirkungszusammenhänge führt, als Ausgangspunkt
- Treffen sinnvoller Annahmen für Einflußfaktoren mit unsicherer Zukunftserwartung
- Vorlegen in sich konsistenter alternativer Zukunftsbilder als Ergebnis

Beispielhaft dargestellt werden soll die am **Battelle-Institut** praktizierte Szenariotechnik. Die bereits angeführten Merkmale sind dazu um zwei Charakteristika zu ergänzen:

- Entwicklung der Szenarien als **Pfadszenarien** (Aufzeigen der Wege von der Gegenwart zur Zukunft)
- Berücksichtigung auch im voraus nicht erkennbarer Ereignisse (z.B. politische Attentate, wissenschaftliche Durchbrüche)

Zu den Schritten im einzelnen siehe Geschka/Hammer (1986, S. 245ff.; dazu Abb. 74, aus Gabus/Escher, 1982, S. 2).

Schritt 1	Definition und Strukturierung des Untersuchungsgegenstandes
Schritt 2	Identifikation und Gruppierung der Haupteinflußbereiche auf den Untersuchungsgegenstand
Schritt 3	Formulierung und Bewertung von Trends und Entwicklungsgrößen in den Umweltbereichen
Schritt 4	Erarbeitung konsistenter Sätze von Entwicklungstrends aus der Kombination ihrer gegenseitigen Beeinflussung
Schritt 5	Test der Szenarien: Analyse der Auswirkung von unvorhergesehenen Ereignissen
Schritt 6	Auswahl und Interpretation der Hauptszenarien
Schritt 7	Erstellung von Prognosen zu ausgewählten Schlüsselvariablen

Abb. 74: Die 7 Vorgehensschritte der Battelle-Szenariotechnik

C. Strategische Planung als Mittelpunkt des strategischen Managements

I. Inhalt der strategischen Planung

Nach der Handlungsorientierung läßt sich für die Planung eine Zweiteilung vornehmen (vgl. Steinmann/Schreyögg, 1999, S. 147):

- Die **strategische** Planung steckt den grundsätzlichen Orientierungsrahmen für zentrale Unternehmensentscheidungen ab.
- Die **operative** Planung stellt darauf ab, eine unter Berücksichtigung der strategischen Ziele konkrete Orientierung für das tägliche Handeln zu gewinnen.

Es ist für Steinmann/Schreyögg geboten, die Planungsebene der **Sache** nach zu unterscheiden, also zwischen der strategischen und der operativen Ebene, und getrennt davon nach dem **zeitlichen** Horizont, denn sie halten die früheren Bezeichnungen – operative Planung = kurzfristige Planung, strategische Planung = langfristige Planung – heute für nicht mehr sehr gebräuchlich, weil sich die Gleichsetzung von strategisch und langfristig als **irreführend** erwiesen hat. „Strategische Entscheidungen können einen überaus kurzfristigen Horizont haben, ohne auch nur im mindesten den Charakter eines operativen Plans anzunehmen. Man denke nur an den Erwerb einer Unternehmensbeteiligung, die überraschend angeboten wurde, oder an die dramatische Umsteuerung von Ressourcen (Turn around), um eine aufgetretene Krise zu bewältigen."

Wie bei den meisten Definitionen ist auch der Begriff der „strategischen Planung" in der betriebswirtschaftlichen Literatur nicht eindeutig umrissen. Statt dies mit Hilfe abstrakter Definitionen zu versuchen, wollen wir über die Beschreibung des **Objektbereiches** der strategischen Planung (des Gegenstandes also) eine Abgrenzung erreichen. Bei Hahn und Kirsch beinhaltet die strategische Planung die systematische Entscheidungsvorbereitung und -fällung über Richtung und Ausmaß der Unternehmensentwicklung. Adam (1993, S. 26) spricht von Grundsatzplanung langfristiger Wirkungen, die sich auf die generelle Ausrichtung des gesamten Unternehmens erstreckt.

Im Vordergrund steht dabei bisher in Praxis und Wissenschaft das Auffinden von zukünftigen Erfolgsträgern (Produkten und/oder Dienstleistungen) und damit die Sicherung des sog. **Erfolgspotentials** der Unternehmung. Dieser heute weitgehend akzeptierte Terminus wurde von Gälweiler in die Planungstheorie eingebracht. Die Erhaltung von **bestehenden** und die frühzeitige Schaffung von **neuen** Erfolgspotentialen als Führungs- und Steuerungsgröße unter Berücksichtigung der damit verbundenen langfristigen Liquiditätswirkungen wird als **Kernaufgabe** der strategischen Planung bzw. Führung angesehen.

Erfolgspotentiale

„... das gesamte Gefüge aller jeweils produkt- und marktspezifischen erfolgsrelevanten Voraussetzungen, die spätestens dann bestehen müssen, wenn es um die Erfolgsrealisierung geht" (Gälweiler, 1987, S. 26).

Eine dominierende Rolle spielen dabei die **Marktpositionen** (Marktanteil, Kostenposition), Produktentwicklungen, der Aufbau von Produktionskapazitäten, technologische Vorteile usw. Die produkt-/marktspezifischen **externen** Erfolgspotentiale setzen das Vorhandensein **interner** Erfolgspotentiale (z.B. humane, technische, informationelle, strukturelle und finanzielle Potentiale) voraus.

Seit Beginn der 90er Jahre zeichnet sich für Gomez (1994, S. 12) in verschiedener Hinsicht ein Wandel zu einem **Wertmanagement** ab.

„Die einseitige Markt- und Wettbewerbsorientierung wird durch eine ganzheitliche Ausrichtung auf die vielfältigen internen und externen **Nutzenpotentiale** des Unternehmens abgelöst. Natürlich wird das Marktpotential auch in Zukunft eine entsprechende Rolle spielen. Zunehmend wichtiger werden aber die Potentiale auf den Gebieten der Beschaffung, der Informatik, der Finanzen, der Human Resources, der Kooperationen und Übernahmen, der Organisation und andere mehr. Die Strategien der Markterschließung werden ergänzt durch Strategien der Diversifikation, der Desinvestition, der Restrukturierung und des Financial Engineering."

Die **operative Führung** ist demgegenüber auf die unmittelbare Erfolgserzielung ausgerichtet, d.h. die bestmögliche Realisierung des gegebenen Erfolgspotentials, ohne dabei langfristige Erfolgspotentiale zu schädigen, unter Sicherung einer ausreichenden Liquidität. **Liquidität** (z.B. Cash-Flow) und **Erfolg** (z.B. ROI) sind die Führungs- und Steuerungsgrößen der operativen Führung (vgl. Abb. 75, aus Gälweiler, 1987, S. 34).

Operative und strategische Führung haben also ihre **eigenen** spezifischen **Steuerungssysteme:** Die Steuerung des Erfolgspotentials als zentrale Aufgabe der strategischen Führung ist im System Gälweilers als organisierte und systematische **Vorsteuerung** der beiden operativen Führungsgrößen Erfolg und Liquidität anzusehen, der Erfolg wiederum erfüllt eine Vorsteuerungsaufgabe für die Liquidität. Wie Abb. 75 zeigt, beinhaltet die jeweils höher gelagerte Betrachtungsebene des Planungs- und Kontrollsystems gewissermaßen eine spezielle **„Quellenfunktion"** für die darunterliegende Ebene. Sie stellt damit – im Sinne einer vorlaufenden Voraussetzung – eine notwendige Vorsteuerungsgröße dar.

Entscheidend ist dabei, daß die operativen und die strategischen Führungsgrößen zu ihrer Steuerung jeweils **eigene** Orientierungsgrundlagen brauchen (die rechte Spalte in Abb. 75 zeigt die verschiedenen Arten). Eine Verwendung etwa der Erfolgsdaten (Ertrag/Aufwand) als Orientierungsgrundlage für die strategische Unternehmensführung ist bestenfalls relativ wirkungslos, oftmals aber absolut irreführend.

Gälweiler betont ausdrücklich die Notwendigkeit operativer Daten für die laufende Geschäftsführung, sieht ihre Charakteristik aber vor allem darin,

- daß sie immer erst die **Wirkungen** von Veränderungen und nicht die bereits viel früher erkennbaren **Ursachen** registrieren können (die Reaktion darauf kommt aber zu spät, da die aus den Erfolgsdaten erkennbaren Hinweise sich schneller verändern, als man Zeit hat, sich daran anzupassen) und
- daß sie meistens auch zu einem **strategisch** falschen Verhalten verleiten (vgl. ebd., S. 25).

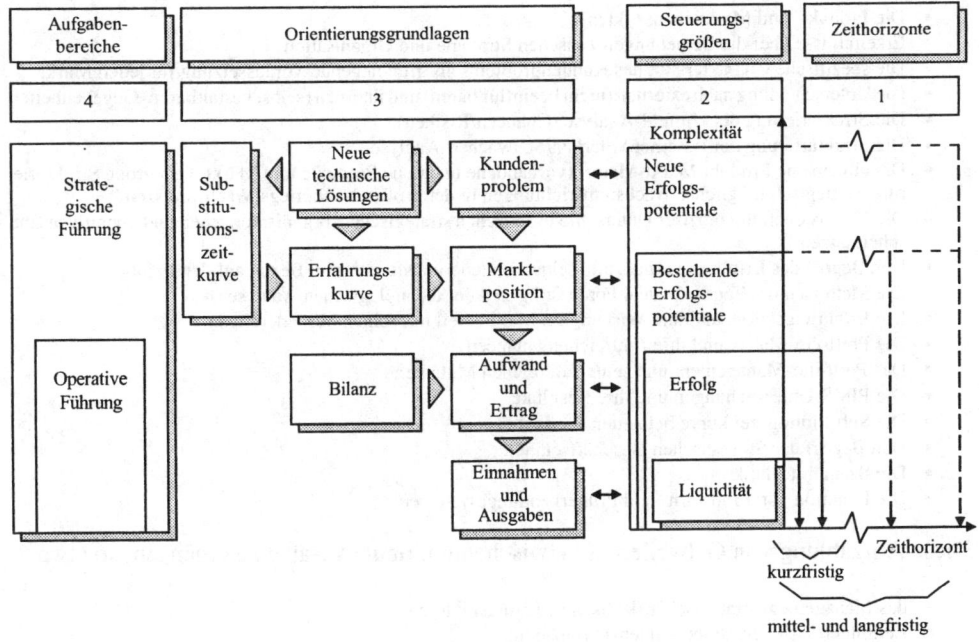

Abb. 75: Steuerungsgrößen der Führungsebenen

Eine systematische, zeitlich der Erfolgs- und Liquiditätssteuerung **vorangehende Erfolgs-potentialsteuerung** macht es notwendig, „die für Erfolgspotentiale und ihre langfristigen Liquiditätswirkungen wesentlichen Faktoren in ähnlicher Weise strukturieren, identifizieren und beurteilen zu können, wie man es seit der Erfindung der doppelten Buchführung für die Messung, Beurteilung und Steuerung des Erfolges gelernt hat. Deshalb braucht die strategische Unternehmensführung für ihre Aufgaben auch ein eigenständiges Wissen und eigenständige Orientierungsgrundlagen" (ebd., S. 24).

Für die Identifizierung und Auswertung dieser Orientierungsgrundlagen der strategischen Führung hat die betriebswirtschaftliche Planungsliteratur in den letzten Jahrzehnten zahlreiche Modelle entwickelt; auf einige, wie das Portfolio-Modell oder die Determinantenbestimmung unter Berücksichtigung empirischer Daten, wie z.B. des PIMS-Projektes, wird ausführlich eingegangen (einen guten Überblick über strategische Konzepte geben Eschenbach/Kunesch, 1994).

Alle vier Führungs- bzw. Steuerungsgrößen dienen letztlich der auf lange Sicht angelegten **Sicherung der Überlebensfähigkeit** der Unternehmung als **oberstem Ziel** der Unternehmensführung.

II. Entwicklung und Integrationsstufenbildung des Planungswissens

Die letzten zwei Jahrzehnte sind durch einen stürmischen Wissenszuwachs auf dem Gebiet der strategischen Planung/Führung gekennzeichnet. Dabei ist dieser Entwicklungsprozeß im Sinne einer fortlaufenden „**Erweiterung**" bzw. Integration und nicht eines „**Ersetzens**" alter Instrumente durch neue zu sehen; Gälweiler (vgl. 1987, S. 315) listet dazu folgende grundlegenden **Ersterkenntnisse** auf:

- Die Produkt- und Marktlebenszyklen
- Erkenntnisse über die Beziehungen zwischen Strategie und Organisation
- Die spezifische Charakteristik des Kundenproblems als grundlegende Voraussetzung für jeden Markt
- Die Unterscheidung nach externen (nicht beeinflußbaren) und internen (selbst gestaltbaren) Gegebenheiten
- Die Strukturierung der Umfeld-Analyse (Chancen/Risiken)
- Die Strukturierung der (internen) Stärken/Schwächen-Analyse
- Die allgemeine Produkt/Markt-Matrix (vorhandene und neue Produkte und Märkte) als grobe Strukturierung strategisch möglicher Wachstumsrichtungen in der großen Nachkriegs-Wachstumszeit
- Die Herausarbeitung präziser Unterschiede zwischen strategischen, organisatorischen und operativen Entscheidungen
- Den Begriff des Erfolgspotentials und seine Vorsteuerungsfunktion in Bezug auf den Erfolg
- Die Methoden des Technological Forecasting und der technologischen Analyse
- Die Erfahrungskurve und ihre Wirkung im Marktanteil mit seinen Veränderungen
- Die Portfolio-Matrix und ihre zahlreichen Nuancen
- Das Portfolio-Management und seine zahlreichen Mutanten
- Die PIMS-Untersuchungen und ihre Resultate
- Die Substitutionszeitkurve bei neuen Produkten
- Den Begriff der Strategischen Geschäftseinheit
- Die Szenariotechnik
- Die Funktion von Frühwarn- und Früherkennungssystemen

Diese Aufzählung von Gälweiler ist inzwischen um **neue** Ansätze zu ergänzen, so etwa

- das Management strategischer (kritischer) Erfolgsfaktoren
- Leitbilder/Visionen/Unternehmenskultur/-ethik
- Wertkettenanalysen
- umweltorientiertes Management (Ökobilanzen, Öko-Audit etc.)
- Technologiemanagement

III. Elemente des strategischen Planungsmodells

In der Literatur wird als Inhalt der strategischen Planung primär die Entwicklung

- von strategischen **Zielen** (Frage, welche Produkte auf welchen Märkten angeboten werden sollen)
- und **Strategien**

gesehen. In diesem Sinne wird sie als ein **Prozeß** definiert, „durch den über die Fortbildung einer oder mehrerer unternehmerischer Ideen die langfristigen Zielpositionen fixiert und die zu deren Erreichung notwendigen Ressourcen, Mittel und Verfahren bestimmt werden; dieser Prozeß beruht auf der systematischen Erfassung und Beurteilung der externen Risiken und Chancen, der internen Stärken und Schwächen sowie der gesellschaftlichen Verpflichtungen der Unternehmung unter Berücksichtigung der Wertvorstellungen der obersten Führungskräfte" (Hinterhuber, 1992, I, S. 28).

Übereinstimmend wird dabei die strategische Planung als ein **Teil der strategischen Führung** gesehen:

- Aufbauend auf einer systematischen (strategischen) Analyse,
- werden (innerhalb der „reinen" Planungsphase) Strategien entworfen und bewertet
- und im Rahmen der (strategischen) Steuerung durchgeführt und kontrolliert.

Stellvertretend für die in der Planungsliteratur vorgeschlagenen (idealtypischen) **Phasenmodelle** der strategischen Führung sei das Sieben-Komponenten-Modell von Hinterhuber (vgl. 1992, I, S. 23ff.) vorgestellt:

1. Die unternehmerische Vision
2. Die Unternehmenspolitik
3. Die Formulierung der Strategien
4. Die funktionalen Politiken oder Direktiven für die Funktionsbereiche
5. Die Organisation
6. Die Aktionspläne, Fortschrittskontrolle und Strategieüberwachung
7. Die Unternehmenskultur

In ähnlicher Wirkungskette-Methodik bestimmten viele Autoren die **drei Grundfragen** des strategischen Managements wie folgt:

Erste Frage: Tun wir die richtigen Dinge? („Effektivität ")

- Kritisches Infragestellen der heutigen Tätigkeitsgebiete des Unternehmens (Produkte, Märkte, eingesetzte Technologien)
- und gegebenenfalls Neu-Definition (Richtungshinweise z.B. durch Produkt/Markt-Matrix und dergl.)

Zweite Frage: Tun wir die Dinge richtig? („ Effizienz ")

- Bestimmung der speziellen Fähigkeiten, mit denen sich das Unternehmen bestmöglich von seinen Mitbewerbern abheben kann
- Zwei Möglichkeiten:
  - operative Wettbewerbsvorteile oder
  - Aufbau strategischer Erfolgspositionen

Dritte Frage: Wie verändern wir die Dinge?

- Realisierung der strategisch geforderten betrieblichen Veränderungen

Die Antwort auf diese drei Fragen mit ihrem „Spannungsfeld" liefert die Entwicklung und Umsetzung einer Unternehmensstrategie bzw. eines Strategiebündels, das seinen Niederschlag in einem Strategiepapier findet. Mit der Erhaltung der bestehenden und dem Aufbau von neuen Erfolgspotentialen will man den langfristigen Erfolg der Unternehmung sichern und sich mit dem „Wettbewerbsvorteil" erfolgreich von der Konkurrenz abheben. Besonders die Beantwortung der **ersten Frage** – Definition der Geschäftätigkeit („Defining the Business") – erscheint heute von **entscheidender** Bedeutung. Ihre Beantwortung wird in zahlreichen Fällen ein Überdenken der Unternehmensziele ermöglichen bzw. erfordern.

Wir wollen die einzelnen **Elemente** der strategischen Führung nachfolgend näher kennzeichnen. Die Reihenfolge der Darstellung der Elemente folgt weitgehend dem **Issue-Ansatz**; aus didaktisch-methodischen Gründen ist man zu einer **idealtypischen** Aufteilung, d.h. gedanklichen Strukturierung in irgendeiner Weise, gezwungen. Rabl (vgl. 1990, S. 48ff.) erweitert diese verrichtungsorientierten Elemente des strategischen Planungsprozesses um eine **Systemebene**. Während die Strategieebene die inhaltliche Planung zum Gegenstand hat, richtet sich die Systemebene auf die Lenkung des Planungsprozesses. Diese Metaplanungskomponente (Entwurf, Implementation und Kontrolle des Planungssystems selbst) „beinhaltet die Anpassung des Planungsprozesses an veränderte Wissensstrukturen und ermöglicht damit die Einbeziehung von Lernprozessen in den strategischen Prozeßablauf" (ebd., S. 49).

Veränderungen der Kontextbedingungen erfordern eine laufende Anpassung und Korrektur der Strategien. In der Analyse und Gestaltung systematischer **organisatorischer Lernprozesse** wird die zentrale Problematik des strategischen Planungsprozesses gesehen (im einzelnen dazu Kirsch/Maaßen, 1990; Rabl, 1990; Little, 1995; Sattelberger, 1994; vgl. dazu unsere Ausführungen unter M in diesem Teil). Zur Durchführung der Aufgaben in den einzelnen Elementen stehen der Unternehmensleitung zahlreiche Analyseinstrumente als „Handwerkszeug" zur Verfügung. Es sei bereits an dieser Stelle betont, daß trotz einer rasanten Entwicklung des strategischen Managementwissens die Elemente dieses Konzeptes zwar das zukünftige Risiko reduzieren helfen, aber die Unternehmung nicht davor bewahren, sich ständig auf **neue Herausforderungen** bzw. Situationen einstellen zu müssen – viele Enttäuschungen mit der strategischen Planung bzw. mit den „management tools" sind sicherlich auf eine Fehlinterpretation ihrer Funktion zurückzuführen.

Analog zum Prinzip des gesamten Führungszyklus soll die Bestimmung der einzelnen Strategieelemente gemäß Abb. 76, in Anlehnung an Pümpin (1980, S. 13), aufgezeigt werden. Neben den **selbst** gewonnenen Erfahrungen können zwei wissenschaftlich orientierte Ansätze Erkenntnisse über die Wirkungsweise von Strategien vermitteln:

- empirische Untersuchungen und
- allgemeine strategische Grundverhaltensweisen.

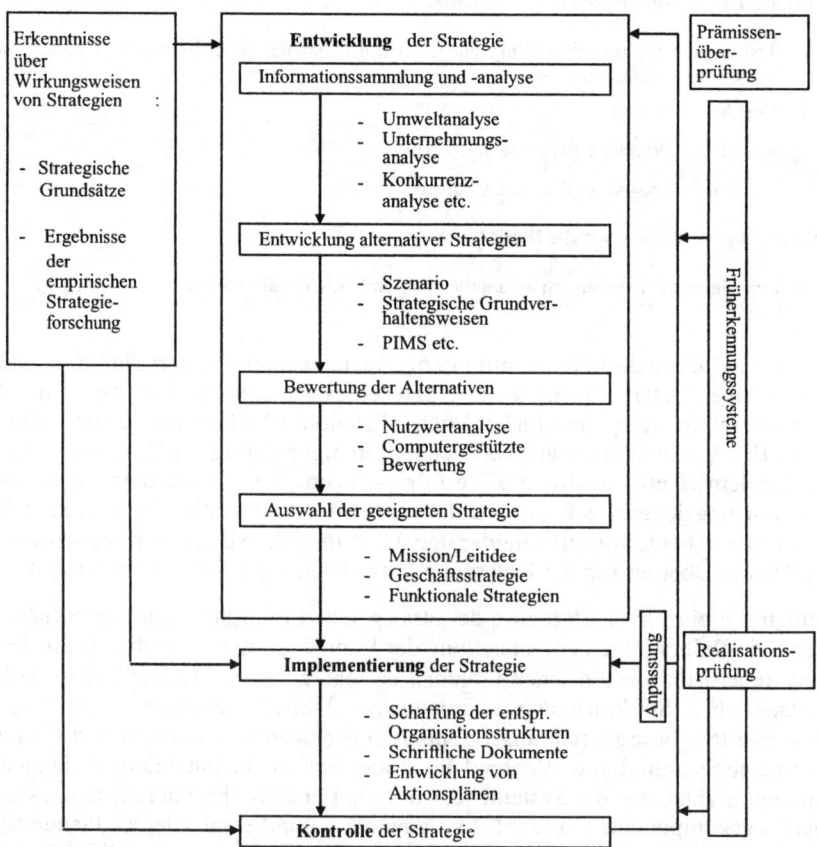

Abb. 76: Entwicklung und Umsetzung einer Unternehmensstrategie (Elemente)

D. Wissenschaftliche Hilfestellungen zur Bestimmung der Strategieelemente (Erkenntnisse der empirischen Strategieforschung)

Adam (1993, S. 276ff.) stellt drei generelle Denkstile fest:

(1) Erfolgsfaktoren werden in bestimmten Verhaltensmustern oder Grundtugenden von erfolgreichen Unternehmen gesehen, an die man sich anpassen kann (z.B. das 7 S-Konzept von „critical success factors" von Peters/Waterman).

(2) Gesucht werden generelle, unternehmens- und branchenübergreifende strategische Gesetzmäßigkeiten (z.B. welcher Zusammenhang besteht zwischen Marktwachstum und dem Cash-Flow?). Die Modelle lassen sich in zwei Klassen einteilen:

- Modelle, die von plausiblen Hypothesen ausgehen, die aber empirisch nur schwach gestützt sind (z.B. Erfahrungskurveneffekt oder die verschiedenen Portfolio-Modelle; heuristisches Potential dieser Methoden)
- Modelle, die auf der Basis eines empirischen Datensatzes mit statistischen Methoden versuchen, meist branchenübergreifende Zusammenhänge zu quantifizieren (z.B. die PIMS-Studie).

(3) Zu analysieren sind unternehmensindividuelle, den langfristigen Erfolg beeinflussende Stärken und Schwächen (= gegenwärtige Position/Konkurrenzprofil und künftige Veränderungsmöglichkeiten). Sie besitzen nur Gültigkeit für eine bestimmte Unternehmenssituation, keine generalisierungsfähigen Aussagen. Strategische Lücken sollen identifiziert und konkrete Ideen für erfolgversprechende Maßnahmen entwickelt werden (z.B. Stärken- und Schwächenanalyse).

Zu allen drei Denkstilen werden in diesem fünften Teil noch ausführliche Beschreibungen gegeben.

Strategische Planung versucht, als Grundgedanken

- einerseits eine hohe Übereinstimmung („**Fit**") zwischen relevanten Umweltchancen und Unternehmensstärken zu erzielen,
- andererseits Umweltrisiken und Unternehmensschwächen möglichst **frühzeitig** zu erkennen und zu reduzieren.

Voraussetzung ist eine sorgfältige strategische Analyse der **Ausgangssituation** in Form einer Umwelt- bzw. Unternehmensanalyse, die sich u.a. mit folgenden Fragestellungen auseinandersetzen muß:

- Bestimmung und Abgrenzung strategischer Erfolgsobjekte (Geschäftsfelder)
- Bestimmung, Messung und Bewertung relevanter strategischer Erfolgsfaktoren.

Als theoretische Basis für die Entwicklung und Beurteilung der **Wirkungsweise** von Strategien stehen der Praxis verschiedene Erkenntnisse der empirischen Strategie- und **Erfolgsfaktorenforschung** zur Verfügung (vgl. dazu Kreikebaum, 1993, S. 62ff.; Kotzbauer, 1992, S. 108ff.); diese Hilfsmittel sind:

- die Produktlebenskurve
- die Erfahrungskurve
- die PIMS-Untersuchung
- die Substitutionszeitkurve

Diejenigen Faktoren, die einen wesentlichen Einfluß auf das Erfolgspotential eines strategischen Geschäftsfeldes ausüben, werden als **„strategische Erfolgsfaktoren"** bezeichnet.

573

Durch die Erfassung von Gesetzmäßigkeiten, die in bestimmten Situationen den Erfolg oder Mißerfolg eines strategischen Geschäftsfeldes beeinflussen, wird die Frage nach den **Ursachen** des Erfolges beantwortet (vgl. Dunst, 1983, S. 65ff.). Da in der Unternehmenspraxis eine Vielzahl potentieller strategischer Erfolgsfaktoren denkbar ist, die in verschiedenen Situationen sehr unterschiedliche Bedeutung für die strategischen Entscheidungen und damit für den Erfolg von Unternehmen aufweisen, wäre eine nach **Allgemeingültigkeit** strebende Analyse strategischer Erfolgsfaktoren für Fischer deshalb kaum zu bewerkstelligen. Um dennoch Hinweise auf wichtige Steuergrößen zu erhalten, können verschiedene Quellen herangezogen werden, die sich (Fischer, 1993, S. 19ff.) vier Kategorien modellhaft zuordnen lassen:

- analytisch-deskriptive Modelle, die generelle Wirkungszusammenhänge beschreiben (z.B. Erfahrungskurven-, Produktlebenszykluskonzept)
- empirische Untersuchungen mit statistischer Datenauswertung (z.B. PIMS-Studie)
- Erfahrungswissen (d.h. durch explorative Studien abgeleitete Kataloge kritischer Erfolgsfaktoren)
- strategische Grundsätze (d.h. Bildung von Kausalketten und Analogien zur allgemeinen Strategielehre, z.B. Allgemeine Grundsätze von Pümpin oder das 7-S-Modell von Peters/Waterman)

I. Das Lebenszykluskonzept

Das Lebenszyklusmodell kann aus mehreren Perspektiven heraus betrachtet werden:

- **Marketingaspekte**, d.h., die Marktgängigkeit eines **Produktes** wird innerhalb bestimmter Marktzyklusphasen dargestellt: Produktlebenszyklus (PLZ); ebenfalls: Branchenlebens-, Industrielebenszyklus etwa von Porter oder Arthur D. Little.
- **Technikaspekte**, d.h. Durchlauf von Technologien im Zeitablauf: Technologielebenszyklus; z.B. die Konzepte von Ford/Ryan; Arthur D. Little (dazu Höft, 1992, S. 74ff.); vgl. dazu auch das technologische S-Kurven-Konzept/Substitutionszeitkurve in diesem Teil.
- **Organisationsapekte** unterstellen verschiedene Wachstumsphasen von Unternehmen als Ganzes: Unternehmenszyklus/Corporate Life Cyle (vgl. dazu Becker, 1993, S. 626ff.; Höft, 1992, S. 88ff.); i.d. R. werden folgende vier lebensphasenspezifische **Typen** der **Unternehmensentwicklung** unterschieden: Pionier-, Wachstums-, Reife-, Wende-Unternehmen; zum St. Galler-Strukturentwicklungskonzept, bei dem das Unternehmen zuerst von innen heraus wächst (Pionierphase, Markterschließung, Diversifikation), dann nach außen ausgedehnt wird (Akquisition, Kooperation), um sich schließlich sowohl nach innen als auch nach außen gerichtet zu entwickeln (Restrukturierung) siehe Gomez/Zimmermann, 1993, S. 142ff.; dort findet sich auch ein guter Überblick über verschiedene **Evolutionsmodelle** von Organisationen wie Lievegoed, Greiner, Elgin, Mintzberg; zum Unternehmensentwicklungssystem mit den Dimensionen „Stabilisierung" und „Geplante Evolution" siehe Schwaninger (1994, S. 252ff.).
- **Umweltaspekte**, d.h. ökologischer Produktlebenszyklus, bei dem die „Überlagerung" des Produktlebenszyklus durch einen sog. Rückstandszyklus, der zeitlich wesentlich umfassender ist (einschließlich Entsorgungsphase), berücksichtigt wird. Dieser Gedanke wird im Teil acht (Betriebliche Produktionswirtschaft als Rückstandswirtschaft) und Teil neun (Ökobilanz) separat dargestellt.

1. Idealtypischer Verlauf

Ein klassisches Instrument, insbesondere des Marketing, für den strategischen Planungsbereich stellt das Lebenszykluskonzept dar. Es symbolisiert den **Wachstumsverlauf** von Produkten oder Märkten über einen idealtypischen („S-förmigen") Phasenverlauf. Als theoretischer Hintergrund für das Produktlebenszyklus-Konzept wird im Allgemeinen die Theorie der **Diffusion** und die Annahme von Innovationen zugrunde gelegt (zur Adaptions- und Diffusionsforschung siehe Höft, 1992, S. 48ff.)

Der Lebenszyklus durchläuft folgende **typische Phasen**, deren Bezeichnung bzw. Einteilung (i.d.R. 4 bis 6 Phasen) in der Literatur variiert:

1. Entwicklungsphase (development)
2. Einführungsphase (introduction)
3. Wachstumsphase (growth)

4. Reifephase (maturity) – oft zusammengefaßt mit 5. zur Marktdurchdringungsphase
5. Sättigungsphase (saturation)
6. Rückgangsphase (decline)
7. Versteinerungsphase (petrification)

In der erweiterten Konzeption eines integrierten Produktlebenszyklus-Konzepts wird der Zeitraum, der vor der Einführungsphase liegt, als „Beobachtungszyklus" dem Marktzyklus vorgeschoben. Für jede Phase sind spezifische Auswirkungen auf Gewinn bzw. Cash-Flow kennzeichnend. Auf eine detaillierte Beschreibung der einzelnen Phasen wird verzichtet, da hierzu umfangreiche Marketingliteratur vorliegt (vgl. Nieschlag u.a. 1994).

Die mehrmals angesprochene steigende Komplexität und Dynamik der Umweltveränderungen ruft eine **Verkürzung** der Produktlebenszyklen, also eine verminderte betriebliche Leistungsverwertung am Markt, hervor. Zum Teil ist die Entstehungszeit eines Produktes länger als die Verwertungsperiode. Besonders schnell wachsende Unternehmen tätigen einen Großteil ihres Umsatzes mit Produkten, die vor fünf (oder zehn) Jahren noch gar nicht bekannt waren. Andogg hat vor allem auf den **Kollisionskurs** hingewiesen, der durch die sich einerseits beschleunigende Umweltveränderung und die sich andererseits (aufgrund zunehmender Größe/Produkt- und Verfahrenskomplexität) ergebende verzögerte Anpassungs- und Reaktionszeit bei den Unternehmen entsteht: Wir werden mit einer Expansion der Entstehungszyklen bei gleichzeitiger Kontraktion der Marktzyklen konfrontiert (Pfeiffer u.a., 1991, S. 253).

2. Bestimmung der Bezugsgrößen

Da der typische Kurvenverlauf für **„neue" Produkte** gilt, ist dieser Terminus zu spezifizieren; davon wird es abhängen, ob Produktvariationen und -differenzierungen einen neuen Produktlebenszyklus in Gang setzen oder lediglich einen vorhandenen Zyklus fortsetzen. In den meisten Darstellungen des Produktlebenszyklus wird nicht näher dargelegt, auf welche der verschiedenen möglichen Bezugsgrößen man sie bezieht. So wird in einigen Konzepten etwa die Branchenentwicklung dargestellt (Porter) oder die Absatzentwicklung von Märkten aufgezeigt (Meffert). Als Produktaggregationsebenen werden i.d.R. Produktklassen, Produktformen und Marken unterschieden.

Es ist durchaus möglich, „ … daß sich Produktklassen (z.B. Zigaretten) in der Reifephase befinden, während Produktgruppen/Produktformen in der Wachstumsphase stehen (z.B. Filterzigaretten)" (Meffert, 1982, S. 343). Bei einer Gültigkeit des Produktlebenszyklus-Konzepts auch für Marken bestehen noch weitere Kombinationsmöglichkeiten. Die Bestimmung der Bezugsgröße limitiert die Anwendbarkeit des Produktlebenszyklus-Modells – von einigen Autoren wird das Problem dadurch „gelöst", indem keine Stellungnahme zur Bezugsgröße erfolgt.

3. Einsatzbereich

Das Produktlebenszyklus-Konzept ist sowohl in Marketing-Lehrbüchern als auch in Lehrbüchern zur langfristigen Unternehmensplanung zu finden. In der Marketing-Literatur bildet der Produktlebenszyklus größtenteils die Grundlage für die Produkt- und Sortimentspolitik, d.h. Entwicklung von **Strategien:** Produktinnovation, -variation oder -elimination. Es wird aber auch als ein Modell angesehen, um teilweise den Einsatz des absatzpolitischen Instrumentariums für die einzelnen Phasen zu planen. In der Literatur zur langfristigen Unternehmensplanung wird der Produktlebenszyklus zweifach gesehen:

- Zum einen als ein **eigenständiges** strategisches Planungsinstrument, d.h. als ein Strategie-Entwicklungsinstrument für die langfristige Produktprogrammplanung im Produkt/Markt-Bereich.

- Zum anderen bildet der Produktlebenszyklus teilweise die **theoretische Basis** für andere strategische Planungsinstrumente im Produkt/Markt-Bereich, wie z.B. die GAP-Analyse oder vor allem das Wettbewerbspositions-Produktlebenszyklus-Portfolio, in dem das Konzept als strategischer Erfolgsfaktor Verwendung findet.

Wird das Konzept als Hilfsmittel (**Beschreibungsmodell** von Umsatz, Gewinn, Cash-Flow etc.) in der strategischen Planung weitgehend akzeptiert, so herrscht jedoch Uneinigkeit über seine praktische Relevanz als Erklärungs-, Prognose- und Entscheidungsmodell. In der Literatur wird dem Konzept empirisch eine nur geringe Allgemeingültigkeit, jedoch ein gewisser **heuristischer Wert** zugesprochen.

4. Gültigkeit und Aussagefähigkeit

Die Länge des Lebenszyklus sowie Dauer und Zeitpunkt der einzelnen Phasen sind nicht durch Gesetzmäßigkeiten gekennzeichnet. Sie sind im Voraus nicht exakt bestimmbar, zudem Ausgangspunkte unternehmerischen Handelns. So kann:

- der Produktlebenszyklus durch die **Unternehmung selbst** verkürzt oder verlängert werden, z.B. durch Produktdifferenzierung oder „planned obsolescence" (absatzpolitische Aktivitäten),
- der Produktlebenszyklus durch den **Markt** beeinflußt werden, z.B. Substitution (neue Produkte, neue technologische Entwicklungen, gesellschaftliche Veränderungen oder qualitative Veränderungen der Nachfrage).

Beispielsweise kann:

- eine Phase **übersprungen** werden (etwa Eintritt in die Rückgangsphase direkt nach der Reifephase),
- der Kursverlauf stark vom **Neuigkeitsgrad** der Produkte abhängen (so daß bei einem Produkt mit geringem Neuigkeitsgrad die typische Einführungsphase wegfällt und sofort ein schneller Aufschwung erfolgt; die Rückgangsphase dauert dafür um so länger),
- der Produktlebenszyklus durch diverse andere **externe Faktoren** stark beeinflußt werden (z.B. Gesetzgebung, politische Verhältnisse).

Grundsätzliche Beschränkungen der Aussagefähigkeit des Konzepts wurden z.T. bereits bei der Darstellung des idealtypischen Kursverlaufs angesprochen, so unterschiedliche Definitionsansätze, Phaseneinteilungen, Meßgrößen und Phasen- und Zykluslänge etc.

Aus den bisherigen empirischen Untersuchungen in der allgemeinbetriebswirtschaftlichen Literatur kann geschlossen werden, daß der Produktlebenszyklus **keine** Allgemeingültigkeit besitzt. Für Produktklassen und -formen konnte der Produktlebenszyklus teilweise noch nachgewiesen werden, während Produktlebenszyklus-Verläufe von Marken besonders erratische Kurvenformen aufwiesen, da diese besonders stark von den Marketing-Aktivitäten abhängig sind. Damit wird der **Nutzen** des Produktlebenszyklus-Konzepts unterschiedlich gesehen:

- Von einer Gruppe wird es als ein „Denkmodell" verwendet („nützliche Idealisierung") bzw. als ein Prognoseinstrument für die strategische Planung betrachtet,
- von anderen Autoren wird dem Konzept ein instrumentaler Charakter und die Prognosefähigkeit abgesprochen.

II. Das Phänomen der Erfahrungskurve

1. Kurzcharakteristik

In marktwirtschaftlichen Systemen operierende Unternehmen erkennen das Bestreben, ihren Marktanteil zu vergrößern (also zu „**wachsen**"), als einen seit langem durch die empirische Zielforschung festgehaltenen Bestandteil des betrieblichen Zielsystems. Wie an früherer Stelle bereits dargestellt, ist vor allem ein unternehmungs**externes** Wachstum für die zunehmende Konzentration in vielen Märkten verantwortlich. Unternehmungs**interne** Gründe für das Wachstumsziel werden betriebswirtschaftlich vor allem unter dem Aspekt der **„economies of scale"** erörtert. Aus diesem Erklärungsfeld heraus ist das Erfahrungskurvenphänomen heute für zahlreiche Produkte faktisch bestätigt worden, wobei der empirische Gehalt in der Literatur durchaus noch kontrovers gesehen wird.

Eng verwandt ist dieses Phänomen mit der sog. **Lernkurve**, die bei Erhöhung der Ausbringungsmenge eine Zeitreduzierung (und damit auch eine Kostenreduktion) feststellte. Diese Erkenntnis wird zu folgender Aussage erweitert:

> **„Erfahrungsgesetz"**, „Boston-Effekt"
> Mit jeder **Verdoppelung** der **kumulierten Ausbringungsmenge** gehen die **gesamten** direkt oder indirekt zurechenbaren **Kosten** eines neuen Produktes **potentiell** um durchschnittlich 20 bis 30% zurück.

Diese Regelmäßigkeit ist insbesondere von der Boston Consulting Group als theoretische Grundlage ihres Business-Portfolios (kumulierte Erfahrung als strategischer Erfolgsfaktor) herausgestellt worden. Als **Hauptursache** dieses Stückkostenrückgangs werden

- die Größendegressionseffekte (stückzahlenabhängiger Mengen- bzw. Betriebsgrößeneffekt)
- fertigungswirtschaftliche Lerneffekte
- der technische Fortschritt und
- die Kostenrationalisierung

genannt. Zur Vielzahl subjektiver und objektiver **Bestimmungsfaktoren**, von denen der produktive Effekt der Erfahrungskurve abhängig ist, siehe Hinterhuber (1992, II, S. 40).

2. Bedeutung für die Kosten- und Preispolitik

Aus der Erfahrungskurve sind zwei fundamentale (und einfache) strategische Aussagen zu ziehen:

- Höhere Ausbringungsmengen führen zu höherer Erfahrung, damit zu niedrigeren Stückkosten und damit zu höheren Stückgewinnen; der Anbieter als Marktführer mit dem größten relativen Marktanteil hat bei gegebenem Marktpreis die **größte Gewinnspanne** (Dunst, 1983, S. 77).
- Realisiert ein Unternehmen das Erfahrungs- und Kostenreduktionspotential nicht, dafür aber ein Konkurrent, ist damit **zwangsläufig** eine Verschlechterung der Wettbewerbsstellung verbunden.

Generell gilt, daß die **Preispolitik** (in Verbindung mit den anderen Aktionsparametern) darauf gerichtet sein muß (so Hinterhuber, 1992, II, S. 42f.):

- über die Sammlung von „Erfahrungen" die Stückkosten zu senken und den Marktanteil zu erhöhen oder abzusichern,
- die Konkurrenzunternehmungen abzuhalten, „Erfahrungen" zu sammeln und Marktanteile zu erobern,
- die Konkurrenzunternehmungen zu hindern, in die Marktsegmente einzudringen, in denen die Unternehmung neue Gewinnpotentiale schaffen oder bestehende Gewinnpotentiale nutzen will.

Die Bedeutung für die Kosten- und Preispolitik liegt primär darin, daß

- die Kostenplanung und -kontrolle durch **Soll-Vorgaben** bestimmter Erfahrungsfaktoren verbessert wird,
- die Kostensenkungspotentiale auch **tatsächlich** durch ein effizientes Kostenmanagement ausgeschöpft werden und damit die Wettbewerbsfähigkeit der Unternehmung gesichert wird,
- es vorteilhaft ist, mit einer Preispolitik das „penetration pricing" (d.h. nichtkostendeckende Preise in der Einführungsphase) den Markt schnell zu durchdringen und damit einen hohen Marktanteil zu erringen,
- die Preisentwicklung in der Wachstumsphase **parallel** zur Kostenentwicklung verlaufen sollte.

Dieser **langfristige Preis-Erfahrungseffekt** wurde von der BCG ebenfalls bestätigt und von Wooley bei 25 verschiedenen Produkten statistisch nachgewiesen. Langfristig folgen die Preise also den Kosten: Hält nämlich der Marktführer durch eine regelmäßige Preissenkung (= Weitergabe seiner Kostenvorteile) die Konkurrenz nicht von einem Kapazitätsausbau ab, kann es zu instabilen Wettbewerbsverhältnissen (z.B. Preiskämpfen) kommen, da der hohe „Preisschirm" (d.h. hohe Gewinnspanne) zum Markteintritt neuer Wettbewerber reizt (vgl. Hax/Majluf, 1991, S. 141f.). Die vier typischen **Phasen des Preisverhaltens**:

Phase I:	In der Entwicklungsphase sind die Stückkosten höher als die Markteinstandspreise.
Phase II:	Unter einem „Preisschirm" wird der hohe Preis beibehalten. Die zunehmende Gewinnspanne verlockt aber neue Anbieter (mit weniger Erfahrung und damit höheren Stückkosten) zum Markteintritt.
Phase III:	Kapazitätsausbau und Wettbewerb kennzeichnen diese Phase, die häufig mit Preiskämpfen verbunden ist: Selektions-/Konzentrationsphase.
Phase IV:	Stabile Wettbewerbsposition: Preise fallen entsprechend den Kosten.

3. Bedeutung für die Wachstums- und Marktanteilspolitik

Daraus werden zwei **zentrale Empfehlungen** für **strategisches Handeln** abgeleitet:

- Es ist angemessener, die Strategien zur Marktanteilssteigerung in Märkten mit hohen Wachstumsraten durchzuführen, da
  - der Erfahrungseffekt sich hier viel schneller auswirkt und
  - Wettbewerbspositionsveränderungen rasch eintreten können,
  - man der Konkurrenz keinen Marktanteil wegnehmen muß (es genügt, sich vom „Zuwachs" einen größeren Anteil zu sichern oder den Zuwachs evtl. sogar „vorwegzunehmen").

Allerdings: Kann man beim durch das starke Wachstum bedingten Kapazitätsausbau nicht „mithalten", verliert man zwangsläufig Marktanteile.

- Man sollte auf einem Gesamtmarkt bzw. auf einem Teilmarkt des Gesamtmarktes versuchen, langfristig die Marktführerschaft zu erreichen, da das Ertrags-(Gewinn-)potential von der Höhe des relativen Marktanteils abhängig ist.

4. Kritische Beurteilung

Gegen eine „unhinterfragte" praktische Anwendung des Erfahrungskurveneffektes sind folgende Argumente anzuführen:

- Die einseitige Konzentration auf wenige hoch standardisierte Produkt-/Markt-Kombinationen mit entsprechend hohen Umsatzvolumina führt langfristig zu gravierenden **Flexibilitätsverlusten**. Und: Wird die Erkenntnis der Erfahrungskurve als Maxime für „richtiges" strategisches Handeln von vielen Unternehmen gleichzeitig verfolgt, kommt es zu einem großen (evtl. ruinösen) **Kapazitätsausbau** und entsprechendem **Marktdruck**.
- Zur Bestimmung der **situativen** Gültigkeit des Effektes ist festzuhalten: Die Stückkostendegression ist **potentiell** möglich, d.h., sie stellt sich nicht automatisch ein; die Unternehmung muß demnach die durch Strategien geschaffene **Fähigkeit** zur Kostensenkung und Rationalisierung haben. Die Kostenreduktionen können in der Realität **abrupt** eintreten. Das Konzept liefert als Indikator nur eine partielle Erklärung für die Stückkostensenkung, da diese auch durch andere Einflußfaktoren begründbar ist (z.B. starke Einkaufsposition).
- Es ist der Erfahrungskurve auf den ersten Blick ein relativ hoher empirischer Bewährungsgrad zu attestieren; die überwiegende Mehrzahl der Fälle ist jedoch auf die Analyse von Branchen-Erfahrungskurven beschränkt, die nicht als empirische Bewährung **unternehmungsbezogener** Kosten-Erfahrungskurven angesehen werden können.

- Es ist vor einer zu einseitigen, nach innen gerichteten Kostenreduktionsphilosophie zu warnen.
- Die Empfehlungen zur Preispolitik beruhen auf Fiktionen, die eine starke Vereinfachung realer Absatzsituationen darstellen.
- Verfolgen die Konkurrenten ähnliche erfahrungskurvenbezogene Wettbewerbsstrategien, ist auf Wachstumsmärkten eher mit einem verstärkten Widerstand der Konkurrenten zu rechnen (evtl. mit Preiskämpfen); genaue Konkurrenzanalyse ist deshalb unerläßlich.
- Die Erfolgsträchtigkeit hoher Marktanteile ist aus der Erfahrungskurve nicht allgemeingültig darstellbar.
- Werden **Verkaufspreise** auf der Grundlage einer vorzugebenden Erfahrungskurve vereinbart, die geschätzte Kosteneinsparung dann aber **nicht** tatsächlich realisiert, so entsteht eine bedrohliche Situation.
- Der **Neigungswinkel** der Erfahrungskurve **ändert** sich von Produkt zu Produkt; in einigen Branchen tritt das Gefälle fast gar nicht in Erscheinung.

Ghemawat sieht zusätzliche Probleme darin,

- daß die Unternehmen nicht alle Kosteneinsparungsmaßnahmen vor ihren Wettbewerbern werden **geheimhalten** können; damit erringt ein Unternehmen durch eine aggressive Erhöhung der Produktion nur geringfügige strategische Vorteile, weil die Verfolger die gleichen Kostenstrukturen durch vergleichbare Investitionen initiieren und erhalten können;
- daß man im Allgemeinen große **Vorleistungen** in Automation oder für Preisnachlässe zum Gewinn von Marktanteilen erbringen muß in der Hoffnung auf **zukünftige Gewinne**; das „Durchhalten" erfordert eventuell viel Geld;
- daß **ein unerwarteter Nachfrageboom** evtl. die Kosten nach oben treibt;
- daß die Technik zu früh veraltet („technisches Risiko"):
  - Die technologische Grundlage des Produktes wird durch eine Innovation ersetzt.
  - Ein Unternehmen legt sich **zu früh** auf die Anwendung der Erfahrungskurve fest; die Technik setzt sich dann aber nicht durch.
  - Durch **zu viele Neuerungen** kann es zu rapiden Veränderungen im Preis-Leistungs-Verhältnis kommen: „**Friert**" man die technologische Entwicklung zu früh ein, um in die Produktion einzusteigen, besteht bei sehr raschem Wachstum die Gefahr, daß in der – bis zum Anlaufen der Produktion – verfließenden Zeit Konkurrenten modernere Produkte schneller auf den Markt bringen.

Wie bei einer großen technologischen Neuerung das Produkt der **schnellen Anpassung** an die neue Technik zur „Überlebensfrage" werden kann, zeigt das Beispiel der US-Elektroindustrie, in der **kein einziger** der „Top ten" von heute vor 25 Jahren – vor Einführung der Transistortechnik – unter den Marktführern war. (Vgl. auch unsere Ausführungen unter M.V. 4. Strategiefaktor Technologie)

III. Das PIMS - Projekt

1. Entstehungsgeschichte - Konzeption

Das „Profit Impact of Market Strategies" (PIMS)-Programm, dessen allererster Anfang auf das Jahr 1960 zurückzuführen ist, stellt heute das wohl umfassendste **empirische Projekt** im Bereich der strategischen Planung bzw. betriebswirtschaftlichen Führung dar (dazu Meffert, 1994; Neubauer 1992; Günther, 1991). Neben der Ermittlung der (relativen) Einflußstärken der strategischen Faktoren auf den Erfolg einer SGE wird heute die eigentliche Aufgabe des PIMS-Modellansatzes (bei den gegebenen strategischen Einsatzfaktoren) in der Ermittlung eines Durchschnitts(PAR-)wertes für den Erfolg einer SGE gesehen, mit dem die jeweilige Wettbewerbsposition kontrolliert werden kann (vgl. Hildebrandt/Strasser, 1990, S. 127f.). Es kann damit gezeigt werden, welches „Rentabilitätsniveau" eine SGE bei „ihrem" jeweilig gegebenen strategischen Profil im Durchschnitt einer Mehrjahresperiode erreichen müßte.

Damit sollen auf internationaler Forschungsbasis empirische Erkenntnisse („**Marktgesetze**") ermittelt werden, die das wirtschaftliche **Ergebnis** (d.h. Erfolg/Mißerfolg) einzelner strategischer Geschäftsfelder/Geschäftseinheiten (also nicht der **Gesamt**-Unternehmung) determinieren. Bei aller wissenschaftlichen Kritik (siehe Punkt 6) leistet das PIMS-Programm einen entscheidenden Beitrag dazu, die betriebswirtschaftliche Komplexität auf die wichtigsten Steuerungsgrößen zu reduzieren (vgl. Hildebrandt/Strasser, 1990, S. 129).

Diese Wechselwirkungen zwischen strategisch relevanten **Erfolgsvariablen** und der Realisierung von Unternehmenszielen sollen – **unabhängig** von der Branche oder der geographischen Region der jeweiligen Geschäftseinheit – **Allgemeingültigkeit** besitzen, d.h. Gesetzmäßigkeiten darstellen, denen **alle** Unternehmen unterliegen. Die PIMS-Forscher haben allerdings schon recht frühzeitig den Anspruch auf die Entdeckung allgemeiner „kausaler" Gesetze aufgegeben (vgl. Hildebrandt/Strasser, 1990, S. 128).

2. Ziele

PIMS will in diesem Zusammenhang versuchen, die **„Grundfragen der strategischen Planung"** zu beantworten. Aufgrund empirischer Daten bezüglich unterschiedlicher strategischer Ausgangsbasen soll es den Unternehmen ermöglicht werden,

- zu erklären, **welche** Faktoren den ROI einer SGE in welchem Umfang beeinflussen,
- den ROI einzelner Geschäftseinheiten bei Veränderungen bestimmter strategischer Schlüsselfaktoren vorherzusagen,
- eine optimale Allokation der Ressourcen hinsichtlich der SBUs (strategic business units) zu erreichen
- so wie eine effiziente Methode für die Messung der Managementleistungen zu finden.

Mit der Beantwortung dieser strategischen Grundfragen ist das PIMS-Programm

- zum einen ein **Analyse-** und **Erklärungsinstrument** für das bisherige Abschneiden einer SGE, m.a.W. für die Qualität der **bisher** verfolgten Strategie,
- zum anderen ein **Gestaltungsinstrument** für die **zukünftige** Unternehmensstrategie.

Das PIMS-Programm kann als eine **Entscheidungshilfe** angesehen werden. Luchs/Müller sehen dabei in der PIMS-Datenbank und seiner Analyse (in Verbindung mit der individuellen Erfahrung und Kreativität der Führungskräfte) den entscheidenden Schlüssel zur Verbesserung des Unternehmenserfolges (vgl. Luchs/Müller, 1985, S. 82; Buzzell/Gale, 1989).

3. Datensammlung und -erfassung

Ein am PIMS-Projekt partizipierendes Unternehmen füllt regelmäßig standardisierte Fragebogen mit ca. 200 Informationselementen aus, die – nach einer Plausibilitätskontrolle – in die Datenbank eingehen. Als Ergebnis erhält das Unternehmen für individuelle Geschäftseinheiten:

- die **„PIMS-Letters"**, die sich mit **allgemeinen Prinzipien** der Unternehmensstrategie befassen,
- die (**Special-**)„**Reports** on Individual Business" für die unterschiedlichen strategischen Situationen.

Neben den gängigen statistischen Verfahren wie Diskriminanz-Analyse, Cluster-Analyse und einfacher linearer Regressionsanalyse stellt die multiple lineare **Regressionsanalyse** das Herzstück für statistische Auswertungen dar. Mit ihr konnten besonders signifikante Erkenntnisse erzielt werden. Es gilt als Prämisse folgender funktionaler Zusammenhang:

$$ROI = f(x1, x2, x3, \dots)$$

Unter der speziellen linearen und additiven Annahme der PIMS-Forscher ergibt sich die folgende lineare Funktion:

$$ROI = ax1 + bx2 + cx3 + \dots$$

- wobei der ROI bzw. die an seine Stelle gesetzte Größe Cash-Flow/Investment die **abhängige**, d.h. zu erklärende Variable darstellt,
- die Erklärungsfaktoren wie Marktanteil, Investmentintensität etc. die **unabhängigen** Variablen bilden.

Es ist also die Frage zu stellen, von welchen Einflußfaktoren der ROI bzw. Cash-Flow bestimmt wird. Unter Zuhilfenahme eines komplexen EDV-Programms konnte Schoeffler bereits 1974 die Bedeutung einzelner unabhängiger Variablen (Erfolgsfaktoren) in Form von positiven und negativen **Korrelationen** isolieren (über 30 Faktoren). Eine Faktoranalyse zur Ermittlung von Faktorkategorien erwies sich als notwendig, da die einzelnen Faktoren sich gegenseitig beeinflussen, also Wechselwirkungen unterliegen. Mit Hilfe dieser Faktorkategorien konnten Bündel ermittelt werden, die sich weitgehend **homogen** untereinander verhalten.

Abb. 77 zeigt – in Bereiche gruppiert – die strategischen Erfolgsfaktoren (unabhängige Variablen), mit denen ca. 80% der **Varianz** des **Return on Investment** (als abhängige Variable) einer strategischen Geschäftseinheit erklärt bzw. prognostiziert werden kann. Das Modell identifiziert damit also rund 80% der **Gründe** für den Erfolg oder Mißerfolg zweier Geschäftseinheiten, oder m.a.W., er kann 80% der Unterschiede im ROI zwischen zwei SGE erklären.

---

1. Marktatttraktivität

- Marktwachstum (kurz- und langfristig)
- Exportanteil
- Konzentrationsgrad auf der Anbieter- und Nachfrageseite

2. Relative Wettbewerbsposition

- Absoluter Marktanteil
- Relativer Marktanteil (zu den drei größten Konkurrenten)
- Relatives Gehaltsniveau
- Relative Produktqualität

3. Investitionsattraktivität

- Investitionsintensität
- Wertschöpfung/Umsatz (vertikale Integration)
- Umsatz/Beschäftigte (Produktivität)
- Kapazitätsauslastung

4. Kostenattraktivität

- Marketingaufwand/Umsatz
- Forschungs- und Entwicklungsaufwand/Umsatz
- Rate von Produktneueinführungen

5. Allgemeine Untersuchungsmerkmale

- Unternehmensgröße
- Diversifikationsgrad

6. Veränderungen von Einflußgrößen 1-5

- Marktanteilsänderungen
- Vertikale Integrationsänderung
- Relative Preisänderung
- Produktionsqualitätsänderung
- Kapazitätsänderung

Abb. 77: Haupteinflußgrößen auf den ROI

19 unabhängige Variablen determinieren ihrerseits ca. 70% der **Cash-Flow-Varianz** zwischen Geschäftsfeldern. Über die Richtung und Stärke der Einflüsse von Erfolgsfaktoren wird nur Auskunft gegeben über:

- ein klassifikatorisches **Korrelationsdiagramm** zwischen einer unabhängigen und einer abhängigen Variablen (z.B. Zusammenhang von relativem Marktanteil und ROI) und

- eine **Kontingenztabelle** mit zwei unabhängigen Erklärungsvariablen in jeweils mehreren klassifikatorischen Ausprägungen und den jeweils zugehörigen durchschnittlichen ROI-Werten.

Kurzergebnis: Die besondere Bedeutung der Erfolgsgrößen relativer Marktanteil (als der am stärksten positiv korrelierenden Determinanten) und Marktwachstum für den ROI und den Cash-Flow wird durch das Modell zwar tendenziell **bestätigt**, jedoch durch den Einbezug zahlreicher weiterer unabhängiger Erfolgsfaktoren **situationsspezifisch relativiert**. Die Erkenntnis hat nicht zuletzt zur Entwicklung der Multifaktoren-Portfoliokonzepte geführt, die berücksichtigen, daß eine größere Anzahl von Variablen den Erfolg determiniert.

4. Forschungsergebnisse

a) Grundlegende Erkenntnisse

Die **Strategie** eines Unternehmens erklärt ca. 70% der Varianz in der Rentabilitätsentwicklung erfolgreicher und erfolgloser Unternehmen.

Nur ca. 15% des Unternehmenserfolges werden in dieser Darstellung durch die **operative** Managementeffizienz (Stärken/Schwächen) in den verschiedenen Teilbereichen (Beschaffung, Fertigung, Vertrieb etc.) sowie gewisse standortbedingte Einflußfaktoren determiniert (vgl. Luchs/Müller, 1985, S. 83). 10% tragen zum Unternehmenserfolg die sog. „strategic moves" bei, d.h. Prozeßkosten für die Änderung der strategischen Position eines „business". Die restlichen 10% bestehen wohl im wesentlichen aus dem dispositiven Geschick bei der Reaktion auf Zufallsereignisse (Schicksals-), d.h. kaum beeinflußbare externe Einflüsse (z.B. staatliche „Einflüsse") oder schlicht Glück.

Die Allgemeingültigkeit erklärt Schoeffler am Beispiel der medizinischen Wissenschaft. Trotz vielfältiger Unterschiede im Erscheinen, in der Persönlichkeit, in Religion und Verhalten, die den Menschen als Individuum darstellen, arbeiten doch alle menschlichen Körper letztlich nach gemeinsamen physiologischen Grundmustern. Die Erkenntnis ermögliche erst die (natürlich nicht unfehlbare!) medizinische Therapie im konkreten Krankheitsfalle. Vergleichbar könne das Management im Unternehmen bei Kenntnis der **elementaren Grundsätze** der Unternehmensstrategie erfolgreich agieren. Ist daher eine bestimmte strategische Konstellation einer SBU gegeben, so wird sie sich genauso verhalten wie bei ähnlicher Konstellation eine SBU mit womöglich gänzlich anderer Produktlinie, unabhängig, ob nun aus dem Chemie- oder elektronischen Sektor.

Über die Kenntnis der Marktgesetze hinaus läßt sich aufgrund von Vergleichswerten der Erfolg des „business" relativ genau **vorhersagen**. Eine Schätzung z.B. des ROI innerhalb eines 3-5-Prozentpunktebereiches über einen Zeitraum von ca. 3-5 Jahren sei in 90% der Fälle ohne weiteres möglich.

Auf die wichtigsten Gewinndeterminanten soll nachfolgend näher eingegangen werden. Zur „richtigen" Interpretation sei zu Beginn darauf hingewiesen, daß die nachfolgend dargestellten Wechselwirkungen zwischen strategischen Parametern und bestimmten Faktoren (wie ROI oder Cash-Flow) **Durchschnittswerte** darstellen; der individuelle Einzelfall kann davon stark abweichen.

Die sechs wichtigsten Beziehungen („**Strategische Prinzipien**") zwischen Strategie und Erfolg einer Geschäftseinheit sind (vgl. Buzzell/Gale, 1989, S. 7ff.):

- Auf lange Sicht ist die **Qualität** der Produkte und Dienstleistungen im Vergleich zur Konkurrenz der wichtigste Einzelfaktor.
- Marktanteil und Rentabilität sind eng miteinander verbunden.
- Hohe Investmentintensität ist ein Hemmschuh für die Rentabilität.
- Viele der Unternehmensbereiche, die als „dog" oder „question mark" bezeichnet werden, produzieren Cash, während vielen der sog. „cash cows" dies nicht gelingt.
- Eine hohe Wertschöpfungstiefe (vertikale Integration) ist eine lohnende Strategie für einige strategische Geschäftseinheiten, für andere dagegen nicht.
- Die meisten der Faktoren, die den ROI erhöhen, tragen auch zur Erhöhung des langfristigen Unternehmenswertes bei.

b) Determinanten des ROI

Die wohl am häufigsten in der betriebswirtschaftlichen Literatur behandelten Forschungsergebnisse beziehen sich auf die Determinanten des ROI. Von den weit über 30 Faktoren erklären allein die **ersten drei** Determinanten bereits 37% der Varianz des ROI, und zwar der relative Marktanteil 12%, die relative Produkt-/Servicequalität 10% sowie die Investmentintensität 15% (vgl. Luchs/Müller, 1985, S. 88). Nicht zuletzt dank der MAWAMAT-Matrix der Boston Consulting Group hat sich die Erkenntnis verbreitet, daß der **Marktanteil** ein ausschlaggebender Faktor für den Unternehmenserfolg ist.

Zur Bedeutung des Marktanteils konnte Schoeffler bereits 1974 nachweisen, daß die überwiegende Mehrzahl von SBUs mit hohem Marktanteil höhere Gewinnspannen und ROIs erreicht, während „small share businesses" erheblich unter dem Schnitt liegen. Obwohl sich die Zusammensetzung der PIMS-Datenbank seither erheblich gewandelt hat, hat sich die **stark positive Korrelation** Marktanteil – ROI weiterhin als konsistent erwiesen.

Als **Gründe** für die evidente Korrelation zwischen Marktanteil und ROI haben wir bereits verschiedene Erklärungsmöglichkeiten angesprochen: die sog. „Economies of Scale", das Wirken der Erfahrungskurve, die Marktmacht und die Qualität des Managements.

Bei einer Analyse von „businesses", die sich **trotz** geringeren Marktanteils erfolgreich auf dem Markt behaupten, d.h. in diesem Fall einen ROI von mindestens 20% aufweisen, stellte man folgende Thesen auf:

- Ertragreiche „low market share"-SBUs gibt es vor allem in langsam wachsenden Märkten.
- Bei diesen SBUs tritt selten ein Produktwechsel ein.
- Es handelt sich zumeist um standardisierte Produkte mit geringen zusätzlichen „services".
- Die meisten SBUs agieren als Zulieferer.
- Die Produkte werden regelmäßig gekauft.
- Ertragreiche „low market share"-SBUs sind zu einem großen Teil in Industrien mit hoher Wertschöpfung vertreten.

c) Determinanten des Cash-Flow

Im Gegensatz zu Veröffentlichungen über den ROI betreffende strategische Erfolgsfaktoren finden sich kaum Publikationen zu strategischen Bestimmungsfaktoren des **Cash-Flow**. Es konnte empirisch nachgewiesen werden:

- Bei zunehmendem Umsatzwachstum abnehmende (und schließlich negative) Cash-Flow-Rate (Erklärungsfaktoren: Halten bzw. Erhöhen des Marktanteils, Inflationsrate, zunehmende Investmentintensität).
- Hoher Marktanteil ist deutlicher Cash-Bringer (insbesondere in langsam wachsenden Märkten).
- Die Grundannahme der Boston Consulting Group zu Cash-Erzeugung bzw. Verbrauch in den vier Feldern wurde eindeutig **verifiziert**.

5. Die PIMS-„Reports" - Strategische Entscheidungshilfen für das Management

Aus der Vielzahl der PIMS-Instrumente als Hilfe bei der Lösung bestimmter strategischer Probleme seien einige kurz dargestellt. Der Inhalt der **allgemeinen** Erfahrungsberichte über Grundfragen der Unternehmensstrategie („PIMS-Letters") ist bei Beschreibung der Determinanten des Unternehmenserfolges bereits weitgehend erläutert worden. Ergänzt wird dies durch spezielle **computergestützte** Auswertungen für einzelne SGEs in Form von

- **analytischen** Modellen (z.B. Stärken-Schwächen-Analyse über die individuelle, zur Zeit gegebene Situation einer SGE)
- oder von mehr zukunftsorientierten **Simulationsmodellen** (z.B. Strategieempfehlungen bei „Was-wäre-wenn-Auswirkungen").

Die wichtigsten dieser Berichte sind (vgl. dazu Luchs/Müller, 1985; Becker/Müller, 1986; Wüthrich, 1991, S. 64f.; Meffert, 1994, S. 68ff.):

- der PAR-Report und der LIM-Report
- der Strategy Analysis Report
- der Optimum Strategy Report
- der Report on Look-Alikes und
- das Qualitätsanalyseprogramm.

Das wohl bekannteste Modell, das **PAR-Modell**, ermittelt dabei den sog. „PAR-ROI" (= Normal-ROI für die jeweils gegebene Konfiguration der strategischen Schlüsselfaktoren). Analog zum Golfsport stellt der „PAR"-ROI bzw. „PAR"-Cash-Flow einer SGE den empirisch ermittelten Wert dar, der unter Analyse der gegebenen strategischen Charakteristiken der Positionierung entsprechend gegenwärtig als **„normal"** erwartet werden kann. Der PAR-Report liefert zudem eine **Stärken-Schwächen-Analyse**, d.h., er zeigt auch auf, welche Schlüsselfaktoren für den jeweiligen „PAR"-ROI verantwortlich sind.

Die **Abweichung** zwischen

- „PAR"-ROI als Renditeziel-**Vorgabe** einer SGE (die aufgrund der Erfahrungen anderer SGEs in ähnlichen strategischen Positionen erreicht werden müßte) und
- aktuellem ROI (das heißt **tatsächlich** Erreichtem)

bietet die Möglichkeit, vernünftige **Ziele** vorzugeben und anschließend die Managementleistung zu **beurteilen**, d.h. zu erkennen, wie gut oder schlecht die Führungskräfte der SGE die gegebene strategische Ausgangsposition „auszunutzen" verstanden haben (vgl. Neubauer, 1992, S. 200).

Fassen wir nochmals die vielfältigen praktischen Anwendungsgebiete der verschiedenen PIMS-Instrumente zusammen: typische **Anwendungsschwerpunkte** bilden (Luchs/Müller, 1985, S. 97):

- Stärken-Schwächen-Analysen von Geschäftseinheiten
- Ermittlung strategischer Zielgrößen, die eine Geschäftseinheit mit einem bestimmten strategischen Profil eigentlich erreichen müßte
- Erarbeitung zukünftiger Strategien
- Auswahl von Strategien durch Abschätzung ihrer erwarteten Auswirkungen
- Entwicklung von Taktiken zur Implementierung der ausgewählten Strategie
- Zuteilung von Investitionsmitteln auf einzelne Geschäftseinheiten zwecks Optimierung der Gesamtstrategie des Unternehmens
- Durchleuchtung von Konkurrenten oder potentiellen Übernahmekandidaten

584

6. Die Ergebnisse der PIMS-Studien im Spiegel der Kritik

Adam (1993, S. 286ff.) empfiehlt, die „strategischen Gesetze" nur als grobe **Tendenzaussagen** anzusehen, von denen es im Einzelfall große Abweichungen geben kann, was ihren Einsatz für strategische Entscheidungen mit dem Ziel der individuellen Positionierung sehr einschränkt. Seine wesentlichsten Kritikpunkte:

- Die Regressionsgleichungen zur Erklärung der Zusammenhänge gehen von einer additiven Verknüpfung der Indikatoren und linearen Beziehung zwischen den Indikatorausprägungen und dem ROI aus. Gegen beide Prämissen lassen sich erhebliche Bedenken geltend machen (z.B. Multikollinearität).
- Es handelt sich um Zeitpunktbetrachtungen.
- Selbst mit etwa 15 gleichzeitig in die Berechnungen einbezogenen Indikatoren ist der gesamte Erklärungswert nicht befriedigend (z.B. beim ROI je nach Branche 39 bis 52 %); es bleibt eine sehr große, nicht erklärte Streuung.
- Die Vorzeichen einiger Koeffizienten der Regressionsgleichungen lassen Zweifel aufkommen (z.B. durchwegs negatives Vorzeichen bei „Aufwendungen für Marketing in Prozent des Umsatzes").
- Erhebliche Meßprobleme bei den Daten, die sich auf einzelne strategische Geschäftseinheiten beziehen und nicht kontrollierbare Fehler bewirken (z.B. Herausfiltern des Gewinns aus dem Gewinn des Gesamtunternehmens oder Aufspaltung des Gesamtkapitals; „weiche" Formen des Messens bei relativem Marktanteil oder relativer Qualität).

„Die ‚strategischen Gesetze' der PIMS-Studie können nur als sehr grobe Richtwerte für den ROI bei bestimmten Einstellungen der erklärenden Faktoren angesehen werden. Für eine strategische Planung – also die Wahl des Niveaus der erklärenden Indikatoren – sind sie kaum brauchbar. Weicht der ROI eines Unternehmens von der Norm nach PIMS z.B. nach unten ab, kann das allenfalls als Information verstanden werden, nach den dafür relevanten Gründen zu suchen" (ebd., S. 288).

Für Meffert (1994, S. 67) können die Kritikpunkte den Stellenwert des PIMS-Programms für die strategische Erfolgsfaktorenforschung jedoch **nicht** ernsthaft in Frage stellen. „Der Hauptnutzen des PIMS-Programms besteht dabei in der Möglichkeit, Forschungsergebnisse empirisch zu validieren (z.B. Erfahrungskurveneffekte). So wird die Datenbank durch die Zusammenarbeit mit namhaften Wissenschaftlern (z.B. Porter, Drucker) ständig erweitert und angepaßt."

E. Das Strategiemanagement

I. Definition der Strategie/Strategischen Entscheidung

Strategische Entscheidungen befassen sich bei Hahn damit,

- auf welchen **Produktfeldern** das Unternehmen tätig werden soll bzw.
- auf welchen **Märkten** es anzubieten gedenkt.

Solche Entscheidungen vorzubereiten und die zieladäquaten Maßnahmen herauszufinden ist die Aufgabe der strategischen Planung. Bei Hinterhuber (1992, I, S. 11) sind strategische Entscheidungen dadurch gekennzeichnet, „daß sie im Unterschied zu operativen Entscheidungen nicht auf die Erreichung eines bestimmten Zieles, sondern auf die Suche nach einer optimalen Ziel-Position gerichtet sind, von der aus spezifische – nach Wegfall bestimmter Unsicherheitselemente –, präzisierbare Ziele erreicht werden können".

Die **Strategie** setzt sich nach Hinterhuber (1992, I, S. 7f.) aus vier Komponenten zusammen:

(1) Analyse der strategischen Ausgangsposition,

(2) Bestimmung der zukünftigen Stellung der strategischen Geschäftseinheiten und der Unternehmung als Ganzes in der Umwelt;

(3) Auswahl der Technologien und Entwicklung der Fähigkeiten und Ressourcen, mit denen sich die Unternehmung von der Konkurrenz abheben und die geplante Stellung in der Umwelt einnehmen kann sowie die Zuteilung der Ressourcen und die Erzielung von Synergieeffekten in den verschiedenen Tätigkeitsbereichen der Unternehmung und

(4) Festlegung von Kriterien und Standards.

Ausgangspunkte für die Konzeption und Formulierung einer Strategie sind (ebd., S. 14):

(1) Definition der Arbeitsgebiete der Unternehmung;

(2) Bestimmung der wichtigsten Konkurrenzunternehmungen;

(3) Ermittlung der signifikanten Unterschiede zwischen den Hauptimplementierungsmethoden der Unternehmung und denen der wichtigsten Konkurrenzunternehmungen;

(4) Abschätzung der Veränderungen des Umfeldes der Unternehmung, die den Wettbewerbsrahmen beeinflussen;

(5) Festlegung der Zielpositionen der Unternehmung und die Herausarbeitung der Unterschiede zwischen diesen und jenen der wichtigsten Konkurrenzunternehmungen.

Für Gälweiler (1987, S. 73) ist die **„Kohärenz einer langfristigen Entscheidungskette"** nur vom strategischen Ansatz her zu finden. Ihre für die langfristige Führungseffizienz und -effektivität wichtige Funktion besteht in der Herbeiführung einer weitestgehenden Ausgewogenheit und langfristig widerspruchsfreien Abstimmung zwischen

1. „allen für die permanente Unternehmenssicherung wichtigen Führungsgrößen (Liquidität, Erfolg, Erfolgspotentiale),

2. diesem „Zielgebäude" und den für seine Realisierung wesentlichen externen Einflußgrößen positiver und negativer Art,

3. diesem „Zielgebäude" und den dafür über die gesamte Zeitstrecke hinweg notwendigen, aber auch verfügbaren Ressourcen".

Strategie – als ein primär aus dem militärischen Bereich entnommener Begriff – läßt sich mit folgenden **Aspekten** charakterisieren (vgl. Ulrich/Fluri, 1995, S. 114f.):

- Strategien richten sich auf die **Oberziele**/Verhaltensgrundsätze (d.h., die Unternehmungspolitik gibt den „Rahmen" vor).
- Strategien betreffen stets das **Ganze**.
- Strategien können nur vom **obersten** Management erarbeitet werden, d.h. sind nicht delegierbar.
- Strategien sind typische Beispiele **schlecht** strukturierter Entscheidungsprobleme.
- Strategien sind eingebettet in die Wertvorstellungen, Grundeinstellungen, subjektiven Annahmen der beteiligten Führungskräfte bzw. in die gegebene Unternehmenskultur.

II. Ebenen der Strategieformulierung

Die Formulierung von Strategien muß auf zwei **Ebenen** untersucht werden:

1. auf der (Gesamt-)**Unternehmensebene**:

- Bestimmung von Unternehmenspolitik/-leitbild, -führungsgrundsätze, generelles Zielsystem, Unternehmensmission
- Bestimmung der derzeitigen und zukünftigen strategischen Geschäftsfelder/Geschäftseinheiten
- Bestimmung der Gesamt-Grund-Basis-Strategie (Top-down-Perspektive)
- Überprüfung der einzelnen SGF/SGE-Strategien auf Konsistenz und Kongruenz
- Finanzpolitische Abstimmung
- Risikopolitische Abstimmung
- Aufbau eines Früherkennungssystems für alle Elemente des Führungsprozesses
- Abstimmung der Organisation und der Human Resources auf die Gesamtstrategie

2. auf der Ebene der strategischen **Geschäftsfelder/Geschäftseinheiten**

- individuelle Entwicklung von SGF/SGE -spezifischen Strategien
- basierend auf individuellen Analysen
- entsprechend der jeweiligen strategischen Ausgangslage und
- innerhalb des vorgegebenen Rahmens der Gesamtstrategie (Bottom-up-Perspektive)

Die in den letzten Jahren gewonnenen theoretischen Erkenntnisse haben als klare Orientierungsgrundlagen zu bestimmten **„Ablaufmustern"** geführt, die die Schnittfolge gemäß der sachlogischen Grundstruktur der Problemfelder und ihrer Verknüpfungen vorgeben (vgl. dazu Meffert, 1994, S. 24ff.; Schwaninger, 1985, S. 57). Abb. 78 (aus ebd., S. 56) zeigt den Ablauf der Strategieplanung für beide Ebenen als **iteratives** Vorgehen, d.h., der fortgeschrittene Informationsstand ermöglicht eine Neubeurteilung (und ggf. Korrektur) der Überlegungen vorangegangener Schritte; der Planungsprozeß ist dabei kein linearer Prozeß, sondern ein kontinuierlicher, **kreisförmiger Prozeß** der Exploration und Informationsverarbeitung. Geschäftsfeldstrategien, die sich auf eine bestimmte, abgrenzbare organisatorische Einheit des Unternehmens beziehen, sind primär auf das Spektrum Produkt/Markt/Wettbewerb ausgerichtet (im einzelnen dazu Hax/Majluf, 1991, S. 31ff.). Zur Formulierung übergreifender Unternehmensstrategien und zur Überprüfung der Einzelstrategien auf Stimmigkeit mit den Konzernzielen müssen die Strategien einzelner Unternehmenseinheiten sukzessive auf höhere Entscheidungsebenen (im Sinne einer Verknüpfung) **verdichtet** werden.

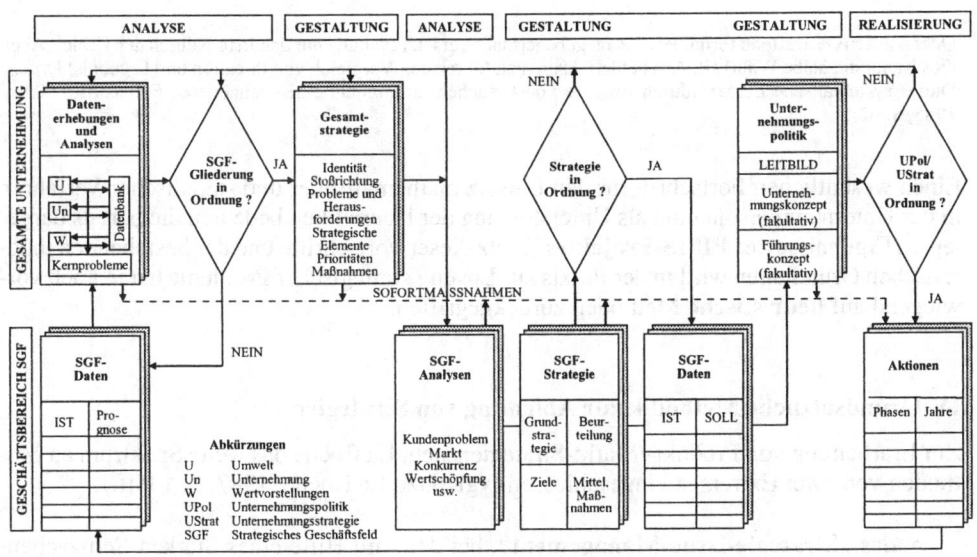

Abb. 78: Ablauf der Strategieplanung

Einige Autoren (z.B. Lorange, Pümpin, Böhler) fügen diesen beiden Strategieebenen noch eine dritte, die **Funktionsebene**, hinzu. Andere Autoren (z.B. Schwaninger, Hinterhuber, Gälweiler) bezeichnen die der Strategieentwicklung nachfolgende **Operationalisierungsphase** für die funktionalen Bereiche als Aktionen, Aktionsprogramme oder Politiken und warnen vor einer Übernahme des Strategiebegriffes.

III. Einsatz quantitativer und heuristischer Methoden

Planung als der geistige Prozeß der Zukunftsgestaltung ist eine zu wesentlichen Teilen **schöpferische** Aufgabe; Planungs**methoden** sollen dabei helfen, diesen Prozeß zu gestalten, zu steuern und zu kontrollieren. Die immer noch weitverbreitete Skepsis gegenüber strategischer Planung beruht nicht zuletzt auf einer falschen Beurteilung der **Methodik**. In Extrempositionen wurde

- entweder eine Strukturierbarkeit strategischer Planungsprozesse prinzipiell für nicht möglich gehalten, da die Komplexität und Turbulenz der Aufgabe dem entgegensteht („Zukunft läßt sich nicht planen"), oder es wurde,
- wie dies insbesondere zur Zeit der Planungseuphorie der 70er Jahre festzustellen war, ein **starrer Algorithmus** zur Lösung dieser Aufgabe konstruiert (das quantitative Verfahren liefert mir quasi den Ablauf einer „optimalen" Strategie). Während die quantitativen Verfahren im **operativen** Bereich (z.B. Lagerhaltungsmodelle, Bestellmengenoptimierung) weitgehende Akzeptanz gefunden haben, ist trotz der gegebenen theoretischen Grundlagen ihr Einsatz zur Lösung strategischer Probleme von vielen Praktikern bezweifelt worden.

Beide Ansätze sieht Schwaninger heute als überholt an (Schwaninger, 1985, S. 55):

- Zum einen können und sollen komplexe Prozesse **nicht** vollständig standardisiert werden; sie bedürfen, um rationell ablaufen zu können, relativ großer Freiräume hinsichtlich der zeitlichen Gestaltung des Wechselspiels zwischen den Planungen der einzelnen SGFs/SGEs und der Gesamtstrategieplanung.
- Andererseits würde aber ein weitgehend strukturloses Vorgehen die permanente Gefahr beinhalten, daß wesentliche Schritte entweder überhaupt unterlassen oder aber zum falschen Zeitpunkt ausgeführt werden. „Wo kein Streckennetz sichtbar ist, sind keine Weichen zu stellen, und wo es keinen Fahrplan gibt, können auch keine Verspätungen erkannt werden" (Duch, 1985, S. 97).

Oder wie Trux es treffend formuliert: „Zugegebenermaßen ersetzt Planung nur den Irrtum durch den Fehler. Aber dies ist nur die halbe Wahrheit. Aus Fehlern kann man (durch den Vergleich von Intention und Ergebnis) lernen. Dieses systematische Lernen (durch Analyse von Ursachen) ermöglicht einen schnelleren Fortschritt" (Trux, 1985, S. 62).

Einen wesentlichen Fortschritt für den Einsatz mathematischer und statistischer Verfahren in der Unternehmensplanung als Unterstützung der Heuristiken bedeuten die bereits dargelegten Ergebnisse des **PIMS-Projektes**. Trotz dieser Fortschritte und der bestehenden theoretischen Grundlagen wird in der Praxis zur Lösung strategischer Probleme heute noch vorwiegend auf **heuristische** Methoden zurückgegriffen.

IV. Grundsätzliche Methodik zur Ableitung von Strategien

Zur Erarbeitung von Produkt-/Markt-Strategien sieht La Roche das weite Spektrum an Methoden von zwei Extremen eingeschlossen (vgl. dazu La Roche, 1987, S. 135ff.):

- das **„Strategie-Issue-Management"**, bei dem mit Hilfe eines Stärken-Schwächen-Vergleichs (gegen Konkurrenten und Markt) die hauptsächlichen Probleme des Unternehmens identifiziert und anschließend gezielt bearbeitet werden, und
- die **lineare Wirkungskette**, bei der in verursachungsgerechter Reihenfolge, ausgehend vom originären Kundenproblem, die Verbindung mit dem Markt und dem Unternehmen geschaffen wird.

1. Die „Strategic-Issue-Analysis"-Methode

Im Rahmen der Unternehmens- (Stärken/Schwächen) und Umweltanalyse (Chancen/Risiken) werden die kritischen Probleme (die „issues") identifiziert und deren Lösung versucht.

Der **Arbeitsablauf** dieses Ansatzes:

- Orientierung der Suche an Erfolgspositionen der Firma: Grundstrategie
- Ermitteln im Firmenrahmen der Stärken und Schwächen: Engpässe und Probleme gemäß interner Firmensicht
- Identifikation entsprechender Chancen und Risiken aus der Firmenumwelt: Ansätze von Lösungen, Markt und Konkurrenz
- Definition der Geschäftseinheiten zur Realisierung der Strategie und deren Maßnahmen

Damit steht also zur Sicherung der Realisierung erst **am Ende** der Bezug zu einer beliebig definierten Geschäftseinheit (vgl. ebd., S. 137).

2. Der Wirkungskette-Ansatz

Die Schaffung von **Kundennutzen** steht im Mittelpunkt jeder erfolgreichen Unternehmensstrategie. Zur Messung des Nutzens und der Präferenzstruktur des Kunden wird zunehmend die **Conjoint (Measurement) Analyse** (Marktforschungs- und Analyseverfahren) eingesetzt (im einzelnen Theuerkauf, 1989 und Bauer/Herrmann/Mengen, 1994). „Gelingt eine richtige Definition der einzelnen Dimensionen des Kundennutzens sowie eine statistisch valide Messung ihrer relativen Bedeutung, ergibt sich eine völlig neue Möglichkeit der Optimierung von Produkt-Markt-Strategien" (ebd., S. 1179).

Es werden zunächst die Bedürfnisse und die Unternehmensstrategien der Kunden erforscht und das Potential des eigenen Leistungsprozesses darauf abgestimmt. Eine Unternehmensstrategie, die über „Systemverträge" einen Kunden über einen möglichst langen Zeitraum binden will, stellt weniger auf das Produkt als vielmehr auf die **komplexen Bedürfnisse** der potentiellen Käufer ab. Um den „erwarteten Nutzen" (Levitt) zu erkennen, ist

- die Bedürfniskette des Kunden zu erforschen
- sowie seine Wertschöpfungskette zu analysieren.

Die **Bedürfniskette** legt die aufsteigende Reihenfolge der Bedürfnisse und Anforderungen fest, die der Abnehmer an eine Leistung oder Leistungskombination stellt:

- funktionale produktbezogene Bedürfnisse
- unterstützende produktbezogene Bedürfnisse (z.B. Anbieten einer „individuellen" Lösung für Produktionsprozeß)
- Erfolgsbedürfnisse (z.B. Produkt vermittelt in seiner Problemlösungsfunktion zusätzlichen Prestigegewinn; vgl. Frisch, 1990, S. 127).

Die Erforschung des Kundennutzens über die Analyse der **Wertschöpfungskette** beim Abnehmer soll Anhaltspunkte geben, wo über Anreicherung der Primärleistungen des eigenen Produktes mit Serviceleistungen Einfluß auf die Wertkette des Kunden genommen werden kann (z.B. Einbindung der Just-in-Time-Zulieferer durch zeitliche Anpassung in der Wertkette der Automobilbranche). Durch die Schaffung eines zusätzlichen Nutzens wird ein akquisitorisches Potential aufgebaut.

V. Entwicklung einer Strategie

1. Die Analyse der strategischen Ausgangslage

Die Unternehmung ist ein zielgerichtetes, zweckorientiertes System. Da es normalerweise auf Dauer angelegt ist, betrifft die Frage der Steuerung dieses Systems zwangsläufig auch die Frage nach der **zukünftigen** Gestaltung. Dieser Zukunftsaspekt der Führung beinhaltet das (rechtzeitige!) Erkennen von Veränderungen im unternehmensinternen Bereich und externen Umfeld, ihre Deutung und geplante Reaktion darauf. Die Analyse der Ausgangssituation („Unternehmensinventur") hat diese Veränderungen im Rahmen einer **Unternehmensanalyse** und einer **Umweltanalyse** festzuhalten.

Durch diese strategische Inventur soll gegenwartsbezogen der **Ist-Zustand** der Unternehmung festgestellt werden, d.h., die Risiken und Chancen aus dem externen Umweltbereich und die unternehmungsinternen Stärken und Schwächen sollen aufgedeckt werden. Die Analyse der Ausgangssituation ist der **Beginn** des strategischen Planungsprozesses, der eine enge Verwandtschaft mit den bereits dargestellten Entscheidungs- und Führungsprozessen aufweist. Mit diesem Prozeßkonzept soll eine **Strukturierung** der Teilelemente erfolgen. Unsere gewählte Strukturierungsmöglichkeit folgt dem **synoptischen** Planungsansatz, der die folgenden Prozeßelemente beinhaltet:

- Festlegung langfristiger Grundsätze und Planziele
- Problemerkennung (-definition) und Problemanalyse
- Suche (Generierung) alternativer Strategien
- Beurteilung der Strategien hinsichtlich ihres Beitrages zur Zielerreichung
- Strategieentscheidung (Auswahl)

a) Unternehmungsanalyse

Im Vergleich zur Umweltanalyse (scheinbar) wesentlich einfacher ist die Gewinnung der Daten für eine sämtliche Unternehmensaspekte umfassende Unternehmensanalyse, denn die Informationen zur Erstellung eines Stärken-Schwächen-Profils als visueller Ausdruck der unternehmungsspezifischen **Stärken und Schwächen** sind (wenigstens zum Teil) direkt aus dem eigenen Datenbestand des Controllingwesens greifbar. Zusammen mit der Umweltanalyse dient sie als Grundlage für die Erarbeitung langfristiger Strategien.

Mit Hilfe einer **Checkliste** werden – nach gesamtunternehmensbezogenen und funktionsbezogenen Beobachtungsbereichen geordnet – **interne** Stärken und Schwächen zuerst gesammelt, dann (subjektiv) bewertet und ihre Ausprägungen in Relation zum stärksten Konkurrenten erfaßt. Die **Arbeitsschritte** sind demnach folgende:

- **Abgrenzung der relevanten Beobachtungsbereiche**: Festlegung der innerhalb der Gesamtunternehmung und der Funktionsbereiche zu beobachtenden Kriterien. Diese Checklisten sind unbedingt für die jeweilige Unternehmung situativ auszugestalten.
- **Erfassung** der kriterienbezogenen **Informationen**.
- Bewertung der **Relevanz** der Faktoren: Erstellung eines **Stärken-Schwächen-Profils**. (Beispiele in Pümpin, 1980, S. 24; vgl. Liessmann, 1993, S. 172ff.; ausführlicher Fragenkatalog bei Hinterhuber, I, 1992, S. 85ff.).

b) Umweltanalyse

Für die Unternehmung als ein offenes, mit der Umwelt in Austauschbeziehungen stehendes System ist das rechtzeitige laufende Erkennen der Umfeldentwicklungen (und das Einstellen darauf) notwendigerweise systematisch in den Planungs- und Steuerungsprozeß einzubeziehen, um auf Dauer erfolgreich zu bestehen. Obwohl ein bewährtes Instrumentarium zur Verfügung steht, ist die Umweltanalyse (vor allem bei kleinen und mittleren Betrieben) vielfach noch ein **Stiefkind**.

„Unternehmen sollen nicht trotz Umweltveränderungen leben, sondern von ihnen leben" (Duch, 1985, S. 97).

Die Ermittlung dieser unternehmungsrelevanten Umweltfaktoren schließt auch eine **Prognose** über die Entwicklungen dieser externen Faktoren mit ein. Bei der praktisch niemals in ihrer **Ganzheit** erfaßbaren Fülle von möglichen Untersuchungsbereichen und ihrem jeweiligen Datenmaterial ist aus Gründen des Informationsbeschaffungsaufwandes eine **Selektion** durchzuführen. Damit ist jedoch zwangsläufig die Gefahr verbunden, daß

- relevante Daten außerhalb dieser Beobachtungsfelder nicht mehr erfaßt werden,
- gegenseitige Interdependenzen der Entwicklung verschiedener Faktoren nicht erkannt werden.

Für eine Umweltanalyse sind (etwa durch ein Strategie-Team) folgende **Ablaufschritte** durchzuführen:

- Abgrenzung der relevanten Beobachtungsbereiche (vgl. dazu auch III, 1).
- Erfassung der jeweiligen Umweltfaktoren (z.B. über die Auswertung von Sekundärmaterial, Befragung von Mitarbeitern, Trendanalyse, Kreativitätszirkel); es sind die acht bis zehn wichtigsten **Schlüsselfaktoren** herauszufinden (vgl. Liessmann, 1993, S. 166ff.; ausführliches Gliederungsschema bei Hinterhuber, 1992, I, S. 78f.).
- Analyse der Bedeutung und Eintrittswahrscheinlichkeit der Umweltfaktoren.
- Bewertung der Relevanz der Umweltfaktoren: Die Auswirkungen der Umweltentwicklung für die eigene Unternehmung werden in einer **Chancen-Gefahren-Analyse** prognostiziert. Zur Beurteilung kann auch ein Stärken-Schwächen-Profil mit herangezogen werden. So kann eine bestimmte Entwicklung, trifft sie auf eine Unternehmungs**stärke**, durchaus als Chance angesehen werden, wenn nicht, sind die Gefahren daraus zu prognostizieren.
- Festlegung der Reaktionsmöglichkeiten und -dringlichkeit.

Zusätzlich zu einer allgemeinen Umfeldanalyse sind noch eine Analyse und Beurteilung der **Gesamtbranche** und möglicher **Teilbranchensegmente**, eine **Konkurrenzanalyse** und **mehrdimensionale Bedarfsstrukturanalysen** durchzuführen.

c) Konkurrenzanalyse

Da eine Unternehmung ihren eigenen strategischen Wettbewerbsvorteil immer in Bezug zur Konkurrenz aufbauen und erhalten muß, ist die sorgfältige Analyse dieses Bereiches im Rahmen einer systematischen Konkurrenzanalyse von entscheidender Bedeutung. Der **Kreis** der wichtigsten Konkurrenten ist dabei weit zu fassen:

- die **gegenwärtigen** Wettbewerber und
- die **potentiell neuen** Konkurrenten, die bisher nicht in der Branche tätig sind.

Mit Hinterhuber (vgl. 1992, I, S. 140ff.) läßt sich die für jeden Hauptkonkurrenten getrennt zu erstellende Konkurrenzanalyse und -prognose auf folgende **vier Fragestellungen** zurückführen:

- Welche Strategien können in der Zukunft von den Konkurrenten erwartet werden?
- Auf welchen Prämissen beruhen die voraussichtlichen Strategien der Konkurrenten?
- Welche Strategien verfolgen die Konkurrenten heute mit welchem Erfolg?
- Über welche Stärken und Schwächen verfügen die Konkurrenten?

Im Anschluß an die Beantwortung dieser Fragen kann das strategische **Wettbewerbsprofil** des Konkurrenten bestimmt werden. Es besteht aus zwei Teilen: der Abschätzung der voraussichtlichen Offensiv-Maßnahmen des Konkurrenten und der Abschätzung der voraussichtlichen Defensiv-Maßnahmen. Nach Hinterhuber muß die Konkurrenzanalyse Aussagen über Wahrscheinlichkeit bzw. Ausmaß der **Reaktionen** und über die **Fähigkeiten** der Unternehmung vermitteln, sich gegenüber den Wettbewerbskräften abzuschirmen und den Reaktionen der Konkurrenten wirksam zu begegnen.

2. Entwicklung und Bewertung alternativer Strategien

Für die Formulierung von Strategien ergibt sich im Prinzip die **gleiche Vorgehensweise** auf der Unternehmens- wie auf der Geschäftsfeldebene; wir wollen die Methodik exemplarisch am Beispiel der Entwicklung und Bewertung der Grundstrategie (Basisstrategie) auf Unternehmensebene zeigen. Unter Berücksichtigung der von der Wissenschaft und Empirie bereitgestellten Hilfestellung gilt es, eine geeignete Leitidee bzw. Grundstrategie zu entwickeln. Dabei ist in einem iterativen Prozeß

- die **analytische** Betrachtung (d.h. die „hard facts")
- mit der **Kreativität** und Phantasie der beteiligten Führungskräfte in einem „Wechselspiel" zu verbinden.

Das Vorgehen vollzieht sich in drei Schritten:

1. Schritt: Aus der Fülle denkbarer Alternativen werden einige wenige Ideen als alternative Grundstrategien konkret **ausgestaltet**.

2. Schritt: Die gewählten Alternativen werden bewertet.

3. Schritt: Die Bewertungkriterien werden gewichtet (Nutzwertanalyse).

a) Bestimmung des Kriterienkatalogs

Die Auswahl und Bewertung der Kriterien muß sich an den gesetzten **Prioritäten**, d.h. an den oberen Zielen der Unternehmung (am Unternehmensleitbild), orientieren. Die quantitative Bewertung wird sich deshalb in den meisten Fällen auf eine (mindestens) gewünschte

- Kapitalrentabilität (z.B. ROI 15 %) oder
- Umsatzrentabilität (z.B. 5%)

als Zielgröße beziehen. Die empirisch ermittelten **Schlüsselfaktoren** der Beeinflussung des ROI sind im Rahmen des **PIMS**-Programmes bereits vorgestellt worden.

b) Instrumente der Bewertung und Gewichtung

Zur Beurteilung von Programm- und Potentialvariationen bzw. Strategiealternativen aufgrund ihrer Zielwirkungen schlägt Hahn (1996, S. 295ff.) ein Netzwerk von Instrumenten vor. Monetäres Hauptziel zur Beurteilung der Strategiealternativen bildet für ihn der Kapitalwert.

- Für die **zeitpunktbezogene** Beurteilung die **Kapitalwertmethode** bei primärer Orientierung am Ergebnisziel.
- Ausgangsbasis für die Beurteilung von Strategiealternativen sind **Analyse-** und **Prognoseverfahren** (Lebenszyklusanalyse, Wertkettenanalyse, Frühwarnsysteme, Szenariotechnik).

- Hauptinstrument zur Analyse und Planung von Geschäftsfeldern bildet die **Portfoliotechnik** (einschließlich Technologie- und Ökologie-Portfolio); daneben Produkt- und Prozeß-/Potential-Wertanalysen, personal- und sozialorientierte Strategiewirkungsanalysen.
- Die monetären ergebnisorientierten Wirkungen einzelner Strategiealternativen sind im Rahmen der dynamischen **Investitionsrechnung** und des **Target Costing** zu erfassen. Beim Target Costing wird die gewohnte Entscheidungskette geändert: Was „darf" ein Produkt kosten, d.h., was erlaubt der Markt? (dazu Seidenschwarz, 1994).
- Bei der Verfolgung mehrerer Ziele bieten sich die **Nutzwertanalyse** sowie mehrperiodige computergestützte **Gesamtunternehmungsmodelle** sowie Simulationsmodelle an.
  - Die Nutzwertanalyse (synonym Punktbewertungsmodell oder Scoringmodell) stellt ein in der Praxis seit langem bewährtes Instrument dar. Im Rahmen dieses formalisierten qualitativen Verfahrens zur Entscheidungsfindung werden für die einzelnen Strategiealternativen die Erreichungsgrade bei den ausgewählten Katalogkriterien geschätzt. **Der Nutzwert** je Zielkriterium und Alternative errechnet sich aus der Multiplikation von Gewichtfaktor und der Note (als „Güte" der Zielerfüllung). Als Ergebnis der Entscheidungsanalyse zeigt der **Gesamt**-Nutzwert je Alternative (Summe aller Zielkriterien je Alternative) mit der höchsten Ausprägung die bestmögliche Strategie (gemäß der Zielsetzung) an. Wie bei allen Punkte-Bewertungsverfahren ist ein relativ großer **subjektiver Bewertungsspielraum** zwangsläufig gegeben.
  - Hinterhuber zeigt an einem Beispiel, wie die Vorteilhaftigkeit einer Alternative mit Hilfe einer computergestützten **quantitativen** Strategiebewertung durchgeführt („durchgerechnet") werden kann. Der **Nutzen** der Computerunterstützung liegt dabei seiner Ansicht nach primär in den Möglichkeiten der „Simulation von externen und internen Veränderungen sowie der Ermittlung ihrer Auswirkungen. Mit begrenztem zeitlichen, personellen und sachlichen Aufwand ist eine quasi spielerische Annäherung an den wahrscheinlichen Fall möglich. Voraussetzungen für den Einsatz des Computers sind für die spezielle Aufgabe entwickelte vereinfachte Darstellungen der Bilanz, der Leistungs- und Kostenstruktur des Unternehmens, der Sparte(n) und/oder der strategischen Geschäftseinheit(en)" (Hinterhuber, 1980, S. 90).
  - Zur Gewinnung von konkreten Strategieempfehlungen werden zunehmend **Expertensysteme** eingesetzt. Im Rahmen ihres **„Computer Aided Consulting"** (CAC) integriert sie etwa die Deutsche Gesellschaft für Mittelstandsberatung (Deutsche Bank/Roland Berger) seit 1988 in den Prozeß der Strategieberatung. Diese modular aufgebauten **„wissensbasierten Systeme"** kombinieren Beraterwissen (aus mehr als 10 000 Beratungsprojekten) sowie Datenbankinformationen (von Tausenden von Produkten je Branche sowie über mehr als 1500 Erfolgsfaktoren) mit den spezifischen Unternehmensdaten (vgl. Windau, 1990). Dieses Vorgehen verbessert insbesondere die Zeitökonomie (vgl. auch unsere Ausführungen zum Zeitmanagement).
- Vor und nach Durchführung großer strategischer Vorhaben sind zur wert- bzw. ergebnisorientierten Strategiebeurteilung die Kapitalwerte der gesamten Unternehmung zu berechnen.
- Insbesondere in Hinblick auf Unternehmungsphilosophie/-politik und die strategische Planung sind **Fit-Analysen** sowie Sensitivitäts-, Risiko- und Netzwerkanalysen durchzuführen.

3. Auswahl der geeigneten Strategie

Als **Generator** für mögliche Handlungsalternativen können die nachfolgend (unter Punkt II.) erläuterten strategischen **Grundverhaltensweisen** wie z.B. die Ansoff-Matrix, das strategische Spielbrett, die Grundkonzeptionen nach Porter oder die Normstrategien (Portfolio) herangezogen werden.

Auf der **Ebene der Gesamtunternehmung** wird, bezogen auf die gewünschte Zielrichtung und unter Abstimmung mit den verfügbaren Ressourcen, die **globale „Marschrichtung"** über einen relativ langen Zeitraum (zehn Jahre und mehr) festgelegt. Als Detaillierung dieser Gesamtstrategie wird nun für jedes strategische Geschäftsfeld die zukünftig zu verfolgende Marschrichtung festgelegt. Da die Leitidee für die Unternehmung in der Gesamtstrategie bereits enthalten ist, ist der **Spielraum** zur Festlegung der allgemeinen Marschrichtung der strategischen Geschäftseinheit somit bereits stark eingeengt. Für die **jeweilige strategische Geschäftseinheit** gilt es, unter Berücksichtigung ihrer spezifischen Konkurrenzsituation und ihrer gegebenen strategischen Positionierung eine Strategie zum Aufbau bestimmter gewünschter Erfolgspotentiale zu gestalten (vgl. Pümpin, 1980 und insbesondere die Beispiele für Geschäftsfeldstrategien bei Henzler, 1988, S. 381ff.).

Innerhalb der Geschäftsfeldplanung kommt der **Produkt-/Markt-Strategie** eine zentrale Rolle zu. Sie ist – vereinfacht gesagt – „ein Vorgehensplan, eingeschränkt auf ein Geschäftsfeld, welches abgegrenzt wird durch die Zuordnung eines Produktes bzw. einer Marktleistung zu einem Markt bzw. einer Kundenkategorie" (La Roche, 1987, S. 135). Pümpin warnt jedoch davor, durch die starke Verankerung der produkt-/marktbezogenen Denkmuster die Augen für innovative, dynamische Strategien auf der Basis interner und externer Nutzenpotentiale zu verschließen (zum sog. **Dynamik-Prinzip** siehe Pümpin/Imboden, 1991).

Mit der Ablösung eines Verkäufermarktes durch einen **Käufermarkt** ist zur Erfassung von Markt- und Konkurrenzlage auch die **Angebotsseite** genau zu erfassen; damit wurde zur langfristigen Erfolgssicherung aus einer Produktstrategie eine Produkt-/Markt-Strategie für genau definierbare (strategische) Geschäftseinheiten mit spezifischen Konkurrenzverhältnissen. Als zusätzliches, an Bedeutung gewinnendes Entscheidungsproblem ist die Frage nach nationalen oder internationalen **Kooperationen** anzusehen, da sich zunehmend Unternehmen außerstande sehen, die Anpassungsprobleme der Zukunft autonom zu lösen.

Hahn weist darauf hin, daß mit der Geschäftsfeldplanung, d.h. der Produkt- und Programmplanung sowie Investitions- und Desinvestitionsplanung einschließlich Potentialplanung (Personal und Datenmittel), die **Strukturplanung** (Aufbauorganisation) bestimmt wird. Diese wiederum bestimmt weitgehend die **Führungskräfte-Planung**; diese Einflüsse bestehen auch umgekehrt (vgl. Hahn, 1996, S. 354ff.; 695ff.).

Meffert (vgl. 1994, S. 203ff.) entwickelt folgende Marketingstrategien in unterschiedlichen **situativen Kontexten:**

- Strategien in jungen Märkten (hier insbesondere die Bedeutung der Technologie)
- Strategien in stagnierenden und schrumpfenden Märkten (Grundtypen: Marktbehauptungs-, Ausweich- oder Rückzugs-, Kooperationsstrategie); in jüngerer Zeit bekommen zunehmend auch Desinvestitionsentscheidungen aus nicht wertoptimalen Geschäften verstärkte Bedeutung; zum strategischen Rückzug als Option siehe Friedrich/Hinterhuber (1994)
- Strategien in rezessiven Märkten

- Strategien auf globalen Märkten (strategische Optionen: Internationalisierungsstrategien, Wettbewerbsstrategische Ausrichtung, Standardisierung des Marketing)
- Strategien auf Dienstleistungsmärkten
- Marktorientierte Umweltschutzstrategien (Basisstrategien: Differenzierungs-, Kostenführer-, Timingstrategien)

4. Ausarbeitung der funktionalen Politiken und Aktionsprogramme

Bei dieser – vorwiegend deduktiven – Aufgabe sind für den jeweiligen Funktionsbereich die sich aus der Gesamt- und Geschäftsstrategie ableitenden **Konsequenzen** im Bereich der jeweiligen **Potentiale** detailliert darzustellen. Hinterhuber sieht die Risiken einer ungenügenden Koordination im Hinblick auf eine effiziente Implementierung der Strategien dadurch vermindert, daß den funktionalen Bereichen für ihre jeweiligen Entscheidungsprozesse eine Reihe von – rahmenbildenden – **Richtlinien, Vorschriften** und **Zielen** vorgegeben wird.

Gemäß diesen Richtlinien („Verhaltensnormen") können nun – bis zu den untersten Entscheidungsebenen der Hierarchie – **detaillierte Aktionsprogramme** entsprechend der situativen Gegebenheit der Funktionsbereiche erarbeitet, d.h. die Strategien konkretisiert werden (vgl. im einzelnen Hinterhuber, 1992, II, S. 209ff.). In den Aktionsprogrammen sind nach Art und Projekt festzuhalten (Schwaninger, 1985, S. 59):

- grobe Aufwandschätzungen in Mann-Tagen und Geldeinheiten
- Dokumentation wichtiger Meilensteine
- Angabe der Verantwortlichkeiten
- Terminierung des Projektabschlusses und der Meilensteine.

Bevor eine Strategie von der Unternehmensleitung als **verbindlich** erklärt werden kann, müssen nach Hinterhuber (vgl. 1992, II, S. 105ff.)

- die Konsequenzen in den funktionalen Bereichen geprüft werden,
- die finanziellen Auswirkungen der wichtigsten alternativen funktionalen Aktionsprogramme für die erwogene Strategie gegenübergestellt werden und
- der Mittelfluß bestimmt werden.

Die **Gesamtstrategie** legt abschließend für alle strategischen Geschäftsfelder/ -einheiten die Mittelzuteilung fest. Damit liegt am Ende des Strategie-Entwicklungsprozesses ein **„Strategiegebäude"** vor. Zur „Verzahnung" von strategischer und operativer Planung siehe Grother (1995)

5. Implementierung und Durchführung

Besonders Rufer/Wüthrich (vgl. 1987, S. 63) machen deutlich, daß jede Strategieumsetzung **Veränderungen** und somit die Überwindung von betrieblicher Trägheit, d.h. von physischen und geistigen Hemmnissen im Unternehmen, erfordert. Zur Überwindung dieser Hemmnisse und zur Durchsetzung des Wandels wird für eine erfolgreiche Strategieumsetzung eine **Stoßkraft** benötigt. Dabei ist jedoch nicht nur der physische Wandel von Bedeutung, sondern ebenso der notwendige **geistige Wandel**, der sich in einer gemeinsamen Verhaltensausrichtung der Mitarbeiter an der Strategie manifestiert (siehe die Fallbeispiele zur Strategieumsetzung bei Imboden, 1991). Dazu auch unsere Ausführungen im sechsten Teil (Unternehmenskultur und strategische Entscheidung).

Den Führungskräften fällt demgemäß die **Schlüsselrolle** bei der Erzeugung strategischer Stoßkraft zu. Innerhalb der **Planung** der Strategieumsetzung sind systematisch Projekte und Maßnahmen zur Realisierung der Strategie abzuleiten: „Für jede Maßnahme existiert eine Projektbeschreibung mit Teilschritten, Terminen, Kosten und Verantwortlichen. Die Maßnahmen bilden die Basis der mittelfristigen Planung und fließen in die Jahresbudgets ein" (Rufer/Wüthrich, 1987, S. 65).

VI. Fazit

Eine WHU-Studie zum Entwicklungsstand der Planung in großen deutschen Unternehmen spricht von einem „Planungsmythos" und stellt einige **gravierende Mängel** fest (vgl. Weber/Hamprecht/Goeldel, 1997, S, 11f.):

- Die operative Planung konzentriert sich inhaltlich auf **Kenngrößen**, die sich wiederum auf Formalziele beziehen, wobei der Schwerpunkt bei der Planung von Umsatz, Kosten, Absatz und den entsprechenden Ergebnisgrößen liegt. Den operativ Verantwortlichen für diese finanziellen Resultate kommt meistens nur ein geringe Bedeutung zu. Auf detaillierte Maßnahmenplanung zum Erreichen der gesetzten finanziellen Ziele und auf sachzielorientierte Planungen von Qualitäts- und Servicegraden, Lieferpünktlichkeit, Auftragsbearbeitungszeiten etc. trifft man nur in Ausnahmefällen. „Mit der dominierenden Orientierung an Formalzielen in der operativen Planung gerät die Leitung vieler Unternehmen in die Lage von Fußballtrainern, die den Spielstand an der Anzeigetafel ablesen, aber das Spielgeschehen nicht auf dem Platz verfolgen." (ebd., S. 12)
- Es kommt zu einer **vollkommenen Trennung** von strategischer und operativer Planung; die entsprechenden Ziele sowie die entsprechenden Steuergrößen stehen unverbunden nebeneinander; zudem kommt es weder bei der Erstellung der strategischen Planung noch bei der Umsetzung zu einer ausreichenden Kommunikation mit den operativ verantwortlichen Managern.
- Die operative Effektivität und Effizienz der Produktions- und Absatzprozesse kann bei einer reinen Fortschreibung der **Vergangenheitswerte** weder gesteigert noch erhalten werden; letztlich läuft die Fortschreibung auf den klassischen Schmalenbachschen Vergleich von Schlendrian mit Schlendrian.

F. Elemente des strategischen Managements

I. Entwicklungsstufen des Denkens

Entwicklungsstufen des strategischen Denkens (vgl. Wüthrich, 1991, S. 39ff.; Meffert, 1994, S. 19):

- 60er Jahre: Trendextrapolation, Mehrjahres-Prognosen, strukturelle Marktfeldstrategien mit Hilfe der Ansoff-Matrix (Marktdurchdringung, Marktentwicklung, Produktentwicklung, Diversifikation); im Mittelpunkt: Wachstumsstrategien; Synergiekonzepte
- 70er Jahre: Konzept der strategischen Planung, Situationsanalysen, Portfolio-Konzepte (Normstrategie in Verbindung mit Erfahrungskurvenkonzepten), Lebenszykluskonzept, Szenario-Technik
- 80er Jahre: Konzept des strategischen Managements, Frühwarnsysteme, Sicherung dauerhafter Wettbewerbsvorteile, Konzept der „strategischen Gruppen", Wertkettenanalyse (Porter, SEP-Konzept (Pümpin), Übergang von multinationalen zu weltweit ausgerichteten Marketingstrategien (Globalisierung der Märkte), Outpacing-Strategien, Total Quality Management, Unternehmenskultur
- 90er Jahre: integrative Ansätze, Sicherung von Wettbewerbsvorteilen in Allianzen und Netzwerken, Umweltorientierung

Das Grundanliegen des strategischen Managements ist dabei die Schaffung einer dauerhaften, strategiebedingten Rente. **Ziel** des strategischen Denkens ist es nach Wüthrich (1991, S. 48):

- durch Ordnung die Komplexität zu bewältigen und eine geplante Unternehmensentwicklung sicherzustellen;
- zukünftige Ertragspotentiale zu erkennen und aufzubauen;
- Handlungsspielräume, Alternativen und Optionen zu generieren sowie
- zukünftige Tätigkeiten umwelt-, wettbewerbs-, risiko-, technologie- und ressourcenorientiert auszubalancieren.

1. Marktorientierter Ansatz („Market-based Approach")

Diese **extern** orientierten Ansätze erklären den Erfolg (d.h. dauerhaft überdurchschnittliche Gewinne) aufgrund verschiedener Umweltmerkmale: z. B. Struktur der Branche, strategisches Verhalten/Wettbewerbsintensität (vgl. die generischen Strategien bei Porter, 1990 und unsere Ausführungen F, II): Industrial Organisation Forschung, Perspektive der **Industrieökonomik**. Dieser marktorientierten Ansatz ist die heute immer noch dominierende Denkschule. (vgl. Abb. 79, aus Osterloh/Frost, 1996)

> „Der marktorientierte Ansatz hat bei konsequenter Anwendung weitreichende Folgen, auch für die Aufbauorganisation einer Unternehmung. Um flexibel und kundennah agieren zu können, werden trennbare Geschäfts- in weitgehend selbständige Einheiten verankert. Das entstehende Grundmodell der Organisation ist das der divisionalen Organisation (Spartenorganisation) (...) Gerade in den letzten Jahren ist eine erneute Restrukturierungswelle in Gang gekommen, die sich in die gleiche Richtung bewegt: die Management-Holding." (Krüger/Homp, 1997, S. 61)

2. Ressourcenorientierter Ansatz („Resource-based Approach")

Seit Anfang der 90er Jahre wird in einer wachsenden Zahl von Aufsätzen der ressourcenorientierte Ansatz diskutiert (vgl. Abb. 80, aus Osterloh/Frost, 1996). Diese Schule des strategischen Managements macht die von der Industrieökonomik vernachlässigte Unterschiedlichkeit von Unternehmungen zum Ausgangspunkt ihrer Analyse; sie weist in weiten Teilen eine große Ähnlichkeit zu dem wesentlich älteren Konzept der „corporate capabilities" von Ansoff auf (vgl. Zimmer/Ortmann, 1996, S. 101):

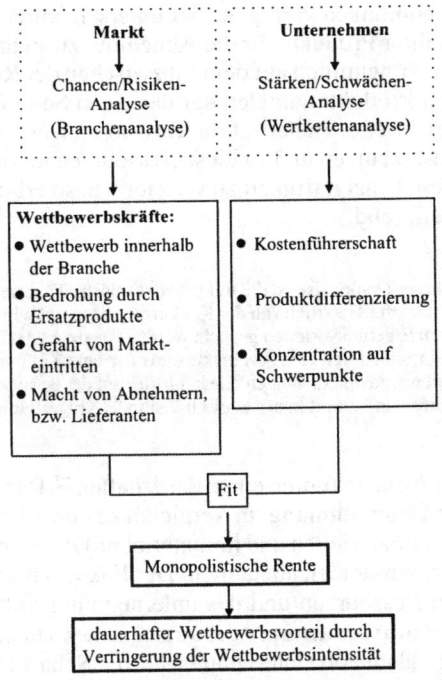

Abb. 79: Marktorientierter Ansatz

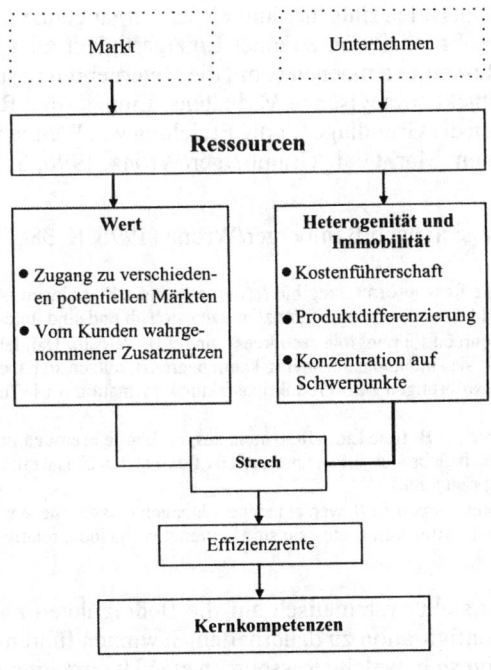

Abb. 80: Ressourcenorientierter Ansatz

Unterschiedliche Unternehmungen verfügen über unterschiedliche Ressourcen, die sie nutzen, um die Attraktivität ihrer Produkte für die Abnehmer zu steigern. Der Erfolg einer Unternehmung beruht dabei vornehmlich auf dem Fit zwischen der Ressourcenausstattung und den daraus resultierenden Produktqualitäten auf der einen Seite und den Bedürfnissen der Abnehmer auf der anderen Seite. Generiert die Ressourcenausstattung der Unternehmung bei den Kunden einen Zusatznutzen und ist diese Ressourcenausstattung einzigartig und die Unternehmung fähig, diese Einzigartigkeit zu verteidigen, so erlangt sie damit einen dauerhaften Wettbewerbsvorteil. (ebd.)

„Theoretischer Hintergrund dieser Denkweise ist die mikroökonomische Theorie, nach der in einem funktionierenden Markt jeder Wettbewerbsvorteil letztlich von der Konkurrenz beseitigt wird (,erodiert‘). Strategische Vorteile können demgemäß nicht in Ergebnisvorteilen gesucht werden wie denen von Porters Matrix. Vielmehr muß die Unternehmung bestrebt sein, sich durch eine geschickte und effiziente Kombination von Ressourcen und Fähigkeiten von ihren Wettbewerbern zu unterscheiden. Sie kann dies auf der Basis von Erfahrungs- und Lerneffekten, die nach außen nicht sichtbar und damit kaum kopierbar sind." (Krüger/Homp, 1997, S. 61)

Diese **intern** orientierten Ansätze führen einen dauerhaften Erfolg also auf die strategischen Ressourcenvorteile einer Unternehmung im Vergleich zu den Mitanbietern zurück. Ausgehend von den spezifischen (materiellen und immateriellen) Ressourcen einer Unternehmung sind adäquate Wettbewerbsstrategien abzuleiten. Der Fokus wird vom Absatzmarkt auf die Beschaffungsmärkte von Ressourcen und das unternehmungsinterne Ressourcenmanagement verlagert. Zum **„Ressourcenansatz"** der strategischen Unternehmensführung zur Erklärung der Unterschiedlichkeit von Unternehmen bei der Schaffung von Erfolgspotentialen siehe insbesondere Wernenfelt (1984) als Begründer, Rasche/Wolfrum (1994); Knyphausen (1993) und Bamberger/Wrona (1996).

Die Position einer Unternehmung bezüglich der internen Ressourcen ergibt sich zu einem bestimmten Zeitpunkt aus allen Entscheidungen der Vergangenheit. „Dabei führt die unterschiedliche historische Entwicklung zu einer Einzigartigkeit oder Heterogenität der Ressourcenausstattung. Ressourcen machen somit die Unternehmung spezifisch und bilden die Grundlage und das Objekt strategischen Verhaltens. Einzigartige Ressourcen stellen unter bestimmten Umständen die Grundlage für die Erzielung von Wettbewerbsvorteilen, also Positionsvorteilen, in einem Markt dar."(Bamberger/Wrona, 1996, S. 386)

Die Ressourcen lassen sich nach Bamberger/Wrona (1996, S. 386f.) klassifizieren in:

- **materielle**/physische Ressourcen („tangible resources" sind z.B. Anlagen, Ausstattung, Zugang zu Rohmaterialien; sie sind kapazitätsmäßig begrenzt, nutzen sich ab und sind unterschiedlich flexibel);
- **immaterielle** Ressourcen („intangible resources" sind z.B. Patente, Handelsmarken, Firmenruf, Knowhow der Mitarbeiter; sie sind kapazitätsmäßig kaum begrenzt, nutzen sich weniger ab; flexiblerer Einsatz; vgl. auch unsere Ausführungen zum Produktionsfaktor Information im 1. Teil und zum Wissensmanagement;
- **finanzielle** Ressourcen (z.B. freie Liquidität, nicht ausgeschöpfte Fremdkapitalkapazität; sie sind begrenzt vorhanden; gehen nach Gebrauch sofort unter; relativ flexibel; bei Einsatz in Form von Investitionen Übergang in andere Ausprägungen);
- **organisatorische** Ressourcen (z.B. verschiedene Managementsysteme wie PuK- oder Informationssystem, Organisationsstruktur/-kultur etc.; sie sind begrenzt vorhanden, relativ flexibel, nutzen sich bei Gebrauch nicht ab).

Der Ressourcenansatz stellt systematisch auf die Bedingungen ab, unter denen eine bestimmte Ressourcenkonfiguration zu dauerhaften Gewinnen führen kann. Aus der Anwendung des Ansatzes zeigt sich, welche Ressourcen eine Unternehmung also aufbauen sollte. Die **Nachhaltigkeit von Wettbewerbsvorteilen** ergibt sich (nach Bamberger/Wrona, 1996, S. 387) aus:

- der **Abnutzbarkeit** der zugrundeliegenden Ressourcen – Vorteil für immaterielle und organisationale Ressourcen,
- der Möglichkeit ihrer Erlangung auf Faktormärkten **(Transferierbarkeit)**: Finanzielle Ressourcen über Finanzmärkte sind leicht erwerbbar; immaterielle und organisationale Ressourcen sind schlecht transferierbar, da sie immobil sind und bezüglich ihres Wertes unvollkommene Information vorliegt;
- ihrer **Initier-** oder **Substituierbarkeit**: Imitationsbarrieren etwa über Patente; dagegen sind finanzielle und z.T. physische Ressourcen leicht imitierbar.

Die **Anwendungsgebiete** des Ressourcenansatzes liegen für Bamberger/Wrona (1996, S. 388f.) in den Feldern der Entwicklung, des Schutzes und der Verwertung von Ressourcen. „Von besonderem Interesse ist die Analyse der Verwertungsmöglichkeiten aufgebauter Ressourcen. Sie bezieht sich auf den Beitrag, den der Ressourcenansatz zur Erklärung und Entwicklung von Strategien zu leisten vermag. Er liefert zum Teil neue Argumente und eine Sichtweise, die sowohl bestehende Gestaltungshinweise erweitern als auch praktische Gestaltungshinweise geben kann." Sie geben folgende **Beispiele**:

- **Diversifikation**: Als ein Motiv für Diversifikation wird traditionell die Existenz unausgelasteter Ressourcen angesehen; neben der Bereitstellung zusätzlicher Motive leistet der Ansatz auch einen Beitrag zur Erklärung von Diversifikationsart bzw. -Richtung.
- **Internationalisierungsstrategien**: Überschuß an Ressourcen begünstigt Internationalisierungsstrategien; leistet einen Beitrag zur Erklärung der Wahl von Eintrittsstrategien und berücksichtigt den dynamischen Charakter der Internationalisierung; dezentrale Wissensbasen fördern Adaptionsfähigkeit bzw. Fähigkeit zum organisationalen Lernen.
- **Markteintrittsstrategien**: Intern vorhandene Ressourcen stellen für Wettbewerber Eintrittsbarrieren dar; zusätzlich ungewollte Eintrittskosten, die aus der Unteilbarkeit von Ressourcen entstehen.

Neben den gezeigten besonderen **Stärken** dieses Ansatzes (= zeigt die Bedeutung der internen Ressourcen zur Erlangung eines Wettbewerbsvorteils) weist der Ressourcenansatz auch **Mängel** auf (nach ebd., S. 390f.):

- Es bleibt der Schlüsselbegriff „wertvolle" Ressourcen **unklar** (keine Angaben, was dies sein könnte); hier muß komplementär auf die Annahmen der Industrieökonomie zurückgegriffen werden, da sich der Wert einer Ressource aus den Anforderungen des Marktes bzw. der Branche ergibt.
- Auch bezüglich der Entwicklung, der Verwertung und des Schutzes von Erfolgspotentialen erweist sich der Ressourcenansatz allein als nicht ausreichend und es muß auf die Industrieökonomie und Transaktionskostentheorie zurückgegriffen werden.
- Die zugrundeliegende Argumentationskette, nach der aus der Ressourcenausstattung von Unternehmen bestimmte Strategien resultieren, die wiederum unterschiedlichen Erfolg erklären, erweist sich als zu undifferenziert (stattdessen wechselseitige und dynamische Interaktionen).

3. Weiterentwicklungen

Die Ressourcen eines Unternehmens gewinnen im Rahmen der **Kernkompetenz**-Konzeption zentrale Bedeutung (dazu unsere Ausführungen unter M, VI). Dabei wird die Denkweise der klassischen Planung umgedreht: nicht mehr Bereitstellung der Ressourcen, nachdem die entsprechende Strategie gefunden ist (= Ressourcenplanung als Folgeplanung), sondern die Ressourcenplanung als Ausgangspunkt (= Primärplanung) der Unternehmensführung. „Im Zentrum stehen dabei diejenigen Ressourcen, welche im Wettbewerb durch Konkurrenten weder substituiert noch imitiert werden können und die für die Kunden zu einem Nutzenvorteil führen. Der Prozeß der strategischen Planung wird damit umgekehrt. An die Stelle der Planung der Ressourcen für gegebene Strategien tritt der Aufbau von Ressourcenpotentialen, auf deren Basis dann Produkt-/Markt-Stategien entwickelt werden mit dem Ziel, daraus eine dauerhafte strategiebedingte Rente zu erlangen." (Staffelbach, 1997, S. 49)

Der in diesem Kapitel dargestellte Gegensatz zwischen Markt- und Ressourcenorientierung, der in Theorie und Praxis stark betont wird, ist nach Krüger/Homp (1997, S. 64ff.) durch eine

Integration zu überwinden, wobei das konzeptionelle Bindeglied zwischen „Markt" und „Ressourcen" die Kerneigenschaft bildet (= Ansatz der marktorientierten Kernkompetenzen).

II. Die Ableitung strategischer Grundverhaltensweisen

Ist die Analysephase beendet, bieten Literatur (und Beratungspraxis) für die Phase der Strategienfindung eine Reihe von (meist heuristischen) Hilfsmitteln in Form so genannter strategischer Stoßrichtungen als „Verhaltensempfehlungen" an. Sie dienen quasi als „Orientierungshilfe" und fungieren als „Norm"-Strategien, die dann entsprechend den situativen Rahmenbedingungen in der Umsetzung zu spezifizieren sind. Es sollen einige wesentlichen Methoden näher erläutert werden.

1. Produkt-Markt-Matrix (Ansoff)

Bewährte Hilfestellung bei der grundsätzlichen Definition strategischer Verhaltensweisen liefert die von Ansoff bereits in den 60er Jahren entwickelte Produkt-Markt-Matrix (**Diversifikationsmatrix**). Dieser grobe Denkrahmen versucht zukünftig **mögliche Betätigungsalternativen** einer Unternehmung (Sind bestehende Produkte zur Zukunftssicherung ausreichend? Wenn nicht, welche neuen Möglichkeiten stehen uns zur Verfügung?) mit einem **4-Felder-Grundraster** zu strukturieren (vgl. Abb. 81).

Märkte / Produkte	jetzige	neue
jetzige	I Marktintensivierung 50%	II Marktwerweiterung 22%
neue	III Programmerweiterung und -erneuerung 23%	IV Diversifikation 5%

Abb. 81: Strategische Produkt-Markt-Matrix

Daraus abgeleitet wird für

Feld I   eine **Marktdurchdringungsstrategie** (-intensivierungsstrategie): für bestehende Produkte in bestehenden Märkten

Feld II   eine **Markterweiterungsstrategie** (-entwicklungsstrategie): für bestehende Produkte in neuen Märkten

Feld III   eine **Programmerweiterungs-** (und -erneuerungs)strategie

Feld IV   eine **Diversifikationsstrategie** für neue Produkte in neuen Märkten.

Wachstumsstrategien wurden lange Zeit mit **Diversifikationsstrategien gleichgesetzt.** Gründe für die Popularität waren u.a.:

- der Wunsch, neu entwickelte Technologien auf anderen Märkten/Produkten zu nutzen
- die Wachstumsgrenze bei der jetzigen Geschäftstätigkeit durch Eintritt in einen schnell wachsenden Zukunftsmarkt zu sprengen

- steuerliche Anreize
- hohe Liquidität, die eine Anlage suchte.

Der Trend nach Diversifikation scheint sich zur Zeit umgekehrt zu haben, nicht zuletzt aufgrund der sehr unglücklichen Erfahrungen einiger Großunternehmungen mit „Diversifikationsabenteuern", allerdings sind auch gegenläufige Indikatoren erkennbar. Betrachtet man die Felder der Produkt-Markt-Matrix unter dem Gesichtspunkt von Synergieeffekten, so gibt das **„Gesetz der abnehmenden Synergie"** als eine Heuristik folgende Hinweise (vgl. Vollmer, 1983, S. 56):

- Ist der Erfolg primär das Ergebnis der **Produktion**, empfiehlt sich eine Kette in der Reihung I - III - II - IV bei abnehmender Synergie.
- Ist der Erfolg primär auf den **Absatzbereich** zurückzuführen (z.B. Stärke im Vertriebsbereich), wird eine Kette mit der Reihung I - II - III - IV erfolgversprechend sein.

Das **optimale Ausnutzen** bereits gegebener Voraussetzungen im Feld I verspricht die höchste Erfolgswahrscheinlichkeit; je weiter man sich vom Bekannten („Vertrauten") entfernt, desto schwächer sind die Synergieeffekte; in Abb. 81 sind die „Erfolgswahrscheinlichkeiten einer Innovation" eingetragen (ähnliche Angaben in zahlreichen Literaturveröffentlichungen).

Da die Produkt-Markt-Matrix von Ansoff ausschließlich an Wachstumsmärkten orientiert ist, sehen es Kleb/Walther/Barzen (1990, S. 371) als unerläßlich an, die (besonders auf rückläufigen und stagnierenden Märkten anzutreffende) in der „Konzentration der Kräfte" enthaltene Doppelstrategie der Bereinigung **und** der Suche nach neuen Wachstumsfeldern zu berücksichtigen.

2. Neue BCG-Matrix (Boston Consulting Group)

In Erweiterung ihrer klassischen Business-Portfolio-Matrix hat die Boston Consulting Group zur besseren Erfassung des Wettbewerbsumfeldes zu Beginn der 80er Jahre eine **neue** Matrix, die **grundlegende** Entfaltungsmöglichkeiten der Unternehmung aufzeigen soll, vorgestellt (vgl. Abb. 82, aus Giddens-Emig, 1983, S. 14); die **Basisaussagen** sind:

- Strategy requirements of a business are ruled by the competitive environment and the potential for change in that environment
- A business must achieve some competitive advantage to remain profitable
- The number of ways advantage can be created and the size of the advantage vary by industry
- Industries evolve, changing the magnitude and nature of the advantageous positions.

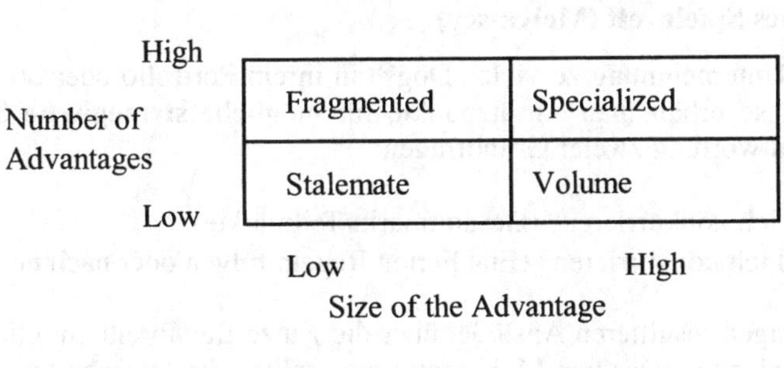

	High		
Number of Advantages		Fragmented	Specialized
	Low	Stalemate	Volume
		Low	High
		Size of the Advantage	

Abb. 82: Die neue Boston Consulting Group Matrix (Wettbewerbsvorteilsmatrix)

601

Die Märkte werden also danach beurteilt,

- ob der erzielbare Wettbewerbsvorteil groß oder klein ist (**Matrixdimension**: Größe der möglichen Vorteile),
- ob zur Erringung dieses Vorteils viele oder wenige Alternativen („Wege") gegeben sind (**Matrixdimension**: Anzahl der Vorteile).

Die Suche nach neuen Differenzierungsmöglichkeiten verfolgt das Ziel, sich von den direkten Wettbewerbern „abzukoppeln"; je erfolgreicher dies ist, um so gesicherter ist eine stabile Ertragsbasis. Für die vier **idealtypischen Kategorien** gelten spezifische **Erfolgsfaktoren** (vgl. dazu Oetinger, 1983, S. 44ff.), die wie folgt beschrieben werden:

Volumengeschäft:

- Geschäft läßt sich in nur wenige Dimensionen differenzieren, jedoch starke Ertragsunterschiede.
- Volumen führt zur Kosten-/Preisführerschaft.
- Geschäfte sind degressionsempfindlich, eröffnen nur wenige Optionen.

Spezialisierung:

- Größe und Anzahl der Vorteile sind hoch.
- norme Varianz der Erträge.

Fragmentierung:

- Vorteile sind klein, Differenzierungsmöglichkeiten sehr groß.
- Große Gewinnchancen für kleine spezialisierte, kaum miteinander konkurrierende Firmen.

Patt:

- Hier kann kein nachhaltiger Vorteil erreicht werden (optimale Betriebsgrößen sind erreicht, Technologie allgemein verbreitet, Erfahrungseffekte realisiert).
- Erträge sind im Allgemeinen gedrückt.

„Diese Aufteilung ist nie eindeutig, stets in Bewegung und von Auseinandersetzungen in den Grenzgebieten begleitet. In manchen Geschäften werden einige Anbieter ins Patt gedrängt werden, andere entgehen dieser unerfreulichen Situation durch Spezialisierung. Daher gibt es auch keine „guten" und keine „schlechten" Branchen, sondern nur gute oder schlechte Unternehmen. Auf diese Weise haben viele Märkte ihre Homogenität verloren, sind segmentierter geworden. Die Freiheitsgrade nehmen zu" (ebd., S. 46).

Unternehmen, die sich aus einer ungünstigen Wettbewerbsposition befreien wollen, müssen versuchen, durch Maßnahmen der „Transformation" eine bewußt herbeigeführte Verschiebung der Vorteilsmuster zur vollständigen Veränderung der Vorteile und damit des Wettbewerbsgefüges zu erreichen (vgl. auch unsere Ausführungen zum Lernenden Unternehmen).

3. Strategisches Spielbrett (McKinsey)

Hat nun eine Unternehmung zu viele „Dogs" in ihrem Portfolio oder operiert es in einer Patt-Situation, so erhält man Ansatzpunkte für mögliche **strategische Stoßrichtungen** durch die Beantwortung zweier Grundfragen:

- **Wo** soll ich konkurrieren? (Gesamtmarkt/Teilmärkte)
- **Wie** soll ich konkurrieren? (Etablierten Regeln folgen oder nach neuen Regeln?)

Aus diesen Fragen resultieren Anstöße, über die ganze Bandbreite möglicher Verhaltensweisen nachzudenken. Das von McKinsey vorgestellte „Strategische Spielbrett" zeigt die durch Kombination der beiden Fragestellungen möglichen Varianten.

Allerdings ist zu bedenken: „Wenn man die Grundlagen des Wettbewerbs in den Märkten, in denen man tätig ist oder in die man im Zuge einer Diversifikation eindringen möchte, durch „new games" völlig verändert, so ist dies in aller Regel nur dann zu machen, wenn auch die Identität oder die Kultur des Unternehmens auf solche kreativen, alle traditionellen Regeln über den Haufen werfenden Strategien paßt. Häufig kann man „new games"-Strategien nur realisieren, wenn es gleichzeitig gelingt, die Identität des Unternehmens zu verändern" (Kirsch/Roventa, 1983, S. 9f.).

4. Strategische Grundkonzeption (Porter)

Porter skizziert mit seinem **Branchenstrukturmodell** die das Gewinnpotential dominierenden **Wettbewerbskräfte** einer Branche: „Die Formulierung einer Wettbewerbsstrategie besteht wesentlich darin, ein Unternehmen in Bezug zu seinem Umfeld zu setzen. Obwohl das relevante Umfeld sehr weit ist (es umfaßt sowohl soziale als auch ökonomische Kräfte), liegt sein Kern aus der Sicht des Unternehmens in der Branche (oder den Branchen), in der (bzw. denen) es konkurriert" (Porter, 1983, S. 25).

Diese Kräfte („**five competitive forces**") sind (vgl. Porter, 1986, S. 26):

- Bedrohung durch neue Konkurrenten (Markteintrittsbarrieren)
- Verhandlungs-/Marktmacht der Abnehmer
- Bedrohung durch Ersatzprodukte und -dienste (Substituierbarkeit)
- Verhandlungs-/Marktstärke der Lieferanten
- Rivalität unter den bestehenden Unternehmen (Wettbewerbsintensität)

Zweck einer Wettbewerbsstrategie wird es sein, „eine Position zu finden, in der es (das Unternehmen; Anm.d.Verf.) sich am besten gegen diese Wettbewerbskräfte schützen oder sie zu seinen Gunsten beeinflussen kann" (ebd., S. 26). Unter Berücksichtigung dieser Wettbewerbskräfte sind von Porter „Strategische Grundkonzeptionen" („**generic strategies**") entwickelt worden (vgl. Abb. 83, aus ebd., 1980, S. 35). Die Möglichkeiten zum Aufbau einer verteidigungsfähigen Marktposition reduzieren sich demnach darauf, entweder

- eine umfassende **Kostenführerschaft** (overall cost leadership)
  (d.h. standardisierte Produkte zu Niedrigpreisen) oder
- eine **Differenzierung** (differentiation)
  (d.h. höhere Preisklasse durch Einzigartigkeit z.B. in Qualität, Service, Design, Image) oder
- eine **Schwerpunktkonzentration** (cost or differentiation focus)
  (d.h. auf eine bestimmte Region als Kundengruppe)

durchzuführen.

Abb. 83: Strategische Grundkonzeptionen

Diese **generellen** Wettbewerbsstrategien müssen den **situativen Kontextbedingungen,** also den jeweiligen Marktgegebenheiten, angepaßt werden. In den letzten Jahren wurden diese „generic strategies" verschiedenen empirischen Studien unterzogen und verfeinert (z.B. ihre Abhängigkeit von bestimmten Märkten oder der Unternehmensgröße und ihre Kombinationsanwendung); vgl. dazu Wright, 1987; Liessmann, 1993, S. 180ff. Porter selbst geht von einer „Unvereinbarkeit" von Kostenführerschaft und Differenzierung aus (Fokussierungshypothese). Jüngere empirische Untersuchungen differenzieren und halten auch eine **Simultanitätsthese** für möglich (vgl. Meffert, 1994, S. 113ff.; Corsten/Will, 1992 und die dort genannte Literatur). Eine Komplementarität von Strategien der Kostenführerschaft und der Produktdifferenzierung wird bei den erstmals von Gilbert/Strebel (1987) entwickelten **Outpacing**-Strategien unterstellt (dazu: Bühner, 1993, S. 30ff.)

Porter (vgl.1983, S. 69ff.) betont die Notwendigkeit, sich – je nach den Stärken des Unternehmens oder weil es von Konkurrenten am wenigsten gekontert werden kann – dauerhaft auf eine der Strategien als Hauptziel zu konzentrieren. Gelingt es einem Unternehmen nicht, seine Strategie zumindest in eine dieser drei Richtungen zu entwickeln, ist es in einer äußerst schlechten Situation („sitzt zwischen den Stühlen").

Meffert (1994, S. 115f.) würdigt den Ansatz nach Porter **kritisch** wie folgt:

- Die Strategiekonzeption beinhaltet im Kern an Wettbewerbsvorteilen orientierte abnehmergerichtete Strategien.
- Der Strategiebegriff der Differenzierung greift mit Blick auf die Vielzahl anstrebbarer Wettbewerbsvorteile zu kurz.
- Unternehmen können sowohl kosten- als auch differenzierungsorientiert vorgehen, ohne damit „zwischen den Stühlen" zu sitzen.
- Dynamische Aspekte der Strategieanpassung werden nicht diskutiert, obwohl in der Praxis zu beobachtende Wettbewerbsstrategien, z.B. der Japaner, die Verknüpfung von Preis- und Qualitätsführerschaft vornehmen.

5. Allgemeine Grundregeln (Pümpin)

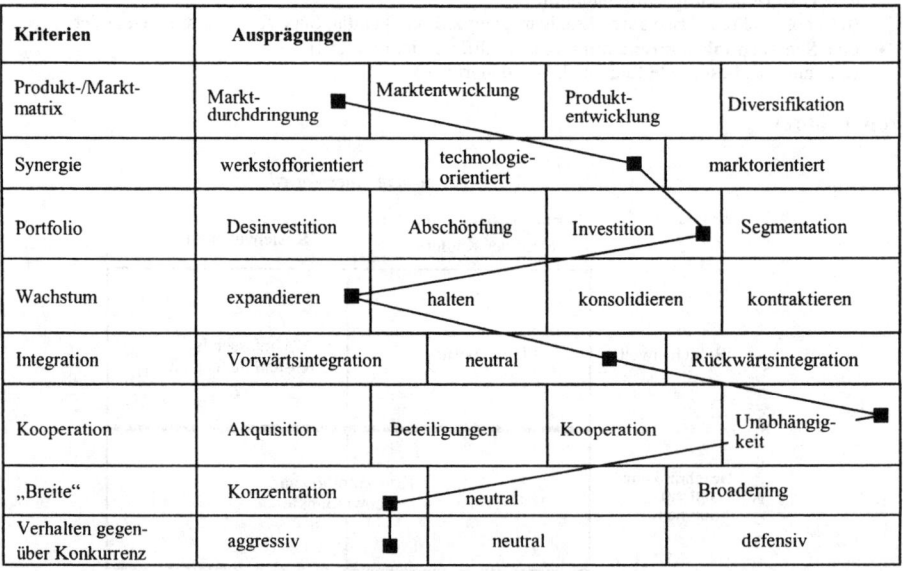

Kriterien	Ausprägungen			
Produkt-/Markt-matrix	Markt-durchdringung	Marktentwicklung	Produkt-entwicklung	Diversifikation
Synergie	werkstofforientiert	technologie-orientiert		marktorientiert
Portfolio	Desinvestition	Abschöpfung	Investition	Segmentation
Wachstum	expandieren	halten	konsolidieren	kontraktieren
Integration	Vorwärtsintegration	neutral		Rückwärtsintegration
Kooperation	Akquisition	Beteiligungen	Kooperation	Unabhängig-keit
„Breite"	Konzentration	neutral		Broadening
Verhalten gegen-über Konkurrenz	aggressiv	neutral		defensiv

Abb. 84: Kombination möglicher strategischer Grundverhaltensweisen mittels eines morphologischen Kastens

Eine ausführliche Beschreibung der inhaltlichen Gestaltung möglicher strategischer Grund-verhaltensweisen gibt Pümpin; er differenziert dabei die allgemeinen Grundregeln aus der Sicht

- der Produkt-Markt-Matrix
- der Synergieausnutzung
- des Portfolio-Konzeptes
- des Wachstums
- der Integration
- der Kooperation
- der „Breite"
- des Verhaltens gegenüber der Konkurrenz (vgl. im einzelnen Pümpin, 1980, S. 74ff.).

Diese vorgängig erwähnten Grundverhaltensweisen werden i.d.R. **kombiniert** eingesetzt, der morphologische Kasten enthält (durchgezogene Linie) ein Beispiel für **eine** Strategie (vgl. Abb. 84, aus ebd., S. 77). Der dargestellte morphologische Kasten kann situationsspezi-fisch um weitere Kriterien erweitert werden wie Standort, Qualität, Mitarbeiterbezogenheit, Gesellschaftsbezogenheit, Markt, Marktregeln u.ä.

In der Literatur finden sich weitere **integrative** Ansätze, die möglichst viele Strategieent-scheidungen mit „Grundsatzstrategien" abbilden wollen (so Backhaus, 1992; Becker, 1992; Rahn, 1992). Bea/Haas (1995, S. 154) differenzieren die Strategiearten nach: Entwicklungs-richtung, Produkt-Markt-Kombinationen, Organisatorischer Geltungsbereich, Ansatzpunk-te für Wettbewerbsvorteile, Geltungsbereich nach Funktionen, Regionaler Geltungsbereich, Grad der Eigenständigkeit. Auch Meffert (1994, S. 118ff.) skizziert eine eigene Strategiesy-stematik: abnehmergerichtete Wettbewerbsstrategie, konkurrenzgerichtete, absatzmittler-gerichtete und anspruchsgruppengerichtete Strategien. Gomez/Probst verwenden als Hilfs-mittel eine **Checkliste** für Strategiemodelle (vgl. Abb. 85, aus 1995, S. 146f.).

Strategieansätze		
Portfolio-Normstrategien	Desinvestitionsstrategie	Teile des Unternehmens veräußern, um Ressourcen für erfolg-versprechendere Teile freizumachen.
	Abschöpfungsstrategie	Position halten und so lange als möglich hohe Cash-Flows ge-nerieren, ohne dabei zusätzliche Mittel zu binden.
	Investitionsstrategie	Ausbau der Marktposition durch eine gezielte Investitionspo-litik
	Segmentationsstrategie	Konzentration der Kräfte und Investitionen auf attraktive Märkte, um eine Wettbewerbsposition aufzubauen
Wettbewerbs-strategien	Kostenführerschaft	Produktions- und Gemeinkostenvorteile gegenüber der Kon-kurrenz erzielen und durch tiefe Preise Marktanteile gewin-nen.
	Differenzierung (Leistungsführerschaft)	Gezieltes Abheben der eigenen Produkte und Dienstleistun-gen gegenüber der Konkurrenz durch Innovation und Service.
	Konzentration auf Marktnischen	Konsequente Ausrichtung auf bestimmte (Teil-) Märkte, Kun-dengruppen, Technologien, Absatzmärkte, Regionen.
	Neue Regeln im Markt	Ein „neues Spiel" aufziehen, die Markt- und Branchenregeln bewußt verletzen und neu gestalten.
Produkt-/Marktstrategien	Marktdurchdringung	Intensivierung der Marktbearbeitung, Kosten-/Preissenkung und ähnliche Maßnahmen, um den Markt besser in den Griff zu bekommen.
	Marktentwicklung	Erschließung neuer Abnehmerschichten, Bereitstellung neuer Verwendungszwecke, Dienstleistungen, Vertriebswege und Problem(System)-Lösungen.
	Produktentwicklung	Entwicklung neuer Produkte und Produktlinien
	Diversifikation	Mit neuen Produkten in neue Märkte eindringen, sei es durch gezielten Eigenaufbau oder Akquisitionen.

Synergie-strategien	Technologieorientierung	Konzentration auf Produkte und Leistungen, die auf der gleichen Produkttechnologie basieren oder mit denselben Produktionsmitteln hergestellt werden.
	Abnehmerorientierung	Anbieten von allen Produkten, die eine bestimme Bedürfnissituation eines Kundenkreises zu befriedigen vermögen (z.B. alle Produkte für Skifahrer).
	Funktionsorientierung	Bereitstellung einer breiten Produktpalette zur Erfüllung einer bestimmten Funktion (z.B. Beleuchtung)
Integrations-strategien	Vorwärtsintegration	Erschließung eines direkten Zugangs zum Markt, bspw. durch Aufbau einer eigenen Absatzorganisation oder die Zusammenlegung von Handelsstufen.
	Rückwärtsstrategie	Stärkung der eigenen Position durch Sicherung der Beschaffungsquellen und Realisation von Kostenvorteilen durch Integration vorgelagerter Stufen.
Kooperative Strategien	Kapitalbesitzorientierte Strategie	Resssourcen und Know-How werden durch Übernahmen oder Fusionen erworben. Interne Ventures verhindern das Verlassen von Know-How und Ideen und kontrollieren das Wachstum.
	Teilkapitalorientiert	Joint Ventures und Investitionen in Fremdunternehmungen um Informationen zu gewinnen, Risiken zu teilen, Know-How zu gewinnen, Economics of scale zu verbessern oder Marktanteile aufzubauen.
	Vertragsorientiert	Forschungsgemeinschaften, Lizenzen, Joint-bidding und andere Kooperationsverträge um Vorteile zu verwirklichen.

Abb. 85: Strategieansätze

Ein praktischer Fall soll dies verdeutlichen: Für eine in der Maschinenindustrie tätige AG wurden aus dem in der Abbildung gezeigten Katalog an Normstrategien folgende Empfehlungen für mögliche strategische Stoßrichtungen gegeben:

- Desinvestition: schrittweiser Ausstieg aus der Herstellung von Produkten mit wenig technischen Differenzierungspotentialen
- Kostenführerschaft für Low-Cost-Segment durch Produktionsverlagerung und Handelsprodukte
- Differenzierung für High-Tech-Segment durch Zukauf, Neuentwicklung von Produkten
- Marktdurchdringung: Intensivierung der Marktbearbeitung durch Kosten- und Preissenkung sowie Ausbau der Applikationsberatung
- Funktionsorientierung: alle Produkte für Fräsen und Bohren mit Abnehmerorientierung primär für Formen und Werkzeugbau
- Vorwärtsintegration: Erschließung des direkten Zuganges zum Markt durch Aufbau einer eigenen Absatzorganisation
- Kooperative Strategien: Vertragsorientierte Kooperationen auf allen Wertschöpfungsstufen

Die Stoßrichtung gibt nur den grundlegend einzuschlagenden Weg vor, der nun bei der Entwicklung der Strategie zu detaillieren ist. Als wesentlichste Stoßrichtung wurde eine partielle Desinvestitionsstrategie mit verschiedenen Teilstrategien und Lösungen (und sog. Eventuallösungen oder -strategien) gewählt.

6. Strategische Grundhaltungen (Kirsch)

Kirsch hat im Produkt-Markt-Bereich sog. **Strategische Grundhaltungen** festgestellt, durch die die Strategieauswahl und der -entscheidungsprozeß stark beeinflußt wird. Eine Typologie solcher Grundhaltungen, in denen sich die Risikobereitschaft, die Wertvorstellungen bzw. Persönlichkeiten der Führungskräfte widerspiegeln, wird durch die **Achsendimensionen**

- Wahl der Betätigungsfelder (Spezialist, Synergist oder Generalist) und
- Gestaltung gegenüber Neuerungen (konservativ, liberal-analysierend oder progressiv)

gebildet. Außerhalb liegt der Reagierer, dessen oberste strategische Maxime die Wahrung der Flexibilität ist.

7. Strategienfächer (St. Gallen)

Nach der Positionierung der strategischen Geschäftseinheiten/Geschäftsfelder (= Ist-Positionierung) sind die grundsätzlichen strategischen Stoßrichtungen zur Erreichung der zukünftig angestrebten **Ziel**-Positionierung zu bestimmen. Die sog. Normstrategien werden in Abb. 91 und 93) vorgestellt. Als hilfreiches Instrument zur Erarbeitung konkreter strategischer Programme kann auch der sog. Strategienfächer dienen (vgl. Kirsch/Müller-Stewens, 1995, S. 2.7; vgl. auch Hinterhuber, 1992, II, S. 4ff.):

- Auf der Vorstufe wird die strategische Grundhaltung bestimmt
- Auf der ersten Stufe wird die generelle Stoßrichtung für die einzelne EGE/SGF festgelegt (z.B. Kostenführerschaft?)
- Auf der zweiten Stufe wird das jeweilige Geschäft weiter segmentiert und die jeweiligen Stoßrichtungen werden festgelegt
- Auf der dritten Stufe geht es um die Gestaltung der Wertschöpfungsstruktur (z.B. Frage nach Leistungsbreite?/Leistungstiefe?)
- Auf der vierten Stufe Festlegung der konkreten Maßnahmen in den einzelnen Gliedern der Leistungskette

Für die erste Stufe kann das Instrument der Strategienspinne eingesetzt werden.

8. Strategienspinne (St. Gallen)

Das in St. Gallen entwickelte standardisierte Instrument der Strategienspinne erlaubt die Ausarbeitung der **generellen Stoßrichtung** für die einzelnen Geschäftseinheiten/Geschäftsfelder (siehe auch unsere Ausführungen bei der „Portfolioanalyse"). Dadurch, daß ein „strategischer Dialog" angestoßen wird, eignet es sich insbesondere für die Mobilisierung der operativen Führungskräfte. Es ermöglicht eine Art Moderationsrahmen für eine strukturierte Diskussion. Es wird in **zwei Ebenen** gearbeitet:

- Zuerst werden die vier Wertschöpfungsebenen (1. Leistungsprogramm, 2. Aktivitäten, 3. Ressourcen und 4. Logistik) besprochen, die normalerweise bei einer Programmplanung zu aktivieren sind.
- Dann wird jede der Ebenen über zwei voneinander unabhängige Dimensionen definiert (1 = Leistungsangebot, Problemlösung; 2 = Leistungsstreben, Wertschöpfungstiefe; 3 = Entwicklungskonzept, Leistungsspektrum; 4 = Timing, Neuerungsverhalten). Jeder dieser Dimensionen werden dabei zwei Extremausprägungen zugeordnet (z.B. für 1: eng - breit; individuell - standardisiert).

Den Aufbau der vier Wertschöpfungsebenen (wobei jede Ebene mit der anderen verknüpft ist) mit den acht Dimensionen als Gesamtkonzept zeigt Abb. 86 (aus ebd., S. 5.10).

Jede der 16 Ausprägungen stellt einen **möglichen Weg** zum Erfolg dar. Keines der beiden Extreme ist jeweils dem anderen überlegen, jedoch implizieren sie jeweils ein niedriges oder hohes Wandelniveau. Unter Wandelniveau verstehen Kirsch/Müller-Stewens die Komplexität, das Ausmaß und die Permanenz der zum Prozeßmanagement des Wandels gehörenden Aktivitäten.

Durch Auftragen der Ist-Position auf jeder der acht Dimensionen und Verbindung dieser Punkte entsteht die „Strategienspinne". Eingefügt werden kann der Hauptwettbewerber. Anschließend wird ausgehend von den gemeinsamen Vorstellungen die eigenen Soll-Positionen und die des Konkurrenten definiert. (vgl. Abb. 87, aus ebd., S. 5.13).

Für die einzelnen Soll-Ist-Differenzen kann eine **Prioritäten**-Matrix erarbeitet werden. Letztlich sind die Aktivitäten zum Erreichen der Soll-Positionen abzuleiten. Für die jeweiligen Dimensionen lassen sich alternative Strategien entwickeln (Leistungsprogrammstrategien, Aktivitätsstrategien usw.).

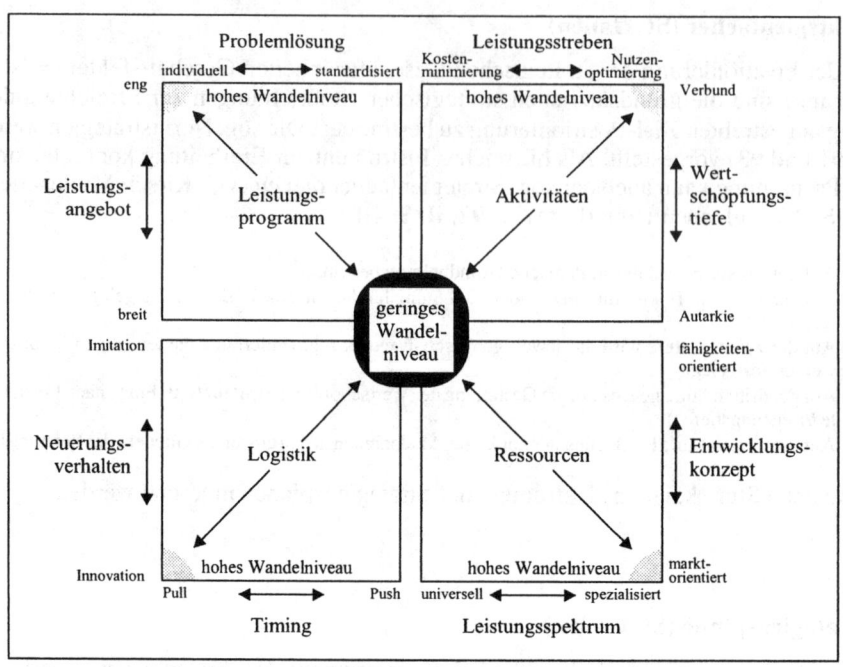

Abb. 86: Geringes und hohes Wandelniveau im Raster der acht Dimensionen

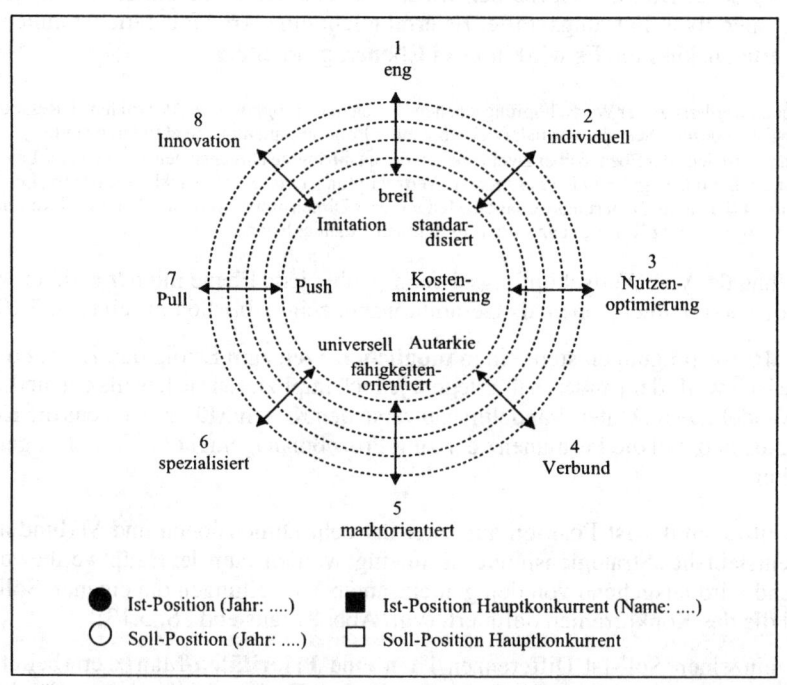

Abb. 87: Arbeitsblatt für die Erstellung des strategischen Programms eines Geschäftsfeldes

608

9. Strategien-Raster (Becker)

Becker (vgl. 1993, S. 311ff.) unterscheidet als **Grundraster** strategischen Agierens vier grundlegende strategische Ansatzebenen zur Strukturierung unternehmerischen Handelns und identifiziert und analysiert insgesamt siebzehn strategische Einzelalternativen als die einzelnen strategischen **Bauelemente** für die Konstruktion gesamtstrategischer Gebäude. „Durch die Verknüpfung strategischer Bausteine verschiedener Ebenen entsteht gleichsam ein unternehmensspezfisches Steuerungselement (Strategie-Chip), das das gesamte Markthandeln eindeutig zu steuern vermag" (ebd., S. 313; daraus Abb. 88).

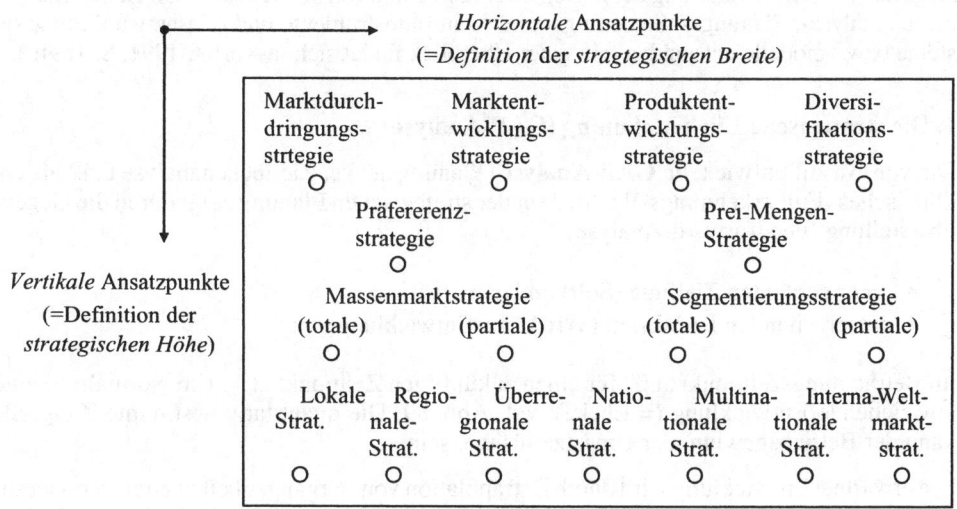

Abb. 88: Strategische Kombinationsrichtungen

Für den Aufbau solcher Strategie-Chips sind zwei grundsätzliche **Kombinationsrichtungen** möglich:

- horizontale Ansatzpunkte (= Definition der strategischen Breite)
- vertikale Ansatzpunkte (= Definition der strategischen Höhe)

10. Strategische Gruppen (Meffert)

In den 80er Jahren mit dem Auftreten aggressiver Verdrängungswettbewerber zeigte sich zunehmend die Notwendigkeit, die **Wettbewerbsorientierung** unter systematischer Analyse des Konkurrenzverhaltens in die strategischen Überlegungen einzubeziehen. Eine strategische Gruppe umfaßt nach Meffert Unternehmen einer Branche, die hinsichtlich ihrer strategischen Verhaltensweisen vergleichbar (d.h. ähnliche Ausprägung von Schlüsselvariablen wie verwendete Vertriebskanäle oder der Umfang der Produktpalette) sind.

„Strategische Gruppen sind dabei nicht mit Marktsegmenten zu verwechseln. Eine strategische Gruppe besteht aus **Anbietern**, deren strategisches Vorgehen auf dem Absatzmarkt auf einer ähnlichen, umfassenden Konzeption beruht, während Segmente Gruppen von Nachfragern im Markt darstellen. Zwischen strategischen Gruppen bestehen **Mobilitätsbarrieren** der Form, daß Unternehmen nur unter Kosten- und Zeitaufwand und unter Unsicherheit hinsichtlich der Zielerreichung von einer zur anderen Gruppe wechseln können.
Die Analyse strategischer Gruppen trägt wesentlich zur Beschreibung und Erklärung der **branchenspezifischen** Wettbewerbssituation bei. So lassen sich Rentabilitätsunterschiede innerhalb einer Branche aus dem unterschiedlich

starken Einfluß der Wettbewerbskräfte in den strategischen Gruppen ableiten. Darüber hinaus ermöglicht die Identifizierung gruppentrennender Mobilitätsbarrieren ein besseres Verständnis für die in einer Branche relevanten Wettbewerbsparameter. Die hierauf aufbauende Stärken-/Schwächenanalyse kann auf die wesentlichen strategischen Schlüsseldimensionen beschränkt werden und vermittelt damit eine präzise und branchenspezifische Darstellung der Unternehmens- und Wettbewerbssituation. Nicht zuletzt können strategische Gruppen als Instrument zur **Prognose** von **Konkurrenzreaktionen** herangezogen werden, da davon auszugehen ist, daß Unternehmen der gleichen strategischen Gruppe ähnlich auf Veränderungen im Wettbewerbsumfeld reagieren" (Meffert, 1994, S. 53f.).

III. Instrumente der strategischen Führung

Zur Umsetzung der strategischen Denkweise und zur Strukturierung als „Denkrahmen" sind im Zuge der Wissenserweiterung der letzten zwei Jahrzehnte von der Wissenschaft zahlreiche einzelne Analyse-, Planungs-, Steuerungs- und Kontrollinstrumente und (Gesamt-)Führungssysteme bzw. -modelle entstanden (ein guter Überblick findet sich in Karlöf, 1991, S. 169ff.).

1. Die strategische Lückenplanung (GAP-Analyse)

Die von Ansoff entwickelte **GAP-Analyse** (Planungslücke, Ziellückenanalyse u.ä.) als ein klassisches (Früherkennungs-)Instrument der strategischen Planung zeigt durch die Gegenüberstellung (Feedforward-Analyse)

- einer geplanten Ziellinie (**Soll**) und den
- entsprechenden Ist-Werten (**Wird**) der Entwicklung

im Betrachtungszeitpunkt „t 0" für einen zukünftigen Zeitpunkt „t 1" (im Normalfall) eine abweichende Entwicklung (= Lücke); vgl. Abb. 89. Die quantitativ bestimmte Zielgröße kann der Betriebsgewinn, der Umsatzerlös u.ä. sein.

Die erwartete Entwicklung wird durch Extrapolation von Vergangenheitswerten der operativen Planung bei vorhandenen Erfolgspotentialen und Weiterverfolgung der bisherigen Unternehmenspolitik prognostiziert.

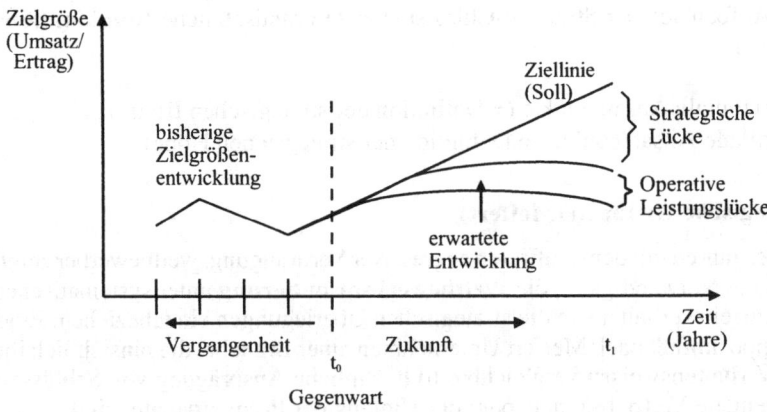

Abb. 89: Die strategische Lückenplanung (GAP-Analyse)

Die untere Kurve in Abb. 89 zeigt, daß die wahrscheinliche Entwicklung etwa der Umsatzkurve, wenn keine neuen Erfolgspotentiale geschaffen werden, ab einem bestimmten Zeitpunkt zu fallen beginnt. Die im Vergleich zur Zielprojektion zu erwartende **Lücke** gilt es zu

610

analysieren und durch geeignete Gegensteuerungsmaßnahmen (rechtzeitig) zu schließen. Folgende Schritte sind durchzuführen:

- Die **operative** Lücke („gedeckte Lücke") kann durch bereits bekannte bzw. bereits eingeleitete Korrekturmaßnahmen auf der Basis der gegenwärtigen Produkt-Markt-Kombinationen vermutlich geschlossen werden:
  - bei den herkömmlichen Produkten durch verstärkte Marketingmaßnahmen, d.h. Erweiterung des absatzpolitischen Instrumentariums, Investitionsprojekte, Rationalisierungsmaßnahmen etc.
  - durch Produkteinführung neuer, zum Markteintritt bereitstehender Produkte (z.B. feasibility study bereits abgeschlossen).

- Für das Schließen noch verbleibender **strategischer** Lücken („ungedeckter Lücken") sind zusätzliche Strategien zu initiieren, d.h., Erfolgspotentiale (Produkte, Kapazitäten etc.) zu planen. Hilfe zur Generierung **möglicher** Strategien haben wir bereits ausführlich dargestellt.

2. Die Potentialanalyse

Als Ziel der strategischen Planung hat Gälweiler die Erhaltung und Schaffung von **Erfolgspotentialen** als Vorsteuergröße der operativen Größen Gewinn und Liquidität präzisiert. Erst das **Erkennen** und die **Nutzung** der vorhandenen Unternehmenspotentiale („der Seele der Unternehmung", Mann) ermöglicht eine Strategie der Konzentration auf die Stärken der Unternehmung.

Als Werkzeug zur strategischen Analyse und Planung findet die sog. **Potentialanalyse** (Fähigkeits- und Ressourcen-Analyse, Potentialprofil) verbreitete Anwendung. Dieses Instrument ermöglicht die Überprüfung der Erfolgschancen einer geplanten Strategie, indem sie die **relative Wettbewerbsposition** zum stärksten Konkurrenten bestimmt, d.h., es ist die gegebene Position (Ressourcen/Stärken/Schwächen) daraufhin zu überprüfen, ob das Leistungsvermögen der Unternehmung überhaupt die notwendigen Voraussetzungen für die geplante Geschäftsfeldstrategie bietet.

Bei **Mann** (vgl. zum Nachfolgenden 1983, S. 52ff.) vollzieht sich die Potentialanalyse in drei Schritten:

- Im **ersten Schritt** werden in einem Ad-hoc-Brainstorming ca. acht bis zehn **Schlüsselfaktoren** gesammelt, die als **„objektive"** Fassung **neben** die „subjektive" Stärken-Schwächen-Analyse treten sollen.
  Schlüsselfaktoren (kritische Erfolgsfaktoren, strategische Determinanten, Schlüsselfähigkeiten) sind diejenigen **immateriellen Faktoren**, die über den Erfolg in einem Markt entscheiden.
  „Die richtigen Schlüsselfaktoren für ein Geschäft besitzen, heißt den richtigen und sicheren Zugang zu den Bedürfnissen der Zielgruppe haben".
  Anhand einer Checkliste wird die Sammlung auf Vollständigkeit überprüft.
- Im **zweiten Schritt** werden die Schlüsselfaktoren des eigenen Unternehmens auf ihre Stärken in Relation zum stärksten Mitbewerber in einem Schema dargestellt und geprüft. Der Mitbewerber nimmt im Schema immer die neutrale Position 0 ein. Es wird eine Skala von -3 bis +3 verwendet. Die eigenen Stärken (bzw. Schwächen) werden im Schema mittels eines durchgezogenen Strichs miteinander verbunden.
- Im **dritten Schritt** wird die Veränderung der eigenen Position unter der Voraussetzung, daß alle für die Verstärkung der Schlüsselfaktoren erforderlichen Mittel unbegrenzt sind, simuliert und in die Tabelle eingetragen. Diese Punkte werden mit einer gestrichelten Linie miteinander verbunden.
  Die jeweiligen Positionen zwischen genutztem Potential und der Linie der Maximalwerte (also der Raum zwischen beiden ermittelten Linien, der stärker als die Position des Wettbewerbers ist), ist das derzeitig ungenutzte, aber **nutzbare** Potential.

3. Die strategische Bilanz

Die Konzeption der strategischen Bilanz geht auf das Energokybernetische System von Mewes zurück. Sie hat zum Ziel, bestehende **strategische Engpässe** zu bestimmen und Maßnahmen zu entwickeln, um diese Engpässe zu beseitigen. Die Bedeutung des Engpaßfaktors ist der BWL seit Gutenberg (Minimumsektor, Ausgleichsgesetz der Planung) bekannt. Schwierigkeiten bereitet in der Praxis jedoch dessen konkrete Bestimmung. Die strategische Bilanz soll also **Stärken** und **Schwächen** in einzelnen **Managementbereichen** aufzeigen und Hilfestellung bei der Entscheidung der **Allokation** (gewissermaßen nach dem Prinzip maximaler Grenzerträge) geben (vgl. Böcker, 1985, S. 68).

Mit dieser Strukturierungstechnik (vgl. insbesondere Mann, 1983) werden die Gestaltungsfaktoren der Unternehmen in fünf wichtige Funktionsbereiche eingeteilt: Kapital, Material, Personal, Absatz und Know-how. Jeder Faktor wird anschließend nach seinen wichtigsten Abhängigkeiten, die sowohl positiv (Aktiva) als auch negativ (Passiva) sein können, analysiert. Eine Checkliste findet sich bei Mann (vgl. 1983, S. 44).

4. Die Portfolio-Analyse

Als eines der am meisten verwandten und wohl **bekanntesten** Instrumente der strategischen Unternehmensplanung hat sich die Portfolio-Analyse etabliert. Aus den Bedürfnissen der **Praxis** heraus entstanden – und entsprechend erfolgreich von Beratungsgesellschaften „vermarktet" – ist der Nutzen der Portfolio-Analyse – trotz (oder vielleicht wegen?) ihrer Anwendungsbreite in der Praxis und in der wissenschaftlichen Diskussion – weiterhin umstritten. Aber: Ohne Zweifel haben die Portfolio-Konzepte „wesentlich zur Konkretisierung und Veranschaulichung des Begriffsinhaltes der strategischen Planung beigetragen und darüber hinaus durch Verdeutlichung spezifischer Vorgehensweisen praxisrelevante Lösungsansätze zur Behandlung des zentralen Problems der Überlebenssicherung der Unternehmung beigesteuert" (Hahn, 1986, S. 141).

a) Grundidee

Ausgangspunkt ist das in der Finanzwirtschaft bekannte Problem, ein **Wertpapier-Portefeuille** unter Berücksichtung bestimmter Kriterien wie Renditeerwartungen, Sicherheits-/ Risikoerwartungen oder Verfügbarkeit der Anlage **optimal** zusammenzusetzen („zu mischen"). Optimal bedeutet dabei eine **Streuung** der Anlagemöglichkeiten dergestalt, daß das **Gesamtportfolio** ausgewogen gestaltet wird. Es werden also die einzelnen Anlagemöglichkeiten (Gold, Wertpapiere, Immobilien etc.) nicht isoliert, d.h. einzeln, nach den oben genannten Kriterien beurteilt, sondern in ihrem Zusammenhang des Gesamtportfolios.

Dieser Grundgedanke wird nun auf die Unternehmung übertragen, die sich aus einer Vielzahl einzelner Elemente (Produkte, Produktgruppen, -linien oder strategische Geschäftseinheiten) zusammensetzt, deren jeweils spezifische Erfolgspotentialen, Chancen und Risiken in einer Unternehmens-Gesamtschau betrachtet werden (zur Frage der Übertragbarkeit siehe insbesondere Herrmann/Bayón-Eder, 1994, S. 62f.).

Mit der Portfolio-Methode wird

- zum einen eine **Analyse** der bestehenden Geschäfte durchgeführt. „Werden die Unternehmensziele erreicht, sind Liquidität, Cash-Entstehung und Cash-Verbrauch gesichert?";
- zum anderen eine strategische **Stoßrichtung** („Normstrategien") entwickelt.

Durch die Portfolio-Matrix erreicht man eine Reduktion und Strukturierung der schon mehrmals angesprochenen Komplexität der strategischen Führungsprobleme bzw. Situation. **Zentrales Charakteristikum** der Portfolio-Analyse ist also:

- die konsequente Betrachtung des Unternehmens-Ganzen
- die Verbesserung der Mittelzuweisung (Abkehr von einzelnen Investitionsvorhaben)
- die Berücksichtigung von Interdependenzen zwischen den betrieblichen Teilsystemen
- die Ausrichtung auf Schlüsselprobleme in strategischen Geschäftsfeldern.

Die Portfolio-Konzepte bilden die Basis der Geschäftsfeldplanung und sind Hilfsmittel zur Charakterisierung und zielorientierten Zusammenstellung strategischer Alternativen.

b) Generell gültige Prinzipien

Bevor wir die unterschiedlichen Konzepte näher differenzieren, gilt es, einige **generell gültige Prinzipien** für die Vorgehensweise einer Portfolio-Analyse aufzuzeigen:

(1) Bildung von Strategischen Geschäftseinheiten (SGEs)/Strategischen Geschäftsfeldern (SGFs) (Zweckmäßige Segmentierung)

(2) Komprimierung der Einflußfaktoren auf zwei Dimensionen

(3) Positionierung der SGEs

(4) Erstellung und Beurteilung des Ist-Portfolios

(5) Ableitung von Normstrategien

(6) Entwurf eines Konkurrenz-Portfolios

(7) Festlegung des Soll-Portfolios

Zu (1):

Die Unternehmung wird als Konglomerat verschiedener Produkt-/Markt-(Ressourcen-)kombinationen gesehen. Diese **unabhängig** voneinander zu definierenden „Strategischen Geschäftsfelder" (-einheiten, -sektoren u.ä.) können

- nur gedankliche Zusammenfassungen
- oder organisatorische Realisation

sein. Die **zweckmäßige Abgrenzung** ist ein vielschichtiges Problem. In der Literatur finden sich zahlreiche Vorschläge für Segmentierungsmerkmale. Eine exakte Bestimmung wird jedoch in der Praxis nicht möglich und die gefundene Abgrenzung letztlich immer ein Kompromiß sein (vgl. auch unsere Ausführungen unter H in diesem Teil).

Ein für alle Einheiten eines Konzerns gleich geltendes Muster gibt es nicht. So sind bei Hoechst seit 1991 die 15 Geschäftsbereiche in insgesamt 110 Business Units strukturiert (Management Wissen, 1/91, S. 17ff.), von denen

- etwa der Geschäftsbereich Technische Grundstoffe nach Regionen (SGE Amerika, SGE Europa/Afrika/Nahost),
- der Geschäftsbereich Feinmechanik und Farben hingegen nach Arbeitsgebieten und
- der Geschäftsbereich Tenside und Hilfsmittel nach der Kundenstruktur – und zwar nach Abnehmerbranchen

aufgeteilt ist. Die außerordentlich schwierige Aufgabe einer sinnvollen Abgrenzung zeigt sich z.B. deutlich beim „Pionier" der Portfolio-Analyse, der General Electric, die mit einer stark variablen Anzahl solcher strategischen Geschäftsfelder operierte. Die meisten US-Unternehmen operieren mit ca. 30 strategischen Geschäftseinheiten. Eine darüber hinausgehende Anzahl wird für nicht mehr „manageable" gehalten.

Mit der Portfolio-Analyse ist

- sowohl eine Betrachtung dieser SGEs als **Teil**-Systeme einer Unternehmung
- als auch eine Betrachtung der Unternehmung als **Gesamt**-System möglich.

Zu (2):

Die relevanten Einflußfaktoren („Schlüsselfaktoren") auf den **Erfolg** dieser strategischen Geschäftseinheiten werden auf Hauptvariablen reduziert („verdichtet"), die die strategische

Position der SGE hinreichend genau definieren. Die Komprimierung erfolgt auf einer **zwei** dimensionalen Achse (Matrix). Die zugrunde gelegten Bestimmungsgrößen beziehen sich jeweils auf eine

- **interne**, d.h. von der Unternehmung direkt beeinflußbare Größe und eine
- **externe**, d.h. von der Unternehmung nicht oder nur indirekt beeinflußbare Größe.

Die Portfolio-Modelle unterscheiden sich hauptsächlich durch die gewählten Erfolgsein-flußfaktoren pro Achse. Während die Boston-Matrix aus der Vielzahl der die Erfolgspotentiale begründenden Faktoren nur **zwei** auswählt, sind bei den Multifaktoren-Matrizen ganze individuelle Faktorengruppen („**Bündel**") positionsbestimmend.

Zu (3):
Mit Hilfe der Ermittlung eines Achsenwertes für die interne und externe Größe wird jede SGE in der Matrix **positioniert** und damit die jeweilige Situation einer SGE gewissermaßen **visualisiert**. Die Größe des Kreises spiegelt die Bedeutung der SGE für die Unternehmung wider, ausgedrückt in Umsatz-, Deckungsbeitragszahlen, gebundenes Kapital u.ä. Mit dieser Visualisierung gewinnt das Portfolio einen hohen **Operationalisierungsgrad**.

Zu (4):
Bei Positionierung aller SGEs entsteht das **Ist**-Portfolio einer Unternehmung (vgl. Abb. 90, aus Hedley, 1986, S. 2). Die **Beurteilung** der gegenwärtigen Ausgangslage unter strategischen Gesichtspunkten stellt Fragen der Art:

- Ausgewogenheit der Verteilung der SGEs im Portfolio?
- Zukünftige Fortentwicklung?
- Verhältnis der gegenwärtig verfolgten Strategien zu Normstrategien? (Abweichungen, Ursachen)
- Was müßten wir eigentlich tun?

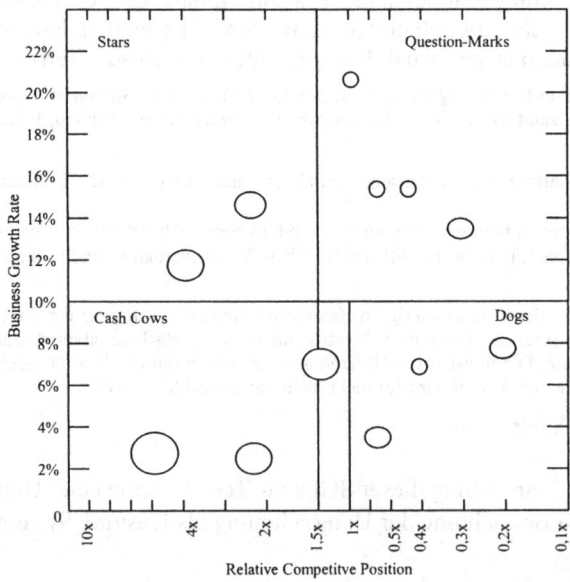

Abb. 90: Ist-Portfolio

Zu (5):

Aus der jeweiligen Lage in bestimmten Feldern der Matrix werden Verhaltensempfehlungen in Form von **Normstrategien** („grobe" strategische Stoßrichtungen) gegeben. Das Portfolio signalisiert eine Unausgewogenheit und generiert Ideen bzw. Denkanstöße für ihre Beseitigung, d.h. die Suche nach geeigneten Strategien. **Ziel** ist eine Ausgewogenheit von Mittelentstehung/-verbrauch und eine rationale ressourcenorientierte Gesamtsteuerung.

Zu (6):

Die unternehmensbezogene Portfolio-Analyse ist um eine **konkurrenzbezogene** Portfolio-Analyse zu ergänzen. Darin sind die Wirkungen (eigener) möglicher Strategien auf das Verhalten der Konkurrenz (und umgekehrt) zu entwerfen.

Zu (7):

Die **angestrebte** strategische Position einer SGE wird in einem **Soll**-Portfolio visualisiert. Dieses Zielportfolio enthält Richtungspfeile für die geplante Veränderung; ergänzend können Risiko-Richtungspfeile für „mögliche" Veränderungen eingetragen werden.

Da die Portfolio-Analyse sich großer Beliebtheit bei den Beratungsgesellschaften erfreut, ist es nicht verwunderlich, daß eine „inflationäre" Aufblähung an Veröffentlichungen bzw. an **neuen** Portfolio-Ansätzen und Verfahren festzustellen ist. Häufig sind es aber nur altbekannte Konzepte in neuem (terminologischen) Gewand. Nicht minder zur Verwirrung trägt die Tatsache bei, daß gleiche Konzeptinhalte unterschiedlich bezeichnet oder die Achsen lediglich vertauscht werden. Wir wollen zuerst die zwei ursprünglichen „klassischen" und auch bekanntesten Konzepte vorstellen; sie unterscheiden sich zwar durch die unterschiedliche Bestimmung der jeweiligen Achsendimension (einzelnes quantitatives Kriterium oder mehrfache quantitative und qualitative Kriterien), die dahinter stehende Grundidee ist jedoch weitgehend **identisch.**

c) Die Boston-Matrix (4-Felder-Matrix)

Das bekannteste Portfolio-Modell der ersten Generation wurde zu Beginn der 60er Jahre von der Boston Consulting Group entwickelt („Business Portfolio", „Growth-Share-Matrix"). Die theoretische Grundlage basiert im wesentlichen auf den von Hedley dargelegten Erkenntnissen des Erfahrungskurven-Effektes.

(1) Grundlegende Merkmale

Die **Achsen** dieser BCG-Matrix werden durch folgende Kriterien bestimmt:

- Der **relative Marktanteil** als gegenwartsbezogene und von der Unternehmung selbst beeinflußbare Größe

$$\text{Formel:} \quad \frac{\text{Eigener Marktanteil der SGE}}{\text{Marktanteil der SGE des stärksten Konkurrenten}}$$

Damit die durch einen hohen relativen Marktanteil vermutete dominante (= günstige) Wettbewerbs- und Kostensituation „zum Tragen" kommt, ist ein relativer Marktanteil von größer als 1,5 zugrunde zu legen (einige Modelle tragen noch eine zusätzliche Trennlinie bei 1,0 ein, da in einigen Fällen – auf Märkten mit geringem Wachstum – auch hier bereits eine relative Stärke gegeben sein kann (vgl. Abb. 90). Eine Verwendung des **absoluten** Marktanteils ist abzulehnen, da hierdurch nicht die **relative** Kostenposition wiedergegeben wird. Ebenso ist eine Nennergröße „Marktanteil der SGEs der **drei stärksten** Konkurrenten" (wie sie etwa bei den PIMS-Untersuchungen verwendet wird) abzulehnen.

- **Das Marktwachstum** als zukunftsbezogene und von der Unternehmung selbst unbeeinflußbare Größe.

  Die Bestimmung der % p.a. oder der Durchschnittswerte der nächsten Jahre und die Festlegung der Trennungslinie in niedrig und hoch muß **situativ** erfolgen. In den beiden bekanntesten Modellen wird i.d.R. nicht zwischen Marktwachstum und individuellem SGE-Wachstum unterschieden.

Durch die Trennlinien der Matrix, die unbedingt nur als Näherungs-(Hilfs-)Mittel zu verstehen sind, entsteht eine **4-Felder-Matrix** (vgl. Abb. 90). Für die Dimensionswerte der Matrix wird in den meisten Darstellungen

- für das zukünftige Marktwachstum ein **linearer** Maßstab und

- für den gegenwärtigen Marktanteil ein **logarithmischer** Maßstab

gewählt (Erläuterung: Verdoppelung des relativen MA-Faktors etwa von 1 auf 2 hat den gleichen Abstandswert wie eine Verdoppelung etwa von 5 auf 10, denn beide Geschehnisse beinhalten die **gleiche** – auf die theoretische Erfahrungskurve zurückzuführende – relative Kostenverbesserung).

Nicht unwesentlich zum Bekanntheitsgrad dieser Methode haben die recht anschaulichen Bezeichnungen dieser Felder (Tierbereichsanalogien) beigetragen. Eine Kurzbeschreibung dieser Felderbedeutungen mit Angabe der daraus abzuleitenden **Normentscheide** zeigt Abb. 91. Diese Verhaltensempfehlungen bedürfen jedoch u.E. unbedingt einer individuellen Bewertung.

Operationalisiert wird der Zielinhalt in der Literatur zumeist im **internen Ausgleich der Finanzströme** (Bedarf – Überschüsse) gesehen; davon unberührt bleibt die Frage, inwieweit die Unternehmung bereit ist (z.B. zur Erhöhung der Eigenkapitalrentabilität aufgrund des Leverage-Effektes) oder auch gezwungen sein wird, zusätzlich auf externe (Fremd-)Finanzierungsquellen zurückzugreifen. Die Cash-Flow-Balance bezieht sich, wie angesprochen, auf die Gesamtsteuerung der Unternehmung. Die Portfolio-Analyse als ein Instrument der **Cash-Flow-Balance** wird im Rahmen des Cash-Flow-Managements (siebter Teil) näher dargestellt. In der Literatur wird häufig ein „**Durchschreiten**" der Matrixfelder in Analogie zum Lebenszyklus eines Produktes unterstellt, etwa dergestalt: Nachwuchsprodukte entwickeln sich zu Stars und werden bei nachlassendem Marktwachstum zu Cash Cows. Dieser Ablauf darf aber **nicht** im Sinne einer **Gesetzmäßigkeit** (miß-)interpretiert werden. So können, insbesondere als Folge technologischer Entwicklungen, etwa:

- Nachwuchs-SGEs sich nicht zu Stars entwickeln, sondern – aufgrund einer neuartigen Substitutionstechnologie, die den Lebenszyklus drastisch verkürzt – gleich zu Dogs werden,
- **Dogs** eine „**Renaissance**" erleben und bei neuer Technologie wieder interessant werden,
- Stars **nicht** zu Cash Cows werden.

Aus der Gestaltung der Erfahrungskurve heraus lassen sich folgende **Grundideen** des MW-MA-Portfolios festhalten (vgl. Roventa, 1981, S. 139ff.).

- Die Sicherung von hohen Marktanteilen ist Voraussetzung für hohe Rentabilität (Begründungskette: hoher MA – hohe Erfahrung – Kostenvorteil – höhere Gewinnspanne).
- Die Steigerung von Marktanteilen soll primär in künftig **stark wachsenden** Märkten betrieben werden, denn hier kann die Erfahrungsausschöpfung schnell gewonnen werden, und hier genügt es, am Zuwachs des Marktes sich das größere Stück abzuschneiden, während in stagnierenden Märkten einem Konkurrenten ein entsprechender Anteil weggenommen werden muß.
- Eine **Ausgewogenheit** von Mittelbedarf und Mittelherkunft zwischen den verschiedenen SGEs soll gewährleistet sein, denn je größer das MW, um so größer ist der Mittelbedarf für die Investition. Dies gilt insbesondere, wenn man den Anteil nicht nur halten, sondern ausbauen will.

Quadrant	Positionierung	Bewertung	Normstrategie
I. Stars	hohes MW hoher MA	· man ist Marktführer auf einem schnell wachsenden Markt · der hier erzielte Cash-Flow muß reinvestiert werden · starkes MW impliziert Bereitschaft zu großen Investitionen · soll MA nicht nur gehalten, sondern auch ausgebaut werden, sind eskalierende Investitionen einzuplanen · kann die Unternehmung nicht „mithalten" (d.h. die Konkurrenz schneidet sich vom jährlichen Marktwachstum ein größeres Stück ab), verschlechtert sich automatisch der relative MA der eigenen Unternehmung	Investitionsstrategie · Position mindestens halten oder sogar ausbauen · Wettbewerbsvorteile verstärken
II. Question-Marks Nachwuchs Fragezeichen Babies Wildcats	hohes MW niedriger MA	Diese SGEs erfordern i.d.R. einen Entscheid: 1) Versuch, den niedrigen MA entscheidend zu verbessern: bedeutet jedoch aufgrund des auf diesem Markt gegebenen hohen MW zwangsläufig eine aggressive Investitionspolitk mit entsprechendem Mittelbedarf oder 2) diese Einheit eventuell zu eliminieren (vor allem wenn mehrere Question Marks vorhanden sind und eine Auswahl getroffen werden muß).	Selektion: 1) Offensivstrategie · große Investitionen zur Stärkung der Wettbewerbsvorteile · Finanzierung aus den Cash Cows 2) Abbau/Rückzug · dort wo Chancen für zukünftigen Erfolg nicht gesehen werden
III. Cash Cows Melkkühe	niedriges MW hoher MA	· bei gegebener Marktführerschaft hat sich das MW verlangsamt · da kein großer Investitionsbedarf mehr gegeben ist, resultiert aus der günstigen Kostensituation als Marktführer eine positive Cash-Flow-Situation · die hier erwirtschafteten finanziellen Überschüsse dienen (wenn nicht auf externe Quellen zurückgegriffen werden soll) zur Finanzierung, z.B.: der Nachwuchs-SGEs	Abschöpfung · Position halten (bzw. wenn möglich festigen) · nur notwendige Investitionen (Rationalisierung)
IV. Dogs Poor Dogs Probleme Arme Hunde Dying Dogs Sorgenkinder	niedriges MW niedriger MA	· da es einen unverhältnismäßig hohen Aufwand erfordern würde, auf dem gesättigten Markt die schlechte relative Kostensituation durch eine Ausdehnung des eigenen MA zu erreichen, sind diese SGEs mittel- bis langfristig abzubauen · potentielle Liquidationskandidaten · sie sind zu halten, solange sie noch positive Deckungsbeiträge erwirtschaften	Desinvestition · Minimale Investitionen · „Ernten" · Evtl. Verkauf, Liquidation

Abb. 91: Die Boston-Consulting-Group-Matrix

Entgegen dem Kerngedanken des Portfolio-Managements, daß vor allem Unternehmen mit hohem Marktanteil (die Marktführer) einen hohen ROI erreichen (wenn diese klassische Lehre richtig wäre, so meinen Woo/Cooper, müßte die Mehrzahl aller Firmen sich in der Insolvenzliste wiederfinden), zeigt Porter mit Hilfe eines U-förmigen (durch empirische Analysen bestätigten) Kurvenverlaufes, daß **auch** SGEs mit einem niedrigen Marktanteil (die sich jedoch konzentriert bzw. differenziert haben) eine hohe Rentabilität aufweisen können (vgl. dazu Porter, 1983, S. 73).

(2) Strategierelativierung durch konkurrenzbezogene Portfolio-Analyse

Die eigene Strategieplanung kann nicht ohne eine Überprüfung der Analyse der entsprechenden Strategie der Konkurrenz als abgeschlossen betrachtet werden. Grundlage dazu bildet eine zu erstellende Konkurrenz-Portfolio-Matrix (Marktwachstum ist das gleiche, der relative Marktanteil = reziproker Wert). Die Interpretation dieser Matrix – finanzieller Spielraum des Konkurrenten, erkennbare Stoßrichtungen etc. – liefert Hinweise auf Auswirkungen auf meine eigenen Strategien.

Vollmer (1983) gibt folgendes Beispiel:

Ist bei Nachwuchsproduktion im Fragezeichenbereich beabsichtigt, eine offensive Wachstumsstrategie einzuleiten, um auf einem stark wachsenden Markt die eigene Position zu verbessern, ist zu berücksichtigen, daß der Konkurrent aufgrund seiner Marktführerschaft (Kette: hoher relativer MA – hoher Erfahrungseffekt – niedrige Stückkosten – hohe Gewinnspanne) jederzeit in der Lage ist, durch Weitergabe seiner Erfahrung im Preis antworten zu können. Meine **gewollte** Positionierungsveränderung ist – entsprechend der jeweiligen Stärke der Antwortstrategie des Konkurrenten – dem Risiko einer **„ungewollten"** Positionierung ausgesetzt (statt Erhöhung des relativen MA dann eventuell nur Halten oder Schrumpfen). Mit der ausschließlichen Beschränkung auf den stärksten Konkurrenten ist allerdings die Gefahr verbunden, wesentliche Mitbewerber zu übersehen (vgl. ebd., S. 121).

d) Das Multifaktoren-Konzept (9-Felder-Matrix)

Bei der 9-Felder-Matrix wird die strenge Eindimensionalität der Achsen (Beschränkung auf die zwei Erfolgsfaktoren Marktwachstum und Marktanteil) aus der Erkenntnis heraus, daß der strategische Erfolg einer SGE von **mehreren Faktoren** bestimmt wird, aufgegeben. Zur Unterstützung dieser These wird weitgehend auf die Ergebnisse der PIMS-Untersuchung verwiesen. Das Multifaktorenkonzept, das mit zahlreichen Großunternehmen in Verbindung gebracht wird (IBM, GE, Shell, Du Pont), wird überwiegend auf die Beratungsfirma McKinsey zurückgeführt.

Einige grundlegende Merkmale dieses Portfolio-Modells seien kurz aufgezeigt. Die ebenfalls zweidimensionale Achsenausprägung wird durch **Faktorengruppen** (-bündel) innerhalb der nachfolgenden beiden Kategorien gebildet:

- **Marktattraktivität**
  (als externe, nicht beeinflußbare Dimension, deren Elemente ein Erfolgspotential zur Zielerreichung repräsentieren)
- **relative Wettbewerbsvorteile**
  (als interne, beeinflußbare Dimension, die Stärken/Schwächen der Unternehmung auf dem Markt gegenüber dem wichtigsten Konkurrenten zeigt)

Durch die Trennlinien	niedrig		schlecht
	mittel	oder	mittel
	hoch		gut

je Achse ergibt sich eine **9-Felder-Matrix**.

Da sich die zur Positionierung der jeweiligen SGE notwendigen Achsenwerte erst durch **Aggregation mehrerer Variablen** ergeben, erfordert die Aufstellung des Ist-Portfolios einen wesentlich größeren Aufwand als bei der 4-Felder-Matrix. Solche zusätzlichen **Schritte** sind:

- Aufstellen eines **Kriterienkataloges** für die zwei Achsendimensionen:
  Für diese Aufgabe der (zumeist rein **heuristischen**) Auswahl der Erfolgsvariablen existieren in der Literatur zahlreiche z.T. recht willkürlich zusammengestellte „Auflistungen" als Vorschläge. Einige Kataloge sind primär von der PIMS-Studie und den dort gewonnenen Erkenntnissen strategischer Erfolgsdeterminanten geprägt. Als Beispiel für die Aufgliederung der Dimensionen in ihre Elemente siehe insbesondere Hinterhuber (1992, S. 114 und 117).
- **Bewertung** (Gewichtung) des jeweiligen Faktors mit Hilfe des Scoring-Modells. Die **Ablaufschritte** sind:
  - Die im Schritt 1 ausgewählten Kriterien werden in einer Tabelle aufgelistet, umschrieben und mit einem Punktwert **quantifiziert**.
  - Für jedes Kriterium wird der Bewertungspunkt mit dem spezifischen **Gewichtungs**faktor multipliziert.
  - Diese gewichteten Punkte werden aufaddiert und die **Summe** gebildet.
  - Durch ein entsprechendes Vorgehen bei den beiden Achsen der Matrix wird der Koordinaten-**Positionierungswert** einer SGE mittels dieser Punktezahl gefunden.
- Aufstellen des **Ist**-Portfolios durch Einordnung aller SGEs in der beschriebenen Weise; die Darstellung erfolgt analog dem MW/MA-Portfolio durch Kreise. Anschließend Beurteilung der Ausgangslage.

Aus der jeweiligen Lage in der 9-Felder-Matrix können wiederum **Basisstrategien** abgeleitet werden, die in drei Kategoriegruppen mit jeweils verschiedenen Normstrategien zusammengefaßt sind (vgl. Abb. 92).

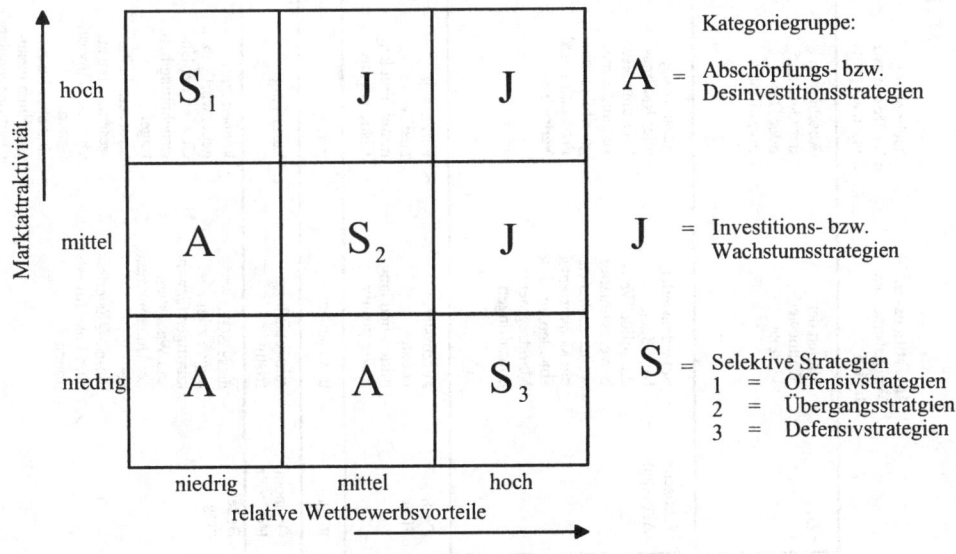

Abb. 92: Normstrategien in der Multifaktoren-Matrix

Eine Zusammenstellung der wichtigsten Parameter enthält Abb. 93 (in Anlehnung an Hinterhuber, 1992, S. 133ff.).

SELEKTIVE STRATEGIEN

	Investitions- u. Wachstumsstrategien	Abschöpfungs- oder Desinvestitionsstrategien	Offensivstrategien	Übergangsstrategien	Defensivstrategien
Ziel	Halten der Wettbewerbsvorteile	Abschöpfen der Gewinne oder Desinvestition	Wachstumsziel (z.B. Erhöhung des rel. Marktanteils)	Wachstums- oder Gewinnziele	Absicherungsziele (z.B. rel. Wettbewerbsvorteile halten, Konkurrenz abhalten)
Taktische Aktionen	- Schwachstellen beseitigen - die solide Wettbewerbssituation weiter ausbauen - die Konkurrenten abhalten, in diese Marktsegmente einzudringen	- Ausnutzung aller Rationalisierungsreserven und Synergieeffekte in Produktion und Vertrieb	- hohe Aufbauinvestition - unsichere ökonomische Perspektiven - können zum zukünftigen Wachstum der Unternehmung beitragen	- Konsolidierung einer Investitions-/Wachstumsstrategie oder einer Desinvestitionsstrategie - Rationalisierungsmaßnahme (kein großer Ressourceneinsatz)	- Kostensenkungsprogramme - Produktdifferenzierung - Verbesserung des Kundendienstes - Preispolitik usw.
Cash Flow	- kurzfristig negativ - mittel- und langfristig positiv	- kurzfristig positiv - mittel- und langfristig negativ	- kurz- und mittelfristig negativ - langfristig positiv	positiv	kurz- und mittelfristig positiv
Risiko	berechenbar	gering	unsicher/hoch	berechenbar	niedrig
Ökonom. Horizont	mittel bis langfristig	kurzfristig	langfristig	mittel- und langfristig	mittelfristig
Bedeutung	- diese SGEs tragen zum zukünftigen Gewinn und Wachstum der Unternehmung bei - diese SGEs erfordern hohe Investitionen	- können zum gegenwärtigen Gewinn der Unternehmung beitragen - erfordern keine wesentlichen zusätzlichen Investitionen - sind aber im allgemeinen desinvestitionsverdächtig	aus diesen SGEs sind die zukünftigen Gewinnpotentiale auszuwählen	- versuchen, ohne großen Ressourceneinsatz eine horizontale Positionsänderung herbeizuführen oder abwarten, wie sich die Marktattraktivität verschiebt	- tragen zum gegenwärtigen Gewinn der Unternehmung bei - erfordern geringe Investitionen zur Erhaltung der relativen Wettbewerbsvorteile

Abb. 93: Die strategische Analyse der Ressourcenallokation: Normstrategien

Eine differenzierte Vorgehensweise ermöglicht die **Einzelbeschäftigung** mit diesen 9 Feldern. Aus diesen Ergebnissen läßt sich wiederum innerhalb der angestrebten Gesamtsystemsteuerung die **Flußrichtung** der Finanzmittelströme darstellen. Es ergeben sich – in Anlehnung an Hinterhuber (1992, I, S. 109ff.) – vereinfacht drei Zonen (im einzelnen dazu 7. Teil, E, VI):

- Zone der **Mittelbindung**
- Zone der **Mittelfreisetzung**
- Zone des **Diagonalbereichs**.

e) Weitere Konzepte

Basierend auf den beiden Kern-Portfolio-Konzepten, findet sich in Theorie und Praxis eine fast unübersehbare Anzahl weiterer Portfolio-Modelle (vgl. Schwarz, 1993, S. 994ff. und Hahn, 1996, S. 704ff.). Es werden dabei die zur Achsenbestimmung heranzuziehenden, strategisch relevanten Determinanten (erfolgsbestimmende Faktoren) unterschiedlich interpretiert bzw. jeweils isoliert miteinander kombiniert. Für weitere Ansätze sei auf die Literatur verwiesen, z.B.:

- das **Geschäftsfeld-Ressourcen-Portfolio** (Ressourcen-Produkt-Matrix)
  Dieses von Ansoff/Leontide entwickelte und von Albach konkretisierte Modell erweitert den traditionellen, auf den Absatzmarkt gerichteten Portfolio-Ansatz, indem der Blick auf den strategisch zunehmend kritischeren **Beschaffungsmarkt** gelenkt wird, für den eine eigene Ressourcen-Matrix zu erstellen ist (vgl. Bühner, 1994, S. 176);
- ein **Beteiligungs**-Portfolio, gebildet aus den Kriterien Eigenkapital und Ausschüttungsrentabilität
- das **Branchenattraktivitäts** (Flexibilität/Stabilität)- und **Geschäftsfeldstärke** (finanzielle Stärke/Wettbewerbsstärke)- Portfolio;
- die unterschiedlichen Ansätze zum **Beschaffungs**-Portfolio bzw. **Einkaufsportfolio**-Matrix oder diverse **Lieferanten**-/Benchmark-Portfolios (dazu Schleppegrell, 1994);
- die Ansätze von Derkinder und Bell/Lorange, die nicht allein auf den Produkt-Markt-Bereich begrenzt sind, sondern versuchen, das **Risiko** der einzelnen SGEs explizit zu erfassen;
- das **4-Matrizen-Modell** von Seiler (1986, S. 11ff.), das technologische und marktmäßige Überlegungen verknüpft; es baut weitgehend auf bekannten Matrizen auf, die aber teilweise modifiziert werden;
- die **Informations**intensitäts-Matrix (Informationsintensität der Unternehmensaktivitäten/Informationsgehalt der Produkte bzw. Dienstleistungen), vgl. Rüttler, 1991, S. 217ff.;
- die **Umwelt**komplexitäts-Umweltdynamik-Matrix zur realistischen Einschätzung der Entwicklung relevanter Umwelttrends (vgl. ebd., S. 226ff.);
- die **F&E-Matrix** mit den Dimensionen Marktchance und technisches Entwicklungsrisiko, das **F&E-Programm-Portfolio** mit der Gegenüberstellung von Technologiedruck und Marktsog aller in einem F&E-Programm enthaltenen F&E-Projekte (dazu praktische Erprobungen in Möhrle/Voigt, 1993);
- die **Vorteilsmatrix** zur Vertiefung der Erkenntnisse der Potentialanalyse (Marktwachstum/Vorteile) oder die **Potential-Matrix** (Rentabilität/Potentiale)(vgl. Liessmann, 1993, S. 140f.);
- das Portfolio-Modell von Hinterhuber/Mak (1983) für **schrumpfende** Märkte;
- das **Lebenszyklus-Wettbewerbsposition**-Portfolio: Aus dem Produktlebenszyklus-Konzept werden folgende Überlegungen abgeleitet: Bestimmend für die Attraktivität eines Marktes ist nicht dessen Wachstumsrate, sondern die jeweilige **Position im Produktlebenszyklus**. Eine Unternehmung sollte zur Sicherstellung einer kontinuierlichen Entwicklung und unter dem Aspekt der Risikostreuung der Produkteinheiten bzw. Ausgewogenheit der Finanzströme stets auch eine ausreichende **Anzahl von Nachwuchsprodukten** (Neu-Produkte/zukünftige Umsatzträger) im Portfolio haben;
- ein **Profilierungs-Portfolio** für die Planung der strategischen Stoßrichtung eines werteorientierten Innovationsmanagements (vgl. Raffée/Wiedmann, 1994, S. 439f.);
- verschiedene „strategische Röntgenbilder" von Dögl/Piechota/Schneider (vgl. 1992, S. 136ff.);
- **Kundennutzenportfolio** mit den Dimensionen Kundennutzenattraktivität (Steigerung/Reduzierung von Wirtschaftlichkeit, Sicherheit, Umweltverträglichkeit, Komfort, Image) und Ressourcenstärke (eigene Stärken/Schwächen in Relation zum Hauptwettbewerber);
- **Fertigungsportfolio** mit den Dimensionen Fertigungsattraktivität (Kostenwirkung, Durchlaufzeitwirkung, Flexibilitätswirkung) und Ressourcenstärke (eigene Stärken/Schwächen im produktionstechnologischen Vergleich);

- ein **Prozeßportfolio** mit den Dimensionen Prozeßbedeutung und Applikationsdefizit (Jakubczik/Skubch, 1994) bzw. das Prozeßportfolio Zentralisierung/Dezentralisierung mit den Dimensionen Anteil der Durchführungstätigkeiten am Prozeß und Wirtschaftlichkeit bei Zusammenfassung (Metken, 1993, S. 10f.);
- ein **Branchen-Technologie-Portfolio** mit den Dimensionen Branchenattraktivität und Technologiepotential (zahlreiche Beispiele in Schwarz, 1993, S. 1002ff.);
- **Make-or-Buy-Portfolio** mit den Dimensionen Eigenentwicklungsattraktivität (Systembedeutung, komparative/r Entwicklungsgeschwindigkeit/-aufwand, Machtposition des Zulieferers) und Ressourcenstärke (im eigenen Entwicklungsbereich vorhandenes Know-how gegenüber dem Lieferanten).

f) Abschließende Beurteilung der Portfolio-Analyse

Die Portfolio-Analyse ist ein sehr kontroverses Konzept. Von den einen euphorisch als neue Planungshilfe „angepriesen", wird sie von anderen mit der mangelnden amerikanischen Wettbewerbsfähigkeit in Verbindung gebracht. Vorteile bzw. Schwächen dieser Methode – im Spiegel der strategischen Planungsliteratur – seien kurz umrissen.

(1) Schwächen dieser Technik

- Die **Einfachheit** der Technik (hohe Informations**verdichtung**) ist für die in der Realität gegebenen **komplexen** Situationen gefährlich.
- Unlösbare **subjektive** Bewertungsproblematik bei der SGF/SGE-Bestimmung: Je nachdem, ob die Produkt/Markt-Segmente eng oder weit gefaßt werden, ergeben sich unterschiedliche Positionierungen innerhalb der Matrixzellen und damit andere Missionen.
- Zudem erscheint es aufgrund der bestehenden Interdependenzen äußerst schwierig, die Forderung nach strategischer Eigenständigkeit zu erfüllen.
- Die von zahlreichen Firmen immer wieder durchgeführten „Neubestimmungen" der SGFs/SGEs bestätigen die Schwierigkeit der Aufgabe; von der **„richtigen"** Abgrenzung hängt es aber ab, wie man das eigene Geschäft und die Konkurrenz definiert. Die gewählte Abgrenzung muß laufend überprüft und bei Änderungen der Marktbedingungen etwa neu geordnet werden.
- Durch die zur Komplexitätsreduktion in pragmatischer Weise durchgeführte Beschränkung auf nur **zwei** zentrale Erfolgsdeterminanten (Boston-Matrix) besteht die Gefahr, wesentliche Informationen über erfolgsbestimmende Faktoren nicht zu erfassen.
- Die verwendeten Kriterien (wie Marktanteil, Marktwachstum oder Attraktivität) geben, da sie keine eindeutig meßbaren Größen sind, **Beurteilungsspielraum**.
- Die gewählten Erfolgsfaktoren sind nur dann geeignete Maßstäbe, wenn die den theoretischen Fundierungen (primär der Erfahrungskurve) zugrundeliegenden **Prämissen** auch tatsächlich zutreffen.
- Der Marktanteil ist keinesfalls **allein** als Bestimmungsgröße des Erfolgs bzw. als einzige beeinflußbare Variable anzusehen; ebenso ist die Marktbeschaffenheit nicht allein durch das Wachstum charakterisiert (nach Porter sollten z.B. alle fünf Konkurrenzkräfte, die in jeder Branche wirksam sind, berücksichtigt werden).
- Die Reaktionen der Konkurrenz sind im Ansatz nicht integriert.
- Gefahr, daß die Normstrategie „unhinterfragt" quasi „als Rezept" in Form eines Entscheidungs**automatismus** pro Matrixfeld mechanisch durchgeführt wird und damit zu Fehlentscheidungen führt.
- Die scheinbare Objektivität der Analyse wird durch einen beträchtlichen zusätzlichen Anteil aus Subjektivität (z.B. bei der Erfolgsfaktorenauswahl, der Bestimmung der Gewichtungsfaktoren und der Achsenmittelwertbildung) relativiert.
- Gefahr, daß unsere **„nächsten Schritte"** für die mit diesem Instrument ebenfalls vertraute Konkurrenz leicht **vorhersehbar** werden.
- Portfolio kann zwar ein technisches Hilfsmittel sein, aber **kein Ersatz** für Managemententscheidungen.
- Es wird zu große Aufmerksamkeit auf die Erringung von Marktanteilen gelegt (**„market-share-itis"**). Zur Erlangung der mit dem Erfahrungskurveneffekt verbundenen Kostendegression werden **Kapazitäten** aufgebaut, die der Markt evtl. nicht mehr aufnehmen wird, vor allem dann, wenn der Lebenszyklus des Produktes schneller als erwartet in die Stagnationsphase führt. Diese Problematik gilt weniger für den als ersten auf dem Markt auftretenden Innovator als um so mehr für den Imitator (Follower).
- In vielen Märkten ist kein Wachstumspotential mehr vorhanden.
- Hoher Marktanteil fordert eventuell Kartellbehörde, Verbraucherverbände usw. heraus.
- Durch die Unterstellung des Marktwachstums als wesentlichen Indikator ist das Portfolio ein unzulängliches Instrument im Falle **schrumpfender Märkte**.
- Es werden nur **vage** Aussagen getroffen (wie „halten", „ernten"), es fehlt die Operationalität der Alternativen.
- Da die Portfolio-Analyse sich nur auf gegenwärtige Geschäftsbereiche bezieht, dient sie nicht als **Generator** bei der Suche nach **neuen** Marktchancen.

- Es werden zukünftige **technologische Risiken** nicht erkannt.
- Es besteht der Trend zu **konservativen** Strategien.
- Überbetonung der Bedeutung eines **hohen** Marktanteils. Auch bei kleinem Marktanteil ist jedoch eine **hohe Rentabilität** möglich.
- **Demotivierte** Manager in den Dog-Bereichen oder bei den reifen Geschäftsfeldern, die als bloße „Melkkühe" mißbraucht werden.
- Die Konzentration auf die Cash-Flow-Ausgewogenheit vernachlässigt die Möglichkeit der **Kapitalbeschaffung** auf den Finanzmärkten.
- Problematische Abstimmung der strategischen Geschäftsfelder/-einheiten mit der **bestehenden Organisation.**
- Methode bedingt den Aufbau **großer Planungsabteilungen**.
- Die Informationserfordernisse stellen eine Fülle (unerfüllbarer) Anforderungen – viele erfolgsbestimmende Größen müssen geschätzt werden.
- Durch die Konzentration auf den größten Wettbewerber werden eventuell **wichtige zukünftige Konkurrenten** nicht berücksichtigt.
- Die Portfolio-Technik differenziert nicht in fragmentierte und konzentrierte Märkte.
- Die Portfolio-Technik zeigt nicht die komparative Marktgröße.
- Die Nichtberücksichtigung der Wettbewerbsintensität.
- Starke Mängel in der theoretischen Begründung bzw. fehlende empirische Begründung.
- Mangel an Systemdenken.
- Sowohl Qualität als auch Quantität der zur Beurteilung aller vorgegebenen Kriterien notwendigen Informationen ist unzureichend; dies kann dazu führen, daß Faktoren trotz fehlender Informationen beurteilt werden.
- Problem der Aggregation, d.h., Aufsummierung aller Einzelkriterien-Bewertungen je Dimension und anschließendes Bilden von Durchschnittswerten erlauben keine Rückschlüsse mehr auf die Einzelbewertung (Eingangsinformationen sind nicht mehr transparent). Aggregationsprobleme auch in diversifizierten Unternehmen.
- Isoliert erfaßte SGE-Positionen können nicht miteinander verglichen werden.

(2) Vorteile dieser Technik

- Dem Management ist ein **leichtverständliches** Hilfsmittel mit hoher **Transparenz** zur Hand gegeben.
- Damit verbunden sind
  - die Anregung, sich mit **strategischen** Problemen zu beschäftigen (Schaffen eines Problembewußtseins für zukünftige Kundenprobleme, Konkurrenzverhalten oder Technologieentwicklung),
  - der Zwang, sich mit der Zukunft auseinanderzusetzen,
  - die Möglichkeit, sich innerhalb der Unternehmung
    a) eine einheitlichen Planungs-„**Sprache**" zu bedienen,
    b) ein strategisches „Denkklima" zu schaffen,
    c) einen „vorstrukturierten" Planungs- und Analyserahmen zugrunde zu legen,
    d) die Kommunikation und Verständigung zu verbessern und
    e) die Planungsarbeit zu verbessern bzw. die Planungskreativität zu erhöhen.

- Den **„Zahlenbergen"** wird ein übersichtliches **visuelles Medium** zur Seite gestellt.
- Neben rein quantitativen Größen ist auch die Berücksichtigung qualitativer Größen möglich, berücksichtigt werden **gleichzeitig** externe und interne Größen.
- Die Portfolio-Methode zeigt auf anschauliche Weise die strategischen Alternativen im Rahmen der Geschäftsfeldplanung.
- Sie liefert der Geschäftsleitung (vor allem bei divisional geführten Unternehmen) die **theoretische Unterstützung** für eine differenzierte, strategiegemäße Ressourcenzuteilung oder – wenn nötig – auch Ressourcenentzug bei den einzelnen SGEs.
- Die einzelnen Unternehmenseinheiten sind nicht mehr nur auf ein einheitliches Ziel (z.B. ROI-Maximierung) ausgerichtet, sondern erfüllen im Rahmen der Gesamtsteuerung verschiedene strategische Missionen. Damit Verbesserung der Gesamtplanung, -steuerung und -kontrolle.
- Anpassung der Leistungsbeurteilung und der Anreizsysteme **auch an strategisches** Verhalten bzw. an das strategische Ergebnis.

(3) Fazit

„Portfolios weisen entscheidende Vorteile auf und sind in verschiedenen betriebswirtschaftlichen Teilgebieten als Methode gut etabliert (Produkt-/Markt-Portfolio, Technologieportfolio, Länderportfolio, Make-or-buy-Portfolio)." (Federer/Griglio, 1998, S. 79)

Die Portfolio-Analyse hat inzwischen einen **festen Platz** im strategischen (Controlling-) Werkzeugkasten der Praxis; von einer bloßen „Modeerscheinung" kann deshalb nicht mehr gesprochen werden. Für strategische Planungsüberlegungen ist ihre **„Triggerfunktion"** (im Sinne einer Initialzündung oder Initiativenanregung) von unübertroffenem Wert. Aus ihren Normstrategien darf jedoch nicht die Anleitung zu einer ganz bestimmten Handlungsempfehlung abgeleitet werden. Als **heuristisches Hilfsmittel** liefert sie der Praxis pragmatische Entscheidungshilfen. Damit sie aber im weiteren Entscheidungsprozeß zu einem wirksamen Managementinstrument wird, ist ihr Einsatz unbedingt **kombinatorisch**, d.h. in Verbindung mit anderen Planungs-, Analyse- und Prognoseinstrumenten zu sehen.

5. Grenzen des Einsatzes analytischer Instrumente

Wir haben bereits aufgezeigt, wie die Wertvorstellungen der Führungskräfte zahlreiche Elemente der strategischen Führung beeinflussen. Zahlreiche subjektive Einflüsse in Form von **wertbeladenen** oder **interessengeleiteten** Annahmen bzw. Beurteilungen gehen in den gesamten Prozeß der strategischen Unternehmensführung ein. Der Einsatz analytischer Techniken hebt diesen Einfluß nicht auf. Gaugler (vgl. 1984, S. 36f.) sieht folgende Gefahren:

- daß mit dem Einsatz solcher Techniken subjektive Annahmen quasi **„objektiviert"** („verwissenschaftlicht") werden; auf diese Weise zementiert, werden die zugrundeliegenden Annahmen nicht mehr hinterfragt;
- daß mit der Konzentration auf wissenschaftliche Methoden eine schnelle und wirksame strategische Neuausrichtung in vielen Fällen eher verhindert als ermöglicht wird.

Zum Beispiel kann im Rahmen der **Unternehmungsanalyse** nicht wissenschaftlich objektiv festgelegt werden, welche Kriterien zugrunde gelegt werden oder welchen Vergleichsmaßstab man wählt. Da die Unternehmensanalyse in gewisser Weise auch eine Personalbewertung darstellt, ist zudem die Gefahr der Manipulation nicht auszuschließen. Ähnliche Überlegungen gelten für die Umweltanalyse und die zu erfolgende Auswahl der Umweltfaktoren und der Prognosemethoden. Subjektive Setzungen gehen z.B. auch ein in die Achsenpositionierung der Portfolio-Multifaktoren-Matrix und in die Verfahren zur Bewertung von strategischen Alternativen. Eine kritische Analyse der strategischen Analyseinstrumente würde ohne Schwierigkeiten weitere Beispiele für diesen Problembereich liefern.

Diese kurzen Hinweise mögen genügen, um zu zeigen, daß eine strategische Planung und damit strategische Entscheidungen nicht ausschließlich auf rationalen analytischen Instrumenten bzw. deren **„mechanistischen"** Anwendung aufgebaut sein sollten. Für Horváth (1994, S. 162) ist der Planungsprozeß nicht „programmierbar":

„Die Formalisierung strukturiert zwar die Abläufe, stellt die Planung auf eine rationalere Grundlage, sie liefert jedoch nicht die Ideen und Kreativität. Planung läßt sich nicht auf eine formalisierte Entscheidungslogik reduzieren. Die modell- und computergestützten Ansätze zur Planung entbehren diesbezüglich häufig nicht einer gewissen Naivität. Planung muß auch als ein psychischer, sozialer und politischer Prozeß gesehen und gestaltet werden".

Auch für Bleicher ist die äußerst komplexe und dynamische Problemlandschaft der Führung nicht mit dem bislang erfolgreich gewesenen analytischen Denken allein möglich (vgl. 1990, S. 156). Mit verschiedenen Tendenzen, u.a.

- dem Wandel von der Arbeitsteilung/Spezialisierung zur Gestaltung generalisierter umfassender Aufgaben- und Verantwortungskomplexe,
- unternehmerische statt technokratisch-bürokratische Denkweise,
- vom manageriellen Machen zum Pflegen einer sich selbst organisierenden spontanen Ordnung

verschiebt sich der Fokus des Organisatorischen von der regulierenden, strukturellen Systemgestaltung zum Schaffen von **Rahmenbedingungen** für den Einsatz ganzheitlich denkender Personen.

Wenn der Wert eines strategischen Potentials in der strategischen Literatur zunehmend mit **Flexibilität** und Mobilität beschrieben wird, dann wird (so Bleicher, 1990, S. 157) **„Reorganisation zum Dauerthema"** (eine Simultaneität der Anpassung von Strategien und Strukturen bis hin zu einer „vorausschauenden" Reorganisation). Auch Bleicher sieht die Notwendigkeit, unsere Anreizsysteme zu überdenken, und skizziert ein „humanzentriertes" Organisationsverständnis, in dem das technokratische Verständnis einer Systemgestaltung in den Hintergrund und das persönliche Verhalten (bei ganzheitlichem Denken) der Organisationsmitglieder in den Vordergrund tritt. Eine ähnliche Führungsphilosophie skizziert Rutt (1990, S. 69ff.) für Unternehmen, die **„Zeit"** als wettbewerblichen Erfolgsfaktor einsetzen.

G. Unterstützung des Managements durch computergestützte Systeme

I. Entwicklungsgeschichte/Verfahren/Systeme

„Die Verfügbarkeit entscheidungsrelevanter Informationen zur richtigen Zeit, am richtigen Ort, in der richtigen Qualität und in der richtigen Quantität wird mehr und mehr zum Wettbewerbsfaktor Nummer eins. Sie kann durch den gezielten Einsatz von Managementunterstützungssystemen wesentlich erhöht werden" (Ester/Abele/Drobek, 1995, S. 55).

Für das computergestützte Informationswesen sieht Zahn (vgl. 1993, S. 264ff.) drei wesentliche **Entwicklungsschübe:**

- In den 60er Jahren stand das Management der automatisierten Datenverarbeitung im Vordergrund.
- Seit Anfang der 70er Jahre begann sich ein Informations-Ressourcen-Management zu entwickeln.
- Die 80er- und 90er Jahre zeigen die Evolution eines Wissensmanagements.

Meffert (dazu 1994, S. 382ff.) gibt eine ausführliche Beschreibung (und kritische Bewertung) folgender computergestützter Systeme:

- **Information**sorientierte Systeme (Speicherung und Bereitsstellung von entscheidungsrelevanten unternehmensinternen und -externen Daten):
  − Management Information Systems (MIS), Executive Information Systems (EIS)
- **Modell**orientierte Systeme (Analyse der Beziehungen zwischen den Daten unter Berücksichtigung alternativer Strategien und Umweltsituationen):
  − Decision Support System (DSS)
  − STRATPORT als ein System zur Portfolioplanung
  − WARNPLAN als ein System zur strategischen Früherkennung
- **Wissen**sorientierte Systeme/Expertensysteme (Wissen von Experten, das sich sowohl auf das strategische Problem als auch auf Methoden und Vorgehensweisen zu dessen Lösung bezieht):
  − STRATEX als ein System zur Portfolioplanung (Kombination aus Markt- und Technologieportfolio)
  − EXSTRABS als ein System zur Wettbewerbsanalyse (Analyse der Branchenstruktur und Ableitung von Strategien)
- **Integrierte** Systeme der Entscheidungsunterstützung (Verbindung der drei erstgenannten Systeme)

(vgl. auch unsere Ausführungen im 1. Teil: Der informationsorientierte Ansatz)

In der Literatur unterscheidet man bei den formalen Informationssystemen **computergestützte** und **berichtsbezogene** Informations- und Unterstützungssysteme. Als **Bausteine** werden im einzelnen aufgeführt (vgl.Hahn, 1996, S. 809ff.; Ester/Abele/Drobek, 1995, S. 55ff.):

- Basisanwendung als Voraussetzung
  Administrative und dispositive Anwendungssysteme (Transaktionssysteme zur Abwicklung von Routine- und Massenarbeiten; z.B. Personalabrechnung, Budgetierung, Verkaufsanalysen, -prognosen)
- Berichtssysteme: verdichtete, zeitlich bestimmte Berichte mit „Zurückverfolgungsmöglichkeit"; Signalsysteme: Ausnahmemeldungen, Frühwarnsysteme
  Abfragesysteme: gezielte Abfragen
- Einbeziehung externer Daten
  Externe Informationsdatenbanken
- „Strategische" Informationssysteme
  (letztlich alle neueren Systemkonzepte im Anwendungsbereich, CA/JIT/CIM etc.)
- Unternehmensplanung
  Taktisch operative Ebene: Risikoanalysen, Gleichungssysteme, Simulationen
  Strategische Planung: Erfahrungskurven, Produktlebenszyklen, Lückenanalyse, Analyse der Wettbewerbssituation, Szenario- und Portfolioanalyse
- Vom Decision Support zum Management Support
  (von Insellösungen zu integrierten Systemen mit zunehmendem Einbezug von wissensbasierten Komponenten; Managementinformations-, unterstützungssysteme u.ä.; Expertensysteme)

II. Führungsinformationssysteme (EIS) - Data Warehouse

Während in den 70er Jahren die ersten Management-Informationssysteme (MIS) und Decision Support Systems (DSS) zu überfrachtet, zu teuer und zu schwierig zu bedienen waren, werden die gegen Ende der 80er Jahre zuerst in den anglo-amerikanischen Ländern entwickelten **Executive Information Systems (EIS)** als arbeitsplatzorientierte Führungsinstrumente zunehmend unverzichtbar (weitgehend identisch sind Begriffe wie Executive Support Systems oder Führungs-Informations-Systeme (FIS) und Management-Informationssysteme (MIS).

Executive Information System (EIS)
„... bildschirmgestützte Systeme, die dem Management direkt und zeitnah entscheidungsrelevante Informationen zur Verfügung stellen." (Moormann, 1996, S. 352) „... ist ein datenorientiertes Entscheidungsunterstützungssystem für Unternehmensführung und Controlling, das inhaltlich richtige und relevante Informationen zeitgerecht und formal adäquat zur Verfügung stellt." (Henneböle, 1995, S. 24)

Während die ersten totalen Informationssysteme eine große Lücke zwischen Anspruch und Wirklichkeit kennzeichnete, erlauben die jetzigen EIS-Systeme als neue Form der Berichterstattung und des kennzahlengestützten Controlling auf der Basis eines PC-gestützten **Führungsinformationssystems** eine vielgestaltigere, flexiblere und aktuellere Information der Leistungsorgane. In den letzten Jahren bauten zahlreiche Firmen umfassende EIS auf.

Führungsinformationssysteme
„... sind spezifische Informationssysteme, die auf die bedarfsgerechte Informationsversorgung des zur Unternehmensführung legitimierten Leistungsorgans ausgerichtet sind."

„Anstatt das ‚gesamte' Unternehmen mit all seinen Daten in einem Informationssystem abzubilden (unternehmensorientierter „Totalansatz der Management-Informationssysteme"), verfolgen Führungsinformationssysteme einen empfängerorientierten Totalansatz. D.h., sie haben unabhängig von der rechtlichen und funktionalen Struktur eines Unternehmens alle jene Informationen bereitzustellen, die oberste Führungskräfte zur Unternehmensführung benötigen. Im Gegensatz zu Management-Informationssysteme sollen sie auch externe und qualitative Informationen berücksichtigen." (Hornung/Mayer, 1999, S. 390)

Der Einsatz von Führungsinformationssystemen führt aber nach Klotz/Wenzel (1994, S. 5) zu weitreichenden Veränderungen: Tendenziell werden durch den Einsatz derartiger Systeme Informationsmonopole abgebaut, die Ressource ‚Information' wird unternehmensweit verfügbar gemacht. Hieraus resultieren Möglichkeiten der Verkürzung von Entscheidungswegen und der Dezentralisierung von Entscheidungskompetenzen.

In einer Zeit, in der durch das Fehlen klassischer Orientierungspunkte Unternehmen flexible Strategien entwickeln müssen, sind Antizipation zukünftiger Potentiale und Risiken, die Einbeziehung des Zufalls im Rahmen der Unternehmenspolitik, Reaktionsfähigkeit, Schnelligkeit, Anpassung, konzertiertes und auch individuelles Handeln auf der Grundlage einer Führungskonzeption sowie klare und explizite Strategien erforderlich: All dies ist nur möglich, wenn auch die Führungsinformationssysteme diese Bedürfnisse abbilden. „Je mehr die Komplexität der Umwelt und des Unternehmens zunimmt, desto wichtiger wird die Fähigkeit zum innovativen Lernen, zur Vorwegnahme der Wünsche und Erwartungen der Abnehmer sowie zum selbständigen, initiativen Handeln. Die ‚Vision‘ des Unternehmens, Unternehmenspolitik und -strategien müssen entsprechend der sich stets ändernden Verhältnisse weiterentwickelt werden." (Kornblum, 1994, S. 16f.)

Unternehmen müssen lernfähig und lebensfähig gemacht werden. Nach dem Phänomen Größe und Kumulation von Geschäftsfeldern rütteln zwei weitere Trends an den starren Strukturen der Unternehmen (ebd., S. 17):

- die wachsende Freizügigkeit der Informationen und damit das Aufbrechen von „Informations-Osmosen" und
- der Wandel der Industrienationen hin zu Dienstleistungs- und Kommunikationsgesellschaften.

„Die wachsende Freizügigkeit von Informationen hebt allerdings auch die Informationsmonopole innerhalb der Organisationsstruktur auf und emanzipiert die Kunden, die verstärkt Forderungen nach mehr Informationsunterstützung stellen. Computer, Datenbanken und Netzwerke übernehmen die operativen Planungsprozesse und die Disposition der Produktionsabläufe und der logistischen Kette. Sie erlauben die Dezentralisierung der Verantwortung und den schnellen Informationsfluß durch die Hierarchieebenen. Netzwerke helfen der Kommunikation. Sie sind das ‚Nervensystem‘ in den Organisationseinheiten der Unternehmen und deren Umfeld.
Damit verlagern sich die Schwerpunkte des Informationsmanagements vom Prinzip der hierarchischen, relativ starren und mechanistischen Führung und der budgetgesteuerten Geschäftsvorfälle hin zu flexiblen, qualifizierten und entscheidungsrelevanten Führungssystemen und zu lernenden, flexiblen Unternehmensmodellen. Moderne und umfassende Computernetzwerke und eine ‚intelligente‘ Software fördern und verstärken die Fähigkeiten der Mitarbeiter: ihre Kreativität, Initiative, ihr Wissen und ihre Kommunikationsfähigkeit. Die Computer verwalten also keinen vierten Produktionsfaktor ‚Information‘, sondern sie helfen durch unternehmensweite und -übergreifende Informationssysteme und anwendungsorientierte Netzwerke, die Innovationskraft als Schlüsselfaktor der langfristigen Wettbewerbsfähigkeit zu steigern." (Kornblum, 1994, S. 17f.; zum Einsatz moderner IuK-Technologien für die strategische Planung siehe auch Sonnenschein/Schön/Nölken, 1999, S. 190ff.)

In der Literatur finden sich zahlreiche Beispiele für Standard-**Anwendungssoftware.** Ein leistungsstarkes **Softwareangebot** erlaubt eine umfangreiche Managementunterstützung zur Entscheidungsvorbereitung. Waren die ersten Systeme noch auf analytische Funktionen beschränkt, führen heutige Systeme wesentlich **komplexere Aufgaben** aus:

- aus gespeicherten eigenen Datenbeständen Analysen, Selektionen, Verdichtungen/Aggregationen/Disaggregation, Alternativenbeschreibungen, Bewertungen, Auswahl, Umrechnungen auf Basiswerte etc. durchführen und weitergeben;
- zur Unterstützung dieses Performance Monitoring verschiedene adäquate Präsentationstechniken (Statistiken, Tabellen, Texte, Grafiken, Symbole) einsetzen;
- Szenarien und Frühdiagnosen entwerfen;
- Prognosemodelle (z.B. aus Zeitreihen) erstellen;
- Soll-Ist-Vergleiche, Abweichungsanalysen, Trendabweichungen;
- verschiedene Alternativen durchspielen bzw. das „Simulieren" von erwarteten Einflüssen oder geplanten Maßnahmen („what-if"-Abfragen);
- Verdichtungsmöglichkeiten (z.B. der Monats- zu Quartals-, Halbjahres- zu Jahresberichten);
- ein „Exception Reporting", d.h. die Herausfilterung bestimmter (außergewöhnlicher) Berichtsinhalte (automatisches Anzeigen von Alarmsituationen/Warnpunkten);
- Zugriff auf externe Quellen (Datenbanken), Verknüpfungen (z.B. mit Bürokommunikationssystemen);
- ein Electronic-Mail-System (EMS), d.h. die Unterstützung des Nachrichtenaustausches über Bildschirm;
- eine Integration von Bürokommunikationsfunktionen.

Diese Möglichkeiten der Informations- und Kommunikationstechnik sollen die Entscheidungsqualität verbessern, helfen bei der Beschleunigung von Abläufen (Zeitvorsprung als Wettbewerbsfaktor), tragen zu einem effektiven **Zeitmanagement** der Führungskräfte bei (vgl. auch Tiemeyer, 1991, S. 109). Im Gegensatz zu früheren Systemen sind diese PC-gestützten EIS/FIS **bedienerfreundlich**, stark visualisiert und arbeiten mit anwenderfreundlichen Oberflächen:

- Sie erlauben die Verwaltung paralleler Hierarchieebenen (etwa differenziert in SGEs, Regionen, Produkten etc.).
- Sie führen alle Aktionen mit einem Knopf- oder Mausdruck bzw. als Touch-screens auf berührungsempfindlichen Bildschirmen durch.
- Sie motivieren durch Fenster-Technik.

- Sie erlauben ein Aufblättern (pull-down) oder Einblenden (pop-up).
- Sie erlauben ein „Drill-Down-Reporting" zu tieferliegenden Menus des Berichtsbaums, um über eine Erweiterung des Detaillierungsgrades z.B. die Abweichungsursache für eine bestimmte Kennzahl zu verfolgen.
- Sie erlauben die Erstellung von frei wählbaren Trendanalysen zu bestimmten Informationen.

- Sie ermöglichen ein Traffic lighting/Colour coding im Grundmenu zur farblichen Kennzeichnung der Plan-Ist-Situation (verschiedene Farben für innerhalb/oberhalb/unterhalb der vorgegebenen Toleranzbreite).
- Sie ermöglichen ein Hot-spot, d.h. durch Antippen (z.B. einer Gesellschaft innerhalb eines Konzerns) ein Anzeigen der nächsttieferen Detaillierungsstufe.
- Sie bilden die Systemstrukturen einer Unternehmung ab (d.h., sie ermöglichen eine Differenzierung nach Regionen, Produkten, Vertriebswegen usw.).

Krämer/Scheer (1991) weisen der Realisierung von **Expertensystemen** das größte Weiterentwicklungspotential von Informationssystemen in der Zukunft zu. Im funktionsorientierten Controlling werden (als Ergebnis einer empirischen Analyse) gute Einsatzmöglichkeiten vor allem im Produktions- und Logistikbereich gesehen. Bei den Controllinginstrumenten werden Ansatzpunkte für die Instrumente Kostenplanung und -kontrolle im Rahmen des Soll-Ist-Kostenvergleichs sowie Kennzahlensysteme und Finanzplanung und -kontrolle gesehen (siehe auch die dort angegebene ausführliche Literatur zum wissensbasierten Controlling).

Computergestützte integrierte Informationssysteme ermöglichen im Bereich der Führung und des Controlling, wo das klassische Berichtswesen zur Steuerbarkeit des komplexen Unternehmensgeschehens zunehmend überfordert erscheint, übersichtliche und aussagefähige (transparente) **Entscheidungsunterlagen** zu liefern. Ein **Data Warehouse** erlaubt den Zugriff auf ein unternehmensweit einheitliches Datenlager. Damit kann bei der Informationsbasis nicht nur auf quantitative Fakten, sondern auch auf **nicht strukturierte Dokumente** wie Schriftsätze, Studien, Vorträge etc. und auf Informationen über Märkte, Wettbewerber, politische Rahmenbedingungen etc. zurückgegriffen werden.

Data Warehouse
„... bezeichnet eine themenorientierte, integrierte, zeitbezogene und dauerhafte Sammlung von Informationen zur Entscheidungsunterstützung des Managements." (Schinzer, 1996, S. 468)

Die Struktur eines Data Warehouse ist mit folgenden Merkmalen gekennzeichnet (nach Schinzer, 1996, S. 468f.):

- Es ist nicht wie die operativen Informationssysteme funktional/anwendungsbezogen ausgerichtet (etwa Materialwirtschaft, Finanzbuchhaltung usw.), sondern **themenorientiert** aufgebaut (Subjekte des Unternehmens wie Kunden, Lieferanten oder Produkte).
- Die verteilten Informationen sind in einem **einheitlichen** homogenen Datenbestand **integriert**.
- Die **zeitliche Varianz** der Daten.
- Es handelt sich um eine **dauerhafte** Sammlung von Informationen.

628

H. Strategische Steuerung und Kontrolle

Mit der Verabschiedung einer Strategie sind langfristige Entwicklungen und Tätigkeiten verbunden. Ihre Implementierung erstreckt sich deshalb über einen längeren Zeitraum, also mehrjährigen Durchführungszyklus. Da nicht davon auszugehen ist, daß während dieses Zeithorizontes die zugrunde gelegten Strategieverhältnisse stabil bleiben, ist im Rahmen des strategischen Controllings eine **laufende** Kontrolle durchzuführen. Pümpin (vgl. 1980, S. 64f.) sieht folgende Möglichkeiten, der turbulenten Umweltentwicklung Rechnung zu tragen:

- **Planerische** Vorkehrungen, in denen bei der Strategieentwicklung der Flexibilitätsgedanke berücksichtigt wird, oder die Aufstellung von Eventualplänen.

  Im Rahmen einer „systemaren strategischen Planung" fordert Hanssmann (vgl. 1985, S. 24ff.) in diesem Sinne die Einführung mehrfacher strategischer Optionen und mehrfacher Szenarien. Jede SGE sollte dabei der Unternehmensleitung mehrere wettbewerbsmäßig lebensfähige, operationale strategische Alternativen zur Wahl stellen, womit die Leitung in die Lage versetzt würde, eine Unternehmensstrategie aktiver zu gestalten als im bisherigen Fall, wo es primär nur um die Konsolidierung der einzelnen Funktionsbereichs-Planungsvorschläge zu einer Gesamtstrategie geht.
  Eine leistungsstarke Computerunterstützung, die eine schnelle Synthese der Unternehmensergebnisse für jede beliebige Kombination von SGE-Strategien ermöglichen würde, könnte die unternehmerische Risikopolitik unterstützen und die Identifizierung flexibler Strategien erleichtern.

- **Materielle** Vorbeugungsmaßnahmen, indem im Vorhinein Mittel („strategische Reserve") bereitgestellt werden; diese können im Bereich der Finanzmittel, der Beschaffung (z.B. wichtiger Rohstoffe) oder des Führungskräftepotentials liegen.

Eine **Strategiekontrolle** kann durchgeführt werden an regelmäßigen, fixierten Terminen („Strategiesitzungen") oder ad hoc bei unerwarteten plötzlichen Ereignissen als laufende Kontrolle. Die im Rahmen der strategischen Planung erarbeiteten Programme und Rahmenpläne werden realisiert, gesteuert und kontrolliert. Die Managementliteratur beschreibt die Kontrollaufgabe **im wesentlichen** als eine operative Aufgabe im Sinne der **Budgetkontrolle**. Eine Kontrolle strategischer Pläne ist häufig nicht explizit herausgearbeitet worden, die Notwendigkeit einer neuen, eigenständigen Funktion der strategischen Kontrolle im Rahmen der Unternehmensführung noch nicht erkannt.

Die strategische Kontrolle, die erst in jüngerer Zeit Beachtung in der Literatur gefunden hat, kann – wie bei der operativen Betrachtung – als letzte Phase des Managementprozesses verstanden werden. Ihre Funktion besteht weitgehend in einer Feedback-Aufgabe, d.h. in der Initiierung von Anpassungs- bzw. Korrekturmaßnahmen bei den vorgelagerten Prozeßstufen.

Um die Rolle von Planung, Organisation und Kontrolle im Prozeß der Unternehmenssteuerung neu beschreiben zu können, setzen Schreyögg/Steinmann mit ihrer Kritik an den Voraussetzungen der klassischen Lehre von der Unternehmensführung an. Indem der Managementprozeß mit der **Planung** beginnt, wird davon ausgegangen, daß alle betrieblichen Handlungen ihre Bestimmungen durch die Planung erfahren – alle anderen Führungsfunktionen haben **nachgeordneten** Charakter. „Die **grundlegende** Annahme ist also, daß die **Steuerungsleistung** im wesentlichen von der Planung allein erbracht werden kann und muß. Diese Vorstellung impliziert, daß alle aus der Umwelt und dem System resultierenden bestandskritischen Probleme von der Planung aufgefangen und abgearbeitet werden können" (ebd., S. 394).

Schreyögg/Steinmann (vgl. 1985, S. 396ff.) leiten daraus für die strategische Kontrolle die Aufgabe ab, Überraschungen und Veränderungsnotwendigkeiten frühzeitig zu erfassen und zu signalisieren, um damit der Einsicht Rechnung zu tragen, daß die Richtigkeit der Planung und des zugrundeliegenden Selektionsprozesses immer in Frage steht.
Das Verhältnis Planung – Kontrolle wird damit neu bestimmt: Die Kontrolle tritt in ein **kom-**

pensatorisches Verhältnis zur Planung und durchbricht damit die Steuerungsphilosophie der traditionellen Feedback-Kontrolle:

„Die Kontrolle tritt aus dem Status eines nachgeordneten, an fertige Planungen angeschlossenen Prüfverfahrens heraus und begleitet den gesamten Planungs- und Realisierungsprozeß quasi als Alarmsystem von Anfang an" (ebd., S. 397). In diesem systemtheoretischen Bezugsrahmen werden strategische Planung und strategische Kontrolle „als kontinuierliche, gleichlaufende Prozesse verstanden, die angesichts der Komplexität und Ungewißheit der Umwelt dazu dienen, den Systemerhalt zu sichern" (Steinmann/Schreyögg, 1986, S. 747).

Kontrolle ist als eine (risiko-)kompensierende Funktion zur strategischen Planung wahrzunehmen, sie trifft Vorkehrungen zur Begrenzung des mit der Formulierung einer Strategie verbundenen **Selektionsrisikos**. Dieses Selektionsrisiko bedingt, alle strategischen Pläne von Anfang an als „potentiell revisionsbedürftig" zu begreifen und zu behandeln; dies erfordert eine fortlaufende Kontrolle der strategischen Pläne auf ihre weitere Tragfähigkeit bzw. Veränderungsnotwendigkeit.

Damit unterscheidet sich diese Charakterisierung der strategischen Kontrolle von

- der operativen Kontrolle, die der Sicherung der strategischen Planrevision dient, und
- dem Strategischen Controlling, das sich nicht nur auf die Kontrolle bezieht, sondern – unter Einbezug der Informationsseite – die Realisierung der strategischen Planung aktiv fördern will.

Als die **eigenständigen** Aufgaben einer solchen strategischen Kontrolle lassen sich bestimmen (vgl. ebd., S. 401ff.; Steinmann/Schreyögg, 1986, S. 749ff.):

1. Die Prämissenkontrolle

D.h., sich fortlaufend der Richtigkeit der strategischen Schlüsselfaktoren (Prämissen), bezogen auf die interne und externe Situation, zu vergewissern, wobei selektiv (gemäß einer Dringlichkeitsordnung der Prämissen) vorgegangen werden muß.

2. Die Durchführungskontrolle („Planfortschrittskontrolle")

- Kontrolle der Strategiewirkungen (dazu Formulierung von kürzerfristigen Handlungszielen in Form von „Meilensteinen") mit Hilfe von ex ante selektiv ausgewählten Standards (= strategisches Berichtswesen).
- Diese – von ihrem Charakter her – Ergebnis-(Feedback)kontrolle wird zu strategischen Steuerungszwecken (Feedforward) eingesetzt. (**Strategische** Fragestellung: Soll angesichts der Ergebnisse der ergriffenen Maßnahmen die strategische Gesamtrichtung noch beibehalten werden oder sind sie ein Signal zur Notwendigkeit einer Strategieänderung?; **Operative** Fragestellung: Waren die ergriffenen Maßnahmen geeignet, die formulierte Strategie umzusetzen, oder sind sie ein Signal zu Umsteuerungsmaßnahmen innerhalb einer gegebenen Strategie?).

3. Die strategische Überwachung („surveillance")

- soll die Ausblendung der beiden anderen Kontrollarten auffangen (vgl. Abb. 94, aus Schreyögg/Steinmann, 1985, S. 404) – kompensatorischer Charakter –,
- fungiert im Sinne einer „ungerichteten" Beobachtungsaktivität, d.h., sie ist (im Gegensatz etwa zu den verwandten Frühwarnsystemen) nicht inhaltlich vorregelbar.
- Der Fokus liegt auf der „Absicherung" der gewählten Geschäftsfelder und Wettbewerbskonzepte.
- Möglichst frühzeitige Identifikation einer Umweltveränderung als Bedrohung einer Strategie.

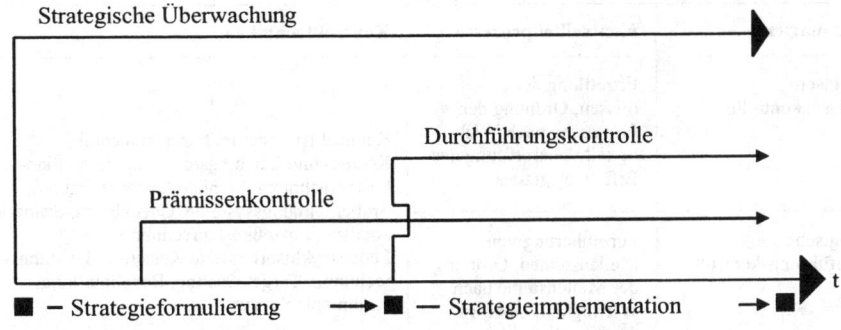

Strategische Überwachung

Durchführungskontrolle

Prämissenkontrolle

t

■ — Strategieformulierung ⟶ ■ — Strategieimplementation ⟶ ■

Abb. 94: Strategische Überwachung als „Auffangkontrolle"

Ein zusammenfassendes Schema des strategischen Kontrollsystems und seiner Kontrollarten gibt Abb. 95 (aus Steinmann/Schreyögg, 1984, S. 11). Die im jeweiligen Kontrollprozeß einsetzbaren **Kontrolltechniken** zeigt Abb. 96 in einer Gegenüberstellung (aus Bea/Haas, 1995, S. 217)

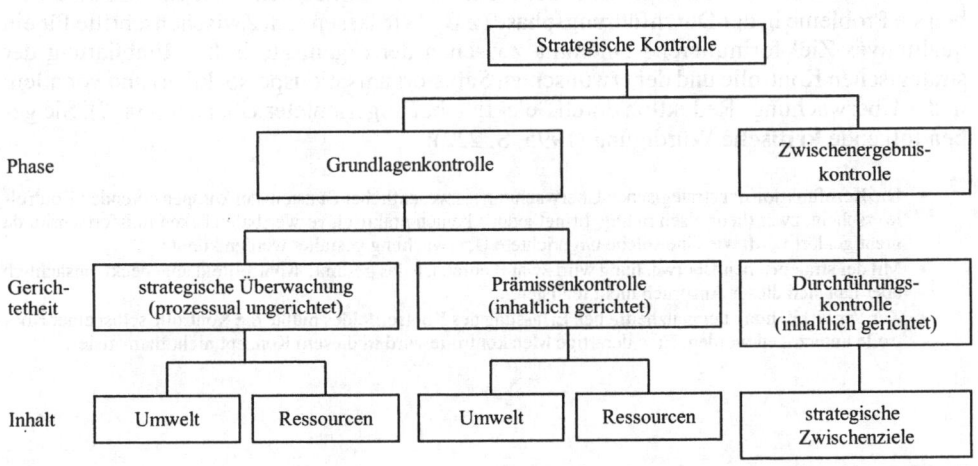

Abb. 95: Das System strategischer Kontrolle

Auch bei Böcker (vgl. 1985, S. 65) umschließt der Bereich des strategischen Controlling gegenwärtige sowie zukünftige Tatbestände und die Überprüfung der Planungsprämissen. Eine in dargestellter Weise verstandene strategische Kontrolle ist als permanente Aktivität im strategischen Führungsprozeß zu verankern. Er sieht den Nutzen des strategischen Controlling in einer **Sensibilisierungsfunktion**, indem es das Management gegenüber strategischen Problemen sensibilisiert und anregt, entsprechende Fragestellungen regelmäßig zur Analyse zu stellen.

Kontrollarten	Kontrollteilprozesse	Kontrolltechniken
Strategische Prämissenkontrolle	Ermittlung der Prämissen, Ordnung der Prämissen nach Wichtigkeit, Überprüfung des Erfüllungsgrades	Kennzahlensysteme, Netzplantechnik, Kosten- und Leistungsrechnung, (z.B. Plankostenrechnung, Standardkostenrechnung), Früherkennungssysteme, Checklisten, Szenario-Analyse, Prozeßkostenrechnung, Lebenszyklusorientierte Kosten- u. Leistungsrechnung, Target Costing, Benchmarking, Argumentenbilanz
Strategische Durchführungskontrolle	Formulierung von Meilensteinen, Ordnung der Meilensteine nach Wichtigkeit, Überprüfung des Erfüllungsgrades	
Strategische Überwachung	Ungerichtete Beobachtung	Szenario-Analyse Früherkennungssysteme

Abb. 96: Kontrollprozeß und Kontrolltechniken

Bea/Haas sehen die Probleme der strategischen Kontrollkonzeption in deren Implementation. Während sich diese Aufgabe bei der Prämissenkontrolle noch recht gut lösen läßt, sehen sie Probleme in der Durchführungsphase (z.B.: Wie lassen sich Zwischenschritte für ein qualitatives Ziel formulieren? Dilemma zwischen der organisatorischen Etablierung der strategischen Kontrolle und der erwünschten Selbstorganisationsperspektive) und vor allem in der Überwachung (Reduktion durch Selektion bei ungerichteter Überwachung?). Sie geben folgende **kritische** Würdigung (1995, S. 222):

- Die Kernfunktion der strategischen Überwachung als wesentlicher Baustein der kompensierenden Kontrolle erscheint zwar theoretisch richtig, bringt jedoch keinen praktisch verwertbaren Erkenntnisfortschritt, da nicht geklärt wird, wie eine solche ungerichtete Überwachung gestaltet werden könnte.
- Mit der strategischen Überwachung wird zwar theoretisch das gesamte Kontrollfeld abgedeckt, tatsächlich aber läßt sich dieser Anspruch nicht realisieren.
- Zur Verwirklichung der ganzheitlichen Erfassung des Kontrollfeldes müßte die Kontrolle selbst einer Kontrolle unterzogen werden. Eine derartige Metakontrolle wird in diesem Konzept nicht thematisiert.

K. Strategisches Human-Resources-Management

I. Erzielung von Wettbewerbsvorteilen

Kobi (vgl. 1990, S. 5ff.) sieht die Human Resources als einen noch ungenügend beachteten Erfolgsfaktor und den Menschen als **den** Erfolgsfaktor bei der Sicherung der Unternehmensentwicklung und damit als entscheidenden Garanten des langfristigen Unternehmenserfolges. Er zeichnet die Wechselwirkungen zwischen den Human Resources und

- Leitideen/Strategie,
- Werten/Normen (Unternehmenskultur),
- Strukturen/Systemen.

Innerhalb der Diskussion über unternehmerische **Erfolgsfaktoren** ist das „Human-Resources-Management" als kritische Variable und als wesentlicher Teil der Unternehmenspolitik unter wettbewerbsrelevanten Gesichtspunkten hervorzuheben (vgl. nachfolgend Wohlgemuth, 1986, S. 85; ders., 1990, S. 86ff.):

- **Entwicklung von schwer imitierbarem Know-how.** Der Aufbau bzw. Ausbau von Wettbewerbsvorteilen erfordert Zeit:
    - **Technisches** Know-how sieht sich immer kürzeren Entwicklungszeiten und damit geringerem Imitationsschutz gegenübergestellt.
    - **Kognitives** und **verhaltensorientiertes** Know-how bringt zeitlich wesentlich erhöhten Imitationsschutz und sichert i.d.R. die Marktposition erheblich (vgl. Wohlgemuth, 1986, S. 89) (so dauert der Aufbau eines Planungssystems ca. 3-5 Jahre, Entwicklungen kultureller Eigenschaften/Durchsetzung von Führungsphilosophien noch längere Zeiträume).

- **Entwicklung des Humanpotentials**
  Über die bessere Entfaltung der **potentiellen Leistung** der Mitarbeiter (quantitativ und qualitativ) mit Hilfe von Motivations-, Anreizsystemen, Modellen der Arbeitszufriedenheit, Strukturen, die Kreativität und Entfaltung zulassen usw., werden Wettbewerbsvorteile erlangt. Auf den Zusammenhang Entfaltung des Mitarbeiters und Erhöhung der Leistungsfähigkeit der Unternehmung kommen wir auch bei der (strategischen) „Organisationsentwicklung" zurück.

  Das Wissen und Können der Mitarbeiter erfordert eine ständige Pflege im Rahmen betrieblicher Ausbildungs- und Förderungsmaßnahmen. Dies gilt insbesondere für den Personenkreis der Führungskräfte; ein entsprechendes Management-Development-Programm ist deshalb wesentlicher Bestandteil des Managements des Humanpotentials. Zunehmend wird in der Literatur ein Zusammenhang des Management-Know-hows mit unterschiedlichen Stadien der **Unternehmensentwicklung** (Lebenszyklusphase) gesehen (ein Unternehmen in einem Schrumpfungsmarkt stellt ganz andere „Führungsanforderungen" als in einem stürmischen Wachstumsmarkt: Kritische Administration/Sanierer – dynamischer Unternehmer).

- **Steuerung eines zentralen Kostenfaktors**
  Im Rahmen strategischer Grundkonzeptionen zum Aufbau einer verteidigungsfähigen Marktposition ist von Porter als eine der Möglichkeiten eine Grundkonzeption der **„Kostenführerschaft"** entwickelt worden. Da in vielen Unternehmen (insbesondere im Dienstleistungsbereich) die Kosten für Personal- und Sozialleistungen den bei weitem **größten** Teil der Wertschöpfung ausdrücken, ist die Notwendigkeit der Steuerung des Faktors Humanpotential offensichtlich.

- **Pflege des Images in der Öffentlichkeit**
  In jüngerer Zeit ist das System Unternehmung von zahlreichen Autoren immer mehr als „gesellschaftliche Institution" definiert worden. Kennzeichen dieser Entwicklung ist etwa die Betonung einer zunehmenden gesellschaftlichen, politischen, ökologischen, ethischen oder humanen Verantwortung der Unternehmung. So stellt nicht nur das in der Öffentlichkeit über eine Firma bestehende Image einen Wettbewerbsvorteil (z.B. bei der Personalbeschaffung) dar, das Humanpotential ist auch die Basis für **Arbeitszufriedenheit** und Identifikationsmöglichkeiten.

II. Strategiegerechte Gestaltung der Führungskräfte-/Human-Resources-Planung

1. Personalwirtschaftliche Instrumente zur Generierung und Implementierung strategischer Pläne

Als Hauptaufgabenkomplexe der strategischen Planung hatten wir neben der Geschäftsfeldplanung und der Planung der Aufbauorganisation als drittes Element die **Führungskräfteplanung** genannt. Während durch die Produkt/Markt-Strategiekonzeption Einflüsse auf die Gestaltung der Struktur der Organisation ausgehen (aber auch der umgekehrte Weg denkbar ist), wird von der Qualität des Faktors Mensch (mit anderen Worten: der Führungskräfte und Mitarbeiter) der Erfolg oder Mißerfolg einer Strategie wesentlich (vor-)bestimmt. Die Humanressourcen sind **integraler** Bestandteil der strategischen Arbeit und „eine möglichst enge Verzahnung der Geschäftsstrategie mit der Humanressourcenstrategie ist unabdingbare Voraussetzung für den Erfolg eines Unternehmens" (Tümpen, 1993, S, 939). Bei der Formulierung und Umsetzung strategischer Pläne zur Realisation von Erfolgspotentialen sind demnach

- sowohl die **organisatorischen**
- als auch die **personellen**

Voraussetzungen (strategieorientierte Managemententwicklung) zu schaffen. Dies gilt in besonderem Maße bei neuen Strategieausrichtungen oder Reorganisationen.

Die bereits im dritten Teil ausführlich dargelegten **operativen Anreiz- und Gehaltssysteme** sind stark vergangenheitsbezogen. Um nicht eine Führungskraft – aus rein kurzfristigen Überlegungen heraus – gegen die langfristigen Interessen einer Unternehmung handeln zu lassen, sind die entsprechenden Systeme neben operativen auch an strategischen Zielgrößen zu orientieren. „Die Erreichung der strategischen wie aller anderen Ziele der Unternehmung erfolgt durch das Handeln ihrer Mitarbeiter. Der Personalfunktion kommt daher für die strategische Unternehmensführung eine grundlegende Bedeutung zu" (Lattmann, 1986, S. 25).

Der strategischen Steuerung kommt eine herausragende **Schnittstellenfunktion** zu: „Anreize und Sanktionen geben neue Impulse für die strategische Mobilisierung der operativen Führungsmannschaft. Es geht letztendlich um die Realisierung des strategisch Gewollten in der operativen, täglichen Praxis" (Bretz/Maaßen, 1989, S. 140).

Für die Personalfunktion sieht Lattmann (vgl. 1986, S. 33) folgende Verwirklichungsmaßnahmen zur Erreichung der **strategischen Entwicklungsziele**:

- Ausbildung und Förderung der Mitarbeiter aller Stufen, insbesondere der Führungskräfte
- Auswechslung von Mitarbeitern, die ihren gegenwärtigen und insbesondere ihren künftigen Aufgaben nicht genügen und nicht entwicklungsfähig sind (durch Versetzung, vorzeitigen Ruhestand oder Entlassung)
- Sicherstellung des benötigten Nachwuchses auf allen Stufen
- Schaffung der Voraussetzungen zur Förderung der Leistungswilligkeit aller Mitarbeiter durch eine Gestaltung des Arbeitssystems und der Unternehmungsorganisation mit einem möglichst weiten Entwicklungsspielraum
- Entwicklung von Belohnungssystemen, denen Anreize für ein zukunftsgerichtetes unternehmerisches Handeln entspringen
- Auslösung nötig gewordener Veränderungen der Unternehmungskultur durch eine systematische Organisationsentwicklung

Zu ergänzen ist:

- Die Berücksichtigung direkter Auswirkungen technologischer Entwicklungen auf Arbeitssystem, -struktur und -kultur einer Unternehmung.
- Die Notwendigkeit zur Integration und Harmonisierung des Managements des Humanpotentials mit dem strategischen Management ist offensichtlich.

Strategische Personalentwicklung ist demgemäß als **Integrationsverbund** von Mitarbeiterentwicklung (z.B. Aus-/Weiterbildung), Mitarbeiterförderung (z.B. Laufbahnplanung) und Organisationsentwicklung (OE) zu sehen. Strategisch orientierte Leistungsbeurteilungs- und Anreizsysteme sind notwendigerweise integraler Bestandteil jeder umfassenden Führungskonzeption.

Ohne effiziente Führungskräfte werden für Hinterhuber sinnvolle Strategien, wirksame funktionale Politiken und Aktionspläne sowie organisatorisch klar abgegrenzte Geschäftseinheiten zu unrealistischen Aspirationen. „Ohne entsprechende Erziehung und Ausbildung der Führungskräfte ist eine strategische Führung nicht möglich" (1992, II, S. 258).

Da aus den Geschäftsfeldstrategien für die Personalführung die zur Strategieumsetzung notwendigen Programme abzuleiten sind, definiert die Strategie quasi ein **„strategisches Anforderungsprofil"** (Laukamm/Walsh, 1985, S. 170) für die strategische Personalführung.

Insbesondere in der amerikanischen Literatur wird verstärkt auf ein „matching" zwischen Human Resource Management mit den verschiedenen Strategiephasen und mit den verschiedenen Phasen im „Business Life Cycle" hingewiesen. Eine **Übereinstimmung** wird auch deshalb als ein wesentlicher Wettbewerbsvorteil gesehen, da damit „Eintrittsbarrieren" aufgebaut werden, da ein Wechsel in HRM-Praktiken schwierig ist. Damit Strategien erfolgreich implementiert werden können, sind verschiedene „human resources practices" notwendig. Zu diesen personalwirtschaftlichen Instrumenten zur **Umsetzung** strategischer Pläne sollen nur Kurzhinweise gegeben werden (vgl. im einzelnen Schreyögg, 1987, S. 152ff.; Becker, 1986, S. 165ff., Riekhof, 1989; Schust, 1992, S. 13ff.; Claßen, 1992; vgl. die ausführliche Literaturliste bei Schuler, 1989). Little International (1985) zeigt die unterschiedlichen Human-Resources-Strategien je nach **Lebenszyklus der Branche**.

Planung des Personalbedarfs

- Derivative Ableitung des langfristigen Personalbedarfs in qualitativer und quantitativer Hinsicht (nach originärer Festlegung des zukünftigen Soll-Organisationsmodells)
- Aufstellung von internen und externen Beschaffungsplänen bei Soll-Ist-Abweichungen

Im Rahmen der strategischen Potentialbeurteilung gewinnen **Mitarbeiter-Portfolios** (Personal bzw. Human-Resources-Portfolios) zur Erkennung von Stärken und Schwächen einer Unternehmung anhand des derzeitigen und des geplanten Mitarbeiterpotentials (Ist/Soll-Personal-Portfolios) an Bedeutung (vgl. dazu Heinrich, 1990, S. 228ff.; Schust, 1992, S. 15f. Dazu auch 3.Teil, f.IV.).

Ziel ist es, „aufgrund der Analyse des Ist-Zustandes ein in der Zukunft ausgewogenes Personal-Portfolio zur Verwirklichung der Unternehmensziele und -strategien zu erhalten" (Heinrich, 1990, S. 228).

Mit der Positionierung in der Matrix (Dimensionen: strategische Bedeutung der SGEs /Personalqualität der SGEs) und einem Vergleich mit der der Unternehmensstrategien gerechten Soll-Matrix sind personalpolitische Normstrategien ableitbar und entsprechende strategische Maßnahmen planbar. Zusätzlich zu den vergangenheitsorientierten Systemen der Mitarbeiterbeurteilung ist zur Gewinnung von Informationen über die zukünftige Leistungsfähigkeit eines Mitarbeiters ein Mitarbeiter-Portfolio einsetzbar (vgl. Heinrich, 1990, S. 231).

Anforderungsorientierte Auswahl

- Entwicklung von Anforderungs**profilen** für den jeweiligen Aufgabenbereich als Vergleichshilfe
- „Strategiegerechte" Auswahl der Führungskräfte

In der Literatur wird zunehmend die Forderung aufgestellt, dem geplanten Strategietyp der jeweiligen strategischen Geschäftseinheit und der jeweiligen Durchführungsstrategie entsprechend (aggressive Expansionsstrategie oder Konsolidierungsstrategie u.ä.) einen Manager mit **„passendem"** Persönlichkeitsprofil einzusetzen (vgl. Laukamm/Walsh, 1985, S. 95f.; auch Liessmann, 1993, S. 122f.).

Beurteilungs- und Anreizsysteme

- Zur Aktivierung und Förderung eines strategischen Problembewußtseins und Leistungsverhaltens Ausrichtung dieser Konzeptelemente auf die Erfüllung spezifisch strategischer Ziele (d.h. **Abkehr** von einer **primär kurzfristigen**, an monetären Erfolgsgrößen gemessenen Erfolgsorientierung, wie sie bei den herkömmlichen Beurteilungs- und Anreizsystemen weitgehend vorherrschend ist; besonders deutlich ist dies bei Profit-Center-Organisationen der Fall; Beispiele für strategische Leistungskriterien bei Uschatz, 1. Teil, 1991); vgl. im einzelnen unsere Ausführungen im 3. Teil, F, VI).
- Strategiegerechte Leistungsbeurteilung, Ausgestaltung des Bonus-(Tantiemen-)Systems (Ausrichtung an der Erfüllung strategiespezifischer Ziele: z.B. Marktanteilsausbau oder -abbau) und Personalentwicklung; vgl. dazu Schust, 1992, S. 15ff.

Personalentwicklungsprogramme (PE-Konzepte)

> **Personalentwicklung**
> „... alle Maßnahmen, die auf die Entwicklung und Verbesserung der Leistungsfähigkeit und -bereitschaft der Mitarbeiter während der Unternehmenszugehörigkeit abzielen" (= Erweiterung bereits bestehender und/oder Vermittlung neuer Qualifikationen, um gegenwärtige/zukünftige Aufgaben bewältigen zu können) (Erstausbildung/Weiterbildung/Umschulung).
> „... ist die Summe aller Tätigkeiten eines Unternehmens, welche vom Unternehmen für das Personal systematisch vollzogen werden, um die Leistungsfähigkeit der Mitarbeiter und deren Arbeitszufriedenheit zu steigern bzw. zu erhalten und um die Bedürfnisse des Unternehmens und des Mitarbeiters weitestgehend in Übereinstimmung zu bringen."

- Erfassung und Beurteilung des Entwicklungspotentials der vorhandenen Führungskräfte. Zunehmend werden neben strategischen Beurteilungssystemen und Mitarbeiter-Portfolioanalysen auch Beurteilungsseminare (**Assessment-Center**) im Rahmen eines auf die Geschäftspolitik und die Unternehmensstrategie abgestimmten PE-Konzepts eingesetzt, um Mitarbeiterpotentiale zu erkennen und gezielt Förderungs- und Schulungsprogramme einzuleiten (vgl. dazu Ahlbrecht/Hillejan, 1990, S. 393ff.; Hoffmann, 1989, S. 411). Im Gegensatz zu den herkömmlichen Beurteilungssystemen von Führungskräften (vgl. auch dritter Teil, VI) ist das Ergebnis eines solchen Assessment-Centers nicht mehr ein Punktwert, sondern eine verbale, in Verhaltensweisen ausgedrückte Beschreibung der Stärken und Schwächen (vgl. Berthel/Langosch, 1989, S. 320ff.).
- Schließen eventueller **qualitativer Leistungslücken** durch Personalentwicklungsprogramme (obligatorischer/freiwilliger, periodischer/aperiodischer, interner/externer Art; vgl. Olesch, 1989, S. 302).
  Personalentwicklung umfaßt dabei alle Maßnahmen, die der persönlichen und fachlichen Entwicklung dienen (z.B. Fortbildung, Job Enrichment, Auslandsaufenthalte, Laufbahnplanung; vgl. Kobi, 1990, S. 42ff.). Ein solches Konzept bedarf als Voraussetzung einer intern vorhandenen strategischen Planung, aus deren Zielsetzung heraus sich eine zielgerichtete Personalentwicklungspolitik ableiten läßt.
- Die Personalentwicklung hat zumeist die Aufgabe, die Zielverwirklichung der Mitarbeiter und des Unternehmens zu fördern. Für Oechsler liegt der Schwerpunkt der Personalentwicklung in der betrieblichen Praxis auf dem Einsatz von Personalentwicklungsinstrumenten (betriebliche Bildungsarbeit, Laufbahnentwicklung u. a.), wobei häufig unklar ist, für welche Ziele diese Instrumente eingesetzt werden, da unter dem Einfluß der pragmatisch orientierten Organisationsentwicklung bislang eine instrumentelle Sichtweise dominierte:

636

„Unter diesem Bezug werden Fragen der Einführung von Organisationsmodellen, wie beispielsweise der Projektorganisation oder neuer Organisationsformen (z.B. Lean Management, Total Quality Management, Business Process Reengineering) aufgegriffen und hinsichtlich der Personalentwicklung Ziele verfolgt, die auf die sozialpsychologische Vorbereitung des Personals auf geplante organisatorische Änderungsprozesse hinauslaufen. Nachteil dieser Praxis ist, daß solche Personalentwicklungsprozesse überwiegend auf die passive Anpassung des Personals an geänderte Situationen gerichtet ist. Personalentwicklung wird durch Organisationsentwicklung instrumentell vereinnahmt und hat lediglich möglichst konfliktfreie Änderungsprozesse sicherzustellen." (ebd., S. 410)

- Zum Einsatz kommen alle internen/externen pädagogischen Methoden der **Erwachsenenbildung** (on/off/into the job: Seminare, Schulungen, Workshops, Qualitätszirkel, Rollenspiel, AC, Coaching, Auslandsaufenthalte usw.; zu den Konzepten im einzelnen siehe Klimecki/Gmür, 1998, S. 212ff.):

    (1) Into the job: Berufsausbildung, Juniorfirma, Einarbeitung, Traineeprogramme

    (2) On the job
    - Lernpartnerschaft: Mentoring, Coaching, Mitarbeitergespräch
    - Planmäßige betriebliche Unterweisung/Anleitung/Beratung durch den Vorgesetzten
    - Qualifikationsfördernde Arbeitsgestaltung: job enlargement, job enrichment, job rotation; Betreuung mit Sonderaufgaben; Juniorfirmen
    - On the job (i.e.S.): gelenkte Erfahrungsvermittlung, Stellvertretung, Projektarbeit

    (3) Near the job: Lernstatt, Entwicklungsarbeitsplatz, Quality Circle

    (4) Off the job: Konferenz/Fachseminar, programmierte Unterweisung, Fallstudien, Planspiele, Studium an Fach-/Hochschulen, Erlebnispädagogik

- Sog. **Competency-Modelle** werden bisher aber nicht an Entgelte gekoppelt, sondern primär im Bereich der Leistungsbeurteilung und der Personalentwicklung eingesetzt (vgl. Aragon/Kleb, 1998). Mit im Katalog-/Checklistenheft angeführten „vorbildlichen" Verhalten und der Integration in den Performance Management Prozeß (dazu 5. Teil, VI) helfen sie, die Leistung des Mitarbeiters besser auf die jeweilige Strategie und die zu erreichenden Unternehmensziele abzustimmen.

    > **Competencies**
    > „... mit Eigenschaftsbegriffen vorgenommene Beschreibung von Anforderungen, die beherrscht werden müssen, um eine bestimmte Tätigkeit erfolgreich/exzellent auszufüllen. Bestandteil vieler Stellenprofile, Einsatz im Performance Management."

- Wohlgemuth sieht als Ausgangspunkt eines systematischen Management Development das laufend zu optimierende **dynamische** „matching" zwischen der individuumsspezifischen Charakteristik der jeweiligen Führungskraft (der viele Förderungs- und Entwicklungsmaßnahmen zur Verfügung stehen) und ihrer durch Stellenbeschreibung/Leistungsvorgaben festgehaltenen Stelle (vgl. Wohlgemuth, 1986, S. 98). Ein mehr **statisches** „matching" findet in der Abstimmung der Stellenanforderungen und der individuellen Qualifikation vor allem im Rahmen des Selektionsprocedere statt, d.h. bei der Stellen-Neubesetzung.
- Schaffung einer strategischen **Mentalität** bei den Führungskräften für die anders gearteten strategischen Probleme („Sensibilisierung" gegenüber schwachen Signalen) neben der Lösung operativer Tagesarbeit.
- Strategisches Bewußtsein muß in übereinstimmende Unternehmens**kultur** eingebettet sein, sonst ist diese Ausrichtung auf strategische Signale zum Scheitern verurteilt.
- Stimmt die Kultur eines Unternehmens nicht mit den Erfordernissen eines Strategischen Managements überein, ist innerhalb eines Management Development der langwierige Prozeß der erforderlichen „kulturellen Transformation" (Ansoff) zu initiieren.

- Die Führungskräfte-/Personalentwicklung „muß all das vermitteln, was die Erfahrung nicht rechtzeitig oder überhaupt nicht geben kann. Im Hinblick auf die Geschwindigkeit und Unvorhersehbarkeit des Wandels genügt es nicht, daß die Personalentwicklung hilft, Antworten auf genau definierte Probleme zu geben; sie muß vielmehr die Fähigkeit schaffen, für neue und nicht vorhersehbare Alternativen richtige und rechtzeitige Entscheidungen zu treffen. Was heute zählt, ist die Methode, die Probleme zu erkennen, zu klären und, wenn möglich, zu lösen" (Hinterhuber, 1986, S. 349).

2. Simultane Strategie- und Personalentwicklung

Ein strategiegerechtes Humanressourcen-System muß von der **relativen Rolle** der beschriebenen herkömmlichen Art, die darin besteht, Anpassungsleistungen für angestrebte strategische Veränderungen innerhalb der Plan**umsetzung** zu erbringen, abrücken und bereits im **Vorfeld** der Strategie**formulierung** und -**entwicklung** einen großen Einfluß ausüben (so Schreyögg, 1987, S. 151). Er kehrt mit der Fragestellung, welchen Einfluß die personalpolitischen Maßnahmen auf die **Entstehung** strategischer Entscheidungen (auch evtl. unbeabsichtigt) nehmen, die Perspektive gewissermaßen um; das Leistungsbeurteilungs- und Anreizsystem wird dazu als Erklärungsbeispiel herangezogen.

Der Strategiebildungsprozeß wird als ein **dezentraler** Prozeß angesehen (also nicht als exklusive Aufgabe der Unternehmungsspitze!), der zahlreiche Hierarchieebenen einbezieht; die Anstöße können dabei von zahlreichen Subsystemen ausgehen. Die **Initiative** zu neuen strategischen Vorhaben kommt i.d.R. aus einer Diskrepanz zwischen den als Meßlatte zur Beurteilung dienenden Standards und der aktuellen Geschäftsentwicklung; die Problemwahrnehmung und das Problembewußtsein werden also in hohem Maße von diesen Leistungsbeurteilungskriterien geprägt. Ein vorgeschlagenes Projekt findet die Unterstützung der nächsthöheren Ebene, wenn der zuständige Manager glaubt, daß das Projekt seinen eigenen Interessen (Bezahlung, Karriere) dient.

Durch diese indirekten Steuerungsmaßnahmen ist natürlich der reaktive Einsatz der personalwirtschaftlichen Instrumente bei der Implementierung einer Strategie nicht hinfällig. Die vorlaufende Initiierung neuer geplanter Projekte ist eine zusätzliche Wirkungsrichtung personalwirtschaftlicher Maßnahmen im Rahmen der strategischen Personalführung (vgl. ebd., S. 153ff.).

Auch Staehle (vgl. 1994, S. 752ff.) betont die Notwendigkeit einer **simultanen** Strategie- und Personalentwicklung und einer Abkehr vom Primat der Planung bei linearen Strategiemodellen, bei denen Organisation und Personal nur derivative Hilfsmittel zum Planvollzug darstellen. Da der Faktor Personal sich immer mehr zum Engpaßfaktor entwickelt, sind Strategie, Struktur und Personal simultan, **interaktiv** zu entwickeln.

3. Coaching als Bestandteil innovativer Personalentwicklung

Zu Beginn der 90er Jahre tauchte Coaching als neues „Managementinstrument" auf (nachdem Kultur- und Ethikresonanz bereits im Abflauen sind): Als Trainingsinstrument zur Potentialerkennung und -förderung wird – insbesondere von seiten der Berater – das **Coaching** propagiert. Eine Führungskraft ist im Rahmen dieses Betreuungskonzepts (mitarbeiterbezogene Personalentwicklungs- und Potentialbeurteilung) ein Berater/Betreuer/Gesprächspartner eines Mitarbeiters („Coach"); dabei werden neben arbeits- und karrierebezogenen Fragen auch private und persönliche Belange mit einbezogen (vgl. Kastner, 1990, S. 304ff.; Bauer, 1992, S, 697ff.; Volk, 1993, S. 63ff.). In dieser lernpartnerschaftlichen Beziehung sollen im gemeinsamen Bearbeiten von Problemen neue Fähigkeiten erworben und ausprobiert werden.

Als Führungsinstrument kann ein ganzheitliches (Management-)Coaching Persönlichkeits- und Unternehmensentwicklung verbinden und generell „das Ingangsetzen von Veränderungsprozessen bei Führungscrews der oberen Ebenen" unterstützen (Egger-List, 1990, S. 28f.). Sattelberger (1990, S. 33) sieht mit der Integration des Coaching als einer „unterstützenden Beziehung" (supporting relationship) in Konzeptionen der PE eine Verknüpfung von Lern- und Arbeitsorganisation. In der Arbeit mit wichtigen Einzelpersonen eines Unternehmens als einem neuen Aktionsfeld der strategieumsetzenden PE wird ein Prozeß umschrieben, „in dem einem Mitarbeiter durch gelenkte und überwachte Aktivitäten geholfen wird, ein Problem zu lösen oder eine andere Aufgabe erfüllen zu können. Coaching ist aufgabenorientiert und grenzt sich von den mehr an der Person des einzelnen ausgerichteten Form des ‚Mentoring' und des ‚Counselling' ab" (Stiefel, zitiert bei ebd.).

Sattelberger (1990 b, S. 370) sieht das Coaching als einen möglichen Lernweg innerhalb des **„Executive Learning"**. Helfende Unterstützung können unternehmensintern etwa auch gewähren: Personalleiter als „Career Counselor", internes Coaching bei Job Rotation, Förderungsprogramme, Workshops zur Laufbahnanalyse und -planung, Erarbeitung methodischen Handwerkszeugs für Führungskräfte zum selbstgesteuerten Assessment oder Integration von Outdoor-Erfahrungen in Förderungsprogramme. Er betont insbesondere das Streben nach einer „Verzahnung" von Lernen und Arbeiten, etwa durch Task-Forces oder Projekte.

4. Strategisch orientierte Anreiz- und Entgeltsysteme

Zunehmend werden in der Praxis auch flexible, firmenindividuell gestaltete **strategische** Anreiz- und Beitragssysteme eingesetzt. Ein strategisch orientiertes Entgeltsystem wurde bereits 1980 von General Electric (einem in der strategischen Unternehmensführung sehr fortschrittlichen Unternehmen) erarbeitet und implementiert (vgl. zum Nachfolgenden Becker, 1986, S. 165ff.; Becker, 1990). **Ziel** war u.a., den strategischen Planungsprozeß enger an das Motivations- und Belohnungssystem zu koppeln. Dazu sollte(n)

- ein verlangtes strategisches Verhalten **direkt** belohnt werden,
- die jeweiligen Beurteilungsstandards der Führungskräfte entsprechend der unterschiedlichen Umweltsituation und den Strategien der verschiedenen SGEs **flexibel** gehandhabt werden,

- **kurz-** wie **langfristige** Aspekte bzw. Ergebnisse **situations**spezifisch in ihrer Bedeutung variierbar sein sowie
- Individual- **und** Gruppenleistungen berücksichtigt werden.

Dazu bedurfte es:

(1) gemeinsam festgelegter (Anreiz-)Ziele (basierend auf und konsistent mit dem jeweiligen strategischen Plan der SGE),
(2) einer Gewichtung der einzelnen Ziele zueinander,
(3) der Festlegung von Leistungsstandards als Orientierungsschwerpunkte,
(4) der Durchführung von Fortschrittskontrollen und periodischen Leistungsbewertungen anhand der Ziel- und Leistungsstandards unter Berücksichtigung des jeweiligen Schwierigkeitsgrades der Strategieimplementierung und/oder der veränderten Ausgangsbedingungen.

Ein ausgewogenes **wertorientiertes** Vergütungssystem (dazu auch unsere Ausführungen 3. Teil, F, IV) weist verschiedene **Komponenten** auf (aus Roos/Stelter, 1999, S. 305f.):

Grundgehalt:

- Gewährleistung einer Basisabsicherung
- Grundlage für Altersvorsorge

Kurzfristiges Incentive:
(Jahresboni/Zielvereinbarungen):

- Verknüpfung strategischer Ziele mit der Vergütung Entlohnung kurzfristiger Verbesserungen
- Kurzfristige und direkte Beeinflussung des Managements
- Vergütung von Einzelleistungen

Langfristiges Incentive
a) Externe Bemessung:

- Vergütung nachhaltiger externer Wertschaffung
- Belohnung überdurchschnittlicher Performance des Gesamtunternehmens relativ zum Wettbewerb

b) Interne Bemessung:

- Vergütung nachhaltiger interner Wertschaffung
- Abbildung von Teilbereichen und nicht börsennotierten Unternehmen
- Darstellung individueller Beeinflussungsbereiche

L. Strategisches Management und Organisationsentwicklung

I. Strategiegerechte Gestaltung der Organisation

Eine Verwirklichung der Grundgedanken eines Strategischen Managements erfordert neben der Gestaltung der Leistungsbeurteilungs- und Anreizsysteme im Rahmen eines integrierten Organisations- und Management-Developments eine Anpassung der Organisationsstruktur. (Zur operationalen Organisationsentwicklung siehe auch unsere Ausführungen im 3. Teil, Arbeitsstrukturierung/Arbeits-Reorganisation.)

Die Aufbau- und Ablauforganisation einer Unternehmung bestimmt:

- die Aufgaben-, Kompetenz- und Verantwortungsbereiche innerhalb einer Unternehmung
- die Festlegung der Leistungshierarchie
- die Regelungen der Arbeitsbeziehungen zwischen den einzelnen Aufgabeneinheiten und zur Umwelt (vgl. Hahn/Bleicher, 1986, S. 335).

Für die Gestaltung des grundlegenden Organisationsmodells stehen **ein**dimensionale Modelle (Verrichtungs-, Objekt- und Regionalmodelle) und **mehr**dimensionale Modelle (Matrix-Tensor-Modelle) zur Verfügung (im einzelnen dazu ebd., S. 337ff.).

Als generelle **Einflußgrößen** der Organisation zählt Hahn folgenden Katalog interner und externer **Determinanten** auf, von denen die meisten in engem Zusammenhang zur Geschäftsfeldplanung bzw. Strategiebestimmung stehen (vgl. Hahn, 1986, S. 372f.):

- **Interne** Determinanten: Programmbreite, -tiefe, Größe, Größenentwicklung, Produktions-, Informationstechnologien, Standortstruktur, Rechtsform, Eigentumsverhältnisse, traditionelle Gepflogenheiten, Führungsstil, Unternehmensphilosophie
- **Externe** Determinanten: Marktverhältnisse, politisch-gesetzliche, soziokulturelle Verhältnisse, Abhängigkeiten von anderen Institutionen (z.B. Banken, Gewerkschaften)

Die Geschäftsfeldplanung ist damit als **Hauptdeterminante** der strategischen Organisationsplanung anzusehen. Chandler hatte bereits 1966 die Abhängigkeit der Strukturen von Strategien mit seinem klassischen Postulat „**structure follows strategy**" betont (dazu Günther, 1991, S. 126f.). Hahn (1989b, S. 43f.) sieht für Unternehmen einen enormen **Koordina-**

tionszuwachs durch hinzugekommene Querschnittsfunktionen (Controlling, Produkt-, Qualitäts-, Logistik-, Technologie-, Risk-, Informations- und Kommunikations-, Umwelt-schutz- und Energie-Management). Der Trend geht zu dezentralen Führungsorganisationen, vom Stammhaus- zum Holding-Prinzip (vgl. dazu auch 2. Teil).

1. Schaffung einer Rahmenstruktur (Strategische Geschäftsfelder/Einheiten)

Jeder formulierten und beschlossenen zukünftigen Strategie muß zur Implementierung die jeweilige Organisationsstruktur der Unternehmung angepaßt werden. Vor allem divisional gegliederte Unternehmen grenzen ihre Aktionsfelder zum Aufbau von Erfolgspotentialen in Form von **„strategisch relevanten Geschäftsfeldern"** als neue Steuerungsperspektive ab. Diese Segmentierung ist Voraussetzung für Portfolio-Konzepte, da mit den bestehenden or-ganisatorischen – meist historisch gewachsenen – operativen Geschäftseinheiten die strate-gische Ausrichtung (und Ausgewogenheit) der Aktivitäten nur bedingt erfolgen kann.

Der situative Ansatz der Betriebswirtschaftslehre sieht generell die Möglichkeit zur Abgabe von betriebswirtschaftlichen Aussagen nur unter Berücksichtigung der Kontextvariablen des jeweiligen Systems (**Postulat der Kontextorientierung**). In diesem Sinne ist die Be-stimmung einer **„Optimalstruktur"** für die Aufbauorganisation einer Unternehmung ex definitione nicht möglich. Besonders für den Bereich der strategischen Planung ist eine au-ßerordentliche Gestaltungsvielfalt erkennbar (vgl. zu nachfolgenden Ausführungen vor al-lem Link, 1985, S. 51ff.).

Die Marktsegmentierung und Bestimmung der strategischen Geschäftsfelder ist die **kriti-sche** Phase der strategischen Planung, da weder die Theorie noch die Praxis allgemeingülti-ge Kriterien anbieten (zur Segmentierung siehe Eggers/Lawa, 1993, S. 103ff.). Zur Differen-zierung der Marktsegmentierung wollen wir den Autoren folgen, die eine Abgrenzung zwi-schen strategischen Geschäftsfeldern (SGFs) und strategischen Geschäftseinheiten (SGEs) durchführen. Die Segmentierung erfolgt in zwei Stufen:

1. Stufe: Ordnung der Umwelt (= Einteilung in Umweltsegmente bzw. SGFs)
2. Stufe: Innensegmentierung (= Einteilung in SGEs)

Im **ersten Schritt** der Segmentierung ist eine **„gedankliche Ordnung"** in die Unterneh-mungsumwelt zu bringen. Das Resultat dieser Einteilung/Abgrenzung der Umweltsegmente stellen die „strategischen Geschäftsfelder" (SGF, strategic business areas) dar, für die schlagkräftige Strategien zu formulieren sind. Die Abgrenzung bzw. Identifikation ist, wie zu zeigen ist, ein sehr komplexes Problem, jedoch von entscheidender Bedeutung, da der ganze Prozeß der strategischen Planung darauf aufbaut. Die Forderung nach klar abgrenzba-ren, voneinander unabhängigen Produkt/Markt-Kombinationen ist jedoch in der Praxis kaum erfüllbar.

Auf der **zweiten Stufe** der Segmentierung erfolgt die Ableitung strategischer Geschäftsein-heiten (SGEs). Link, der die SGEs „als ein Subsystem mit Harmonisierungsaufgaben bezüg-lich einer bestimmten SGF" definiert, hebt folgende Merkmale hervor (1985, S. 63):

- Die Einteilung in SGEs ist ein Phänomen der **Innensegmentierung**.
- Es sind nicht lediglich gedanklich-hypothetische, sondern **real-organisatorische** Gebilde.
- Es kann sehr wohl SGFs ohne zugehörige SGEs geben (da der geistige Prozeß des Strategiedenkens zur Er-folgssicherung eines bestimmten Geschäftsbereiches nicht an die formale Existenz einer entsprechenden Aufbauorganisation gebunden ist), aber nicht umgekehrt.

Eine SGF **kann** sich mit dem Geschäftsinhalt einer SGE decken, es kann jedoch auch nur Teile abdecken, der Rest einer anderen SGE zugerechnet werden. Eine Umstrukturierung zu einer (Re-)Organisation nach SGEs wird im Gegensatz zu Link von vielen Autoren als **nicht** erforderlich angesehen, so etwa Gälweiler (vgl. 1987, S. 263f.) oder Hinterhuber, der von einer **„Sekundärorganisation"** spricht. Mit der Schaffung einer Organisation nach SGFs/SGEs sollen die Nachteile der dezentralen, relativ unabhängig operierenden, kurzfristig orientierten und die Interdependenzen wenig berücksichtigenden **Profit-Center-Organisation** aufgehoben werden; die Optimierung des Subsystems führt nicht zum Optimum des Gesamtsystems (vgl. Hinterhuber, 1992, II, S. 123). „Die strategische Geschäftseinheit ist die Minimalstruktur, unter der es nicht zweckmäßig ist, Strategien zu formulieren und strategische Entscheidungen zu treffen" (ebd.).

Entsprechend einem langfristigen Kundenbedürfnis ist jede SGE durch eine bestimmte Produktfunktion geprägt (nach Link, 1985, S. 76). Auf dieser Basis sind nun verschiedene Ausprägungen der (Unter-) Segmentierung möglich. Da eine strategische Segmentierung in der von Link vorgeschlagenen Form bei den meisten real existierenden Organisationen noch nicht verwirklicht ist, mit anderen Worten zwischen den SGEs und den operativen Geschäftseinheiten keine Kongruenz besteht, bedeutet dies die Existenz zweier Ausprägungen der **Innensegmentierung nebeneinander**; dieses „gespaltene" System wird mit Szyperski/Winand als **duale Organisation** bezeichnet.

Damit ergeben sich zwangsläufig Probleme bei

- der Regelung der **Führungsverantwortung**
  (Leitung der SGE als hauptamtliche Linienaufgabe oder als zusätzliche Aufgabe) und
- der **Verklammerung** der strategischen mit den operativen Geschäftsbereichen
  (Link schlägt hier eine Doppelfunktion der Führungskräfte im Rahmen einer Multisystemposition vor).

2. Strategische Planungsorgane

Wie bereits angesprochen, ist bei der Kontextorientierung betriebswirtschaftlicher Aussagen seitens der Theorie die Ableitung einer bestimmten **„Ideal"-Organisation** für die Aufbauorganisation der strategischen Planung **nicht** möglich. Die Implementierung strategischer Planungsorgane muß demnach immer kontextorientiert erfolgen. Aufgrund der Tragweite und Bedeutung der innerhalb der strategischen Planung zu treffenden Entscheidungen wird die strategische Planung fast durchgängig als die zentrale (Führungs-)**Aufgabe** der Pluralinstanz **Unternehmensleitung** („Kerngruppe") und damit als weitgehend **nicht delegationsfähig** angesehen.

Innerhalb der Pluralinstanz kann die Aufgabenzuweisung auf der Unternehmensebene

- **unipersonal** (z.B. an den Vorsitzenden der Geschäftsleitung als einer Art „Machtpromoter" oder an ein einzelnes Geschäftsleitungsmitglied als „Fachpromoter") (Witte) oder
- **multipersonal** an eine Personenmehrheit (z.B. den Vorstand einer AG) erfolgen.

Für strategische Planungsaufgaben dürfte die Pluralinstanz i.d.R. die günstigsten Voraussetzungen bieten (im einzelnen dazu Link, 1985, S. 9). Die Aufgabenverteilung kann intern ressortgebunden oder ressortlos strukturiert werden. Zur Unterstützung greift die Unternehmensleitung auf **spezielle** Planungsorgane, wie z.B. Stabsabteilungen, Kollegien, Task Forces, Projektgruppen, zurück.

In der Regel werden die betrieblichen Führungskräfte **Doppelfunktionen** wahrnehmen, d.h. für ihren jeweiligen Verantwortungsbereich sowohl operative als auch strategische Aufgaben. Für Projekte mit einmaligem strategischen Problemcharakter schlägt Hahn den Rahmen der Projektorganisation vor (z.B. Projektgruppen, -kollegien); bei Aufgaben mit laufend übergreifenden strategischen Aufgaben die Bearbeitung in Kommissionen (z.B. Produktstrategie-Kommission).

II. Die geplante Organisationsentwicklung als Führungsaufgabe

1. Wesen

Zur Abstimmung der Organisation und der Strategie kann

- die Organisation der Strategie folgen oder
- die Strategien werden der bestehenden Organisation angepaßt.

Für Veränderungen, vor allem im Sinne der bewußten Transformation (i.S. eines **„geplanten" organisatorischen Wandels**; Organisationsentwicklung, OE, Organisationstransformation, OT), muß die erste Möglichkeit gegeben sein. Unerheblich ist dabei, ob diese situative Organisationsstrukturveränderung bewußt „geplant" (im Rahmen einer strategischen Organisationsentwicklung) oder ad hoc disponiert wird. Tiefgreifende Veränderungen im Umfeld der Unternehmen haben in den letzten Jahren dynamische organisatorische Veränderungsprozesse nach sich gezogen. Die Führung in solchen Prozessen läuft dual ab: Steuerung von **außen** innerhalb von Reorganisationskonzepten (Zielplanung, Ausbildung und Information, Veränderung als politischer Prozeß) und von **innen** im Rahmen der Organisationsentwicklung (Einbeziehung der Betroffenen, gemeinsamer Problemlösungsprozeß; vgl. Weber, 1993, S. 180ff.). So kann es sich um einen mehr managementgeleiteten oder einen mehr partizipativen Prozeß handeln. Entsprechend wird OE „einseitig" dann entweder als eine „Sozialtechnik" oder als eine mehr verhaltenswissenschaftliche Partizipations-/Entwicklungs-/Konfliktaustragungstechnik interpretiert.

Organisationsentwicklung (OE)
... die auf einer systematischen IST-Analyse basierende geplante Neuausrichtung/Umgestaltung (SOLL-Konzeption) von organisatorischen Arbeitsabläufen in Unternehmen unter Zuhilfenahme ganzheitlicher/Synergie verbessernder Strukturen.
... das spezifische Vorbereiten, Einleiten, Durchführen und Nachbereiten eines (Struktur-) Veränderungsprozesses als geplanter Wandel im Unternehmen mit breiter Beteiligung der Betroffenen unter Begleitung erfahrener Trainer/Berater und unter Berücksichtigung systemischer Prinzipien.

Auch wenn der Begriff der OE von verschiedenen Autoren unterschiedlich weit definiert wird, läßt sich das **gemeinsame Verständnis von OE** wie folgt beschreiben (Rosenstiel/Comelli, 1998, S. 2.38):

- OE ist ein umfassender Prozeß der Systemveränderung bzw. Systementwicklung.
- Der OE-Prozeß wird von den Betroffenen getragen.
- Die Veränderungen bzw. die Anpassung an Veränderungen erfolgt über die Gestaltung von Lernprozessen, wobei sowohl die Organisationsmitglieder als auch die Organisation selbst lernen.
- OE-Prozesse verändern die Kultur und die Strukturen einer Organisation (Verhalten schafft Verhältnisse und Verhältnisse schaffen Verhalten).
- Die Lebensqualität innerhalb einer Organisation soll durch OE verbessert werden.
- Bei OE handelt es sich in aller Regel um längerfristige Bemühungen.
- Die Problemlöse- und Erneuerungsfähigkeiten einer Organisationen sollen durch OE gefördert werden.
- Die Aktualisierung, Aktivierung und Erneuerung einer Organisation erfolgt durch technische und menschliche Ressourcen.

Für Rosenstiel/Comelli (1998, S. 2.38) ist das **Typische** für Organisationsentwicklung im Vergleich zu anderen Formen traditioneller Veränderungen und Umstrukturierungen:

- „Die Träger von OE-Prozessen sind die echten organisatorischen Einheiten, d.h. die ‚organisatorischen Familien'. Das ist ein ganz markanter Unterschied zum klassischen Training bzw. Seminar.
- Die Inhalte der OE-Aktivitäten sind konkrete Probleme der täglichen Zusammenarbeit bzw. der gemeinsamen Zukunft.
- Die Art der Vorgehensweise ist gekennzeichnet durch offene Information und aktive Beteiligung der Betroffenen.
- Bezüglich des Zeitrahmens wird OE als ein fortlaufender und regelmäßiger Prozeß angesehen („rollierende Planung").
- Der Ort, an dem OE betrieben wird, ist der Arbeitsplatz bzw. der Betrieb.
- Die Zielsetzungen von OE beziehen sich auf eine Verbesserung der Leitungsfähigkeit der Organisation und gleichzeitig auf die Verbesserung der Qualität des Arbeitslebens, d.h. auf Produktivität und Humanität gleichermaßen."

Eine aktive Einbindung ermöglicht die gelenkte Unternehmensentwicklung gemäß dem Konzept der Organisationsentwicklung (OE), das einen Wandel der Art als oberstes Ziel hat, daß das Unternehmen und die in ihm tätigen Menschen zur **Selbstentwicklung** befähigt werden. „Der Schritt in die Integrationsphase beruht auf einem organischen und dynamischen Organisationsverständnis: Ein Unternehmen wird fähig, sich selber zum lernenden Organismus zu gestalten und sich aus eigenen Kräften weiterzuentwickeln. Im Wandel zur Assoziationsphase kann diese Fähigkeit durch die Integrationsphase bereits als erworben angenommen und genutzt werden. Organisationsentwicklung ist zu einem ständigen Prozeß geworden, der maßgeblich von der Führung des Unternehmens betrieben wird" (Glasl, 1994c, S. 196f.).

Bei einem **OE-Prozeß** wird die bestehende Organisation in allen sieben Wesenselementen kritisch durchleuchtet (am besten mit Methoden der Selbstdiagnose) (aus ebd., S. 190):

1. Identität des Unternehmens: Sinn und Zweck, gesellschaftliche Position usw.
2. Leitsätze: Programme, Strategien und unternehmenspolitische Konzepte
3. Strukturen der Aufbauorganisation: hierarchische Ebenen, zentrale und dezentrale Organsationseinheiten usw.
4. Menschen: Wissen und Können der Mitarbeiterinnen und Mitarbeiter, Beziehungen, Führung, Betriebsklima usw.
5. Funktionen der Menschen: Aufgaben, Handlungs- und Entscheidungsspielräume
6. Abläufe: Entscheidungs- und Informationsprozesse, Fertigungsprozesse, Materialfluß etc.
7. Physische Mittel: Gebäude, Maschinen, Werkzeuge usw.

Für Staehle (1994, S. 558) ist Organisationsentwicklung „eine Form des geplanten Wandels, bei der unter Verwendung verhaltenswissenschaftlicher Erkenntnisse ein organisationsweiter Entwicklungs- und Veränderungsprozeß initiiert und gefördert wird". Die Absicht, das primäre Erkenntnisinteresse der OE, „ist allerdings nicht auf die Beschreibung und Erklärung tatsächlich beobachtbaren Verhaltens gerichtet, sondern auf die **Veränderung** von Verhalten im Hinblick auf (meist vom Management) vorgegebene Ziele" (ebd., S. 559).

Die betriebliche Organisation muß aufgrund der Änderungen der ökonomischen, technologischen, politischen und ökologischen Rahmenbedingungen eine hohe Veränderungs- und Anpassungsbereitschaft besitzen. Um sich den Herausforderungen erfolgreich stellen zu können, ist ein geplanter/systematischer und ganzheitlich angelegter Entwicklungs- und Lernprozeß notwendig, um die Arbeitsabläufe sowohl ökonomisch effektiver als auch menschlich humaner zu gestalten. Das ist das Ziel der OE. Der OE-Prozeß, als ein inzwischen klassisch zu nennender Ansatz zur Weiterentwicklung von Organisationen, beruht auf dem Lernen aller Betroffenen durch direkte Beteiligung/Mitwirkung und praktische Erfahrung.

Für Klimecki (1994, S. 2) sind die besonderen **Kennzeichen** dieses Ansatzes:

- Das Ziel, die Problemlösungs- und Entwicklungsfähigkeit der Organisation zu verbessern, wird durch eine Veränderung von Verhalten sowie Werten und Normen angestrebt. Die Formalstruktur spielt eine untergeordnete Rolle, vorgefertigte Musterlösungen werden abgelehnt.
- Die normative Leitidee der „Reedukation" ist die Entwicklung von veränderungsoffenen Problemlösungen, die sowohl den Organisationszielen als auch den Interessen ihrer Mitglieder dienen.
- Bezeichnet man diese dominierenden Problemlösungsmuster als Organisationskultur, so stellt OE ein Konzept der Kulturentwicklung dar.
- Der Interessenausgleich soll durch eine partizipative Gestaltung des Veränderungsprozesses sichergestellt werden. OE basiert damit weitgehend auf Ideen der Selbstverwirklichung und -steuerung.
- Durch diese Selbststeuerung soll auch die Integration der verschiedenen Veränderungsschritte (Problemanalyse, Lösungsentwicklung, Implementation, Evaluation und Modifikation) erreicht werden.
- Als kulturorientiertes Konzept verfolgt OE eine langfristige und antizipative Perspektive.
- Ein wesentliches Medium zur Kulturbeeinflussung ist die Interaktion. Die Interventionstechniken von OE sind deshalb auf Interaktionsprozesse ausgerichtet, die diskursiv und konsensorientiert zu gestalten sind. Solche Prozesse lassen sich nicht organisationsweit, sondern nur gruppenbezogen steuern. Die Veränderung der gesamten Organisation soll durch eine Vernetzung und Multiplikation von Gruppenlösungen erreicht werden.
- OE wird dabei vorwiegend als Projekt mit unterschiedlichen Veränderungsphasen organisiert und durch (externe) Experten (Change Agents) unterstützt, die „Hilfe zur Selbsthilfe" geben sollen.

Organisationsentwicklung hat eine doppelte **Zielsetzung**: Einerseits die Leistungsfähigkeit der Unternehmung (Flexibilität, Veränderungs-, Innovationsfähigkeit, Kooperationsbereitschaft) zu erhöhen, andererseits Ziele der Humanisierung (Demokratisierung, Persönlichkeitsentfaltung, Selbstverwirklichung, Arbeitszufriedenheit bei den Mitarbeitern) – diese Ziele werden oft zusammengefaßt zu dem Oberziel der „Organisationsgesundheit" (Thom, 1992, S. 51).

Wandel ruft **Widerstände** hervor (vgl. unsere späteren Ausführungen in diesem Kapitel). Es wird wesentlich von der Kraft der Führungsspitze abhängen, inwieweit (immer gegebener) offener oder versteckter Widerstand gegen eine Status-quo-Veränderung überwunden werden kann. Diese Aufgabe wird erleichtert durch

- einen partizipativen Einbezug der Betroffenen,
- offene Informations- und Kommunikationsbeziehungen,

da sonst OE-Maßnahmen als bewußt eingesetztes Manipulationsinstrument angesehen werden. Eine erfolgreiche Strategietransformation wird aber nicht nur eine Änderung der Organisationsstruktur, sondern auch eine **Verhaltensänderung** voraussetzen. Offenheit und Flexibilität der Führungskräfte sind ein wichtiger Faktor einer **lernfähigen Organisation** (vgl. dazu auch unsere Ausführungen unter M).

Im Zusammenhang mit neuen Ansätzen der Organisationsveränderung wird zwischen **Organisationsentwicklung** (= zielorientierte Problemdiagnose und Lösungssuche, die eine Kontinuität der Entwicklung aus der Vergangenheit beinhaltet) und der **Organisationstransformation** (= zweckorientiertes Suchen neuer Visionen – Beginn eine neuen Zukunft) unterschieden (dazu Oechsler, 1997, S. 411).

OE ist ein zentrales Element zur Förderung des organisationalen Lernens. Die gängigen **Phasenkonzepte** des OE-Prozesses lassen sich auf das dreistufige Modell von Lewin zurückzuführen (nach Klimecki, 1994, S. 11f., Thommen/Achleitner, 1999, S, 749):

- Auftauen („**Unfreezing**"): Ziel ist, die nach Veränderung strebenden Kräfte (z.B. über Machtpromotion) zu stärken und gemeinsame Problemdefinitionen für den Entwicklungsprozeß zu erarbeiten. Frühzeitige Einleitung aufgrund weicher Signale. Motivation für Änderung.
- Ändern („**Moving**"): Eigentliche Veränderung des alten Zustands. Entwicklung von Lösungen mit Hilfe von gruppendynamisch ausgerichteten Analyse- und Gestaltungsinstrumenten. Partizipative und delegative Führung. Neue Handlungsweisen ausbilden.

- Wiedereinfrieren („Re-Freezing"): Implementation der gefundenen Problemlösungen (Anwendungsphase). Dokumentations- und Evaluationstechniken. Stabilisierung/Integration der Änderung.

Einen anderen Phasenverlauf idealtypischer Erfolgsmuster organisatorischer Wandlungsprozesse hat **Greiner** in den 60er Jahren entwickelt (ausführlich in Steinmann/Schreyögg, 1999, S. 445); das Schema erfolgreicher Wandlungsprozesse unterscheidet die **sechs Phasen**:

- Druck und Aufrüttelung
- Intervention und Neuorientierung
- Diagnose und Erklärung
- Neue Lösung und Selbstverpflichtung
- Experimentieren und Ergebnissuche
- Verstärkung und Akzeptanz

Der Organisationsentwicklungsansatz behandelt **verschiedene Fragestellungen** (nach Steinmann/Schreyögg, 1999, S. 444f.):

- Fragen des **Phasenverlaufs** (siehe oben)
- Fragen nach der Art des **Einstiegs** (von „oben nach unten" oder „von unten nach oben")
- Der Rolle des externen **Beraters** („Change Agent")
- Die geeignetste **Interventionsmethode**: Bekannteste Ansätze: Survey-Feedback-Ansatz (stellt die partizipativ gestaltete Problemdiagnose in den Vordergrund, ein Idealmodell moderner Organisation wird vorgegeben), Prozeßberatung (will keine Gestaltungsvorgaben machen; Klient soll befähigt werden, zweckmäßigste Lösung selbst zu finden), Verhaltensgitter (Gegenpol zur Prozeßberatung; legt angestrebtes Ziel von vornherein fest und strukturiert auch den Entwicklungsprozeß; Ausgangspunkt ist ein sowohl personen- als auch aufgabenbezogenes Führungsverhalten nach dem 9.9 Führungsstil; dieser Kerngedanke wird auf die gesamte Organisation und alle Problemtatbestände als Lösungsansatz übertragen)

Steinmann/Schreyögg (1999, S. 450f.) üben folgende konzeptionelle **Kritik** an dem Organisationsentwicklungsansatz, der sich auf die Dauer als zu eng und einseitig erwies; dafür sind im wesentlichen drei **Gründe** maßgeblich:

- Organisatorischer Wandel wird zur **Spezialistensache** (stark psychologische/-therapeutische Orientierung benötigt Spezialisten; Veränderung/Neuausrichtung ist aber Linienaufgabe; d.h., verantwortliche Entscheidungsträger müssen im Zentrum des Wandlungsprozesses stehen).
- Organisatorischer Wandel wird zum **Einzelobjekt** (Wandel wird als Projekt thematisiert, Wandel als Sonderrolle; Implementationsproblem).
- Organisatorischer Wandel ist ein **stetiger** Prozeß (Wandel vollzieht sich in kontinuierlicher/zeitlich streckbarer Weise; in der Praxis oft andere Muster: fortlaufender Veränderungsprozeß, der durch die beiden Abfolge der beiden Prozeßtypen „Konvergenz" und „Revolution" gekennzeichnet ist).

„Die drei gegen die Organisationsentwicklung gerichteten Kerneinwände haben Veranlassung gegeben, die Verengung des Organisationsentwicklungsansatzes aufzugeben und nach einer erweiterten Theorie organisatorischen Wandels zu suchen. Die Theorie des organisationalen Lernens darf als ein aussichtsreicher Kandidat gelten, eine solche erweiterte Konzeption anzubieten. Nach diesem Ansatz werden die Entwicklung und der Wandel von Organisationen als fortdauernder Lernprozeß verstanden, der von der gesamten Organisation auf allen Ebenen zu leisten ist. Der Begriff des ‚Organisationalen Lernens' gerät in dieser Sicht zu einem neuen Fixpunkt für theoretische Ansätze, die das Problem der Rationalisierung und Bewältigung organisatorischer Wandelprozesse thematisieren". (Steinmann/Schreyögg, 1999, S. 452; dazu auch unsere Ausführungen unter M, III)

Um dem Veränderungsprozeß der OE zu entsprechen, müssen **drei Hauptrollen** im Veränderungsprozeß wahrgenommen werden (nach Thommen/Achleitner, 1999, S. 749f.):

- **Change Agent** (Veränderungshelfer): Rolle des Organisationsentwicklungs- bzw. Prozeßberaters. Hauptziel besteht darin, dem Klientensystem zu helfen, eigene Ressourcen zu entwickeln, um immer selbständiger reagieren zu können. Er soll vermeiden, sein organisatorisches Fachwissen dem Klientensystem unmittelbar zu übermitteln, da er sonst die traditionelle Rolle des Beraters, der selbst organisatorische Probleme löst, übernimmt.

- **Client System** (Kundensystem): Besteht aus Individuen, die direkt von den organisatorischen Maßnahmen betroffen sind. Sie kooperieren eng mit dem Prozeßberater, um ihre eigenen organisatorischen Lösungsansätze zu entwickeln. Im Laufe des Veränderungsprozesses ändert sich das Klientensystem je nach Betroffenheit/Bereitschaft der/zur Mitwirkung der Mitarbeiter. Die Beiträge dieses Systems liegen in erster Linie bei der genauen Kenntnis der Ist-Zustände (z.B. Schwachstellen), in der Formulierung wünschenswerter und sinnvoller Soll-Zustände sowie in der Kenntnis möglicher Hindernisse auf dem Weg zum Soll-Zustand und in der Beseitigung solcher Hindernisse.
- **Change Catalyst**: Nimmt eine vermittelnde Funktion zwischen dem Kundensystem und dem Veränderungshelfer ein. Meistens hat er einen umfassenden Blick über das Gesamtunternehmen und verfügt über Entscheidungsbefugnisse, die ihm erlauben, eine Machtpromotoren-Rolle zu übernehmen (z.B. um Veränderungsprozeß zu beschleunigen bzw. zu verlangsamen).

Eine Organisationsentwicklung erweist sich auch als ein möglicher Weg aus dem Führungsdilemma, das im Zuge der Megatrends gesellschaftlicher Entwicklungen und ihrer betrieblichen Auswirkungen entstanden ist. Die Organisationsentwicklung muß dabei jedoch als „partizipative Problemlöse-, Entwicklungs- und Veränderungsstrategie" auf der Basis einer grundsätzlich andersartigen **Führungskultur**, nämlich von möglichst viel Selbstverantwortung und Selbstorganisation der Betroffenen, gesehen werden, die es einer („lebenden") Organisation ermöglicht, ihre Probleme „selbst", von innen heraus, zu lösen – und nicht als eine instrumentelle Sozialtechnik (Doppler, 1986, S. 1).

Comelli beschreibt die **„Philosophie"** der Organisationsentwicklung in **sechs Thesen** (in Rosenstiel/Comelli, 1998, S. 2.40ff.):

- Anwendung sozialwissenschaftlicher Erkenntnisse bei Planung, Durchführung und Bewertung von Veränderungsprozessen
- Bindung an ein bestimmtes, der humanistischen Philosophie entliehenes Menschenbild
- Möglichst transparente und weitgehende Beteiligung der Betroffenen
- Betonung des Erfahrungslernens
- Betonung des Prozesses, d.h., das „Wie" ist mindestens so wichtig wie das „was"!
- Betonung des Systemdenkens (d.h. Denken in Netzen)

Diese sechs Grundpositionen kennzeichnen die Haltung, das Denken und Handeln eines Organisationsentwicklers. Welche konkreten Maßnahmen in welcher konkreten Situation indiziert sind, muß situativ entschieden werden. Die **Maßnahmen** selbst, lassen sich nach Rosenstiel/Comelli (1998, S. 2.47) in **drei Kategorien** einteilen, je nachdem auf welcher Ebene der Organisation der Veränderungs- oder Lernprozeß initiiert werden soll:

- Interventionen auf der **individuellen Ebene** (z.B. individuelles Feedback, Training zur Steigerung der sozialen Kompetenz, Coaching, Umstrukturierung der Arbeit)
- Interventionen auf der **interpersonellen und Teamebene** (z.B. Rollenanalyse oder Rollenerklärungen, Konfliktlöse-Workshops, Teamentwicklungstrainings)
- Interventionen auf der **Intergruppen- und Organisationsebene** (z.B. Workshops zur Verbesserung der gruppenübergreifenden Zusammenarbeit, Entwicklung von Visionen, Leitlinien und Leitbildern, Veränderung der Organisation bzw. von Werten).

Die spezielle Abfolge der im Hinblick auf eine besondere Problemlage und Situation zusammengestellten Maßnahmen wird als **Interventionsstrategie** bezeichnet. Als **Bedingungen für den Erfolg** von OE hat Comelli (in Rosenstiel/Comelli, 1998, S. 2.47ff.) die nachfolgenden zehn Punkte formuliert:

- Top-Down-Strategie bevorzugen.
- Veränderungsziele klar definieren.
- Umfassende und gründliche Problemdiagnose.
- Kein ungesunder Zeitdruck.
- Kontinuität der Köpfe.
- Die Prinzipien der Offenheit, Vertraulichkeit und Transparenz sind nicht verhandelbar.
- Problembewußtsein muß vorhanden sein.

- Die Organisation muß „reif" sein für OE.
- Die Organisation dort abholen, wo sie steht.
- Keine zu großen Schritte planen.

2. Methoden/Techniken der OE

Methoden des organisationalen Lernens (nach IPO, 1998):

- Zur **Diagnose**: Videoanalyse. Kunden-/Mitarbeiter-/Lieferantenbefrgaung, Survey-Feedback-Methode, Collage-Technik, Ideal-Organisation, Personal/Group/Organizational Rating Scale, Kooperative Kennzahlenentwicklung
- Zur **Darstellung**: Beziehungslandkarte, Situationslandkarte, Stärken-/Schwächenkatalog, Systemsimulation, Wissenslandkarte, Gelbe Seiten
- Zur **Kreativitätsförderung**: Mind-Mapping, Brainstorming, Metaplan-Methode, Assoziationspaarbildung, die sechs Hüte des Denkens
- Zur **Lernunterstützung**: Arbeitsplatzrotation, Einsatz neuer technischer Hilfsmittel, Konfrontation mit neuen Aufgaben, Projektlernen, Schulung/Training, Tagebücher
- Zur **Mitarbeiterentwicklung**; Entscheidungsmodell nach Vroom/Yetton, Instruktion, Coaching, Mentoring, Vorschlags-/Innovationsmanagment, Anreiz-/Belohnungssysteme, Mitarbeitergespräch mit Zielvereinbarungen, Feedback, Sensitivity Training
- Zur **Teamentwicklung**: Systemisches Portrait, Bilden von Erfahrungsgemeinschaften, Förderung von informellen Gruppenbeziehungen, Management-Planspiel, Moderierte Teamsitzung, Projekt-Prototyp
- Zur **Organisationsentwicklung**: Prozeßberatung, NPI-Modell, GRID-Modell, 3-D-Modell, Intergruppen-Teamentwicklung; Lebenslinie einer Organisation, Organisationsgesundheitsbild
- Zur **konstruktiven Konfliktlösung**: Reframing, Mediation, Dritt-Partei-Schlichtung, Konfrontationstreffen, konfliktzentriertes Coaching

Die OE beschriebt nicht nur den Veränderungsprozeß im Unternehmen, sondern ist ein strategisches Instrument zur gezielten Erleichterung, Konkretisierung, Strukturierung, Begleitung und Intensivierung betrieblicher Organisationsrestrukturierungsprozesse und Prozesse des kontinuierlichen Change Managements – aber auch ein Instrument, das hilft, jene Balance zwischen Veränderung und Bewahrung zu finden, die eine optimale organisatorische Anpassung (Strukturen, Arbeitsprozesse, Personalentwicklung usw.) erfordert. Es umfaßt damit als **Oberbegriff** zahlreiche Begriffe, die wir im Rahmen diese 5. Teils (und auch 3.Teil) an verschiedenen Stellen angesprochen haben: TQM. KVP, Reengineering, Kernkompetenzen, prozeßorientiertes Management, Lean Management oder Team-/Gruppenkonzepte.

M. Das Management des Wandels („ Change Management ")

> „Ein Mann, der Herrn K. lange nicht mehr gesehen hatte, begrüßte ihn mit den Worten: „Sie haben sich gar nicht verändert". „Oh!" sagte Herr K. und erbleichte". (Bertolt Brecht)

Zu Beginn dieses Teils haben wir skizziert, welche permanenten Umweltveränderungen die Wettbewerbsposition eines Unternehmens bedrohen und das Management vor völlig neue Herausforderungen stellen. Der Wandel scheint das einzig Bleibende in der heutigen Unternehmensführung zu sein (Gomez, 1996, S. 22). „Die Geschwindigkeit, mit der sich Organisationen den Anforderungen anpassen, wird sich als der einzig dauerhafte Motor wettbewerblicher Vorteile herausstellen (Boss, 1993, S. 29). Traditionelle Management- und Führungskonzepte scheinen die dadurch entstehenden Anpassungs- und Änderungs**zwänge** nicht bewältigen zu können. Diesen „Wandel" im Umfeld und im Innern der Unternehmen sowohl auf der materiellen als auch geistigen Ebene bewußt zu bewältigen und zu gestalten – entweder kontinuierlich oder radikal –, bedarf es grundlegender neuer, tiefgreifender organisatorischer und kultureller Ansätze zu Umstrukturierungsmaßnahmen: **antizipatives** Handeln („Management of progressive change") statt anpassendes Handeln („Management of adaptive change"). Dabei reicht i.d.R. nicht mehr das Verändern einzelner Parameter – die erforderlichen „Quantensprünge" bedingen einen **kontinuierlichen** und **ganzheitlich** ansetzenden Wandlungsprozeß. Dieser aktive Wandel stellt dabei insbesondere neue Anforderungen an die **Qualität der Mitarbeiter**.

Dabei ist auch – wie später gezeigt wird – dem komplexen Vorgang des **Lernens** des Inidividuums und der Organisation allergrößte Bedeutung zu schenken, da es auch um langwierige Veränderung von Einstellungen geht. „Eine markt- oder kundenorientierte Organisationsform ist für ein Unternehmen relativ schnell gefunden, die Vermittlung kundenorientierter Verhaltensweisen benötigt dagegen Jahre. In einigen Fällen ist es gar nicht mehr möglich" (Hohmann/Bittmann, 1994, S. 618).

Treffend sprechen Brödner/Kötter (1999, S. 1) beim organisationalen Wandel von der „Zumutung kollektiven Lernens."

Um die Anpassungsfähigkeit der Unternehmung zu erhöhen, schlägt Ulrich (1994, S. 24f.) drei unterschiedliche, aber auch kombinierbare Strategien vor:

- Strategie des **Zeitgewinns durch Frühwarnung**
  (Zeitgewinn durch frühzeitiges Erkennen zukünftiger Umweltveränderungen)
- Strategie der **Veränderung der relevanten Umwelt**
  (Versuch, sich gegen einen Teil der Umweltveränderungen abzuschirmen, ihnen auszuweichen, auf die für sie relevante Umwelt stabilisierend einzuwirken und sich auf die Anpassung an einige wesentliche Umweltfaktoren zu beschränken)
- **Strategie der Flexibilitätssteigerung**
  (Generelle Flexibilitätserhöhung, so daß man auch in konkret nicht langfristig voraussehbaren Situationen zu rascheren Anpassungshandlungen fähig ist)

Pfriem beschreibt die für die Unternehmensführung zu einem Management des fortwährenden Wandels erforderlichen **Fähigkeiten** so: „Steigerung der Handlungsfähigkeit der Organisation, ihrer Fähigkeit zur Bedürfnis- und Interessenberücksichtigung sowie ihrer Fähigkeit zum Erkenntnisfortschritt; task forces zur zusätzlichen Ad-hoc-Planung werden eingerichtet, eine Parallelität von Strategie und Struktur angestrebt, ebenso größere Sensibiltät gegenüber schwachen Signalen, die Diskontinuitäten bzw. Bedürfnissen Ausdruck geben. Strategische Planung kann nur als Alternativenplanung zur Innovationsplanung werden" (1995, S. 298f.).

„Das einzige Konstante am Leben ist der Wandel" (Alvin Toffler).

Objektiv läßt sich eine erhöhte **Veränderungsgeschwindigkeit** (z. B. immer kürzere Produktlebenszyklen) in der Automobil-, Computer- und Telekommunikationsindustrie nachweisen. Die Veränderungsdynamik wird bestimmt von sechs Hauptfaktoren als **Basistreiber**: Globalisierung, Deregulierung, technische Entwicklung (Weiterentwicklung der IuK-Technologie), Qualitätsanforderungen, Ertragssteigerungen und Kostendruck (vgl. Fopp/Schiessl, 1999, S. 17).

In der Wissenschaft wurde mehrmals versucht, die unternehmerischen Aktivitäten in einem **generischen Modell** des strategischen Unternehmenswandels darzustellen (dazu Fopp/ Schiessl, 1999, S. 47ff.)

- Nadler verwendet zwei Dimensionen, um die Grundmuster des strategischen Wandels zu beschreiben: die Reichweite des Wandels bzw. die Veränderungsintensität (inkremental/fundamental) und die zeitliche Positionierung des Wandels bzw. die chronologische Positionierung der Umformung (reaktiv/antizipativ). In der Matrix ergeben sich die Felder Tuning (Feinabstimmung), Re-Orientation (Neuorientierung), Re-Creation (Nachgestaltung) und Adaption (Anpassung). vgl. Abb. 97 (aus Hinterhuber et al., 1994, S. 115)

- Die St. Galler Consulting Group unterscheidet drei umweltturbulenzabhängige Grundtypen der organisatorischen Veränderung (wobei sich diese drei Makromuster der betrieblichen Veränderung in eine taktische und eine strategische Variante unterteilen lassen):
  - Kontinuierliches Verbesserungsprogramm/Kaizen: andauernde, stetige Optimierung aller Bereiche (develop)
  - Tiefgreifendes Veränderungsprogramm (Business Process Redesign, Integriertes Client-Management): starke Veränderungen in vielen Bereichen (move)
  - Metamorphose und Totalumbau: komplette Transformation des Unternehmens (lead)

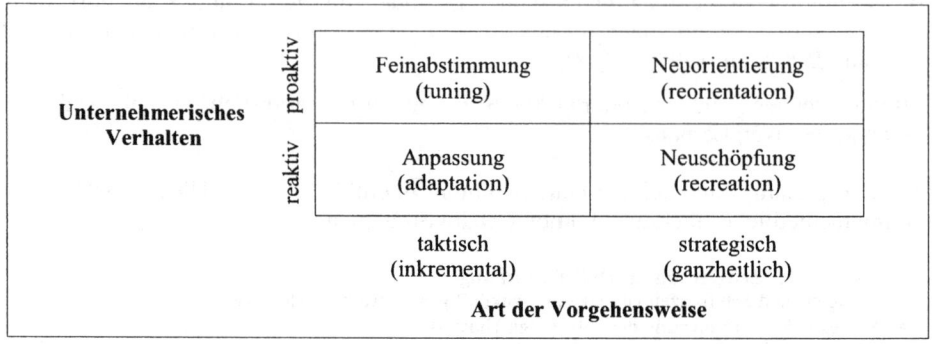

Abb. 97: Typen unternehmerischer Veränderungsprozesse (nach Nadler)

Neben der organisatorischen Verankerung der Ermächtigung (**„Empowerment“**) ist zusätzlich ein verändertes Führungsverständnis der Vorgesetzten (**„Leadership“**) von herausragender Bedeutung für alle Veränderungsbemühungen, denn es erlaubt den aktiven Einbezug aller Mitarbeiter in den Veränderungsprozeß; dazu erfährt die Rolle des **Mitarbeiters** in einer selbstlernenden und sich dem Wandel kontinuierlich anpassenden Unternehmung eine völlige Neuausrichtung (im einzelnen Fopp/Schiessl, 1999, S. 173ff.).

Statt wie bisher die Unternehmensaufgabe als naturwissenschaftliche und ökonomische Bewältigung eines technischen Problems zu definieren und festzulegen, sollte sich die Unternehmensführung für ein Change Management in Richtung einer Antizipation von Veränderungsprozessen in Markt und Umfeld weiterentwickeln.

Organisatorische Veränderungsprozesse
„... sind bewußt gesteuerte, längerfristig orientierte Vorgänge der umfassenden Anpassung von Unternehmensstrukturen, Geschäftsprozessen, Arbeitsweisen, Regeln und Normen, Denk- und Verhaltensweisen, Methoden und Verfahren sowie Technologien innerhalb von Organisationen zum Zweck der Verbesserung der unternehmerischen und individuellen Leistungserfüllung und Zielerreichung auf der Basis eines vorhandenen Sollkonzeptes. (Scharfenberg, 1998, S. 32).

Für Scharfenberg zeigen aber die schlechten Erfahrungen mit zahlreichen Reorganisationsprozessen, daß es schwieriger ist, eine neue Organisationen (mit einem Implementierungsmanagement innerhalb des geplanten organisatorischen Wandels/OE) **durchzusetzen**, als sie zu **planen**. Die Praxis zeigt deutlich, daß es Motoren gibt, die den Wandel fördern, und Barrieren, die ihn behindern (aus ebd., S. 32f.)

Motoren des Wandels:

- Externer Handlungsdruck: Wirtschaftliche Notwendigkeit, veränderte Kundenbedürfnisse, zunehmender Wettbewerb, Technologieveränderung, Marktanpassung.
- Top-Management-Beteiligung: Einbindung der Geschäftsleitung ist dringend erforderlich.

- Einbindung von Mitarbeitern aller Unternehmensebenen: Alle Führungsebenen/betroffenen Mitarbeiter. Dabei ist wichtig: Offenheit, Nachvollziehbarkeit, Informations-und Kommunikationsaspekte.
- Projektziele und -besetzung: Zielsetzung/Organisation des Umsetzungsprojekts wirken als starke Motoren. Hinsichtlich der Teambildung sind starke, akzeptierte Projektleiter/-mitarbeiter und Methodenkenntnisse unverzichtbare Antriebskräfte.

Barrieren/Bremsen:

- Gewohnheiten und Besitzstandsdenken: Angst vor Veränderungen bisheriger Gewohnheiten, vor dem Verlust bisheriger Besitzstände sowie des Arbeitsplatzes.
- Bestehende Strukturen: Strukturen, Prozesse, Verhaltensanweisungen, Normierungen und Vorschriften wirken als Veränderungswiderstand.
- Soziale Faktoren: Unternehmenskultur und negative Erfahrungen mit Veränderungen oder auch Machtkämpfe, Interessengruppen, persönliche Konflikte oder einfach Desinteresse.
- Defizite des Projekts: Unzureichende Informations- und Kommunikationspolitik, fehlendes Methoden- und Verhaltens-Know-how, Inkonsequenzen oder auch die Dauer von Umsetzungsprojekten.

„Niemand kann den Wandel managen. Wir können ihm nur einen Schritt voraus sein." (Drucker, 1999, S. 109)

Für Drucker (vgl. ebd., S 109f.) müssen wir die Veränderungen als Chance begreifen und als Aufforderung an die Organisation verstehen, Wegbereiter des Wandels zu sein, denn nur dann wird die Organisation überleben können. In einer Phase des rasanten Strukturwandels werden einzig und allein die Vorreiter des Wandels überleben.

Je stärker eine Unternehmung an der Spitze des Wandels steht, desto wichtiger wird der Pol „Kontinuität", d.h. der Erhalt interner und externer Kontinuität und das Gleichgewicht zwischen rasantem Wandel und Kontinuität. „Dieses Gleichgewicht wird höchstwahrscheinlich im Mittelpunkt des Managements von morgen stehen – sowohl für die Praktiker als auch für die Wissenschaftler und Fachautoren. Doch schon heute wissen wir eine ganze Menge darüber, wie dieses Gleichgewicht herzustellen ist. Es gibt einige Organisationen, die sich bereits an die Spitze des Wandels gesetzt und dieses Problem in Angriff genommen haben – wenn sie es bisher auch nicht immer lösen konnten." (vgl. ebd., S. 133ff.)

Drucker gibt verschiedene **Lösungsansätze**, um das Gleichgewicht zwischen Wandel und Kontinuität wahren zu können:

- Ein Lösungsansatz besteht darin, kontinuierliche Beziehungen auf der Basis von Partnerschaften des Wandels aufzubauen (= Strategie der Kooperation zwischen Lieferant und Hersteller; Japan: „Keiretsu", wird als „Kostenerfassung der ökonomischen Kette" zunehmend auch in amerikanischen Unternehmen verfolgt).
- Auch die Beziehungen innerhalb des Unternehmens entwickeln sich zunehmend in Richtung von Partnerschaften – mit den Mitarbeitern der Organisation oder Unternehmen, mit Menschen, die für eine Outsourcing-Firma arbeiten, aber effektiv arbeitende Mitglieder in unternehmensbezogenen Teams sind, oder mit unabhängigen Geschäftspartnern. Und auch diese Beziehungen müssen in zunehmenden Maße als langfristige Partnerschaften im Veränderungsprozeß organisiert werden.
- Das Informationswesen ist kontinuierlich zu verbessern.
- Das Gleichgewicht zwischen Wandel und Kontinuität muß sich schließlich in den Löhnen, in der Anerkennung und in den Sonderleistungen niederschlagen.

Im Umgang mit dem **Wandel** haben die Menschen prinzipiell die beiden Alternativen: passive Opferrolle oder aktiver (Mit-)Gestalter. Wer Letzteres will, muß die handelnden und/oder betroffenen Personen berücksichtigen. Für Rosenstiel/Comelli (1998, S. 2.2) wird ein „Change Agent" bei allem, was er plant und organisiert, nicht an den Menschen und der menschlichen Natur vorbeikommen, d.h., er muß wissen, wie man **Veränderungsbewußtsein** schaffen kann, mit welcher Strategie man **Veränderungsprozesse** in Unternehmen betreiben sollte, wie man Menschen für Veränderungen und neue Ideen gewinnt und wie man Widerstände gegen Veränderungen überwindet bzw. verringert.

Wer einen geplanten Wandel will, muß diese Vorhaben als einen längerfristigen und kontinuierlichen Prozeß verstehen. Für diesen Prozeß ist es notwendig (Rosenstiel/Comelli, 1998, S. 2.3), „(a) bei sich selbst, (b) bei anderen und (c) in der gesamten Organisation

- die Einsicht in die Notwendigkeit ständiger Anpassungen und Veränderungen zu entwickeln und zu fördern,
- die Bereitschaft, Veränderungen mitzutragen und als herausfordernde Chance zu begreifen, zu etablieren und
- Bewußtsein und Sensibilität dahingehend zu erzeugen, daß jede Veränderung in einer Organisation auch das soziale System (d.h. die in der Organisation arbeitenden Menschen) berührt und deshalb verhaltenswissenschaftliche Erkenntnisse über die Natur des Menschen zu berücksichtigen sind."

„Das Managen von Veränderungen wird somit zum Tagesgeschäft. Die Überlegung, daß eigentlich jedes Management zugleich auch Change Management ist, liegt nahe." (ebd.)

Jeder geplante Wandel erfordert nach Rosenstiel/Comelli (1998, S. 2.3f.) die Beschäftigung mit zwei grundlegenden Aspekten:

- Die **Frage** nach dem „Was", d.h. nach dem Veränderungsinhalt; dies kann sich beziehen auf einen Kulturwandel (z.B. Wertesysteme, Leitideen), einen Strategiewandel (z.B. Kundenorientierung, Technologieführerschaft, Internationalisierung), einen Strukturwandel (z.B. Dezentralisierung, Netzwerke) oder auf den gesellschaftlichen, technischen oder ökologischen Wandel (z.B. Technologie, Telearbeit, virtuelle Unternehmen).
- Die **Frage** nach dem „Wie", d.h. nach dem Eingriff in bestehende soziale Systeme (Fragen wie: Bombenwurf oder Partizipation, die Rolle des Vorgesetzten als Change Agent, psychologische Aspekte des Wandels, die Dauer von Veränderungen, Methoden für die Entwicklung von Organisationen (OE)).

I. Ursachen strategischer Änderungen

Waren die 80er Jahre ohne Zweifel das Jahrzehnt der strategieorientierten Unternehmensführung, so stehen für Gomez/Zimmermann die 90erJ ahre im Zeichen einer **Renaissance** der **Unternehmensorganisation** als Führungsinstrument. Als Klassifikationsmuster zur ganzheitlichen Erfassung von Organisationen zeichnen sie folgende **Profile** mit jeweils zwei Dimensionen (1993, S. 32ff. und 189ff.):

- Von der perfekten Maschine zum sinnvermittelnden System: Technostruktur - Soziostruktur
- Von der Bewahrung zum Wandel: Paläste - Zelte
- Vom Diktat zur Selbstverantwortung: Fremdorganisation - Selbstorganisation
- Integration: Von der stabilisierenden zur entwicklungsfähigen Organisation

1. Quellen des Widerstandes

Jede Strategie, die mit einer Veränderung verbunden ist, wird **Widerstand** in irgendeiner Form hervorrufen. Besonders bei einem (nachfolgend beschriebenen) Management des Wandels sind Konflikte unvermeidlich! In den Fällen einer sehr starken bzw. sehr schnellen strategischen Änderung und bei verspätetem Aufbau der strategischen Fähigkeiten im Management wird der Widerstand besonders groß sein. Zur Wechselbeziehung zwischen der Unternehmenskultur und den Human Resources bei der Umsetzung von Veränderungen bzw. Strategien vgl. auch unsere Ausführungen unter „Unternehmenskultur und strategische Entscheidungen".

Da es keinen Veränderungsprozeß ohne Widerstände (die die vielfältigsten Ursachen haben können) gibt, muß es für jeden Initiator wichtig sein (Rosenstiel/Comelli, 1998, S. 2.49),

- die Ursachen von Widerständen zu verstehen,
- durch eigenes Verhalten nicht noch zusätzliche Widerstände zu produzieren und
- bestehende Widerstände möglichst geschickt abzubauen.

Die **individuelle Reaktion** auf Innovationen und Veränderungen liegt nach Helmreich (zit. bei ebd.) auf einem Kontinuum, das von Zustimmung (= Begeisterung, aktive Mitarbeit, Bereitwilligkeit, Mitarbeit unter Druck, Duldung), über **Gleichgültigkeit** (= nicht lernen, ausweichen, Protest, Mißbrauch, Sabotage) bis zu **Ablehnung** reicht.

Ansoff unterscheidet zwischen behavioral resistance und systemic resistance (vgl. nachfolgend Ansoff, 1982, S. 70ff.). **Die Verhaltenswiderstände** sind darauf zurückzuführen, daß die **einzelne** Führungskraft ihre (Macht-)Position bedroht sieht durch Beeinträchtigung der Einkommens- bzw. Aufstiegschancen, Beschneidung der Entscheidungsgewalt und durch Prestigeverlust, Notwendigkeit zur Veränderung alter Gewohnheiten/Erfahrungen etc. Dazu treten verschiedene Angstquellen, die in der eigenen Unsicherheit oder im Unbekannten der neuen Situation liegen. Der Widerstand kann auch von ganzen Gruppen/Kulturen getragen werden, wenn die Änderung etwa deren Machtposition bedroht oder allgemein akzeptierte Wertvorstellungen durchbricht. „Verhaltensänderung ist das Nadelöhr aller Management-Innovationen" (Müri u.a., 1995, S. 59).

Diesem Verhaltenswiderstand stellt Ansoff den **Systemwiderstand** gegenüber. In diesem Fall fehlen dem Management **strategische Fähigkeiten**: kurzfristige statt langfristiger Orientierung, Prioritätskonflikte, Zielerreicher statt Zielsetzer, falsch ausgerichtetes Informationssystem und Organisationsstrukturbarrieren.

In der deutschen Literatur wird i.d.R. zwischen **Fähigkeits**barrieren („Können") und **Willens**barrieren („Wollen") unterschieden. In Erweiterung des Ansoffschen Ansatzes verdeutlicht Abb. 186 im achten Teil die Zusammenhänge für den Bereich ökologischer Strategien und Veränderungsprozesse (aus Hopfenbeck, 1996; dazu auch Hopfenbeck/Willig, 1995). Ein Wandel wird bei Vernachlässigkeit des Personalfaktors zum Scheitern verurteilt sein.

Vahs (1997, S. 2) macht grundsätzlich drei Arten von Widerständen gegen organisatorische Veränderungen aus: rationaler, politischer und emotionaler Widerstand. Reiß et al. (1997) unterscheiden zwischen Fähigkeits- und Bereitschaftsbarrieren, wobei er vier relevante Defizitsituationen beschreibt:

- Unkenntnis (Nicht-Kennen)
- Überforderung (NichtKönnen)
- Schlechterstellung (Nicht-Wollen)
- Ohnmacht (Nicht-Dürfen)

2. Überwindung von Organisationsstrukturbarrieren

Zur Mitgestaltung des Unternehmenswandels wird ein Chief Change Officer (CCO) als Initiator und Motor des Wandels, als Impulsschnittstelle und Change-Koordinator vorgeschlagen (Fopp/Schiessl, 1999, S. 131).

Das Spektrum **akzeptanzfördernder Anreize** bei Veränderungen zur Förderung der Zustimmung bzw. zur Vermeidung von Ablehnung umfaßt nach Reiß (1997) die klassischen Motivationsinstrumente und zusätzliche Kommunikations-, Qualifikations- und Organisationsinstrumente:

- Kommunikation, erfolgreiche Vorbilder, Partizipation, schnelle Erfolge, Awards, intrinsisches Anreizpotential, Qualifikation
- Top-down-Impulse, Bewahrung des Bewährten, Gegengeschäfte, Abfindungen

„Ein zentraler Dreh- und Angelpunkt für den Erfolg von Veränderungsprojekten ist die Kommunikation. Ob und wie (a) die Ursachen und Gründe für die Veränderung, (b) der geplante Ablauf der Veränderung und (c) der spätere Vollzug der Veränderung an das Betroffenensystem kommuniziert bzw. zurückgemeldet wird, ist von entscheidender Bedeutung für die Akzeptanz. Nicht umsonst lauten die drei wichtigsten Regeln für die erfolgreiche Durchführung eines Veränderungsprozesses:
1. **Regel**: Kommunikation!
2. **Regel**: Kommunikation!
3. **Regel**: Kommunikation!" (Rosenstiel/Comelli, 1998, S. 2.61)

Es vollzieht sich zwar jeder Wandel anders, dennoch läßt sich eine gewisse Abfolge von **grundsätzlichen Schritten**, über die sich im Prinzip jeder Wandel vollzieht, festlegen (nach Rosenstiel/Comelli, 1998, S. 2.67ff.):

- Informieren: Kenntnis („in die Augen")
- Klären: Verstehen („in den Kopf")
- Überzeugen: Akzeptieren („ins Herz")
- Einbeziehen: Commitment („ins Verhalten")

II. Die geplante Evolution (Fortschrittsfähige Organisation)

Kirsch (dazu Kirsch/Gabele, 1986, S. 14ff.) charakterisiert das strategische Management als geplanten, evolutionären Lernprozeß auf der Grundlage der **Leitidee** einer **fortschrittsfähigen Organisation** in Anlehnung an die „Strategie der geplanten Evolution" von Rosove (Günther, 1991, S. 44ff.).

Die Entwicklung (der Erfolgspotentiale) des Systems wird durch eine **konzeptionelle Gesamtsicht** der Unternehmenspolitik (als Verdichtung von Zielen, Grundsätzen, Strategien) – zumindest teilweise – gesteuert und koordiniert.

Zentrale Bedeutung bei der Formulierung einer solchen konzeptionellen Gesamtansicht hat die Erstellung eines Rahmenkonzeptes. Dieses bringt die Soll-Vorstellung für die langfristige Entwicklung der Rahmenbedingungen eines Unternehmens zum Ausdruck. Das Rahmenkonzept (meist in Form eines Leitbildes schriftlich niedergeschrieben) orientiert sich am sozioökonomischen Umfeld, der Identität und dem Image eines Unternehmens (vgl. Kirsch/Müller-Stewens, 1995, S. 4.3).

Es stellt den Versuch dar, die Entwicklung eines Unternehmens stärker zu steuern und die „naturwüchsige Evolution" in eine „geplante Evolution" zu überführen. Es erfüllt damit folgende Funktionen: Leitvorstellungen für die Entwicklung des unternehmenspolitischen Rahmens, Ausrichten des Handelns an den zentralen Regeln, Ausrichtung der Unternehmensentwicklung im Sinne einer geplanten Evolution, (Weiter-) Entwicklung einer typischen Identität des Unternehmens, Vermittlung einer Sinnorientierung an die Mitarbeiter des Unternehmens):

- Die Evolution vollzieht sich in einer Folge überschaubarer Schritte (**robuste** nächste Schritte) analog zu dem schon von Popper empfohlenen „Vorgehen in kleinen Schritten".
- Der schrittweise Prozeß wird mitgesteuert durch eine „konzeptionelle Gesamtsicht der Entwicklung der Erfolgspotentiale".
- Bei jedem einzelnen Schritt wird bedacht, inwieweit sie in die konzeptionellen Vorstellungen darüber passen.
- Jeder einzelne Schritt knüpft am Status quo an und schafft „Tatsachen", die wiederum den Status quo der nachfolgenden Schritte prägen.
- Die mit jedem operativen Schritt gewonnenen Erfahrungen und der Einfluß „neuer Ideen" (z.B. neuartige gesellschaftliche Werte) modifizieren und konkretisieren die konzeptionelle Gesamtansicht und führen damit zu einem systematischen, ständigen koevolutionären Lernprozeß im Unternehmen.

„Die geplante Evolution ist Lernprozeß zwischen ‚Muddling Through' zur Bewältigung akuter Ereignisse und einer ‚konzeptionellen Gesamtansicht' zur Steuerung des Unternehmens" (Kirsch/Müller-Stewens, 1995, S. 2.12).

In dieser Sichtweise der Philosophie einer „geplanten Evolution" wird strategisches Management als **Planung** und die über eine konzeptionelle Gesamtansicht erfolgende **Steuerung** und **Koordination** der laufenden Evolution des Unternehmens und seiner Aufgabenumwelt gekennzeichnet. Die in der Praxis eingesetzten Planungssysteme mit ihrer Konzentration auf die Bestimmung des Produkt-Markt-Portfolios bilden keine geeignete Grundlage für die Verwirklichung einer geplanten Evolution. Die Vorstellung einer geplanten Evolution greift auf Ansoff zurück. In multidisziplinärer Weise bezieht der Ansatz insbesondere Organisationsentwicklungsprozesse, das **„geplante Lernen"**, mit ein.

III. Die lernende Organisation

Lernendes Unternehmen
„… ist eine Organisation, die den Lernprozeß aller ihrer Mitglieder fördert und sich gleichzeitig selbst fortwährend wandelt." (Pedler/Burgoyne/Boydell, 1994, S. 11)

Daß in Organisationen Wissen vorhanden ist, welches einen entscheidenden Wettbewerbsvorteil darstellen kann, ist keineswegs neu. Dieses Wissen kann, wie die Praxis zeigt (zum Beispiel im Fall Lopez, VW/Opel) in Form seiner Träger auch abgeworben werden (vgl. Klimecki/Laßleben, 1995, S. 11). „Die metaphorische Übertragung des Wissensbegriffes auf ganze Organisationen impliziert jedoch etwas ganz anderes: Sie legt zugrunde, daß Organisationen als Ganzheiten – als soziale Systeme – über „institutionelles Wissen" verfügen, welches (relativ) unabhängig von den einzelnen Mitgliedern existiert." Dieses Wissen ist nicht in den Köpfen der Menschen gespeichert, sondern auch in den Operationsformen des sozialen Systems (z.B. in den personenunabhängigen anonymisierten Regelsystemen).

Individuelle Lerntheorie (z.B. Reiz-Reaktions-Theorien, kognitive Lerntheorien; dazu Göbel, 1996, S. 554f.) sind wissenschaftlich deutlich weiter entwickelt als **institutionelle** Lerntheorien, dennoch besteht ein breiter Konsens, daß organisationale Lernprozesse eine eigenständige soziale Dimension besitzen (vgl. Klimecki/Probst/Eberl, 1991, S. 15). Organisationslernen wird in der Managementliteratur oft als die **einzig dauerhafte Quelle** globaler Wettbewerbsvorteile angeführt.

„Turbulente Zeiten verlangen nach veränderungsfähigen Organisationen. Deren Fähigkeit, als Institution zu lernen, wird zu einem eigenständigen Erfolgsfaktor. Zwar laufen in jeder Organisation ständig Wandlungsprozesse ab, von einer Lernenden Organisation läßt sich jedoch erst dann sprechen, wenn diese bewußt vollzogen und gezielt gefördert werden." (Klimecki, 1996, S. 3)

Die Fähigkeit der Unternehmensführung sicherzustellen, daß „die Verantwortlichen der einzelnen Funktionsbereiche ihre Antennen nutzen, um Veränderungen im Umfeld, in den Technologien, bei den Kundenanforderungen, im internationalen Wettbewerbsgeschehen, im Beschaffungsmarkt, in den Qualifikationsanforderungen usw. frühzeitig zu erkennen und aktiv zur Debatte zu stellen, und daß der Abstimmungsprozeß kooperativ und unternehmerisch erfolgt, d.h., entscheidungsorientiert und innovationswillig", wird seit einiger Zeit als für die dauerhafte Leistungsfähigkeit der Unternehmen entscheidend erkannt und mit dem Begriff **„Organisationales Lernen"** belegt (Sommerlatte, 1997, S. 273): Es wird von allen Autoren hervorgehoben, daß das gemeinsame Lernen der Mitglieder einer Organisation **„mehr"** ist als das Lernen einzelner.

Der „Machbarkeitsglaube" vieler Manager stößt bei der Lösung organisationaler Probleme im Unternehmen an Grenzen Für Senge u.a. (1996, S. 4) ist die Frage „How do I fix things"? nicht lösbar, da man Dinge nicht „richten" kann, zumindest nicht permanent/dauerhaft – man kann aber lernen, eine „lernende Organisation zu werden:

„You can't just ‚fix things', at least not permanently. You can apply theories, methods, and tools, increasing your own skills in the process. You can find and instil new guiding ideas. And you can experiment with redesigning your organizations' infrastructure. If you proceed in all these ways, you can gradually evolve a new type of organization. It will be able to deal with the problems and opportunities of today, and invest in its capacity to embrace tomorrow, because it's members are continually focused on enhancing their collective awareness and capabilities. You can create, in other words, an organization which can learn."

1. Das Konzept des Organisationslernens

> **Organisationales Lernen**
>
> ... ist der von den Organisationsmitgliedern relativ unabhängige Lernvorgang auf Ebene der Organisation, der als Veränderung deren kognitiver Strukturen und der in ihnen enthaltenen Umweltinterpretationen auftritt (Klimecki/Thomae, 1997, S. 2)
>
> „ ... ein Prozeß verstanden werden, bei dem relativ überdauernde Veränderungen im Handlungsrepertoire einer Organisation stattfinden, und zwar als Ergebnis der Erfahrungen von Mitarbeitern der Organisation oder als Ergebnis der Hinzunahme neuer Wissensträger" (Rosenstiel/Comelli, 1998, S. 2.243).
>
> „ ... wenn eine Organisation durch Auswertung gemachter Erfahrungen und durch Hinzunahme immer neuen Wissens ihr Handlungsrepertoire für zukünftige Situationen verändert. Organisationslernen wird als ein Prozeß verstanden, bei dem das Arsenal an Reaktionsmöglichkeiten immer wieder neu auf die Zukunft eingestellt wird" (ebd., S. 3.39).

Wir haben dieses Kapitel M überschrieben mit „Das Management des Wandels". Die Turbulenzen im Umfeld der Unternehmen machen – wie wir im einzelnen zeigen – schmerzhafte strukturelle Anpassungen notwendig. Im Umgang mit dem Wandel als Herausforderung wird dem Lernen eine entscheidende Bedeutung zukommen.

Stand bislang zuerst das Lernen bzw. die Entwicklung des Individuums und dann der Gruppe im Mittelpunkt, ist die nächste Herausforderung das **Organisationslernen** („organizational learning"). Dazu gehören „die Fähigkeiten,

- über Gruppen, Abteilungen und Bereiche hinaus gemeinsame Wahrnehmungen und Einschätzungen der Innen- und Außenwelt des Unternehmens zu entwickeln;
- übergreifende Dialog- und Lernprozesse mit Kunden und Lieferanten zu organisieren und kontinuierlich in Gang zu halten;
- auftauchende Probleme, die in kleineren Einheiten nicht gelöst werden können, als gemeinsame zu betrachten und miteinander zu lösen;
- optimale Nutzung von Zeit, menschlichen und materiellen Ressourcen mit Blick auf die Gesamtheit (einschließlich des unternehmerischen Umfelds) anzustreben;
- den Fluß von Informationen als ständigen Lern- und Verbesserungsprozeß zu organisieren." (Sattelberger, 1993, S. 17)

Eine lernende Organsiation ist dabei für Bleicher (1995, S. 392) nur denkbar auf der Grundlage einer zwischenmenschlich entwickelten **Vertrauensbasis** in einer Vertrauensorganisation; auch für Schneider (1992, S. 40) ist eine vertrauensvolle Beziehung zwischen Führungskräften und Mitarbeitern eine der entscheidenden Vorbedingungen innerbetrieblicher Zusammenarbeit und Effektivität. Die vorherrschende **„Mißtrauensorganisation"** ist für Bleicher (1994d) die Quelle unserer derzeitigen Organisationspathologien; dazu auch 6. Teil, (3) Konsensorientiertes Management).

Viele der von uns später noch näher darzulegenden Managementkonzepte zum **geplanten Wandel** (wie das Reengineering) sind relativ „mechanische" (und meist Top down initiierte) Veränderungsprozesse, die notwendig sind, aber zu kurz greifen, wenn sie nicht auch den dynamischen **„mentalen"** Veränderungsprozeß (mit einer kontinuierlichen Lernbereitschaft und -fähigkeit) mit berücksichtigen. Veränderung muß „erlernt" werden! Die starke Einbindung der Mitarbeiter, ihre Identifikation mit den neuen kundenorientierten Unternehmenszielen, ihre Rolle als mitdenkende, innovative Gestalter (z.B. auch in sog. **„Intrapreneuring"**-Konzepten), ihre Führung und Entlohnung nach Zielvereinbarung (zum MbO siehe 4. Teil) wird für die kommenden Strukturveränderungen und Revitalisierung von zentraler Bedeutung. Re-Organisationen, hektisches Krisenmanagement, das sich im simplen kurzfristigen (und kurzsichtigen) **Personalabbau** erschöpfte, anstatt das eigene Denken zu ändern, haben in den letzten Jahren unglaublichen Schaden angerichtet.

Als wichtigste Transformationsbedingung zwischen individuellem und organisationalem Lernen ist die **Kommunikation** anzusehen. Dazu treten Transparenz und Integration.

Eine Unternehmung muß rechtzeitig zum einen die Entwicklung und proaktive (Umwelt-)Anpassung von Organisation, Produktion und Produkt und zum anderen Flexibilität, Lernfähigkeit und Kreativität bei den Mitarbeitern und Führungskräften erreichen. Die interne Lerngeschwindigkeit muß zumindest gleich (oder höher) sein wie die Änderungsgeschwindigkeit der Umweltparameter. Dies setzt zum Aufbau langfristig verteidigungsfähiger und profitabler **Vorteilspositionen** das Vorhandensein flexibler (**„lernfähiger"**) Organisationen voraus.

Der einzige Wettbewerbsvorteil wird heute von manchen Autoren darin gesehen, dauerhaft **schneller** zu lernen als der Wettbewerber (Kirsch/Müller-Stewens, 1995; Meyer, 1994). Die Fähigkeit einer Organisation, als Kollektiv zu lernen und damit den Schlüsselkriterien der „Responsiveness" und der „Handlungsfähigkeit" zu entsprechen, wird als Kern eines (einzig) dauerhaften Wettbewerbsvorteils gesehen. Besonders die Verkürzung der Zykluszeit legt das größere Gewicht auf die Lerngeschwindigkeit (vgl. unsere Ausführungen zu „Strategiefaktor Zeit").

Lernen, als eine Veränderung von Wissen, ist auf drei unterschiedlichen Ebenen zu unterscheiden (Probst/Büchel, 1994, S. 35ff.):

- **Anpassungslernen** ist die effektive Adaption an vorgegebene Ziele und Normen durch die Bewältigung der Umwelt.
- **Veränderungslernen** ist die Hinterfragung von organisationalen Normen und Werten sowie die Restrukturierung dieser in einem neuen Bezugsrahmen.
- **Prozeßlernen** ist die Einsicht über den Ablauf der Lernprozesse, in dem Lernen zu lernen der zentrale Bezugspunkt wird.

Gomez/Probst (1995, S. 243f.) betonen, daß man ein kollektives Handlungs- und Problemlösungspotential nur erhält, wenn es interaktiv erstellt, kommuniziert und akzeptiert wird und wenn dem „äußeren" Wandel in den Handlungen, Entscheidungen, Eingriffen usw. auch ein **„innerer" Wandel** der Werte und Einstellungen einhergeht:

„Wie oft finden wir Situationen, in denen wir meinen, die einzelnen Menschen, die wir befragt oder mit denen wir zu tun hatten, hätten die notwendigen Veränderungen begriffen. Aber dann bleiben die Veränderungen aus, nichts passiert, die Institution ändert ihr dysfunktionales Verhalten nicht und alle Beteiligten sind frustriert. Im Veränderungsprozeß wurde offensichtlich vorhandenes Wissen nicht weitergegeben. Es wurde nicht in ein kollektives ‚Gedächtnis' aufgenommen, aus dem es jederzeit wieder abgerufen werden könnte, falls dies notwendig erscheint. Es ist auch möglich, daß die Problemlösungskompetenzen nicht wirklich erfaßt und bewußt gemacht werden konnten. Obwohl etwas funktioniert hat, fand keine Reflexion darüber statt, warum es funktioniert hat. Stilles Wissen der Organisation konnte nicht kollektiviert werden und ging so der Organisation verloren. So konnte man zu einem späteren Zeitpunkt nicht von bereits gemachten Erfahrungen profitieren oder gar einen Wissenstransfer innerhalb des Unternehmens vornehmen".

Es ist daher für Gomez/Probst (1995, S. 242f.) wichtig, daß wir uns in einem lernenden Unternehmen immer wieder fragen, ob **alle** Teile des „Organisationslernens" erfüllt sind:

- Setzen wir uns bewußt mit unserer Umwelt auseinander, um neues Wissen bzw. Informationen aufzunehmen? Werden Erfahrungen und Überlegungen für die Erhöhung und Verbesserung der organisationalen Wert- und Wissensbasis genutzt? Gehen die Erkenntnisse in ein kollektives Gedächtnis ein, aus dem sie für alle bei gegebener Zeit wieder abgerufen werden können? Dabei kann es sich um technische wie um menschliche Speichersysteme handeln.
- Werden die Möglichkeiten für das Handeln in bestimmten Situationen und das Lösen von Problemen verbessert? Haben wir unsere Kompetenzen damit erhöht? Wird die Fähigkeit der Gesamtorganisation verbessert, um gewisse Probleme zu lösen? Können sich die übrigen Mitglieder in den Handlungen und Vorgehensweisen einzelner wiederfinden? Welche Lernprozesse sind in Bezug auf unsere Unternehmensziele von besonderer Bedeutung? Haben wir zentrale Lernarenen unserer Organisation identifiziert?
- Wird ein gemeinsamer Bezugsrahmen aufgebaut, ein gemeinsames Verständnis, eine gegenseitig akzeptierte Wertestruktur? Wie können wir die kollektiven Bezugsrahmen sichtbar machen, um bisher verborgene heimliche Spielregeln oder strategische Spiele sichtbar und damit gestaltbar zu machen?

Wir zeigten bereits die Barrieren und Widerstände im organisatorischen Lernen als strategisches Ziel. Häufigste Gruppe von Auslösefaktoren für Lernprozesse stellen wohl **Krisen** (Turbulenzen, Konflikte, Streß etc.) dar, die einen entsprechenden Problem-/Leidensdruck bzw. einen Ansporn zum Umlernen, Verlernen oder „das Lernen neu zu lernen" erzeugen (vgl. Meyer, 1994, S. 88ff.).

2. Die Gestaltung von Lernprozessen

Die für den Wandel notwendige Lernleistung erfordert die **Gestaltung** von **Lernprozessen** innerhalb der gesamten Belegschaft über Anreizsysteme (zu Lernanreizen siehe Wildemann, 1995, S. 7ff.). Für Sattelberger sind derartige Lernpozesse mehr als „Kosmetik" an der Oberfläche der Organisation: „Es geht eine Ebene tiefer um Prozesse der Strategieentwicklung, der Strukturgestaltung, der (Weiter-) Entwicklung von Markt-, Kunden- und Umweltbeziehungen sowie der Gestaltung von Anreizsystemen und noch grundsätzlicher um die generellen Regelsysteme der Organisation bei Problemlösungen und Entscheidung, um die ‚Weltbilder' bzw. ‚organizational maps', also um Unternehmenskultur, die implizit und meist unsichtbar Lernen und Handeln prägt, fördert bzw. blockiert" (1994, S. 13f.).

Die verwirklichte lernende Organisation ist ein offenes und selbsttragendes System. „Ihre Mitglieder und Systemteile haben die Notwendigkeit, ständig dazuzulernen und sich zu verbessern, verinnerlicht und sind dazu aus eigener Kraft imstande. Die Hauptverantwortung für Personalentwicklung trägt in diesem Stadium jeder in sich, Verantwortung aber nicht bloß für die eigene Entwicklung, sondern auch für die der anderen und des Systems insgesamt" (Biehal, 1994, S. 137f.).

> „Eine lernende Organisation ist wie ein lebender Organismus, der aus befähigten, motivierten Mitarbeitern besteht, die in einer klar wahrgenommenen Symbiose leben, das Gefühl eines gemeinsamen Schicksals und Nutzens spüren, zusammen nach gemeinsam definierten Zielen streben und denen viel daran liegt, jede Gelegenheit auszunutzen, aus Situationen, Prozessen und Konkurrenz zu lernen, um sich den Änderungen in ihrer Umgebung harmonisch anzupassen sowie ihre eigene konkurrenzfähige Leistung und die ihrer Firma ständig zu verbessern" (Otala, 1995, S. 15).

Lernprozesse verlaufen heute in den meisten Unternehmen höchst ineffizient, ungesteuert und langsam. Um sie ins Bewußtsein der Unternehmensführung und aller Organisationsmitglieder zu rücken und effektiver zu gestalten, entwickelte Arthur D. Little einen Managementansatz, der organisationales Lernen als einen **kontinuierlichen Prozeß** im Unternehmen etabliert – er unterscheidet unterschiedliche Lernanforderungen, die auch ein unterschiedliches gezieltes Vorgehen verlangen (vgl. Sommerlatte 1997, S. 276); das Management der kontinuierlichen und gewollten organisationalen Lernprozesse im Unternehmen wird damit zur Hauptaufgabe der Unternehmensführung, und zwar in allen Feldern der **Lernmatrix**.

Probst/Büchel (1994, S. 18) treffen zwischen individuellem und organisationalem Lernen folgende **Unterscheidung**:

- Organisationales Lernen stellt eine unternehmenseigene Größe dar. Dies bedeutet, daß das Lernen im quantitativen sowie qualitativen Sinne verschieden ist von der Summe des individuellen Lernens.
- Es erfolgt über Individuen und deren Interaktionen, die ein verändertes Ganzes mit eigenen Fähigkeiten und Eigenschaften schaffen.
- Das Lernen eines sozialen Systems ist demnach nicht mit der Summe der individuellen Lernprozesse und Ergebnisse gleichzusetzen, auch wenn diese Voraussetzung und wichtige Basis für institutionelles Lernen sind.

a) Individuelles Lernen in Organisationen

Lernen ist innerhalb der kognitiven Lerntheorie der individuelle Prozeß der Auseinandersetzung mit der Umwelt auf der Grundlage bereits in einem reflexiblen Austausch mit der Umwelt erworbener kognitiver Strukturen (individuell reflektierter Erfahrungen, Erwartungen, Überzeugungen), die zugleich Möglichkeitsstrukturen weiteren Lernens sind (Klimecki/Probst/Eberl, 1991, S. 15).

„Lernen in der Unternehmung kann nach dieser Sichtweise durch aktives Management gefördert, aber nicht erzwungen werden. Vielmehr spielen die Selbststeuerung, Selbstkontrolle und Selbstbekräftigung der Individuen eine große Rolle beim Lernen, besonders wenn mit Lernen gemeint ist, in schöpferisch-innovativer Weise das bisher gültige Wissen zu überschreiten. Letztere Form des Lernens wird erst in neuerer Zeit in den Vordergrund gestellt, während traditionell andere Lernformen in der Betriebswirtschaftslehre thematisiert wurden." (Göbel, 1996, S. 555)

Die Unternehmung als Lernkontext verfügt selbst über wirksame **Mittel**, unternehmensspezifisches Wissen auszubilden und eine normative Sozialintegration zu ermöglichen (vgl. Göbel, 1996, S. 556):

- In erster Linie können über das Anreiz- und Motivationssystem erwünschtes Verhalten verstärkt bzw. unerwünschtes bestraft werden.
- Die Organisation teilt dem Mitarbeiter durch schriftlich gefaßte Richtlinien, mündliche Anleitung, Training on the Job und andere Maßnahmen offiziell mit, welches Wissen erwartet wird.
- Weniger explizit, aber darum nicht unwirksamer, signalisieren vielerlei weitere Größen Lernerwartungen, wie z.B. die Beobachtung des Verhaltens von Vorgesetzten und Kollegen oder der informale, persönliche Austausch.
- Schließlich vermittelt implizit die ganze „Gestalt" der Organisation ein bestimmtes Wissen.

Was in den Organisationen aber nach Göbel (ebd.) nicht genügend beachtet wird, ist die Tatsache,

- daß die Mitarbeiter meist besonders schnell die inoffiziellen „geheimen Spielregeln" lernen, die sich aus den Alltagserfahrung speisen,
- daß das Vorbild der Führungskräfte, der Kollegen, aber auch der Systeme und Strukturen im Unternehmen ein dysfunktionales Verhalten lehren,
- damit oft auch Verhalten verstärkt werden, die sich im Hinblick auf das Lernen der Organisation als ausgesprochene Lernhindernisse erweisen, wie das Vertuschen von Fehlern, das Zurückhalten von Informationen und das Abblocken von neuen Ideen, d.h., die ohnedies bestehenden defensiven Strategien werden damit strukturell verfestigt.

b) Lernen der Organisation

Sehr treffend hat es Hedberg (1981, S. 6) formuliert:

„Organizations do not have brains, but they have cognitive systems and memories. As individuals develop their personalities, personal habits, and beliefs over time, organizations develop world views and idealogies. Members come and go, and leadership changes, but organizations' memories preserve certain behaviors, mental maps, norms and values over time."

Organisationen/Institutionen entwickeln also unabhängig von den jeweiligen Mitgliedern Lernsysteme, die im Laufe ihre Geschichte entstehen und sich in Geschichten, Symbolen, Leitbildern, Werten und Normen widerspiegeln (dazu unsere Ausführungen zur Unternehmenskultur, 6. Teil, VI). Die Organisation tritt also dem einzelnen in vielerlei Gestalt als **Wissensreservoir** gegenüber, wobei dieses Wissen in Strukturen, Richtlinien, Abläufen, Technologien und anderen Medien sedimentiert sein kann. (Göbel, 1996, S. 556)

„Die Organisation lernt von den Individuen, wertet dieses Wissen aus, synthetisiert und speichert es und gibt es an (andere) Individuen zurück. Individuelles Wissen wird in organisationales Wissen transferiert, löst sich damit von den Individuen und tritt ihnen in Zukunft als Teil der organisationalen „objektiven" Wirklichkeit entgegen. Die so geschaffene Organisationswirklichkeit dient zugleich als Lernkontext für den weiteren Wissenserwerb der Individuen. Pointiert könnte man sagen, die lernende Organisation bringt Wissen aus den Köpfen in die Köpfe."(ebd.)

Voraussetzung für einen gelungenen **Wissenstransfer** ist (vgl. Göbel, 1996, S. 556):

- Die Mitteilungsbereitschaft der Organisationsmitglieder.
- Die Bereitschaft der Organisation, das Wissen wahrzunehmen und letztlich umzusetzen: Im Idealfall weiß die Organisation mehr als die Summe ihrer Mitglieder, weil sie das Wissen von vielen über lange Zeit zusammenführt – durch Lernhindernisse kann sie aber erheblich weniger wissen, als möglich wäre.

Lernen vollzieht sich im Kontext der **Rückkoppelungsstruktur** von Entscheidungsprozessen als Lernprozesse erster und zweiter Ordnung (bzw. **single-loop-/double-loop-lerning**); zur **Struktur** der Lernprozesse siehe Wildemann (1995, S. 3f.). Aufbauend auf diesen organisationalen Handlungsmustern und deren Veränderungsmöglichkeiten unterscheiden Argyris/Schön (1987) drei **Lernniveaus** (dazu Klimecki/Probst/Eberl, 1991, S. 17ff.; Steinmann/Schreyögg, 1999, S. 456ff.):

- „Single-loop-learning" (Einkreislernen): Vorgang, mit dem eine Institution auf unvorhergesehene Veränderungen durch Verhaltensanpassung reagiert (z.B. durch Verbesserung der Marktstrategie, effizientere Arbeitsgestaltung usw., also eine Verfeinerung bisheriger Handlungstheorien), ohne ihre „theory in use" zu ändern (= **Verbesserungslernen**); Vorstellung eines Regelkreises: Entdeckung von Soll-Ist-Abweichungen und Einleitung von Maßnahmen; benötigt einwandfreies Feedback in der Organisation.
- „Double-loop-learning" (Zweikreislernen): Die grundsätzlichen institutionellen Normen/Führungsgrößen und damit die grundlegenden Wertvorstellungen werden hinterfragt/stehen zur Disposition; man setzt sich mit der „theory in use" auseinander, um zu neuen Bezugsrahmen zu kommen (Restrukturierung). Dies ist im Gegensatz zum Single-loop-learning nur über eine Kulturtransformation zu erreichen (= **Veränderungslernen**), häufig Hilfe eines (Prozeß-)Beraters notwendig um die Abwehrhaltung („defensiveness") zu lockern.
- „Deutero-learning": Das Lernen selbst wird zum Objekt des Lernens; um Lernen zu lernen „....müssen wir zunächst einmal verlernen"; und um die institutionellen Fähigkeiten für Single-/Double-loop-Lernprozesse zu verbessern. Stellt die Fähigkeit dar, Lernprozesse zu reflektieren und zu verbessern (= **Meta-Lernen**).

Für Edmondson/Moingeon (1999, S. K3) gibt es zwei unterschiedliche Formen der **Lernfähigkeit** von Organisationen, die gleichermaßen wichtig sind für ein Unternehmen, das sich dem **globalen Wettbewerb** stellt:

- Das **Methodenlernen**: Bietet in Situationen, in denen technischer Erfolg (wie Schnelligkeit, Zuverlässigkeit, Produktivität, Qualität) der entscheidende Faktor für die Wettbewerbsfähigkeit auf dem globalen Markt sind, eine wichtige Quelle des Wettbewerbsvorteils einer Organisation. Es umfaßt Prozesse, die darauf abzielen, Fähigkeiten und Routinen zu übertragen und zu entwickeln, die auf dem derzeitigen Markt im Interesse der Organisation anwendbar sind. Es beinhaltet den Transfer und die Verbesserung bestehender Fähigkeiten und Routinen, Programme zur Reduzierung von Fehlern oder zur Erhöhung des Ertrags.

- Das **Prozeßlernen**: Wenn der Erfolg im Aufbau und in der Pflege von Beziehungen der entscheidende Faktor für Konkurrenzfähigkeit oder für die interne Effizienz ist, erwächst aus dem Prozeßlernen ein wichtiger Wettbewerbsvorteil. Es denkt in Systemen und umfaßt diagnostische Fähigkeiten. Es kann angewendet werden, um neue Kundenbedürfnisse zu verstehen, Hindernisse für Veränderungen zu überwinden, das Problem eines Managementteams zu diagnostizieren oder eine neue Unternehmensstrategie zu entwickeln.

„Lernende Organisationen werden heute in der Tendenz als ‚anti-strukturell' beschrieben, d.h. es sollen Organisationen sein, die sich von dem Steuerungsinstrument Organisationsstruktur weitgehend lösen und sich stattdessen für einen permanenten Wandel rüsten. Die mündliche Kommunikation und die hierarchiefreie Vernetzung nach eigenem Ermessen sollen an die Stelle strikter struktureller Verordnung treten." (Steinmann/Schreyögg, 1999, S. 463)

Der Lernprozeß verläuft nicht zufällig, sondern planmäßig. **Kennzeichen** solch lernender Organisationen sind (Hinterhuber/Aichner/Lobenwein, 1994, S. 61f.):

- systematisches Problemlösen
- Experimentieren mit neuen Ansätzen

- Lernen aus eigenen Erfahrungen
- Lernen aus den Erfahrungen und erfolgreichen Praktiken anderer
- rasches und effektives Übertragen von Wissen in der ganzen Organisation

Milling empfiehlt für Lernprozesse in komplexen Systemen den Einsatz von **Computersimulatoren** als Unterstützung; diese gestatten es, aus Fehlern in der virtuellen Realität zu lernen, bevor sie (tatsächlich) begangen werden. Für die Erprobung von Veränderungen schlägt Reiß (1995b, S. 279f.) folgende vier (kombinatorisch einsetzbaren) **Lernformen** vor:

- Lernen durch Tun (Praktizieren; Versuch- und Irrtum-Prinzip)
- Lernen durch Testen (Prototyping; in einem Pilotbereich))
- Lernen im Modell (Simulieren; gedankliche Simulation der Auswirkungen einer Veränderung)
- Lernen am Modell (Imitieren; Vergleichsmethodik wie beim Benchmarking; Übertragbarkeit japanischer Führungsmodelle?; Akzeptanzbarrieren?)

Für die Identifikation der **Träger** des organisationalen Lernens lassen sich nach Probst/Büchel zwei grundsätzliche Richtungen erkennen. „Zum einen wird organisationales Lernen als das stellvertretende Lernen von Personen in einer Organisation verstanden. Der Ausgangspunkt dieser Theorie manifestiert sich darin, daß Menschen und ihre geistigen Kapazitäten, Werte und Motivationen die Rezeptoren und Träger des Lernprozesses sind. Zum anderen versucht man, in differenzierter Weise Prozesse zu identifizieren, die Lernen von Organisationen jenseits einer Personifizierung erklären können. Nach diesen Darstellungen haben Organisationen Speicher-Systeme, die eine Verbindung zwischen interner und externer Umwelt herstellen" (Probst/Büchel, 1994, S. 63; vgl. Abb. 98, aus Sattelberger, 1994).

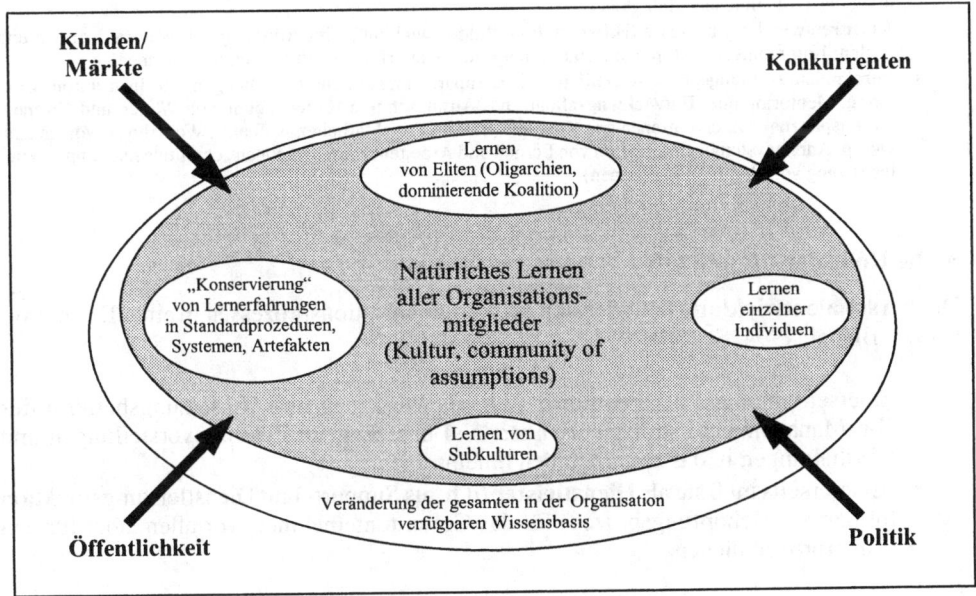

Abb. 98: Die lernende Organisation

Dies erfordert es, eine Organisation zu gestalten, die im Unternehmen einen ständigen Lernprozeß und gleichzeitig (im Gegensatz zur vorher gezeigten Organisationsentwicklung als „geplanter" Organisationswandel) einen **Selbst**transformationsprozeß ermöglicht (Pedler et al., 1994, S. 11). Diese sich eigenständig entwickelnde Organisation ist Basis für nachfolgend zu zeigende neue Ansätze (insbesondere selbstorganisierende Teamkonzepte u.ä.), die ohne aktive Beteiligung der Mitarbeiter nicht umzusetzen sind.

Faktoren zur **Verhinderung** von Lernen liegen in

- organisationalen defensiven Mustern (z.B. beschränkte Lernsysteme, geschickte Unfähigkeit wie „Gesichtswahrung", phantasievolle Verrenkungen)
- Normen (z.B. bestimmte Verhaltensweisen, Kleidung, Anrede, Killerphrasen), Privilegien (ökonomische Vorteile) und Tabus (Moral/Sitte, z.B. Rolle der Frau in der Gesellschaft)
- Informationspathologien (vgl. Probst/Büchel, 1994, S. 74ff.)

Bevor nun konkret über den Einsatz bestimmter Instrumente und Gestaltungsmaßnahmen organisationales Lernen zu fördern ist (nach Probst/Bücher, 1994), wird in einem ersten Schritt eine **Standortbestimmung** der Unternehmung – die in einem „**Lernprofil**" der Organisation mit den aktuellen Stärken und Schwächen ihren Ausdruck findet – durchgeführt, um die entscheidenden Erkenntnisse über die Schlüsselfaktoren zu gewinnen (Informationen über: bestehender Lernbedarf, derzeitiges Wissensreservoir, existierende Lernformen, mögliche Träger des Lernens, interne/externe Auslösefaktoren, fördernde/hemmende Kräfte).

Anschließend werden **Gestaltungsperspektiven** zur Förderung von Lernprozessen entwickelt (zum Nachfolgenden siehe Probst/Büchel, 1994 und Sattelberger, 1991), wie

- **Strategie**entwicklungsprozesse (Hilfsmittel: z.B. Unternehmensspiele – Lernen durch Erfahrung; Szenariotechnik – Lernen durch Hinterfragung; strategisches Controlling – Lernen durch Hinterfragung)
- **Struktur**entwicklungsprozesse (Hilfsmittel: Projektorganisation – Lernen durch Problemlösung; Netzwerkstrukturen – Lernen durch Austausch; Kooperationen wie Strategische Allianzen – Lernen durch Erhöhung der Problemlösungsfähigkeit)
- **Kultur**entwicklungsprozesse (Hilfsmittel: Leitbildentwicklung: Hinterfragung von Werten, Normen und Zielen; Kommunikationsforen und Imageanalysen – Hinterfragen von Werten und Normen)
- **Personal**entwicklungsprozesse (Hilfsmittel: Lernpartnerschaftliche Beziehungen wie Instruktion, Coaching, Mentoring oder Entwicklungsallianzen – Austausch und Hinterfragung von Werten und Normen; Arbeitsplatznahe Interventionen wie Rotationsprinzip, Projektarbeiten in Teams, Workshops, Vorschlagswesen, Anreizsysteme – Integration von Lernen und Arbeiten; Kartenzeichnen „cognitive mapping" – Hinterfragung von Werten und Normen)

3. Die Rolle der PE und OE

Die **Personalentwicklung** befindet sich bei Re-Organisationsprozessen in einer Doppelrolle (vgl. Biehal, 1994, S. 138):

- Einerseits muß sie als **Promotor** (d.h. als Werkzeug und Umsetzungshelferin des Top-Managements) strategieorientiert und überzeugend Zukunftsvorstellungen und Werthaltungen in das Unternehmen hineintragen.
- Andererseits muß sie als **Dienstleister** (d.h. als Support- und Dienstleistungsfunktion für den Wertschöpfungsprozeß) für das Gesamtunternehmen, vor allem aber für den Primärprozeß dienen.

Eine Organisation durchläuft im Laufe ihrer Geschichte verschiedene Phasen der **Organisationsentwicklung**. Ist eine rationale Phase erreicht (Kennzeichen: differenzierte Organisation), wird der dann gegebene Bürokratismus zur Flexibilitätsblockade. Pedler et al. (1994, S. 22ff.) sehen traditionelle Lösungsversuche (z.B. Matrixmanagement mit Projektgruppen oder Möglichkeiten der Selbstentwicklung wie Projektlerngruppen, spezielle Kurse, Lernressourcen-Zentren) für nicht ausreichend, da noch nicht Menschen, Funktionen und Ideen integrativ verbunden sind.

Pedler et al. (1994, S. 34ff.) beschreiben elf **Merkmale**, mit denen sich ein lernendes Unternehmen kennzeichnen läßt: Strategiebildung als Lernprozeß, partizipative Unternehmenspolitik, freier Informationsfluß, formatives Rechnungs- und Kontrollwesen, interner Austausch, flexible Vergütung, qualifizierende Strukturen, Umfeldkontakte zur „strategischen Frühaufklärung", firmenübergreifendes Lernen, Lernklima und Selbstentwicklungsmöglichkeiten für alle. Als **Ausgangspunkte** für den strategischen Weg eines Unternehmens zu einem lernenden Unternehmen ist dort zu beginnen, wo die „Energie" ist. Möglichkeiten (vgl. ebd., S. 73ff.):

- Mit dem Aufsichtsrat zusammenarbeiten.
- Mit der Personalabteilung beginnen.
- Ein gemeinsamer Vorstoß von Gewerkschaft und Management.
- Arbeitsgruppen bilden.
- Ein bewußtseinsschärfendes Entwicklungsprogramm durchführen.
- Mit dem strategischen Planungszyklus arbeiten.
- Mit einer Diagnose beginnen.

Die meisten Re-Organisationkonzepte (wie das Lean Management) bedürfen eines ganz neuen **Denkens**. Jones (1994, S. 27) ist überzeugt, daß Menschen ihre Denk- und Handlungsgewohnheiten nur radikal ändern, wenn sie sich in einer **Krise** befinden, d.h., daß Menschen nicht zu einem einschneidenden Wandel bereit sind, wenn dazu kein besonderer Leidensdruck vorhanden ist. „Organisationsentwicklung (OE) wäre der denkbar **beste Weg**, aber in der Vergangenheit haben viele OE-Beraterinnen und -Berater nicht wirklichen Einfluß auf das System der Massenfertigung ausüben können, weil ihr Tun keinen Einfluß auf die Leistung hatte und nur zusätzliche Kosten verursachte. Dadurch hat OE mehr und mehr ein Ghetto-Dasein in den Personalabteilungen zu führen begonnen. Und doch ist Organisationsentwicklung der Weg, der die besten Wirkungen verspricht. Man muß aber die richtigen Instrumente und Methoden einsetzen und nicht bloß an den menschlichen Beziehungen arbeiten. OE muß professionelle Hilfe bei Strukturänderungen, Ablaufgestaltungen, Diagnose und Veränderung der Unternehmenskultur usw. bieten können. Auch Personalentwicklung muß in eine umfassende OE-Strategie eingebunden sein."

IV. Ganzheitliches Denken und Handeln

1. Holistisches Konzept

Der Systemansatz und seine Fortentwicklungen zeigte bereits deutlich die Notwendigkeit auf, von der traditionell **sektoralen** Betrachtungsweise der Betriebswirtschaftslehre abzugehen, zu einer interdisziplinären Zusammenarbeit mit den Nachbardisziplinen überzugehen und in Systemzusammenhängen zu denken. Zur Zeit ist, da wirtschaftliche Entscheidungen aus einer limitierten Betrachtungsweise und linearen Denkweise heraus, d.h. ohne Berücksichtigung **vernetzter** Zusammenhänge, zunehmend unerwünschte Lösungen bzw. unerwartete Auswirkungen zeitigen, ein Bewußtseinswandel erkennbar. Mensch **und** Betrieb erfordern einen **ganzheitlichen** Denkansatz (vgl. dazu Harlander u.a., 1994, S. 125ff.; Gomez/Probst, 1987 und Gomez/Probst, 1995).

Betrachtet man den Betrieb in seiner **gesamten** umfassenden Wirklichkeit, dann ist er (Harlander u.a., 1994, S. 132f.) nicht nur

- Stätte arbeitsteilig rationalisierter Fertigungsverfahren oder Sortimentsbildung und
- Stätte wirtschaftlicher Werteerzeugung und individueller Gewinnmaximierung, sondern zusätzlich auch immer
- Stätte persönlicher Zufriedenheits- und Leistungsmotivation,
- Stätte komplexer Status- und Positionsstrukturen,
- Stätte kommunizierender und interagierender Gruppenwesen,
- Stätte körperlich-geistiger Anforderungen, Belastungen und Risiken,
- Stätte mündiger, wirkender Kulturmenschen und gesellschaftlicher Zusammenkünfte und
- Stätte umfassender Umweltnutzung und -beeinflussung.

2. Der Umgang mit komplexen Problemen

a) Die Methodik des vernetzten Denkens

Unternehmensführung, verstanden als vieldimensionierte Ganzheit, ist wesentlich beeinflußt vom St.Galler **system**theoretischen Ansatz. Die Reduktion der Betrachtungsweise ausschließlich auf die Unternehmung stellt demnach einen fundamentalen Fehler in der „Systemabgrenzung" dar, da die Unternehmung als System nur als Teil eines viel größeren ökologischen und gesellschaftlichen Gewebes zu begreifen ist.

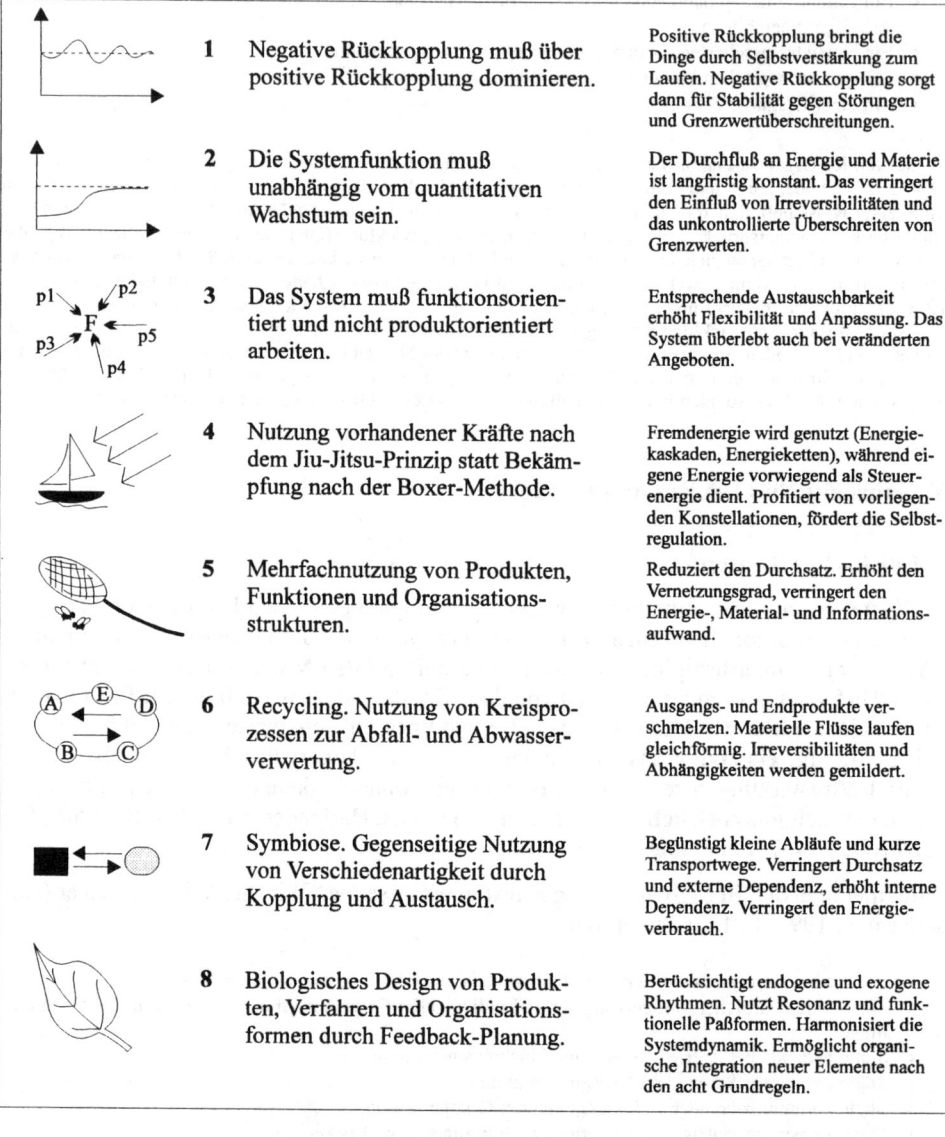

	1 Negative Rückkopplung muß über positive Rückkopplung dominieren.	Positive Rückkopplung bringt die Dinge durch Selbstverstärkung zum Laufen. Negative Rückkopplung sorgt dann für Stabilität gegen Störungen und Grenzwertüberschreitungen.
	2 Die Systemfunktion muß unabhängig vom quantitativen Wachstum sein.	Der Durchfluß an Energie und Materie ist langfristig konstant. Das verringert den Einfluß von Irreversibilitäten und das unkontrollierte Überschreiten von Grenzwerten.
	3 Das System muß funktionsorientiert und nicht produktorientiert arbeiten.	Entsprechende Austauschbarkeit erhöht Flexibilität und Anpassung. Das System überlebt auch bei veränderten Angeboten.
	4 Nutzung vorhandener Kräfte nach dem Jiu-Jitsu-Prinzip statt Bekämpfung nach der Boxer-Methode.	Fremdenergie wird genutzt (Energiekaskaden, Energieketten), während eigene Energie vorwiegend als Steuerenergie dient. Profitiert von vorliegenden Konstellationen, fördert die Selbstregulation.
	5 Mehrfachnutzung von Produkten, Funktionen und Organisationsstrukturen.	Reduziert den Durchsatz. Erhöht den Vernetzungsgrad, verringert den Energie-, Material- und Informationsaufwand.
	6 Recycling. Nutzung von Kreisprozessen zur Abfall- und Abwasserverwertung.	Ausgangs- und Endprodukte verschmelzen. Materielle Flüsse laufen gleichförmig. Irreversibilitäten und Abhängigkeiten werden gemildert.
	7 Symbiose. Gegenseitige Nutzung von Verschiedenartigkeit durch Kopplung und Austausch.	Begünstigt kleine Abläufe und kurze Transportwege. Verringert Durchsatz und externe Dependenz, erhöht interne Dependenz. Verringert den Energieverbrauch.
	8 Biologisches Design von Produkten, Verfahren und Organisationsformen durch Feedback-Planung.	Berücksichtigt endogene und exogene Rhythmen. Nutzt Resonanz und funktionelle Paßformen. Harmonisiert die Systemdynamik. Ermöglicht organische Integration neuer Elemente nach den acht Grundregeln.

Abb. 99: Die acht Grundregeln der Biokybernetik

Die Komplexität der heutigen Führungssituation zeigt immer deutlicher die **Grenzen** traditioneller betriebswirtschaftlicher Instrumente. Bereits Vester (1984, 1988, 1990) hatte immer wieder gezeigt, daß komplexe Systeme nicht eine lineare, statisch-analytische Betrachtungsweise, sondern einen systemischen und kybernetischen/**vernetzten** Umgang erfordern. Er fordert ein neues Verständnis der Wirklichkeit, denn die Welt der Entscheidungen von Managern „besteht zwar aus einer Menge von Einzeldingen, doch diese sind zu Systemen vernetzt.

Nur wer in Zusammenhängen denkt, kann sinnvolle Strategien für die Zukunft entwickeln" (1988, S. 150). Dabei ist verstärkt auf Vorbilder des biologischen Systems zurückzugreifen und sind die Energiegesetze der Natur und der Evolution als praxisgerechte Lösungsvorschläge zu interpretieren. Deren Strukturen, Funktionen und Organisationsformen können als wichtigste Orientierungshilfe dienen. Für die größere Überlebensfähigkeit von Systemen leitet Vester einige allgemeingültige **biokybernetische Grundregeln** ab (Zusammenfassung in Abb. 99, aus 1990, S. 43).

b) Bausteine des ganzheitlichen Problemlösens

Strukturen und Prozesse im Unternehmen sind stark von ihrer Umwelt geprägt und nur aus dieser heraus verständlich, deshalb müssen Schlüsse für die Unternehmung aus dem Erkennen der Mechanismen der Evolution von Gesamtsystemen gezogen werden, d.h., es ist der Blick auf die Dynamik des Geschehens und auf die **Ordnungsmuster** in den Prozessen zu richten. Es werden Fragen gestellt wie: Welches sind die Gemeinsamkeiten solcher Ganzheiten, wie verhalten sich solche Systeme und wie können sie überleben?

Dieses auf das Ganze gerichtete, integrierende Denken bedeutet eine Abkehr vom bisher einseitig praktizierten (linear-)analytischen Denken, das zur Problembewältigung in den heutigen komplexen Situationen offensichtlich nicht mehr ausreicht. Im Zentrum des Interesses stehen beim **ganzheitlichen** Denken Fragen der Anpassungsfähigkeit, Flexibilität, Lernfähigkeit, Evolution, Selbstregelung und Selbstorganisation.

Abb. 100 (aus Gomez/Probst, 1987, S. 16) zeigt in der linken Spalte die „typischen" **Denkfehler** des Problemlösens in komplexen Situationen. Diesem Denkfehler ist durch eine Methodik des ganzheitlichen Problemlösens entgegenzusteuern (siehe rechte Spalte). Die Antwort liegt im **vernetzten Denken**.

Schritte eines zielgerichteten Vorgehens sind (vgl. zum Nachfolgenden ebd., S. 17ff. und Ulrich/Probst, 1988, S. 114ff.) die Bausteine der **ganzheitlichen Problemlösungsmethodik** (die nicht im Sinne eines sequentiellen Durchlaufs zu verstehen sind!):

Erster Schritt: **Zielbestimmung und Problemabgrenzung**

Zum Erkennen der wirklichen Probleme wird die Problemsituation (z.B. Funktion und Zweck des Systems) aus **verschiedenen** Perspektiven mit Hilfe von „Umschreibungen" abgegrenzt, d.h. ein Modell der Situation gebildet, ohne dabei vorschnell eine Sichtweise zu akzeptieren oder auszuschließen.

Zweiter Schritt: **Analyse der Wirkungsverläufe**

Mit Hilfe der Metaplan-Technik wird ein Bild eines Wirkungsgefüges entwickelt. Dies geschieht in Form einer graphischen („Netzwerk") Gestaltung und mit Pfeilen, die die Richtung der Beeinflussung aufzeigen, wobei ein - einen stabilisierenden, ein + einen verstärkenden Kreislauf bezeichnet.

Denkfehler im Umgang mit komplexen Problemsituationen im Management	Die Schritte des ganzheitlichen Problemlösens
1. Denkfehler Probleme sind objektiv gegeben und müssen nur noch klar formuliert werden.	**Abgrenzung des Problems** Die Situation ist aus verschiedenen Blickwinkeln zu definieren und eine Integration zu einer ganzheitlichen Abgrenzung anzustreben.
2. Denkfehler Jedes Problem ist die direkte Konsequenz einer Ursache.	**Ermittlung der Vernetzung** Zwischen den Elementen einer Problemsituation sind die Beziehungen zu erfassen und in ihrer Wirkung zu analysieren.
3. Denkfehler Um eine Situation zu verstehen, genügt eine „Photographie" des Ist-Zustandes.	**Erfassung der Dynamik** Die zeitlichen Aspekte der einzelnen Beziehungen und einer Situation als Ganzem sind zu ermitteln. Gleichzeitig ist die Bedeutung der Beziehungen im Netzwerk zu erfassen.
4. Denkfehler Verhalten ist prognostizierbar, notwendig ist nur eine ausreichende Informationsbasis.	**Interpretation der Verhaltensmöglichkeiten** Künftige Entwicklungspfade sind zu erarbeiten und in ihren Möglichkeiten zu simulieren.
5. Denkfehler Problemsituationen lassen sich „beherrschen", es ist lediglich eine Frage des Aufwandes	**Bestimmung der Lenkunsmöglichkeiten** Die lenkbaren, nichtlenkbaren und zu überwachenden Aspekte einer Situation sind in einem Lenkungsmodell abzubilden.
6. Denkfehler Ein „Macher" kann jede Problemlösung in der Praxis durchsetzen.	**Gestaltung der Lenkungseingriffe** Entsprechend systemischen Regeln sind die Lenkungsbegriffe so zu bestimmen, daß situationsgerecht und mit optimalem Wirkungsgrad eingegriffen werden kann.
7. Denkfehler Mit der Einführung einer Lösung kann das Problem endgültig ad acta gelegt werden.	**Weiterentwicklung der Problemlösung** Veränderungen in einer Situation sind in Form lernfähiger Lösungen vorwegzunehmen.

Abb. 100: Problemlösungsschritte versus Denkfehler

- Jede Wirkungsbeziehung ist auf die Art des Einflusses, gleichgerichtete oder entgegengerichtete Wirkungen, und auf die zeitliche Wirkung zu veranschaulichen (z.B. durch unterschiedlich dicke Pfeile je nach Zeithorizont, die kurz-, mittel- oder langfristige Wirkungen signalisieren).

- Ermittlung der **Intensität** der gegenwärtigen Einflußnahme der beteiligten Größen. Ein wichtiges Instrument dafür ist eine **Einflußmatrix** (Vester hat dafür den Begriff **Papiercomputer** geprägt (vgl. Abb. 101 aus Gomez/Probst, 1991, S. 32; vgl. auch die Beispiele in Vester, 1990; zur Kritik am Papiercomputer siehe Müller, 1996, S. 268f.), mit der sich eine Art **„Cross-Impact-Analyse"** durchführen läßt; Charakterisierung der einzelnen Größen als aktiv, kritisch oder träge.

In einer zweidimensionalen Matrix werden dazu alle Elemente der Problemsituation (hier: zehn zentrale Größen) aufgelistet und mit jeder anderen in Verbindung gesetzt; die Stärke der Verbindung drückt eine Skala von 0 bis 3 (keine/schwache/mittlere/starke Wirkung) aus.

Die Wirkungen (vom linken Element auf die anderen) werden in jeder Zeile festgehalten, die Beeinflussungsintensität des Elements durch die anderen in der Kolonne dargestellt (die Frage lautet also: Wenn ich Variable 1 verändere, wie stark verändert sich dann Variable 2,3, usw. Durch horizontales und vertikales Aufaddieren werden die **Aktiv**summe (AS) und die **Passiv**summe (PS) gebildet und für jede Größe ein Quotient (Q) und ein Produkt (P) aus den beiden Summen gebildet. Dies ermöglicht folgende Beurteilung der „relativen Rolle" der einzelnen Elemente:

- aktive Variable (höchster Q):
  beeinflußt die anderen am stärksten, wird selbst am schwächsten beeinflußt
- passive/reaktive Variable (tiefster Q):
  beeinflußt die anderen am schwächsten, wird selbst am stärksten beeinflußt
- kritische Variable (höchstes P):
  beeinflußt stark, wird selber auch stark beeinflußt
- träge/puffernde Variable (tiefstes P):
  beeinflußt schwach, wird selber schwach beeinflußt

„Obwohl für die Eintragungen in diesen Papiercomputer also nur grobe Schätzungen vorgenommen werden, eröffnet dieser Arbeitsschritt doch ein wichtiges Verständnis: die Einfühlung in die fluktuierenden Zusammenhänge und in das empfindliche Wechselspiel eines Kybernetik-Systems. Die Matrix macht dabei auf einfache Weise die Vernetzung deutlich und erlaubt, ein Wirkungsbild der verschiedenen Kräfte und Gegenkräfte zu zeichnen, aus dem sich herausschält, wo die Stabilisatoren und wo die Schwachpunkte des Systems liegen" (Vester, 1990, S. 37).

Die **Interpretation** des Papiercomputers soll verschiedene **Erkenntnisse** liefern, etwa: Welches ist meine aktive Größe, die alle anderen Größen stark beeinflußt? Diese hat auch die größte Hebelwirkung bei Eingriffen. Welches ist meine passive und träge Größe? Welches ist meine kritische Größe, bei der ein Eingriff Kettenreaktionen im ganzen System auslöst?

Die Interpretation des Beispiels zeigt als aktive Größe die redaktionelle Qualität (und die eigenen Verkaufsanstrengungen); da es alle anderen Größen stark beeinflußt, hat es die größte Hebelwirkung bei Eingriffen. Passive Größe ist die Leserreichweite, sie ist lediglich ein Indikator für den Erfolg des Verlagsgeschäfts. Kritische Größe, bei der ein Eingriff Kettenreaktionen im ganzen System auslöst, ist die Verkaufsauflage. Als träge Größe zeigt sich der Verkaufspreis. Für die spätere Suche nach erfolgversprechenden Eingriffsmöglichkeiten sind diese Wirkungsbestimmungen sehr wichtig.

Aus der Interpretation der Einflußmatrix geht zwar am überzeugendsten die Notwendigkeit des Systemansatzes hervor, aber, so Vester, was zu den einzelnen Komponenten nicht bekannt ist, ist ihr spezielles Zusammenspiel, ihre Rolle im System, ihre Stabilisierungstendenz, ihre Steuerbarkeit, ihre Grenzwerte und Irreversibilitäten. „Eine zweidimensionale Darstellung der Rollenverteilung zwischen den vier ‚Himmelsrichtungen' aktiv, kritisch, reativ, puffernd weist dagegen jeder Komponente eines Systems, schon ohne daß man diese miteinander verbindet, eine gewisse Charaktereigenschaft zu, die sich aus ihrer Position innerhalb dieses Feldes ergibt" (Vester, 1990, S. 39). Abb. 102 (aus ebd.) zeigt die eindimensionale Anordnung der Variablen aufgrund der im Papiercomputer entwickelten Aktiv- und Passiv-Summen).

Von ebenso großer Bedeutung ist die Ermittlung des Zeitverlaufs einer Wirkungsbeziehung (vgl. Abb. 103, aus Gomez/Probst, 1991, S. 31).

Einfluß von \ auf	1	2	3	4	5	6	7	8	9	10	AS
1. Wirtschaftslage	0	1	1	2	1	0	1	0	2	0	8
2. Medienpräferenzen	0	0	3	2	2	2	2	3	2	1	17
3. Volumen Lesermarkt	0	2	0	2	2	2	3	3	2	1	17
4. Volumen Anzeigenmarkt	0	1	2	0	2	2	1	1	3	1	13
5. Stärke der Konkurrenz	0	1	2	2	0	2	3	3	2	3	18
6. Eigene Verkaufs- anstrengungen	0	1	2	2	2	0	3	3	2	0	15
7. Verkaufsauflage	0	1	2	2	2	1	0	3	2	1	14
8. Leserreichweite	0	1	2	2	3	3	2	0	3	1	17
9. Anzeigenaufkommen	0	2	2	3	2	2	1	1	0	1	14
10. Redaktionelle Qualität	0	2	1	1	2	1	3	3	2	0	15
PS	0	12	17	18	18	15	19	20	20	9	

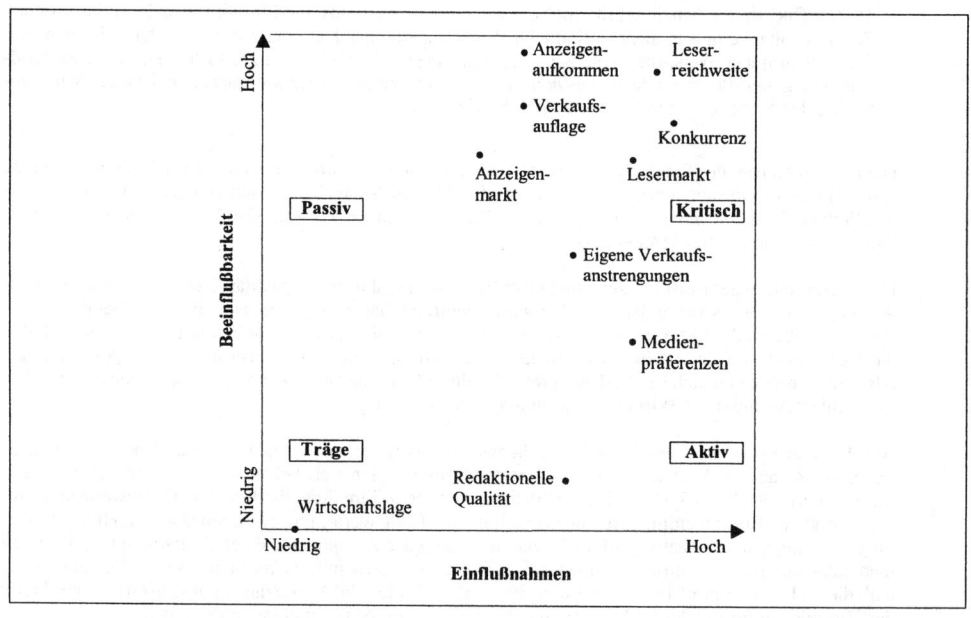

Abb. 101: Einfacher Papiercomputer (Einflußmatrix)

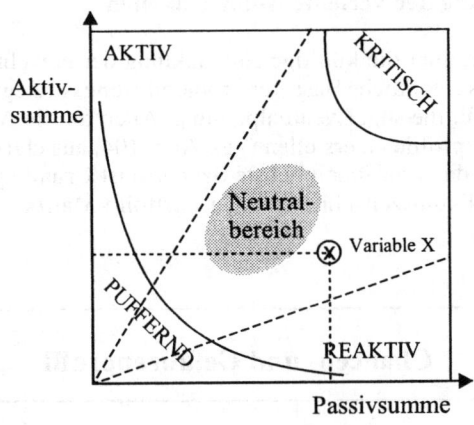

Abb. 102: Die Rolle der Variablen im System

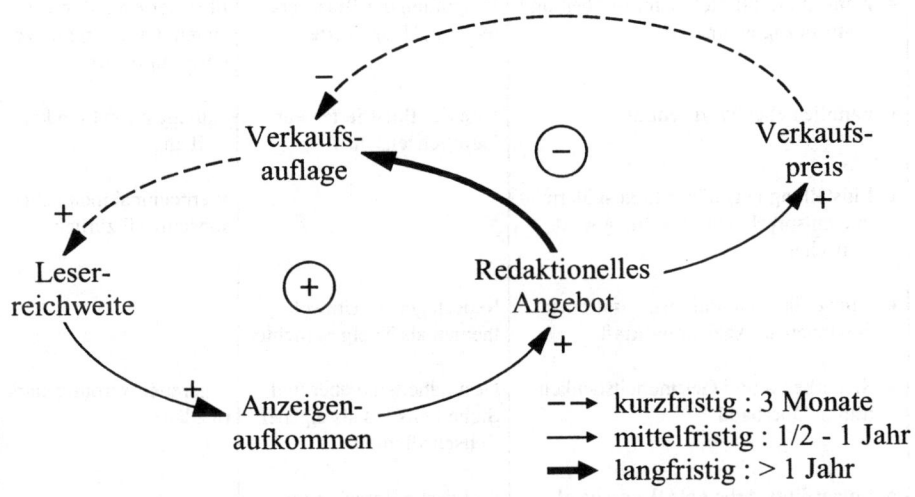

Jahr	1	2	3	4	5
Einflußgröße					
Verkaufspreis	100	105	114	121	121
Redaktionelles Angebot	Neu-konzept				Neu-konzept
Verkaufsauflage	100	97	91	83	79
Leserreichweite	100	94	91	83	76
Anzeigenaufkommen	100	106	109	100	94

Abb. 103: Zeitverhalten im Grundkreislauf der Publikumszeitschrift

Dritter Schritt: **Erfassung der Verhaltensmöglichkeiten**:

Erstellen von Szenarien über die künftige Entwicklung der einzelnen Größen. Das wahrscheinliche Szenario als eigentliche Basis für Problemlösungsstrategien, ein pessimistisches Szenario als Auslöser für die sog. Eventualplanung. Auch für die Alternativszenarien sind Chancen- und Gefahrenprofile zu erstellen (vgl. Abb. 104, aus ebd., S. 34). Das Chancen- und Gefahrenprofil für das wahrscheinlichste Szenario ist Grundlage für eine strategische Positionierung der Publikumszeitschrift in einer Portfolio-Matrix.

Chancen- und Gefahrenprofil		
Umweltentwicklung	**Chancen**	**Gefahren**
Szenario „Neue Werte" (3)		
• Konsumorientiertes Genußstreben und Statusbezug nehmen ab	Umpolung der Illustrierten auf „Neue Werte"	Illustrierte als Repräsentanten dieses Trends verlieren an Boden
• Familienleben wird zentral	Von der Illustrierten zur Familienzeitschrift	Auflage nimmt tendenziell ab
• Einstellung gegenüber Luxusgütern und entsprechender Werbung wird kritischer		Werbeeinnahmen gehen substanziell zurück
• Umweltthemen und -organisationen gewinnen an Anziehungskraft	Reportagen zu Umweltthemen als Titelgeschichten	
• Sicherheits- und Gesundheitsdenken nimmt Überhand	Gesundheitsratgeber und Sicherheitstips als eigener Zeitschriftenteil	Zigarettenwerbung stark rückläufig
• Sinnerfüllte Arbeit als Wunschziel	Praktische Ratgeber für neue Berufe	
• ...		
Alternativszenarien		
• Zunahme der Singles, Autonomie der Frauen (1)	Überproportionale Steigerung der Leserreichweiten durch gezielte Ausrichtung	Spezialzeitschriften gewinnen an Boden
• Technologiegläubigkeit nimmt zu (2)		

Abb. 104: Mögliche Szenarien zum Zeitschriftenverlag

Vierter Schritt: **Abklärung der Lenkungsmöglichkeiten**

- Erfassung der möglichen Lenkungseingriffe in Form eines **Lenkungsmodells** (vgl. Abb. 105), dessen fünf Bausteine sich wie folgt charakterisieren lassen: Indikatoren, Lenkbare Größen, nicht lenkbare Größen, Rückkoppelung und Vorkoppelung.

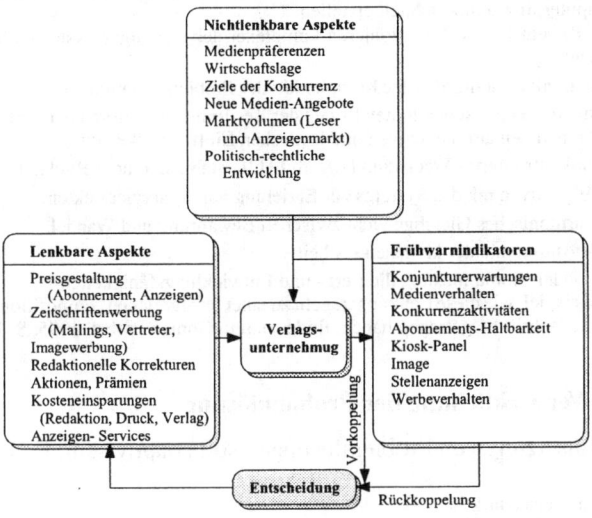

Abb. 105: Lenkungsmodell des Zeitschriftenverlags

- Im Wirkungsgefüge des Fallstudien-Netzwerkes erweisen sich nur wenige Größen als lenkbar; interessant sind Größen, die lenkbar **und** gleichzeitig gemäß Einflußmatrix aktiv und kritisch sind (hier also: Gestaltung der redaktionellen Qualität und Verkaufsorganisation als optimale Eingriffspunkte).
- Aus dem Lenkungsmodell läßt sich ein **Maßnahmenkatalog** für alternative Strategien ableiten (vgl. Abb. 106, aus ebd., S. 37).

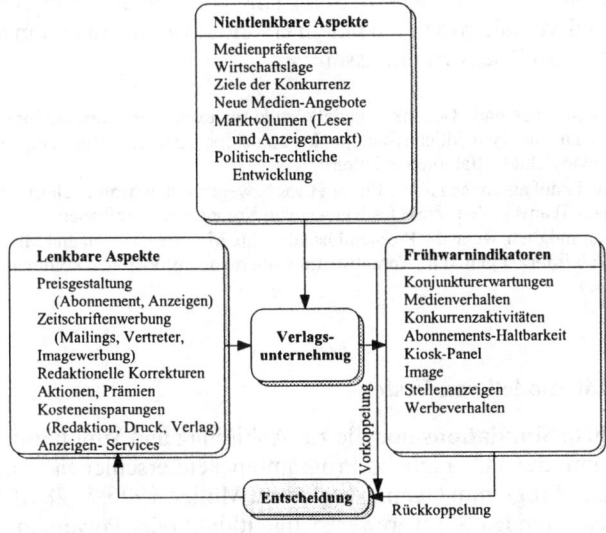

Abb.106: Strategische Alternativen der Publikumszeitschrift

Fünfter Schritt: **Planung von Strategien und Maßnahmen**

- Nachdem im vorigen Schritt festgestellt wurde, **wo** überhaupt Eingriffsmöglichkeiten bestehen, wird nun die Wirksamkeit dieser Maßnahme beurteilt (z.B. ergibt sich eine große Hebelwirkung, wenn der Einflußfaktor gleichzeitig aktives Element und lenkbare Größe ist). Diese **Wirkungsanalysen** als Entscheidungshilfen, für die die Ergebnisse des Papiercomputers zugrunde gelegt werden, lassen sich mit Hilfe entsprechender Computerprogramme schnell erstellen.
- Befolgen der **Regeln** für das Funktionieren komplexer, lebensfähiger Systeme aller Art, die „übersetzt" werden müssen:
  - Passe deine Lenkungseingriffe der Komplexität der Problemsituation an.
  - Berücksichtige die unterschiedlichen Rollen der Bestimmungsfaktoren der Problemsituation (d.h., richte deine Maßnahmen auf die aktiven und kritischen Einflußgrößen aus).
  - Vermeide unkontrolliertes Wachstum (z.B. mit Hilfe stabilisierender Rückkoppelungen).
  - Nutze die Eigendynamik des Systems zur Erzielung von Synergieeffekten.
  - Finde ein harmonisches Gleichgewicht zwischen Bewahrung und Wandel.
  - Fördere die Autonomie der kleinsten Einheit.
  - Erhöhe mit jeder Problemlösung die Lern- und Entwicklungsfähigkeiten
    (ein Praxisbeispiel, wie diese Lenkungsregeln zu einer erfolgreichen Neupositionierung einer Schweizer Publikumszeitschrift beigetragen haben, findet sich in Gomez/Probst, 1995, S. 171f.).

Sechster Schritt: **Verwirklichung der Problemlösung**

Die praktische Umsetzung von Problemlösungen soll adaptiv sein; Frage nach

- Führung durch Zielsetzung
- Entwicklung eines Frühwarnsystems
- Aufbau eines strategischen Controlling (Prämissenüberprüfung, Anpassungen).

Für die Darstellung des vernetzten Denkens anhand von Fallstudien sei auf Gomez/Probst (1987, S. 34ff. und 1995, S. 35ff.) verwiesen; dort finden sich auch für jeden Schritt der Problemlösungsmethodik in Form von Checklisten gehaltene Arbeitsblätter. Zahlreiche **Praxisbeispiele** in Ulrich/Probst (1988) und insbesondere in Probst/Gomez (1991 und 1995).

Inzwischen haben Gomez/Probst die St. Galler Methodik des vernetzten Denkens weiterentwickelt (1995). Gomez/Probst (1995, S. 35ff.) sind der Meinung, daß „vernetztes Denken" in den Aktions- und Verhaltensbereich hinein erweitert werden muß, um alle Aspekte eines ganzheitlichen Problemlösens zu umfassen:

- Es reicht nicht aus, passende Gedankenmodelle zu komplexen Problemsituuationen zu entwickeln (**vernetzt denken**, d.h., unterschiedliche Standpunkte einnehmen, Zweckbestimmung und Systemabgrenzung vornehmen sowie Schlüsselfaktoren ableiten).
- Vielmehr muß darauf aufbauend in der Praxis etwas bewegt werden (**unternehmerisch handeln**, d.h., Anspruchsgruppen-Teams bilden, Ziele festlegen sowie Kompetenzen aufbauen).
- Und dies ist nur möglich, wenn die Problemlösenden ihre Mitarbeiterinnen und Mitarbeiter mitreißen können (**persönlich überzeugen**, d.h., Verantwortung übernehmen, Visionen kommunizieren sowie Schwergewichte setzen).

c) Das Sensitivitätsmodell von Vester

Als rechnergestützte **Simulations**modelle zur Abbildung und Simulierung vernetzten Denkens sind vor allem drei PC-taugliche Programmpakete erschienen (dazu Gomez/Probst, 1995, S. 133f.): Das Programm Gamma (vgl. dazu Müller, 1996, S. 285ff.), die auf dem System Dynamics basierenden Softwarewerkzeuge ithink! oder Powersim und das Sensitivitätsmodell von Vester (vgl. die Fallstudie zum Städtetourismus in der Schweiz mit Anwendung der Software GAMMA bei Schwaninger/Zindel, 1995, S. 9ff.).

Neben der System-Dynamics-Methode von Forrester für die Simulation kontinuierlicher Prozesse, der Soft Systems Methodology von Checkland für den Umgang mit „weichen Problemen" liegt besonders mit dem Sensitivitätsmodell von Prof. Vester, das jetzt auch als Softwarepaket angeboten wird, nun ein **computergestütztes** Planungsinstrument zur Erfassung und Bewertung komplexer Systeme vor. Mit diesem kybernetischen Planungsinstrument wird Komplexität transparent gemacht und können Strategien entworfen werden, die den Systemzusammenhang berücksichtigen (vgl. Vester, 1992; Müller, 1996, S. 283ff.). Durch seine offene Struktur ist das Instrumentarium praktisch unbegrenzt einsetzbar, so für den Tourismus etwa in der strategischen Planung, der Verkehrsplanung oder der Regional- und Umweltplanung. Über eine Umweltverträglichkeitsprüfung (UVP) weit hinausgehend, kann das Instrumentarium – auf der Basis eines biokybernetischen Assessments – auch für die unterschiedlichsten Projekte im Sinne einer Systemverträglichkeitsprüfung (**SVP**) eingesetzt werden.

Der „**Fahrplan**" des Sensitivitätsmodells verläuft wie folgt (nach Vester, 1990, S. 30ff.):

- Beschreibung des Gesamtsystems (Systemgrenzen) und Datensammlung/Variablenbildung
- Zusammenfassung zu einem „Systembild" und heuristisches Wirkungsgefüge des Gesamtmodells
- Aufteilung und Untergliederung der Variablen des Gesamtmodells führen zu Teilmodellen
- Bestimmung des Variablensatzes der Teilmodelle (Systemrelevanz durch Kriterienmatrix)
- Aufbau eines Wirkungsgefüges der Teilmodelle
- Analyse der kybernetischen Rolle der Variablen eines Systems (Papiercomputer als Einflußmatrix)
- Vernetzte Darstellung der Wirkungsflüsse und Regelkreise (Entwicklung von Teilszenarien)
- Überprüfung an den acht biokybernetischen Grundregeln

3. Der Kontext des Management of Change

Dem Mythos der Organisierbarkeit hält Kappler entgegen: „Die einzige Konstante heißt Entwicklung." Kontinuität verlangt Brüche. Mit welchen **Instrumenten** und **Strukturen** kann ein geeigneter Lernkontext zur Bewältigung von Wandel geschaffen und unterstützt werden? Probst (1994, S. 310f.) sieht Möglichkeiten und Instrumente in folgenden vier Bereichen, um organisationales Lernen in Wandelprozessen auszulösen und zu fördern:

- **Strategie**entwicklungsprozesse für den Umgang mit Opportunitäten, die Auseinandersetzung mit langfristigen Zielsetzungen und möglichen Verhaltensweisen (Instrumente: Umweltanalysen, Leitbilder, Entrepreneurkonzepte, strategische Positionierungen, Erarbeiten von Nutzenpotentialen, strategisches Controlling etc.)
- **Kultur**entwicklungsprozesse für eine gemeinsame Konzeptualisierung, die Gestaltung eines kollektiven Wahrnehmungsrasters grundlegender Einstellungen und Werte (Instrumente: Sprachformen, Leitbilder, Image- und Selbstbildanalysen etc.)
- **Personal**entwicklungsprozesse zur Förderung der individuellen und interpersonellen Fähigkeit zu lernen (Instrumente: Coaching, Mentoring, Lernpartnerschaften, Teamarbeit etc.)
- **Struktur**entwicklungsprozesse zur Gestaltung der Ordnungsmuster, die Handlungsmöglichkeiten erlauben, beschränken oder fördern (Instrumente: temporäre, netzartige Strukturen, flache Hierarchien, Reduzierung von Arbeitsteilung, Teamorganisation, Projektorganisation etc.). Anforderungen an lernfreundliche Unternehmensstrukturen sind: Autonomie (Freiräume, autonome Teilsysteme etc.), Heterarchie (fluktuierende hierarchische Beziehungen) und Flexibilität (im einzelnen ebd., S. 311ff.).

Für Bullinger/Friedrich (vgl. 1995, S. 21) ist die bewußte Gestaltung des Wandels unter kurz-, mittel- und langfristigen Aspekten auf drei **Ebenen** durchzuführen:

- auf der Prozeßebene
- auf der Mitarbeiterebene
- auf der Unternehmens- und Strategieebene.

Die **Kernaufgaben** des Management of Change (von der zukünftigen Kundenlösung bis zum Betreiben der neuen Organisation) zeigt Abb. 107 (aus ebd., S. 22).

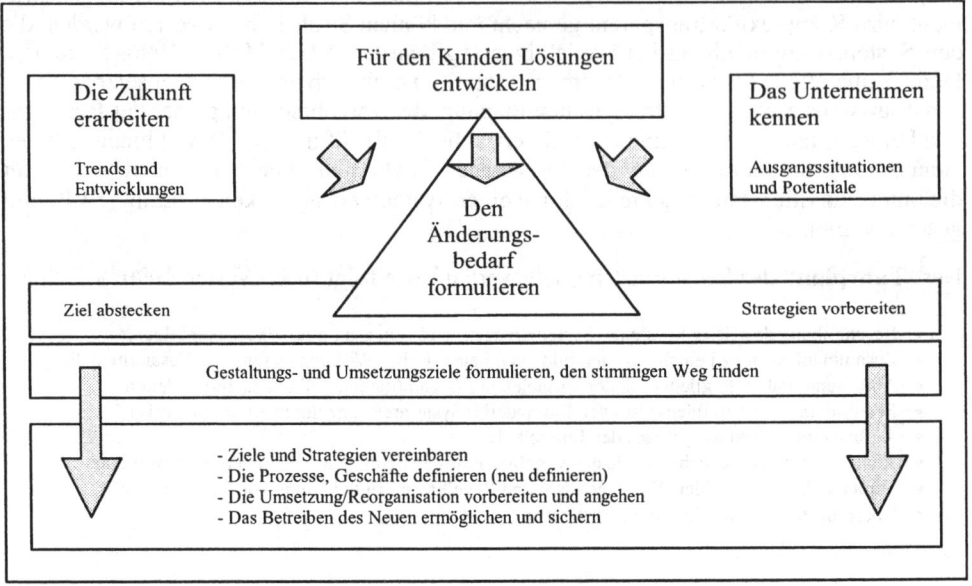

Abb. 107: Kernaufgaben des Management of Change

Für Kirsch/Müller-Stewens (1995, S. 2.1) lauten die zentralen Fragen für das Strategische Management zur Bewältigung des Wandels:

- Wie soll unser Unternehmen in der Zukunft aussehen?
  (Fragen nach Vision, Mission etc.)
- Mit welchen Strategien gelangen wir dorthin?
  (Fragen nach strategischer Ausrichtung des Gesamtunternehmens, Geschäftsfeldstrategien etc.)
- Wie schaffen wir eine systematische Auseinandersetzung mit unserer Zukunft und den dazu notwendigen Strategien?
  (Fragen nach strategischer Mobilisierung der Hauptleistungsträger/Gesamtorganisation, organisatorischer Anpassung etc.).

Für die vorbehaltlose Neuformulierung der Geschäfte hat sich (nach Bullinger/Friedrich) in Wandlungsprojekten der **„Grüne-Wiese-Ansatz"** als tragbare Basis erwiesen, da nur eine unvorbelastete Ausgestaltung einer „Soll-Organisation" auf einer übergeordneten Prozeß-ebene, die neue Formen der Prozeßabwicklung und Aufgabenerledigung andenkt, den Quantensprung realisieren hilft. Eine Durchführung auf Ebene der Arbeitsschritte und Prozeß-Einzelentscheidungen birgt die Gefahr, in alten Gleisen zu bleiben. Den Rahmen zur inhaltlichen Ausgestaltung der „Grünen Wiese" zeigt Abb. 108 (aus ebd., S. 23)

Eine zukunftsbezogene Ausrichtung des Unternehmens hat für Bullinger/Friedrich neben den Antworten auf die in Abb. 109 (aus ebd., S. 24) genannten Fragestellungen auch eine Antwort auf strategische Grundfragen zu geben (vgl. Abb. 110, aus ebd., S. 25), die in Wandlungsprozessen oft unzureichend formuliert und innerbetrieblich schlecht kommuniziert werden.

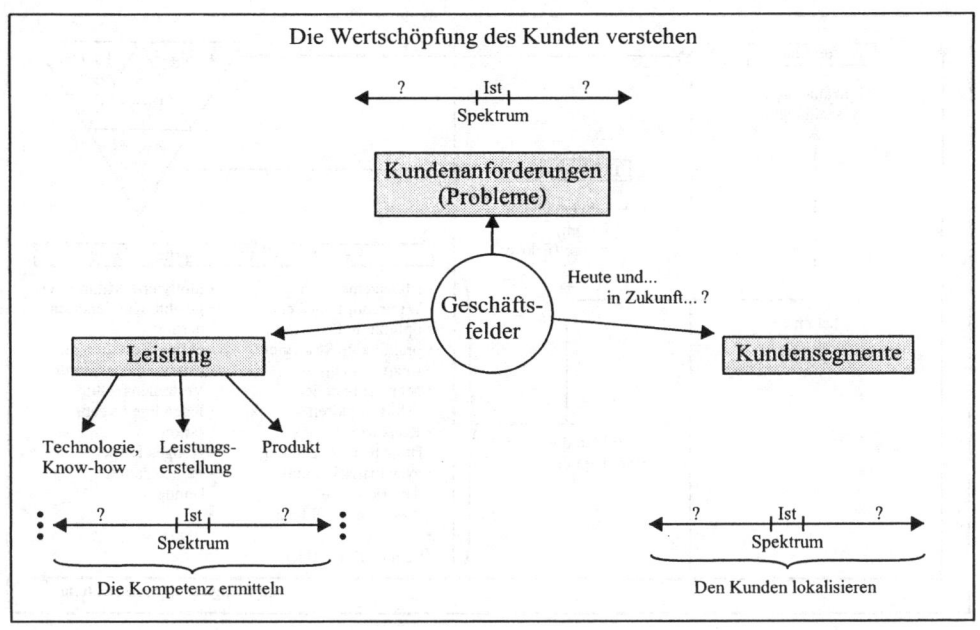

Abb. 108: Geschäftsfeldsystematik als inhaltlicher Gestaltungsrahmen des „Grüne-Wiese-Ansatzes"
im Reengineering

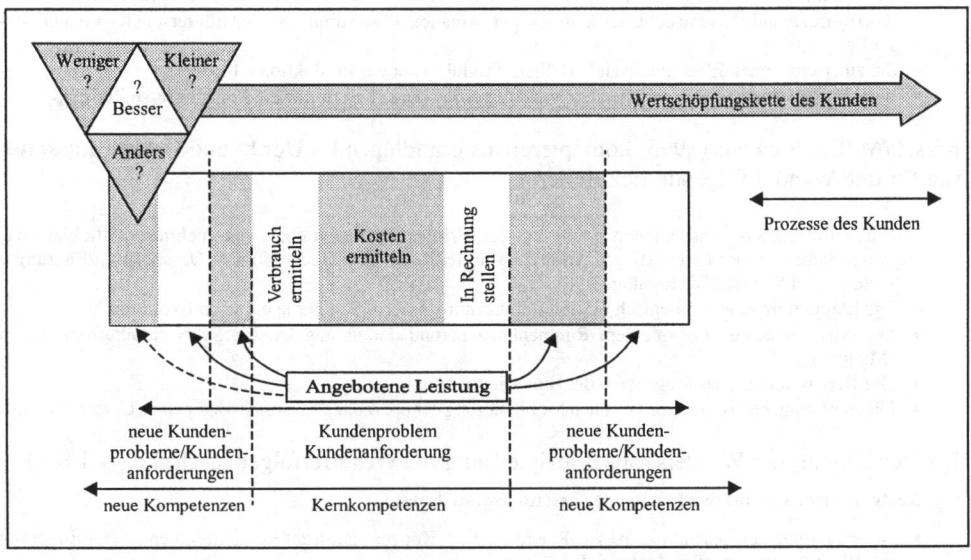

Abb. 109: Systematisches Hinterfragen der angebotenen Leistung – sich an der Kundenwertschöpfung
orientieren

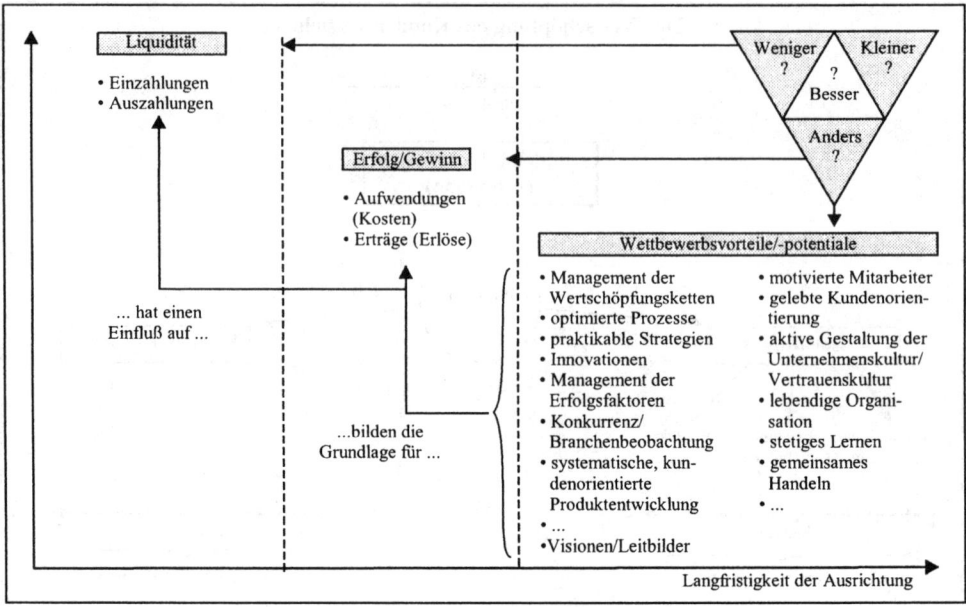

Abb. 110: Von Wettbewerbsvorteilen zum operativen Erfolg – das Reengineering ist gefordert

Zu oft orientiert man sich an Prozessen und kurzfristigen Erfolgsgrößen. **Strategische Grundfragen** sind (nach ebd., S. 25):

- das zukünftige Handlungsportfolio (welche Märkte/Kunden, welche Produkte – weniger/mehr?),
- das zu erreichende Niveau der Unternehmensperformance (Flexibilität, Qualitätsführerschaft – kleiner/besser?),
- die zu erreichenden Effektivitätsziele (höhere Produktivität der Produktion – besser?),
- die Art und Weise, wie Geschäfte abgewickelt werden (neue Regeln für die Leistungserstellung?).

Kirsch/Müller-Stewens (1995) konzipieren als grundlegendes **Denk-** und **Handlungsschema** für den Wandel folgende Eckpfeiler:

- Eine ausdrückliche Auseinandersetzung mit den Erfolgspotentialen eines Unternehmens (Blick auf das Wesentliche aus vier Perspektiven: Produkte/Märkte, Ressourcen/Technologien, Organisation/Führungssysteme und Standort/Verfassung)
- Die Etablierung eines strategisch orientierten Lernprozesses i. S. einer „geplanten Evolution"
- Die Auseinandersetzung mit dem Rahmenkonzept und daraus abgeleiteten Schwerpunktprogrammen (Misfits?)
- Die Herausstellung der Frage nach der Sinnorientierung
- Die Forderung nach einer strategischen Mobilisierung der operativen Leistungsträger eines Unternehmens

Die Bewältigung des Wandels kann prinzipiell auf **zwei Wegen** erfolgen (nach ebd., S. 1.8ff.):

(1) **Restrukturierung auf der Inputseite (Leistungserstellung)**

- Neugestaltung der Geschäftsprozesse: Reengineering, Konzentration auf Kernaktivitäten und Optimierung der Wertschöpfungstiefe („Make or Buy")
- Lieferantenmanagement: Konzentration und Global Sourcing
- Einführung neuer Logistikkonzeptionen
- Optimierung von Produktprogramm und -gestaltung (enges vs. breites Leistungsangebot/standardisierte vs. individuelle Problemlösung)

- Verbesserung der operativen Effizienz: „schlanke Operationen"
- Organisatorische Ausrichtung an und multiplikativer Einsatz von Kernkompetenzen
- Kooperationen: Nutzung von Synergieeffekten
- Baukastenprinzip in der Produktion

(2) **Wachstum auf der Outputseite (Leistungsverwertung)**

- Neuausrichtung der Marktstrategie: Kostenführerschaft vs. Differenzierung
- Ausbau und Aufbau von Kerngeschäften: Multiplikation von Kernkompetenzen
- Potentialausschöpfung in bestehenden Märkten und Ausbau internationaler bzw. globaler Anteile: Marktentwicklung und Marktpenetration
- Erhöhung der Wettbewerbsfähigkeit durch innovative Produkte: Multiplikation bestehender Erfolgskonzepte vs. innovativer Vorsprung
- Aufbau neuer Ertragspotentiale im Service- und Dienstleistungsbereich

> „Ist man sich im Unternehmen einmal über die eigenen Kernkompetenzen im klaren, dann sollten diese Fähigkeiten immer wieder in Produkt-Markt-Kombinationen umgesetzt und damit neue Ertragspotentiale geschaffen werden. Im Vordergrund steht die innovative Multiplikation von Kernkompetenzen und deren Verwertung in ‚neuen‘ Märkten" (ebd., S. 1.10).

V. Das Management kritischer Erfolgsfaktoren

Betriebliche Planungssysteme (siehe vierter Teil) orientieren sich an den grundlegenden Erfolgsursachen, den sog. Erfolgsfaktoren. Die Ausgestaltung weniger Variablen bestimmt den langfristigen Erfolg von einzelnen Geschäften oder ganzer Unternehmen – damit bildet die Kenntnis dieser strategischen Erfolgsfaktoren die **Voraussetzung** für den langfristigen Erfolg und ihre **Identifikation** stellt ein zentrales Anliegen der Unternehmenspraxis dar (vgl. Grünig/Heckner/Zeus, 1996, S. 3).

Zahlreiche Studien versuchten die **Erfolgsfaktoren** für unternehmerische Spitzenleistungen am Markt herauszufinden (stellvertretend sei auf die empirische Studie von Adamer/Hinterhuber/Kaindl, 1993, bei 409 Unternehmen des deutschsprachigen Raumes verwiesen), d.h., zu erklären, **welche** Bedingungen/Variablen etc. eine signifikante Wirkung auf den Erfolg haben, um daraus „Grundsätze für erfolgreiche Unternehmensführung" quasi als Handlungsempfehlungen geben zu können. In den letzten Jahren ist, primär ausgelöst vom Erfolg des Buches von Peters/Waterman, die das formale Konzept kritischer Erfolgsfaktoren um sog. „weiche" S-Faktoren erweiterten (vgl. 1984, S. 30ff.), in einer großen Anzahl von Veröffentlichungen versucht worden, diejenigen Einflußgrößen und Bedingungen zu identifizieren, die für den Erfolg bzw. Mißerfolg einer Unternehmung maßgeblich verantwortlich zeichnen (**„critical success factors"**). Die Bandbreite, der in der Literatur genannten kritischen Faktoren ist groß: Sie umfaßt weiche Faktoren, wie die Lernfähigkeit oder Reaktionsfähigkeit einer Organisation, bzw. harte Faktoren wie Simultaneous Engineering oder Entwicklungsproduktivität.

Diese Faktoren sind ähnlich dem Begriff der **strategischen Erfolgsfaktoren**. Diese Faktoren sind aber für den Aufbau und die Sicherung der skizzierten „Erfolgspotentiale" und damit für **zukünftige** Erfolge Voraussetzung bzw. verantwortlich. Sie zeichnen damit die „Aktionsfelder" der Unternehmensstrategien vor.

Strategische Erfolgsfaktoren
„... stellen eine begrenzte Anzahl an Determinanten dar, die aus dem strategischen Zielsystem deduziert werden und maßgeblich den Erfolg eines Unternehmens bestimmen." (Hornung/Mayer, 199p, S. 392)
„Während ein strategischer Erfolgsfaktor eine Dimension bezeichnet, auf der die Anbieter den Wettbewerb führen, wird mit dem Erfolgspotential die Ausprägung bezeichnet, die ein einzelner Konkurrent hat. Erfolgsfaktoren sind somit für alle Anbieter gültig, während ein bestimmtes Erfolgspotential jeweils für einen Konkurrenten gilt."
(Grünig/Heckner/Zeus, 1996, S. 5)

Zur **Identifikation** strategischer Erfolgsfaktoren skizzieren Grünig/Heckner/Zeus (1996, S. 6ff.) folgende Klassifizierung von **Methoden**:

- **Direkte** Ermittlung (d.h., es wird direkt nach den als erfolgsrelevant erachteten Größen gefragt): sowohl in Forschungs- (z.B. Expertenbefragung) als auch in Entscheidungssituationen (z.B. Mitarbeiter-/Kundenbefragung) möglich.
- **Indirekte** Ermittlung (d.h., es werden Variablen über ihre Beziehungen zu Erfolgsindikatoren als Erfolgsfaktoren erkannt): vor allem empirische Erfolgsfaktoren-Studien, quantitative Studien wie z.B. das PIMS Programm oder qualitative Studien wie die von Peters/Waterman mit den acht „weichen" Erfolgsursachen.

Zur Beschränkung auf das Wesentliche empfiehlt sich zur Gestaltung der Planungssysteme die **Auswahl** einer überschaubaren Anzahl von Erfolgsfaktoren, deren Erfolgswirkung sehr intensiv (d.h. sowohl stark als auch dynamisch) ist, der sog. kritischen Erfolgsfaktoren (vgl. Steinle/Schmidt/Lawa, 1995, S. 311). Stellvertretend für die zahlreichen **Systematisierungsversuche** kritischer Erfolgsfaktoren sei das Konzept von Rehkugler (vgl. 1989, S. 627ff.) genannt. Danach wirken vier Gruppen von Faktoren direkt oder indirekt auf den Unternehmenserfolg:

- Eigenschaften
  - auf der Faktorebene (z.B. hohe Qualifikation/Motivation von Mitarbeitern und Management)
  - auf der Unternehmensebene (z.B. eine positive Unternehmenskultur, Service und Dienstleistung, jede Fähigkeit zur Schaffung einer strategischen Singularitätsposition)
- Instrumente (z.B. PK-Systeme)
- Strukturgrößen (z.B. Branche, Unternehmensgröße, Rechtsform, Eigentümerstruktur, Alter)
- Betriebliches Umfeld (z.B. wirtschaftliche Entwicklung, Steuer-, Rechtssystem)

Pümpin propagiert die Konzentration der Kräfte im Rahmen eines Managements strategischer Erfolgspositionen (**SEP-Konzept**). Diese Positionen, die längerfristig überdurchschnittliche Ergebnisse erlauben, können in jedem unternehmerischen Bereich erzielt werden (Beispiele: IBM Kundenservice, RR Image und Qualität, 3M Innovationsfähigkeit). Um sich gegenüber der Konkurrenz abzuheben, unterscheidet Pümpin (1989):

- **externe** Nutzenpotentiale (z.B. Markt-, Finanzierungs-, Informations-, Beschaffungs-, externe Human-, Übernahme-, Joint-Venture-, Gesetzespotentiale),
- **interne** Nutzenpotentiale (z.B. Kostensenkungs-, Know-how-, Synergie-, organisatorische-, interne Human-, Bilanzpotentiale).

Waren „traditionelle" Gedanken zur Wettbewerbsfähigkeit auf Einzelgeschäfte (Produkte, Services, SGEs u.a.) gerichtet, ist im Rahmen der Mergers & Acquisitions-Welle in den anglo-amerikanischen Ländern die Notwendigkeit der Entwicklung einer **wertorientierten** (**„value-based"**) **Strategieplanung** deutlich geworden, da auch „Unternehmensleitungen" in einem „Markt für Verfügungsrechte an Unternehmen" miteinander konkurrieren (vgl. Henzler, 1988, S. 1295ff. und unsere Ausführungen zum Shareholder-Value-Konzept).

Nachfolgende Erfolgsfaktoren werden separat behandelt, andere kritische Faktoren, wie etwa die **Kunden-** oder **Mitarbeiterorientierung** werden wegen ihres Querschnittcharakters in den einzelnen Restrukturierungskonzepten näher erläutert.

1. Strategiefaktor Flexibilität

Wir haben zu Beginn dieses Teils Megatrends und die einmalige Turbulenzepoche der nächsten Jahrzehnte aufgezeigt. Dies erfordert (nach Wüthrich, 1991, S. 161) vom Management Fähigkeiten der aktiven und reaktiven Handlung in einem bisher nicht gekannten Ausmaß.

Demnach stellt die **dynamische Aktionsflexibilität** das wichtigste Managementproblem der Zukunft dar. Sie läßt sich unterteilen in:

- Verhaltensflexibilität (Unternehmenskultur mit hoher Veränderungssensibilität und -bereitschaft)
- Handlungsflexibilität (Wahrung strategischer Handlungsspielräume)
- Prozeßflexibilität (Beschleunigung der Geschwindigkeit aller Transformationsprozesse)
- System- und Strukturflexibilität (Schaffen von Voraussetzungen für die individuelle und unternehmerische Anpassungsbereitschaft)

REFA definiert Flexibilität als die Fähigkeit eines Systems, „innerhalb einer bestimmten Zeit für bestimmte Aufgaben einsatzbereit zu sein. Je größer die Verschiedenartigkeit dieser Aufgaben und je geringer der Umstellungsaufwand (Zeit und Kosten) bei Aufgabenwechsel sind, um so höher ist die Flexibilität". Für Meffert (1985, S. 122) beinhaltet die organisationale Flexibilität „alle zukunftsgerichteten Überlegungen der langfristigen Schaffung und Sicherung von **Handlungsspielräumen** zur Begegnung von Risiken und Sicherung von Chancen", d.h. die „Erhaltung von Handlungsautonomie" (Hauschildt/Leker, 1990, S. 963). Klimecki/Probst/Gmür (1993, S. 6) skizzieren Handlungsspielräume als die „Freiheitsgrade unternehmerischer Tätigkeit":

„Verändert sich das Umfeld laufend, sind bestehende Spielräume stets gefährdet: Chancen und Gefahren tauchen plötzlich auf und können ebensoschnell wieder verschwinden. Die Position einer Unternehmung verändert sich dadurch andauernd – und möglicherweise zum Nachteil –, wenn es nicht immer wieder gelingt, die eigenen Stärken und Schwächen optimal auf die neuen sowie auf die zukünftig zu erwartenden Bedingungen auszurichten und sich damit Spielräume in der Gegenwart wie auch für die Zukunft zu erhalten. Für die Unternehmung wie für ihre einzelne Funktionsbereiche erfordert dies Beweglichkeit oder, um das entsprechende Fremdwort zu gebrauchen, Flexibilität. Sie zu gewährleisten, das heißt, sie zu schaffen beziehungsweise zu erhalten, ist die Aufgabe des Flexibilisierungsmanagements."

„**Flexibilität** ist die Fähigkeit einer Unternehmung, erforderliche Veränderungen zu realisieren, stabile Strukturen und Routinen aufzubrechen – trotz einer ,natürlichen' Tendenz zur Stabilisierung und Routinisierung. **Flexibilisierungsmanagement** ist demzufolge die Gesamtheit aller Maßnahmen zur Schaffung und Erhaltung von Flexibilitätspotentialen sowie ihr Einsatz zum richtigen Zeitpunkt und an der richtigen Stelle unter Verfolgung bestimmter Prinzipien" (ebd., S. 24).

Die Forderung nach Flexibilität bezieht sich sowohl auf die Unternehmenung als Ganzes als auch auf seine einzelnen Teilbereiche (z.B. autonome Einheiten, Funktionsbereiche, Arbeitsgruppen, Mitarbeiter). Die Maßnahmen, die zur Erreichung der Flexibilitätsziele notwendig sind, systematisiert Fischer (1993, S. 60) wie folgt:

- Gestaltung der organisatorischen Strukturen (z.B. Dezentralisation); so führt die Externalisierung innerhalb strategischer Netzwerke u. ä. zwar einerseits zu einer Aufgabe eines Teils der Handlungsautonomie, andererseits gewinnt man „strategische Flexibilität" (vgl. Sydow, 1992, S. 110); vgl. dazu auch unsere Ausführungen im zweiten Teil

- Vollzug der Planungs- und Entscheidungssysteme

- Ausführung der operativen Prozesse (Produktionsflexibilität)
  - **Prozeß**flexibilität: Fähigkeit eines Produktionssystems, innerhalb eines bestehenden Produktprogramms variierende Kundenwünsche zu erfüllen
  - **Produkt**flexibiltät: Fähigkeit, auf eingegangene Kundenanfragen ggf. mit einem geänderten oder neuen Produktionsprogrammm zu reagieren

Dafür sind drei Gestaltungsdimensionen mit unterschiedlichen Einzelkriterien zu unterscheiden: quantitative (Erweiterungs-, Kompensations- und Speicherfähigkeit), qualitative (Umrüstfähigkeit, Fertigungsredundanz, Umbaufähigkeit) und zeitliche (Durchlauffreizügigkeit, automatisierte Umsetzungsprozesse) Flexibilität.

Klimecki/Probst/Gmür (1993, S. 25ff.) unterscheiden eine

- Flexibilität **erster** Ordnung (Aufrechterhaltung der Handlungsfähigkeit, d.h. die Fähigkeit, unter gegebenen Bedingungen vorübergehende Anpassungen vorzunehmen)
- Flexibilität **zweiter** Ordnung (Entwicklungsfähigkeit, d.h. die Fähigkeit, aufgrund von notwendigen Anpassungen Erfahrungen zu sammeln und dadurch einen Entwicklungsschritt zu machen).

Das Flexibilisierungsmanagement umfaßt fünf **Handlungsfelder**, in denen bestimmte **Instrumente** einsetzbar sind (dazu ebd., S. 47ff.):

- Kultur (flexibles Kulturmanagement, Flexibilisierungsleitbilder)
- Organisation (flexible Makroorganisation, flexible Koppelungsbeziehungen – „loos coupling" –, flexible Arbeitsorganisation)
- Menschen (Job-Rotation, Arbeitszeitflexibilisierung, Breitbandqualifikationen, flexible Anreizsysteme)
- Ressourcen/Arbeitsmittel (flexible Ressourcenbeschaffung und -verteilung, flexible technische Arbeitssysteme, flexible technische Arbeitsmittel)
- Umfeldbeziehungen (flexible Marktstrategien, flexible Interessenausgleichsstrategien, flexible Funktionsbereichskontakte, flexible Personalumfeldgestaltung)

2. Strategiefaktor Zeit

„Der Faktor Zeit tritt bei einer kundennahen Marktbedienung gleichbedeutend neben die Wettbewerbsparameter Kosten und Qualität. Er ist eine Schlüsselgröße für die Gewinnung von Marktanteilen, die Kapitalbindung in der logistischen Kette, die Geschwindigkeit und Flexibilität bei der Umsetzung von Kundenwünschen in marktfähige Produkte, die Kundenbelieferung sowie für die Wirtschaftlichkeit und Rentabilität einer Unternehmung" (Wildemann, 1990, S. 26).

Die Bedeutung der Reaktions- bzw. Umsetzungsgeschwindigkeit zeigt sich in Begriffen wie „Time Based Competition", „strategisches Timing" oder „Speed Management" (vgl. aber auch unsere Ausführungen unter B. Früherkennungssysteme in diesem Teil, wo die „Zeitknappheit" bereits ein Problem ist). Der Zeitfaktor gewinnt insbesondere unter strategischer Dimension (z.B. Markteintrittsfrage: First- oder Follower-Strategien?) an Bedeutung (vgl. Knyphausen, 1993 b). Wenn sich, wie eine F&E-Untersuchung (1991) des Fraunhofer-Instituts für Arbeitswissenschaft und Organisation ergab, die für den Produkterfolg verantwortlichen **Zeiten**, wie Produktlebenszeit, Entwicklungszeiten und Amortisationszeit, in den meisten Branchen in den letzten Jahren stark aufeinander zubewegten, leitet sich daraus zwangsläufig eine **Verkürzung** der Gewinnzone ab.

Die zentrale Bedeutung etwa der Verkürzung der Entwicklungszeiten zeigt folgendes Beispiel der Rahmenbedingungen für die Entwicklung eines Medikamentes bei Hoffmann-La Roche (aus Gomez/Probst, 1995, S. 273):

- Lange Entwicklungszeit, in der Regel 5 - 10 Jahre
- Hohe Kosten des Entwicklungsprozesses (Durchschnitt 250 Mio. US$)
- Verzögerungen produzieren hohe Verluste (pro Tag Verzögerung ist durchschnittlich mit 1 Mio. Umsatzverlust zu rechnen; dies gilt für die Branche im Allgemeinen)

Simon (vgl.1989, S. 71f.) sieht die Bedeutung der Zeit im Rahmen der Wettbewerbsstrategie unter drei Aspekten:

- der **Geschwindigkeitsaspekt**
(Produktlebenszyklus, Patentlaufzeiten, Marktausschöpfungsdauer etc.)
- der Aspekt des **richtigen** Zeitpunktes
(Markteinführung, Akquisitionen etc.)
- Zeit als **Wettbewerbsvorteil**
(bestimmte Bestandsgrößen wie Goodwill, Kultur sind nur durch zeitverbrauchende Prozesse zu bilden)

Der Faktor Zeit (insbesondere im strategischen Technologiemanagement) wird zunehmend in seiner Bedeutung als **Quelle** für das Erringen von Wettbewerbsvorteilen gesehen (vgl. Fischer, 1994, S. 67ff.; Becker, 1993, S. 334; Gomez, 1996, S. 22f.; Fallbeispiele in Kröger, 1995, S. 58f. und Banaschek, 1995, S. 16ff.). Der Wettbewerb ist größtenteils zu einem Zeitwettbewerb geworden: Zeitvorteil = Wettbewerbsvorteil = Gewinnvorteil. Man spricht von einem **„Response-Wettbewerb"**, d.h. einem Wettbewerb der Schnelligkeit der Reaktion auf Anforderungen aller Art.

„Sei schnell oder der Letzte." (Meyer, 1994, S. 21)

„Im globalen Wettbewerb fressen nicht die Großen die Kleinen, sondern die Schnellen die Langsamen." (Die Zeit, 15.12.1995)

Im zunehmenden **Zeitwettbewerb** zeigen sich zudem folgende Entwicklungen:

- Der **Erstanbieter** einer neuen Marktleistung gibt sein „Erfahrungskurvenpotential" sofort im **Preis weiter** (vgl. auch unsere Ausführungen zur Erfahrungskurve). Der Hochpreisschirm wird verkürzt, das Gewinnpotential für den Follower drastisch verringert. Es steigt das Risiko, daß der verbleibende Lebenszyklusrest nicht ausreicht, dem Follower eine angemessene Rendite zu sichern.
- Der **„richtigen" Erfassung** der zukünftigen Wachstumsrate kommt große Bedeutung zu (zu kleine/zu große Kapazitäten etc.). Bei fehlerhafter Schätzung bleibt in Industrien mit kurzen Lebenszyklen kaum noch Zeit zur Korrektur (vgl. Maringer, 1991).
- **Offensive** Verkürzung der Produktlebensdauer durch die verbleibenden Wettbewerber (oft nicht wegen technischer oder funktionaler Obsoleszenz, sondern höheren Kundennutzens).
- Durch kürzere Produktlebenszyklen, d.h. kürzere Zeitdauer zwischen Produkteinführung und technischer Veraltung, und damit abnehmender Wettbewerbsfähigkeit Zwang zu immer stärker ausgeprägtem **Real-Time-Management** (Beschleunigung von Produktentwicklungszeiten, parallele Schrittfolgen etc.).

„Die durchschnittliche Produktentwicklungszeit liegt um ca. 60% bis 80% über der durchschnittlichen Produktlebenszeit. Das heißt, es muß damit begonnen werden, ein neues Produkt zu entwickeln, wenn dessen Vorgänger noch gar nicht auf dem Markt ist" (Metzger/Gründler, 1994, S. 139).

Größtes Handlungspotential zur Verkürzung wird vor allem im **Produktentwicklungs-** und **einführungsprozeß** gesehen: durch Vermeidung von Änderungsaufwand, frühe Einbindung aller Abteilungen, effektives Projektmanagement, Parallelisierung und Bereichs-/Funktionsübergreifung bei der Produkt- und Produktionsmittelentwicklung etc. (= „Simultaneous Engineering"/„Concurrent Engineering" als Integrationskonzept). Simultaneous Engineering ist „zum einen die gleichzeitige und gemeinsame bewußte und zielgerichtete Lenkung und Beeinflussung von Menschen und zum zweiten die gleichzeitige und gemeinsame geschickte und kunstgerechte Handhabung des Ingenieurwesens" (Metzger/Gründler, 1994, S. 141). Es wird versucht, im Entwicklungsprozeß sowohl die Entscheidungsobjekte (Produkt, -eigenschaften, angewandte Techniken) als auch die betreffenden Operationen (Produktionsverfahren, Planungsinstrumente) parallel unter Einbezug von Konstrukteuren, Fertigungsplanern und Ingenieuren zu detaillieren. Eine Reduzierung der Entwicklungszeiten in der Produktentwicklung ist als ganzheitliches Problem zu sehen (vgl. Fischer, 1994, S. 68ff.; Hinterhuber/Aichner/Lobenwein, 1994, S. 175ff.; Eversheim u.a., 1995; Beitz, 1995; Fanger/Lacey, 1994 mit einer Befragung zu Erfahrungen mit Simultaneous Engineering in Pilotprojekten). Der Begriff betont zwar die parallele Abwicklung von entscheidenden Entwicklungsphasen (meist Produkt- und Prozeßentwicklung), die praktische Erfahrung zeigt allerdings, daß Parallelisierung „bei weitem nicht genügt, kurze Time-to-Market zu erreichen.

Fünf Ansatzpunkte haben sich als zentral erwiesen und werden deshalb zu wichtigen **Bestandteilen** des **Simultaneous Engineering**:

- Intensives Management der Vorprojektphase.
- Bewußte Parallelisierung von Aktivitäten auf dem zeitkritischen Pfad.
- Teamarbeit mit hoher Redundanz.
- Frühe Zusammenarbeit mit wenigen ausgewählten Lieferanten.
- Professionelles Projektmanagement." (Boutellier, 1998, S. 180)

Die Bedeutung des F& E-Bereichs für den Produkterfolg zeigt auch die bekannte Tatsache, daß ca. 70 bis 80% der **Produktlebenszykluskosten** bereits in der Designphase durch die Produktentwicklung **festgelegt** werden, d.h., daß dann jede nachträgliche Änderung in der Produktkonzeption in der Fertigungsphase zu stark erhöhtem späteren Kostenaufwand führt (dazu auch achter Teil). Neben einer kurzen Entwicklungszeit sind ein frühzeitiger Markteintritt („**Time to Market**") und ein hoher Innovationsgrad entscheidend für die Wettbewerbsfähigkeit eines Produktes.

„Es gilt folgende Regel: Der Wettbewerber, der beständig, zuverlässig und mit Gewinn als Erster den Kunden den größten Nutzen liefert, gewinnt. Weitere Regeln gibt es nicht" (Meyer, 1994, S. 22).

3. Strategiefaktor Qualität

a) Qualität als Erfüllung von Kundenbedürfnissen

In enger Verbindung zur Zeitdimension tritt eine zusätzliche strategische Schlüsseldimension: die Qualität (zum Erfolgsfaktor Qualität siehe auch unsere Ausführungen zur PIMS-Studie in diesem Teil). „Qualität" ist dabei kein „absoluter" Wert, sondern bezieht sich auf die Erfordernisse des **Kunden**: Welche Ansprüche stellt er an das Produkt? Welchen Zweck hat es für ihn zu erfüllen und welchen Preis ist er willens dafür zu bezahlen? Neben der Produktqualität tritt die **Prozeß**qualität und zunehmend auch eine **Umwelt**qualität (siehe dazu achter Teil).

Der klassische Qualitätsbegriff greift zu eng. Die aus Kundensicht zu definierende Produktqualität ist für Töpfer (1992, S. 12ff.) durch eine Service- und Kontakt-/Kommunikationsqualität zu ergänzen. Ist die Qualität ersten Grades auf die Erfüllung objektiver technischer Anforderungen bezogen, erstreckt sich die Qualität zweiten Grades auch auf den Qualitätsbeitrag der der Produktion vor- und nachgelagerten Wertschöpfungsphasen, d.h., sie bezieht sich auf alle Maßnahmen, die Bedürfnisse der Kunden umfassend befriedigen (vgl. ebd., S. 13); dazu später mehr unter dem Punkt **Total Quality Management**.

Der in der Betriebswirtschaftslehre traditionelle Qualitätsansatz konzentrierte sich auf das Ergebnis, d.h. auf die (**ex post**) Endkontrolle des fertigen Produktes zu einem definierten Qualitätsstandard. Demgegenüber zielen moderne Qualitätsmanagementsysteme (vorbeugend/permanent) auf den Produktionsprozeß selbst ab (Selbstprüfung im Entwicklungs-/Herstellprozeß, Qualitätszirkel, Einbeziehung der Mitarbeiter, alle Wertschöpfungsstufen werden einbezogen, Orientierung am Kunden).

Die Entwicklung eines umfassenden Qualitätsbegriffes wird in der Literatur (Hinterhuber/Aichner/Lobenwein, 1994, S. 159ff.; Schwickert u.a. 1995, S. 127ff.; Rentschler, 1995, S. 37) durch drei **Entwicklungsstufen** beschrieben:

- Qualität durch Endkontrolle (Endkontrolle der technischen Beschaffenheit eines Produktes)
- Qualität durch Qualitätssicherung (etwa ab 1950: Integration der Qualitätskontrolle zunehmend in den Entwicklungs- und Herstellungsprozeß, Vorbeugung, beginnende Prozeßorientierung, immer noch Schwerpunkt auf technische Bereiche)
- Umfassende Qualitätskonzeption (etwa ab Mitte der 80er Jahre: Verpflichtung des Managements, Einbeziehung aller Mitarbeiter aller Geschäftsprozesse über den gesamten Produktzyklus, Kundenbedürfnisse als Zielgröße für die Qualität)

b) ISO 9000 – die Norm für Qualitätsmanagementsysteme

Zwei Anforderungen lassen es als eine unternehmerische Pflicht erscheinen, eine Zertifizierung nach ISO 9000 anzustreben:

- Je mehr internationale **Zulieferer** im Rahmen des Outsourcing in die Wertschöpfungskette einbezogen werden, um so mehr ist es notwendig, zu vergleichbaren Qualitätsmaßstäben zu kommen.
- Innerhalb der **Produkthaftung** wurde die Beweispflicht der Unbedenklichkeit zunehmend auf den Hersteller verlagert.

„Ein QS-System wird eingeführt, nachdem die Prozesse, die in einem Unternehmen ablaufen, analysiert und die korrekten Verfahren – die dafür sorgen, daß die Bedürfnisse der Kunden erfüllt werden – ermittelt wurden. Diese Verfahren werden dann systematisiert und bilden das QS-System" (Jackson/Ashton,1994, S. 28).

Die ISO 9000ff. ist eine **internationale** Normenreihe (ISO = International Organization for Standarization als Dachgesellschaft von über 60 nationalen Normenausschüssen; kompatibel sind in der EU: EN 29 000ff. und BRD: DIN ISO 9000), die auf das britische BS 5750 zurückgeht. Sie stellen heute " das " zentrale Normenwerk im Bereich der betrieblichen Qualitätssicherung dar. Mit einer „Norm" kann, indem die Erfüllung ihrer Anforderungen **„zertifiziert"** (d.h. durch eine neutrale Zertifizierungsgesellschaft bestätigt) wird, eine bestimmte Leistungsfähigkeit mit einem **Audit** nachgewiesen werden. Nach Deutsch (1994, S. 62) besitzen z.Z. weltweit 45 000 Unternehmen ein derartiges Zertifikat, davon sind allein 62,5% Unternehmen in Großbritannien.

Obwohl an sich ein freiwilliges Instrument, wurde in einigen Branchen de facto ein Zwang daraus, denn industrielle Einkäufer verlangen zunehmend von ihren Lieferanten das Vorhandensein eines Qualitätssicherungssystems nach ISO 9000 als grundsätzliche **Voraussetzung** für weitere Geschäftsbeziehungen (vgl. Bläsing, 1992, S. 18).

Das **grundsätzliche Anliegen** der Serie, deren darin beschriebenen Modelle nahezu alle Bereiche im Unternehmen berührt, ist die

- Schaffung einer Aufbau- und Ablauforganisation zur Gewährleistung einer effizienten Qualitätszielerreichung
- Einbeziehung und Qualifikation aller Mitarbeiter
- Regelung von Zuständigkeiten, Verantwortung und Befugnissen
- Dokumentationspflicht für Regelungen und Ergebnisse (damit Nachweis der Erfüllung vertraglicher Forderungen an das QM-System nach außen und nach innen, Transparenz der Abläufe)
- Berichtspflicht bis zur höchsten Leitungsebene
- Beherrschung von Risiken und Wirtschaftlichkeit
- Einrichtung vorbeugender Maßnahmen zur Vermeidung von Qualitätsproblemen
- Durchführung von Audits (Review)

Zur Darlegung der Qualitätssicherung in Produktion und Montage sind vor allem die ISO 9001 (unter Einbezug von Design/Entwicklung und Kundendienst) und die ISO 9002 von Interesse (im einzelnen dazu Glaap, 1993; Masing, 1994; Schickert u.a., II, 1995; Homburg/Becker, 1996). Die ISO 9001 als umfassendste der drei Nachweisstufen definiert die Norm und die Forderungen für ein Qualitätsmanagementsystem in **zwanzig Unterpunkten**, die sich auf die Lenkung des Systems, den Betriebsprozeß und unterstützende Aktivitäten beziehen.

Der Begriff Qualitätssicherung wurde inzwischen durch den neuen Oberbegrifff **Qualitätsmanagement, QM** (DIN ISO 8402), ersetzt. Das Konzept des Qualitätsmanagements besteht aus der Formulierung der Qualitätspolitik durch die Geschäftsleitung, aus der Qualitätsverbesserung als generelle Verpflichtung und Daueraufgabe und aus den drei Hauptaufgaben, die zur Verwirklichung der Qualitätspolitik dienen, nämlich Qualitätsplanung, -lenkung und -sicherung (vgl. Hill, 1994, S. 385ff.).

Die an den **Betriebsprozeß** gestellten Forderungen bilden den eigentlichen Kern der Norm. Durch die Einführung eines Qualitätsmanagementsystems, das die Forderungen von ISO 9000 erfüllt, soll gewährleistet werden (Jackson/Ashton, 1994, S. 68), daß

- die Inputs einem festgelegten **Standard** entsprechen (z.B. durch den Beschaffungsprozeß),
- der Prozeß selbst **gelenkt** abläuft und
- der Output hinsichtlich seiner Konformität **überwacht** wird.

D.h., die Normung bezieht sich keinesfalls auf eine unmittelbare Produktqualität, sondern auf eine **mittelbare**: „Die Beurteilung der mittelbaren Produktqualität umfaßt die Darlegung und Prüfung der Qualität der Arbeit und Prozesse, mit denen Produkte geplant, entwickelt, konstruiert und gefertigt werden" (Schickert u.a., 1995, S. 129). Die Auditierung bestätigt mit dem „Gütesiegel" die Qualitätsfähigkeit eines Herstellers.

Vorteile der Norm:

- Verantwortung der obersten Geschäftsleitung zur Festlegung einer Qualitätspolitik (Grundsatzerklärung) bzw. von -zielen; die Leitsätze zur Qualität der Firmen Robert Bosch und E. Merck finden sich im Sonderheft der absatzwirtschaft, Oktober 1991, S. 44.
- Die Norm führt zu einer Verbesserung der Qualität (ein „Symbol" der internen Verpflichtung) und zum Erkennen von Schwachstellen/Fehlern im Betriebsablauf.
- Unternehmen haben systematische Methoden/Verfahren (d.h. Konformität, interne Prüfsysteme, Aufbau-, Ablauforganisation mit Verantwortlichkeiten/Befugnisbereichen/Arbeits-/Prüf-/Verfahrensanweisungen, QM-Beauftragter) zur Vermeidung von Fehlern einzurichten und in einem **Handbuch** nach innen und außen zu dokumentieren (zum Handbuch insbesondere Köppe, 1993).
- Interne Qualitätsaudits überprüfen regelmäßig die Wirksamkeit des Qualitätsmanagements; QM motiviert Mitarbeiter, die regelmäßig zu schulen sind.
- Verbessert den internen Informationsfluß; Voraussetzung für bestimmte Aufträge/Geschäftsbeziehungen.
- Ein QM-System ist ein ganzheitliches Konzept; kann als Einstieg in eine unternehmensweite Qualitätskultur, einen kontinuierlichen Verbesserungsprozeß (**KVP**)/Kaizen, in ein **umfassenderes** Total Quality Management (dazu nächstes Kapitel) bzw. Wertschöpfungsmanagement dienen.
- Es bezieht den **Zulieferer** (besonders den Systemanbieter) als Partner etwa durch datentechnische Verknüpfungen bei Qualitätsprüfungen sowie durch legitimierte Kontrolltests beim Systemanbieter mit ein (im einzelnen Jütting/Möbus, 1993; Pfeiffer/Weiß/Horneber, 1993); siehe dazu auch **„Wertschöpfungspartnerschaften"** im zweiten Teil.

Nachteile der Norm:

- Man will nur das „Zertifikat" als Papier, ohne den tatsächlichen Wert der Norm kritisch zu hinterfragen.
- Stark auf Hersteller von Sachgütern ausgerichtet.
- Sind reine Verfahrensnormen (d.h., sie beziehen sich Prozesse/Verfahren und nicht auf einzelne Produkte).
- Zu schwach ausgeprägte Kundenorientierung (zur kritischen Beurteilung der Norm siehe Homburg/Becker, 1996. S. 447f.).
- Statisch (verhindert durch die Beibehaltung eines bestimmten Standards den dynamischen Prozeß einer Qualitätsverbesserung).
- Erheblicher Kosten- und Zeitaufwand (insbesondere für mittelständische Betriebe; dazu eine empirische Studie in Blindow-Prettl u.a.,1995).
- Schränkt Handlungsspielraum der Mitarbeiter möglicherweise ein, Bürokratie.
- Stark auf Hersteller von Sachgütern ausgerichtet.
- Sind reine Verfahrensweisen (d.h. sie beziehen sich auf Prozesse (Verfahren, nicht auf Produkte).
- Zu schwach ausgeprägte Kundenorientierung.

Viele Unternehmen, die sich selbst zertifizieren haben lassen, verlangen nun von ihren **Lieferanten** einen solchen Nachweis. Aus einem „freiwilligen" Instrument hat sich in verschiedenen Beschaffungsketten (z.B. in der Automobilindustrie) aus Wettbewerbsgründen quasi eine **Verpflichtung** ergeben, sich selbst auch zertifizieren zu lassen. Auch Auftragnehmer der öffentlichen Hand erhalten keine Großaufträge mehr ohne den Nachweis der Beherrschung der in der Norm genannten Bestandteile. Entsprechend dem QM-System nach ISO 9000ff. wurden vielfältige Anstrengungen mit dem Ziel der

Normung eines **Umwelt**managements unternommen, die 1996 erste Ergebnisse zeitigten (zur ISO 14 000ff. siehe neunter Teil).

Der strategische Schlüsselfaktor Qualität steht im engen Zusammenhang mit dem später folgenden Konzept des **„Total Quality Managements"** (vgl. dazu auch die Ausführungen zu Qualitätszirkeln im 3. Teil) und des **Benchmarking**, d.h. der „Vergleich mit den Besten der Besten".

Neben der ISO 9000ff kommen in der Praxis auch andere Qualitätsoptimierungskonzepte zum Einsatz, wie das Modell der Europäischen Qualitätsvereinigung („**EFQM**"). Diese Modell sieht zwar keine Zertifizierung vor, enthält aber mehr kulturverändernde Fragestellungen; es gliedert sich in neun Dimensionen (vgl. Simon, 1999, S. 130ff.; Kaumanns, 1999):

- Führung (lebt den Qualitätsgedanken vor)
- Politik und Kultur (Kultur, Leitbilder)
- Mitarbeiterorientierung
- Ressourcen (Finanzen, Informationen, Technologie)
- Prozesse
- Kundenzufriedenheit
- Mitarbeiterzufriedenheit
- Gesellschaftliche Verantwortung
- Geschäftsergebnisse

Ein Unternehmen kann die ISO-9000er-Familie unter **zwei Zielsetzungen** benutzen (vgl. ebd., S. 40f.):

- **Leistungsorientiert**: Dieser Ansatz herrscht in der Praxis vor; in Reaktion auf unmittelbare Forderungen durch Kunden wird ein QM-System verwirklicht.

- **Interessenpartnerorientiert**: Hier gibt die eigene Leitung unter Vorwegnahme auftauchender Marktforderungen und Trends den Anstoß; dieses System ist umfassender, denn es berücksichtigt die Interessenpartner des Unternehmens und deren Erwartungen.

Im Jahr 2000 wird die **neue Norm ISO 9000: 2000** gültig werden, die als ein **Systemprozeßmodell** aufgebaut ist. Statt sich auf die alten 20 QM-Elemente zu beziehen, wird das Unternehmen jetzt in der ISO 9001 (9002/9003 entfallen; 9004 gibt es weiterhin, und wird ausdrücklich als ein TQM-Modell verstanden) als ein Systemprozeßmodell miteinander vernetzter **Geschäftsprozesse** gesehen:

- Führungsprozesse (Managementprozesse)
- Kernprozesse (wertschöpfende Prozesse)
- Ressourcenmanagement (unterstützende Prozesse wie EDV, Personal etc.)
- Messung, Analyse und Audit

„There will be only one QMS requirement standards – ISO 9001, which will replace the current ISO 9001/9002/9003. ISO 9004 will be the QMS standard which will drive organizations towards business performance improvement and will form a consistent pair with ISO 9001 with the same sequence and numbering. The standard will be compatible with the environmental management standards, will be readily applied to small, medium and large organizations in the public and private sectors, and equally applicable to users in manufacturing, service and software fields. The new ISO 9001 is being developed based on a process model using eight quality management principles facilitating an evolution towards business excellence and with an emphasis on customer satisfaction. ISO 9004 uses the same process modell and quality management principles, but has an emphasis on satisfying the needs of other interested parties through sustained customer satisfaction. The revision reflects the evolving quality management practice but retains the essential elements of the current (1994) edition." (ISO, Executive Abstract)

Die **neue** Norm beruht also stark auf der Kundenzufriedenheit („Customer satisfaction") als wichtigstem Indikator.

Das für die 9001 herangezogene Prozeß-Modell basiert auf **acht Qualitäts-Management-
prinzipien:**

*   Principle 1 - **Costumer-Focused Organisation**: Organisations depend on their customers and therefore
    should understand current and future customer needs, meet customer requirements and strive to exceed cus-
    tomer expectations.
*   Principle 2 - **Leadership**: Leaders establish unity of purpose and direction of the organization. They should
    create and maintain the internal environment in which people can become fully involved in achieving the or-
    ganisations' objectives.
*   Principle 3 - **Involvement of people**: People of all levels are the essence of an organisation and their full in-
    volvement enables their abilities to be used for the organisation's benefit.
*   Principle 4 - **Process Approach**: a desired result is achieved more efficiently when related resources and ac-
    tivities are managed as a process.
*   Principle 5 - **System Approach to Management**: Identifying, understanding and managing a system of in-
    terrelated processes for a given objective improves the organisation's effectiveness and efficiency.
*   Principle 6 - **Continual Improvement**: Continual improvement should be a permanent objective of the or-
    ganisation.
*   Principle 7 - **Factual approach to decision making**: Effective decisions are based on the analysis of data
    and information.
*   Principle 8 - **Mutually beneficial supplier relationships**: An organisation and its suppliers are interdepen-
    dent, and a mutually beneficial relationship enhances the ability of both to create value.

c) Total Quality Management

Der kritische Erfolgsfaktor „Qualität" wurde bereits ausführlich erläutert. Wir hatten dort
Qualität ersten und zweiten Grades unterschieden.

„TQM hat damit zum Gegenstand, alle für den Kunden wesentlichen Anforderungen bezogen auf die angebotene
Leistungsqualität des Marktangebotes des Unternehmens und die Kontaktqualität in der Kommunikation mit
dem Kunden zu erfüllen. Voraussetzung hierfür ist eine Führungs- und Steuerungsqualität im Unternehmen. Die
Qualität ersten Grades liefert zumindest einen Teil des Grundnutzens und ist somit ‚Pflicht'. Die Qualität zweiten
Grades schafft einen erheblichen Zusatznutzen und wird damit zur ‚Kür' des Unternehmens" (ebd., S. 13).

Qualitätssicherung wird damit zu einer **Führungsphilosophie** für das **ganze** Unternehmen.
Das z.Z. bekannteste systematische Qualitätsverbesserungskonzept ist das Total Quality
Management (TQM); zur Rolle von Qualitätsproblemen und zum gegenwärtigen Stand des
TQM in Deutschland siehe die Untersuchungen von Schildknecht (1993), Baethge-Kins-
ky/Betzl/Moldaschl (1994), Wiendahl/Penz (1994) und Eversheim/Erb/Laschet (1994). Als
neuen Oberbegriff spricht die DIN ISO 8402 statt von Qualitätssicherung nun von **Qualitätsmanagement** für alle qualitätsbezogenen Tätigkeiten.

Qualität wird zum einen als interner (Produktions-)Standard definiert, zum anderen auf die
Kundenerwartung, d.h., auf die Ermittlung (durch Befragung, Marktstudien, Verkaufsge-
sprächsauswertungen, Konkurrenzuntersuchungen etc.) und Erfüllung der vom Kunden vor-
ausgesetzten Erfordernisse/Anforderungen bezogen. Erfüllt die Qualität die Anforderungen
des Kunden, wird eine „Unique Selling Proposition" (USP) erreicht. „TQM zielt dann auf
die Optimierung des Kundennutzens ab und darauf, in allen Phasen der Wertschöpfungskette Alleinstellungsmerkmale als Grundlage für Wettbewerbsvorteile zu schaffen. TQM ist
demnach ein Prozeß, um alle direkten und indirekten Beiträge zur Erstellung und Vermarktung von Produkten und/oder Dienstleistungen positiv zu beeinflussen und zu gestalten"
(Töpfer/Mehdorn, 1993).

Total Quality Management
„... umfaßt alle Maßnahmen, um Bedürfnisse/Erfordernisse interner/externer Kunden zufrieden zu stellen und ist mit der Grundeinstellung jedes einzelnen im Unternehmen verknüpft." (Schneider, 1998, S. 371)

TQM nach DIN EN ISO 8402
„... ein auf der Mitwirkung aller ihrer Mitglieder gestützte Managementmethode einer Organisation, die Qualität in den Mittelpunkt stellt und durch Zufriedenstellung der Kunden auf langfristigen Geschäftserfolg sowie auf Nutzen für die Mitglieder der Organisation und für die Gesellschaft zielt. ... ist undenkbar ohne die Entwicklung und Veränderung der Organisation, und eine Entwicklung der Organisation ist undenkbar ohne eine Veränderung der in ihr arbeitenden Menschen." (Martinez, 1994)

Im TQM muß das **gesamte** Unternehmen mit allen Geschäftsbereichen und allen Mitarbeitern in die Qualitätsverbesserung einbezogen werden. Dies schließt auch den Umweltschutzgedanken mit ein. Wir haben bereits auf die Notwendigkeit einer „erweiterten" Wertkettenbetrachtung hingewiesen. Für den Gedanken einer **„Umweltschonung"** muß als Querschnittsfunktion jede Abteilung der gesamten Wertschöpfungskette einen Beitrag leisten. Insbesondere unter dem Aspekt der „Vermeidung" zeigt sich eine enge Beziehung zum Total Quality Management, bei dem die Fehlervermeidung im Vordergrund steht. Auch dort zeigt sich die

- die Notwendigkeit der Zusammenarbeit von Abteilungen,
- die Bedeutung der Bewußtseinsbildung und
- die Notwendigkeit von entsprechenden Qualifizierungsstrategien.

„Qualitätsmanagement kann nicht als Insellösung betrachtet werden, sondern ist Bestandteil eines umfassenden Managementsystems. Es basiert auf einem leistungsmotivierten internen Ansatz und hat Wirtschaftlichkeit, Kundenorientierung, Vorbildfunktion von Management und Führungskräften, Einbindung und Aktivierung aller Mitarbeiter, ständige Verbesserung, Prozeßmanagement und Prozeßorientierung als Kerninhalte. (...) „Derartige Systeme sollen zur kontinuierlichen Verbesserung und zunehmenden Zufriedenheit der Kunden und anderer Interessenpartner führen. Ein Hauptzweck des Qualitätsmanagements ist es, die Systeme und Prozesse so zu optimieren, daß eine kontinuierliche Qualitätsverbesserung erreicht wird." (Henning, 1999, S, 40)

Hinterhuber/Aichner/Lobenwein sehen Total Quality Management mehr als eine Art der **Führung** als eine Frage der Technologie: Sie ist eine umfassende Qualitätskonzeption, weil (1994, S. 163)

- alle Mitarbeiter einbezogen werden und sich die Verantwortung für Qualität auch auf sämtliche Mitarbeiter erstreckt (vgl. auch unsere Ausführungen zur Führung mit Zielvereinbarung (MbO) im vierten Teil; zur entscheidenden Rolle des Personalmanagements siehe Töpfer, 1992, S. 14ff.);
- alle am gesamten Wertschöpfungsprozeß beteiligten Personen und Abteilungen anderer Unternehmen (z.B. von Lieferanten und Ausrüstungsherstellern) sowie Kunden in die systematische Betrachtung mit eingeschlossen werden;
- sämtliche Lebenszyklusphasen eines Produktes berücksichtigt werden müssen.

„Die Gesamtqualität einer Unternehmung ist die Einrichtung einer ganzheitlichen Beziehung zwischen der Unternehmung und ihren internen und externen Kunden. Das Denken in Kunden-/Lieferantenbeziehungen ist eine unbedingte Voraussetzung des neuen Qualitätsdenkens. Durch verbesserte, offene, unternehmensweite Kommunikation sowie die effiziente Verarbeitung und Rückmeldung von Informationen versucht man, aus Schnittstellen Nahtstellen zu machen. Niemand wird isoliert, alle Funktionen sind betroffen – man spricht von einer unternehmensweiten Qualitätskonzeption" (ebd., S. 163f.).

Total Quality Management ist eine **Denkhaltung**, die nicht mehr eine nachsorgende, technisch orientierte Überprüfung der Standards durch eine Fremd-Endkontrolle darstellt, sondern den Fokus für alle Mitarbeiter auf das Streben nach einer vorbeugenden, in alle Phasen des Produktlebenszyklus integrierten, an den Kundenbedürfnissen orientierten, eigenverantwortlichen und kontinuierlichen Verbesserung der Produkt-/Dienstleistungskomponenten ausrichtet. Das für produktive Unruhe sorgende Ziel der „ständigen Verbesserung" setzt eine **„lernende Organisation"** voraus (dazu unsere Ausführungen unter M, III).

Drei wesentliche **Ansätze** sind dabei (nach Metzger/Gründler,1994, S. 36; vgl. auch Herter, 1993; Töpfer, 1992):

- Der Qualitätsbegriff beschränkt sich nicht nur auf das zu fertigende **Produkt** (im physischen Sinn), sondern schließt auch die betrieblichen **Abläufe** mit ein. Der gesamte Produktzyklus ist Teil eines Qualitätsprozesses. Die Qualität ist also ganzheitlich zu betrachten! Ausgangspunkt ist die Erarbeitung einer Qualitätspolitik und zu setzende Qualitätsziele. Prinzip der ständigen Verbesserung und Kontinuität durch kleine Schritte (Kaizen). Benchmarkingziele.
- Der **Mitarbeiter** steht im Mittelpunkt aller Betrachtungen (neben die technische Komponente tritt eine soziale).
- Qualität verlangt eine intensive **Kommunikation** entlang dem gesamten Herstell- und Vertriebspfad.
- Der Kunde ist der Maßstab für die zu erbringende Leistung (Bedeutung der Kunden-Lieferanten-Beziehung) (zum „Kundenbindungs-Management" siehe Kamiske/Malorny, 1992, S. 277f.).

Das **Total-Quality-Management-Gebäude** baut auf drei Eelementen auf (Frehr, 1994, S. 10ff.):

- Die **Managementverpflichtung** als Haupteinflußfaktor
  (Mittel und Kapazitäten, Festlegung und Anwendung einer Qualitätspolitik/-grundsätze, Aus- und Weiterbildung, Vorbild/Wille, Reviews)
- Das **Qualitätssicherungssystem**
  (ISO 9000 Serie, Kundenforderungen. Zertifizierung/Audits)
- Die **Qualitätswerkzeuge**/-instrumente, z.B.:
  - TQM-Verbesserungsgruppen/Qualitätszirkel u.ä (vgl. Groth/Kammel, 1992);
  - **Pareto-Analyse** (besagt, daß 80% der Probleme von lediglich 20% der Ursachen hervorgerufen werden);
  - insbesondere die **Ishikawa-Technik** (Ursache-Wirkungs-Diagramm/Fischgräten-Diagramm), mit der systematisch nach Ursachen für bestimmte Fehler etc. gesucht wird: das zu lösende Problem wird am Kopf des Fisches, die Haupteinflußgrößen (Mensch/Maschine/Methode/Material/Mitwelt) werden auf den Gräten eingetragen; dazu Metzger/Gründler, 1994, S. 88f.; vgl. dazu auch Abb. 46.
  - **Quality-Function-Deployment**, QFD, zur Umsetzung der Kundenanforderungen in technische Produktmerkmale u.a. unter Einsatz des Simultaneous Engineering (vgl. Brunner, 1992; Simon, 1992)
  - die **Failure Mode and Effects Analysis**, FMEA, zur Erfassung potentieller Fehlerursachen im Produkt/Geschäftsprozeß und systematischen Vermeidung

Zu den Instrumenten im einzelnen Saatweber (1994), Kersten (1994) und Rosemann/Wild (1993). Es ist erstaunlich, daß in den wenigsten Unternehmen diese Methoden regelmäßig zum Einsatz kommen (siehe Befragung von Eversheim/Erb/Laschet, 1994, S. 58).

Wesentliche Bausteine des TQM werden in der Literatur in ähnlicher Weise definiert. Stadelmann/Lux (1995, S. 33) sehen die **Kerngedanken** des TQM in:

- Kundenorientierung (alle Wertschöpfungsprozesse sind auf den Kunden ausgerichtet)
- Zero-Defects (Fehler als Lernquelle; Vermeidung gemäß Null-Fehler-Prinzip)
- Kaizen (ständige Prozeßverbesserung; dazu Wilfert, 1992, S. 9f.)
- Eigenverantwortung (Verantwortung aller; Prinzip des internen Kunden)
- Kernkompetenzen (Ausbau traditioneller Stärken/Erfolgspositionen)
- Prozeßführung

Die Fähigkeit der Unternehmung, ihre (Qualitäts-)Ziele auch tatsächlich zu erreichen; ist regelmäßig zu **bewerten**, Schwächen/Stärken sind zu identifizieren; dies kann geschehen durch:

- **Selbstbewertung**/Selbstdiagnose (dazu Conti 1999)
- **Qualitätsaudit** (Produkt-, Prozeß- und Systemaudit)
- **Third Party Bewertung** (z.B. die Bewertung für einen Award): Malcolm Baldridge National Quality Award in den USA oder der European Quality Award mit neun Bewertungskriterien, mit denen maximal 1000 Punkte erreicht werden können (**EFQM-Modell**; hierzu insbesondere Schneider, 1998); der EQA wurde 1998 von 14 europäischen Großunternehmen gegründet. Diese Modelle sind **umfassender** als traditionelle Qualitätsmanagementmodelle – sie richten sich auf die kontinuierliche Verbesserung aller Aktivitäten im Rahmen des Benchmarking. Bei dieser Form der Bewertung gibt es kein Zertifikat. Ziel ist eine laufende Selbstbewertung anhand eines Modells für Business Excellence.

Entscheidender Gedanke des TQM ist die Ausweitung des Qualitätsbegriffs auf die Managementsteuerung des **gesamten** Unternehmens. Ein schneller Einkauf des ISO-9000-Zertifikats verkennt (reduziert) den ganzheitlichen Ansatz (Hard facts + Soft facts) des Konzepts. Zudem beinhaltet die ISO-Norm nicht die externe Orientierung an den Anforderungen der Kunden und den Gedanken eines kontinuierlichen Verbesserungsprozesses. Das im ersten Teil bereits vorgestellte Prinzip des kybernetischen Regelkreises wird Bestandteil eines Prozeß-Qualitätsmanagements mit dem Ziel einer „Null-Fehler-Produktion". **Qualitäts-Regelkreise** durchziehen dabei das gesamte Unternehmen, TQM-Prinzipien wie Kunden-Lieferanten-Verhältnis (intern **und** extern!) oder ständige Verbesserungen werden in jedem Regelkreis initiiert, die Eigenverantwortlichkeit der Mitarbeiter betont, die Qualitätsverantwortung auf sie übertragen (Eigenkontrolle) und für jeden Regelkreis ein „Eigentümer" (Regelkreisverantwortlicher/**process owner**) eingesetzt (dazu Metzger/Gründler, 1994, S. 106ff.). Einige der Elemente haben wir auch schon beim Prozeß- und Lean Management angesprochen.

Die Qualitätsanstrengungen konzentrieren sich häufig auf die Produktentwicklung und die Produktionsprozesse. Wie eine Erhebung zeigt, weist die Umsetzung von TQM-Prinzipien aber im Bereich der **Service**planung, -kontrolle und -organisation noch erhebliche Defizite auf (vgl. Stauss, 1993, S. 114), obwohl die PIMS-Datenbank (vgl. obige Ausführungen) nachweist, daß bei mehr als 35% aller Geschäfte der Service die gleiche Bedeutung hat wie das Produkt (vgl. Gerberich, 1993, S. 218).

4. Strategiefaktor Technologie

Das von uns beschriebene „Zeitalter der Diskontinuitäten" ist nicht zuletzt auf rasante technologische Entwicklungen zurückzuführen, die neue Wettbewerbsverhältnisse schaffen. Parallel zu einer steigenden **Innovationsdynamik** (so steigt der Anteil „junger" Produkte ständig) vollzieht sich eine zunehmende **Globalisierung** der Märkte. Parameter wie das Aufkommen innovativer Technologien, eine Verkürzung der Marktzyklen und gleichzeitig eine Verlängerung der Entwicklungszyklen von neuen Produkten, neue (computergestützte Fertigungsverfahren), eine erweiterte Produkt- und Materialverantwortung des Herstellers (Rücknahmeverpflichtungen, Demontage-/Recyclefähigkeit etc.) zeigen stichwortartig die Notwendigkeit

- zu der Formulierung einer klaren Technologie-/Innovations**philosophie** in den Unternehmensgrundsätzen (Mission, Leitbild etc.) und
- zu einem aktiven, systematischen Technologiemanagement zum Erhalten/Schaffen – technologiebedingter – strategischer **Erfolgspotentiale** und zur Erzielung strategischer Wettbewerbsvorteile auf.

a) Strategisches Technologiemanagement

Der technologische Wandel stellt einen der wichtigsten Bestimmungsfaktoren des **Wettbewerbs** dar (Wolfrum, 1994, S. 53ff.), denn:

- er kann neue Branchen generieren, die Struktur bestehender Branchen völlig verändern und die Basis von Wettbewerbsvorteilen einzelner Unternehmen eines Industriezweiges bilden (Technologien als Waffe im Wettbewerb, aber auch als Bedrohung der eigenen Wettbewerbsposition);
- er ist die Hauptursache für veränderte Wettbewerbsregeln;
- er verändert das Wesen und die Höhe von Eintritts- und Mobilitätsbarrieren;
- er kann völlig neuartige Branchenstrukturen oder gar neue Branchen schaffen;
- er ist die Grundlage für die Generierung von Substitutionsprodukten.

Zur Begründung eines Dogmenwechsels in der BWL werden folgende **Thesen** zum **technischen Wandel** aufgestellt (vgl. zum Folgenden insbesondere Pfeiffer/Schneider, 1985, S. 122ff.; Pfeiffer/Dögl, 1986, S. 149ff.; Specht/Zörgiebel, 1985, S. 161ff.; Servatius, 1986; Reminger, 1990, S. 27ff.; Höft, 1992, S. 10ff.; Wolfrum, 1994, S. 271ff.):

- Die Technik ist die **zentrale Überlebensdeterminante** der neuzeitlichen Industrieunternehmung:
  - Obsoleszenz (Veralten) der Technik ist der **eigentliche Grund** vieler Strukturkrisen; die Einbeziehung des technologischen Wandels in die Unternehmenspolitik ist deshalb unumgänglich (so zeigt z.B. Brockhoff, daß die Wahrscheinlichkeit, in der Spitzengruppe der größten zehn US-Halbleiter-Hersteller zu bleiben, von 1955 an nach fünf Jahren auf 90%, nach zehn Jahren auf 60% und nach 20 Jahren auf 30% gesunken war; (vgl. Brockhoff, 1984, S. 619).
  - Fortschreitende **Substitution von menschlichen Komponenten** innerhalb der Handlungskomponenten (= der Industriebetrieb auf dem Weg vom Soziotyp zum Technotyp).
  - Vielzahl revolutionärer neuer **Basistechnologien** mit großer Breitenwirkung (z.B. Biotechnologie).
- Die Technik wird zum **gestaltungsbedürftigsten Element** der Unternehmensentwicklungsplanung:
  - Heutiger Fortschritt greift **gleichzeitig** an allen Komponenten eines Produktes bzw. der Fertigungsverfahren.
  - Die „technologische Passivität" vieler Unternehmen muß im Rahmen einer Lehre vom Technologiemanagement, die den Aspekt der (planbaren!) Gestaltung der Technologie in den Vordergrund stellt und die Technologie damit zum Aktionsparameter des Unternehmens macht, aufgegeben werden.
- Die Technik ist die **gestaltungsfähige** Unternehmensvariable:
  - Notwendigkeit einer strategischen Ressourcenvorsteuerung potenziert die Dringlichkeit eines technologisch orientierten strategischen Managements.
  - Der Faktor „menschliche Arbeit" wird demgegenüber zunehmend unflexibel.
- Die Technik kann mit dem **klassischen** betriebswirtschaftlichen Instrumentarium nicht mehr **„gemanagt"** werden:
  - Das klassische Marktportfolio arbeitet unter der Prämisse eines relativ **konstanten** Trends der Technik.
  - Aufbau eines Technologie-Portfolios als neues Instrument (siehe nachfolgende Ausführungen).

Die wichtigsten **Aufgaben** eines **strategischen Technologiemanagements** bestehen nach Wolfrum (1994, S. 80)

- in der Festlegung technologischer Leitlinien für das Gesamtunternehmen,
- in der Formulierung expliziter Technologiestrategien für einzelne Technologien bzw. Technologiefelder auf Geschäftsfeldebene
- sowie in der Koordination der innovationsrelevanten Funktionsbereiche F&E, Marketing und Produktion innerhalb und zwischen den einzelnen strategischen Geschäftsfeldern.

Im Mittelpunkt steht also die Abstimmung von Geschäftsfeld-, Funktionsbereichs- und Technologiestrategien. Technologiestrategien müssen primär darauf abzielen, frühzeitig strategisch relevante Technologiebereiche zu identifizieren und spezifische (d.h. im Vergleich zur Konkurrenz größere) Kompetenzen in diesen Technologiefeldern zu schaffen und diese im Wettbewerb zu nutzen (dazu Wolfrum, 1994, S, 84ff.). Tschirky (1991) betont die Rolle eines Technologiemanagements als eine **integrierende** Teilaufgabe des allgemeinen Managements mit Aufgaben auf normativer, strategischer und operativer Ebene. Zum technischen Controlling siehe unsere Ausführungen im 7. Teil, G.; zu technischen Aspekten der Arbeitsgestaltung siehe 1. Teil (A, III, 3, C, (3)).

Um über eine Technologieorientierung erfolgreich einen Wettbewerbsvorteil erzielen zu können, sind verschiedene **Bedingungen** zu erfüllen (Bühner, 1993, S. 294ff.):

- Ein Unternehmen muß die Bedürfnisse des Marktes systematisch und fortlaufend analysieren. Man muß auch die Vermarktungskompetenz haben.
- Das Stammgeschäft ist zu beherrschen. Wahrscheinlichkeit dann groß, wenn sich Stärken des Stammgeschäfts auf die neuen Geschäftsbereiche übertragen lassen.
- Man muß die Fähigkeit besitzen, Marktbarrieren zu errichten (Know-how-, Geschwindigkeits-, Qualifikations- und Kostenbarrieren).

Die Wettbewerbsfähigkeit von (insbesondere technologieintensiven) Unternehmen hängt in zunehmenden Maße von der Fähigkeit ab, verläßliche Technologieentscheidungen zu treffen. Im Rahmen eines Integrierten Technologie-Managements stehen auf strategischer Ebene nach Brodbeck (1999, S. 28ff.) **drei** (gleichprioritäre) **Entscheidungsaufgaben** im Vordergrund:

(1)   Welche Technologien sollen zur Gestaltung von Produkten und Prozessen ausgewählt werden? („Which-way-to-go"-Entscheidung)

(2)   Sollen die ausgewählten Technologien selbst entwickelt oder zugekauft werden? („Make-or-buy"-Entscheidung)

(3)   Sollen die Technologien nur intern verwertet werden oder besteht auch die Möglichkeit einer Nutzung über eigene Produkte und Prozesse hinaus? („Keep-or-sell"-Entscheidung).

Zu (1): „Which-way-to-go"-Entscheidung

Wesentliche Argumente, die eine Steigerung sowohl der Bedeutung als auch der Komplexität der Entscheidung über die **Auswahl von Strategien** vermuten lassen:

- **Bedeutung**: Höhere Aufwendung für Technologien (absolut und in Relation zum Umsatz); zunehmender Querschnittscharakter neuer Technologien; zunehmend Bedeutung von Technologien zur Differenzierung.
- **Komplexität**: „Informationsflut" (aufgrund beschleunigter Technologieentwicklungen); quantitative Zunahme technologischer Alternativen; zunehmende Multidisziplinärität der Technologien (z.B. „mechatronik").

Eine **Morphologie** technologiestrategischer Wege bei der Which-way-to-go-Entscheidung zeigt Abb. 111 (aus ebd., S. 86).

Parameter/Zielklasse	Ausprägungen/Wege zum Ziel		
Betätigungsfeld	bereits genutzte Technologie	noch nicht genutzte Technologie	neue Technologie
Wettbewerbsstrategische Bedeutung	Kerntechnologie	Standardtechnologie	Supporttechnologie
Leistungsniveau	Technologieführerschaft		technologische Präsenz
Timing	Pionier	früher Folger	später Folger

Abb. 111: Morphologie technologiestrategischer Wege bei der Which-way-to-go-Entscheidung

Zu (2): „Make-or-buy"-Entscheidung)

Eine Zusammenfassung wesentlicher Argumente, die eine Steigerung sowohl der Bedeutung als auch der Komplexität der Entscheidung über die Beschaffung von Technologien vermuten lasen (vgl. ebd., S. 98):

- **Bedeutung**: Beschränkung auf Kernkompetenzen (Ressourcenengpässe); verlängerte (Eigen-) Entwicklungszeiten; gestiegene F&E-Fixkosten; Vermeidung von Doppelentwicklungen

- **Komplexität**: Zunahme von Beschaffungsalternativen; Abstimmungsbedarf mit externen Partnern (Kooperationsmanagement, „Cultural Fit"); Überwindung des „Not Invented Here"-Syndroms

Zielaussagen, die eher eine Eigenentwicklung begründen, und solche, die zu einer Bevorzugung von externen Bereitstellungsformen führen (ebd., S. 101):

Strategische Gründe für „make":

- Aufbau der Kerntechnologie
- Erreichung von Technologieführerschaft
- Kontrolle über den gesamten Entwicklungsprozeß
- Weitgehende technologische Unabhängigkeit
- Exklusivität des Besitzes
- Entscheidungsfreiheit bzgl. des Entwicklungsweges
- Entscheidungsfreiheit bzgl. der Verwertung der Technologie
- Erlangung von Prestige- und Imagevorteilen bei Abnehmern
- Möglichkeit der klaren Ausrichtung der Technologie auf Unternehmensbedürfnisse

Strategische Gründe für „buy":

- Technologie mit geringer wettbewerbsstrategischer Bedeutung
- Anstreben technologischer Präsenz
- Teilung des Entwicklungsrisikos (technologisch, finanziell)
- Reduzierung der Fixkosten
- Verringerung des Zeitbedarfs bis zur Verfügbarkeit
- Nutzung von Synergiepotentialen
- Hohe Flexibilität der Organisation

Brodbeck (1999, S. 102) differenziert aus den unterschiedlichen (denkbaren) Bereitstellungsformen für Technologien insgesamt elf grundsätzliche **Beschaffungsalternativen** neuer Technologie:

Vorhandene Technologie:

- Interne F&E
- Externe Beschaffung: Lizenznahme, Komponentenkauf Lieferant, Patentkauf, Technologiekauf, Unternehmensakquisition

Nicht vorhandene Technologie:

- Externe F&E: Gemeinschaftsforschung in Allianzen, Gemeinschaftsforschung Joint Venture, Auftragsforschung Hochschulen, Auftragsforschung Ingenieurbüros, F&E bei Lieferanten
- Interne F&E

Zu (3): „Keep-or-sell"-Entscheidung

Die wesentlichen Argumente, die eine Steigerung sowohl der Bedeutung als auch der Komplexität der Entscheidung über die **Verwertung** von Technologien vermuten lassen (ebd., S. 114):

Bedeutung:

- Ungenügender ROI auf Technologieausgaben
- Zunehmende Umgehung von Patenten
- Steigende Bedeutung von „Sell" zur Markterschließung aufgrund Globalisierung
- Notwendigkeit der Nutzung einer F&E-Erfahrungskurve

Komplexität:

- Zunahme von Verwertungsalternativen
- Betroffenheit sämtlicher die Technologie einsetzender SGE
- Häufig erstmalige Konfrontation mit Entscheidungsproblemen

Zielaussagen, die eher durch einen rein **internen** Technologieeinsatz, und Anforderungen, die eher durch (zusätzliche) **externe** Verwertungsformen erfüllt werden (ebd., S. 116):

Strategische Gründe für „Keep":

- Technologie als Kerntechnologie
- Exklusivität des Besitzes
- Generierung möglichst vieler Eigenprodukte auf Basis der Technologie
- Ausnutzen von Monopolstellungen
- Entscheidungsfreiheit bzgl. der Bearbeitung der Märkte
- Erlangung von Prestige- und Imagevorteilen bei Abnehmern

Strategische Gründe für „Sell":

- Technologie mit geringer wettbewerbsstrategischer Bedeutung
- Zugang zu neuen Zielmärkten
- Größtmögliche Amortisation der Technologieinvestitionen
- Technologie als Standard durchsetzen
- Generierung möglichst vieler Applikationen der Technologie
- Erreichung der Technologieführerschaft
- Umfangreiche Nutzung externer Bereitstellungswege für Technologien („Cross-Licensing")
- Schonung eigener Ressourcen

Ein weiteres grundlegende Merkmal des technologischen Wandels ist der veränderte **Produktlebenszyklus** (Abb. 112, aus ebd., S. 5). Im Zuge des technologischen Wandels zeichnen sich für Tschirky (aus 1998b, S. 5f.) zwei **gegenläufige Tendenzen** ab:

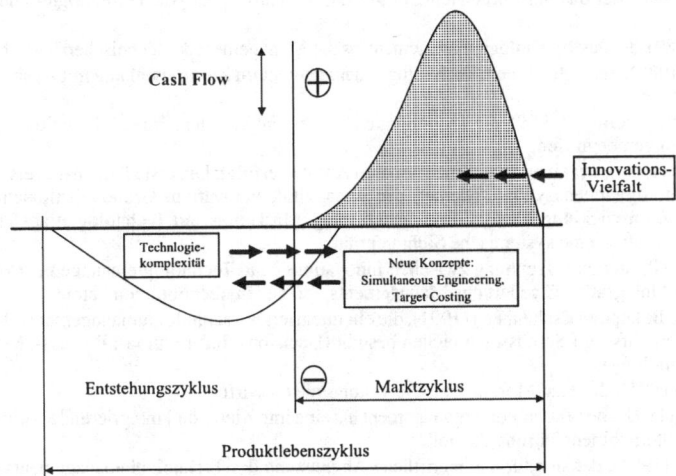

Abb. 112: Veränderungen des Produktlebenszyklus

- Auf der einen Seite besteht als Folge der wachsenden Innovationsvielfalt die Tendenz zu abnehmenden Marktzyklen.
- Andererseits erfordert die steigende Technologiekomplexität längere Entwicklungszeiten. Damit ist die Gefahr verbunden, den Markteintritt verspätet zu erreichen, was bei abnehmenden Marktzyklen die finanzielle Attraktivität nachhaltig beeinträchtigt oder überhaupt in Frage stellt.

„Mit dem Einsatz von verbesserten und neuen Technologien geht eine technologiebedingte Wettbewerbsfähigkeit einher, die nicht nur den Markterfolg von Produkten und das Schicksal von Unternehmen, sondern ebenso die Entwicklung von ganzen Volkswirtschaften bestimmt. Damit überlagern die Auswirkungen der Technologie auf der Mikro- und Mesoebene jene im ökonomischen Makrobereich, indem heute technologische Wettbewerbsvorteile zu den originären Einflußfaktoren des wirtschaftlichen Wachstums eines Landes zählen. Schließlich ist es die umfassende, durch die technologische Breitbandwirkung verstärkte Betroffenheit sämtlicher Lebensbereiche – der natürlichen, künstlich geschaffenen und sozialen Welt – durch den technologischen Wandel, welche diesem neuerdings ebenfalls im gesellschaftlichen Kontext eine primäre Aufmerksamkeit verschafft." (Tschirky, 1998b, S. 6)

Technologie

"... umfaßt danach spezifisches individuelles und kollektives Wissen in expliziter und impliziter Form zur produkt-, prozeß- und systemorientierten Nutzung von natur-, sozial- und ingenieurwissenschaftlichen Erkenntnissen. Darunter verstehen wir:

- das zu einer Problemlösung anwendbare naturwissenschaftlich-technische Know-how,
- die mit der Problemlösung verbundenen Tätigkeiten sowie
- die materielle Ausprägung der Problemlösung." (Brodbeck, 1999, S. 17)

In der Literatur werden zahlreiche **Ansätze** und Aussagen zum Technologiemanagement diskutiert. Im einzelnen beschreibt Tschirky (1998, S. 194ff.):

- Servatius (1985), dessen Ansatz auf einer potentialorientierten Betrachtung des Unternehmens beruht.
- Bierfelder (1986), der zum Schluß kommt, daß es nicht zweckmäßig ist, von Technologiemanagement als einem „missing link" zu sprechen.
- Betz (1987), der die Absicht verfolgt, die technologische und funktionale Kultur im Unternehmen zu verbinden (Funktionen des Technologiemanagements: Managing New Ventures, Managing Innovation, Managing Research, R&D Infrastructure).
- National Research Council (1987), das Technologiemanagement als interdisziplinäre Verbindung zwischen den Ingenieur-/Naturwissenschaften und dem Management und sich daraus ergebenden Schnittmengen sieht.
- Bhalla (1987), der das Schwergewicht auf die Zusammenführung von Technologie- und Geschäftsstrategien legt.
- Blum (1989), der das Technologiemanagement als das Management des technischen Fortschritts beschreibt.
- Grange (1989), der sich mit dem Technologiemanagement im Zusammenhang mit Ausbildungsfragen auseinandersetzt.
- Twiss und Goodridge (1989), die Technologiemanagement in erster Linie als Bewältigung der technischen Veränderungen begreifen.
- Kocaoglu (1990), der einen zweidimensionalen Ansatz verfolgt: Die erste Dimension erstreckt sich entlang des Technologielebenszyklus (Themen wie Kreativität, Innovation, Grundlagenforschung, angewandte Forschung, Entwicklung, Design, Implementierung, Marketing und Technologietransfer); die zweite Dimension ist durch eine systemische Sicht geprägt.
- Noori (1990), der eine Trennung zwischen Innovations- und Technologiemanagement vorschlägt und die umfassend integrative Eigenart des Managements von neuen Technologien betont.
- Geistauts, Baker und Eschenbach (1991), die ein Integriertes Technologiemanagement-Modell postulieren, dessen Kern aus fünf Schlüsselbereichen besteht (Decision-, Information-, Process-, Materials- und Product Technology).
- Shenhar (1991), der eine Morphologische Taxonomie entwirft.
- Tschirky (1991), der Technologiemanagement als eine integrierte und integrierende Aufgabe auf allen Stufen der Unternehmensführung darstellt.
- Bullinger (1994), der sich für die begriffliche Abgrenzung des Technologiemanagements an den Aufgaben des allgemeinen Managements orientiert. Dem Technologiemanagement als interdisziplinäre Aufgabe kommt die Aufgabe zu, die Managementkompetenz um die Kompetenz im Technologiebereich zu ergänzen.
- Zahn (1995), für den Technologiemanagement einerseits Management von Wissen bedeutet, andererseits wird es als Teil des Innovationsmanagements betrachtet.
- Brockhoff (1997), der Technologiemanagement durch die Aktivitäten des externen Erwerbs und der externen Verwertung von technologischem Wissen mit Innovationsmanagement in Verbindung bringt (Technologiemanagement als komplementäre Aufgabe des F&E-Managements).

Schwachpunkt dieser Ansätze ist z.T. die Isolierung einzelner für das Management von Tätigkeiten relevanter Aspekte. Das Konzept Integriertes Technologie-Management (ITM) bildet den Rahmen für eine **ganzheitliche** Erfassung des Unternehmensgeschehens unter technologischen Gesichtspunkten (dazu auch Brodbeck, 1999, S. 10ff.). Aufgrund der ganzheitlichen Sichtweise wird deutlich, daß grundsätzlich **jeder** Unternehmensbereich vom Technologiemanagement betroffen sein kann (vgl. Brodbeck, 1999, S, 15).

Das ITM als Teilaufgabe des **allgemeinen Managements** (zu dem verwendeten Gedankengut des St. Galler Ansatzes siehe 1.Teil) zeigt Abb. 113 (aus Tschirky, 1998. S. 270).

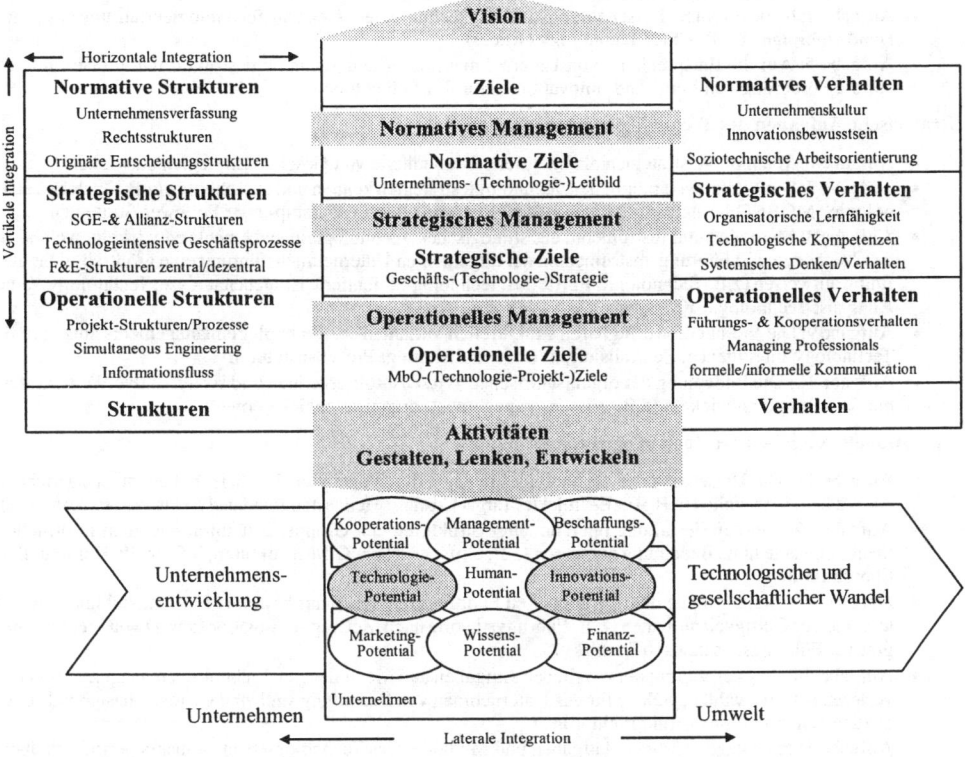

Abb. 113: Integriertes Technologiemanagement als Teilaufgabe des allgemeinen Mangements

---

Integriertes Technologiemanagement
„... eine ganzheitliche Aufgabe des Managements darstellt, die an den normativen, strategischen und operationellen Unternehmenszielen ausgerichtet ist und sich in erster Linie mit der Gestaltung, Lenkung und Entwicklung
des Technologie- und Innovationspotentials des Unternehmens befaßt." (Tschirky, 1998, S. 226)

Das Technologie**potential** bildet dementsprechend den **Eingriffsbereich** des Technologiemanagements.

Technologiepotential
„... wird dabei – als eines der neun Unternehmenspotentiale – als sozio-technisches Teilsystem des Unternehmens verstanden, welches die zur Verfügung stehenden Produkt- und Prozeßtechnologien, deren Träger in personaler, informationeller und materieller Hinsicht sowie die zur Technologienutzung erforderlichen Führungsstrukturen und Prozesse umfaßt." (Brodbeck, 1999, S. 18)
„... jene latent oder effektiv vorhandenen Konstellationen innerhalb des Unternehmens bezeichnen, welche durch
Aktivitäten des Unternehmens zum Vorteil aller Bezugsgruppen und des Unternehmens selbst erschlossen werden können." (Tschirky, 1998, S. 215)

Tschirky (1998, S. 272ff.) entwirft einen Ansatz **„Integriertes Technologiemanagement"**
mit insgesamt 15 Aufgabe und Methoden:

Normative Aufgabe des Managements:

- Aufgabe 1: Sich als Unternehmensleitung mit dem gesellschaftlichen Wandel grundsätzlich auseinandersetzen
- Aufgabe 2: Visionen entwickeln und kommunizieren
- Aufgabe 3: In den originären Dokumenten der Willensäußerung die Leitgedanken für die Entwicklung und Nutzung von Technologien verankern (z. B. im Leitbild)
- Aufgabe 4: In die originäre Entscheidungsfindung Technologiewissen und Technologieerfahrung aus erster Hand einbringen (z. B. Chief Technology Officer)
- Aufgabe 5: Auf die Entsprechung von Unternehmenskultur und Technologiestruktur und im Besonderen auf die Förderung von Lern- und Innovationskultur Einfluß nehmen

Strategische Aufgaben des Technologiemanagements:

- Aufgabe 6: Technologiestrategien als integrierte Bestandteile von Geschäftsstrategien entwickeln
- Aufgabe 7: Die Vielfalt von möglichen Technologiestrategien kennen und ausschöpfen (z.B.: Welche Technologie? MOBKOS-Analyse = Make-or-buy? Keep-or-sell?; Leadership- oder Follower-Strategien)
- Aufgabe 8: Methoden und Instrumente des strategischen Technologiemanagements entwickeln, welche zu den Methoden und Führungsinstrumenten der allgemeinen Unternehmensführung eine größtmögliche Affinität aufweisen (z.B. Technologie-Portfolios; technologieorientierte Branchenanalyse; Technology Value Analysis; Technologie-Kalender)
- Aufgabe 9: Die Vielfalt der verfügbaren strukturellen Varianten des Technologiemanagements nutzen (z.B-Technology Intelligence; Zentralisierung/Dezentralisierung; Prozeßstrukturen)
- Aufgabe 10: Die Bedeutung der organisatorischen Wissensbasis erkennen und sie auf aktive Weise gestalten, lenken und entwickeln (z.B. Wissensmanagement; organisationales Lernen)

Operationale Aufgaben des Technologiemanagements:

- Aufgabe 11: Die Umsetzung der Technologiestrategien durch operationelle Ziele und auf sie ausgerichtete Aktivitäten sicherstellen (z.B.: F&E-Projekte; Target Costing; Meilensteintrendanalyse; Isovaloren-Analyse)
- Aufgabe 12: Bei der Gestaltung operationeller Strukturen den Gruppenstrukturen wie auch informellen Strukturen eine hohe Bedeutung zumessen (z.B. Gruppenarbeit, CIM-Strukturen; informelle Kommunikationsstrukturen)
- Aufgabe 13: Beim Vollzug der operationellen Führungsaktivitäten auf bewährte Führungsfähigkeiten von allgemeiner Gültigkeit aufbauen (z. B. Führungstheorie nach McGregor; Situationsansatz von Fiedler; integrativer Führungsansatz nach Tschirky)
- Aufgabe 14: Aus der Vielfalt der möglichen Aufgaben und Methoden des Technologiemanagements handverlesen jene auswählen, welche für das Unternehmen von Bedeutung sind, und sie in die bestehende oder anzupassende Führungsstruktur einordnen
- Aufgabe 15: Die gegenwärtigen Aufgaben und Methoden des Technologiemanagements periodisch überprüfen und auf künftige Unternehmenskonzepte neu ausrichten (z.B. Entwicklungsaufgabe; Umgang mit dem Phänomen Wandel)

b) Ableitung von Timing-Strategien

Der Faktor **Zeit** wird zum **zentralen** Bestimmungsfaktor für Rentabilität und Risiko eines Geschäftsfeldes: Primat der **„Strategie des First"** (die Politik des „lachenden Zweiten" wird immer aussichtsloser). Die PIMS-Studie bestätigt, daß vor allem Pioniere jeweils Marktführer wurden. 70% der Marktführer waren als „einer der Pioniere" in den Markt eingetreten (Buzzell/Gale, 1989, S. 153f.). Allerdings muß der Pionier konsequent angebots- (= technischer Vorsprung oder Kostenvorteil) und/oder nachfrageseitige Vorteile aufbauen, um seine anfängliche Vorzugsstellung langfristig zu verteidigen (im einzelnen Vidal, 1995). Für weitere empirische Arbeiten zu Fragen des Timing siehe insbesondere Höft (1992, S. 215ff.).

Wer der Früherkennung technischer Veränderungen nicht genug Aufmerksamkeit schenkt, gerät in eine **„Zeitfalle"** bzw. ein strategisches Dilemma (d.h., die zur Verfügung stehenden Amortisationszeiten der Entwicklungskosten verkürzen sich entsprechend!), da

- sich aufgrund der Veränderungsdynamik die **Marktzyklen verkürzen**,
- sich durch die Steigerung im Neuigkeitsgrad und in der Komplexität der Technik die **Entstehungszyklen verlängern**,
- sich die **Vorbereitungskosten** drastisch erhöhen.

Der Wahl des richtigen „Timings" für den Markt**eintritt** kommt eine überragende Bedeutung zu. Ein Schlüsselproblem besteht in der Bestimmung von Timing-Strategien. Hatten Ansoff/Steward (1967) noch vier **Typen** von Marketingstrategien für technologieorientierte Unternehmen unterschieden (First to Market, Follow the Leader, Application Leader und Me Too), differenzieren Pfeiffer et al. primär danach, ob eine Pionier- oder Follower-Strategie eingeschlagen wird; der Strategie des First wird dabei eine Vorrangstellung eingeräumt. Wolfrum (1994, S. 295) bestätigt zwar die Bedeutung des Faktors Zeit im Innovationswettbewerb, lehnt aber die Empfehlung einer „generellen" Vorteilhaftigkeit von **Führer-** gegenüber **Folger-**Strategien ab und gibt Beispiele erfolgreicher Folgerpositionen (ähnliche Beispiele bei Perillieux, 1991, S. 25ff.). Auch Pfeiffer et al. zeichnen Chancen für einen Follower (Strategie des „Überholen ohne Einzuholen"). Zur Frage der Ableitung von Timing-Strategien auf der Basis von Lebenszyklusmodellen siehe insbesondere Höft (1992, S. 199ff.). Empirische Studien zeigen für die Strategiewahl die Notwendigkeit einer **situations**spezifischen Entscheidungsfindung (jeweilige Marktstruktur, Produktcharakteristika, Marktposition, technologische Position etc.).

Beide Strategien verfolgen unterschiedliche **Zielsetzungen** (nach ebd., S. 34):

- Der **Führer** will kurzfristig Vorteile aus der technologischen Monopolstellung ziehen und langfristig Wettbewerbsvorteile, die aus diesem Einführungsmonopol resultieren (wie Kostenvorteile aufgrund Erfahrungskurvenvorsprung, Imagevorteile, Beziehungen zu Abnehmern und Etablieren von Industriestandards).
- Der **Folger** will kurzfristig an den Erfahrungen des Führers partizipieren mit dem Ziel der Technologieimitation bzw. Technologiemodifikation und langfristig Wettbewerbsvorteile durch den Einsatz aller wettbewerbsstrategischen Maßnahmen wie Produktpolitik (Systemangebot, Anwendungsspezialisierung, Zuverlässigkeit, Service), Preispolitik, Distribution und Werbung.

Eine Zusammenstellung der Vor- und Nachteile einer **Pionierstrategie** gibt Brodbeck (1999, S. 88):

Vorteile/Chancen:

- Frühzeitiger Erwerb von Marktkenntnissen
- Frühzeitiger Aufbau von Marktpositionen
- Positionierung nach eigenen Vorstellungen
- Vorerst kein Preiswettbewerb
- Problemverständnis durch Pioniererfahrung
- Aufbau von Marken-/Firmentreue
- Imagegewinn
- Aufbau von Markteintrittsbarrieren
- Vorsprung auf der Erfahrungskurve
- Möglichkeit der Qualitäts- und Preisführerschaft
- Möglichkeit der Marktführerschaft
- Zusätzlicher Profit aus Patenten und Lizenzen

Nachteile/Risiken:

- Hohe Kosten der Markterschließung
- Nutzen der Markterschließung durch Folger
- Möglichkeit der Fehlinvestition
- Risiko der richtigen Bedarfseinschätzung
- Risiko der zögernden Marktaufnahme
- Gefahr der falschen Zielgruppenwahl
- Imagenachteile bei unausgereiften Innovationen
- Risiko technologischer Diskontinuitäten
- Angreifbarkeit durch Produktverbesserungen
- Angreifbarkeit durch Prozeßinnovationen
- Risiko fehlender Ressourcen

Oelsnitz/Heinecke (1997) zeigen, warum ein **Abwarten** beim Markteintritt manchmal die bessere Lösung ist, wobei ein plausibles Handlungsprogramm, d.h. eine in sich konsistente Eintrittsstrategie wichtig ist; sie zeichnen drei erfolgversprechende **Folgerkonzepte** mit jeweils spezifischen **Erfolgsfaktoren** (dazu Abb. 114, aus ebd. S. 36ff.):

Erfolgsfaktoren der Folger-I-Position	Erfolgsfaktoren der Folger-II-Position	Erfolgsfaktoren der Folger-III-Position
Folger-I	**Folger-II**	**Folger-III**
• Partizipation an der Marktaufbauleistung des Pioniers	• Kostenreduktion gegenüber Pionier und Folger-I	• Kostenreduktion durch geringere F&E-Aufwendungen und Markterschliessungsinvestitionen
• Teilnahme am zu erwartenden Marktaufschwung	• Bearbeitung von unbesetzten Marktnischen	• Produktstabilität durch Anlehnung an dominante Standards
• Risikoreduktion durch Abwarten der Marktentwicklung nach Pioniereintritt	• tendenziell höhere Profitabilität bei Liebhabermärkten	• Verfahrensstabilität durch Anwendung bewährter/ausgereifter Fertigungstechnologien
• im Vergleich zu den Folgern-II und -III bessere Möglichkeit der Beeinflussung von Marktstandards	• Spielräume bei der Preisgestaltung	• Ausnutzung von Standardisierungspotentialen
• im Vergleich zu den Folgern-II und -III bessere Möglichkeit der Beeinflussung von Marktstandards	• Aufbau einer eigenen „Nischenkompetenz"	
aber: Notwendigkeit eines eigenständigen Wettbewerbvorteils sowie ggf. Konfrontation mit pioniergesetzten Markteintrittsbarrieren	**aber:** Gefahr der fehlerhaften Segmentauswahl sowie möglicherweise Probleme bei der Verdeutlichung der originären Nischenkompetenz	**aber:** dauerhafte Imagenachteile gegenüber den etablierten Marken sowie bedrohte Wettbewerbsposition bei Preissenkungen der Konkurrenz

Abb. 114: Erfolgsfaktoren verschiedener Folger-Positionen

Folger I: Früher Folger mit eigenständigem Leistungsmodell
Folger II: Später Folger mit eigenständiger Nischenkompetenz
Folger III: Später Folger ohne eigenständigen Leistungsvorteil

Besonders auf der **Erfahrungskurve** basierende strategische Planungskonzepte gehen implizit davon aus, daß Lernen ein unternehmensspezifisches Phänomen ist und daß Erfahrung im Eigentum des Pioniers verbleibt und nicht diffundiert. In manchen Branchen genießt der Pionier aufgrund seines Erfahrungsvorsprungs tatsächlich einen Kostenvorteil, der von späteren Folgern nicht mehr aufgeholt werden kann. Nach Vidal (1996) zeigen empirische Untersuchungen jedoch, daß **Technologiediffusion** in vielen Märkten eine bedeutende Rolle spielt (vgl. auch Bagdasarjanz, 1993, S. 21f.); dann verkörpert Lernen im wesentlichen ein branchenweites Phänomen. In diesem Fall wird der Pionier **keinen** uneinholbaren Kostenvorteil gegenüber nachfolgenden Wettbewerbern halten können:

„Die empirische Evidenz deutet darauf hin, daß in vielen Fällen die Erfahrung des Pioniers nachfolgenden Wettbewerbern zugute kommt. Erfahrungs- bzw. Technologiediffusion kann über viele Kanäle erfolgen: Nachfolgende Unternehmungen können Mitarbeiter, die im Pionierunternehmen eine Schlüsselrolle einnehmen, abwerben; durch ‚reverse engineering' kann das Pionierprodukt genauestens analysiert werden; Patente können häufig umgangen werden. Die Zulieferer des Pioniers vermögen den Nachzüglern wertvolle Informationen zu liefern. Zudem gelingt es möglicherweise später in den Markt eintretenden Wettbewerbern, neue, kostengünstigere Produktionsprozesse zu entwickeln, oder sie können die Erfahrung, die sie mit angestammten Produktlinien gesammelt haben, auf das neue Erzeugnis übertragen" (Vidal,1996, S. 43; die gleiche Meinung vertritt Bagdasarjanz, 1993, S. 22ff.).

Beide Strategien sind durch unterschiedliche **Risiken** gekennzeichnet (ebd., S. 35):

- Risiken der Führerstrategie: hohe Kosten und großer Zeitaufwand für F&E, hohe Marktöffnungskosten, Imagenachteile bei nicht ausgereiften Innovationen, Führerinnovation kann sich nicht als Industriestandard durchsetzen
- Risiken der Folgerstrategie: kürzere Marktphase der Innovation/Risiko des zu späten Markteintritts, schwieriges Überwinden der Eintrittsbarrieren, hohe Abnehmerpräferenzen für die Führerinnovation

Zur Reduktion des Zeitproblems finden z.Z. besonders Formen der Reduktion der Entwicklungszeiten (wie **Simultaneous Engineering**) verstärkt Aufmerksamkeit. In vielen Unternehmen konnten die Produktentwicklungszeiten in den letzten Jahren z.T. drastisch gesenkt werden. „Den stärksten Einfluß auf den wirtschaftlichen Erfolg einer Produktinnovation hat die Entwicklungsdauer aber dadurch, daß sie die Fähigkeit des Unternehmens bestimmt, den günstigsten Markteintritt für ein neues Produkt zu wählen. Je schneller ein Unternehmen nämlich eine bestimmte Entwicklungsleistung erbringen kann, desto größer ist sein Dispositionsspielraum bei der Wahl eines **Markteinführungszeitpunkts**. Der Zeitpunkt ist deshalb erfolgsentscheidend, weil er wiederum Einfluß hat auf

- die erzielbaren Produktpreise,
- die Absatzmenge bzw. den Marktanteil des Produkts,
- das Image von Produkt und Unternehmen,
- die Markterfahrungen, die für kundenorientierte Produktmodifikationen und für Neuentwicklungen genutzt werden können" (Gerpott/Wittkemper, 1991, S. 120).

Wir haben vorher gezeigt, daß ein frühestmöglicher Markteintritt häufig am besten ist, aber auch Follower-Strategien erfolgreich sein können.

Die Produktentwicklungszeit wird zu einem **kritischen Erfolgsfaktor,** denn verlängerte Entwicklungszeiten können zu drastischen **Ergebniseinbußen** führen: „Die meisten technologieintensiven Unternehmen agieren aber auf Märkten, die gekennzeichnet sind durch erheblichen Preisverfall über kurze Produktlebenszyklen, klar definierte technische Normen/Standards und schnelle Diffusion von Neuerungen. In einem solchen Umfeld ist es fast durchweg vorteilhaft, vor allen anderen Wettbewerbern als Pionier in den Markt einzutreten. In der Elektronikindustrie beispielsweise hat sich herausgestellt, daß eine Verlängerung der geplanten Entwicklungszeit um sechs Monate für ein typisches Produkt mit einer Vermarktungsdauer von fünf Jahren zu einer Einbuße von etwa 30% der kumulierten Ergebnisse (Gewinn nach Steuern) führt. Bei einem kürzeren Produktlebenszyklus von drei Jahren verliert das Unternehmen durch die gleiche Zeitverzögerung sogar 50% des Ergebnispotentials" (Gerpott/Wittkemper, 1991, S. 121).

Zwischen dem Timing der Technologie-Technik-Position und dem Timing des Markteintritts besteht ein **Zusammenhang**. „Es wird daher die Ansicht vertreten, daß ein Unternehmen nur dann erfolgreich als Marktpionier oder früher Folger in einen Markt wird einsteigen können, wenn dieses gleichzeitig auch die Position eines Technologieführers innehat" (Höft, 1992, S. 212).

c) Fertigungstechnologien und Werkstoffe als Wettbewerbsfaktor

Fertigungstechnologien werden in jüngerer Zeit zunehmend als die Grundlage von Wettbewerbsvorteilen gesehen. Neue computergestützte Fertigungstechnologien wiesen dem **Produktionsbereich** wieder eine neue, strategische Rolle zu (CAM, CIM etc.; dazu Fischer, 1993, S. 92ff.). Die Produktion als strategischer Erfolgsfaktor setzt allerdings voraus:

- ein „Fit" mit der Unternehmenskultur („technologiefreundlich"/„innovationsfördernd"?),
- eine entsprechende Einstellung der Unternehmensleitung und
- die Anpassungs- und Lernfähigkeit der Mitarbeiter.

Werkstoffe bilden schon seit jeher den Ausgangspunkt oftmals sehr komplexer volks- und betriebswirtschaftlicher Wertschöpfungsketten. Für Schneider (1993, S. 1) kann vielfach das Niveau der Werkstoffbeherrschung hinsichtlich Herstellung und Anwendung auch als Indikator für den Erfolg bestimmter Industriebranchen und Unternehmen herangezogen werden. „Innovative Werkstoffe bilden einen wesentlichen Bestandteil der Zukunftsplanung technologieintensiver Industrieunternehmen." Der Technologiewettbewerb der Zukunft wird damit **auch** ein Wettbewerb der Werkstoffe werden. Ein geplantes Werkstoffinnovationsmanagement benötigt ein spezielles Instrumentarium (für ein Beispiel im Technologie-Portfolio siehe Schneider, 1992, S. 70).

Heuristische **Planungstools** (vgl. ebd., S. 4ff.) dienen der:

- Bewertung des Diffusionspotentials innovativer Werkstoffe (Diffusionsanalyse)
- Bewertung des Kundennutzens innovativer Werkstoffe (Kundennutzenanalyse)
- Bewertung des Entwicklungspotentials innovativer Werkstoffe (z.B. Technologie-S-Kurven-Analyse)
- Bewertung des Beherrschungsgrades innovativer Werkstoffe (Know-how-Bilanzen)
- Bewertung der ökologischen Konsequenzen neuer Werkstoffe (Ökomatrizen)
- Bewertung der Wirtschaftlichkeitskonsequenzen innovativer Werkstoffe (Amortisationsrechnungen/Vergleichskalkulation)

d) Das S-Kurven-Konzept (Substitutionszeitkurve)

„Innerhalb des Technologiemanagements existieren seit längerer Zeit Modelle der Technologieentwicklung, die eine Orientierungsleistung im Sinne von focusing devices oder cognitive technological maps bieten. Diese Modelle sollen helfen, Trendbrüche in der Technologieentwicklung rechtzeitig zu erkennen, um den Anschluß in Schlüsseltechnologiefeldern zu halten" (Osterloh/Wartburg, 1998, S. 139). Weitere Methoden der Beurteilung technologischer **Substitutionen** und zum strategischen Substitutionsplanungs-Prozeß siehe Hirschbiegel (1998, S. 507ff.).

Zur technologischen Entscheidungsfindung werden verschiedene Modelle zur Beschreibung der Entwicklung von Technologien (jung? ausgereift?) eingesetzt. Je nach Potential der Technologien ergeben sich andere technologiestrategische Optionen. Es existieren einige idealtypische S-Kurven-Modelle, die stark an den (bereits dargestellten) Produktlebenszyklus angelehnt sind (Technologielebenszyklus-Modell, McKinsey S-Kurven-Konzept im Rahmen der Innovationsforschung, Sigmoidkurve).

Strategisch hohen Erkenntniswert hat das durch empirische Untersuchungen bestätigte Phänomen der **Substitutionszeitkurve**: Es besagt, daß die etwa durch eine **Innovation** bewirkte Substitution (also der Ersatz, die Verdrängung alter Produkte/Technologien durch neue) einem bestimmten **gleichförmigen Verhaltensmuster** folgt. In den meisten Fällen wird dieser Ersatz nicht schlagartig erfolgen, sondern in einem **kontinuierlichen** Prozeß; Schwankungen können jedoch durch schubartige Veränderungen eintreten. Typische Substitutionsvorgänge, bei denen ein Produkt/Dienstleistung durch ein anderes mit gleicher Problemlösungsfunktion beim Kunden ersetzt wurde, sind Propeller-/Düsenflugzeuge, Schwarzweiß-/Farbfernseher, analoge Schallplatte/CD, elektromechanische -/elektronische Registrierkassen, mechanische -/Quarzuhren (vgl. Pümpin/Prange, 1991, S. 28ff.; Malik, 1992, S. 211ff.).

„Die empirisch festgestellte Gleichförmigkeit besteht darin, daß eine einmal begonnene Substitution, sobald sie nur wenige Prozente erreicht hat, dann mit dieser anfänglichen Substitutionsgeschwindigkeit weiterläuft, bis sie den gesamten Markt erreicht hat, es sei denn, daß sie zwischenzeitlich durch eine neue Substitution abgelöst wird" (Gälweiler, 1987, S. 50).

Gerberich (vgl. dazu 1986, S. 236f.) teilt den (S-förmigen) Verlauf der Kurve in drei typische **Phasen** ein:

Phase 1: Markteintritt

- der Marktanteil wächst langsam, da das alte Produkt noch eindeutig den Markt beherrscht
- am Phasenende wird das neue Produkt erst einen Marktanteil von ca. 10% haben

Phase 2: Marktpenetration

- eigentlicher Substitutionsprozeß
- erfordert entsprechende Produktionskapazitäten (Entscheidungen über die Investitionen müssen aber schon in Phase 1 getroffen worden sein)
- am Phasenende ca. 50% Marktanteil (sonst wird die alte Lösung dominant bleiben)

Phase 3: Marktsättigung

- endgültige Verdrängung der bisherigen Lösung
- verläuft langsamer als Phase 2, besonders ab einem Substitutionsniveau von 70 bis 80%
- am Ende bleibt ein von der bisherigen alten Lösung abgedeckter „Restmarkt"
- häufig ist damit auch eine Marktausdehnung bzw. das Erschließen neuer Anwendungsgebiete (Marktaufspaltungen) verbunden

Für Gälweiler stellt die Substitutionszeitkurve **eine** wichtige Komponente für die Beurteilung des langfristigen Marktwachstums und zur Zeitplanung (z.B. für die Investitionsplanung) dar; die frühzeitige Kenntnis ist vor allem von Bedeutung (Gälweiler, 1987, S. 50).

Pümpin/Prange (vgl. 1991, S. 33) führen es auf ein von technologischen Traditionen geprägtes Scheuklappendenken, die Sorge vor der Entwertung des eigenen Know-hows, spezialisierter Anlagen und Mitarbeiter und die Sorge um die eigene Identität zurück, daß ca. sieben von zehn Technologieführern beim Übergang zu einer neuen Technologie ihre Spitzentechnologie verlieren.

Viele Autoren weisen darauf hin, daß die isolierte Betrachtung nur **einer** S-Kurve die Potentiale **alternativer** Technologien nicht berücksichtigt. Abb. 115 (aus Krubasik, 1982, S. 29) zeigt zum einen die beim heutigen Stand jeweils ausschöpfbaren technischen Potentiale, zum anderen die beim Technologiesprung von einer älteren Technologie auf eine neue **Substitutionstechnologie** entstehende Diskontinuität.

Bei zunehmendem F&E-Aufwand steigt die Leistungsfähigkeit der alten Technologie im Grenzbereich immer schwächer. Die neue Technologie hat zwar zu diesem Zeitpunkt noch ein geringere Leistungsfähigkeit, aber langfristig ein höheres Niveau. Die Kurve liefert allerdings keine Anhaltspunkte für den optimalen Zeitpunkt des Wechsels. Kritisch erscheint auch die eindimensionale Betrachtung (auf die Technologie) bei Vernachlässigung ökonomischer Wettbewerbsparameter.

„Der Ausstieg aus der angewandten Technik wird dadurch erschwert, daß der Innovationszyklus vom Produktlebenszyklus abweicht. Eine Ausschöpfung der technischen Möglichkeiten bedeutet nicht zwangsläufig, daß die Technik die wirtschaftlichen Marktgrenzen erreicht hat. Vielmehr bringen die Produkte auf der Basis dieser Technik Umsatzwachstum und eine positive Umsatzrendite, obwohl die Produktivität in der Forschung und Entwicklung bereits relativ abnimmt. Es kommt zu Produktdifferenzierungen an Stelle von Produktinnovationen und Fehlschlägen im Forschungs- und Entwicklungsbereich. Die wirtschaftlichen Maßgrößen signalisieren dennoch keinen Übergang auf eine neue Technik, die mit geringerem Aufwand zu höheren Nutzenzuwächsen fähig wäre. Entwicklungen in der Uhren-, Kamera- und Schreibmaschinenindustrie, die zu einem verzögerten Übergang von der Mechanik auf die Elektronik führten, belegen beispielhaft die vorstehende Analyse. Ein möglicher Grund für diesen verzögerten Übergang auf eine neue Technik mag eine ungeeignete (lineare) Prognose sein, die zu einer Fehlbewertung hinsichtlich eines effizienten und zeitgerechten Technikeinsatzes führt" (Bühner, 1993, S. 157f.).

„Die Schaffung einer zweiten Kurve erfordert, daß sie immer annehmen, sie befänden sich in der Nähe des Höhepunktes der ersten Kurve, also an Punkt A, und daß sie daher eine zweite Kurve beginnen müßten. Organisationen sollten davon ausgehen, daß ihre jeweiligen Strategien in zwei oder drei Jahren durch neue ersetzt werden müssen und daß die Produktlebenszyklen heute kürzer sind als früher. Richard Foster vom McKinsey-Institut studierte 208 Firmen 18 Jahre lang, um jene herauszufiltern, die **laufend erfolgreich** waren. Über die vollen 18 Jahre schafften es nur drei Unternehmen. 53 Prozent konnten den Status quo nicht länger als zwei Jahre aufrechterhalten" (Handy, 1994, S. 59). Von den 43 bei Peters/Watermann als „excellent" eingestuften Unternehmen waren nach 5 Jahren lediglich 14 und nach 8 Jahren nur mehr 6 Unternehmen immer noch excellent (Doyle, 1992, zit. Bei Hinterhuber/Aichner/Lobenwein, 1994, S. 57, Osterloh/Wartburg, 1998, S. 139ff.).

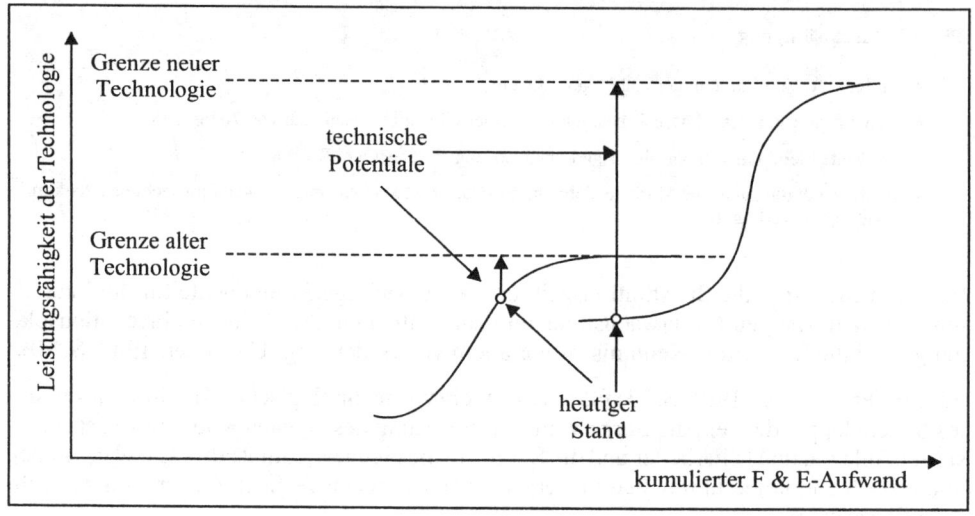

Abb. 115: S-Kurven-Konzept

Während das S-Kurven-Konzept keine strategische Handlungsanleitungen gibt, versucht dies **das Branchenentwicklungsmodell** von Abernathy/Utterback, das die dynamischen Interdependenzen zwischen der Innovationsrate von Produkt- und Prozeßinnovationen über die Zeit darstellt: Unternehmen müssen durch organisatorische Maßnahmen beide aufeinander abstimmen (dazu Osterloh/Wartburg, 1998, S. 141ff.).

Den beiden geschilderten Modellen ist gemeinsam, „daß sie, wenn auch auf unterschiedliche Weise, auf die Schwierigkeiten der Überwindung von technologischen Diskontinuitäten aufmerksam machen. Diese Diskontinuitäten werden auch als **Trendbruchdilemma** bezeichnet. Es ist gekennzeichnet durch den Widerspruch zwischen der Logik der Erfahrungskurve und dem Erfordernis, den Anschluß an wichtige neue Technologien zu erhalten. Die Logik der Erfahrungskurve empfiehlt, einerseits möglichst lange die bisherige Technologie auszunutzen, d.h., das Potential zur Kostensenkung durch **economies of scale** und durch Prozeßinnovationen möglichst auszuschöpfen. Hingegen würde ein Übergang auf eine neue Technologie den Wechsel auf eine Erfahrungskurve nötig machen, die zunächst ungünstiger ist. Dieses Dilemma wird in vielen Fällen nicht bewältigt." (Osterloh/Wartburg, 1998, S. 144)

e) Technologie-Portfolio-Konzepte

Insbesondere von technologieintensiven Unternehmen wurden **Portfolio**-Methoden als **integrierte Analysekonzepte** entwickelt (so von McKinsey, Arthur D. Little, Michel, Wildemann), die neben dem marktorientierten Multifaktorenportfolio explizit Technologieempfehlungen mit einbeziehen (vgl. Specht/Zörgiebel, 1985; Michel, 1987; Wolfrum, 1994, S. 224ff.). In den traditionellen Marktportfolios können neuartige Richtungsimpulse bzw. technologische Trendbrüche nicht sichtbar gemacht werden. Beim Ansatz von McKinsey führt die Gegenüberstellung und Zusammenstellung von Markt- und Technologie-Portfolio und die damit ermöglichte Kontrastierung von Markt- und Technologieprioritäten „zu einer expliziten Integration der Technologieplanung in die Gesamtplanung" (Wolfrum, 1994, S. 229).

In der Literatur findet sich eine **Vielzahl** von Konzepten strategischer Technologieplanung und Strategieformulierung (Technologie-/Branchenlebenszykluskonzept von Arthur D. Little, der Ansatz von Booz, Allen & Hamilton, von Brose/Corsten, von Harris/Shaw/Sommers, das Technologie-Markt-Konzept von McKinsey, von Henzler oder das Innovationsportfoliokonzept nach Michel. Das Management von Zukunftstechnologien wird als zentrale Planungsaufgabe der 90er Jahre gesehen. Es bestehen auch Ansätze, die strategische Technologieplanung durch Expertensystemansätze zu unterstützen. Zur Beherrschung der Schnittstelle Technik und Unternehmensstrategie stellt Pfeiffer ein **Technologie-Portfolio-Konzept** vor. Die Denkperspektive dieses Ansatzes soll mit einer Kurzcharakteristik aufgezeigt werden:

- Die Methode setzt nicht am Produkt bzw. an Produktgruppen an, sondern an deren inkorporierten Technologien.
- Die Methode greift über den Marktzyklus hinaus und erfaßt auch den **Entstehungs-** und **Beobachtungszyklus** der Produkt- und Fertigungstechnologie (damit wesentlich längerfristiger Zeithorizont).
- Die Methode berücksichtigt die im Rationalisierungsbereich der **Herstellung** sich bietenden Möglichkeiten.

Die Struktur der Indikatoren und ihre Begriffsinhalte in Form genereller Fragestellungen zeigt Abb. 116.

Die **Achsendimensionen** werden bestimmt durch

- die **Technologieattraktivität** als externe, weithin unbeeinflußbare Größe; als Summe aller technisch-wirtschaftlichen Vorteile, die durch das Anknüpfen der in einem Technologiegebiet steckenden strategischen Weiterentwicklungsmöglichkeiten noch gewonnen werden können, (= Summe aller technisch-wirtschaftlichen Vorteile, die durch das Ausschöpfen der in einem Technologiegebiet steckenden strategischen Weiterentwicklungsmöglichkeiten gewonnen werden können; setzt sich in der Minimalstruktur zusammen aus den **Indikatoren** Weiterentwicklungspotential (z.B. Interpretation mit der S-Kurve; Schrittmacher-/Schlüssel-/Basistechnologien), Anwendungsbreite (technische Weiterentwicklung hinsichtlich der Anzahl der Einsatzbereiche) und Kompatibilität (Integrations- bzw. Systemfähigkeit einer Technologie; dazu Mild, 1998. S. 296f.);
- die **Ressourcenstärke** als interner, strategisch steuerbarer Aktionsparameter, als Maß für die technische und wirtschaftliche Stärke und Schwäche des eigenen Unternehmens bezüglich seiner Technologien, insbesondere im Verhältnis zur wichtigsten Konkurrenz (vgl. Pfeiffer/Dögl, 1986, S. 154f.).

Probleme bei der Auswahl, Bewertung und Zusammenfassung von einzelnen Variablen zu den zwei Dimensionen, die wir beim Marktportfolio bereits angesprochen haben, treten im Prinzip hier ebenfalls auf. Mit der Ermittlung der die beiden Dimensionen bestimmenden Indikatoren erhält man das Bild der (technischen) **Ist-Situation** der Unternehmung. Diese gegenwärtige Technologieposition muß durch Früherkennung konkurrierender Technologie in die Zukunft transformiert werden (vgl. Abb. 117, aus Pfeiffer/Dögl, 1986, S. 161).

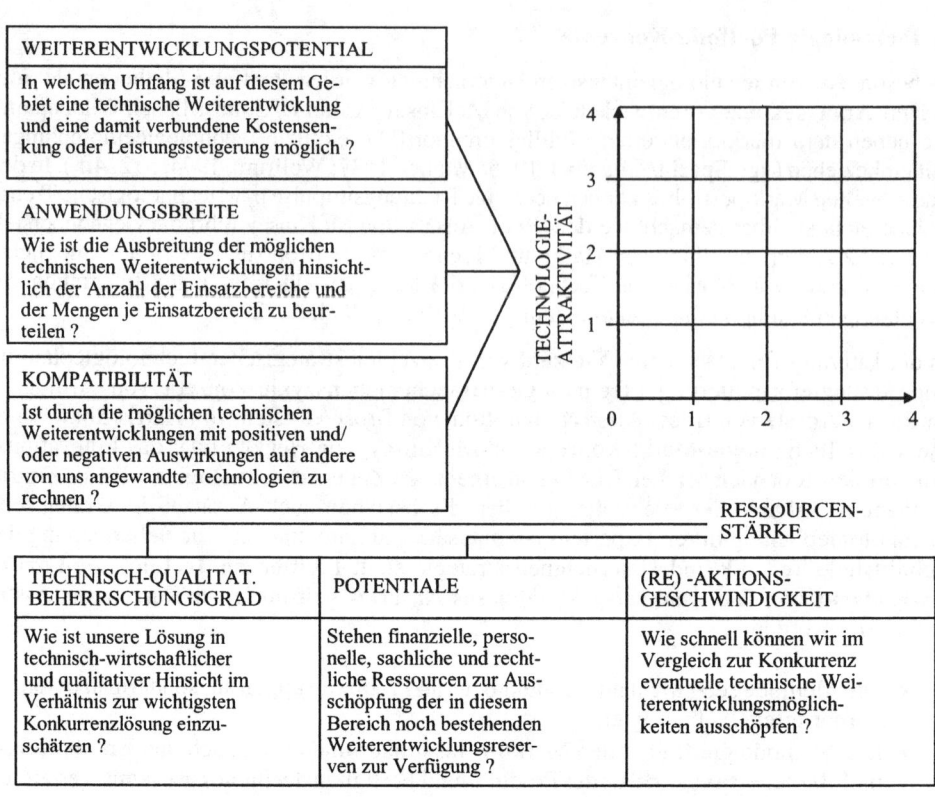

WEITERENTWICKLUNGSPOTENTIAL	
In welchem Umfang ist auf diesem Gebiet eine technische Weiterentwicklung und eine damit verbundene Kostensenkung oder Leistungssteigerung möglich ?	

ANWENDUNGSBREITE
Wie ist die Ausbreitung der möglichen technischen Weiterentwicklungen hinsichtlich der Anzahl der Einsatzbereiche und der Mengen je Einsatzbereich zu beurteilen ?

KOMPATIBILITÄT
Ist durch die möglichen technischen Weiterentwicklungen mit positiven und/oder negativen Auswirkungen auf andere von uns angewandte Technologien zu rechnen ?

RESSOURCEN-STÄRKE

TECHNISCH-QUALITAT. BEHERRSCHUNGSGRAD	POTENTIALE	(RE) -AKTIONS-GESCHWINDIGKEIT
Wie ist unsere Lösung in technisch-wirtschaftlicher und qualitativer Hinsicht im Verhältnis zur wichtigsten Konkurrenzlösung einzuschätzen ?	Stehen finanzielle, personelle, sachliche und rechtliche Ressourcen zur Ausschöpfung der in diesem Bereich noch bestehenden Weiterentwicklungsreserven zur Verfügung ?	Wie schnell können wir im Vergleich zur Konkurrenz eventuelle technische Weiterentwicklungsmöglichkeiten ausschöpfen ?

Abb. 116: Struktur der Technologie-Portfolio-Matrix

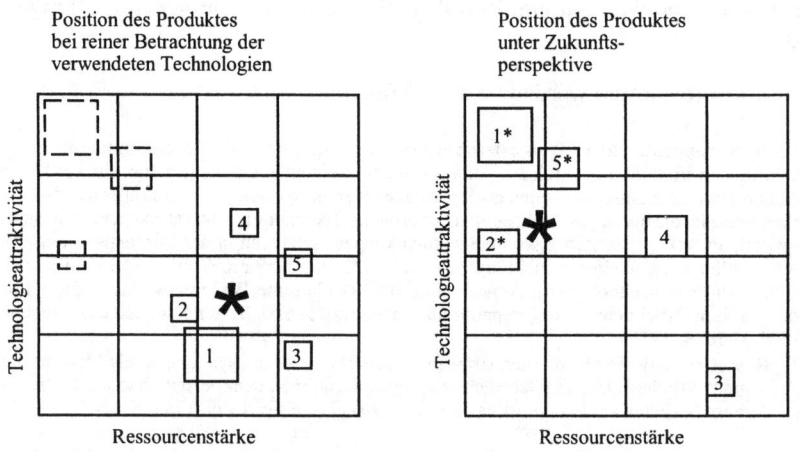

Position des Produktes bei reiner Betrachtung der verwendeten Technologien

Position des Produktes unter Zukunftsperspektive

1-5 Komponententechnologien

1*, 2*, 5* Mögliche Substitutionstechnologien F für die entsprechenden Komponententechnologien

Abb.117: Die Technologiesituation einer Unternehmung

Nach Abschluß der Erhebungsarbeiten können drei prinzipiell verschiedene **Portfolio-Typen** erstellt werden (vgl. dazu Pfeiffer/Schneider, 1985, S. 137ff. und Pfeiffer/Dögl, 1986, S. 160ff., daraus Abb. 118, S. 162):

- **Produkttechnologie-Portfolios:**
  spiegeln zukunftsbezogen die Techniksituation einzelner Produkte und ihrer Komponenten wider (Kastengröße repräsentiert den Wertanteil der Produktkomponente; Stern steht an der Stelle des gewichteten Flächenschwerpunktes und kann als Technikzustand des Gesamtportfolios verstanden werden).

- **Prozeßtechnologie-Portfolios:**
  geben analog die Techniksituation der für die Herstellung des Produktes verwendeten Herstellungstechnologie an (Kastengröße steht für die Kosten eines Fertigungsschrittes, Stern wie bei 1).

- **Geschäftsfeld- oder Unternehmensbereichs-Portfolios:**
  geben – getrennt nach Produkt- und Prozeßtechnologie – als Zusammenfassung einzelner Portfolios die Techniksituation ganzer Unternehmen/Unternehmensbereiche an.

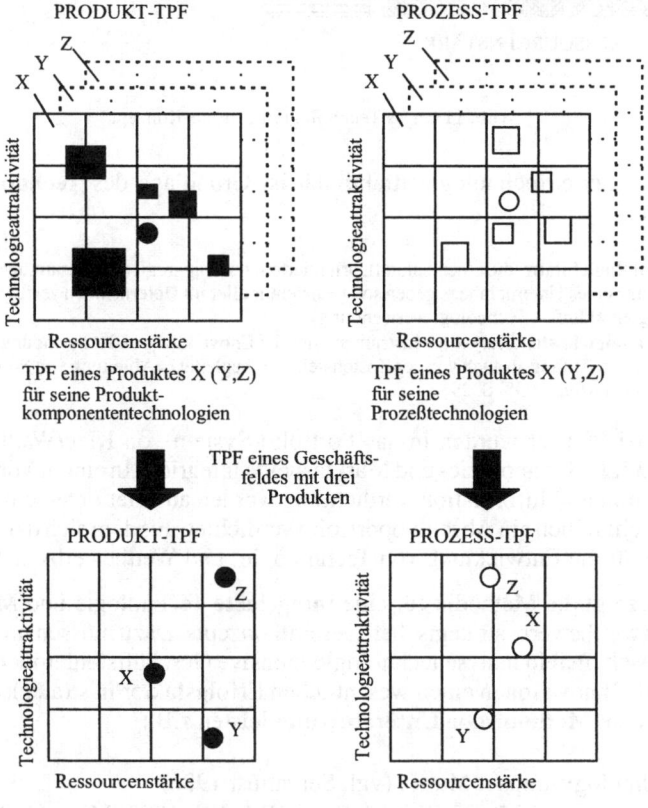

Abb. 118: Portfolio-Typen

Die Portfolio-Analyse stellt im Rahmen der Auswertung die Weichen für konkrete Forschungs- und Entwicklungsprogramme und für die Bereitstellung bzw. richtige Plazierung ausreichender Ressourcen zur langfristigen Sicherung von Wettbewerbsvorteilen. Globale **Strategieempfehlungen** (Investieren, Desinvestieren und Selektieren) zeigt Abb. 119 (aus Pfeiffer/Dögl, 1986, S. 165); für weitere Anwendungsbeispiele und Zusatzauswertungen (z.B. Entscheidung über Eigenfertigung oder Fremdbezug) sei auf die Literatur verwiesen (vgl. Pfeiffer/Dögl, 1986, S. 167ff.).

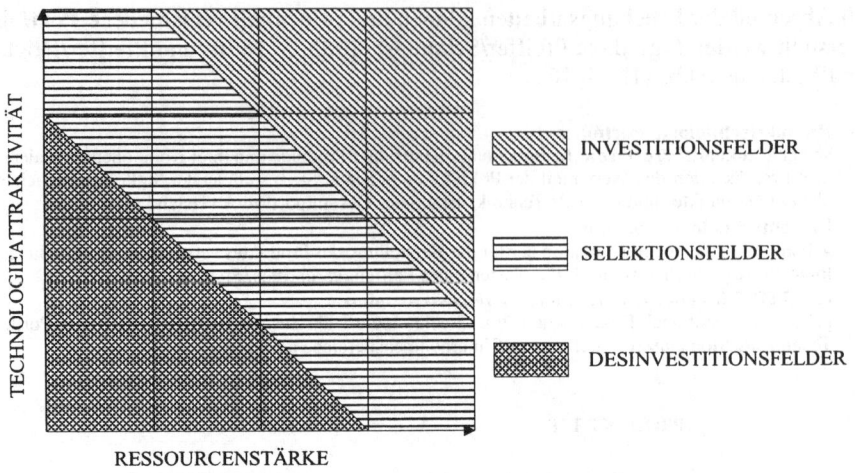

Abb. 119: Das Technologie-Portfolio-Konzept

Die bereits skizzierte Technologieattraktivität ist Grundlage des **Technologieportfolios**. Daneben auch für

- eine **Technologiebilanz**, die einen zukunftsorientierten, hoch aggregierten Gesamtüberblick zur technologischen Lage eines Unternehmens geben soll (= Inventur aller im Unternehmen verfügbaren Technologien; Technologieherkunft – Technologieverwendung)
- eine **Technologiekostenanalyse** als Instrument, das die Entwicklung und Anwendung technologischer Innovationen von Anfang an auch von der Kostenstelle her begleitet (=Ableitung von Soll-Kosten einer Technologie); dazu Mild, 1998. S. 298

Ähnlich wie bei Pfeiffer wurden in das Portfolio-System von Kleb/Walther/Barzen (vgl. dazu 1990, S. 372f.) Technologie- und Marktaspekte integriert. In einem Vorgehen der Komplexitätsreduktion und Informationsverdichtung werden aus vier unterschiedlichen Portfolios zwei und schließlich ein Abschlußportfolio verdichtet, aus dem sich dann entsprechende Ansatzpunkte für die Entwicklung von Technologie- und Wettbewerbsstrategien ableiten.

Ewald (1991) zeigt die Methodik für eine **integrierte** Technologie-und Marktplanung im Rahmen eines wettbewerbsstrategischen Gesamtkonzepts. Dazu müssen im Rahmen der traditionellen Geschäftsfeldanalyse technologieintensive Geschäftsfelder identifiziert werden oder technische Innovationen einen wesentlichen Erfolgsfaktor in strategischen Geschäftsfeldern darstellen. **Methodische Unterstützung** leisten z.B.:

- die Technology-Impact Matrix (vgl. Servatius, 1986)
- das Innovationsfeld-Portfolio (vgl. Specht/Michel, 1988; Michel, 1987)
- das Technologie-Portfolio (ähnlich Pfeiffer).

War die rechtzeitige Identifizierung von Technologiesprüngen bisher die Hauptaufgabe des Technologiemanagements, so muß (nach Osterloh, 1993) diese nach wie vor wichtige Aufgabe heute um die rechtzeitige Entwicklung von schwer imitierbaren **Kernkompetenzen**, die neben dem technologischen Know-how die Fähigkeit zum organisatorischen Lernen umfassen, erweitert werden. Innerhalb der Portfolios der Kernkompetenzen als neues Instrument des Technologiemanagements sind organisatorische Lernprozesse entscheidend. Sie nutzen sich im Gebrauch nicht ab, sondern sie reichern sich im Gegenteil durch Nutzung an

706

(Spillover-Effekte). „Damit folgt ihr Potential nicht wie im Falle der Technologiezyklen einem S-förmigen Verlauf, sondern einem exponentiellen. Diese Leverage- oder Spillover-Effekte treten allerdings nicht automatisch ein, sondern erfordern, daß das Denken in Zuständigkeiten und Hierarchien überwunden und durch ein Denken in Prozessen ersetzt wird, wie dies vor allem im Konzept des Business Process Reengineering praktiziert wird. Technologiemanagement umfaßt damit in Zukunft neben dem geführten Umgang mit Technologien auch das Management des organisatorischen Wandels" (ebd., S. 50)

Brodbeck kritisiert, daß die meisten Portfolioansätze die Notwendigkeit, für eine bestmögliche Unterstützung der Which-way-to-go-Entscheidung einen umfassenden Überblick über sämtliche in Frage kommenden Technologien zu vermitteln, nicht gewährleisten, da darin lediglich die Beurteilung solcher Technologien vorgesehen ist, die bereits mit einer Ressourcenstärke belegt sind. Tschirky schlägt deshalb eine **Erweiterung** des **Technologie-Portfolios** vor (dazu ebd., S. 93f.; daraus auch Abb. 120), bei dem durch den Einbezug der Kolonne „Neue Technologie" Unternehmen in die Lage versetzt werden, Technologien in die strategische Auswahlentscheidung einzubeziehen, welche im Unternehmen zwar noch nicht verwendet werden, deren Bedeutung (d.h. die Technologieattraktivität) jedoch bereits absehbar ist; zudem erlaubt die Zeile ‚obsolete Technologien' die Plazierung jener Technologien, die nicht mehr genutzt werden, jedoch in Kooperationen nach wie vor von Wert sein können.

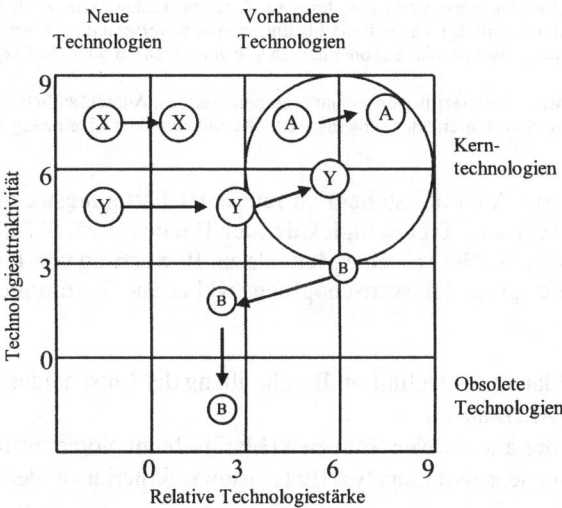

Abb. 120: Das erweiterte Technologie-Portfolio nach Tschirky

f) Problembereiche der technologischen Entscheidungsfindung

Besonders Brodbeck (vgl. 1999, S. 21f.) betont, daß Technologieentscheidungen nur ein Element der **allgemeinen Wettbewerbsstrategie** sind, die mit Entscheidungen in anderen Bereichen der Wertschöpfungskette des Unternehmens vereinbar sein und von diesen verstärkt werden müssen. Aufgrund dieser Abhängigkeiten besteht ein erheblicher Abstimmungsbedarf zwischen Technologie- und Wettbewerbsstrategien und die Notwendigkeit eines entsprechenden Schnittstellenmanagements (d.h. bewußtes Definieren und Gestalten des Abstimmungsbedarfs).

„Die Technologiestrategie einer Technologie bzw. eines Technologiefeldes wird durch die Gesamtheit der mit der Technologie bzw. des Technologiefeldes in Zusammenhang stehenden Entscheidungen determiniert" (ebd., S. 26). Zur **Systematisierung** von Technologiestrategien entwirft Brodbeck (1999, S, 26 ff.) folgenden Ordnungsraster:

- Ausgangsbasis für die Formulierung von Technologiestrategien ist die Festlegung der zu betrachtenden **Elemente**.
- Im Rahmen dieser Entscheidungsaufgaben können dann die technologischen **Ziele** bestimmt werden.
- Drittens können die **Wege** zur Zielerreichung bestimmt werden.

Für jede Technologie sind Entscheidungen hinsichtlich folgender vier Problembereiche zu treffen (nach Wolfrum, 1994, S. 274f.; ausführliche Beschreibung der Technologiestrategie-Typen auch bei Bühner, 1993, S. 287ff.):

- Technologische **Leistungsfähigkeit** (Strategie der technischen Führerschaft oder Strategie der technologischen Präsenz?)
- **Timingprobleme**:
  - richtiger Zeitpunkt der **marktlichen** Verwertung der Technologie (Innovations-Timing für den Brancheninsider - Timing des Brancheneintritts für den Branchenoutsider): Pionier, früher oder später Folger?
  - richtiger Zeitpunkt für die Generierung des notwendigen **technologischen** Wissens (Inventions-Timing): Inventionsführer (Ersterfinder) oder Inventionsfolger?
- Festlegung der **Bezugsquelle** für die technische Innovation:
  - unternehmens**interne** Forschung und Entwicklung
  - **externe** Beschaffung relevanten Know-hows im Zuge von Technologietransfer-Aktivitäten oder Vergabe von Forschungsaufträgen an externe Institutionen oder verschiedene Formen der Kooperation oder der Kauf technologischen Wissens oder der Erwerb von Lizenzen oder die Akquisition eines Unternehmens?
- Art der **Verwertung** des spezifischen technologischen Wissens: Ausschließliche Eigennutzung in Produkten und Produktionsverfahren oder gemeinschaftliche Nutzung oder Lizenzvergabe oder Technologieverkauf?

Als eine Methode zur Auswahl strategisch relevanter Fertigungstechnologien empfehlen Hedrich u.a. (1995) den sog. **Technologiekalender**. Babini (1995, S. 72ff.) schlägt die **Technologie-Wert-Analyse** (TWA) als eine Methode zur **Bewertung** von Technologiestrategien vor. Sie betrachtet den gesamten Wertschöpfungszyklus einer bestimmten Strategie und umfaßt die Schritte:

- Geschäftsfeldanalyse (Definition/Beschreibung der Entscheidungsalternativen)
- strategische Alternativen
- Beurteilung der alternativen Srategien (Markt-/Technologieportfolio)
- Bewertung mit Sensitivitätsanalyse (Entscheidungskriterium ist der Shareholder Value)

VI. Neue Restrukturierungsansätze im Wertschöpfungsprozeß einer Unternehmung

In regelmäßigen Abständen werden, wohl nicht zuletzt von Beratern induziert, „neue" spezifische Organisationskonzepte zur Lösung aktueller Managementprobleme angeboten: Business Reengineering, Total Quality Management, Kaizen, Kanban, Business Process Management, Lean Management, Continuous Flow Manufacturing, Computer Integrated Manufacturing, Simultaneous Engineering, Chaos-Management, Coaching usw. usw. ... Viele der Managementtechniken sind **japanischen** Ursprungs. Viele Methoden enthalten bekannte Elemente, neu ist oft nur die systematische und konsequente Anwendung bzw. Verknüpfung. „Wege aus der Krise" als Überschrift zentraler Themen in der Managementliteratur, Strategie- und Organisationsentscheidungen und ihre Umsetzungen vor dem Hintergrund von Krisenszenarios, Rezessionsängsten und Standortdiskussionen. Modetrends als **„alter Wein in neuen Schläuchen"**?

Eine **Persiflage** wirtschafts-„wissenschaftlicher" Satzhülsen gibt Bleicher (1994b, S. 82):

„Die deutsche Wirtschaft ist zur Zeit flächendeckend dabei, in flachen Hierarchien mit Simultaneous Engineering auf dem Weg zu einer Prozeßketten-Optimierung mittels Outsourcing just in time zu betreiben, um sich zu reengineeren, damit über ein Total Quality Management der Customerfocus wiederhergestellt werden kann. Als Ziel gilt sodann, den Shareholdervalue zu maximieren, damit man in die Wirtschaftsgeschichte als ‚lean, mean and hungry company' im Vergleich zu anderen Less excellent companies eingehen kann. Damit die Mitarbeiter im laufenden und sich offensichtlich beschleunigenden Tempowechsel mithalten können, wird schließlich darauf hingewiesen, daß über ein permanentes Krisenmanagement ein Organizational learning zu gestalten sei, das im Organizational memory die vielfältigen Erfahrungen speichert, um auch einem künftigen Change-Management gewachsen zu sein".

Studien, so von McKinsey, Roland Berger oder der baden-württembergischen Zukunftskommission zeigen, daß zu den deutschen **Standortnachteilen** nicht nur die **Kosten** gehören, sondern insbesondere Defizite im Bereich der Organisation, der Konzeption, im Managementniveau, im nicht effizienten Umgang mit knappen Ressourcen. Diese „anderen" Wettbewerbsfaktoren gilt es aufzuzeigen. Entscheidender Wettbewerbsfaktor ist dabei der Mensch, der sich innerhalb einer kreativen Unternehmenskultur entfalten kann. Insgesamt geht es dabei weniger um konjunkturelle als um strukturelle Phänomene – die Krise ist eine Organisationskrise, die eine anpassungs-, lern- und innovationsfähige Unternehmung in einem sich rasch wandelnden Umfeld erfordert (vgl. Metzger/Gründler, 1994, S. 27; Klotz, 1993a, b).

Für Krüger (1993, S. 592ff.) gilt es als Ergebnis der anstehenden Transformationen zukünftig verstärkt **Ambivalenzen** auszuhalten und zu gestalten, so Zentralisation/Dezentralisation, Stabilität/Flexibilität, Einheitlichkeit/Individualisierung, Integration/Desintegration, Standardisierung/Entstandardisierung, Optimierung der Gegenwart/Innovation für die Zukunft.

Unternehmerischer Erfolg ist eine Resultante aus ökonomischen, technischen und sozialen Komponenten. Führung und Organisation als zentrale Erfolgsfaktoren im Wandel müssen eine entsprechende Leistungsbereitschaft (Motivation), Leistungsfähigkeit (Qualifikation) und Leistungsmöglichkeit (Team) sicherstellen. „Die Rolle des Managements in dieser Veränderung ist, Mission, Ziele und Leitsätze zu formulieren und in einem wechselseitigen Abstimmungsprozeß durch alle Hierarchieebenen ein gemeinsames Verständnis zu entwickeln (…). In diesem Prozeß sind Führungskräfte mehr Coach und Moderator als direkte Auftraggeber" (Metzger/Gründler, 1994, S. 217) (vgl. dazu auch vierter Teil: MbO/Zielvereinbarung).

Wieder neu gestellt wird die Frage nach der **„optimalen Größe"** einer Organisation. Begriffe wie „Mergers" oder „Downsizing" umspannen die Bandbreite möglicher Strategien zur Erweiterung durch externes Wachstum und zur Realisierung von „Economies of scale, scope and speed" (Grüter, 1993) oder zur Konzentration auf Schlüsselfähigkeiten.

Die Erfolgsfaktoren der verschiedenen neuen Konzepte lassen sich auf einige Basisgrößen zurückführen (nach Reiß, 1993, S. 173ff.):

- Die **Kooperation**, die wir im zweiten Teil bereits behandelt haben (besonders unter B, IV.), wird zu einem wesentlichen Erfolgsfaktor. Sie bildet die verbindende Klammer zwischen den verschiedenen Formen der Gruppenarbeit, den Netzwerken im Rahmen strategischer Allianzen sowie der engen Zusammenarbeit mit Zulieferern bzw. Abnehmern.
- (Sub)-**Unternehmertum** stellt den gemeinsamen Nenner des proaktiven Qualitätsmanagements (vgl. Vannotti, 1992), des kontinuierlichen Verbesserungsprozesses (KVP), des permanenten Lernens (Kaizen), der Prozeßgestaltung oder der fraktalen Fabrik (= kleine überschaubare Organisationseinheiten mit ganzheitlicher Verantwortung) dar.
- Der **Mensch**, nicht die Technik, steht im Zentrum der Erfolgsfaktoren.

Die nachfolgend skizzierten Konzepte haben einige Prinzipien wie das Prozeßverständnis oder die Gruppenarbeit **gemeinsam**, zudem überschneiden sie sich in ihrer Zielrichtung – es empfiehlt sich deshalb zum besseren Verständnis ein „durchlaufendes" Studium der unter VI einzeln aufgeführten Konzepte. Eine einführende **Synopse** der aktuellen Managementphilosophien zeigt Abb. 121 aus Stadelmann/Lux, 1995, S. 35).

Management-konzepte	Charakteristikum/Ziel	Vorteile	Nachteile	Beispiele erfolgreicher Anwendung
Reengineering	• Überdenken aller im Unternehmen bestehenden Abläufe • Ausrichtung auf die zentralen Prozesse der betrieblichen Leistungserstellung • Integration und Koordination von Funktionsbereichen mittels Informationstechnologie • drastische Leistungsverbesserung	• ganzheitliches, ressortübergreifendes Denken und Handeln • Leistungsverbesserung • Reduktion der Zykluszeit	• autoritäre Führung während der Einführungsphase notwendig • Mitarbeiter werden an der Konzeption der Maßnahmen nicht beteiligt • interner Aufwand u.U. sehr hoch • Vernachlässigung der kulturellen Aspekte gefährdet erfolgreiche Umsetzung	• Flugzeughersteller Boeing • Eastman Kodak • Hallmark Cards • Apple Inc.
Time-Based Competition	• höchster Wert zu niedrigsten Kosten in kürzester Zeit • Konzentration auf die zentrale Leistungskette • verbesserter Leistungsprozeß	• Reduktion der Zykluszeit • Optimierungen und Erkennen von Schnittstellen • Abbau nicht-wertschöpfender Tätigkeiten	• schnelles Plazieren von Produkten ohne innovativen Gehalt • Idee, verkrustete Hierarchien aufzubrechen, ist nicht neu • Erfolge teilweise erst nach Jahren sichtbar	• Pharmakonzern Merck • Toyota
Total Quality Management	• Qualität von Produkten und Dienstleistungen zu günstigen Kosten gewährleisten und verbessern • Beherrschung der Produkterstellungsprozesse • Fehlerprävention statt Nachbesserung • Integration aller Funktionsbereiche • starke Kundenorientierung • ständiger, unternehmensweiter Verbesserungsprozeß	• Nutzung des Mitarbeiter-Potentials • Verantwortlichkeit der Mitarbeiter für die Qualität ihrer Arbeit • Erhöhung von Motivation und Leistung der Mitarbeiter • Aus- und Weiterbildung	• Vernachlässigung der Verbesserung zugrundeliegender Strukturen durch Propagieren des Fortschritts in kleinen Schritten	• japanische Firmen • Motorola • Xerox • IBM • Ciba-Geigy
Lean Management	• unternehmensweite Verbesserung der Qualität • Beschleunigung der Entwicklung und Einführung neuer Produkte • harmonische Einbindung des Unternehmens in die Gesellschaft • Outsourcing • Konzentration auf die spezifischen Stärken des Unternehmens	• Reduktion des Aufwands für Organisation und Verwaltung • Erhöhung der Motivation der Mitarbeiter	• keine Puffer in der Personalbesetzung • in der Praxis oft reines Rationalisieren • konsequente Implementierung erfordert hohe personelle, finanzielle und technische Aufwendungen • Vernachlässigung unternehmensindividueller Gegebenheiten • Störanfälligkeit durch zu starke Vernetzung mit Partnerfirmen	• japanische Automobilindustrie • ebenso westliche Firmen • IBM Schweiz • Ciba-Geigy • Swissair • Sandoz • Toyota
Lernende Organisation	• Lernen als qualitative Steigerung des Wissensstandes • Verbesserung der Fähigkeit, effektiv zu handeln	• Schaffung einer organisatorischen Wissensbasis • positiver Einfluß auf die Unternehmenskultur durch Abbau von Macht- und Kommunikationsbarrieren • konsequente Teamorientierung	• Umsetzung zeitintensiv, da kulturelle Aspekte einbezogen werden müssen • Glaubwürdigkeit der Programme wird angezweifelt, da Erfolg schwer meßbar • Voraussetzung: Lernbereitschaft	• Xerox • Chapparal Steel • General Electric • Nummi(New United Motor Manufacturing Inc., Joint-venture von Toyota und General Motors)

Abb. 121: Synopse der aktuellen Management-Philosophien

Eine empirische Studie des Fraunhofer-Instituts für Arbeitswirtschaft und Organisation (IAO) über die aktuellen Managementkonzepte in Deutschland zeigt, daß in den letzten drei Jahren Qualitätsmanagement, Lean Management, Unternehmenssegmentierung und Outsourcing am häufigsten durchgeführt wurden, Business Reengineering steht bei den für die nächsten drei Jahre geplanten Vorhaben an erster Stelle. „Die vorliegenden Ergebnisse zeigen, daß die strategischen Herausforderungen insbesondere in zwei Bereichen gesehen werden: der Kundenorientierung und der Mitarbeiterorientierung. Hier zeigen sich die größten Defizite in deutschen Unternehmen" (Bullinger/Wiedmann, 1995, S. 62).

1. Die Konzeption der Wertkettenanalyse

a) Identifikation und Schaffung von Wettbewerbsvorteilen

Viele der nachfolgend gezeigten Konzepte beruhen darauf, aus der richtigen Nutzung der **eigenen** Ressourcen und Kompetenzen Wettbewerbsvorteile zu erzielen (Prozeßmanagement, Outsourcing, Wertschöpfungspartnerschaften, TQM, Lean Management usw.). Als zweite Dimension neuer Strategien werden wir die Orientierung am **Kundennutzen** zeigen. Das derzeitige Prozeßverständnis ist stark von den Arbeiten Porters geprägt. Die klassische Produktionstheorie stellte den Transformationsaspekt des Prozesses in den Vordergrund (zur betriebswirtschaftlichen Theorie von Prozessen vgl. Bea/Schnaitmann, 1995, S. 278ff. und Körmeier, 1995, S. 259ff.). Die Portersche Konzeption der **Wertschöpfungskette** dagegen gliedert ein Unternehmen in ein interdependentes System von technischen und ökonomischen Aktivitäten (Logistik, F&E, Produktion, Vertrieb etc.). Die Funktionen werden als

- **primäre** (z.B. Veränderung der physischen Konstitution eines Werkstoffes; Eingangslogistik, Produktion, Ausgangslogistik, Marketing/Vertrieb) und
- **sekundäre/unterstützende** Wertaktivitäten (z.B. Beschaffung, Technologieentwicklung, Personal, Unternehmensinfrastruktur wie Planung, Steuerung, Finanzen etc.) bezeichnet (vgl. Huber/Gumsheimer, 1991, S. 30; Fischer, 1994, S. 73ff.).

Die Wertkette eines Unternehmens setzt sich danach

- aus den **Wertaktivitäten** (primäre + unterstützende Aktivitäten; Prozesse, die Nutzen für den Kunden stiften) und
- der **Gewinnspanne** (= Gesamtwert/Ertrag abzüglich der für die Wertaktivitäten entstandenen Kosten)

zusammen. Die einzelbetriebliche Kette ist mit den Wertketten der vor- (= Lieferant) und nachgelagerten Unternehmen (= Abnehmer) verknüpft, sie bilden zusammen das **Wertschöpfungssystem** eines Produkts, eines Marktes oder einer Branche. Das Grundmodell der Wertschöpfungskette (= Investition – Produktion – Vertrieb – Rechnungsstellung/Inkasso – Kunde) weist den **Kunden** als Ziel aller wertschöpfenden Tätigkeiten explizit aus. „Erst das ‚reibungslose' Zusammenspiel der einzelnen Glieder der Wertschöpfungskette garantiert, daß bei den Kunden ein entsprechender Nutzwert entsteht, der die Schwelle zur Kaufbereitschaft übersteigt. Gelingt dies nicht, erfolgt keine – oder eine nur unzureichende – Wertschöpfung." (ECC-Report, 1999, S. 30)

Der ECC-Report (1999, S. 31) sieht einen **Vorzug** dieses Wertschöpfungsketten-Konzepts in seiner **integrativen** Kraft, d.h., es eröffnet vielfältige Verknüpfungsmöglichkeiten mit ökonomischen Teilkonzepten, die bisher unverbunden nebeneinander stehen:

- Die Innovations-Diffusionstheorie mit ihrer Unterscheidung von System- und Netzwerkgütern,
- die Produkt- und Marktlebenszyklus-Konzepte,
- die klassifikatorischen Unterscheidungen verschiedener Güterarten (zum Beispiel Such-, Erfahrungs- und Vertrauensgüter),
- verschiedene Produktions-, Vertriebs- und Preisgestaltungskonzepte (zum Beispiel Abschöpfungs- und Penetrations-Preisstrategien), Transaktionskostenansätze oder Ansätze zur Analyse von Wettbewerbs- und Kooperationsstrategien.

So „können Manager heute die Wertschöpfungskette beliebig teilen, sich intern auf die strategischen Schlüsselelemente konzentrieren, zusätzliche Leistungen günstig extern von irgendwoher zu minimalen Transaktionskosten beschaffen und dennoch alle wesentlichen Aktivitäten zur Erfüllung der Kundenbedürfnisse effizienter koordinieren. Unter solchen Vorzeichen wird der Übergang zu einem weniger integrierten, dafür aber fokussierteren Unternehmen nicht nur möglich, sondern geradewegs zu einem Muß für den Wettbewerbserfolg" (Quinn u.a., 1990, S. 133).

Diese betriebliche Wertkette muß aber auch ökologisch um vor- und nachgelagerte Phasen erweitert werden (vgl. dazu neunter Teil). Unter Umweltgesichtspunkten greift die traditionelle Betrachtung der betrieblichen Wertschöpfungskette zu kurz, da sie viele externalisierte Auswirkungen unternehmerischen Handelns sowohl auf vorgelagerten Phasen (Rohstoff-, Energiegewinnung, Vorproduktherstellung, Transport etc.) als auch nachgelagerten Phasen (Distribution, Gebrauch/Verbrauch, Entsorgung) ausklammert. Dazu kommt das Phänomen der **Verlagerung** der ökologischen Probleme entlang der Kette. Zur Betrachtung der externen Effekte wirtschaftlichen Handelns erstellen Schaltegger/Sturm (1992, S. 31ff.) analog zur Wertschöpfungskette für jedes Produkt eine **Schadschöpfungskette**. Diese Kette umfaßt die Schadschöpfung (= die Summe aller durch betriebliche Leistungsprozesse direkt oder indirekt verursachten und nach ihrer ökologischen Schädlichkeit gewichteten Stoff- und Energieflüsse) über ihren gesamten Produktlebenszyklus.

Im ersten Teil haben wir die Begriffe Produktivität und Wertschöpfung bereits erläutert. Hesslinger weist darauf hin, daß die reine Kombination der Produktionsfaktoren an sich noch keine Wertschöpfung ist: „Erst wenn das Management die vorhandenen Ressourcen zur Herstellung von wettbewerbsfähigen Produkten nutzt und auf Bedarfsbefriedigung sowie Marktgegebenheiten ausrichtet (Vertriebsstrategie), ist Wert entstanden" (1995, S. 23). Den über den Faktorkosten liegenden Umsatzwert nennt A.D. Little die **strategische** Wertschöpfung. Deshalb ist für den Unternehmenserfolg die sog. **Managementproduktivität** entscheidend, d.h. die strategische Wertschöpfung im Verhältnis zu den Managementkosten (dies sind die Kosten für Marketing, F&E, Planung usw.; vgl. dazu ebd.).

Für Hinterhuber et al. basiert eine Konzentration auf Schlüsselfähigkeiten/**Kernkompetenzen** (wie sie etwa beim Lean Management erfolgt) auf einem Neudurchdenken der Wertschöpfungskette, inwieweit einzelne Bereiche/SGE etc. einen Beitrag zur Steigerung des Unternehmenswertes leisten oder nicht (dazu auch Gomez/Zimmermann, 1993, S. 195ff.). Ein Instrument zur Analyse der Wertschöpfungskette zeigt Abb. 122 (aus Hinterhuber/Aichner/Lobenwein, 1994, S. 127).

„Es ist eine Betrachtung über die gesamte Produktlebensdauer, vom Kundenwunsch und den Vorlieferanten bis hin zu der Berücksichtigung von Folgekosten und externen Effekten (wie Recyclingfähigkeit des Produktes) anzustellen (...) Die innerbetriebliche Wertschöpfungskette ist Teil eines so genannten Wertsystems ..." (ebd., S. 126).

Die grundlegend veränderte Denkweise moderner Restrukturierungsansätze war die **„mentale"** Einbeziehung der vor- und nachgelagerten Wertschöpfungsstufen in die Analyse sowie in die Neugestaltung (vgl. Abb. 123, aus Kröger, 1995, S. 52).

Hinter dieser Idee der Wertkette steht eine ganzheitlich **prozeßorientierte** Betrachtung zur Identifikation von Wettbewerbsvorteilen: Durch eine optimale Ausgestaltung der zwischen den einzelnen Aktivitäten bestehenden Abhängigkeiten sollen **Wettbewerbsvorteile** geschaffen werden (siehe auch c) Outsourcing).

712

Elemente der „Wertekette"	Gewich-tung 1 (-) bis 10 (+)	schlechter besser als die Konkurrenten bzw. „best practices"					gewich-tete Punkte-zahl	führender Konkurrent	Maßnahmen
		-2	-1	0	+1	+2			
Führungssystem	10			●			-	A, B	
Forschung & Entwicklung	8					●	+ 16	wir*	* zu beobachten A
Projektierung/Konstruktion	10		●				- 10	C	2. Priorität
Beschaffung	10	●					- 20	A	1. Priorität
Komponentenherstellung	6		●				- 6	D	
Zusammenbau	7				●		+ 7	A	
Logistik	10		●				- 10	A	
Marketing/Vertrieb	10				●		+ 10	E	2. Priorität
Design	10					●	+ 20	wir*	*zu beobachten A
Kundendienst	10			●			-	B	
Gesamtergebnis (Min: -200, Max.: +200)							+7		

Abb. 122: Analyse der Wertschöpfungskette

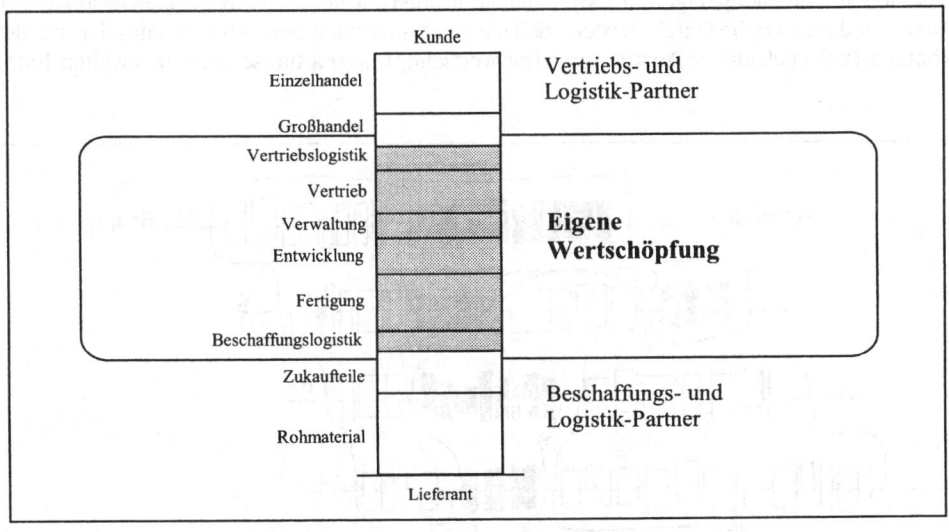

Abb. 123: Die vor- und nachgelagerten Wertschöpfungsstufen sind einzubeziehen

Nimmt man solche Tätigkeiten in die Wertkette auf, die entweder ein hohes kompetitives Differenzierungspotential gegenüber den Abnehmern aufweisen oder aber mit einem erheb-lichen bzw. steigenden Kostenanteil verbunden sind, dient die Wertkette für Meffert (1994, S. 52) „sowohl zur Identifikation von Wertaktivitäten zur Erhöhung des Abnehmernutzens als auch zur Analyse der Kostenentstehung. Sie fördert damit insbesondere die integrierte Betrachtung abnehmer- und kostenorientierter Denkansätze. Darüber hinaus ist die Wertket-tenanalyse geeignet, **Verküpfungen** sowohl innerhalb einer als auch zwischen mehreren Wertketten zu untersuchen. Innerhalb einer Wertkette lassen sich Interdependenzen und

713

Synergien zwischen den Wertaktivitäten verdeutlichen. Durch die Verknüpfung mehrerer Wertketten können Verflechtungen zwischen den einzelnen Geschäftsbereichen sowie mit Zulieferern und Abnehmern analysiert werden. Neben der Analysefunktion kommt der Wertkette eine **Kommunikationsfunktion** zu. Sie ist besonders geeignet, Mitarbeitern in den betrieblichen Funktionsbereichen zu verdeutlichen, in welcher Form sie den Wert der einzelnen Aktivitäten erhöhen bzw. die Kosten ihrer Erbringung verringern können".

Chinn u.a. plädieren dafür, jede Aktivität in dieser Wertschöpfungskette als **Dienstleistung** zu begreifen, wobei jedes Teilglied entweder intern erbracht oder extern beschafft werden kann. Ihrer Meinung nach sind die meisten Unternehmen schon längst Dienstleister – selbst in Fertigungsunternehmen würde ihr Wertanteil inzwischen den der Materialbe- oder -verarbeitung übertreffen.

„In arbeitsteiligen Industrien haben die in Wertketten zusammengeschlossenen Unternehmen verschiedene Wertschöpfungsanteile. Um diese Wertschöpfungsanteile wird im Wettbewerb rivalisiert. Unternehmen in der Wertkette müssen daher die gesamte Wertkette im Blickfeld haben, in der sie arbeiten" (Schneider/Baur/Hopfmann, 1994, S. 13f.). Da für jedes Produkt eine Wertkette durchlaufen werden muß, es also extrem viele Wertketten gibt, und die Unternehmen i.d.R. an mehreren Wertketten Anteile haben, muß man auch solche betrachten, in denen man bisher noch nicht tätig ist.

Zur Transparenz und Systematisierung schlagen Schneider/Baur/Hopfmann „**Wertketten-Landkarten**" vor (vgl. Abb. 124, aus ebd., S. 14), die zeigen, wo man selbst beteiligt ist, wer die vor- und nachgelagerten Aktivitäten kontrolliert, welche Wertaktivitäten besonders attraktiv sind und wo die Gefahr besteht, daß sie von Lieferanten oder Kunden integriert werden könnten. (vgl. auch unsere Ausführungen zu Wertschöpfungspartnerschaften im zweiten Teil).

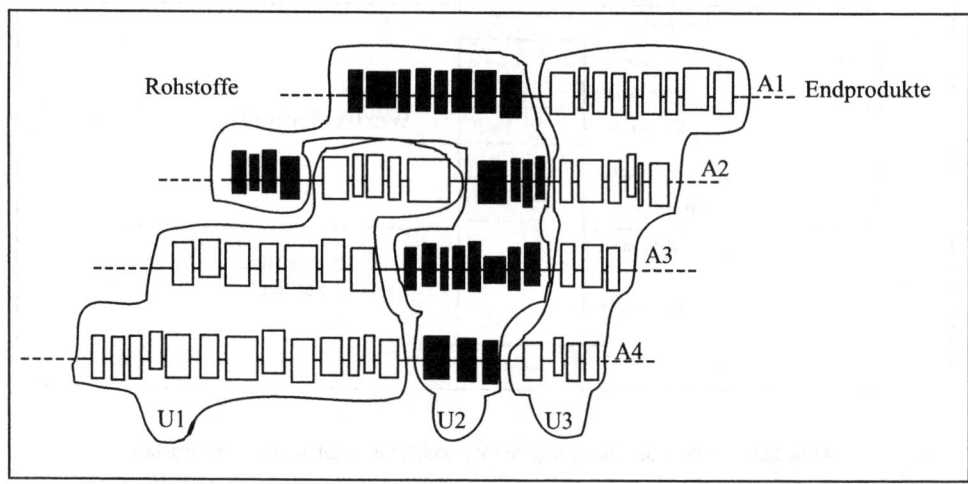

Abb. 124: Aufteilung von Wertaktivitäten zwischen Unternehmen – „Wertketten-Landkarte"

Der Wettbewerb um den Kunden spielt sich „nicht mehr zwischen direkten Konkurrenten, sondern in einem Systemwettbewerb zwischen Wertschöpfungspartnerschaften ab. Innerhalb der einzelnen Wertschöpfungsketten geht es deshalb um die optimale Arbeitsteilung zwischen den Gliedern, also um verbesserte Zulieferer-Abnehmer-Beziehungen" (Schögel, 1995, S. 45).

Im Rahmen eines **Customer Integration Managements** wird versucht, ein Kundenproblem gemeinsam mit dem Kunden zu lösen. Dies geschieht durch die Integration der Produktionsfaktoren des Kunden in die Wertschöpfungsprozesse des eigenen Unternehmens (z.B. durch ein Purchase Supply Management; siehe dazu Punkt c Outsourcing).

b) Das Denken in Prozessen (Prozeßmanagement)

„Die Radikalität ist nicht der wichtigste Aspekt des Business Reengineering, so wichtig und spannend sie auch sein mag. Das Schlüsselwort in der Definition lautet Prozeß: ein Bündel zusammengehöriger Aktivitäten, die in ihrer Gesamtheit für den Kunden ein Ergebnis von Wert erzeugen. In der Industriellen Revolution hatte man sich von den Prozessen abgewandt, sie in spezialisierte Arbeitsschritte zerlegt und sich dann voll und ganz auf diese Einzelaufgaben konzentriert. Diese Arbeitsgänge – und die daraus resultierenden Organisationsstrukturen – waren die Grundbausteine der Unternehmen des 20. Jahrhunderts. Die schier unlösbaren Probleme, mit denen Unternehmen gegen Ende des 20. Jahrhunderts konfrontiert werden, konnten jedoch nicht allein durch eine Optimierung einzelner Arbeitsschritte gelöst werden. Es handelte sich hier vielmehr um Prozeßprobleme, die Unternehmen nur dann überwinden konnten, wenn sie ihre Prozesse in den Mittelpunkt ihres Interesses rückten. Mit diesem bedeutungsvollen Schritt gingen die Führungskräfte der Unternehmen jedoch über die reine Beseitigung ärgerlicher Leistungshindernisse hinaus. Sie zogen einen Schlußstrich unter 200 Jahre Industriegeschichte." (Hammer, 1997, S. 12f.)

Eng verknüpft mit dem bereits erläuterten Konzept der **Wertschöpfungskette** ist das Prozeßmanagement bzw. Schnittstellenmanagement (Business Process Management). Während beim Reengineering Strukturen gezielt aufgebrochen werden, rückt bei der Geschäftsprozeßoptimierung die **Ablauforganisation** in den Mittelpunkt des Interesses. Grundgedanke ist, daß jede Art von Produktion, Dienstleistung etc. in Prozesse untergliedert werden kann, die entweder parallel oder hintereinander geschaltet ablaufen können. Ein Prozeß ist dabei jede Art von einzelner/zusammengesetzter Tätigkeit zur Erzeugung eines materiellen oder immateriellen Produktes, das den **Anforderungen** des **Kunden**/Endabnehmers entspricht; ein Prozeß hat einen meßbaren In- und Output, fügt Wert hinzu und ist wiederholbar (Kleinsorge, 1994, S. 51). Entscheidend ist eine Gesamtoptimierung der Prozesse, d.h. der sich gegenseitig beeinflussenden Größen Zeit/Qualität/Kosten (vgl. Ripperger/Zwirner, 1995, S. 73f.).

Man geht dabei davon aus, daß es für eine erfolgreiche wettbewerbliche Differenzierung nicht mehr ausreichend ist, die Abläufe vertikal (also in einzelnen Abteilungen/Bereichen) zu optimieren, sondern eine abteilungs- bzw. bereichsübergreifende Abstimmung verschiedener Teilaufgaben und ihre Zusammenfassung in einem **horizontalen** Arbeits- und Kontrollprozeß anzustreben ist (vgl. Fischer, 1994, S. 81ff.).

„Indem Business Reengineering den Schwerpunkt auf die Prozesse verlagerte, löste es in der Organisationsstruktur eine Drehung um 90 Grad aus: Führungskräfte mußten ihre Unternehmen nicht mehr aus einer vertikalen, sondern aus einer horizontalen Perspektive betrachten. Durch diese Verlagerung wurden alle in den Managementfachbüchern angebotenen Gewißheiten und Rezepte beiseite gefegt. Nahezu alle Erkenntnisse über Unternehmen im 20. Jahrhundert bezogen sich nur auf die aufgabenorientierte Organisation. In prozeßorientierten Unternehmen muß alles neu überdacht werden: die Arbeitsinhalte, die erforderlichen Fähigkeiten, die Leistungsmessungs- und Belohnungssysteme, die Karrierepfade, die Rolle der Führungskräfte und die strategischen Grundsätze, denen Unternehmen folgen. Prozeßorientierte Organisationen erfordern völlig andere Systeme und Führungsdisziplinen. Das prozeßzentrierte Unternehmen ist ein Bericht über die frühen Phasen dieser Entwicklung – sozusagen der erste Entwurf eines Unternehmensleitfadens für das 21. Jahrhundert. (Hammer, 1997, S. 13)

Operative Prozesse sind dabei radikal auf die wirklich **wertschöpfenden** Aktivitäten zurückzuführen, d.h. Eliminierung von „Non-Added-Value"-Tätigkeiten. „Prozeßmanagement umfaßt planerische, organisatorische und kontrollierende Maßnahmen zur zielorientierten Steuerung der Wertschöpfungskette eines Unternehmens hinsichtlich Qualität, Zeit, Kosten und Kundenzufriedenheit" (Gaitanides/Scholz/Vrohlings, 1994, S. 3).

Bei Geschäftsprozeßoptimierung (GPO) sehen Lullies/Pastowsky/Grandke (1998) die Gefahr einer **Technikdominanz**; denn immer häufiger kommen GPO-Tools (= spezielle Computerprogramme, mit denen sich Arbeitsabläufe modellieren, analysieren, simulieren und optimieren lassen) zum Einsatz, denen eine mechanistische Sichtweise von Arbeit zugrunde liegt („Mit Gigabytes an der Arbeitswirklichkeit vorbei"). Mitarbeiter zu Prozeßeignern zu machen erfordert aber in erster Linie ein **Empowerment**. Martinetz/Mertens (1998, S. 174) betonen darüber hinaus die Bedeutung der Diagnose und Gestaltung von **Informations-** und **Kommunikationsstrukturen**, da die Realisierung des Ziels einer Optimierung von Geschäftsprozessen erst durch die Gestaltung transparenter Informations- und Kommunikationsprozesse und die bedarfsgerechte Informationsbereitstellung ermöglicht wird. (Zur Nutzung integrierter Informationssysteme zur Prozeßführung siehe auch Brecht/Legner/Muschter/Österle, 1998, S. 286 ff.)

„Der Übergang zur Prozeßorientierung ist nicht in erster Linie eine strukturelle Veränderung (wenngleich er, wie wir noch sehen werden, tiefgreifende und nachhaltige strukturelle Auswirkungen hat). Es genügt nicht, ein paar neue Organigramme zu zeichnen und einige neue Managementpositionen zu schaffen. Prozeßorientierung ist zunächst eine Verlagerung der Sichtweise, eine Eschersche Umkehrung von Vordergrund und Hintergrund, bei der die Primär- und die Sekundärebene (Einzelaufgaben bzw. Prozesse) ausgetauscht werden. Vor allem aber bedeutet Prozeßorientierung, daß alle Mitarbeiter im Unternehmen die Prozesse kennen und in den Mittelpunkt stellen. Diese scheinbar bescheidene und einfache Verlagerung hat unzählige Konsequenzen für die operativen Systeme von Unternehmen sowie für das Leben der Menschen, die bei ihnen beschäftigt sind." (Hammer, 1997, S. 24f.)

Prozeß
„... eine Gruppe verwandter Aufgaben, die zusammen für den Kunden ein Ergebnis von Wert ergeben" (Hammer, 1998, S. 27).

Ein Unternehmen, das seine Prozesse ernst nimmt und sich auf den Weg zur Prozeßorientierung begeben möchte, muß vier Dinge tun (S. 30ff.):

- **Erstens**: Identifizierung und die Wahl eines Namens für die Prozesse. Jedes Unternehmen hat eigene, spezielle Geschäftsprozesse. In der Regel gibt es eine relativ geringe Zahl von Schlüsselprozessen: i.d.R. zwischen fünf und fünfzehn.
- **Zweitens**: Sicherstellen, daß alle Mitarbeiter im Unternehmen sich dieser Prozesse und ihrer Bedeutung für den Unternehmenserfolg bewußt sind.
- **Drittens**: Prozeßmessung, d.h. Finden eines entsprechenden Maßstabs (z.B. Durchlaufzeit), der den Gesamtprozeß widerspiegelt.
- **Viertens**: Das Prozeßmanagement, das kontinuierlich Prozeßverbesserung anstrebt und seine Prozesse aktiv steuert.

Vorteile:

- Alles in einer Hand, z.B. fallen für den Kundenbetreuer Koordinations-, Kommunikations- und Prüfbedarf weg.
- Prozeßorientierte Arbeitsstellen sind ganzheitliche Stellen, Teile werden wieder zu einem Ganzen zusammengefügt.
- Mitarbeiter werden entsprechend den erreichten Ergebnissen bezahlt, mehr variable Bestandteile.
- Titel werden abgeschafft.
- Statusmonopole des Managements werden abgeschafft.
- Verringerung der Zahl der Manager: Führungskräfte im mittleren Management verschwinden, Prozeßverantwortliche haben Unterstützungsfunktion.

„In einem Unternehmen mit einem Jahresumsatz von mehreren Milliarden wird es alles in allem so zwischen 50 und 100 Prozesse geben. Also werden für die heutigen Manager nicht viele Stühle zur Verfügung stehen, wenn die Musik zu spielen aufhört." (S. 112f.)
„Für das Unternehmen bringt die Verringerung der Zahl der Manager lauter Vorteile: Manager – sogar Prozeßverantwortliche – tragen per definitionem nichts zur Wertschöpfung bei; ihre Arbeit mag wichtig und notwendig sein, doch ist sie keine Tätigkeit, für die der Kunde zu zahlen bereit ist. Management ist ein notwendiges Übel, und je weniger Manager wir benötigen, desto besser. Dem einzelnen Manager sei jedoch vergeben, wenn er diese optimistische Perspektive nicht teilt." (S. 113)

Wenn von „Prozessen" die Rede ist, dann geht es – so Krüger/Homp (1997, S. 150) regelmäßig nicht um Abläufe, die sich **innerhalb** der abgeteilten Subsysteme abspielen, sondern **zwischen** ihnen, d.h., sie überqueren die vertikalen und horizontalen Trennungslinien der Strukturen und enthalten übergreifende Aufgaben. In diesem Sinn „übergreifend" sind die Prozesse in dreifacher Hinsicht (vgl. ebd.):

- Prozesse sind **funktionsübergreifend** (Querschnittsregelung).
- Prozesse sind **instanzenübergreifend** (Längsschnittsregelung).
- Prozesse sind **unternehmungsübergreifend** (Netzwerkregelung).

Prozeßmanagement soll ein Unternehmen in die Lage versetzen (nach Franz, 1994, S. 238; ähnlich Theusen, 1996, S. 67ff.),

- Prozesse zu strukturieren und zu optimieren,
- das erforderliche Minimum an Schnittstellen zu erkennen und zu definieren (dazu vor allem Fischer, 1993b),
- Abläufe aufgabengerecht zu steuern,
- Kennzahlen für die Erkennung von Zielabweichungen zu ermitteln,
- Prozeßkosten zu ermitteln (Analyse von Ursache-Wirkungs-Zusammenhängen entlang einer Prozeßkette),
- Organisationsstrukturen prozeßorientiert anzupassen.

Abteilungsübergreifende Aufgabenstellungen obliegen einem Prozeßverantwortlichen/ Prozeßeigner (**„Process-Owner"**). Dieser hat im wesentlichen die Aufgabe (Hinterhuber/Aichner/Lobenwein, 1994, S. 96),

- mit Hilfe entsprechender finanzieller und materieller Ressourcen
- innerhalb bestimmter Zeit-, Kosten- und Qualitätsziele
- in Teams Schnittstellenprobleme zu lösen und
- den Prozeß auf die Zufriedenheit der Stakeholder auszurichten.

Zu den Stufen der Reorganisation im Unternehmen selbst (Unternehmensanalyse, Prozeßidentifikation, Prozeßverbesserung, Unternehmenstransformation) siehe Schuh/Katzky/ Dresse (1995). Besonders Gaitanides/Scholz/Vrohlings (1994, S. 12ff.) sehen diese organisatorische Entwicklung als ein permanentes Prozeßcontrolling, d.h. eine gesteuerte **kontinuierliche** Prozeßverbesserung. Das zentrale Motiv von Prozeßmanagement, die **Kundenorientierung**, wird durch vier Konzepte sichergestellt:

- Orientierung an den **Kundenanforderungen** (für Kleinsorge, 1994, S. 50, gehen die Kundenanforderungen dabei vom externen, zahlenden Kunden über die internen Geschäftsprozesse des Unternehmens bis zum externen Zulieferer)
- prozeßorientierte **Qualitätssicherung** (Total Quality Management)
- effizientes **Zeitmanagement** (Durchlaufzeit)
- Erfassung der **Prozeßkosten** (Activity-Based Costing; zur **Prozeßkostenrechnung** im einzelnen IFUA Horváth & Partner, 1991; Scheer u.a., 1995; ein Kostenmanagement, d.h. das Erkennen und Gestalten der die Kosten verursachenden Faktoren, liefert Unterstützung bei der Suche nach Wettbewerbsvorteilen. Wie die bislang breiteste und differenzierteste Studie zum Prozeßkostenmanagement in Deutschland zeigte, sind durch Prozeßkostenmanagement vielfältige Verbesserungen erzielbar (z.B. Erhöhung der Transparenz von Kosten und Leistungen, Verbesserung der Produktkalkulation, Optimierung der Unternehmensprozesse, Verbesserung der Ergebnisrechnung, Leistungsmessung der indirekten Bereiche u.a.), die sich auch positiv auf den Unternehmenserfolg auswirken können (dazu Stoi, 1999, S. 57ff.).).

Zur effizienten und wirkungsvollen Prozeßsteuerung sind Prozeß**kennzahlen** (Indikatoren) zu entwickeln (dazu Scholz/Vrohlings, 1994, S. 60ff.). **Kennzeichen** eines Prozesses sind (Frehr, 1994, S. 128):

- Definierte Ein- und Ausgangsgrößen
- Verkettung mit vor- und nachgeschalteten Tätigkeiten

- Abhängigkeiten von beeinflußbaren/nicht beeinflußbaren Faktoren
- Steuerbare (Arbeits-) Ausführung.

Das Prozeßmanagement, das im Grunde ein Denken in **Systemen** darstellt, bezieht sich auf zwei Komponenten: das Management technischer und nichttechnischer Prozesse. Gerade bei der Einführung der Prozeßorientierung handelt es sich im ersten Schritt um mehr kognitive Vorgänge (Veränderung der Denkweise). In der zweiten, schwierigeren Phase ist die Prozeßorientierung in die Grundhaltung und das tägliche Verhalten zu übernehmen (vgl. Müri, 1994, S. 28).

Gaitanides/Scholz/Vrohlings (1994, S. 6ff.) sehen in der Literatur zwei Hypothesen über die prozeßorientierte Interpretation von Unternehmen:

- Prozesse sind **unternehmensspezifisch**: Jedes Unternehmen hat spezifische Prozesse, die von Unternehmen zu Unternehmen nicht miteinander zu vergleichen sind.
- Prozesse sind **idealtypisch**: Alle Unternehmen verfügen immer über die gleichen „Prozeßhülsen", die jeweils unternehmens- und branchengerecht präzisiert sind (z.B. Auftragsabwicklung, Personalbereitstellung, Liquiditätssicherung).

Der größte (und allen anderen überlagerte) Geschäftsprozeß ist der Prozeß „Kunde bis Kunde" (vgl. Metzger/Gründler, 1994, S. 123f.). Nach Sommerlatte/Wedekind (vgl. 1989, S. 29ff.) und Little (1995, S. 239ff.; Hammer, 1997, S. 25ff.; Krüger/Homg, 1997, S. 151ff.) lassen sich neun **generische** Leistungsprozesse bilden, die grundlegende Ansatzpunkte von Wettbewerbsvorteilen in den der Produktion vor- bzw. nachgelagerten Wertschöpfungsstufen ermöglichen, wobei jeder Schlüsselprozeß sich wiederum aus mehreren Teilprozessen zusammensetzt:

- Kundennutzen-Optimierungs-Prozeß
- Marktkommunikations-Prozeß
- Produktentwicklung-/Leistungsbereitstellungs-Prozeß
  Logistik- und Service-Prozeß
- Auftragsakquisition- und -abwicklungs-Prozeß
- Rentabilitäts- und Liquiditätssicherungs-Prozeß
- Kapazitätssicherungs-Prozeß
- Strategieplanungs- und Umsetzungs-Prozeß
- Personalschulungs- und Motivations-Prozeß

Diese „aggregierten, differenzierungsfähigen Leistungsprozesse" (ADL-Prozesse; nach Little, 1995, S. 240) sind unternehmens- und branchengerecht zu präzisieren. Tätigkeiten werden nicht als ein Zusammenspiel von Funktionen betrachtet, sondern als ein überbereichlicher (Sub-)Geschäftsprozeß, in dem möglichst viele Tätigkeiten simultan ablaufen sollen. Fischer (1994, S. 83; ähnlich Wittlage, 1995, S. 211) sieht vor allem **verrichtungs**orientierte Prozesse für ein systematisches Prozeßmanagement zugänglich:

- Produkt-/Leistungsbereitstellungs-Prozeß (Materialbereitstellung, Arbeitsvorbereitung, Fertigung, Montage, Prüffeld)
- Logistik- und Service-Prozeß (Beschaffung, Transport, Distribution, Installierung)
- Auftragsabwicklungs-Prozeß (Angebotsabgabe, Auftragsbestätigung, Auftragsdisposition, Fakturierung, Lieferung)
- Kapazitätssicherungs-Prozeß (Instandhaltung, Wartung)

Mit **Prozeßwertanalysen** (PWA) sind die einzelnen Prozesse fortlaufend auf ihren vom Kunden gewünschten Wertschöpfungsbeitrag hin zu untersuchen.

Nach Gomez/Zimmermann (1993, S. 197ff.) sollen bei der Gestaltung der horizontalen Organisation gemäß Prozessen folgende **10 Prinzipien** beachtet werden:

- Organisation um einen Prozeß und nicht um eine Aufgabe herum
- Flache Hierarchien durch ein minimales Aufbrechen der Arbeitsflüsse und der nicht wertschöpfenden Aktivitäten
- Zuordnung von Verantwortung für Prozesse und deren Erfolg
- Anbindung des Prozeßerfolges an die Kundenzufriedenheit
- Festlegung von Teamverantwortlichkeit – und nicht individueller Verantwortlichkeit
- Laufende Kombination von Führungs- und Stabsaktivitäten
- Zuordnung von Mehrfachkompetenzen als Regel, nicht als Ausnahme
- Information und Schulung der Mitarbeiter in Richtung erfolgsnotwendiges Wissen anstatt einer stellenbezogenen Wissensakkumulation
- Maximierung des Lieferanten- und Kundenkontakts
- Belohnung von Teamarbeit und Entwicklung der Mitarbeiterfähigkeiten

c) Outsourcing – Supply Chain Management

Durch den Wechsel von der Eigenproduktion zum Bezug von Vorleistungen, d.h. durch die Produktionsverschlankung aufgrund einer verringerten Fertigungstiefe, werden Kostenreduzierungen angestrebt. Wichtigstes **Motiv** für Outsourcing ist die Erhöhung der Flexibilität des Kostenmanagements bei Beschäftigungsrückgängen. Beim Zulieferer kann aufgrund des Kostenerfahrungseffekts damit gerechnet werden, daß dann die Leistungserstellung zu günstigeren Stückkosten erfolgt (dazu Warschburger/Hans, 1998, S. 334).

Make-or-Buy-Aktivitäten, eines der ältesten Probleme der wirtschaftlichen Betriebsführung, sind die zentralen Antriebsquellen von Integrations- und Desintegrationsprozessen von Unternehmen (vgl. Schneider/Baur/Hopfmann, 1994, S. 15); durch diese Strategien kann sich das Design der Wertketten-Landkarte völlig ändern (vgl. auch unsere Ausführungen zum „Networking" im zweiten Teil).Während aber in der klassischen Fragestellung „Fremdbezug oder Eigenfertigung?" es häufig um eine rein produktionskostenorientierte, kurzfristig und operativ ausgerichtete Sichtweise ging, steht das Outsourcing für eine langfristig ausgerichtete Entscheidung zugunsten des Fremdbezugs (**strategische** Buy-Entscheidung bei einem Lieferanten (single sourcing), zweien (dual sourcing) oder mehreren (multiple sourcing) (dazu Arnold, 1999, S. 309ff.).

> **Outsourcing** (zusammengesetzter Begriff aus dem Englischen: outside + resource + using)
> ... grundsätzliche Überlegung, ob bestimmte Aktivitäten intern erbracht oder (dauerhaft) an einen externen Anbieter ausgelagert werden.

Zur Erhöhung der Wertschöpfung durch vertikale Integration siehe Bühner (1993, S. 279ff.). Sourcing/Outsourcing bedeutet die Vergabe/Auslagerung von bisher im Unternehmen selbst erbrachten Fertigungs-/Dienstleistungen oder Funktionen an Externe. Hürlimann (1995, S. 19ff.) gibt einen ausführlichen Katalog von **Einsatzmöglichkeiten**:

- Auslagerung der EDV oder einzelner Informatikbereiche
- Dienstleistung eines Reisebüros für die Organisation von Geschäftsreisen
- Schulung/Weiterbildung
- Dienstleistungen im Direktmarketing
- Kundenservice durch Vertragshandwerker
- Reinigungsdienste, Haustechnik
- Werkverkehr, Logistik, Lagerhaltung, Vertrieb, europaweiter Ersatzteilservice
- administrative Aufgaben in den Bereichen Organisation/Personal/Recht; Sekretariatsaufgaben (Telefondienst, Schreibservice, Übersetzungen)
- Sicherheitsdienste
- Buchhaltung/Rechnungswesen
- Auslagerung der Herstellung chemischer Rohprodukte
- Catering für Kantinen

- Auftrags-F&E
- Funktionen des Finanzmanagements durch Banken
- zu ergänzen wären: Hausdruckerei, Wachdienste

Potentielle Ansatzpunkt eines Outsourcing sind (vgl. Helm/Strohmayer, 1997, S. 37; Zahn/Barth/Hertweck, 1997, S. 17f.) zum einen die Wertschöpfungsaktivitäten, die keine Kernkompetenzen des abgebenden Unternehmens darstellen, und zum anderen Wertschöpfungsaktivitäten, die bei einem Kooperationspartner durch diese Zusammenarbeit zu einem gemeinsamen Wettbewerbsvorteil ausgebaut werden können. Kosten(einspar-)aspekte sind also nur beschränkt zur Beurteilung der **Vorteilhaftigkeit** des Outsourcing heranzuziehen – entscheidend ist die Quelle als Wettbewerbsvorteil (so auch Hardegger, 1997, S. 66).

„Ziel des Wertschöpfungskonzepts ist es aufzuzeigen, an welchen Stellen der Wertschöpfungskette eines Unternehmens potentielle Quellen von Wettbewerbsvorteilen existieren oder wo Rationalisierungspotentiale bestehen. Ein strategischer Wettbewerbsvorteil ergibt sich dann, wenn ein Unternehmen über eine Leistung verfügt, die von einer gewissen Nachhaltigkeit ist. Die Wertschöpfungskette eines Unternehmens besteht daher aus einer ‚Anhäufung strategisch relevanter Aktivitäten‘, die sich im Hinblick auf Ansatzpunkte zum Aufbau neuer Wettbewerbsvorteile analysieren lassen." (Helm/Strohmayer, 1997, S 39)

Auch Cordon/Vollman/Heikkilä (1999, S. K4) **warnen** davor, Aktivitäten, die als marginal gelten, quasi automatisch zu outsourcen, da dies auf lange Sicht kontraproduktiv sein kann: „Wer nach dem Motto ‚Kernkompetenzen gleich Inhouse, Randkompetenzen gleich Outsourcing' handelt, kann am Ende durchaus zu viele Aktivitäten outsourcen oder zu einer höchst verworrenen Bestimmung der eigenen Kernkompetenzen gelangen. Jeder Versuch, Kompetenzen anhand der Kategorien zentral oder marginal zu klassifizieren, ist eine übermäßige Vereinfachung."

Der Blick durch die „Kompetenzbrille" (d.h. die Beschäftigung mit dem eigenen Kompetenzportfolio) hilft nach Ansicht von Friedrich (1996, S. 293), strategische **Fehler zu vermeiden**:

- „Vor dem **Aspekt des ‚Erhaltens'** der bestehenden Kompetenzbasis und deren ‚Fortentwicklung' ist Outsourcing dort zu vermeiden, wo a) relevantes Wissen verlorengeht, Fähigkeiten verkümmern bzw. fragmentiert werden, b) der Bildung von Kernkompetenzen notwendige ‚Process of Knowledge Creation', mithin die ‚Value Chain' der Wissensproduktion Schaden nimmt und wichtige Bausteine für einen Kompetenzaufbau in die Hände anderer fällt.
- Unter dem **Aspekt des ‚Exploitierens'** eigener Kompetenzen ist zu beachten, daß ein Outsourcing nicht die Nutzung der in anderen Bereichen der Wertschöpfung vorhandenen Kernkompetenzen verhindert bzw. Kompetenzen zerstört werden, an denen andere Geschäfte partizipieren."

Beim **Auslagern** von Leistungen – etwa der betrieblichen EDV an eigenständige Dienstleistungsunternehmen – müssen nach Hinterhuber /Aichner/Lobenwein (1994, S. 134) insbesondere folgende Kriterien beachtet werden:

- Zu vergebende Leistungen dürfen nicht unmittelbar wettbewerbswirksam sein.
- Der Dritte ist für die Leistungserstellung besser bzw. zumindest gleich qualifiziert.
- Die externe Leistungserstellung muß nach genau definierten Spielregeln erfolgen.
- Eine Verhinderung von Abhängigkeiten muß gewährleistet sein.

Zentrales Entscheidungsproblem beim Outsourcing ist die Bestimmung der Leistungs-/Fertigungstiefe eines Unternehmens, d.h. die Beantwortung der Frage, welche Aktivitäten als „Kern" (bzw. als „kernnah"/„kernfern") bezeichnet werden können (vgl. Arnold, 199, S. 311f.). Hinterhuber/Friedrich (1999, S. 26) warnen davor, daß beim Outsourcing das **Schlüsselwissen** verlorengeht:

720

„Eine De-Vertikalisierung verändert Unternehmen, Branchen und Wettbewerb. Führungskräfte interessieren sich nicht mehr (nur), wie sie bestimmte Aufgaben effizienter erledigen, sondern vor allem, welcher Aufgaben sie sich entledigen können. Diese Dynamik öffnet immer weitere Teile der Wertekette mit Outsourcinggedanken. Mit Fertigung, Design und/oder Marketing gehen viele dazu über auszulagern, was vormals als „Core Activity" tabu war. Stellenweise reicht Des-Integration noch weiter. So weit, daß Unternehmen via Einbindung in Netzwerke sämtliche Funktionen externalisieren und ihre Aufgabe einzig in der Koordination der übrigen Netzwerkteilnehmer sehen. Wer die Praxis beobachtet, stellt indes fest, daß Outsourcing eher auf taktischen Erwägungen gründet. Es dient dem Erfolg, nicht dem Erfolgspotential der Unternehmen. (...) Falsche Orientierungsgrößen gepaart mit einem verkürzten Verständnis der Konzentrationsproblematik führen zu jenen Entwicklungen, vor denen Kritiker stets warnen. Outsourcing unterhöhlt die Wettbewerbskraft, fördert Dequalifizierung, begründet Abhängigkeiten und schafft neue Konkurrenz. Er nimmt Unternehmen ihre Identität und Individualität und läßt die Macht der vorgelagerten Stufen wachsen."

Für Arnold (1999, S. 314) ist der Kernkompetenzansatz und der Begriff der „strategischen Bedeutung" trotzdem sehr diffus und nicht einfach zu beantworten: Stellt die Motorenfertigung etwa eine strategische Leistung im Automobilbau dar? Der Smart oder der Porsche Boxter geben hier z.T. unerwartete Antworten.

Zusammenfassend gibt Arnold (1999, S. 315) folgende Empfehlungen zum Outsourcing-Design: Neben der unternehmensinternen („hierarchischen") Leistungserstellung ist eine Leistungsabwicklung über den Markt (externes Outsourcing) oder durch intensive Zusammenarbeit mit dem Leistungshersteller (internes Outsourcing) notwendig. Es existiert eine Vielzahl hybrider Lösungen, die von der Verselbständigung einer Abteilung bis zum klassischen Marktbezug reichen.

- Generell gilt, daß Leistungen mit hoher Spezifität und hoher strategischer Bedeutung (= Kernkompetenzen) über **Insourcing** erstellt werden sollten.
- Kernnahe Leistungen (wie die Entwicklung einer elektronischen Motorsteuerung beim Fahrzeughersteller) sind in Zusammenarbeit mit einem bzw. wenigen Zulieferern über eine Hybridform/Kooperation abzuwickeln (**internes Outsourcing**).
- Mit abnehmendem Spezifitäts- und Bedeutungsgrad werden Leistungen immer ubiquitärer (= kernferner und weniger zur Realisierung von Wettbewerbsvorteilen beitragend); hier bietet sich der klassische Marktbezug (**externes Outsourcing**) als geeignet an.

Sonst könnten strategische Fehlentwicklungen entstehen (z.B. durch Abhängigkeiten, Verlust an unternehmensspezifischem Know-how oder Mitarbeiterpotential). Zu einem Entscheidungsmodell zur Bestimmung des Outsourcingumfanges siehe Eversheim (1994, S. 41ff.). Auch Warschburger/Hans (1998, S. 335) stellen den Vorteilen des Outsourcing die **Risiken** gegenüber: Kurzfristig werden die Fremdbezugskosten über den bisherigen variablen Kosten der Eigenfertigung liegen; Abhängigkeit von externen Zulieferern; Gefahr, daß technisches Wissen nach außen gelangt; Personalüberhang in den betroffenen Bereichen; Outsourcing-Entscheidung nur schwer rückgängig zu machen); sie zeigen quantitative (Investitionsrechnung/Wirtschaftlichkeitsberechnungen) und qualitative (z.B. Portfolio-Analyse) **Entscheidungsverfahren** zum Outsourcing; als vorgelagerte Entscheidungsstufe für das Outsourcing nutzen Reichmann/Neukirchen (1998, S. 342ff.) das Instrument der sog. Potentialanalyse.

Die Zusammenarbeit mit den Zulieferern als Bestandteil des **Wertschöpfungsmanagements** bietet viele Verbesserungsmöglichkeiten (vgl. Groth/Kammel, 1993). Nach einer Studie des Forschungsinstituts für Absatz und Handel (St. Gallen) bieten folgende **Kooperationsstrategien** den größten Spielraum (in der Reihenfolge ihrer Wichtigkeit; aus Schögel, 1995, S. 47):

- Verlagerung von Funktionen an Dritte (Outsourcing)
- Partnerschaftssysteme mit Schlüssellieferanten
- Kostentransparenz und Kostenaudits bei Lieferanten

- Rationalisierungsprogramme in der Zusammenarbeit mit Großlieferanten
- Aufbau von System- statt Teilelieferanten
- kooperative ökologische Maßnahmen
- kooperative Produktentwicklung
- Kooperationen in der Fertigung

Besonders beim nachfolgend skizzierten **Lean Management** wird eine konsequente Reduzierung der Wertschöpfungstiefe (d.h. verminderte Fertigungstiefe) durch Auslagerung von Funktionsbereichen und Konzentration auf die eigenen Schlüsselfähigkeiten (**Kernkompetenzen**) betrieben. Der Abbau der Fertigungstiefe setzt jedoch zwingend voraus, daß auch die Zulieferer die hierzu erforderlichen Beiträge auf Dauer leisten. „Sourcing" verbessert die Wettbewerbsfähigkeit durch das optimale Nutzen der Potentiale der Zulieferer. Damit verändert sich die Beschaffungsfunktion eines Herstellers zu einer **strategischen** Gestaltung der Beschaffungsbeziehungen mit unabhängigen Partnern durch Vertragsvereinbarungen und wird zu einer zentralen Aufgabe für die Unternehmensführung. Die Vernetzung mit Dritten setzt allerdings einen intensiven Informations- und Datenaustausch voraus (zum Electronic Data Exchange siehe Picot/Neuburger/Niggl, 1993). Die Nutzung standortbedingter Kostenunterschiede in einem partnerschaftlichen **„Supply (Chain) Management"** wird zu einem Erfolgsfaktor. Überwiegt heute noch die Fokussierung auf diese Kostenunterschiede, wird sich die Arena des Wettbewerbs zusehens auf die efffiziente Führung globaler Supply Chains verlagern (vgl. Langmoen/Lardi/Gotthardt, 1992, S. 50ff.; Paulsson/Bianchi, 1995, S. 44).

Im Rahmen des Outsourcing wird also ein fest definierter Teil der Wertschöpfungskette auf Zulieferer verlagert: Es entstehen Purchase-Supplier-Partnerschaften mit klaren Verantwortlichkeiten.

Supply Chain Management
„... Koordination des gesamten Wertschöpfungsprozesses vom Rohstofferzeuger über den Hersteller bis zum Endverbraucher."

Das **Supply Chain Management** (SCM) als eine effizient organisierte Wertschöpfungskette wird in der Planungsliteratur als „neues Paradigma" gefeiert, das Effizienzsprünge verspricht, indem bei allen Tätigkeiten/Funktionen im Unternehmen, bei denen Materialien und Informationen ausgetauscht werden, eine Optimierung im internen/externen Beziehungsgeflecht eines Unternehmens angestrebt wird.

Arbeitsteilige Produktionsprozesse bedürfen moderner Produktionsplanungs- und Steuerungssysteme. Bei traditionellen PPS-Systemen wird **sequentiell** vorgegangen (Grobplanung, Kapazitätsausgleich etc.). Beim Supply Chain Management, bei dem man alle Schritte im Fertigungsprozeß parallel betrachtet, geht es um die exakte datentechnische Simulation aller Unwägbarkeiten entlang der Wertschöpfungskette, um möglichst schnell in allen Planungs- und Terminfragen reagieren zu können. Damit wird ein integriertes Modell der vollständigen **Logistikkette** geschaffen, das **Gesamtoptimierungen** erlaubt.

„Die Planung von Geschäftsbeziehungen tritt zunehmend neben die von Geschäftsfeldern und von Geschäftsprozessen in das Zentrum strategischer Planungen" (Kaufmann, 1995, S. 276). Weiters finden sich Unterscheidungen zwischen den **Teilstrategien**:

- Module Sourcing (Teile, Komponenten, Baugruppen, Vorprodukte) und Process Sourcing (Produktionszentrierte, Logistik-, Know-how- und Entsorgungs-integrierte Zulieferung),
- Single oder Dual Sourcing und Global bzw. Local Sourcing (vgl. ebd., S. 281ff.; Lenz, 1993, S. 314); zu Entscheidungsparametern bei Global Sourcing siehe Weihermann, 1995).

In der Presse wird bereits ein Gegentrend festgestellt: Statt weiter auszulagern, holen inzwischen wieder viele Firmen Aktivitäten zurück ins Haus („**insourcing**") vgl. Deutsch (1995).; z.T. wird darunter auch das Zusammenziehen betrieblicher Aktivitäten (z.B. von Informatikdienstleistungen) innerhalb von größeren Organisationen, etwa weltweit operierender Unternehmen, an einem zentralen Ort verstanden (vgl. Hardegger, 1997, S, 69). Auch für Arnold (1999, S. 314) ist für den Extremfall höchster Spezifität (= transaktionsspezifische Investitionen, deren Besonderheit darin liegt, daß ihre Verwendung in einer anderen Transaktion nur unter Inkaufnahme hoher Opportunitätskosten möglich wäre; z.B. spezielle Arbeitskräfte/Maschinen) das Insourcing die einzig verbleibende Alternative; Leistungen allerhöchster Spezifität machen letztlich den Kern eines Unternehmens aus (Kernkompetenz).

Pfeiffer/Weiß/Horneber (1993) warnen vor unüberlegten Produktionsverlagerungen ins Ausland und sehen noch viel Verbesserungspotential in der herkömmlichen Lieferanten-Abnehmer-Beziehung. Neben der kurzfristigen oder langfristigen Zusammenarbeit mit Lieferanten (externes Outsourcing) stehen noch die Alternativen des **internen Outsourcing** zur Verfügung, bei dem mehr oder weniger intensive hierarchische Steuerungsmechanismen genutzt werden (dazu Arnold, 1999, S. 313):

- Kapitalbeteiligung an einem Outsourcing-Partner.
- Vertikale Kooperation mit einem Outsourcing-Partner, z.B. in Form einer neugegründeten gemeinsamen Tochtergesellschaft,
- horizontale Outsourcing-Kooperation in Form einer Betreibergesellschaft zwischen Unternehmen derselben Wertschöpfungsstufe,
- (teilweise) Verselbständigung von Abteilungen im Unternehmen zu sog. „Centern", die – je nach Ansatz – kosten-, leistungs- und/oder finanzwirtschaftlich eigenverantwortlich sind.

d) Business Migration (Wertschichtenwettbewerb)

Heuskel sieht Branchen in Bewegung, das Ende des klassischen Industriewettbewerbs und einen Perspektivenwechsels vom Industrie- zum Wertschichtenwettbewerb: Dieses Phänomen, das in den vergangenen Jahren erheblich zugenommen hat und die Wettbewerbsbedingungen in vielen Märkten tiefgreifend verändert, ist die sog. **Business Migration**, die Wanderung von Unternehmen über Branchen- und Produktgrenzen hinweg. Der gegenwärtig zu beobachtende Wandel von Branchen und Märkten kann als Bedrohung oder Befreiung aufgefaßt werden, denn Umbruchsituationen bieten ideale Bedingungen für Pioniere, für Unternehmer im traditionellen Sinne. „So ergibt sich eine paradoxe Situation: Mit dem Ende des klassischen Industriewettbewerbs im ausgehenden 20. Jahrhundert kehrt das Unternehmertum der Gründerjahre im neuen Gewande zurück." (Heuskel, 1999, S. 31)

Business Migration
„... beschreibt dabei eine Bewegung, die mit dem strategischen Konzept der Diversifikation nicht gleichzusetzen ist. Anders als bei der Diversifikation in neue Geschäftsfelder erfolgen die Migrationsbewegungen jeweils nur auf einzelnen Stufen oder ‚Schichten' der Wertschöpfungskette, ohne mit dem Eintritt in das neue Geschäftsfeld zugleich eine Wertschöpfungsstruktur aufzubauen, die den etablierten Akteuren vergleichbar wäre." (ebd., S. 16)

Auf der Suche nach Wachstumschancen und angesichts der zu erwartenden Verschärfung des Wettbewerbsdrucks durch Privatisierung, Deregulierung und neue Marktteilnehmer in bestimmten Märkten (typisches Beispiel sind auch die Energieunternehmen) hat die Suche nach neuen Strategien begonnen. Die Frage geht dabei weit über eine Optimierung der bestehenden Geschäftsprozesse hinaus: Welche Stufen der integrierten Wertschöpfungskette könnten zu profitablen Märkten entwickelt werden? Wo liegen Potentiale, die die zu erwartenden Verluste aus dem Ende des Monopols durch die Migration in neue Geschäftsfelder auffangen?

Beispiele für solche **Wanderungsbewegungen**: Migration der Mineralölkonzerne in den Einzelhandel, in den Sektor erneuerbare Energien und in den Stromsektor, von Energieversorgern in den Telekommunikationsmarkt, Lebensmittel-Discounter in den Vertrieb von Hunderttausenden von Computer, wie bei Aldi. Manche neuen Lebensmittel, z.B. Joghurts, Fertiggerichte für Diabetiker, lassen die Grenzen zwischen Nahrungsmittel- und Pharmaindustrie zunehmend verschwimmen. So wie es Tankstellen ohne den Benzinverkauf gibt, könnten Markenartikelhersteller auch ganz darauf verzichten, ihre Markenprodukte selbst zu produzieren: Bekanntestes Beispiel ist der Sportartikelhersteller Nike, der die Fertigung an Fremdfirmen abgegeben hat und die verfügbaren Ressourcen und Kompetenzen auf Markenmanagement und Marketing im Sport konzentriert, d.h., der Weg führt vom Kult-Turnschuh-Produzenten zum Sport-Marketingspezialisten. (vgl. Heuskel, 1999, S. 26.)

Damit wird nicht durch neue Wettbewerber mit innovativen Wertschöpfungsarchitekturen und Angeboten die Spielregeln und die Wettbewerbssituation für die Beteiligten verändert, sondern es entstehen auch völlig **neue Unternehmensstrukturen.** Heuskel nennt solche neuen Muster, in denen Unternehmen ihre Branchengrenzen an unterschiedlichen Stellen ihrer Wertschöpfungskette überschreiten und damit nicht mehr in einem abgrenzbaren, sondern in mehreren Wettbewerbsfeldern tätig sind, für die jeweils eigene „Spielregeln" gelten (wenn z.B. Mineralölunternehmen in den Einzelhandel und in den Stromsektor gehen), einen **Wertschichtenwettbewerb**:

„Die Einteilung und Zuordnung unternehmerischen Handelns nach Produkten und Branchen ist charakteristisch für das Industriezeitalter. Heute entwickelt sich jedoch ein Bild des Wettbewerbs, das die klaren Linien und Kategorien immer mehr verschwimmen läßt. Branchen konvergieren, Grenzen verfließen (...) und es entstehen Wertschöpfungsarchitekturen, die sich den vertrauten Kategorisierungen entziehen. Der Wettbewerb zwischen Unternehmen einer Branche wird zum Wettbewerb auf den verschiedenen Wertschöpfungsstufen quer über Unternehmens- und Branchengrenzen hinweg. Damit wird die Überprüfung der Grundannahmen strategischer Unternehmensführung – die Identifikation von Märkten und Wettbewerbern – zur ersten und unverzichtbaren Voraussetzung, um Wachstumsstrategien zu entwickeln, die den Bedingungen der neuen Wettbewerbslogik Rechnung tragen. Der klassische Industriebegriff ist obsolet geworden. Die Instrumente, Methoden und Strategien, die aus der relativen Stabilität der wettbewerblichen Kategorien und Segmentierung ihren Wert bezogen, stehen auf dem Prüfstand." (ebd., S. 27)

Innerhalb dieses Wertschichtenwettbewerbs ergeben sich folgende **Besonderheiten** (nach ebd., S. 29ff.):

- Es lassen sich keine konkreten ‚Erfolgsfaktoren' **verallgemeinern**, die von einem auf ein anderes Unternehmen übertragbar sind, denn gerade die Fähigkeit, individuelle Strategien und Wertarchitekturen zu entwickeln, wird im Wertschichtenwettbewerb zum langfristigen Wettbewerbsvorteil.
- Die ‚Erfolgsfaktoren' **unterscheiden** sich von Unternehmen zu Unternehmen, von Markt zu Markt, und sie sind im Zeitablauf variabel. Die Strategieentwicklung wird zum individuellen, iterativen und kontinuierlichen Prozeß und erfordert die Fähigkeit zum Umgang mit instabilen Systemen sowie aktives Risikomanagement.
- Keine noch so gute Position bzw. unter bestimmten Gegebenheiten entwickelte Strategie bietet **langfristig** eine Garantie für dauerhaftes Wachstum/Erfolg.
- Aus der Wertschöpfungskette wird ein ‚**Portfolio**' wertschaffender Aktivitäten, die historisch in einer bestimmten Weise verknüpft wurden, heute aber nicht mehr zwingend in dieser Weise verbunden sein müssen. Unter der veränderten Perspektive vielfältiger Kombinationsmöglichkeiten von Aktivitäten wird die Anordnung einer **„wertschaffenden Unternehmensarchitektur"** zum Wettbewerbsfaktor und eröffnet Möglichkeiten zur Erschließung neuer Wachstumspotentiale. Neue Märkte können aus einzelnen Wertschichten heraus erschlossen, ‚**Wertschöpfungsallianzen**' mit anderen Unternehmen eingegangen und immer wieder neue Geschäftsarchitekturen gebildet werden.
- Die in der integrierten Wertschöpfungskette verbundenen Aktivitäten werden zu ‚Unternehmen im Unternehmen', jedes Unternehmen wird in diesem Sinne zu einem ‚Konglomerat': Es muß **Diversität** (hier nicht im Sinne von Produkten oder Branchen, sondern von Wertschöpfungsstufen) beherrschen und aus der vorteilhaften Kombination Wettbewerbsvorteile entwickeln.
- Der Verzicht auf eine integrierte Produkt-Wertschöpfungskette setzt Ressourcen frei, die dort investiert werden können, wo der höchste Wert geschaffen wird: in die Entwicklung innovativer Produkte oder die Stärkung der Marke.

Ähnlich ersetzt Moore (1998, S. 33) den Begriff Industriezweig durch den Terminus „business ecosystem" oder „unternehmerisches Ökosystem": „Dieser Begriff umschreibt die durch intensive Koevolution geprägten mikroökonomischen Einheiten, die sich um innovative Ideen herum bilden. Ein unternehmerisches Ökosystem umspannt eine Vielfalt von Industriezweigen. Die betreffenden Unternehmen entwickeln gemeinsam neue Fähigkeiten im Umkreis der Innovation und sie kooperieren teils, teils konkurrieren sie miteinander, wenn neue Produkte eingeführt werden, Kundenwünsche zu berücksichtigen sind und die nächste Innovationsrunde ins Haus steht."

Moore fordert eine neue handlungsanleitende Logik, eine neue Logik der Strategiebildung und neue Methoden der Implementierung:

„Viele unserer alten Vorstellungen sind einfach gegenstandslos geworden. Unsere Diversifizierungsstrategien zum Beispiel, die schwerpunktmäßig auf ‚attraktive' Industrieunternehmen und –zweige abzielen, gehen vielfach davon aus, daß die Industriestruktur ein für allemal feststeht, wo die Erfahrung doch lehrt, daß sie sich ungeheuer schnell fortentwickelt. Unsere herkömmlichen Vorstellungen von vertikaler und horizontaler Konzentration führen uns in der neuen Welt der kooperierenden Marktgemeinschaften in die Irre. Economies of Scale, das heißt Größen- und Umfangsvorteile, sichern nicht mehr unbedingt einen Wettbewerbsvorsprung (...) Ein Unternehmen, das sich in der neuen Weltordnung als Marktführer profilieren will, muß sich, allen Klassifizierungsversuchen zum Trotz, ständig von Grund auf verändern. Soll man Wal-Mart als Einzelhandelskette, Großhändler oder Informationsdienstleistungs- und Logistik-Unternehmen einordnen?" (ebd., S. 32f.)

2. Schaffung von Shareholder Value (Wertsteigerungsmanagement)

Eine qualitative Analyse wie die Wertschöpfungskette identifiziert die wertsteigernden Elemente, gibt Ansatzpunkte für die Quantifizierung der **„value drivers"** und unterstützt mit ihrem Ziel „Wettbewerbsvorteil" auch das Ziel „Unternehmenswertsteigerung" des **Shareholder-Value-Ansatzes** (Shareholder Value Analysis oder **SVA**); dazu Gomez (1993), Bühner (1993/1994), Becker (1995), Hinterhuber/Aichner/Lobenwein (1994) und Hahn (1996). Beim Wertsteigerungsmanagement steht die angemessene Verzinsung des **Eigenkapitals** (der Eigentümerwert) im Mittelpunkt von Managemententscheidungen. SVAs sind damit streng eigner-/aktionärsorientiert. Die Überprüfung laufender und zukünftiger Aktivitäten geschieht im Zuge einer **wert**orientierten Unternehmensführung im wesentlichen nach den folgenden Kriterien (aus Höfner/Pohl, 1994, S. 8):

- Nur solche Unternehmensbereiche sollen langfristig wachsen, die Unternehmenswert erzeugen, d.h. ihre Kapitalkosten verdienen.
- Investitionsmittel werden nur noch in solchen Bereichen zur Verfügung gestellt, die für das Unternehmen Wert erzeugen.
- Wertvernichtende Bereiche erhalten Mittel nur für Restrukturierungsmaßnahmen, oder sie werden desinvestiert.
- Investitionsentscheidungen werden nur nach wertorientierten Maßstäben gemessen.

Das Shareholder-Value-Konzept verlangt zunächst, „ daß jeder einzelne Konzernbereich oder jede einzelne Strategische Geschäftseinheit kompetitiv sein muß, indem diese Einheit besser als ihre Konkurrenten auf die Bedürfnisse ihrer Kunden eingeht und mit innovativen Leistungen eine hohe Wertschöpfung erzielt. Dazu gilt es, auf Konzernebene die Profitabilität des Gesamtportfolios zu gewährleisten.
Unter dem Aspekt des Shareholder Value genügt es jedoch nicht, sich mit steigenden Marktanteilen und Gewinnen zufriedenzugeben. Zu verlangen ist vielmehr, daß jedes Konzerngeschäftsfeld einen positiven freien Cash Flow bzw. einen genügend hohen Added Value erzielt. In einem mehrdivisionalen Konzern muß sodann der Gesamtwert der Unternehmung größer sein als die Summe der Einzelwerte, d.h., die Konzernleitung muß durch Nutzung von Synergien und mit Steuerungsleistung zur Werterhöhung beitragen. Ist das nicht der Fall, wäre es nach diesem Konzept besser, den Konzern aufzuteilen und jede Einheit selbständig auf den Absatz- und Kapitalmärkten auftreten zu lassen.
Das Shareholder-Value-Konzept fordert aber auch einen Verzicht auf Quersubventionen zwischen den Geschäftseinheiten und fordert, verlustbringende Geschäftseinheiten durch Restrukturierung auf Erfolgskurs zu bringen oder zu veräußern." (Hill, 1996, S. 414)

Eine stärkerer Kapitalmarktorientierung ist aber vor allem für multinationale Unternehmen heute zwingend erforderlich, denn bei der Suche nach (für Innovation und Wachstum im globalen Wettbewerb) notwendigem Kapital haben diejenigen Unternehmen einen Vorteil, die neben Dividenden die besten Aussichten auf Wertsteigerung für Eigentümer/Investoren eröffnen.

> Ein Wertmanagement ist aber „nicht mit kurzfristiger Gewinnoptimierung, Corporate Riding oder Übernahme-schlachten gleichzusetzen. Solche Aktivitäten sind häufig die Folge davon, daß Wertmanagement im Vorfeld nicht betrieben und folglich keine zufriedenstellende Wertentwicklung für das Unternehmen erreicht wurde. Natürlich kann in manchen Situationen der Kauf bzw. Verkauf von Unternehmen oder Unternehmensteilen oder eine Fusion sinnvoll sein. Portfoliooptimierung ist vor allem in großen Konzernen eine permanente Aufgabe im Rahmen des Wertmanagements. Daneben muß es dem Management aber gelingen, nicht mit einmaligen Kraftakten, sondern als Daueraufgabe mit den definierten Geschäften Werte für die Anteilseigner zu schaffen." (Michel, 1999, S. 372)

Eine solche, vor allem von den großen **institutionellen** Anlegern gepushte strategische Unternehmensführung stärkt die Verfügungsmacht der Eigentümer über ihr Eigentum und führt zu einer **Aktienperformance**, die über dem Gesamt- bzw. Branchenindex der Börsenkurse liegt. Damit wird die Macht der Manager („Agents") beschränkt – der **Machtschwerpunkt** in den Unternehmen verschiebt sich vom Management zu den Kapitalgebern („Principals"). Beschränkte sich früher ihre Rolle als Gesellschafter weitgehend auf die Kontrollfunktion über das Management, wird jetzt eingefordert, bei strategischen Entscheidungen die Zielsetzung der Eigenkapitalgeber (= Nutzenzuwachs) im Sinne einer anteilseignerorientierten Unternehmensführung verstärkt zu berücksichtigen und damit eine weitestgehende Parallelisierung der Interessen zu erreichen. Der seit den 30er Jahre in der BWL diskutierte **„Prinzipal-Agent-Konflikt"** (persönliche Nutzenmaximierung der Manager, eingeschränkte Informationsmöglichkeiten der Eigentümer, Agency-Kosten zu Lasten der Aktionäre usw.) wird hier erneut aufgegriffen.

Auch wird von den Kapitalmärkten und dem schärfer werdenden Wettbewerb um das flüchtige Kapital ein zunehmender Performance-Druck ausgehen. Dieser Wettbewerbsdruck war in den letzten Jahren in Deutschland aus verschiedenen Gründen nicht so ausgeprägt: die spezifische Rolle der Banken (Beteiligungen, Depotstimmrecht, Hausbankstellung) und die Rolle der Mitbestimmung (De-facto- Stakeholder-Ansatz)(vgl. Strätling 1997).

Das **deutsche Corporate-Governance-Modell** steht zwar für Seifert (1999, S. 29) noch nicht zur Disposition, aber in einer schleichenden Krise: „Was Offenheit und Genauigkeit von Bilanzen angeht, besteht ein deutlicher Abstand zu anderen Industrienationen. Ein Grund dafür liegt auch darin, daß der unausweichliche Interessenkonflikt zwischen Anlegern und dem Management hierzulande anders interpretiert wird als zum Beispiel in den Vereinigten Staaten. Dort überwiegt die Anlegerorientierung, während in Deutschland der Konsens dominiert." Aber erst wenn das **Principal-Agent-Problem** überwunden ist und die Anleger mehr Einfluß auf das Management haben, kommt es zu einem effizienten Umgang mit der Ressource Kapital – und davon profitieren nicht nur Anleger und Management, sondern auch Kunden, Mitarbeiter und Lieferanten. Im deutschen (konsens-/sicherheits-/stabilitätsorientierten) Modell ist zwar eine hohe Arbeitsproduktivität gegeben, aber je Einheit eingesetztes Kapital wird immer noch rund ein Drittel weniger produziert als in den USA. Ursachen dieser niedrigen Kapitalproduktivität: kürzere Maschinenlaufzeiten, steuerinduzierte Fehlallokation, Qualität des Managements und mangelnde Ausrichtung am Investoreninteresse.

Er schlägt folgenden **Maßnahmenkatalog** vor:

- Unternehmen entflechten, da zu viele Konzerne immer noch zu stark diversifiziert sind.
- Unternehmenssteuern befristet absenken, um die Beteiligungsstrukturen zu bereinigen.
- Informationsdefizite abbauen und Aktionärsrechte stärken (Abschaffung von Vorzugsaktien und Depotstimmrecht).

Black u.a. (1998, S. 110) schlagen **fünf Kernprozesse** der wertorientierten Unternehmensführung vor:

1. **Wertorientierte Ziele und Strategien:**

   - Beantwortung von Fragen wie: In welchen Geschäft sind Sie tätig, und welche Veränderungen erwarten Sie? Welche Ziele hat Ihr Unternehmen? Wie werden Sie Ihre Ziele erreichen? Wie stellen Sie sicher, daß Sie die positiven Renditen erzielen, mit denen Sie Ihre Aktionäre belohnen?
   - Kernkompetenzen bestimmen und sie mit der Schaffung von Shareholder Value in Beziehung setzen.
   - Berücksichtigung des Faktors Risiko.

2. **Planung und Kontrolle der Ressourcenaufteilung**

   - Verwendung der sieben Werttreiber: Umsatzwachstum, Operative Marge, Steuerzahlungen, Netto-Umlaufvermögen, Investitionen, Kapitalkosten und Competitive Advantage Period.
   - Durchführung einer Sensitivitätsanalyse, um die Wirkung von Veränderungen der einzelnen Werttreiber zu beurteilen.
   - Benchmarking: Einsatz der externen Bewertungskarte („Scorecard") zum Vergleich (i.d.R. mit dem direkten Wettbewerber) oder der Wertkarte („Value Map").

3. **Bewertung des Unternehmenserfolgs**

   - Festlegen der Ziele
   - Verknüpfung der Ziele mit Werttreibern (Zusammenhänge und Bewertungsmaßstäbe) Verwendung von Mikro-Werttreibern
   - Die Prozesse/mehrstufige Wertkette eines Unternehmens verstehen

4. **Wertorientiertes Vergütungssystem**

   - Leistungsbezogene Vergütung an Wertschaffung koppeln
   - Unterschiedliche Systeme (z.B. Aktienvorkaufsrechte etc.)

5. **Wertorientierte Kommunikation**

   - Value Reporting – Investor Relations

Günther (aus 1999, S. 363) entwirft eine Konzeption des unternehmenswertorientierten **Controlling**, das nicht als Substitut für die bisher bestehende Unternehmenssteuerung herangezogen werden soll, sondern sich zusätzlich auch an der Zielgröße „Unternehmenswert" orientiert; dafür sind einige **Module** im kybernetischen Controllingsystem zu **modifizieren** bzw. zu ergänzen:

- Ergänzung des Zielsystems um die Zielsetzung „Steigerung des Eigentümerwerts"
- Ergänzung des strategischen Controlling um unternehmenswertbezogene Analysen (z.B. Leaning Brick Pile (das das Unternehmensportfolio in wertschaffende/-vernichtende Geschäftseinheiten zerlegt), Marakon Portfolio (die die Eigenkapitalrentabilität RoE dem Wachstum gegenüberstellt), monetäre Bewertung von Strategien etc.)
- Ergänzung des operativen Controlling (z.B. unternehmenswertbezogene Performance-Maße (wie EVA), Modifikation der Ergebnisrechung, wertorientierte Kennzahlensysteme etc.)
- Pflege der Investor Relations zu den Eigen- und Fremdkapitalgebern
- Modifikation des Anreizsystems für Führungskräfte durch Integration unternehmenswertbezogener Performance-Maße

„Alle anderen Module des Controllingsystems bleiben davon unberührt. Da sich die Ergänzungen i.d.R. auf das Reporting und die Entscheidungsunterstützung beziehen, nicht jedoch das zugrundeliegende Rechnungswesen in Frage stellen, sondern daraus gewonnen werden, ist der Änderungsaufwand relativ überschaubar." (ebd., S. 364; zu Kennzahlen im wertorientierten Controlling siehe insbesondere Schröder, 1998, und zum wertorientierten Controlling und Reporting mit dem Data Warehouse als informationstechnische Basis siehe Fröhling/Renneke/Wedel, 1999)

Nach Gomez/Zimmermann (1993, S. 195f.) kann sich eine Unternehmen heute nicht mehr damit begnügen, seine strategischen Geschäftseinheiten (**SGEs**) im Wettbewerb optimal zu positionieren. „Die Marktausrichtung muß heute ergänzt werden durch die bewußte Nutzung der vielen weiteren internen und externen Potentiale des Unternehmens, wie der Beschaffung, der Informatik, der Kooperationen, der Akquisitionen, der Restrukturierung usw. Ziel dieser Nutzung ist die Steigerung des Wertes des Unternehmens, ausgedrückt in künftig erzielbaren frei verfügbaren Cash-Flows (…) Das Wertsteigerungskonzept verlangt, daß die Organisation bewußt dort verändert wird, wo sich die größte Hebelwirkung zur Erzeugung zukünftiger, frei verfügbarer Cash-Flows ergibt. Es sind dies die so genannten Wertgeneratoren."

Vor allem die M&A-Welle in den USA (vgl. dazu Teil zwei) rückte der Wert eines Unternehmens (oder einer strategischen Geschäftseinheit), seine Aktivierung und effiziente Realisierung von Nutzenpotentialen in den Mittelpunkt strategischer Überlegungen. „Die SVA behebt einen wesentlichen Kritikpunkt der herkömmlichen strategischen Planung auf der Basis überwiegend marketingorientierter Portfolio-Analysen. Sie rückt das eigentliche Unternehmensziel der Gewinnerwirtschaftung wieder in den Mittelpunkt des strategischen Management und schafft damit damit den Bezug zum externen Kapitalmarkt" (Becker, 1995, S. 124).

Wir werden nachfolgend die Notwendigkeit zu einer stärkeren Integration der Kapitalmarktorientierung in betriebliche Ziel- und Steuerungssysteme begründen. Diese Integration wird aber durch die traditionellen Jahresabschluß- und gewinnorientierten Kennzahlen des internen und externen Rechnungswesens nicht ausreichend geleistet; Michel faßt die wesentlichen **Kritikpunkte** wie folgt zusammen (1999, S. 371 f.):

- geringe Korrelation mit den Wertentwicklungen auf den Aktienmärkten,
- erschwerte Beurteilung der wirklichen ökonomischen Leistung eines Unternehmens aufgrund von Ansatz- und Bewertungswahlrechten beim Gewinnausweis,
- fehlende Berücksichtigung unterschiedlicher Risiken bei unterschiedlichen Unternehmensbereichen,
- Vernachlässigung des Zeitwertes des Geldes bzw. der Inflation,
- Verzerrung von Erfolgskennzahlen bei unterschiedlichen Altersstrukturen des Anlagevermögens,
- verzerrte Rendite-Darstellung bei Leasing-Finanzierung und Goodwill-Ausweis,
- keine Berücksichtigung des Kapitalbedarfs zur Finanzierung zukünftigen Wachstums per se und
- unzureichende Zukunftsorientierung aufgrund einperiodiger Kenngrößen.

Wir haben im 1. Teil im Rahmen des Bezugsgruppen- oder Stakeholder-Konzepts gezeigt, daß **verschiedene** Gruppen Ansprüche an die Unternehmung stellen („stake" = Interesse), d.h. Einfluß auf die Formulierung und Erreichung der jeweiligen Unternehmensziele ausüben. Die Frage, inwieweit die Unternehmensleitung die (divergierenden) Interessen der jeweiligen Stakeholder bei ihren Entscheidungen zu berücksichtigen hat, wird z.Z. sehr **kontrovers** diskutiert.

Die z.T. sehr unreflektierte Kritik am („verteufelten"; vgl. Schwarz, 1996) Shareholder-Value-Ansatz als eindimensionaler „Vulgär-Kapitalismus" trat stellvertretend an die Kritik für Managementfehler, ihm wird die Schuld am tiefgreifenden Wandel der gesamtwirtschaftlichen Situation gegeben (Abbau handelsprotektionistischer Maßnahmen, Deregulierung, internationale Konkurrenz usw.), ihm wird der Abbau von Arbeitsplätzen zugunsten eines verstärkten Kapitaleinsatzes und der kurzfristigen Gewinnmaximierung unterstellt. Viele der in den letzten Jahren im Rahmen von Restrukturierungen getroffenen (z.T. sehr schmerzhaften und unpopulären) Maßnahmen sind aber als eine (verspätete) Antwort auf den globalen Wettbewerb zu sehen, d.h. die Sicherung der internationalen Wettbewerbsfähigkeit angesichts lange unterbliebener politischer Anpassungs-/Strukturmaßnahmen (Steuerlast, Privatisierung, Subventionen usw.).

Die Diskussion über die **„Corporate Governance"** – als das Beziehungsgeflecht zwischen Management und Kapitalgebern und der Zielsetzung der Unternehmung – wird auch unter dem Druck institutioneller Anleger (Pensionskassen, Versicherungen, Stiftungen, Anlagefonds, Beteiligungsgesellschaften usw.), die gezielt Eigentümerinteressen wahrnehmen und als Vertreter großer Kapitalanteile zum „natürlichen Gesprächspartner" des Managements werden (dieser Druck der Analysten wird in Einzelgesprächen, „One on Ones", ausgeübt),

728

sich mehr der angelsächsischen Sicht annähern; den aktuellen Implementierungsstand in Deutschland bzw. Performancemessungen zeigen einige Studien (dazu WestLB Research GmbH, SGZ-Bank AG, Deutsche Morgan Grenfell, Coopers & Lybrand); vgl. auch unsere Ausführungen zum KonTraG, 5. Teil, B, III.

Corporate Governance
= Leitlinien für eine erfolgsorientierte Unternehmensleitung und verantwortliche Unternehmensüberwachung. Entsprechende Grundsätze wurden im Laufe der Jahre in fast allen wichtigen Kapitalmarktländern entwickelt, wobei es vielfach auch darum ging, die nur sehr schwach entwickelten gesetzlichen Vorgaben für die Unternehmenssteuerung zu ergänzen. Die OECD hat 1999 erstmals Leitlinien vorgestellt. Die CG-Grundsätze errichten sich nahezu ausschließlich an Vorstände und Aufsichtsräte. Sie zielen vornehmlich auf die Gleichbehandlung der Aktionäre, auf umfassende Transparenz und wirksame Kontrollmechanismen. Sie definieren ferner Regeln für die Behandlung von Interessenkonflikten sowie für Eigengeschäfte von Organmitgliedern mit ihren Unternehmen. Im Januar 20000 legte eine deutsche Expertenrunde einen Code of Best Practice für börsennotierte Unternehmen vor. (Quelle: Handelsblatt, 26.1.2000, S. 18)

Das Gedankengut des wertorientierten Managements („Shareholder Value") hat auf breiter Front in der ökonomischen Theorie und Praxis in den 90er Jahren Einzug gehalten. Eine auf internationaler Ebene von Coopers & Lybrand durchgeführte empirische Studie zeigt, daß bereits 1996 rund 90 % der befragten deutschen Unternehmen ihre Strategien hauptsächlich an den Interessen der Anteilseigner ausrichten; dies ist auch im internationalen Vergleich ein beachtliches Ergebnis: Österreich 83 %, Schweiz 57 %, Schweden 65 %, Frankreich 57 %, Großbritannien 57 % (vgl. Englert/Scholich, 1998, S. 684); zahlreiche Praxiskonzepte in Bühner/Sulzbach (1999, S. 67ff.).

Eine im Frühjahr 2000 veröffentlichte Studie der European Business School zeigt allerdings, daß die Wertsteigerung manchmal nur eine Worthülse ist; die meisten Gesellschaften wollen zwar ihren Unternehmenswert steigern, bei der Umsetzung gibt es jedoch Schwierigkeiten: So verlassen sie sich bei der Unternehmenssteuerung lieber auf klassische Finanzinstrumente (wie ROI, Gewinn laut Jahresabschluß), statt konsequent auf Shareholder-Value-Kennziffern (wie EVA, MVA, DCF) umzusteigen; auch fehlt häufig eine Koppelung an die leistungsabhängige Vergütung. (Vgl. Handelsblatt, 17.11.1999, S. 41)

Wertmanagement
„... die zielgerichtete, aktive und systematische Beeinflussung des Eigentümerwertes (Shareholder Value) eines Unternehmens." (Michel, 1999, S. 372)

Konzept des Wertmanagements
„... ist charakterisiert durch
  • eine langfristige Ausrichtung, die die nachhaltige Wertentwicklung zum Ziel hat,
  • den expliziten Einbezug von Mitarbeitern, Kunden und Geschäftspartnern des Unternehmens,
  • die Operationalisierung wertorientierter Spitzenkennzahlen zur Steuerung bis auf die Ebenen operativer Prozesse,
  • Managementprozesse und Instrumente, die die Realisierung der Wertziele in der operativen Umsetzung unterstützen." (ebd.)

Für Michel (1999, S. 372) besteht das Wertmanagement aus folgenden **Bausteinen**:

Wertorientiertes Unternehmensmodell

  • Bestimmung des Unternehmenswertes
  • Vergleich von internem Wert und externem Wert (bei AG)
  • Bewertung von Geschäftsbereichen und SGE
  • Bestimmung der finanziellen Werttreiber/Sensitivitätsanalyse des Unternehmenswertes

Strategiebewertung und Werttreiberanalysen

  • Bewertung der Strategien mit dem Shareholder Value
  • Aufdecken von Wertlücken

- Anstoß wertsteigernder Programme und Problemlösungen
- Identifikation der operativen Werttreiber

Balanced Scorecard

- Ableitung von strategischen Zielen aus der Strategie
- Identifikation von Leistungsindikatoren, die die strategischen Ziele quantitativ beschreiben
- Bestimmung von Zielwerten und Realisierungsmaßnahmen
- Bottom-up-Performance Messung

Wertorientierte Controlling-, Anreiz- und Vergütungssysteme

- Integration in den strategischen und operativen Planungsprozeß
- Integration in das Berichtswesen
- Einbindung in das Investitionscontrolling
- DV-Unterstützung
- Schulung der Mitarbeiter und Change Management
- Wertorientiertes Anreiz- und Vergütungssystem

> „Trotz dieses Ergebnisses sollte die praktische Bedeutung des Konzeptes für die Unternehmenssteuerung nicht überschätzt werden. Lediglich 40% der befragten Unternehmen (in Deutschland sogar nur 34%) wenden Shareholder-Value-Methoden als die dominierende Evaluierungsmethode bei allen Planungs-, Entscheidungs- und Kommunikationsprozessen an. Insofern mangelt es in vielen Unternehmen an der vollständigen Umsetzung eines umfassenden Konzepts, das die wertorientierte Unternehmensführung auf allen Ebenen erlaubt." (ebd.) D.h., viele Unternehmen bevorzugen immer noch rechnungslegungs- und damit vergangenheitsorientierte Managementinstrumente.

Die theoretischen Grundlagen zum Shareholder Value gehen auf die 50er- und 60er Jahre zurück, insbesondere auf das **Capital Asset Pricing Model** (CAPM): „Die wesentliche Erkenntnis des CAPM besteht darin, daß es ermöglicht, einen risikogewichteten Diskontierungs- oder Abzinsungsfaktor abzuleiten, der es erlaubt, den Gegenwarts- oder Barwert zukünftiger und damit unsicherer Entwicklungen, Gewinne und Cash-flows zu ermitteln. Dieser Diskontierungsfaktor wird aus der Beobachtung der Kapitalmärkte abgeleitet und definiert für Kapitalanleger die Opportunitätskosten des **Eigenkapitals**, das heißt die Verzinsung, die der Kapitalanleger mit seiner nächsten Anlagealternative erzielen könnte. Er legt die Meßlatte dafür, was ein Unternehmen verdienen muß, um den Einsatz des Kapitals zu rechtfertigen." (Black u.a., 1998, S. 39) Diese vom Prinzip sehr simple Forderung (die Rendite einer Investition muß über ihre Lebensdauer durchschnittlich höher sein als der Zins für die entsprechende Langfristfinanzierung) ist weder neu noch revolutionär (vgl. Heri, 1996; Schilling, 1997). Der Shareholder Value ist in diesem Sinne vergleichbar dem Gegenwartswert einer **dynamischen Investitionsrechnung** (Kapitalwertmethode; dazu 7. Teil).

Hinter dem vor allem auf Copeland/Koller/Murri (1993) und Rappaport (1995) zurückgehenden **Shareholder-Value-Konzept** steht die Erwartung, daß unter marktwirtschaftlichen Konkurrenzbedingungen Unternehmungen (hier wird insbesondere auf börsennotierte Unternehmen abgestellt) eine nachhaltige Rentabilität des **Eigenkapitals** erarbeiten, die deutlich über dem Zinssatz für langfristiges Fremdkapital liegt. Der Aktionärsnutzen steht immer mehr im Vordergrund. Die Rentabilität wird mit klassischen **Kriterien** wie die Eigenkapitalrentabilität gemessen oder mit dem diskontierten Free Cash-Flow (dazu unsere Ausführungen 7. Teil, VI) bzw. dem Added Value (dazu Hill, 1996, S. 413).

Shareholder Value
… ist der Marktwert des Eigenkapitals. Der Marktwert des Eigenkapitals entspricht dem Marktwert des Gesamtkapitals abzüglich dem Marktwert des Fremdkapitals. (Black u.a., 1998, S. 27)

Unternehmen müssen sich auf die beiden wichtigsten Faktoren konzentrieren, die den Erfolg ihres Unternehmens bestimmen: die Erzielung eines positiven Cash-Flow und somit einer angemessenen Kapitalrendite (vgl. Black u.a., 1998, S. 69):

Der Shareholder Value bewirkt also eine Drehung des Fokus: von der Ex-post-Überprüfung zur Ex-ante Beurteilung (d.h. auf den Barwert von zukünftigem freiem Cash-Flow).

„Es muß die Frage beantwortet werden, mit welchen unternehmerischen Aktivitäten Werte geschaffen werden können und wie das Unternehmen bzw. die Organisation dazu motiviert wird. Der Wert eines Unternehmens wird sehr stark durch seine Zukunft bestimmt bzw. durch die Annahmen über seine Zukunft. Die vorhandene Substanz stellt in den meisten Fällen nur einen Bruchteil des wirklichen Wertes dar. Der Unternehmenswert hängt nicht vom Wert des Vermögens ab, sondern davon, was man daraus in der Zukunft macht." (Michel, 1999, S. 374).

Die Methode mißt also das zukünftige Einkommen der Eigentümer auf der Grundlage des **Unternehmenswertes** abzüglich dem Markwert des Fremdkapitals, das ist die Maßgröße zur Verwirklichung einer kapitalmarktorientierten Unternehmenssteuerung.

Zentrale Bestandteile des Unternehmenswertes sind

- der zukünftige **Einzahlungsüberschuß** (= Saldo aus den betrieblichen Ein- und Auszahlungen) und
- die **Diskontierungsrate** (= Abzinsung zukünftiger Einzahlungsüberschüsse auf den gegenwärtigen Zeitpunkt; vgl. Bühner, 1996; S. 334)

Die Investoren erwarten für ihr Engagement eine risikoadäquate Verzinsung, die sich aus kapitalmarkttheoretischen Überlegungen ergibt: Aus Sicht des Anteilseigners (= Aktionärs) setzt sich die Rendite der Unternehmensbeteiligung aus der Gewinnbeteiligung (= zufließende Dividende) und der Wertsteigerung der Anteilsrechte (= Entwicklung des Markt-/Börsenwerts) zusammen. „Die Umsetzung dieser Renditemessung in ein unternehmensinternes Führungs- und Steuerungsmaß gründet sich auf die Überlegung, daß sowohl die Gewinnbeteiligung als auch die Wertsteigerung der Anteilsrechte von den zukünftigen finanzwirtschaftlichen Überschüssen des Unternehmens determiniert werden. Der Barwert der mit der Renditeforderung der Kapitalgeber abgezinsten künftigen finanzwirtschaftlichen Überschüsse – der Unternehmenswert ermittelt nach der DCF-Methode – wird somit zur umfassenden Managementgröße." (Englert/Scholich, 1998, S. 685)

Der Ansatz kann also für verschiedene **Anwendungsmöglichkeiten** herangezogen werden:

- Ausrichtung von Unternehmensentscheidungen (d.h., jede Aktivität ist dann positiv, wenn sie einen Wertzuwachs erzielt, also einen positiven Discounted Free Cash-Flow).
- Ermittlung des Unternehmenswertes.
- Beurteilung von Akquisitionsmöglichkeiten (umgekehrt bedeuten „Wertlücken"/Unterbewertungen, potentieller Übernahmekandidat für „raiders" zu werden; diese sind zu identifizieren und zu eliminieren) – „Disziplinierung" eines ineffizienten Managements.
- Beurteilung der einzelnen Strategischen Geschäftsfelder/-einheiten in Bezug auf Werterzeuger und Wertvernichter.
- Abbildung von Strategien in Szenarien-Rechnungen.
- Ermöglicht langfristige Betrachtung von Zahlungsströmen und nicht kurzfristige Erfolgsgrößen; eliminiert kurzfristige/einperiodige Manipulationsmöglichkeiten.
- Beurteilung von Investitionsentscheidungen (einzelne Investition muß mindestens die voraussichtlichen Kapitalkosten erwirtschaften).
- Aktive Steuerung des Unternehmenswertes durch gezielte Investitions- und Desinvestitionspolitik.
- Bestimmung der erwirtschafteten Liquidität (Free Cash-Flow).
- Beitrag zur Lösung des Problems der Mittelallokation, d.h. Zuteilung der begrenzt zur Verfügung stehenden Mittel nach einem geeigneten Maßstab.
- Maßstab für Anreiz-/Vergütungssystem für Manager; Motivation durch Aktienoptionen.
- Ableitung eines geschlossenen Kennzahlensystems (Mitarbeiterführung, strategische/operative Unternehmenssteuerung).
- Aktive Steuerung des Börsenkurses (Investor Relations mit kapitalmarktrelevanten Informationen).
- Stärkung der Eigenfinanzierung, d.h. Finanzierung des Kapitalbedarfs für das (globale) Wachstum über die internationalen Kapitalmärkte/Börsen.

Das Shareholder-Value-Konzept möchte **Strategien** meßbar machen, durch eine interne Bewertung mittels freier Cash-Flows und durch eine **externe** Bewertung aufgrund der marktmäßigen Kosten:

Neben dem Ansatz von Rappaport existieren verschiedene **weitere Ansätze** der Unternehmenssteuerung mittels Shareholder Value, die teilweise hinsichtlich der ihnen zugrundeliegenden Zielsetzung und der Berechnungsweise der interessierenden Größe differieren (im einzelnen dazu Bühner, 1996 b; Black u.a., 1998):

- die Ansätze nach Copeland et al. (McKinsey),
- nach Lewis (Boston Consulting Group) oder
- der Ansatz nach Stewart (Stern Stewart & Co) d.h. der **Economic Value Added** (= EVA; Trademark; wirtschaftliche Wertschöpfung): Shareholder Value Added = Gesamtkapital x (Gesamtkapitalrendite – WACC); dazu insbesondere Greth, 1998 und Ehrbar, 1999)
- der Ansatz nach Black u.a. (Price Waterhouse) mit seinen sieben **Werttreibern** (Umsatzwachstum, operative Marge, Steuerzahlungen, Netto-Umlaufvermögen, Investitionen, Kapitalkosten und Competive Advantage Period), die ein ganzheitliches Konzept zur Analyse des Unternehmenserfolges liefern; zusammen mit der Sensitivitätsanalyse bietet das Konzept die Möglichkeit, die Werteffekte zukünftiger Strategien zu bewerten. der VIP-Kreislauf („Von der Vision zur prozeßorientierten Organisation") als Klammer moderner Management-Konzepte von Gomez (1998)

Verschiedene Shareholder-Value-Kennzahlen
Economic Value Added (**EVA**):
Zeigt, ob durch eine betriebliche Entscheidung (z.B. Investitionen/Fusion) für das Unternehmen Wert geschaffen oder vernichtet wird. Berechnung: Von dem Gesamtergebnis vor Zinsen und nach Steuern werden die Kapitalkosten (= das eingesetzte Kapital multipliziert mit dem gewichteten Mittel aus Eigen- und Fremdkapitalkosten) abgezogen. Ist das EVA positiv, wird Wert geschaffen.
Market Value Added (**MVA**):
Berechnung: Marktwert (= Börsenwert plus Finanzschulden) minus Geschäftsvermögen (= das von Eigen- und Fremdkapitalgebern investierte Kapital).
Discounted Cash Flow (**DCT**):
Berechnung: Künftig erwartete Einzahlungsüberschüsse (= Saldo Aus-/Einzahlungen) werden mit dem Kapitalkostensatz (= meist das gewichtete Mittel der Eigen- und Fremdkapitalkosten) diskontiert.

„Raiders" versuchten Differenzen zwischen Börsenwert und realisierbarem Wert, „Wertlücken" und damit potentielle Übernahmekandidaten festzustellen (vgl. auch unsere Ausführungen zur Discounted Cash-Flow-Analyse im siebten Teil). Das Konzept liefert auch eine quantitative Unterstützung bei Akquisitionsentscheidungen oder bei strategischen Allianzen (dazu Horváth/Herter/Michel, 1994, S. 227ff.). Für Roventa (1994, S. 196) wird das Konzept dann ganz sicher versagen, wenn es in verkürztem Sinne und vordergründig nur um den Shareholder geht, denn ein Unternehmen kann nur dann wirklich für den Aktionär Wert generieren, wenn es gelingt, ausgewogen der Gruppe der von uns bereits an mehreren Stellen genannten **Stakeholder i.w.S.** zu dienen. „Hierzu gehört das Denken aus Kundensicht ebenso wie die Frage der Rolle des Unternehmens in der Kommune, die Frage der sozialen Verantwortung usw. Vorschnelle und vermeintliche Wertgenerierung für den Shareholder hat

732

schon oft zu erheblichen Wertverlusten geführt, wenn dabei ökologische und andere Gesichtspunkte hintangestellt wurden. Nur ein Managementkonzept, das den Shareholder Value im weiten Sinne interpretiert – also auch das Gedankengut des „Stakeholder"-Ansatzes beinhaltet –, wird langfristig erfolgreich sein."

3. Lean Management

Entscheidenden Anteil an der Verbreitung des Gedankengutes dieses vermutlich „populärsten" Schlagworts zu Beginn der 90er Jahre hatte die Veröffentlichung des Massachusetts Institute of Technology über die „Zweite Revolution in der Autoindustrie" (vgl. Womack et al., 1991), in der die Unterschiede zwischen Massen- und der schlanken Produktion erforscht wurden, wobei Werke in Europa, den USA und Japan verglichen wurden. Der Begriff „schlank" wurde für eine signifikant höhere **Produktivität** gegenüber von Massenproduzenten herangezogen (z.B. die Hälfte des Personals, der Produktionsfläche, der Zeit für eine Produktneuentwicklung etc.). Die Geburtsstätte der schlanken Produktion sehen sie bei Toyota.

Ein Lean-Konzept baut für Metzger/Gründler (1994, S. 148ff.) auf drei **Bausteinen** auf:

- Lean **Production**: Einsatz der Hälfte aller in der gewohnten Massenfertigung eingesetzten Hilfsmittel und Vorgehensweisen (dazu Müller/Fuhrberg-Baumann, 1993; Becker, 1992; Kargl, 1994 b, Scheer, 1993)
- Lean **Organization**: die schlanke und flache Organisation mit kurzen Entscheidungswegen, Konzentration auf Mitarbeiter und Produktionsprozeß
- Lean **Management**: das Verlagern von Verantwortung in operative Bereiche, das Arbeiten in und Fördern von Gruppen sowie der Kooperation

Es wird in vielen Literaturbeiträgen immer wieder betont, daß ein Großteil der Prinzipien des Lean Managements **westlichen** Ursprungs sind (vgl. Pfeiffer/Weiß/Volz, 1994, S. 9). Die in Japan umgesetzten ganzheitlichen Gedanken gehen vor allem auf den Amerikaner Deming zurück, der die ständige Interaktion von F&E, Produktion und Verkauf betont (seine „14 Punkte" finden sich in Wolf, 1994, S. 11f.). Hinterhuber/Aichner/Lobenwein (1994, S. 39) definieren Lean Management wie folgt:

- Lean Management ist eine Zusammenfassung von Elementen, deren integrative Anwendung die Vorteile der handwerklichen einerseits sowie der Massenfertigung andererseits vereint und damit den Anforderungen einer sich rasch ändernden Umwelt eher gerecht wird.
- Lean Management ist ein auf Markt- bzw. Kundennähe, Produktivitätserhöhung und Qualitätsverbesserung, Vermeidung von Überproduktion, hohe Innovationsgeschwindigkeit und Wertschöpfung konzentrierter praxiserprobter Denk- und Handlungsrahmen. Komplementär dazu gilt:
- Lean Management ist ein ganzheitlich-integrierter Ansatz, er umfaßt das Unternehmen als Ganzes und beruht auf einer völlig geänderten Einstellung zu Mitarbeitern, Kunden- und Lieferantenbeziehungen, Organisation und Führung.

Kirsch/Müller-Stewens fassen die wichtigsten **Elemente** und **Prinzipien** des Lean Managements wie folgt zusammen (1995, S. 3.7; siehe auch die Merkmale bei Scholz, 1994, S. 181f.)

- Konzentration auf das Kerngeschäft: In der Sortiments- und Kundenstruktur erfolgt eine Konzentration auf **Kernbereiche** bei gleichzeitiger Optimierung des Kundennutzens. Durch die Bündelung der Kräfte wird eine Verbesserung angestrebt, die in der Wahrnehmung des Kunden eine Nutzenschwelle überschreitet.

- Bereinigung der Leistungstiefe und marktfähige Leistungsstufen: Leistungen, die nicht aus Wettbewerbsgründen intern erbracht werden müssen, werden fremdvergeben (**Outsourcing**), wenn dies zu günstigeren Konditionen führt. Die verbleibenden Elemente der Wertschöpfungskette orientieren sich an Marktpreisen.
- **Kunden-** und **prozeßorientierte** Strukturen: Anstelle der horizontalen Spezialisierung werden die Strukturen auf die Bedürfnisse der Geschäftsfelder ausgerichtet. Die produktorientierte Parallelisierung der gesamten Wertschöpfungskette vermindert Schnittstellen und senkt die Fehlerwahrscheinlichkeit.
- Flache Hierarchien: Weil jede Führungsstufe den Kommunikationsfluß hemmt, steht das Prinzip „So wenig Führungsstufen wie möglich" im Vordergrund (**Hierarchieabbau**).
- Partnerschaftliche Zusammenarbeit: Innerhalb des Unternehmens sowie mit Kunden und Lieferanten herrscht ein partnerschaftlicher Umgang. Zulieferer und Kunden werden in die Gestaltung der Geschäftsprozesse mit einbezogen.
- **Dezentrale** Entscheidungsprozesse: Aufgaben und Kompetenzen werden an diejenigen Stellen delegiert, die von den Entscheidungen unmittelbar betroffen sind. Kürzere Informationswege und eine bessere Identifikation sind das Resultat.
- Segmentierung durch Schaffung von autonomen und autarken „**Centern**" (Holdingstrukturen, fraktale Fabrik, Fertigungsinseln etc; Reiß, 1993, S. 182).
- Markt- und Kundenorientierung: Zur Deckung der differenzierten Kundenwünsche wird eine marktgerechte Vielfalt schnell und mit wenig Aufwand angeboten. Neu ist der Versuch, das **Kundenprinzip** auch innerhalb der Wertschöpfungskette zu beachten, d.h., es gibt nunmehr auch interne Kundenbeziehungen.
- Null-Fehler-Prinzip: Zur Sicherstellung eines **kontinuierlichen Verbesserungsprozesses** wird eine „Null-Fehler-Produktion" (Total Quality) angestrebt. Auftretende Fehler werden hinsichtlich der Ursachen analysiert und beseitigt.
- **Team-/Gruppenarbeit**: Durch die Schaffung von selbststeuernden Teams mit weitreichenden Kompetenzen soll das unternehmerische Interesse und die Motivation der Mitarbeiter gesteigert werden (Mechanismus der Selbstorganisation).

Selbstorganisation bewirkt eine Reduktion von überwachenden, steuernden und kontrollierenden Tätigkeiten und entfaltet durch die steigende Autonomie der Mitarbeiter und Transparenz der Abläufe starke motivierende und kreativitätsfördernde Kräfte. Einige der charakteristischen Merkmale schlagen sich auch im Lean Management nieder (aus Schulz, 1994, S. 137):

- Definieren eines autonomen Raumes, in dem Arbeitsgruppen sich selbst regulieren können. Vorgesetzte führen durch Modifikation und Kontrolle der Rahmenbedingungen, die selbstorganisierende Prozesse begrenzen.
- Übertragung der Verantwortung von Aufgabenzusammenhängen an Gruppen.
- Teamarbeit sowie Selbstregulation und -kontrolle der Prozesse innerhalb des autonomen Raumes.
- Ergebniskontrolle außerhalb des autonomen Raumes statt direkte Prozeßkontrolle.
- Schulung der Mitarbeiter und Flankierung der Maßnahmen durch gruppen- und lernorientierte Polyvalenzlohnsysteme.
- Konzept der „überlappenden Gruppen" über alle Hierarchieebenen zur Optimierung des Informationsflusses im Unternehmen.
- Drastische Erhöhung der Leitungsspanne.

„Durch Selbstorganisation kann die organisatorische Komplexität drastisch reduziert werden. Größere Unternehmen können Hierachieebenen reduzieren und bei einer massiven Kostenreduktion durch die Ausrichtung der einzelnen autonomen Segmente auf den Markt gleichzeitig flexibel auf sich ändernde Bedingungen reagieren. Voraussetzung und Haupthindernis bei der Einführung des Konzepts ist die Änderung des Führungsverhaltens der Führungskräfte wie die Rücknahme des Kontrollanspruches und Vertrauen in die Selbstregulationsfähigkeit der Mitarbeiter" (ebd., S. 137).

Reiß (1992, S. 38ff.) vergleicht das Gesamtkonzept des Lean Management mit einem Eisberg, wobei die Trennlinie zwischen oberhalb und unterhalb der Wasserlinie unscharf gezogen ist:

- **Oberhalb** der Wasserlinie („leichte" Welt der rationellen Unternehmensführung):
  - niedrige Kosten - wenig Bestände - minimale Lagerkapazitäten - kleine Werke - wenig Fehler
  - kurze Durchlaufzeiten - Pull-Prozeßsteuerung - Schnittstellenarme Organisation - kurze Wege
  - geringe Fertigungstiefe - Konzentration auf Kernaktivitäten - kleine Serien
- **Unterhalb** der Wasserlinie („dickes Ende" des Konzepts):
  - Mehrstufiges Multiple Sourcing - Modell- und Variantenvielfalt - Teamwork - Netzwerke

- Abnehmerintegration - Zuliefererintegration - Proaktives Management
- Humanzentriertes Management
- Schwergewichts-Projektmanagement - Permanentes Lernen - Prozeß-Parallelisierung

Vom **Timing** der Implementierungsmaßnahmen und -projekten wird ein starker Einfluß auf die Effizienz der Reorganisation ausgehen (vgl. dazu Zeyer, 1995).

Wichtiger Bestandteil für alle Reorganisationen sind teamorientierte Strukturen (zur Gruppenarbeit siehe auch unsere Ausführungen im dritten Teil, E, III, 3. Renaissance der Gruppen- und Teamkonzepte). Diese **Teams** sind (Hinterhuber/Aichner/Lobenwein, 1994, S. 99) flexibel, multidisziplinär zusammengesetzt, mit Entscheidungsbefugnissen ausgestattet („empowered teams") und tragen ganzheitliche Prozeßverantwortung (ein Praxisbeispiel für eine „Team Owned Process"-Entwicklung, wo die selbständigen Arbeitsteams als „Miniaturunternehmen" arbeiten, bei Nerbas, 1993). Flache Hierarchien stellen hohe Anforderungen an die **Mitarbeiter**. Das individuelle Verhalten bedarf folgender Handlungskompetenzbereiche (aus Hinterhuber/Aichner/Lobenwein, 1994, S. 105f.):

- **Fachkompetenz**: spezialisiertes bzw. technisches Know-how in den einzelnen Fachbereichen, Praxiserfahrung usw.
- **Methodenkompetenz**: Beherrschen von Analyse-, Planungs-, Problemlösungstechniken sowie Denk- und Kreativitätswerkzeugen usw.
- **Sozialkompetenz**: Kooperations-, Kommunikations- und Verhaltensfähigkeit in bezug auf interne/externe Kunden, Konfliktlösungsfähigkeit, wechselseitiges Zuhören und Feedback-Geben, Bereitschaft zum Perspektivenwechsel, gegenseitiges Verständnis usw.
- **Personale Kompetenz**: "Helikopterfähigkeit", Verantwortungsbewußtsein, Selbständigkeit, realistische Selbst- und Fremdeinschätzung, Initiative, Optimismus, Phantasie, Vertrauen in die eigenen Fähigkeiten und in die der anderen, Sinn für Humor, Gespür für das Machbare, Frustrationstoleranz, Lernbereitschaft, Sensibilität und Wachsamkeit in Bezug auf Chancen und Risiken usw.
- **Handlungskompetenz**: konstruktive Zusammenarbeit zur Zufriedenstellung der Stakeholders (z.B. Antizipieren von Kundenerwartungen, kontinuierliche Verbesserungen, Innovationen usw.).

Glasl (aus 1994a, S. 16f.) faßt die „Quintessenz" des schlanken Unternehmens mit folgenden fünf Kernpunkten zusammen: Das ganze Handeln im Unternehmen

- ist konsequent ausgerichtet auf optimalen **Kundennutzen** im Kontext des gesellschaftlichen Nutzens,
- ist getragen vom Bewußtsein der betroffenen Menschen für den **Gesamt**-Wertschöpfungsstrom, über interne und externe organisatorische Grenzen hinweg,
- beruht in den Innen- und Außenbeziehungen auf verbindlichem Vertrauen, das dem langfristigen **Gemeinwohl** der miteinander assoziierten und gegenseitig abhängigen Unternehmen verpflichtet ist,
- ist ständig auf sparsames, respektvolles und pflegendes Umgehen mit **allen** Ressourcen (Material, Raum, Anlagen, Hilfsmittel, Energie, Zeit, Menschen und Umwelt) ausgerichtet,
- baut auf Bewußtsein, Verantwortung, Kreativität und Entwicklungsfähigkeit der **Menschen** und strebt mit ihnen unablässig nach Verbesserung und Innovation, all dies auf der Grundlage stimmiger Leitideen und Leitwerte, die nach innen und nach außen gleichermaßen gültig sind.

Hinter dieser Philosophie steckt jedoch **kein** neuer Tarnname für eine **Gemeinkosten-Wert**analyse (GWA), denn (nach Glasl, 1994b, S. 183ff.):

- Die klassischen Sparprogramme setzen bei Input und Throughput an, während die Schlanke Ressourcen-Entwicklung immer beim Output, also beim Kundennutzen ansetzt.
- Bei der klassischen Gemeinkosten-Wertanalyse (GWA) werden die Kürzungen in der Regel generell allen Stellen im Haus in gleichem Maße auferlegt. Damit Gefahr, daß auch vitale und lebensnotwendige Organe aus dem Körper herausoperiert werden, nur weil so „das Körpergewicht" verringert wird. Der interne wie externe Kundennutzen kann dadurch nachhaltig geschädigt werden. Die Schlanke Ressourcen-Entwicklung setzt deshalb immer beim Kundennutzen an.

Häufig werden Reorganisationen wie beim Lean Management mit Hilfe eines Expertenansatzes oder einer Machtstrategie versucht. Diese Prinzipien für den Weg des Veränderns sind viel weniger erfolgversprechend als eine Strategie der **Organisationsentwicklung**, bei der bereits diejenigen Haltungen und Verhaltensweisen geübt und praktiziert werden, die später im neuen System gefordert sind (nach Glasl, 1994c, S. 195ff.): Bei einer **Expertenstrategie** analysieren externe oder interne Fachleute die Organisation, machen Schwachstellen ausfindig und legen Verbesserungsvorschläge vor, die das Management dann umsetzt. Dies bringt viel Unruhe und Mißtrauen ins Haus. Bei einer **Machtstrategie** wird über Zwang/ Drohung/Druck/Versprechen von Vorteilen usw. eine Änderung im äußeren Verhalten versucht. Dies bewirkt aber kein selbständiges, verantwortungsvolles und kreatives unternehmerisches Handeln.

Glasl nennt diesen Grundsatz für das Management des Wandels das „Prinzip der Entsprechung von Ziel und Weg", denn die Logik der angewandten Strategie des Wandels reproduziert als Zustand wiederum dieselbe Logik, der sie entstammt: „Wenn ich am Ende des Weges Kooperation erwarte, dann muß der Weg dorthin von Kooperation geleitet werden; wenn die Menschen im Schlanken Unternehmen eigenverantwortlich entscheiden und handeln sollen, dann muß auch der Weg dorthin Gelegenheit für Eigenverantwortung geben; und wenn am Ende Selbststeuerung praktiziert werden soll, dann darf auf dem Weg dorthin nicht Fremdsteuerung bestimmend sein." Zur Organisationsentwicklung (**OE**) siehe auch unsere Ausführungen in diesem Teil, Punkt L.II

In der Literatur zum Lean Management wird aber auch auf „Grenzen" der Schlankheit hingewiesen, insbesondere unter dem Aspekt des für jeden Organisationsbereich notwendigen **Flexibilisierungs**potentials (dazu auch unsere Ausführungen unter F, II, 1). Notwendig sei ein „**Organizational Slack**", d.h. ein Überschuß (Redundanz), der über das organisatorisch unbedingt erforderliche Maß hinausgeht (z.B. in Form von Zeit, Geld, Mitarbeitern, Anreizen oder einer überdimensionierten Organisationsstruktur; vgl. Fallgatter, 1995, S. 215ff.; Haedrich/Jeschke, 1994, S. 213f.).

4. (Kern-)Kompetenzmanagement

Das „Konzept einer kompetenzorientierten strategische Unternehmensführung" (Fraunhofer IAO) umfaßt mehrere Bausteine:

- **Strategische Analyse**:
  - Aufbau eines Kompetenzportfolios als Ziel. Systematisches Klassifizieren und Identifizieren der Kompetenzen eines Unternehmens
  - Einschätzung der potentiellen Erfolgsfaktoren hinsichtlich des Kundenwerts und der Kompetenzstärke (Kompetenz-Landkarte = Ist-Situation des Unternehmens)

- **Weiterentwicklung des Kompetenzprofils** (strategische Handlungsempfehlungen für den Einsatz der Unternehmensressourcen) zur Bestimmung der optimalen Leistungstiefe:
  - ein strategisch verstandenes Outsourcing
  - Partnerschaften, Kooperationsformen
  - Kompetenzorientierte Strategien

„Ein zunehmender Wettbewerbsdruck zwingt die Unternehmensführung häufig dazu, die Abstimmung zwischen Unternehmensaufgabe, Leistungstiefe und Wettbewerbsumfeld noch konsequenter als bisher zu optimieren. Eine zu große Leistungstiefe bindet in größerem Umfang als erforderlich Managementkapazitäten, Know-how und Kapital. Diese stehen dann für die strategisch wichtigen Aufgaben des Unternehmens nicht mehr zur Verfügung und schränken die Flexibilität des Unternehmens im Wettbewerbsumfeld ein. Aus diesen Gründen wird in den letzten Jahren die Rückbesinnung von Unternehmen auf ihre Kernkompetenzen gefordert und zunehmend auch verwirklicht." (Picot/Reichwald/Wigand, 1998, S. 264)

Durch die Konzentration auf wesentliche Kern**kompetenzen** („core competencies") bzw. Kern**fähigkeiten** („Core Capabilities") soll eine signifikant bessere Qualitäts- und Kostenposition erreicht werden (vgl. dazu Friedrich, 1995; Suter, 1995; zur Rolle von Kernkompetenzen als Imitationsschutz siehe Wolfrum/Rasche, 1993; einen kritischen Blick auf die „Bestsellerrhetorik" des Ansatzes gibt Raub, 1998: zahlreiche Beispiele aus der Praxis in Deutsch/Diedrichs/Raster/Westphal, 1997).

Kernkompetenz

„... ist die Bündelung verschiedener Fähigkeiten und Technologien zu einem für den Kunden eindeutig erkennbaren Kundennutzen. Die Kernkompetenz ist somit eine konsequente Weiterentwicklung einer Stärke." (Siegle, 1994, S. 165)

„... die Fertigkeiten, Fähigkeiten und Technologie, die als Grundlage der Schaffung von Kundenzufriedenheit das strategische Potential des Unternehmens darstellen. Sie bilden die Grundlage von Wettbewerbsvorteilen (...)" (Hinterhuber/Handlbauer/Matzler, 1997, S. 37).

Die Kernkompetenzen bilden die Grundlage von **Wettbewerbsvorteilen**, wenn es sich um Potentiale handelt, die folgende **Merkmale** aufweisen (nach Hinterhuber/Handlbauer/Matzler, 1997, S. 37f.):

- Sie durchziehen als integrierte Gesamtheit die Prozesse der Wertschöpfung.
- Sie spiegeln sich in der Unternehmenskultur als gemeinsame Werthaltungen wider.
- Sie sind gegenüber der Konkurrenz einmalig und schwer imitierbar.
- Sie resultieren aus organisationalen Lernprozessen.
- Sie sind dezentral im Unternehmen verteilt und wurzeln nicht nur in individuellen, sondern auch in kollektiven Strukturen.
- Sie beziehen sich auf ein Kundenproblem, das in gleicher oder ähnlicher Form in verschiedenen Zusammenhängen auftritt. Daher öffnen sie potentiell den Zugang zu einer Vielzahl von Märkten.

Die Kernkompetenzen bilden den Ausgangspunkt für die langfristige Entwicklung des Unternehmens. Zur internen Potentialbestimmung setzen Hinterhuber/Handlbauer/Matzler (1997, S. 114f.) eine Kundenzufriedenheits-/Kompetenzmatrix ein; nach der Analyse werden die Potentiale anschließend nach ihrer wettbewerbspolitischen Bedeutung untersucht: „Die Kompetenzen, die in engem Zusammenhang mit Leistungs- und Begeisterungsmerkmalen stehen, die besser als von den Wettbewerbern beherrscht werden und kaum imitiert werden können, bilden die Kernkompetenzen des Unternehmens." Das Ergebnis der durchgeführten Einzelanalysen zeigt das **Kompetenzportfolio**, die das Unternehmen als Portfolio von Kompetenzen darstellt (vgl. Abb.. 125, aus ebd., S. 116).

Man kann den Kernkompetenzansatz auch als Fortführung des z.Z. in der Strategieliteratur so bevorzugten „**Ressourcenansatzes**" („resource based approach") sehen, der davon ausgeht, daß die internen Potentiale/Faktoren ausschlaggebend sind für einen dauerhaften Erfolg (dazu unsere Ausführungen unter F, I). Virtuelle Netzwerke verheißen eine ressourcenschonende Kompetenzbündelung, da jede teilnehmende Organisation (im Idealfall) nur das einbringt, was sie einzigartig gut beherrscht und ergänzt mit den Kernkompetenzen der anderen (dazu unsere Ausführungen im 2. Teil, E).

Auch auf strategischer Ebene ist die Bedeutung des **spezifischen Wissens** von Unternehmen erkannt worden, d.h., für Probst/Raub (1997, S. 260) läuft die gesamte Debatte um „Kernkompetenzen" nicht zuletzt darauf hinaus, die Mechanismen zu erklären, über die Wissen zu Wettbewerbsvorteilen führt: „Diejenigen Unternehmen, die ihre Wissensbestände bewußt pflegen und ‚Kernkompetenzen' langfristig – gegebenenfalls auch unter Vernachlässigung kurzfristiger Finanzziele – aufbauen, werden nach Ansicht des Kernkompetenzen-Ansatzes dabei langfristig zu den Gewinnern gehören." (Zum Wissensmanagement siehe unsere Ausführungen im 1. Teil.)

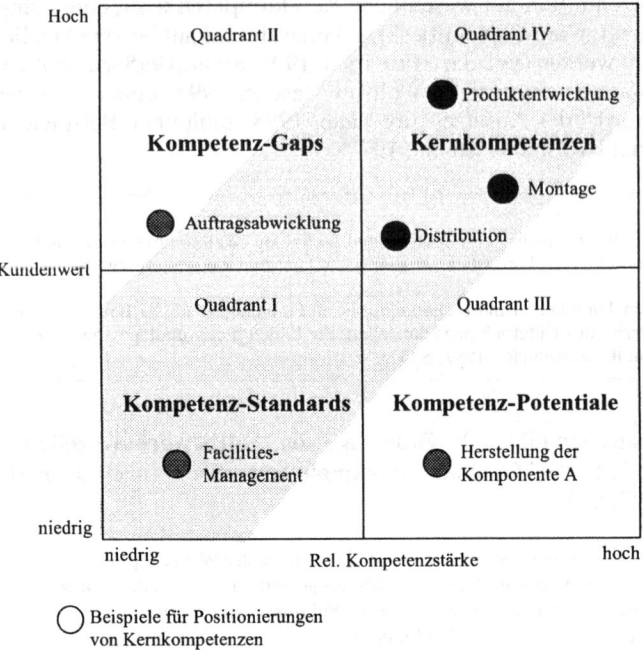

Abb. 125: Das Kompetenzportfolio

Für Prahalad/Hamel (1990), die den Begriff prägten, stellen Kernkompetenzen die wesentlichen technischen, technologischen, vertrieblichen und organisatorischen Fähigkeiten eines Unternehmens dar.

Kernkompetenzen:

„... stellen das unternehmensspezifische Wissen, die Fertigkeiten und die vorhandenen Technologien eines Unternehmens, einer Institution oder einer Einzelperson dar, die als Kern der Eigenleistung in die auf dem Markt angebotenen Produkte bzw. Dienstleistungen eingehen." (Arnold u.a., 1995, S. 26)

„... sind die spezifischen Alleinstellungsmerkmale der Unternehmen." (Hofmann, 1995) „... ist die dauerhafte und transferierbare Ursache für den Wettbewerbsvorteil einer Unternehmung, die auf Ressourcen und Fähigkeiten basiert." (Krüger/Homp, 1997, S. 27)

Reiß/Beck (vgl. 1995, S. 5f.) teilen Kernkompetenzen aufgrund ihrer Eigenschaften in drei **Formen** ein:

- **Fachkompetenz:** Fähigkeiten, die innerhalb der Fachabteilungen/-gruppen vorhanden sind. Sie beschränken sich nicht auf Produktionsfähigkeiten und F&E, sondern umfassen alle Wertschöpfungsbereiche über die Branche hinweg.
- **Prozeßkompetenz:** Äußert sich in der Beherrschung von funktionsübergreifenden Prozessen (z.B. Auftragsabwicklung); darunter fällt auch die Erfahrung im Projektmanagement.
- **Interaktionskompetenz:** Zeigt sich in sozialen Verhaltensmustern, z.B. Pflege positiver Beziehungsmuster gegenüber Kunden, Lieferanten, Banken, staatlichen Stellen usw.

„In der Regel gründen Kernkompetenzen in den spezifischen Qualifikationen der Humanressourcen, schlagen sich in entsprechenden Prozessen und Managementsystemen nieder, sind gestützt und verstärkt durch passende unternehmenskulturelle Werte, Normen und Verhaltensmuster und resultieren in einem entsprechenden Leistungsprogramm für spezifische Märkte." (Staffelbach, 1997, S, 49)

Es gibt verschiedene organisatorische Maßnahmen, die Grundmodelle der **Organisation** „kompetenzorientiert" umzugestalten (vgl. Krüger/Homp, 1997.S. 209ff.):

- in der funktionalen Organisation Produkt- oder Geschäftsfeldmanager installieren, Produktplattformen errichten oder marktnahe Funktionen nach Kundenkriterien ausrichten (z.B. sog. Vertriebsinseln);
- in der divisionalen Organisation Kernfunktionen (re-)zentralisieren, also funktionale **„Centers of Competence"** schaffen (= Einheit, in der solche Aufgaben gebündelt werden, die eine unternehmerische Kernkompetenz prägen) und in der Führungsorganisation Kernprozesse verankern.

„In letzter Konsequenz führen alle derartigen Restrukturierungen zu organisatorischen Mischformen, so daß es konsequent ist, sich die Organisation der Zukunft als hybride Organisation vorzustellen. Sie ist eine „Sowohl-als-auch-Organisation", in der objektorientierte Profit Centers mit funktionalen **Centers of Competence** zusammenwirken und die in vielfältiger Weise Stellen und Organisationseinheiten als Mehrzweckgebilde (sog. multifunktionale Subsysteme) ausgestaltet." (ebd., S. 216)

Es handelt sich bei Kernkompetenzen also um unternehmensspezifische Fähigkeiten, die durch **Komplementärkompetenzen** flankiert und unterstützt werden müssen, die, da sie für den strategischen Erfolg des Unternehmens nicht so entscheidend wie die eigentlichen Kernkompetenzen sind, deshalb auch nicht unbedingt vom Unternehmen **selbst** beherrscht werden müssen. Über diese Komplementärkompetenzen verfügen andere Unternehmen. Im Zentrum des strategischen Managements steht deshalb die Entwicklung netzwerkartiger **kooperativer** Kernkompetenzbeziehungen (z.B. in Form von strategischen Allianzen).

Für Krüger/Homp (vgl. 1997, S. 27) bedingen Kernkompetenzen eine Konzentration auf das Wesentliche, sie bilden eine Quelle für Wettbewerbsvorteile, führen zu vielfältigen Möglichkeiten der Wertschöpfung, sind aus der Sicht des Wertmanagements mögliche **Werttreiber** einer Unternehmung. Nur wenige Unternehmen besitzen ihrer Meinung nach Kernkompetenzen. Sie zu erlangen und zu erhalten stellt höchste Ansprüche, sie sind die innere Schicht, das „Kernstück" eines **dreischichtigen** Modells der Kompetenzen. Bildlich gesprochen geht es darum, in den Kern einer „**Kompetenzzwiebel**" vorzudringen (nach ebd., S. 26):

- **Kompetenz 1. Ordnung**: Die äußere Schicht ist dann erreicht, wenn eine Unternehmung ihre Fähigkeiten und Ressourcen so entwickelt und kombiniert, daß sie erfolgreich im Wettbewerb mithalten kann. Das Ergebnis dieser Kompetenz ist also die **Wettbewerbsfähigkeit** einer Unternehmung. Welche Anstrengungen es bereits kostet, diese Niveau zu erreichen, haben die Restrukturierungen der letzten Jahre gezeigt. Unternehmungskompetenz entsteht erst durch die Bewährung im Markt und nicht dadurch, daß eine Unternehmung interne Fähigkeiten besitzt und Kompetenz für sich beansprucht. Kompetenz muß vom Kunden erkannt und anerkannt worden sein: Sie ist eine markterprobte Fähigkeit, dies gilt auch für die tieferliegenden Kompetenzschichten.
- **Kompetenz 2. Ordnung**: Eine Unternehmung, die sich einen Vorsprung erarbeitet hat, besitzt **Wettbewerbsvorteile**. Um dies zu erreichen, muß sie über besondere Qualitäten verfügen, erst recht, wenn der Vorsprung dauerhaft sein soll.
- **Kompetenz 3. Ordnung**: Nur für diese Kompetenzen sollte der Begriff „Kernkompetenz" verwendet werden, d.h., wenn eine Unternehmung darüber hinaus in der Lage ist, ihre Ressourcen und Fähigkeiten zum Aufbau neuer Produkte und/oder Märkte einzusetzen. Diese **Transferierbarkeit** ist das zusätzliche, besondere Merkmal der Kernkompetenzen.

Die temporäre Nutzung von (Kern-)Kompetenzen des Partners ist als Alternative in der Lage, fehlende eigene Kompetenzen zu kompensieren. Sie kann aber auch zur Internalisierung, d.h. der tatsächlichen Aneignung, dienen. Damit ist dann die „lerninduzierte Kooperation mit dem Ziel der Aneignung von (Kern-)Kompetenzen der Kooperationspartner gemeint. Eine derartige kompetenzorientierte Kooperation ist vornehmlich als ‚race to learn' anzusehen. Genauer meint dies: Wer schneller die (Kern-)Kompetenzen des anderen erlernt, um das Erlernte dann intern und unabhängig zu eigenen und einzigartigen Kernkompetenzen zu entwickeln, der ist ‚Gewinner der Kooperation'. Die Kooperation sollte, da sie dann ihren originären Zweck erfüllt hat, aufgelöst werden. Es ist insofern auch nicht erstaunlich, daß in der Literatur zum Kernkompetenzansatz das Potential von Kooperationen gern mit solch martialischen Begriffen wie ‚**Trojanische Pferde**‘, ‚Brückenköpfe‘, ‚Spiel mit verdeckten Karten‘ und ‚Lauerpositionen‘ umschrieben wird.“ (Duschek, 1998, S. 232)

Konkret ist für Freiling (1998, S. 24) eine Kernkompetenz an der Erfüllung dieser vier **Kriterien** zu erkennen:

- Als Verbindung zwischen unternehmensspezifischem Wissen und einer marktbezogenen Aufgabe unterscheiden sich Kernkompetenzen von „herkömmlichen“ Fähigkeiten durch ihren besonderen **marktlichen Wert** („value“), da sie Lösungen für den Markt, die aus Kundensicht besonders wichtig sind, ermöglichen.
- Sie sind im Wettbewerb **einzigartig** („Rareness“) und können von Dritten nicht über Beschaffungsmärkte zugekauft werden.
- Anbieter können Kernkompetenzen der Konkurrenz weder imitieren noch durch eine geeignete Ersatzlösung **substituieren** („Imperfect Imitability“), d.h., es wirkt zwischen der Unternehmung, die die Kernkompetenz besitzt, und Dritten ein „Sperrmechanismus“.
- Sie ist besonders wertvoll für die Unternehmung, die sie entwickelt hat und die weiß, wie damit umzugehen ist, d.h., der Wert der Kernkompetenz ist **unternehmungspezifisch** („Organizational Specificity“).

5. Reengineering

> **Reengineering**
> „... ist dem Wesen nach eine geistige Grundhaltung zur grundlegenden Neugestaltung von Unternehmensteilen oder des Gesamtunternehmens und setzt voraus, daß praktikable, tragfähige Ziele, Strategien, Konzepte, Werkzeuge und Instrumente bis hin zu speziellen Techniken zur Unterstützung und Neukonzeption organisatorischer und operativer Arbeitsabläufe zielorientiert ausgewählt werden, konfiguriert und situationsangemessen eingeführt sowie zukünftig effizient angewendet werden.“ (Bullinger/Friedrich, 1995, S. 22)

Hammer/Champy, die den Begriff Business Reengineering (BS) mit ihrer Veröffentlichung eingeführt haben, sprechen von einer „Radikalkur“ für das Unternehmen, von einem „diskontinuierlichen Denken“, das sich von überkommenen Regeln und Annahmen abwendet. Drei Kräfte sind heute die **treibenden Veränderungsfaktoren** (vgl. 1994, S. 30ff.):

- Die Kunden übernehmen das Kommando.
- Der Wettbewerb wird intensiver.
- Der geplante Wandel wird zur Konstante.

> **Business Reengineering**
> „... ist **fundamentales** Überdenken und **radikales** Redesign von Unternehmen oder wesentlichen **Unternehmensprozessen**. Das Resultat sind **Verbesserungen um Größenordnungen** in entscheidenden, heute wichtigen und meßbaren Leistungsgrößen in den Bereichen Kosten, Qualität, Service und Zeit“ (ebd., S. 48, Hervorh. durch Verf.).

Damit ist Reengineering mehr als die bereits genannten inkrementalen, kontinuierlichen Verbesserungsprozesse (KVP) wie etwa beim Prozeßmanagement – es findet ein fundamentaler Wandel im Denken statt. Die bisherigen Geschäftsprozesse **selbst**, d.h. Strukturen, Systeme und Kulturen, werden in Frage gestellt, d.h. von Grund auf überdacht, und anschließend werden die Abläufe völlig neu gestaltet mit dem Ziel einer drastischen Leistungsverbesserung.

Kernpunkte des Ansatzes, der den Fokus von der Aufbauorganisation (z.B. Denken in Abteilungen) zur Ablauforganisation (Denken in horizontalen Prozessen) richtet:

- Nicht Optimierung einzelner Prozeßschritte, sondern konsequente Ausrichtung am Unternehmensprozeß. Kundenbedürfnisse stehen im Vordergund („Erbringt ein Prozeß aus der Sicht des Kunden eine echte Wertschöpfung?“); vgl. dazu auch unsere Ausführungen zum **Prozeßmanagement** in diesem Teil.

- Veränderungen in der Arbeitswelt: Interdisziplinäre **Prozeßteams** ersetzen die alte funktionsorientierte Organisationsstruktur (vgl. Schölling, 1994; Hammer/Champy, 1994, S. 72, sprechen von Caseworker und Caseteams, denen sequentielle Aufgaben übertragen werden), einfache Aufgaben werden durch multidimensionale Berufsbilder ersetzt, statt Kontrolle der Mitarbeiter **„empowerment"** (vgl. dazu 3.Teil, E, III).
- Der **Informationstechnologie** (IT) kommt eine tragende Rolle zu (vgl. dazu Rüttler, 1991; Brecht/Hess/Österle, 1995; Wagner/Fuchs, 1995). Hammer betont, daß die informationstechnischen Möglichkeiten nicht dazu dienen sollen, die bestehenden, gewohnten Geschäftsprozesse zu automatisieren, sondern völlig neue Abläufe einzuführen (vgl. 1995). Dixon u.a. gestehen in der Praxis allerdings der IT keine besondere Rolle zu (Dixon u.a., 1995).

Das Reengineering weist folgende wesentliche **konzeptionelle Merkmale** auf (vgl. Homburg/Hocke, 1998, S. 294):

- **Quantensprünge**: eine radikale Neugestaltung der gesamten Unternehmung/sämtlicher Unternehmensprozesse.
- **Kundenfokussierung**: Kunde ist sowohl der externe als auch der interne Leistungsabnehmer. Zentrale Rolle des sog. „case worker": Er bearbeitet einen kompletten Vorgang vom Anfang bis zum Ende und bildet den einzelnen Ansprechpartner für den Kunden. Bei komplexen/umfangreichen Prozessen wird ein „caseteam" gebildet.
- **Paradigmenwandel**: hinsichtlich der Arbeitsorganisation.
- **Prozeßorientierung**: ersetzt die funktionale Denkweise durch ein prozeßorientierte.

Bereits von Peters/Watermann wurde die **Kundenorientierung** eines Unternehmens (Bestandteile: Qualität, Zuverlässigkeit der Produkte, Service, Eingehen auf individuelle Kundenwünsche, zufriedenstellende Beschwerdeabteilung, kundenorientierte Mitarbeiter in allen Bereichen) als zentraler Erfolgsfaktor angesehen. „Um eine Ausrichtung aller unternehmerischer Tätigkeiten auf den Kunden zu erreichen, wird die Unternehmung als ein System betrachtet, bei dem die betroffenen Kunden und Lieferanten mit eingeschlossen werden. Die Geschäftsprozesse werden sodann immer unter dem Aspekt beleuchtet, ob tatsächlich ein ‚echter' Kundennutzen geschaffen wird. Der Begriff des ‚Kunden' wird dabei systematisch auch auf **interne Kundenbeziehungen** ausgedehnt" (Kirsch/Müller-Stewens, 1995, S. 3.15; Hervorh. durch Verf.). Dahinter steht der Gedanke, daß jede Stelle einen Output für den nächsten Arbeitsplatz im jeweiligen Produktionsprozeß liefert, der damit quasi als Input-Abnehmer innerbetrieblich ein „Kunde" ist (zum Prinzip des internen Kunden auch Hinterhuber/Aichner/Lobenwein, 1994, S. 84ff.).

Kritisch sieht Meyer (1994, S. 85) den Begriff „interner Kunde": „Der Wert eines Produktes oder einer Dienstleistung wird immer vom Endkunden bestimmt und niemals von den ‚internen Kunden'. Der Gebrauch dieses Ausdrucks hilft zwar, die Zusammenhänge betrieblicher Prozesse zu verstehen, aber es ist ein großer Fehler, die Bedürfnisse der Beschäftigten mit denen der Endkunden gleichzusetzen. Diese verschaffen dem Unternehmen Erlöse, während die internen Kunden Kosten verursachen. Mehrere Firmen (unter anderem Motorola) benutzen den Ausdruck ‚Interne Kunden' nicht mehr. Man kann leicht für einen internen Kunden den Wert erhöhen, ohne etwas für den Endkunden getan zu haben."

Besonders im Zusammenhang mit der radikalen Neugestaltung von Geschäftsprozessen wird dem Kundenauftrag zentrale Bedeutung beigemessen, da er quasi Auslöser aller nachfolgenden Schritte im Unternehmen ist. Der Kunde steht insofern tatsächlich im Mittelpunkt der gesamten Unternehmenswertschöpfung, da sich alle Funktionen eines Unternehmens an der Produktion eines adäquaten Kundennutzens zu orientieren haben. Eine kompromißlose **Kundenorientierung** ist dann Schlüsselfaktor für den Unternehmenserfolg (vgl. ebd.).

In der Literatur finden sich zahlreiche Berichte über **fehlgeschlagene** Reengineeringprojekte (vgl. Kamiske/Füermann, 1995, S. 144). Als Ergebnis einer Analyse zahlreicher Projekte sehen Hall/Rosenthal/Wade (1994) es als notwendig an, daß das Top-Management stets voll hinter dem Projekt steht, anspruchsvolle Ziele gesetzt werden und der Erneuerungsprozeß so vorangetrieben wird, daß sich alle Mitarbeiter und Führungskräfte mit einbezogen fühlen. „Die wirklichen Probleme bei der Einführung und Umsetzung sind nicht technischer oder wirtschaftlicher, sondern **kultureller** Art" (Hinterhuber/Matzler, 1995, S. 138).

Nach einer Untersuchung von Homburg/Hocke (1998, S. 294ff.) kann man mehr als die Hälfte der Reengineering-Projekte als **gescheitert** ansehen. Von den wesentlichen **Zielen** wurden erreicht (in Klammer = wesentliche Fortschritte):

- Steigerung der Produktivität (26%)
- Erhöhung der Prozeßgeschwindigkeit (38%)
- Steigerung der Prozeßqualität (31%)
- Steigerung der Kundenorientierung (28%)
- Erhöhung der Prozeßflexibilität (33%)

Durchgeführt werden die Projekte vor allem in der Produktion (61%), dann folgen Vertrieb (48%), Controlling (35%) und F & E (26%).

6. Benchmarking

Camp (1994), der diese Methode bei Xerox mitentwickelte, verwendet folgende **Arbeitsdefinition:** „Benchmarking ist die Suche nach den besten Industriepraktiken, die zu Spitzenleistungen führen." Darin kommt bereits zum Ausdruck, daß diese Methode vorwärtsgerichtet ist, auf ein positives Bemühen abstellt. Für Horváth/Herter (1992, S. 5) ist Benchmarking „ein kontinuierlicher Prozeß, bei dem Produkte, Dienstleistungen und insbesondere Prozesse und Methoden betrieblicher Funktionen über mehrere Unternehmen hinweg verglichen werden" (ähnlich Kleinfeld, 1994, S. 19; Morwind, 1995, S. 25).

Der Vergleich mit den **„Klassenbesten"** wird von der reinen Produktbetrachtung (z.B. Reverse Product Engineering/Zerlegung) auf andere Funktionen (wie PR, Marketing, Service) erweitert. Die zu verbessernden Zielgrößen sind neben den Kosten die Faktoren Zeit, Qualität und Kundenzufriedenheit (Indikatoren zur Messung der internen und externen Kundenzufriedenheit in Lingen, 1994, S. 6ff. und Hoene, 1992, S. 160ff.). Als Vergleichsunternehmen werden nicht nur direkte Wettbewerber, sondern für Teilfaktoren auch Nichtkonkurrenten herangezogen (vgl. im einzelnen ebd., S. 5ff.). Durch **Vorgabe** von (am „Wettbewerb" orientierten!) Zielen wird Benchmarking zu einem wichtigen Bestandteil des strategischen Controlling. Mit der Orientierung an Prozessen und am Ziel der ständigen Verbesserung bestehen enge Verbindungen zu anderen Konzepten wie Prozeßmanagement, Reengineering oder der lernenden Organisation.

Erste Ansätze zu einem Benchmarking finden sich beim **PIMS**-Projekt (vgl. dazu unsere Ausführungen unter D, III), bei dem branchenunabhängig die Faktoren empirisch gefunden werden sollen, die bestimmte Erfolgsfaktoren (wie ROI, Cash-Flow) determinieren.

Im Benchmarking werden nicht nur eigene Produkte, Dienstleistungen, sondern auch Methoden und Geschäftsprozesse, die als **Schwachstellen** erkannt wurden, gegenüber dem „Besten" anhand bestimmter Parameter systematisch und kontinuierlich verglichen. Die gefundenen quantitativen oder qualitativen **Bestleistungen** (Eckwerte/Benchmarks; dazu Leibfried/McNair, 1993, S. 202ff.) beziehen sich i.d.R. auf Aspekte der Qualität (z.B. Zufriedenheit der Kunden), der Produktivität (z.B. Zahl der Reklamationen, wertschöpfungsbezogene Produktivität je Mitarbeiter) und der Zeit (z.B. Prozentsatz pünktlicher Lieferungen). „Aus einer vergleichenden Prozeßanalyse ergeben sich zunächst kritische Prozeßparameter, die die Unterschiede in der Leistungsfähigkeit verursachen. Sie dienen als Bewertungsmaßstab und Ausgangspunkt für die Konzeptionierung von Reorganisationsmaßnahmen. Benchmarking ist ein Instrument des organisatorischen Lernens durch vergleichende Prozeß- und Ergebnisbewertung" (Bühner, 1993, S. 137). Die Beurteilung läßt sich graphisch (z.B. durch Profile) oder numerisch (z.B. durch Scoring-Verfahren) durchführen. Benchmark-Zahlen können ein wertvolles Hilfsmittel sein, um **Handlungsbedarf** aufzuzeigen:

"Nehmen wir beispielsweise Benchmark-Zahlen der Produzenten von elektronischen Industriegütern. Wenn die ‚total supply chain cycle time', also die Zeit von Prognose über Planung, Beschaffung, Produktion bis zur Auslieferung 167 Tage beträgt, so stellt dies zwar den europäischen Durchschnitt der Industrie dar, die Besten schaffen es allerdings in 75 Tagen. Und nichts anderes darf die Meßlatte sein. Nehmen wir die ‚order fulfillment leadtime'. Hier wären 25 Tage zwar Durchschnitt, die Besten schaffen es wiederum in zwei Tagen. Oder nehmen wir die Lieferpünktlichkeit, so stellen wir fest, daß im Durchschnitt der Industrie 72% der vom Kunden gewünschten Termine gehalten werden, Spitzenniveau wären 99%"(Metzger/Gründler, 1994, S. 211).

Benchmarking geht über die klassischen Wettbewerbs- und Konkurrenzanalyse oder Marktforschung weit hinaus (dazu Camp, 1994, S. 320). Es lassen sich vier grundlegende **Typen** des Benchmarking (vgl. Karlöf/Östblom, 1994; Leibfried/McNair, 1993; Watson, 1993; Pieske, 1995) differenzieren:

- Ein Benchmarking von Profit-Centern/Abteilungen, Gruppen etc. innerhalb einer (meist größeren) Organisation (= **internes** Benchmarking).
- Ein Benchmarking bezogen auf Wettbewerber der gleichen Branche (= **externes** Wettbewerbs-Benchmarking bei direkten Produkt-Mitbewerbern; wettbewerbsorientiertes Benchmarking).
- Ein Benchmarking innerhalb der eigenen Branche oder mit Industrieführern, die in ähnlichen Funktionen jeweils die „best practices" erreichen (= **funktionales** Benchmarking).
- Ein branchenunabhängiges (generisches) Benchmarking (= **allgemeines** Benchmarking; Prozesse, die überall gleich sind; z.B. Auftragsabwicklung).

Die Einteilung der **Europäischen Kommission**:

- **Company** Benchmarking (= Lerninstrumentarium, welches die Strategie der kontinuierlichen Verbesserung von Unternehmen/Organisationen unterstützt)
- **Sectoral** Benchmarking/Branchen-Benchmarking (= Methodologie, bei der viele Grundsätze des Company Benchmarking auch für eine Gruppe von Unternehmen die eine Branche bilden angewendet werden können und für welche vergleichbare Arten hervorragender Managementtechniken und –praktiken maßgeblich für die Wettbewerbsfähigkeit sind)
- Benchmarking of **framework conditions**/Benchmarking von Rahmenbedingungen (= Methodologie, die auf Schlüsselfaktoren, welche das Umfeld, in dem Unternehmen operieren, einwirken, und somit Auswirkungen auf die Wettbewerbsfähigkeit des Standortes Europa haben) (Quelle: Austrian Benchmarking Information Center)

Besonders durch eine Orientierung an branchenfremden Standards können eventuell Wettbewerbsvorteile auf die eigene Branche übertragen werden. So hat **Hewlett Packard** ihre Serviceorganisation an der Leistung amerikanischer Unfallkliniken orientiert (Gomez/Probst, 1995, S. 183f.) und die Xerox Corp. (die wohl als erstes Unternehmen 1979/82 einen solchen, „competitive benchmarking" genannten Prozeß startete) hat zur Steigerung der betrieblichen Leistungsfähigkeit folgende branchenübergreifenden Vergleichsmaßstäbe gefunden:

- Vergleich mit American Express bei der Fakturierung
- Vergleich mit Sony bezüglich der Häufigkeit des Kapitalumschlags
- Vergleich mit dem Versandhandel L.L.Bean im Distributionsbereich (Fischer, 1994, S. 283)

Camp (1994, S. 312) gibt für **Xerox** folgende Gegenüberstellung vergleichbarer Unternehmen in der Büroindustrie und Produkt/Funktionale Führung:

- direkte Produkt-Mitbewerber: Canon/Kopierer, DEC/Workstations
- funktionale Industrieführer: L.L.Bean/Lagerwirtschaft, GE/Informationssysteme, Deere/Ersatzteil-Logistik, Ford/Fertigungsautomatisierung
- allgemeine Prozesse: Federal Reserve/Scannen von Belegen, City Corp/Dokumentenverarbeitung

Die wichtigsten Elemente und **Prinzipien** des Benchmarking sind (vgl. Müller-Stewens, S. 3.10f.):

- Ein Benchmarking-Vergleich läßt sich für alle Arbeitsergebnisse, d.h. in fast allen Wertschöpfungsstufen eines Unternehmens, durchführen (einzelne Funktionen wie Auftragsbearbeitung, Produkte, Aufträge, Kundenservice, Finanzierung, Fertigungslinien usw.; vgl. Kreuz, 1995, S. 83ff.); kritische Leistungsfaktoren? (als Beispiel: die Kundenanforderungen bei Produkten/Dienstleistungen: Grad der Kundenzufriedenheit, Liefertreue, Stückkosten, Auslastung).
- Die Anforderungen des Kunden sind Bezugspunkt (etwa die von ihm erwartete Qualität).
- Der Vergleich ist ein kontinuierlicher systematischer Prozeß.
- Die Analyse soll zeigen, wo der Beste besser, wieviel er besser ist und inwieweit die Praktiken übernommen werden können. Die Größen können als „Ziel"-Größen dienen, mit denen die eigenen Leistungen gemessen werden.
- Konzentration auf die Kostentreiber/„cost drivers" (Prozeßkostenanalyse), da es i.d.R. einige wenige solcher cost driver sind, die den Hauptteil des Gemeinkostenvolumens beeinflussen.
- Zur Schließung der Leistungslücke muß Klarheit über die zukünftige Leistungsfähigkeit bestehen.
- Durchführung der Anpassungen anhand konkreter Aktionspläne.

Benchmarking ist ein formalisierter und nach bestimmten Regeln ablaufender, kontinuierlicher Prozeß zur Steigerung der betrieblichen Leistungsfähigkeit. Die Herausforderung besteht darin, die betriebliche Leistungslücke gegenüber den Benchmarks (das können entweder beschreibende Benchmarks/ Praktiken bzw. quantitative Benchmarks/Leistungsmessungen sein) zu schließen. Im Erkennen der Defizite und der nötigen kontinuierlichen Verbesserungen beginnt der eigentlichen **Lernprozeß**. Typische Benchmarking-**Prozeßschritte** sind:

- Bestimmung des Untersuchungsobjekts: Was soll einem Benchmarking-Prozeß unterzogen werden (kritische Leistungsgrößen? Indikatoren)?
- Identifikation von Benchmarkingpartnern (Anforderungsfixierung; Finden über Verbände, Datenbanken etc.; Adressen: optimale Nutzung von Informationsquellen; Kontaktaufnahme; zur Partnersuche siehe Kollmar/Niemeier, 1994).
- Konkrete Informationsbeschaffung (Methoden: Fragebögen, Befragungen, Studien, Telefonumfragen, direkte Besuche etc.; zu einer Morphologie der Informationsquellen siehe ebd., S. 32ff.).
- Analyse/Bewertung der Informationen (Identifikation der eigenen Leistungslücke; Bericht/Grafiken).
- Zielgerichtete Umsetzung/Implementierung der Resultate (Prognose des zukünftigen Leistungsniveaus, innerbetriebliche Ziele/Sollvorgaben/Benchmarks, Information/Kommunikation, Umsetzungs-/Aktionsplan, Mitarbeitereinbindung, Fortschrittskontrolle/Monitoring).
- Rekalibrieren (interne Abschätzung, Pflegen der laufenden Benchmarks, Dynamisierung in der gesamten Organisation, Institutionalisierung).

Das Lernen aus dem Rekalibrieren leitet wieder zum ersten Schritt über, d.h., der **Regelkreis** ist geschlossen. Benchmarking führt zu einem kulturellen Wandel in der Organisation der von einem parallel laufenden Lernprozeß unterstützt wird. Es ist ein Verfahren, bei dem erfolgreiche Verhaltensmuster imitiert werden, und führt zu einer **„lernende Organisation"** (vgl. Karlöf/Östblom, 1994, S. 193ff.).

Benchmarking erlaubt eine unmittelbare Nutzung für Weiterbildungsprogramme (Personalentwicklung) und ein Verbinden von Lernen/Theorie mit Betriebsinhalten/Aufgabenstellungen (**„benchlearning"**).

7. Performance Management

Performance Management geht über die klassische Personalentwicklung hinaus: Es geht um die Frage „Was können wir tun, damit gemäß den Zielen mehr, schneller und zu geringeren Kosten oder mit weniger Fehlern produziert bzw. verkauft wird?" (Gast, 1998) Ausgangspunkt eines **Performance-Management-Konzepts** (vgl. Abb. 126, aus Brunner, 1998, S. 34) bildet die Entwicklung der Strategie, die die Definition der Ziele für die Dimensionen Zeit, Qualität und Kosten bildet (nach ebd., S. 33f.):

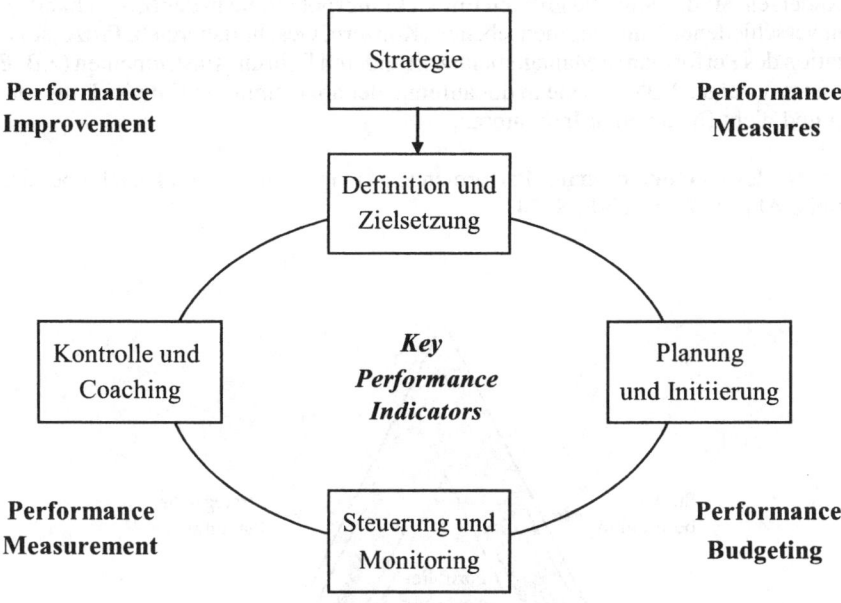

Abb. 126: Performance Management Konzept

- **Performance Measures**: Übersetzung der Strategie in meßbare Ziele/spezifische Meßgrößen, sie orientiert sich an den kritischen Prozessen im Unternehmen. Anschließend erfolgt Planung/Initiierung von Maßnahmen zur Erreichung der Leistungsziele und der Aufbau eines Performance Management Reports für das Topmanagement (Balanced Scorecard).
- **Performance Budgeting**: Integration der „Key Performance Indicators" in Planung/Budgetierung, sie dient der zielgerichteten Beeinflussung des Unternehmensverhaltens. Damit werden die Indikatoren und die mit diesen in Zusammenhang stehenden Prozesse meßbar und überprüfbar.
- **Performance Measurement**: Kontinuierliche Überprüfung der Schlüsselindikatoren, sie wird zu einem wichtigen Instrument zur Steuerung und Lenkung der Unternehmungsprozesse. Die Ergänzung der Planung durch entsprechende Kontrollmechanismen, die sich auf Ablauf und Zielwirkungen der Geschäftsprozesse richtet und die frühzeitige Erkennung von möglichen Abweichungen erlaubt, schafft die Voraussetzungen, daß die Anpassung der Unternehmensaktivitäten an zukünftige Entwicklungen sichergestellt und beschleunigt wird.
- **Performance Improvement**: Steuerungsimpulse stellen die Ausrichtung des Verhaltens auf die Leistungsziele sicher und lösen bei allen Planungsbeteiligten einen Lernprozeß aus.

„Die kontinuierliche Überwachung und Steuerung der unternehmerischen Prozesse zielt insbesondere auf die Antizipation möglicher Störungen oder Veränderungen der Entscheidungsparameter. Nur durch die Verknüpfung der Unternehmens- und Bereichsergebnisse mit den Leistungsbeurteilungen und -bewertungen einzelner Teams oder Mitarbeiter werden Unternehmensziele auch als persönliche Ziele akzeptiert und mit entsprechender Motivation angestrebt." (Brunner, 1998, S. 34)

Performance Management ist ein Konzept, welches ein „Cockpit" für die **strategische Führung** eines Unternehmens bereitstellt. Damit können strategische Ziele in operative, prozeßorientierte Meßgrößen transferiert und unternehmerisches Handeln an diesen ausgerichtet werden (vgl. Brunner/Roth, 1999, S. 50; zur Verbindung von Shareholder Value und Performance Management zu einem permanenten Führungs- und Steuerungssystem siehe Gentner, 1999, S. 43ff.). Damit wird dem Management z.B. in Form einer BSC ein strategieorientiertes Führungsinstrument zur Verfügung gestellt und die Voraussetzung für eine operative Meßbarkeit der Strategieumsetzung geschaffen.

Eine Andersen-Studie zeigt die größten Entwicklungspotentiale in der Möglichkeit der Integration verschiedener Unternehmensebenen (Konzern, Geschäftsbereich, Prozesse) und der Integration des Performance Managements mit anderen Führungsinstrumenten (z.B. Bonus- und Anreizsysteme, TQM) sowie in der aufeinander abgestimmten Entwicklung von finanziellen und nicht finanziellen Indikatoren.

Der **Ansatz** des **wertorientierten** Performance Managements erstreckt sich über drei Ebenen (siehe Abb. 127, aus ebd., S. 54):

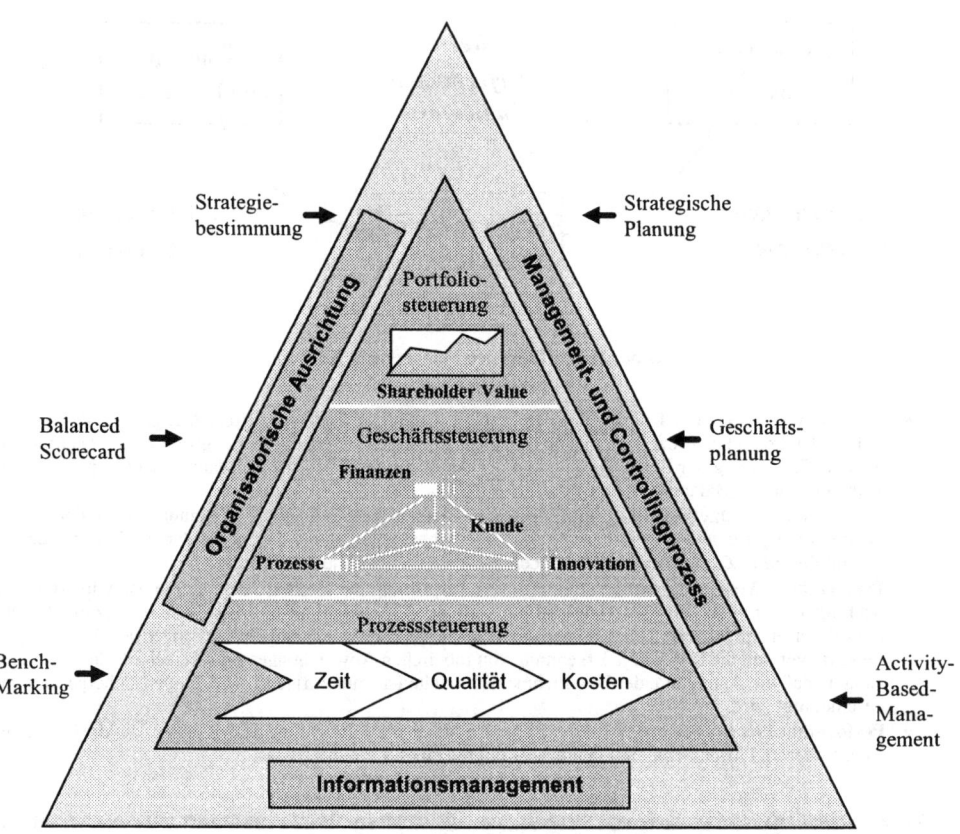

Abb. 127: Wertorientiertes Performance-Management

1. Ebene: Strategische Portfoliosteuerung auf Konzernebene. Instrumente: Strategiebestimmung, strategische Planung

2. Ebene: Werttreiber-Management über finanzielle/nicht finanzielle Werttreiber zur Geschäftsteuerung. Instrumente: BSC

3. Ebene: Wertgenerierung durch effiziente, strategiekonforme Prozeßgestaltung/-optimierung. Instrumente: Benchmarking, Activity-Based Management

8. Balanced Scorecard als Management- und Controlling-Instrument

a) Perspektiven und Kennzahlen der BSC

Für Horváth/Kaufmann (1998, S. 39f.) sind es vier **Hauptmängel**, die den strategischen Managementprozeß in zahlreichen deutschen wie kontinentaleuropäischen Unternehmen prägen und belasten:

- Fehlende Methodensicherheit bei der Wertsteigerungsanalyse (bei den klassischen Kennzahlensystemen haben sich allgemein akzeptierte Definitionen herausgebildet; dies ist beim Shareholder-Value-Ansatz noch nicht erreicht)
- Geringe öffentliche Akzeptanz des Shareholder-Value-Ansatzes (negatives Image)
- Begrenzte Verarbeitbarkeit komplexer Informationsakte (Phänomen der „Bounded Rationality")
- Hohe Sickerverluste bis zur Strategieumsetzung

Viele Unternehmen befassen sich wegen dieser Mängel zur Zeit mit ausgewogenen und auf den Umsetzungsprozeß fokussierenden Steuerungsansätzen. Das von Norton/Kaplan (1997) entwickelte neue strategische Konzept will Kernparameter der Unternehmensführung in ihren Interdependenzen abbilden und dabei Größen zur Prozeßsteuerung/-kontrolle identifizieren. Das Balanced-Scorecard (BSC)-Konzept verknüpft, orientiert an den **erfolgskritischen Kernprozessen** eines Unternehmens - als eine Art Zielvereinbarungssystem, verbunden mit Handlungsanweisungen - vier **Perspektiven**, die über Kennzahlen abzubilden und auszubalancieren sind (vgl. Abb. 128, aus Brunner, 1998, S. 32; dazu auch Maschmeyer, 1998; Horváth/Kaufmann, 1998, S. 41):

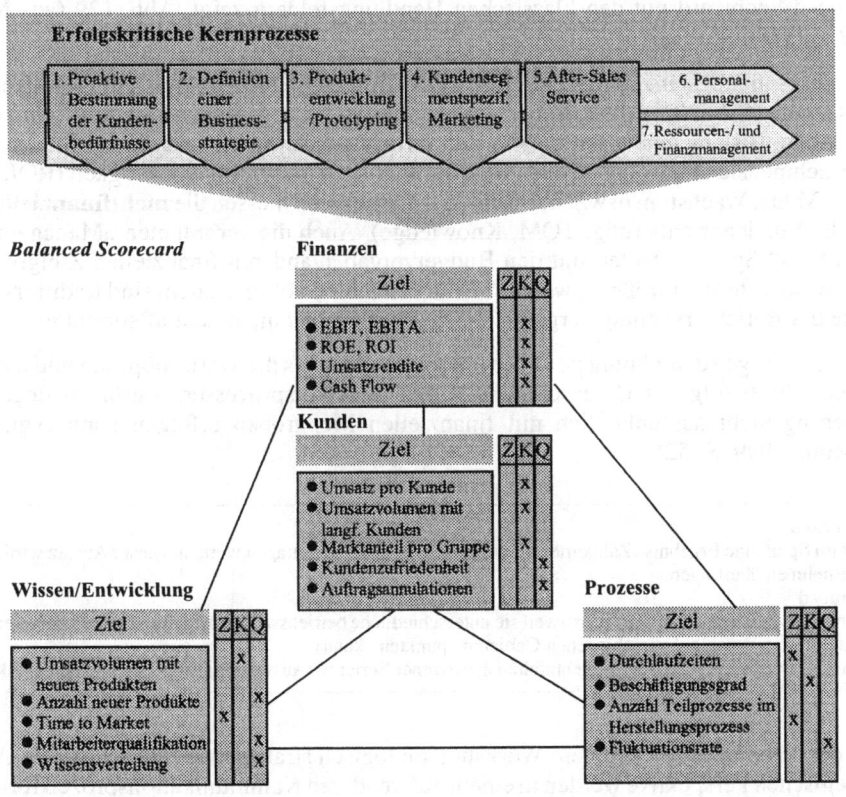

Abb. 128: Erfolgskritische Kernprozesse

747

- Die **finanzwirtschaftliche** Perspektive (als Ausgangspunkt): Ziele/Kennzahlen zur finanzwirtschaftlichen Performance des Unternehmens, angepaßt an Lebenszyklus der Geschäftseinheiten, die jeweils unterschiedliche Strategien erfordern – Beispiele:
  Wachstum: CF, Free CF, Infrastruktur, Kapazitätsauslastung, Umsatzwachstumsrate pro Segment, Vertriebspotential, Investition/F&E zu Umsatz; Cash-to-cash-Zyklus (Zeitraum zwischen Realisierung positiver Deckungsbeiträge)
  Reife: CF, Free CF, Marktanteil, Kapazitätserweiterung, DB, Rentabilität, ROI, EVA, Benchmarking
  Ernte: CF, Working Capital, Kundenrentabilität, Kosten pro Einheit/Transaktion; hoher Liquiditätszufluß (Wie sehen die Eigentümer/Investoren das Unternehmen?)
- Die **Kunden**perspektive: Ziele/Kennzahlen bezogen auf die Kunden (Wie sehen die Kunden das Unternehmen?) Beispiele: Kundenzufriedenheit, -treue, Produkt-/Serviceeigenschaften (Pünktlichkeit, Erreichbarkeit, Reaktionsgeschwindigkeit etc.), Kompetenz der Support-Mitarbeiter, Marktanteil, Kundentreue, Kundengewinnung usw.
- Die interne **Prozeß**perspektive: Ziele/Kennzahlen zu Kernprozessen des Unternehmen, unterteilt in Innovations-, Betriebs- und Kundendienstprozesse (In welchen Prozessen muß das Unternehmen Spitzenleistungen bringen?) Beispiele: interne Ressourcen, Entwicklungszeiten, geringe Fehleranfälligkeit der Prozesse, fehlerfrei erstellte Produkte, Durchlaufzeit, Reaktionszeit auf Beschwerden etc.
- Die **Lern-** und **Entwicklungs**perspektive: Ziele/Kennzahlen in bezug auf die Menschen/Fähigkeiten/Systeme, welche vorhanden sein müssen, um die Strategie umzusetzen und Wachstum/Verbesserung zu sichern (Kann das Unternehmen durch Wissen/Innovation zukünftiges Wachstum und Werte schaffen?) Beispiele: Mitarbeitertreue/-zufriedenheit, Teamfähigkeit, Zielorientierung, Motivation, Informationserhältlichkeit, Verkaufsanteil neuer Produkte, kontinuierliche Weiterentwicklungen usw.

Dabei können auch andere Perspektiven ausgewählt werden (z.B. eine ökologische Perspektive). Jedes Unternehmen muß eine individuelle Balanced Scorecard erstellen, denn es hat auch andere Visionen, Strategien, Umsetzungsziele oder Mitarbeiter. Ein Beispiel für eine Balanced Scorecard mit den klassischen Handlungsfeldern zeigt. Abb. 129 (aus Michel, 1999, S. 375).

Ziel dieses in jüngster Zeit in zahlreichen Großunternehmen erfolgreich eingesetzten Konzepts ist die Verbindung (klassischer) finanzieller Steuerungsgrößen mit den Zielen im Unternehmen. Bislang tendierten die meisten Informationssysteme und die zur Steuerung der Unternehmensleistung eingesetzten Kennzahlen/-systeme zur Finanzlastigkeit (ROI, Shareholder Value, Wachstum usw.), nur wenige Unternehmen messen die **nichtfinanziellen** Ziele (z.B. Kundenorientierung, TQM, Knowledge). Auch die verbreiteten „Management by Objectives"-Systeme bieten mit den Budgetvorgaben/anderen finanziellen Zielgrößen lediglich isolierte Wertgrößen, „weiche" Faktoren fehlen völlig. Zudem sind traditionelle Systeme der Berichterstattung vergangenheitsorientiert und nicht zukunftsorientiert.

Diese einseitige Ausrichtung ist um so überraschender, als die Wertschöpfung und damit der strategische Erfolg des Unternehmens in den Geschäftsprozessen begründet liegt, deren Steuerung nicht ausschließlich mit finanziellen Meßgrößen erfolgen kann (vgl. Brunner/Roth, 1999, S. 52).

Scorecard
... ist im Sport eine Ergebnis-/Zählkarte, auf der erzielte Punkte eingetragen werden. Dieser Ansatz wird auf das Unternehmen übertragen.
Balanced
... d.h., ausgeglichen ist die Scorecard, weil sie unterschiedliche betriebswirtschaftliche Kennziffern miteinander verknüpft (bzw. man auf verschiedenen Gebieten „punkten" kann).
Deutsch: = ausbalancierte Kennzahlentafel/ausgewogener Berichts-/Auswertungsbogen/gewichtete Punktetafel

---

Aus der Vision werden in einem Workshop dialogisch strategische Ziel abgeleitet. Aus der strategischen Perspektive werden in einem aufwendigen Kommunikationsprozeß formulierte, kontrollierbare Steuerungsgrößen abgeleitet, also die Strategie in ein unternehmensspezifisches **Kennzahlensystem** mit einer Mischung aus „leading and lagging indicators", d.h.,

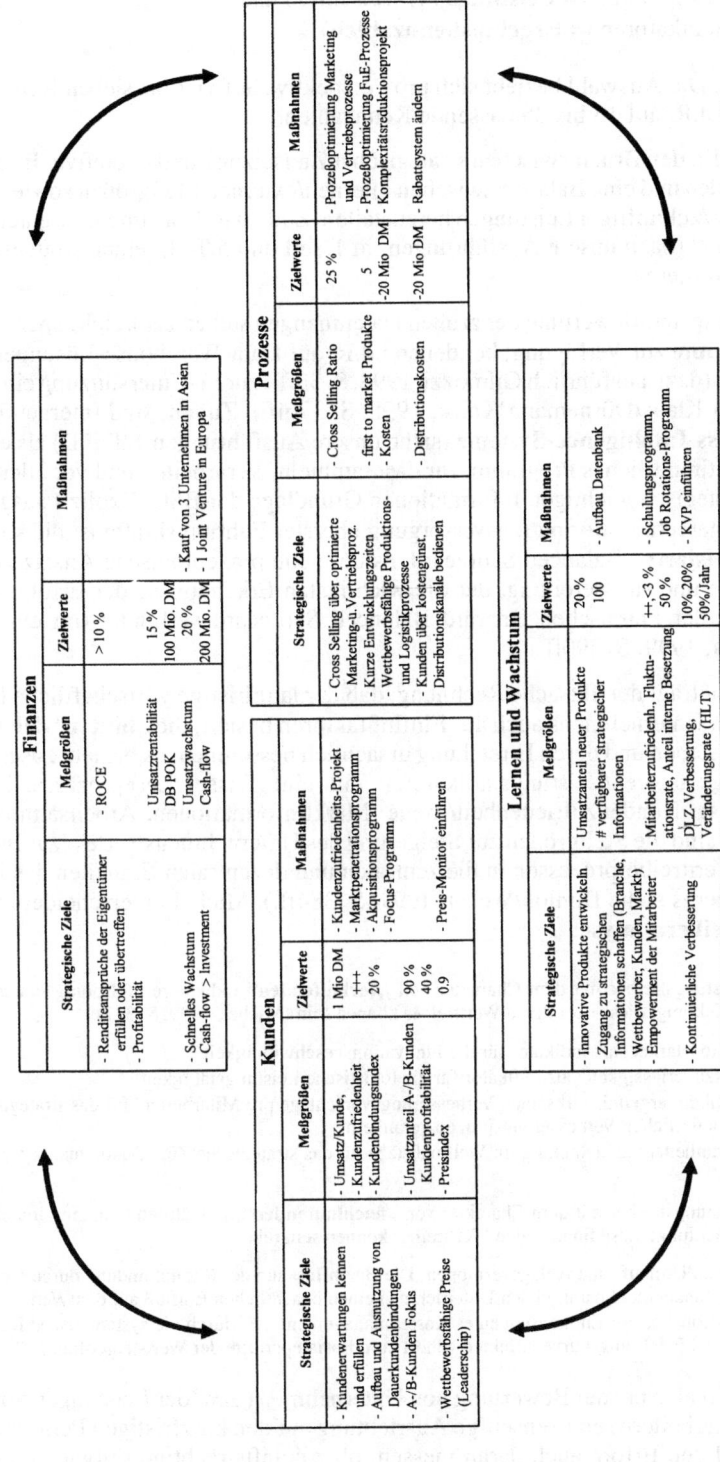

Abb. 129: Die Balanced Scorecard (Beispiel)

- **Früh**indikatoren (= **Leistungs-/Werttreiber**) und
- **Spät**indikatoren (= **Ergebniskennzahlen**)

„übersetzt". Die Auswahl bezieht sich pro Perspektive auf vier bis sieben Kennzahlen, also insgesamt i.d.R. auf 15 bis 25 passende Kennzahlen.

Die BSC hilft, den Bruch zwischen strategischer Zielsetzung und operativer Budgetplanung zu überwinden und eine Balance zwischen internen/externen Meßgrößen sowie Ergebnissen vergangener/zukünftiger Leistungen herzustellen. Zudem hilft sie im Sinne einer „lernenden Organisation" (dazu unsere Ausführungen im 1.Teil und 5.Teil), einen strategischen Lernprozeß zu initiieren.

Zur Erfassung und Bewertung der großen Datenmengen stehen zahlreiche spezielle **Software-Programme** zur Verfügung, bei denen i.d.R. auf Data-Warehouse-Lösungen zurückgegriffen wird (dazu ausführlich Gilmozzi, 1998, S. 33ff.; zur IT-Unterstützung ein praktisches Beispiel bei Klaus/Dörnemann/Knust, 1998, S. 376ff.). Zudem sind Internet-Technologie und **Business-Intelligence-**Systeme (siehe unsere Ausführungen 1.Teil D) als ein systematisches, kontinuierliches Programm für das Sammeln, Verarbeiten und vor allem Analysieren von strategisch wichtigen Informationen Grundlage der BSC. Explizit ausgerichtet auf die bedarfsgerechte Informationsversorgung oberster Führungskräfte ist die sog. „**erfolgsfaktoren-basierte**" Balanced Scorecard als der neue praxeologische Ansatz zur Informationsanalyse und -aufbereitung, der die wichtigsten Erkenntnisse der Erfolgsfaktorenforschung mit der klassischen Harvard Balanced Scorecard verbindet (im einzelnen Hornung/Mayer, 1999, S. 390ff.).

Das Konzept trägt der Tatsache Rechnung, daß der langfristige wirtschaftliche Erfolg eines wachsenden Unternehmens auch auf Einflußfaktoren basiert, die **„hinter"** den finanziellen Zielgrößen stehen und deren Erreichung ursächlich bestimmen; es bezieht zusätzliche kritische Erfolgsfaktoren/Leistungsindikatoren mit ein: Wissen/Lernprozesse, Zeit/Innovationsprozesse, Kundenzufriedenheit/-treue /Marktinformationen, Arbeitsatmosphäre usw. Werttreiber sind die Stellgrößen zur Steigerung des Unternehmenswertes (zur Implementierung von Werttreiberprozessen in die zentralen und dezentralen Einheiten des DaimlerChrysler Konzerns siehe Donlon/Weber, 1999, S. 384ff.). Michel unterscheidet zwei Ebenen der **Werttreiberanalyse**:

(1) Wert-/Leistungstreiber mit dem Charakter von **„vorlaufenden"** Indikatoren („leading indicators") für die Wertentwicklung; diese operativen Werttreiber können sein (Michel, 1999, S. 377):

- „Time to Market" als Indikator für die Innovationsgeschwindigkeit
- „Lieferzuverlässigkeit" als Indikator für die logistische Leistungsfähigkeit
- „Anzahl der ergebniswirksamen Verbesserungsvorschläge pro Mitarbeiter" für das strategische Ziel „Kontinuierlichen Verbesserungsprozeß verankern"
- „Bekanntheitsgrad" (Ranking im Weltmaßstab) für das strategische Ziel „Markennamen erfolgreich etablieren"

(2) Wert-/Leistungstreiber mit dem Charakter von **„nachlaufenden"** Indikatoren („lagging indicators") für die Wertentwicklung; diese finanziellen Werttreiber können sein (ebd.):

- Höhe von Umlauf- und Anlagevermögen: Die Beeinflussung der Kapitalbindung durch ein konsequentes Asset Management hat in vielen Unternehmen einen beachtlichen Einfluß auf den Wert.
- Produktionskosten: Ein konsequentes Kostenmanagement z.B. durch die systematische Realisierung von Lern- und Erfahrungskurveneffekten gehört zum Basisrepertoire der Wertsteigerung.

Die BSC will also bei der Bewertung von Unternehmen (bzw. der Leistungen von Abteilungen und Mitarbeitern) eine einseitige Ausrichtung auf den kurzfristigen Periodenerfolg vermeiden und den Erfolg auch daran messen, ob zukunftsträchtige Entwicklungspotentiale aufgebaut wurden. Alle nichtfinanziellen Leistungstreiber müssen aber in einer **Ursa-**

750

che-Wirkungs-Beziehung (= Wenn-dann-Beziehung) zu den finanziellen Kennzahlen stehen, d.h. sich darin zeigen. Diese Beziehung muß auch zwischen den einzelnen Kennzahlen und zwischen Kennzahlen und Strategie bestehen. Die Betrachtung der Kette im Sinne eines vernetzten Denkens soll verhindern, daß die Verfolgung einzelner Ziele nicht zu Lasten anderer Ziele geht.

Das gesamte Ursache-Wirkungs-Netzwerk läßt sich nach oben bis zur Shareholder-Value-Kennzahl **verdichten**. „Über Simulationen kann man frühzeitig prüfen, ob Strategien, strategische Ziele, Meßgrößen und die dafür eingesetzten Zielwerte in ihrem Ergebnis den Anforderungen von Eigentümern und Investoren Rechnung tragen. Auf diese Weise wird der Shareholder Value bottom-up rechenbar." (Michel, 1999, S. 376)

Kaplan/Norton (1997; S. 326) geben folgendes Beispiel für eine solche konsistente Kette über alle Perspektiven für den Zusammenhang zwischen verbessertem Verkaufstraining der Mitarbeiter und höherem Ergebnis: „Wenn wir das Produkttraining für unsere Mitarbeiter verbessern, dann werden sie die gesamte Palette der Produkte, die sie verkaufen können, besser kennen. Wenn die Mitarbeiter die Produktpalette besser kennen, dann wird sich ihre Vertriebseffizienz erhöhen. Wenn sich ihre Vertriebseffizienz erhöht, dann wird die durchschnittliche Spanne der Produkte, die sie verkaufen, wachsen."

> Beispiel aus dem Bereich **Personalmanagement/-entwicklung** in einer fiktiven **Allfinanzbank** bei Kunz (1999, S. K1); weitere gute **Beispiele** für mögliche BSC-Kennzahlen bei **Banken** und der **Automotive**-Industrie in Friedag (1998, S. 293).

Horváth (1999, S. 29; so auch Grotloh/Rothenberger, 1999, S. K3) betont, daß in der Balanced Scorecard, entgegen der weitverbreiteten Fehlinterpretation, es handele sich dabei um ein reines Kennzahlensystem, ein komplettes **Managementsystem** steckt: Der ganzheitliche Managementansatz soll eine strategische Neuorientierung ermöglichen. Die BSC ist ein deduktives System, bei dem aus der Vision Ziele und aus den Zielen die Steuerungsgrößen und die Maßnahmen abgeleitet werden:

- Die BSC bietet die immens wichtige Verbindung zwischen der Strategie und der Aktionsplanung.
- Die BSC liefert die Kombination nichtmonetärer und monetärer Kennzahlen als Steuerungsinformationen.
- Die Vorlauf- und Wirkungsindikatoren bieten ein ausgeglichenes Performance-Bild.
- Die BSC zeigt durch ihre Annahmen über Ursache-Wirkungs-Zusammenhänge nicht nur die Symptome auf, sondern auch die Gründe dafür.

b) Stärken und Schwächen der Balanced Scorecard

Die fünf **häufigsten Mißverständnisse**, die in Bezug auf die BSC bestehen, sind (nach Horváth, 1999, S. 29):

- Sie verstehen die BSC als reines Kennzahlensystem!
- Sie erwarten von der BSC die operative Feinsteuerung Ihres Geschäfts! Sie erwarten von der BSC Ihre Unternehmensstrategie!
- Sie verstehen die BSC als einmaliges Projekt!
- Sie glauben, Sie benötigen nur die richtige IT, dann läuft die BSC von selbst!

Im Sinne von Umsetzungstips empfiehlt Horváth folgende **Lösungen**:

- Glauben Sie nicht an „one fits all" – Ihre BSC muß so individuell sein wie Ihr Unternehmen!
- Verstehen Sie die BSC als Kommunikationsinstrument!
- Beginnen Sie an der Unternehmensspitze!
- Verbinden Sie die BSC mit dem Shareholder Value!
- Verbinden Sie Incentives mit der BSC!

"Die Balanced Scorecard wird die strategische Unternehmenssteuerung in Deutschland nachhaltig prägen – und sie wird dafür sorgen, die Umsetzungslücke zwischen Strategie und Aktion zu schließen. Eine Problematik, die meiner Meinung nach nur deshalb so lange ausgeblendet wurde, weil es an schlüssigen und effektiven Lösungsinstrumenten fehlte. Die BSC ist keine Management-Mode, die BSC ist – richtig verstanden und umgesetzt – auf dem besten Weg, das klassische Managementsystem von morgen zu werden." (ebd.)

Die BSC hat bedeutsame Stärken und Schwächen:

Konzeptionelle Stärken:

- Realisierung von Vision und Unternehmensstrategie
- Fordert die Verknüpfung strategischer Ziele mit operativem Handeln/ Herunterbrechen und Quantifizierung von Vision/Strategie (dazu auch das Praxisbeispiel bei Fink/Grundler, 1998, S. 226ff.).
- Zuordnung von Verantwortlichkeiten.
- Anwendbar auf verschiedene Organisationseinheiten (Gesamtunternehmen, Zentraleinheiten, Divisions, strategische Geschäftseinheiten/Business Units usw.).
- Fokussierung auf strategisch bedeutsame Ziele. Berücksichtigt die Ursachen des finanziellen Erfolgs als sog. **Werttreiber** (Kunden, Prozesse, Innovationsfähigkeit, Mitarbeiter) und schafft somit die Grundlagen für zukunftsorientierte Meßgrößen (zu den Leistungstreibern siehe auch Grotloh/Rothenberger, 1999).
- Anreizsystem für die Mitarbeiter nicht nur auf finanzielle Zielgrößen zugeschnitten. Übertragung von Verantwortung. Commitment aller Mitarbeiter.
- Teambildung durch Kommunikationsprozesse/Dialog bei Abstimmung.
- Explizite Darstellung der Wirkungszusammenhänge zwischen den verschiedenen Ursachenfaktoren und dem finanziellen Erfolg in Form eines Treiberbaumes.
- Effektive Kontrolle der Zielerreichung möglich. Verbesserung des strategischen Feedback.
- Verbesserung des Lernen/Double-loop-learning: Überprüfung der Ursache-Wirkungs-Beziehungen/strategische Ausrichtung.

Konzeptionelle Schwächen:

- Auswahl aussagekräftiger/praktikabler Kennzahlen
- Einführung unter Zeitdruck
- Klare Vorgehensweise zur Verbindung der Strategie mit meßbaren, strategischen/operativen Key Performance Indicators fehlt (vgl. Matheis/Schalch, 1999, S. 39; Mountfield/Schalch, 19998, S. 318)
- Gefahr der Verwechslung von Zielen und Maßnahmen oder Setzung unrealistischer Ziele
- Handhabung der unterschiedlich langen zeitlichen Verzögerungen der verschiedenen Werttreiber des finanziellen Erfolges nicht präzisiert (ebd.)
- Gefahr von nicht mehr handhabbarer Komplexität durch zu viele interdependente Verknüpfungen zwischen den Werttreibern
- Langwieriger/aufwendiger Prozeß (Erstellung der Ziele, Abstimmung, Konsensfindung), hoher Aufwand/Ressourceneinsatz (Zeit, Finanzen, Personen; vgl. dazu Weber, 1998)
- Fehlende Verknüpfung mit Anreizsystemen
- Gefahr des Zahlenfriedhofs (Voraussetzung für Erfolg ist grundlegende Verhaltensänderung in der Führung)

Für Rughase ist die Balanced Scorecard nur ein Instrument der strategischen Kontrolle im Sinne einer Willens**durchsetzung** (d. h. der Implementierung der vorab definierten Strategie), aber kein Instrument im Sinne einer Prämissenkontrolle der Willens**bildung** (d.h. der strategischen Planung/Konzeption und ein Rückschluß gegebenenfalls auf die Notwendigkeit seiner Veränderung, also i.S. einer systematischen Rückkoppelung zur inhaltlichen „Konzeption" der Strategie möglich):

"Die Balanced Scorecard ist ein Instrument zur Umsetzung von Strategien mit quantifizierbaren Vorgaben. Die BSC stellt damit ein Instrument zur internen Willensdurchsetzung einer bereits gefällten Strategie-Entscheidung dar. Die Controlling-Funktion der BSC beschränkt sich demnach lediglich auf die Abweichungsanalyse von internen Umsetzungsvorhaben einer fest definierten Strategie und wäre nach Porter ein Instrument zur operativen Effektivität. Es wird deutlich, daß der von Kaplan/Norton formulierte Anspruch, durch die BSC eine Weiterentwicklung von Strategien zu ermöglichen, kaum erfüllt werden kann. Die BSC bewegt sich nun einmal mit ihrem aufeinander abgestimmten Kennzahlen stets in einer vorab definierten Strategie, deren Umsetzung sie verfolgt." (Rughase, 1999, S. 25f.)

c) Vorgehensweise zur Einrichtung eines Balanced Scorecard Systems

Viele große Unternehmen beschäftigen sich mit der Balanced Scorecard (BSC). Der Mittelstand wagt sich nur selten an diese „neue" Methode der Messung von Leistungen des Unternehmens und der Mitarbeiter, weil sie meist zu komplex ausgelegt wird. Dabei ist die Grundlage für die Erstellung einer BSC den Unternehmern recht gut bekannt. Es sind Kennzahlen, die zu einem verbesserten Berichtssystem zusammengestellt sind. Die Schwerpunkte haben sich dabei jedoch von den finanziellen Kenngrößen auf die vorgelagerten Leistungen der Mitarbeiter, die Abläufe und auf die Kundenzufriedenheit verlagert.(Zum Nachfolgenden Jamin, 1999)

Vorgehensweise zur Entwicklung:

1. Vertreter aus allen Abteilungen bilden BSC-Teams
2. Sie entwickeln aus der Vision des Unternehmens die strategischen Zielsetzungen.
3. Diese Zielsetzungen werden mit dem Management abgestimmt.
4. Sie werden den oben genannten übergeordneten vier strategische Zielen zugeordnet.
5. Die Abhängigkeiten zwischen den einzelnen Zielen werden in Ursache-Wirkungs-Modellen zeichnerisch dargestellt. Dabei geht es um die Kausalbeziehungen mit beispielsweise der Aussage: Wenn die Mitarbeiter genügend geschult sind, dann kann die Produktion beschleunigt werden.
6. Es müssen zu den einzelnen strategischen Zielsetzungen Leitlinien entwickelt werden, die mit meßbaren Größen zu versehen sind. Beispiel: Anzahl neuer, innovativer Produkte pro Jahr.
7. Wichtig ist die Darstellung in anschaulicher Form, so daß die betroffenen Mitarbeiter die erzielten Ergebnisse regelmäßig vor Augen haben. Ericsson mißt die Größen mit Hilfe eines „Cockpit Communicators" der die geplanten Ergebnisse und die erzielten Ergebnisse in Form eines Armaturenbretts gegenüberstellt.

Andere Unternehmen benutzen manuell einstellbare „Uhren" aus unterschiedlichsten Materialien. Sinn dieser neuen Anschaulichkeit im betriebswirtschaftlichen Bereich ist, sich die Zielerreichung immer wieder vor Augen führen zu lassen (nach Jamin, 1999):

1. Der Ist-Zustand wird zu Beginn des Einsatzes der BSC eingestellt. Dann wird die gewünschte Steigerung z. B. in Punkten für den nächsten Zeitraum, beispielsweise für ein Jahr, festgelegt.

2. Regelmäßig werden die Scorecards überarbeitet, revidiert und gegebenenfalls entfernt, wenn es sich um die sogenannten schwer meßbaren weichen Kennzahlen handelt und mit ihnen keine Verbesserungen erreicht wurden.

Schwerpunkt der immer sehr individuellen Einführung einer BCS ist die Mitarbeit aller an dem neuen „Meßsystem". Nur so wird die BCS schnell zu einem neuen Ansatz für ein strategisches Kennzahlen- und Managementsystem.

Amazon.com ein Internet-Buchhändler hat zu folgenden Bereichen Scorecards eingeführt:
- **Profit**
- **Wachstum**
- **Überleben**
- **Branchenstärke**
- **Kundenzufriedenheit**
- **Wachstum des Marktanteils**
- **Effizienz**
- **Innovation**
- **Kreativität**
- **Diversifizierung**

Von besonderer Bedeutung ist das Messen aus der **Kundenperspektive**. Hier werden beispielsweise prozentuale Bewertungen von Antworten auf Kundenbeschwerden, Anteile der

Antworten zu Kundenanfragen oder Kundenzufriedenheit ausgewertet. Aber auch die **internen Prozesse** sind meßbar, wie zum Beispiel Marketingaufwendungen im Vergleich zum Ergebnis oder sogar die Anzahl der Treffen von Arbeitsgruppen. Natürlich kann auch die Häufigkeit der internen Kommunikation als Meßkriterium genommen werden.

9. Gründe für das Scheitern von Managementkonzepten

80 Prozent der in jüngster Zeit durchgeführten Re-Organisationsprojekte scheitern in der Implementierungsphase, entweder weil die Änderungsfähigkeit der jeweiligen Unternehmenskultur überfordert wurde oder weil die Verantwortlichen die Handlungsempfehlungen der jeweiligen Konzepte unreflektiert übernommen haben. Die Verhaltens- und Systemwiderstände haben wir bereits in diesem fünften Teil beschrieben. Veränderungen bedürfen der Verbesserung mehrerer Faktoren: Wissen und Können (Qualifikation), Wollen (Motivation), Dürfen (Organisation) und Haben (optimale Personalplanung) (vgl. Wunderer/Kuhn, 1993, S. 178f.).

> „Neue Konzepte bedürfen der Übersetzung durch offene Kommunikation und fordern den Vorgesetzten in der Rolle des Coachs und des richtunggebenden Entscheiders. Dagegen das Kennzeichen der Schönwetter-Manager: Sie verwenden die Etiketten der Gurus als Predigt-Text gegenüber den Mitarbeitern und wechseln zur nächsten Etikette über, wenn harte Realisierungsarbeit droht. Das Nichterreichen vollmundig angekündigter Erfolge ist – natürlich – auf die Unfähigkeit der Mitarbeiter zurückzuführen: sie haben die Guru-Empfehlungen nicht verstanden!" (Eiff, 1995, S. 15)

Eiff (aus ebd.) sieht folgende allgemeine Gründe für das **Scheitern** von Managementkonzepten:

- Arroganz der eigenen Sicht, d.h., persönliche Vorstellungen über „Kundennutzung" und „Mitarbeiterorientierung" prägen Strategien und Organisation
- Mangelnde Prozeßkenntnis, d.h., die Transmissionsmechanismen der Geschäftsprozesse sind unklar; Komplexitätstreiber und Wertschöpfungsstruktur sind nicht bekannt
- Quantensprung-Strategie, d.h., drohender Kulturschock mobilisiert die Phalanx der Mittelmäßigen; die Solidarität der Bedenkenträger zwingt die engagierten Leistungsträger zur Resignation
- Konservierung funktionaler Verhaltensmuster, d.h., die kulturellen Steuerungsmechanismen und Anreiz-Beitrags-Systeme bleiben erhalten („geheime Spielregeln"); damit bleibt aber auch das strukturwirksame Verhalten bestehen

Nach einer vom Münchner ELOI Institut zusammen mit dem IfB der Universität St. Gallen durchgeführten Untersuchung werden bei vier von zehn Veränderungsprojekten nicht einmal 60 % der ursprünglich gesteckten Projektziele erreicht (1998). Die Ursachen für das Scheitern lagen zu 67 % in zu hohen Prozeßkosten und zu 54 % in zu hohen Durchlaufzeiten, etwa die Hälfte der Unternehmen nennen zudem mitarbeiterbezogene Faktoren. Zentrales Ergebnis ist jedoch, daß Veränderungsprozesse oft nicht an sachlich-fachlichen Barrieren aus dem betriebswirtschaftlichen und technisch-organisatorischen Bereich scheitern, sondern daß es vor allem Probleme im Bereich der **Unternehmenskultur** sind (z.B. unzureichende Vertrauenskultur, gegenseitige Schuldzuweisungen, Widerstand gegen Neuerungen, fehlende Feedback-Kultur).

Es sind also beim Reengineering-Prozeß vor allem die „weichen", im zwischenmenschlichen Bereich angesiedelten Faktoren, die den Erfolg eines Veränderungsprojekts ausmachen; zu **psychologischen** Zusammenhängen beim Implementierungsprozeß siehe Rohe/Spalink (1999, S. 33). Damit bei der Umsetzung von Business Process Reengineering, (die oft als radikale Reorganisation, d.h., Top-down entworfen und durchgesetzt wird) nicht „die Rechnung ohne Mitarbeiter gemacht" wird, empfehlen Witt/Klaus (1997, S. 23ff.) zum Abbau von Widerständen den Einbezug der Betroffenen in den Entscheidungs- und Gestaltungsprozeß.

Sechster Teil:

Elemente eines normativen

Unternehmungskonzepts

„Kulturpflege darf sich nicht in Leitsätzen der
Unternehmenspitze erschöpfen, sondern muß zur
Aufgabe eines jeden Vorgesetzten und eines je-
den Teams gemacht werden." (Müri)

Im ersten Teil haben wir das **St.Galler Managementkonzept** als Bezugsrahmen bereits vorgestellt (siehe Abb. 25). Dieses integrierte Konzept umfaßt die Elemente normatives, strategisches und operatives Management. Das normative Management stellt nach Bleicher Konzepte bereit, um der vor dem Hintergrund wachsender Komplexität und Dynamik feststellbaren Orientierungslosigkeit in Unternehmungen wirksam entgegenzutreten. Der Gesamtzusammenhang des normativen Managements ist in Abb. 130 (aus ebd., S. 52) wiedergegeben.

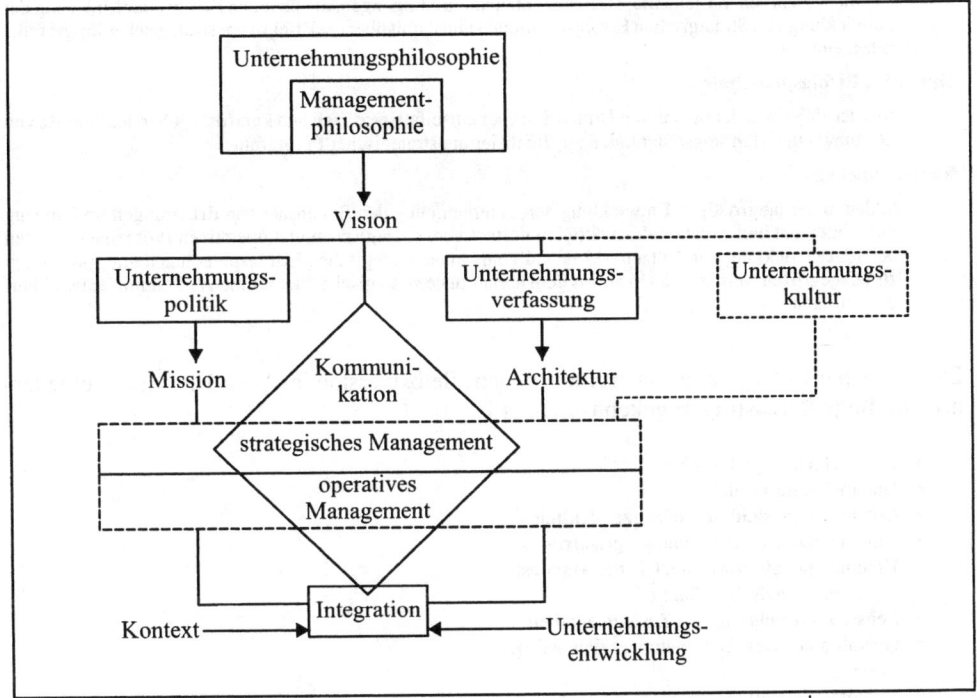

Abb. 130: Gesamtzusammenhang des normativen Managements

„Als Ziel des normativen Managements kann gelten, **Nutzenpotentiale** für Bezugsgruppen zu identifizieren, zu entwickeln und auszuschöpfen. Hierzu bedarf es eines Dialogs mit den Bezugsgruppen, um deren Interessen abschätzen und in unternehmerische und -verfassungsmäßige Überlegungen einbringen zu können. Ein wesentlicher Teil normativen Managements ist daher der Entwicklung von **Verständigungspotentialen** mit Bezugsgruppen zu widmen, um zum Aufbau von Nutzenpotentialen beitragen zu können" (Bleicher, 1994, S. 216); vgl. auch unsere Ausführungen zu Bezugsgruppen im ersten und achten Teil.

In der Literatur finden sich eine Vielzahl von Begriffen, die der Unternehmung eine „Konzentration" der Kräfte nahelegen. Eine Abgrenzung der **Potentiale** als **Steuerungsgrößen** im Gesamtzusammenhang normativen, strategischen und operativen Managements gibt Bleicher (1994, S. 219f.):

Nutzenpotentiale

> Überdauernde, weitgehend zeitinvariante Konstellationen zur Generierung von Nutzen für Bezugsgruppen. Zuordnung zur normativen Dimension des Managements. Setzen entwickelte Verständigungspotentiale voraus und wirken über den generierten Nutzen auf diese zurück. Sie sind zugleich die Steuerungsgröße für den Gesamtzusammenhang normativen und strategischen Managements.

In Programmen harmonisierte, zeitbezogene Problemlösungen, die strategisch zum Aufbau eines dauerhaften Nutzenpotentials eingesetzt werden können. Sind diese gegenüber den Wettbewerbern erfolgreich, führen sie zur Entwicklung von

Strategischen Erfolgspositionen,

die relativ zu den Wettbewerbern eine Positionierung ergeben, die eine Unternehmung strategisch in die Lage versetzt, ihren Wert dauerhaft zu steigern. Dazu bedarf es einer Konzentration auf

Kritische Erfolgsfaktoren,

d.h. die wesentlichen Elemente, Determinanten und Bedingungen, die über den Erfolg oder Mißerfolg der Entwicklung von Strategischen Erfolgspositionen und damit über die Effektivität strategischer Programme entscheiden. (…)

Operative Erfolgspotentiale

entwickeln sich in der operativen Dimension eher einzelfallspezifisch und kurzfristig über den Einsatz von Leistungs- und Führungspotentialen zur Realisierung strategischer Porgramme.

Kernkompetenzen

bilden in der langfristigen Entwicklung der Unternehmung den Bodensatz von Erfahrungen im Umgang mit kontextual und situational bewältigten normativen, strategischen und operativen Problemen, auf den bei der Entwicklung von Nutzen-, Verständigungs- und strategischen Erfolgspotentialen und -positionen zurückgegriffen werden kann bzw. aus dem heraus neue strategische oder normative Potentialentwicklungen erfolgen.

Die Suche der Unternehmen nach einem neuen „Selbstverständnis" wird durch verschiedenartigste **Begriffsfassungen** gekennzeichnet:

- Unternehmungsphilosophie
- Unternehmungsgrundsätze
- Unternehmungsleitbild, -leitsätze, -leitlinien
- Unternehmungsgrundordnung, -grundgesetz
- Unternehmungsverfassung, Charta, Manifest
- Verhaltensgrundsätze, Statute
- Leitsätze für Führung und Zusammenarbeit
- Overall objectives, Unternehmenszielkataloge
- Mission
- Corporate Identity
- Unternehmungskultur
- Ethic codes, Arbeits-Kodex u.ä.

I.d.R. sind diesen Definitionen **einige Merkmale gemeinsam**: Sie dokumentieren die Grundannahmen und Grundwerte einer Unternehmung („Selbstbild").

- Sie beantworten die Frage nach dem **Zweck** der Unternehmung.
- Sie stellen eine **qualitative** Zielsetzung dar.
- Sie sind nicht nur beschreibender Art, sondern setzen **Normen** (damit Restriktionen/Limitierung für Planung; enge Entscheidungsspielräume).
- Sie umfassen einen weitreichenden Zeithorizont (praktisch nicht befristet).
- Sie sind die Basis des Zielsystems, haben eine Koordinierungsfunktion.

A. Die Unternehmungsphilosophie

I. Unternehmens-/Managementphilosophie

Unter Philosophie versteht man im Allgemeinen „forschendes Fragen und Streben nach Erkenntnis des letztes Sinnes, der Ursprünge des Denkens und Seins, der Stellung des Menschen im Universum, des Zusammenhanges der Dinge in der Welt" (Duden-Fremdwörterbuch), d.h., man versucht, mit Hilfe der Philosophie ein möglichst umfassendes Gesamtbild der Existenz, eine **„Weltanschauung"** zu erhalten. Die Unternehmungsphilosophie bezieht diese Betrachtung auf den Bereich des Unternehmens. Sehr deutlich kommt dies in den Worten von Ulrich/Fluri (1995, S. 53f.) zum Ausdruck:

Unternehmungs- und *Managementphilosophie* ist dementsprechend die ganzheitliche Interpretation der wirtschaftlichen und gesellschaftlichen Funktion und Stellung der Unternehmung und der daraus abzuleitenden Sinnzusammenhänge und Wertbezüge des Managements. Es geht ihr um eine vernünftige, gesellschaftlich verantwortbare unternehmerische Praxis. (…) Ohne die gedankliche Auseinandersetzung mit den wünschbaren gesellschaftlichen Funktionen und Wertorientierungen des eigenen unternehmerischen Handelns riskiert das Management jedoch, über kurz oder lang ungewollt gegen die eigenen Zielvorstellungen und Überzeugungen handeln oder unzulänglich durchdachte Nebenwirkungen (‚externe Effekte') bei der Verfolgung der Unternehmungsziele in Kauf zu nehmen, die sich eines Tages höchst kontraproduktiv auswirken können, beispielsweise indem sie image- und geschäftsschädigende Reaktionen kritisch gewordener Bezugsgruppen der Unternehmung oder der Öffentlichkeit provozieren. Wenn eine Unternehmungsleitung wertfrei zu handeln glaubt, indem sie ‚nur' Unternehmungsleitung sein und zu ethisch-politischen Fragen keine Stellung nehmen will, hat sie sich im vorherein ‚blind' für jene Geschäftsmoral und jene Politik entschieden, deren Wertvorstellungen und Interessen ihrem Handeln entgegenkommt – ob beabsichtigt oder nicht. Demgegenüber ist es wohl besser, wenn das Management sich um Transparenz und Klarheit über die eigene Unternehmungsphilosophie bemüht. Es geht dabei nicht um mündliche oder schriftliche Bekenntnisse zu schönen Phrasen, sondern um **Klarheit über die impliziten Wertvorstellung** des tatsächlichen eigenen Handelns."

Zwischen den Begriffen Unternehmensphilosophie und Unternehmensleitbild bzw. Unternehmensgrundsätze besteht eine enge **Sinnverwandtschaft**. Zuerst versuchen wir, bestimmende Merkmale der Unternehmensphilosophie herauszuarbeiten: Sie sind als die Summe der ethischen und moralischen Leitmaximen einer Unternehmung anzusehen, die den Kurs umschreiben und bestimmen. Sie liefern also das **Orientierungsmuster** für eine integrierte Gestaltung, Lenkung und Entwicklung der Unternehmung. Das St. Galler Managementkonzept differenziert dabei in eine (dazu Bleicher, 1994, S. 57ff.):

- **Unternehmungs**philosophie als paradigmatisch geprägte Leitidee, die die Unternehmung im gesellschaftlichen Umfeld positioniert und damit das Verhalten gegenüber Bezugsgruppen begründet (grundsätzliche Fragen: Einstellung des Unternehmens zur gesellschaftlichen Verantwortung? Ethik ihres Verhaltens?) und die daraus abgeleitete
- **Management**philosophie der werteprägenden Kooperation und Entwicklung im sozialen Miteinander bei der Leistungserstellung (grundsätzliche Fragen: Welches Menschenbild liegt dem sozialen System zugrunde? Welche Wertstrukturen verbinden sich damit?).

Für Bleicher (aus 1994, S. 81) ergeben sich im Hinblick auf die Profilierung der **Unternehmungsphilosophie** vier Fragen:

1. Erfährt die Unternehmung ihre **Legitimation** aus der Befriedigung der **Eigentümerinteressen** („shareholder"-) oder aus der Bereitstellung eines Nutzens für **vielfältige Bezugsgruppen** („stakeholder"-Interesse)?

2. Ist sich die Unternehmung ihrer Verantwortung gegenüber der **ökologischen Umwelt** bewußt oder bleibt eine Betrachtung der Unternehmungtätigkeit unter ökologischen Gesichtspunkten ausgespart?

3. Gilt es, die Unternehmung als **Institution** aufzubauen, zu pflegen und sichernd zu erhalten oder spielt sie eine **funktionelle Rolle** zur Befriedigung von sozialen und ökonomischen Bedürfnissen?

4. Ist die Unternehmung als **technokratisches Instrument** zur Generierung eines überdurchschnittlichen „return" („money machine") auf die eingesetzten Ressourcen oder prinzipiell als ein **soziales System** mit eigenem Streben und eigener Evolutionsgesetzlichkeit zu verstehen?

Im Hinblick auf die Profilierung der **Managementphilosophie** ergeben sich folgende Fragen:

5. Geht die Führungsphilosophie in ihrem Menschenbild eher vom **„economic man"** oder vom **„complex man"** aus?

6. Wie sieht die Gestaltungsphilosophie des Managements aus? Geht sie davon aus, die Unternehmungsentwicklung ließe sich von Konstrukteuren und Kommandeuren über lenkende Systemeingriffe **festlegen**? Oder betrachtet sie es als Aufgabe von Kultivatoren und Katalysatoren, die Rahmenbedingungen des Systems im Sinne von „Leitplanken" für eine **„evolutorische"** Selbstentwicklung zu gestalten?

7. Sollte die ordnungspolitische Entwicklung des Systems dabei eher unter Einsatz einer Machtasymmetrie mittels einer **hierarchischen Koordination** oder eher durch selbstregulierende **Marktmechanismen** mit symmetrisch positionierten Partnern erfolgen?

8. Baut die Konflikthandhabungs-Philosophie mehr auf (mikro-)**politische** oder mehr auf laterale **Kooperationsprozesse**?

Eine gesellschaftsbezogene Unternehmungs- und Managementphilosophie soll eine Sinnfindung im unternehmerischen Verhalten ermöglichen. Werden diese **impliziten** Wertvorstellungen des unternehmerischen Handelns **schriftlich** formuliert, so findet die grundsätzliche **Denkhaltung** des Unternehmens auf wirtschaftlichem, sozialem, kulturellem, politischem, technologischem und ökologischem Sektor Ausdruck. Die erstrebenswerten Werthaltungen für alle Mitglieder des Systems „Unternehmung" sind damit über Leitbilder, Corporate-Identity-Programme oder sonstige Leitbilder als Orientierungsrahmen generiert (vgl. dazu nachfolgende Ausführungen). Diese Leitbilder sind anhand formulierter Kriterien **ethischer Angemessenheit** unternehmerischen Verhaltens zu prüfen. (Beispiele wie Enderles „Goldene Regeln", Lays „Tafeln ethischer Prinzipien" oder Dyllicks „Kriterien" in Bleicher, 1994, S. 63ff.)

> „Unternehmungsphilosophie in diesem Sinn wird gleichbedeutend mit Gesellschaftsphilosophie: Sie kann nicht mehr eine allein am Eigeninteresse orientierte Philosophie des Unternehmers' sein, sondern muß zur Philosophie über die Funktion der Unternehmung für die Gesellschaft werden. Die herkömmliche Blickrichtung von ‚innen' nach ‚außen', also von der Unternehmung auf ihre Umwelt, wird ersetzt durch die umgekehrte Blickrichtung von ‚außen' nach ‚innen', also von den gesamtgesellschaftlichen Bedürfnissen auf die Unternehmung, die als quasiöffentliche Institution diesen Bedürfnissen unterzuordnen ist ... Von daher bedeutet schon heute jede Ausklammerung gesellschaftspolitischer Aspekte und Auswirkungen des unternehmerischen Handelns aus der eigenen Unternehmungsphilosophie eine Vogel-Strauß-Politik', die nicht nur aus gesellschaftlicher, sondern auch aus (längerfristiger) privatwirtschaftlich-unternehmungspolitischer Sicht irrational ist. Natürlich werden Gewinnerzielung und Rentabilität weiterhin grundlegend für das Überleben der Unternehmung als gesellschaftliche Wertschöpfungseinheit sein; die Legitimation des Gewinnstrebens wird jedoch zunehmend von der Erfüllung echter gesamtgesellschaftlicher Bedürfnisse abhängen. Diesen Bedürfnissen in einer sich wandelnden Gesellschaft gerecht zu werden wird in Zukunft die größte Herausforderung – und vielleicht Existenzfrage – für die Unternehmung darstellen" (Ulrich/Fluri, 1995, S. 57f.).

II. Vision

Im Gegensatz zum mehr gegenwartsbezogenen Leitbild bezieht sich die Vision mehr auf erwartete, realisierbare zukünftige **Möglichkeiten** („Bild von der Zukunft") und versucht, Probleme von gesellschaftlicher Bedeutung auf neuartige Weise zu lösen. Sie ist Ergebnis eines intensiven kognitiven Prozesses (vgl. dazu Herstatt/Köpe, 1991, S. 42; dort finden sich auch zahlreiche Definitionsbeispiele aus der Literatur).

> „Die wahre Wirklichkeit, jene, die andere Phantasie nennen, ist von zuverlässigerer Dauer als das bloße geschäftliche Denken des Tages." (Gottlieb Duttweiler)

> „Wenn du ein Schiff bauen willst, so trommle nicht Männer zusammen, um Holz zu beschaffen, Werkzeuge vorzubereiten, Aufgaben zu vergeben und die Arbeit zu erleichtern, sondern lehre die Männer die Sehnsucht nach dem endlosen weiten Meer." (Antoine de Saint-Exupéry)

Weitere **Elemente** ihres Wesens:

- Visionen haben szenarischen Charakter.
- Visionen sind eine realistische Zukunftsschau.
- Visionen sind von höherer subjektiver Verbindlichkeit.
- Visionen sind immer qualitativ.

- Visionen sind konkrete Zukunftsbilder.
- Visionen sind Ergebnis eines hochkomplexen, vielfach interaktiven Prozesses der lernenden Informationsverarbeitung.
- Visionen sind durch kreative Höchstleistungen entstandene innere Bilder von einer noch anstehenden Wirklichkeit.
- Visionen geben wie ein Polarstern die Richtung einer Reise an.
- Visionen lassen sich nicht machen, man muß sie sich entwickeln lassen.
- Visionen sind Führungsinstrumente, um neue Werte in Unternehmungskultur/-politik zu bringen.

Wirtz (1996, S. 373) bezeichnet die Unternehmensvision als die klare zukunftsgerichtete Vorstellung über den Unternehmenszweck, das Ziel und das Selbstverständnis; daraus leiten sich folgende Hauptfunktionen für die Unternehmensführung ab:

- **Ordnungsfunktion** (d.h., sie stellt eine Art transparente Handlungsanleitung für die Mitarbeiter dar)
- **Integrationsfunktion** (d.h., die verschiedenen Unternehmensaktivitäten werden über die Vision ausgerichtet und koordiniert; damit auch integrierende Wirkung auf das Verhalten der Mitarbeiter)
- **Kreativitätsfunktion** (d.h., bei der Visionserarbeitung als impulsgebendem Prozeß können neue Ziele und innovative Ideen entwickelt werden)
- **Flexibilitätsfunkton** (d.h., durch Umfeldbeobachtung und Simulierung denkbarer Konextentwicklungen wird Flexibilitätspotential erhöht)

„Die unternehmerische Vision ist eine ganzheitliche, vorausschauende Vorstellung von Zwecken und Wegen zu ihrer Erreichung. Sie generiert Ideen zur Erzielung eines Nutzens für die Gesellschaft. Als ‚Leitstern' prägt sie das unternehmerische Handeln" (Bleicher, 1994, S. 102).

In den meisten integrierten Gesamtmodellen für die strategische Führung (etwa das 7-Komponenten-Modell von Hinterhuber oder das St. Galler-Managementkonzept) steht am **Anfang** der schöpferischen Tätigkeit eine Vision. Das Unternehmungskonzept bedarf einer tragenden Leitidee, eines Leitsterns für das normative Management (vgl. Bleicher, 1991, S. 75ff.), einer Art begleitenden „genetischen Codes" für die weitere Unternehmensentwicklung.

Im strategischen Managementdenken wird zur Gestaltung einer konsistenten und vorausschauenden Unternehmensausrichtung in einem zunehmend dynamischeren Umfeld der Ansatz eines systematisch entwickelten **Vision Management** propagiert (vgl. Wirtz, 1996, S. 373ff.). Führende anglo-amerikanische Vertreter sehen das Konzept in der Tradition des Ressourcenansatzes (siehe dazu 5. Teil, F, I) vor allem als „eine Art **Navigationssystem** für die zukünftige Markt- und Wettbewerbsentwicklung an, mit dem frühzeitig unternehmerische Ressourcen entwickelt bzw. in Bereiche gelenkt werden, die zukünftig die Erringung andauernder Wettbewerbsvorteile ermöglichen sollen (...). Gleichfalls verfolgen fast alle Ansätze das gleiche Ziel: die Entwicklung einer Zukunftsvorstellung und eine sich hieraus ableitende Positionierung der Unternehmung sowie die Implementierung entsprechender Wandlungsprozesse." (Wirtz, 1996, S. 373f.)

Die Bildung der Unternehmensvision basiert dabei auf einem mehrstufigen Analyseprozeß, das Konzept läßt sich grob in fünf **Phasen** untergliedern (nach ebd., S. 374f.):

(1) **Festlegung der Rahmenbedingungen für die Visionsbildung** (Zeitrahmen der Visionsbildung, Umfang bzw. Fokus der Analysen, Definition der Elemente bzw. Variablen)

(2) **Markt-, Wettbewerbs- und Kompetenzanalysen** (derzeitige Geschäftsfelder und Marktsegmente; Wettbewerbsstrategien; Kernkompetenzen)

(3) **Bestimmung der „driving forces"** (treibende Branchenkräfte wie z.B. Minitarisierung in der Elektronik, Deregulierungen, Lebenszeitverkürzung in der Computerindustrie; gesellschaftliche Megatrends wie steigendes Umweltbewußtsein; Unsicherheitsfaktoren – „key uncertainties"; Korrelationsmatrizen/Faktorenanalysen zur Bestimmung der Wirkungsrichtung dieser Variablen)

(4   **Entwicklung der sog. „learning scenarios"** (strategische Optionen und Dimensionen; zumeist fünf Basisszenarien; darauf aufbauend verschiedene Subszenarien; Weiterentwicklung in mehreren Generationen als lernende Szenarien und Kombination mit quantitativen Modellrechnungen)

(5)   **Visionsgestaltung und Implementierung** (Bildung der Unternehmensvision: Aufbau welcher Kernkompentenzen? Welche Märkte/Strategien? Gestaltung Prozeßdesign? Organisationsverhalten? etc.; Implementierung; Strategie- und Ressourcenausrichtung - Visionsgestaltung als erster Schritt des Transformationsmanagements/Wandlungsprozesses)

„Der Ansatz des Vision Management bietet für die langfristige Steuerung der Unternehmensaktivitäten vor allem dort Vorteile, wo hohe Beschleunigung und Komplexität der Wettbewerbsprozesse mit zunehmender Unsicherheit der externen Umfeldbedingungen einhergehen. Vision Management wird daher vermehrt in Branchen mit grundlegenen **Marktprozeßveränderungen** (z.B. Deregulierung in der Telekommunikations- und Pharmaindustrie) oder in Sektoren mit hoher **Marktdynamik** (z.B. Hightech- bzw. Computerindustrie) verwendet. Oftmals stoßen hier die traditionellen Instrumente (wie Portfoliotechniken, SGE-Strategiebildung etc.) der Unternehmensführung an ihre Grenzen, da sie zu sehr auf die aktuelle Entwicklung bzw. auf die Analyse der Ist-Daten fokussiert sind." (Wirtz, 1996, S. 375)

Für Hinterhuber (1992, I, S. 41ff.) sind Visonen eine **Brücke** vom Denken zum Tun. „Das Wesen einer Vision liegt in den Richtungen, die sie weist, nicht in den Grenzen, die sie setzt; sie liegt in dem, was sie ins Leben ruft, nicht in dem, was sie abschließt, in den Fragen, die sie aufwirft, nicht in den Antworten, die sie für diese findet." Visionen sind Teil der „Strategischen Führungskompetenz", um neue Werte in die Unternehmenspolitik und -kultur zu bringen (zur inhaltlichen Eingrenzung der Vision siehe auch Henzler, 1988, S. 20ff.): „Unternehmer und Führungskräfte mit einem hohen Grad an strategischer Führungskompetenz besitzen eine unternehmerische Vision und können dies in einem oder in wenigen Sätzen ausdrücken" (Hinterhuber, 1992, II, S. 296). Er sieht die Vision als Resultierende aus drei Komponenten: **Offenheit** als Aufgeschlossenheit gegenüber dem Zeitgeist und den echten Bedürfnissen der Menschen (nach außen gerichtet), **Spontaneität** als Fähigkeit, verschiedene Blickpunkte einzunehmen (nach innen gerichtet), und **Realitätssinn**, d.h., Dinge so zu sehen, wie sie sind und nicht, wie sie in den Vorstellungen und Wünschen sein sollten (Synthese von Offenheit und Spontaneität). Bleicher (1991, S. 76f.) erweitert um zwei Komponenten: **Kreativität** und **Erfahrung** im Umgang mit einer komplexen Problemlandschaft.

Für Gomez/Probst (1995, S. 59) sind **„gute"** Visionen einfach und einleuchtend, zukunftsgerichtet, stellen den Kunden und seine Bedürfnisse in den Mittelpunkt, tragen den legitimen Anspruchsgruppen des Unternehmens angemessen Rechnung, spornen alle Mitarbeiter zu unternehmerischen Spitzenleistungen an, mobilisieren Ressourcen und setzen diese zielgerichtet ein.

B. Die unternehmungspolitische Rahmenplanung

I. Unternehmungspolitik

„Aufgabe der Unternehmungspolitik ist es, die Vision des Unternehmers oder der obersten Führungskräfte so auszudrücken, daß alle Mitarbeiter an einem Strick` und gemeinsam in eine Richtung` ziehen. Die Unternehmungspolitik ist die Gesamtheit von Unternehmungsgrundsätzen, die in einem Leitbild festgehalten, oft aber auch mündlich weitergegeben werden. Sie regeln das Verhalten innerhalb der Unternehmung und geben an, welcher unternehmerischen Vision, welchen Werten, Normen und Idealen die Unternehmung verpflichtet ist. Mit der Unternehmungspolitik versucht die Unternehmungsleitung, die Unternehmung als Ganzes ordnend zu gestalten und verbindliche Verhaltensregeln und -grundsätze festzulegen" (Hinterhuber, 1992, I, S. 27).

Die Unternehmenspolitik (zur inhaltlichen Entwicklung und Positionierung des Begriffs siehe Rühli, 1996, S. 395ff.) wird damit zum **eigentlichen** Inhalt der **Gesamt**führung einer Unternehmung. In der Unternehmungspolitik werden auch die ethischen, moralischen, sozialen Einstellungen und **Werthaltungen** des Top-Managements zum Ausdruck gebracht. Diese Aspekte finden ihren direkten Ausdruck in Aussagen über den Führungsstil, Mitarbeiterinformation, Mitbestimmung, Kapital- und Erfolgsbeteiligung und selbst auferlegten Restriktionen.

„Wenn intern und extern vielfältige Ansprüche an die Unternehmung gestellt werden, so läßt sich dies nicht länger mit einer Konzeption in Übereinstimmung bringen, wonach ein Unternehmen ein im strikten Rahmen enger ökonomischer Kalküle operierendes Akteurssystem darstellt. Unternehmen agieren eminent **politisch**, insofern im gegenseitigen Handlungsgefüge zwischen der Unternehmung und den internen sowie externen Anspruchsgruppen Fragen von Einflußnahme, Machtausübung und Konfliktaustragung eine bedeutende Rolle spielen. Vor diesem Hintergrund sind auch die Zielsetzungen des Unternehmens nicht länger mehr angemessen über bloße kalkulatorisch-ökonomische Rationalität zu definieren; auch sie bekommen unverkennbar politische Züge" (Pfriem, 1995, S. 160).

Für Ulrich/Fluri (1995, S. 77) ergibt sich aus dem **„quasiöffentlichen"** Charakter größerer Unternehmen unmittelbar, daß ein realitätsgerechter Begriff der Unternehmungspolitik durchaus im wörtlichen Sinne zu verstehen ist: „Es geht keineswegs bloß um eine oberste Unternehmungsstrategie und Unternehmungsleitungstechnik`, sondern wirklich um die Politik der Unternehmung." Sie kennzeichnen die Unternehmungspolitik anhand verschiedener **Merkmale** (vgl. dazu ebd., S. 77ff.):

- Aufbau von kommunikativen **Verständigungspotentialen**: Unternehmungspolitik ist somit die Auseinandersetzung mit den Wertvorstellungen und Interessen aller an der Unternehmung Beteiligten (oder von ihren Handlungen Betroffenen) und die permanente Pflege tragfähiger Beziehungen zu diesen Gruppen.
- Der **Machtaspekt**: Wie der unternehmungspolitische Willensbildungsprozeß abläuft und wo er endet (d.h., welche Ziele also letztendlich festgelegt werden), hängt ab von der effektiven Machtkonstellation zwischen den beteiligten Interessengruppen (Kerngruppe und verschiedene Anspruchsgruppen); d.h., wer die größte Macht ausübt, hat auch den größten Einfluß auf die Ausgestaltung der Unternehmungspolitik und von den Wertsystemen, die die dominanten Gruppen vertreten.
- Das **Leitbild**: Unternehmenspolitik befaßt sich mit **Grundsatzentscheidungen**. Diese sollten in einem schriftlichen Leitbild und/oder in Richtlinien dokumentiert werden. In diesem Rahmen werden der Zweck, die Ziele und die Verhaltensgrundsätze bestimmt. Damit stellt die Unternehmenspolitik zugleich die verbindliche Grundlage für die Planung dar. Diese schriftliche Formulierung der Unternehmungspolitik ist also das **Ergebnis** des unternehmungspolitischen Willensbildungsprozesses.

II. Unternehmensleitbild/-grundsätze

1. Begriff/ Wesen

Das Unternehmensleitbild besteht aus der **schriftlichen** Formulierung der Unternehmensphilosophie; es ist die „höchste Verdichtungsstufe der Zielsetzung" (Liessmann), als grundlegende Willenskundgebung der Unternehmensleitung originärer Teil der Unternehmenspolitik und wesentliches Instrument zur **Kommunikation** normativer Unternehmungskonzepte. Wir wollen die Begriffe Unternehmensleitbild, -grundsätze und Mission synonym verwenden.

2. Funktionen / Aufgaben

Führungsgrundsätze, Unternehmensleitbilder oder Dokumente zur Unternehmenskultur sind der sog. **unternehmungspolitischen Rahmenplanung** zuzuordnen. Das Leitbild als – nach innen und außen – **verbalisierte Leitlinie** der Unternehmenspolitik soll Fragen nach dem Selbstverständnis und den Zukunftsvorstellungen einer Unternehmung beantworten: Die an mehreren Stellen bereits angerissenen Probleme unserer Industriegesellschaft (Arbeitslosigkeit, Umweltschutz etc.) führen zu einer Erweiterung der ökonomischen um eine

ethische Dimension. Die rapide Zunahme in der Verbreitung von Unternehmensleitbildern bestätigt, daß die Notwendigkeit einer **gesellschaftsorientierten** Unternehmungsphilosophie erkannt zu sein scheint. In jüngerer Zeit wird – unter Einfluß der „Kulturdiskussion" – der Blick verstärkt auf eine ethische und grundwertorientierte Unternehmenspolitik gelenkt. Die Unternehmungsleitung muß sich also darüber Klarheit verschaffen, welche **Rolle** sie in unserem Wirtschafts- und Gesellschaftssystem einnimmt, und das daraus abgeleitete Leitbild als Grundlage und Ausdruck der Unternehmenspolitik dokumentieren. Dem eigentlichen Leitbild ist häufig eine unternehmerische Vision vorangestellt.

Die Unternehmungsgrundsätze als **unternehmungspolitische** Leitbilder lassen sich wie folgt zusammenfassen:

- Sie dienen zur Klärung (und evtl. Neufestsetzung) von Unternehmenszielen, des Selbstverständnisses und der Zukunftsvorstellungen in Form qualitativer expliziter Aussagen.
- Sie legen damit die grundlegende Ausrichtung und Orientierung (den „Kurs") der Unternehmung auf konzeptioneller Ebene fest.
- Sie dienen damit als „Kitt" bei größer, komplexer international und diversifizierter werdenden Unternehmen.
- Sie ermöglichen eine Entscheidungskoordination i.S. einer „Stimmigkeit" der Entscheidungen, ein Verhaltenshinterfragen und ermöglichen einen Interessenausgleich der verschiedenen Gruppen („unité de doctrine") als gemeinsamer, klarer, einheitlicher Orientierungsrahmen für das Handeln aller Mitarbeiter.
- Sie vermitteln eine Verhaltenssicherheit („Wertgerüst") und Basisorientierung.
- Sie dienen als Eckpfeiler der Führungsverantwortung.
- Sie ermöglichen eine laufende gesellschaftliche Akzeptanz (Legitimations- und Vertrauensfunktion) und Kommunikation mit einer zunehmend kritischeren Öffentlichkeit.
- Sie bieten eine Hilfe zur Sicherung der Kontinuität im Bereich der Human Resources.
- Sie sind das Ergebnis eines Lern- und Zielbildungsprozesses (d.h., die Entwicklung eines Leitbildes macht die Grundannahmen „sichtbar").
- Sie gelten unbefristet (d.h., sie werden nicht laufend geändert, sind aber ständig „Diskussionsgegenstand").
- Sie helfen, einen gewünschten Wandel von innen heraus zu initiieren.

Zwischen der Formulierung von Leitbildern als Idealvorstellung und dem tatsächlichen Systemverhalten sind **Dysfunktionalitäten** möglich (nach Bleicher, 1994, S. 505):

- Entwurf eines Zukunfts „Fit" von Umwelt- und Unternehmungsentwicklung – irreale Wunschbilder vermitteln Gefühl trügerischer Sicherheit
- Orientierungs- und Stabilisierungsfunktion – notwendiger Wandel wird blockiert
- Beitrag zur Sinnfindung – kosmetische Schönfärberei von Stäben; unglaubwürdige Leerformeln
- Erleichterung der Koordination/unternehmungskulturelle Transformationsfunktion – „Kulturtechnokratie" mit kontraproduktiven Wirkungen

3. Erweiterung der Funktionen

Das Leitbild hat in jüngerer Zeit eine starke **Erweiterung** erfahren. Setzte es zuerst den Rahmen für die strategische Unternehmensführung (bzw. die Portfolio-Analyse), ist nun eine Ausweitung in Richtung Unternehmenskultur, Strategieimplementierung, Organisationsentwicklung, Personalentwicklung und partizipative Mitarbeiterführung festzustellen:

- als **Input einer umfassenden strategischen Planung**
  Unternehmungsgrundsätze dienen als Rahmen („Klammer") für die strategische Unternehmensführung und als Basis für eine strategische Analyse der Ausgangslage (und evtl. einer Re- bzw. Neuorientierung). Verstehen sich die unternehmenspolitischen Leitsätze als Ausgangspunkt bzw. **Rahmen** für den strategischen Planungsprozeß, so haben sie vor allem zwei Aufgaben zu erfüllen:
  - der häufig zurückgedrängten **Gesamt**unternehmensperspektive sowohl kurz- als auch längerfristig wieder mehr Gewicht beizumessen (Gefahr der Überbetonung bereichsbezogener Standpunkte bei ausschließlich dezentral erarbeiteten strategischen Programmen oder Maßnahmen – als Folge davon wenig zusammenhängende Aktionsprogramme), m.a.W. Ausrichtung aller Teilsysteme auf das gemeinsame Ziel, und

– eine auf die **Produkt-Markt**-Problematik eingeengte strategische Planung, die u.a. durch die aktuellen Planungsmethoden (vor allem die Portfolio-Techniken) noch gefördert wird, zu überwinden. (vgl. Gabele/Kretschmer, 1983)

- als **Instrument der organisationskulturellen Transformation**

Die Wirksamkeit und damit der Erfolg von Unternehmensgrundsätzen wird jedoch vielfach in Frage gestellt (siehe dazu Fiedler-Winter, 1994), da letztlich nicht davon ausgegangen werden kann, daß sie einen anerkannten **Basiskonsens** ausdrücken. Vielmehr enthalten sie nicht selten überwiegend die Werte- und Normenvorstellungen der **oberen** Hierarchieebenen. Im Rahmen eines Kulturmanagements muß daher die besondere Bedeutung erkannt werden, die dem Einführungsprozeß von Unternehmensleitbildern zukommt (vgl. Heinen, 1987, S. 166).

4. Inhalte/Aufbau

Für den **Inhalt** und Aufbau der Leitbilder gibt es in der Literatur zahlreiche Vorschläge (vgl. Grünig, 1988, S. 255ff.; Bleicher, 1994, S. 506ff.): Neben **allgemeinen** Aussagen (wie zum Tätigkeitsgebiet, der Mission, dem Leistungsangebot) finden sich **aufgaben**spezifische Aussagen (wie zu den Führungsprinzipien, Finanzierungs- und Investitionsgrundsätzen, Absatzgrundsätzen) und **adressaten**spezifische Inhalte zu Mitarbeitern, Managern, Kapitalgebern, Lieferanten, Konkurrenz, Gesellschaft etc.

Ein Beispiel für die allgemeine Gestaltung eines Rahmenkonzeptes mit fünf Themenbereichen (Zielsystem, Markt- und Wettbewerbsstrategie, Organisation, Managementsysteme, Mitarbeiter) geben Kirsch/Müller-Stevens (1995, S. 4.10); dort findet sich auch eine konkrete Fallstudie.

Für Conti (1999, S. 20ff.) muß jedes Unternehmen seine eigenen (personalisierten) Antworten auf die Frage, welches sein eigentlicher Zweck (= Mission) ist, finden. Die Mission des Unternehmens besteht im Erreichen ihrer kurz- und langfristigen Geschäfts- und Imageziele. Sie wird erreicht durch:

- Erfüllung der Erwartungen des Kunden als grundlegende Mission
- Erfüllung der Erwartungen der Shareholder (Shareholder, Mitarbeiter, Geschäftspartner, Gesellschaft) und Beiträge der Stakeholder

III. Die Unternehmungsverfassung

Ulrich/Fluri (1995, S. 74) verstehen unter einer Unternehmungsverfassung einen demokratisch zustandegekommenen „Basiskonsens über die institutionelle Ordnung der Unternehmung und die unentziehbaren Persönlichkeits-, Teilnahme- und Oppositionsrechte aller Betroffenen im unternehmungspolitischen Willensbildungsprozeß". Im Gegensatz dazu stellt die **Betriebs**verfassung als Teilaspekt die Gesellschaftsordnung für die betriebliche Dimension der Unternehmung dar (auf einige Punkte wie die Mitbestimmung sind wir im dritten Teil eingegangen).

Über die gesetzlich vorgeschriebene, auf die jeweilige Rechtsform bezogene rechtliche Grundordnung hinaus (zur Organisationsgestaltung der Gremien, der Delegation etc. siehe Frese, 1993, II, S. 1011ff.) konkretisiert sich die Unternehmungsverfassung in zahlreichen zusätzlichen internen Regelungen (wie Statuten, Leitlinien etc.) und legt damit nach innen und außen Gestaltungsräume fest. Dem in der Verfassung bestimmten Anspruch steht eine davon oft abweichende Verfassungswirklichkeit (Mißbräuche, Formverstöße, Regelverstöße tec.) gegenüber (vgl. Bleicher, 1994, S. 294ff.). Die Unternehmensverfassung wird unterteilt in

- **Organ**verfassung (= Ausgestaltung i.S. von Verteilungsbeziehungen)
- **Kooperations**verfassung (= Regelung der Arbeitsbeziehungen zwischen den Organisationseinheiten).

Für Aspekte der Unternehmensverfassung sei auf die umfangreiche rechtswissenschaftliche Literatur verwiesen; für betriebswirtschaftliche Aspekte insbesondere Bleicher (1994).

IV. Corporate Identity

> Wir müssen das, was wir denken, auch sagen.
> Wir müssen das, was wir sagen, auch tun.
> Wir müssen das, was wir tun, dann auch sein.
> (Alfred Herrhausen, Deutsche Bank)

1. Begriff und Wesen

Corporate Identity
„... die strategisch geplante und operativ eingesetzte Selbstdarstellung und Verhaltensweise eines Unternehmens, nach innen und außen auf Basis eines definierten (Soll-)Images, einer festgelegten Unternehmensphilosophie und Unternehmenszielsetzung und mit dem Willen, alle Handlungsinstrumente des Unternehmens in einheitlichem Rahmen nach innen und außen zur Darstellung zu bringen" (Birkigt/Stadler).
„... beschreibt den gesamten Prozeß der Unternehmensentwicklung – den CI-Prozeß. Zugleich ist eine Corporate Identity das Ergebnis des Prozesses. Das Unternehmen hat eine starke, eine schwache Corporate Identity. CI ist zudem der Oberbegriff für die Innen- UND die Außensicht des Unternehmens, wie sehen wir uns und wie werden wir von außen gesehen." (Bickmann/Schad, 1995, S. 109)

2. Die Instrumente des Identitäts-Mix

Das „Identitäts-Mix" eines Unternehmens läßt sich als konkrete **Kombination** identitätspolitischer Instrumente darstellen (vgl. Abb. 131, aus Birkigt/Stadler, 1996, S. 19).

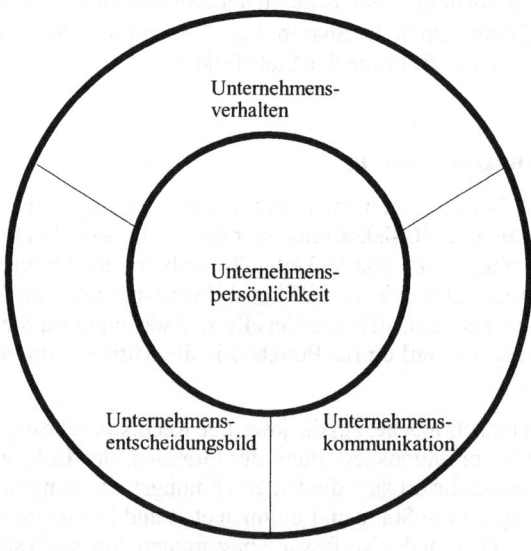

Abb. 131: Corporate Identity

Als „**dynamischer Kern**" steht die **Unternehmenspersönlichkeit** als Ziel im Mittelpunkt aller identitätsorientierten Aktivitäten. Es wird durch die anderen Instrumente **operationalisiert** (im einzelnen: ebd., S. 19ff.; Holland, 1993; Zoebeli/Eberhard/Schönmann, 1993). Zur **Realisierung** dieser Persönlichkeit dienen dem Unternehmen die nachfolgenden Instrumente:

(1) Das Unternehmens**verhalten**

- ist das weitaus wichtigste und wirksamste Instrument,
- ist das „schlüssige Verhalten des Unternehmens mit seinen Auswirkungen und Folgen".
- Da ein Unternehmen sich durch sein Angebots- (Produkt- bzw. Dienstleistungsprogramm), Preis-, Vertriebs-, Kommunikations- und Sozialverhalten weitaus stärker als durch Verlautbarungen darstellt, haben sich die jeweiligen Ressorts einheitlichen Verhaltensrichtlinien unterzuordnen, um durch schlüssiges Handeln Identität zu konstituieren.

(2) Das Unternehmens**erscheinungsbild**

- Die Unternehmenspersönlichkeit stellt sich dar in ihrem Erscheinungsbild (optischer Auftritt der Unternehmung (Corporate Design).
- Darin kommen alle visuellen Kommunikationsmittel zum Ausdruck, die die „ganzheitliche Firmenpersönlichkeit" demonstrieren.
- Es braucht Kontinuität, aber auch kontinuierlichen Wandel.
- Es erleichtert die Identifikation der Öffentlichkeit mit dem Unternehmer als Absender und trägt somit langfristig entscheidend zum Aufbau eines der Unternehmensidentität entsprechenden Images bei.
- **Gestaltungselemente** des Corporate Design sind:
  – die graphische Gestaltung
    (z.B. die Gestaltung des Firmenzeichens, Typologie, Farbenauswahl)
  – das Produktdesign
    (z.B. Gestaltung von Produktverpackung)
  – das Architekturdesign
    (z.B. Innen-, Außenarchitektur).

  Innerhalb der Corporate Identity-Konzepte kommt der Gestaltung sog. „**Marken**" (nicht mit der Produktmarke zu verwechseln) als einer einfachen menschlichen und vor allem konzentrierten Kurzformel („Signal"), die quasi die graphische Umsetzung der Unternehmensphilosophie und -grundsätze darstellt, eine wichtige Rolle zu.

(3) Die Unternehmens**kommunikation**

- ist das Instrument mit der höchsten Flexibilität, erlaubt langfristigen und schnellen taktischen Einsatz und
- beinhaltet alle verbalvisuellen Botschaftsübermittlungen einer Unternehmung.
- Sie erfordert Geschlossenheit, soweit sie interne Aufgaben zu erfüllen hat.
- Instrumente: Public Relations, Werbung, Sponsoring etc.

Die Unternehmensidentität wird durch die **widerspruchsfreien** Inhalte der einzelnen Instrumente untereinander aufgebaut.

„Corporate Identity bezeichnet das Selbstbild des Unternehmens, **Corporate Image** dagegen sein Fremdbild. Image ist also die Projektion der Identity im sozialen Feld" (ebd., S. 23).

Bickmann zeichnet zwei Ebenen für die Gestaltung der Corporate Identity:

IC und ihre **Außenwirkung**:

- Das extern angestrebte Fremdbild ist eines der Hauptziel der CI-Gestaltung.
- Wahrnehmung, Entanonymisierung, Vorteil bei Diversifizierungsstrategien, besserer Ruf als Arbeitgeber für Personalakquirierung.
- Ein integres Auftreten vermeidet negative Publizität (gegenüber kritischen Bezugsgruppen).
- Konsistenter Marktauftritt auch über divergierende Kulturkreise hinweg (Wiedererkennungswert für globale Firmen).

IC und ihre **Innenwirkung**:

- Der Wertewandel und seine Folgen (z.B. Faktor Individualität, Einstellung zur Arbeit, Sinn des Wirtschaftens, Lebenslanges Lernen und Portfolio-Work, Unternehmen als Sinnsystem).
- Identifikationsangebot in unsicheren Zeiten.
- Integration in atomisierte Unternehmen.
- Der Mensch als zentraler Zukunftsfaktor (Wissen als Ressource, empowerment, Bedeutung bei Fusionen usw.

3. Corporate Identity als Führungs- und Planungsinstrument

Meffert (vgl. 1994, S. 85f.) differenziert – je nach Begriffsinhalt – vier **Interpretationsrichtungen** der Corporate Identity:

- Beim **design**orientierten Ansatz werden die formalen Erscheinungsformen der CI (wie Logo, Farben) in den Vordergrund gestellt.
- Beim **führungs**orientierten Ansatz wird die identitätsfördernde Leitung des gesamten Unternehmens durch CI betont, mit der ein zielkonformes Verhalten der Mitarbeiter gewährleistet werden kann.
- Beim **strategie**orientierten Ansatz wird die CI als Basisstrategie der Kommunikationspolitik oder der gesamten Unternehmenspolitik aufgefaßt (einheitliche Abstimmung sämtlicher kommunikativer Einzelmaßnahman).
- Beim **planungs**orientierten Ansatz wird CI als strategisch geplanter und operativ gesteuerter, iterativer, dynamischer Planungsprozeß verstanden, der das Erscheinungsbild, die Verhaltensweisen und die Aktivitäten des Unternehmens im Innen- und Außenverhältnis unter einer einheitlichen Konzeption koordiniert" (ebd., S. 86).

„Will sie erfolgreich sein, braucht jede Organisation ein klares Zweckbewußtsein, das ihre Angehörigen auch verstehen. Diese Menschen brauchen ebenso ein starkes Gefühl der Zugehörigkeit. Zweck und Zugehörigkeit sind die beiden Aspekte der Corporate Identity" (Olins, 1990, S. 7).

Birkigt/Stadler kennzeichnen das System Unternehmung mit **Zweckbestimmtheit** (Leistung, die das Unternehmen langfristig für die Gesellschaft, die Eigentümer und die Mitarbeiter erbringt), **Zielgerichtetheit** (Ergebnis seiner Tätigkeit zur Erfüllung der Zwecksetzung auf der Basis des ökonomischen Prinzips), **Integration** (Beeinflussung und Steuerung der Tätigkeiten aller Systemteile nach einheitlichem Prinzip zum Zusammenwirken im Hinblick auf die Zielerreichung) und **Interaktion** (systematischer Informations- und Leistungsaustausch der Systemteile untereinander sowie des Unternehmens mit seiner Umwelt). Diese vier Faktoren konstituieren das **Führungsinstrumentarium**. Zwecke und Ziele bilden dabei die Basis des unternehmerischen Handelns, während Integration und Interaktion die operativen und organisatorischen Möglichkeiten bereitstellen, die im Führungs-, Markt- und Kommunikationsverhalten umzusetzen sind.

Nach Birkigt/Stadler (ebd., S. 35) beginnt sich seit einigen Jahren ein klarer **strategischer Begriff** der Corporate Identity zu bilden. Diese erst in den Anfängen steckende Entwicklung führt zur Bildung einer „operationalen Konzeption der Corporate Identity, die nicht mehr nur Produktdesign und Grafikdesign, nicht mehr nur Unternehmens-PR, nicht mehr nur allgemeine Aussagen zur Unternehmensphilosophie ist, sondern ein Mix verschiedener Komponenten, das der Unternehmensführung als markt- und sozialstrategisches Instrument zur Verfügung steht".

Vor allem im Zuge der wachsenden Durchsetzung des „Strategischen Managements" wird die Corporate Identity als bedeutungsvoller strategischer Faktor im Sinne eines **„Erfolgspotentials"** der Unternehmung erkannt und gewinnt damit einen neuen Stellenwert innerhalb der Unternehmenspolitik („Es entsteht ein Gefühl der Zusammengehörigkeit und des Vertrauens"). Aufgabe der sich an den wichtigen Strömungen des sozioökonomischen Feldes orientierenden Unternehmenspolitik ist es, Identität und **Image** des Unternehmens möglichst so in Übereinstimmung zu bringen, daß das Image für das Unternehmen nützlich ist (zu den Funktionen des Unternehmensimages siehe Haedrich/Jeschke, 1994, S. 212f.). Dies erfordert, daß zwischen Identität und Image keine störenden **„Misfits"** bestehen (Trux, 1996, S. 71).

CI als Erfolgspotential bezieht sich auf das **ganzheitliche** und langfristig angelegte Konzept der CI (Unternehmenspersönlichkeit + Verhalten + Erscheinungsbild + Kommunikation), denn seine Einzelteile als Kommunikationsmaßnahmen sind durchaus nicht neu. Für die Wirksamkeit von CI-Programmen wird entscheidend sein, ob die kongeniale Übertragung auf die Marketing-Programme (Produkt, Werbung etc.) die gleiche Wirkung und damit das gleiche Bild bei den verschiedenen Zielgruppen erzeugt.

> „Das Handeln nach Grundsätzen einer formulierten und festgelegten Corporate Identity ist mehr als die bloße Gestaltung von Signets oder Symbolen. Als Instrument der Unternehmenspolitik ist die Corporate Identity Ausfluß von Führungsentscheidungen, die nicht nur den ‚Körper', sondern entscheidend die ‚Seele', das Innenleben eines Unternehmens oder einer Gruppe, betreffen. Alle anderen Instrumente und Maßnahmen müssen sich als Folgeentscheidungen daran orientieren und unter diesem gemeinsamen ideologischen Dach ihre produkt-, segment- oder zielgruppenspezifische Ausprägung finden" (Birkigt/Stadler, 1996, S. 51).

Für Gutjahr/Keller (1996, S. 87ff.) hat CI zwei Wirkungs**richtungen**:

- eine **externe Wirkung** (sie wirkt auf den Absatz von Produkten/Dienstleistungen, hilft bei der Durchsetzung von Unternehmensinteressen im sozialen Umfeld und bei der Repräsentation des Unternehmens in der allgemeinen Öffentlichkeit) und
- eine **interne Wirkung** (sie wirkt auf die Arbeitsleistung der Mitarbeiter und der öffentlichen Identifikation der Mitarbeiter mit dem Unternehmen)

Nur 38% aller Unternehmungen setzen eine professionelle CI ein. Die Ergebnisse einer strategischen Untersuchung (vgl. Hinterhuber/Höfer/Winter, 1989, S. 40ff.) zeigten jedoch, daß sich ein gezielter Einsatz auszahlt: Verbesserungen zeigen sich (in der Rangreihe) bei Imagegewinn, Mitarbeitermotivation, Beschaffung von Führungskräften, Umsatzerhöhung, Marktanteilsgewinn und Ertragszuwachs.

V. Unternehmensethik

Für Sondak (1996) gehört ein Fach „Ethik der Geschäftswelt" als Fach der Betriebswirtschaftslehre ins Curriculum der „Business Schools":

> „Der Zweck der Betriebswirtschaftslehre verlangt es. Die Kernaufgabe der Ausbildung sollte darin bestehen, Manager im Dienste der Gesellschaft auszubilden, die ihre Aufgabe ‚gut erfüllen'. Zum Teil wird dieser Zweck erfüllt, indem man den Studenten eine Reihe von technischen Fähigkeiten vermittelt. Aber Manager brauchen mehr als bloß technisches Wissen. Als Führer komplexer sozialer Systeme müssen Manager auch wissen, worin ihre Aufgabe besteht: Sie haben nicht nur klug, sondern auch weise zu sein. Mit einer rein technischen Ausbildung ist dies nicht zu bewerkstelligen und auch nicht mit dogmatischem Insistieren auf singulären und nicht weiter artikulierten ethischen Gesichtspunkten. Eine ausführliche Diskussion dieser Punkte gewöhnt die Studenten an die Praxis der ethischen Reflexion, was ihnen im Laufe ihrer Karriere zugute kommen wird."

Kaum ein Begriff wird in diesen Tagen so (über-)strapaziert wie die **„Ethik"** – kaum ein Fachartikel oder Managementseminar ohne Bezug auf dieses Schlagwort (vgl. dazu auch achter Teil, N). An amerikanischen Wirtschaftsfakultäten wird Ethik als Pflichtkurs eingeführt, so etwa an der weltberühmten Harvard Universität 1989 erstmals „Unternehmerische Entscheidungen und ethische Werte". An der Universität in St. Gallen wurde Ende der 80er Jahre der erste deutschsprachige Lehrstuhl für Wirtschaftsethik errichtet. Ethik als Management-Gimmick unserer Tage? Die aktuelle Wirtschaftspraxis zeigt demgegenüber regelmäßig ethische **Defizite** auf, seien es Bestechungsskandale, Börseninsidergeschäfte oder das Geschäft mit hormonverseuchten Rindern.

Das wertbezogene Handeln von Führungskräften aufgrund sittlicher Grundwerte ist gegenwärtig Gegenstand ausführlicher Erörterungen, „Management Ethics" als neues Schlagwort ist „in". So sollen 90 Prozent der großen US-Unternehmen „Ethic-Codes" als Wertmaßstäbe formuliert (Wieland, 1999) und „Ethik and Business Conduct Offices" zur Durchsetzung und Befolgung dieser Praktiken eingerichtet haben (Schulz, 2000, S. 31). Führungsstil wird damit gleichgesetzt mit **praktizierter Führungsethik**, Führungsgrundsätze (Führungs-„leit"-sätze) werden damit zur dokumentierten Führungsethik einer Unternehmung. Zunehmend verpflichten Unternehmen ihre Mitarbeiter, einen Verhaltenskodex („berufliche Grundsätze") periodisch zu unterschreiben.

Neben Verhaltensstandards (wie bei Otto oder C&A) können auch Umweltstandards einbezogen sein (wie etwa bei Shell). Zunehmend wird auch das Thema „Bestechung" thematisiert (Shell: „Wer besticht, fliegt raus", 1997 wurde 127 Personen deshalb gekündigt, dazu Vahrenholt, 1999).

„Was aber theoretisch als zu trennend propagiert wurde, hat in der Praxis immer zusammengehört: spezifisch menschliches Handeln in zwei seiner wichtigsten Ausprägungen als Wirtschaften und als Sittlichkeit. Aus der Praxis stammt auch die Einsicht in die Notwendigkeit, die jeweiligen wissenschaftlichen Disziplinen Wirtschaftswissenschaften und Ethik wieder zusammen zudenken. Mitte der 80er Jahre waren es primär negative äußere Erfahrungen wie die Umweltproblematik, die Energiedebatte, Finanz- und Wirtschaftsskandale, die in Europa – dem Vorbild der amerikanischen Business-Ethics-Bewegung folgend – zu dem Bemühen führten, die Ethik in die Ökonomie zu reintegrieren: Wirtschafts- und Unternehmensethik wurden als eigenständige Disziplin ins Leben gerufen." (Kleinfeld, 1998, S. 1)

Während die Frage der Zuschreibung moralischer Verantwortung an Unternehmen an sich ein zentrales Thema der amerikanischen **Business-Ethics-Debatte** war, wird in Europa darüber erst in den letzten Jahren diskutiert. „Im deutschen Sprachraum verstand man Unternehmensethik zunächst überwiegend als Tugendethik des einzelnen Akteurs, vor allem des Managers und der Führungskräfte. Die Beschäftigung mit einer Ethik der Organisation selbst wurde demgegenüber lange Zeit als Defizit beklagt. In dem Maße allerdings, in dem in der allgemeinen wirtschaftsethischen Diskussion der ‚Ruf nach Verantwortung' lauter wurde, rückte auch die Frage nach der moralischen Verantwortlichkeit von Korporationen ins Blickfeld (...) Inzwischen wird Wirtschafts- und Unternehmensethik primär als institutionelle und organisationale Struktur- und Prozeßethik verstanden." (ebd., S. 4)

Kleinfeld (1999) nennt einige Beispiele der **Institutionalisierung** von Ethik in sensiblen Branchen:

- die Verabschiedung und Implementierung von Einkaufsrichtlinien durch den Bundesverband für Materialwirtschaft und Einkauf (BME, Frankfurt),
- die Einführung von Ethik-Programmen durch einige größere Automobilhersteller,

- die Einrichtung von Compliance-Programmen durch die Banken,
- die Einführung eines branchenbezogenen Ethik-Managementsystems und eines Ethik-Audit-Systems durch den Verband der Bayerischen Bauindustrie München für 20 ihrer Unternehmen.

Neben der Aufstellung von Ethik-Leitlinien innerhalb der Unternehmenspolitik, der Etablierung umfassender Ethikprogramme bietet sich die Ernennung von „Ethics-Officers" wie in den USA an.

Kleinfeld (1999) nennt folgende „gute" Gründe für Corporate Ethics:

- Unternehmen operieren im „wertebeladenen" Raum.
- Wirtschaftliches Handeln ist moralisch zu verantwortendes Handeln.
- Die Achtung unhintergehbarer Normen und Prinzipien
- Die Frage der globalen Gültigkeit (sukzessive Übertragung des Commitment international tätiger Unternehmen in andere Länder)
- Global agierende Unternehmen stehen in der Verantwortung (solange es keine Rahmenordnung im Weltmaßstab gibt, z.B. als „Inseln der Integrität" gegen Korruption, Kinderarbeit).
- Freiwillige Selbstverpflichtung als wahrhaft moralisches Handeln (Entstehung/Stärkung einer CI, Identität).
- Die Abhängigkeit von der Moralkompetenz der Mitglieder.
- Verankerung der Corporate Ethics in der Unternehmenspolitik.

Ethik als Disziplin reflektiert wissenschaftlich (philosophisch) über die unser Verhalten leitende faktische Moral und gibt Antwort auf die Frage „was" ich tun soll (Lehre vom richtigen/guten Handeln). Während also Moral als Ergebnis geschichtlicher Prozesse ein bestimmtes Verhalten fordert, fragt die Ethik, „worauf" sich diese Forderungen, wie sie etwa in Unternehmensleitlinien explizit als Normen/Werte formuliert sind, **(be)gründen**. Im Bereich der Wirtschaft kann Ethik sich auf die individuelle Ebene, die Ebene des Unternehmens als Organisation oder des Wirtschaftssystems als solches beziehen.

„Ziel einer Unternehmensethik ist die Entwicklung konkreter Normen in Form regelartiger Aufforderungen zu bestimmtem Handeln und Verhalten und deren Fixierung in Form unternehmenseigener ethischer Verhaltenskodizes. Unverzichtbare Voraussetzung jeder Unternehmensethik ist dabei die ethische Haltung des Entscheidungsträgers oder der Wille der Unternehmen zur ethischen Verantwortung." (Richter, 1997, S. 15)

Ist Ethik die Lehre von den Werten des Seins und der Normen des Handelns sowie von deren Begründung, dann ist für Daecke (1995, S. 12) **Wirtschaftsethik** diejenige Ethik, die in der Wirtschaft und für die Wirtschaft gilt und sich mit der Frage befaßt, welche moralischen Normen und Ideale unter den Bedingungen der modernen Wirtschaft und Gesellschaft von den Unternehmen (= Unternehmensethik/Business Ethics) zur Geltung gebracht werden können. Zur Differenzierung von Wirtschaftsethik und Unternehmensethik siehe insbesondere Karmasin (1996, S. 148ff.).

Ulrich/Fluri zeichnen im einzelnen folgende Ansätze einer **zeitgemäßen Unternehmensethik** (1995, S. 62ff.)

- Das Postulat der sozialen Verantwortung.
- Die Idee der integrativen Unternehmungsethik als einen „permanenten Prozeß der umfassenden Reflexion über tragfähige und verantwortbare Grundlagen und Sinnbezüge ‚wertvollen' unternehmerischen Wirtschaftens" (…) ‚Wertvolles' Wirtschaften heißt: echte Werte schaffen – damit der betriebswirtschaftliche Kernbegriff der Wertschöpfung seinen Namen verdient" (ebd., S. 67).
- Die Idee der funktionsorientierten Unternehmungsphilosophie.
- Die Idee der konsensorientierten Unternehmungspolitik (Dialog, kommunikative Ethik).
- Die Idee der offenen Unternehmungsverfassung (einer faktisch quasiöffentlichen Institution „Unternehmung").

Für Freeman/Gilbert (1991, S. 21) sind die wichtigsten unternehmerischen Entscheidungen immer auch ethische Fragen. „Nahezu alle Unternehmensentscheidungen begünstigen einige Gruppen und Individuen, während sie anderen schaden. Nahezu alle Unternehmensentscheidungen helfen einer bestimmten Gruppe, ihre Absichten und Ziele zu verwirklichen, oder sie bewirken, daß eine bestimmte Gruppe ihre Ziele nicht verwirklichen kann. Die Pointe heißt: Ethik und Unternehmensführung gehören zusammen." Sie formulieren zwei Grundannahmen für die Theorie des Managements:

- Erstes Axiom: In einer Unternehmensstrategie muß sich das Verständnis für die Werte der Unternehmensmitglieder und Interessengruppen widerspiegeln.
- Zweites Axiom: In der Unternehmensstrategie muß sich das Verständnis für den ethischen Charakter der strategischen Entscheidung widerspiegeln.

Unternehmensethik

„... umfaßt alle durch dialogische Verständigung mit den Betroffenen begründeten bzw. begründbaren materialen und prozessualen Normen, die von einer Unternehmung zum Zwecke der Selbstbindung verbindlich in Kraft gesetzt werden, um die konfliktrelevanten Auswirkungen des Gewinnprinzips bei der Steuerung der konkreten Unternehmensaktivitäten zu begrenzen" (Steinmann/Löhr, 1988, S. 310).

Unternehmensethik wird nach Steinmann/Löhr (1995, S. 225) als ein Teilbereich der **Wirtschaftsethik** verstanden, die sich ganz allgemein mit den Legitimationsproblemen von Wirtschaftsordnungen sowie der moralischen Beurteilung von Wirtschaftsprozessen befaßt:

„Die unter dem Eindruck von zahlreichen großen und kleinen Skandalen immer lauter gewordenen Forderungen nach einer Unternehmensethik haben den Blick dafür geschärft, daß die Steuerungskapazität von Markt und Recht in den hochkomplexen modernen Wirtschaftssystemen alleine nicht ausreicht, um sämtliche moralischen Geltungsansprüche der Gesellschaft und einzelner Betroffener an die Unternehmensführung heranzutragen. Die nähere Begründung für diese Unterstellung ist aus der Diskussion um das Marktversagen (Cowen 1988, Enderle 1991) sowie die Steuerungsgrenzen des Rechts (Stone 1975) hinreichend bekannt. Vor diesem Hintergrund versteht sich die Debatte um die Unternehmensethik als Aufforderung an die Unternehmen, im Rahmen der herrschenden Wettbewerbsordnung stärkere dezentrale Verantwortung für die Lösung moralischer Konflikte zu übernehmen."

Für Steinmann kann eine dialogethische Position nur in einer **subsidiären** Rolle der Unternehmung im Legitimationszusammenhang wirtschaftlichen Handelns zur Geltung gebracht werden: „Die Unternehmensethik zielt auf die Entwicklung konsensfähiger (sozialverträglicher) Wettbewerbsstrategien des Unternehmens ab." Damit wächst der Unternehmensführung eines doppelte Rolle zu:

- Gemäß der ökonomischen Rationalität durch ausreichende Gewinnerzielung das Überleben der Unternehmung zu sichern.
- Unternehmensethische Erwägungen bei der konkreten Wahl der Mittel zur Gewinnerzielung als Beschränkung zu akzeptieren.

Das von Steinmann/Schreyögg (1999, S. 109f.) favorisierte Konzept einer Unternehmensethik plädiert für die verantwortliche **Nutzung von Handlungsspielräumen**. Da die Orientierungskraft einer ethischen Norm aus nichts weiter als der Einsicht in die Tragfähigkeit ihrer Begründung erwächst, muß Unternehmensethik auf **Selbstverpflichtung** setzen (der Unternehmensethik systematisch vorgelagert ist die Wirtschaftsethik, die die Begründung einer Wirtschaftsordnung leistet).

„Durch ihre korrigierende Funktion hinsichtlich der originär ökonomischen Aufgabenstellung der Unternehmung läßt sich die Unternehmensethik dann von solchen – oft gut gemeinten – Vorschlägen abgrenzen, die die Unternehmung insgesamt als sozial verfaßte Anstalt begreifen wollen. Im Sinne einer ganz weit gefaßten gesellschaftlichen Verantwortung der Unternehmung fordert man etwa allgemeine Mildtätigkeit, ein Mäzenatentum oder soziales Engagement als grundsätzliche moralische Verpflichtung jedes einzelnen Unternehmens. Natürlich soll derartigen Aktivitäten, wie sie ja zahlreich zu beobachten sind, nicht ihre ethische Motivation abgesprochen werden. Es geht hier jedoch darum, eine klare Grenzziehung zur Unternehmensethik zu finden. Es handelt sich hier um löbliche großherzige Aktivitäten, meist bezogen auf die Gewinnverwendung, nicht aber um die Regelung von Grundsatzkonflikten in der Gewinnentstehung." (ebd., S. 110)

Besonders Erscheinungsformen moderner Technik – mit ihrer Zwangsläufigkeit und Irreversibilität – erfordern eine „neue Ethik", eine Ethik der bewußten Selbstbeschränkung und des Verzichts (vgl. Böckle, 1988, S. 899ff.); vgl. dazu auch unsere Ausführungen im 8. Teil.

Pfriem (1995, S. 198) spricht von einer **zukunftsbezogen-liberalen** Unternehmensethik: „Unter Unternehmensethik möchten wir freilich insbesondere im ökologischen Handlungsfeld eine solche Konzeption verstehen, die sich **systematisch** den unternehmenspolitischen Möglichkeiten zu ethisch verantwortungsvollem Handeln zuwendet und damit der prinzipiellen **Verschränkung** von wirtschaftlichem Handeln und Werten der Handelnden Rechnung trägt."

Für Ulrich (1997) setzt jede mögliche Beantwortung der Frage nach der Reichweite unternehmerischer Verantwortung ein bestimmtes Vorverständnis bezüglich der „richtigen" gesellschaftlichen Rolle der Institution „Unternehmung" voraus. „Unternehmerische Verantwortungsethik begründet sich daher implizit oder explizit stets aus einer entsprechenden Institutionenethik der Unternehmung, und diese wiederum läßt sich nur als Teil einer umfassenden Ordnungsethik der Marktwirtschaft begründen. Nur auf deren geklärter Basis lassen sich so komplexe Fragen wie beispielsweise die folgenden mit guten Gründen beantworten:

- Hat die Unternehmensleitung das moralische Recht oder gar die moralische Pflicht zur strikten Maximierung des finanziellen Unternehmenswerts (im Falle einer Aktiengesellschaft: des Shareholder Value) oder nicht?
- Haben (andere) Stakeholder (neben den Kapitaleigentümern) legitime Ansprüche an das unternehmerische Handeln zu stellen oder nicht?
- Wie weit sind die Unternehmen (mit-)verantwortlich für die Erhaltung oder Schaffung von Arbeitsplätzen?
- Haben Unternehmen die moralische Pflicht zum Umweltschutz, zur Solidarität mit sozial Schwächeren usw. über die gesetzlichen Bestimmungen hinaus?
- Hat die ‚Privatwirtschaft' angesichts ihrer zahlreichen Auswirkungen von hoher öffentlicher Relevanz eine ordnungspolitische Mitverantwortung für die Gerechtigkeit und Gemeinwohlförderlichkeit der Rahmenbedingungen des Wettbewerbs?"

VI. Kulturbewußte Unternehmensführung

Ulrich postuliert als Paradigmenwechsel einen **dualen** Ansatz, der die beiden Aspekte des Managements

- als Systemsteuerung und
- als Kulturentwicklung

gleichrangig nebeneinanderstellt (vgl. dazu Ulrich, P., 1984, S. 303ff.). Der von der Systemtheorie postulierte Paradigmenwechsel von einer „technomorphen" zu einer „evolutionären" Konzeption greift seines Erachtens zu kurz, da es damit nicht gelingt, das **Nicht**-Systemische (= „das Kulturspezifische") unter Kontrolle zu bringen.

Die Perfektionierung der funktionalen Systemintegration schließt unabdingbar eine soziokulturelle Sinnvermittlung ein, d.h., es entsteht ein kultureller Bedarf nach modernen Formen der Sinnfindung und Sinnvermittlung. „Das spezifisch moderne **Sinnstiftungspotential** liegt allein im kommunikativen Verständigungspotential mündiger Bürger: An die Stelle des traditionell zugeschriebenen und normativ vorgeschriebenen Einverständnisses tritt die argumentative Verständigung über sinnvolle Handlungsorientierungen. Oder anders gesagt: Die soziale Gemeinsamkeit selbstverständlicher, fraglos akzeptierter Hintergrundüberzeugungen muß im Laufe der fortschreitenden Modernisierung zunehmend durch kommunikativ geschaffene und gepflegte Sinngemeinschaft (Konsens) substituiert werden" (ebd., S. 310).

Die Unternehmenskultur („Lebenswelt") erfüllt eine Reihe von **sozialintegratorischen Funktionen**; zudem ist eine „gesunde" Unternehmenskultur eine entscheidende Voraussetzung erfolgreicher Unternehmensführung (sie ist das „weiche" Fundament des unternehmerischen Erfolgs (vgl. ebd., S. 312ff.). Damit eine Unternehmenskultur von **innen** heraus wachsen kann und nicht im Sinne eines „Managements der Unternehmenskultur" von außen aufoktroyiert wird, setzt Ulrich die Leitbilder eines **kulturbewußten Managements.** Ansatzpunkte dazu finden sich auf zwei Ebenen, dem symbolischen und konsensorientierten Management.

> „Unternehmen haben nicht Kulturen, sie sind Kulturen. Die Unternehmenskultur ist ein unternehmensspezifisches, immaterielles Phänomen, welches diejenigen Werthaltungen, Orientierungsmuster (z.B. strategische Orientierungsmuster, das ethische Bewußtsein, das vorherrschende Menschenbild) und kognitiven Fähigkeiten (Denkmuster und grundlegende Problemlösungsfähigkeiten) umfaßt, die von den meisten Zugehörigen des Unternehmens geteilt, getragen und gelebt werden." Sie kann als ein in den Köpfen der Mitarbeiter bestehendes, verursachendes Prinzip verstanden werden und steht sozusagen ‚hinter' den sichtbaren und erlebbaren Formen eines Unternehmens." (Schnyder, 1998, S. 101)

1. Zur Entwicklungsgeschichte

Unternehmenskultur ist in den 80er Jahren einer der meistverwendeten Begriffe in der betriebswirtschaftlichen Managementliteratur gewesen. Auslösendes Moment für dieses Interesse von Wissenschaft und Praxis an diesem Phänomen wird

- im weltweiten Erfolg japanischer Unternehmen und der Suche nach den Erfolgsfaktoren,
- in der Diskussion über einen Wertewandel und die damit einhergehenden Sinn- und Orientierungsdefizite,
- im Zweifel an der prinzipiellen Plan- und Kontrollierbarkeit aller Unternehmungsprozesse, der totalen System- und Komplexitätsbeherrschung sowie der Überbetonung von rationalen Führungstechniken und -instrumenten (Controlling, Planung, Budgetierung etc.), die zu großem bürokratischen (Stabs-)Aufwand führte,

gesehen.

Die Suche nach den Erfolgsfaktoren hat zu einem Ausbau der **kulturvergleichenden Managementforschung** (Cross-Cultural-Management Research) und zu einer Fülle von Publikationen geführt, die meist pragmatisch auf konkrete Erfahrungsobjekte bezogen sind (vgl. stellvertretend Deal/Kennedy, 1982; Peters/Waterman, 1984; Duch, 1985; Kahle, 1991).

In diesen meist als tendenziell populärwissenschaftlich bezeichneten Arbeiten wird mit der Unternehmenskultur der entscheidende **Erfolgsfaktor** so genannter „excellent companies" proklamiert. Übereinstimmend wird die Notwendigkeit festgestellt, bei Prozessen der Führung gegenüber den **„harten"** Faktoren (wie Strategie, Struktur, Systeme) stärker als bisher sog. **„weiche"** Faktoren (wie Werte, Fähigkeiten, Personal, Stil, übergeordnete Ziele) zu berücksichtigen, ein Umdenken also von quantitativen zu (nichtrationalen) qualitativen Werten.

Die Basis für die empirische Untersuchung bildeten die **acht Erfolgsfaktoren**, die Peters und Waterman (vgl. 1984) als charakteristisch für besonders erfolgreiche, innovative Unternehmungen feststellen konnten; es sind:

1)   A bias for action (Primat des Handelns)
2)   Close to the customer (Nähe zum Kunden)
3)   Autonomy and enterpreneurship (Freiraum zum Unternehmertum)
4)   Productivity through people (Produktivität durch Menschen)
5)   Hands-on, value driven (Sichtbar gelebtes Wertsystem)
6)   Stick to the knitting (Bindung an das angestammte Geschäft)
7)   Simple form, lean staff (Einfacher, flexibler Aufbau)
8)   Simultaneous loose-tight properties (Straff-lockere Führung).

Von der Praxis initiiert, beschäftigen sich seit einiger Zeit nun auch Wissenschaftler aus Psychologie, Anthropologie, Soziologie und den allgemeinen Wirtschaftswissenschaften mit **kulturellen Phänomenen** in betriebswirtschaftlichen Organisationen.

Das Schlagwort „Unternehmenskultur" steht für eine grundlegende inhaltliche und methodische **Umorientierung** der Organisationsforschung. In der Tat ist in der Betriebswirtschaftslehre der Einfluß von Kulturen auf das Management lange vernachlässigt worden. Erst gegen Ende der 60er Jahre schält sich aus dem Teilgebiet der „Vergleichenden Betriebswirtschaftslehre" das **„comparative management"** heraus, welches die Untersuchung wechselseitiger Einflüsse von Kultur und Management zum Gegenstand hat (vgl. Bleicher, 1984, S. 494). Kultur wird als unabhängige Variable betrachtet, die Unternehmungen in mehr oder weniger großem Maße prägt. Die Sichtweise, daß die Kultur der Gesellschaft Organisationen beeinflußt und umgekehrt, wird schließlich als zu eng beurteilt. Vielmehr erkennt man, daß **jede** Organisation im Laufe ihres Bestehens eine **eigene** Kultur entwickelt, die ihr als Sozialsystem ein unverwechselbares Gepräge verleiht.

Trotz der in der betriebswirtschaftlichen Organisationstheorie seit der Human-Relations-Bewegung (und später insbesondere dann bei March/Simon) gewonnenen Erkenntnis, daß Gruppen spezifische Werte und Normen entwickeln, ist der Gedanke, daß eine Organisation als **Ganzes** eigene verhaltensbestimmende Wertvorstellungen hervorbringen kann, die auch einen Wechsel in der Zusammensetzung der Organisationsmitglieder überdauern können, bislang weitgehend unberücksichtigt geblieben.

Einige Wissenschaftler sehen bereits einen **Paradigmenwechsel**, einen revolutionären Wandel im Denksystem der konventionellen Unternehmensführung; andere sehen darin nur einen der typischen „Trends" (**Gimmicks**), die die Unternehmensführung in bestimmten Zyklen durchziehen (Corporate Identity, Management-by...., strategische Planung, Controlling, Ganzheitliches Denken, Vision, Coaching, Ethik etc.); zur Kritik an einer Modeerscheinung siehe Breisig (1990), Neuberger/Kompa (1987), Türk (1989) und Wicher (1994).

2. Die Erweiterung organisationstheoretischer Konzepte

Die Forderung nach einer Erweiterung organisationstheoretischer Konzepte drückt die Notwendigkeit aus, kulturelle Phänomene auf der Ebene von betriebswirtschaftlichen Organisationen zu berücksichtigen und diese als sinnschaffende, sprachgebrauchende Kulturen zu interpretieren, um damit die **Einschränkung** herkömmlicher Systemmodelle in der Beschreibung und Erklärung von betriebswirtschaftlichen Organisationen zu überwinden (vgl. Heinen/Dill, 1986, S. 206). Es sei nicht ausreichend, lediglich die **beobachtbare** Realität in Organisationen zu betrachten, vielmehr müßten auch die hinter dieser Realität liegenden **Werte** und **Normen** Berücksichtigung finden. Derartige Überlegungen machen die Notwendigkeit deutlich, unternehmenskulturelle Phänomene in die Organisationstheorie einzubeziehen, um soziale Systeme realistischer erfassen zu können. Als **Erklärungsmodelle** für Unternehmungskulturen finden sich zahlreiche Interpretationen.

3. Begriffsbestimmung und Grundbausteine

Bei den Definitionen zum Phänomen Unternehmungskultur wird im Allgemeinen die Gesamtheit aller Wertvorstellungen, Normen, Regeln, Denkhaltungen und Überzeugungen als Definitionselement verstanden, welches das Verhalten der Mitarbeiter als **„Orientierungsmuster"** (und damit das Erscheinungsbild der Unternehmung) prägt. Die Unternehmenskultur stellt die Basis eines gemeinsamen Verständnisses für organisationales Handeln dar. Schließt man sich einer solchen Konzeptionalisierung von Unternehmenskultur an, so muß zunächst untersucht werden, in welcher Form sich die Kultur einer Unternehmung zeigt und auf welche Art und Weise ihre Realisierung stattfindet.

Die **Grundbausteine** einer Unternehmenskultur sind die kognitiven und wertmäßigen Orientierungsmuster, d.h. die Werte und Normen. Die gemeinsam geteilten Werte (**„shared values"**) beinhalten eine verhaltenssteuernde Wirkung (vgl. dazu auch unsere Ausführungen dritter Teil, D). Werte und Normen bilden **gemeinsam** die **konstitutiven Elemente** einer spezifischen Unternehmenskultur. Dieses gemeinsam geteilte Werte- und Normensystem trägt sowohl dazu bei, Wahrnehmungen zu filtern, Interpretationen, Verhalten, Entscheidungen und Handlungen der Unternehmensmitglieder zu beeinflussen als auch diese zu legitimieren. Zur Erklärung unternehmenskultureller Grundbausteine existieren in der Literatur eine Reihe von **aufzählenden Ansätzen** (vgl. Ulrich, 1984, S. 312; Krulis-Randa, 1984, S. 360).

Werte und Normen erfahren ihre **Verkörperung** in Form von **Symbolen**, die dazu beitragen, daß im Laufe der Existenz einer Unternehmung gesammeltes Erfahrungswissen aufrechterhalten, weiter ausgebildet und weitergegeben wird. Symbole sind wesentliche Elemente zur Erfassung von Kultur, die der Mensch gebraucht und entwickelt. Kultur kann nicht naturwissenschaftlich analysiert, sondern muß vielmehr entschlüsselt werden. Symbole stellen zentrale Elemente jeder subtileren Kommunikation dar, die ohne ein gemeinsames Verständnis von Symbolen nicht möglich ist. Dabei können sowohl kulturelle **Artefakte** (z.B. Architektur) als auch menschliche **Handlungen** (z.B. Sprache, Rituale, Zeremonien) Symbolcharakter annehmen, wenn sie über ihre Funktionalität hinaus „Sinn" enthalten (vgl. Heinen/Dill, 1986, S. 210).

Steinmann/Schreyögg (1999, S. 605f.) differenzieren zwei **Schulen** der **Unternehmenskulturforschung**:

- Die **funktionalistische** Sichtweise studiert die Unternehmenskultur unter der Frage des Systembeitrags. Sie nimmt an, daß Systeme ihre Kultur entwickeln, um bestimmte Probleme zu lösen. Unternehmenskultur wird deshalb auch analysiert nach ihrem potentiellen/faktischen Funktionsbeitrag zum Systemerhalt (z.B. Integration durch Spannungsabbau, Zielenthusiasmus und Lernprozesse zur externen Anpassung).
- Der **symbolische** Ansatz studiert Unternehmenskulturen als Weltbilder, als Konstruktionen, um sich die Welt verständlich zu machen; sie werden als Sinngemeinschaften verstanden, die selbst geschaffen wurden, um Orientierung zu gewinnen. Die Organisationswelt entfaltet sich als symbolische Konstruktion. Dieser Ansatz ist weitergreifend, weil er die Kultur gewissermaßen als Fundament organisatorischen Handelns begreift.

Trotz aller Unterschiede gibt es einige Kernelemente, die heute allgemein mit dem Begriff der Unternehmenskultur verbunden werden (Steinmann/Schreyögg, 1999, S. 606):

- „Unternehmenskultur ist ein im wesentlichen implizites Phänomen; sie hat keine separate, quasi physische Existenz, die sich direkt beobachten ließe. Unternehmenskulturen, sind gemeinsam geteilte und symbolisch repräsentierte Überzeugungen, die das Selbstverständnis und die Identität der Organisation prägen.
- Unternehmenskulturen werden gelebt, ihre Orientierungsmuster sind selbstverständliche Annahmen, wie sie dem täglichen Handeln zugrundeliegen. Ihre (Selbst-)Reflexion ist die Ausnahme, keinesfalls die Regel.
- Unternehmenskultur bezieht sich auf gemeinsame Orientierungen, Werte usw. Es handelt sich also um ein kollektives Phänomen, das das Handeln des einzelnen Mitgliedes prägt. Kultur macht infolgedessen organisatorisches Handeln einheitlich und kohärent – jedenfalls bis zu einem gewissen Grade.
- Unternehmenskultur ist das Ergebnis eines Lernprozesses im Umgang mit Problemen aus der Umwelt und der internen Koordination. Bestimmte Handlungsweisen werden als erfolgreiche Problemlösungen anerkannt, andere nicht. Zug um Zug schälen sich bevorzugt Wege des Denkens und Problemlösens heraus, es wird immer deutlicher, was als ‚gut‘ und was als ‚schlecht‘ gelten soll, bis schließlich diese Orientierungsmuster zu mehr oder weniger selbstverständlichen Voraussetzungen des organisatorischen Handelns gemacht werden. Unternehmenskultur hat also immer eine Entwicklungsgeschichte.
- Unternehmenskultur repräsentiert die ‚konzeptionelle Welt‘ der Organisationsmitglieder. Sie vermittelt Sinn und Orientierung in einer komplexen Welt, indem sie Muster vorgibt für die Selektion und die Interpretation von Handlungsprogrammen. Die Organisationsmitglieder verschaffen sich ein Bild von der Aufgabenumwelt auf der Basis eines gemeinsam verfügbaren Grundverständnisses.

- Unternehmenskultur wird in einem Sozialisationsprozeß vermittelt; sie wird nur selten bewußt gelernt. Organisationen entwickeln zumeist eine Reihe von Mechanismen, die dem neuen Organisationsmitglied verdeutlichen, wie im Sinne der kulturellen Tradition zu handeln ist."

4. Entwicklungsphasen einer Unternehmenskultur

Jede Unternehmung entwickelt im Laufe ihrer Existenz eine für sie **spezifische** Kultur, die charakteristische Eigenschaften und Besonderheiten widerspiegelt, welche durch die Geschichte eines Unternehmens geprägt worden sind und damit zur Einzigartigkeit einer Unternehmung beitragen. In der **Entstehungsphase** sind die grundlegenden Wertvorstellungen häufig von der (starken) **Gründerpersönlichkeit** initiiert, dazu prägt der herrschende Zeitgeist. Im **Reifeprozeß** beginnen sich die unternehmenskulturellen Werte und Normen in Form von Riten, Ritualen etc. niederzuschlagen, die das Verhalten und die Handlungen der Organisationsmitglieder zur Erreichung der Unternehmensziele steuern wollen. Die Vergangenheitserfahrungen werden in Form von Symbolwerten in die Gegenwart hinein übermittelt, die Kultur wirkt zunehmend verhaltensregulierend. Die sich entwickelnde Unternehmenskultur darf jedoch **nicht** als **homogene** Größe interpretiert werden.

Der Vorstellung einer monolithischen Gesamtkultur wird von vielen Autoren widersprochen und die Unternehmenskultur als Ansammlung verschiedener **Subkulturen** gesehen. Subkulturen sind also als Bestandteile einer einheitlichen Gesamtkultur zu verstehen, die sich analog zur Bildung von Abteilungen, Teams, Sparten, Divisionen etc. entwickeln. Die Frage der Subkulturen wird nicht nur aktuell, wenn Geschäftsbereiche **innerhalb** einer Unternehmung verschiedene Kulturen haben, sondern insbesondere auch bei **Fusionen** und Übernahme unterschiedlich geprägter nationaler oder internationaler Unternehmen.

5. Typologisierungsversuche

Um das komplexe Gebilde einer Unternehmenskultur differenzierter betrachten zu können, wurden zahlreiche Versuche der Typenbildung von Unternehmenskulturen unternommen.

In der Literatur finden sich zahlreiche **Grundtypenbildungen**:

- Typologie von **Handy** (in Anlehnung an Harrison, 1982, S. 60ff.)
- Kategorien von **Kruppa** (vgl. 1986, S. 17ff.)
- Kategorien von **Bleicher** (vgl. 1986, S. 103f.)
- Typologie von **Deal/Kennedy** (vgl. 1982, S. 107ff.)
- Typologie von **Ansoff** (vgl. 1979, S. 120ff.)
- Typologie von **Pümpin** (vgl. 1984, S. 15ff.)

6. Ansätze zu einem kulturbewußten Management

a) Unternehmenskultur und Unternehmensführung

Unter Einbeziehung der vorangegangenen Konzeptionalisierung der Unternehmenskultur, nach welcher den unternehmenskulturellen Werten und Normen, verkörpert durch Symbole und symbolische Handlungen, eine handlungs- und verhaltensbeeinflussende Wirkung für die Organisationsmitglieder zukommt, läßt sich ein enger Zusammenhang von Unternehmenskultur und Unternehmensführung feststellen. Damit ergibt sich als zentrale Frage, wie eine Unternehmenskultur dazu beitragen kann, Probleme der Führung zu handhaben, d.h., welche konkreten Wirkungen der Unternehmenskultur zugeschrieben werden können, die einen Beitrag zur Erleichterung der Führung leisten.

(1) Funktionen der Unternehmenskultur

Zur Klärung dieser Frage muß zunächst untersucht werden, welche Funktionen der Unternehmenskultur nachgewiesen werden können. Krüger differenziert in einer vereinfachten Aggregation

- **Verhaltenswirkungen:** Orientierungs-/Motivations-/Explikations- und Selektionsfunktion
- **Steuerungs- und Gestaltungswirkungen:**
  - Verbesserung von Koordination und Integration
  - Unterstützung von Strategiebildung und -implementierung
  - Förderung von Eigeninitiative und Autonomie
  - Förderung der Flexibilität und Stabilität

Instrumentell im Rahmen eines kulturbewußten Managements eingesetzt, stellen sie dann die **Funktionen** der Unternehmenskultur dar (vgl. Krüger 1988, S. 9ff.).

In hierarchisch gegliederten, arbeitsteiligen Organisationen wird Führung durch strukturelle und personale Elemente – Koordination, Integration und Motivation – unterstützt (hierzu Heinen, 1987, S. 146f.; Duch, 1985, S. 428f.; Scholz, 1986, S. 224). Die der Unternehmenskultur zugeschriebenen **Funktionen** beziehen sich auf eben diese strukturellen und personalen Elemente und werden daher als Koordinations-, Integrations- und Motivationsfunktion bezeichnet. Sie stellen sogenannte **originäre** Funktionen dar, d.h., sie resultieren direkt aus dem Einfluß der gemeinsam geteilten Werte und Normen auf die Entscheidungen, Handlungen und das Verhalten der Organisationsmitglieder.

Derivative Funktionen hingegen ergeben sich als Folge der originären, d.h., sie können unmittelbar aus dem Wirksamwerden der unternehmenskulturellen Werte und Normen abgeleitet werden. Ulrich geht davon aus, daß solche originären und derivativen Funktionen nur von „gesunden, tragfähigen" Unternehmenskulturen erfüllt werden, für die ein grundlegender Konsens bezüglich unternehmenskultureller Werte und Normen Voraussetzung ist (Ulrich, P., 1984, S. 312). Als **indirekte** Folge des unternehmenskulturellen Basiskonsens ist der Einfluß der derivativen Funktionen auf den Unternehmenserfolg und die Produktivität, auf die Gewinnung neuer Mitarbeiter, die innovativ arbeiten können, und der erzieherische Effekt der Integrationsfunktion anzusehen.

Unternehmenskulturen haben vielfältige Wirkungen auf die Umwelt, auf die Systemmitglieder und auf das jeweilige System. Steinmann/Schreyögg (1999, S. 619f.) stellen folgende wichtige **Effekte** von Unternehmenskulturen zusammen:

- **Positive** Effekte einer starken Unternehmenskultur: Handlungsorientierung, reibungslose Kommunikation, rasche Entscheidungsfindung, zügige Implementation, geringer Kontrollaufwand, Motivation und Teamgeist
- **Negative** Effekte einer starken Unternehmenskultur: Tendenz zur Abschließung, Blockierung neuer Orientierungen, Implementationsbarrieren, Fixierung auf traditionelle Erfolgsmotive, kollektive Vermeidungshaltung, „Kulturdenken", Mangel an Flexibilität

(2) Die Unternehmenskultur als Instrument und Resultante der Führung

Die durch den Basiskonsens einer Unternehmenskultur verbesserte Koordination, Integration und Motivation führt letztlich zu der Annahme, daß eine starke Unternehmenskultur in spezifischen Führungssituationen ein effektives Führungsinstrument darstellt, welches die traditionellen unterstützen und ergänzen kann. Die Unternehmenskultur darf aber nach Ansicht einiger Autoren nicht allein als **interner** Gestaltungsparamenter und internes Führungsinstrument betrachtet werden, da ein solches Verständnis beim Versuch einer praktischen Realisation zwangsläufig zu einem **technokratisch-instrumentalistischen Kulturmanagement** führen würde. Auch Breisig (vgl. 1990, S. 94) sieht die meisten organisationskulturellen Theorieansätze entgegen der Intention ihrer Schöpfer in eine „instrumentalistische Perspektive" einmünden: Das „gemeinsame Wertesystem" ist nach den Werten des Managements von oben gesetzt und soll das Verhalten der Beschäftigten im Sinne des Managements lenken.

b) Ziel eines kulturbewußten Managements

Es ist deutlich geworden, daß die Beschäftigung mit den genannten Funktionen unternehmenskultureller Phänomene in der Betriebswirtschaft auf unternehmerische Beweggründe zurückgeführt werden kann. Die Unternehmenskultur kann und soll im Hinblick auf ökonomische und soziale Ziele **bewußt** gestaltet werden. Es ist dabei allerdings – wie bereits erwähnt – zu berücksichtigen, daß sie keine „unmittelbare Variable im Entscheidungsfeld eines Entscheidungsträgers" (Heinen, 1987, S. 41) darstellt und demzufolge nicht beliebig **gestaltbar** ist (vgl. Hartfelder, 1985, S. 459). Vielmehr muß von einer **begrenzten** Machbarkeit eines Kulturmanagements ausgegangen werden mit dem Wissen, daß die Unternehmenskultur aus den „Hintergrundüberzeugungen" der Organisationsmitglieder heraus wächst und damit eine Sinngemeinschaft in der Unternehmung errichtet wird (vgl. Ulrich, P., 1984, S. 317ff.). Da sich Unternehmenskulturen im Rahmen **sozialer Prozesse** verändern, können diese Prozesse in bestimmtem Ausmaß auch beeinflußt werden – eine beliebige Veränderbarkeit oder Manipulierbarkeit erscheint u.E. nicht möglich.

Schreyögg (1993, S. 322) sieht drei Positionen in der Literatur bezüglich der Frage, ob die Unternehmenskultur Gegenstand eines geplanten Wandelns sein kann: Die „Kulturingenieure" gehen davon aus, die „Kulturalisten" vertreten die direkte Gegenposition. Die Mitte, die „Kurskorrektur"-Vertreter sehen die Möglichkeit i.S. des Initiierens einer Veränderung in einem grundsätzlich offenen Prozeß.

Bleicher (vgl. 1986, S. 99) sieht die Notwendigkeit,

- von einem rein **mechanistischen** Gestaltungs- und Lenkungsauftrag der Unternehmensführung
- zu einer **evolutorisch** orientierten Perspektive der **Entwicklung** von Systemen zu finden.

Damit sind Ansätze einer Kulturpolitik der Unternehmung in der bewußten Schaffung von Rahmenbedingungen für die soziale Evolution zu sehen (vgl. ebd., S. 104). Neben diesem behutsamen, stabilisierenden und reflektierenden kulturrevolutionären Vorgehen ist auch die Möglichkeit einer Kulturrevolution (z.B. schlagartiges Austauschen von Personen, Änderung der Besitzverhältnisse) denkbar. Praxisbeispiele zum **Veränderungsmanagement** von Unternehmenskulturen finden sich bei Simon (1990, S. 131ff.).

Zwei **Methoden** zur **Veränderung** einer Unternehmenskultur:

- **Schock**: z.B. durch Auswechslung der Geschäftsführung, Änderung der Strategie um 180 Grad, andere Gestaltung der Funktionsbereiche (erhebliche Risiken: bestehende positive Kulturen werden zerstört, Vertrauenskapital wird zerstört, Kernkompetenzen gehen evtl. verloren)

- **Graduell**: stufenweise, programmatische Entwicklungsprozesse (Schnyder spricht von „homöopathischen" Methoden)

> „Kulturelle Identität besteht, wenn die Unternehmenskultur eigenständig, konsistent und sinnstiftend ausgeprägt ist und mit ihren Ausdrucksformen eine authentische Ganzheit bildet." (Schnyder, 1998, S. 101)

Maßnahmenplan eines mittelgroßen Elektrounternehmens – Ziel: Entwicklung einer marktorientierten Unternehmenskultur (Quelle: Schnyder, 1998, S. 104f.)

- **Führungsverhalten**: Management-Konferenzen zur unternehmenskulturellen **Weiterbildung**; Entwicklung neuer Schulungsmodule; Einsatz von Arbeitsgruppen zur Verbesserung der Marktreaktionszeit; personalpolitische Maßnahmen; Fast-Track-Programm für Führungsnachwuchs
- **Mitarbeiterverhalten**: Seminare zum Dienstleistungsverhalten gegenüber dem Kunden; Gesprächsführungstraining; Austauschprogramm zwischen verschiedenen Tochtergesellschaften, um positive Ansätze zu multiplizieren; Einsatz von „Kulturmissionaren" (Mitarbeiter, die im Besonderen die angestrebten Werte verkörpern); Vergabe eines internen Unternehmerpreises
- **Führungsinstrumente**: Überarbeitung des Personalbeurteilungs-Systems (Einbau unternehmerischer Bewertungskriterien); Entrümpelung des Organisationsreglements; Erweiterung der Jobprofile
- **Kommunikation**: Einführung eines Kader-Informationsbulletins; Umbau der Hauszeitung zu einem aktuellen, informativen Medium; Modernisierung der Anschlagbretter; Verbesserung der Personalanzeigen; Herausgabe verschiedener Kundenzeitschriften
- **Erscheinungsbild**: Redesign des bestehenden Logos und der Gestaltungselemente, Modernisierung der Kundenzone, Professionalisierung der Messestände; neue Fahrzeugkennzeichnungen.

---

(1) Realisation einer starken Unternehmenskultur

Als Leitidee des Kulturmanagements soll das Ziel der Realisation einer starken und funktionalen Unternehmenskultur dienen. Damit kommt einem Kulturmanagement vor allem die Aufgabe zu, die Realisation und Bewahrung einer starken, funktionalen Unternehmenskultur zu ermöglichen (vgl. Heinen, 1987, S. 143ff.). Die einer starken Unternehmenskultur zugeschriebenen Funktionen gelten dann als „ebenso entscheidende Voraussetzung erfolgbringender Unternehmensführung wie die Qualität ihrer Geschäftsstrategien, Strukturen und Führungssysteme" (Ulrich,P., 1984, S. 313f.).

Heinen nennt drei **Merkmale** einer **starken** und funktionalen Unternehmenskultur (vgl. Heinen, 1987, S. 121ff.):

- hoher Verankerungsgrad, d.h. die Unternehmenskultur hat Eingang in das Werte- und Normensystem der Organisationsmitglieder gefunden;
- Systemkompatibilität, d.h. die unternehmenskulturellen Werte und Normen stimmen mit den Führungsmethoden, Führungsstilen, Organisationsstrukturen überein;
- hohe kulturelle Homogenität, d.h. es existieren keine dysfunktionalen Subkulturen.

Unter Zugrundelegung des Verständnisses der Unternehmenskultur als Grundkonsens gemeinsamer Werte und Normen muß ein **Kulturmanagement** in einem ersten Schritt die relevanten Werte und Normen ausfindig machen. Geht man weiterhin davon aus, daß diese Werte und Normen über Symbole und symbolische Handlungen vermittelt werden, kommt den Führungskräften die Aufgabe zu, die unternehmenskulturellen Werte und Normen durch Symbole und symbolische Handlungen **bewußt** zu pflegen (vgl. Heinen/Dill, 1986, S. 213; Ulrich, P., 1984, S. 318ff.). Dadurch wird ein kultureller Grundkonsens geschaffen, welcher die normative Grundlage des Handelns bildet, an der sich alle Organisationsmitglieder orientieren können.

(2) Identifikation der relevanten Werte und Normen

Voraussetzung für die Schaffung, Veränderung und Bewahrung von Unternehmenskulturen ist die **Identifikation** derjenigen Werte und Normen, die für das Verhalten und Handeln der Organisationsmitglieder maßgebend sind. Es handelt sich dabei sowohl um gesamtgesellschaftliche als auch um unternehmensspezifische Werte und Normen. Einige Autoren sprechen hier von der **Diagnose**-Phase. Relevant für eine Unternehmung sind in erster Linie **gesamtgesellschaftliche** Werte und Normen, welche die Organisationsmitglieder im Rahmen der so genannten Primärsozialisation internalisiert haben. In jüngster Zeit präsentiert sich allerdings vor allem in hochentwickelten Industrienationen die Gesellschaft immer weniger als **Metastabilität,** d.h., die Werte und Normen, die letztlich auch für die Handhabung der Unternehmenskultur relevant sind, ändern sich schneller. Die Gründe für den **Wertewandel (Wertedynamik)** sind bereits an anderer Stelle (dritter Teil, D) ausführlich erläutert worden. Es kann als wichtige Aufgabe von Führungskräften angesehen werden, sich der gesamtgesellschaftlichen Werte und Normen bewußt zu werden und sich entsprechend mit ihnen auseinanderzusetzen.

Zusätzlich gelten aber auch die durch die **sekundäre Sozialisation** erworbenen **unternehmensspezifischen** Werte und Normen als relevant, da sie ausschlaggebend für die Prägung der spezifischen Kultur einer Unternehmung sind. In der Literatur ist eine Reihe von Verfahren zu finden, mit deren Hilfe sich diese in einer Unternehmung dominierenden Werte identifizieren lassen. So eignen sich beispielsweise die unternehmenskulturellen Profile von Pümpin (vgl. Pümpin 1984, S. 15ff.) zur Analyse unternehmensspezifischer Werte und Normen.

Zur Untersuchung unternehmensspezifischer Werte und Normen eignet sich ein von Hoffmann (vgl. 1989, S. 171f.) entwickeltes **„Diagnoseraster"** oder auch ein von Wollert/Bihl (vgl. 1985, S. 157f.) entwickeltes Konzept. Ausgehend vom gesamtgesellschaftlichen Wertewandel wird das für ein Unternehmen relevante Wertespektrum (von den traditionellen bis zu eher progressiven Werten) analysiert. Weitere **Diagnosemethoden** können sein (vgl. Kruppa, 1986, S. 17; Pümpin/Kobi/Wüthrich, 1985, S. 26ff.): systematische und unsystematische Befragungen und Interviews von Mitarbeitern (Einzelbefragungen), Jahresberichte, Presseveröffentlichungen, Beobachtungen von Tagesabläufen und Meetings, Firmenrundgang, spezielle Fragebogen, Wertelisten.

Zahlreiche Autoren kritisieren heftig die Tendenz zahlreicher Betriebswirtschaftler, die Kultur in positivistischer Manier wie einen Gegenstand der Objektwelt zu analysieren und zu messen. Da sich psychosoziale Erscheinungen nicht naturwissenschaftlich ergründen lassen, läßt sich die Kultur deshalb nicht in „Profilen" darstellen und sind betriebswirtschaftliche Analyse- und Gestaltungsinstrumente unbrauchbar.

(3) Akzeptanz und Internalisation

Um einen einheitlichen Grundkonsens unternehmenskultureller Werte und Normen zu erreichen, genügt es jedoch nicht, diese lediglich zu identifizieren. Sie müssen vielmehr auch von allen Organisationsmitgliedern akzeptiert und internalisiert (verinnerlicht) werden. Unter Akzeptanz ist dabei zu verstehen, daß die Organisationsmitglieder die unternehmenskulturellen Werte und Normen als **Entscheidungsprämissen** für ihre Handlungen anerkennen und übernehmen (vgl. hierzu Kirsch, 1977, S. 134).

Gagliardi (1986, S. 132) bezeichnet einen Kulturwandel als kontinuierlichen Wandlungs- und Anpassungsprozeß, als Ausgangspunkt des Prozesses erfolgt die Erprobung neuer Kompetenzen. Geschieht die Erprobung neuer Kompetenzen (wie häufig bei Diversifikationen) nicht erfolgreich, so muß ein neuer Kulturwandlungsprozeß mit anderer Akzentsetzung von neuem beginnen (nach Revision der Kultur- und Umweltanalyse und Überarbeitung der strategischen Vision). „Diese Notwendigkeit, schrittweise an der Realität die Tragfähigkeit neuer Grundannahmen und Werte für die Zukunft des Unternehmens zu lernen, ist einer der Gründe, warum ein fundamentaler Kulturwandel in der Regel viele Jahre braucht" (Dierkes, 1988, S. 569).

c) Methoden eines kulturbewußten Managements

Welche konkreten Inhalte unter dem Begriff kulturbewußtes Management zu verstehen sind und wie ein derartiges Management auszugestalten ist, läßt sich noch nicht abschließend klären, da umfassend ausgearbeitete Konzepte hierzu trotz zahlreicher Veröffentlichungen nicht vorliegen. Es läßt sich allerdings feststellen, daß der Idee des **gelebten Wertesystems** besondere Bedeutung beigemessen wird (zum Nachfolgenden Heinen, 1987, S. 181ff.).

Ausgehend von einer grundsätzlichen, aber **begrenzten** Gestaltungsmöglichkeit der Unternehmungskultur stellt dies an den Manager der Zukunft eine Reihe neuer Anforderungen. Systemführung und Kulturführung müssen miteinander kombiniert werden. Eine starke Unternehmenskultur vermag daher durch ihren „Grundkonsens" das traditionelle Management in nicht unerheblicher Weise zu unterstützen.

Der Kreis um Pümpin gliedert das System der Unternehmenskultur in die Teilsysteme Wesen (z.B. Ausdrucksformen) und Phasen (z.B. Diagnose, Beurteilung, Gestaltung) des Managements der Unternehmenskultur (vgl. Pümpin, 1985, S. 10). Besonders die Vertreter der Managementlehre, die Unternehmenskultur als Führungsinstrument sehen, geben Hinweise für die **Gestaltung** dieses strategischen Erfolgsfaktors (zur Analyse und Gestaltung der Unternehmenskultur im Rahmen des „Zürcher Führungskonzepts" siehe Rühli/Keller, 1989). Darunter verstehen sie:

- die bewußte **Pflege** und Förderung
- die **Ermittlung** und **Veränderung** des Normen- und Wertgefüges im Rahmen eines längerfristigen evolutionären Prozesses.

Da ein allgemein anwendbares Konzept nicht vorgeschlagen werden kann, sind folgende **Grundsätze** zur Unternehmenskulturgestaltung einzuhalten:

- Kultursensible Geschäftsleitung
- Überschaubare Gestaltungsschwergewichte
- Kulturinseln, die ausstrahlen (z.B. die Design-Abteilung)
- Kollegien, die als Gebilde der Sekundärorganisation, als Pflanzstätten betrieblicher Kulturation und Selbstorganisation wirken (vgl. dazu Seidel, 1989, S. 174ff.)
- Verhaltensänderung durch Erfolgserlebnisse
- Zeichen setzen
- Kombination von direkten und indirekten Kulturgestaltungsmethoden

(1) Gelebte Wertesysteme

Peters/Waterman (1984, S. 321) beschreiben das **sichtbare Vorleben von** Werten und Normen als zentrale Aufgabe der Führungskräfte. Mit ihrer Forderung „Machen Sie sich Gedanken über Ihr Wertsystem! Werden Sie sich klar, wofür Ihr Unternehmen steht!" drücken sie die Notwendigkeit für das Management aus, relevante unternehmensspezifische Werte und Normen bewußt zu reflektieren, weiterzuentwickeln und vor allem sichtbar vorzuleben. Man könnte hier auch von einer „Vorbildfunktion" der Führungskräfte sprechen. Dazu benötigt eine Führungskraft nicht allein fachliche, sondern insbesondere **soziale Kompetenz.** Die Prägung der Kultur durch Persönlichkeiten ist vermutlich der **wichtigste** Ansatzpunkt einer Beeinflussung. Unternehmens**kulturkonformes** Handeln und Verhalten, bei dem das Werte- und Normensystem und das Verhalten der Führungskräfte übereinstimmen, gilt also als wichtige Voraussetzung für ein erfolgreiches Kulturmanagement. Nicht gelebte Wertesysteme werden als bloße Lippenbekenntnisse registriert, verschwinden in Schubladen und erzielen daher nicht die erwünschte Wirkung (vgl. Hartfelder, 1985, S. 460).

(2) Symbolisches Management

Eine weitere Methode des kulturbewußten Managements stellt das so genannte symbolische Management dar. Unter Berücksichtigung der Bedeutung symbolischer Interaktionen stellt sich Führungskräften als erster Ansatzpunkt die Aufgabe, „symbolische Sinnpotentiale aufzubauen und durch bewußtes Setzen bestimmter Zeichen die Unternehmenskultur vorzuleben" (Heinen, 1987, S. 183). Zur Erfüllung dieser Aufgabe stehen dem Manager **kommunikative Instrumente** und Methoden der symbolischen Repräsentation zur Verfügung.

Symbolisches Management beinhaltet damit das Schaffen von Ideologien, Sprache, Ritualen, Mythen etc. Über die Erfüllung traditioneller Managementaufgaben hinaus muß der „symbolische Manager" versuchen, die unternehmenskulturellen Werte und Normen zu vermitteln, d.h., er tritt als **Sinnstifter** auf. Differenziert stellen Neuberger/Kompa (vgl. 1986c, S. 68ff.) die Einwirkung von Führungskräften in der **sozialen** Konstruktion der Wirklichkeit dar. Danach kann Wirklichkeit geschaffen und legitimiert werden:

- durch **primäre** Objektivation: Sprache, Zeitbudget, Aufmerksamkeitszuwendung, symbolische Gesten, Reaktion auf kritische Ereignisse oder in Krisensituationen und Gestaltung der physischen Umwelt;
- durch **sekundäre** Objektivation: Personenkult, verbriefter Sinn (Unternehmungsgrundsätze etc.), Sinnbezugssysteme und Mythen, Geschichten, Anekdoten.

(3) Konsensorientiertes Management

Kulturbewußtes Management beinhaltet neben der symbolischen auch eine konsensorientierte Komponente. Im Wege eines konsensorientierten Managements muß eine argumentative Verständigung mit allen jenen sichergestellt werden, zwischen denen eine Sinngemeinschaft geschaffen werden soll. Dies soll in offenen und unverzerrten **Konsensfindungsprozessen** in Form einer dialogischen Willensbildung praktiziert werden (vgl. insbesondere Ulrich/Fluri, 1995, S. 70ff.). Die **Leitidee eines konsensorientierten Managements** besteht in der Realisierung kommunikativen Handelns, in dem es – vereinfacht – darum geht, durch sprachliche Verständigung gemeinsame Wertinterpretationen und Handlungsorientierungen zwischen Individuen zu schaffen (vgl. Heinen, 1987, S. 191ff.; Bleicher, 1986, S. 106).

Nach Bleicher (1986, S. 98) ist die „Überwindung der bisher dominierenden mechanistischen Strukturtechniken und die notwendige Aktivierung kreativer Potenzen im Humankapital der Unternehmung jedoch nur eine Abkehr von der bisher dominierenden Mißtrauensorganisation hin zu einer Organisation, die vom Vertrauen in die zweckkonformen und zielgerichteten Absichten und in die Eigenständigkeit der Fähigkeitsentfaltung der Mitarbeiter getragen ist, zu bewerkstelligen" (zur **Vertrauensorganisation** siehe auch Bleicher, 1995, S. 391ff.). Erste Schritte können Veränderungen von **Organisationsstrukturen** sein, um selbstverantwortliches und selbstinitiiertes Arbeiten zu ermöglichen, wie etwa Qualitätszirkel/Lernstatt, teilautonome Arbeitsgruppen oder Management-by-Objectives.

(4) Werteorientiertes Human-Resources-Management

Ausgehend von dem Gedanken, daß sich das Werte- und Normensystem in einer Unternehmung aus gesamtgesellschaftlichen sowie spezifischen unternehmensrelevanten Werten und Normen zusammensetzt, besteht das Ziel eines werteorientierten Human-Resources-Managements darin, durch die Unternehmenskultur und die die individuumsbezogenen Werte und Normen berücksichtigenden Entscheidungen und Maßnahmen einen sinnvollen **Ausgleich** zwischen den Zielen der Organisation und den individuellen Interessen der Organisationsmitglieder zu finden (vgl. Heinen, 1987, S. 197).

Individuelle Laufbahnziele einzelner Organisationsteilnehmer sollen mit den strategischen Zielen der Personalentwicklung der Unternehmung abgestimmt werden. Das Human-Resources-Management setzt damit mit seinen Maßnahmen an **allen Prozessen** an; die personalwirtschaftlichen Maßnahmen als indirekte Gestaltungsmaßnahmen erfordern eine Uminterpretation und **Erweiterung** im Hinblick auf die Unternehmenskultur (vgl. auch Schwarz 1988, S. 39ff.).

a) Personal**auswahl**:

- Der Bewerber soll in die Kultur „passen"
- Vor allem gezielte Öffentlichkeitsarbeit, Anwerbungsprogramme, Veranstaltung von Gastvorträgen, Betriebsbesichtigungen und Wochenendseminaren

b) Personal**einführung**

- In der Einführungsphase erweisen sich Einführungsseminare, „Patensysteme" und Förderungsmaßnahmen in Form des **„coaching"** als besonders erfolgreich, neuen Mitarbeitern die Eingliederung in die Unternehmung zu erleichtern (vgl. Heinen, 1987, S. 199).

(c) Personal**entwicklung**

- Durchführung von Kultur-Workshops, -Seminaren, -Schulungen
- Kulturprojekte
- mitarbeiterorientierte Trainingsprogramme, verhaltensorientierte Trainingsangebote

(d) Werteorientierten Personalpolitik (Die wertorientierte Personalpolitik ist eingebettet in ein breites personalpolitisches Instrumentarium (Anreiz-, Vergütungs-Beurteilungssysteme, Zielvereinbarung, Entwicklung und Nachfolgeplanung)).

d) Unternehmenskultur und strategische Entscheidungen

Strategische Entscheidungsprozesse befassen sich mit der Entwicklung von strategischen Zielen und der Formulierung von Strategien. Im Rahmen strategischer Entscheidungsprozesse stellt nun die Unternehmenskultur einen nicht zu vernachlässigenden Aspekt dar, denn der **Erfolg** einer bestimmten Strategie hängt wesentlich davon ab, ob sie mit der vorherrschenden Unternehmenskultur übereinstimmt (vgl. Hentze, 1986, S. 94f.). Die **Wechselwirkung** der Unternehmenskultur besteht darin, daß

- sich einerseits strategische Entscheide in der Kultur „niederschlagen",
- daß aber andererseits strategische Entscheide (insbesondere bei Neuorientierungen) durch die Kulturausprägung begrenzt werden.

Versuche eines Unternehmens, strategische Projekte zu verfolgen, die nicht mit seiner „strategischen Kultur" im Einklang stehen, beinhalten ein hohes **Mißerfolgsrisiko**. Pümpin sieht sogar nur jede **zehnte** Strategie erfolgreich umgesetzt. Es besteht die Gefahr, daß geplante neue Strategien möglicherweise auf (passive oder aktive) Widerstände bei den Organisationsmitgliedern stoßen und damit deren Realisierung fehlschlägt. Eine mit der strategischen Kultur übereinstimmende Strategie kann aber ihre Realisierung entscheidend **unterstützen**, denn Strategien, die auf der Basis geklärter Wertvorstellungen entwickelt werden, haben den Vorteil, das Risiko des Auseinanderklaffens von intendierter und gelebter Kultur zu minimieren. Diese Erkenntnis steht im Zusammenhang damit, daß jede strategische Neuorientierung in einem Unternehmen einhergeht mit betriebsbezogenen Veränderungen physisch-materieller Art (**physischer** Strukturwandel) sowie personenbezogenen Veränderungen psychologisch-mentaler Art (**mentaler** Strukturwandel) (vgl. dazu Wüthrich, 1984, S. 415ff.; Kobi, 1990, S. 11ff.; vgl. auch unsere Ausführungen im Kapitel „Ursachen strategischer Änderungen"). Für die Realisierung strategischer Neuorientierungen ist demnach ein **alleiniger** physischer Strukturwandel nicht ausreichend. Abb. verdeutlicht diesen Zusammenhang.

Geht man beispielhaft von einer Unternehmung aus, deren bislang **kostenorientierte, introvertierte** Denkhaltung nicht mehr vereinbar ist mit den strategischen Erfordernissen einer geplanten neuen Strategie, sondern nunmehr eine **kundenorientierte, extravertierte** unternehmerische Grundhaltung erforderlich macht, so ist dies nur über den bewußten Einbezug der Unternehmenskultur in den Prozeß des strategischen Managements möglich.

Mit Hilfe der kulturellen Transformation soll dabei vermieden werden, daß die Organisationsmitglieder aufgrund der bislang vorherrschenden unternehmenskulturellen Werte und Normen weder bereit noch in der Lage sind, die strategischen Neuorientierungen zu akzeptieren und diese in konkrete operative Aktivitäten umzusetzen (vgl. Heinen, 1987, S. 176). In diesem Zusammenhang ist aber auch die Erkenntnis von Bedeutung, daß vor allem starke Unternehmenskulturen nur graduell und längerfristig geändert werden können, denn über Jahre eingespielte Prozesse und Strukturen weisen eine selbstverstärkende Tendenz auf. Diese Problematik macht deutlich, daß es auch in einer starken Unternehmenskultur notwendig ist, die Voraussetzungen für Toleranz und Offenheit zu bewahren, um angemessen auf Umweltveränderungen reagieren zu können (vgl. ebd.).

Zur Vermeidung von **Misfits** zwischen der Unternehmenskultur und strategischen Entscheidungen ist es erforderlich herauszufinden, **ob** eine geplante Strategie zur Unternehmenskultur paßt. Die Identifikation der bestehenden strategischen Kultur verringert die Gefahr, inkompatible Strategien auszuwählen, und zeigt mögliche Richtungen der Veränderung strategischer Kulturen auf.

Zusammenfassend läßt sich feststellen, daß zwischen Unternehmenskultur, Unternehmensstrategie und Unternehmensstruktur ein **interdependenter Zusammenhang** besteht. Sie müssen sich im Hinblick auf eine optimale Erreichung von Zweck und Ziel einer Unternehmung entsprechen. Bei Prozessen der Strategieentwicklung und -durchsetzung muß das kulturbewußte Management der unternehmenskulturellen Dimension im Sinne der Kongruenz von Unternehmenskultur und Strategie stärkere Beachtung schenken. Hartfelder (vgl. 1985, S. 461) empfiehlt eine andere Denk- und Handlungsweise im Umgang mit Unternehmungskulturen: ein Aufgeben der „Macherperspektive", da es beim bewußten Umgang mit Unternehmungskulturen nicht um Systemkontrolle und -beherrschung, sondern um das Erzielen eines Konsenses bezüglich der Werte und Normen in einer Unternehmung geht.

„Eine solche Übereinstimmung – eine Sinngemeinschaft – ist nur auf der Basis von **Dialog** und **Verständigung** zwischen den Betroffenen zu erzielen. Unternehmungskulturen können also nicht einfach gemanagt werden" (ebd; vgl. auch Ulrich, P., 1984/1985).

Auch wenn man – vom Prinzip her und wie dargelegt – die Unternehmenskultur für „**behutsam**" und begrenzt beeinflußbar hält, ist zu berücksichtigen:

- Die Unternehmenskultur ist das Ergebnis einer zeitlich **langen** Entwicklung.
- Ein kulturbewußtes Management stellt einen Dauerauftrag dar, d.h., es ist „ein permanenter Prozeß, in dem ständig Kultur aufs neue geschaffen wird. Sie ändert sich dabei fortwährend in ihrem Inhalt, weil es perfekte negative Rückkoppelung in sozialen Systemen nicht geben kann" (Neuberger/Kompa, 1986c, S. 70).
- Eine Veränderung auf **direktem** Weg ist nicht möglich, zuerst muß der „strategische Boden" (Schwartz) stehen; eine gewünschte Kultur ist nicht „über Nacht" zu erreichen und kann nicht „manipuliert" werden.
- Es darf kein **quantifizierbares** Soll-Wertesystem vorgegeben werden.
- Der einfachste Ansatz einer Veränderung ist die **Auswechslung** der Führungskräfte.
- Das gewünschte Leitbild muß auch „**sichtbar**" gelebt werden (bewußtes Pflegen vorbildhaften Handelns).
- Die Bedeutung rationaler Führungsmethoden und -instrumente wird nicht völlig aufgehoben, sondern nur relativiert.

Im fünften Teil haben wir ausführlich den z.Z. ablaufenden **Wandel** in der Organisation dargestellt. Dieser zum Teil dramatisch ablaufende Veränderungsprozeß benötigt ein **verbindendes**, sinn- und identitätsstiftendes Band als Orientierung. Wie gesehen, ist dies ein langfristiger Entwicklungsprozeß. Wie verträgt sich dies aber mit der Schnelligkeit heutiger Wandlungsprozesse? Sattelberger (1995, S. 48f.) sieht hier viele Fragezeichen:

> „Ist in einer Situation der Acquisitions und Mergers, der Joint Ventures und der Joint Companies, der Globalisierung der Kooperationen und der Internationalisierung von Heimat, der Entwicklung vom lokalen zum globalen Manager, ist in einer solchen Situation der Aufbau bzw. die Erhaltung von Kultur nur noch ein dosiertes, provisorisches Unterfangen? Ist dieses Unterfangen so anzulegen, daß Korrekturen in der Identität bzw. Identitätswechsel mit geringer Holprigkeit vollzogen werden können? Oder ist Kulturarbeit vielleicht sogar kontraproduktiv angesichts wechselnder strategischer Orientierungen von allemal befristeter Dauer? Müssen wir lernen, schnell wechselnde provisorische Organisationsidentitäten nicht nur zu verdauen, sondern auch diese Identitäten schnell auf- und abzubauen? (...) Bei allem erzwungenen oder antizipativ initiierten Wandel muß es eine Kontinuität in der ‚Seele‘ einer Organisation geben.“

e) Die Unternehmenskultur als Imitationsschutz

Ein Wettbewerbsvorsprung läßt sich mit einer starken Unternehmenskultur wesentlich länger gegenüber der (nachziehenden) Konkurrenz bewahren. Pümpin bezeichnet dies als Imitationsschutz. Bei

- einem immer differenzierteren und kritischeren Nachfrageverhalten einerseits,
- einem immer weniger möglichen patent- und markenrechtlichen Schutz des produktions- und verfahrenstechnischen Wissens auf der Angebotsseite andererseits

erweist sich „das **stabilisierte kulturelle Potential** einer Unternehmung ... als abschirmbares Fundament wirkungsvoller Profilierung“ (Wüthrich, 1985, S. 1). Die Fähigkeit zur Differenzierung und Profilierung einer Unternehmung wird zu einem wesentlichen Erfolgsfaktor, der systematische Aufbau von schwer imitierbarem verhaltens- und einstellungsorientiertem Know-how sichert die Marktposition (vgl. auch Wohlgemuth, 1987, S. 3). Während die Einführung eines effizient arbeitenden PK-Systems bereits mit einigen Jahren zu veranschlagen ist, sind Änderungen der Führungsphilosopie, der Werthaltungen in einer Unternehmung noch wesentlich zeitaufwendiger.

Als Schlüsselproblem wirkungsvoller Profilierung erweist sich die Frage der **Abschirmbarkeit**. Wüthrich differenziert zwei Profilierungsrichtungen:

- hardwarebezogen (z.B. Produktqualität, Distributionssystem)
- softwarebezogen (z.B. Service, Beratung, Kundenmentalität, Leistungsorientierung).

Während die hardwarebezogenen Profilierungsansätze immer geringere Schutzfähigkeit aufweisen, sind die softwarebezogenen Ansätze, deren Basis eine stark ausgeprägte Unternehmenskultur bildet, in der Lage, gegenüber der Konkurrenz einen eindeutig und **langfristig abschirmbaren Wettbewerbsvorteil** aufzubauen.

Siebter Teil:

Unterstützung der

Unternehmensführung durch

operative und strategische

Controllingkonzepte

„Literaturschnipsel"
Der Controller ist

... der ökonomische Fluglotse

... der Zielfindungs- und Zielerreichungsbegleiter

... das ökonomische oder ertragsmäßige Gewissen

... der Watchdog

... der ökonomische(Weg-) Begleiter

... der Kurssicherer

... der Umsetzungshelfer

... der Co-Pilot

... der professionelle Einmischer

... der Erbsenzähler

... der Steuermann/Lotse/Navigator

... der Sparringspartner des Managements

... der Unternehmensmoderator/Koordinator

... ökonomischer Souffleur

Um im „Zeitalter der Diskontinuitäten", das gekennzeichnet ist durch die steigende Komplexität und Dynamik der Unternehmensprobleme und -entscheide, auch weiterhin die unternehmerische **Zielsetzung** – etwa eine befriedigende Rentabilität des eingesetzten Kapitals – zu erreichen, ist der Einsatz leistungsfähiger Informations-, Steuerungs- und Kontrollinstrumente erforderlich. Der Aufbau und Einsatz eines effizienten **Controlling-Systems** scheint das richtige Instrument für die Unternehmensführung zu sein, um möglichst schnell und gezielt kritischen Entwicklungen begegnen zu können (verschiedene empirische Studien und Untersuchungen zum Entwicklungsstand des Controlling in der Bundesrepublik finden sich bei Horváth, 1994, S. 54ff.). Die steigenden Anforderungen an ein zielgerechtes Management

- erfordern einerseits den Einsatz eines Controlling-Systems (ausgewählte Fragen aus dem operativen bzw. strategischen Controlling werden wir darstellen),
- andererseits ist als – vorgelagerter – Bestandteil des Führungssystems ein **Frühwarnsystem** zu errichten, in dem Indikatoren frühzeitige Entwicklungen erkennen lassen.

Durch den Vorlauf eines rechtzeitigen Signals über sich anbahnende Tendenzen (die ja in diesem Stadium sowohl Chance als auch Gefahr sein können) soll die Unternehmung ihre Handlungsflexibilität behalten. Das Controlling selbst wandelt sich dabei von einem weitgehend **vergangenheitsbezogenen**, buchhaltungsorientierten Instrument (d.h. also vom traditionellen Finanz- und Rechnungswesen) zu einem umfassenden, **zukunftsorientierten** und managementsystemorientierten Instrument.

Das Zusammenspiel der Elemente eines mehrstufigen Planungs- und Kontrollsystems mit den weiteren Elementen des Führungssystems, insbesondere unter Einbezug der Führungskonzeption „**Führung durch Zielvereinbarung**", ist nur in Verbindung mit einem effizienten Controllingsystem durchführbar (bereits ausführlich dargelegt, vgl. Ausführungen zum „Management by Objectives", 4. Teil; siehe Abb. 132 aus Schwaninger, 1984, S. 110).

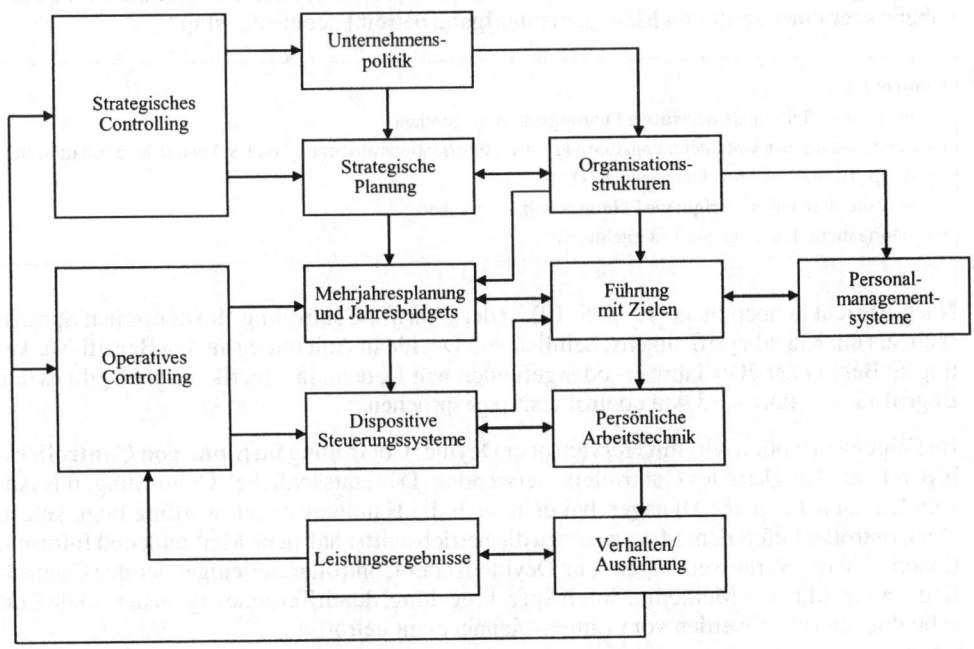

Abb. 132: Elemente eines mehrstufigen PK-Systems

Controlling befaßt sich also mit Regelkreisen in

- Zielsetzung, Planung und Steuerung
- von strategischen (Erfolgspotentiale) und operativen **Steuerungsgrößen** (Erfolg, Liquidität).

Die dazu nötigen **Orientierungsgrundlagen** zur Analyse und Gestaltung dieser Steuerungsgrößen sind

- die Kundenbedürfnisse/-nutzen,
- Markt- und Kostenpositionen,
- die Kapitalausstattung.

Im Werkzeugkasten des Controllers zur Erarbeitung und Steuerung von Unternehmens- und Projektzielen im Sinne eines ganzheitlichen Denkansatzes (MOVE = bewegen) finden sich Instrumente, um einerseits bei der Sache selbst (Methoden, Organisation) und andererseits beim Menschen (Verhalten, Einstellungen) anzusetzen (vgl. Bösch, 1990, S. 26ff.).

A. Begriffsklärungen

I. Controlling – Controller

Allgemein wird heute eine Übersetzung von Controlling mit „Kontrolle" **abgelehnt**. Die Ableitung aus „to control" umfaßt vielmehr neben „beaufsichtigen" auch das Regeln, Beherrschen oder Steuern eines Vorganges. Die Begriffe „Control" und „Controlling" werden in der angelsächsischen Literatur weitgehend synonym verwendet. Der Controller als Aufgabenträger einer zentralen Managementaufgabe betreibt „controllership".

Controlling

„... in enger Definition als **derivative** Führungsfunktion gesehen
(= Unterstützung der Unternehmungsführung durch Informationsversorgung und Sekundär-Koordination der Systemgestaltung/des Prozeßmanagements)"
„... in weiter Fassung als **originäre** Führungsaufgabe gesehen
(= zielorientierte Lenkung von Unternehmen)"

Nach Ansicht Schoeppners (1998, S. 12) ist der Begriff „Controlling" im deutschen Sprachraum als ein Kunstbegriff augenscheinlich von Deyhle in Anlehnung an den Begriff Marketing zu Beginn der 70er Jahre er- oder gefunden wurde, denn im amerikanischen gibt es den Begriff nicht – dort wird von controllership gesprochen.

Im Folgenden wollen wir (mit Horváth oder Deyhle) Controlling **im Sinne von Controllership**, d.h. als Tätigkeit des Controllers, verwenden. Das „tatsächliche" Controlling, das Anwenden, „macht" jeder Manager, bei dem auch die Handlungsverantwortung liegt, selbst. Der Controller liefert dem Manager dazu die betriebswirtschaftliche Methodik und Informationen, d.h. die Voraussetzungen. Für Deyhle ist der Controller derjenige, der das Controlling managt (d.h. mit Methodik, durch Sprechregelung, durch Termine organisiert). Die Entscheidungen selbst werden vom Linien-Management getroffen.

Die These Horváth's, daß der Controller selbst kein Controlling macht, wird für Schoeppner durch die Unternehmungspraxis in Deutschland widerlegt. „Controlling wird von Controllern ‚gemacht‘. In vielen deutschen Konzernen nehmen Controller heute Vorstandspositionen, sogar die Position des Vorsitzenden des Vorstandes ein. In diesen Fällen wird man sagen können, daß Controlling von Controllern und Managern gemacht wird (...) Der Manager ist verantwortlich für das Ergebnis, der Controller für die Ergebnistransparenz. Controlling findet in der Schnittstelle beider Kreise statt. Manager und Controller ‚machen‘ Controlling.“ (Schoeppner, 1998, S. 14; dazu Benz, 1998, S. 182)

Die große Anzahl von Definitionsvorschlägen ist zum einen auf die rasche Verbreitung des Controlling-Begriffes, zum anderen darauf zurückzuführen, daß die vom Controller wahrzunehmenden Aufgaben unterschiedlichster Art sind. Auch heute ist die Erarbeitung eines Controlling-Begriffes in der betriebswirtschaftlichen Literatur keineswegs abgeschlossen (vgl. die Systematisierung von Controllingfunktion und -aufgaben in der deutschsprachigen Literatur bei Horváth (1994, S. 62ff.). Je nach Ansatz werden die Zielorientierung, die Entscheidungsvorbereitung, die Informations- bzw. die Führungsfunktion hervorgehoben.

Für die Bewältigung der primär am **Feedforward-Prinzip** ausgerichteten Planungs-Entscheidungsprobleme werden zukunftsbezogene Informationen sowohl über das geltende Zielsystem als auch über das Entscheidungsfeld des Unternehmens benötigt. Zur Lösung der mehr am **Feedback-Prinzip** orientierten Kontrollaufgaben sind demgegenüber Informationen erforderlich, auf denen der Soll-Ist-Vergleich für einen abgelaufenen Zeitraum basiert.

Die Analyseergebnisse eines Kontrollsystems können dabei Informationen generieren, die für die anschließenden Planungsüberlegungen Signalwirkung haben und bei den Unternehmensmitarbeitern einen Lernprozeß auslösen. Dieser stellt die Verbindung her zu den zukunftsorientierten Lenkungsproblemen (Verhaltensbeeinflussung von Unternehmensmitarbeitern durch möglichst motivationswirksame Zielvorgaben).

II. Operatives und strategisches Controlling

Mit der Erkenntnis, daß die Finanzbuchhaltung sich nur für eine Rückschau, aber nicht als Steuerungselement im Sinne einer prospektiven Steuerung eignet, wurde der erste Ansatz der operativen Planung entwickelt. Den Übergang von der vergangenheitsorientierten Finanzbuchhaltung zur zukunftsgerichteten Planung (womit, wie Mann verdeutlicht, ein Wechsel in der **Denkrichtung** verbunden war) verdeutlicht Abb. 133 (aus Mayer, 1993, S. 11).

Controlling „integriert das schon lange bewährte Rechnungswesen und die erprobte Unternehmensplanung in ein ganzheitlich orientiertes Führungskonzept mit einer dokumentationsfähigen

- Ziel**formulierung** (abhängig vom Vorstellungsvermögen und der Zielvereinbarung des operativen und strategischen Managements)
- Ziel**steuerung** (abhängig vom Entscheidungsvermögen des operativen und strategischen Managements)
- Ziel**erfüllung** (abhängig vom Umsetzungsvermögen des operativen Managements und seiner Mitarbeiter)

innerhalb eines sich selbst steuernden Regelkreises“ (ebd.).

Operatives Controlling erfolgt demnach in verschiedenen **Stufen**:

- einem auf einer Zielsetzung basierenden Planungsprozeß,
- der verbindlichen Dokumentation der Pläne in Budgets,
- der fortlaufenden Kontrolle der Budgetrealisation,
- einer Abweichungsanalyse,
- der Einleitung von Gegensteuerungsmaßnahmen (der „Steuerung“ i.e.S.).

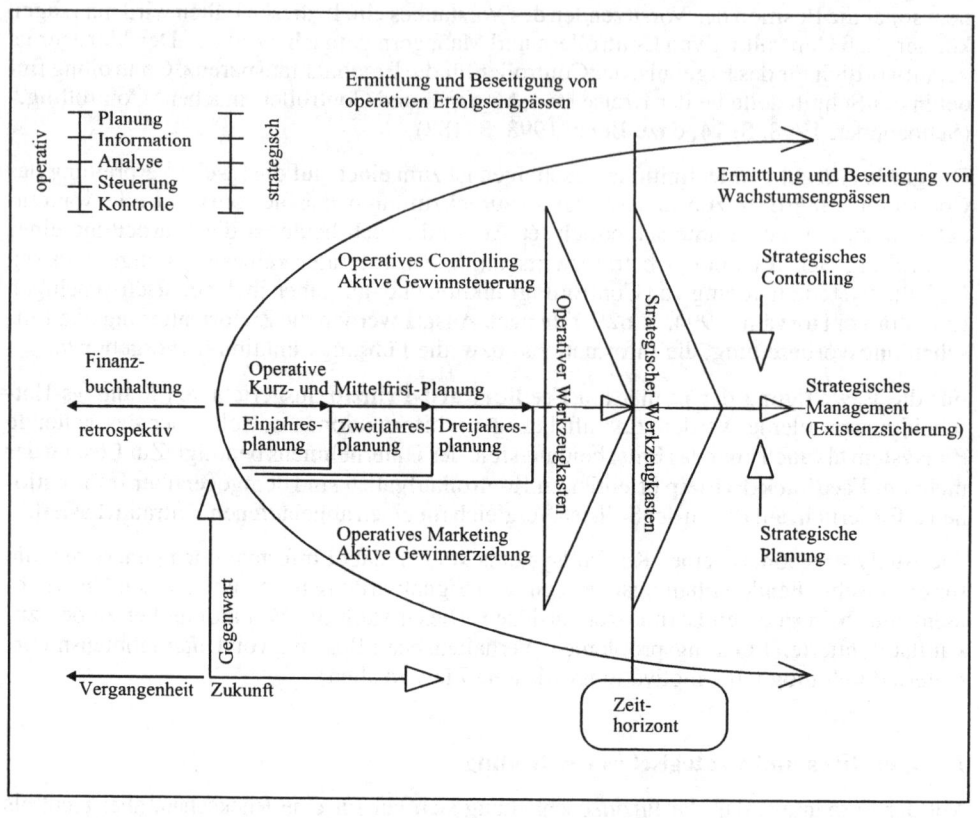

Abb. 133: Vernetzung von operativem und strategischem Controlling

Als **Abgrenzungskriterien** zum strategischen Controlling nennt Bamberger (Vorlesungs-unterlagen 1998/99):

- **Strukturierungsgrad** (operativ: eher wohlstrukturierte Probleme, für die Lösungsal-gorithmen wie z.B. Planungsrechnungen existieren)
- **Fristigkeit** (operativ: eher kurzfristige Perspektive, auch kurzfristige Erfolgsgrößen wie z.B. Gewinn)
- **Objektbereich** (operativ: eher Betrachtung einzelner Teilbereiche des Unternehmens wie z.B. Produkte oder Projekte und ihr Beitrag zum Erfolgsziel des Unternehmens)
- **Detaillierungsgrad** (operativ: Betrachtung einzelner Kosten-/Budgetgrößen, detail-lierte Aufschlüsselung und Abweichungsanalyse)

Objektbereich und Ebenen sind verbunden, d.h., in Bezug auf alle Objektbereiche sind grundsätzlich beide Ebenen relevant (es gibt also sowohl ein operatives Funktionscontrol-ling als auch ein strategisches usw.).

Während im Rahmen des operativen Controlling die Aufgabe der **Gewinnsteuerung** im Vordergrund steht, sind im strategischen Controlling die Existenz, d.h. das **dauerhafte Überleben** der Unternehmung, zu sichern (vgl. dazu unsere späteren Ausführungen).

792

Verbinden sich mit dem operativen Controlling u.a. Begriffe wie Kosten und Erträge, sind es beim strategischen Controlling Begriffe wie Chancen bzw. Risiken oder Erfolgspotentiale. Treffend, hier nur als Kurzinformation zur Abgrenzung gedacht, zwei Stellungnahmen:

- Strategisches Controlling hilft, Ziele zu finden, während operatives Controlling hilft, Ziele zu erreichen (Stinner).
- Der strategisch denkende Controller muß sich mit Problemen, die die langfristige Entwicklung der Unternehmung beeinflussen können, so frühzeitig beschäftigen, daß die Unternehmung noch agieren kann (Serfling).

„Interpretiert ein Controller für das von ihm betreute Management eine Abweichung, so können die Gründe immer zweifach sein: Man macht es nicht richtig genug (operativ); oder man hat nicht mehr die richtigen Dinge ganz in der Hand (strategisch?). Die Wirklichkeit tut uns nicht den Gefallen, sich auseinander zu sortieren. Deshalb ist auch von einer Trennung in operatives und strategisches Management nicht viel zu halten. Dies ist ein praktisch nicht brauchbarer Ansatz. Der operative Manager sammelt ständig auch Eindrücke zu strategischer Neubesinnung. Dabei soll ihm der Controller begleitend helfen" (Deyhle, 1991, S. 3).

Hahn (1995, S. 337) sieht eine Weiterentwicklung vom operativen über das strategische zum **integrierten** Controlling: „Zukunftscontrolling bedeutet ganzheitliches, sich weitgehend selbststeuerndes integriertes Controlling im Rahmen von Vertrauensmanagement."

B. Elemente des Controlling

I. Der funktionale Aspekt

In der Literatur wird das geringe theoretische Fundament des Controlling beklagt. In jüngerer Zeit ist nun eine Diskussion zum „Verständnis und Selbstverständnis des Controlling" entbrannt. Ausgelöst wurde die Diskussion durch **12 Thesen** von Küpper/Weber/Zünd (1990; S. 282ff.; Weber, 1993), mit denen das Fundament einer allgemein anerkannten Theorie des Controlling gelegt werden sollte. Controlling wird darin als Führunghilfe, als eine **eigenständige** betriebswirtschaftliche Teildisziplin definiert; die Controllingfunktion als eine Berater- und Servicefunktion besteht dabei im Kern in der **Koordination** des Führungsgesamtsystems zur Sicherstellung einer zielgerichteten Lenkung und bezieht sich auf die Gestaltung und Überwachung des PuK- und Informationssystems (Controlling i.S. einer „Meta-Führungsfunktion"; zur Entwicklung eines koordinationsorientierten Controlling-Paradigmas siehe Lehmann, 1992; vgl. auch Weber, 1992; 1995; 1997; Kommentare dazu: Deyhle, 1991; Remmel, 1991; Schildbach, 1992; Schneider, 1991; Dellmann, 1992; Cordes/Schenck, 1992).

Nach Ahn wird aber auch die Koordinationsorientierung selbst wieder verstärkt in **Frage** gestellt (vgl. z.B. Müller, 1996). Sogar Weber rückt neuerdings von seiner ursprünglichen Position als Verfechter des koordinationsorientierten Ansatzes ab (vgl. dazu Weber, 1998, S. 25f.; Ahn 1999, S. 109).

Viele Autoren sind der Meinung, daß Koordination als die **originäre** Führungsaufgabe schlechthin nicht delegierbar ist. Für Ewert (1992, S. 278) ist ein solche umfassende Konzeption nicht unproblematisch und wirft erhebliche Abgrenzungsprobleme auf; er selbst stellt eine enge Beziehung zur Informationsökonomie her. Die Verfechter des Koordinationskonzepts verkennen (nach Müller, 1996, S. 107) „ohnehin die Bedeutung der Koordination innerhalb der Managementfunktionen. Die Fähigkeit zu Koordination und Integration stellt nur eine der grundlegenden Fähigkeiten dar, die das Management beherrschen muß. Ebenso erforderlich sind Lern- und Wandlungsfähigkeit, aber auch die Fähigkeit zur Bewältigung von Komplexität. Wichtig ist auch, die Interdependenzen zwischen diesen (und anderen) Kernfähigkeiten zu beachten. Für das Controlling verkörpert die Koordinationsaufgabe nur eine derivative Funktion, da die Koordination schon immer als wesentliche Aufgabe der gesamten Führung angesehen werden muß.“

Controlling nicht als „omnipotentes“ Meta-Führungskonzept, sondern als **führungsunterstützende Querschnittsfunktion**, also damit keine eigene Teildisziplin der Betriebswirtschaftslehre, auch bei Deyhle: „Was man als Controller können muß, ist das Umsetzen. Was umgesetzt wird, sind die betriebswirtschaftlichen Disziplinen, die heute schon bestehen (...) Dieser Umsetzungshelfer ist der Controller; seine praktische Hebammenkunst für Betriebswirtschaftliches führt zum Controlling“ (Deyhle, 1991, S. 7; dazu auch Amshoff, 1993, S. 1ff.; vgl auch die Gegenposition bei Schildbach, 1992, S. 24f.). Besonders scharf wendet sich Schneider (1991) gegen den hinter der „Führungshilfe“ verborgenen Anspruch auf Leitung (seine Antwort zu den Thesen im einzelnen S. 770ff.). Das Versagen des Controlling ist für ihn hauptsächlich auf eine überholte Kostenrechnung zurückzuführen.

Controller – Leitbild (International Group of Controlling)

Controller leisten begleitenden betriebswirtschaftlichen Service für das Management zur zielorientierten Planung und Steuerung

Das heißt:
Controller sorgen für Ergebnis-, Finanz-, Prozeß- und Strategietransparenz und tragen somit zu höherer Wirtschaftlichkeit bei. Controller koordinieren Teilziele und Teilpläne ganzheitlich und organisieren unternehmensübergreifend zukunftsorientiertes Berichtswesen. Controller moderieren den Controlling-Prozeß so, daß jeder Entscheidungsträger zielorientiert handeln kann. Controller sichern die dazu erforderliche Daten- und Informationsversorgung. Controller gestalten und pflegen die Controllingsysteme.

Controller sind interne betriebswirtschaftliche Berater aller Entscheidungsträger und wirken als Navigator zur Zielerreichung.

(Quelle: cm, H. 3/1998, S. 171)

Aus einer Studie zum **Ansehen** und **Verständnis** des Controlling unter den Mitgliedern im Verband der Hochschullehrer für Betriebswirtschaft läßt sich folgendes Resümee in Form von sechs **Thesen** ziehen (aus Ahn, 1999, S. 114):

- Controlling ist ein anerkanntes Teilgebiet der Betriebswirtschaftslehre.
- Seine Bedeutung für Lehre, Forschung und Praxis wird sich auch weiterhin auf hohem Niveau bewegen.
- Controlling hat innerhalb der verschiedenen Spezialgebiete der Betriebswirtschaftslehre einen höheren Stellenwert, als nach außen hin erkennbar ist.
- Der Kategorie der Erfolgsziele kommt im Rahmen des Controlling eine zentrale Rolle zu, sie hat aber keinen ausschließlichen Charakter.
- Mehrheitlich wird die primär funktionale Sichtweise des Controlling präferiert.
- Über die generelle Funktionsorientierung hinaus konnte sich bislang noch kein bestimmter Ansatz durchsetzen.

1. Feste und variable Aufgabenbestandteile

Als wesentliche Aufgabengebiete des Controllers werden die

- **Planungs**aufgabe (z.B. Entwicklung von Planungsverfahren und Durchführung des Planungsprozesses)
- **Informations-** und **Berichts**aufgabe (z.B. Datenerfassungs-/Informationsversorgungsprozeß)
- **Steuerungs-** und **Kontroll**aufgabe (z.B. Toleranzwertfestlegung, Soll-Ist-Vergleiche, Abweichungsanalysen, Hilfen zur Selbstkontrolle, Prognosen/Hochrechnungen, Gegensteuerungsmaßnahmen)

definiert (vgl. Lachnit, 1992; umfassender Überblick in Schmidt, 1993; zu Ergebnissen empirischer Erhebungen zu den Aufgabenschwerpunkten siehe Sahl/Schmidt, 1991; und zur detaillierten Auswertung von Stellenanzeigen siehe Kalwait/Maginot, 1998).

Bei Horváth (vgl. 1994, S. 142ff.) umfassen die Controllingaufgaben alle einzelnen Aktivitäten im Hinblick auf die Realisierung der Controlling**ziele**: Diese bestehen in der Sicherung und Erhaltung der Koordinations-, Reaktions- und Adaptionsfähigkeit der Führung, damit diese die Ziele der Unternehmung realisieren kann.

> „Controlling ist – funktional gesehen – ein Subsystem der Führung, das Planung und Kontrolle sowie Informationsversorgung systembildend und systemkoppelnd koordiniert und so die Adaption und Koordination des Gesamtsystems unterstützt. Controlling stellt damit eine Unterstützung der Führung dar: Es ermöglicht ihr, das Gesamtsystem ergebniszielorientiert an Umweltänderungen anzupassen und die Koordinationsaufgaben hinsichtlich des operativen Systems wahrzunehmen. Die wesentlichen Probleme der Controllingarbeit liegen an den Systemschnittstellen" (Horváth, 1994, S. 144)

Während Horváth also die **Koordinations**funktion nicht nur als Hauptaufgabe des Controlling, sondern – als das Spezifikum des Controlling – als eine zentrale begriffsbestimmende Größe darstellt, heben andere Autoren mehr den **Entscheidungsbezug** oder die **Steuerungsfunktion** des Controlling hervor. (Eine umfassende Synopsis der in den Literatur vorgefundenen Controllingziele findet sich bei Amshoff, 1993, S. 172ff.; Überblick bei Schweitzer/Friedl, 1992, S. 144ff.)

So sieht Chmielewicz in der Anpassung des Rechnungswesens an den Informationsbedarf der Entscheidungsträger die Aufgabe des Controlling. Auch Reichmann (1995a, S. 6) stellt auf die Prozesse der **Informationsbereitstellung** ab, wenn er den Controller als Methodenkommunikator, Konzeptberater und Informationsversorger des Managements sieht: „Primäre Aufgabe des Controlling ist jedoch die entscheidungsproblembezogene Informationsversorgung der Führungskräfte." Er sieht das Controlling als „**dispositiven Zulieferer**" des Managements: Das Management definiert Unternehmensziele, formuliert Wettbewerbsstrategien und gibt Rahmenbedingungen operativen Handelns vor. Das Controlling analysiert den Informationsbedarf, erarbeitet BWL-Konzepte, liefert Methoden-Know-how, erarbeitet problembezogene Auswertungen und stellt DV-Lösungen bereit (vgl. ebd., S. 8).

Der Controller wird auf verschiedenen **Führungsebenen** und in verschiedenen **Funktionsbereichen** eingesetzt, z.B. im F&E-Bereich, im Beschaffungs-, Absatz-/Marketing-, Logistik-, Personal-, und er nimmt auf allen Einsatzgebieten „Controlling-Aufgaben" wahr. Eine Ausdifferenzierung des Controlling ist auch auf **Spezialgebieten** erkennbar, z.B. Projekt-, Produkt- oder ein Produktlebenszyklus-Controlling für eine stärker strategische Ausrichtung, Investitions-, Beteiligungs- und insbesondere im Qualitäts- und im Projekt-Controlling.

Neben die aufgezeigten „festen" Bestandteile der Controlleraufgabe (Planung, internes Rechnungswesen, Kostenplanung, -analyse, -beeinflussung, Investitions- und Wirtschaftlichkeitsrechnung, Berichtswesen u.a.) treten die spezifischen („variablen") Aufgabenstellungen (wie EDV, Revision, Steuern), die vom jeweiligen Einzelfall abhängen (etwa der Unternehmensstruktur, der hierarchischen Zuordnung, der Führungsebene, der konkreten Aufgabe und insbesondere der Betriebsgröße).

2. Controlling und Komplexitätsbewältigung

Das im vorigen Abschnitt skizzierte Informationsverarbeitungs-Controlling bekommt im Rahmen des **Lean Management** mit der Verflachung der Hierarchien und der zunehmenden **Prozeßorientierung** von Unternehmen eine neue Rolle. Für das Subsystem Controlling ergibt sich eine tiefgreifende Veränderung bei der informativen und koordinierenden Aufgabenzuordnung, denn

- zum einen reduziert die mit den neuen Managementkonzepten verbundene verstärkte Delegation von Aufgaben und Verantwortung die operativen Planungs- und Kontrollaufgaben zentraler Stellen (diese werden in autonomen Bereichen „vor Ort" erfüllt),
- zum anderen schaffen die flacheren, durch Teamarbeit gekennzeichneten Strukturen mehr Eigenverantwortung für die Mitarbeiter und lassen direkte Kommunikationsbeziehungen zwischen den unterschiedlichen Funktionen entstehen (vgl. Müller, 1996, S. 113).

Die Verlagerung der Informationsadressaten im Lean Management bedeutet für Reichmann (vgl. 1995a, S. 5) zukünftig eine viel stärkere Berücksichtigung der individuellen Informationsbedürfnisse, eine zunehmende Bedeutung der Kommunikationsfunktion und einen signifikanten Beratungs- und Betreuungsaufwand für das Controlling.

„Ziel ist die prozeßbegleitende Bereitstellung der relevanten Daten des Informationsflusses für die Steuerung der Prozesse. Dabei wird eine Reduktion der Komplexität in und zwischen Prozessen zu einem immer wichtiger werdenden Faktor innerhalb der Wertschöpfungskette und zu einer neuen Aufgabe für das Controlling" (Krcmar/Buresch, 1994, S. 295).

„Die soziale Komponente der Komplexität impliziert, daß effektive Komplexitätshandhabung in Organisationen nicht top down durch einen ‚Zentralbereich Controlling' erfolgen kann, sondern dezentral unter Beteiligung der betroffenen Bereiche wahrgenommen werden muß. Komplexitätsbewältigung ist nur dann wahrscheinlich, wenn das Controlling selbst der Einsicht folgt, daß es selbst nur einen Teil des entscheidungsrelevanten Wissens besitzt und darauf angewiesen ist, die Vielfalt unterschiedlicher Sichtweisen einzubeziehen. Komplexitätsbewältigung ist als organisatorische Gesamtaufgabe zu verstehen und nicht als isolierte Aufgabe eines ‚Zentralbereichs Controlling' (Schulz, 1994, S. 138f.).

Im fünften Teil haben wir bereits das „Management des Wandels" und kritische Erfolgsfaktoren wie die Flexibilität ausführlich beschrieben. Anliegen der Unternehmensführung ist das Aufrechterhalten der Handlungsfähigkeit des Unternehmens bzw. der Umgang mit Komplexität. Wir versuchten, den bisherigen Modellansatz der Betriebswirtschaftslehre zu erweitern (ganzheitliches, vernetztes Denken, lernende Organisation; Selbstorganisation usw.), da der Einsatz analytischer Modelle kein wirksames Instrument der Komplexitätsbewältigung darstellt.

Die Hauptschwierigkeit beim Umgang mit komplexen Problem liegt in der Ermittlung aller Informationen zu den Einflußfaktoren, die ein derartiges Phänomen determinieren. Für Müller (1996, S. 68) „erfordert die zu bewältigende Komplexität eine Betrachtung des Controlling als (Sub-)System, wobei das Controlling Hilfestellung bei der Bewältigung schlecht strukturierter Probleme zu leisten hat. Als gangbarer Weg erscheint folgender Ansatz: Im Vordergund steht – auf Basis einer systemorientierten Sichtweise – die gedankliche Simulation der Realität mit dem Erkenntnisinteresse, Beziehungen transparent zu machen und womöglich Handlungsempfehlungen abzuleiten".

Die Möglichkeiten des Controllers, den Linienmanagern in komplexen Zusammenhängen eindeutige Entscheidungsgrundlagen zu liefern, sind demnach **begrenzt**, da komplexe Leistungserstellungsprozesse nicht vollständig beschreibbar sind:

„Die Effektivität der **Komplexitätsbewältigung** in Organisationen hängt entscheidend vom koordinierten Zusammenspiel einzelner Maßnahmen ab. Das Controlling muß eine ‚Konzeptionelle Gesamtsicht' von Ansatzpunkten entwickeln und hierzu den Bereichen die notwendigen Informationen und das entsprechende Know-how zur Verfügung stellen. Die Bewältigung des Komplexitätsproblems benötigt ein Controlling mit einem Selbstverständnis, das weit über Kostenanalysen, -planung und Kontrolle hinausgeht und auch originäre Aspekte von Organisation, F&E, Produktion und Logistik sowie Marketing und Vertrieb umfaßt" (Schulz, 1994, S. 137).

Für Blaseio (1993) muß sich das Controlling von der Unternehmenskontrolle zur **Unternehmensentwicklung**, von der Methodik und Analyse zum unternehmerischen Gestalten verändern. Sonst besteht die Gefahr, daß sich das Controlling zu einer Experteninsel mit zunehmender Distanz zu Entscheidern und Betroffenen entwickelt. Folgende Symptome sind typisch (ebd., S. 21): Sprachbarriere, Systemgläubigkeit, Selbstkonsistenz, Analytischer Overkill, Taylorismus, Entmündigung.

In ähnlicher Weise sieht Schulz den Controller in der Funktion eines **Organisationsentwicklers**:

„Es ist offensichtlich, daß mit einer dezentralen und stark partizipativen und teamorientierten Wahrnehmung von Controllingfunktionen Probleme verbunden sind, die durch den Controller bewältigt werden müssen. Da nicht a priori davon ausgegangen werden kann, daß die unterschiedlichen Standpunkte sofort auf intersubjektive Akzeptanz stoßen werden, wird ‚soziale Komplexität' in Form von Konflikten induziert. Je größer die Anzahl der betroffenen Bereiche ist und je größer das Team wird, desto schwieriger wird es, eine Lösung zu finden. Partizipation wird zu einem schmerzhaften Prozeß, der die von hierarchischen Strukturen und Bereichsegoismen geprägten Teilnehmer leicht überfordert. Damit die einzelnen Argumente nicht den vielfältigen Machtprozessen zum Opfer fallen und der Prozeß nicht ‚versandet', ist ein Instrumentarium notwendig, das die unterschiedlichen Kräfte integriert. Der Controller hat dabei eher die Funktion eines **Organisationsentwicklers** als die eines Analytikers. Er muß einen organisatorischen Rahmen zur Verfügung stellen, in dem Analyse- und Entscheidungsprozesse ablaufen können, und Verfahren bereitstellen, die diese Prozesse in die richtige Richtung ‚kanalisieren'. Der Controller muß einen Lernprozeß in Gang setzen, in Gang halten und die mit Sicherheit ablaufenden gruppendynamischen Prozesse moderieren und Widerstände abbauen. Er muß Mitarbeiter auf den notwendigen Wissensstand verhelfen und explizit zum bereichsübergreifenden Denken motivieren. Durch eine verhaltensorientierte Neuausrichtung des Controlling kann in Unternehmen ein Denken in Gesamtzusammenhängen gefördert und so die Organisation in einem kontinuierlichen Prozeß auf Höchstleistung gebracht werden" (Schulz, 1994, S. 138f.).

Den intern und extern erweiterten Gegenstandsbereich des Controlling zeigt Abb. 134 (aus Müller, 1996, S. 98).

3. Abgrenzung zum Treasurer

Im Rahmen des „Managerial Accounting" bewältigt der amerikanische Controller seine Tätigkeit, die i.d.R. alle unternehmensrechnerischen Bereiche umfaßt, mit Ausnahme der Tätigkeiten im Zusammenhang mit der Finanzierungsfunktion, die dem Treasurer obliegt. Eine genaue Trennlinie zwischen den Aufgaben des Controllers und denen des Treasurers wird oft **schwierig** sein. Die Aufgabenverteilung ist stark von der Unternehmensgröße abhängig. Während in kleinen und mittleren Betriebsgrößen der Leiter des Finanz- und Rechnungswesens beide Funktionen übernehmen wird, ist eine klare Trennung bei Großunternehmen eher notwendig.

Generell wird in der Literatur dem Treasurer mehr der **Liquiditätsaspekt** zugeordnet, d.h. die Aufgabe der Liquiditätserhaltung durch Planung und Disposition der Finanzmittel, die Beschaffung von Kapital, die Liquiditätspolitik sowie Zahlungsverkehr und Mahnwesen,

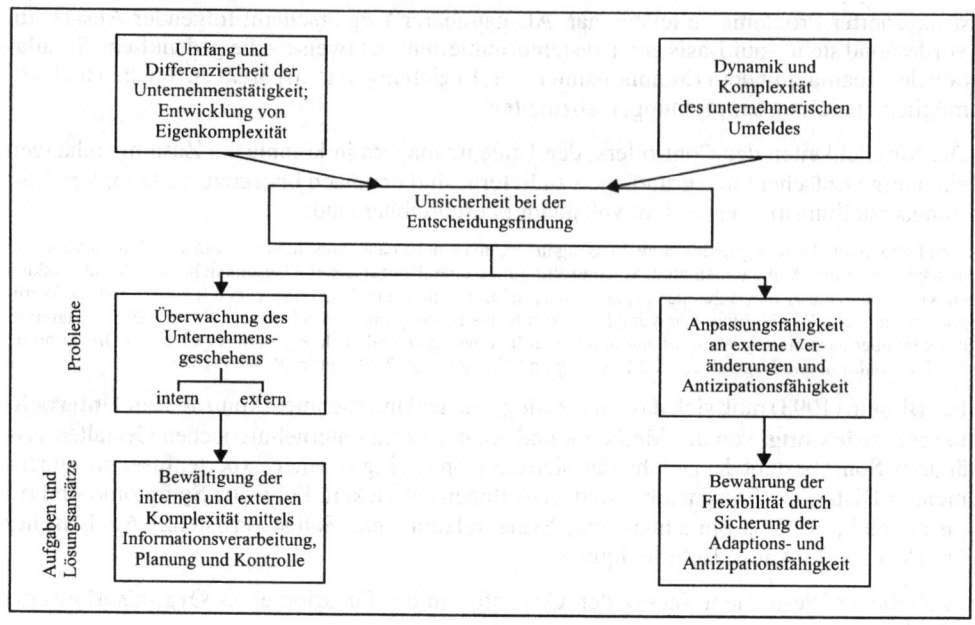

während der Controller mehr kosten- und erfolgsorientiert arbeitet. Blazek/Deyhle (1991, S. 39f.) empfehlen folgende **Trennung** der Aufgaben: Treasurer: Finanzen, Bilanzen, Finanz-buchhaltung und Steuern, Controller: Unternehmensplanung, Internes Rechnungswesen, EDV-Kommunikation und Organisation. Übernimmt man die in der Praxis anzutreffende Ter-minologie des „Finanz-Controlling", sind die beiden Aufgabengebiete schwer zu trennen.

Eine Gefahr der Konkurrenz oder der Zweigleisigkeit der Datenerfassung und Datenverar-beitung sieht Preißler bei einer unklaren Abgrenzung der beiden Tätigkeiten. Er zeigt, daß Controller und Treasurer nicht nur unterschiedliche Aufgaben, Zielsetzungen, Außenbezie-hungen, sondern auch ein unterschiedliches Instrumentarium haben (dazu Preißler, 1995, S. 48f.; vgl. auch Hahn, 1996, S. 177ff.). Eine empirische Untersuchung zur Funktionsbe-stimmung und -abgrenzung im Controlling ergab, „daß die klassische Trennung zwischen dem Traesuring und Controlling immer mehr aufgelöst wird. Die Möglichkeiten einer auto-matisierten, integrierten Datenverarbeitung haben hierbei einen wesentlichen Beitrag zur **Integration** von Erfolgs- und Finanzwirtschaft geleistet" (Kraemer/Scheer, 1991, S. 213).

4. Controller-Probleme

Als größte Schwierigkeit des Controllers wird allgemein das **Akzeptanzproblem** angese-hen, da der Controller als Steuerungs- (ge-)hilfe auf die Verwirklichung seiner Vorschläge durch **andere** angewiesen ist. Informieren, andere durch Überzeugung zum Handeln zu be-wegen und über die Aktivitäten oder deren Unterlassung wiederum informiert zu werden ist eine schwierige Aufgabe. Bei einer Umfrage 1986/87 wurden von den Controllern verschie-dene Berufsprobleme genannt, als Hauptproblemdimension wurde dabei der Faktor **Macht/ Einfluß** erhoben („Controlling und Controller müssen sich im Unternehmen ständig gut ‚verkaufen'". „Für das Controlling muß man mit hohem Überzeugungsaufwand arbeiten").

Ähnliche (Akzeptanz-)Probleme in der Verdeutlichung der Controllingphilosophie bestätigte die Untersuchung von Krystek (vgl. 1991, S. 18ff.). Als Ursachen für **Mißtrauen** im Zusammenhang mit Controlling werden genannt:

- vorherrschende Fremdkontroll-Zentrierung
- überkommenes Menschenbild
- Disparität zwischen Informationsmacht und Verantwortung
- „Redepflicht" statt „Schweigepflicht"

Bleicher (vgl. 1989, S. 194) hatte bereits die Forderung erhoben, von einer Mißtrauensorganisation zu einer **Vertrauensorganisation** zu gelangen (dazu auch Grunwald, 1995). Ansätze und Wirkungen auf dem Weg zu einem vertrauensbasierten Controlling zeigt Krystek (1991, S. 21). Zum persönlichen und sachlichen **Anforderungsprofil** des Controllers siehe Stahl (1992, S. 46ff.), Bundesverband (1992, S. 26f.) und Mayer (1993, S. 28ff.). Für Deyhle (1992, S. 380) kommt es für den Controller immer wieder darauf an, sich aufs Neue zunehmend **Verhaltenskompetenz** anzueignen. „Mit Fachkenntnissen und Methodik allein ist es nicht getan; zum Anforderungsprofil des Controllers gehört auch die Moderationsfähigkeit und das Handhaben-Können von Verhaltensweisen."

II. Der institutionelle Aspekt

1. Entstehungsgeschichte

Die **historische** Entwicklung des Controlling skizziert Mayer mit drei Entwicklungsstufen wie folgt (1993, S. 7ff.):

- Erster Zyklus (1778-1931): vom Revisor zum Schatzmeister und Koordinator
- Zweiter Zyklus (1931-1979): vom Koordinator zum Navigator
- Dritter Zyklus (seit 1981): vom Werkzeug zum Führungskonzept

Ganzheitliche Controllingkonzepte „vernetzen Einzelwerkzeuge und Insellösungen zu operativen und strategischen Werkzeugkästen, aktivieren die immateriellen Faktoren, berücksichtigen das Gleichgewichtsprinzip der Natur, denken und handeln in Wirkungsketten und Wirkungsnetzen" (...) „Da sich jenseits des Zeithorizontes bekanntlich nicht Zahlen, sondern Bedingungen ändern (Klima, Energieerzeuger, -träger), lassen sich strategische Wachstumsengpässe nur durch eine mit dem strategischen Werkzeugkasten vernetzte Unternehmensplanung erkennen, in Handlungs- und Alternativpläne umsetzen. Der Controllerdienst erstellt Umfeld-, Potential-, Engpaßanalysen aus vernetzten Feedback- und Feedforwardanalysen, justiert sie durch Wachstums-, Funktionsstrategien, Eckwertplanungen und Checkprogramme auf das Leitbild und die Beseitigung von Wachstumsengpässen" (Mayer, 1990, S. 308); zum operativen und strategischen **Werkzeugkasten** im einzelnen Mayer (1993, S. 12ff.), Bundesverband (1992, S. 33ff.) und Liessmann (1993, S. 130ff.).

2. Aufbauorganisatorische Einordnung

Planungsaufgaben im Sinne der von uns aufgezeigten Aufgaben werden von verschiedenen Stellen übernommen. Bei der von Szyperski/Müller-Bölig durchgeführten empirischen Untersuchung wird, als eine der genannten Planungsstellen der Controller genannt, dem von der Informationsversorgung bis zur Führung und Steuerung des Planungsprozesses, von der operativen bis zur strategischen alle Aufgaben zugewiesen wurden, die wir als Planungsaufgaben gekennzeichnet haben.

Danach kann die Controller-Stelle sowohl eine **zentrale** als auch eine **dezentrale** Planungsabteilung darstellen. Die jeweilige Lösung hängt von verschiedenen Kontextfaktoren ab (z.B. Unternehmensgröße, Problemkomplexität, Führungsgrundsätze). Die organisatorische Zuordnung ist sowohl auf der Ebene der Unternehmensleitung (Controller als Mitglied des Vorstandes, und zwar funktionssparten- oder regionalbezogen) als auch auf niedrigeren hierarchischen Ebenen (wiederum spezialisiert auf Funktionen, Produktgruppen oder Funktionen) möglich.

Ist bei kleinen und mittleren Unternehmen aus Kostengründen die Verankerung einer Controller-Stelle nicht möglich, sollte die Controllingfunktion aufgespalten und den Teilaufgaben verschiedener Mitarbeiter zugefügt werden (vgl. Horváth, 1987, S. 39f.). Wird der Controller organisatorisch verankert, ist eine **Stellenbeschreibung** zu formulieren. In der Literatur finden sich zahlreiche Beispiele für den Organisationstyp Controlling bei funktionaler, divisionaler Aufbauorganisation oder Matrixorganisation (etwa Bozem, 1987, S. 16ff.; Mayer/Weber, 1990, S. 511ff.). Horváth (1987, S. 40) zeigt die Controllingorganisation eines Großunternehmens; es verdeutlicht die starke Spezialisierung (spezielle Controller für alle wichtigen Funktionsbereiche) und die Dezentralisierung (fachlich unterstellt dem Zentral-Controller, disziplinarisch dem Leiter des jeweiligen Unternehmensbereiches) der Controller-Aufgabe.

Große Uneinigkeit besteht darüber, ob der Controller als Stabs- oder Linienposition in die Unternehmensorganisation eingesetzt werden soll (vgl. Stahl, 1992, S. 32ff.). Bei der Untersuchung Bramsemanns wurde der Controller in 49% einer Linienposition, in 51% einer Stabsposition zugeordnet. Die Informations- und Beratungsfunktion des Controllers spricht zwar für eine Eingliederung als **Stabsstelle**, andererseits ist z.B. die Veranlassung von Korrekturmaßnahmen bei fehlender Weisungskompetenz sehr schwer durchzusetzen.

Bornemann (1985, S. 36f.) ist der Meinung, daß die organisatorische Eingliederung in Stabs- oder Linienverantwortung über die **tatsächliche** Wirkungsmöglichkeit des Controllers selbst nichts aussagt: „Ein Controller in Linienfunktion ist zur Untätigkeit verurteilt, wenn der verantwortliche Leiter der Unternehmenseinheit die Möglichkeiten der Controller-Funktion als Unterstützung seiner Aufgabe nicht erkennt und am Controller vorbei seine Entscheidungen trifft. Umgekehrt kann ein im Stab angesiedelter Controller mit der vollen Unterstützung des verantwortlichen Managers für das Unternehmen wesentlich mehr bewirken...". Auch Bozem (1987, S. 8ff.) sieht das **Machtpotential** des Controllers nicht nur durch die hierarchische Stellung im Unternehmen determiniert, sondern auch durch seine Stellung in der „technostruktur" (d.h. „faktische" Macht, die auf Informationsmacht beruht).

In Großunternehmen wird sehr häufig die Controllingfunktion dezentralisiert. (So umfaßt z.B. die Strukturorganisation des Controlling des Volkswagen-Konzerns 78 organisatorische Einheiten mit insgesamt 700 Mitarbeitern.) Je nach betriebsspezifischer Organisationsstruktur existieren dann neben dem Zentral- (Unternehmens-)Controlling Funktionsbereichs-, Divisions-, Regional-, Funktions-, Projekt- oder Tochtergeschäfts-Controller. Die jeweilige Beziehungsstruktur ist gemäß den betriebsindividuellen Anfordernissen zu gestalten.

III. Der instrumentale Aspekt

Mit der Festlegung der Controllingfunktionen ist weitgehend **deckungsgleich** die Frage nach den Controllinginstrumenten zur Erfüllung dieser Aufgaben beantwortet (vgl. dazu Schweitzer/Friedl, 1992, S. 158ff.). Wesentliche Grundelemente des Managementsystems sind uns bereits bekannt, nämlich:

- das Zielsystem und
- das Planungs- und Kontrollsystem.

Die Aufgabe des Controlling, als ein Subsystem der Unternehmensführung zu dienen, erfordert die gleichzeitige Erfüllung der Funktionen Planung, Information, Analyse/Kontrolle und Steuerung. Bausteine eines solchen **Instrumentariums** können sein (vgl. Preißler, 1995, S. 65ff.):

- Methoden der Informationserfassung und -verarbeitung
- ein aussagefähiges Berichtswesen
- ein integriertes Planungs- und Kontrollsystem
- Kostenrechnungssysteme
- Kostensenkungsprogramme
  z.B. ABC-Analyse, Wertanalyse, Nutzwertanalyse, Zero-Base-Budgeting, Gewinnschwellenanalyse, Plankostenrechnung
- Kennzahlensysteme
- Erfolgsrechnung
- Wirtschaftlichkeits- und Investitionsrechnung
- Frühwarnsysteme

Bei Horváth umfaßt das **Controllingsystem** (vgl. Abb. 135, aus Horváth, 1994, S. 143)

- das Planungs- und Kontrollsystem („PK-System"),
- das Informationsversorgungssystem („IV-System"),
- das Koordinationssystem zur Abstimmung von Planung und Kontrolle sowie Informationsversorgung.

Als wichtigstes Instrument sieht er dabei das Rechnungswesen an, das die zur Steuerung benötigten, empfängerorientierten entscheidungsunterstützenden Informationen liefert. Die Basis eines managementorientierten Rechnungswesens erlaubt den Aufbau von Budgets bzw. die Formulierung von Ziel (Vorgabe-)größen als Steuerungs- und Koordinationsinstrumente (vgl. Horváth, 1987, S. 40f.).

1. Das Informationssystem

Der Controller ist für den Aufbau und den effektiven Einsatz von Steuerungshilfsmitteln (-instrumenten), die zur Steuerung der Zielerreichung beitragen, verantwortlich. Das Informationssystem ist seit jeher das **Kernstück** eines jeden Controllingsystems gewesen. Eine der Hauptaufgaben des Controllers wird deshalb die Einrichtung und die Erhaltung eines dem Wirtschaftlichkeitsprinzip entsprechenden, formalisierten Informationssystems sein.

Das Informationssystem ist dabei ein zu **integrierender** Bestandteil des Ziel-, Planungs- und Kontrollsystems der Unternehmung. Es muß nach Deyhle sicherstellen, daß jeder Manager nach Funktion und Hierarchie auswahlweise das an Informationen erhält, was er für seine Zielsetzungs-, Planungs- und Steuerungsfunktion braucht. Die Informationen sind also entsprechend dem Informationsbedürfnis der Entscheidungsebene in unterschiedlichen **Verdichtungsgraden** rechtzeitig zu liefern – Controlling als eine ständige Informationsaufnahme und -abgabe.

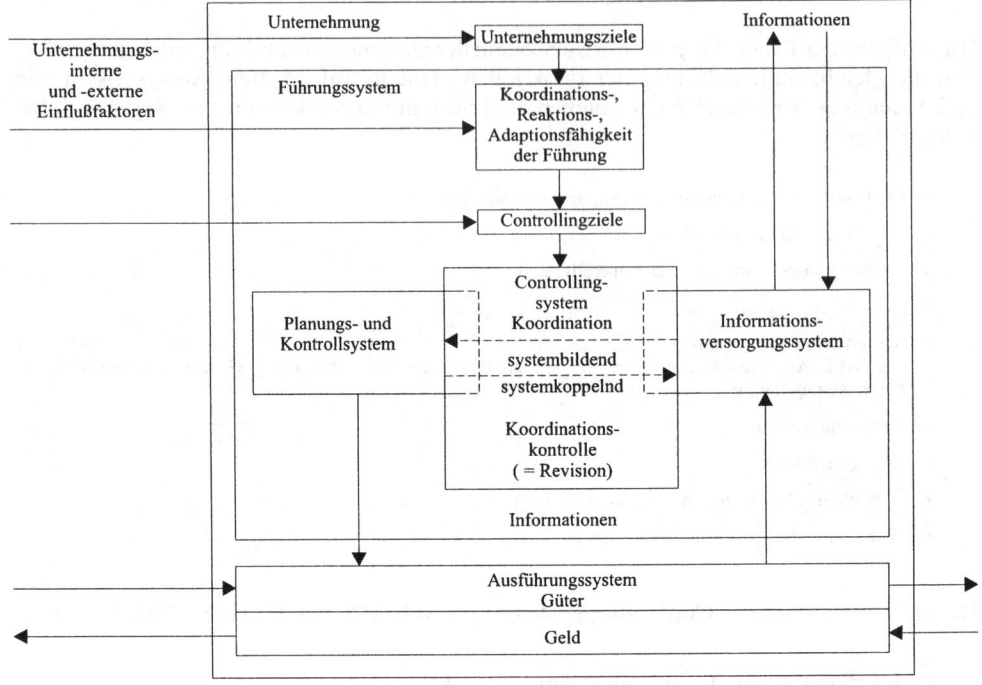

Abb. 135: Controllingsystem

Zur Erfüllung dieser Aufgabe muß der Controller die notwendigen internen und externen Informationen durch den Einsatz entsprechender Instrumente (Kosten- und Leistungsrechnung, Finanzbuchhaltung etc.) rechtzeitig abrufen (also die IST-Werte erfassen), verarbeiten und anschließend die gewonnenen Daten an die Führungsebenen empfängerorientiert und problemadäquat in verdichteter Form abgeben.

Reichmann stellt folgendes **mehrdimensionales** Controllingsystem vor:

- Auf der **unteren** Ebene erfolgt (= Rechnungswesenebene) eine Verdichtung im Rahmen der Einnahmen-Ausgaben-Rechnung(Finanzplanung), Ertrags- und Aufwandsrechnung(GuV), Kosten- und Leistungsrechnung sowie der Vermögens- und Kapitalrechnung.
- Für die **mittlere** Ebene (= Berichtsebene) werden die Zahlen zu verdichteten Umsatz-, Kosten-, Erfolgs- und Finanzplänen sowie zur Planbilanz zusammengeführt und
- auf der **oberen** Ebene (= Kennzahlenebene) werden die Zahlen in ein Führungskennzahlensystem integriert(vgl. 1995b, S. 5f.).

Biethahn/Fischer (1994, S. 27f.) sprechen von einer **Pyramide** des computergestützten Informationssystems bei steigendem Aggregationsgrad (vgl. dazu im einzelnen auch 5. Teil, G):

- Administrations- und Distributionssysteme
- Berichts- und Abfragesysteme
- Auswertungssysteme und interpretative Systeme
- Entscheidungsunterstützungssysteme (dazu insbesondere Krause/Buchholz, 1995).

Eine effiziente Unternehmensführung ist nur dann möglich, wenn die Unternehmensleitung jederzeit einen umfassenden und zeitgemäßen Kenntnisstand über die **Lage** der Unternehmung hat. Jede unternehmerische Entscheidung basiert auf „Informationen". Damit besteht die Gefahr, daß unternehmerische Entscheidungen falsch getroffen werden, weil Informationen entweder gar nicht oder ungenügend bzw. verspätet zur Verfügung stehen. Der dabei anfallende, immer größer werdende Datenfluß ist nur noch mit Hilfe der **Datenverarbeitung** effizient zu bewältigen. (vgl. dazu unsere Ausführungen im 5. Teil „Unterstützung des Managements durch computergestützte Systeme".)

2. Das Berichtswesen

Mit Hilfe eines institutionalisierten Berichtswesens sollen Informationen an interne oder externe Empfänger übermittelt werden. Das Berichtswesen wendet sich an externe Berichtsempfänger, z.B. an Gläubiger oder die Öffentlichkeit; dieser Bereich ist für den Controller von geringerer Bedeutung. Die Mitglieder der Unternehmensleitung, als Berichtsempfänger des **internen** Bereiches, benötigen Informationen als Entscheidungshilfe bei der Unternehmenssteuerung. Für das Management bietet der Controller verschiedene Berichtsarten an:

* Planungsberichte (über geplante Maßnahmen/mögliche Entwicklungen)
* Planstudien (für besondere Probleme)
* Kontrollberichte (Aufzeigen von Soll-Ist-Abweichungen)
* Analytische Berichte (Aufzeigen von Abweichungsursachen)
* Sonderstudien

Bei der **Informationsübermittlung** an das Management sind folgende **Fragestellungen** wesentlich (vgl. Biel, 1993, S. 342):

* **Wozu/Wofür** soll berichtet werden?
  (Je präziser sich der Berichts-/Verwendungszweck bestimmen läßt, um so vollständiger kann der Informationsbedarf befriedigt werden, besonders wichtig bei Entscheidungssituationen)
* **Was** soll berichtet werden?
  (Inhalt/Berichtsobjekt, z.B. Kostenstelle oder Berichtsgebiet; Verdichtungsgrad und Genauigkeit des Berichtsinhalts)
* **Wer** soll berichten und **wer** soll unterrichtet werden?
  (Sender und Empfänger von Berichten)
* **Wann** soll berichtet werden?
  (Termine/Periodizität, Aktualität und Bearbeitungszeiten für Berichte)
* In welcher **Form** soll berichtet werden?
  (Routinemäßige Standardberichte und individuell angeforderte Bedarfsberichte, Frage der Aufbereitung/Darstellung; Frage des Zustands: Soll/Ist/Zeitraum etc.).

Das Berichtswesen muß aus einzelnen **„Bausteinen"** zusammengesetzt sein, die für den jeweiligen Adressaten spezifische Aussagen beinhalten und die auf möglichst übersichtlich (EDV) gestalteten Berichtsblättern enthalten sind.

3. Das Planungs- und Kontrollsystem

Wir haben Planung als einen zentralen Bestandteil des Führungssystems dargestellt (dazu ausführlich 4. Teil, B.) und als „ein systematisches, zukunftsbezogenes Durchdenken und Festlegen von Zielen, Maßnahmen, Mitteln und Wegen zur künftigen Zielerreichung" (Wild, 1974, S. 13) verstanden. Horváth (1994, S. 159) spricht von „prospektivem Denkhandeln" und sieht die Planung als ein wichtiges Koordinationsinstrument zur Lenkung des Unternehmensprozesses und als einen Versuch zur Bewältigung der Unsicherheit. Der Controller wird zum „Koordinator" zwischen Gesamt- und Teilzielen bzw. Gesamt- und Teilplänen. Deyhle spricht in diesem Zusammenhang vom Controller als „Planverkäufer", der die Abstimmung der Teilziele und Teilpläne und die Zusammenführung zu einem Gesamtplan vornimmt.

An früherer Stelle haben wir bereits die **Einheit** von Planung und Kontrolle hervorgehoben. Ohne Planung (und Zielvorgabe) sind keine Abweichungen durch einen Soll-Ist-Vergleich feststellbar, kann keine Analyse durchgeführt werden, auf deren Ergebnissen wiederum die Unternehmenssteuerung basiert. Diese laufende und systematische Kontrolle (Prämissen-, Fortschritts- und Ergebniskontrolle) des betrieblichen Geschehens ist Basis eventuell notwendiger Anpassungs- bzw. Gegensteuerungsmaßnahmen. Neben diesem Feed**back**-Prinzip benötigt die Unternehmensführung Informationen für am Feed**forward**-Prinzip ausgerichtete Planungen. Über den Soll-Ist-Vergleich hinausgehende Analysen der Abweichungen geben die Möglichkeit **zukunftsorientierter** Steuerung. Damit dient Controlling nicht nur der Kontrolle, sondern auch der Entscheidungsvorbereitung.

Der Prozeß der Unternehmensführung mit Hilfe des Controlling basiert auf zwei Instrumenten:

- zum einem auf einem adäquaten **Führungsstil** (wir haben die Führung mit Zielvereinbarung als umfassendes Modell der Unternehmenssteuerung vorgestellt),
- zum anderen auf einem entsprechenden **Informationssystem** als Entscheidungshilfe der ertragsverantwortlichen Führungskräfte (so definiert Bardy etwa Controlling als „das Unternehmen mit Zahlen führen"). Kennzahlen bzw. Kennzahlensysteme leisten als differenzierte Instrumente eine wesentliche Hilfestellung.

Gegen dieses Basisverständnis von Planung und Kontrolle quasi als Zwillingsfunktionen wendet sich Schreyögg (1994, S. 345). Für ihn macht die Umweltdynamik und -komplexität einen ganz anderen Planungs- und Kontrollprozeß erforderlich, in dem der Kontrolle die Aufgabe zufällt, das **Selektionsrisiko** der Planung zu kompensieren, d.h., die Kontrolle ist nicht wie im klassischen Zyklus Planung-Durchführung-Kontrolle „nachgehängt", sondern sie hat die Selektionsentscheidungen im Planungsprozeß von Anfang an und fortlaufend auf ihre weitere Tragfähigkeit hin zu überprüfen.

Das Planungs- und Kontrollsystem als ein Instrument der zielorientierten Unternehmensführung wurde bereits erläutert (4. Teil). Dabei genügt es nicht, das Zahlenwerk des Rechnungs- und Finanzwesens als Informationssystem **allein** auf die Zielerfüllung der monetären Ziele der Unternehmung auszurichten. Wir finden es notwendig, neben das operative und strategische Ergebnis- und Liquiditäts-Controlling als sicherlich **zentralen** Bestandteil der PK-Rechnung zur Steuerung und Kontrolle der betrieblichen Aktivitäten ergänzend die **gesellschaftsbezogene** Berichterstattung (etwa über soziale und ökologische Folgen der Unternehmenstätigkeit) als ein Instrument einer modernen, zukunftsbezogenen Unternehmensführung einzufügen (vgl. unsere Ausführungen 9. Teil).

IV. Entwicklungstendenzen des Controlling

Im 5. Teil haben wir ausführlich Tendenzen im Bereich der Organisationsstruktur (Organisationales Lernen, Management des Wandels etc.) beschrieben. Hahn (1995, S. 337) sieht die **Entwicklungstendenzen** „in einer zunehmenden Integration von Controlling und Controller

- in die dezentralisierte und prozeßorientierte Organisation (Center-, Team- und Selfcontrolling, Prozeß- und Projektcontrolling),
- in die wettbewerbs- sowie kunden- und lieferantenorientierte, globale Geschäftstätigkeit (Target Costing, Benchmarking, Total Quality Management, KVP, Sourcing-Konzepte mit Make or Buy-Entscheidungen),
- in technische und finanzwirtschaftliche Aufgaben (technisch-betriebswirtschaftliche Datenbank/CIM, BOT/BOO, Shareholder Value),

804

- in die Sachziel- und Personalbeurteilung (Planzielvereinbarungen in Anreizsystemen),
- in die Gesamtverantwortung der Unternehmensführung (Ergebnistransparenz gegenüber Kapitalgebern, Sozialpartnern und der allgemeinen Öffentlichkeit)".

Controlling hat in den letzten zehn Jahren einen grundlegenden Wandel erlebt: Weg von der ‚**Kontrolle**' i. S. eines Aufpassens/Nachprüfens hin zum ‚Coaching' der agierenden Führungskräfte durch Aufhellen des Funktionsmodells, nach dem sie umsichtig wirken und Erfolg sichern können.

In den nächsten zehn Jahren muß der Wandel jedoch weitergehen, denn die verschiedenartigen Controlling-Ansätze im Unternehmen (vom F&E über das Personal bis zum Finanz-Controlling) müssen zusammenkommen im Rahmen eines umfassenden Lernprozesses, in dem der Controller immer stärker zum **Moderator** wird, der den Verantwortlichen einzelner Zuständigkeitsbereiche immer wieder bewußtmacht, „wie ihr Verhalten andere Zuständigkeitsbereiche betrifft und wie sie im Gesamtmodell ihres Unternehmens oder ihres Geschäftsbereiches zu Leistungsfähigkeit und Zukunftssicherung beitragen.

Das Szenario eines Controllingsystems 2005 besteht für Sommerlatte (1998) aus vier wesentlichen Grundzügen:

- Das prozeßorientierte Verständnis der Leistungserbringung
- Die Gesamtheitlichkeit des mentalen Modells des Unternehmens.
- Das aktive Management der Lernprozesse im Unternehmen
- Die Abbildung des Funktionsmodells des Unternehmens im Informationssystem

Controller leisten Führungsunterstützung. Wenn sich aber, so Weber (1998, S. 2ff.), das Aufgabenfeld des Managers in den letzten Jahren dramatisch geändert hat (Globalisierung, Marktdynamik etc.), kann das Aufgabenfeld des Controllers davon nicht unbeeinflußt bleiben. Die Verantwortlichkeit für die Ergebnistransparenz stiftet sicherlich Nutzen, der Fokus auf Kosten/Erlöse hilft aber dem Management bei dessen Führungsaufgabe nur noch beschränkt weiter. „Die wesentlichen Managementinnovationen der letzten Jahre sind alle ohne die klassischen betriebswirtschaftlichen Zahlen ausgekommen:

- **Lean Production** vermeidet Verschwendung insbesondere durch die prozeßnahe Einbindung der Mitarbeiter.
- **Total Quality Management** stellt die Anforderungen des (externen und internen) Kunden in allen Gliedern der Prozeßkette in den Vordergrund.
- **Time based Management** richtet sich auf die Verkürzung von Prozeßzeiten auf allen Ebenen der Wertschöpfung.
- **Systems Reengineering** reorganisiert rigoros das gesamte Prozeßsystem des Unternehmens: Kostenreduzierungen sind Folge, nicht Anlaß von Verbesserungen.

Kurz: Die Schlacht um Wettbewerbsfähigkeit wird nicht durch akribische Kostenplanung und Abweichungsanalysen, sondern durch prozeßorientierte Strukturveränderung gewonnen. Controller müssen sich deshalb sobald als möglich auf ungewohnte neue Steuerungsgrößen einstellen und im Spiel der Prozeßorientierung kräftig mitmischen. (Weber, 1998, S. 4)

Für Weber lassen sich die wichtigsten **Aufgaben**, die auf Controller zukommen, in folgenden Punkten zusammenfassen (ebd.):

- Zerlegen des Unternehmens in Kernprozesse bzw. Prozeßketten
- Definition der zentralen kundenbezogenen Anforderungen für die Kernprozesse
- Umsetzung der wichtigsten Anforderungen der Kunden in meßbare Größen
- Optimierung des Verhältnisses aus Kundenanforderungen und Kosten ihrer Erfüllung auf der Basis der konkretisierten Meßgrößen
- Festlegung der Meßgrößen, über die permanent berichtet wird
- Aufbau fester Planungs- und Kontroll-Regelkreise für diese Größen

C. Unternehmenssteuerung mit integrierten Kennzahlensystemen

Wir haben mehrmals auf die Komplexität und Dynamik der betrieblichen Umweltfaktoren hingewiesen, die zum einen eine zielorientierte, rasch reagierende Unternehmensplanung, -steuerung und -kontrolle erschweren, zum anderen eine Krisenerkennung im Rahmen eines strategischen Managements immer notwendiger erscheinen lassen. Die Unternehmung benötigt zu einer effizienten Unternehmensführung ein **monetäres PK-Zahlenwerk**, das es ihr gestattet, möglichst früh Chancen und Risiken zu erkennen und in unternehmerisches Handeln umzusetzen. Die Entscheidungsträger benötigen deshalb fundierte **entscheidungsrelevante** (qualitativ und quantitativ verarbeitbare) Informationen über die Betriebsprozesse.

Die Zahlen des betrieblichen Rechnungswesens (Bilanz, GuV-Rechnung) erfüllen diese Aufgaben nur **beschränkt**, da sie

- zum einen viel zu **spät** verfügbar sind, um noch die Basis für Anpassungsreaktionen sein zu können,
- zum anderen erst zu führungsrelevanten Informationen **verarbeitet** werden müssen (vgl. Leiderer, 1995, S. 137ff.).

Betriebswirtschaftliche Kennzahlen stellen eine **quantitative Zielsetzung** dar, indem Handlungsweisen operationalisiert, d.h. in rechnerische Größen gefaßt werden und damit ihr Erreichungsgrad überprüfbar wird. Als Elemente der Führungsprozesse finden Kennzahlen bereits seit langem weitgehende Verwendung. Während lange Zeit jedoch Kennzahlen primär im Rahmen finanzwirtschaftlicher Fragestellungen eingesetzt wurden (Bilanzanalyse, Insolvenzanalyse), werden sie nun verstärkt als **Führungsinstrument** auch in den übrigen Funktionsbereichen verwendet. In jüngster Zeit werden Kennzahlen des „Klassenbesten" zum zwischenbetrieblichen Vergleich herangezogen (vgl. unsere Ausführungen im fünften Teil zum **Benchmarking**; ein für Benchmarkingzwecke entwickeltes **branchen**spezifisches Kennzahlensystem findet sich bei Eversheim/Linnhoff/Pollack, 1994). Neben der Hilfestellung bei operativen Problemlösungen sollen Kennzahlen als Frühwarnindikatoren auch rechtzeitig Anzeichen krisenhafter Entwicklungen signalisieren.

Ein effizientes Kennzahlensystem erlaubt die Datenselektion, -aufbereitung und -verdichtung unter den entscheidungsrelevanten Bedürfnissen der Kennzahlenempfänger. Es wird an dieser Stelle bereits deutlich, daß alle Partial- oder Gesamtkennzahlensysteme als **integraler** Bestandteil des bereits dargelegten betrieblichen **Informationssystems** konzipiert sein müssen. Probleme dabei: Informationen zu verdichten, ohne dabei ihre Entscheidungsqualität zu verringern und der überproportional zum dispositiven Faktor wachsenden Informationsmenge Herr zu werden.

Die im 5. Teil (G) bereits dargelegten **PC-gestützten Führunginformationssysteme** (FIS, EIS u.ä) erlauben ein kennzahlengestütztes Controlling mit Berichts-, Zeitreihen-, Kennzahlenanalysen.

I. Kennzahlen

Kennzahlen sind
- für interne und externe Zwecke einsetzbare Meßgrößen.
- die in konzentrierter. stark verdichteter Form
- auf eine relativ einfache Weise.
- schnell.
- als Ausdruck eines erfaßbaren und quantifizierbaren Vorgangs
- über einen betrieblichen Tatbestand informieren.

Wir wollen – wie es auch die Praxis hält – davon ausgehen, daß eine Kennzahl nicht nur eine Verhältniszahl, sondern auch eine absolute Zahl sein kann (vgl. Abb. 136). Die **absoluten Zahlen**, als ursprüngliche Zahlen, stammen meist aus dem betrieblichen Rechnungswesen. Es gibt die Möglichkeit, sie als Bestandsgröße für einen bestimmten Stichtag und als Bewegungsgröße, auf einen bestimmten Zeitraum bezogen, zu unterteilen oder sie nach der Darstellungsform zu klassifizieren. Bei den **Verhältniszahlen** werden betriebswirtschaftlich relevante Größen zueinander in Beziehung gesetzt. Je nach **Art** der Verhältnisbildung unterscheidet man Gliederungszahlen, Beziehungszahlen oder Indexzahlen (Meßzahlen).

Eine **Analyse** der Kennzahlen beantwortet zwei Fragen:

1) Die Frage nach der Verhältnismäßigkeit (Kennzahl zu hoch/niedrig?)
2) Die Frage nach den Ursachen (Worauf ist die Abweichung zurückzuführen? Beantwortung durch Kennzahlenzerlegung) (vgl. Abb. 137).

Eine Kennzahl hat – für sich allein gesehen – als relative Größe nur eine beschränkte Aussagekraft. Um Kennzahlensystemen eine gewisse Transparenz zu verleihen, ist es notwendig, Vergleiche einzelner Kennzahlen vorzunehmen.

Als **Informationsarten** für Vergleiche stehen zur Verfügung (vgl. Corsten/Reiß, 1989, S. 616f.):

- Faktische Informationen, d.h. in der Vergangenheit/Gegenwart eingetreten (Ist-Größen bzw. War-Größen)
- Prognostische Informationen, d.h. in Zukunft erwartet (Wird-Größen)
- Normative Informationen, d.h. durch Zielsetzung entstanden/angestrebt (Soll-Größen bzw. Zielgrößen)
- Fiktive Größen, d.h. Angenommen (Kann-Größen, also Eventual-/Wäre-Größen)

Während ex post mit dem Kennzahlenvergleich (Soll-Ist) eine **Kontrolle** durchgeführt wird, wird ex ante mit dem Kennzahlenvergleich (Soll-Wird) im Sinne einer **Problemerkennung** (Diagnose) festgestellt, ob ein zukünftiger Handlungsbedarf besteht oder nicht. Die gewünschte **Form** der Darstellung ist ebenfalls eine Frage der Zweckmäßigkeit (Klarheit, Vergleichbarkeit etc.).

Zeitvergleiche auf der Grundlage eines Ist-Ist-Vergleichs (genauer War-Ist-) oder Wird-Ist--Vergleichs haben insbesondere zwei Schwächen:

- Späterkennung des Handlungsbedarfs
- Definition des Vergleichsmaßstabs

Beim **Soll-Ist-Vergleich** wird die Zielsetzung mit den tatsächlichen Ergebnissen **ex post** verglichen, um evtl. notwendige Abweichungsanalysen zu initiieren.

Bea/Haas (1995, S. 203) unterscheiden folgende **Kontrollarten**:

- Zielkontrolle (Soll-Soll-Vergleich: Sind die Ziele untereinander verträglich oder konkurrierend?)
- Planfortschrittskontrolle (Soll-Wird-Kontrolle: Wird Plan erwartungsgemäß verwirklicht? Stimmen Zwischenziele mit prognostizierten Wird-Größen überein?)
- Ergebniskontrolle (Soll-Ist-Vergleich: Vergleich der geplanten Größe mit Ergebnis)
- Prognosekontrolle (Wird-Wird-Vergleich: Sind prognostizierte Größen untereinander verträglich?)
- Prämissenkontrolle (Wird-Ist-Vergleich: Vergleich der Prämissen mit tatsächlichen Entwicklungen)

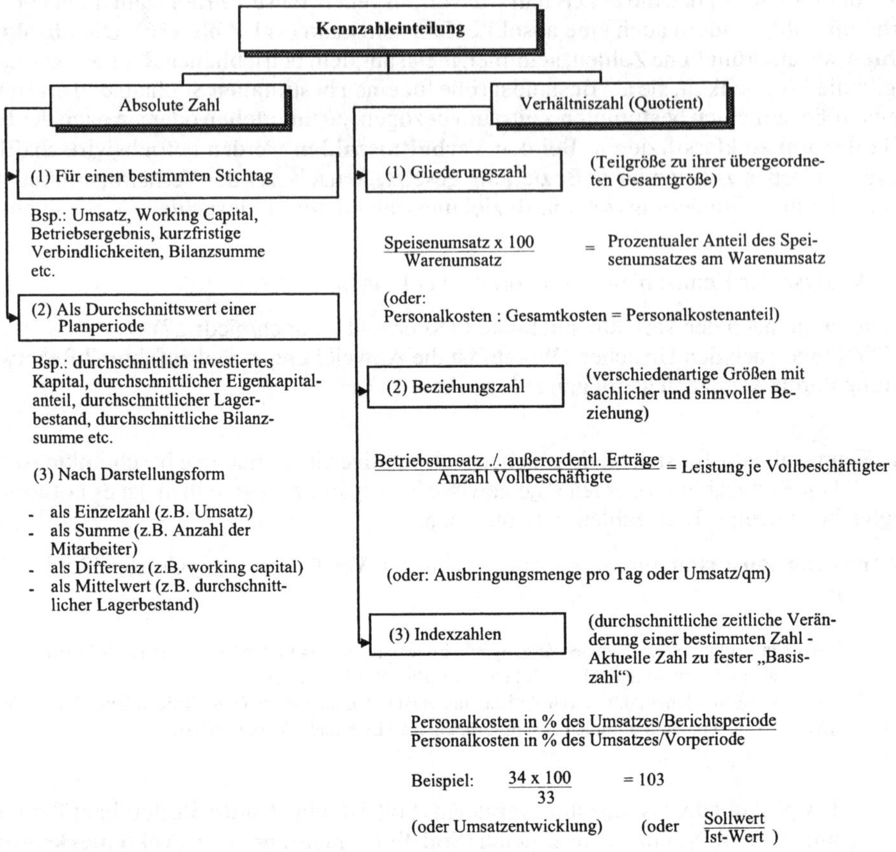

Kennzahleinteilung
Absolute Zahl
Verhältniszahl (Quotient)
(1) Für einen bestimmten Stichtag
Bsp.: Umsatz, Working Capital, Betriebsergebnis, kurzfristige Verbindlichkeiten, Bilanzsumme etc.
(2) Als Durchschnittswert einer Planperiode
Bsp.: durchschnittlich investiertes Kapital, durchschnittlicher Eigenkapitalanteil, durchschnittlicher Lagerbestand, durchschnittliche Bilanzsumme etc.
(3) Nach Darstellungsform
- als Einzelzahl (z.B. Umsatz)
- als Summe (z.B. Anzahl der Mitarbeiter)
- als Differenz (z.B. working capital)
- als Mittelwert (z.B. durchschnittlicher Lagerbestand)
(1) Gliederungszahl
(Teilgröße zu ihrer übergeordneten Gesamtgröße)
Speisenumsatz x 100 / Warenumsatz = Prozentualer Anteil des Speisenumsatzes am Warenumsatz
(oder: Personalkosten : Gesamtkosten = Personalkostenanteil)
(2) Beziehungszahl
(verschiedenartige Größen mit sachlicher und sinnvoller Beziehung)
Betriebsumsatz ./. außerordentl. Erträge / Anzahl Vollbeschäftigte = Leistung je Vollbeschäftigter
(oder: Ausbringungsmenge pro Tag oder Umsatz/qm)
(3) Indexzahlen
(durchschnittliche zeitliche Veränderung einer bestimmten Zahl - Aktuelle Zahl zu fester „Basiszahl")
Personalkosten in % des Umsatzes/Berichtsperiode / Personalkosten in % des Umsatzes/Vorperiode
Beispiel: 34 x 100 / 33 = 103
(oder Umsatzentwicklung)
(oder Sollwert / Ist-Wert)

Abb. 136: Kennzahleinteilung

AUSSAGEN EINER KENNZAHLENANALYSE
Frage nach der Verhältnismäßigkeit
Fragen nach den Ursachen
interner Kennzahlenvergleich
externer Kennzahlenvergleich
Zeitvergleich
(Gegenüberstellung von gleichen Kennzahlen aus verschiedenen Berichtszeiträumen)
Soll-Ist-Vergleich
(Gegenüberstellung von Soll- und Ist-Zahlen aus dem gleichen Berichtszeitraum)
- Durchschnittszahlen
- Erfahrungsgruppen
(Vergleich mit der entsprechenden Kennzahl eines anderen Unternehmens oder mit überbetrieblichen Orientierungsgrößen)
Kennzahlenzerlegung
(stufenweises Bilden und Überprüfen der „Vorkennzahlen")
evtl. bis hin zum Einzelbeleg

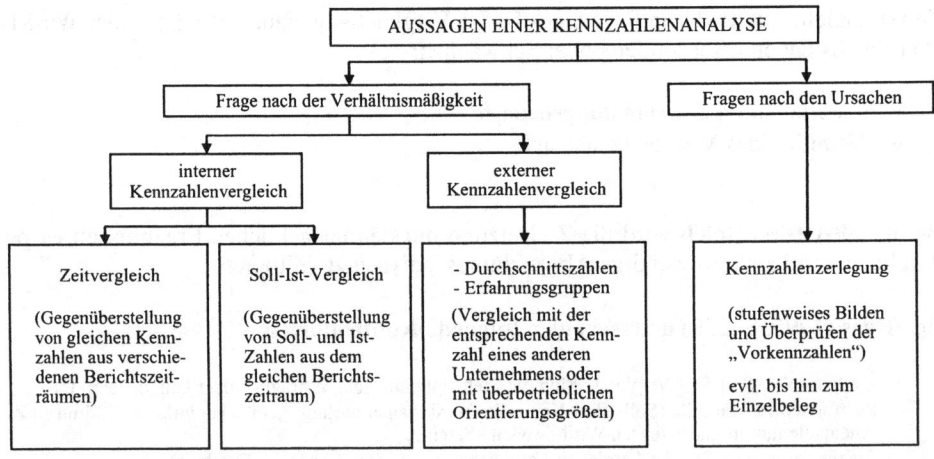

Abb. 137: Aussagen einer Kennzahlenanalyse

II. Kennzahlensysteme

1. Begriff

Von einem Kennzahlen**system** wird dann gesprochen, wenn die Einzelkennzahlen, die für sich allein eine sehr begrenzte Aussagefähigkeit besitzen, zu einem System gegenseitig abhängiger und sich ergänzender Kennzahlen zusammengefaßt werden. Bei der stufenweisen Auflösung dieser Kennzahlensysteme, d.h. der Auflösung des Oberzieles in Unter- (Teil-) Ziele, entsteht eine **Zielhierarchie**. Es finden sich zwei Varianten:

- durch ein **Rechen**system rechnerisch miteinander zu einem geschlossenen Informationssystem, das Ursache-Wirkungs-Zusammenhänge erkennen läßt, verknüpft (siehe dazu das DuPont und ZVEI-System) bzw.
- die Kennzahlen werden durch ein **Ordnungs**system in einem bloßen (sachlogischen) Systematisierungszusammenhang gruppiert (z.B. das mittels EDV praktisch umsetzbare DATEV-Programm MIDIAS; dazu Mellwig, 1994, S. 365)

Neben diesen deduktiv aus den betrieblichen Zielen abgeleiteten Systemen bauen die Systeme der Insolvenzprognosen auf empirischem Datenmaterial auf (vgl. dazu unsere Ausführungen am Ende dieses Teils).

Da der Idealfall einer unternehmerischen Total-Gesamtplanung in der Praxis nicht zu verwirklichen ist (i.d.R. wird z.B. eine Subzielbestimmung dort abgebrochen, wo eine „hinlängliche Verhaltenssteuerung" gewährleistet wird), führt dies normalerweise zu einem Mangel an Koordinationsinformation. Dem Kennzahlensystem kommt damit in seiner Eigenschaft als Entscheidungsvorbereitungs- und Kontrollsystem nicht nur eine informationsverdichtende Aufgabe zu, sondern auch die Aufgabe einer echten Problemerkennung (vgl. Reichmann, 1995b, S. 51f.). Kennzahlensysteme sind äußerst vielseitig funktional einsetzbar; wir beschränken uns hier auf die Darstellung von Kennzahlensystemen als **Hilfsmittel** der **Unternehmensführung** (kurzfristige Planung, Steuerung und Kontrolle).

Groll (1986, S. 65f.) weist auf den **kurzfristigen** Erfolgsanalysecharakter der meisten Systeme hin und fordert den Einbezug von Kennzahlen, die zukunftsbezogen Hinweise zur **langfristigen** Erfolgssicherung geben durch Aussagen über die Sicherheit der Gewinnerzielung, die Produktinnovation, die Produktivität, die Investitionen sowie die Anstrengungen in Bezug auf F&E, um nicht die Entwicklung langfristiger Erfolgspotentiale zugunsten kurzfristiger Erfolge zu vernachlässigen.

2. Funktionen

In Anlehnung an Leiderer (1995, S. 18) erfüllen Kennzahlensysteme folgende **Aufgaben**:

- Risikominderung unternehmerischer Tätigkeiten durch Reduzierung des Informationsmangels
- Orientierung über die Stellung des Unternehmens im Wettbewerb (Stärken-Schwächen-Analysen; interner/externer Kennzahlenvergleich)
- Verbesserung von Zielsetzungs- und Planungssystemen im Unternehmen
- Systematische Kontrolle des Betriebsgeschehens (Gesamt/Teilbereiche)
- Erkennen und Analyse von Schwachstellen
- Einleitung gezielter Rationalisierungsmaßnahmen
- Aktivierung ungenutzter Ressourcen
- Früherkennung einer schwachen Marktposition
- Rechtzeitiges Erkennen sich bietender Wachstumsmöglichkeiten bzw. Marktchancen

3. Beispiele maßgeblicher Kennzahlensysteme

In der Literatur findet sich eine unübersehbare Fülle an Kennzahlen als Führungshilfe, allein zur Liquidität sind über 140 verschiedene Ausprägungen bekanntvgl. für einen Überblick Hürlimann, 1990, S. 88). Ausführliche Beispiele für alle Bereiche finden sich bei Meyer(1987, S. 707ff.) oder im Kennzahlensystem nach Preißler(1995, S. 104ff.) mit Erfolgs-, Produktivitäts-, Finanzierungs- und Liquiditätskennzahlen, Kennzahlen zur Risikostruktur, zum Material- und Vertriebsbereich. Für die einzelnen **funktionalen Bereiche** der Unternehmung (F&E, Personal, Lagerwirtschaft, Produktion, Vertrieb, Logistik usw.) werden spezielle Kennzahlensysteme angeboten, für den Marketingbereich siehe Fröhling (1990); als Beispiel für den Personalbereich das Kennzahlensystem von Schulte (1989, S. 51ff.) oder Fröhling (1990, S. 121f.). Ein marktorientiertes Kennzahlensystem zur **Führung von Mitarbeitern** mit der Zielgröße „Cash-flow pro Mitarbeiter" und den beiden Ästen Umsatzüberschußrate (Cash-flow/Umsatz) und Pro-Kopf-Umsatz (Umsatz/Mitarbeiter) zeigt Bühner (1995 b).

a) Das RL-Controlling-Kennzahlensystem von Reichmann

In seinem RL-Kennzahlensystem, das für Analysezwecke und als Hilfsmittel für die Unternehmensführung konzipiert ist, wird zwar eine Zielbezogenheit des Systems eingehalten, jedoch (und damit abweichend etwa vom ZVEI-System) auf eine **formale** Verknüpfung von Kennzahlen **verzichtet** (vgl. im einzelnen Reichmann, 1995b, S. 32ff.). Als **zentrale Kenngrößen** des Steuerungssystems fungieren Erfolg **und** Liquidität als gleichberechtigte Größen.

Das abgebildete RL-Kennzahlensystem besteht aus zwei Teilen:

- Einem allgemeinen Teil (der branchenunspezifisch ist)
  Dieser besteht aus einem Rentabilitätsteil und einem Liquiditätsteil
- Einem Sonderteil (der firmenspezifische Besonderheiten berücksichtigt)

In seiner **erweiterten Fassung** besteht dieses RL-Kennzahlensystem:

- aus dem RL-Bilanz-Kennzahlensystem
  (mit den Teilgrößen Betriebsvergleich und Globale Planung/Kontrolle)
- aus dem RL-Controlling-Kennzahlensystem.
  Dabei wird, ausgehend von dem Unternehmensgesamtplan, ein bereichsorientiertes Controlling und, darauf aufbauend, ein Controlling-Kennzahlensystem entwickelt.

Die einzelnen Elemente haben folgende **Aufgaben** (siehe im einzelnen Reichmann, 1995b, S. 53ff.):

1. Kosten- und Erfolgs-Controlling:

- Zu jedem Zeitpunkt die Auswirkungen von Umsatzveränderungen auf die betriebliche Erfolgsstruktur erkennbar zu machen
- Für die einzelne Kostenstelle die Planabweichungen (Preis-, Beschäftigungsabweichung) zu analysieren
- Schwachstellen zu dokumentieren
- Durch eine kostenträgerbezogene Analyse unwirtschaftliche Produkte bzw. Produktgruppen mit Hilfe der differenzierten Deckungsbeitragsrechnung aufzuzeigen

2. Investitions-Controlling:

- Entscheidungskriterien für die Beurteilung von Investitionsprojekten sowie Koordinationsinformationen bereitzustellen
- Heranziehen der Wertanalyse zur Entscheidungsfindung
- Laufende Projektverfolgung und -kontrolle (zur Nachrechnung bzw. Korrektur)

3. Finanz-Controlling:

- Laufende und strukturelle Liquiditätssicherung
- Kurz- und mittelfristige Finanzplanung
- Kennzahlenorientierte Bilanzplanung

b) Das Du-Pont-Kennzahlensystem

Das bekannteste (und wohl älteste betriebswirtschaftliche) Kennzahlensystem ist das bereits 1913 entwickelte **Du-Pont-System of Financial Control**, das gewissermaßen den „Prototyp" eines rentabilitätsorientierten Kennzahlensystems darstellt (vgl. dazu auch Abb. 149). Spitzenkennzahl dieses Rechensystems ist der **Return on Investment** (ein erweitertes ROI/ Cash-flow-Kennzahlensystem stellt das von Hahn entwickelte ergebnis- und liquiditätsorientierte Planungs- und Kontroll-Kennzahlensystem (**PuK**) dar; dazu Hahn, 1996. S. 156ff.). Der Return on Investment wird in zwei multiplikativ verknüpfte Kennzahlenkomponenten „Umsatzrentabilität" und „Kapitalumschlag" aufgespalten, die ihrerseits wiederum in weitere Einzelkomponenten zerlegt werden. So entsteht ein Stammbaum hierarchisch aufgebauter und miteinander rechnerisch verbundener Kennzahlen. Das System ist allerdings fast ausschließlich auf den **Finanzbereich** begrenzt (vgl. dazu Botta, 1993, S. 90ff.).

Diese Aufspaltung des Kapitalertrags-Stammbaums ermöglicht dem Management eine systematische Schwachstellenforschung. Dabei liegt das Interesse im

- linken Bereich des Stammbaumes auf den **Kosten**,
- im rechten Bereich auf der Zusammensetzung des **Vermögens**.

Das Du-Pont-System ist einerseits zwar flexibel, übersichtlich, anschaulich, andererseits geht die Analyse nicht sehr tief und ist einseitig auf kurzfristige Rentabilitätsmaximierung ausgerichtet (vgl. Groll, 1986, S. 35). Ein detailliertes Kennzahlensystem, das den ROI-Baum für eine gewinnorientierte Unternehmensführung verwendet, stellt Vollmuth (vgl. 1987, S. 97ff.) vor. Eine Modifizierung dieses Modells stellt die **„Pyramid Structure of Ratios"** des British Institute of Management und das branchenspezifische Kennzahlensystem des Zentralverbandes der Elektrotechnischen Industrie (**ZVEI**) dar. Während im Du-Pont-System ab der zweiten Stufe nur mehr absolute Kennzahlen verwendet werden, finden sich im ZVEI-System durchgängig relative Kennzahlen. Mit jeder Kennzahl wird das Zustandekommen der **übergeordneten** Kennzahl erklärt, wobei das System kaum Planungsinterdependenzen berücksichtigt.

4. Berücksichtigung nichtfinanzwirtschaftlicher Leistungsmaßstäbe

a) Performance Measurement Systems

Fischer (vgl. 1994, S. 272ff.) bemängelt, daß beide oben gezeigten Kennzahlensysteme (Reichmann, DuPont/ROI) nahezu ausschließlich **finanz**wirtschaftliche Größen enthalten mit einem Rendtemaß als Spitzenkennzahl. Für die Kontrolle der Wirtschaftlichkeit im Unternehmen und für Hinweise auf die „zukünftige" Leistungskraft eines Unternehmens sind zusätzlich neue Maßgrößen/Kennzahlen (wie **technisch-ökonomische** Kennzahlen: Verfügbarkeit der technischen Anlagen, Kapazitätsauslastung, Auftragsdurchlaufzeiten, Prozeßausbeuten etc.) zu integrieren. (vgl. Abb. 138, aus ebd.) „Diese sollten einerseits Aufschluß über die Realisierung der strategischen Schlüsselfaktoren Flexibilität, Qualität und Schnelligkeit im Unternehmen geben und andererseits Informationen zu den drei betrieblichen Steuerungsebenen Anteilseigner, Kunde und Organisation liefern können" (ebd.,

S. 278). Ähnlich fordert Pedell (1994, S. 555f.), auf den Handlungsebenen das Controlling von Funktionen und Prozessen durch Kennzahlen für technische Erfolgsfaktoren wie Qualität, Zeit und Flexibilität zu flankieren (vgl. dazu auch 5. Teil, M, VI, 7).

traditionelles Kennzahlensystem	strategieorientiertes Performance Measurement System
• finanzwirtschaftliche Ausrichtung	• Einbezug nicht finanzwirtschaftlicher Größen
• Rentabilitätsorientierung	• Kundenorientierung
• begrenzte Auswertungsflexibilität	• flexible Auswertungsmöglichkeiten
• keine systematische Verknüpfung mit strategischen Unternehmenszielen	• Anregungen für Prozeß- verbesserungen
• Verringerung der Kosten	• Verbesserung der Leistung
• vertikale, fragmentierte Analyse	• horizontale, integrierte Analyse
	• „organizational learning“
• individuelle Leistungsanreize	• gruppenbezogene Leistungsanreize

Abb. 138: Merkmale traditioneller Kennzahlensysteme und strategieorientierter „Performance Measurement Systeme (PMS)“

b) Qualitätsbezogene Kennzahlen

Im 5. Teil haben wir u.a. den Erfolgsfaktor Qualität beschrieben. „Die Schaffung von **Qualitätsfähigkeit** als Leistungskomponente präventiver Qualitätssicherung beschreibt die Förderung der Eigenschaft einer organisatorischen Struktur zur Erzeugung kundengerechter Leistungen. Diese Fähigkeit basiert auf dem qualitätsgerechten Verhalten der Organisationsmitglieder bei der Durchführung der Arbeitsaufgabe sowie deren Gestaltung und Weiterentwicklung im Sinne eines kontinuierlichen Verbesserungsprozesses“ (Wildemann, 1995b, S. 272).

Da die Qualitätsfähigkeit den Charakter einer Potentialqualität hat, die sich nicht direkt messen läßt (sie beschreibt die Fähigkeit einer Organisation zur Reakion auf Veränderungen und zur Antizipation von Veränderungen mit dem Ziel der Einflußnahme auf den Veränderungsprozeß), muß eine Beurteilung über **Hilfsgrößen** erfolgen.

Qualitätsbezogene Maßnahmen sind unter Berücksichtigung der Wirtschaftlichkeit zu treffen, d.h, hochwertige Produkte sind zu akzeptablen Herstellkosten zu produzieren. Eine Schlüsselrolle spielen hierbei die bisher in der Betriebswirtschaftslehre kaum Berücksichtigung findenden **Qualitätskosten**, die vorwiegend infolge von Qualitätsforderungen (z.B. alle Maßnahmen der Fehlerverhütung und der Qualitätsprüfung, externe/interne Fehler) entstehen.

Ein ausgewählter Katalog von Kennzahlen eines **Qualitäts-Controlling** findet sich bei Schmelzer (1994, S. 124) und bei Reichmann (1995a, S. 15). Als Novitäten im Instrumentenkasten des Controlling schlagen Horváth/Lamla (1995a, S. 65ff.) ein Cost Benchmarking und Kaizen Costing vor.

III. Betriebliche Kennziffern als tragende Säulen

Bei der Produktivität, Wirtschaftlichkeit, Rentabilität und Liquidität als den sog. „betrieblichen Kennziffern" handelt es sich um tragende Säulen der Betriebswirtschaftslehre und um elementare ökonomische Maßstäbe für Unternehmen, unabhängig von deren Rechtsform, Geschäftszweig oder Größe (vgl. zum Nachfolgenden Weber, 1983). Die Kennziffern sollen in ihren **wesentlichen Grundzügen** als operative und strategische Controllinginstrumente dargestellt werden. Den Oberbegriff „**unternehmensperformance**" (Wirtschaftlichkeit) als ein mehrdimensionales Beurteilungskriterium wirtschaftlichen Handelns zeigt Abb. 139 (aus Dellmann, 1992, S. 120).

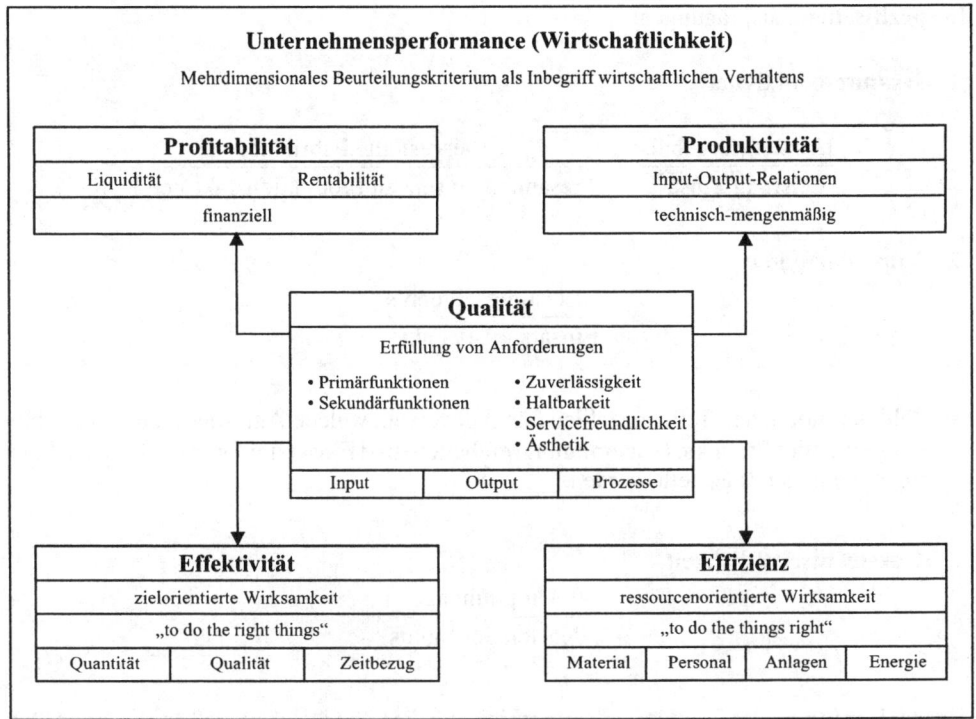

Abb. 139: Dimensionen der Wirtschaftlichkeit

Nach Weber gehören die Begriffe Produktivität und Wirtschaftlichkeit zu den wohl am **schwersten** zu fixierenden betriebswirtschaftlichen Begriffen; es erscheint seiner Ansicht nach – da jeweils eine gleichgeartete Betrachtung gemeint ist – **nicht** lohnend, zwischen diesen beiden Begriffen einen Unterschied machen zu wollen, und schlägt zur Begriffsbestimmung vor, vom sog. **wirtschaftlichen** oder **ökonomischen** Prinzip auszugehen.

1. Produktivität

In der Literatur wird der Begriff Produktivität (Kosiol: Technizität, Mellerowicz: technische Ergiebigkeit) i.d.R. für Beziehungszahlen verwendet, denen **Mengengrößen** zugrunde liegen. Sie gibt Antwort auf die Frage, mit welcher Menge an Einsatzfaktoren (z.B. Arbeit, Material) der Betrieb eine bestimmte Menge an Output erzeugt hat (= Maßgröße für die – rein mengenmäßige – Effizienz eines Produktionsvorganges). Nach dem **ökonomischen Prinzip** sind die Produktionsfaktoren möglichst effizient einzusetzen. Im Zeitvergleich sind Änderungen in der Effizienz des Faktoreinsatzes bei der Einbringung der betrieblichen Leistung erkennbar.

In **allgemeiner** Form stellt sich die Beziehung folgendermaßen dar:

$$\frac{\text{Ausbringungsmenge}}{\text{Faktoreinsatzmenge}} \quad \text{oder} \quad \frac{\text{Output}}{\text{Input}}$$

In **spezifischen** Ausprägungen:

1. **Gesamt**produktivität

$$\frac{\text{Leistungsergebnis}}{\text{Leistungseinsatz}} = \frac{\text{(hergestellte Fabrikate)}}{\text{(gesamter Einsatz an Produktionsfaktoren)}}$$

2. **Teil**produktivität

$$\frac{\text{Leistungsergebnis}}{\text{Einsatz eines Faktors}}$$

⇒ Zahl der möglichen Teilkennzahlen hängt davon ab, welche Anforderungen an die **Homogenität** der Produkte (Ausbringungseinheiten) und Einsatzfaktoren (z.B. Arbeit heterogen/homogen?) gestellt werden.

3. **Kosten**wirtschaftlichkeit

$$\frac{\text{Outputmenge}}{\text{Kosten des Inputs}}$$

Bei der Ermittlung der Produktivität ergibt sich nun die Schwierigkeit, daß zwar für den Output eine einheitliche Größe, i.d.R. die produzierte Stückzahl, zur Verfügung steht, die Inputfaktoren (Produktionsfaktoren) aber unterschiedliches Aussehen und unterschiedliche Meßgrößen haben (d.h. **kein einheitlicher** Nenner gebildet werden kann). Um dennoch aussagefähige Kennziffern zu erhalten, ist man in der Praxis dazu übergegangen, für die einzelnen Produktionsfaktoren **Teilproduktivitäten** zu ermitteln (vgl. Abb. 140, aus Pedell, 1985, S. 812).

Da i.d.R. mehrere Produktionsfaktoren zur Erzielung des Ergebnisses des Tranformationsprozesses zusammengewirkt haben (und man das Ergebnis auch nicht wieder „aufspalten" kann), stellt man die Einsatzmenge **eines** Produktionsfaktors der **gesamten** Ausbringungsmenge gegenüber. Dies bringt wiederum den Nachteil mit sich, daß

- nur ein Faktor in die Rechnung eingeht,
- damit Produktivitätsveränderungen bei anderen Faktoren und
- Substitutionseffekte außer Acht gelassen werden.

814

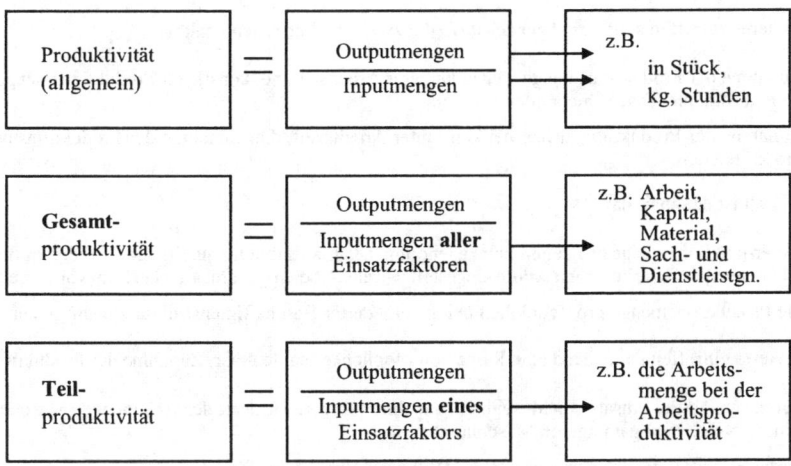

Abb. 140: Gesamt- und Teilproduktivität

Während die Gesamtproduktivität Auskunft gibt über die Ergiebigkeit der Produktionsfaktorkombination, sind die Teilproduktivitäten der Ansatzpunkt für **analysebedürftige** Entwicklungen („Signalwirkung"):

- Steigt z.B. die Arbeitsproduktivität durch verstärkte Rationalisierung und Mechanisierung, bedeutet das verstärkte Ausrüstung mit Maschinen, Instrumenten usw.; die verbesserte Arbeitsproduktivität wird also durch einen höheren Kapitaleinsatz bewirkt (d.h. negative Entwicklung der Kapitalkostenproduktivität).
- Umgekehrt kann auch erkannt werden, wo Einsparungen gemacht wurden, wenn teure Einsatzfaktoren durch billigere ersetzt wurden.

Teilproduktivitäten sagen nur etwas über die Entwicklung der einzelnen Kostenart zur gesamten Leistung der Unternehmung aus, sie sind in ihrer gegenseitigen Abhängigkeit zu sehen. Nachfolgendes Beispiel (Abb. 141, entnommen aus Weber, 1983, S. 56) soll aufzeigen, wie schwer die **Interpretation** der Größe Arbeitsproduktivität ist; um Mißverständnisse und falsche Schlußfolgerungen zu reduzieren, hält es Weber deshalb für besser, von **„Produktionsergebnis pro Arbeitseinheit"** zu sprechen.

Hat zum Beispiel die **Produktionsmenge je Beschäftigten** einer Unternehmung von einem Jahr zum anderen **zugenommen**, so sind zunächst zwei Möglichkeiten denkbar:

- Abnahme der Beschäftigtenzahl bei konstanter Gesamtproduktionsmenge;
- Zunahme der Gesamtproduktionsmenge bei konstanter Beschäftigtenzahl.

Abgesehen davon, daß sich diese beiden Entwicklungen auch überlagern können: für jede kommt wiederum eine Reihe von möglichen Erklärungen in Betracht. So ist im letzten Fall denkbar, daß

- die Produktionsmenge zugenommen hat, weil die Anforderungen an die Qualität des Produkts gesenkt wurden;
- die Produktionsmenge zugenommen hat, weil mehr Teile des Produkts fremdbezogen wurden;
- die Produktionsmenge bei unveränderten Anforderungen an die Qualität des Produkts sowie bei unverändertem eigenen Produktionsanteil am Produkt zugenommen hat.

Wenn Letzteres zutreffen sollte, sind zunächst wieder zwei Möglichkeiten denkbar:

- Zunahme der Produktionsmenge wegen längerer Arbeitszeit bei konstanter Produktionsmenge pro Zeiteinheit (d.h. pro Tag, Schicht oder Stunde);
- Zunahme der Produktionsmenge bei konstanter Arbeitszeit, d.h. Zunahme der Produktionsmenge auch pro Zeiteinheit.

Im letzten Fall ist denkbar, daß

- die Produktionsmenge pro Zeiteinheit zugenommen hat, weil minder qualifizierte Arbeitskräfte entlassen und höher qualifizierte Arbeitskräfte eingestellt wurden – bei insgesamt gleicher Zahl von Arbeitskräften;
- die Produktionsmenge pro Zeiteinheit bei unveränderter Beschäftigtenstruktur zugenommen hat.

Wenn Letzteres zutreffen sollte, sind eine Reihe von Möglichkeiten denkbar, Zunahme der Produktionsmenge

- durch verstärkten Einsatz von Maschinen (d.h. durch längeren Einsatz der vorhandenen Maschinen, durch Einsatz von leistungsfähigeren Maschinen);
- durch Einsatz von hochwertigeren Roh-, Hilfs- und Betriebsstoffen;
- durch bessere Produktionstechnik;
- durch bessere Produktionsorganisation;
- bei konstantem Einsatz von Maschinen sowie von Roh-, Hilfs- und Betriebsstoffen, bei unveränderter Produktionstechnik und Produktionsorganisation.

Im letzteren Fall kann die Zunahme der Produktionsmenge nur bewirkt worden sein: durch eine höhere Arbeitsleistung pro Zeiteinheit der vorhandenen Arbeitskräfte, also durch eine höhere Arbeitsgeschwindigkeit.

In Anbetracht dieser Vielzahl von möglichen Erklärungen einer Zunahme der Produktionsmenge pro Beschäftigten bereitet es große Schwierigkeiten, die unzutreffenden zu eliminieren und die zutreffenden herauszufinden.

Noch komplizierter gestaltet sich die Analyse, wenn – statt einer Zunahme der Produktionsmenge pro Beschäftigten – eine Zunahme des Bruttoproduktionswertes pro Beschäftigten oder eine Zunahme des Nettoproduktionswertes pro Beschäftigten von Jahr zu Jahr erklärt werden soll.

Abb. 141: Beispiel zur Interpretation einer Arbeitsproduktivitätssteigerung

In der Literatur und Praxis haben besonders Bedeutung gefunden:

- die **Arbeits**produktivität
- die **Kapital**produktivität
- die **Material**produktivität.

„Die Verbesserung der Arbeitsproduktivität hat für die Unternehmen dann besonderes Gewicht, wenn der Produktionsfaktor Arbeit sich weit überdurchschnittlich verteuert und einen hohen Kostenanteil hat. Der Rationalisierungsdruck geht dann vor allem von dieser Seite aus. Es ist darum verständlich, daß diese Kennzahl in der Praxis einen hohen Stellenwert für die Beurteilung der Effizienz-Verbesserung des Personaleinsatzes sowie für die Personaldispositionen hat" (Pedell, 1985).

Zur Abbildung des Faktors **Arbeit** kommen folgende Größen in Betracht (vgl. Weber, 1983, S. 52ff.): die Zahl der Arbeitskräfte, der Beschäftigten, die Arbeitsstunden, die Beschäftigtenstunden oder die Arbeitsvergütungen, die Löhne und Gehälter. Als Ausdruck für das **Ergebnis** kommen in Betracht: die Produktionsmenge, der Bruttoproduktionswert oder der Nettoproduktionswert. Durch Gegenüberstellung lassen sich dann die Varianten der Arbeitsproduktivität bilden (vgl. Weber, der unter Produktivität sowohl Mengengrößen, Wertgrößen und gemischte Mengen-Wert-Beziehungen versteht).

2. Wirtschaftlichkeit

Die Gütermengen der Produktivitätsrechnung sind wegen ihrer unterschiedlichen Dimensionen nicht „addierbar", d.h., auf keinen gemeinsamen Nenner zu bringen. Eine Homogenität ist über die Bewertung der Mengen mit den jeweiligen **Preisen** möglich, also eine Umrechnung der Faktoreinheiten in Geld. Wird der in Geld bewertete Faktoreinsatz als Kosten, der Faktorertrag als Leistung bezeichnet, drückt die Kennzahl Wirtschaftlichkeit das Verhältnis von Leistung und Kosten aus. Gemäß dem ökonomischen Prinzip ist bei dieser wertmäßigen Betrachtung entweder eine **Kostenminimierung** (d.h. eine bestimmte Leistung mit möglichst geringen Kosten) zu erreichen oder mit gegebenen Kosten eine möglichst große Leistung zu erzielen.

Zwei Fälle sind denkbar (vgl. Abb. 142, aus Pedell, 1985, S. 813):

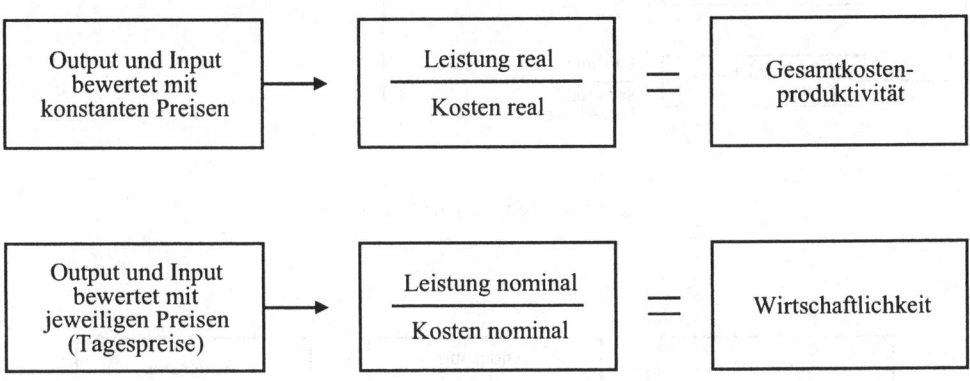

Abb. 142: Gesamtkostenproduktivität und Wirtschaftlichkeit

- **Bewertung mit konstanten** Preisen
  „Dazu bewertet man die einzelnen Mengen unterschiedlicher Dimension und Qualität mit den entsprechenden **konstanten** Preisen, die auf eine bestimmte Zeitbasis bezogen sind. Die so gewonnenen Wertgrößen werden als **Quasi-Mengengrößen** oder **reale** Größen betrachtet. Die **Gesamtkostenproduktivität** läßt sich dann als das Verhältnis von realen Leistungen zu realen Kosten definieren" (ebd., S. 814).
  Die Gesamt**kosten**produktivität läßt sich nun ebenfalls in Teilkostenproduktivitäten auflösen, wobei die Aufgliederung nach bestimmten Kostenarten nach den betriebsindividuellen Kostengewichten bestimmt wird (vgl. Abb. 143, aus ebd., S. 819).
- Bewertung mit **Tages**preisen
  Die Input-Output-Mengen werden gedanklich mit den **jeweiligen** tatsächlichen Preisen bewertet und ergeben die **nominalen** Leistungen und Kosten. Aus dem Verhältnis beider Größen ergibt sich die **Wirtschaftlichkeit** als ein Ausdruck für die relative Ertragskraft.

„Würden nun alle Preise im Zeitablauf konstant bleiben, so wäre auch die Wirtschaftlichkeit im oben genannten Sinne zugleich Ausdruck für die realwirtschaftliche Leistungsfähigkeit im Unternehmen. Dadurch aber, daß sich die Preise auf der Leistungs- und Kostenseite permanent verändern, legt sich über den realwirtschaftlichen Prozeß ein ‚Geldschleier', unter dem die realwirtschaftlichen Effizienz- und Effektivitätsveränderungen nicht mehr ohne weiteres erkennbar sind" (Pedell, 1985, S. 810f.). Dabei werden die ergebniswirksamen Einflüsse auf die Leistungs- und Kostenrechnung **aufgespalten** (vgl. Abb. 144, aus ebd.) in

- **monetäre** Veränderungen (Preisbewegungen in den Leistungen und Kosten)
- **realwirtschaftliche** Veränderungen (Produktivitätsveränderungen).

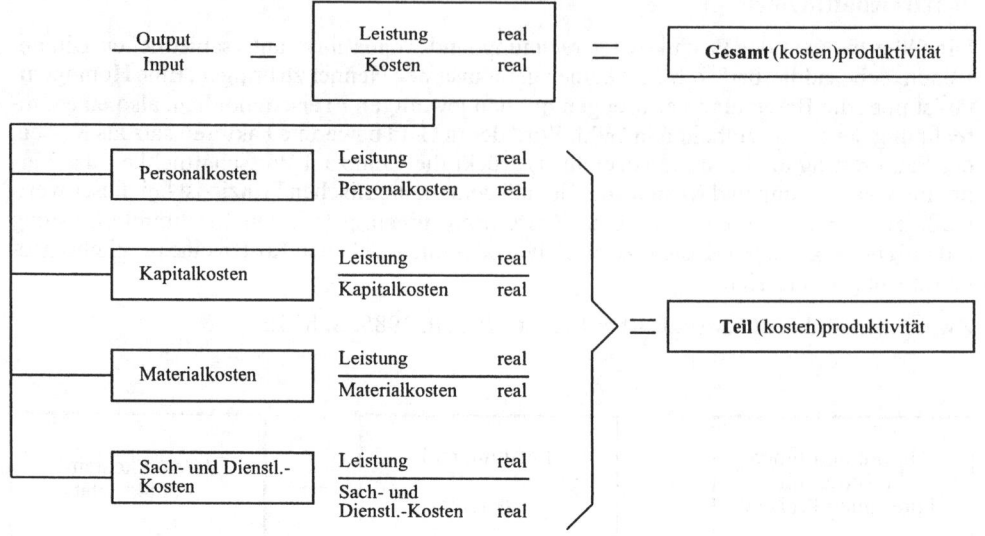

Abb. 143: Teilkostenproduktivität

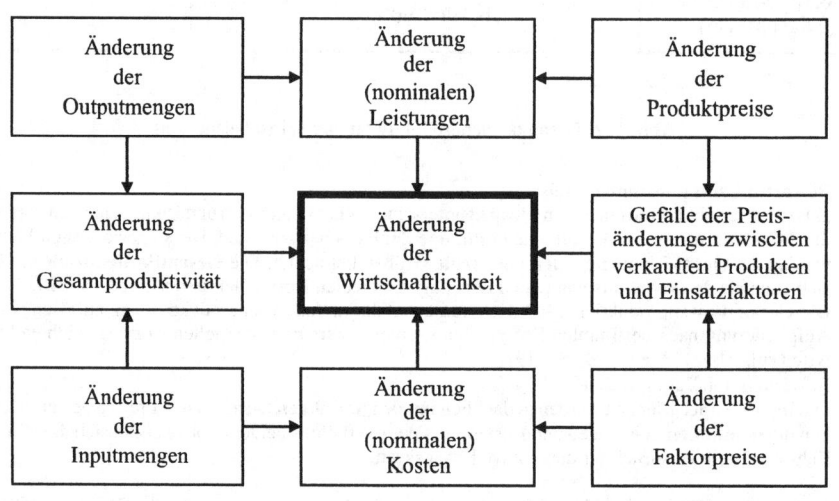

Abb. 144: Zusammenhang zwischen Wirtschaftlichkeit, Produktivität und Preisänderungen

„Aus dieser Sicht wird die Produktivität zur **realwirtschaftlichen Komponente des Unternehmenserfolges**. Der hier verwendete Produktivitätsbegriff geht damit über die mechanistische Auslegung im Sinne einer Produktionsfunktion hinaus und schließt dispositive Effekte wie z.B. die Verschiebung der Leistungsstruktur zu ertragsstärkeren Produkten mit ein" (ebd., S. 811).

Andere Maßstäbe für Wirtschaftlichkeitsbeziehungen:

$$\frac{\text{Ist} \setminus \text{Aufwand}}{\text{Soll} \setminus \text{Aufwand}} \qquad \frac{\text{Ist} \setminus \text{Kosten}}{\text{Soll} \setminus \text{Kosten}}$$

$$= \textbf{Abweichungsgrad}$$

$$\frac{\text{Soll} \setminus \text{Einsatz}}{\text{Ist} \setminus \text{Einsatz}} \qquad \frac{\text{Ist} \setminus \text{Leistung}}{\text{Soll} \setminus \text{Leistung}}$$

$$= \textbf{Sparsamkeitsgrad} \qquad = \textbf{Ergiebigkeitsgrad}$$

Schwächen sind dabei:

- Beim Abweichungsgrad wird nur der Mitteleinsatz berücksichtigt, die Wirkungen bleiben außer Betracht.
- In der Praxis bereitet es z.T. erhebliche Schwierigkeiten, Sollwerte zu bestimmen (Schätzwert, Prognosewert).

Die dargestellten realen (Produktivitäts-) und nominalen (Wirtschaftlichkeits-) Größen dienen unterschiedlichen **Zwecken**:

(1)   Die Geldgrößen dienen zur Beurteilung des Erfolges (das nominale Ergebnis als **originäres Unternehmensziel**)

(2)   Die Produktivität ist eine Instrumentenvariable zur Erhaltung der **Wettbewerbsfähigkeit** (und damit letztlich zur Erreichung der längerfristigen Ergebnisziele (vgl. ebd. S. 812).

Für den Betrieb stellt sich die Aufgabe, ein den **branchenspezifischen** Anforderungen gerecht werdendes System zur Ermittlung von Produktivitäts- (und Wirtschaftlichkeits-) Kennziffern zu finden. Als Beispiel sind zu nennen (siehe Abb. 145; weitgehend nach Ebert/Koineckel/Peemöller, 1985, S. 115ff.):

$$\text{Arbeitsproduktivität bei Produkt X} = \frac{\text{produzierte Stücke der Art X}}{\text{Zahl der eingesetzten Arbeitenden}}$$

$$\text{Maschinenproduktivität bei Produkt X} = \frac{\text{produzierte Stücke der Art X}}{\text{Zahl der eingesetzten Maschinen}}$$

$$\text{Maschinenauslastung pro Zeiteinheit} = \frac{\text{Produktionsmenge Ist - Stunde}}{\text{Produktionsmenge Soll - Stunde}}$$

$$\text{Maschinennutzungsintensität} = \frac{\text{Produktmenge}}{\text{Zahl der Maschinenstunden}}$$

$$\text{Pro-Kopf-Wertschöpfung} = \frac{\text{Pro - Kopf - Umsatz}}{\text{Pro - Kopf - Materialeinsatz}}$$

$$\text{Ausbeute} = \frac{\text{produzierte Menge}}{\text{eingesetzte Menge}}$$

$$\text{Materialausschöpfungs (Ergiebigkeits-)quote} = \frac{\text{Ausschußmaterial} \times 100}{\text{eingesetztes Material}}$$

Fertigungsreklamationsgrade	=	$\dfrac{\text{Retourmenge (Fertigungsmängel)}}{\text{gesamte Fertigungsmenge}}$
Produktivitätszeit	=	$\dfrac{\text{Stillstands-, Reparatur-, Rüst-, Verweilzeiten}}{\text{Gesamtzeit}}$
Absatzflächenkoeffizient	=	$\dfrac{\text{abgesetzte Menge}}{\text{Verkaufsfläche}}$
Personalproduktivität	=	$\dfrac{\text{Umsatz}}{\text{Mitarbeiterzahl}}$
Transportleistung	=	$\dfrac{\text{gefahrene Tonnenkilometer}}{\text{Zahl der Fahrzeuge}}$
Bedienungsintensität	=	$\dfrac{\text{Zahl der Kunden}}{\text{Zahl der Schalter}}$
Materialumschlagsziffer	=	$\dfrac{\text{Roh-, Hilfs-, und Betriebsstoffbestände}}{\text{Aufwendungen für Roh-, Hilfs - und Betriebsstoffe}}$
Fertigwarenumschlagsziffer	=	$\dfrac{\text{Fertigwarenbestände}}{\text{Umsatz}}$
Fixkostenintensität	=	$\dfrac{\text{Produktionsfixkosten} \times 100}{\text{Umsatz}}$
Herstellkosten pro Einheit	=	$\dfrac{\text{Herstellkosten gesamt}}{\text{Produktionsmenge}}$

Abb. 145: Beispiele für Produktivitäts-Kennziffern

D. Planung und Kontrolle der Ertragskraft der Unternehmung

I. Das Spannungsfeld des Liquiditäts- und Rentabilitätsdenkens

Bei der Darstellung der Unternehmung als System haben wir die Zusammenhänge der betrieblichen Güter- und Geldströme aufgezeigt. Die Analyse dieser Ströme geht über in die Betrachtung erfolgswirtschaftlicher und finanzwirtschaftlicher Größen. Das Denken in erfolgswirtschaftlichen Größen (Aufwand/Ertrag) bezeichnet Witte als **Erfolgsargument**, die finanzwirtschaftliche Betrachtungsweise (Einnahmen/Ausgaben) als **Liquiditätsargument**.

Das Liquiditätsargument kann ohne Erfolgsargument vertreten werden, was umgekehrt nicht möglich ist, da die Sicherung der Liquidität eine Existenzbedingung der Unternehmung darstellt. Das Spannungsfeld zwischen Liquidität und Rentabilität liegt darin begründet, daß die Liquidität ein Zeit**punkt**problem und die Rentabilität ein Zeit**raum**problem darstellt. Für die Liquiditätsbetrachtung sind die effektiven Zahlungszeitpunkte entscheidend, wogegen es aus der Sicht der Rentabilität nicht relevant ist, wann Aufwendungen zu Ausgaben und wann Erträge zu Einnahmen werden (vgl. Perridon/Steiner, 1995). Erfolgswirtschaftliches und finanzwirtschaftliches Interesse stimmen nur bei gleichzeitiger Güter- und Zahlungsbewegung überein. Die zeitliche Verknüpfung der Zahlungszeitpunkte und der Zeitpunkte der Erfolgseinwirkung können dazu führen, daß z.B. anstehende Investitionsobjekte aus der Sicht der Rentabilität und Liquidität unterschiedlich beurteilt werden.

Die Liquidität entspricht somit nicht einem Unternehmensziel, sondern sie bildet eine **Restriktion** neben dem Rentabilitätsziel. Im Zuge des Spannungsverhältnisses zwischen Rentabilität und Liquidität erhebt sich die Frage, ob es eine **„optimale"** Liquidität gibt. Ein Liquiditätsoptimum gilt als erreicht, wenn die Zahlungsfähigkeit der Unternehmung gewahrt ist, aber gleichzeitig der Gewinn maximiert wird. Das Problem der optimalen Liquidität berührt das Problem einer optimalen **Liquiditätsreserve**.

Das Halten einer Reserve als Risikovorsorge ist notwendig, um unvorhergesehenen Zahlungsverpflichtungen jederzeit nachkommen zu können. Die Unsicherheit der ein- und ausgehenden Zahlungen sowohl hinsichtlich Höhe als auch Zeitpunkt können vorübergehende Ungleichgewichte entstehen lassen. Liquiditätsreserven verursachen allerdings Kosten (entgangener Nutzen einer anderweitigen Anlage). Nicht benötigte flüssige Mitteln könnten zur Verbesserung des Rentabilitätsziels eingesetzt werden. Andererseits kann auch zuwenig Liquidität die Rentabilität beeinträchtigen, wenn etwa ein Unternehmen dadurch gehindert wird, potentiell gegebene Marktmöglichkeiten auch auszuschöpfen. Dies zeigt den **Zielkonflikt** zwischen Rentabilität und Liquidität (vgl. Hahn, 1996, S. 154). Nicht nur die Erreichung einer optimalen Liquidität, sondern auch die Erreichung eines optimalen **Verschuldungsgrades** führt zur Verbesserung der Rentabilität.

II. Die Kennzahl Rentabilität

Ausgangspunkt ist die Überlegung, daß ein Gewinn, ausgedrückt in einer absoluten Zahl, noch nichts über seine Bedeutung aussagt, da man seine **verursachende** Größe (den Faktoreinsatz) nicht kennt. Neben der Beachtung des ökonomischen Prinzips sind Rentabilitätszahlen auch als Vergleichsmaßstab mit den Ergebnisgrößen anderer Unternehmen notwendig. Für die Zwecke der **Kennzahlenanalyse** sind bestimmte Positionen des Jahresabschlusses zusammenzufassen und zu saldieren; allgemeingültige Regeln existieren dabei nicht – wir folgen der Ermittlungs**systematik** von Coenenberg (vgl. im einzelnen 1994, S. 499ff.; vgl. auch Küting, 1992).

a) Einzelkennzahlen

Zur Bestimmung der Beziehungszahl sind drei Möglichkeiten gegeben:

(1) Eigen- bzw. Gesamtkapitalrentabilität
(2) Umsatzrentabilität
(3) Return on Investment

Zu (1) Eigen- bzw. Gesamtkapitalrentabiltät

Der Gewinn (Verlust) wird im Verhältnis zum in der Periode durchschnittlich **eingesetzten** Kapital dargestellt:

$$\text{Rentabilität} = \frac{\text{Erfolgsgröße}}{\text{Bezugsgröße}} \quad \text{z.B.} \quad \frac{\text{Gewinn} / \text{Cash Flow}}{\text{Kapital} / \text{Umsatz}}$$

Je nachdem, welcher **Mitteleinsatz als Bezugsgröße** gewählt wird, erhalten wir verschiedene Rentabilitätskennzahlen:

- **Eigenkapitalrentabilität**

$$\text{EKR} = \frac{\text{Gesamtergebnis vor Steuern}}{\text{Eigenkapital}} \qquad \begin{array}{l} \text{ordentliches Betriebsergebnis} \\ + \text{ordentliches betriebsfremdes Ergebnis} \\ \text{(Finanzergebnis)} \\ + \text{außerordentliches Ergebnis} \\ = \text{Gesamtergebnis vor Steuern} \end{array}$$

(beim Eigenkapital auch Durchschnittswert einsetzbar)

Der Eigenkapitalrentabilität kommt größte Bedeutung zu, sie ist i.d.R. gemeint, wenn pauschal von „Rentabilität" die Rede ist. In einem marktwirtschaftlichen System ist diese Kennziffer (neben ihrer Funktion als externe Vergleichsgröße) die **maßgebende Zielgröße** der Eigentümer.

Aussage: Die Eigenkapitalrentabilität zeigt,

- wie sich das eingebrachte Eigenkapital in der Wirtschaftsperiode verzinst hat,
- ob für den Unternehmer/Gesellschafter die Geldanlage im Unternehmen rentabler ist als etwa auf dem langfristigen Kapitalmarkt.

Bei Kapitalgesellschaften umfaßt das Eigenkapital das gezeichnete Kapital (Grund-/ Stammkapital), die Kapital- und Gewinnrücklagen, den Gewinn- oder Verlustvortrag und den Jahresüberschuß. Bei Personengesellschaften werden in der Praxis **variable** Kapitalkonten geführt. Als eigenkapitalähnliche Mittel werden von Kreditinstituten i.d.R. 50% der Sonderposten mit Rücklageanteil sowie andere steuerfreie Rücklagen (z.B.Rücklage für Ersatzbeschaffung) in die Ermittlung des sog. wirtschaftlichen Eigenkapitals einbezogen (vgl. Probst, 1993, S. 466).

Eine ausführliche Darstellung der **Ermittlung** der Bestandskomponente (= Kapitalkomponente) und der Bewegungskomponente (= Erfolgskomponente) und der **Aussagewerte** des EKR anhand der handelsrechtlichen Gewinn- und Verlustrechnung und der Bilanz für eine Aktiengesellschaft gibt Weber (vgl. 1983, S. 9ff.); Weber hält einen Vergleich zwar für lohnend, weist jedoch auf die zahlreichen Probleme hin (Gestaltungs- und Ermessensspielräume etc.).

Neben dem Gesamtergebnis vor Steuern ergeben sich bei Verwendung folgender Ersatzmaßstäbe der Erfolgswirksamkeit weitere Kennzahlen der Eigenkapitalrentabilität (vgl. Coenenberg, 1994, S. 612):

$$\frac{\text{Netto Cash Flow}}{\text{Eigenkapital}} \qquad \frac{\text{geschätzter Steuerbilanzgewinn}}{\text{Eigenkapital}}$$

Im Rahmen aktienanalytischer Untersuchungen finden sich folgende Relationen:

$$\text{Gewinn je Aktie} = \frac{\text{Gewinn x Nennbetrag einer Aktie}}{\text{Grundkapital}}$$

$$\text{Kurs/Gewinnverhältnis} = \frac{\text{Preis je Aktie}}{\text{Gewinn je Aktie}}$$

- **Gesamtkapitalrentabilität**

$$GKR \ = \ \frac{\text{Gesamtergebnis vor Steuern + Fremdkapitalzins}}{\text{Gesamtkapital}}$$

Statt des bilanzierten Gesamtkapitals kann auch das durchschnittlich investierte Kapital verwendet werden:

$$\frac{(AB \ + \ EB)}{2}$$

Häufig wird der GKR-Wert auch auf der Grundlage des **Jahresüberschusses** ermittelt.

Aussage: Die Gesamtkapitalrentabilität zeigt,

- den Sacherfolg der Unternehmung, **unabhängig** von der Zusammensetzung der Kapitalstruktur (Erfolg aus Eigen- und Fremdmitteln),
- die insgesamt erwirtschaftete Rendite an, d.h., wie sich jede in der Unternehmung eingesetzte DM verzinst hat.

Im Gegensatz zur Eigenkapitalrentabilität stellt die Gesamtkapitalrentabilität **keine Zielgröße**, sondern lediglich eine **Vergleichsgröße** dar. „Mit ihr versucht man sich von der Zusammensetzung des Kapitals unabhängig zu machen und allein auf seine Höhe abzustellen. Damit sollen bei einem Betriebsvergleich Unterschiede in der Kapitalstruktur ausgeglichen werden – ebenso wie bei einem Zeitvergleich Veränderungen der Kapitalstruktur bei ein und demselben Unternehmen. Solche Vergleiche haben aber nur einen begrenzten Aussagewert, da der Wesensunterschied zwischen dem Fremdkapital bzw. den Zinsen einerseits und dem Eigenkapital bzw. dem Gewinn oder Verlust andererseits unberücksichtigt bleibt" (Weber, 1983, S. 33).

Die **Betriebsrentabilität**, die für die Beurteilung der nachhaltigen Erfolgsfähigkeit der betrieblichen Investitionen herangezogen wird (vgl. Abb. 146), zeigt sich nach Coenenberg in folgenden Kennzahlen:

$$\frac{\text{betriebliche Rentabilität des langfristigen Kapitals}}{} = \frac{\text{ordentliches Betriebsergebnis}}{\text{langfristiges Kapital}}$$

$$\frac{\text{Rentabilität des betriebsnotwendigen Vermögens}}{} = \frac{\text{ordentliches Betriebsergebnis}}{\text{betriebsnotwendiges Vermögen}}$$

Zu (2) Umsatzrentabilität

	Gesamtvermögen
-	Finanzanlagen
-	sonstige Vermögensgegenstände
-	Wertpapiere des Umlaufvermögens
=	betriebsnotwendiges Vermögen

	Betriebliche Erfolgskomponenten	Betriebsfremde Erfolgskomponenten
Regelmäßig anfallende Erfolgskomponenten	Ordentliches Betriebsergebnis	Ordentliches betriebsfremdes Ergebnis
Unregelmäßig anfallende (außergewöhnliche und periodenfremde) Erfolgskomponenten	Außerordentliches Ergebnis (im betriebswirtschaftlichen Sinne)	

Abb. 146: Die Komponenten des ordentlichen Betriebsergebnisses (nach Coenenberg)

Nicht zuletzt wegen der problematischen Ermittlung der bei obigen Formeln einzubeziehenden Größen (Bewertungsmanipulationen beim Jahresüberschuß durch Bildung/Auflösung stiller Reserven, Unternehmerlohn bei Personengesellschaften Bestandteil des Erfolgsausweises, bei Kapitalgesellschaften Gehälter = Aufwand) bietet sich zusätzlich als Indikator die Umsatzrentabilität an.

Gewinn (Verlust) im Verhältnis zum **Umsatz** der Periode bringen:

$$\text{Umsatzrentabilität} = \frac{\text{ordentliches Betriebsergebnis}}{\text{Umsatz}}$$

UR = **Umsatzrentabilität** oder Umsatzrendite oder Gewinnspanne

Häufig wird die UR auf der Grundlage des **Jahresüberschusses** ermittelt.

Aussage: Die Umsatzrentabilität

- zeigt die Gewinnspanne auf (und damit die Anfälligkeit der Unternehmung z.B. bei Kostensteigerungen),
- erlaubt allerdings auch nur beschränkte Schlußfolgerungen, da man die Unternehmensziele nicht kennt (z.B. Marktanteilsausbau unter Verzicht auf Gewinn).

Weber findet eine Ausdehnung des Begriffs Rentabilität auf diese Relation für sehr bedauerlich, denn

- bei der EKR und GKR liegt eine **Mittel-Zweck-Beziehung** vor (d.h., Kapital wird eingesetzt, um Gewinn oder Zinsen zu erzielen),
- während bei der UR diese Mittel-Zweck-Beziehung **nicht** vorliegt (d.h., Umsatzerlöse werden nicht „eingesetzt", um einen Gewinn zu erzielen).

„Die Beziehung zwischen dem Gewinn und den Umsatzerlösen ist rein statistischer Natur. Wenn ein Gewinn erzielt wird, macht er einen Teil der Umsatzerlöse aus. Bei der Umsatzrentabilität' handelt es sich also um eine Anteils-, Quoten- oder Strukturkennziffer. Daher wäre es besser, schlicht vom Gewinnanteil am Umsatz oder von der Gewinnquote des Umsatzes zu sprechen" (Weber, 1983, S. 40).

Deshalb ist die Umsatzrentabilität

- nur eine **Vergleichsgröße** (für Zeit-, Betriebsvergleiche) und
- nur bedingt eine **Zielgröße**. Die Umsatzrentabilität ist nicht Bestandteil einer **Zielhierarchie**, in der, von der übergeordneten Zielsetzung ausgehend (z.B. maximale EKR), untergeordnete Ziele abgeleitet werden.

zu(3) Return on Investment

Verbindung von (1) und (2) innerhalb eines Kennzahlensystems

$$\frac{\text{Gewinn}}{\text{Kapital}} = \frac{\text{Gewinn}}{\text{Umsatz}} \times \frac{\text{Umsatz}}{\text{Kapital}}$$

$$\text{ROI} = \text{Umsatzrendite} \times \text{Kapitalumschlag}$$

Auf den „Return on Investment" wird anschließend ausführlich eingegangen.

b) Der Leverage-Effekt

Die genannten Kapital-Rentabilitätszahlen sind nicht nur ein Indikator für eine – aus der Sicht des jeweiligen Kapitalgebers – „ausreichende" Verzinsung des investierten Kapitals, sondern sind auch (neben anderen Faktoren) Determinanten bei der finanzwirtschaftlichen Analyse des Verschuldungsgrades. Erwerbswirtschaftlich orientierte, in einer Marktwirtschaft operierende Unternehmen haben das Bestreben, die Eigenkapitalrentabilität möglichst günstig zu gestalten. Der Leverage-Effekt dient hier als Entscheidungshilfe:

Definition: Jeder zusätzliche Einsatz von Fremdkapital erhöht die Eigenkapitalrentabilität, solange der dafür zu zahlende Fremdkapitalzins geringer ist als die Gesamtkapitalrentabiliät (also geringer ist als der mit dem Gesamtkapital in der Unternehmung erwirtschaftete interne Ertrag).

In der angelsächsichen Literatur wird diese Finanzpolitik mit dem Begriff Trading on the equity bezeichnet. Damit verbunden ist der Leverage-Effekt (d.h. die **Hebelwirkung**), der sich in einer **überproportionalen** Steigerung des Rentabilitätssatzes gegenüber einer leistungswirtschaftlich bedingten Erfolgsverbesserung zeigt.

Siehe Abb. 147 (Beispiel aus Lutz, 1976):

Gewinn steigt von 600 000 auf 750 000 = 25%;
dies hat als Hebelwirkung den überproportionalen Anstieg der Eigenkapitalrendite von 11,7 auf 16,2%, also um 38,5% zur Folge.

Eine Finanzpolitik des Trading on the equity läßt also – unter den genannten Voraussetzungen – eine möglichst geringe Eigenkapitalausstattung mit entsprechend hoher Verschuldung erstrebenswert erscheinen. Diesem Effekt steht aber ein **erhöhtes** Risiko bei geschäftlichen Absatz- und Gewinnrückgängen gegenüber. Da die Fremdkapitalzinsen in jedem Fall zu entrichten sind (fixe Kapitalkosten), wirkt sich ein Fallen der GKR **unter** den Satz des Fremdkapitals als überproportionale Verschlechterung der EKR aus (zum **„umgekehrten"** Leverage-Effekt und zur Bestimmung der „kritischen" GKR siehe das Beispiel Lufthansa AG bei Kammerl, 1993, S. 1532ff.).

Siehe im Beispiel:

da die GKR 5,28% unter den 7% FK-Zinsen liegt, sinkt die EKR auf 2,7% im Fall C

Die Basisdaten des Beispiels sind :		
Gesamtkapital	Fr. 5 000 000	
Fremdkapitalzinsfuß	7%	
Steuerbelastung (proportional)	40%	

Untersucht werden sollen die Auswirkungen einer reinen Eigenfinanzierung (1. Variante) und einer Finanzierung mit Fr. 2 000 000 Eigenkapital und Fr. 3 000 000 Fremdkapital (2. Variante) auf die Eigenkapitalrentabilität bei einem Gewinn vor Zinsen und Steuern von

Fall A	Fr. 600 000
Fall B	Fr. 750 000

Bei einem	1. Variante	2. Variante
Eigenkapital von	5 000 000	2 000 000
Fremdkapital von	0	3 000 000
resultieren:		

Fall A		
Gewinn vor Zinsen und Steuern	600 000	600 000
Fremdkapitalzinsen	0	210 000
Gewinn vor Steuern	600 000	390 000
Steuern	240 000	156 000
Reingewinn	360 000	234 000
Eigenkapitalrendite	7,2%	11,7%

Fall B		
Gewinn vor Zinsen und Steuern	750 000	750 000
Fremdkapitalzinsen	0	210 000
Gewinn vor Steuern	750 000	540 000
Steuern	300 000	216 000
Reingewinn	450 000	324 000
Eigenkapitalrendite	9,0%	16,2%

	Fall C	Fall D
	2. Variante	
Gewinn vor Zinsen und Steuern	300 000	150 000
Fremdkapitalzinsen	210 000	210 000
Gewinn vor Steuern/ Verlust	90 000	-60 000
Steuern	36 000	0
Reingewinn	54 000	-60 000
Eigenkapitalrendite	2,7%	-3,0%

Abb. 147: Beispiel zum Leverage-Effekt

Da die zu leistenden Zinsaufwendungen für das Fremdkapital höher sind als die damit erwirtschafteten Erträge, führt dies zu einer Aufzehrung der vom Eigenkapital erwirtschafteten Gewinne. Im Fall D reicht der erzielte Gewinn von 150 000 Fr. nicht aus, um die Fremdkapitalzinsen in Höhe von 210 000 Fr. zu bezahlen, so daß ein **Verlust** entsteht.

Dieser **negative** Leverage-Effekt bildet die Grundlage für das „finanzielle Risiko" einer Unternehmung; er wird in der Literatur auch als „Kapitalstrukturrisiko" oder financial leverage-risk (in Analogie zum operating leverage-risk im Bereich der Leistungserstellung bei der Fixkosten/variable Kosten-Relation) bezeichnet.

Dieser Zusammenhang wird sehr klar in der **Break-even-Analyse** verdeutlicht (vgl. Abb. 148, aus Lutz, 1976). Im Koordinatenschema sind zwei Finanzierungsvarianten eingezeichnet. Im Break-even-**Point** entsprechen sich die Kosten der Fremdfinanzierung hinsichtlich der EKR. Im BEP (hier 350 000) sind die beiden Finanzierungsvarianten hinsichtlich ihrer Auswirkungen auf die Eigenkapitalrentabilität **gleichwertig**. Man sieht in der Abb. 148 auch recht deutlich, wie – trotz einer an sich positiven Ertragslage (210 000 Fr. Gewinn) – die Verlustzone erreicht wird.

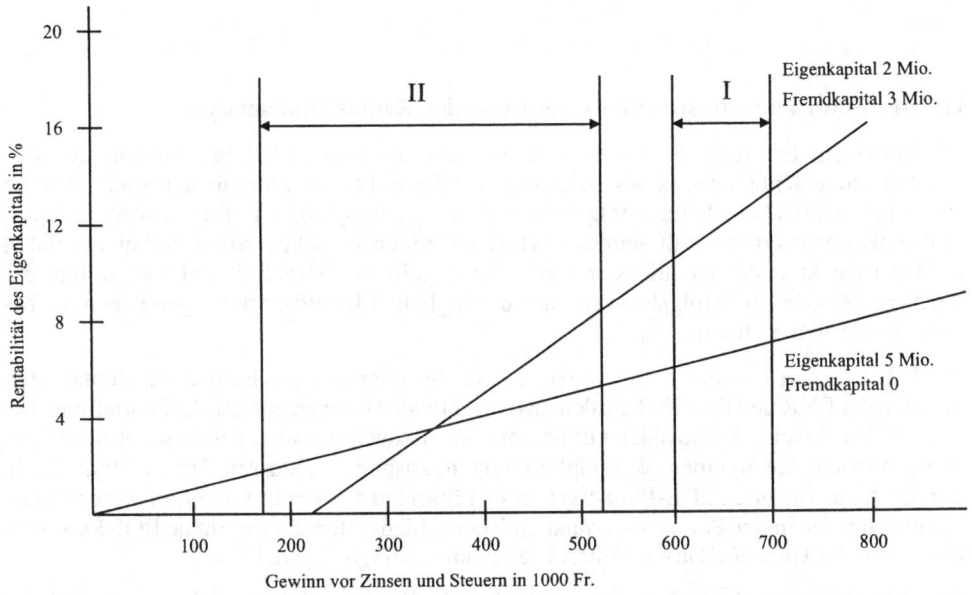

Abb. 148: Break-even-Analyse

Eine **rentabilitätsbezogene Finanzpolitik** wird folgende Fragen zu berücksichtigen haben:

- Mit welcher **Wahrscheinlichkeit** sind zukünftige Ereignisse (Gewinn, Zinserwartung) zu erwarten(also während der gesamten Dauer der Kreditaufnahme ein positiver Leverage-Effekt mit GKR FK Zinsen)? Liegt die Bandbreite weit rechts vom BEP (z.B. Zone I in der Abb. 148), wird eine stärkere Fremdfinanzierung sicherlich eher zu verantworten sein als bei Wahrscheinlichkeit einer Zone II.
- Wie groß ist die allgemeine **Risikobereitschaft**/Sicherheitspolitik der Unternehmung?
- Wie stark ist die Politik der **Selbstfinanzierung** ausgeprägt?
- Wie groß ist die Gefahr der **Abhängigkeit** von Fremdkapitalgebern und damit die Beeinträchtigung der finanziellen Flexibilität einzuschätzen?
- Werden mit steigender Fremdfinanzierung nicht auch die Risiken für die Fremdkapitalgeber zu groß? (Und werden aufgrund der damit einhergehenden Begrenzung der **Kreditwürdigkeit** nicht auch die FK-Zinsen angehoben werden?)
- Ist Rücksicht auf bestimmte **Bilanzoptik** zu nehmen? (vertikale Regeln, bestimmte Verschuldungskoeffizienten)

Zusammenfassend läßt sich feststellen:

Eigenkapital und Fremdkapital sind unter Ausnutzung des mit dem Fremdkapital verbundenen Steuervorteils und des Leverage-Effektes sowie unter Berücksichtigung der betrieblichen Risikopolitik und der jeweiligen Kapitalmarktlage so einzusetzen, daß daraus den Shareholdern ein möglichst hoher Wert erwächst. Eine eindeutige Bestimmung der günstigsten Kapitalstruktur ist dabei nicht möglich.

Keller (1993, I, S. 33f.) zeigt eine interessante Möglichkeit, dieses Problem zu entschärfen. Vorausgesetzt, das Ziel einer Unternehmensleitung ist nicht die Maximierung der GKR, sondern die Erwirtschaftung eines möglichst nachhaltigen Erfolgs, schlägt er als Maßstab die EKR vor, die aber über den **Verschuldungsgrad** an die GKR gekoppelt ist. „Mit anderen Worten: eine noch so hohe Eigenkapitalrendite ist nichts wert, wenn sie durch eine kleine Basis, d.h. einen hohen Fremdkapitalanteil ‚hoch gerechnet wird' und sie nicht auch eine aus Konzernperspektive substantielle Absolutgröße repräsentiert."

III. Der Return on Investment als Kennzahl der Rentabilitätsanalyse

Die **klassische** Erfolgsgröße ist der in der Bilanz ausgewiesene Erfolg (Gewinn bzw. Verlust/Jahresüberschuß bzw. Jahresfehlbetrag). Da diese absolute Zahl für sich allein über die „Angemessenheit" der Jahreserfolgshöhe nur wenig aussagt, da z.B. die sie verursachende Größe als Bezugsgröße fehlt, wird auf **relative Größen** zurückgegriffen. Neben absoluten Zahlen (wie Jahresüberschuß oder Cash Flow) stellt die Verhältniszahl Rentabilität die wichtigste Größe zur Erfolgsbeurteilung dar. Mögliche **Einzeldarstellungen** haben wir bereits ausführlich erläutert.

Wir haben mit der Untersuchung zweier Einzelkennzahlen aus dem Bereich der Rentabilität, nämlich der EKR und der GKR als den zwei wichtigsten Größen zur Erfolgsbeurteilung, begonnen. Da einzelne Kennzahlen nur beschränkt aussagefähig sind, wurde schon sehr frühzeitig versucht, sie zu einem verknüpften **System** zusammenzufassen. Dem Aufbau der in den USA entwickelten **„Du-Pont-System of Financial Control"** folgen im wesentlichen die meisten der in der Praxis angewandten Kennzahlensysteme. (Das duale ROI-Kennzahlensystem der Henkel KGaA erläutert Liessmann, 1993, S. 248ff.)

Dabei wird von der Maximierung einer relativen Größe, dem „Return on Investment" (ROI) ausgegangen. Diese Zahl soll die durch den Einsatz eines Kapitals im Unternehmen erwirtschaftete Rendite (Verzinsung) angeben. Eine deutsche Übersetzung (etwa als „Kapitalertrag" oder „Kapitalrendite") hat sich nicht durchgesetzt.

Zur Bestimmung der Höhe des (anzustrebenden) ROI ist die Inflationsrate, die Spitzensteuerbelastung und die marktübliche Langfristverzinsung zuzüglich des industriellen Risikos heranzuziehen.

$$ROI = \frac{Gewinn}{investiertes\ Kapital}$$

Die beiden Quotientengrößen sind nicht eindeutig bestimmt. So können für die Abgrenzung des Kapitals das Eigenkapital, das Gesamtkapital oder das betriebsnotwendige Kapital verwendet werden. Auch nach Deyhle ist das investierte Kapital („capital employed") auf der Aktivseite der Bilanz zu suchen. Große Schwierigkeiten liegen in der Bewertung der zweiten Größe, des Gewinns. Es kann der unversteuerte Bilanzgewinn (z.B. zum bilanziellen EK) oder der kalkulatorische Betriebsgewinn (z.B. zum betriebsnotwendigen investierten Vermögen) herangezogen werden.

Im Rahmen der **Unternehmensführung** erfüllt das ROI-System verschiedene Aufgaben:

- Der ROI als **Planungs- und Steuerungsinstrument**

  Die Unternehmensleitung bestimmt die „gewünschte" ROI-Höhe. Diese hat instrumentalen Vorgabecharakter für das hierarchische Planungssystem, d.h., sie **fokussiert** alle nachfolgenden Ressort-Managementtätigkeiten/-prozesse auf die (budgetierte) Zielerfüllung.

- Der ROI als **Kontrollinstrument:**

  - Er zeigt die logischen Abhängigkeiten der Teilziele zum Oberziel der Unternehmensplanung.
  - Sind bei der Überprüfung der Zielerreichung Abweichungen erkannt und bei der „Durchleuchtung" der ROI-Teilkomponenten die Ursachen gefunden worden, können entsprechende Anpassungsmaßnahmen eingeleitet werden, wobei die Auswirkungen dieser Aktionen bei einzelnen Ertrags-, Aufwands- und Vermögensarten auf den ROI „durchgerechnet" werden können.
  - Der ROI als Investitionsprüfungsverfahren: Bei Investitionsentscheidungen kann die Kapitalrendite als Wertmaßstab herangezogen werden.

1. Die Bestimmungskennzahlen UGR und KU

Ausgehend von der Spitzenkennzahl ROI, wird diese Größe zunächst durch den Einbezug des Umsatzes, als den dritten die Rendite beeinflussenden Faktor, in die Bestandteile „Umsatzgewinnrate" und „Kapitalumschlag" aufgespalten.

Diese Komponenten werden dann wiederum in Komponenten **weiter**zerlegt. So entsteht das jeweilige Kennzahlensystem (Deyhle: Kapitalertrags-Stammbaum, Budde: betriebspolitisches Schachbrett). Wie aus der **Stammbaumverästelung** erkennbar ist (vgl. Abb. 149; Vollmuth, 1987, S. 22; Liessmann, 1993, S. 178), bilden im „oberen Ast" die Analyse der **Kosten**, im unteren Ast die **Vermögensbestandteile** den Kernpunkt der Untersuchung. Der Stammbaum nimmt die Funktion einer Checkliste zur Verbesserung des Kapitalertrages wahr. Er dient als „Schrittmacher" zur Budgetverbesserung(Deyhle).

Die **Umsatzgewinnrate** („Umsatzrentabilität", „Erfolgskoeffizient") als erster Teil der Formel setzt den erzielten Gewinn mit dem Umsatz, der zum Gewinn geführt hat, in Beziehung. Welche Höhe der Umsatzgewinnrate als **angemessen** betrachtet werden kann, ist branchenindividuell und der jeweiligen Zielsetzung entsprechend verschieden.

So wird z.B. eine geringe Umsatzrentabilität (bei aggressivem Preisverhalten) bewußt in Kauf genommen bzw. kompensiert durch eine höhere Umschlagsgeschwindigkeit des Kapitals (etwa bei Verbrauchermärkten).

Die Umsatzgewinnrate steigt bei

- Vergrößerung des Umsatzvolumens
- Verbesserung der Umsatzzusammensetzung

- Erzielung höherer Verkaufspreise
- Erhöhung der Kostenwirtschaftlichkeit.

Die **Kapitalumschlagshäufigkeit** zeigt an, an **wie vielen Absatzvorgängen** das eingesetzte Kapital beteiligt war, d.h., sie zeigt an, wie oft das Kapital durch die Umsatztätigkeit in einer Periode umgeschlagen wurde.

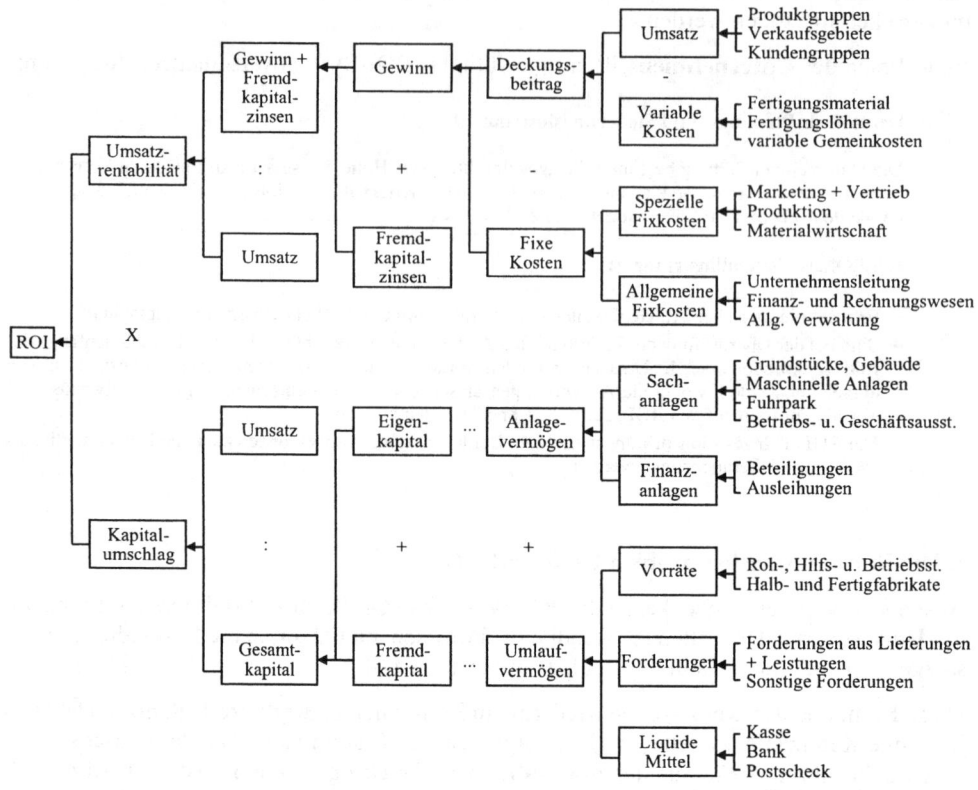

Abb. 149: ROI-Zielhierarchie

2. Das ISO-ROI-Diagramm

Die beiden Größen Umsatzgewinnrate und Kapitalumschlag lassen sich in ihrem Zusammenhang im sog. **Read**-Diagramm darstellen. Verbindet man die Kombinationen verschiedener UGR und KU, die den **gleichen** ROI ergeben, so erhält man die **ISO-Kurve**.

> Definition: ISO- (Rentabilitäts-)Kurven sind der geometrische Ort aller Punkte, für die das Produkt aus UGR und KU konstant ist („Linie gleicher Rentabilitäten").

Die Tatsache, daß der **gleiche** (geplante) ROI aus den verschiedensten Kombinationen der beiden Größen erreicht werden kann (so kann ein ROI von 30% erreicht werden durch eine 2%-ige Umsatzrendite und 15-fachen Kapitalumschlag oder 1% UGR - 30 KU oder 35 UGR - 10 KU), gibt bereits einen Hinweis auf eine wichtige Erkenntnis für die Unternehmensplanung und -steuerung:

Sinkt, wie dies in den meisten Branchen in den letzten Jahren der Fall war, die Umsatzgewinnrate, so ist, um die von den Kapitalgebern gewünschte Verzinsung sicherzustellen, dieser Rückgang über eine entsprechende Erhöhung des Kapitalumschlags „überzukompensieren" (oder umgekehrt).

830

3. Mögliche ROI-Veränderungen aus UGR und KU

Groll (1986, S. 71) zeigt mit drei Beispielen, daß man nicht aus einer **isolierten** Betrachtung einzelner Kennzahlen die **(falsche) Schlußfolgerung** ziehen darf, daß diese drei Faktoren voneinander unabhängig sind:

- „Wenn es durch Preissenkungen gelingt, den Umsatz und die Umschlagshäufigkeit zu erhöhen, so wird in vielen Fällen die Umsatzgewinnrate sinken; es kann aber auch der günstige Fall eintreten, daß die verbesserte Beschäftigung trotz sinkender Absatzpreise zu einer Erhöhung der Umsatzgewinnrate führt.
- Wenn aufgrund von Rationalisierungsmaßnahmen die Umsatzgewinnrate steigt, kann zugleich wegen einer höheren Kapitalbindung die Umschlagshäufigkeit sinken.
- Wenn die Unternehmung von Eigenfertigung auf Fremdbezug übergeht, wird es häufig möglich sein, Teile des Anlagevermögens abzubauen und die Halbfabrikate-Bestände zu vermindern; dadurch erhöht sich die Umschlagshäufigkeit des betriebsnotwendigen Kapitals. Zugleich führt der Fremdbezug zu einer Änderung der Kosten und damit häufig zu einer Änderung der Umsatzgewinnrate."

Eine Kompensation dieser Art beschreibt „eine gefährliche Entwicklung, da mit sinkender Umsatzgewinnrate der Spielraum der Unternehmungen, Verkaufspreisminderungen oder Kostensteigerungen aufzufangen, immer kleiner wird. Aber selbst wenn es gelingt, eine positive Umsatzgewinnrate zu erhalten, wird es mit der Zeit unmöglich werden, sinkende Umsatzgewinnraten durch steigenden Kapitalumschlag auszugleichen" (ebd., S. 71f.).

4. Steuerungsbereiche des Managements

Die ROI-Kennzahlenpyramide ist nicht nur als Hilfsmittel bei Ursachenanalysen einsetzbar, sondern auch als Zielrechnung (How-to-achieve-Analysen) und Wirkungsanalyse (What-if--Rechnungen); dazu Hildebrand (1992) und Gretz (1992). Will die Unternehmensleitung einer festgestellten, vom Plan abweichenden Entwicklung entgegenwirken, bestehen, wenn wir uns die Aggregationsformel vergegenwärtigen, **Einflußmöglichkeiten** auf **drei** Faktoren:

$$ROI = \frac{Gewinn}{Umsatz} \times \frac{Umsatz}{Kapital}$$

Diese Faktoren sind näher zu analysieren:

(1) Einfluß auf den Umsatz

Auf der Basis einer laufenden Umsatzanalyse und ihrer Ergebnisse kann die Unternehmung gezielt ihr **absatzpolitisches Instrumentarium** zur Umsatzbeeinflussung einsetzen. Dabei wird oft übersehen, daß eine reine Umsatzerhöhung an sich aufgrund des kompensatorischen Quotienteneffektes keinen Sinn ergibt. Das Bestreben muß, in Verbindung mit einer Deckungsbeitragsrechnung, auf eine Ausdehnung der **gewinnbringendsten Teile** des Umsatzes gerichtet werden.

(2) Einfluß auf den Gewinn

Da gilt: Gewinn = Erträge ./. Aufwendungen, sind die beiden Ansatzpunkte gegeben: eine Ertragssteigerung oder Aufwandsenkung zu erreichen.

Aufwandssenkung: wirksame Kostenkontrolle (Kv/Kf) in den einzelnen Funktionsbereichen; dabei Senkung bei den fixen Kosten oft schwierig, erfordert meist strukturelle Änderungen (z.B. im Personalbereich), Senkung der Grenzkosten (wertanalytische Maßnahmen, optimale Losgröße in der Fertigung? usw.)

Ertragssteigerung: Anhebung der Verkaufspreise, Innovationen, Aussondern ertragsschwacher Sortimentsbestandteile.

(3) Einfluß auf das Kapital

- Überprüfung der Kapitalbindung nach Zeitdauer und Wert
- Überprüfung der Produktionstiefe und -breite (Make or Buy, Kooperationen)
- optimales Sortiment (ein breites Sortiment hat z.B. einerseits eine positive Wirkung auf UGR, andererseits negative Wirkung auf KU durch teure Lagerhaltung = Kapitalbindung)
- Bestellgrößenrechnung
- Lohnfertigung für Dritte zur besseren Auslastung des Anlagevermögens
- Kapazitätsabbau beim Anlagevermögen
- Überprüfung aller Investitionen auf Höhe, Dauer etc.
- Kapitalfreisetzung durch Verkürzung der Durchlaufzeiten
- Abbau der Vorräte, möglichst niedrige Lagerbestände, ABC-Analyse (i.d.R. hier guter Ansatzpunkt, liegt auch im internen, d.h. eigenen Entscheidungsbereich)
- Intensivierung des Mahnwesens, Verkürzung der Zahlungsziele, Verzugszinsberechnung (andererseits sind die Zahlungskonditionen ein preispolitisches Mittel; zudem ist die Zahlungsmoral als externer Faktor nicht direkt beeinflußbar)
- Überwachung der Debitorenumschlagsgeschwindigkeit durch Skontopolitik
- Factoring von Forderung etc.
- Anzahlungen

Leiderer (1995) weist u.E. mit Recht darauf hin, daß Vorsicht geboten ist, wenn man sich auf den ROI als einziges Steuerungsinstrument konzentriert: „Es wäre irrig anzunehmen, daß eine Weiterverfolgung der Kennzahlen nicht erforderlich ist, wenn der ROI eine positive Veränderung aufweist oder keine erhebliche Abweichung zwischen einem Soll-ROI (lt. Budget) und dem Ist-ROI gegeben ist. Wie die ROI-Formeln erkennen lassen, kann auch eine ROI-Verbesserung durchaus eine teilweise oder umfassende Verschlechterung der Unternehmenssituation signalisieren."

IV. Rechnerische und grafische Gewinnschwellenanalyse

Ein weiteres Instrument, das zu den „ältesten" Methoden der betriebswirtschaftlichen Erfolgsplanung und -kontrolle gehört, mit dem mögliche Variationen bestimmter Einflußfaktoren (z.B. Veränderung der Verkaufspreise, Kv oder Kf) und daraus resultierende Erlös- bzw. Kostenauswirkungen analysiert werden können, ist die **rechnerische und grafische Gewinnschwellenanalyse.** Die Break-even-Analyse ist im wesentlichen ein Hilfsmittel bei der Erfolgsplanung und Erfolgskontrolle. Die BEA ist eine Entscheidungshilfe für das Management, mit deren Hilfe sich z.B. folgender **Fragenkatalog** beantworten läßt:

- Bei welcher Umsatzhöhe wird in den einzelnen Teilbereichen die Gewinnschwelle überschritten?
- Welcher Umsatz bzw. welche -steigerung ist in den Teilbereichen erforderlich, um den budgetierten Gewinn zu erreichen?
- Wie verändert sich Gewinn/Verlust bei einer Umsatzerhöhung/ oder -minderung?
- Welchen Effekt hat eine Umsatzstrukturveränderung auf den Gewinn?
- Welche Auswirkung hat eine Kostenerhöhung/-senkung auf den zukünftigen Gewinn/Verlust?
- Welche Preiserhöhung ist notwendig, um eine Kostenerhöhung zu kompensieren?
- Wo liegt die Preisuntergrenze?
- Welche Absatzerhöhung ist bei einem Preisnachlaß erforderlich, um den gleichen Gewinn zu erzielen?
- Welcher Umsatzrückgang kann in Kauf genommen werden, ohne daß man in die Verlustzone gerät?
- Um wie viel Prozent könnten die Verkaufspreise sinken (bei konstantem Geschäftsvolumen), ohne daß der Betrieb in die Verlustzone gerät?

832

1. In einem Einproduktbetrieb

Zuerst einige Begriffserklärungen und Rechenformeln, die zum weiteren Verständnis nötig sind. Folgende Begriffe werden synonym verwendet:

Break-even-Analyse:	Gewinnschwellenanalyse Break-even-Verfahren/Technik/System
Break-even-Punkt:	Gewinnschwelle Nutzschwelle Kostendeckungspunkt Punkt der Vollkostendeckung kritischer Punkt
Direkte Kosten:	proportionale Kosten variable Kosten

Der BEP ist jener Punkt (Umsatzniveau in DM oder Mengeneinheiten), bei dem gilt:

- Gesamterlös = Gesamtkosten
- bei dem der Übergang von der Verlustzone zur Gewinnzone liegt
- bei dem der Gewinn gleich Null ist
- ist jener Umsatzwert, bei dem die bisher erlösten Deckungsbeiträge gerade ausreichen, die Gesamt-Fixkosten der Unternehmung zu decken; jeder zusätzliche Umsatz bringt demnach einen Gewinn in Höhe des vollen Deckungsbeitrages.

Folgende Abkürzungen sollen für die weiteren Ausführungen gelten:
- e = Stückerlös
- BEP = Break-even-Point
- kv = variable Stückkosten
- Bx = Break-even-Absatz
- x = abgesetzte Menge
- UD = Deckungsumsatz
- Kf = Fixkosten der Periode
- S = Sicherheitskoeffizient
- db = Stückdeckungsbeitrag
- U = Umsatz
- DBV = Deckungsbeitragsvolumen
  - (= Deckungsbeitragsfaktor
    Deckungsquote
    Deckungskoeffizient
    Deckungsbeitrag-Umsatz-Verhältnis etc.)
- G = Gewinn

$$BEP = Bx = \frac{Kf}{db}$$

$$BEP = UD = \frac{Kf}{1 - \frac{kv}{e}}$$

Ableitung: $G = 0 = (e - kv)x - kf$

$$Bx = \frac{kf}{(e - kv)}$$

Der Break-even-Umsatz wird durch Multiplikation des Break-even-Absatzes mit dem Stückerlös errechnet.

Die Zusammenhänge lassen sich an einem **Beispiel** verdeutlichen (entnommen aus Bramsemann 1980, S. 113ff.):

In einem Industriebetrieb wird nur ein Produkt hergestellt. Es bringt einen Erlös von DM 200. Die variablen Herstellkosten betragen DM 150. Im gesamten Unternehmen fallen DM 50.000 fixe Kosten an. Für den Betrieb stellt sich die Frage, wie viele Produkte er absetzen muß, um in die Gewinnzone zu kommen.

$$\text{Die Gleichung lautet:} \quad Bx = \frac{50.000}{(200 - 150)} = 1.000 \text{ Stück}$$

Dieses Unternehmen muß also mindestens 1.000 Stück seines Produktes absetzen, um in die Gewinnzone zu gelangen. Dies entspricht einem Umsatz von:

$$Bx \times e = 100 \times 200 = 200.000,00 \text{ DM}$$

Grafische Darstellung:

Auf der Abszisse kann entweder der Absatz in Stück oder der Umsatz in DM dargestellt sein; (bei letzterer Bezeichnung verläuft die Erlösgerade im 45-Grad-Winkel zwischen dem Koordinatenkreuz). Zu unserem Beispiel vgl. Abb. 150.

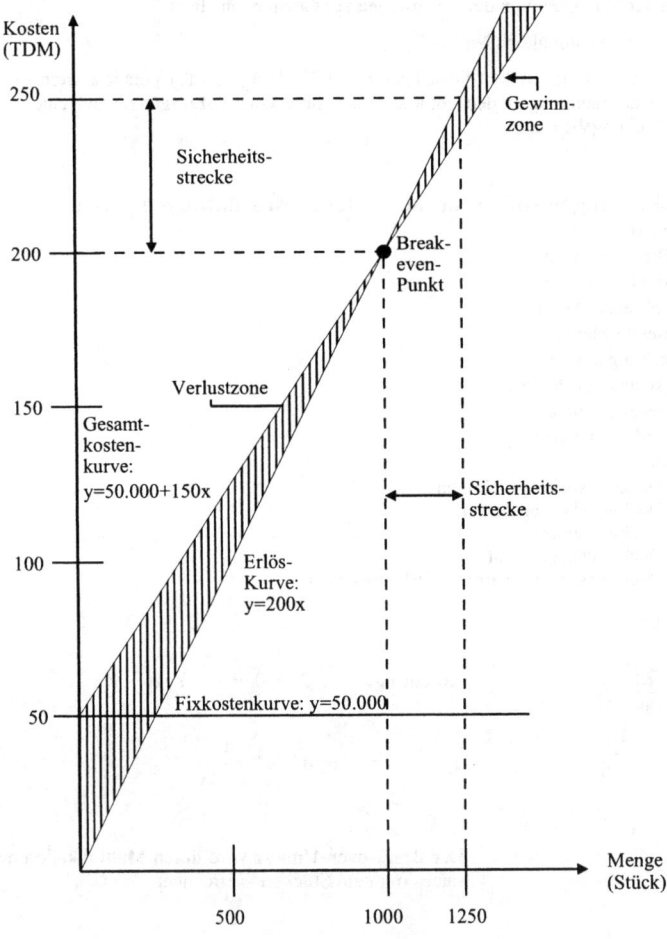

Abb. 150: Graphische Darstellung der Break-even-Analyse

Errechnen der Sicherheitsspanne:

Auf der Darstellung liegt der Break-even-Punkt dort, wo sich die Erlösgerade mit der Gesamtkostenkurve schneidet. Mit Hilfe einer Sicherheitsspanne (-koeffizient) kann nun errechnet werden, um wieviel Prozent der geplante (oder realisierte) Umsatz/Absatz **maximal** zurückgehen darf, bevor man den BEP erreicht.

$$\text{Sicherheitsspanne:} = \frac{\text{Ist-Umsatz - Break-even-Umsatz}}{\text{Ist-Umsatz}} \times 100$$

$$= \frac{U - Ud}{U} \times 100$$

oder bezogen auf denAbsatz:

$$= \frac{x - Bx}{x} \times 100$$

Für unser Beispiel:

$$\frac{250.000 - 200.000}{250.000} \times 100 = 20\%$$

$$\frac{1.250 - 1.000}{1.250} \times 100 = 20\%$$

Erst wenn also Absatz bzw. Umsatz um **mehr** als 20% sinken würden, käme die Unternehmung in die Verlustzone. Je größer die Sicherheitsspanne, um so größer ist der „Spielraum" der Unternehmung in der Umsatzplanung.

2. In einem Mehrproduktbetrieb

Für den realistischeren Fall einer Mehrproduktunternehmung ist von den Mengeneinheiten auf das Umsatzniveau abzustellen. Dazu wird zur Ermittlung des Break-even-Umsatzes die Summe der Deckungsbeiträge auf den Umsatz bezogen. Dieses Verhältnis Deckungsbeitrag pro DM Umsatz wird als **DBU** oder **DBU-Faktor** bezeichnet.

Die Formel lautet nun:

$$UD = \frac{Kf}{DBU - Faktor}$$

(es wird dabei ein konstantes Umsatzmischungsverhältnis angenommen).

Bramsemann (1980, S. 166ff.) zeigt die BEA im Mehrproduktunternehmen an folgendem **Beispiel**:

Ein Unternehmen stellt die Produkte A, B und C her. Die Fixkosten der Periode betragen DM 60.000. Stückerlös, variable Stückkosten und erzielte bzw. geplante Verkaufsmengen sind der Abb. 151 zu entnehmen. Die grafische Darstellung in einem Gewinn-Umsatz-Diagramm zeigt nachfolgende Abb. 152 (aus ebd., S. 118).

Dabei werden auf der Abszisse die geplanten/erzielten Umsätze, auf der Ordinate im negativen Bereich die fixen Kosten eingezeichnet. Durch das Abtragen der Deckungsbeiträge in positiver Richtung ergibt sich der **BEP** am Schnittpunkt mit der Abszisse.

Produkt	Stückerlös (DM)	variable Stückkosten (DM)	erzielte/geplante Verkaufsmengen (Stück)
A	4,--	2,48	20.000
B	6,40	5,--	8.000
C	5,80	2,80	16.000

Daraus lassen sich folgende Erlöse, proportionale Kosten, Deckungsbeiträge und DBU-Faktoren je Erzeugnis ermitteln:

Produkt	Erlös (DM)	variable Kosten (DM)	DB (DM)	DBU-Faktoren
A	80.000,--	49.600,--	30.400,--	0,380
B	51.200,--	40.000,--	11.200,--	0,219
C	92.800,--	44.800,--	48.000,--	0,517
Summe/ Ø DBU-F.	224.000,--	134.400,--	89.600,--	0,400

Als Break-even-Umsatz ergibt sich:

$$Ud = \frac{60.000}{0,4} = 150.000,-- \text{ DM}$$

Abb. 151: BEA im Mehrproduktunternehmen (nach Bramsemann)

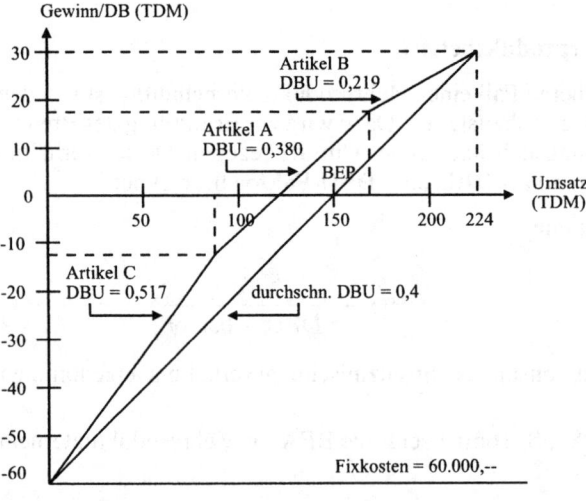

Abb. 152: Break-even-Analyse mittels Gewinn-Umsatz-Diagramm

Werden aufgrund des Deckungsbeitrages pro Stück für das Sortiment **Prioritätenlisten** bzw. **Favoritenranglisten** erstellt, ist zu bedenken, daß in diese „statischen" Momentaufnahmen auch andere Kriterien (wie Produktlebenszyklus, Auswirkungen auf andere Sortimentsprodukte, langfristige Imageziele etc.) einzubeziehen sind (vgl. Egger-Winterheller, 1994).

Wie wir zu Beginn der BEA bereits ausführten, gibt die Break-even-Analyse dem Controller wertvolle Hinweise, wie sich seine Entscheidungen auswirken würden. So ist relativ leicht und schnell erkennbar, welche **Verschiebung** des Break-even-Punktes **als Folge** einer Änderung der Zusammensetzung des Artikelprogramms, einer Änderung bei den fixen oder variablen Kosten oder einer Änderung der Erlöse und Deckungsbeiträge eintreten würde, d.h., welche Auswirkungen diese Änderungen auf das Erreichen der Gewinnzone (früheres oder späteres Erreichen) haben werden. Als Ergänzung zur Break-even-Analyse ist vor allem die produktspezifisch zu erstellende **Isodeckungsbeitragskurve** (in einem Koordinatensystem aus Preis und Absatz der geometrische Ort gleicher Deckungsbeiträge) notwendig.

E. Planung und Kontrolle der Finanzkraft der Unternehmung (Cash-Flow-Management)

Innerhalb der liquiditätsorientierten Kennzahlen beginnen wir – nicht zuletzt wegen ihrer Bedeutung – mit der Darstellung der Kennzahl **„Cash Flow"**, wobei die durch die laufende Betriebstätigkeit erwirtschaftete **Finanzkraft** dargestellt werden soll. Daneben stehen Kennzahlen zur Beurteilung der **strukturellen** Liquidität zur Verfügung (vertikale Regeln etwa im Vergleich Eigen- zu Fremdkapital oder horizontale Regeln im Vergleich von Vermögen und Kapitalstruktur). Da diese Kennzahlen jedoch nicht zur Sicherung der täglichen Zahlungsbereitschaft herangezogen werden können, zeigen wir auch die Sicherstellung der („situativen") Liquidität im **laufenden Geschäftsbetrieb**. Die Sicherung dieser „aktuellen Liquidität" (Hahn) bedient sich der Hilfe der kurzfristigen Finanzplanung und der Finanzdisposition (Cash Management) (vgl. Abb. 153).

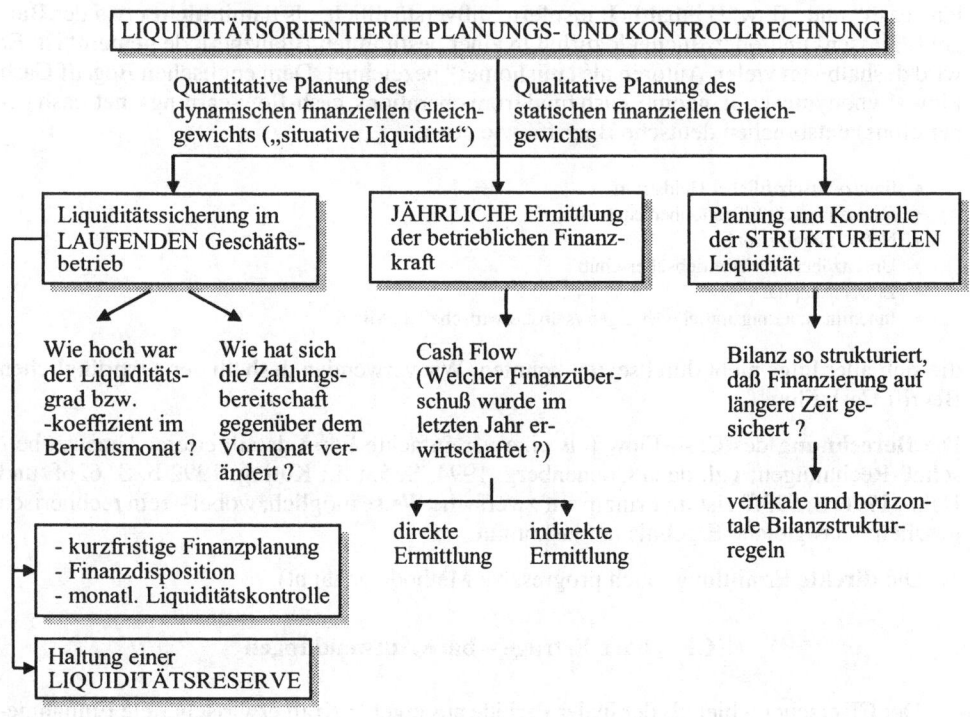

Abb. 153: Liquiditätsorientierte Planungs- und Kontrollrechnung

I. Entwicklung

Obwohl der Cash Flow als Kennzahl in Theorie und Praxis sich äußerster Beliebtheit erfreut, besteht bis heute keine klare begriffliche Bestimmung seines „Inhalts" bzw. seiner rechnerischen Ermittlung. So findet sich die Angabe einer CF-Zahl in zahlreichen Jahresberichten, ohne daß jedoch sofort ihre Berechnungsweise ersichtlich wäre. Bei den Verwendungsmöglichkeiten dieses Begriffs besteht eine weitgehende Übereinstimmung darin, daß sie (abgesehen von der Verwendung des Cash Flow in den Investitionsrechnungen, wo es sich um eine Objektbetrachtung handelt) „sehr nahe beieinander liegen, eigentlich nur getrennt voneinander durch unterschiedliche Zielsetzungen bei der Beurteilung eines **Teils** der **wertmäßigen Perioden**-Umsätze einer Unternehmung" (Weilenmann, 1975, S. 4).

Für die moderne Finanzwirtschaft stellt der Cash Flow eine der zentralsten, allerdings auch „schillerndsten" Begriffe dar. Er findet verschiedenartigste Anwendungen: als eine Kennzahl für den externen Bilanzanalytiker, als ein Finanz- und/oder Ertragsindikator bis hin zur Konzeption einer CF-basierten Unternehmensbewertung.

II. Begriff

> **Cash-Flow**
> „... repräsentiert als Finanzbeitrag aus Geschäftstätigkeit ein Mittelfluß-Element eines Unternehmens" (Volkart, 1994, S. 23).
> „... Als Cash Flow wird der uneingeschränkt für Finanzierungszwecke zur Verfügung stehende finanzwirtschaftliche Überschuß einer Periode angesehen" (Hahn, 1996, S. 532).

Der Cash-Flow-Begriff ist (auch in seiner englischen Grundform mit den beiden Begriffsteilen „cash" und „flow"!) inhaltlich insofern mißverständlich, als damit **nicht** etwa der Bargeld-/Kassen- und/oder Buchgeldzufluß in einer bestimmten Bilanzperiode gemeint ist. Er wird deshalb von vielen Autoren als „misnomer" bezeichnet. Dem englischen Begriff Cash Flow (Synonyme: cash income, cash fund from operations, cash-flow-earnings, net-cash generations) entsprechen deutsche Begriffe wie etwa:

- finanzwirtschaftlicher Geldstrom
- Finanzüberschuß/Bruttoüberschußziffer
- Netto-Bargeldstrom
- Umsatzüberschuß/Betriebsüberschuß
- Zuwachskapital
- Innenfinanzierungsmittel oder eigen-/selbst erwirtschaftete Mittel,

die sich allerdings nicht durchsetzen konnten. Wir verwenden deshalb den ursprünglichen Begriff Cash Flow.

Die **Berechnung** des Cash Flow (als eine vereinfachte Form detaillierterer Umsatzüberschuß-Rechnungen; vgl. dazu Coenenberg, 1994, S. 530ff.; Küting, 1992 b, S. 626f. und Hahn, 1996, S. 533ff.) ist im Prinzip auf zweifache Weise möglich, wobei – rein rechnerisch gesehen – das gleiche Ergebnis herauskommt.

1. Die **direkte** Ermittlung (auch progressive Methode genannt):

> **CF = bare Erträge – bare Aufwendungen**

Der CF erscheint hier als der in der Periode aus eigener Kraft erwirtschaftete Einnahmeüberschuß aus der laufenden Betriebstätigkeit (= Nettozufluß an kurzfristigem Geldvermögen oder finanzwirtschaftlicher Umsatzüberschuß).

Die Berechnung ist nur unternehmens**intern** aus der operativen Planung möglich. Sie ist jedoch aussagefähiger, da eine Ermittlungsform über die einzelnen **Entstehungskomponenten** informiert.

Neben dieser Möglichkeit kann der Cash Flow auch als Überschuß der Etrags**einzahlungen** über die Aufwands**auszahlungen** der Periode dargestellt werden.

2. Die **indirekte** Ermittlung (oder retrograde Methode):

> **CF = Gewinn + nichtbare Aufwendungen – nichtbare Erträge**
>
> (nichtbar i.S.v. nicht zahlungswirksam).

Die Berechnung ist als „überschlägige" Rechnung aus der bilanziellen Ergebnisrechnung möglich. Man geht vom Bilanzgewinn oder Jahresüberschuß aus und korrigiert ihn um die einnahmenlosen Erträge und ausgabenlosen Aufwendungen, wobei es für einen externen Bilanzanalytiker sehr problematisch ist, eine Trennung der Erträge bzw. Aufwendungen in finanzwirksam und finanzunwirksam durchzuführen.

III. Die indirekte Berechnungsmethode der Praxis

In seiner einfachsten Form findet die indirekte „Näherungsmethode" Ausdruck in der Formel:

> **CF = Jahresüberschuß + Abschreibungen**

Der Ansatzpunkt der in der Praxis weit verbreiteten indirekten Methode (nach Literaturangaben wird in der Praxis zu 80 bis 90% die indirekte Methode vorgezogen!) ist bestechend: Der bilanzmäßig ausgewiesene Gewinn ist durch die Höhe der Abschreibungen auf Sach- und Finanzanlagen und die Wertberichtigungen im Ermessen der Unternehmensleitung gemäß den Bilanzierungs- und Bewertungswahlrechten in Grenzen **„manipulierbar"**. Die Abschreibungen gehen als Aufwandsposten in die GuV ein und vermindern in ihrer Höhe das Ergebnis (mit anderen Worten: ohne ihren Ausweis wäre der ausgewiesene Gewinn entsprechend höher), sie werden also als Ertrag erwirtschaftet, ohne als solcher ausgewiesen zu werden. Faßt man diese beiden Größen nun einfach wieder als Summe zusammen, würde dieser Verfälschungseffekt eliminiert Man glaubte, daß der CF damit in geeigneterer Weise ein Bild der Erfolgslage einer Unternehmung gibt.

In verschiedenen **Erweiterungen** dieser rudimentären Formel werden bestimmte Veränderungen **hinzugezählt**; im nächsten Schritt etwa:

```
      Jahresüberschuß / -fehlbetrag
   + Abschreibungen
      (./. Zuschreibungen zu Gunsten des Ergebnisses)
   + Erhöhungen (./. Verminderung)
      von Langfristigen Rückstellungen
   ─────────────────────────────────────────
   = Cash Flow
```

Diese Faustformel konkretisiert Coenenberg (1994, S. 531) durch weitere Positionen, wie in Abb. 154 dargestellt.

	Jahresüberschuß/Jahresfehlbetrag
	Abschreibungen auf immaterielle Vermögensgegenstände des Anlagevermögens, Sachanlagen und aktivierte Ingangsetzungs- und Erweiterungsaufwendungen
	Abschreibungen auf Vermögensgegenstände des Umlaufvermögens, soweit diese die in der Kapitalgesellschaft üblichen Abschreibungen überschreiten
	Außerplanmäige Abschreibungen gemäß § 253 Abs. 2 S. 3 und Abs. 3 S. 3 HGB
	Abschreibungen auf Finanzanlagen und auf Wertpapiere des Umlaufvermögens
–	Zuschreibungen auf Vermögensgegenstände des Anlagevermögens (lt. Bilanz oder Anhang)
–	Zuschreibungen auf Vermögensgegenstände des Umlaufvermögens
	Zunahme der Rückstellungen für Pensionen und ähnliche Verpflichtungen
–	Abnahme der Rückstellungen für Pensionen und ähnliche Verpflichtungen
=	vereinfachter Cash Flow

Abb. 154: Cash-Flow-Berechnungsmethode(Coenenberg)

Große Meinungsverschiedenheiten bestehen in Bezug auf die **Einbeziehung** von

- außerordentlichen,
- betriebs- und
- periodenfremden Aufwendungen und Erträgen.

Soll im Cash Flow nur jener Teil der Bestandsveränderungen an flüssigen Mitteln, der aus den betrieblichen Umsatzvorgängen zur Erfüllung des eigentlichen Betriebszweckes resultiert, einbezogen werden oder sollen auch die neutralen Posten, die bei vielen Unternehmungen einen nicht unwesentlichen Teil des Gesamterfolges ausmachen, einbezogen werden? Häufig wird die Eliminierung zumindest der **außerordentlichen** Aufwendungen und Erträge gefordert.

Die Ermittlung der vereinfachten Cash-Flow-Formel kann – je nach Aussageziel – um zusätzliche Korrekturen erweitert werden. Den „**nachhaltigen** Cash Flow" zeigt Abb. 155.

	vereinfachter Cash Flow (s.o.)
–	Erträge aus Verlustübernahme
–	außerordentliche Erträge
–	sonstige betriebliche Erträge oder Liquidations- und Bewertungserträge (lt. Anhang)
–	Erträge aus Auflösung des Sonderpostens mit Rücklageanteil
	außerordentliche Aufwendungen
	Liquidations- und Bewertungsverluste lt. Anhang; auszuweisen unter den sonstigen betrieblichen Aufwendungen
	Einstellungen in den Sonderposten mit Rücklageanteil
=	Nachhaltiger Cash Flow

Abb. 155: Nachhaltiger Cash Flow (nach Coenenberg)

Nach Coenenberg kann der nachhaltige Cash Flow als Indikator der **langfristigen** Innenfinanzierungskraft des Unternehmens herangezogen werden. Auf seine Ermittlung zielt auch der „**Cash Flow nach DVFA/SG**" (aus DVFA/SG, 1993, S. 600):

1.		Jahresüberschuß/-fehlbetrag
2.		Abschreibungen auf Gegenstände des Anlagevermögens
3.	−	Zuschreibungen zu Gegenständen des Anlagevermögens
4.	+/−	Veränderung der Rückstellungen für Pensionen bzw. anderer langfristiger Rückstellungen
5.	+/−	Veränderung der Sonderposten mit Rücklageanteil
6.	+/−	andere nicht zahlungswirksame Aufwendungen und Erträge von wesentlicher Bedeutung
7.	=	Jahres-Cash-Flow
8.	+/−	Bereinigung ungewöhnlicher zahlungswirksamer Aufwendungen/Erträge von wesentlicher Bedeutung
9.	=	Cash Flow nach DVFA/SG

Abb. 156: Cash Flow nach DVFA/SG

Im Rahmen der erfolgswirtschaftlichen Cash-Flow-Analyse erscheint es (vgl. ebd.) in einer weiteren Version des CF zweckmäßig, die ertragsabhängigen Steuern (soweit sie auf das ordentliche Ergebnis entfallen) zuzuschlagen, um einen von der Ausschüttungspolitik unabhängigen Indikator zu erhalten.

Alle Cash-Flow-Kennziffern sind für Coenenberg eine **unvollständige** Mischung aus Komponenten des Umsatzüberschusses im engen und weiten Sinne. „Er kann deshalb weder als ein hinreichend genauer Indikator des Liquiditätspotentials noch als hinreichend genaues Maß des Innenfinanzierungsspielraumes gelten." Die Hypothese, daß der in ihnen erfaßte Mittelzufluß in liquider Form eingegangen ist, ist „z.B. insofern falsch, als diese Cash-Flow--Kennzahlen ceteris paribus auch dann zunehmen, wenn die Forderungen zunehmen, die Bestände an fertigen und unfertigen Erzeugnissen steigen oder andere Eigenleistungen aktiviert werden. Ferner sinkt der Cash Flow nicht, wenn z.B. Roh-, Hilfs- und Betriebsstoffe auf Vorrat gekauft werden, obgleich sie in der Periode bezahlt wurden. In den erstgenannten Fällen hat kein Fremdmittelzufluß stattgefunden, dennoch steigt der Cash Flow. Im letzten Fall bleibt der Cash Flow trotz Geldmittelabgang konstant. Die auf diese Weise gebundenen Mittel stehen nicht für andere Aufgaben zur Verfügung" (1994, S. 532).

Rein rechnerisch gesehen ist die indirekte Näherungslösung nicht falsch, da ja beide Methoden logischerweise zum gleichen Ergebnis kommen müssen. Trotzdem ist die indirekte Methode ungenügend, da damit die Veränderungen des Nettoumlaufvermögens aus betrieblichem Umsatz nicht dargestellt werden. Zum Zwecke einer effizienten Unternehmensführung erscheinen die nachfolgend vorgestellten direkten Berechnungsweisen aufgrund ihres wesentlich höheren Informationsgehaltes besser geeignet.

IV. Die direkte Berechnungsmethode

Weilenmann (dessen Darstellung wir im folgenden weitgehend folgen) weist darauf hin, daß es unbestritten ist, daß der CF die **Veränderung der Bestände** an flüssigen Mitteln (also nicht die mit der Umsatztätigkeit verbundenen Zahlungsströme in ihrer Gänze, sondern nur deren Saldo) zeigen soll, wobei zunächst **unklar** bleibt, was(d.h. welche Bewegungen bzw. Veränderungen) unter „flüssigen Mitteln" verstanden werden soll.

Alle Veränderungen „flüssiger Mittel" finden sich in der Darstellung einer **Kapitalfluß-rechnung** (vgl. dazu Punkt II. Planung und Kontrolle der strukturellen Liquidität). Diese können ganz Verschiedenes beinhalten:

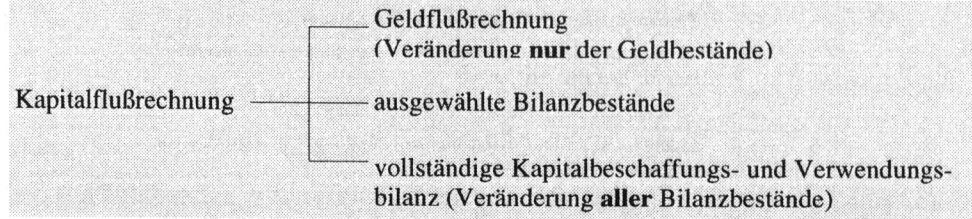

Die Kapitalflußrechnung als eine Bewegungsrechnung kann also als Extremformen

- entweder sämtlicher Aktiva und Passiva und deren Veränderungen
- oder nur „ausgewählte" Bilanzpositionen

beinhalten.

1. Möglichkeiten der Fondsbildung

Da ja der Cash Flow offensichtlich **Bestandteil** oder **Ausschnitt** einer – wie auch immer ge-arteten – Kapitalflußrechnung ist, ist zur Bestimmung des Untersuchungsgegenstandes zu-erst darzulegen, was als „flüssige Mittel" verstanden und damit im CF dargestellt werden soll. Je nach Abgrenzungswunsch des Datenverwenders wird es verschiedene, unterschied-lich definierte Finanzfluß-Saldi geben (vgl. Volkart, 1994, S. 29). Da es also nicht eindeutig ist, welche Bilanzpositionen gemeint sind, ist in einem ersten Schritt klarzumachen, **wel-cher Fonds** (m.a.W.: der Teil der Bilanzpositionen, deren Veränderungen festgestellt wer-den sollen) verwendet wird. **Mögliche** Fondsbildungen veranschaulicht Abb. 157 (nach Kä-fer 1984; identisch in Wöhe/Bilstein, 1994 und Coenenberg, 1994), enthält der Typ 4 noch den Posten „kurzfristige Rückstellungen"). Einige dieser Fonds werden bei der Beurteilung der strukturellen Liquidität (1., 2., 3. Grades) bereits seit langem als Instrumentarium einge-setzt(wir kommen darauf später zurück). Da diese Zeitpunkt-Betrachtungen jedoch keine Rückschlüsse auf die Veränderungs**ursachen** erlauben, sind sie im PK-System durch zu-sätzliche Methoden (wie z.B. der Kapitalflußrechnung; dazu unsere Ausführungen F. II. 2) zu ergänzen.

Die Bezeichnung Cash Flow = Kassafluß würde als Ausdruck wohl am ehesten der Bezeich-nung für die Untersuchung der Veränderungsursachen der „sofort greifbaren Mittel" (z.B. Kasse, Bank- und Postguthaben) entsprechen. Da dieser Fondstyp (bzw. der Fondstyp „li-quide Mittel" unter Einbezug der geldverwandten Mittel) in der Praxis (Berichterstattung) keine große Rolle spielt, soll auf seine Darstellung hier verzichtet werden.

Retrospektive, extern erstellte Kapitalflußrechnungen hängen bezüglich ihrer Nützlichkeit weitgehend von zur Verfügung stehendem Informationsmaterial ab; dazu treten die Mängel aller vergangenheitsbezogenen Rechnungen. Kapitalflußrechnungen (siehe dazu auch unse-re Ausführungen unter F, II) sind weder nach deutschem Handelsrecht noch nach der 4./7. EG-Richtlinie obligatorisch, aber vom HFA des Instituts der Wirtschaftsprüfer seit längerem empfohlen. Für Coenenberg (1994, S. 568) hat die Stellungnahme des HFA „mit Sicherheit dazu beigetragen, daß die in der Praxis lange dominierenden Veränderungs- und Bewegungsbilanzen durch die aussagekräftigeren Kapitalflußrechnungen mit ausgeschiedenem Fonds verdrängt werden. Der breite Spielraum bei der Gestaltung hat indessen den Nachteil, daß Zeit und Betriebsvergleiche anhand der im Geschäftsbericht veröffentlichten Kapitalflußrechnungen nicht immer ohne weiteres möglich sind".

Erfaßte Positionen der Bilanz	Fonds					
	Rein-Umlaufvermögen Typ1	Umlaufvermögen Typ 2	bald verfügbare Geldmittel Typ 3	bald netto verfügbare Geldmittel Typ 4	liquide Mittel Typ 5	Geld Typ 6
Kasse	x	x	x	x	x	x
Bank	x	x	x	x	x	x
Postscheck	x	x	x	x	x	x
leicht veräußerbare Wertpapiere	x	x	x	x	x	
kurzfristige Forderungen	x	x	x	x		
Vorräte	x	x				
geleistete Anzahlungen	x	x				
transitorische Aktiva	x	x				
kurzfristige Verbindlichkeiten	x			x		
transitorische Passiva	x					

Abb. 157: Fondsabgrenzung nach Käfer

2. Der Cash Flow als Veränderung des Nettoumlaufvermögens

Das Nettoumlaufvermögen (net working capital) kann entweder als

$$\textbf{Verhältniszahl} = \frac{\text{Umlaufvermögen}}{\text{kurzfristiges Fremdkapital}}$$

oder als

$$\textbf{Differenz} = \text{Umlaufvermögen - kurzfristiges Fremdkapital}$$

dargestellt werden.

Wenn wir die nachfolgende Abb. 158 (aus Weilenmann, 1992, S. 25), die einen Überblick über die möglichen Ursachen für die Veränderung des Nettoumlaufvermögens gibt, betrachten, so interessieren uns primär die Innenfinanzierungsvorgänge.

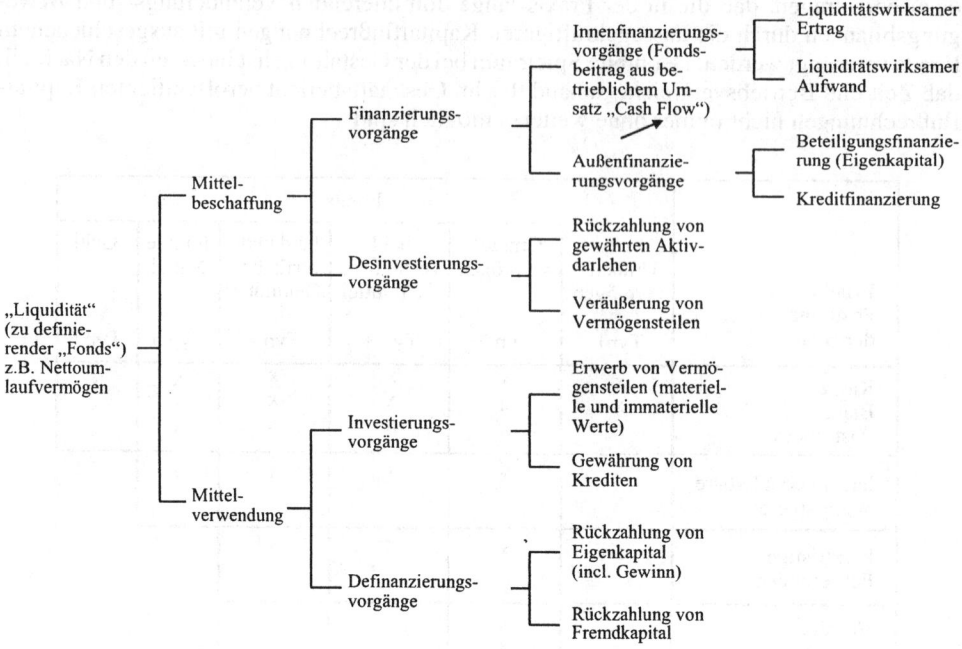

Abb. 158: Überblick über die Ursachen für die Veränderung des Nettoumlaufvermögens

In der **direkten Methode** der CF-Ermittlung (barer Ertrag – barer Aufwand) wird ein wesentlich höherer Informationsgehalt als bei der direkten Ermittlung (Reingewinn + nichtbarer Aufwand – nichtbarer Ertrag) gesehen, weil die für die Innenfinanzierung viel bedeutsameren Umsatzvorgänge enthalten sind. Demnach sind bei direkter Ermittlung folgende Tatbestände einzubeziehen, weil sie das **Nettoumlaufvermögen** verändern (ebd.):

- Verkauf gegen bar, mit kurzfristiger Kreditgewährung (Debitoren) oder als Gegenlieferung zur Verrechnung mit kurzfristigem Fremdkapital (z.B. Kreditoren)
- alle bar bezahlten Aufwendungen (z.B. Gehälter, Büromaterial, Miete, Porti, Telefon) sowie Aufwendungen, die mit kurzfristiger Kreditgewährung verbunden sind (z.B. Rechnungen mit Drucksachen, Verbrauchsmaterial; Einkauf von Rohstoffen oder Handelswaren, korrigiert um die Veränderung der Vorräte)
- die Bildung und die Auflösung kurzfristiger Rückstellungen (z.B. für Steuern, für schwebende Geschäfte bzw. Prozesse)
- Wertberichtigungen (Abschreibungen oder Aufwertungen für das Umlaufvermögen, insbesondere von Vorräten und kurzfristigen Forderungen (Delkredere).

Nicht dazu gehören folgende Vorgänge:

- Abschreibungen von Beteiligungen, Mobilien und Maschinen, Liegenschaften
- Aufwertung von Beteiligungen, Mobilien und Maschinen, Liegenschaften
- Bildung und Auflösung langfristiger Rückstellungen (z.B. für Garantieleistungen auf lange Sicht)

3. Besondere Bewertungsproblematik

Abgesehen von Zahlungsmittel- und kurzfristigen Schuldenbeständen **in DM** sind fast alle Bilanzpositionen mit Bewertungsproblemen verbunden, d.h., durch die Bildung von stillen

844

Reserven besteht ein relativ großer Spielraum zur Verringerung des ausgewiesenen Gewinns. Die Literatur geht i.d.R. davon aus, daß der Cash Flow in erheblich gringerem Umfang manipulierbar ist als der Jahresüberschuß oder der Bilanzgewinn.

Auch der **direkt** ermittelte Cash Flow kann durch die Bildung oder Auflösung stiller Reserven im Nettoumlaufvermögen (Fondstyp 1) ganz wesentlich **verfälscht** werden, z.B. durch

- Verlustwahrscheinlichkeit auf Debitoren (zu hoch),
- Kassaeffekten (zu tief),
- Vorräte (zu tief),
- kurzfristige Rückstellungen (zu hoch),

so daß nur der über die buchhalterischen Informationen verfügende Insider in der Lage wäre, die nötigen Korrekturen vorzunehmen.

V. Die betriebswirtschaftliche Bedeutung der Cash-Flow-Kennzahl

1. Verwendungsmöglichkeiten

Wir haben den Cash Flow als den Mittelzufluß charakterisiert, der dem Betrieb aus der Erfüllung seines Betriebszweckes zugeflossen ist. Da diese Mittel **aus eigener Kraft** erwirtschaftet wurden, sind sie auch Ausdruck der finanziellen Unabhängigkeit eines Betriebes. Sie kennzeichnen das **Innenfinanzierungsvermögen** des Betriebes aus den Umsatzerlösen.

Der erwirtschaftete Cash Flow kann für folgende Aufgaben **verwendet** werden (evtl. Relationsbildung):

- Die Mittel verbleiben **im** Unternehmen:
  - zur Substanzerhaltung (z.B. Rücklagenbildung), Erhöhung der liquiden Mittel
  - als Kapitalbindung im Anlage- (Gebäude, Grundstücke, Produktionsmittel) und Umlaufvermögen (Roh-, Halb-, Fertigfabrikate).

  Wenn der Unternehmensbestand erhalten bleiben soll, sind zumindest die Abschreibungen zu **reinvestieren** (im CF stecken ja die „Rückflüsse" aus früheren Investitionen, deshalb sind Ersatzinvestitionen in Höhe der Abschreibungen durchzuführen, zusätzliche Ausgaben dienen für Erweiterungs- und Rationalisierungszwecke).

- Die Mittel fließen **aus** dem Unternehmen:
  - als Gewinnausschüttung (vor allem wenn die Notwendigkeit einer möglichst „konstanten" Ausschüttungspolitik besteht) an die EK-Geber/Unternehmensangehörige
  - zur Schuldentilgung.

2. Der Cash Flow als Instrument der Unternehmensführung

Die Anwendungsbereiche der Cash-Flow-Analyse lassen sich wie folgt zusammenfassen (vgl. Juesten/Villiez, 1992, S. 78ff.):

- als Mittel zur Beurteilung der Finanzierung (Liquidität, Verschuldungsgrad)
- als Mittel zur Beurteilung der Ertragskraft.

Der Cash Flow ist als **finanzwirtschaftliche** Kennziffer nur beschränkt einsetzbar. Vor allem kann er nicht zur Liquiditätsbeurteilung herangezogen werden, da er keinen Zufluß an liquiden Mitteln oder Bestand zum Jahresende repräsentiert und er zudem rein vergangenheitsorientiert ist. Auf eine ganz wesentliche **Einschränkung** der Aussagekraft der Cash-Flow-Planung macht Hahn aufmerksam: Zwar stellt der CF einen Zahlungsüberschuß der Planungsperiode dar, es sei jedoch eine irrige Auffassung anzunehmen, „daß die aus dem Umsatzprozeß gewonnenen Mittel am Stichtag der Bilanzaufstellung als geschlossener Fonds vorhanden sind. Die im Cash-Flow summierten Beträge sind zu diesem Zeitpunkt bereits wieder in die Unternehmung eingegangen und haben sich in verschiedenen Bilanzpositionen niedergeschlagen, so daß auf Grund der Höhe des Cash-Flow keine Aussage über die disponiblen Geldmittel und damit über die Zahlungsbereitschaft gemacht werden kann". Es ist deshalb eine eigenständige, kurzfristige Finanz- und Liquiditätsplanung **unbedingt notwendig**.

Ob der Cash Flow als dem Wesen nach finanzwirtschaftliche Größe einen Beitrag zur Einschätzung der **Finanzlage** einer Unternehmung leisten kann, hängt weitgehend von der Art seiner Ermittlung ab. Wesentlich erscheint dabei – zur Erhöhung der Aussagekraft – die Einbeziehung des CF in eine Kapitalflußrechnung, um damit auch die übrigen Quellen flüssiger Mittel (z.B. aus der Außenfinanzierung oder der Desinvestition) aufzuzeigen. Neben diesem vollständigen Überblick der Mittelherkunft wird dabei zudem auch die Mittelverwendung ersichtlich.

Wir haben den Cash Flow als eine Kennziffer zur Beurteilung des Innenfinanzierungsspielraums erläutert. Folgende Kennziffer zeigt auf, inwieweit eine Nettoinvestition durch selbsterwirtschaftete Mittel gedeckt ist (Coenenberg, 1994: S. 533):

$$\frac{\text{Umsatzüberschuß}}{\text{Nettoinvestition}}$$

Als weiterer Aspekt kann der CF als Maß der **Schuldentilgungskraft** angesehen werden, da ja letztlich die Verbindlichkeiten einer Unternehmung nur aus den selbsterwirtschafteten Mitteln getilgt werden können (vgl. Juesten/Villiez, 1992, S. 93). Viele Banken ziehen zur Kreditwürdigkeitsprüfung den sog. **Verschuldungsfaktor** (oder **dynamischen** Verschuldungsgrad oder **Tilgungsgrad**) heran (ebd., S. 534):

$$VF = \frac{\text{Effektivverschuldung}}{\text{Umsatzüberschuß}}$$

Anstelle der Formel Tilgungsdauer verwendet das Bundesaufsichtsamt für das Versicherungswesen (Leitfaden 1992) die sog. Entschuldungsdauer:

$$\text{Entschuldungsdauer} = \frac{\text{Bereinigtes Gläubigerkapital}}{\text{Cash Flow}}$$

„Als Cash Flow wird das Ergebnis der gewöhnlichen Geschäftstätigkeit abzüglich Steuern und zuzüglich Abschreibungen definiert. Veränderungen der langfristigen Rückstellungen dürfen zusätzlich berücksichtigt werden. Das bereinigte Gläubigerkapital entspricht dem Fremdkapital abzüglich Pensionsrückstellungen. Die Entschuldungsdauer soll einen Wert von 7 haben" (ebd.).

Der Entschuldungsgrad gibt also an, **wie viele** Jahre es dauern würde, bis die gesamte Nettoverschuldung mit Hilfe des selbsterwirtschafteten CF getilgt ist (wobei „unterstellt" wird, daß der CF ausschließlich dazu verwendet würde. Wir haben aber gezeigt, daß er noch weiteren Verwendungsmöglichkeiten dient). Der CF gibt einen Hinweis auf die **Verschuldungskapazität** eines Unternehmens. Hahn macht aber darauf aufmerksam, daß man der CF-Zahl **nicht** ansehen kann, in welchem Maß die Unternehmensleitung **frei** ist, zwischen diesen Verwendungen zu wählen. Deshalb könne eine isolierte Betrachtung des CF einer Periode leicht irreführen und der Aussagewert sollte durch den Einbezug des CF in eine vollständige Kapitalflußrechnung gesteigert werden (vgl. Jacob, 1981, S. 857).

Für Juesten/Viliez (1992, S. 93ff.) läßt der Verschuldungsfaktor eine qualitative Aussage im Rahmen der Finanz-analyse **nicht** zu. Er liefert (ähnlich wie die vertikalen Finanzierungsregeln) weder eine Aussage über einen optima-len Verschuldungsgrad noch gibt er eine absolute Verschuldungsgrenze an. „Auch wenn in der Praxis teilweise eine Begrenzung der Gesamtverschuldung z.B. auf den dreieinhalbfachen Cash-flow-Betrag garantiert wird, so stellt das nichts anderes dar als eine Vereinbarung, die nicht generalisiert werden soll, und es ist die Frage zulässig, wes-halb gerade der Faktor 3,5 tragbar oder angemessen sein soll und nicht irgendeine andere Zahl (…) Somit bleibt wiederum nur ein recht mageres Ergebnis, das die Cash-flow-Ziffer zu liefern vermag. Der Informationsgehalt be-schränkt sich auch hier auf eine ‚besser-schlechter-Aussage'. Eine Unternehmung mit einem niedrigeren Verschul-dungsgrad ist hinsichtlich ihrer Finanzwirtschaft besser zu beurteilen als eine solche mit hohem Verschuldungs-grad, wobei stillschweigend unterstellt wird, daß Schulden aus selbsterwirtschafteten Mitteln getilgt werden müs-sen. Eine solche Festellung bewegt sich aber allenfalls auf der gleichen Ebene wie die herkömmlichen Relationen zwischen Eigenkapital und Fremdkapital, die ein höheres Eigenkapital finanzwirtschaftlich für sinnvoller ansehen als ein Überwiegen des Fremdkapitals."

Im finanziellen Bereich kann der CF sowohl ex post als **Kontrollgröße** als auch ex ante als operative und strategische **Planungsgröße** zur Sicherung der Liquidität eingesetzt werden (vgl. Weilenmann, 1975, S. 16f.; insbesondere auch Siegwart, 1990, S. 39ff.). Für das Fi-nanz-Controlling ist entscheidend, ob ein positiver oder negativer Cash Flow vorliegt. Wäh-rend ein **negativer** (oder nur gering positiver) CF als Indikator finanzielle Engpässe aufzei-gen hilft, ist er im **positiven** Fall ein Indikator für finanziellen Spielraum. Da diese Mittel aus dem Umsatzprozeß selbst erwirtschaftet wurden, stärken sie die Unabhängigkeit gegenüber Fremdkapitalgebern, über die Verwendung der Mittel kann das Management „unternehme-risch verfügen".

Neben der Sicherung der Liquidität leistet der CF einen Beitrag zur Zielerreichung Selbstfi-nanzierung (denn: je größer der CF, desto größer kann der in der Unternehmung zurückbe-haltene Teil des Gewinnes, also die Selbstfinanzierung, sein) und zur Sicherung der Unab-hängigkeit. Neben dieser Darstellung der **Selbstfinanzierungskraft** eines Unternehmens dient der CF, setzt man ihn in Relation zu den Anlageinvestitionen, als Maßstab für die **Inve-stitionskraft**. Je höher der Anteil des CF an den gesamten Investitionen, um so sicherer scheint die Annahme, daß das Unternehmen aus eigener Kraft seine Substanz erhalten kann und darüber hinaus noch expansionsfähig zu sein vermag.

Die Verwendung des Cash Flows als Hilfsmittel zur Beurteilung der **Ertragskraft** ist begrenzt (so auch Küting, 1992 b, S. 629f.). „Da der Cash-flow ausschließlich aus den Daten des publizierten Jahresabschlusses errechnet wird, kann er zum einen nur so genau sein wie eben diese Daten selbst und ist zum anderen vergangenheitsorientiert, d.h. eine historische Größe. Allerdings sagt die Cash-flow-Größe durch die Tatsache, daß sie teilweise die Bildung stiller Reserven berücksichtigt, mehr über die Ertragskraft aus als der Bilanzgewinn. Er kann jedoch nicht als der Gewinn der Unternehmung oder ein verbesserter Gewinn gedeutet werden, da er neben der Gewinngröße aus dem Jahresabschluß auch Aufwendungen enthält und damit um diese Bestandteile grundsätzlich zu hoch ausgewiesen wird. Als notwendige Voraussetzungen wurden sowohl für einen Zeitvergleich über mehrere Perioden als auch für zwischenbetriebliche Vergleiche annähernd gleiche Vermögens- und Kostenstrukturen für die betrachteten Unter-nehmungen festgestellt. Das würde die Verwendung des Cash-flow nur dann zulassen, wenn es sich zum einen um branchengleiche Unternehmungen handelt und zum anderen wesentliche technische Verbesserungen nicht vorge-nommen wurden" (Juesten/Villiez, 1992, S. 128).

Im Rahmen der **Ergebnisanalyse** sieht Coenenberg (vgl. im einzelnen 1994, S. 589ff.; Jue-sten/Villiez, 1992, S. 107ff.) dem Cash Flow zwei **Aufgaben** zugewiesen:

- Zum einen als **retrospektiver** Erfolgsmaßstab
  (der Cash Flow als weitgehend bewertungs**un**abhängige Überschußgröße enthält neben dem offen ausge-wiesenen Gewinn auch in versteckter Form enthaltene Erfolgsbestandteile). Diese Aufgabe kann der Cash Flow nur beschränkt erfüllen da, wie bereits gezeigt,
  - nicht alle bilanzpolitischen manipulierbaren Erfolgskomponenten erfaßt werden (z.B. Bewertung der Vorräte)
  - keine Trennung echter und unechter Aufwendungen erfolgt.

- Zum anderen als **prospektiver** Erfolgsmaßstab (der Cash Flow als der aus eigener Kraft erwirtschaftete finanzwirtschaftliche Überschuß gibt Anhaltspunkte für die künftige Ertragskraft).

Diese Aufgabe hängt davon ab, inwieweit der Innenfinanzierungsspielraum vollständig erfaßt wird. „Aber selbst wenn der Innenfinanzierungsspielraum zuverlässig im Cash Flow zum Ausdruck kommt, ist ein Schluß auf die künftige Ertragsfähigkeit an bestimmte Voraussetzungen gebunden:

- Die erwirtschafteten Finanzmittel werden nicht ausschließlich für Ersatzinvestitionen, Schuldentilgungen und Gewinnausschüttungen benötigt.
- Es bieten sich gegenwärtig und in der Zukunft erfolgreiche Investitionsprojekte.
- Die Unternehmensleitung ist in der Lage, erfolgreiche Investitionschancen zu erkennen und zu verwirklichen.

Hierüber gibt der Cash Flow eines vergangenen Zeitabschnitts keine Auskunft. Dementsprechend kann der Cash Flow die ihm zugeschriebene Funktion als prospektiver Erfolgsmaßstab nur Hand in Hand mit den Ergebnissen einer detaillierten Finanzierungs- und Investitionsanalyse sowie einer Beurteilung der Qualität des Managements erfüllen. Der Cash Flow ist in erster Linie eine Finanzgröße. Für die Beurteilung der Ertragslage kann er allenfalls eine Hilfsfunktion haben" (Coenenberg, 1994, S. 593).

Wir haben bei unseren Ausführungen gezeigt, daß die Zusammenfassung der beiden Größen „Gewinn" und „Abschreibung" zu einer Größe „Cash Flow" die recht bedeutenden Möglichkeiten der Manipulation des ausgewiesenen Gewinns nicht beseitigt, da bei zahlreichen weiteren Bilanzpositionen ähnliche Möglichkeiten bestehen, so daß für einen externen Analytiker, der keine Detailinformationen über die Veränderungen stiller Reserven hat, eine Beurteilung der Ertragskraft einer Unternehmung **allein** auf der CF-Angabe (also ohne Kenntnis der Abschreibungs- und **Leasing**politik; zum Leasing siehe Juesten/Villiez, 1992, S. 89ff.) **nicht** möglich ist.

Deshalb besteht in der Literatur weitgehend Einigkeit darüber, daß eine isolierte Betrachtung der Cash-Flow-Größe für die richtige Einschätzung der betrieblichen Erfolgssituation nicht ausreicht. Vielmehr sei der CF als **zusätzliche** Erfolgsgröße ergänzend neben die anderen verschiedenen Erfolgskennzahlen (wie Jahresüberschuß/Betriebsergebnis) zu stellen. Auch bei dem in den USA zur Zeit beliebten Einsatz des CF als ratio zum stock price zur Aktienbeurteilung gelten ähnliche Cash-Flow-Einwendungen.

VI. Der Cash Flow als Indikator im Rahmen des strategischen Controlling

1. Der Cash Flow als Leitgröße der langfristigen Finanzplanung

Bei den Ausführungen zum operativen Finanz-Controlling zeigten wir die Möglichkeiten auf,

- **kurzfristig** im Rahmen der Liquiditätssicherung des laufenden Geschäftsbetriebs (kurzfristige Finanzplanung, Finanzdisposition) und
- **mittelfristig** mit Hilfe von Kapitalflußrechnungen Kapitalbedarf und Kapitalmittel miteinander in Einklang zu bringen.

Die klassischen Primärziele wurden definiert als Aufrechterhaltung und Erhaltung der ständigen Zahlungsbereitschaft bzw. einer befriedigenden Rentabilität. Beim strategischen („finanz"-) Controlling geht es darum, **dauerhaft** die finanziellen Grundlagen für das Überleben der Unternehmung zu schaffen. Für das **strategische Finanzmanagement** (ausführliche Beispiele in Grünig, 1993, S. 677ff.) ist eine Aufgabenerweiterung festzustellen:

- die Elastizität in der Vermögensbindung und Flexibilität in der Deckung des Kapitalbedarfs
- die Sicherung unternehmerischer Unabhängigkeit durch Stärkung der Eigenständigkeit
- die Beachtung der Erfordernisse einer finanziellen Unternehmensführung im Rahmen der Unternehmensstrategien
- Mittelbedarf/-überschußbestimmung für einzelne Geschäftsfelder und das Gesamtunternehmen.

Da bei der langfristigen Finanzplanung mit großer zeitlicher Distanz gearbeitet wird (i.d.R. 3-5 Jahre, in Einzelfällen bis 10 Jahre), muß – im Gegensatz zur operativen Finanzplanung und -kontrolle – mit **Globalgrößen** („Umrißplanung") gearbeitet werden. Als Leitgröße fungiert der **Cash Flow** als Summe der selbst erarbeiteten Mittel. Diese Basis der Mittelbeschaffung muß zur Ermittlung des voraussichtlichen Finanzbedarfs oder -überschusses korrigiert bzw. ergänzt werden; der Mittelabfluß besteht im wesentlichen aus Investitionen, Akquisitionen von Betriebsteilen/Firmen und Rückzahlung für Darlehen (vgl. Abb. 159).

	20..	20..	...
Cash Flow			
- Gewinnausschüttung	...	...	...
Desinvestitionen	...	...	...
zugesicherte Kredite	...	...	...
geplante Kapitalerhöhungen	...	...	...
- Investitionen	...	...	...
- Rückzahlungsverpflichtungen	...	...	...
Finanzbedarf/Finanzüberschuß	...	...	...

Abb. 159: Schema eines langfristigen Finanzplans

An Stelle der aus den Unternehmenstätigkeiten resultierenden Zahlungsströme der kurzfristigen Finanzplanung tritt also die aus dem Erfolgsplan abgeleitete Größe Cash Flow. Es wird – lediglich grob größenordnungsmäßig – der jährliche Investitions- und Rückzahlungsbedarf dem aus eigener Kraft erwirtschafteten Mittelüberschuß gegenübergestellt, um den Finanzbedarf abschätzen zu können, der dann durch zusätzliches Eigen- und Fremdkapital zu decken wäre.

Es geht um die Erkenntnis der „Sicherung der **finanziellen Stabilität**". Sie soll zeigen, ob die Unternehmung zur Realisierung der angestrebten Ziele einen zusätzlichen Mittelbedarf hat oder ob der Mittelbedarf im Rahmen der finanziellen Möglichkeiten der Unternehmen (= Cash Flow/Kreditlinien) bleibt. Es sind nur solche leistungswirtschaftlichen Strategien zulässig, die das strukturelle finanzielle Gleichgewicht nicht gefährden und den geforderten monetären Zielbeitrag erwirtschaften.

2. Der Cash Flow als Maßgröße zur Beurteilung des strategischen Gleichgewichts

Eine der Hauptaufgaben der strategischen Unternehmensführung besteht darin zu unterscheiden, wie betriebliche Ressourcen (finanzieller, materieller oder personeller Art) beschafft und den verschiedenen Geschäftseinheiten (SGE) zuzuführen sind, damit die Unternehmung als Ganzes wachsen kann. Die Portfolio-Betrachtungsweise (vgl. unsere Ausführungen 5. Teil) ermöglicht es der Unternehmung, für verschiedene Strategische Geschäftseinheiten jeweils separate Strategien zu entwickeln und dennoch die **Restriktionen** (vor allem finanzieller Natur) der **Gesamt**unternehmung einzuhalten.

Als **eine** mögliche Methode, die aufzeigen soll, welchen Geschäftseinheiten der Unternehmung prioritär Ressourcen mit dem Ziel der optimalen Verteilung (nach Gewinn- und Risikoaussichten in Abhängigkeit der jeweiligen Markt- und Wettbewerbssituation) zuzuweisen sind, haben wir die Portfolio-Matrix kennengelernt. Wir wollen nun gezielt nochmals auf die Analyse der

Cash-Flow-Attraktivität als **ein** Beurteilungskriterium eingehen. Nach Hinterhuber sind **folgende Maßstäbe** für die Messung der Cash-Flow-Dimension heranzuziehen:

- Cash-Flow:
  Die Cash-Flows der diversen strategischen Geschäftseinheiten müssen im Zeitablauf positiv sein, wenn der Unternehmungsbereich eine Außenfinanzierung vermeiden will.
- Ausgewogenheit der Cash-Flows:
  Die Cash-Flow-Ströme der verschiedenen strategischen Geschäftseinheiten müssen einen Gleichgewichtszustand anstreben, in dem Sinne, daß exponierte Positionen zu vermeiden sind, die dadurch entstehen, daß die Cash-Flows aus einer oder wenigen strategischen Geschäftseinheiten resultieren.
- Risiko des Cash-Flow:
  Risikoreiche, gewinnträchtige strategische Geschäftseinheiten müssen in jedem Unternehmensbereich die Waage halten mit Geschäftseinheiten, die niedrige Gewinnperspektiven, dafür aber höhere Sicherheit aufweisen. Zu beachten ist auch die Kovarianz der Cash-Flow-Ströme: Je ausgeglichener die gegenläufigen Fluktuationen der Cash-Flow-Ströme sind, desto größer ist die Stabilität des Unternehmensbereiches(Hinterhuber, 1992, S. 118).

a) In der 4-Felder-Matrix

Der relative Marktanteil und das geschätzte Marktwachstum beeinflussen den Cash Flow, der definiert ist als der **einer SGE direkt zurechenbare** Überschuß aus Einnahmen und Ausgaben. Diese drei Größen werden zur Beurteilung der einzelnen SGE eingesetzt (vgl. zum Nachfolgenden Dunst, 1983, S. 94f.). Wie wir bei der strategischen Planung bereits ausführlich erläuterten, ist es u.a. Ziel der Portfolio-Matrix, eine „Mittel-Ausgewogenheit" von Bedarf und Aufbringung der SGE untereinander (SGE-Mix) **visuell** zu verdeutlichen. So muß etwa das Defizit an Mitteln aus der Offensivstrategie bei einem Nachwuchsprodukt durch die Einnahmeüberschüsse bei anderen SGEs gedeckt (=ausgeglichen) werden, sofern man z.B. nicht auf zusätzliche Fremdkapitalaufnahme zurückgreifen will oder kann.

Bevor eine SGE zur Cash-Erzeugerin wird, zieht es einen mehr oder weniger großen Finanzmittelbedarf an sich: Erst in der Sättigungsphase sind (bei hohem relativen Marktanteil) Ausgaben für einen weiteren Kapazitätsausbau nicht mehr nötig, so daß der CF positiv wird. Abb. 160 (aus Dunst, 1983, S. 96) zeigt:

- den Verlauf der CF-Kurve eines Produktes oder einer SGE und
- die CF-Situation in den einzelnen Quadranten.

Die **meisten** Mittel werden von den Nachwuchsprodukten zum Ausbau ihrer relativ schlechten Marktanteilsposition bei gegebenem hohen Marktwachstum benötigt. Diese SGEs verbrauchen also weit mehr Mittel, als sie erzeugen, vor allem wenn der Versuch der MA-Erhöhung angestrebt wird.
Ausgeglichen oder auch leicht negativ wird der Saldo von Mittelverbrauch und -aufbringung bei den Stars sein. Sie absorbieren zwar sehr viel Cash (zum Halten des hohen relativen MA bei hohem MW), können sich in vielen Fällen jedoch ihr Wachstum bereits selbst finanzieren. Sie erbringen das Wachstum von heute und – bei nachlassenden Wachstumsraten des Marktes – den Cash Flow von morgen.
Die SGEs im Problembereich erbringen bestenfalls einen ausgeglichenen CF. Ein MA-Ausbau hat bei der ungünstigen Wettbewerbsposition bei gleichzeitig niedrigen MW-Raten keinen Sinn.
Der Mittelbedarf der beiden erstgenannten Quadranten ist von den Cash-Kühen zu liefern.

Der **gewünschte Kreislauf** wäre also, Mittel von den Cash-Kühen in den Ausbau von Nachwuchsprodukten fließen zu lassen, sie mittelfristig zu Stars aufzubauen und langfristig (nach Erreichen der Marktführerschaft mit ihrem Erfahrungseffekt bei nachlassendem Marktwachstum) damit eine Cash-Kuh im Mix zu haben.

Die Cash-Flow-Werte aus dem **Ziel-Portfolio** können **periodenweise** in einer „Bilanz" dargestellt werden (vgl. Ziegenbein, 1995, S. 251). Wenn ein Finanz**ausgleich** zwischen den einzelnen SGEs angestrebt wird, so müssen die entsprechenden Cash-Flow-Positionen mit den Investitionsvorhaben verglichen werden. Ziegenbein (vgl. dazu 1995, S. 252f.) schlägt dafür einen –

für jede Periode neu zu berechnenden – Reinvestitionsindex vor, der zwei Ausprägungen haben kann.

MARKTWACHSTUM

		hoch		niedrig	
RMA	hoch	**Stars**		**Cash-Kühe**	
		Einnahmen :	+ +	Einnahmen :	+ + +
		Ausgaben :	– –	Ausgaben :	–
		Cash Flow :	0	Cash Flow :	+ +
	niedrig	**Nachwuchs**		**Probleme**	
		Einnahmen :	+	Einnahmen :	+
		Ausgaben :	– –	Ausgaben :	–
		Cash Flow :	–	Cash Flow :	0

Abb. 160: Cash-Flow-Situation

b) In der 9-Felder-Matrix

Hinterhuber (vgl. 1992, S. 133ff.) unterscheidet bei der Marktattraktivitäts-/Wettbewerbs-vorteils-Matrix (vereinfacht) drei ZONEN:

- die Zone der Kapitalbindung
- die Zone der Kapitalfreisetzung
- die Zone der selektiven Vorgehensweise.

Je nach der Lage in der Matrix werden für die jeweiligen SGEs in der Literatur „NORM"-Strategien als generelle Empfehlungen für die **Stoßrichtung** angegeben. Auf diese Investitions-/Wachstumsstrategien, Abschöpfungs-/Desinvestitionsstrategien und selektive Strategien sind wir bereits ausführlich eingegangen.

Ausgehend vom Ist-Portfolio, wird ein Ziel-Portfolio entwickelt. Mit Hilfe der **Strategie-formulierung** ist die Portfolio-Matrix für Hinterhuber so zu gestalten, daß ein ausgewogenes Verhältnis zwischen expandierenden strategischen Geschäftseinheiten mit hohem zukünftigem Cash-Flow und strategischen Geschäftseinheiten mit hohem gegenwärtigem Cash-Flow besteht und die Gewinnfähigkeit der Unternehmung somit nachhaltig gesichert ist. Ergänzend sei nochmals auf die jeweilige **Cash-Flow-Situation** eingegangen (vgl. dazu Hinterhuber, 1992, I, S. 133ff.):

1. **Investitions- und Wachstumsstrategien:**

Cash Flow: kurzfristig **negativ**
Durch die Notwendigkeit der Kapazitätserweiterung (zum Halten oder zum Ausbau der hohen relativen Wettbewerbsvorteile) brauchen diese SGEs mehr finanzielle Ressourcen, als sie selbst mit ihren Deckungsbeiträgen erwirtschaften;

mittel- und langfristig **positiv**
(dann, wenn das Marktwachstum zurückgeht)

2. Abschöpfungs- oder Desinvestitionsstrategien:

Cash Flow:	kurzfristig **positiv**
	Versuch, den CF durch Ausnutzung von Rationalisierungsreserven/Synergieeffekten zu maximieren; dienen zur Finanzierung von 1 und teilweise 3;
	langfristig **negativ**
	(SGEs sind abzustoßen, wenn kein positiver CF mehr erzielt werden kann,)

3. Selektive Strategien

Bei Offensiv-strategien:	kurz- und mittelfristig **stark negativ** (durch die Notwendigkeit einer hohen Investitionsintensität, um rel. WV bei gleichzeitig hohem MW zu erreichen)
	langfristig **positiv**
Bei Über-gangs-strategien:	kurz- und mittelfristig **positiv** Bei Konsolidierung einer 3.1- oder 3.3-Strategie Versuch, den CF ohne großen Ressourceneinsatz zu maximieren.
Bei Defensiv-strategien:	kurz- und mittelfristig (evtl. stark) **positiv**.

Abb. 161: Entwicklung der SGF-spezifischen Cash Flow-Alternativen (auf der Basis verzinster Werte)

c) Als Hilfe zur Ermittlung des Mittelflusses für eine strategische Geschäftseinheit

Nachdem die kritischen funktionalen **Aktionsprogramme** ausgearbeitet wurden, können die Strategie und die angestrebten Positionen im Ziel-Portfolio verbindlich erklärt und der Mittelfluß (**Net-Cash-Flow**) über den Planungszeitraum bestimmt werden. Eine entsprechende Kapitalflußrechnung zeigt

- Mittelherkunft (liquiditätswirksame Erträge/liquiditätswirksamer Aufwand),
- Mittelverwendung (Investitionen/Veränderung des Nettoumlaufvermögens; vgl. dazu Hinterhuber, 1992, I, S. 186ff.).

3. Der Discounted Cash Flow als Mittel der langfristigen Investitionsbeurteilung

Mit betrieblichen Investitionen werden i.d.R. für einen längeren Zeitraum z.T. beträchtliche Mittel gebunden. Damit sind Investitionsentscheidungen mit die wichtigsten Entscheidungen des Managements und ihre **Auswirkungen** von eminenter Bedeutung für das Unternehmensziel Liquidität bzw. den operationalen Cash Flow einer Unternehmung.

Für die Planung und Kontrolle der Liquidität sind dabei zwei verschiedene Überlegungen anzustellen (nach Weilenmann, 1982, S. 19f.):

- Die erste bezieht sich auf das **einzelne** Projekt, d.h., es geht vor allem um die Abschätzung des mit den verschiedenen Alternativen verbundenen **Liquiditätsrisikos** (Frage der Kapitalrückflußfrist).
- Die zweite bezieht sich auf die **gesamte** Investitionstätigkeit, m.a.W. auf die Investitions**politik** als Bestandteil der Unternehmenspolitik.

852

Investitionswünsche sind bei den limitiert vorhandenen Mitteln in eine sich am Zielsystem der Unternehmung orientierende Prioritätsordnung zu bringen. Eine Prüfung, ob die Mittel überhaupt zur Verfügung stehen, geschieht im Rahmen einer langfristigen Finanzplanung. Investitionsfinanzierungen könnten dabei durchaus im Zielsystem der Unternehmung „konfliktär" beurteilt werden (z.B. Gewinnziel gegen Unabhängigkeitsziel; Frage des Verschuldungsgrades zur Investitionsfinanzierung aus dem Cash Flow). Für die Beurteilung einzelner Projekte stellt die BWL eine Vielzahl verschiedener Rechenverfahren zur Abwägung der „günstigsten" Möglichkeit zur Verfügung. Dabei werden die bisher in der Praxis vorherrschenden einfachen Modelle der **statischen** Rechenverfahren zunehmend durch die komplizierteren Modelle der **dynamischen** Investitionsrechnungen ersetzt.

Statische Verfahren sind solche Rechenverfahren, bei denen unberücksichtigt bleibt, zu welchen **Zeitpunkten** Ein- und Auszahlungen (bzw. Nutzen/Kosten) eintreten. Dazu gehören: Amortisations-, Kostenvergleichs-, Gewinnvergleichs- und Renditerechnung. **Dynamische** Verfahren sind Verfahren, bei denen die unterschiedlichen Zeitpunkte, zu denen die Zahlungsströme (Ein- und Auszahlungen) für das jeweilige Projekt eintreten, berücksichtigt werden (36% der Großunternehmen in Deutschland verwenden dynamische Amortisationsrechnungen; zu den Verfahren siehe Lenz, 1991). Allerdings sind sie zum Vergleich mehrerer Alternativen nur dann ohne Schwierigkeiten einsetzbar, wenn deren Nutzungsdauer, Kapitaleinsatz und Zinssatz übereinstimmen. Insbesondere seit kaufmännische Taschenrechner ein Programm für die Ermittlung etwa des internen Zinsfußes haben, sind diese Methoden einfach und leicht zu praktizieren. Auf die beiden gebräuchlichsten Verfahren wird näher eingegangen.

a) Begriff

Discounted Cash-Flow-Methode
„... eine Subtraktion der betriebsbedingten Einnahmenüberschüsse über die gesamte Nutzungsdauer eines Projektes und der Investitionsausgabe... Der Zeitwert des Geldes wird durch Abzinsung oder Diskontierung des Operational Cash-Flow berücksichtigt" (Leutiger, 1979, S. 24; aus ebd., Abb. 162).

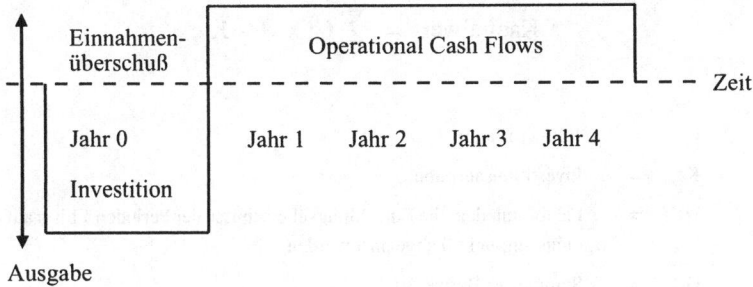

Abb. 162: Die DCF-Methode

b) Der DCF und seine Kennzahlen

Nach Leutiger (vgl. 1979, S. 99ff.) errechnet man zur Beurteilung einer Investition zweckmäßigerweise **vier Kennzahlen**:

1. den Pay-back-Zeitraum (Amortisationszeitraum, Kapitalrückflußfrist, Wiedergewinnungsfrist)
2. den Return on Investment
3. den Kapitalwert
4. den internen Zinsfuß.

Es müssen i.d.R. **mehrere** Kennzahlen ausgerechnet werden, „denn keine erzählt Ihnen die ganze Geschichte" (ebd., S. 118).

Zu diesen Kennzahlen einige Informationen: (vgl. ebd., S. 101ff. und Weilenmann, 1982, S. 16ff.).

Zu 1

$$\text{Pay-back} = \frac{\text{Investitionsausgabe}}{\text{Einnahmenüberschuß pro Jahr}} ; \frac{\text{(Nettoinvestition)}}{\text{(Operational CF)}}$$

Diese Kennzahl gibt an, in wie vielen Jahren die anfängliche Investitionsausgabe durch die Einnahmenüberschüsse (die nominalen Rohgewinne) gedeckt, d.h. der ursprüngliche Kapitaleinsatz wieder zurückgeflossen sein wird; wobei allerdings der unterschiedliche zeitliche Anfall der Überschüsse in den einzelnen Jahren und der Zeitwert des Geldes nicht berücksichtigt werden.

Zu 2

$$\text{ROI} = \frac{\text{Einnahmenüberschuß pro Jahr}}{\text{Investitionsausgaben}}$$

(reziproker Wert des Pay-back)

Zu 3

$$\text{Kapitalwert} = \sum_{t=1}^{n} \text{Gt x vt - Ka}$$

(t = 1,2,3...n Jahre

Ka = Investitionsausgabe

vt = Faktor, mit dem die Einzahlungsüberschüsse der Perioden 1 bis n auf den Betrachtungszeitpunkt 0 abgezinst werden

Gt = Summe der Barwerte)

Verbale Interpretation:

Kapitalwert = Barwert der Einnahmenüberschüsse (Rohgewinne), das sind die abgezinsten/diskontierten Einnahmenüberschüsse, die durch Multiplikation des Überschusses mit dem jeweiligen Abzinsungsfaktor entstehen, **minus** der ursprünglichen **Investitionsausgabe**.

854

Bei dieser Methode werden also Gt (Summe der Barwerte) und Ka (Kapitaleinsatz) gegenüber-gestellt. **Welcher** Kalkulationszinsfuß für die Abzinsung verwendet wird, kann von der Unternehmensleitung selbst bestimmt werden (wird oft als ein „Mindest"-Zinsfuß angesehen).

Aussage der Formel: Alle Investitionen sind vorteilhaft, deren Kapitalwert gleich Null oder positiv ist.

Zusammenfassend lassen sich die **Arbeitsschritte** der Kapitalwertmethode (Present Value Method) wie folgt darstellen:

1. Ermittlung der Differenz zwischen Erträgen (oder Einnahmen) und Betriebskosten (oder Betriebsausgaben) für jedes künftige Jahr.
    Differenz = Rohgewinn (oder Einnahmenüberschuß/Cash Flow)
    Ermittlung setzt Mehrjahresbudgets des Vertriebs über realisierbare Absatzstückzahlen bzw. der Produktion über die benötigten Einsatzkosten voraus (notfalls Schätzung).

2. Eventueller Restwert der neuen Anlage (Liquidationserlös am Ende der Nutzungsdauer) wird im letzten Nutzungsjahr als Ertrag verrechnet.

3. Diskontierung der Differenz (Rohgewinn/Cash Flow) mittels Abzinsungsfaktoren (gemäß Opportunitätskostenprinzip/gewünschte Kapitalverzinsung, i.d.R. 10-20%) auf den Gegenwartswert zum jetzigen Anfangszeitpunkt.
    Ergibt den sog. **Barwert**.

4. **Addition** der jährlichen Barwerte.

5. **Vergleich** der Summe der Barwerte mit dem Investitionswert (=Kapitaleinsatz oder Nettoinvestition)
    Ergibt sich: Überschuß/Fehlbetrag?

6. Bei mehreren Projekten: Im Hinblick auf die Gewinnziele ist jene Alternative am günstigsten, die den **höchsten** Überschuß ergibt.

Aussage: Ergibt der künftige kapitalisierte Wert aller Gewinne aus der gesamten Nutzungsdauer einen höheren Barwert als der Kapitaleinsatz der Neuanlage?

Zu 4

Interner Zinsfuß ist derjenige Zinssatz, bei dem die abgezinste Summe der Einnahmenüberschüsse gleich der ursprünglichen Investitionsausgabe ist.
(d.h., hier ist der Kapitalwert gleich NULL: Kd = 0)

Je höher dieser Zinssatz ist, desto vorteilhafter ist die Alternative. Die allgemeine Formel entspricht jener der bereits bekannten Kapitalwertmethode.

$$Kd \quad = \quad 0 \quad = \quad \sum_{t=1}^{n} Gt \times vt - Ka \quad (t = 1, 2, 3, \ldots, n \text{ Jahre})$$

Allgemein gilt: interner Zinsfuß > als geforderte Mindestverzinsung → dann positiver Kapitalwert (oder umgekehrt)

Als **Vorteile** des Discounted Cash Flow läßt sich also zusammenfassend festhalten:

*   Bei zukunftsorientierter Betrachtung der gesamten Nutzungsdauer der Investition wird die Rentabilität unter Berücksichtigung des unterschiedlichen zeitlichen Anfalls der Zahlungsströme festgestellt. (Die Möglichkeit der Abschätzung dieser „voraussichtlichen" Ströme wird damit stillschweigend vorausgesetzt, ist in der Praxis jedoch sehr problematisch.).
    Die Theorie bietet zahlreiche Modelle an, mit deren Hilfe das Risiko des Eintretens zukünftiger Einnahmenüberschüsse, „ihre Bandbreite" bestimmt werden soll (z.B. Sensitivitätsanalysen, Monte-Carlo-Simulation).
*   Der Zeitwert des Geldes wird durch die Abzinsung der Cash-Flow-Beträge berücksichtigt.

Der Discounted Cash Flow kann sowohl nach der Kapitalwertmethode als auch unter Verwendung des internen Zinsfußes berechnet werden.

4. Der DCF zur strategischen Unternehmensbewertung

Als eine Weiterentwicklung der gezeigten Discounted Cash-Flow-Analyse wird die Wertsteigerungsanalyse (**Shareholder Value Analysis**) im Rahmen von Akquisitionen zur Entdeckung von Wertsteigerungspotentialen und Wertlücken eingesetzt (vgl. Weber/Gomez, 1989; Höfner/Pohl, 1994; Beispiele in Steiner/Maßner/Ree, 1994, S. 214ff.). Die oben gezeigte Kapitalwertmethode kann von der Vorteilhaftigkeitsbeurteilung einzelner Investitionsvorhaben auf die Bewertung **ganzer Unternehmen** übertragen werden. Diese Methode ist im angelsächsischen Bereich (vor allem im M&A-Geschäft; vgl. dazu 2. Teil) eine bereits lange übliche Technik der Unternehmensbewertung. Auch Unternehmensvergrößerungen, -verkleinerungen und -umstrukturierungen können danach beurteilt werden, wie sich hieraus Wirkungen auf die Veränderung des Wertes der Unternehmung als Ganzes ergeben. Die Wohlstandsmaximierung der **Eigenkapitalgeber** steht im Mittelpunkt (vgl. Volkart, 1992b und 1994). Die nach der Diskontierung der „**freien**" Cash Flows (= prognostizierte zukünftige Zahlungsüberschüsse) entstehenden Barwerte (zum Verfahren im einzelnen siehe Serfling/Pape, 1996, S. 58ff.; Müller, 1996, S. 204ff.) differenziert Hahn nach **Bezugsgruppen** (1995a, S. 288).

F. Planung und Kontrolle der Liquidität

Die Teilbestandteile eines integrierten Planungs- und Kontrollsystems wurden bereits vorgestellt. Den verschiedenen Planungsstufen (operativ, strategisch, normativ) stehen unterschiedliche Bezugssysteme mit Orientierungscharakter gegenüber. Danach ist in der **operativen** Planung die Liquidität, die bestimmt ist durch die laufenden Einnahmen und Ausgaben, als die **kurzfristige** Ziel- und Orientierungsgröße der Unternehmung von zentraler Bedeutung. Dabei geht es aber, wie zu zeigen sein wird, nicht nur um die Erhaltung der Liquidität, sondern auch um die Optimierung der Finanzierungskonditionen. Für ein erfolgreiches Management bedarf es demnach neben einer erfolgsorientierten PK-Rechnung (wie wir sie skizzierten) auch einer liquiditätsorientierten PK-Rechnung.

In der Betriebswirtschaftslehre und Praxis sind zahlreiche Instrumente zur Abstimmung der Zahlungsströme entwickelt worden. Die grundlegenden Instrumente des Finanz-Controlling sind der Finanzplan bzw. die Finanzbudgetierung sowie die Bewegungsbilanz/Kapitalflußrechnung als **stromgrößen**orientierte Instrumente; unterstützend wirken die Vermögensstruktur-, Kapitalstruktur- und Liquiditätskennzahlen als **bestandsgrößen**orientierte Instrumente.

Innerhalb einer PK-Rechnung sind finanzwirtschaftliche Kennzahlen für die „Aufrechterhaltung des finanziellen Gleichgewichtes" (Gutenberg) einer Unternehmung von Bedeutung. Liquidität bezeichnet dabei die **Zahlungsfähigkeit** der Unternehmung, d.h. ihre Fähigkeit, zwingend fällige Zahlungsverpflichtungen zu einem bestimmten Zeitpunkt bzw. innerhalb einer bestimmten Periode erfüllen zu können. Dieses „Postulat der Liquidität" (Kosiol) ist eine unabdingbare Existenzbedingung der Unternehmung und damit ein zentrales Entscheidungsziel des Finanz-Controlling.

In einer **weiten** Fassung kann man Liquidität kennzeichnen:

- Als Eigenschaft von Vermögensteilen (**Liquidierbarkeit**):
  Dabei werden die Aktiva nach den Kriterien der Liquidations**dauer** in liquide Mittel verschiedener Grade eingeteilt („absolute Liquidität": Le Contre). Die Literatur gibt zahlreiche Beispiele.

856

- Als Eigenschaft einer Unternehmung(**Zahlungsfähigkeit**):
  Eine Unternehmung muß zu jedem Zeitpunkt in der Lage sein, ihren Zahlungsverpflichtungen nachzukommen; dazu genügt nicht eine Aufstellung von Vermögenspositionen nach deren Liquidierbarkeit.

Küting/Kaiser, 1992, I, S. 1142f.) systematisieren in

- **Absolute** Liquidität als Eigenschaft von Vermögensposten(objektbezogen: zeitlicher Abstand eines Vermögensgegenstandes vom Geldzustand): entweder
  - als natürliche Liquidität (= Wiedergeldwerdung erfolgt innerhalb eines normalen und planmäßigen Zeitraums) oder
  - als künstliche Liquidität (= Geldwert i. S. eines sofortigen Veräußerungserlöses).

- **Relative** Liquidität als Eigenschaft des Unternehmens(subjektbezogen: Fähigkeit der Abstimmung von Ein-/Auszahlungen in zeitlicher und betragsmäßger Hinsicht): entweder
  - als statische/strukturelle Liquidität (= vermögensorientiert; Vergleich von Bilanzposten) oder
  - als dynamische Liquidität (= finanzplanorientiert, Gegenüberstellung zukünftiger Ein-/Auszahlungen)

Die **Instrumente** zur Liquiditätsbeurteilung werden von uns zwei Kategorien zugeordnet:

a) die **klassischen** Instrumente, wie etwa die Liquiditätsgrade, dienen der Abbildung der „statischen" Liquidität;

b) die **neuen** Instrumente, wie etwa die Cash-Flow-Analyse, die Kapitalflußrechnung oder die Finanzrechnungen bzw. -pläne, dienen der Abbildung der „dynamischen" Liquidität.

Während die Finanzrechnungen und -pläne als zukunftsorientierte Liquiditätsaussagen als Einzahlungs- und Auszahlungsrechnungen von vornherein als Liquiditätsrechnungen konzipiert sind (prospektive Rechnung), sind alle anderen Instrumente auf die Auswertung von Bilanz und/oder Gewinn- und Verlustrechnung angewiesen (retrospektive Rechnung). Die aufgeführten Instrumente sind in unterschiedlicher Weise für die Beurteilung der Liquidität in der Unternehmung geeignet.

Diese Erhaltung der Zahlungsbereitschaft ist unter Beachtung des Rentabilitätsstrebens der Unternehmung sicherzustellen. Da Illiquidität (Zahlungsunfähigkeit) nach § 102 KO **Konkursgrund** ist, ist sie als eine **strenge Nebenbedingung** des Rentabilitätszieles aufzufassen. Aus dieser Hauptaufgabe des funktionsübergreifenden Finanz-Controlling leitet Reichmann (vgl. 1995b, S. 182) in den einzelnen Phasen des Führungs- und Entscheidungsprozesses im Finanzbereich als **Einzelaufgaben** ab:

- die strukturelle Liquiditätssicherung (Kapitalbindungsplan)
- die laufende Liquiditätssicherung (Liquiditätsstatus/Finanzplan)
- die Haltung der Liquiditäts-/Zahlungskraftreserve (im engen/weiten Sinne)
- die Finanzierung.

Die partiellen Zahlungsplanungen müssen dabei ein geldmäßiges Spiegelbild sowohl der güterwirtschaftlichen Vorgänge als auch der rein finanzwirtschaftlichen Ströme umfassen. Diese Gegenüberstellung von **erwarteten** Einzahlungen und Auszahlungen wird im **Finanzplan** dargestellt. Die Finanzplanung bedient sich der Begriffe Einzahlung/Einnahme bzw. Auszahlung/Ausgabe (nach Wöhe, 1993, S. 837). Sie beinhaltet die „gedankliche Vorbereitung finanzwirtschaftlicher Maßnahmen" (Gramlich/Walz, 1994, I, S. 321).

Einzahlungen/Auszahlungen wirken sich auf den Zahlungsmittelbestand aus, die Summe aus Kassenbeständen und jederzeit verfügbaren Bankguthaben.
Einnahmen/Ausgaben verändern das Geldvermögen, die Summe aus Zahlungsmittelbestand und Bestand an sonstigen Forderungen, abzüglich des Bestandes an Verbindlichkeiten.

Im Ergebnis wird der konkretisierte Finanzplan durch Bewertung zum **Budget**. Da auch bei einer Feinplanung die „zeitliche Häufung" der Zahlungsvorgänge nicht immer vorhersehbar ist (z.B. liegen Ursachen in Ablaufveränderungen der Zahlungsvorgänge für Beschaffung, Produktion und Verkauf sowie im Zahlungsverhalten der Kunden, Änderungen der Produktionsgeschwindigkeit oder der Kapital- bzw. Kreditbereitstellung), entstehen positive oder negative Liquiditätsabweichungen vom budgetierten **Kapitalbedarfssaldo**.

Eine Abdeckung dieser Risiken macht eine Kontrolle der kurz-, mittel- und langfristigen Liquidität erforderlich. Die **Überwachung** der finanziellen Lage im Rahmen der Finanzkontrolle geschieht am wirkungsvollsten durch einen regelmäßigen SOLL-IST-Vergleich der budgetierten Größen des Finanzplanes und anschließende Abweichungs- und Ursachenanalyse (Budgetkontrolle). Als weiteres Instrument zur Überwachung der finanziellen Situation dient die **retrospektive Auswertung** der relevanten Zahlen von Bilanz und GuV mit Hilfe der Bilanzanalyse. Trotz ihrer Mängel bietet sie sich vor allem dort als finanzpolitisches Kontrollinstrument an, wo eine eigentliche Finanzplanung **fehlt**.

I. Liquiditätssicherung im laufenden Geschäftsbetrieb

1. Die Zahlungsfähigkeit als Optimierungsproblem

Wir haben die Zahlungsfähigkeit definiert als die ständig vorhandene Fähigkeit, fälligen Zahlungsverpflichtungen nachzukommen, d.h., die vorhandenen Einzahlungen (einschließlich der Liquiditätsreserve) reichen aus, die Auszahlungen bei allen Zahlungsterminen zu decken. Das **Spannungsfeld der Liquidität** wurde bereits angeschnitten:

- zum einen das **Sicherheitsstreben**
  (das evtl. zu einer überdimensionierten Reservehaltung führt) und

- zum anderen das **Rentabilitätsstreben**
  (das die Reservehaltung unter Kostengesichtspunkten möglichst gering dimensionieren will).

Nach Haiber (vgl. 1980, S. 361f.) verlaufen die **Reservekosten** und die **Defizitkosten** bei Variationen des Reservebetrages entgegengesetzt. Das Optimum wird dadurch ermittelt, daß bei den für wahrscheinlich gehaltenen Defiziten für alternative Reservebeträge die zugehörigen Kosten gesucht und mit den jeweiligen Eintrittswahrscheinlichkeiten gewichtet werden. Das Liquiditätsoptimum ergibt sich daraus als **Minimum** der adjunktiven Kostenarten. Reservekosten bestehen aus dem Liquiditätsbetrag, der nicht zum Zahlungsausgleich gebraucht wird. Defizitkosten ergeben sich aus einem zu geringen Liquiditätsbetrag in der Reservehaltung, sie beinhalten teure Überziehungskredite bis hin zum Gesamtverlust bei Existenzaufgabe.

2. Der Finanzplan

In der Literatur wird als primäres **Ziel** der Finanzplanung die Sicherstellung

- der Autonomie vor Fremdeinflüssen,
- einer gewissen Wirtschaftlichkeit im finanzwirtschaftlichen Bereich und
- der Zahlungsfähigkeit (d.h., die Leistungserstellung durch geeignete zahlungsbezogene Maßnahmen zu unterstützen)

genannt.

Die Funktion der Liquiditätssicherung soll näher untersucht werden. Eine Unternehmung ist liquide, wenn der Geldanfangsbestand zuzüglich der erwarteten Einzahlungen die erwarteten Auszahlungen decken können:

$$\frac{\text{Geldanfangsbestand} + \text{Einzahlungen}}{\text{Auszahlungen}} \geq 1$$

Oder anders ausgedrückt: Geldanfangsbestand (GA) zuzüglich Geldeingang (GE) müssen größer oder gleich den Zahlungsverpflichtungen (ZV) sein. Zahlungsfähigkeit liegt demnach vor, wenn alle fälligen Zahlungen durch vorhandene liquide Mittel erfüllt werden können:

$$GA + GE \geq ZV$$

Ein störungsfreier Betriebsablauf setzt eine zeitliche **Koordination** der Ein- und Auszahlungsströme voraus, um damit eine **fristgerechte** Verfügung über die finanziellen Mittel zu gewährleisten. Das Problem der zeitlichen Abstimmung entsteht durch:

- die unterschiedlichen Fristen der Kapitalverfügung
- die unterschiedliche Bindungszeit des Kapitals in Vermögenswerten.

Witte spricht in diesem Zusammenhang von der Einhaltung der gegenwärtigen und zukünftigen Liquidität. Entscheidend für die gegenwärtige Liquidität ist, daß Zahlungsverpflichtungen und Zahlungskraft (z.B. Kassenbestand, Sichtguthaben, Schecks oder Kreditlinien) **zeitpunktgenau** determiniert sind. Da sich das Liquiditätspostulat aber nicht nur auf die gegenwärtige, sondern auch auf die zukünftige Liquidität richtet, sind **zukünftige** Einnahmen und Ausgaben Determinanten der zukünftigen Liquidität.

Wie wir bei den einführenden Erörterungen zur Planung bereits darlegten, ist auch bei der Finanzplanung als Teil eines erfolgreichen Führungsinstrumentariums deren „Effizienz" nicht in einer **exakten** Bestimmung zukünftiger Werte zu sehen. Die Soll-Ist-Vergleiche der Planwerte sollen helfen, auftretende Probleme möglichst frühzeitig zu erkennen, zu analysieren und entsprechende Gegensteuerungsmaßnahmen zu deren Beseitigung zu initiieren.

In der Literatur werden zwei Vorgehensweisen unterschieden:

- Ermittlung der **Periodenliquidität**
  Alle fälligen Zahlungsverpflichtungen werden im Betrachtungszeitraum zusammengefaßt und den erwarteten Einnahmen zuzüglich des Bestandes an liquiden Mitteln gegenübergestellt.
- Ermittlung der **Momentanliquidität**
  Die Zahlungskraft und die Zahlungsverpflichtungen werden für jeden einzelnen Zeitpunkt gegenübergestellt.

Für die Sicherung der Liquidität hat die Ermittlung der Momentanliquidität Vorrang, da die Zahlungsfähigkeit als Forderung für jeden Zeitpunkt gilt. Unter der **laufenden** Liquiditätssicherung wollen wir die Abstimmung der betrieblichen Zahlungsströme verstehen. Reichmann (1995b, S. 183) bezeichnet die laufende Liquiditätssicherung als „ausschließlich finanzplanorientiert".

Im Gegensatz zur langfristigen Finanzplanung, die im Prinzip eine „Bilanzstrukturplanung" ist, dient die kurz- und mittelfristige Finanzplanung als Element der unternehmerischen Gesamtplanung dazu, Informationen zur Abstimmung von Einnahmen- und Ausgabengrößen zu liefern. Zur Sicherung der situativen Liquidität werden alle zukünftig finanzwirtschaftlich wichtigen Vorgänge (nach Höhe und zeitlichem Anfall) erfaßt und Unter- bzw. Überdeckungen rechtzeitig sichtbar gemacht.

Als Informationsquellen zur möglichst genauen Erfassung zukünftiger Zahlungsbewegungen dienen die erfolgs- und finanzwirtschaftlichen Vorpläne, die unter Erfassung ihrer Interdependenzen im Rahmen einer integrierten Planung zu einem Gesamtplan zusammenzufassen sind.

Der **Finanzplan** bildet die **Geldflüsse** sämtlicher Teilpläne ab, er besitzt damit also diesen integrierenden Effekt der Geld- und Güterströme. Im Finanzplan sind die erfolgswirtschaftlichen Vorpläne (= die güterwirtschaftlichen Teilpläne der einzelnen Leistungsbereiche), wie etwa der Absatz-, Produktions-, Beschaffungs-, Personal- und Investitionsplan, als Bestandteil enthalten. Im Vergleich zu diesen güterwirtschaftlichen Informationen sind die finanzwirtschaftlichen Vorpläne von untergeordneter Bedeutung bzw. einfacherer Bestimmung, da wesentliche Teile zukünftiger Zahlungsbeträge und Zahlungszeitpunkte bereits fixiert und damit Ein- und Auszahlungen im Finanzbereich der Unternehmung relativ leicht festzulegen sind. Da sich im Finanzplan die Aktivitäten aller Bereiche zentral niederschlagen, kann er nur in Abstimmung mit allen anderen Planbereichen durchgeführt werden, auf der anderen Seite wirkt der Finanzplan aber auch auf alle diese Pläne **zurück** (Reichmann, 1995b, S. 185ff.).

Als **Ziel** der Finanzplanung ist festzuhalten:

- **Verbesserung der Vermögens- und Kapitalstruktur:**
  Der Unternehmer kann die Strukturen der Bilanz und der GuV-Rechnung mittel- und langfristig verbessern, um auf einer soliden Grundlage das Wachstum des Unternehmens zu planen und zu erkennen, mit welchem Kapital eine Investition finanziert werden kann (Mehrjahresplanung).

- **Steuerung der Finanz- und Erfolgsrechnung:**
  Die Aufwands- und Ertragsstruktur soll richtig erkannt (um Kosten zu senken und Erlöse zu erhöhen) sowie der Kreditbedarf bzw. der Liquiditätsüberschuß rechtzeitig dargelegt werden (Einjahresplanung).

- **Verbesserung der Gelddisposition:**
  Einnahmen und Ausgaben sind so gegliedert, daß sowohl die Zahlungszeitpunkte als auch die kurzfristige Liquiditätsentwicklung deutlich werden und Kreditlinien eingehalten bzw. -absprachen getroffen werden können (kurzfristige Liquiditätsvorschau).

Durch diese finanzwirtschaftliche Gesamtplanung kann

- die finanzielle „Durchführbarkeit" des betrieblichen Leistungsprozesses beurteilt und
- die Planung der einzelnen Teilbereiche auf das Zielsystem der Unternehmung zentral ausgerichtet und
- durch finanzwirtschaftliche Transaktionen eine „Synchronisierung" der Zahlungsströme herbeigeführt werden.

Der Finanzplan läßt den zukünftigen Kapitalbedarf und die Mittelüberschüsse nach Höhe, Zeitpunkt und Dauer erkennen. Damit kann eine kostenmäßig und zeitlich optimale Kapitalbedarfsdeckung und eine zinsoptimale Anlage der Mittel erzielt werden. Da dieser jedoch nicht in der Lage ist, über den gesamten Planungszeitraum hinweg die situative Zahlungsfähigkeit der Unternehmung genau aufzuzeigen, wird er zweckmäßigerweise in kürzerfristige Teilperioden (Quartale, Monate, Wochen) unterteilt. Ein „konstanter Planungshorizont" ist gegeben, wenn der Finanzplan unter Verwendung der gleitenden oder **rollierenden** Planungstechnik eine jeweilige Vorschau auf die nächsten zwölf Monate gibt. Damit stellt die rollende Planung auch eine „Verbindung" von kurz- und langfristiger Planung her. Voraussetzung ist – bei Ablauf eines Monats – das Hinzufügen eines neuen Monats, also eine Verlängerung um die abgelaufene Periode (vgl. dazu auch 4. Teil, III, 2).

a) Die direkte Berechnungsmethode

Die kurzfristige Liquidität kann direkt oder indirekt ermittelt werden. Werden aus den betrieblichen **Teilplänen** direkt die Einzahlungs- und Auszahlungsströme abgeleitet, spricht man von der **direkten** Finanzplanung. „Diese Form der Zahlungsplanung stellt letztlich die einzige zielkonforme Ausprägung der Finanzplanung dar, da sie die Zahlungswirkungen aller vor- bzw. parallelgelagerten Einzelpläne unmittelbar erfaßt" (Hahn, 1996, S. 562). Hahn unterteilt die partiellen Zahlungsplanungen in Cash-Flow-Planung, Investitions-/Desinvestitionsplanung, Außenfinanzierungs-/-definanzierungsplanung und Liquiditätsreserveplanung.

Die geplanten Prognosewerte der Zahlungsströme (d.h. die durch unternehmerische Entscheidungen, Gesetze etc. verursachten zukünftigen Ein- und Auszahlungen) werden bei der kurzfristigen Finanzplanung für bestimmte Zeiträume **gegenübergestellt** und für die jeweilige Planperiode wird der **Saldo**, d.h. eine zu erwartende Unter- bzw. Überdeckung, festgestellt. Der Grundaufbau der meisten Finanzpläne ist relativ gleich. I.d.R. wird eine **computergestützte** Finanzplanung durchgeführt

Dazu wird der i.d.R. auf ein Jahr konzipierte Finanzplan in Teilperioden kürzerer Fristigkeit aufgeteilt. So kann etwa der erste Monat in Wochen bzw. das erste Quartal in Monate aufgespalten werden, während die restliche Planperiode in Monaten bzw. Quartalen weitergeführt wird (vgl. Abb. 163, leicht verändert; aus Pfeil, 1984, S. 177; zur unterjährigen Liquiditätsplanung siehe Franzen, 1992). Da auch ein in Wochen aufgeteilter Finanzplan nicht die tägliche Zahlungsbereitschaft garantiert, vor allem wenn mit einer stark ungleichgewichtigen Verteilung der Zahlungen gerechnet werden muß, sind Liquiditätsreserven einzuplanen und/oder der Übergang zur Tageseinteilung zu überlegen.

Während einige Planzahlen sehr genau geplant werden können (z.B. die Lohn- und Gehaltskosten), wird trotz Ausschöpfung aller Möglichkeiten, an gesicherte Vorgabezahlen zu gelangen, bei einigen Posten immer nur auf der Basis von Erfahrungswerten vergangener Jahre zu planen sein, insbesondere bei den „Sonstigen Positionen" (z.B. unvorhergesehene Reparaturen nach Unwetterschäden bei den Auszahlungen oder nicht geplante Versicherungsrückvergütungen bei den Einnahmen). Hierzu einige Beispiele:

Einzahlungen	Auszahlungen
Barverkäufe	Löhne und Gehälter
Fällige Kundenforderungen	Gesetzl. u. freiwillige soziale Leistungen
Zinserlöse	Versicherungen
Pachterlöse	Miete
Mieterlöse	Zins-/Dividendenzahlungen
Lizenzgebühren	Steuern
Verkauf von Anlagevermögen	Wareneinkäufe bar
Privateinlagen/EK-Erhöhung	Investitionen
Fremdkapitalaufnahme	Kapitalrückzahlungen
Sonstige Einnahmen	Sonstige Auszahlungen
(z.B. Steuerrückerstattung)	

Finanzplanung (direkte Methode)				Formular Nr.: J. 15.1			
	Plan 20_	1. Quartal			2. Quartal	3. Quartal	4. Quartal
		Jan.	Feb.	März			
Zahlungseingänge							
1 Einzahl. aus Umsatz							
2 Sonstige Einzahlungen							
2.1 Miete + Pacht							
2.2 Zinsen							
2.3 Lizenzgebühr							
3 Desinvestitionen							
3.1 Anlagevermögen							
3.2 Finanzanlagen							
3.3 Umlaufvermögen (Vorräte, Forderungen)							
4 Eigenkapitalerhöhung							
5. Fremdkapitalerhöhung							
5.1 kurzfristige Kredite							
5.2 langfristige Kredite							
6 Anfangsbestand Bank-, Kasseguthaben							
I Summe verfügb. Mittel							
Zahlungsausgänge							
1 Auszahlungen für							
1.1 Personal							
1.2 Rohstoffe, Fremdteile							
1.3 Energie							
1.4 Zinsen, Kost.steuer							
1.5 Versich., Gebühr							
2 Gewinnausschüttung							
3 Ertragsteuer							
4 Investitionen							
4.1 Anlagevermögen							
4.2 Finanzanlagen							
4.3 Umlaufvermögen							
5 Eigenkapitalrückzahlg.							
6 Fremdkapitalrückzahlg.							
6.1 kurzfristige Kredite							
6.2 langfristige Kredite							
II Su. disponierte Mittel							
I-II Endbestand Ba.Ks.							

Jahresplan 20_ _____

Datum   Unterschrift

Abb. 163: Finanzplanung (direkte Methode)

b) Die indirekte Berechnungsmethode

Bei der indirekten Finanzplanung werden die Änderungen der Positionen zweier aufeinanderfolgender Bilanzen geplant und nach

- Mittel**verwendung** (Aktivmehrungen und Passivminderungen) und
- Mittel**herkunft** (Passivmehrungen und Aktivminderungen)

geordnet (vgl. Abb. 164, leicht verändert; aus Pfeil, 1984, S. 178). Diese Methode ist jedoch nur für über ein Jahr hinausgehende Zeiträume geeignet, da sich der liquiditätsmäßige Niederschlag der Wertgrößen als Zahlungsgrößen erst nach längerer Zeit zeigt. Erweitert man die aus der Planbilanz und Plan-Gewinn- und Verlustrechnung abgeleitete komparativ-statische Kapitalflußrechnung zu einer detaillierten **indirekt langfristigen Finanzplanung**, so ergibt sich nach

Hahn eine staffelförmige Mittelherkunfts- und Verwendungsaufstellung. „Dieses Vorgehen wird als indirekte Methode der Finanzplanung bezeichnet, weil die Plan-Zahlungsgrößen zumindest der Perioden-Cash-Flow-Beträge aus gesamtunternehmensbezogenen Nettogrößen der ergebnisorientierten Planung abgeleitet werden" (1996, S. 560).

Finanzplanung (indirekte Methode)			Formular Nr.: J. 15.2	
	laufendes Jahr		Planjahr	Bemerkungen
	Plan 20__	Progn. 20__	Plan 20__	
Mittelherkunft				
1.1 U-Gewinn nach Steuer 1.2 Abschreibungen 1.3 Rückstellungen				
1 Cash Flow				
2 Desinvestitionen 2.1 Anlagevermögen 2.2 Finanzanlagen 2.3 Umlaufvermögen				
3 Eigenkapitalerhöhung				
4 Fremdkapitalerhöhung 4.1 kurzfristige Kredite 4.2 langfristige Kredite				
5 Verminderung Ba., Ks.				
Summe				
Mittelverwendung				
1 Investitionen 1.1 Anlagevermögen 1.2 Finanzanlagen 1.3 Umlaufvermögen				
2 Gewinnausschüttung (einschl. Steuer) 3 Eigenkapitalrückzahlung				
4 Fremdkapitalrückzahlung 4.1 kurzfristige Kredite 4.2 langfristige Kredite				
5 Erhöhung Ba., Ks.				
Summe				

Abb. 164: Finanzplanung (indirekte Methode)

3. Der tägliche Finanzstatus

Der tägliche Finanzstatus soll die **„aktuelle"** Liquidität tagesbezogen ermitteln. Darin wird die tägliche Zahlungskraft den am gleichen Tag fälligen Zahlungsverpflichtungen gegenübergestellt. Damit kann betragsgenau eine voraussichtliche Über- bzw. Unterdeckung festgestellt werden, die dem Finanz-Controller als Generator für Maßnahmenentscheidungen dient.

Während die Planung der Einnahmen aufgrund der erwarteten Umsätze erfolgt und damit von Unwägbarkeiten (wie den Verkaufserfolgen oder der Zahlungsweise der Kunden) abhängt, sind viele Ausgaben mit ihren genauen Fälligkeitsterminen bestimmbar (z.B. Personalausgaben, Ausgaben für Kreditoren, Akzepte, Zinsen, Steuerzahlungen).

Der Liquiditätsstatus enthält folgende **Grundpositionen**:

- den Anfangsbestand an Zahlungsmitteln (z.B. Kassenbestand, Wechsel/Schecks, Bankguthaben) des jeweiligen Tages
- die erwarteten Einzahlungen an diesem Tag
- die fälligen Zahlungsausgänge an diesem Tag
- den erwarteten(rechnerischen) Endbestand an Zahlungsmitteln an diesem Tag.

Die Liquiditätsrechnung verfolgt folgende **Ziele**:

- die Darstellung der täglichen Zahlungskraft (Kassen-, Kontostände)
- das Überschreiten der von den einzelnen Geldinstituten eingeräumten Kreditlinien zu verhindern
- eine Verzögerung fälliger Zahlungen zu vermeiden
- eine Erhaltung der Kreditwürdigkeit und eine Verhinderung der Gefährdung bestehender Kreditzusagen.

So wird etwa für den ersten Punkt unter Beachtung der eingeräumten Kreditlinien für jedes Konto gesondert geprüft, ob genug finanzielle Mittel für die anstehenden Zahlungen vorhanden sind. Ist die Disposition für jedes Konto getroffen worden, werden die Formulare in der **„täglichen Kontenübersicht"** als Basis der Gesamtdisposition zusammengefaßt. Verbunden mit der Überwachung der täglichen Kassenhaltung ist (nach Hauschildt) eine Vorschauplanung für die nächsten Tage, die Spitzenbelastungen (z.B. durch Lohn- und Gehaltszahlungen) besonders am Monatsultimo berücksichtigt.

4. Die Finanzdisposition (Cash Management)

In der Literatur wird der **Begriff Cash Management** unterschiedlich interpretiert. Einige Autoren beziehen den Begriff Cash Management auf EDV-technische Dienstleistungen von Banken (z.B. Kraemer/Scheer), andere setzen ihn mit dem Begriff der Finanzdisposition (Liquiditäsplanung, -disposition, -beschaffung, Zahlungsverkehrssteuerung sowie dessen laufende Analyse und effiziente Organisation) gleich (z.B. Reintges) oder beziehen ihn auf die zielorientierte Gestaltung von Zahlungsströmen (z.B. Hielscher). Zum Teil wird der Begriff auch synonym mit Electronic Banking verwendet (beispielhafte Anwendungen in Kraemer/Scheer, 1993).

Das Cash Management eines Unternehmens umfaßt für uns alle Aufgaben und Maßnahmen der **kurzfristigen Finanzdisposition**, d.h. alle zielorientierten Maßnahmen zur

- Sicherung der Liquidität,
- Erhöhung der Rentabilität und
- Bildung von Liquiditätsreserven.

Ziel ist die Sicherung der Liquidität bei möglichst geringen Kosten. Die Kassen- oder Finanzdisposition hat die Planung, Überwachung und Steuerung des Dispositionsbestandes an liquiden Mitteln zur Aufgabe (vgl. Abb. 165, aus Bozem, 1987(b)). Dazu gehören die **Primär**liquidität (Kassenbestand = Bargeld und Sichtguthaben) und die **Sekundär**liquidität (= nicht ausgenutzte Kreditmöglichkeiten plus kurzfristig monetisierbare Finanzanlagen).

Während zum Aufgabenbereich der Finanzplanung die Festlegung der Höhe des Dispositionsbestandes gehört, hat die kurzfristige **Finanzdisposition** nicht nur die situative Liquiditätssicherung, d.h. die Feinabstimmung des Liquiditätsbestandes sicherzustellen, sondern auch für eine möglichst rentable Anlage des Liquiditätsbestandes Sorge zu tragen und die Zinskosten zu minimieren. Der Planungshorizont erstreckt sich von einem Tag bis ca. zwei Wochen. Diese **operationale** Cash-Planung analysiert in sehr kurzen Zeitabständen (bis zu einem Tag) die Kredit- und Anlagemöglichkeiten und soll die Minimierung von Kreditzinsen und Opportunitätskosten herbeiführen.

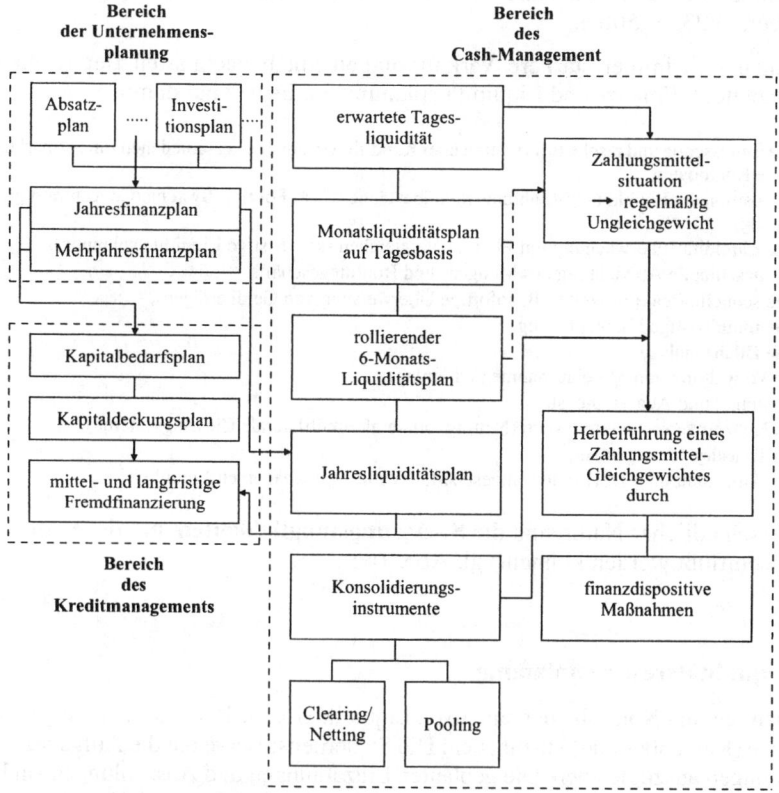

Abb. 165: Grobzusammenhang zwischen Unternehmensplanung, Kreditmanagement und Cash Management

Bei Abolins (1985, S. 65) bestehen Cash-Management-Systeme aus folgenden **Elementen**:

- Aus einem originären Element:
  Es ermittelt die Überschüsse bzw. Defizite an liquiden Mitteln.
- Aus zwei derivativen Elementen:
  – Zum einen die Abstimmung der Zahlungsein- und ausgänge (Netting)
  – Zum anderen die Disposition von Zahlungen.

Besonders bei **international** wirkenden Unternehmen ist ein durchorganisiertes Cash-Management-System unerläßlich (siehe dazu die empirische Untersuchung bei Pausenberger/Glaum/Johannson, 1995), um möglichst zinsgünstige liquide Mittel in den erforderlichen Währungen zu erhalten und um den Ertrag aus der Anlage von Überschüssen zu maximieren (vgl. Abolins, 1985, S. 64). Diese Cash-Management-Systems sind nur durch den Einsatz von EDV realisierbar, da eine ständige Auswertung der Daten erfolgen muß. Neue Chancen bietet dabei das Online-Banking im Rahmen des „**Electronic Banking**", wobei die Nutzung der EDV in Verbindung mit den neuen Kommunikationstechniken einen weiteren Rationalisierungssprung, verbunden mit Informations-, Transaktion- und Dispositionsvorteilen, ermöglicht (vgl. dazu Bozem, 1987(b), S. 192ff.; zum Verbreitungsgrad siehe die Untersuchung in Serfling/Neumann, 1994, S. 42ff.). Besonders die in modernen Systemen integrierten sog. **Treasury-Workstations** sind ein Versuch, das Schnittstellenproblem zwischen Bank und Unternehmen zu lösen (zur internen/externen Datenintegration siehe Kraemer/Scheer, 1993, S. 50ff.).

Es zeichnen sich immer stärkere Verknüpfungen mit benachbarten Bereichen wie Kredit-Management, Finanz- und Liquiditätsplanung ab. Es ist/sind damit:

- eine umfassende und rasche Information über Konditionen auf den verschiedenen Finanzmärkten und weltweite Kontodaten,
- Disposition der Bankkonten-/Zahlungsmittelbestände (Cash-Pooling-Systeme/Concentrating/Balance Reporting),
- eine Liquiditätsüberwachung mit Plan-Ist-Vergleichen (kurzfristige Liquiditätsplanung),
- die maschinelle Abwicklung des Mengen- und Routinegeschäfts,
- eine schnelle Reaktionszeit (z.B. sofortige Überweisung von Geldbeträgen),
- eine mittelfristige Finanzplanung,
- eine Bilanzanalyse,
- die Verwaltung von Mittelaufnahme und -anlage,
- Planungs- und Analysedienste,
- ein Konzernverrechnungssystem (Netting, bilaterale/multilaterale Clearingsysteme),
- ein Treasury-Management,
- eine Übersicht über Devisentermingeschäfte (Währungsmanagement) möglich.

Von unterschiedlicher Natur sind die **Steuerungsmöglichkeiten**, mit denen die Zahlungsströme beeinflußt werden können(vgl. Abb. 166).

5. Die Liquiditätsreservenplanung

In die Planung und Kontrolle der situativen Liquidität ist zur Risikoabsicherung eine Liquiditätsreserve (Kassenbestand) einzubauen. Die Sicherheitsreserve hat die Aufgabe, unerwartete Abweichungen auszugleichen. Die geplanten Einzahlungen und Auszahlungen sind (auch bei guter Finanzplanung) immer Erwartungs-/Zukunftswerte und damit mit Unsicherheiten behaftet. Das Problem des Finanz-Controlling besteht nun in der **vorausschauenden** Planung und Gestaltung betrieblicher Zahlungsströme und in der „Bemessung" dieser Reservenhaltung, denn jedes Bereithalten überflüssiger Liquidität wirkt dem Rentabilitätsstreben der Unternehmung entgegen. Es gilt, das Liquiditäts**optimum** zu bestimmen, d.h., das Liquiditätsvolumen festzulegen, das die laufende Zahlungsfähigkeit mit minimalen Kosten gewährleistet. Da die Mittel der Reservenplanung bei Situationen, die auch ein noch so genauer Finanzplan nicht erfassen kann, einspringen sollen, müssen sie bei Bedarf **sofort** verfügbar sein.

Eine Liquiditätsreserve kann sich aus folgenden **Bestandteilen** zusammensetzen:

- dem „eisernen" Barzahlungsbestand, der über die zur Deckung der kurzfristigen Verbindlichkeiten (= Liquidität 1. Grades) erforderlichen Gelder hinaus eingeplant wird. (Die Fixierung des eisernen Bestandes in fester Relation zur Umsatzentwicklung erfolgt in der Praxis anhand branchen- oder unternehmensspezifischer Erfahrungswerte, z.B. in Prozent eines Monatsumsatzes);
- den bei den Geldinstituten vorsorglich beantragten **Kreditrahmen**reserven
- und sonstigen Finanzierungsreserven (z.B. Bestände an Wechseln und Schecks, lombardfähige Wertpapiere, kündigungsfähige Termineinlagen oder liquidierbare Beteiligungen des Finanzanlagevermögens oder auch reale Vermögensgegenstände).

Innerhalb der Planung der Reserve muß bei der Auswahl der möglicherweise zur Verfügung stehenden Mittel eine Auswahl in Bezug auf ihre **zeitliche Verfügbarkeit** getroffen werden. Besonders bei den Vermögenswerten ist nicht in jedem Fall eine sofortige Umwandlung in Zahlungsmittel gegeben.

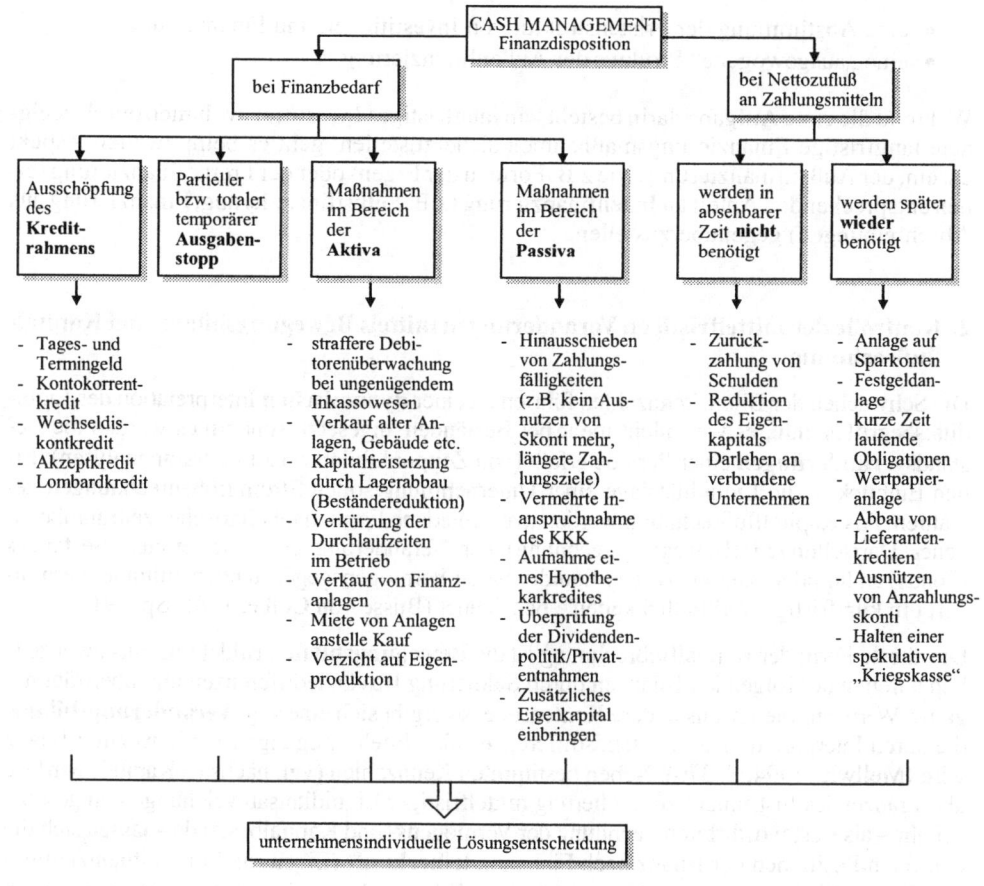

```
                    ┌─────────────────────┐
                    │   CASH MANAGEMENT   │
                    │   Finanzdisposition │
                    └─────────────────────┘
           ┌────────────────────┴────────────────────┐
  ┌──────────────────┐                    ┌──────────────────────┐
  │ bei Finanzbedarf │                    │   bei Nettozufluß     │
  └──────────────────┘                    │   an Zahlungsmitteln  │
                                          └──────────────────────┘
```

Ausschöpfung des **Kredit-rahmens**	Partieller bzw. totaler temporärer **Ausgaben-stopp**	Maßnahmen im Bereich der **Aktiva**	Maßnahmen im Bereich der **Passiva**	werden in absehbarer Zeit **nicht** benötigt	werden später **wieder** benötigt
- Tages- und Termingeld - Kontokorrent-kredit - Wechseldis-kontkredit - Akzeptkredit - Lombardkredit	- straffere Debi-torenüberwachung bei ungenügendem Inkassowesen - Verkauf alter An-lagen, Gebäude etc. - Kapitalfreisetzung durch Lagerabbau (Beständereduktion) - Verkürzung der Durchlaufzeiten im Betrieb - Verkauf von Finanz-anlagen - Miete von Anlagen anstelle Kauf - Verzicht auf Eigen-produktion	- Hinausschieben von Zahlungs-fälligkeiten (z.B. kein Aus-nutzen von Skonti mehr, längere Zah-lungsziele) - Vermehrte In-anspruchnahme des KKK - Aufnahme ei-nes Hypothe-karkredites - Überprüfung der Dividenden-politik/Privat-entnahmen - Zusätzliches Eigenkapital einbringen	- Zurück-zahlung von Schulden - Reduktion des Eigen-kapitals - Darlehen an verbundene Unternehmen	- Anlage auf Sparkonten - Festgeldan-lage - kurze Zeit laufende Obligationen - Wertpapier-anlage - Abbau von Lieferanten-krediten - Ausnützen von Anzahlungs-skonti - Halten einer spekulativen „Kriegskasse"	

```
                    ┌──────────────────────────────────────────┐
                    │ unternehmensindividuelle Lösungsentscheidung │
                    └──────────────────────────────────────────┘
```

Abb. 166: Cash Management

II. Planung und Kontrolle der strukturellen Liquidität

1. Ziel der strukturellen Liquidität

Die strukturelle Liquiditätssicherung als Teil der Mittel- und Langfristplanung ist überwiegend bilanzorientiert. Reichmann (1995b, S. 182) bezeichnet als Ziel der strukturellen Liquiditätssicherung, „daß das Unternehmen durch Einhaltung einer ‚**ausgeglichenen**' Finanzierungs- bzw. Kapitalstruktur im Urteil insbesondere seiner Fremdkapitalgeber, aber auch seiner Eigenkapitalgeber kreditwürdig bzw. emissionsfähig bleibt".

Dem Finanz-Controlling fallen dabei folgende Aufgaben zu:

- eine Abstimmung der Fristenstruktur von Investitionen und Finanzierung
- eine „ausgewogene" Struktur der Außenfinanzierung.

Während die erste Aufgabe darin besteht, ein langfristiges Investitionsvolumen durch geeignete langfristige Finanzierungsmaßnahmen sicherzustellen, geht es beim zweiten Aspekt darum, der Außenfinanzierung (wie z.B. Formen der Eigen- oder der Fremdfinanzierung) einen entsprechenden Anteil an Innenfinanzierung (z.B. Selbstfinanzierung, Finanzierung aus Abschreibungen) gegenüberzustellen.

2. Kontrolle der mittelfristigen Veränderungen mittels Bewegungsbilanz und Kapitalflußrechnung

Die Schwächen der Bilanzkennzahlen führten zu einer **dynamischen** Interpretation des Liquiditätsbegriffes, d.h., es wird nicht mehr bei Beständen angesetzt, sondern es werden die Bestands**veränderungen** einer Periode erfaßt (von Zeitpunktbilanzen zu Zeitraumanalysen). Einen Einblick in die Liquiditätslage einer Unternehmung sollen Stromgrößenrechnungen gewähren. Als Kapitalflußrechnung werden „verschiedene Formen tabellarischer zeitraumbezogener Darstellungen (Bewegungsrechnung) der Veränderung eines bewerteten Bestandes (Fonds) an liquiden oder kurzfristig liquidierbaren Vermögensgegenständen, mitunter vermindert um kurzfristige Verbindlichkeiten", bezeichnet (Busse von Colbe, 1981, Sp. 891).

Die älteste Form der Kapitalflußrechnung ist die **Bewegungsbilanz**. Bildet man aus zwei zeitlich aufeinander folgenden Bilanzen durch Saldierung Bestängsdifferenzen und überträgt negative Werte auf die jeweils andere Kontenseite, so ergibt sich eine sog. **Veränderungsbilanz**, die durch Interpretation der Bestandsdifferenzen als Mittelbewegungen zur Bewegungsbilanz wird (Mellwig, 1994, S. 370). Neben bestimmten Kennzahlen (vgl. nächstes Kapitel) wird sie als ergänzendes Instrument zur Isolierung mittelfristiger Liquiditätsabweichungen eingesetzt. Mit ihr – als Bestandsdifferenzrechnung der Vermögens- und Kapitalbestände – lassen sich die einzelnen Positionen der Bilanz nach Finanzmittel**herkunft** (Eigen- und Fremdfinanzierung) und Finanzmittel**verwendung** (Ausschüttungen, Tilgung, Investitionen etc.) aufzeigen. Gegen die Anwendung einer solchen Analyse mit Hilfe der Bewegungsbilanz sprechen die der Bilanz anhaftenden Kritikpunkte der Unvollständigkeit der Daten, der mangelnden Aktualität und der fehlenden zeitlichen Präzision. Die Grundstruktur der Bewegungsbilanz ist:

Mittelverwendung	Mittelherkunft
Aktivenmehrungen	Passivenmehrungen
Passivenminderungen	Aktivenminderungen

Diese „retrograde Kapitalflußrechnung" (Serfling), deren Ziel es ist, Kapitalbindungs- und Kapitalfreisetzungsprozesse zu verdeutlichen, ermöglicht durch den Bezug auf das abgelaufene Geschäftsjahr **keine** zufriedenstellende Beurteilung der Liquidität. In dieser Betrachtungsweise fehlt die künftige Entwicklung der Schulden/Forderungen bzw. Auszahlungen/Einzahlungen (vgl. Weber, 1983, S. 131).

Eine „**Kapitalflußrechnung i.e.S.**" stützt sich nicht nur auf die Anfangs- und Endbestände der Bilanzpositionen, sondern beinhaltet zusätzliche Angaben über Zu- und Abgänge aus dem Anlagespiegel, der Erfolgsrechnung oder den Kontobewegungen (vgl. Busse von Colbe, 1981, Sp.892). Kapitalflußrechnungen können

- **Retrospektiv** (sie sind dann Ergänzungen des Jahresabschlusses; z.B. um das von § 264 Abs. 2 HGB geforderte Bild der Finanzlage zu vermitteln) oder
- **prospektiv** als Erscheinungsform des Finanzplans sein. Eine in die Zukunft reichende Kapitalfluß(planungs-)rechnung erfolgt auf der Grundlage einer Planbilanz und Planerfolgsrechnung und der vorliegenden Eingangsbilanz. Aus diesen Daten wird die Plan(= Soll)-Rechnung abgeleitet, die es ermöglicht, die künftigen Liquiditätsverhältnisse zu überschauen, zu- und abfließende Mittel zu vergleichen und den Kapitalbedarf zu ermitteln (vgl. Käfer, 1984, S. 391; Mellwig, 1994, S. 368f.).

In den USA werden Kapitalflußrechnungen häufig auf bestimmte Bilanzpositionsveränderungen abgestellt, d.h., es werden nicht **alle** Vermögens- und Kapitalpositionen der Bilanz gleichrangig behandelt, sondern zusammengehörige Positionen (die sog. Fonds) **ausgewählt** und vorrangig betrachtet (vgl. Weber, 1983, S. 125; Wöhe/Bilstein, 1994, S. 29). Eine solche Fondsrechnung besteht üblicherweise aus

- dem **Fonds(ver)änderungsnachweis** in Form einer Beständeveränderungsrechnung, in der die Zu- und Abflüsse der Fondsmittel im abgelaufenen Geschäftsjahr aufgezeigt werden, und
- der eigentlichen **Kapitalflußrechnung**, die als Fondsmittelherkunfts- und -mittelverwendungsrechnung die genaue Herkunft, die Höhe des Zuflusses bzw. Abflusses sowie den Zweck der Verwendung der Fondsmittel aufzeigt.

Die **Auswahl** der Positionen, die in der Rechnung als Liquiditätsposten gelten sollen, d.h. die Bestimmung des Finanzmittelfonds, ist ausschlaggebend für die Aussagefähigkeit einer Kapitalflußrechnung. Wir haben bereits (unter Punkt E, IV.1) Möglichkeiten der Fondsbildung aufgezeigt (z.B. Fonds der netto verfügbaren Geldmittel, Fonds des Netto-Geldvermögens oder Fonds des Netto-Umlaufvermögens). Entsprechend der unterschiedlichen Einbeziehung jeweiliger Aktiv- und Passivpositionen unterscheiden sich die angeführten Fondstypen hinsichtlich der Beurteilung der Liquidität.

Zur Angleichung von Kapitalflußrechnungen an internationale Standards ist 1995 eine **Neufassung** der gemeinsamen Stellungnahme des Hauptfachausschusses und des Arbeitskreises „Finanzierungsrechnung" der Schmalenbach-Gesellschaft und der Deutschen Gesellschaft für Betriebswirtschaft e.V. aus dem Jahre 1978 veröffentlicht worden. Man befürwortet eine **engere** Abgrenzung des Finanzmittelfonds: „In der internationalen Diskussion besteht deshalb die einhellige Auffassung, daß der Finanzmittelfonds außer Zahlungsmittel nur solche Posten enthalten sollte, die als Zahlungsmittel-Äquivalente betrachtet werden können (cash und cash-equivalents)".

In Deutschland ist die Aufstellung von Kapitalflußrechnungen **freiwillig**, im Gegensatz zu den angelsächsischen Ländern, wo sie als Pflichtbestandteil des Jahresabschlusses verlangt werden. Nach Mellwig (1994, S. 369) publizieren gut 10% der hundert größten deutschen Kapitalgesellschaften eine solche Kapitalflußrechnung, wobei dies i.d.R. als Ergänzung zum Anhang geschieht; bei einigen Unternehmen ist sie Bestandteil des Lageberichts, bei einem Großteil von Unternehmen Teil eines umfassenden Geschäftsberichts außerhalb von Jahresabschluß und Lagebericht.

3. Finanzkennzahlen (Finanzwirtschaftliche Bilanzanalyse)

In welchem Ausmaß die verschiedenen möglichen Kapitalarten zur Deckung eines Kapitalbedarfs herangezogen werden sollen, kann nur in Einklang mit der gesamten Unternehmens-**politik** beantwortet werden. Neben der in der Finanzplanung ermittelten situativen Liquidität zur Sicherstellung ausreichender bzw. optimaler Zahlungsbereitschaft im laufenden Geschäftsbetrieb stellt die BWL der Praxis seit langem Kennzahlen zur Charakterisierung der strukturellen Liquidität zur Verfügung.

In der **Bilanzanalyse** werden einzelne Positionen der Bilanz/GuV-Rechnung zur Bildung **horizontaler** und **vertikaler** Strukturkennzahlen zueinander in Beziehung gesetzt.

„Da Kapitalgeber in der Regel ihre Bonitätsbeurteilung auf Jahresabschlußkennzahlen stützen, muß der Kapitalnehmer die diesbezüglichen Erwartungen seiner Gläubiger beachten und in seiner langfristigen Finanzplanung berücksichtigen. Es kann sonst zu einer gefährlichen Einengung des Finanzierungsspielraumes kommen, denn einzelne Kennzahlen haben als ,**Finanzierungsregeln**' im Laufe der Zeit ... einen **normativen Charakter** dadurch erhalten, daß sich bestimmte Kennzahlengrenzwerte als zu erfüllende Rollenerwartungen, als einzuhaltende Spielregeln zwischen Kapitalnehmern und Kapitalgeber entwickelt haben"(Reichmann, 1995b, S. 187).

Die Aufgabe des Finanz-Controllers besteht nun darin, bei der Bilanzstrukturplanung dafür zu sorgen, daß diese „Normen" eingehalten bzw. erreicht werden können. Einen **Überblick** über diese relevante Kennzahlennormen geben Serfling (1983, S. 173) und Reichmann (1995b, S. 188), wobei die Werte branchenspezifisch zu modifizieren sind. Es handelt sich um Anforderungen, die das Bundesamt für das Versicherungswesen an Industrieunternehmen stellt, die deckungsstockfähige Schuldscheindarlehen oder Anleihen aufnehmen wollen.

Bilanzregelrelationen

• Eigenkapital/Fremdkapital (d.h., die Kapitalstruktur darf nicht unter 1:2 fallen)	$\geq 50\,\%$
• Eigenkapital/Bilanzsumme	$\geq 33\,1/3\,\%$
• Eigenkapital/Anlagevermögen	$\geq 50\,\%$
• Langfristiges Kapital / langfristig gebundenes Kapital (d.h., das Eigenkapital und die langfristigen Fremdmittel sollen zusammen das Anlagevermögen voll decken)	$\geq 100\,\%$
• Kurzfristig realisierbares Umlaufvermögen/kurzfristiges Fremdkapital (d.h., die liquiden Mittel 1. Grades müssen mindestens 50% der gesamten kurzfristigen Verbindlichkeiten decken)	$\geq 50\,\%$
• Umlaufvermögen/kurzfristiges Fremdkapital (d.h., die liquiden Mittel 3. Grades, also das Umlaufvermögen insgesamt, müssen mindestens so hoch sein wie die gesamten kurzfristigen Verbindlichkeiten)	$\geq 100\,\%$
• Gesamtverschuldung/Cash Flow (d.h., die Effektivverschuldung soll nicht höher sein als ein bestimmtes Vielfaches des Jahres-Cash-Flow; beim dynamischen Verschuldungsgrad müssen jedoch starke Branchenunterschiede berücksichtigt werden)	$\leq 3,5$ Jahre

Diese Kennzahlen (Kennziffern) lassen Aussagen zu:

- über das Vermögen (= **Vermögensstruktur**)
- über den Aufbau des Kapitals (= **Kapitalstruktur**) und
- über das Verhältnis von Vermögenspositionen zu entsprechenden Kapitalpositionen (= **Deckungsstruktur**).

Oberstes unternehmerische Ziel eines Unternehmens ist die Erzielung einer angemessenen Rentabilität und die Erhaltung der Liquidität als Voraussetzungen für die langfristige Existenzsicherung. Aus der Sicherung der finanziellen Sicherheit ergibt sich als Resultante die Erhaltung der Kreditwürdigkeit, d.h. der Zugang zu verschiedenen Finanzierungsquellen, das sich als drittes Hauptziel aus den ersten beiden ableitet. Sind diese **drei Ziele** erfüllt, fließen dem Unternehmen genügend Mittel (von innen und außen) zu, um die notwendigen Wachstums- und Investitionsprozesse zu realisieren (vgl. Paul/Zieschang, 1995, S. 16f.).

a) Kennzahlen der Vermögensstruktur (Investitionsanalyse)

Innerhalb der Bilanzstruktur, die die Anteile der einzelnen Bilanzpositionen an der Bilanzsumme aufzeigt, werden durch die Vermögensstruktur Relationen zwischen Bilanzpositionen der **Aktivseite** ausgedrückt (im einzelnen Küting/Kessler, 1992a).

„Die Geschwindigkeit, mit der die Vermögensteile durch den Umsatzprozeß monetarisiert werden, ist für den Kapitalbedarf und damit bei gegebener Kapitalstruktur für die finanzielle Stabilität von entscheidender Bedeutung. Mit abnehmender Fristigkeit der Kapitalstruktur wird einmal des Liquiditätspotential erhöht und damit die Gefahr der Illiquidität verringert, zum anderen die Dispositionselastizität der Unternehmensleitung erhöht und damit die Anpassungsfähigkeit an Beschäftigungs- und Strukturänderungen" (Coenenberg, 1994, S. 499).

Beispiele:

$$\text{Intensitätskennzahlen} = \frac{AV}{V} \text{ oder } \frac{AV}{UV} \text{ oder } \frac{UV}{V} \quad \begin{array}{l} (V = \text{Gesamtvermögen} \\ \quad = \text{Bilanzsumme}) \end{array}$$

Diese **Intensitätskennzahlen** zeigen den Umfang des langfristig angelegten Kapitals und geben Informationen:

- darüber, ob im Vergleich zum Verhältnis der Branche zuviel oder zu wenig AV vorhanden ist (Kapazitätsausnutzung); je kleiner der Anteil des AV am Gesamtvermögen, um so besser ist die Kapazitätsauslastung und damit die Ertragslage;

- über die Krisenanfälligkeit und Flexibilität einer Unternehmung; die Flexibiltät zeigt sich in der Dispositionselastizität (= schnellere Anpassungsfähigkeit) und Erfolgselastizität (= durch Kruzfristigkeit der Vermögensbildung sinkender Fixkostenanteil).

Die Aussagen aus den Intensitätskennzahlen sind nur mit großen **Einschränkungen** interpretierbar; unternehmensindividuelle und branchenbezogene Einflüsse erfordern zusätzliche Informationen, um aus dem Verhältnis Anlage- zu Umlaufvermögen eindeutige Schlüsse ziehen zu können (nach Coenenberg, 1994, S. 500).

$$\text{Umlaufintensität} = \frac{UV}{V} \text{ oder } \frac{UV}{AV}$$
$$\text{Vorratsintensität} = \frac{\text{Vorräte}}{V} \text{ oder } \frac{\text{Vorräte}}{UV}$$
$$\text{Forderungsintensität} = \frac{\text{Forderungen}}{V} \text{ oder } \frac{\text{Forderungen}}{UV}$$

Zum Vergleich bestimmter Vermögenspositionen und dem Geschäftsvolumen leisten **Umsatzrelationen** gute Dienste:

$$\frac{\text{Sachanlagen zu historischen Anschaffungskosten}}{\text{Umsatzerlöse}} \qquad \frac{\text{Vorräte}}{\text{Umsatzerlöse}}$$
$$\frac{\text{Fertigerzeugnisse und Waren}}{\text{Umsatzerlöse}} \qquad \frac{\text{Forderungen}}{\text{Umsatzerlöse}}$$

Zusätzliche Informationen über die Bindungsdauer einzelner Vermögensteile geben die **Umschlagskoeffizienten** (Umschlag = Verhältnis einer Abgangs- bzw. Verbrauchszahl zu einer Bestandszahl). Die Dauer des innerbetrieblichen Umsatzprozesses zeigt sich in der Kennzahl:

$$\text{Umschlagshäufigkeit} = \frac{\text{Abgang in der Periode}}{\text{durchschnittlicher Bestand}}$$

(durchschnittlicher Bestand = arithmetisches Mittel aus Anfangs- und Endbestand)

Die Kennzahl gibt an, **wie häufig** ein bestimmter Vermögensposten (AV, UV oder V als jeweilige Nennergröße) in einer bestimmten Zeitperiode **umgeschlagen** wird, d.h. sich erneuert. Für den Kapitalumsatz im **Anlage**vermögen steht dabei im Zähler statt der Umsatzerlöse die „Abschreibungen auf das Anlagevermögen + Abgänge". Bei **anlageintensiven** Unternehmen und steigendem Mechanisierungs- und Automatisierungsgrad wird die Umschlagshäufigkeit prinzipiell niedriger sein.

Der **reziproke** Wert zeigt die **Umschlagsdauer** an, d.h., er zeigt, in welcher Zeit der Bestand **einmal** umgeschlagen wird:

$$\underset{\text{(in Tagen)}}{\text{Umschlagsdauer}} = \frac{1}{\text{Umschlagshäufigkeit}} = \frac{\text{durchschnittlicher Bestand}}{\text{Abgang in der Periode}} \times 365$$

Während ein Industriebetrieb z.B. Umschlagskoeffizienten für den Einsatz von Repetierfaktoren bildet (Verbrauch an Roh-, Hilfs-/ Betriebsstoffen, an Werkstoffen oder an Halbfabrikaten), ist für den Handelsbetrieb die durchschnittliche Lagerdauer (in Tagen) von besonderem Interesse oder das Kundenziel.

$$\text{Kundenziel:} \frac{\text{durchschnittlicher Bestand an Warenanforderungen}}{\text{Umsatzerlöse}} \times 365$$

Bei Egger/Winterheller (1994) gehört die Umschlagshäufigkeit zu den **wichtigsten** Kennzahlen in der Vermögens- und Kreditwirtschaft des Unternehmens, da sowohl die Vermögens- als auch die Kapitalstruktur durch die Umschlagshäufigkeit erheblich beeinflußt werden. „Eine hohe Umschlagshäufigkeit senkt die Durchschnittsbestände der einzelnen Vermögenspositionen und damit das Risiko von Schwund, Qualitätseinbußen und des Entstehens von Ladenhütern. Je höher die Umschlagshäufigkeit, desto kürzer ist die Umschlagsdauer und damit die Kapitalbindung. Eine kürzere Kapitalbindung bedeutet die Inanspruchnahme weniger Kredite, was zur Verbesserung sowohl der **Kreditstruktur** (Ausschaltung teurer Kredite) als auch des **Verschuldungsgrades** (Verbesserung des Kreditpotentials) führt. Der Umschlagshäufigkeit der einzelnen Vermögenspositionen sollte daher bei der Budgetierung **höchstes Augenmerk** gewidmet werden."

Als Kennzahlen zur Untersuchung der **Investitions-** und **Abschreibungspolitik** führt Coenenberg (1994, S. 504f.) folgende Kennzahlen auf:

$$\text{Anlagenabnutzungsgrad} = \frac{\text{kumulierte Abschreibung auf das Sachanlagevermögen}}{\text{SachAV zu historischen Anschaffungskosten}}$$

$$\text{Investitionsquote} = \frac{\text{Nettoinvestitionen bei Sachanlagen}}{\text{Sachanlagen zu historischen Anschaffungskosten}}$$

$$\text{Investitionsdeckung} = \frac{\text{Abschreibungen des Geschäftsjahres auf SachAV}}{\text{Nettoinvestition bei SachAV}}$$

$$\text{Abschreibungsquote} = \frac{\text{Abschreibungen des Geschäftsjahres auf SachAV}}{\text{SachAV zu hist. Anschaffungs- oder Herstellungskosten}}$$

b) Kennzahlen der Kapitalstruktur (Finanzierungsanalyse)

Nach Coenenberg (1994, S. 505ff.) soll diese Analyse zur Abschätzung des Finanzierungsrisikos Aufschluß geben über Quellen und Zusammensetzung nach Art, Sicherheit und Fristigkeit des Kapitals (im einzelnen auch Küting/Kessler, 1992 b).

$$\text{Eigenkapitalanteil} = \frac{\text{Eigenkapital}}{\text{Gesamtkapital}}$$

(Eigenkapital**quote** bzw. Verschuldungs**koeffizient** = Formel x **100**)

$$\text{Statischer Verschuldungsgrad I} = \frac{\text{Eigenkapital}}{\text{Fremdkapital}}$$

Der **Verschuldungsgrad** als wichtigste vertikale Bilanzstrukturregel wird in der Literatur sehr **unterschiedlich** definiert:

- Die **häufigste** Darstellung ist das Verhältnis **Fremd-** zu **Eigenkapital**.
- So wird er aber auch als Verhältnis von Fremd- zu **Gesamt**kapital gesehen (so etwa bei Küting/Kessler, 1992 b, S. 1029; Preißler, 1995; Thommen/Achleitner, 1999, S. 427).
- Coenenberg spricht von einem **Statischen Verschuldungsgrad I** als Verhältnis von **Eigen-** zu Fremdkapital! Manz/Dahmen (1993, S. 46) dagegen sehen den Statischen Verschuldungsgrad als Verhältnis Fremdkapital zu Eigenkapital x 100.
- Coenenberg **modifiziert** (als **Statischen Verschuldungsgrad II**) den Verschuldungsgrad und Anspannungsgrad durch die Erweiterung des Fremdkapitals um die gesondert anzeigepflichtigen „sonstigen finanziellen Verpflichtungen". Bei der Kennziffer Anspannungsgrad insbesondere erscheint eine Unterteilung des Fremdkapitals gemäß den ausgewiesenen Restlaufzeiten angebracht.
- In den USA wird der Verschuldungsgrad oft als Relation Fremdkapital zum Börsenkurswert des Grundkapitals definiert.

„Der Sinn der Begrenzung des Verschuldungsgrades ist, daß ein hoher Fremdkapitalanteil die Unternehmung stark mit Zins- und Tilgungszahlungen belastet, deren Höhe unabhängig von der jeweiligen wirtschaftlichen Lage ist. Diese Zahlungen müssen im Allgemeinen aus dem Leistungssaldo bestritten werden, der ungewissen Schwankungen unterliegt. Je höher die zu leistenden festen Zins- und Tilgungszahlungen sind, desto größer ist die Gefahr, daß der Leistungssaldo bei ungünstiger Entwicklung zu ihrer Deckung nicht mehr ausreicht und Liquiditätsschwierigkeiten entstehen" (Hax, 1993, S. 432f.).

Deutsche und japanische Fertigungsunternehmen haben seit vielen Jahren eine fast doppelt so hohe Fremdkapitalquote wie z.B. US-Firmen. Da der Verschuldungsgrad jedoch **bewertungsabhängig** ist (so wirkt sich die Bewertung sämtlicher Aktiva auf die Höhe des Eigenkapitals aus), ist es für Mellwig (1994, S. 353) sehr schwierig, einen internationalen Vergleich der Eigenkapitalausstattung von Unternehmen auf der Grundlage von nach nationalem Recht erstellten Bilanzen durchzuführen. „Die Aussage, deutsche Unternehmen würden, etwa gemessen an US-amerikanischen Unternehmen, unter einer zu kurzen Eigenkapitaldecke leiden, ist zumindest so lange unhaltbar, als nicht detaillierte Korrekturen für divergierende Ansatz- und Bewertungsvorschriften erfolgen. Die Mängel einer am Verschuldungsgrad orientierten Kreditvergabepolitik der Banken ist offensichtlich. Es gibt **keine überzeugenden Anhaltspunkte** für die Höhe eines **noch akzeptablen Verschuldungsgrades.**"

$$\textbf{Grad der langfristigen Finanzierung} \ = \ \frac{\text{Eigenkapital} + \text{langfristiges Fremdkapital}}{\text{Gesamtkapital}}$$

(Anspannungskoeffizient = Formel x 100)

$$\textbf{Grad der Fremdfinanzierung} \ (\text{Anspannungsgrad I}) \ = \ \frac{\text{Fremdkapital}}{\text{Gesamtkapital}}$$

Mit Hilfe dieser Kapitalstrukturanalyse sollen also Informationen gewonnen werden über Quellen und Zusammensetzung des Kapitals (Art, Sicherheit, Fristigkeit). Mit dieser Finanzierungsanalyse sollen vor allem Finanzierungs**risiken** abgeschätzt werden.

Halten wir fest:

- Ein **optimales** Verhältnis EK / FK gibt es **nicht** (dazu auch Küting/Kessler, 1992b; S. 1029 und 1033f.; Küting/Kaiser, 1992);
  es gilt zu berücksichtigen:
  – die situative Situation der Unternehmung (z.B. Branche, Wachstumschancen)
  – das Konkurrenzverhältnis einiger Bestimmungsfaktoren (z.B. Liquidität - Rentabilität).
- Die verwendeten Größen sind **statischer** Natur, d.h., sie geben die Situation an einem Stichtag wieder und sind durch Bewertungsmöglichkeiten „veränderbar" (etwa die ausgewiesene EK-Höhe).
- Da die **Verwendung** des Kapitals von großer Bedeutung ist, sind zur Beurteilung die Kennzahlen der Vermögensstruktur zu berücksichtigen, also die vertikalen Regeln durch horizontale Regeln zu **ergänzen**.

Als **weitere** Kennzahlen zur Kapitalstruktur führt Coenenberg (vgl. 1994, S. 508f.) an:

$$\textbf{Selbstfinanzierungsgrad} \ = \ \frac{\text{Gewinnrücklagen}}{\text{bilanzielles Eigenkapital}}$$

$$\textbf{Bilanzkurs} \ = \ \frac{\text{bilanzielles Eigenkapital x 100}}{\text{gezeichnetes Kapital}}$$

$$\textbf{Kreditanspannung} \ = \ \frac{\text{Wechselverbindlichkeiten}}{\text{Warenschulden}}$$

$$\textbf{Obligobelastung} \ = \ \frac{\text{Haftungsverhältnisse gem. 251HGB}}{\text{Gesamtkapital}}$$

$$\textbf{Lieferantenziel } = \frac{\text{Durchschnittlicher Bestand an Warenschulden x 100}}{\text{Wareneingang}}$$

c) Kennzahlen der Relationen zwischen Vermögens- und Kapitalseite (Liquiditätsanalyse)

Während bei der vertikalen Analyse

- die Kapitalverwendung (Investition) und
- die Kapitalherkunft (Finanzierung) untersucht wird, stellt die horizontale Analyse einen **Zusammenhang** zwischen beiden Größen her.

(1) Mittel- und langfristige Liquiditätskennzahlen

Eine der ältesten Kontrollregeln, die **Goldene Bilanzregel**, besagt, daß das Anlagevermögen grundsätzlich durch langfristiges Eigenkapital gedeckt sein soll (der nachfolgende Koeffizient soll also mindestens 1 sein): (Goldene Bilanzregel i.e.S)

$$\textbf{Deckungsgrad A } = \frac{\text{Eigenkapital}}{\text{Anlagevermögen}}$$

Merkle bezeichnet die Anlagendeckung als statische Betrachtung des Bilanzbildes, denn es müßten auch Teile des Umlaufvermögens als langfristig gebunden betrachtet werden. Hinzu tritt, daß es sinnwidrig ist, Anlagevermögen länger zu finanzieren, als die Abschreibungsfrist beträgt, und umgekehrt davon auszugehen, daß Vorräte jederzeit verflüssigt werden können (vgl. Merkle, 1980, S. 468). Eine weitere Relativierung der Goldenen Bilanzregel ist auch darin zu sehen, daß Teile des Anlagevermögens durchaus auch **kurzfristig** liquidierbar sein können (evtl. Beteiligungen, Grundstücke).

Die Auswertung von Jahresabschlüssen zeigt, so Wöhe/Bilstein (1994, S. 338), daß die Finanzierungsgewohnheiten der Praxis zwar mit der goldenen Bilanzregel in ihrer engsten Fassung **nicht** übereinstimmen, daß jedoch das Bestreben existiert, die Finanzierung des langfristig gebundenen Vermögens durch langfristiges Kapital sicherzustellen. Die **erweiterte Regel** besagt, daß das Anlagevermögen langfristig (d.h. mit Eigenkapital und langfristigem Fremdkapital) bzw. daß das gesamte langfristig gebundene Kapital (AV + langfristig gebundene Teile des Umlaufvermögens) ebenfalls langfristig zu finanzieren ist: (Goldende Bilanzregel i.w.S.)

$$\textbf{Deckungsgrad B } = \frac{\text{EK} + \text{LFK}}{\text{AV}}$$

$$\text{oder}$$

$$= \frac{\text{EK} + \text{mittelfristiges und langfristiges Fremdkapital}}{\text{AV} + \text{Forderungen mit einer Restlaufzeit} > 1 \text{ Jahr}}$$

Die Kreditinstitute leiteten aus der Goldenen Bilanzregel die sog. **Goldene Finanzierungsregel** ab. Gemäß dem Grundsatz der **Fristenkongruenz** fordert sie, daß sich Kapital**bindungs**dauer und Kapital**überlassungs**dauer entsprechen. Danach soll also zum Beispiel eine Finanzierung von langfristig gebundenem Vermögen nicht mit kurzfristigem Kapital erfolgen.

Die **Problematik** des Grundsatzes der Fristenkongruenz sieht Coenenberg (vgl. 1994, S. 511f.) in

- dem **Maß**problem (spiegelt die Bilanz die künftigen Einnahmen und Ausgaben betrags- und termingenau wider?),
- dem **Geldanschluß**problem (Fremdkapitalprolongation oder -substitution).

Für Mellwig (1994, S. 354f.) ist das Postulat fristenkongruenter Finanzierung als eine Sicherheitsbedingung zu interpretieren: Die Mittelrückführung sollte aus freigesetztem Kapital, aus der Vermögensnutzung erfolgen können. „Allerdings ist fristenkongrente Finanzierung keinesfalls **hinreichende** Bedingung für Liquiditätssicherung. Trotz Einhaltung langfristiger Deckungsgrade können aus mehreren Gründen Abstimmungsprobleme aufreten:

- Die Fristenangaben sind zu grob. (Was heißt langfristig?)
- Nicht nur die Tilgung, sondern auch die Verzinsung des Fremdkapitals führt zu Zahlungsverpflichtungen. Die erforderlichen Zinszahlungen aber werden von den Regeln der fristenkongruenten Finanzierung nicht einbezogen.
- „Freigesetztes" Kapital ist nicht für die Tilgung verwendbar, wenn es für Ersatzinvestitionen benötigt wird. Die zur Erhaltung des Betriebs erforderlichen Investitionsausgaben stehen nicht zur Kapitalrückführung zur Verfügung.
- Kapitalrückführung aus freigesetztem Kapital ist nur möglich, wenn der künftige Mittelrückfluß tatsächlich der planmäßigen Kapitalfreisetzung entspricht, wenn kein verzögerter oder unvollständiger Kapitalrückfluß eintritt."

(2) Kurzfristige Liquiditätskennzahlen

Die Liquiditätsanalyse kann

- **statisch** (anhand von Bestandsgrößen der Bilanz) oder
- **dynamisch** (aufgrund von Stromgrößen einer Kapitalflußrechnung)

durchgeführt werden.

Die **statische Betrachtung** im Rahmen einer Bilanzauswertung geht folgendermaßen vor:

1. Schritt:	Aufstellung der Vermögenspositionen nach Art der graduellen Liquidität
2. Schritt:	Einteilung der Verbindlichkeiten nach dem Kriterium der Überlassungsgrade(Dringlichkeitsgrade)
3. Schritt:	Bilden der Relation zwischen verschiedenen Graden(zeigt also die verfügbaren Geldmittel und fälligen Verbindlichkeiten zu einem bestimmten Zeitpunkt). Das Deckungsverhältnis-(„relative Liquidität") wird i.d.R. in **drei Ausprägungen** gebildet.

Die Darstellung erfolgt in Prozentzahlen oder als absolute Differenz.

Die vergangenheitsbezogenen statischen Liquiditätskennzahlen sind mit großen **Schwächen** behaftet(Vollständigkeit, Fälligkeits- und Fristigkeitsfestsetzung etc.), so daß die an Bewegungsgrößen orientierte Liquiditätsbetrachtung stärker einzuschätzen ist.

In der Literatur und Praxis werden **drei** abgestufte Liquiditäts**kennziffern** unterschieden, die auf der Ermittlung der Deckungsfähigkeit der kurzfristigen Verbindlichkeiten durch liquide (oder relativ leicht liquidierbare) Vermögensteile beruhen. Die in der Liquidität **ersten** Grades zur Deckung der Verbindlichkeiten zur Verfügung stehenden „flüssigen Mittel" werden in den nächsten Liquiditätsgraden erweitert um zusätzliche Finanzmittel, die auf kurze bis mittlere Sicht zur Verfügung stehen:

Das Bundesaufsichtsamt für das Kreditwesen benutzt die Liquiditätsgrade in modifizierter Form als **Beurteilungsmaßstab**:

Liquiditätsgrad 2:   kurzfristig realisierbares Umlaufvermögen zu kurzfristigen Verbindlichkeiten und Rückstellungen ≥ 50%;

Liquiditätsgrad 3:   Umlaufvermögen zu kurzfristigen Verbindlichkeiten und Rückstellungen mindestens 100%

Weitere Kennzahlen der bestandsorientierten Liquiditätsanalyse sind die Effektivverschuldung I und II (nach Coenenberg, 1994, S. 515f.).

Kurz- und mittelfristige Fremdmittel

Verbindlichkeiten mit einer Restlaufzeit > 5 Jahren

_____

= Gesamtschulden (einschließlich kurzfristiger Rückstellungen und Dividenden)

– monetäres Umlaufvermögen (./. Forderungen mit einer Restlaufzeit > 1 Jahr)

_____

= **Effektivverschuldung I**

Effektivverschuldung I

Rückstellungen für Pensionen und ähnliche Verpflichtungen

sonstige finanzielle Verpflichtungen

_____

= **Effektivverschuldung II**

Partielle Kennzahlen, bei denen einzelne sachlich zuammengehörige Vermögens- und Fremdkapitalpositionen zueinander in Beziehung gesetzt werden, wären weiterhin (ebd., S. 516):

$$\frac{\text{Warenforderungen}}{\text{Warenschulden}}$$

$$\frac{\text{Forderungen gegen verbundene Unternehmen}}{\text{Verbindlichkeiten gegenüber verbundenen Unternehmen}}$$

$$\frac{\text{Sonstige Vermögensgegenstände}}{\text{Sonstige Verbindlichkeiten}}$$

$$\frac{\text{Vorräte}}{\text{Erhaltene Anzahlungen}}$$

$$\frac{\text{Vorräte}}{\text{Warenschulden}}$$

Das **Working Capital** wird allerdings weniger als Bruch, sondern als Differenz dargestellt.

working capital = Umlaufvermögen – kurzfristiges Fremdkapital

In folgender Abb. 167 ist diese auf dem Fondskonzept beruhende Kennzahl als diagonalgestreiftes Kästchen abgebildet. Der aus der amerikanischen Literatur stammende Begriff Working Capital (oder Net Working Capital) könnte im Deutschen etwa dem Nettoumlaufvermögen, arbeitendem Umlaufvermögen (Kapital; Finanzmittelfonds) gleichgesetzt werden. Der amerikanische Terminus hat sich weitgehend durchgesetzt.

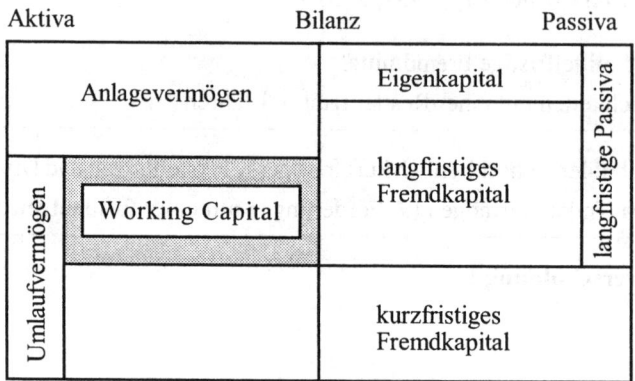

Abb. 167: Das Working Capital im Bilanzschema

Das Working Capital ist ein **Gradmesser**

- einerseits für die Optimierung der Mittelbindung,
- andererseits für die Fähigkeit, Cash Flow und (bei entsprechender Transparenz des Kapitalumschlages) Wertschöpfung zu generieren.

Das Working Capital kann auch als Zielkennzahl (z.B. für die Planbilanz) als Prozentsatz vom Umsatz angesetzt werden, etwa w.c. = 0,25 UV. Als Ziel sind 25% des Umlaufvermögens langfristig zu finanzieren. Festzulegen wäre noch, ob dies an bestimmten Stichtagen oder jederzeit sichergestellt werden soll.

Das Working Capital kann

(1) positiv oder
(2) negativ sein

Zu 1: Bei einem **positiven** Working Capital übersteigt das Umlaufvermögen die kurzfristigen Verbindlichkeiten. Ein Überschußbetrag wird als Ziel angestrebt, da ein gewisser Grundstock des Umlaufvermögens (als quasi langfristig „eiserner" Bestand) immer vorhanden ist und deshalb durch langfristiges Kapital abgedeckt sein sollte. Damit ist natürlich auch sichergestellt, daß die kurzfristigen Verbindlichkeiten durch(zeitfristig übereinstimmende) geldnahe Vermögensteile abgedeckt sind. „Die Höhe des Working Capital läßt erkennen, in welchem Umfang eine liquiditätsmäßige Überdeckung der kurzfristigen Verbindlichkeiten durch Kurzfristvermögen vorliegt" (Reichmann, 1995b, S. 88). Da diese überschüssigen Mittel nicht für die Abdeckung kurzfristiger Verbindlichkeiten in Bereitschaft gehalten werden müssen, stellen sie den Teil des langfristig zur Verfügung stehenden Kapitals dar, der für den laufenden Umsatzprozeß „frei" verfügbar ist. Über diese disponible Größe kann die Unternehmensleitung verfügen, ohne die Schuldendeckungsfähigkeit des Vermögens bzw. die Sicherheit der Schulden zu beeinträchtigen.

878

Zu 2: Bei einem **negativen** Working Capital übersteigt das kurzfristige Fremdkapital das Umlaufvermögen, d.h., das Unternehmen hat kurzfristige Mittel langfristig angelegt. Teile des Anlagevermögens sind also kurzfristig fremdfinanziert, **entgegen** den „klassischen" Grundsätzen. Als wünschenswertes Working Capital wird häufig ein Verhältnis Umlaufvermögen/kurzfristige Schulden von 2:1 genannt, da die vorhandenen Bestände entweder erst verkauft oder zum Verkauf bearbeitet werden müssen, was einen längeren Zeitraum in Anspruch nehmen kann.

Aus dieser Kennzahl wird zwar i.d.R. gefolgert, daß die zukünftige Liquiditätslage um so besser ist, je höher das Working Capital ist, jedoch gelten die gleichen Kritikpunkte, die wir bei den Liquiditätsgraden angebracht haben, weitgehend auch hier, da die Ermittlung des Working Capital sich ebenso vergangenheitsbezogen aus der Bilanz ergibt.

d) Aussagefähigkeit

Werden Kennziffern zur Beurteilung der finanziellen Lage einer Unternehmung herangezogen, sind in Bezug auf ihre Aussagefähigkeit wesentliche **Einschränkungen** zu machen. Diese liegen primär im System der Zahlengewinnung aus dem betrieblichen Rechnungswesen begründet. Die Aussagefähigkeit der vorgenannten Liquiditätsgrade wird z.B. dadurch stark eingeschränkt, daß sie **zeitpunktbezogene** Größen sind. Durch den dynamischen Charakter von Ein- und Auszahlungen können diese statischen Kennzahlen über die tatsächliche Liquiditätslage des Unternehmens keine gesicherte Aussage geben.

Werden diese Kennzahlen allerdings regelmäßig ermittelt, so zeigt ein **interner** Zeitvergleich doch Entwicklungen bzw. Abweichungen von **Mittelwerten** an. Sie können damit eine gewisse Signalfunktion (z.B. für eine zunehmende Finanzanspannung) ausüben.

Weitere **Beschränkungsfaktoren** können sein:

- die Kennzahlen sagen nichts über die Ursachen der Veränderungen aus,
- die Zeitpunkts-Bestandszahlen könnten auch mit Hilfe von „Risikozahlen" umschrieben werden,

- die Kennzahlen sind **unvollständig**, da zukünftige Zahlungsbewegungen nicht enthalten sind,
- es fehlt den Kennzahlen die **zeitliche Präzision**, da sie nicht mit genauen Fälligkeitsterminen ausgewiesen sind,

- am Stichtag der Bestandsermittlung können durch „Manipulationen" die Kennzahlen „auffrisiert" werden, d.h., die tatsächlichen Unternehmensverhältnisse werden durch die Kennzahlen **verfälscht** wiedergegeben,
- die Kennzahlen sind **Vergangenheits**zahlen,

- finanzielle **Anspannungen** zu **bestimmten** Terminen können nicht erkannt werden,
- durch **bereits getroffene** unternehmerische Entscheidungen können auch gravierende finanzielle Auswirkungen damit verbunden sein; solange sie jedoch nicht ausgeführt sind, bleiben sie unberücksichtigt.

Die bestandsorientierte Liquiditätsanalyse als „Momentaufnahme" am Bilanzstichtag gibt keine Auskunft über Mittelherkünfte und -verwendungen; dagegen zeigt die **stromgrößenorientierte** Liquiditätsanalyse,

- welche Finanzmittel aus dem Betriebsprojekt erwirtschaftet
- und wie sie verwendet werden.

„Während also die bestandsorientierte Liquiditätsanalyse die künftigen Zahlungsströme aus gegenwärtigen Beständen abzuleiten sucht, zielt die stromgrößenorientierte Liquiditätsanalyse auf einer Prognose künftiger Zahlungsströme aus den Zahlungsströmen der Vergangenheit ab" (Coenenberg, 1994, S. 516). Zu den Umsatzüberschußziffern und zur Kapitalflußrechnung vgl. unsere früheren Ausführungen.

III. Controlling und Finanzkontrolle

In der von uns schon mehrmals dargelegten Einheit der Funktionen Planung und Kontrolle ist ständig und systematisch zu überprüfen, ob die Zahlen der prognostizierten Finanzpläne auch eingetroffen sind. In diesem Sinne setzt Planung als **Voraussetzung** der Steuerung des Betriebsgeschehens (Controlling) eine regelmäßige **Kontrolle** voraus (vgl. auch unsere Ausführungen bei der „Budgetkontrolle"). Dabei haben wir unter Zugrundelegung des kybernetischen Kreislaufgedankens dem Finanz-Controlling sowohl eine Feedback- als auch eine Feedforward-Aufgabe zugewiesen:

- Feststellung der **Übereinstimmung** von Plan (**SOLL**) und Realität (**IST**) und – wenn notwendig – Veranlassung ausgleichender Anpassungs-Gegensteuerungsmaßnahmen (= Beeinflussung und Steuerung der laufenden Planrealisation). Bei der einjährigen Finanzplanung ist ein **monatlicher** (evtl. quartalsweiser) Soll-Ist-Vergleich unerläßlich, um ggf. (bei unerwünschten Entwicklungen) frühzeitig entgegensteuern zu können.
  Die Abweichungen können in größeren Fällen nicht nur die operative Planung, sondern auch das Zielsystem bzw. die langfristige Planung beeinflussen.
  Als Antwort auf die Abweichungsanalyse ergeben sich verschiedene Finanzierungsmaßnahmen (z.B. Außenfinanzierung, Ausgabenbegrenzung bzw. -streckung).
- Impulsgebung für **zukünftige** Planungen (Prinzip der Zunahme der Plangenauigkeit/-qualität bei rollierender Planung).

Die **Auswertung der Plankontrolle** geschieht sowohl bei der Finanzplanung als auch bei der kurzfristigen Liquiditätssicherung also immer in **zwei Schritten**:

- Gegenüberstellung der Soll-Ist-Werte (Tages-, Monatswerte etc).
- Bei Abweichungen genaue Analyse der Abweichung und Suche nach Ursache und Verbesserungsmöglichkeit. Es sind zum Beispiel höhere Zahlungen eingegangen als erwartet: Liegt es daran, daß wir die Absatzchancen zu niedrig bewertet hatten, oder hat sich das Zahlungsverhalten der Kunden geändert?

G. Elemente eines strategischen Controlling

I. Der Übergang vom operativen zum strategischen Controlling

Als Hauptaufgabe des operativen Controlling haben wir die Gewinnsteuerung festgehalten. Da das Gewinnziel **kein** strategisches Ziel ist, gilt es zunächst, die **Veränderungen in der Zielaussage** des strategischen Controlling aufzuzeigen. Um eine klare Abgrenzung zu erreichen, müssen wir nochmals auf die Wesensmerkmale des Controlling zurückgreifen. Mann (vgl. im einzelnen 1983, S. 14ff.), der die Aufgabe des strategischen Controlling darin sieht, die **nachhaltige Existenzsicherung** des Unternehmens zu unterstützen bzw. zu gewährleisten, stellt den Übergang vom operativen zum strategischen Controlling dabei als eine Entwicklung dar, die sich durch drei **Kriterien** charakterisieren läßt:

1. Die Engpaßorientierung:

- Hauptaufgabe des Controlling besteht in der sachgemäßen Information bei Engpaßsituationen.
- Nur die **Konzentration** auf Engpaßprobleme, die die Erreichung des Unternehmenszieles am meisten gefährden, sichert die schnelle Reaktion der Entscheidungsträger und nur die Zugabe des „Minimumsektors" führt zu Wachstum.
- Folgerung daraus:
  – Konzentration der Kräfte auf den Engpaß, um Wachstum zu ermöglichen
  – zu viele gleichzeitige Beschäftigungen mit anderen Problemen führen zur Verzettelungsgefahr
  – die Engpässe wechseln.

2. Die Zukunftsausrichtung

Die Geburtsstunde des Controlling ist anzusetzen, als erkannt wurde, daß die traditionelle Methode der Finanzbuchhaltung (als eine „Rückschau-Rechnung") nicht zur zukunftsorientierten Steuerung geeignet ist. Der Zukunftsaspekt des Controlling ist in drei Punkten wirksam:

- Betrachtung zukünftiger, nicht vergangener Abläufe und Ergebnisse.
- Die Vergangenheit ist nur in den Fällen wichtig, wo sie Hinweise gibt zur besseren Bewältigung der Zukunft.
- Neben der Verschiebung des Planungshorizontes ist damit auch eine Veränderung der **einbezogenen Faktoren** verbunden. Diese **Faktorenveränderung** zeigt sich:

  bei der **operativen** Planung:

  – in einer Verschiebung der Betrachtung vergangenheitsorientierter Substanzveränderungen (Aktiva/Passiva) zur Analyse von Faktoren, die **später** zu Aktiva und Passiva führen (Erträge/Kosten);

  bei der **strategischen** Planung:

  – Betrachtung von Faktoren, die **später** einmal Erträge/Kosten verändern werden(Abhängigkeiten, Anziehungskräfte, Knappheiten etc.).

  Holl nennt dies Arbeiten mit „relativen Werten".
  Die Unternehmung benötigt ein Frühwarnsystem, das interne und externe Faktorenentwicklungen aufgreift, **lange bevor** sie sich als Kosten und Erträge niederschlagen.

Mann (vgl. 1983, S. 28) sieht Kosten und Erträge als „Materialisierung" von Entwicklungen und Prozessen, die schon lange laufen, ehe sie sich in dieser Form messen lassen. „Die Unternehmung benötigt ein Strategisches Planungs- und Steuerungssystem, das einen Filter bildet, um taktische Entscheidungen zu verhindern, wenn sie strategisch schädlich sind, das trotzdem aufzeigt, was man heute tun muß, um Chancen in der Zukunft zu nutzen."

3. Das Feedforward-Denken

Die Abweichungsanalyse als ein feedbackorientiertes Instrumentarium liefert Informationen über die Gründe der Abweichungen und ermöglicht, daraufhin Gegensteuerungsmaßnahmen einzuleiten, die allerdings weitgehend nur noch eine Kompensation **bereits entstandener** Abweichungen bewirken. Durch die **Antizipation** von Abweichungen sollen jedoch mögliche Abweichungen bereits erkannt werden, bevor sie entstanden sind, um sie noch vermeiden zu können.

Während sich das operative Controlling zuerst als eine **Vorschau** auf ein Jahr an einem abgegrenzten Planungshorizont orientierte, im nächsten Entwicklungsschritt sich dann eine **mittelfristige** Perspektive (weitgehend durch Extrapolation des ersten Planjahres) in der Langfristplanung entwickelte (5-10 Jahre), ist der Horizont des strategischen Controlling nach vorn **offen** (vgl. Holl, 1983, S. 65; Mann, 1983, S. 19).

Das strategische Controlling unterscheidet sich nach Mann durch sechs wesentliche Kriterien vom operativen Controlling:

- Der im Gegensatz zum operativen Controlling unbegrenzte zeitliche **Horizont**.
- Durch die Dimension, d.h. Aufnahme unterschiedlicher, für die Unternehmensentwicklung relevanter Faktoren, die allerdings nur mehr durch Skalierung quantifizierbar sind.
- Durch die Einbeziehung der Umwelt.
- Es gibt – im Gegensatz zu operativen Entscheidungssituationen – keinen Zwang für strategische Entscheidungen. Man „beruhigt" sich durch das Treffen von operativen Entscheidungen (wenn strategische nötig gewesen wären), diese verschlechtern zudem oft die strategischen Chancen.
- Der Führungsstil verändert sich; das organisatorische Hilfsmittel des Netzplans funktioniert hier nicht mehr.
- Der Inhalt des Unternehmungszieles ist ein anderer; statt Gewinnerzielung nun die Existenzsicherung der Unternehmung.

> „Strategisches Controlling beschäftigt sich nicht mit der Gewinnsteuerung durch die Veränderung von Zahlen, sondern mit der Existenzsicherung durch die bessere und frühzeitigere Anpassung an Entwicklungen von außen. Es hat die gleichen Bausteine, wie wir sie vom operativen Controlling kennen, allerdings mit anderen Inhalten" (Mann).

Diese nachhaltige, langfristige Sicherung der Existenz der Unternehmung als Aufgabe des strategischen Controlling geschieht durch die Schaffung und Erhaltung von sog. **Erfolgs-** oder **Ertragspotentialen** (vgl. dazu auch 5. Teil) als Vorsteuergröße des Gewinns.

> „Der Erfolg in seiner periodischen Ermittlung ist stets eine Integralgröße. Deshalb verlangt seine wirksame, objektivierbare und diskutierbare Vorsteuerung auch eine integrale Beurteilungsgröße, in der alle geschäftsspezifischen positiven und negativen Einflußgrößen in ihrer Zusammenwirkung erkennbar sind. Diese Integralgröße wird oft als das Erfolgspotential bezeichnet" (Gälweiler, 1983, S. 499).

Existenzsicherung und Gewinnsteuerung können in einem Unternehmen allerdings nicht **isoliert** voneinander gesehen werden. Es besteht folgender Zusammenhang (nach Mann, 1983, S. 33ff.; vgl. auch Liessmann, 1993, S. 124f; Malik, 1986, S. 67f.):

- Damit heute Gewinn entstehen kann, muß ein **gegenwärtig** nutzbares Erfolgspotential gegeben sein.
- Der Gewinn ist eine der **lebensnotwendigen Existenzbedingungen** der Unternehmung und deshalb notwendig für die (zukünftige) Existenzerhaltung der Unternehmung. Der erwirtschaftete Gewinn stellt eine Voraussetzung, d.h. mit anderen Worten eine „Vorsteuergröße für die Liquidität" und „Vermögensmehrung" dar.
- Die Schaffung von Erfolgspotentialen stellt **ihrerseits** wiederum eine Vorsteuergröße für den Gewinn von „morgen" dar.
- Umgekehrt gilt:
  Rücksichtsloses kurzfristiges Gewinndenken als Ziel des Manager-Handelns geht auf Kosten des Aufbaus zukünftiger Erfolgspotentiale, d.h. der **Voraussetzungen**, auf denen zukünftige Gewinne beruhen.

Daß diese Voraussetzungen z.T. vernachlässigt werden, ist nach Meinung Maliks weniger ein betriebswirtschaftliches als vielmehr ein psychologisches, genauer ein **wahrnehmungspsychologisches** Problem, da die Buchhaltung erst langsam beginnt, Instrumente zur Erfassung gegenwärtiger und vor allem zukünftiger Erfolgspotentiale zu entwickeln (vgl. Malik, 1986, S. 68).

Das operative und strategische Controlling haben **formal** die **gleichen Bausteine**, nämlich Planung, Berichtswesen, Analysen und Gegensteuerungsmaßnahmen. Dabei sind die beiden Systeme aber nicht als isolierte Regelkreise zu sehen, sondern in ihrer notwendigen Verknüpfung. „Das ganze Controllingsystem funktioniert nur, wenn man beide Einzelregelkreise miteinander ‚vermascht' zu einem ganzen Regelkreissystem, das(organisatorisch und konzeptionell) integriert abläuft" (Mann, 1983, S. 35).

Die **Planung**, die sowohl Baustein des operativen als auch des strategischen Controlling ist, stellt in der Praxis das **Bindeglied** dar, mit dem die beiden Konzeptbereiche miteinander vernetzt werden.

Fassen wir zusammen: Mit der Erweiterung des operativen zum strategischen Controlling ist eine Veränderung der Zielaussage, nämlich der Übergang vom Gewinnsteuerungssystem zur Methode der nachhaltigen Existenzsicherung und -erhaltung sowie eine inhaltliche Veränderung der Steuerungselemente verbunden. Das Ziel des strategischen Controlling besteht darin, die sich aus den heutigen Unternehmensstärken ergebenden Chancen für die Zukunft, orientiert an den Zielgruppen und deren Bedürfnissen, auszubauen (d.h. der **Nutzen** für die Zielgruppe, das Entwickeln echter Problemlösungen, steht im Mittelpunkt).

882

Mann (1983, S. 29) nennt dies das „Umdenken vom introvertierten „Betriebsabrechnen zum extravertierten, **zielgruppenorientierten Denken**", damit die Unternehmung das „brennende Problem" einer konkreten Zielgruppe nachhaltig besser löst als die Konkurrenz.

II. Unterschiedliche Bedeutung des strategischen Controlling

Für Müller (1996, S. 164) beinhaltet strategisches Controlling die Wahrnehmung der Controllingaufgaben zur Unterstützung der strategischen Führung der Unternehmung. Die Hauptaufgaben erstrecken sich auf die strategische Planung und Kontrolle sowie die Informationsversorgung des Managements mit strategierelevanten Informationen. Hahn (1991, S. 129ff.) interpretiert strategisches Controlling als **Führungsunterstützungsfunktion** (mit Aufgaben in der generellen Zielplanung, Geschäftsfeld- und Funktionsbereichsplanung; zum strategischen Geschäftsfeld-Controlling siehe Eggers/Lawa, 1993) unter Einbezug entsprechender Kontrollen. Im Rahmen des Controlling sollte dabei eine gesonderte organisatorische Einheit strategische Aufgaben unterstützen. Steinle/Lawa/Kolbeck (1994, S. 385ff.) schlagen für das strategische Controlling fünf Aufgabenkomplexe systembildender und -koppelnder **Koordination** vor: Elemente der Metaplanung, Aufgaben des Planungsmanagements, Serviceaufgabe zur inhaltlichen Planung, inhaltliche/materielle Planungsaufgaben und Einbezug operativer Controllingelemente.

Für eine personelle **Integration** des operativen und strategischen Controlling tritt Müller (1996, S. 166f.) ein; seine Argumente:

- Die Schaffung und Erhaltung von Erfolgspotentialen durch das strategische Controlling ist durch eine effiziente Nutzung der vorhandenen Erfolgspotentiale im Rahmen des operativen Controlling zu unterstützen. Eine organisatotrische und personelle Trennung würde diese enge sachliche Beziehung erheblich beeinträchtigen. Darüber hinaus nehmen die Probleme der wechselseitigen Abstimmung, Koordination und Information erheblich zu.
- Bei einer Trennung bestünde außerdem die Gefahr, daß strategische Aspekte von Alltagsproblemen verdrängt werden.
- Die Schwerpunktverlagerung zu einem mehr strategisch orientierten Controlling bringt eine Aufwertung des Controlling mit sich und eröffnet die Chance, über die Definition neuer Ziele, Aufgabeninhalte, Methoden und Instrumente einen wesentlichen Beitrag zur Bewältigung der komplexen Unternehmensprobleme zu leisten.
- Die zunehmende Dezentralisierung von Entscheidungen und Autonomie von Gruppen bzw. Mitarbeitern bringt eine Verlagerung operativer Controllingaufgaben auf diese Organisationseinheiten mit sich. Dadurch entstehen Freiräume für eine strategische Ausrichtung des Controlling.

Für Lehmann haben operatives und strategisches Controlling dieselbe Formalstruktur, beide besitzen Elemente wie Planung, Berichtswesen, Analyseteil und Gegensteuerungsmaßnahmen. Unterschiede werden erst durch Inhalt und die „Gegenstände" sichtbar: Erfolgspotentiale und – als Pendant dazu – **strategische Fähigkeiten**. Potentiale stellen eine Vorsteuerungsfunktion für den Erfolg dar, während Fähigkeiten auf die Nutzung und Wahrnehmung ersterer abzielen.

„Das Strategische Controlling unterstützt prozeßhaft die Planung, die Steuerung und die Kontrolle von Leitbild, Erfolgspotentialen und strategischen Fähigkeiten zur langfristigen Existenzsicherung des Unternehmens. Strategisches Controlling ist die Planung, Steuerung und Kontrolle, kurz gesagt, der ‚Betrieb' der strategischen Planung. Dabei ist es notwendig, die Linienmanager zur Wahrnehmung von Erfolgspotentialen durch die Entwicklung und Bildung von dazu passenden Fähigkeiten zu bringen. Sie tragen letztverantwortlich das strategische Controlling" (Lehmann, 1991, S. 103). Die Aufgabe des Controllers ist der Entwurf und der Betrieb des Planungssystems. In Analogie zum operativen Budget beschreibt Lehmann eine **strategische Budgetierung,** das pro Verantwortungsbereich im Unternehmen die langfristigen Kosten und Erlöse von Erfolgspotentialen und strategischen Fähigkeiten ausweist und abgleicht.

Für Horváth (1994, S. 239) bedeutet strategisches Controlling „die Wahrnehmung der Controllingaufgabe zur Unterstützung der strategischen Führung der Unternehmung. Strategisches Controlling ist die Koordination von strategischer Planung und Kontrolle mit der strategischen Informationsversorgung". (Die Unterschiede zwischen operativem und strategischem Controlling zeigt Abb. 168, aus ebd.) Zur strategischen **Steuerung** und **Kontrolle** siehe 5. Teil (F).

C-Typen Merkmale	Strategisches Controlling	Operatives Controlling
Orientierung	Umwelt und Unternehmung: Adaption	Unternehmung: Wirtschaftlichkeit Betrieblicher Prozesse
Planungsstufe	strategische Planung	Taktische und operative Planung, Budgetierung
Dimensionen	Chancen/Risiken Stärken/Schwächen	Aufwand/Ertrag, Kosten/Leistungen
Zielgrößen	Existenzsicherung, Erfolgspotential	Wirtschaftlicheit, Gewinn, Rentabiliät

Abb. 168: Strategisches und operatives Controlling

Auch für Horváth ist der klassische Controller operativ orientiert. Deshalb gibt es sicherlich Probleme hinsichtlich der Institutionalisierung und personellen Besetzung, die in den unterschiedlichen Anforderungen an die Person des „strategischen" Controllers im Vergleich zum „operativ" ausgerichteten Aufgabenträger liegen. Für Deyhle (1991, S. 3) und für Horváth müssen strategisches und operatives Controlling eine Einheit bilden. „bei ‚strategischen' Fragestellungen schwingt immer auch die Frage der operativen Machbarkeit mit. Umgekehrt erhalten ‚operative' Fragestellungen ihren Sinn erst im Lichte einer Strategie. Daraus ergeben sich die Forderungen: Planung, Steuerung und Kontrolle müssen als integriertes Gesamtsystem gestaltet und betrieben werden. D.h., die Vernetzung von strategischer und operativer sowie von sachziel- und formalzielorientierten Planungen ist unerläßlich" (1994, S. 238).

Achter Teil:

Ökologieorientierte Unternehmensführung

„Klar wird, daß wir uns als unwürdige Gäste auf der Erde aufführen. Mit unseren Aktivitäten, die Gewinn bringen, erleiden wir aber auch täglich Verluste, auch wenn sie nicht sofort sichtbar werden. Die Gewinne benutzen wir für uns selber, die Verluste geben wir leichtsinnig an die Generation nach uns weiter."
(Königin Beatrix, Weihnachtsbotschaft 1988)

„Öko goes mainstream."
(Grefe/Sontheimer)

Achter Teil:

Ökologieorientierte Unternehmensführung

A. Die ökologische Herausforderung an die Unternehmensführung

„Das 21. Jahrhundert eröffnet die Aussicht auf eine neuen **Paradigmenwechsel**. Aber was kommt nach der Ökonomie? Ich behaupte, daß die Umwelt beziehungsweise ihre Knappheit zum Leitmotiv werden wird. das bedeutet, wir gehen auf das Jahrhundert der Umwelt zu. Und wieder wird er Übergang gleitend sein. Der Übergang ins Jahrhundert der Umwelt wird zunächst über die Pfade der Umweltökonomie stattfinden. Demzufolge werden wir – und das bahnt sich bereits an – die ökologischen Probleme zuerst ‚ökonomisieren'. Man wird diese Probleme in das Korsett des alten Jahrhunderts erst einmal einzupassen, dann förmlich hineinzuzwingen suchen. Aber ich wage jetzt schon zu behaupten, daß man nach einigen Jahrzehnten merken wird, daß das alte Korsett zu eng ist und die Natur auch jenseits der Ökonomie existiert." (Weizsäcker, 1999, S. 10)

I. Die aktuelle Umweltsituation

1. Das Ökologieverständnis im Wandel

Kaum eine soziale Bewegung kann auf eine so schnelle Karriere zurückblicken wie die Umweltschutzbewegung. War der Begriff Umweltschutz in Politik, Wirtschaft und auch im betriebswirtschaftlichen Schrifttum vor zwei/drei Jahrzehnten praktisch nicht vorhanden, (die Pionierschrift von Strebel war der Entwicklung weit voraus) wurde in den 80er Jahren Umweltschutz zur „Sorge Nr.1" der Nation.

Das **Spannungsfeld** am Ende dieses Jahrhunderts ist gekennzeichnet durch neue Herausforderungen an den Staat (Euro, Umbau der Sozialsysteme etc.), an die Wirtschaft (z.B. Globalisierung mit der weltweiten Verflechtung der Güter-, Informations- und Kapitalmärkte) und an den Einzelnen (z.B. Arbeitslosigkeit). Diese Veränderungen haben dafür gesorgt, daß heute ökologische **Lustlosigkeit** festzustellen ist: „Ökologie – nein danke" und „Umwelt ist uncool" (Zeit, 11.3.99, S. 17).

Deutschland hat die Vorreiterrolle im Umweltschutz längst an Länder wie Dänemark, Holland, Schweden, Österreich, Schweiz oder Finnland verloren, die inzwischen ökologische Steuerreformen eingeführt oder nationale Umweltpläne im Rahmen der Agenda 21 verabschiedet haben. Auf globaler Ebene ist nach der Euphorie des Umweltgipfels in Rio 1992 auch eher eine „Lähmung" festzustellen; die Nachfolgekonferenzen in Berlin 1995 und Kyoto 1997 brachten wenig Fortschritte; zwar auf bescheidenem Niveau, aber nichtsdestotrotz wurden in Kyoto erstmals verbindliche Klimamaßnahmen festgelegt.

Der Beginn der Ökobewegung war durch **Angst** geprägt (Tschernobyl, Gift-/Tankerunglücke, Waldsterben etc.). Nun wird als anderes Extrem **Öko-Optimismus** verbreitet (Maxeiner/Miersch, 1996 und 1998), wird gar als Resultat eines grundlegenden Wertewandels von einer neuen „Lust an der Natur" gesprochen (Milsmann, Zukunftsletter 2000X Nr.3, 1999).

Es ist fast bizarre Umdrehung der Fronten eingetreten: Während Öko bei Politikern und Wählern aus der Mode kommt, werden immer mehr Manager grün. Neben diesem positiven Wandel in der Wirtschaft (Stichworte „Ressourcen-/Öko-Effizienz", Umweltmanagementsysteme) ist vor allem im Bereich der wirtschaftswissenschaftlichen Umweltforschung ein Boom an Veröffentlichungen zu verzeichnen.

Die Ökologisierung des Verbrauchers hat zwar nicht mehr zugenommen, sein Umweltbewußtsein hat sich aber auf relativ hohem Niveau **„konsolidiert"**. Eine bedeutende Rolle spielen weiterhin die formellen Nichtregierungsorganisationen (NGOs) und unzählige informelle Netzwerke im ökologischen Bereich.

Trotz dieser Entwicklungen wird die ökologische Herausforderung mit ihren globalen Auswirkungen aber u. E. eine **zentrale Zukunftsaufgabe** bleiben. Unserer Meinung nach darf diese Öko-Müdigkeit aber nicht zu einer Öko-„Resignation" führen. Es gilt, pragmatische

Wege zur stufenweisen and langfristigen Überwindung, für neue Handlungsoptionen aufzuzeigen. Denn zur Zeit wird von den Betrieben bevorzugt das im Umweltschutz getan, was
betriebswirtschaftlich ohnehin sinnvoll ist (da es sich „rechnet", z.B. als Kosteneinsparungen beim Energieverbrauch oder bei der Entsorgung), beim Verbraucher beschränkt sich
sein Umweltbewußtsein auf Verhaltensbereiche, die nicht „weh" tun (z.B. fleißig Müll zu
trennen, ohne über die Konsumgewohnheiten selbst zu reflektieren).

Eine Resignation erscheint unangebracht, wenn man sich vor Augen hält, wie „jung" eigentlich die Umweltschutzthematik ist. Noch vor 20 Jahren war „Umweltpolitik" kaum ein Thema, eine betriebliche Umweltökonomie unbekannt. Beiträge kommen heute von allen Teilen
der Gesellschaft: Staat, Unternehmen, Verbraucher und Wissenschaft.

In Teilbereichen der Wirtschaft (vor allem bei Großunternehmen) wurde Umweltmanagement in den 90er Jahren „Normalität". Ermutigend sind Ansätze wie die nun weltweit wirkende ISO 14001, in der erstmals Umweltmanagement-Normen für Unternehmen zur Anwendung kommen. Zu Recht wird hier von Ansätzen zu einer **„Öko-Globalisierung"** gesprochen.

Die Öffentlichkeit hat die **„Endlichkeit"** unserer Welt akzeptiert: „Wie haben gelernt, daß
wir nicht in einer unerschöpflichen, sondern in einer endlichen Welt leben, und daß unsere
nahe und ferne Zukunft von unserer Fähigkeit abhängt, mit den Chancen und Grenzen dieser
endlichen Welt umzugehen." (Die Gruppe von Lissabon, 1997, S. 35) Dies führt zu einer
wachsenden Akzeptanz des Prinzips der Verantwortung für die Menschheit und zukünftige
Generationen und zu einer zunehmenden Internalisierung externer Kosten bei den Verursa-
chern. Auch die neue Studie der Gruppe von Lissabon („Grenzen des Wachstums") geht innerhalb ihrer „grundlegenden Annahmen" ihres Zukunftsszenarios davon aus, daß die
„Ökologisierung der Industrie im Rahmen der vom Wettbewerbsimperativ gesetzten
Schranken fortgesetzt werden wird. " (S. 117)

Die „ökologische Herausforderung" mit ihren globalen Auswirkungen wird eine **zentrale
Zukunftsaufgabe** bleiben. Umweltprobleme sind keine vorübergehenden Krisenerscheinun-
gen und sind auch kein Modethema. Hoffnungsvoll stimmt, daß zum einen der Gedanke
des Umweltschutzes im letzten Jahrzehnt sich fest etabliert hat, zum anderen in weiten Teilen der Industrie die Tatsache akzeptiert wird, daß die Unternehmen (als wichtige „Mitverur-
sacher") im Rahmen des Kooperationsprinzips einen ganz wesentlichen innovativen Beitrag
zur Lösung der Probleme bringen müssen.

Umweltschutz
„... die Gesamtheit der Maßnahmen und Verhaltensweisen von Mensch und Gesellschaft, die der Erhaltung, Sicherung und Verbesserung seines Lebensraumes, der natürlichen Lebensgrundlagen und der Gesundheit des
Menschen – einschließlich ethischer und ästhetischer Ansprüche – vor schädigenden Einflüssen von Landnut-
zung und Technik dienen." (Leser et al., 1993, S. 184)

Kostka/Hassan (1997, S. 1) skizzieren verschiedene **Sichtweisen** zur Betrachtung der Umweltschutzproblematik:

„Aus dem Blickwinkel eines Philosophen können die ökologischen Gefahren nur durch einen Wechsel von der
anthroposophischen zu einer biozentrischen Sichtweise verhindert werden. Der Politiker wird eine weltweite
Konferenz vorschlagen und der Wirtschaftler die Einführung von handelbaren Verschmutzungsaktien. Dagegen
wird der Ingenieur die Entwicklung neuer Reinigungsanlagen fordern und der Chemiker die Entstehung umwelt-
gefährdender Stoffströme verhindern wollen. Der Manager wird anstreben, die Planung und Steuerung der innerbetrieblichen Abläufe zu verbessern, und der Organisationspsychologe eine bessere Einbeziehung der Mitarbeiter verlangen. Andere wiederum werden sagen, daß es gar nichts zu verbessern gibt, denn schließlich sei doch alles bis jetzt gut verlaufen."

„Dennoch darf von der Forschung nicht die Lösung des Umweltproblems erwartet werden: Die ethische Verantwortung über das Wohlergehen der zukünftigen Generationen kann der heutigen Generation niemand abnehmen. Letztlich muß ein politischer Prozeß zu einem entsprechenden Werturteil führen; die Wissenschaft kann hierzu nur Vorschläge machen." (Brandes/Recke/Berger, 1997, S. 505)

Renn empfiehlt **Vorsicht** vor schnellen „Untergangs-Schlüssen" (vgl. 1997, S. 10f.):

- Erstens ging es (gemessen am Pro-Kopf-Einkommen) seit der industriellen Revolution jeder Generation besser als der vorherigen. Die Situation der letzten Jahre ergibt noch nicht unbedingt einen anderen Trend.
- Zweitens gehören zur Hinterlassenschaft einer Generation an die nächste nicht nur Naturreserven, sondern auch der geschaffene Kapitalstock (der sich ständig erhöht hat).
- Drittens ist die Angst vor einem drohenden Kollaps der Natur unbegründet (denn nicht die Natur ist gefährdet, sondern, wenn überhaupt, der Mensch).
- Viertens hat es seit Mitte des letzten Jahrhunderts nicht an Untergangsprophezeiungen gefehlt, die sich als falsch erwiesen haben.
- Fünftens steigt die individuelle Lebenserwartung trotz des enormen Bevölkerungswachstums weltweit.

Er sieht aber **Skepsis** bezüglich der herkömmlichen Konzepte vor allem aus folgenden Gründen für angebracht (vgl. 1997, S. 12ff.):

- Das anhaltende, exponentielle Bevölkerungswachstum.
- Die heutige Umweltkrise ist globaler Natur (und nicht mehr wie früher regional).
- Die Auswirkungen menschlicher Eingriffe (wie Emissionen) greifen tiefer in die natürlichen Kreisläufe ein als in der Vergangenheit.
- Die Eingriffe erfolgen im Zeitraffereffekt (d.h. wesentlich schneller).

2. Die Umweltschadensbilanz

Trotz einer Flut von nationalen und internationalen Konferenzen in den letzten Jahren ist die ökologische Gesamtsituation „ernüchternd". Spätestens seit der Konferenz der Vereinigten Nationen für Umwelt und Entwicklung (UNCED) in Rio de Janeiro 1992 ist aber eine globale Umweltkrise nicht mehr zu leugnen oder zu verdrängen.

Umweltprobleme, ökologische Nebeneffekte unseres Wirtschaftens, sind **keine** vorübergehende Erscheinung und auch keines der zyklisch auftauchenden Modethemen, denn irreversible Veränderungen und Schädigungen globaler Ökosysteme sind unübersehbar (Waldsterben, Ozonloch, anthropogener Treibhauseffekt, Klimaveränderung, CO_2-Emissionen, der Zustand des Bodens und des Grundwassers, Meeresverschmutzung, wachsende Versteppung, Zerstörung des Regenwaldes, Aussterben von Tier- und Pflanzenarten, Sommersmog, Müllnotstand).

Dazu treten auseinanderklaffende sozioökonomische **Ungleichheiten** der Verteilung des gesellschaftlichen Wohlstands

- innerhalb („Zwei-Drittel-Gesellschaft"; rapide steigende Zahl an Sozialhilfeempfängern etc.) und
- zwischen Nationen („Nord-Süd-Schere", auseinanderklaffende Verteilungsinteressen).

1998 lebten auf der Erde ca. 5,9 Mrd. Menschen, fast doppelt so viele wie 1960. Die **Bevölkerungsexplosion** geht jährlich um ca. 80 Mio. Menschen (wenn auch z.Z. etwas verlangsamt) weiter und wird sich ca. 2010 der Sieben-Milliarden-Grenze nähern. Sie ist begleitet von einer **Energieverbrauchs**explosion: In derselben Zeitspanne, da die Bevölkerung um den Faktor drei wuchs, nahm der Energieverbrauch (vor allem durch die Verbrennung fossiler Brennstoffe) um den Faktor 12 zu. Von 1990 bis 1995 sind die gesamten CO_2-Emissionen weltweit um 3,4% gestiegen. Anfangserfolge sind in Deutschland nicht zu übersehen, auch wenn die (durch Selbstverpflichtungen) selbstgesteckten Ziele nicht erreicht werden.

In den letzten Jahrzehnten zeigte sich eine rapide Zunahme der ökosozialen Schäden des Wirtschaftens. Für Deutschland durchgeführte systematische Schätzungen aller **Umweltschäden** (z.B. von Wicke oder die Studie des Umwelt- und Prognoseinstituts Heidelberg) beziffern die Summe der „rechenbaren" Schäden auf mindestens 10 % des BSP (für Scherhorn, 1997, übersteigen die Wohlstandskosten inzwischen die Hälfte des Sozialprodukts). Diese „defensiven" Kosten entwickeln sich also immer mehr zu einem **„Wachstumsmotor"**.

3. Der Umweltschutzsektor

Die gezeigten „defensiven" Kosten entwickeln sich also immer mehr zu einem „Wachstumsmotor". Eine **neue Untersuchung** des Umweltbundesamtes (1998) bringt folgende Ergebnisse:

- Insgesamt 956 000 **Arbeitsplätze** sind derzeit in Deutschland direkt oder indirekt vom Umweltschutz abhängig, dies entspricht rd. 2,7 % aller Erwerbstätigen (damit sind inzwischen in etwa so viele Personen im Umweltschutz beschäftigt wie im Straßenfahrzeugbau). In Deutschland gibt es heute mindestens 5 000 Anbieter von Umweltschutztechnik, -dienstleistungen oder -produkten.
- Gemessen am Umsatz machen die **Gesamtausgaben** des produzierenden Gewerbes für den Umweltschutz weniger als 1% aus, in besonders hochbelasteten Branchen wie der Chemie 3% bis 4%; innerhalb der OECD-Staaten liegen die Ausgaben für den Umweltschutz zwischen einem und zwei Prozent des jeweiligen Inlandsprodukts.
- Die Umweltpolitik in Deutschland führte zu keiner Beeinträchtigung der **Standortqualität**, zudem haben Umweltschutzanforderungen keine erkennbaren Standortverlagerungen der Industrie in Länder mit geringeren Umweltstandards ausgelöst.
- Deutschland besticht durch ein ausgesprochen wertvolles Sortiment in der **Umwelttechnik**. Die deutsche Umweltschutzindustrie hat ihre Führungsposition an die USA verloren: im Verlauf der 90er Jahre ist der Anteil am weltweiten Handel von 21 auf 17,5% gesunken (USA: 18 %, Japan 13 %). Das durch ordnungspolitischen „Leidensdruck" geschaffene Umweltschutz-Know-how in den Unternehmen ist heute also die Basis für den Export.
- Das Volumen des Weltmarktes ist inzwischen auf 480 Mrd. DM gewachsen.

Die **Struktur** des deutschen Umweltschutzsektors wandelt sich stark und bietet langfristig erhebliche Innovations- und Wachstumspotentiale:

- In den alten Bundesländern sind die „klassischen" Aufgaben in der Abfallentsorgung, der Luft- und Gewässerreinhaltung erledigt (Filteranlagen, Klärwerkstechnik etc.). Die bereits erreichte Umweltvorsorge wird nicht mehr ohne extremen Kostenanstieg wesentlich verbessert werden können.
- Technologische Entwicklungen wird es vor allem noch im Bereich der Entsorgung und des Recycling, Deponierung, Verbrennung, der verstärkten Nutzung erneuerbarer Energien und des Klimaschutzes geben. Die Zukunft der Branche wird in prozeßintegrierten Verfahren liegen, d.h. einer ressourcenschonenden Wirtschaftsweise (Einsparen von Energie, Wasser und Rohstoffen), im Bereich Energie (rationelle Nutzung, effizientes Management, Einsatz erneuerbarer Energien usw.), beim Bauen (Wärmeschutz) und in der Mobilität.

Wie die neueste **Umweltdatensammlung** der Organisation für wirtschaftliche Zusammenarbeit (OECD, 1997) zeigt, sind auf bestimmten Teilgebieten (z.B. bei der Belastung der Luft mit Massenschadstoffen wie SOx, NOx oder Staub oder bei der Wasserqualität) deutlich Erfolge erzielt worden. Allerdings nehmen die energiebedingten CO_2-Emissionen weiterhin zu, ist die Abwasserklärung teilweise noch problematisch, steigen die Abfallmengen ungebremst.

II. Der Bewußtseinswandel

Wir sehen deutliche **Ansätze eines Bewußtseinswandels** (vgl. dazu H, III, 2)., denn man darf ja nicht vergessen, daß die „ökologische Bewegung" noch sehr jungen Datums ist. Es sind durchaus Erfolge zu sehen – Beispiele solcher Ansätze aus der letzten Dekade:

- Eine steigende Zahl von Umweltpreisen wird jährlich vergeben. (Z.B. stiftete die Arbeitsgemeinschaft Selbständiger Unternehmer (ASU) die „ASU-Auszeichnung für umweltbewußte Unternehmensführung"; Ökowettbewerb des BDI; Umweltpreis der Deutschen Bundesstiftung Umwelt – seit 1993, mit 1 Mio. DM der höchstdotierte Umweltpreis Europas.

- Bereits 1974 wurde von Anthroposophen die „Gemeinschaft für Leihen und Schenken" (GLS) in Bochum gegründet, in Frankfurt eröffnet die erste „Ökobank", 1996 folgte in Nürnberg die UmweltBank AG.
- Die Parteien propagieren eine Welle „grüner" Programme („ökologische Erneuerung der Industriegesellschaft", „sozio-ökologische Marktwirtschaft").
- Eine starke Bewegung in der nationalen Umweltpolitik. In den 90er Jahren zunehmend auch Einfluß der europäischen Umweltpolitik.

- In New-Age-Seminaren werden sanfte Führungsmethoden, neue Managementphilosophien, postmoderne Unternehmenspolitik, eine neue Ethik, ökologisches und ganzheitliches Denken als Ausdruck eines allgemeinen gesellschaftlichen Wandels vorgestellt.
- Seit 1970 wird am „Tag der Erde" (Earth Day) mit weltweiten Aktionen versucht, dem Umweltschutz mehr Bedeutung zu geben.

- Zwischen der bayerischen Staatsregierung und der bayerischen Wirtschaft (fast alle Verbände und mehrere tausend Unternehmen) wurde 1995 ein **„Umweltpakt Bayern"** geschlossen. Damit will man dem Ziel einer nachhaltigen Wirtschaft näherkommen. Darin verpflichten sich die Unternehmen bis zum Jahre 2000 zu freiwilligen ökologischen Betriebsprüfungen, Energieeinsparung, zur Kreislaufwirtschaft und zur Vermeidung von Verkehr.

- Auf der Weltausstellung **Expo 2000** in Hannover soll das vom Wuppertal Institut propagierte „Faktor-Vier-Projekt" vorgestellt und mit Projekten gefördert werden (Ressourcenproduktivität, NEGAwatt-, Kreislauf-, Brauchbarkeitskriterium). „Die Expo 2000 ist nun nicht nur das erste Ereignis dieser Art in Deutschland und das erste des neuen Jahrhunderts, sondern versucht auch in inhaltlicher Hinsicht, die Idee der Weltausstellung durch neue Ideen und Konzepte zu beleben. Die wichtigste Neuerung ist mit Sicherheit, daß die Expo 2000 durch einen klaren inhaltlichen Bezug auf die Agenda 21, das Schlußdokument von Rio, und ein verbindliches Motto, das für alle Teilnehmerländer bindend ist, der inhaltlichen Beliebigkeit der Weltausstellungen der vergangenen Jahrzehnte entgegenzusteuern sucht. Lösungen für die Zukunftsfragen der Menschheit vorzustellen, lautet der beileibe nicht geringe Anspruch dieser Schau an der symbolischen Wegmarke des Jahrtausendwechsels. Die Expo 2000 versteht sich als ein Laboratorium der Zukunft, in dem der Mensch im Mittelpunkt steht" (Weizsäcker, 1999, S. 27f.).

- **Grüne Finanzwirtschaft:** Öko-Ratings (= Bewertung der Umweltbonität) für Unternehmen (seit 1994). 1997 wurde der grüne Börsenbarometer von der Finanznachrichtenagentur Bloomberg aus der Taufe gehoben (NAX = **Natur-Aktienindex**).
  Ende der 90er Jahre hatten einige Öko-Effizienz-Fonds sogar eine bessere Performance als Standard-Indizes.

- Seit Mitte 1995 besteht die Möglichkeit, freiwillig am **EG-Öko-Audit** teilzunehmen und bei einer erfolgreichen Validierung durch einen externen Gutachter eine Umwelterklärung in der externen Kommunikationsarbeit (als quasi geprüfter „umweltfreundlicher" Betrieb) einzusetzen. Im Jahr 2000 wurde die EMAS novelliert. Dazu tritt ab 1996 eine weltweite Zertifizierungsmöglichkeit von Umweltmanagementsystemen nach der ISO 14001.

- Ab 1994/95 starke Zunahme der Veröffentlichung von eigenständigen **Umweltberichten** als Kommunikationsinstrumente.
- Ein neues Kapitel Umweltpolitik wird auch mit dem Kreislaufwirtschafts- und Abfallgesetz geschrieben, das Anfang Oktober 1996 in Kraft trat und den Hersteller in eine neue Produktverantwortung über den gesamten ökologischen Produktlebenszyklus nimmt.

- An deutschen **Hochschulen** werden in Vorlesungen, Seminaren und Aufbaustudiengängen zunehmend Elemente einer betrieblichen Umweltökonomie angeboten; Lehrstühle für Umweltmanagement werden eingerichtet.

B. Die Umweltpolitik in einer Phase der Neuorientierung

I. Aufgaben und Ziele der Umweltpolitik

Eine eigenständige Umweltpolitik begann mit der Verabschiedung eines Umweltprogramms durch die Bundesregierung im Jahr 1971. In den deutschsprachigen Ländern wird Umweltpolitik im wesentlichen auf der Grundlage von **vier** Prinzipien (vgl. Wicke, 1993, S. 150ff.) praktiziert:

- Gemäß dem **Verursacherprinzip** (als „Leitprinzip") soll derjenige die Kosten der Vermeidung oder Beseitigung einer Umweltbelastung tragen, der für ihre Entstehung verantwortlich ist (Problem der Ermittlung der Verursacher besonders bei Summationseffekten und der Meßbarkeit/Zuordnung von Schäden) (vgl. auch Binswanger u.a. 1981, S. 12; Hübner/Jahnes, 1992).

- Nur wenn etwa ein Verursacher nicht zu ermitteln ist, verbleibt als „Notlösung" die Übernahme der Kosten durch öffentliche Haushalte (**Gemeinlastprinzip**).

- Das **Kooperationsprinzip** will das Know-how des Verursachers (und der sonstigen gesellschaftlichen Kräfte) in ein einvernehmliches Durchsetzen von umweltpolitischen Zielen einbinden (vgl. dazu Corsten/Götzelmann, 1991; Scharmer, 1995, S. 652ff.).

- Und letztlich soll das **Vorsorgeprinzip** mit integrierten Umweltschutzlösungen (quasi Ansatz an der „Schadensquelle") zur vorbeugenden Abwehr umweltrelevanter Gefahren immer mehr das Leitprinzip sein. Neben den in diesem Teil skizzierten marktwirtschaftlichen Instrumenten ist das Konzept der Nachhaltigkeit mit dem Ziel einer intergenerativen Gerechtigkeit (dazu 5.5.) auch ein solches Präventivprinzip.

Für eine effiziente Umsetzung dieser vier Prinzipien sollte nach dem **Schwerpunktprinzip** verfahren werden, d.h., im Interesse eines wirksamen Umweltschutzes „sollte danach in begründeten Fällen von relativ unwichtigen Umweltverbesserungen abgesehen bzw. bei vergleichsweise geringen Umweltverbesserungen im Vergleich mit alternativ realisierbaren zusätzlichen und wesentlichen wichtigeren Umwelt- und Naturschutzverbesserungen hingenommen werden..." (Wicke, 1993, S. 169).

In den letzten Jahren wurde immer deutlicher, daß eine innovative Fortentwicklung des Umweltgedankens durch den bisherigen ordnungspolitischen Ansatz (Ge- und Verbote) allein nicht erreichbar ist. Ein ganzheitlicher Umweltschutz muß zusätzlich auf das **eigenverantwortliche Handeln** der Wirtschaft setzen, denn in den Unternehmen selbst liegt das größte Lösungspotential. Hier werden in der Entwicklung die Entscheidungen über Produktionsprogramm bzw. -verfahren, Verfahrensauswahl, Prozeßoptimierung, eingesetzte Materialien, Produkteigenschaften usw. gefällt.

„Neue" Instrumente wie Öko-Audits oder ISO 14001 helfen nun, Umweltschutzpotentiale über die gesamte betriebliche Wertschöpfungskette besser und kosteneffizienter auszuschöpfen. Im Mittelpunkt der Betrachtung steht deshalb nicht mehr die produktionstechnische Seite des Betriebes, sondern die Orientierung an übergreifenden Umweltmanagementsystemen (d.h. aufbau- und ablauf**organisatorische** Aspekte) und die Sicherstellung einer in Zielen definierten Umweltqualität.

Diese zur Zeit stattfindende „Neuorientierung" in der Umweltpolitik bedeutet eine Verlagerung auf Instrumente, die

- auf der technischen Seite „integrierte" Technologien präferieren („**Vermeidungsdenken statt Nachsorge**");
- in der Verantwortung der Industrie bzw. des Managements liegen („**Prinzip der geteilten Verantwortung statt Ordnungspolitik**");
- ergänzend zu einer staatlichen Fremdkontrolle mehr Eigenkontrolle der Unternehmen beinhalten („**Selbststeuerung**");

- eine Fremdkontrolle der Einhaltung von technischen Grenzwerten und Normen ersetzen/erweitern durch eine „Funktionskontrolle" der installierten Umweltmanagementsysteme („**Eigenverantwortung innerhalb vorgegebener Rahmenbedingungen**");
- bisherige statische Elemente durch dynamische und sich an Prozessen orientierende Komponenten im Umweltschutz ersetzen („**kontinuierlicher Verbesserungsprozeß**").

II. Das ordnungspolitische Instrumentarium

Für den betrieblichen Umweltschutz ist den Unternehmen ein umfangreicher „**Vorschriftenrahmen**" vorgegeben; vgl. unsere Ausführungen zum Umweltrecht. Neben bestimmten **ordnungspolitischen** Maßnahmen (z.B. Infrastrukturmaßnahmen wie die Entsorgung durch die Gemeinden) oder der Veränderung von **Entscheidungsparametern** (z.B. Steuern) werden in der Literatur vor allem die klassischen **direkten** Eingriffe einer Politik des „Command and Control" betont, die den einzelnen Umweltnutzern individuelle (Umwelt-) Nutzungsspielräume zuweisen. Verkürzt gesagt, war die Umweltpolitik der vergangenen zwei Jahrzehnte im wesentlichen nur eine Gefahrenabwehr- bzw. eine „Emissionsschutzpolitik".

Auf dem 6. Nürnberger Umweltforum 1995 wurden folgende Zahlen genannt: Mit 800 Gesetzen, 2.800 Verordnungen sowie 4.700 Verwaltungsvorschriften und technischen Anleitungen sei Deutschland Weltmeister bei den Umweltregelungen! Und Jahr für Jahr kommen mehr als 100 neue Gesetze, Verordnungen und Vorschriften dazu. Es zeigt sich gerade bei den Firmen, die sich jetzt am EG-Öko-Audit beteiligen, daß für einen mittelständischen Betrieb allein die Erfassung aller einschlägigen Umweltvorschriften und die erforderliche systematische Dokumentation der Einhaltung dieser geltenden Verpflichtungen durch Kontrollsysteme und Zuständigkeiten erhebliche Probleme bereiten: Der nationale und europäische Gesetzes- und Verordnungs-,,Dschungel" ist selbst für Experten und mit Hilfe juristischer Datenbanken/Expertensysteme/CD-ROM und sonstiger Hilfsmittel nicht mehr überschaubar.

Bei einer Änderung des Grundgesetzes wurde 1994 der Umweltschutz als **Staatsziel** in das Grundgesetz aufgenommen:

Art. 20a GG (Natürliche Lebensgrundlagen): Der Staat schützt auch in Verantwortung für die zukünftigen Generationen die natürlichen Lebensgrundlagen im Rahmen der verfassungsgemäßen Ordnung durch die Gesetzgebung und nach Maßgabe von Gesetz und Recht durch die vollziehende Gewalt und die Rechtsprechung.

Die rechtliche **Normhierarchie** verläuft in Deutschland vom Grundgesetz, über Gesetze, über Verordnungen zu Verwaltungsvorschriften auf der untersten Ebene. Die meisten grundlegenden Umweltgesetze wurden durch die konkurrierende Gesetzgebung in Deutschland auf **Bundesebene** formuliert und konkretisiert, die praktische Umsetzung vollzieht sich über Vollzugsvorschriften auf **Länderebene** (Ordnungspolitik). Bei Verstößen gegen Umweltschutzvorschriften liegt entweder(dazu Punkt K)

- eine Ordnungswidrigkeit (Umwelthaftungsgesetz)
- oder ein Straftatbestand vor (Umweltstrafrecht).

In der Regel wird die staatliche Umweltpolitik aus einem „Mix" von ordnungspolitischen und ökonomischen Instrumenten bestehen. Denkbar sind folgende **Eingriffsarten**, um einzelwirtschaftliches Verhalten zu beeinflussen:

- direkte Eingriffe des Staates (Beispiele: Ver-/Gebote, Auflagen)
- autonome Marktregelung (unter Vorgabe von bestimmten Rahmenbedingungen, z.B.: Zertifikate, Abgaben, ökologische Buchführung, Ökobilanz, Öko-Audits)

- Anreizinstrumente (diverse Ökosteuern, Subventionen)
- Kompensationsmöglichkeiten (z.B. Wiederaufforstung)

Auflagen schreiben ein bestimmtes Verhalten im Detail vor (z.B. die Einhaltung bestimmter Emissionswerte als Höchstgrenze oder Vorgabe des „Stands der Technik"), eine Nichterfüllung ist mit Sanktionen verbunden, wirken kostensteigernd, wirken schnell und effektiv in akuten Situationen und können u. U. umgangen werden. Die Spannweite von Umweltauflagen reicht von der Anregung freiwilliger Vereinbarungen bis zu restriktiven Verboten. Auflagen (wie z.B. Produktions-, Produktionsverfahrens-, Emissionsauflagen) und auch Verbote haben wesentliche **Nachteile** (vgl. ebd., S. 64ff.; Klemmer, 1990, S. 266ff; Hobbensiefken, 1991, S. 158ff.):

- **wirtschaftliche Ineffizienz**, da die Verbesserung gesamtwirtschaftlich nicht mit geringstmöglichem Kostenaufwand erreicht wird (d.h., die Reduktion der Gesamtemission eines Schadstoffes wird erreicht, indem die Zuweisung der Umweltnutzungskontingente an die einzelnen Betreiber ohne Rücksicht auf ihre unterschiedlichen Kosten zur Zielerreichung erfolgt);
- **fehlender Anreiz**, bei Auflagenerfüllung weitere Anstrengungen zu unternehmen (das berüchtigte „Schweigekartell" der Anbieter); der gegenwärtige technische Stand wird damit festgeschrieben und die Entwicklung neuer Technologien gebremst;
- **Marktinkonformität**, da Umweltnutzungsspielräume hoheitlich (und nicht über einen marktbedingten Interessenausgleich) festgelegt werden;
- **mangelnde Flexibilität** bei veränderten Rahmenbedingungen;
- administratives **Kontroll- bzw. Vollzugssystem** notwendig (führt häufig zu Vollzugsdefiziten);
- **Wettbewerbsverzerrung**, da eine Auflagenpolitik (mit ihren Ausnahmebereichen bzw. -regeln und administrativen Ermessensspielräumen) häufig die kleinen und mittleren Unternehmen trifft;
- **strukturkonservierende** Wirkung, da Newcomer gegenüber Altanlagenbetreibern temporär im Nachteil sind.

Verbote als zweite und schärfste Möglichkeit von Auflagen sind vor allem notwendig bei anerkannt gesundheitsschädlichen Produkten (z.B. Asbest, DDT) oder dann sinnvoll, wenn auf die umweltbelastenden Produkte wegen Substituierbarkeit leicht verzichtet werden kann (z.B. FCKW in Spraydosen).

Nicht als Ersatz, jedoch als **Ergänzung** von Ge- und Verboten (i.S. eines „Policy-Mix") werden deshalb verschiedene marktwirtschaftliche (ökonomische) Instrumente vorgeschlagen, da die Grenzen des bisher dominierenden ordnungsrechtlichen Instrumentariums immer deutlicher werden. Im Vergleich zu den USA, Japan und den skandinavischen Ländern wird für die Bundesrepublik ein Defizit an anreizorientierten Instrumenten gesehen (vgl. Buttgereit, 1991); vgl. dazu Abb. 169.

III. Marktwirtschaftliche (Anreiz-) Instrumente

1. Grundgedanken

In den 90er Jahre wurde politisch weitgehend bei allen Beteiligten ein Konsens dahingehend gesehen, daß eine Fortentwicklung dieses ordnungspolitischen Rahmens sowohl bei den **Kosten** (überproportional ansteigende Kosten bei den verbleibenden Emissionsrestprozenten) als auch bei der **Technik** an Grenzen stößt. Insbesondere kleine und mittlere Unternehmen, aber auch die Vollzugsbehörden können heute der Flut immer neuer Gesetze und Verordnungen kaum noch folgen: Neue Instrumente der Umweltpolitik und eine Schwerpunktverlagerung sind offensichtlich notwendig und der Ruf nach innovativen proaktiven Lösungen im Sinne einer **neuen Aufgabenverteilung** von staatlicher Rahmensetzung und unternehmerischem eigenverantwortlichem Handeln wird zunehmend lauter.

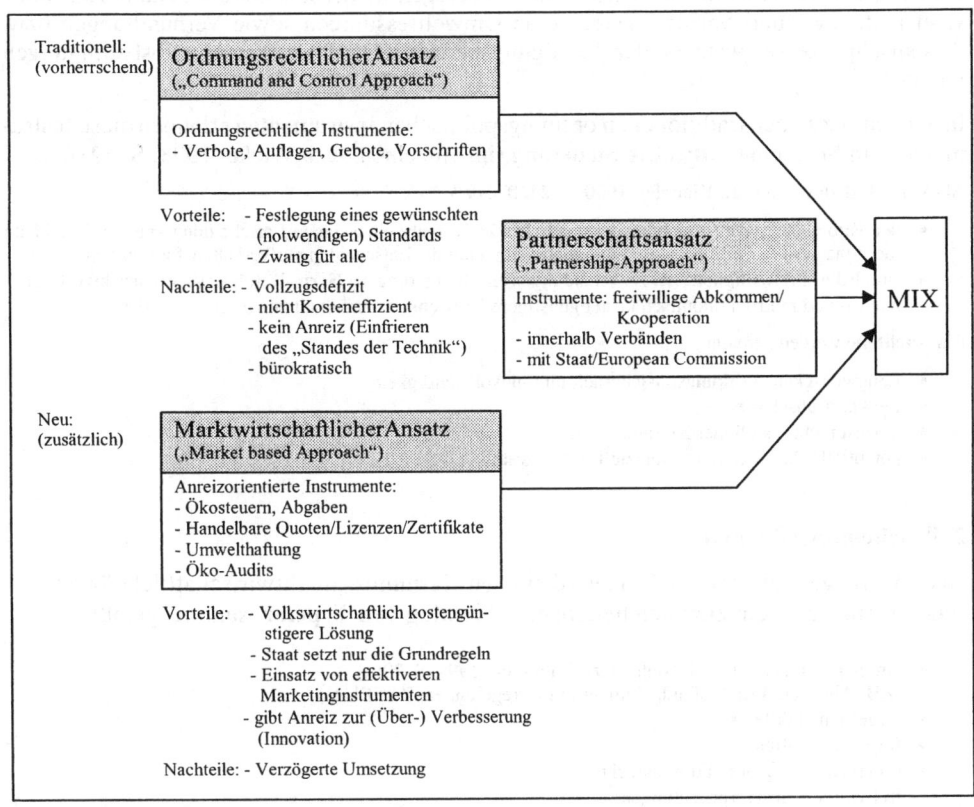

Traditionell:
(vorherrschend)

Ordnungsrechtlicher Ansatz
(„Command and Control Approach")

Ordnungsrechtliche Instrumente:
- Verbote, Auflagen, Gebote, Vorschriften

Vorteile: - Festlegung eines gewünschten
(notwendigen) Standards
- Zwang für alle

Nachteile: - Vollzugsdefizit
- nicht Kosteneffizient
- kein Anreiz (Einfrieren
des „Standes der Technik")
- bürokratisch

Partnerschaftsansatz
(„Partnership-Approach")

Instrumente: freiwillige Abkommen/
Kooperation
- innerhalb Verbänden
- mit Staat/European Commission

MIX

Neu:
(zusätzlich)

Marktwirtschaftlicher Ansatz
(„Market based Approach")

Anreizorientierte Instrumente:
- Ökosteuern, Abgaben
- Handelbare Quoten/Lizenzen/Zertifikate
- Umwelthaftung
- Öko-Audits

Vorteile: - Volkswirtschaftlich kostengün-
stigere Lösung
- Staat setzt nur die Grundregeln
- Einsatz von effektiveren
Marketinginstrumenten
- gibt Anreiz zur (Über-) Verbesserung
(Innovation)

Nachteile: - Verzögerte Umsetzung

Abb. 169: Lösungswege beim Umweltschutz

Umweltschutz wurde viele Jahre immer erst nach dem Entstehen der Umweltbelastungen quasi als Reparaturmaßnahme angehängt. Eine Verschärfung der Gesetze und Verordnungen führte folglich zu einem überdurchschnittlichen Ansteigen der umweltbezogenen nachsorgenden (Technik-)**Kosten**, deren Vermeidung aus betriebswirtschaftlichen Gründen Priorität haben sollte.

Bei ökonomischen Instrumenten handelt es sich um Instrumente, „die die Zuweisung knapper Umweltnutzungsspielräume bzw. die Reduktion einer Übernutzung von Umweltressourcen über ökonomische Impulse, das heißt über umweltorientierte Gewinn- und Verlusteffekte, durchsetzen wollen" (Klemmer, 1990, S. 263). Umweltschonendes Verhalten würde sich damit in den einzelwirtschaftlichen Planungen mit zusätzlichen Gewinnen (**Anreizeffekten**) und umweltschädliches Verhalten mit Verlusten (**Abreizeffekten**) verbinden. Nur dann ist von einem **echt** marktwirtschaftlichen Umweltschutz zu sprechen, „wenn die inhaltliche Konkretisierung des Umweltanliegens und seine Umsetzung analog zur marktwirtschaftlichen Lösung des klassischen Knappheitsproblems über tägliche Abstimmungsprozesse dezentral und privatwirtschaftlich erfolgen würde. Dann würden sich die (häufig divergierenden) Umweltbedarfe der Bürger in Form von Nachfragereaktionen auf den Märkten äußern und es käme demzufolge über eine Marktbewertung zu einer (dynamisierten) Monetarisierung des Nutzens von Umweltschutzaktivitäten bzw. der Kosten eines unterlassenen Umweltschutzes" (ebd., S. 264). Damit so durch den Markt der Ausgleich konkurrierender

Nutzungsansprüche an die natürliche Umwelt geregelt wird, setzt dies die Installierung „privater Nutzungs- und Verfügungsrechte an Umweltressourcen sowie Verhandlungen bzw. Austauschprozesse zwischen den Verfügungsberechtigten unter Wettbewerbsbedingungen voraus".

Im Gegensatz zu den traditionellen ordnungspolitischen Instrumenten erlauben diese Instrumente dem Staat eine **indirekte** Steuerung (im einzelnen dazu Wicke, 1993, S. 421ff.).

Als **Vorteil** ist zu sehen (vgl. Kloepfer, 1990, S. 242ff.), daß

- den Verbrauchern zur Erreichung der staatlichen Zielvorgabe ein gewisser Entscheidungsspielraum verbleibt (der Staat also nur influenzierend und motivierend auf die Entscheidungen/Verhaltensformen einwirkt),
- durch die „Freiwilligkeit" der Entscheidungen eine Steigerung der Norm-Befolgungsbereitschaft erfolgt,
- makro- und mikroökonomisch kostengünstigere Umweltschutzmaßnahmen erreicht werden.

Als **Nachteile** werden genannt:

- Langwierigkeit, Wirkungsunsicherheit und -unvollständigkeit
- Lenkungsunschärfe
- Verlust rechtsstaatlicher Klarheit
- potentielle Privilegierung finanziell Bessergestellter

2. Erscheinungsformen

Nach Vieregge (vgl. 1990, S. 231) wird mit dem Terminus „marktwirtschaftliche/ökonomische Instrumente" ein ziemlich heterogener **Katalog von Typen** zusammengefaßt:

- Anreizinstrumente i. e. S. (siehe dazu Buttgereit, 1991, S. 79ff.)
  (z.B. Abgaben, Pflichtpfand, Kompensationsregelungen, Zertifikate)
- steuerliche Förderung
- Investitionshilfen
- Fortentwicklung des Haftungsrechts
- freiwillige Selbstverpflichtungen
- Gewährung von Benutzervorteilen (z.B. Bonus für umweltfreundliches Verhalten)
- Umweltberatung
- Kennzeichnung von Produkten mit dem Umweltzeichen

Der Begriff **Abgaben** wird im deutschen Finanzrecht als genereller Oberbegriff für Steuern und Sonderabgaben benutzt. Während Steuern in das allgemeine Staatsbudget einfließen und damit der Verfügungsgewalt des Finanzministers unterliegen, sind Sonderabgaben zweckgebunden und werden je nach Erhebungszweck ressortspezifisch (z.B. Umweltministerium) verwaltet und wiedereingesetzt. Wenn von Umweltabgaben die Rede ist, müßte korrekterweise zwischen Umweltsonderabgaben (z.B. Wasserabgabe) und Ökosteuern (z.B. Energiesteuer) unterschieden werden.

Als Prototyp eines marktwirtschaftlichen Instruments im Umweltschutz wird die **Abwasserabgabe** bezeichnet, die als eine solche „Restschmutzvermeidungsabgabe" konzipiert wurde. Eine Anhörung des Umweltausschusses im Bundestag Ende 1989 verwies diese Vorstellung jedoch ins Reich der Illusion. Nach Meinung der Experten versickern die Einnahmen aus der Abwasserabgabe oft restlos in der Verwaltung. Die Abgabe sei so niedrig angesetzt, daß die oft beschworene ökonomische Anreizwirkung faktisch nicht bestehe, da die Zusatzbelastungen im Pfennigbereich liegen. Denkbar sind Schadstoffabgaben (z.B. auf Abgase), Lärmschutzabgaben (z.B. für Lastwagen) oder gezielte Abgaben auf einzelne Stoffe oder Produkte (z.B. Einwegflaschen).

Indem sie die Nutzung von Umweltgütern verursachergerecht mit Kosten belegen, bieten Abgaben ökonomisch-finanzielle Anreize und geben Anregungen zu Vermeidungsmaßnahmen (im einzelnen dazu Wicke, 1993, S. 395ff.). Über den Regelungsmechanismus des

(„künstlichen") Preises der Umweltgüter sollen also **innovative Marktprozesse** ausgelöst werden. Eine solche gewinnorientierte betriebliche Umweltpolitik müßte „durch positive oder negative Anreize (z.B. Verkauf von überobligationsmäßigen Emissionsminderungen bzw. Erhebung von Umweltabgaben) oder Erhöhung der Haftungsrisiken dafür sorgen, daß es für den Betrieb wirtschaftlicher und damit zugleich „rational" ist, sich umweltfreundlich zu verhalten" (Wicke, 1989).

Der entscheidende Vorteil der Abgaben gegenüber den beschriebenen Auflagen liegt also darin, daß das einzelne Unternehmen als „Umweltnutzer" sich **individuell** an das gesetzte Preissignal anpassen kann. Es ist in diesem Fall für das Unternehmen rational, seine Schadstoffe auch unterhalb der Grenzwerte bis zu dem Punkt zu verringern, an dem die Vermeidung der nächsten Schadstoffeinheit teurer wird als die Zahlung der Abgabe. Das Umweltziel wird zudem volkswirtschaftlich billiger erreicht, da je nach den gegebenen Vermeidungskosten des Umweltnutzers im Fall niedriger Kosten er zu verstärkten, im anderen Fall zu schwächeren Maßnahmen veranlaßt wird.

Mit Abgaben sollen

- zum einen gemäß dem Verursacherprinzip die bisher nicht erfaßten externen Kosten (= Überwindung des Marktversagens) innerhalb der volkswirtschaftlich entstehenden Gesamtkosten erhoben werden, d.h. zur Verbesserung der **Lenkungsfunktion der Marktpreise** dienen,
- zum anderen über die bewußte Verteuerung der umweltbelastenden Produkte eine **Verbrauchsdrosselung** und eine Lenkung der individuellen Kaufentscheidung hin zu den (dann relativ billigeren) umweltfreundlicheren Produkten erreicht, d.h. Verhalten beeinflußt, Emissionsmengen etc. reduziert werden. Mit dieser außerfiskalischen Funktion einer Lenkungsabgabe soll also das Ziel einer **einzelwirtschaftlichen Steuerung** angestrebt werden.

Nach Klemmer (vgl. 1990, S. 270f.) können die **Bemessungsgrundlagen** solcher Lenkungsabgaben sein: Emissionsmengen, Produktmenge, Inputs, Emissionsvermeidungskosten, Produktionsverfahren oder andere Formen der direkten bzw. indirekten Umweltbeanspruchung.

Auf die zahlreichen **Probleme** beim Einsatz solcher Verbrauchssteuern (z.B. Bemessung der Höhe, Anpassung im Zeitablauf, voraussichtlicher Einfluß auf den Verbrauch, Verwendung der eingehenden Mittel, Überwälzungs- oder Substitutionswirkungen, ihre Sozialverträglichkeit bei privaten Haushalten mit geringem Einkommen usw.) kann hier nur hingewiesen werden.

Über Parteigrenzen hinweg besteht ein überraschend breiter Konsens über die Notwendigkeit des Einsatzes zusätzlicher Regelungsmechanismen. Durch die fehlende Berücksichtigung der externen Kosten in den Marktpreisen ist der Naturverbrauch zu billig. So werden in den Parteien zunehmend Vorschläge für Umweltabgaben in Form von **Ökosteuern** erarbeitet, um über den stufenweise einzuführenden Preis als marktkonformes Regulativ eine Verringerung der Umweltbelastungen zu erreichen. Die Befürworter einer ökologischen Steuerreform wollen dabei sowohl den Naturverbrauch verteuern als auch die **Arbeit** verbilligen (siehe Görres/Ehringhaus/Weizsäcker, 1994; Scharmer, 1995, S. 636ff.; Greenpeace/DIW, 1994; zur aktuellen Diskussion sei auf die umfangreiche Literatur verwiesen; für große Unruhe sorgt zu Beginn des 21. Jahrhundert das Bestreben der derzeitigen Bundesregierung innerhalb der ökologischen Steuerreform **Benzin** zu verteuern.).

Durch die Verzerrung der Marktpreise wird Wirtschaften mit schlechter Ökoeffizienz systematisch belohnt. Deshalb soll durch die Internalisierung externer sozialer Kosten mit staatlich festgelegten Abgaben über die **bewußte** Veränderung der relativen Preise ein Lenkungseffekt erzielt werden. Es ist allgemein anerkannt, daß die Marktpreise aufgrund des „Marktversagens" nicht die richtigen Kosten wiedergeben, die „wahren" Kosten sind allerdings schwer zu bestimmen (zur Unkenntnis der richtigen gesellschaftlichen Kosten siehe Görres/Ehringhaus/Weizsäcker, 1994).

Umweltsteuern schreiben kein bestimmtes Verhalten vor: Den Marktteilnehmern (Verbrauchern, Unternehmen) ist ihre jeweilige Anpassungsreaktion auf die Verteuerung freigestellt. Zudem wird dieses Knappheitsprinzip „höherer Preis" in einer Marktwirtschaft den Unternehmen einen Anreiz bieten, durch den Einsatz des technischen Fortschritts ihre Kosten zu senken.

Bei der Frage, wie die **Externalitäten internalisiert** werden können, wird vor allem auf zwei Ansätze zurückgegriffen:

- **Pigou** mit seinem in den 20er Jahren entwickelten Konzept:
  Pigou kam bei seiner Analyse der Divergenzen zwischen dem sozialen und dem privaten Wohlfahrtsoptimum zu dem Schluß, daß die Differenz (d.h. die Kosten bzw. der Nutzen), die auf die Existenz von externen Effekten (externe Kosten) zurückzuführen ist, durch eine Steuer (= Pigou-Steuer) ausgeglichen werden kann. Durch die steuerliche Belastung des Verursachers in der Höhe der von ihm zu verantwortenden externen Effekte wird eine pareto-optimale Allokation der Ressourcen erreicht. Die externen Effekte werden internalisiert und gehen in die Kostenfunktion des Verursachers ein. Die erhobene Steuer wirkt demnach als Lenkungssteuer, die potentielle Verursacher negativer externer Effekte aus einzelwirtschaftlichem Interesse daran hindert, mehr als das „gesamtwirtschaftliche Optimum an Umweltschäden" zu produzieren. Methodische Schwierigkeiten bestehen allerdings in der Festsetzung dieses optimalen Steuersatzes. In der Umweltpolitik erfolgt daher meist eine Orientierung an vorgegebenen Immissionsniveaus und dem politisch Machbaren.
  Eine Abgabe („Pigou-Steuer") sollte also als „Aufschlag" auf die betriebswirtschaftlichen Kosten wegen negativer externer Effekte für die Volkswirtschaft die Umwelt damit zu einem „normalen" Produktionsfaktor machen (vgl. Buttgereit, 1991, S. 36; zur neoklassischen Konzeption der externen Effekte inbesondere Minsch, 1988). Dieses Anliegen würde aber die genaue Kenntnis der monetären Kosten der jeweiligen Umweltschädigung voraussetzen.
  Dieser Ansatz von Pigou wurde verschiedentlich weiterentwickelt, so in den 70er Jahren von Baumol/Oates mit ihrem **„Standard-Preis-Ansatz"** (Staat setzt politisch Umweltstandard fest und bewirkt ihn mit Abgaben).

- **Coase** mit seinem in den 60er Jahren entwickelten Konzept:
  Das Theorem des Nobelpreisträgers (1991) geht von der Schaffung eindeutiger Eigentumsrechte aus; über Verhandlungen der an einer Externalität beteiligten Parteien (unter Minimierung der Staatseingriffe) würde man sich auf eine optimale **Allokation** (= Verteilung der knappen natürlichen Ressourcen auf die beschränkten Produktionsanlagen zur Erzeugung der Gütervielfalt mit der höchsten Nutzenstiftung für alle Konsumenten einer Volkswirtschaft) einigen (vgl. zum „Farmer-Beispiel" Bauer/Illing, 1992, S. 97f.; zum Coase-Theorem vgl. Buttgereit, 1991, S. 37ff.; Hobbensiefken, 1991, S. 171ff.; Beckenbach, 1991).
  Die wesentlichen Aussagen des Coase-Theorems lauten:
  - Die Aufteilung der Ressourcen auf die verschiedenen Verwendungen ist bei definierten Eigentumsrechten pareto-effizient (Optimalitätsthese).
  - Die Aufteilung ist unabhängig von der Aufteilung der Eigentumsrechte (Invarianzthese).
  Zur Anwendbarkeit des Theorems entspann sich in der Literatur eine umfangreiche **Kontroverse**.

Es existieren zahlreiche, im Umfang sich unterscheidende Gedankenspiele für **Ökosteuern** (vgl. Nutzinger/Zahrnt, 1989): Rohstoff- und Energiesteuern, Verpackungssteuern vor allem für bestimmte Getränkepackungen, Steuern auf Werbematerial, den innerdeutschen Luftverkehr und vieles mehr (das UPI-Ökosteuerkonzept sieht beispielsweise 12 Steuern mit diversen Sätzen vor; zu Fragen wie Wirkungen/Bedenken siehe Fuest, 1990).

Diese neueren ökonomischen Anreizinstrumente haben ihren Ursprung überwiegend in den USA. Dort werden handelbare Umweltrechte, bei denen die individuelle Zuteilung der Umweltnutzungsspielräume (= genau festgelegte Schadstoffmenge) innerhalb eines vom Staat festgelegten Spielraums (d.h. eines Gesamtemissionsvolumens) dem Markt „überlassen" wird, als marktwirtschaftlich konforme Instrumente der Umweltpolitik bereits erprobt. Emissionsguthaben („emission reduction credits", ERC) und ihre Verwendung bzw. Neuentstehung werden bei sog. **Umweltbanken** (die von der Umweltbehörde EPA genehmigt sein müssen) dokumentiert (vgl. Buttgereit, 1991, S. 83f.).

Vor allem mit Hilfe von frei übertragbaren (Emissions-)**Zertifikaten**, die als „Wertpapier" an einer speziellen Börse gehandelt werden, das dem in den USA entwickelten Konzept des „emissions trading" entspricht (z.B. „Blasen-Politik" /„Ausgleichs-Glockenpolitik"), wird versucht, ein Preissystem zu entwickeln, das Umweltressourcen von einem öffentlichen in ein privates Gut mit auf Angebot und Nachfrage basierenden **Marktpreisen** verwandelt. Die Begriffe Lizenzen, Zertifikate, Nutzungsrechte werden in der Literatur weitgehend synonym verwendet. Mit diesen „handelbaren" Umweltnutzungsspielräumen kann eine optimale Allokation der knappen Ressource Umwelt erreicht werden (vgl. dazu Seidel/Menn, 1988, S. 98ff.; Wicke, 1993; El-Shagi, 1993 und die Veröffentlichungen von Bonus und Binswanger).

Ausgangspunkt dieser **Kompensationsmodelle**, bei denen eine bestimmte „Emissionsberechtigung" erteilt wird, wobei diese Genehmigung intern genützt oder auf Anlagen anderer Betreiber übertragen werden kann, ist die Überlegung, daß je nach Produktionsprozessen unterschiedliche Vermeidungskosten für Umweltbelastungen auftreten. Eine individuelle **„Aufteilung"** der Restemissionen würde volkswirtschaftlich Umweltkosten (bei gleichem Ergebnis, sprich: gleichbleibenden Umweltschutzniveaus) reduzieren. Der „Emissionsberechtigte" wird eine Emissionsverringerung dort vornehmen, wo es für ihn billiger ist (z.B. bei neuen Anlagen statt bei alten).

Auch hier weist Klemmer (vgl. 1990, S. 274) darauf hin, daß das umweltpolitische Ziel nicht über die Marktreaktionen der Gesellschaftsmitglieder erfolgt, sondern allein vom Staat bestimmt wird (z.B. mit der Festlegung der maximal zulässigen Emissionsmenge); fungible Umwelttitel sind demnach nur **bedingt** als besonders der Marktwirtschaft nahestehende Instrumente zu bezeichnen. Ihr entscheidender Vorteil liegt in der größeren **Ökonomieverträglichkeit** (z.B. durch die größeren Spielräume, d.h. Wahlmöglichkeiten der kostengünstigsten Lösung, der Schnelligkeit und Innovationsförderung). **Probleme** (vgl. ebd.) sind zu sehen in der Abgrenzung des räumlichen Geltungsbereiches eines Schadstoffes (z.B. für Ballungsgebiete), dem Vorhandensein austauschwilliger Anlagenbetreiber, der Herausbildung eines Sekundärmarktes für Zertifikate zum Kauf und Verkauf, der Kontrolle zur Unterbindung lizenzüberschreitender Emissionen.

3. Kooperationslösungen/Selbstverpflichtungen

Mögliche **Verhandlungslösungen** sind (Lautenbach/Steger/Weihrauch, 1992):

- Branchenabkommen (Absprache zwischen Staat und Branchen)
- Kooperationslösungen i.e.S.
- Informationsverpflichtungen (freiwillige einseitige Erklärung der Industrie)
- Selbstverpflichtungen (freiwillige einseitige Erklärung der Industrie)
- Kooperationsabkommen (freiwillige vertragliche Regelung)
- Privatwirtschaftliche Verhandlungslösungen (Vereinbarungen zwischen Umweltschädiger und -geschädigten).

Selbstverpflichtungen als Form einer sog. **Kooperationslösung** sind vor allem ein von der Industrie angestrebtes freiwilliges Instrument, um in Eigenverantwortung bestimmte umweltpolitische Ziele mit einer Verhandlungslösung auf Basis von Verträgen bzw. Abkommen oder von rechtlich unverbindlichen Absprachen statt ordnungsrechtlichen Lösungen zu erreichen. Als **Vorteile** werden gesehen: wirtschaftliche Effizienz, Flexibilität, geringere Kosten, geringerer Zeitaufwand und Entlastung der Behörden von Durchführung und Kontrolle (d.h. Förderung der Deregulierung der Umweltpolitik). Sie setzen allerdings voraus, daß sich die Konkurrenten auch an die Vereinbarungen halten; insgesamt hat die deutsche Industrie seit 1971 schon über 40 Selbstverpflichtungen beschlossen – oft unter sanftem staatlichem Druck angedrohter ordnungsrechtlicher Maßnahmen; vgl. dazu Wicke, 1993, S. 267ff.

Das Prinzip der anreizkompatiblen Selbststeuerung wird von Suchanek (1999, S. 15) als eine Art verbessertes Verursacherprinzip gesehen. Handlungsspielräume sind in einer Weise zu ordnen, durch die jeder seine Freiheit nicht zum Nachteil anderer, womöglich aber zu deren Vorteil, gebraucht:

„Das funktioniert um so besser, je mehr die Individuen den Spielregeln, denen ihr Handeln unterliegt, zustimmen können, weil die Beachtung dieser Regeln ihren eigenen wohlverstandenen Regeln nicht zuwiderläuft. Ein Beispiel sind **freiwillige Selbstverpflichtungen** im Umweltschutz. Konfrontiert mit einer Vorschrift, an der diese nicht mitgewirkt haben und die für sie mit Nachteilen verbunden ist, werden sie ihre Bemühungen darauf richten, dieser Vorschrift auszuweichen oder sie zu unterlaufen. Eröffnet man ihnen hingegen die Möglichkeit, selbst mitzuwirken an den Spielregeln, durch die ihr Handeln auf umweltpolitische Ziele ausgerichtet werden soll, gelingt es viel eher, die Fähigkeiten und das Wissen der Unternehmen in den Dienst der Sache zu stellen. Damit soll nun keineswegs behauptet werden, daß Selbstverpflichtungen im Umweltschutz das Instrument der Wahl seien. Auch sie können wirkungslos sein. Und bei vielen Problemen existieren andere Instrumente, insbesondere Abgaben- oder Zertifikatlösungen, die sich als die bessere Wahl erweisen. Doch gilt auch dabei, daß die jeweilige Lösung den Betroffenen als vorteilhaft dargestellt werden können muß.“

Das Umweltbundesamt bewertete in einer Übersicht (1995) als **erfolgreich**: den Ersatz asbesthaltiger Produkte seit 1984/88 (1990/93 fristgerecht eingelöst), den Ausstieg aus der FCKW-Produktion seit 1987 (der Termin 1995 konnte auf 1993 vorgezogen werden). Kritisch wird gesehen: die Reduzierung von Lösemitteln und Schwermetallverbindungen in Lacken und Farben um 20 bis 25% innerhalb von fünf Jahren seit 1984, sehr kritisch: die Entsorgung von Batterien seit 1988.

Auch 1996 wurde im Gefolge der im neuen Kreislaufwirtschafts- und Abfallgesetz genannten Rücknahmeverpflichtungen zwischen Industrie und Ministerium „gepokert“: Entweder freiwillige Selbstverpflichtungen, sonst kommen Verordnungen (z.B. für Recycling von Altautos oder Elektronikschrott). Schließlich gab im April 1996 die deutsche Autoindustrie eine freiwillige Selbstverpflichtung ab, alle Autos, die jünger als zwölf Jahre sind, kostenlos zurückzunehmen, die zu beseitigenden Abfälle aus der Altautoentsorgung von derzeit rd. 25 Gewichtsprozent bis zum Jahr 2002 auf max. 15 und bis 2015 auf max. 5 Gewichtsprozent zu verringern und innerhalb von zwei Jahren ein flächendeckendes Rücknahme- und Verwertungssystem für die jährlich 2,6 Millionen Altautos aufzubauen. Im März 1995 (kurz vor dem Klimagipfel in Berlin) gab die deutsche Wirtschaft auf freiwilliger Basis das Versprechen ab, „besondere Anstrengungen zu unternehmen, ihre spezifischen CO_2-Emissionen beziehungsweise den spezifischen Energieverbrauch bis zum Jahr 2005 (Basis 1987) um bis zu 20 Prozent zu verringern“. Zur gleichen Zeit verpflichtete sich die deutsche Autoindustrie, den Kraftstoffverbrauch bis zum Jahr 2005 um 25% auf 5,9 Liter je 100 Kilometer zu senken.

4. Das Umweltrecht der Europäischen Union

Als Geburtsstunde einer gemeinsamen europäischen Umweltpolitik gilt die Verabschiedung des ersten **Umwelt-Aktionsprogramms** der EG 1973. Dort verpflichtete sich die Gemeinschaft erstmalig, das ihr zur Verfügung stehende Instrumentarium in den Dienst eines gemeinsamen Umweltschutzes zu stellen. Die ausdrückliche Kompetenz der EG für Umweltschutzbelange wurde erst durch die am 1. Juni 1987 in Kraft getretene **Einheitliche Europäische Akte** (Art. 130r - 130t EGV) geschaffen.

Nachdem mit dieser Aufnahme einer Umweltpolitik die Römischen Verträge entsprechend erweitert wurden, gewinnen auch die EG-Richtlinien/ Verordnungen etc. zum Umweltrecht verstärkt an Gewicht. Der einheitliche Markt erfordert eine Harmonisierung, um z.B. technische Handelsbarrieren zu verhindern und einen fairen Wettbewerb zwischen den Produzenten innerhalb der EG sicherzustellen, in dem für alle gleiche „Umweltproduktionskosten“ gelten und nicht gutes Umweltverhalten mit Wettbewerbsnachteilen erkauft werden müßte (**„level playing field approach“**).

Das Umweltrecht der EG (im juristischen Bereich heißt es weiterhin EG) umfaßt mehr als 200 Richtlinien und Verordnungen, die hier nicht alle genannt werden können. Wichtig erscheinen für den Bereich Umweltmanagement etwa die EG-Verpackungs-, Umwelt-Informations-, Produkthaftungs- und die EG-Umweltzeichenrichtlinie oder die EG-Verordnung über Eco-Management Systems and Audits.

Die wichtigsten **Rechtsformen** der EG sind die Verordnung und die Richtlinie. EG-Regelung in Form

- einer **Richtlinie** (häufigste Form): Erfordern eine Umsetzung in nationale Gesetze und schreiben ein Mindestniveau vor - die Mitgliedstaaten können laut Vertrag strengere Regelungen beschließen;
- einer **Verordnung**: Unmittelbare Wirkung in allen Mitgliedstaaten; in allen Teilen verbindlich (im Falle von Mindeststandards sind strengere Regelungen möglich).

Existiert keine EG-Regelung sind die Mitgliedstaaten frei in ihrer Gesetzgebung, solange ausländische Produzenten und Produkte nicht benachteiligt werden. In anderen EU-Staaten genehmigte Produkte müssen grundsätzlich zugelassen werden, Beschränkungen sind im Falle von Umwelt- und Gesundheitsgefährdung möglich.

5. Indirekte Instrumente der EG – Mehr unternehmerische Eigenverantwortung

Letztgenannte Selbstverpflichtungen zum Abfallbereich oder Klimaschutz sind bereits Teil von **kooperativ** ansetzenden Regelungsmechanismen. Weiterhin sind dazu zu zählen Labellingkonzepte, die freiwillige Teilnahme am EG-Öko-Audit oder auch die Betrebungen für eine nationale, europäische und internationale Normung (dazu ausführliche Darstellungen im 9. Teil). Die **Grundidee** dieser indirekten Instrumente,

- daß Unternehmen in Eigenverantwortung und Selbststeuerung den betrieblichen Umweltschutz kontinuierlich verbessern sollen,
- die Abkehr von der Fremdkontrolle technischer Auflagen- und Gesetzeserfüllung hin zur Prüfung der „Funktionserfüllung" von Managementsystemen,
- der Wandel von einem reaktiven zu einem proaktiven Umwelthandeln (Chancen- statt Gefahrendenken, Vermeiden statt Nachsorge),

beinhaltet für manche einen **Paradigmenwechsel** in der **Umweltpolitik**.

An dieser Stelle soll nur ein kurzer Überblick über einige Instrumente gegeben werden (Hopfenbeck, 1996):

1990 wurde mit dem Inkrafttreten des Gesetzes zur **Umweltverträglichkeitsprüfung** eine entsprechende EG-Richtlinie aus dem Jahr 1985 in nationales Recht umgesetzt. (Nachfolgendes Hopfenbeck/Zimmer, 1993). Mit Hilfe einer solchen „Einschätzung der Umweltauswirkungen" sollen von der zuständigen Behörde unter Beteiligung der Öffentlichkeit auf wissenschaftlicher Basis möglichst frühzeitig (d.h. zu Beginn des Planungsstadiums) auf unternehmerischen Entscheidungen beruhende Eingriffe und Wirkungen in die Umwelt auf ihre ökologische „Verträglichkeit" hin erstmals systematisch und umfassend untersucht und bewertet werden. Es sollen also wichtige Auswirkungen von spezifischen Anlagen oder Einrichtungen untersucht werden, *bevor* eine Planung bzw. Entscheidung über umwelterhebliche Projekte getroffen wird. Neben die Kriterien Wirtschaftlichkeit und Rechtmäßigkeit tritt jetzt die Umweltverträglichkeit als Entscheidungskriterium (im einzelnen 9. Teil).

Die Richtlinie 90/313/EWG zum freien **Zugang zu Umweltinformationen** von 1990 und die länderspezifischen Umweltinformationsgesetze (das deutsche UIG wurde am 19.5.1994 vom Bundestag beschlossen) geben jedem Bürger ohne Nachweis eines speziellen Interesses einen voraussetzungslosen Rechtsanspruch auf den Zugang zu Umweltinformationen und Akteneinsicht. Der Anspruch kann gerichtlich eingeklagt werden. Demnach sind die Behörden nach Art. 3 Abs. 1 UIRL verpflichtet, allen natürlichen und juristischen Personen auf Antrag innerhalb von zwei Monaten Umweltinformationen wie etwa alle Emissionsdaten, die über den Zustand der verschiedenen Medien Auskunft geben, vorhabenbezogene Emissionsdaten oder durchgeführte Kontrollen zur Verfügung zu stellen. Es gibt allerdings verschiedene Ausnahmen wie Geschäfts- und Betriebsgeheimnisse, personenbezogene Daten, noch nicht abgeschlossene Schriftstücke bzw. aufbereitete Daten oder offensichtlicher Mißbrauch oder zu allgemeine Formulierung. Der Zugriff auf umweltrelevante betriebsinterne Daten für alle Bürger wird sich damit grundlegend ändern und wird einem wesentlich erweiterten Kreis von Mitbürgern Zutritt zu internen Firmendaten verschaffen. Die bisherigen **Erfahrungen** mit der Richtlinie sind **negativ**: Es zeigt sich, daß die Behörden von den

Ausnahmen im Gesetz regen Gebrauch machen und z.T. durch überhöhte Gebühren abschrecken wollen. Das Öko-Institut (Darmstadt) hat einen Leitfaden entwickelt, der auskunftssuchenden Bürgern zu ihrem Recht verhelfen soll, und hat in Brüssel Beschwerde eingelegt. In einigen EU-Ländern wie Frankreich wurden Schiedsstellen eingerichtet, um zu prüfen, ob Behörden eine Auskunft zu Unrecht verweigern.

Die Verordnung über das **„Eco-Management and Audit Scheme"** hat die kontinuierliche Verbesserung des betrieblichen Umweltmanagements zum Ziel (im einzelnen dazu 9. Teil). Auch wenn die im ursprünglichen Entwurf vorgesehene Verpflichtung in eine freiwillige Teilnahme umgewandelt wurde, liegt nun erstmalig ein systematisches Instrument zur Bewertung und Verbesserung der „Umweltleistung" eines Unternehmens und zur Bereitstellung relevanter Informationen für die Öffentlichkeit vor. Diese externe Umwelterklärung darf innerhalb der Öffentlichkeitsarbeit verwendet werden. Da die damit dokumentierte Übernahme von Umweltverantwortung einen Wettbewerbsfaktor darstellt, wird auf die an diesem Verfahren nicht teilnehmenden Unternehmen ein starker Druck ausgehen.

Die EG-Richtlinie für ein einheitliches **Umweltzeichen** wollte die Produkte an Hand einer Lebenszyklusbetrachtung („Life Cycle Analysis") bewerten. Dieses Vorhaben einer ganzheitlichen Produkt-Ökobilanzierung erwies sich wohl als zu ehrgeizig. Für jeweils verschiedene Produktgruppen wurden in einzelnen EG-Ländern Kommissionen gebildet, die einen Kriterienkatalog erarbeiten und die Eigenschaften hinsichtlich ihrer ökologischen Relevanz überprüfen sollten. Diese Arbeit erwies sich als äußerst schwierig, so daß sich der ursprüngliche Zeitplan drastisch verlängerte. Zwar sind Ende 1993 die von britischen Expertengremien erarbeiteten ersten zwei Kriterienkataloge (für Kühlschränke und Geschirrspülmaschinen) abgeschlossen worden und der britischen Firma Hoover als erstem Unternehmen das EG-Produkt-Umweltzeichen (eine stilisierte Margarite) für einige Produkte verliehen worden. Trotzdem halten sich deutsche Unternehmen bis jetzt vollständig zurück, da die Vergabekriterien nach deutscher Meinung stark verwässert wurden.

IV. Der Weg zu einer öko-sozialen Marktwirtschaft

„Demokratisch organisierte Staaten mit einer ,Sozialen Marktwirtschaft' wie die der Bundesrepublik Deutschland haben sowohl von der materiellen Basis als auch von der umweltpolitisch-instrumentellen Seite her gute Voraussetzungen, ihre Umweltprobleme erfolgreich zu lösen, und es sind durchaus schon Erfolge zu verzeichnen. Diese wären aber wesentlich größer, wenn der politische Durchsetzungswille noch stärker vorhanden wäre und die Umweltpolitik entschiedener und mit wirksameren (effizienteren), insbesondere stärker marktorientierten, das Eigeninteresse am stärkeren Umweltschutz aktivierenden umweltschutzpolitischen Instrumenten durchgesetzt würde. Die Soziale Marktwirtschaft wird und muß auf diese Weise zur Öko-Sozialen Marktwirtschaft weiterentwickelt werden" (Wicke, 1993, S. VII).

In der Diskussion der letzten Jahre hat sich die ökologische Herausforderung zunehmend als ein gesellschaftspolitisches Konfliktfeld ersten Ranges entwickelt. Die mit dem industriellen Wachstum verbundenen Folgeprobleme, wobei die zunehmend sichtbar werdende Umweltzerstörung sich beim einzelnen immer mehr direkt fühlbar als Verringerung seiner individuellen Lebensqualität äußert, sind inzwischen von allen Parteien der Bundesrepublik erkannt und in ihre **Parteiprogramme** aufgenommen worden. Semantisch zwar unterschiedlich formuliert, wird quer durch das politische Spektrum die gleiche Grundtendenz vertreten: Nach einer Entwicklung der freien zu einer sozialen Marktwirtschaft (in der ja inzwischen über ein Drittel des Sozialprodukts für den sozialen Ausgleich **„umverteilt"** wird!) ist jetzt eine zusätzliche Erweiterung und Anpassung in Richtung zu einer ökologischen Marktwirtschaft gefordert, in der wiederum dem **Staat** eine entscheidende Verteilungsfunktion bei den knappen Umweltressourcen zukommt. Der soziale Konsens, der soziale Ausgleich als konstitutives Element, hat die Wettbewerbskräfte unserer Marktwirtschaft sogar gestärkt.

„Von einer sozialen Marktwirtschaft spricht man dann, wenn die Mitarbeiter in den Unternehmen mit genügend Macht ausgestattet sind, um ihre Forderung nach Befriedigung sozialer Bedürfnisse durchzusetzen. Dementsprechend läge eine ökologische Marktwirtschaft vor, wenn ökologische Bedürfnisse (Umweltschutzbedürfnisse) einer Gesellschaft artikuliert und deren Befriedigung von Interessengruppen gegenüber den Unternehmen auf der Basis hinreichender Machtausstattung gefordert wird" (Pfohl, 1993, S. IV).

Besonders Biedenkopf wies als einer der ersten darauf hin, daß, nachdem seit dem 19. Jahrhundert die soziale Frage gelöst werden mußte, nun als ähnliche **Jahrhundertaufgabe** die ökologische Herausforderung gelöst werden muß. Das Wesen ökologischen Handelns zu begreifen, sieht er durch unsere gegenwärtige Art des – primär quantitativen – Denkens behindert. Innerhalb unserer vorherrschenden Wachstumsgläubigkeit ist es deshalb bezeichnend, „daß wir die Begrenzungen, ohne die unsere Gesellschaft nicht zukunftsfähig ist, in der politischen Sprache als Verzichte bezeichnen".

Eine Lösung der ökologischen Herausforderung setzt wie bei der **„sozialen Frage"** ebenfalls einen grundlegenden gesellschaftlichen Bewußtseinswandel voraus. Die drohende ökologische Katastrophe wird zum beherrschenden politischen Thema der nächsten Jahrzehnte werden.

Durch eine Kombination von ordnungspolitischen Vorgaben mit marktwirtschaftlichen Instrumenten ist die ökologische Ausrichtung der sozialen Marktwirtschaft zu realisieren. Die Marktwirtschaft darf nicht länger die wahren Auswirkungen wirtschaftlichen Handelns an der Umwelt „verschweigen"- oder, wie E. U. von Weizsäcker es nennt: „Die Preise sollen die ökologische Wahrheit sagen." Die Schritte zur ökologischen Markwirtschaft im einzelnen bei Maier-Rigaud (1997).

Erst wenn die Produktpreise realistisch sind, also den ganzen ökologischen Produktlebenszyklus umfassen, werden sie **„umweltbelastungskonforme"** Preise sein. Mit anderen Worten: Die relativ umweltverträglichen Produkte bekommen dadurch einen eindeutigen Preisvorteil.

Eine „rationale Umweltpolitik" kann für Wicke in einem solchen Wirtschaftssystem am besten realisiert werden, das als Zielsetzung hat, die materiellen Lebensbedürfnisse des Menschen, die soziale Gerechtigkeit und die eher immateriellen Umweltbedürfnisse der Menschen in möglichst großem Umfang zugleich zu verwirklichen.

öko-soziale Marktwirtschaft
„ ... diejenige Wirtschaftsordnung, in der
- auf der Basis von Privateigentum und freien Märkten das wirtschaftliche und sonstige Eigeninteresse zur Förderung der Waren- und Dienstleistungserstellung eingesetzt wird,
- gleichzeitig wettbewerbsbeschränkende wirtschaftliche Machtzusammenballungen verhindert, zu große Einkommens-, Vermögens- und Lebenschancen-Ungleichheiten durch ein Netz von sozialen Mechanismen korrigiert, soziale Gerechtigkeit in ausreichendem Umfang realisiert und durch geld- und finanzpolitische Eingriffe das gesamtwirtschaftliche Gleichgewicht verwirklicht werden sollen,
- und eine Wirtschaftsordnung, in der durch Setzung eines engen umweltrechtlichen Rahmens und seines Vollzugs sowie durch den Einbau von marktorientierten Anreizinstrumenten die Umwelt in ausreichendem Maße geschätzt und für die nachfolgenden Generationen erhalten und bewahrt wird" (Wicke, 1993, S. 624).

Eine effiziente Marktwirtschaft ist nach IMUG (1997) kein Selbstzweck, sondern nur Werkzeug zur besseren Erreichung übergeordneter Ziele. „Allein dadurch, daß sie ihrer Funktionslogik gehorcht und zumindest theoretisch in der Lage ist, den Bedarf der Konsumenten bei gegebenen finanziellen Mitteln optimal zu befriedigen, gewinnt sie noch keine ausreichende gesellschaftliche Legitimität, die aber bis zu einem gewissen Grade Voraussetzung langfristiger Stabilität ist. Legitimität kann sie nur in Bezug auf bestimmte Moralvorstellungen erlangen, die nicht aus der Ökonomie selbst heraus begründbar sind." Als Leitideen/Ziele werden die Erhaltung bzw. Schaffung von:

- sozialer Gerechtigkeit
- intakter natürlicher Lebensgrundlagen

vorgeschlagen.

Nach Meinung der IMUG ist eine zukunftsfähige Gesellschaft allein über eine **veränderte Rahmenordnung** nicht erreichbar:

Bei Anerkennung des **Sustainability-Gebotes** ist nur ein langfristig tragfähiger Konsumstil moralisch legitim, d.h. die Entwicklung eines neuen Konsumleitbildes: So kann beispielsweise der Verzicht auf Bedürfnisbefriedigung durch den Konsum materieller Güter Zeit und Energie freisetzen, die zur Produktion immateriellen, also nicht an Wirtschaftsgüter gebundenen Nutzens verwendet werden können (Scherhorn, 1994a, S. 233f.).

Erster Schritt auf dem Weg zu einer ethischen Unternehmensführung ist die Anerkennung der eigenen Verantwortung angesichts von Handlungsspielräumen, die im Gegensatz zur neoklassischen Modellökonomie in der Realität bestehen.

V. Das Dogma ständigen Wachstums

Der 1972 veröffentlichte Bericht des Club of Rome („**Grenzen des Wachstums**") wird in der Literatur allgemein als der Durchbruch zu einer internationalen Diskussion über weltweite Probleme angesehen. Anhand eines Weltmodells wird die ‚Entwicklung der Erde' durchgespielt, wobei speziell fünf wichtige Trends mit weltweiter Wirkung betrachtet werden (Eblinghaus/Stickler, 1996, S. 28):

- die beschleunigte Industrialisierung
- das rapide Bevölkerungswachstum
- die weltweite Unterernährung
- die Ausbeutung der Rohstoffreserven
- die Zerstörung des Lebensraumes

Für Biedenkopf (1991, S. 43) sind die Überwindung der Begrenztheit der Bedürfnisbefriedigung und die **ständige Ausdehnung der Bedürfnisse** Fortschrittskriterien der modernen Industriegesellschaften.

„Was dabei deutlich wird, ist, daß wir im Begriff stehen, das Verhältnis von Produktion und Bedürfnisbefriedigung auf den Kopf zu stellen. Die Steigerung der Produktion dient nicht mehr primär der Bedürfnisbefriedigung, sondern die Steigerung der Bedürfnisse dient der Aufrechterhaltung der industriellen Produktion. Diese Denkweise hat elementare politische Bedeutung. Da die technisch-naturwissenschaftliche Entwicklung die Produktion immer rationeller werden läßt und die gleiche Produktion deshalb mit immer weniger Erwerbsarbeit erstellt werden kann, muß die Produktion expandieren, damit genug Erwerbsarbeit nachgefragt wird. Das heißt, die Produktion wird ständig angetrieben von ihrer Eigengesetzlichkeit. Sie ist nicht mehr die Antwort auf feststellbare gesellschaftliche oder persönliche Bedürfnisse. Sie ist mehr und mehr die Antwort auf die Notwendigkeit, Arbeit und Arbeitseinkommen zur Verfügung zur stellen, das wiederum konsumiert werden kann."

Die moderne Gesellschaft muß nach Bosshart (1997) unabdingbar auch **materiellen Wohlstand** für breite Schichten bereitstellen, um langfristig zu prosperieren. Damit wird Konsum zu einer elementaren Voraussetzung für Demokratie. Heute definieren wir unsere menschlichen Bedürfnisse und Wünsche weitgehend über Konsum und benutzen ihn als Mittel zur Selbstdarstellung und Differenzierung: Konsum erzeugt Glücksgefühl. Eine zentrale These lautet, daß gesellschaftliche Evolution und die Evolution des Konsums unlösbar miteinander verwoben sind: Wohlfahrtsstaat, Massenkonsum und Individualisierung der Lebensstile sind nicht mehr wegzudenkende Traditionen moderner Gesellschaften geworden, die als solche gar nicht zur Diskussion stehen.

„Die Marktwirtschaft ist andererseits ein System, das auf Wachstum zwingend angewiesen ist. Ohne ausreichendes Wachstum entstehen in einer Marktwirtschaft unweigerlich Massenarbeitslosigkeit und/oder Wohlstandsverluste. Wenn der Energieverbrauch aber nicht weiter gesteigert werden kann, gibt es dann überhaupt eine Möglichkeit, den Wachstumsprozeß fortzusetzen?" (Nefiodow, 1997, S. 11).

Seit der Implementierung des **Stabilitätsgesetzes 1967** wurde das Wirtschaftswachstum nicht mehr nur erwartet, sondern der Regierung als **Aufgabe** aufgegeben (dazu Grettenberger 1995, S. 51), d.h., der Staat mußte seine wirtschaftspolitischen, finanzpolitischen und sonstigen politischen Aufgaben so wahrnehmen, daß das Ergebnis ein angemessenes Wirtschaftswachstum war. Die 70er- und 80er Jahre zeigten, daß Strukturprobleme sowie Probleme gesellschaftlicher Art sich durch Wirtschaftswachstum nicht auflösten, auch wurden physische, soziale und ökonomische Grenzen erkennbar. Die staatliche Wirtschaftspolitik und deren Erfolg sind noch immer nur an den Zielen des herkömmlichen Gesetzes orientiert (= Wachstum, Beschäftigung, Preisniveau, Zahlungsbilanz) – es fehlt der wichtige Punkt **Umweltstabilität**.

„Die Entwicklung dieses Wirtschaftssystems wurde nicht mehr durch die Frage: Was ist gut für den Menschen? bestimmt, sondern durch die Frage: Was ist gut für das Wachstum des Systems? Die Schärfe dieses Konflikts versuchte man durch die These zu verschleiern, daß alles, was dem Wachstum des Systems (oder auch nur eines einzigen Konzerns) diene, auch das Wohl der Menschen fördere." (Fromm, 1997, S. 18)

Ökologisch orientierte Stimmen betonen naturgemäß den **Zielkonflikt**, der zwischen Umwelt und Wachstum besteht. Diese Feststellung ist grundsätzlich richtig. Wird Wohlstandssteigerung einseitig als rein quantitatives Wachstumsdenken interpretiert und zum Fetisch, ist ein **Zielkonflikt** zum Umweltschutz grundsätzlich gegeben. (dazu auch unsere Ausführungen unter H: Die Grenzen des „Grünen Marketing"). Da in der Regel ein Zusammenhang zwischen Wirtschaftswachstum und Umweltbelastung besteht, ist auch der **Globalisierungsaspekt** (siehe unsere Ausführungen im 1. Teil, D) sehr ambivalent zu sehen (dazu Petschow/Hübner/Dröge/Meyerhoff, 1998, S. 15ff; Friedrich-Ebert-Stiftung, 1998). Verliert die Umweltpolitik im Zeichen der Globalisierung ihre Steuerungsfähigkeit? Regionale, nationale und europäische **Handlungsspielräume** zeigen Hey/Schleicher-Tappeser (1997).

„Auf dem Planten Erde sind die Ressourcen für den Produktionsprozeß und die Senken für die Aufnahme der Emissionen von Produktion und Konsumtion gegrenzt. Die ‚carrying capacity' der Natur (die ‚ökologische' Tragfähigkeit') ist eine ebenso harte ‚Budgetrestriktion' wie das knappe Geld für ökonomische Entscheidungen und Prozesse also. Dies gilt umso mehr, je mehr sich die globalisierende ökonomische und soziale Dynamik den natürlichen Grenzen nähert (...) Auch wenn die Grenzen für die Verfügbarkeit von Ressourcen – vor allem durch Maßnahmen der Substitution – noch hinausgeschoben werden können, sind die Grenzen der Tragfähigkeit der Senken dramatisch näher gerückt: Treibhauseffekt, Ozonloch, Sommersmog sind die ‚gelbe Karte' für das permanente Foulspiel gegen die Belastbarkejt der Atmosphäre. Bodenerosion, Desertifikation, Bodenvergiftung sind die Warnzeichen der Litho- und Pedospäre an die Adresse der Verschmutzer, daß es so wie bisher nicht endlos weitergeht. Der zunehmende Mangel an trinkbarem Wasser zeigt an, daß auch die Hydrospäre erschöpflich ist, daß das ‚köstliche Naß' in absehbarer Zukunft eine akute Mangelware sein könnte. So wird Umweltraum in Anspruch genommen, der Lebensraum für Tiere und Pflanzen und natürlich für Menschen ist. Viele Arten werden verdrängt, sind inzwischen schon ausgestorben oder sind von der Auslöschung bedroht. Ein Zusammenbruch der Evolution ist nicht mehr ausgeschlossen, noch bevor das letzte Barrel Öl aus der Erde geholt worden ist. Produktions- und Lebensweise der ‚modernen Industriegesellschaft' sind nicht naturverträglich. So simpel, aber auch in ihren Konsequenzen so unerbittlich ist die Botschaft. Globalisierung auf dem Planeten ist ein zerstörerischer Prozeß." (Altvater/Mahnkopf, 1997, S. 504)

„Die Beschwörungsformel: ‚Wir brauchen Wirtschaftswachstum, um den Umweltschutz bezahlen zu können', ist ein geradezu monumentaler Ausdruck für Entropie-Ignoranz." (Schütze, 1990, S. 721)

Pätzold (1996, S. 110f.) betont, die **positiven** Seiten des Wachstums nicht zu übersehen:

Das Wachstumsziel steht im Dienste der Erreichung des gesellschaftlichen Oberziels „Wohlfahrt", d.h., der allgemeinen Verbesserung der Lebensverhältnisse der Menschen, wofür die materielle Komponente (bessere Güterversorgung) eine unbestreitbar entscheidende Säule ist. Wachstum ist eine entscheidende Vorbedingung für die Verbesserung des Beschäftigungsstandes. Wachstum ist eine wesentliche Voraussetzung zur Lösung von Verteilungskonflikten.

Nach über zehn Jahren ununterbrochenen **Wirtschaftsaufschwungs** (am Anfang der 90er Jahre kaum mehr als 2 %, die beiden letzten Quartale 1999 sogar 5,7 %) scheint Amerika das Land des unbegrenzten Wachstums. Kurz vor der Jahrtausendwende herrscht in den Vereinigten Staaten – angeblich – ein neues Paradigma: die Boom-Ökonomie, in der es nur noch aufwärts geht (Die Zeit Nr. 48, 21.11.97, S. 38). Auch die OECD hält in ihrem Szenario „Die Welt im Jahre 2020 – auf dem Wege in ein neues globales Zeitalter" durchschnittliche Wachstumsraten von 2,9% in den OECD-Staaten für machbar, das den Industrieländern einen Anstieg des Lebensstandards um 80% bringen wird. Protektionistische Versuchungen sieht man vor allem in der „legitimen Sorge um Arbeits- und Sozialstandards sowie die Umwelt".

Die vorherrschende Sicht des **einseitig wachstumsorientierten** Marktes verdeutlichten auch Krauch/Sommerlatte (1997, S. 7): „Wir müssen uns, ob wir wollen oder nicht, mit einem enormen Dilemma auseinandersetzen: Die Märkte, deren Wachstum unseren Wohlstand begründen, sind gesättigt, sie stagnieren oder schrumpfen – wir brauchen aber aufnahmefähige, wachsende Märkte, um unseren Wohlstand zu halten." Als Versuche, neue Wachstumsimpulse auszulösen, zeigt Sommerlatte die „klassischen" Versuche, die aber meist nur vorübergehende Erfolge zeitigen (vgl. 1997, S. 8ff.):

- **Verkürzung der Lebenszeit** der Produkte im Markt als gängigsten Versuch. In vielen Märkten ist aber das vertretbare Ausmaß bereits erreicht.
- Kauf **mehrerer Exemplare** eines bestimmten Produkts (d.h., immer mehr Haushalte bereits über mehrere Autos, Radios, Fernseher, Fotoapparate, Telefone oder Uhren).
- Steigerung des Verbrauchs durch **Billig-** oder **Wegwerfprodukte**.
- Wachstum durch **Ersatzhandlungen** und **Hintergrunderfüllungen** (wie im Hygiene- und Kosmetiksektor, auf dem in den letzten Jahren latente Bedürfnisse hingelenkt wurden, die durch Sauberkeitsanstrengungen scheinbar befriedigt werden können).
- Wesentliche und dauerhafte Wachstumsschübe durch **völlig neue** Produkte (im letzten Jahrzehnt z.B. Videorecorder, Videokamera, Personalcomputer, Notebooks, mobile Telefone, Faxgeräte, Softwarepakete u.ä.).

„So haben wir in den westlichen Industrieländern heute einen Zustand erreicht, in dem die meisten bekannten Produkte im Überfluß angeboten werden, die jeweiligen Kundengruppierungen aber schon weitgehend penetriert sind und trotz einer nicht geringen Menge an Innovationen, speziell unter Nutzung der Mikroelektronik, der Software und elektronischen Medien, insgesamt nicht die Wirtschaftsdynamik ausgelöst werden kann, die erforderlich wäre, um den einmal erreichten Wohlstand zu sichern. Gleichzeitig ist offensichtlich geworden, daß viele der bestehenden Produktionen und Produkte in ihrer derzeitigen Form zu dauerhaft nicht erträglichen Umweltschäden führen." (ebd., S. 10)

Es wird aber zunehmend **Kritik** laut an den Dogmen der **Wegwerf-** und **Überflußgesellschaft**. Statements wie „Leben auf Kosten der Südhalbkugel", „Leben auf Kosten der nächsten Generationen", Fragen nach dem Stellenwert der Arbeit (und der Arbeitsverhältnisse), der Lebensqualität, dem „guten Leben", der Sinnhaftigkeit von Produkten, nach deren Umweltverträglichkeit und nach deren weiterem Lebensweg werden vermehrt gestellt.

„Zur **Verteidigung** ihrer **Lebensqualität** sehen sich die Menschen genötigt, für die Erfüllung ihrer in der Regel durchaus elementaren Bedürfnisse (z.B. Nahrungs-, Wohn-, Arbeitsqualität) immer höhere Vorleistungen immaterieller und materieller Art zu erbringen. So entsteht ein objektiver Bedarf nach früher nicht ‚nötigem‘, oft kostenintensivem defensivem Konsum (z.B. käuflich erworbenes Mineralwasser statt des fraglichen ‚Trinkwassers‘ aus dem Wasserhahn; technische Sicherheitsanlagen angesichts der sich ausbreitenden öffentlichen Unsicherheit; teure Wohnung zur Erhaltung von Ruhe, guter Luft und genügend Lebensraum; höhere Zeit- und Geldinvestition in die eigene Berufsausbildung als Gegenstrategie gegen das steigende Risiko der Arbeitslosigkeit; Flucht aus der Arbeits- und Konsumhektik in den dringend ‚benötigten‘ Urlaub." (Ulrich, 1997, S. 222)

Der „Fortschritt" ist gekoppelt an ökologische **Folgeschäden**, aber auch an soziale und kulturelle Folgen, da zunehmend nicht nur die Natur, sondern auch der Mensch überfordert scheint (Massenarbeitslosigkeit, steigender Leistungsdruck, Stress, Hektik etc.). Die Folgen unseres „effizienten" Wirtschaftens gemäß der „abstrakten Sach-/Funktionslogik" einer rein **„ökonomischen Rationalität"** bedürfen dringend einer gesellschaftlichen Neubewertung.

Die heute vorwiegend betriebene Politik des Wirtschaftswachstums erzeugt mit ihren „externen Effekten" auf die natürliche Umwelt und die soziale Lebenswelt weitere, früher unbekannte, sich heute aber lebenspraktisch immer einschneidender bemerkbar machende Knappheitserscheinungen: Von ökologischen Knappheiten sind heute nahezu sämtliche natürliche Ressourcen (saubere Luft, Gewässer, Böden und Wälder; genetische Artenvielfalt, natürliche Rohstoffe, qualitativ unversehrte Nahrungsmittel) betroffen, und auch soziale Knappheiten in Form sozialstruktureller „Flaschenhalseffekte" bei nicht beliebig vermehrbaren positionalen Gütern (z.B. begehrte gesellschaftliche Bildungsqualifikationen und Positionen, gute Wohnlagen und Wohnformen, Lebens- und Verkehrsräume) vergällen uns zunehmend die vermeintlichen Vorzüge der „Überflußgesellschaft". Hinzu kommen für die, die noch „Arbeit haben", neue Zeitknappheiten (...) (Ulrich, 1997, S. 222).

VI. Nachhaltige Entwicklung als neues Leitbild („Paradigma")

1. Qualitatives Wachstum als Vorläufer

Sehr häufig tritt die Forderung auf, das Primat des quantitativen Wachstums (mit den damit verbundenen, eingangs erwähnten Krisen) durch ein auf die Beachtung ökologischer Regeln ausgerichtetes sog. **qualitatives Wachstum** als Konsequenz begrenzter Ressourcen und gestiegener Umweltbelastung zu ersetzen. Meistens wird darunter ein Wachstum verstanden, bei dem die Umweltbelastung je Produkteinheit verringert wird (vgl. dazu Kreikebaum, 1993, S. 177; Hanusch, 1995, S. 13; Majer, 1993). „Die bestehenden Instrumente und Methoden der strategischen Planung sind bislang nahezu ausschließlich vor dem Hintergrund eines rein quantitativen Wachstums entwickelt worden. So dienen z.B. sowohl die Erfahrungskurvenkonzeption als auch die Portfoliomethode primär der Erfassung quantitativer Zusammenhänge zwischen Marktanteilen, Wachstumsraten und anderen Größen" (Kreikebaum, 1993, S. 147). Nicht nur der Brundtland-Report fordert deshalb das Überleiten von einem quantitativen Wachstum auf einen „Pfad der dauerhaften Entwicklung". (Zum „Realismus" eines qualitativen Wachstums siehe auch Hobbensiefken, 1991, S. 257ff.).

2. Öko-Effizienz als Handlungsmaxime

> **Öko-Effizienz**
> ... ist eine Form der Leistungserstellung, die ihre Ziele unter Minimierung von Stoffdurchsatz und Umweltbelastung erreicht. Der Begriff Öko-Effizienz wird in der Literatur unterschiedlich definiert. Er beinhaltet allgemein ein Input-Output-Verhältnis.

Leitmotiv für den industriellen Strukturwandel und eine **zentrale** Kenngröße zur Beschreibung und Umsetzung der Nachhaltigkeitsforderung ist die sog. Öko-Effizienz (viele Innovationsbeispiele zur betrieblichen Umsetzung in Fussler, 1996). Bei dieser Strategie werden Produkte/Dienstleistungen **dematerialisiert** und mit verringertem Ressourceneinsatz produziert. Zur Öko-Effizienz im einzelnen DeSimone et al. (1997) und Fussler (1996, S. 149ff.), der den Einsatz des sog. **„Eco-Compass"** als praxisorientiertes Instrument zur Beurteilung der Umweltwirkungen eines Produkts vorstellt.

Wir haben im Punkt V das Dogma des ständigen Wachstums bereits erläutert (dazu auch unsere Ausführungen unter H: Die Grenzen des „Grünen Marketing"). Das Ziel einer zukunftsfähigen, umweltverträglichen Entwicklung fordert aber

- weniger Energie- und Ressourcenverbrauch und
- weniger Umweltbelastungen durch Emissionen und Okkupation (Landschaftsverbrauch etc.).

Dies würde bedeuten: **weniger Konsum** an (1) Produkten und an (2) Dienstleistungen. Die Trends gehen aber zur Zeit genau in die **entgegengesetzte Richtung**:

zu (1):

- Die Produktlebenszyklen werden immer kürzer.
- Die Produkte werden immer komplexer.
- Die Werbung auf immer mehr (digitalen) Kanälen stimuliert künstlichen Konsum.
- Die Kinder kennen bereits in der Grundschule die wichtigsten „Markennamen" (besonders im Freizeitbereich).
- Die Unvernunft in Form eines Lifestyle-Konsums nimmt zu. (Beispiel: der boomende Markt für Vierrad angetriebene Jeeps: hochgebockt steht der Großstädter mit den benzinschluckenden Recreation Vehicles im Stau und freut sich, daß ihm der eingebaute Kompaß zumindest sagt, in welcher Richtung er steht, und, wer weiß, vielleicht liegt ja hinter der nächsten Kreuzung bereits Afrika...?)

zu (2)

Nehmen wir als Beispiel den Bereich **Urlaubsreisen**, weltweit die Wachstumsbranche Nr.1. Es ist mit einem weiter steigenden Freizeit- und Urlaubsaufkommen zu rechnen, mit Last-Minute-Angeboten wird auch noch der letzte Umsatz herausgekitzelt. Auch hier zeigen die Trends genau in die ökologisch ungewünschte Richtung: Statt einem „sanften" Reisen über kürzere Strecken in der Region mit vernünftigen, energiesparsamen Verkehrsmitteln, längeren Aufenthalten, Nutzung energieeffizienter und abfallarmer Hotels und hohem Wareneinsatz regionaler Erzeugnisse wird immer öfters, immer kürzer, immer weiter und immer schneller gereist.

Es gibt zwei Auswege:

Ein **erster Schritt** muß zu einer „**Effizienzrevolution**" führen. D.h., es werden

- umweltverträglichere Produkte und Dienstleistungen angeboten und
- Umweltmanagement- und Controllingsysteme eingeführt.
- Dies setzt ein entsprechend langfristiges Konzept im Rahmen von Nachhaltigkeitsplänen auf nationaler/regionaler und lokaler Ebene durch die Politik voraus. Dieser Zwischenschritt ist notwendig, aber für wirkliche Entlastungseffekte nicht ausreichend.

Ein **zweiter Schritt** muß zu einer „**Suffizienzrevolution**" führen (d.h., der Output selbst wird reduziert = weniger Konsum). D.h., wir sollen

- Produkte länger nutzen (Langlebigkeit, Produkt-Recycling, Weiternutzung),
- Produkte intensiver nutzen (Öko-Leasing und Sharing),
- Produkte durch Dienstleistungen ersetzen (Beratung zu Energieeinsparungsmaßnahmen statt Mehrverbrauch).

Wir unterstellen folgende Arbeitsthese:

- Der **erste** Schritt wird **nicht** ausreichend sein für die Erfüllung von strikten Nachhaltigkeitszielen (wie etwa einer radikalen CO_2-Reduktion), denn die Einsparungen (z.B. bei der Energie) in den notwendigen Größenordnungen gehen weit über die Möglichkeiten auch drastisch gesteigerter Ausnutzungseffizienz hinaus.
- Der **zweite** Schritt eines Rückfahrens der dramatisch gestiegenen Stoffströme ist zwar **grundsätzlich** denkbar, wird aber **nicht** durchsetzbar sein, denn der „Preis für eine heile Umwelt" ist sowohl politisch (Verlust von Wählerstimmen in der Mitte), als auch wirtschaftlich (schrumpfendes BIP) und sozial (Gefahr des Arbeitsplatzverlustes) zu hoch. Deshalb ist ein „ungebremstes Weitergehen" der bisherigen Entwicklungen an Umweltbelastungen wohl unvermeidlich; noch dazu angesichts der Tatsache, daß täglich die Weltbevölkerung um 250 000 Menschen mit zukünftigen Ressourcen- und Energieverbräuchen wächst.

Dies verdeutlicht wiederum die Notwendigkeit, „nachhaltige Entwicklung" als eine **vernetzte** Einheit von Ökonomie, Ökologie und Sozialem zu sehen, und zeigt, in welch ungeheurem Ausmaß die in jüngster Zeit besonders vom Wuppertal-Institut eingeforderte Öko-Effizienz („Faktor 4") gesteigert werden müßte. Der Einbezug des einzelnen Menschen in seiner persönlichen Verantwortung ist unumgänglich. (vgl. Abb. 170)

Eine Politik der nachhaltigen Entwicklung hat für das Umweltbundesamt (1998, S. 23) die Aufgabe, eine rechtzeitige, geordnete Anpassung an enger werdende natürliche Spielräume herbeizuführen; dies kann nur gelingen, wenn alle die Umwelt beanspruchenden Akteure daran mitwirken:

„Die Beeinflussungsmöglichkeiten in einer offenen, pluralistischen Gesellschaft hängen sehr stark von einem weitreichenden Konsens über zu befolgende Verhaltensregeln ab. Das ‚Umsteuern' bedarf eines Grundkonsenses über Verhaltensregeln, die in Richtung einer nachhaltigen Entwicklung wirken. Hierzu gehören unterschiedliche Instrumente der mittelbaren und unmittelbaren Verhaltenslenkung. Dem Anpassungsdruck, den eine solche Politik notwendigerweise entfalten muß, werden die im Wohlstand lebenden Menschen nur dann nachgeben, wenn sie erkennen, daß Wohlstand – wenn auch in anderer Ausprägung – langfristig nur durch einen auf Nachhaltigkeit ausgerichteten Struktur- und Bewußtseinswandel erreicht werden kann.“

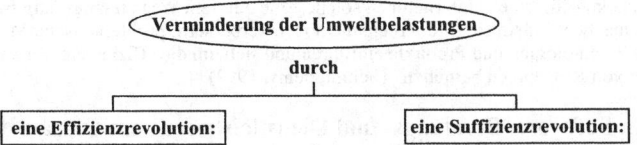

Verminderung der Umweltbelastungen

durch

eine Effizienzrevolution:	eine Suffizienzrevolution:

Ökologischer kaufen → Relative Reduzierung der Umweltbelastungen/Stoffströme

Strategie, die andere Produktion und anderen Konsum will, so daß insgesamt die Öko-Effizienz gesteigert werden kann. Bei dieser Strategie werden Produkte/Dienstleistungen

➪ dematerialisiert: Funktionell äquivalente Güter werden mit geringerer Materialintensität hergestellt, d. h. es wurde weniger bewegt oder

➪ mit geringerem Ressourceneinsatz produziert.

Voraussetzung dieser Strategie:

➪ Existenz eines ökologischen Angebots mit einer geringeren Umweltbelastung pro Produkteinheit,

➪ Existenz einer entsprechenden ökologischen Nachfrage. Diese setzt ihrerseits ein Umweltbewußtsein beim Verbraucher voraus.

Weniger kaufen →absolute Reduzierung der Umweltbelastungen/Stoffströme

➪ **Prinzip der Langlebigkeit:**
- Der Hersteller produziert langlebige Produkte oder hilft, die Lebensdauer zu verlängern durch Instandhaltung und Wartung
- der Verbraucher substituiert kurzlebige durch langlebige Produkte und wirft Produkte nicht weg, sondern pflegt diese, baut Nutzungskaskaden auf (Weitergabe innerhalb der Familie), verwendet diese weiter, statt zu recyclen

➪ **Gemeinsame oder intensivere Nutzung von Produkten:** Leihen, mieten, pooling, sharing:
- miteinander nutzen: im öffentlichen Bereich (Verkehrsmittel, individuelle (Car-sharing, Appartementhäuser)
- nacheinander nutzen: Second-hand-Läden, Nutzungskaskaden
- intensiver nutzen: Waschmaschinen im Waschsalon statt zuhause, Carleasing statt eigenes Auto
- gemeinsam nutzen: teilen mit anderen statt eigenes Produkt kaufen (Skischuhe, etc.)

➪ **Produkte durch Dienstleistungen ersetzen:** Der Verbraucher kauft nicht ein Produkt, sondern lediglich die Nutzung, eine Funktion des Produktes, also ein Dienstleistungsangebot (z.B. Taxi statt Auto)

➪ **Teilweiser oder gänzlicher Verzicht auf ein Produkt/eine Funktion**

Abb. 170: Effizienz- und Suffizienzrevolution

a) Die Effizienzrevolution

Der Begriff Öko-Effizienz wird in der Literatur unterschiedlich definiert. Er beinhaltet ein **Input-Output Verhältnis**:

- Stahel spricht von **Ressourceneffizienz** (ähnlich der Durchsatzreduktion): Ressourcen-Input pro Nutzungseinheit, gerechnet über lange Zeiträume. Eine Erhöhung der Ressourceneffizienz führt damit zu einer „Dematerialisierung“ ohne Nutzungsverzicht.
- Schmidt-Bleek (1994) und das Wuppertaler Institut sprechen von der Ressourcen**produktivität** eines Gutes als der Gesamtheit der verfügbaren Einheiten an Dienstleistungen, dividiert durch den Gesamtverbrauch an

Material für das dienstleistende Gut, gerechnet von der Wiege bis zur Wiege, einschließlich der für den Energieverbrauch bewegten Stoffströme.

- Schaltegger/Sturm (1992, S. 31ff.) sprechen von ökologischer Effizienz als ein Verhältnis **Schadschöpfung** zum erwünschten Output (Schadschöpfung = die Summe aller in einem Werk, einer Unternehmung, einem Land oder während eines Produktlebens durch betriebliche Leistungsprozesse direkt und indirekt, z.B. durch Konsum, Transport etc., verursachten und nach ihrer relativen ökologischen Schädlichkeit beurteilten Emissionen). Aus Sicht des Unternmehmens können Strategien qualitativen Wachstums auf zwei verschiedenen Ebenen ansetzen: Bei der Analyse der ökologischen **Produkt**effizienz wird die Schadschöpfung pro Produkteinheit und bei der ökologischen **Funktions**effizienz die Schadschöpfung pro Funktions- und Zeiteinheit ermittelt (vgl. ebd., S. 34; vgl. Müller-Witt, 1993, S. 33f.).
- Nachhaltigkeit erfordert betriebliches Handeln über technologische Veränderungen hinaus und benötigt einen tiefgreifenden Wandel in den Unternehmens**zielen**. Der Business Council for Sustainable Development definiert als „öko-effiziente" Unternehmen solche, „die auf dem Weg zu langfristig tragbarem Wachstum Fortschritte machen, indem sie ihre Arbeitsmethoden verbessern, problematische Materialien substituieren, saubere Technologien und Produkte einführen und sich um die effizientere Verwendung und Wiederverwendung von Ressourcen bemühen" (Schmidheiny, 1992).

Da der Anteil an Software, Beratungs- und Dienstleistungen am Umsatz der Industrie anteilsmäßig steigt, sieht Stahlmann (1991) in diesem Aufbruch zu einer **materialflußärmeren Dienstleistungsgesellschaft** eine große Hoffnung künftiger Umweltpolitik (i. S. eines ökologisch tragfähigen Wachstums). Simonis nennt dies eine tendenzielle Entmaterialisierung der Produktion. Bei diesem umweltentlastenden Strukturwandel geht es im Prinzip um eine Entkoppelung des Wirtschaftswachstums (BSP) von dem dazu notwendigen Faktoreinsatz (Ressourcen), m. a. W. einer geringeren Zuwachsrate der „umweltsensiblen" Inputfaktoren als die des BSP. Beispiel für z. T. zu beobachtende Entkoppelungseffekte haben wir bereits an früherer Stelle angeführt (Primärenergie, Wasser-, Stahl- oder Zementverbrauch).

Weizsäcker/Lovins/Lovins (vgl. 1995) fordern als Ergebnis der „ersten globalen Revolution" die Vervierfachung der Ressourcenproduktivität, d.h., einen doppelten Wohlstand bei halbiertem Naturverbrauch (= **Faktor vier**). Sie geben dafür zahlreiche Praxisbeispiele.

Aufbauend auf diesen Gedanken fordert Schmidt-Bleek (1998), im Verlauf der nächsten Jahrzehnte die Wirtschaftssysteme um den Faktor 10 radikal zu dematerialisieren (zum Prinzip der Dematerialisierung siehe auch H, IV, 3, g).

b) Die Suffizienzrevolution

Für Pfriem (1995, S. 276) greifen diese Ansätze der Öko-Effizienz zu **kurz**:

„Eine Strategie, die andere Produktion und anderen Konsum will, kann sich nicht darauf beschränken, dasselbe wie bisher zu machen, bloß mit gesteigerter Öko-Effizienz. Öko-Effizienz ist im Diskurs über sustainable development die Kategorie, mit der wiederum das Problem qualitativer Resultate auf jenes quantitativer Inputfaktoren reduziert wird (wie wir es aus Betriebs- und Volkswirtschaftslehre hinlänglich kennen)." Er fordert grundlegende **Leitideen** einer nicht mehr produkt-, sondern **„funktionsorientierten"** Wirtschaftspolitik, die Bedürfnisse mit ökologisch verträglicheren materiellen Gütern, durch Dienstleistungen, in sozialen Netzen bzw. Eigenarbeit, durch kulturelle Artikulation (d.h. Verlagerung von ökonomischen auf kulturelle Produkte) und mit Hilfe individueller und gemeinschaftlicher Selbstverwirklichung „ohne Produkte" anstrebt.

Der Stoffumsatz ist letztendlich auf einen explodierenden **Output** zurückzuführen. Angesichts dieser simplen Tatsache erscheinen die meisten Ansätze im Umweltschutz im Grunde nur als Problemverlagerungen oder zeitliches Hinausschieben. Die notwendige Reduzierung der Stoffströme wird aber durch in der Effizienzrevolution beschriebenen technisch-effizienten Weise **allein** keineswegs erreicht werden können. Auch Schmidt-Bleek (1994) sieht den ökologisch notwendigen Strukturwandel tiefergehend, da die Dematerialisierung nicht ausreichen wird, die Wirtschaft nachhaltig zu machen.

„Die Öko-Effizienzrevolution bleibt unzureichend und einäugig, wenn sie nicht von einer Suffizienzrevolution begleitet wird. Die Nulloptionen müssen uns geläufig werden. Wir müssen Nutzen besser definieren. All das muß integraler Teil der politischen Auseinandersetzung mit dem ökologischen Strukturwandel werden. Was wir brauchen, ist ein neues, ein dematerialisiertes Verständnis von Bedürfnisbefriedigung. In der Zukunft werden wir es uns nicht leisten können, materielle Güter zu konsumieren, einfach weil wir sie erstellen und bezahlen können - auch dann nicht, wenn daran der ‚American dream' scheitern sollte."

Gefordert ist im Rahmen eines Wertewandels in Richtung Nachhaltigkeit nicht nur ein umweltverträglicherer Konsum, sondern **weniger Konsum**, d.h., die effizienteren Techniken müssen begleitet werden von einem Bewußtseins- und Lebensstilwandel: Das Wuppertal-Institut ergänzt deshalb die Öko-**Effizienzrevolution** („besser") um eine sog. **Suffizienzrevolution** („weniger"). Neben diese beiden Strategien stellen einige Autoren noch eine **Konsistenz**-Strategie, die auf eine umweltverträgliche Beschaffenheit unvermeidbarer Stoff- und Energieströme in der Form abzielt, daß sich anthropogene und geogene Stoffströme nicht beeinträchtigen oder gar einander symbiotisch-synergetisch verstärken. „Bei dieser Strategie geht es nicht um Minimierung der anthropogenen Stoff- und Energieströme. Vielmehr sollen die Ströme so gestaltet werden, daß eine Re-Integration in die Kreisläufe der Natur erfolgt, in denen dann auch vergleichsweise hohe Stoffumsätze getätigt werden können." (Schmid, 1997, S. 33)

Während sich aber technische Innovationen als typische „**Win-Win-Situationen**" aufgrund der Kosteneinsparungen (weniger Ressourcen-, Energieverbrauch, geringere Entsorgungskosten oder Versicherungsprämien) betriebswirtschaftlich „**rechnen**", dürften die notwendigen sozial-gesellschaftspolitischen Veränderungs- und Lernprozesse (nachhaltige Verhaltens-/Konsummuster, neue Formen der politischen Kooperation etc.) wesentlich schwerer umzusetzen sein.

Für **jede** Kaufentscheidung stehen dem umweltbewußten Verbraucher eine Reihe von alternativen Wegen zur Bedürfnisbefriedigung zur Verfügung. Für die Reduzierung der hergestellten Produktmenge erscheinen zahlreiche **Wege** möglich:

1. Verstärkte **Eigenproduktion/**-arbeit, Nachbarschaftshilfe, organisierter Tauschhandel

2. Nachhaltiger, **bewußterer** Konsum (z.B. Veränderung der Ernährungs- und Mobilitätsgewohnheiten, Kauf von Ökoprodukten, immaterielle Bedürfnisbefriedigung)

3. Local Economy and Trade Schemes (**LETS**: bargeldlose immaterielles Zahlungsmittel, um gegenseitig Leistungen auszutauschen; „Tauschringe"; dazu Tischner, 1997, S, 98f.; auch in Deutschland soll es inzwischen 150 „Tauschringe" auf Gutscheinbasis geben.)

4. Prinzip der **Langlebigkeit:** beim Produzenten durch Herstellung langlebiger Produkte, Instandhaltung und Wartung zur Verlängerung der Lebensdauer; beim Verbraucher, indem er zu Produkten mit längerer Lebensdauer wechselt und Produkte pflegt und in Nutzungskaskaden weitergibt (z.B. innerhalb der Familie).

5. Prinzip der **Nutzenorientierung**, d.h., gemeinsame oder intensivere Nutzung (z.B. Formen des Öko-Leasing/Öko-Sharing): gemeinsames Eigentum und Nutzen finden sich bei Autos, Skiern, Skischuhen Videorecordern/-kassetten, Teppichreinigern, anderen Freizeitartikeln wie Surfbretter, Segelboote oder Ferienwohnungen. Bei langlebigen Investitionsgütern finden sich Beispiele bei Flugzeugen, Nutzfahrzeugen und PKWs, Maschinen, Büroausstattungen, landwirtschaftlichen Geräten oder Elektrogeräten.)

6. **Dienstleistung** statt Produkt: Die gezeigte Optimierung durch eine geteilte Nutzung von Gütern (Leasing oder Sharing) ist bereits eine Form der Dienstleistungen. Der Verbraucher kauft nicht mehr ein Produkt, sondern ein bestimmtes „**Dienstleistungsangebot**". Ein Autohersteller verkauft „Transportkapazität" oder ein „Mobilitätsticket", ein Fotokopiererhersteller verkauft nicht mehr Geräte, sondern eine „3-Jahres-Nutzer-Zufriedenheitsgarantie", mit der Unterhalt, Um-/Austausch und Hochrüsten kostenlos garantiert werden. Der Benutzer zahlt im Gegenzug einen Fixpreis pro Kopie und geht eine „Treuepflicht" über ein paar Jahre ein.

7. Teilweiser oder gänzlicher **Verzicht** auf ein/e Produkt/Funktion. Die Forderung nach **Verzicht** erscheint vielen innerhalb unserer gegebenen kulturellen Bezugsmodelle („Wachstum = Wohlstand", Statussymbole, genußorientierte Erlebnisgesellschaft etc.) unrealistisch und ökonomisch auch gar nicht wünschenswert (Arbeitsplatzverluste usw.). Zudem wird Bedarfsreduzierung als sog. Null-Option fälschlicherweise mit Wohlstandsreduzierung gleichgesetzt.

Die derzeitige Effizienz-„Euphorie" in Theorie und Praxis ist aus mehreren Gründen verwunderlich. Einerseits ist die Verbesserung der Effizienz (Produktivität) eines der ältesten ‚Kern'-Anliegen der BWL (also überhaupt nichts Neues!), anderseits ist mit der aufgezeigten Effizienzrevolution der notwendige Übergang zu einer nachhaltigen Gesellschaft überhaupt nicht zu schaffen. Ist also das Gerede nur eine Alibifunktion, um so weitermachen zu können wie bisher (nur „effizienter"), um den unangenehmen Grenzen der jetzigen Produktions- und Lebensweise nicht ins Auge schauen zu müssen, die eine radikalere Veränderung verlangen?

3. Die Agenda 21 als globaler Handlungsplan

Auf der Konferenz der Vereinigten Nationen für Umwelt und Entwicklung in Rio de Janeiro 1992 mit 178 Teilnehmerstaaten, die – was der breiten Öffentlichkeit bis heute nicht richtig ins Bewußtsein gerückt ist – „weltweit den **ersten** Versuch darstellte, globale Verhandlungen über die Konditionen und Mittel für die weltweite Produktion und Verteilung von Reichtum zu führen" (Die Gruppe von Lissabon, 1997, S. 125) wurde u. a. eine **Agenda 21** als globales Aktionsprogramm unterzeichnet mit dem Ziel, ein **„sustainable development"** zu erreichen.

Nachhaltige Entwicklung
„... bedeutet, die heutigen Bedürfnisse der Gesellschaft zu befriedigen, ohne diejenigen der künftigen Generationen zu gefährden („development which meets the needs of the present without compromising the ability of future generations to meet their own needs") (Brundtland Report)

Eine Definition dessen, **was** eigentlich unter Entwicklung zu verstehen ist, wird erschwert dadurch, daß

- der Begriff nicht wertfrei interpretiert werden kann,
- zur konkreten Fassung des Begriffs in Zielen verschiedenste Ausprägungen Verwendung finden können (u.a. auch „sustainable"),
- die Zielerreichung selbst anhand verschiedener Indikatoren gemessen werden könnte (Wachstumsrate des BSP, Sozialindikatoren etc.),
- nicht klar ist, für wen die Entwicklung gedacht ist.

Für Eblinghaus/Stickler (1996, S. 40f.) ergibt sich die **Attraktivität** des Begriffs Sustainable Development (gesellschaftliche Leit- und Wertidee vom „Sein-Sollenden") durch:

- die Vagheit des Begriffs,
- die angebliche Vermittlung zwischen den Gegensätzen
- Entwicklung und Umwelt bzw. Ökologie und Ökonomie,
- Umweltschutz und Technik,
- die Harmonisierung vormals konfliktärer Interessengruppen,
- das Angebot „von oben" zum Mitgestalten,
- die Evidenz der Problemebene,
- die konzeptionelle Verknüpfung von „wissenschaftlichen Tatbeständen" und abstrakten ethischen Prinzipien,
- langfristige Eigeninteressen.

In dem in diesem Kapitel zu erörternden Zusammenhang ist folgende Unterscheidung sinnvoll:

- **Wachstum** (eine quantitative Größenzunahme) und
- **Entwicklung** (qualitative Evolution zu einem erfüllteren, besseren oder jedenfalls anderen Zustand)

In vier zentralen Bereichen und in 40 Kapiteln werden in der Agenda 21 alle wesentlichen Politikbereiche auf eine solche weltwirtschaftliche Entwicklung hin angesprochen. Insbesondere werden detaillierte Handlungsaufträge gegeben, einer weiteren Verschlechterung der globalen Situation entgegenzuwirken sowie eine nachhaltige Nutzung der natürlichen Ressourcen zu erreichen. Die Agenda 21 fordert zur Landwirtschaftspolitik, Armutsbekämpfung, Bevölkerungspolitik, zu Handel und Umwelt, Abfall-, Chemikalien-, Klima-, und Energiepolitik sowie

912

zur finanziellen und technologischen Zusammenarbeit der Industrie- und Entwicklungsländer alle Regierungen auf, möglichst eigene **nationale** Umsetzungspläne zu erstellen. Auch auf kommunaler Ebene ist das Leitbild umzusetzen. Das **5. Aktionsprogramm der EU** fußt ebenfalls auf dem Grundgedanken der nachhaltigen Entwicklung.

Als wohl wesentlichstes Kriterium bleibt die „Erweiterung" der Perspektive bzw. **Vernetzung** der genannten Aspekte festzuhalten. Diese Dimensionen sind **untrennbar miteinander verknüpft**. dürfen nicht voneinander abgespalten und gegeneinander ausgespielt werden.

Im Deutschen wird der Leitbegriff i.d.R. als **Nachhaltigkeit**, nachhaltige Entwicklung, dauerhaft umweltgerechte Entwicklung oder Zukunftsfähigkeit übersetzt. In den Wirtschaftswissenschaften wird der Begriff zunehmend zur Beurteilung von ökonomischen Wachstumsprozessen und ihrer Vereinbarkeit mit den natürlichen Lebensgrundlagen akzeptiert. Das Ziel der Nachhaltigkeit ist die **entscheidende Vision** für unternehmerisches Handeln im 21. Jahrhundert und wird über die eigentliche Produktion hinaus auf immer mehr wirtschaftliche und gesellschaftliche Bereiche angewandt (nachhaltiger Verkehr/-Tourismus/-Konsum usw.).

Nachhaltig „ist wirtschaftliches Wachstum dann, wenn die Einkommensquellen im Produktions- und Konsumprozeß nicht verringert werden oder qualitativ beeinträchtigt werden, wenn also die Einkommensquellen - Arbeit, Kapital und Naturvermögen - auch im Zuge des gesellschaftlichen Produktions- und Konsumprozesses in quantitativer und qualitativer Hinsicht dauerhaft erhalten bleiben." (Pätzold, 1996, S. 28)

Der Weg zu einer nachhaltigen Entwicklung ist nach Renn (1997) durch vier **Prinzipien** gekennzeichnet:

- Erhöhung der Ressourcenproduktivität
- Anerkennung der Grenzen der Substituierbarkeit zwischen natürlichem und künstlichem Kapitalstock
- Beachtung der Verwundbarkeit von anthropogenen Ökosystemen
- Einbeziehung sozialer Werte in den Umgang mit Umwelt und Natur

Wege zur Nachhaltigkeit liegen in der Erhöhung der Umwelteffizienz, der Verbesserung der Innovationskraft und der Veränderung der Lebensstile. Bei der Suffizienzrevolution sieht Renn, da jedes Unternehmen grundsätzlich darauf angewiesen ist, Produkte und Dienstleistungen zu verkaufen, einen immanenten Zielkonflikt gegeben. **Auswege**:

- Erhöhung des Umsatzes im Rahmen nachhaltiger Produktionsweisen nur über die Substitution von Materie durch Information
- Anbieten von Dienstleistungen, die ein bestimmtes Bedürfnis (etwa nach Mobilität, Komfort oder Zerstreuung) durch ein Minimum an materiellem Aufwand befriedigen.

4. Die Ebenen der Umsetzung der Agenda 21

Beispiele für **Akteure** und **Maßnahmen** für eine nachhaltige Entwicklung (Homburg/Matthies, 1998, S. 27):

- **Vereinte Nationen**: Verabschiedung von Konventionen (Arten- und Klimaschutz)
- **Nationen**: Formulierung umweltpolitischer Ziele und gesetzlicher Regelungen
- **Bundesländer**: Förderprogramme zur Nutzung regenerativer Energien
- **Kommunen**: Lokale Umsetzung von Klimaschutz-, Energiespar- und Verkehrsvermeidungskonzepten (Lokale Agenda 21)
- **Betriebe/Handel**: Angebot umweltverträglicher Produkte und Dienstleistungen (Umweltmanagement, Öko-Audit-VO)
- **Privathaushalte**: Beteiligung an der lokalen Agendaentwicklung, Nutzung umweltverträglicher Verhaltensalternativen (z.B. beim Verkehr)

Als **Aktionsprogramm** ist die Agenda 21 von Seiten des **Staates** auf mehreren Ebenen umzusetzen:

- auf nationaler Ebene (z.B.„Nachhaltiges/Agenda 21 Deutschland")
- auf regionaler Ebene (z.B. „Nachhaltiges/Agenda 21 Bayern")
- auf lokaler Ebene (z.B. „Nachhaltiges/Agenda 21 München")

In Deutschland werden Forderungen nach einem langfristigen „Umweltplan", etwa vom Büro für Technologiefolgenabschätzung des Bundestages gestellt, politisch aber noch nicht realisiert. Auf **nationaler** Ebene ist Deutschland noch in der Zielfindungsphase. Das deutsche Umweltministerium lehnte bisher einen Umweltplan mit verbindlichen Zielen und Maßnahmen ab, stattdessen wurde im April 1998 ein Entwurf zu einem „Umweltpolitischen Schwerpunktprogramm" vorgelegt. Ein **„Umweltbarometer Deutschland"** mit Schlüsselindikatoren und Zielen für ausgewählte Bereiche soll Fortschritte aufzeigen.

Der Deutsche Bundestag hat im Juni 1995 die Enquetekommission „Schutz des Menschen und der Umwelt" eingesetzt, um Ziele und Rahmenbedingungen einer nachhaltigen zukunftsverträglichen Entwicklung festzulegen. Die Enquete-Kommission „Schutz des Menschen und der Umwelt" legte Zwischenberichte vor (z.B. wurden als konkrete Handlungsziele Vorschläge zur Eindämmung des Bodenverbrauchs gemacht).

Die **Reduktionsstrategie** ist in einzelnen Feldern der Politik bereits (Regierungs-)Programm: So verpflichtet sich Deutschland (durch bestimmte Maßnahmen wie schärfere Wärmeschutzverordnung, Förderung erneuerbarer Energien, höhere Mineralölsteuer, allerdings keine CO_2 Steuer), für einen nachhaltigen Klimaschutz die CO_2-Emissionen (und damit den Energieverbrauch) bis zum Jahr 2005 um 25 % zu senken. Zwar wurde bisher die CO_2-Belastung reduziert, seit 1990 um rund 10 % (hier kam der Wiedervereinigungseffekt mit dem Zusammenbruch der ostdeutschen Industrie zur Hilfe), aber das gesteckte Ziel wird verfehlt werden, maximal erreichbar erscheinen nach Berechnungen der Wirtschaftsforschungsinstitute 15 %.

Das Institut der deutschen Wirtschaft in Köln meint dazu: „Eine vollständige Umsetzung des ehrgeizigen 25-Prozent-Ziels hätte einschneidende ökonomische und soziale Konsequenzen, egal, wo zusätzlich Einsparpotentiale mobilisiert werden sollen – bei der Industrie, den Haushalten oder im Verkehrswesen. In diesem Spannungsfeld stellt sich die prinzipielle Frage einer einseitig ökologisch formulierten, quantitativen Nachhaltigkeitsstrategie: Inwieweit rangiert die Ökologie vor ökonomischen und sozialen Belangen; darf also das Ziel einer 25-prozentigen CO2-Reduktion ohne Rücksicht auf ökonomische und soziale Folgen durchgesetzt werden?"(iwd, Nr.47, 20.11.97, S. 8) Nach Angaben der Internationalen Energieagentur wird es ohne Verbesserung der Energieeffizienz zu einem schnellen Wachstum der CO2-Emissionen von weltweit 1990 21,1 Mrd. Tonnen auf im Jahre 2000 24,7 und im Jahre 2010 31,5 Mrd. Tonnen kommen.

Der erste Versuch, das Konzept eines Sustainable Development umzusetzen, ist der alle vier Jahre erscheinende „National Environmental Policy Plan" (**NEPP**) der Niederlande. In ihm sind kurz- und langfristige Ziele zur Erreichung des Nachhaltigkeit dargestellt. Ein sog. Umweltbericht zeigt an, inwieweit die Ziele erreicht wurden. Auch in Österreich wurden bereits Nationale Umweltpläne erarbeitet. Die nationalen Umweltpläne ausgewählter **Industrieländer** (Niederlande, Großbritannien, Kanada, Österreich und Schweiz) finden sich bei Jänicke/Carius/Jörgens (1997, S. 73ff.).

Nachhaltiges Wirtschaften als wichtigster Ziel moderner Umweltpolitik ist durch zwei neue **strukturelle Herausforderungen** gekennzeichnet (vgl. Schäfer, 1996, S. 207f.):

- **Erste** Herausforderung: Umweltpolitik darf keine Spezialpolitik sein, sondern ist eine **Querschnittsaufgabe** (man kann z.B. nicht Verkehrspolitik betreiben, ohne umweltpoltische Forderungen zu berücksichtigen); Umweltschutz muß an zentraler Stelle bei der Entwicklung politischer Vorstellungen – ob in der Verkehrs-, Landwirtschafts-, Wirtschafts- oder Energiepolitik- mitberücksichtigt werden, um eine wirkliche Neuorientierung von Wirtschaft und Gesellschaft zu erreichen.
- **Zweite** Herausforderung: Schwierigkeiten und Strukturprobleme in der gegenwärtigen **Wirtschafts**- und **Lebensweise**, die kein Zukunftsmodell sind; die wirtschaftliche Entwicklung in den Industriegesellschaften nach dem alten Muster stößt an ökologische, soziale und gesellschaftliche Grenzen.

Mit der **Studie „Zukunftsfähiges Deutschland"**, erstellt vom Wuppertal Institut im Auftrag von Miserior/BUND (1997), sollte die Unbestimmtheit des Begriffs „heruntergebrochen" werden auf die für Deutschland notwendigen Strukturanpassungen innerhalb des zur Verfügung stehenden Handlungsrahmens. Weitere praktische Handlungsbeispiele in den in der Studie genannten acht Bedarfsfeldern – von Wohnung bis Verkehr – bietet das Weltkursbuch von Ferenschild/Hax-Schoppenhorst (1998); Wege/Handlungsansätze für ein „nachhaltiges Deutschland" zeigen auch das Umweltbundesamt (1998) und die Akademie für Technikfolgenabschätzung (Kastenholz/Erdmann/Wolff, 1996).

Zu den umweltpolitischen **Zielen** eines nachhaltigen/zukunftsfähigen **Deutschlands** siehe Miserior/BUND (1997, S. 10). Es ist den Autoren zuzustimmen, daß Nachhaltigkeit/Zukunftsfähigkeit im Kern ein **normatives** Konzept ist und **Werturteile** verlangt, d.h., wer diese Werturteile nicht teilt, wird zu anderen Ergebnissen kommen als diese Studie (1997, S. 7):

- Erste grundlegende Entscheidung: Künftige Generationen sollen gleiche Lebenschancen haben. Jede Generation hat die Erde treuhänderisch zu nutzen und nachfolgenden Generationen eine möglichst intakte Natur zu hinterlassen.
- Zweite Wertentscheidung: Jeder Mensch hat das gleiche Recht auf eine intakte Umwelt und damit umgekehrt auch das gleiche Recht, globale Ressourcen in Anspruch zu nehmen, solange die Natur dadurch nicht übernutzt wird.

Von Nachhaltigkeit kann man in Deutschland erst dann sprechen, so das Umweltbundesamt in seiner Studie Nachhaltiges Deutschland, wenn der Übergang zu einer nachhaltigen Entwicklung national in den Schlüsselbereichen gelungen ist und darüber hinaus gewichtige Beiträge zur Nachhaltigkeit im Weltmaßstab geleistet worden sind. Stichworte in diesem Zusammenhang sind:

- Energienutzung und CO_2-Minderung,
- Verkehrs- und Siedlungsentwicklung,
- Nahrungsmittelerzeugung, insbesondere Landwirtschaft,
- Stoffstrommanagement für die wichtigsten Einsatzstoffe,
- Umweltverträgliche Entsorgung der Abfälle,
- Veränderungen der Konsumgewohnheiten sowie
- Nationale Beiträge zum Schutz der weltweiten Natur- und Umweltressourcen

Die Erörterung der politischen Aufgaben, die Akteure zu einer nachhaltigen Entwicklung in Deutschland zu bringen, läßt sich nach Renn (1997, S. 9ff.) mit Hilfe einer **Liste von Grundforderungen** vornehmen:

- Erster Grundsatz: Staatliche oder subpolitische Akteure müssen **Informationen** bereitstellen, die Konsumenten und Anbieter von Produkten und Dienstleistungen in die Lage versetzen, die Konsequenzen des Konsums für Umwelt und Nachwelt zuverlässig abzuschätzen (z.B. durch produktspezifische Informationen an die Händler wie an die Konsumenten: angeheftete Produktbeschreibungen, Internet-Infos, Labelling, Infos über subpolitische Akteure wie VHS oder Gewerkschaften).
- Zweiter Grundsatz: Die politischen und subpolitischen Akteure sollten systematisch die Erfolge und Wirkungen einer nachhaltigen Lebensweise an alle Beteiligten **rückkoppeln**, um der Illusion der Marginalität des eigenen Verhaltens entgegenwirken zu können; fehlt die Rückkoppelung über längere Zeit, dann erlahmt nämlich die Motivation.
- Dritter Grundsatz: Staatliche und subpolitische Akteure sind aufgerufen, ihre **Beratungsqualität** zu verbessern und neue Formen der Beratung bereitzustellen (z. B: VHS Kurse zum nachhaltigen Konsumstil, gemeinsame Gesprächsrunden der Kirchen unter Anleitung eines Umweltberaters, dialogische Verfahren, lokale Initiativen wie innerhalb der Agenda 21).
- Vierter Grundsatz: Staatliche und subpolitische Akteure sollten sich aktiv an der **Bewertung** von Maßnahmen, Produktionsverfahren und Konsumverhalten beteiligen und diskursive Formen der Konfliktschlichtung und der Selbstverpflichtung anbieten (Formen der **problemlösenden Kommunikation**).
- Fünfter Grundsatz: Der Staat und die subpolitischen Akteure sind aufgerufen, geeignete **infrastrukturelle Angebote** anzubieten oder zu ermöglichen, die einen nachhaltigen Konsum unterstützen können (z.B. alternative Freizeitangebote auch ohne Einsatz des Autos).

- Sechster Grundsatz: Der Staat sollte die ihm gesetzlich gegebenen Möglichkeiten nutzen, durch finanzielle Anreize und Steuern die **externen** Kosten der konsumbedingten Umweltbelastung aufzufangen und sie in das Preisgefüge zu **integrieren** (Preise müssen die ökologische Wahrheit sagen).

Die Mitwirkung der **Kommunen** wird als eine entscheidende Voraussetzung für die Verwirklichung einer weltweit nachhaltig-umweltgerechten Entwicklung im Sinne von mehr Lebensqualität und für die künftige Entwicklung der Lebensbedingungen in Deutschland gesehen. Aufgrund ihrer unmittelbaren Bürgernähe und ihrer Eigenverantwortung haben die Kommunen (Städte, Gemeinden, Landkreise) eine Schlüsselstellung. Da eine Kommune die der Bevölkerung am **nächsten** liegende Einheit ist, kommt ihr damit im Rahmen der Agenda 21 besondere Bedeutung zu (Kapitel 28: „Jede Kommunalverwaltung soll in einen Dialog mit ihren Bürgern, örtlichen Organisationen und der Privatwirtschaft eintreten und eine ‚kommunale Agenda 21' beschließen"); zu kommunalen Strategien und zahlreiche deutsche Beispielen für eine zukunftsfähige Entwicklung insbesondere in Internationaler Rat für Kommunale Umweltinitiativen et. al. (1998) und für München in Ökom (1998).

Auf **lokaler** Ebene sind in Deutschland sind über 200 Kommunen mit Programmen und Projekten an der Umsetzung der Agenda 21 beteiligt. Inhaltliche Schwerpunkte liegen vor allem in den Bereichen nachhaltige Energieversorgung, lokaler Klimaschutz, Erhalt der biologischen Vielfalt, umweltgerechte Verkehrsplanung und Verkehrswegebau, öffentlicher Personennahverkehr sowie Lärmschutz und Bauen.

Auf den gleichen Ebenen ist das Aktionsprogramm für die **Industrie** umzusetzen. Beim Umweltverband future läuft zur Zeit ein Projekt „Agenda 21 als Grundlage von Unternehmensleitbildern". Auf der betrieblichen Ebene haben zahlreiche Unternehmen Nachhaltigkeit zumindest in ihren Leitbildern verankert oder verwenden es als das Leitmotiv in ihren PR-Anzeigen. Konkrete Beispiele von Nachhaltigkeitsprojekten in Braun (2000, S. 24ff.; dazu auch Günther, 1998) .

Die entscheidende Frage ist: Wie kann unser Wirtschaftsmodell verändert werden, damit es **„globalisierungsfähig"** ist? Wenn die in den nächsten Jahren zu erwartende ökonomische Entwicklung der Dritten Welt (aus ökologischen Gründen) „kompensiert" werden muß, erfordert dies drastische strukturelle Veränderungen im industriellen Norden (im Energie- und Ressourcenverbrauch, Fragen des Produktions- und Konsumniveaus usw.); vgl. dazu auch unsere späteren Ausführungen.

5. Das 3-Säulen-Konzept

Die neue **Leitmaxime** „Nachhaltigkeit" für unternehmerisches Handeln geht über den Umweltschutz hinaus. Allgemein wird in der Literatur Nachhaltigkeit als **Drei-Säulen-Konzept** (dazu Empacher/Klugem 1999; Petschow/Meyerhoff, 1997; im angelsächsischen Bereich als die „Triple Bottom Line" bezeichnet, dazu vor allem Elkington, 1997) definiert. Das Konzept umfaßt drei Aspekte, die zu einer nachhaltigen Unternehmenspolitik zusammenzufassen sind:

- den **ökonomischen** Aspekt (z.B. Schaffung von Wohlstand, Kostenvorteile)
- den **sozialen** Aspekt (z.B. sozialer Fortschritt, Mitarbeitermotivation, Humanisierung, Mitbestimmung, Sozialbilanz/-audit, Menschenrechte; diese Dimension wird bisher in der Nachhaltigkeitsdiskussion stark vernachlässigt)
- den **ökologischen** Aspekt (z.B. Ressourcenschonung)

Die Unternehmen haben bei ihrer Wertschöpfung diese Dimensionen **gleichzeitig** anzustreben und auszubalancieren, d.h. es ist für eine nachhaltige Unternehmenspolitik entscheidend, alle drei Dimensionen gemeinsam/integriert zu betrachten, d.h., ein Ziel nicht auf Kosten des anderen zu erreichen.

916

Besonders die lange Zeit vernachlässigte soziale Dimension erfährt in jüngster Zeit größerer Aufmerksamkeit: Neben **Social Audits** (wie sie etwa regelmäßig The Body Shop durchführt) werden im angloamerikanischen Bereich auch zunehmend **Social Reports** (z.B. der vorbildliche „Values Report" von The Body Shop) veröffentlicht.

Social Audit
„... is a means of measuring an organsiation's social impact and ethical behaviour in relation to its aims and those of its stokeholders." (SustainAbility, London, 1996)

Das **Verhältnis** dieser drei Dimensionen zueinander bzw. die zugrundegelegte zeitliche Orientierung, ist strittig (vgl. Petschow u.a., 1998, S. 24ff.). Die Brundtland-Kommission geht von einer „**Gleichwertigkeit**" dieser drei Dimensionen aus. Andere Autoren fordern eine **Priorität** für die ökologischen Beurteilungskriterien: Diese Überordnung ergäbe sich aus der Notwendigkeit, die Lebensgrundlagen dauerhaft zu sichern., d.h. die Subsysteme Wirtschaft und Gesellschaft müssen sich den Gegebenheiten des übergeordneten Systems Biosphäre anpassen.

Auch die Enquete-Kommission betont zwar die Gleichrangigkeit, setzt aber einen **Vorbehalt**: „Marktwirtschaft ist nicht Selbstzweck. Sie muß im Dienste der Bedürfnisse des Menschen stehen. Ähnlich das Umweltbundesamt: „Nur in dem Maße, in dem die Natur als Lebensgrundlage nicht gefährdet wird, ist Entwicklung und damit auch Wohlfahrt möglich. Damit soll ein ökologischer Rahmen für die Wirtschaft aufgezeigt werden."

6. Kriterien für die ökologische Dimension der Nachhaltigkeit

Nachhaltigkeit in seiner Grundform bedeutet, aus der Natur nicht mehr zu entnehmen bzw. zu verbrauchen, als durch die **Regenerierung** wieder zur Verfügung gestellt wird. Mit anderen Worten: Die Nutzungsrate sich erneuernder Ressourcen darf deren Regenerationsrate nicht überschreiten. Das bisherige Produktions- und Konsumtionsmuster in den Industriegesellschaften stößt an prinzipielle **Belastbarkeitsgrenzen** von Natur und Sozialsystem. Hauptsächlich geht es dabei nach Kreibich (1994) um

- die Erschöpflichkeit nicht erneuerbarer und erneuerbarer Rohstoffe,
- die Überschreitung der Absorptionsfähigkeit globaler und lokaler Ökosysteme,
- die irreversiblen Folgen in Natur und Kultur,
- die Risikopotentiale quasi irreversibler Folgen, wie z. B. die Zerstörung der Ozonschicht,
- die soziale Sprengkraft der ständig zunehmenden Ungleichverteilungen von Gewinn und Verlust aus dem Naturvermögen.

Der abstrakte Begriff Nachhaltigkeit bedarf einer **inhaltlichen Konkretisierung**. Die Enquete-Kommission „Schutz des Menschen und der Umwelt" unternahm 1994 erste Schritte, diese „regulative Idee" zu operationalisieren, wobei die Notwendigkeit betont wird, die aufgestellten Ziele weiter in Umweltqualitäts- und -handlungsziele „herunterzubrechen".

Der Rat von Sachverständigen für Umweltfragen versuchte **methodische** Grundlagen für die Umsetzung dieses Leitbildes zu geben. Dazu wird ein **sektorenübergreifendes** Handlungskonzept angestrebt. Nachhaltigkeit verlangt eine Wirtschaft, die eine möglichst langfristige Verfügbarkeit der ins wirtschaftliche System eingespeisten Inputs garantiert. Für dieses Ziel muß an den **Entstehungsorten** selbst, also bei Produkten und Produktion, angesetzt werden. Dies führt

- zu Produkten, die auf Minimierung der Umweltwirkungen über ihren gesamten ökologischen Lebenszyklus hin entwickelt wurden, und
- zum produktions- bzw. prozeßintegrierten Umweltschutz.

Beide Ebenen basieren auf der Grundstruktur von **Kreisläufen** und einer erweiterten Stoffflußverantwortung des Herstellers. Ein Sustainable Development erfordert einen Übergang von der heutigen „Materialdurchflußwirtschaft" zu einer Wirtschaft mit möglichst geschlossenen Materialkreisläufen und einem **Stoffstrommanagement**. (dazu auch Punkt H, II, 1)

Die Enquete-Kommission (1998) schlägt für die genannten drei Dimensionen bestimmte **Regeln** vor. Stellvertretend sei hier nur die **ökologische** Dimension zitiert:

- Die Abbaurate erneuerbarer Ressourcen soll deren Regenerationsrate nicht überschreiten. Dies entspricht der Forderung nach Aufrechterhaltung der ökologischen Leistungsfähigkeit, d.h. (mindestens) nach Erhaltung des von den Funktionen her definierten ökologischen Realkapitals.
- Nichterneuerbare Ressourcen sollen nur in dem Umfang genutzt werden, in dem ein physisch oder funktionell gleichwertiger Ersatz in Form erneuerbarer Ressourcen oder höherer Produktivität der erneuerbaren sowie der nichterneuerbaren Ressourcen geschaffen wird.
- Stoffeinträge in die Umwelt sollen sich an der Belastbarkeit der Umweltmedien orientieren, wobei alle Funktionen zu berücksichtigen sind, nicht zuletzt auch die „stille" und empfindlichere Regelungsfunktion.
- Das Zeitmaß anthropogener Einträge bzw. Eingriffe in die Umwelt muß im ausgewogenen Verhältnis zum Zeitmaß der für das Reaktionsvermögen der Umwelt relevanten natürlichen Prozesse stehen.
- Gefahren und unvertretbare Risiken für die menschliche Gesundheit durch anthropogene Einwirkungen sind zu vermeiden.

Für Hampicke (1997, S. 128) **müssen** wir nachhaltig wirtschaften, da es eine Pflicht darstellt, der sich „moralisch verantwortliche Menschen nicht entziehen können und – bei entsprechender Einsicht – auch nicht entziehen wollen. Wo eine Pflicht besteht, da haben legitimierte kollektive Instanzen das Recht, pflichtvergessende Individuen zu bestimmten Verhalten zu zwingen bzw. ihnen pflichtwidrige Handlungen zu verbieten", nicht in Assoziation zu sog. „Öko-Diktaturen", sondern aus Verallgemeinerungen moralischer Grundsätze heraus.

Die in der Literatur oft bemängelte **inhaltliche Offenheit** des Nachhaltigkeitsbegriffs ist für ihn so nicht gegeben, denn in der einfachen politischen Definition wird zunächst alles Wichtige gesagt: „Wir können und sollen unsere Bedürfnisse befriedigen unter der Nebenbedingung, daß den Nachkommen dieselbe Chance nicht reduziert oder gar genommen wird." Diese **Nebenbedingung**, daß den Nachkommen dieselben Chancen nicht reduziert oder gar genommen werden, bedarf zwar der physischen Ausfüllung, jedoch erfolgt dies keineswegs in beliebiger Weise.

Nachhaltig ist nur die Entwicklung, die den Bestand an Kapital nicht reduziert – nicht aus der Substanz lebt –, sondern nur von den Zinsen, wie es bei einer Stiftung der Fall ist. Zwei Thesen (ebd., S. 133f.):

- Die Anhänger der „schwachen" These (**„weak sustainability"**) halten es für ausreichend, wenn die Summe aus natürlichen und anthropogenem Vermögen konstant gehalten wird... Sie geht von einem vollwertigen Ersatz natürlicher durch Menschen gemachte Bestandteile des Vermögens aus.
- Die Kriterien der „starken" These (**„strong sustainability"**) besagen, „daß die Natur nicht vollwertig substituierbar ist"... Folgt man dieser Argumentation, so heißt Sustainability, daß nicht nur die Summe aus na-

türlichem und anthropogenem Kapital konstant bleiben muß, sondern bereits jeder einzelne Anteil für sich, insbesondere der natürliche. Diese These ist zweifellos die vorsichtigere. Es erscheint vernünftig, sofern nicht im Einzelfall triftige Gründe dagegen stehen, wie insbesondere unvertretbare Kosten, im Allgemeinen der vorsichtigeren These zu folgen und irreversible Aufzehrungen des natürlichen Vermögens zu vermeiden.

Es stellt ein Gebot der Klugheit dar, wenigstens ein Minimum an Gerechtigkeit nach Maßgabe von Bedürfnissen, nicht aber orientiert an Leistungen, walten zu lassen, also soziale Aspekte zu berücksichtigen.

Die Nachhaltigkeit bedarf einer stringenten Begründung, die sie zu einer **Norm** erhebt. Zwei **Begründungsquellen**:

- Der **Utilitarismus**: Es besteht die moralische Pflicht, die Summe der Freude zu maximieren oder die Summe des Unheils zu minimieren; Kritikpunkte: seine Grenzen, etwas zur Gerechtigkeit zu sagen, schwierige inhaltliche Füllung von Glück und Leid; kann man Staatsbürger verpflichten, Utilitaristen zu sein? Richter (1997, 130ff.) interpretiert Utilitarismus als eine Form und Weiterentwicklung der Theorie des Selbstinteresses (= im angelsächsischen Raum meistgelesene/-diskutierte und einflußreichste Theorie normativer Ethik). Prinzip: Eine Handlung oder Handlungsweise ist dann sittlich richtig oder gut, wenn sie das Wohlergehen aller von der Handlung Betroffenen fördert.

- Die **Normen**- und **Pflichtenbegründung** mit **Kant** durch Verallgemeinerung des eigenen Interesses. (Ich wünsche, daß meine Interessen nicht durch andere verletzt werden, d.h., ich muß auch die Interessen der anderen achten.) Nach Auffassung Hampickes ist dieser Gedanke von Kant hinreichend, um nachhaltigen Umgang mit der Natur als **Pflicht** für jeden Wirtschaftsteilnehmer zu normieren.

7. Kriterien für ein „nachhaltiges Unternehmen"

a) Leitlinien und Ziele

Clausen/Mathes (1998, S. 27ff.) entwerfen, aufbauend auf dem **„Drei-Säulen-Modell"** der Nachhaltigkeit, folgende **Ziele** (und dazu jeweilige Maßnahmenbeispiele) für ein **nachhaltiges Unternehmen** (dazu auch Bizer/Dopfer/Peter, 1999 und Braun, 2000):

1. Leitlinien der ökologischen Nachhaltigkeit

- Vermeidung von Vergiftung (durch Ermittlung und Bewertung der human- und ökotoxischen Stoffe im Unternehmen; Vermeidung und Verminderung human- und ökotoxischer Stoffe als Rohstoffe in der Produktion und als Produkte; Vermeidung und Verminderung human- und ökotoxischer Emissionen)
- Erhaltung des natürlichen Gleichgewichts (durch Technologieentscheidung zugunsten umweltfreundlicher Technologien niedriger Eingriffstiefe; vorsorgende Reduzierung von Schadstoffen; Verminderung der CO_2-Emissionen; Schutz wertvoller Ökosysteme, Rekultivierung von Naturräumen)
- Ressourcenschutz (durch Förderung von Dienstleistungskonzepten und geteilte Nutzung von Produkten; materialsparende und recyclingfähige Konstruktion von Produkten; Erhöhung der Öko-Effizienz des Wasser- und Energieverbrauchs, Abfallvermeidung und Recycling in der Produktion)
- Die Mitwelt achten (durch Beschaffung von tierischen Rohstoffen aus artgerechter Haltung; Vermeidung, Verkürzung und Artgerechtheit von Tiertransporten; Förderung der Biodiversität durch Förderung seltener Arten und Sorten, z.B. durch geeignete Produktentwicklung und Beschaffung von pflanzlichen und tierischen Rohstoffen)

2. Leitlinien der sozialen Nachhaltigkeit

- Die bürgerlich-politischen Freiheitsrechte beachten (durch Integration der Einhaltung von Menschenrechten ins „Compliance Audit" aller Standorte; Berücksichtigung der Einhaltung der Menschenrechte in der Lieferantenbewertung, besonders bei Lieferanten aus undemokratischen Staaten; Gleichberechtigung von Frauen und Männern, Religionen, Nationalitäten und Rassen; Berücksichtigung dieser Gruppen langfristig anteilsgerecht bei der Besetzung von Führungspositionen (Quote); Beschäftigung von Behinderten und Be-

rücksichtigung von Behinderten als Kunden; Berücksichtigung der Ansprüche und Möglichkeiten älterer
Menschen bei ihrer Integration in den Arbeitsprozeß)
- Sicherheit und Gesundheit fördern (durch Senkung der Tausend-Mann-Quote der Arbeitsunfälle; aus-
schließliche Nutzung fehlerfreundlicher Produktionstechnologien; Volldeklaration der Inhaltsstoffe von
Verbrauchsprodukten)

3. Leitlinien der ökonomischen Nachhaltigkeit

- Sicherung der Grundbedürfnisse – Orientierung am Lebensnotwendigen (durch bevorzugte Entwicklung
und Produktion von Produkten zur Befriedigung von lebensnotwendigen Bedürfnissen; Prüfung jeder Investition auf die Möglichkeit, bei gleichen Kosten mehr Arbeitsplätze zu schaffen bzw. zu erhalten; Einführung einer Regelung zur freiwilligen, befristeten Teilzeit für ArbeitnehmerInnen; Einführung von Teilzeit-
arbeitsplätzen in Führungspositionen)
- Die Länder der dritten Welt fördern (durch Ermittlung derjenigen Rohstoffe, die aus Ländern der dritten
Welt bezogen werden; Beschaffung dieser Rohstoffe im fairen Handel oder aus kooperativen Projekten; Unterstützung der Länder der dritten Welt auf deren Wunsch durch Know-how-Transfer; Aufbau konkreter
Partnerschaften mit der dritten Welt; Finanzierung von Geschäften mit der dritten Welt so, daß sich die
Schuldenkrise nicht verschärft wird)

b) Handlungsprinzipien

Clausen/Mathes sehen für diesen Weg zu einem nachhaltigen Unternehmen die Notwendigkeit eines **Wertewandels**. Als Managementansatz skizzieren sie eine konsensorientierte,
stakeholder-orientierte Unternehmenspolitik mit den **Handungsprinzipien** Transparenz,
Dialog und Kooperation (ebd., S. 42) mit folgenden konkreten Handlungen:

- langfristige Zusammenarbeit mit Lieferanten (Entwicklungspartnerschaft, langfristige Lieferverträge) und
Kunden (Fachhandel),
- Zusammenarbeit im Stoffstrommanagement,
- offene Informationspolitik, z.B. mit Geschäfts- und Umweltberichten,
- vollständige Deklaration von Produktinhaltsstoffen gegenüber Abnehmern und ggf. Endverbrauchern,
- praktizierter Dialog mit allen wichtigen Anspruchsgruppen,
- möglichst weitgehende Beteiligung der Beschäftigten.

Trotz der inzwischen breit geführten Diskussion über nachhaltiges Wirtschaften ist insbesondere die **konkrete Operationalisierbarkeit** für **Unternehmensentscheidungen** noch
weitgehend ungeklärt. „Auf der Angebotsseite ist die Erfindung und Erforschung tech-
nisch-stofflicher, ökonomischer und sozialer Innovationen und ihr Praxistransfer defizitär.
Auf der Nachfrageseite sind nachhaltige Konsummuster als gesellschaftliche Gestaltungsaufgabe bisher noch nicht bestimmt. Insbesondere fehlt aber eine transdisziplinäre Analyse,
die klären muß, ob und wie die Nachhaltigkeitsstrategien sich wechselseitig ergänzen oder
eher blockieren und in der Praxis synergetisch zusammengeführt werden können." (Birke
u.a., 1998, S. 81) Zur Unternehmensperspektive innerhalb einer „**Sustainable Industrial
Economy**" siehe die Beiträge in Meyer-Krahmer (1998).

Birke u.a. (1998, S. 81) beschreiben Nachhaltigkeit primär als Reorganisations- und Innova-
tionsanstoß: Der Einbau und die Entfaltung der Prinzipen der nachhaltigen Entwicklung in
Unternehmen („**company-orientated sustainability**") sind in mehrfacher Hinsicht neu:

- Nachhaltiges Management ist „**Langzeitökonomie**", die kontinuierliche Verbesserungsprozesse und deren
Erfolgskontrolle nutzt, um kurzfristige (meist) ökonomische Erfolgszwänge mit mittel- und langfristigen
Umweltschutzzielen ausbalancieren zu können.
- Nachhaltiges Management ist „**Produktlinienmanagement**", das die regionalen, ökologischen, sozialen
und ökonomischen Wirkungen entlang der Produktlinie steuert.
- Nachhaltiges Management ist „**Veränderungsmanagement**", mit dem Know-how und Handling der neu-
en Instrumente ökologischer bzw. nachhaltiger Unternehmensführung so vermittelt werden, daß Entschei-
dungs- und Interessenkonflikte bewältigt werden.

- Nachhaltiges Management ist „**Organisationslernen**", das Auswege aus der begrenzten Steuerungsfähigkeit und Steuerbarkeit von Unternehmensorganisationen in der komplexitätsreduzierenden, variablen und deshalb erfolgreichen Operationalisierung von Reformzielen sucht und dabei die Spannung zwischen organisationaler Routine und Innovation als Ressource zu nutzen erlaubt.

c) Die gewandelte sozial-gesellschaftspolitische Verantwortung

Ein umweltbewußter Verbraucher beurteilt die „**Unternehmensleistung**" eines Unternehmens künftig nicht mehr nur nach dem objektiven Produktnutzen (in ökonomischer und ökologischer Sicht), sondern auch nach der Verantwortungsbereitschaft des Herstellers in anderen gesellschaftspolitisch relevanten Fragen. Die sozial-gesellschaftspolitische Verantwortung von Unternehmen („**Corporate Social Responsibility**") zeigt sich in Punkten wie

- Anzahl der beschäftigten Behinderten,
- Nichtraucherförderung,
- Beschäftigungspraktiken (Employment practices),
- Menschenrechte (Human rights),
- Kinderarbeit,
- Bestechung,
- Schutz geistigen Eigentums (Intellectual property rights),
- Gemeindeaktivitäten (Community interaction and development),
- Rechte von Eingeborenen (Rights of indigenous peoples).

Corporate Social Responsibility
Neben Reebok hat auch sein Konkurrent Nike und etliche andere US-Bekleidungsproduzenten sich „soziale Verhaltensregeln" auferlegt oder sie unterwerfen sich den zahllosen Empfehlungen privater Menschenrechtsorganisationen oder der Internationalen Arbeitsorganisation (ILO) in Genf. Die Kleidungskette The Gap hat es ihren Lieferanten verboten Aufträge an Dritte weiterzugeben. Unternehmen wie Levi Strauss haben sich in der Vergangenheit wegen der Menschenrechte aus Ländern wie China, Myanmar und Peru zurückgezogen, Kaufhausketten wie Marks & Spencer inspizieren regelmäßig die Feuerlöscher in fernen Fabriken. Internationale Buchhaltungsfirmen (wie KPMG/Ernst & Young) bieten ihrer Konzernkundschaft neuerdings auch „Sozialaudits" an – Kontrolle zur Sozialverträglichkeit. (Quelle: Fischermann, 1999, S. 28)

Selbst auferlegte soziale Pflichten können nun auch systematisch und unabhängig überprüft werden, z.B. in Form des Social Accountability 8000-Standard, dessen Einhaltung eine private Organisation in New York zertifiziert und überwacht.

C. Die Umwelt als Produktionsfaktor

Umwelt wird in ISO/DIS 14001 im Hinblick auf Umweltmanagementsysteme definiert als Umgebung, in der eine Organisation tätig ist; dazu gehören Luft, Wasser, Land, Natur, Flora, Fauna und der Mensch sowie die Wechselbeziehungen zwischen all diesen Faktoren. Die Umwelt erstreckt sich in diesem Kontext von der Organisation bis zum globalen System. Die Ver- und Entsorgungsleistungen der Natur werden zum entscheidenden **Engpaßfaktor** für erfolgssicherndes Wirtschaften (Zabel, 1993, S. 353).

Die Umwelt übernimmt für Menschen und Unternehmen verschiedene **Funktionen**:

- Entnahmemedium (erneuerbare, nicht erneuerbare Ressourcen)
- Aufnahmemedium (Emissionen und Abfälle)
- Lebensgrundlage (Aufrechterhalten von Umweltleistungen wie Klima).

Die Natur übernimmt damit Leistungen als Inputfaktor, als Outputaufnahme und als Transformationsdienstleister. Der übliche Terminus Umwelt „verrät" die anthroprozentrische Sichtweise: Der Mensch im Mittelpunkt, die Natur nur als seine ihn umgebende Welt. Würde der Begriff „**Mitwelt**" nicht eher deutlich machen, daß Umweltschäden nicht nur die Natur treffen, sondern auch den Menschen als Teil dieser Natur? (Weitere semantische Verklärungen, wo die Realität mit Sprache „vernebelt" wird, am Ende dieses Teils unter N, I).

I. Knappheiten

Eine besondere Problematik erfährt die Umwelt als Produktionsfaktor (sowohl auf der Entnahmeseite als auch als Aufnahmemedium) durch verschiedenartige Knappheitsformen. Schreiner (1993, S. 23f.) unterscheidet eine **Ratenknappheit** bei regenerativen Rohstoffen (z.B. Flora und Fauna), d.h., ihre Inanspruchnahme ist ökologisch erst dann kritisch, wenn die Entnahmeraten die Regenerationsraten dauerhaft überschreiten. Gleiches gilt für die Umwelt als **Aufnahmemedium**, da Boden, Luft und Wasser über eine begrenzte Absorptionsfähigkeit bezüglich bestimmter Belastungsarten verfügen. Solange bestimmte Eintragsraten nicht überschritten werden, findet nach Schreiner zwar eine Umweltbeanspruchung, aber keine dauerhafte Umweltbelastung statt. Die Umwelt dient zwar auch hier als unverzichtbarer Produktionsfaktor, doch entstehen weder einzel- noch gesamtwirtschaftlich Kostenbelastungen. Erst bei Überschreiten von Entnahme- oder Eintragsraten, die die natürliche Regenerations- und Absorptionsfähigkeit überschreiten, entstehen kostenwirksame Knappheiten.

Bei **Kumulativknappheiten** erweist sich die Umweltbeanspruchung als ein **irreversibler Prozeß**, da eine natürliche Regeneration nur in sehr langen Zeiträumen oder überhaupt nicht stattfindet. Beispiele auf der Entnahmeseite sind mineralische und photosynthetische Rohstoffe (Metall, Erdöl, Kohle), auf der Aufnahmeseite Schadstoffe wie Schwermetalle, langlebige Strahlung, Fluorchlorkohlenwasserstoffe u.a.

II. Ökonomische Systeme als offene Systeme

Die Umweltprobleme haben das Bewußtsein dafür geschärft, daß wirtschaftliche Prozesse grundsätzlich in offenen Systemen stattfinden. Dieses Eingebundensein des Systems „Unternehmung" als ein Teil eines wesentlich umfassenderen politischen, ökologischen und gesellschaftlichen Systems, mit dem es in enger Wechselbeziehung und dynamischer Anpassung steht, läßt die Perspektive der traditionellen Betriebswirtschaftslehre als zu **eng** erscheinen (vgl. dazu auch erster Teil). Die Grenzen unserer traditionellen Kriterien technischer Effizienz, der Kosten-Nutzen-Berechnung und der ökonomischen Rationalität „werden manifest, sobald wir die dynamische Interaktion offener sozialer und ökonomischer Systeme mit spezifischen ökologischen Systemen wahrnehmen" (vgl. Kapp, 1987, S. 38).

Lange vor Wissenschaftlern wie Vester forderte Kapp das Denken in **Systemzusammenhängen**. Dieses Systemdenken

- ist seiner Natur nach mehrdimensional, multidisziplinär geöffnet und integrativ,
- erfordert einen viel umfassenderen Zeithorizont,
- sieht ökonomisches Handeln in einem Netzwerk von Beziehungen und dynamischen Strukturen zwischen ökonomischen, natürlichen und sozialen Systemen, die in einer ständigen und offenen Interaktion miteinander stehen.

Menschliches Handeln einzelner Entscheidungsträger kann also durchaus „rational" erscheinen, durch die Vernachlässigung der Rückwirkungen auf die von der Entscheidungsfindung betroffenen Umweltbereiche und ihrer Gesetzmäßigkeiten kann ein destruktives Ergebnis (z.B.

eine Umweltzerstörung) die Folge sein. Diese Phänomene sind von zentraler Zukunftsbedeutung, da ja die ökonomischen Systeme vom Austausch mit dem ökologischen System abhängig sind. Die natürliche Umwelt einer Unternehmung ist damit eine wichtige Determinante der Unternehmenspolitik und erfordert **integriertes** Denken in der Ziel- und Strategieplanung.

„Der offene Systemcharakter der Ökonomie sollte m.E. den Studenten der Wirtschaftswissenschaften zuallererst vermittelt werden, anstatt sie in das höchst esoterische, formale Begriffssystem einzuführen, mit dem die herkömmlichen Lehrbücher angefüllt sind. Systemdenken ist zwar komplex, stellt den Anfänger jedoch nicht vor unüberwindliche Schwierigkeiten. Das Entropieproblem (d.h. die Tendenz zu zunehmender Desorganisation), Rückkopplungseffekte, Energie-Materie-Bilanzen, Höchstgrenzen der Umweltverschmutzung und kumulative Verursachung sollten zu einem Bestandteil des wirtschaftswissenschaftlichen Lehrplans gemacht werden, um die Ökonomen der Zukunft auf die Aufgaben vorzubereiten, mit denen sie zunehmend konfrontiert werden." (ebd.)

III. „Künstliche Umwelt" und Umweltbelastungen

Das auf der Erde gegebene Ökosystem mit der unbelebten und belebten Natur ist in seinen Wechselwirkungen durch eine natürliche **Ausgewogenheit** charakterisiert. Innerhalb der verschiedenen Lebensräume gibt es, als Folge unterschiedlicher Zusammensetzungen diverser Faktoren (wie Bodenstruktur, Wasserhaushalt, Lichteinfall etc.), spezifische Biotope, in denen sich mehr oder weniger komplexe Lebensgemeinschaften herausbilden. Das Wirkgefüge solcher Ökosysteme befindet sich in einem Gleichgewicht. Da Störfaktoren (z.B. Klimaschwankungen) dieses Gleichgewicht beeinflussen und über Rückkoppelungen zur Anpassung führen, spricht man von einem sog. **dynamischen** Gleichgewicht oder **Fließgleichgewicht**.

Entscheidend ist die Erkenntnis, daß bereits die Änderung einer einzigen Komponente eines solchen Ökosystems aufgrund der zahlreichen Wechselwirkungen über die ausgelöste Kettenreaktion zu einer gravierenden Störung des gesamten ökologischen Gleichgewichts führen kann.

Der Mensch als Teil der Natur wird, wenn er das Ökosystem zerstört, sich selbst zerstören.

1. Das Unternehmen als Mitverursacher und Betroffener der Umweltproblematik

Die vom Menschen geschaffene **„künstliche"** (Produktions-)Umwelt ist als unvermeidbare Begleiterscheinung mit Umweltbelastungen verbunden. Sie

- verbraucht als Input/Produktionsfaktor erneuerbare bzw. nicht erneuerbare Ressourcen (Natur als **Entnahmemedium**). Das durch die Deckung des Rohstoffbedarfs (= Inputelemente der Faktorkombination) resultierende Problem der „Knappheit" tangiert primär den Ressourcenverbrauch an Rohstoffen und Energie. Die (prinzipielle) **„Endlichkeit"** vieler Rohstoffe und Energieressourcen ist durch Berichte wie „Global 2000" bewußt gemacht worden, daran ändern auch vorübergehende Preisrückgänge nichts. In den letzten 100 Jahren ist der Verbrauch an Rohstoffen im Durchschnitt auf das Achtfache gestiegen. Als inputorientierte Konzeptionen zur **Ressourcenschonung** kommen in Betracht: Einsatzvermeidung, Substitution oder Sparen;
- verändert oder zerstört aber auch natürliche Gleichgewichte (d.h., ihre Fähigkeit zur Selbstregulation/-reinigungfunktion, Aufnahme, Ablagerung, Verdünnung etc.);
- braucht die natürliche Umwelt als Senke für die Teile des unerwünschten Outputs, die nicht wiederverwertet werden können (z.B. Abfall, Schadstoffe in fester/flüssiger Form/als Staub/als Gase, Lärm, Erschütterungen, Abwärme, Strahlung usw.) (Natur als **Aufnahmemedium**)

Der Fokus liegt z. Z. nicht mehr auf der Inputseite (eine Ressourcenverknappung, wie sie noch der Club of Rome entwarf, erscheint z.Z. nicht wahrscheinlich), sondern mehr auf der **Outputseite**, d.h. Grenzen der Natur als Aufnahmemedium. Irreversible Schädigungen globaler **Ökosysteme** sind zu befürchten.

Der aus der betrieblichen Produktion als Ergebnis resultierenden Output läßt sich **technologisch** bedingt zwangsläufig unterscheiden in:

- einen **erwünschten** (gewollten) Output, d.h., die auf den Absatzmärkten zu verwertenden Produkte bzw. Dienstleistungen;
- einen **unerwünschten** (nicht gewollten) Output, d.h.,
  - die auf dem Weg eines Recycling wieder zu verwertenden Elemente (z.B. Ausschuß, Verschnitt, Abwärme etc. (vgl. dazu unsere Ausführungen zum Recyclingmanagement);
  - die an die natürliche Umwelt abgegebenen Belastungselemente (z.B. Abfall, Schadstoffe in fester/flüssiger Form/als Staub/als Gase, Lärm, Erschütterungen, Abwärme, Strahlung usw.).

Betrachtet man die technische Produktion und den **Produktlebenszyklus**, wird erkennbar, daß für die Realisierung der Ziele des Wirtschaftens während mehrerer Prozesse (physikalisch) **zwangsläufig** in die natürliche Umwelt eingegriffen bzw. sie belastet (Auswirkung/Emission und Einwirkung/Immission) wird:

- bei den **Gewinnungsprozessen** für Rohstoffe, Energieträger, Biomasse, Substanzen (Schmidt-Bleek, 1994, hat dafür den Begriff des „ökologischen Rucksacks" geprägt, der zeigt, wieviel „Masse" wir bewegen müssen, um ein bestimmtes Produkt zu gewinnen; so ergibt sich bei Sand und Kies ein Verhältnis von 1:10; auf einer Tonne Platin liegt ein Rucksack von 350 000 Tonnen Abfall!!);
- bei den **Herstellungsprozessen** für Material und Energie (Dabei ist nicht nur das jeweilige Produktionssystem zu betrachten, denn das Unternehmen ist ein Teil eines arbeitsteiligen Wertschöpfungsprozesses; d.h., auch hier sind für den benötigten Produktionsinput ja bereits „Umwelthypotheken" = Umweltbelastungen während des Produktionsprozesses beim Lieferanten entstanden; jeder Produzent hat damit auch eine Mitverantwortung für die Emissionshypothek seines Inputs);
- bei den diversen (heute im Rahmen des Outsourcing oft globalen) **Transportprozessen** (die als Transferleistungen auch unvermeidlich mit Emissionen verbunden sind);
- während des (oft viele Jahre dauernden) **Verwendungs-** und **Nutzungsprozesses** des Produkts
- und bei der **Produktentsorgung.**

Daneben ist der **Raumbedarf** zu berücksichtigen. Bei der Schaffung seiner künstlichen Umwelt „Unternehmung" (für Fabrikgelände, Lager, Straßen usw.) braucht der Mensch Platz in der natürlichen Umwelt (= **Okkupation**). Pro Tag werden ca. 110 Hektar bisher natürlicher Umwelt dafür „verbraucht" – bebaut, asphaltiert.

Neben diese primär wachstumbedingten Ursachen treten zunehmend Auswirkungen

- im **sozialen** Bereich (z.B. strukturelle Dauerarbeitslosigkeit, weniger Dauerbeschäftigungsverhältnisse),
- im **gesellschaftspolitischen** Bereich (national/international: zunehmende Kluft Arm/Reich, Nord-Süd-Gefälle; Machtballung als Folge globaler Fusionen),
- im **verhaltensbedingten** Bereich (z.B. Konsumsucht, Überschuldung, sinkendes Umweltbewußtsein)

Aus den Produktionsprozessen resultieren auch direkte Belastungen des **Menschen** (z. B. Gesundheitsgefährdungen); deren Abwehr dienen Maßnahmen des Arbeitsschutzes. Rosenstiel/Comelli (1998, S. 1.12) beschreiben den Menschen als Gestalter seiner Welt: Er ist dabei **Täter**, der häufig die Konsequenzen nicht ausreichend bedenkt, so daß er nicht selten selbst zum **Opfer** wird.

Jede technische Produktion ist demnach mit Nebenwirkungen verbunden. Die Umweltbelastung ist als Mechanismus von **Auswirkungen** (Emissionen/Okkupationen bei Prozessen/Produkten - an unzähligen Orten und ständig) und (nach diversen Transportvorgängen/Wettereinflüssen gemischt und verteilt) **Einwirkungen** auf die natürliche Umwelt zu sehen.

Die entstehenden Wirkketten erreichen als Einflüsse letztendlich auch wieder das Mitweltsubjekt „Mensch". Dieser definiert dann das Ausmaß des von ihm als notwendig erachteten **„Umweltschutzes"**, d.h., es handelt sich primär um einen Schutz der Umwelt für den Men-

924

schen - denkbar wäre auch ein Schutz der Umwelt vor dem Menschen; der „Blickwinkel" ist wichtig, wenn wir uns später mit Fragen der Eigenrechte der Natur beschäftigen. Es wäre dringend notwendig, den Begriff der Umwelt durch **„Mitwelt"** zu ersetzen, um die Stellung des Menschen im Ökosystem zu verdeutlichen und die anthropozentrische Sicht aufzugeben (so bei Scherhorn, Meyer-Abich). Dabei ist ein **Optimierungsproblem** zu lösen, das darin besteht, einerseits für die natürliche Umwelt die belastenden Auswirkungen möglichst gering zu halten, andererseits für den Menschen ein maximales Niveau an Bedürfniserfüllung zuzulassen.

2. Gesetze der Thermodynamik (Entropiegesetz)

Die Umweltbelastung läßt sich auch mit Hilfe des 1. und 2. Hauptsatzes der **Thermodynamik** erklären (vgl. dazu Strebel, 1980, S. 27ff.; Strebel, 1991, S. 17; Dyckhoff, 1991, S. 280; Hobbensiefken, 1991, S. 259ff.; Binswanger, 1992, S. 24ff.).

1. Hauptsatz:	Stoffe (Materie) ebenso wie Energie gehen in geschlossenen Systemen nicht verloren. Masse und Energie können in einem geschlossenen System weder geschaffen noch vernichtet werden (dies bedeutet auch, daß man entstandene Abfälle im wörtlichen Sinne nicht beseitigen kann); alle Prozesse sind Umwandlungsprozesse.

2. Hauptsatz:	In einem solchen System kann die Entropie nicht abnehmen. Masse und Energie unterliegen einem stetigen Transformationsprozeß von Verfügbarkeit in Nichtverfügbarkeit. (Pfriem, 1995, Fischer, 1995)

„Jeder Energieumwandlungsprozeß führt unausweichlich zu einem (unwiederbringlichen) Verlust an Arbeitsfähigkeit, die ein betrachtetes Energiequantum zu leisten imstande ist. Entropie entsteht demnach, wenn Stoffe miteinander vermischt werden, Stoffe verteilt oder zerstreut werden und wenn Energie in andere Energieformen umgewandelt wird. Rohstoffgewinnung, Rohstoffverarbeitung (Produktion), Energieerzeugung und Energienutzung, Recyclingmaßnahmen sowie Maßnahmen zum Gewässerschutz bewirken demnach in mehr oder weniger großem Umfang Entropie. Es sind im Kern Rohstoffverteilungsprozesse, und zwar auch dann, wenn sie der Rohstoffrückgewinnung (zum Beispiel Papier- oder Kunststoffrecycling) oder der Rohstoffreinigung zum Zweck der Wiederverwertung dienen." (Möller, 1989, S. 24)

Stephan (1991, S. 334) weist aber darauf hin, daß der 2. Hauptsatz eine **Verknappung** der Realität darstellt: „Strenggenommen gilt er nämlich nur in geschlossenen Systemen sowie in der Nähe eines thermodynamischen Gleichgewichtes. Die Erde ist aber kein geschlossenes, sondern ein offenes System, dem ständig Energie durch die Sonne zugeführt wird. Daher kann das offene System Erde eine Entropiezunahme durch äußere Zufuhr von so genannter Negentropie ausgleichen und Gleichgewichte fern vom entropischen Tod langfristig aufrechterhalten. Darüber hinaus kann es durch so genannte Selbstorganisation lokal zur Abnahme der Entropie kommen, was die Grundlage für Evolutionsprozesse darstellt."

Über den gesamten Produktlebenszyklus ist der geringste Energieeinsatz anzustreben; entscheidend ist dabei der Grad der Verfügbarkeit und damit der Preis von Energie (Fischer,1995). Darum muß auf volkswirtschaftlicher Basis einem bewußten **Energiemanagement** mehr Beachtung geschenkt werden, da die Art des Energieumsatzes entscheidend für die Erzeugung von Entropie und damit langfristig der effektive ökologische Stellhebel ist (vgl. Blanck, 1992).

IV. Die Internalisierung sozialer Kosten

Die **Grundsätze** der Umweltpolitik sind:

- das Verursacherprinzip: es fordert eine **Internalisierung** der Kosten beim jeweiligen Verursacher,

- das Vorsorgeprinzip: es fordert eine **Vermeidung** sozialer Kosten.

Im betrieblichen System der Produktionsfaktoren wird die natürliche Umwelt nur in ihrer Funktion als **Rohstofflieferant** bzw. in Gestalt des Faktors Werkstoffe berücksichtigt (vgl. hierzu Strebel, 1980, S. 38ff.; Steven, 1991, S. 511ff.). Da in der Betriebswirtschaftslehre nur die mit Preisen bewerteten „knappen" Güter als **Kosten** Kalkulationsbestandteile werden, die natürliche Umwelt bisher jedoch weitgehend als „freies" Gut betrachtet wurde, ist das Fehlen dieses Faktors logisch. Auch bei steigender Nachfrage nach freien Gütern wird, da ja kein **Knappheitsindikator** in Form eines Preises vorhanden ist, damit kein Preisanstieg verbunden sein, der evtl. Anreiz zu einem sparsameren Umgang bieten würde.

Der Markt versagt in der Anforderung, die Knappheitsverhältnisse der Ressource Umwelt in das monetäre System zu integrieren. Dieses **Marktversagen** wird damit begründet, daß „Umwelt" typischerweise ein sogenanntes öffentliches Gut (Kollektivgut) ist, d.h., daß es keinen Marktmechanismus gibt, aufgrund dessen für diese Güter bezahlt werden müßte. Es ist im Prinzip also niemand von der „Benutzung" ausgeschlossen. Das führt zu einer exzessiven Inanspruchnahme, die mit negativen Auswirkungen auf Dritte, so genannte negative **externe Effekte**, verbunden ist.

Die privaten Kosten der Umweltbenutzung sind dadurch niedriger als die gesellschaftlichen Kosten mit dem Effekt, daß die Umwelt überbeansprucht wird. Das **„Prinzip der Kostenwahrheit"** verlangt eine Rückverlagerung dieser Kosten auf den Verursacher anstelle eines „Nulltarifs" (**Internalisierung**).

Da diese Kosten der Umweltinanspruchnahme nicht vom Verursacher getragen werden, sie aber trotzdem anfallen, gibt es – in der Diktion der Wirtschaftstheorie – eine Differenz zwischen einzelwirtschaftlichen und gesamtwirtschaftlichen Kosten: Es kommt zu einer **Fehlallokation** von Ressourcen, zu erheblichen Wettbewerbsverzerrungen und somit auch zu Fehlsignalen für unternehmerische Entscheidungen. Umweltschäden entstehen also durch eine Fehlallokation von Umweltressourcen aufgrund externer Effekte im Konsum und in der Produktion und infolge der Tatsache, daß es für Umweltressourcen keinen Markt gibt. Die Ökonomen sehen die Ursache dafür in einer ungenügenden Zuteilung von **Verfügungsrechten** (theory of the property rights) oder darin, daß die Umweltqualität als öffentliches Gut anzusehen ist. Diese Fehlallokationen zu korrigieren, d.h., die externen Effekte zu internalisieren, ist Aufgabe der Umweltpolitik.

Das Phänomen der „negativen externen Effekte" oder „sozialen Kosten" ist in der **Volkswirtschaftslehre** seit langem Gegenstand eingehender Erörterung. So lautet etwa in dem 1950 erschienenen Buch „The Social Costs of Private Enterprise" von Kapp seine zentrale These: „ …, daß die Maximierung des Nettoeinkommens durch mikroökonomische Einheiten dazu führt, Einkommen (oder Nutzen) anderer Wirtschaftseinheiten sowie der Allgemeinheit zu verringern und daß die herkömmlichen Ansätze, die Leistungen einer Wirtschaft zu messen, unbefriedigend, wenn nicht irreführend sind." (Kapp, 1987, S. 123)

Innerhalb seiner „Theorie sozialer Kosten und Erträge" gibt Kapp (1987, S. 73/75) folgende Definitionen:

- **Sozialkosten**
  Nachteile und Schäden, welche die Wirtschaft infolge von privaten Produktionsaktivitäten erleidet. Sozialkosten können die Form einer Vielfalt von Nachteilen, erhöhten Risiken und Ungewißheiten annehmen, die oft weit in die Zukunft reichen. Was diese Nachteile zu sozialen Kosten macht, ist der Umstand, daß sie von Dritten oder von der Gesellschaft getragen werden. In diesem Sinne sind sie in der Tat „extern".

Solche externe (soziale) Kosten entstehen

- sowohl im **Bereich der Natur**, etwa durch Okkupation der Landschaft (Zersiedlung, Mülldeponien u.a.) und Belastungen der Medien Boden (Erschöpfung der Ressourcen, Verkarstung etc.), Luft (Rauch, Gase u.a.) und Wasser (-verschmutzung, -erwärmung)
- als auch im **Bereich des Menschen** in Form von psychischen Belastungen (Schichtarbeit, Akkord etc.) oder physischen Belastungen (Arbeitsunfälle, Berufskrankheiten etc.).

Die sozialen Kosten sind im Zuge der Diskussion um Lebensqualität verstärkt in das öffentliche Interesse gerückt. Die ökologischen Wirkungen unternehmerischer Tätigkeit sollten als Bestandteil in eine umfassende **gesellschaftsbezogene Rechnungslegung** integriert werden. Neigte man früher dazu, das Individuum bzw. die Unternehmung bei verursachten sozialen Kosten aus seiner/ihrer Verantwortung zu entlassen, so führt ein gesteigertes Umweltbewußtsein heute zu der Forderung, soziale Kosten und Nutzen dem Verursacher anzulasten.

- **Soziale Erträge**
  All jene Formen von Nutzen und „Erträgen", die der Gesellschaft entweder als Resultat institutioneller Regelungen oder aufgrund privater Produktionsaktivitäten zufallen; sie kommen allen Mitgliedern der Gesellschaft zugute. Als solche gesellschaftlich positiven Auswirkungen der Unternehmensaktivitäten sind z.B. Sozialleistungen, Kulturförderung, Spenden zu nennen.

Die mit dem Produktionsprozeß verbundenen sog. „negativen externen Effekte" („soziale Kosten") werden zunehmend verursachungsgerecht **internalisiert**, d.h., die als Folge unternehmerischer Tätigkeit verursachten Schäden werden nicht mehr allein von Dritten (der Gesellschaft insgesamt) getragen („externalisiert"), sondern als **einzel**wirtschaftliche Kosten dem Verursacher zugerechnet (Full-cost-pricing). Einen **Teil** dieser externen Effekte müssen die Betriebe inzwischen bereits durch die zunehmend in die betriebswirtschaftliche Kostenrechnung eingehenden gesetzgeberischen Restriktionen für die Umweltbeanspruchung decken (Auflagen/Abgaben/Versicherungsprämien). Der jeweilige betriebswirtschaftliche Aufwand ist der für die Umweltbelastung „bezahlte" Preis. Je mehr diese Restriktionselemente zunehmen und damit umweltschädigende Produktionen mit einer Erhöhung betriebswirtschaftlicher Kosten verbunden sind, um so eher kann die Umwelt zu einem „Produktionsfaktor" werden.

Es ist daher notwendig, das „ökonomische Interesse" neu zu definieren. Die Einsicht, daß auch die Umwelt als ein knapper Produktionsfaktor gilt, dessen Einsatz dem ökonomischen Prinzip unterliegt, ist für ein ökologieorientiertes Umdenken in der Betriebswirtschaftsund Führungslehre unerläßlich.

Muß der moderne Produktionsprozeß allerdings auch den Produktionsfaktor „Natur" entlohnen, so sind **Verteilungskonflikte** vorgegeben, da Teile der Einkommen (Arbeit/Kapital) an diesen neuen Faktor abgegeben werden müssen.

Damit wird

- der Preis „herkömmlicher" Produkte so erhöht werden, daß mit dem Differenzbetrag die verursachten Schäden behoben werden können,
- für die Unternehmer ein Anreiz gegeben sein, Produktionsverfahren und Produkte umwelt- und ressourcenschonender zu gestalten,

- auch der Verbraucher bereit sein müssen, den Mehrpreis umweltfreundlicher Produkte (und den damit verbundenen Kaufkraft- bzw. Konsumstandardrückgang) als Preis für die Erhaltung der gesellschaftlichen Lebensqualität zu zahlen,
- die Belastung der Natur, die ja nie ganz auszuschließen sein wird, reduziert,
- der Unternehmer ein ökologisch verantwortungsvolles Handeln als (potentiellen) Wettbewerbsvorteil, d.h. als Erfolgsfaktor, erkennen.

Das Neuland einer (notwendigerweise) **normativen** Ökonomie besteht für Kapp u.a. darin, gesellschaftliche Zielsetzungen („existentielle Minimalbedürfnisse" des Menschen) in Form von gesellschaftlichen und ökologischen Indikatoren quantitativ zu erfassen („Konzept der Lebensqualität"). Die Bestimmung solcher, **gesellschaftlich** wünschenswerter makroökonomischer Ziele (oder Normen), wie etwa obere Toleranzgrenzen von Luft- und Wasserverschmutzung, Mindestnormen für das Gesundheitswesen, Ernährungsnormen etc., wodurch in zunehmendem Maß politisch formulierte Normen in den sozioökonomischen Prozeß eingeführt werden und die interdisziplinärer Forschungsanstrengungen bedürfen, umfaßt eine Anzahl einander widersprechender Zielsetzungen (wie z.B. gleichmäßigere und gerechtere Verteilung, wirtschaftliche Stabilität, Vollbeschäftigung, effiziente Nutzung knapper Ressourcen, Partizipation in der Entscheidungsfindung, Wahrung dynamischer ökologischer und ökonomischer Gleichgewichte (vgl. ebd. S. 43ff.).

Gefordert ist insbesondere der **Staat**. Stoll hält eine autonome betriebliche Umweltpolitik als Umweltschutzpolitik für eine Illusion, eine contradictio in adjecto: „Insofern ist Umweltschutzpolitik vor allem eine Politik der Setzung ökologischer Restriktionen für die einzelnen betrieblichen Entscheidungen." (Stoll, 1984, S. 367) Er sieht eine **grundsätzliche** Unvereinbarkeit, eine ökologische Produktion mittels des Verursacherprinzips bzw. der Kosteninternalisierung zu realisieren, und fordert, die reaktive durch eine vorausschauende Umweltpolitik zu ersetzen, „die eine Ex-ante-Koordination der dezentralen Entscheidungen notwendig macht; es müßte also eine systematische Verzahnung des politischen und des privatwirtschaftlichen Entscheidungssystems gegeben sein" (ebd. S. 371).

Auch Strebel (1994, S. 765) betont die politische Aufgabe: Um zu einem Gesamturteil über die ökologische Vorteilhaftigkeit einer betrachteten Alternative (Maßnahme) zu kommen, benötigt man **Amalgamierungsregeln**, die jedoch zwangsläufig Wertungen enthalten. Es ist ein bestimmtes **Wertsystem** anzuwenden, das das Resultat politischer Entscheidungen ist, bisher aber nur in einzelnen Fragmenten existiert.

Pfriem kritisiert den zu engen Blick auf den Typus ökonomisch-zweckrationalen Handelns und hält das Knappheitstheorem als theoretisches Schlüsselproblem ökonomischen Denkens in seiner bisherigen Form nicht länger für aufrechterhaltbar, „weil es die Frage nach der Input-Output-**Effizienz** zu Lasten der Frage nach der Output-**Qualität** vereinseitigt hat" (1995, S. 234).

V. Die Prinzipien des Verminderns von Umweltbelastungen

Es wurde bereits ausführlich dargelegt, daß die technische Produktion **zwangsläufig** mit Umweltbelastungen (Okkupation und Emission) verbunden ist. Da ein totales Verhindern von Umweltbelastungen ein Ende der künstlichen Umwelt nach sich ziehen würde – und damit ausscheidet –, sind als systematisches Umgehen mit Umweltbelastungen restriktive Entscheidungen zur Verminderung der Umweltbelastungen zu treffen. Die Frage, wie den Umweltbelastungen zu begegnen ist, ist dabei nicht nur ein **technologisches**, sondern auch ein **gesellschaftspolitisches** (Wertungs-)Problem.

Als Prinzipien, die in den drei umweltkritischen Bereichen eines Unternehmens

- Input (Beschaffung),
- Produktionsprozeß (Okkupation/Emission) und
- Output (Abfall)

verwirklicht werden können, kommen unseres Erachtens vier in Betracht.

Erstens: Mit Vermeidungsstrategien sollen die belastenden Auswirkungen verhindert werden.

Verzicht: entweder erzwungen als Verbote bei bestimmten Stoffen

Partiallösung (z.B. Verpackungsvermeidung)

freiwillig als „gemäßigter" Verzicht bei der Konsumbefriedigung.

Die immer wieder als Lösung geforderten Vermeidungsstrategien werden unseres Erachtens nur auf Teilgebieten realistisch durchsetzbar sein. Die in Presseveröffentlichungen der Wirtschaft oft als „Vermeidung" bezeichneten Maßnahmen sind in Wirklichkeit eher Verminderungs- bzw. Reduzierungsstrategien.

Zweitens: Mit Verminderungsstrategien sollen die belastenden Auswirkungen reduziert werden.

Sparen: Ökonomischer Einsatz der Faktoreinsatzmenge durch geringeren Verbrauch an Energie, Rohstoffen oder Okkupation.

Substitution: Ersatz einer umweltschädlichen Problemlösung durch eine weniger belastende Lösung.

Emissions-verminderung: Reduktion von Schadstoff- und Lärmemissionen und des Abfallvolumens.

Drittens: Mit Verwertungsstrategien werden die Outputs wieder in Inputs zurückgeführt, solange dies technisch, ökonomisch und auch ökologisch sinnvoll erscheint.

Recycling: Erneute interne oder externe Behandlung von Emission-/Müll als Material oder Energie.

Viertens: Mit Beseitigungsstrategien sind die unvermeidbaren Restemissionen geeignet/gefahrlos zu entsorgen.

Deponierung: (Umwandlung/Diffusion)

Verbrennung: („Energierecycling")

D. Ein integriertes Umwelt-Gesamtkonzept

I. Ökologische Grundhaltungen

Eine Anpassung des unternehmerischen Wettbewerbsverhaltens an die durch umweltpolitische Einflüsse veränderten Umfeld-Rahmenbedingungen kann erfolgen:

- über Wettbewerbshandlungen, also mit Aktivitäten, über die die Unternehmung **selbständig** entscheidet und die ihre Stellung gegenüber den Konkurrenten verbessern sollen, oder
- über staatlich reglementierte, gesetzgeberische (Zwangs-) Beeinflussung des Umweltverhaltens der Unternehmen.

Nachdem Umweltprobleme erst zeitverzögert zum allgemeinen Bewußtseinswandel in der Bevölkerung auch als „betriebswirtschaftliche" Probleme erkannt wurden, wird in der Praxis auf die ökologische Herausforderung nun zunehmend mit neuen Konzepten marktorientierter Unternehmenspolitik geantwortet. Meffert u.a. (vgl. 1987, S. 32ff.; 1990; S. 42ff.) untersuchten 197 Unternehmen aus acht Branchen hinsichtlich ihrer strategischen Verhaltensausrichtung. Dabei wurden vier Typen mit deutlich unterscheidbaren ökologischen **Grundhaltungen** erkannt:

- Der Passive
- Der innengerichtete Aktive
- Der Selektive
- Der Innovator.

Meffert u.a. fordern die **offensive** Berücksichtigung der neuen strategischen Dimension „**Umweltfreundlichkeit**" in der Unternehmenspolitik und den betrieblichen Funktionsbereichen. Ein **vorausschauender** (strategischer) Umweltschutz, ein **aktives** statt reaktives Öko-Management (vgl. auch Meffert/Kirchgeorg, 1992, S. 196ff.), das die Unternehmung als „geschlossenen Kreislauf" versteht, wird im Rahmen der operativen und strategischen Planung die Umweltanforderungen integrieren und auf Fragen wie

- die Reduktion des Energie- und Rohstoffverbrauchs der Produktion,
- die Erfassung und Verrechnung der betrieblichen Umweltschutzkosten,
- die „Umweltfreundlichkeit" der Produkte,
- der interne Recyclingumfang,
- die Gestaltung der Verpackung („Von der Wiege bis zum Grab"-Aspekt),
- die ökologieorientierten Marketingkonzeptionen,
- das Umweltschutzimage der Unternehmung,
- die Organisation des betrieblichen Umweltschutzes,
- die Erfassung und Abbildung von Auswirkungen betrieblicher Tätigkeit in einem ökologischen Informationssystem,
- die Folgekosten der Entsorgung,
- die Finanzierung von Umweltschutzmaßnahmen unter Berücksichtigung der staatlichen Finanzierungshilfen usw.

über den bestehenden rechtlichen Vorschriftenrahmen hinaus nach Lösungen suchen. Durch einen Einklang von Ökologieerfordernissen und betriebswirtschaftlichen (Rentabilitäts-) Zielen, durch das rechtzeitige Schaffen von – den Umweltschutz berücksichtigenden – **Erfolgspotentialen** (Image, Kompetenz etc.) ist eine langfristige und dauerhafte Gewinnerzielung auf der Basis einer gesicherten Marktposition innerhalb der gewandelten Umweltproblematik garantiert.

Bereits im Jahre 1971 (!) verfaßte Klubescheidt einen Artikel im Marketing Journal mit dem Titel „Umweltschutz bietet ungenutzte Chancen. Das Marketing muß schnell handeln". Umweltschutz wurde damals bereits als unternehmerische „Chance" gesehen!

II. Umweltmanagement als Erfolgsfaktor

Viele Beispiele der jüngeren Zeit beweisen, daß Unternehmen mit umweltorientierten Produkten neue Märkte erschließen oder mit ressourcensparenden Verfahren Kosten reduzieren konnten (zahlreiche Bücher mit Fallstudien erfolgreicher Öko-Pioniere sind veröffentlicht worden: Hopfenbeck, 1994; Günther, 1994 und 1998; Lauff, 1995; Fussler, 1996). Der Umweltgedanke als integrierte Determinante der Unternehmenspolitik **„zahlt"** sich für die Unternehmen in vielen Fällen betriebswirtschaftlich aus durch Rohstoff- und Energieeinsparungen, zusätzliche Recyclingmöglichkeiten, Kostenreduzierung in den Bereichen Ver- und Entsorgung, Vermeidung der Kosten für spätere Altlastensanierung und zusätzliche Verkaufserfolge. Zahlreiche Firmenbeispiele finden sich im H.1/1996 der Zeitschrift Unternehmen & Umwelt (Thema: Wettbewerbsvorteile: Profit für Ökö-Profis). Auch der Managerkreis der Friedrich-Ebert-Stiftung gibt zahlreiche „Beispiele, die sich rechnen" (1995).

Umweltschutz, verstanden i.S. eines (nachher gezeigten) „integrierten" Umweltmanagements ist auch aus ökonomischer Sicht zu einer **unternehmerischen Pflicht** geworden. Bereits früh hatten wir immer wieder betont, daß ein integrierter Ansatz auch helfen kann, Kosten einzusparen. Dies bestätigen auch Erfahrungen der Kunert AG (dazu im einzelnen Burschel/Fischer/Wucherer, 1995):

> Das **Modellprojekt „Umweltkostenmanagement"** (in Zusammenarbeit von Kienbaum Unternehmensberatung, Institut für Management und Umwelt und Kunert AG) ist eine neu entwickelte und auf alle Industriebetriebe übertragbare Methode, mit der nicht wertschöpfende Reststoffkosten und -mengen für jede Stufe der Produktion ermittelt werden können. Nach den Erfahrungen der Projektbeteiligten liegen für Industrieunternehmen in den ungenutzten Stoff- und Energieströmen **Kostensenkungspotentiale** in Höhe von **5 - 15%** der Gesamtkosten. 1 - 2% der Gesamtkosten eines Unternehmens lassen sich durch Umweltkosten-Management mit Sicherheit senken. Das sind Millionenbeträge für Unternehmen, Milliardenbeträge für die Volkswirtschaft.
> Dominierender Kostenfaktor bei den umweltbelastenden Reststoffen sind nicht die Entsorgungsgebühren, sondern deren Einkaufswerte. Das bedeutet, daß die umweltbelastende Vermeidung von Reststoffen (Abfall, Abwasser, Abwärme etc.) wesentlich rentabler ist als bisher angenommen. Der Einkauf (als „Filter") wird bei diesem neuen Denken (statt am Ende schon am „Begin of the pipe" anzusetzen) zukünftig eine wichtige Rolle spielen. Diese nicht wertschöpfenden Kosten werden von den gängigen EDV-Programmen der Betriebswirtschaft kaum oder überhaupt nicht transparent gemacht – und schon gar nicht für jede Stufe der Produktion die Mengen mit den zugeordneten Kosten. Im Ad-hoc-Verfahren sind diese Kostenpotentiale nicht zu erschließen. Mit der o.g. Methode wurde bei Kunert ein Umweltkostenblock von 4,9 Mio. DM oder 7,5% der Gesamtkosten des Werkes ermittelt. Die Entsorgungskosten selbst machten dabei mit 700.000 DM (primär für Abwassergebühren und Entsorgung der Produktverpackungen) nur einen geringen Teil aus (15%). Dominierend waren mit 2,9 Mio. DM (59%) die Einkaufskosten der entsorgten Materialien! (Quelle: Ökobericht der Kunert AG, 1994/95)

Wie wir zeigten, stößt der bisherige, weitgehend ordnungspolitisch gesteuerte Weg an seine Grenzen. Wir müssen **neue Wege** gehen und wir brauchen **neue Koalitionen**, um die Herausforderungen für das zukünftige Wirtschaften, das unter dem Motto „Nachhaltige Entwicklung" stehen muß, zu bestehen. Einige dieser neuen Wege, die u.a. auch mit einer zunehmenden Eigenverantwortung der Unternehmen, den Umweltschutz zu verbessern (über Selbstverpflichtung, Teilnahme am EG-Öko-Audit-System, ISO 9000 bzw. 14 000 u.ä.), verbunden sind, werden wir zeigen.

Der Strukturwandel verlangt derzeit nach relativ kurzen Produktzyklen und permanenten Marktanpassungen. Wie im 5. Teil ausführlich gezeigt, sind neue **strategische Erfolgsfaktoren** entstanden:

- Der Faktor **Zeit**, d.h., diejenigen Unternehmen erzielen einen Marktvorteil, die wenig Zeit benötigen, um von einer Produktinnovation zur Markteinführung zu finden („time to market").
- Der Faktor **Qualität**, der heute auch eine Umweltqualität beinhaltet.
- Der Faktor **Mitarbeiter**, ohne den Veränderungs- und Reorganisationsprozesse nicht durchführbar sind. Die Humanressourcen werden zu einem strategischen Erfolgsfaktor und Wettbewerbsvorteil. Nur diejenigen Unternehmen, die Mitarbeiter motivieren, ausbilden und an Entscheidungsprozessen beteiligen, werden auch in der Lage sein, die beiden anderen Erfolgsfaktoren, nämlich schnell und exzellent zu sein, zu erfüllen.

Auch aus dem im 1. Teil gezeigten Bezugsgruppenmanagement, das besagt, daß die Handlungen und Entscheidungen einer Unternehmung von einer Reihe interagierender „**Bezugsgruppen**" beeinflußt werden, läßt sich die Forderung ableiten, sich im Interesse einer langfristigen Unternehmensstrategie an den Ansprüchen dieser Zielgruppen zu orientieren. Die tatsächliche Einflußnahme, die sich in verschiedenen Lenkungssystemen abspielt, hängt vom jeweiligen Abhängigkeits-/Einflußgrad ab. Die Abb. 171 (aus Hopfenbeck, 1996, S. 13) zeigt, daß – situativ je nach Branche unterschiedlich – der **Druck** auf das Unternehmen, den Umweltschutz in seinem Zielsystem zu berücksichtigen, von den verschiedensten Bezugsgruppen seines Umfeldes kommt. Ein zur Zeit etwas „schwächerer" Druck seitens Politik, Medien oder Rechtsprechung wird kompensiert durch verstärkten Druck etwa der Versicherungen im Haftpflichtbereich oder der Lieferanten/Abnehmer im Gefolge der ISO 9000/14000.

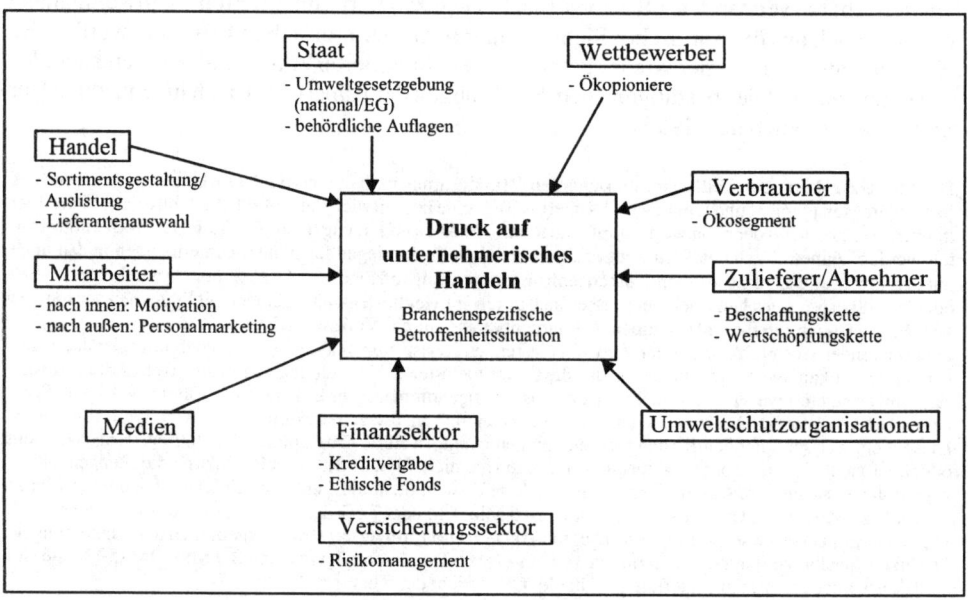

Abb. 171: Die Umweltsensibilität hat das gesamte betriebliche Umfeld erfaßt

Eine die rentabilitätsorientierte Unternehmenspolitik ergänzende, verstärkte Berücksichtigung ökologischer Belange ist eine Chance zur strategischen Profilierung und eine mögliche Markt- und Ertragschance. Umweltmanagement ist ein **Erfolgsfaktor** zur Schaffung eines strategischen Wettbewerbsvorteils und eines hohen Vertrauenskapitals in der Öffentlichkeit und trägt damit zur „Sicherung der langfristigen Existenz" (als generelles Oberziel jeder Unternehmung) bei. Umweltschutz ist nicht nur eine moralische, sondern auch eine ökonomische Notwendigkeit!

III. Vom Inseldenken zum Querschnittsdenken

In der frühen Phase der „Ökologisierung" der Wirtschaft in den 70er- und 80er Jahren glaubte man zuweilen, mit der Einrichtung einer Umweltabteilung oder ähnlichem dem (technischen) „Trend" bereits Genüge getan zu haben. Es zeigte sich jedoch schnell, daß eine ökologische Entwicklung die Durchdringung sämtlicher Aspekte einer Unternehmung umfaßt: sei es ihre Sortimentspolitik, ihre Produktionsweise oder ihre Kommunikations- oder Personalpolitik. Der Wunsch etwa nach einer Veränderung der **Verpackung** eines Produktes wird über die **Produktpolitik** als ein Marketinginstrument hinaus **Auswirkungen** haben (Hopfenbeck, 1996)

- auf den Einkauf (d.h. die Art der zu beschaffenden Rohstoffe),
- auf die Arbeit des Konstrukteurs (Gedanken zu Recycelfähigkeit, sichere und kostengünstige Entsorgungsfähigkeit usw.),
- auf die Einbindung in die (weitgehend automatisierten) Abläufe in der Produktion,
- auf Logistik- und Transportprozesse etwa mit dem Handel,

- auf veränderte Aussagen in der Werbung und Öffentlichkeitsarbeit,
- auf die Verfügbarkeit öffentlicher Fördermittel
- auf die institutionelle Verankerung des Umweltgedankens im Betrieb (Notwendigkeit der Schaffung von Öko-Teams, Qualitätszirkeln etc. zur organisatorischen Umsetzung) oder
- auf die Aus- und Fortbildung der Mitarbeiter und Führungskräfte usw.

Ökologie ist demnach ein **mehrdimensionales** Problem, d.h., Problemlösungen für Umweltbelange müssen ganzheitlich gefunden werden. Dies führte vom mehr operativen/sektoralen zum mehr strategischen/integrierten Denken, zu einer systematischen Einbindung ökologischer Gedanken in betriebliche Abläufe und betriebliche Entscheidungsprozesse. Dieser noch anhaltende zeitintensive, langfristige Entwicklungsprozeß ist mit zahlreichen Veränderungen auf vier Ebenen (siehe Abb. 172, aus ebd.) verbunden:

- Politische Dimension (Rahmensetzung durch Politik)
- Technische Dimension (bei Produktionsprozessen/-verfahren und bei den Produkten)

- Managementdimension (in der Unternehmensführung und im Controlling)
- Verhaltensdimension (Anforderungs- und Qualifikationswandel bei den Mitarbeitern/Führungskräften sowie Verbrauchern).

Betrachtet werden nicht nur die Umweltbelastungen während der Produktion, sondern vor allem die Belastungen, die über einen wesentlich erweiterten „ökologischen" Produktlebenszyklus (mit den Phasen Beschaffung, Herstellung, Gebrauch, Entsorgung, Transport) anfallen. Erforderlich sind nicht Lösungen für Teileelemente der Wertschöpfungs**kette**, sondern Optimierungen innerhalb des „geschlossenen Systems" eines Wertschöpfungs**rings**. Zentrale Bedeutung hat dabei das Bewußtsein, daß Umweltschutz keine „**Insellösung**" sein darf, die etwa von der Entsorgungsabteilung alleine zu leisten ist, sondern konsequent in alle Unternehmensbereiche einzubauen ist. Entsorgungsprobleme etwa werden ja bereits am Anfang der Wertschöpfungskette in ihrem Ausmaß determiniert, nämlich bei der Einkaufsentscheidung für oder gegen einen bestimmten Werkstoff, für oder gegen einen Verbundstoffeinsatz, eine Kodierung oder nicht.

Gerade Mitarbeiter der verschiedenen Hierarchieebenen in Großunternehmen mit ihrer hohen Spezialisierung und Differenzierung tun sich aber schwer, über Abteilungsgrenzen hinaus zu denken und zu handeln (Hopfenbeck/Willig, 1995). Außerdem zählen hier oftmals andere Kriterien als die Sachbezüge, so daß es zu „Ersatzspielarten" kommt. Als effektive Orientierungshilfe steht zur wirksamen Umsetzung das Management-Informationssystem „Öko-Audit" zur Verfügung.

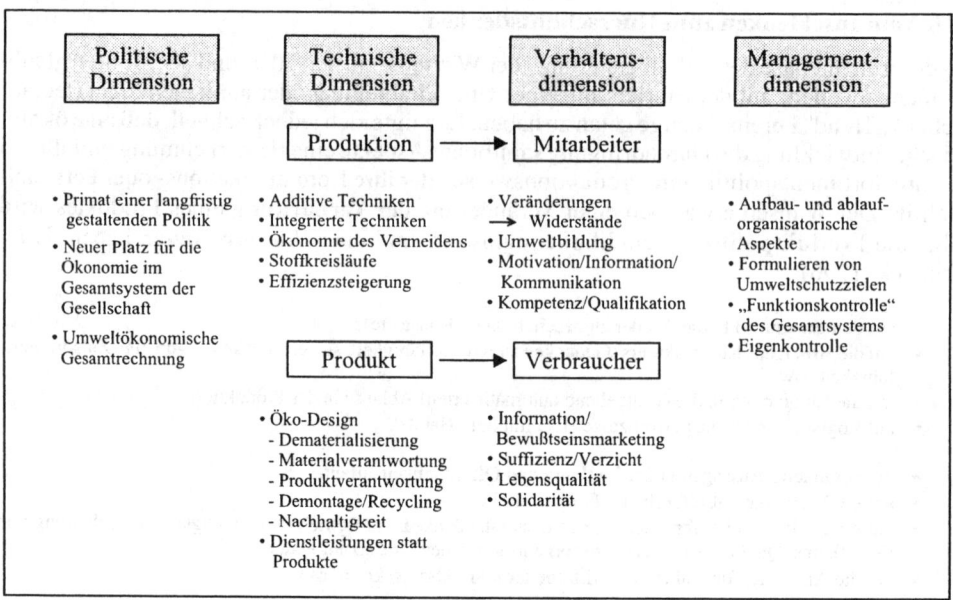

Politische Dimension	Technische Dimension	Verhaltens- dimension	Management- dimension

Produktion ⟶ Mitarbeiter

- Primat einer langfristig gestaltenden Politik
- Neuer Platz für die Ökonomie im Gesamtsystem der Gesellschaft
- Umweltökonomische Gesamtrechnung

- Additive Techniken
- Integrierte Techniken
- Ökonomie des Vermeidens
- Stoffkreisläufe
- Effizienzsteigerung

- Veränderungen
  ⟶ Widerstände
- Umweltbildung
- Motivation/Information/ Kommunikation
- Kompetenz/Qualifikation

- Aufbau- und ablauf- organisatorische Aspekte
- Formulieren von Umweltschutzzielen
- „Funktionskontrolle" des Gesamtsystems
- Eigenkontrolle

Produkt ⟶ Verbraucher

- Öko-Design
  - Dematerialisierung
  - Materialverantwortung
  - Produktverantwortung
  - Demontage/Recycling
  - Nachhaltigkeit
- Dienstleistungen statt Produkte

- Information/ Bewußtseinsmarketing
- Suffizienz/Verzicht
- Lebensqualität
- Solidarität

Abb. 172: Ökologie als mehrdimensionales Problem

Nach heutigen Erkenntnissen sind umweltorientierte „Insellösungen" zum Scheitern verurteilt, weil sie im Unternehmensablauf als „Fremdkörper" empfunden werden oder sogar kontrapro- duktiv für den gesamten Unternehmensablauf sein können. Umweltschutz als eine typische **Querschnittsfunktion** ist (auch als Personalführungsaufgabe) integraler Bestandteil einer durchgängigen umweltorientierten Unternehmensphilosophie und -kultur. Deshalb setzen sich sehr viel stärker ganzheitliche Umweltschutzkonzepte durch. Durch eine umweltorientierte Veränderung bzw. Erweiterung der Management- und Controllinginstrumente wird zwangs- weise eine Veränderung der gesamten Unternehmens**kultur** ausgelöst, sind zahlreiche Lern- prozesse in **allen** betrieblichen Abteilungen anzustoßen. Liesegang gibt eine allgemeine Dar- stellung des Lernprozesses anhand eines **kybernetischen** Modells (1995).

Im 9. Teil werden wir zeigen, wie Öko-Audits als Teil eines systembezogenen Umweltschutzes „gesteuerte Optimierungsprozesse" sind. Die Umwelt- und Qualitätsmanagementsysteme sind ein Organisationsansatz, um Insellösungen im Unternehmen zu verhindern und auf eine lernen- de Organisation bzw. Mitarbeitermotivation hin zu wirken (vgl. Adams, 1993, S. 556).

IV. Elemente des Konzeptes

Um eine umweltorientierte Unternehmensführung im Sinne eines **integrierten, ganzheitli- chen Konzepts** zu betreiben, ist ein Vorgehen wie in Abb. 173 notwendig:

1. Umweltgesichtspunkte müssen bei der **Standortwahl/-analyse** berücksichtigt wer- den.

2. Es sind **bauökologische** Erkenntnisse in Industriebauten zu integrieren.

3. Mit einer **Situationsanalayse** sind die ökologischen Schlüsselprobleme in den Ge- schäftsfeldern zu identifizieren.

4. Es sind ökologische Gedanken in das **normative Management** aufzunehmen, d.h., sie müssen in den Wertvorstellungen der Führungskräfte und Mitarbeiter verankert werden.

    Transformation der **Unternehmenskultur** / Anstoßen von Lernprozessen

    Basierend auf den Ergebnissen der Situationsanalyse werden die **Unternehmensgrundsätze** überprüft und ggf. um ökologische Leitsätze erweitert.

5. Es sind ökologische Gedanken in das **strategische Management** aufzunehmen, d.h., es wird ein integriertes **Zielsystem** unter Einbezug von „Umweltschutzzielen" (z.B. Ressourcenschonung, Emissions- und Risikobegrenzung) entworfen.

    Es werden situationsadäquate **Strategien** festgelegt.

6. Ökologisches Denken muß in das **operative Management** einfließen, d.h., es muß **alle Funktionsbereiche** der Unternehmung (von der umweltorientierten Materialbeschaffung über die Produktion bis zur Finanzplanung und zum Marketing) durchdringen.

    Es muß in betriebliche Entscheidungsstrukturen und -prozesse integriert werden.

7. Ökologisches Denken muß auch **aufbau- und ablauforientiert** integriert werden, d.h. sich **institutionell** niederschlagen (Umweltausschuß, Umweltbeauftragter etc.).

8. Über (freiwillige) **Qualitätssicherungssysteme** sind Risiko- und Haftungsfragen zu begrenzen; Aufbau von Dokumentations-, Informations- und Sicherungssystemen.

9. Es muß eine umweltbezogene **Kosten-** und **Investitionsrechnung** aufgestellt werden.

10. Es muß ein Instrumentarium für ein wirksames **Umwelt-Controlling-System** entwickelt werden.

Abb. 173: Elemente eines integrierten Umweltmanagementkonzeptes

Wie auch bei den beiden bereits an früherer Stelle besprochenen Dimensionen wirtschaftlichen Handelns, der ökonomischen und sozialen Dimension, wird dem gleichen Schema gefolgt und eine **umweltorientierte Unternehmensführung** auf den drei Handlungsebenen

- normatives,
- strategisches,
- operatives

Management skizziert.

E. Der normative Rahmen des Umweltmanagements

I. Gestaltung der Unternehmenskultur

Unternehmenskultur wird von uns definiert als das von innen heraus gewachsene, unverwechselbare Gepräge einer Unternehmung. Die Betriebswirtschaftslehre hat lange verkannt, daß auch das Unternehmen als Ganzes eigene, gemeinsam geteilte Wertvorstellungen („**shared values**"), die das Verhalten ihrer Mitglieder steuern, hervorbringen kann (vgl. dazu 6. Teil). Werden Werte als Orientierungsmaßstab interpretiert, sind alle Tätigkeiten in einer Unternehmung als Ausdruck geteilter Werte anzusehen.

Die Unternehmenskultur drückt sich in verschiedensten **Elementen** aus oder kann durch sie in gewissem Maße auch beeinflußt werden. Als Faktoren für eine **ökologisch** orientierte Unternehmenskultur lassen sich anführen:

(1) Ökologiesensible Unternehmensleitung

In seiner Rolle als Vorbildfunktion kommt dem Kreis der Führungskräfte große Bedeutung zu. Umweltschutz wird heute weitgehend als „**Chefsache**" angesehen. Deshalb müssen in dieser Vorreiterrolle auf allen betrieblichen Hierarchieebenen Lernprozesse angestoßen und von subjektiven Erfolgserlebnissen sowie der Möglichkeit, Erfahrung zu sammeln, begleitet werden. Als „trigger" können ein aktives Engagement der Geschäftsleitung in Verbänden wie B. A. U. M., future oder UnternehmensGrün, Vorträge bei einschlägigen Kongressen, Artikel in der Werkszeitung, Formulierung der eigenen Wertvorstellungen in ökologisch erweiterten **Leitbildern** usw. gesehen werden.

Dabei ist unbedingt darauf zu achten, daß zwischen „Worten" und „Taten" keine Diskrepanz entsteht. Das sichtbar vorgelebte Verhalten muß der ökologisch ausgerichteten Werthaltung auch tatsächlich entsprechen.

(2) Zeichen setzen durch Symbole

Dies kann durch kulturelle Artifakte, wie eine baubiologische Architektur der Gebäude und der Arbeitsplätze, geschehen oder durch menschliche Handlungen. Symbolcharakter können ökologisch gestaltete Erweiterungen haben, etwa bei

- dem betrieblichen Vorschlagswesen,
- den Themenbereichen von Qualitätszirkeln,
- der Herausgabe eines Umweltbriefes,
- der Anbringung eines „Öko-Brettes",
- einer neuen Form der Öffentlichkeitsarbeit und des Dialogs mit Umweltorganisationen u.a.,
- der Aufstellung von Recyclingbehältern für die Mitarbeiter,
- der Institutionalisierung eines Umweltbeauftragten,
- dem Anlegen von Biotopen auf dem Werksgelände,
- dem Einsatz umweltfreundlicher Firmenwagen.

(3) Verhaltensänderung durch Erfolgserlebnisse

- öffentliche Prämierung von Vorschlägen
- spezielle Besuchsprogramme von Mitarbeitern
- Veranstaltung spezieller Schulungen, Seminare etc.
- Änderung der Ausbildungspläne etc.
- Stolz der Mitarbeiter auf das Image der Firma
  (gezielte Informationen über Aktivitäten der Geschäftsleitung, Presseberichte usw.).

II. Einbezug einer Umweltpolitik in die Unternehmenspolitik

Um umweltgerecht zu wirtschaften, sind in die Unternehmensphilosophie (-grundsätze, -leitbild werden synonym verwendet), welche das allgemeine **Wertesystem** der Unternehmung bzw. die allgemeinen Ziel- und Wertvorstellungen der betrieblichen Entscheidungsträger beinhaltet, ökologisch relevante Gesichtspunkte mit einzubeziehen. Damit erfährt die daraus resultierende **Unternehmens**politik eine Neuausrichtung (zur Unternehmenspolitik siehe 6. Teil, B, I+II). Diese Neubestimmung der Unternehmungsphilosophie erscheint aufgrund der Umfeldentwicklung, d.h. der geänderten Umweltansprüche der Öffentlichkeit, zwingend. Ändern sich nämlich die dem Unternehmensverhalten zugrunde gelegten Werte und Verhaltensnormen nicht parallel zu dem Wandel der gesellschaftlichen Wertvorstellungen, entstehen zwischen der Unternehmung und seiner Umwelt Wertkonflikte.

Dieses Selbstverständnis ist durch den Einbezug einer „**Umwelt**politik" als normative Selbstverpflichtung neu auszurichten. In der Umweltpolitik, als Ausdruck der grundsätzlichen Denkhaltung des Unternehmens auf dem Sektor Umwelt, werden die Einstellungen und Werthaltungen des Top-Managements zum Umweltschutz festgehalten. **Schriftlich** in Form von Grundsätzen oder **Leitbildern** formuliert und damit nach innen und außen explizit dokumentiert, stellen sie eine selbst auferlegte Restriktion dar. Die laufenden Entscheidungen im Umweltmanagement haben sich daran zu orientieren. Umweltpolitik/-leitlinien/ -grundsätze drücken ein anerkanntes „**Basiskonzept**" aus, sie üben damit auch eine Koordinierungsfunktion aus und sind Basis des betrieblichen (Umwelt-) Zielsystems.

Die **Inhalte** der Umweltpolitik

- sollen sich insbesondere bei den am EG-Öko-Audit teilnehmenden Unternehmen an den so genannten „**guten Managementpraktiken**" der EMAS-VO Anhang I D orientieren (siehe 9. Teil),
- sollen alle Bereiche des Unternehmens betreffen und
- sollen generelle, langfristige Ziele als (realisierbare) Visionen darstellen.

Umweltpolitik
Nach EMAS-VO Art. 2 a: Die umweltbezogenen Gesamtziele und Handlungsgrundsätze eines Unternehmens einschließlich der Einhaltung aller einschlägigen Umweltvorschriften.
Laut ISO/DIS 14001: Erklärung der Organisation über ihre Absichten und Grundsätze in Bezug auf ihre Umweltleistung insgesamt. Diese Erklärung bildet einen Handlungsrahmen und dient als Grundlage für die Festlegung der umweltspezifischen Zielsetzungen und Ziele.

Eine Umweltpolitik ist also eine Definition der Gesamtziele und Aktionsgrundsätze eines Unternehmens im Hinblick auf die Umwelt: Sie ist klar, verbindlich und widerspruchsfrei zu den anderen Leitsätzen der Unternehmung zu formulieren. Nach den Vorschriften der **EG-Öko-Audit-VO** sind die Umweltpolitik sowie das Umweltprogramm des Unternehmens für den betreffenden Standort in schriftlicher Form festzulegen (siehe 9. Teil). In den dazugehörigen Dokumenten wird erläutert, wie Umweltprogramm/-managementsystem, die für den Standort gelten, auf die Politik und die Systeme des Unternehmens insgesamt bezogen sind. Die Umweltpolitik des Unternehmens wird auf der höchsten Managementebene festgelegt und in regelmäßigen Zeitabständen insbesondere im Lichte von Umweltbetriebsprüfungen überprüft und gegebenenfalls angepaßt. Sie wird den Beschäftigten des Unternehmens mitgeteilt und der Öffentlichkeit zugänglich gemacht.

III. Formulierung von Umweltleitlinien

Bei der Bedeutung, die Umweltfragen inzwischen erlangt haben, ist es zwingend erforderlich, daß Haltung und Einstellung des Unternehmens zur Umweltproblematik im Leitbild definiert sind. Jedes Unternehmen muß heute seine Haltung zur Produktpolitik, zu Umweltfragen sowie zur Sozialpolitik für die Öffentlichkeit verständlich und plausibel darstellen können (vgl. Castenow 1993, S. 142) und ist auch gut beraten, dies zu tun, ohne daß Krisenfälle dazu zwingen.

In Erweiterung, als eine Form der „korrektiven" Unternehmensethik zur situativen Selbstbegrenzung des unternehmerischen Gewinnstrebens, skizziert Ulrich (1997, S. 424f.) einen sog. **Ethik-Kodex** i.S. einer moralischen Selbstbindung.

Bei der Formulierung gesellschaftsorientierter Unternehmensleitlinien wird allerdings nicht selten übersehen, daß damit zumeist ein grundlegender **organisatorischer** Wandel einzuleiten ist (vgl. dazu unsere späteren Ausführungen zur ökologischen Organisationsentwicklung). Es werden zudem neue Planungsinstrumente sowie Strategie- und Führungskonzepte erforderlich werden: So kann man von den Mitarbeitern kein gesellschaftsorientiertes Denken erwarten, wenn sie kurzsichtig gewinnbezogenen Beurteilungs- und Entlohnungssystemen unterworfen sind.

Die unternehmerische Selbstbeschreibung ist für Pfriem vor allem bezüglich ihres Potentials für ein **„Management des Wandels"** (vor allem i.S. eines „ökologischen Strukturwandels") von Bedeutung. Die Beantwortung der grundlegenden Fragen einer Unternehmens, nämlich

- Wer sind wir? (Identität)
- Was wollen wir? (Willens- und Konsensbildung)
- Wohin soll es gehen? (Unternehmensleitbild)

sind angemessen beantwortet in einer **sozialökologischen** Ethik, die der Unternehmenspolitik Sinn, Wert und Identität verleiht (vgl. 1995, S. 279). Der normative Rahmen muß Freiräume im Denken zulassen, Lernräume schaffen, Lernprozesse und -fortschritte ermöglichen, Handlungs- und Entscheidungsspielräume offen lassen.

Beispiele für in die Unternehmensphilosophie einzuarbeitende **Kriterien der sozialen Verantwortung** können sein:

- Anerkennung der gesellschaftlichen (und damit auch umweltpolitischen) Verantwortung der Unternehmung
- verantwortungsbewußte Nutzung von Ressourcen
- aktive Problemlösungssuche nach umweltfreundlichen Produkten, Produktions- und Entsorgungsverfahren
- Streben nach integrierten Umweltschutzkonzepten
- kooperativer Informationsaustausch mit den verschiedenen Gruppen der Gesellschaft und den eigenen Mitarbeitern
- gleichrangige Gewichtung wirtschaftlicher, sozialer und ökologischer Ziele

Aus der **schriftlichen** Formulierung der Unternehmensphilosophie entwickelt sich ein umweltorientiertes Unternehmens-**Leitbild**, das auf die Bezugsgruppen der Unternehmung vielfältige Auswirkungen hat (vgl. Annighöfer, 1991, S. 379). Bei einer so formulierten Unternehmensphilosophie wird der Umweltschutz zu einem integralen Bestandteil der Unternehmenspolitik. Die dort niedergelegten Verhaltensgrundsätze enthalten Bewertungskriterien für die auf den nachfolgenden Hierarchieebenen zu treffenden Unternehmensentscheidungen. Die inhaltlichen Bestandteile dieser Rahmenrichtlinien sind für alle Mitarbeiter **bindend**. Eine schriftliche Präzisierung dieser allgemeinen Leitsätze verhindert das Abgleiten in reine „Leerformeln" unverbindlichen Charakters (siehe die Praxisbeispiele bei Hopfenbeck, 1994, S. 132ff. und ders., 1996).

IV. Verhaltenskodizes

Eine andere Möglichkeit, seine unternehmerische Umweltverantwortung zu manifestieren, bietet die Unterzeichnung bestimmter Kodizes, mit denen in einer Art **Selbstverpflichtung** gegenüber der Öffentlichkeit eine Unterstützung der darin aufgestellten Verhaltensrichtlinien durch eigenes entsprechendes Handeln dokumentiert wird. In den letzten Jahren sind auf nationaler und internationaler Ebene von diversen Verbänden und Institutionen Umweltleitlinien entwickelt worden, die für die jeweiligen Mitglieder bzw. Unterzeichner eine gewisse Verhaltensrichtlinie vorgeben sollen. In einem der ersten Vorläufer, dem bereits 1973 auf dem 3. Europäischen Management-Symposium verfaßten **„Davoser Manifest"**, wird unter Punkt 4 bereits festgehalten:

> „Die Unternehmung muß der Gesellschaft dienen. Die Unternehmensführung muß für die zukünftigen Generationen eine lebenswerte Umwelt sichern. Die Unternehmensführung muß das Wissen und die Mittel, die ihr anvertraut sind, zum Besten der Gesellschaft nutzen."

In der Chemie, als einer von der Umweltdiskussion besonders tangierten Branche, hat die European Chemical Industry Federation (CEFIC) „Guidelines for the protection of the environment", auf nationaler Basis der Verband der Chemischen Industrie sog. „Umwelt-Leitlinien" herausgegeben. Daneben gibt es eine Reihe von Bemühungen anderer Stellen, so die Erklärungen des BDI, die **„Tutzinger Erklärung"** oder die sog. „Valdez Principles" (jetzt in **CERES-Principles** umbenannt). Ein interessantes Beispiel für ein firmenübergreifendes Netzwerk ist die Umweltinitiative der Wirtschaft in Ostwestfalen, die 1994 mit dem Deutschen Umweltpreis der Deutschen Bundesstiftung Umwelt ausgezeichnet wurde. Um den Umweltschutz ganzheitlich in den Unternehmen zu integrieren, verpflichten sich die beteiligten Betriebe auf einen **gemeinsamen Umwelt-Kodex**.

Auch die Internationale Handelskammer (ICC) spielt als Vorreiter bei der Entwicklung von Regeln, die die internationale Wirtschaft auf freiwilliger Basis bei ihren Entscheidungen beachten soll, eine wichtige Rolle. Die **Charta für eine langfristig tragfähige Entwicklung** des ICC enthält 16 Grundsätze des Umweltmanagements, das für die Wirtschaft wichtiger Bestandteil jeder langfristig tragfähigen Entwicklung ist (Text in Hopfenbeck/Jasch/Jasch, 1996, S. 64ff.). Die Charta soll den Unternehmen dabei behilflich sein, ihr Engagement für die Umwelt umfassend in die Praxis umzusetzen. Sie wurde im April 1991 auf der zweiten Weltindustriekonferenz für Umweltmanagement (WICEM II) verabschiedet. Die Internationale Handelskammer appelliert damit an die Unternehmen und ihre Verbände, die Grundsätze zu befolgen und ihre Unterstützung für diese Grundsätze öffentlich zum Ausdruck zu bringen. Damit soll erreicht werden, daß Unternehmen aus den verschiedensten Bereichen sich verpflichten, ihre Umweltschutzmaßnahmen in Einklang mit diesen Grundsätzen zu verbessern, die entsprechenden Managementpraktiken anzuwenden und den Erfolg ihrer Maßnahmen zu messen und unternehmensintern sowie nach außen in geeigneter Form darüber zu berichten.

In all diesen Erklärungen ist generell eine eher **deklaratorische Wirkung** zu sehen, da die freiwillige Verpflichtung gegenüber der Umwelt eine rein moralische Basis darstellt. Detzer, der ausführliche Listen mit Kodizes für international tätige Unternehmen, für Manager und für Ingenieure zusammengestellt hat, kommt zum Ergebnis: „Verhaltenskodizes können eher sensibilisieren, weniger orientieren und kaum disziplinieren" (1995, S. 74).

F. Der strategische Rahmen des Umweltmanagements

I. Bestimmung der strategischen Ausgangslage (Situationsanalyse)

Die neuartigen ökologischen Fragestellungen bedürfen der Berücksichtigung innerhalb betrieblicher Planungs- und Entscheidungsprozesse. Bevor aber eine operative Unternehmenskonzeption mit Maßnahmenplänen etc. erstellt werden kann, muß eine Ist-Zustands- Analyse der internen und externen Einflußfaktoren zur Bestimmung der strategischen Ausgangslage erfolgen. Das Ergebnis zeigt der Unternehmung den notwendigen Handlungsbedarf und mögliche Verbesserungspotentiale.

Die **Planungsfunktion** hat damit zum Ziel (BMU/UBA, 1995, S. 29):

- die derzeitigen und zukünftigen gesellschaftlichen Ansprüche aufzuzeigen,
- aufgrund dieser Umfeldinformationen die Bestimmung des Soll-Zustandes durchzuführen,

- die ökologische Situation des Unternehmens gemäß den bekannten Wirkungen abzuschätzen („Ist-Analyse") und mit dem Soll-Zustand zu vergleichen,
- die sich hieraus ergebenden Handlungsmöglichkeiten und -spielräume zu erfassen und
- die ökologisch relevanten Vorhaben in einem Umweltprogramm zusammenzufassen und die Ziele nach Umfang und Zeitaufwand zu bestimmen.

Die zukünftige Gestaltung der Unternehmensführung als Steuerung eines zielorientierten und zweckgerichteten Systems bedarf möglichst frühzeitiger Informationen über Veränderungen im unternehmensinternen Bereich und aus dem externen Bereich, deren Interpretation und geplante Reaktion darauf. In Analogie zum bereits aufgezeigten Strategieinstrumentarium (fünfter Teil, B und E) sind insbesondere die Frühaufklärungssysteme um ein ökologieorientiertes **Indikatorensystem** zu erweitern (vgl. dazu Krystek/Behrendt, 1991, S. 17ff.).

Die Analyse bezieht sich auf zwei Felder:

- die (**interne**) Unternehmensanalyse zur Bestimmung der Stärken bzw. Schwächen

- die (**externe**) Umweltanalyse zur Bestimmung der Gefahren bzw. Chancen

Für beide Ebenen stehen umfangreiche Checklisten zur Verfügung.

Mit den Ergebnissen einer Situationsanalyse sollen **ökologische Schlüsselprobleme** in den Geschäftsfeldern identifiziert werden, d.h. festgestellt werden, inwieweit die Unternehmung in der Lage ist, mit ihrem Stärken-Schwächen-Profil den Chancen bzw. Risiken der neuen ökologischen Dimension entgegenzutreten (vgl. Abb. 174).

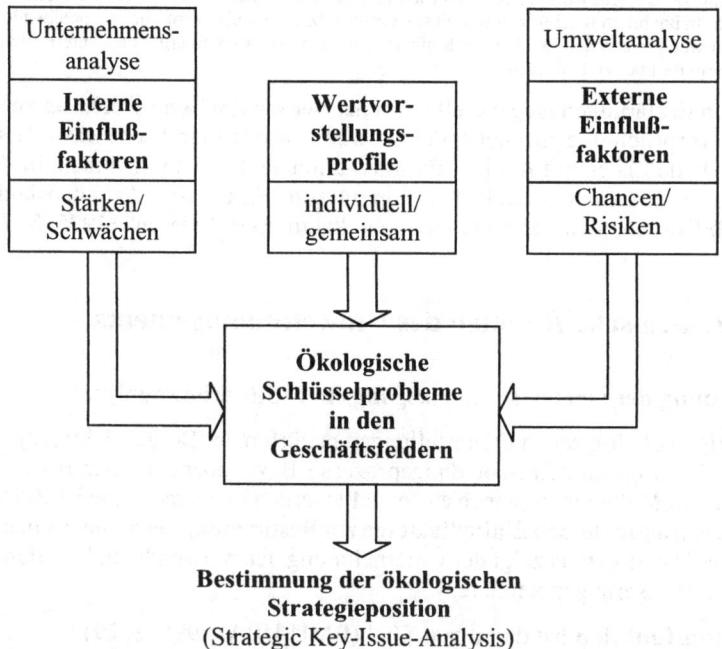

Abb. 174: Ökologische Situationsanalyse

1. Unternehmensanalyse (Stärken/Schwächen)

Für diese Ebene werden mit Hilfe einer individuell auszuformenden Checkliste die ökologischen Schlüsselprobleme in den Geschäftsfeldern identifiziert und deren Lösung versucht (**Strategic-Key-Issue-Analysis**). Die Informationen werden zuerst für relevante Beobachtungsbereiche gesammelt, dann (subjektiv) bewertet und ihre Ausprägung relativ zum stärksten Konkurrenten erfaßt.

Zweck der durch diese Analyse gewonnenen Informationen (Pümpin, 1980):

- Erkennen der eigenen Stärken, auf die neue Strategien aufbauen können
- Erkennen der eigenen Schwächen, die im Rahmen der neuen Strategie zu vermeiden sind
- Erkennen der Synergiepotentiale, die von neuen Strategien auszunützen sind
- Erkennen der eigenen Mittel
- Beurteilung der heutigen Situation hinsichtlich der rentabilitätsbestimmenden Faktoren
- Erkennen der strategischen Erfolgspotentiale

Im Vergleich zur Umweltanalyse sind die Informationen hier aus dem eigenen Datenbestand des Controllingwesens relativ **leicht** zu beschaffen. Eine Analyse der internen Stärken und Schwächen in der Unternehmung bezieht sich im ökologischen Bereich u.a. auf folgende **Faktoren**:

- Bestehen im Einkauf Kontakte zu Herstellern umweltfreundlicher Produkte und wie ist die Versorgungssicherheit?
- Ist ausreichend Finanzierungspotential vorhanden, um zum einen die gesetzlichen Auflagen auch zukünftig zu erfüllen, zum anderen, um in umweltfreundliche Problemlösungen zu diversifizieren?
- Besteht bei der Unternehmensleitung gegenüber ökologischen Problemen eine Aufgeschlossenheit oder nicht?
- Geht die qualitative Leistungsfähigkeit der Mitarbeiter konform?
- Inwieweit sind die Eigenschaften des bestehenden Produkt- und Leistungsprogramms bezüglich einer Ökologieorientierung zu beurteilen (Sortiment, Qualität, Preis, Marktbearbeitung, Distribution etc.)?
- Inwieweit sind die Forschungsaktivitäten und das technische Know-how bereits ökologiebezogen?

Die Antworten auf diese Fragen geben Aufschluß, ob die Unternehmung mit ihren internen Potentialen über die **Möglichkeit** verfügt, auf die ökologische Herausforderung mit einer entsprechenden strategischen Reaktion zu antworten. Die Ergebnisse der Unternehmensanalyse lassen sich gut im Rahmen eines **Stärken-Schwächen-Profils** visualisieren.

2. Umweltanalyse (Chancen/Risiken)

Für die Unternehmung als ein offenes, mit der Umwelt und anderen Wirtschaftssubjekten (Konkurrenten, Lieferanten, Kunden, Kapitalgebern, Staat oder Arbeitnehmern) in Austauschbeziehungen stehendes System ist das **rechtzeitige** laufende Erkennen der Umfeldentwicklung und das (rechtzeitige!) Einstellen darauf (überlebens-) notwendig. Die Entwicklungen sind deshalb notwendigerweise systematisch in den Planungs- und Steuerungsprozeß einzubauen, um auf Dauer erfolgreich zu bestehen. Obwohl ein bewährtes Instrumentarium zur Verfügung steht, ist die Umweltanalyse vor allem bei kleinen und mittleren Betrieben vielfach noch ein Stiefkind.

Bei der praktisch niemals in ihrer Gesamtheit erfaßbaren Fülle von möglichen Untersuchungsbereichen und ihrem jeweiligen Datenmaterial ist aus Gründen des Informationsbeschaffungsaufwandes eine Selektion durchzuführen. Dazu stehen zahlreiche Checklisten zur Verfügung.

Diese externen Einflußfaktoren beziehen sich z.B. auf folgende Analysefelder:

- Entwicklungen der **natürlichen/ökologischen** Dimension (z.B. Rohstoffverfügbarkeit, Umweltverschmutzung)
- Entwicklungen der **sozialen** Dimension
  (Wandel des öffentlichen Bewußtseins, Wertedynamik, Priorität des Schutzes der Umwelt etc.)
- Entwicklungen der **ökonomischen** Dimension
  (Branchen-, Marktanalyse: Segment für umweltfreundliche Produkte, Kaufkraft, Konkurrenzaktivitäten als Aktion/Reaktion etc.)
- Entwicklungen der **technologischen** Dimension
  (Umweltschutztechnik /Umweltsanierungstechnologie etc.)
- Entwicklungen der **rechtlichen** Dimension
  (Umweltschutzgesetzgebung national und international, Neueinführung/Verschärfung von Grenzwerten, Veränderung der Haftungsrisiken durch das neue Umwelthaftungsgesetz, Vorgaben der Europäischen Kommission u.ä.)

Zusätzlich zu einer allgemeinen Umfeldanalyse ist eine Analyse und Beurteilung der Gesamtbranche und möglicher Branchenteilsegmente durchzuführen. Diese **Branchenanalyse** ist durch eine **Konkurrentenanalyse** und -prognose zu vertiefen, da eine Unternehmung ihren eigenen strategischen Wettbewerbsvorteil immer in Bezug zur Konkurrenz aufbauen und erhalten muß.

Es sind etwa folgende Fragestellungen hinsichtlich ihrer ökologischen Wertigkeit zu untersuchen:

- Welche Strategien verfolgen die Konkurrenten heute mit welchem Erfolg?
- Welche ökologischen Wertvorstellungen und Zielsetzungen sind erkennbar?
- Welche Strategien können in der Zukunft von den Konkurrenten erwartet werden und welche Möglichkeiten ergeben sich, bzw. welche Gefahren drohen daraus?
- Auf welchen Prämissen beruhen die voraussichtlichen Strategien der Konkurrenten?
- Über welche Stärken und Möglichkeiten verfügen die Konkurrenten?
- Welche Schwächen der Konkurrenten sind Ansatzpunkte für eigene Offensivstrategien?

Die Analyse muß Aussagen vermitteln über die Wahrscheinlichkeit und das Ausmaß der Reaktion auf die ökologische Marketingkonzeption sowie über die Fähigkeiten der Unternehmung, sich gegenüber den Wettbewerbskräften abzuschirmen und Reaktionen der Konkurrenten wirksam zu begegnen.

Die Auswirkungen der Umweltentwicklungen für die eigene Unternehmung werden in einer **Chancen-Risiko-Analyse** prognostiziert. Eine systematische Gegenüberstellung mit dem bereits erstellten Stärken-Schwächen-Profil als „Ergebnis" der Unternehmensanalyse erlaubt eine vertiefte Beurteilung. So kann eine bestimmte Entwicklung, trifft sie auf eine Unternehmensstärke, durchaus als Chance angesehen werden; wenn nicht, sind die Gefahren daraus zu prognostizieren.

Die beiden Analysen ermöglichen die Bestimmung der **ökologischen Strategieposition** einer Unternehmung und eine konsequente Ausrichtung der Strategie auf die Lösung der Schlüsselprobleme sowie eine Bestimmung und Bewertung der „kritischen" Faktoren in der strategischen Ökobilanz (z.B. mangelnde Übertragbarkeit von vorhandenem technologischem Know-how auf Umweltschutzmärkte, fehlende Sensibilität der Führungskräfte, negative Ausstrahlungseffekte eines Ökoproduktes auf das Restsortiment u.ä.).

II. Einflüsse im Zielsystem des Unternehmens

1. Umweltschutz als gesellschaftliches und unternehmerisches Ziel

Über das Verhältnis wirtschaftlicher Interessen und ökologischer Forderungen werden von den betroffenen Personenkreisen (Politiker, Umweltschützer, Unternehmer, Wissenschaftler etc.) konträre Standpunkte vertreten:

- Grundsätzlicher **Widerspruch** zwischen Ökonomie und Ökologie
- **Spannungsverhältnis** zwischen Ökonomie und Ökologie (Gebot der Abwägung)
- **Vorrang** ökologischer Erfordernisse vor ökonomischen Interessen (bzw. umgekehrt)

Ähnlich Pfriem (vgl. 1995, S. 92), der die möglichen Beziehungen zwischen Ökonomie und Ökologie in folgenden Positionen systematisiert:

- Die Ökologie wurde im Gegensatz zur Ökonomie in der Vergangenheit vernachlässigt. Beide passen aber gut zueinander. Umweltschutz kann damit zu einem neuen Wachstums- und Ertragsfaktor gemacht werden (diese Position wird sehr stark von Wicke vertreten).
- Ökonomie und Ökologie stehen für grundsätzlich unterschiedliche bzw. entgegengesetzte Rationalitäten. Ökologie muß daher gegen Ökonomie durchgesetzt werden.
- Beide Positionen sind einseitig. Es gibt Widersprüche, aber auch Schnittmengen, die erkannt, genutzt und erweitert werden können bzw. sollten. Ökologisches Management von und in Unternehmen läßt sich damit als Schnittstellenmanagement beschreiben.

2. Der Widerspruch von Ökonomie und Ökologie

Der **Konflikt** zwischen Ökologie und Ökonomie wird von vielen Autoren für **unaufhebbar** angesehen, denn wie aufgezeigt ist jedes Wirtschaften mit einem Eingriff in natürliche Zusammenhänge verbunden mit dem Ziel, sie zum Nutzen des Wirtschaftenden umzugestalten und bedeutet jedes Wirtschaftswachstum aufgrund der Entropievermehrung bei Veredelungsprozessen deshalb mit naturgesetzlicher Notwendigkeit auch mehr Umweltbelastung.

„Die Formel aus dem politischen Tagesvokabular, Ökonomie und Ökologie sind kein Widerspruch, sie lassen sich versöhnen', mag Ausdruck von Einfalt oder Harmoniebedürfnis sein; oder sie wurde erfunden, um Interessenpolitik zu vernebeln. Sie ist falsch, hat aber Tradition. Schon in der Aufbruchstimmung der Umweltpolitik unter der sozialliberalen Koalition machte man sich Illusionen über die Verträglichkeit von Wirtschaftswachstum und Umweltschutz. Die Wirtschaft sollte die saubere Umwelt sozusagen unter ihre Produktionsziele aufnehmen." (Schütze, 1990, S. 10)

Nach Wagner (1990, S. 14f.) besteht für Unternehmen die Notwendigkeit, sich in ihrem Effizienz- und Effektivitätsstreben konsequent nach wirklich **ökonomischen** Zielgrößen auszurichten. Die mit den unternehmerischen, der Sozial- und Ökologieverantwortung verbundenen Konzepten einhergehende Absicht, Konfliktpotentiale zwischen unternehmerischen und ökologischen Zielen zu entschärfen, läßt sich „**dann nicht** verwirklichen, wenn ausschließlich auf die betriebswirtschaftlichen Ziele im eigentlichen Sinne abgestellt wird. Denn aus den originären, betriebswirtschaftliches Denken im eigentlichen Sinne erst konstituierenden Zielen Gewinn und Rentabilität ist Umweltschutz nicht ableitbar. Als Steuergrößen für einzelwirtschaftliche Effizienz und Effektivität bedingen diese Ziele geradezu eine Abkoppelung unternehmerischen Denkens von den Kriterien anderer, d.h. nichtökonomischer Lebensbereiche. Dem Umweltschutz bleibt bei dieser Sichtweise mithin ausschließlich eine Rolle als **konkurrierende** Zielgröße – und damit verschärften dann die angesprochenen Ansätze in letzter Konsequenz, allerdings wohl unbeabsichtigt, eher noch das Konfliktpotential".

Für Kießler (1990, S. 135ff.) sind Ökonomie und Ökologie „prinzipiell" nicht miteinander zu vereinbaren, da sie jeweils **autonome Systeme** mit eigenen Rationalitäten gründen, deren Maßkriterien und Maßstäbe inkommensurabel und deren Prozeßstrukturen nicht miteinander verknüpfbar sind. Während Ökonomie ein zweckorientierter, linearer, auf permanentes Wachstum angewiesener Prozeß ist, stellt die Ökologie einen zweckfreien, zirkulären, gleichgewichtigen, strukturierten und dynamischen Verband dar. Die oft angesprochene Vereinbarkeit von Ökonomie und Ökologie ist für Kießler höchstens beschränkt auf die

Möglichkeit, daß bestimmte Handlungen beide Prozesse positiv beeinflussen, wovon jedoch nicht die grundsätzliche Unvereinbarkeit der beiden Systeme tangiert wird. Die grundlegenden Widersprüche dürfen auch nicht verschleiert werden, damit Prioritäten im Handeln erkannt werden (wie z. Zt. die eindeutige Dominanz der ökonomischen Logik, die ökologische Systeme zerstört) und nach einer Ordnung Ausschau gehalten werden kann, die beide Logiken verbindet und vermittelt.

> „Allem Reden über die postindustrielle und postmaterielle Dienstleistungsgesellschaft zum Trotz werden sich freilich die meisten Produkte nicht in dem Maße ‚entstofflichen‘ oder ‚vergeistigen‘ lassen, daß für hinreichenden Umweltschutz nicht auch im durchaus Rechenbaren noch ein horrender Preis bleibt. Es ist das die Wahrheit unseres Ausgangsszenarios: Nicht im einzelnen, wohl aber im Ganzen ist das Motto ‚Mehr Gewinn durch Umweltschutz‘ eine Lebenslüge." (Seidel 1989)

3. Konvergenzfelder

Mangels eigenen Artikulationsvermögens der natürlichen Umwelt ginge, so Wagner (1990, S. 3), dieser Konflikt tendenziell stets zu Lasten der Umwelt aus. Auf die Dominanz der Unternehmensposition können regulierend einwirken:

- objektive (partielle, temporäre) Konvergenz unternehmerischer und ökologischer Ziele,
- freiwillige unternehmerische Zielbeschränkungen,
- das Wirken relevanter „Agenten" der Umwelt (Staat, Nachfrager etc.).

Das Streben nach Rentabilität und Umweltschutz läßt sich vor dem Hintergrund einer sich wandelnden Verbrauchereinstellung **partiell** zu einer **Zielkomplementarität** verbinden (vgl. dazu Strebel, 1981, S. 514; Stahlmann, 1988, S. 44ff.):

- Wettbewerbsvorteile durch Umweltschutzinnovation bei der Produkt- und Verfahrensgestaltung
- (aktive) Vorwegnahme von gesetzlichen Entwicklungen (oder späteren Konsumentenforderungen)
- Möglichkeit zur Diversifikation
- Imageverbesserung, innovatives Kompetenzpotential
- Material- und Materialkosteneinsparungen

Die **Schnittmenge** zwischen ökologischen und einzelwirtschaftlichen Zielen ist größer als vielfach vermutet. Es zeigt sich, daß in den Fällen, in denen Umweltschutz nicht nur als ein lästiger Zwang empfunden wird, sondern als eine – vor allem auch in strategischer Hinsicht vielleicht (über-)lebensnotwendige – unternehmerische (Markt-)Chance gesehen wird, ein ökologisches Unternehmenskonzept zu entwerfen ist, in dem

- auf der Basis eines entsprechenden Unternehmensleitbildes als „Dokument" der langfristigen Unternehmenspolitik
- das betriebliche Zielsystem um die Komponente Umweltschutz (Umweltverträglichkeit, Umweltschonung etc.)

erweitert wird, um sicherzustellen, daß in die unternehmerischen Entscheidungsprozesse zukünftig auch **ökologische** Bewertungskriterien einfließen werden. Erfolgt keine entsprechende Modifikation im einzelwirtschaftlichen Zielbündel, geht diese kurzfristige (Gewinn-)Orientierung eventuell auf Kosten zukünftiger **Erfolgspotentiale**, die sich durch die Entwicklung umweltfreundlicher Produkte und Verfahren ergeben.

Empirische Untersuchungen von Töpfer und Meffert zeigen eine geringe Ausprägung des Zieles „Umweltfreundlichkeit der Produkte". Meffert/Kirchgeorg/Ostmeier (1990, S. 42) finden in ihrer empirischen Untersuchung den Konflikt zwischen **kurzfristiger** ökonomischer Rationalität und Umweltschutzzielen bestätigt, während deutlich positive Zielbeziehungen zu den Oberzielen der **langfristigen** Gewinnorientierung, Sicherung der Wettbewerbsfähigkeit, Imagezielen und Zielen der Mitarbeitermotivation gesehen werden (vgl. auch Kirchgeorg, 1989; Günther, 1994, S. 79ff).

Das **traditionelle**, mehrdimensionale **betriebliche Zielsystem** ist primär ausgerichtet auf leistungs-, erfolgs- und finanzwirtschaftliche Ziele, die durch soziale Ziele ergänzt werden (vgl. Steger, 1988, S. 140; vgl. Meuser, 1994, S. 54ff.; Schreiner, 1993). In der Literatur finden sich zahlreiche Beispiele, „Umweltschutz" als weiteres eigenständiges (hochrangig angesiedeltes) Zielelement aufzunehmen (vgl. auch die Beispiele für ökologischen Subziele bei Kudert, 1990).

Die Elemente eines **spezifischen Umweltschutzzieles** müssen, so Dyllick (1989/1990), die drei Bereiche betreffen:

- Ressourcenschutz (d.h. Erhalten, Schonen knapper Resourcen),
- Emissionsbegrenzung (Vermeiden, Vermindern, Verwerten und Entsorgen belastender Emissionen und Abfälle) und
- Risikobegrenzung (Vermindern, Verhindern und Begrenzen von Gefahrenpotentialen und Störfällen)

Zurückhaltung im Formulierungs- und Durchsetzungsniveau unternehmerischer Nutzungs-, Entnahme- und Verbrauchsansprüche gegenüber der ökologischen Umwelt kann (so Wagner, 1990, S. 2) mit dem Begriff **Ressourcenschonung** gekennzeichnet werden, in dem sich dann aus unternehmerischer Sicht alles konkretisiert, was gemeinhin als „Umweltschutz" bezeichnet wird. „In diesem Sinne stellt sich Ressourcenschonung dann ganz allgemein als Zielgröße aller auf die Verbesserung und die Erhaltung der ökologischen Umwelt gerichteten Aktivitäten dar."

Dies hat zur Folge, daß das wirtschaftliche oder ökonomische Prinzip, auf das als grundlegendes Prinzip zur effizienten Gestaltung des Leistungserstellungsprinzips zurückgegriffen wird, um die zusätzlichen Prinzipien „Humanprinzip" und „Prinzip der Ressourcenschonung" zu erweitern ist. „Wirtschaften" (= die Disposition über knappe Mittel für Bedürfniszwecke) als Optimierungsproblem zwischen den unterschiedlichen Interessenlagen spielt sich innerhalb dieses **Spannungsdreiecks** ab (vgl. dazu unsere Ausführungen im ersten Teil).

III. Formulierung von Ökostrategien

Auf die Einflußnahme der Ökologie kann ein Unternehmen prinzipiell auf zweifache Weise reagieren, wobei diese beiden Verhaltensweisen je nach individueller Situation der Unternehmung zu differenzieren sind:

- **passive** Umweltschutzstrategie (d.h. erst planerische Tätigkeiten aufgrund gesetzgeberischen Zwanges; man beschränkt sich auf die Erfüllung der gesetzlich oder behördlich vorgeschriebenen Mindestanforderungen; reaktives Verhalten in der Kommunikationspolitik)
- **aktive** Umweltschutzstrategie (d.h. A-priori-Integration in sämtliche Planungsphasen, um dadurch Wettbewerbsvorteile zu erlangen; aktive Kommunikationspolitik).

Eine offensive Umweltstrategie ist wegen der Chancen zu Kostensenkungen, Vermeidung von Entsorgungsproblemen, Umsatzsteigerung, Imageverbesserungen u.a. einer defensiven vorzuziehen (Hopfenbeck, 1994, Meffert/Kirchgeorg, 1992).

In Anlehnung an Stitzel nehmen Meffert/Kirchgeorg (vgl. im einzelnen 1992, S. 145ff.) folgende idealtypische Charakterisierung von **Basisstrategien** vor:

- Widerstandsstrategien
- Passivität und Rückzugsstrategien
- Anpassungs- und Antizipations(Innovations-)strategien

Meffert/Kirchgeorg (1992) beschreiben ausführlich die verschiedenen strategischen **Optionen** einer Unternehmung zur Erreichung von angestrebten Umweltzielen. Die vom Unternehmen verfolgten Basisstrategien (S. 140ff.) müssen ihre Ausrichtung auf die spezifische **Markt- und Wettbewerbssituation** wie Kosten- oder Qualitätsführerschaft erfahren, und es hat eine spezielle Auseinandersetzung mit der **Risikobewältigung** zu erfolgen. Die Schwerpunkte der strategischen Grundsatzentscheidungen sind in Abb. 175 (aus ebd., S. 140) dargestellt.

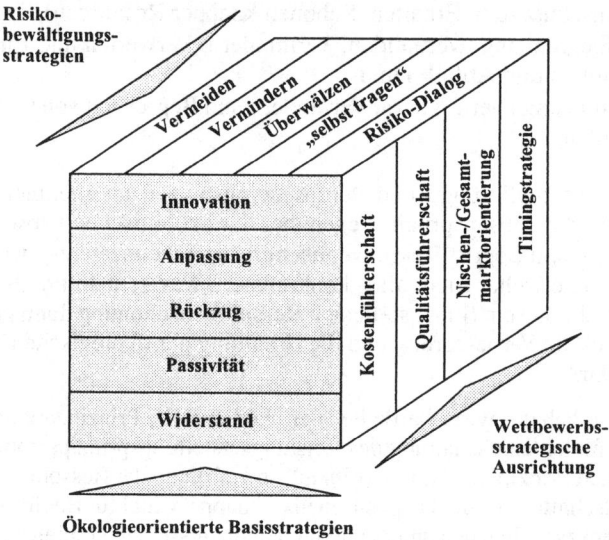

Abb. 175: Strategische Grundsatzentscheidungen im Umweltmanagement

Für die jeweiligen strategischen Geschäftseinheiten einer Unternehmung müssen differenzierte umweltorientierte Marketingaktivitäten entworfen werden. Zur Ableitung empfehlenswerter Strategien entwickelt Meffert ein **Ökologie-Portfolio** mit den Dimensionen

- **Umweltbelastung** (Ausmaß aller negativen Umwelteinwirkungen eines Unternehmens),
- **Vorteile des Unternehmens aus ökologieorientiertem Verhalten** (Erlangung von quantitativen Vorteilen, wie z.B. Marktanteilserhöhung, oder qualitativen Vorteilen wie z.B. Imageaufbesserung).

Die **Positionierung** der jeweiligen strategischen Geschäftseinheit setzt also

- die Ermittlung der gesamten Umweltbelastung,
- die Feststellung des betriebswirtschaftlichen Vorteils durch ein SGE-bezogenes, ökologieorientiertes Verhalten voraus.

946

Die definierte Position bestimmt dann die anzuwendende Marketing**strategie** .

Zur Berücksichtigung der Mehrdimensionalität ökologischer Aspekte verwendet Zabel (vgl. 1994, S. 70ff.) ein Öko-**Produkt-Prozeß-Portfolio**, bei dem eine Strategieempfehlung nicht aus dem Portfolio, sondern aus einer nachgeschalteten Entscheidungstabelle abgeleitet wird. Das Portfolio stellt den Grad der Ökologieverträglichkeit des Produktes (bei der Benutzung bzw. Entsorgung) sowie des Prozesses (bei der Versorgung und der Produktion) gegenüber. In Ergänzung zum Öko-Portfolio entwickelten Zahn/Schmid (1992, S. 68ff.) einen sog. „**Strategischen Ökologiewürfel**" mit den Optionsfeldern

- Wettbewerbsfeld (Marktnische/Gesamtmarkt),
- Wettbewerbsregeln (neue/alte ökologieinduzierte Regeln),
- Wettbewerbsvorteil (minimale Kosten/hohe (Zusatz-)Kosten).

Pfriem bezeichnet die Fähigkeit einer Unternehmung, den Rahmen des strategisch und kulturell Möglichen auszuweiten, als **strategische Flexibilität**. „Eine Unternehmung kann nicht jede beliebige Strategie erfolgversprechend wählen, sondern nur jene, die ihr kulturell möglich ist. Sowohl Strategie (weil nicht jede Strategie gangbar ist) als auch Kultur (weil die Unternehmung nicht zu jeder Strategie in der Lage ist) schränken also das Entscheidungs- und Handlungsspektrum der Unternehmen ein" (1995, S. 291).

Dyllick (1998, S. 48ff.) zeigt auf, wie ökologische Probleme von heute die ökologischen **Wettbewerbsfelder** von morgen sind. Das Konzept der **Transformationsprozesse** hilft bei der Zusammenführung von Ökologie und Wettbewerbsfähigkeit: Ökologische Belastungen werden transformiert durch ökologische Ansprüche (Markt/Politik/Öffentlichkeit), die zu ökologischen Wettbewerbsfeldern (aktuelle, latente, potentielle) führen. „Ökologische Wettbewerbsfelder kennzeichnen die ökologischen Probleme einer Branche, deren Lösung die Erlangung von Wettbewerbsvorteilen ermöglicht bzw. deren Nichteinhaltung mit Wettbewerbsnachteilen einhergeht. Dabei spielen sowohl Kosten- als auch Differenzierungsaspekte eine Rolle."

Mit den beiden Strategiedimensionen

- Strategiebezug (= Gesellschaft und Staat)
- Strategieausrichtung (= defensiv und offensiv)

unterscheiden Dyllick/Belz/Schneidewind (1997) vier **Typen** ökologischer **Wettbewerbsstrategien** (vgl. Abb. 176, aus ebd.)

Strategie-bezug / Strategie-ausrichtung	Gesellschaft	Markt
Defensiv	Ökologische Marktabsicherungs-strategien („clean") **I**	**II** Ökologische Kosten-strategien („effizient")
Offensiv	**IV** Ökologische Marktentwicklungs-strategien („progressiv")	**III** Ökologische Differenzierungs-strategien („innovativ")

Abb. 176: Typologie ökologischer Wettbewerbsstrategien

H. Der operative Rahmen des Umweltmanagements

I. Bausteine einer umweltorientierten Materialwirtschaft

Bei dem z.T. recht hohen Anteil der Materialkosten an den Kosten eines Unternehmens und den Auswirkungen des Materialeinkaufs auf alle Abteilungen erscheint eine „ökologische Materialwirtschaft" angesichts des weiten Feldes von Ansatzpunkten für eine ökologisch orientierte Unternehmungspolitik geradezu **prädestiniert** (vgl. zum Nachfolgenden Blom, 1988, S. 9ff.; Stahlmann, 1988/1991; Frank, 1990, S. 42ff.).

1. Materialwirtschaftliches Zieldreieck

Der Einbezug ökologischer Belange in das magische Zieldreieck einer **„Integrierten Materialwirtschaft"** führt zu einer Erweiterung desselben. Die bisherigen Zielbereiche (wie günstige Einstandspreise, geringe Materialgemeinkosten, hohe Lieferbereitschaft und Produktqualität, geringe Kapitalbindung) müssen **„überlagert"** werden von Umweltzielen wie

- ressourcenschonendes Programm,
- hoher Verwertungsgrad des Inputmaterials,
- schadstoffarme Produktion und Produkte.

Stahlmann (1991, S. 259) sieht derzeit u.a. in dem (klassischen) Ziel „niedrige Materialkosten" eine starke Komplementarität mit den Umweltzielen „hoher Verwertungsgrad der Inputstoffe", „Einsatz integrierter Technologien", „ressourcenschonendes Programm" und eher Konflikte gegenüber dem Umweltziel „schadstoffarme Produkte/Substitution umweltschädlicher Stoffe".

2. Materialwirtschaft als Kreislaufökonomie

Statt einer isolierten, unvernetzten, rohstoffvergeudenden „Durchlaufwirtschaft" (**„Cowboy-Ökonomie"**/Stahlmann), Kennzeichen: energie- und rohstoffintensiv, Unterstellung unbegrenzter Nachschubmöglichkeiten, Herstellung hochentropischer Wegwerfprodukte, Suggestion unbegrenzter materieller Konsumentenbedürfnisse, wird eine **„Kreislaufwirtschaft"** angestrebt.

Frank (1990, S. 10) spricht im gleichen Sinne vom radikalen „Wechsel der Ökonomie der Halbkreise zu einer Kreislaufwirtschaft", fordert den Wandel einer „Wegwerfgesellschaft" zu einer „Sortier- und Wiederverwertungsgesellschaft" und sieht die Abfallwirtschaft in der Materialwirtschaft zu einer Schlüsselposition werden. „Von der Beschaffung über den Transport, die Lieferung, den innerbetrieblichen Transport, über die Rücknahme von Reststoffen und Abfällen in den Verantwortungsbereich der Lagerwirtschaft bis zur ordnungsgemäßen Entsorgung ist hier die Materialwirtschaft im Rahmen ihrer Gesamtfunktion gefordert." (ebd., S. 43)

Ähnlich spricht Stahlmann (1988, S. 7; 1991, S. 15ff.) von einer Langzeit- bzw. Kreislaufökonomie und sieht die Materialwirtschaft, neben ihrer dem Controlling ähnlichen Querschnittsfunktion und der großen Spannbreite übergreifender Aufgabenstellungen zwischen Beschaffungs- und Absatzmarkt, als **Vorreiter** einer ökologisch erweiterten Betriebswirtschaftslehre prädestiniert, da hier das Denken in Stoffen und Materieströmen deutlicher hervortritt als anderswo und der „Geldschleier" bei Planung, Analyse und Kontrolle oft durch Rückbesinnung auf Mengen „zwecks klarer Verhältnisse" beiseite geschoben wird.

Die **Aufgaben** einer im weiteren Sinne ökologisch integrierten Materialwirtschaft richten sich auf folgende Problemkreise (ebd., S. 22f.):

- Materialbedarfsermittlung: Mitarbeit an der Entwicklung eines umweltverträglichen Primärbedarfs, Abstimmung der Vertriebsprognosen mit materialwirtschaftlichen Zielsetzungen, Ermittlung des Sekundärbedarfs über Stücklisten oder andere Methoden.
- Materialbeschaffung: Beschaffungsmarketing in Einbeziehung ökologischer Kriterien, Beschaffungsprinzipien, -organisation, -strategien.
- Materialsteuerung: Ermittlung von Ablaufparametern, Arbeitsplänen, Losgrößen, Laufzeiten, Auftragsterminierung, Grobplanung, Feinsteuerung, Werkstattsteuerung.
- Materiallagerung: Materialzugang, -abfluß, Lagerarten, Lagerorganisation, Vermeidung von umweltgefährdenden Störfällen.
- Materialverteilung und Logistik: Materialflußprinzipien, innerbetrieblicher Transport, Versand, physical distribution.
- Bestandsplanung, -analyse und -kontrolle: nach verschiedenen Wertschöpfungsebenen, Stoffgruppen, Fundorten, Maßnahmen der Bestandssenkung zur Vermeidung unnötiger Ressourcenbindung.
- Materialrationalisierung: durch Numerierung, Standardisierung, Materialanalyse und kostenminimierende, umweltfreundliche Materialverwertung.

3. Beschaffungsseitige Implikationen

Exemplarisch soll der Problemkreis „**Materialbeschaffung**" noch etwas näher spezifiziert werden. Bei den Inputfaktoren nennen Corsten/Götzelmann einen umfangreichen **Maßnahmenkatalog**:

- Erstellung von Beschaffungsrichtlinien für umweltfreundliche Roh-, Hilfs- und Betriebsstoffe sowie für alle weiteren Produktionsfaktoren
- Erstellung von Prüflisten zur Ermittlung der Tauglichkeit recycelter Produktionsfaktoren für die einzelnen Produktionsstufen
- Erstellung von Übersichten über interne und externe Recyclingbeschaffungsmärkte
- Erstellung von Grundsätzen bei der Lieferantenauswahl (z.B. Berücksichtigung ökologischer Eigenschaften des Leistungsangebots oder Beeinflussung der Lieferanten hinsichtlich ökologischer Belange)
- enge Kooperation mit anderen Funktionsbereichen der Unternehmung (z.B. F & E, Absatz)
- kooperative Vereinbarungen in horizontaler und vertikaler Hinsicht

Innerhalb der Materialbeschaffung kann eine Unternehmung versuchen, durch gezielten Einfluß auf seine Lieferanten bestimmte **Einkaufspositionen** (z.B. Papier, Lacke, Reinigungsmittel, Kfz) durch umweltverträgliche Alternativprodukte (im Rahmen wirtschaftlicher Vertretbarkeit bzw. gegebener Möglichkeiten) zu **substituieren**. Durch einen gezielten Einkauf können spätere Probleme bereits vermieden werden. Peemöller/König (1992, S. 313f.) empfehlen zur Beurteilung der Einsatzstoffe den Einsatz einer Matrix unter Berücksichtigung der Informationskategorie „Umweltverträglichkeit der Einsatzmaterialien" und Einkaufsportfolios. Sie zeigen zahlreiche beschaffungsstrategische Beeinflussungsinstrumente aus umweltorientierter Sicht, nämlich direkte (wie Substitution, Recycling, Make or Buy) oder indirekte (wie Zusammenarbeit, Kontraktpolitik und Beschaffungswerbung).

Dies setzt eine gezielt umweltorientierte **Beschaffungsmarktforschung** bei der Auswahl der Lieferanten und eine **Lieferantenkooperation** für die Bestellvereinbarung voraus. Gefordert ist i.d.S. ein enger Dialog Einkäufer - Lieferant, da die Produktentscheidung des Einkäufers immer mehr unter Recycling- und Entsorgungsgesichtspunkten getroffen wird. Da eine vorsorgende Abfallwirtschaft gesamtwirtschaftlich ökonomischer ist als nachsorgender Umweltschutz, wird der Einkäufer „zwangsläufig für seine Bedarfspalette immer mehr dazu übergehen, nach Problemlösungen zu suchen, die im Nachhinein keine Umweltbelastung und damit auch keine Kosten für die Entsorgung/Abfallbeseitigung darstellen" (Frank, 1990, S. 48).

Als **Orientierungshilfe** bei der Beschaffung können diverse Beschaffungshandbücher über umweltfreundliche Produkte dienen. Es kann auch empfehlenswert sein, sich die Umweltfreundlichkeit eines Produktes bereits im **Kaufvertrag** bestätigen zu lassen; die Abfassung solcher Verträge würde die Lieferanten einem starken Druck aussetzen. Bei zahlreichen Unternehmen fordern die Einkaufsleiter vor Bestellungen Datenblätter mit Informationen über die Inhaltsstoffe an.

Neben der Beschaffung umweltverträglicher Substitutionsprodukte erfassen die Aktivitäten des Einkaufs vor allem die Ebene der **Produktentwicklung** und der technischen Abteilungen. Die Beschaffung von Daten, etwa Umweltverträglichkeitsprüfungen mit Hilfe von Stofflisten, ist extrem schwierig.

Zur Beurteilung der ökologischen Aspekte der Produktspezifikation verlangen einige Firmen inzwischen einen sog. **Artikelpaß** mit bestimmten Öko-Informationen. Nachhaltig umweltverträgliche Produkte beinhalten insbesondere die Beschaffung umweltverträglicher Vorprodukte, Rohmaterialien etc. So hat die Steilmann Gruppe ökologische Mindestanforderungen im Rahmen der allgemeinen Qualitätssicherung formuliert.

4. Ökologische Lieferantenbewertung

Viele Unternehmen bewerten inzwischen ihre Lieferanten auch unter Umweltgesichtspunkten (vgl. Wildemann, 1994; vgl auch den vorherigen Punkt 3. Beschaffungsseitige Implikationen). Bei der Überarbeitung der Einkaufsbedingungen hat man bei der cph chemie (ein mittelständisches Unternehmen der chemischen Industrie) eine eigene Öko-Checkliste angehängt, mit der man die **ökologische Qualität** eines Lieferanten bewertet; dort sind u.a. folgende Fragen enthalten:

- Hat der Betrieb eine ganzheitliche Schwachstellenanalyse (Öko-Audit oder Öko-Bilanz) vorzuweisen?
- Ist ein Managementsystem mit Umweltleitlinien, -programmen und -zielen vorhanden?
- Zeichnet sich der Betrieb durch ein praktisches Verhalten aus, das über gesetzliche Standards hinausgeht: (emissionsarme) Verfahren (quantitativ und qualitativ), Ressourceneinsparung, Produktverantwortung für den gesamten Lebensweg, insbesondere Verzicht auf Verbundsysteme, Einsatz von Mehrwegsystemen (keine hochtoxischen, persistenten und akkumulierbaren Substanzen usw.)?
- Werden verbliebene Schwachstellen offensiv kommuniziert?
- Wurden bereits Teilaudits (z.B. Abfall oder Energie) durchgeführt (es fehlt nur ein Gesamtkonzept)?
- Werden bereits beim Einkaufsmanagement und bei der Produktentwicklung ökologische Kriterien berücksichtigt?
- Ist ein fachkompetenter Austausch über ökologische Fragestellungen jederzeit möglich?
- Orientiert sich das Niveau im Umweltschutz ausschließlich an gesetzlichen Standards?
- Kommen weiterreichende Aktivitäten nur durch externen Druck zustande?
- Werden bei Detailrecherchen ökologische Defizite sichtbar (toxische Stoffe, unnötige Einwegverpackungen usw.)?

Ähnliche Listen zu einem **Lieferanten-Audit** verwenden The Body Shop mit einem 5-Sterne-Bewertungsverfahren oder B&Q, Europas größte Do-it-yourself-Kette (Beispiele und Texte dazu in Hopfenbeck/Teitscheid, 1994, S. 193ff). Es ist zu hoffen, daß die im Gefolge der EG-Öko-Audit-Verordnung einsetzende Validierungs-/Zertifizierungswelle (siehe 9. Teil) zu einem „Schneeballeffekt" über die gesamte Beschaffungskette führt, d.h. auf Lieferanten Druck ausgeübt wird, sich ebenfalls zertifizieren zu lassen. Damit würde neben einen „horizontalen" **Zertifizierungs-Sog** noch ein „vertikaler" treten!

5. Aufbau eines Recycling-Managements

Da das Recyclingprinzip im natürlichen Ökosystem als „Grundprinzip des ökologischen Gleichgewichts" uns die Funktionsweise eindrucksvoll dokumentiert, ist dieses Prinzip auch für das technische Industriesystem unumgänglich. Recycling ist eine vernünftige Partiallösung, sie darf aber nicht den integrierten, ganzheitlichen Aspekt eines logistischen Managements von Materialströmen verdecken. Integrierter Umweltschutz bedeutet, die Entsorgung als letzte Phase bereits in die (die Abfälle ja erzeugende!) Produktion mit einzuplanen. Gefordert ist eine Umdrehung des vorherrschenden Gedankens des Sammelns und Deponierens zu Aufarbeitung und Vermeidung. Am Ende bereits an den Anfang denken!

Recycling wird i.d.R. als Maßnahme der stofflichen Wiederverwertung angesehen. Im eng gefaßten Recyclingsystem geht es darum, einen möglichst großen Bestandteil der Emissionen des technischen Systems wieder „outputfähig" zu machen und in den Absatzmarkt zu bringen, um im eigenen oder in irgendeinem anderen Arbeitssystem als Input verwendet zu werden.

Recycling ist ökologisch gesehen nur eine Maßnahme zum **zeitlichen „Strecken"** der Rohstoffvorkommen, eine totale Kreislaufökonomie ist sowieso nicht möglich. Zum Teil besteht auch die Gefahr, daß es (wie wir etwas später aufzeigen) eine Alibifunktion für schmerzhaftere Vorsorgestrategien erfüllt, die bei der Produktion bzw. beim Konsum ansetzen müssen. Zudem erscheint das Problem der Rohstoffversorgung zur Zeit wesentlich weniger ein Engpaß zu sein als die Entsorgung. Vermeidungsstrategien sind im Prinzip richtig, nur benötigt ihre Planung und Implementierung längere Zeithorizonte, sie lösen nicht den zur Zeit gegebenen Müllentsorgungsnotstand.

In ökologischer Dimension bedeutet Recycling die **Rückführung** der stofflichen und energetischen Rückstände in den Produktionsprozeß zur Nutzung (Verwertung oder Verwendung); dazu auch Punkt H, II, 2. Damit verbunden ist

- eine Ressourcenschonung,
- eine geringere Umweltbelastung bei den Recyclingabläufen,
- eine Energieersparnis sowie
- eine Entlastung des knappen Deponieraums.

Da, wie an früherer Stelle bereits dargelegt, gemäß dem Entropiesatz alle Stoffe durch Produktion/Konsum letzten Endes in einen fortschreitenden Zustand geringerer Verfügbarkeit (höherer Entropie) übergeführt werden, kann das Recycling solche Entwicklungen nur **verzögern** (vgl. Strebel, 1991, S. 17).

In unserer Konsumgesellschaft wird Abfall mit dem Begriff Müll statt mit Sekundärrohstoff gleichgesetzt. Die Rückgewinnung bekommt damit einen völlig falschen Stellenwert – was wir in der Industrie, im Handwerk, beim Handel und beim Verbraucher brauchen, ist eine Art **„Recyclingkultur"**.

Das betriebswirtschaftliche Instrument „Recycling" ist aus Gründen, die primär ökonomisch motiviert waren, in Teilen der Industrie (z.B. in Gießereien oder Glashütten) eine bereits seit langem praktizierte Selbstverständlichkeit. In der gegenwärtigen Diskussion wird dieses umweltpolitische Instrument besonders für die **Verwertungsstrategie** (und damit auch für die **Ressourcenschonung**) hervorgehoben.

Die bisher angesprochenen Verwertungsmöglichkeiten eines Outputs als ein Input bei einem anderen Produzenten bezogen sich weitgehend auf nur zwei Produktionsstufen, d.h., zwei Betriebe, und stellen damit nur Insellösungen dar. Diese Rückstandsverwertung kann auch im Rahmen kooperativer Industriesysteme durchgeführt werden. „Eine integrierte Rückstandsverwertung mit zwischenbetrieblicher Verknüpfung des betrieblichen Materialflusses und damit der betrieblichen Materialwirtschaft erhält man erst dann, wenn man durch Rückstandsnutzung begründete Input-Output-Beziehungen zwischen zwei aufeinanderfolgenden Produktionsstufen auch auf deren Vor- und Folgestufen ausdehnt („**Verwertungszyklen** bzw. **-ketten bzw.**

-**netze")"** (Strebel, 1993, S. 47; Strebel/Schwarz, 1994, S. 245f.; Strebel, 1995, S. 49ff.; dort finden sich auch praktisch durchgeführte Beispiele solcher **zwischenbetrieblicher Verwertungsverbünde** in der Region Kalundborg/Dänemark, bei der Verlegung des Hafens Emden und in der Steiermark; strategische **Netzwerke** als Kooperationsform für Recyclingprozesse und ihr Nutzenpotential bei Hansen et al., 1995, S. 66ff.; zur Planung und Steuerung betriebsübergreifender **Recyclingnetze** siehe insbesondere Spengler (1998, S. 220ff.).).

Verwertung/Verwendung bezieht sich auf verschiedene **Recycling-Kreislaufarten**. Recycling kann in zwei Formen ablaufen:

- **innerhalb** innerbetrieblicher Stoffkreisläufe als integraler Bestandteil von Produktionsprozessen,

- dem Produktions- und Konsumptionsprozeß **nachgelagert** als getrennte Rückgewinnung und Verwertung von Rückständen.

Je nachdem, ob eine Verwertung oder Verwendung bzw. eine Form der Weiter- oder Wiederbearbeitung vorliegt, lassen sich **vier prinzipielle Formen** des Recycling ableiten(siehe Abb. 177, aus Hopfenbeck/Kodolitsch-Jonas, 1999).

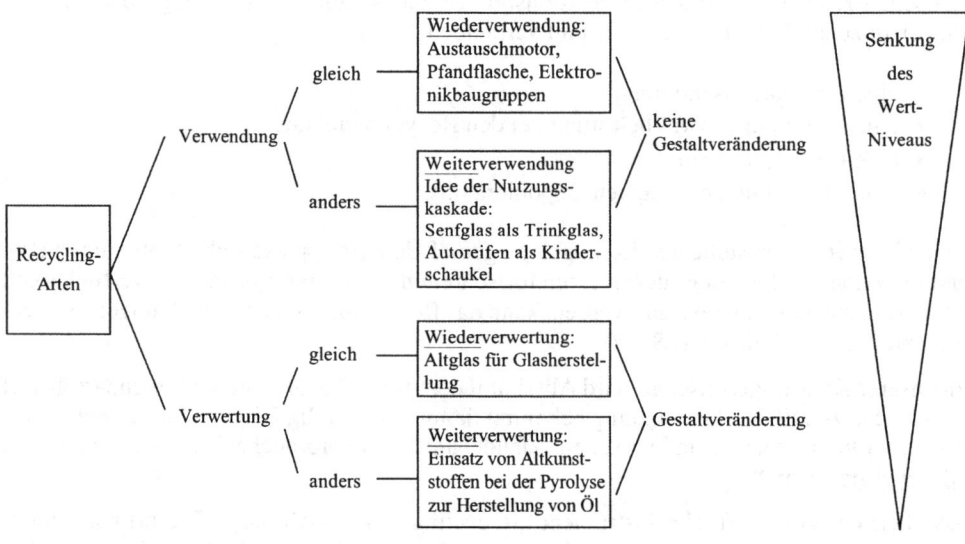

Abb. 177: Recyclingarten

Die Einordnung dieser Formen in den **Kreislauf** der Produkte von der Rohstoffgewinnung über die eigentliche Produktion bis zur Abfallbeseitigung läßt sich – vereinfacht – als **Modell** darstellen (vgl. Abb. 178, aus Hopfenbeck, 1994, S. 241):

- Rohstoffe werden gewonnen und fließen in die Produktion ein. Der erste Recyclingkreislauf erfaßt die **Produktionsabfälle** und führt sie mit oder möglichst ohne Aufbereitung in eine gleichartige Produktion zurück oder einer anderen Verwendung zu. Ist dies innerbetrieblich nicht möglich, ist nach interindustriellen Verwendungen zu suchen (z.B. über eine Recyclingbörse).

952

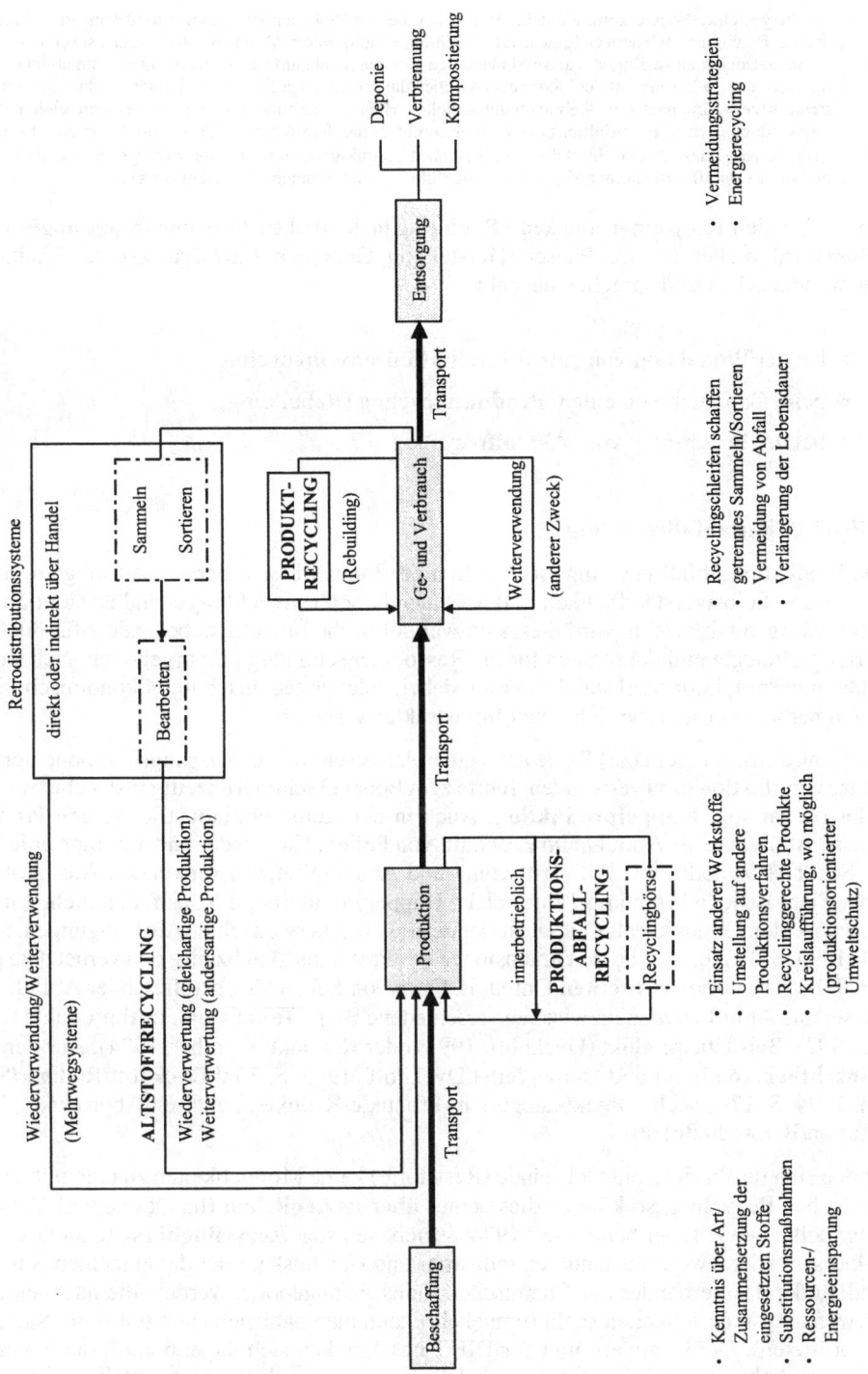

Abb. 178: Recyclingkonzepte innerhalb des ökologischen Produktlebenszyklus

- Das hergestellte Produkt kommt nun in Gebrauch. Oberstes Ziel aller Maßnahmen muß sein, zu verhindern, daß das Erzeugnis nach dem Gebrauch auf die Mülldeponie wandert. Man wird daher zunächst versuchen, die Gebrauchsdauer zu verlängern (diese Maßnahmen gehören nicht zum Recycling, sondern zum üblichen Produktgebrauch, allerdings ist der Übergang zwischen diesen Gebieten fließend) oder das Produkt in Form des **Produktrecycling** nach dem Gebrauch mit gezielten Maßnahmen aufzuarbeiten und zu einem gleichartigen Verwendungszweck rückzuführen (z.B. Austauschmotor eines Kraftwagens oder ein runderneuerter Reifen).
- In der letzten Phase des Produktlebenszklus ist nach Produktgebrauch ein **Altstoffrecycling** anzuschließen und die Reststoffe, die keiner Verwertung zugeführt werden können, sind zu entsorgen.

Wir wollen den Recyclinggedanken i.S. eines ganzheitlichen Denkens in (**ökologischen**) **Lebenszyklen** über alle drei Phasen (Herstellung, Gebrauch, Entsorgung) eines Produktes angewendet sehen und sprechen deshalb

- bei der Produktion von einem **Produktionsabfall**recycling,
- beim Gebrauch von einem **Produkt**recycling (Rebuilding),
- bei der Entsorgung vom **Altstoff**recycling.

a) Produktionsabfallrecycling

Das Produktionsabfallrecycling ist in Teilen der Industrie eine bereits seit langem intern praktizierte Selbstverständlichkeit und hat einen hohen Entwicklungsstand erreicht. In der gegenwärtigen Diskussion wird dieses umweltpolitische Instrument besonders für die Verwertungsstrategie und damit auch für die Ressourcenschonung hervorgehoben. Nebenprodukte und Produktionsrückstände werden dabei, solange technisch und ökonomisch möglich, innerhalb der innerbetrieblichen Infrastruktur verwertet.

Die Denkweise, (ungeliebte) Reste nach einer Aufbereitung als Ausgangskomponenten für weitere Produktionen zu verwenden, führte zum Beispiel schon frühzeitig in der chemischen Industrie zur sog. **Kuppelproduktion**. Auch in der Automobilindustrie werden Produktionsreststoffe, die als Abfall beim Zuschnitt von Folien, Kunstleder und Textilien anfallen, für Sekundärbauteile (wie z.B. Trittschutz und Abdämpfungen) verwendet. Aus ökologischer Sicht ist **jede** Produktion eine solche Kuppelproduktion, d h., es fallen nicht nur die „gewünschten" Produkte als Output an, sondern auch „unerwünschte" Ausbringungen. Strebel (1993, S. 11) fordert, beide Dimensionen des Problems gleichzeitig und vernetzt zu planen. Für diesen **unerwünschten** Output in Form von Sekundärrohstoffen oder Abfall, Abwasser und Abluft werden inzwischen verschiedene **Begriffe** verwendet: Abprodukte (Garbe, 1992), Bei-/Übelprodukt (Dyckhoff, 1991) oder Konduct (Günther, 1994). Aus der **Erwünschtheit** von Input und Output leitet Dyckhoff (1993, S. 338; Dyckhoff/Rüdiger/Souren, 1994, S. 17f.) sechs Objektkategorien (Produkte/Redukte, Faktoren/Abprodukte, Beifaktoren/Beiprodukte) ab.

Finden sich für Produktionsrückstände (Reststoffe) keine Möglichkeiten zu einem innerbetrieblichen Recycling, so können diese einer **überbetrieblichen** (bundesweiten) Vermittlungsstelle, wie z.B. der bereits seit 1974 betriebenen sog. **Recyclingbörse** (ehemals „Abfallbörsen") der jeweils zuständigen Industrie- und Handelskammer der einzelnen Bundesländer oder des Verbandes der Chemischen Industrie angeboten werden, die nach anderen Verwendungsmöglichkeiten sucht (umgekehrt kann man natürlich auch selbst als Nachfrager auftreten). Die Kammern und der DIHT beschränken sich dabei darauf, die Kontakte zwischen Anbietern und Nachfragern lokal, landes- oder bundesweit herzustellen, den beteiligten Unternehmen bleibt die Ausarbeitung der jeweiligen Kontraktbedingungen überlassen. Dieser Vermittlungsservice unter einer Chiffre ist kostenlos. Die Mitteilungsblätter erscheinen monatlich und sind nach Materialgruppen gegliedert.

b) Produktrecycling (Rebuilding/Remanufacturing)

Recycling ist nichts anderes als ein Denken in Kreisläufen. Bisher wurde dabei vor allem bei der Produktions- bzw. der Entsorgungsphase angesetzt und aus den Produkten über verschiedene Arbeitsvorgänge und Energieeinsatz wieder ein Rohstoff erzeugt. Zunehmend wichtiger wird jedoch die dazwischen liegende Gebrauchsphase, wobei jetzt das Produkt als solches erhalten bleibt – ein Auto wird also z.B. nicht verschrottet, sondern für eine neue Nutzung aufgearbeitet. Dies hat den Vorteil, daß ein großer Teil des **Produktionswertes** erhalten bleibt. Zukünftig ist eine in mehrstufigen Arbeitsprozessen erfolgende „**Rückwärtsproduktion**" zu planen und durchzuführen.

Je höher die Kreislaufführung in der Wertschöpfung ansetzt, desto geringer fallen die ökologischen Belastungen aus: Eine weitere **Verwendung** im Ersatzteilgeschäft oder in aufgearbeiteten Produkten ist einer Verwertung deshalb in jedem Fall vorzuziehen. „Gebraucht" heißt noch lange nicht „verbraucht".

Die Funktionsfähigkeit elektronischer Systeme wie Prozessoren und Speicherchips wird z.B. auf 30 bis 40 Jahre geschätzt. In der Praxis erreichen viele Geräte aber nicht das Ende ihrer technisch möglichen Nutzungsdauer, sondern landen bei immer kürzeren Innovationszyklen nach kurzer Zeit auf der Schrotthalde. Das **Re-Use** kann sich auf komplette Baugruppen/Teilsysteme und Module beziehen. Entscheidend ist eine realistische Abschätzung der zu erwartenden Restlebensdauer gebrauchter Komponenten.

Ein in diesem Serienstil betriebenes Recycling ist in Deutschland als **Austauscherzeugnisfertigung** im Kfz-Bereich fest etabliert, diese Produkte (Getriebe, Lichtmaschine, Anlasser etc.) sollen bei einzelnen Unternehmen bereits zehn Prozent der Neuproduktion erreichen. In großen Stückzahlen wird das klassische Beispiel, der Austauschmotor, aufgearbeitet; dies sind zur Zeit etwa 200 000 Motoren (= Materialersparnis von rd. 40000 t pro Jahr). Inzwischen sind Beispiele für zahlreiche andere Produkte bekannt (Elektrorasierer, Elektrowerkzeuge, Büromaschinen, Industrieroboter, Zigarettenautomaten etc.).
Die Mercedes-Benz AG baute 1996 ein Altteile-Center (ATC) als eigenständige GmbH auf, das Teile wie Motoren, Getriebe, Karrosserieteile oder elektrische Aggregate zur Wiederverwertung in der eigenen Organisation und auf dem freien Markt (mit einer Dreimonatsgarantie) aufbereiten und lagern soll. Auch bei den freien Teilehändlern entsteht ein ähnliches „Parts-life-Kreislaufprogramm" für den Gebrauchtteilehandel. Im Volkswagen-Werk in Kassel sind in den vergangenen 50 Jahren 7,2 Mio. alte Motoren (und 1,9 Mio. Getriebe) wieder in gebrauchsfähigen Zustand versetzt worden (dazu FAZ Nr. 251, 29.11.97, S. 29). Zukünftig will man auch gebrauchte Aggregate anderer Hersteller, die nicht zum VW-Konzern gehören, zum Beispiel zu neuwertigen Austauschmotoren oder -getrieben aufbereiten. 14 % des heutigen Ersatzteilgeschäftes von 4,5 Mrd. DM entfielen auf Auftauschaggregate. Derzeit hat VW 3 100 Austauschteile im Programm. Die Austauschteile sind ebenso hochwertig wie neue Aggregate, kosten aber etwa nur die Hälfte. Das Austauschprogramm wird als eines der wichtigsten Instrumente der Kundenbindung der Marke gesehen.

Ein qualifiziertes Produktrecycling kann von industrieeigenen Betrieben oder nach außen verlagert und von freien Unternehmen (auch Handwerksbetrieben) im „After-Sales-Market" durchgeführt werden – hier ist eine wachsende Aufgabe für mittelständische Betriebe zu sehen.

Steinhilper (1990, S. 12f.) sieht bei den in den nächsten Jahren zu erwartenden Mengenaufkommen bestimmter technischer Erzeugnisse (wie Altautos, Personalcomputer) die „**Industrialisierung**" der Demontage als die wichtigste fertigungstechnische Herausforderung des Produktrecycling. Für die Durchführung der Zerlegestrategie bzw. der Recyclingkonzepte von Altprodukten können einstufige und mehrstufige **Demontagekonzepte** angewendet werden (Tober, 1993; zur Optimierung von Demontageabläufen und Demontage**automatisierung** siehe auch Spath/Tritsch/Hartel, 1995, S. 88ff.). Allerdings sind die heutigen Pilotprojekte (so führt praktisch jeder Automobilhersteller solche Projekte durch) nicht so sehr unter dem Aspekt industrieller Demontage konzipiert, sondern eher als Stätten der „Wissensgewinnung" für die Gestaltung zukünftiger Produkte.

Notwendige Voraussetzung für die Rückführung eines Produktes in die stofflichen Verwertungsschienen ist insbesondere eine **Produktgestaltung**, die eine leichte Zerlegung in Einzelbestandteile ermöglicht. Die Demontage gewinnt vor allem unter Entsorgungsgesichtspunkten an Bedeutung. Sie ermöglicht z.B. die Separierung sortenreiner Materialien oder die Rückgewinnung von funktionsfähigen Bauteilen oder Modulen, die erneut eingesetzt und somit auf der höchsten Wertstufe recycelt werden können (Seliger/Kriwet, 1993). Damit ist eine Demonage nicht einfach eine „umgekehrte" Montage. Wie das Projekt des IZT zur „Entsorgungsfreundlichen Gestaltung komplexer Produkte" (u.a. der Fernseher von Loewe Opta) zeigt, sind die Produkte vollständig neu zu gestalten, der Grundsatz, „bei der Konstruktion von der späteren Verwertung her zu planen", muß konsequent umgesetzt werden (Rogall, 1993); vgl. dazu auch den Punkt Ökologische Produktpolitik (H, IV, 3).

Die **„Demontagerechtigkeit"** wird zum eigenständigen Gestaltungsziel im Konstruktionsprozeß, da hier der Aufwand und Nutzen der Demontage bereits weitgehend mitbestimmt werden. Ein **Design for Disassembly** ist ein Weg zur systematischen Vereinfachung und Verbesserung der Demontage von Produkten mit dem Ziel, bei der Gestaltung eines Produktes dessen spätere Demontage für die Zwecke Durchführung von Wartungsarbeiten und Reparaturen im Störungsfall zu erleichtern bzw. überhaupt erst zu ermöglichen (Schemmer, u.a. 1994; Barg, 1991). Daneben unterstützt DFD aber auch die Wieder- und Weiterverwendung von Baugruppen und Komponenten, sortenreine Fraktionierung der Reststoffe, Schadstoffentfrachtung und Vereinfachung der Montage.

Für das Produktrecycling stehen zwei grundsätzliche Recyclingwege zur Verfügung:

- die **Aufbereitung** (meist ein Downcycling) oder
- die **Aufarbeitung** (incl. Upcycling).

Im Gegensatz zum Downcycling ermöglichen Formen des **Upcycling** eine **Wertsteigerung** bei Produkt und Prozeß (vgl. Steinhilper, 1994, S. 36). Es gibt inzwischen im Kfz-Bereich, der Elektrobranche, im Maschinenbau und der Elektro-/Elektronikbranche zahlreiche Beispiele des Upcycling, bei dem durch besondere Aufarbeitungsverfahren die Qualität der Bauteile gesteigert wird und auch die Kosten reduziert werden konnten (Praxisbeispiele in Steinhilper, 1993; Hopfenbeck, 1996 und Hopfenbeck/Jasch, 1995).

Ein Produktrecycling im Sinne des Upcycling hat aber seine **Grenzen** dort, wo es innovative Produktentwicklungen mit verbesserten Eigenschaften (z.B. besseren Wirkungsgraden, geringerem Materialeinsatz) verhindert. Es ist deshalb vor allem bei Produkten anzustreben, deren Lebenszyklus durch die Marktgegebenheiten verhältnismäßig kurz ist und die Funktionstüchtigkeit und Lebensdauer aufwendiger Komponenten diese Zykluszeit bei weitem überschreiten. (Beitz, 1990)

c) Altstoffrecycling

Nach der Ge- und Verbrauchsphase eines Produktes darf ein Produkt nicht als „Abfall" betrachtet werden, sondern das Material ist als ein (gebrauchter, nicht verbrauchter) „Rohstoff" einer Mehrfachverwendung zuzuführen. Dies ist nicht nur ein technisches Problem, sondern vor allem ein **Marketingproblem**, da funktionsfähige „Märkte" für die recycelten Produkte vorhanden sein müssen.

Bei den verschiedenen Formen des Recycling ist die vorzuziehen, bei der der größte Anteil der Wertschöpfung erhalten bleibt. In der Paxis sind viele Recyclingkreisläufe – besonders beim Altstoff-/Materialrecycling – aber eine Form des **Downcycling**, d.h., mit jeder Verarbeitungsstufe sinkt das Wertniveau des Recyclats ab (z.B. Fasern werden kürzer, Metalle enthalten immer mehr Legierungsbestandteile, Kunststoffmoleküle werden brüchig). Damit tritt statt einer Wertschöpfung ein Wertverzehr statt. Ein generelles Problem für die Rückführung der Altstoffe ist die **Sortenreinheit**. Eine sortenreine Trennung würde durch eine entsprechende Kennzeichnung/Kodierung der verwendeten Materialien wesentlich erleichtert werden. Eine wesentliche Aufgabe des Recyclingprozesses liegt darin, durch gezielte Kontrolle des Materials die erforderliche Stoffreinheit garantieren zu können.

Die Kreislaufführung von Rohstoffen hat bei Einstoffprodukten (oder bei relativ einfacher Stofftrennung) einen großen Umfang angenommen und einen „wirtschaftlichen" Recyclingstand erreicht. Auf einigen Recyclingmärkten ist eine durchaus **positive Entwicklung** festzustellen (Eisen/Stahl 90%, Altreifen 80%, Altpapier 40-50%, Weißblech 40%, Altglas 45% und Kunststoffe 33%. Die Entsorgungskreisläufe konnten weitgehend geschlossen werden, allerdings sind **Kunststoffe** zur Zeit das Sorgenkind der Umweltpolitik. Ein besonderes Problem sind die vernetzten Kunststoffe (Verbundstoffe).

Eine ganzheitliche Betrachtung seitens der Hersteller muß umweltgerechtere Wiederverwertungsverfahren berücksichtigen. Als Entsorgungswege sollten m.E. neben dem „**Energierecycling**" als Notlösung (d.h. der Nutzung des Energieinhaltes) insbesondere das Materialrecycling angestrebt werden. Wie für alle Recyclingprodukte muß auch beim Kunststoff-Materialrecycling zum einen eine entsprechende **Verarbeitungstechnologie** entwickelt sein und zum anderen für die hergestellten Regenerate ein entsprechender **Markt** vorhanden sein bzw. erst aufgebaut werden. Das Marketing von Recyclingprodukten erweist sich häufig als der eigentliche „Hemmschuh". Andererseits sind auch etwa gesetzliche Bestimmungen und Hygienevorschriften zu beachten.

d) Instrumentelle Grenzen des Recycling

Schreiner (1993, S. 62ff.) fordert die Kreislaufführung mit dem Ziel des technisch möglichen Maximums. Nach dem **Kaskadenprinzip** sind Rohstoffe und Energien jeweils zunächst der qualitativ höchstmöglichen Verwendungsstufe in der Kette aller Transformationsprozesse zuzuführen. Die Rückstände eines Transformationsprozesses sind dann in der jeweils bestmöglichen Verwendung einzubringen. Insbesondere sollten bei Formen des **Downcycling** zumindest Ansätze des Kaskadenprinzips gefördert werden, d.h., die Nutzung von Produkten, Teilen davon und letztlich ihrer Materialien erfolgt in möglichst vielen Stufen von hohen zu niedrigen Ansprüchen an die Qualität. Rohstoffe sollten (möglichst energiesparend) zunächst in möglichst hochwertigen, langlebigen Gütern eingesetzt werden, um dort nach Gebrauch kaskadenförmig in niederwertige Güter umgewandelt zu werden. Ein Beispiel für den Bereich des Kunststoffrecycling am Beispiel Polyolefine (aus Christ, 1993) verdeutlicht, daß die Ergebnisse von Stufe zu Stufe **schlechter** werden:

- Granulat (Dünne Folien, Schrumpffolien)
- Regranulat sortenrein (für Verpackungen, Tragetaschen)
- Regranulat sortenähnlich (für Verpackungen, Müllsäcke)
- Mischkunststoff, Materialverbunde (für Paletten, Pfosten)
- Verbrennung
- Deponie

Am Ende einer solchen Kaskade steht die **irreversible** Umwandlung von Materie in Energie.

Unter ökologischen Gesichtspunkten ist Recycling zuerst durchaus **positiv** zu beurteilen, denn es

- vermindert die Ressourcenentnahme,
- stellt Inputs zur Verfügung, die wenig Emissionshypothek haben, denn nur die Emissionen aus der Recyclingproduktion sind die Hypothek des neuen Inputs,
- ist eine echte Verminderung der Emissionsmenge, denn was wieder zu Input wird, kann nicht Immission werden und
- entlastet die Deponien/Müllverbrennungsanlagen.

Zu beachten ist aber, daß **auch** das Recycling

- einen **Arbeitsinput** (Materie, Energie) benötigt sowie
- **Emissionen** verursacht.

Zusätzlich fallen **Kosten** für Sammlung, Sortieren, Transport und Aufbereitung der Abfälle an, die z.T. höher sein können als die der entsprechenden Primärrohstoffe. Zudem, wie bereits angesprochen, erlaubt auch Recycling nur eine temporär begrenzte Mehrfachnutzung, da „echte" (dauerhafte) Kreisläufe aus naturgesetzlichen Gründen nicht möglich sind.

Schramm (1995, S. 281f.) stellt die Frage, ob es sich bei geschlossenen Produktionskreisläufen überhaupt um echte Kreisläufe und nicht nur um soziotechnische **Teil**kreisläufe handelt, die wieder über mehr oder weniger bewußt gestaltete Andockstellen in die Stoff-Flüsse der Biogeosphäre (globale Kreisläufe) münden. Unvollkommene Kreislaufführungen wie bei der Produktion von Recyclingpapier werden fälschlicherweise als echte Kreislaufführung bezeichnet.

In der Regel wird nicht der gesamte Materialstrom umgeschlagen, so daß sich Recyclingquoten von weit unter 100% ergeben. Dies liegt nicht allein an der mangelhaften Logistik, sondern ist zum Teil auch in dem Gebrauch der Stoffe begründet. **Theoretische** Recyclingmodelle gehen daher von Recyclingquoten von etwa 50% aus, d.h., die Hälfte des Materials kann aus Sekundärmaterial gedeckt werden, die andere Hälfte muß als Primärmaterial zugegeben werden. Diese Einschränkung verschärft sich enorm, betrachtet man mehrere Recyclingumläufe. Nach vier Umläufen etwa bleibt bei einer Quote von 50% gerade 6,25% des Ursprungsmaterials erhalten, die übrigen 93,75% sind ausgeschieden (nach Behrens, 1993; 150).

Daraus wird deutlich:

- Man gewinnt durch diesen technologischen Verzögerungseffekt nur ein **Hinausschieben** der Probleme Ressourcenerschöpfung und Umweltbelastung
(**trotz** Recycling steigt z.T. der Verbrauch an Primärrohstoffen, so z.B. bei Glas und Papier).
- Letztlich kann „nur eine **Reduzierung** von Material und Energieströmen mit einer **qualitativen Veränderung** der Programmstruktur dauerhafte Entlastungseffekte für die Umwelt bringen" (Stahlmann, 1988, S. 190).

Recycling ist letztendlich auch nur eine „nachsorgende" Technik. Recycling ist eine Alternative zur Entsorgung, darin (und in der kurzfristigen Ressourceneinsparung) besteht sein primärer ökologischer Bezug. Aber ein besserer Beitrag auf der Beschaffungsseite kann über eine Verbrauchseinschränkung erzielt werden. Mit anderen Worten: Recycling ist immer nur der **zweitbeste** Weg, der beste ist Sparen.

Recycling kann den allen ökonomischen Prozessen inhärenten Entropiezuwachs nicht vermindern, sondern im Gegenteil noch zusätzlich verstärken. Deshalb leistet Recycling per Saldo noch keinen positiven Beitrag für die natürliche Umwelt. Der Energiebedarf wächst bei jeder Erhöhung der Recyclingquote überproportional an, während der Recyclingertrag in Form der Materialrückgewinnung überproportional abnimmt. (Fischer, 1995, S. 91ff.)

Heute – im Zeitalter des Dualen Systems Deutschlands – ist aus dem Konsumenten bereits weitgehend ein Recycler geworden. Die Euphorie gilt es „nüchtern" zu analysieren. Recycling muß von verschiedenen Seiten betrachtet werden:

- Von der **Angebotsseite** her: Produkte sind bereits „recyclinggerecht/-bewußt" zu konstruieren. Dies schlägt sich sowohl in der Anforderungsliste (d.h. in der Aufgabenstellung), als auch in der Gestaltung (d.h. in der konstruktiven Ausarbeitung) nieder (vgl. Wilke/Jorden, 1994).
- Von der **Nachfragerseite** her: Dem Markt kommt entscheidende Bedeutung zu. Es wird darauf ankommen, über eine Mischung von Druck und Anreizen die Nachfrage nach recycelten Produkten/Recyclaten nachhaltig zu steigern.

„Recycling ohne Vermarktung der Sekundärprodukte ist Nonsens." (Schenkel, 1993)

- Von der **Technologieseite** her: Recyclingtechnologien müssen vorhanden sein.

Mit Recyclingstrategien lassen sich (vorübergehend) die Inputmengen verringern und auch beim Output die Abfallmengen reduzieren. Die Schwächen einer solchen **Reduktionswirtschaft** bzw. ihre **Grenzen** sollen nochmals zusammenfassend beschrieben werden (Hopfenbeck/Jasch, 1995, S. 193):

- Die jetzige „Recycling-Euphorie" setzt falsche Prioritäten: Sie gibt der Verwertung einen Vorrang vor der sinnvolleren **Vermeidung**; es ist eine Ex-post-Behandlung und kein Ansatz an der Quelle, damit der Rückstand gar nicht entsteht.

- Zum anderen wird damit die Verwertung gegenüber einer (Wieder-)Verwendung **bevorzugt**. Deutlich tritt das bei dem Streit um Einweg- oder Mehrwegflaschen zutage, wo das Recycling von der prinzipiellen Diskussion ablenkt. In einer ökologischen Gesamtbilanz ist die Mehrwegflasche der Einwegflasche deutlich überlegen. Dies gilt auch in der Gesamtbelastung für Kunststoffflaschen (PET-Flaschen); die Kunststoffflasche ist zwar wesentlich leichter als die Glasflasche (und ökonomisch gesehen weit billiger), ist aber in den anderen Kriterien der Ökobilanz (z.B. Energie, Wasser) einer Glas-Mehrwegflasche unterlegen. Alle politisch gesetzten Anreize müßten also versuchen, den Anteil von Mehrwegsystemen zu erhöhen. Auch hier übt das Recycling (sprich: das Einwerfen der Einwegflasche in den Container) eine Alibifunktion oder Gewissensberuhigung aus.

- Recyclingprozesse sind wiederum mit z.T. erheblichen Ressourcenverbräuchen, Transportleistungen, Emissionen etc. verbunden. Der Saldo ist festzustellen.

- Nach dem 2. Hauptsatz der Thermodynamik nimmt die **Entropie** bei jedem Umformungsprozeß zu, also auch bei jedem Recycling; damit ist eine vollständige Kreislauffähigkeit Illusion. Besonders Fischer (1995) betont, daß trotz temporärer Materie-Entropiesenkungen durch Recycling das durchschnittliche Entropieniveau stetig von der Einstiegsentropie bis zur völligen Dissipation steigen muß. Dies zeigt die Unmöglichkeit eines 100%-igen Materierücklaufes, weshalb Fischer den Begriff Kreislaufwirtschaft durch „**Wirtschaftszentrifuge**" ersetzt.

- In einigen Bereichen werden erst entsprechende Kapazitäten bzw. Technologien entwickelt (z.B. Verbundkunststoffe), die für eine sinnvolle stoffliche Verwertung notwendige Sortenreinheit ist nicht gegeben (im Gegenteil: Der Trend zu immer komplexeren Produkten steigt).

- In vielen Fällen ist nur ein „**Downcycling**" möglich, da technische und ökonomische Grenzen keine sinnvolle Verwendung für diese Recyclatprodukte zulassen.
- Die Sinnhaftigkeit des Recycling und die anzustrebende Recyclingtiefe sind deshalb in jedem Einzelfall sowohl unter ökonomischen als auch ökologischen Gesichtspunkten zu prüfen.
- Hohe Recyclingquoten beweisen die Mitmachbereitschaft der Konsumenten.

- Der Verbraucher bekommt falsche Signale, da sein Beitrag zum Recycling ihm ein **gutes Gewissen** beschert und er sein Konsumverhalten nicht zu überdenken braucht, denn er handelt doch seiner Meinung nach bereits „umweltbewußt", indem er seine Abfälle brav in die Recycling-Sammelcontainer wirft (abgesehen davon wandern ja trotz aller inzwischen erreichten Erfolge in der Erhöhung der Rücklaufquote immer noch die Hälfte aller Glas-Einwegflaschen in den Müll). Dem Verbraucher erspart die „Alibifunktion" des Recycling, darüber nachzudenken, welche Gesamtumweltbelastung mit diesem Produkt bereits bis zu diesem Zeitpunkt verbunden war.

- Erst müssen für Recyclingprodukte auch **Märkte** da sein, sprich eine Nachfrage. (Hier müssen die staatlichen Beschaffungsstellen noch stärker als bisher als Motor wirken.).

- Die **Akzeptanz** durch den Verbraucher für recyclete Produkte oder Produkte mit Recyclatanteil muß gegeben sein. Das bedingt auch zweifelsfreie Funktionalität und Qualität der Sekundärprodukte.
- Akzeptanz wird unterstellt: Was tun, wenn (wie es z.Z. der Fall ist) der Schreibblock aus Recyclingpapier teurer ist als einer aus neuem Papier?

- Der Verbraucher muß klare **Informationen** haben, z.B. was heißt „recyclet"? Wie hoch ist der Anteil an „post consumer waste"?
- Technische **Pflichtenhefte** sind häufig so formuliert, daß die Verwendung von Sekundärrohstoffen nicht möglich ist. Auch viele Normen erzwingen den Einsatz von Primärrohstoffen.

Recycling alleine bringt also weder auf der Beschaffungs- noch auf der Entsorgungsseite mittel- und langfristig „die" Lösung.

II. Die betriebliche Produktionswirtschaft als Rückstandswirtschaft

1. Von „End-of-pipe"-Konzepten zu integrierten Technologien

Die technologische Anpassung kann auf zwei Wegen erfolgen:

- nachgeschaltete Investitionen („End-of-pipe"-Ansatz)

- integrative Investitionen (Innovationsansatz).

Während im ersten Fall weitgehend punktuell eine Emissionsreduzierung angestrebt wird, zielt der zweite Ansatz auf Innovationsprozesse im gesamten Produktionsprozeß ab.

Durch das Kreislaufwirtschafts- und Abfallgesetz (1996) wird der Vermeidung und Wiederverwertung klar Vorrang vor der Beseitigung eingeräumt wird. Die **Drei-V-Philosophie** ist auf alle Unternehmensbereiche umzusetzen. Diese letzte Novelle stellt quasi eine **Prioritätenhierarchie** auf:

> Vermeiden
> Vermindern
> Verwerten
> Entsorgen

Obwohl das Vorsorgeprinzip offiziell Vorrang hat, ist in der Realität die heute praktizierte Umweltpolitik weitgehend eine Nachbesserungs- oder Beseitigungspolitik bereits bestehender Schäden. Primäres Ziel muß es jedoch werden, vom „nachsorgenden" Bereich, in dem Schäden und ihre Folgen „technisch" beseitigt werden, zu einer vorgelagerten direkten Beeinflussung des Produktionsprozesses und der Produkte zu gelangen – statt Reparatur Vermeidung oder zumindest Verwertung.

Wirkungsvollste Bekämpfung von Umweltbelastungen ist, sie von vornherein zu **verhindern**. Statt erst nachgeschaltet außerhalb der Unternehmung etwa in einer Kläranlage anzusetzen, wird direkt in systematischer Vorgehensweise am Produktions- und Verfahrensprozeß eingegriffen und alle Möglichkeiten eines **Prozeßverbundes** genutzt. Das Präventivkonzept verlangt, daß im Rahmen von integrierten Verfahrensentwicklungen der Prozeß Rohstoffbeschaffung, Produktion und Entsorgung als ein Ganzes angesehen wird. Optimierungsgedanken müssen nicht nur wirtschaftliche und technische, sondern zunehmend auch ökologische Kriterien umfassen. Zahlen des Statistischen Bundesamtes zeigen jedoch, daß der auf integrierte Umweltschutztechnologien entfallende Anteil an Investitionen seit Mitte der 70er Jahre bei 20% der Gesamtinvestitionssumme stagniert.

Eine direkt in den Produktionsablauf integrierte Abfallvermeidung („**source reduction**") ist allerdings ein langwieriges Geschäft. Verglichen mit Fortschritten etwa in der Fertigung ist die betriebliche Entsorgungslogistik sicherlich noch unterentwickelt. Für die Einführung maßgeschneiderter integrierter Maßnahmen wird ein **Zeitbedarf** von 6-10 Jahren geschätzt.

In der betrieblichen Produktionsplanung eröffnen sich folgende, ökologisch nutzbare **Handlungsspielräume**, um die Inanspruchnahme der knappen Umweltgüter sowie das Ausbringen von Emissionen zu reduzieren (Rieper, 1992, S. 176):

- Veränderung der Ausbringungsmengen der einzelnen Produkte,
- Veränderung der Zusammensetzung des Produktionsprogramms,

- Übergang zu einem anderen Produktionsverfahren,
- Einsatz einer bestimmten Verfahrenstechnik.

Adam (1993, S. 22) sieht drei Dimensionen von Produktionsstrategien:

- Die Veränderung der **Fertigungsprozesse** hin zu ökologisch vertretbaren Produktionsformen (dazu auch Fleig, 1998).
- Den Wieder- und Mehrfacheinsatz von Rohstoffen in einem möglichst weitgehend geschlossenen Rohstoffkreislauf (**Recycling**).
- Die Veränderung der **Erzeugnisse**, um sie in der Produktion, der Nutzung und der Entsorgung ökologisch vertretbarer zu gestalten.

Bei der Produktion ist Planung und Implementierung von Vermeidungsstrategien vor allem ein **technisches** Problem. Neben das traditionelle Denken in Materialkreisläufen muß bei der Planung von Produkten und Produktionsprozessen zusätzlich das Denken in **Stoffkreisläufen** treten. Dabei sind die bereits genannten Elemente des Umweltschutzziels (insbesondere der Ressourcenschutz und die Emissionsbegrenzung) zu berücksichtigen. Vester schlägt kybernetische Technologien vor, damit sind Techniken im Verbund – wie Symbiosen, Recycling, Energieketten oder Mehrfachnutzung – gemeint.

Wird eine Neugestaltung der Produktionsverfahren und der Produkte unter Hinzuziehung des neuen Kriteriums „Umweltverträglichkeit" gefordert, so ist dies in der Regel in beiden Bereichen mit **Innovationen** verbunden. Deutsche Unternehmen sind insbesondere bei **Ökopatenten** führend.

Der Forschung und Entwicklung kommt eine **Schlüsselrolle** innerhalb eines integrierten Umweltschutzes zu (vgl. dazu Hassan/Kostka, 1996, S. 4ff.). Aus diesem Grunde kann die F&E auch als **„Umweltschutz-Vorleistung"** bezeichnet werden, die das technische Knowhow für einen unmittelbaren Einsatz zur Zielerreichung der Strategien vorgibt.

Zabel (1995, S. 12ff.) beschreibt ausführlich die Elemente eines betrieblichen **Innovationsmanagements** für ein ökologieverträgliches Wirtschaften: die starke Kulturbestimmtheit des Innovationsprozesses, die Gestaltung von Lernprozessen, die aktivierende Rolle des Managements, die Instrumente, das Innovationstiming. Für die Initiierung und den **Erfolg** von Innovationen im Bereich des aktiven Umweltschutzes müssen folgende Voraussetzungen gegeben sein (vgl. Kreikebaum, 1990, S. 117ff.):

- Kreative und motivierte F&E-Mitarbeiter.
- Die Unterstützung durch „Machtpromotoren" im Linienmanagement. Eine effiziente Lösung des Arbeitsteilungs- und Koordinationsproblems insbesondere in Großunternehmen könnte ein **„Prozeßpromotor"** sein, der die Verbindung herstellt zwischen den kreativen Erfindern (Fachpromotor) und dem Linienmanagement (Machtpromotor); dazu auch Punkt V.1a.
- Die effiziente und effektive Steuerung des F&E-Subsystems im Rahmen der strategischen Unternehmensplanung.
- Die aufgabenbezogene organisatorische Ausgestaltung des F&E-Bereiches und seiner Schnittstellen mit anderen Unternehmensbereichen (Begünstigung einer flexiblen Organisationsstruktur, die Selbstorganisationsprozesse ermöglicht).
- Eine möglichst breite Informations- und Kommunikationsbasis.
  (Zur Überwindung der Kommunikationsbarrieren durch unterschiedliche Grundeinstellungen von Forschern, Managern und Vertretern des betrieblichen Umweltschutzes sind primär „interfunktionelle Einschätzungen" notwendig).
- Klare gesetzliche Vorgaben.

Wie gezeigt, stellen integrierte Umweltschutztechnologien heute erst ein **Viertel** aller Umweltschutzinvestitionen. Es drängt sich die Vermutung auf, „daß die Schwachstelle eher im

Know-how-Bereich des Innovationsmanagements liegt als in der technologischen Entwicklung der Anlagen selbst. Es bedarf also nicht nur der Ingenuität der Ingenieure und Naturwissenschaftler, sondern auch geeigneter organisatorischer Bedingungen des Innovationsmanagements. Die bisherigen Erfahrungen deuten darauf hin, daß Projektteams, Problemlösungsgruppen und ein ‚Intrapreneurship' effizienzsteigernde Wirkungen aufweisen" (ebd., S. 121).

Die Umwelteinwirkungen pro produzierte Einheit können durch eine entsprechende Entwicklung der Produktionstechnologie beim Produktionsprozeß wesentlich reduziert werden, wodurch deutlich wird, daß die Forschung und Entwicklung für ein ökologisches Produktionsverfahren von großer Bedeutung ist. Es besteht i.d.R. ein technologisch vorgegebener **Spielraum** zur Wahl eines bestimmten Herstellungsverfahrens. Die Entscheidung zwischen verschiedenen Alternativen sollte im Sinne einer Gesamtoptimierung sowohl der ökonomischen (Kosten) als auch der ökologischen Parameter gefällt werden. Dabei ist die Wahl der Einsatzstoffe einzubeziehen, da sie oft eine bestimmte Verfahrenswahl bedingen.

Die ökologische Verfahrensentwicklung orientiert sich neben der Emissionsreduktion vor allem auf die **Durchsatzreduktion**, d.h. auf die Verminderung des den Produktionsprozeß begleitenden Einsatzes an Ressourcen (rationellerer Einsatzes von Roh-, Hilfs- und Betriebsstoffen; Energieeinsparungen sind der in der Praxis am häufigsten vorkommende Fall) sowie die Reduktion der anfallenden Abfälle und Schadstoffe durch effizientere nachsorgende Reinigungsverfahren oder Maßnahmen im Sinne von **„clean technologies"** zu deren Vermeidung. Dazu treten Fragen der Lärmreduktion u.ä. sowie der anfallenden Abfälle und Schadstoffe. Es geht also darum, die Produktionsverfahren so abzuändern, daß von vornherein weniger Ressourcen gebraucht werden bzw. weniger Rückstände anfallen.

Integrierter Umweltschutz geht ab vom Denken und Handeln in Kategorien von Einzelproblemen (z.B. Abwasserbehandlung) bzw. einzelner Umweltmedien (Luft, Wasser, Boden), sondern verschafft sich einen Gesamtüberblick über alle umweltrelevanten Tatbestände des Betriebes und der Umwelt als Ganzes. Maßnahmen innerhalb solcher **ganzheitlicher** Konzepte setzen allerdings umweltbezogene Strategien, Managementsysteme, Informationen, Organisationsstrukturen, Dokumentationssysteme und Controllingsysteme voraus.

Als **Anforderungen** an eine umweltfreundliche Gestaltung des Produktionsprozesses sind folgende **Orientierungen** möglich (vgl. Steven, 1992, II, S. 106f.):

- am „Stand von Wissenschaft und Forschung",
- am „Stand der Technik",
- an den „allgemein anerkannten Regeln der Technik".

Der Begriff Stand der Technik wird allerdings national sehr unterschiedlich interpretiert. Außerdem gibt es mittlerweile mehrere, leicht unterschiedliche Konzepte, die in den nächsten Jahren hinsichtlich ihrer branchenspezifischen Interpretationsspielräume zu füllen sein werden (BAT, EVABAT, BATNEEC, CATNAP; dazu Hopfenbeck/Jasch/Jasch, 1996, S. 365).

Es lassen sich bei den Verfahren nach der Art des Umgangs mit den relevanten Schadstoffen folgende Strategien unterscheiden (nach Plein, 1989, S. 80ff.; Steven, 1992, II, S. 107):

- **Passive** Strategien (Verteilung bzw. Verdünnung, z.B. Schornsteine, Einleitung in Gewässer, und Konzentration)

- **Aktive** Strategien (Faktorensubstitution, z.B. durch andere Rohstoffe; Verfahrensoptimierung, z.B. durch intensitätsmäßige Anpassung; Prozeßsubstitution, z.B. neues technisches Verfahren und Produktgestaltung, z.B. in der Konstruktion)

Die World Federation of Engineering Organizations (WFEO) hat einen „**Code of Environmental Ethics for Engineers**" entwickelt, in denen der Ingenieur zur Einhaltung bestimmter Prinzipien aufgefordert wird. Zu den wichtigsten Aufgaben, die sich dem Ingenieur dabei stellen, zählt die Schaffung möglichst „geschlossener Kreisläufe". Statt Reparatur müssen Hilfs-, Betriebs- und Reststoffe durch ausgefeilte Kreislaufführung ständig wieder in den Produktionsprozeß eingegliedert werden. Der Fertigungsbereich einer Unternehmung steht damit zunehmend in **umwelttechnischer Verantwortung**.

2. Aufgaben und Ziele eines Stoffstrommanagements

Die Anforderungen einer nachhaltigen Wirtschaft basieren - wie beschrieben - auf der Produktions- und Produktebene auf der Grundstruktur von Kreisläufen und einer erweiterten Stoffflußverantwortung des Herstellers.

Management von Stoffströmen

„... wird das zielorientierte, verantwortliche, ganzheitliche und effiziente Beeinflussen von Stoffsystemen verstanden, wobei die Zielvorgaben aus dem ökologischen und dem ökonomischen Bereich kommen, unter Berücksichtigung von sozialen Aspekten. Die Ziele werden auf betrieblicher Ebene, in der Kette der an einem Stoffstrom beteiligten Akteure oder auf der staatlichen Ebene entwickelt" (Enquete-Kommission 1994, S. 449)

Hauptziel eines inner- oder zwischenbetrieblichen **Stoffstrommanagements** ist die zielorientierte Senkung von Umweltbelastungen durch Minimierung bzw. Optimierung von Stoffströmen entlang der Wertschöpfungskette. Dies kann erreicht werden (Friege u.a. 1998, S. 20) durch:

- Vermeidung und Substitution von problematischen Stoffen
- Verringerung des Rohstoff- und Energieeinsatzes
- Verhinderung von Luft-, Wasser- und Bodenverschmutzung
- Verringerung des Abfall- sowie Verpackungsaufkommens
- Vermeidung von Lärmbelastungen und Auswirkungen auf Ökosysteme

Sterr (vgl. 1998, S. 4f.) unterscheidet **drei Formen** des Stoffstrommanagements:

- **Innerbetriebliches** Stoffstrommanagement: Steuerung der Stoffprozesse entlang der innerbetrieblichen Prozeßkette.
- **Zwischenbetriebliches** Stoffstrommanagement: Verschiedene Unternehmen versuchen, potentielle Berührungspunkte/Verzahnungen dadurch zu optimieren, daß sie in irgendeiner Form kooperieren, um hierdurch Ressourcen einzusparen oder zu „ökologisieren".
- **Regionales** Stoffstrommanagement: Den zielorientierten organisierten Umgang mit Stoffen im Sinne „lokaler" Verantwortungsübernahme auf einer regionalen Ebene zu realisieren, mit dem Effekt, daß neben einer ökonomisch wirksamen Erhöhung der Ressourcenproduktivität auch die ökologischen Folgekosten des Wirtschaftens in diesem Raum gesenkt werden.

Beim Stoffstrommanagement, als „eine Anleitung zur Selbstorganisation der in der Produktlinie miteinander verbundenen Akteure mit dem Ziel, die Inanspruchnahme und Belastung der Umwelt auf allen Stufen zu verringern" (Henseling, 1998, S. 6; ähnlich de Man/Haralabopolou/Henseling, 1998; S. 24f.) lassen sich folgende **Aufgabentypen** unterscheiden:

- Lebenswegbezogene Produktoptimierung
- Ökologische Qualitätssicherung
- Stoffbezogener Service
- Produktbezogene Verwertung und Entsorgung

Die **Aufgabenbereiche** des industriellen Stoffstrommanagements ordnet Spengler (1998, S. 44f.) drei Planungsebenen zu:

(1) Strategische Aufgaben (Planungshorizont größer als 5 Jahre)

- Konzeption globaler, nationaler oder regionaler Strategien und langfristiger Unternehmenskooperationen zur Erreichung der strategischen Produktions- und Umweltschutzziele
- Planung des strategischen (umweltfreundlichen) Produktprogramms
- Wahl der Produktionsstandorte und -verfahren unter Berücksichtigung der erwarteten (globalen/regionalen) Stoff- und Energieströme

(2) Taktische Aufgaben (Planungshorizont 1 – 5 Jahre)
Planung und Gestaltung umweltfreundlicher Produkte durch

- Wahl recyclingfreundlicher Werkstoffe und demontagefreundlicher Verbindungstechniken,
- Verlängerung der Produktlebensdauer.

Technisch-organisatorische Gestaltung der zu ihrer Herstellung erforderlichen Produktionssysteme durch

- Konzeption inputseitiger Umweltschutzmaßnahmen wie Auslegung auf umweltfreundliche Einsatzstoffe oder Einsatz von Sekundärstoffen,
- Konzeption verfahrensseitiger Umweltschutzmaßnahmen wie Erhöhung energetischer/stofflicher Wirkungsgrade oder Vermeidung/Verminderung unerwünschter Schadstofffemissionen in die Medien Luft, Wasser und Boden,
- Konzeption outputseitiger Umweltschutzmaßnahmen wie Implementierung von End-of-Pipe-Techniken zur Emissionsminderung, Anlagen zur Abwasserreinigung oder Aufbereitungsanlagen für Abfälle,
- Konzeption einer umweltverträglichen Beschaffungs-, Produktions-, Vertriebs-, Rücknahme- und Entsorgungslogistik.

(3) Operative Aufgaben (Planungshorizont bis zu 1 Jahr)
Optimale Durchführung der Produktion und des Recyclings bei vorgegebener technisch-organisatorischer Systemstruktur unter Beachtung der aktuell gültigen rechtlichen, technischen, ökonomischen und ökologischen Rahmenbedingungen durch

- die kurzfristige Planung eines umweltfreundlichen Produktionsprogramms,
- die umweltfreundliche Auswahl und Bereitstellung der benötigten Roh-, Hilfs- und Betriebsstoffe bzw. deren Substitution durch Sekundärrohstoffe,
- den weitestgehenden Einsatz demontierter und aufgearbeiteter Baugruppen und Bauteile aus zurückgenommen Altprodukten,
- die emissions- und abfallarme Ablaufplanung der Produktion,
- den optimalen Einsatz verfügbarer Anlagen zur Emissionsminderung, Abwasserreinigung und Abfallaufbereitung,
- die optimale Nutzung bestehender Logistiksysteme zur Beschaffung, Produktion, Distribution, Entsorgung und Redistribution.

3. Der Weg zu einer Kreislaufökonomie

Der (Marketing-)Terminus Produktlebenszyklus ist unter ökologischen Gesichtspunkten **irreführend**, da die Rückstandsproduktion eines Produktes in der Entsorgungsphase je nach Schadstoff noch viele Jahre oder Jahrzehnte umfassen kann. Rückstände bleiben in den Lebensphasen eines Produktes aber unberücksichtigt. Strebel/Hildebrandt (1989) sprechen deshalb von einer „Überlagerung" des Produktlebenszyklus durch einen sog. **Rückstandszyklus**. Erst dann, wenn sich ein Rückstand in eine unschädliche Substanz abgebaut hat, sind Lebenszyklus und Rückstandszyklus identisch. Der Betrachtungszeitraum ist wesentlich zu erweitern: Der Hauptschadstoff aus einer bestimmten Produktart (wie etwa beim Auto) fällt in einem Zeitraum an, „in dem diese Rückstandsart für Hersteller und Verkäufer bereits Geschichte ist" (ebd.). Strebel unterscheidet zwischen Rückstandszyklus (der nur bei der Rückstandsentstehung ansetzt) und Rückstandslebenszyklen, die auf die Lebensdauer entstandener Rückstände abheben (1995, S. 54).

Wie eingangs bereits betont, ist betriebliche Produktion **zwangsläufig**, d.h. naturgesetzlich mit Rückständen/Residuen irgendwelcher Art verbunden (vgl. Strebel, 1991, S. 13). Unter Rückstände sind „alle Material- und Energiemengen zu subsumieren, die nicht angestrebte Kuppelprodukte darstellen. Dabei ist zu beachten, daß eine Klassifizierung nur **unternehmungsindividuell** vorgenommen werden kann" (Corsten/Reiss, 1991, S. 615). Rückstände lassen sich in die Teilklassen Reststoffe und Abfälle unterteilen. Reststoffe sind dabei die wiederverwendbaren Rückstände und mögliche Objekte eines Recycling (Altstoffrecycling); Nichtverwertbares (aus ökonomischen Gründen bzw. weil keine technischen Möglichkeiten bestehen) ist **Abfall**. Der Begriff findet sich in zahlreichen neueren Gesetzen wieder (z.B. als zentraler Begriff im neuen Kreislaufwirtschafts- und Abfallgesetz).

Unternehmen betrachten bisher die insgesamt anfallenden Rückstände nur unter **partiellen** Gesichtspunkten. Auch für den Fall, daß der Rückstand eines Produkts direkt dem Verursacher zugeordnet werden kann, wird der Rückstand größtenteils auf andere „abgewälzt". Da die **Entsorgungsträger** wie die Kommunen bei der Erfüllung dieser Aufgabe immer mehr vor unlösbaren Problemen stehen (Deponieraum oder Verbrennungskapazitäten), wird dieses Problem zunehmend auf den Hersteller „zurückfallen" (z.B. durch die Rücknahmeverpflichtungen). Der Hersteller wird durch die Entwicklung einer ökologischen Produktgestaltung gefordert sein, „seinen" Beitrag zur Rückstandsreduktion zu leisten. Dazu ist das Rückstandsproblem nicht mehr, nachdem es bereits angefallen ist, in der Entsorgungsphase zu lösen, sondern es ist im Rahmen eines integrierten Konzepts zu versuchen, bereits die „Ursache" des Rückstands über die **Produktgestaltung** zu beseitigen. Das erfordert die Vermeidung besonders umweltbelastender Einsatzstoffe und die Neugestaltung der Konstruktion in Richtung lösbare Verbindungen und modularer Aufbau

Zur Reduktion der **nicht vermeidbaren** Rückstände (Strebel, 1992; Corsten/Reiss, 1991) muß das ökologische Instrumentarium auf zwei Ebenen ansetzen, nämlich Vermeidungs-, Verminderungs- oder Verwertungsstrategien bei

- den **produktions**induzierten Rückständen und
- den **produkt**induzierten Rückständen (aus Produktentwicklung, -verwendung und -entsorgung).

Liesegang (1996, S. 3) hat der wertschöpfenden Produktionswirtschaft (= Hervorbringung der Güter) als Komplementärbegriff die **Reduktionswirtschaft** (= Kreislaufführung der Güter) gegenübergestellt. Diese Reduktionsphase kann im „Stoffwechsel der Wirtschaft" als Kehrseite zur Produktionsphase angesehen werden (dazu auch Souren, 1998).

Statt einer linearen „Durchlaufwirtschaft" wird zunehmend eine „Sortier- und Wiederverwertungsgesellschaft" angestrebt.

Das Kreislaufwirtschafts- und Abfallgesetz (**KrW-/AbfG**) ist im Oktober 1996 zusammen mit untergesetzlichen Vorschriften in Kraft getreten (dazu Bünemann/Menke-Glückert, 1997; Johann/Klewer, 1997; Rockholz 1996). Das Gesetz mit der Zielrichtung einer künftigen **Kreislaufwirtschaft** hat weitreichende Konsequenzen:

- Alle Abfälle nach § 3 werden nach europäischen Vorgaben **bezeichnet** und **geschlüsselt**. (Abfälle = alle bewegliche Sachen, die unter die in Anhang I aufgeführten Gruppen fallen und deren sich ihr Besitzer entledigt, entledigen will oder entledigen muß; das Gesetz unterscheidet zwischen Abfällen zur **Verwertung** und zur **Beseitigung**; damit geht die Definition des Abfallbegriffs nun konform mit Artikel 1 der EG-Abfallrahmenrichtlinie).
- Im § 4 Abs. 2 werden drei Maßnahmen beschrieben, mit denen Abfälle in erster Linie zu **vermeiden** sind: anlageninterne Kreislaufführung von Stoffen, abfallarme Produktgestaltung und ein auf den Erwerb abfall- und schadstoffarmer Produkte gerichtetes Konsumverhalten.
- § 5 enthält die Grundpflichten der Kreislaufwirtschaft; Abs. 1: Pflicht zur **Abfallvermeidung**; die Verwertung ist für die nicht zu vermeidenden Abfälle in einer möglichst hochwertigen Option durchzuführen, soweit sie ordnungsgemäß, schadlos, technisch möglich/zumutbar ist und für einen gewonnenen Stoff/Energie ein Markt existiert/geschaffen werden kann (Abs.2 bis 4).
- § 6: stoffliche und energetische **Verwertung** sind gleichgestellt.
- Für Hersteller/Vertreiber wird im § 22 eine neue **Produktverantwortung** formuliert. Das zwingt den Hersteller dazu, den ganzen „ökologischen Lebenszyklus" eines Produktes (Gewinnung, Herstellung, Ge-

brauch, Entsorgung, Transportvorgänge) als ganzheitliches System zu betrachten. Optimierung ist über die gesamte Wertschöpfungskette anzustreben (Konzept des **„Product Stewardship"**). Das Gesetz ist zudem eine Herausforderung für die Entsorgungswirtschaft.

- Wer Güter produziert, vermarktet und konsumiert, ist für die Vermeidung, Verwertung und umweltverträgliche Entsorgung der dabei anfallenden Rückstände grundsätzlich selbst verantwortlich (Verursacherprinzip). Insbesondere über **Rücknahmeverpflichtungen** für Altprodukte (§ 24) sollen die Demontage und Wiederverwertung in eigener Verantwortung zu einem zentralen Punkt der Kreislaufwirtschaft gemacht werden. Allerdings werden zurückgenommene Geräte häufig direkt an Recyclingfirmen zur Materialverwertung weitergeleitet; deshalb kann von einer aktiven Gestaltung eines Produktkreislaufs unter Nutzung der Chancen der Kreislaufwirtschaft nicht gesprochen werden. „Der isolierten Betrachtung des Recycling stehen ökonomische und ökologische Potentiale durch ein integriertes Produktlebensmanagement gegenüber, welche innovative Produkt-, Markt- und Logistikstrategien in allen Phasen einschließlich der Aufarbeitung und Wiedervermarktung ausgedienter Produkte in den Vordergrund rücken." (Waltemath/Mager, 1998, S. 59). Am 1.4.1998 trat z.B. die Altauto-VO in Kraft, danach ist eine Abmeldung nur noch bei Vorlage eines Verwertungsnachweises möglich.
- Verpflichtung für Abfallerzeuger zu **Abfallwirtschaftskonzepten** und (seit 1998) jährlichen **Abfallbilanzen** ab bestimmten Abfallmengen.

Im **Abfallwirtschaftskonzept** (gemäß KrW-/AbfG) soll Auskunft gegeben werden über:

- Art und Menge der Abfälle
- Art der Entsorgung (Recycling, Deponierung, Verbrennung)
- Vorhaben der Abfallvermeidung
- eventuelle Begründung, warum weder Vermeidung, Verminderung, Wiederverwendung noch -verwertung möglich ist
- Nachweis der Entsorgungssicherheit für die nächsten fünf Jahre
- Verwertung nach Wegfall des Produktnutzens

In allen **Bundesländern** sind Betriebe beim Überschreiten bestimmter Abfallmengen verpflichtet, in umfassenden Abfallwirtschaftskonzepten über Vermeidung und Verwertung von anfallenden Reststoffen zu berichten (z.B. in NRW wenn pro Jahr mehr als insgesamt 500 kg Abfälle nach § 2 Abs. 2 AbfG oder 2000 t für eine Abfallart anfallen). Zudem müssen Erzeuger von Abfällen bis zum 31. März eines jeden Jahres eine Bilanz über Art und Verbleib der entsorgten Abfälle einschließlich deren Verwertung erstellen.

Dieses Konzept kann dabei im Hinblick auf die Minimierung des Haftungsrisikos als Basis für die Dokumentation der eingesetzten Stoffe und Verfahren sowie der erzeugten Emissionen und Abfälle und damit für die „Auskunftsfähigkeit" (z.B. bezüglich der Einhaltung bestehender Gesetze) ausgestaltet werden und ermöglicht eine betriebswirtschaftliche Optimierung der innerbetrieblichen Entsorgungsmaßnahmen nach Kosten-, Mengen-, Kapazitäts- und Zeitgesichtspunkten sowie ein verbesserte (insbesondere langfristige) Planung.

III. Betriebliches Abfallmanagement

Als ein zentrales Problem der Industriegesellschaft werden zunehmend die steigenden Müllberge als sichtbares Zeichen einer ungebrochenen Wegwerfmentalität erkannt. Die Beseitigung von Abfällen, die Errichtung von Mülldeponien oder Verbrennungsanlagen, erweist sich für die Gemeinden als ein immer größeres politisches Debakel. Für die Produktionsabfälle der Unternehmen war in den letzten Jahren eine massive Erhöhung der Entsorgungskosten festzustellen. Fanden in Absatz- und Vermarktungsstrategien bisher Gedanken der Rückstandsverwertung und Entsorgung relativ wenig Eingang, wird der Hersteller nun zunehmend in eine **Entsorgungsverantwortung** gedrängt.

Je höher die Beseitigungskosten in Zukunft sein werden, um so schneller wird daraus ein Antrieb zu Vermeidung und Verwertung erwachsen. Umweltschutz wurde bisher in erster Linie als **Verwaltungsaufgabe** praktiziert. Nötig ist eine kosteneffiziente Neuorientierung, wobei die **Betroffenen selbst** ihre Anpassungswege innerhalb eines vorgegebenen Rahmens möglichst flexibel gestalten können. Ein Abfallmanagementsystem als Querschnittsfunktion ist zu erarbeiten, eine **Abfallpolitik** aufzustellen und, daraus abgeleitet, **Abfallziele** sind zu formulieren (vgl. Balderjahn, 1994; Pridal, 1995).

Ein **Abfallwirtschaftsmanagement** muß folgende **Grundfunktionen** erfüllen:

- alle Rückstandsarten und -mengen erfassen (Erfassungsfunktion),
- Vorschläge zur Produktions(ablauf)umgestaltung oder zu einer Änderung der logistischen Ketten geben (Analysefunktion),
- Sammel-, Transport- und Lagersysteme aufbauen.

1. Aufbau einer umweltorientierten Logistik

Die Logistik als Teilfunktion einer Integrierten Materialwirtschaft umfaßt bisher die Organisation, Planung, Steuerung, Durchführung und Kontrolle des gesamten **Material-** und **Warenflusses** (einschließlich der dazu notwendigen Informationsflüsse) durch die betrieblichen Wertschöpfungsstufen und gewährleistet die zeitliche und räumliche „Versorgungssicherheit" des Unternehmens. Die Querschnittsfunktion Logistik umfaßt vor allem folgende Aufgabenbereiche: Beschaffung, Lagerung, Transport, Umschlag, Verpackung und Auftragsabwicklung, die eine unterschiedliche ökologische Betroffenheit aufweisen. Die Bedeutung der Entsorgungslogistik wird durch das Inkrafttreten des Kreislaufwirtschafts- und Abfallgesetzes und den daraus zu erwartenden Rücknahmeverordnungen bzw. freiwilligen -verpflichtungen weiter steigen. Einige **Kurzbemerkungen** (vgl. Stölzle/Jung, 1996, S. 31ff.; Wagner/Stork, 1993, S. 12ff.; Ziems/Koschay, 1996; Wildemann, 1996):

- Umweltbezogene **Beschaffungslogistik**: Verminderung der Wareneingangsbestände (besonders bei umweltgefährdenden Gütern), kritische Betrachtung des Just-in-time-Konzepts, Stoffauskünfte; Produktgestaltung, die eine Wiedergewinnung von Rohstoffen und eine Einbindung in eine interne Kreislaufführung ermöglicht.
- Umweltgerechte **Lagerhaltung**: Vorratsbeschaffung, einsatzsynchrone Beschaffung.
- **Produktionslogistik**: Forderung nach produktionsintegriertem Umweltschutz, Stoffstrombilanzen; Abfallwirtschaftskonzept: Dieses kann im Hinblick auf die Minimierung des Haftungsrisikos als Basis für die Dokumentation der eingesetzten Stoffe und Verfahren sowie der erzeugten Emissionen und Abfälle und damit für die „Auskunftsfähigkeit" (z.B. bezüglich der Einhaltung bestehender Gesetze) ausgestaltet werden und ermöglicht eine betriebswirtschaftliche Optimierung der innerbetrieblichen Entsorgungsmaßnahmen nach Kosten-, Mengen-, Kapazitäts- und Zeitgesichtspunkten sowie eine verbesserte (insbesondere langfristige) Planung.
- **Transport** (insbesondere Gefahrguttransport): Umweltbelastungen in Folge von Bereithaltungsleistungen (z.B. Verkehrsinfrastruktur, Verkehrsmittel, Antriebsenergien) und die eigentlichen Transportleistungen (Vermeidung von Transporten, Verlagerung auf andere Verkehrsmittel, Personalschulung usw.).
- **Distributionslogistik**: Aufbau von Rücknahmesystemen; Umschlag: Umschlagmittel, Behälter; Verpackung: Vermeidung, Wiederverwendung, Materialien usw.
- **Auftragsabwicklung**: Informations- und Kommunikationstechnologien (z.B. Tourenplanung)
- **Entsorgungslogistik**: Recyclingkonzepte, Reststofferfassung/-sammlung/-transport/-sortierung/-behandlung/-vermarktung/-beseitigung

Die explizite Berücksichtigung von Umweltschutzaspekten beim Vollzug logistischer Aufgaben wird neue Schwerpunkte und Modifikationen entstehen lassen. Da bei der Produktion nicht nur ein erwünschter Output (i.S. der Produkte) anfällt, sondern auch „unerwünschter" Output (i.S. von Reststoffen), wird die Gestaltung der bisher kaum beachteten Entsorgung als **betriebswirtschaftliche Funktion** an Bedeutung gewinnen. Absicht des Gesetzgebers ist es, Emissionen aller Art auf ein Minimum zu reduzieren und unvermeidbare Nebenprodukte entweder den Prozessen im Kreislauf wieder zuzuführen oder in Einklang mit dem Stand der Technik zu entsorgen.

Ein neues Kapitel Umweltpolitik wird mit dem Kreislaufwirtschafts- und Abfallgesetz geschrieben, das den Hersteller in eine neue Produktverantwortung über den gesamten ökologischen Produktlebenszyklus nehmen wird.

Statt der bisher vorherrschenden linearen „Durchlaufwirtschaft" wird zunehmend eine „Sortier- und Wiederverwertungsgesellschaft" angestrebt. Im Sinne des Kreislaufgedankens soll der ökonomische Wert der Inputfaktoren über die Lebensdauer hinaus möglichst langfristig und in ökonomisch möglichst hochwertiger Form erhalten bleiben. Dies erfordert die Entwicklung geeigneter politischer Rahmenbedingungen für ein zukunftsfähiges **Stoffstrommanagement** (Kreibich, 1994). Für die einzelnen Bereiche entlang der Produktlinie, also für

- Ressourcenerschließung und Materialbeschaffung,
- Vorproduktion und Teilproduktbeschaffung,
- Entwicklung und Produktion,
- Marketing und Distribution,
- Rückholung und Rückführung,
- Recycling und schadstoffarme Reststoffverbringung,

müssen neue **Logistikkonzepte** entwickelt und im Sinne eines optimalen Ressourcen-Managements auch noch vernetzt werden. „Eine tendenziell notwendige ‚ganzheitliche' Logistik für die ökologische Produktentwicklung und Kreislaufführung gibt es heute weder in der Theorie noch in der Praxis. Sie erscheint jedoch nicht nur prinzipiell entwickelbar, sondern langfristig auch praktisch möglich und durchführbar" (Kreibich).

Der **Entsorgungsbereich** findet im Beziehungsfeld Umweltschutz und Logistik dabei bisher noch ungenügende Berücksichtigung. Abb. 179 (aus Wildemann, 1996, S. 59) zeigt den geforderten Aufbau für ein ganzheitliches Konzept in einem „geschlossenen" Logistiksystem.

Zur optimalen Erfüllung der **Querschnittsfunktion** einer ökologisch orientierten Integrierten Materialwirtschaft müssen die klassischen Führungsinstrumente Beschaffungs-, Produktions-, Distributions- und Ersatzteillogistik um eine Leitzentrale **„Entsorgungslogistik"** als weitere Komponente der Fabriksteuerung (vgl. auch Rinschede/Holzhauer, 1990, S. 19; Wehking/Sommer, 1989, S. 46f.;) ergänzt werden, das im Vergleich zu den anderen logistischen Subsystemen stark an Bedeutung gewinnen wird. Nach Werner (1990, S. 54f.) befaßt sich die Entsorgungslogistik mit „Transport-, Umschlags- und Lagerproblemen aller in den Betriebsprozessen anfallenden Abfall-, Rest- und Schadstoffe sowie Überschuß- und Ausschußmaterialien, überalterten Fertigungsprodukten und nicht mehr benötigten Materialien (z.B. Leergut, Retouren), Anlagegütern und Ersatz- und Reserveteilen. Gestaltungsfeld der Entsorgungslogistik ist demzufolge der innerbetriebliche und außerbetriebliche Fluß der Entsorgungsgüter und die Vermeidung, Verminderung, Vernichtung oder Beseitigung der vorgenannten Entsorgungsgüter". Hierzu gehören in Analogie auch die erforderlichen Informationsflüsse.

„Voraussetzung für das Schließen von Stoffkreisläufen, also die wirtschaftliche Rückführung der Sekundärrohstoffe in die Wertstoffkreisläufe, ist eine systematische Materialsortierung der Abfälle für die Verwertung. Die Materialsortierung kann theoretisch in Sortieranlagen oder bereits an der Anfallstelle des Abfalls durch geeignete Abfallerfassungssysteme erfolgen." (Wehking, 1996, S. 21) Die Konsequenz für die Abfallwirtschaft: Sie muß zukünftig erheblich mehr Fraktionen handhaben, deren Volumen deutlich kleiner werden.

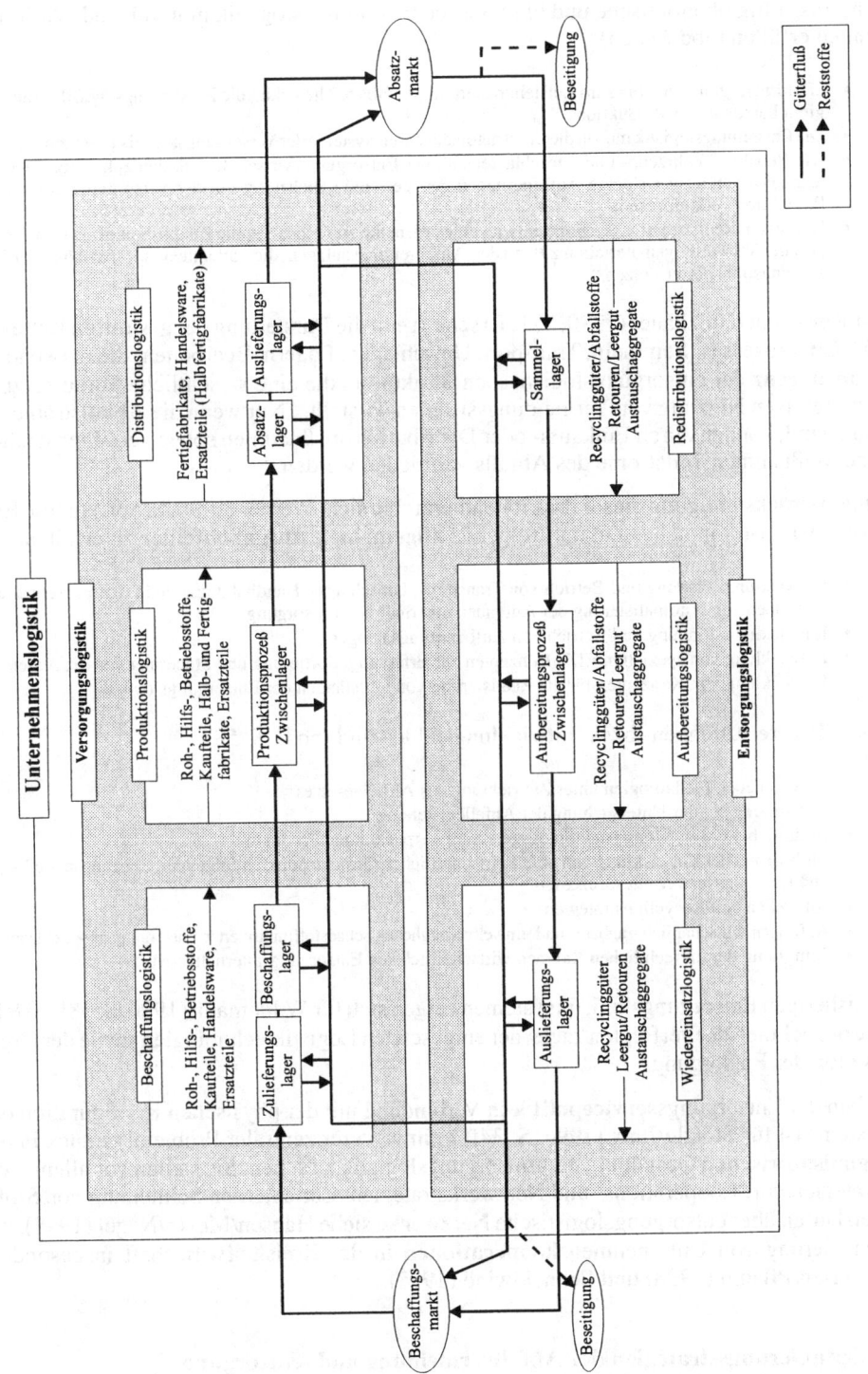

Abb. 179: Subsysteme der Unternehmenslogistik

Eine zukünftig ökonomische und ökologische Entsorgungslogistik muß folgende Anforderungen erfüllen (ebd., S. 25):

- „Die Entsorgung muß bis zum Entstehungsort des Abfalls reichen, d.h., die Entsorgungsdienstleistung beginnt bereits in der Produktion.
- Die Entsorgungslogistik muß in die meist automatisierten Systeme der Versorgungslogistik integriert werden.
- Die Behälter-, Fahrzeug- und Umschlagtechnik der Entsorgungswirtschaft muß den zukünftig stückgut-technologisch ausgerichteten Anforderungen genügen und gleichzeitig mit der Versorgungsstruktur der Produktion verknüpft sein.
- Es müssen Redistributionssysteme entwickelt werden, die zumindest für die Rückführung, also den Transport der Verwertungsmaterialien z.B. zu den Aufbereitungsanlagen, die vorhandenen Kapazitäten der Versorgungstransporter nutzen."

Für Rinschede/Holzhauer (1990, S. 17f.) schafft erst die Darstellung der **gesamten** Kette des STULB-Prozesses (Sammeln, Transport, Umschlagen, Lagern, Bearbeiten) die notwendige **Transparenz** der entsorgungslogistischen Strukturen, die eine wesentliche Voraussetzung zur effektiven Nutzung von Vermeidungsströmen darstellt. „Nur wenn die Abfallströme bekannt sind, können durch Einkaufs- oder Distributionsmaßnahmen sowie verfahrenstechnische Maßnahmen Teilströme des Abfalls vermieden werden."

Unter Berücksichtigung dieser Prioritätenhierarchie sieht Werner (1990, S. 56f.) für die Entsorgungslogistik in naher Zukunft folgende **allgemeinen Aufgabenfelder** zu erfüllen:

- Entwicklung, Planung und Betrieb von Transport-, Umschlags-, Handhabungs- und Lagerprozessen und -systemen zur Automatisierung der Aufgaben innerhalb der Entsorgung
- Entwicklung, Planung und Betrieb von Aufbereitungsanlagen
- Entwicklung von speziellen EDV-Konzepten zur Erfassung, Sortierung und Steuerung von Prozessen
- Entwicklung von Konzepten für die Realisierung von Leitständen der Entsorgungslogistik.

Spezifizierte Aufgaben- bzw. Entwicklungsfelder sind (ebd., S. 58):

- Suchen neuer Technologien unter Zielrichtung des Abfallgesetzes
- Mitwirkung bei der Untersuchung der Abfallentstehung
- Mithilfe bei Entwicklung entsorgungsgerechter Verpackungen/Produkte
- Mithilfe bei der Entwicklung von abfallwirtschaftlichen Gesichtspunkten folgenden Leistungserstellungs- und Leistungsverwertungsprozessen
- Aufstellen von Recyclingstrategien
- Aufzeigen wirtschaftlich tragbarer und umweltverträglicher, schadstoffminimierter Entsorgungsmöglichkeiten
- Ermittlung der im rechtlichen Rahmen wirtschaftlichsten Entsorgungsalternative(n)

In bisherigen Entsorgungslogistiksystemen zeigen sich für Wildemann (1996, S. 58ff.) **Defizite** hinsichtlich der verfolgten Ziele, der eingesetzten Logistiktechnologien sowie der Organisation der Entsorgung.

Neben der Entsorgungs**servicepolitik** in Verbindung mit der physischen Konfiguration des Systems ist für Stölzle/Jung (1996, S. 34ff.) ein weiterer zentraler Problemkomplex in der **organisatorischen** Gestaltung der Entsorgungslogistik zu sehen. Sie stellen vor allem zwei Strategien vor: Kooperations- und Netzwerkstrategien. Zur externen Schließung von Stoffkreisläufen über entsorgungslogistische **Netzwerke** siehe Hansen/Meyer/Nagel (1998), zur Realisierung von Unternehmens**kooperationen** in der Kreislaufwirtschaft insbesondere Guderian/Pflaum (1998) und Schneidwind (1998).

2. Optimierungsstrategien der Abfallvermeidung und -entsorgung

Wie an mehreren Stellen bereits dargelegt, ist industrielle arbeitsteilige Produktion ohne Abfallentstehung nicht möglich. Abfallwirtschaft darf aber nicht nur als ein primär technisches oder rechtliches Problem, sondern muß vor allem als bedeutendes **„wirtschaftliches"** Problem angesehen werden (vgl. Frank, 1990, S. 93; zur Abfallvermeidung als **„psychologisches"** Problem und soziales Dilemma siehe Wiedemann/Henschel, 1993). Eine Optimierung bezieht sich auf die Erfüllung der im Abfallgesetz aufgestellten **Prioritätenfolge**. Die „Abfalloptimierung" umfaßt dabei den gesamten ökologischen Produktlebenszyklus über alle Phasen.

Unter dem Aspekt der Abfalloptimierung (besser: „Reststoffoptimierung") haben wir bereits an früherer Stelle die besondere Rolle der Materialwirtschaft hervorgehoben, wo Ansatzpunkte zur Erfüllung der Ziele Vermeiden, Vermindern, Verwerten, Entsorgen beim Materialeinkauf der Inputstoffe und in der Lagerhaltung liegen.

Vor der Entwicklung von **Optimierungsstrategien** sind in einer Bestandsaufnahme alle Eingangsstoffe (bis dahin, wo sie „Output" werden) und alle im Betrieb anfallenden Abfälle in Menge und Konsistenz an ihrer Quelle zu erfassen (zur Bereitstellung abfallspezifischer **Informationen** im Unternehmen siehe besonders Müller, 1991, S. 275ff.). Zur Erfüllung dieser gesetzlichen Priorität stehen verschiedene **Eingreifmöglichkeiten** zur Verfügung (vgl. dazu Knoch/Korte/Raith, 1991, S. 160ff;).

Wird das kostenwirtschaftliche Optimum bei der Lösung logistischer Aufgaben/Probleme angestrebt, muß (so Frank, 1990, S. 89f.) eine **integrierte** Planung, Steuerung und Kontrolle aller Güter- und Informationsprozesse eines Unternehmens erfolgen. „Eine logistische Betrachtung erfordert, daß alle Vorgänge des Gesamtsystems, d.h. alle Tätigkeiten/Funktionen wie Transportieren, Umschlagen, Lagern einschließlich Personaleinsatz, Arbeitsmitteln, Energien und Informationen, aufeinander abgestimmt und organisiert werden sowie kein Teilbereich isoliert betrachtet oder gestaltet wird." **Methoden** (wie marginalanalytische Ansätze, Programmierungsmodelle oder Betriebsmodelle) zur Unterstützung operativer Abfallbewältigungsentscheidungen zeigt Müller (1991).

IV. Umweltorientiertes Marketing

„Social Marketing" wird in der Marketingliteratur (Nieschlag/Dichtl/Hörschgen oder Kotler) in zwei Ausprägungen definiert:

- entweder als ein gesellschaftlich verantwortungsbewußtes Handeln der Unternehmen oder
- im Sinne der Ausdehnung/Übertragung des Marketingdenkens auf den **nicht**kommerziellen Sektor (z.B. Krankenhäuser) bzw. auf das Marketing für öffentliche (soziale/ökologische) Anliegen (z.B. Kampagnen gegen das Rauchen); dazu auch Tiebler, 1997, S. 12ff.

Öko-Marketing
„... umfaßt die Planung, Koordination, Durchsetzung und Kontrolle aller absatzmarktgerichteten Aktivitäten nach dem Grundsatz, „von der Wiege bis zur Wiege" eine Vermeidung und Verringerung von Umweltbelastungen zu bewirken, um über eine dauerhafte Befriedigung der Bedürfnisse aktueller und potentieller Kunden unter Ausnutzung von Wettbewerbsvorteilen und bei Sicherung der gesellschaftlichen Legitimität die angestrebten Unternehmensziele zu erreichen" (Meffert/Kirchgeorg, 1995).

Wird der Begriff des ökologieorientierten Marketings auf erwerbswirtschaftliche Unternehmen bezogen, beinhaltet er also die bewußte Integration ökologischer Aspekte in die Gestaltung der Transaktionen marktvermittelter Güter und Dienstleistungen zwischen Wirtschaftssubjekten. (vgl. Tiebler, 1997, S. 11)

Zu den Facetten einer begrifflichen Präzisierung des „Öko-Marketing" siehe die Zusammmenstellung bei Meffert/Kirchgeorg (1995, S. 26). Die durch den ökologischen Aspekt induzierten Marktverhaltenshandlungen sollen an folgenden Instrumenten des Marketing-Mix kurz skizziert werden:

- Produktpolitik
- Distributionspolitik
- Kontrahierungspolitik
- Kommunikationspolitik.

Einführend gilt es Vorläufer eines ökologisch orientierten Marketing vorzustellen und das Bewußtsein des Verbrauchers zu analysieren.

1. Ein Marketing in sozialer Verantwortung

Bereits in den frühen 70er- und 80er Jahren wurde den betont **wachstumsfördernden** Marketingkonzeptionen eine „Mitschuld" an den Umweltschäden zugerechnet (vgl. Fisk, 1974, S. 15; Raffée, 1979, S. 22ff.; Raffée, 1985, 231f.; RafféeWiedmann, 1998, S. 231f.). Ihnen werden verschiedene **Negativwirkungen** auf die natürliche und auch gesellschaftliche Umwelt angelastet:

- Ausbeutung der Rohstoffressourcen: Insbesondere infolge von Obseleszenzstrategien, also der „geplanten Veralterung", die der Idee von Langzeitgütern entgegenlaufen; ein Modellwechsel „entwertet" das alte Produkt lange vor seiner eigentlichen funktional-technischen Gebrauchszeit; zudem werden immer mehr Produktbereiche einem kurzfristigen Modewandel unterworfen, so etwa Uhren, Möbel, Trend-/Freizeit- und Sportbekleidung und Ausrüstung.
- Angebot umwelt- sowie gesundheitsgefährdender Produkte (einen umfassenden Überblick über Gesundheits- und Umweltskandale für die Jahre 1981 bis 1994 gibt Hedtke, 1996, S. 300ff.)
- Ausklammerung der Frage, wie Produkte produziert werden, d.h., der sozialen Frage (z.B. Ausbeutung von Kaffeepflanzern oder teppichknüpfenden Kinder)
- Zu wenig Berücksichtigung der eigentlichen Bedürfnisse und Wünsche der Verbraucher.
- Statt dessen werden bedenkliche Konsummuster („Zwanghaftes Konsumverhalten", „Identitätserwerbung im Konsum") aufgebaut und eine Ausweitung des Konsumniveaus gefördert („Verschwendung", „Verführung zum Konsum", „künstlich geweckter Bedarf"), z.B. durch Werbeanreize, Produktdifferenzierung, verkürzte Lebenszyklen). Krauch (1997) spricht von Pleonexie („Habsucht", „Mehrhabenwollen") als Krankheit, die die ganze Gesellschaft durchwächst.
- Steigende Teil der Bevölkerung sind übermäßig verschuldet. Eine soziale Herausforderung durch die Wechsel-/Zangenwirkung von Konsum- und Kreditwerbung zeichnet Schaffartzik (1996, S. 73f.) vor allem bei einkommenschwachen Schichten (mit ihrer Korrelation zum Bildungsniveau) sowie Kinder und Jugendliche als besonders gefährdeten Segmenten.

Scherhorn (1997, S. 90ff.) sieht zwei Ursachen für die Unersättlichkeit der Konsumwünsche:

- Der Verengung des Konsums auf den Güterwerb, d.h. die einseitige Befriedigung durch materieller Güter, was das Glück der Menschen keineswegs erhöht. Dies ist verbunden mit einer zunehmenden Vernachlässigkeit immaterieller Bedürfnisse und gemeinschaftlicher Aufgaben.
- Die Verdrängung der Wohlstandskosten.

Durch die Umweltschutzdiskussion und nicht zuletzt auch durch das zunehmende Umweltbewußtsein der Konsumenten bzw. der Öffentlichkeit wird die Forderung an das kommerzielle Marketing der Unternehmen erhoben, bei den absatzwirtschaftlichen Aktivitäten neben dem ökonomischen Aspekt verstärkt auch den **Sozialaspekt** zu berücksichtigen, der das Interesse der Allgemeinheit in ökologischer Sicht vertritt (vgl. Meffert u.a., 1986, S. 143). Es entwickelten sich mehr die soziale Verantwortung des Marketing betonende Ansätze wie ein „Human Concept of Marketing", „Societal Marketing"/„Social Marketing" für gemeinnützige Organisationen, ein „sozial verantwortliches Marketing" (Wicke et al., 1992; Charter,

1992). In einer erweiterten Perspektive wird die Forderung nach einem langfristigen und ganzheitlichen Denken im „Konzept eines gesellschaftsorientierten Marketing" (GOM) betont (Wiedmann, 1993) oder ein „Quality of Life"-Konzept des Marketing (Wilkes, 1992) entwickelt.

„Social Cause Marketing" nennen die Amerikaner einen der wichtigsten Trends im Marketing der 90er Jahre: Unternehmen haben Erfolg, weil Kunden und Verbraucher ihr gesellschaftliches Engagement ausdrücklich billigen (zum Problemkreis Marketing versus Ökologie siehe Abb. 180, aus Hopfenbeck/Kodolitsch-Jonas, 1999). Unternehmen wie The Body Shop oder der Eiscreme-Produzent Ben & Jerry's erhalten beträchtliche Gratiswerbung für ihr gesellschaftliches Engagement. Manager solcher Unternehmen gehen davon aus, daß ethisches Handeln und die Identifizierung mit gesellschaftlichen Themen einen langfristigen Erfolg garantieren (vgl. Dunfee, 1997, S. K8).

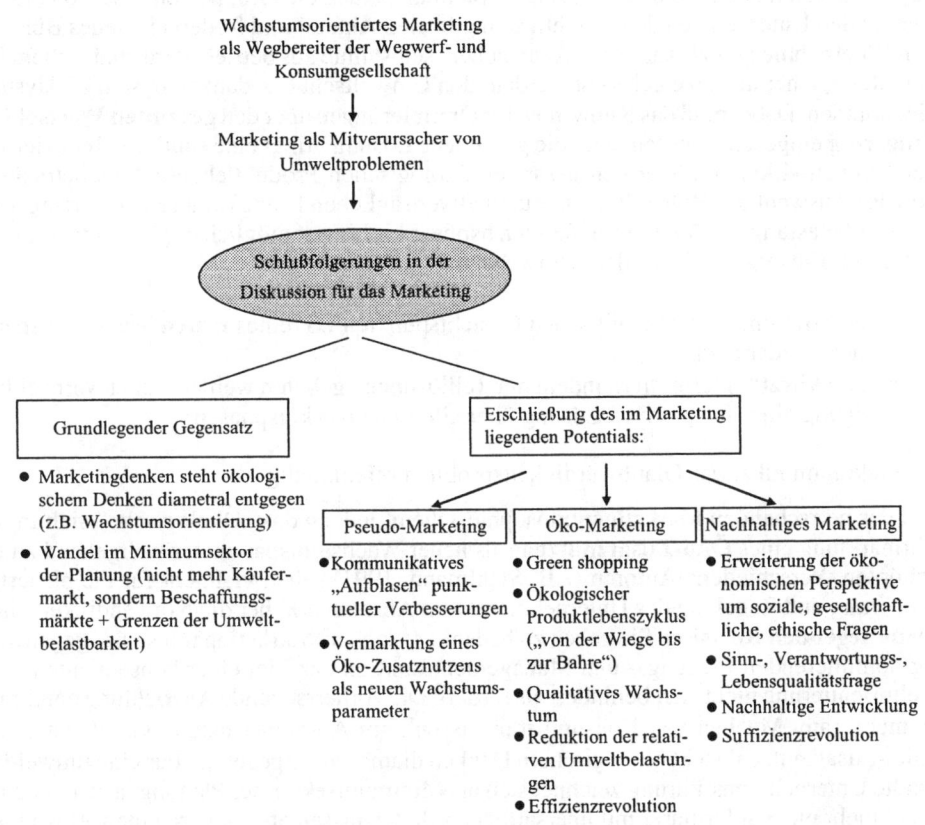

Abb. 180: Marketing versus Ökologie

Das Marketing sieht sich in Bezug auf sein Selbstverständnis immer dem gesellschaftlichen Vorwurf ausgesetzt, „Sinnbild der Überflußgesellschaft" zu sein. Dem kommerziellen Marketing wird eine **Mitschuld** an den Umweltschäden zugerechnet, weil die auf eine Konsumsteigerung ausgerichteten Marketingaktivitäten den Rohstoffverbrauch, die Umweltbelastungen und die „Müllberge" erhöhen. Die Berücksichtigung der sozialen Dimension bei der Entwicklung und Durchsetzung von Marketingkonzeptionen ist notwendig, da eine marktorientierte Unternehmensführung die Unternehmensziele durch eine dauerhafte Befriedigung der Konsumentenwünsche erreichen will. „Der Sozialaspekt des Marketing fordert die Betrachtung der Marketingentscheidungen im Zusammenhang mit größeren sozialen Systemen." (Meffert u.a., 1986, S. 143; Meffert, 1994, S. 4f.)

Engagierte Umweltorganisationen kritisieren z.T. die Vorstellung, den Problem-Mitverursacher gleichzeitig zur Problemlösung heranzuziehen. Diese Sichtweise wird u.E. dem Problem nicht gerecht: Auch wir versuchen hier klarzumachen, daß ein Öko-Marketing **nicht** verkürzt ausschließlich als klassisches wachstumsförderndes Element zu sehen ist. Ein schnelles Aufspringen auf den Ökozug mit „grün" angestrichenen Produkten ohne wesentliche Veränderungen beim Produkt selbst nützt das Umweltbewußtsein des Ökosegments aus und schadet dem Engagement der echten Pioniere der jeweiligen Branche.

Andererseits ist aber eine Lösung unserer Konsumprobleme ohne das beim Unternehmen vorhandene **Know-how** überhaupt nicht zu machen. Im Marketing und seinen Instrumenten liegt vermutlich das größte ökologische „Potential". Auch die Gruppe von Lissabon (1997) sieht in den Unternehmen den „wichtigsten globalen Akteur"und fordert ein neues Bündnis von Unternehmen und Staat. Der „Verursacher" selbst muß aus betriebswirtschaftlichem Eigeninteresse heraus dazu gebracht werden, den Umweltschutzgedanken in sein Zielsystem einzubinden. Dabei muß das Know-how für Optimierungen über den **gesamten Wertschöpfungsring** eingesetzt werden, d.h., die gefundene Lösung bringt eine spürbare Reduzierung der Umweltwirkungen über den gesamten ökologischen Produktlebenszyklus betrachtet: von der Auswahl der Rohstoffe, einer umweltverträglichen Produktion selbst, verringerten Umweltbelastungen während der Gebrauchsphase bis hin zur möglichst späten und umweltgerechten Entsorgung. Wird der „Umweltschutzgedanke"

- **„allein"** unter absatzpolitischen Gesichtspunkten i.S. eines **neuen** Wachstumsparameters oder auch
- **„verkürzt"** interpretiert, indem nur Teillösungen geboten werden (unter Vernachlässigung einer integrativen Lösung über alle Lebenszyklusphasen),

ist ein kommunikatives Glaubwürdigkeitsproblem offenkundig.

Bei der herrschenden Marketingphilosophie scheint jedoch das „Ökologische" sich in der Vermarktung eines **Öko-Zusatznutzens** als neuer Wachstumsparameter weitgehend zu erschöpfen. Verschiedene Autoren (z.B. Stahlmann, 1991) sehen vielmehr für die bisherige Steuerung und Regelung des Unternehmens vom Absatzmarkt her die Notwendigkeit einer **grundlegenden Revision**. Sie geben zu bedenken, „ob das Marketing mit seiner gegenwärtig dominierenden Planungs- und Managementfunktion das Ziel einer konsequenten Umweltorientierung nicht eher behindert als fördert. Die vorherrschende Ausrichtung am ‚Immer mehr', am ‚Machen von Konsumbedürfnissen', am Absatzwachstum und Verkauf von ‚Öko-Zusatznutzen' steht ökologischem Denken diametral entgegen … Für eine umweltbewußte Unternehmensführung zeichnet sich als Minimumsektor der Planung ja schon längst nicht mehr ein Käufermarkt mit unersättlichen Bedürfnissen ab, sondern eine weltweit absehbare (absolute) Knappheit auf den **Beschaffungsmärkten** sowie eine begrenzte **Umweltbelastbarkeit**, selbst wenn die Marktpreise und wirtschaftlichen Rahmenbedingungen gegenwärtig nur zaghafte Signale in diese Richtung setzen" (Stahlmann, 1991, S. 258f.). Eine ähnliche Umorientierung des Engpaßbereiches sieht Steven (1992, S. 35).

2. Das ökologische Bewußtsein des Verbrauchers

Marketing heißt Kommunikation zwischen Marktpartnern. Relativ unstrittig ist, daß in den letzten Jahren das Wissen und die Einstellung zu ökologischen Fragen zugenommen haben. Daraus ist jedoch, so Gierl, nicht zwingend zu folgern, daß diese Größen auch auf der **Konsumebene** wirksam werden (vgl. Gierl, 1987, S. 3); bei einer empirischen Überprüfung der Erklärungsmuster ergab sich als zentrales Resultat der Befund, „daß ökologische Einstellungen oder Wissen um ökologische Zusammenhänge den Konsumanteil ökologischer Produkte nur zu einem geringen Teil erklären. Erst unter Berücksichtigung produktspezifischer Variablen wird das ökologische Konsumverhalten verständlich: Erst wenn z.B. auch die Bereitschaft, einen höheren Aufwand zur Beschaffung ökologischer Alternativen in Kauf zu nehmen (Informationsbeschaffung, Einkaufswege, Preis) vorliegt, kaufen Personen ökologisch bewußt; diese Bereitschaft ist von Produkt zu Produkt unterschiedlich hoch" (ebd., S. 7).

Als **Konsequenzen** für das Marketing leiten sich ab: Es genügt nicht, allein den **Umfang** des Segments ökologisch eingestellter Personen zu quantifizieren, sondern es müssen auch Maßnahmen konzipiert werden, die geeignet sind, die produktspezifisch unterschiedlich gewichtigen **Barrieren** zu beseitigen (z.B. Informationsmaßnahmen zum Verständnis des höheren Preises, Distributionsverbesserungen, Qualitätsverbesserungen).

Da eine Unternehmung die langfristigen Konsumentenbedürfnisse erfüllen will, kommt dem ökologischen Bewußtsein der Verbraucher eine zentrale Stellung zu. (m.a.W.: Eine geänderte Konsumentenstruktur erfordert eine entsprechende unternehmerische Anpassung.)

Alle Formen des Umweltschutzes, einschließlich des Verbraucherschutzes, greifen ohne ein entsprechendes Bewußtsein der Verbraucher zu **kurz**. In Anlehnung an die verhaltenswissenschaftliche Dreikomponententheorie mit den Dimensionen kognitiv, affektiv und konativ setzt ein „**ökologisches Bewußtsein**" des Verbrauchers voraus:

- ein **Informiertsein** (d.h. Markttransparenz)
  (= subjektives Wissen des Konsumenten über die ökologischen Konsequenzen seines Konsumverhaltens)
- die **Einsicht** in die Konsequenzen seines Verhaltens
  (= Einstellung des Konsumenten gegenüber den mit ökologischen Aspekten und Produkten zusammenhängenden Problemen und Streitfragen)
- die **Bereitschaft** zu einer geänderten **Verhaltensweise**
  (= aus ökologischem Bewußtsein resultierendes Verhalten, das einen Beitrag zur Lösung der Umweltprobleme leisten soll).

Umweltschutz kann nicht ohne Beteiligung and aktive Mitwirkung der Bürger betrieben werden. Gerade auch das Konzept der nachhaltigen Entwicklung ist darauf angewiesen, was das Umweltbundesamt (1998, S. 310) als „**Leitbildverständnis**" bezeichnet: das Wissen der Bürger darum, was Nachhaltigkeit bedeutet, wann und wie gegen sie verstoßen wird und welche Maßnahmen und Verhaltensregeln sie erfordert. Das Umweltbewußtsein als Basis für Verhaltensänderungen und Voraussetzung für Partizipationsbereitschaft und -fähigkeit.

Umweltbewußtsein
„... ist ein „Wertewandel, der sich in der Gesellschaft vollzieht, dessen Mittelpunkt das Erkennen der Verantwortung jedes Einzelnen seiner Umwelt gegenüber ist, so daß neue Werte Relevanz bekommen und entsprechende Handlungen erfolgen können" (Grettenberger, 1995, S. 39).

Differenziert erscheint die Stellung des **Konsumenten**. Neuere Untersuchungen der Konsumentenforschung der Universität Dortmund (1997) zeigen:

- Das Kern-Ökosegment von wirklich umweltbewußt einkaufenden Verbrauchern ist sehr klein: Es beträgt nur 8% (und ist damit wesentlich kleiner als in anderen Untersuchungen, etwa des Umweltbundesamtes, angenommen). Ein großer Prozentsatz von 56% der Verbraucher ist passiv und sehr schlecht informiert, ist aber affektiv positiv dem Umweltschutz gegenüber eingestellt.
- Postmaterielle Lebensstile sind „out". Dem widersprechen allerdings neueste Untersuchungen von Inglehart (1998). Er liefert seit Anfang der 70er Jahre empirische Belege für einen wachsenden **Postmaterialismus** in der industrialisierten Welt. Als ein Ergebnis der World Values Surveys zeigt sich u.a. das Phänomen einer „abknickenden Wachstumskurve"; diese zeigt sich auch beim „Index für subjektives Wohlbefinden",

der bestätigt, daß die Menschen in den reichsten Ländern nicht sehr viel zufriedener sind als die Menschen in Ländern mit einem zehnfach geringeren BSP pro Kopf. Die Postmaterialisten halten ökonomische Sicherheit für selbstverständlich und stellen nichtmaterialistische Ziele in den Vordergund, d.h., die Wertschätzung von ökonomischer Sicherheit und Wirtschaftswachstum wird von der Lebensqualität abgelöst.

- Es ist eine Diskrepanz zwischen Umweltbewußtsein und tatsächlichem Kaufverhalten festzustellen. Es wird primär partiell und hier am Ende, d.h. bei Mülltrennung und Recycling, aktiv gehandelt.

„Das verbreitete Wissen darum, daß wir bei unveränderter Fortdauer unseres Lebens- und Wirtschaftsmodells auf eine globale ökologische Krise zusteuern, bewirkte bisher weder eine grundsätzliche Umorientierung in der Wirtschaft und Politik noch eine konsequente Verhaltensänderung auf der Seite der KonsumentInnen. Wir scheinen uns noch in einer Phase zu befinden, in der eine Studie der nächsten folgt, die ökologischen Probleme (mit mehr oder weniger blinden Flecken) bis ins Detail analysiert und in ihren Zusammenhängen dargestellt werden – der Alltag des Wirtschaftens und Lebens aber seinen mehr oder weniger gewohnt-unökologischen Gang geht." (Ferenschild/Hax-Schoppenhorst, 1998; S. 15)

Der Begriff **Umweltbewußtsein** kann (vgl. Kuckartz, 1998, S. 5f.) in Anlehnung an die klassische Untersuchung zum individuellen Umweltbewußtsein von Maloney/Ward (1973; dazu auch Homburg/Matthies mit zahlreichen Ansätzen, 1998, S. 49ff.) differenziert werden in:

- **Umweltwissen** („knowledge")
  (= Kenntnis- und Informationsstand einer Person über Natur/Umwelt, über Trends/Entwicklungen in ökologischen Aufmerksamkeitsfeldern)
- **Umwelteinstellungen** („attitudes")
  (= neben Einstellungen gegenüber dem Umweltschutz im engeren Sinne auch Ängste, Empörung, Zorn, normative Orientierungen und Werthaltungen)
- **Umweltbetroffenheit** („affect")
  (= die emotionale Anteilnahme, mit der Personen auf Prozesse der Umweltzerstörung reagieren)
- **Umweltverhalten** („actual commitment")
  (= Verhalten in umweltrelevanten Alltagssituationen)

Zur **Umweltbewußtseinsforschung**, zur Diskrepanz zwischen Wissen/Einstellungen und Handeln und Möglichkeiten zur Förderung des Umwelthandelns siehe die Beiträge in Michelsen (1997, S. 23ff.). Die Umweltbewußtseinsforschung erbringt u.a. folgende Ergebnisse (vgl. Kuckartz, 1998, S. 1ff.):

- Es zeigt sich, daß soziale Merkmale sowie Geschlecht/Bildungsstand/Berufsgruppe **keine** entscheidenden Einflußfaktoren für das Umweltbewußtsein/-verhalten darstellen; es überwiegen je nach Berufsgruppe/Geschlecht/Bildungsstand die Gemeinsamkeiten. Für Umweltprobleme werden – unabhängig von der Parteipräferenz – Politik und Industrie verantwortlich gemacht; Vertrauen wird den NGOs geschenkt.
- Das hohe Umweltbewußtsein bildet einen starken **Kontrast** zu dem mit einem nach wie vor wenig umweltgerechten Verhalten.
- Bei den Erklärungsmodellen für das persönliche Umweltverhalten wird eine **Wirkungskette** Wissen, Einstellungen, Verhalten unterstellt: Die vorliegenden Daten zeigen, daß die Zusammenhänge in dieser Form **nicht** existieren.
- **Vier Erklärungsansätze** erscheinen derzeit aussichtsreich, um die Kluft zwischen Umweltbewußtsein und -verhalten zu erklären: (1) Die ökonomische Verhaltenstheorie sieht Umweltverhalten als Resultat von Rational Choice. (2) Ein soziologisches Erklärungsmuster sieht Umweltverhalten als Teil des Lebensstils. Weitere Zugänge fokussieren (3) Wohlbefinden als Faktor für/Motiv des Umweltverhaltens oder (4) Umweltverhalten als Dilemma eines Normierungskonfliktes (einer Dilemmasituation zwischen Egoismus und Gemeinschaft).
- Das Leitbild Nachhaltigkeit ist durch Wissens-, Bildungs- und Kommunikations**defizite** gekennzeichnet: Nur **11%** in den alten und 7% in den neuen Bundesländern haben bislang von diesem Begriff überhaupt gehört. Es zeigt sich, daß neben die klassischen ordnungspolitischen und marktwirtschaftlichen Instrumente der Umweltpolitik das **informationelle Instrumentarium** einer „ökologischen Bewußtseinsbildung" treten muß (Aufklärung, Information, Aus- und Fortbildung; dazu Umweltbundesamt 1998, S. 29ff.).
- Das in Deutschland weitverbreitete Umweltbewußtsein kann sowohl einen hemmenden Faktor darstellen (d.h. Umweltängste sowie skeptische Sichtweise der Zukunft) als auch zunehmend den Motor von Innovationen (z.B. technische Entwicklung von Kühlgeräten).

Als Ergebnis der **Interventionsforschung** nennen Homburg/Matthies (1998, S. 201) folgende Ergebnisse:

- **Wissenszentrierte** Techniken (= schriftliche Vermittlung von Problem- und Handlungswissen, Technik der Vermittlung von Wissen über das eigene Verhalten und seine Konsequenzen/Feedback) haben vergleichsweise schwache Effekte.
- Überlegen sind ihnen Techniken, die an **externen Handlungsbedingungen** ansetzen (technische Veränderungen, Belohnungen und Bestrafungen)

- Aber auch die **normzentrierten** Techniken (= persönliche Vermittlung von Problem- und Handlungswissen, Vorgabe eines Ziels, Verpflichtung, Soziale Modelle, Blockleader) haben stärkere und vor allem dauerhaftere Effekte.
- „Es ergibt sich das Bild, daß sowohl Verhaltenserleichterungen und ökonomische Anreize als auch die Anregung sozialer Normen zur Veränderung von Umweltverhalten führen können."

Obwohl der Konsument mit Auswirkungen seines Konsumierens zeitweilig in Kontakt kommt (wachsende Müllberge, die Zerstörungen des Alpenraums für die Bedürfnisse der Touristen, sinkende Rohölreserven), sind direkte Konsequenzen für sein persönliches Verhalten (für die Beispiele: Benutzung eines Einkaufskorbes, reduzierte Sportaktivitäten, zurückhaltendes Fahren) daraus nicht zwangsweise ableitbar. Neben dem Verschulden von Politik, Gewerkschaften, Staat und Wirtschaft sieht auch Raffée das Hauptproblem in der vorher bereits skizzierten eigenen Gleichgültigkeit der Konsumenten, die eine „Umweltschutz-Hürde" darstellt.

Die äußerst komplexen Sachverhalte lassen aus der Sicht des Konsumenten eine Beurteilung der tatsächlichen Umweltverträglichkeit angebotener Problemlösungen kaum zu. Daraus resultiert eine große **Verunsicherung** des Verbrauchers. Neben den Aktivitäten verschiedener Umwelt- und Verbraucherorganisationen (z.B. zur Durchführung neutraler Umweltverträglichkeitsprüfungen von Produkten) kommt dem Hersteller eine große **Beratungs- und Informationsverpflichtung** zu. In ein ökologieorientiertes Marketingkonzept ist dabei auch der Handel einzubeziehen. Verschiedene Untersuchung zeigen, daß Unternehmen das Informationsbedürfnis der Konsumenten unterschätzen; Hansen/Schoenheit (1993, S. 74) sehen einen „sträflich vernachlässigten Informationsmarkt".

Primär ist es dabei nicht die Aufgabe der Marketingpraxis, das Umweltbewußtsein von Verbrauchern und Unternehmern zu fördern, sondern nach Wegen zu suchen, die Schubkraft des vorhandenen Umweltbewußtseins besser auszunutzen, d.h. in der Überwindung von Verhaltensbarrieren und Informationsproblemen. Moralisch **erwünschte** Marktergebnisse werden aber nicht allein vom guten Willen der Handelnden hervorgebracht – es sind **Dilemmastrukturen** zu berücksichtigen. Der Verbraucher wird mit Forderungen konfrontiert, die er unter den gegebenen Bedingungen des Wettbewerbs nicht erfüllen kann. Angesichts dieser Dilemmastrukturen sind „moralische Probleme der Wirtschaft systematisch kollektiver Natur und können demzufolge nicht vom Einzelnen, sondern nur kollektiv gelöst werden. Aus dem Gefangenendilemma kann sich der Einzelne nicht allein befreien" (Homann/Pies, 1991, S. 611). Auf das Phänomen des **Marktversagens** bei Umweltgütern wird hier nur kurz eingegangen (vgl. dazu Meffert, 1993, S. 52; Kaas, 1992): Es besagt, daß ein individuell positiver Umweltbeitrag (Individualnutzen) auch der Gesellschaft als Ganzes in einem Sozialnutzen zukommt (**Free-Ride-Problem**, d.h., Nutzen auch für den, der sich nicht umweltbewußt verhält).

Kaas leitet zwei Thesen für den Kauf umweltfreundlicher Produkte ab:

- Konsumenten können den umweltbezogenen Nutzen von Produkten oft nicht internalisieren, weil die intakte Umwelt, zu deren Erhaltung sie beitragen, ein **kollektives** Gut ist.

- Die **Transaktionskosten** bei diesen Produkten sind sehr hoch, weil die Konsumenten über die meisten umweltrelevanten Produkteigenschaften nur unvollkommene Informationen haben (ebd., S. 473ff.).

Dies erfordert die Notwendigkeit (z.B. über staatliche Eingriffe zur Individualisierung des Sozialnutzens), die **Dysfunktionen** zu verhindern, indem für alle Konkurrenten Umweltstandards verbindlich festgesetzt werden (Zwangseingriffe) oder durch im wesentlichen kollektives Handeln.

„Erst wenn der Umweltschutz über den Sozialnutzen hinweg im Grundnutzen oder Zusatznutzen verankert werden kann, schafft er individuelle Anreize zum umweltgerechten Konsumverhalten" (Meffert, 1993); auch Heyder (1991, S. 320f.) sieht diese, auch als **„Allmende-Klemme"** bezeichnete Schere sich langsam schließen: man realisiert persönliche Vorteile und hat auch das Gemeinwohl im Auge.

Allmende-Theorie: Bezeichnet das Phänomen, daß bei einer allen Gemeindemitgliedern kostenlos zur Verfügung stehenden Wiese („Allmende"), die einzelnen Bauern einen ökonomischen Anreiz haben, durch Zukauf von Kühen ihren individuellen Nutzen zu steigern. Dies führt langfristig zu Überweidung. Das Dilemma des einzelnen Bauern besteht darin, daß sein Verhalten langfristig unvernünftig, jedoch kurzfristig rational ist (i.e. Fischer, 1995, S. 46f.). Freiwilliges ökologisch orientiertes Handeln (das mit höheren Kosten verbunden ist) erscheint damit nicht sinnvoll.

Gefangenendilemma: Beim sog.Gefangenendilemma riskiert derjenige, der sich altruistisch bzw. kooperativ verhält, am Ende der „Dumme" zu sein. Im Prinzip ist dies, bezogen auf den Umweltschutz, nichts anderes, als die auf zwei Marktteilnehmer reduzierte Allmende-Theorie. Obwohl zwei im Gefängnis sitzende Männer einen Mord nicht begangen haben, werden sie verurteilt (aus Fischer, 1995): Zwei Männer sind des Vergehens des Waffenbesitzes schuldig, werden aber eines Mordes verdächtigt, den sie nicht begangen haben. Sie werden getrennt voneinander gefangengehalten. Da man jedoch für die Tat keine schlüssigen Beweise hat, macht der Staatsanwalt beiden wiederum getrennt voneinander den Vorschlag, denjenigen laufen zu lassen, der gegen den anderen vor Gericht aussagt und ihn belastet. Jeder Gefangene hat nun die Möglichkeit, entweder die Tat zu leugnen und ein halbes Jahr Gefängnis wegen des kleineren Vergehens verbüßen zu müssen oder den anderen des Mordes zu bezichtigen und frei auszugehen. Da beide Gefangenen diese Möglichkeiten rational durchdenken, aber nicht miteinander kommunizieren können, befinden sie sich in folgendem Dilemma: Wenn man der Wahrheit entsprechend den Mord leugnet und der andere einen, um freizukommen, belastet, muß man für 20 Jahre ins Gefängnis. Die beste Strategie wäre für beide, zu leugnen, aber das Risiko, dann vom anderen belastet zu werden, erscheint beiden zu hoch. So belasten sie sich in der Verhandlung gegenseitig, geben damit beide ein Verbrechen zu, das sie nicht begangen haben und werden daraufhin zu 20-jähriger Haft verurteilt. (Zum Gefangenendilemma im einzelnen Weimann, 1990, S. 83f.; Homann/Pies, 1991, S. 608ff.)

3. Ökologische Produktpolitik

Nach Bosshart (1997, S. 22f.) sind die **Multiplikation** und **kontinuierliche Erneuerung** von bestehenden Produkten zur banalen Normalität geworden:

„Wir gehen heute intuitiv davon aus, daß jedes Produkt in unterschiedlichsten Varianten erhältlich ist. Und wir leben damit, daß mit der Ankunft einer neuen Produktgeneration die nächste und die übernächste auch schon fast da ist. Diese Beschleunigung führt zu einer ständigen Ent-, Um- und Neubewertung des Bestehenden. Das gilt als durchgängiges Denkmodell, ob wir nun einen Schokoladenriegel (im Extremfall), ein Motorrad oder ein Einfamilienhaus nehmen. Statt Werte langfristig zu festigen, also Akkumulation durch langfristige Wertsteigerung aufzubauen, zeichnet sich ein Modell ab, das auf raschen Konsum, auf Werteverzehr abzielt. Damit wird es um so wichtiger, den **Werte-Opportunismus** einer auf neue Trends ausgerichteten Gesellschaft zu verstehen. (...) Die vielleicht wichtigste Vorgabe der modernen Konsumgesellschaft ist eine mentale Codierung des Kunden, nach der das Neue immer auch das Begehrenswertere sein muß. Neue Produkte sind technisch ausgereifter, sie sind kundenfreundlicher und qualitativ besser, zugleich preisgünstiger etc. Das bringt schließlich Druck für die Produzenten und Händler und damit Dynamik in die Märkte: Das Neue ist immer das Bessere (...) Aber vergessen wir nicht, es heißt auch: Das Alte wird abgewertet als das weniger Wertvolle, das Schlechtere, ja sogar das Minderwertige."

Mit einem Produkt sind nicht nur

- Grundnutzenerwartungen (Funktionalität) zu erfüllen,
- sondern auch die Erwartungen bezüglich der sekundären Eigenschaften (Zusatznutzen: Marke, Design, Preis, Umweltverträglichkeit etc.).

Der **Zusatznutzen** erfüllt die Funktion, die angebotenen Produkte den inhomogenen, subjektiven Bedürfnisstrukturen anzupassen (Hopfenbeck/Jasch, 1995, S. 19ff.). Über Produktdifferenzierungen wird der Zusatznutzen als absatzpolitisches Instrument eingesetzt. Zu fragen ist, ob der Nutzenaspekt generell heute nicht, wie vorher bereits angedeutet, zurücktritt gegenüber einer „symbolischen" Dimension, die im Kauf, im Konsum selbst liegt und einen bestimmten Lebensstil und die Zugehörigkeit zu einer bestimmten Konsumentengruppe ausdrückt. Primär also Kommunikation „mit Hilfe" des Produktes (hier erfüllt der Designer eine wichtige Rolle), sekundär die Gebrauchsfunktion. Die später geäußerten Gedanken zu neuen Denk- und Verhaltensweisen werden dies zu berücksichtigen haben.

Genauso wie jedes andere Konsumgut auch, können „ökologische" Produkte zur Identifikation mit bestimmten Einstellungen und Werten bzw. zum Ausdruck eines bestimmten **Lebensstils** dienen, wobei die ökologischen Eigenschaften des Produktes entweder als Zusatznutzen erlebt oder zum Symbol der eigenen Werthaltung werden (vgl. Türck, 1991; Brune, 1993)

Öko-Produkte der **„ersten Generation"** waren i.d.R. durch punktuelle Verbesserungen gekennzeichnet (z.B. weniger Verpackung). Wenn das von uns bereits formulierte Prinzip der Nachhaltigkeit Wirklichkeit werden soll und auch die bisher vom westlichen Konsum ausgeschlossenen Teile der Erdbevölkerung sich ökonomisch entwickeln sollen, sind bei der **„zweiten Generation"** aber „andere" Produkte erforderlich. Dies ist nicht zuletzt auch eine Frage eines anderen Designs, nämlich eines ökologischen Designs (Fallstudien in Hopfenbeck/Jasch, 1995). Eine bewußt und antizipativ entwickelte ökologische Qualität wird eine zusätzliche Dimension der Produktplanung, des Innovationsmanagements und eines Qualitätssicherungssystems (TQM, Audit).

Die betriebliche **Produktpolitik** umfaßt folgende Maßnahmen:

- neue Produkte auf den Markt zu bringen (ökologische Problemstellung als Auslöser für **Innovationen**) und Kompensierung von Marktverengungen,
- bereits bestehende marktgängige Produkte zu modifizieren oder zu eliminieren durch konstruktive Änderungen/Ergänzungen, Verfahrensumstellungen zur Erfüllung der einzuhaltenden Produktnormen und/oder Änderungen der Produktverpackung.

Der betrieblichen Produktplanung, vor allem in Form der Produktinnovation, kommt eine enorme ökonomische Bedeutung zu, denn das Produkt bildet die Grundlage für den Unternehmenserfolg – so zielen letztlich direkt oder indirekt alle unternehmerischen Aktivitäten darauf ab, marktfähige Produkte zu entwickeln, zu produzieren und am Markt zu Preisen abzusetzen, die die Erwirtschaftung eines angemessenen Gewinnes als Grundlage langfristiger Existenzsicherung ermöglichen.

Der Bereich produkt**politischer** Entscheidungstatbestände umfaßt:

- Die Produktgestaltung, d.h. die Festlegung der Eigenschaften und der Material- und Verarbeitungsqualität eines Erzeugnisses. Dies umfaßt die verwendeten Materialien, Stoffe, ihre Zusammensetzung, die Beschaffenheit, Struktur, Eigenschaften und technische Funktionen sowie äußere Merkmale des Produktes wie Größe, Form, Name, Gewicht, Oberfläche, Farbe, Geschmack, Styling usw.
- Die Verpackungsgestaltung (die sich weitgehend nach den gleichen Kriterien wie das Produkt selbst beurteilen läßt).
- Die Gestaltung der Dienstleistungen (Service, Kundendienst, Reparatur, Austausch, Aufrüstung, Rücknahme- und Recyclinggarantie, Entsorgung).
- Die Gestaltung der Markenpolitik (Positionierung, Markierung, Kommunikation).

Diese Komponenten werden im Prozeß des **„Produkt-Mix"** zusammengefaßt, aufeinander abgestimmt und den (gegenwärtigen/potentiellen) Bedürfnissen der Käufer angepaßt; andere Instrumente (insb. Verpackungspolitik; vgl. dazu Meffert/Kirchgeorg, 1992, S. 213ff.) werden von uns nur eingefügt, wo es zum besseren Verständnis unumgänglich erscheint.

Auf die Bedeutung der Produktentwicklung wird mehrmals eingegangen. Die Entwicklung eines umweltfreundlichen Produktes muß die stofflichen und energetischen Folgen über den **gesamten** ökologischen Produktlebenszyklus berücksichtigen (Bennauer/Dyckhoff, 1995, S. 3f.); auch auf die damit verbundenen Bewertungs- und Informationsprobleme haben wir an mehreren Stellen hingewiesen. Allgemein gesagt erfüllt ein „umweltfreundliches" Produkt den gleichen Produktnutzen wie ein schädlicheres Produkt, es ist jedoch, über die Gesamtphasen des Zyklus betrachtet, mit einer geringeren Umweltbelastung verbunden.

Produktpolitische Maßnahmen innerhalb der **Programmgestaltung** können sein:

- Die Verbesserung gegenwärtiger Produkte durch Modifikation und Differenzierung:
  Kann ein umweltschädliches Produkt umweltfreundlicher gestaltet werden?
  Soll zusätzlich eine umweltfreundlichere Variante angeboten werden?
- Die Eliminierung gegenwärtiger Produkte:
  Gefährdet ein umweltschädliches Produkt mein Image?
- Die Neuprodukteinführung:
  Können mit Innovationen neue Märkte erschlossen werden?
  Können im Rahmen einer Diversifikation für mein Produkt ökologische Anwendungsbereiche gefunden werden?
  Kann unser internes Know-how am Umweltschutzmarkt verwertet werden?

Neben der bereits angesprochenen verstärkten Informations- und Beratungspflicht des Herstellers gegenüber Verbraucher und Handel wird die Bedeutung eines **„Entsorgungsservice"** ein in Zukunft immer wichtigeres Verkaufsargument. Je mehr die letzte Phase im Produktlebenszyklus sich zum Engpaß entwickelt, kann eine entsprechende Serviceleistung Chancen zur Profilierung bieten. Dies wird bereits erfolgreich von einigen Kühlschrank- und Computerherstellern praktiziert.

a) Das Instrument der Produktgestaltung

Die Produktgestaltung weist zwei Unterformen auf:

- Die **Substanzgestaltung**: Hier muß der Konstrukteur Freiheitsgrade haben, um neben technischen, wirtschaftlichen oder ästhetischen Kriterien auch ökologische Faktoren einbeziehen zu können (dies ist nur eingeschränkt der Fall).
- Die **Qualitätsgestaltung**, d.h. die Gestaltung der bedarfsgerechten Qualität, die sich am Erfüllungsgrad der Kundenbedürfnisse orientiert (vgl. Türck, 1991, S. 17ff.).

Die Produktgestaltung als umweltpolitisches Instrument muß also aus verschiedener Sicht betrachtet werden:

ökonomisch:	absatzpolitisches Instrument der Käuferbeeinflussung
fertigungspolitisch:	bestimmender, unmittelbarer Faktor des Fertigungsablaufs
ökologisch:	ökologische Begleiteffekte während der Produktion, des Gebrauchs und bei der Beseitigung

Eine Voraussetzung für den effizienten Einsatz dieses Instrumentes unter dem letztgenannten Aspekt ist jedoch, daß die jeweils zuständigen Entscheidungsträger die ökologischen Wirkungen der alternativen Produktgestaltung kennen (vgl. auch Punkt d) bzw. bestimmen können, ob eine Alternative gegenüber der bestehenden Gestalt von ökologischem Vorteil ist oder nicht (vgl. dazu Strebel, 1981, 1984). Dabei ist es von großer Bedeutung, nach Optimierung über das **Gesamtsystem** (sprich den gesamten Produktlebenszyklus) zu suchen, da evtl. Umdispositionen zu möglicherweise (über)kompensierenden, ökologisch nachteiligen Entwicklungen in anderen Vor- oder Nachstufen führen können (Hopfenbeck/Jasch, 1995, S. 22).

Hilfreich sind hier neue Formen der „rechnergestützten Produktentwicklung" (**CID** = Computer Integrated Development), die eine rechnergestützte Modellierung von Produkten, die Simulation der Produkteigenschaften von der Funktion über die Ergonomie bis zu den Kosten, der Instandhaltung, den Umwelteigenschaften sowie dem Reycycling ermöglicht. So ist eine Simulation eines Produktes von der Wiege über den ganzen Lebenslauf bis zum Produktende modellhaft durchführbar (im einzelnen Ehrlenspiel, 1991). Bennauer/Dyckhoff (1995) verweisen darauf, daß eine ökologische Produktentwicklung sich nicht nur auf das Hauptprodukt, sondern auch auf die Kuppelprodukte, d.h., die Vermeidung bzw. Verminderung von dabei anfallenden Nebenprodukten, erstrecken muß.

Die Phase der Produktgestaltung muß mit ihren Möglichkeiten eines Öko-Managements also sehr **weit** gefaßt werden. Neben Maßnahmen innerhalb der eigentlichen Produktion sind

- **vor**gelagerte Maßnahmen bereits bei der Produktentwicklung (Planung, Konzeption, Design),
- der Konstruktion (Gestaltung und Ausarbeitung) und
- nachgelagerte Maßnahmen des Recycling und der Entsorgung

einzubeziehen. Dies umfaßt im einzelnen (vgl. Nüttgens/Scheer, 1993, S. 968f.):

- In der **Planungsphase**: Festlegung ökologischer Anforderungen und Rahmendaten wie Umweltverträglichkeit, Demontage-, Recyclefähigkeit, zu fordernde Recyclingquote, Entscheidung über Wieder- bzw. Weiterverwertbarkeit etc.
- In der **Konzeptionsphase**: Ermittlung etwa der entsorgungsrelevanten Produktfunktionen, Entscheidungen über Nutzungsdauer und Innovationszyklen, Konzeption als Austausch-, Einweg- oder Mehrwegprodukt, Einbindung des Produktes in den Entsorgungskreislauf etc.
- In der **Gestaltungsphase**: Anwendung der VDI-Richtlinie 2243 „Konstruieren recyclinggerechter technischer Produkte", Auswahl wieder- oder weiterverwertbarer Werkstoffe (hier hat z.T. eine Art „Substitutionswettkampf" eingesetzt), Einsatz von Recyclaten, Entwicklung von Verträglichkeitsmatrizes, entsprechende Materialauswahl; demontagegerechte Konstruktion (modularer Aufbau, gute Zugänglichkeit, zerstörungsfreie Demontage, Standardisierung), entsprechende Auswahl der Betriebs- und Hilfsstoffe.
- In der **Ausarbeitungsphase**: Auswahl umweltgerechter Fertigungsverfahren u.a.

Um ein umweltverträglicheres Produkt zu entwickeln, sind die Zusammenarbeit und das Zusammenfügen des Kow-how zahlreicher Abteilungen und Experten der vor- und nachgelagerten Ebenen unerläßlich. Dies erfordert innerbetrieblich einen intensiven Informations- und Kommunikationsfluß zwischen F & E, Marktforschung, Konstruktion, Systemplanung, Einkauf, Materialwirtschaft, Produktion, Recycling, Umweltschutz, Entsorgungslogistik, Vertrieb, Kundendienst, Werbung, Vorschlagswesen, Weiterbildung...

b) Die Rolle des Design („Eco-Design")

Zur Zeit ist eine gewisse Trendwende festzustellen: Konzentrierte man sich zuerst vorwiegend auf die Umweltbelastungen durch die Produktion, ist nun eine **produkt**bezogene Umweltpolitik (Gütezeichen, Ökobilanzen, Verbraucherinformation, Recycling, Wertstoffkreisläufe, Rücknahmeverpflichtungen, Produktgestaltung und andere Schlagworte) von Interesse. Die Entwicklung und Herstellung umweltfreundlicher Produkte ist als das **„Herz"** eines offensiven Umweltschutzmanagements anzusehen. Produktbezogen heißt vorbeugende Analyse und Bewertung der Produkte unter

- eigenschaftsbezogenen (Mensch/Tiere/Pflanzen/Umwelt) und

- lebenslaufbezogenen (Anwendung/Wiederverwertung/Entsorgung)

Aspekten (vgl. Bornemann/Willig, 1991, S. 95).

Neben die gestaltenden, formgebenden Aufgaben des Designs tritt zunehmend die integrale Einordnung der Designaufgabe in eine umfassende Unternehmenspolitik. Innerhalb einer systemischen Betrachtung einer ganzheitlichen Produktentwicklung und -gestaltung wird das Design damit zu einer **Managementaufgabe**.

Die Aufgabe besteht darin, systematisch nach ökologischen Verbesserungen zu suchen. Umweltgerechte Produktentwicklung heißt: Der **gesamte Produktlebenszyklus** stellt das Objekt des Designprozesses dar. Die Auswirkungen von Alternativen auf den Stufen Rohstoffgewinnung, Herstellung, Gebrauch und Entsorgung von Produkten werden gegeneinander abgewogen und mit den übrigen Anforderungen des Designs in Beziehung gesetzt. Dies umfaßt Fragen der stofflichen Intensität, der Nutzung erneuerbarer Ressourcen, der Fähigkeit zur Wiederverwertung und -verwendung, des Energie-Inputs und -Outputs, der Demontagefähigkeit, der Multifunktionalität, der Langlebigkeit, der Gemeinsamnutzung, der leichten Reparierbarkeit, der Aufrüstbarkeit, der umweltfreundlichen Entsorgbarkeit usw. Zu Aspekten einer **Produktgestaltung** siehe IÖW (1993, S. 21); auch detailliert Schmidt-Bleek (1993 und insbesondere 1994).

Ökologisches Produktdesign impliziert eine Ausweitung der **Verantwortung** des Designers. Anzustrebendes Ziel ist Entwurf und Einführen von Erzeugnissen, die in **allen** Phasen (Beschaffung, Produktion, Transport, Gebrauch und Entsorgung) möglichst geringe ökologische Belastungen verursachen.

c) Ganzheitliche Produktethik

„Das höchste Gut kann nie ein Konsumgut sein" (Eicke, zit. in form, H.III/1993, S. 64)

Einer ökologischen Produktentwicklung vorgelagert sind Fragen der **gesellschaftlichen** Nützlichkeit eines Produktes. d.h. die Hinterfragung der den Produktkauf auslösenden Bedürfnisse und sein sozialer Beitrag. Vor den eigentlichen technischen Phasen eines Designprozesses hat die grundlegende **Sinnfrage** zu stehen, die Beantwortung der Frage, ob das geplante Produkt überhaupt benötigt wird. Zudem werden von einigen Verbrauchergruppen Kaufabsichten bzw. Kaufverhalten mehr und mehr hinterfragt – dies erfordert u.a. auch eine andere Form der Kommunikation (Produktinformationen, gesellschaftlicher Beitrag des Unternehmens etc.).

Eine ganzheitlich ausgerichtete, sinnhafte Produktethik zeigt, daß „Wirtschaft und Gesellschaft voneinander abhängige Bereiche sind, daß humanitäre und soziale Grundsätze auch auf die Produkte und Produktionsmethoden angewendet werden müssen. Dimensionen dieser **Produktethik** sind (Türck, 1991, S. 33):

- **Verbraucher**ethik: Die Unkenntnis der Verbraucher darf nicht ausgenutzt werden, kurzlebige Güter, das Verschweigen von Nebenwirkungen oder Kleingedrucktes in Verträgen, all das ist unmoralisch.
- **Umwelt**ethik: Einbezug einer gesamtgesellschaftlichen Perspektive; Bilanzierung des Verbrauchs der Umweltmedien als Kosten; Anfertigung von Technologiefolgenabschätzungen.
- **Sozial**ethik: Bewertung von neuen Technologien auch anhand ihrer Wirkungen auf Zahl und Art der Arbeitsplätze, Rationalisierung nur in Verbindung mit neuen Arbeitsplätzen.
- **Arbeits**ethik: Humanisierung der Arbeit; Persönlichkeitsrechte; keine Positions-, sondern Leistungsprivilegien.

- **Gesundheits**ethik: Ausweitung der unternehmerischen Verantwortung auf die Bedürfnisse der Entwicklungsländer; Achtung der Menschenwürde; Zurückhaltung gegenüber diktatorischen Regimen; keine Ausbeutung der natürlichen Ressourcen dieser Länder.
- **Tier**ethik: Tierversuche für Kosmetika, Käfighaltung gelten als unmoralisch: höherer Stellenwert für die Erhaltung der Artenvielfalt.

Eine „nachhaltige Entwicklung" (siehe B, VI, 2) wird auch die sozialen und ökologischen Folgen des Rohstoffanbaues einbeziehen müssen. Einige Hersteller (z.B. Sodasan, Auro Naturfarben, Ludwig Stocker Hofpfisterei) sorgen dafür, daß ihre Rohstoffe aus kontrolliert ökologischem Anbau stammen. Aber auch Großfirmen wie B & Q in Großbritannien kaufen Holz für ihre Holzprodukte nur mehr aus Kooperativen ein, die eine nachhaltige Forstwirtschaft betreiben.

d) Anforderungen an ein ökologisches Design

Bei einer Produktgestaltung nach umweltgerechten Kriterien sind über den gesamten Lebenszyklus hinweg die Belastungen der Umwelt mit sozialen, wirtschaftlichen, technischen und rechtlichen Rahmenbedingungen abzustimmen. Die Produktgestaltung unter Betrachtung des gesamten Produktlebenszyklus berücksichtigt alle Umweltauswirkungen von Gütern und Dienstleistungen. Ein Anspruch an Designer, der bei dem zur Zeit gegebenen Informationsstand nur schrittweise erfüllt werden kann. Ökologisches Produktdesign impliziert eine Ausweitung der Verantwortung des Designers über bisher typische Tätigkeiten – wie Produktideen konzipieren, Entwerfen, Konstruieren, Kalkulieren, Gestalten, Testen, Rückkoppeln etc. – hinaus.

Ein großes Potential für die Vermeidung von Umweltbelastungen liegt also in der **Konzeption** der Produkte. Entwurf und Einführen von Erzeugnissen, die in allen Phasen (Beschaffung, Produktion, Transport, Gebrauch und Entsorgung) möglichst geringe ökologische Belastungen verursachen, das gilt als anzustrebendes Ziel. Ein Produkt ist nicht „an sich" umweltfreundlich (von der „Null-Option" hier einmal abgesehen), sondern erfüllt, wie bereits gezeigt, im Vergleich zu anderen Produkten den gleichen Gebrauchszweck mit weniger Umweltbelastung.

Es darf aber nicht übersehen werden, daß die einzelne Unternehmung (gerade in Zeiten des Lean Management und Outsourcing) nur Teil einer umfassenden Wertschöpfungskette ist, so daß ökologische Designkriterien und ein ökologisches Qualitätssicherungssystem auch in die gesamte Beschaffungskette einfließen müssen(vgl. dazu den Punkt H, I, 3+4 in diesem Teil).

Es existieren zwar bis jetzt keine verbindlichen **Richtlinien** für ein Öko-Design, aber inzwischen kann der Produktentwickler und Industrial Designer auf zahlreiche Checklisten u.ä. zur umweltgerechten Produktgestaltung zurückgreifen, die sich neben dem Ziel der **Abfallvermeidung** primär auf ein effizientes **Materialmanagement** beziehen. Zu einem ökologischen Design bereits bei der Planung eines Produktes gehören:

- die Einsparung von Rohstoffen, Energie und Wasser
- eine umweltorientierte, schadstoffarme Werkstoffauswahl
- u.a. Verzicht auf knappe/problematische Ressourcen
- Verzicht auf Materialkombinationen/Verbundmaterialien bzw. Substitution
- Alternativen, die das Entstehen von Abfällen durch überlegte Produktgestaltung verhindern
- der Einsatz von Sekundärrohstoffen
- eine Produktgestaltung, die eine Wiedergewinnung von Rohstoffen und eine Einbindung in eine interne Kreislaufführung ermöglicht
- eine langlebige, aufrüstungs- und reparaturgerechte Produktgestaltung
- eine demontage- und recyclinggerechte Produktgestaltung
- der Entwurf alternativer Dientleistungskonzepte.

Bei einer ökologischen Produktgestaltung können jedoch zahlreiche **Zielkonflikte** auftreten (siehe die Beispiele in Kreibich, 1994, S. 20). Die Einflußbereiche auf ein umweltgerechtes Design beziehen sich grundsätzlich auf alle Phasen des Lebenszyklus von der Rohstoffgewinnung bis zur Entsorgung.

Bergmann erweitert den grundsätzlichen Weg der ökologischen Programm- und Produktgestaltung, indem er die materielle Analyse über den Lebensweg der Objekte erweitert um die **vorgelagerten** Schritte

- der Bedürfnisanalyse (d.h. unter anderem auch, daß neue Denk- und Verhaltensweisen notwendig sind) und
- die Prüfung von Möglichkeiten der Immaterialisierung (zu den Hauptschritten siehe das Ablaufschema in Bergmann, 1994, S. 138f.).

Neben den produkt- und programmbezogenen Maßnahmen sind im Sinne einer Tiefenökologie strukturelle und prozessuale Anpassungen der Organisation vorzusehen. Sie sichern umweltgerechte Gestaltung ab und begünstigen sie. Erwähnt seien außerdem alle wesentlichen gesellschaftlichen und individuellen Aktivitäten zur Ökologisierung. Die Ansatzpunkte sind ausführlich bei Bergmann zusammengestellt (Bergmann, 1994, S. 145ff.).

Schmidt-Bleek (1993, S. 93) empfiehlt den Designern, von traditionellen Fragestellungen, etwa „Wie sieht das Auto von morgen aus", oder „Wie verwandle ich den Tetra-Pak-Karton in eine ökologisch richtige Lösung" abzurücken und zunächst exakt das notwendige (oder auch nur wünschenswerte) **Dienstleistungsbündel** zu definieren, wie es vom Verbraucher gewünscht wird. Dies verdeutlicht etwa die Entwicklung bei den elektrischen Haushaltsgeräten, wo in den letzten zehn Jahren deutliche Senkungen beim Stromverbrauch erreicht werden konnten. Der Spielraum für weitere Effizienzsteigerungen ist indes geringer geworden, und wesentliche Fortschritte sind zukünftig nur von **prinzipiell neuen Lösungen** zu erwarten (dazu Liese, 1994, S. 70f.).

Trotzdem: Auch ein Produkt, bei dessen Entwicklung die hier genannten Regeln der ökologischen Produktgestaltung berücksichtigt wurden, wird weiterhin die Umwelt belasten. Auf die Gesetze der Thermodynamik und der Entropie sind wir ausführlich eingegangen. Da es weder eine rückstandsfreie Produktion noch einen rückstandsfreien Konsum gibt, d.h., es ein umweltverträgliches Produkt nicht geben kann, ist der Begriff Ökoprodukt mit einer **relativen** Wertung verbunden. Gemeint ist ein umweltverträglich**eres** Produkt (das auch sozialverträglich ist). Aufgabe des Designers wird es sein, seine vorgebenen Gestaltungsaufgaben mit den ökologischen Anforderungen zu innovativen Lösungen zu verbinden.

e) Durchsetzungshemmnisse für Ökoprodukte

Die zur Zeit für Ökoprodukte offensichtlich noch bestehenden Marktwiderstände bzw. Durchsetzungsbarrieren beruhen auf verschiedensten Ursachen; so etwa die Diskrepanz zwischen Umweltbewußtsein und Kaufverhalten, das Fehlen echter Alternativen, die Positionierung im Hochpreissegment, der „Green Overkill" des nach Umsatzpush zielenden Pseudo-Marketing, das den Verbraucher einem Dschungel von verwirrenden Öko-Labels aussetzte, die wesentlich zur Verunsicherung des Verbrauchers bezüglich der zugesicherten Öko-Produkteigenschaften beitrugen.

Einige **Kaufbarrieren** bzw. ein breites Bündel an Gründen für den Nichtkauf von Ökoprodukten (z.B. Höherer Beschaffungsaufwand, Imageprobleme, ästhetische Defizite, mangelnde Funktionalität, geringe Glaubwürdigkeit) zeigt Bergmann. (1994, S. 186f.)

f) Verfahren zur Bestimmung der Umweltwirkungen eines Produktes

Um die betriebliche Produktpolitik als ein umweltorientiertes Managementinstrument gestaltend einsetzen zu können, müssen dem Entscheidungsträger die ökologischen Wirkungen **alternativer** Produktentwürfe bzw. -gestaltungen bekannt sein. Es wird immer wieder darauf hingewiesen, daß durch den Konstrukteur ein Großteil der Kosten (bis zu 70, 80%) determiniert wird. Man muß hinzufügen: Durch die Arbeit des Designers/Entwicklers/Konstrukteurs und seiner innerhalb des gegebenen Freiheitsspielraums bestimmten Definition von Produktstruktur, -technologie und -materialien, wird **auch** der Grad der Umweltbelastung eines Produktes bei Ressourcenbedarf, Herstellung, Gebrauch und Entsorgung weitgehend (vor)bestimmt.

Hopfenbeck/Jasch (im einzelnen 1995, S. 82ff.) zeigen folgende **Verfahren** zur Bestimmung der Umweltwirkungen eines Produktes:

- Orientierungshilfe für den Verbraucher durch Umweltzeichen wie nationale Gütezeichen /bzw. das europäische Produkt-Umweltzeichen und diverse individuelle Firmenlabels
- Entwicklungen auf internationaler Normungsebene (Subcommittee SC 3 für Environmental Labelling u.a.)
- Prüfungen durch die Stiftung Warentest
- Ganzheitlicher ökologischer Produktlebenszyklus
- Produkt-Ökobilanz – Life Cycle Assessment – Produktlinienanalysen
- Technikwirkungsanalyse (TWA)
- Qualitätsspinne – Matrizes
- IÖW Ampelschema
- UBA Prüfschema

In den letzten Jahren sind für zahlreiche Einzelprodukte, Verpackungsarten oder Produktlinien sog. **Ökobilanzen** (i.S. von Produkt-Ökobilanzen), Ökoprofile, Energiebilanzen, Stoffstromanalysen und ähnliches veröffentlicht worden, die durch unterschiedliche Kriterienauswahl, Analysetiefen, Systemgrenzen u.ä. zu sehr widersprüchlichen Ergebnissen kamen. Abgesehen von einigen grundsätzlichen Problemen (etwa bei der Bewertung und der Aggregation) wird zur Zeit von verschiedensten Seiten an einer gewissen Standardisierung und internationalen Harmonisierung gearbeitet.

g) Die sechs Prinzipien der Produktgestaltung

(1) Das Prinzip Dematerialisierung

Bei dieser Strategie der Dematerialisierung von Prozessen, Gütern oder Dienstleistungen geht es darum, entweder Produkte zu entmaterialisieren, indem die Physikalität eines Produktes reduziert wird, oder Produkte ganz durch eine Dienstleistung zu ersetzen. Für das Wuppertal Institut reicht zu einer ersten Abschätzung der Umweltbelastungsintensität von Gütern die Kenntnis der lebenslangen Materialintensität der **Inputs** aus. Bei gleichbleibendem materiellen Lebensstandard kann die Umweltbelastung dadurch verringert werden, daß funktionell äquivalente Güter mit geringerer Materialintensität, also „dematerialisierte" Güter, auf den Markt kommen.

Schmidt-Bleek (1994) gibt folgende Begriffsbestimmungen. Ein Produkt/eine Dienstleistung hat eine

- **hohe Materialintensität**: wenn hohe Stoffströme bewegt werden müssen, um dieses Produkt herzustellen oder eine Dienstleistung anzubieten,
- **niedrige Ressourcenproduktivität**: wenn mit viel Ressourceneinsatz wenig produziert wird.

Pro Kopf der Bevölkerung werden nach Berechnungen des Wuppertal Instituts 70 t Rohstoffe und 600 t Wasser verbraucht. Für die Umweltbelastungsintensität definiert das Wuppertal Institut ein neues Maß – die **MIPS**.

Es gilt, den „ökologischen Rucksack", d.h. die Summe aller auf einem Produkt „unsichtbar" ruhenden aufgewendeten natürlichen Rohmaterialien (abzüglich des Eigengewichts)
zu minimieren. Diese Zahl sagt dem Verbraucher, „welche Rohstoffmengen zwar zur Herstellung des Produktes der Natur entnommen, im fertigen Produkt aber nicht enthalten sind;
er ist also ein Maß für die ‚Nebeneffekte' des Produktes." (Schmidt-Bleek, 1998, S. 82)

Das Wuppertal Institut hat früh auf die riesigen Stoffumwälzungen hingewiesen: Jeder Deutsche verursacht einen „ökologischen Rucksack" von 50 Tonnen pro Jahr, im Durchschnitt
verursacht jedes Industrieprodukt pro Tonne Eigengewicht einen Naturverbrauch von 30
Tonnen Material aller Art (dazu Weizsäcker, 1999, S. 18ff.). Schmidt-Bleek (1994) gibt drastische Beispiele: Für eine Tonne Gold müssen 500.000 Tonnen umgewälzt werden (so
wiegt der goldene Ehering des Papas mehr als sein Kleinbus), für ein Kilogramm Kupfer
müssen 500 Kilogramm Rohmaterialien bewegt werden. In analoger Weise haben
Wackernagel/Rees (1997) den „ökologischen Fußabdruck" pro Durchschnittsbewohner
ausgewählter Länder (Zahlen zu Deutschen, Schweizer, Österreicher, Kanadier, S. 109ff.) –
aufgrund der durch ihre Lebensweise verursachten ökologischen Belastungen – berechnet:

Nach Ansicht des Wuppertal Instituts hat wohl bisher kein Mensch eine Veranlassung dazu gesehen, festzustellen,
wieviel materieller Wohlstand aus einem Kubikmeter Wasser oder einer Tonne Stahl gewonnen werden kann. D.h.,
die Frage der Ressourcenproduktivität wurde bisher nicht gestellt. Die **Ressourcenproduktivität** eines Gutes ist
das Inverse seiner MIPS, gemessen in der Einheit „pro Kilogramm". Weizsäcker/Lovins/Lovins (1995) fordern als
Ergebnis der „ersten globalen Revolution" die Vervierfachung der Ressourcenproduktivität, d.h. einen doppelten
Wohlstand bei halbiertem Naturverbrauch (= **Faktor vier**). Sie geben für die Effizienzrevolution nicht nur sieben
Gründe (besser leben, weniger verschmutzen und vergeuden, Gewinne machen, Märkte nutzen und die Wirtschaft
einspannen, das Kapital – vor allem in Entwicklungsländern – mehrfach nutzen, internationale Sicherheit und Gerechtigkeit und Arbeit), sondern liefern auch zahlreiche **Praxisbeispiele** für eine vervierfachte Produktivität (zwanzig Fälle bei Energie- und Stoffproduktivität, zehn Fälle bei Transportproduktivität).

(2) Das Prinzip Materialverantwortung

Unsere heutige **lineare** Denkweise sieht den Transformationsprozeß – verkürzt – wie folgt:
Bei der „Geburt" eines Produktes gehen wertvolle Rohstoffe als Inputfaktor hinein und am
„Ende" der Lebensdauer landet es als Abfall/Müll in der Deponie. Besonders die
„Ex-und-hopp-Mentalität" übersieht jedoch, daß im Sinne des Kreislaufgedankens der ökonomische Wert der Inputfaktoren über die Lebensdauer hinaus möglichst **langfristig** und in
ökonomisch möglichst **hochwertiger** Form erhalten bleiben sollte. Neuere Entwicklungen
– wie das bereits dargelegte Kreislaufwirtschafts- und Abfallgesetz – zeigen nun:

- Der Grundsatz der Ressourcenverantwortung wird als „**Materialverantwortung der Produzenten**" gesetzlich verankert.

- Daraus ergibt sich die Pflicht zur Sicherstellung der Rücknahme im Sinne der **„Redistribution"** mit Retro-Kanälen.
- Die Rückführung mündet ein in Wiederverwendungs- und Verwertungs**schlaufen** (und letztendlich in eine Entsorgung).

Wenn der Staat diese Materialverantwortung in geeigneter Form gesetzlich verankern will, bedarf es vor allem einer Änderung der heutigen kommunalen **„Entsorgungsgarantie"**. Mit der Übertragung der Materialverantwortung auf den Hersteller ergeben sich dann als Folgerungen für die betriebliche **Produktgestaltung:**

- Um nach der Rücknahme seiner Produkte nun ihm obliegende teure Entsorgungswege zu vermeiden, hat der Hersteller den ökonomischen Anreiz, grundsätzlich neue Lösungen bereits auf der Ebene der Produktentwicklung zu entwickeln: Ökologisch kreatives Design wird zum strategischen Erfolgspotential der Unternehmung.
- Spätere Energieeffizienz in Produktion und Gebrauch, Recyclingfähigkeit, Entsorgungsproblematik u.a. werden weitgehend durch die Materialauswahl vorbestimmt. Bei der Auswahl eines Werkstoffes mit bestimmten Eigenschaften (z.B. leicht, temperaturbeständig, fest etc.) für eine vorgesehene Anwendung müssen demgemäß zunehmend auch ökologische Aspekte (Eignung für Rückführung in den Stoffkreislauf etc.) einbezogen werden.

Die Aufgabe der Materialbestimmung wird allerdings wesentlich erschwert durch die bestehende kontroverse Diskussion über die Umweltverträglichkeit bestimmter Materialien. Ein Großteil der bisher durchgeführten Produkt-Ökobilanzen/**Ökoprofile** bezog sich auf die Beurteilung bestimmter Verpackungen. Entscheidend ist eine Wertung über den gesamten ökologischen Produktlebenszyklus, um eventuelle Stärken/Schwächen in einzelnen Phasen in einer Gesamtbetrachtung gegenüberzustellen. Sicherlich sieht sich der Designer hier einem großen Informationsdefizit und diversen Zielkonflikten gegenüber.

(3) Das Prinzip Langlebigkeit

Als Kern einer sich in ihrem wirtschaftlichen Denken neu ausrichtenden „nachhaltigen" Gesellschaft fordert insbesondere Stahel vom Institute de la Durée in Genf seit Jahren eine Abkehr von der heutigen kurzfristigen Optimierung von Produktion und Verkauf zu einer **Nutzungsoptimierung** über längere Zeiträume ohne Verzicht auf Fortschritt und Komfort. Das Konzept bedeutet einen Übergang von einem raschen linearen Produktion-Konsum-Abfall-Ablauf zu einer Strategie in **Nutzungsschleifen**. Zur Vermeidung von Abfällen im Bereich der Produkte differenziert Stahel (1993) die Grundstrategien Langlebigkeit und Materialrecycling: Diese sind nicht in Konkurrenz zueinander, sondern als Ergänzung zu verstehen.

Eine wesentliche Möglichkeit für Unternehmen, nachhaltiges Wirtschaften im Bereich der Produktpolitik zu praktizieren, besteht in den Strategien einer

- **Verlängerung** der technischen und wirtschaftlichen Nutzungsdauer (z.B. durch Langzeitgüter, Produktdauerverlängerung) und
- **Intensivierung** der Nutzung (z.B. Sharing, multifunktionale Produkte).

Eine Zusammenfassung der **fördernden** und **hemmenden** Faktoren für diese beiden Strategien aus Konsumentensicht geben Zanger/Drengner/Gaus (1999, S. 95).

(4) Das Prinzip Recycling

„Die ökologische Produktentwicklung der Zukunft wird sich im weitesten Sinne auf der Recyclingseite abspielen." (AEG Grünbuch 1994, S. 49)

Für die Rückführung eines Produktes oder der Materialien kann man je nach Beibehaltung oder Auflösung der Produktgestalt zwischen den Formen erneuter Verwendung und Verwertung unterscheiden. Damit lassen sich vier prinzipielle **Recyclingkonzepte** differenzieren, wobei in der Stufung bereits eine jeweilige Senkung des Wertniveaus zum Ausdruck kommt: Wieder- bzw. Weiter**verwendung** und Wieder- bzw. Weiter**verwertung**. Diese und auch die nachfolgenden Formen des Recycling haben wir bereits unter Punkt H, I. 5 ausführlich behandelt.

Wie die Schwierigkeiten bei Demontageanlagen etwa für Autos deutlich zeigen, sind die heute auf dem Markt angebotenen Produkte eher für das Wegwerfen konstruiert, aber nicht für das Recyceln. Immer komplexere Produkte mit einer großen Anzahl verwendeter Werkstoffe, die einzelnen Stoffverbindungen/-gemische und die Verbindungen erschweren eine Demontage bzw. eine nachfolgende Verwertung. Ein Design for Recycling muß zukünftig zu den Bestandteilen der Gebrauchseigenschaften eines Produktes gehören.

Der Anspruch auf demontage- und recyclingfähige Produkte wird in den nächsten Jahren für viele Unternehmen zur Herausforderung. Dabei kommt dem kostengünstigen Einbinden von Demontage und Recycling in den Produktionsprozeß eine große Bedeutung zu. Es bestehen jedoch weiterhin Abhängigkeiten zu anderen Unternehmensbereichen, insbesondere ist eine Kooperation von Produkt- und Produktionsplanung notwendig. Grundbedingung für die stoffliche Verwertung ist eine **Deklaration** der einzelnen Materialien.

(5) Das Prinzip Nachhaltigkeit

Wir haben bereits zu Beginn diese Teils das Konzept eines qualitativen Wachstums und das Leibild einer nachhaltigen Entwicklung vorgestellt. Nachhaltigkeit in seiner Grundform bedeutet, aus der Natur nicht mehr zu entnehmen bzw. zu verbrauchen, als durch die **Regenerierung** wieder zur Verfügung gestellt wird. Mit anderen Worten: Die Nutzungsrate sich erneuernder Ressourcen darf deren Regenerationsrate nicht überschreiten. Das bisherige Produktions- und Konsumtionsmuster in den Industriegesellschaften stößt an prinzipielle **Belastbarkeitsgrenzen** von Natur und Sozialsystem.

Um die Probleme zu bewältigen, muß innerhalb neuer Denkansätze an den Entstehungsorten selbst, d.h. bei den Produkten und der Produktion, angesetzt werden. Dies führt (Hopfenbeck/Jasch/Jasch, 1995)

- zu Produkten, die auf Minimierung der Umweltwirkungen über ihren gesamten ökologischen Lebenszyklus hin entwickelt wurden, und
- zum produktions- bzw. prozeßintegrierten Umweltschutz.

Beide Ebenen basieren auf der Grundstruktur von Kreisläufen und einer erweiterten Stoffflußverantwortung des Herstellers. Nicht mehr Denken und Handeln in Kategorien von Einzelproblemen (z.B. Abwasserbehandlung) bzw. einzelner Umweltmedien (Luft, Wasser, Boden), sondern Denken als Gesamtüberblick über alle umweltrelevanten Tatbestände des Betriebes und der Umwelt als Ganzes.

Ein Sustainable Development verlangt – wie bereits kurz angedeutet – einen Übergang von der heutigen „Durchflußwirtschaft" zu einer Wirtschaft mit möglichst geschlossenen Materialkreisläufen. Um dies zu erreichen, müssen zukünftig vom Designer/Entwickler/Konstrukteur komplexe Produkte von Anfang an auf **Kreislauftauglichkeit** hin entworfen werden (z.B. leichtere Demontage etwa durch Fügeverbindungen, bessere Recyclingfähigkeit durch Sortenreinheit, nachwachsende Rohstoffe). Kreisläufe werden nicht in der Entsorgungsphase, sondern bei der Produktidee geschlossen: **Am Anfang bereits ans Ende denken!** Mit anderen Worten: Nachhaltigkeit beginnt bereits am Konstruktionscomputer.

(6) Das Prinzip Product Stewardship

Wir zeigten bereits, daß mit dem Mitte 1996 in Kraft tretenden Kreislaufwirtschafts- und Abfallgesetz eine neue „**Produktverantwortung**" des Herstellers als eines der zentralen Bestandteile definiert wird. Wie Staatssekretär Jauck zur Eröffnung der Entsorga 1995 in einer Rede betonte, wird die Produktverantwortung national und international eines der **wichtigsten** umweltpolitischen Themen der zweiten Hälfte der 90er Jahre sein. Abfallwirtschaft soll und muß auf diesem Weg eine neue Qualität erhalten. Zur Verwirklichung der Produktverantwortung sind optimierte Verknüpfungen zwischen Produktion und Verwertung/Entsorgung erforderlich. In den kommenden Jahren zeichnet sich für einige Branchen entweder

- über Verordnungen
- oder durch freiwillige Selbstverpflichtungen der jeweiligen Branchen

eine Erweiterung des bisher linearen Verteilungssystems um **Rückführungssysteme** ab (siehe dazu nächsten Punkt). Steigende Entsorgungskosten beim Verbraucher und fehlende Deponien bei den Kommunen zwingen den Herstellern neue Lösungen bei der Produktentwicklung und -gestaltung auf. Der Hersteller gerät damit zunehmend in eine „**Entsorgungsverantwortung**". Streitpunkt zwischen Industrie und Politik ist zur Zeit die Frage, ob die Rücknahme für den Endverbraucher **kostenlos** erfolgt. Um beim Hersteller einen Druck in Richtung auf Innovationen in Produktdesign und -entwicklung anzustoßen, erscheint u.E. eine kostenlose Rückgabe als wesentlich.

> „Ökologische Verantwortung ist unteilbar – und allein in dieser These steckt als unerbittliche Konsequenz die Notwendigkeit zu einem radikalen Umdenken aller Produzenten" (Fischer, 1995).

Dem Designer, der ja am Beginn des Lebenszyklus eines Produktes steht, kommt eine besondere Bedeutung zu, denn durch sein Produktdesign werden die Weichen gestellt für die Umweltverträglichkeit des Produktionsprozesses, des Produktgebrauchs und der Entsorgung des Produkts.

Nach § 22 KrW-/AbfG trägt die Produktverantwortung jeder, der Produkte entwickelt, herstellt, be- und verarbeitet oder vertreibt. Produktverantwortung zielt unter anderem ab auf Langlebigkeit, den Einsatz von Sekundärrohstoffen und die Rücknahme der Produkte nach Gebrauch. Es wird unterschieden zwischen „tragen" und „erfüllen": Die Produktverantwortung wird zwar von allen Produktherstellern und -vertreibern getragen, das Erfüllen wird erst noch nach §§ 23 und 24 durch Rechtsverordnung bestimmt.

> Im Gegensatz zu deutschen Umweltberichten wird kommunikationspolitisch die „Cradle to grave"-Verantwortung des Herstellers in anglo-amerikanischen Umweltberichten stark betont. Es finden sich durchgängig Extraseiten mit dem Titel „Product Stewardship". Oft sind die Product-Stewardship-Programme eingebettet in übergeordnete Umweltkonzepte, wie etwa das „Responsible Care"-Programm der chemischen Industrie.
> Bei Hewlett Packard wurde ein „Product-Stewardship-Programm" eingeführt, bei dem für jede Produktlinie ein „Pate" bestimmt wurde, der sich um die ökologischen Aspekte kümmern muß. Die weltweit ca. 140 länder- und hierarchieübergreifend tätigen Product Stewards nehmen Einfluß auf die Produktgestaltung von der Entwicklung bis zur Entsorgung.

Durch diese Entsorgungsverantwortung des Herstellers wird zukünftig die Verbindung zum Kunden nicht beim Kauf an der Ladenkasse abreißen, sondern erst, nachdem im Anschluß an die Ge-/Verbrauchsphase durch den Hersteller eine möglichst umweltschonende Entsorgung sichergestellt ist. Es ist jedoch wichtig festzuhalten: Häufig wird Produktverantwortung **verkürzt** mit Entsorgungsverantwortung gleichgesetzt. Dies ergibt ein falsches Bild, denn die ökologische Verantwortung eines Unternehmens **beginnt** bei seinem **Produkt**. Daraus resultiert dann seine Verantwortung über den gesamten Produktlebenszyklus (Beschaffung, Produktion, Gebrauch), in dem die Entsorgung nur die **Endphase** darstellt.

Die Produktverantwortung ist eine **geteilte Verantwortung** von

- Hersteller (bezüglich eines Eco-Designs),
- Verbraucher (bezüglich der Zurückbringung der Geräte zu den Annahmestellen durch den Letztbesitzer) und
- Verwerter (bezüglich Logistik, Demontage, Aufbereitung und Verwertung)!

Ab 1990 haben viele Unternehmen **freiwillige Rücknahmeverpflichtungen** abgegeben und dies z.T. medienmäßig groß herausgestellt, obwohl entsprechendes Know-how z.T. noch gar nicht zur Verfügung stand. Ausführliche Beispiele in Hopfenbeck/Jasch (1995).

4. Distributionspolitik

Ökologische Kriterien bei der **Distributionspolitik** erfordern

- eine Erweiterung des Verteilungssystems um direkte oder indirekte **Rückführungssysteme**,
- eine umweltpolitische Gestaltung der **Logistik** (z.B. bei der Wahl/Bewertung alternativer Transportmittel).

Ökologische Kriterien bei der Distributionspolitik erfordern neue Wege in der Warendistribution (zur Planung der Rückführlogistik unter Einsatz von EDV-gestützen Software-Tools siehe Röttchen, 1997, S. 49ff.). So zeichnet sich in einigen Branchen eine Erweiterung des Verteilungssystems um Rückführungssysteme ab. Der bisher weitgehend eingleisige Warenstrom wird zunehmend **zweigleisig**. Je mehr der Verbraucher die ihm von der Kommune aufgelasteten, steigenden Entsorgungskosten nicht mehr zu tragen bereit ist und die Kommune wegen fehlender Deponien oder Verbrennungsanlagen auf Müllbergen „sitzen" bleibt, um so mehr muß der Hersteller selbst nach Lösungen suchen. Nach der Ge- und Verbrauchsphase wird eine Rückführung der Produkte oder Verpackungen im Rahmen sog. **Re(tro)distributionssysteme** erforderlich. Der Verbraucher wird den Anbieter bevorzugen, der ihm die Sorge der Beseitigung abnimmt und ein neues Produkt nur gegen Rücknahme des alten kauft (z.B. Kühlschrank, Computer, Batterien).

Der erfolgreiche Aufbau eines Retrodistributionssystems setzt die kooperative Zusammenarbeit mehrerer Marktteilnehmer voraus. In einem solchen Modell müssen Konsumenten, Handel, Hersteller, Presse, Mitarbeiter oder Umweltorganisationen zusammenarbeiten, damit daraus ein Erfolg wird. Sind indirekte Vertriebswege gegeben, ist die Kooperation des **Handels** erforderlich. Das Problem der Einweg-/Mehrwegverpackung, die z.T. mangelnde oder nicht vorhandene Bereitschaft des Handels zur Mitarbeit wurde bereits angesprochen (Symbolcharakter haben wohl Aldi und Coca Cola mit der PET-Flasche bekommen). Für den Handel sind mit der Übernahme dieser Aufgabe sicherlich mehrere Probleme verbunden, etwa höhere Personalkosten oder die Flächenbeanspruchung; positiv wirkt sich eine höhere Kundenfrequenz aus.

Der zweite Baustein in der Distributionspolitik umfaßt eine umweltpolitische Gestaltung der Logistik durch Einbeziehung ressourcenbezogener (Energie, Rohstoffe) oder umweltbezogener (Emissionen, Abfall) Entscheidungsfaktoren. Dies kann etwa durch eine Reduktion des **Verpackungsmaterials** oder bei der Wahl/Bewertung alternativer **Transportmittel** Berücksichtigung finden. Umweltbewußte Unternehmen haben ihren Fuhrpark mit Katalysatorautos oder Flüsterbrummis um- bzw. ausgerüstet und verlagern den Vertrieb von der Straße auf die umweltfreundlichere Bahn. Gerade im Vertrieb müssen aber neben ökologischen Kriterien auch die Kriterien Schnelligkeit und Flächendeckung erfüllt werden.

5. Kontrahierungspolitik (Preispolitik)

In der Regel werden verstärkte Investitionen im Umweltschutzbereich mit höheren Kosten verbunden sein. Mehrkosten werden vor allem bei neuentwickelten umweltfreundlichen Produkten u.a. durch intensive F&E-Arbeit, Umstellung der Produktionsverfahren oder Erweiterung der Kommunikationspolitik entstehen. Auch werden, zumindest zu Beginn der Einführung, nur niedrige Absatz- und Produktionszahlen gegeben sein. Die höheren Kosten wird das Unternehmen über eine Preiserhöhung auf den Verbraucher abzuwälzen versuchen. Dies erfordert eine entsprechende **Informationspolitik** und Aufklärungsarbeit für die umweltfreundlichen Produkte, wobei sich auf Teilgebieten, wie etwa bei den Energiekosten, auch durchaus **Reduktionen** ergeben. Ist eine preispolitische Anpassung nur teilweise oder gar nicht möglich, sollte die Möglichkeit einer **Preisdifferenzierung**, einer Mischkalkulation innerhalb der gesamten Produktpalette, untersucht werden.

Meffert/Kirchgeorg (1992, S. 236) schlagen u.U. eine **zeitliche** Preisdifferenzierung vor, bei der zwischen einer Abschöpfungs- und Penetrationspreispolitik abzuwägen ist. Erstere soll über anfänglich hohe Preise die Konsumentenrente im Ökosegment abschöpfen, Letztere ermöglicht über niedrigere (Einführungs-) Preise eine rasche Marktdurchdringung und -absicherung. Daneben bestehen die Möglichkeiten:

- Weitergabe realisierter Kostenreduktionen in einer Preisreduktion. Dies ist inzwischen bei einigen Produkten der Fall.

- Gleicher Preis für das umweltverträglichere Produkt (dies war z.B. bei Einführung einiger Automodelle mit Katalysator so).

Nach älteren Untersuchungen wollten Befragte umweltfreundliche Produkte auch dann bevorzugen, wenn sie etwas bzw. wesentlich teurer wären. Eine Positionierung im Hochpreissegment (wie die Praxis zeigt, ist dies sehr häufig der Fall) nutzt die Zahlungsbereitschaft dieses Marktsegments. Allerdings zeigen neuere Untersuchungen ein in allen Branchen hohes generelles Preisbewußtsein und **geringe** finanzielle Opferbereitschaft in bezug auf einen umweltgerechten Konsum. Demnach unterbleibt umweltorientiertes Verhalten der Konsumenten, wenn ein Mehrpreis für diese Produkte verlangt wird.

6. Kommunikationspolitik

Eine ökologische Kommunikationspolitik versucht, über den Einsatz ihrer Elemente Mitarbeiterkommunikation, Werbung, Sales Promotion, Public Relations und anderer Instrumente

- eine umweltbewußte Identität zu schaffen,
- Botschaften über das Produkt und seine Merkmale (Preis, Nutzen etc.) an potentielle Kunden weiterzugeben und
- neue Kommunikationsformen mit externen und internen Interessengruppen zu finden.

Insbesondere PR-Aktionen dienen – allerdings innerhalb enger Grenzen – dazu, das Ökologiebewußtsein in der Gesellschaft zu stärken und gleichzeitig ein umweltgerechtes Öko-Image mit **ökologischer Kompetenz** bei den Zielgruppen aufzubauen. Ziel der Kommunikationspolitik ist es, eine eindeutige Unternehmensidentität (Corporate Identity) zu schaffen, ein einheitliches Bild der Unternehmung, das dem Kunden eine schnelle Identifikation ermöglicht. Diese Vertrauensbasis setzt einen Einklang der Kommunikationspolitik mit **den anderen** Marketinginstrumenten voraus. Es wird deutlich, daß der gesamte Öko-Marketing-Mix dem angestrebten Umweltimage entsprechen muß – eine vordergündige, rein kurzfristig orientierte Kommunikationspolitik etwa, die nicht von einer entsprechenden Produktpolitik begleitet wird, ist unglaubwürdig. Mit anderen Worten: Ein glaubwürdiger Umweltgedanke muß ganzheitlich und strategisch im Unternehmen umgesetzt werden.

Die **Information** über ökologische Aspekte ist ein Teil der Kernbotschaft, die ein Unternehmen an die Öffentlichkeit heranträgt. Welches Gewicht dieses Element einnimmt, ist abhängig vom ökologischen „Betroffenheitsgrad" der jeweiligen Branchen (vgl. dazu auch Abb. 171) und von der jeweiligen Situation. Ökologie kann zum bestimmenden Faktor werden, dem sich das ganze Unternehmen unterordnet, oder auch zum gleichberechtigten Thema neben anderen.

Die Information der Marktpartner kann einen zweifachen Charakter haben:

- Eine **defensive** Kommunikationspolitik, mit der einem Imageverlust oder einer kritischen Einstellung entgegengewirkt werden soll. Besonders die stark ökologisch betroffenen Branchen (Chemie, Energieträger etc.) informieren in PR-Aktionen über ihre Leistungen zum Umweltschutz und betonen ihre gesellschaftliche Verantwortung.
- Eine **offensive** Kommunikationspolitik begreift die ökologische Herausforderung als eine Chance, um langfristig am Markt Erfolgspotentiale aufzubauen. Man versucht, das Ökologiebewußtsein zu stärken und das geänderte Verbraucherverhalten mit einer entsprechenden langfristigen Konzeption zu nutzen.

Für die **Umsetzung** der Kommunikationsstrategie stehen dem Unternehmen Instrumente zur Verfügung, die, je nach Zielsetzung, mit unterschiedlicher Gewichtung und aufeinander abgestimmt eingesetzt werden müssen: **Integrierte Kommunikation** ist die bewußte Abstimmung aller Kommunkationsinstrumente, also Mitarbeiterkommunikation, Werbung, Public Relations, Verkaufsförderung und Sponsoring mit dem Ziel, die Potentiale dieser Instrumente synergetisch zu nutzen und zu einem möglichst wirkungsvollen Gesamtauftritt zu gelangen.

a) Ökologische Werbekonzeption

Ein Werbekonzept für umweltfreundliche Produkte darf nicht vordergründig eine vermeintliche „Umweltverträglichkeit" als Verkaufsargument vorschieben – die inflationäre plakative Verwendung von in Deutschland gesetzlich nicht geschützten Begriffen wie „Öko", „Bio", „Natur" o.ä. läßt die Vermutung zu, daß man schnell auf der **„grünen Welle"** mitschwimmen will („band-wagon-jumping"). Kurzfristige Aktionen sind beim Öko-Marketing aber selten umsetzbar, denn die Komplexität des Themas erfordert i.d.R. eine umfassende strategische Vorbereitung.

Eine **ökologische Werbekonzeption** wird die glaubwürdigen Umweltargumente in ein abgestimmtes Verhältnis zu anderen Argumenten, insbesondere zum konkreten Produktnutzen, setzen (zur **Positionierung** über Information bzw. über Emotion und Information vgl. die ausführlichen Fallbeispiele in Hopfenbeck/Roth, 1994).

Das Umweltkriterium tritt zum Teil in Konflikt mit anderen Verbraucherinteressen wie Bequemlichkeit, Produktnutzen u.ä. In der Regel wird die Umweltverträglichkeit nur eine Zusatzkomponente darstellen. Abgestimmt auf die anzusprechende Zielgruppe werden sachliche und **informative** Botschaften über produktbezogene Grundlagen Voraussetzung einer ökologischen Werbung sein (Beispiel: die Positionierung der „Frosch"-Produktlinie). Schwierigkeiten kann dabei die verständliche Aufbereitung der sehr komplexen Umweltinformationen verursachen. Der positive Umweltbeitrag, den sowohl die Unternehmung als auch der Käufer durch dieses Produkt leisten, sollte erkennbar sein.

Meffert (1992) skizziert vier **Grundpositionierungen.** Die Umweltverträglichkeit wird

- nicht als Profilierungsdimension berücksichtigt
- als Bestandteil der bestehenden Eigenschaften flankierend einbezogen
- als Zusatznutzen gleichberechtigt neben anderen Eigenschaften einbezogen
- als dominante Nutzendimension gewählt.

b) Umweltgütezeichen – Ökologos

Dem umweltbewußten Verbraucher müssen verläßliche Informationen zukommen, damit er sein Verhalten entsprechend steuern kann. Er braucht Informationen zum Produkt, d.h. Aussagen zur Beurteilung dessen „ökologischer Qualität". Da der einzelne Verbraucher bei der Beurteilung mehrerer Produktalternativen in Bezug auf ihre Umweltwirkungen völlig überfordert wäre, soll primär über Umweltgütezeichen eine Orientierungshilfe gegeben werden. Wenn jedoch der Verbraucher mit einer Vielzahl von Öko-Labels „bombardiert" wird, wird er zunehmend überfordert und verunsichert. Schon früh (W&V, 18.10.1991) warnten wir vor einem „Grünen Overkill". In manchen Branchen ist eine regelrechte „Gütesiegel-Euphorie" mit einem Nebeneinander verschiedenster Labels ausgebrochen, die sicherlich keine Hilfestellung für den umweltorientierten Verbraucher sein kann. Eine Irreführung des Verbrauchers ist nicht auszuschließen. Den **„Gütesiegeldschungel"** zeigt eine kleine subjektive Auswahl:

- Die „amtlichen" Umweltzeichen („Blauer Umweltengel" in der BRD; ähnlich nationale Labels in Österreich, Frankreich, Japan, USA, Kanada, den skandinavischen Ländern, Holland).
- Das „amtliche" EG-Produkt-Umweltzeichen: eine zwölfblättrige Margerite, das allerdings von der deutschen Industrie bisher weitgehend boykottiert wurde; in ISO TC 207 beschäftigt sich ein Unterkomitee mit der Erarbeitung einer weltweiten Norm ISO 14030 für Umweltzeichen.
- Hunderte von firmenindividuelle Zeichen (Baum, Erdkugel etc.).
- Labels von Organisationen/Verbänden (wie für Textilien oder jüngst das Gütesiegel des Forest Stewardship Council (FSC) für umweltfreundliche Holzprodukte).
- Diverse Logos für umweltschonende/schadstoffgeprüfte Textilien (z.B.: Öko-Tex Standard 100, ToxProof, EcoProof, Eco cotton, Nature Calling, It's one world (Britta Steilmann), future Collection (Otto), eco-tex, Arbeitskreis Naturtextil, Green Cotton).
- Eine zunehmend Zahl von „Sozialverträglichkeitssiegeln" wie Rugmark (keine Kinderarbeit bei Teppichen) oder Transfair (für Umwelt- und Sozialverträglichkeit im Handel, z.B. Kaffee).
- Eine Signetschwemme für den umweltbewußten Urlauber: Blaue Flagge, Grüner Koffer, Silberdistel, Goldenes Umweltwapperl, Grüne Umweltpunkte, Blaue Schwalbe usw.

Ein generelles Problem besteht darin, daß angesichts der Komplexität ökologischer Kontexte die sachliche Beschreibung der Umweltverträglichkeit eines Produktes sehr schwierig ist. Ziel muß sein, durch bestimmte Schlüsselinformationen die Verunsicherung des Verbrauchers zu beenden. Neben verbale und symbolische Aussagen wie

- Deklaration der Inhaltsstoffe (Wareninformationen auf der Verpackung: so drucken Pionierbetriebe wie Auro Naturfarben im Interesse einer echten Verbraucheraufklärung seit vielen Jahren die genaue und lückenlose Zusammensetzung auf alle ihre Produkte),
- Displays am PoS, Beratung im Verkaufsgespräch,
- Unternehmensimage „Wir sind umweltbewußt" oder
- Gütezeichen/Labels etc.

haben aber auch zunehmend quantifizierbare Größen (Tests wie durch die Stiftung Warentest oder Zeitschriften, Produktökobilanzen etc.) zu treten.

Neu tritt nun hinzu die **systematische Untersuchung**

- von Standorten im Rahmen der EG-Öko-Audit Verordnung (siehe 9. Teil) und
- von „Unternehmen" als Ganzes bezüglich ihrer tatsächlichen sozialen und ökologischen Leistung von unabhängiger Seite (externe Unternehmensbewertung) und ein entsprechendes Ranking (dazu Institut für Markt-Umwelt-Gesellschaft, 1997).

Einen überragenden Platz nimmt hierbei der „Blaue Umweltengel" aus dem Umweltemblem der Vereinten Nationen ein, der vom Deutschen Institut für Gütesicherung und Kennzeichnung in Zusammenarbeit mit dem Umweltbundesamt verliehen wird. Mit diesem Umweltzeichen will man Verbraucher und Handel eine Hilfestellung beim Einkauf geben; daneben soll der Hersteller motiviert werden, umweltfreundliche Produkte anzubieten. Den mit dem Umweltzeichen ausgezeichneten Waren schenken die Konsumenten besondere Aufmerksamkeit. Wie Untersuchungen zeigen, weist der Engel bei der Bevölkerung inzwischen einen sehr hohen Bekanntheitsgrad von fast 80% auf. Zur Zeit sind rund 4 400 Waren und Geräte in 73 Produktgruppen mit dem Umweltzeichen ausgezeichnet. Zur Erlangung des Zeichens, das für drei Jahre gewährt wird, muß der Hersteller in einem Prüfungsverfahren nachweisen, daß das Produkt im Vergleich zu anderen Produkten mit demselben Gebrauchswert – also relativ gesehen – umweltfreundlicher ist (z.B. besonders lärm- oder emissionsarm, Abfall vermindernd, Abwasser entlastend, schädliche Inhaltsstoffe ganz oder ganz vermeidend, das Recycling fördernd). Die Prüfung geschieht anhand von Anforderungen, die als Vergabegrundlagen für jede Produktgruppe festgelegt sind.
Da diese entsprechend der technischen Entwicklung verändert werden, wirken sie innovativ. Vom Verbraucher kann das Zeichen aber auch mißgedeutet werden: Das Produkt ist nicht an sich umweltfreundlich, sondern nur im Vergleich zum herkömmlichen Produkt – d.h., zur schlechteren Alternative wird ein größtmöglicher Entlastungseffekt erzielt (Umweltschutzpapier etwa schützt die Umwelt nicht, seine Herstellung ist nur „weniger" belastend als die von Neupapier). Als Ergänzung zum Umweltzeichen erscheint deshalb ein Warentest notwendig. Das Umweltzeichen trägt das Adjektiv „umweltfreundlich" und wird ergänzt durch eine untere Umschrift („weil … "), in der die besonderen Umweltargumente erläutert werden, die für das Produkt sprechen. Seit Mai 1988 wurde das Zeichen modifiziert und das Adjektiv durch das Substantiv „Umweltzeichen" ersetzt.
Da der Umweltengel immer nur einen relativen Vergleichsmaßstab anlegt, d.h. ein Fahrrad etwa gar keinen Engel bekommen könnte, sind die Vergabekriterien immer häufiger Zielscheibe der Kritik. Dabei wird jedoch u.E. übersehen, daß ja gerade für die ausgewählten Marktsegmente Produkte mit „guten" und „schlechten" Produkteigenschaften vorhanden sind und durch das Umweltzeichen und das Konkurrenzverhalten der Zwang zu umweltorientierten Verbesserungen angeregt werden soll.

Die Glaubwürdigkeit der Labels, m.a.W. die „Qualität" der zugrunde gelegten Bewertungskriterien (Welche Umweltaspekte wurden geprüft?), ist von **entscheidender** Bedeutung. Eine unüberschaubare Vielfalt bzw. unklare Vergabekriterien führen unweigerlich zu einer großen Verunsicherung der Verbraucher. An der mangelhaften Sicherstellung effizienter Bewertungskriterien scheiterte etwa die Einführung der „Blauen Flagge" für Strände oder bisher auch das EG-Produktumweltzeichen.

Durch die bereits erwähnte nur relative Umweltverträglichkeit eines ausgezeichneten Produktes hat die **Rechtsprechung** strenge Maßstäbe für die Verwendung in Werbeaussagen gesetzt.

Generelle Richtlinien für die Umweltwerbung gibt es nicht. Wichtig ist insbesondere eine Beurteilung der **Wirkung** der Werbeaussage beim Verbraucher. Es werden hohe Anforderungen an die Aufklärungspflicht der Werbung gestellt. Für die Verwendung ökologischer Werbeaussagen wurden inzwischen von vielen Verbänden **Richtlinien** erlassen (z.B. Richtlinien der Internationalen Handelskammer in Zusammenarbeit mit dem Zentralverband der Deutschen Werbewirtschaft).

c) Klassische Öffentlichkeitsarbeit: „Tue Gutes und rede darüber"

Eine zentrale Stellung im Kommunikations-Mix der Unternehmung wird die Öffentlichkeitsarbeit innehaben. Im Mittelpunkt der PR-Arbeit steht die gesamte Unternehmung mit ihren auf die Umwelt wirkenden Handlungen. Die PR-Arbeit darf nicht als Ersatz bzw. Ablenkungsmanöver für unterlassene Umweltschutzmaßnahmen verstanden werden. Hochglanzbroschüren, die nur über Verbesserungen berichten, eigene Probleme aber verschweigen, können leicht als bloße Kosmetik verstanden werden und negative Reaktionen bewirken sowie das Mißtrauen in die Ernsthaftigkeit des Umweltschutzanliegens bestärken.

Obwohl es immer wieder geleugnet wird, ist die „klassische" Kommunikationspolitik weitgehend eine „Ein-Weg"-Kommunikation („Monolog") geblieben. Sie dient primär der „kommunikativen" Begleitung und Unterstützung der anderen produkt-, distributions- oder preispolitischen Aktivitäten. Obwohl „Kommunikation" im „wörtlichen" Sinne ja immer eine Zweipoligkeit unterstellt, ist der Informationsfluß in der Praxis i.d.R. aber nur ein einseitiger: Er verläuft nämlich weitgehend vom Unternehmen zu den Medien bzw. der Öffentlichkeit.

Die klassische Öffentlichkeitsarbeit i.S. eines „Tue Gutes und rede darüber" ist für systematische, ökologisch orientierte Public Relations als **zu eng** anzusehen. Eingebettet in ein gesellschaftsbezogenes Strategie-Gesamtkonzept muß dieser erste Schritt erweitert werden, indem den Gruppen Gründe und Ziele des eigenen Handelns erläutert werden, die Stellungnahme der Bezugsgruppen zu diesen Handlungen ergründet und diese Gruppen in die Entscheidungsfindung einbezogen werden.

Als Mittel für eine umweltorientierte Öffentlichkeitsarbeit kann auf die klassischen **Instrumente** zurückgegriffen werden:

- Pressekonferenzen, Presseveröffentlichungen
- Vorträge/Umweltseminare
- Geschäftsbericht, Sozialbilanz, erweiterter Sozialbericht
- eigene Umweltberichte/Umweltmitteilungen/Anschlagbretter
- Firmen- und Werkszeitung
- Betriebsbesichtigung, Tag der offenen Tür
  (Zum ersten „Tag der offenen Tür" der Unternehmen der Chemischen Industrie unter dem Motto „Chemie im Dialog" lockten rund 130 Betriebe etwa 400 000 Besucher an. (Vgl. dazu im einzelnen Hopfenbeck/Roth, 1994, S. 127ff.)
- Umwelttelefon
- Öko-Sponsoring
- Umwelt-, Naturstiftungen, Preise
- Verbandsarbeit (B. A. U. M., future, UnternehmensGrün, Umweltinitiative der Wirtschaft in Ostwestfalen etc.)
- umweltorientierte Unternehmensführung (Mitarbeiterschulung, Vorschlagswesen etc.)
- Umweltweltbeauftragter, -referent.

d) Public Relations als strategische Aufgabe

Die Unternehmung muß ihrer enorm gestiegenen gesellschaftspolitischen Bedeutung Rechnung tragen. In der im 6. Teil skizzierten Unternehmungsphilosophie wurde die gesellschaftliche Verantwortung einer Unternehmung betont. Nur wenn die Öffentlichkeitsarbeit eingebettet ist in eine schlüssige **Umweltgesamtkonzeption** und eine entsprechende, ökologisch geprägte **Unternehmenskultur**, wird sie die Glaubwürdigkeit beanspruchen dürfen, die notwendig ist, um eine Vertrauensbasis in der Öffentlichkeit zu schaffen. Gute PR-Arbeit dient aber nicht nur zur Schaffung eines positiven Firmen-Umweltimages, sondern auch der Bewußtseinsschaffung, Sensibilisierung und Information der Konsumenten.

Eine Öffentlichkeitsarbeit, die sich als gesellschaftsbezogene Marketingkonzeption begreift, wird versuchen, die Kommunikationsbeziehungen zwischen Unternehmung und gesellschaftlicher Umwelt **aktiv** zu gestalten. An die Stelle der lateralen Kommunikation, wie sie viele Jahre von den Presseabteilungen der Unternehmen betrieben wurde, ist eine bewußt **bilaterale** Arbeit getreten. Die Öffentlichkeit ist in verschiedene **Teilöffentlichkeiten** zu untergliedern. Die Zahl dieser Zielgruppen und damit der Aktionsradius von PR hat erheblich zugenommen. Neben die klassischen Gruppierungen (Meinungsbildner/-multiplikatoren, Finanz- und Kapitalmarkt, staatliche Institutionen) sind neue hinzugetreten, wie z.B. Umwelt-/Naturschutzverbände, Bürgerinitiativen, Behörden sowie Verbände. Auf das Bezugsgruppenmanagement sind wir bereits an mehreren Stellen eingegangen. Mit den neuen „Öffentlichkeiten" mußten sich auch das Verständnis und der Stellenwert der Öffentlichkeitsarbeit ändern (Hopfenbeck/Roth, 1994). Im Rahmen einer **strategischen** Öffentlichkeitsarbeit soll/sollen

- die Position der Unternehmung langfristig gestärkt werden,
- der positive Beitrag der Unternehmung zur Lösung gesellschaftlicher Probleme herausgestellt werden,

- negative Einflüsse auf den Erfolg der Unternehmung abgewendet,
- die Freiräume der Unternehmung gesichert werden.

Eine solche strategische Führungsaufgabe ist nicht mehr als **Einzelbestandteil** des **Marketing** zu sehen, sondern interpretiert die Umweltkommunikation und Umweltkultur einer Unternehmung als Faktor einer integrierten, umweltorientierten Gesamtkonzeption. Da ökologische Lösungen ein ganzheitliches Denken erfordern, ist Kommunikation in einem wesentlich **erweiterten Kontext** zu sehen. Nur eine solche nicht kurzfristig, sondern langfristig orientierte Gesamtschau, in die eine Kommunikationspolitik eingebettet ist, wird das Identifikations- und Verständigungspotential schaffen, das Basis eines offenen Dialogs ist. Dieser wiederum ist Basis für **Glaubwürdigkeit** und Vertrauen (vgl. Thommen, 1993). Die Öffentlichkeitsarbeit wird damit zu einem zentralen **Erfolgsfaktor**. Ziel muß die Schaffung einer neuen Kommunikationskultur und eine proaktive **„Politik der Öffnung"** (disclosure policies) sein. Die 90er Jahre haben einige klassische Beispiele für „Kommunikations**desaster**" geliefert. Daran beteiligt sind einige der größen Konzerne der Welt:

- ein tagelang „untergetauchter" Chef bei dem Exxon-Valdez-Unglück
- ein „mindergiftiges" Problem bei der Hoechst Störfallserie
- der Shell-Konzern, eines der weltgrößten Unternehmen, der kurz vor der Erniedrigung durch Greenpeace eine 30-Millionen-PR-Kampagne gestartet hat mit dem expliziten Ziel, gesellschaftliche Verantwortung zu demonstrieren („Wir wollen etwas ändern"). Nach den Ereignissen um Brent Spar wurde eine Anzeigenserie „Wir werden uns ändern" nachgeschoben; inzwischen werden erste Ergebnisse kommuniziert (z.B. „Unsere Aktion: Ein Helm für Kinder. Mehr Sicherheit für 16,95 DM").

Diese wenigen Fälle führen eindringlich vor Augen, welch bedeutsame Rolle die Kommunikation spielt. Ausmaß und Komplexität ökologischer Problemfelder sind inzwischen auch breiten Bevölkerungsschichten bewußt geworden. Kommunikationspolitik darf nicht nur als Instrument bei der Bewältigung von akuten Umweltkrisen gesehen werden. In einer Zeit, da die „gesellschaftliche Akzeptanz" auch für den ökonomischen Unternehmenserfolg immer wichtiger wird, erhält die Kommunikation eine völlig neue, nämlich **strategische** Bedeutung.

Für die unternehmerische Zukunftssicherung gewinnt die gesellschaftliche Dimension einer Unternehmung, die **„Legitimität"** des Handelns, an Bedeutung. Durch einen aktiven Dialog nach innen zu den Mitarbeitern und nach außen zu einem wesentlich erweiterten Bezugsgruppenfeld ist die gesellschaftliche Akzeptanz zu sichern mit dem Ziel, Vertrauens- und Verständigungspotentiale als Basis für Glaubwürdigkeit, Vertrauen und Akzeptanz in der Öffentlichkeit zu stärken. Hansen (1996, S. 39) spricht hier von **Commitment**-Strategien, die es ermöglichen sollen, mit der öffentlichen Exponiertheit insbesondere von großen Konzernen konstruktiv umzugehen.

Vertrauenspotentiale sind wiederum die Basis dafür, daß der Unternehmung auch eine Lösungskompetenz bei der Bewältigung ökologischer Zukunftsprobleme zugetraut wird. Vertrauen setzt aber Transparenz über betriebliche Vorgänge voraus. Der **Informations- und**

Kommunikationspolitik einer Unternehmung kommt damit eine neue (strategische) Bedeutung zu. (dazu Hopfenbeck/Roth, 1994)

> Einige Unternehmen wie insbesondere The Body Shop in England oder auch der Eiscreme-Produzent Ben & Jerry's in den USA zeichnen sich durch ihr gesellschaftliches Engagement aus. In wohl einzigartiger Weise veröffentlicht The Body Shop einen sog. Values Report. Alle seine Einzelteile (1997: Animal Protection-/Environmental-/-Social Statement) wurden extern validiert.

In den 90er Jahren verlagerte sich der Schwerpunkt im Umweltmanagement von der Werbung hin zu einer verstärkten Öffentlichkeitsarbeit, die einen zweikanaligen **„Dialog"** ermöglicht (zu den verschiedenen Dialogansätzen siehe die Beiträge in Hansen, 1996) und ein **Feedback** zuläßt. Eine Partizipation ist sowohl im internen Bereich zu den Mitarbeitern als auch im externen Bereich (Kunden-, Beschwerde-, Bezugsgruppen-, Risiko-, Konsens-, Issues-Management usw.) anzustreben.

e) Erhöhter externer Kommunikationsbedarf – Neue Formen des Dialogs

Zentraler Begriff für eine umweltorientierte Kommunikationspolitik ist die **Glaubwürdigkeit**. „Die gesamte ökologiegerichtete Kommunikationspolitik von Unternehmen steht generell vor einer Glaubwürdigkeitsproblematik" (Bruhn, 1992, S. 550). Die oben genannten Kommunikationsdesaster haben nicht nur das Vertrauen in die jeweils betroffenen Unternehmen, sondern in die **gesamte Branche** zerstört. Da viele ökologische Vorgänge und Wirkungen für den Bürger aufgrund ihrer Komplexität nicht durchschaubar sind, wird die Frage des Vertrauens und „Glaubens" entscheidend. Unseres Erachtens ist Glaubwürdigkeit nur über **Transparenz** zu erreichen. Dies wiederum bedingt eine kommunikationspolitische „Öffnung", die sich nicht nur auf die Darstellung des Guten in vielfarbigen Hochglanzbroschüren beschränkt, sondern die Veröffentlichung quantitativer, nachprüfbarer Daten zum Inhalt hat.

Diese z.B. über Input-Output-Analysen gewonnenen Daten zur betrieblichen „Umweltleistung" des Unternehmens, zu den Umweltqualitätszielen und ihrem Zielerreichungsgrad und andere Daten (wie Emissionswerte usw.) können in eigenständigen Umweltberichten und ähnlichem veröffentlicht werden. Große Bedeutung wird zukünftig die Bestätigung der Standort-Umweltleistung über Öko-Audits und ihre Dokumentation in **Umwelterklärungen** bekommen (ausführlich dazu im 9. Teil).

Der Trend zu einer größeren Öffnung der Unternehmung wird auf EG-Ebene neben der Öko-Audit-Verordnung vor allem durch die schon skizzierte Richtlinie **„Freedom of Access to Information on the Environment"** beeinflußt, die jedem Bürger einen Rechtsanspruch auf den Zugang zu Umweltinformationen und Akteneinsicht gibt. Damit werden die Bezugsgruppen zukünftig einen wesentlich besseren Kenntnisstand über betriebliche Daten gewinnen können als bisher.

Überbetont wird die externe Kommunikation. Zuwenig bedacht wird, daß die Kommunikationspolitik immer in zwei Richtungen zu erfolgen hat: nach innen und nach außen. Erst wenn die interne Kommunikation ein „Umweltdenken" erfolgreich im Betrieb etabliert hat, sollte die Öko-Botschaft verstärkt nach außen getragen werden. Zwischen dem Weg zur Verwirklichung der Idee einer idealen Kommunikationsgemeinschaft (wie sie Bachhaus entwirft) bzw. dem Grundprinzip kommunikativer Ethik (wie sie P. Ulrich entwirft) und der **realen Dialogform** klafft derzeit eine große Lücke (so Bleicher, 1994, S. 240).

Die klassische Öffentlichkeitsarbeit i.S. eines „Tue Gutes und rede darüber" ist für systematische, ökologisch orientierte Public Relations als **zu eng** anzusehen. Eingebettet in ein gesellschaftsbezogenes Strategie-Gesamtkonzept muß dieser erste Schritt erweitert werden, indem den Gruppen Gründe und Ziele des eigenen Handelns erläutert werden, die Stellungnahme der

Bezugsgruppen zu diesen Handlungen ergründet und diese Gruppen in die Entscheidungsfindung einbezogen werden. Um langfristig das Vertrauen der sozialen Umwelt zu genießen, muß die Unternehmung wie gezeigt in einen **aktiven** Dialog mit der Öffentlichkeit treten. Die Unternehmung muß ein klares Konzept entwickeln, in dem die anzustrebenden Ziele formuliert werden. Für eine systematische Öffentlichkeitsarbeit sind „Dialogfäden" zu knüpfen. Beispiele für den Dialog Industrie – Umweltorganisationen können etwa sein

- gemeinsame Gesprächsrunden („round tables")
- gemeinsame Sponsoringprojekte („cause-related marketing")

- gemeinsame Task Forces
- gemeinsame Erziehungsprojekte

Für Pfriem lebt die Kraft des ökologischen Dialogs von der Verknüpfung interner und externer Kommunikation. Erforderlich ist eine „aufgeschlossene Selbstthematisierung" der Unternehmen gegenüber den heterogenen Anspruchsgruppen etwa über eine umweltorientierte **Berichterstattung**. Besonders Dyllick (1989) betont die Sicherung der gesellschaftlichen Akzeptanz als zentrale Aufgabe der unternehmerischen Zukunftssicherung, denn Unternehmen unterliegen nicht nur dem Markt als externem Lenkungssystem. Bei dieser **Sicherung gesellschaftlicher Akzeptanz** geht es im Gegensatz zur Sicherung von strategischen Erfolgspotentialen eher um die Stärkung von Vertrauens- und Verständigungspotentialen zwischen der Unternehmung und ihren gesellschaftlichen Anspruchsgruppen. Dyllick zeigt anhand einiger Fallbeispiele auf, welche gesellschaftlichen Interessen als Ansprüche an die Unternehmung erhoben werden, welche zentrale Rolle dabei die Medien einnehmen, und zeigt die Quelle der Macht, die daraus entsteht, daß es sich um moralisch begründete Positionen handelt.

Übergreifendes Ziel muß ein zweikanaliger, offener Dialog mit diesem erweiterten Bezugsgruppenfeld zu einer **Konsensfindung** und zum Aufbau von **Nutzenpotentialen** sein. Eine informelle und vorlaufende Diskussion ist außerhalb der konventionellen Verfahren zu suchen, Formen des Risikodialogs sind zu pflegen und der Meinungsaustausch ist über traditionelle Anspruchsgruppen hinaus auszudehnen. Dialog nicht erst dann, wenn etwas „passiert" ist. Ziel ist, sich bei Themen öffentlicher Diskussion nicht in die Abhängigkeit von **„pressure groups"** zu begeben. Mit wissenschaftlich gestützten Methoden der Zukunftsforschung sind „issues" zu erkennen (zum **Issue Management** siehe Schaufler/Signitzer, 1990; Liebl, 1994). Werden die Themen/Ereignisse (issues) durch die Umfeldbeobachtung (Scanning/Monitoring) und Trendbündelung möglichst antizipiert, kann ein Bezugsgruppenmanagement der Interaktion der Gruppen mit offensiver Öffentlichkeitsarbeit begegnen (= Strategisches Verständigungsmanagement).

Unternehmerisches Handeln trifft in vielen Fällen auf eine **Konfliktsituation** (Einspruch von Bürgerinitiativen etc.). Innerhalb des **Konsensusmanagements** (dazu Bleicher, 1994, S. 237ff.) wird bei Auseinandersetzungen zwischen verschiedenen Akteuren (z.B. Bauherren, Anwohner, Freizeittreibende) nach einem Konsens gestrebt. Eine „dialogische Verständigung" mit Betroffenen kann nicht nur über die Öffentlichkeitsarbeit laufen. Man braucht institutionalisierte Sensoren, daneben sind Instrumente wie gemeinsame Gesprächsrunden („roundtables"), Task Forces, ein Umweltrat oder lokale Councils/Panels notwendig. Es gilt auch, „informelle" (vorlaufende) Diskussionen außerhalb der konventionellen Verfahren, etwa bei Bauvorhaben, zu suchen („environmental dispute resolution"), um im vorlaufenden Meinungsaustausch die Vorstellungen verschiedenster Bezugsgruppen zu erforschen.

Verständigungspotentiale sind Voraussetzung für eine dialogische Unternehmungspolitik als Ansatz zur Konflikthandhabung der Interessen einzelner Anspruchsgruppen. Sie ermöglichen erst eine argumentative Konsensbildung. Zum Aufbau von **Verständigungspotentialen** bedarf es (aus ebd., S. 239) der

- Institutionalisierung eines regelmäßigen Dialogs mit den externen betroffenen Gruppen;
- partizipativen Führung (Beteiligung von Mitarbeitern an argumentativen Prozessen, von deren Ergebnissen sie direkt betroffen sind);
- Entwicklung organismischer Organisationsstrukturen (organisatorische Schaffung von Freiräumen argumentativer Verständigung in überschaubaren Kooperationseinheiten durch Dezentralisierung, Delegation, Entstandardisierung, Humanisierung der Arbeit);
- Organisationsentwicklung (dialogische Verbesserung der Organisationskultur und -struktur);
- Prozeßberatung (gruppendynamische Unterstützung dialogischer Problemlösungsprozesse als Hilfe zur Selbsthilfe);
- Gestaltung teilautonomer Arbeitsgruppen (Gruppen-Selbstorganisation und Gruppenverwaltung).

Erst aus einem gemeinsamen Verständnis heraus kann ein gemeinsames Wirken für eine bestimmte Absicht entstehen. Dabei ist eine möglichst frühzeitige Einbindung der **Betroffenen** in den **Entscheidungsprozeß** anzustreben: etwa wie bei den amerikanischen „community advisory partnerships" oder bei der von Renn entwickelten „Theorie des kommunikativen Handelns" für einen Risikodialog (Willmann/Stolz, 1993). Erfolgreich werden Modelle wie die in den USA schon seit langem praktizierten sog. **Mediationskonzepte** eingesetzt (dazu im einzelnen Pfriem, 1995, S. 346ff.), bei denen ein neutraler (Umwelt-)Mediator eingesetzt wird, um die Interessenkonflikte zwischen den Gruppen zu entschärfen. Diese nicht-öffentlichen Gespräche laufen zusätzlich zu den förmlichen Verfahren. Zur Zeit gibt es in Deutschland etwa 20 Mediationsfälle.

Um mit **bleibenden** Dissensen reflektiv und verständnisvoll umzugehen, ist für Pfriem der Begriff des **Verständigungsmanagements** dem des Konsensus-Managements vorzuziehen, da er „dem Umstand Rechnung trägt, daß Auseinandersetzungen zwischen verschiedenen Akteuren (etwa zwischen Unternehmen und den betroffenen Anliegern um eine konkrete Industrieansiedlung) nicht nur deshalb zu keinem Konsens gelangen müssen, weil argumentative Ungleichheiten, mangelnde Einsichtsfähigkeiten u.ä. im Spiele sind, sondern etwa auch wegen unterschiedlicher Interessenlagen oder wegen legitim verweigerter Rationalität nach übergeordneten Gesichtspunkten: so kann die Verteidigung eines subjektiv für einzigartig gehaltenen Landschaftsbildes in der Nachbarschaft für **legitim** gehalten werden, selbst wenn von viel mehr Menschen ‚rationale Gründe' für eine alternative Nutzung dieser Fläche angeführt werden" (Pfriem, 1995, S. 221). Im Wissen um die Heterogenität und Widersprüchlichkeit der verschiedenen Ansprüche der Anspruchssteller soll versucht werden, doch ein allseits möglichst befriedigendes Optimum der Anspruchserfüllung zu erreichen, wobei dieses Optimum prinzipiell und i.d.R. **nicht** mit inhaltlichem Konsens gleichgesetzt werden kann (ebd., S. 248). Bestandteile eines solchen Managements ist der Dialog, eine interne Mitarbeiterkommunikation und eine externe Kommunikation.

f) Risikokommunikation

Besonders für Großunternehmen mit ihrem arbeitsteiligen Unternehmensaufbau nimmt die Verwundbarkeit durch Komplexitätssteigerung, divergierende Kulturen und eingeschränkte Kommunikation exponentiell zu – solche **„Diseconomies of Risk"** lassen sich z.T. reduzieren, aber nicht völlig beseitigen (vgl. Gomez/Probst, 1995, S. 190). Durch eine Krisenplanung sind unkoordiniertes Handeln oder Panikreaktionen zu verhindern, d.h. es ist sicherzustellen, daß die Organisation **„funktionsfähig"** bleibt. Es ist gerade der Umweltschutz, der einzelne Unternehmen (oder ganze Branchen) immer wieder öffentlicher Kritik aussetzt. Nickel spricht vom „Pranger der öffentlichen Meinung". Besonders Haller (1990, 1994) fordert im Rahmen eines Risk-Management-Systems eine **„Risikokommunikation"**, d.h.

neue Formen des Dialoges mit einem wesentlich erweiterten Beteiligtenkreis, den wir bereits im ersten Teil skizzierten, etwa auf Anspruchsgruppen-Foren, wie sie vor allem erfolgreich von Ciba eingesetzt werden, da die Öffentlichkeit allein mit „naturwissenschaftlich-ökonomischer Rationalität" nicht wesentlich beeinflußt werden könne (siehe dazu Punkt L.).

Erweiterte Inhalte des Risiko-Managements zeigt Abb. 181, aus Haller, 1994, S. 47). Ausgangspunkt einer Risikokommunikation ist eine Haltung, die nicht auf Akzeptanzerzeugung, sondern auf den offenen Prozeß ausgerichtet ist, bei dem nach und nach die Konfliktpunkte abgearbeitet werden; neben die sachlichen Probleme treten die Kommunikationsaspekte.

Gefordert ist eine neue **Kommunikations-** und **Streitkultur** i.S. einer besseren Kommunikation zwischen den beteiligten Akteuren. Risikokommunikation sollte (Ruhrmann/Schütte, 1991, S. 29) so organisiert werden, daß die Möglichkeit eines echten Feedbacks (Anhörungen, Talkshows, Leserbriefe usw.) gegeben ist.

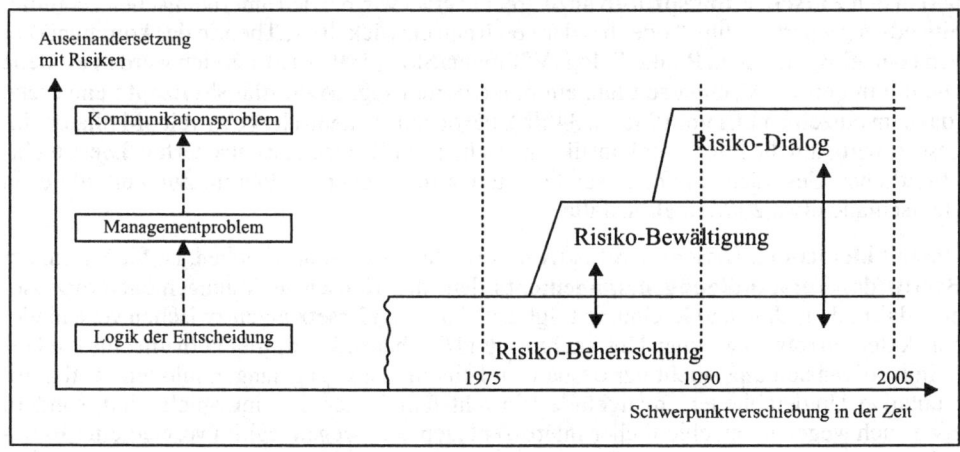

Abb. 181: Erweiterte Inhalte des Risiko-Manangements

g) Zusammenarbeit mit verschiedenen Umweltschutzorganisationen

Zahlreiche Institutionen haben den Schutz der Umwelt zu einer ihrer Hauptaufgaben gemacht und werden mit ihren Aktionen und deren Wirkungen damit zwangsläufig zu Faktoren der Unternehmensführung. Dyllick (1989) spricht von einem **„Management der Umweltbeziehungen"** und fordert zur Sicherung der sozialen Akzeptanz unternehmerischer Tätigkeit neue Formen des Dialogs mit diesen Gruppen. Auch wenn einige dieser Organisationen ihre Aktionen für mehr politische Zwecke mißbrauchen, ist der **Einfluß** dieser Organisationen auf wirtschaftliches Handeln **unbestreitbar.**

So mußten zahlreiche betriebliche Entscheidungen und Planungen unter dem Einfluß des von diesen privaten Umweltorganisationen erzeugten öffentlichen Drucks revidiert werden. Selbst Großkonzerne wurden zum „Nachdenken" gezwungen, so der Druck von Greenpeace auf Bayer zur Einstellung der Verklappung oder auf Shell gegen die Versenkung einer Ölplattform in der Nordsee, von Robin Wood auf den ADAC gegen das Wallberg-Autorennen oder von Bundschuh gegen die Teststrecke von Daimler-Benz. Während einige Gruppierungen mit Hilfe von effektvollen Aktionen operieren (wie Greenpeace, Robin Wood oder David gegen Goliath), agieren andere mehr mit Aufklärung der Bevölkerung über Umweltprobleme (wie der Bund für Umwelt und Naturschutz Deutschland).

Ein großer Teil der in den letzten Jahren aufgrund der gestiegenen Umweltsensibilisierung entstandenen **Umweltschutzorganisationen**, die z.T. in enger Verbindung zu sonstigen

Bürgerinitiativen oder politischen Parteien („Bündnis 90/Die Grünen") stehen, wendet sich nicht generell gegen die Industrie- und Konsumgesellschaft: Gefordert wird vielmehr eine verstärkte Umorientierung an ökologischen Gegebenheiten und ein stärkerer Bezug auf Lebensqualität, die nicht nur materiell gemessen wird.

Schwer zu beantworten bleibt die Frage, inwieweit diese Aktionen tatsächlich bei Managern, Politikern und Konsumenten eine **konkrete** Verhaltensänderung bzw. einen kritischeren Konsum bewirken. Unzweifelhaft ist das Wirken dieser Organisationen nicht ohne Einfluß auf die politische Landschaft geblieben und dadurch die Sensibilisierung der breiten Bevölkerung für Umweltfragen gefördert worden. Ohne Einbettung der Umweltfrage in übergeordnete ethische und erzieherische Rahmenbedingungen kann u.E. nach jedoch keine umfassende und **verhaltenslenkende** Langzeitwirkung entstehen.

Mehr in Richtung auf einen stabilen Wertewandel zielt die von bestimmten Organisationen geleistete **Aufklärungs- und Erziehungsarbeit**. Ein ständig größer werdender Teil der Bevölkerung richtet sein Kaufverhalten etwa verstärkt an den Ergebnissen der Stiftung Warentest oder von **Öko-Test** aus. Auch die Arbeit der Verbraucherzentralen wird verstärkt in Anspruch genommen. Eine steigende „Nachfrage" nach den Diensten von Umweltorganisationen erscheint auch in Zukunft wahrscheinlich.

Der geforderte Dialog mit diesen Gruppen ist in einigen Fällen dadurch erschwert, daß beide Seiten unter **Berührungsängsten** leiden bzw. einige Gruppen zur Erhaltung ihrer Unabhängigkeit diesen Dialog auch gar nicht wollen. Der überregional wirkende Bundesverband Bürgerinitiativen Umweltschutz, mit über 300 selbständigen Mitgliedsverbänden, sucht – im Gegensatz zu vielen anderen Institutionen – in bestimmten Fällen die Zusammenarbeit mit der Wirtschaft. Wie mehrere Untersuchungen eindrucksvoll bestätigen, führt **Greenpeace** die „Hitliste" der Umweltorganisationen mit weitem Abstand an.

h) Organisierte Verbraucherpolitik

Die organisierte Verbraucherpolitik, die ihren Beginn zu Anfang dieses Jahrhunderts hat, findet in der Bundesrepublik Deutschland vorwiegend in Form der **„Kollektiven Fremdorganisation"** stellvertretend für den einzelnen aktiven Konsumenten statt. Die **„Konsumerismusbewegung"** steht in enger Verbindung mit der Umweltschutzbewegung. Zur Stärkung der Position des Verbrauchers wollen diese Selbsthilfeeinrichtungen (wie die AgV) sowohl Verbraucherpolitik als auch Verbraucheraufklärung betreiben. **Ziel** des Konsumerismus ist es,

- Druck auf die öffentliche Meinung, die Parteien, Parlamente usw. auszuüben (legal approach),
- um damit ein „verbraucherfreundliches Marktverhalten", die „soziale Verantwortung" der Unternehmen (marketing approach)

zu verstärken.

i) Öko-Sponsoring: Demonstration gesellschaftlicher Verantwortung

Während sich in den 80er Jahren zuerst das **Sport-** und später zunehmend auch das **Kultursponsoring** als neues Instrument der betrieblichen Kommunikationsarbeit einen festen Platz erobert hat (vgl. dazu Roth, 1989, 1990), ist das Öko-Sponsoring (Umwelt- und Naturschutz) in Deutschland noch recht jungen Datums. Das Öko-Sponsoring hat sich in den letzten Jahren zu einem innovativen (ergänzenden) Marketing- und Kommunikationsinstrument entwickelt, das den Unternehmen neue Formen der Zielgruppenansprache und den Umwelt-organisationen neue Formen der Förderung und Unterstützung ermöglicht. 1994 flossen nach Angaben des Instituts der Deutschen Wirtschaft von den 2,6 Milliarden DM für Sponsoring gut 360 Millionen DM (also jede siebte Mark) in die Förderung von Ökoprojekten und sozialen Einrichtungen.

Die **Vorteile** des Instruments Öko-Sponsoring liegen auf mehreren Ebenen (Hopfenbeck, 1996):

- Möglichkeit der „indirekten" Ansprache. Das Unternehmen bringt durch das Engagement bei der Umwelt-organisation eine bestimmte Haltung zum Ausdruck. Man verdeutlicht eine bestimmte Selbstverpflichtung und Konsens- und Kooperationsbereitschaft.
- Es lassen sich Beziehungen und Kontakte mit kritischen Gruppen aufbauen, mit denen es oftmals schwierig ist, auf anderem Wege zu kommunizieren (z.B. Umwelt- und Naturschutzverbände, Bürgerinitiativen).
- Da man den Austausch und die gemeinsame Öffentlichkeitsarbeit mit Bezugsgruppen im Sinn hat, läßt sich die Partnerschaft auch als „strategische Allianz" zur Erschließung gemeinsamer Erfolgspotentiale verstehen.
- Die (oft ungewöhnliche) Partnerschaft bringt oftmals noch einen interessanten Nebeneffekt mit sich, nämlich den Austausch von Know-how in Umweltfragen, die Vermittlung von Experten für spezifische Probleme im Rahmen des Umweltschutzes und die Beratung in bestimmten Vorgehensweisen.
  So zeigte sich durch die Zusammenarbeit von Hertie/BUND, Bertelsmann/Greenpeace oder von Kosmetik-herstellern/ BUND, daß es zum einen um die Sicherung „neuer Akzeptanzen" geht. Zum anderen verändert sich (z.T. sogar gewollt) in solchen Kooperationsprozessen aber auch das Produkt, das Projektziel und/oder das Verfahren (Rolke, 1993).

Öko-Sponsoring findet sich in allen Branchen. Als Erstes sind vor allem die Brauereien, daneben Banken und Versicherungen zu nennen.

Das öffentliche Engagement der Unternehmung eröffnet die Chance, mit den kritischen Interessengruppen in einen **direkten Dialog** zu kommen (vgl. unsere Ausführungen zur Öffentlichkeitsarbeit). Das gegenseitige Feindbild wird „korrigiert" und Industrie und Umweltorganisation werden zu Partnern in einer Zusammenarbeit zu gegenseitigem Nutzen. Neben einer Integration im Kommunikationsmix einer Unternehmung ist eine Verankerung in der Unternehmenskultur und -philosophie unabdingbar, da diese Art des „sensiblen" Sponsoring nur auf der Grundlage einer glaubwürdigen gesellschaftlichen Verantwortung der Unternehmung basieren kann. Die damit dokumentierte Orientierung am Gemeinwohl bedarf einer umweltorientierten Unternehmensidentität, einer dokumentierten Übereinstimmung von Handeln und Taten („**Stimmigkeit**"). Das Unternehmen muß sich nicht nur mit den Zielen des geförderten Projektes identifizieren können, sondern hat auch die Rückkoppelungseffekte zu berücksichtigen i.S. einer verstärkten Auseinandersetzung mit dem Problemkreis Umweltschutz „im eigenen Haus".

Bei der Verwendung dieses Instruments sind die Besonderheiten eines solchen Engagements auch auf Seiten des Sponsors zu berücksichtigen. Als Gegenleistung für die unternehmerische Verpflichtung, auch soziale Verantwortung zu tragen, erwartet die Unternehmung öffentliche Anerkennung, Sympathie, Vertrauen und Profilierung. Ohne ein umweltgerechtes Verhalten „im eigenen Haus" wird der Sponsor jedoch unglaubwürdig. In den USA gibt es bereits ein Nachschlagewerk („Rating American Corporate Conscience") mit einer Analyse und **Ratingliste** bezüglich der ethischen Grundeinstellung und dem sozialen Engagement von Unternehmen.

Zwar bietet dieses Instrument die Möglichkeit einer neuen Form der Kommunikation mit Zielgruppen, jedoch ist bei der Grundsatzentscheidung, ob sich das Unternehmen überhaupt im Öko-Sponsoring engagieren soll oder nicht, die „gesellschaftliche Verantwortung" der Unternehmung zu definieren. Dabei werden die Unternehmen mit einigen **Legitimationsproblemen** konfrontiert (vgl. Bruhn, 1990a, S. 56ff.):

- das Verursachungsproblem
  (Definition der gesellschaftlichen Mitverantwortung; Prinzip der Identifikation)
- das Zuordnungsproblem
  (Prinzip der Problemlösungsbereitschaft)
- das Glaubwürdigkeitsproblem
  (Prinzip der offenen Kommunikation und des aktiven Handelns).

Das Öko-Sponsoring ist gekennzeichnet durch die Zusammenarbeit einer Unternehmung und einer Umweltorganisation mit dem Zweck, ihre jeweiligen Ziele effektiver zu erreichen. Es ist also ein **Geschäft auf Gegenseitigkeit,** das auf dem Prinzip von Leistung und Gegenleistung basiert.

Die **Leistungen des Sponsors** sind vielfältiger Art:

- Finanzmittel (einmalige/laufende Spenden)
- Sachmittel (Geräte etc.)
- Personal (z.B. „Secondment-Programm" bei IBM)
- Unterstützung des Verkaufspersonals (z.b. Aktionen in den Body-Shop-Läden)
- Bereitstellung von Dienstleistungen (z.B. Know-how, Technologie, Transportmittel)
- Ausschreibung von Wettbewerben
- Pressearbeit (z.B. Mitteilungen, Broschüren, Konferenzen)
- Bereitstellung von Produkten/Werbematerialien.

Darauf abzustimmen sind die **Leistungen des Gesponserten,** die sicherstellen sollen, daß mit den damit geschaffenen Voraussetzungen die Ziele des Sponsors (i.d.R. kommunikative Ziele) erreicht werden. Der Sponsor wird entweder bei den Projekten, bei Veranstaltungen, in Informationsschriften, Presseberichten etc. direkt als Förderer genannt, der Gesponserte integriert das Sponsorship im Rahmen seiner Kommunikationspolitik (Jahresberichte, Broschüren, Presseberichte, Bücher etc.) oder gibt Produktempfehlungen (-präsentationen) während bestimmter Veranstaltungen.

Bruhn zufolge (vgl. 1990a, S. 75f.) stellen **vier Zielbereiche** die Schwerpunkte für die kommunikative Umsetzung des Öko-Sponsoring dar:

- Dokumentation der gesellschaftspolitischen Verantwortung in der Öffentlichkeit
  (nach innen und außen innerhalb einer ganzheitlichen Corporate Communication)
- Imageverbesserungen
  (indem bestimmte Imagemerkmale wie Verantwortungsbewußtsein, Naturverbundenheit, Kompetenz hervorgehoben werden)
- Imagetransfer
  (d.h., bestimmte Imageeigenschaften der Gesponserten werden übertragen)
- Kontaktpflege mit ausgewählten Zielgruppen und Goodwill (bei Opinion leaders)
- Verbesserung der Mitarbeitermotivation
  (Identifikation mit eigener Unternehmung, Attraktivität für potentielle Bewerber).

Damit mit den Sponsoringaktivitäten auch tatsächlich die gewünschten Synergiewirkungen erzielt werden, ist auf die effiziente Verknüpfung mit den anderen Instrumenten des Kommunikations-Mix zu achten. Diese **institutionellen Verknüpfungsmöglichkeiten** sind sehr vielfältig (vgl. Mussler, 1990, S. 238; Bruhn, 1990a, S. 88) und etwa gegeben bei

- der Öffentlichkeitsarbeit
  (Erwähnung der Projekte in Geschäftsberichten, Pressemitteilungen über bestimmte Projekte, Durchführung von Symposien, Vergabe von Förderpreisen),
- der Werbung
  (Anzeigen mit Umweltschutzbezug, Nutzung von Lizenzen),

- der Verkaufsförderung/Promotion
  (Ausschreibung Umweltwettbewerb/Preisausschreiben, Umweltaktionen wie Baumpflanzaktionen, Schaufenstergestaltung),
- der innerbetrieblichen Kommunikation / dem Human-Ressourcen-Management
  (Mitarbeiterbeteiligung an Aktionen, Anlegen eigener Biotope etc., Berichte in Mitarbeiterzeitung),
- dem Direktmarketing
  (Umweltbrief an Geschäftspartner),
- der Sortimentsgestaltung
  (Produkte mit Verwendung eines Logo).

Die **Gefahren** des Sponsoring liegen oft darin begründet, daß Sponsor und Gesponserter nicht „zusammenpassen", d.h., der Leistung-Gegenleistungs-Verbund wird durch den Transfer nicht beabsichtigter negativer Imageelemente gefährdet. Die Umweltstiftungen müssen zur Wahrung ihres Rufes und ihrer Glaubwürdigkeit klare Vorstellungen über die Auswahl von Sponsoren (und deren „reiner Weste") und deren gewünschtes Anforderungsprofil haben – damit keinesfalls die finanzielle Unterstützung solcher Umweltprojekte nur eine Alibifunktion in der PR-Arbeit des Sponsors darstellt. Ein gewisses **Dilemma** ist zu erkennen: Das positive Image der Umweltschutzorgansiation verleiht dem Sponsor Glaubwürdigkeit. Da auch der Umkehrschluß gilt, muß die geförderte Organisation klare Auswahlkriterien befolgen, um nicht über bekanntwerdende Umweltsünden des Sponsors selbst in Mißkredit zu geraten (sein „Gesicht zu verlieren") und das sehr sensible Gut „Vertrauen" aufs Spiel zu setzen („Gekaufte Naturschützer?"). Man muß verhindern, daß die Gelder evtl. die Unabhängigkeit der Organisationen beschränken. So zeigen sich einige Organisationen (wie etwa Greenpeace) gegenüber industriellen Großspenden verschlossen. Andererseits kann die Zusammenarbeit auch durchaus als **Chance** gesehen werden, denn die Umweltorganisation kann bei Unternehmen und Verbrauchern mit ihrem Sachverstand ökologische Überzeugungsarbeit leisten.

7. Die Grenzen des „Grünen Marketing"

a) Problem des quantitatives Wachstums

In vielen Fällen sind Umweltbelastungen als ein **quantitatives** Problem zu interpretieren: Wir haben das Dogma des ständigen Wachstums bereits erläutert. Es wurden etwa in den letzten Jahren bei den **einzelnen** Produkten durchaus ökologische Erfolge erzielt, so verbrauchen viele Geräte der weißen Industrie wesentlich weniger Wasser oder Energie, durchwegs sind die Verpackungsdichten bei Waschmitteln reduziert worden und vieles mehr. Aber dieser Reduzierungserfolg wird oft **überkompensiert** durch die Zunahme des Gesamt-Outputs dieses Produkts und die damit insgesamt steigenden Materialströme. Die explosionsartige Zunahme der verkauften Gesamtzahl macht die Reduktion beim Einzelstück zunichte.

Unter Beibehaltung unserer Konsummuster wird es nicht ausreichen, nur zu grünen Produkten zu wechseln. Um die Nettomenge etwa der Abfälle dauerhaft zu reduzieren, ist auch eine **Verminderung** der **Produktmengen** selbst notwendig. An dieser Reduktion führt kein Weg vorbei. Unser heute vorherrschendes Konsummuster ist auch in der Form des „umweltbewußten Konsums" deshalb weitgehend nur als **Alibi** zu bezeichnen. Eine allgegenwärtige Ökowerbung und Öko-Labels auf einer breiten Palette von Produkten bergen die Gefahr, daß ein Verbraucher fälschlicherweise glauben könnte,

- mit seinem Umsteigen auf „umweltbewußten Konsum" – etwa sein Wochenausflug mit dem recycelbaren, wenig Benzin schluckenden, katalysatorbestückten Auto – leiste er bereits seinen aktiven Beitrag zur Verbesserung der Umweltsitution und
- sein „umweltfreundliches Produkt" erspare ihm tiefere Einsichten in sein Konsumverhalten und vor allem dessen Konsequenzen.

b) Wege zu einem verantwortungsbewußten Konsum

(1) Ausweg: Gemeinsam (be)nutzen statt einzeln verbrauchen

Eigentlich geht es einem Konsumenten bei dem Produkt, das er kauft, nicht um das Produkt an sich, sondern um den Nutzen, den er daraus zieht. Warum kauft man überhaupt einen Gegenstand und leiht ihn sich nicht, wenn man ihn braucht? Warum muß es immer wieder ein neuer Gegenstand sein? Ökonomische und ökologische Gründe sprechen für **Konzepte der Nutzungsintensivierung**.

Gemeinsam nutzen kann dabei heißen:

- „miteinander nutzen" (Bsp. im öffentlichen Bereich: Verkehrsmittel, Telekom-Netze, Schwimmbäder oder individuell: Car-Pools, Appartementhäuser, Tennis- und Golfplätze)
- „nacheinander nutzen" (Bsp.: Langzeitgüter, Kaskadenprinzip, Second-Hand Läden)
- „intensiver nutzen" (Bsp.: Waschmaschine im Waschsalon statt zu Hause, Car-Leasing statt eigenes Auto)
- „gemeinsam nutzen" (Bsp.: Gemeinschaftswaschmaschine im Mietshaus, Car-/Video-/Segelboote: also „Teilen" mit anderen Personen statt Kauf eines eigenen Produktes)

Sicherlich sind solche Ansätze leichter bei Gütern zu verwirklichen, die vom Verbraucher nur selten benötigt werden. Erste Ansätze

- zum Leihen (Leihbücherei, unter Nachbarn etc.) oder
- Mieten (= Öko-**Leasing**),
- Pooling (Gemeinschaften) oder
- gemeinsames Eigentum und Nutzen (= Öko-**Sharing**) finden sich bei Autos (z.Z. ein Verbund in 75 Städten Deutschlands mit ca. 20 000 Mitgliedern), Skiern, Skischuhen Videorekorder/-kassetten, Teppichreiniger, anderen Freizeitartikel wie Surfbrettern, Segelbooten oder Ferienwohnungen.
- Bei langlebigen Investitionsgütern finden sich Beispiele bei Flugzeugen, Nutzfahrzeugen und PKWs, Maschinen, Büroausstattungen, landwirtschaftlichen Geräten oder Elektrogeräten (Beispiele in Tischner, 1997, S. 91ff.).

Zwar muß bei solchen Formen der intensiveren Nutzung das jeweilige Produkt **früher** durch ein neues ersetzt werden und ist Aufwand notwendig (Informations-, Organisations-, Zeit-, Transportaufwand), doch wird i. d. R. ein positiver Saldo angenommen, da absolut/insgesamt weniger Produkte nötig sind, Car-Sharer ihr Nutzungsverhalten ändern (d.h. weniger fahren) oder halbprofessionelle Geräte (etwa bei Waschmaschinen) eingesetzt werden können, die eine wesentlich höhere Lebensdauer haben. Positiv erscheinen auch die gewonnene Flexibilität (das für den Kauf gesparte Geld steht anderweitig zur Verfügung), zudem werden dem Verbraucher die mit der Eigentumsverantwortung verbundenen Tätigkeiten abgenommen (z.B. Autoversicherung, -reparatur, -waschen, Parkplatzsuche usw.)

Das noch längst nicht ausgeschöpfte Potential für solche **„Konsumpioniere"**, die bereits heute ihren Gebrauch an Gütern revidiert haben, wird von Scherhorn (1997) auf etwa 20% der Bevölkerung geschätzt. Dies erscheint sehr optimistisch, denn die Segmente sind u.E. sehr eng und bisher nur regional erfolgreich.

Eine effizientere **Produktnutzung** ist in verschiedenen Formen möglich (Börlin, 1993):

- vom Hersteller organisierte geteilte Nutzung (z.B. Agfa-Gaevert: Vertrieb von Photokopierern durch „Mieting")
- von Betreibern organisierte geteilte Nutzung (z.B. Rent-a-Ski, Geschirrmobil)
- gemeinsame Nutzung (z.B. gemeinschaftliche Anschaffung von Gütern)
- erweiterte Individualnutzung (z.B. gemeinsame Autofahrten, Car-Pooling)
- multifunktionale Geräte (z.B. Fax, Scanner, Kopierer, Drucker in einem).

Der Hersteller tritt als **Betreiber** im Markt auf, z.B. ein Automobilhersteller verkauft „Transportkapazität" (Leasing mit Service) statt Lkw, ein Fotokopierherstelller wie Rank Xerox verkauft z.B. nicht mehr Fotokopiergeräte, auch nicht mehr Fotokopien, sondern eine 3-Jahres-Nutzer-Zufriedenheitsgarantie: Darin werden Unterhalt, Umtausch, Austausch und Hochrüsten von Geräten kostenlos garantiert; was zählt, ist, daß der Benutzer immer zufrieden ist, d.h. über das ideale Gerät verfügt; im Gegenzug zahlt der Benutzer einen Fixpreis pro Kopie und geht eine „Treuepflicht" über ein paar Jahre ein. Es zeigte sich bei diesen fortschrittlichen Konzepten einer Nutzungsintensivierung, die durch den **Hersteller** (und nicht durch spezialisierte Dienstleister oder Fachgeschäfte) durchgeführt wird, daß damit lebensdaueroptimierte Produkte mit Modultechnologie und die Standardisierung von Komponenten vorangetrieben werden. So etwa bei Flugzeugen.

(2) Ausweg: Ganzheitliche Produkt- und Dienstleistungsangebote

Wir sind der Überzeugung, daß die Forderung nach einem Konsumverzicht unrealistisch bleiben wird. Es müssen andere (aber dabei gleichzeitig umweltverträglichere) Wege der Bedürfnisbefriedigung gefunden werden. Interessante Modelle knüpfen an den Gedanken, daß einem Konsumenten primär an der **Funktion** des Produktes gelegen ist, mit deren Hilfe ein bestimmter Nutzen erfüllt werden soll. Ich kaufe mir ein Auto, um Mobilität zu haben, eine Waschmaschine, um saubere Wäsche zu haben usw.

Es könnten neue, **innovative** Nutzungsangebote entwickelt werden, d.h., der Verbraucher kauft nicht mehr ein Produkt (bzw. das Eigentumsrecht daran), sondern lediglich die Nutzung des Produktes. Statt ein Produkt zu kaufen, wird also ein bestimmtes „**Dienstleistungsangebot**" (z.B. Reinigung der Wäsche, Transport von A nach B) benötigt. Besonders in Verbindung mit einer Strategie der Langlebigkeit und dem Konzept der Nutzungsintensivierung bietet sich die Möglichkeit, anstelle des Verkaufs von Ersatzprodukten nun die direkte Dienstleistung Qualitätskontrolle (regelmäßige Wartung, Reparatur) anzubieten.

Öko-effiziente Dienstleistungen
„ ... Dienstleistungen, die einen gleichbleibenden Kundennutzen mit geringerem Material- und/oder Energieinput erzielen."
„ ... Ganzheitliche Produkt- und Dienstleistungsangebote, die eine höhere Wertschöpfung und einen höheren Kundennutzen als bisher beinhalten bei zumindest gleichen Kosten."

Produkte/Dienstleistungen, aber auch Verfahren/Stoffe/Infrastrukturen unter dem Aspekt der Funktionen zu sehen, die sie erfüllen, kommt nach Bierter (1999, S. 246) einem Gestaltungswandel der Wahrnehmung gleich. „Mit der Brille der **ökologischen Funktionsorientierung** ist es möglich,

- ihr unterschiedliches Dienstleistungsvermögen zusammen mit dem jeweiligen Energie- und Materialaufwand bzw. ihre human- und ökotoxikologischen Risikopotentiale pro Service-Einheit zu vergleichen (so läßt sich beispielsweise die Dienstleistung Straßenbahnfahrt mit jener einer Autofahrt vergleichen), und
- lassen sich damit systematisch alternative Möglichkeiten aufzeigen und untersuchen, ob und wie ein gegebene Funktion (pro Service-Einheit) mit weniger Stoff- und Energieeinsatz und durch eine Verminderung der human- und ökotoxikologischen Risikopotentiale erfüllt werden kann, womöglich verbunden mit ökonomischen Geländegewinnen."

Dieses Denken ist von großer Bedeutung weil es Lösungswege zeigt, wie man an Stelle der simplen (und für die meisten nicht akzeptablen) Alternative „Kaufen oder Verzichten" Möglichkeiten zeigt, eine bestimmte Funktionserfüllung (und damit einen bestimmten Lebensstandard/-qualität) zu geben, bei gleichzeitig wesentlich verringertem Energie- und Materialaufwand. „Anders" bzw. „besser" statt simples quantitativ „mehr".

„Bei dieser Suche steht am Anfang nicht die Frage im Vordergrund, wie ein Produkt ökologischer aussehen könnte. Die Frage so zu stellen heißt, sie falsch zu stellen. Vielmehr geht es vorrangig um die Suche nach den Dienstleistungsbündeln, nach den ökologisch und ökonomisch wirksamsten Problemlösungen zur Erfüllung einer bestimmten Funktion. Das erfordert ein miteinander verwobenes und aufeinander bezogenes

- Denken in Produkten, Verfahren, Stoffen und Infrastrukturen (z.B. ökologisch verträgliche materielle Güter),
- ein Denken in Funktionen (Dienstleistungen), das die Verbindung zu Problemlösungen (im Verkehrsbereich z.B. an kurzen Wegen) herstellt, und
- ein Denken in Sinnbezügen, das die Verbindung zu Bedürfnissen sucht (im Verkehrsbereich z.B. Mobilität bzw. Zugänglichkeit". (Bierter, 1999, S. 247)

„Es geht also um die Befriedigung menschlicher Bedürfnisse mittels organisatorischer, technischer und sozialer Innovationen, die zum Ziel haben, über den gesamten Lebenszyklus unserer Produkte, Prozesse und Infrastrukturen mit möglichst wenig Rohstoffen und Energie möglichst schadstofffrei während möglichst langer Zeit einen hohen Nutzen zu stiften." (ebd.)

Zwei Beispiele für öko-effiziente Dienstleistungsbereiche im Bereich **Kfz/Mobilität** (vgl. Hinterberger/Liedtke/Vogel, 1999, S. 265f.):

(1) zeitwertgerechte **Reparatur** mit Alt- und Gebrauchtteilen (z.B. Aufbau von Kfz-Altteilenetzwerken),

(2) neue **Mobilitätsdienstleistungen** (Kilometer-Leasing, Car-Sharing, Car-Pooling, Pool-Leasing, Öko-Fahrtraining etc.).

Das innovative **Autohaus** der Zukunft ist ein „Fachmarkt für Mobilität" (vgl. Pieper, 1999, S. 169f.). Anstelle der klassischen Dienstleistung „Finanzierung & Leasing" tritt die innovative Dienstleistung:

- Versicherungen der Auto-, Sach- und Lebensversicherung
- Autotouristik
- Kauf eines Autos mit Innenstadt-Parkplatz
- Kombinierte Mobilität von Auto & Bahn & Bus & Flug & Fahrrad & Car-Sharing & Poolleasing

Kombinierte Mobilität
„.... ist eine wohnungsnahe Kurzzeitmiete, eine telematisch unterstützte Weiterentwicklung des Car-Sharing! Nur eben ohne Sharing – ohne die gemeinschaftliche Nutzung des Gemeinschaftseigentums der Gleichgesinnten. Die Autos gehören den „Fachmärkten für Mobilität", werden von diesen gewartet und gepflegt. Die Fachmärkte haben Fahrzeugstationen – auf dem Autohaus-Gelände oder bei Tankstellen oder in Parkhäusern oder auf Parkplätzen etc.; diese Stationen sollen als Maxime nur 3 bis 5 Minuten von der Wohnung oder dem Arbeitsplatz des Kunden entfernt sein. Der Kunde kann diese Autos via Telefon oder Internet jederzeit buchen. Er braucht, als beim Fachmarkt für Mobilität registrierter Kunde, keinen Schalter aufzusuchen, er hat eine Chip-Card, mit der die Wegfahrsperre des Autos entsichert wird. Ein Bordcomputer überträgt die gefahrenen Kilometer und Stunden. Einmal im Monat wird angerechnet. Der Kunde kauft im Voraus sog. KM-Pakete, z.B. 1 000 km für DM 670,00 oder 5 000 für DM 3 350,00 inkl. Benzin, Vollkasko, Wartung und Steuern. Wer pro Auto und pro Jahr nicht mehr als 7.000 km fährt, für den ist das KM-Leasing eine interessante Alternative (...)" (Pieper, 1999, S. 170f.)

Mobility CarSharing (CH)
Mobility (gegründet 1997) ist das führende Unternehmen für Car Sharing in Europa. 40 Prozent aller Sharing-KundInnen auf dem Kontinent sind Schweizer und sind Mobility-KundInnen, denn in keinem anderen europäischen Land ist die Sharing Idee konsequenter verwirklicht. Mobility hat in der Schweiz über 9.800 Autos an 600 Standorten in 300 Gemeinden. Ab einer Stunde Reservation können die Auto genutzt werden (Zugriffswahrscheinlichkeit über 93%; die Autos müssen mindestens eine Stunde lang reserviert werden und können sofort abgeholt werden). Wegen dem dichten Standortnetz sind die Fahrzeuge für bereits über die Hälfte der Schweizer Bevölkerung gut erreichbar. Wurden 1993 noch etwas mehr als 3.000 Carsharer gezählt, sind es heute bereits 18.000. Das Reservierungssystem bietet wahlweise drei Möglichkeiten: das automatische Reservierungssystem, die persönliche (bediente) Reservierung über die Zentrale und via Internet/Intranet. Der Wagenpark umfaßt 13 verschiedene Wagentypen. (Quelle: Vonarburg, 1999, S. 272f.)

In einer „**Gebrauchsgesellschaft**" als zukünftige Fortentwicklung unserer heute vorherrschenden Recyclinggesellschaft muß es sich für den Produktanbieter lohnen, **weniger** Produkte herzustellen, und für den Verbraucher muß die Nutzung der Produkte attraktiv sein. Einen denkbaren Ansatz liefert der aus den USA stammende Ansatz des sog. ‚**Least-Cost-Planning**' (der offizielle Name der kostenminimierenden Planung heißt „integrierte Ressourcenplanung" (IRP); dazu insbesondere Weizsäcker/Lovins/Lovins, 1995, S. 188ff.; Buchmann, 1995, S. 95ff. zu schweizerischen Erfahrungen). Inzwischen müssen in ca. 20 US-Bundesstaaten die Energieversorgungsunternehmen bei der Planung von Neuanlagen nachweisen, daß die Befriedigung des zusätzlichen Energiebedarfs nicht kostengünstiger auf anderem Wege erfolgen kann. Solange die Kosten für die Durchführung von Energiesparmaßnahmen dabei niedriger sind als die Kosten für die zusätzliche Stromerzeugung, müssen vorrangig Einsparprogramme durchgeführt werden. Investitionen beim Endabnehmer können billiger und damit für den Betreiber wirtschaftlicher sein als der Neu- oder Zubau von Kraftwerkskapazitäten. Lovins hat für diesen Sachverhalt der „vermiedenen Kilowattstunde" den Begriff „Nega-Watt" statt „**Megawatt**" geprägt.

(3) Ausweg: Verantwortungsebenen - beim Hersteller und Konsumenten

„Green shopping doesn't save the world"

Der explodierende Stoffumsatz ist zurückzuführen auf einen explodierenden Output. Angesichts dieser simplen Tatsache erscheinen die meisten halbherzigen Ansätze im Umweltschutz im Grund nur als Problemverlagerungen oder rein zeitliches Hinausschieben. Die Forderung nach Verzicht, nach Senkung des Konsumniveaus erscheint vielen unrealistisch und unsinnig. Trotzdem ist eine Reduktion des Stoffumsatzes unumgänglich.

Langfristige Ziele (etwa die drastische Verringerung der Müllmenge u.ä.) können sicherlich nicht durch Einzellösungen etwa im Bereich der Produktgestaltung herbeigeführt werden. Orientierungshilfen wie Umweltzeichen sind auch kein Instrument, um einen „ungehinderten" Konsum quasi zu sanktionieren. Es sind hier zwei **Verantwortungsebenen**, eine beim Hersteller und eine beim Verbraucher anzusprechen:

Der Verantwortungsbereich des **Herstellers** bezieht sich auf die umweltverträglichere Produktion und Beschaffenheit seines Produktes. Erst wenige Unternehmen haben darüber hinausgehend (in quasi „sozialpädagogischer" Funktion) den Versuch gemacht, dem ökologisch defizitär aufgeklärten oder falsch handelnden Konsumenten Orientierungshilfen zu geben, um aktiv die Ausdifferenzierung von konsumtiver Ökologisierung zu gestalten (wie es einige Handelsunternehmen für sich reklamieren; vgl. Hedtke, 1996, S. 413) bzw. den Verbraucher zu einem „**verantwortungbewußten Konsum**" anzuregen. Beispiele sind

- **Esprit** mit seiner Anzeigenkampagne „A Plea for responsible Consumption",
- **Werner & Merz**, Hersteller der „Frosch-Produktlinie", die eine „Weniger ist mehr"-Philosophie verkündeten und die Verbraucher aufforderten, weniger Putzmittel zu verwenden und seltener zu putzen,
- **Auro Naturfarben**, die für ihre Holzschutzmittel eine kleine Broschüre für den Fachbetrieb mit Hinweisen darauf herausgeben, wie diese darauf als Nullvariante auf Holzschutzmittel grundsätzlich verzichten können (also auch auf die von Auro!) und
- die Kampagnen von **The Body Shop** für eine umfassende ökologieorientierte Identitätsvermittlung.

Neben diese Herstellerverantwortung muß aber auch eine **Konsumentenverantwortung** gestellt werden. Beim Verbraucher liegt die letztendliche Entscheidung darüber, ob und wie ein Produkt eingesetzt wird. Fragen des Konsumverhaltens, des Umgangs mit den Produkten und des persönlichen Verhaltens sind hier angesprochen. Die dadurch gesetzten Grenzen sind jedoch – wenn überhaupt – nur langfristig veränderbar. Ein typisches Beispiel: Die „Verpackung" wurde in den letzten Jahren

schnell als Ursache des Umweltproblems festgemacht und nicht das „Verbrauchen von Waren".
Umweltbewußtsein ja, aber es darf die Lebensqualität nicht berühren.

„Wenn wir die Umwelt deutlich weniger belasten wollen, dann geht es nicht nur darum, ob man das gute Leben etwas anders organisiert. Unser ganzer Lebensstil muß bescheidener werden. Die Werbebotschaften vom Genuß ohne Reue sichert den Seelenfrieden, aber sie täuscht uns." (Steger, 1995, S. 38)

Wir haben bereits angesprochen, daß es ein frommes Wunschdenken ist anzunehmen, der Wechsel zu umweltgerechteren Produkten würde trotz steigender Konsumansprüche unsere Umweltprobleme lösen. Änderungen in der Lebensweise des **industrialisierten Nordens** (der 80% der Ressourcen verbraucht und auf den als Verursacher 80% der Umweltschäden entfallen) sind unausweichlich. Es geht um Fragen des Wissens (Informiertsein), des Lernens (Einsicht, Einstellungen) und letztendlich des Wollens (Verhaltenskomponente). Etwa durch:

- den Zwang über ordnungspolitische **Druckmittel** (Verbote, Auflagen etc.)
- den Zwang über den **Geldbeutel** (wird der Verbraucher zunehmend mit dem „wahren" - i.S. des ökologischen - Preis eines Produktes konfrontiert, bei gleichzeitigem Kaufkraftverlust weiter Bevölkerungskreise, werden Formen des Leihens/Teilens/Mietens etc. „notgedrungen" interessanter werden)
- ökonomische **Anreize** sonstiger Art (Zuwendungen etc.)
- Maßnahmen der **Umweltbildung**
- handlungsorientierte **Lernprozesse** (persönliche Erfahrung),
- Instrumente der **Information**, Beratung und –aufklärung (insbesondere durch Verbraucherverbände)
- umweltpädagogische **Erziehung** in der Schule
- kommunikativen **moralischen Druck** zur Verhaltensänderung: Zeigen, daß ein bestimmtes „falsches" Verhalten mit seinen Folgen nicht nur dem Einzelnen, sondern direkt anderen bzw. dem Gemeinwohl schaden kann - so konnte dies etwa der amerikanischen Bevölkerung beim passiven Zigarettenkonsum kommunikativ klar gemacht werden, mit entsprechenden dramatischen Verbrauchsveränderungen.

„So lange in den Köpfen der Menschen und in ihrem alltäglichen Verhalten Wachstum mit materiellem Wohlstand identisch ist, ist eine ökologische Wirtschaftsweise nicht möglich."
(Schmidt-Bleek, 1994, S. 190)

Die heutige Ökonomie hat im Urteil einiger Kritiker den Begriff des Bedürfnisses auf den Begriff des **materiellen** Bedürfnisses eingeebnet und den Menschen auf die reine Erwerbsdimension reduziert.

„Die überwiegende Zahl der Bürger schließt zwar Lebensversicherungen ab oder ist aus Angst vor Krankheit und Leid auch in ihrem Eß-, Trink- und Rauchverhalten vernünftiger geworden, also vorbeugender, aber nur ein kleiner Bruchteil ist willens und in der Lage, selbst an der Zukunft mitzukonstruieren und einen Teil seiner Kraft und Zeit in die Zukunftsgestaltung einzubringen. Die meisten Menschen leben in einem Zustand der umfassenden Konsumorientierung, der Fixierung auf den Besitz von Gegenständen, die allein durch ihre Gegenwart den Alltag dominieren, des neurotischen Strebens nach Reichtum." (Krauch, 1997, S. 50)

Pleonexie
„ ... Bedürfnis, sich hervorzutun und aufzufallen." Bei den alten Griechen = Mehrhabenwollen, Begehrlichkeit, Habsucht, Vergrößerungssucht, Anmaßung (Max Scheler)
„Die Pleonexie ist wie eine Krankheit. Sie durchwächst die ganze Gesellschaft."

(4) Ausweg: Neue Konsumleitbilder (Nachhaltiger Lebensstil)

„Konsumieren ist eine Form des Habens, vielleicht die wichtigste in den heutigen ‚Überflußgesellschaften'; Konsumieren ist etwas Zweideutiges. Es vermindert die Angst, weil mir das Konsumierte nicht weggenommen werden kann, aber es zwingt mich auch, immer mehr zu konsumieren, denn das einmal Konsumierte hört bald auf, mich zu befriedigen. Der moderne Konsument könnte sich mit der Formel identifizieren. Ich bin, was ich habe und was ich konsumiere." (Fromm, 1976, S. 37)

Bei der Diskussion eines „**nachhaltigen**" **Lebensstils** tauchen in vielen Veröffentlichungen Forderungen nach einer „intelligenten Selbstbeschränkung" (Offe), einem „Weniger ist manchmal mehr" (Schmidbauer) oder nach einer „Kultur des Genug" (Ax) auf. Die Forderung nach **Verzicht** (als teilweiser oder gänzlicher Verzicht auf ein Produkt/eine Funktion) erscheint vielen innerhalb unserer gegebenen kulturellen Bezugsmodelle („Wachstum = Wohlstand", Statussymbole, genußorientierte Erlebnisgesellschaft etc.) unrealistisch und ökonomisch auch gar nicht wünschenswert (Arbeitsplatzverluste usw.). Zudem wird Bedarfsreduzierung als sog. Null-Option fälschlicherweise mit Wohlstandsreduzierung gleichgesetzt.

Wenn's schmerzhaft wird, sind Verzichtsforderungen politisch weder national noch global durchsetzbar. Die Sprache der **Selbstbeschränkung** (oder Moral i. S. eines „Rettet unseren Planeten") wird u.E. weitgehend ungehört verhallen. Sehr kritisch das Urteil von Zinn (1995, S. 31), der den Übergang zur mehr immateriellen Bedürfnisbefriedigung und den Verzicht auf rein quantitatives Wachstum fordert.

„Wirtschaftswachstum und Bewahrung der natürlichen Umwelt stehen in fundamentalen Widerspruch zueinander. Nach aller menschlichen Voraussicht wird es in absehbarer Zukunft nicht möglich sein, diesen Widerspruch - etwa durch umweltschonende Technik - aufzuheben. Wenn daher der Umwelterhaltung Priorität gegeben werden soll, so ist Verzicht auf Wachstum, und zwar in erster Linie in den entwickelten Volkswirtschaften, unabdingbar. Diese Konsequenz erscheint hart und unbequem, weil Wachstumsverzicht im Allgemeinen als Verzicht auf Wohlstandssteigerung verstanden wird."

Pfriem zeigt (1993, S. 96), wie sich die **umweltpolitische Diskussion** in dreifacher Hinsicht fortentwickeln muß: Wir müssen

- von einer umwelttechnischen, emissionsbornierten Sichtweise zu einer sozialökologischen Betrachtung kommen, die die gesellschaftlichen Funktionen der hergestellten Güter und Dienstleistungen thematisiert;
- von der Anschauung der Natur als Sack von Ressourcen, die den Eindruck erweckt, als kämen wir mit Einsparstrategien aus, wegkommen hin zu einer mit Szenarien und alternativen Entwicklungspfaden operierenden Strategie des ökologischen Strukturwandels;
- von einer Ökonomie des Überlebens, die uns jetzt ständig das (allzu pragmatische) Argument sagen läßt, Unternehmen könnten nur in einer intakten Umwelt überleben, vorankommen zum praktischen gesellschaftlichen und politischen Diskurs über die Frage: Wie wollen wir in Zukunft leben?

Die von Papanek in den 70er Jahre gestellten Fragen nach dem, was Menschen wirklich brauchen,
- was Menschen wirklich wollen und
- was man Menschen einredet,
- was sie brauchen wollen,
haben von ihrer Gültigkeit nichts verloren.

In Teilbereichen erscheint jedoch zumindest ein **teilweiser** Verzicht und ein qualitativ orientiertes Konsumverhalten erreichbar, wenn der Gesellschaft innerhalb eines neuen kulturellen Szenarios klar wird, daß

- der Lebensstandard bzw. die Lebens-„Qualität" neu definiert werden muß, denn es geht keineswegs nur um die Frage des Einkommens und des quantitativen Konsums, sondern auch um ideelle, immaterielle Bedürfnisse, Sinnesreichtum, moralische, kulturelle und geistige Werte, schöpferische Entfaltung, Selbstverwirklichung etc; wenngleich eine Einigung darüber, was unter Lebensqualität zu verstehen ist (oder was ein „richtiger" Lebensstil ist), nicht möglich erscheint;
- eine Verringerung des quantitativen Konsums Mehrgewinn an anderer Stelle mit sich bringen kann (mehr Freizeit, weniger zeitlicher/mentaler Stress, Stille, Raum, bessere Luft, Zufriedenheit durch Aktivitäten im kulturellen oder ehrenamtlichen Bereich usw.);
- es nicht um einen Totalverzicht, sondern nur um die maßvolle Beschränkung eines Bedürfnisses geht (dadurch weniger Überflüssiges, Ungesundes, Nicht-Finanzierbares usw.);
- einige Formen ökologisch wünschenswerter Langlebigkeit- oder Nutzungsstrategien keinesfalls mit einer Reduzierung des Bedürfnisniveaus einhergehen müssen (z.B. Erhaltung der Mobilität durch Car-Pools-/Leasing/Sharing);

- dort, wo die natürlichen Lebensgrundlagen des Menschen zerstört werden, von Lebensqualität keine Rede mehr sein kann;
- der „Verzicht" auf Wegwerfmentalität und banale „Kaufreiz-Ästhetik" der maschinellen Fertigung von Billigprodukten oder Imitaten zu einer neuen Wertschätzung von Handwerk, Kunst etc., zu einer veränderten „Produktkultur", zu mehr persönlichem Geschmack und die Freude am zeitlosen Stil/Design zu einem gestalterischen/ästhetischen/kulturellen Gewinn führen wird;
- Umweltschutz eingebettet ist in die prinzielle Frage, was wir unter einem „guten" Leben, einem „buona vita" verstehen, also einem Leben im Einklang mit sich selbst und der Mitwelt.

Für das Institut für Markt-Umwelt-Gesellschaft (1997) erscheint es überlegenswert, ob Politikbereiche und Wissenschaftsdisziplinen, die an der Umsetzung der Zielperspektive „Nachhaltigkeit" mitwirken, die bisherige Neutralität gegenüber jeglichen Konsumstilen und Präferenzen der Konsumenten aufgeben und aus Verantwortung für die gesellschaftlichen und ökologischen Ziele zur bewußten Förderung von sozial und ökologisch verantwortlichen Konsumverhalten und Konsumstilen beitragen sollen.

Als grundlegende Vision und übergeordnetes Zielkonzept wird ein **Sustainable Consumption** als ein neues, allgemeines Konsumleitbild gefordert, das

- eine Integration sozialer und ökolgischer Maßstäbe leistet,
- Lebensqualität, Wohlstand und Zufriedenheit nicht ausschließlich mit einem vermehrten Güterverbrauch verbindet,
- Prinzipien einer ökologischen Kreislaufwirtschaft beim Kauf, der Verwendung und Entsorgung von Produkten beachtet,
- höhere Preise für Konsumgüter und -leistungen akzeptiert, die durch soziale und ökologische Kosten zustande kommen Konsumenten ihre Kaufentscheidungen in einen breiteren gesellschaftpolitischen Kontext stellen und ihre Einflußmöglichkeiten auf das sozialökologische Verhalten der „Unternehmen" ausdehnen.

Als **Voraussetzungen** für ein ethisches Konsumverhalten, also die Umsetzung dieses Leitbildes in reale Konsumhandlungen, werden genannt:

- Existenz ethischer konsumbezogener Einstellungen
- persönliche Betroffenheit
- Wissen, Information als Handlungsvoraussetzung
- wahrgenommene Eigenverantwortlichkeit
- wahrgenommene Konsumenteneffektvität
- das Vorhandensein von Handlungsanreizen
- Handlungsalternativen u.a.m.

Scherhorn (1997, S. 38f.) beschreibt verschiedene Stufen der Konsumenten-**Souveränität** (siehe Abb..182, aus Hopfenbeck/Kodolitsch-Jonas, 1999). Das Wuppertal-Institut bezeichnet diese neue ökologisch orientierte Qualität des Konsumierens als „**öko-intelligenten Konsum**": Damit wird ein „neues Verständnis von Wohlstand bezeichnet, das nicht auf materiellem Besitz fußt, sondern das ressourceneffiziente Nutzen von Gütern (Produkten, Infrastrukturen, Dienstleistungen) in den Vordergrund stellt. Ökologisches Konsumieren bedeutet dann, bei jeder Konsumentscheidung diejenigen Strategien zu wählen, welche die zur Bedürfnisbefriedigungen nötigen Dienstleistungen, im Sinne von Funktionseinheiten, mit dem geringsten Verbrauch an Material und Energie zur Verfügung stellen, d.h. die geringsten Stoffströme verursachen." (Tischner, 1997, S. 83)

Wir zeigten viele einzelne Handlungsmöglichkeiten beim Konsum innerhalb der zwei Stufen der Effizienz- und Suffizienzrevolution. Innerhalb seines Lebensstils wird ein umweltbewußter Verbraucher je nach Bedürfnis bzw. jeweiliger Kaufentscheidung freiwillig ein individuelles „**Mix**" einsetzen, d.h. mehrere Möglichkeiten „parallel" nutzen: So wird er in einem Fall bewußt ein „Ökoprodukt der 2. Generation" bevorzugen, ein andermal sich den nur einmal im Jahr benötigten Bohrer ausleihen, seine Mobilität u.a. auch durch Car-Sharing sichern oder bewußt auf eine Kurzreise verzichten.

Wahl zwischen verschie-denen Marken eines Produktes	Wahl zwischen verschiedenen Systemen der Zurverfügung-stellung (statt Produkte Dienstleistung, statt Kauf Leihen/Mieten/Teilen)	Wahl zwischen Konsum und Nulloption (benötige ich das Produkt, die Funktion überhaupt?)

Begründung einer individuellen Verantwortung des einzelnen:
Ökologisch intelligenter Konsum:

- Bei jeder Konsumentscheidung ist diejenige Strategie zu wählen, die die zur Bedürfnis-befriedigung nötigen Dienstleistungen i.S. von Funktionseinheiten mit dem geringsten Ver-brauch an Material und Energie zur Verfügung stellen kann.

- Innerhalb der Stufen Effizienz- und Suffizienzrevolution hat der Konsument viele Handlungs-möglichkeiten.

- Innerhalb seines Lebensstils wird ein umweltbewußter Verbraucher je nach Bedürfnis ein indi-viduelles Mix einsetzen.

Abb. 182: Konzept des Sustainable Consumption und öko-intelligenter Konsum

Die individuelle Verantwortung des Einzelnen wird von einigen Autoren relativierend interpretiert. So spricht Dahl (1990) von der **Ohnmacht** des Konsumenten, er hält es für eine Illusion, auf der Ebene des individuellen Verzichts zu beginnen, und vergleicht die Mahnung, daß Umweltschutz beim individuellen Konsum beginne, mit dem zynischen Hinweis für einen Gefesselten, er habe doch immerhin die Möglichkeit, mit den Augendeckeln zu klappern.

„In der Tat scheint es absurd, vom einzelnen Konsumenten die Lösung zu erwarten, indem er einfach nicht mehr Auto fährt, kein Spray mehr gebraucht und keine Aluminiumdosen kauft (...) Individueller Verzicht ist nicht deshalb angreifbar, weil er wenig bewirkt, und auch nicht deshalb, weil er mißbraucht werden kann, um die eigene Verstrickung zu verbergen (...) Ich sehe solche kleine Entscheidungen als Möglichkeiten an, sich der Situation bewußt zu werden, in der wir leben, und sich auf die große Veränderung vorzubereiten, die endlich einschneidende politische Maßnahmen erzwingen wird." (Schmidbauer, 1997, S. 16)

Sicherlich hängt das Erreichen bestimmter gesellschaftlicher Zielvorstellungen wie etwa Nachhaltigkeit

- nicht von einem Einzelnen allein ab, sondern von kollektiven Maßnahmen (so wird bei Kollektivgütern auch derjenige, der sein falsches Verhalten beibehält, für das gute Handeln anderer belohnt – Free-rider- Effekte/ Trittbrettfahrer-/Schwarzfahrerphänomen).
- Veränderte ökologische Rahmenordnungen und ökologisch wahre Preise, die als Knappheitsindikator dienen, sind unerläßlich; aber letztlich wird u.E. nur die **Änderung des individuellen Verhaltens** entscheidend zur Verbesserung unserer Umwelt beitragen.

Auch Schmidbauer betont in seinen Werken immer wieder, daß wir selbst, „in jedem einzelnen Konsumakt mindestens ebenso verantwortlich für die Zerstörung der Umwelt sind wie die Industriebosse und Manager, die Abwässer in die Flüsse pumpen und Staub in den Himmel blasen. Denn für diese Manager ist der Absatz gerade ihres Produktes viel wichtiger, als es für uns ist, eben dieses Produkt zu kaufen" (1997, S. 122f.).

Er skizziert eine **Ethik des Konsumverzichts** als eine realistische Utopie. Diese Ethik, die das Überleben des Menschen auf dieser Erde ermöglichen soll, muß radikal sein, heutige Maßnahmen (wie z.B. „Kaufen Sie kein Bier in Dosen", „Machen Sie einen Abgastest") sind für ihn lächerlich bescheiden. In seiner Ethik des Konsumverzichts muß grundsätzlich jeder Kauf zu einer spezisch ethischen Frage werden, denn jeder Konsumartikel ist ein Mosaikstein in dem Moloch Umweltverschmutzung. Damit wird die Frage „Soll ich dieses Produkt kaufen?" vor allem ein moralisches Problem. Notfalls darf (und muß) für ihn ein Konsumverzicht auch erzwungen werden (etwa über rigorose Besteuerung), wo die Freiheit anderer Menschen angetastet wird. Nur der Konsumverzicht beseitigt die Ursachen der Schäden (denn der Einbau eines „Katalyators" z.B. verhindert nicht die Verkehrstoten/-verletzten, den weiteren Straßenausbau, die Gesundheitsbeeinträchtigungen durch Bewegungsmangel usw.).

Wir seien längst zu viele Menschen, um uns eine andere Ethik überhaupt noch leisten zu können. Ähnlich argumentiert das Institut für Markt-Umwelt-Gesellschaft (1997): Bei Anerkennung des **Sustainability-Gebotes** ist nur ein langfristig tragfähiger Konsumstil moralisch legitim. Dies erfordert die Entwicklung eines neuen Konsumleitbildes. Wie schwer aber Verhaltensänderungen zu erreichen sind (etwa Verringerung der individuellen Mobilität), zeigen die seit Jahren wieder steigenden Fahrleistungen.

Für Ulrich (1997, S. 208) hat sich eine vernünftige gesellschaftliche Wirtschaftsweise grundsätzlich an ihrer **„Lebensdienlichkeit"** zu orientieren (wobei aus der Sicht seiner „integrativen Unternehmensethik" die begründende Lebensdienlichkeit der unternehmerischen Wertschöpfungsidee kategorisch **Vorrang** vor der betriebswirtschaftlichen Erfolgsträchtigkeit hat). „Die Wirtschaft ist stets nur Mittel im Dienst höherer, buchstäblich **vitaler** Zwecke. Und diese sind, wenn sie sinnvoll sein sollen, nur aus dem Ganzen einer subjektiv richtigen, kultivierten Lebenspraxis bestimmbar. Das Wirtschaften selbst ist somit

- auf persönlicher ebenso wie auf gesellschaftlicher und wissenschaftlicher Ebene,
- letztlich stets als eine geschichtlich gewordene, immer wieder auf sich verändernde Sinnhorizonte auszurichtende Kulturleistung zu reflektieren." (ebd., S. 208)

Er untergliedert die **Sinnfrage** – im Lichte des für einen kulturellen Lebensentwurfs maßgeblichen Leitbilds des **„guten Lebens"** (oder der Lebensqualität) – in den

- elementaren Sinn des Wirtschaftens (= Ökonomie des Lebensnotwendigen, d.h. die Sicherung der menschlichen Lebensgrundlagen) und den
- fortgeschrittenen Sinn des Wirtschaftens (= Ökonomie der Lebensfülle, d.h. Erweiterung der freien kulturellen Entfaltungsmöglichkeiten des Menschen und persönliche Sinnfindung unter den Bedingungen der Selbstbehauptung im Wettbewerb), denn nicht „die unreflektierte, endlose Steigerung der Quantität der verfügbaren Güter, sondern die Emanzipation des Menschen aus den Notwendigkeiten der bloßen Existenzsicherung macht kulturell Sinn." (ebd., S. 214)

Bei dem z.Z. gegebenen Umweltbewußtsein eine Neuorientierung von **Lebensstilen** in Richtung eines wünschenswerten „umweltbewußten" Konsumleitbildes in der von uns beschriebenen Weise bald zu erwarten wäre sehr optimistisch. Lebensstile hängen ja auch untrennbar zusammen mit anthropologischen Grundannahmen, von Kriterien wie die Identität einer Person, ihrem Gefühl für Ästhetik und Geschmack, ihrem gesellschaftlichen Status etc. „Lebensstile sind keine Oberflächenphänomene, sondern relativ tiefsitzende, mit der sozialen und psychischen Identität von Menschen verbundene Formen der Lebensführung und des damit verbundenen Weltbildes, Wertmuster und Einstellungen." (Reusswig, 1994, S. 125)

Wie Scherhorn zeigt, kann die Entfaltung der inneren Kräfte, ein intrinsisch motiviertes produktives (Eigen-)Handeln (also aktiv „tätig" sein), das zu **immaterieller** Erfüllung führt, zwar auch „mit Hilfe" des Konsums, aber nicht allein „durch" diesen ermöglicht oder erleichtert werden. Eine selbstkritische Reflexion, die es dem Menschen erlaubt, seine Begehrlichkeit auf das für seinen Lebenssinn Wesentliche und Dienliche (und nicht die Konsummaximierung) zu begrenzen, einen in diesem Sinne wählerisch kultivierten, maßvoll begrenzten Konsum, der seinen Beitrag zum guten Leben leistet, fordert auch Ulrich (1997, S. 215).

„Das potentiell grenzenlose Bedürfnis nach äußerer Konsumbefriedigung verliert in dem Maße seine ‚zwingende' Bedeutung für unsere Lebensqualität, wie in deren Zentrum die wahrlich befreiende Erfüllung in aktivem, sinnhaftem Tätigsein rückt. **Sinn aus innerer Freiheit** und autonomer Selbstbestimmung zu gewinnen erfordert allerdings – neben der Sicherung der existenziellen Lebensgrundlagen – ein entwickeltes Vermögen der Wahl des für einen selbst Zuträglichen und Wohltuenden aus der Vielfalt der Optionen in der verheißenen ‚Multioptionsgesellschaft'. Ein in diesem Sinne wählerisch kultivierter, maßvoll begrenzter Konsum kann durchaus seinen Beitrag zum guten Leben leisten ...“

„Daß einzelne, bedeutungslose Teile des Systems fähig sind, innezuhalten, umzukehren, bescheidener zu werden, darf uns nicht darüber hinwegtäuschen, daß das ganze System sich in eine andere Richtung bewegt und darin wider das bessere Wissen des Wissenden auch fortfährt. Es ist eine Aufgabe ohne viel Hoffnung, daran etwas zu ändern – ähnlich aussichtsreich wie ein Wettrennen zwischen einem Porsche und einem Fahrrad. Wir können nur warten, bis dem Porsche das Benzin ausgeht.“ (Schmidbauer, 1997, S. 212)

In den USA sind z.Z. zwei soziale Bewegungen von Interesse, wenn es um die Frage der Neudefinition der Lebensqualität bzw. des „guten Lebens" geht:

- Bewegungen zum „einfachen Leben" (Simple Life etc.)
- Bewegungen zu mehr Bürgersinn (Communitarians)

Unter dem Namen **Communitarians** („Gemeinschaftler") wird eine Abkehr von der ungezügelten Gier nach Geld und die (weitgehend freiwillige) Rückkehr zu moralischen Werten und eine Revitalisierung gemeinschaftsorientierter Einstellungen gefordert. Etzioni spricht von einer „Verantwortungsgesellschaft", die ein Gleichgewicht finden will zwischen universalen individuellen Rechten und dem Allgemeinwohl. Kommunitaristen setzen anstatt Druck oder Zwang weitgehend auf den moralischen Dialog, Erziehung und Bildung zur Stärkung der gesellschaftlichen Grundlagen.

„Deshalb lautet die entscheidende Frage für eine anstehende Erneuerung: Wie weit vermag die Gesellschaft ein politische und unternehmerische Vorgehensweise zu tolerieren, die den ökonomischen Interessen ungezügelte Priorität einräumt und die globale Wettbewerbsfähigkeit zu stärken sucht, ohne die moralische Legitimität der sozialen Ordnung zu untergraben?“ (Etzioni, 1997, S. 122)

Zu den kommunitaristischen **Optionen**, die in Erwägung zu ziehen sind, gehören (ebd., S. 122ff.):

- Das Tempo der Anpassungsprozesse, die die Globalisierung mit sich bringt, muß verlangsamt werden
- Gemeinschaftsjobs
- Arbeitsplatzteilung und verstärkte Arbeitsplatzsicherung
- Soziale Grundlagen
- Freiwillige Bescheidenheit im Konsum (mehr Beachtung jener Quellen der wirklichen Zufriedenheit, die keine intensive Ausbeutung der Ressourcen zur Bedingung haben, wie der kulturelle Bereich, das Familienleben, ehrenamtliches Engagement und transzendentale Ideen)

Für Nickel (1997) gilt: „Wer für sich lebt, muß sozial leben. Oder kürzer: Ohne ich kein wir." 80 Mio. Amerikaner sind nach einer US-Studie als freiwillige Helfer aktiv. Rund 45 % aller US-Bürger über 18 Jahre übernehmen Aufgaben im vielschichtigen Sozialbereich. Fünf Stunden pro Woche widmet durchschnittlich jeder Freiwillige im Kernland der Individualisierung sozialen Diensten. Auch in Deutschland ist die oft beklagte Erosion der Gemeinschaftswerte nicht feststellbar – wie ein Bericht der Zukunftskommission (1998) zeigt, sind ca. 16 Mio. ehrenamtlich (**„bürgerschaftlich"**) engagiert. So sind z.B. in München zahlreiche ökologische Initiativen im sog. Agenda-21-Prozeß zusammengefaßt.

V. Organisatorische Gestaltungsaspekte des Umweltgedankens

1. Organisation der Struktur

Bei der innerbetrieblichen Organisation des Umweltschutzes ist neben den normalen Kriterien zur Gestaltung der Aufbau- und Ablauforganisation insbesondere der in Deutschland in bestimmten Fällen geforderte „**Betriebsbeauftragte für Umweltschutz**" zu berücksichtigen (vgl. Oppermann, 1993). Antes (1994, S. 25) spricht von der „Fremdorganisation durch den Staat" und skizziert Organisationskonflikte zwischen der gesetzlichen Minimalauslage und der Prävention und schlägt ein „Organisationsmix" vor. Da wir Umweltschutz als eine integrale Managementaufgabe verstehen, die ein ganzheitliches strategisches Denken erfordert, sind in einem zweiten Schritt notwendige Änderungen der Organisationskonzepte aufzuzeigen.

Wird die Funktion „Umweltschutz" von einer selbständigen Stelle wahrgenommen, kann dies

- durch eine **Stabsstelle** oder
- durch eine **zentrale Abteilung** mit Leitungscharakter

vollzogen werden. Die individuell verschieden getroffene Gestaltungsform wird von der jeweiligen betrieblichen Organisationsumwelt geprägt (vgl. im einzelnen die Organisationsmodelle bei Schreiner, 1993, S. 317ff.; Seidel, 1990, S. 222ff; S. 337f.).

Die erste Möglichkeit wird vor allem für den mittelständischen Bereich in Betracht kommen; in vielen Fällen wird diese Aufgabe verlagert auf **externe** Berater. In Großunternehmen wird eine zentrale Instanz für den Umweltschutz in Verbindung mit benachbarten Funktionen wie Technische Sicherheit (Siemens), Arbeitssicherheit (BASF) und Energie (Philips) vorhanden sein.

Während Stabsstellen generell mit einem Akzeptanzproblem zu kämpfen haben, können Zentralstellen der Gefahr einer Schwerfälligkeit oder des Formalismus erliegen. Bei Großunternehmen ist eine Ergänzung der Zentralabteilung durch dezentrale Organisationsstrukturen zwingend.

a) Kombination von Macht- und Fachpromotor

Witte unterscheidet bei Verhaltensbarrieren zwischen Willensbarrieren (d.h. persönlichen Widerständen gegen Neuerungen) und Fähigkeitsbarrieren (z.B. Unsicherheiten wegen fehlender Informationen). Zur Überwindung dieser Barrieren skizziert er spezielle „Promotoren", nämlich einen **Machtpromotor** bei den Willensbarrieren und einen **Fachpromotor** bei den Fähigkeitsbarrieren (zum Promotorengespann siehe allgemein Hauschildt/Schmidt-Tiedemann, 1993; zu Schwachstellen des Konzepts siehe Wicher, 1995). Hallay/Priem (1993) schlagen vor, daß die nach gesetzlichen Vorschriften berufenen Betriebsbeauftragten als Fachpromotoren dienen, die Geschäftsführung zumindest in einer Person als Machtpromotor und Öko-Controlling als personale Funktion im Sinne eines **Prozeßpromotors** ausgelegt wird.

b) Einbindung ökologischer Aspekte in Aufgabenbereiche/Stellenbeschreibungen

Mit Ausnahme der speziellen Umweltschutzinstitutionen wie Betriebsbeauftragte **fehlt** ökologisch verträgliches Verhalten als Aufgabenmerkmal in den Stellenbeschreibungen der meisten Unternehmen. Die Organisation des Umweltschutzes im Sinne einer ökologischen Unternehmensführung berührt aber nicht allein die Aufgabenbereiche speziell für den Umweltschutz zuständiger Mitarbeiter (vgl. Ellringmann, 1995, S. 25f.). Sollen ökologieorientierte Handlungsweisen in alle Funktionsbereiche des Unternehmens integriert werden, so müssen sie sich auch als **Zieldefinitionen** in den Stellenbeschreibungen zumindest der Führungskräfte wiederfinden.

Die Einbeziehung ökologischer Aspekte in die **Ablauforganisation** erfolgt in der Regel in Form von veränderten Stellenbeschreibungen und Organisationshandbüchern, in denen unter anderem das Prioritätengeflecht zwischen Rentabilität, Kostensenkung und ökologischen Zielen handlungsleitend erläutert sein muß. Kaufhof nimmt z.B. in die Stellenbeschreibungen aller Führungskräfte die Verpflichtung auf das Umweltleitbild auf. Einige Unternehmen haben den Umweltschutzgedanken in **Arbeitsverträge** integriert.

c) Der Betriebsbeauftragte für Umweltschutz

Bisher ist die institutionelle Wahrnehmung der ökologischen Interessen in der Organisationsstruktur der Unternehmung in der Bundesrepublik Deutschland nur auf bestimmte, gesetzlich gebotene Sonderfälle beschränkt, z.B.

- Immissionsschutzbeauftragter (nach BImSchG §§ 53ff.)
- Gewässerschutzbeauftragter (nach WHG §§ 21a ff.)
- Betriebsbeauftrager für Abfall (nach AbfG §§ 11a ff.)

In enger Verbindung dazu existiert bereits seit vielen Jahren der Sicherheitsbeauftragte für den Bereich der betrieblichen Arbeitssicherheit. Adams sieht durch die Institutionalisierung von immer mehr Regelungen im Unternehmen bereits die Gefahr eines **„Beauftragtenunwesens"** (zu den „Betriebsbeauftragten" aufgrund dieser gesetzlichen Bestellpflicht siehe im einzelnen Artischewski, 1999; S. 5ff.; Bauer, 1999, S. 10ff. Adams, 1990, S. 392): „Wenn beispielsweise ein Trafo mit PCB-Öl (bei Brand, das heißt bei Temperatur über 800 Grad Celsius, entsteht Dioxin) transportiert werden soll, so muß sich der bedauernswerte Mitarbeiter der Fachgruppe, der den Transport des Transformators veranlaßt, zusammenraufen mit dem Fuhrparkleiter, mit dem Abfallbeauftragten, mit dem Umweltschutzbeauftragten, mit dem Gefahrguttransportbeauftragten und mit der Rechtsabteilung des Unternehmens, gegebenenfalls auch mit ‚qualifizierten Auftragnehmern', die er auch noch überwachen muß. Alle Beteiligten sind durch Verordnungen von Bußgeldern bedroht" (ebd., S. 390).

In der Praxis wird die personelle Bestellung dieser durch Rechtsnormen geforderten Betriebsbeauftragten unterschiedlich gehandhabt. Entweder werden die Aufgaben von mehreren Personen getrennt durchgeführt, oder, der häufigere Fall, es wird ein Mitarbeiter mit der Wahrnehmung aller drei Aufgabenbereiche beauftragt (vor allem in der chemischen Industrie hat sich für diese Zusammenfassung in einer Person die Bezeichnung Umweltschutzbeauftragter durchgesetzt). Häufig wird er nicht als eigenständige Stelle ausgewiesen, sondern in die Linienverantwortung mit eingebunden.

Da vom Gesetzgeber keine operative Zuständigkeit vorgeschrieben ist, läßt die innerbetriebliche Organisation eine Zuordnung des Betriebsbeauftragten in verschiedenen **hierarchischen Ebenen** zu:

- entweder eine unmittelbare Unterstellung unter die Geschäftsleitung,
- eine direkte Unterstellung unter eine Betriebsleitung (mit unmittelbarem Zugang zur 1. Ebene)
- oder an anderer Stelle mit Zugang zur Betriebs- oder Geschäftsleitung.

Mit Zustimmung der Behörde kann diese Aufgabe auch an **externe** Stellen übertragen werden. Die Union der Leitenden Angestellten (ULA) hält eine angemessene Stellung des Beauftragten in der Unternehmenshierarchie für erforderlich – dies bedeutet i.d.R. eine direkte Unterstellung unter die Unternehmens- bzw. Werksleitung.

Die **Aufgaben** des Betriebsbeauftragten bestehen vor allem darin,

- die Entscheidungsträger zu beraten und zu informieren (insbesondere auch bei neuen Investitionsvorhaben),
- die Einhaltung der Vorschriften zu überwachen (und Mängel mitzuteilen),
- die Unternehmensleitung vor Haftungsrisiken zu bewahren,
- die Mitarbeiter aufzuklären und zu motivieren,
- Verbesserungsvorschläge zu unterbreiten,
- über Maßnahmen zu berichten.

Der Betriebsbeauftragte für den Umweltschutz hat i.d.R. keine Weisungsbefugnis gegenüber der operativen Linie (jedoch häufig bei Betriebsstörungen), d.h., er hat nur **Beratungskompetenz** und ein Vortragsrecht beim Vorstand bzw. der Werksleitung; die Verantwortung und die Entscheidungsbefugnisse der Unternehmensleitung beschneidet er nicht. Sein Anforderungsprofil muß deshalb in hohem Maße von der Fähigkeit zur Teamarbeit, der Überzeugung und der Konsensfindung gekennzeichnet sein, sowohl intern als auch extern im Kontakt mit den Behörden. In der Organisation der Unternehmen nimmt der Beauftragte eine **Sonderstellung** ein.

Schätzungen sprechen von rund 3.000 Betriebsbeauftragten für Umweltschutz, von denen 900 in dem seit 1988 bestehenden Verband der Betriebsbeauftragten für Umweltschutz (VBU), Essen, organisiert sind. Als Interessenvertretung will er den Erfahrungsaustausch fördern und die Tätigkeit unterstützen durch Beratung, Unterrichtung und Weiterbildung sowie Aufklärung der Öffentlichkeit. (vgl. Artischewski, 1999, S. 5)

Bei größeren Unternehmen sind verschiedene organisatorische Alternativen zur Erfüllung der gesetzlichen Vorschriften möglich. Es sind in der Regel auf Werks- oder Betriebsebene mehrere (haupt- oder nebenamtliche) Betriebsbeauftragte tätig; in der überwiegenden Anzahl der Fälle wird der Umweltschutz nur eine **Nebentätigkeit** zusätzlich zu einem bestehenden Aufgabenbereich sein. Auf der nächsten Ebene operieren und koordinieren die Konzernbeauftragten auf der geschäftsführenden Ebene.

Führungskräfte sind kraft ihrer Stellung „automatisch" auch für den Umweltschutz zuständig und für die Gewährleistung der gesetzlichen Bestimmungen verantwortlich. Dazu nominiert und bestellt der die unmittelbare Verantwortung für den Umweltschutz tragende jeweilige Fabrik- oder Werksleiter vor Ort den Betriebsbeauftragten und zeigt dies der zuständigen Behörde an. Bestellt werden darf nur, wer die erforderliche **Fachkunde** und Zuverlässigkeit besitzt (bestimmte Hochschulstudien und praktische Tätigkeit). Zur zivil- und strafrechtlichen Verantwortung des Betriebsbeauftragten für Umweltschutz siehe Salje (1993).

Die Novellierung des **§ 52a BImSchG** (Drittes Gesetz, 1990) hat die Organisationsfrage neu geregelt: Nach AbS. 1 muß der Betreiber einer genehmigungspflichtigen Anlage der Kontrollbehörde anzeigen, **wer** in der Geschäftsleitung die umweltrelevanten Pflichten wahrnimmt. (Organisationsverschulden). Abs. 2 beschreibt die „Mitteilungspflicht" zur Betriebsorganisation. Es muß mitgeteilt werden, auf **welche Weise** sichergestellt ist, daß die immissionsrechtlichen Anforderungen beachtet werden.

Eine Betrachtung des Umweltrechts zeigt eine Entwicklung der Vorgaben zur Organisation des betrieblichen Umweltschutzes in Richtung Prävention und Eigeninitiative (siehe Abb. 183, aus Schwaderlapp, 1999, S. 15). Die Organisation des betrieblichen Umweltschutzes wird derzeit entscheidend von normierten **Managementsystemen** (wie EMAS oder 14001) beeinflußt.

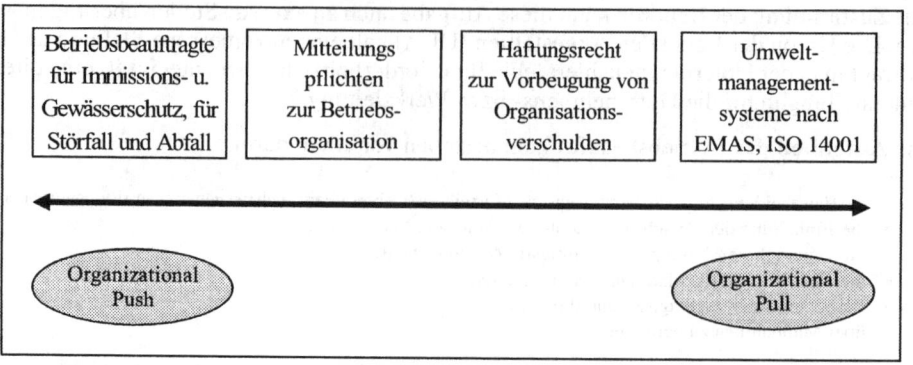

| Betriebsbeauftragte für Immissions- u. Gewässerschutz, für Störfall und Abfall | Mitteilungs pflichten zur Betriebs- organisation | Haftungsrecht zur Vorbeugung von Organisations- verschulden | Umwelt- management- systeme nach EMAS, ISO 14001 |

Organizational Push   Organizational Pull

Abb. 183: Rechtliches Spektrum zur Organisation des betireblichen Umweltschutzes

Obwohl derartige Systeme in der Literatur häufig dahingehend kritisiert werden, daß sie in ihrer starken Orientierung an formalisierter Dokumentation und ordnungsrechtlicher Handlungssicherheit nur einen geringen Teil ihres Innovationspotentials entfalten (dazu Antes, 1999, S. 22f.), um dem Anspruch der kontinuierlichen Verbesserung des betrieblichen Umweltschutzes voll gerecht zu werden, zeigt eines Studie von Schwaderlapp (dazu 1999, S. 14ff.), daß Formalisierung (durch die Kraft der Autorität) auch als Anschub und innovativer Impuls wirken kann, der zur Identifikation und Motivation der im Öko-Audit einbezogenen Mitarbeiter beiträgt; die organisatorische **Innovation** von Umweltmanagementsystemen besteht in den untersuchten Unternehmen in der Benennung von „Partnern" sowie in der Bildung von **sekundär**organisatorischen Gremien (Umweltzirkel, Arbeits- und Projektgruppen u.ä.; dazu Abb. 184, aus ebd., S. 17).

d) Der Umweltschutzbeauftragte

Der Betriebsbeauftragte für den Umweltschutz ist durch seine Fixierung auf den **technischen** Bereich (sprich: den nachsorgenden Reparaturbetrieb), seine Kontrollfunktion und seine Unterordnung zur Produktionsleitung für ein offensives, innovatives und integriertes Umweltschutzmanagement nur sehr bedingt als organisatorische Lösung zu betrachten (siehe dazu die empirische Untersuchung von Föste, 1994, S. 13; Burschel, 1995). Es bedarf verschiedener, organisatorisch z.T. neuartiger Formen, die ressortübergreifend optimale ökonomische und ökologische Lösungen zulassen. Die Verwirklichung einer umweltorientierten Unternehmensführung kann auf freiwilliger Basis entweder durch eine inhaltlich-qualitative Erweiterung bereits bestehender Aufbaustrukturen wie des Beauftragten oder eine zu schaffende zusätzliche Institution umgesetzt werden.

Umweltorientiertes Denken und Handeln braucht zur **bereichsübergreifenden Koordination** eine „institutionelle" Verankerung. Aufgabe dieser fachlich kompetenten Stelle „**Umweltschutzbeauftragter**", die ein professionelles präventives Umweltmanagement zu betreiben hat, ist es, betriebliche Entscheidungsprozesse ökologieorientiert zu unterstützen und in allen Funktionsbereichen methodische und instrumentelle Hilfestellung zu geben. Dazu bedarf es aber auch einer verstärkten **interdisziplinären Aus- und Fortbildung** dieses Beauftragten. Ein Beauftragter dieser geforderten Art sieht Umweltschutz nicht in isolierter Betrachtung mit einer technischen Brille, sondern als eine **innovative Querschnittsaufgabe**. Davon sind wir – bei realistischer Betrachtung – noch weit entfernt.

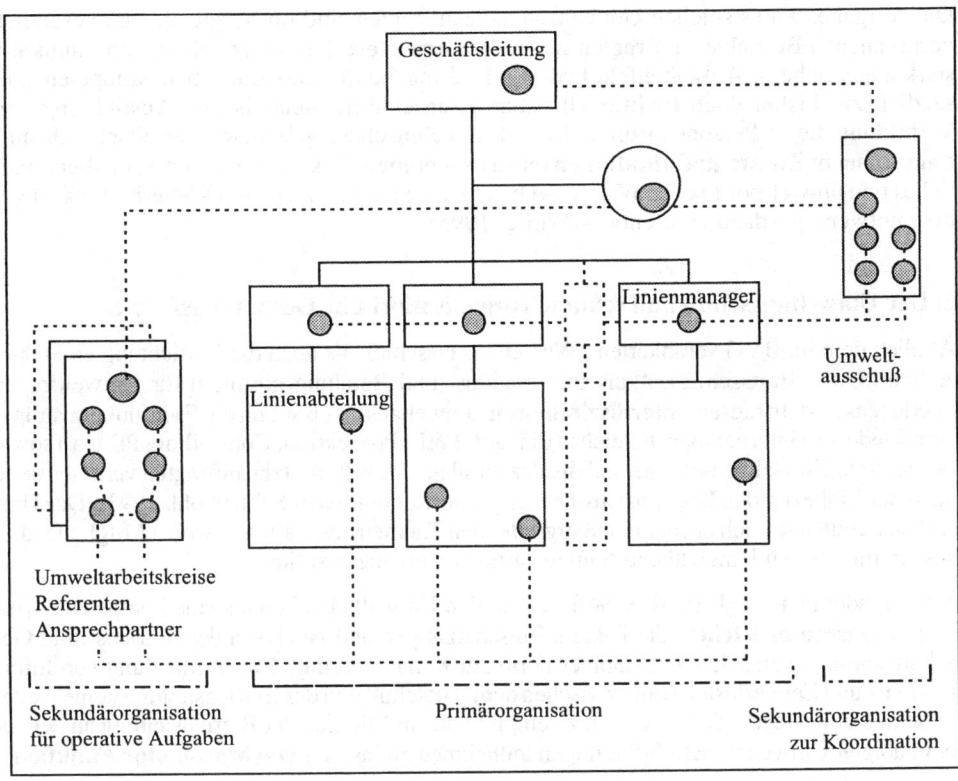

Abb. 184: Umweltmanagementsystem-Organigramm

Dieser **Berater, Stratege** und **Öko-Controller** hat u.a.

- den Umweltschutzgedanken als Querschnittsfunktion im Unternehmen zu fördern,
- bei der Konzeption und Entwicklung umweltfreundlicher Produkte und Verfahren zu beraten bzw. Innovationen im Hinblick auf Umweltschutzbelange anzustreben,
- die (technischen) Maßnahmen zur Verbesserung des betrieblichen Umweltschutzes zu planen und zu überwachen
- bei Entwicklungs- und Investitionsprojekten mitzuwirken
- die Kosten des Umweltschutzes zu erfassen und zu beurteilen
- Umweltvorschriften zu beurteilen und die Verwirklichung externer Auflagen sicherzustellen
- Fragen der Produkthaftung in den Griff zu bekommen
- ein ökologisches Controlling- und Informationsinstrumentarium aufzubauen und zu handhaben
- ökologische PR-Arbeit zu leisten
- Umwelt-Audits zu planen und zu begleiten
- im Sinne eines „Chance agent" zu wirken
- an der strategischen Planung beteiligt zu sein
- die Aus- und Weiterbildung ökologisch anzureichern.

Die Aufgaben eines solchen Umweltschutzbeauftragten sind im Vergleich zum gesetzlich vorgesehenen Betriebsbeauftragten wesentlich **erweitert**. Dieses vor allem kommunikativ stark angereicherte Aufgabenfeld bedarf u.e. dringend der ökonomischen Kompetenz zusätzlich zur bisher doch traditionell naturwissenschaftlich-technischen Ausrichtung und Vorbildung dieser Personengruppe. Der i.d.R. technisch ausgebildete Umweltschutzbeauftragte braucht **Zusatzqualifikationen** (etwa psychologisches, soziologisches, medienkundliches und umweltpolitisches Wissen), d.h., es sind geregelte Aus- und Weiterbildungsangebote notwendig. (dazu Hopfenbeck/Willig, 1995)

e) Der Umweltausschuß und sekundärorganisatiorische Gestaltungsformen

Ähnlich dem im BVG verankerten „Wirtschaftsausschuß" ist auch die Einrichtung eines speziellen **„Umweltausschusses"** als Informations- und Beratungsgremium für Umweltfragen überlegenswert. In diesem **interdisziplinären** Umweltausschuß sollen die Fachfunktionsträger verschiedener Unternehmensbereiche (Einkauf, F&E, Produktion, Controlling, PR u.a.) sowie der zentrale Umweltbeauftragte und die dezentralen Umweltschutzbeauftragten vertreten sein; auch der Einbezug des **Betriebsrates** erscheint notwendig (dazu Schlapkohl, 1993). Der Umweltausschuß wird sich primär mit übergreifenden Themen beschäftigen, wobei Mitglieder dieses Gremiums den Umweltbeauftragten partiell unterstützen sollten.

Sietz/Sondermann (vgl. 1990, S. 96ff.) sehen den Umweltausschuß als eine kompetente **„Informationssammelstelle"**, die Fakten, Einschätzungen und Analysen der Betriebs- und Geschäftsleitung in entscheidungsfähiger Form zur Kenntnis bringt. Zur Vermeidung von Informations- und Zeitverlusten sollte zwischen dem Ausschuß und der Betriebsleitung keine weitere Schnittstelle liegen. Es ist deshalb zu empfehlen, ein Mitglied der Betriebsleitung an den regelmäßigen Umweltausschuß-Sitzungen teilnehmen zu lassen (**Machtpromotor-Funktion**).

Weitere, **sekundärorganisatorische** Möglichkeiten sind:

- **Projektgruppenarbeit** für bestimmte abgrenzbare Umweltvorhaben
- bestimmte **Fachkommissionen**, die sich mit verschiedenen ökologischen Fragestellungen befassen
- eigene **Ökologieabteilungen**
- spezielle **Ökoteams/Problemlösungsgruppen** (z.B. im F & E Bereich)
- das bereits im 3. Teil ausführlich dargestellte Instrument des **Qualitätszirkels** (Lernstatt), das insbesondere geeignet erscheint, die angestrebten „Lernprozesse" ablaufen zu lassen, oder
- die formale Installation eines **„Öko-Partisanen"** in der Organisation (institutionell entsprechend dem Konzept des strategischen Controllers), der in seiner unabhängigen Position das Management zu jeder Zeit und unaufgefordert mit ökologischen Fragen „belasten" soll (vgl. Stitzel/Wank, 1990, S. 126f.)
- ein **Öko-Controller** als spezieller Promotor, der neben der Geschäftsführung (Machtpromoting) und den Betriebsbeauftragten (Fachpromoting) die Rolle des **Prozeßpromoting** auszufüllen hätte (Pfriem, 1991, S. 14).

Qualitätszirkelprogramme zählen zu den längerfristig orientierten Personalentwicklungskonzepten. Grundgedanke ist die Motivationssteigerung durch Beteiligung der Mitarbeiter an betrieblichen Entscheidungen; daneben stehen Kriterien wie Qualitätsverbesserung, Produktivitätssteigerung etc. Denkbar sind auch fachkundig moderierte **Erfahrungsaustausch**-Zirkel. Die Ausdehnung der Themenbereiche von Qualitätszirkeln/Lernstätten und Wertanalyseteams auf ökologische Verbesserungen erscheint aus mehreren Gründen besonders geeignet, die Leistungsfähigkeit einer Unternehmung bezüglich ihrer technischen Verfahren und sozialen Qualität zu verbessern (Hopfenbeck/Willig, 1995, S. 214).

2. Ökologische Organisationsentwicklung

Freimann weist darauf hin, daß neben diesen organisatorischen **institutionellen** Maßnahmen (mit Stelleneinrichtung/Kompetenzzuweisung) Maßnahmen zu unterscheiden sind, die auf einen **sozialen Diffusionsprozeß** in Bezug auf die Organisation Unternehmung insgesamt angelegt sind. Um die „operative Ebene", die für die Umsetzung der Unternehmenspolitik entscheidend ist, zu erreichen, „ist die soziale Diffusion des Willens zu ökologisch orientiertem Handeln in jeder Ebene der Organisation für die konsequente Realisierung ökologischer Unternehmenspolitik unverzichtbar" (Freimann, 1990, S. 21).

Pfriem sieht aufgrund der bisherigen Erfahrungen mit der Entwicklung ökologischer Informationssysteme deren betriebliche Einführung **ohne** Ansätze einer **ökologischen Organisationsentwicklung** zum Scheitern verurteilt an. Um ein geeignetes Vertrauensklima zu erreichen, ist für die nötigen Informationsflüsse von Beginn an die größtmögliche unternehmensinterne Öffentlichkeit zu schaffen. „Im Rahmen dieses Entwicklungsprozesses lassen sich die gegenseitigen Informations- und Entscheidungskompetenzansprüche zwischen Fachpromotor und den einzelnen Fachabteilungen regeln. Die Aufgabenverteilung an sich ist dabei ebenfalls dynamisch zu sehen. Ist es etwa in der Implementierungsphase noch sinnvoll, die ökologische Beurteilung dem Öko-Controlling-Projektausschuß bzw. dem Öko-Controlling-Prozeßmotor zu überlassen, kann diese Aufgabe mit zunehmender Sensibilisierung und Qualifizierung den Fachabteilungen überantwortet werden." (1995)

Damit ökologische Aspekte in den alltäglichen Entscheidungen und Handlungen Bereiche integriert werden könne, müssen die entsprechenden **organisatorischen Rahmenbedingungen** geschaffen werden (vgl. Pfriem, 1995, S. 358). Als wesentliche Bausteine nennt Pfriem:

- Einbindung ökologischer Aspekte in die Fachfunktionen und Aufgaben der Mitarbeiter (Umweltschutz als Querschnittsaufgabe)
- Durchsetzung einer ökologisch orientierten Personalentwicklung (Entwicklungsfähigkeit der Organisationsmitglieder)
- Integration ökologischer Aspekte in das Ziel- und Beurteilungssystem der Führungskräfte (z.B. als Teilzielbildung bei Management-by-Objectives-Systemen)
- Aufbau eines ökologisch orientierten Steuerungs-, Planungs- und Kontrollinstrumentariums

Auch Seidel sieht aus den Wandlungsprozessen (insbesondere auch Lernprozessen) einen enormen Bedarf an Organisation und Organisationsentwicklung folgen. „Unter den beiden hier angesprochenen Aspekten ‚Erweiterung bestehender, Auftreten neuer Aufgaben' ist diese umfassende **Personal-** und **Strukturentwicklung** höchst **ambivalent**; sie ist einfach beides zugleich. Sicher ist auf alle Fälle, daß die Bemühungen um betrieblichen Umweltschutz eine ausgesprochene **Innovations- und Entwicklungsorientierung** in die betriebliche Organisationsarbeit als Ganzes bringen: Umweltschutzorganisation ist zum Großteil **Umweltschutz-Organisationsentwicklung**."

Eine wichtige Funktion zur Sensibilisierung weiter Unternehmensbereiche kommt dabei der **Unternehmensberatung** zu (vgl. dazu Schwaderlapp, 1989, S. 45ff.), vor allem, wenn der Berater nicht nur Gutachter und Innovator, sondern als Projektleiter am Realisierungs- bzw. Durchführungsprozeß **aktiv** beteiligt ist. Innerhalb der Organisationsentwicklung stellt die Rolle des Beraters als **„Katalysator"**, der zwar das Problem nicht selbst löst, sondern das in der Unternehmung vorhandene Problemlösungspotential aufdeckt, weckt und fördert, die weitreichendste Form der Integration dar (vgl. ebd., S. 56ff.). Zur Organisationsentwicklung siehe auch unsere Ausführungen fünfter Teil (Punkte K, L, M).

VI. Personalpolitische Instrumente

1. Einbezug der Mitarbeiter als Transmissionsriemen von Ökostrategien

Viele Branchen erleben zur Zeit dramatische **Reorganisationsbestrebungen** zur Erhaltung der Wettbewerbsfähigkeit. Die Veränderungen beziehen sich nicht nur auf die Organisation selbst, sondern auch auf den Bereich der „soft facts", die in ihrer Bedeutung für jede strategische Veränderung fast immer unterschätzt werden. Gerade bei den enorm an Bedeutung gewinnenden EG-Öko-Audits, die mit der Einführung eines Umweltmanagementsystems verbunden sind, ist (wie man es bei zahlreichen Berichten aus Praxisprojekten immer wieder liest) die „schwierigste Aufgabe" bei der Einführung die Motivation der Mitarbeiter. Im Bereich des Umweltmanagements wurde in den letzten Jahren ein umfangreiches (operatives und strategisches) Führungs- und Controllinginstrumentarium entwickelt („hard facts"). Eine parallel damit einhergehende Optimierung der personalpolitischen Instrumente ist jedoch nicht feststellbar. Dabei ist unbestritten, daß die **Umsetzung** ökologieorientierter Strategien verschiedener Voraussetzungen bedarf, nämlich auch einer ökologischen Werthaltung, einer Motivation und einer Qualifizierung aller beteiligten Mitarbeiter.

Am Anfang von ökologischen (Um-)Orientierungsprozessen steht oft eine Unternehmensleitung, die den „Anstoß" gibt. Getragen von einer umweltorientierten Unternehmenskultur wird die Geschäftsleitung ihren grundlegenden Willen schriftlich in Leitbildern/Grundsätzen (siehe 4. Teil) formulieren.

Innerhalb dieser Rahmenplanung werden die funktionalen Unternehmensstrategien entwickelt, darunter eine konsistent in die strategischen Ziele des Unternehmens eingebettete Personalstrategie (Anreizsysteme, Information, Kommunikation, Umweltbildung etc.). Umweltschutz wird in Zukunft ein wettbewerbsentscheidender Faktor im Rahmen der **Personalentwicklung**, weil umweltrelevante Herausforderungen und damit verbundene neue Aufgaben an Unternehmen wie Mitarbeiter gleichermaßen hohe Anforderungen stellen. In den Mitarbeitern steckt die zentrale Kraft eines jeden betrieblichen Projektes. Wittmann fordert ein ökologisches **„Empowerment"** (1994, S. 70).

Die Notwendigkeit des Einbezugs der Mitarbeiter und die Bedeutung des Umweltbewußtseins aller Unternehmensangehörigen für eine umweltorientierte innovative Unternehmensführung ist für umweltorientierte Strategien und Maßnahmen essentiell. Mitarbeiter sind die **Hauptträger** ökologisch relevanter Handlungen. Diese Aussage gilt insbesondere für den präventiven Umweltschutz, der zunehmend an Stelle des nachsorgenden Ansatzes tritt. Zur „Ökologisierung" des Verhaltens der Mitarbeiter auf allen betrieblichen Ebenen siehe Abb. 185 (aus Hopfenbeck/Kodolitsch-Jonas, 1999).

Die Mitarbeiter leisten einen wichtigen Beitrag, um die in den Umweltleitlinien festgeschriebenen Ökologiegrundsätze oder etwa das Umweltmanagementsystem i.S. der EMAS-VO zu realisieren. Ohne die **aktive** Mitarbeit möglichst vieler Mitarbeiter im Unternehmen, ohne ihre partizipative Einbeziehung ist eine Re-Organisation (eine Ausrichtung auf Umwelterfordernisse ist auch eine Form einer solchen Re-Organisation!) kaum möglich. Man braucht kein Pessimist zu sein, um festzustellen, daß wir noch weit davon entfernt sind, alle Führungskräfte oder alle Mitarbeiter für diese Aufgabe motiviert und qualifiziert zu haben. Das **Arbeitsverhalten** des Mitarbeiters kann auf mehreren Ebenen ökologisch beeinflußt werden:

- Schaffung einer umweltgerechten Arbeitsumwelt und eines entsprechenden Arbeitsplatzes (dies ist wichtig, da die Qualität der Arbeitsleistung stark von der Qualität des Arbeitsplatzes abhängt)
- Integration des Umweltgedankens in betriebliche Aus- und Weiterbildungsveranstaltungen (= Lernort Betrieb)
- Integration des Umweltgedankens in betriebliche Beurteilungs- und Anreizsysteme (so könnten meßbare ökologische Zielvorgaben wie z.B. Energieeinsparungsprozentsätze Bestandteil von Management-by-Objectives-Systemen sein; vgl. Spiller, 1996, S. 24)
- Ausdehnung der Themenbereiche von Qualitätszirkeln und Wertanalyse-Teams auf ökologische Verbesserungen
- Mitwirkung der Unternehmen bei der entsprechenden Erweiterung der Berufsausbildung in ihrer Branche
- Ökologische Erweiterung des Betrieblichen Vorschlagswesens (BVW)

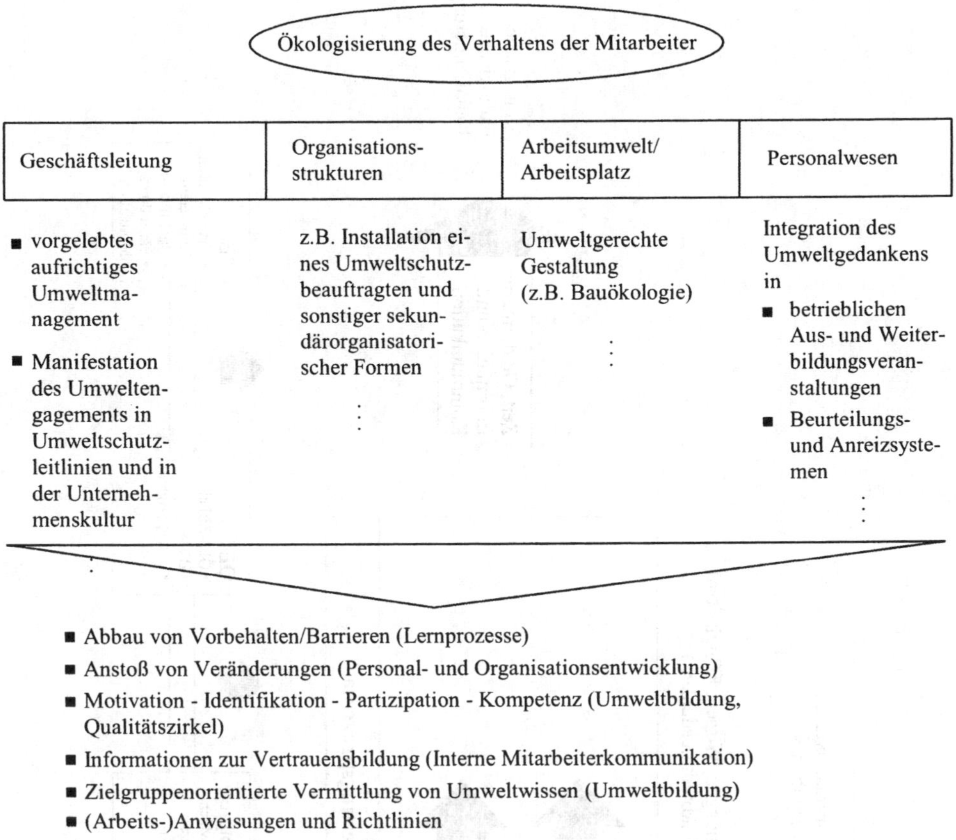

$$\text{Ökologisierung des Verhaltens der Mitarbeiter}$$

Geschäftsleitung	Organisations-strukturen	Arbeitsumwelt/ Arbeitsplatz	Personalwesen
■ vorgelebtes aufrichtiges Umweltma-nagement ■ Manifestation des Umwelten-gagements in Umweltschutz-leitlinien und in der Unterneh-menskultur	z.B. Installation ei-nes Umweltschutz-beauftragten und sonstiger sekun-därorganisatori-scher Formen ⋮	Umweltgerechte Gestaltung (z.B. Bauökologie) ⋮	Integration des Umweltgedankens in ■ betrieblichen Aus- und Weiter-bildungsveran-staltungen ■ Beurteilungs- und Anreizsyste-men ⋮

- ■ Abbau von Vorbehalten/Barrieren (Lernprozesse)
- ■ Anstoß von Veränderungen (Personal- und Organisationsentwicklung)
- ■ Motivation - Identifikation - Partizipation - Kompetenz (Umweltbildung, Qualitätszirkel)
- ■ Informationen zur Vertrauensbildung (Interne Mitarbeiterkommunikation)
- ■ Zielgruppenorientierte Vermittlung von Umweltwissen (Umweltbildung)
- ■ (Arbeits-)Anweisungen und Richtlinien

Abb. 185: „Ökologisierung" des Verhaltens der Mitarbeiter auf allen betrieblichen Ebenen

2. Widerstände gegen Öko-Strategien

Mit der Implementation der Umweltorientierung sind tiefgreifende organisatorische Verän-derungen in einer Unternehmung verbunden. Um ein Scheitern der Umweltkonzeption zu verhindern, sind insbesondere die Widerstände gegen die gewünschten Veränderungspro-zesse zu berücksichtigen (zur Rolle der Mitarbeiter im betrieblichen Strukurwandel siehe Assel/Küppers, 1995, S. 71ff.).

Jede Neuorientierung i.S. eines ökologischen **Veränderungsprozesses** wird nicht nur auf

- • Systembarrieren/-widerstände, sondern auch auf
- • Verhaltensbarrieren/-widerstände

stoßen. Um diese **Widerstände** zu überwinden und damit die Mitarbeiter ihrer Aufgabe über-haupt gerecht werden können, müssen sie informiert, motiviert und mit den nötigen Qualifika-tionen ausgestattet werden. Neben Maßnahmen der Organisations- und Personalentwicklung liegen weitere, den Wandel fördernde Faktoren in einer strategiekonformen Kultur und im be-wußten Einsatz von Promotoren (siehe dazu Abb. 186, aus Hopfenbeck, 1996).

1023

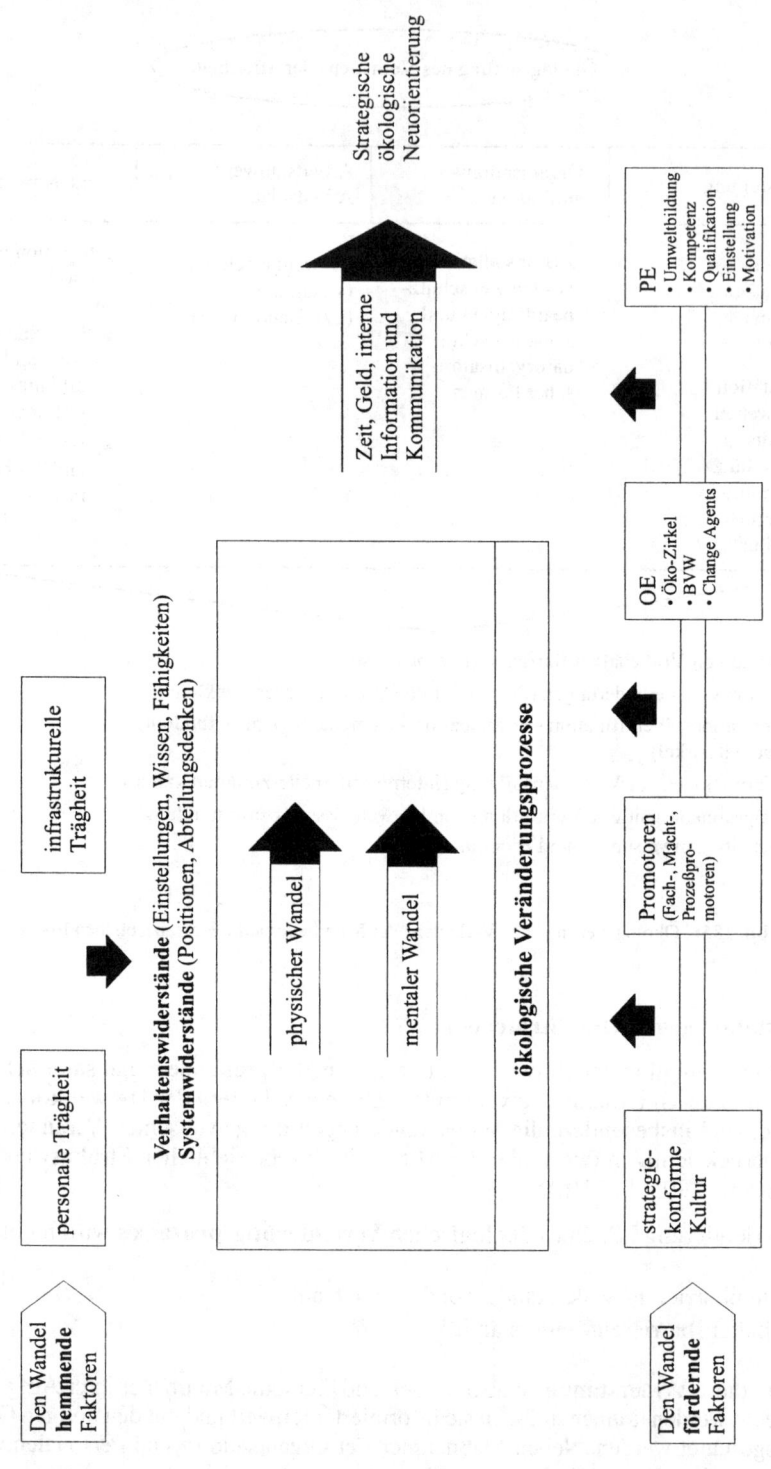

Abb. 186: Widerstände bei ökologischen Veränderungsprozessen

Mit Widerständen (Katzenstein, 1991) ist zu rechnen, weil

- Machtpositionen und Einkommen bedroht sein können,
- neue Fähigkeiten erlernt werden müssen,
- u.U. Arbeitsplätze bedroht sein können,
- bestehende Arbeitsgruppen und damit soziale Bindungen aufgelöst werden und
- erreichte Prestige- bzw. Informationsvorsprünge vermindert werden können,
- liebgewordene Gewohnheiten aufgegeben werden müssen,
- Arbeitsabläufe umgestaltet werden,
- Kenntnisse fehlen oder
- der Aufwand der Verhaltensänderungen als zu hoch empfunden wird.

Eschenbach skizziert vier Arten von Hindernissen für das Durchsetzen von Entscheidungen: Fähigkeits-, Motivations-, Kommunikations- und organisatorische Barrieren. Wie bei allen Innovationsprozessen ist zusätzlich auch mit **personellen** Durchsetzungshemmnissen zu rechnen wie Angst vor Veränderungen, Machteinbuße, fehlende innerbetriebliche innovationsfördernde Kultur, fehlende Anreizsysteme, Kommunikationsbarrieren, lineares Abteilungsdenken, keine interdisziplinäre Teamarbeit, kein Öko-Qualitätsbewußtsein innerhalb eines Total-Quality-Konzeptes, keine umfassende betriebliche Umweltbildung.

Zur **Überwindung** dieser Widerstände ist ein umfangreiches Instrumentarium einsetzbar:

- Klares Engagement der Unternehmensleitung läßt die gewollte Entwicklung zweifelsfrei deutlich werden (z.B. durch ein Umweltleitbild).
- Eine partizipative Einbindung der Mitarbeiter (statt einem Verordnen von oben) in die Entwicklung der Umweltkonzeption und Umweltziele.
- Hierarchisch möglichst hohe institutionelle Verankerung des Umweltschutzes im Unternehmen, um die Bedeutung auch in der Organisation auszudrücken.
- Rechtzeitige Maßnahmen der Schaffung von Umweltbewußtsein und Umweltkenntnissen durch Trainings- und Weiterbildungsmaßnahmen.
- Unterstützung der gewünschten Veränderungen durch entsprechende Umgestaltung der betrieblichen Anreizsysteme (besondere Prämien für Umweltvorschläge im Vorschlagswesen, Einbezug der Umwelt in Vergütungssysteme, Beurteilung auch nach Umweltleistung usw.).

3. Interne Kommunikation – Orientierungshilfe im Wertewandel und Basis für Umweltbildung

Die Mitarbeiterkommunikation wurde über lange Zeit hinweg (und in vielen Unternehmen auch heute noch) mehr zufällig und spontan gestaltet. Die interne Kommunikation zu der „In welt" einer Unternehmung (Spitzenorgane, leitende Mitarbeiter, sonstige Mitarbeiter, Betriebsräte) ist sicherlich bei vielen Firmen ein Stiefkind. Eine zu einseitige Orientierung am Kunden führt zu einer Vernachlässigung des „internen Kunden", des Mitarbeiters (vgl. Belz/Spies, 1992, S. 12f.). „Obwohl in höchstem Maße betroffen, fühlen sich viele Mitarbeiter zunehmend eher als Objekte denn als mitgestaltende Subjekte" (Doppler, 1992, S. 42). Umweltstrategien brauchen zu ihrer Umsetzung den Transmissionsriemen „Mitarbeiter". Die zum Wandel in Richtung auf eine ganzheitliche Umweltqualität in Produktion und Produkt notwendigen Lernprozesse sind ohne die Partizipation der Mitarbeiter(innen) überhaupt nicht möglich. Nicht nur extern ist zu kommunizieren: auch die interne Öffentlichkeitsarbeit braucht dialogorientierte Kommunikationsformen.

Die nachfolgend zusammengestellten Einzelmaßnahmen zeigen die **Vielfalt** der internen Kommunikationsmöglichkeiten. Wichtig erscheint dabei, daß die Mitarbeiter das Gefühl bekommen, daß Umweltschutz nicht nur „Chefsache", sondern Aufgabe **aller** ist, d.h. an der „Basis" an jedem einzelnen Arbeitsplatz gelebt werden muß, daß die Kommunikation kontinuierlich verläuft und daß Mitwirkungs- und Umsetzungsmöglichkeiten auch tatsächlich bestehen. Die Einzelmaßnahmen innbetrieblicher Kommunikation sind vielfältig (vgl. Hopfenbeck/Roth, 1994):

- Interaktive Kommunikation zwischen Geschäftsführung und Mitarbeitern: Einzelgespräche, Tag der offenen Tür für Mitarbeiter/-familien/Externe, Vorträge mit Diskussion, Persönliche Briefe, Memos und Anschreiben
- Kommunikation zwischen Management und Mitarbeitern: Broschüren, Publikationen und Periodika, wie eigenständiges Umweltjournal, Umweltbrief, Umweltbericht, Umweltfibel etc., Umweltspalte/Umwelttips in der Betriebszeitung, Info- und Trainingsbriefe, Innerbetriebliches Fernsehen, interaktive Videopräsentationen, Elektronische Mailboxen, Poster/Plakate, Veranstaltungen (evtl. mit Prominenten), Inhouse-Schulungen; durch Externe moderierte Workshops, Thema in Betriebsversammlungen/Abteilungsbesprechungen, „Grünes Brett"/Umwelt-Litfaßsäule/Umweltwände, Informationen über Umweltaspekte am Arbeitsplatz, z.B. spezielle Abfallvermeidungsstrategien oder Maßnahmen zur Energieeinsparung
- Aktionen und Einrichtungen, Mitarbeiterkomitees/-ausschüsse etc., Betriebliches Vorschlagswesen (evtl. spezielle Umweltprämien), Einrichtung von Öko-(Qualitäts)Zirkeln, eigene Öko-Aktionen (Öko-Tips etc.), Ausgabe von „Umwelt-Buttons/-Stickern/-Aufklebern/-Signets", Giveaways etc. zur Verbreitung von Appellen, Motivationsprogramme (z.B. das weltweite „Responsible Care"-Programm der Chemie), Interne Wettbewerbe/ Ratespiele/Umweltpreise, Mitarbeiterkalender, Umweltrallye, Umweltbibliothek/Umweltclub, Beratung für den Privathaushalt /Computerliste für den Öko-Haushalt, (Baum-)Pflanzaktionen, Informationszentren und -ausstellungen, Erfahrungsaustausch („Erfa-Kreise")

4. Betriebliches Umwelt-Vorschlagswesen

Ein Betriebliches Vorschlagswesen (BVW) wird von vielen Betrieben seit Jahren höchst erfolgreich zur Erhöhung der Motivation und zur Gewinnung von Verbesserungsvorschlägen durch Mitarbeiter eingesetzt. Eine Erweiterung auf umweltbezogene Themen ist naheliegend.

5. Motivation der Mitarbeiter

Hopfenbeck/Willig (1994, S. 19ff.) betonen die Bedeutung von Identifikation, Motivation, Qualität und Verantwortung für den Umweltschutz. Die reduzierte Bereitschaft vieler Unternehmensleitungen, den Umweltschutz offensiv zu betreiben, wird seitens der verunsicherten Mitarbeiter, die um ihren Arbeitsplatz bangen, noch verstärkt. Mit dem Verlust an **Identifikation** mit dem Unternehmen wächst aber auch die Gefahr, **Motivation** zu verlieren. Dies wiederum hat zur Folge, daß Arbeitsqualität, Kreativität und Sicherheitsbewußtsein sowie Unternehmens-Mitverantwortung abhanden kommen.

Umweltbildung muß – mehr noch als vor wenigen Jahren – neben der fachlichen **Qualifikation** die Motivation der Teilnehmer aktivieren. Jeder einzelne muß wissen, was er tut, wie er es tut und welches die Folgen seines Handelns sind, aber auch, warum er es tut. Umweltschutz muß subjektiv auch als notwendig erkannt werden! Persönlichkeit und Mut sind daher zu trainieren, um betrieblichen Umweltschutz effektiver zu machen. Lernen aus Erfahrung, Lernen aus Betroffenheit, Ganzheitlichkeit und Reflexivität führen zu neuen Handlungsweisen, wie sie zwingend erforderlich sind.

Es gibt enorm viele **Möglichkeiten**, Mitarbeiter für den Umweltschutz zu sensibilisieren, zu überzeugen, zu aktivieren und zu motivieren. Ohne eine enge Einbindung der Mitarbeiter scheitern alle Bestrebungen wie Qualitätszertifizierung nach der ISO 9000 oder die Umweltmanagement-Zertifizierung nach ISO 14 000. Exemplarische Beispiele der internen Mitarbeitermotivation (ebd.):

- Aufklärungskampagnen/regelmäßige Informationen/Tips/Wettbewerbe etc. (am schwarzen/grünen Brett und/oder in der Werkszeitung)
- Existenz eines kompetenten Ansprechpartners (z.B. Abfallbeauftragter, Umweltbeauftragter, Sicherheitsfachkraft, betrieblicher Vertrauensmann, Betriebsrat)
- Umweltprämie neben dem betrieblichen Vorschlagswesen (Geld, Reisen, Belobigungen, Basis für Beförderungen usw.)

- Seminarprogramme (Umweltschutz, Arbeitssicherheit etc.), modular aufgebaut, zielgruppenspezifisch
- Hilfen für einen umweltbewußten Haushalt (Komposter, Garten-Regentonnen, Sammlung von Haushalts-Sondermüll)
- Anlage von Werksbegrünung in Eigenverantwortung der Mitarbeiter
- Unterstützung der Mitarbeiter bei Umweltengagements (z.B. in Umweltschutzorganisationen)
- Besichtigung der eigenen Recycling- oder Entsorgungsanlagen durch Mitarbeiter
- Durchführung von Exkursionen in „ökologisch vorbildliche Betriebe"
- Gründung von ökologisch orientierten Qualitätszirkeln/Einführung von Projektteams
- Besuch oder Durchführung von Umweltausstellungen
- Eigene „Kunst und Umwelt"-Aktionen
- Abteilungs- und Betriebsversammlungen, Meisterbesprechungen
- Arbeitsanweisungen, Merkblätter
- Aufnahme von Umweltaktivitäten in die Stellenbeschreibung
- PC-Umweltschutzlernprogramme
- Sensibilisierungsprojekte zur Selbsterfahrung
- Durchführung betriebsexterner oder -interner Qualifizierungsmaßnahmen
- Kreativitätssteigerungsmaßnahmen

6. Qualifikationen für umweltbezogenes Handeln

Der Mensch ist als Schlüsselgröße einer „Ökologieorientierung" anzusehen. Die allumfassenden Begriffe heißen „Bewußtsein", „Lernen" und „Wandel". Der notwendige Wert- und Einstellungswandel ist Grundlage anzustrebender **Verhaltensänderungen** – wobei sich dieser Wandel in langwierigen Lernprozessen vollziehen wird. „Der Betrieb soll zur **Lernstatt** werden" (Pfriem, 1992, S. 103). Prinzipiell können alle Teileelemente eines aktiven Personalmanagements zur Vermittlung und Verstärkung verhaltensrelevanter Werthaltungen und Einstellungen beitragen, insbesondere aber die Personal- und Organisationsentwicklungsprozesse. Hilfestellung wird dabei auch durch ökologische „Normen" (Kultur) der Unternehmung gewährt.

Dies **setzt voraus**:

- informiert sein (interne Informations- und Kommunikationspolitik)
- aktive Einbringung in Entscheidungen (Motivation, Anreizsysteme)
- partizipative Strategien (Führungsstil, Teamförderung, Manager als Change Agent/Katalysator, Initiator)
- einen Dialog (interne Audits, Vorschlagswesen, Wettbewerb, Öko-Qualitätszirkel)
- eine Qualifizierung (Aus- und Weiterbildung)
- Einbringung der Kreativität (QZ)
- eine Möglichkeit zur Entwicklung (Personalentwicklungssysteme)
- ein Leistungs-Feedback
- Anreizmechanismen für umweltorientiertes Verhalten
- festgelegte „Spielregeln" (Umweltleit- und Richtlinien)

Die **Umweltbildungsaufgabe** besteht in der Vermittlung von drei Komponenten:

- **Vermittlung von Umweltbewußtsein**
  Umweltgedanken können nicht in betriebliche Entscheidungsprozesse einfließen, wenn nicht ein entsprechendes Umweltbewußtsein bei den Mitarbeitern und Führungskräften vorhanden ist. Dieses Bewußtsein bezieht sich auf die ökologischen Wirkungen von ökonomischen Entscheidungen.
- **Vermittlung von Umweltkenntnissen**
  Der Mitarbeiter benötigt neben einem Umweltbewußtsein auch das entsprechende Wissen und die Fähigkeit/Fertigkeiten, umweltorientiert in der Berufstätigkeit zu handeln. Zu einem umweltgerechten Arbeitsverhalten der Mitarbeiter besteht ein ständiger Trainings-/Weiterbildungs- und Kommunikationsbedarf, damit ein Ökobewußtsein und eine ökologisch geprägte Unternehmenskultur entsteht.
- **Vermittlung von Kompetenz**
  – Fachkompetenz (Fertigkeiten und Kenntnisse zur Bewältigung der beruflichen Aufgaben)
  – Methodenkompetenz (Fähigkeit, sich selbständig neue Kenntnisse/Fertigkeiten anzueignen oder eigenständig Lern- und Lösungswege zu finden)
  – Sozialkompetenz (Kommunikations- und Kooperationsfähigkeit incl. Humankompetenz)

Um die Lücke zwischen den Einstellungen zum Umweltschutz und dem eigenen Umweltschutzhandeln zu schließen, ist die Stärkung der **Handlungskompetenz** entscheidend. Beschäftigte müssen sich der Tragweite der ökologischen Probleme auch für die Zukunft ihrer Arbeit derart bewußt sein, daß sie Wissen und Fähigkeiten zum Umweltschutz im Betrieb auch einsetzen (Föste, 1993).

Die betriebliche Weiterbildung im Umweltschutz ist eine **Grundvoraussetzung** für den präventiven Umweltschutz, da hier der Mensch mit seinem Wissen und Verhalten im Vordergrund steht. Eine umweltbezogene Handlungskompetenz im Beruf setzt die Realisierung entsprechender **Bildungskonzepte** auf allen Ebenen der Berufsbildung, ob Erstausbildung oder Weiterbildung, voraus. Die berufliche Umweltbildung mit dem Bildungsziel „umweltbewußt Handeln" erhält damit eine Schlüsselfunktion für die ökonomisch-ökologische Zukunftsgestaltung.

Zur Umsetzung der betrieblichen Umweltbildung als Teil eines integrierten Umweltkonzeptes werden von fortschrittlichen Unternehmen die unterschiedlichsten **Methoden** und Hilfsmittel eingesetzt: Projektarbeit, praktische Übungen, Gruppengespräche, Fallbeispiele, Exkursionen, Videos, Rollenspiele, Tonbildschauen, Workshops, Zukunftswerkstätten oder Öko-Qualitätszirkel (ausführliche Praxisbeispiele in Hopfenbeck/Willig, 1995).

Ziel einer Umweltqualifizierung ist, jedem Berufsangehörigen grundlegendes sowie berufsspezifisches Wissen zum Umweltschutz in Verbindung mit beruflichen Lerninhalten zu vermitteln und ihn letztlich zu umweltverantwortlichem Handeln (also zu einem bewußten Tun oder Unterlassen) in seiner konkreten Tätigkeit zu erziehen und zu befähigen (Hopfenbeck/Teitscheid, 1994).

Strategisch sinnvoll ist ein **Fortbildungsprogramm** Umweltschutz für Mitarbeiter, das modular aufgebaut, zielgruppenorientiert und unternehmens- (bzw. branchen-) bezogen eingerichtet wird. Oftmals läßt sich dies mit dem vorhandenen Arbeitssicherheitsprogramm koppeln. Umweltschutz ist in zahlreichen Unternehmen in Weiterbildungsprogrammen für **Führungskräfte** aller Entscheidungsebenen ein fester Bestandteil geworden. Umweltschutz benötigt eine breite, interdisziplinäre Ausbildung der Führungskräfte, die bisher selten gegeben ist.

Weiterbildungsmaßnahmen sind sehr breit gefächert:

- On the job (Lernen am Arbeitsplatz): Einsatz von Lernprogrammen, Arbeitsunterweisung, Arbeitsplatzwechsel/-anreicherung, Projektgruppen, Einsatz eines Coaches
- Near the job: Qualitätszirkel, Lernstatt, Förderkreise/Erfahrungsaustausch-gruppen, Umwelt-Fachmessen, Schulung durch Verbände
- Off the job: Lehrvortrag, Seminare, Fernunterricht, Fallstudien (zu realen Umweltproblemstellungen), Planspiele, Simulationen, Rollenspiele
- Umschulungen

VII. Finanzierung und Förderung von Umweltschutzinvestitionen

Die zunehmende Dichte staatlicher Verordnungen übt einen erheblichen Investitionsdruck auf Unternehmen aus. Die Erfüllung dieser Gesetze, d.h. die Investitionen selbst und die Betriebskosten, trägt gemäß dem Verursacherprinzip immer das Unternehmen. Es liegt jedoch im allgemeinen gesellschaftlichen Interesse, den Vollzug durch flankierende finanzielle Unterstützungen oder Anreize zu **fördern**. Da sich die mittelständische Wirtschaft nicht so leicht refinanzieren kann, ist die Hilfe stark auf diese Gruppe bezogen. Die Vielfalt der Programme, unterschiedliche Voraussetzungen und Kombinationsmöglichkeiten erschweren zunehmend eine Orientierung im „**Förderdschungel**". Es gilt, unter Einbezug der Eigenmittel, Mittel der Geschäftsbanken und der öffentlichen Förderprogramme ein **optimales** „**Gesamtfinanzierungskonzept**" zu erarbeiten. Die Leistungsfähigkeit eines Kreditinstituts wird zunehmend nicht nur an den traditionellen Bankdienstleistungen gemessen, sondern auch am Grad der Informationsvermittlung und Beratung.

1. Öffentliche Finanzierungshilfen

Da „reine" Umweltschutzinvestitionen (z.B. durch gesetzliche Vorschriften induziert) sich durch eine fehlende „**Amortisationsfähigkeit**" auszeichnen (da der normalerweise gegebene Freisetzungseffekt der in Investitionen gebundenen Mittel über den Umsatzprozeß hier nicht gegeben ist), beziehen wir uns nur auf Formen der Fremdfinanzierung. Grundsätzlich stehen zur Finanzierung von Investitionen im Umweltschutzbereich die gleichen Instrumente zur Verfügung wie auch für die Finanzierung „normaler" Ersatz- oder Erweiterungsinvestitionen; hier soll nur auf besondere Formen bzw. Quellen hingewiesen werden, die speziell dem Umweltschutzbereich vorbehalten sind.

Die öffentlichen Finanzierungshilfen beziehen sich immer nur auf eine **anteilige** Finanzierung eines Umweltschutz-Investitionsvorhabens, d.h., es müssen in einem bestimmten Verhältnis auch Eigen- und/oder Fremdmittel eingesetzt werden. Zur Mitfinanzierung eines Vorhabens stehen zur Zeit rund 50 unterschiedliche Förderprogramme zur Verfügung. Diese Hilfen, und darin lag ihr bisheriger „Konstruktionsfehler" i.S. einer präventiven Umweltpolitik, beziehen sich überwiegend auf Investitionen im additiven, nachsorgenden Bereich der Umweltschutztechnik – der Vollzug staatlicher Verordnungen im Umweltschutz sollte damit erleichtert werden. Eine Abkehr von dieser ursprünglichen Zielsetzung und die Notwendigkeit zu innovativen, integrierten Verfahren (die einerseits nicht aufteilbar sind in umweltrelevante und nicht umweltrelevante Teile) wird jedoch zunehmend gefordert (so fördert das Ergänzungsprogramm III der Deutschen Ausgleichsbank ausdrücklich den integrierten Umweltschutz).

Da der Einzelfall immer einer umfassenden Prüfung bzw. individuellen Beratung bedarf und Modalitäten sich ständig ändern, soll hier nur ein Überblick der Möglichkeiten gegeben werden. Das **Instrumentarium an Kredit- bzw. Finanzierungshilfen** umfaßt

- zinsverbilligte Darlehen,
- Investitionszuschüsse bzw. -zulagen,
- Bürgschaften und
- steuerliche Finanzierungserleichterungen.

Wichtigstes Element im Anreizsystem sind **zinsverbilligte** Investitionskredite des Bundes, der Länder und der EG. Die Programme des Bundes sind dabei häufig als Basisförderprogramme zu sehen. Darlehen werden im sog. (Haus-)Bankenverfahren i.d.R. unter eigenem Obligo der Hausbanken (Primärhaftung) der investierenden Unternehmung bereitgestellt; bei der Hausbank ist auch der Antrag einzureichen, die ihn prüft und dann weiterleitet. Die Zinssätze liegen deutlich unter dem allgemeinen Zinsniveau für normale Investitionsdarlehen, die Auszahlungsquoten zwischen 96 und 100%. Die Kredite werden langfristig vergeben (meist zehn Jahre) und sind in den ersten zwei oder drei Jahren tilgungsfrei, der Zinssatz ist i.d.R. für die gesamte Laufzeit festgeschrieben. Diese Merkmale wirken risikomindernd.

Die jeweiligen **Merkmale** der Förderhilfen (Höhe der Zinsverbilligung, Höhe des Förderanteils, Höchstlaufzeit, Zinssicherheit, zins- und/oder tilgungsfreie Jahre, Kombinationsmöglichkeit) sind innerhalb der Programme unterschiedlich und bedürfen deshalb ausführlicher Recherchen.

Subsidiäre öffentliche Förderdarlehen des Bundes werden (nach einheitlichen Richtlinien im Gegensatz zu den recht unterschiedlichen Länderprogrammen) etwa

- von der **Kreditanstalt für Wiederaufbau** (KfW) mit den Umweltschutz-Kreditprogrammen aus dem ERP-Sondervermögen (Luftreinhaltungs-/Abwasserreinigungsprogramm) und zusätzlichen Eigenmittel-programmen mit Schwerpunkt der Förderung von Klein- und Mittelbetrieben
- oder von der **Deutschen Ausgleichsbank** (DtA) (ERP-Abfallkredite und die 1988 neu eingeführten „Bürg-schaftsprogramme für mittelständische Hersteller umweltschonender, innovativer Produktionsanlagen und Produkte" – interessant vor allem bei nicht ausreichenden erstrangigen Sicherheiten
- oder der **Berliner Industriekreditbank**

als den drei sog. „Hauptleihinstituten" vergeben.

Auf europäischer Ebene ist vor allem das Finanzierungsangebot der **Europäischen Investitionsbank** (EIB) zu prüfen. Fast 15% des Betrages der Finanzierungen der EIB betreffen Investitionen, die speziell auf den Schutz und die Verbesserung der Umwelt ausgerichtet sind. Förderprogramme der EG fördern schwerpunktmäßig Forschungsvorhaben und Demonstrationsanlagen.

Investitionszuschüsse oder -zulagen als **direkte** Finanzhilfen werden überwiegend von den Bundesländern gewährt. Sie spielen in Deutschland keine große Rolle. Beim **Zuschuß** werden (nicht rückzahlbare) Barmittel gewährt, wobei nach EG-Recht dieser Wert für Wirtschaftsgüter, die dem Umweltschutz dienen, auf maximal 15% der Investition begrenzt ist. Zuschüsse werden häufig für Forschungs- und Entwicklungs- oder Pilotvorhaben eingesetzt. Der Unterschied bei der Zulage besteht im Rechtsanspruch auf die Gewährung, wenn die im Investitionszulagengesetz (wird ab 1990 nicht mehr weitergeführt) genannten Voraussetzungen bestehen. Die Zulage ist ein „steuerfreier Zuschuß".

Für die Aufnahme von Investitionskrediten sind bankübliche Sicherheiten erforderlich; das technische Risiko von Umweltschutzinvestitionen engt die Beleihungsmöglichkeiten oft ein. Stehen Sicherheiten nicht oder nicht in ausreichendem Maße zur Verfügung, können mittelständische Unternehmen **Bürgschaften** beantragen, die im Rahmen besonderer Programme übernommen werden: etwa über die Deutsche Ausgleichsbank oder in Bayern von der Kreditgemeinschaft des Handwerks bzw. der Bayerischen Landesanstalt für Aufbaufinanzierung. In der Regel wird eine 80%-ige Haftungsfreistellung des Kreditbetrages gewährt.

2. Kreditvermittler- und Beratungsfunktion

Da die staatliche Finanzierungshilfe immer nur eine anteilige ist, wird nebem dem Einsatz von Eigenmitteln in vielen Fällen auch auf Kreditmittel der privaten Geschäftsbanken zurückzugreifen sein. Der Umweltschutz mit seinem enormen Wachstumspotential stellt eine große Herausforderung an die Geschäftspolitik der Banken dar (vgl. Horst, 1990). Das richtige Finanzierungspaket zu finden stellt in jedem Fall ein sehr komplexes **„maßgeschneidertes"** Modell dar. Insbesondere von den Großbanken wird in jüngster Zeit für **computergestützte Beratungen** über hauseigene Datenbanken geworben, um die richtige Finanzierung im Sinne eines auf den individuellen Fall abgestimmten „Mix" zu finden. Dieser Finanzierungsservice wird i.d.R. verknüpft mit einer umfassenden Umweltschutzberatung (vgl. dazu im einzelnen Hopfenbeck, 1994).

Die Geschäftsbanken bieten inzwischen ein umfassendes Angebot an speziellen Krediten zur Finanzierung von Umweltschutzinvestitionen an. In den Kommunikations- und Werbestrategien wird über Anzeigen-/Mailingaktionen, Umweltschutzbroschüren/-checklisten u.ä. einer breiten Öffentlichkeit dieser Service als Differenzierungsmittel im Präferenzwettbewerb gegenüber der Konkurrenz herausgestellt, man verspricht sich in der Rolle als kreativer Finanzpartner Image-, Akquisitions und Cross-Selling-Effekte. Mehrere Banken sind auch aktiv im Umwelt-Sponsoring tätig (Hypo-/Deutsche Bank und WWF, BfG fördert eine Umweltbroschüre des Deutschen Skiverbandes).

Bankeigene Mittel (**Sonderprogramme**) bei der Finanzierung von Umweltschutzinvestitionen werden von mehreren Instituten (in Verbindung mit staatlichen Fördermitteln) angeboten. Durch die Umweltproblematik kommt auf die Banken eine große Finanzierungsaufgabe mit einem veränderten Kreditmanagement, einem Umdenken in der Risikobeurteilung und Phantasie bei der Suche nach innovativen Finanzierungslösungen zu. Neben die Investitionsfinanzierung als traditionelle Bankdienstleistung tritt als interessantes neues Betätigungsfeld speziell für mittelständische Firmenkunden vor allem die Informationsvermittlung und -beratung.

3. Ökologische Bonitätsprüfungen – Rankings/Ratings

Aus der Sicht der Banken sind die ökologisch bedingten Risiken in der soeben beschriebenen Kreditvermittlerfunktion, d.h. die Kreditrisiken, durch eine Beurteilung der **Öko-Performance** des Kreditnehmers zu minimieren. Neben den Banken führen solche ökologische Bonitätsprüfungen inzwischen auch eigene Institute durch. Während die Banken mehr auf Managementsysteme schauen, ist der Ansatz der Institute detaillierter. Möglich sind Rankings oder Ratings (zur Unterscheidung der Begriffe siehe auch Nissen/Falk, 1995, S. 76f.):

- Bei einem **Rankingverfahren** als vergleichende Bewertung wird eine Rangfolge der Leistung von Untersuchungsobjekten (z.B. Qualität der Umweltleistung, der Umwelterklärung) aufgestellt. Anhand allgemein akzeptierter Bewertungskriterien werden die Objekte verglichen/bewertet und nach fallender/ steigender Punktzahl geordnet. Bei einem **Rating** erfolgt eine Einteilung in Leistungskategorien.

- Finanzratings sind gang und gäbe. Was bisher fehlt, ist eine Bewertung von **Unternehmen** nach ökologischen Gesichtspunkten: Welchen Beitrag leistet ein Betrieb zum Umweltschutz, sind bestimmte Produktionsabläufe ökologisch bedenklich, wie sieht die Entsorgung der Produkte aus, gibt es eine Öko-Bilanz, wird ein Öko-Audit durchgeführt, werden regelmäßig Umweltberichte veröffentlicht?

Für umweltorientierte Kapitalanleger wählten die Zeitschriften Börse on line und Öko-Invest aus fünf Vorschlägen das überzeugendste ökologische Bewertungskonzept aus. Dieses von ÖKOM in München entwickelte Öko-Rating-System zeigte erstmals am Beispiel Kunert die Funktionsweise auf.

4. Kreditvergabe und Kreditwürdigkeitsprüfung

Derzeit gehen verschiedene Banken dazu über, im Rahmen der Kreditvergabe die Unternehmens- und Risikoanalyse auf Bereiche der Umweltwirkungen auszudehnen (Nachfolgendes Hopfenbeck/Jasch/Jasch, 1996). Eine Mißachtung dieser Analyse führt nicht nur zu einem erhöhten Risiko für das Unternehmen selbst, sondern es ergibt sich auch für die Bank im Bereich der Beteiligungsfinanzierung und möglicher Konkurse der Kunden ein zusätzliches **Risiko**. Daher werden zukünftig nicht nur ökonomische Bilanzen Gegenstand von Kreditverhandlungen sein, sondern auch Ökobilanzen, ökologische Risikobetrachtungen und Umwelterklärungen. Dabei werden die Unternehmen eine **Informationspflicht** besitzen, indem sie ihre Umweltauswirkungen bzw. -belastungen dokumentieren und zukünftige Entwicklungen abzuschätzen versuchen. Die Bank wird ihre Rolle auf die Konsistenzprüfung beschränken und aus den Ergebnissen durch Abwägung von ökonomischem Nutzen und Umweltbelastungen ihr Risiko kalkulieren.

Umweltrisiken werden in den traditionellen Verfahren der Kreditwürdigkeitsprüfung **nicht** explizit berücksichtigt. Ökologische Risiken können jedoch die Kreditwürdigkeit des Kreditnehmers erheblich beeinflussen. Da Umweltbelastungen für die kreditgebende Bank zu beträchtlichen Ausfallrisiken und Besicherungsrisiken führen können, ist im eigenen Interesse von den Kreditinstituten nach neuen Wegen eines umweltorientierten **Risikomanagements** zur Vermeidung von Bonitätsrisiken zu suchen (Labude, 1992; Schierenbeck/ Seidel, 1992). Ökologische Risiken aus dem Kreditgeschäft wirken sich zum einen auf die Bank als Kapitalgeber aus (= Imagerisiko), zum anderen wirken sie sich direkt auf die Kreditwürdigkeit aus, nämlich (aus Meuche, 1996, S. 85):

1. auf die Werthaltigkeit von Sicherheiten (= Sicherheitenrisiko), z.B. Altlasten auf Grundstücken, Kontamination von Gebäuden, Wertminderung von Anlagen wegen unzureichender Umweltstandards

2. Nachhaltigkeit der Gewinnerzielung (= Bonitätsrisiko)

    a) Kosten: Nachrüstung aufgrund verschärfter Gesetze/Auflagen, Sanierung kontaminierter Grundstücke/Gebäude, Inanspruchnahme aus Umwelthaftpflicht, soweit nicht durch Versicherung gedeckt, Entsorgung von Produktionsabfällen, Rücknahmepflichten und Entsorgung ausgedienter Produkte, Versicherungsbeiträge

    b) Erlöse: Imagebeeinträchtigung durch bekanntgewordene Umweltschädigung, Verdrängung durch umweltverträglichere Substitute, Ausschluß von der Auftragsvergabe wegen Nichterfüllung ökologischer Mindeststandards, Absatzrückgänge durch neue Forschungsergebnisse, Beschränkung der Geschäftstätigkeit durch Auflagen.

Dazu müssen Banken die ökologischen Risiken ihrer Kunden frühzeitig identifizieren, analysieren und bewerten: die Frage z.B. nach Altlasten, nach Risiken in den Umweltmedien Luft und Wasser, aus den Produkten selbst und nach der Umweltqualität des Managements (Umweltorganisation, Qualitätssicherungssyteme etc.). Als **Hilfsmittel** dienen Checklisten, Umwelt-Selbstauskunftsfragebögen, Betriebsbesichtigungen, Gutachten, Ökobilanzen oder Öko-Audit, mit denen der Kreditnehmer eine systematische Schwachstellenanalyse durchführt. Entgegen dem üblichen Geschäft genügt aber nicht eine Vergangenheitsanalyse, sondern es ist eine **vorausschauende** Risikoanalyse erforderlich.

5. Angebot ökologischer Finanzdienstleistungen

Neben der Kreditvermittlungsfunktion ist die umweltbezogene Rolle der Banken zum anderen im Angebot ökologischer Finanzdienstleistungen für umweltorientierte Anleger zu sehen (Hopfenbeck, 1996). Zeitverzögert zum anglo-amerikanischen Markt werden nun auch in Deutschand speziell ethisch-ökologisch orientierte Anlagefonds, Spareinlagen usw. angeboten.

Ökofonds bedienen spezielle Anleger mit besonderen Wünschen (dazu Gelbrich 1997, S. 27). Derzeit werden etwa zehn (ethisch-)ökologische Aktienfonds angeboten. Ihr Marktanteil wird auf 0,3% geschätzt.

Überprüft werden die Unternehmen hinsichtlich ihrer Ökoeffizienz und bevorzugt werden die Ökoleader jeder Branche, die ein nachhaltiges Wirtschaften anstreben. **Kriterien**: Umwelt- und Sozialverträglichkeit, gesellschaftliches Verantwortungsbewußtsein, Wertesystem; bestimmte Ausschlußkriterien.

In den USA bewertet und beschreibt der „Council on Economic Priorities" (CEP) etwa 700 US-Kapitalgesellschaften anhand von acht verschiedenen sozialen und ökologischen Kriterien, d.h. ihre **„Unternehmensleistung"**. Den Konsumenten werden diese Informationen bekanntgemacht (z.B. in den „Shopping for a Better World"-Guides). Das Buch bewertet das sozialökologische Gewissen von fast 200 Unternehmen mit 1000 Marken (vgl. Marlin 1996, S. 166ff.)

K. Komponenten des Umweltrechts

Alle westlichen Industriestaaten versuchten mit einem zunehmend dichteren ordnungspolitischen Netz die Umweltzerstörung zu bremsen. Verkürzt gesagt, war die Umweltpolitik der vergangenen zwei Jahrzehnte im wesentlichen nur eine symptomorientierte Gefahrenabwehr- bzw. eine „Emissionsschutzpolitik" durch Ge- und Verbote.

Die zerstückelte Umweltgesetzgebung hat allerdings noch nicht Eingang in ein **„Umweltgesetzbuch"** gefunden hat. Daran arbeitete über fünf Jahre eine Expertenkommission, die 1997 einen entsprechenden **Entwurf** für ein solches UGB der Umweltministerin überreichte. Damit soll das Umweltrecht übersichtlicher, widerspruchsfreier, einheitlicher, medienübergreifend und vollzugsfreundlicher werden.

Ein kleiner Ausschnitt:

- Gesetz über die Errichtung eines Umweltbundesamt (1974)
- Gesetz zum Schutz vor gefährlichen Stoffen (1980)
- Bundesimmissionsschutzgesetz (letzte Änderung 1986) als Kernvorschrift
- Abfallgesetz (1986)
- Wasserhaushaltsgesetz (Neufassung 1986)
- Gefahrstoffverordnung (1986)
- Abwasserabgabengesetz (Neufassung 1987)
- TA Luft/TA Lärm/TA Abfall (1990)
- Umwelthaftungsgesetz (1991)
- Kreislaufwirtschaftsgesetz (1996)
- usw.

Heute gibt es zum Umweltschutz ein kaum mehr zu durchschauendes Dickicht, das überwiegend auf die Unternehmung als einen Hauptschädiger abzielt. Zum Umweltrecht der EU siehe A, III.4.

Die meisten grundlegenden Gesetze wurden auf **Bundesebene** formuliert und konkretisiert, die praktische Umsetzung vollzieht sich über Vollzugsvorschriften auf **Länderebene**. Bei Verstößen gegen Umweltschutzvorschriften liegt entweder

- eine **Ordnungswidrigkeit** (die Bußgeldvorschriften finden sich in den jeweiligen Gesetzen; für die Behörde gilt das Opportunitätsprinzip)
- oder ein **Straftatbestand** vor (seit 1980; §§ 324-330 StGB).

Trotz dieser Flut an Umweltauflagen muß man als kritische Bestandsaufnahme ein negatives Urteil treffen. Auf einigen Teilgebieten sind Erfolge zu erkennen, doch das Gesamturteil ist ohne Zweifel negativ, wachsende Zerstörungsmechanismen bedrohen uns. Die Umweltzerstörung konnte nicht aufgehalten werden – im Gegenteil, es zeichnen sich globale Probleme ungeahnten Ausmaßes ab. Die bedrohliche Tendenz der Umweltschäden steht außer Zweifel – in Wissenschaft und auch Politik. Es wird zu fragen sein, wo die Ursachen dafür liegen, daß das Umweltrecht nicht „greift".

Zum Verständnis unserer heutigen Problemlage ist ein kurzer Blick auf die Konstruktion unserer Umweltschutzgesetze notwendig. Im ordnungsrechtlichen Bereich bezieht sich der Schutz immer auf „**ein**" Medium, z.B. Wasser, Luft (ein eigenes Bodenschutzgesetz fehlt!), bestehende Rechtsgebiete sind entsprechend erweitert worden. Wir haben also eine Zersplitterung in weitgehend unverbunden nebeneinander stehende Spezialgesetze. Obwohl der Umweltschutz eine typische Querschnittsfunktion darstellt und ohne ein solches Denken auch gar keiner effizienten Lösung zuzuführen ist, gibt es **kein** einheitliches Umweltgesetzbuch.

Ein zweites Merkmal ist im Verwaltungsrechtscharakter der meisten umweltschutzrechtlichen Bestimmungen zu sehen. Hier ist wohl die Ursache der immer wieder beklagten „**Vollzugsdefizite**" der zuständigen Überwachungsbehörden zu sehen. Die ständige Ausweitung und Verschärfung der Gesetze läßt zunehmend die Grenzen einer Überwachung offenbar werden.

I. Haftungsrecht (Zivilrecht)

Ein besonderer Konstruktionsfehler des Umweltrechts zeigt sich vor allem beim **Klagerecht**. Eine Person für Umweltschäden haftbar zu machen kann im dreispurigen System des deutschen Umwelthaftungsrechts, neben **nachbarrechtlichen** Abwehr- und Entschädigungsansprüchen nach §§ 906, 1004 BGB, u.a. mit Hilfe zweier Paragraphen geschehen.

§ 823 (1) BGB
Wer vorsätzlich oder fahrlässig das Leben, den Körper, die Gesundheit, die Freiheit, das Eigentum ooder ein sonstiges Recht eines anderen widerrechtlich verletzt, ist dem anderen zum Ersatze des daraus entstandenen Schadens verpflichtet.

Diese Regelung des Bürgerlichen Gesetzbuches begründet also eine **Verschuldenshaftung**, d.h., ein Schädiger haftet nur dann, wenn die Schäden bei Einhaltung der allgemein anerkannten Regeln der Sorgfalt hätten vermieden werden können (§ 823 BGB). Es muß eine Sorgfaltspflicht verletzt worden sein und diese Fahrlässigkeit ist zu beweisen. Am Fehlen des Verschuldens der Schadensverursachung und den unüberwindbaren Beweisschwierigkeiten für den Geschädigten **scheitert** in der Praxis regelmäßig der Schadenersatzanspruch.

Haftungsregeln des zivilen Haftungsrechts setzen immer einen nachweisbaren Kausalzusammenhang voraus, d.h., Schädiger (schädigende Aktivität) und Geschädigter (verletztes Rechtsgut) können unzweifelhaft zugeordnet werden. Verwaltungsgerichtlich klagen kann ein Bürger nur, wenn er unmittelbar Betroffener und in seinen Rechten verletzt ist (**Individualgüterschutz**). Selbst wenn es einen solchen Betroffenen geben sollte und er auch bereit ist, das prozessuale Risiko einzugehen, sein materielles Recht als Kläger durchzusetzen, ist er in einer aussichtslosen Lage, wie die Prozesse einzelner Bauern beim Schnellen Brüter in Kalkar oder der Wiederaufbereitungsanlage in Wackersdorf gezeigt haben. „Angesichts solcher gigantischer Projekte ist unser verwaltungsgerichtlicher Nachbarschaftsschutz völlig veraltet, die Übermacht der Betreiber strukturell garantiert, Umweltschutz eine juristische Farce. Viele Klagen von Bürgerinitiativen und Umweltschutzverbänden sind genau aus diesem Grund gescheitert." (Wesel, 1988)

Auch ist der Nachweis der Schädigung eines geschützten Rechts für den einzelnen kaum möglich, der **Verursachungsnachweis** i.d.R. (vor allem die Beweisbarkeit bei Verursachungsketten) wissenschaftlich gar nicht zu erbringen.

Neben diesem allgemeinen Gesetz, das die Pflicht zur Wiedergutmachung oder Entschädigung begründet (und das in ähnlicher Form in den meisten Staaten existiert), ist besonders unter aktuellen Gesichtspunkten eine spezielle Haftungsregel interessant:

§ 22 WHG
Wer in ein Gewässer Stoffe einbringt oder einleitet oder wer auf ein Gewässer derart einwirkt, daß die physikalische, chemische oder biologische Beschaffenheit des Wassers verändert wird, ist zum Ersatz des daraus einem anderen entstandenen Schadens verpflichtet. Haben mehrere die Einwirkung vorgenommen, so haften sie als Gesamtschuldner.

Im WHG wird eine sog. **Gefährdungshaftung** für Umweltschäden begründet, und zwar im Gegensatz zu vorhin jetzt auch dann, wenn eine Erlaubnis für die Emission erteilt wurde und der Schädiger seine Sorgfaltspflicht erfüllt hat. Diese Regelung im Gesetz ist deswegen so interessant, weil bei der **Neugestaltung des Umwelthaftungsrechts** (vgl. Küpper, 1989; Schwädt, 1991; Peter/Salje, 1991) (Inkrafttreten des neuen Umwelthaftungsrechts am 1.1.1991)

- die wasserrechtliche, verschuldungsunabhängige Haftung auf die Umweltmedien **Boden und Luft** ausgedehnt wurde,
- damit ein Wechsel von der Verschuldungs- zur **Gefährdungshaftung** verbunden ist,
- diese Haftung auch den (störungsfreien) **Normalbetrieb** einbezieht,
- für den Geschädigten zum Nachweis der Schadensverursachung **Beweiserleichterungen** eingeräumt werden (Auskunftsanspruch; dazu Landsberg/Lülling, 1991),
- die „**Kausalitätsvermutung**" den Anlagenbetreiber zu einem Nichtverursachungsnachweis zwingt (i.S. einer faktischen Beweislastumkehr).

§ 1 UHG
Wird durch eine Umwelteinwirkung, die von einer der im Anhang 1 genannten Anlagen ausgeht, jemand getötet, sein Körper oder seine Gesundheit verletzt oder eine Sache beschädigt, so ist der Inhaber dieser Anlage verpflichtet, dem Geschädigten den daraus entstandenen Schaden zu ersetzen.

„Die Gefährdungshaftung dagegen begründet die Haftung nicht auf unrechtmäßigem Verhalten, sondern auf dem Einstehenmüssen für ein erlaubtes Risiko, das trotz Anwendung der erforderlichen Sorgfalt nicht vollständig beherrscht werden kann, so daß es zur Schädigung Dritter kommt" (Merkisch, 1990). Schafft ein Unternehmer mit einer Anlage eine Quelle mit erhöhtem Risiko, dann muß er und nicht der unbeteiligte Bürger haften, wenn sich diese im eigenen Interesse geschaffene betriebsspezifische Gefahr auch ohne Pflichtverletzung in einem Schaden konkretisiert (dazu auch Nicklisch, 1993, S. 20f.). Für Esser ist die Gefährdungshaftung Ausdruck der „verteilenden Gerechtigkeit". Es muß daher im Interesse eines Anlagenbetreibers liegen (Anreizwirkung des Gesetzes), nachteilige Veränderungen der Umwelt zu verhindern, um damit die Umweltrisiken zu minimieren (**Vorsorgegrundsatz**). Man kann die Gefährdungshaftung also als ein Äquivalent für das erlaubte Risiko ansehen.

Die Haftung bezieht sich demnach nicht nur auf den Störfall, sondern auch auf den Normalbetrieb einer Anlage. Das Schuldhafte des § 823 BGB, nämlich Fahrlässigkeit und Vorsatz, ist nicht erwähnt. Zudem gewährt das Gesetz eine Reihe von Beweiserleichterungen (Ursachenvermutung für die Annahme der Kausalität). Da dieser „Anscheinsbeweis" greift, ist für den Betreiber eine „Entlastung" bei dieser Vermutungshaftung letztlich nur über den „Nichtverursachungsbeweis" möglich. Zum Nachweis der Erfüllung ihrer Betriebspflichten werden die Unternehmen zukünftig mit Hilfe eines Umweltschutzinformationssystems (UIS) lückenlose Nachweise zu erbringen haben, z.B. Dokumentationen über Fertigungsprozesse, Stoffe etc. Ein umfassendes **Risk-Management** muß die Einhaltung aller Grenzwerte, interner Kontrollvorschriften usw. sicherstellen (siehe auch unsere Ausführungen zum Risk-Management). Besonders umstritten sind die erweiterten Auskunftsansprüche des Geschädigten gegen den Betreiber. Man befürchtet, Einblicke in Betriebsabläufe geben zu müssen (Datenschutz kontra Umweltschutz!?).

Für Anlagen mit besonders hohem Gefahrenpotential gilt eine zwingende Einrichtung einer Deckungsvorsorge/Pflichtversicherung. Altlasten bleiben ausgeklammert, ebensowenig erfaßt sind normalerweise sog. Ökoschäden (wie etwa das Waldsterben). Der Umfang erstreckt sich auf Ersatzleistungen bei Körper- und Gesundheitsschäden oder bei Sachschäden und daraus folgenden Vermögensschäden.

Man erkennt, welche enormen Konsequenzen die allgemeine Einführung der Gefährdungshaftung für die im Anhang der 4. BImSchV genannten Anlagen (insgesamt 96 Anlagentypen) hatte. Betroffen sind schätzungsweise etwa 100 000 Unternehmen. Die Aufgabe des Haftungsrechts, nämlich **präventiv** zu wirken i.S. einer Abschreckung von Fehlverhalten, wird sicherlich effektiver erfüllt. Aus betriebswirtschaftlichem (Eigen-)Interesse heraus sind die Unternehmen an einer Reduzierung der internalisierten Kosten zur Umweltschonung angehalten.

II. Strafrecht

Im einzelnen handelt es sich um folgende **Straftatbestände**:

- Verunreinigung eines Gewässers (§ 324 Abs. 28 StGb)
- Luftverunreinigung und Lärm (§ 325 Abs. 28 StGB)
- Umweltgefährdende Abfallbeseitigung (§ 326 Abs. 28 StGB)
- Unerlaubtes Betreiben von Anlagen (§ 327 Abs. 28 StGB)
- Unerlaubter Umgang mit Kernbrennstoffen (§ 328 Abs. 28 StGB)
- Gefährdung schutzbedürftiger Gebiete (§ 329 Abs. 28 StGB)
- Schwere Umweltgefährdung (§ 330 Abs. 28 StGB)
- Freisetzen von Giften (§ 330a Abs. 28 StGB)

§ 324, Verunreinigung eines Gewässers, ist der weitaus **bedeutendste** Tatbestand des 28. Abschnittes des StGB. Rund zwei Drittel aller Umweltstraftaten fallen unter diese Regelung. Nur 2% aller anhängigen Umweltstrafverfahren betreffen beispielsweise Luftverunreinigungen und Lärm.

Grundsätzlich bleibt festzuhalten, daß das Strafrecht eine Belangung von Unternehmen aufgrund fehlender individueller Zuordnung eines Verschuldens nicht kennt. Bestraft werden kann nur eine natürliche Person, keine juristische Person. Strafrechtlich eindeutig sind solche Fälle, in denen jemand durch **aktives** Handeln im Bewußtsein der Zuwiderhandlung gegen geschützte Rechte bestimmte umweltschädliche Handlungen vornimmt (z.B. Gift in den Fluß schüttet, Müll im Wald vergräbt etc.). Problematisch wird es regelmäßig bei der Zuordnung der zweiten strafrechtlich relevanten Handlungsform oder bei fehlendem Unrechtsbewußtsein. Das StGB belegt nicht nur aktives Handeln, sondern auch pflichtwidriges **Unterlassen** gesetzlich gebotenen Handelns mit Strafe. Womit sofort als Problem auftaucht, wem die Unterlassung strafrechtlich zuzuordnen ist. Wer ist z.B. strafrechtlich dafür verantwortlich, wenn bestimmte Sicherungsapparaturen nicht gekauft, nicht eingebaut oder nicht benutzt worden sind, das Personal nicht in den Gebrauch unterwiesen wurde? (Hopfenbeck/Jasch/Jasch, 1996, S. 451ff.)

Die strafrechtliche Verantwortlichkeit für derartiges Unterlassen wird aus der so genannten **„Garantenstellung"** für durch Unterlassen gebotener Handlungen entstandene Schäden abgeleitet. Garant im Sinne des Gesetzes ist diejenige Person in der Hierachie eines Unternehmens, die eigenverantwortlich hätte anordnen können, was gemacht hätte werden müssen. Allerdings kann strafrechtliches Unterlassen nur dann bestraft werden, wenn schuldhaft gehandelt oder unterlassen wurde. Hat der Betrieb ein funktionsfähiges Umweltmanagementsystem implementiert, kann beispielsweise dem Betriebsleiter nicht mehr schuldhaftes Unterlassen nachgewiesen werden. Dies macht deutlich, wie wichtig ein funktionsfähiges Umweltmanagementsystem ist.

Die **Verwaltungsakzessorietät** des Umweltstrafrechts, also die Abhängigkeit des Nebenrechts vom zugehörigen Hauptrecht, bedingt, daß das Strafrecht nicht fordern darf, was die Verwaltung duldet oder erlaubt hat. Dieser prinzipielle Vorrang des Verwaltungsrechts ist sicherlich einer der Hauptgründe der gegebenen Effektivitätskrise. Am 1.7.1980 in Kraft getreten, wird das Umweltstrafrecht – die „Ultima ratio der Umweltpolitik" (Krusche) – in jüngster Zeit heftig **kritisiert**. Begründet wird die Kritik überwiegend mit den empirischen Freispruchs- bzw. Einstellungsquoten und nur geringen Geldstrafen, die ein offensichtliches Vollzugsdefizit belegen würden. Ist das Umweltstrafrecht eine stumpfe Waffe, haben wir eine Unanwendbarkeit der Umweltstrafvorschriften? Schünemann spricht von einer Verwandlung der „Organisation der Verantwortlichkeit" in die „organisierte Unverantwortlichkeit".

Auch hier zeigt sich die erwähnte Verwaltungsakzessorietät des Strafrechts: Die meisten Umweltbelastungen, die Bürger bei steigernder Sensibilität registrieren, sind verwaltungsrechtlich erlaubt. Es ist u.a. auch auf den allgemeinen Wertewandel zurückzuführen, daß heute eine verschärfte Strafzumessung gefordert wird. Krusche (1989) sieht die Frage der Erforderlichkeit strafrechtlichen Umweltschutzes in seiner daraus resultierenden **Präventivwirkung**: „Der Praktiker stellt zunehmend fest, daß die wachsende Empfindlichkeit gegen die Prangerwirkung eines Umweltstrafverfahrens in der Leitungsebene von Unternehmen zum stärksten Element einer strafverfahrensrechtlichen Generalprävention wird. Zu beobachten ist, daß zur Abwendung solcher Nachteile finanzielle Mittel, organisatorische Fähigkeiten und technisches Know-how vorrangig eingesetzt werden, um der Firma ein Umweltstrafverfahren zu ersparen." Es ist zunehmend erkennbar, daß man die „Öffentlichkeitseffekte" eines von den Medien aufgegriffenen Verfahrens vermeiden will.

Da das Strafrecht u.E. **nicht** zum Vorreiter umweltpolitischer Strategien taugt, liegt die Lösung wohl eher in vorsorgenden Technologien, die Umweltschäden erst gar nicht entstehen lassen

III. Vom anthropozentrischen zum ökozentrischen Rechtsdenken

Der Individualgüterschutz greift im Umweltschutzbereich zu kurz, da es nicht um die Rechte einzelner, sondern um die allgemeinen Rechte der Natur geht. Flüsse, Wälder oder (um ein simples Beispiel zu nehmen) die Robben können aber nicht klagen, da sie **keine eigenen Rechte** haben, also kein Rechtssubjekt bzw. Träger von Rechten sind.

Die Natur, die Mitwelt des Menschen, „besitzt keinen Wert aus sich heraus, sondern nur einen Wert als Lieferant von Rohstoffen, als Betätigungsfeld für unsere Freiheit und als Gegenstand seelischer Erbauung. So ist es in der Praxis, und so entspricht es dem politischen und rechtlichen Denken". Die Natur ist nur immer soviel wert, wie sie **uns** wert ist (Meyer-Abich, 1984, S. 19f.). Es geht darum, aus ethischen und Überlebensgründen das Verhältnis von Mensch und Natur neu zu definieren im Sinne einer Abkehr vom rein **anthropozentrischen** Weltbild hin zu einer ganzheitlichen oder ökologischen Sichtweise (dazu auch Seidel/Menn, 1988, S. 21 und S. 30ff.; Daecke, 1995, S. 17ff.). Eine solche (physiozentrische) Betrachtungsweise würde „der Natur von vornherein und unabhängig vom Nutzen für den Menschen einen Eigenwert zuordnen" (Meyer-Abich, 1984, S. 47; zur **Naturwertlehre** der Physiokraten siehe auch Immler, 1989).

Umweltschutz schützt heute lediglich die natürlichen Lebensgrundlagen des Menschen. „Schutz der Natur" durch Gesetze und technische Maßnahmen gibt es demnach nicht um der Natur willen, sondern allein zur Sicherung deren **Nutzung** durch den **Menschen**. Der Nutzen des Menschen bestimmt auch das „Maß" der zulässigen Eingriffe bzw. Schäden. Salzwedel spricht von einem Schutzwürdigkeitsprofil und einem Gefährdungsprofil.

Das „Maß", etwa ein explizit formulierter Emissionswert, wird in den Normen des Verwaltungsrechts festgelegt. Damit bestimmt der von Experten definierte sog. **Stand der Technik** den **inhaltlichen Gehalt**. Der Vollzug des Umweltstrafrechts setzt immer solche naturwissenschaftlich-technischen Umweltstandards voraus. In allen empfindlichen Bereichen des gesetzlichen Umweltschutzes ist, so sieht es Bieber sehr kritisch, inzwischen höchstrichterlich bestätigt, daß die **Technik** dem **Recht** vorschreibt, welche Grenzen das Recht der Technik vorschreiben darf – also die Subordination des Rechts unter sein Kontrollobjekt.

Längst, so etwa von Stone in den USA seit den frühen 70er Jahren, wird die Frage diskutiert, ob der Natur **eigene Rechte** zuerkannt werden sollen. Der Gesetzgeber könnte den genannten Konstruktionsfehler (Umweltrecht = Verwaltungsrecht) leicht beseitigen, indem er, ähnlich wie für Leben und körperliche Unversehrtheit, ein „**Grundrecht**" auf Naturschutz einführen würde. In Deutschland sind von den einzelnen Parteien dazu Vorschläge erarbeitet worden. Ursprüngliche Ideen im Rahmen des GG Art. 20 sind inzwischen aber ersetzt worden durch ein „**Staatsziel**" zu formulieren.

Eine andere Möglichkeit, den Konstruktionsfehler des Umweltrechts zu beseitigen, die **Verbandsklage** etwa durch Umweltschutzorganisationen oder Naturschutzverbände, wie sie bereits seit vielen Jahren in den USA praktiziert wird, ist inzwischen von einigen Bundesländern eingeführt worden; allerdings nicht allgemein, sondern auf Naturschutzgebiete beschränkt. Selbst Befürworter dieses Instruments sähen bei einer allgemeinen Popularklage die Verwaltungsjustiz schlagartig zusammenbrechen.

Andere außerrechtliche Lösungswege, die vom technischen Umweltschutz wegführen, haben wir bereits an anderer Stelle angesprochen. Diese, in der Diskussion gern als „marktwirtschaftliche" Lösungen tituliert, beziehen sich vor allem auf die Einführung sog. **Ökosteuern**. Die Grenzen des gegenwärtigen Rechtsdenkens und der darauf entwickelten Handlungsinstrumente zeigen sich deutlich. Bisher, so sagt Bosselmann (1987), hat das Umweltrecht den Grundwiderspruch zwischen Ökonomie und Ökologie völlig unangetastet gelassen und sich statt dessen pragmatisch auf die Seite der Ökonomie geschlagen. Ähnlich kritisch sieht Stock (1990) das Ergebnis der drei Nordseekonferenzen; sein Fazit: „Nichts hat sich daran geändert, daß sich der Umweltschutz nach wie vor an den Vorgaben der Industrie orientiert und eben nicht an der Belastbarkeitsgrenze der Natur."

L. Umweltbezogenes Risk-Management

I. Risiko-Management als Teilbereich des strategischen Managements

Im 5. Teil des Buches wurden bereits Früherkennungssysteme als Bestandteil eines umfassenden Risiko-Managements dargelegt (vgl. dazu Haller, 1991, S. 180). Die dort genannten Instrumente (Szenario, Cross-Impact-Analyse, Portfolio-Technik, Diffusionskurve, Produktlebenszyklus u.a.) sind zum Erkennen und Bewerten externer Risiken (z.T. in erweiterter bzw. geänderter Form) auch im Umweltbereich einsetzbar und sind bereits an mehreren Stellen (z.B. Öko-Marketing) angesprochen worden.

Zur Einhaltung eines „Sicherheitsniveaus" als normative Vorgabe im strategischen Planungs- und Umsetzungsprozeß stehen nach Steger/Antes (vgl. 1992, S. 18ff.) dem Risiko-Management im Umweltbereich fünf additiv einsetzbare **Strategien** zur Verfügung:

- **Vermeiden**
  (z.B. durch integrierte Fertigungsverfahren, Substitutionen von Einsatzstoffen, Durchführung von Assessments, bestimmte Organisations- und Entscheidungsstrukturen)
- **Vermindern**
  (im Prinzip gleicher Maßnahmenkatalog wie bei Vermeidung; dazu additive Umweltschutz- und Sicherheitspolitik, verbesserter Katastrophenschutz, Stoffkreisläufe/Recycling, fehlerfreundliche Systeme u.a.)
- **Überwälzen**
  (z.B. auf Lieferanten bei schwer zu entsorgenden Produkten; Nachweis von Umweltverträglichkeitszertifikaten; Fremdentsorgung)
- **Versichern**
  (z.B. durch Versicherungsverträge bei Störfällen)
- **Selbst tragen**
  (F&E-Risiken, Restrisiko u.a.).

II. Risikoanalyse und Risikovorsorge

Unsere Ausführungen zum Bereich des öffentlich-rechtlichen Umweltschutzes haben Grenzen deutlich gemacht. So wirkt etwa das Umweltstrafrecht immer erst **nachträglich**, dann also, wenn die Natur bereits geschädigt ist, und auch das Zivilrecht greift zu kurz. Die vorhandenen gesetzlichen Strukturen bieten allein keine zukunftsorientierten Lösungswege.

Mit der erfolgten Kodifizierung einer verschuldensunabhängigen Gefährdungshaftung sind (wie gezeigt) weitreichende Folgen verbunden. Man erhofft sich damit einen Anstoß zu mehr **„integrierten"** Umweltschutzkonzepten, ein Vermeiden von künftigen Schadenersatzanforderungen durch **schadenvermeidende** Maßnahmen („clean technologies") i.S. von möglichst geringen Einwirkungen auf die Medien Wasser, Boden und Luft. Es gilt die Folgerung: Schaden- (bzw. Abfall-)Vermeidung ist immer billiger als eine nachträgliche Behebung. Diese verhaltenssteuernde Wirkung des neuen Umwelthaftungsrechts soll also eine präventive Aufgabe erfüllen. Die Gestaltung des Ziels **„Risikominderung"** bekommt eine neue qualitative Bedeutung.

Haller (1991, S. 186) sieht das Problem der „Risikoakzeptanz" in ein neues Licht treten, „da die alte Regel (einer schafft das Risiko, die anderen haben es zu akzeptieren) in Zukunft durch eine partnerschaftliche Risikoentscheidung getroffen werden muß". Gasser (1989) konstatiert, daß es unmöglich ist, einen risikofreien Betrieb zu konzipieren. Ursachen sind das mögliche technische Versagen bestimmter Einrichtungen, das zum jeweiligen Zeitpunkt „Noch–nicht–wissen–Können" bestimmter Toxizitäten oder sonstiger Risiken und das mögliche Fehlverhalten der Menschen. Zu Aspekten des Risiko-Managements aus **verhaltenswissenschaftlicher** Sicht (z.B. subjektive Wahrnehmung und Bewertung von Risiken durch Manager) siehe die empirischen Untersuchungsergebnise bei Balderjahn/Mennicken (1995, S. 7ff.)

Ein umfassendes **Risiko-Management** umfaßt

- das Erkennen aller Risikopotentiale bei Verfahren/Produkten/ Entsorgung im Rahmen einer Risikoanalyse (Schwachstellenanalyse),
- die Integration einer effektiven Risikovorsorge als Querschnittsfunktion und als integrierter Bestandteil der Unternehmenspolitik,
- die Entwicklung von **Strategien** des Managements ökologischer Unternehmensrisiken (dazu insbesondere Matten, 1997, S. 231ff.),
- den Aufbau einer internen und externen Risiko-Kommunikation (vgl. dazu unsere Ausführungen bei der Kommunikationspolitik).

> **„Risk-Management ist die unternehmerische Aufgabe, Risiken zu erkennen, vermeidbare Risiken zu verhindern und nicht ausschließbare Risiken durch geeignete Maßnahmen beherrschbar zu machen"** (Gasser, 1992, S. 109)

Daraus resultiert zur **Analyse** der gesamten Risikostätte „Unternehmung" in ihrer Struktur die Notwendigkeit einer umfassenden kooperativen Zusammenarbeit verschiedenster Experten, um das Risiko abschätzen zu können: Techniker, Betriebswirtschaftler, Versicherungsleute, Juristen, Chemiker, Geologen usw.

Zur Beherrschung der von der komplexen Technik ausgehenden Gefahren (Brand, Explosionen, Emissionen etc.) muß eine umweltbewußte, beherrschbare Industrieproduktion im Rahmen eines „systemorientierten" Ansatzes das Gefahrenpotential in der Wechselbeziehung von Mensch-Maschine-Umwelt sehen. Mit standardisierten Methoden der **theoretischen Systemanalyse** (Fehlerbaumanalyse, Störfallablaufanalysen, Hazard und Operability Studies) muß versucht werden, bereits im Planungsstadium industrieller Prozesse mögliche Gefahrenpotentiale (Ursachen, Folgen, Ablauf, Wahrscheinlichkeit des Eintritts etc.) schon sehr früh zu erkennen, um sie mit Maßnahmen vermeiden zu können. In dieser systematischen theoretischen Untersuchung wird geprüft, „wie sich die Fehlfunktion von Bauteilen oder Regelungsorganen, Stromausfall, menschliche Fehlhandlungen, umgebungsbedingte Fehler oder auch Kombinationen dieser Ereignisse auswirken" (Kuhlmann, 1990), um dann festzulegen, unter welchen Bedingungen die Anlage sicher betrieben werden kann und außergewöhnliche Betriebsbedingungen beherrscht werden können. Das Ergebnis dieser Schwachstellenanalyse findet seinen

Niederschlag in einer „**Sicherheitsanalyse**", die neben den mehr technischen Angaben auch den Menschen einbezieht (Verhalten, Schulung etc.).

Um den gesamten Unternehmensablauf auf versteckte Umweltgefahren abzusuchen, werden zahlreiche Checklisten angeboten.

Risikovorsorgende Maßnahmen müssen u.E. mehrere **komplexe Komponenten** enthalten, z.B.

- **betriebs**wirtschaftliche
  (Bestellung eines Umweltbeauftragten und Festlegung von Zuständigkeiten und Verantwortung, Maßnahmenkataloge, Überwachungspläne, Vorsorgemaßnahmen, Sicherheitsmaßnahmen, interne Weisungen und Richtlinien, Kataster, Umwelt-Audits),
- **personal**wirtschaftliche
  (ständige Schulung/Instruktion und Auffrischung des Sicherheitsgedankens) und
- **versicherungs**technische
  (Abdeckung der Risiken).

III. (Versicherungsrechtliche) Reform der Umweltdeckung

Mit der Einführung einer Gefährdungshaftung ist parallel auch eine Diskussion über eine Reform der Umweltdeckung verbunden. Die Versicherungsgesellschaften sehen die Gefahr von Risiken (selbst im Normalbetrieb), die nicht mehr versicherbar erscheinen. Für die betroffene Industrie ergäbe sich demnach eine unerwünschte Lücke zwischen Haftungsrecht und Versicherungsschutz.

Ziel der Novellierung war es, die Unternehmen aus wirtschaftlichem Eigeninteresse heraus zu vorbeugenden, **schadenvermeidenden** Maßnahmen zu veranlassen. Man sieht darin ein Motivationsinstrument für die Suche nach optimalen Schadenverhütungskonzepten. Das strafrechtliche Risiko zwinge den einzelnen Manager aus seiner persönlichen Verantwortung heraus, betriebliche Planungs-, Kontroll- und Organisationsmaßnahmen zu realisieren, die diesem Zweck dienen.

Die Risiken der Unternehmung aus ihrer Produkt- und Umweltverantwortung sind nur durch **Schadenverhütung** in den Griff zu bekommen. Diese Verhütungsmaßnahmen sind nicht nur im technischen Umweltschutzbereich zu sehen, sondern in einer präventiven Anpassung **aller** Arbeitsabläufe, Produktionsverfahren, Produktgestaltung etc. unter dem Aspekt der Risikovorsorge (prozeß- und produktintegrierter Umweltschutz). Risiken sind rechtzeitig zu erkennen und Sanierungs-, Abhilfe- oder Vermeidungsmaßnahmen zu entwickeln und durchzuführen. Ein umfassendes Schadenverhütungsmanagement ist auch unter dem Aspekt des neuen Produkthaftungsgesetzes zu sehen, das das Management von dieser Seite her zu einer systematischen, ganzheitlichen und das gesamte Unternehmen umfassenden neuen (Qualitäts-)Politik zwingen wird. Die Lösung muß für beide Gesetze heißen: nachweisbare **Qualitätssicherungssysteme** aufbauen.

Eine Bereitstellung einer **Haftpflichtversicherung** wird abhängen

- zum einen von einem effizienten Risk-Management der Unternehmung selbst,
- zum anderen von neuen Formen der partnerschaftlichen Zusammenarbeit mit den Versicherungsgesellschaften. So werden die Versicherungsgesellschaften im Rahmen eines Risiko-Consulting eine **erweiterte** Risikoermittlung beim Versicherungsnehmer vornehmen, um die wesentlichen Gefahrenmomente zu erkennen.

Die heute bestehende Versicherung gegen Ersatzansprüche nach § 22 WHG ersetzt Schadenersatzansprüche aus Personen-, Sach- und Vermögensschäden sowie Rettungskosten; im Rahmen der **Industriehaftpflichtversicherung** besteht auch eine Deckung für Umweltschäden, aber nur, soweit sie auf Störfalle oder Unfälle zurückzuführen sind. Es ist bereits klar: „In Zukunft wird Versicherungsschutz nur möglich sein, wenn die Risiken bekannt sind und durch geeignete Vorsorgemaßnahmen eingegrenzt werden können." (Zu Fragen des Versicherungsschutzes, z.B. zum Ende Dezember 1992 vom Bundesaufsichtsamt für das Versicherungswesen und dem Bundeskartellamt genehmigten **Umwelthaftpflichtmodell** des VdS, siehe insbesondere Balzereit/Kassebohm/Kettler, 1996, S. 122ff.).

M. Umweltorientierte Möglichkeiten des Handels

Lange Zeit in seiner Bedeutung unterschätzt, rückt die Stellung des Handels (drittgrößter Wirtschaftszweig der BRD) als ökologischer „Gatekeeper" durch Aktivitäten großer Handelsunternehmen verstärkt ins Bewußtsein (vgl. auch Belz, 1994). Zudem werden die Umweltfolgen des Konsums den Konsumenten immer klarer – z.B. über immens steigende Müllgebühren der Gemeinde. Probleme wie der „Müllnotstand" erzwingen eine neue Rolle des Handels gegenüber Verbrauchern (nachfragelenkend und angebotssteuernd) und den Produzenten.

Frühzeitig haben Pionierunternehmen nach Möglichkeiten umweltorientierter Unternehmensführung im Handel gesucht. Ähnlich zur gegenwärtigen Situation in der Industrie ist jedoch auch im Handel eine große Bandbreite zwischen Ignoranz, Trittbrettfahren und echtem Engagement zu erkennen. Kritisch fragen Mattmüller/Trautmann (vgl. 1992, S. 133), ob bei den z.T. spektakulär anmutenden Einzelmaßnahmen einzelner Handelsunternehmen (etwa durch Auslisten bestimmter Produkte) der Vorwurf des eher vordergündigen Umweltschutzes nicht doch gerechtfertigt ist angesichts zahlreicher verbleibender Problemprodukte in den Sortimenten.

Wurde der Umweltgedanke zuerst verstärkt in den operativen Bereich integriert, ist im Handel zunehmend auch eine **strategische** Ausrichtung erkennbar (Umweltleitlinien etc.). Ein (proaktives) umweltorientiertes Management im Handel wird auf ein breites Spektrum von Markt-Differenzierungsmöglichkeiten gegenüber den Wettbewerbern, den Lieferanten, den Kunden und den eigenen Mitarbeitern zurückgreifen können:

- ein ökologisch stäker ausgerichtetes Sortiment
- ökologisch verbesserte Prozeßabläufe
- umfassende ökologische Systemleistungen (z.B. bei der Entsorgung)
- Abbau von Akzeptanzbarrieren beim Verbraucher gegenüber Ökoprodukten
- Einbezug der Mitarbeiter als Multiplikatoren

I. Der Handel als Gatekeeper der Marktwege

Das auf Lewin zurückgehende Gatekeeper-Konzept bietet einen guten Ansatz zur Erklärung der **Selektionsfunktion** des Handels zwischen Produzenten und Verbraucher (vgl. Hansen. 1988, S. 343f.; Mattmüller/Trautmann, 1992, S. 136). Basierend auf bestimmten Determinanten seiner Entscheidungsmöglichkeiten kann er die Marktwege für Produkte oder Informationen „offen" oder „geschlossen" halten – er bestimmt damit quasi als „Nadelöhr" wesentlich das Diffusionsausmaß und das Erfolgsausmaß von ökologischen Konzepten der Hersteller. Er kann sowohl als beschleunigender „Katalysator" als auch als „Bremser" wirken. Zum anderen übernimmt er quasi für den Verbraucher bereits eine „Vorauswahl" und durch die Aufnahme/Nicht-Aufnahme eines Produktes in das Sortiment gleichzeitig eine Art **„Vorentscheidung"** für die Kaufentscheidung (Hopfenbeck/Teitscheid, 1994, S. 20). Diese Mittlerrolle kommt sehr deutlich in den „Grundsätzen" verschiedener Handelsunternehmen zum Umweltschutz zum Ausdruck (siehe Beispiele in ebd., S. 21ff.).

Das Spannungsfeld **Hersteller – Handel** muß für Hansen ökologisch „redefiniert" werden, wobei aus dem bisherigen bipolaren Spannungsausgleich eine tripolare Aufgabenstellung wird, nämlich der Spannungsausgleich zwischen den Eigengesetzlichkeiten von Produktion, Konsum und Natur (vgl. Hansen, 1992, S. 5).

Hansen differenziert demgemäß die ökologischen Basisstrategien des Handels in Ecology-push- und Ecology-pull-Strategien. Neben einer internen Ausrichtung einer umweltorientierten Unternehmenspolitik sind die beschaffungs- und absatzseitigen Aktivitäten zu integrieren.

II. Ökostrategien der Handelsunternehmen

In Anlehnung an die dem Hersteller zur Verfügung stehenden Grundhaltungen bzw. **Basis Strategien** unterscheiden Meffert/Kirchgeorg (1992) und Meffert/Burmann (1991) drei Möglichkeiten:

- Eine **defensiv** ökologieorientierte Basisstrategie, die gekennzeichnet ist durch starke Kostenorientierung und passives Umweltverhalten beim Händler. Dies dürfte z.B. im Lebensmittelbereich für den Betriebstyp des Discounters zutreffen.
- Eine **selektiv** ökologieorientierte Basisstrategie, bei der fallweise („Öko-Aktionismus") umweltorientierte Maßnahmen durchgeführt werden.
- Eine **offensiv** ökologieorientierte Basisstrategie, bei der ein proaktives, innovatives, integratives Umweltdenken gegeben ist mit dem Versuch, über eine Umweltorientierung eigene Wettbewerbsvorteile aufzubauen.

Bei den **„Ecology-pull-Strategien"** beeinflußt der Handel die Durchsetzung ökologischer Bedarfe bei den **Herstellern.** Inwieweit diese Strategie wirken kann, ist von der Bereitwilligkeit der Hersteller und weitgehend durch die **Machtposition** – Nachfragepotential des Handels oder Markenartikelpotential des Herstellers – bestimmt. Ein Vorteil einer umweltorientierten Einkaufspolitik könnte, wenn sie von Großformen des Handels mit seinen entsprechenden Nachfragevolumen initiiert wird, darin gesehen werden, daß dem zu Änderungen gezwungenen Hersteller gewisse Abnahmegarantien für innovative, umweltfreundlichere Produkte gegeben werden können.

Bei der **„Ecology-push-Strategie"** kann der Handel im Rahmen seiner **Angebotspolitik** sein Sortiment umweltfreundlich gestalten (d.h. bewußte Aufnahme umweltfreundlicher bzw. Auslistung umweltschädlicher Produkte), eine entsprechende Beratung sicherstellen, den Verbraucher (umwelterzieherisch!) informieren und aufklären, die Umweltfreundlichkeit als Bestandteil des Firmenimages in der Kommunikationspolitik thematisieren sowie Rücknahmestellen einrichten.

Eine ökologieorientierte **Produktpolitik** des Handels umfaßt die Gestaltung der Produktbeschaffenheit, des Sortimentprogramms, der Warenkennzeichnung, des Kundendienstes und der Verpackung. Ein Vorteil des Handels liegt darin, daß er im Gegensatz zu Produzenten, die auf Marken abzielen, ein **Firmenimage** und eine Firmenloyalität anstrebt. Das breite Sortimentsangebot erlaubt zudem leicht Kompensationsmöglichkeiten und seine hohe Handlungsflexibilität eine schnelle Reaktion auf Änderungen der Verbraucherwünsche.

Grenzen dieser Politik liegen auf mehreren Ebenen:

- Inwieweit besteht überhaupt die Möglichkeit, auf umweltfreundlichere Produkte auszuweichen? In welchen Fällen besteht eine hohe Markenpräferenz?

- Für manche Produkte ist eine kurzfristige Substitution nicht möglich – so ist etwa eine Umstellung auf Produkte des ökologischen Landbaus nur über Jahre möglich.
- Die Größe des Sortiments läßt nur ein selektives Eingreifen zu – der Otto Versand hat z.B. 100.000 Artikelpositionen!
- Die Komplexität der Beurteilungsaufgabe führt oft selbst in der Wissenschaft zu konträren Ergebnissen.
- Das Problem der Bewertung einzelner Komponenten im gesamten ökologischen Produktlebenszyklus und ihre Gewichtung im Rahmen einer Gesamtbilanz eines Produktes ist z.T. subjektiv (nur die Gesamtbilanz über Beschaffung, Produktion, Ge- und Verbrauch und Entsorgung eignet sich aber für ein „Urteil").
- Es gibt Schwierigkeiten mit der Informationsbeschaffung bei den Herstellern.
- Möglicherweise werden negative Ausstrahleffekte eines „grünen" Images befürchtet.

In Literatur und Praxis wird das Sortiment als das wesentlichste Element des Leistungsbereichs eines Handelsbetriebes angesehen. Innerhalb einer Innovationsstrategie wird der konsequenten Ausrichtung des Warenangebots nach umweltorientierten Kriterien eine besondere strategische Bedeutung zukommen (vgl. dazu Beuermann/Sekul/Sieler, 1995, S. 44ff; Hansen, 1993).

„Berühmtheit" haben die Kampagnen von Tengelmann z.B. bei phosphatfreien Waschmitteln oder Sprays erlangt. Freie Hand hat der Handel bei der umweltorientierten Gestaltung seiner **Eigennamen**. Der Migros Genossenschaftsbund, dem innerhalb der Konzerngemeinschaft auch eigene Produktionsbetriebe angeschlossen sind, geht konsequent diesen Weg. So übernahm die Mibelle AG ihren Teil zur Erfüllung der Pionierrolle der Migros in Bezug auf Materialeinsparung bei Zahnpasten (Tuben ohne Faltschachteln) oder bei treibgasfreien Haarsprays, die Mifa AG die Lancierung umweltfreundlicher Wasch- und Reinigungsmittel.

Qualität und Preis sind die klassischen Orientierungspunkte des Handelsmarketings. Die Durchsetzung einer konsequent ausgestalteten – ökologischen – Orientierung ist nicht die Regel. Selbst die ökologisch orientierten Vorreiterunternehmen der Branche sprechen lieber vorsichtig von einem umweltverträglicher gestalteten Sortiment, als sich mit dem Etikett einer ökologischen Sortimentspolitik zu schmücken.

Einzelne Maßnahmen der Handelsunternehmung und deren Präsentation über den gezielten Einsatz der **Kommunikationsmittel** (Werbung, Öffentlichkeitsarbeit, Verkaufsförderung oder Sponsoring) strahlen auf ihr (Umwelt-)Image aus. Der Einsatz der Kommunikationspolitik soll demnach nicht nur den Bekanntheitsgrad des umweltorientierten Angebots vergrößern, sondern auch ein bestimmtes Vorstellungsprofil desselben. Zahlreiche Beispiele (wie etwa Migros oder Tengelmann) verdeutlichen, wie auf diese Weise eine umweltfreundliche Vertrauensbasis geschaffen werden kann – im Sinne eines „Kaufe ich bei …, leiste ich einen persönlichen Beitrag zum Umweltschutz". Produktwerbung tritt hinter eine übergreifende Imagewerbung zurück. Je mehr der Verbraucher durch Umweltskandale verunsichert reagiert, wird eine dokumentierte „Kompetenz in Sachen Umwelt" (i.S. einer ganzheitlichen Umweltidentität) den Einfluß des Handels stärken. Wie wir auch bei Produktionsbetrieben betont haben, ist es allerdings unerläßlich, daß eine solche Marktpositionierung eines „umweltfreundlichen Händlers" einer „durchgängigen" Wertorientierung der Unternehmung bedarf.

In der **Werbung** werden die Aktivitäten oft unter einer Dachkampagne koordiniert (z.B. „Ihr Umweltpartner EDEKA - Mach mit … Natur ist Leben", Tengelmann „Schützt unsere Umwelt" oder Loblaws „Something can be done"). In der **Öffentlichkeitsarbeit** können die bekannten Instrumente eingesetzt werden, die entsprechend zu erweitern sind. Innerhalb der **Verkaufsförderungsmaßnahmen** werden neben den Außendienst- und Händler-Promotions vor allem die Verbraucher-Promotions im Mittelpunkt stehen. Wir haben bereits ausführlich die Bedeutung der **internen Kommmunikation** hervorgehoben. Auch bei Handelsunternehmen muß eine kontinuierliche Information der Mitarbeiter erfolgen.

Innerhalb der **Distributionspolitik** des Handels wird damit neben dem Ausbau ressourcenschonender Logistiksysteme vor allem dem Aufbau sog. **Redistributionssysteme** verstärkt Bedeutung zukommen. Die Rücknahme in Rückführungssystemen kann entweder beim Händler selbst oder in einem (möglicherweise auch gemeinsam mit anderen Unternehmen betriebenen) Center erfolgen (zur Darstellung **alternativer** Redistributionskanäle – ausschließlich durch Hersteller, mit dem Handel, mit spezialisierten Mittlern – siehe Raabe, 1993, S. 294ff.). Die Entsorgungsphase wird zunehmend zum Engpaßsektor im Produktlebenszyklus, neue Formen der **Serviceleistungen** werden damit beim Handel (oder auch beim Hersteller selbst, wie die jüngsten Beispiele bei Computern oder Kühlschränken zeigen) notwendig. Diese qualifizierten Serviceleistungen beinhalten eine verstärkte Informations-, Aufklärungs- und Beratungspflicht. Problematisch für diese Profilierungsmöglichkeit sind die damit verbundenen hohen Personalkosten.

Neben der Beteiligung des Handels an Sortier-/Recyclingaktionen im Rahmen der Abfallverwertung, die auf erhebliche Durchführungsbarrieren (räumliche/personelle/organisatorische Voraussetzungen zur Erfüllung der genannten Funktionen) treffen, muß der Verpackungsflut vor allem durch Vermeidungsstrategien begegnet werden.

Für den Handel bezieht sich die Optimierung der **Distribution** auf mehrere Aspekte: Eine wesentliche Entscheidung innerhalb der Logistik wird hierbei neben der Umgestaltung des betrieblichen **Fuhrparks** die Optimierung der Transportwege zwischen Lieferanten und Handel, die Optimierung der Transportwege zwischen Handelslager und Filialen und die Gestaltung des Entsorgungsbereichs sein. So stellt etwa Migros immer mehr auf die umweltschonendere Alternative „Transport auf Schiene" um. Auch in Deutschland laufen entsprechende logistische Umstrukturierungen.

III. Innerbetrieblicher Umweltschutz

Die Umweltrelevanz des Handels geht aber über seine Mittlerstellung hinaus. Da alle wirtschaftlichen Tätigkeiten die natürlichen Systeme in irgendeiner Form belasten (Okkupation, Emission), hat auch der Handel – wenn auch in weit geringerem Ausmaß als etwa ein Produktionsunternehmen – die **eigenen** Umweltbelastungen bei der Erfüllung der Distributionsleistung zu berücksichtigen. Neben ökologieorientierter Standortwahl bzw. ökologischer Ladengestaltung/-einrichtung (siehe die Beipiele in Hopfenbeck/Teitscheid, 1994, S. 244ff.) bieten sich **hausinterne** Möglichkeiten an bei

- Papier und Verpackung aus Recyclingmaterial,
- umweltschonenden Hausreinigungsmitteln (für ökologische Büromaterialien stehen viele praktische Ratgeber zur Verfügung),
- einer gesicherten Entsorgung,
- dem Einsatz umweltfreundlicher Bürobedarfsartikel,
- der Gestaltung der Transportmittel (Einsatz von Kat-Autos, Eisenbahn),
- der Energieversorgung (Heizung, Beleuchtung etc.),
- der Gestaltung von Werbemitteln/Katalogen/Dekoration (z.B. Recyclingpapier),
- der Bewirtschaftung von Küche und Casino (ernährungswissenschaftlich vernünftige Angebote, Mehrwegsysteme, Abfallsortierung)

N. Ökologische Ethik

I. Semantische Verklärungen

Unser Verhältnis zur Natur, der Geist einer Zeit, kommt sehr stark in der Sprache zum Ausdruck. Wittl (1996) entwirft einen interessanten **kommunikativen** Ansatz, der unseren „Umgang mit Dingen" (z.B. Recycling) mit unserem Umgang mit Sprache assoziiert. Besonders im Bereich der Umweltbelastung werden viele Tatbestände im offiziellen Sprachgebrauch semantisch verschönert und damit **„entproblematisiert"**. Mit anderen Worten: Die Realität wird mit Sprache vernebelt.

Einige geläufige Beispiele für **realitätsverschleiernde Sprachregelungen** mögen die Worthülsen „entlarven":

- **Entsorgung**: Heißt das, wir haben uns der Sorge um unseren Abfall für immer entledigt? In Wirklichkeit haben wir uns aber von unseren Abfallsorgen nicht befreit, sondern entweder diese nur zwischengelagert (wie beim Atommüll, wo die Endentsorgung weltweit noch völlig ungelöst ist) oder nur auf Deponien oder Verbrennungsanlagen verlagert. Die Ängste um eine sichere Grundwasserversorgung sind bei geschätzten 60 000 Altdeponien und ihrem weitgehend unbekannten Gefahrenpotential mehr als real! Nach einem Bericht des Materialprüfungsamtes Berlin ist keine Deponie langfristig dicht.
- **Entsorgungspark**: ein schöner Park ...!?
- **Vom Aussterben bedroht**: Das Artensterben als schicksalhafte Entwicklung oder als Ausrottung?
- **Sondermüll**: Das „Besondere" ist wohl seine Gefährlichkeit.
- **Umwelt**: Der Mensch als Mittelpunkt, die Natur nur seine ihn umgebende Welt. Würde der Begriff Mitwelt nicht eher deutlich machen, daß Umweltschäden nicht nur die Natur treffen, sondern auch den Menschen als Teil dieser Natur?
- **Mülltourismus**: Aus den Augen aus dem Sinn ...?! Eine zynische Umschreibung von Giftmüllexporten unseres Wohlstandsmülls in devisenbedürftige Länder.
- **Altlast**: Neudeutsche Umschreibung für stillgelegte Mülldeponien, wilde Müllkippen und bestimmte ehemalige Industriegrundstücke ... alles chemische Zeitbomben verschiedener Schadstoffe, ein Damoklesschwert über Städten und Gemeinden bei ungeklärter Trägerschaft der immensen Sanierungskosten. Der Aufwand für die etwa 70 000 „Verdachtsflächen" wird von der Allianz auf rd. 17 Mrd. DM geschätzt.
- **Eutrophie**: Griechisch für „guter Ernährungszustand", oder meint man den Schreckensruf an der „umgekippten" Adria: „Die Algen sind wieder da"?
- **Energierecycling**: „Wiederverwendung bereits benutzter Rohstoffe" (= Recycling) für einen Stoffkreislauf, bei dem etwas (endgültig!) verbrannt wird? Es werden nicht etwa aus den organischen Abfällen Stoffe zurückgewonnen, sondern die bei der Verbrennung freiwerdende Energie ausgenützt („thermische Verwertung"). Einmaliges und letztmaliges Recycling! Es wird aber nicht nur der Rohstoff Öl, sondern auch der im Produkt investierte Verarbeitungsmehrwert unwiderbringlich vernichtet.

„Der Spiegel kann nichts dafür, wenn er der Jungfrau zeigt, daß sie schwanger ist." (Tucholsky)

II. Die Einstellung zur Natur

Meyer-Abich sieht in unserer Forderung nach Umweltschutz (um mit ihm Schaden von uns abzuwenden) nur eine Immunisierung gegen unsere eigenen Fehler – statt daß wir die Fehler unterlassen. Die Frage des „richtigen" Weges bedarf vielmehr einer politischen und ethischen oder religiösen Bewertung. In einer Demokratie wird die politische, rationale Bewertung als Diskussions-, Abwägungs- und Entscheidungsprozeß in der Öffentlichkeit und den legitimierten Gremien zunehmend partizipativ vollzogen. In den Wirtschaftswissenschaften ist viel über die Schwierigkeiten geschrieben worden, die Inanspruchnahme der „freien Naturgüter" mit einem adäquaten Preis zu versehen, da der fehlende Preismechanismus zur Beachtung der Knappheitsrelationen der Ressourcen zu einem dramatischen Raubbau in den letzten Jahrzehnten geführt hat.

„In ihrer Sehnsucht nach Arkadien vergessen die Menschen immer wieder, daß die Natur kein unberührter Ort mehr ist. Im Mittelmeerraum und auf den Britischen Inseln gab es dergleichen schon vor rund zweihundert Jahren nur noch fleckenweise. Der Mensch verändert die Umwelt, wo er hinkommt. Deshalb fällt es ihm schwer, sich als Teil der Natur zu verstehen. Lieber sägt er einen alten Baum ab, stellt sich auf den Rumpf und hält eine Rede über Naturschutz." (Augstein, 1997, S. L13)

Die natürliche Umwelt als Lebensraum und Basis allen Wirtschaftens ist in ihrer **Bedeutung erkannt**. Die Reduzierung der Natur durch die Menschen zu einem beherrschbaren und ausbeutbaren **„Objekt"**, diese Einstellung wird aber durch eine „umweltorientierte Unternehmensführung" (mit der Gefahr der „Instrumentalisierung") allein nicht überwunden. Solange das Verhalten der Menschen derart geprägt ist, daß die Natur nur als Ressource wahrgenommen wird und der Mensch als Maß aller Dinge gilt bzw. die Natur von der Wertschätzung des Menschen abhängig ist, wird das geschädigte ökologische Gleichgewicht trotz aller gutgemeinten Vorsätze kaum verbessert, sondern in globaler Sicht mit Sicherheit noch verschlechtert werden. Meyer-Abich, für den die politischen Probleme der industriellen Wirtschaft seit 200 Jahren immer wieder auf Kosten der Natur gelöst wurden und der soziale Frieden insbesondere auf Kosten des Friedens mit der Natur ging, formuliert eine Charta oder **„Erklärung der Rechte der Natur"** (1984, S. 190f.).

Voraussetzung für eine ökologische Regeneration ist deshalb in erster Linie eine Veränderung der Einstellung der Menschheit gegenüber der natürlichen Umwelt.

„Indem die zivilisierte Menschheit die lebende Natur, die sie umgibt und erhält, in blinder und vandalischer Weise verwüstet, bedroht sie sich mit ökologischem Ruin. Wenn sie diesen erst einmal ökonomisch zu fühlen bekommt, wird sie ihre Fehler vielleicht erkennen, aber sehr wahrscheinlich wird es dann zu spät sein. Am wenigsten aber merkt sie, wie sehr sie im Verlaufe dieses barbarischen Prozesses an ihrer Seele Schaden nimmt. Die allgemeine und rasch um sich greifende Entfremdung von der lebenden Natur trägt einen großen Teil der Schuld an der ästhetischen und ethischen Verrohung der Zivilisationsmenschen. Woher soll dem heranwachsenden Menschen Ehrfurcht vor irgend etwas kommen, wenn alles, was er um sich sieht, Menschenwerk, und zwar sehr billiges und häßliches Menschenwerk ist?" (Lorenz, 1997, S. 28)

Eine Gerechtigkeit gegenüber der Natur als ethische Forderung stellt sich als Aufgabe der Vermittlung von begründeten Ansprüchen dar: Diese Rechte der Natur grenzen die wirtschaftlichen (Wachstums-)Ansprüche der Menschen ein. „Sie erfordert es, gewisse Eigenrechte der Natur, die unabhängig von ihrer Wertschätzung durch den Menschen Geltung haben, anzuerkennen. Der Mensch darf die Natur nicht nur als Rohstoff und im Sinne des ökonomischen Begriffs des Guten nur als Nutzungsmöglichkeit ansehen, sondern er muß in ihr die ästhetischen und ethischen, materiellen Wertqualitäten erkennen, die den Schöpfungsideen in der Natur eigentümlich sind." (Koslowski, 1992, S. 84)

Bereits früh hatte Fromm darauf hingewiesen, daß Veränderungen nur unter der Voraussetzung eines **fundamentalen Wandels** der menschlichen Grundwerte und Einstellungen im Sinne einer neuen Ethik und einer neuen Einstellung zur Natur eintreten:

„... das Verhältnis des Menschen zur Natur wurde zutiefst feindselig. Wir Menschen sind eine ‚Laune der Natur', denn aufgrund unserer Existenzbedingungen sind wir Teil der Natur, doch aufgrund unserer Vernunftbegabung tranzendieren wir sie. Wir haben versucht, dieses Problem unserer Existenz dadurch zu lösen, daß wir die messianische Vision der Harmonie zwischen Menschheit und Natur aufgaben, indem wir uns die Natur untertan machten und für unsere eigenen Zwecke umgestalteten, bis aus der Unterjochung der Natur mehr und mehr deren Zerstörung wurde. Unser Eroberungsdrang und unsere Feindseligkeit haben uns blind gemacht für die Tatsache, daß die Naturschätze begrenzt sind und eines Tages zur Neige gehen können und daß sich die Natur gegen die Raubgier der Menschen zur Wehr setzen wird." (Fromm, 1976, S. 19)

Eine Grundeinstellung gegenüber der Natur im Sinne einer **„ökologischen Ethik"** (diesen Begriff verwendet etwa Onken oder auch Pfriem) sollte vorherrschen, denn die durch gesetzgeberische Maßnahmen garantierte „Minimalethik" (Raffée) greift zu kurz und wird zudem häufig nicht einmal realisiert. Fast unweigerlich bei dieser Ethikwelle auch der Bezug zu dem von Jonas formulierten **Postulat der Verantwortung** als Handlungsanleitung. Es fordert, die natürlichen Lebensgrundlagen in intakter Form an zukünftige Generationen weiterzugeben („Handle so, daß die Wirkungen deiner Handlungen verträglich sind mit der Permanenz echten menschlichen Lebens auf Erden"). Dies impliziert eine Beschränkung der Nutzung auf das Ausmaß der Regenerationsfähigkeit der Natur, da – wie es zur Zeit geschieht – ein darüber hinausgehender Verbrauch bereits einen Verzehr des „Naturstocks" und damit eine Reduktion zukünftiger Lebenschancen und Gestaltungsoptionen bedeutet. Max Weber hatte bereits 1919 unterschieden in Gesinnungs- und Verantwortungsethik: Verantwortungsethisch handelt, wer in seinem Tun die Folgen mitbedenkt, die es hervorruft. (Zu seiner klassischen Ausprägung im **Utilitarismus** siehe Berkel, 1997, S. 48ff.)

Pfriem sieht im bisherigen ökologisch-ethischen Diskurs weitgehend Positionen, die ein grundsätzliches Überdenken der in der Moderne entwickelten **Mensch-Natur-Beziehung** verweigern. Er bringt die **Anthropozentrik** auf den Punkt: „Wenn das ethische Vermittlungserfordernis allein zwischen den Menschen angesiedelt wird, dann hat man die Frage nach der Mensch-Natur-Beziehung schon hinter sich gelassen, bevor man sie gestellt hat" (1995, S. 199). Für ihn haben nichtmenschliche Lebewesen einen **Eigenwert** im Sinne eines Rechtes auf individuelle und kollektive Existenz, unabhängig davon, welchen Wert ihnen Menschen beimessen. Eine sozialökologische Ethik, wie er sie skizziert, muß sich auf die Dreipoligkeit Individuum - Menschheit - Natur beziehen, sein Vorschlag einer Pathozentrik bezieht sich auf ein neues menschliches Naturverhältnis, erfaßt die Natur auch als **ästhetische** Kategorie (und nicht nur als Ressource!), es geht um das gute Leben u.a. in und mit der Natur. „Leben macht Freude in dem Maße, in dem es **Erleben** bedeutet" (ebd., S. 207). Als Elemente einer sozialökologischen Unternehmensethik entwirft Pfriem vier Ethikmodelle (Verstärker-, Unterdrückungs-, Zaun- und Transformationsmodell; 1995, S. 227ff.).

Neunter Teil:

Ansätze einer gesellschaftsbezogenen Rechnungslegung (Ökologieorientiertes Controlling)

„Die auf uns folgenden Generationen werden mit blanker Wut und Verachtung auf den Egoismus der Menschen des 20. Jahrhunderts zurückblicken, die sich in ihrer unübertrefflichen Selbstgefälligkeit vornahmen, den Erdball in 100 Jahren auszuplündern. Denn was wir heute von den Vorräten aus zurückliegenden Zeiten verbrauchen, nehmen wir den Zeiten nach uns weg. Spätere Generationen werden von den Resten leben müssen, die wir übriglassen. Sie werden versuchen müssen, das zu verwerten, was uns zu geringwertig und zu kostspielig schien. Sie werden sich mit dem Schlechteren begnügen müssen und es viel schwerer haben. Mitmenschen auszubeuten gilt heute als verpönt. Aber den Enkeln die Existenzgrundlage zu entziehen, indem man heute ausbeutet, was sie bitter nötig haben werden, gilt als eine verdienstvolle Tat. Das bringt Geld und Ehren – und absolute Wahlsiege ein." (Kuba, 1986)

Neunter Teil:

Ansätze einer gesellschaftsbezogenen Rechnungslegung (Ökologieorientiertes Controlling)

A. Erweiterungen des makro- und mikrowirtschaftlichen Rechnungswesens

Wie an früherer Stelle bereits erläutert, werden ökologische Schäden betriebswirtschaftlich als negative externe Effekte (soziale Kosten) – und damit nicht als leistungsbedingter (und damit kostenrelevanter) Güterverzehr – betrachtet. Das betriebs- und volkswirtschaftliche Rechnungswesen muß den wirtschaftlichen „Erfolg" mit neuen Zielerreichungsindikatoren messen. Dabei müßte über **alle Wirkungen**, also nicht nur über die Leistungen der Unternehmung („Nutzen"), sondern auch über die Schäden („Kosten") umfassend informiert werden.

Die Erfassung der qualitativen und (so weit möglich) quantitativen Umweltwirkungen und die ökologische Bewertung ihrer Relevanz kann auf die betriebliche oder volkswirtschaftliche Ebene ausgerichtet sein.

I. Neugestaltung der volkswirtschaftlichen Gesamtrechnung

1. Der lange Weg zum Ökosozialprodukt (Umweltökonomische Gesamtrechung)

Die Entwicklung der gesellschaftsbezogenen Rechnungslegung muß vor der bereits dargestellten Wertedynamik und dem damit verbundenen grundsätzlichen Einstellungswandel bei den individuellen, aber auch gesamtgesellschaftlichen Präferenzen gesehen werden. Die Veränderungen der Wertmaßstäbe ließen zunehmend negative Begleiterscheinungen des Wirtschaftens bzw. des „Wachstums-um-jeden-Preis" (wie Umweltzerstörung, Ressourcenverknappung, Arbeitsplatzbelastungen) in das Bewußtsein weiter Bevölkerungskreise rücken.

> In eindrucksvoller und weitsichtiger Weise hat der frühere Bundeswirtschaftsminister und Bundeskanzler Ludwig Erhard bereits 1964 (!) davor gewarnt, eine Wachstumspolitik ad infinitum zu betreiben, ansonsten „mit Sicherheit zu Recht die Frage gestellt wird, ob es noch immer richtig und nützlich sei, mehr materiellen Wohlstand zu erzeugen, oder ob es nicht sinnvoller ist, unter Verzichtleistung auf diesen sog. Fortschritt mehr Freiheit, mehr Besinnung und mehr Muße zu gewinnen", ... daß, „solange man auf der politischen Ebene nach dem Motto verfährt – laßt uns weniger arbeiten, auf daß wir mehr konsumieren können! – wir uns auf dem falschen Weg befinden. Wenn der angestoßene Entfaltungsprozeß aber in diesem Sinne verläuft, daß unser Volk, neben dem unverzichtbaren Wert auf Sicherung materieller Lebensführung, in steigendem Maße eine geistige oder seelische Bereicherung als nützlich und wertvoll erachtet, dann werden wir in ferneren Tagen auch zu einer Korrektur der Wirtschaftspolitik kommen müssen. Niemand dürfte dann so dogmatisch sein, allein in der fortdauernden Expansion noch länger das Heil erblicken zu wollen."

Entscheidende Meßziffer des **Wirtschaftswachstums** ist das **Bruttosozialprodukt** (BSP) als die Summe der realen produktiven Gesamtleistung einer Volkswirtschaft an Gütern und Diensten während eines Jahres, bewertet mit Marktpreisen (bzw. Bruttoinlandsprodukt – BIP). Da das BIP/BSP zugleich auch als Indikator für den Lebensstandard bzw. die Lebensqualität benützt wird, mehren sich zunehmend kritische Stimmen, denn eine Konsumzunahme bedeutet nicht automatisch Zunahme der Wohlfahrt, außerdem werden bei der Ermittlung viele Leistungen nicht erfaßt (z.B. Hausfrauenarbeit, Nachbarschaftshilfe) oder falsch bewertet. Die wachsenden **Folgekosten** unserer Art zu wirtschaften lassen die Zweifel am Sozialprodukt immer größer werden (vgl. auch Seidel/Menn, 1988, S. 22ff; Leipert, 1989, S. 44ff.; Wicke, 1993, S. 539ff.). Hobbensiefken (1991, S. 15) spricht von der „Verrücktheit der Wertökonomie". Da die volkswirtschaftliche Gesamtrechnung auch **Grundlage für Organisation und Steuerung** gesamtgesellschaftlicher Prozesse ist, wird kritisiert, daß sie diese Aufgabe nicht erfüllt, da bestimmte Komponenten gesamtwirtschaftlicher Aktivitäten unberücksichtigt bleiben (vgl. Klaus, 1992, S. 57).

Geradezu **widersinnig** erscheint die Ermittlungsmethode unter ökologischen Gesichtspunkten:

- Da sie nicht als materielle Werte erfaßt werden können, bleiben Umweltschäden (z.B. die Kosten des Waldsterbens) oder Gesundheitsbelastungen (z.B. die Verletzten im Straßenverkehr oder Nitrat im Grundwasser) unberücksichtigt, solange keine schadensmindernden Maßnahmen ergriffen werden.
- Es werden Maßnahmen ergriffen (die ja lediglich zur Wiederherstellung des Ausgangsstatus dienen!), diese wirken dann aber als „Reparaturkosten" nicht wohlstandsmindernd, sondern als Erhöhung des BSP sogar wohlstandssteigernd (in Wirklichkeit liegt aber ein Vermögensabbau vor).
- Auch ein zunehmender Rohstoff- und Energieverbrauch wirkt sich wohlstandssteigernd aus.

Eine Nichtberücksichtigung des Naturverbrauchs und der Umweltschäden gibt Wirtschaft und Politik falsche Signale und bedarf einer Korrektur. Nach Berechnungen des Wissenschaftszentrums Berlin sind mindestens 10% aller wirtschaftlichen Aktivitäten als „Schadensreaktionen" zu betrachten. Diese „defensiven" Kosten zur Verhinderung einer Wohlfahrtsminderung sind vorsichtig geschätzt.

Seit langem werden Vorschläge zur Korrektur und zur Ergänzung der volkswirtschaftlichen Gesamtrechnung durch umweltrelevante Daten unterbreitet. Man geht davon aus, daß das BSP ein guter Indikator für die Produktion darstellt, der um bestimmte wohlstandsmindernde bzw. -erhöhende Ausgaben zu **„korrigieren"** sei. In Deutschland arbeitet das Statistische Bundesamt seit 1989 am Aufbau einer **Umweltökonomischen Gesamtrechnung** (UGR), die hauptsächlich aus einem **„Statistischen Umweltberichtssystem (STUBS)"** besteht (vgl. dazu Müller, 1993, S. 95ff.). Nahziel des Bundesamtes ist ein als Ergänzung zum BSP gedachtes sog. **„Satellitensystem"** zu bestimmten, gesellschaftlich wichtigen Informationsfeldern, in dem die Schäden noch nicht in monetären Größen, sondern mehr beschreibend erfaßt werden. Ziel ist dabei die Erfassung von Veränderungen im Naturvermögen, die durch wirtschaftliche Tätigkeiten ausgelöst wurden und Abschreibungen auf die Natur kalkuliert werden, wie dies beim Sachkapital üblich ist; es soll der Versuch unternommen werden, die in der Sozialproduktrechnung nicht berücksichtigten externen Effekte von Produktion und Konsum quantitativ zu erfassen (im einzelnen Pätzold, 1996, S. 100ff.).

Die **Themenbereiche** der UGR beziehen sich auf

- Material- und Energieflußrechnungen, Rohstoffverbrauch, Emittentenstruktur
- Nutzung von Fläche und Raum
- Indikatoren des Umweltzustands
- Maßnahmen des Umweltschutzes, Investitionen, Ausgaben
- Unterstellte Vermeidungskosten zur Erreichung eines Standards

Für die Ökologisierung der volkswirtschaftlichen Gesamtrechnung sind erste Ansätze wie der **Index of Sustainable Economic Welfare** (ISEW) und die Umweltökonomische Gesamtrechnung (UGR) entwickelt worden, ein konsistentes Vermögens- und Schadensbewertungssystem unserer Umwelt fehlt jedoch noch immer. Der von Daly und Cobb entwickelte ISEW soll eine theoretisch fundiertere und empirisch berechnete Alternative bieten (vgl. Weizsäcker/Lovins/Lovins, 1995, S. 302f.). **Neu erfaßt** werden in dem Index

- nicht marktgängige Leistungen (Hausarbeit)
- soziale und ökologische Defensivkosten (wie Kosten des Pendelns, der Verkehrsunfälle, der Urbanisierung, der Gesundheitsaussagen)
- Aspekte der (Nicht-)Nachhaltigkeit (wie nicht nachhaltige Bodennutzung, Zerstörung von Naturgebieten, Kosten der Luft-/Wasserverschmutzung und Lärmbelastung, Abbau nicht erneuerbarer Ressourcen, ökologische Langzeitschäden wie Treibhauseffekt)
- die (ungleiche) Verteilung von Arbeit und Einkommen.

Es liegt eine empirische Studie zur Wohlstandsentwicklung in Österreich von 1955 bis 1992 vor. Dieses „andere" Bild des Wohlstands zeigt etwa in der Studie von Hochreiter et al. (1995), daß der Wohlstand in Österreich seit Ende der 70er Jahre **nicht** mehr gestiegen ist. Ein immer größerer Anteil der wirtschaftlichen Aktivitäten stellt offensichtlich einen Leerlauf dar, der Ressourcen bindet, aber nicht zum Wohlstand einer Gesellschaft beiträgt. Folgende Einflüsse werden angeführt:

- die Konsumbasis verflacht (z.B. Stagnation des Werts der Hausarbeit)
- ein starker Aufwärtstrend vieler defensiver Ausgaben (z.B. Gesundheitsausgaben)
- es wird auf Kosten der Zukunft produziert und konsumiert (z.B. ökologische Langzeitschäden – Treibhauseffekt)
- eine sich verschlechternde Verteilungssituation

2. Indikatorensysteme

Statt, wie beim BSP, nur mit einer einzigen Zahl zu operieren, verwenden sog. **Indikatorensysteme** mehrere Wohlstandsindikatoren (zur Klassifikation von Nachhaltigkeitsindikatoren und **Indikatorensystemen** siehe Endres/Radke (1998)). Mit Hilfe verschiedener gesellschaftlicher Kennziffern will man Bereiche erfassen, die bisher von der herkömmlichen ökonomischen Betrachtungsweise nicht abgedeckt sind. In der Sozialindikatorenforschung wird versucht, relativ vage Zielinhalte, wie z.B. Arbeitszufriedenheit, Arbeitsqualität, Umweltqualität, durch die Entwicklung von Maßzahlen zu operationalisieren. Entsprechende Versuche finden bei verschiedensten Institutionen statt (UNO, EG). Die **OECD** schlägt zum Beispiel acht Hauptzielbereiche vor, die in 24 Hauptindikatoren untergliedert werden. Die Bereiche umfassen:

- Gesundheit
- Persönlichkeitsentwicklung, intellektuelle und kulturelle Entfaltung durch Lernen
- Arbeit und Qualität des Arbeitslebens
- Zeitbudget und Freizeit
- Verfügung über Güter und Dienstleistungen
- physische Umwelt
- persönliche Freiheitsrechte und Rechtswesen
- Qualität des Lebens in der Gemeinde.

Aufstellung und Auswahl der zu berücksichtigenden Indikatoren sind nur in einem gesellschaftlichen Konsensfindungsprozeß zu ermitteln. Die Problematik eines derartigen Indikatorensystems ist äußerst vielschichtig: ungeklärte Meß- und Aggregationsprobleme, seine normative und subjektive Ausprägung, theoretische Schwierigkeiten, beträchtliche Kosten oder fehlende Abgrenzungskriterien relevanter Bezugsfelder.

II. Betriebliche Instrumente eines umweltorientierten Rechnungswesens

„Allgemein gilt das betriebliche Rechnungswesen als zentrales Element eines betrieblichen Informationssystems zum Zwecke der Planung, Steuerung und Kontrolle des betrieblichen Geschehens. Ökonomische Vorgänge sind durch das Rechnungswesen quantitativ erfaßt, verdichtet, ausgewertet und dokumentiert. Für die Abbildung umweltrelevanter Beziehungen und Vorgänge ist das Rechnungswesen – je nach den gestellten Anforderungen – umweltbezogen zu adaptieren oder ökologisch zu erweitern." (Prammer, 1998, S. 52)

Die **gesellschaftsbezogene** Rechnungslegung war bisher vorwiegend extern orientiert (Nachweis betrieblicher Umweltschutzaktivitäten etc.). Eine umweltschutzbezogene betriebliche Rechnungslegung ist unabdingbares Kernstück eines Öko-Controlling (Planung, Steuerung und Kontrolle) als eine Führungs- und Unterstützungsfunktion für eine umweltorientierte Unternehmensführung (Hopfenbeck/Jasch/Jasch, 1996, S. 327ff.).

Die Unzulänglichkeit des heutigen Rechnungswesens für ein offensives Umweltmanagement – läßt sich in folgenden **prinzipiellen Defiziten** zusammenfassen (Stahlmann, 1993):

- Zahlen des Rechnungswesens sind maßgeblich gegenwartsorientiert, sind Ex-post-Zahlen und drücken, wenn überhaupt, einen reaktiven Umweltschutz aus; sie müssen insofern zur Frühwarnfunktion (Risikoabwehr) oder Erkundung von Marktchancen durch strategische Instrumente (Szenariotechniken, Cross-Impact-Analysen usw.) durch Einbeziehung ökologischer Fragen ergänzt werden.
- Das Rechnungswesen verarbeitet im wesentlichen nur Kosten- und Preisinformationen, die aus dem Marktmechanismus (durch beliebig viele Unvollkommenheiten bereits verzerrt) abgeleitet sind. Marktpreise sind i.d.R. kurzfristig determiniert und spiegeln die *relative* Knappheit wider, nicht z.B. die langfristige Erschöpfbarkeit einer Ressource (absolute Knappheit), geschweige denn Werte, die vom Markt nicht erfaßt werden bzw. nicht rechenbar sind (die Schönheit einer nicht bebauten Landschaft, der Wert einer Schmetterlingsart).
- Berücksichtigung finden Kosten, die dem Unternehmen zugerechnet (internalisiert) und nach dem wertmäßigen, pagatorischen oder Opportunitätskostenprinzip ermittelt werden. Ein Teil der (externen) Kosten bleibt ausgeblendet, z.B. gesamtgesellschaftliche Verluste durch das Waldsterben für heutige und spätere Generationen oder Desinvestionen durch Ausbeutung nichtregenerativer Rohstoffe.
- Für eine ökologisches Rechnungslegung muß der Begriff der „Kosten" weiter gefaßt und ein Informationswesen aufgebaut werden, das über sämtliche bestehende und zu erwartende Umweltwirkungen eines Unternehmens umfassend und frühzeitig Auskunft erteilt, um ökologische Schwachstellen zu erkennen und rechtzeitig Gegenmaßnahmen ergreifen zu können (Forderung nach einem systematischen Umweltinformationssystem und Öko-Controlling).

Die Bewertung von Umweltwirkungen eines Unternehmens sollte nach Stahlmann (1996, S. 74) im Sinne des „Einkreisens" von Umweltproblemen in verschiedenen Sektoren eines ökologischen Rechnungswesen stattfinden. (vgl. Abb. 187, aus ebd.)

Ökologisches Rechnungswesen		
Erweitertes Betriebliches REWE	Ökobilanzen	Umweltkennzahlen
Ist-Kosten- und Leistungsrechnung	partielle Ökobilanzen	Absolute Kennzahlen
Differenzierung der Kostenarten Kostenträger Kostenstellenrechnung	z.B. Produktbilanzen Prozeßbilanzen	Stichtagsgrößen Strömungsgrößen Differenzen Mittelwerte
Planungsrechnung	Unternehmens-Ökobilanzen	Relative Kennzahlen
Umweltbudgetrechnung, net value cost, Erweiterte Wirtschaftlichkeitsrechnung, make or buy-Analyse, etc.	z.B. Ökol. Buchhaltung Öko-Bilanz	Gliederungszahlen Beziehungszahlen Indexzahlen
Bilanzanalyse		Real/monetär
Umweltschutz-Anlagevermögen, Rückstellungen, etc.		nach Umweltmedien nach Wertkettenaktivitäten inputbezogen outputbezogen etc.

Abb. 187: Ökologisches Rechnungswesen

Zur Messung des „Umweltfortschritts" eines Unternehmens schlägt Stahlmann (1996, S. 72ff.) den Einsatz eines Kennzahlensystem zu Öko-Effizienz und Öko-Effektivität vor. Nach Stahlmann (1998, S. 63f.) setzt sich ein ökologisches Rechnungswesen aus drei **Bausteinen** zusammen:

1. Erfassung/Aufbereitung umweltrelevanter **Informationen** durch

   – Differenzierung und Ergänzung des traditionellen Rechnungswesens (Umweltkostenrechnung, erweiterte Investitionsrechnung, Bilanz-/G.u.V.-Analyse usw.)
   – Erweiterung des finanziellen Rechnungswesens durch verschiedene Ökobilanzen
   – Aufbau eines Umweltkennzahlensystems zur Planung und Kontrolle der Öko-Effizienz und Öko-Effektivität des Unternehmens.

2. Dem Öko-Controllingsystem mit laufender Planung, Steuerung, Kontrolle im Rahmen eines allgemeinen Controlling.

3. Dem Öko-Audit als interne und externe Revision zur stichpunktartigen Überwachung der Funktionstüchtigkeit und Leistung eines Umweltmanagementsystems.

Für Prammer (1998, S. 53) besteht das ökologisch orientierte Rechnungswesen aus **vier Elementen**:

Umweltbezogene Adaptierung des Rechnungswesens

- I. Element = Betriebliche **Umweltkostenrechnung**: Umweltbezogene innere Differenzierung von Kosten (und Erlösen) zum Ausweis des wertmäßigen Erfolgs betrieblicher (Umweltschutz-) Maßnahmen
- II. Element = Betriebliche **Externkostenrechnung**: Ausweis externer betrieblicher Umweltbeanspruchungskosten (= Monetarisierung betrieblicher Umweltwirkungen z.B. durch Ansatz potentieller betrieblicher Umweltkosten)

Ökologische Erweiterung des Rechnungswesens

- III. Element = Betriebliche **Umweltwirkungsrechnung**: Ausweis betrieblicher Umweltwirkungen als ökologische Schadpotentialwirkung (Knappheiten, Belastungen durch Emissionen, Zerstörung)
- IV. Element = Betriebliche **Umweltqualitäts-Veränderungsrechnung**: Ausweis ökologischer Qualitätsveränderungen durch betriebliche (Umweltschutz-)Maßnahmen

Da eine Unterscheidung der Ansätze analog zum tradionellen Rechnungswesen in intern und extern orientierte Konzepte wenig zweckmäßig erscheint, schlägt Schröder eine Unterscheidung nach der **Art der Information** vor. Danach lassen sich Ansätze unterscheiden, die entweder **mengen**mäßige oder **wert**mäßige Informationen bereitstellen (vgl. Abb. 188, aus ebd., S. 176).

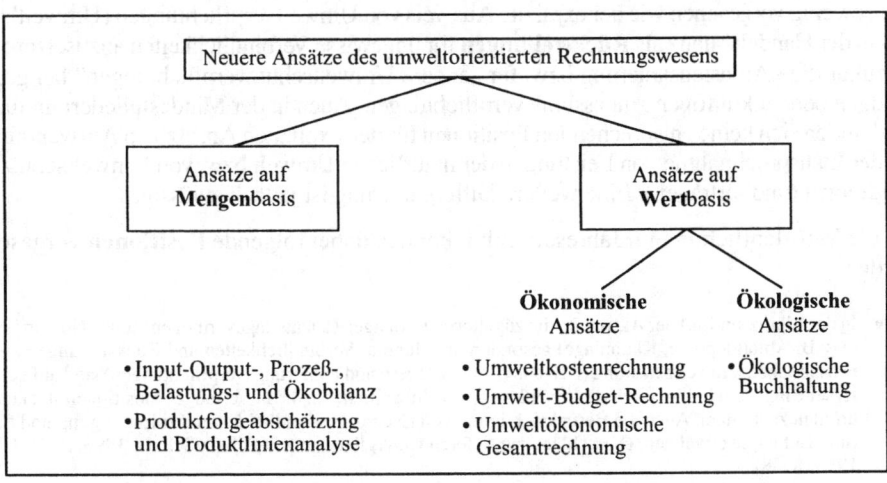

Abb. 188: Neuere Ansätze des umweltorientierten Rechnungswesens

Für Schröder befinden sich diese Rechensysteme noch in den **Frühphasen** ihrer Entwicklung. „Zumindest konzeptionell weitgehend gelöst sind dagegen die Probleme im Zusammenhang mit der entscheidungsgerechten Aufbereitung der Daten für betriebliche Entscheidungsträger. Insgesamt aber kommt man an der ernüchternden Erkenntnis nicht vorbei, daß das Rechnungswesen weder in seiner traditionellen Form noch in seiner Weiterentwicklung zu einer umwelt(schutz)orientierten Rechnungslegung gegenwärtig weder für die internen Entscheidungsträger noch für die externen Interessen(ten)gruppen die Informationen zur Verfügung stellen kann, die benötigt werden, wenn neben den traditionellen ökonomischen auch ökologische Ziele berücksichtigt werden sollen" (Schröder, 1995, S. 198).

1. Berücksichtigung von Umweltaspekten im Jahresabschluß

Die umweltbezogene Rechnungslegung ist analog dem monetären Jahresabschluß aufgebaut (vgl. auch Abb. 189, aus Hopfenbeck/Jasch/Jasch, 1995, S. 30; dies.,1996, S. 189ff.; vgl. auch Müller, 1993, S. 108ff., und insbesondere Peemöller/Zwingel, 1995, S. 11ff.).

MONETÄRER JAHRESABSCHLUSS	UMWELTBEZOGENE RECHNUNGSLEGUNG
Bilanz Stichtagsbetrachtung des Vermögenskapitals und der Verbindlichkeiten	**Standortüberprüfung** Störfall + Risiko
GuV Flußrechnung von Umsatzerlösen minus Material- und Personalaufwand	**Input-/Output-Analyse** auf Gesamtbetriebs-, Prozeß- und Produktebene
Anhang und Lagebericht	**Umweltberichterstattung**

Abb. 189: Aufbau des monetären Jahresabschlusses und der umweltbezogenen Rechnungslegung

Ein expliziter Ausweis von Umweltschutzinvestitionen (wie etwa Rauchgasentschwefelungs- oder Abwasserreinigungsanlagen) ist in der Standardgliederung des § 266 HGB für Bilanzen ebensowenig vorgesehen wie der explizite Ausweis von Umweltverpflichtungen (Umweltlasten sind in der Handelsbilanz als **Rückstellungen** für ungewisse Verbindlichkeiten anzusetzen; z.B. für zukünftige Altlastensanierung bzw. für „andere Umweltschutzverpflichtungen" bei gegenwärtigen oder zukünftigen Anpassungsverpflichtungen. Auch in der Mindestgliederung für die GuV finden sich keine entsprechenden Positionen für den expliziten Ansatz von Aufwendungen aus der Inanspruchnahme von Leistungen der natürlichen Umwelt bzw. von Umweltschutzaufwendungen (und -erträgen). Eine weitere Differenzierung ist jedoch zulässig.

Für die Veröffentlichung im Jahresabschluß können dabei folgende **Positionen** vorgesehen werden:

- In der **Bilanz** sind auf der Aktivseite die zugehörigen Anlagen (Sachanlagevermögen) sowie Nutzungsrechte (z.B. Abfalldeponie, Kläranlage) gesondert anzuführen. Verbindlichkeiten und Rückstellungen aus der betrieblichen Umweltbelastung (z.B. aus Umweltsteuern und Sanierungsverpflichtungen) sind auf der Passivseite in jedem Fall gesondert offenzulegen, um Umweltrisiken, die in Vermögenspositionen stecken, beurteilen zu können. Auch die Berücksichtigung von Eventualverbindlichkeiten für Entsorgung und Sanierung ist hier zu erwähnen. (Vorschläge zur tieferen Untergliederung in Schulz/Schulz, 1993, S. 31; Christ, 1995, S. 38)
- In der **Gewinn-** und **Verlustrechnung** sind insbesondere die Aufwandspositionen für Abschreibung von Umweltschutzanlagen, Schadensersatzverpflichtungen, Umweltabgaben und Entsorgungskosten ersichtlich zu machen. Außergewöhnliche Aufwendungen und Verluste aus der betrieblichen Umweltbelastung, Entsorgungskosten, Aufwen-

dungen für Filtertechnologien und Umweltschutzprojekte sind ebenfalls gesondert auszuweisen. Zusätzlich kann eine Gegenüberstellung mit der fiktiven Ersparnis an Entsorgungskosten durchgeführt werden. (Vorschlag für eine tiefere Untergliederung in Fronek/Uecker, 1992; S. 5)

- Der **Lagebericht**, der in einen Umweltbericht übergeleitet werden kann, sollte eine Darstellung sämtlicher „wesentlicher" Auswirkungen der Unternehmenstätigkeit auf die Umwelt enthalten. Eine Beschreibung der Maßnahmen zur Vermeidung und Verringerung sowie der verbleibenden Umweltbelastung runden das Bild ab. Dabei sollte getrennt werden zwischen vorgeschriebenen und freiwilligen Aufwendungen bzw. Maßnahmen.
- Der **Anhang** muß zur Erfüllung seiner Erläuterungs- und Dokumentationsfunktion insbesondere die Zu- und Abgänge der Aktivseite der Bilanz darlegen. Des weiteren sind wesentliche Positionen und ihre Veränderungen sowie Änderungen in den Bewertungsmethoden hier zu integrieren. Dabei werden insbesondere die Veränderung in den Beständen umweltfreundlicher Produkte sowie die Zusammensetzung und Veränderung von Rückstellungen und Verbindlichkeiten aus Umweltschutzverpflichtungen angesprochen (Fronek/Uecker, 1992).
- Angeführt werden sollten weiters ökologisch bedeutsame Stoffe sowie Toxizität in Produkten und Standorten. Anzugeben sind außerdem ökologisch bedingte zukünftige Probleme, z.B. Kostensteigerungen aufgrund von Umweltabgaben und Entsorgungsknappheit, geplante Investitionen in Umweltschutzprojekte, Antizipation staatlicher Auflagen, Schadensersatzansprüche sowie Stillegungskosten.
- Die aggregierte Form der Mengenbilanz auf Betriebsebene in Bereichen, die das Betriebsgeheimnis gefährden, auch ohne Mengenangabe, ist zumindest der Behörde gegenüber zu veröffentlichen. Die Geheimhaltungsproblematik der Konkurrenz gegenüber trifft u.a. auf die Relation Input an Rohstoffen zu Output an Produkten zu. Emissionen hingegen sind nicht als Betriebsgeheimnis zu betrachten (Input-Output-Analyse).
- Kennzahlen.
- Gegebenenfalls **Testat** des Umweltgutachters.

Für Peemöller/Zwingel (1995, S. 99) sind die bestehenden Regelungen der Rechnungslegung zur Darstellung ökologischer Aspekte suboptimal. „Dies liegt insbesondere an dem liquiditätsorientierten Aufbau von Bilanz und GuV. Hierdurch gehen die ökologischen Aspekte der Rechnungslegung häufig in den übergeordneten Positionen unter."

2. Erweiterte Kosten- und Leistungsrechnung

Insbesondere aus Gründen der mangelnden Zurechenbarkeit und Monetarisierbarkeit (Was kostet eine aussterbende Schmetterlingsart?), aufgrund einer Reihe unkalkulierbarer synergetischer und additiver Effekte (Zusammenwirken von Schadstoffen, Schädigung durch Kumulation) wird eine Internalisierung sozialer Kosten immer nur bedingt gelingen. Die laufende Desinvestition von Naturkapital (z.B. Waldsterben, Ausbeutung nicht nachwachsender Rohstoffe) zu Lasten späterer Generationen, der Entzug von Lebensraum für andere Lebewesen, die Wahrnehmung der schleichenden Vergiftung und Umweltverderbnis rufen außerdem zu einer Reaktivierung der Wahrnehmung und Ehrfurcht vor der Natur (bzw. der gesamten Schöpfung) auf, also zu ethischen Stellungnahmen, die kaum je über das Rechnungswesen transparent gemacht werden können. Es handelt sich hier um eine Reihe von „weichen" Informationen, deren Vernachlässigung und Ausblendung eine einseitig quantitativ denkende Gesellschaft (und da speziell auch Unternehmer) mit harten Ergebnissen konfrontieren kann (nach Stahlmann, 1994, S. 148).

Die gesellschaftbezogene Rechnungslegung war bisher vorwiegend **extern** orientiert (Nachweis betrieblicher Umweltschutzaktivitäten etc.). Es ist Schreiner (1993, S. 259) beizupflichten, daß eine umweltschutzbezogene betriebliche Rechnungslegung als Kernstück von Planungs-, Steuerungs- und Kontrollvorgängen (Controlling) dann unerläßlich ist, wenn Umweltschutz **integraler** Bestandteil des **Unternehmenszielsystems** ist. „Es genügt danach nicht, aus dem vorhandenen Datenmaterial der Kosten- und Leistungsrechnung lediglich umweltschutzbedingte Kostenveränderungen ‚herauszurechnen'. Vielmehr ist dieses Instrument so auszugestalten, daß eine umweltorientierte Unternehmensführung unterstützt wird."

Günther stellt **Öko-Budgets** als Instrumente einer ökologieorientierten Steuerung vor (1995). Wagner/Janzen (1991) schlagen vor, das jeweils vorhandene konventionelle System der Kosten- und Erlösrechnung mit einem auf entsprechenden Pools aufbauenden umweltbezogenen Subsystem (parallel) zu verknüpfen und als eine **„Umwelt-Budget-Rechnung"** zu beschreiben. Während die Umwelt-Budget-Rechnung von der Einzelkostenrechnung ausgeht und die Umwelt(schutz)kosten in einer parallel zur laufenden Rechnung durchgeführten Projektrechnung verrechnet, beruht die von Kloock (1990, 1993), Frese/Kloock (1989) und Roth (1992) entwickelte **Umweltkostenrechnung** auf der Plankostenrechnung und integriert die prozeßbedingten Kosten mit den Umwelt(schutz)kosten in der laufenden Rechnung (nach Schröder, 1995, S. 183).

Die Umweltkostenrechnung ist als Instrument des Öko-Controlling ein notwendiger Bestandteil eines leistungsfähigen Umweltmanagements. Gerade die Kostenrechnung stellt eine wichtige Grundlage für unternehmerische Entscheidungen dar. Mit ihrer Erweiterung um umweltspezifische Aspekte bietet sie für Claes/Böggemann/Pfriem (1999, S. 42) eine Möglichkeit, Ansatzpunkte zu Kostensenkungen sowie Synergieeffekte zwischen Kostensenkung und Umweltschutz effizient zu ermitteln; im Überblick ergeben sich folgende wichtige **Nutzungsmöglichkeiten**:

- Umweltkostentreiberanalyse,
- Planung und Kontrolle von Umweltkosten,
- Transparenz und verursachungsgerechte Zuordnung der Umweltkosten, Umweltkostenkennzahlen,
- Grundlage für die ökologische Preisgestaltung,
- Unterstützung des vorausschauenden und integrierten Umweltschutzes,
- Informationsgrundlage für die externe Kommunikation,
- Sensibilisierung der Mitarbeiter für den betrieblichen Umweltschutz.

Zwei **Entwicklungen** des betrieblichen Umweltschutzes verdeutlichen die spezifischen Anforderungen an Umweltkostenrechnungssysteme (nach Prammer, 1998, S. 53f.):

- Unternehmen setzen zunehmend **integrierte** Umweltschutztechnologien/-instrumente ein. Damit ist im Gegensatz zu nachsorgenden (Umweltschutz-)Investitionen die Kostenermittlung bei produktions- oder produktintegrierten Umweltschutzmaßnahmen sehr schwierig.
- Durch die zunehmende Verbreitung von **Umweltmanagementsystemen** (nach EMAS-VO oder ISO 14001) sind die planerischen, organisatorischen und überwachenden Aufgaben vor allem in den indirekten Leistungsbereichen wieder gewachsen und mit ihnen das Volumen (fixer) Gemeinkosten.

Zur Bestimmung der Umweltkosten existieren in der Literatur zahlreiche **methodische Ansätze**. Wie ein Gutachten vom IÖW (1997) zeigt, stehen selbst bei den Öko-Pionierunternehmen eine vollständige Integration der Umweltkostenrechnung in das laufende Kostenrechnungssystem und eine Integration des Umweltkostenmanagements in das gesamte Managementsystem noch aus; die bisher entwickelten Ansätze für eine betriebliche Umweltkostenrechnung lassen sich nach zwei grundlegenden Kriterien differenzieren:

- nach den im Mittelpunkt stehenden **Kosten** (Umweltschutzkosten, stoff- und energieflußbezogene Kosten, externe Kosten etc.),
- nach dem zugrundegelegten **Kostenrechnungssystem** (Sonderrechnungen, Voll-, Teil-, Prozeßkostenrechnung etc.).

Auch Prammer (1998, S. 54f.) unterscheidet diese zwei **Arten** von Kostenrechungssystemen:

(1) **Umweltschutzzielorientierte** Ansätze, die „umweltschutzbedingte" und „nicht umweltschutzbedingte" Kosten unterscheiden (dazu zählen bis Mitte der 90er Jahre alle Systeme).

„In vielen der bisher veröffentlichten Ansätze zur Umweltkostenrechnung wird zwischen Umweltschutzkosten und anderen Kosten unterschieden, wobei erstere auf eigens dafür eingerichteten Umweltschutzkostenstellen gesondert ausgewiesen werden. Dieses Vorgehen erlaubt möglicherweise eine verursachungsgerechtere Zuordnung abgrenzbarer Umweltschutzkosten wie Entsorgungskosten, Kosten für Entschwefelungs- und Kläranlagen etc., konzentriert sich somit aber auf die Verrechnung von end-of-pipe-Maßnahmen. Bei integrierten Technologien ist es nur mit ‚willkürlichen Kunstgriffen' möglich, eine Abgrenzung der Umweltschutzkosten von anderen Kosten vorzunehmen." (Assmann/Aßfalg, 1999, S. 34)

(2) **Stoff-** und **energieflußorientierte** Ansätze, die bewußt auf eine solche Trennung verzichten und sich bei der Verrechnung der Kosten grundsätzlich an betrieblichen Stoff- und Energieflüssen orientieren (dazu Kunert et al. 1995; Arndt 1995; Bundesumweltministerium/Umweltbundesamt 1995; LfU 1994; Fischer 1998).

Um die Kostenwirkungen, die aus dem Einsatz integrierter Technologien resultieren, angemessen zu berücksichtigen, entwirft Fischer (1998) einen neuen stoff- und energiestromorientierten Ansatz. Bei dem **Reststoffkostenansatz** wird (ausgehend von der Annahme, daß sämtliche Reststoffe mehr oder weniger umweltrelevant sind) auf die Unterscheidung von umweltschutzbedingten und nicht umweltschutzbedingten Kosten verzichtet: Er unterscheidet bei der betrieblichen Leistungserstellung „zwischen Produktdurchlaufkosten und Reststoffkosten, die sich aus den Kosten der Entsorgung von Reststoffen in Form von Materialkosten, anteiligen Kosten für Lagerung und Transport, Personalkosten etc. zusammensetzen". (Assmann/Aßflag, 1999, S. 35)

Umweltkosten sind innerhalb der bestehenden Kostenrechnung **separat** zu erfassen, damit sie – transparent gemacht – für die betrieblichen Planungs-, Steuerungs- und Kontrollvorgänge zielorientiert als Entscheidungshilfe genutzt werden können (dazu insbesondere Günther, 1999, S. 4ff.). In Anlehnung an die Systematik der betriebswirtschaftlichen Erfolgsspaltung bzw. der Erfolgsspaltung im Rahmen des Handelsgesetzbuches (HGB) können nach Günther Ökologiekosten für beabsichtigte und unbeabsichtigte Umwelteinflüsse unternehmerischen Handelns unterschieden werden (siehe Abb. 190, aus ebd., S. 7).

Auch bei der Umweltkostenrechnung ergibt sich als Aufgabe die **verursachungsgerechte** Zuordnung von Gemeinkosten und Fixkosten auf einzelne Kostenstellen/-träger und die Abschätzung der Kostenwirkungen einzelner betrieblicher Umweltschutzmaßnahmen. Zu den bei der **Abgrenzung** der Umweltschutzkosten auftretenden Problemen und den in der Literatur genannten **Dominanz-** und **Verteilungsprinzipien** siehe Spengler (1998, S. 84f.).

Zur Abgrenzung der Umweltkosten von den konventionellen Kosten unterscheiden Claes/Böggemann/Pfriem (1999, S. 42f.) innerhalb der Systematik der Umweltkostenrechnung in:

Obligate Umweltkosten (d.h., diese Kostenarten müssen unbedingt zu den Umweltkosten gezählt werden):

- Gehalt des Abfallbeauftragten
- Entsorgungskosten
- Analyse des Schotters auf Kontamination
- Anteilige Kosten für Bagger, Baulok etc.
- Beraterhonorar für die Einführung der Umweltkostenrechnung
- Abschreibungskosten für Emissionsminderungsanlagen etc.

Fakultative Umweltkosten (d.h., das Unternehmen kann bei diesen Kosten individuell bestimmen, ob sie zu den Umweltkosten gehören):

- externe Umweltkosten (z.B. geschädigte Allgemeingüter)
- Mehrkosten für die Verwendung umweltfreundlicher Rohstoffe (bezogen auf die Vorproduktion)
- Mehrkosten für die Verwendung von Rohstoffen nahegelegener Hersteller etc.

Zur Erfassung und Abgrenzung der Umweltschutzinvestitionen und Umweltschutzkosten siehe Gressly (1996, S. 78ff.). Hamm (1997, S. 273ff.) teilt die **umweltrelevanten Kosten** eines Unternehmens in zwei Kategorien:

- Kosten, die direkt durch den Verbrauch eines Energieträgers bzw. durch die Entsorgung von Abfällen usw. verursacht werden (sind kurzfristig variabel; z.B. Wassergebühren)
- Kosten, die indirekt aufgrund von Anlagen, die für diese Zwecke benötigt werden, entstehen (z.B. Abschreibungen oder Personalkosten)

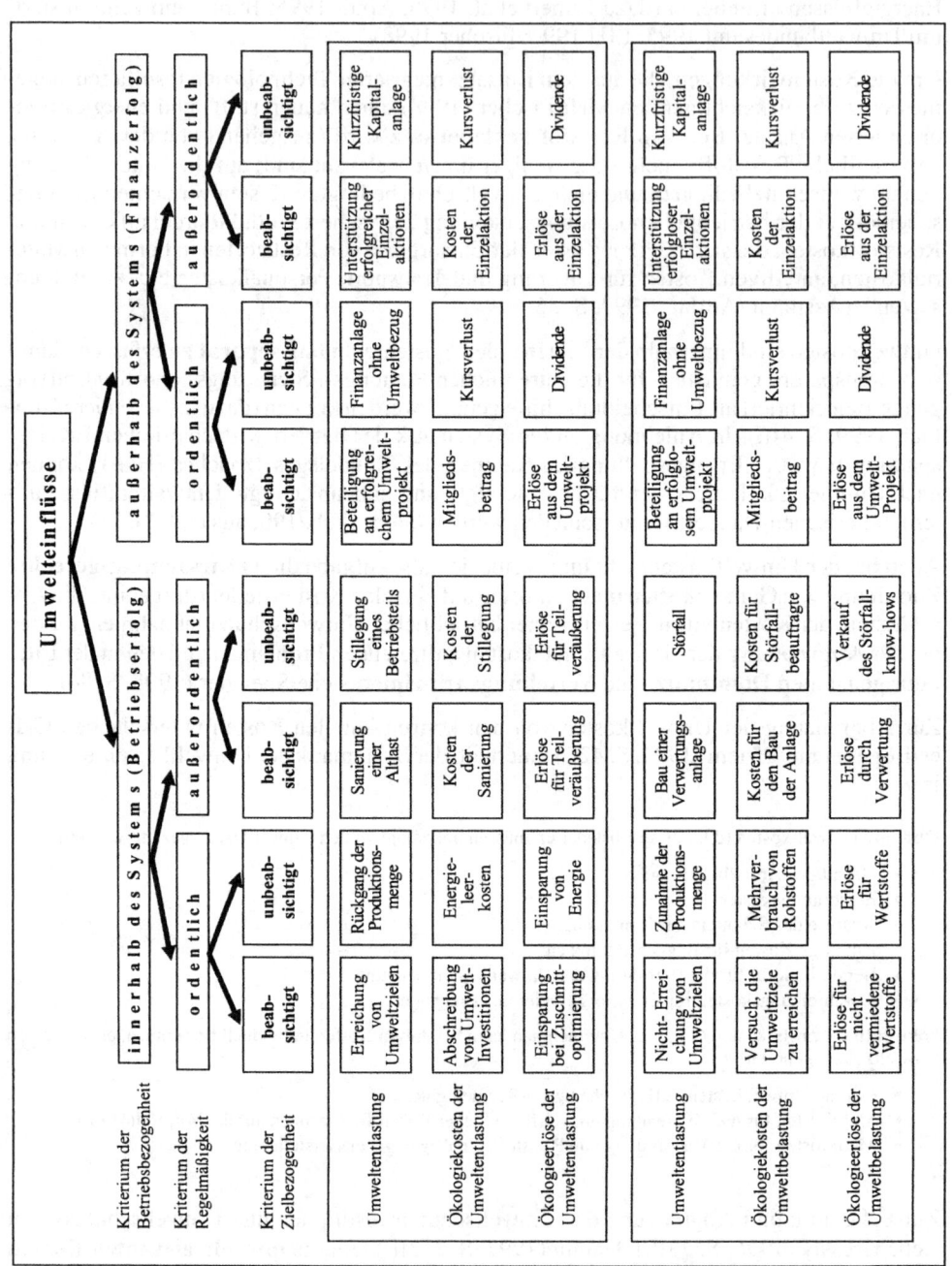

Abb. 190: Kosten für beabsichtigte und unbeabsichtigte Umwelteinflüsse des Unternehmens

Eine Übersicht über die Systematik der Umweltkostenarten-, -rechnung, -stellen- und -trägerrechnung gibt Abb 191 (aus ebd., S. 44).

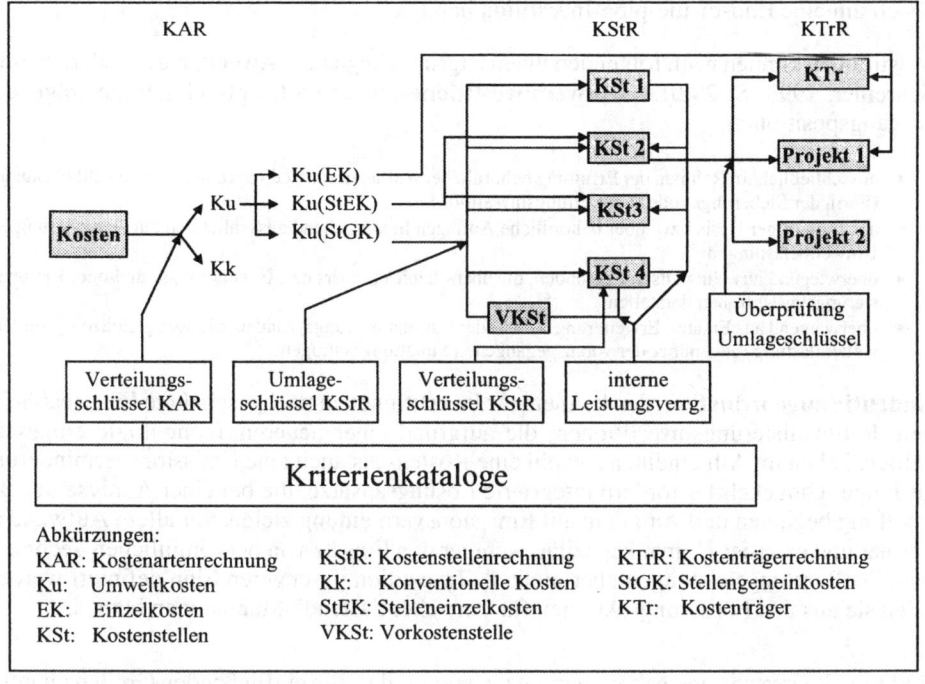

Abb. 191: Systematik der Umweltkostenrechnung

Die Unterscheidung zwischen herkömmlichen und Umweltkosten ist im Einzelfall schwierig. Es sind zu erfassen (vgl. ebd., S. 64; Bundesumweltministerium/Umweltbundesamt, 1996, S. 43ff.; Praxisbeispiele bei Fischer u.a., 1997):

- Die **primären** Umweltschutzkosten über die Kostenarten-, -stellen und –trägerrechnung. Diese umweltbezogenen Kosten (oft „Reperaturkosten") sind relativ eindeutig zu bestimmen (z.B. Abschreibung auf Reinigungsanlagen, Entsorgungskosten, Personalkosten Umweltabteilung). Insbesondere die Prozeßkostenrechnung hilft, die Gemeinkosten des indirekten Bereichs (z.B. Verwaltung) auf Kostenträger weiterzurechnen.
- Die **sekundären** Umweltkosten im gesamten Wertschöpfungsprozeß, die durch Prozeßkosten- oder Materialflußbetrachtungen zu lokalisieren sind.

Stahlmann definiert einen **erweiterten** Umweltkostenbegriff wie folgt:

Internalisierte Umweltkosten
„...entstehen durch freiwillige oder induzierte Maßnahmen zur Vermeidung, Beseitigung, Reduzierung und Schadensverhütung von Umweltbelastungen sowie durch Produktivitätsverluste und irreversiblen Werteverzehr an Energie und Rohstoffen."(Stahlmann)

3. Beurteilung der Investitionsrechenverfahren

Die grundsätzliche Abgrenzungsfrage besteht bei Umweltschutzinvestitionen zwischen den sog. **End-of-the-pipe**-Maßnahmen und **integrierten** Konzepten. Erstere sind unter Umweltgesichtspunkten im engeren Sinne keine „Umweltschutzinvestition", da sie nicht zu einer nachhaltigen Lösung einer Umweltschutzproblematik, sondern nur zu deren Symptombekämpfung beitragen. Eine separate Bewertung einer Umweltschutzinvestition, z.B. einer Filtertechnologie im Bereich des Anlagevermögens, ist allerdings nur dann möglich, wenn es sich um eine End-of-the-pipe-Investition handelt.

Investitionen können nach folgenden ihnen zugrundeliegenden **Zwecken** gegliedert werden (Schreiner, 1993, S. 292ff.): **Umweltinvestitionen** basieren hauptsächlich auf folgenden Ausgangspositionen:

- ausschließlich im Rahmen der Erfüllung behördlicher Auflagen zur Reduzierung der Umweltbelastungen (Form der Sicherungs- oder Umstellungsinvestition)
- auf freiwilliger Basis bzw. über behördliche Auflagen hinausgehend ausschließlich zur Reduzierung von Umweltbelastungen
- überwiegend aus Umweltschutzgründen, die aber gleichzeitig Ersatz-, Erweiterungs- und/oder Rationalisierungsinvestitionen darstellen
- überwiegend aus Ersatz-, Erweiterungs- und/oder Rationalisierungsgründen, die aber gleichzeitig zur Umweltentlastung (gegenüber der vorausgegangenen Situation) beitragen.

Eindeutig zugeordnet werden können nur Investitionen in nachgeschaltete Filtertechnologien. Rationalisierungsinvestitionen, die aufgrund einer neueren Technologie eingesetzt werden, haben im Allgemeinen sowohl eine Kosten- als auch eine Emissionsverminderung zur Folge. Umgekehrt erfordern integrierte Lösungsansätze, die bei einer Analyse der Beschaffung beginnen und vor allem auf Emissionsvermeidung zielen, vor allem Aufwand an interner und externer Humankapazität, weniger den Einsatz von herkömmlichen Technologien. Da Beratungsleistungen aber nicht als Investition im engeren Sinn definiert werden, fallen sie aus den Förderungsaktionen für umweltentlastende Maßnahmen heraus.

Traditionelle Investitionsrechnungen setzen voraus, daß alle einfließenden Größen quantifizierbar bzw. monetarisierbar sind. Eine solche Voraussetzung relativiert die Anwendbarkeit der Verfahren im Rahmen des Investitionsentscheidungsprozesses, bei dem mit sog. „weichen", nicht quantifizierbaren Daten gearbeitet werden muß.

Nach Schreiner (1993, S. 298f.) ist folgende **Kritik** an den **statischen** Verfahren bei Umweltschutzinvestitionen anzuführen:

- Keine Berücksichtigung von Sonderabschreibungen, da deren wirtschaftlicher Effekt auf der zeitlichen Vorverlegung von Abschreibungsbeträgen beruht, während die Gesamtabschreibungen über die Investitionszeit unverändert bleiben.
- Investitionszuschüsse kommen nicht voll zur Geltung, da das Zeitmoment ebenfalls unberücksichtigt bleibt.
- Zinsgünstige Darlehen wirken sich nicht aus, da Finanzierungskosten nicht in die Rechnungsgrößen eingehen. Allenfalls bei der Rentabilitätsrechnung könnte dies insofern berücksichtigt werden, als die geforderte Mindestrendite entsprechend niedriger angesetzt wird.

Bei den **dynamischen Investitionsverfahren** werden die unterschiedlichen Zeitpunkte des Anfalls der geldwerten Wirkungen (Ein- und Auszahlungen) berücksichtigt, indem alle zukünftigen Geldbewegungen auf eine einheitliche Zeitbasis bezogen bzw. diskontiert werden. Unter dem Aspekt der Umweltschutzinvestition kann diese Berechnungsmethode oft nicht angewendet werden. Die Quantifizierung von zukünftigen Einnahmen- und Ausgabenströmen von umweltentlastenden Maßnahmen ist ein schwieriges Unterfangen. Im Umweltschutz geht es vor allem um eine Minimierung des Ressourceneinsatzes, eine Vermeidung von Emissionen und eine Risikobegrenzung von Störfällen. Diese Faktoren sind für die nachhaltige Existenzsicherung des Betriebes von wesentlicher Bedeutung, lassen sich aber schlecht in den Dimensionen von Kosten und Erlösen darstellen.

Schröder/Willeke (1995, S. 134) geben ein Fallbeispiel, bei dem zwei Investitionsvorhaben mittels der **„prozeßorientierten Investitionsrechnung"** bewertet und verglichen werden. Die Erfassung und Bereitstellung strategischer Kosteninformationen erfolgt mit Hilfe der Prozeßkostenrechnung, die eine Abbildung und Bewertung von entscheidungsrelevanten Vorlauf-, Support- und Folgeprozessen während der Nutzungsdauer der Anlage ermöglicht. Die ermittelten Kostenwirkungen können dann unter Berücksichtigung ihres zeitlichen Anfalls in eine dynamische Investitionsrechnung transformiert werden.

Letmathe/Steven (1995, S. 120ff.) erweitern das klassische Kapitalwertmodell um Umweltabgaben und Emissionsgrenzwerte und untersuchen, wie der optimale **Kapitalwert** von einer parametrischen Variation dieser beiden Einflußgrößen abhängt. Grundlage zur Erfassung von Umweltwirkungen der Produktion bildet die lineare **Aktivitätsanalyse**. Für die Ermittlung des optimalen Kapitalwertes ist die Aufstellung eines „vorläufigen" Produktionsplanes unter Berücksichtigung der geltenden Umweltschutzanforderungen notwendig (ein Fallbeispiel findet sich in ebd., S. 167ff.). Ein Praxisbeispiel mit Einsatz der Sensitivitäts-/Risikoanalyse zur Ermittlung der Wahrscheinlichkeitsverteilung des Kapitalwertes in Schröder/Römmich (1995).

4. Der Öko-Bilanz-Ansatz des IÖW

Umweltorientierten Controlling

„... ist das Subsystem der Führung, das Planung und Kontrolle sowie Informationsversorgung des betrieblichen Umweltschutzes systembildend und systemkoppelnd koordiniert und auf diese Weise die Adaption und Koordination des Gesamtsystems unterstützt. Dabei werden auch die normativen Grundlagen des betrieblichen Umweltschutzes diskutiert, prozessuale Vorgehensweisen zur Setzung dieser Normen gelten als Controlling-Instrumente." (Kals 1993, S. 28)

Beim Öko-Controlling sind inzwischen Erfolge und konkrete Anwendungen erkennbar, ohne daß es aber bereits zu einer einheitlichen Methodik geführt hat. So wurde insbesondere beim Institut für ökologische Wirtschaftsforschung (IÖW) ein Ansatz für ein umfassendes betriebsinternes **Controlling-System** entworfen. Darin soll, in Anlehnung an die Finanzbuchhaltung, kontinuierlich, umfassend und nach verbindlichen Verfahrensvorschriften eine ökologische Bilanzierung erfolgen. Eine solche Kenntnis und Bewertung **aller** von einem Unternehmen ausgehenden Wirkungen ist Voraussetzung für eine ökologische Unternehmenspolitik. Damit „punktuell" nicht falsch eingegriffen wird, muß eine möglichst „komplette" Analyse vorliegen. Dies setzt die Erfassung umfassender Informationen voraus. Es ist dabei notwendig, die relevanten Informationen nicht nur monetär und quantitativ, sondern auch qualitativ aufzubereiten. Damit wird die Unternehmung in die Lage versetzt, ihre **„ökologische Relevanz"** zu bewerten. Dieses Instrument hilft, für den Unternehmer selbst und vor allem für die Öffentlichkeit die Bewertungsmaßstäbe „transparent" zu machen (vgl. Abb. 192, aus Stahlmann 1991, S. 261). Da solche Totalanalysen sehr aufwendig sind, behilft man sich in der Praxis oft mit (z.T. computergestützten) **Partialanalysen.**

a) Das qualitative Bewertungsverfahren der Umweltrelevanz

Bei dem in deutschen Ökobilanzen weitgehend verwendeten Ansatz wird eine qualitative Bewertung der **Umweltwirkungen** verschiedener umweltrelevanter Faktoren durchgeführt. Sie wurde vom IÖW zusammen mit Stahlmann (vgl. im einzelnen 1994 b) entwickelt. Im Gegensatz zur „Schweizer" Methode, die **quantifizierte** absolute Größen (wie Ökopunkte) liefert, werden bei diesem Verfahren die Umwelteinwirkungen verschiedener umweltrelevanter Faktoren „relativ" nach besonders dringlichen, weniger akuten und untergeordneten Belastungsimplikationenn verschiedene Klassen (= **ABC-Analyse**) eingestuft (siehe Abb. 193).

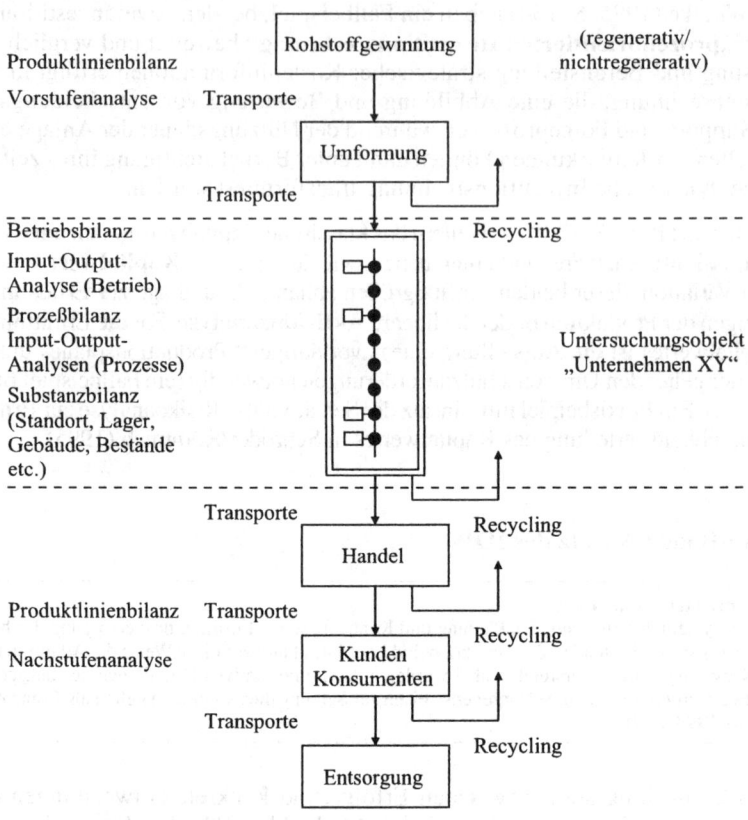

Produktlinienbilanz

Vorstufenanalyse   Transporte

Betriebsbilanz
Input-Output-
Analyse (Betrieb)
Prozeßbilanz
Input-Output-
Analysen (Prozesse)

Substanzbilanz
(Standort, Lager,
Gebäude, Bestände
etc.)

Rohstoffgewinnung   (regenerativ/
nichtregenerativ)

Umformung

Transporte

Recycling

Untersuchungsobjekt
„Unternehmen XY"

Transporte
Recycling

Handel

Produktlinienbilanz   Transporte
Recycling
Nachstufenanalyse   Kunden
Konsumenten

Transporte
Recycling

Entsorgung

Abb. 192: Untersuchungsbereich einer Ökobilanz

Mit der ABC-Kategorisierung lassen sich dann auch die Prioritäten im Handlungsbedarf erkennen, sie ergeben zusammen mit Öko-Kennzahlen eine Mit-Entscheidungsgrundlage für die Geschäftsführung.Man trägt damit dem Tatbestand Rechnung, daß die Bewertung der Umwelteinwirkungen eines Unternehmens nie mit naturwissenschaftlicher Exaktheit erfolgen kann, da Umweltphänomene regelmäßig äußerst komplex und schwer abschätzbar sind, ferner subjektive Maßstäbe und politische Kompromisse in numerische Größen einfließen (Jansen/Löchelt/Schröder, 1996, S. 74ff.).

Der Raster enthält sieben Kriterien, von denen einige noch zusätzlich untergliedert sein können (siehe in Abb. 193 linke Spalte). Die Bewertung erfolgt im Hinblick auf Handlungs- und Problemrelevanz. Sie erhebt nicht den Anspruch, Materialien generell nach „gut" bzw. „böse" zu klassifizieren, sondern soll betrieblichen **Entscheidungsbedarf** transparenter machen. Die Farbgebung nach dem Ampelschema verdeutlicht diese Anforderung.

A = rot:	besonders relevantes Problem, Handlungsbedarf
B = gelb	Problem erkennbar
C = grün:	kein Problem vorhanden
schwarz:	Informationsdezifit

	Rot	Gelb	Grün	Schwarz
1. Einhaltung umweltrechtlicher Rahmenbedingungen, Grenzwerte, Auflagen, Ge- und Verbote, Verordnungen, Vorschriften				
2. Gesellschaftliche Anforderungen (gesellschaftliche und wissenschaftliche Diskussion, Kritik, Akzeptanz)				
3. Beeinträchtigung der Umwelt (ökologisches Normalbetriebsrisiko)				
3.1 Luftbelastung				
3.2 Wasserbelastung				
3.3 Bodenbelastung				
3.4 Toxizität				
4. Beeinträchtigung der Umwelt durch potentielle Störfälle (Störfallrisiko)				
5. Internalisierte Umweltkosten (Lager, Entsorgungskosten, Abgaben, Kontrollaufwand)				
6. Beeinträchtigung der Umwelt im Rahmen der vor- und nachgelagerten Stufen				
6.1 Rohstoffproduktion				
6.2 Vorproduktion				
6.3 Gebrauch des Stoffes/Materials in der Produktion bzw. im Produkt				
6.4 Entsorgung				
6.5 Recyclingfähigkeit				
7. Produktivität/Verluste				

Abb. 193: IÖW-Bewertungskriterien

Mit Hilfe einer **XYZ**-Bewertung wird bei der IÖW/Stahlmann-Methode der **Mengeneffekt** der Umweltbelastung abgeschätzt und ebenfalls „relativ" (innerhalb homogener Untersuchungseinheiten in Klassen) abgestuft. Die Kombination zwischen ABC-Bewertung und XYZ-Bewertung soll sowohl qualitative als auch quantitative Einwirkungseffekte von Stoffen, Produkten, Verfahren auf die natürliche Umwelt schwerpunktartig einkreisen und verdeutlichen (Stahlmann, 1993).

Durch die Bestandserhebung im Rahmen der Input-Output-Analyse werden mögliche **Schwachstellen** aufgedeckt und Optimierungsvorschläge strukturiert dargestellt. Die Werthaltung des Bewertenden geht mit in die Beurteilung ein. Durch die bewußt relativ offen gehaltene Form der Bewertungsmaßstäbe wird im Betrieb ein Diskussions- und Abstimmungsprozeß notwendig, der mehrere Mitarbeiter fordert. Ebenso wird die Betrachtung des gesamten Produktlebenszyklus jedes Inputmaterials ansatzweise einbezogen.

b) Die Bilanztypen

Der Terminus „Ökobilanz" wird für eine Vielzahl möglicher inhaltlicher Ausprägungen verwendet.
Häufig wird der Begriff Öko- oder Umweltbilanz als **Oberbegriff** für die bilanzierende und beurteilende Betrachtung eines ökologisch relevanten Systems verwendet.

Kernbereich der Ökobilanzierung ist die strukturierte Bestandsaufnahme auf Basis einer **Mengenerhebung** der **Input-/Outputströme** an Materialien, Stoffen, Energie, Produkten und Emissionen innerhalb definierter Systemgrenzen: z.B. Betrachtung eines Gesamtbetriebes, regionale Stoffflußanalyse oder produktorientierte Betrachtung.

Über eine Schwachstellenanalyse und einen Soll-Ist-Vergleich kann ein laufendes **Öko-Controlling** installiert werden. Sie bildet die Grundlage für umweltorientiertes Management. Dieses Instrumentarium erfüllt zwei **Funktionen**:

- Dem Unternehmen intern Ansatzpunkte für eine ökologische Optimierung des Betriebes in Bezug auf Produktionsverfahren, Substitution von Inhaltsstoffen, Veränderungen im Entsorgungsprozeß und strategisches Produktdesign aufzuzeigen.
- Dem Unternehmen extern zur Kommunikation der Erfüllung der gesellschaftlichen Anforderungen sowie der Darstellung der Umweltrelevanz des Betriebsgeschehens/der Produkte zu dienen.

Die vom **Institut für ökologische Wirtschaftsforschung** (Berlin/Wien) entwickelte Ökobilanz-Systematik umfaßt vier Elemente/Ebenen (dazu im einzelnen Stahlmann, 1994, S. 177ff.; Hallay, 1990, Hallay/Pfriem, 1992, S. 57ff.); vgl. Abb. 194 (Quelle: IÖW):

(1) Betriebsbilanz

(2) Prozeßbilanzen

(3) Produktbilanzen

(4) Standortbilanz

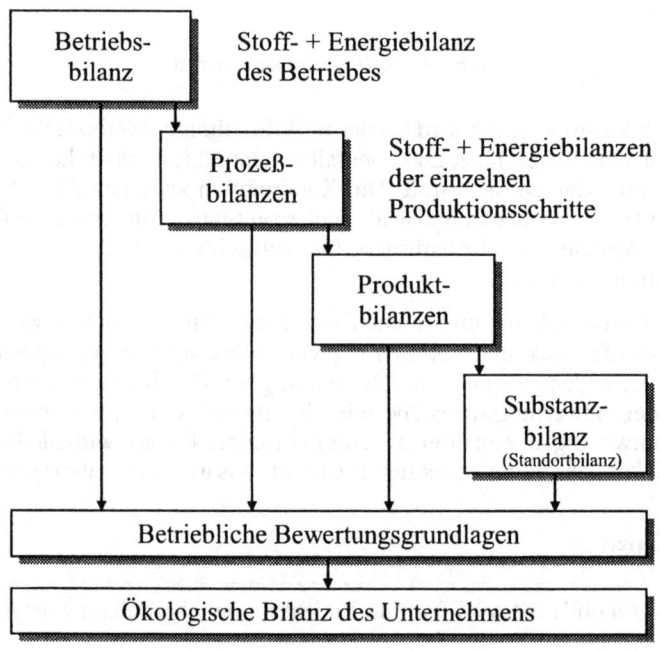

Abb. 194: Das Konzept der Stoff- und Energiebilanzierung (nach IÖW)

Als mögliche **Informationsinstrumente**, die ausgewertet werden können, nennt Hallay (ebd., S. 22):

1066

- das betriebliche Rechnungswesen,
- Informationen der Materialwirtschaft,
- Konstruktions- und Verfahrenspläne,
- Produktions- und Arbeitsanweisungen,
- Markt- und Produktanalysen,
- Anweisungen zum Umgang mit gefährlichen Gütern (Sicherheitsdatenblätter),
- Organisations- und Ablaufdiagramme und
- Messungen.

Zu beachten ist allerdings, daß diese betrieblichen Informationsinstrumente für ihre speziell gedachte Anwendung konzipiert wurden, d.h. ökologisch relevante Informationen demgemäß nicht systematisiert oder gesondert ausgewiesen sind. Zudem sind viele Informationen nicht oder unvollständig vorhanden, fallen in Form von Expertenwissen an oder müssen durch externe Informationen ergänzt werden. Das ökologische Wissen ist im Unternehmen zumeist einzelfallorientiert vorhanden, d.h., eine Zusammenfassung ist durch diese mangelnde Gesamtkonzeption nur schwer möglich.

(1) Betriebsbilanz (Input-Output-Analyse als Grundlage)

Im Rahmen dreier Bilanztypen wird zunächst eine quantitative, stofflich-energetische Erfassung durchgeführt. Die Betriebsbilanz ist als internes Controllinginstrument für die Steuerung der Abfall- und Emissionsströme unerläßlich. In der ersten Ist-Erhebung werden über sie Schwachstellen offengelegt und die Prioritäten für die weiteren Erhebungen abgeleitet. In der externen Dokumentation ist sie Basis für die Erstellung von Abfallwirtschaftskonzepten und die Umweltberichterstattung. Damit sind auch die notwendigen Daten für Bonitätsprüfungen, Risikoabschätzungen der Umwelthaftung und bei der Unternehmenswertermittlung geschaffen. Diese grobe **Input-Output-Bilanzierung** der Materialströme auf Betriebsebene ist der erste Schritt für eine gesamtheitliche Betrachtung der umweltrelevanten Betriebsvorgänge (dazu auch Böning, 1995, S. 215f.). Analog der herkömmlichen monetären Bilanzierung soll die Erfassung und Bewertung der Mengenströme in einen **Kreislauf** münden, der effizient und weitestgehend standardisiert eine laufende Kontrolle der betrieblichen Aktivitäten ermöglicht.

Kernbereich der Ökobilanzierung ist die Erfassung der **Stoff- und Energieströme** innerhalb definierter Systemgrenzen (aus Hopfenbeck/Jasch/Jasch, 1996). Das übliche Schema konzentriert sich auf die Betrachtung eines Gesamtbetriebes. Im Prinzip kann es aber auch für eine regionale Stoffflußanalyse und eine produktorientierte Betrachtung herangezogen werden. Wie schwierig es trotz guten Willens sein kann, die Daten zu bewerten, ist allerdings schon beim Aufbau von Stofflisten für den Materialeinkauf festzustellen. Um eine ordnungsgemäße Entsorgung sicherzustellen, ist eine Kenntnis der Zusammensetzung der Stoffinputs notwendig. Allerdings sind die meisten Hersteller bis dato weder in der Lage noch willens, diese bekanntzugeben.

Für die Ökobilanzierung kann in einer ersten Analyse von der Materialverrechnung aus dem **Beschaffungswesen** ausgegangen und eine Stoffanalyse auf kritische Produkte beschränkt werden. Ausgangspunkt muß das herrschende Rechnungswesen sein, welches über die Lagerverwaltung und Produktionsplanung Mengendaten zu den eingesetzten Roh-, Hilfs- und Betriebsstoffen bereitstellen kann.

Technologische Input-Output-Analysen einzelner Fertigungsprozesse (Material- und Energiebilanzen) sind z.B. bei chemischen oder biologisch-technologischen Prozessen bereits seit langem eingeführt. Stoffbilanzen für ganze Unternehmen sind im Entstehen (stoffliche Rechnungslegung findet sich vor allem bei Kunert, Mohndruck oder Neumarkter Lammsbräu).

Auf der **Inputseite** werden die betrieblichen Inputs getrennt nach Stoffen (Rohstoffe, bezogene Teile, Hilfsstoffe, Verpackungsmaterial, Betriebsstoffe) und Energie (Energieträger, Wasserbezug, Luft, Bodenverbrauch) dargestellt.

Auf der **Outputseite** werden die Produkte (einschließlich der Kuppelprodukte) und die stofflichen und energetischen Emissionen erfaßt (vgl. Abb. 195).

INPUT	OUTPUT
I. STOFFE	I. PRODUKTE
1. Rohstoffe	1. Primärprodukte
2. Hilfsstoffe	2. Kuppelprodukte
3. Betriebsstoffe	
4. Weitere Materialien	II. STOFFLICHE EMISSIONEN
II. ENERGIEN	1. Abfall
	2. Abwasser
1. gasförmig	3. Abluft
2. flüssig	
3. fest	
	III. ENERGETISCHE EMISSIONEN
	1. Abwärme
	2. Lärm

Abb. 195: Input-Output-Systematik

Diese in physikalischen Einheiten gemessenen Ströme übernehmen quasi eine „Koppelungsfunktion" zwischen dem ökonomischen Prozeß und dessen ökologischen Wirkungen.

Mittels dieser Darstellungsform wird ein quantitativer Überblick über die im Betrieb eingesetzten Stoffe und Energie geschaffen. Die **Materialstrombilanzierung** stellt innerhalb definierter Systemgrenzen den Input und Output an Stoff- und Energiemengen möglichst vollständig gegenüber. Es handelt sich also um eine Analyse, die nicht nur das vermarktete Produkt, sondern auch die entstehenden Nebenprodukte, Abfälle und stoffliche und energetische Emissionen erfaßt.

(2) Prozeßbilanz

Das Grundschema kennzeichnet Hallay (1990, S. 93f.) mit folgender **Vorgehensweise:**

- geeignete und überschneidungsfreie Abgrenzung der einzelnen Prozesse im Betrieb,
- Untergliederung in Teilprozesse,
- Prozeßbeschreibung in Formblättern
- Darstellung des Prozeßablaufs in einem Flußdiagramm,
- prozeßbegleitende Erfassung der In- und Outputs in den jeweiligen Teilprozessen auf entsprechenden Formblättern,
- Zusammenfassung der Daten aus den Formblättern zu einem Input-Output-Bilanz-„Prozeß".

Eine Untergliederung der Betriebsbilanz in die einzelnen **verfahrenstechnischen Schritte** führt auf dieser zweiten Ebene zu Prozeßbilanzen. Die Prozeßbilanz soll einen Einblick in die betriebsspezifischen Abläufe sichern. Dies setzt eine detaillierte Betrachtung der einzelnen Produktionsschritte – **ebenfalls** nach dem Input-/Output-Schema – voraus. Untersuchungseinheit ist im Gegensatz zur Betriebsbilanz nicht ein bestimmter Zeitraum, sondern eine **Prozeßeinheit** bezogen auf die dabei hergestellte Produktmenge. Die innerbetrieblich erhobenen Prozeßbilanzdaten bilden die Grundlage für Produktbilanzen, in denen die verschiedenen Prozeßschritte zusammengefügt werden können. Die **Summe** aller innerbetrieblichen Prozeßbilanzen stellt im Idealfall die Betriebsbilanz dar, allerdings muß der Verwaltungs- und Servicebereich noch berücksichtigt werden.

Zur Zeit gibt es nur in wenigen Betrieben detaillierte Aufzeichnungen und daher kaum vergleichbare Daten. Dieses Manko resultiert daraus, daß bisher nur wenige Betriebe untersucht wurden und daß aus verfahrenstechnischen Gründen auch innerhalb einer Branche sehr unterschiedliche Prozesse stattfinden können, die einen objektiven Vergleich nicht zulassen. Es existieren kaum Standardprozesse, die eine Vergleichbarkeit ermöglichen. Eine Möglichkeit, um zu einer Standardisierung von Prozeßschritten zu gelangen, ist die **branchenspezifische** Erhebung von Prozeßdaten, aus denen ein Mittelwert abgeleitet werden kann (Standardprozeßbilanz für eine bestimmte Branche).

(3) Produktbilanz

Der Betrieb als Betrachtungseinheit wird verlassen und das **einzelne Produkt** als Bilanzraum herangezogen. Die Produktbilanz erweitert das Betrachtungsfeld also um die **vor-** und **nach**gelagerten Lebenszyklusstufen. Der Lebenszyklus umfaßt:

- Stoff- und Energieentnahme aus der Natur
- Schadstoffe, Abwässer und feste Abfälle aus Produktionsverfahren
- Gebrauch / Verbrauch
- Entsorgung
- ökologische Probleme durch Transport in und zwischen den Stufen

Die einzelnen Phasen sollen räumlich und zeitlich abgegrenzt, alle Emissionen, Nutzungen und Eingriffe betrachtet werden.

Diese Bilanzform dient der Bewertung der Rohstoffgewinnung, der weiteren Verarbeitungsstufen, des Konsums (Gebrauch/Verbrauch) und der Entsorgungssituation der Produkte unter Umweltaspekten. Sie geschieht mit Hilfe der gezielten Betrachtung über den gesamten ökologischen Produktlebenszyklus hinweg und entspricht methodisch in weiten Bereichen der **Produktlinien-/Produktbaumanalyse**.

Es kann passieren, daß Betriebe, die in einer relativ späten Stufe des Produktlebenszyklus angesiedelt sind, mit ökologischen Problembereichen konfrontiert werden (bzw. von ihren eigenen Kunden dafür verantwortlich gemacht werden!), die nicht auf ihrer Produktionsebene/ihrem Produkt selbst, sondern in einer vorgelagerten (Lieferanten-)Stufe oder bei der Entsorgung angesiedelt sind.

Ökologische Produktbilanzen wurden in den letzten Jahren verstärkt durchgeführt. Ihr **Nutzen** liegt vor allem im Übergang von einer punktuellen Betrachtung ökologischer Probleme zu ganzheitlicher Sicht und der Verknüpfung verschiedener Lebenszyklusstufen von Produkten, um ökologische Problemverlagerungen aufdecken zu können. Häufig wurden allerdings nur die Stoffströme innerhalb des eigenen Produktionsbereiches analysiert. Die Frage der Ziehung der **Systemgrenzen** bei der Erstellung von Produktbilanzen ist zentral. Vor- und nachgelagerte Lebenswegstufen werden häufig **ausgeklammert**, d.h., man beschränkt sich etwa nur auf den reinen Herstellungsprozeß und spricht dann von einer „betrieblichen" Produktbilanz.

Produkt- und Prozeßbilanzen erlauben damit eine Prüfung bestehender Produkte bzw. Produktionsverfahren, aber auch das ökologische Optimieren von mehreren Substitutionsverfahren. Mit ihrer Erfassung und Darstellung sämtlicher Einsatzstoffe ermöglichen diese Bilanzen eine ökologische **Schwachstellenanalyse** und zeigen Optimierungspotentiale im Unternehmen auf.

Mit der Fertigstellung der Normenreihe **ISO 14040** zu Ökobilanzen wurde der Rahmen für die Sammlung, Aufbereitung und Bewertung von ökologischen Informationen entlang des Produktlebenszyklus geschaffen. Das Vorgehen zu einer Produkt-Ökobilanz/Life Cycle Assessment ist darin beschrieben: Festlegung der Ziele, Festlegung des Untersuchungsrahmens, Sachbilanz und Wirkungsabschätzung.

Das vom deutschen **Umweltbundesamt** seit 1992 gemeinsam mit der DIN Arbeitsgruppe Produktbilanz **„Life Cycle Analysis"** zur internationalen Vereinheitlichung des laufenden Diskussionsprozesses erarbeitete Konzept (mit „Standardberichtsbögen") umfaßt vier Kernbereiche (BJU, 1994):

1. Eine **Zieldefinition** mit einer wissenschaftlich nicht begründbaren Festlegung des Bilanzierungsraumes und seiner Grenzen.

2. Eine **Sachbilanz**, bestehend aus

   • einer vertikalen Betrachtung des gesamten **Produktlebenszyklus** der beteiligten Stoffe und Energien, d.h. Rohstofferschließung und -aufbereitung, Produktion, Distribution einschließlich Transporte, Ge- und Verbrauch, Entsorgung,

   • einer horizontalen, medienübergreifenden Betrachtung der mit dem Lebensweg verbundenen Umweltbelastungen, d.h. der Luft-, Wasser- und Bodenbelastungen durch Schadstoffe, Verbrauch an Rohstoffen, Energieträgern und Wasser, Lärm, Flächenbelegung und Abfallströme.

3. Eine **Wirkungsbilanz**, d.h. eine Beschreibung bzw. Abschätzung der in der Sachbilanz zusammengefaßten gleichartigen Fluß- und Bestandsgrößen hinsichtlich ihrer Einflüsse auf mögliche globale, regionale und lokale Wirkungen (z.B. Treibhauseffekt, Luftbelastung in Ballungsräumen, Gewässerschutz, Abfallaufkommen oder Ressourceneinsparung). Eine Wirkungsbilanz beinhaltet (BMU/UBA, 1995) folgende Aspekte:

   • Den Stoffen, Energien und Emissionen werden die entsprechenden Umweltwirkungen zugeordnet. Bei der **Erhebung** finden hauptsächlich Emissionen Berücksichtigung: Wirkungen der Inputs (Stoffe und Energieträger) im Hinblick auf deren verfügbare Mengen (Ressourcenverbrauch), Eingriffe in die Landschaft durch die Rohstoffgewinnung (Landschaftsverbrauch) und Emissionen, die bei Rohstoffgewinnung, Verarbeitung, Gebrauch und Entsorgung entstehen. Die aus der Input-Output-Bilanz stammenden Daten werden entsprechend den ökologischen Wirkungen in Wirkungs**kategorien** zusammengefaßt, z.B. Ressourcenverbrauch (erneuerbare und nicht erneuerbare), Treibhauseffekt, Ozonabbau in der Atmosphäre, Humantoxizität, Gesundheitsgefährdung am Arbeitsplatz, Deponieraumbelegung und Ökotoxizität etc.

   • Um innerhalb der einzelnen Wirkungskategorien eine weitere Verdichtung der Informationen zu je einer Zahl pro Wirkungskategorie zu erreichen, werden anschließend die Stoffe mit ihrem unterschiedlichen Schadwirkungspotential mit einem **Gewichtungsfaktor** multipliziert. Hierzu bestehen zahlreiche kontroverse Vorschläge.

   • Um zu einer endgültigen Maßzahl zu gelangen, werden in einem letzten Schritt die gewichteten Werte je Stoff/Energieart addiert (**Aggregation**).

4. Eine **Bilanzbewertung** der Ergebnisse der Sach- und Wirkungsbilanz erfolgt auf der Grundlage ausdrücklich dargestellter Beurteilungsmaßstäbe mit dem Ziel, die Umweltwirkungen zu gewichten, Schwachstellen und Entwicklungspotentiale im Hinblick auf ökologische Optimierungen zu identifizieren und umweltorientierte Entscheidungen zu treffen.

(4) Standortbilanz

Zur Erfassung bisher nicht berücksichtigter Aspekte werden diese drei Ebenen ergänzt durch eine **„Substanzbilanz"**. Als Teilelement der Ökobilanz stellt sie eine **Bestandsbetrachtung** des betrieblichen Anlagevermögens als notwendige Ergänzung der Flußrechnung dar (Input-Output-Analyse). Sie kann zur Risikobewertung, zur Abschätzung des Investitionsbedarfs und zur Bewertung des Substanzverbrauchs an Umweltgütern verwendet werden. Erfaßt werden die **strukturellen Eingriffe** des Betriebsstandortes auf die Umwelt und daraus entstehende Risiken.

Die Substanzbilanz umfaßt dauerhafte betriebliche Nutzungen, d.h. strukturelle Eingriffe

- wie Flächennutzung durch Produktions- und Verwaltungsgebäude, Lagerhallen, Werkstatt, Garagen, Verkehrs- und Parkflächen (z.B. Art, Intensität, Versiegelung der Oberflächen, Einbeziehung natürlicher landschaftlicher Gegebenheiten),
- Bebauung (z.B. Art, Form, Einbeziehung natürlicher Gegebenheiten),
- die ökologischen Dimensionen von Anlagevermögen (z.B. verwendete Bau-/Werkstoffe bei Gebäuden/Inneneinrichtung) und Lagerbeständen,
- Landschaftseinschnitte (z.B. durch Produktions-/Verwaltungsgebäude, Anschluß an Verkehrssystem) und Eingriffe in den Wasserhaushalt (z.B. durch Flächenversiegelung),
- weitere Beeinträchtigungen und damit verbundene Unfall- und Haftungsfragen (wie z.B. Boden-/Grundwasserverunreinigungen).

5. Der schweizerische Ansatz

a) Ökologische Buchhaltung (Müller-Wenk)

Ähnlich wie das technische Datenkonzept bezieht sich der Ansatz der ökologischen Buchhaltung nach Müller-Wenk auf den Bereich „Unternehmen – physische Umwelt". Dieser Ansatz gründet auf einer materialbezogenen Input-Output-Betrachtung. Dieses von Müller-Wenk bereits in den 70er Jahren vorgestellte Instrument ist ein Rechnungssystem, das **alle** vom buchführenden Unternehmen ausgehenden Umwelteinwirkungen in bestimmten **Kontenklassen**

- Materialverbrauch,
- Energieverbrauch,
- feste Abfälle,
- gas- und staubförmige Abfälle,
- Abwasser,
- Abwärme,
- Denaturierung von Böden

nach den jeweils entsprechenden physikalischen Maßeinheiten (wie Gewicht, Volumen, Energiemenge) getrennt aufzeichnet bzw. mißt (vgl. dazu Müller-Wenk 1978, 1980, 1986).

Nicht erfaßt werden auf der Outputseite die ionisierenden Strahlungen, der Lärm und die Einwirkungen auf Pflanzen und Tierwelt. Die ökologische Buchhaltung darf nur als ein (visualisierendes) **Meßsystem** verstanden werden, das Umwelteinwirkungen offenlegt; es gibt kein Konzept, mit welchen Methoden diese Wirkungen reduziert werden können (vgl. Müller-Wenk, 1978, S. 85). Es wird wie folgt vorgegangen:

- Getrennte **Erfassung** und **Messung** jeder Umwelteinwirkung (z.B. nach Art der Gewässerbelastung, Art des Rohmaterials) auf separaten Konten.
- **Bewertung** der jeweils ermittelten Einheitsmengen mittels eines Gradmessers (= Bepreisung des knappen Gutes Umwelt). Zur Vergleichbarmachung verschiedenartiger ökologischer Wirkungen dient der sog. „**Äquivalenzkoeffizient**" (Aek). Je nach Art der (bio)ökologischen **Knappheit** der betroffenen Einwirkungsart (z.B. der Ratenknappheit: Erschöpfungsgrad der Rohstoffreserven und der Kumulativknappheit: Beanspruchungsgrad des Aufnahmevermögens der Umwelt bei Emissionen) wird dieser Umrechnungsfaktor von „neutraler" dritter Seite (Staat, Experten etc.) verbindlich bestimmt und von Zeit zu Zeit aktualisiert.
  So wie die monetären Preise „Marktknappheiten" signalisieren, soll ein AeK als Information Signale über gegebene „ökologische Knappheiten" geben.
- Die Multiplikation der pro Einwirkungsart gemessenen Mengen mit dem jeweiligen Gradmesser ergibt eine **allgemeine Meßzahl** an Umwelteinwirkung, ausgedrückt in **Rechnungseinheiten** (RE).

Jede umweltrelevante Maßnahme läßt sich nun anhand der ermittelten REs beurteilen, wobei die Höhe der REs als **Indikator** für die Stärke der Umweltbelastung angesehen wird.

- **Addition** aller Rechnungseinheiten zur Ermittlung der **Gesamteinwirkung** des Unternehmens während einer Periode auf die natürliche Umwelt; dies ermöglicht Vergleichs- bzw. Zeitreihenbeurteilungen.

Der **kritische Punkt** des Ansatzes ist sicherlich die Ermittlung und Festlegung der „künstlichen" Dimension Äquivalenzziffer. Bei deren Bestimmung (anhand des Standes der Wissenschaft oder der gesetzlichen Vorschriften) tauchen zahlreiche Bewertungsprobleme auf, wie z.B. die jeweils gültigen Belastungsgrenzen, Eingrenzung des räumlichen Bezugsbereiches etc. (vgl. als Zahlenbeispiel die bei der städtischen ökologischen Buchhaltung in Zürich/Bern/St. Gallen verwendeten Abgrenzungen; Braunschweig, 1988, insbesondere S. 98ff.). Zudem werden, wie bei jeder Aggregation zu einer Gesamtgröße, qualitative Unterschiede bei Teilgrößen „verwischt".

Zur Verdeutlichung des Konzepts ist bei Müller-Wenk (vgl. 1978, S. 63f.) als Pilotanwendung ein Abschluß der ökologischen Buchhaltung der Firma ROCO-Konserven (heute Frisco Findus/Nestle) wiedergegeben. Weiterentwicklungen fanden Anwendung für ein Stadtkonzept (Saarbrücken) und für ein Dienstleistungsunternehmen (Evangelische Akademie Bad Boll). 1988 wurde diese Methodik für die Städte Bern, St. Gallen und Zürich weiterentwickelt (vgl. dazu Braunschweig, 1988/1990).

b) Quantitative Verfahren (Kritische Volumina/Ökopunkte)

Im schweizerischen Ansatz besteht eine Ökobilanz, die als Bewertung nach ökologischen Kriterien, ausgedrückt in **Ökopunkten** (welche minimiert werden sollten) verstanden wird, aus zwei Stufen:

- Erfassung der Stoff- und Energieflüsse in Bilanzen
- ökologische Bewertung dieser Stoffflüsse.

Für den Schritt von der Stoffbilanz zur Ökobilanz wird eine **Bewertung/Gewichtung** der verschiedenen Umweltbelastungen anhand bestimmter ökologischer Kriterien als notwendig angesehen. Erst eine einheitliche ökologische Bewertung erlaubt einen **Vergleich** der verschiedenen Umweltbelastungen. Als Bewertungsansatz schlägt Braunschweig (vgl. 1990, S. 10f.), basierend auf den Gedanken Müller-Wenks, die **„ökologische Knappheit"** als Verhältnis zwischen gesamter Umweltbelastung in einem Gebiet und maximal zulässiger Belastung in diesem Gebiet vor.

Das Modell der kritischen Luft- und Wassermengen geht also davon aus, daß für jeden in die Medien Luft oder Wasser abgegebenen Schadstoff ein Volumen berechnet wird, welches durch die Anwesenheit des Schadstoffes bis an den gesetzlichen Grenzwert belastet wird **(kritische Belastung)**. Diese für einzelne Schadstoffe berechneten Teilvolumina werden dann zu einem gesamten „kritischen Volumen" je Luft und Wasser addiert. Zur Berechnung der kritischen Luftmenge als zusammenfassende Belastungsgröße werden die MIK-Werte (maximale Immissionskonzentration bei dauernder Belastung) der Luftreinhalteverordnung als Bezugsgröße verwendet sowie bei fehlenden Angaben diejenigen Werte, die in den VDI-Richtlinien (Verein Deutscher Ingenieure) 2306 und 2310 enthalten sind. Fehlende MIK-Werte werden aus MAK-Werten (maximale Arbeitsplatzkonzentration gesundheitsschädlicher Arbeitsstoffe bei einer täglichen Belastung von 8 bis 9 Stunden) angenähert. Zur Berechnung der kritischen Wassermenge werden die Grenzwerte für Einleitungen in ein Gewässer aus der Schweizer Verordnung über Abwassereinleitungen benutzt. (Mit einem „regionalorientierten" Ansatz der Ökobilanzierung versuchen Böning/Brückl (1995) über die

Einbeziehung des Wissens regionaler Akteure das Problem undifferenzierter Grenzwerte zu lösen). Berechnung:

$$\textbf{kritisches Volumen} = \frac{\text{Emission}}{\text{Grenzwert}}$$

Die Angaben über kritische Luft- und Wassermengen im Ökoprofil stellen reine Rechengrößen dar. Die Dimension m^3 für Luft und dm^3 für Wasser ergeben sich aus den entsprechenden Dimensionsanalysen. Da pro Volumeneinheit immer nur ein Schadstoff betrachtet wird, haben die entsprechenden Zahlenwerte keinen Bezug zur Realität (Hopfenbeck/Jasch/Jasch, 1996, S. 213f.).

Umweltbelastungen in Wasser und Luft aus den einzelnen Prozeßschritten können also mit „Gradmessern für ökologische Knappheit", den „Ökofaktoren" beurteilt werden. Sie errechnen sich aus der Beziehung von gesamter Belastung und maximal zulässiger Belastung. Basis auch für die Errechnung von Ökopunkten ist die so genannte ökologische Knappheit. Aus der Multiplikation der Umweltbelastung mit dem jeweiligen Ökofaktor ergeben sich die **Ökopunkte**. Die Ökopunkte aller Umweltbelastungen geben in Summe Auskunft über die gesamthafte gewichtete Umweltbeanspruchung. Zur Errechnung der Ökopunkte werden drei verschiedene Zahlenwerte je Umweltbelastung benötigt:

- die spezifische Emissionsmenge (bzw. der Verbrauch),
- die gesamthafte Emission (bzw. Verbrauch) dieser Umwelteinwirkung in einem bestimmten räumlichen Bereich,
- die maximal tolerable Belastung (Emission oder Verbrauch) dieser Einwirkung in einem bestimmten räumlichen Bereich.

In einem weiteren Schritt erlaubt die Summierung der Ökopunkte einzelner Produkte und Prozesse firmeninterne **„ökologische Budgets"** zu setzen, um innerhalb einer Unternehmung Anreize zu geben, nach ökologisch und wirtschaftlich optimalen Lösungen zu suchen. „So kann einem Profitcenter im Rahmen des Management by Objectives ein ‚Ökobudget` von z.B. 10 Millionen Ökopunkten zur Verfügung gestellt werden. Erreicht das Profitcenter eine Umsatzsteigerung bei stabilem oder gar sinkendem Ökobudget, so wird das Ziel des qualifizierten Wachstums erreicht: Wirtschaftswachstum bei sinkender Umweltbelastung" (Braunschweig, 1990, S. 11).

Zusätzlich schlägt Braunschweig zur leicheren externen Beurteilung (z.B. für Kunden, Aktionäre, Medien und Mitarbeiter) der „ökologischen Performance" einer Unternehmung ökologische Kennziffern vor, wie z.B.

- **Ökopunkte** (Umweltbelastung) **pro Umsatz**,
- **Ökopunkte pro Gewinn**.

6. Umweltberichterstattung

a) Die Forderung nach einer gesellschaftsorientierten Berichterstattung

Mit der gestiegenen Sensibilisierung des unternehmerischen Umfelds wuchs auch der Wunsch nach einer ausreichenden Rechenschaftslegung der Unternehmenstätigkeiten, d.h. nach einer **Ergänzung** des Informationsinstrumentes „betriebliches Rechnungswesen". Die gesellschaftsbezogene Berichterstattung soll verschiedenen internen und externen **Ziel- und Bezugsgruppen** (mit ganz unterschiedlichen Informationsbedürfnissen) die Stellung der Unternehmung in ihrem Umfeld und im Spannungsfeld der Interdependenzen von Unternehmung und Gesellschaft klarmachen (vgl. dazu auch erster Teil, C). Klar dominiert die **interne** Berichterstattung (allein schon wegen der einfacheren Informationsbeschaffung). Während sie gegenüber den äußeren (Umwelt-)Bezugsgruppen mehr als Argumentations- und Integrationsmittel dient, wird sie bei den eigenen Mitarbeitern und Führungskräften mehr als Informations-/ Motivationsinstrument bzw. Führungsmittel gesehen (zu den internen und externen Aufgaben der Umweltberichterstattung siehe auch Jaeckel, 1994, S. 112ff.).

Von den betrieblichen Bezugsgruppen geht also im Zuge einer zunehmenden „Umweltsensibilisierung" ein wachsender Druck auf eine verstärkte **„Öffnung"** der Unternehmung aus, d.h., es werden vermehrt Informationen zu Gesellschafts- und Umweltthemen erwartet (z.B. EG-Informationsrichtlinie, EMAS-VO, Umweltberichte, Umwelterklärung). Innerhalb der betrieblichen Kommunikationspolitik gilt es, über den Einsatz neuer Informationsinstrumente zur Verständigung mit diesen Gruppen zu kommen. Die **„Umweltleistung"** (Performance) einer Unternehmung ist intern und extern zu kommunizieren.

Nach dem Anforderungskriterium der Vollständigkeit im Rahmen der Rechnungslegung muß neben der Berücksichtigung der Vermögens-, Finanz- und Ertragslage auch eine Berücksichtigung der positiven und negativen **externen Effekte** betrieblicher Umweltschutzmaßnahmen und -belastungen erfolgen. Eine so verstandene Umweltberichterstattung informiert über alle Umweltauswirkungen, die das Unternehmen verursacht. Die Berücksichtigung betrieblicher Umweltbeziehungen hat damit erhebliche Auswirkungen auf das betriebliche Rechnungswesen. Die Rahmenbedingungen der Umweltberichterstattung werden dabei einerseits von den Grundsätzen ordnungsmäßiger Buchführung und Bilanzierung bestimmt, andererseits durch die EMAS-VO sowie durch das Abfallwirtschaftsgesetz und das Umweltinformationsgesetz vorgegeben. Zu **Formen** der sog. gesellschaftsbezogenen Berichterstattung siehe Abb. 196.

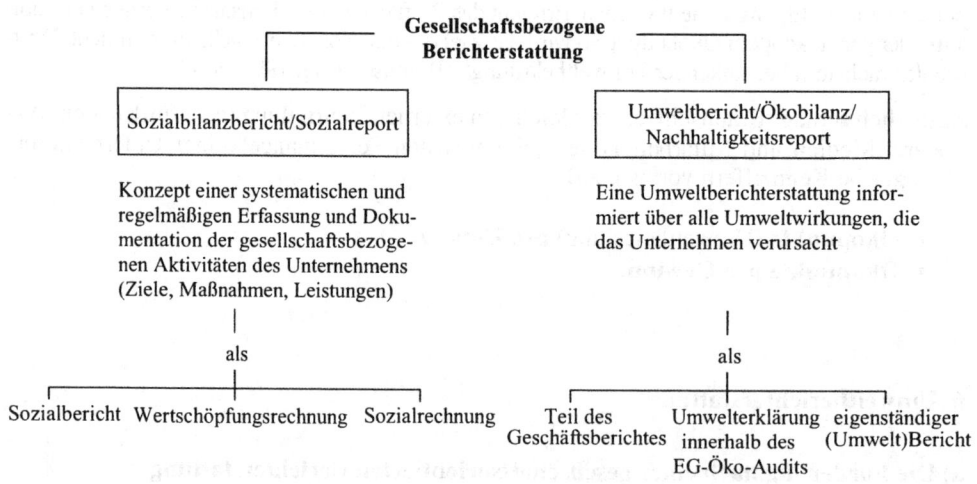

Abb. 196: Gesellschaftsbezogene betriebliche Berichterstattung

b) Sozialbilanz/Erweiterte Sozialberichterstattung als Vorläufer

Der Sozialbericht als eine primär outputorientierte Betrachtung kann als verbale, ergänzende Erläuterung von Zielen, Maßnahmen und Leistungen der gesellschaftsbezogenen Aktivitäten des Unternehmens (angereichert mit statistischem und grafischem Material) interpretiert werden. Die Wertschöpfungsrechnung ermittelt den vom Unternehmen im Berichtszeitraum geschaffenen Wertzuwachs (zeigt also die Entstehung und Verteilung des Beitrages des Unternehmens zum Bruttoinlandsprodukt eines Landes). Die Sozialrechnung ist die quantifizierte Darstellung der gesellschaftsbezogenen Aufwendungen des Unternehmens im Berichtszeitraum (und, soweit möglich, auch der Erträge). Sie läßt sich aufgliedern in bestimmte **Hauptbezugsfelder**.

Nachdem in den USA bereits in den 70er Jahren Ansätze zur gesellschaftlichen Rechnungslegung festzustellen sind, wurde in Deutschland die erste Sozialbilanz 1972 von der STEAG (Essen) veröffentlicht; einen rudimentären Ansatz stellte bereits die „Statistische Übersicht über die sozialen Leistungen für die Gefolgschaft und Aufwendungen für die Volksgemeinschaft im Geschäftsjahr 1937/38" der AEG Telefunken dar. In den 70er Jahren folgten dann Unternehmen wie Pieroth, Deutsche Shell, Rank Xerox, BASF, Rheinbraun, Deutsche BP, Wella. Die spezifisch deutsche Form der Sozialbilanz darf inzwischen (trotz ihrer häufigen Darstellung in der Literatur) als gescheitert angesehen werden.

Gesetzliche Regelungen und eine Prüfung der Berichte etwa durch Wirtschaftsprüfer wurden abgelehnt, ebenso die Mitwirkung an der Erstellung. Aus Sicht der Wirtschaft wurde die Befürchtung geäußert, daß eine starre Zementierung (etwa in Form von Gesetzen oder Tarifverträgen) zu einer Kontrolle unternehmerischer Aktivitäten führen könnte. Eine **gesetzliche** Regelung wie in Frankreich, wo seit dem Jahr 1977 ein „bilan social" verbindlich für alle Unternehmen mit mehr als 300 Beschäftigten eingeführt ist, mit der z. T. über 100 Indikatoren veröffentlicht werden, wird allgemein abgelehnt.

In den Sozialberichten werden **verbal**, an Hand von Kennziffern oder Statistiken, Nutzen und Schaden der Aufwendungen eines Unternehmens beschrieben. Umfang und Inhalt des Sozialberichtes sind im einzelnen nicht vorgeschrieben, sondern liegen in der Ermessensentscheidung des Vorstandes. Die **Auswahl** der einbezogenen Aktivitäten unterliegt somit der subjektiven Entscheidung der Unternehmung, was zu der Gefahr führt, daß nur über positive Umweltbeziehungen berichtet wird.

Die **Kritik** am Konzept der erweiterten Sozialberichterstattung ist zum einen prinzipieller Natur, zum anderen richtet sie sich gegen konkrete Ausgestaltungen von Sozialberichten seitens bestimmter Unternehmungen. So spricht man vom „Bluff auf Hochglanz" und sieht die Berichterstattung als eine ausgefeilte PR-Strategie, als „Propagandabroschüre" Produktwerbung. Man bemängelt die Berichtskonzentration auf nur wenige Schadstoffe, die mangelnde Vergleichbarkeit, das kaum mögliche Nachvollziehen der Angaben und die Unvollständigkeit der Informationen. Vorwiegend werden nur Angaben über die jährlichen Umweltschutzinvestitionen und deren laufende Betriebskosten gemacht.

In den letzten Jahren sind viele Aspekte der Sozialbilanz aus den Geschäftsberichten wieder **verschwunden**, um die ökologischen Komponente und damit die Beziehung „Unternehmen – physische Umwelt" vermehrt in den Blickpunkt zu rücken und in ein umfassendes Berichtssystem zu integrieren.

c) Umweltberichte

In Zusammenhang mit der Neudefinition der strategischen Kommunikationsaufgabe zeichnet sich vor allem auch eine quantitativ und qualitativ erweiterte **ökologische Berichterstattung** der Unternehmen ab. Zur Zeit sind mehrere Instrumente im Einsatz. Gemeinsam ist ihnen eine doppelte Zielsetzung: Sie sind sowohl ein **internes** Mittel für einen verbesserten Umweltschutz im Unternehmen selbst, zum anderen können sie auch ein neuartiges **exter-**

nes Kommunikationsmittel gegenüber den verschiedenen Bezugsgruppen darstellen (dazu Fichter, 1998, S. 41ff.). Zu unterscheiden sind hier:

1. **Umwelterklärungen im Rahmen von Öko-Audits:**
Durch die Verwendung des nach Testierung verliehenen EG-Zeichens kann sich der Betrieb der Öffentlichkeit als ein „umweltgeprüftes" Unternehmen präsentieren. Diese **externe** Umwelterklärung (Environmental Statement) ist zwingend vorgeschrieben und darf innerhalb der Öffentlichkeitsarbeit verwendet werden, aber nicht für die Produktwerbung, da hierfür das EG-Produktlabel reserviert ist. (Zur Werbewirkung von Umwelterklärungen siehe Nissen/Falk, 1995, S. 73ff.).

2. **Umweltberichte als Teil der Geschäftsberichte:**
Besonders in der ersten Entwicklungsphase wurden in zahlreichen Geschäftsberichten einige Seiten „Umwelt" eingefügt.

3. **Eigenständige Umweltberichte/Ökoberichte/Ökobilanzen:**
In den letzten Jahren hat die Veröffentlichung von eigenständigen Umweltberichten nahezu explosionsartig zugenommen. Viele Umweltberichte stehen in Verbindung mit der gemeinsamen Veröffentlichung einer **Öko-Bilanz**.

Jüngste internationale Forschungsergebnisse zeigen uneinheitliche **Trends**: Nach einer Mori-Untersuchung Ende 1995 werden inzwischen von 34% der Times-Top-100-Unternehmen eigenständige Umweltberichte veröffentlicht. Es wird als Nachteil gesehen, „that the general public remains largely unenlightend" und mit dieser Form primär spezielle Interessengruppen angesprochen werden. In den USA geht nach Coopers & Lybrand der Trend mehr dahin, die jährlichen Geschäftsberichte auszudehnen und den gesellschaftlichen, ethischen und umweltorientierten Bezug zur Geschäftstätigkeit zu zeigen.

Wir wollen noch etwas näher auf die eigenständigen Umweltberichte eingehen. Diese Berichte sind von höchst unterschiedlicher Qualität, da es keine inhaltlichen Vorschriften gibt. Wie ist diese Welle an Umweltberichten zu beurteilen? Sind sie nur ein **neuer PR-Gimmick** im Umweltmanagement? Wir hatten ja in Deutschland eine sehr ähnliche Entwicklung in den 70er Jahren mit der Boomphase der sog. **Sozialbilanzen** oder **Sozialberichte**. Inzwischen ist dieses Experiment der Dokumentation der sozialen Verantwortung von Unternehmen gescheitert. In den jetzigen Umweltberichten bleibt die Arbeitsumwelt der Beschäftigten (Fragen wie Arbeitsbedingungen, Gesundheit, Mitbestimmung, Mitarbeiterbeteiligung, Einkommen, Frauenförderung etc.) weitgehend ausgeblendet. Eines der wenigen Unternehmen, das sowohl soziale als auch ökologische Rechenschaft ablegt, ist die Bertelsmann AG.

Droht den Ökoberichten das **gleiche Schicksal?** Dem muß nicht so sein, wenn drei Dinge berücksichtigt werden:

(1) Die veröffentlichenden Unternehmen selbst müssen in diesen Umweltberichten eine abteilungsübergreifende Möglichkeit sehen, interne Lernprozesse anzustoßen. Es zeigt sich bei all den damit arbeitenden Firmen, daß hierin ein großes Motivationspotential liegen kann. Die Veröffentlichung selbst ist neben der **internen** Komponente auch ein hervorragendes **externes** Kommunikationsmittel. Die betriebliche Umweltleistung kann über ökologische Qualitätsziele den Bezugsgruppen mittels dieses freiwilligen Instruments dokumentiert werden.

(2) Zum anderen wird eine gewisse **Standardisierung** notwendig sein. Die Normierung der externen Berichterstattung von Unternehmen wäre ein denkbarer Weg. 1994 erschien ein Leitfaden mit Hinweisen zur Erstellung von Umweltberichten. Danach sollte eine eine Berichterstattung **sieben Bestandteile** umfassen:

   1. Darstellung des Unternehmens
   2. Darstellung der Produkte und ihrer gesellschaftlichen Wertschöpfung
   3. Darstellung der Stoff- und Energieaustauschbeziehungen
   4. Ökologische Beurteilung
   5. Darstellung der Veränderungen gegenüber der Vorperiode
   6. Darstellung des Umweltprogramms
   7. Darstellung der Methode und der Grenzen der Erfassung

(3) Die heute vorherrschende „Umwelt"-Berichterstattung mit weitgehendem Bezug auf die Stoff- und Energieströme muß inhaltlich **erweitert** werden zu einer **„sozialökologischen"** Berichterstattung (unter Einbezug der Arbeitsumwelt) und letztlich zu einer **„Nachhaltigkeits"**-Berichterstattung (unter Einbezug der im 2. Teil beim Sustainable Development genannten Kriterien).

An Berichte sind bestimmte **Anforderungen** zu stellen (Hopfenbeck/Jasch/Jasch, 1996):

- Neben das interne Berichtswesen sollte eine externe Berichterstattung treten.
- Die Berichterstattung sollte zielgruppengerecht erfolgen.
- Der Bericht muß Feedback ermöglichen (z.B. über Antwortkarten).
- Die Berichterstattung sollte regelmäßig erfolgen.
- Sie sollte Ziele für eine Orientierung setzen.
- Der Vergleich mit den „Klassenbesten" (Benchmarking) muß ersichtlich sein.
- Aussagen müssen quantifiziert werden (gemäß dem Motto „Nur was gemessen wird, wird auch getan").
- Nicht nur das Einhalten der Gesetze, sondern auch die Darstellung der Umweltperformance anhand spezieller Kennzahlen/Indikatoren ist erforderlich.
- Detailberichte über verschiedene Standorte/Werke.
- Möglichkeit einer (externen) Testierung/Verfizierung.

Eine generelle **Schwäche** der meisten Berichte liegt in folgenden Punkten:

- zuwenig quantitatives Material
- zuwenig meßbare Zielangaben
- mangelnde Lesbarkeit
- Darstellung nur des Guten unter Weglassen des Schlechten
- keine externe Testierung
- zu wenig Feedback
- selten auch ein „Feedforward" i.S.v. „Welche Informationen erwarten meine Bezugsgruppen?"

Von einigen Stellen werden regelmäßige **Rankinglisten** für Umweltberichte erstellt (so vom IÖW Berlin oder von SustainAbility London auf internationaler Ebene). Zu den Bewertungsmethoden und -kriterien sowie den Rankingergebnissen für deutsche Berichte/Erklärungen siehe Future/IÖW (1998). Obwohl in den letzten Jahren die Zahl von Umweltberichten/Umwelterklärungen fast explosionsartig zugenommen hat, zeigt das 1998-Ranking im Auftrag der Zeitschrift Capital, daß 68 der 150 größten Konzerne noch nicht über einen Bericht verfügen.

Vor der Erstellung eines Umweltberichtes sollten einige Überlegungen angestellt werden:

- Adressatenfeld (dieser Punkt (An wen will ich mich wenden, d.h. welches sind meine Zielgruppen?) ist von zentraler Bedeutung, da hiermit der Informationsbedarf festgelegt wird)
- Berichtstyp (z.B. Teil des Geschäftsberichts, eigenständiger Umweltbericht, Umwelterklärung eines Öko-Audits)
- Umfang und Inhalt (z.B. Orientierung an Leitlinien?)
- Häufigkeit (jährlich?)
- Bereiche der Berichterstattung (Land/Luft/Wasser, Produktlinienanalysen, Sustainable Development etc.)
- Audit (externe Testierung erwünscht?)
- Einsatz in Öffentlichkeitsarbeit

Noch gibt es in Deutschland **keine gesetzliche** Verpflichtung, interne Umweltdaten zu veröffentlichen. Also entscheidet jedes Unternehmen selbst, welche Themen in welchem Umfang angesprochen und erläutert werden. Verschiedene Autoren treten deshalb für die Normierung der externen Berichterstattung von Unternehmen ein. Auch im Entwurf des **Allgemeinen** Teils eines **Umweltgesetzbuches** ist eine umweltbezogene Publizitätspflicht (bei Beschränkung auf Großunternehmen in Form der AG) vorgesehen. Die Expertenkommission fordert einen eigenen Paragraphen (§ 14) für die Rechnungslegung.

§ 14:
„Betreiber von nach diesem Gesetz oder aufgrund dieses Gesetzes genehmigungsbedürftigen Anlagen, die nach den §§ 264 Abs. 1, 325 Abs. 1 Satz 1, Abs. 2 des Handelsgesetzbuchs zur Aufstellung und Offenlegung eines Lageberichts verpflichtet sind, haben einmal jährlich über die wesentlichen Auswirkungen auf die Umwelt einschließlich der Reststoffe und Abfälle, die von den Anlagen und den in ihnen hergestellten Produkten verursacht werden, und die zu ihrer Vermeidung oder Verminderung getroffenen Maßnahmen sowie die Tätigkeit des Umweltbeauftragten öffentlich zu berichten. Der Bericht kann Teil des Lageberichts (§ 289 des Handelsgesetzbuches) sein."

Eine erste **standardisierte** Umweltberichterstattung ist nun auch in Form der testierten „Umwelterklärung" im Rahmen der EG-**Öko-Audits** gegeben. Obwohl **freiwilliger** Art, könnte sich diese Form der Selbstdarstellung für umweltorientierte Unternehmen zum faktischen Zwang entwickeln. Nach dem Vorbild der USA mit dem Toxic Release Inventory (**TRI**), SARA Title III, bei dem Unternehmen gezwungen sind, die Abgabemengen bestimmter Stoffe bekanntzugeben, arbeitet auch die EU an einer **PER** (Polluting Emissions Register)-Verordnung.

7. Umweltverträglichkeitsprüfung

Mit Inkrafttreten des UVP-Umsetzungsgesetzes am 1.8.1990 wurde verspätet eine EG-Richtlinie aus dem Jahr 1985 in **nationales** Recht umgesetzt. Damit können bestimmte Vorhaben ohne Nachweis ihrer Umweltverträglichkeit nicht mehr realisiert werden. Die UVP-pflichtigen Vorhaben sind äußerst vielfältig, sie reichen von Kraftwerken bis zu Abfalldeponien; sie sind im Anhang zum UVP, Nr. 1, Anlage §3 UVPG namentlich benannt und beschrieben (insgesamt 26 UVP-pflichtige Typen). Da immer mehr Gemeinden UVPs innerhalb ihrer kommunalen Bauleitplanung einsetzen, müssen betriebliche Bauvorhaben, für die ein Bebauungsplan notwendig ist, dann in ein **kommunales** UVP-Verfahren einbezogen werden (vgl. UVP-Förderverein, 1990, S. 13).

Mit Hilfe einer solchen **„Einschätzung der Umweltauswirkungen"** („Umweltverträglichkeitsprüfung" hat sich als unglückliche, aber inzwischen übliche Übersetzung des amerikanischen **„Environmental Impact Assessment"**-EIA durchgesetzt) sollen für bedeutende öffentliche und private technische Projekte von der zuständigen Behörde

- unter Beteiligung der Öffentlichkeit,
- auf wissenschaftlicher Basis,
- möglichst frühzeitig (d.h. im Planungsstadium)

auf unternehmerischen Entscheidungen beruhende Eingriffe in die Natur auf ihre ökologische „Verträglichkeit" hin erstmals

- systematisch,
- umfassend (i.S. einer Gesamtbetrachtung der Medienbelastung),
- in einem formalisierten Verfahren untersucht und
- die Wirkungen bewertet werden.

Diese Definition zeigt die inhaltliche Nähe zur Technologiefolgenabschätzung, die jedoch weiter zu fassen ist. Neben die Kriterien Wirtschaftlichkeit und Rechtmäßigkeit tritt jetzt das **Kriterium der Umweltverträglichkeit** als **Entscheidungskriterium**. Die zuständige Behörde hat das Ergebnis einer solchen UVP bei ihrer Entscheidung (i.S. eines „Hilfsmittels") zwar zu berücksichtigen, ist aber daran nicht gebunden. Damit soll eine wirksame **Umweltvorsorge** aufgrund der Umweltstandards in den jeweiligen Fachgesetzen erreicht werden. Statt der bisherigen Nachbesserung sind UVPs vorbeugende Maßnahmen, die helfen sollen, zukünftige Schäden zu vermeiden.

Der Förderverein UVP nennt die **Vorteile** einer frühzeitigen UVP:

- effizienter Planungsablauf (UVP als Steuerungsinstrument),
- beschleunigtes Genehmigungsverfahren (UVP als Optimierungsmethode),
- höhere Akzeptanz bei Fachbehörden (bessere Zusammenarbeit),
- verbesserte Öffentlichkeitsarbeit (Vertrauen schaffen durch Aufklärung),
- Imagepflege,
- Marktvorteile (Anregung von Produktinnovationen),

- Verminderung von Ausgleichs- und Ersatzmaßnahmen (Kostenersparnisse),
- Vermeiden von Haftungsrisiken (weniger Risiko durch Vorsorge).

Die **inhaltlichen** Anforderungen an eine UVP sind in § 6 Abs. 3 festgelegt:

- Beschreibung des Vorhabens mit Angaben über Standort, Art und Umfang sowie Bedarf an Grund und Boden
- Beschreibung von Art und Menge der zu erwartenden Emissionen und Reststoffe (insbesondere Luftverunreinigung, Abfälle, Abwasser)
- Beschreibung der Vermeidungs-, Verminderungs-, Ausgleichs- und Ersatzmaßnahmen
- Beschreibung der zu erwartenden erheblichen Auswirkungen des Vorhabens auf die Umwelt.

Zwischen der UVP als Verfahren und als Gutachten (UVS = **Umweltverträglichkeitsstudie**) ist zu unterscheiden. Das Verfahren **der UVP** erstreckt sich (nach Schemel, 1993) über folgende Schritte:

- Feststellung der Umwelterheblichkeit. Welche Belange werden durch das Vorhaben berührt und sind diese komplex genug, um die Durchführung einer UVP sinnvoll erscheinen zu lassen? Oder genügt eine knappe Stellungnahme bzw. ein sektorales Gutachten?
- Bestimmung des Untersuchungsrahmens („Scoping"): Welche Schutzgüter werden durch das Vorhaben voraussichtlich besonders betroffen, wo müssen die Schwerpunkte der Untersuchung liegen?
- Erstellung des UVP-Gutachtens (= UVS): Untersuchungsbericht über die voraussehbaren Umweltauswirkungen des Vorhabens (Ermittlung, Beschreibung, Bewertung) mit (vorläufiger) Schlußfolgerung zur Umwelt(un)verträglichkeit
- Überprüfung und Diskussion des UVP-Gutachtens durch Dritte (Fachbehörden, Öffentlichkeit etc.)
- Abschließende Beurteilung der Umweltauswirkungen und ihrer Konsequenzen hinsichtlich Umwelt(un)verträglichkeit durch die zuständige Behörde
- Einbeziehung der UVP-Ergebnisse in den Entscheidungsprozeß über das „Ob", „Wo" und „Wie" des Vorhabens
- Nachkontrolle während und nach Realisierung des Vorhabens (Überprüfung der Einhaltung verbindlicher Auflagen)

Die UVP erfaßt, beschreibt und bewertet vollständig (d.h. alle Schutzgüter umfassend), gesamthaft (d.h. die Wechselwirkungen zwischen den Umweltmedien berücksichtigend), systematisch (d.h. in bestimmten Arbeitsschritten, wobei Sachaussagen und Werturteile unterscheidbar zu halten sind) und rechtzeitig (d.h. bevor umweltrelevante „Weichen" gestellt sind) die **Umweltfolgen** eines räumlichen Vorhabens. Die verschiedenen Umweltaspekte werden als Ganzes gewürdigt, bevor sie im weiteren Entscheidungsprozeß gegen andere (z.B. wirtschaftliche) Belange abgewogen werden. Die Umweltverträglichkeitsstudie untersucht dabei die Auswirkungen des zu prüfenden Vorhabens auf folgende **Schutzgüter**:

- Menschen (Lärm, Gesundheitsgefährdung)
- Tiere und Pflanzen (Lebensräume, Lebensansprüche bestimmter Tierpopulationen und Pflanzengesellschaften)
- Boden (Lebensraumfunktion, Erosionsschutz, stoffliche Belastung)
- Wasser (Oberflächengewässer und Grundwasser hinsichtlich stofflicher Belastungen, Ufergestalt, Trinkwasserschutz)
- Luft, Klima (Emissionen, Immissionen, Luftaustausch)
- Landschaft (Landschaftsbild, Erlebniswirksamkeit)

einschließlich der jeweiligen Wechselwirkungen. Zusätzlich berücksichtigt werden das kulturelle Erbe und sonstige Sachgüter, d.h. die Betroffenheit vor allem historischer Bausubstanz (z.B. durch Flächenansprüche und Emissionen).

Es ist zu unterschieden zwischen:

- Umweltverträglichkeitsprüfung (UVP) = verwaltungsrechtliches Verfahren
- Umweltverträglichkeitsuntersuchung (UVU) = deren fachwissenschaftlicher Kern

> **Umweltverträglichkeitsuntersuchung** (UVU)
> „… wird die Umweltmedien übergreifende Erfassung, Beschreibung und Bewertung der Auswirkungen räumlich relevanter Vorhaben auf die Umwelt verstanden, wie sie überwiegend – aber nicht allein – im Rahmen einer Umweltverträglichkeitsprüfung (UVP) praktiziert wird." (Runge, 1998, S. 11)
> **Umweltverträglichkeitsprüfung** (UVP)
> „… dient dazu, vor der Zulassung bestimmter, raumwirksamer Vorhaben ihre potentiellen Auswirkungen auf die Umwelt zu ermitteln, zu beschreiben und zu bewerten. Die UVP ist damit ein Instrument der Vorbereitung rationaler Entscheidungen, ohne Entscheidungen jedoch in irgendeiner Weise vorfestzulegen." (ebd.)
> „… dient der Vermeidung, der Minderung oder dem Ausgleich schädlicher Umweltauswirkungen von Maßnahmen. Sie ist ein Teil der Entscheidungsvorbereitungen und bezieht sich sowohl auf das ‚Wie' als auch auf das ‚Ob' der Maßnahmen. Sie ist ein staatlich geregeltes Verfahren mit bestimmten verfahrensmäßigen und inhaltlichen Mindestelementen, nicht lediglich eine Studie oder ein Gutachten, dem ein bereichsübergreifender, ganzheitlicher Ansatz zugrundezulegen ist." (Bund/Länder Arbeitskreis UVP)

Bevor in einer UVP Zielfindung und Problemidentifikation erörtert werden, stellt sich die Frage nach der **Umwelterheblichkeit** („significance") eines Vorhabens und der generellen Notwendigkeit einer UVU (**Screening** = Einschätzung der Umwelterheblichkeit; **Scoping** = Fokussierung und Bestimmung der Reichweite einer Untersuchung).

Nach Kaupe (1997, S. 66f.) haben sich durch das am Vorsorgeprinzip ausgerichtete UVP-Gesetz die Dauer der ohnehin schon langen bundesdeutschen Genehmigungsprozesse für Industrieanlagen weiter erhöht, sie zählen in Europa zu den durchschnittlich längsten unter den Mitgliedstaaten. Konkrete Initiativen zur **Beschleunigung** von UVPs auf nationaler Ebene sind vor allem das Genehmigungsverfahrensbeschleunigungsgesetz – das Gesetz zur Beschleunigung und Vereinfachung immissionsschutzrechtlicher Genehmigungsverfahren – und die Änderung der Verwaltungsgerichtsordnung.

„Seit Inkrafttreten des UVP-Gesetzes im Jahre 1990 in Deutschland hat sich das Recht der UVP in Europa und Deutschland in unterschiedlicher Weise fortentwickelt: Eine Fortentwicklung im Sinne einer deutlichen Beschränkung erfolgte in der Bundesrepublik Deutschland durch die sog. ‚Beschleunigungsgesetze' der 12. Legislaturperiode. Mit Hilfe dieser Gesetze soll eine Verfahrensbeschleunigung auch durch Umgehung oder Beschneidung der UVP in einzelnen Fachplanungsbeschleunigungen erreicht und dadurch der Standort Deutschland attraktiver gemacht werden. Im Gegensatz hierzu ist die Europäische Union bemüht, die UVP-RL zu erweitern." (Hund, 1997, S. 210)

8. Die Produktlinienanalyse

Die Produktlinienanalyse, eine vom Öko-Institut 1987 vorgelegte **Weiterentwicklung** der Produktfolgenschätzung, bewertet alternative Produkte oder Produkt-„linien" wie etwa Vollwaschmittel und Baukastensysteme. Im Gegensatz zur quantitativen Datenerfassung bei den beschriebenen Stoff- und Energieflußbilanzen wird hier zunächst qualitativ beschreibend vorgegangen. Auch bei diesem Instrument der Ökobilanzierung werden die Folgen über den erweiterten Lebenszyklus betrachtet, zudem die **sozialen Bedürfnisbestimmungsfaktoren** reflektiert (vgl. Freimann, 1989, S. 119f; Projektgruppe, 1987; Teichert, 1989; insbesondere Rubik, 1992, S. 318ff.). Steger/Antes (vgl. 1991, S. 27) sehen im Rahmen eines Umweltschutz-Audits die Eignung einer Produktlinienanalyse als Suchraster für ökologische Störpotentiale.

Die Produktlinienanalyse unternimmt nicht den Versuch einer eindimensionalen Bewertung der Auswirkungen, ist also zunächst als ein **Raster** zur Strukturierung zu verstehen. Das Konzept beruht auf vier **Leitideen**:

- Hinterfragung des Produktes auf das zugrundeliegende zu befriedigende Bedürfnis.
- Vertikale Betrachtung des Produktes über seinen gesamten Lebenszyklus (wie auch dazwischengeschalteter Transportbeziehungen).
- Horizontale Betrachtung der jeweiligen Auswirkungen der Lebenszyklusphasen auf Natur, Gesellschaft und Wirtschaft.

Ähnliche Instrumente (wie UVP, Ökobilanz) beschränken sich lediglich auf einzelne der drei Dimensionen. Die Methodik ähnelt der bei einer TA, der Unterschied liegt im Untersuchungsobjekt: Untersucht erstere eine Technik/Technologie, steht bei Letzterer das Produkt im Vordergrund (vgl. Teichert, 1989, S. 18).
- Vergleich mehrerer unterschiedlicher Varianten.

Nach der Erstellung der Produktlinienmatrix werden (auch für jede der Produktalternativen) die Inhalte der ausgewählten Felder entweder quantitativ oder qualitativ beschreibend festgehalten. Auf die analytische Phase folgt die Bewertung der Ergebnisse, die ohne normative Wertsetzung nicht möglich ist.

9. Interne Umwelt-Audits

Management heißt nicht nur Setzen von Zielen und Bereitstellung von Mitteln zu deren Erreichung, sondern auch die **Kontrolle der Zielerreichung**. Umweltschutz ist ein wichtiger Aspekt einer Unternehmensstrategie und bedarf deshalb auch effizienter Managementmethoden. Bisher beschränkt sich die betriebliche Überwachungspraxis im Umweltschutzbereich hauptsächlich auf die Einhaltung von Grenzwerten, organisatorisch bezogen auf die Tätigkeit des Umweltschutzbeauftragten. Zweck eines Audits ist aber, sowohl Auskunft zu geben über die entsprechenden Anlagen oder Einrichtungen als auch ob das **gesamte Umweltschutzmanagement** bzw. die -**organisation** einer Unternehmung gemäß den gegebenen Zielen oder Auflagen „funktioniert". Die Kontrolle liefert damit Hilfen für unternehmerische Entscheidungen. Nicht nur Produkte sondern immer häufiger auch ganze Organisationen werden externen Begutachtungen (Audits als Oberbegriff für die verschiedenen Verfahren des Evaluierens und Zertifizierens) unterzogen. Power spricht von der „Audit-Gesellschaft", die weit über den ursprünglichen finanzwirtschaftlichen Aspekt hinaus zur Legitimation und Beruhigung mit Grenzwerten, Kriterien, Kennziffern, Gütezeichen oder Ökosiegeln arbeitet. Power zeigt die „Trost"-Funktion von Audits.

Umwelt-Audits werden damit zu sehr wichtigen Elementen eines umfassenden Umweltmanagements und aktiven Umwelt-Controllings und zwar:

- operativ: unternehmensinterne Aufgabenerfüllung (prozeßabhängig/prozeßunabhängig - Soll/Ist), (Vor-) Bedingung eines Versicherungsschutzes, „Informationsträger" im Rahmen der Risiko-Kommunikation / des Risiko-Dialogs mit Gruppen, Qualitätssicherung beim Lieferanten, Gesetzeseinhaltung, Effizienz der Organisationsstruktur, Effizienz der Umweltinformationssystems
- strategisch: Frühwarninstrument (interner/externer Risiken), Schwachstellenanalyse, Instrument des Risiko-Managements (Prüfung der Risikostrategien und -maßnahmen).

Die Audits sind inhaltlich eng den Umweltverträglichkeitsprüfungen („Environmental Impact Assessment", EIA) verwandt. Während aber

- die Umweltverträglichkeitsprüfungen (und auch die Technikfolgenabschätzung) **vorgelagert** sind (vor Bau einer Anlage, Prozeßänderung, neue Produkte etc.),
- kommt ein Umwelt-Audit **während** oder **nach** einer Betriebsphase der industriellen Tätigkeit zum Einsatz (im Englischen werden weitgehend synonym verwandt: Review, Appraisal, Survey oder Surveillance).

1989 hat die Internationale Handelskammer ein Positionspapier für Umwelt-Audits veröffentlicht und darin Umwelt-Auditing **definiert** als „ein Managementinstrument, welches eine systematische, dokumentierte, periodische und objektivierte Bewertung (Evaluierung) über die Leistungsfähigkeit des betrieblichen Umweltschutzmanagements, der -organisation sowie der -verfahren und -ausrüstung beinhaltet". Damit wurden die ersten international vereinbarten Antworten zu diesen Fragen gegeben.

Die **organisatorische Durchführung** eines Audits zur Beurteilung der Umweltauswirkungen kann entweder routinemäßig von dem Umweltschutzbeauftragten der örtlichen Einheit oder zentral von unabhängigen, interdisziplinären (internen und/oder externen) Audit-Teams, die dem Topmanagement berichten, durchgeführt werden. Sie erfaßt

- im ersten Schritt eine Bestandsaufnahme der gegebenen Situation (= Sammeln der Informationen; dies erfolgt durch Dokumentenanalyse, Bearbeitung von Grob-/Detail-Checklisten, Interviews/Befragungen, Betriebsbegehungen, Beobachtungen etc.),
- im zweiten die Analyse (= Bewerten der Informationen) und
- im dritten die Ergebnisumsetzung (Festsetzung von Maßnahmen/Verantwortungen/Terminen/Prioritätensetzung).

10. Das Umweltmanagement und Öko-Audit-System der EG

(a) Rahmenbedingungen und Wesen der EMAS-VO

Die EG-Verordnung – sie ist 1993 in Kraft getreten und hat ab April 1995 unmittelbare Rechtskraft in allen Mitgliedsländern – heißt im Wortlaut: „Verordnung (EWG) Nr. 1836/93 des Rates über die freiwillige Beteiligung gewerblicher Unternehmen an einem Gemeinschaftssystem für das Umweltmanagement und die Umweltbetriebsprüfung"; hier zitiert in der praxisorientierten Kurzform als: „EG-Öko-Audit-Verordnung" bzw. EMAS-VO („Environmental Management and Audit-Scheme").

Das aus dem anglo-amerikanischen Bereich kommende Öko-Audit, das unternehmerischer Eigeninitiative in den Dienst des Umweltschutzes stellt, stieß im deutschen, ordnungspolitisch verhafteten Denken zuerst auf wenig Resonanz. Inzwischen wird jedoch erkannt, daß sich damit organisatorisch-technische Optimierungen (Kostensenkungen) erzielen lassen, die Wettbewerbschancen sich verbessern und der Umweltschutz gegenüber Behörden und Öffentlichkeit transparenter wird (vgl. Löbel/Schörghuber, 1997).

Zentrales Element des Audits ist dabei die Implementierung (und Bewertung) eines **Umweltmanagementsystems**. Die EG-Audit-VO und die ISO 14001 haben für eine enorme Breitenwirkung und Professionalisierung von Umweltmanagementsystemen gesorgt. „UMS markieren einen grundlegenden Perspektivenwechsel, indem sie den Managementbereich in den Mittelpunkt rücken. Betrieblicher Umweltschutz wird neu definiert als Managementaufgabe. Es geht nun um Planung und Controlling, um Organisation und Führung. Die UMS-Normen binden Umweltmanagement systematisch in einen Controlling-Kreislauf ein und prägen das erforderliche Instrumentarium." (Dyllick, 1998, S. 3)

Die VO war zuerst auf **„gewerbliche"** Unternehmen beschränkt; am 13.1.98 wurde die **Erweiterungsverordnung** verabschiedet, danach können jetzt auch Unternehmen weiterer Branchen am EG-Öko-Audit teilnehmen (z.B. Unternehmen der Energie- und Wasserversorgung, der Abwasserbehandlung, des Groß- und Einzelhandels, des Kreditgewerbes, der Versicherungswirtschaft, des Gastgewerbes, der Reisebürobranche, der Post- und Fernmeldedienst, Krankenhäuser und kommunale Verwaltungen).

Zahlreiche Praxisbeispiele für Umweltaudits finden sich in der Literatur (stellvertretend: Löbel/Schörghuber, 1997; Gege/Nehm, 1998; Hartmann, 1998). Befragungen bestätigen, daß sich das betriebliche Umweltmanagement in der Praxis durchgesetzt hat und die Erfahrungen mit dem EG-Öko-Audit weitgehend positiv sind: die Ergebnisse der UNI/ASU Befragung 1997 in Günther (1998, S. 16ff.), die Ergebnisse einer Bestandsaufnahme des IÖB (Siegen) zur EMAS-Praxis in Deutschland in Seidel/Weber (1998, S. 22ff.).

Die EMAS-VO wird bisher vor allem in **Deutschland** umgesetzt (ca. 2.500 Standorte sind zur Zeit registriert). Die Gesamtzahl hat kaum die Ein-Prozent-Marke aller registrierungsfähigen Standorte in Europa erreicht.

Planmäßig wurde die EMAS-VO nach fünf Jahren einer grundlegenden Revision unterzogen, insbesondere will man über ein neues Logo den Bekanntheitsgrad erhöhen. Der Ende 1998 vorgestellte Entwurf einer EMAS II (die bereits 2000 in Kraft treten soll) sieht vor (vgl. Hub, 1999, S. 10ff.):

- Struktur des UMS entsprechend der ISO 14001.
- Das bisher in Deutschland praktizierte Einstiegsmodell dürfte dann nicht mehr möglich sein, da auch für die erste Validierung Nachweise über die Durchführung interner Umweltmanagementsysteme sowie eines Management-Reviews verlangt werden.
- Die Einhaltung der Rechtsvorschriften wird explizit formuliert.
- Bei Vermeidung der Umweltauswirkungen soll statt EVABAT (Beste verfügbare Technik, soweit wirtschaftlich vertretbar) jetzt BAT (Beste verfügbare Technik) treten.
- Ausweitung auf alle Branchen.
- Organisationsbezug statt wie bisher Standortbegriff.
- An der Erstellung einer Umwelterklärung wird festgehalten.
- Explizite Aufnahme der Arbeitnehmerbeteiligung.
- Verbesserte Werbung durch ein neues Logo für die Werbung.

Im 8. Teil haben wir die Entwicklung einer Umweltpolitik skizziert, die sich stark verlagerte von einem nachgeschalteten technikzentrierten Umweltschutz hin zur Überprüfung der Effizienz der bestehenden Managementsysteme. In dieser qualitativen Veränderung des Umweltschutzes zu Vermeidungsstrategien sieht der Gesetzgeber auch die Vorteile einer Einführung von Öko-Auditing und Umweltmanagementsystemen. Mit der EMAS-VO beginnt de facto eine neue umweltpolitische Ära, nämlich die der durch Gesetz angestoßenen **freiwilligen** Selbstregulierung.

„Nach der Einführung dieses neuartigen Systems wird sich voraussichtlich die Freiwilligkeit in Zukunft analog zur Entwicklung in der Qualitätssicherung zu einem **faktischen Zwang** verändern, da verschiedene Bezugsgruppen (Lieferanten, Abnehmer, Banken, Versicherungen, Behörden, Umweltschutzorganisationen, Medien, Öffentlichkeit etc.) die Teilnahmerklärung quasi als ein **Gütesiegel** für eine **umweltbewußte Unternehmensführung**, d.h. für die ‚Qualität der Umweltleistung‘, ansehen werden. Nicht teilnehmende Unternehmen werden damit einen Image- und Vertrauensverlust erleiden.“ (Hopfenbeck/Jasch/Jasch, 1995)

Die Kontrolle von Umweltmanagementsystemen kann durch eine Umweltbürokratie nicht effizient bewältigt werden, sondern bedarf des eigenverantwortlichen Handelns der Wirtschaft. „Neue“ Instrumente zur Überprüfung der Wirksamkeit dieser neuen Anforderungen, wie Öko-Audits, sind gefragt, um Umweltschutzpotentiale über die gesamte betriebliche Wertschöpfungskette besser und kosteneffizienter auszuschöpfen. Im Mittelpunkt der Betrachtung steht deshalb nicht mehr die **technische** Seite des Betriebes (d.h. produktionstechnische Aspekte), sondern die Orientierung an **Managementsystemen** (d.h. aufbau- und ablauforganisatorische Aspekte und eine höhere Gewichtung der Faktoren „Führung“ und „Mensch“) und die Sicherstellung einer in Zielen definierten Umweltqualität.

Zwei umweltpolitische Entwicklungstrends „bündeln“ sich in der EG-Audit-Verordnung: Das Vorsorgeprinzip mit integrierten Umweltschutzlösungen wird gekoppelt mit dem Verursacherprinzip. So findet zur Zeit insbesondere auf EU-Ebene eine wichtige „Neuorientierung“ in der Entwicklung des Umweltmanagements statt. Nämlich eine zunehmende Verlagerung auf sog. **indirekte** Instrumente, die in der Verantwortung des Managements liegen („Prinzip der **geteilten Verantwortung**“ zwischen Staat und Industrie), ergänzend zu einer staatlichen Fremdkontrolle mehr Eigenkontrolle der Unternehmen beinhalten und eine Kontrolle der Einhaltung von Grenzwerten/Normen ersetzen/erweitern durch eine „**Funktionskontrolle**“ betrieblicher Umweltmanagementsysteme.

Ziel der Verordnung ist die Förderung der **kontinuierlichen Verbesserung** des betrieblichen Umweltschutzes im Rahmen der gewerblichen Tätigkeiten durch:

Art. 1:

- Festlegung und Umsetzung standortbezogener Umweltpolitik, -programme und -managementsysteme durch die Unternehmen;
- systematische, objektive und regelmäßige Bewertung der Leistung dieser Instrumente;
- Bereitstellung von Informationen über den betrieblichen Umweltschutz für die Öffentlichkeit.

Mit dieser freiwilligen, kontinuierlichen und proaktiven Verbesserung der betrieblichen Umweltleistung kommt bei diesem neuen indirekten Instrument insbesondere der Gedanke einer **„vorsorgenden"** Umweltpolitik zum Ausdruck. Ohne Zweifel ist es neben den so genannten Branchenabkommen eines der ersten Instrumente, das nach dem Kooperationsprinzip Zielkonflikte zwischen Ökonomie und Ökologie, zwischen Interessen nationaler Staaten, unserer Gesellschaft, der Verbände, der Unternehmen und der Verbraucher ausgleichen will. (Hopfenbeck/Jasch/Jasch, 1995).

Die Verordnung verdeutlicht, daß das Öko-Audit nicht isoliert als Einzelinstrument, sondern als ein Teilelement eines **Systems** aufzufassen ist. Es kann nur in Unternehmen durchgeführt werden, die bereits über ein Managementinstrumentarium verfügen, mit dem sie ihr Umweltverhalten festlegen, planen und überwachen – bestimmte Systemelemente sind dabei zwingend vorgeschrieben.

Proaktives Umweltmanagement heißt, die aus der betrieblichen Tätigkeit resultierenden Umweltauswirkungen zu planen, zu steuern und zu kontrollieren. Betrachtet werden dabei sämtliche Aspekte: Verfahren, Abläufe, Verantwortlichkeiten und Mittel. Ein **„Umweltmanagementsystem"** umfaßt dann alle Methoden und Verfahren, die für diese Aufgabe eingesetzt werden mit dem Ziel der fortlaufenden Verbesserung der Umweltleistung (Eco-Performance) eines Unternehmens.

Dazu gehören im einzelnen die Entwicklung bzw. Bereitstellung der notwendigen Umweltschut**zorganisation** und des **Personals**. Verantwortlichkeiten, Befugnisse und Beziehungen werden festgelegt. Mitarbeiter werden geschult und ihr Umweltbewußtsein ist zu fördern, da sie den organisatorischen Wandel tragen. Eine weitere wichtige Aufgabe verkörpert die verbindliche Regelung

- der **Aufbauorganisation** (Umweltschutzbeauftragte u.ä.) und
- der **Ablauforganisation** und deren Kontrolle durch entsprechende Verfahren (z.B. Organigramm, Stellenbeschreibung bzw. Betriebs- und Arbeitsanweisungen, Berichtswesen).

Die erforderlichen systematischen und bereichsübergreifenden **Dokumentationen** umfassen das Umweltmanagementsystem (Umweltpolitik, Ziele, Maßnahmen, Verantwortlichkeiten etc.) wie auch die Erhebung und Bewertung der umweltrelevanten Daten (betriebliche Inputs/Outputs sowie Bestände). Die Dokumentation beinhaltet auch die zugehörigen Datenquellen, die Rechenarten und Bewertungsmethoden. Die Erstellung von Aufzeichnungen dient dazu, die Einhaltung der Anforderungen des Umweltmanagementsystems zu belegen und zu dokumentieren, inwieweit Umweltziele erreicht wurden. Die Organisation führt **geeignete Verfahren** zur Lenkung aller geforderten Dokumente ein.

Das Umweltmanagementsystem (UMS) soll so ausgestattet (dazu auch Punkt e), angewandt und aufrechterhalten werden, daß es die Erfüllung der definierten **Anforderungen** nach Anhang I der EG-Audit-Verordnung gewährleistet. Diese beinhalten:

- Umweltpolitik, -ziele und -programme
- Organisation und Personal
- Auswirkungen auf die Umwelt
- Aufbau- und Ablaufkontrolle
- Umweltmanagement-Dokumentation
- Umweltbetriebsprüfungen

Umweltmanagementsysteme haben auch einen starken internen und externen Kommunikationseffekt. Zudem eignen sich diese Führungsinstrumente auch zur gezielten Stärkung der Motivation und Eigenverantwortung der Mitarbeiter. Umweltmanagement ist kein einmaliges Projekt mit definiertem Anfang und Ende, sondern ein laufender Prozeß.

Die in den letzten Jahren (vor allem bei Großunternehmen) erfolgte Implementierung von Umweltmanagementsystemen bestätigt einen **grundlegenden Perspektivenwandel** im Bereich des betrieblichen Umweltschutzes.

Zur organisatorischen Sicherstellung der Einhaltung der Anforderungen an Unternehmen (Erhaltung der Wettbewerbsfähigkeit, Einhaltung der Gesetze/Verordnungen usw.) wurden Managementsysteme in den verschiedensten Bereichen entwickelt, die heute z.T. in „integrierte" Systeme zusammengefaßt werden:

- Qualitätsmanagement (DIN EN ISO 9000ff;)
- Umweltmanagement (DIN EN ISO 14001, EMAS)
- Arbeitssicherheits- und Hygienemanagement (BS 8800 etc.)

Das Öko-Audit dient dazu, den Umweltschutz von der bisher vorherrschenden produktionsorientierten Betrachtungsebene auf die Ebene der Gesamtunternehmung (unter Einschluß der Umweltmanagementsysteme und einer ökologischen Produktlebenszyklusbetrachtung) zu transformieren. Dabei wird für einen Betriebsstandort **europaweit** einheitlich, systematisch und kontinuierlich vorgegangen. Es gilt aus betriebswirtschaftlichen Gründen (quasi aus **Eigennutz/-verantwortung**) den Umweltschutz über die rechtlichen Anforderungen hinaus zu optimieren. Eine Selbstüberprüfung stellt fest, inwieweit die gesetzten Umweltqualitätsziele erreicht wurden. Es wird in der Praxis häufig verkannt, daß die Verordnung nicht den Öko-Pionier auszeichnen will, sondern daß es um den „**Weg**" dorthin geht! Mit anderen Worten: Es muß durch die Einführung der Elemente eines Umweltmanagementsystems sichergestellt sein, daß ein Betrieb sich nach den in der Verordnung genannten Anforderungen „kontinuierlich verbessern" will. Dies wird systematisch (d.h. durch eine gezielte Schwachstellenanalyse zum Aufdecken von Verbesserungspotentialen) und regelmäßig (d.h. in bestimmten vorgegebenen Zeitabständen) überprüft.

Die meisten der dabei notwendigen Tätigkeit können von den Betrieben **selbst** geleistet werden, Hilfestellungen leisten externe Berater oder auch die zunehmend veröffentlichten Branchen-Leitfäden.

Öko-Audits sollen die Erleichterung der Mangagementkontrolle betrieblicher Umweltschutzmaßnahmen („unterstützendes Controllinginstrument der Betriebsführung") und die Bewertung der Übereinstimmung mit der Unternehmenspolitik einschließlich der Einhaltung der gesetzlichen Vorschriften („Soll-Ist-Vergleich von Betriebspraktiken mit Umweltstandards") ermöglichen und auf diese Weise zum Umweltschutz beitragen. Mit anderen Worten: Sie können den Betrieben helfen,

- ihr Umweltverhalten zu beobachten und zu bewerten,
- zu überprüfen, ob sie die sich selbst auferlegten Umweltschutznormen und die umweltrechtlichen Vorschriften erfüllen,
- Risiken zu vermeiden und kritischen Situationen rechtzeitig vorzubeugen.

Das Öko-Audit ist eine Weiterentwicklung aus der finanziellen Abschlußprüfung nach dem Rechnungslegungsgesetz und der Zertifizierung nach der ISO 9000 Serie zur Qualitätssicherung, jedoch mit dem Schwerpunkt „Verbesserung der betrieblichen Umweltleistung". Es ist ein Werkzeug für die systematische, periodische und objektive Erfassung der Umweltfolgen bestimmter Unternehmenstätigkeiten, mit dem die Einhaltung der Umweltgesetze, der selbstgesetzten Ziele im Rahmen des Umweltprogramms sowie die organisatorische Verankerung überprüft werden. Das Öko-Audit kann durch interne oder externe Umweltauditoren (in der deutschen Fassung sehr schlecht mit Umweltbetriebsprüfer übersetzt) durchgeführt werden. Vor der Registrierung erfolgt eine Überprüfung der Einhaltung der Anforderungen der EMAS-Verordnung durch unabhängige **externe Umweltgutachter**.

Parallel zur EMAS-VO wurden auch auf internationaler Ebene Initiativen hinsichtlich entsprechender Umweltmanagement**normen** gestartet. (vgl. dazu unsere späteren Ausführungen)

Grundsätzlich ist die EMAS-VO aus sich **selbst heraus** umsetzbar. Durch Art. 12 in Verbindung mit Art. 19 der EMAS-VO wurde jedoch die Möglichkeit eingeräumt, über **Normen** Teilbereiche des Umweltmanagementsystems und seiner Auditierung zertifizieren zu lassen. Normen können dazu dienen, Teile der Bestimmungen der EMAS-VO zu erfüllen, insoweit sie von der Europäischen Kommission anerkannt sind.Es besteht die Möglichkeit, daß Normen unterschiedlicher Herkunft (nationale, internationale, branchenspezifische Normen) und unterschiedlichen Inhalts (Umweltmanagementsysteme, Auditierung) nebeneinander Anwendung finden. Artikel 12 der EMAS-VO schafft also die Möglichkeit, sich nach **zwei un-**

terschiedlichen Systemen an der Europäischen Verordnung zu beteiligen, nämlich mit bzw. ohne Zertifizierung über eine Norm für Umweltmanagementsysteme (dazu auch Dyllick/Hummel, 1995).

Es ist klar festzuhalten: Die EMAS-VO basiert rein auf Freiwilligkeit – es ist eine andere Frage, ob sich daraus ein „faktischer" Zwang ähnlich der ISO 9 000 entwickeln wird. Das Unternehmen kann **wählen**:

- zwischen dem Verfahren der EG-Öko-Audit-Verfahren (EMAS-VO)
- und dem Verfahren nach der ISO Norm 14 000ff.

(b) Anforderungen

Zur Eintragung eines Standorts muß das Unternehmen gemäß Art. 3 bestimmte Voraussetzungen erfüllen, etwa:

- Alle Regeln, Bedingungen und Handlungsabläufe EU-konform zu vollziehen. Die EMAS-VO gibt dabei nicht etwa bestimmte Emissionsgrenzwerte vor, sondern versucht, über ein dynamisches Instrument ein Sustainable Development anzustoßen. Unternehmen müssen sich im Rahmen ihrer Umweltpolitik verpflichten, alle einschlägigen Umweltvorschriften einzuhalten und angemessene kontinuierliche Verbesserungen des betrieblichen Umweltschutzes durchzuführen, wobei die Umweltauswirkungen in einem solchen Umfang zu verringern sind, wie es sich mit der wirtschaftlich vertretbaren Anwendung der **„besten verfügbaren Technik"** erreichen läßt.
- Die Anwendung der sog. **„guten Managementpraktiken"**, wie sie in Anhang I, Punkt D angeführt sind. Sie beschreiben organisatorische Vorsorgemaßnahmen, um Umweltauswirkungen an der Quelle zu vermeiden.
- Auf Basis der Ergebnisse der Umweltprüfung und späterer Audits sind weitgehend quantitative **Zielvorgaben** für die einzelnen Abteilungen zu definieren, deren Erfüllung in der nächsten Periode überprüft wird. Über diesen **Kreislauf** wird das Ziel der kontinuierlichen Verbesserung der Umweltauswirkungen erreicht.

Viele Unternehmen haben in den vergangenen Jahren große Anstrengungen in den Bereichen Emissionsvermeidung, Optimierung von Verfahrenstechnologien oder Vermeidung von Verpackung unternommen. Neben englischen Unternehmen, die bereits seit einigen Jahren auf Erfahrungen mit dem British Industry Standard 7750 zurückblicken, können **deutsche** Unternehmen viele Bestandteile der EG-Audit-Verordnung relativ problemlos und mit wenig Aufwand umsetzen, denn viele der benötigten Anforderungen bezüglich Mitteilungs- und Organisationspflichten liegen aufgrund bestehender Gesetze und Verordnungen bereits vor; es gibt eine Reihe von Regelungen, die eine Erfassung und Überwachung umweltrelevanter Daten zur Pflicht machen und auf die zurückgegriffen werden kann. So wird etwa nach **§ 52a BImSchG** eine umweltschutzsichernde Betriebsorganisation bereits vorausgesetzt.

Besonders für fortschrittliche, umweltorientierte Unternehmen geht es z.T. nur um eine **Neustrukturierung** der bisher verteilten Datenbasis. Viele der gesetzlichen Entwicklungen der letzten Jahre (wie Kreislaufwirtschafts- und Abfallgesetz) erzwingen beim Unternehmen für seine betrieblichen Entscheidungen einen verstärkten Ausbau der Kenntnisse über Stoffströme, -kreisläufe und -austauschprozesse und neue Methoden der Bewertung und Bilanzierung. Dem Öko-Controlling wird im Zuge dieser Entwicklungen eine große Bedeutung zukommen. Das Audit als Element des Controlling profitiert von dieser Entwicklung. Viele gut geführte Unternehmen, die die genannten Erfordernisse berücksichtigen, erfüllen damit bereits heute weitgehend die Anforderungen der EG-Verordnung. In Großbetrieben dürfte die in der Verordnung geforderte erste Umweltprüfung bereits weitgehend **abgeschlossen** sein. Eine Einführung der Umwelt**betriebs**prüfungen wird deshalb vielen Unternehmen leichtfallen.

Die Verantwortung für ein umweltverträgliches Wirtschaften soll also gemäß dem Kooperations- und Vorsorgeprinzip zukünftig stärker als bisher in den Händen der Unternehmen selbst liegen. Die Teilnahme am EG-Audit-System ist, nicht zuletzt auf Drängen Deutschlands, in Abänderung der ursprünglich verpflichtenden Formulierung zu einer **freiwilligen** Maßnahme umgeändert worden. Es wird in vielen Veröffentlichungen und in vielen Gesprächen mit den Betroffenen jedoch immer wieder der „Verdacht" oder der „Wunsch" geäußert, daß ähnlich zur Entwicklung beim Qualitätsmanagement nach ISO 9 000 ff. die Marktkräfte die Teilnahme erzwingen werden. Wird aus der Freiwilligkeit also faktisch langfristig trotzdem eine **Verpflichtung**?

Es wird für eine rasche Akzeptanz der EG-Verordnung wesentlich sein, daß kleine und mittlere Unternehmen durch hohe Kosten, den Arbeits- und Zeitaufwand oder fehlendes Know-how nicht von einer Teilnahme quasi ausgeschlossen werden. Das Teilnahmelogo **allein** als ein Mittel der Öffentlichkeitsarbeit wird für diese Unternehmensgruppe sicherlich kein ausreichender Anreiz für die Teilnahme sein. Dies hat wohl auch die EG erkannt. Nach der EU-Definition fallen unter Klein- und Mittelbetriebe Firmen mit weniger als 250 Dienstnehmern. Diese sollten gemäß Artikel 13 der Verordnung bei der Vorbereitung auf die Teilnahme nach der EMAS-Verordnung zusätzliche **Unterstützung** bekommen. Dies ist also eine Tätigkeit, zu der die Mitgliedstaaten ausdrücklich befugt sind, es handelt sich im Normalfall nicht um wettbewerbsverzerrende Subventionen.

In vielen Beiträgen wird beklagt, daß die grundlegende Ausrichtung der EMAS-VO zu bürokratisch sei und eine Öko**kontrolle** statt einer Anregung zu Öko**innovationen** gegeben ist. Auch für Issak/Keck (1998, S. 76f.) scheint das EMAS-Konzept in seiner aktuellen Form jenseits bestimmter Anfangserfolge nicht geeignet zu sein, einem Paradigmenwechsel im Sinne einer grundlegenden ökologischen und verantwortlichen Wirtschaftsweise weiter den Weg zu bereiten: Sie entwerfen stattdessen ein **„Ecopreneurship"**.

Fussler (1996, S. 136) ist der Meinung, daß sowohl EMAS-VO als auch Umweltmanagementsysteme „are unlikely to drive the breakthrough innovations we need for sustainable development":

> „But do these systems foster environmental innovation? EMAS is site based and therefore has no influence over corporate activities such as R&D or product development. ISO 14000 and BS 7750 are already criticized for allowing companies complete freedom to define their significant issues and improvement targets, a freedom which is more likely to result in incremental than radical change. And none of the standards asks companies to move beyond ecology and resources and consider issues of socio-economic security."

(c) Vorteile/Nachteile – Nutzen/Kosten

Viele Unternehmen nehmen zur Zeit gegenüber dem Öko-Audit noch eine zurückhaltende Position ein, da ein hoher Verwaltungsaufwand und sonstige Kosten für externe Berater, den externen Umweltgutachter, die Weiterbildung und Schulung der eigenen Mitarbeiter und den Druck der Umwelterklärung etc. befürchtet werden. Die Schätzungen darüber, was ein Öko-Äudit kosten wird, klaffen derzeit noch weit auseinander.

Eine Umfrage des **Umweltbundesamtes** zum Öko-Audit Ende 1999 zeigte:

- Die Kosten lassen sich schwer quantifizieren, der durchschnittliche Aufwand pro Standort beträgt 116.000 DM
- Auch das Kosten-Nutzen-Verhältnis läßt sich schwer abschätzen, Verbesserungen werden insbesondere bei Organisation/Dokumentation, Rechtssicherheit gesehen, Kosteneinsparungen wurden im Bereich Abfall, Energie-/Wassserverbrauch realisiert; es wurden Durchschnittszahlen von rund 140.000 **Kosteneinsparungen** genannt.

Wieviel ein Unternehmen für sein Audit zahlen muß, hängt von vielen Komponenten ab. Generell gesehen sind die Kosten für die Teilnahme an der EMAS-VO nicht präzise bestimmbar. Sie werden stark davon abhängig sein (Hopfenbeck/Jasch/Jasch, 1995), inwieweit im Einzelfall

- Elemente der Managementsysteme bereits vorhanden sind,
- Daten in einigen Bereichen (Abfall, Energie etc.) bereits gut dokumentiert und zugänglich sind,
- auf betriebseigene Mitarbeiter zurückgegriffen werden kann,
- betriebseigene Software für die Datensammlung und -bewertung unterstützend eingesetzt werden kann,
- von der Betriebsgröße
- und dem Ausmaß rechtlicher Anforderungen, denen ein Unternehmen unterworfen ist.

Abgesehen davon, daß

- sich zahlreiche Kostenfaktoren bei den Wiederholungs-Audits deutlich senken lassen,
- wesentliche Schritte intern mit eigenem Personal durchführbar sind,
- bei vielen Unternehmen gar keine neuen Stellen geschaffen werden müssen, da die vorhandenen Strukturen bereits ausreichen,
- in verschiedenen Bereichen auf bereits gut dokumentierte Daten zurückgegriffen werden kann,
- eine EDV-gestützte Datengewinnung den Aufwand für die Informationsgewinnung drastisch senken helfen wird,

gibt es zahlreiche positive Auswirkungen auf verschiedenen Gebieten. Diese Vorteile sind quantifizierbarer und nicht quantifizierbarer Art (Hopfenbeck/Jasch/Jasch, 1995):

Kurzfristig:	(1) Rationalisierungs- und Kosteneinsparungspotentiale
	(2) Marketingvorteile
Langfristig:	(3) Wettbewerbsvorteile
	(4) Kommunikationspotentiale
	(5) Risikominimierung
	(6) Kostenvermeidung

zu (1) Kurzfristige Rationalisierung- und Kosteneinsparungspotentiale
- Nutzung von Einsparungspotentialen: Kostensenkungen diverser Art (bei Beschaffung, Energieeinsatz, Abfall/Entsorgung, Prozeßgestaltung)
- Transparenz aller umweltrelevanten Stoff- und Energieströme
- Die Möglichkeit, umweltschutzbezogene Erlöse und Kosten nach Bereichen und Produktlinien zu erfassen und verursachungsgerecht zuzuordnen
- Schwachstellenanalyse/ganzheitlicher Ansatz erlaubt synergetische Verbesserungen
- Verknüpfung der Bereiche der betrieblichen Ablaufplanung
- Bessere Informationsbasis für umweltrelevante Entscheidungen, ausgearbeitetes Datenmaterial
- Verbesserte innerbetriebliche Kommunikation zwischen den Abteilungen

zu (2) Marketingvorteile
- Ein positives Image, das durch eine Teilnahmeerklärung bescheinigt wird und zu einem Wettbewerbsvorteil gegenüber nichtteilnehmenden Konkurrenten führt
- Vorerfüllung marktlicher Anforderungen zur Erlangung von Aufträgen
- Bevorzugung bei öffentlichen Aufträgen
- Leichterer Zugang zu öffentlichen Fördermitteln
- Vertrauensstärkung bei Kunden

zu (3) langfristige Wettbewerbsvorteile
- Zwingt zur Formulierung einer betrieblichen Umweltpolitik
- Hilft, klare, mittelfristig selbstgesteckte unternehmerische Umweltziele festzuschreiben und zu erreichen
- Mehr Rechtssicherheit durch systematisches Überprüfen aller relevanten Bereiche
- Basis für eine glaubwürdige (da die Transparenz auf veröffentlichten quantitativen Daten beruht) und damit erfolgreiche Öffentlichkeitsarbeit
- Imagegewinn

- Akzeptanzsicherung, Vertrauensvorschuß bei Behörden (und bei den Bezugsgruppen bzw. der breiten Öffentlichkeit)
- Erleichterung bei Genehmigungsverfahren – Sicherung der Produktionsfähigkeit
- Gestiegene Motivation/Arbeitszufriedenheit/Identifikation der Mitarbeiter
- Kostenersparnisse durch Deregulierungsmaßnahmen des Gesetzgebers (in Deutschland angedacht) im Falle der Teilnahme an der EMAS-VO
- Verbesserung des innerbetrieblichen Öko-Controlling und Umwelt-Informationssystems
- Ermöglicht ein Umdenken in Richtung Vermeidung/Vorsorge
- Erlaubt die Gestaltung langfristiger Risiko- und Erfolgspotentiale unter ökologischen Aspekten; das Audit als ein Element des integrierten Umweltschutzes und des Controlling-Regelkreises
- Anstoß eines internen Lernprozesses mit dem Ziel einer permanenten Verbesserung der Umweltperformance
- Erfüllung bestimmter gesetzlicher Auflagen (Abfallwirtschaftskonzepte gemäß Kreislaufwirtschafts- und Abfallgesetz)
- Abteilungsübergreifendes ganzheitliches Denken im Unternehmen
- Eine kontinuierliche Verbesserung der Umweltleistung auf allen Unternehmensebenen
- Verlagerung von teuren nachsorgenden auf vorsorgende Strategien (d.h. integriertes Umweltschutz-Gesamtkonzept statt „End-of-pipe-Denken")
- Eigenverantwortliches Handeln statt staatlichem Druck
- Technische und organisatorische Innovationen werden initiiert
- Schwachstellen/Störpotentiale werden rechtzeitig erkannt (und bewertet)
- Neue Trends und Gefahren werden durch die Frühwarnfunktion des Audits erfaßt
- Entwicklung eines langfristigen Standortvorteils
- Die langfristige Unternehmensexistenz wird gesichert

zu (4) Kommunikationspotential

- Glaubwürdige Kommunikation nach innen zu den Mitarbeitern
- Glaubwürdige Kommunikation nach außen zu den Bezugsgruppen
- Glaubwürdige Kommunikation einer neuen Produktqualität, einer Öko-Kompetenz und erreichter Erfolge beim Kunden
- Glaubwürdige Darlegung der standortbezogenen „Umweltleistung" des Unternehmens in der PR-Arbeit mit Hilfe einer validierten Umwelterklärung

zu (5) Risikominimierung

- Systematische Sicherstellung von Umweltvorschriften, d.h. Rechtssicherheit für alle Verantwortlichen
- Umfassende Schwachstellenanalyse betriebsinterner Störpotentiale (z.B. Prüfen des Arbeitsschutzes oder der Anlagensicherheit)
- Berücksichtigung möglicher Störpotentiale in einem möglichst frühen Planungs- und Entscheidungsstadium; damit Handlungsspielraum für die Wahl optimaler Risikostrategien
- Ein verringertes betriebswirtschaftliches Risiko: Unfall-, Störfall-, Produkt-, und Umwelthaftungsrisiko
- Damit niedrigere Versicherungsprämien
- Leichtere Kreditaufnahme
- Identifizierung ökologischer Chancen und Risiken, die zu betrieblichen Chancen und Risiken werden können
- Systematisches Dokumentations- und Nachweisinstrument

zu (6) Kostenvermeidung

- Vermeidung von Kostenerhöhungen, die zurückzuführen wären auf höhere Versicherungsprämien, Aufräum-/Reinigungskosten bei Austritten, Unfällen etc., Strafen wegen Verstößen usw.
  Als häufigste Motivation zur Durchführung eines Öko-Audits wird der Bereich des Risikomanagements angesehen (vgl. insbesondere Wagner/Janzen, 1994); als Teilelement erlaubt das Audit eine Analyse der Risikopotentiale und eine Beherrschung der Risiken – das Audit weitgehend als Element der Kontrolle, die ökologische Schwachstellenanalyse der Strukturen, Abläufe, Einrichtungen sowie der verwendeten Methoden ermöglicht (Steger/Antes, 1991)
- Überwachung der ordnungsgemäßen Einhaltung bzw. Umsetzung der gesetzlich, behördlich oder unternehmensintern definierten Sicherheitsniveaus
- Prüfung der Angemessenheit der Risikostrategien- und maßnahmen
- Prüfung der Güte der Kontrollmechanismen

(d) Phasen der Validierung / Ablaufschema

Die EG-Verordnung wird umgesetzt:

- unternehmensintern auf zwei Ebenen, nämlich
  - auf Unternehmensebene (Bestimmung der Umweltpolitik)
  - auf Standortebene (Umweltprüfung, Umweltziele und -programme, Umweltmanagementsystem, Umweltbetriebsprüfung, Umwelterklärung)
- unternehmensextern mit der Teilnahme am EG-System (Validierung)

Die Durchführung eines Öko-Audits kann nachfolgend hier nur kurz in den Grundzügen dokumentiert werden. Wir skizzieren sieben Phasen (zum Phasenablauf im einzelnen und zahlreichen Praxisbeispielen siehe ebd., S. 58ff.). Für Detailkenntnisse steht eine umfangreiche Spezialliteratur (auch mit Checklisten etc.) zur Verfügung (vgl. insbesondere auch LfU, 1994a-d). Gemäß den Anforderungen der EMAS-VO stellt sich der Ablauf für die Erlangung der EU-Teilnahmeerklärung wie dar (Hopfenbeck/Jasch/Jasch, 1995, S. 36).

Phase 1: Bestimmung der Umweltpolitik

Schriftliche Festlegung einer betrieblichen Umweltpolitik, welche mindestens folgende (Selbst-)Verpflichtungen enthält:

- Einhaltung aller relevanten rechtlichen Rahmenbedingungen
- Angemessene kontinuierliche Verbesserung des betrieblichen Umweltschutzes
- Anwendung des Standes der Technik

Auf höchster Managementebene werden die umweltbezogenen Gesamtziele und Handlungsgrundsätze des Unternehmens festgeschrieben, nach innen und außen dokumentiert und in regelmäßigen Zeitabständen insbesondere im Lichte von Umweltbetriebsprüfungen überprüft und gegebenenfalls angepaßt. Die Umweltpolitik beruht auf den in Anhang I Teil D der EMAS-VO aufgeführten Handlungsgrundsätzen. **Gute Managementpraktiken** sind:

- Bei den Arbeitnehmern wird auf allen Ebenen das Verantwortungsbewußtsein für die Umwelt gefördert.
- Die Umweltauswirkungen jeder neuen Tätigkeit, jedes neuen Produktes und jedes neuen Verfahrens werden im Voraus beurteilt.
- Die Auswirkungen der gegenwärtigen Tätigkeiten auf die lokale Umgebung werden beurteilt und überwacht, und alle bedeutenden Auswirkungen dieser Tätigkeiten auf die Umwelt im Allgemeinen werden geprüft.
- Es werden die notwendigen Maßnahmen ergriffen, um Umweltbelastungen zu vermeiden bzw. zu beseitigen und, wo dies nicht zu bewerkstelligen ist, umweltbelastende Emissionen und das Abfallaufkommen auf ein Mindestmaß zu verringern und die Ressourcen zu erhalten; hierbei sind mögliche umweltfreundliche Technologien zu berücksichtigen.
- Es werden notwendige Maßnahmen ergriffen, um unfallbedingte Emissionen von Stoffen oder Energie zu vermeiden.
- Es werden Verfahren zur Kontrolle der Übereinstimmung mit der Umweltpolitik festgelegt und angewandt; sofern diese Verfahren Messungen und Versuche erfordern, wird für die Aufzeichnung und Aktualisierung der Ergebnisse gesorgt.
- Es werden Verfahren und Maßnahmen für die Fälle festgelegt und auf dem neuesten Stand gehalten, in denen festgestellt wird, daß ein Unternehmen seine Umweltpolitik oder Umweltziele nicht einhält.
- Zusammen mit den Behörden werden besondere Verfahren ausgearbeitet und auf dem neuesten Stand gehalten, um die Auswirkungen von etwaigen unfallbedingten Ableitungen möglichst gering zu halten.
- Die Öffentlichkeit erhält alle Informationen, die zum Verständnis der Umweltauswirkungen der Tätigkeit des Unternehmens benötigt werden; ferner sollte ein offener Dialog mit der Öffentlichkeit geführt werden.
- Die Kunden werden über die Umweltaspekte im Zusammenhang mit der Handhabung, Verwendung und Endlagerung der Produkte des Unternehmens in angemessener Weise beraten.
- Es werden Vorkehrungen getroffen, durch die gewährleistet wird, daß die auf dem Betriebsgelände arbeitenden Vertragspartner des Unternehmens die gleichen Umweltnormen anwenden wie es selbst.

Phase 2: Erste Umweltprüfung

Bevor Ziele konkretisiert werden können, sind in einer ersten Umweltprüfung die wesentlichen umweltbezogenen Daten des Unternehmens (Energie, Rohstoffe, Emissionen, Abfall, Lärm) und deren Auswirkungen auf die Umwelt sowie Basisinformationen über Umweltorganisation und Unternehmensleitbild zu erheben und dokumentieren. Diese Ist-Analyse (= Bestandsaufnahme) ist im deutschen Text sehr unglücklich mit Umweltprüfung übersetzt worden. Dies ist nicht das eigentliche Öko-Audit.

Der Anhang I der EMAS-VO legt die bei der Bestandsaufnahme „zu behandelnden Gesichtspunkte" fest: Dies sind:

1. Beurteilung, Kontrolle und Verringerung der Auswirkungen der betreffenden Tätigkeit auf die verschiedenen Umweltbereiche
2. Energiemanagement, Energieeinsparungen und Auswahl von Energiequellen
3. Bewirtschaftung, Einsparung, Auswahl und Transport von Rohstoffen; Wasserbewirtschaftung und -einsparung
4. Vermeidung, Recycling, Wiederverwertung, Transport und Endlagerung von Abfällen
5. Bewertung, Kontrolle und Verringerung der Lärmbelästigung innerhalb und außerhalb des Standorts
6. Auswahl neuer und Änderung bei bestehenden Produktionsverfahren
7. Produktplanung (Design, Verpackung, Transport, Verwendung und Endlagerung)
8. betrieblicher Umweltschutz und Praktiken bei Auftragnehmern, Unterauftragnehmern und Lieferanten
9. Verhütung und Begrenzung bei umweltschädigenden Unfällen
10. besondere Verfahren bei umweltschädigenden Unfällen
11. Information und Ausbildung des Personals in Bezug auf ökologische Fragestellungen
12. externe Information über ökologische Fragestellungen

Dabei sind insbesondere folgende **Sachverhalte** zu berücksichtigen (EMAS-VO: Anhang I):

a) kontrollierte und unkontrollierte Emissionen in die Atmosphäre
b) kontrollierte und unkontrollierte Ableitungen in Gewässer oder in die Kanalisation
c) feste und andere Abfälle, insbesondere gefährliche Abfälle
d) Kontaminierung von Erdreich
e) Nutzung von Boden, Wasser, Brennstoffen und Energie sowie anderen natürlichen Ressourcen
f) Freisetzung von Wärme, Lärm, Geruch, Staub, Erschütterungen und optische Einwirkungen
g) Auswirkungen auf bestimmte Teilbereiche der Umwelt und auf Ökosysteme

Dies umfaßt Auswirkungen, die sich ergeben oder wahrscheinlich ergeben aufgrund von normalen/abnormalen Betriebsbedingungen, Vorfällen/Unfällen/ möglichen Notfällen sowie früheren/laufenden/geplanten Tätigkeiten.

In dieser zweiten Phase geht es also um eine Feststellung der z.Z. gegebenen betrieblichen Umweltwirkungen, d.h. umweltrelevant direkter oder indirekter Einflüsse von Tätigkeiten, Produkten und Dienstleistungen der Organisation auf die Umwelt. Zur Feststellung und Bewertung sind EDV-gestützte Umwelt-Informationssysteme einzuführen und zu dokumentieren (etwa in der Darstellungsform der Input-Output-Analyse/Ökobilanz). Zudem ist ein Verzeichnis der Auswirkungen, deren besondere Bedeutung festgestellt wurde, zu erstellen.

Für die erste Umweltprüfung (bzw. auch die nachfolgenden Umweltbetriebsprüfungen) wird man i.d.R. die Informationsgewinnung mit Hilfe von Checklisten durchführen. Zahlreiche Berater (und die Literatur) bieten mittlerweile Fragebögen an (stellvertretend sei genannt: Landesanstalt für Umweltschutz Baden-Württemberg). Diese in der Struktur relativ ähnlichen Muster-Checklisten sind jedoch für die Arbeit vor Ort im Betrieb in den Fragestellungen den jeweiligen Gegebenheiten anzupassen und gegebenenfalls als Fragebogen aufzubereiten.

Es gilt klarzustellen: Die EG-Öko-Verordnung verlangt nicht ausdrücklich die Erstellung einer Öko-Bilanz, wie sie im europäischen Raum in dieser Methodik weitgehend nur von deutschen Firmen erstellt wird. Sie verlangt jedoch, allerdings relativ unstrukturiert, Informationen über die meisten Einzelpositionen einer Ökobilanz. Hier ist also die Systematik der Ökobilanz hilfreich.

Phase 3: Entwicklung und Umsetzung eines Umweltschutzinstrumentariums

Auf der Grundlage der in der zweiten Phase erhobenen Daten sind ein

- standortspezifisches Umweltprogramm und
- ein Umweltmanagementsystem

für alle Tätigkeiten an dem Standort aufzubauen.

Das Umweltprogramm soll die Umweltpolitik über qualitative und quantitative (und mit Zeitvorgaben versehene) Umweltziele auf allen betroffenen Unternehmungsebenen in ein konkretes Maßnahmen-/Tätigkeitenpaket überleiten. Dieser Arbeitsschritt liefert zusammen mit der Datenbasis aus der Input-Output-Analyse die Grundlage für das Öko-Controlling.

Die Verordnung verlangt die Verankerung einer leistungsfähigen Organisation des betrieblichen Umweltschutzes beziehungsweise die Überprüfung der Leistungsfähigkeit des vorhandenen Umweltschutzmanagements. Dazu gehört die Transparentmachung betrieblicher Prozesse, d.h. die Prüfung, ob die zur Erfüllung der gesetzlichen Anforderungen und der eigenen unternehmerischen Ziele erforderlichen organisatorischen, personellen und technischen Voraussetzungen (z.B. Aufgabenbeschreibungen, Aufzeichnungspflichten, Verantwortungen und Kompetenzen etc.) gegeben sind.

Das Umweltmanagementsystem ist der Teil des gesamten, übergreifenden Managementsystems, der die Organisationsstruktur, Zuständigkeiten, Verhaltensweisen, förmlichen Verfahren, Abläufe und Mittel für die Festlegung und Durchführung der Umweltpolitik einschließt. Dazu gehören im einzelnen die Entwicklung bzw. Bereitstellung der notwendigen Umweltschutzorganisation und des Personals. Verantwortlichkeiten, Befugnisse und Beziehungen werden festgelegt. Mitarbeiter werden geschult und ihr Umweltbewußtsein ist zu fördern, da sie den organistorischen Wandel tragen. Eine weitere wichtige Aufgabe verkörpert die verbindliche Regelung der **Aufbauorganisation** (Umweltschutzbeauftragte u.ä.) und **Ablauforganisation** und deren Kontrolle durch entsprechende Verfahren (z.B. Organigramm, Stellenbeschreibung bzw. Betriebs- und Arbeitsanweisungen, Berichtswesen).

Die erforderlichen systematischen und bereichsübergreifenden Dokumentationen umfassen das Umweltmanagementsystem (Umweltpolitik, Ziele, Maßnahmen, Verantwortlichkeiten etc.) wie auch die Erhebung und Bewertung der umweltrelevanten Daten (betriebliche Inputs/Outputs sowie Bestände). Die Dokumentation beinhaltet auch die zugehörigen Datenquellen, die Rechenarten und Bewertungsmethoden. Die Erstellung von Aufzeichnungen dient dazu, die Einhaltung der Anforderungen des Umweltmanagementsystems zu belegen und zu dokumentieren, inwieweit Umweltziele erreicht wurden. Die Organisation führt geeignete Verfahren zur Lenkung aller geforderten Dokumente ein und erhält diese aufrecht, um sicherzustellen, daß (nach DIN, AA2, 1994)

- diese der zuständigen Stelle in der Organisation zugeordnet werden können;
- diese von befugten Mitarbeitern regelmäßig geprüft, bei Bedarf geändert und vor ihrer Ausgabe bezüglich ihrer Angemessenheit freigegeben werden;
- die einschlägigen Dokumente in ihrer jeweils geltenden Fassung an allen Stellen verfügbar sind, wo Tätigkeiten ausgeführt werden, die für das wirksame Funktionieren des Systems wesentlich sind;
- überholte Dokumente unverzüglich von allen Ausgabe- und Einsatzstellen entfernt werden.

Die Dokumentation soll leserlich sein, mit Ausgabedatum versehen, leicht identifizierbar und sorgfältig geführt, sie wird für eine festzulegende Zeitspanne aufbewahrt. Klare Vorgaben und Verantwortlichkeiten regeln Änderungen der verschiedenen Arten von Dokumenten. Die Verfügbarkeit innerhalb der Organisation wird festgelegt.

Jeder Betrieb kann die ihm adäquate Form der Dokumentation (z.B. über Stellenbeschreibungen, Störfallpläne, Brandschutzplan, Notfallpläne, Organigramme, Sicherheitsdatenblätter, Arbeitsanweisungen, Umweltleitlinien, Bedienungsanleitungen etc.) wählen (vgl. Hopfenbeck/Jasch/Jasch, 1995). Die Dokumentation kann z.B. in Form eines „Umwelthandbuches" geschehen (diese spezielle Form wird aber in der Verordnung selbst nicht explizit gefordert!), in dem folgende Elemente aufgeführt sein sollten:

- die Umweltpolitik, die -ziele, die -programme des Unternehmens
- das Umweltschutzsystem (relevante Gesetze, Normen, Genehmigungsunterlagen, Störfallpläne, Wartungspläne etc.)
- die Organisation mit der Festlegung der Verantwortlichkeiten und Zuständigkeiten (Beauftragte, Aufgaben, Kontrollen, Berichtswesen)
- Verfahrens-, Arbeits- oder Betriebsanweisungen, Richtlinien, Stellenbeschreibungen, Ablaufdiagramme etc.
- die Organisation und Systematisierung aller sonstigen Umweltschutz-Dokumente, insbesondere das Umweltinformationssystem

Bei den sonstigen Umweltschutz-Dokumenten handelt es sich um mitarbeiter-, stoff-, anlagen- oder arbeitsplatzbezogene Unterlagen, z.B: Stellenbeschreibungen, Arbeitsplatzbeschreibungen, Anforderungsprofile, Bestellungsschreiben, Betriebsanweisungen, Sicherheitsdatenblätter, Arbeitsanweisungen oder Bedienungsanleitungen.

Phase 4: Umweltbetriebsprüfung

Dies ist das eigentliche (und in Abständen zu wiederholende) Audit. Dazu empfiehlt sich die Einrichtung eines Audit-Projektteams. Zum Ablaufplan einer Auditdurchführung – Projektplanung, Datensammlung und Bewertung mit Checklisten, Überprüfungsbericht mit Feststellungen/Schlußfolgerungen, Folgemaßnahmen, Fortschrittsberichte etc. – siehe die Empfehlungen der ICC oder Hopfenbeck/Jasch/Jasch (1995).

EMAS-VO: Anhang II:E. Betriebsprüfungstätigkeiten

1. Die Betriebsprüfungstätigkeiten an Ort und Stelle umfassen Diskussionen mit dem am Standort beschäftigten Personal, die Untersuchung der Betriebs- und Ausrüstungsbedingungen, die Prüfung der Archive, der schriftlichen Verfahren und anderer einschlägiger Dokumente im Hinblick auf die Bewertung der Umweltschutzqualität des Standorts; dabei wird ermittelt, ob der Standort den geltenden Normen entspricht und ob das bestehende Managementsystem zur Bewältigung der umweltorientierten Aufgaben wirksam und geeignet ist.

2. Zur Betriebsprüfung gehören insbesondere folgende Maßnahmen:

   a) Kenntnisnahme von den Managementsystemen;

   b) Beurteilung der Schwächen und Stärken der Managementsysteme;

   c) Erfassung relevanter Nachweise;

   d) Bewertung der bei der Betriebsprüfung gemachten Feststellungen;

   e) Ausarbeitung der Schlußfolgerungen der Betriebsprüfung;

   f) Bericht über die Feststellungen und Schlußfolgerungen der Betriebsprüfung.

Die Umweltbetriebsprüfung ist ein Managementinstrument, das in systematischer, dokumentierter, regelmäßiger und objektiver Weise die Leistung der Organisation, des Managements und der Abläufe bewertet. Dazu sind regelmäßige Öko-Audits notwendig. Die Überprüfung der umweltbezogenen Daten, der Erreichung der Umweltziele, der Erfüllung des Umweltproramms, der Eignung der Organisation des Umweltmanagements und der technischen Umweltschutzeinrichtungen wird über eine interne Umweltbetriebsprüfung durchgeführt. Diese kann von internen oder externen Umweltprüfern durchgeführt werden. Dabei wird geprüft, ob die gesetzlich vorgegebenen und selbstgestellten Ziele erreicht wurden, mit anderen Worten, ob das Umweltmanagementsystem tatsächlich im betrieblichen Alltag umgesetzt wurde und wirksam ist. Das Top-Management soll auf Basis der Ergebnisse der Umweltbetriebsprüfung die nötigen Maßnahmen treffen und die Ziele adäquat adaptieren.

Fließen die Erkenntnisse dieser Umweltbetriebsprüfung direkt in die Umweltpolitik des Unternehmens ein und erfolgen entsprechende Korrekturmaßnahmen, schließt sich der Regelkreis.

Phase 5: Veröffentlichung einer Umwelterklärung

In der Verordnung selbst wird bereits durch Artikel 1 (2) klar die **externe** Kommunikationsaufgabe der Audits herausgestellt. Eines der dort spezifizierten drei Ziele der Verordnung heißt entsprechend: „Bereitstellung von Informationen über den betrieblichen Umweltschutz für die Öffentlichkeit". Nach Art. 5 der Verordnung ist für jeden an dem System der Gemeinschaft beteiligten **Standort** nach der ersten Umweltprüfung und nach jeder folgenden Umweltbetriebsprüfung eine Umwelterklärung zu erstellen. Die Umwelterklärung wird für die Öffentlichkeit verfaßt und in **knapper, verständlicher** Form geschrieben. Technische Unterlagen können beigefügt werden.

Die Umwelterklärung umfaßt insbesondere (Art. 5 Abs. 3)

- eine Beschreibung der Tätigkeiten des Unternehmens an dem betreffenden Standort;
- eine Beurteilung aller wichtigen Umweltfragen im Zusammenhang mit den betreffenden Tätigkeiten;
- eine Zusammenfassung der Zahlenangaben über Schadstoffemissionen, Abfallaufkommen, Rohstoff-, Energie- und Wasserverbrauch und gegebenenfalls über Lärm und andere bedeutsame umweltrelevante Aspekte, soweit angemessen;
- sonstige Faktoren, die den betrieblichen Umweltschutz betreffen;
- eine Darstellung der Umweltpolitik, des Umweltprogramms und des Umweltmanagementsystems des Unternehmens für den betreffenden Standort;
- den Termin für die Vorlage der nächsten Umwelterklärung;
- den Namen des zugelassenen Umweltgutachters.

In der Umwelterklärung wird auf bedeutsame Veränderungen hingewiesen, die sich seit der vorangegangenen Erklärung ergeben haben. In der Zeit zwischen den Umweltbetriebsprüfungen wird jährlich eine **vereinfachte** Umwelterklärung erstellt, die auf bedeutsame Veränderungen seit der letzten Erklärung hinweist. Die vereinfachten Erklärungen brauchen erst am Ende der Betriebsprüfung oder des Betriebsprüfungszyklus für gültig erklärt zu werden. Die **Validierung** der Umwelterklärung hat durch externe Umweltgutachter zu erfolgen.

In der zu veröffentlichenden Umwelterklärung sollen also die wesentlichen Daten, Leistungen und Absichten des Unternehmens beschrieben werden. Die Verordnung verlangt nicht, daß alle im Auditprozeß erhobenen Daten und Ziele veröffentlicht werden; sie verlangt insbesondere nicht die Veröffentlichung bestimmter Geschäfts- und Betriebsgeheimnisse, gibt aber die zu berücksichtigen den Themen explizit vor. Zur Umwelterklärung siehe auch unsere Ausführungen zu Umweltberichten in diesem Teil.

Phase 6: Externe Umweltbegutachtung

Der gesamte (bisher interne) Prozeß sowie der Entwurf zur Umwelterklärung werden von einem externen, unabhängigen **Umweltgutachter**(team) überprüft, bestätigt und validiert.

Phase 7: Umwelt-Audit-Teilnahmebestätigung

Nach der Validierung der Umwelterklärung kann der Betrieb/Standort bei der „zuständigen Stelle" in eine Liste eingetragen werden (Registrierung). Unternehmen, die an dem freiwilligen System teilnehmen und die Anforderungen der EMAS-VO erfüllen, erhalten die Berechtigung, für den jeweiligen Standort eine der **vier** Teilnahmeerklärungen der Europäischen Gemeinschaft in der Öffentlichkeitsarbeit zu verwenden. Nach der im Jahr 2000 anstehenen Verordnungsnovelle soll dies durch ein „**Logo**" ersetzt werden (er trägt im Entwurf den Schriftzug „EMAS-Geprüfter Umwelt Management " und die Reg.-Nr.). Die Verordnung fordert die Mitgliedstaaten dazu auf, diesen Unternehmen Vorteile einzuräumen, etwa bei der Vergabe öffentlicher Mittel, bei Kontrollmaßnahmen und bei der öffentlichen Beschaffung.

e) Verhältnis EMAS – Normierung (ISO 9 000 / ISO 14 000)

Wir hatten bei den einführenden Bemerkungen zum Öko-Audit bereits betont: Grundsätzlich ist die EMAS-Verordnung aus sich selbst heraus anwendbar, zu ihrer Umsetzung bedarf es weder nationaler noch internationaler Normen. Artikel 12 der EMAS-VO schafft die Möglichkeit, sich nach zwei unterschiedlichen Systemen an der Europäischen Verordnung zu beteiligen, nämlich mit und ohne **Zertifizierung** über eine **Norm** für Umweltmanagementsysteme (Hopfenbeck/Jasch/Jasch, 1996). Die Erfüllung der Anforderungen der EMAS--VO nach einer internationalen oder nationalen **Norm** zertifizieren zu lassen, setzt voraus, daß

- die Normen und Zertifizierungsverfahren von der Kommission nach Artikel 19 der EMAS-VO anerkannt worden sind und daß die Unternehmen eine durch einen Umweltgutachter bestätigte Umwelterklärung vorlegen. Auch wenn ein Unternehmen den Schritt über eine Norm geht, muß die Umwelterklärung in jedem Fall **separat** durch einen zugelassenen Umweltgutachter validiert werden, da die vorliegenden Normenentwürfen die Umwelterklärung bislang nicht abdecken, so daß ihre Testierung auf jeden Fall außerhalb des Normenwesens erfolgen würde und ein zusätzliches Begutachtungsverfahren benötigt. Gegen eine öffentliche Umwelterklärung in der ISO 14 000 wandten sich vor allem kanadische und amerikanische Firmen;
- die Bescheinigung von einer Stelle erteilt wird, deren Zulassung in dem Mitgliedstaat, in dem sich der Standort befindet, anerkannt ist.

Wichtiger als die nationalen Normungsbestrebungen (in Deutschland: NAGUS) sind die Arbeiten innerhalb der Internationalen Standardisierungsorganisation (ISO) und des Europäischen Normierungsgremiums (CEN). Auf ISO-Ebene haben sich im Rahmen des Technical Committees TC 207 mehrere Subcommittees und Arbeitsgruppen gebildet, und für die Regelungsbereiche des Umweltmanagements eine neue Normenserie ISO 14 000 ff. erarbeitet. Für die Umsetzung der EMAS-VO werden mindestens drei Normen relevant: **Umweltmanagementsysteme**, **Umweltauditierung** und eventuell **Umweltleistungsbewertung**. 1999 wurde die Norm 14031 („environmental Performance Evaluation") zur Bemessung der Umweltleistung einen Unternehmen formuliert.

In der ISO 14001 wird die teilweise unglückliche Trennung der EMAS-VO, in der die Umweltpolitik, -prüfung und -betriebsprüfung auch außerhalb des Systems gesehen werden können, korrigiert.

Starke Konkurrenz hat die EMAS-VO durch die ISO Norm 14001 zu Umweltmanagementsystemen bekommen. Die Norm ISO 14001 des weltweiten Dachverbandes der nationalen Normungsinstitute stellt weltweit die Grundlage zur Zertifizierung von betrieblichen Umweltmanagementsystemen dar (dazu Abb. 197).

Besonders für **internationale** Unternehmen dürfte eine (wie die EMAS-VO ebenfalls freiwillige!) ISO **Zertifizierung** attraktiv sein: in England haben sich nur 64 Unternehmen nach EMAS validieren, aber über 950 nach ISO zertifizieren lassen; in Deutschland sind es über 1100; weltweit wird die Zahl bereits auf über 7400 geschätzt! Inhaltlich ist die Norm weniger anspruchsvoll als das europäische Audit-System (so wird z.B. keine Veröffentlichung einer Umwelterklärung vorgeschrieben).

Die Norm 14001 basiert zum Teil auf der **ISO 9000** Serie zur Qualitätssicherung. Die Zertifizierungsstellen für Qualitätsmanagementsysteme haben ein großes Interesse daran, auch Umweltmanagementsysteme zu zertifizieren. Gleichzeitig haben einige Betriebe, die nach ISO 9000 zertifiziert sind, ein Interesse daran, das bestehende Managementsystem um den

Umweltaspekt zu erweitern und kein völlig neues System zusätzlich aufbauen zu müssen. In der Praxis finden sich interessante Integrations- und Verknüpfungsmodellen (von Qualitäts-, Sicherheits und Umweltmanagementsystemen). Zur **Vernetzung** aller betrieblichen Managementsysteme zu einem GUSi-Konzept (Gesundheit, Umwelt und Arbeitssicherheit) siehe Gellrich/Karczmarzyk/Pfriem (1998, S. 29). Insbesondere im Bereich der Systemdokumentation hinsichtlich Arbeits- und Verfahrensanweisungen ist eine Anknüpfung sinnvoll.

Die Elemente eines Umweltmanagementsystems nach ISO 14001

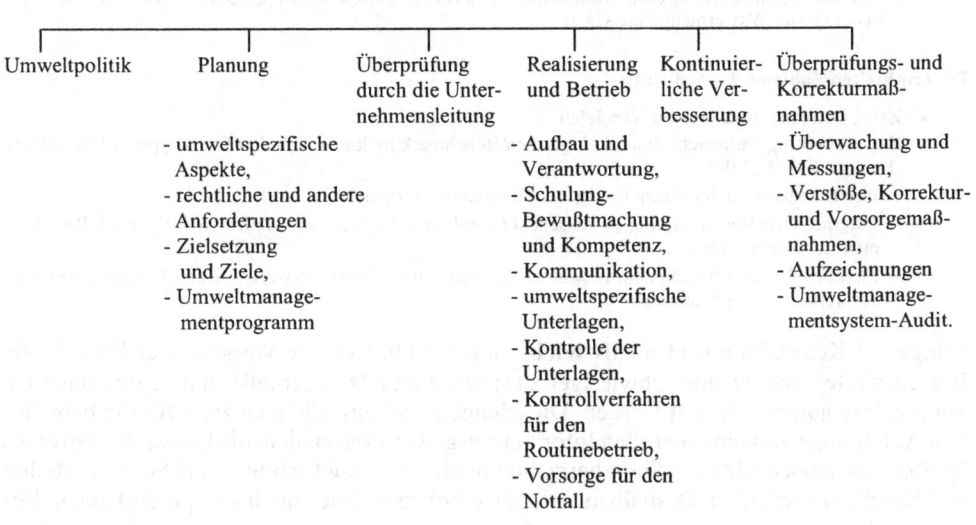

Umweltpolitik	Planung	Überprüfung durch die Unternehmensleitung	Realisierung und Betrieb	Kontinuierliche Verbesserung	Überprüfungs- und Korrekturmaßnahmen
	- umweltspezifische Aspekte,		- Aufbau und Verantwortung,		- Überwachung und Messungen,
	- rechtliche und andere Anforderungen		- Schulung-Bewußtmachung und Kompetenz,		- Verstöße, Korrektur- und Vorsorgemaß-nahmen,
	- Zielsetzung und Ziele,		- Kommunikation,		- Aufzeichnungen
	- Umweltmanagementprogramm		- umweltspezifische Unterlagen,		- Umweltmanagementsystem-Audit.
			- Kontrolle der Unterlagen,		
			- Kontrollverfahren für den Routinebetrieb,		
			- Vorsorge für den Notfall		

Abb. 197: Elemente eines Umweltmanagements nach ISO 14001

11. Aufbau eines ökologisch orientierten Kennzahlensystems

Kennzahlen sollen in konzentrierter, stark verdichteter Form auf eine relativ einfache Weise schnell über einen betrieblichen Tatbestand informieren. Kennzahlen geben wesentliche Impulse für die Unternehmens**steuerung** (dazu Seidel/Clausen/Seifert, 1998). Ihre Integration in den Planungs- und Kontrollprozeß erlaubt bei der Umsetzung innerbetrieblicher Maßnahmen eine begleitende **Fortschrittskontrolle**. Kennzahlen sind hier eine unabdingbare Voraussetzung zur Verbesserung der Effizienz betrieblicher Verbesserungsmaßnahmen. Voraussetzung für die effiziente Erarbeitung und Nutzung derartiger ökologischer Kennzahlen ist jedoch das Vorliegen einer entsprechenden **Datenbasis** (etwa aus den gezeigten Ökobilanzen).

Auch die mit der Einführung eines Umweltmanagementsystems eingegangene Verpflichtung zu einem „kontinuierlichen Verbesserungsprozeß" kann mit Hilfe von Umweltkennzahlen geplant, gesteuert und kontrolliert werden (im einzelnen dazu Kottmann/Loew/Clausen, 1999, S. 50ff.).

Die quantifizierbaren Meßgrößen werden sich vor allem auf den **Input**bereich (= Ressourcenverbrauch: Wasser-, Energiebereich, Material in Verwaltung usw.) und den **Output**bereich (= Abfallmanagement) beziehen. Die Zahlen lassen sich entweder als Bestandsgröße für einen bestimmten Stichtag oder als Bewegungsgröße auf einen bestimmten Zeitraum bestimmen. Die in der **Bestandsaufnahme** (Input-Output-Analyse) gewonnenen Daten müssen ausgewertet werden (Hopfenbeck, 1996):

- **Absolute** Zahlen:
  Wie hoch ist der Gesamtverbrauch an Roh-, Hilfs- oder Betriebsstoffen? Wie hoch sind Energie- und Wasserverbräuche? Wieviel Abfall entsteht? Welche Wertstoffe werden in welchen Mengen einer Wiederverwendung oder -verwertung zugeführt?

- **Verhältnis**zahlen:
  Entweder als Gliederungszahl (z.B. Energiekosten: Gesamtkosten = Energiekostenanteil) oder als Beziehungszahl (z.B. im Gastgewerbe: Abfallmenge: Anzahl der Gäste = Abfall pro Gast; Wasserverbrauch: Anzahl der Gäste: Wassermenge pro Gast)

Die ermittelten Zahlen erlauben einen

- **Zeit-, Betriebs- und Soll-Ist-Vergleich**
- **Benchmarking**-Vergleich. Zum ökologischen Benchmarking lassen sich drei Grundtypen differenzieren (Leidig, 1995, S. 378):
  - Internes Öko-Benchmarking (= organisationsinterne Vergleiche)
  - Externes Öko-Benchmarking (= zwischenbetrieblicher Vergleich von ähnlichen Tätigkeiten/Prozessen etwa zum Konkurrenten)
  - Funktionales Öko-Benchmarking (= zwischenbetrieblicher Vergleich von ähnlichen Tätigkeiten/Prozessen verschiedener Branchen)

Einige der Kennzahlen sind relativ **leicht** zu ermitteln (wie die Wasser- oder Energieverbrauchswerte), andere sind schwieriger zu spezifizieren (z.B. Abfall), andere müssen noch zur Analyse aufgeschlüsselt werden. Die Mengenerhebung allein ist zwar für die betroffenen Abteilungen mit einem großen Informationsgewinn verbunden, die Einsatzmenge eines Stoffes läßt jedoch für sich allein betrachtet noch keine Rückschlüsse auf Schwachstellen und Handlungsbedarf zu. Deshalb müssen die erhobenen Daten noch interpretiert und in Relation gebracht werden.

Funktionen von Umweltkennzahlen:

- Steuerungs-/Informations- und Kontrollaufgabe innerhalb der betrieblichen Unternehmensführung und des Controllingsystems (Kennzahlen als Vorgabe/Ziele, Entscheidungshilfe, Früherkennung, Benchmarking)
- Schwachstellenanalyse und Einleitung von Gegen-/Optimierungsmaßnahmen
- Motivationshilfe
- Bausteine im internen und externen Umweltinformations- und -dokumentationssystem (KVP, Audits, Umweltberichte/-erklärung)
- Verbraucherinformation

Das Subcommitee SC4 (Environmental Performance Evaluation) der ISO teilt ein in die **Bewertungsbereiche** (vgl. Rauberger/Wagner, 1997, S. 58ff.):

(1) **Management Area**: Umweltmanagementkennzahlen (Beispiele: Anzahl der durchgeführten Umweltbetriebsprüfungen/Standorte mit Umweltprogramm, Höhe der Umweltinvestitionen; Anzahl der Umweltschulungen)

(2) **Operational Area**: Umweltbelastungs-/-leistungskennzahlen (Beispiel: Stoff-/Energiekennzahlen; Belastung der Umweltmedien/Input-Outkennzahlen, Infrastrukturkennzahlen)

(3) **Environmental Area**: Umweltqualitätskennzahlen (Beispiele: Zustand des Ökosystems im lokalen/regionalen Umkreis)

In der Literatur findet sich inzwischen eine große Anzahl von Publikationen mit verschiedensten Differenzierungen/Systematisierungen. Zu unterscheiden ist insbesondere (wie auch im Englischen zwischen „indicators" und „metrics") in

- **Indikatoren** (= i.d.R. von öffentlichen-rechtlichen/privaten Institutionen erhobene – meist überregionale – Meßgrößen)
- **Kennzahlen** (= von Unternehmen selbst erhobene und ausschließlich auf betriebswirtschaftliche Aspekte abzielende Meßgrößen)

Im Handbuch Umweltkostenrechung des Bundesumweltministeriums/Umweltbundesamtes (1996) findet sich folgende Einteilung **umweltbezogener Kennzahlen**:

(1) Unternehmensbezogene Kennzahlen

- Inputbezogene Kennzahlen
- Prozeßbezogene Kennzahlen (Abfall-, Emissions-, Energie-, Material-, Wasser- und weitere Kennzahlen)
- Outputbezogene Kennzahlen

(2) Branchenspezifische und gesamtwirtschaftliche Kennzahlen: Abfall-, Emissions-, Energie-, Material-, Wasser- und weitere Kennzahlen)

Eine ausführliche Darstellung von Umweltqualitäts-, Umweltbelastungs- und Umweltmanagementkennzahlen bei Seidel/Clausen/Seifert (1998); branchenübergreifende monetäre Kennzahlen der Öko-Effizienz und der realen Öko-Effektivität bei Stahlmann (1996, S. 74f.).

Einige **ausgewählte Kennzahlen** (vgl. Spengler, 1998, S. 36):

Materialeffizienz	= Materialinput: hergestellte Produkte
Gefahrstoffquote	= Materialinput der Gefahrstoffklasse A/B/C: Materialinput
Sekundärrohstoffquote	= Sekundärrohstoffe: Materialinput
Energieeffizienz	= Energieeinsatz: hergestellte Produkte
Abfallquote	= gesamtes Abfallaufkommen: hergestellte Produkte
Wassereinsatzeffizienz	= Wasserinput: hergestellte Produkte

Ein relativ einfaches Kennzahlensystem läßt sich auf der bereits gezeigten Struktur der **Input-Output-Systematik** (Betriebsbilanz) für die Bereiche Material, Energie, Abfall, Wasser und Luft entwickeln, es bietet sich im Rahmen eines laufenden Controlling für die interne Berichterstattung an (ausführliche Einzeldarstellung in Hopfenbeck/Jasch, 1993, S. 338ff.). Je nach Betriebsstruktur und Produktionspalette können weitere Detaillierungen vorgenommen werden. Die Kennzahlen gewinnen ihre Aussagekraft durch die Fortschreibung der Mengenbilanz über die Jahre sowie durch die Ermittlung von Branchenvergleichsdaten. Je homogener die Produktpalette eines Betriebes ist, desto größer ist die Aussagekraft der meisten Kennzahlen (dazu Pfriem, 1995, S. 322). Abb. 198 (aus Hallay/Pfriem, 1992, S. 155f.; leicht verändert) gibt einen Überblick über ein ökologisches Kennzahlensystem.

Ein umfangreicher **Kennzahlenkatalog** zur Unterstützung betrieblicher Entscheidungen findet sich mit insgesamt 40 praxisorientierten Kennzahlen in BMU/UBA (1995) oder in Stahlmann (1994, S. 214ff.) am Beispiel der Neumarkter Lammsbräu. Eine ausführliche ökologische **Kennzahlenanalyse** findet sich in Peemöller/Zwingel (1995, S. 140ff.).

Für Beuermann/Halfmann/Böhm (1995, II, S. 436ff.) erfüllen die traditionellen mit Rückgriff auf die Stoff- und Energiebilanzsystematik erstellten Öko-Kennzahlen die Anforderungen an ein ökologieorientiertes Controllingkonzept, nämlich entscheidungsorientierte Aufbereitung der ermittelten Informationen, nur bedingt. Sie schlagen eine **aufgabenorientierte** Kennzahlenbildung vor, die sich an der Systematik betrieblicher **Entscheidungsbereiche** (d.h. Kernfunktionen wie Beschaffung, Produktion, Absatz) orientiert und darüber hinaus auch eine flußorientierte Betrachtung der aus Unternehmungsperspektive zentralen Phasen des ökologischen Produktlebenszyklus erlaubt (dazu auch Böhm/Halfmann, 1994, S. 10ff.). Stellvertretend das Beispiel für den Bereich **Produktion**:

- Kennzahlen des Inputs (Inputquoten/-koeffizienten)
- Kennzahlen des sachzielbezogenen Ooutputs (Ressourcenverbrauch, Qualitätsanalyse)
- Kennzahlen des nichtsachzielbezogenen Outputs (Emissionsmengen/-quoten, Entsorgung)
- Kennzahlen der Produktionslogistik (Transport, Lagertätigkeit, Produktionsbereich, Verpackung)

Ein umfangreiches Kennzahlensystem stellen Loew/Kottmann (1996, S. 10ff.) vor. Die betrieblichen Umweltkennzahlen werden differenziert nach:

- Umweltschutzbereichen (Energiewirtschaft, Verkehr, Luftreinhaltung, Lagerhaltung, Wasserwirtschaft, Abfallwirtschaft, Verpackung, Produktionswirtschaft)
- Betrachtungsgegenständen (Betrieb, Prozeß, Produkt)
- Abbildungsebenen (Verursacher-, Stoff-/Energiestrom-, Kosten-, Wirkungsebene)

Betriebsbezogene Kennzahlen:
 	
(werden für den gesamten Bereich erhoben)
	1. Einsatzstoffverbrauch
	   Rohstoffe
	   Hilfsstoffe
	   Betriebsstoffe
	2. Einsatzstoffeffizienz
	   Rohstoffe
	   Hilfsstoffe
	   Betriebsstoffe
	3. Gefahrstoffeinsatz
	   Anzahl
	   Menge
	   durchschnittliche Lagerdauer
		4. Energieeinsatz
		   Energieverbrauch
		   Energieträger
		5. Wasserverbrauch
		   Wassereffizienz
		   CSB/BSB5 Durchschnitt
		6. Luftbelastung
		   Menge und Einsatzeffizienz
		   für die Parameter:
		   Lösemittel (halogenhaltig)
		   Lösemittel (halogenfrei)
		   Kohlendioxid
		   NOx (Stickoxide)
		   Schwefeldioxid

Verfahrenskennzahlen
 	
(werden für jeden einzelnen Verfahrensschritt erhoben)
	1. Betriebsstoffe
	   Menge
	   Effizienz
	2. Gefahrstoffeinsatz
	   Menge
	   Quote
	3. Abfall
	   Menge je Kategorie
	   Reinheitsquote
		4. Wasserverbrauch
		   Menge
		   Effizienz
		   Belastung
		5. Luftbelastung
		   Lösemittel (halogenhaltig)
		   Lösemittel (halogenfrei)
		6. Energieverbrauch
		   je Energieträger
		   Energieeffizienz

Produktbezogene Kennzahlen
 	
(bezogen auf ein erstelltes Produkt)
	1. Rohstoffeffizienz
	2. Energie
	   Einsatzmenge
	   Energieträgerquote
		3. Abfallaufkommen
		   Menge je Kategorie
		   Menge gesamt

Abb. 198: Ökologisches Kennzahlensystem (nach Hallay/Pfriem)

B. Aufbau eines betrieblichen Umwelt-Controllingsystems (UCS)

Für das Ziel einer kontinuierlichen Verbesserung der Umweltschutzleistung eines Unternehmens erscheint die Einrichtung eines Öko-Controllingsystems unausweichlich. Öko-Controlling ist dynamisch angelegt, d.h., es stellt durch seinen **kybernetischen Regelkreischarakter** auf eine stetige Fortentwicklung/-schreibung der ökologischen Aspekte ab.

I. Funktionen eines Öko-Controllingsystems

Umweltmanagement umfaßt die Planung, Steuerung und Kontrolle aller betrieblichen Umweltschutzaktivitäten. Controlling wird dabei als eine **Subfunktion** der Führungsaufgabe interpretiert, um das Unternehmen an Veränderungen im Umfeld zielorientiert anzupassen. Die Zielsetzungen des Umwelt-Controlling in Bezug auf Reaktions-, Adaptions- und Koordinationsfähigkeit lassen sich wie folgt festlegen (Pölzl, 1992):

- Verbesserung der inner- und außerbetrieblichen Koordinationsfähigkeit unter ökologischen Aspekten
- Verbesserung der Reaktionsfähigkeit auf umweltrelevante Störungen und Ineffizienzen der Stoff- und Energieflüsse
- Förderung der Mitarbeitermotivation für umweltschonendes Verhalten
- Verbesserung der Anpassungsfähigkeit an durch Umweltspekte bedingte Änderungen im Unternehmungsumfeld

Die Erfüllung dieser Aufgabe einer offensiven ökologischen Unternehmenspolitik ist ohne ein Instrumentarium für ein Umwelt-Controlling nicht erfüllbar. **Informationen** über alle umweltrelevanten Vorgänge im Unternehmen sind unerläßliche Voraussetzungen für jeden Umweltschutz. Aufgabe der Unternehmensführung ist es, diese externen Austauschbeziehungen und die internen Prozesse entsprechend der jeweiligen Zielsetzung durch Maßnahmen zu gestalten und zu lenken. In diesem Sinne sehen auch Wagner/Janzen (1991) als Hauptaufgabe des ökologischen Controlling die Unterstützung der Unternehmensführung zur Sicherung ihrer auf Umweltaspekte bezogenen **Koordinationsfähigkeit** sowohl auf betrieblicher als auch überbetrieblicher Ebene. Für diese Aufgabe werden Informationen über vergangene, gegenwärtige und zukünftige Vorgänge benötigt. Zur Beschaffung dieser Informationen verwendet die Unternehmung ein **institutionalisiertes** Informationssystem, nämlich das betriebliche Rechnungswesen und betriebswirtschaftliche Kennzahlen. Die Regelung betrieblicher Prozesse stellt sich damit als ein Informationsproblem dar.

Für Hallay/Pfriem (1992, S. 33ff.; siehe auch BMU/UBA, 1995, S. 24ff.; zu den Zielen und Säulen des Öko-Controlling auch Abb. 199, aus Kirschten, 1999, S. 37) übernimmt das **Öko-Controllingsystem**

1. die Funktion der Informationsbeschaffung,

2. die Bereitstellung von Analyse- und Verarbeitungsverfahren und

3. die Unterstützung der Planung und Steuerung der betrieblichen Abläufe.

Zu 1:
Zur internen und externen Erfassung und Verarbeitung unternehmensbezogener Umweltinformationen gehören vier **Aufgabenfelder**:

- die Erfassung von Stoff- und Energieflußinformationen der unternehmensinternen Aktivitäten
- die Bereitstellung von Stoff- und Energieflußinformationen aus dem ökologischen Lebenszyklus der Produkte
- die Beschaffung von Informationen zur ökologischen Beurteilung der Stoff- und Energieströme
- die Bereitstellung von Informationen zur Analyse der ökonomisch-ökologischen Restriktionen

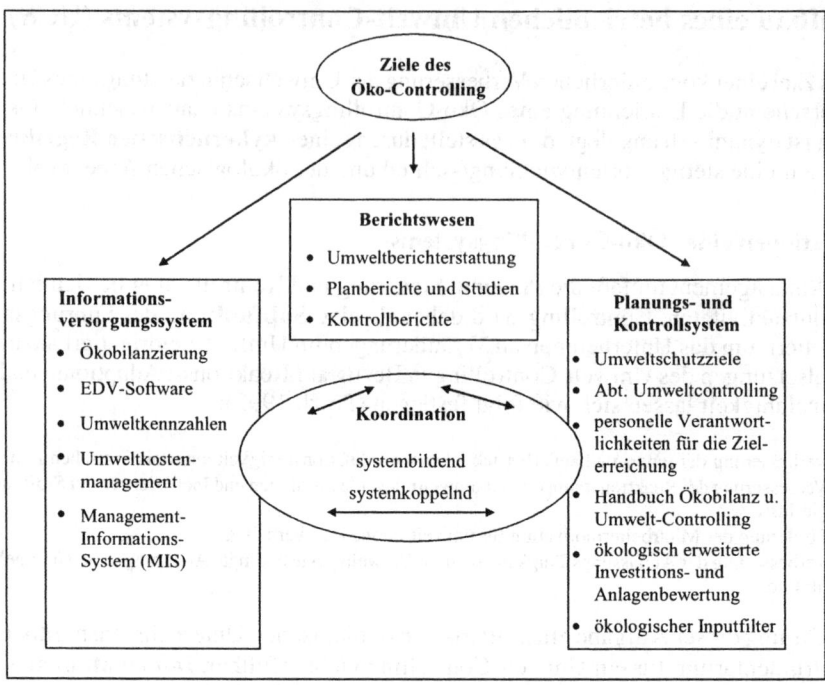

Abb. 199: Tragende Säulen des Öko-Controlling

Zu 2:

Bei den **Beurteilungsinstrumentarien** konkurrieren zur Zeit verschiedene Systeme:

- Monetarisierung von Umweltwirkungen (Wicke)
- Quantifizierbare Ökobilanzen (BUWAL, Müller-Wenk, Braunschweig, Schaltegger, Sturm)
- Qualitativ orientierte Verfahren, bei denen eine Handlungsorientierung im Vordergrund steht (IÖW Berlin/Wien,Ökoscience, Wagner)

Letzteres System, das auch Hallay/Pfriem zugrunde legen, ist darauf gerichtet,

- die ökologische Situation des Unternehmens gemäß den bekannten Wirkungen abzuschätzen,
- die sich hierauf beziehenden heutigen und zukünftigen gesellschaftlichen Ansprüche aufzuzeigen,
- die sich daraus ergebenden direkten Handlungsrestriktionen (Marktveränderungen, Käuferverhalten, Gesetze, Auflagen) zu erfassen.

Zu 3:

Das Öko-Controlling übernimmt die unterschiedlichen Steuerungsaufgaben (normative, strategische und operative Ebene) zur Umsetzung der operativen und strategischen Ziele in konkrete Planungen und Handlungen. Schaltzentrale eines solchen praxisbezogenen **Umwelt-Controllingsystem** (UCS) wird ein Umweltinformationssystem (UIS) sein, das quasi die Infrastruktur für die genannten Führungssysteme darstellt. Aufgabe ist dabei auch die Gewinnung von Daten für eine betriebsbezogene Umweltbewertung. Eine neue Dimension gewinnt diese Aufgabe auch mit der bereits ausführlich besprochenen Einführung einer Gefährdungshaftung im Umwelthaftungsrecht. Diese Managementinstrumente (wie etwa Umwelt-Audits) dienen mit ihren Informationen auch als „Nachweis" und wirken damit risikovermindernd.

II. Der Controllingkreislauf

Controlling ist kein Standardprodukt, sondern erfordert die **unternehmensspezifische** Anpassung der vorzunehmenden Auswertungen. Dabei sind zunächst Informationen über die Ressourcenverbräuche, die Ressourcenknappheit, Gefahrenpotentiale und Einsatzstoffe (Roh-, Hilfs-, Betriebsstoffe) sowie über die Emissionen (feste, flüssige und gasförmige Schadstoffe an die natürliche Umwelt, z.B. Boden, Wasser, Luft, im Zusammenhang mit dem betrieblichen Produktionsprozeß im Normalfall und die Gefahr solcher Emissionen für den Störfall) zu beschaffen.

Werden diese Größen im Rahmen des Controlling aufgenommen, so sind zunächst Zielparameter zu entwickeln (Höchst-, Mindest-, Durchschnittswerte, Bandbreiten), um sie im Rahmen der Planung als Zielwerte zu konkretisieren. Mit der Verknüpfung eines permanenten **Soll-Ist-Vergleichs** und einer anschließenden Abweichungsanalyse ist ein Frühwarnsystem geschaffen, das möglichst schnell und genau Führungsinformationen erstellt. Diese aktuellen Umweltkontrolldaten müssen stets wieder Einzug in die neugestaltete Planung finden.

Der mit Lernprozessen einhergehende Controlling**prozeß** entspricht dem Kreislauf des Umweltmanagementsystems, auch ISO 14001:

- (Ökologische) Zielfestlegung
- Erfassung der Stoff- und Energieströme
- Ökologische Beurteilung/Bewertung (z.B. nach ABC-Klassifizierung)
- Schwachstellenanalyse (Soll-Ist-Vergleich) – Optimierungspotentiale
- Maßnahmenplanung und Koordination
- Durchführung und Steuerung der geplanten Maßnahmen
- Kontrolle der Maßnahmenwirkung
- Rückkoppelung

Für den Aufbau eines betriebsbezogenen ökologischen Informationsmanagements muß das Umwelt-Controllingsystem mit den vorhanden Elementen der betrieblichen **Informationssysteme** verknüpft werden. Öko-Controlling ist der Soll-Ist-Vergleich umweltbezogener Fakten/Zustände eines Unternehmens. Als unternehmensinterne Schwachstellenanalyse und systematische Dokumentation der Auswirkungen von Unternehmensaktivitäten auf die Umwelt dient es als Grundlage für präventive und langfristige strategische Entscheidungen seitens des Managements.

III. Elemente eines Umweltinformationssystems (UIS)

Für den schrittweisen Aufbau eines betrieblichen Umweltinformationssystems (BUIS) ist auf verschiedene Elemente zurückzugreifen, einen Überblick gibt Abb. 200 (aus Günther, 1991, S. 61). Viele Informationen sind bereits im Betrieb vorhanden, andere erst betriebsspezifisch zu ermitteln (siehe dazu unsere Ausführungen zur Ökobilanz). Viele Elemente dieses Konzeptes sind im Entstehen (vgl. Rautenstrauch/Schraml, 1995; Steven, 1995).

Zum zielorientierten Lösen der ökologischen Probleme, die aus den beschriebenen Wechselwirkungen zwischen künstlicher und natürlicher Umwelt entstehen, ist auch das Ökosystem zum Gegenstand eines institutionalisierten **Informationssystems** zu machen (Analyse und Bewertung der Umweltbelastungen usw.).

Ein (Betriebliches) Umweltinformationssystem (BUIS bzw. UIS) muß die ökologischen Problemfelder erfassen und beschreiben, die Zusammenhänge dieser Problemfelder mit den Aktivitäten der Unternehmung zeigen und Umsetzungsmechanismen innerhalb der gegebenen Restriktionen/Rahmenbedingungen aufzeigen. Das Umweltinformationssystem ist eine **Erweiterung** des traditionellen Rechnungslegungssystems durch die Einbeziehung von ökologischen Komponenten. Das Umweltinformationssystem bildet die **Grundlage** für umweltorientiertes Management.

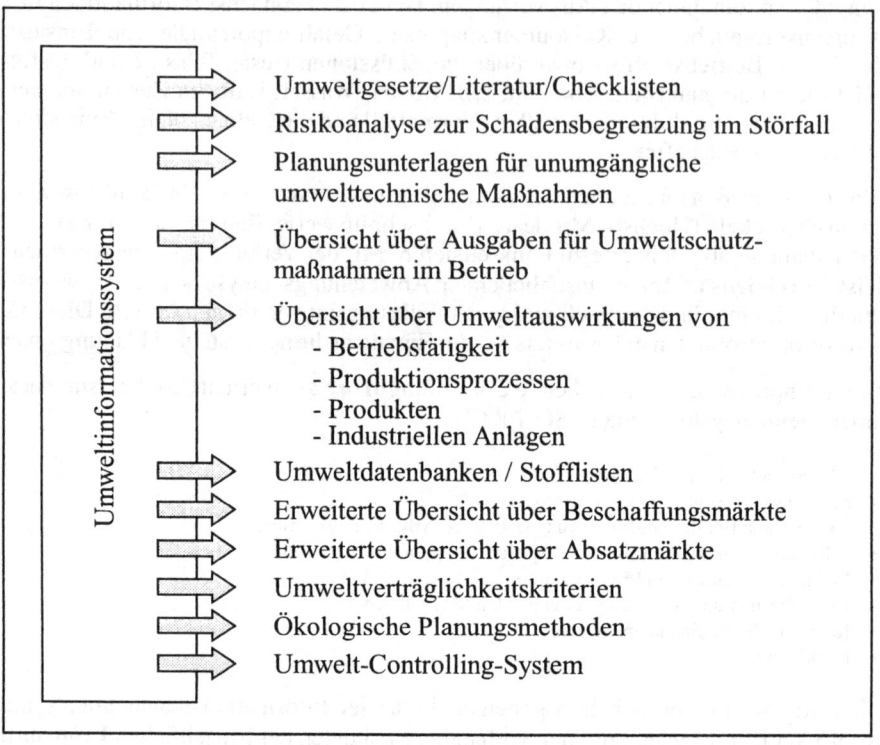

Umweltgesetze/Literatur/Checklisten

Risikoanalyse zur Schadensbegrenzung im Störfall

Planungsunterlagen für unumgängliche umwelttechnische Maßnahmen

Übersicht über Ausgaben für Umweltschutzmaßnahmen im Betrieb

Übersicht über Umweltauswirkungen von
- Betriebstätigkeit
- Produktionsprozessen
- Produkten
- Industriellen Anlagen

Umweltdatenbanken / Stofflisten

Erweiterte Übersicht über Beschaffungsmärkte

Erweiterte Übersicht über Absatzmärkte

Umweltverträglichkeitskriterien

Ökologische Planungsmethoden

Umwelt-Controlling-System

Abb. 200: Informationsschwerpunkte für den schrittweisen Aufbau eines Umweltinformationssystems

Allerdings ist „die für eine ökologische Beurteilung von Objekten (z.B. Unternehmungen, Produkten, Prozessen) benötigte umfassende Kenntnis aller relevanten Folgewirkungen der Wechselbeziehungen zwischen Unternehmung und ökologischer Umwelt derzeit noch nicht möglich. Eine durchweg befriedigende Beseitigung dieser Informationsdefizite ist angesichts der vielfältigen Erfassungsprobleme in absehbarer Zeit nicht zu erwarten (...) Mithin besteht bei ökologischen Informationssystemen ein quantitatives und qualitatives Dilemma" (Fischbach, 1997, S. 87)

Betriebliches Umweltinformationssystem (BUIS)
„... integriert und speichert Daten, die über die Umwelt erhoben werden, und bietet leistungsfähige umweltmedien- und ressortübergreifende Zugriffs- und Auswertungsmethoden. Das Umweltinformationssystem stellt die im Rahmen des Öko-Controlling entscheidungs- und kontrollrelevanten Daten bereit. Es legt die Sammlung, Aufbereitung, Darstellung und Weiterleitung der Daten fest." (Möller/Häuslein/Rolf, 1997, S. 313)
„... sind organisatorisch-technische Systeme zur systematischen Erfassung, Verarbeitung und Bereitstellung umweltbezogener Informationen in einem Betrieb. Ziel dieser Systeme ist es, die für umweltbezogene Entscheidungen im Betrieb benötigten Informationen aufbereitet den jeweiligen Entscheidungsträgern zur Verfügung zu stellen." (Haasis, 1997, S. 4)

Viele Unternehmen, die sich mit Ökobilanzen beschäftigten, haben in der ersten Phase die Daten noch **manuell** unter großem Aufwand erfassen, verdichten und auswerten müssen. Ein effizientes Informationssystem wird aber schon aufgrund der Datenmenge und der Notwendigkeit zur weitgehenden Automatisierung der Datenerhebung auf eine **EDV-Unterstützung** angewiesen sein.

Bei einem Vollausbau umfaßt ein betriebliches Umweltinformationssystem mehrere Komponenten. Die Struktur könnte aus folgenden **Elementen** bestehen (vgl. Hallay/Pfriem, 1992, S. 173):

- Umwelt-Monitoringsystem (u.a. durch automatisierte Meß- und Protokollverfahren)
- Stoff- und Energiebilanzierungssystem,
- Berichts-, Kontroll- und Dokumentationssystem (daraus lassen sich auch die Daten für ein internes Umweltprogramm oder einen externen Umweltbericht erstellen) und
- Planungs- und Entscheidungsunterstützungssystem (Kennzahlen, Expertensystem u.a.).

Ein solches EDV-gestütztes System setzt sich aus einer Datenbasis, einer Modell- und Methodensteuerungskomponente sowie einem Steuerungssystem zusammen. Es muß über **Schnittstellen** zu Bürokommunikations-, Publishing- und zu Expertensystemen verfügen (im einzelnen Hallay/Pfriem, 1992, S. 176ff.). Ein Überblick über einige marktgängige Systeme der Praxis geben Arndt/Günther (1996, S. 13ff.).

IV. Funktionen eines Umweltinformationssystems

Mit Hilfe solcher Systeme sollen

- Erkenntnisse über die Wirkzusammenhänge der natürlichen und technischen Systeme gewonnen werden; die Erforschung solcher Wirkgefüge ist Aufgabe einer relativ jungen Wissenschaft, der sog. **Ökosystemforschung**,
- die Informationen im Sinne eines Regelkreises das **Steuerinstrumentarium** liefern; dieser kybernetische Regelkreis umfaßt den Soll-Ist-Vergleich, die Abweichungsanalyse und die Einleitung von Korrekturmaßnahmen,
- die Informationen zu überwiegend **reaktiven** Maßnahmen liefern (Reaktion auf Gesetze, Technikentwicklungen, Förderprogramme etc.),
- die Informationen für eine verbesserte Zustandsbeschreibung liefern und damit die Möglichkeit zu besseren **Vorsorgemaßnahmen** eröffnen.

„Klassische" BUIS werden am häufigsten für die Dokumentation von Umweltbelastungen (= Ökobilanzen/Ökocontrolling) eingesetzt, daneben treten produktionsnahe BUIS (z.B. rechnergestützte Demontageplanung, BUIS für die Unterstützung von Produktrecycling, Stoffstrommanagement); dazu Rautenstrauch, (1997. S. 8f.) und Esser/Warnken/Heeg (1997), die die Konzeption des Integrierten Werkstatt- und Umweltsystems (IWUS) vorstellen.

Eine **Stoffdatenbank** ist zentraler Baustein eines BUIS: Wichtige Datenbanken/Dateien sind z.B. eine Werkstoff-, eine Rezyklat-, eine Reststoff- sowie eine Schad- und Gefahrstoffdatenbank (dazu Kraus/Scheer, 1997, S. 13).

Die derzeit am Markt angebotenen Betrieblichen Umweltinformationssysteme „konzentrieren sich in erster Linie auf eine qualifizierte, aber äußerst heterogene Bereitstellung von Funktionalitäten zur Dokumentation von Ressourcenverbräuchen und von Umweltbelastungen und zur betrieblichen Verwaltung der im Zuge von umweltrechtlichen Regelungen zur Verfügung zu stellenden Daten und Formulare. Obgleich diese Systeme einen ersten wichtigen Schritt zur informationswirtschaftlichen Unterstützung eines betrieblichen Umweltmanagements darstellen, zeigt sich – auch basierend auf den bislang gewonnenen Implementierungserfahrungen – **Forschungs**- und **Entwicklungsbedarf**. Dieser Bedarf läßt sich wie folgt umschreiben:

- Kopplung von Umweltmanagement und Kostenmanagement,
- Datenbereitstellung über Schnittstellen zwischen betrieblichen Informationssystemen,
- Bereitstellung von Tools für ein umwelt- und geschäftsprozeßorientiertes Entscheidungsmanagement bei Planung und Steuerung,
- Abstimmung zwischen Betrieblichen Umweltinformationssystemen für verschiedene zeitliche Planungsebenen mit entsprechender Datenaggregation,
- Unterstützungsfunktionalitäten für ein zwischenbetriebliches Umweltmanagement im Sinne eines integrierten Umweltschutzes,
- anspruchsgruppenorientierte Bereitstellung von Umweltinformationen über neue Informations- und Kommunikationstechniken,
- Abbau von Handlungsbarrieren durch branchenbezogene Umsetzungsvorhaben." (Haasis, 1997, S. 6)

V. EDV-gestützte Informations- und Kommunikationstechnik

Ein kontrollierter Umweltschutz bedarf als Rückgrat einer effektiven **Informations-** und **Kommunikationstechnik**. Entsprechend den unterschiedlichen Anforderungen der Nutzer und der Berücksichtigung möglichst vieler Anwendungsbereiche wird ein Umweltinformationssystem modular und menügesteuert aufgebaut sein. Als **Bausteine** finden sich eine Datenbank (Prozeß-, Stoff-, Umweltdaten) als Basis, einem Simulationstool (zur Berechnung von Material- und Energiebilanzen) und einem Analysemodul zur Bewertung (dazu Otto, 1997, S. 212ff.).

Betriebliche Umweltinformationssysteme sind mit **überbetrieblichen Datenbanken** zu verbinden. Datenbank- und Expertensysteme als Methoden der Informationstechnik helfen, die „Informationsmengen" zu bearbeiten. Bei der Flut an Gesetzen und Verordnungen zum Umweltschutz mit über 30 000 aufgeführten Stoffen ist ein Vollzugsdefizit fast zwangsläufig die Regel. Weltweit stehen über 500 Datenbanken zur Verfügung (vgl. dazu Ansorge, 1989). Einen guten Überblick bietet die Hilfe des Umweltbundesamtes mit seinem Informations- und Dokumentationssystem Umwelt (**UMPLIS**), das laufend weiterentwickelt wird.

Während in einigen Teilbereichen des Umweltschutzes das rechnergestützte Arbeiten zur Lösung der komplexen Aufgaben bereits Stand der Technik darstellt, erscheint die **Verknüpfung** der vorhandenen Insellösungen zu einem integrierten System für die Querschnittsaufgaben Umweltplanung, -kontrolle und -schutz erst in jüngster Zeit möglich (etwa durch das AUDIT-Softwarepaket von Siemens-Nixdorf oder den Prototyp UCS von PSI für die Erstellung von Ökobilanzen).

Für eine umfassende Analyse (Sammlung/Interpretation von Daten) und Entscheidungsfindung fällt den Informationstechnologien (Datenbanken/Expertensystemen) eine Schlüsselrolle zu. Zunehmend wichtiger werden auch **Simulationsprogramme**, mit denen die Folgen von Umwelteingriffen abgeschätzt werden können.

Ein integriertes, **ganzheitliches Umweltinformationssystem** besteht aus

- einem **Kernsystem** (darin werden die über automatische Meßnetze oder über manuelle Eingabe erfaßten Daten nach bestimmten Kriterien gespeichert, verwaltet und aufbereitet. Es überprüft alle eingegebenen Daten und dient als Frühwarnsystem und zur Alarmierung bei Überschreitung von Grenzwerten. Zudem steht es als Benutzerschnittstelle dem Nutzer in aussagefähiger Form für Führungs- und Fachbereichsinformationen zur Verfügung und ist eng mit dem Datenaufbereitungssystem gekoppelt. Das Kernsystem arbeitet über Schnittstellen mit den aufgabenunterstützenden Teilsystemen);
- den **Komponenten** zur Unterstützung von **Fachaufgaben** und/oder deren Teilaufgaben (um die in allen Bereichen des Umweltschutzes benötigten Daten zu erhalten, wird auf aufgabenrelevante Daten zurückgegriffen, die dann komprimiert, selektiert und verknüpft werden. Dieses verteilte System mit intelligenten eigenständigen Komponenten und Datenbanken („Single-Source-Prinzip") am individuellen Arbeitsplatz be-

steht im wesentlichen aus **Werkzeugen ("Tools")** zur Ver- und Bearbeitung von Umweltdaten (wie Textverarbeitung, DTP, Electronic Mail, mathematisch-statistische Hilfsmittel, Grafiken, Expertensysteme etc.) und **Informationspools ("Pools")** zur wissensorientierten Datenunterstützung (wie raumbezogene Informationen, fachspezifische Datenbanken zu Stoffdaten oder Umweltgesetzen, Literatur/Umweltdokumente, Forschungsprojekte usw.).

Expertensysteme übernehmen heute weitgehend die Unterstützung der Aufgaben – sie speichern, verwalten und werten Spezialwissen aus. Innerhalb eines eng abgegrenzten Fachwissens verfügen Expertensysteme über eine Schlußfolgerungskomponente, die dem Problemlösungsverhalten des Experten nachgebildet ist.

Der Einsatz eines computergestützten Öko-Controlling ist insbesondere dann sinnvoll, wenn bereits betriebliche EDV-Systeme bestehen, die den Einkauf, die Materialwirtschaft oder die Produktionsplanung und -steuerung unterstützen (**PPS-Systeme**). In diesem Fall können die intern zu erfassenden umweltbezogenen Daten (Art/Menge von eingesetzten Werkstoffen, Stücklisten usw.) gegebenenfalls über geeignete Schnittstellen direkt und ohne großen Zusatzaufwand in ein EDV-gestütztes Öko-Controlling übernommen werden. Ein solches System ist als **Datenlieferant** von großer Bedeutung. Inzwischen sind neue Ansätze entwickelt worden, etwa der Umwelt-PPS-Ansatz (Haasis/Rentz, 1994) oder die integrierte Produktions- und Recyclingplanung und -steuerung (Rautenstrauch/Schraml, 1995, S. 428). Grundsätzlich gibt es zwei Möglichkeiten zur EDV-Unterstützung des Öko-Controlling:

- Erweiterung ("Aufbohren") des vorhandenen PPS-Systems um erforderliche umweltrelevante Datenfelder und Funktionen oder
- Nutzung des PPS-Systems als reiner "Datenlieferant" für ein abgesetztes autonomes Umwelt-Controllingsystem und Vernetzung mit bestehenden Systemen (vgl. Arndt, 1993; Hunscheid, 1994; Kaiser/Laakmann/Lenkewitz1994).

Während Rolf für **autonome** Systeme für Umweltdaten plädiert (und über die **Petri-Netz-methode** Stoff- und Energieströme modellieren will; dazu auch Frings/Schmidt, 1995, S. 94ff. mit einem graphischen Netzwerkeditor, der auf der Theorie der Petrinetze aufbaut; sowie Möller/Häuslein/Rolf, 1997, S. 31ff. für die Darstellung von Stoffstromnetzen), da ihm die Ergänzung bestehender betrieblicher Informationssysteme um Felder für die Ökobilanzdaten weder hinreichend noch rationell erscheint, bietet sich für Grünewald/Kaiser (vgl. 1993, S. 5ff.) aus wirtschaftlichen, zeitlichen und organisatorischen Gründen die Nutzung vorhandener betrieblicher EDV-Systeme an.

Literaturverzeichnis

Abele, U./Drobek, R./Ester, R., Software für das Management. Hilfsmittel zur Unternehmenssteuerung, in: FB/IE, H.3/1994

Aberle, G., Wettbewerbstheorie und Wettbewerbspolitik, 2., überarb. Aufl., Stuttgart u.a.1992

Achtenhagen, L./Wagner, M., Wissensmanagement in multinationalen Unternehmen: Eine Herausforderung für die Hapf AG, in: io managemnt, H. 12/1998

Adam, D., Ökologische Anforderungen an die Produktion, in: Adam (Hrsg.), Umweltmanagement in der Produktion, SzU, Band 48, Wiesbaden 1993

Adam, D., Planung und Entscheidung: Modelle - Ziele - Methoden; Fallstudien und Lösungen, 3., vollst.überarb. und erw. Aufl., Wiesbaden 1993

Adamer, M./Hinterhuber, H./Kaindl, K., Erfolgsfaktoren erfolgreicher Unternehmen, in: Markenartikel, H.9-/1993

Adams, H.W., Beauftragte in der Organisation. Vollendung oder Auflösung organisatorischer Strukturen?, in: zfo, H.6/1990

Adams, H.W., Qualitätsmanagement-Normen unterstützen die Organisation des Umweltschutzes, in: Qualität und Zuverlässigkeit, H.10/1993

Ahlbrecht, B./Hillejan, E., Potentialbeurteilung von Führungskräften nach dem Assessment-Center-Konzept. Entwicklung und Umsetzung eines praxisorientierten Beurteilungsprogramms, in: zfo, H.6/1990

Ahn, H., Ansehen und Verständnis des Controlling in der Betriebswirtschaftslehre, in: Controlling, H.3/1999

Ahrens, Ch., Kooperative Handelssysteme auf europäischen Märkten. Marktstrukturen und Wettbewerbsverhältnisse, München 1994

Albach, H., Betriebswirtschaftslehre als Wissenschaft vom Management, in: Wunderer (Hrsg.), Betriebswirtschaftslehre als Management- und Führungslehre, 2., erg. Aufl., Stuttgart 1988

Albach, H., Der dispositive Faktor in Theorie und Praxis, in: ZfB, H.5+6/1990

Alewell, D., Lohngerechtigkeit und Lohndifferenzierung, in: WISU, H.7/1993

Almenräder, A./Hagemann, St., Technisches Controlling. Systemorientierte Planung, Kontrolle und Steuerung für das Technische Management, in: cm, H.6/1991

Altvater, E./Mahnkopf, B., Grenzen der Globalisierung: Ökonomie, Ökologie und Politik in der Weltgesellschaft, 3. Aufl., Münster 1997

Amshoff, B., Controlling in deutschen Unternehmen: Realtypen, Kontext und Effizienz, Wiesbaden 1993

Andresen, B.-J., Deferred Compensation, in Eyer (Hrsg.), Report Vergütung: Entgeltgestaltung für Mitarbeiter und Manager, Düsseldorf 1999

Ansoff, I., Strategic Management, London 1979

Ansoff, I./Steward, J., Strategies for a technology-based business, in: HBR, H.6/1967

Antes, R., Reflexionen zur organisatorischen Funktionalität formaler Umweltmanagementsysteme, in: uwf, H. 1/1999

Antes, R., Organisation des Umweltschutzes in Unternehmen, in: uwf, H.6/1994

Antes, R./Steger, U./Tiebler, P., Umweltorientiertes Unternehmensverhalten - Ergebnisse aus einem Forschungsprojekt, in: Steger (Hrsg.), Handbuch des Umweltmanagements. Anforderungs- und Leistungsprofile von Unternehmen und Gesellschaft, München 1992

Antoni/Eyer/Kutscher (Hrsg.), Das flexible Unternehmen: Arbeitszeit, Gruppenarbeit, Entgeltsysteme, Loseblattwerk, Wiesbaden 1998

Antoni, C.H./Eyer, E., Fertigungsinseln und Entgelt - Gestaltung, Erfahrungen, Perspektiven, in: angew. Arbeitswiss., H.136/1993

Apgar, M., Die Arbeitsplätze der Zukunft, in: Harvard Business manager, H. 6/1998

Appel, W./Behr, R., Towards the Theory of Virtual Organisations: A description of their formation and figure, in: Newsletter, Vol. 2, No.2, June 1, 1998 (Virtual-organization-net des Instituts of Information Systems, Universität Bern)

Aragon, S./Kleb, R., Kompetenzmanagement in multinationalen Konzernen, in: Personalführung, H. 11/1998

Argyris, Ch., Empowerment – nur eine Illusion?, in: Harvard Business manager, H. 6/1998

Ariadne (Hrsg.), Not macht erfinderisch – Ein Stimmungsbild zu studentischen Existenzgründungen, Hochschule der Künste, Berlin 1997

Arndt, H.K., Flußkostenrechnung – eine Umweltkostenkonzeption für das Umweltmanagement, in: Fichter (Hrsg.), Die Öko-Audit-Verordnung – mit Öko-Controlling zum zertifizierten Umweltmanagementsystem, München/Wien 1995

Arndt, H.-K./Günther, O., Betriebliche Umweltinformationssysteme: ein Überblick, in: uwf, H.1/1996

Arnold, J., Existenzgründung: Von der Idee zum Erfolg!, 3., aktual. Aufl., Würzburg 1999

Arnold, O./Faisst, W./Härtling, M./Sieber, P., Virtuelle Unternehmen als Unternehmenstyp der Zukunft?, in: Arbeitspapier der Reihe „Informations- und Kommunikationssysteme als Gestaltungselement Virtueller Unternehmen" Nr.2/1995, Universität Bern/Leipzig/Erlangen-Nürnberg

Arnold, O./Faisst, W./Härtling, M./Sieber, P., Virtuelle Unternehmen als Unternehmenstyp der Zukunft?, in: HMD, H.185/1995

Arnold, U., Basisstrategien des Outsourcing aus Sicht des Beschaffungsmanagement, in: Controlling, H. 7/1999

Artischewski, R., Das betriebliche Beauftragtenwesen, in: uwf, H.1/1999

Arnold, U., Wertschöpfungspartnerschaften als Erfolgspotentiale, in: Beschaffung, H.10/1993

Aschmeyer, V., Management by Balanced Scorecard – alter Wein in neuen Schläuchen?, in: Personalführung, H. 5/1998

Ashkenas, R./Ulrich, D./Jick, T./Kerr, S., The Boundaryless Organization. Breaking the Chains of Organizational Structure, San Francisco 1995

Asper, A., Globalisierung von Wirtschaft, Gesellschaft, Politik und die Auswirkungen auf den Tourismus, Bern/Stuttgart/Wien 1997

Assel, D./Küppers, F., Umweltschutz ist keine Chefsache (mehr)! Sozialökologischer Strukturwandel durch Umweltmanagement!?, in: uwf, H.3/1995

Assmann, O./Aßfalg, C., Umweltkostenrechnung in der Praxis, in: uwf, H. 4/1999

Attenhofer, M., Führen mit Leitbild, Grundsätzen und Strategien, in: io Management Zeitschrift, H.5/1990

Augstein, F., An den kalten Kaminen der letzten Menschen, in: FAZ Nr.256, 4.11.97

Babini. M., Die Technologie-Wert-Analyse - eine Methode zur Bewertung von Technologiestrategien, in: io Management Zeitschrift, H.7-8/1995

Bach, N./Homp, Ch., Objekte und Instrumente des Wissensmanagements, in: zfo, H. 3/1998

Bach, V./Kaiser, Th./Beck, D./Österle, H., Wissen für den Vertriebsprozess, in: io management, H. 11/1998

Back, A./Seufert, S./Kramhöller, S., Technology enabled Management Education. Die Lernumgebung MBE Genius im Bereich Executive Study an der Universität St. Gallen, in: io management, H. 3/1998

Backhaus, K./Meyer, M., Strategische Allianzen und strategische Netzwerke, in: WiSt, H.7/1993

Badaracco, J., The Knowledge Link: How Firms Compete Through Strategic Alliances, Cambridge 1991

Baetge, J., Gesellschafterorientierung als Voraussetzung für Kunden- und Marktorientierung, in: Bruhn/Steffenhagen (Hrsg.), Marktorientierte Unternehmensführung. Reflexionen – Denkanstöße – Perspektiven, Wiesbaden 1997

Baetge, J./Jerschensky, A., Frühwarnsysteme als Instrumente eines effizienten Risikomanagement und -Controlling, in: Controlling, H.4-5/1999

Baethge-Kinsky, V./Betzl, K./Moldaschl, M., Innovatives Qualitätsmanagement - Alltag oder Schwachstelle im Unternehmen?, in: Qualität und Zuverlässigkeit, H.2/1994

Baisch, F./Klopp, M./Reising, W., Strategische Früherkennung im industriellen Mittelstand, in: Controlling, H.4/1998

Baghai, M./Coley, St./White, D., Die Alchimie des Wachstums: Die McKinsey-Strategie für nachhaltig profitable Unternehmensentwicklung, Econ 1999

Balderjahn, J./Mennicken, C., Risikomanagement aus verhaltenswissenschaftlicher Sicht, in: uwf, H.2/1995

Balser, S., „Feedback Führungsverhalten" bei der Deutschen Shell AG, in: Personal. H. 1/1998

Balser, H. u.a., Umwandlung, Verschmelzung, Vermögensübertragung, Freiburg i.Br.1990

Balzereit, B./Kassebohm, K./Kettler, R., Umwelthaftung und Versicherungsschutz, in: Betriebs-Berater, H.3-/1996

Bamberger, I./Evers, M., Ursachen und Verläufe von Internationalisierungsentscheidungen mittelständischer Unternehmen, Arbeitspapierreihe „Organisation und Planung" Band 9, Universität Essen 1995

Bamberger, I./Wrona, Th., Der Ressourcenansatz im Rahmen des Strategischen Managements, in: WiSt, H.8/1996

Banaschek, J., Die Zeit als treibende Kraft für die Steigerung der Produktivität, in: ZfB-Ergänzungsheft, H.2/1995

Barber, B., Zwischen Dschihad und McWorld, in: Die Zeit Nr. 42, 14.10.94

Barnet, R./Cavanagh, J., Global Dreams. Imperial Corporations and the New World Order, New York 1994

Baron, St./Becker, K./Schreiner, H.P. (Hrsg.), Die Informationsgesellschaft im neuen Jahrtausend, Futurion Band 1, Bergisch Gladbach 1997

Barrett, C.R., E-Business: Ein Blick in die Zukunft, in: Harvard Business manager, H. 4/1999

Bartels, P., Rückstellungen für öffentlich-rechtliche Umweltschutzverpflichtungen bei Neulastenfällen, in: Betriebs-Berater, H.19/1992

Bartscher, Th., Anhängsel oder integraler Bestandteil? Überlegungen zu den Gestaltungsebenen einer ökologisch-orientierten Personalarbeit, in: uwf, H.6/1994

Battelle-Institut (Hrsg.), Frühwarnsysteme für die strategische Unternehmensführung. Ein Radar zur Erkennung von technologischen, wirtschaftlichen, politischen und sozialen Veränderungen im Umfeld der Unternehmung, Frankfurt 1980

Bauer, A./Illing, G., Das Coase-Theorem, in: WISU, H.2/1992

Bauer, H.H./Herrmann, A./Mengen, A., Eine Methode zur gewinnmaximalen Produktgestaltung auf der Basis des Conjoint Measurement, in: ZfB, H.1/1994

Bauer, J., Berufliche Praxis des Umweltschutzbeauftragten, in: uwf, H. 1/1999

Bauer, R., Coaching, in: DBW, H.5/1992

Bauer, S., Perspektiven der Organisationsgestaltung, in: Bullinger/Warnecke (Hrsg.), Neue Organisationsformen im Unternehmen: Ein Handbuch für das moderne Management, Berlin u.a.1996

Bauer, W./KBaumbach, A., Hefermehl, W., Wettbewerbsrecht, 20., neubearb. Aufl., München 1998

Baver, W./Kern, P., Neue Arbeitswelten für Kreativität und Wissen, in: Office Management. H. 5/1997

Bea, F.X./Göbel, E., Organisation, Stuttgart 1999
Bea, F.X./Haas, J., Strategisches Management, Stuttgart/Jena 1995
Bea, F.X./Schnaitmann, H., Begriff und Struktur betriebswirtschaftlicher Prozesse, in: WiSt, H.6/1995
Beck, Th., Coopetition bei der Netzwerkorganisation, in: zfo, H. 5/1998
Beck, U. (Hrsg.), Kinder der Freiheit. Frankfurt/Main, 1997 (b)
Beck, U., Die Erfindung des Politischen. Zu einer Theorie reflexiver Modernisierung, Frankfurt/Main 1993
Beck, U., Kein Standort. Nirgends, in: SZ, Nr. 107, 12.5.1997, S.13
Beckenbach, F. (Hrsg.), Die ökologische Herausforderung für die ökonomische Theorie, Marburg 1991
Beckenbach, F./Diefenbacher, H. (Hrsg.), Zwischen Entropie und Selbstorganisation: Perspektiven einer ökologischen Ökonomie, Marburg 1994
Becker, F.G., Das strategische Handeln fördern und entlohnen, in: Gabler's Magazin, H.11-12/1997
Becker, F.G., General Electric und ihr strategisch orientiertes Entgeltsystem, in: Management Forum, H.1+2/1986
Becker, F.G., Anreizsysteme für Führungskräfte. Möglichkeiten zur strategisch orientierten Steuerung des Managements, Stuttgart 1990
Becker, F.G., Motivation, Anreize und Qualifikation bei industrieller Gruppenarbeit, in: CIM Management, H.6/1995
Becker, G., Mergers and Acquisitions als Instrument zur Umsetzung von Konzernstrategien, in: WISU, H. 3/1994
Becker, J., Marketing-Konzeption: Grundlagen des strategischen Marketing-Managements, 5., verb. und erg. Aufl., München 1993
Becker, K./Engländer, W., Leistungsabhängige Entlohnung auf der Grundlage von Leistungsbeurteilungen, in: angew. Arbeitswiss., H.136/1993
Becker, M./Müller, R., Erfahrungen mit PIMS aus der Sicht eines Anwenders, in: Strategische Planung, Bd.2/1986
Beckmann, Ch., Umwelt-Werbung - Rechtsgrundlagen und Fallbeispiele, Bonn 1994
Beger, R., Globaler Strukturwandel in der Automobilindustrie. Neue Akzente in der Standortdebatte unter Herstellern und Zulieferfirmen, in: NZZ, 30./31.8.1997
Behme, W./Schimmelpfeng, K., Unternehmensführung als kybernetischer Prozeß, in: WISU, H.4/1993
Behme, W./Schimmelpfeng, K., Führungsinformationssysteme: EDV-Unterstützung für das Management, in: WISU, H.3/1995
Behrens, S., Die ökologische Öffnung der Betriebswirtschaftslehre, in: WiSt, H.7/1996
Behrens, S., Recyclingquote bei begrenzter Anzahl von Umläufen. Mathematische Berechnungen zu den Grenzen des Recycling, in: WiSt, H. 3/1993
Beier, U., Der fehlgeleitete Konsum. Eine ökologische Kritik am Verbraucherverhalten., Frankfurt/M 1993
Beitz, W., Methodisch-strategische Grundlagen zur Produktgestaltung unter besonderer Berücksichtigung einer Ressourcenschonung, in: BDA (Hrsg.), Betriebliches Umweltmanagement. Produktentwicklung und Technologiefolgeabschätzung, Herford/Bonn 1990
Beitz, W., Simultaneous Engineering. Eine Antwort auf die Herausforderungen Qualität, Kosten und Zeit, in: ZfB-Ergänzungsheft, H.2/1995
Bell, D., The Coming of Postindustrial Society. A Venture in Social Forecasting, New York 1973 (deutsch: Die nachindustrielle Gesellschaft, Reinbek bei Hamburg 1979)
Belz, Ch., Ökologische Wettbewerbsfelder in der Lebensmittelbranche, in: der markt, H.2/1994
Belz, Ch./Spies, St., Ganzheitliches Marketing, in: Thexis, H.5/1992
Bendixen, P., Fundamente der Ökonomie: Ökologie und Kultur, Wiesbaden 1991
Benkenstein, M., Beteiligungen und Unternehmensverbund als Indikatoren vertikaler Integration, in: WISU, H.5/1993
Benkert 1997
Benkert, W., Zur Rhetorik der Umweltkommunikation, in: Bieringer/Paschke/Pollner (Hrsg.), Umwelt unternehmen. Das Leitbild nachhaltigen Wirtschaftens - Konzepte und Beispiele aus der Unternehmenspraxis, Frankfurt/New York 1997
Bennauer, U./Dyckhoff, H., Umweltschutzorientierte Produktentwicklung, in: WiSt, H. 1/1995
Benz, Ch., Qualitätscontrolling. Betriebliche Navigation auf dem Weg zum Total Quality Management, in: Controlling, H.3/1998
Berchtold, W., Wie die Informationsgesellschaft die Arbeitswelt verändert, in: Office Management, H. 2/1999
Berg, H., Wettbewerbspolitik, in. Vahlens Kompendium der Wirtschaftstheorie und Wirtschaftspolitik Band 2, 7., überarb. und erw. Aufl., München 1999
Berger, R./Servatius, H.-G., Die Zukunft des Autos hat erst begonnen. Ökologisches Umsteuern als Chance, München u.a. 1994
Bergmann, G., Umweltgerechtes Produkt-Design. Management und Marketing zwischen Ökonomie und Ökologie, Neuwied u.a. 1994
Berkel, K./Herzog, R., Unternehmenskultur und Ethik, Heidelberg 1997
Bernath, E./Weber, B., Die Reize des „Shareholder Value"-Konzepts, in: NZZ, 12.12.1995
Bernhardt, W., Übernahmen und Fusionen sind weder Allheilmittel noch Versicherung auf dem Weg in die unternehmerische Zukunft, in: FAZ Nr. 138, 18.6.1999
Bernhardt, W./Witt, P., Holding-Modell und Holding-Moden, in: ZfB, H.12/1995

1111

Bernholz, P., Sind Globalisierung und Umstrukturierung etwas Neues? Moderne Schlagworte in historischer Perspektive, in: NZZ, 6./7. September 1997

Berres, W., Knowledge Networking holt das Wissen aus den Köpfen, in: io management, H. 10/1998

Berthold, N., Beschäftigung ohne Bündnis. An der Einrichtung eines Niedriglohnsektors führt kein Weg vorbei. Das Tarifkartell darf seine Verantwortung nicht auf den Staat abwälzen, in: FAZ, 3.7.1999

Bertram, Ch./Ünal, K., Der Aktienoptionsplan bei Schering, in: Personalführung, H. 5/1998

Bestmann, U., Kompendium der Betriebswirtschaftslehre, 7., durchges. Aufl., München 1994

Betzl, K., Entwicklungsansätze in der Arbeitsorganisation und aktuelle Unternehmenskonzepte – Visionen und Leitbilder, in: Bullinger/Warnecke (Hrsg.), Neue Organisationsformen im Unternehmen: Ein Handbuch für das moderne Management, Berlin u.a.1996

Beuermann, G./Halfmann, M./Böhm, M., Ökologieorientiertes Controlling, I + II, in: WISU, H. 4 + 5/1995

Beuermann, G./Sekul, St./Sieler, C., Informationsgrundlagen einer ökologischen Sortimentspolitik im Einzelhandel, in: uwf, H.1/1995

Beyer, H.-T./Henningsen, J., Mitarbeiterorientiertes Zeitmanagement, in: Personal, Mensch und Arbeit, H.4/1990

Bickmann, R., Warum Management der CI-Gestaltung?, in: Bickmann et al. (Hrsg.), Chance Identität, Heidelberg/Berlin u.a. 1999

Bickmann, R./Schad, M., Integratives Management: das Ende des Thomas-Prinzips, München 1995

Biehal, F., Die neue Rolle der Personalentwicklung, in: Glasl/Brugger (Hrsg.) Der Erfolgskurs schlanker Unternehmen: Impulstexte und Praxisbeispiele, Bern/Stuttgart 1994

Biel, A., Controlling-geprägtes Informationsmanagement, in: cm, H.6/1993

Bieneck, H.-J., Arbeit und Technik - neues Forschungsprogramm der Bundesregierung, in: Die BG, H.7/1990

Biener, H., Die Transformation der Mittelstands- und der GmbH & Co-Richtlinie, in: Die Wirtschaftsprüfung, H.23-24/1993

Bierfelder, Innovationsmanagement, 3.Aufl., München 1994

Bierfreund, H., Jede Leistung hat ihren Preis. Neue Lohnsysteme als Voraussetzung für Gruppenarbeit, in: Personalführung, H.5/1994

Bierter, W., Öko-intelligente Dienstleistungen – Chancen für zukunftsfähiges Wirtschaften, in: Bullinger (Hrsg.), Dienstleistungen – Innovationen für Wachstum und Beschäftigung. Herausforderungen des internationalen Wettbewerbs, Wiesbaden 1999

Biethahn, J./Fischer, D., Controlling-Informationssysteme, in: Biethahn/Huch (Hrsg.), Informationssystem für das Controlling. Konzepte, Methoden und Instrumente zur Gestaltung von Controlling-Informationssystemen, Berlin u.a. 1994

Biethahn, J./Muksch, H./Ruf, W., Ganzheitliches Informationsmanagement, Band I: Grundlagen, München 1990

Bihl, G./Thanner, E./Wächter, J., Anforderungen Neuer Arbeitsstrukturen an Führungskräfte und Mitarbeiter, in: zfo, H. 3/1997

Bihl. G./Meusel, H./Seemüller, K.-H., Leistung und Gegenleistung, in: Personalwirtschaft, H. 6/1998

Binder, W./Wieder, P., Management Audit auf Basis eines 360° Feedback, in: Personalwirtschaft, H. 4/1998

Binswanger, M., Information und Entropie. Ökologische Perspektiven des Übergangs zu einer Informationswirtschaft, Frankfurt/New York 1992

Birke, M. u.a., Vom Umweltmanagement zum nachhaltigen Unternehmen, in: UWF, H.2/1998

Birkigt, K./Stadler, M. M., Corporate Identity - Grundlagen, in: Birkigt/Stadler/Funck (Hrsg.), Corporate Identity: Grundlagen, Funktionen, Fallbeispiele, 9. Aufl., Landsberg/Lech 1996

Bisani, F., Synergiemanagement: Ein Begriff macht Karriere, in: Gablers Magazin, H.3/1990

Bischoff, S., Frauen und Männer in der Wirtschaft: Miteinander oder gegeneinander?, in: Personalführung, H. 6/1999

Bitz, M./Dellmann, K./Domsch, M./Egner, H. (Hrsg.), Vahlens Kompendium der Betriebswirtschaftslehre, Band 1+ 2, 3., überarb. und erw. Aufl., München 1993

Black, A./Wright, Ph./Bachman, J./Waterhouse, P., Shareholder Value für Manager: Konzepte und Methoden zur Steigerung des Unternehmenswertes, Frankfurt a.M./New York 1998

Blanchard, K./Carlos, J./Randolph, A., Management durch Empowerment, Reinbek bei Hamburg 1998

Blanke, G., So wandeln Sie Ihr Unternehmen erfolgreich in eine Aktiengesellschaft um. Alles Wichtige über die kleine AG, Landsberg/Lech, 1995

Blaseio, H., Von der Unternehmenskontrolle zur Unternehmensentwicklung, in: Controlling, H.1/1993

Bläsing, J., Über die ISO-Norm zum Total Quality Management, in: Beschaffung aktuell, H.4/1992

Blazek, A./Deyhle, A., Treasurer- und Controller-Aufgaben, in: Jehle/Blazek/Deyhle (Hrsg.), Finanzcontrolling, 4. Aufl., Gauting/München 1991

Bleeke, J./Ernst, D., Mit internationalen Allianzen auf die Siegerstraße, in: Harvard manager, H. 3/1992

Bleicher, K., Unternehmenskultur und strategische Unternehmensführung, in: Hahn/Taylor (Hrsg.), Strategische Unternehmensführung. Stand und Entwicklungstendenzen, 4. Aufl., Heidelberg/Wien 1986

Bleicher, K., Betriebswirtschaftslehre - Disziplinäre Lehre vom Wirtschaften in und zwischen Betrieben oder interdisziplinäre Wissenschaft vom Management?, in: Wunderer (Hrsg.), Betriebswirtschaftslehre als Management- und Führungslehre, 2., erg. Aufl., Stuttgart 1988

Bleicher, K., Von strukturellen zu human-zentrierten Ansätzen, in: zfo, H.3/1990

Bleicher, K., Das Konzept Integriertes Management, Frankfurt/New York 1991

Bleicher, K., Normatives Management: Politik, Verfassung und Philosophie des Unternehmens, Frankfurt/New York 1994

Bleicher, K., Kapieren, nicht kopieren, in: Wirtschaftswoche, Nr.36, 2.9.1994 (b)

Bleicher, K., Zum „Management of Change". Orientierungslosigkeit und Verunsicherung in einer Zeit des Paradigmenwechsels, in: technologie & management, H. 2/1994 (c)

Bleicher, K., Unternehmen auf dem Weg zur Vertrauensorganisation: Potentiale entdecken, in: Gablers Magazin, H.1/1994 (d)

Bleicher, K., Vertrauen als kritischer Faktor einer Bewältigung des Wandels, in: zfo, H.6/1995

Bleischwitz, R. et.al., Zukunftsfähiges Deutschland, Endbericht, Wuppertal 1995

Blindow-Prettl, F./Füglistaller, U./Haake, K., ISO 9000: Wie erleben Schweizer KMU die Zertifizierung?, in: io Management Zeitschrift, H.12/1995

BMBF (Hrsg.), Informationsgesellschaft – Chance, Innovationen und Herausforderung: Feststellungen und Empfehlungen, Bonn 1995

BMBF (Hrsg.), Innovation und Arbeit für das Informationszeitalter. Zusammenfassung der Ergebnisse, Projektdurchführung Arthur D. Little, Bonn 1996

BMBF (Hrsg.), Innovationen für die Wissensgesellschaft: Förderprogramm Informationstechnik, Bonn 1997

BMU (Hrsg.), Nachhaltige Entwicklung in den Kommunen. Lokale Agenda 21, Tagungsdokumentation, August 1998

BMU/UBA (Hrsg.), Handbuch Umweltcontrolling, München 1995

BMWi /Hrsg.) Die Informationsgesellschaft: Fakten, Analysen, Trends, Bonn 1995

Böckmann, W., Sinn ist immer auch der Sinn der anderen, in: Gablers Magazin, H.9/1988

Bodendorf, F., Auf dem Weg in die computergestützte Dienstleistungsgesellschaft, in: Schachtschneider (Hrsg.), Wirtschaft, Gesellschaft und Staat im Umbruch: Festschrift der Wirtschafts- und Sozialwissenschaftlichen Fakultät der Friedrich-Alexander-Universität Erlangen-Nürnberg 75 Jahre nach Errichtung der Handelshochschule Nürnberg, Berlin 1995

Bofinger, P., War die Eigenkapitallücke der deutschen Wirtschaft nur ein Scheinproblem?, in: Wirtschaftsdienst, H.5/1990

Bohlmann, V./Ackermann, B., Die Einführung von Gruppenarbeit ist „Chefsache", in: io management, H. 3/1997

Böhm, M/Halfmann, M., Kennzahlen und Kennzahlensysteme für ein ökologieorientiertes Controlling, in: uwf, H.8/1994

Böhme, G., Bildung als Widerstand. Was sollen die Schulen und Hochschulen lehren? Ein Versuch über die Zukunft des Wissens, in: Die Zeit, Nr.38., 6.9.1999

Böhny, R., Management Buyout: Planung ist alles!, in: io Management Zeitschrift, H.10/1991

Böning, J., Ökobilanzierung - ein neues Werkzeug für Controller's Tool-Bag?, in: cm, H.4/1995

Böning, J./Brückl, St., Regionalorientierte Ökobilanzierung, in: uwf, H.2/1995

Borer, C.P., Unternehmensleitbild mit Mindmapping, in: io Management Zeitschrift, 60.Jg., H.6/1991

Börlin, M., Sind Kreisläufe wirtschaftlich? - Die Kosten umweltgerechter Technolgien, in: Oö.Umweltakademie, Tagungsband Kreislauf statt Einbahn. Umweltgerechtes Wirtschaften durch saubere Technologien, Bad Ischl 1993

Bornemann, H., Controlling heute: eine Einführung in die Praxis mit Fallbeispielen, Wiesbaden 1985

Bornemann, S./Willig, M., Ganzheitlich handeln, in: UmweltMagazin, September 1991

Boss, J., Lernende oder lernunwillige Organisation. Ein progressiver Anspruch und die konservative Wirklichkeit, in: Organisationsentwicklung, H.4/1993

Bosshart, D., Die Zukunft des Konsums: Wie leben wir morgen?, Düsseldorf/München 1997

Botta, V., Kennzahlensysteme als Führungsinstrumente. Planung, Steuerung und Kontrolle der Rentabilität im Unternehmen, 4., völlig neubearb. und erw. Aufl., Berlin 1993

Boutellier, R., Simultanous Engineering, in: Tschirky/Koruna (Hrsg.), Technologie-Management: Idee und Praxis, Zürich 1998

Boutellier, R./Mratzler, M./Böttcher, S., Zukunftssicherung durch Technologiebeobachtung, in: io management, H. 1-2/1998

Bozem, K., Cash-Management - mehr als nur ein Schlagwort, in: PdR, Losebl.-Ausg., H.5, Gruppe 11/1987

Braeckeler, R./Heberer, J., Optimierung von Gruppenarbeit durch Prozeßbegleitung und Team-Audit, in: Personalführung, H. 1/1999

Brandes, W./Recke, /Berger, Produktions- und Umweltökonomik: Traditionelle und moderne Konzepte, Stuttgart 1997

Brandhoff, J., Anreizkompatible Stock Option Pläne, in: Personal, H. 5/1999

Brandmüller, G., Die Betriebsaufspaltung nach Handels- und Steuerrecht, 6., neubearb. und wesentl. erweit. Aufl., Heidelberg 1994

Braun, J., Einführung, in: Bullinger/Warnecke (Hrsg.), Neue Organisationsformen im Unternehmen: Ein Handbuch für das moderne Management, Berlin u.a.1996

Brecht, L./Legner, Ch./Muschter, S./Österle, H., Prozeßführung mit nichtfinanziellen Führungsgrößen. Konzept und Erfahrungen, in: Controlling, H.5/1998

Brecht, L./Hess, Th./Österle, H., Business Engineering: Von einer Mode zur Methode, in: Harvard Business manager, H. 4/1995

Breilmann, U., Dimensionen der Organisationsstruktur, Ergebnisse einer empirischen Untersuchung, in: zfo, H. 3/1995

1113

Breisig, Th., Unternehmenskultur. Vom kometenhaften Aufstieg eines Schlagwortes ... oder: Was hoch steigt, fällt bekanntlich tief, in: zfo, H.2/1990

Bremer, C., Formen und Voraussetzungen der Telearbeit, in: Brill/de Vries (Hrsg.), Virtuelle Wirtschaft: Virtuelle Unternehmen, virtuelle Produkte, virtuelles Geld und virtuelle Kommunikation, Opladen 1998

Brennan, T., Jenseits der Hybris. Bausteine einer neuen Ökonomie, Frankfurt/M. 1997

Brenner, W., Informationsmanagement der vierten Generation. IT-orientierte Unternehmensführung, in: BFuP, H.6/1993

Bresso, M., Für einen anderen Fortschritt: Weniger kann mehr sein, in: Glauber/Pfriem (Hrsg.), Ökologisch wirtschaften. Erfahrungen, Strategien, Modelle, Frankfurt am Main 1992

Bretz, H., Zur Kultivierung des Unternehmerischen im Unternehmen. Von den historischen Wurzeln zur unternehmerischen Avantgarde im Management, in: Laub/Schneider (Hrsg.), Innovation und Unternehmertum: Perspektiven, Erfahrungen, Ergebnisse, Wiesbaden 1991

Brettreich-Teichmann, W./Bullinger, H.-J./Wiedmann, G., Design neuer Dienstleistungen – Service-Management im Telekommunikationsmarkt, in: telekom praxis, H.12/1997

Breucker, N./Hedrich, G., Einführung eines Prämienlohns. Anreiz- und Vergütungssystem in einer schlanken Produktion, in: Personalführung, H.11/1992

Brinkmann, Th./Ehrenstein, G.W./Steinhilper, R., Umwelt und recyclinggerechte Produktentwicklung, Augsburg 1994

Brockhoff, K., Prognosen, in: Bea/Dichtl/Schweitzer (Hrsg.), Allgemeine Betriebswirtschaftslehre, Bd.2: Führung, 6., neubearb. Aufl., Stuttgart/Jena 1993

Brodbeck, H., Strategische Entscheidungen im Technologie-Management: Relevanz und Ausgestaltung in der unternehmerischen Praxis, Zürich 1999

Brödner, P./Kötter, W. (Hrsg), Frischer Wind in der Fabrik: Spielregeln und Leitbilder von Veränderungsprozessen, Berlin/Heidelberg 1999

Broll, U., Multinationale Unternehmen, Direktinvestitionen und Internationaler Handel, in: WiSt, H.9/1996

Bronder, Ch., Was einer Kooperation den Erfolg sichert, in: Harvard manager, H.1/1993

Bronder, Ch./Pritzl, R., Leitfaden für strategische Allianzen, in: Harvard manager, H.1/1991

Brown, J.S./Duguid, P., Dem Unternehmen das Wissen seiner Menschen erschließen, in: Harvard Business manager, H. 3/1999

Brown, L./Renner, M./Flavin, Vh., (Worldwatch Institute), Vital Signs 1998. The environmental trends that are shaping our future, London 1998

Bruch, H., Erfolgsfaktoren und Hindernisse für Outsourcing, in: io Managament Zeitschrift, H.7-8/1995

Brüderl, J./Preisendörfer, P./Ziegler, R., Der Erfolg neugegründeter Betriebe: eine empirische Studie zu den Chancen und Risiken von Unternehmensgründungen, Berlin 1996

Bruhn, M./Meffert, M., Dienstleistungsmanagement als unternehmerische Herausforderung – Eine Einführung in das Handbuch, in: Meffert/Bruhn (Hrsg), Handbuch Dienstleistungsmanagement. Von der strategischen Konzeption zur praktischen Umsetzung, Wiesbaden 1998

Bruhn, M., Sozio- und Umweltsponsoring. Engagements von Unternehmen für soziale und ökologische Aufgaben, München 1990 (a)

Bruhn, M., Sozio- und Umweltsponsoring in der Bundesrepublik. Ergebnisse einer Unternehmensbefragung, Reichartshausen 1990 (b)

Bruhn, M., Integration des Umweltschutzes in den Funktionsbereich Marketing, in: Steger (Hrsg.), Handbuch des Umweltmanagements. Anforderungs- und Leistungsprofile von Unternehmen und Gesellschaft, München 1992

Bruhn, M., Chancen und Risiken des Ökosponsoring, in: DBW, H.4/1994

Bruhn, M./Grimm, U., Change Mangement, Bewältigung der Umfelddynamik: Deterministisches Denken ist passé, in: Gablers Magazin, H. 5/1992

Brumlop, E., Frauen im Management: Innovationspotential der Zukunft?, in: Ganter/Schienstock (Hrsg.), Management aus soziologischer Sicht: Unternehmensführung, Industrie- und Organisationssoziologie, Wiesbaden 1993

Brune, G., Ökologie - Produkt - Kommunikation. Thesenpapier, in: IÖW, Ökologische Produktpolitik. Anforderungen, Instrumente, Akteure. Tagungsunterlagen, Heidelberg 26/27.11.1993

Brunner, F., Produktplanung mit Quality Function Deployment QFD, in: io Management Zeitschrift, H.6/1992

Brunner, J., Performance Management und Balanced Scorecard, in: io management, H. 6/1998

Brunner, J./Roth, P., Performance-Management und Balanced Scorecard in der Praxis, in: io management, H. 7/8 1999

Brunöhler, A., Die ersten hundert Tage einer Fusion entscheiden, in: FAZ, 5.7.1999

Brütsch, D., Virtuelles Unternehmen: Herausforderung oder Fiktion?, in: io Management-Zeitschrift, H.1-2/1996

Buchmann, M., Least-cost planning: ein taugliches Instrument zum Stromsparen oder eine Utopie?, in: io Management Zeitschrift, H.3/1995

Buchner, R., Kapitalwert, interner Zinsfuß und Annuität als investitionsrechnerisches Auswahlkriterium, in: WiSt, H.5/1993

Buck, H./Reif, A., Innovative Produktion bei veränderten Altersstrukturen, in: Klose (Hrsg.). Perspektiven der alternden Arbeitsgesellschaft, forum demographie und politik, H.9/1997

Buggert, W., Dysfunktionale Verhaltenswirkungen von Budgetierungssystemen, in: cm, H.1/1991

Bühl, A., Die virtuelle Gesellschaft: Ökonomie, Politik und Kultur im Zeichen des Cyberspace, Opladen/Wiesbaden 1997

1114

Bühl, A., Cybersociety: Mythos und Realität der Informationsgesellschaft, Köln 1996

Bühner, R., Betriebswirtschaftliche Organisationslehre, 7.verb. und erg. Aufl., 1994

Bühner, R., Kapitalmarktorientierte Unternehmenssteuerung. Aktionärsorientierte Unternehmensführung, in: WiSt, H.7/1996

Bühner, R., Kapitalmarktorientierte Unternehmenssteuerung. Grundidee und Varianten des Shareholder Value, in: WiSt, H.8/1996 (b)

Bühner, R./Sulzbach, K. (Hrsg.), Wertorientierte Steuerungs- und Führungssysteme. Shareholder Value in der Praxis, Stuttgart 1999

Bukowitz, W., Interview, in:, Internet-Zeitung „zum Thema", Nr. 23, 27.11.1998

Bühner, R., Strategie und Organisation: Analyse und Planung der Unternehmensdiversifikation mit Fallbeispielen, 2., überarb. und erw. Aufl., Wiesbaden 1993

Bühner, R., Management-Holding in der Praxis. Eine empirische Untersuchung deutscher Unternehmen, in: Der Betrieb, H. 6/1993 (b)

Bühner, R., Die schlanke Management-Holding, in: zfo, H.1/1993 (c)

Bühner, R., Lean Management und Shareholder Value: Ein starkes Paar!, in: Gablers Magazin, H.2/1994

Bühner, R., Der Aufbau von Konzernorganisationen, in: io Management Zeitschrift, H.11/1995

Bühner, R., Mitarbeiter mit Kennzahlen führen, Harvard Business manager, H. 3/1995 (b)

Bühner, R., Reaktionen des Aktienmarktes auf die Einführung von Management-Holdings, in. ZfB, H.1/1996

Bullinger, H.-J./Brettreich-T., W./Wiedmann, G., Herausforderung für das Service-Management, in : Office Management, H.6/1997

Bullinger, H.-J./Hermann, S./Ganz, W., Kreativität als Leitbild für das Unternehmen der Zukunft, in: Office Management, H. 12/1997

Bullinger, H.-J./Renner, Th./Dormeier, S., Unternehmen auf dem Weg zum „knowledge-warehouse", in : Office Management, H.2/1997

Bullinger, H.-J./Warschat, J./Prieto, J./Wörner, K., Wissensmanagement – Anspruch und Wirklichkeit. Ergebnisse einer Unternehmensstudie in Deutschland, in: Office Management. H1.1/1998 (zit. Bullinger et. al.)

Bullinger, H.-J./Wiedmann, G./Brettreich-Teichmann, W., Global Networking – Management vernetzter Dienstleistungen, Fraunhofer Institut für Arbeitswirtschaft und Organisation, Stuttgart 1998

Bullinger, H.-J./Friedrich, R., Management of Change, in: Office Management, H.11/1995

Bullinger, H.-J./Friedrich, R./Knoll, P., Management-Informationssysteme (MIS). Vorgehensweisen, Trends und Entwicklungen, in: Office Management, H.11/1992

Bullinger, H.-J./Fröschle, H.-P./Brettreich-Teichmann, W., Informations- und Kommunikationsinfrastrukturen für innovative Unternehmen, in: zfo, H.4/1993

Bullinger, H./Wiedmann, G., Der Wandel beginnt. Aktuelle Managementkonzepte in Deutschland - Ergebnisse einer Studie, in: Office Management, H.7-8/1995

Bultje, R./Wijkt van, J., Taxonomy of Virtual Organisations, Based on Definitions, Characteristics and Typology, in: Newsletter, Vol. 2, No.3, Sept. 1, 1998 (Virtual-organization-net des Instituts of Information Systems, Universität Bern)

BUND/Misereor (Hrsg.), Zukunftsfähiges Deutschland. Ein Beitrag zu einer global nachhaltigen Entwicklung, Basel u.a. 1996

Bundeskartellamt (Hrsg.), Bericht des Bundeskartellamtes über seine Tätigkeit in den Jahren 1997/1998 sowie über die Lage und Entwicklung seinen Aufgabengebieten – Kurzfassung 1999

Bundeskartellamt (Hrsg.), Bericht des Bundeskartellamtes über seine Tätigkeit in den Jahren 1995/96 sowie über die Lage und Entwicklung auf seinen Aufgabengebieten – Kurzfassung 1997

Bundeskartellamt (Hrsg.), Merkblatt zur deutschen Fusionskontrolle, Berlin, Stand: Januar 1999 (b)

Bundeskartellamt (Hrsg.), Merkblätter Mittelstandskartelle, 1999 (c)

Bundesumweltministerium/Umweltbundesamt, Handbuch Umweltcontrolling, München 1995

Bundesumweltministerium/Umweltbundesamt, Handbuch Umweltkostenrechnung, München 1996

Bünemann, A./Menke-Glückert, P./Rachut, G., Der neue Kreislauf der Wirtschaft. Praxishilfen zum Kreislaufwirtschaftsgesetz einschließlich seines untergesetzlichen Regelwerkes, Bonn 1997

Bunk, B., Gebündelte Freiheiten. Harmonisierung von Unternehmenskulturen, in: Absatzwirtschaft, H.2/1994

Bürgel, H. D./Säubert, H., Die Generierung von Steuerungsgrößen für die Erfolgsmessung von Wissensmanagement, in; io management, H. 10/1998

Burkert, Th., Deutsches und europäisches Kartellrecht - ein strategischer Faktor für die Leitung eines Familienunternehmens, in: Hennerkes (Hrsg.) , Unternehmenshandbuch Familiengesellschaften. Sicherung von Unternehmen, Vermögen und Familie, Köln u.a. 1995

Burr, W./Kreis-Engelhardt, B., Telearbeit-Studie: Kein Boom in Sicht, in: Office Management, H. 10/1998

Burschel, C., Zum Einfluß des Umweltschutzbeauftragten und der Mitarbeiter im Rahmen der Öko-Audit-Implementierung, in: uwf, H.3/1995

Burschel, C./Fischer, H./Wucherer, Ch., Umweltkostenmanagement, in: uwf, H.4/1995

Buse, H./Schaltegger, St., Öko-Controlling für das Firmenareal, in: io Management Zeitschrift, H.5/1995

Butterbrodt, D., Praxishandbuch umweltorientiertes Management. Grundlagen, Konzept, Praxisbeispiel, Berlin u.a. 1997

Buttgereit, R., Ökologische und ökonomische Funktionsbedingungen umwelt-ökonomischer Instrumente, Berlin 1991

Buzzell, R.D./Gale, B.T., Das PIMS-Programm: Strategien und Unternehmenserfolg, Wiesbaden 1989

Bygrave, W., Die einzelnen Stufen des Entrepreneurship, in: Faltin/Ripsas/Zimmer (Hrsg.), Entrepreneurship. Wie aus Ideen Unternehmen werden, München 1998 (deutsche Übersetzung von : The Entrepreneurial Process, New York 1994)

Byrne, J./Brandt, R./Port, O., The Virtual Corporation, in: Business Week, 8. Feb. 1993

Camp, R., Benchmarking, München/Wien 1994

Castenow, D., New Marketing in der Praxis. Vom Produkt- zum Bewußtseinsmarketing, Düsseldorf u.a. 1993

Chmielewicz, K., Gesetzliche Änderungen der Mitbestimmung, in: DBW, H.5/1990

Christ, J., Erfolgssicherung durch Umwelt-Controlling, in: cm, H.1/1995

Chrobok, R., Telearbeit, in: zfo, H. 4/1999

Chrobok, R., Wissensmanagement, in: zfo, H. 3/1998

Claes, Th./Böggemann, P./Pfriem R., Umweltkostenrechnung als Teil der betrieblichen Kostenrechnung: Erfahrungen aus dem Projekt bei der Deutschen Bahn AG, in: uwf, H.1/1999

Claßen, M., Strategieorientierte Personalentwicklung, in: Zeitschrift für Planung, H.2/1992

Clausen, J./Fichter, K., Umweltberichte - Umwelterklärungen. Hinweise zur Erstellung und Verbreitung, Osnabrück 1994

Clausen, J./Mathes, M., Ziele für das nachhaltige Unternehmen, in: Fichter/Clausen (Hrsg.), Schritte zum nachhaltigen Unternehmen. Zukunftsweisende Praxiskonzepte des Umweltmanagements, Berlin u.a. 1998

Clausen, J./Rubik, F., Von der Suggestivkraft der Zahlen, in: Ökologisches Wirtschaften, H.1/1996

Clutterbuck, D./Kernaghan, S., Empowerment: So entfesseln Sie die Talente Ihrer Mitarbeiter, Landsberg/Lech 1995

Coenenberg, A., Jahresabschluß und Jahresabschlußanalyse. Betriebswirtschaftliche, handels- und steuerrechtliche Grundlagen, 15., überarb. Aufl., Landsberg/Lech 1994

Coenenberg, A.G./Baum, H.-G., Strategisches Controlling, Grundfragen der strategischen Planung und Kontrolle, Stuttgart 1992

Collrepp von, F., Handbuch Existenzgründung. Für die ersten Schritte in die dauerhaft erfolgreiche Selbständigkeit, 2., überarb. und akt. Aufl., Stuttgart 1999

Conti, T., Self-Assessment: Ein Werkzeug zur Verbesserung der Wettbewerbsfähigkeit, München/Wien 1990

Coopers & Lybrand Deutsche Revision (Hrsg.), Wertorientierte Unternehmensführung, Frankfurt a. M. 1997

Copeland, T./Koller, T./Murrin, J., Unternehmenswert. Methoden und Strategien für einen wertorientierte Unternehmensführung, Frankfurt 1993

Cordes, E./Schenck, I.v., Ein Controllingkonzept für die Praxis, in: BFuP, H.4/1992

Cordon, C./Vollmann, Th./Heikkilä, J., Die Entscheidung für Outsourcing richtig durchdenken, in: Handelsblatt Nr.101, 28/29.5.1999

Corsten, H., Zielbildung als interaktiver Prozeß, in: WISU, H.6/1988

Corsten, H./Götzelmann, F., Das Kooperationsprinzip in umweltpolitischer und unternehmerischer Sicht, 1+2, in: WISU, H.4+ 5/91

Corsten, H./Reiß, M. (Hrsg.), Betriebswirtschaftslehre, München/Wien 1994

Corsten, H./Will, Th., Das Konzept generischer Wettbewerbsstrategien - Kennzeichen und kritische Analyse, in: WISU, H.3/1992

Crezelius, G., Zur Bildung von Rückstellungen für Umweltschutzmaßnahmen, in: DB, H.27-28/1992

Dachler, H.-P., Allgemeine Betriebswirtschafts- und Managementlehre im Kreuzfeuer verschiedener sozialwissenschaftlicher Perspektiven, in: Wunderer (Hrsg.), Betriebswirtschaftslehre als Management- und Führungslehre, 2., erg. Aufl., Stuttgart 1988

Daecke, S. M., Umweltethik als wirtschaftsethische Aufgabe. Philosophisch-theologische Anmerkungen zum Verhältnis von Ökonomie und Ökologie, in: Daecke (Hrsg.), Ökonomie contra Ökologie? Wirtschaftsethische Beiträge zu Umweltfragen, Stuttgart/Weimar 1995

Dahl, J., Die letzte Illusion, in: Die Zeit, 23.11.1990

Datta, D.K., Organizational fit and acquisition performance: effects of post-acquisition integration, in: Strategic Management Journal, Vol.12, pp.281-297 (1991)

Davenport, T.H./ Prusak, L., Wenn ihr Unternehmen wüßte, was es alles weiß...: das Praxisbuch zum Wissensmanagement, Landsberg/Lech 1998

Davenport, T.H./Prusak, L., Working Knowledge, Boston 1998

Davidow, W.H./Malone, M.S., Das virtuelle Unternehmen. Der Kunde als Co-Produzent, Frankfurt/New York 1993

Day, R.M., Beyond Eco-Efficiency: Sustainability as a Driver for Innovation, Sustainable Enterprise Perspectives - World Recources Institute, March 1998

Deal, T.E./Kennedy, A.A., Corporate Cultures - The Rites and Rituals of Corporate Life, Reading/Mass. 1982

De Geus, A., Jenseits der Ökonomie. Die Verantwortung der Unternehmen, Stuttgart 1998

Deckstein, D., Arbeit gestern, Arbeit morgen, in: SZ, 7/8.2.1998

Deges, F., Zielorientiert führen bei Telearbeit, in: Personalwirtschaft, H. 8/1998

Dembski, T., Future Present: The Concept of Virtual Organisation Revisited the Nature of Boundedness of Virtual Organisations, in: Newsletter, Vol. 2, No.2, June 1, 1998 (Virtual-organization-net des Instituts of Information Systems, Universität Bern)

Deller, J./Münch, St., Das Zielvereinbarungssystem der DaimlerChrysler Services (debis)AG, in: Personalführung, H. 10/1999

Dellmann, K., Eine Systematisierung der Grundlagen des Controlling, in: Spreman/Zur (Hrsg.), Controlling: Grundlagen - Informationssysteme - Anwendungen, Wiesbaden 1992

De Man, R./Haralabopoulou, D./Henseling, K. O., Ziele, Anlässe und Formen des Stoffstrommanagements, in: Friege/Engelhardt/Henseling (Hrsg.),. Das Management von Stoffströmen. Geteilte Verantwortung – Nutzen für Alle, Berlin 1998

Deml/Baumgarten/Bobikiewicz., Grünes Geld, Jahrbuch für ethisch-ökologische Geldanlagen 1995/96, 2. Aufl., Wien 1994

Demmer, Ch./Schnitzler, L., Kalter Schock - Grenzüberschreitende Zusammenschlüsse scheitern oft am Kulturschock, in: Wirtschaftswoche, Nr. 44, 29.10.1993

Deppe, J., Quality Circle und Lernstatt. Ein integrativer Ansatz, 3., überarb. Aufl., Wiesbaden 1992

DeSimone, L./Popoff, F./WBCSD, Eco-efficiency: The Business Link to Sustainable Development, Cambridge 1997

Detzer, K., Wer verantwortet den industriellen Fortschritt? Auf der Suche nach Orientierung im Geflecht von Unternehmen, Gesellschaft und Umwelt, Berlin u.a., 1995

Deubel, P., Qualitätszirkel einführen - und was dann, in: io Management Zeitschrift, 60.Jg., H.7/8, 1991

Deutsch, Ch., Qualitätsmanagement: Eigenes Konterfei, in: Wirtschaftswoche, Nr. 34, 19.8.1994

Deutsch, Ch., Insourcing. Zurück zum Kern, in: Wirtschaftswoche, Nr. 51, 14.12.1995

Deutsch, K./Diedrichs, E./Raster, M./Westphal, J., Gewinnen mit Kernkompetenzen: Die Spielregeln des Marktes neu definieren, München/Wien 1997

Deutsche Morgan Grenfell (Hrsg.), Shareholder Value in Deutschland (Sonderstudie), Frankfurt 1996

Deyhle, A., Controller Handbuch. Enzyklopädisches Lexikon für die Controller-Praxis, Band I-VI, 3. Aufl., Gauting b. München 1990

Deyhle, A., Kommentar der 12 Thesen im Beitrag Küpper/Weber/Zünd zum Verständnis und Selbstverständnis des Controlling, in: Controlling: Selbstverständnis, Instrumente, Perspektiven, ZfB Ergänzungsheft 3/1991

Die Gruppe von Lissabon, Grenzen des Wettbewerbs. Die Globalisierung der Wirtschaft und die Zukunft der Menschheit, München 1997

Dierkes, M./Hofmann, J./Marz, L., Technikgenese und organisatorischer Wandel: Divergierende Innovationsmuster, Wissenschaftszentrum Berlin für Sozialforschung, 7/98

Dilk, A., Cafeteria-Systeme, in Eyer (Hrsg.), Report Vergütung: Entgeltgestaltung für Mitarbeiter und Manager, Düsseldorf 1999

Dixon, R./Arnold, P./Heineke, J./Kim, J./Mulligan, P., Mit Ausdauer ist es machbar, in: Harvard Business manager, H.2/1995

Döbler, Th., Strategien von Unternehmerinnen, in: Personalwirtschaft, H. 9/1997

Dölle, W., ZP-Stichwort: Nutzwertanalyse, in: Zeitschrift für Planung, H.2/1993

Domsch, M., Personal, in: Vahlens Kompendium der Betriebswirtschaftslehre, Bd. 1, 3., überarb. und erw. Aufl., München 1993

Domsch, M./Strasse, Ch., Teilzeitarbeit für Führungskräfte, in: io Management Zeitschrift, H. 1-2/1995

Domsch, M.E./Kleiminger, K./Ladwig, D.H./Strasse, Ch., Job Sharing für Führungskräfte, in: zfo, H. 2/1998

Donlon, J./Weber, A., Wertorientierte Unternehmensführung im DaimlerChrysler-Konzern, in: Controlling, H. 8-9./1999

Donsbach, W./Gattwinkel, D., Öl ins Feuer. Die publizistische Inszenierung des Skandals um die Rolle der Ölkonzerne in Nigeria, Dresdner Reihe Medien und Öffentlichkeit, Band 1, Dresden 1998

Doz, Y./Hamel, G., Alliance Advantage: The Art of Creating Value through Partnering, Boston 1998

Dresdner Bank, Unternehmer werden. Informationen zur Unternehmensgründung in Produktion, Handwerk, Handel und Dienstleistung, 6.Auf., Frankfurt 1997

Drucker, P., Management im 21. Jahrhundert, München 1999

Drucker, P., Die große Macht kleiner Ideen, in: Faltin/Ripsas/Zimmer (Hrsg.), Entrepreneurship. Wie aus Ideen Unternehmen werden, München 1998 (deutsche Übersetzung von: The Big Power of Little Ideas, Boston 1964)

Drucker, P., Die Kunst sich selbst zu managen, in: Harvard Business manager, H. 5/1999

Drucker, P., Innovation and Entrepreneurship. Practice and Principles, London 1992 (1968)

Drucker, P., Post-Capitalist Society, Oxford 1993

Drucker, P., The Age of Discontinuity. Guidelines to our Changing Society, New York 1968

Drucker, P., Wissen – die Trumpfkarte der entwickelten Länder, in: Harvard Business manager, H. 4/1998

Drumm, H. J., Virtualität in Organisation und Personalmanagement, in: zfo, H. 4/1998

DtA (Deutsche Ausgleichsbank), Das DtA-Förderangebot für Existenzgründer und mittelständische Betriebe, Stand: Januar 1999, Bonn 1999

DtA (Deutsche Ausgleichsbank), DtA-Ratgeber Existenzgründung. Zwölf Hürden auf dem Weg zum erfolgreichen Unternehmensstart, Stand: März 1999, Bonn 1999

Dubs, R., Human Resource Management, in: Siegwart/Dubs/Mahari (Hrsg.), Human Resource Management, Stuttgart 1997

Dunfee, Th., Kleine Lügen bestraft der Kunde sofort, in: Handelsblatt, Nr.220, 14./15.11.1997

Dunsch, J., Mythen der Globalisierung, in: FAZ, Nr.301, 29.12.1997

Dunst, K.H., Portfolio-Management - Konzeption für strategische Unternehmensplanung, 2. Aufl., Berlin/New York 1983

Duschek, St., Kooperative Kernkompetenzen – Zum Management einzigartiger Netzwerkressourcen, in: zfo, H.4/1998

Dyckhoff, H., Berücksichtigung des Umweltschutzes in der betriebswirtschaftlichen Produktionstheorie, in: Ordelheide/Rudolph/Büsselmann (Hrsg.), Betriebswirtschaftslehre und Ökonomische Theorie, Stuttgart 1991

Dyckhoff, H., Theoretische Grundlagen einer umweltorientierten Produktionswirtschaft,in: Wagner (Hrsg.), Betriebswirtschaft und Umweltschutz, Stuttgart 1993

Dyckhoff, H./Rüdiger, Ch./Souren, R., Produktionstheoretisch integrierter Umweltschutz, in: uwf, H.8/1994

Dyllick, T./Belz, F./Schneidewind, U., Ökologie und Wettbewerbsfähigkeit von Unternehmen. München/Zürich 1997

Dyllick, Th., Ökologie und Wettbewerbsfähigkeit von Unternehmen, in: io management, H. 3/1998

Dyllick, Th., Umweltmanagement auf dem Prüfstand, in: uwf, H. 1/1998

Dyllick, Th., Management der Umweltbeziehungen. Öffentliche Auseinandersetzungen als Herausforderung, Wiesbaden 1989

Dyllick, Th./Hummel, J., EMAS und/oder ISO 14 001?, in: uwf, H.3/1995

DVFA/SG., Cash Flow nach DVFA/SG. Gemeinsame Empfehlung, in: Die Wirtschaftsprüfung, H.19/1993

Eberhardt, H., Zielvereinbarung, in: REFA-Nachrichten, H.2/1994

Eblinghaus, H./Stickler, A., Nachhaltigkeit und Macht. Zur Kritik von Sustainable Development, Frankfurt/Main 1996

Eckardstein, D.v., Zur Modernisierung betrieblicher Entlohnungssysteme in industriellen Unternehmen in: Eckardstein/Janes (Hrsg.), Neue Wege der Lohnfindung für die Industrie, Wien 1995

Ederer, F., Balanced Scorecard, in: Institut der Deutschen Wirtschaft (Hrsg,), Wirtschaft und Unterricht, Nr.8, 30.9.1999

Edling, H., Europäische Fusionskontrolle als Instrument der Wettbewerbspolitik, in: WiSt, H.5/1993

Edmondson, A./Moingeon, B., Weltweiter Vorsprung durch Lernen, in: Handelsblatt Nr. 175, 10/11.9.1999

Edvinsson, L./Malone, M.S., Intellectual Capital, New York 1997

Egger, A./Winterheller, M., Kurzfristige Unternehmensplanung - Budgetierung, 8. Aufl., Wien 1994

Egger-List, M., Management-Coaching für die 90er Jahre, in: Der Organisator, H.3/1990

Egger, H., Die Rechte der Arbeitnehmer und des Betriebsrats auf dem Gebiet des Arbeitschutzes. Bestandsaufnahme und Reformüberlegungen, in: Betriebs-Berater, H. 9/1992

Eggers, B., Ganzheitlich-vernetzendes Management: Konzepte, Workshop-Instrumente und Puzzle-Methodik, Wiesbaden 1994

Eggers, B./Lawa, D., Strategisches Geschäftsfeld-Controlling, in: Zeitschrift für Planung, H.2/1993

Eglau, H.O., Total verinselt, in: Die Zeit, Nr.18, 28.4.1995

Ehe, R., Die „Informationsgesellschaft" und die politische Dimension des Internets, Magisterarbeit, Philosophische Fakultät der Christan-Albrechts-Universität zu Kiel, 1998

Ehrbar, A., EVA - Economic value added: Der Schlüssel zur wertsteigernden Unternehmensführung, Wiesbaden 1999

Ehrich, Ch., Die neue Verordnung über Immissionsschutz- und Störfallbeauftragte, in: DB, H.35/1993

Eiff v., W., Etiketten und Gurus, in: Office Management, H.11/1995

Eigner, Ch., Editorial, in: Internet-Zeitung „zum Thema", Nr. 23, 27.11.1998

Eilers, St., Umweltschutz und Bilanzierung, in: DSWR, H. 4/1994

Eisele, W./Renner, W., Grundzüge des neuen Umwandlungsrechts und Umwandlungssteuerrechts, Teil I + II, in: WiSt, H.4 + 5/1996

Eisenhardt, U., Gesellschaftsrecht, 6., überarb. Aufl., München 1994

Elkington, J. Cannibals With Forks: The Triple Bottom Line of 21st Century Business, Oxford 1997

El-Shagi, E., Umweltzertifikate, in: WISU, H.12/1993

Ellringmann, H., Integration des Umweltschutzes in die Unternehmensführung, in: zfo, H.1/1995

Empacher, C./Kluge, Th., Die Integration der sozialen Dimension in eine nachhaltige Unternehmenspolitik, in: uwf, H. 1/1999

Endres, A./Holm-Müller, K., Die Bewertung von Umweltschäden: Theorie und Praxis sozialökonomischer Verfahren, Stuttgart u.a. 1998

Endres, A./Radke, V., Indikatoren einer nachhaltigen Entwicklung: Elemente ihrer wirtschaftstheoretischen Fundierung, Berlin 1998

Endres, A., Umweltökonomie: Eine Einführung, Darmstadt 1994

Engelhardt, H. D., Organisationsmodelle: Ihre Stärken – ihre Schwächen, Alling 1995

Engelstädter, H./Kraft, H., Mit Deferred Compensation die Versorgungslücke schließen, in: Personal, H. 11/1998

Englert, J./Scholich, Unternehmensführung auf der Basis eines umfassenden Shareholder Value-Management--Konzepts, in: BB, H. 13/1998

Enquete-Kommission „Schutz des Menschen und der Umwelt", Konzept Nachhaltigkeit. Fundamente für die Gesellschaft von morgen, Bonn 1998

Enquete-Kommission „Schutz des Menschen und der Umwelt" (Hrsg.), Die Industriegesellschaft gestalten. Perspektiven für den nachhaltigen Umgang mit Stoff- und Materialströmen, Bonn 1994

Ergenzinger, R., Arbeitszeitflexibilisierung und ihre Anforderungen an eine mitarbeiterorientierte Führung, in: Die Unternehmung, H.1/1993

Erhard, L., Wohlstand für alle, Düsseldorf/Wien 1964

Eschbach, H., Mitarbeiterbeteiligung ist ein Selbstläufer, in: Handelsblatt Nr. 131, 12.7.1999

Eschenbach, R./Kunesch, H., Strategische Konzepte: Management-Ansätze von Ansoff bis Ulrich, Stuttgart 1994

Esser, M./Warnken, N./Heeg, F.J., Integriertes Werkstatt- und Umweltsystem, in; uwf, H.3/1997

Ester, R.-M./Abele, U./Drobek, R., Managementsoftware: Hilfsmittel zur Unternehmenssteuerung, in: io Management Zeitschrift, H.4/1995

Etzioni, A., Die Verantwortungsgesellschaft: Individualismus und Moral in der heutigen Demokratie, Frankfurt/New York 1997

EU-Kommission (Hrsg.), Empfehlung der Kommission betreffend die Definition der kleinen und mittleren Unternehmen, Brüssel 1996

Europäische Kommission (Hrsg.), Grünbuch: Eine neue Arbeitsorganisation im Geiste der Partnerschaft, 1998

Europäische Kommission (Hrsg.), XXVII. Bericht über die Wettbewerbspolitik 1997, Brüssel 1998

European Communication Council Report, Die Internet-Ökonomie: Strategien für die digitale Wirtschaft, hrsg. von Zerdick u.a., 2. Aufl., Berlin/New York u.a.1999 (zit. ECC-Report)

Evans, P.B./Wurster, Th.S., Die Internet-Revolution: Alte Geschäfte vergehen, neue entstehen, in: Harvard Business manager, H.2/1998

Evers, H., Variable Bezüge für Führungskräfte: Wertorientierung als Herausforderung, in: Pellens (Hrsg.), Unternehmenswertorientierte Entlohnungssysteme, Stuttgart 1998

Eversheim, W. et.al., Mit Outsourcing die Kosten auch in der Produktion reduzieren, in: Müller/Rupper (Hrsg.), Lean Management in der Praxis, 2., erg. und aktualisierte Aufl., Zürich 1994

Eversheim, W./Erb, M./Laschet, A., Qualitätsmanagement - Strategien für den Weg aus der Krise, in: VDI-Z, H. 3/1994

Eversheim, W./Bochtler, W./Humburger, R./Lenhart, M., Die Arbeitsplanung im geänderten produktionstechnischen Umfeld. Teil 1: Integration von Arbeitsplanung und Konstruktion, VDI-Z, H.3-4/1995

Eversheim, W./Linnhoff, M./Pollack, A., Mit Benchmarking zur richtigen Unternehmensstrategie. Einsatz branchenspezifischer Kennzahlensysteme für den zwischenbetrieblichen Vergleich, in: VDI-Z, H.5/1994

Eyer, E., Analytische und summarische Arbeitsbewertung zur Bestimmung des Werts der Arbeit, in Eyer (Hrsg.), Report Vergütung: Entgeltgestaltung für Mitarbeiter und Manager, Düsseldorf 1999

Eyer, E., Leistungsentgelt bei Teamarbeit in reorganisierten Unternehmen, in: CIM Management, H. 6/1995

Faisst, W., Die Unterstützung Virtueller Unternehmen durch Informations- und Kommunikationssysteme – eine lebenszyklusorientierte Analyse, Diss., Universität Erlangen-Nürnberg 1998

Faisst, W., Welche IK-Systeme sollte ein Virtuelles Unternehmen haben?, in: Arbeitspapier der Reihe „Informations- und Kommunikationssysteme als Gestaltungselement Virtueller Unternehmen" Nr.1/1995, Universität Bern/Leipzig/Erlangen-Nürnberg

Faisst, W., Wissensmanagement in Virtuellen Unternehmen, in: Arbeitspapier der Reihe „Informations- und Kommunikationssysteme als Gestaltungselement Virtueller Unternehmen" Nr.8/1996, Universität Bern/Leipzig/Erlangen-Nürnberg

Faisst, W./Birg, O., Die Rolle des Brokers in Virtuellen Unternehmen und seine Unterstützung durch die Informationsverarbeitung, in: Arbeitspapier der Reihe „Informations- und Kommunikationssysteme als Gestaltungselement Virtueller Unternehmen" Nr.17/1997, Universität Bern/Leipzig/Erlangen-Nürnberg

Faisst, W./Mertens, P., Auf dem Wege zum Virtuellen Unternehmen - Interviewskizzen, in: Arbeitspapier der Reihe „Informations- und Kommunikationssysteme als Gestaltungselement Virtueller Unternehmen" Nr.19/1997, Universität Bern/Leipzig/Erlangen-Nürnberg

Faisst, W./Spiegel, H., Unterstützung der Anbahnungsphase von Virtuellen Unternehmen durch elektronische Firmenpräsentation und Partner-Retrieval, Arbeitspapier der Reihe „Informations- und Kommunikationssysteme als Gestaltungselement Virtueller Unternehmen" Nr.7/1996, Universität Bern/Leipzig/Erlangen-Nürnberg

Fallgatter, M., Konzept einer zielorientierten Leistungsbeurteilung, in: zfo, H. 2/1998

Fallgatter, M., Grenzen der Schlankheit: Lean Management braucht Organisational Slack, in: zfo, H.4/1995

Faltin, G., Das Netz weiter werfen – Für eine neue Kultur unternehmerischen Handelns, in: Faltin/Ripsas/Zimmer (Hrsg.), Entrepreneurship. Wie aus Ideen Unternehmen werden, München 1998

Fanger, B./Lacey, E., Hürdensprint in der Produktentwicklung, in: Müller/Rupper (Hrsg.), Lean Management in der Praxis, 2., erg. und aktualisierte Aufl., Zürich 1994

Federal Trade Commission, Guides for the Use of Environmental Marketing Claims, 16 CFR Part 260, in Federal Register, Vol.61, No.199, October 11, 1996

Federer, M./Griglio, R., Ganzheitliches Strategisches Management, in: io management, H. 4/1998

Fels, G., Globalisierung nur eine mentale Falle?, in: iwd, 2.1.1997

Fendrich, J., Führen mit Zielen, in: REFA (Hrsg.), Den Erfolg vereinbaren: Führen mit Zielvereinbarungen, München 1995

Ferenschild, S./Hax-Schoppenhorst, Th., Weltkursbuch – Globale Auswirkungen eines „Zukunftsfähigen Deutschlands". Hinweise und Tips für unser Handeln, Basel/Boston/Berlin 1998

Fichter, K., Schritte zum nachhaltigen Unternehmen – Anforderungen und strategische Ansatzpunkte, in: Fichter/Clausen (Hrsg.), Schritte zum nachhaltigen Unternehmen: Zukunftsweisende Praxiskonzepte des Umweltmanagements, Berlin u.a. 1998

Fichter, K., Umweltkommunikation und Wettbewerbsfähigkeit, Marburg 1998

Fiedler-Winter, R., Mitarbeiterbeteiligung als Wettbewerbsfaktor, in: Personal, H. 4/1999

Finger, R./Kühne, G., Wettbewerbsfaktor Information. Erfahrungen bei der Planung, Einführung und beim Betrieb des Executive-Information-Systems InPhase/EIS bei der BHW, Hameln, in: Versicherungsbetriebe, H.11-12/1993

Fink, C./Grundler., Strategieimplementierung im turbulenten Umfeld, in: Controlling, H.4/1998

Finkelstein, S., Sichere Pfade durch den Fusionsdschungel, in: Handelsblatt Nr.115, 18./19.6.1999

Fischbach, S., Ökologisch orientierte Rechnungslegung: eine betriebswirtschaftliche Analyse ökologischer Informationen in der externen Rechnungslegung, Landsberg/Lech 1997

Fischer, D., Immer wieder die gleichen Fehler, in: io management, H. 6/1997

Fischer, G., Fauler Zauber, in: manager magazin, September 1995

Fischer, H., Ganzheitlich integriertes Gehaltsmanagement, in: zfo, H.6/1991

Fischer, H., Die Personalfunktion in Zeiten des Wandels, in: Siegwart/Dubs/Mahari (Hrsg.), Human Resource Management, Stuttgart 1997

Fischer, H., Nachhaltigkeit und Stoffströme. Nachhaltiges Produktlinienmanagement am Beispiel chemisch-technischer Alltagsprodukte, in: UnternehmensGrün (Hrsg.), Von der Vision zur Praxis. Nachhaltiges Wirtschaften als Perspektive für Unternehmen, München 1997

Fischer, H., Reststoffkostenrechnung, Diss., Berlin 1998

Fischer, H./Sattelberger, Th./Then, W., Wege zur „Selbst-GmbH“, in: Personalwirtschaft, H. 4/1999

Fischer, H./Wucherer, Ch./Wagner, B./Burschel, C., Umweltkostenmanagement. Kosten senken durch praxiserprobtes Umweltcontrolling, München 1997

Fischer, M., Ökologische Dimension der Logistik. Evolutorisch-entropische Systemanalyse ökonomischer Prozesse, Wiesbaden 1995

Fischer, P., Arbeiten im virtuellen Zeitalter, Wiesbaden 1997

Fischer, P., Unternehmen in Cyberspace, in: Holzamer (Hrsg.), Ausbildung! Qualifikation! Arbeit?, München 1996

Fischer, P., Virtuelle Unternehmen brauchen einen Fixpunkt, in: Gablers Magazin, H.3/1997 (b)

Fischer, P., Virtuelle Unternehmen: Theorie und praktische Möglichkeiten, in: Hernsteiner, H.1/1999

Fischer, Th., Kostenmanagement strategischer Erfolgsfaktoren: Instrumente zur operativen Steuerung der strategischen Schlüsselfaktoren Qualität, Flexibilität und Schnelligkeit, München 1994

Fischer, Th., Sicherung unternehmerischer Wettbewerbsvorteile durch Prozeß- und Schnittstellen-Management, in: zfo, H.5/1993

Fischermann, Th., Leiden für Reebok: Kehrseite der Globalisierung: In der Dritten Welt produzieren westliche Firmen unter skandalösen Bedingungen, in: Die Zeit Nr. 47, 18.11.1999

Fleig, J., Umweltschutz in der schlanken Produktion. Analyse der schlanken Produktion in ihrer Relevanz für den betrieblichen Umweltschutz und Ableitung von Gestaltungsempfehlungen, Heidelberg 1998

Föhr, S., Zur Vorteilhaftigkeit von Cafeteria-Systemen, in: ZfP, H.1/1994

Fopp, L., Schiessl, J.Ch., Business Change als neue Managementdisziplin: Wie der Chief Change Officer (CCO) den Unternehmenswandel mitgestaltet, Frankfurt/New York 1999

Forrester, V., Der Terror der Ökonomie, Wien 1997

Förster, T., Zielorientierte Potentialanalyse: ein Weg zu neuen Unternehmensstrukturen, in: io Management Zeitschrift, H. 12/1995

Frank, W., Die Abfallwirtschaft als Teil der Rohstoffwirtschaft, Düsseldorf 1990

Franke, H./Jeck, H.-J., Strategisches Marketing-Management und Marketing-Controlling in der Praxis, in: cm, H.2/1994

Franke, S. F., Sozialdumping durch Schwellenländer? Begründungen und Probleme der Forderungen nach Sozialstandards, in: Berg (Hrsg.), Globalisierung der Wirtschaft: Ursachen – Formen – Konsequenzen, Berlin 1999

Franz, St., Informations-Management als Basis für Prozeß-Management, in: Gaitanides/Scholz/Vrohlings/Raster (Hrsg.), Prozeßmanagement. Konzepte, Umsetzungen und Erfahrungen des Reengineering, München/Wien 1994

Franzen, I./Schmahl, K., „Keiner ist allein so gut wie viele gemeinsam“, in: Personalführung, H. 1/1999

Franzen, W., Integrierte unterjährige Rentabilitäts- und Liquiditätsplanung, Teil II: Liquiditätsplanung, Monatsvergleich und Abweichungsanalyse, in: DSWR, H.7/1992

Freeman, R.E./Gilbert, D.R., Unternehmensstrategie, Ethik und persönliche Verantwortung, Frankfurt/New York, 1991

Freidank, C.-Ch., Die Prozeßkostenrechnung als Instrument des strategischen Kostenmanagements, in: Die Unternehmung, H.5/1993

Freidheim, C., Das Billionen-Dollar-Unternehmen: Strategische Allianzen als Alternative zur Megafusion, Wiesbaden 1990

Freiling, J., Kompetenzorientierte Strategische Allianzen, in: io management, H.6/1998

Freimann, J., Instrumente sozial-ökologischer Folgenabschätzung im Betrieb, Wiesbaden 1989

Freimann, J., Einige Gedanken zu den Möglichkeiten ökologischer Unternehmenspolitik, in: FÖB, H.4/5 1990

1120

Freimann, J., Plädoyer für die Normierung von betrieblichen Öko-Bilanzen, in: Freimann (Hrsg.), Ökologische Herausforderung der Betriebswirtschaftslehre, Wiesbaden 1990

Frenkel, W., Controlling der Qualitätskosten, in: io Management Zeitschrift, H.6/1992

Frese, E., Unternehmensverfassung aus organisationstheoretischer Sicht, I + II , in; WISU, H.11+12/1993

Freudenreich, H./Klein, B./Wedde, P., Entwicklung der Telearbeit – Arbeitsrechtliche Rahmenbedingungen; im Auftrag Bundesministerium für Arbeit und Sozialordnung, Bonn 1997

Frey, M., Altersversorgung mit Kapitalkonto, in: Personalwirtschaft, H. 12/1997

Friedag, H., Die Balanced Scorecard, alter Wein in neuen Schläuchen?, in: cm, H.4/1998

Friedrich, G., Business Reengineering - der Weg zur prozeßbezogenen Organisation, in: Die Bank, H.1/1996

Friedrich, St., Outsourcing – Weg zum führenden Wettbewerb oder gefährliches Spiel? Plädoyer für eine kompetenzorientierte Sichtweise, in: Hinterhuber/Al-Ani/Handlbauer (Hrsg.), Das neue strategische Management: Elemente und Perspektiven einer zukunftsorientierten Unternehmensführung, Wiesbaden 1996

Friedrich, St./Rodens, B., Wertschöpfungspartnerschaft „Handel/Industrie" – Gemeinsam Werte für den Kunden schaffen, in: Hinterhuber/Al-Ani/Handlbauer (Hrsg.), Das neue strategische Management: Elemente und Perspektiven einer zukunftsorientierten Unternehmensführung, Wiesbaden 1996

Friedrich, St., Mit Kernkompetenzen im Wettbewerb gewinnen, in: io Management Zeitschrift, H. 4/1995

Friedrich, W., MBO/MBI-Erfolgsquote derzeit bei 70 Prozent, in: b & b, H.5/1993

Friedrich, St./Hinterhuber, H., Strategischer Rückzug - Herausforderung für die Unternehmensführung, in: io Management Zeitschrift, H.7-8/1994

Friedrich, St./Hinterhuber, H./Rodens, B., Handel und Industrie: Der Wertschöpfungspartnerschaft gehört die Zukunft, in: io Management Zeitschrift, H.11/1995

Friedrich-Ebert-Stiftung (Hrsg.), Globalisierung und Nachhaltigkeit: Zu den Chancen einer wirkungsvollen Umweltpolitik unter den Bedingungen globalisierter Wirtschaftsbeziehungen, Berlin 1998

Friedrichs, P., Personal als Change Agent bei Fusionen, in: Personal, H. 7/1999

Friege, H./Engelhardt, C./Henseling, K.O. (Hrsg.), Das Management von Stoffströmen. Geteilte Verantwortung – Nutzen für alle, Berlin u.a. 1998

Frigo-Mosca, F./Brütsch, D./Tettamanti, S., Vorwärts zur virtuellen Organisation, in: Office Management, H.9/1996

Frings, E./Schmidt, M., Die Stoffstromanalyse. Ein leistungsfähiges Informations- und Analyse-Instrument im Öko-Audit, in: uwf, H.4/1995

Fritz-Aßmus, D., Zum Ordnungsrahmen einer internationalen Wettbewerbspolitik, in: Fritz-Aßmus/Tuchtfeldt (Hrsg.), Die Ordnung des Welthandels, Bern u.a. 1997

Fröhling, O./Renneke, F./Wedel, M., DV-gestütztes Value Management: Beyond decision support? Analytische Informationssysteme für das wertorientierte Controlling und Reporting, in. Controlling, H. 7/1999

Fromm, E., Haben oder Sein. Die seelischen Grundlagen einer neuen Gesellschaft, Stuttgart 1976

Fuchs, R.V., The Service Economy, New York 1968

Fussler, C. (with James, P.), Driving Eco Innovation. A breakthrough discipline for innovation and sustainability, London 1996

Future/IÖW (Hrsg.), Umweltberichte und Umwelterklärungen Ranking 1998. Zusammenfassung und Ergebnisse und Trends, 1998

Gadatsch, A., Der interne Zinsfuß für das Investitionscontrolling, in: Investitionscontrolling, H.6/1993

Gaitanides, M./Scholz, R./Vrohlings, A., Prozeßmanagement - Grundlagen und Zielsetzungen, in: Gaitanides/Scholz/Vrohlings/Raster (Hrsg.), Prozeßmanagement. Konzepte, Umsetzungen und Erfahrungen des Reengineering, München/Wien 1994

Gälweiler, A., Unternehmensplanung - Grundlagen und Praxis, Frankfurt/Main 1974

Gälweiler, A., Strategische Unternehmensführung, Frankfurt/New York 1987

Ganz.W./Hermann, S., Kreativität – Ein Wettbewerbsfaktor, in: Risch/Schrick (Hrsg.), Dienstleistungsinnovationen – Chancen und Trends für Unternehmen, Eschborn 1998

Garbe, E., Aspekte einer geschlossenen Stoffkreislaufökonomie - aus industrieller Sicht, in: uwf, H.1/1992

Gasser, V., Risk-Management - Unverzichtbar zur Vermeidung von Umweltrisiken, in: Lücke/Schulz (Hrsg.), Umweltschutz und Investitionen, Wiesbaden 1992

Gast, Th., Performance Improvement – neue Ansätze zur Leistungssteigerung, in: Personalführung, H. 8/1998

Gaugler, E., Zur Weiterentwicklung der Betriebswirtschaftslehre als Management- und Führungslehre, in: Wunderer (Hrsg.), Betriebswirtschaftslehre als Management- und Führungslehre, 2., erg. Aufl., Stuttgart 1988

Gausemeier, J./Fink, A./Schlake, O., Entwicklung zukunftsrobuster Leitbilder durch Stakeholder-Szenarien, in: io Management Zeitschrift, H.10/1995

Gege, :M./Nehm, R., Die EG-Öko-Audit-Verordnung. Erfreuliche und problematische Entwicklungen, in: uwf, H. 1/1998

Geißler, J., Lotus Notes als Werkzeug für das Knowledge Management, Diplomarbeit Universität Regensburg, Lehrstuhl für Wirtschaftsinformatik III, Mai 1998

Gelbrich, J., Ethische Anlage muß überprüfbar sein, in: Handelsblatt Nr. 229, 27.11.97

Gellrich, C./Karczmarzyk, A./Pfriem, R., Vom starren Umweltmanagementsystem zum Total Environmental Management (TEM), in: uwf, H. 1/1998

Gencoglu, M., Methoden zur Ermittlung von Zeitdaten, in: REFA (Hrsg.), Den Erfolg vereinbaren: Führen mit Zielvereinbarungen, München 1995

Gendo, F./Konschak, R., Mythos Lean Production: Die wahren Erfolgskonzepte japanischer Unternehmen, Essen 1999

Gentner, A., Wertorientierte Unternehmenssteuerung – die Verbindung von Shareholder Value und Performance Management zu einem permanenten Führungs- und Steuerungssystem, in: Bühner/Sulzbach (Hrsg.), Wertorientierte Steuerungs- und Führungssysteme. Shareholder Value in der Praxis, Stuttgart 1999

Gerberich, C.W., Anforderungen an das Controlling beim Aufbau eines Total Quality Managements, in: cm, H.4/1993

Gerken, G., Multimedia: Das Ende der Information: Wie Multimedia die Welt des Managements verändert. Exformation statt Information, Düsseldorf/München 1996

Germann, G., „Ich habe das Gefühl, mich zu stark dem männlichen System angepaßt zu haben", in: io Management Zeitschrift, H.5/1995

Gerpott, T., Personalwirtschaftliche Unterstützung von Akquisitionen, in: Personalführung, H. 5/1999

Gerum, E./Achenbach, W./Opelt, F., Zur Regulierung der Binnenbeziehungen von Unternehmensnetzwerken, in: zfo, H.5/1998

Gerum, E./Schäfer, I./Schober, H., Empowerment – viel Lärm um nichts?, in: WiSt, H.10/1996

Geschka, H./Hammer, R., Die Szenario-Technik in der strategischen Unternehmensplanung, in: Hahn/Taylor (Hrsg.), Strategische Unternehmensplanung, 4. Aufl., Heidelberg/Wien 1986

Gesprächskreis Informatik (Hrsg.), Informationskultur für die Informationsgesellschaft. Forderungen an Politik, Wirtschaft, Wissenschaft und Gesellschaft, Aachen 1995

Gewerkschaft HBV Essen, ergo online 1998

Giddens-Emig, K., Portfolio-Planning: A Concept in Controversy, in: Managerial Planning (Oxford), Vol.26, 3/1983

Giese, B., Informations- und Kommunikationstechnik: Die Basis für die Märkte der Zukunft in der Wissensgesellschaft – aktualisierte Übersicht, DLR.IT-GE, Bundesministerium für Bildung und Forschung, November 1997

Gieseking, O./Sehnke, E./Roos, J., Leistungs- und erfolgsorientierte Vergütung von Team- und Gruppenarbeit, in: Personalführung, H. 4/1998

Gilmore, J./Pine, J., Massenproduktion – auf Kunden zugeschnitten, in: Harvard Business manager, H. 4/1997

Gilmozzi, St., Data Warehouse – Turning data into decisions. Ein Konzept zur strategischen Unternehmenssteuerung, in: cm, H. 1/1998

Glasl, F., „Lean Production" - ein neues oder abgegriffenes Schlagwort?, in: „Lean Production" - ein neues oder abgegriffenes Schlagwort?, in: Glasl/Brugger (Hrsg.), Der Erfolgskurs schlanker Unternehmen: Impulstexte und Praxisbeispiele, Bern/Stuttgart 1994 (a)

Glasl, F., „Schlanke Ressourcen-Entwicklung" - ein neuer Tarnname für Gemeinkosten-Wertanalyse, in: Glasl/Brugger (Hrsg.) Der Erfolgskurs schlanker Unternehmen: Impulstexte und Praxisbeispiele, Bern/Stuttgart 1994 (b)

Glasl, F., Die Veränderungsstrategie zum schlanken Unternehmen, in: Glasl/Brugger (Hrsg.) Der Erfolgskurs schlanker Unternehmen: Impulstexte und Praxisbeispiele, Bern/Stuttgart 1994

Göbel, E., Bedeutung des Prozeßmanagement für das organisationale Lernen, in: WiSt, H.11/1996

Goebel, P., Die ökonomisch erfolgreichen Gründer, in: Faltin/Ripsas/Zimmer (Hrsg.), Entrepreneurship. Wie aus Ideen Unternehmen werden, München 1998

Goecke, R./Hesch, G., Keimzellen virtueller Unternehmen, in: Office Management, H.3/1997

Goffee, R./Jones, G., Kultur: Der Stoff, der Unternehmen zusammenhält, in: Harvard Business manager, H. 2/1997

Golland, F., Der Konzern, in: WISU, H.3/1993

Gollnick, R./Hohmann, R./Seidler, J., Leitfaden für eine erfolgreiche Gruppenarbeit, in: Personal, H.6/1993

Göltenboth, H., Entgeltsystem in veränderten Unternehmensstrukturen. Produktivitäts- und Erfolgsbeteiligungsmodelle für die Mitarbeiter, in: FB/IE, H.2/1994

Gomez, P., Ganzheitliches Wertmanagement – Von der Vision zur Prozeßorganisation, in: io management, H. 3/1998

Gomez, P., Wertmanagement, Düsseldorf 1993

Gomez, P., Strategisches Denken neu ausrichten, in: Gablers Magazin, H.2/1994

Gomez, P./Probst, G., Die Praxis des ganzheitlichen Denkens. Vernetzt denken - Unternehmerisch handeln - Persönlich überzeugen, Bern/Stuttgart/Wien, 1995

Gomez, P./Weber, B., Akquisitionsstrategie, Wertsteigerung durch Übernahme von Unternehmungen, Stuttgart 1989

Gomez, P./Zimmermann, T., Unternehmensorganisation: Profile, Dynamik, Methodik, 2., rev. und erw. Aufl., Frankfurt/New York 1993

Goold, M./Campbell, A., Synergien suchen um jeden Preis?, in: Harvard Business manager, H. 2/1999

Görner, J., Wissensmanagement bei Hewlett Packard, in: zfo, H. 3/1998

Görres, A./Ehringhaus, H./Weizsäcker v., E.U., Der Weg zur ökologischen Steuerreform: Weniger Umweltbelastung und mehr Beschäftigung. Das Memorandum des Fördervereins ökologische Steuerreform, München 1994

Götte, B./Pfeil, R. v., Competitive Intelligence – denn Wissen ist Macht, in: io management, H. 12/1997

Graf, R., Arbeitszeitflexibilisierung aus der Sicht der Gewerkschaften, in: Marr (Hrsg.), Arbeitszeitmanagement. Grundlagen und Perspektiven der Gestaltung flexibler Arbeitszeitsysteme, 2., neubearb. und erw. Aufl., Berlin 1993

Graf, Y., Die Internationalisierung der Wettbewerbspolitik am Beispiel der International Trade Organization: Gründe für ihr Scheitern, Diplomarbeit, Universität Konstanz 1998

Grant, A., Entrepreneurship – die grundlegende wissenschaftliche Disziplin für das Fach Wirtschaft des 21. Jahrhunderts, in: Faltin/Ripsas/Zimmer (Hrsg.), Entrepreneurship. Wie aus Ideen Unternehmen werden, München 1998

Grap, R./Mühlbradt, Th., Von der Gruppenarbeit zur lernenden Organisation, in: io Management Zeitschrift, H.1-2/1995

Gressly, J.-M., Erfassung der Umweltschutzkosten anhand von Beispielen in der Schweizer Industrie, Bern 1996

Greth, M., Managemententlohnung aufgrund des Economic Value Added (EVA), in: Pellens (Hrsg.), Unternehmenswertorientierte Entlohnungssysteme, Stuttgart 1998

Grettenberger, D., Umweltschutz und Umweltbewußtsein. Ansatzpunkte einer effizienten Umweltpolitik, Sternenfels/Berlin 1995

Gretz, W., Der Return on Investment (ROI) als Instrument des Strategischen Controlling, in: BBK, H.12/1992

Grieshammer, R., Produktlinienanalyse, in: BJU (Hrsg.), Umweltschutzberater. Handbuch für wirtschaftliches Umweltmanagement im Unternehmen, 5.Erg.-Lfg., Januar 1991

Grimm, St., Arbeitszeit als Steuerungsinstrument: Flexible Arbeitszeiten in der Praxis, in: Gabler's Magazin, H.11-12/1997

Grob, R., Gruppenarbeit alter Wein in neuen Schläuchen?, in: Arbeitgeber, 21/44- 1992

Gröner, S./Zapf, M., Unternehmen, Stakeholder und Umweltschutz, in: uwf, H. 1/1998

Großmann, A., Deferred Compensation: Entwicklung und Einführung bei der Bertelsmann AG, in: Personal, H. 2/1998

Grote, G., Komplementarität von Mensch und Technik als Grundlage für menschengerechte Automatisierung, in: Tschirky/Koruna (Hrsg.), Technologie-Management: Idee und Praxis, Zürich 1998

Groth, U./Kammel, A., Lean Management: langfristige Zusammenarbeit von Herstellern und Zulieferern, in: io Management Zeitschrift, H.3/1993

Grother, M., Wie strategische und operative Planung erfolgreich verzahnen?, in: cm, H.3/1995

Grotloh, K.-H./Rothenberger, Ch., Balanced Scorecard in der Praxis: das Erfolgsfaktorenkonzept. Jedes Detail hinterfragen und optimieren, in: Handelsblatt Nr. 175, 10/11.9.1999

Gruhl, H., Prinzip Hoffnung als Therapie, in: Rheinischer Merkur Nr.6, 5.2.93

Gründler, E., Mehr Offenheit durch 360° Feedback, in: Wirtschaft und Weiterbildung, H. 5/1998

Grünert, L., Shareholder-value-orientierte Unternehmensführung, in: Hernsteiner, H. 3 /1998

Grünig, R./Heckner, F./zeus, A., Methoden zur Identifikation strategischer Erfolgsfaktoren, in: Die Unternehmung, H.1/1996

Grünig, R., Grundlagen, Techniken und Dokumente der strategischen Planung, in: Der Schweizer Treuhänder, H.7-8/1993

Grunwald, W., Wie man Vertrauen erwirbt: Von der Mißtrauens- zur Vertrauensorganisation, in: io Management Zeitschrift, H.1-2/1995

Grunwald, W., Über die Grenzen unternehmensinterner Öffentlichkeit. Warum soziale Informations- und Kommunikationsbeziehungen so schlecht funktionieren, in: zfo, H.2/1995 (b)

Grüter, H., Integrationsstrategien akquirierter Unternehmungen, in: Die Unternehmung, H.1/1993

Guderian, J./Pflaum, H., Zur Stabilität statischer und dynamischer Unternehmenskooperationen in der Kreislaufwirtschaft, in: uwf, H. 2/1998

Guggenmos, M., Sind „Nebenleistungen" Nebensache? Erfahrungen mit dem NCR Cafeteria Modell, in: Personalführung, H.4/1994

Güldenberg, S., Wissensmanagement und Wissenscontrolling in lernenden Organisationen: ein systemtheoretischer Ansatz, Wiesbaden 1997

Günther, E., Zweckorientierte Bestimmung der Ökologiekosten, in: uwf, H. 4/1999

Günther, E., Ökologieorientiertes Controlling. Konzeption eines Systems zur ökologieorientierten Steuerung und empirischen Validierung, München 1994

Günther, K., Betriebliches Umweltmanagement setzt sich in der Praxis durch, in: uwf, H. 1/1998

Günther, K./Pfriem, R., Die Zukunft gewinnen: Vom Versorgungsstaat zur sozialökologischen Unternehmergesellschaft, München/Wien 1999

Günther, Th., State-of-the-Art des Wertsteigerungsmanagements, in: Controlling, H. 8-9/1999

Gutenberg, E., Grundlagen der Betriebswirtschaftslehre, Bd.1, Die Produktion, 24. Aufl., Berlin 1983

Gutjahr, G./Keller, I., Corporate Identity - Meinung und Wirkung, in: Birkigt/Stadler/Funck (Hrsg.), Corporate Identity: Grundlagen, Funktionen, Fallbeispiele, 9. Aufl., Landsberg/Lech1996

Gutscher, U., Auch der Chef darf kürzertreten, in: io management, H. 6/1997

Gutzeit, M., Die Mitbestimmung des Betriebsrats bei Fragen der Arbeitszeit, in: Betriebs-Berater, H.2/1996

Haag, T., Entwicklung eines integrativen strategischen Früherkennungssystems, in: Zeitschrift für Planung, H.3/1993

Haasis, H.-D., Umweltschutzkosten in der betrieblichen Vollkostenrechnung, in: WiSt, H.3/1992

Haasis, H.-D., Integrierte Umweltschutz- und Produktionsstrategien, in: uwf, H.8/1994

Haasis, H.-D./Rentz, O., PPS-Systeme zur Unterstützung des betrieblichen Umweltschutzes, in: CIM Management, H.3/1994

Haasis, K., Ein Überblick über Betriebliche Umweltinformationssysteme, in: uwf, H. 3/1997

Haasis, K./Zerfaß, A. (Hrsg.), Digitale Wertschöpfung – Multimedia und Internet als Chance für den Mittelstand, Heidelberg 1999

Habeck, M./Kröger, F./Träm, M., Wi(e)der das Fusionsfieber: Die sieben Schlüsselfaktoren erfolgreicher Fusionen, Wiesbaden 1999

Hachenburg, A.v./Koch, M., Management Buyouts und Shareholder Value, in: io management, H.3/1997

Haedrich, G./Jeschke, B., Zum Management des Unternehmensimages, in: DBW, H.2/1994

Hagel, J./Singer, M., Das Unternehmen entflechten und klar fokussieren, in: Harvard Business manager, H. 5/1999

Hagenauer, Th., Von der Ermessenstantieme zum zielorientierten Bonus, in: Personal, H.7/1995

Hahn, D., Risiko Management, Stand und Entwicklungstendenzen, in: zfo, H.3/1987

Hahn, D., Strategische Führung und Strategisches Controlling, in: Controlling: Selbstverständnis, Instrumente, Perspektiven, ZfB Ergänzungsheft 3/1991

Hahn, D., Unternehmensziele im Wandel, in: Controlling, H.6/1995

Hahn, D., PUK - Controllingkonzepte: Planung und Kontrolle, Planungs- und Kontrollsysteme, Planungs- und Kontrollrechnung, 5., überarb. und erw. Aufl., Wiesbaden 1996

Hahn, D./Hungenberg, H., Organisation der Planung, I + II, in: WISU, H.1+2/1994

Hall, G./Rosenthal, J./Wade, J., Reengineering: Es braucht kein Flop zu werden, in: Harvard Business manager, H.4/1994

Hallay, H./Pfriem, R., Öko-Controlling. Umweltschutz in mittelständischen Unternehmen, Frankfurt/New York 1992

Hallay, H./Pfriem, R., Umwelt-Audits, Öko-Controlling und externe Unternehmenskommunikation, in: uwf, H. 3/1993

Haller, M., Risikodialog, in: Königswieser/Lutz (Hrsg.), Das systemisch-evolutionäre Management, Wien 1990

Haller, M., Risikomanagement - zwischen Risikobeherrschung und Risiko-Dialog,in: OFW (Hrsg.), Umweltmanagement im Spannungsfeld zwischen Ökologie und Ökonomie, Wiesbaden 1991

Haller, M., Risiko-Dialog als Chance für die Unternehmungsorganisation, in: Heitger/Boss (Hrsg.), Organisation als Erfolgsfaktor, Wien 1994

Hamm, U., Die Ermittlung umweltrelevanter Kosten, in: Winter (Hrsg.),Ökologische Unternehmensentwicklung, Berlin u.a. 1997

Hammer, M., Das prozesszentrierte Unternehmen. Die Arbeitswelt nach dem Reengineering, Frankfurt a.M./New York 1997

Hammer, M., Der Sprung in eine andere Dimension, in: Harvard Business manager, H.2/1995

Hammer, M./Champy, J., Business Reengineering: Die Radikalkur für das Unternehmen, Frankfurt/New York 1994

Hammes, M., Wettbewerbspolitische Aspekte strategischer Allianzen, in: Wirtschaftsdienst, H.9/1993

Hammes, W., Strategische Allianzen als Instrument der strategischen Unternehmensführung, Wiesbaden 1994

Hampicke, U., Aufgeklärtes Eigeninteresse und Natur – Normative Begründung des Konzepts Nachhaltigkeit, in: Held (Hrsg.), Normative Grundfragen der Ökonomik: Folgen für die Theoriebildung, Frankfurt 1997

Handbuch Umweltcontrolling, hrsg. vom Bundesministerium und Umweltbundesamt, München 1995

Handy, Ch., Die Fortschrittsfalle: Der Zukunft neuen Sinn geben, Wiesbaden 1994

Hansen, M./Nohria, N./Tierney, Th., Wie managen Sie das Wissen in Ihrem Unternehmen, in: Harvard Business manager,, H. 5/1999

Hansen, U. (Hrsg.), Marketing im gesellschaftlichen Dialog, Frankfurt/New York 1996

Hansen, U., Umweltmanagement im Handel, in: Steger (Hrsg.), Handbuch des Umweltmanagements, München 1992

Hansen, U./Meyer, P./Nagel, C., Entsorgungslogistische Netzwerke, in: uwf, H. 2/1998

Hansen, U., Umweltmanagement im Handel, in: Steger (Hrsg.), Handbuch des Umweltmanagements, München 1992

Hansen, U./Raabe, Th./Dombrowsky, B., Die Gestaltung des Konsumgüter-Recycling als strategische Netzwerke, in: uwf, H.1/1995

Hansen, U./Schoenheit, I., Was belohnen Konsumenten?, in: absatzwirtschaft, H.12/1993

Hansen, U./Schoenheit, I./Devries, J., Sustainable Consumption und der Bedarf an unternehmensbezogenen Informationen, in: Forschungsgruppe Konsum und Verhalten (Hrsg.), Konsumentenforschung, gewidmet Werner Kroeber-Riel zum 60.Geburtstag, München 1994

Hansmann (Hrsg.), Umweltorientierte Betriebswirtschaftslehre: Eine Einführung, Berlin u.a., S. 1998

Hanssmann, F., Jenseits der Portfolio-Analyse. Systemare Strategische Planung, in: Strategische Planung, Bd.1, H.1/1985

Hanusch, H., Die neue Qualität wirtschaftlichen Wachstums, in: Hanusch/Gick (Hrsg.), Ansätze für ein neues Denken in der Wirtschaftspolitik, Berichte und Studien der Hanns-Seidel-Stiftung, Bd.70, München 1995

Hardegger, H., Mehr als nur eine Sparmaßnahme, in: io management, H. 7-8/1997

Harlander, N./Heidack, C./Köpfler, F./Müller, K.-D., Personalwirtschaft, 3., überarb. Aufl., Landsberg/Lech 1994

Hart, St., Geschäftsstrategien für eine überlebensfähige Welt, in: Harvard Business manager, H.3/1997

Härtling, M., Führungsinformationssystem zur Unterstützung des Managements Virtueller Unternehmen, in: Arbeitspapier der Reihe „Informations- und Kommunikationssysteme als Gestaltungselement Virtueller Unternehmen" Nr.9/1996, Universität Bern/Leipzig/Erlangen-Nürnberg

1124

Hartman,H., Empowerment! All Macht den Mitarbeitern.., in: management review, H. 2/1993

Haspeslagh, Ph./Jemison, D., Akquisitionsmanagement: Wertschöpfung durch strategische Neuausrichtung des Unternehmens, Frankfurt/New York 1992

Hassan, A./Kostka, S., F&E: Schlüsselfunktion des Umweltschutzes in der chemischen Indusrie, in: uwf, H.1/1996

Hauschildt, J., Innovationsmanagement, München 1993

Hauschildt, J./Schmidt-Tiedemann, J., Neue Produkte erfordern neue Strukturen, in: Harvard Business manager, 1993

Häussermann, E., Existenzgründung marktorientiert durchführen: Neugründung, Nachfolge, Beteiligung, Heidelberg 1998

Haussmann, Th., Vergütung von AT-Mitarbeitern und Führungskräften, in Eyer (Hrsg.), Report Vergütung: Entgeltgestaltung für Mitarbeiter und Manager, Düsseldorf 1999

Hax, A.C./Majluf, N.S., Strategisches Management: Ein integratives Konzept aus dem MIT, Frankfurt/New York 1991

Hax, H., Finanzierung, in: Vahlens Kompendium der Betriebswirtschaftslehre, Bd. 1, 3., überarb. und erw. Aufl., München 1993

Hax, H., Fixiert auf die Verteilung, in: FAZ Nr.113, 17.5.1997

Heck, A., Strategische Allianzen: Erfolg durch professionelle Umsetzung, Berlin/Heidelberg 1999

Hedberg, B., How Organizations Learn and Unlearn, in: Nystrom/Starbuck (Hrsg.), Handbook of Organizational Design, Oxford 1981

Hedrich, P./Seng, S./Wagner, M./Zehnder, T., Technologiekalender: systematischer Aufbau von Technologiekompetenzen, in: io Management Zeitschrift, H.7-8/1995

Hedtke, R., Der Einzelhandel in der Umweltkrise. Ökologische Strategien und Politiken von Handelsbetrieben, Frankfurt/New York 1996

Heeg, F.-J., Moderne Arbeitsorganisation: Grundlagen der organisatorischen Gestaltung von Arbeitssystemen bei Einsatz neuer Technologien, 2., überarb. Aufl., München/Wien 1992

Heiliger, R./Mühlbrandt, Th./Leyhausen, B., Teamaudit und Kennzahlensystem, in: Personalführung, H. 10/1997

Heim, W., Outsourcing - wettbewerbsfähiger durch optimale Nutzung der Potentiale von Zulieferern, in: io Management Zeitschrift, H.7-8/1994

Heimerl, S./Reiß, M., Start Ups in Netzwerken. Eine explorative Erfolgsfaktorenstudie aus dem Biotechnologie- und Umweltbereich, in. zfo, H. 4/1998

Heinen, E., Grundlagen betriebswirtschaftlicher Entscheidungen. Das Zielsystem der Unternehmung, 3., durchges. Aufl., Wiesbaden 1976

Heinen, E., Betriebswirtschaftliche Führungslehre, Grundlagen-Strategien-Modelle, 2. Aufl., Wiesbaden 1984

Heinen, E., Einführung in die Betriebswirtschaftslehre, 9., verb. Aufl., Wiesbaden 1985 (Nachdruck 1992)

Heinen, E., Entscheidungsorientierte Betriebswirtschaftslehre und Unternehmenskultur, in: ZfB, H.10/1985

Heinen, E. (Hrsg.), Unternehmenskultur, München 1987

Heinen, E., Industriebetriebslehre als entscheidungsorientierte Unternehmensführung, in: Heinen (Hrsg.), Industriebetriebslehre. Entscheidungen im Industriebetrieb, 9., vollst. neu bearb. und erw. Aufl., Wiesbaden 1991

Heinen, E./Dill, P., Unternehmenskultur - Überlegungen aus betriebswirtschaftlicher Sicht -, in: ZfB, H.3/1986

Held, Martin (Hrsg.), Normative Grundfragen der Ökonomie. Folgen für die Theoriebildung, Frankfurt/New York 1997

Helgesen, S., Frauen führen anders: Vorteile eines neuen Führungsstils, Frankfurt/New York 1991

Helle, Ch., Contracting-Modelle als innovative Finanzierungs- und Organisationsform für effiziente Energieinvestition, in: uwf, H.7/1994

Hellmig, G., Betriebliche Standortplanung I+II, in: WISU, H.1+2/1991

Helm, R./Strohmayer, M., Neue Wettbewerbsvorteile durch Outsourcing, in: io management, H. 9/1997

Henkel, H.-O., Umwelt-Auditing bei der IBM. Mit Informationstechnik zum Gesamtkonzept, in: Steger (Hrsg.), Umwelt-Auditing. Ein neues Instrument der Risikovorsorge, Frankfurt 1991

Hennerkes, B.-H./Binge, Ch., Die „richtige" Rechtsform des Familienunternehmens, in: Hennerkes (Hrsg.) , Unternehmenshandbuch Familiengesellschaften. Sicherung von Unternehmen, Vermögen und Familie, Köln u.a. 1995

Henning, R., Qualitätsmanagement: Sinnvoll ist nur ein aktives System, in: Office Management, H.5/1999

Henseling, K. O., Stoffstrommanagement: Organisation des integrierten Umweltschutzes, in: uwf, H.2/1998

Hentze, H., In vier Phasen zur Corporate Identity, in: Der Arbeitgeber, H.3/1986

Herdzina, K., Wettbewerbspolitik, 4. Aufl., Stuttgart/New York 1993

Heri, E., Shareholder value – (k)ein Allheilmittel. Ein simples, aber ideologisch überinterpretiertes Konzept, in: NZZ, 22.10.1996

Herrmann, A./Bayón-Eder, T., Zur Übertragbarkeit der Portefeuille-Theorie auf das Produkt-Portfolio-Problem, in: WiSt, H.2/1994

Herter, R., Total Quality Management, in: WISU, H.1/1993

Herz, P., Geldquellen für Existenzgründer: Fördertöpfe knacken; die besten Konditionen sichern, Regensburg/Düsseldorf 1999

Herzog, H., Ein Ansatz zur Verbindung von Qualitäts- und Umweltmanagement, in: uwf, H.4/1995

Herzog, R., Eine Gesellschaft der Selbständigkeit. Deutschland muß wieder eine Vision seiner Zukunft habe. (Die Berliner Ansprache von Bundespräsident Roman Herzog), in: FAZ Nr. 99, 29.4.1997

Herzog, R., Unternehmerische Verantwortung in einer sich wandelnden Welt, Ansprache auf der VEBA-Konzerntagung am 21.6.1996 in Berlin

Heuser, U.J., Die Rückkehr des Staates. In der Globalisierung sind die Politiker erst recht gefordert: Sie müssen der Wirtschaft neue Regeln setzen, in: Die Zeit, Nr.7, 5.2.1998

Heuser, U.J., Wissen und Identität, in: Bickmann (Hrsg.), Chance Identität, Berlin 1999

Heuskel, D., Wettbewerb jenseits von Industriegrenzen: Aufbruch zu neuen Wachstumsstrategien, Frankfurt/New York 1999

Hey, Ch./Schleicher-Tappeser, R., Nachhaltigkeit trotz Globalisierung. Handlungsspielräume auf regionaler, nationaler und europäischer Ebene, Berlin 1997

Heyde, G., Feedback für Führungskräfte, in: Personalwirtschaft, H.11/1997

Hilb, M., Integriertes Personalmanagement: Ziele – Strategien – Instrumente, Neuwied 1994

Hildebrand, R., Kennzahlenpyramiden als Planungshilfe, in: DSWR, H.3/1992

Hildebrandt, L./Strasser, H., PIMS in der Praxis - ein Controllingsystem, in: Harvard manager, H.4/1990

Hill, H., Qualitätsmanagement - Ein schlüssiges Konzept, in: Qualität und Zuverlässigkeit, H.4/1994

Hill, W., Betriebswirtschaftslehre als Managementlehre, in: Wunderer (Hrsg.), Betriebswirtschaftslehre als Management- und Führungslehre, Stuttgart 1985

Hill, W., Der Shareholder Value und die Stakeholder, in: Die Unternehmung, H.6/1996

Hillebrand, E., Mikro-Außenpolitik: Über die Rückgewinnung außenpolitischer Wirkungsmacht im Zeitalter der Globalisierung, in: Aus Politik und Zeitgeschichte. Beilage zur Wochenzeitung Das Parlament, 4. Juni 1999

Hinterberger, F./Liedtke, Ch./Vogel, A., Beschäftigung und Wettbewerbsfähigkeit durch öko-effiziente Dienstleistungen, in: Bullinger (Hrsg.), Dienstleistungen – Innovationen für Wachstum und Beschäftigung. Herausforderungen des internationalen Wettbewerbs, Wiesbaden 1999

Hinterhuber, H.H./Friedrich, St.A., Wenn beim Outsourcing das Schlüsselwissen verloren geht, in: FAZ Nr.188, 16.8.1999

Hinterhuber, H.H./Handlbauer, G./Matzler, K., Kundenzufriedenheit durch Kernkompetenzen: Eigene Potentiale erkennen – entwickeln – umsetzen, München/Wien 1997

Hinterhuber, H., Strategische Unternehmensführung, I. Strategisches Denken, 5. neubearb. und erw. Aufl., Berlin/New York 1992

Hinterhuber, H.H., Strategische Unternehmensführung, II Bd., Strategisches Handeln, 5. Aufl., Berlin/New York 1992

Hinterhuber, H., Planung der Führungskräfteentwicklung als Gegenstand der strategischen Unternehmensplanung, in: Hahn/Taylor (Hrsg.), Strategische Unternehmensplanung, Stand und Entwicklungstendenzen, 4. Aufl., Heidelberg/Wien 1986

Hinterhuber, H./Aichner, H./Lobenwein, W., Unternehmenswert und Lean Management: Wie ein Unternehmen den Nutzen für alle Stakeholder erhöht, Wien 1994

Hinterhuber, H./Höfer, K./Winter, L., Corporate Identity: Pflege zahlt sich aus!, in: io Management Zeitschrift, H.12/1989

Hinterhuber, H./Mak, O.F., Strategische Alternativen in schrumpfenden Märkten, in: Harvard Manager, H.4/1983

Hinterhuber, H./Matzler, K., Reengineering, in: WISU, H.2/1995

Hinterhuber, H./Popp, W., Der Beitrag der strategischen Führung zu unternehmerischen Veränderungsprozessen, in: Gomez/Hahn/Müller-Stevens/Wunderer (Hrsg.), Unternehmerischer Wandel: Konzepte zur organisatorischen Erneuerung, Knut Bleicher zum 65.Geburtstag, Wiesbaden 1994

Hiromoto, T., Wie das Management Accounting seine Bedeutung zurückgewinnt, in: IFUA Horváth & Partner (Hrsg.), Prozeßkostenmanagement. Methodik, Implementierung, Erfahrungen, München 1991

Hirschbiegel, U., Management technologischer Substitutionen, in: Tschirky/Koruna (Hrsg.), Technologie-Management: Idee und Praxis, Zürich 1998

Hisrich, R./Peters, M., Entrepreneurship – Starting, Developing and Managing a New Enterprise, 2 ed., Boston 1992

Hittinger, H., Differenzen beigelegt. Im Umweltmediationsverfahren „BürgerBeirat Gartenau" fanden alle Beteiligten eine zufriedenstellende Lösung, in: Müllmagazin, H.3/1997

Hobbensiefken, G., Ökologieorientierte Volkswirtschaftslehre, 2. Aufl., München 1991

Hochreiter, H./Obermayr, B./Steiner, K./Stockhammer, E., Der Index of Sustainable Economic Welfare. Eine empirische Studie zur Wohlstandsentwicklung in Österreich von 1955 bis 1992, Institut für Umwelt und Wirtschaft (IUW), Wien 1995

Hochreutener, P.E., Grundlagen für ein wirkungsvolles Management sind Unternehmenskultur-Leitbilder, in: io Management Zeitschrift, H.1/1985

Hochschild, A.R., Der Arbeitsplatz wird zum Zuhause, das Zuhause zum Arbeitsplatz, in: Harvard Business manager, H. 3/1998

Hockerts, K./Moeler, M./Petmecky, A./Axt, Ph., Servicekonzepte als Element einer ökologisch effizienten Kreislaufwirtschaft, I+II, in: uwf, H.7+ 8/1994

Hoff, A., Arbeitszeit-Visionen, in: Personal, H.4/1992

Hoff, A., Arbeitszeitkonten – Grundlagen und Gestaltungsempfehlungen, in: Personal, H. 3/1999

Hoff, A./Weidinger, M., Erfolgsfaktoren der Vertrauensarbeitszeit, in: Personal, H. 8/1999

Hoffmann, E./Friedinger, A., Integrationsmanagement im Zuge von Akquisitionen. Ziele, Strategien und Controllingaufgaben, in: Controlling, H.1/1998

Hoffmann, F., Konzernorganisationsformen, in: WiSt, H.11/1992

Hoffmann, J., Ambivalenzen des Globalisierungsprozesses. Chancen und Risiken der Globalisierung, in: Aus Politik und Zeitgeschichte. Beilage zur Wochenzeitung Das Parlament, 4. Juni 1999

Hofmann, J., Virtuelle Unternehmen: Ein neues Konzept, in: Computerinformation, H.7-8/1995

Höfner, K./Pohl, A. (Hrsg.), Wertsteigerungs-Management. Das Shareholder Value-Konzept: Methoden und erfolgreiche Beispiele, Frankfurt/New York, 1994

Höft, U., Lebenszykluskonzepte: Grundlage für das strategische Marketing- und Technologiemanagement, Berlin 1992

Hohensee, M./Mai, J., Goldene Handschellen, in: Wirtschaftswoche, H. 40/1999

Hohmann, R./Bittmann, B., Teams als Basis der Lernenden Organisation. Wie bei der ABB Kraftwerke AG Lernzyklen initiiert werden, in: Personalführung, H.7/1994

Holland, H., Integriertes Marketing durch Corporate Identity, in: Direkt Marketing, H. 7/1993

Hölscher, C./Aleweld, Th., Mit Aktienoptionen vergüten – Neue Perspektiven nicht nur für Führungskräfte, in: Personalführung, H. 9/1994

Holzamer, St./Westermann, F./Malleskat, W., Aktien als Zielbonus für Tarifmitarbeiter, in: Personal, H. 5/1999

Homann, K./Pies, J., Wirtschaftsethik und Gefangenendilemma, in: WiSt, H.12/1991

Homburg, A./Matthies, E., Umweltpsychologie: Umweltkrise, Gesellschaft und Individuum, Weinheim/München 1998

Homburg, Ch./Becker, J., Zertifizierung von Qualitätssicherungssystemen nach den Qualitätssicherungsnormen DIN ISO 9000 ff., in: WiSt, H.9/1996

Homburg, Ch./Hocke, G., Change Management durch Reengineering? Eine Bestandsaufnahme, in: zfo, H-5/1998

Hopfenbeck, W., Grundlagen der BWL, in: Wollenberg (Hrsg.), Taschenbuch für Betriebswirtschaft, München 2000

Hopfenbeck, W., Ökologische Aspekte der BWL, in: Wollenberg (Hrsg.), Taschenbuch für Betriebswirtschaft, München 2000

Hopfenbeck, W./Kodolitsch-Jonas, T.-S., Studienbriefe Allgemeine BWL II, Betriebliches Umweltmanagement, Bd. I: Grundlagen des betrieblichen Umweltmanagements, Bd. II, Das integrierte Umweltmanagementsystem, Hamburg 1999

Hopfenbeck, W., Die ökologische Herausforderung an das Management, in: Hernsteiner, H.1/1993, Wien (a)

Hopfenbeck, W., Kommunikationspolitik und Ökologie, in: Berndt/Hermanns (Hrsg.), Handbuch Marketing-Kommunikation, Strategien - Instrumente - Perspektiven, Wiesbaden 1993 (b)

Hopfenbeck, W., The Green Management Revolution. Lessons in environmental excellence, Hemel Hempstead 1993 (c)

Hopfenbeck, W., Umweltorientiertes Management und Marketing: Konzepte-Instrumente-Praxisbeispiele, 3. Aufl., Landsberg/Lech 1994

Hopfenbeck, W., Marketing, in: Döttinger/Lutz/Roth (Hrsg.), Loseblattwerk Betriebliches Umweltmanagement, Heidelberg 1995

Hopfenbeck, W., Die Zukunft sichern mit umweltorientierter Unternehmensführung, Hypo-Bank (Hrsg.), München 1996

Hopfenbeck, W./Jasch, Ch., Ökocontrolling. Umdenken zahlt sich aus! Audits, Umweltberichte und Ökobilanzen als betriebliche Führungsinstrumente, Landsberg/Lech 1993

Hopfenbeck, W./Jasch, Ch., Öko-Design. Umweltorientierte Produktpolitik, Landsberg/Lech 1995

Hopfenbeck, W./Jasch, Ch./Jasch, A., Öko-Audit. Der Weg zum Zertifikat, Landsberg/Lech 1995

Hopfenbeck, W./Jasch, Ch./Jasch, A., Lexikon des Umweltmanagements, Landsberg/Lech 1996

Hopfenbeck, W./Roth, P., Öko-Kommunikation. Wege zu einer neuen Kommunikationskultur, Landsberg/Lech 1994

Hopfenbeck, W./Roth, P., Wege zu verantwortungsvollem Konsum, in: Horizont, H.7/1994 (b)

Hopfenbeck, W./Willig, M., Umweltorientiertes Personalmanagement. Umweltbildung - Motivation - Mitarbeiterkommunikation, Landsberg/Lech 1995

Hopfenbeck, W./Zimmer, P., Umweltorientiertes Tourismusmanagement. Strategien - Checklisten - Fallstudien, Landsberg/Lech 1993

Hornung, K./Mayer, Erfolgsfaktoren-basierte Balanced Scorecards zur Unterstützung einer wertorientierten Unternehmensführung, in: Controlling, H. 8-9/1999

Hornung, K./Reichmann, Th./Diederichs, M., Risikomanagement, Teil I: Konzeptionelle Ansätze zur pragmatischen Realisierung gesetzlicher Anforderungen, in: Controlling, H. 7/1999

Horstmann, W., Der Balanced Scorecard-Ansatz als Instrument der Umsetzung von Unternehmenstrategien, in: Controlling, H.4-5/1999

1127

Horváth, P., Richtig verstanden ist Balanced Scorecard das künftige Managementsystem, in: FAZ Nr.200, 30.8.1999

Horváth, P./Kaufmann, L., Balanced Scorecard – ein Werkzeug zur Umsetzung von Strategien, in: Harvard Business manager, H. 5/1998

Horváth, P., Controlling, 5. überarb. Aufl., München 1994

Horváth, P./Herter, R.N., Benchmarking. Vergleich mit den Besten der Besten, in: Controlling, H.1/1992

Horváth, P./Herter, R.N./Michel, N., Wertorientiertes Management von strategischen Allianzen, in: Höfner/Pohl (Hrsg.), Wertsteigerungs-Management. Das Shareholder Value-Konzept: Methoden und erfolgreiche Beispiele, Frankfurt/New York, 1994

Horváth, P./Kieninger, M./Mayer, R./Schimank, Ch., Prozeßkostenrechnung - oder wie die Praxis die Theorie überholt. Kritik und Gegenkritik, in: DBW, H.5/1993

Horváth, P./Lamla, J., Cost Benchmarking und Kaizen Costing, in: Reichmann (Hrsg.), Handbuch Kosten- und Erfolgs-Controlling, München 1995

Hoßfeld, D., Joint Ventures als Markteintrittsstrategie, in: WISU, H. 4/1994

Hub, H., Unternehmensführung, 3., durchges. Aufl., Wiesbaden 1990

Hub, M., Ein Logo für die Musterschüler. EMAS II: Die neue EG-Ökoaudit-Verordnung steht vor abschließender Diskussion, in: umwelttechnik, September 1999

Hund., S., Die Einbeziehung der Öffentlichkeit im Rahmen der Umweltverträglichkeitsprüfung: Rechtsvergleichende Studie über die Gesetzeslage Deutschlands und Österreichs, Diss., Konstanz 1997

Hunscheid, J., Betriebliche und industrielle Umweltinformationssysteme - Beispiele, in: Informationstechnik und Technische Information, H.4-5/1994

Hürlimann, W., Expertensysteme, in: io Management Zeitschrift, H. 7-8/1993

Hürlimann, W., Aspekte des Outsourcing, in: io Management Zeitschrift, H. 7-8/1995

IAO (Hrsg.), Wissensmanagement heute, Stuttgart 1997

Ibrahim, B./Ellis, W., Entrepreneurship and small business management: text, readings and cases, 3.Ed., Dubuque 1998

ICC Environment Comission, Corporate Management Tools for Sustainable Development, in: ICC Business World, The Electronic magazine of the International Chamber of Commerce, 30 January 1998

ICC Environment Comission, Responsible Entrepreneurship, in: ICC Business World, The Electronic magazine of the International Chamber of Commerce, 30 January 1998

ICC Environment Comission, Technology Cooperation and Assessment, in: ICC Business World, The Electronic magazine of the International Chamber of Commerce, 30 January 1998

ICC (Hrsg.), Umweltschutz Audits, Köln 1989

IFUA Horváth & Partner (Hrsg.), Prozeßkostenmanagement. Methodik, Implementierung, Erfahrungen, München 1991

IHKT Bayern, Bayerischer Industrie- und Handelskammertag (Hrsg.), Ich mache mich selbständig, Stand 1999

Ihrig, F., Strategische Allianzen, in: WiSt, H.1/1991

ILOI (Hrsg.), Management of Change: Erfolgsfaktoren und Barrieren organisatorischer Veränderungsprozesse, München 1998

ILOI, Internationales Institut für Lernende Organisation und Innovation, Knowledge Management. Ein empirisch gestützter Leitfaden zum Management des Produktionsfaktors Wissen, Studienbericht, München 1997

Imboden, C., Neue Strategien - wie umsetzen?, in: io Management Zeitschrift, H.7+8/1991

Inglehart, R., Kultureller Umbruch. Wertwandel in der westlichen Welt, Frankfurt/M. 1989

Institut für Markt-Umwelt-Gesellschaft (Hrsg.), Unternehmenstest: neue Herausforderungen für das Management der sozialen und ökologischen Verantwortung, München 1997

Internationaler Rat für Kommunale Umweltinitiativen, Kuhn, St./Suchy, G./Zimmermann, M., Lokale Agenda 21 – Deutschland: Kommunale Strategien für eine zukunftsbeständige Entwicklung, Berlin u.a. 1998

Investitionsbank Berlin (Hrsg.), Existenzgründerleitfaden, 1. Aufl., Berlin o.J.

Investitionsbank Berlin (Hrsg.), Förderfibel '99. Ein Ratgeber für Existenzgründungen, Unternehmen und Selbständige, 9. Aufl., Berlin 1999

IPO (Hrsg.), Geschäftsprozesse mit menschlichem Antlitz: Methoden des Organisationalen Lernens anwenden, Linz 1998

Irle, M., Macht und Entscheidungen in Organisationen. Studie gegen das Linien-Stab-Prinzip, Frankfurt/Main 1971

Isaak, R./Keck, A., Die Grenzen von EMAS, in: uwf, H. 3/1997

Jackson, P./Ashton, D., ISO 9000: Der Weg zur Zertfizierung, Landsberg/Lech 1994

Jacob, H., Die magischen Dreiecke der Betriebswirtschaftslehre, in: WISU, H.4/1981

Jacob, H. (Hrsg.), Industriebetriebslehre, Handbuch für Studium und Prüfung, 4., überarb.u.erw. Aufl., Wiesbaden 1990

Jaeckel, U., Funktionen einer Umweltberichterstattung, in: WiSt, H.3/1994

Jahnes, St., Umweltorientierte Unternehmensführung, in: Winter (Hrsg.),Ökologische Unternehmensentwicklung. Berlin u.a. 1997

Jamin. K., Was ist neu an der Balanced Scorecard?, Vortrag bei der Deutschen Bank, Schulungszentrum Kronberg, 15.10.99

Jänicke, M./Carius, A./Jörgens, H., Nationale Umweltpläne in ausgewählten Industrieländern, Berlin u.a. 1997

Janisch, M., Das strategische Anspruchsgruppenmanagement: vom Shareholder Value zum Stakeholder Value, Bern u.a. 1993

Jansen, St., Die Härte der weichen Faktoren, in: Handelsblatt Nr.150, 6/7.8.1999

Jochimsen, R., Am Gelde hängt doch alles. Die Globalisierung der Finanzmärkte ist eine Herausforderung, die die Politik nicht verschlafen darf, in: SZ Nr.146, Feuilleton-Beilage, 28./29.6.1997

Jochmann, W., Arbeitsformen für ein modernes Personalmanagement, in: Siegwart/Dubs/Mahari (Hrsg.), Human Resource Management, Stuttgart 1997

Jochmann, W., Profilierungschancen für die Personaler, in: Handelsblatt Nr.190, 1/2.10.1999

Johann, H./Werner, W., Managementsysteme für Umweltschutz und Qualität - Ist ein gemeinschaftliches System zweckmäßig?, in: uwf, H.6/1994

Johann, Th./Klewer, L., Abfallwirtschaftskonzepte und Abfallbilanzen der Betriebe: Ein Leitfaden, Bonn 1997

Johansson, B., Entrepreneurship statt arbeitslose Generaldirektoren, in: Siegwart/Dubs/Mahari (Hrsg.), Human Resource Management, Stuttgart 1997

Jung, R.H./Kleine, M., Management. Personen-Strukturen-Funktionen-Instrumente, München/Wien 1993

Junghanns, K., Die Fusionswelle rollt langsamer, in: Handelsblatt, Nr.106, 7.6.1999, S. 20

Kahle, E., Unternehmenskultur und ihre Bedeutung für die Unternehmensführung, in: Zeitschrift für Planung, H.1/1991

Kals, J., Umweltorientiertes Produktions-Controlling, Wiesbaden 1993

Kalwait, R./Maginot, St., Wenn Controller wechseln wollen: Controller's Anforderungsprofil, in: cm, H. 1/1998

Kamiske, G./Füermann, T., Reengineering versus Prozeßmanagement. Der richtige Weg zur prozeßorientierten Organisationsgestaltung, in: zfo, H.3/1995

Kammel, A./Groth, U., Lean Production. Forcierung des Teamkonzeptes im „schlanken Unternehmen", in: Personal, H.11/1992

Kammerer, W./Teichert, V., Gemeinsam lernen. Das Modellprojekt „Schule und Öko-Audit" vermittelt Schülern und Lehrern praxisrelevantes Wissen zum Umweltschutz, in: Müllmagazin, H.3/1997

Kammerl, A., Der umgekehrte Leverage-Effekt in der Praxis, in: Der Betrieb, H.31/1993

Kanter, R.M., Unternehmenspartnerschaften: Langsam zueinander finden, in: Harvard Business manager, H.2/1995

Kampmann, R./Siebe, Th./Walter, J., Markt und Wettbewerb: Eine Einführung in die VWL – Band 1, Köln 1999

Kaplan, R./Norton, D., Strategieumsetzung mit Hilfe der Balanced Scorecard, in: Gleich/Seidenschwarz (Hrsg.), Die Kunst des Controlling, München 1997

Kaplan, R./Norton, D., The Balanced Scorecard – Translating Strategy into Action, Boston 1996 (dt. Übersetzung Stuttgart 1997)

Kaplan, R./Norton, D., In Search of Excellence - der Maßstab muß neu definiert werden, in: Harvard manager, H.4/1992

Kapp, K.W., Für eine ökosoziale Ökonomie. Entwürfe und Ideen - Ausgewählte Aufsätze, Frankfurt 1987

Käppeler, F./Sanft, E., Leitfaden für Existenzgründer, 3. Aufl., Berlin u.a. 1998

Kappler, E./Rehkugler, H., Konstitutive Entscheidungen, in: Heinen (Hrsg.), Industriebetriebslehre. Entscheidungen im Industriebetrieb, 9., vollst. neu bearb. und erw. Aufl., München 1991

Kargl, H., Industrielle Datenverarbeitung, in: Schweitzer (Hrsg.), Industriebetriebslehre: Das Wirtschaften in Industrieunternehmen, 2., völlig überarb. und erw. Aufl., München 1994

Kargl, H., Lean Production, in: WiSt, H.4/1994 (b)

Karlöf, B., Unternehmensstrategie: Konzepte und Modelle für die Praxis, Frankfurt/New York 1991

Karmasin, M., Ethik als Gewinn. Zur ethischen Rekonstruktion der Ökonomie, Wien 1996

Karsten, K., Rechtsformwechsel von Unternehmen, I+II, in: DStR, H.25-26+ 27/1992

Kaschenz, H./Glatzel, W.-D., Die Wärmenutzungsverordnung: Ein effektiver Weg zum integralen Umweltschutz, in: uwf, H.7/1994

Kastenholz, H.G./Erdmann, K.-H./Wolff, M. (Hrsg.), Nachhaltige Entwicklung: Zukunftschancen für Mensch und Umwelt, Berlin u.a. 1996

Kaufmann, L., Strategisches Sourcing, in: zfbf, H.3/1995

Kaumanns, W., Mitarbeiterorientiertes Qualitätsmanagement in kleinen und mittleren Unternehmen, in: Personal, H. 7/1999

Kaupe, G., Umweltverträglichkeitsprüfungen für Betriebe, in: uwf, H. 3/1997

Kelch, J., Ressourcenschonung beginnt bei der Konstruktion, in: Handelsblatt Nr. 144, 30.7.97, S. 37

Keller, M., Kennzahlengestütztes Konzern-Controlling, Teil I+II, in: DStR, H.1+2/1993

Kester, C./Luehrman, T., Leveraged Buyouts - besser als ihr Ruf, in: Harvard Business manager, H.4/1995

Kieninger, M., Prozeßmanagement: Was es leistet, wie es funktioniert und wie man es realisiert, in: Office Management, H.6/1993

Kieser, A./Koch, U./Woywode, M., Wie man Bürokratien das Lernen beibringt, in: zfo, H. 3/1999

Kilian, H./Wicher, H., Management Buy Out, in: WISU, H.2/1991

Kippers, St., Strategisch orientierte Anreiz- und Beitragssysteme, in: zfo, H.6/1991

Kirchgeorg, M., Neue Perspektiven der marktorientierten Unternehmensführung in der Kreislaufwirtschaft, in: Bruhn/Steffenhagen (Hrsg.), Marktorientierte Unternehmensführung. Reflexionen – Denkanstöße – Perspektiven, Wiesbaden 1997

Kirsch, W./Esser, W./Gabele, E., Das Management des geplanten Wandels von Organisationen, Stuttgart 1979

Kirsch, W./Maaßen, H., Managementsysteme, in: Kirsch/Maaßen (Hrsg.), Managementsysteme. Planung und Kontrolle, 2. Aufl., München 1990

Kirsch, W./Müller-Stevens, G., Den Herausforderungen begegnen: Das Management des Wandels, Hypo-Forum für Unternehmer, München 1995

Kirsch, W./Roventa, R., Bausteine eines strategischen Managements, Berlin/New York 1983

Kirschbaum, G., Gründungsmotivation, in: Szyperski/Roth (Hrsg.), Entrepreneurship – Innovative Unternehmensgründung als Aufgabe, Stuttgart 1990

Kirschbaum, G./Naujoks, W., Erfolgreich in die berufliche Selbständigkeit, Freiburg 1985

Kirschten, U., Öko-Controlling bei Kunert, in: UWF, H.1/1999

Klandt, H., Aktivität und Erfolg des Unternehmensgründers, Gladbach 1984

Klandt, H., Der Unternehmensgründer, in: Dieterle/Winckler (Hrsg.), Gründungsplanung und Gründungsfinanzierung, München 1995

Klandt, H., Entrepreneurship spielend lernen: Erfahrungen beim Einsatz eines Computerplanspiels zur Vermittlung der mittelständischen Unternehmerrolle, in: Faltin/Ripsas/Zimmer (Hrsg.), Entrepreneurship. Wie aus Ideen Unternehmen werden, München 1998

Klappert, R., Ist die Internet-Technologie reif für den Einsatz im Unternehmen?, in: io management, H. 9/1998

Klaus, A./Dörnemann, J./Knust, P., Chancen der IT-Unterstützung bei der Balanced Scorecard-Einführung, in: Controlling, H.6/1998

Klaus, J., Erweiterung der Volkswirtschaftlichen Gesamtrechnung aus umweltökonomischer Sicht, in: WISU, H.1/1992

Klein, H., Entwicklungstendenzen des Dienstleistungsmarketing aus Sicht der Praxis, in: Meffert/Bruhn (Hrsg), Handbuch Dienstleistungsmanagement. Von der strategischen Konzeption zur praktischen Umsetzung, Wiesbaden 1998

Klein, Th., Erhöht Gruppenarbeit die Kompetenzen der Mitarbeiter?, in: Personal, H. 3/1999

Klein, St., Virtuelle Organisation, in: WiSt, H.6/1994

Kleinfeld, A., Identität durch moralische Integrität: Die Rolle der Corporate Ethics, in: Bickmann et al., Chance Identität, Heidelberg/Berlin u.a.,. 1999

Kleinfeld, A., Persona Oeconomica, Heidelberg 1998

Kleinfeld, K., Benchmarking für Prozesse, Produkte und Kaufteile - Ein Weg zu permanenter Verbesserung im Unternehmen, in: Marktforschung und Management, H.1/1994

Kleinsorge, P., Geschäftsprozesse, in: Masing (Hrsg.), Handbuch Qualitätsmanagement, 3., erw. Aufl., München/Wien 1994

Klimecki, R., Führung in Aktion: Organisationsentwicklung, in: Kieser/Reber/Wunderer (Hrsg.), Handwörterbuch der Führung, 2. Aufl., Stuttgart 1994

Klimecki, R., Führung in der Lernenden Organisation, Management Forschung und Praxis, Universität Konstanz Diskussionsbeitrag Nr.16, 1996

Klimecki, R./Gmür, M., Personalmanagement: Funktionen – Strategien – Entwicklungsperspektiven, Stuttgart 1998

Klimecki, R./Laßleben, H., „Organisationale Bildung" oder „Das Lernen des Lernens", Management Forschung und Praxis, Universität Konstanz Diskussionsbeitrag Nr.12, 1995

Klimecki, R./Thomae, M., Organisationales Lernen. Eine Bestandsaufnahme der Forschung, Management Forschung und Praxis, Universität Konstanz Diskussionsbeitrag Nr.18, 1997

Klimecki/Probst, G./Eberl, P., Perspektiven eines entwicklungsorientierten Managements, Management Forschung und Praxis, Diskussionsbeitrag Nr.1, 1999

Kloock, J., Neuere Entwicklungen betrieblicher Umweltkostenrechnungen, in: Wagner (Hrsg.), Betriebswirtschaft und Umweltschutz, Stuttgart 1993

Klopp, M./Greth, T./Baisch, F., Herausforderung Zukunft – Intuition oder Methode?, Barleben 1997

Klotz, M./Wenzel, H. (Hrsg.), Führungsinformationssysteme im Unternehmen: Erfolgsfaktoren, Vorgehensweisen und Perspektiven, Berlin 1994

Klotz, U., Lean Production, Teil1: Modebegriff, Mythos oder Mißverständnis?; Teil 2: Lernfähige Organisationen statt Management by Potemkin, in: Office Management, H.9+10/1993 (a, b)

Klubescheidt, L.- W., Umweltschutz bietet ungenutzte Chancen. Das Marketing muß schnell handeln!, in: Marketing Journal, H.1/1991 (Erstveröffentlichung: H.1/1971)

Klug, C., Für die Vereinbarkeit von Familie und Beruf, in: Personalwirtschaft, H. 9/1997

Knoll, L., Aktien-Optionsprogramme im Vergleich, in: Personalwirtschaft, H. 11/1997

Knyphausen, D.z., „Why are firms different?" Der „Ressourcenorientierte Ansatz" im Mittelpunkt einer aktuellen Kontroverse im Strategischen Management, in: DBW, H.6/1993

Knyphausen, D.z., Überleben in turbulenten Umwelten: Zur Behandlung der Zeitproblematik im Strategischen Management, Zeitschrift für Planung, H.2/1993 (b)

Koch, H., Unternehmenspolitik und Flexibilität, in: Bruhn/Steffenhagen (Hrsg.), Marktorientierte Unternehmensführung. Reflexionen – Denkanstöße – Perspektiven, Wiesbaden 1997

Kohlert, H., Herausforderung Selbständigkeit: Der Leitfaden für Unternehmensgründer, Renningen-Malmsheim/Wien 1997

Kohn, A., Warum Incentive-Systeme oft versagen, in: Harvard Business manager, H.2/1994

Kollmar, A./Niemeier, D., Der Weg zum richtigen Benchmarking-Partner: Unter den Besten wählen, in: Gablers Magazin, H.5/1994

Kolshorn, R./Tomecko, J., Das unternehmerische Potential verstehen und fördern, in: Faltin/Ripsas/Zimmer (Hrsg.), Entrepreneurship. Wie aus Ideen Unternehmen werden, München 1998

König, M., Umweltverträglichkeitsprüfung (UVP),in: BJU (Hrsg.), Umweltschutzberater. Handbuch für wirtschaftliches Umweltmanagement im Unternehmen, 4.Erg.-Lfg.Oktober 1990

Kontzer, T., The Greening of American Marketing. Environmental Issues Foster Loyal Consumers, in: E Business Magazine, July 1998

Koreimann, D., Management, 6., erw. Aufl, München/Wien 1995

Körmeier, K., Prozeßorientierte Unternehmensgestaltung, in: WiSt, H.5/1995

Kornblum, W., Einsatz innovativer Führungsinformationssysteme für eine effiziente Unternehmenssteuerung, in: Klotz/Wenzel (Hrsg.), Führungsinformationssysteme im Unternehmen: Erfolgsfaktoren, Vorgehensweisen und Perspektiven, Berlin 1994

Korndörfer, W., Unternehmensführungslehre, 8. Aufl., Wiesbaden 1995

Korndörfer, W., Allgemeine Betriebswirtschaftslehre, 10., völlig überarb. Aufl., Wiesbaden 1992

Körting, M., Hochzeit - und dann? Integration der Unternehmenskulturen nach Unternehmenszusammenschlüssen, in: Personalführung, H.4/1989

Koslowski, P. (Hrsg.), Neuere Entwicklungen in der Wirtschaftsethik und Wirtschaftsphilosohie, Berlin u.a. 1992

Koslowski, P., Der homo oeconomicus und die Wirtschaftsethik, in: Koslowski (Hrsg.), Neuere Entwicklungen in der Wirtschaftsethik und Wirtschaftsphilosohie, Berlin u.a. 1992

Kostka, S./Hassan, A., Umweltmanagementsysteme in der chemischen Industrie. Wege zum produktionsintegrierten Umweltschutz, Berlin u.a. 1997

Kottmann, H./Loew, Th./Clausen, J., Umweltkennzahlen für den betrieblichen Verbesserungsprozeß, in: uwf, H. 1/1999

Kraemer, W./Scheer, A.-W., Wissensbasierte Problemlösung für betriebswirtschaftliche Anwendungsgebiete am Beispiel des Controlling. - Ergebnisse einer empirischen Analyse, in: DBW, H.2/1991

Kraemer, W./Scheer, A.-W., Cash-Management-Systeme - Konzeption und beispielhafte Anwendungen, in: Information Management, H.1/1993

Krämer. S., Informationsgesellschaft. Über die Euphorie der Immaterialität, Vortrag am 2.2.1996, Institut für Ästhetik, Humboldt-Universität zu Berlin

Krauch, H., Pleonexie. Neue Triebkräfte, in: Krauch/Sommerlatte (Hrsg.), Bedürfnisse entdecken: Gestalten zukünftiger Märkte und Produkte, Frankfurt/New York 1997

Krauch, H./Sommerlatte, t./Little International, A.D. (Hrsg.), Bedürfnisse entdecken. Gestaltung zukünftiger Märkte und Produkte, Frankfurt/New York 1997

Krauch,H., Die komplexe Welt der Bedürfnisse – Worauf baut das Modell von Angebot und Nachfrage eigentlich auf?, in: Krauch/Sommerlatte (Hrsg.), Bedürfnisse entdecken: Gestalten zukünftiger Märkte und Produkte, Frankfurt/New York 1997

Kraus, M./Scheer, A.-W., Integrationsaspekte Betrieblicher Umweltinformationssysteme, in: uwf, H. 3/1997

Krause, H./Buchholz, M., PC-gestützte Kostenplanung. Ziele, Anforderungen und Lösungsbeispiele, in: Reichmann (Hrsg.), Handbuch Kosten- und Erfolgs-Controlling, München 1995

Krause, K.P., Seit 1990 entstehen in Deutschland immer mehr Stiftungen von Unternehmen, Privatpersonen und Parteien, in: FAZ Nr.177, 3.8.1999

Krauthammer, E/Hinterhuber, H.H., Leadership – die richtigen Prioritäten setzen, in: FAZ Nr. 248, 25.10.1999

Kreikebaum, H., Die Integration moralischer Aspekte in die Unternehmensführung durch das Konzept der Entscheidungsethik, in: Bruhn/Steffenhagen (Hrsg.), Marktorientierte Unternehmensführung. Reflexionen – Denkanstöße – Perspektiven, Wiesbaden 1997

Krcmar, H./Buresch, A., IV-Controlling. Ein Rahmenkonzept für die Praxis, in: Controlling, H.5/1994

Kreibich, R., Ökologische Produktgestaltung und Kreislaufwirtschaft, in: uwf, H.5/1994

Kreikebaum, H., Strategische Unternehmensplanung, 5., überarb. Aufl., Stuttgart 1993

Kreis, R., Handbuch der Betriebswirtschaftslehre, München/Wien 1993

Kremer, G., Abfallrechtliche Produktverantwortung für Produzenten und Handel, in: Betriebs-Berater, Beilage 9, H.14/1993

Kreuz, W. (Hrsg.), Mit Benchmarking zur Weltspitze aufsteigen, Landsberg/Lech 1995

Kroeber-Riel, W., Konsumentenverhalten, 4. Aufl., München 1991

Kröger, F., Forcierter Unternehmenswandel durch „Transforming the Enterprise", in: ZfB-Ergänzungsheft, H.2/1995

Krogh v., G./Venzin, M./Roos, J., Knowledge Management, in: Tschirky/Koruna (Hrsg.), Technologie-Management: Idee und Praxis, Zürich 1998

Kruczynski, K./Kahlert, D., Gesucht: Führungskompetenz in allen IT-Fragen, in: Office Management, H. 6/1999

Krüger, W./Homp, Ch., Kernkompetenz-Management: Steigerung von Flexibilität und Schlagkraft im Wettbewerb, Wiesbaden 1997

Krüger, W., Die Transformation von Unternehmungen und ihre Konsequenzen für die Organisation der Information und Kommunikation, in: BFuP, H.6/1993

Krulis-Randa, J.S., Reflexionen über die Unternehmenskultur und über ihre Bedeutung für den Erfolg schweizerischer Unternehmungen, in: DU, H.4/1984

Krystek, U., Internationalisierung – Eine Herausforderung für die Unternehmensführung, Berlin 1997

Krystek, U./Müller, M., Frühaufklärungsysteme. Spezielle Informationssysteme zur Erfüllung der Risikokontrollpflicht nach KonTraG, in: Controlling, H.4-5/1999

Krystek, U./Redel, W./Reppegather, S., Grundzüge virtueller Organisationen: Elemente und Erfolgsfaktoren, Chancen und Risiken, Wiesbaden997

Krystek, U., Frühwarnung vor Insolvenzrisiken: Controllingaufgabe auch im Bankenbereich, in: Spreman/Zur (Hrsg.), Controlling: Grundlagen - Informationssysteme - Anwendungen, Wiesbaden 1992

Krystek, U., Unternehmungskultur und Akquisition, in: ZfB, H.5/1992 (b)

Krystek, V., Controlling, mißtrauens- oder vertrauensorientiert: Speerspitze einer Mißtrauensorganisation?, in: Gablers Magazin, H.5/1991

Kuckartz, U., Umweltbewußtsein und Umweltverhalten, Berlin u.a. 1998

Kühl, D./Nieder, P., Warum brauchen Unternehmen ein Veränderungs-Management?, in: BFuP, H.3/1994

Kuhn, A., Unternehmensführung, 2., völlig neubearb. Aufl., München 1992

Kühne, A., Benchmarking. Ein Mittel zur Leistungssteigerung, in: ZfB-Ergänzungsheft, H.2/1995

Kunert/Kienbaum Unternehmensberatung/Institut für Management und Umwelt (Hrsg.), Modellprojekt Umweltkostenmanagement – Abschlußbericht, Immenstadt 1999

Kunz, G., Balanced Scorecard in Personalmanagement und Personalentwicklung: Weiche Ziele operationalisieren, in: Handelsblatt Nr.101, 29.5.1999

Kunz, G., Ziele partnerschaftlich vereinbaren – ein Weg zum Erfolg, in: Harvard Business manager, H. 2/1999

Küpper, H.-U./Weber, J./Zünd, A., Zum Verständnis und Selbstverständnis des Controlling, in: ZfB, H.3/1990

Kupsch, P./Marr, R., Personalwirtschaft, in: Heinen (Hrsg.), Industriebetriebslehre, Entscheidungen im Industriebetrieb, 9., vollst.neu bearb. und erw. Aufl., Wiesbaden 1991

Kürten, T., Inhouse-Potentiale nutzen: Wie Mitarbeiter zu Mitunternehmern werden, in Eyer (Hrsg.), Report Vergütung: Entgeltgestaltung für Mitarbeiter und Manager, Düsseldorf 1999

Kürten, T., Mit-Arbeiter als Mit-Unternehmer: Wege zur Leistungssteigerung durch Beteiligung, in Eyer (Hrsg.), Report Vergütung: Entgeltgestaltung für Mitarbeiter und Manager, Düsseldorf 1999 (b)

Kurtzke, Ch./Popp, P., Das wissensbasierte Unternehmen: Praxiskonzepte und Management-Tools, München-/Wien, 1999

Küting, K./Lorson, P., Anmerkungen zur unternehmenswertorientierten Unternehmensführung, in: FAZ, 4.10.1999

Küting, K., Analyse der Rentabilität, in: DStR, H.8/1992

Küting, K., Einführung in die Cash-Flow-Rechnung, in: DStR, H.18/1992 (b)

Läge, K., Ideencontrolling mit Kennzahlen, in: Controlling, H. 6/1999

Laib, K., Das 360-GradFeedback, in: Personalführung, H. 12/1997

Lampe, D., Einführung in das MIT Projekt „Inventing the Organizations of the 21st Century", Last Updated April 6, 1999 (Online)

La Roche, U., Von der Kunst, mit der „richtigen" Produkt-Markt-Strategie-Methode zu planen, in: io Management Zeitschrift, H.56/1987

Landesanstalt für Umweltschutz Baden-Württemberg (Hrsg.), Umweltmanagementsystem. Ein Modellhandbuch, Karlsruhe 1994 (a)

Landesanstalt für Umweltschutz Baden-Württemberg (Hrsg.), Umweltorientierte Unternehmensführung in kleinen und mittleren Unternehmen und in Handwerksbetrieben. Ein Praxisleitfaden, Karlsruhe 1994(b)

Landesanstalt für Umweltschutz Baden-Württemberg (Hrsg.), Der Weg zur Zertifizierung nach der EG-Öko-Audit-Verordnung, Karlsruhe 1994 (c)

Landesanstalt für Umweltschutz Baden-Württemberg (Hrsg.), Umweltmanagement in der metallverarbeitenden Industrie. Leitfaden zur EG-Umwelt-Audit-Verordnung, Karlsruhe 1994 (d)

Lang, J., Leistungsvergütung bei Gruppenarbeit – was leisten Gainsharing-Systeme?, in: Personalführung, H. 4/1998

Lang-von Wins, Th., Wie wird man Unternehmer? Wissenschaftliche Zugänge zu beruflicher Selbständigkeit und Unternehmertum, in: Rosenstiel/Lang-von Wins (Hrsg.), Existenzgründung und Unternehmertum: Themen, Trends und Perspektiven, Stuttgart 1999

Lattmann, C., Die Leistungsbeurteilung als Führungsmittel, 2., verb. Aufl., Heidelberg 1994

Laub, U., Innovationsbewertung: Ein Bewertungskonzept für innovative Unternehmensgründungen. Ergebnisse einer empirischen Untersuchung, in: Laub/Schneider (Hrsg.), Innovation und Unternehmertum: Perspektiven, Erfahrungen, Ergebnisse, Wiesbaden 1991

Laub, U., Innovationsfinanzierung: Erfahrungen von Venture-Capital-Gesellschaften, Banken und Beratungen, in: Laub/Schneider (Hrsg.), Innovation und Unternehmertum: Perspektiven, Erfahrungen, Ergebnisse, Wiesbaden 1991

Lauff, R. (Hrsg.), Überzeugt vom Umweltschutz: Unternehmen berichten zur ICC-Charta für langfristig tragfähige Entwicklung, Bonn 1995

Laukamm, Th./Walsh, J., Strategisches Management von Human-Ressourcen - Die Einbeziehung der Human-Ressourcen in das strategische Management, in: Arthur D. Little International (Hrsg.), Management im Zeitalter der strategischen Führung, Wiesbaden 1985

Lay, G./Rainfurth, C., Königsweg „Prämie"? Verbreitung und Ausgestaltung von Entlohnungskonzepten in der Produktion, .Mitteilungen aus der Produktionsinnovationserhebung; PI-Mitteilungen Nr. 13, ISI, Karlsruhe, 1999

Leder, M., Innovationsmanagement. Ein Überblick, in: Albach (Hrsg.), Innovationsmanagement. Theorie und Praxis im Kulturvergleich, Wiesbaden 1990

Lehmann, F./Hartmann, M./Munz, M., Demontage, in: VDI-Z, H.6/1994

Lehmann, F.-O., Zur Entwicklung eines koordinationsorientierten Controlling-Paradigmas, in: ZfbF, H.1/1992

Lehner, J. M., Die Rolle unternehmerischer Personen und Prozesse in großen Organisationen, in: zfo, H. 3/199

Leibfried, K./McNair, C.J., Benchmarking: Von der Konkurrenz lernen, die Konkurrenz überholen, Freiburg i. Br. 1993

Leicht, R./Strohmeyer, R., Beschäftigungsbeitrag und Wachstumsmuster kleiner Betriebe, in: Faltin/Ripsas/Zimmer (Hrsg.), Entrepreneurship. Wie aus Ideen Unternehmen werden, München 1998

Leiderer, W., Kennzahlen zur Steuerung von Hotel- und Gaststättenbetrieben, 4., überarb. Aufl., Stuttgart 1995

Leidig, G., Ökologisches Benchmarking am Beispiel der Abfallwirtschaft in Druckbetrieben, in: Controlling, H.6/1995

Leipert, Ch., Auf dem Wege zum Ökosozialprodukt, in: IÖW/VÖW-Informationsdienst, H.2/1995

Lentner, A., Das Gesellschaftsrecht der Europäischen Wirtschaftlichen Interessenvereinigung (EWIV), Baden Baden 1994

Lenz, H., Dynamische Investitionsrechnungen, in: WiSt, H.10/1991

Letmathe, P./Steven, M., Die Berücksichtigung von Maßnahmen der staatlichen Umweltpolitik bei betrieblichen Investitionsentscheidungen, in: WiSt, H.3/1995

Leutiger, I., Entscheidungsorientiertes Cash-Flow-Management, Landsberg/Lech 1979

Lewis, J., Strategische Allianzen, Frankfurt/New York 1991

Lewis, T./Grisebach, R./Nelle, A., Kapitalbeteiligung und Vergütungsregelung zur Förderung von Unternehmertum in Großunternehmen, in: zfo, H.2/1995

LfU (Hrsg.), Umweltmanagement in der metallverarbeitenden Industrie, Karlsruhe 1994

LfU., siehe Landesanstalt für Umweltschutz Baden-Württemberg

Liebel, H., Personalentwicklung durch Verhaltens- und Leistungsbewertung, in: Liebel/Oechsler (Hrsg.), Personalbeurteilung: Neue Wege zur Bewertung von Leistung, Verhalten und Potential, Wiesbaden 1992

Liebig, P., PC-gestützte revolvierende Finanzoptimierung, in: Der Betrieb, H.30/1993

Liebl, F., Issue Management. Bestandsaufnahme und Perspektiven, in: ZfB, H.3/1994

Liesegang, D., Reduktions- und Produktionswirtschaft, in: uwf, H.4/1996

Liesegang, D.G., Lernprozesse zur ökologiegerechten Systemmodifikation im Unternehmen, in: ZfB-Ergänzungsheft, H.3/1995

Liessmann, K., Strategisches Controlling, in: Mayer (Hrsg.), Controlling-Konzepte, 3., vollst. überarb. und erw. Aufl., Wiesbaden 1993

Linde, F., Virtualisierung von Unternehmen: Wettbewerbspolitische Implikationen, Wiesbaden 1997

Lingen, Th.v., Zufriedenheitsmanagement, in: planung und analyse, H.1/1994

Link, J., Organisation der Strategischen Planung, Heidelberg/Wien 1985

Linnenkohl, K., Die Virtualisierung der Arbeitsbeziehungen, in: Brill/de Vries (Hrsg.), Virtuelle Wirtschaft: Virtuelle Unternehmen, virtuelle Produkte, virtuelles Geld und virtuelle Kommunikation, Opladen 1998

Little, A.D., Innovation als Führungsaufgabe, Frankfurt/Main 1988

Little International, A.D., Management im Zeitalter der strategischen Führung, Wiesbaden 1985

Little, A.D.(Hrsg.), Management der Lernprozesse im Unternehmen, Wiesbaden 1995

Löbel, J./Schörghuber, W. (Hrsg.), EU-Umweltaudits: Zukunftsfähige Geschäftsprozesse gestalten, Berlin u.a. 1997

Loew, Th./Kottmann, H., Kennzahlen im Umweltmanagement, in: Ökologisches Wirtschaften, H.1/1996

Loop, L./Paulsen, H., Personalentwicklung als strategisches Management – Ein Handlungsleitfaden, Berlin, o.J.

Lorenz, K., Die acht Todsünden der zivilisierten Menschheit, München 1973

Lübbe, H., Die sogenannte Informationsgesellschaft. Trends zivilisatorischer Evolution, in: Informationsgesellschaft – Von der organisierten Geborgenheit zur unerwarteten Selbständigkeit, Veröffentlichungen der Hanns Martin Schleyer-Stiftung, Band 49, Köln 1997

Luchs, R.H./Müller, R., Das PIMS-Programm- Strategien empirisch fundieren, in: Strategische Planung, Bd.1, H.2/1985

Lück, W., Unternehmensgründungen: Entrepreneurship als wissenschaftliche Disziplin in Deutschland?, in: Der Betrieb, H.9/1996

Luczak, H./Mühlbradt, Th./Wimmer, R., Gruppenarbeit als Beitrag zur Lernenden Organisation, in: Personalführung, H. 11/1998

Luger, A.E., Allgemeine Betriebswirtschaftslehre, Band 1: Der Aufbau des Betriebes, 3., überarb. und erw. Aufl., München/Wien 1991

Lullies, V./Pastowsky, M./Grandke, S., Geschäftsprozesse optimieren – ohne Diktat der Technik, in: Harvard Business manager, H. 2/1998

Lursen, K., Richtige und falsche Zielvorgaben, in: Personalwirtschaft, H. 9/1997

Lutterbeck, B., Konturen der Informationsgesellschaft. Über Cyberspce, Globalisierung und den Marktplatz der Ideen, in: Vortrag 3. Strausberger Symposium an der Akademie der Bundeswehr, 20.9.1966

Lutz, Ch., Leben und Arbeiten in Europa nach der Zeitenwende, Kempfenhausener Notizen, 14/1999

Machlup, F., Knowledge: It's Creation, Distribution, and Economic Significance, Princeton 1980

Mag, W., Grundzüge der Entscheidungstheorie, München 1990

Mag, W., Die Modellunterstützung der Unternehmensplanung, in: WISU, H.4/1995

Magyar, K./Prange, P., Zukunft im Kopf: Wege zum visionären Unternehmen, Freiburg 1993

Maier-Rigaud, G., Schritte zur ökologischen Marktwirtschaft, Marburg 1997

Maisberger, P., Hinterher ist man immer klüger: Erfahrungen und Erlebnisse rund um die Unternehmensgründung. Wege in die Selbständigkeit – Chancen, Motive, Hindernisse und Erfolgsfaktoren, Bielefeld 1998

Malhotra, Y., Tools @ Work: Deciphing the Knowledge Management Hype, Journal for Quality & Participation, July/August 1998 (b)

Malhotra, Y., Toward a knowledge ecology for Organizational White-Waters, in: Keynote Presentation for the Knowledge Ecology Fair 98: Beyond knowledge management, February 2 – February 27, 1998

Malhotra, Y., Virtual Corporations, Human Issues & Information Technology, in: Training & Development, May 1997

Malik, F., Spaßgesellschaft und Arbeit, in. Handelsblatt Nr. 230, 26.11.1999

Malik, F., Strategie des Managements komplexer Systeme, Ein Beitrag zur Management-Kybernetik evolutionärer Systeme, 4. Aufl., Bern/Stuttgart/Wien 1992

Malone, Th.W./Laubacher, R.J., Vernetzt, klein und flexibel – die Firma des 21.Jahrhunderts, in: Harvard Business manager, H. 2/1999

Mann, R., Praxis strategisches Controlling mit Checkliste und Arbeitsformularen, 3. Aufl., Landsberg/Lech 1983

Mann, R., Das ganzheitliche Unternehmen: Die Umsetzung des Neuen Denkens in der Praxis zur Sicherung von Gewinn und Lebensfähigkeit, Bern/München/Wien 1988

Mann, R., Das visionäre Unternehmen: Der Weg zur Vision in zwölf Stufen, Wiesbaden 1990

Männel, W./Warnick, B., PC-gestützte operative Controlling-Anwendungen, in: Risak//Deyhle (Hrsg.), Controlling: State of the Art und Entwicklungstendenzen, Rolf Eschenbach zum 60. Geburtstag, 2. durchges. Aufl., Wiesbaden 1992

Manz, K./Dahmen, A./Hoffmann, L., Entscheidungstheorie, München 1993

Maringer, A., Wachstum im Lebenszyklus, in: Zeitschrift für Planung, H.1/1991

Markl, H., Deutschlands Zukunft in der Informationsgesellschaft, Rede auf dem IT-Form „Fit fürs Informationszeitalter, Berlin. 3.5.1999

Marlin, A.T., Company Evaluation in the USA: Shopping, Investing & Managing for a Better World, in: Hansen (Hrsg.), Marketing im gesellschaftlichen Dialog, Frankfurt/New York 1996

Marr, R. (Hrsg.), Arbeitszeitmanagement. Grundlagen und Perspektiven der Gestaltung flexibler Arbeitszeitsysteme, 2., neubearb. und erw. Aufl., Berlin 1993

Martin, H.P./Schumann, H., Die Globalisierungsfalle – der Angriff auf Demokratie und Wohlstand, Hamburg 1996

Martinetz, J./Mertens, S., Gestaltung der Informations- und Kommunikationsstruktur zur Optimierung betrieblicher Prozesse, in: Controlling, H.3/1998

Marxt, Ch./Staufer, A./Bichsel, A., Innovationskooperationen, in: io management, H. 5/1998

Masing, W. (Hrsg.), Handbuch Qualitätsmanagement, 3. Aufl., München/Wien 1994

Matheis, M./Schalch, O., Balanced Scorecard und Economic Value Added, in: io management, H. 4/1999

Matten, D., Management ökologischer Unternehmensrisiken: Zur Umsetzung von Sustainable Development in der reflexiven Moderne, Stuttgart 1998

Matthes, E./Wehlmann, F., Vergütungsfonds: Mitarbeiter partizipieren aus der Steigerung des Unternehmenswertes, in: Personal, H. 3/1999

Maxeiner, D./Miersch, M., Das Lexikon der Öko-Irrtümer, Eichborn Verlag, Frankfurt a.M. 1998

Maxeiner, D./Miersch, M., Öko-Optimismus, Metropolitan Verlag, Düsseldorf/München 1996

Mayer, E., Controlling als Führungskonzept - vom Reagieren zum Agieren, in: Mayer/Weber(Hrsg.), Handbuch Controlling, Stuttgart 1990

Mayer, E., Der Werkzeugkasten des Controllers- Vernetzung von strategischem und operativem Controlling, in: Risak//Deyhle (Hrsg.), Controlling: State of the Art und Entwicklungstendenzen, Rolf Eschenbach zum 60. Geburtstag, 2. durchges. Aufl., Wiesbaden 1992

Mayer, E., Controlling als Führungskonzept, in: Mayer (Hrsg.), Controlling-Konzepte, 3., vollst. überarb. und erw. Aufl., Wiesbaden 1993

Mayer, E./Weber, J.(Hrsg.), Handbuch Controlling, Stuttgart 1990

MBPW, Münchener Buiness Plan Wettbewerb, Teilnehmerhandbuch, München 1999

Meadows, D, u.a., Die Grenzen des Wachstums, Stuttgart 1972

Meffert, H., Marketing. Grundlagen marktorientierter Unternehmensführung: Konzepte – Instrumente – Praxisbeispiele, 8., vollst. neubearb. und erw. Aufl., Wiesbaden 1998

Meffert, H., Marktorientierte Führung von Dienstleistungsunternehmen – State of the Art und Entwicklungsperspektiven, in: Meffert/Bruhn (Hrsg), Handbuch Dienstleistungsmanagement. Von der strategischen Konzeption zur praktischen Umsetzung, Wiesbaden 1998

Meffert, H./Bruhn, M., Dienstleistungsmarketing. Grundlagen – Konzepte – Methoden. Mit Fallbeispielen, 2. überarb. und erw. Aufl., Wiesbaden 1997

Meffert, H./Bruhn, M., Handbuch Dienstleistungsmanagement. Von der strategischen Konzeption zur praktischen Umsetzung, Wiesbaden 1998

Meffert, H., Strategische Unternehmensführung und Marketing, Wiesbaden 1988

Meffert, H., Umweltbewußtes Konsumentenverhalten. Ökologieorientiertes Marketing im Spannungsfeld zwischen Individual- und Sozialnutzen, in: Marketing ZFP, H.1/1993

Meffert, H., Marketing-Management: Analyse - Strategie - Implementierung, Wiesbaden 1994

Meffert, H./Kirchgeorg, M., Marktorientiertes Umweltmanagement: Grundlagen und Fallstudien, Stuttgart 1992

Meffert, H./Kirchgeorg, M., Das neue Leitbild Sustainable Development - der Weg ist das Ziel, in: Harvard Business manager, H.2/1993

Meffert, H./Kirchgeorg, M., Ökologisches Marketing. Erfolgsvoraussetzungen und Gestaltungsoptionen, in: uwf, H.1/1995

Mensch, G., Budgetierung. Ein Ansatz zur inhaltlichen Abgrenzung, in: DBW, H.6/1993

Mertens, P./Faisst, W., Virtuelle Unternehmen – eine Strukturvariante für das nächste Jahrtausend?, in: Schachtschneider (Hrsg.), Wirtschaft, Gesellschaft und Staat im Umbruch: Festschrift der Wirtschafts- und Sozialwissenschaftlichen Fakultät der Friedrich-Alexander-Universität Erlangen-Nürnberg 75 Jahre nach Errichtung der Handelshochschule Nürnberg, Berlin 1995

Mertens, P./Faisst, W., Virtuelle Unternehmen. Eine Organisationsstruktur für die Zukunft?, in: WiSt, H.6/1996

Mertens, P./Griese, J./Ehrenberg, D. (Hrsg.), Virtuelle Unternehmen und Informationsverarbeitung, Berlin/Heidelberg 1998

Mesarovic, M./Pestel, E., Menschheit am Wendepunkt, Stuttgart 1974

Metzger, Ch., Wie können Führungskräfte ihr Lernverhalten optimieren?, in: io management, H. 11/1997

Metzger, R./Gründler, H.-Ch., Zurück auf Spitzenniveau: Ein integratives Modell zur Unternehmensführung, Frankfurt/New York 1994

Meuser, Th., Der Umweltschutz im Zielsystem von Unternehmen, in: Zeitschrift für Planung, H.5/1994

Meyer, C., Betriebswirtschaftliche Kennzahlen, in: BBK, H.19/1987

Meyer, Ch., Schnelle Zyklen. Von der Idee zum Markt: Zeitwettbewerb in der Praxis, Frankfurt/New York 1994

Meyer, D., Die Forschungs- und Entwicklungskooperation als strategische Allianz, in: WiSt, H.1/1994

Meyer, F., EIS. Executive Information System oder Enterprise Intelligence System oder?, in: cm, H.3/1991

Meyer-Abich, K.M., Wege zum Frieden mit der Natur. Praktische Naturphilosophie für die Umweltpolitik, München/Wien 1984

Meyer-Abich, K.M., Wege zum Frieden mit der Natur, München/Wien 1984

Meyer-Krahmer, F. (Ed.), Innovation and Sustainable Development. Lessons for Innovation Policies, Heidelberg 1998

Meyer-Larsen, W., Griff über den großen Teich: Deutsche Unternehmen als Herausforderer amerikanischer Konzerne, Frankfurt/New York 1999

Michaelis, J./Spermann, A., Der Investivlohn, in: WiSt, H.5/1993

Michalski, L./Riemenschneider, M., Irreführende Werbung mit der Umweltfreundlichkeit von Produkten. Eine Rechtsprechungsanalyse, in: Betriebs-Berater, H.17/1994

Michel, K., Technologie im strategischen Management, Berlin 1987

Michel, U., Kooperation mit Konzept. Wertsteigerung durch strategische Allianzen, in: Controlling, H.1/1994

Michel, U., Wertmanagement. Ein umfassender und durchgängiger Ansatz zur kapitalmarktorientierten Unternehmenssteuerung, in: Controlling, H. 8-9/1999

Michelsen, G. (Hsrg.), Umweltberatung: Grundlagen und Praxis, Bonn 1997

Miehling, J./Ringendahl, J., Einführung der Gruppenarbeit bei Audi. Beispiel Montagen Ingolstadt, in: CIM Management, H. 6/1995

Mikl-Horke, G., Industrie- und Arbeitssoziologie, 3., durchges. Aufl., München/Wien 1995

Mild, Th., Innovative Technologien – Objekte des Controllers, in: cm, H. 4/1998

Mintzberg, H./Ahlstrand, B./Lampel, J., Strategy Safari: Eine Reise durch die Wildnis des strategischen Managements, Wien 1999

Mintzberg, H., Zwischen Fakt und Fiktion - der schwierige Beruf Manager, in: Harvard manager, H.4/1990

Mintzberg, H., Das wahre Geschäft der strategischen Planer, in: Harvard Business manager, H.3/1994

Minx, E./Roehl, H., Von Inseln und Brücken – Wissensentwicklung durch Szenarien bei der Daimler-Benz AG, in: zfo, H. 3/1998

Mischak, R., Von der Daten- zur Wissensnavigation, in: inFocus, 2.Jg., Ausgabe 4

Modoux, G., Budget und Budgetkontrolle in kleinen und mittleren Unternehmungen, in: Die Orientierung, Nr.77, Bern 1981

Mölder, H./Hirsch, J./Freisberg, W./Kuhnert, D., Wie Mitarbeitern Ideen entlockt werden, in: Harvard Business manager, H. 1/1998

Möller, A./Häuslein, A./Rolf, A., Öko-Controlling in Handelsunternehmen: Ein Leitfaden für das Stoffstrommanagement, Berlin u.a.1997

Moltke v., K., International Environmental Management, Trade Regimes and Sustainability, hrsg.: International Institute for Sustainable Development, Winnipeg 1966

Monopolkommission (Hrsg.), Marktöffnung umfassend verwirklichen: Hauptgutachten 1996/97, Baden-Baden 1998

Moore, J. F., Das Ende des Wettbewerbs: Führung und Strategie im Zeitalter unternehmerischer Ökosysteme, Stuttgart 1998

Moormann, J., EIS als Unterstützungswerkzeug des strategischen Managements in vernetzten Organisationen, in: Hinterhuber/Al-Ani/Handlbauer (Hrsg.), Das neue strategische Management: Elemente und Perspektiven einer zukunftsorientierten Unternehmensführung, Wiesbaden 1996

Moormann, J., Managementunterstützungssysteme für das strategische Controlling, in: Office Management, H.1-2/1994

Morath, F., Interorganisationale Netzwerke: Dimensions – Determinants – Dynamics, Universität Konstanz , Management Forschung und Praxis: Diskussionsbeitrag Nr. 15/1996

Morris, D./Brandon, J., Revolution im Unternehmen - Reengineering für die Zukunft, Landsberg/Lech 1994

Morris, T., Aristoteles auf dem Chefsessel. Was Manager von Philosophen lernen können, Landsberg am Lech 1997

Morwind, K., Praktische Erfahrungen mit Benchmarking, in: ZfB-Ergänzungsheft, H2./1995

Moser, T./Miller, D., Multinational Corporations'Impacts on the Environment and Communities in the Developing World: A Synthesis of the Contemporary Debate, in: Greener Management International, Greenleaf Publishing, Sheffield, Issue 19 Autumn 1997

Mountfield, A./Schalch, O., Konzeption von Balanced Scorecards und Umsetzung in ein Management-Informationssystem, in: Controlling, H.5/1998

Müller, A., Umweltorientiertes betriebliches Rechnungswesen, München 1993

Müller, A., Kann die koordinationsbezogene Konzeption eine theoretische Fundierung des Controlling hervorbringen?, in: Kostenrechnungspraxis, H. 1996b

Müller, A., Grundzüge eines ganzheitlichen Controllings, München 1996

Müller, Th., Virtuelle Organisation. Konzept, Theoriebasis, Möglichkeiten und Grenzen, Universität Konstanz, Management Forschung und Praxis: Diskussionsbeitrag Nr. 21/1997, Konstanz 1997

Müller, U., Die Partnerschaftsgesellschaft. Eine neue Rechtsform für freie Berufe, in: WiSt, H.5/1996

Müller-Böling, D./Klandt, H., Bezugsrahmen für die Gründungsforschung mit einigen empirischen Ergebnissen, in: Szyperski/Roth (Hrsg.), Entrepreneurship – Innovative Unternehmensgründung als Aufgabe, Stuttgart 1990

Müller-Wenk, R., Die ökologische Buchhaltung, Frankfurt/New York 1978

Müller-Wenk, R., Konflikt Ökonomie-Ökologie, Karlsruhe 1980

Müller-Witt, H., Die Ökologisierung der Wertschöpfungskette, in: Der Wirtschaftsingenieur, H.4/1993

Müri, P., Prozeßorientierung - der Schlüssel zum neuen Management, in: io Management Zeitschrift, H.5/1994

Müri, P./Oesch, F./Grieder, M./Gschwind, U., Verhaltensänderung ist das Nadelöhr aller Management-Innovationen, in: io Management Zeitschrift, H. 5/1995

Musil, S./Picot, A., Computergestütztes Liquiditätsmanagement, in: Office Management, H.10/1992

Naisbitt, J., Megatrends – 10 Perspektiven, die unser Leben verändern werden, Bayreuth 1984 (Original 1982)

Naisbitt, J./Aburdene, P., Re-Inventing the Corporation, New York 1985

Nanoka, I./Takeuchi, H., The knowledge-creating company. How Japanese companies create the dynamics of innovation, New York/Oxford 1995(deutsch: Die Organisation des Wissens – Wie japanische Unternehmen eine brachliegende Ressource nutzbar machen, Frankfurt/Main 1997

Necker, T., Die Bedeutung des industriellen Mittelstandes in Deutschland, in: Forum Nr. 25, Vortragsreihe des Instituts der Deutschen Wirtschaft Köln, 22.6.1999

Nerdinger, F., Perspektiven der Erforschung des Unternehmertums, in: Rosenstiel/Lang-von Wins (Hrsg.), Existenzgründung und Unternehmertum: Themen, Trends und Perspektiven, Stuttgart 1999

Neubauer, F., Das PIMS-Programm und Portfolio-Management, in: Hahn/Taylor (Hrsg.), Strategische Unternehmensplanung, Stand und Entwicklungstendenzen, 6. Aufl., Würzburg/Wien 1992

Neuberger, O., Der Mensch ist Mittelpunkt. Der Mensch ist Mittel. Punkt. Acht Thesen zum Personalwesen, in: Personalführung, H.1/1990

Neuberger, O., Führen und geführt werden, 3., völlig überarb.Aufl. von „Führung", Stuttgart 1990

Neuberger, O., Personalentwicklung, Stuttgart 1991

Neuberger, O./Kompa, A., Wir, die Firma. Der Kult um die Unternehmenskultur, Weinheim/Basel 1987

Neuhäuser, R., Betriebswirtschaft für Existenzgründer: Schnellkurs: Kostenrechnung – Finanzierung – Buchführung, Regensburg/Bonn 1998

Neuland, M., Neuland-Moderation, 3. Aufl., Künzell 1999

Neumann, M., Wettbewerb: Zuviel oder zu wenig Konzentration?, in: Schachtschneider (Hrsg.), Wirtschaft, Gesellschaft und Staat im Umbruch: Festschrift der Wirtschafts- und Sozialwissenschaftlichen Fakultät der Friedrich-Alexander-Universität Erlangen-Nürnberg 75 Jahre nach Errichtung der Handelshochschule Nürnberg, Berlin 1995

Nickel, V., Das neue Bild der Konsumenten. Schlußfolgerungen einer schleichenden Wende, in: Forum, Vortragsreihe des Instituts der deutschen Wirtschaft Köln, Nr. 48, 25.11.1997

Niedenhoff, U., Kosten der Anwendung des Betriebsverfassungsgesetzes, in: Personal, H. 5/1999

Niedenhoff, H.-U., Mitbestimmung in der Bundesrepublik Deutschland, 8., erg. Aufl., Köln 1990

Niedenhoff, H.-U., Betriebsrats- und Sprecherausschußwahlen 1994, Köln 1995

Niederdrenk, R., Damit die angestrebte Fusion die Erwartungen auch erfüllt, in: FAZ Nr.7, 10.1.2000

Nieschlag, R./Dichtl, E./Hörschgen, H., Marketing - Ein entscheidungsorientierter Ansatz, 17. Aufl., Berlin 1994

1136

Niggl, M., Die Führung von Telearbeitern – Ein Erfahrungsbericht über alternierende Telearbeit bei der BMW AG aus Sicht der Führungskräfte von Telearbeitern, in: zfo, H. 4/1999

North, K./Probst, G./Romhardt, K., Wissen messen – Ansätze, Erfahrungen und kritische Fragen, in: zfo, H. 3/1998

North, K., Wissensorientierte Unternehmensführung: Wertschöpfung durch Wissen, Wiesbaden, 1998

North, K./Papp, A., Erfahrungen bei der Einführung von Wissensmanagement. Warum und wie Unternehmen des Neuland Wissensmanagement erobern, in: io management, H. 4/1999

Nothelfer, R., Lernen in der Organisation: Individueller Wissenserwerb und soziale Wissensverbreitung, in: zfo, H. 4/199

Nothnagel, A., Mitarbeiter beurteilen ihre Vorgesetzten, in: Harvard Business manager, H. 1/1998

NUK (Verband Neues Unternehmertum), Businessplan-Wettbewerb 1997/98, Teilnehmer-Handbuch, Köln1997.

Nüttgens, M./Scheer, A.-W., Integrierte Entsorgungssicherung als Bestandteil des Informationsmanagements in Industriebetrieben, in: zfbf, H.11/1993

o.V., Mit Ökonormen die Produktivität steigern, in: Office Management, H. 6/1997

Oden, H., Managing corporate culture, innovation, and intrapreneurship, Westport/London 1997

Odendahl, C./Bieger, F./Scheer, A.-W., Virtuelle Unternehmen versus traditionelle Unternehmensformen – Eine vergleichende Studie, Institut für Wirtschaftsinformatik an der Universität des Saarlandes, Saarbrücken 1998

Odendahl, C./Reimer, S./Marzen, St., Fallstudie zum Projekt „Konzeption und Entwicklung einer Kooperationsbörse zur kontinuierlichen Gestaltung Virtueller Unternehmen", Institut für Wirtschaftsinformatik an der Universität des Saarlandes, Saarbrücken 1998

OECD (Hrsg.), Employment and Growth in the Knowledge-Based Economy, Paris 1966

OECD (Hrsg.), Technology, Productivity and Job Creation, Paris 1996

OECD (Hrsg.), Towards a new global age: challenges and opportunities. Policy Report, 1997

OECD, Corporate Governance. Verbesserungen der Wettbewerbsfähigkeit und der Kapitalbeschaffung auf globalen Märkte, Paris, 1998

Oechsler, W., Personal und Arbeit: Einführung in die Personalwirtschaft unter Einbeziehung des Arbeitsrechts, 6. Völlig überarb. Und erw. Aufl., München/Wien 1992

Oelsnitz, v.d., D., Auch der Zweite kann gewinnen, in: io management, H. 3/1997

Oesterle, M.-J., Entwicklung und Stand der unternehmerischen Mitbestimmung in Deutschland, in: WiSt, H.9/1996

Ökom -Gesellschaft für ökologische Kommunikation, (Hrsg.), Zukunftsfähiges München. Ein gemeinsames Projekt Münchner Bürgerinnen und Bürger, München 1998

Olfert, K./Rahn, H.-J., Einführung in die Betriebswirtschaftslehre, 2., durchges. Aufl., Ludwigshafen 1994

Olfert, K./Steinbuch, P., Personalwirtschaft, 5., überarb.und erw. Aufl., Ludwigshafen 1993

Olins, W., Corporate Identity: Strategie und Gestaltung, 2., durchges. Aufl., Frankfurt/New York 1990

Oppermann, H., Umweltbeauftragte im Betrieb, in: WSI-Mitteilungen, H.6/1993

Ossadnik, W., Strategiewahl mittels AHP, in: Die Unternehmung, H.3/1994

Ossadnik, W., Aufteilung von Synergieeffekten bei Verschmelzungen, in: ZfB, H.1/1995

Ossola-Haring, C., So regeln Sie die Nachfolge in Familienunternehmen. Der Leitfaden für die optimale Betriebsübergabe, Landsberg/Lech 1995

Osterloh, M./Wartburg v., I., Organisationales Lernen und Technologie-Management, in: Tschirky/Koruna (Hrsg.), Technologie-Management: Idee und Praxis, Zürich 1998

Osterloh, M., Neue Ansätze im Technologiemanagement: vom Technologieportfolio zum Portfolio der Kernkompetenzen, in: io Management Zeitschrift, H.5/1994

Oswald, P., Der „Free Cash Flow" als zentrale Zielkennzahl, in: cm, H.6/1993

Otala, M., Die lernende Organisation. Konzept, Paradigmen und Erfahrungen, in: Office Management, H.12/1994

Ott, B., Gestaltungskompetenz als unternehmerische Zielformel. Der Gestaltungsansatz im Spannungsfeld von Arbeit, Technik und Bildung, in: zfo, H. 3/1999

Ott, M., Zukunftsweisender Ansatz im Wettlauf um zukünftige Markterfolge, in: Office Management, H.7-8/1996

Otte, M., Erfolgsfaktoren und Stolpersteine von Fusionen und Übernahmen, in: FAZ, Nr.123, 31.5.1999, S. 30

Otto, St., Zielorientierte Informationsflußgestaltung, in: Winter (Hrsg.),Ökologische Unternehmensentwicklung, Berlin u.a.,1997

Otto, U., Wärmelieferung – Dienstleistung des SHK-Handwerks, in: Bullinger (Hrsg.), Dienstleistungen – Innovationen für Wachstum und Beschäftigung. Herausforderungen des internationalen Wettbewerbs, Wiesbaden 1999

Pätzold, J., Umweltpolitik, Sternenfels/Berlin 1996

Pätzold, J./Mussel, G., Umweltpolitik, Sternenfels-Berlin 1996

Paul, W./Zieschang, M., Die Steuerung eines industriellen Unternehmens durch ein geschlossenes Zielrenditesystem, in: ZfB, H.1/1995

Paulsson, G./Bianchi, A., Supply Chain Management: die globale Herausforderung, in: io Management Zeitschrift, H.6/1995

Pausenberger, E./Glaum, M./Johansson, A., Das Cash Management internationaler Unternehmungen in Deutschland, in: ZfB, H.12/1995

Pautzke, G., Die Evolution der organisatorischen Wissensbasis. Bausteine zu einer Theorie des organisatorischen Lernens, Diss., München 1989

Pawellek, G./Best, D./Hinz, F., Verbesserung der Produktionslogistik durch Anwendung kybernetischer Prinzipien, in: io Management Zeitschrift, H. 4/1993

Pedell, K.L., Controlling von Ergebnis und Produktivität im Spannungsfeld von Produkten, Funktionen und Regionen, in: ZfbF, H.6/1994

Pedler, M./Burgoyne, J./Boydell, T., Das lernende Unternehmen. Potentiale freilegen – Wettbewerbsvorteile sichern, Frankfurt/New York 1994

Peemöller, V.H./Zwingel, Th., Ökologische Aspekte im Jahresabschluß. Bilanzierung, Bilanzpolitik und Bilanzanalyse, Düsseldorf 1995

Peil, W./Voigt, M., Innovative Trends in der Aufwärtsbeurteilung, in: Wirtschaft und Weiterbildung, H. 6/1997

Peiperl, M., Heißt die Lösung „Empowerment"?, in: IMD International Lausanne/London Business School/The Wharton School of the University of Pennsylvania (Hrsg.), Das MBA-Buch Mastering Management: Die Studieninhalte führender Business Schools, Stuttgart 1998

Pellens, B./Crasselt, N./Rockholtz, C., Wertorientierte Entlohnungsysteme für Führungskräfte – Anforderungen und empirische Befunde, in: Pellens (Hrsg.), Unternehmenswertorientierte Entlohnungssysteme, Stuttgart 1998

Perridon, L./Steiner, M., Finanzwirtschaft der Unternehmung, 8., überarb. Aufl., München 1995

Peter, J./Salje, P., Haftpflichtversicherung und Deckungsvorsorge nach dem neuen Umwelthaftungsgesetz (UmweltHG), in: Die Versicherungspraxis, H.1/1991

Peters, Th. J./Waterman, R.H., Auf der Suche nach Spitzenleistungen, 3. Aufl., Landsberg/Lech 1983

Peters, W., Charakter ist keine Frage der Größe, in: FAZ Nr. 268, 18.11.97

Petri, E., Methoden qualitativer Bedarfsforschung als Instrumente umweltorientierter Unternehmensführung, IMU Informationsdienst 1993

Petschow, U./Dröge, S., Globalisierung und Umweltpolitik. Die Rolle des Nationalstaates, in: Aus Politik und Zeitgeschichte. Beilage zur Wochenzeitung Das Parlament, 4. Juni 1999

Petschow, U./Hübner, K./Dröge, S./Meyerhoff, J., Nachhaltigkeit und Globalisierung: Herausforderungen und Handlungsansätze, Berlin u. a. 1998

Peuntner, Th., Stock Options und Stock Option Plans, in: Personal, H. 5/1999

Pfeffer, J., Sechs gefährliche Legenden über Arbeitsentgelte, in: Harvard Business manager, H. 6/1998

Pfeiffer, W./Dögl, R., Das Technologie-Portfolio-Konzept zur Beherrschung der Schnittstelle Technik und Unternehmensstrategie, in: Hahn/Taylor (Hrsg.), Strategische Unternehmensplanung, Stand und Entwicklungstendenzen, 4. Aufl., Heidelberg/Wien 1986

Pfeiffer, W./Metze, G./Schneider, W./Amler, R., Technologie-Portfolio zum Management strategischer Zukunftsgeschäftsfelder, 6., durchges. Aufl., Göttingen 1991

Pfeiffer, W./Schneider, W., Grundlagen und Methoden einer technologieorientierten strategischen Unternehmensplanung, in: Strategische Planung, Bd.1,1985

Pfeiffer, W./Weiß, E., Lean Management. Grundlagen der Führung und Organisation industrieller Unternehmen, Berlin 1992

Pfeiffer, W./Weiß, E./Horneber, M., Warum in die Ferne schweifen, wenn das Gute so nahe liegt? Ein Plädoyer gegen unüberlegte Produktionsverlagerungen in das Ausland, in: Blick durch die Wirtschaft, Sonderdruck, 5./6./7./8.4.1993

Pfeiffer, W./Weiß, E./Volz, Th., Begriff und Prinzipien des Lean Managements, in: DSWR, H.1-2/1994

Pfeil, B., Planungs-Handbuch, Landsberg/Lech 1984

Pfeil, R./Götte, B., Heute schon von der Konkurrenz überrascht worden? Anwendung und Nutzen von Competitive Intelligence (CI), in:

Pfohl, H.-Ch./Stölzle, W., Funktionen und Prozesse der Planung, in: WiSt, H.5/1996

Pfohl, H.-Ch., Ökologische Herausforderungen an die Logistik in den 90er Jahren, Umweltschutz in der Logistikkette bei Ver- und Entsorgung, Berlin 1993

Pfohl, H.-Ch./Zettelmeyer, B., Strategisches Controlling?, in: ZfB, H.2/1987

Pfriem, R., Unternehmenspolitik in sozialökologischer Perspektive, Marburg 1995

Pfriem, R., Betriebswirtschaftslehre in sozialer und ökologischer Dimension, Frankfurt/New York 1983

Pfriem, R., Ökologische Unternehmenspolitik, Frankfurt/New York 1986

Pfriem, R., Öko-Controlling und Organisationsentwicklung von Unternehmen,in: IÖW Informationsdienst, März/April 1991

Pfriem, R., Ökologische Unternehmenspolitik: Ziele, Methoden, Instrumente, in: Glauber/Pfriem (Hrsg.), Ökologisch wirtschaften. Erfahrungen - Strategien - Modelle. Frankfurt 1992

Pfriem, R., Unternehmenspolitik in sozialökologischer Perspektive, Marburg 1995

Picot, A., Modischer Wechsel von Organisationsmoden?, in: Office Management, H.7-8/1996

Picot, A./Freudenberg, H./Gassner, W., Die neue Organisation – ganz nach Maß, in: Harvard Business manager, H. 5/1999

Picot, A./Neuburger, R., Der Beitrag virtueller Unternehmen zur Marktorientierung, in: Bruhn/Steffenhagen (Hrsg.), Marktorientierte Unternehmensführung. Reflexionen – Denkanstöße – Perspektiven, Wiesbaden 1997

Picot, A./Reichwald, R./Wigand, R., Die grenzenlose Unternehmung, Wiesbaden 1996

Picot, G./Aleth, F., Kauf mit Garantie-Erklärung, in: Handelsblatt Nr. 130, 9/10.7.1999

Picot. A./Dietl, H./Franck, E., Organisation: Eine ökonomische Perspektive, 2., überarb. und erw. Aufl., Stuttgart 1999

Picot, A./Franck, E., Aufgabenfelder eines Informationsmanagements, I+II, in: H.5+6/1993

Pieper, W., Strategien von Automobilbetrieben in Zukunftsmärkten, in: Bullinger (Hrsg.), Dienstleistungen – Innovationen für Wachstum und Beschäftigung. Herausforderungen des internationalen Wettbewerbs, Wiesbaden 1999

Pierer, H.v., Wissensmanagement und wissensbasierte Geschäfte in einem globalen Unternehmen, München 1998

Pieske, R., Benchmarking in der Praxis: Erfolgreiches Lernen von führenden Unternehmen, Landsberg/Lech 1995

Piller, F., „Informationsrevolution" und industrielle Produktion, Statement zum VII. Deutschen Wirtschaftskongreß am 4.3.1999 an der Universität zu Köln, Arbeitspapier des Lehrstuhls für Industriebetriebslehre, Universität Würzburg, 1996

Piller, F., Individualität ist Trumpf, in: Office Management, H.9/1998

Piller, F., Kundenindividuelle Produkte –von der Stange, in: Harvard Business manager, H. 3/1997

Piller, F., Maßgeschneidertes von der Stange, in: io management, H. 5/1997

Pinchot, G., Intrapreneuring – Mitarbeiter als Unternehmer, Wiesbaden 1988

Piper, N., Moral schlägt Profit. Eine Bewegung in Amerika setzt auf das Gemeinwohl bei der Erneuerung der Ökonomie, in: Die Zeit, Nr.16, 10.4.1992

Piper, N., Wenn der Profit zur Pleite führt. Mehr Gewinne - und mehr Arbeitslose: Wo bleibt die soziale Verantwortung der Unternehmer?, in: Die Zeit, Nr. 6, 2.2.1996

Pirsig, R.G., Zen und die Kunst ein Motorrad zu warten. Ein Versuch über Werte, Frankfurt 1976

Polzer, M., Einführung neuer Entgeltsysteme - der Kompromiß über die Leistung, in: Eckardstein/Janes (Hrsg.), Neue Wege der Lohnfindung für die Industrie, Wien 1995

Pölzl, U., Umwelt-Controlling für Industriebetriebe, Graz 1992

Popkorn F., Der Popkorn Report. Trends für die Zukunft, München 1992

Popp, G., Mitbestimmung bei Ausgestaltung und Einführung von Cafeteria-Systemen, in: Arbeits- und Sozialrecht, H.16/1994

Porat, M., The Information Society, Washington 1977

Porter, M.E., Wettbewerbsstrategie, Frankfurt 1983 (Engl. Original: Competitive Strategy) (Nachdruck 1992)

Porter, M.E., Wettbewerbsvorteile, Frankfurt/New York 1986 (Engl.Original: Competitive Advantage) (Nachdruck 1992)

Porter, M.E., Nationale Wettbewerbskraft - woher kommt die?, in: Harvard Manager, H.4/1990

Power, M., „The Audit Society". Rituals of Verification, Oxford 1997

Prammer, H. K., Elemente eines ökologisch orientierten Rechnungswesens, in: io management, H. 12/1997

Preisendörfer, P., Zugangswege zur beruflichen Selbständigkeit und die Erfolgschancen neugegründeter Betriebe, in: Rosenstiel/Lang-von Wins (Hrsg.), Existenzgründung und Unternehmertum: Themen, Trends und Perspektiven, Stuttgart 1999

Preißler, P., Controlling: Lehrbuch und Intensivkurs, 6., durchges. Aufl., München/Wien 1995

Pridal, R., Abfallmanagement als Meilenstein auf dem Weg zu einem Umweltmanagement-System, in: io Management Zeitschrift, H.9/1995

Prinz, A./Beck, H., Politische Ökonomie der Globalisierung, in: Aus Politik und Zeitgeschichte. Beilage zur Wochenzeitung Das Parlament, 4. Juni 1999,

Probst, G., Organisation. Strukturen, Lenkungsinstrumente, Entwicklungsperspektiven, Landsberg/Lech 1992

Probst, G./Epller, M., Persönliches Wissensmanagement in der Unternehmensführung, in: zfo, H. 3/1998

Probst, G./Knaese, B., Führen Sie Ihre „Knowbodies" richtig?, in: io management, H. 4/ 1998

Probst, G./Raub, St., Kompetenzorientiertes Wissensmanagement, in: zfo, H. 3/1998

Probst, G./Raub, St., Vom Human Resource Management zum „Knowledge Resource Management"? Möglichkeiten und Grenzen des Personalmanagements bei der Gestaltung organisationalen Wissens, in: Siegwart/Dubs/Mahari (Hrsg.), Human Resource Management, Stuttgart 1997

Probst, G./Raub, St./Romhardt, K., Wissen managen: wie Manager ihre wertvollste Ressource optimal nutzen, Wiesbaden 1998

Probst, G., Organisationales Lernen und die Bewältigung von Wandel, in: Gomez/Hahn/Müller-Stevens/Wunderer (Hrsg.), Unternehmerischer Wandel: Konzepte zur organisatorischen Erneuerung, Knut Bleicher zum 65.Geburtstag, Wiesbaden 1994

Probst, G./Büchel, B., Organisationales Lernen: Wettbewerbsvorteil der Zukunft, Wiesbaden 1994

Probst, G./Gomez, P., Die Methodik des vernetzten Denkens zur Lösung komplexer Probleme, in: Probst/Gomez (Hrsg.), Vernetztes Denken. Ganzheitliches Führen in der Praxis, 2., erw. Aufl., Wiesbaden 1991

Projektgruppe im Wirtschafts- und Sozialwissenschaftlichen Institut des Deutschen Gewerkschaftsbundes (WSI), Grundelemente einer arbeitsorientierten Einzelwirtschaftslehre. Ein Beitrag zur politischen Ökonomie der Unternehmung, WSI-Studie zur Wirtschafts- und Sozialforschung, Nr. 23, Köln 1974

Pümpin, C., Management strategischer Erfolgspositionen, Bern/Stuttgart 1982

Pümpin, C., Unternehmenskultur, Unternehmensstrategie und Unternehmenserfolg, in: gdi-Impulse, H.2/1984

Pümpin, C./Kobi, J.-M./Wüthrich, H.A., Unternehmungskultur - Basis strategischer Profilierung erfolgreicher Unternehmen, in: Die Orientierung, Nr.85, Bern 1985

Pümpin, C./Prange, J., Management der Unternehmensentwicklung: Phasengerechte Führung und Umgang mit Krisen, Frankfurt/New York 1991

Quinn et al., Das Potential in den Köpfen gewinnbringend nutzen, in: Harvard Business manager, H. 3/1996

Radermacher, F.J., Der Weg in die Informationsgesellschaft. Analyse einer politischen Herausforderung. Überlegungen zur Bewältigung anstehender weltweiter Herausforderungen im technischen und gesellschaftliche Bereich, Ulm, o.J.

Radke, M., Handbuch der Budgetierung, 2., durchges. Aufl., Landsberg/Lech 1991

Raffée, H., Grundprobleme der Betriebswirtschaftslehre, Göttingen 1974

Raffée, H., Strategisches Marketing, in: Gaugler u.a. (Hrsg.), Strategische Unternehmensführung und Rechnungslegung, Stuttgart 1984

Raffée, H., Gegenstand, Methoden und Konzepte der Betriebswirtschaftslehre, in: Vahlens Kompendium der Betriebswirtschaftslehre, Bd. 1, 3., überarb. und erw. Aufl., München 1993

Raffée, H./Eisele, J., Joint Ventures - nur die Hälfte floriert, in: Harvard Business manager, H. 3/1994

Raffée, H./Wiedmann, K.-P., Die Selbstzerstörung unserer Welt durch unternehmerische Marktpolitik?, in: Marketing ZFP, H.4/1985

Raffée, H./Wiedmann, K.-P., Corporate Identity als strategische Basis der Kommunikationspolitik, in: Berndt-/Hermanns (Hrsg.), Handbuch Marketing Kommunikation, Wiesbaden 1993

Raffée, H./Wiedmann, K.-P., Wertorientiertes Innovationsmanagement: Empirische und normative Perspektiven, in: Forschungsgruppe Konsum und Verhalten (Hrsg.), Konsumentenforschung, gewidmet Werner Kroeber-Riel zum 60.Geburtstag, München 1994

Raich, S., Quality Circels sind ein Führungsinstrument, in: io Management Zeitschrift, H.1/1991

Ramin, K., Standard ist nicht Standard, Interview, Internet-Zeitung „zum Thema", Nr. 33, 28.9.1999

Ranganathan, J., Sustainability Rulers: Measuring Corporate Environmental & Social Performance, in: Sustainable Enterprise Perspectives - World Resources Institute, May 1998

Rappaport, , A., Shareholder Value – Wertsteigerung als Maßstab für die Unternehmensführung, Stuttgart 1995

Rasche, Ch./Wolfrum, B., Ressourcenorientierte Unternehmensführung, in: DBW, H.4/1994

Rasner, C./Füser, K./Faix, W., Das Existenzgründer-Buch. Von der Geschäftsidee zum sicheren Geschäftserfolg, 3. Aufl., Landsberg/Lech1997

Raub, St., Vom Zauber des „ultimativen Wettbewerbsvorteils".Ein kritischer Blick auf den Kernkompetenzen-Ansatz, in: zfo, H.5/1998

Raub, St./Romhardt., Intervention in die organisatorische Wissensbasis im unternehmensstrategischen Kontext, in: zfo, H. 3/1998

Rauberger, R./Wagner, B., Sachstandsanalyse Betriebliche Umweltkennzahlen, Berlin 1997

Rautenstrauch, C., Perspektiven Betrieblicher Umweltinformationssysteme, in: uwf, H. 3/1997

Rautenstrauch, C./Schraml, Th., Umweltinformationsmanagement und betriebliche Umweltinformationssysteme, in: WiSt, H.8/1995

Rechkemmer, K., Topmanager endlich on-line, in: Harvard Business manager, H.1/1994

Rederer, E., Liquiditätskennzahlen zur Kreditbeurteilung in der Bankpraxis, in: io Management Zeitschrift, H.3/1994

Reed, D., J., Green Shareholder Value, Hype or Hit?, in: Sustainable Enterprise Perspectives - World Resources Institute, September 1998

REFA (Hrsg.), Den Erfolg vereinbaren: Führen mit Zielvereinbarungen, München/Wien 1995

REFA (Hrsg.), Methodenlehre der Betriebsorganisation, Teil Anforderungsermittlung (Arbeitsbewertung), München 1987 (a)

REFA (Hrsg.), Methodenlehre der Betriebsorganisation, Teil Entgeltdifferenzierung, München 1987 (b)

Rehäuser, J./Krcmar, H., Wissensmanagement im Unternehmen, in: Schreyögg/Conrad (Hrsg.), Wissensmanagement, Berlin 1996

Reichmann, Th./Hüllmann, U., Konzeption eines unternehmenswertorientierten Controlling für eine Management-Holding, in: Controlling, H.4-5/1999

Reichmann, Th./Neukirchen, R., Potentialanalyse interner Dienstleistungsprozesse. Eine vorgelagerte Entscheidungsstufe für das Outsourcing, in: Controlling, H.6/1998

Reichmann, Th., Kosten- und Erfolgs-Controlling. Neuere Entwicklungen in der Führungsunterstützung, in: Reichmann (Hrsg.), Handbuch Kosten- und Erfolgs-Controlling, München 1995 (a)

Reichmann, Th., Controlling mit Kennzahlen und Managementberichten. Grundlagen einer systemgestützten Controlling-Konzeption, 4., überarb. und erw. Aufl., München 1995 (b)

Reichmann, Th./Fritz, B./Fröhling, O., Kennzahlengestütztes Controlling auf der Basis eines PC-gestützten Führungsinformationssystems. Transparenz und Flexibilität im Berichts- und Rechnungswesen, in: Controlling, H.5/1990

Reichwald, R., Telearbeit und Telekooperation – Arbeitsformen der Informationsgesellschaft, in: Elektronischer Leitfaden zur Telearbeit, hrsg. vom Bundesministerium für Bildung, Wissenschaft, Forschung und Technologie, Bonn 1998

Reichwald, R./Möslein, K./Sachenbacher, H./Englberger, H./Oldenburg, St., Telekooperation 1997

Reichwald, R.Möslein, K., Telearbeit und Telekooperation, in: Bullinger/Warnecke (Hrsg.), Neue Organisationsformen im Unternehmen. Ein Handbuch für das moderne Management, Berlin u.a. 1996

Reinhardt, R., „Dieses dauernde Schaffen von Feindbildern, das in Organisationen passiert, muß gestoppt werden", in: Internet-Zeitung „zum Thema", Nr. 22, 23.10.1998

Reisach, U., Die Zukunft der Arbeitsgesellschaft, in: Personal, H. 7/1999

Reiß, M., Grenzen der grenzenlosen Unternehmung. Perspektiven der Implementierung von Netzwerkorganisationen, in: Die Unternehmung, H.3/1996

Reiß, M., Mythos Netzwerkorganisation, in: zfo, H.4/1998

Reiß, M., Virtuelle Organisation auf dem Prüfstand, in: VDI-Z, H.1-2/1997

Reiß, M./Beck, T., Kernkompetenzen in virtuellen Netzwerken, in: Corsten/Will (Hrsg.), Unternehmensführung im Umbruch, Stuttgart 1995

Reiß, M./Rosenstiel, L.v./Lanz, A.(Hrsg)., Change Management. Programme, Projekte und Prozesse, Stuttgart 1997

Reiß, M., Die Rolle der Personalführung im Lean Management, in: ZfP, H.2/1993

Reiß, M., Komplexitätsmanagement, I+II, in: WISU, H.1+2/1993 (b)

Reiß, M., Integrierte Führungssysteme für eine humanzentrierte Produktion, in: CIM Management, H.6/1995

Reiß, M., Implementierungsarbeit im Spannungsfeld zwischen Effektivität und Effizienz, in: zfo, H.5/1995 (b)

Reitmayr, Th., Erweiterung der Kostenrechnung um eine ökologische Rechnungslegung, in: krp, H.4/1994

Remer, A./Sandholzer, U., Ökologisches Management und Personalarbeit, in: Steger (Hrsg.), Handbuch des Umweltmanagements. Anforderungs- und Leistungsprofile von Unternehmen und Gesellschaft, München 1992

Remmers, B., Unternehmensnetzwerk - Mittelständische Innovationsführer, in: absatzwirtschaft, H. 10/1999

Renn, O., Nachhaltiger Konsum. Widerspruch in sich?, in: Global Challenges Network e.V., München April 1997

Renn, O., Nachhaltigkeit aus der Perspektive des Unternehmens, in: UnternehmensGrün (Hrsg.), Von der Vision zur Praxis. Nachhaltiges Wirtschaften als Perspektive für Unternehmen, München 1997

Rensmann, J.H./Gröpler, K., Telearbeit: Ein praktischer Wegweiser, Berlin u.a. 1998

Rentschler, P., ISO 9000 ff: Bedeutung für den Dienstleistungssektor, in: Office Management, H.7-8/1995

Reusswig, F., Ökologie und Lebensstile, Frankfurt 1997

Richter, L., Internationale Unternehmensethik: Freiheit – Gleichheit – Gegenseitigkeit: John Rawls' Gerechtigkeitskonzeption dargestellt am Beispiel des Auslandsengagements deutscher multinationaler Unternehmen in Entwicklungsländern, Sternenfels/Berlin 1997

Richter, M., Personalführung, 4., erw. und überarb. Aufl., Stuttgart 1999

Rieper, B., Betriebswirtschaftliche Entscheidungsmodelle: Grundlagen, Herne/Berlin 1992

Rifkin, J., Das Ende der Arbeit und ihre Zukunft, Frankfurt/New York 1995

Rinschede, A./Holzhauer, R., Vermeidungsstrategie - Entsorgungslogistik, in: FhG-Berichte, Heft 3/1990

Ripperger, A./Zwirner, A., Prozeßoptimierung. Ein Weg zur Steigerung der Wettbewerbsfähigkeit, in: Controlling, H.2/1995

Ripsas, S., Die Erstellung eines Business Plans – Eine Einführung, Existenzgründer-Institut, Berlin 1997 (b)

Ripsas, S., Entrepreneurship als ökonomischer Prozeß - Perspektiven zur Förderung unternehmerischen Handelns, Dissertation Freie Universität, Berlin 1997

Ritter, Th./Gemünden H.G., Die netzwerkende Unternehmung: Organisationale Voraussetzungen netzwerk- -kompetenter Unternehmen, in: zfo, H. 5/1998

Roblick, W., Arbeitsformen von morgen. Moderne Nomaden, in: absatzwirtschaft, H.9/1993

Rockholz, A., Das neue Kreislaufwirtschafts- und Abfallgesetz, Bonn 1996

Roemheld, B., Flexible Arbeitszeiten. Das Beispiel Opel, in: WiSt, H.12/1995

Roenick, Ch., EDV-Unterstützung für Öko-Controlling und Ökobilanzierung, in: Prisma (Hrsg.), Vortragsmanuskripte Neue Wege im Umweltmanagement, Umweltsymposium der Süddeutschen Zeitung, 1992

Rogall, K., Ökologische Produktgestaltung, Werkstattbericht Nr. 5, IZT, Berlin 1993

Rohe, Ch./Spalink, H., Fortwährende Verbesserung der Effizienz ist das sinnvollste Reengineering-Konzept, in: FAZ Nr. 146, 28.6.1999

Rolf, A. (Hrsg.), Stoffstrommanagement und Informatik, Fachbereich Informatik der Universität Hamburg, Bericht Nr. 171, Hamburg 1994

Rolke, L., Neue Herausforderung Umweltkommunikation, in: W&V, Nr.49/1993

Romhardt, K., Die Organisation aus der Wissensperspektive. Möglichkeiten und Grenzen der Intervention, Wiesbaden, 1998

Roos, A./Stelter, D. Die Komponenten eines integrierten Wertmanagementsystems, in: Controlling, H. 7/1999

Roos, J., „Anticipator makes tacit assumpions explicit", Interview, Internet-Zeitung „zum Thema", Nr. 33, 28.9.1999

Roos, J., Das intellektuelle Kapital, in: io management, H. 3/1997

Roost, J., Fusionen – Prüfsteine für die Glaubwürdigkeit des „Change Management", in: io management, H.4/1998

Rosemann, M./Wild, R., Die Einbeziehung des Total Quality Management in das CIM-Konzept, in: zfo, H.1/1993

Rosenstiel, L.v./Comelli, G., Auf dem Weg in die Zukunft: Führung zwischen Stabilität und Wandel, Unternehmer-Forum 1998, HypoVereinsbank, München 1998

Rosenstiel, L.v., Was erstreben deutsche Führungskräfte nach dem Wertwandel?, in: io Management Zeitschrift, H.2/1993

Rosenstiel, L.v./Nerdinger, F.W./Spieß, E., Was morgen alles anders läuft - Die neuen Spielregeln für Manager, Düsseldorf 1991

Roth, S., Gewerkschaftliche Gestaltungsanforderungen an Gruppenarbeit, in: Antoni/Eyer/Kutscher (Hrsg.), Das flexible Unternehmen: Arbeitszeit, Gruppenarbeit, Entgeltsysteme, Loseblattwerk, Wiesbaden 1998
Röttchen, P., Logistik in der Kreislaufwirtschaft, in: io management, H. 5/1997
Roventa, P., Portfolio-Analyse und Strategisches Management, 2. Aufl., München 1981
Roventa, P., Shareholder Value aus der Sicht der Holding. Einsatzmöglichkeiten, Fallstricke und Anwendererfahrungen, in: Höfner/Pohl (Hrsg.), Wertsteigerungs-Management. Das Shareholder Value-Konzept: Methoden und erfolgreiche Beispiele, Frankfurt/New York, 1994
Rubik, F., Instrumente zur ökologischen Bewertung von Produkten: Methodik und Funktionen der Produktlinienanalyse, in: Jahrbuch der Absatz- und Verbrauchsforschung, H.4/1992
Ruckriegel, H., Flexible AT-Entgelte bei Klöckner-Moeller, in: Antoni/Eyer/Kutscher (Hrsg.), Das flexible Unternehmen: Arbeitszeit, Gruppenarbeit, Entgeltsysteme, Loseblattwerk, Wiesbaden 1998
Rufer, D./Wüthrich, H.A., Die drei Grundfragen des strategischen Managements, in: Harvard Manager, H.2/1987
Rughase, O., Jenseits der Balanced Scorecard: Strategische Wettbewerbsvorteile messen, Berlin 1999
Rühli, E., Unternehmungspolitik, in: Die Unternehmung, H.6/1996
Rühli, E., Unternehmensführung und Unternehmenspolitik 1. Band, 2., veränd. Aufl., Bern/Stuttgart 1985
Rühli, E., Unternehmensführung und Unternehmenspolitik, 3. Band, Bern/Stuttgart/Wien 1993
Rühli, E., Die Resource-based View of Strategy, in: Gomez/Hahn/Müller-Stevens/Wunderer (Hrsg.), Unternehmerischer Wandel: Konzepte zur organisatorischen Erneuerung, Knut Bleicher zum 65. Geburtstag, Wiesbaden 1994
Ruhman, J., Durch Ziele den Wandel beherrschen, in. Io management, H. 1-2/1999
Runge, K., Die Umweltverträglichkeitsuntersuchung: Internationale Entwicklungstendenzen und Planungspraxis, Berlin u.a. 1998
Rusche, Th., Das Diskursmodell der kommunikativen Unternehmensethik – Eine Weiterführung des Shareholder- und Stakeholder-Ansatzes, in: Hinterhuber/Al-Ani/Handlbauer (Hrsg.), Das neue strategische Management: Elemente und Perspektiven einer zukunftsorientierten Unternehmensführung, Wiesbaden 1996
Saatweber, J., Quality Function Deployment (QFD), in: Masing (Hrsg.), Handbuch Qualitätsmanagement, 3., erw. Aufl., München/Wien 1994
Sachs, W., Ökologie. Gerechtigkeit und das Ende der Entwicklung, in: epd Entwicklungspolitik, H.15-16/1997
Sahlman, W., Ihr Geschäftsplan muß Investoren überzeugen, in: Harvard Business manager, H. 1/1998
Sattelberger, Th., Qualifizierungspolitik als Beitrag zum Schutz des Wissenskapitals, in: Personalführung, H. 12/1998
Sattelberger, Th., Coaching: Alter Wein in neuen Schläuchen. Oder: Renaissance helfender Beziehungen in einer lernenden Organisation, in: Personalführung, H.6/1990 (b)
Sattelberger, Th., Coaching: Die verflixte Abhängigkeit von Fremden oder ...Ein Weg zur lernenden Organisation, in: Gablers Magazin, H.5/1990
Sattelberger, Th., Die lernende Organisation wagen, in: Gablers Magazin, H.10/1993
Sattelberger, Th. (Hrsg.), Die lernende Organisation. Konzepte für eine neue Qualität der Unternehmensentwicklung, 2. Aufl., Wiesbaden 1994
Sauer, St., KAIZEN als Ansatz zur Verbesserung von Qualität und Performance, in: Personalführung, H. 7/1998
Sauernheimer, K., Die neue Welthandelsordnung: Fortbestehender Handlungsbedarf, in: Frenkel/Bender (Hrsg.), GATT und neue Welthandelsordnung: Globale und regionale Auswirkungen, Wiesbaden 1996
Schäfer, H., Nachhaltiges Wirtschaften – Wichtigstes Ziel moderner Umweltpolitik, in: Kastenholz/Erdmann/Wolff (Hrsg.), Nachhaltige Entwicklung: Zukunftschancen für Mensch und Umwelt, Berlin u.a. 1996
Schäfer, M./Schnauffer, H.-G., Konkurrenz behindert die Kommunikation, in: Office Management, H.10/1997
Schäfer, W., Globalisierung: Entmonopolisierung des Nationalen?, in: Berg (Hrsg.), Globalisierung der Wirtschaft: Ursachen – Formen – Konsequenzen, Berlin 1999
Schaffartzik, K.-H., Sozial-ökologische Herausforderungen an das Marketing aus verbraucherpolitischer Sicht, in: Hansen (Hrsg.), Marketing im gesellschaftlichen Dialog, Frankfurt/New York 1996
Schaltegger, St./Sturm, A., Ökologieorientierte Entscheidungen in Unternehmen. Ökologisches Rechnungswesen statt Ökobilanzierung: Notwendigkeit, Kriterien, Konzepte, Bern/Stuttgart/Wien 1992
Schanz, G., Gruppenarbeit in der industriellen Produktion, in: WiSt, H.4/1996
Schanz, H., Vorlesungsunterlagen Management, Universität Freiburg 1998
Schawilye, R., Die „kleine AG" als Alternative für den Mittelstand, in: WiSt, H.6/1996
Schein, W., Unternehmenskultur, Frankfurt/New York 1995
Scheer, A.-W., EDV-orientierte Betriebswirtschaftslehre - Grundlagen für ein effizientes Informationsmanagement, 4. Aufl., Berlin et.al.1990
Scheer, A.-W., Neugestaltung der Abläufe auf dem Weg zur schlanken Produktion, in: Zeitschrift für Logistik, H.4/1993
Scheer, A.-W./Hirschmann, P./Berkau, C., Kostenmanagement von Geschäftsprozessen, in: io Management Zeitschrift, H.3/1995
Schemel, H.-J., Die Umweltverträglichkeitsprüfung (UVP) für touristische Projekte, in: Haedrich/Kaspar/Klemm/Kreilkamp (Hrsg.), Tourismus-Management, Berlin/New York 1993
Schenkel, W., Produktrücknahme und Ökobilanzen - Hoffnungen und Trugbilder, in: VDI (Hrsg.), Recyclinggerechte Produktentwicklung. Aspekte, Strategien, Konstruktionspraxis, VDI-Berichte 1089, Düsseldorf 1993

Scherhorn, G., Die ökonomische Verengung von Arbeit und Konsum – Ist die heimliche Annahme fremdbestimmten Verhaltens überwindbar?, in: Held (Hrsg.), Normative Grundfragen der Ökonomik: Folgen für die Theoriebildung, Frankfurt 1997

Scheurer, St./Zahn, M., Organisationales Lernen – von den theoretischen Grundlagen zur praktischen Umsetzung, in: zfo, H. 3/1998

Schierenbeck, H., Grundzüge der Betriebswirtschaftslehre, 12., überarbeitete Aufl., München 1995

Schierenbeck, H./Seidel, E., Banken und Ökologie: Konzepte für die Umwelt, Wiesbaden 1992

Schildknecht, P., Unternehmenskulturbezogene Mitarbeiterbeurteilung, in: io Management Zeitschrift, H. 6/1995

Schildknecht, P., Leistungsbezogenes Cafeteria-Konzept, in: io Management Zeitschrift, H.12/1995 (b)

Schildknecht, R., Total Quality Management: State of the Art. Eine Bestandsaufnahme in bundesdeutschen Unternehmen, in: QZ, H.1/1993

Schilling, W.U., Shareholder Value und Aktiengesetz, in: BB, H. 8/1997

Schinzer, H., Data Warehouse. Informationsbasis für die Computerunterstützung des Managements, in: WiSt, H.9/1996

Schirmer, S./König, R., Feedback im offenen Dialog, in: Personalführung, H. 2/1998

Schlicksupp, H., Innovation, Kreativität und Ideenfindung, 4., überarb. und erw. Aufl., Würzburg 1992

Schmid, C./Moser, A., Gründung eines Unternehmens, AKAD Betriebswirtschaftslehre I, Lektion 2 D, o.J.

Schmid, K.-P., Gefahr im Verzug, in: Die Zeit Nr.21, 20.5.1999

Schmid, U., Verbesserung der Ressourcenproduktivität, in: io management, H. 4/1997

Schmidbauer, W., , Weniger ist manchmal mehr. Die Psychologie des Konsumverzichts, Hamburg 1992 Nachdruck 1997

Schmidbauer, W., Jetzt haben, später zahlen. Die seelischen Folgen der Konsumgesellschaft, Hamburg 1996

Schmidheiny, S., Kurswechsel. Globale unternehmerische Perspektiven für Entwicklung und Umwelt, München 1992

Schmidt, A./Bockmühl, Ch., Feedback für Führungskräfte, in: Personalwirtschaft, H. 10/1997

Schmidt, G., Organisation im Bankbereich, Giessen 1989

Schmidt, H., Globalisierung: Politische, ökonomische und kulturelle Herausforderungen, Stuttgart 1998

Schmidt, I., Wettbewerbspolitik und Kartellrecht, 4. Aufl., Stuttgart 1993

Schmidt-Bleek, F., Das MIPS-Konzept. Weniger Naturverbrauch - mehr Lebensqualität durch Faktor 10, München 1998

Schmidt-Bleek, F., Wieviel Umwelt braucht der Mensch? MIPS - Das Maß für ökologisches Wirtschaften, Berlin 1994

Schmidt-Bleek, F./Merten, Th./Tischner, U. (Hrsg.), Ökointelligentes Produzieren und Konsumieren, Berlin/Basel/Boston 1997

Schmidt-Bleek, F., Wieviel Umwelt braucht der Mensch? MIPS - Das Maß für ökologisches Wirtschaften, Berlin 1994

Schmitz. Ch./Zucker, B., Wissen gewinnt: Knowledge-Flow-Management, Düsseldorf/München 1996

Schmitz. Ch./Zucker, B., Wissen im Wandel

Schnauffer, H.-G./Klopp, M./Lüken, M., Trenderkennung: Mit Methode die Zukunft meistern, in: Office Management, H. 5/1999

Schneeweiß, Ch., Hierarchische Planung, in: WISU, H.10/1989

Schneider, D., Die unternehmerische Produktion von Erstmaligkeit und ihre Konsequenzen für die Evolution ökonomischer Transaktionsbeziehungen – Beiträge von Austrianismus, Transaktionskosten- und Informationstheorie für das Verständnis von Innovation und Unternehmertum, in: Laub/Schneider (Hrsg.), Innovation und Unternehmertum: Perspektiven, Erfahrungen, Ergebnisse, Wiesbaden 1991

Schneider, H., Neue Chancen für die Mitarbeiterbeteiligung, in: Personal, H. 9/1998

Schneider, J., Unternehmensbewertung nach dem EFQM-Modell – eine neue Form des Controlling!, in. cm, H. 5/1998

Schneider, U., ,,Was nicht gemessen wird, wird nicht gemanagt", Interview, Internet-Zeitung „zum Thema", Nr. 33, 28.9.1999

Schneider, D., Geschichte betriebswirtschaftlicher Theorie, Allgemeine Betriebswirtschaftslehre für das Hauptstudium, München/Wien 1981

Schneider, D., Marketing als Wirtschaftswissenschaft oder Geburt einer Marketingwissenschaft aus dem Geiste des Unternehmensversagens?, in: ZfbF, H.3/1983

Schneider, D., Allgemeine Betriebswirtschaftslehre, 3., neu bearb. u. erw. Aufl., München/Wien 1987

Schneider, D., Einführung und Nutzen kapazitätsorientierter Jahresarbeitszeitverträge, in: Personal, Mensch und Arbeit, H.1/1990

Schneider, D., Unternehmensethik und Gewinnprinzip in der Betriebswirtschaftslehre, in: ZfbF, H.10/1990

Schneider, D., Versagen des Controlling durch eine überholte Kostenrechnung- Zugleich ein Beitrag zur innerbetrieblichen Verrechnung von Dienstleistungen, in: Der Betrieb, H.15/1991

Schneider, D., Liquiditätsbeurteilung bei Mittelstandsunternehmen - Möglichkeiten, Grenzen und Besonderheiten, Teil 1+2, in: cm, H.2+3/1993

Schneider, D./Baur, C./Hopfmann, L., Re-Design der Wertkette durch make or buy: Konzepte und Fallstudien, Wiesbaden 1994

Schneider, W., Neue Materialien in der Unternehmensstrategie, in: io Management Zeitschrift, H.12/1992

Schneider, W., Werkstoffinnovationen in der Unternehmensstrategie, in: VDI-Berichte Nr. 1021, 1993

Schneidwind, U., Die Unternehmung als strukturpolitischer Akteur, Marburg 1998

Schnell, H., Policy Deployment, in: io management, H. 4/1999

Schnyder, A.B., Corporate Identity als Programm zur Kulturentwicklung. Wege zur homöopathischen Veränderung einer Unternehmenskultur, in: zfo, H. 2/1998

Schoeppner, D.W., Controlling – woher und wohin?, in: cm, H. 1/1998

Schögel, M., Zulieferermarketing: Wettbewerb um anspruchsvolle Kunden, in: io Management Zeitschrift, H.6/1995

Scholz, Ch., Strategische Organisation: Prinzipien zur Vitalisierung und Virtualisierung, Landsberg/Lech 1997

Scholz, R./Vrohlings, A., Prozeß-Redesign und kontinuierliche Prozeßverbesserung, in: Gaitanides/Scholz/Vrohlings/Raster (Hrsg.), Prozeßmanagement. Konzepte, Umsetzungen und Erfahrungen des Reengineering, München/Wien 1994

Schramm, E., Im Namen des Kreislaufs: Ideengeschichte der Module vom ökologischen Kreislauf, Frankfurt/Main 1997

Schreiner, M., Umweltmanagement in 22 Lektionen. Ein ökonomischer Weg in eine ökologische Wirtschaft, 3., überarb. Aufl., Wiesbaden 1993

Schreyögg, G., Implementation einer Unternehmensethik in Planungs- und Entscheidungsprozessen, in: Steinmann/Löhr (Hrsg.), Unternehmensethik, Stuttgart 1989

Schreyögg, G., Organisationskultur, in: WISU, H.4/1993

Schreyögg, G., Zum Verhältnis von Planung und Kontrolle, in: WiSt. H.7/1994

Schreyögg, G./Steinmann, H., Strategische Kontrolle, in: ZfbF, H.37/1985

Schröder, A./Römmich, M., Umweltschutz kann wirtschaftlich sein, in: io Management Zeitschrift, H.5/1995

Schröder, A./Willeke, M., Prozeßorientierte Investitionsrechnung zur Bewertung von Umweltschutzprojekten, in: Controlling, H.3/1995

Schröder, E.F. Kennzahlen des wertorientierten Controlling zur Steuerung von Geschäften – CFROI und Ergebnisberichte, in: cm, H. 2/1998

Schubert, W./Küting, K., Unternehmungszusammenschlüsse, München 1981

Schuh, G./Benett, St./Müller, M./Tockenbürger, L., Europäisches Change-Management, in: io management, H. 3/1998

Schuh, G./Katzky, B./Dresse, S., Prozeßmanagement erfolgreich einführen, in: io Management Zeitschrift, H.12/1995

Schülein, J.A./Brunner, K.-M./Reiger, H., Manager und Ökologie: Eine qualitative Studie zum Umweltbewußtsein von Industriemanagern, Opladen 1994

Schuller, F., Mitarbeiterentwicklung in Zeiten flacher Hierarchien, in: Personalführung, H. 6/1998

Schult, E., Allgemeine Betriebswirtschaftslehre, 2., durchges. Aufl., Freiburg 1984

Schulte, Ch., Logistik-Controlling. Optimierung von Struktur, Produktivität, Wirtschaftlichkeit und Qualität in der Logistik, in: Controlling, H.5/1992

Schulz, E./Schulz, W., Umweltcontrolling in der Praxis, München 1993

Schulz, E./Schulz, W., Ökomanagement - So nutzen Sie den Umweltschutz im Betrieb, München 1994

Schulz, K. R., Führen durch Vorbild und Werte. Die Unternehmensethik – ein Erfolgskonzept, vorgelebt in den Vereinigten Staaten, in: FAZ Nr.91, 17.4.2000

Schulz, St., Komplexität in Unternehmen. Eine Herausforderung an das Controlling, in: Controlling, H.3/1994

Schumacher, E.F.; Es geht auch anders. Technik und Wirtschaft nach Menschenmaß. Jenseits des Wachstums, München 1974

Schumpeter, J., Theorie der wirtschaftlichen Entwicklung, 8. Aufl., Berlin 1993

Schumpeter, J., Kapitalismus, Sozialismus und Demokratie, 7., erw. Aufl., Berlin 1993 (1. Aufl. 1950)

Schüren, P., Arbeit auf Abruf, Arbeitsplatzteilung und Jahresarbeitszeitverträge, in: PdA, H.3/1993

Schürmann, P., Vom süßen Traum zur harten Realität, in: io management, H. 9/1997

Schust, G., Strategische Ziele schaffen Kompetenz-Vorsprung, in: Personalwirtschaft, H.6/71992

Schuster, F., Die überbetriebliche Mitbestimmung, in: WISU, H.6/1993

Schuster, L., Cafeteria-System, Einsatzmöglichkeiten im Tarifbereich: Bedarfsgerechte Entlohnung, in: Gablers Magazin, H.3/1994

Schuster, M., Gruppenarbeit und Standardprämie, in: Antoni/Eyer/Kutscher (Hrsg.), Das flexible Unternehmen: Arbeitszeit, Gruppenarbeit, Entgeltsysteme, Loseblattwerk, Wiesbaden 1998

Schütt, P., Wissensmanagement als Motor des geschäftlichen Erfolgs

Schwaderlapp, R., Die organisatorische Funktionalität formaler Umweltmanagementsysteme, in: uwf, H. 1/1999

Schwaderlapp, R., Ökologische Unternehmensberatung als Gestaltungshilfe betrieblicher Umweltpolitik, Schriftenreihe des IÖW 30/89, Berlin 1989

Schwalbach, J., Der Zusammenhang von Kompensation und Performance im internationalen Vergleich, in: Personal, H. 3/1999

Schwaninger, M., Zur Architektur integraler Planungssysteme, in: Harvard Manager, H.1/1984

Schwaninger, M., Methodik der Strategie-Planung, in: Harvard Manager, H.3/1985

Schwaninger, M., Managementsysteme, Frankfurt/New York, 1994

Schwaninger, M./Zindel, M., Systemmodellierung mit der Methodik des Vernetzten Denkens: Anwenderbericht und Softwarebeurteilung, in: Hub (Hrsg.), Komplexe Aufgabenstellungen ganzheitlich bearbeiten. Fallstudien und Beispiele aus der Praxis, Nürtingen 1995

Schwarz, G., Die Globalisierung auf der Anklagebank. Unumgängliche wirtschaftlich-technologische Umwälzungen, in: NZZ, 6.7.1997

Schwarz, G., Sozialmanagement, 2. Aufl., Alling 1995

Schwarz, L.B., Entrepreneurship: The Art of Embracing the Unknown, Provo 1999

Schwarz, R., Ein Portfolioansatz für die Bewertung des Technologiepotentials von Unternehmen im Transformationsprozeß, in: ZfB, H.10/1993

Schwarze, J., Informationsmanagement: Planung, Steuerung, Koordination und Kontrolle der Informationsversorgung im Unternehmen, Herne/Berlin, 1998.

Schwass, J., Den Rollenkonflikt überwinden, in: Handelsblatt Nr. 165, 27/28.8.1999

Schweitzer, M., Planung, in: Bea/Dichtl/Schweitzer (Hrsg.), Allgemeine Betriebswirtschaftslehre, Bd.2: Führung, 6., neubearb. Aufl., Stuttgart/Jena 1993

Schweitzer, M./Friedl, B., Beitrag zu einer umfassenden Controlling-Konzeption, in: Spreman/Zur (Hrsg.), Controlling: Grundlagen - Informationssysteme - Anwendungen, Wiesbaden 1992

Schwickert, A./Beemelmann, Th./Kargl, H., ISO 9000 - Normung für Qualitätssicherungssysteme, I+II, in: WISU, H.2+3/1995

Seebauer, K., Kaizen. Instrument zur kontinuierlichen Verbesserung in der Produktion – oder mehr?, in: Controlling, H.2/1998

Segerman-Peck, L.M., Frauen fördern Frauen: Netzwerke und Mentorinnen. Ein Leitfaden für den Weg nach oben, Frankfurt/New York, 1994

Seibert, U./Köster, B.-K., Die kleine AG. Gesellschaftsrechtliche und steuerrechtliche Aspekte. 2., wesentl. erw. Aufl., Köln 1995

Seidel, E./Clausen, J./Seifert, E.K., Umweltkennzahlen. Planungs-, Steuerungs- und Kontrollgrößen für ein umweltorientiertes Management, München 1998

Seidel, E./Weber, F., Die EMAS-Praxis in Deutschland, in: uwf, H. 1/1998

Seidel, E., „Wollen" und „Können". Auf dem Wege zu einer ökologisch verpflichteten Unternehmensführung, in: zfo, H.2/1989

Seidel, E., Implementierung des betrieblichen Umweltschutzes. Die Organisation als Schlüsselfrage, in: Freimann (Hrsg.), Ökologische Herausforderung der Betriebswirtschaftslehre, Wiesbaden 1990

Seidel, E./Menn, H., Ökologisch orientierte Betriebswirtschaft, Stuttgart u.a. 1988

Seidel, U., Die Auswirkungen des Gesetzes zur Kontrolle und Transparenz im Unternehmensbereich (KonTraG) auf die betriebliche Praxis, in: cm, H. 5/1998

Seidenschwarz, W., Target Costing - Verbindliche Umsetzung marktorientierter Strategien, in: Controlling, H.1/1994

Seifert, M., Groupware-Systeme als Basis, in: Office Management, H. 3/1999

Seifert, W.G., Vom Nutzen der Ungeduld, in: FAZ Nr. 242, 18.10.1999

Sell, F. L., Anforderungen an immobile Produktionsfaktoren vor dem Hintergrund der Globalisierung, in: Berg (Hrsg.), Globalisierung der Wirtschaft: Ursachen – Formen – Konsequenzen, Berlin 1999

Selz, A., Die Rolle der Informations- und Kommunikationstechnologie in Virtuellen Unternehmen, in: WiSt, H.6/1996

Semmer, N./Baillod, J./Bogenstätter, Y., Kürzere Arbeitszeiten führen zu höherer Produktivität, in: io Management Zeitschrift, H. 6/1995

Senge, P./Kleiner, A./Roberts, Ch./Ross, R./Smith, B., The Fifth Discipline Fieldbook: Strategies and Tools for Building a Learning Organization, London 1996

Serfling, K./Neumann, I., Untersuchung über den Einsatz von Finanzplanung und Electronic Banking in mittelständischen Unternehmen, in: BBK, H.1/1994

Serfling, K./Pape, U., Strategische Unternehmensbewertung und Discounted Cash Flow-Methode, in: WISU, H.1/1996

Servatius, H.-G., New Venture Management. Erfolgreiche Lösung von Innovationsproblemen für Technologie-Unternehmen, Wiesbaden 1988

Servatius, H.-G., Methodik des strategischen Technologie-Managements - Grundlage für erfolgreiche Innovationen, 2. Aufl., Berlin 1986

Seufert, A./Seufert, S., Wissensgenerierung und -transfer in Knowledge Networks, in: io management, H. 10/1998

Seydel, S., Ökologieorientiertes Kommunikationsmanagement: Strategische Kommunikation mit Anspruchsgruppen, Wiesbaden 1998

SGZ Bank (Hrsg.), Die Umsetzung des Shareholder Value-Konzeptes durch die Dax-Unternehmen, Frankfurt 1997

Sieber, P., Die Internet-Unterstützung Virtueller Unternehmen, in: Arbeitspapier der Reihe „Informations- und Kommunikationssysteme als Gestaltungselement Virtueller Unternehmen" Nr.6/1996, Universität Bern/Leipzig/Erlangen-Nürnberg

Sieber, P., Virtuelle Unternehmen in der IT-Branche: Die Wechselwirkung zwischen Internet-Nutzung, Strategie und Organisation, Berner betriebswirtschaftliche Schriften Band 19, Bern u.a.1998

1145

Sieber, P./Griese, J. (Eds.), Organizational Virtualness, Proceedings of the VoNet – Workshop, April 27-28, 1998. Bern 1998

Siegel, K., Gainsharing – die Verstetigung des Verbesserungsprozesses, in: Antoni/Eyer/Kutscher (Hrsg.), Das flexible Unternehmen: Arbeitszeit, Gruppenarbeit, Entgeltsysteme, Loseblattwerk, Wiesbaden 1998

Siegle, K.-P., Geschäftsprozesse und Kernkompetenzen, in: Gaitanides/Scholz/Vrohlings/Raster (Hrsg.), Prozeßmanagement. Konzepte, Umsetzungen und Erfahrungen des Reengineering, München/Wien 1994

Siegwart, H., Der Cash-flow als finanz- und ertragswirtschaftliche Lenkungsgröße, 2. Aufl., Stuttgart 1990

Siegwart, H., Das betriebswirtschaftliche Rechnungswesen als Führungsinstrument, 2. Aufl., Stuttgart 1991

Siemens (Hrsg.), Umweltschutz-Versuch einer Systemdarstellung, Berlin/München 1986

Siemens (Hrsg.)., Unsere Umwelt erhalten. Informations- und Kommunikationstechnik für den Umweltschutz, München 1989

Simon, C., Simultan und qualitätsgesteuert planen. Qualitätsgesteuertes Simultaneous Engineering am Beispiel Quality Function Deployment, in: Qualität und Zuverlässigkeit, H.11/1992

Simon, W., Das EFQM-Modell: die bessere Alternative zur DIN ISO 9000 ff., in: Personal, H. 3/1999

Sommer, C.M., Trend ist im Trend, in: Krauch/Sommerlatte (Hrsg.), Bedürfnisse entdecken: Gestalten zukünftiger Märkte und Produkte, Frankfurt/New York 1997

Sommerlad, K.W., Virtuelle Unternehmen – juristisches Niemandsland?, in: Office Management, H.7-8/1996

Sommerlatte, T., Controllingsysteme 2005: Szenarien aus der Sicht eines Unternehmensberaters, in: Steinle/Eggers/Lawa (Hrsg.), Zukunftsgerichtetes Controlling. Unterstützungs- und Steuerungssystem für das Management, 3. verb. und erw. Aufl., Wiesbaden 1998

Sommerlatte, T., Management der Lernprozesse, in: Siegwart/Dubs/Mahari (Hrsg.), Human Resource Management, Stuttgart 1997

Sommerlatte, T., Zukünftige Märkte erfordern Systemdenken und Interaktion zwischen Gestaltern und Nutzern, in: Krauch/Sommerlatte (Hrsg.), Bedürfnisse entdecken: Gestalten zukünftiger Märkte und Produkte, Frankfurt/New York 1997

Sommerlatte, T./Wedekind, E., Leistungsprozesse und Organisationsstruktur, in: Little (Hrsg.), Management der Hochleistungsorgansiation, Wiesbaden 1989

Sondak, H., Unternehmensführung als moralische Herausforderung. Die Rolle der Ethik im Management und in der Ausbildung von Managern, in: NZZ, 28/29.9.1996

Sonnenschein, O./Schön, D./Nölken, D., Moderne IuK-Technologien für die strategische Planung, in: Controlling, H.4-5/1999

Sonntag, M.V., Telearbeit. Eine Untersuchung von Rahmenbedingungen unter besonderer Berücksichtigung der Telekommunikationsanbindung, Diplomarbeit, Johannes Keppler Universität Linz, 1997

Souren, R., Analyse, Planung und Steuerung stofflicher Reduktionsprozesse bei inhomogener Abfallqualität, in: ufw, H.4/1996

Spath, D./Tritsch, Ch./Hartel, M., Recyclinggerecht montieren - wirtschaftlich demontieren. Strategien zur Demontage technischer Produkte, in: uwf, H.4/1995

Spengler, Th., Industrielles Stoffstrommanagement: Betriebswirtschaftliche Planung und Steuerung von Stoff- und Energieströmen in Produktionsunternehmen, Berlin 1998

Spiewak, M./Uchatius, W., Der Mensch als Firma, in: Die Zeit Nr. 28, 8. 7. 1999

Spiller, A., Umweltkennzahlen für eine zukunftsfähige Unternehmenspolitik, in: Ökologisches Wirtschaften, H.1/1996

Sprenger, R.-V., Mythos Motivation, in: Organisationsentwicklung, H.2/1992

Stadelmann, M./Lux, W., Hot Topics oder kalter Kaffee? Aktuelle Management-Philosophien kritisch betrachtet, in: io Management Zeitschrift, H.3/1995

Stadelmann, U., Komponenten eines DV-gestützten Managementinformationssystems, in: REFA-Nachrichten, H.5/1991

Staehle, W., Management. Eine verhaltenswissenschaftliche Perspektive, 7., überarb. Aufl., München 1994

Staffelbach, B., Arbeitszeitflexibilisierung aus betriebswirtschaftlicher Sicht, in: Die Unternehmung, H.3/1993

Staffelbach, B., Betriebliche Rüstungskonversion – Erwartungen und Realität: Eine Analyse unter dem Kernkompetenz-Gesichtspunkt, in: io management, H. 9/1997

Stahel, W., Sichern Sollbruchstellen den Unternehmenserfolg? Auswirkungen der Strategien der Nachhaltigkeit, in: UnternehmensGrün (Hrsg.), Von der Vision zur Praxis. Nachhaltiges Wirtschaften als Perspektive für Unternehmen, München 1997

Stahel, W., Langlebigkeit der Produkte als Ausweg aus den Zielkonflikten beim Recycling, in: VDI (Hrsg.), Recyclinggerechte Produktentwicklung. Aspekte, Strategien, Konstruktionspraxis, VDI-Berichte 1089, Düsseldorf 1993

Stahl, M., Privatisierung via Management-Buyout. Wirtschaftspolitische Bedeutung in Mittel- und Osteuropa, in: WiSt, H.6/1996

Stahl, P., Das Konzept des strategischen Controlling - Entwicklung und Situation heute, in: Risak//Deyhle (Hrsg.), Controlling: State of the Art und Entwicklungstendenzen, Rolf Eschenbach zum 60.Geburtstag, 2., durchges. Aufl., Wiesbaden 1992

Stahlmann, G., Informationsgesellschaft und Soziale Arbeit. Einige essayistischen Bemerkungen, Online-Veröffentlichung, Stand März 1999, http://www.fh-fulda.de/fb/sw/projekte/swin/texte/ingesell.htm

Stahlmann, V., Öko-Effizienz und Öko-Effektivität – Läßt sich der Umweltfortschritt eines Unternehmens messen?, in: UWF, H.4/1996

Stahlmann, V., Ziel und Inhalt eines ökologischen Rechnungswesens im Unternehmen, in: UWF, H.3/98

Stahlmann, V., Umweltorientierte Materialwirtschaft, Das Optimierungskonzept für Ressourcen, Recycling, Rendite, Wiesbaden 1988

Stahlmann, V., Ökologisierung der Unternehmenspolitik durch eine umweltorientierte Materialwirtschaft, in: Vogl/Heigl/Schäfer (Hrsg.), Handbuch des Umweltschutzes, Bd.8, 46 Erg.Lfg., 12/89

Stahlmann, V., Entfaltung von Umweltaktivitäten durch eine Integrierte Materialwirtschaft, in: OFW (Hrsg.), Umweltmanagement im Spannungsfeld zwischen Ökologie und Ökonomie, Wiesbaden 1991

Stahlmann, V., Ziel und Inhalt ökologischer Rechnungslegung - Vom Teil zum Ganzen, in: Beck (Hrsg.), Ökobilanzierung im betrieblichen Umweltmanagement, Würzburg 1993

Stahlmann, V., Umweltverantwortliche Unternehmensführung. Aufbau und Nutzen eines Öko-Controlling, München 1994

Stahlmann, V., Zur Bewertung von ökologischen Wirkungen des Unternehmens, in: uwf, H.7/1994 (b)

Staudt, E., Den Innovationsprozeß durch Kooperation beschleunigen, in: FAZ Nr.118, 25.5.1999

Steger, U., Mehr Experimente, in: Wirtschaftswoche Nr. 41, 5.10.1995

Steger, U., Organisationslernen und -entwicklung - der einzig dauerhafte Erfolgsfaktor?, in: Scholz/Staudt/Steger (Hrsg.), Die Zukunft der Arbeitsgesellschaft: Technologie und Qualifikation, Frankfurt/New York 1992

Steger, U., Ökologische Aspekte des Markenartikels, in: Markenartikel, H.5/1994

Steger, U./Antes, R., Unternehmensstrategie und Risiko-Management, in: Steger (Hrsg.), Umwelt-Auditing. Ein neues Instrument der Risikovorsorge, Frankfurt 1991

Stehle, H./Stehle, A., Die rechtlichen und steuerlichen Wesensmerkmale der verschiedenen Gesellschaftsformen: Vergleichende Tabellen, 16., überarb. u.erw. Aufl., Stuttgart u.a. 1995

Stehle, R., Eigenkapitalquoten und Fremdkapitalstruktur börsennotierter Aktiengesellschaften, in: ZfB, H.7/1994

Stehr, N., Arbeit, Eigentum und Wissen. Zur Theorie von Wissensgesellschaften, Frankfurt/Main 1994

Steinbeck, H.H., Sechs Jahre TQM - Ein Erfahrungsbericht, in: Qualität und Zuverlässigkeit, H. 4/1994

Steiner, H.-G./Maßner, W.C./Rees, M., Anwendung des Shareholder-Value-Konzepts in der Praxis, in: Höfner/Pohl (Hrsg.), Wertsteigerungs-Management. Das Shareholder Value-Konzept: Methoden und erfolgreiche Beispiele, Frankfurt/New York, 1994

Steiner, M., Konstitutive Entscheidungen, in: Vahlens Kompendium der Betriebswirtschaftslehre, Bd. 1, 3., überarb. und erw. Aufl., München 1993

Steiner, M., E.I.S. A La Carte, in: cm, H.3/1993 (b)

Steinhilper, R., Produktrecycling - richtig geplant, richtig gerechnet, in: VDI (Hrsg.), Recyclinggerechte Produktentwicklung. Aspekte, Strategien, Konstruktionspraxis, VDI-Berichte 1089, Düsseldorf 1993

Steinhilper, R., Entwicklung eines technisch-logistischen Gesamtkonzepts zum Produktrecycling, in: uwf, H.4-/1994

Steinle, C./Langemann, G., Möglichkeiten und Grenzen von Qualitätszirkeln, in: io Management Zeitschrift, H. 5/1995

Steinle, C./Lawa, D./Kolbeck, F., Strategieentwicklung und strategisches Controlling - Plädoyer für eine klare Aufgabentrennung und Gestaltungshinweise zum Zusammenwirken, in: BFuP, H.4/1994

Steinle, C./Schmidt, C./Lawa, D., Erfolgsfaktoren und ihre Relevanz für Planungssysteme, in: WISU, H.4/1995

Steinmann, H./Löhr, A., Zehn Jahre Unternehmensethik – eine Bestandsaufnahme der Kernprobleme, in: Schachtschneider (Hrsg.), Wirtschaft, Gesellschaft und Staat im Umbruch: Festschrift der Wirtschafts- und Sozialwissenschaftlichen Fakultät der Friedrich-Alexander-Universität Erlangen-Nürnberg 75 Jahre nach Errichtung der Handelshochschule Nürnberg, Berlin 1995

Steinmann, H./Schreyögg, G., Management. Grundlagen der Unternehmensführung: Konzepte – Funktionen –Fallstudien, 4., überarb. und erw. Aufl., Wiesbaden 1999

Steinmann, H./Löhr, A., Unternehmensethik als Ordnungselement in der Marktwirtschaft, in: ZfbF, H.2/1995

Steinmann, H./Schreyögg, G., Strategische Kontrolle - empirische Ergebnisse und theoretische Konzeption (Arbeitspapier), Nürnberg 1984

Steinmann, H./Schreyögg, G., Zur organisatorischen Umsetzung der Strategischen Kontrolle, in: ZfbF, H.9/1986

Stender-Monhemius, K., Divergenzen zwischen Umweltbewußtsein und Kaufverhalten, in: uwf, H.1/1995

Stenz, Th., Führungssysteme für das Management: Vom Management-Informationssystem zum Executive Information System, in: Spreman/Zur (Hrsg.), Controlling: Grundlagen - Informationssysteme - Anwendungen, Wiesbaden 1992

Stephan, G., Ökologisch orientierte Wirtschaftsforschung heute: Was kann ein entropietheoretischer Ansatz leisten?, in: Beckenbach (Hrsg.), Die ökologische Herausforderung für die ökonomische Theorie, Marburg 1991

Sterr, Th., Stoffstrommanagement. Lösungsansätze auf dem Weg zu einer industriellen Kreislaufwirtschaft, in: uwf, H. 2/1998

Steven, M., Recycling in betriebswirtschaftlicher Sicht, in: WISU, H.8-9/1995

Steven, M., Anforderungen an betriebliche Umweltinformationssysteme aus Sicht der Produktionswirtschaft, in: WiSt, H. 9/1995 (b)

Stewart, T.A., Intellectual Capital, London 1997

Stippel, P., Von der Wegwerf- zur Werterhaltungsgesellschaft. „Eine Marke fehlt noch", in: absatzwirtschaft, H.3/1994

Stitzel, M./Wank, L., Was kann die Lehre vom Strategischen Management zur Entwicklung einer ökologischen Unternehmensführung beitragen?, in: Freimann (Hrsg.), Ökologische Herausforderung der Betriebswirtschaftslehre, Wiesbaden 1990

Stoi, R., Prozeßkostenmanagement in Deutschland. Ergebnisse einer empirischen Untersuchung, in: Controlling, H. 2/1999

Stölzle, W./Jung, K.P., Strategische Optionen der Entsorgungslogistik zur Realisierung von Kreislaufwirtschaftskonzepten, in: uwf, H.1/1996

Stolzenburg, J./Diemer, P., Cafeteria-Vergütungssysteme, in: Personalführung, H.5/1992

Stolzenburg, J./Menzenbach, J., Führungskräftevergütung auf dem Prüfstand. Ansätze zur Erhöhung des Kosten-Nutzen-Faktors, in: Personalführung, H.9/1993

Stopp, U., Job-sharing - Vorteile für beide Seiten, in: Assistenz, H. 4/1993

Stopp, U., Betriebliche Personalwirtschaft, 20., aktualisierte Aufl., Renningen-Malmsheim 1995 (a)

Stopp, U., Praktische Betriebspsychologie, 7. Aufl., Renningen-Malmsheim 1995 (b)

Strahm, E./Preisig, U., Mehr Erfolg durch frauenspezifische Weiterbildung im Betrieb, in: io Management Zeitschrift, H.5/1995

Strätling, R., Shareholder versus Stakeholder, in, Forum Wirtschaftsethik, H.2 /1997

Strebel, H., Umwelt und Betriebswirtschaft, Berlin 1980

Strebel, H., Konzepte betriebswirtschaftlicher Umweltökonomie vor dem Hintergrund des Rückstandsproblems, in: FÖB, März/April 1991

Strebel, H., Material- und Energiebilanzen als umweltpolitische Instrumente, in: uwf, H.1/1992

Strebel, H., Recycling in einer umweltorientierten Materialwirtschaft, in: Adam (Hrsg.), Umweltmanagement in der Produktion, SzU, Band 48, Wiesbaden 1993

Strebel, H., Industrie und Umwelt, in: Schweitzer (Hrsg.), Industriebetriebslehre: das Wirtschaften in Industrieunternehmen, 2., völlig überarb. und erw. Aufl., München 1994

Strebel, H., Regionale Stoffverwertungsnetze am Beipiel der Steiermark, in: uwf, H.4/1995

Strebel, H./Hildebrandt, Th., Produktlebenszyklen und Rückstandszyklen. Konzept eines erweiterten Lebenszyklusmodells, in: zfo, H.2/1989

Strebel, H./Schwarz, E., Verwertungszyklen. Rückstandsverwertung im Rahmen kooperativer Industriesysteme, in: zfo, H.4/1994

Strebel, P., Leverage Points for Continual Change, in: Perspectives for Managers, No.6, May 1998

Strippel, N., Kaizen: Ein Garant für eine durchgängige Marktorientierung? , in: Controlling, H.2/1998

Struck, J., Quo Vadis Gründungsstatistik?, DtA Wissenschaftliche Reihe Band 10, Berlin 1999

Struckmeier, U., Ziele und Rahmenbedingungen eines Executive Information Systems (EIS), in: cm, H.3/1994

Strunz, H., Lean Production als „neue" Konzeption der Arbeitsstrukturierung, in: WISU, H.8-9/1993

Studer, T., Unternehmensbewertung im Umbruch? Cash Flow-basierte Verfahren im Vormarsch, in: Der Schweizer Treuhänder, H.6/1992

Suchanek, A., Richtige Politik mit rationalen Prinzipien: Nachhaltige Kooperation, anreizkompatible Selbststeuerung und institutionalisierter Wettbewerb, in: FAZ Nr. 259, 6.11.1999

Suter, A., Kernfähigkeiten aktiv managen - strategisch und operativ, in: io Management Zeitschrift, H.4/1995

Sutter, F., Cybercorp-Revolution – Unternehmensgrenzen lösen sich auf, in: io management, H. 1-2/1997

Sveiby, K.-E., Fourteen Ways to Charge for Knowledge, Internet version 7.8.1998 (b)

Sveiby, K.-E., Intellectual Capital and Knowledge Management, Internet version 9.4.1998 (a)

Sveiby, K.-E., Knowledge Management. The Karl Erik Sveiby Way, Online Learning Module, Stand 1999

Sveiby, K.-E., Measuring Intangibles and Intellectual Capital – An Emerging First Standard, Internet version, 5.8.1998 (c)

Sveiby, K.-E., Wissenskapital – das unentdeckte Vermögen: immaterielle Unternehmenswerte aufspüren, messen und steigern, Landsberg/Lech 1998

Svoboda, K., Das neue Entlohnungssystem in der Produktion bei BMW Motoren in Steyr, in: Eckardstein/Janes (Hrsg.), Neue Wege der Lohnfindung für die Industrie, Wien 1995

Svoboda, M., Erfolg durch Zielvereinbarung, in: Personalwirtschaft, H. 12/1997

Sydow, J., Erfolg als Vertrauensorganisation?, in: Office Management, H.7-8/1996

Sydow, J./Winand, U., Unternehmungsvernetzung und -virtualisierung: Die Zukunft unternehmerischer Partnerschaften, in: Winand/Nathusius (Hrsg.), Unternehmungsnetzwerke und virtuelle Organisationen, Stuttgart 1998

Sydow, J., Strategische Netzwerke: Evolution und Organisation, Wiesbaden 1992

Sydow, J., Strategische Netzwerke - Vision oder neue Realität der Unternehmensführung?, in: ZwF, 87 Jg., H.12/1992 (b)

Sydow, J., Franchisingnetzwerke. Ökonomische Analyse einer Organisationsform der Dienstleistungsproduktion und -distribution, in: ZfB, H.1/1994

Sydow, J., Netzwerkorganisation. Interne und externe Restrukturierung von Unternehmungen, in: WiSt, H.12/1995

Szyperski, N./Roth. P. (Hrsg.), Entrepreneurship – Innovative Unternehmensgründung als Aufgabe, Stuttgart 1990

Szyperski, N./Klein, St., Neue Herausforderungen an das Management, in: Office Management, H.11/1993

Tapscott, D., Net Kids: Die digitale Generation erobert Wirtschaft und Gesellschaft, Wiesbaden 1998

Teichert, V., Die Produktlinienanalyse: Möglichkeiten für ihre politische Implementation, in: Institut für ökologisches Recycling (Hrsg.), Ökologische Abfallwirtschaft. Umweltvorsorge durch Abfallvermeidung, Berlin 1989

Teichert, V., Betriebliche Umweltinformationssysteme und Möglichkeiten der Arbeitnehmervertretung, in: WSI Mitteilungen, H.6/1993

Teichert, V., Betriebsvereinbarung zum Umweltschutz bei der BASF AG Ludwigshafen: Eine kritische Bewertung, in: Ökologische Briefe Nr. 23, 1993

Teriet, B., Zeitsouveränität, eine personalwirtschaftliche Herausforderung, in: Personal-Perspektiven 1983/1984

Theisen, M.R., Der Konzern: Betriebswirtschaftliche und rechtliche Grundlagen der Konzernunternehmung, Stuttgart 1991

Theuerkauf, J., Kundennutzenmessung mit Conjoint, in: ZfB, H.11/1989

Theurl, Th., Globalisierung als Selektionsprozeß ordnungspolitischer Paradigmen, in: Berg (Hrsg.), Globalisierung der Wirtschaft: Ursachen – Formen – Konsequenzen, Berlin 1999

Thiele, M., Kernkompetenzorientierte Unternehmensstrukturen: Ansätze zur Neugestaltung von Geschäftsbereichsorganisationen, Wiesbaden 1997

Thielemann, U., Die Unternehmung als ökologischer Akteur? Ansatzpunkte ganzheitlicher unternehmensethischer Reflexion. Zur Aktualität der Theorie der Unternehmung Erich Gutenbergs, in: Freimann (Hrsg.), Ökologische Herausforderung der Betriebswirtschaftslehre, Wiesbaden 1990

Thomas, W./Voll, N., Team- und Gruppenarbeit und Segmentierung der Produktion, in: Personalführung, H.1/1999

Thommen, J.-P./Achleitner, A.-K., Allgemeine Betriebswirtschaftslehre. Umfassende Einführung aus managementorientierter Sicht, 2., vollst. Überarb. und erw. Aufl., Wiesbaden 1999

Thönnessen, J., Mitarbeiter beurteilen ihre Chefs – das Beispiel Bayer, in: Harvard Business manager, H. 5/1999

Thurow, L., The Future of Capitalism, New York 1996

Tiebler, P., Ökologieorientiertes Marketing in der Unternehmenspraxis: Ausgestaltung und Erfolgswirkungen, Sternenfels/Berlin 1997

Tiebler, P., Umwelttrends im Konsumentenverhalten, in: Steger (Hrsg.), Handbuch des Umweltmanagements, München 1992

Tiemeyer, E., PC-Informationssysteme für Führungskräfte, in: FB/IE, H.3/1992

Timmons, J., New Venture Creation, Homewood 1990

Tischner, U., Öko-intelligentes Konsumieren, in: Schmidt-Bleek (Hrsg.), Öko-intelligentes Produzieren und Konsumieren, Berlin u.a. 1997

Toffler, A., Die dritte Welle. Perspektiven für die Gesellschaft des 21. Jahrhunderts, München 1980

Tolksdorf, M., Dynamischer Wettbewerb: Einführung in die Grundlagen der deutschen und internationalen Wettbewerbspolitik, Wiesbaden 1994

Töpfer, A., Total Quality Management der Schlüssel zum Erfolg, in: Personalwirtschaft, H.8/1992

Torka, W., Leistungsorientiertes Vergütungssystem, in: Personal, H.7/1995

Trill, R., Organisation, in: AKAD, Betriebswirtschaftslehre I, Lektion 9, o.J.

Troßmann, E., Prinzipien der rollenden Planung, in: WiSt, H.3/1992

Trux, W., Unternehmensidentität, Unternehmenspolitik und öffentliche Meinung, in: Birkigt/Stadler/Funck (Hrsg.), Corporate Identity: Grundlagen, Funktionen, Fallbeispiele, 9. Aufl., Landsberg/Lech 1996

Tschirky, H., Auf dem Weg zur Unternehmenswissenschaft, in: io management, H. 6/1999

Tschirky, H., Konzept und Aufgaben des Integrierten Technologie-Managements, in: Tschirky/Koruna (Hrsg.), Technologie-Management: Idee und Praxis, Zürich 1998

Tschirky, H., Technologie-Management: Schließung der Lücke zwischen Management-Theorie und Technologie-Realität, in: Tschirky/Koruna (Hrsg.), Technologie-Management: Idee und Praxis, Zürich 1998 (b)

Tschirky, H., Technologie-Management - ein integrierter Ansatz, in: io Management Zeitschrift, H.11/1991

Tümpen, M., Personalentwicklung: Ein Instrument der strategischen Planung und Führung, in: Personalführung, H.11/1993

Türck, R., Das ökologische Produkt. Eigenschaften, Erfassung und wettbewerbsstrategische Umsetzung ökologischer Produkte, 2. Aufl., Ludwigshafen/Berlin 1991

Ulich, E., Mensch, Technik, Organisation und Unternehmenskultur, in: Tschirky/Koruna (Hrsg.), Technologie-Management: Idee und Praxis, Zürich 1998

Ulrich, D., Das neue Personalwesen: Mitgestalter der Unternehmenszukunft, in: Harvard Business manager, H. 4/1998

Ulrich, H./Staerkle, R., Verbesserung der Organisationsstruktur von Unternehmungen, 3. Aufl., Bern 1969

Ulrich, H., Unternehmenspolitik, 2. Aufl., Bern/Stuttgart 1987

Ulrich, H., Von der Betriebswirtschaftslehre zur systemorientierten Managementlehre, in: Wunderer (Hrsg.), Betriebswirtschaftslehre als Management- und Führungslehre, 2., erg. Aufl., Stuttgart 1988

Ulrich, H./Probst, G., Anleitung zum ganzheitlichen Denken und Handeln. Ein Brevier für Führungskräfte, Bern/Stuttgart 1988

Ulrich, P./Fluri, E., Management - Eine konzentrierte Einführung, 7., verb. Aufl., Bern/Stuttgart 1995

Ulrich, P./Thielemann, U., Ethik und Erfolg. Unternehmensethische Denkmuster von Führungskräften - eine empirische Studie, Bern/Stuttgart 1992

Ulrich, P., Brent Spar und der „moral point of view". Reinterpretation eines unternehmensethischen Realfalls (Replik), in: Die Unternehmung, H.1/1996

Ulrich, P., Integrative Wirtschaftsethik: Grundlagen einer lebensdienlichen Ökonomie, Bern u.a. 1997

Ulrich, P., Wofür sind Unternehmen verantwortlich, Teil I: Zu den institutionenethischen Voraussetzungen der unternehmensethischen Verantwortungskonzeption, Teil II: Stakeholder-Dialog und republikanische Mitverantwortung, in: Forum Wirtschaftsethik, H. 3/1997 und H.1/1998

Umweltbundesamt (Hrsg.), Nachhaltiges Deutschland: Wege zu einer dauerhaft umweltgerechten Entwicklung, 2., durchges. Aufl., Berlin 1998

Underberg, Ch., Umsetzung ethischer Grundsätze eines Familienunternehmens, in: Siegwart/Dubs/Mahari (Hrsg.), Human Resource Management, Stuttgart 1997

UnternehmensGrün (Hrsg.), Von der Vision zur Praxis. Nachhaltiges Wirtschaften als Perspektive für Unternehmen, München 1997

Uschatz, Ph., Kaderentlöhnung hat strategische Bedeutung, I,+ II, in: io Management Zeitschrift, H.1/1993

UVP Förderverein (Hrsg.), Umweltverträglichkeitsprüfung (UVP), Syke 1990

Vahrenholt, F., „Wer besticht, fliegt" – Ethik und Verantwortung bei Shell, in: Personalführung, H. 8/1999

Vahs, D., Alles ist im Fluß. Organisationales Lernen hilft bei der Bewältigung struktureller Veränderungen, in: io management, H.4/1997

Vahs, D., Unternehmenswandel und Widerstand, in: io management, H. 12/1997

Vedder, G., Teilzeitarbeit für Fach- und Führungskräfte, in: Personal, H. 1/1999

Vester, F., Neuland des Denkens. Vom technokratischen zum kybernetischen Zeitalter, München 1984

Vester, F., Leitmotiv vernetztes Denken: Für einen besseren Umgang mit der Welt, München 1988

Vester, F., Ausfahrt Zukunft: Strategien für den Verkehr von morgen. Eine Systemuntersuchung, 3. Aufl., München 1990

Vester, F., Sensivitätsmodell Prof. Vester . Ein computerunterstütztes Planungsinstrumentarium zur Erfassung und Bewertung komplexer Systeme, München 1992

Vidal, M., Strategische Pioniervorteile, in: ZfB-Ergänzungsheft, H.1/1995

Vidal, M., Erfahrungskurve und Technologiediffusion, in: WiSt, H.1/1996

Voigt, St., Strategische Allianzen. Modisches Schlagwort oder Antwort auf globale Herausforderungen?, in: WiSt, H.5/1993

Volk, H., Coaching. Diskret-wirkungsvolles Managertraining unter vier Augen, in: Office Management, H.1-2-/1993

Volkart, R., Begriff und Informationsgehalt des Cash-Flow. Kritische Überlegungen zu Cash-Flow-Größen und Verwendung Cash-Flow-orientierter Analyseinstrumente, in: Der Schweizer Treuhänder, H.1-2/1994

Vonarburg, Ch., Mobility CarSharing Schweiz – ein Portrait, in: Bullinger (Hrsg.), Dienstleistungen – Innovationen für Wachstum und Beschäftigung. Herausforderungen des internationalen Wettbewerbs, Wiesbaden 1999

Vries de, M., Das virtuelle Unternehmen – Formentheoretische Überlegungen zu Grenzen eines grenzenlosen Konzeptes, in: Brill/de Vries (Hrsg.), Virtuelle Wirtschaft: Virtuelle Unternehmen, virtuelle Produkte, virtuelles Geld und virtuelle Kommunikation, Opladen 1998

Wack, P., Szenarien: Unbekannte Gewässer voraus, in: Harvard Manager, H.2/1986

Wackernagel, M./Rees, W., Unser ökologischer Fußabdruck: Wieder Mensch Einfluß auf die Umwelt nimmt, Basel/Boston/Berlin 1997

Wagner, G.R., Betriebswirtschaftliche Umweltökonomie, Stuttgart 1997

Wagner, G.R., Rechnungswesen und Umwelt, in: Handwörterbuch der Betriebswirtschaft, Teilband 3, Spalte 3664- 3677, 5., völlig neu gestaltete Aufl., Stuttgart 1993

Wagner, G.R./Janzen, H., „Ökologisches Controlling" - Mehr als ein Schlagwort?, in: Controlling, H.3/1991

Wagner, G.R./Janzen, H., Umwelt-Auditing als Teil des betrieblichen Umwelt- und Risikomanagements, in: BFuP, H.6/1994

Wagner, G.R./Matten, D., Die unternehmerische Bedeutung des Kreislaufwirtschaftsgesetzes, in: WiSt, H.11-/1995

Wagner, G.R./Stork, Ch., Umweltbedingte Unternehmenschancen und -risiken der Logistikkonzeption, in: Pfohl (Hrsg.), Ökologische Herausforderungen an die Logistik in den 90er Jahren. Umweltschutz in der Logistikkette bei Ver- und Entsorgung, Berlin 1993

Wagner, H., Marktorientierte Unternehmensführung versus Orientierung an Mitarbeiterinteressen, Shareholder-Value und Gemeinwohlverpflichtung, in: Bruhn/Steffenhagen (Hrsg.), Marktorientierte Unternehmensführung. Reflexionen – Denkanstöße – Perspektiven, Wiesbaden 1997

Wagner, M./Kreuter, A., Erfolgsfaktoren innovativer Unternehmen, in: io management, H. 10/1998

Wagner, H.-P./Fuchs, L., Kostensenkung in den 90ern: Konzentration auf die Kernprozesse, in: zfo, H.3/1995

Wagner, H.-P./Vogel, CH., Executive Information Systems. EDV-Unterstützung im Controlling, in: Controlling, H. 4/1994

Wagner, P., Lernprojekt statt Seminar. Die „lernende Organisation" fordert neue Wege in der Weiterbildung – Eine Fallstudie aus der Praxis, in: zfo, H. 3/1999

Walderbach, E., Alles Banane, in: Rheinischer Merkur Nr.42, 17.11.97, S. 34

Waltemath, A./Mager, A., Altproduktrückführung, in: uwf, H. 1/1998
Walter, G., Globalisierung, in: LpB (Hrsg.), Globalisierung als Chance, Dokumentation 7. Forum, 1998
Warnecke, H.-J. (Hrsg.), Aufbrauch zum Fraktalen Unternehmen, Berlin 1995
Warnecke, H.-J., Revolution der Unternehmenskultur: Die fraktale Fabrik, Berlin u.a. 1992
Warschburger, V./Hans, L., Strategische und operative Outsourcing-Entscheidungen, in: cm. H. 5/1998
Watson, G.H., Benchmarking - Vom Besten lernen, Landsberg/Lech 1993
Weber, B./Gomez, P., Wertsteigerung durch Unternehmenskauf, in: io Management Zeitschrift, H.5/1989
Weber, H.K., Rentabilität, Produktivität und Liquidität der Unternehmung, Stuttgart 1983
Weber, J., A never-ending story?, in: Controlling. H./1997
Weber, J., Controlling 2000 – Wohin geht der Weg der Controller?, in: cm, H. 1/1998
Weber, J., Einführung in das Controlling, 6.Aufl., Stuttgart 1995 (7. Aufl., 1998)
Weber, J., Macht der Zahlen: Die Balanced Scorecard erleichtert Managern den strategischen Durchblick – sofern sie hohe Kosten und Zeitaufwand nicht scheuen, in: manager magazin, H. 12/1998
Weber, J./Hamprecht, M./Goeldel, H., Integrierte Planung – nur ein Mythos?, in: Buiness Harvard manager, H. 3/1997
Weber, J., Die Koordinationssicht des Controlling, in: Spreman/Zur (Hrsg.), Controlling: Grundlagen - Informationssysteme - Anwendungen, Wiesbaden 1992
Weber, J., Strategisches Beteiligungscontrolling, in: Zeitschrift für Planung, H.2/1992 (zit. 1992 b)
Weber, J., Controlling, Informations- und Kommunikationsmanagement - Grundsätzliche begriffliche und konzeptionelle Überlegungen, in: BFuP, H.6/1993
Weber, J., Weltweite Umweltnorm: Öko-Audit „light"?, in: VDI nachrichten, Nr.9, 1.3.1996
Wedde, P., Digitale Arbeit und analoges Recht – juristische Aspekte der Telearbeit, in: Gabler's Magazin, H. 2/1998
Wehking, K.-H., Entsorgungslogistik als wesentlicher Bestandteil der zukünftigen Kreislaufwirtschaft, in: uwf, H.4/1996
Weilenmann, P., Kapitalflußrechnung in der Praxis, 2. Aufl., Zürich 1992
Weimann, J., Soziale Dilemmata, in: WiSt, H.2/1990
Weimann, J., Umweltökonomik: Eine theorieorientierte Einführung, Berlin u.a. 1995
Weimar, R./Schimikowski, P., Grundzüge des Wirtschaftsrechts, 2., völlig überarb. Aufl., München 1993
Weinert, A., Lehrbuch der Organisationspsychologie, München u.a. 1981
Weisser, L., Controlling in kybernetischer Sicht, in: cm, H. 2/1998
Weizsäcker v., E.U./Lovins, A./Lovins, H., Faktor Vier. Doppelter Wohlstand - halbierter Naturverbrauch. Der neue Bericht an den Club of Rome, München 1995
Weizsäcker, v., E.U., Das Jahrhundert der Umwelt. Vision: Öko-effizient leben und arbeiten, Frankfurt/New York1999
Weizsäcker v., E.U., Erdpolitik, 3. Aufl., Darmstadt 1992
Weizsäcker v., E.U., Umweltstandort Deutschland. Argumente gegen die ökologische Phantasielosigkeit, Berlin/Basel/Boston 1994
Weizsäcker v., E.U./Lovins, A./Lovins, H., Faktor Vier. Doppelter Wohlstand - halbierter Naturverbrauch. Der neue Bericht an den Club of Rome, München 1995
Welters, R., Beteiligung gewerblicher Mitarbeiter am Unternehmenserfolg bei Bahlsen, in: Antoni/Eyer/Kutscher (Hrsg.), Das flexible Unternehmen: Arbeitszeit, Gruppenarbeit, Entgeltsysteme, Loseblattwerk, Wiesbaden 1998
Werder, A.v., Management: Mythos oder regelgeleitete Kunst des Möglichen? Plädoyer für die Formulierung von Grundsätzen ordnungsgemäßer Unternehmensführung (GoU), in: Der Betrieb, H.44/1995
Wermerskirchen,S., Im Auge des Hurrikans, in: Wirtschaftswoche, H. 37/199
Wernenfelt, B., A., A Resource-based View of the Firm, in: Strategic Management Journal, Vol.5 (1984), S. 171-180
Werner, W., Abfallwirtschaft - Eine Herausforderung an die Materialwirtschaft, in: Einkäufer REVUE de l'acheteur, H.5/1990
Wesel, U., Kein Recht auf Bäume, in: Die Zeit, Nr.12/1988
WestLB Rearch (Hrsg.), Shareholder Value in Deutschland, Düsseldorf 1996
Wicher, H., Handlungsspielraum und Organisationsgestaltung. Strukturierungsentscheidungen einer strategischen Organisationsentwicklung, in: zfo, H.1/1987
Wicher, H., Strategien und Strukturen des Krisenmanagements, in: WISU, H.12/1991
Wicher, H., Qualitätskosten als Instrument zur Anpassung und Sicherung der Qualität, in: WISU, H.7/1992
Wicher, H., Unternehmenskultur, in: WISU, H.4/1994
Wicher, H., Das Promotorenkonzept - Eine Problemanalyse, in: WISU, H.10/1995
Wicke, L., Umweltökonomie, 4., überarb., erw. und aktualisierte Aufl., München 1993
Wicke, L./Haasis, H.-D./Schafhausen, F./Schulz, W., Betriebliche Umweltökonomie. Eine praxisorientierte Einführung, München 1992
Wickert, U., Der Ehrliche ist der Dumme. Über den Verlust der Werte. 5. Aufl., Hamburg 1994
Wiedmann, K.-P., Rekonstruktion des Marketing-Ansatzes, in: absatzwirtschaft, H.12/1993
Wieland, J., Ethik im Unternehmen – Ein Widerspruch in sich selbst?, IN: Personalführung, H. 8/1999
Wiendahl, H.-P./Penz, T., Technisches und logistisches Qualitätsmanagement - eine Bestandsaufnahme in deutschen Unternehmen, in: FB/IE, H.1/1994

1151

Wild, J., Grundlagen der Unternehmensplanung, 4. Aufl., Opladen 1982

Wildemann, H., Neben Kosten und Qualität kann der Faktor Zeit im Wettbewerb zum entscheidenden Element werden, in: Handelsblatt, Nr. 195, 9.10.1990

Wildemann, H., Auditierung als Führungs- und Controllinginstrument, in: Controlling. H. 4/1994

Wildemann, H., Ein Ansatz zur Steigerung der Reorganisationsgeschwindigkeit von Unternehmen: Die Lernende Organisation, in: ZfB-Ergänzungsheft, H.3/1995

Wildemann, H., Qualitätskosten- und Leistungsmanagement, in: Controlling, H.5/1995 (b)

Wildemann, H., Kosten- und Leistungsbeurteilung im Qualitätskostenmanagement, in: Reichmann (Hrsg.), Handbuch Kosten- und Erfolgs-Controlling, München 1995 (c)

Wildemann, H., Entwicklungstendenzen in der Entsorgungslogistik, in: uwf, H.1/1996

Wilke, B.Ch./Jorden, W., Konstruktion recyclinggerechter Produkte, in: uwf, H.5/1994

Wilkes, M.W., „SAQ Social Advertising Quality". Ein neuer werblicher Maßstab im „Quality of Life"-Konzept des Marketing, in: Marketing Journal, H.1/1992

Willeke, St., Die unerfüllte Vision: Autobauer schränken Gruppenarbeit wieder ein, in: Welt am Sonntag, Nr.38, 17.9.1995

Willke, G., Standortkonkurrenz und Beschäftigung, in: LpB (Hrsg.), Globalisierung als Chance, Dokumentation 7. Forum, 1998 (b)

Willke, H., Systemisches Wissensmanagement, Stuttgart 1998

Wiltz, St., Steuerung von Gehaltsstrukturen bei Firmenzusammenschlüssen, in: Personal, H. 1/1999

Wimmer, F., Der Einsatz von Paneldaten zur Analyse des umweltorientierten Kaufverhaltens von Konsumenten, in: uwf, H.1/1995

Winand, U./Nathusius, K., (Hrsg.), Unternehmungsnetzwerke und virtuelle Organisationen, Stuttgart 1998

Winter, G., Das umweltbewußte Unternehmen, 5., vollst. neubearb. Aufl., München 1993

Winter, St., Optionspläne in Deutschland, Studie Humboldt-Universität Berlin, Berlin 1999

Wirtgen, J., Human Resource Management bei Unternehmenszusammenschlüssen, in: Personal, H. 1/1999

Wirtz, B., Unternehmensvision und Strategisches Management, in: WiSt, H.7/1996

Witt, T./Klaus, H., Erfolge hängen an der Akzeptanz bei Mitarbeitern, in: Office Management, H. 10/1997

Wittenzellner, Ch., Wissen muß sich auf dem Markt bewähren, in: management & seminar, H.9/1999

Wittl, H., Recycling: Vom neuen Umgang mit Dingen, Regensburg 1996

Wittlage, H., Moderne Organisationskonzeptionen: Grundlagen und Gestaltungsprozeß, Braunschweig/Wiesbaden 1998

Wittlage, H., Organisationsgestaltung unter dem Aspekt der Geschäftsprozeßorganisation, in: zfo, H.4/1995

Wittmann, St., Mehr Effizienz im Umweltmanagement: ökologisches Empowerment, in: io Management Zeitschrift, H. 9/1994

Wöhe, G., Einführung in die Allgemeine Betriebswirtschaftslehre, 18., überarb. und erw. Aufl., München 1993

Wöhe, G./Bilstein, J., Grundzüge der Unternehmensfinanzierung, 7., überarb. und erw. Aufl., München 1994

Wohlgemuth, A.C., Human Resources Management aus unternehmungspolitischer Sicht, in: Management Forum, H.1+2/1986

Wohlgemuth, A.C., Human Resources Management bringt eindeutig Wettbewerbsvorteile. Die unternehmenspolitische Bedeutung des Humanpotentials aus wettbewerbsstrategischer Sicht, in: io Management Zeitschrift, H.1/1987

Wohlgemuth, A.C., Human Resources Management und die wirkungsvolle Vermaschung mit der Unternehmenspolitik. Impulse zur Erhaltung des Humanpotentials, illustriert am Beispiel ‚Management Development' in: io Management Zeitschrift, H.2/1987

Wohlgemuth, A.C., Erfolgreich eine neue Struktur einführen, in: io Management Zeitschrift, H.7- 8/1989

Wohlgemuth, A.C., Wettbewerbsvorteile schaffen durch Human Resources Management, in: ZfbF, H.1/1990

Wolf, Ch., Variable Vergütung in Form eines Cafeteria-Plans, in: Qualität - Vorwärtsstrategie angesichts von „Europa", in: Müller/Rupper (Hrsg.), Lean Management in der Praxis, 2., erg. und aktualisierte Aufl., Zürich 1994

Wolf, D., Eine multilaterale Fusionskontrolle wird unabdingbar, in: Handelsblatt, 30.9.1999 (b)

Wolf, D., Wettbewerbspolitik im Zeichen der Globalisierung, Rede am 29.1.1999 in der Universität Ulm

Wolf, J., Die kalkulatorischen Kosten. Ihre Bedeutung für die Kostenrechnung und die Steuerung der Unternehmensaktivitäten, in: WiSt, H.10/1996

Wolf, M., DV-unterstützte in die Unternehmensplanung integrierte entscheidungsorientierte Absatz-, Erlös und Ergebnisplanung, in: Kostenrechnungspraxis, H.4/1993

Wolff, B./Wulffen v.K., Reorganisation durch Initiative von unten: „Unternehmer im Unternehmen", in: Rosenstiel/Lang-von Wins (Hrsg.), Existenzgründung und Unternehmertum: Themen, Trends und Perspektiven, Stuttgart 1999

Wolfrum, B., Strategisches Technologiemanagement, 2., überarb. Aufl., Wiesbaden 1994

Wolfrum, B./Rasche, Ch., Kompetenzorientiertes Management, in: Thexis, H.5-6/1993

Womack, J.P./Jones, D.J./Ross, D., Die zweite Revolution in der Automobilindustrie: Konsequenzen aus der weltweiten Studie aus dem Massachusetts Institute of Technology, Frankfurt/New York 1991

Wright, S./Wharton, E., Es gibt ein „weibliches Management" - und es ist besser, in: SZ, 12/13.11.1994

Wunderer, R., Ein Ansatz für mehrstufige Segmentierungsstrategien – Förderung weiblicher Führungskräfte, in: Bruhn/Steffenhagen (Hrsg.), Marktorientierte Unternehmensführung. Reflexionen – Denkanstöße – Perspektiven, Wiesbaden 1997

1152

Wunderer, R./Dick, P., Frauen im Management, in: Personalwirtschaft, H. 9/1997
Wunderer, R., Der Beitrag der Mitarbeiterführung für unternehmerischen Wandel, in: Gomez/Hahn/Müller-Ste-wens/Wunderer (Hrsg.), Unternehmerischer Wandel: Konzepte zur organisatorischen Erneuerung, Knut Bleicher zum 65.Geburtstag, Wiesbaden 1994
Wunderer, R./Kuhn, Th., Unternehmerisches Personalmanagement: Konzepte, Prognosen und Strategien für das Jahr 2000, Frankfurt/New York 1993
Wunderer, R./Kuhn, Th., Unternehmerisches Personalmanagement - zentraler Ansatzpunkt zur Förderung unter-nehmerischen Verhaltens, in: Wunderer/Kuhn (Hrsg.), Innovatives Personalmanagement: Theorie und Praxis un-ternehmerischer Personalarbeit, Neuwied/Kriftel/Berlin 1995
Wurl, H.-J./Schickel, H., Kritische Erfolgsfaktoren in Strategischen Allianzen im industriellen Anlagengeschäft. Ergebnisse einer empirischen Studie, in: Controlling, H. 4-5/1999
Wüthrich, H.A./Philipp, A., Grenzenlose Chancen durch Virtualisierung. Wie wir von virtuellen Pionierunternehmen lernen können, in: zfo, H. 4/1998
Wüthrich, H.A., Unternehmenskultur - Schlüsselgröße des strategischen Managements, in: io Management Zeitschrift, H.10/1984
Wüthrich, H.A., Die Unternehmenskultur als Quelle strategischer Stoßkraft, in: io Management Zeitschrift, H.1/1985
Wüthrich, H.A., Neuland des strategischen Denkens: Von der Strategietechnokratie zum mentalen Management, Wiesbaden 1991
Yosie, T.F./Herbst, T., The Journey Towards Corporate Environmental Excellence: Integrating Business Methods With Environmental Management, For the Enterprise for the Environment, Center For Strategic & International Studies, June 1997
Zabel, H.-U., Ökologiegerechte strategische Unternehmensführung. Grundlagen, Instrumente und Ablauffolge, in: Zeitschrift für Planung, H.5/1994
Zabel, H.-U., Innovationsmanagement unter Berücksichtigung ökologischer Aspekte, in: uwf, H.4/1995
Zahn, E., Führungskonzepte im Wandel, in: Bullinger/Warnecke (Hrsg.), Neue Organisationsformen im Unternehmen: Ein Handbuch für das moderne Management, Berlin u.a.1996
Zahn, E./Barth, T./Hertweck, A., Outsourcing: Kein Allheilmittel für Restrukturierung, in: Office Management, H. 6/1997
Zahn, E., Informationstechnologie und Informationsmanagement, in: Bea/Dichtl/Schweitzer (Hrsg.), Allgemeine Betriebswirtschaftslehre, Bd.2: Führung, 6., neubearb. Aufl., Stuttgart/Jena 1993
Zander, E., Neue leistungsmotivierende Vergütungskonzepte, in: Personal, H. 4/1999
Zander, E., Gegenwärtige und zukünftige Personalpolitik und Personalarbeit, in: cm, H.6/1992
Zanger, C./Drengner, J./Gaus, H., Konsumentenakzeptanz von Nutzungsdauerverlängerung und –intensivierung, in: uwf, H. 1/1999
Zaugg, B., Umfassendes Öko-Rating, in: Schweizer Bank, H.6/1992
ZEW (Hrsg.), Zur technologischen Leistungsfähigkeit Deutschlands. Zusammenfassender Endbericht 1998, Gut-achten im Auftrag des Bundesministeriums für Bildung und Forschung, Mannheim/Hannover, 1999
Zeyer, U., Zeitaspekte der Implementierung aktueller Managementkonzepte, in: zfo, H.5/1995
Ziegenbein, K., Controlling, 5., überarb. Aufl., Ludwigshafen 1995
Ziems, D./Koschay, V., Innerbetriebliche Entsorgungslogistik, in: uwf, H.1/1996
Zimmer, D., Von der Personalverwaltung zum Personalmanagement, in: Der Controlling-Berater, H.3, Gruppe 7, 1992
Zimmer, M./Ortmann, G., Strategisches Management, strukturationstheoretisch betrachtet, in: Hinterhuber-/Al-Ani/Handlbauer (Hrsg.), Das neue strategische Management: Elemente und Perspektiven einer zukunftsorien-tierten Unternehmensführung, Wiesbaden 1996
Zink, K., Quality Circles - noch ein Thema?, in: Personalführung, H.3/1990
Zinn, K.G., Wie umweltverträglich sind unsere Bedürfnisse? Zu den anthropologischen Grundlagen von Wirt-schaftswachstum und Umweltzerstörung, in: Daecke (Hrsg.), Ökonomie contra Ökologie? Wirtschaftsethische Beiträge zu Umweltfragen, Stuttgart/Weimar 1995

Abkürzungsverzeichnis

Abb.	:	Abbildung
AbfG	:	Abfallgesetz
ADI	:	Ausländische Direktinvestitionen
AET	:	Arbeitswissenschaftlicher Erhebungsbogen zur Tätigkeitsanalyse
AfA	:	Absetzung für Abnutzung
AG	:	Aktiengesellschaft
AIF	:	Arbeitsgemeinschaft industrieller Forschungseinrichtungen
ALTA	:	Association luxembourgeoise des téléactives asbl
AO	:	Abgabeordnung
ASU	:	Arbeitsgemeinschaft Selbständiger Unternehmer
A.U.G.E.	:	Arbeitskreis Umwelt, Gesundheit, Ernährung
AZO	:	Arbeitszeitordnung

b+p	:	Betrieb und Personal
B.A.U.M.	:	Bundesdeutscher Arbeitskreis für umweltbewußtes Management
BB	:	Betriebsberater
BBK	:	Buchführung, Bilanz, Kostenrechnung
BCG	:	Boston Consulting Group
BDI	:	Bundesverband der Deutschen Industrie
BEA	:	Break-Even-Analyse
BetrVG	:	Betriebsverfassungsgesetz
BFuP	:	Betriebswirtschaftliche Forschung und Praxis
BGB	:	Bürgerliches Gesetzbuch
BGH	:	Bundesgerichtshof
BIBB	:	Bundesinstitut für Berufsbildung
BJU	:	Bundesverband Junger Unternehmer
BMBF	:	Bundesministerium für Bildung, Wissenschaft, Forschung und Technologie
BMFT	:	Bundesminister für Forschung und Technologie
BMU	:	Bundesminister für Umwelt, Naturschutz und Reaktorsicherheit
BMW	:	Bundesminister für Wirtschaft
BSC	:	Balanced Score Card (oder BS)
BSP	:	Bruttosozialprodukt
BVK	:	Bundesverband Deutscher Kapitalbeteiligungsgesellschaften
BUND	:	Bund für Umwelt und Naturschutz Deutschland
BUS	:	Bundesamt für Umweltschutz der Schweiz
BUWAL	:	Bundesamt für Umwelt, Wald und Landschaft (Schweiz)

CEFIC	:	Conseil European Des Federations De L'Industrie Chimique
CF	:	Cash Flow
CI	:	Corporate Identity
CIO	:	Chief Information Officer
CKO	:	Chief Knowledge Officer
cm	:	Controller-Magazin

DAB	: Deutsche Ausgleichsbank
DB	: Der Betrieb
DBV	: Deckungsbeitragsvolumen
DBW	: Die Betriebswirtschaft
DCF	: Discounted Cash Flow
DG	: Deutsche Genossenschaftsbank
DGB	: Deutscher Gewerkschaftsbund
DIHT	: Deutscher Industrie- und Handelstag
DStR	: Deutsches Steuerrecht
Dswr	: Datenverarbeitung, Steuer, Wirtschaft, Recht
DU	: Die Unternehmung
DVFA	: Kommission für Methodik der Finanzanalayse der Deutschen Vereinigung für Finanzanalyse und Anlageberatung

ebs	: European Business School
ECC	: European Communication Council
EDI	: Electronic Data Interchange
EFQM	: European Federation of Quality Management
eG	: eingetragene Genossenschaft
e.V.	: eingetragener Verein
EIA	: Environmental Impact Assessment
EIB	: Europäische Investitionsbank
EITO	: European Information Technology Observatory
EKD	: Evangelische Kirche Deutschlands
EKR	: Eigenkapitalrentabilität
EKS	: Energo-kybernetische Managementlehre
EMAS-VO	: Environmental Management and Audit-Scheme
EMPA	: Eidgenössische Materialprüfungs- und Forschungsanstalt
ERG-Theorie	: Existence-Relatedness-Growth-Theorie
ERP	: European Recovery Program
ESt	: Einkommensteuer
ETD	: European Telework Development
EUV	: Vertrag über die Europäische Union (Maastricht-Vertrag)
EVA	: Economic Value Added
EWIV	: Europäische Wirtschaftliche Interessenvereinigung

F&E	: Forschung und Entwicklung
FAA	: Fragebogen zur Arbeitsanalyse
FAZ	: Frankfurter Allgemeine Zeitung
FB/IE	: Fortschrittliche Betriebsführung/Industrial Engineering
FCF	: Free Cash Flow
FCKW	: Fluorchlorkohlenwasserstoffe
FDI	: Foreign Direct Investments
FMEA	: Failure Mode and Effects Analysis
ff.	: fortfolgende
FhG	: Fraunhofer Gesellschaft
FMEA	: Failure Mode and Effects Analysis
FÖB	: Forschungsinformationsdienst Ökologie-orientierte Betriebswirtschaftslehre
future	: Förderkreis Umwelt future

GAAP	: Generally Accepted Accounting Standards
GAP-Analyse	: Ziellücken-Analyse
GbR	: Gesellschaft bürgerlichen Rechts
GfK	: Gesellschaft für Konsum-, Markt- und Absatzforschung
GKR	: Gesamtkapitalrentabilität
GmbH	: Gesellschaft mit beschränkter Haftung
GuV	: Gewinn- und Verlustrechnung
GIBUCI	: Gesellschaft zur Information von Betriebsräten über Umweltschutz in der Chemischen Industrie
GWB	: Gesetz gegen Wettbewerbsbeschränkungen

HBR	: Harvard Business Review
HdA	: Humanisierung der Arbeitswelt
HdWW	: Handwörterbuch der Wirtschaftswissenschaften
HGB	: Handelsgesetzbuch
HMD	: Handbuch der modernen Datenverarbeitung (seit 1989: Theorie und Praxis der Wirtschaftsinformatik
HR	: Human Relations
Hrsg.	: Herausgeber
HRM	: Human-Resources-Modell (bzw. -Management)
HWFü	: Handwörterbuch der Führung
HWK	: Handwerkskammer
HWO	: Handwörterbuch der Organisation
HWP	: Handwörterbuch des Personalwesens

IA	: Impact Assessment
IAO	: (Fraunhofer) Institut für Arbeitswirtschaft und Organisation (Stuttgart)
IAS	: International Accounting Standards
IC	: Intellectual Capital
ICC	: Internationale Handelskammer
ICT	: Information and Communication Technologies
IDW	: Institut der Wirtschaftsprüfer
IFEX	: Informationszentrum für Existenzgründungen
IID	: Initiative Informationsgesellschaft Deutschland
ifo	: Institut für Wirtschaftsforschung
IHK	: Industrie- und Handelskammer
IKT	: Informations- und Kommunikationstechnologien
ILOI	: Internationales Institut für Lernende Organisation und Innovation
IÖW	: Institut für ökologische Wirtschaftsforschung
IO	: Industrielle Organisation
IPO	: Institut für Personal- und Organisationsentwicklung in Wirtschaft und Verwaltung (Universität Linz)
IPO	: Initial Public Offering
ISI	: (Fraunhofer) Institut für Systemtechnik und Innovationsforschung
ISIC	: International Standard Industrial Classification of All Economic Activities
IuK-Technik	: Informations- und Kommunikationstechnik
IWD	: Informationsdienst des Instituts der deutschen Wirtschaft
IWF	: Internationaler Währungsfond

KfW	: Kreditanstalt für Wiederaufbau
KG	: Kommanditgesellschaft
KGV	: Kurs/Gewinn Verhältnis
KIO	: Knowledge-Intensiv Organisations
KM	: Knowledge Management
KMS	: Knowledge Management System
KonTraG	: Gesetz zur Kontrolle und Transparenz im Unternehmensbereich
krp	: Kostenrechnungspraxis
KSt	: Körperschaftsteuer
KU	: Kapitalumschlag
KUV	: Kurs/Gewinn Verhältnis
KVP	: Kontinuierlicher Verbesserungsprozeß
krp	: Kostenrechnungspraxis

LBS	: London Business School
L+G	: Lohn und Gehalt
LfA	: Landesanstalt für Aufbaufinanzierung
LfA	: Bayerische Landesanstalt für Aufbaufinanzierung
LpB	: Landeszentrale für politische Bildung (Baden Württemberg)
LRP	: Long Range Planning
LTI	: Long Term Incentive

M & A	: Merger and Acquisition
MAI	: Multilateral Agreement On Investment
MbO	: Management by Objectives (Führung durch Zielvereinbarung)
MBO	: Management-Buy-Out
MDW	: Measured Day Work
MitbG	: Mitbestimmungsgesetz
MIT	: Massachusetts Insitute of Technology (Boston/USA)
MTW	: Methods-Time-Measurements
MW-MA-Matrix	: Marktwachstums-Marktanteils-Matrix

NRO	: Nichtregierungsorganisationen
NUK	: Neues Unternehmertum Köln-Bonn-Aachen e.V.
NGO	: Non Governmental Organisations
NZZ	: Neue Zürcher Zeitung

Ö.B.U.	: Schweizerische Vereinigung für ökologisch bewußte Unternehmensführung
OD	: Organizational Development
OE	: Organisationsentwicklung
OECD	: Organisation for Economic Cooperation and Development
OHG	: Offene Handelsgesellschaft
OMS	: Organizational Memory System
o.V.	: ohne Verfasser

PC	: Personal-Computer
PdR	: Praxis des Rechnungswesens
PIMS	: Profit Impact of Market Strategies
PK-Systeme	: Planungs- und Kontrollsysteme
PLA	: Produktlinienanalyse
PMI	: Post Merger Integration
PPBS	: Planning-Programming-Budgeting-System
PR	: Public Relations
PublG	: Publizitätsgesetz

QC	: Quality Circles
QFD	: Quality-Function-Deployment
ROE	: Return on Equity
QZ	: Qualitätszirkel

RAL	: Deutsches Institut für Gütesicherung und Kennzeichnung
REFA	: Verband für Zeitstudien - REFA
RIW	: Recht der internationalen Wirtschaft
RKW	: Rationalisierungskuratorium der Deutschen Wirtschaft
ROI	: Return on Investment

SBU	: Strategic Business Unit
SCG	: St.Gallen Consulting Group
SCM	: Supply Chain Management
SG	: Arbeitskreis Externe Unternehmensrechnung der Schmalenbach-Gesellschaft - Deutsche Gesellschaft für Betriebswirtschaft
SGE	: Strategische Geschäftseinheit
SGF	: Strategisches Geschäftsfeld
SV	: Shareholder Value
SZ	: Süddeutsche Zeitung

TA	: Technische Anleitung
TA	: Technology Assessment
TBG	: Technologie-Beteiligungs-Gesellschaft
TIME	: Telekommunikation, Informationstechnologie, Medien und Elektronik
TQM	: Total Quality Management
TNT	: Transnationaler Konzern
TVM	: Techno Venture Mangement
TÜV	: Technischer Überwachungsverein

UBA	: Umweltbundesamt
UCS	: Umwelt-Controlling-System
UGR	: Umsatzgewinnrate (auch UR)
UHG	: Umwelthaftungsgesetz
UIS	: Umweltinformationssystem
UmweltHG	: Umwelthaftungsgesetz

UVP	: Umweltverträglichkeitsprüfung
uwf	: Umwelt Wirtschafts Forum
UWG	: Gesetz gegen den unlauteren Wettbewerb
UWS	: Umweltschutz
U & U	: Unternehmen & Umwelt. Für eine umweltorientierte Unternehmenspolitik

VbG	: Vermögensbeteiligungsgesetz
VdS	: Verband der Schadenversicherer (seinerzeit HUK-Verband)
VBU	: Verband der Betriebsbeauftragten für Umweltschutz
VC	: Venture Capital
VCI	: Verband der Chemischen Industrie
VDI	: Verein Deutscher Ingenieure
VDMA	: Verband Deutscher Maschinen- und Anlagenbau
VdS	: Verband der Schadenversicherer (seinerzeit HUK-Verband)
VR	: Virtual Reality
VSt	: Vermögensteuer

WACC	: Weighted Average Cost of Capital (gewichteten Durchschnittskosten des Kapitals)
WFM	: Work Flow Management
WHG	: Wasserhaushaltsgesetz
WiSt	: Wirtschaftswissenschaftliches Studium
WISU	: Das Wirtschaftsstudium
Wiwo	: Wirtschaftswoche
WMS	: Workflow-Management-Systems
WTO	: World Trade Organization
WWF	: Umweltstiftung World Wildlife Fund Deutschland (World Wide Fund for Nature)

Z.Arb.wiss.	: Zeitschrift für Arbeitswissenschaft
ZEW	: Zentrum für Europäische Wirtschaftsforschung
ZfB	: Zeitschrift für Betriebswirtschaft
ZfbF	: Zeitschrift für betriebswirtschaftliche Forschung
zfo	: Zeitschrift für Organisation
ZfU	: Zeitschrift für Umweltpolitik und Umweltrecht
ZVEI	: Zentralverband Elektro- und Elektronikindustrie e.V.

Stichwortverzeichnis

360-Grad Beurteilung 455
4-Felder-Matrix 615, 850
7-S-Konzept 573
9-Felder-Matrix 618, 851

A

ABC-Analyse 1064
Abfall(-) 965
-bilanz 966
-management 966ff.
-wirtschaftskonzept 966
Ablauforganisation 324, 339ff., 714, 739, 1016, 1093
Abteilung 327
Abweichungsanalyse 527, 546, 549
Agenda 21 912ff.
Akkordlohn 445
Akquisition 297ff.
Aktien-
-gesellschaft 224ff.
-optionen 462ff.
Allmende-Theorie 978
Altstoffrecycling 956
Anforderungsprofil 635
Angebotspolitik 1042
Angestellter, leitender 495ff.
Anreiz-
-Beitrags-Theorie 48
- und Entgeltsysteme, strategische 639
-system 371, 385ff., 415ff.
Arbeit(s-) 377, 387ff.
-ablauf 339
-analyse 419, 435
-bewertung 417ff.
-direktor 470
-ethik 384
-gestaltung 387
-gruppen 400
-kostenvergleich 439
-leistung 369ff.
-losigkeit 145, 481
-organisation 386
-platzgestaltung 370
-produktivität 816
-reorganisation 389
-schutzgesetz 387
-stättenzählung 204
-strukturierung 36, 387ff.
-system 55ff., 428
-verhalten 1022
-welt, Vitalisierung der 484
-wissenschaft 56ff.
-zeit(-) 403ff., 408, 411

-gestaltung 403ff.
-konto 409
-management 404
-zufriedenheit 35, 374, 412
Artikelpaß 950
Assessment-Center 636
Asset Mass Efficiency 301
Assets, intangible 111
Aufbauorganisation 324ff., 1093
Aufgaben-
-bereicherung 390
-weiterung 390
-wechsel 391
Aufsichtsrat 226, 469
Aufwands- und Ertragsrechnung 74
Aufwendungen 74
Ausgaben(-)
- und Einnahmenrechnung 74
Automatisierung 453

B

Balanced Scorecard 132, 744, 746ff., 750ff.
Basis-
-innovation 106
-konzepte 37ff.
-strategie 619, 946
BCG-Matrix 601
Bedürfniskette 589
Belegschaftsaktien 477
Benchmark 533, 684, 741ff., 806
Berichtswesen 803
Beschaffungsmarktforschung 949
Beseitigungsstrategie 929
Best Practice 105, 110, 114, 118, 120, 712, 742
Besteuerung 201
Beteiligungs-
-finanzierung 185
-fond 475
Betriebliches Vorschlagswesen (BVW) 398, 1022
Betriebs-
-aufspaltung 236ff.
-bilanz 1067
-ergebnis 823
-größenstruktur 145
-organisation 57
-rat 412, 467ff., 496
-rentabilität 823
-verfassungsgesetz 466
-versammlung 469
-wirtschaftslehre 37
Beurlaubungsmodelle 411
Beurteilungs-
- und Anreizsysteme 636

-verfahren 433
Bewegungsbilanz 868
Bewertungsverfahren 1063
Beziehungsmanagement 102, 137, 362
Bezugsgruppenmanagement 69, 73, 136ff.
Bilanz-
-analyse 869
-bewertung 1070
-regel, goldene 875
-regelrelationen 870
-richtliniengesetz 203
-typen 1065ff.
Biokybernetik 69, 665
Bonitätsprüfung 1031
Bosten-Matrix 615ff.
Bottom up Methode 512
Branchenanalyse 178
Break-even-
-Analyse 827, 832ff.
-Point 833
Bruttosozialprodukt 1051
Buchführungspflicht 170
Budget(-) 539ff., 858
-kontrolle 546ff., 629
-systemarten 541ff.
Budgetierung(s-)
-prozeß 544
- strategische 883
Bürokratiemodell 34
Business-
- Angels 188
- Ecosystem 723
- Migration 722ff.
- Reengineering 714ff., 739ff.
- Intelligence-Systeme 749
- Plan 169, 171ff.
- to-Bussiness 103

C

Cafeteria-Systeme 414ff.
Capital Asset Pricing Model (CAPM) 729
Cash Management 864ff.
Cash-Flow(-) 583, 838ff., 848, 852ff.
- Analyse 845
- Balance 616
- Varianz 582
Chancen-Risiko-Analyse 669, 942
Change-
- Agent 646
- Management 114, 321, 648ff.
Chief Knowledge Officer 124
Coaching 165, 187, 638
Communities of Practice 132
Competency Modelle 637
Competitive Intelligence 133
Conjoint Analyse 589

Controllership 790
Controlling(-) 60, 790ff., 800ff., 804, 848
- Elemente des 793
- ökologieorientiertes 1049
- operatives 791
- strategisches 741, 791, 880ff.
-funktion 800
-system 789ff.
Corporate
- Design 767
- Governance 139, 562, 725, 727ff.
- Identity 766ff., 992
- Venture Management 148
Critical success factors 676ff.
Cross-
- Cultural-Management-Research 774
- Impact-Analyse 564, 667
Customer Integration Management 714

D

Darlehen 189
Data Warehouse 122, 626, 628, 749
Datenbank 66
DBU-Faktor 835
Deckungsgrad 875
Delegation 530
Dematerialisierung 985
Demontagekonzepte 955
Design of Disassembly 956
Dialog 997ff.
Dienstleistung(s-) 90ff., 145, 1006
-gesellschaft 88ff., 413
Differenzierung 603
Diffusion 574
Direktinvestition 84
Discounted Cash-Flow (DCT) 731
Diskontierungsrate 730
Distributionspolitik 990, 1043
Diversifikation 599
Downcycling 956
Drei-Säulen-Konzept 916
Duales System Deutschland 958
Due Diligence 159, 187, 303, 314
Du-Pont-
- Kennzahlensystem 811
- System of Financial Control 828
Durchführungskontrolle 630

E

Eco-
-Design 981ff.
-Management 901
E-Commerce 102ff.
Economic Value Added (EVA) 731
Economies of scale 258, 313, 332, 577, 583, 701

Economies of scope 258, 313
Effekte, externe 926ff.
Effektivität 571
Effektivverschuldung 877
Effizienz(-) 571
-revolution 908ff.
EFQM 684, 687
EG-Öko-Audit-
- System 931
- Verordnung 1082
EG-
- Produkt-Umweltzeichen 902
- Richtlinie 235, 240
Eigenfinanzierung 184
Eigenkapital(-) 185
-rentabilität 822
Einigungsstelle 469
Einkaufskooperation 273
Einlinien-System 328
Einnahmen 74
Einschwingkurve 59
Einzelunternehmung 207ff.
Einzelwirtschaftslehre 63
Electronic
- Banking 865
- Data Exchange 721
- Mall 103
- Marketplace 94
EMAS-VO 1082
Employability 119
Empowerment 396ff., 650, 715, 740
End-of-pipe Konzept 960ff.
Energiemanagement 925
Engpaßfaktor 611, 921
Entflechtung 287
Entgelt(-) 440ff.
-differenzierung 417ff.
-management 438ff.
Entlohnung(s-) 415ff., 462ff.
-grundsatz 442ff.
-systeme 443
Entrepreneur(-)156
-ship 162ff., 143
Entropie(-) 905, 943, 951
-gesetz 925
Entscheidungsprozeß 46f., 168
Entsorgung(s-) 965f., 989,
-logistik 968
Erfahrungs-
-kurve 576, 583, 616, 697, 701
-wissen 121
Erfolgs-
-beteiligung 472ff.
-faktoren 109, 162, 573, 633, 676ff., 758
-potential 556, 567, 758, 944
Ergebnis-
-analyse 847

-matrix 51
-ökonomie 94
Ertrag(s-) 74
-kraft 820, 847
-potential 882
Erwachsenenbildung 637ff.
Erwerbsbiographie 368, 483
Ethik 937, 1044ff.
Europäische Union 900
EVA 731
EWIV 242
Executive Information Systems (EIS) 626
Executive Learning 639
Existenzgründung 143
Expertensysteme 593, 628
Explicit knowledge 121
Exportquote 83
Extranet 104

F

Fachpromotor 1015
Factoring 190
Faktor-
-einsatz 369
-kombination 44
Fehlallokation 926
Fertigungstechnologie 698
Finanz-
-analyse 873ff.
-bedarf 77
-dienstleistung 1032
-disposition 864ff.
-hilfen 184
-kennzahlen 869ff.
-kontrolle 880
-kraft 837ff.
-markt 84
-plan 179, 181, 848, 858ff.
-politik 827
Firmenbeirat 240
Fischgrät-Diagramm 402
Flexibilität 649, 677ff., 796
FMEA 687
Folgerkonzepte 697
Fondsbildung 842
Förderhilfen 158, 1030
Fraktale Fabrik 393
Franchisesystem 160, 274
Free Cash-Flow 729
Freistellungskartelle 275
Fremd-
-finanzierung 184, 189 ff.
-kaptial 189ff.
Fristenkongruenz 875
Früh-
-erkennungssysteme 557ff.

-warnsystem 789
Führung(s-) 494, 610
- durch Zielvereinbarung 530, 789
-ethik 770
-grundsätze 382
-informationssysteme 626ff., 806ff.
-konzepte 33ff.
-kraft 494, 633
-lehre 40
-prozeß 47, 60
-stil 381ff.
-zyklus 572
Fusion(s-) 260
-kontrolle 285

G

GAP-Analyse 610
Gatekeeper-Konzept 1041
Gefährdungshaftung 1035
Gefangenendilemma 978
Gegenstomverfahren 544
Gehaltsfindung 431, 460
Geldbedarf 77
Gemeinkosten-Wertanalyse (GWA) 734
Gemeinlastprinzip 892
Generic Strategies 603
Genfer Schema 419, 427
Genossenschaft 231
Gesamt-
-kapitalrentabilität 823
-portfolio 612
Geschäfts-
-feld-Ressourcen-Portfolio 621
-plan 171ff.
Gesellschaftervertrag 197, 200
Gewerbefreiheit 170
Gewichtung 421
Gewinnschwellenanalyse 832ff.
Gleitzeit 409
Global-
- Players 299
- Sourcing 82, 85
Globalisierung 36, 79ff., 86, 97, 114, 289, 688, 887
Going Public 228
Grahamsches Planungsgesetz 555
Grundlohnbestimmung
Gründungs-
-finanzierung 181
-forschung 157
-management 143ff.
Gruppen-
-akkord 451
-arbeit 389, 391ff.
-gespräch 536
-prämie 451
Gutenberg 34

H

Handel 1041ff., 990
Handlungsspielraum 389ff.
Harzburger Modell 530ff.
Hauptversammlung 226
Hawthorne-Werke 374
HAY-Methode 456ff.
Herzberg 380
Holding 333ff.
Holistisches Konzept 663ff.
Hollow Organization 360
Homo oeconomicus 34, 43
Homöostase 61
Humanisierung 56, 645
Human-
-kapital 101
-potential 367
-prinzip 78
- Relations-Ansatz 373, 385
- Relations-Bewegung 35
Human-Resources-
- Management 368ff., 401, 632, 784
- Modell 374ff.
- Planning 633

I

IAS 135
Ideen-
-findung 165
-management 398
Imitationsschutz 786
Immissionen 924
Indikatorensysteme 1053
Industrial Relations 466
Industrialisierung 33
Industriegesellschaft 88
Industrieökonomik 596
Information(s-/-) 44, 65, 72, 112,
-Broker 362
- und Kommunikationstechnologie 58
-gesellschaft 95ff., 119
-management 65, 67, 116
-politik 991
-system 66, 73, 563, 801
-technik 57
-technologie 105
-wirtschaft 99
Innenfinanzierung 186, 845
Innovation(s-) 699
-management 144, 961
Input-Output-Analyse 1067
Insolvenz 192ff.
Insourcing 720
Integrationsmanagement 313ff.

Integriertes Technologiemanagement (ITM) 693ff.
Intellectual Capital 110f.
Intensitätskennzahlen 871
Internalisierung 897ff.
Internationalisierung 81ff., 205, 309, 599
Internet 101ff., 111
- Economy 94
Interventions-
-quadranten 114
-strategie 647
Intranet 104
Intrapreneur(-) 36, 367, 369, 376, 479
-ship 147ff.
Investitions-
-analyse 871ff.
-beurteilung 852
-rechenverfahen 1061
-rechnung 853
Investivlohn 473
Investor Relations 225, 228, 726, 731
Ishikawa-
- Diagramm 402
- Technik 687
ISO 14000 891, 1026, 1096
ISO 14030
ISO 14040 1070
ISO 9000 682ff., 1085ff.
ISO Zertifizierung 1096
Isodeckungsbeitragskurve 837
ISO-Kurve 830
ISO-ROI-Diagramm 839
Issue
- Management 998
- Ansatz 571
Ist-Portfolio 614
IuK-Technologie 65ff., 358

J

Jahres-
-abschluß 1056
-arbeitsvertrag 410
Job -
- Enlargement 390
- Enrichment 390
- Rotation 391
- Sharing 407f.
Jobless growth 145
Joint Ventures 309ff.

K

Kaizen 398, 687
Kapital-
-bedarf 77, 182
-beteiligung 472
-flußrechnung 842, 868

-struktur 873ff.
-Umschlag(s-) 811
-häufigkeit 829
-wertmethode 855, 1063
Kartell-
-recht 252
-verbot 258, 267ff.
Kaskadenprinzip 957
Keep-or-sell 691
Keiretsu 651
Kennzahlen(-) 806ff., 1099
- qualitätsbezogene 812
-systeme 746f., 806ff.
-vergleich 807
Kennziffern, betriebliche 813
Kernkompetenz 82, 300, 345, 354, 358, 599, 736f., 758, 705
Kleine AG 224
Knowledge
- Based Economy 111
- Management 79, 113ff.
- Networking 131
Knowledge-
Koalisationstheorie 526
Kollegienorganisation 337
Kommanditgesellschaft 230
Kommunikation(s-) 687, 713, 715, 767, 1025
-politik 180, 991ff.
Kompetenzportfolio 736f.
Komplexitäts-
-bewältigung 796f.
-management 505ff.
Kondratieff-Zyklen 105
Konkurrenzanalyse 591, 942
Konsensmanagement 998
Konsum 972ff., 1002ff.
Konsumenten-
-souveränität 1011
-verantwortung 1008
Kontinuierlicher Verbesserungsprozeß (KVP) 396, 398, 452, 683, 708, 733, 739, 742, 686, 893, 1084
KonTraG 562ff.
Konvergenzprozeß 100
Konzern 262ff.
Kooperation(s-)
- kartellfreie 255ff.
-formen 161, 297ff.
-management 357
Körperschaft 221ff.
Kosten(-), 74
- und Leistungsrechnung 74, 1057
- externe 897
-führerschaft 603, 633
- kalkulatorische 75, 151
-minimierung 817
- soziale 926ff.
-wirtschaftlichkeit 814

Knowledge-Intensive Organisations 111
Kreativitätstechnik 166
Kreditwürdigkeitsprüfung 1031
Kreislauf(-) 71
-ökonomie 964
-wirtschaft(s-) 948
– und Abfallgesetz 960, 965, 967, 986
Krisenmanagement 191ff.
Kulturmanagement 780
Kunden-
-anforderungen 716
-bedürfnisse 681ff.
-beziehung 740
-erwartungen 685
-nutzen 734
-orientierung 716, 740
-zufriedenheit 684
Kuppelproduktion 954
Kybernetik 58

L

Leadership 46, 498ff., 650
Lean Management 731ff., 796
Leasing 190
Lebens-
-qualität 906
-zyklus 574ff., 954
Leistungs-
-angebot 370ff.
-bereitschaft 371
-bewertung(s-) 430ff., 437
–verfahren 458
-erstellungsprozeß 44
-fähigkeit 371
-kennzahlen 430
-lohnformen 443ff.
-standard 458
-verhalten 385
Leitbild 763ff.
Leitungssystem 328
Lenkungsmodell 670
Lernen 649
- individuelles 658
- organisationales 655ff., 672
- organisatorisches 125
Lernende Organisation 655ff., 686
Lern-
-formen 661
-kurve 577
-prozeß 572, 658ff.,743
Leverage-Effekt 825ff.
Liberalisierung 83
Lieferanten-
-Audit 950
-bewertung 950
-kooperation 949

Life-Cycle-Engineering 93
Liquidität(s-) 181, 856ff.
-analyse 875ff.
-beurteilung 857ff.
-kennzahlen 875ff., 876ff.
-management 820
-reserven(-) 821
--planung 866
-sicherung 858
- strukturelle 867ff.
Local content 87
Logistik(-) 967ff.
-kette 721
-system 968
Lohn(-)5ff.
-differenzierungsarten 443
-formen 442ff.
-gestaltung 437

M

Machtpromotor 1015
Make-or-Buy 690, 718
Management(-) 493, 499, 501
- by Objectives 433, 453, 458ff., 530, 789
- des Wandels 796, 938
- Development 637
- Evolution des 33ff.
-forschung 774
-funktionen 33, 502ff.
- Information System (MIS) 625
- integriertes 139ff.
- konsensorientierte 783
-konzeptionen 530ff., 753
- kulturbewußtes 777
-modelle 372ff.
- of Change 672
-philosophien 708ff.
-produktivität 711
- strategisches 553ff., 596
-systeme 519ff.
Market Value Added (MVA) 136, 731
Market-based Approach
Marketing
- als Führungskonzeption 64
- bei Gründung 178
- Mix 179, 972
- umweltorientiertes 971ff.
Markt-
-anteil 289, 583, 615
-eintritt(s-) 696
--strategie 599
-platz, virtueller
-untersuchung 178
-wirtschaft 246, 266
Maslowsche Bedürfnishierarchie 377, 379
Mass Customization 93, 356

Matching 637
Material-
-beschaffung 949
-mangement 983
-wirtschaft 948ff.
Matrixorganisation 335
Maximumprinzip 78
MBO 161
Megatrends 79
Mehrlinien-System 328
Mergers & Acquisitions 245, 253, 310ff.
Methodenlernen 660
Minimumprinzip 78
Ministererlaubnis 287f.
Mißbrauchsaufsicht 269, 277ff.
Mission 765
Mitarbeiter-
-beteiligung 464ff., 472
-darlehen 476
-förderung 432
-führung 502
-gespräch 431, 458, 538
-kommunikation 1025ff.
-Portfolio 635
-qualifikation 397
Mitbestimmung 465
Mittelstand(s-) 204ff.
-forschung 157
-kartell 271ff.
Mitwelt 935
Mobilität 1007
Momentanliquidität 859
Montan-Mitbestimmungsgesetz 470
Morphologischer Kasten 604
Motivation(s-) 35, 122, 376ff., 380, 404,
-prozeß 378
-theorien 376ff.
MTO-Konzept 56
Multifaktoren-Konzept 618

N

Nachfolgeproblematik 159, 206
Nachfragemacht 283
Nachhaltigkeit 913ff., 917ff., 976, 988
NEPP 914
Nettoumlaufvermögen 843
Netzwerk(-) 87
- strategisches 306ff.
- virtuelles 308
-organisation 364
Neuer Markt 227
Neu-
-gründung 169
-organisation 342
New Economy 82
NGO 887

Nominalgüterproezß 71
Normstrategie 615, 617
Nutzen-
-potential 568
-profile 757
-wertanalyse 200, 592f.

O

OE-Prozeß 644
Öffentlichkeitsarbeit 994ff.
Okkupation 924
Öko-
- Audit 892ff., 1076
-bilanz 985
- Ansatz 1063ff.
- Budget 1057
- Controller 1019
- Controlling-
--kreislauf 1103
--system 1101ff.
-effizienz 897, 907
-innovation 1088
Ökologie(-) 69, 887ff.
- Portfolio 946
-würfel, strategischer 947
-logos 993ff.
- Marketing 971ff.
-patente 961
- Performance 1031
-produkte 984
- Produkt-Prozeß-Portfolio 947
-profil 987
- Ranking 891
- Sponsoring 1001ff.
-steuer 897ff., 1038
-strategien 945ff.
-systemforschung 1105
Ökonomisches Prinzip 78, 814
Online Business 102
Ordnungspolitik 893ff.
Organigramm 323, 331
Organisation(s-/-) 48, 319ff.
-einheit 55
-entwicklung 343, 432, 640-643, 662, 735, 1020,
- flexible 345
- fortschrittliche 42
- fraktale 346
-gestaltung 324
- lernende 396, 401, 743, 79
-modell 640
- modulare 346
-psychologie 384
-struktur(-) 36, 331
--barrieren 653
-theorie 107
- und Wandel 341ff.

- vernetzte 79
- virtuelle 347ff.
Organizational-
- Behavior 372
- Slack 735
Outpacing-Strategien 604
Outsourcing 298, 306, 484, 711, 718ff., 733

P

Pareto-Analyse 403, 687
PAR-Modell 584
Patent 599
Pensumlohn 450
Perfomance Management 743ff., 811
Periodenliquidität 859
Personal-
-beurteilungssystem 432
-bindung 386
-entwicklung 127, 636, 662, 1022
-- strategische 634
-entwicklungsprogamme 636
-führung 502
-management 367ff.
-marketing 386
-politik 372
-wesen 368ff.
Personengesellschaft 209ff.
Persönlichkeitsmerkmale 164
Petri-Netzmethode 1107
Phasenmodell 570
Pigou-Steuer 898
PIMS 579ff., 588, 592, 677, 681, 695, 741
- Studie 569, 573, 619
Pionierstrategie 696
Planung(s-) 506ff.
- Ausgleichsgesetz der 515
- operative 567
- strategische 567
-elemente 508
-funktion 939
-instanz 509
-instrumente 510
-methoden 588
-modell, strategisches 570ff.
-organe 642
-prozeß 509, 587
- und Kontrollsystem 510ff., 559, 803
-wissen 569
Pleonexie 1009
Porter 603
Portfolio-
- Analyse 612ff., 622
- Typen 704
Positionierung 992
Potentialanalyse 611

PPS-System 1107
Prämienlohn 449
Prämissenkontrolle 630
Preis-/Kontrahierungspolitik 179
Preis-
-bindung 284
-differenzierung 991
- Erfahrungseffekt 578
Prinicipal-Agent 725
Private Equity 186
Problemorientierung 43
Product Stewardship 966, 989
Produkt-
-abfallrecycling 954
-bilanz 1069
-entwicklung 680, 950, 980
-ethik 982
-faktor 34, 73, 98, 107ff.
-gestaltung 955, 965, 980ff.
-lebenszyklus 574, 681, 692, 699, 924, 964, 982
-linienanalyse 1080
-linienmanagement 920
-/Markt-Kombination 613
- Markt-Matrix 600
-/Markt-Strategie 594
-nutzen 1005
-planung 979
-politik 180, 933, 978, 1042
-recycling 955
Produktivität(s-) 34, 36, 373, 741, 813ff.
-kennziffern 820
Profit-Center-
- Organisation 642
- Prinzip 148
Projektorganisation 338
Promotor 662
Prozeß-
-bilanz 1068
-kennzahlen 716
-kostenrechnung 716
-lernen 660
-management 714ff.
-promotor 1015
-wertanalyse (PWA) 717
Public Relations 995ff.
Publizitätsvorschriften 203
Pyramid Structure of Ratios 811

Q

Qualifikation 429, 497
Qualifizierung 390
Qualität(s-) 681, 1040
-controlling 812
-managementprinzipien 685
-managementsysteme 682ff.

-sicherung 400
-zirkel 399ff., 1022
Quality-Function-Depoloyment (QFD) 687
Querschnittsfunktion 109, 934
Qutsourcing 89, 92

R

Rationalisierung 373, 376
Rationalitätswissen 121
Rationalprinzip 78
Realgüterprozeß 71
Rechnungswesen 1051, 1053
Rechts-
-formänderung 244
-formwahl 176, 195ff.
Recycling(-) 987ff.
-arten 952
-börse 954
-konzepte 953
-Management 950ff.
-netz 952
Redistributionsysteme 970
Reduktionswirtschaft 959, 965
Reengineering 739ff.
REFA 4370, 388, 20, 442
Regelkreis 58ff.
Regeneration 917
Regressionsanalyse 580
Reinvestitionsindex 851
Rentabilität(s-) 821ff.
-analyse 828
-kennzahlen 821ff.
Reorganisation 302, 342, 394
Resource-based Approach 596
Ressource(n-) 598
-Ansatz 761
-effizienz 909
-verbrauch 923
Restrukturierungsansätze 707ff.
Reststoffkostenansatz 1059
Return on Investment (ROI) 581, 583, 618, 811, 825, 828
Risiko(-) 562
-analyse 1038
-controlling 564
-management 557ff., 562ff., 999, 1032, 1038ff.
RL-Controlling-Kennzahlensystem 810
ROI-
- Kennzahlenpyramide 831
- Zielhierarchie 830
Rückkopplung 59
Rücknahme(-) 990
-verpflichtung 966
Rückstandswirtschaft 960ff.
Rückstellungen 1056

S

Sabbatical 411
Sachbilanz 1070
Schadschöpfungskette 711
Schalenmodell 559
Scheinselbständigkeit 161, 482
Schichtarbeit 407
Schnittstellenmanagement 706
Schuldentilgungskraft 846
Schwerpunktkonzentration 603
Scientific Management 34
Scoring Modell 176
Segmentierung 179
Selbststeuerung 60
Selbstverpflichtung 899
Sensitivitätsmodell 671
SEP-Konzept 677
Serviceleistung 84
Shareholder 137f. , 765
- Konzept 81, 84
- Value 148, 297, 317, 724ff., 856
Siemens 108, 110f., 118, 227
Simultaneous Engineering 104, 680, 698
Situationsanalyse 939
S-Kurven-Konzept 699
Social
- Audits 917
- Marketing 971
- Reports 917
Soll-Ist-Vergleich 547
Soll-Portfolio 615
Sonntagsarbeit 413
S-O-R-Konzept 378
Sortenreinheit 957
Sozial-
-bilanz 1075f.
-wissenschaft 40
Soziale
- Kompetenz 497, 782
- Verantwortung 938
Sozio-Marketing 64
Spartenorganisation 332
Spin Off 318
St. Gallen 53, 99, 114, 136, 308, 50, 664, 671, 693, 757, 770,
Stabilitätsgesetz 905
Stab-Linien System 328
Stakeholder 137, 759, 765, 727
Standort(-) 175
-bilanz 1070
-sicherungsgesetz 202
-ortwahl 193ff.
Stärken-Schwächen-
- Analyse 750
- Profil 590, 941
Stelle(n) 326

-beschreibung 323, 419, 530
-bewertungsverfahren 456
Stiftung 208
Stoff-
-kreislauf 961
-strommanagement 963ff., 968
- und Energiebilanz 1066
Strafrecht 1036ff.
Strategic Key Issue Analysis 940
Strategic-Issue-Analysis 588
Strategie(-) 585ff.
-auswahl 593
-entwicklung 589ff.
-fächer 607
-formulierung 586ff.
-forschung, empirische 573ff.
-management 585ff.
-planung 587
-spinne 607
-umsetzung 595
Strategische(s)
- Allianzen 299, 738
- Bilanz 611
- Erfolgsfaktoren 676ff.
- Geschäftseinheiten (SGE) 641, 726
- Geschäftsfelder (SGF) 613, 641
- Grundhaltungen 606
- Grundkonzeption 603
- Gruppen 609
- Kontrolle 629ff.
- Prinzipien 583
- Steuerung 629ff.
- Spielbrett 602
Strukturwandel 81, 89ff., 481ff., 785,
Subsidiaritätsprinzip 292
Substitutionszeitkurve 699
Suffizienzrevolution 908ff.
Supply Chain Management 344, 721
Sustainability-Gebot 904, 912
Sustainable Consumption 1011
Synergie 290, 301, 395, 586
System-
-führer 93
-theorie 52ff.
-verträglichkeitsprüfung (SVP) 672
Szenarien 564ff.

T

Tacit Knowledge 121
Target Costing 593
Tarifvertrag 432, 439, 447
Taylorismus 34, 373, 398
Team(-) 406, 734
-konzepte 392ff.
-organisation 338
Technologie(-) 960

-diffusion 697
-management 57, 680, 688
-orientierung 689ff.
-Portfolio-Konzepte 702
-strategien 707
-Werk-Analyse 707
Teilzeitarbeit 407
Tele-
-arbeit 104, 412, 484ff.
-kommunikationssystem 67
-kooperation 104, 484
Thermodynamik 925
Timing Strategien 695ff.
Top down Methode 512
Total Quality Management (TQM) 35, 401, 681,
685ff., 716
Transaktionskosten 356, 361, 599, 711, 978
Transformation 785
Treasurer 797
Treasury-Workstations 866
Tutzinger Erklärung 939

U

Überflußgesellschaft 906
Übernahme 159
UMPLIS 1106
Umsatz(-)
-gewinnrate 829
-prozeß 71ff.
-rendite 824
-rentabilität 811, 824
Umschlaghäufigkeit 872
Umwandlung 244
Umwelt(-)
- als Produktionsfaktor 921ff.
-analyse 590, 941
- Audits 1081
-belastung 923ff., 928ff.
-bericht 1075ff., 989, 1073ff.
-betriebsprüfung 1094
-bewußtsein(s-) 1027, 384, 975, 984
−einsforschung 976NGO 976
-erklärung 1095
- Gesamtkonzept 930
-gutachter 1086
-gütezeichen 993ff.
-haftpflichtmodell 1041
-informationsgesetz 901
-informationssystem 1103f.
-kennzahlen 1098
-kosten 1058ff., 1061
-leitlinien 937
-managementsystem 1018, 931, 935ff., 948, 1018,
1082ff., 1097
-ökonomie, betriebliche 68ff.

-plan 914
-politik 892ff., 916, 936ff.
-prüfung 1092
-recht 898, 900ff., 1033ff.
-schadensbilanz 889ff
-schutz(-) 888ff.
--beauftragter 1018ff.
-investition 1028
-organisation 1000
-strategie 945ff.
-technologie 961
-verträglichkeitsprüfung 901, 1078ff.
-vorschlagswesen 1026
-ziel 945
Unternehmen(s-),
-analyse 941
-ausgründung 160ff.
-entwicklung 574, 633
-ethik 138, 769ff.
-forschung 776
-führung, kulturbewußte 773
-führungslehre 41ff.
-gründung 143, 158ff., 169
-konzentration 258
-kultur 124, 146, 316, 753, 773ff., 777, 935, 778
-leitbild 763ff.
- lernendes 130
-netzwerk 345
-philosophie 758ff.
-politik 998
-strukturen 723
-übernahme 161
-verbindungen 245ff.
- verbundenes 260ff.
-verfassung 195, 765
- virtuelles 85, 359fff.,
-wert 724
Unternehmer(-) 153
-lohn 75, 151, 208
Unternehmung(s-), 46
-analyse 590, 624
- lernende 109
-politik 762
- virtuelle 350, 352ff.
Upcycling 956
Utilitarismus 1046, 919

V

Validierung 1091ff.
Value Reports 997
Venture
- Capital 186ff.
- Management 148, 318
- Wippe 147
Veränderungs-
-management 779

-prozeß 651
Verbraucherpolitik 1001
Verfügungsrechnung 926
Vergütungskonzepte 460
Verhaltensforschung 164
Vermeidungsstrategie 929
Verminderungsstrategie 929
Vermögens-
-beteiligungsgesetz 480
-struktur 870ff.
-wert, immaterieller 110
Vernetztes Denken 664
Verpackung 991
Verschuldungs-
-faktor 846
-grad 872f., 828
Verständigungsmanagement 999
Verteilungskonflike 927
Vertrauensorganisation 799
Vertriebs-/Distributionspolitik 180
Verursacherprinzip 892
Verwertungsstrategie 929
Virtual Reality 103
Vision 760f.
Volkswirtschaftliche Gesamtrechnung 1051
Vorgesetztenbeurteilung 459
Vorsorgeprinzip 892, 960

W

Wachstum 310, 907
Wagniskapital 186 ff.
Wandel, struktureller 79
Web 113
Weisungsbefugnis 494
Weiterbildung 1028
Welt-
-export 83
-kartellbehörde 81
Werbekonzeption 992
Werte(-) 776
-aktivitäten 710
-dynamik 383, 553
-systeme 782
-wandel 1025, 152, 36, 382ff., 781, 1025
Wert-
-freiheit 43
-haltung 763
-kettenanalyse 710
-management 568, 728
-schichtenwettbewerb 722ff.
Wertschöpfung(s-) 108, 302, 70ff.,
- digitale 103
-kette 84, 306, 356, 589, 710, 963
-management 720, 724ff.
-partnerschaften 305, 713
-prozeß 45

Werttreiber(-) 738, 749
-analyse 749
Wettbewerb(s-) 246ff.
-beschränkung 267
-faktor Wissen 106
-politik 247, 249, 292
-recht 266ff.
-strategien 947
-vorteil 107, 117, 710ff., 719, 632, 736
Wirkungs-
-analysen 671
-bilanz 1070
-kettenansatz 589
Wirtschaftlichkeit 36, 56, 813ff., 817ff.
Wirtschaftsethik 771
Wissen(s-) 111f., 121, 376, 44
-basis 114
-bewahrung 131
-bewertung 131
-broker 128
-controlling 135ff.
-entwicklung 129
-erwerb 128
-identifikation 127
-integration 121f.
-kapital 134
-management 108ff., 113ff.
– Instrumente 120
– Vor- und Nachteile 119
-märkte 108
-nutzung 130
-ökologie 125
-ökonomie 111
-organisation 96
-ressource 109
-spirale 125
-teilung 129
-transfer 660
-ziele 126f.

Wohlstand 904
Workflow Management 132
Working Capital 878ff.

X

XYZ-Bewertung 1065

Z

Zahlungs-
-fähigkeit 181, 856ff.
-ströme 77
Zeit(-) 679ff,
-gradermittlung 447
-lohn 444
-management 593, 628
-wettbewerb 680ff.
Ziel(-) 73, 521ff.
-bildung(s-) 521ff.
--prozeß 48, 526
-dimension 528
-forschung 49
-komplementarität 944
-konflikt 821, 905
-pyramide 528
-setzungsgespräch 536
-suche 522
-system 524, 942
-vereinbarung 458, 535
Zinsfuß, interner 854ff.
Züricher Führungskonzept 782
Zusammenschlußkontrolle 285
Zusatz-
-kosten 75
-nutzen 974, 979
ZVEI-System 810